白话三国志

[晋]陈　寿◎著　王静芝◎主持　台湾十一位教授◎合译

㊤

|白话全译　文白对照|

插图珍藏本

新世界出版社
NEW WORLD PRESS

图书在版编目（CIP）数据

白话三国志 /（晋）陈寿著；王静芝等译 . -- 北京
: 新世界出版社，2008.01（2024.12 重印）
ISBN 978-7-80228-578-1

Ⅰ.①白… Ⅱ.①陈… ②王… Ⅲ.①中国－古代史
－三国时代－纪传体②三国志－译文 Ⅳ.① K236.042

中国版本图书馆 CIP 数据核字（2008）第 009388 号

本书中文简体字版由（台湾）国家出版社授权出版
著作权合同登记号：图字 01-2019-2015

白话三国志

作　　者：陈　寿
译　　者：王静芝 等
责任编辑：贾瑞娜
责任印制：王宝根
出版发行：新世界出版社
社　　址：北京西城区百万庄大街 24 号（100037）
发行部：（010）6899 5968　（010）6899 8705（传真）
总编室：（010）6899 5424　（010）6832 6679（传真）
http://www.nwp.cn
http://www.nwp.com.cn
版权部：+8610 6899 6306
版权部电子信箱：nwpcd@sina.com
印刷：艺堂印刷（天津）有限公司
经销：新华书店
开本：787mm×1092mm　1/16
字数：1200 千字　印张：73.75
版次：2008 年 4 月第 1 版　2024 年 12 月第 7 次印刷
书号：ISBN 978-7-80228-578-1
定价：168.00 元（上中下）

出版说明

一、历史的每一瞬间都包含了无穷的过去，“即使那些宣称要与自己社会的过去做彻底决裂的革命者，也难逃过去的掌心”。故有言：对过去无知的人，命中注定要重复其错误。

二、中华五千年之文明，虽多有磨难，然传承有续，生生不息。自晚清遭遇“三千年来未有之大变局”以来，内忧外患的逼迫促使有良知的国民苦苦求索强国之道，自器物始至思想文化而终。于是“冲决”旧文化之“网罗”为时人所激赏，意在与“腐朽”的传统决裂而自新。这一思想理路成为近代以来思想界最为清晰的脉络。因之，五千年有续之文明产生了明显的断层。时至今日，对待传统，赞誉者有之，诋毁者有之。但二者皆应在“了解”传统的基础上方才对现实有所助益。这也正是本套丛书的旨归：希望对读者切实了解中国传统文化能有所帮助。

三、要想真正了解传统，则必及原典。然而对当下大多数普通读者来说，多数原典因其文字古质，没有相当学力的人是无法读通的。因此，原典的“白话语译”就成了传统文化普及所绕不过去的工作。鉴于此，我社推出这套《历代古籍白话语译系列》，计划涉及古代历史、哲学、地理、文学、科技等各领域。敬请广大读者关注并提出宝贵意见。

四、“白话语译”乃弘扬传统文化之急需，但断不可以之取代典籍之原文。文言在对宇宙人生之直观和对历史命运之体认上具有简约精准之美，此为白话文所无法企及。因而“白话语译”只能是一座桥梁，意在让现在的读者能通过这一桥梁而直接接近原典，所谓“得鱼忘筌”者是也。因而我们在编排形式上，尽量做到文白对照，既能得白话文之通俗易懂，又不失文言文之典雅深沉。在版式上，一页之内上排原文下排白话文，一一对照，使原文和白话文皆能保持阅读的连贯性。对个别原文规模已经很庞大，文白对照可能会在定价和阅读上给读者带来不便者，我们会在白话语译版之外，另行出版白文本，以供读者对照阅读。

五、整套丛书以“完全尊重原文，只作文字上的传译”为宗旨，并不作史学上的解释，更不作史学上的考订。除对人名、地名、个别版本差异略作说明外，皆不另做注释。译者皆为本领域学养深厚之专家，译文古朴与通俗兼备，深得严几道首倡“信”、“达”、“雅”之要务。

新世界出版社

二〇〇八年三月

简化字版弁言

历代的正史，连绵出中华民族自黄帝以降数千年来政经文化沿革的轨迹，对于这些历史的资产，无论吾人视之为传统的菁华抑或“酱缸”，对于没有机会涉猎这些史书的内涵者而言，终究是人云亦云，徒为耳食而已。尤其在价值体系越来越多元化的当今，作为一个中国人，不先将过往的得失厘清，以为立足之基础，是难以高瞻远瞩，放眼未来的。是以远在1923年，当梁启超先生在《清华周刊》上发表《国学入门书要目及其读法》一文时，在“政治史及其他文献学书类”二十四史条下中谓：“《史记》、《汉书》、《后汉书》、《三国志》俗称四史，其书皆大史学家一手著述，体例精严。且时代近古，向来学人诵习者众，在学界之势力与六经、诸子埒。吾辈为常识计，非一读不可。”并将之列入“最低限度之必读书目”。然而随着时空环境之变迁，对于浩瀚的经、史、子、集的原始文本，现今有不少年轻的朋友因为不易克服其间的文字障碍，而将之视为畏途，也是在推广传统文化时必须面对的课题。于较常用的文献，坊间流通的白话语译本颇多，水平参差不一。于是在1979年，台湾河洛出版社负责人许仁图为普及文史知识，师法台湾商务印书馆邀请学术界之专家以白话语译经部典籍之方式，聚集十四所大学院校六十位教授，刊行了《白话史记》，颇获好评。次年，又与辅仁大学中国文学系、所合作，在当时的系主任兼所长王静芝教授主持之下，邀集系内十二位教师，规划《白话三国志》的编译工作。

其后，河洛出版社在经营上出现危机，难以为继，将其刊印书籍之版权一一释出，《白话史记》由联经出版事业公司接手，《白话三国志》则由（台湾）国家出版社承接。目前，北京新世界出版社陆续推出二书的简化字本，能看到所编译的成果继续推广，就当年的与其事者而言，毋宁是件令人欣慰的事。

韶光荏苒，一手策划刊行史书今译的许仁图兄于解脱囹圄之灾后，长年投身于本土政党之党务工作，看来已与文献古籍绝缘；共同编译《白话三国志》的师长与同仁，颐平（铁俊）师、试中师、静芝师三位前辈先后归道山，惠敏移居国外，明德另有高就；区区也由青壮转为届退之身，重读静芝师的《序》，往事犹在目前，感慨无既。

《白话三国志》正体字版与简化字版之刊印先后历时越三十载，然而两岸在出版信息的联接上仍有不得其门而入，搭不上线的现象；幸运的是——在简化字版编排竣事之际，接获新世界出版社的讯息，使当年编译的同仁有机会把旧稿重新检阅一遍，即使时间短暂，联络得上的编译者们或许也仅能匆匆寓目，终究新刊印的应较旧作更为完善。

对台湾的出版业者而言，目前的氛围适逢隆冬，类似语译古籍的新作久已不曾出现，原有的旧作，几乎也没有机会再版，作为国学的研究者，不无遗憾。欣闻《白话三国志》简化字版在大陆刊行，但愿类似的新作，能陆续问世，引领有志一窥历代文史殿堂的年轻朋友们越过语文上的障碍，亦可谓传播传统文化之助力，有志于斯者，其共勉之。

王初庆 戊子元月志于新庄辅仁大学中国文学系

序

晋人陈寿撰《三国志》，是史学名著之一。读史的人，于正史必先读四史:《史记》《汉书》《后汉书》《三国志》。因这几部书于史料、创例、文笔，各有其超越之处。而《三国志》一书，更因罗贯中所作的小说《三国演义》的普遍流行，为大众所关心。

《三国演义》一书的写成，其基本资材是一部《三国志》，另外参考若干其他资料，加以演义。罗贯中会穿插、善编造、精于描写、擅刻画人物，使《三国演义》成为一部令人喜爱的历史小说。这部历史小说，贵在虽经演义而根干不违史实，只在枝叶上铺张，而使读者留下概括的历史印象。因此，也会使读《三国演义》的人，想到陈寿的《三国志》，很想读一读，以便和演义对照一下。这当然是很有趣的。

不过,《三国志》是一部正史，是用文言写成的纪传体，读起来当然不如读《三国演义》那样方便容易。因之虽有许多人想读《三国志》，往往因文字上的滞碍而减少了兴趣。乃致想读的人很多，而真正读下去又颇为费时费力。

台湾国家出版社有鉴于此，遂想到白话本《三国志》的出版。这一部《白话三国志》，是由我和林明德、黄湘阳、李毓善、吴颐平、傅试中、王金凌、包根弟、汪惠敏、王初庆、齐晓枫、王令樾等十一位教授分别担任译述的工作。

关于将文言译成白话的工作，说起来是一件相当困难的事。我们这十几个人，屡次集会商讨，如何求其工作顺利，如何能使多数人合作的结果体例划一，如何尽量使译文流畅，而最重要的是千万不要产生错误。我们经过多次讨论后，决定几项原则：

第一,《三国志》是一部正史，它本身负史学责任，我们只作文字上的传译，将原作的文言翻成白话。换而言之，我们只能作文言翻成白话的工作，并不作史学上的解释，更不作史学上的考订。

第二，为了使读者对地理的变迁容易了解，比较重要的古代地名以括弧文字注明现在地名；这一注明，并不是历史考订，也不是每个地名都加注明，大致根据地名大辞典，参考谭其骧《中国历史地图集》，结合现在行政区划，本着为读者服务，代为检出注明而已。如其中仍有待考之处，则不是我们的学力能做到的事，也不在翻白话的工作范围之内，我们也不敢多作。

第三，关于年号，为使读者易于了解其时间先后，用括弧加注西历纪元年数。但可依前推定者，亦并非每年都加注明。有的便省略括弧文字，以免浪费篇幅。

第四，关于译文，应该求其成为一篇白话文，不必为了原作的字句繁琐或用典而加上累赘的解释文字。也不必为了原作句法太简，而使翻译字句受到拘束，乃致语意不明。

总之，为了行文的明顺，也可以直译其字句，也可以意译；但总以能直译而文字畅达为主要目标，不得已时才酌加渲染，求其义明辞顺；希望与《三国志》原文对照参读，字句相寻，不失原义。（原台湾版《白话三国志》无陈寿原文，为方便读者计，将原文与白话文一一对照编排。——本社注）

就以上所述，可以看出，这一部《白话三国志》，就是由陈寿已写好的一部史书译述出来，由文言变成白话；这部《白话三国志》，当然不能取代陈寿的《三国志》，也不能供史学家作任何用途。这部书只能供广大读者阅读方便，不必读《三国志》原文，也可窥知三国正史的记载；这部书也能帮助读《三国志》原书的人，作为文言对照之用，以增高阅读古书的能力；至于多数人读过《三国演义》，因而想参照一下正史如何记载的，这一部书可以给予相当满意的答案，这里有每一个三国重要人物的传，译成白话以后，有如三国人物故事。读了之后，更可以了解罗贯中如何据此穿插演义而成为精彩的小说了。

古书今译，是一个新兴的写作，究竟如何译法才算最好，今日还找不出定案。我们十几个人作这一工作，仍在边作边摸索之间，所译有所不妥，自在意中；台湾国家出版社主人催稿甚急，匆促有错，更所难免。尚望博雅君子，不吝赐教。

王静芝于台北茂庐

译者签名及小传

王静芝

王静芝，原名大安，以字行，号菊农，笔名王方曙，晚号龙壑，1916 年生于沈阳，长于北平。毕业于北平辅仁大学国文系，并从启功教授学书画。抗战内徙重庆，又从沈尹默先生学书法。胜利返北平，归沈阳，任公职，当选国民大会代表。1949 年来台湾，任职教育界，曾任台湾东海大学副教授、辅仁大学教授兼中国文学系系主任，暨台湾中国文学研究所所长。余暇从事写作和书画。荣退后，获聘为辅仁大学中国文学研究所讲座教授，2002 年归道山，享寿八十七岁。学术著作有《诗经通释》、《经学通论》、《韩非思想体系》、《国学导读》、《剑南诗稿族友考》、《国学概要》等。《韩非思想体系》一书获中山学术奖。

吴鐵俊

吴颐平，本名铁俊，字颐平，1912 年生于北平，1932 年毕业于北平平民大学国文系。同年获聘为北平辅仁大学附中教员，次年又兼任北平盛新中学国文及史地教员，皆因参加抗战而离职。1944 年担任重庆天主教文化协进会秘书，1946 年担任南京天主教总主教公署秘书，后随政府来台，任教于台南师范学校，教授国文与英文。1948 年旋返大陆，来年赴香港，相继于香港天主教神哲学院、香港圣若瑟中学任教。1961 年再次来台，先至高雄道明中学任教职，来年北上，受聘为台北辅仁大学文学院秘书，直至退休。其间先后担任中国文学系讲师、副教授，著有《范蠡述评》、《比喻选择》、《苏东坡尚友陶靖节》、《陶靖节与慧远》、《论语中之财富观》、《萧统与陶渊明》等。

汪惠敏

汪惠敏，安徽省绩溪县人，1949 年生。辅仁大学中国文学系硕士，历任辅仁大学中国文学系讲师、副教授。著有《史记政治人物述评》、《南北朝经学初探》、《三国时代之经学研究》、《宋代经学之研究》、《何晏论语集解考辨》等。

傅試中

傅试中，河南省固始县人，1920 年生。北平辅仁大学国文学系毕业，曾任北平私立汇文中学国文教师及台北市立中山女子高级中学国文教师，其后转任淡江文理学院中文系讲师，辅仁大学中国文学系讲师、副教授。专长为古典诗、词、曲等。著作有《周姜词异同之研究》、《两宋承先启后之二词人——清真、白石词之比较与分析》、《白石词启后之研究：南宋》等。1986 年自辅仁大学退休，1996 年逝世。

王初庆，1943 年生，安徽舒城人，辅仁大学文学硕士，历任辅仁大学中国文学研究所所长，中国文学系所主任，现任辅仁大学中国文学系教授。研究领域侧重于《春秋》学、中国文字学与《韩非子》，著有《中国文字结构析论》、《中国文字结构析论——六书释例》、《春秋左传杜氏义述要》、《读〈韩非子〉杂记》、《〈韩非子·八经〉校笺》等。

黄湘阳，湖北省大冶县人，1945 年生。辅仁大学中国文学系硕士，曾任辅仁大学中国文学系主任、文学院院长、主任秘书、进修部部主任，现任辅仁大学中国文学系教授、辅仁大学推广部主任。著有《由郑庄公军事杰出原因论其成败得失》、《由〈左传·郑伯克段〉检讨尊法的必要》、《〈荀子〉军事思想》等。

王金凌，广东省丰顺县人，1949 年生。辅仁大学文学硕士，东吴大学文学博士，曾任中山大学中国文学系系主任、辅仁大学中国文学系系主任、研究所所长、辅仁大学主任秘书，现任中国文学系教授兼文学院院长。研究领域为先秦学术、魏晋玄学、文学理论、文心雕龙、佛学等。著有《刘勰年谱》、《〈文心雕龙〉文论术语析论》、《中国文学理论史》上古篇及六朝篇、《论易系辞中阴阳与乾坤的冲突及其转折》、《论〈礼记·中庸〉各章的训诂关系及其大义》、《论道德经的虚静世界》、《论嵇康声无研乐论的两重意义》、《文学与慈悲》等。

齐晓枫，香港大学哲学博士，辅仁大学中国文学系副教授。著有《双渐与苏卿故事研究》、《抛绣球选婿故事的模式与意义》、《榜下脔婿的真与幻》、《明清之际选婿小说戏曲的模式与成年礼》、《相如文君故事义蕴析论》、《明清时期的潘金莲戏曲》、《明清戏曲中与屈原相关剧目考》、《〈插科〉考》、《元杂剧中科诨的类型》、《元杂剧〈汗衫记〉的嘲弄与谐趣》、《元代公案剧的基型结构》、《由窦娥故事的嬗变观金锁记》、《清宫大戏〈昭代箫韶〉初探——杨家将大破天门阵的舞台艺术》、《台湾近五年博硕士论文宋词研究概况》等。

林明德，1946 年生，台湾省高雄县人，辅仁大学中国文学系毕业，辅仁大学中文研究所毕业，现任辅仁大学中国文学系教授。著有《晏几道及其词》、《金元文学家小传》、《唐诗的境界》、《中国古典文学研究丛刊》、《草原文学》等书。

包根弟，1941 年生，浙江省定海县人，私立辅仁大学中国文学系、研究所毕业，曾任私立辅仁大学中国文学系教授。2007 年 2 月退休，现任辅仁大学中国文学系兼任教授。著有《淮海居士长短句笺释》、《词选》、《姜白石词研究》、《元诗研究》、《陶渊明的儒家思想》等书。

李毓善，山东平度县人，1939 年生，台湾师范大学国文系毕业，现任私立辅仁大学中文系教授。著有《苏舜钦研究》、《汉高祖本纪》、《史汉异同考》。

王令樾，1948 年生，山东诸城县人。私立辅仁大学中国文学系毕业，南京师范大学古代文学博士。辅仁大学中国文学系副教授。著有《历代连珠评释》、《纬学探原》、《文选诗部探析》等著作。

目　录

三国志卷一

武帝纪第一

王静芝 译

太祖武皇帝，沛国谯人也，姓曹，讳操，字孟德，汉相国参之后。桓帝世，曹腾为中常侍大长秋，封费亭侯。养子嵩嗣，官至太尉，莫能审其生出本末。嵩生太祖。

太祖少机警，有权数，而任侠放荡，不治行业，故世人未之奇也；惟梁国桥玄、南阳何颙异焉。玄谓太祖曰："天下将乱，非命世之才不能济也，能安之者，其在君乎！"年二十，举孝廉为郎，除洛阳北部尉，迁顿丘令，征拜议郎。

曹操（公元155—220），选自清皇家珍藏手抄善本绘图描金银《三国志演义》。

太祖武皇帝，沛国（汉国名，有今河南、安徽东部、江苏北部一带地）谯县（今安徽亳州）人，姓曹名操，字孟德，是汉初相国曹参的后裔。当汉桓帝在位时候，宦官曹腾为中常侍大长秋，封费亭侯。曹腾有养子曹嵩，为曹腾的嗣子。曹嵩官至太尉，但没有人能知道曹嵩的身世出生本末。曹操便是曹嵩的亲生子。

曹操年少时便十分机警，有权谋，有心计，而任使意气，行豪侠之事，放荡不羁，不注重操行和学业，故当时人未加重视。惟有梁国人桥玄、南阳人何颙二人，以为曹操为人，不同于众人。桥玄对曹操说："天下将要大乱，没有治国安邦能力的人，不能救天下；我看能安定天下的人，就是你了！"曹操年二十时，被举为孝廉，任郎官。除洛阳北部尉，迁为顿丘令。后被征，拜为议郎。

曹操献刀刺董图，选自清刊本《三国演义》。据《三国演义》，曹操最初屈身事董卓，后来借司徒王允七宝刀到董卓府上行刺，事不遂，就假托进献宝刀，趁机逃归故里，并起兵反董卓。图为曹操以献刀为名，伺机杀董卓。

光和末，黄巾起。拜骑都尉，讨颍川贼。迁为济南相，国有十余县，长吏多阿附贵戚，赃污狼藉，于是奏免其八；禁断淫祀，奸宄逃窜，郡界肃然。久之，征还为东郡太守；不就，称疾归乡里。

顷之，冀州刺史王芬、南阳许攸、沛国周旌等连结豪杰，谋废灵帝，立合肥侯，以告太祖，太祖拒之。芬等遂败。

金城边章、韩遂杀刺史郡守以叛，众十余万，天下骚动。征太祖为典军校尉。会灵帝崩，太子即位，太后临朝。大将军何进与袁绍谋诛宦官，太后不听。进乃召董卓，欲以胁太后，卓未至而进见杀。卓到，废帝为弘农王而立献帝，京都大乱。卓表太祖为骁骑校尉，欲与计事。太祖乃变易姓名，间行东归。出关，过中

汉灵帝光和末年（公元184年），黄巾之乱起。曹操拜骑都尉，领兵征讨颍川黄巾贼。后迁为济南国相。济南国有十多县，各县长吏，多阿谀趋附朝廷贵戚，贪赃污秽，声名狼藉。于是曹操上奏朝廷，免去其中八县长吏；禁绝已往风行多年的立祠奉祀，假借题目，奢侈淫乐；将祀屋都毁废，淫祀之风，从此斩绝。奸邪之人，都逃窜于旁郡。本郡界内，一时肃清。过了很久，曹操被征还为东郡太守。曹操不肯就，称病辞职，归还乡里。

不久以后，冀州刺史王芬、南阳人许攸、沛国人周旌等人，连结豪杰之士，密谋废掉汉灵帝，立合肥侯为帝。他们把这种密谋告诉曹操，曹操以为不妥，拒绝参与。王芬等后来事败。

金城郡（今甘肃西部，青海东部）边章、韩遂，杀了刺史郡守而叛乱，有兵众十余万。这件事使天下为之骚动。朝廷征曹操为典军校尉。这时正当汉灵帝崩逝，太子即位，太后临朝听政。大将军何进和袁绍二人密谋诛除宦官，太后不以为然，不接受何进的计谋。何进乃召董卓入京，打算用董卓的力量胁迫太后。但董卓还没有来到，而何进先被宦官杀死。待董卓到，董卓废了汉帝，改为弘农王，而另立了献帝。京都大乱。董卓表奏曹操为骁骑校尉，想要和曹操相与计义行事。曹操见情势不对，便改易姓名，暗中潜行，东归乡里。

牟，为亭长所疑，执诣县，邑中或窃识之，为请得解。卓遂杀太后及弘农王。太祖至陈留，散家财，合义兵，将以诛卓。冬十二月，始起兵于己吾，是岁中平六年也。

初平元年春正月，后将军袁术、冀州牧韩馥、豫州刺史孔伷、兖州刺史刘岱、河内太守王匡、勃海太守袁绍、陈留太守张邈、东郡太守桥瑁、山阳太守袁遗、济北相鲍信同时俱起兵，众各数万，推绍为盟主。太祖行奋武将军。

二月，卓闻兵起，乃徙天子都长安。卓留屯洛阳，遂焚宫室。是时绍屯河内，邈、岱、瑁、遗屯酸枣，术屯南阳，伷屯颍川，馥在邺。卓兵强，绍等莫敢先进。太祖曰："举义兵以诛暴乱，大众已合，诸君何疑？向使董卓闻山东兵起，倚王室之重，据二周之险，

三英战吕布，清代年画。据《三国演义》，董卓把持朝政，凶狠专横，十八路诸侯拥袁绍为盟主起兵讨伐，董卓派吕布在虎牢关与各路诸侯相拒。两军接战时，吕布连斩数将，势不可挡，张飞奋勇上前，与吕布相敌，关羽、刘备随后上前夹攻，吕布败走。

董卓行文追捕。曹操出关，过中牟县，被亭长所怀疑。亭长逮捕了曹操，带见县令。县中也有人认得出他是曹操，但也假作不认识，向县令说解，因而释放。董卓于是杀了太后和弘农王。曹操到了陈留，散尽家财，纠合义兵，将要诛除董卓。冬十二月，开始起兵于己吾（今河南宁陵县），这一年是汉灵帝中平六年（公元189年）。

次年，汉献帝初平元年（公元190年），春正月，后将军袁术、冀州牧韩馥、豫州刺史孔伷、兖州刺史刘岱、河内太守王匡、勃海太守袁绍、陈留太守张邈、东郡太守桥瑁、山阳太守袁遗、济北相鲍信，同时起兵讨伐董卓。兵众各有数万，推勃海太守袁绍为盟主，而曹操为奋武将军。

二月，董卓闻知众太守起兵，乃迁徙天子，改都城于长安。而董卓自己留驻在洛阳，烧毁了洛阳宫室。这时，袁绍屯兵河内；张邈、刘岱、桥瑁、袁遗屯兵酸枣；袁术屯兵南阳；孔伷屯兵颍川；韩馥屯兵在邺。董卓兵强，袁绍等都不敢领先进兵。曹操说："我们举义兵诛除暴乱，大众已经聚合，各位还有什么可疑惑的？以往假使董卓听到山东方面，起兵西向，他可以倚恃王室以自重，据守二周的险要之地，东向以治天

东向以临天下；虽以无道行之，犹足为患。今焚烧宫室，劫迁天子，海内震动，不知所归，此天亡之时也。一战而天下定矣，不可失也。”遂引兵西，将据成皋。邈遣将卫兹分兵随太祖。到荥阳汴水，遇卓将徐荣，与战不利，士卒死伤甚多。太祖为流矢所中，所乘马被创，从弟洪以马与太祖，得夜遁去。荣见太祖所将兵少，力战尽日，谓酸枣未易攻也，亦引兵还。

太祖到酸枣，诸军兵十余万，日置酒高会，不图进取。太祖责让之，因为谋曰：“诸君听吾计，使勃海引河内之众临孟津，酸枣诸将守成皋，据敖仓，塞轘辕、太谷，全制其险；使袁将军率南阳之军军丹、析，入武关，以震三辅：皆高垒深壁，勿与战，益为疑兵，示天下形势，以顺诛逆，可立定也。今兵以义动，持疑而不进，失天下之望，窃为诸君耻之！”邈等不能用。

太祖兵少，乃与夏侯惇等诣扬州募兵，刺史陈温、丹杨太守周昕与兵四千余人。还到龙亢，士卒多叛。至铚、建平，复收兵得千余人，进屯河内。

刘岱与桥瑁相恶，岱杀瑁，以王肱领东郡太守。

下。虽然他是以无道而主政，可是还是足以为患。现在就不然了，他焚烧了宫室，劫持天子，迁徙都城，海内为之震动，不知如何是好，无所归向。这是天亡董卓的时候，一战就可以定天下，机会不可失去！”于是曹操便引兵西进，将要据守成皋。张邈派将卫兹，分兵随曹操西进。曹兵到荥阳汴水，遭遇董卓将徐荣，交战不利。曹操兵伤亡很多，曹操且被流矢射中，他所骑的马也受了伤。曹操的从弟曹洪，把自己所骑的马给曹操骑，曹操才得乘黑夜逃去。徐荣见曹操所率领的兵虽少，但能尽力作战，整天力斗不懈，因想酸枣一地实在不易攻下，便也引兵回去。

曹操到了酸枣，见各军兵众聚合有十几万人，每天饮酒集会，并不图谋进取，曹操便责难他们，因而为他们设谋说：“各位，听我的计划，现在我们应该由勃海太守袁绍，引河内之兵，到达孟津；酸枣有张太守邈、刘刺史岱、桥太守瑁、袁太守遗等军队，可守成皋，据敖仓，塞住轘辕、太谷，完全控制住各险要之地。由袁术将军率领南阳之兵，进驻丹水、析州，入武关，（三地皆在河南省内乡县）用以震动三辅（指长安、冯翊、扶风，今陕西中部地区）。但各军都应作高垒深壁，不要出战。多作疑兵，表示天下形势，正已造成各地豪杰联合围攻董卓之势，以顺应天下之心，诛讨逆贼。这样行动，成功的大势可以立时而定。目前各军已经仗义起事，但持犹豫态度而不前进，使天下人为之失望！我私下实为各位感到羞耻！”曹操虽这样说，张邈等还是不肯用曹操的计划。

曹操这时感到自己的兵少，便和夏侯惇等到扬州去募兵。扬州刺史陈温、丹杨太守周昕拨出兵众四千余人给曹操。曹操带着兵回来，行到龙亢，这些士卒多叛逃。到了铚、建平二地，又收得兵士千余人，于是进兵，屯于河内。

刘岱和桥瑁二人之间有仇怨，相互恨恶。刘岱竟杀了桥瑁，以王肱领东郡太守。

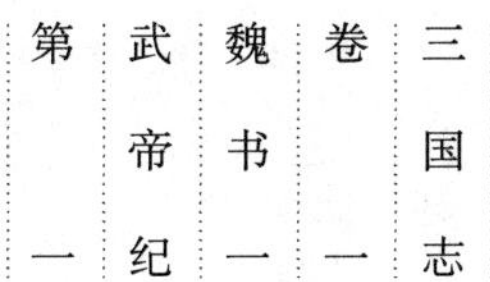

袁绍与韩馥谋立幽州牧刘虞为帝，太祖拒之。绍又尝得一玉印，于太祖坐中举向其肘，太祖由是笑而恶焉。

二年春，绍、馥遂立虞为帝，虞终不敢当。

夏四月，卓还长安。

秋七月，袁绍胁韩馥，取冀州。

黑山贼于毒、白绕、眭固等十余万众略魏郡、东郡，王肱不能御，太祖引兵入东郡，击白绕于濮阳，破之。袁绍因表太祖为东郡太守，治东武阳。

三年春，太祖军顿丘，毒等攻东武阳。太祖乃引兵西入山，攻毒等本屯。毒闻之，弃武阳还。太祖要击眭固，又击匈奴於夫罗于内黄，皆大破之。

夏四月，司徒王允与吕布共杀卓。卓将李傕、郭汜等杀允攻布，布败，东出武关。傕等擅朝政。

青州黄巾众百万入兖州，杀任城相郑遂，转入东平。刘岱欲击之，鲍信谏曰："今贼众百万，百姓皆震恐，士卒无斗志，不可敌也。观贼众群辈相随，军无辎重，唯以钞略为

袁绍和韩馥二人密谋立幽州牧刘虞为帝，曹操拒绝参与。袁绍又曾经得到一颗玉印，他以为这是一种佳兆，有一次在曹操座中，举起玉印比向臂肘，表示其得印的幸运。曹操见袁绍如此浅薄状，由此更笑其愚昧器小，而十分厌恶，内心不服袁绍。

献帝初平二年春，袁绍、韩馥二人立幽州牧刘虞为帝。但刘虞自以德能不足，始终不敢接受。

夏四月，董卓由洛阳回长安。

秋七月，袁绍胁迫韩馥，取得冀州之地。

黑山贼于毒、白绕、眭固等，率贼众十余万，攻侵魏郡、东郡。太守王肱不能抵御，曹操引兵入东郡，击白绕部贼兵于濮阳，破贼兵。袁绍因此上表于献帝，以曹操为东郡太守，郡治东武阳（今山东省莘县中部）。

初平三年春，曹操军驻扎顿丘，黑山贼于毒等攻东武阳。曹操乃引兵西行入山，攻于毒等根据地。于毒得消息，放弃了东武阳的攻击，回山中本屯聚地。曹操又遮拦突击眭固贼部，又攻击匈奴於夫罗于内黄，都大破敌众。

夏四月，司徒王允与吕布共同杀死董卓。董卓部将李傕、郭汜等，杀了王允，攻击吕布。吕布败走，向东退出武关。李傕等人乃专擅朝政。

青州的黄巾贼，有百万之众，攻入兖州，杀死任城相郑遂，转入东平。兖州刺史刘岱要用兵击黄巾贼。鲍信谏说："目前贼兵有百万之众，声势浩大，老百姓都震怖恐惧，士卒都没有斗志，贼人的势强，不可抵挡。我观察贼兵的情况，群众乌合，前后相随，并无组织，军中也没有辎重粮草，唯以掠夺为军中之用，不是精强的部队。今日之计，不如畜

资，今不若畜士众之力，先为固守。彼欲战不得，攻又不能，其势必离散，后选精锐，据其要害，击之可破也。”岱不从，遂与战，果为所杀。信乃与州吏万潜等至东郡迎太祖领兖州牧。遂进兵击黄巾于寿张东。信力战斗死，仅而破之。购求信丧不得，众乃刻木如信形状，祭而哭焉。追黄巾至济北。乞降。冬，受降卒三十余万，男女百余万口，收其精锐者，号为青州兵。

袁术与绍有隙，术求援于公孙瓒，瓒使刘备屯高唐，单经屯平原，陶谦屯发干，以逼绍。太祖与绍会击，皆破之。

四年春，军鄄城。荆州牧刘表断术粮道，术引军入陈留，屯封丘，黑山余贼及於夫罗等佐之。术使将刘详屯匡亭。太祖击详，术救之，与战，大破之。术退保封丘，遂围之，未合，术走襄邑，追到太寿，决渠水灌城。走宁陵，又追之，走九江。夏，太祖还军定陶。

下邳阙宣聚众数千人，自称天子；徐州牧陶谦与共举兵，取泰山华、费，略任城。秋，太祖征陶谦，下十余城，谦守城不敢出。

是岁，孙策受袁术使渡江，数年间遂有江东。

兴平元年春，太祖自徐州还。初，太祖父嵩，去官后还谯，董卓之乱，避难琅邪，为

养士众之力，先固守城池不出。贼众对我，要战不得战，要攻而攻不破，贼势必然有离散之心，然后我选拔精锐士卒，据其要害，加以攻击，必能破贼。”刘岱不听，竟引兵出战，果然被黄巾贼所杀。鲍信乃和州吏万潜等，到东郡，迎曹操来领兖州牧。于是曹操领兵进击黄巾贼于寿张之东。鲍信力战而死。曹操用尽兵力奇计，才险胜而击破贼兵。于是悬赏购求鲍信遗体，不能得，乃刻一木人如鲍信形貌，大家祭而哭拜。曹操军追黄巾贼于济北。黄巾乞降。冬，曹操受黄巾降卒三十余万众，百姓男女百余万口，曹操收其中精锐，命名为青州兵。

袁术与袁绍旧有嫌隙。袁术求援于公孙瓒，公孙瓒使刘备屯兵高唐，单经屯兵平原，陶谦屯兵发干，用以威逼袁绍。曹操与袁绍会兵攻击各据点，各地都被击破。

初平四年春，曹操进军鄄城。荆州牧刘表，遮断袁术粮道。袁术引兵入陈留，屯兵封丘。黑山黄巾余贼和匈奴於夫罗等协助袁术。袁术使部将刘详屯兵匡亭。曹操引兵攻刘详。袁术引兵救刘详，与曹操兵战，曹大破袁术兵。袁术退保封丘，曹操引兵围袁术，在未能合围之际，袁术遁走，奔向襄邑。曹兵追到太寿，决开河渠堤，以泛滥之水灌城。袁术又逃，走宁陵，曹又引兵追，袁又走九江。夏，曹操引军还归定陶。

下邳人阙宣，聚众数千人，自称天子。徐州牧陶谦与阙宣共同举兵，取得泰山华、费各地，攻略任城。秋，曹操引兵攻陶谦，连下十余城。陶谦守城不敢出战。

这一年，孙策受袁术使命，渡江而南，数年之间，孙策乃有江东之地。

汉献帝兴平元年（公元194年），曹操从徐州征陶谦归来。在先，曹操的父亲曹嵩，

陶谦所害，故太祖志在复仇东伐。夏，使荀彧、程昱守鄄城，复征陶谦，拔五城，遂略地至东海。还过郯，谦将曹豹与刘备屯郯东，要太祖。太祖击破之，遂攻拔襄贲，所过多所残戮。

会张邈与陈宫叛迎吕布，郡县皆应。荀彧、程昱保鄄城，范、东阿二县固守，太祖乃引军还。布到，攻鄄城不能下，西屯濮阳。太祖曰："布一旦得一州，不能据东平，断亢父、泰山之道，乘险要我，而乃屯濮阳，吾知其无能为也。"遂进军攻之。布出兵战，先以骑犯青州兵。青州兵奔，太祖陈乱，驰突火出，坠马，烧左手掌。司马楼异扶太祖上马，遂引去。未至营止，诸将未与太祖相见，皆怖。太祖乃自力劳军，令军中促为攻具，进复攻之，

为报父仇，曹操率大军进伐兖州，选自清刊本《三国演义》。据《三国演义》，兖州牧陶谦为向曹操示好，特派部将张闿率部护送曹家一行，张闿因为贪图财物而将曹父及全家击杀。图为曹操率军攻击兖州。

去官以后，回到谯郡。董卓之乱，又走琅邪避难，被陶谦所害。所以曹操志在复仇，乃东伐陶谦。夏，曹操使荀彧、程昱二人守鄄城，又出兵征陶谦。攻下五城，得地很多，直到东海郡（今山东郯城县西南）。还兵过郯（今山东郯城县），陶谦部将曹豹和刘备屯兵在郯东，拦截曹操兵。曹操击破曹豹、刘备之兵，乃攻拔襄贲。曹兵所过之地，多所残杀。

这时张邈和陈宫二人叛而迎吕布，许多郡县一时都响应。曹操部下荀彧、程昱力保鄄城，范、东阿两县也固守阵地，曹操见情势危急，乃引兵回。吕布到，进攻鄄城，不能攻下。向西移兵屯濮阳。曹操见吕布用兵如此，他说："吕布一时之间得一州，但不能占据东平，阻断亢父和泰山之道，乘险要以截我军，反而屯兵于濮阳。由此我可以看出吕布不能有所作为了！"于是曹操进兵攻吕布。吕布出兵迎战，先用骑兵攻曹操的青州兵。青州兵奔逃，曹操兵阵溃乱，曹操见军中火起，骑马突火而出。曹操坠马，火烧到左手掌。司马楼异奔来扶曹操上马，乃得逃出。曹操并未回到营中，而止于中途。诸将未能见曹操归来，都担心恐惧。但不久曹操归来，且自己巡营劳军，并命令军中，快快制造进攻工具，进兵再攻

与布相守百余日。蝗虫起，百姓大饿，布粮食亦尽，各引去。

秋九月，太祖还鄄城。布到乘氏，为其县人李进所破，东屯山阳。于是绍使人说太祖，欲连和。太祖新失兖州，军食尽，将许之。程昱止太祖，太祖从之。冬十月，太祖至东阿。

是岁谷一斛五十余万钱，人相食，乃罢吏兵新募者。陶谦死，刘备代之。

二年春，袭定陶。济阴太守吴资保南城，未拔。会吕布至，又击破之。夏，布将薛兰、李封屯钜野，太祖攻之，布救兰，兰败，布走，遂斩兰等。布复从东缗与陈宫将万余人来战，时太祖兵少，设伏，纵奇兵击，大破之。布夜走，太祖复攻，拔定陶，分兵平诸县。布东奔刘备，张邈从布，使其弟超将家属保雍丘。秋八月，围雍丘。冬十月，天子拜太祖兖州牧。十二月，雍丘溃，超自杀，夷邈三族。邈诣袁术请救，为其众所杀，兖州平，遂东略陈地。

是岁，长安乱，天子东迁，败于曹阳，渡河幸安邑。

建安元年春正月，太祖军临武平，袁术所置陈相袁嗣降。

吕布。曹操与吕布对峙一百多日，未分胜负，后有蝗虫起，吃尽田中粮食，百姓无米而大饥馑。吕布军粮食也用尽，双方才各自退去。

秋九月，曹操回到鄄城。吕布兵到乘氏，被乘氏县人李进所攻破。吕布移军向东屯于山阳。于是袁绍派遣使者，游说曹操，想和曹操连和。曹操刚刚失了兖州，又加军中粮食已尽，打算允许与袁绍连和。程昱劝止曹操，不要连袁绍，曹操从程昱之议，不与袁绍连和。冬十月，曹操到东阿。

这一年，谷一斛价五十余万钱。大饥饿，人与人相食，于是停止吏兵新募。陶谦死，刘备代陶谦为徐州牧。

兴平二年春，曹操兵袭击定陶。济阴太守吴资保南城，未能攻下。这时正当吕布兵到，曹操又击破吕布军。夏，吕布部将薛兰、李封屯兵钜野，曹操攻击薛兰兵，吕布驰往救薛兰。薛兰败，吕布退定。曹操乃杀薛兰等。吕布又从东缗与陈宫会合，率领万余众来战。当时曹操兵少，曹操乃设埋伏，突出奇兵击吕布，大破吕布兵。吕布乘夜遁走，曹操再攻，拔定陶，分兵攻下各县。吕布向东走，归于徐州刘备。张邈追随吕布，派弟弟张超带了家属，保守雍丘。秋，八月，曹操兵围雍丘。冬，十月，天子汉献帝拜曹操为兖州牧。十二月，雍丘兵崩溃，张超自杀。曹操杀尽张邈三族。张邈奔向袁术求救，中途被他自己的乱兵所杀，兖州完全平定，曹操便领兵向东攻略陈国属地。

这一年，长安大乱，献帝东迁，中途遭李傕郭汜之乱，王师大败于曹阳，渡黄河，车驾至安邑。

献帝建安元年（公元196年），春正月，曹操领兵到武平，袁术所任命的陈国相袁嗣投降于曹操。

太祖将迎天子，诸将或疑，荀彧、程昱劝之，乃遣曹洪将兵西迎，卫将军董承与袁术将苌奴拒险，洪不得进。

汝南、颍川黄巾何仪、刘辟、黄邵、何曼等，众各数万，初应袁术，又附孙坚。二月，太祖进军讨破之，斩辟、邵等，仪及其众皆降。天子拜太祖建德将军，夏六月，迁镇东将军，封费亭侯。秋七月，杨奉、韩暹以天子还洛阳，奉别屯梁。太祖遂至洛阳，卫京都，暹遁走。天子假太祖节钺，录尚书事。洛阳残破，董昭等劝太祖都许。九月，车驾出轘辕而东，以太祖为大将军，封武平侯。自天子西迁，朝廷日乱，至是宗庙社稷制度始立。

天子之东也，奉自梁欲要之，不及。冬十月，公征奉，奉南奔袁术，遂攻其梁屯，拔之。于是以袁绍为太尉，绍耻班在公下，不肯受。公乃固辞，以大将军让绍。天子拜公司空，行车骑将军。是岁用枣祗、韩浩等议，始兴屯田。

吕布袭刘备，取下邳。备来奔。程昱说公曰："观刘备有雄才而甚得众心，终不为人下，不如早图之。"公曰："方今收英雄时也，杀一人而失天下之心，不可。"

张济自关中走南阳。济死，从子绣领其众。二年春正月，公到宛。张绣降，既而悔之，

曹操将要迎接天子，诸将疑惑犹豫这种做法的利害，而荀彧、程昱二人劝曹操迎天子。曹操便派遣曹洪领兵，向西行进，迎接献帝。卫将军董承和袁术的部将苌奴二人，领兵拦阻曹洪于险要之处。曹洪兵不能进。

汝南、颍川两地的黄巾贼何仪、刘辟、黄邵、何曼等人，各有贼众数万，先响应袁术，后又附从孙坚。二月，曹操进兵讨伐，大破黄巾贼，斩了刘辟、黄邵等，何仪和他的兵众都投降。天子拜曹操为建德将军。夏六月，迁镇东将军，封费亭侯。秋七月，杨奉、韩暹护送天子回到洛阳。杨奉另外屯兵于梁。曹操乃到洛阳，拱卫京都，韩暹逃走。献帝假曹操节钺，录尚书事。洛阳经劫后，残破不堪，董昭等劝曹操迁都许昌。九月，曹操护天子车驾出轘辕向东行。天子以曹操为大将军，封武平侯。自从献帝西迁长安，朝廷一切日益纷乱，至此，宗庙社稷制度，才建立起来。

这次天子的东行，杨奉想从梁地拦截车驾，但没来得及。冬十月，曹操引兵征讨杨奉，杨奉不敌，南奔而投袁术。曹操乃攻梁屯，取得其地。于是以袁绍为太尉。袁绍耻于位在曹操之下，不肯接受。曹操乃固辞大将军，以大将军让袁绍。献帝拜曹操为司空，行车骑将军。这一年，用枣祗、韩浩等人的建议，开始实行屯田。

吕布袭击刘备，取得下邳。刘备来投曹操。程昱说曹操云："看起来，刘备有雄才，而又很得大众之心，终不会居于人下，不如早把他除掉。"曹操说："目前正是收服英雄的时候，杀一个人而失掉天下的人心，不可以！"

张济从关中走至南阳。张济死，从子张绣率领其士众。建安二年，春正月，曹操领兵到宛城。张绣出降。不久张绣后悔，又反。曹操与张绣战，兵败。曹操被流矢所射中。

复反。公与战，军败，为流矢所中，长子昂、弟子安民遇害。公乃引兵还舞阴，绣将骑来钞，公击破之。绣奔穰，与刘表合。公谓诸将曰："吾降张绣等，失不便取其质，以至于此。吾知所以败。诸卿观之，自今已后不复败矣。"遂还许。

袁术欲称帝于淮南，使人告吕布。布收其使，上其书。术怒，攻布，为布所破。秋九月，术侵陈，公东征之。术闻公自来，弃军走，留其将桥蕤、李丰、梁纲、乐就；公到，击破蕤等，皆斩之。术走渡淮。公还许。

公之自舞阴还也，南阳章陵诸县复叛为绣，公遣曹洪击之，不利，还屯叶，数为绣、表所侵。冬十一月，公自南征，至宛。表将邓济据湖阳。攻拔之，生擒济，湖阳降。攻舞阴，下之。

三年春正月，公还许，初置军师祭酒。三月，公围张绣于穰。夏五月，刘表遣兵救绣，以绝军后。公将引还，绣兵来追，公军不得进，连营稍前。公与荀彧书曰："贼来追吾，虽日行数里，吾策之，到安众，破绣必矣。"到安众，绣与表兵合守险，公军前后受敌。公乃夜凿险为地道，悉过辎重，设奇兵。会明，贼谓公为遁也，悉军来追。乃纵奇兵步骑夹攻，大破之。秋七月，公还许。荀彧问公："前以策贼必破，何也？"

曹操长子曹昂、侄曹安民，都在这一战中遇害。曹操乃引兵回舞阴。张绣率骑兵来攻，曹操击破张绣。张绣败走奔穰县，合于刘表。曹操对诸将说："我收降张绣等人，错失在于没有乘便取得质押，以至于如此。我知道了这一次失败的原因。各位看着，从今以后，我不会再失败了。"乃引兵回到许昌。

袁术想要在淮南称帝，派人告诉吕布。吕布收押袁术使者，并将袁术的书信和使者送至许昌。袁术大怒，进兵攻吕布，被吕布击破。秋九月，袁术侵陈州。曹操率兵东征袁术。袁术知道曹操亲自来到，弃军而逃，留部将桥蕤、李丰、梁纲、乐就等守阵地。曹操到，击破桥蕤等，杀桥、李、梁、乐等。袁术遁走，渡过淮水。曹操回师许昌。

自从曹操从舞阴回许昌，南阳、章陵各县又叛而归张绣。曹操派遣曹洪进击，不能胜，还兵屯于叶，屡次遭张绣、刘表所侵扰。冬十一月，曹操亲自南征，到宛城。刘表部将邓济，据守湖阳。曹操进攻，拔湖阳，生擒邓济，湖阳投降。又攻舞阴，取得舞阴。

建安三年，春正月，曹操引兵回许昌，初置军师祭酒之职。三月，曹操领兵围张绣于穰（今河南邓县境）。夏五月，刘表派军救张绣。刘表军将要遮断曹军后退之路，曹操将要引兵退还。张绣领兵来追，曹操军因有刘表军拦截，不能前进，因连营而缓进，慢慢向前。曹操给荀彧书信说："贼来追我，我虽每日只能行数里，但我计算，到了安众，一定可以击破张绣。"曹操行到安众，张绣和刘表两军相合，坚守险要，曹军腹背受敌。曹操乃于夜间凿地道于险要之下，将辎重粮食全部运过，设置奇兵。天将明，张绣、刘表军以为曹操已逃遁，全军来追。曹操于是突出奇兵，步骑两军，向敌夹攻。大破敌兵。秋七月，曹操回公曰："虏遏吾归师，而与吾死地战，吾是以知胜矣。"

吕布复为袁术使高顺攻刘备，公遣夏侯惇救之，不利。备为顺所败。九月，公东征布。冬十月，屠彭城，获其相侯谐。进至下邳，布自将骑逆击。大破之，获其骁将成廉。追至城下，布恐，欲降。陈宫等沮其计，求救于术，劝布出战，战又败，乃还固守，攻之不下。时公连战，士卒罢，欲还，用荀攸、郭嘉计，遂决泗、沂水以灌城。月余，布将宋宪、魏续等执陈宫，举城降，生禽布、宫，皆杀之。太山臧霸、孙观、吴敦、尹礼、昌豨各聚众。布之破刘备也，霸等悉从布。布败，获霸等，公厚纳待，遂割青、徐二州附于海以委焉，分琅邪、东海、北海为城阳、利城、昌虑郡。

初，公为兖州，以东平毕谌为别驾。张邈之叛也，邈劫谌母弟妻子；公谢遣之，曰："卿老母在彼，可去。"谌顿首无二心，

白门楼吕布殒命，选自清刊本《三国演义》。

许昌。荀彧问："前次推算，贼必能破，是什么道理？"曹操答云："贼众阻遏我撤还之兵，而与我处于死地的军队作战，我所以知道必胜了。"

吕布又因为袁术的请求，派部将高顺攻刘备。曹操遣夏侯惇领兵救刘备，战而不利。刘备被高顺击败。九月，曹操东征吕布。冬十月，攻破彭城，掳获其相侯谐。进军到下邳。吕布亲自率骑兵迎击。曹军大破吕布军，掳获吕布骁将成廉。追到城下。吕布恐惧，想要投降。陈宫等人劝止，乃求救于袁术，并劝吕布出战。吕布出战又败，乃回兵固守。曹兵屡攻，不能攻下。这时曹操兵连连作战，士卒疲弊，曹操想要回军。用荀攸和郭嘉所谋之计，决泗水和沂水，灌下邳城。经围困一月余，吕布部将宋宪、魏续等缚执陈宫，全城投降。曹操得生擒吕布、陈宫，都杀死。太山臧霸、孙观、吴敦、尹礼、昌豨，各聚众。吕布击破刘备时，臧霸等都附从吕布。及吕布败，曹操获臧霸等，而待臧霸等人甚厚；乃割青州、徐州附于海，以委派臧霸等据守。分瑯邪、东海、北海为城阳、利城、昌虑三郡。

在先，曹操为兖州牧，以东平人毕谌为别驾。张邈叛乱时，曾劫持毕谌的母亲、弟弟和妻子；曹操解去毕谌职务而遣毕谌去，曹操说："你的老母在那里，你可以去。"毕谌当

公嘉之，为之流涕。既出，遂亡归。及布破，谌生得，众为谌惧，公曰："夫人孝于其亲者，岂不亦忠于君乎！吾所求也。"以为鲁相。

四年春二月，公还至昌邑。张杨将杨丑杀杨，眭固又杀丑，以其众属袁绍，屯射犬。夏四月，进军临河，使史涣、曹仁渡河击之。固使杨故长史薛洪、河内太守缪尚留守，自将兵北迎绍求救，与涣、仁相遇犬城。交战，大破之，斩固。公遂济河，围射犬。洪、尚率众降，封为列侯，还军敖仓。以魏种为河内太守，属以河北事。

初，公举种孝廉。兖州叛，公曰："唯魏种且不弃孤也。"及闻种走，公怒曰："种不南走越、北走胡，不置汝也！"既下射犬，生禽种，公曰："唯其才也！"释其缚而用之。

是时袁绍既并公孙瓒，兼四州之地，众十余万，将进军攻许。诸将以为不可敌，公曰："吾知绍之为人，志大而智小，色厉而胆薄，忌克而少威，兵多而分画不明，将骄而政令不一，土地虽广，粮食虽丰，适足以为吾奉也。"秋八月，公进军黎阳，使臧霸等入青州破齐、北海、东安，留于禁屯河上。九月，公还许，分兵守官渡。冬十一月，张绣率众降，封列侯。十二月，公军官渡。

时叩首表示无二心。曹操对毕谌嘉勉，毕谌为之流涕。但毕谌辞出之后，竟逃而归张邈。后来吕布事败，毕谌被曹操生擒，大家都为毕谌担心恐惧。但曹操说："人如果能孝其亲，岂不是也必忠于君吗！这正是我所要求的人。"曹操仍以毕谌为鲁国相。

建安四年，春二月，曹操回到昌邑。张杨的部将杨丑，杀了张杨，眭固又杀了杨丑，带了张杨的人马归附了袁绍，屯兵射犬。夏四月，曹操进军临黄河，使史涣、曹仁领兵渡河击眭固。眭固使张杨的旧长史薛洪、河内太守缪尚留守射犬，自己领兵北上迎袁绍求救。眭固中途与史涣曹仁相遇在犬城，双方交战。史涣曹仁大破眭固，斩眭固。曹操渡河，兵围射犬。薛洪、缪尚二人率众投降。曹操封二人为列侯，回军敖仓。以魏种为河内太守，委以全部河北政事。在早日，曹操曾举魏种为孝廉。及兖州叛乱，曹操说："唯有魏种将不会背弃我。"后来听说魏种逃走，曹操发怒说："魏种不能南逃亡于越，也不能北逃亡于胡地，终逃不出我手，我不会赦免你！"及攻下射犬之后，生擒了魏种。曹操却说："唯魏种的才可用。"解其绑绳而任为河内太守。

这时袁绍既已兼并了公孙瓒，兼有四州之地，兵众十余万，将要进军攻许昌。曹操部下诸将都以为袁绍的强大，不可敌。曹操说："我知道袁绍的为人，志大而智能薄，颜色严厉而胆量很小，好猜忌，嫉妒贤能，而缺少威力，兵虽多而不能清楚分划组织指挥；其部将骄矜，而政令不能统一；土地虽广大，粮食虽丰富，正好作为送我们的礼物！"秋八月，曹操进军黎阳，使臧霸等领兵入青州，击破齐、北海、东安，留于禁屯兵河上。九月，曹操回许昌，分兵守官渡（今河南省中牟县东北，地傍官渡水得名）。冬十一月，张绣率众来降，封张绣为列侯。十二月，曹操军驻官渡。

袁术自败于陈，稍困，袁谭自青州遣迎之。术欲从下邳北过，公遣刘备、朱灵要之。会术病死。程昱、郭嘉闻公遣备，言于公曰："刘备不可纵。"公悔，追之不及。备之未东也，阴与董承等谋反，至下邳，遂杀徐州刺史车胄，举兵屯沛。遣刘岱、王忠击之，不克。

庐江太守刘勋率众降，封为列侯。

五年春正月，董承等谋泄，皆伏诛。公将自东征备，诸将皆曰："与公争天下者，袁绍也。今绍方来而弃之东，绍乘人后，若何？"公曰："夫刘备，人杰也，今不击，必为后患。袁绍虽有大志，而见事迟，必不动也。"郭嘉亦劝公，遂东击备，破之，生禽其将夏侯博。备走奔绍，获其妻子。备将关羽屯下邳，复进攻之，羽降。昌豨叛为备，又攻破之。公还官渡，绍卒不出。

张辽劝关羽投降曹操。选自清刊本《三国演义》。据《三国演义》，关羽提出三个约定：一、降汉不降曹操，二、要求俸养刘备家小，三、若得刘备消息，必往投奔，曹操不得拦阻。图为张辽劝关羽投降。

袁术自从在陈战败之后，稍感困窘。袁谭从青州派人迎袁术。袁术要从下邳北方通过，曹操派遣刘备、朱灵二人拦截袁术。正值此时，袁术病死。程昱、郭嘉听说曹操派遣刘备去拦截袁术，对曹操说："刘备不可放走！"曹操后悔，已追赶不及。刘备在未能得机会东走以前，曾经与董承等合谋诛除曹操。刘备到了下邳，便杀了徐州刺史车胄，举兵屯于沛县。曹操派遣刘岱、王忠二人击刘备，不能胜。

庐江太守刘勋率众来降，封为列侯。

建安五年，春正月，董承等杀曹操的密谋泄露，同谋人都被杀。曹操将要亲自东征刘备，诸将都说："与公争天下的人，是袁绍。现今袁绍正要南来，而公弃袁绍不顾，却东征刘备。如果袁绍乘我之虚，从背后攻来，将如何应付？"曹操说："刘备，是人中豪杰，此时不击破，来日必为后患。袁绍虽有大志，而见事迟钝，必不会动兵。"郭嘉也劝曹操先攻刘备，于是乃出兵向东，击刘备。曹操大破刘备军，生擒刘备部将夏侯博。刘备逃走投奔袁绍，曹操俘获刘备妻子。刘备部将关羽屯兵下邳，曹操进兵攻下邳。关羽兵败，降。昌豨为附合刘备叛曹操，曹操攻破昌豨。曹操回官渡，袁绍到底没有出兵，果如曹操所料。

关羽白马斩颜良，选自清刊本《三国演义》。据《三国演义》，袁绍所部河北名将颜良、文丑均为关羽所杀。图为关羽飞马斩颜良。

二月，绍遣郭图、淳于琼、颜良攻东郡太守刘延于白马，绍引兵至黎阳，将渡河。夏四月，公北救延。荀攸说公曰："今兵少不敌，分其势乃可。公到延津，若将渡兵向其后者，绍必西应之，然后轻兵袭白马，掩其不备，颜良可禽也。"公从之。绍闻兵渡，即分兵西应之。公乃引军兼行趣白马，未至十余里，良大惊，来逆战。使张辽、关羽前登，击破，斩良。遂解白马围，徙其民，循河而西。绍于是渡河追公军，至延津南。公勒兵驻营南阪下，使登垒望之，曰："可五六百骑。"有顷，复白："骑稍多，步兵不可胜数。"公曰："勿复白。"乃令骑解鞍放马。是时，白马辎重就道。诸将以为敌骑多，不如还保营。荀攸曰："此所以饵敌，如何去之！"绍骑

二月，袁绍遣郭图、淳于琼、颜良，攻东郡太守刘延于白马。袁绍自引兵到黎阳，将渡黄河。夏四月，曹操亲自领兵北救刘延。荀攸劝曹操说："现今我方兵少，不能敌袁绍，若能分散敌方势力，方可以一战。公可以到延津，装成将要渡河，以兵攻其背后之势。袁绍见状，必定以兵向西，以应这种形势。然后我军可以用轻兵突袭白马，乘其不备，则颜良可以擒得。"曹操听从荀攸之计，照计划行事。袁绍听说曹兵将渡河，当即分兵向西应战。曹操乃引兵快速奔向白马。当到达距白马十余里之处时，颜良闻报大惊，急领兵来迎战。曹操使张辽、关羽为先锋，击破颜良军，关羽斩了颜良。乃解白马之围，曹操迁徙其地之民，沿黄河而向西进。袁绍于是渡黄河追曹军，到延津之南。曹操勒止兵马，扎营于南阪之下，使人登垒上远望袁军。报说："大约五六百骑来。"又过一时，又报："骑兵稍多，步兵多到数不出数目。"曹操说："不要再报了！"便下令，骑兵都解下马鞍，放马。这时，白马辎重粮草，装载在道上搬运。曹操部下诸将以为敌方骑兵多，我方不如还保营垒，弃掉辎重。荀攸说："这些辎重，正是所以引诱敌人的钓饵，怎能弃掉？"袁

将文丑与刘备将五六千骑前后至。诸将复白："可上马。"公曰："未也。"有顷，骑至稍多，或分趣辎重。公曰："可矣。"乃皆上马。时骑不满六百，遂纵兵击，大破之，斩丑。良、丑皆绍名将也，再战，悉禽，绍军大震。公还军官渡。绍进保阳武。关羽亡归刘备。

八月，绍连营稍前，依沙塠为屯，东西数十里。公亦分营与相当，合战不利。时公兵不满万，伤者十二三。绍复进临官渡，起土山地道。公亦于内作之，以相应。绍射营中，矢如雨下，行者皆蒙楯，众大惧。时公粮少，与荀彧书，议欲还许。彧以为"绍悉众聚官渡，欲与公决胜败。公以至弱当至强，若不能制，必为所乘，是天下之大机也。且绍，布衣之雄耳，能聚人而不能用。夫以公之神武明哲而辅以大顺，何向而不济！"公从之。

孙策闻公与绍相持，乃谋袭许，未发，为刺客所杀。

汝南降贼刘辟等叛应绍，略许下。绍使刘备助辟，公使曹仁击破之。备走，遂破辟屯。

袁绍运谷车数千乘至，公用荀攸计，遣徐晃、史涣邀击，大破之，尽烧其车。公与绍相拒连月，虽比战斩将，然众少粮尽，士卒疲乏。公谓运者曰："却十五日为汝破绍，不复

绍的骑将文丑，与刘备领五六千骑兵前后杀来。曹操诸将向曹操报信，并要求说："可以上马迎战了。"曹操说："还不可以。"过了些时，敌骑来到的渐渐加多，其中有些敌兵分别趋向辎重粮草。曹操下令说："可以上马了！"众将乃都上马迎战，当时敌骑不满六百，曹操乃纵兵击敌，大破敌兵，斩了文丑。颜良和文丑都是袁绍的名将，曹军经过两次战斗，将颜良文丑全都擒获斩杀，袁绍军大为震怒。曹操还兵到官渡。袁绍军进保守阳武。关羽不辞而走，归刘备。

八月，袁绍连营稍向前进，依沙堆为屯兵之处，东西连营数十里。曹操也分地作营垒，与袁军对峙。两军对战，曹军不利。那时曹兵不满万人。而受伤者有十分之二三。袁绍又进兵临官渡，堆起土山，掘地道。曹操也在官渡内作土山地道，以抵袁兵所攻处。袁绍令兵射箭于曹操营中，箭飞射如雨而下。曹营中人行走都需用盾遮身，曹兵大为恐惧。此时曹营中粮食也缺少，曹操写信给荀彧，商量是否应退回许昌。荀彧回信以为："袁绍发全部大兵，集聚在官渡，要与公决一胜负。公以极弱之兵，抵挡极强之兵，如果不能制服袁绍，就必被袁绍所制。目前情形，是天下大势转变之重大机运，为成败之重要关键。且袁绍，不过平常人中的英雄而已，能聚人才而不能用。以公之神武明哲，而有诸事都能大顺遂的鸿运辅助，何事不成？"曹操听信荀彧的说法，不退兵。

孙策听说曹操与袁绍相持不下，乃谋划袭击许昌。还未能发动，被刺客所杀。

汝南投降的贼首刘辟等，叛附袁绍，攻略许昌。袁绍使刘备领兵协助刘辟。曹操使曹仁领兵击刘辟。刘辟兵败，刘备遁走，刘辟所屯兵力乃破。

袁绍运粮食车数千辆，往官渡袁营。曹操用荀攸之计，遣徐晃、史涣在路上拦击车队。大破之，将粮车全部烧毁。曹操与袁绍相拒连两月，虽屡战而斩袁之部将，但曹军人少而粮

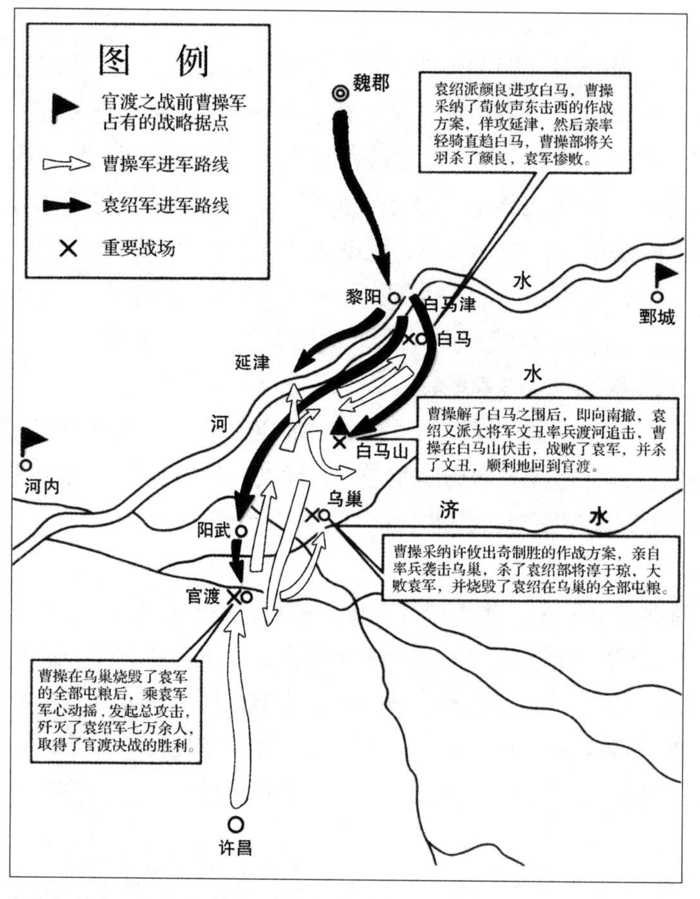

官渡之战曹、袁双方进军示意图。选自《中国古代战争战例选编》，中华书局1981版。本书地图皆选自该书。

劳汝矣。”冬十月，绍遣车运谷，使淳于琼等五人将兵万余人送之，宿绍营北四十里。绍谋臣许攸贪财，绍不能足，来奔，因说公击琼等。左右疑之，荀攸、贾诩劝公。公乃留曹洪守，自将步骑五千人夜往，会明至。琼等望见公兵少，出陈门外。公急击之，琼退保营，遂攻之。绍遣骑救琼。左右或言“贼骑稍近，请分兵拒之”。公怒曰：“贼在背后，乃白！”士卒皆殊死战，大破琼等，皆斩之。绍初闻公之击琼，谓长子谭曰：“就彼攻琼等，吾攻拔其营，彼固无所归矣！”乃使张郃、高览攻曹洪。郃等闻琼破，遂来降。绍众大溃，绍及谭弃军走，渡河。追之不及，

缺，士卒疲乏。曹操对运粮者说：“再十五天，我击破袁绍给你们看，不再劳动你们运粮了。”冬十月，袁绍派遣车辆运粮食。派淳于琼等五人领兵一万余人，保送粮车。止宿在距袁绍营北四十里之处。袁绍的谋臣许攸，极贪财，袁绍不能使许攸满足。许攸乃投奔曹操，因劝曹操出兵攻击淳于琼等。曹操的左右怀疑许攸，而荀攸和贾诩劝曹操出击。曹操乃留下曹洪守营，自己领骑兵步兵共五千人，乘夜往击淳于琼，当天明时到达淳于营。淳于琼等见曹操兵少，便出兵布阵于营门外面。曹操急进击，淳于琼退保营地，曹兵进而猛攻。袁绍闻报，派骑兵往救淳于琼。曹操左右或有人说：“敌兵渐近，请分兵对抗。”曹操发怒说：“贼到我背后再报告我！”于是士卒们都拚命作战，大破淳于琼等，杀淳于琼和他的部将。袁绍在初闻报曹操攻击淳于琼时，对长子袁谭说：“现在乘曹操攻淳于琼时，我可以攻取他的大营，他便没有可归之处了。”乃派张郃、高览领兵攻曹洪。张郃等行至中途，听说淳于琼已经被攻破，便归降于曹操。袁绍军因之大溃，袁绍和袁谭弃大军遁走，渡黄河而逃。曹操追袁绍不及，获

尽收其辎重图书珍宝，虏其众。公收绍书中，得许下及军中人书，皆焚之。冀州诸郡多举城邑降者。

初，桓帝时有黄星见于楚、宋之分，辽东殷馗善天文，言后五十岁当有真人起于梁、沛之间，其锋不可当。至是凡五十年，而公破绍，天下莫敌矣。

六年夏四月，扬兵河上，击绍仓亭军，破之。绍归，复收散卒，攻定诸叛郡县。九月，公还许。绍之未破也，使刘备略汝南，汝南贼共都等应之。遣蔡扬击都，不利，为都所破。公南征备。备闻公自行，走奔刘表，都等皆散。

七年春正月，公军谯，令曰："吾起义兵，为天下除暴乱。旧土人民，死丧略尽，国中终日行，不见所识，使吾凄怆伤怀。其举义兵已来，将士绝无后者，求其亲戚以后之，授土田，官给耕牛，置学师以教之。为存者立庙，使祀其先人，魂而有灵，吾百年之后何恨哉！"遂至浚仪，治睢阳渠，遣使以太牢祀桥玄。进军官渡。

绍自军破后，发病欧血，夏五月死。小子尚代，谭自号车骑将军，屯黎阳。秋九月，公征之，连战。谭、尚数败退，固守。

袁军全部辎重粮草图书珍宝，俘全部袁军。曹操获得袁绍遗下的书信中，发现有许昌和自己军中之人，暗中和袁绍通信的函件。曹操都烧掉。冀州诸郡，大多献出城邑投降。

在先，桓帝时有黄星发现在楚、宋之分的方位。辽东人殷馗善识天文，言后五十年当有真人兴起于梁、沛之间，其锋芒锐不可当。由那时算起，至此时凡五十年，而曹操破袁绍，天下无敌了。

建安六年，夏四月，曹操举兵于河上，击袁绍的仓亭军，破仓亭军。袁绍回来，又收集星散士卒，攻各叛离的郡县，便各地又都安定下来。九月，曹操回到许昌。当袁绍未被曹操攻破以前，袁绍曾派刘备攻略汝南，汝南贼共都等，响应刘备。曹操派蔡扬领兵击共都，不利，被共都击破。曹操亲自南征刘备。刘备听到曹操亲自领兵，乃走奔刘表，共都等都散去。

建安七年，春正月，曹操军屯于故乡谯县。曹操下令说："我起义兵，为天下消除暴乱。我的故乡的人民，几乎全已死丧。我在此地终日行走于街市，看不见从前相识之人，使我悽怆伤怀。自从举义兵以来，将士战死，没有后嗣相继的，可以求其亲戚的后人作为后嗣。当给予田地，给予耕牛，设置学校师傅以教育子弟。要为生存的人立祖庙，使得祭祀其先人。亡人之魂有灵，我百年之后，还有何遗恨？"于是乃到浚仪，治睢阳渠，派使者以太牢祭祀桥玄。进军至官渡。

袁绍自兵败以后，发病呕血。夏五月，袁绍死。袁绍的小儿子袁尚接替其父爵职，长子袁谭自号为车骑将军，屯兵黎阳（今河南省浚县东北）。秋九月，曹操亲征袁谭。连战多日，袁谭袁尚屡败，退兵固守。

袁绍死后，两个儿子袁谭、袁尚为嫡位自相争斗，曹操趁机平定冀州。选自清刊本《三国演义》。图为袁谭、袁尚各自率兵相斗。

八年春三月，攻其郭，乃出战，击，大破之，谭、尚夜遁。夏四月，进军邺。五月还许，留贾信屯黎阳。

己酉，令曰："《司马法》'将军死绥'，故赵括之母，乞不坐括。是古之将者，军破于外，而家受罪于内也。自命将征行，但赏功而不罚罪，非国典也。其令诸将出征，败军者抵罪，失利者免官爵。"

秋七月，令曰："丧乱已来，十有五年，后生者不见仁义礼让之风，吾甚伤之。其令郡国各修文学，县满五百户置校官，选其乡之俊造而教学之，庶几先王之道不废，而有以益于天下。"

八月，公征刘表，军西平。公之去邺而南也，谭、尚争冀州，谭为尚所败，走保平原。尚攻之急，谭遣辛毗乞降请救。诸将皆疑，荀攸劝公许之，公乃引军还。

建安八年，春三月，曹操攻袁氏城郭，袁兵乃出战。曹兵进击，大破袁兵，袁谭袁尚乘夜遁走。夏四月，曹操进兵到邺。五月，回许昌，留贾信屯兵黎阳。

三月己酉（二十四日）曹操下令曰："《司马法》说'将军死于退却'，所以赵括的母亲，求赵王不要因赵括而连坐其罪。可知古时的为将者，如兵败于战场，其家人并应坐罪于国内。我自从出令率兵，各处征讨，仅赏有功，而不罚有罪，这并不是国家的法典。现命令诸将，凡出征时，兵败者抵罪，失利者免其官爵。"

秋七月，曹操下令说："自从国家动乱已来，十有五年，后生的年轻人，不见仁义礼让的善良风俗，我很为之伤心。现令各郡国，各修文馆，每县凡满五百户，设置校官，选择其乡中的俊秀，加以教学。庶几能使先王之道不废，而有益于天下。"

八月，曹操亲自领兵征刘表，驻军西平。当曹操离邺而南归许昌之后，袁谭袁尚二人争取冀州，袁谭被袁尚所击败，退走保守平原。袁尚进攻平原甚急，袁谭派辛毗向曹操乞降，请曹操出兵相救。诸将都怀疑，荀攸劝曹操答应袁谭的请求。曹操乃引兵回。冬十月，

冬十月，到黎阳，为子整与谭结婚。尚闻公北，乃释平原还邺。东平吕旷、吕翔叛尚，屯阳平，率其众降，封为列侯。

九年春正月，济河，遏淇水入白沟以通粮道。二月，尚复攻谭，留苏由、审配守邺。公进军到洹水，由降。既至，攻邺，为土山、地道。武安长尹楷屯毛城，通上党粮道。夏四月，留曹洪攻邺，公自将击楷，破之而还。尚将沮鹄守邯郸，又击拔之。易阳令韩范、涉长梁岐举县降，赐爵关内侯。五月，毁土山、地道，作围堑，决漳水灌城；城中饿死者过半。秋七月，尚还救邺，诸将皆以为“此归师，人自为战，不如避之”。公曰：“尚从大道来，当避之；若循西山来者，此成禽耳。”尚果循西山来，临滏水为营。夜遣兵犯围，公逆击破走之，遂围其营。未合，尚惧，遣故豫州刺史阴夔及陈琳乞降，公不许，为围益急。尚夜遁，保祁山，追击之。其将马延、张顗等临陈降，众大溃，尚走中山。尽获其辎重，得尚印绶节钺，使尚降人示其家，城中崩沮。八月，审配兄子荣夜开所守城东门内兵。配逆战，败，生禽配，斩之，邺定。公临祀绍墓，哭之流涕；慰劳绍妻，还其家人宝物，赐杂缯絮，廪食之。

曹操到黎阳，为儿子曹整聘袁谭之女结婚。袁尚知曹操北来，乃解平原之兵，回邺。东平吕旷、吕翔叛袁尚，屯兵阳平，率其兵众降曹操，被封为列侯。

建安九年，春正月，曹操率军过黄河，遏阻淇水入白沟，以求能通运粮之路。二月，袁尚又攻袁谭，袁尚留苏由、审配等守邺。曹操进兵到洹水，苏由投降曹军。曹军既到邺，进击，作土山，掘地道。袁尚部属武安长尹楷，屯兵毛城，以通上党运粮道路。夏四月，曹操留曹洪攻邺，自己领兵攻尹楷，破尹楷而回。袁尚部将沮鹄，守邯郸，曹操又亲领兵攻破，取邯郸。易阳令韩范，涉县长梁岐，以县降，被赐爵关内侯。五月，攻邺兵毁去土山，毁去地道。在城外作围城水沟，决漳水灌城，城中饿死者过半。秋七月，袁尚回兵救邺，诸将都以为：“这是一种归家之兵，人人能独自作战，不如避其锋头。”曹操说：“袁尚如果从大道来，应当避他，如果循西山山路来，这一回就被擒了！”袁尚果然循西山山路而来，临滏水扎营。夜间，派兵攻曹军的围兵。曹军迎击，破走袁军，乃包围袁军大营。还没有合围之际，袁尚恐惧，派前豫州刺史阴夔和陈琳，向曹操乞降。曹操不准，包围袁营更急。袁尚在夜间逃遁，退守祁山，曹操追击。袁尚部将马延、张顗等，临阵投降，袁军士众大溃，袁尚走中山。曹操获其军全部辎重，得袁尚的印绶和节钺，使袁尚的部下投降之人，将袁尚印绶等物，给其家人看，城中人心崩溃沮丧。八月，审配的兄子审荣，在夜间开了他所守的城东门，迎纳曹兵入城。审配迎战，战败。曹操生擒审配，斩审配，邺事平定。曹操亲临祭祀袁绍墓，哭袁绍为之流涕；慰劳袁绍妻，归还袁绍家人宝物，赐杂缯絮，命定时给予袁绍家人廪食。

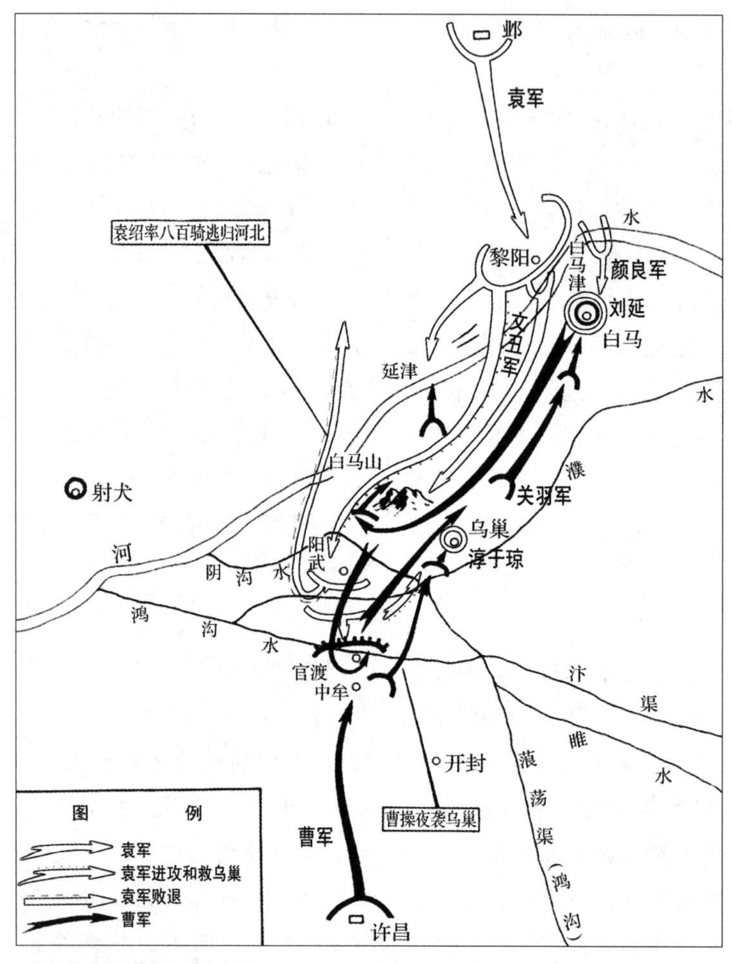

曹操袁绍官渡之战示意图

初，绍与公共起兵，绍问公曰："若事不辑，则方面何所可据？"公曰："足下意以为何如？"绍曰："吾南据河，北阻燕、代，兼戎狄之众，南向以争天下，庶可以济乎？"公曰："吾任天下之智力，以道御之，无所不可。"

九月，令曰："河北罹袁氏之难，其令无出今年租赋！"重豪强兼并之法，百姓喜悦。天子以公领冀州牧，公让还兖州。

公之围邺也，谭略取甘陵、安平、勃海、河间。尚败，还中山。谭攻之，尚奔故安，遂并其众。公遗谭书，责以负约，与之绝婚，女还，然后进军。谭惧，拔平原，走保南皮。十二月，公入平原，略定诸县。

在起初，袁绍和曹操共起兵。袁绍问曹操说："如果举事不成，则据地方以作远大之图，何地为可据？"曹操说："足下的意思，以为如何？"袁绍说："我南据黄河，北恃燕、代，兼有戎狄的人众。南向以争取天下，差不多可以济事。"曹操说："我依恃天下之智力，用大道治事，无地不可。"

九月，曹操下令曰："河北遭袁绍之灾难，令不要出今年租赋。"又加重惩罚地方豪强擅取专横之事。百姓喜悦。献帝命曹操领冀州牧，曹操谦让，回兖州。

当曹操围邺之时，袁谭攻取甘陵、安平、勃海、河间各地。袁尚败，回到中山，袁谭攻中山，袁尚奔至故安，袁谭乃合并袁尚的士众。曹操与袁谭书信，责袁谭负约背信，与袁氏断绝婚姻之好。遣袁女回，归还袁家，然后曹操进兵。袁谭恐惧，曹军攻拔平原，袁谭退走，守南皮。十二月，曹操入平原，平定各县。

十年春正月，攻谭，破之，斩谭，诛其妻子，冀州平。下令曰："其与袁氏同恶者，与之更始。"令民不得复私仇，禁厚葬，皆一之于法。是月，袁熙大将焦触、张南等叛攻熙、尚，熙、尚奔三郡乌丸。触等举其县降，封为列侯。初讨谭时，民亡椎冰，令不得降。顷之，亡民有诣门首者，公谓曰："听汝则违令，杀汝则诛首，归深自藏，无为吏所获。"民垂泣而去；后竟捕得。

夏四月，黑山贼张燕率其众十余万降，封为列侯。故安赵犊、霍奴等杀幽州刺史、涿郡太守。三郡乌丸攻鲜于辅于犷平。秋八月，公征之，斩犊等，乃渡潞河救犷平，乌丸奔走出塞。

九月，令曰："阿党比周，先圣所疾也。闻冀州俗，父子异部，更相毁誉。昔直不疑无兄，世人谓之盗嫂；第五伯鱼三娶孤女，谓之挝妇翁；王凤擅权，谷永比之申伯；王商忠议，张匡谓之左道：此皆以白为黑，欺天罔君者也。吾欲整齐风俗，四者不除，吾以为羞。"冬十月，公还邺。

初，袁绍以甥高幹领并州牧，公之拔邺，幹降，遂以为刺史。幹闻公讨乌丸，乃以州叛，执上党太守，举兵守壶关口。遣乐进、李典击之，幹还守壶关城。十一年春正月，公

建安十年，春正月，曹操攻袁谭破之。斩袁谭，杀其妻子，冀州平定。曹操下令："与袁氏同恶之人，重新更始。"又令民不得报复私仇，禁止厚葬，都以法律施行。同月，袁熙的大将焦触、张南等叛，攻击袁熙、袁尚。袁熙、袁尚奔三郡乌丸。焦触等以其县降曹骑，封为列侯。在先，曹操征讨袁谭时，使民凿开川流冰冻以通船只，民不肯椎冰而逃亡。曹操以民为叛逆，下令逃亡者，都不许投降。过些时，逃亡之民有来至曹操门首诉苦者。曹操对他们说："准许你自首则违背了我的命令，杀了你则有诛杀自首的名声，准你回去深深地藏匿起来，不要被官吏抓获。"逃亡之民垂泪而去，最后竟仍被捕。

夏四月，黑山贼张燕率领贼众十余万人投降曹操，封为列侯。故安人赵犊、霍奴等，刺杀幽州刺史和涿郡太守。三郡乌丸攻鲜于辅于犷平。秋八月，曹操领兵征讨，斩赵犊等，渡潞河，救犷平。乌丸奔走，逃往塞外。

九月，曹操下令曰："暗中结党、相互亲密营私，是先圣之所疾恶。闻冀州风俗，父子所居不同，竟互相毁誉，从前直不疑没有兄长，当世之人竟指他盗嫂；第五伯鱼三娶孤女，人指为挝妇翁（殴打岳父）；王凤擅权，谷永将他比为申伯；王商忠直建议，张匡指为左道。这都是以白为黑，欺天罔君的事类。我要整齐风俗，改正恶习，这四类风俗不除，我以为耻。"冬十月，曹操回到邺。

在初，袁绍以外甥高幹领并州牧。曹操攻下邺，高幹投降，曹操乃以为刺史。幹知曹操讨乌丸，乃以并州叛，逮捕上党太守，举兵守壶关口。曹操派乐进、李典领兵击幹，幹退守壶关城。建安十一年，春正月，曹操亲征幹。幹闻报，留下别将守城，逃入匈奴，求

郭嘉遗计定辽东，选自清刊本《三国演义》。图为郭嘉劝曹操早日进兵讨伐乌丸。

征幹。幹闻之，乃留其别将守城，走入匈奴，求救于单于，单于不受。公围壶关三月，拔之。幹遂走荆州，上洛都尉王琰捕斩之。

秋八月，公东征海贼管承，至淳于，遣乐进、李典击破之，承走入海岛。割东海之襄贲、郯、戚以益琅邪，省昌虑郡。

三郡乌丸承天下乱，破幽州，略有汉民合十余万户。袁绍皆立其酋豪为单于，以家人子为己女，妻焉。辽西单于蹋顿尤强，为绍所厚，故尚兄弟归之，数入塞为害。公将征之，凿渠，自呼沲入泒水，名平虏渠；又从泃河口凿入潞河，名泉州渠，以通海。

十二月春二月，公自淳于还邺。丁酉，令曰："吾起义兵诛暴乱，于今十九年，所征必克，岂吾功哉？乃贤士大夫之力也。天下虽未悉定，吾当要与贤士大夫共定之；而专飨其

救于单于。单于不肯救。曹军围壶关三日，攻拔壶关。幹乃逃往荆州，上洛都尉王琰捕得幹。杀幹。

秋八月，曹操东征海贼管承，到淳于。派乐进、李典击破管承，管承逃入海岛。尽割东海之襄贲、郯、戚三地，归于琅邪郡以增益其地，撤销昌虑郡。

三郡乌丸，当天下混乱之间，攻破幽州，取得汉民计十余万户。袁绍把乌丸部下的头目都立为单于。袁绍并且以家人子（汉代对无官职名号宫人的称呼），作为自己的女儿，嫁给单于为妻。辽西单于蹋顿尤其强大，为袁绍所厚待。所以袁尚袁熙二人逃归于蹋顿，并屡次入塞，为害于地方。曹操将亲往征讨，凿沟渠，从呼沲入泒水，命名为平虏渠。又从泃河口凿渠入潞河，命名泉州渠，以通于海。

建安十二年，春二月，曹操从淳于回至邺。丁酉（初五日），下令说："我起义兵，诛除暴乱，至今十有九年，所征讨之处，必定克服。这岂是我一人之功？乃是贤士大夫大家

劳，吾何以安焉！其促定功行封。”于是大封功臣二十余人，皆为列侯，其余各以次受封，及复死事之孤，轻重各有差。

将北征三郡乌丸，诸将皆曰：“袁尚，亡虏耳，夷狄贪而无亲，岂能为尚用？今深入征之，刘备必说刘表以袭许。万一为变，事不可悔。”惟郭嘉策表必不能任备，劝公行。夏五月，至无终。秋七月，大水，傍海道不通，田畴请为乡导，公从之。引军出卢龙塞，塞外道绝不通，乃堑山堙谷五百余里，经白檀，历平冈，涉鲜卑庭，东指柳城。未至二百里，虏乃知之。尚、熙与蹋顿、辽西单于楼班、右北平单于能臣抵之等将数万骑逆军。八月，登白狼山，卒与虏遇，众甚盛。公车重在后，被甲者少，左右皆惧。公登高，望虏陈不整，乃纵兵击之，使张辽为先锋，虏众大崩，斩蹋顿及名王已下，胡、汉降者二十余万口。辽东单于速仆丸及辽西、北平诸豪，弃其种人，与尚、熙奔辽东，众尚有数千骑。初，辽东太守公孙康恃远不服。及公破乌丸，或说公遂征之，尚兄弟可禽也。公曰：“吾方使康斩送尚、熙首，不烦兵矣。”九月，公引兵自柳城还，康即斩尚、熙及速仆丸等，传其首。诸将或问：“公还而康斩送尚、熙，何也？”公曰：“彼素畏尚等，吾急之则并力，缓之则自相图，其势然

之力。现在天下虽未能全定，我当必与贤士大夫共同安定天下，而我独享其功劳，怎能安心？应尽速核定贤士大夫功绩，即行封赏。”于是大封功臣二十余人，都封为列侯，其余各依次序受封。并对死事殉难者的遗孤，予以免租税待遇，轻重各有不同。

曹操即将北征三郡乌丸，诸将都以为：“袁尚不过一逃亡之徒而已。夷狄之人，贪婪而不易亲附，怎能为袁尚所用？今为这种人深入塞外征讨，刘备必会乘机说服刘表以袭击许昌。万一造成变乱，事态便成追悔不及。”惟有郭嘉料定刘表必不能信任刘备，劝曹操迳可北征。夏五月，曹操兵到无终。秋七月，大水，滨海道路不能通行。田畴自请作向导，另走他路。曹操允许田畴领路，引兵出卢龙塞，塞外道也已断绝不通。乃开山路，塞山谷，达五百余里，经过白檀，又越平冈，涉水过鲜卑庭，向东趋柳城（今辽宁省朝阳市西南）。距柳城二百里，蹋顿才探知消息。袁尚、袁熙与蹋顿，及辽西单于楼班，右北平单于能臣抵之等，合领虏骑兵数万人迎战。八月，曹军登白狼山（今辽宁省朝阳市西南），终于与蹋顿等兵相遇，虏兵甚盛。曹军车及辎重在后面，前驱披甲之兵少，左右都恐惧。曹操登高处瞭望，见虏兵阵容不整，乃出兵击敌。使张辽为先锋，虏兵大崩溃，斩蹋顿及虏名王以下多人。胡汉兵将，降者二十余万人。辽东单于速仆丸及辽西、北平各胡头目，都弃掉其同族，和袁尚、袁熙同逃赴辽东，兵众只余数千骑。在初，辽东太守公孙康，恃所居地远，不服。及曹操击破乌丸，或有人向曹操谏说，请曹操遂即征讨公孙康，则袁尚、袁熙兄弟可以擒得。曹操说：“我刚刚命公孙康斩袁尚、袁熙二人头送来，不必烦我等用兵了。”九月，曹操引兵从柳城回。公孙康果然即斩袁尚、袁熙及速仆丸等，传送彼等首级到来。诸将中有人问曹操：“公回军，而公孙康却斩袁尚、袁熙头送来，是何道理？”曹操说：“公

也。”十一月至易水，代郡乌丸行单于普富卢、上郡乌丸行单于那楼将其名王来贺。

十三年春正月，公还邺，作玄武池以肄舟师。汉罢三公官，置丞相、御史大夫。夏六月，以公为丞相。

秋七月，公南征刘表。八月，表卒，其子琮代，屯襄阳，刘备屯樊。九月，公到新野，琮遂降，备走夏口。公进军江陵，下令荆州吏民，与之更始。乃论荆州服从之功，侯者十五人，以刘表大将文聘为江夏太守，使统本兵，引用荆州名士韩嵩、邓义等。益州牧

曹兵百万下江南，清末年画。这幅大型年画依照《三国演义》展开，描绘了赤壁之战中蒋干盗书、草船借箭、打黄盖等诸多情节。

孙康平素怕袁尚等人，我若急攻，他们就合力抵抗，我缓兵不攻，他们便各自图谋，相互残杀，势在必然。”十一月，曹军到易水，代郡乌丸行单于普富卢、上郡乌丸行单于那楼率其名王来贺。

建安十三年，春正月，曹操回到邺，作玄武池，用以操练水师战船。汉罢三公官，置丞相及御史大夫。夏六月，以曹操为丞相。

秋七月，曹操领兵南征刘表。八月，刘表死，刘表之子刘琮代刘表领荆州，屯兵襄阳，刘备屯兵樊城。九月，曹操兵到新野，刘琮投降，刘备退走夏口。曹操进军江陵，下令荆州吏民，将与吏民从头更新作起。于是论赏荆州投降服从之功，封侯者十五人。以刘表之大将文聘为江夏太守，让他仍统率原来之兵。又引用荆州名士韩嵩、邓义等人。益州

刘璋始受征役，遣兵给军。十二月，孙权为备攻合肥。公自江陵征备，至巴丘，遣张憙救合肥。权闻憙至，乃走。公至赤壁，与备战，不利。于是大疫，吏士多死者，乃引军还。备遂有荆州江南诸郡。

十四年春三月，军至谯，作轻舟，治水军。秋七月，自涡入淮，出肥水，军合肥。辛未，令曰："自顷已来，军数征行，或遇疫气，吏士死亡不归，家室怨旷，百姓流离，而仁者岂乐之哉？不得已也。其令死者家无基业不能自存者，县官勿绝廪，长吏存恤抚循，以称吾意。"置扬州郡县长吏，开芍陂屯田。十二月，军还谯。

十五年春，下令曰："自古受命及中兴之君，曷尝不得贤人君子与之共治天下者乎！及其得贤也，曾不出闾巷，岂幸相遇哉？上之人不求之耳。今天下尚未定，此特求贤之急时也。'孟公绰为赵、魏老则优，不可以为滕、薛大夫'。若必廉士而后可用，则齐桓其何以霸世！今天下得无有被褐怀玉而钓于渭滨者乎？又得无盗嫂受金而未遇无知者乎？二三子其佐明扬仄陋，唯才是举，吾得而用之。"冬，作铜雀台。

牧刘璋初受征兵役，派遣兵卒供军需。十二月，孙权为助刘备攻合肥。曹操自江陵进兵征刘备，到巴丘，派张憙领兵趋救合肥。孙权知张憙来，退走。曹操至赤壁，与刘备战，不利。适军中大流行疫疠，吏士兵将染疫死者甚多。曹操乃引军还。刘备于是据有荆州在江南的诸郡。

建安十四年，春三月，曹操军至谯。作轻舟，操练水军。秋七月，从涡水入淮水，出肥水，军驻合肥。辛未（二十三日），下令曰："自近年以来，军队屡次征伐行役，或遇疫气，军吏士卒，死亡不能归家，家室哀伤孤寡，百姓流离失所，若此情形，岂是仁人所乐于见到的？这实在是不得已！现令死者家属，凡无有产业，不能自谋生活者，官府不要断其廪粮，长吏要照顾抚慰，以合于我之愿望。"置扬州郡县长吏，开芍陂屯田。十二月，军还于谯。

建安十五年，春，下令曰："自古以来，受天命及中兴之君，何尝不得贤人君子与国君同治天下？其君得到贤者，乃有不出于里巷而得的，岂不是有幸而相遇吗？得贤之道，只怕在上位的不肯去求而已，肯求则必能得到。现今天下还未能平定，这正是特别急于求贤的时刻。从前孟公绰为赵、魏治事，老而成其优良治绩，但不可以作滕国和薛国的大夫。如果必须先求其为廉士，而后才以为可用，则齐桓公不用管仲，怎能称霸于世呢？目前天下，能说在穿褐布衣服的平民之中，没有像姜尚那样，怀金玉之质，钓于渭水之滨的吗？又能说没有像陈平那样，有盗嫂受金之讥，而没遇到魏无知推荐的那种人吗？你们这些帮我做事的人，应该帮我发掘人才于鄙陋之处，显扬荐举微贱之人，唯要有才，便得举荐，不必过于拘制于廉洁孝友，我唯望得才而用之。"冬，作铜雀台。

十六年春正月，天子命公世子丕为五官中郎将，置官属，为丞相副。太原商曜等以大陵叛，遣夏侯渊、徐晃围破之。张鲁据汉中，三月，遣钟繇讨之。公使渊等出河东与繇会。

是时关中诸将疑繇欲自袭，马超遂与韩遂、杨秋、李堪、成宜等叛。遣曹仁讨之。超等屯潼关，公敕诸将："关西兵精悍，坚壁勿与战。"秋七月，公西征，与超等夹关而军。公急持之，而潜遣徐晃、朱灵等夜渡蒲阪津，据河西为营。公自潼关北渡，未济，超赴船急战。校尉丁斐因放牛马以饵贼，贼乱取牛马，公乃得渡，循河为甬道而南。贼退，拒渭口，

曹操大宴铜雀台，清末年画。据《三国演义》，建安五年（公元 210），铜雀台建成，曹操大宴群臣，曹操要看诸将武艺，命挂锦袍于垂杨枝上，令箭法高超者得锦袍。图为曹操手下诸将表演箭法。

建安十六年，春正月，天子命曹操世子曹丕为五官中郎将，其下置官属，为丞相之副。太原商曜等以大陵之地叛乱。曹操遣夏侯渊、徐晃领兵围攻，破商曜。张鲁据汉中，三月，曹操派钟繇讨之。曹操使夏侯渊等出兵河东，与钟繇会师。

这时，关中诸将马超等怀疑钟繇要加以袭击。于是马超、杨秋、李堪、成宜等叛变。曹操遣曹仁领兵征讨。马超等屯兵潼关，曹操敕令曹仁等说："关西兵马精悍，应坚守壁垒，不要交战。"秋七月，曹操亲自西征，曹军与马超军各在潼关内外对峙。曹操急于攻下，暗中派徐晃、朱灵等，夜渡蒲阪津，据黄河以西为营。曹操自潼关向北渡河，未能上岸之际，马超急放出船迎战。校尉丁斐，因而放出牛马活动，以引诱马超兵。马超兵见牛马，乱争取牛马。曹操兵因而得渡过登岸，乃沿黄河作甬道而向南。马超军退，拒守渭口。曹操乃

公乃多设疑兵，潜以舟载兵入渭，为浮桥，夜，分兵结营于渭南。贼夜攻营，伏兵击破之。超等屯渭南，遣信求割河以西请和，公不许。九月，进军渡渭。超等数挑战，又不许；固请割地，求送任子，公用贾诩计，伪许之。韩遂请与公相见，公与遂父同岁孝廉，又与遂同时侪辈，于是交马语移时，不及军事，但说京都旧故，拊手欢笑。既罢，超等问遂："公何言？"遂曰："无所言也。"超等疑之。他日，公又与遂书，多所点窜，如遂改定者；超等愈疑遂。公乃与克日会战，先以轻兵挑之，战良久，乃纵虎骑夹击，大破之，斩成宜、李堪等。遂、超等走凉州，杨秋奔安定，关中平。诸将或问公曰："初，贼守潼关，渭北道缺，不从河东击冯翊而反守潼关，引日而后北渡，何也？"公曰："贼守潼关，若吾入河

多设疑兵，而暗中用船载兵入渭水，作浮桥。夜间，分兵扎营于渭水之南。马超军夜袭攻曹营，而曹操却早有伏兵，击破马超兵。马超等屯兵渭水南，声势极盛，派人送信给曹操，要曹操割黄河以西地给马超，则可以讲和，曹操不肯。九月，曹操进兵渡渭水。马超等屡次挑战，曹操不与战。马超又坚决要曹操割地言和，并要求送去任子（保举一子）以为质。曹操用贾诩计，假意许和。韩遂请求与曹操相见，曹操与韩遂之父是同年孝廉，又是韩遂同时年岁相近的朋友，于是二人交马相谈而不谈及两军之事，仅说以往在京都的旧事。二人抚掌欢笑，状甚欣悦。谈罢之后，马超问韩遂："所谈何事？"韩遂说："没有谈何事！"马超和其他人都怀疑二人有何密语。过些天，曹操又写给韩遂一封信，信中言语有多处涂改，看起来好像韩遂所改定。马超等人更怀疑韩遂，以为韩遂与曹操必有秘密之议。至此，曹操乃与马超约日会战，先用轻兵挑马超兵，战了很久，乃纵出精锐骑兵，猛力夹击，大破马军，斩了成宜、李堪等。韩遂、马超等走奔凉州，杨秋奔安定，关中之地平定。诸将或问曹操："在先，贼守潼关，渭水之北道路成缺口，我公不从河东击冯翊，而反守潼关，经多日而后北渡黄河，为何如此攻法？"曹操说："贼守潼关，如

曹操割须弃袍，清朱芝轩绘。据《三国演义》，马腾被曹操斩杀后，马腾的儿子马超起兵讨曹操，交战当中曹操被马超兵士追杀，被迫割须弃袍以逃避。图为马超追杀曹操。

曹操抹书间韩遂，清朱芝轩绘。据《三国演义》，因曹操使用离间计，马超、韩遂互相怀疑，曹操趁机大破之。图为马超中计后欲杀韩遂。

东，贼必引守诸津，则西河未可渡，吾故盛兵向潼关；贼悉众南守，西河之备虚，故二将得擅取西河；然后引军北渡，贼不能与吾争西河者，以有二将之军也。连车树栅，为甬道而南，既为不可胜，且以示弱。渡渭为坚垒，虏至不出，所以骄之也；故贼不为营垒而求割地。吾顺言许之，所以从其意，使自安而不为备，因畜士卒之力，一旦击之，所谓疾雷不及掩耳，兵之变化，固非一道也。”始，贼每一部到，公辄有喜色。贼破之后，诸将问其故。公答曰：“关中长远，若贼各依险阻，征之，不一二年不可定也。今皆来集，其众虽多，莫相归服，军无适主，一举可灭，为功差易，吾是以喜。”

冬十月，军自长安北征杨秋，围安定。秋降，复其爵位，使留抚其民人。十二月，自安定还，留夏侯渊屯长安。

果我入河东，贼必定引兵守各渡口，那样西河就不能渡过了。我故意以大兵攻向潼关，贼众当然全力南守潼关，西河守备就必空虚，所以徐晃、朱灵二人能够取得西河。然后我引兵北渡黄河，贼与我所以不能争西河，只因徐、朱二将之兵已在西河之故。连车，竖立栅栏，作甬道而向南，既作成不可胜之势，且以示弱；渡渭水，作坚垒，贼虽来而不出战，因能使贼骄矜自大。所以贼不作营垒准备作战，而要求割地给他。我顺贼之心意，许他割地讲和，使他自觉安稳必胜，而不作战争准备。因此，我能够有时间畜养士卒之力，一旦出兵猛击贼军，这就是所谓迅雷不及掩耳。用兵的变化，固然没有一成不变之理。”在交战之始，马超兵每一部增师开到，曹操则有喜色。马军溃败之后，诸将问其原因。曹操答说：“关中地方大而路远，若贼兵各依险要防阻，我要一一征伐，非一两年时间，不能平定。现在贼兵都来，集在一起，兵众虽多，并不相归服。军队没有适合的主帅，立功便不容易，我所以心中喜悦。”

冬十月，曹操军自长安北征杨秋，围安定。秋，杨秋降。复杨秋爵位，使留在安定，安抚人民。十二月，曹操自安定回军，留夏侯渊屯兵长安。

十七年春正月，公还邺。天子命公赞拜不名，入朝不趋，剑履上殿，如萧何故事。马超余众梁兴等屯蓝田，使夏侯渊击平之。割河内之荡阴、朝歌、林虑，东郡之卫国、顿丘、东武阳、发干，钜鹿之廮陶、曲周、南和，广平之任城，赵之襄国、邯郸、易阳以益魏郡。

冬十月，公征孙权。

十八年春正月，进军濡须口，攻破权江西营，获权都督公孙阳，乃引军还。诏书并十四州，复为九州。夏四月，至邺。

五月丙申，天子使御史大夫郗虑持节策命公为魏公曰：

朕以不德，少遭愍凶，越在西土，迁于唐、卫。当此之时，若缀旒然，宗庙乏祀，社稷无位；群凶觊觎，分裂诸夏，率土之民，朕无获焉，即我高祖之命将坠于地。朕用夙兴假寐，震悼于厥心，曰"惟祖惟父，股肱先正，其孰能恤朕躬"？乃诱天衷，诞育丞相，保乂我皇家，弘济于艰难，朕实赖之。今将授君典礼，其敬听朕命。

昔者董卓初兴国难，群后释位以谋王室，君则摄进，首启戎行，此君之忠于本朝也。后及黄巾反易天常，侵我三州，延及平民，君又翦之以宁东夏，此又君之功也。韩暹、杨

建安十七年，春正月，曹操还到邺。天子降命：曹操朝见天子时，赞拜不必唱名，入朝不必趋走，带剑着履上殿，如高祖时萧何旧事。马超的余众梁兴等，屯兵蓝田，曹操使夏侯渊击平梁兴等。割河内郡的荡阴、朝歌、林虑，东郡的卫国、顿丘、东武阳、发干，钜鹿郡的瘿陶、曲周、南和，广平国的任城，赵国的襄国、邯郸、易阳，划归魏郡，以增益其地。

冬十月，曹操率兵征孙权。

建安十八年，春正月，曹操进军濡须口，攻破孙权长江以西营地，掳获孙权部都督公孙阳，乃引兵还。天子诏并天下十四州复为九州。夏四月，曹操回至邺。

五月丙申，天子派御史大夫郗虑，持节策命曹操为魏公。策曰：

朕以不德，少时遭遇忧伤不祥，迁徙于西土，至于唐、卫之地。当那时，一身有如赘旒持执之饰物而已，宗庙失祭祀，社稷无其地位；群凶有非分之想，分裂天下州郡。凡属我土地之民，朕都无所获取。眼见我高祖所受天命，将坠于地。朕因之由晨兴至于假寐，无时无刻不震悼于心。朕说"先祖先父，股肱大臣，先臣公卿大夫，谁能顾念朕身？"于是乃能引起天心悯顾，降生丞相！保我皇家安宁，大济国家于艰难之间，朕实倚赖之。今将授丞相典礼，你要敬听朕的策命。

从前董卓初作国难，众诸侯放弃其私政，以谋助王室，君则主事而进，领先举义兵平乱，这就是君的忠于本朝之处。后来黄巾造反，不顾天道常理，侵我三州，祸乱平民，君又翦平黄巾，安定东夏，这又是君的功绩。韩暹、杨奉专权用武作乱，君则加以讨伐，能

奉专用威命，君则致讨，克黜其难，遂迁许都，造我京畿，设官兆祀，不失旧物，天地鬼神于是获乂，此又君之功也。袁术僭逆，肆于淮南，慑惮君灵，用丕显谋，蕲阳之役，桥蕤授首，棱威南迈，术以陨溃，此又君之功也。回戈东征，吕布就戮，乘辕将返，张杨殂毙，眭固伏罪，张绣稽服，此又君之功也。袁绍逆乱天常，谋危社稷，凭恃其众，称兵内侮，当此之时，王师寡弱，天下寒心，莫有固志，君执大节，精贯白日，奋其武怒，运其神策，致届官渡，大歼丑类，俾我国家拯于危坠，此又君之功也。济师洪河，拓定四州，袁谭、高幹，咸枭其首，海盗奔迸，黑山顺轨，此又君之功也。乌丸三种，崇乱二世，袁尚因之，逼据塞北，束马县车，一征而灭，此又君之功也。刘表背诞，不供贡职，王师首路，威风先逝，百城八郡，交臂屈膝，此又君之功也。马超、成宜，同恶相济，滨据河、潼，求逞所欲，殄之渭南，献馘万计，遂定边境，抚和戎狄，此又君之功也。鲜卑、丁零，重译而至，箄于、白屋，请吏率职，此又君之功也。君有定天下之功，重之以明德，班叙海内，宣美风俗，旁施勤教，恤慎刑狱，吏无苛政，民无怀慝；敦崇帝族，表继绝世，旧德前功，罔不咸秩；虽伊尹格于皇天，周公光于四海，方之蔑如也。

朕闻先王并建明德，胙之以土，分之以民，崇其宠章，备其礼物，所以藩卫王室，左

平定其乱，乃迁许都，重建京畿，设官卜吉祭祀，不失旧有之物，天地鬼神，于是得安，这又是君之功绩。袁术越分窃位作逆，肆乱于淮南，而畏惧君的英明。君用宏大显赫之谋，蕲阳之役，桥蕤斩除；威武南进，袁术因以崩溃。这又是君的功绩。然后回兵东征，吕布就戮；车乘将返之际，张杨身死败亡，眭固伏罪而死，张绣降伏，这又是君的功绩。袁绍逆乱天常，谋划危害国家，依恃其兵力强盛，兴兵作乱，为祸国家。当此之时，王师既少且弱，天下为之战慄，无有坚固御乱之志。而君坚持大节，精神贯于白日，奋其威武，发其愤怒，运用其神奇的策略，以致等到官渡之战，大歼袁绍等丑类；使我国家，获拯救于危坠之间，这又是君的功绩。君从黄河渡过大兵，开拓平定青冀幽并四州；袁谭、高幹，都被枭首；海盗奔逃，黑山归降。这又是君功绩。乌丸三种，扰乱中国两世之久，袁尚依附乌丸，据守塞北，而系马悬车，一征而贼灭，这又是君的功绩。刘表背叛荒诞，不供贡职。王师方出征首途，威风先已达于地方，百城八郡，连手跪降，这又是君之功绩。马超、成宜，相和合为同恶，倚据潼关黄河之险，作乱以求逞其私欲。杀之于渭水之南，献贼首级以万计，乃平定边境，抚定戎狄，这又是君的功绩。鲜卑、丁零译其语言而遣使来朝，箄于、白屋来请遣官吏而遵循其职守，这又是君之功绩。君有安定天下之功，重施明德之教，理治海内，使有次序，宣扬美风良俗，加以勤奋教育，悯恤百姓，慎用刑狱，官吏无苛政，人民无存恶心，崇敬帝族，匡继将绝之世，旧德前功，无不满其秩禄。虽如伊尹感通上天，周公光被于四海，比之于君，仍有不如。

朕闻先王于建功立德之人，予以封土之禄，分与人民，高尚其光宠，旌旗黼黻，礼物

右厥世也。其在周成，管、蔡不静，惩难念功，乃使邵康公赐齐太公履，东至于海，西至于河，南至于穆陵，北至于无棣，五侯九伯，实得征之，世祚太师，以表东海；爰及襄王，亦有楚人不供王职，又命晋文登为侯伯，锡以二辂、虎贲、𫓧钺、秬鬯、弓矢，大启南阳，世作盟主。故周室之不坏，繄二国是赖。今君称丕显德，明保朕躬，奉答天命，导扬弘烈，缓爰九域，莫不率俾，功高于伊、周，而赏卑于齐、晋，朕甚恧焉。朕以眇眇之身，托于兆民之上，永思厥艰，若涉渊水，非君攸济，朕无任焉。今以冀州之河东、河内、魏郡、赵国、中山、常山、钜鹿、安平、甘陵、平原凡十郡，封君为魏公。锡君玄土，苴以白茅，爰契尔龟，用建冢社。昔在周室，毕公、毛公入为卿佐，周、邵师保出为二伯，外内之任，君实宜之。其以丞相领冀州牧如故。又加君九锡，其敬听朕命。以君经纬礼律，为民轨仪，使安职业，无或迁志，是用锡君大辂、戎辂各一，玄牡二驷。君劝分务本，穑人昏作，粟帛滞积，大业惟兴，是用锡君衮冕之服，赤舄副焉。君敦尚谦让，俾民兴行，少长有礼，上下咸和，是用锡君轩县之乐，六佾之舞。君翼宣风化，爰发四方，远人革面，华夏充实，是用锡君朱户以居。君研其明哲，思帝所难，官才任贤，群善必举，是用锡君纳陛以登。

完备，所以保卫王室，而击一世之安危，为左右世事的关键。在周成王之时，管叔、蔡叔不安而作乱，其后戒于国难而又念功臣之劳，乃使召康公赐齐太公履，东至于东海，西至于黄河，南至于穆陵，北至于无棣，五侯九伯，得以征伐，世世继承太师之位，以光大东海。乃至周襄王之时，亦有楚人不肯朝贡，以奉周王之职，又命晋文公，登升侯伯之位，赐以二辂、虎贲、𫓧钺、秬鬯、弓矢，大启南阳疆宇，世世为盟主。所以周室的不败坏，惟赖齐晋二国的力量。今君大显明德，明保朕躬，奉答天合，引导发扬大业，安定九州，四海无不率从依循，功勋高于伊尹、周公，而赏赐低于齐、晋，朕甚为惭愧。朕以微小之身，居于兆民之上，常思其艰难，如涉深渊，如履薄冰，如非君之所助，朕实不能胜此重任。今以冀州之河东郡、河内郡、魏郡、赵国、中山郡、常山郡、钜鹿郡、安平郡、甘陵郡、平原郡，共十郡，封君为魏公。赐君黑土，铺以白茅，以便契龟卜蓍，建立冢、社。从前在周代，毕公、毛公，入为卿佐，周公召公师保出为二伯，或任内事，或任外事，而君实宜兼主内外之事。应以丞相领冀州牧如故。又加君九锡，要敬听朕之命。君以礼法为常道。言动为民之所依循，德行为民之所效法，使民各安其职业，无或迁变其念意，是以赐君大辂车，戎辂车各一乘、黑雄马二驷。君劝人务应守本分，农夫晨昏而作，粮食累积，布帛满箱，大业兴盛，是以赐君衮冕之服，赤舄以为副。君敦尚谦让，使人民兴起奉行，年少和年长都能守礼，上位和下位也都能和乐，是以赐君轩县之乐，六佾之舞。君宣扬风化，发扬四方，远地之人，洗心革面。使中国充实，是以赐君朱门，以为住舍。君研求明哲之道，思考帝之所难决，任官以才，使用贤能，多数善良，推举而出。是以赐君"纳陛"而登（收陛于霤下，不露身而登殿）。君持国之大政，端正颜色，居处中和，虽织毫之恶，

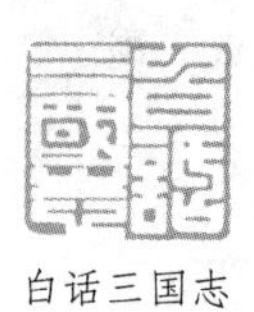

君秉国之钧，正色处中，纤毫之恶，靡不抑退，是用锡君虎贲之士三百人。君纠虔天刑，章厥有罪，犯关干纪，莫不诛殛，是用锡君𫓧钺各一。君龙骧虎视，旁眺八维，掩讨逆节，折冲四海，是用锡君彤弓一，彤矢百，玈弓十，玈矢千。君以温恭为基，孝友为德，明允笃诚，感于朕思，是用锡君秬鬯一卣，珪瓒副焉。魏国置丞相已下群卿百寮，皆如汉初诸侯王之制。往钦哉，敬服朕命！简恤尔众，时亮庶功，用终尔显德，对扬我高祖之休命！

秋七月，始建魏社稷宗庙。天子聘公三女为贵人，少者待年于国。九月，作金虎台，凿渠引漳水入白沟以通河。冬十月，分魏郡为东西部，置都尉。十一月，初置尚书、侍中、六卿。

马超在汉阳，复因羌、胡为害，氐王千万叛应超，屯兴国。使夏侯渊讨之。

十九年春正月，始耕籍田。南安赵衢、汉阳尹奉等讨超，枭其妻子，超奔汉中。韩遂徙金城，入氐王千万部，率羌、胡万余骑与夏侯渊战，击，大破之，遂走西平。渊与诸将攻兴国，屠之。省安东、永阳郡。

安定太守毌丘兴将之官，公戒之曰："羌，胡欲与中国通，自当遣人来，慎勿遣人往。善人难得，必将教羌、胡妄有所请求，因欲以自利；不从便为失异俗意，从之则无益事。"

无不谦退。是以赐君虎贲之勇士三百人。君纠察杀戮依循天子之法，宣明有罪，凡犯法干纪，莫不诛杀，是以赐君𫓧钺各一。君龙跃虎视，旁驰远眺，及于八方之极，讨征叛逆，折冲四海。是以赐君彤弓一张、彤矢一百、玈弓十张、玈矢一千。君以温恭为本，孝友为德，明允笃诚，使朕感动于心，是以赐君秬鬯之酒一卣，珪瓒之玉为副。魏国置丞相以下群卿百官，都如汉初诸侯王的制度。去执行职务，要恭敬服从朕命，要照顾君的士众，作好多方面的事功，以成就君的显大之德，对答而称扬我高祖的美德天命！

秋七月，初建魏国社稷宗朝。天子聘曹操三个女儿为贵人，最小的要在魏国等待长大。九月，作金虎堂，凿渠引漳水入白沟以通于黄河。冬十月，分魏郡为东西两部，置都尉。十一月，魏初置尚书、侍中、六卿。

马超在汉阳，又结合羌人、胡人为害。氐王千万叛，响应马超，屯兵兴国。曹操使夏侯渊去讨伐。

建安十九年，春正月，曹操始耕籍田（籍田为亲自耕田之礼）。南安赵衢、汉阳尹奉等讨伐马超，杀马超妻子。马超逃奔汉中。韩遂迁到金城，入氐王千万部，率羌人胡人共万余骑，与夏侯渊战。夏侯渊击韩遂，大破之。韩遂奔赴西平。夏侯渊与诸将攻兴国，屠杀兴国、减除安东、永阳二郡。

安定太守毌丘兴，将要到任，曹操训诫他说："羌人和胡人，想要和中国相通，自应派人来，你切勿派人去。合宜的人很难得，人派得不好，必将使羌胡有不合理之要求，因以求他们的利益。不准许，就使异俗种族失意；准许，则并非有益之事。"毌丘兴到安定任

兴至，遣校尉范陵至羌中，陵果教羌，使自请为属国都尉。公曰：“吾预知当尔，非圣也，但更事多耳。”

三月，天子使魏公位在诸侯王上，改授金玺、赤绂、远游冠。

秋七月，公征孙权。

初，陇西宋建自称河首平汉王，聚众枹罕，改元，置百官，三十余年。遣夏侯渊自兴国讨之。冬十月，屠枹罕，斩建，凉州平。

公自合肥还。

十一月，汉皇后伏氏坐昔与父故屯骑校尉完书，云帝以董承被诛怨恨公，辞甚丑恶，发闻，后废黜死，兄弟皆伏法。

十二月，公至孟津。天子命公置旄头，宫殿设钟虡。乙未，令曰：“夫有行之士未必能进取，进取之士未必能有行也。陈平岂笃行，苏秦岂守信邪？而陈平

伏皇后为国捐躯，选自清刊本《三国演义》。据《三国演义》，因曹操欺凌汉献帝，伏皇后写信给父亲伏完，请设计杀曹操，伏完回信途中泄漏，曹操诛杀伏完及伏皇后，株三族。图为曹兵当着献帝的面抓走伏皇后。

所，竟派遣校尉范陵到羌中。范陵果然教羌人自请为属国都尉。曹操说：“我早就预知，必定如此，不是圣人预知，但因我阅历事多而已。”

三月，天子使魏公位在诸侯王之上，改授金玺、赤绂，远游冠。

秋七月，曹操领兵征孙权。

在先，陇西宋建自称首平汉王，聚众于枹罕，改元，置百官，经过三十多年。曹操遣夏侯渊自兴国讨伐宋建。冬十月，拔枹罕而屠之，斩宋建，凉州平定。

曹操自合肥还。

十一月，汉皇后伏氏，因昔日与父亲散骑校尉伏完书信，共谋杀曹操坐罪。其书信云：帝因董承被杀，怨恨曹操，言词甚为丑恶。事为曹操所知，伏后废黜而死，伏后兄弟都受刑而死。

十二月，曹操至孟津。天子命曹操置旄发，宫殿设钟架。乙未（十九日），曹操下令曰：“有德行之士，未必能进取；进取之士，未必能有德行。陈平岂是笃行之人？苏秦岂

曹操平定汉中地，选自清刊本《三国演义》。据《三国演义》，曹操攻打汉中张鲁，大破之，张鲁投降，曹操遂平定汉中。图为张鲁向曹操献上印绶。

定汉业，苏秦济弱燕。由此言之，士有偏短，庸可废乎！有司明思此义，则士无遗滞，官无废业矣。”又曰：“夫刑，百姓之命也，而军中典狱者或非其人，而任以三军死生之事，吾甚惧之。其选明达法理者，使持典刑。”于是置理曹掾属。

二十年春正月，天子立公中女为皇后。省云中、定襄、五原、朔方郡，郡置一县领其民，合以为新兴郡。

三月，公西征张鲁，至陈仓，将自武都入氐；氐人塞道，先遣张郃、朱灵等攻破之。夏四月，公自陈仓以出散关，至河池。氐王窦茂众万余人，恃险不服，五月，公攻屠之。西平、金城诸将麴演、蒋石等共斩送韩遂首。秋七月，公至阳平。张鲁使弟卫与将杨昂等据阳平关，横山筑城十余里，攻之不能拔，乃引军还。贼见大军退，其守备解散。公乃密遣解慓、高祚等乘险夜袭，大破之，斩其将杨任，进攻卫，卫等夜遁，鲁溃奔巴中。公军入南郑，尽得鲁

是守信之士？而陈平却能定汉室帝业，苏秦能助弱燕治强。由此说来，士偶有偏处短处，怎可以废弃呢？官府要明思这一道理，则士人便不会遗漏滞留，官吏不会废其作业了。”又说：“刑法是百姓之命，而军中主法之人，或不是能主持法典之人，而任此种人主持三军死生之事，我很为恐惧担忧。今慎选明达法理之人，使主持法典刑狱。”于是置理曹掾属。

建安二十年，春正月，天子立曹操二女为皇后。撤销云中、定襄、五原、朔方四郡，每郡置一县以领其民，合所减各郡以为新兴郡。

三月，曹操西征张鲁，到陈仓，将由武都入氐；氐人塞阻道路，曹操先派张郃、朱灵等领兵攻破氐人。夏四月，曹操从陈仓出散关，到河池。氐王窦茂兵一万余人，恃守险要，不服。五月，曹操攻下河池，屠杀窦茂兵众。西平、金城诸将麴演、蒋石等共同杀韩遂，斩其头进献给曹操。秋七月，曹操到阳平。张鲁使弟张卫与部将杨昂等据守阳平关，依山横筑城墙，长十余里。曹军攻打，不能攻破，乃引兵还。张卫等见曹军已退，解散其守备。曹操乃暗中宿派部将解慓、高祚等，冒险夜袭，大破阳平关，斩其将杨任，进攻张卫，张卫等乘夜逃遁，张鲁逃奔巴中。曹操军入南郑，取得张鲁府库中全部珍宝财物。

府库珍宝。巴、汉皆降。复汉宁郡为汉中；分汉中之安阳、西城为西城郡，置太守；分锡、上庸郡，置都尉。

八月，孙权围合肥，张辽、李典击破之。

九月，巴七姓夷王朴胡、賨邑侯杜濩举巴夷、賨民来附，于是分巴郡，以胡为巴东太守，濩为巴西太守，皆封列侯。天子命公承制封拜诸侯守相。

冬十月，始置名号侯至五大夫，与旧列侯、关内侯凡六等，以赏军功。

十一月，鲁自巴中将其余众降。封鲁及五子皆为列侯。刘备袭刘璋，取益州，遂据巴中；遣张郃击之。

十二月，公自南郑还，留夏侯渊屯汉中。

二十一年春二月，公还邺。三月壬寅，公亲耕籍田。夏五月，天子进公爵为魏王。代郡乌丸行单于普富卢与其侯王来朝。天子命王女为公主，食汤沐邑。秋七月，匈奴南单于呼厨泉将其名王来朝，待以客礼，遂留魏，使右贤王去卑监其国。八月，以大理钟繇为相国。

冬十月，治兵，遂征孙权，十一月至谯。

二十二年春正月，王军居巢，二月，进军屯江西郝谿。权在濡须口筑城拒守，遂逼攻之，权退走。三月，王引军还，留夏侯惇、曹仁、张辽等屯居巢。

巴、汉两地都投降。恢复汉宁郡为汉中郡。分汉中郡之安阳、西城，为西城郡，置太守。分划郡及上庸郡，置都尉。

八月，孙权兵围合肥，张辽、李典共同击破孙权兵。

九月，巴地七姓夷王朴胡、賨邑侯杜濩，以全巴夷、賨民来归附。于是分划巴郡，以朴胡为巴东太守，杜濩为巴西太守，都封为列侯。天子命曹操承制封拜诸侯守相。

冬十月，开始设置名号侯至五大夫，与旧列侯、关内侯，凡六等，以赏有军功之人。

十一月，张鲁从巴中率领其余兵投降。曹操封张鲁和张鲁的五个儿子，都为列侯。刘备袭击刘璋，取得益州（今四川省地），乃得据巴中。曹操派张郃领兵击刘备。

十二月，曹操从南郑回，留夏侯渊屯兵汉中。

建安二十一年，春二月，曹操回到邺。三月壬寅（初三日），曹操亲自籍田。夏五月，天子进曹操爵为魏王。代郡乌丸行单于普富卢，与其侯王来朝。天子命曹操以魏王女为公主，食汤沐邑。秋七月，匈奴南单于呼厨泉，率其名王来朝，朝廷待以客礼。呼厨泉乃留于魏，使其右贤王去卑监其国。八月，以大理钟繇为魏相国。

冬十月，曹操亲治兵，号令进退，乃出兵东征孙权。十一月，曹操到谯。

建安二十二年，春正月，曹军屯居巢。二月，进军屯长江西之郝谿。孙权在濡须口筑城拒守，曹军乃进逼濡须口攻击，孙权不支退走。三月，曹操引兵还，留夏侯惇、曹仁、张辽等屯居巢。

夏四月，天子命王设天子旌旗，出入称警跸。五月，作泮宫。六月，以军师华歆为御史大夫。冬十月，天子命王冕十有二旒，乘金根车，驾六马，设五时副车，以五官中郎将丕为魏太子。

刘备遣张飞、马超、吴兰等屯下辩；遣曹洪拒之。

二十三年春正月，汉太医令吉本与少府耿纪、司直韦晃等反，攻许，烧丞相长史王必营，必与颍川典农中郎将严匡讨斩之。

曹洪破吴兰，斩其将任夔等。三月，张飞、马超走汉中，阴平氐强端斩吴兰，传其首。

夏四月，代郡、上谷乌丸无臣氐等叛，遣鄢陵侯彰讨破之。

六月，令曰："古之葬者，必居瘠薄之地。其规西门豹祠西原上为寿陵，因高为基，不封不树。《周礼》冢人掌公墓之地，凡诸侯居左右以前，卿大夫居后，汉制亦谓之陪陵。其公卿大臣列将有功者，宜陪寿陵，其广为兆域，使足兼容。"

秋七月，治兵，遂西征刘备，九月，至长安。

冬十月，宛守将侯音等反，执南阳太守，劫略吏民，保宛。初，曹仁讨关羽，屯樊城，是月使仁围宛。

二十四年春正月，仁屠宛，斩音。

夏四月，天子命魏王设天子旌旗，出入称警跸。五月，魏作泮宫。六月，以军师华歆为御史大夫。冬十月，天子命魏王戴十二旒冕，乘金根车，驾六马，设五时副车，以五官中郎将曹丕为魏太子。

刘备派张飞、马超、吴兰等，屯兵于下辩；曹操派曹洪以兵拒之。

建安二十三年，春正月，汉太医令吉本，与少府耿纪、司直韦晃等叛。攻许昌，烧丞相长史王必营。王必与颍川典农中郎将严匡讨平，斩吉本等。

曹洪破吴兰，斩其守将任夔等。三月，张飞、马超走汉中。阴平氐强端斩吴兰，传其首级。

夏四月，代郡、上谷乌丸无臣氐等叛，曹操派鄢陵侯曹彰讨伐，击破无臣氐等。

六月，曹操以魏王令曰："古时之葬，必在薄瘠之地。今规划在西门豹祠之西原上，以为寿陵；因高地为基础，不作高冢，不植树木。《周礼》冢人掌公墓之地，凡诸侯葬，在左右前方，卿大夫居后方，汉制亦谓此种葬法为陪陵。公卿大臣列将有功者，宜陪寿陵，要广开寿陵之界域，以使足以容陪陵。"

秋七月，曹操亲自治兵，乃西征刘备。九月，曹操到长安。

冬十月，宛守将侯音等叛，捕执南阳太守，劫掠吏民，守宛城。在先，曹仁征讨关羽，屯兵樊城。本月，曹操使曹仁围宛城。

建安二十四年，春正月，曹仁攻破宛城，斩侯音。

夏侯渊与刘备战于阳平，为备所杀。三月，王自长安出斜谷，军遮要以临汉中，遂至阳平。备因险拒守。

夏五月，引军还长安。

秋七月，以夫人卞氏为王后。遣于禁助曹仁击关羽。八月，汉水溢，灌禁军，军没，羽获禁，遂围仁。使徐晃救之。

九月，相国钟繇坐西曹掾魏讽反免。

冬十月，军还洛阳。孙权遣使上书，以讨关羽自效。王自洛阳南征羽，未至，晃攻羽，破之，羽走，仁围解。王军摩陂。

二十五年春正月，至洛阳。权击斩羽，传其首。

庚子，王崩于洛阳，年六十六。遗令曰："天下尚未安定，未得遵古也。葬毕，皆除服。其将兵屯戍者，皆不得离屯部。有司各率乃职。敛以

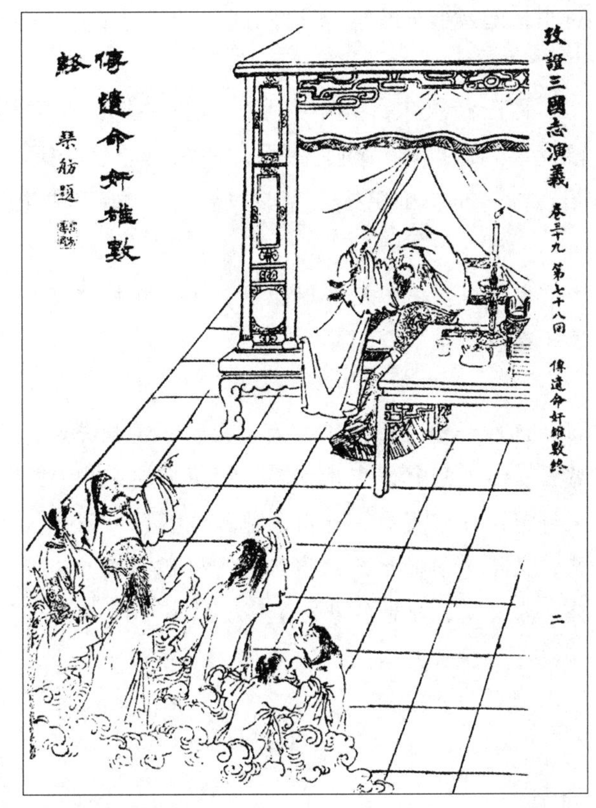

曹操病逝，选自清刊本《三国演义》。据《三国演义》，曹操临死前，被伏皇后父女及以前被曹操所杀的汉朝官吏鬼魂索命，不久即死。图为众鬼魂向曹操索命。

夏侯渊与刘备战于阳平，为刘备所杀。三月，曹操自长安出斜谷，据险阻冲要之地，以临汉中，乃到阳平。刘备据险要拒守。

夏五月，曹操引兵回长安。

秋七月，曹操以夫人卞氏为魏王后。派于禁助曹仁攻击关羽。八月，汉水溢出泛滥，淹于禁军队。于禁军覆没，关羽掳获于禁，乃围曹仁。曹操使徐晃领兵救曹仁。

九月，魏相钟繇，因西曹掾魏讽反叛事，免相。

冬十月，曹军还洛阳。孙权派使者上书，以讨伐关羽为条件，表示自愿效力于魏。曹操自洛阳南征关羽，军未到，徐晃攻破关羽。关羽败走，曹仁之围解除。曹操军驻摩陂。

建安二十五年（公元 220 年），春正月，曹操到洛阳。孙权杀关羽，传送其首级于洛阳。

庚子（二十三日），魏王曹操崩于洛阳，年六十六岁。遗令曰："天下还没有安定，还不能遵从古制。葬礼完毕，便都除去丧服。领兵屯戍的将领，都不许离开屯戍部队。有司

时服，无藏金玉珍宝。”谥曰武王。二月丁卯，葬高陵。

评曰：汉末，天下大乱，雄豪并起，而袁绍虎眎四州，强盛莫敌。太祖运筹演谋，鞭挞宇内，揽申、商之法术，该韩、白之奇策，官方授材，各因其器，矫情任算，不念旧恶，终能总御皇机，克成洪业者，惟其明略最优也。抑可谓非常之人，超世之杰矣。

各守其职务。装敛用今时服制，不要在棺中藏金宝。”谥曰：武王。二月丁卯（二十一日）葬于高陵。

陈寿评论说：汉末，天下大乱，英豪并起，而袁绍虎视四州，强盛无人能敌。魏太祖曹操，运筹思算，广用谋略，鞭策四宇之内；取用申不害、商鞅之法术；包容韩非、吴起之奇策；任官授爵，选用才能，能各因其器容大小质别，适材而用；任事计算，不尽依常情，又不念旧时过恶，终能统御机运，成其大业，惟因其明哲之谋略最为优越之故。可谓为非常之人，超世的豪杰了！

三国志卷二

文帝纪第二

林明德 译

文皇帝讳丕，字子桓，武帝太子也。中平四年冬，生于谯。建安十六年，为五官中郎将、副丞相。二十二年，立为魏太子。太祖崩，嗣位为丞相、魏王。尊王后曰王太后。改建安二十五年为延康元年。

元年二月壬戌，以大中大夫贾诩为太尉，御史大夫华歆为相国，大理王朗为御史大夫。置散骑常侍、侍郎各四人，其宦人为官者不得过诸署令；为金策著令，藏之石室。

魏文帝曹丕（公元 187—226），唐阎立本绘。

魏文帝曹丕，字子桓，是魏武帝曹操的太子。汉献帝中平四年（公元 187 年）冬天，降生在沛郡谯县（今安徽亳州）。汉献帝建安十六年（公元 211 年），曹丕当了五官中郎将、副丞相。建安二十二年（公元 217 年），三十岁的他，被曹操立为太子。曹操去世后，他继承了丞相、魏王的职位，尊崇母亲为王太后。建安二十五年（公元 220 年），汉献帝改元延康。

延康元年（公元 220 年），二月壬戌日，任命太中大夫贾诩为太尉，御史大夫华歆为相国，大理王朗为御史大夫。设置散骑常侍、侍郎各四人，凡是宦人（即宫中阉官）当官的，地位不得超过黄门（秦汉以来有黄门侍郎、给事黄门侍郎等官，居禁中给事）、掖庭（宦人之官，有令丞，宦者为之）等署令；做金策以明令，把它收藏在石室里。

初，汉熹平五年，黄龙见谯，光禄大夫桥玄问太史令单飏："此何祥也？"飏曰："其国后当有王者兴，不及五十年，亦当复见。天事恒象，此其应也。"内黄殷登默而记之。至四十五年，登尚在。三月，黄龙见谯，登闻之曰："单飏之言，其验兹乎！"

己卯，以前将军夏侯惇为大将军。濊貊、扶馀单于、焉耆、于阗王皆各遣使奉献。

夏四月丁巳，饶安县言白雉见。庚午，大将军夏侯惇薨。

五月戊寅，天子命王追尊皇祖太尉曰太王，夫人丁氏曰太王后，封王子叡为武德侯。是月，冯翊山贼郑甘、王照率众降，皆封列侯。

酒泉黄华、张掖张进等各执太守以叛。金城太守苏则讨进，斩之。华降。

六月辛亥，治兵于东郊，庚午，遂南征。

秋七月庚辰，令曰："轩辕有明台之议，放勋有衢室之问，皆所以广询于下也。百官有司，其务以职尽规谏，将率陈军法，朝士明制度，牧守申政事，缙绅考六艺，吾将兼览焉。"

起初，在汉灵帝熹平五年（公元176年）的时候，听说谯县这地方出现了黄龙。光禄大夫桥玄便向太史令单飏请教："这是什么吉凶的征兆？"单飏回答说："未来那个地方一定会有帝王诞生，不必等到五十年，还会再次出现。上天经常通过出现某些天象来预示人间之事，'黄龙见谯'便是谯地当有王者兴的应验。"当时有位内黄（今河南内黄县）人叫殷登的，把这话默记在心。四十五年以后，殷登还健在。这年（公元220年）三月，谯县又出现黄龙，殷登听到这消息后，说道："单飏的话，果然应验了！"

己卯日，任命前将军夏侯惇为大将军。濊貊（即秽貊，种族名。今辽宁凤城县东，及朝鲜的江原道一带地方）、扶馀（东汉时濊貊别族所建）单于、焉耆、于阗（同属汉时西域诸国）诸王都各派遣使者来奉献。

夏四月，丁巳日，饶安县（今河北沧州东北）传说白雉出现。庚午日，大将军夏侯惇去世。

五月，戊寅日，天子命令曹丕追尊祖父汉太尉曹嵩为太王，祖母丁氏为太王后，封曹丕的儿子曹叡为武德侯。这月，冯翊一地的山贼郑甘、王照带领部队来投降，两人都被封为列侯（群臣异姓以功受封者）。

酒泉郡的黄华、张掖郡的张进两人都抓捕本郡的太守，举兵造反。当时的金城太守苏则前往讨伐，斩了张进，黄华也投降了。

六月，辛亥日，在邺都东郊整顿部队，于是，在庚午日出发南征。

秋七月，庚辰日，皇帝下诏令，说："黄帝立明台之议，唐尧有衢室之问，都是为了广泛征求下民意见。现在朝廷百官，可一定要知无不言，言无不尽地来提供意见。将帅规范军法，朝士表明制度，牧守推展政事，缙绅考究六艺，我来总揽这一切。"

孙权遣使奉献。蜀将孟达率众降。武都氐王杨仆率种人内附，居汉阳郡。

甲午，军次于谯，大飨六军及谯父老百姓于邑东。八月，石邑县言凤皇集。

冬十月癸卯，令曰：“诸将征伐，士卒死亡者或未收敛，吾甚哀之；其告郡国给槥椟殡敛，送致其家，官为设祭。”丙午，行至曲蠡。

汉帝以众望在魏，乃召群公卿士，告祠高庙。使兼御史大夫张音持节奉玺绶禅位，册曰：“咨尔魏王：昔者帝尧禅位于虞舜，舜亦以命禹，天命不于常，惟归有德。汉道陵迟，世失其序，降及朕躬，大乱兹昏，群凶肆逆，宇内颠覆。赖武王神武，拯兹难于四方，惟清区夏，以保绥我宗庙，岂予一人获乂，俾九服实受其赐。今王钦承前绪，光于乃德，恢文武之大业，昭尔考之弘烈。皇灵降瑞，人神告征，诞惟亮采，师锡朕命，佥曰尔度克协于虞舜，用

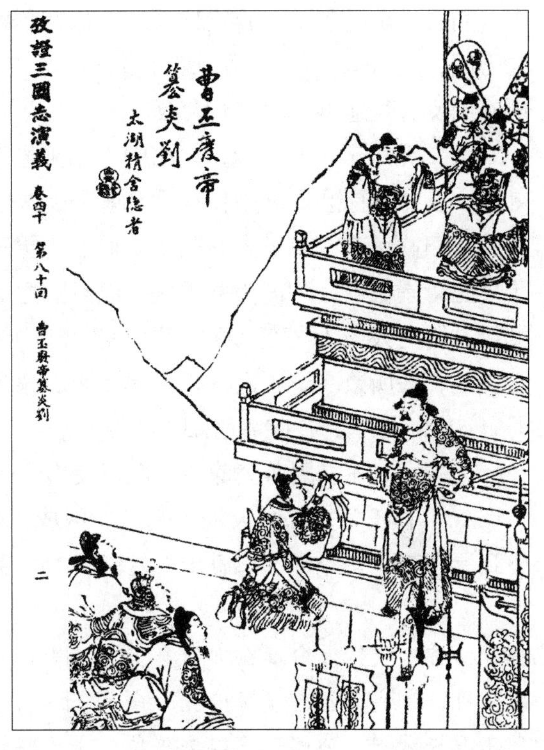

曹丕登极，选自清刊本《三国演义》。据《三国演义》，汉献帝被曹丕逼迫而让出帝位。图为汉献帝禅让帝位后向曹丕跪谢。

孙权派遣使者来奉献。蜀将孟达率兵来降。武都的氐王叫杨仆的，也率领族人来归附，定居在汉阳郡。

甲午日，南征大军在谯县停宿，并在邑东大宴六军，以及当地的父老百姓。八月，传说石邑县（故城在今河北石家庄市鹿泉区获鹿镇）这地方有凤凰翔集。

冬十月，癸卯日，下诏令，说：“众将征伐，士兵死亡了，有的还没收敛，我感到非常的哀伤；布告郡国首长发给小棺殡敛，护灵到家，官长替他们设祭。”丙午日，巡行到曲蠡。

汉献帝认为曹丕众望所归，于是召集群公卿士，敬告祖庙。派兼御史大丈张音为使节，献上国玺让位，册文上说：“啊！魏王：以前帝尧禅让虞舜，舜也禅位夏禹，天命不常，只归依有德的君子。汉道陵夷衰微，世局沦亡秩序，我即位之后，大乱漫延，群凶放肆，天下已到灭亡的地步。所幸的是，借着武王曹操的威武，拯救四方的灾难，安宁华夏，安保我大汉宗庙，岂是我一人受益，万邦也蒙受他的恩赐。现在，你敬承前人的事业，发挥美德，恢弘文武事功，来光耀令尊的功业。上帝降下祥瑞，人神告示征象，深思亮丽的文彩，师长与我，都说：你的法度一定能够合于虞舜，遵循我唐尧的先例，把帝位恭敬地

率我唐典，敬逊尔位。於戏！天之历数在尔躬，允执其中，天禄永终；君其祗顺大礼，飨兹万国，以肃承天命。”乃为坛于繁阳。庚午，王升坛即阼，百官陪位。事讫，降坛，视燎成礼而反。改延康为黄初，大赦。

黄初元年十一月癸酉，以河内之山阳邑万户奉汉帝为山阳公，行汉正朔，以天子之礼郊祭，上书不称臣，京都有事于太庙，致胙；封公之四子为列侯。追尊皇祖太王曰太皇帝，考武王曰武皇帝，尊王太后曰皇太后。赐男子爵人一级，为父后及孝悌力田人二级。以汉诸侯王为崇德侯，列侯为关中侯。以颍阴之繁阳亭为繁昌县。封爵增位各有差。改相国为司徒，御史大夫为司空，奉常为太常，郎中令为光禄勋，大理为廷尉，大农为大司农。郡国县邑，多所改易。更授匈奴南单于呼厨泉魏玺绶，赐青盖车、乘舆、宝剑、玉玦。十二月，初营洛阳宫，戊午幸洛阳。

是岁，长水校尉戴陵谏不宜数行弋猎，帝大怒；陵减死罪一等。

二年春正月，郊祀天地、明堂。甲戌，校猎至原陵，遣使者以太牢祠汉世祖。乙亥，朝日于东郊。初令郡国口满十万者，岁察孝廉一人；其有秀异，无拘户口。辛巳，分三公

禅让给你。唉！天命就在你的身上，应当持守中庸之道，那么，就可永享国祚；你可要敬顺大礼，享赐万国，谨慎接受天命。”于是，在繁阳（今河南内黄县西北）设坛。庚午日，曹丕登坛受禅，公卿列侯群僚陪位，是为文帝。事毕，下坛，观看燎祭天地、五岳、四渎之礼后才回去。这年，更改延康为黄初，并宣布大赦。

黄初元年（公元220年）十一月，癸酉日，把河内的山阳邑（今河南省修武县）万户赐给汉献帝，命他为山阳公，在他的国内正朔（即正月一日。古时王者改姓，有改正朔之事）依旧，可以天子礼节举行郊祭，上书不必称臣，京都太庙有事的时候，祭的酒肉一定赠送山阳公同享，并封他的四个孩子为列侯。追封皇祖太王曹嵩为太皇帝，父亲武王曹操为武皇帝，尊王太后丁氏为皇太后。赐天下男子爵人一级，嫡长子、孝悌及力田的二级，为的是劝导乡里，助成风化。以汉朝的诸侯为崇德侯，列侯为关中侯。改颍阴的繁阳亭为繁昌县。封爵增位，各有差等。更改相国为司徒，御史大夫为司空，奉常为太常，郎中令为光禄勋，大理为廷尉，大农为大司农。郡国县邑，也多所改易。颁给匈奴南单于呼厨泉魏以国玺印绶，并且封赐青盖军、乘舆、宝剑、玉玦等物。十二月，开始营建洛阳宫，戊午日，文帝巡幸洛阳（今河南洛阳）。

这年，长水（按：此为胡名）校尉戴陵劝谏文帝不应该经常游猎，文帝大怒；为此，戴陵（本当迕旨极刑）被判减死罪一等。

黄初二年（公元221年）春正月，郊祀天地，及明堂。甲戌日，文帝校猎到原陵来，派遣使者以太牢祭祠汉代列祖列宗。乙亥日，在东郊祀朝日。起初命令郡国人口满十万的，每年察举孝廉一人；至于才秀质异的，户口不在此限之内。辛巳日，分三公户邑，封子弟

户邑，封子弟各一人为列侯。壬午，复颍川郡一年田租。改许县为许昌县。以魏郡东部为阳平郡，西部为广平郡。

诏曰："昔仲尼资大圣之才，怀帝王之器，当衰周之末，无受命之运，在鲁、卫之朝，教化乎洙、泗之上，凄凄焉，遑遑焉，欲屈己以存道，贬身以救世。于时王公终莫能用之，乃退考五代之礼，修素王之事，因鲁史而制《春秋》，就太师而正《雅》《颂》，俾千载之后，莫不宗其文以述作，仰其圣以成谋，咨！可谓命世之大圣，亿载之师表者也。遭天下大乱，百祀堕坏，旧居之庙，毁而不修，褒成之后，绝而莫继，阙里不闻讲颂之声，四时不睹蒸尝之位，斯岂所谓崇礼报功，盛德百世必祀者哉！其以议郎孔羡为宗圣侯，邑百户，奉孔子祀。"令鲁郡修起旧庙，置百户吏卒以守卫之，又于其外广为室屋以居学者。

三月，加辽东太守公孙恭为车骑将军。初复五铢钱。夏四月，以车骑将军曹仁为大将军。五月，郑甘复叛，遣曹仁讨斩之。六月庚子，初祀五岳四渎，咸秩群祀。丁卯，夫人甄氏卒。戊辰晦，日有食之，有司奏免太尉，诏曰："灾异之作，以谴元首，而归过股肱，

各一人为列侯。壬午日，除去颍川郡一年的田租。改许县为许昌县（今河南许昌县西南）。以魏郡东部为阳平郡，西部为广平郡。

诏书说："以前仲尼秉赋大圣的才情，胸怀帝王的器识，当时是周道衰颓的晚期，没有受天之命的运数，他在鲁国、卫国的朝堂上为官时，设教于洙、泗之上，整日悽悽遑遑，想委曲自己以保存大道，贬低自己以拯救世人。可是当时的王公毕竟没有人能赏识他的，于是，他只好退隐下来考述五代的礼法，修治素王的事功，据鲁史而作《春秋》，请教太师以订正《雅》《颂》，使千载之后，没有不尊崇他的文章而加以阐述的，敬仰他的圣明而成计划的。啊！孔子真是名高一世的大圣，万世共瞻的师表呀！自天下遭逢大乱以来，百祀堕坏，旧有的孔庙，毁破不堪，褒成侯（汉平帝时封孔子后代孔均为褒成侯，光武建武十三年，又封孔均的儿子孔志为褒成侯，和帝永元四年，徙封孔志的儿子孔损为褒亭侯，世世相传）的后代，到献帝时就断绝了，孔子故居——阙里——久不闻讲诵的声音，一年四季看不到祭祀（按：春曰祠、夏曰禴、秋曰尝、冬曰烝，四时祭祀的名称）的举办，这怎是所谓崇礼报功，盛德百代必祀的现象呀！为此，任命议郎（官名，掌论议）孔羡为宗圣侯，食邑百户，以便奉祀孔子。"于是，命令鲁郡整修孔庙，设置百户吏卒，加以守卫，又在孔庙外面建筑房屋，以供学者住宿。

春三月，加封辽东太守公孙恭为车骑将军。开始恢复五铢钱。夏四月，以车骑将军曹仁为大将军。五月，降将郑甘造反，派遣曹仁前往讨伐，把他给斩杀了。六月，庚子日，开始祭祀五岳、四渎，按照次序，一一地祭祀。丁卯日，夫人甄氏过世。戊辰这一天，晦暗，有日食的现象，有关方面奏请免除太尉的职位，文帝下了一道诏书说："灾异的发生，是为谴责我来的，现在归咎于太尉，难道是夏禹、商汤罪己的本义吗？希望公卿群僚各自

岂禹、汤罪己之义乎？其令百官各虔厥职，后有天地之眚，勿复劾三公。”

秋八月，孙权遣使奉章，并遣于禁等还。丁巳，使太常邢贞持节拜权为大将军，封吴王，加九锡。冬十月，授杨彪光禄大夫。以谷贵，罢五铢钱。己卯，以大将军曹仁为大司马。十二月，行东巡。是岁筑陵云台。

三年春正月丙寅朔，日有蚀之。庚午，行幸许昌宫。诏曰：“今之计、孝，古之贡士也；十室之邑，必有忠信，若限年然后取士，是吕尚、周晋不显于前世也。其令郡国所选，勿拘老幼；儒通经术，吏达文法，到皆试用。有司纠故不以实者。”

二月，鄯善、龟兹、于阗王各遣使奉献，诏曰：“西戎即叙，氐、羌来王，《诗》、《书》美之。顷者西域外夷并款塞内附，其遣使者抚劳之。”是后西域遂通，置戊己校尉。

三月乙丑，立齐公叡为平原王，帝弟鄢陵公彰等十一人皆为王。初制封王之庶子为乡公，嗣王之庶子为亭侯，公之庶子为亭伯。甲戌，立皇子霖为河东王。甲午，行幸襄邑。夏四月戊申，立鄄城侯植为鄄城王。癸亥，行还许昌宫。五月，以荆、扬江表八郡为荆州，孙权领牧故也；荆州江北诸郡为郢州。

虔敬职守，以后若有天地灾异的迹象，不要再弹劾三公了。”

秋八月，孙权派遣使者奉章称臣，并遣归于禁等人。丁巳日，派太常邢贞持符节，拜孙权为大将军，封吴王，加九锡（**古代天子赐诸侯有大功者衣物等共九种，谓之九锡**）。冬十月，封杨彪为光禄大夫。因稻谷涨价，废除五铢钱。己卯日，任命大将军曹仁为大司马。十二月，往东巡行。这年，建筑陵云台。

三年（**公元222年**）春正月，丙寅日，正好初一，有日蚀的现象。庚午日，行幸许昌宫。下诏书，说：“当今的上计吏与孝廉，是古代的贡士；十室之邑，一定有忠信的人，倘若规制年限来推选贡士的话，那么，吕尚、周太子晋两人就不可能显名于周代。现在规定郡国所推选的士人，老幼不拘；儒生只要精通经术，官吏明白文法，到就试用。有关当局要纠正那些故意不实在的。”

二月，鄯善、龟兹、于阗（**均属西域诸国**）各王都遣派使者前来奉献，文帝下诏书说：“西戎行其秩叙，氐、羌前来朝王，自古《诗经》、《书经》已有赞美的记载。不久以前，西域外夷都叩塞门来服从，我们可要派使者抚慰他们。”这之后，西域与中国交往通畅无阻，因而，就设置戊己校尉。

三月，乙丑日，立齐公曹叡为平原王，弟弟鄢陵公曹彰等十一人都被封为王。开始制订封王的庶子为乡公，嗣王的庶子为亭侯，公的庶子为亭伯。甲戌日，立皇子曹霖为河东王。甲午日，巡行抵达襄邑。夏四月，戊申日，立鄄城侯曹植为鄄城王。癸亥日，巡行返回许昌宫。五月，以原来荆州、扬州的长江以南的八郡为新荆州，这是因为孙权担任荆州牧的缘故；原来荆州的长江以北的部分为郢州。

闰月，孙权破刘备于夷陵。初，帝闻备兵东下，与权交战，树栅连营七百余里，谓群臣曰：“备不晓兵，岂有七百里营可以拒敌者乎！‘苞原隰险阻而为军者为敌所禽’，此兵忌也。孙权上事今至矣。”后七日，破备书到。

秋七月，冀州大蝗，民饥，使尚书杜畿持节开仓廪以振之。八月，蜀大将黄权率众降。

九月甲午，诏曰：“夫妇人与政，乱之本也。自今以后，群臣不得奏事太后，后族之家不得当辅政之任，又不得横受茅土之爵；以此诏传后世，若有背违，天下共诛之。”庚子，立皇后郭氏。赐天下男子爵人二级；鳏寡笃癃及贫不能自存者赐谷。

冬十月甲子，表首阳山东为寿陵，作终制曰：“礼，国君即位为椑，存不忘亡也。昔尧葬谷林，通树之，禹葬会稽，农不易亩，故葬于山林，则合乎山林。封树之制，非上古也，吾无取焉。寿陵因山为体，无为封树，无立寝殿，造园邑，通神道。夫葬也者，藏也，欲人之不得见也。骨无痛痒之知，冢非栖神之宅，礼不墓祭，欲存亡之不黩也，为棺椁足以朽骨，衣衾足以朽肉而已。故吾营此丘墟不食之地，欲使易代之后不知其处。无施苇炭，

闰月，孙权在夷陵（今湖北宜昌市东）大破刘备的军队。起初，文帝听说刘备率兵东下，跟孙权交战，树栅驻营，长达七百多里，便向群臣说：“刘备不懂得兵法，哪里有分散七百里的军营可以抗拒敌人的呢？‘在草木茂盛广阔平坦低洼潮湿地势险要难行的地方驻扎军营的，一定被敌人所擒。’这是兵家所忌讳的。我推测今天就可收到孙权上奏谈这场战争的消息！”果然在七天后，孙权击败刘备的奏书来到。

秋七月，冀州发生严重的蝗虫灾害，老百姓闹饥荒，于是，派遣尚书杜畿为特使，打开储仓的稻谷以赈灾。八月，蜀国的大将黄权率军来投诚。

九月，甲午日，下诏书，说道：“妇人参与政治，是乱世的根源。从今以后，百官幕僚不可以向太后禀报任何事情，任何外戚都不可以当辅政的任务，也不可以横加茅土的爵位（按：天子大社以五色土为坛，封诸侯者取方面土，苴以白茅授之，是谓茅土）；以这诏书传给后代，如果有违背的，天下人一同起来诛灭他。”庚子日，立郭氏为皇后。封赐天下男子爵人二级；鳏寡废疾，与贫穷无法维生的人，一律赏赐稻谷。

冬十月，甲子日，明示首阳山（今河南偃师市西北）的东边为寿陵，写下终守的丧制，说：“《礼记·檀弓》篇说：‘国君即位而为椑（即棺木）’，是要人存着不忘亡的心理。以前唐尧葬在谷林（今山东菏泽东北五十里），而树木环绕着，夏禹葬于会稽山（今浙江绍兴东南），农夫不必变更田亩，所以说：葬在山林，就必须合乎山林。封土坟，植松柏，这些，不是上古有的制度，我是不会这么做的。寿陵借着山峦的地形，不必封土坟，植松柏，也不必建寝殿，造园邑，通神道。葬的本义，就是藏，原来是想教人看不见的。骨头根本没有痛痒的知觉，坟冢也不是棲神的宅居，礼不祭墓，是想保存死者不被污秽，棺木足以朽骨，衣衾足够朽肉，如此罢了。所以，我营造寿陵在这不能垦耕的土地上，是想让后代

无藏金银铜铁，一以瓦器，合古涂车、刍灵之义。棺但漆际会三过，饭含无以珠玉，无施珠襦玉匣，诸愚俗所为也。季孙以玙璠敛，孔子历级而救之，譬之暴骸中原。宋公厚葬，君子谓华元、乐莒不臣，以为弃君于恶。汉文帝之不发，霸陵无求也；光武之掘，原陵封树也。霸陵之完，功在释之；原陵之掘，罪在明帝。是释之忠以利君，明帝爱以害亲也。忠臣孝子，宜思仲尼、丘明、释之之言，鉴华元、乐莒、明帝之戒，存于所以安君定亲，使魂灵万载无危，斯则贤圣之忠孝矣。自古及今，未有不亡之国，亦无不掘之墓也。丧乱以来，汉氏诸陵无不发掘，至乃烧取玉匣金缕，骸骨并尽，是焚如之刑，岂不重痛哉！祸由乎厚葬封树。'桑、霍为我戒'，不亦明乎？其皇后及贵人以下，不随王之国者，有终没皆葬涧西，前又以表其处矣。盖舜葬苍梧，二妃不从，延陵葬子，远在嬴、博，魂而有灵，无不之也，一涧之间，不足为远。若违今诏，妄有所变改造施，吾为戮尸地下，戮而重戮，死而重死。臣子为蔑死君父，不忠不孝，使死者有知，将不福汝。其以此诏藏之宗庙，副在尚书、秘书、三府。"

的人不知道它的所在。瘗圹时不要用苇炭，埋藏时不要用金银铜铁，完全用瓦器来处理，以合乎古代涂车（以泥涂为车）、刍灵（束茅草为人、马。两者均为古代送葬的明器）的大义。棺木只要漆三次，饭含不要用珠玉，不用珠襦、玉匣，这些都是愚蠢风俗的表现。季孙死的时候，用玙、璠（美玉）殡敛，孔子听到了，立即越阶前去挽救，因为，那样做，正好比暴尸于中原。宋平公厚葬，当时的君子都说华元、乐莒没尽到臣子的责任，并认为他们陷害了君王。汉文帝霸陵之所以没被发掘，是因为营建的时候，都用瓦器；而光武原陵之所以被挖掘，则是因为建筑的时候，封土坟，植松柏。所以说，霸陵的保全，功劳归于张释之一人；原陵的破坏，罪过当在明帝身上。由此看来，释之是忠以利君，而明帝却是爱以害亲了。忠臣孝子，应该仔细想想仲尼、丘明、释之等人的话，对于华元、乐莒、明帝的作法，要引以为鉴，要存念如何去安君定亲，让死者灵魂万年不受危害，这就是圣贤的忠孝表现吧。从古到今，没有不被灭亡的国家，也没有不被挖掘的坟墓。丧乱以来，汉代帝王的陵寝都一一被发掘，以至于烧取玉匣金缕，骸骨也遭殃被毁坏，火灾一般的刑罚，怎不教人深痛呀！灾祸来自厚葬，封土坟、植松柏。'桑弘羊、霍禹为我警惕（按：即薄葬不起坟。见《汉书·张延寿传》）'这句话不是说得很清楚了吗？皇后与贵人以下，不跟随在王国的，死后一律葬在涧西，以前已经指明那地方了。虞舜葬在苍梧（今湖南宁远东南）之野，二位妃子并没依从；延陵（今江苏武进）季子埋葬长子，远在嬴（今山东莱芜西北）、博（今山东泰安东南）二县之间，鬼魂要是有灵的话，来往自如，区区的一涧，不是遥远的距离。倘若违背今天的诏书，自作主张，违令行事，我在地下遭受戮尸之刑，甚至，戮尸再次，死亡两度。你们臣子如此蔑视死去的君父，变成不忠不孝，如果死者有知觉的话，必定不会保佑你们。可要将这诏书藏在宗庙，副本交给尚书、秘书及三公。"

是月，孙权复叛。复郢州为荆州。帝自许昌南征，诸军兵并进，权临江拒守。十一月辛丑，行幸宛。庚申晦，日有食之。是岁，穿灵芝池。

四年春正月，诏曰："丧乱以来，兵革未戢，天下之人，互相残杀。今海内初定，敢有私复仇者皆族之。"筑南巡台于宛。三月丙申，行自宛还洛阳宫。癸卯，月犯心中央大星。丁未，大司马曹仁薨。是月大疫。

夏五月，有鹈鹕鸟集灵芝池，诏曰："此诗人所谓污泽也。《曹诗》'刺恭公远君子而近小人'，今岂有贤智之士处于下位乎？否则斯鸟何为而至？其博举天下俊德茂才、独行君子，以答曹人之刺。"

六月甲戌，任城王彰薨于京都。甲申，太尉贾诩薨。太白昼见。是月大雨，伊、洛溢流，杀人民，坏庐宅。秋八月丁卯，以廷尉钟繇为太尉。辛未，校猎于荥阳，遂东巡。论征孙权功，诸将已下进爵增户各有差。九月甲辰，行幸许昌宫。

五年春正月，初令谋反大逆乃得相告，其余皆勿听治；敢妄相告，以其罪罪之。三月，行自许昌还洛阳宫。夏四月，立太学，制五经课试之法，置《春秋穀梁》博士。五月，有司以公卿朝朔望日，因奏疑事，听断大政，论辨得失。秋七月，行东巡，幸许昌宫。八

这月，孙权又叛变。恢复郢州为荆州。文帝亲自由许昌南征，所有部队分三路出发，孙权面临长江驻守抵抗。十一月，辛丑日，巡行到了宛县（今河南南阳）。庚申日，昏晦，有日蚀。这年，凿穿灵芝池。

黄初四年（公元223年）春，正月，颁了一道诏书："自动乱以来，兵革不息，天下的人们，互相残杀。现在海内开始稳定，有谁敢私下复仇的，一律要遭诛灭！"在宛这地方建筑南巡台。三月，丙申日，从宛巡行回来，抵达洛阳宫。癸卯日，天象出现月犯心中央大星。丁未日，大司马曹仁去世。在这月流行瘟疫。

夏五月，有鹈鹕鸟聚集灵芝池，文帝下诏书，说："这正是诗人所谓的污泽呀！《曹诗》'刺恭公远君子而近小人'，现在难道有贤智之士，委曲在下位吗？请广泛推荐天下的俊德茂才、节操高尚的君子，以便答复曹人'侯人'之刺。"

六月，甲戌日，任城王曹彰在京都病逝。甲申日，太尉贾诩去世。白天出现太白星。这月大雨，伊、洛两水泛滥，淹死百姓，毁坏住宅。秋八月，丁卯日，任命廷尉钟繇为太尉。辛未日，文帝在荥阳（今河南荥阳西南）校猎，于是东巡。讨论征伐孙权的功劳，众将以下进爵位增邑户，各有分别。九月，甲辰日，巡行到许昌宫。

黄初五年（公元224年）春，正月，初令谋反的叛逆才可相告，其他一概不听；哪个敢随便相告，就以那罪来惩罚他。三月，从许昌返回洛阳宫。夏四月，设立太学，制订五经考试的规则，设置《春秋·穀梁传》博士。五月，有关单位以公卿朔望朝会的日子，顺便禀奏有疑难的事情，文帝亲自听断大政，讨论得失。秋七月，东巡，抵达许昌宫。八月，

月，为水军，亲御龙舟，循蔡、颍，浮淮，幸寿春。扬州界将吏士民，犯五岁刑已下，皆原除之。九月，遂至广陵，赦青、徐二州，改易诸将守。冬十月乙卯，太白昼见。行还许昌宫。十一月庚寅，以冀州饥，遣使者开仓廪振之。戊申晦，日有食之。

十二月，诏曰："先王制礼，所以昭孝事祖，大则郊社，其次宗庙，三辰五行，名山大川，非此族也，不在祀典。叔世衰乱，崇信巫史，至乃宫殿之内，户牖之间，无不沃酹，甚矣其惑也。自今，其敢设非祀之祭，巫祝之言，皆以执左道论，著于令典。"是岁穿天渊池。

六年春二月，遣使者循行许昌以东尽沛郡，问民所疾苦，贫者振贷之。三月，行幸召陵，通讨虏渠。乙巳，还许昌宫。并州刺史梁习讨鲜卑轲比能，大破之。辛未，帝为舟师东征。五月戊申，幸谯。壬戌，荧惑入太微。

六月，利成郡兵蔡方等以郡反，杀太守徐质。遣屯骑校尉任福、步兵校尉段昭与青州刺史讨平之；其见胁略及亡命者，皆赦其罪。

秋七月，立皇子鉴为东武阳王。八月，帝遂以舟师自谯循涡入淮，从陆道幸徐。九月，筑东巡台。冬十月，行幸广陵故城，临江观兵，戎卒十余万，旌旗数百里。是岁大寒，水道冰，舟不得入江，乃引还。十一月，东武阳王鉴薨。十二月，行自谯过梁，遣使以太

建水军，文帝亲自驾御龙舟，沿着蔡水、颍水，泛舟淮水，抵达寿春（**今安徽寿县**）。扬州一带的将吏士民，犯处五年刑以下的，都予赦免。九月，便到广陵，赦免青、徐二州的罪犯，调动数位将军、太守。冬十月，乙卯日，白天出现太白星。巡行返回许昌宫。十一月，庚寅日，因为冀州闹饥荒，派遣使者打开储仓的稻谷赈灾。戊申日，昏晦，有日蚀现象。

十二月，下诏书，说道："先王制订礼仪，用来宣扬孝道，事奉祖宗，大则郊社，其次宗庙，三辰五行，名山大川。不是此类的，不予祭祀，政治衰败，世局动荡，于是，大家迷信巫术，以至于宫殿里边，门户之间，没有不以酒浇地祭神的，迷惑到这种地步，教人感叹！从今以后，谁敢再摆设不当的祭祀，听信巫祝的妖言，一律以邪道究办，这些都明示在法典。"这一年，穿凿天渊池。

黄初六年（公元225年）春，二月，派遣使者沿着许昌以东，直到沛郡一带，询问民间疾苦，贫穷的百姓给予救济。三月，出行到召陵（**今河南郾城县东**），贯通了讨虏渠。乙巳日，回许昌宫。并州刺史梁习率兵讨伐鲜卑轲比能，大败对方。辛未日，文帝率领水军东征。五月，戊申日，抵达谯县。壬戌日，火星进入太微星座。

六月，利成郡兵士蔡方等举郡造反，杀害太守徐质，文帝派屯骑校尉任福、步兵校尉段昭，与青州刺史共同前往讨平；凡是被胁迫，及亡命的人，都赦免其罪。

秋七月，立皇子曹鉴为东武阳王。八月，文帝率水军，自谯县沿着涡水进入淮水，再从陆道抵达徐州。九月，营建东巡台。冬十月，来到广陵故城，莅临长江阅兵，共有士卒十多万人，旌旗遍布几百里。这年，天气大寒，水道冰冻，因此，船进不了长江，就率领

牢祀故汉太尉桥玄。

七年春正月，将幸许昌，许昌城南门无故自崩，帝心恶之，遂不入。壬子，行还洛阳宫。三月，筑九华台。夏五月丙辰，帝疾笃，召中军大将军曹真、镇军大将军陈群、征东大将军曹休、抚军大将军司马宣王，并受遗诏辅嗣主。遣后宫淑媛、昭仪已下归其家。丁巳，帝崩于嘉福殿，时年四十。六月戊寅，葬首阳陵。自殡及葬，皆以终制从事。

初，帝好文学，以著述为务，自所勒成垂百篇。又使诸儒撰集经传，随类相从，凡千余篇，号曰《皇览》。

评曰：文帝天资文藻，下笔成章，博闻强识，才艺兼该；若加之旷大之度，励以公平之诚，迈志存道，克广德心，则古之贤主，何远之有哉！

水军回去。十一月，东武阳王曹鉴去世。十二月，从谯县经过梁，派使者以隆重的太牢祭祀故汉太尉桥玄。

黄初七年（公元226年）春，正月，将要到许昌宫去，但由于许昌宫的南门，无缘无故倒塌下来，文帝心里不舒服，就不进去了。壬子日，返回洛阳宫。三月，建造九华台。夏五月，丙辰日，文帝身染重病，召集中军大将军曹真、镇军大将军陈群、征东大将军曹休、抚军大将军司马懿等人接受遗诏，辅佐曹叡。把后宫淑媛、昭仪以下的遣回家去。丁巳日，文帝在嘉福殿崩逝，享年四十岁。六月，戊寅日，葬在首阳陵（今河南偃师西北）。从殡到葬，完全按照他终制的规定来处理。

起初，文帝爱好文学，专心著述，自己编成文集将近百篇之多。又让许多鸿儒撰集经传，分门别类，总共一千多篇，名为《皇览》。

陈寿评论说：魏文帝天生具有华丽的文藻，下笔成章。他学问渊博又记忆惊人，以致才、艺兼备；如果加上旷达的气度，以公平的诚意来砥砺他人，奋勉志向，关心大道，又能够进德修业的话，那么，跻身古代贤主的行列，恐怕不会差到哪里去吧！

三国志卷三

明帝纪第三

黄湘阳 译

明皇帝讳叡，字元仲，文帝太子也。生而太祖爱之，常令在左右。年十五，封武德侯，黄初二年为齐公，三年为平原王。以其母诛，故未建为嗣。七年夏五月，帝病笃，乃立为皇太子。丁巳，即皇帝位，大赦。尊皇太后曰太皇太后，皇后曰皇太后。诸臣封爵各有差。癸未，追谥母甄夫人曰文昭皇后。壬辰，立皇弟蕤为阳平王。

八月，孙权攻江夏郡，太守文聘坚守。朝议欲发兵救之，帝曰："权习水战，所以敢下船陆攻者，几掩不备也。今已与聘相持，夫攻守势倍，终不敢久也。"先时遣治书侍御史荀禹慰劳边方，禹到，于江夏发所经县兵及所从步骑千人乘山举火，权退走。

魏明帝曹叡，字元仲，是魏文帝曹丕的太子。他出生后，很得祖父魏太祖武帝曹操的喜爱，常常要他在身旁陪侍。他十五岁时（汉献帝建安二十四年，公元 219 年），被封为武德侯。魏文帝即位后第二年，也就是黄初二年（公元 221 年），他被封为齐公。黄初三年（公元 222 年）他被晋封为平原王。由于他的母亲甄后是因罪被赐死的，所以他一直没被立为储君。黄初七年（公元 226 年）夏季五月间，魏文帝病危时，他才被立为太子。丁巳这天，魏文帝逝世了，他即位为皇帝，宣告大赦天下。他又下令，尊奉皇太后（魏武帝卞皇后）为太皇太后，皇后（魏文帝郭皇后）为皇太后。他对朝中大臣们也都有不同的封赏。到了癸未这天，他下令追谥生母甄夫人为文昭皇后。壬辰这天，册封皇弟曹蕤为阳平王。

八月间，东吴孙权利用魏文帝崩逝的机会，起兵攻打江夏郡（今湖北省安陆县一带地方），江夏郡太守文聘在石阳坚守不退，朝廷中大臣们纷纷议论着要发兵去救他，明帝阻止说："孙权所擅长的是水战，他这回敢下船来攻打，是想趁我们不备，以偷袭取利，如今他已经被文聘挡住，两人相持不下。按兵法说，攻击者的力量，要大于防守者一倍以上，才有胜利的可能。文聘既然抵抗得住，我料定孙权他一定不敢久战的。"东吴来攻以前，明帝曾派治书侍御史荀禹到边境各地慰劳将士，荀禹到了江夏郡，发动他所经过的各郡县的军队，还有他自身所带的步兵、骑兵一千多人，在夜间登上山顶，举起火把，孙权一看，赶紧就退兵了。

辛巳，立皇子冏为清河王。吴将诸葛瑾、张霸等寇襄阳，抚军大将军司马宣王讨破之，斩霸，征东大将军曹休又破其别将于寻阳。论功行赏各有差。冬十月，清河王冏薨。十二月，以太尉钟繇为太傅，征东大将军曹休为大司马，中军大将军曹真为大将军，司徒华歆为太尉，司空王朗为司徒，镇军大将军陈群为司空，抚军大将军司马宣王为骠骑大将军。

太和元年春正月，郊祀武皇帝以配天，宗祀文皇帝于明堂以配上帝。分江夏南部，置江夏南部都尉。西平麴英反，杀临羌令、西都长，遣将军郝昭、鹿磐讨斩之。二月辛未，帝耕于籍田。辛巳，立文昭皇后寝庙于邺。丁亥，朝日于东郊。夏四月乙亥，行五铢钱。甲申，初营宗庙。秋八月，夕月于西郊。冬十月丙寅，治兵于东郊。焉耆王遣子入侍。十一月，立皇后毛氏。赐天下男子爵人二级，鳏寡孤独不能自存者赐谷。十二月，封后父毛嘉为列侯。新城太守孟达反，诏骠骑将军司马宣王讨之。

二年春正月，宣王攻破新城，斩达，传其首。分新城之上庸、武陵、巫县为上庸郡，

八月辛巳这天，明帝立皇子冏为清河王。这时东吴又派将领诸葛谨、张霸等人进攻襄阳（今湖北襄阳），被抚军大将军司马宣王（即司马懿）打败，斩了张霸的首级，同时，征东大将军曹休也在寻阳（今湖北省黄梅县）打败了东吴另一支军队。明帝按他们的功劳，给予奖赏。冬季十月里，清河王冏去世了。十二月，明帝任命太尉钟繇为太傅，征东大将军曹休为大司马，中军大将军曹真为大将军，司徒华歆为太尉，司空王朗为司徒，镇军大将军陈群为司空，抚军大将军司马宣王为骠骑大将军。

太和元年（公元 227 年）春季，正月里，魏明帝举行郊祀祭天，并配祭武皇帝曹操，又在明堂举行宗祀，祭祀上帝，同时配祭文皇帝曹丕。在这个月里，还把江夏郡（今湖北省安陆一带）南部的地方，另外设江夏南部都尉管辖。这时候，西平（今青海省西宁一带）地方的麹英举兵叛变，杀了临羌（今青海省西宁市西）县令和西都（今青海省西宁市）的地方官长。明帝派将军郝昭，鹿磐去讨伐，杀了麹英。二月里，辛未这天，明帝亲自耕种籍田。辛巳这天，在邺（今河北省临漳县西南）为文昭皇后（即明帝生母甄夫人）建立寝庙。丁亥这天，在东郊举行朝日祭典。夏季四月乙亥这天，下令发行五铢钱。甲申这天开始，营建魏国的宗庙。秋季，八月里，在西郊举行夕月祭礼。冬季十月丙寅这天，明帝在东郊演练军队。这时候，焉耆王（匈奴族）遣送王子来服侍明帝。十一月，明帝册封毛氏夫人为皇后，为了庆贺这大喜的事情，明帝又下令赏赐天下男子（每户嫡长子）每人爵二级，鳏寡孤独不能自力谋生的人则赐给他们谷米。十二月，册封皇后的父亲毛嘉为列侯。这时候，新城（今湖北省房县）的太守孟达起兵叛变，明帝下令骠骑将军司马宣王（司马懿）去讨伐他。

太和二年（公元 228 年）春季，正月间司马宣王攻破了新城，斩了孟达的首级，传送到京师。明帝下令把新城所辖的上庸（在今湖北省竹山县西南）、武陵（今湖北省竹溪县）、

锡县为锡郡。

蜀大将诸葛亮寇边，天水、南安、安定三郡吏民叛应亮。遣大将军曹真都督关右，并进兵。右将军张郃击亮于街亭，大破之。亮败走，三郡平。丁未，行幸长安。夏四月丁酉，还洛阳宫。赦系囚非殊死以下。乙巳，论讨亮功，封爵增邑各有差。五月，大旱。六月，诏曰："尊儒贵学，王教之本也。自顷儒官或非其人，将何以宣明圣道？其高选博士，才任侍中、常侍者。申敕郡国，贡士以经学为先。"秋九月，曹休率诸军至皖，与吴将陆议战于石亭，败绩。乙酉，立皇子穆为繁阳王。庚子，大司马曹休薨。冬十月，诏公卿近臣举良将各一人。十一月，司徒王朗薨。十二月，诸葛亮围陈仓，曹真遣将军费曜等拒之。辽东太守公孙恭兄子渊，劫夺恭位，遂以渊领辽东太守。

三年夏四月，元城王礼薨。六月癸卯，繁阳王穆薨。戊申，追尊高祖大长秋曰高皇帝，夫人吴氏曰高皇后。

巫县（今重庆市巫山县）三县另外成立上庸郡。又把新城的锡县（今陕西省白河县）另外成立锡郡。

蜀汉大将诸葛亮领军攻到边境，天水（今甘肃省甘谷县）、南安（今甘肃省陇西县）、安定（今甘肃省镇原县）三郡的官吏和百姓都叛离了魏国来响应他。明帝派大将曹真总理关右（约当今日陕西、甘肃二省）地方的军事民政，同时进兵围剿。这时右将军张郃在街亭（在今甘肃省秦安县）攻击诸葛亮，把蜀军杀得大败。诸葛亮急速退兵，三郡的叛乱也就跟着平定了。丁未这天，明帝行幸长安（今陕西省长安区西北十三里）。到夏季四月丁酉这天才回到洛阳宫来。回来后，颁布赦令，凡死刑以下的囚犯，都获得减刑。乙巳这天，检讨讨伐诸葛亮的战功，凡立功的，都按功劳有大小不同的封赏。五月间，魏国发生大旱。六月间，明帝下诏令说："尊敬儒家学者，尊崇经书，就是王道教化的根本啊！可是近来担任儒官的，有些才学实在不行，长此以往，怎么能宣扬圣王的道理呢？今后选拔博士弟子、侍中常侍等人才时，必须隆重谨慎，要下令给地方机构，在推荐人才时，必须优先推举研究经学的学子。"这年秋天，九月里，曹休率领各军到皖（今安徽省潜山市）地去，和东吴将领陆议在石亭（今安徽省潜山市东北）发生激战，结果曹休战败。乙酉这天，明帝册立皇子穆为繁阳王。庚子这天，大司马曹休逝世。冬季十月里，明帝下令要三公九卿等大臣们以及近身群臣，每人推举良将一位。十一月，司徒王朗去世。十二月，蜀国大将诸葛亮领兵围攻陈仓（今陕西省宝鸡市东），大将军曹真派将领费曜等人去抵抗。同时，辽东（郡治在今辽宁省辽阳市）太守公孙恭的侄子公孙渊，劫夺了他的权位，明帝只好让公孙渊担任辽东太守。

太和三年（公元 229 年），夏季四月间，元城王曹礼去世。六月癸卯这天，繁阳王曹穆去世。戊申这天，明帝追尊他的高祖父曹腾（原任东汉大长秋官）为高皇帝，高祖母吴氏为高皇后。

秋七月，诏曰："礼，王后无嗣，择建支子以继大宗，则当纂正统而奉公义，何得复顾私亲哉！汉宣继昭帝后，加悼考以皇号；哀帝以外藩援立，而董宏等称引亡秦，惑误时朝，既尊恭皇，立庙京都，又宠藩妾，使比长信，叙昭穆于前殿，并四位于东宫，僭差无度，人神弗祐，而非罪师丹忠正之谏，用致丁、傅焚如之祸。自是之后，相踵行之。昔鲁文逆祀，罪由夏父；宋国非度，讥在华元。其令公卿有司，深以前世行事为戒。后嗣万一有由诸侯入奉大统，则当明为人后之义；敢为佞邪导谀时君，妄建非正之号以干正统，谓考为皇，称妣为后，则股肱大臣，诛之无赦。其书之金策，藏之宗庙，著于令典。"

秋季七月里，明帝下诏令说："按礼制的规定，王后如果无子，就要选择庶子来继承嫡长大宗。被选上的，应该以大宗正统的传承为自己的责任，这才是奉守公义，怎么可以再顾及他自己原来的出身呢！像汉宣帝入继昭帝大统之后（宣帝询，父史皇孙进，进父戾太子据，据与昭帝弗陵为兄弟，昭帝宣帝为祖孙辈），将父亲悼（谥号）也加上皇考尊号，并立庙祭祀（事在宣帝元康元年，公元前65年）。后来汉哀帝也照样学步，哀帝本来是定陶王康的儿子（哀帝名欣，为定陶王康妃子丁姬所生，但由祖母汉元帝夫人傅昭仪即定陶王太后抚养长大。哀帝即位后，尊祖母定陶王太后为帝太太后，称永信宫；生母丁姬为帝太后，称中安宫。），他由外藩入继汉成帝大统（事在汉成帝绥和元年），有董宏等人引用并赞美亡秦庄襄王的旧例（按：秦庄襄王母亲是夏氏，但华阳夫人把他认为儿子，庄襄王即位后，华阳夫人及夏氏都被尊为太后），以为哀帝也可仿行，因而使得汉朝行事也失了规矩。那时候，不仅将定陶王康尊为恭皇帝，在京师立庙祭祀，还要尊崇他的妃子丁姬（为帝太后），使她的身份地位可以比拟真正的皇后赵飞燕（成帝逝世后被尊为皇太后），这么一来，定陶王康就可以和汉元帝叙起昭穆来了，而太后之宫同时有四处（即同时有四位太后存在：帝太后、皇太后、帝太太后、太皇太后），这种违背礼制的情况，简直无法形容，人神都不能接受，也不能庇佑，那时还把忠心正谏的师丹治以重罪，终于导致丁氏、傅氏后来突发的灾祸。自哀帝以后，继统的皇帝，也都照样施行（如汉安帝尊其父清河孝王为孝德皇；桓帝尊祖河间孝王开为孝穆皇，父蠡吾侯翼为孝崇皇；灵帝尊祖解渎亭侯淑为孝元皇，父解渎亭侯苌为孝仁皇，其妃子都尊为皇后），不能归正，真是令人叹息。从前春秋时代，鲁文公把僖公的灵位放置在闵公的灵位之上，他这种失礼的罪责，大家都归咎于夏父弗綦的歪言；又如宋文公的葬礼丰厚过度，大家都责备华元。夏、华二人受责的原因，就是因为他们不肯阻止失礼违制的事件。因此我要下令公卿大臣以及有关官吏们，大家要深深地以前代的错误为戒。今后万一有诸侯入继大统的情况发生，继统的国君一定要切实明白继承的大义；如果有人胆敢以巧言邪行诱谀国君，胡乱建立非正统的帝号，干扰了传位的正统顺序，称父为皇，称母为后的，那么秉政大臣，对那样的邪谀小人，可以立刻诛除，绝不宽贷。我的命令，要书写在金策之上，收藏在宗庙里，载明于国家的法典内。"

冬十月，改平望观曰听讼观。帝常言“狱者，天下之性命也”，每断大狱，常幸观临听之。

初，洛阳宗庙未成，神主在邺庙。十一月，庙始成，使太常韩暨持节迎高皇帝、太皇帝、武帝、文帝神主于邺，十二月己丑至，奉安神主于庙。

癸卯，大月氏王波调遣使奉献，以调为亲魏大月氏王。

四年春二月壬午，诏曰：“世之质文，随教而变。兵乱以来，经学废绝，后生进趣，不由典谟。岂训导未洽，将进用者不以德显乎？其郎吏学通一经，才任牧民，博士课试，擢其高第者，亟用；其浮华不务道本者，皆罢退之。”戊子，诏太傅三公：以文帝《典论》刻石，立于庙门之外。癸巳，以大将军曹真为大司马，骠骑将军司马宣王为大将军，辽东太守公孙渊为车骑将军。夏四月，太傅钟繇薨。六月戊子，太皇太后崩。丙申，省上庸郡。秋七月，武宣卞后祔葬于高陵。诏大司马曹真、大将军司马宣王伐蜀。八月辛巳，行东巡，遣使者以特牛祠中岳。乙未，幸许昌宫。九月，大雨，伊、洛、河、汉水溢，诏真

冬季，十月里，明帝把平望观改名为听讼观，明帝常说：“狱事是否清明平直，关系着国家的安危哩！”每有重大案件发生时，他常常亲自到听讼观去监督听审。

早先在洛阳城宗庙没落成时，曹氏历代祖先的神主都安放在邺（今河北省临漳县西四十里）地。十一月间，洛阳的宗庙落成了，明帝就派太常韩暨，带着仪仗，到邺去恭迎高皇帝、太皇帝、武帝操、文帝丕的神主。十二月己丑这天将神主迎到洛阳，并安置到宗庙里。

十二月癸卯这天，西域大月氏王波调派遣使臣前来朝贡，明帝封波调为亲魏大月氏王。

太和四年（公元230年）春季，二月壬午这天，明帝下令说：“社会风气的朴质与华靡，是随着教化改变的。自从董卓造乱之后，经学研究便中绝了。现在读书人进身求禄，都不按经书中的教训来做了。这大概是负责政教的官吏在训导方面没有尽到责任，以致那些将服公职的人，他们在德行上都没有显著的表现。今后尚书省的官员中，最少要能精通一经，才可以出任地方官吏；参加博士弟子考试，成绩最优的，立刻录用，凡好浮华不务根本的，就解除他们的职务。”戊子这天，明帝下令给太傅和三公，要他们主持把魏文帝的《典论》刻上石碑（共六块碑），竖立在宗庙门外。癸巳这天，任命大将军曹真为大司马，骠骑将军司马懿为大将军，原辽东太守公孙渊为车骑将军。夏季四月里，太傅钟繇逝世了。六月戊子这天，太皇太后（魏武帝曹操皇后卞氏）逝世。丙申这天，明帝巡视上庸郡（今湖北省竹山县一带）。秋季七月间，明帝将太皇太后灵柩合葬于魏武帝的陵园高陵（在今河南省安阳市安丰乡西高穴村）。明帝下令大司马曹真，大将军司马懿领兵征伐蜀汉。八月辛巳这天，明帝巡行东方各地，派遣使者以一头牛的牲礼祭祀中岳嵩山。乙未这天，明帝驻留在许昌宫（今河南省许昌）。九月间，雍州（陕西）、司州（河南）有大雨，伊水、洛

等班师。冬十月乙卯，行还洛阳宫。庚申，令："罪非殊死听赎各有差。"十一月，太白犯岁星。十二月辛未，改葬文昭甄后于朝阳陵。丙寅，诏公卿举贤良。

五年春正月，帝耕于籍田。三月，大司马曹真薨。诸葛亮寇天水，诏大将军司马宣王拒之。自去冬十月至此月不雨，辛巳，大雩。夏四月，鲜卑附义王轲比能率其种人及丁零大人儿禅诣幽州贡名马。复置护匈奴中郎将。秋七月丙子，以亮退走，封爵增位各有差。乙酉，皇子殷生，大赦。

八月，诏曰："古者诸侯朝聘，所以敦睦亲亲协和万国也。先帝著令，不欲使诸王在京都者，谓幼主在位，母后摄政，防微以渐，关诸盛衰也。朕惟不见诸王十有二载，悠悠之怀，能不兴思！其令诸王及宗室公侯各将適子一人朝。后有少主、母后在宫者，自如先帝令，申明著于令。"冬十一月乙酉，月犯轩辕大星。戊戌晦，日有蚀之。十二月甲辰，月犯镇星。戊午，太尉华歆薨。

水、黄河、汉水等河流都泛滥成灾，明帝下令曹真等将领，要他们立刻回师。冬季十月乙卯这天，明帝结束东巡，回到洛阳官，庚申这天，他下令说："凡有罪判刑的，除了死刑犯以外，都可以按刑期轻重用钱赎罪。"十一月间，太白星（金星）光掩住了岁星（木星）。十二月辛未这天，明帝改葬生母文昭皇后甄氏于朝阳陵（在今河北省临漳县河南省安阳市内）。丙寅这天，又下令公卿大臣为国推举贤良。

太和五年（公元231年）春天，明帝亲下籍田耕种。三月间，大司马曹真去世。这时候，诸葛亮领兵进攻天水郡（今甘肃省甘谷县）一带，明帝下令大将军司马懿去抵挡他。这期间气候也不正常，从去年冬季十月到这时始终不下雨，辛巳这天，京师举行了大规模的祈雨典礼。夏季四月间，鲜卑族附义王轲比能率领着他的族人和丁零族酋长儿禅同到幽州（今北京市）向魏国朝贡名马。魏这时再设置护匈奴中郎将。秋季七月丙子这天，因为诸葛亮退回四川，明帝封赏有功将士，按他们功勋的大小，给予奖赏，乙酉这天，皇子殷诞生，明帝下令大赦天下。

八月间，明帝下令说："古代为了敦睦亲戚情谊以及使天下和谐合作，因而设立诸侯对天子朝聘的法令。先皇帝在位时，曾下令不许诸王留住京城，那是因为当时国君年幼，母后摄政，要防微杜渐，避免乱事发生的缘故啊！如今朕有十二年没见到各地诸王了，内心觉得很悲伤，很想念各地诸王，因此朕下令，诸王以及宗室公、侯各领一位嫡子回朝廷来吧！今后如果再遇到幼主母后临朝情况发生时，那当然要按先帝所定法规行事。以上朕的意思，要详细明白地规定在国家法令中。"冬季，十一月乙酉这天，月亮运行到轩辕大星（现代天文学称狮子座 α 星），同度位置，掩住了轩辕大星，戊戌日这天，日光昏暗，有日蚀。十二甲辰这天，月亮运行到正好和镇星（土星）同度位置，掩住镇星，戊午这天，太尉华歆去世。

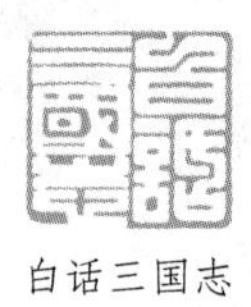

六年春二月，诏曰："古之帝王，封建诸侯，所以藩屏王室也。《诗》不云乎，'怀德维宁，宗子维城'。秦、汉继周，或强或弱，俱失厥中。大魏创业，诸王开国，随时之宜，未有定制，非所以永为后法也。其改封诸侯王，皆以郡为国。"三月癸酉，行东巡，所过存问高年鳏寡孤独，赐谷帛。乙亥，月犯轩辕大星。夏四月壬寅，行幸许昌宫。甲子，初进新果于庙。五月，皇子殷薨，追封谥安平哀王。秋七月，以卫尉董昭为司徒。九月，行幸摩陂，治许昌宫，起景福、承光殿。冬十月，殄夷将军田豫帅众讨吴将周贺于成山，杀贺。十一月丙寅，太白昼见。有星孛于翼，近太微上将星。庚寅，陈思王植薨。十二月，行还许昌宫。

青龙元年春正月甲申，青龙见郏之摩陂井中。二月丁酉，幸摩陂观龙，于是改年；改摩陂为龙陂，赐男子爵人二级，鳏寡孤独无出今年租赋。三月甲子，诏公卿举贤良笃行之士各一人。夏五月壬申，诏祀故大将军夏侯惇、大司马曹仁、车骑将军程昱于太祖庙庭。

太和六年（公元232年）春天，二月间，明帝下诏令说："古时帝王封建诸侯于天下各地，为的是要他们保卫王室啊！《诗经》上不也说：'能和善其仁德的人，也就可以做安宁国家的英雄；同姓的人，团结起来，就可以成为抗敌的英雄。'（原文见《诗经·大雅·板》）。秦汉两代，继周代之后统治天下，这两代有时强，有时弱，原因就在他们没把封建制度掌握得恰到好处。我们大魏帝国刚刚创立，开国的帝王们必须随时因事制宜，因此有许多制度还没确立。这种情形总不能长久下去，所以朕现在要改封全国王侯，各王侯所在的郡要改称为国。"三月癸酉这天，明帝出发巡行东方，经过各地时都慰问当地高龄老人，并赐他们谷米和布帛。乙亥这天，月亮运行到和轩辕大星同度位置，掩住后者。夏季四月壬寅这天，明帝驻留在许昌宫，甲子这天，初次把今年新熟的水果敬供到宗庙里。五月间，皇子殷去世了，明帝追封他并赐谥号为安平哀王。秋季七月里，明帝任命卫尉董昭为司徒。九月间，明帝巡行到了摩陂（今河南省郏县东南），下令修筑许昌宫，起造景福、承光两宫殿。冬季，十月间，殄夷将军田豫领着大军在成山（今山东省荣城市东三十里）讨伐东吴将领周贺，把周贺杀了。十一月丙寅这天，太白星（金星）特别耀眼，在白天也能看见，又有彗星出现在翼宿（翼宿大致为现代天文学巨爵座及长蛇座近尾部诸星），而且非常接近太微上将星（即现代天文学仙后座β星）。庚寅这天，陈思王曹植去世。十二月，明帝巡行结束，回到许昌宫。

青龙元年（公元233年），春季正月甲申这天，在郏（今河南省郏县）地的摩陂（今河南省郏县内）地方的井里，发现了青龙。二月丁酉这天，明帝到摩陂亲自看了青龙，并因此改年号为青龙元年，又改为摩陂为龙陂。为了庆贺这祥瑞的吉事，下令赏赐每户嫡长子爵二级，宽免了鳏寡孤独的民众的租税田赋。三月甲子这天，明帝下令公卿大臣们，要他们每人为国家推举一位贤良笃行的人才。夏季五月壬申这天，明帝下令在太祖庙廷内祭

戊寅，北海王蕤薨。闰月庚寅朔，日有蚀之。丁酉，改封宗室女非诸王女皆为邑主。诏诸郡国山川不在祠典者勿祠。六月，洛阳宫鞠室灾。

保塞鲜卑大人步度根与叛鲜卑大人轲比能私通，并州刺史毕轨表，辄出军以外威比能，内镇步度根。帝省表曰："步度根以为比能所诱，有自疑心。今轨出军，适使二部惊合为一，何所威镇乎？"促敕轨，以出军者慎勿越塞过句注也。比诏书到，轨以进军屯阴馆，遣将军苏尚、董弼追鲜卑。比能遣子将千余骑迎步度根部落，与尚、弼相遇，战于楼烦，二将没。步度根部落皆叛出塞，与比能合寇边。遣骁骑将军秦朗将中军讨之，虏乃走漠北。

秋九月，安定保塞匈奴大人胡薄居姿职等叛，司马宣王遣将军胡遵等追讨，破降之。

冬十月，步度根部落大人戴胡阿狼泥等诣并州降，朗引军还。

十二月，公孙渊斩送孙权所遣使张弥、许晏首，以渊为大司马乐浪公。

祀故亡的大将军夏侯惇以及大司马曹仁及车骑将军程昱等人。戊寅这天，北海王曹蕤去世了。闰五月庚寅这天是初一，有日蚀出现。丁酉这天，明帝改封非诸王女儿的宗室女子都为邑王。又下令给各郡国，要他们不得祭祀在过去正式祀典中没有列名的山川。六月间，洛阳宫鞠室发生火灾。

内附于魏的鲜卑大人步度根和叛离了魏的鲜卑大人轲比能私下有了勾结，并州（今山西省北半部及河北省一部）刺史毕轨知道了，上表奏说要派军队出塞外，对外威吓轲比能，对内镇压步度根。明帝看了毕轨的章奏后说："步度根因为接受了轲比能的引诱，心中便有了暗鬼，他很怕我们知道了要对付他，如今毕轨出兵，正好使步、轲二人受惊而联合，这么一来，还有什么威严镇服可言呢？"于是明帝急速下令，要毕轨出军时千万谨慎，不可越过边塞，更不要超过句注山（即雁门山，在今山西省代县西），以免惊动步度根。但当诏书到达毕轨那儿时，他因为事实上军队已经越过句注山进驻阴馆（在今山西省代县雁门山之北）了，便不理命令，派将军苏尚、董弼追击鲜卑族人，轲比能令他儿子领着千多名骑兵来迎接步度根部众，因此和苏尚、董弼两人相遇，魏军和鲜卑骑兵在楼烦（在今山西省宁武县）激战，苏、董二人全军覆没。而步度根部众也全数叛变，弃出边塞，和轲比能会合，在边境寇掠骚扰不已。明帝下令骁骑将军秦朗率领禁卫军前往征讨，轲比能等才逃到边远的漠北去。

秋季九月间，内附于魏居留在安定（今甘肃省镇原县东）一带的匈奴大人胡薄居姿职领着部属叛变了，司马懿派将军胡遵等人领兵追讨，匈奴人打了败仗，就投降了。

冬季十月里，步度根部落的大人戴胡阿狼泥等人领着部下到并州投降，骁骑将军秦朗这才领着禁卫军回朝。

十二月里，辽东太守公孙渊把孙权派去和他联络的使臣张弥、许晏杀了，把人头送到京师呈给明帝，明帝很嘉许他，任命他为大司马乐浪公（乐浪在今朝鲜平壤）。

二年春二月乙未，太白犯荧惑。癸酉，诏曰："鞭作官刑，所以纠慢怠也，而顷多以无辜死。其减鞭杖之制，著于令。"三月庚寅，山阳公薨，帝素服发哀，遣使持节典护丧事。己酉，大赦。夏四月，大疫。崇华殿灾。丙寅，诏有司以太牢告祠文帝庙。追谥山阳公为汉孝献皇帝，葬以汉礼。

是月，诸葛亮出斜谷，屯渭南，司马宣王率诸军拒之。诏宣王："但坚壁拒守以挫其锋，彼进不得志，退无与战，久停则粮尽，虏略无所获，则必走矣。走而追之，以逸待劳，全胜之道也。"

五月，太白昼见。孙权入居巢湖口，向合肥新城，又遣将陆议、孙韶各将万余人入淮、沔。六月，征东将军满宠进军拒之。宠欲拔新城守，致贼寿春，帝不听，曰："昔汉光武遣兵县据略阳，终以破隗嚣，先帝东置合肥，南守襄阳，西固祁山，贼来辄破于三城之下者，地有所必争也。纵权攻新城，必不能拔。敕诸将坚守，吾将自往征之，比至，恐权

青龙二年（公元234年）春季，二月乙未这天，太白星（金星）和荧惑（火星）同度，掩蔽了荧惑星光。癸酉这天，明帝下令说："为了要矫正罪犯们的傲悍和怠惰，因此官刑之中，设有鞭笞刑罚。近来有许多犯人并没罪过，但在受审时，因熬不住鞭笞而丧失性命，这是不可以的，今后要减少鞭杖刑罚，朕的意思，要明白地规定在法令中。"三月庚寅这天，山阳公（汉献帝刘协）去世了，明帝穿上素白衣服为他发丧举哀，派使臣持着节杖主持治丧。己酉这天，下令大赦天下。夏季四月间，有大瘟疫发生。崇华殿发生火灾。丙寅这天，明帝下令有关官吏用牛羊猪三牲祭告魏文帝曹丕的寝庙，又追谥山阳公为汉孝献皇帝，按汉朝皇帝的礼制来埋葬他。

就在这个月内，诸葛亮率兵出斜谷（今陕西省眉县西南），屯驻于渭南（今眉县渭水南岸），明帝派司马懿领各路军队前去抵挡，同时下令说："只要坚守营盘，阻止他们的进取，就可以挫磨掉他们的锐气了。他们不能顺心如意地进兵，时间一久，粮食就会用完，他们又无法靠虏掠来补给军需，便只有撤退一路可走，我们等到这时追杀上去，正合兵法上以逸待劳，以静制动的原则，这是不伤士卒而又获得伟大胜利的好办法哪！"

五月间，太白星（金星）光度强烈，白天都可见到。这时孙权领兵北上到居巢湖（今安徽省巢湖市）口驻扎，准备进攻合肥（今安徽省合肥市）、新城（在今合肥市北）；同时他又派将领陆议、孙韶各自带领一万多士兵进占淮河、沔水一带。六月间，魏征东将军满宠领军前往抵挡。满宠打算撤除新城一带的防守，使孙权军队因此趋向寿春（今安徽省寿县）一带和魏军交战，明帝反对这计划说："当年汉光武帝派兵攻占略阳（今甘肃省秦安县），因而终于打败了隗嚣；先帝（曹丕）在东部设置合肥重镇，在南部以襄阳（今湖北省襄阳市）为防守要地，在西边则以祁山（今甘肃省礼县）一带为固守防线，而进犯的贼兵，回回都败在这三城之下，这就是在战争时，有一定要先夺取的地理形势呀！新城现在我们

走也。”秋七月壬寅，帝亲御龙舟东征，权攻新城，将军张颖等拒守力战，帝军未至数百里，权遁走，议、韶等亦退。群臣以为大将军方与诸葛亮相持未解，车驾可西幸长安。帝曰：“权走，亮胆破，大将军以制之，吾无忧矣。”遂进军幸寿春，录诸将功，封赏各有差。八月己未，大曜兵，飨六军，遣使者持节犒劳合肥、寿春诸军。辛巳，行还许昌宫。

司马宣王与亮相持，连围积日，亮数挑战，宣王坚垒不应。会亮卒，其军退还。

冬十月乙丑，月犯镇星及轩辕。戊寅，月犯太白。十一月，京都地震，从东南来，隐隐有声，摇动屋瓦。十二月，诏有司删定大辟，减死罪。

三年春正月戊子，以大将军司马宣王为太尉。己亥，复置朔方郡。京都大疫。丁巳，皇太后崩。乙亥，陨石于寿光县。三月庚寅，葬文德郭后，营陵于首阳陵涧西，如终制。

是时，大治洛阳宫，起昭阳、太极殿，筑总章观。百姓失农时，直臣杨阜、高堂隆等

手中，就算孙权相攻也是攻不下的，我们只要严命诸将坚守阵地就可以了，同时朕将要亲自去征讨孙权，只恐怕等到那时，孙权早已逃走了。”秋季七月壬寅这天，明帝乘龙舟亲自东征，孙权这时正率军猛攻新城，守将张颖等人拼死防守，当明帝距离新城还有数百里地时，孙权果然偷偷溜了，而陆议、孙韶等也跟着退兵。孙权既能退兵，东方危机解除，群臣都以为大将军司马懿和诸葛亮还在苦苦相持，不得解危，明帝这时应该动身到长安去支援司马懿才是。明帝说：“孙权既逃，诸葛亮的胆子就已经吓破了，大将军一人足以抵挡他，我一点儿也不担心呢。”于是继续前进，驻跸于寿春，纪录诸将的战功，给他们应得的封赏。八月己未这天，明帝大阅军队，展现军威，犒赏六军，同时也派使臣携带命令和赏赐去犒劳在合肥、寿春的各路军队。辛巳这天，明帝回到许昌宫。

司马懿和诸葛亮在西线相持了许久，虽然蜀军早围住了魏军，诸葛亮又连连挑战，但司马懿就是坚守不战，这时候，诸葛亮忽然去世，蜀军便只好退回去了。

冬季十月乙丑这天，月亮行到和镇星（土星）同度位置，掩住了镇星，然后又掩住了轩辕（即今西洋天文学狮子座西部诸星），戊寅这天，月亮运行到和太白星（金星）同度位置，掩住了太白星。十一月，京都发生地震，地震是由东南方震动过来的，震前便隐隐约约有些雷声，地震时，房子和屋瓦都摇动不已。十二月间，明帝下令删定死刑的法律，减轻判处死罪的条款。

青龙三年（公元235年）春季，正月戊子这天，明帝任命大将军司马懿为太尉。己亥这天，再度设置朔方郡（郡治在今内蒙古蹬口县）。京都发生大瘟疫。丁巳这天，皇太后去世（魏文帝皇后郭氏）。乙亥这天，有陨石坠落在寿光县（今山东省寿光市）。三月庚寅这天，明帝葬文德郭皇后，郭后的陵墓建筑在首阳陵（在今河南偃师市西北二十五里）溪涧的西边，按照文帝的遗嘱办事。

而在这同时，明帝正大修洛阳宫，建昭阳殿、大极殿，又筑总章观。百姓们为修筑宫

各数切谏，虽不能听，常优容之。

秋七月，洛阳崇华殿灾，八月庚午，立皇子芳为齐王，询为秦王。丁巳，行还洛阳宫。命有司复崇华，改名九龙殿。冬十月己酉，中山王衮薨。壬申，太白昼见。十一月丁酉，行幸许昌宫。

四年春二月，太白复昼见，月犯太白，又犯轩辕一星，入太微而出。夏四月，置崇文观，征善属文者以充之。五月乙卯，司徒董昭薨。丁巳，肃慎氏献楛矢。

六月壬申，诏曰："有虞氏画象而民弗犯，周人刑错而不用。朕从百王之末，追望上世之风，邈乎何相去之远？法令滋章，犯者弥多，刑罚愈众，而奸不可止。往者按大辟之条，多所蠲除，思济生民之命，此朕之至意也。而郡国毙狱，一岁之中尚过数百，岂朕训导不醇，俾民轻罪，将苛法犹存，为之陷阱乎？有司其议狱缓死，务从宽简，及乞恩者，或辞未出而狱以报断，非所以究理尽情也。其令廷尉及天下狱官，诸有死罪具狱以定，非

室，把农事都耽误了。忠直的臣子如杨阜，高堂隆等人都痛切地谏正了好几次，明帝虽然不采纳他们的主张，但对他们很宽容礼敬。

这年秋天，七月间，洛阳宫崇华殿发生火灾。八月庚午这天。册立皇子曹芳为齐王，曹询为秦王。丁巳这天，明帝巡行回到洛阳宫。下令有关官吏，重修崇华殿，并改名为九龙殿。冬季十月己酉这天，中山王曹衮去世了。壬申这天，太白星（金星）光度特强，白天也能见到。十一月丁酉这天，明帝又到许昌宫。

青龙四年（公元 236 年）春天，二月间，太白星又在白天可以见到。同时，月亮又运行到和太白星同度位置，掩住太白星，而后又移入轩辕群星之中，再又进出太微（今西方天文学为狮子星座）星垣内。夏季四月间，明帝立崇文观，征召著名文章家在观内。五月乙卯这天，司徒董昭去世了。丁巳这天，肃慎氏（古国，在今吉林及俄罗斯滨海边疆区一带）来贡献楛矢。

六月壬申，明帝下诏令说："虞舜时代，只不过在衣服上留个记号，百姓中就没人犯罪了；周代虽有刑罚，却不曾动用。朕追随历代王者之后，统治天下，缅怀先贤，总惭愧自己的治绩怎么差得那么远呢？法令订定愈多，犯法的人就更多；遭处分的人愈多，奸邪盗窃就愈没法禁止，这是怎么回事呢？这几年来，朕把死刑罪的范围，缩小了很多，朕实实在在很想多救百姓的生命啊！可是朕虽然这么用心努力，各地郡国，每年死在狱中的还是超过好几百人。难道是朕的教训诱导缺乏真诚，表面上要减轻百姓的罪过，实际上却仍然保留了苛法，成为伤害百姓的陷阱吗？主管审判的官吏们哪，你们要少判死刑，要尽可能从宽从轻处罚，如果对乞求恩赦的人不加理会，或是还没听他辩解就判定他的罪刑，那怎么能算追查事实和切近人情呢？所以朕现在下令给廷尉以及全国的司法官吏，凡已判定死刑的罪犯，只要他不是谋反叛国或亲手杀人，都可以告诉他政府的德意，假如有恳求恩

谋反及手杀人，亟语其亲治，有乞恩者，使与奏当文书俱上，朕将思所以全之。其布告天下，使明朕意。”

秋七月，高句骊王宫斩送孙权使胡卫等首，诣幽州。甲寅，太白犯轩辕大星。冬十月己卯，行还洛阳宫。甲申，有星孛于大辰，乙酉，又孛于东方。十一月己亥，彗星见，犯宦者天纪星。十二月癸巳，司空陈群薨。乙未，行幸许昌宫。

景初元年春正月壬辰，山茌县言黄龙见。于是有司奏，以为魏得地统，宜以建丑之月为正。三月，定历改年为孟夏四月。服色尚黄，牺牲用白，戎事乘黑首白马，建大赤之旂，朝会建大白之旗。改太和历曰景初历。其春夏秋冬孟仲季月虽与正岁不同，至于郊祀、迎气、礿祠、蒸尝、巡狩、蒐田、分至启闭、班宣时令、中气早晚、敬授民事，皆以正岁斗建为历数之序。

五月己巳，行还洛阳宫。己丑，大赦。六月戊申，京都地震。己亥，以尚书令陈矫为司徒，尚书右仆射卫臻为司空。丁未，分魏兴之魏阳、锡郡之安富、上庸为上庸郡。省锡

赦的，便把他的恳求及案卷呈上，朕将为他设法减轻罪刑，成全他的愿望。你们要布告天下，使百姓们都明白朕的心意。”

秋天，七月间，高句骊王宫杀了孙权派到他那儿去的使臣胡卫等人，并把他们的首级送到幽州（州治在今北京市）呈给魏朝。甲寅这天，太白（金星）运行到和轩辕大星同度位置，掩蔽了后者。冬季十月己卯这天，明帝回到洛阳宫。甲申这天，有彗星在大辰（房心尾三宿之星，西方天文学称天蝎座）出现，乙酉这天，彗星又出现在东方空中。十一月己亥这天，彗星又再出现，并冲掩了宦者、天纪星（均为今西方天文学称武仙座诸星）。十二月癸巳这天，司空陈群去世了。乙未这天，明帝由洛阳宫到许昌宫。

景初元年（公元 237 年）春季，正月壬辰这天，山茌县（今山东省济南市长清区）传说黄龙出现。因而掌理这方面事务的官吏（按即高堂隆）上表奏说魏是由于得到地统（土德）所以能统治天下，黄龙出现就象征土德，因此魏国应该以建丑月（夏历十二月）为正月。明帝采纳了他的意见，因此在三月时，下令订新历法，改青龙年号为景初年号，并把这月改为初夏四月。服饰颜色以黄色为正色，祭祀牺牲用白色，军事行动时骑乘黑头白身的马匹，皇帝旗帜用大红色，朝会时则用大白色旗，把太和历（行夏正，以寅月为正月）改为景初历。这景初历所定的四季月份虽然和正常历法有出入的地方（提前一个月），但是关于郊祀、迎气、礿祠、蒸尝、巡狩、搜田、春秋分、冬夏至、启闭、班宣时令、中气早晚、敬授民事等等时序和行事规定，仍然是按夏历的规定。

五月己巳这天，明帝由许昌宫回到洛阳宫。己丑这天，下令大赦天下。六月戊申，京都发生地震。己亥这天，命尚书令陈矫为司徒。尚书右仆射卫臻为司空。丁未这天，把魏兴郡（郡治今陕西安康市）的魏阳（可能为湖北省房县）县，和锡郡（今陕西省白河县）

郡，以锡县属魏兴郡。有司奏：武皇帝拨乱反正，为魏太祖，乐用武始之舞。文皇帝应天受命，为魏高祖，乐用咸熙之舞。帝制作兴治，为魏烈祖，乐用章斌之舞。三祖之庙，万世不毁。其余四庙，亲尽迭毁，如周后稷、文、武庙祧之制。

秋七月丁卯，司徒陈矫薨。孙权遣将朱然等二万人围江夏郡，荆州刺史胡质等击之，然退走。初，权遣使浮海与高句骊通，欲袭辽东。遣幽州刺史毌丘俭率诸军及鲜卑、乌丸屯辽东南界，玺书征公孙渊。渊发兵反，俭进军讨之，会连雨十日，辽水大涨，诏俭引军还。右北平乌丸单于寇娄敦、辽西乌丸都督王护留等居辽东，率部众随俭内附。己卯，诏辽东将吏士民为渊所胁略不得降者，一切赦之。辛卯，太白昼见。渊自俭还，遂自立为燕王，置百官，称绍汉元年。

诏青、兖、幽、冀四州大作海船。九月，冀、兖、徐、豫四州民遇水，遣侍御史循行

的安富县（当在湖北省郧县东南）以及上庸县（今湖北省竹山县东南）合为上庸郡。把锡郡裁撤，锡县（今陕西省白河县）划归魏兴郡去。掌理宗庙祭祀的官吏上奏说：魏国天子的七庙，应该按以下方式设置：武皇帝（曹操）平定天下，是魏国太祖皇帝，祭祀时演奏武始之舞，文皇帝（曹丕）应天命即位，是魏国高祖皇帝，祭祀庙乐用咸熙之舞。当今皇帝立法令定规章，是魏国烈祖皇帝，将来庙祀时用章斌之舞。以后这三祖的祀庙永不撤消，其他四庙，按顺序亲分一尽，就要迁庙，以仿照周代后稷、文王、武王祭庙传承的制度。

秋季七月丁卯这天，司徒陈矫去世了。这时孙权派将领朱然领两万军队围攻江夏郡（今湖北省云梦县西南），魏荆州刺史胡质等起兵攻朱然，朱然败退逃走。在朱然攻江夏郡之前，孙权曾经派使臣渡海和高句骊相勾结，要高句骊也由东北出兵，攻击魏国辽东地方（今辽宁省辽阳）以南北夹击魏，明帝这时便派幽州刺史毌丘俭率领各路军队，以及鲜卑、乌丸的士兵屯扎在辽东南部边界上。明帝又以玺书征召公孙渊出兵相助。哪知公孙渊居然起兵造反，毌丘俭便进兵讨伐他，可是正巧遇到天下大雨，一连十天不停，辽水高涨，无法渡过，明帝下令毌丘俭暂先回师，不要徒然牺牲。回师时，右北平（郡治在今河北省唐山市丰润区）的乌丸单于寇娄敦，辽西（今河北省卢龙县）一带的乌丸都督王护留等原来留住在辽东的部属，都带着人马财产跟着毌丘俭南下归附于魏了。己卯这天，明帝下诏赦免在辽东受到公孙渊威胁，而不能投奔魏国的官吏人民的罪过。辛卯这天，太白星光度明亮，白天就可看见。自从毌丘俭退兵后，公孙渊就自立为燕王，他也设置文武官员，建年号为绍汉元年。

明帝下令青（州治在今山东省淄博市临淄区）、兖（州治在今山东省鄄城县东）、幽（州治在今北京市）、冀（州治在今河北省衡水市冀州区）四州官吏大规模制造海船。九月间，冀、兖、徐（州治在今江苏省徐州市铜山区）、豫（州治在今河南省汝南县）四州洪水成灾。明帝派侍御史巡视灾区，拯救灾民，随处开仓放粮以救灾难。庚辰这天，皇后毛氏

没溺死亡及失财产者，在所开仓振救之。庚辰，皇后毛氏卒。冬十月丁未，月犯荧惑。癸丑，葬悼毛后于愍陵。乙卯，营洛阳南委粟山为圜丘。十二月壬子冬至，始祀。丁巳，分襄阳临沮、宜城、旍阳、邔四县，置襄阳南部都尉。己未，有司奏文昭皇后立庙京都。分襄阳郡之鄀叶县属义阳郡。

二年春正月，诏太尉司马宣王帅众讨辽东。

二月癸卯，以大中大夫韩暨为司徒。癸丑，月犯心距星，又犯心中央大星。夏四月庚子，司徒韩暨薨。壬寅，分沛国萧、相、竹邑、符离、蕲、铚、龙亢、山桑、洨、虹十县为汝阴郡。宋县、陈郡苦县皆属谯郡。以沛、杼秋、公丘、彭城丰国、广戚，并五县为沛王国。庚戌，大赦。五月乙亥，月犯心距星，又犯中央大星。六月，省渔阳郡之狐奴县，复置安乐县。

去世。冬季十月丁未这天，月亮运行到和荧惑（火星）同度位置，掩蔽了荧惑。癸丑这天，埋葬悼毛后于愍陵。乙卯，下令在洛阳南方的委粟山建筑圜丘。十二月壬子冬至这天，在圜丘初次举行了祭天大典，并以太祖武皇帝曹操配祭。丁巳这天，把襄阳郡的临沮（今湖北省远安县）、宜城（今湖北省宜城市）、旍阳（今湖北省枝江市北）、邔（今湖北省宜城市东北）四个县另外成立襄阳南部都尉管辖。己未这天，有关官吏上奏应为文昭皇后（明帝生母甄氏）在京师立庙。明帝又把襄阳郡的鄀县（今湖北省宜城市东南）叶县（今河南省叶县）划归义阳郡（郡治今在湖北省枣阳市）。

景初二年（公元238年），春季正月里，明帝下诏令，派太尉司马懿领军征讨辽东的公孙渊。

二月癸卯这天，明帝命大中大夫韩暨为司徒。癸丑这天，月亮运行到心距星（心宿群星之一为西方天文学天蝎星座群星之一）同度位置，遮蔽了心距星，然后又遮住了心中央大星（即西方天文学天蝎座 α 星）。夏季四月庚子这天，司徒韩暨过世。壬寅这天，明帝下令把沛国（国都在今江苏省沛县）的萧（今安徽省萧县）、相（今安徽省宿州市西北）、竹邑（今安徽省宿州市北）、符离（今安徽省宿州市）、蕲（今安徽省宿州市南）、铚（今安徽省宿州市西南）、龙亢（今安徽省怀远县）、山桑（今安徽省蒙城县北）、洨（今安徽省灵璧县南）、虹（今安徽省五河县西北）等十县划为汝阴郡。把原属沛国的宋县（今安徽省太和县北）、陈郡（今河南省淮阳县）、苦县（今河南省鹿邑县）都划归谯郡（郡治在今安徽省亳州市）管辖。而把沛县、杼秋（今江苏省砀山县东）、公丘（今山东省滕州市）、彭城丰国（今江苏省丰县）、广戚（今江苏省沛县东）等五个县合并为沛王国。庚戌这天，下令大赦天下。五月乙亥这天，月亮运行到心距星同度位置，又遮蔽了中央大星。六月，下令裁并渔阳郡（郡治在今北京市密云区）的狐奴县（今北京市顺义区），后又另外成立一县为安乐县（在今北京市顺义区西南）。

司马懿，选自清皇家珍藏手抄善本绘图描金银《三国志演义》。

秋八月，烧当羌王芒中、注诣等叛，凉州刺史率诸郡攻讨，斩注诣首。癸丑，有彗星见张宿。

丙寅，司马宣王围公孙渊于襄平，大破之，传渊首于京都，海东诸郡平。冬十一月，录讨渊功，太尉宣王以下增邑封爵各有差。初，帝议遣宣王讨渊，发卒四万人。议臣皆以为四万兵多，役费难供。帝曰："四千里征伐，虽云用奇，亦当任力，不当稍计役费。"遂以四万人行。及宣王至辽东，霖雨不得时攻，群臣或以为渊未可卒破，宜诏宣王还。帝曰："司马懿临危制变，擒渊可计日待也。"卒皆如所策。

壬午，以司空卫臻为司徒，司隶校尉崔林为司空。闰月，月犯心中央大星。十二月乙丑，帝寝疾不豫。辛巳，立皇后。赐天下男子

秋季八月里，烧当（西羌部族）的羌王芒中、注诣率领部属叛变了，凉州刺史便带领着军队去讨伐他们，斩杀了注诣。癸丑这天，有彗星出现在张宿（今西方天文学为长蛇座诸星）。

丙寅这天，司马懿在襄平（今辽宁省辽阳市北）围攻公孙渊，把他打得大败，砍下了他的人头，送到京师，于是辽东一带的郡县终于平定下来。冬季十一月里，朝廷纪录讨伐公孙渊的功劳，从太尉司马懿以下，人人都有大小不同的封赏。起先，在明帝要派司马懿去打仗时，准备给他四万名军队。当时群臣议论纷纷，以为人数太多，军费消耗太大，不易供应。明帝说："远到四千里外去征战，不是小事。虽然说司马懿他用兵神奇，但也要有足够的实力才行。我们切不可以为省军费而削弱了他的实力。"因此，司马懿还是带了四万军队北上，当他到了辽东，正遇上雨季，无法进攻，朝中大臣们有的以为公孙渊不是一时就能彻底攻垮的，应召司马懿回来，以免徒耗人力物力，明帝说："司马懿遇困难时总能想出方法，克服变局。我们可以数着日子等他俘获公孙渊的。"最后，果然教明帝给说中了。

壬午这天，明帝立司空卫臻为司徒，司隶校尉崔林为司空。闰十一月，月亮运行到和心中央大星（在西方天文学此星为天蝎座）同度的位置，遮住了心中央大星。十二月乙丑这天，明帝病重。辛巳这天，册立皇后（郭夫人），赐天下男子爵二级，赏给鳏寡孤独的可怜

爵人二级，鳏寡孤独谷。以燕王宇为大将军，甲申免，以武卫将军曹爽代之。

初，青龙三年中，寿春农民妻自言为天神所下，命为登女，当营卫帝室，蠲邪纳福。饮人以水，及以洗疮，或多愈者。于是立馆后宫，下诏称扬，甚见优宠。及帝疾，饮水无验，于是杀焉。

三年春正月丁亥，太尉宣王还至河内，帝驿马召到，引入卧内，执其手谓曰："吾疾甚，以后事属君，君其与爽辅少子。吾得见君，无所恨！"宣王顿首流涕。即日，帝崩于嘉福殿，时年三十六。癸丑，葬高平陵。

评曰：明帝沉毅断识，任心而行，盖有君人之至概焉。于时百姓凋弊，四海分崩，不先聿修显祖，阐拓洪基，而遽追秦皇、汉武，宫馆是营，格之远猷，其殆疾乎！

百姓谷米。派燕王曹宇为大将军，甲申这天，免大将军职，改命武卫将军曹爽为大将军。

起初，当青龙三年时（公元 235 年），寿春（今安徽省寿县）地方有一农妇自称是天神下凡，她自命为登女，她降生为人的职责是保护皇帝及宫室，为皇室驱邪纳福。她拿符水给人喝，也用符水洗涤疮毒，很多病人因此而得痊愈，所以明帝很奖许她，在后宫为她设馆，下令褒扬她，对她很敬重很厚待。如今皇帝病重，饮用她的符水，并没有效果，就下令把她杀了。

景初三年（公元 238 年），春季正月丁亥这天，太尉司马懿刚回到河内（郡治在今河南省武陟县西南），明帝已派好驿马要他即刻进京，一到京城，就把他引进后宫明帝卧室内，明帝悲伤地拉着他的手说："朕的病是好不了了，朕要把身后的事都托付给你了，请你和曹爽共同辅佐少子（齐王曹芳，八岁）吧，朕能等到你回来，已经心满意足了。"司马懿这时叩头痛哭，悲伤不已。就在这天，明帝逝世于嘉福殿，享年三十六岁。癸丑这天，埋葬在高平陵（在今河南省洛阳市汝阳县万安山）。

陈寿评论说：魏明帝沉稳坚毅，能决断，有洞察力，一举一动都很有主张，不受他人左右，实在很有君临天下的伟大气概。他在位时，正当国家大乱之后，百姓困苦，流离失所，天下三分，不能统一。这其实是个很可有为的机会，可惜他不能励精图治，光宗耀祖，为魏国打下深厚广大的基业，反而赶着效法秦始皇、汉武帝，大修宫殿馆阁，他这种缺乏远见的表现，也就是他一生的瑕疵了！

三国志卷四

三少帝纪第四

李毓善 译

齐王讳芳，字兰卿。明帝无子，养王及秦王询；宫省事秘，莫有知其所由来者。青龙三年，立为齐王。景初三年正月丁亥朔，帝病甚，乃立为皇太子。是日，即皇帝位，大赦。尊皇后曰皇太后。大将军曹爽、太尉司马宣王辅政。诏曰："朕以眇身，继承鸿业，茕茕在疚，靡所控告。大将军、太尉奉受末命，夹辅朕躬，司徒、司空、冢宰、元辅总率百寮，以宁社稷，其与群卿大夫勉勖乃心，称朕意焉。诸所兴作宫室之役，皆以遗诏罢之。官奴婢六十已上，免为良人。"二月，西域重译献火浣布，诏大将军、太尉临试以示百寮。

丁丑诏曰："太尉体道正直，尽忠三世，南擒孟达，西破蜀虏，东灭公孙渊，功盖海内。昔周成建保傅之官，近汉显宗崇宠邓禹，所以优隆隽乂，必有尊也。其以太尉为太傅，

齐王名芳，字兰卿。明帝没有子嗣，所以收养了齐王以及秦王曹询为皇子；由于宫禁中的事情隐秘，因此没有真正知道他的身世来历的。明帝青龙三年（公元235年），受封为齐王。明帝景初三年（公元239年）正月丁亥日初一，明帝病危，方被立为皇太子。就在当天，明帝驾崩，遂即位为皇帝，大赦天下。尊郭皇后为皇太后。大将军曹爽、太尉司马宣王（懿）共同辅佐朝政。颁诏令说："我以卑微之身，继承大业，无所依恃之悲，常存在心，而无处倾诉。大将军与太尉受先帝的遗诏，帮助我处理朝政，司徒、司空、冢宰、元辅统领百官以安定国家，希望要与其他的卿士、大夫互相勉励，忠于职守，以称合我的心愿。举凡整建宫室的工程劳役，都要遵照先帝的遗诏停止。公家奴婢年纪在六十岁以上的，可以豁除名籍，改为良人。"二月，西域经过辗转翻译，进贡其特产火浣布，诏令大将军、太尉当众展示，试验给百官观赏。

丁丑日，颁诏令说："太尉为人，行事循理，居心正直，尽忠职守于三代，曾经移军南向擒杀叛将孟达，西出击溃蜀贼诸葛亮的大军，往东消灭了公孙渊的部众，功勋之高，海内无人可比。从前周成王设立太保、太傅之官，近代汉光武帝显扬宠信邓禹，二者都表现了重用贤才，有所尊显的政策。所以任命太尉为太傅，其持节统兵都督诸军事的官衔依

持节统兵都督诸军事如故。”三月，以征东将军满宠为太尉。夏六月，以辽东东沓县吏民渡海居齐郡界，以故纵城为新沓县以居徙民。秋七月，上始亲临朝，听公卿奏事。八月，大赦。冬十月，以镇南将军黄权为车骑将军。

十二月，诏曰：“烈祖明皇帝以正月弃背天下，臣子永惟忌日之哀，其复用夏正；虽违先帝通三统之义，斯亦礼制所由变改也。又夏正于数为得天正，其以建寅之月为正始元年正月，以建丑月为后十二月。”

正始元年春二月乙丑，加侍中中书监刘放、侍中中书令孙资为左右光禄大夫。丙戌，以辽东汶、北丰县民流徙渡海，规齐郡之西安、临菑、昌国县界为新汶、南丰县，以居流民。

自去冬十二月至此月不雨。丙寅，诏令狱官亟平冤枉，理出轻微；群公卿士谠言嘉谋，各悉乃心。夏四月，车骑将军黄权薨。秋七月，诏曰：“《易》称损上益下，节以制度，不伤财，不害民。方今百姓不足而御府多作金银杂物，将奚以为？今出黄金银物百五十种，千八百余斤，销冶以供军用。”八月，车驾巡省洛阳界秋稼，赐高年力田各有差。

二年春二月，帝初通《论语》，使太常以太牢祭孔子于辟雍，以颜渊配。

旧。”三月，任命征东将军满宠为太尉。夏六月，使辽东郡东沓县的吏民渡海到齐郡境内定居，改旧纵城为新沓县，以收容徙居的百姓。秋七月，帝方亲自上朝，听取公卿奏陈国事。八月，大赦天下。冬十月，任命镇南将军黄权为车骑将军。

十二月，颁诏令说：“烈祖明皇帝于正月弃背天下，国人长怀忌日之哀痛，所以决定恢复使用夏正；这虽然和先帝贯通三统，改行殷正（以建丑之月为正月）的原意不合，却也是依循礼书‘忌日不用’的精神而改变的。而且正月建置在寅的夏历，最能配合四时十二节气，故今以建寅之月为正始元年的正月，把建丑月推为前一年的后十二月。”

正始元年（公元240年）春，二月乙丑日，加侍中中书监刘放、侍中中书令孙资为左右光禄大夫官衔。丙戌日，使辽东郡汶县、北丰县的县民流徙渡海，规划齐郡的西安县、临菑县、昌国县境为新汶县、南丰县，供流徙的百姓定居。

由去年的冬十二月到这个月，一直未曾下雨。丙寅日，下诏书命令典狱官尽速平反冤狱。案情轻微的，早日结案；群公卿士的善言美论，都要尽量献纳。夏四月，车骑将军黄权卒。秋七月，颁诏令说：“《易经》阐述人君应当减损私人享受，造福百姓，以礼制为依据，不浪费财帛，不伤害百姓的道理。当今百姓衣食不足，然而御府中制作大量金银杂物，有什么用呢！今特取出黄金、白银器物计一百五十种，一千八百余斤，销毁冶造，以供军需之用。”八月，帝车驾巡视洛阳（今河南省洛阳市东北二十里）地区农作情况，对当地年长和努力耕作的农夫各有不同的赏赐。

二年春二月，帝初步理解《论语》，派太常官用太牢之礼在太学祭祀孔子，并以弟子颜渊配享。

夏五月，吴将朱然等围襄阳之樊城，太傅司马宣王率众拒之。六月辛丑，退，己卯，以征东将军王凌为车骑将军。冬十二月，南安郡地震。

三年春正月，东平王徽薨。三月，太尉满宠薨。秋七月甲申，南安郡地震。乙酉，以领军将军蒋济为太尉。冬十二月，魏郡地震。

四年春正月，帝加元服，赐群臣各有差。夏四月乙卯，立皇后甄氏，大赦。五月朔，日有食之，既。秋七月，诏祀故大司马曹真、曹休、征南大将军夏侯尚、太常桓阶、司空陈群、太傅钟繇、车骑将军张郃、左将军徐晃、前将军张辽、右将军乐进、太尉华歆、司徒王朗、骠骑将军曹洪、征西将军夏侯渊、后将军朱灵、文聘、执金吾臧霸、破虏将军李典、立义将军庞德、武猛校尉典韦于太祖庙庭。冬十二月，倭国女王俾弥呼遣使奉献。

五年春二月，诏大将军曹爽率众征蜀。夏四月朔，日有蚀之。五月癸巳，讲《尚书》经通，使太常以太牢祀孔子于辟雍，以颜渊配；赐太传、大将军及侍讲者各有差。丙午，大将军曹爽引军还。秋八月，秦王询薨。九月，鲜卑内附，置辽东属国，立昌黎县以居之。冬十一月癸卯，诏祀故尚书令荀攸于太祖庙庭。己酉，复秦国为京兆郡。十二月，司空崔林薨。

六年春二月丁卯，南安郡地震。丙子，以骠骑将军赵俨为司空；夏六月，俨薨。八月丁卯，以太常高柔为司空。癸巳，以左光禄大夫刘放为骠骑将军，右光禄大夫孙资为卫将

夏五月，东吴将军朱然等人围攻襄阳郡之樊城，太傅司马宣王率兵抵御。六月辛丑日，朱然等兵退去。己卯日，任命征东将军王凌为车骑将军。冬十二月，南安郡发生地震。

三年春正月，东平王曹徽卒。三月，太尉满宠卒。秋七月甲申日，南安郡发生地震。乙酉日，任命领军将军蒋济为太尉。冬十二月，魏郡发生地震。

四年春正月，帝行加冠礼，分别赏赐群臣。夏四月乙卯日，立皇后甄氏，大赦天下。五月初一日，出现日蚀，为日全蚀。秋七月，诏令祭祀已故的大司马曹真、曹休、征南大将军夏侯尚、太常桓阶、司空陈群、太傅钟繇、车骑将军张郃、左将军徐晃、前将军张辽、右将军乐进、太尉华歆、司徒王朗、骠骑将军曹洪、征西将军夏侯渊、后将军朱灵、文聘、执金吾臧霸、破虏将军李典，立义将军庞德、武猛校尉典韦等人在太祖皇帝的庙庭之中。冬十二月，倭国的女王俾弥呼派遣使者前来进献。

五年春二月，诏令大将军曹爽率众征讨西蜀。夏四月初一日，出现日蚀。五月癸巳日，讲《尚书》经一过，派礼官太常用太牢在太学祭祀孔子，以弟子颜渊配享；分别赏赐太傅、大将军以及各侍讲者。丙午日，大将军曹爽率军归来。秋八月，秦王曹询卒。九月，鲜卑内附称臣，设置辽东属国，立昌黎县供他们定居。冬十一月癸卯日，诏令在太祖庙庭之中祭祀已故的尚书令荀攸。己酉日，恢复秦国为京兆郡。十二月，司空崔林卒。

六年春，二月丁卯日，南安郡发生地震。丙子日，任命骠骑将军赵俨为司空。夏六月，赵俨卒。八月丁卯日，任命太常高柔为司空。癸巳日，任命左光禄大夫刘放为骠骑将

军。冬十一月，祫祭太祖庙，始祀前所论佐命臣二十一人。十二月辛亥，诏故司徒王朗所作《易传》，令学者得以课试。乙亥，诏曰："明日大会群臣，其令太傅乘舆上殿。"

七年春二月，幽州刺史毌丘俭讨高句骊，夏五月，讨濊貊，皆破之。韩那奚等数十国各率种落降。秋八月戊申，诏曰："属到市观见所斥卖官奴婢，年皆七十，或癃疾残病，所谓天民之穷者也。且官以其力竭而复鬻之，进退无谓，其悉遣为良民。若有不能自存者，郡县振给之。"

己酉，诏曰："吾乃当以十九日亲祠，而昨出已见治道，得雨当复更治，徒弃功夫。每念百姓力少役多，夙夜存心。道路但当期于通利，闻乃挝捶老小，务崇修饰，疲困流离，以至哀叹，吾岂安乘此而行，致馨德于宗庙邪？自今已后，明申敕之。"冬十二月，讲《礼记》通，使太常以太牢祀孔子于辟雍，以颜渊配。

八年春二月朔，日有蚀之。夏五月，分河东之汾北十县为平阳郡。秋七月，尚书何晏奏曰："善为国者必先治其身，治其身者慎其所习。所习正则其身正，其身正则不令而行；所习不正则其身不正，其身不正则虽令不从。是故为人君者，所与游必择正人，所观览必

军，右光禄大夫孙资为卫将军。冬十一月，在太祖庙行祫祭，大祭先祖，并首次以前文所录列的二十一位辅臣配享。十二月辛亥日，诏令故司徒王朗所著的《易传》，学者可以用来课试。乙亥日，颁诏令说："明天大会群臣，特令太傅可以乘舆上殿。"

七年春二月，幽州刺史毌丘俭征讨高句骊。夏五月，征讨濊貊，都大获全胜。韩那奚等数十个小国各自率领其部落来降。秋八月戊申日，颁诏令说："近日经过市井之间，看到一些被出售的官府奴婢，年龄都已七十岁，有的已经佝偻龙钟，有的则残废生病，都是所谓'天民之穷者'境遇最为困窘的人。况且，官吏因为他们年老力尽而要卖掉他们，这无论如何都不可以，所以应全部发遣为良民。如若有那不能自谋生路的，由各郡负责赈济赡养。"

己酉日，颁诏令说："我只是要在十九日亲往祠祭，而昨天出去，看到百姓已经在整治道路了，如若下雨，就得重行整理，白白浪费人力。每当念及百姓人力少而劳役多，则常常不忍。道路只求其便利畅通即可，据说官员中竟然有鞭打老人儿童，强令其尽力修整，以至疲乏困惫，离披流落，哀叹怨恨的，我哪里能够乘安车，经此道路，前往宗庙去表达孝思呢？从今以后，不可再有类似事情发生。"冬十二月，讲述《礼记》一过，派遣太常用太牢礼在太学祭祀孔子，以弟子颜渊配享。

八年，春二月初一日，出现日蚀。夏五月，划分河东郡汾北地区的十个县为平阳郡。秋七月，尚书何晏进奏说："擅长治国的君主，一定先修身，修身之道，在于慎其所亲。所亲者正，则行事合乎正道，行事合乎正道，则不待下教令，人民也会自然跟着做；所亲不正，则行事不合正道，行事不合正道则纵然下教令，人民也不会听从。因此，做人君的人，交游一定要选择正人君子，注意力一定要放在观察正事上，禁绝靡靡之乐而不听，远

察正象，放郑声而弗听，远佞人而弗近，然后邪心不生而正道可弘也。季末闇主，不知损益，斥远君子，引近小人，忠良疏远，便辟亵狎，乱生近昵，譬之社鼠；考其昏明，所积以然，故圣贤谆谆以为至虑。舜戒禹曰'邻哉邻哉'，言慎所近也，周公戒成王曰'其朋其朋'，言慎所与也。《书》云：'一人有庆，兆民赖之。'可自今以后，御幸式乾殿及游豫后园，皆大臣侍从，因从容戏宴，兼省文书，询谋政事，讲论经义，为万世法。"冬十二月，散骑常侍谏议大夫孔乂奏曰："礼，天子之宫，有斵砻之制，无朱丹之饰，宜循礼复古。今天下已平，君臣之分明，陛下但当不懈于位，平公正之心，审赏罚以使之。可绝后园习骑乘马，出必御辇乘车，天下之福，臣子之愿也。"晏、乂咸因阙以进规谏。

九年春二月，卫将军中书令孙资，癸巳，骠骑将军中书监刘放，三月甲午，司徒卫臻，各逊位，以侯就第，位特进。四月，以司空高柔为司徒；光禄大夫徐邈为司空，固辞不受。秋九月，以车骑将军王凌为司空。冬十月，大风发屋折树。

嘉平元年春正月甲午，车驾谒高平陵。太傅司马宣王奏免大将军曹爽、爽弟中领军羲、武卫将军训、散骑常侍彦官，以侯就第。戊戌，有司奏收黄门张当付廷尉，考实其辞，

离巧口小人而不接近，然后邪僻之心不生而大道可弘扬了。那末世的昏君则不然，他不懂取舍之道，斥逐远离君子，接引亲近小人，忠良之士日远，便辟小人日亲，祸乱起于身侧，就如同神庙中的老鼠，要除去可就困难了。推究其或明或昏的道理，乃积渐而然，非一朝一夕之故，所以古圣先贤一再谆谆地以此教人。帝舜告喻大禹说：'邻人啊！邻人啊！'（案：《尚书·皋陶谟》：帝曰：'吁！臣哉邻哉，邻哉臣哉。'）就是申明当心所接近的人，周公告诫成王说：'交友！交友！'（案：《尚书·洛诰》：周公曰……孺子其朋，孺子其朋）就是说明要当心交友。《尚书》说：'国君如果有喜庆，天下百姓都会因此而得福禄。'所以由现在起，凡是御幸式乾殿以及游乐后园的时候，都由大臣侍从在左右，利用从容游戏饮宴的机会，兼知文书，垂询商讨政事，讲论诸经大义，为后世树立楷模。"冬十二月，散骑常侍谏议大夫孔乂进奏说："按照礼制，天子的宫室，有刻镂磨刮的建筑，而无豪华艳丽的陈设，现在宜于循古礼而行。如今天下平治，君臣上下分际已明，陛下但当勤政为民，居心公允，慎用赏罚，任使得当即可。可以戒绝后园习骑乘马，出必御辇乘车，则是天下百姓的福祉，我等为臣者的宿愿了。"何晏与孔乂两人，每利用机会进言规谏。

九年春二月，卫将军中书令孙资，癸巳日，骠骑将军中书监刘放，三月甲午日，司徒卫臻，三人相继辞去官位，以侯爵的身份居家，加位为特进。四月，任命司空高柔为司徒；光禄大夫徐邈为司空，坚辞，不敢受。秋九月，任命车骑将军王凌为司空。冬十月，有大风，刮坏屋舍，吹折大树。

嘉平元年（公元249年）春正月甲午日，帝车驾幸高平陵拜谒明帝陵墓。太傅司马宣王奏请免去大将军曹爽、爽弟中领军曹羲、武卫将军曹训和散骑常侍曹彦等人之官职，令

爽与谋不轨。又尚书丁谧、邓飏、何晏、司隶校尉毕轨、荆州刺史李胜、大司农桓范皆与爽通奸谋，夷三族。语在《爽传》。丙午，大赦。丁未，以太傅司马宣王为丞相，固让乃止。

夏四月乙丑，改年。丙子，太尉蒋济薨。冬十二月辛卯，以司空王凌为太尉。庚子，以司隶校尉孙礼为司空。

二年夏五月，以征西将军郭淮为车骑将军。冬十月，以特进孙资为骠骑将军。十一月，司空孙礼薨。十二月甲辰，东海王霖薨。乙未，征南将军王昶渡江，掩攻吴，破之。

三年春正月，荆州刺史王基、新城太守州泰攻吴，破之，降者数千口。二月，置南郡之夷陵县以居降附。三月，以尚书令司马孚为司空。四月甲

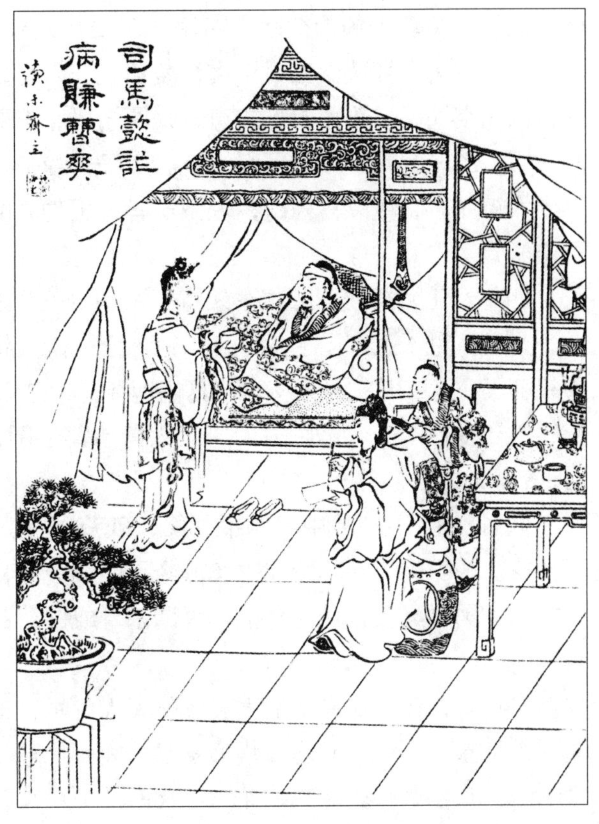

司马懿诈病赚曹爽，选自清刊本《三国演义》。据《三国演义》，曹爽被罢斩一节叙说甚为详细，曹爽初掌兵权时，颇为忌惮司马懿，司马懿趁曹爽亲信探望他的时候装作病势已危，让曹爽去掉防备之心，然后趁曹爽外出时发动政变，并一举夺得兵权。图为司马懿装病。

他们以侯爵的身份居住在京城寓所。戊戌日，官吏奏请收捕宦官张当，交予廷尉，侦讯审问，根据其口供，证实曹爽和他图谋不轨。其他如尚书丁谧、邓飏、何晏、司隶校尉毕轨、荆州刺史李胜、大司农桓范等人，都与曹爽串通谋反，故都以叛国罪株连三族。详情记述在《曹爽传》中。丙午日，大赦天下。丁未日，拜太傅司马宣王懿为丞相，因他坚决谦辞不敢受而作罢。

夏四月乙丑日，改年号。丙子日，太尉蒋济卒。冬十二月辛卯日，任命司空王凌为太尉。庚子日，任命司隶校尉孙礼为司空。

二年，夏五月，任命征西将军郭淮为车骑将军。冬十月，任命特进孙资为骠骑将军。十一月，司空孙礼卒。十二月甲辰日，东海王曹霖卒。乙未日，征南将军王昶过江袭击东吴，破败吴军。

三年春正月，荆州刺史王基、新城太守州泰并攻东吴，大败吴军，其投降的，有数千人之多。二月，辟设南郡之夷陵县以收容降附的人定居。三月，任命尚书令司马孚为司空。

申，以征南将军王昶为征南大将军。壬辰，大赦。丙午，闻太尉王凌谋废帝，立楚王彪，太傅司马宣王东征凌。五月甲寅，凌自杀。六月，彪赐死。秋七月壬戌，皇后甄氏崩。辛未，以司空司马孚为太尉。戊寅，太傅司马宣王薨，以卫将军司马景王为抚军大将军，录尚书事。乙未，葬怀甄后于太清陵。庚子，骠骑将军孙资薨。十一月，有司奏诸功臣应飨食于太祖庙者，更以官为次，太傅司马宣王功高爵尊，最在上。十二月，以光禄勋郑冲为司空。

四年春正月癸卯，以抚军大将军司马景王为大将军。二月，立皇后张氏，大赦。夏五月，鱼二，见于武库屋上。冬十一月，诏征南大将军王昶、征东将军胡遵、镇南将军毌丘俭等征吴。十二月，吴大将军诸葛恪拒战，大破众军于东关。不利而还。

五年夏四月，大赦。五月，吴太傅诸葛恪围合肥新城，诏太尉司马孚拒之。秋七月，恪退还。

八月，诏曰："故中郎西平郭修，砥节厉行，秉心不回。乃者蜀将姜维寇钞修郡，为所执略。往岁伪大将军费祎驱率群众，阴图窥窬，道经汉寿，请会众宾，修于广坐之中手刃击祎，勇过聂政，功逾介子，可谓杀身成仁，释生取义者矣。夫追加褒宠，所以表扬忠

四月甲申日，任命征南将军王昶为征南大将军，壬辰日，大赦天下。丙午日，传言太尉王凌图谋废除今皇帝，而改立楚王曹彪，故太傅司马宣王出兵东征王凌。五月甲寅日，王凌自杀。六月，曹彪被赐自杀身死。秋七月壬戌日，皇后甄氏去逝。辛未日，任命司空司马孚为太尉。戊寅日，太傅司马宣王卒。任命卫将军司马景王（师）为抚军大将军，总领尚书台之事，总揽朝政。乙未日，安葬怀甄皇后于太清陵。庚子日，骠骑将军孙资卒。十一月，官吏奏请诸功臣之应当在太祖庙廷受享的，其次序宜以官衔为准，太傅司马宣王的功最高，爵最尊，其位置合在最上首。十二月，任命光禄勋郑冲为司空。

四年春正月癸卯日，任命抚军大将军司马景王为大将军。二月，立张氏为皇后。大赦天下。夏五月，有两条鱼，出现在武库屋顶之上。冬十一月，诏令征南大将军王昶、征东将军胡遵、镇南大将军毌丘俭等人征讨东吴。十二月，东吴大将军诸葛恪率兵迎战，在东关把王昶等人所率大军打得大败，遂无功而归。

五年夏四月，大赦天下。五月，吴太傅诸葛恪围攻合肥新城，诏令太尉司马孚率兵抵御。秋七月，诸葛恪引兵退去。

八月，颁诏令说："已故的中郎西平郭修，砥砺节行，操持坚正。过去西蜀将军姜维侵寇西平郡，郭修被活捉。去年伪大将军费祎率其乌合之众，暗图伺机而动，路经汉寿时，宴请宾客，修在众人广座之中乘机手杀费祎，而他自己也因此而牺牲了生命，他的壮举可谓胆识超过聂政，功劳大过介子推，称得上杀身成仁，舍生取义了。今日追悼褒扬其功绩，正所以表现朝廷表扬忠义的政策；封赏他后代的子孙，正为了奖励效法忠良的风气。所以

义；祚及后胤，所以奖劝将来。其追封修为长乐乡侯，食邑千户，谥曰威侯；子袭爵，加拜奉车都尉，赐银千饼，绢千匹，以光宠存亡，永垂来世焉。”

自帝即位至于是岁，郡国县道多所置省，俄或还复，不可胜纪。

六年春二月己丑，镇东将军毌丘俭上言：“昔诸葛恪围合肥新城，城中遣士刘整出围传消息，为贼所得，考问所传，语整曰：‘诸葛公欲活汝，汝可具服。’整骂曰：‘死狗，此何言也！我当必死为魏国鬼，不苟求活，逐汝去也。欲杀我者，便速杀之。’终无他辞。又遣士郑像出城传消息，或以语恪，恪遣马骑寻围迹索，得像还。四五人靮头面缚，将绕城表，敕语像，使大呼，言‘大军已还洛，不如早降’。像不从其言，更大呼城中曰：‘大军近在围外，壮士努力！’贼以刀筑其口，使不得言，像遂大呼，令城中闻知。整、像为兵，能守义执节，子弟宜有差异。”诏曰：“夫显爵所以褒元功，重赏所以宠烈士。整、像召募通使，越蹈重围，冒突白刃，轻身守信，不幸见获，抗节弥厉，扬六军之大势，安城守之惧心，临难不顾，毕志传命。昔解杨执楚，有陨无贰，齐路中大夫以死成命，方之整、像，所不能加。今追赐整、像爵关中侯，各除士名，使子袭爵，如部曲将死事科。”

特追封郭修为长乐乡侯，赐食邑一千户，谥号为威侯；他的儿子承袭其封爵，并加拜奉车都尉之官；赏赐银饼一千个，绢一千匹，以使存亡并受荣耀，传之永远。”

自帝即位以至于今年，郡国地理区域之划分，每有增减，有时是随改易随又复原，多得不胜记数。

六年春二月己丑日，镇东将军毌丘俭上疏说：“从前诸葛恪围攻合肥新城时，城中派遣士人刘整潜出城外去求救，被恪军所俘。拷问他军情，并贿赂他说：‘我们诸葛公想留你活命，你可以投靠过来。’整骂道：‘死狗，这是什么话，我死也要做魏国之鬼，哪会为了苟全性命，随你回去呢！想杀我的快快过来就是！’再也没有他话。城中又派了一位叫郑像的士人出城求救。有人密告了诸葛恪，恪派骑兵在城下搜查追索，活捉了郑像回营，四五个人用马缰绳把像的双手绑在背后，预备绕着城脚走，告诫郑像，令他对城中大叫：‘大军已经回转洛阳，不如早点投降。’像不从胁迫，反而对城中人大叫说：‘救援的大军已到围外，壮士们继续努力。’贼兵用刀顶在他的嘴中，使他不能说话，像于是抬着头朝上大叫，让城中人听得到。刘整、郑像在军中，表现了军人固守忠义，坚持节操的伟烈，他们的子侄，应该受奖挹。”颁诏令说：“封立显贵之官爵，旨在褒扬首功，厚重的赏赐币帛，旨在光宠烈士。今刘整和郑像二人，应召募，传消息，突出重围，无视于刀剑之当前，轻生死，守信诺，不幸而被俘，而凛然不屈，越发表现出他的志节，发扬了我大军的气魄，安定了城中的人心，临大难而不畏缩，一心只在完成使命。从前晋人解杨被楚人所俘虏，宁死不有二心，齐国的路中大夫，以死达成天子之命，他们的事迹，不比整、像更见伟烈。现在追封刘整、郑像为关中侯，除去士人的身份，让他们的儿子承袭封爵，一切比照武官牺牲的法令办理。”

庚戌，中书令李丰与皇后父光禄大夫张缉等谋废易大臣，以太常夏侯玄为大将军。事觉，诸所连及者皆伏诛。辛亥，大赦。三月，废皇后张氏。夏四月，立皇后王氏，大赦。五月，封后父奉车都尉王夔为广明乡侯、光禄大夫，位特进，妻田氏为宣阳乡君。秋九月，大将军司马景王将谋废帝，以闻皇太后。甲戌，太后令曰："皇帝芳春秋已长，不亲万机，耽淫内宠，沉漫女德，日延倡优，纵其丑谑；迎六宫家人留止内房，毁人伦之叙，乱男女之节；恭孝日亏，悖傲滋甚，不可以承天绪，奉宗庙。使兼太尉高柔奉策，用一元大武告于宗庙，遣芳归藩于齐，以避皇位。"是日迁居别宫，年二十三。使者持节送卫，营齐王宫于河内之重门，制度皆如藩国之礼。

丁丑，令曰："东海王霖，高祖文皇帝之子。霖之诸子，与国至亲，高贵乡公髦有大成之量，其以为明皇帝嗣。"

高贵乡公讳髦，字彦士，文帝孙，东海定王霖子也。正始五年，封郯县高贵乡公。少好学，夙成。齐王废，公卿议迎立公。十月己丑，公至于玄武馆，群臣奏请舍前殿，公以先帝旧处，避止西厢；群臣又请以法驾迎，公不听。庚寅，公入于洛阳，群臣迎拜西掖门

庚戌日，中书令李丰与皇后的父亲光禄大夫张缉等人阴谋废立大臣，任命太常夏侯玄为大将军。事机败露，凡所有相关涉的人都伏罪被杀。辛亥日，大赦天下。三月，废皇后张氏。夏四月，立王氏为皇后。大赦天下。五月，封立王皇后的父亲奏车都尉王夔为广明乡侯、光禄大夫，位为特进。其妻田氏被封为宣阳乡君。秋九月，大将军司马景王计划要废除皇帝，并把计划告诉了皇太后。甲戌日，皇太后下令说："皇帝曹芳，年纪已大而不亲理政事，日与姬妾游戏无度。沉迷于女色，日日与倡优为伍，纵情戏谑，迎接六宫家人留止内房，破坏伦常的次第，扰乱了男女的分际，人子恭孝之德日损，悖傲之气焰日甚，其行为如此，自然不能再承继大统，奉宗庙祭祀。使兼太尉高柔敬持策命，用特牛之祭祭告宗庙，让曹芳再回齐国，做诸侯王，以避让天子之位。"当天就迁居于别宫，时年二十三岁。使者持符节护送曹芳离京。营建齐王宫室于河内之重门城，一切规模完全依照诸侯王的礼制。

丁丑日，太后下令说："东海王曹霖，乃高祖文皇帝的儿子，霖的儿子们，与朝廷的关系最为亲近，高贵乡公曹髦具有成大事的气度，所以特以他为明皇帝的继承人。"

高贵乡公名髦，字彦士，是魏文帝曹丕之孙，东海定王曹霖的儿子，齐王芳正始五年（公元244年），被封为郯县（今山东省郯城县西南三十里）高贵乡公。从小就好学，成名很早。齐王曹芳被废，公卿们议请迎立他即位，十月己丑日，公到达玄武馆，群臣奏请他在前殿舍止，公辞以前殿是先帝的旧居，所以退居在西厢房。群臣又奏请用皇帝的车舆迎接，公也不接受。庚寅日，公进入洛阳城，群臣列队在皇宫的西掖门南迎拜，公即下车，预备答拜

南，公下舆将答拜，傧者请曰："仪不拜。"公曰："吾人臣也。"遂答拜。至止车门下舆。左右曰："旧乘舆入。"公曰："吾被皇太后征，未知所为！"遂步至太极东堂，见于太后。其日即皇帝位于太极前殿，百僚陪位者欣欣焉。诏曰："昔三祖神武圣德，应天受祚。齐王嗣位，肆行非度，颠覆厥德。皇太后深惟社稷之重，延纳宰辅之谋，用替厥位，集大命于余一人。以眇眇之身，托于王公之上，夙夜祗畏，惧不能嗣守祖宗之大训，恢中兴之弘业，战战兢兢，如临于谷。今群公卿士股肱之辅，四方征镇宣力之佐，皆积德累功，忠勤帝室；庶凭先祖先父有德之臣，左右小子，用保乂皇家，俾朕蒙闇，垂拱而治。盖闻人君之道，德厚侔天地，润泽施四海，先之以慈爱，示之以好恶，然后教化行于上，兆民听于下。朕虽不德，昧于大道，思与宇内共臻兹路。《书》不云乎：'安民则惠，黎民怀之。'"大赦，改元。减乘舆服御，后宫用度，及罢尚方御府百工技巧靡丽无益之物。

正元元年冬十月壬辰，遣侍中持节分适四方，观风俗，劳士民，察冤枉失职者。癸巳，假大将军司马景王黄钺，入朝不趋，奏事不名，剑履上殿。戊戌，黄龙见于邺井中。甲辰，命有司论废立定策之功，封爵、增邑、进位、班赐各有差。

群臣，傧者请止说："按礼不用答拜。"公说："我是人臣啊！"于是答拜群臣。到了止车门，公缓步下车。左右从人说："按旧例是乘车进入的。"公回答说："我只是应皇太后的征召而来，不知目的所在。"于是仍然步行，走到太极殿东堂，拜见太后。当天，就在太极殿的前殿即皇帝之位。朝中文武百官都极感兴奋。颁诏命说："过去三位先帝，都具有神武之圣德，历数在身，顺天应人而即帝位。齐王继位以后，竟任意为非，败乱其德，扰乱纲纪。皇太后深以朝廷安危为重，接纳大臣之建议，于是废去其权位，而集大命于我身上，我以微末之才，而位居诸位王公之上，时时都感畏惧，惟恐不能继守祖宗的明训，弘扬中兴的大业，故而战战兢兢，如临深渊一般。今日不论是朝廷中的诸位公卿大臣，还是驻守四方的征镇将领，都是德高望重，勋业彪炳，效忠于朝廷的贤者；或许我可以凭诸位先祖先父以来贤臣的帮助，稳固王室，治平天下，使愚昧的我，能无为而治。我听说为君之道，要品德高厚如天地，恩泽普施于四海。先行仁政，安定百姓生活，再施教化，使知是非善恶，然后教化行于朝廷，百姓沐化于天下。我虽然无至德，不明大道，但是却希望和天下百姓一同达到治平的理想。《尚书·皋陶谟》不是说吗：'能安定百姓就是仁爱，百姓就归附他。'"大赦天下，改年号。减省车舆服用之物和后宫的用费，并且罢除尚方御府中百工制作技巧华靡不实用的东西。

正元元年（公元254年）冬，十月壬辰日，派遣侍中持符节分别到各处去观察风俗民情，宣慰士民，察举冤情以及失职的事情。癸巳日，赐给大将军司马景王黄金大斧，并特许其入朝不需趋行，上奏不用报名，可以不去剑不脱鞋上殿。戊戌日，黄龙出现在邺县的井中。甲辰日，下令官吏录列废黜齐王芳和迎立今上的功勋，每人封爵、增邑、进位等，分封赏赐依功勋而有不同。

二年春正月乙丑，镇东将军毌丘俭、扬州刺史文钦反。戊寅，大将军司马景王征之。癸未，车骑将军郭淮薨。闰月己亥，破钦于乐嘉。钦遁走，遂奔吴。甲辰，安风津都尉斩俭，传首京都。壬子，复特赦淮南士民诸为俭、钦所诖误者。以镇南将军诸葛诞为镇东大将军。司马景王薨于许昌。二月丁巳，以卫将军司马文王为大将军，录尚书事。

甲子，吴大将孙峻等众号十万至寿春，诸葛诞拒击破之，斩吴左将军留赞，献捷于京都。三月，立皇后卞氏，大赦。夏四月甲寅，封后父卞隆为列侯。甲戌，以征南大将军王昶为骠骑将军。秋七月，以征东大将军胡遵为卫将军，镇东大将军诸葛诞为征东大将军。

八月辛亥，蜀大将军姜维寇狄道，雍州刺史王经与战洮西，经大败，还保狄道城。辛未，以长水校尉邓艾行安西将军，与征西将军陈泰并力拒维。戊辰，复遣太尉司马孚为后继。九月庚子，讲《尚书》业终，赐执经亲授者司空郑冲、侍中郑小同等各有差。甲辰，姜维退还。冬十月，诏曰："朕以寡德，不能式遏寇虐，乃令蜀贼陆梁边陲。洮西之战，至取负败，将士死亡，计以千数，或没命战场，冤魂不反，或牵掣虏手，流离异域，吾深痛愍，为之悼心。其令所在郡典农及安抚夷二护军各部大吏慰恤其门户，无差赋役一年；其

二年春，正月乙丑日，镇东将军毌丘俭、扬州刺史文钦造反。戊寅日，大将军司马景王率师征讨。癸未日，车骑将军郭淮卒。闰正月己亥日，在乐嘉大败文钦，文钦潜逃，遂投奔于东吴。甲辰日，安风津的都尉斩杀了毌丘俭，将其首级传送到京师。壬子日，又特赦淮南地区士民中一些被毌丘俭、文钦所欺蒙而牵连的从犯。任命镇南将军诸葛诞为镇东大将军。司马景王卒于许昌。二月丁巳日，任命卫将军司马文王（昭）为大将军。统领尚书台诸事，总揽朝政。

甲子日，东吴大将孙峻等号称率师十万攻寿春，诸葛诞出兵迎击，大败孙峻等，斩杀东吴左将军留赞，呈献战果于京师。三月，立皇后卞氏，大赦天下。夏四月甲寅日，策封卞皇后的父亲卞隆为列侯。甲戌日，任命征南大将军王昶为骠骑将军。秋七月，任命征东大将军胡遵为卫将军，镇东大将军诸葛诞为征东大将军。

八月辛亥日，西蜀大将军姜维进犯狄道，雍州刺史王经与之在洮西交战。王经大败，退保狄道城。辛未日，任命长水校尉邓艾代行安西将军事，与征西将军陈泰并军抵御姜维的攻势。戊辰日，又派太尉司马孚为后继支援。九月庚子日，讲《尚书》课业结束。分别赏赐持经亲授者司空郑冲、侍中郑小同等人。甲辰日，姜维引兵退还。冬十月，颁诏令说："由于我之德薄，不能遏止敌人的寇扰，竟使西蜀小贼活跃于边疆一带，洮西一战，蒙受败绩，官兵阵亡的，数以千计，有的丧命于战场，冤魂飘泊，有的被敌人俘虏，流离他乡，对此，我深感痛愍，为之伤心。所以特命那些将士户籍所在地的典农以及安抚夷二护军，各自带领大吏慰问抚恤其家属，免除一年的赋役；那些力战而牺牲的，悉按以往的法

力战死事者，皆如旧科，勿有所漏。”

十一月甲午，以陇右四郡及金城连年受敌，或亡叛投贼，其亲戚留在本土者不安，皆特赦之。癸丑，诏曰：“往者洮西之战，将吏士民或临陈战亡，或沉溺洮水，骸骨不收，弃于原野，吾常痛之。其告征西、安西将军，各令部人于战处及水次钩求尸丧，收敛藏埋，以慰存亡。”

甘露元年春正月辛丑，青龙见轵县井中。乙巳，沛王林薨。

夏四月庚戌，赐大将军司马文王衮冕之服，赤舄副焉。

丙辰，帝幸太学，问诸儒曰：“圣人幽赞神明，仰观俯察，始作八卦，后圣重之为六十四，立爻以极数，凡斯大义，罔有不备，而夏有《连山》，殷有《归藏》，周曰《周易》，《易》之书，其故何也？”《易》博士淳于俊对曰：“包羲因燧皇之图而制八卦，神农演之为六十四，黄帝、尧、舜通其变，三代随时，质文各繇其事。故《易》者，变易也，名曰《连山》，似山出内云气，连天地也；《归藏》者，万事莫不归藏于其中也。”帝又曰：“若使包羲因燧皇而作《易》，孔子何以不云燧人氏没包羲氏作乎？”俊不能答。帝又问

令抚恤，不得有所遗漏。”

十一月甲午日，因为陇右四郡以及金城地区，连年遭受敌兵之寇扰，以至有的人叛离投靠敌营，他们的亲戚留在本土的，皆心怀不安，一律予以特赦。癸丑日，颁诏令说：“过去洮西之战，将士百姓有战死疆场，有的沉尸洮水，他们的骸骨尚未被收敛，遗弃在原野之上，我常为之痛心不已。现在特告谕征西、安西两将军，各自下令部属，在战场以及水边收聚打捞尸体，加以收敛埋葬，以使存殁两安。”

甘露元年（公元256年）正月辛丑日，有青龙出现在轵县的井中。乙巳日，沛王曹林卒。

夏四月庚戌日，赐大将军司马文王衮服衮冕，配以赤舄。

丙辰日，皇帝幸临太学，问诸学者说：“古代圣人极深研几，以发现天地化育之道，仰观天象俯察物则，创作出八卦，后代圣人，重叠之而为六十四卦，设立阴阳二爻、六个卦位，一万一千五百二十个策数，以推极天地的物种，凡此种种精义，无不悉备，而夏代有《连山易》，殷朝有《归藏易》、周朝有《周易》，这《易》之成书，是什么缘故呢？”《易》博士淳于俊答复说：“包羲氏根据燧人氏之图而造作八卦，神农氏又推演而成六十四卦。黄帝、尧、舜通达其中的变化，夏、商、周三代各有发明，或朴质，或文饰，代代不同，也就有了不同的易书，因此，所谓的《易》，就是变易的意思，名叫《连山》，取象于两山相叠，好似云气氤氲弥漫，连天接地一般；名叫《归藏》，取象于宇宙万事万物莫不归藏于其中一般。”帝又问：“如果说是包羲氏根据燧人氏之图而创作《易》，那么孔子为何不说：‘燧人氏死后包羲氏创作’呢？”淳于俊一时语塞，不能回答。帝又问道：“孔子作象

曰："孔子作彖、象，郑玄作注，虽圣贤不同，其所释经义一也。今彖、象不与经文相连，而注连之，何也？"俊对曰："郑玄合彖、象于经者，欲使学者寻省易了也。"帝曰："若郑玄合之，于学诚便，则孔子曷为不合以了学者乎？"俊对曰："孔子恐其与文王相乱，是以不合，此圣人以不合为谦。"帝曰："若圣人以不合为谦，则郑玄何独不谦邪？"俊对曰："古义弘深，圣问奥远，非臣所能详尽。"帝又问曰："《系辞》云'黄帝、尧、舜垂衣裳而天下治'，此包羲、神农之世为无衣裳。但圣人化天下，何殊异尔邪？"俊对曰："三皇之时，人寡而禽兽众，故取其羽皮而天下用足，及至黄帝，人众而禽兽寡，是以作为衣裳以济时变也。"帝又问："乾为天，而复为金，为玉，为老马，与细物并邪？"俊对曰："圣人取象，或远或近，近取诸物，远则天地。"

讲《易》毕，复命讲《尚书》。帝问曰："郑玄曰'稽古同天，言尧同于天也'。王肃云'尧顺考古道而行之'。二义不同，何者为是？"博士庾峻对曰："先儒所执，各有乖异，臣不足以定之。然《洪范》称'三人占，从二人之言'。贾、马及肃皆以为'顺考古道'。以《洪范》言之，肃义为长。"帝曰："仲尼言'唯天为大，唯尧则之'。尧之大美，在乎则

辞、象辞，郑玄作注，虽然说圣人贤人所见的境界不同，他们释经的精神倒是一贯的。彖辞、象辞本来不与经文连在一起，而注文则将之连属在一块儿，是为什么呢？"淳于俊回答说："郑玄把彖辞、象辞与经文连属在一起，是为了使读书人翻检寻绎起来省事而方便而已。"帝问道："如果说郑玄合经、传在一块，果真使后学者称便，那么孔子为什么不合在一块儿，使学者称便呢？"俊回答说："孔子恐怕自己的传疏文字与文王的经文相混淆，所以才不合在一处，这是圣人以不合，表现自己的谦德。"帝问道："如果圣人借不合以示谦，那么为什么唯独郑玄不知道谦虚呢？"俊回答说："古事意义弘深，圣上的问题奥远，不是臣所能详细答复的。"帝又问道："《系辞》说'黄帝、尧、舜垂衣裳而天下大治。'可见包羲、神农的时代是没有衣裳的，但是圣人教化天下，为什么如此不同呢？"俊回答说："三皇的时代，人少而禽兽多，因此取其羽毛、皮革已经足够天下人的需求了。及至黄帝的时代，人多而禽兽少，所以制作衣裳以补足时代的需要。"帝又问说："乾为天，又说为金、为玉、为老马，则圣人取象，连小东西也取吗？"俊回答说："圣人取象，有时取远的，有时取近的。近处的，取之于寻常的物象；广远的，就取之于天地之象了。"

讲论《易经》终了，又下令继续讲《尚书》。帝问道："郑玄释《尧典》'曰若稽古帝尧'句作'稽古同天，言尧同于天也'。王肃则解作'尧顺参古道而行之'。二人解经旨义不同，哪一个说法可取？"博士庾峻回答说："先儒的论据，各有不同，臣不能妄作论断。然而《洪范》篇说'三个人占卜，则依从其中相同的两个人的说法'。贾逵、马融及王肃都以为当解作'顺考古道'，依《洪范》所说，则王肃的说法为可取。"帝说："仲尼说'天地间数天为最高最大，只有尧能够法天而行。'尧的'大'和'美'，就在于他能法天而行。

天，顺考古道，非其至也。今发篇开义以明圣德，而舍其大，更称其细，岂作者之意邪？”峻对曰：“臣奉遵师说，未喻大义，至于折中，裁之圣思。”次及四岳举鲧，帝又问曰：“夫大人者，与天地合其德，与日月合其明，思无不周，明无不照，今王肃云‘尧意不能明鲧，是以试用’。如此，圣人之明有所未尽邪？”峻对曰：“虽圣人之弘，犹有所未尽，故禹曰‘知人则哲，惟帝难之’，然卒能改授圣贤，缉熙庶绩，亦所以成圣也。”帝曰：“夫有始有卒，其唯圣人。若不能始，何以为圣？其言‘惟帝难之’，然卒能改授，盖谓知人，圣人所难，非不尽之言也。《经》云：‘知人则哲，能官人。’若尧疑鲧，试之九年，官人失叙，何得谓之圣哲？”峻对曰：“臣窃观经传，圣人行事不能无失，是以尧失之四凶，周公失之二叔，仲尼失之宰予。”帝曰：“尧之任鲧，九载无成，汩陈五行，民用昏垫。至于仲尼失之宰予，言行之间，轻重不同也。至于周公、管、蔡之事，亦《尚书》所载，皆博士所当通也。”峻对曰：“此皆先贤所疑，非臣寡见所能究论。”次及“有鳏在下曰虞舜”，帝问曰：“当尧之时，洪水为害，四凶在朝，宜速登贤圣济斯民之时也。舜年在既立，圣德光明，而

至于‘顺考古道’，则不能表现其最高的成就。现在尧典开宗明义阐扬圣德的文字，竟然舍弃其大德而称述他的琐细之行，哪里会是作者的本意呢？”峻回答说：“臣是尊奉师说，未能明晓大义，至于经义的衡断定夺，以圣上的想法为准则。”其次论及四岳荐举鲧一段。帝又问说：“大人的德行，要与天地的功德相契合，与日月的光明相契合，思虑周详，观察深入，没有被遗漏的。而王肃解释说：‘尧尚未能深切了解鲧，所以暂且试用之。’果如王肃所说，则圣人之明，也有所不能尽察的吗？”峻回答说：“纵然以圣人之弘大，也还有他不能周知的，所以禹说：‘能认识人才就是明智，即使帝尧也觉得困难啊！’但是他最后还是改用具圣贤之德的大舜，使各种事业皆得之振兴。这就是帝尧之所以成圣的原因。”帝说：“有始有终的，才算是圣人，如果不能有好的开始，怎么可以称为圣？禹说：‘纵然是帝尧也觉得困难’，最后还是改变，授位于舜一段，可能是说‘知人’是圣人也觉得困难的，并不是说圣人的观察不能周遍哩。《尚书》说：‘能够鉴察人的品行才能，即可谓之明智，才能量才授官。’如果尧对鲧有所怀疑，仍然试用了九年之久，使朝廷用人失去了常规，如何能称之为圣哲之君？”峻回答说：“臣平日诵读经传，发现圣人行事也不能全然没有差错，所以帝尧估错了四凶，周公看错了二叔，孔子估错了宰予。”帝说：“尧的任用鲧治水，九年没有绩效，扰乱了五行的次序，百姓饱受水患之苦，至于孔子估错了宰予，仅仅是言行之间的事，两件事轻重不同，怎么可以相提并论！至于周公和管叔、蔡叔的史事，也是记述在《尚书》之中，都是博士所当熟知的。”峻回答说：“这些都是先贤所存疑的问题，实非臣之浅见所能下断论的。”接着，又讲论到“有鳏在下曰虞舜”一句，帝问道：“当帝尧的时代，洪水为害，四凶在朝为官，是一个应当尽速启用贤人、圣人以救民于急困的时代。舜那时已经三十岁，而且品德出众，竟然久久未被录用，是什么缘故呢？”峻回答说：“帝

久不进用，何也？”峻对曰：“尧咨嗟求贤，欲逊己位，岳曰‘否德忝帝位’。尧复使岳扬举仄陋，然后荐舜。荐舜之本，实由于尧，此盖圣人欲尽众心也。”帝曰：“尧既闻舜而不登用，又时忠臣亦不进达，乃使岳扬仄陋而后荐举，非急于用圣恤民之谓也。”峻对曰：“非臣愚见所能逮及。”

于是复命讲《礼记》。帝问曰：“‘太上立德，其次务施报’。为治何由而教化各异，皆修何政而能致于立德，施而不报乎？”博士马照对曰：“太上立德，谓三皇五帝之世以德化民，其次报施，谓三王之世以礼为治也。”帝曰：“二者致化薄厚不同，将主有优劣邪？时使之然乎？”照对曰：“诚由时有朴文，故化有薄厚也。”

五月，邺及上洛并言甘露降。夏六月丙午，改元为甘露。乙丑，青龙见元城县界井中。秋七月己卯，卫将军胡遵薨。

癸未，安西将军邓艾大破蜀大将姜维于上邽，诏曰：“兵未极武，丑虏摧破，斩首获生，动以万计，自顷战克，无如此者。今遣使者犒赐将士，大会临飨，饮宴终日，称朕意焉。”

八月庚午，命大将军司马文王加号大都督，奏事不名，假黄钺。癸酉，以太尉司马孚

尧恳切求贤才，想逊让帝位，曾想让予四岳，四岳说：‘我们德行不够，怕忝辱了帝位。’帝尧又使四岳在民间出身微贱的百姓中广方推荐，才荐举了舜的。而最初要举用舜的，实在是帝尧的意思。这大概是圣王用人，是要用那众心所向的人吧。”帝说：“帝尧既然是久闻虞舜的德行而不登用，当时的贤臣也不荐举，必需要等到尧使四岳‘推荐出身微贱的人’的时候才荐举，实在称不上是急于启用才俊、体恤民隐啊。”峻回答说：“这不是愚臣之所可体悟的了。”

于是又命讲论《礼记》，帝问说：“《曲礼》说：上古时代，人心淳朴，只注重立德，到了后世，凡是受恩惠，一定要报答。施政态度有别，致教化如此不同，应当采取何种政策才能达到只是诚诚恳恳的做该做的事，只求施而不求报呢？”博士马照回答说：“所谓太上立德，是说三皇五帝的时代，以道德教化百姓；所谓其次报答恩施，是说三王的时代，以礼作为教化的准则啊。”帝说：“两种教化，造成淳厚和浇薄两种完全不同的结果，这是教化有优劣之分呢，还是时代的关系而造成这些差异呢？”马照回答说：“这确实是由于时代有质朴和重文饰的不同，而使教化有了厚薄之分别啊。”

五月，邺县和上洛县都说有甘露下降。夏六月丙午日，改年号为甘露。乙丑日，青龙出现在元城县境的井中。秋七月己卯日，卫将军胡遵卒。

癸未日，安西将军邓艾大破西蜀大将军姜维于上邽县，颁诏令说：“士卒并未发挥全力，贼兵就被打垮，那被活捉和斩首的，动辄以万数，自征战到克敌，没有如此顺利的。特派遣使者，犒赏将士，大设酒宴，开怀畅饮终日，以称我的心意。”

八月庚午日，诏令大将军司马文王加号大都督，奏报不需报名，并赐黄钺。癸酉日，

为太傅。九月，以司徒高柔为太尉。冬十月，以司空郑冲为司徒，尚书左仆射卢毓为司空。

二年春二月，青龙见温县井中。三月，司空卢毓薨。

夏四月癸卯，诏曰："玄菟郡高显县吏民反叛，长郑熙为贼所杀。民王简负担熙丧，晨夜星行，远致本州，忠节可嘉。其特拜简为忠义都尉，以旌殊行。"

甲子，以征东大将军诸葛诞为司空。

五月辛未，帝幸辟雍，会命群臣赋诗。侍中和逌、尚书陈骞等作诗稽留，有司奏免官，诏曰："吾以暗昧，爱好文雅，广延诗赋，以知得失，而乃尔纷纭，良用反仄。其原逌等。主者宜敕自今以后，群臣皆当玩习古义，修明经典，称朕意焉。"

乙亥，诸葛诞不就征，发兵反，杀扬州刺史乐綝。丙子，赦淮南将吏士民为诞所诖误者。丁丑，诏曰："诸葛诞造为凶乱，荡覆扬州。昔黥布逆叛，汉祖亲戎，隗嚣违戾，光武西伐，及烈祖明皇帝躬征吴、蜀，皆所以奋扬赫斯，震耀威武也。今宜皇太后与朕暂共临戎，速定丑虏，时宁东夏。"己卯，诏曰："诸葛诞造构逆乱，迫胁忠义，平寇将军临渭亭侯庞会、骑督偏将军路蕃，各将左右，斩门突出，忠壮勇烈，所宜嘉异。其进会爵乡侯，蕃封亭侯。"

任命太尉司马孚为太傅。九月，任命司徒高柔为太尉。冬十月，任命司空郑冲为司徒，尚书左仆射卢毓为司空。

二年春二月，青龙出现在温县的井中。三月，司空卢毓卒。

夏四月癸卯日，颁诏令说："玄菟郡高显县之吏民反叛，县长郑熙被叛贼所杀，县民王简，背负郑熙的灵柩，日夜跋涉，远道回到故乡，其忠义的节操堪嘉，所以特拜王简为忠义都尉，以表彰他的义行。"

甲子日，任命征东大将军诸葛诞为司空。

五月辛未日，帝幸临太学，会集群臣，使各赋诗。侍中和逌、尚书陈骞等人作诗迟留，执事官吏奏请免去他们的官职。颁诏令说："我因暗昧，而喜好文雅，想多方延纳诗赋，从知政教之得失，而你们竟然这样言语纷纭，徒增事端，所以不要再追究和逌等人的过失。主事者应告谕所属，从今以后群臣都要习玩古义，修明经典，以称我的心意。"

乙亥日，诸葛诞不应朝廷的征召，发兵反叛。杀害扬州刺史乐綝。丙子日，赦免淮南地区一些受诸葛诞牵连而犯罪的将吏士民。丁丑日，颁诏令说："诸葛诞制造叛乱，骚扰颠覆扬州。从前汉黥布叛逆，高祖亲自征讨，隗嚣叛离，光武皇帝西伐，及至本朝烈祖明皇帝的时候，也曾亲自征伐东吴与西蜀，以上所述，都是帝王奋起其赫然之怒，显示朝廷之武德的。今天，宜乎皇太后与我亲自临兵，尽速擒获诸葛诞，以安定东夏。"己卯日，颁诏令说："诸葛诞造成叛乱，迫胁忠义之士，平寇将军临渭亭侯庞会、骑督偏将军路蕃，各自统率左右部属，破围而出，他们忠壮勇烈之风，应当受到表彰，所以晋封庞会为乡侯，路蕃为亭侯。"

诸葛诞起兵，选自清刊本《三国演义》。据《三国演义》，司马昭握权后，飞扬跋扈，谋划废魏帝曹髦，又欲夺高平侯诸葛诞（当时总摄两淮军事）兵权，诸葛诞于是联合东吴，起兵讨司马昭。图为诸葛诞攻杀扬州刺史乐綝。

六月乙巳，诏：“吴使持节都督夏口诸军事镇军将军沙羡侯孙壹，贼之枝属，位为上将，畏天知命，深鉴祸福，翻然举众，远归大国，虽微子去殷，乐毅遁燕，无以加之。其以壹为侍中车骑将军、假节、交州牧、吴侯，开府辟召仪同三司，依古侯伯八命之礼，衮冕赤舄，事从丰厚。”

甲子，诏曰：“今车驾驻项，大将军恭行天罚，前临淮浦。昔相国大司马征讨，皆与尚书俱行，今宜如旧。”乃令散骑常侍裴秀、给事黄门侍郎钟会咸与大将军俱行。秋八月，诏曰：“昔燕剌王谋反，韩谊等谏而死，汉朝显登其子。诸葛诞创造凶乱，主簿宣隆、部曲督秦絜秉节守义，临事固争，为诞所杀，所谓无比干之亲而受其戮者。其以隆、絜子为骑都尉，加以赠赐，光示远近，以殊忠义。”

九月，大赦。冬十二月，吴大将全端、全怿等率众降。

六月乙巳日，颁诏令说：“东吴使持节都督夏口诸军事镇军将军沙羡侯孙壹，乃贼敌的国亲，位居上将军，敬天而知命，洞悉祸福之道，翻然觉悟，率领部众，远道来归顺于我大魏，即使是微子的去殷，乐毅的逃燕，也无以过之。所以特任命孙壹为侍中车骑将军、假节、交州牧、吴侯，开立府署，征召授职，礼仪同于三司，沿袭古代侯伯八命的礼制，用衮服衮冕和赤舄，一切从优处理。”

甲子日，颁诏令说：“今车驾驻留在项，大将军谨恭行天罚，征讨叛逆，军临淮浦。旧例凡相国大司马行征讨，都是与尚书同行，现在宜依旧例行事。”于是，下令散骑常侍裴秀、给事黄门侍郎钟会等人都与大将军一同启程。秋八月，颁诏令说：“从前燕剌王谋反，韩谊等人因进谏不止而死。汉朝褒用他的子嗣，诸葛诞制造叛逆，主簿宣隆、部曲督秦絜二人，持节守义，临事力争，而被诞所杀害，正是所谓没有比干之血亲关系，而与比干一样牺牲的，所以任用宣隆、秦絜的儿子为骑都尉，加以赠赐，昭示远近，用以表彰其忠义行事。”

九月，大赦天下。冬十二月，东吴大将全端、全怿等人率其部众来降。

三年春二月，大将军司马文王陷寿春城，斩诸葛诞。三月，诏曰：“古者克敌，收其尸以为京观，所以惩昏逆而章武功也。汉孝武元鼎中，改桐乡为闻喜，新乡为获嘉，以著南越之亡。大将军亲总六戎，营据丘头，内夷群凶，外殄寇虏，功济兆民，声振四海。克敌之地，宜有令名，其改丘头为武丘，明以武平乱，后世不忘，亦京观二邑之义也。”

夏五月，命大将军司马文王为相国，封晋公，食邑八郡，加之九锡，文王前后九让乃止。

六月丙子，诏曰：“昔南阳郡山贼扰攘，欲劫质故太守东里衮，功曹应余独身捍衮，遂免于难。余颠沛殒毙，杀身济君。其下司徒，署余孙伦吏，使蒙伏节之报。”

辛卯，大论淮南之功，封爵行赏各有差。

秋八月甲戌，以骠骑将军王昶为司空。丙寅，诏曰：“夫养老兴教，三代所以树风化垂不朽也，必有三老、五更以崇至敬，乞言纳诲，著在惇史，然后六合承流，下观而化。宜妙简德行，以充其选。关内侯王祥，履仁秉义，雅志淳固。关内侯郑小同，温恭孝友，帅礼不忒。其以祥为三老，小同为五更。”车驾亲率群司，躬行古礼焉。

三年，春二月，大将军司马文王攻陷寿春城，斩杀诸葛诞。三月，颁诏令说：“古人在战胜敌人以后，收集尸体筑为高丘，用以惩戒昏逆并彰显武功。汉武帝元鼎年间，改桐乡为闻喜，改新乡为获嘉，用以明著南越之灭亡。大将军亲自统御六军，驻扎丘头，对内夷平叛逆的诸凶，对外消灭入寇的敌兵，功勋利及百姓，声威震动四海。歼灭强敌之地，应当有个美名，所以特改丘头为武丘。彰明以武力平息战乱，令后世不忘，这也是与为彰显武功而改二邑名同一意义啊。”

夏五月，命大将军司马文王为相国，封为晋公，封八个郡食邑，并加赐车马、衣服、乐则、朱户、纳陛、虎贲、弓矢、铁钺、秬鬯九事。因文王前后共辞让了九次，而作罢。

六月丙子日，颁诏令说：“从前南阳郡山贼骚扰，打算劫持故太守东里衮为质，功曹应余单独以身护卫衮，方使衮免于难，而应余则在危乱之中殒命，牺牲自己生命以护卫长上，所以特令司徒，签报应余之孙应伦为官，使受其祖父忠义行为的福荫。”

辛卯日，盛大论列淮南之战的功臣，分别受到封爵、赏赐的奖挹。

秋八月甲戌日，任命骠骑将军王昶为司空。丙寅日，颁诏令说：“敬养耆老，振兴教化，是三代用以兴风俗成教化，垂训于久远的政策，必需有尊立三老、五更，敬事长者，请示善言的实事著录在惇史之中，而后天下才能向风，百姓自然归善。因此应当简择德行淳厚者为三老五更的人选。关内侯王祥，行仁守义，美志淳固；关内侯郑小同，温文恭默，孝顺友爱，守礼不差。所以特以王祥为三老，小同为五更。”皇帝车驾亲自率领群臣，行养老之礼于太学。

是岁，青龙、黄龙仍见顿丘、冠军、阳夏县界井中。

四年春正月，黄龙二，见宁陵县界井中。夏六月，司空王昶薨。秋七月，陈留王峻薨。冬十月丙寅，分新城郡，复置上庸郡。十一月癸卯，车骑将军孙壹为婢所杀。

五年春正月朔，日有蚀之。夏四月，诏有司率遵前命，复进大将军司马文王位为相国，封晋公，加九锡。

曹髦出讨司马昭，选自清刊本《三国演义》。据《三国演义》，司马昭专权，魏帝曹髦气忿，率数百宫内僮仆闯出宫出讨司马昭，后被司马部下成济击杀，与《三国志》中皇太后令曰“举兵入西宫”弑皇太后有不同。图为曹髦率领宫中僮仆冲出皇宫。

五月己丑，高贵乡公卒，年二十。皇太后令曰：“吾以不德，遭家不造，昔援立东海王子髦，以为明帝嗣，见其好书疏文章，冀可成济，而情性暴戾，日月滋甚。吾数呵责，遂更忿恚，造作丑逆不道之言以诬谤吾，遂隔绝两宫。其所言道，不可忍听，非天地所覆载。吾即密有令语大将军，不可以奉宗庙，恐颠覆社稷，死无面目以见先帝。大将军

这一年，青龙、黄龙再次出现在顿丘县、冠军县、阳夏县县境的井中。

四年春正月，两条黄龙出现在宁陵县县境的井中。夏六月，司空王昶卒。秋七月，陈留王曹峻卒。冬十月丙寅，划分新成郡，再设置上庸郡。十一月癸卯日，车骑将军孙壹被其婢女所杀害。

五年春正月初一日，出现日蚀。夏四月，诏令官吏遵循前次之命令，仍然晋升大将军司马文王为相国。封为晋公，加九锡。

五月己丑日，高贵乡公卒，享年二十岁。皇太后下令说：“我因德行不够，遭逢家运不济，过去接引东海王之子曹髦，作为明帝的继承者，我看这孩子喜好书籍文学，而希望他能有所成就，不意他竟是性情暴狠乖戾，一日甚似一日，我屡次呵责他悔改，反而使他怀恨在心，竟然编造丑恶的话来毁谤我，而造成我们两宫间的隔阂。他所说的一切，都是不能入耳的话，这种行为不是天地所能覆育包容的。因此我就暗中告诉大将军，说他不能再在位奉宗庙之祭，因为我怕他继续任性而为，毁了国家命脉，使我无面目

以其尚幼，谓当改心为善，殷勤执据。而此儿忿戾，所行益甚，举弩遥射吾宫，祝当令中吾项，箭亲堕吾前。吾语大将军，不可不废之，前后数十。此儿具闻，自知罪重，便图为弑逆，赂遗吾左右人，令因吾服药，密行鸩毒，重相设计。事已觉露，直欲因际会举兵入西宫杀吾，出取大将军，呼侍中王沈、散骑常侍王业、尚书王经，出怀中黄素诏示之，言今日便当施行。吾之危殆，过于累卵。吾老寡，岂复多惜余命邪？但伤先帝遗意不遂，社稷颠覆为痛耳。赖宗庙之灵，沈、业即驰语大将军，得先严警，而此儿便将左右出云龙门，雷战鼓，躬自拔刃，与左右杂卫共入兵陈间，为前锋所害。此儿既行悖逆不道，而又自陷大祸，重令吾悼心不可言。昔汉昌邑王以罪废为庶人，此儿亦宜以民礼葬之，当令内外咸知此儿所行。又尚书王经，凶逆无状，其收经及家属皆诣廷尉。”

庚寅，太傅孚、大将军文王、太尉柔、司徒冲稽首言：“伏见中令，故高贵乡公悖逆不道，自陷大祸，依汉昌邑王罪废故事，以民礼葬。臣等备位，不能匡救祸乱，式遏奸逆，奉令震悚，肝心悼栗。《春秋》之义，王者无外，而书‘襄王出居于郑’，不能事母，故绝之于位也。今高贵乡公肆行不轨，几危社稷，自取倾覆，人神所绝，葬以民礼，诚当旧典。

见先帝于地下。大将军认为他年纪尚轻，应当会改过迁善的，还一再殷恳的劝慰我。不意这孩子乖张忿戾，行为越发的过分，竟然由远处举弓射我的居室，祈祷着要射中我的后脑。那支箭就落在我的面前。我告诉了大将军，不能不废去他的帝位，前后说了何止几十次。这话都被这孩子听去了，他自知罪孽深重，所以便计算要杀害我，贿赂我左右的人，叫他们趁我吃药的时候，暗中放下鸩毒，他一再想法儿害我。等事情败露，便又想乘机举兵入西宫来杀我，再出宫擒杀大将军，他叫侍中王沈、散骑常侍王业、尚书王经，取出预藏在怀中的诏书宣令，命令他们说今天就要执行。我处境的危险，更过于累卵。我年老又寡居，哪里会贪惜残余的生命呢，只是伤心于先帝的遗命没有实现，国家被灭亡为可痛而已。依靠祖宗神灵的保佑，王沈、王业马上把事情驰告了大将军，才有了紧急戒备的时间，可是这孩子便率领着他左右出云龙门，击战鼓，亲手持刀，和他左右杂卫一同进入行阵之中，而被前锋部队所杀害。这孩子既然是行为大逆不道，又自走死路，一再令我心痛难言。从前汉朝昌邑王因为犯罪被废为庶人，所以这孩子也应当用平民的葬礼埋葬，应该使内外都了解这孩子的所行所为。另外尚书王经，凶狠叛逆，全无好样儿，所以要收捕王经以及其家人送到廷尉问罪。”

庚寅日，太傅司马孚、大将军司马文王、太尉高柔、司空郑冲稽首伏地奏请说：“伏见皇太后令，已故的高贵乡公言行乖戾，不循正道，以至自陷在大祸之中，依照汉朝昌邑王因罪被废的故事，应当按照百姓的丧礼来埋葬他。臣等充数朝廷之中，未能及时救止祸乱，遏阻逆谋的发展，也是不能辞其咎的，今日接奉令谕，震惊惶恐，五内悲悼怵栗。根据《春秋》大义，天子以天下为家，所在称居，故《公羊传》说：‘王者无外’，而《春秋经》写作‘襄王出居于郑’，就是讥刺襄王所行不能称母氏之心，而出居于郑，自绝于周然臣等伏惟殿下仁慈过隆，虽存大义，犹垂哀矜，臣等之心实有不忍，以为可加恩以王礼葬之。”太后从之。

使使持节行中护军中垒将军司马炎北迎常道乡公璜嗣明帝后。辛卯，群公奏太后曰：“殿下圣德光隆，宁济六合，而犹称令，与藩国同。请自今殿下令书，皆称诏制，如先代故事。”

癸卯，大将军固让相国、晋公、九锡之宠。太后诏曰：“夫有功不隐，《周易》大义，成人之美，古贤所尚，今听所执，出表示外，以章公之谦光焉。”

戊申，大将军文王上言：“高贵乡公率将从驾人兵，拔刃鸣金鼓向臣所止；惧兵刃相接，即敕将士不得有所伤害，违令以军法从事。骑督成倅弟太子舍人济，横入兵陈伤公，遂至陨命；辄收济行军法。臣闻人臣之节，有死无二，事上之义，不敢逃难。前者变故卒至，祸同发机，诚欲委身守死，唯命所裁。然惟本谋乃欲上危皇太后，倾覆宗庙。臣忝当大任，义在安国，惧虽身死，罪责弥重。欲遵伊、周之权，以安社稷之难，即骆驿申敕，不得迫近辇舆，而济遽入陈间，以致大变。哀怛痛恨，五内摧裂，不知何地可以陨坠？科

啊。现在高贵乡公行为放肆，不合常规，几乎危及国家，自取败亡，所行所为为人神所共弃，以百姓之礼埋葬之，确是合乎旧例。然而臣等窃想，太后殿下平素仁慈过人，这件事虽然是按理处理，依然表现得哀痛怜恤，臣等心中实在不忍。以为可以格外施恩，用诸侯王的葬礼来埋葬他。”太后接纳了他们的奏请。

派遣使者，持符节代行中护军中垒将军司马炎北上迎立常道乡公曹璜承继明帝之后。辛卯日，群公奏请太后说：“殿下圣德光明隆盛，安济天下，而尚称所下的命令为‘令’，和各诸侯国相同。臣等恭请殿下，由今日起，凡所下的命令文书，也都称为诏制。同乎前代旧例。”

癸卯日，大将军恳切辞让相国、晋公、九锡的宠命。太后颁令说：“凡有功的不使埋没不章，是《周易》的大义，成就他人之美名，为古代贤圣所崇尚，所以现在尊重所执，令有关官吏对外宣布，以彰显公谦虚的美德。”

戊申日，大将军司马文王上奏章说：“高贵乡公率领人众，挥刀击鼓冲向臣的所在，臣唯恐短兵接战之间，难免有所伤害，所以立刻诫令将士，不得对他们有所伤害，那违抗军令的，受军法处分。骑督成倅的弟弟太子舍人成济，闯入阵中刺伤了公，竟使公因而丧命；臣当即收押了成济，并处以军法。臣听说为臣之道，宁死无二心，事君之道，有难辄不苟免。日前之事，发生得太突然，灾祸之来，快如发箭一般，臣本打算以身相殉，任凭天命安排。然而转念一想，他们的本意是想不利于太后殿下，颠覆朝廷。臣忝居大将军之职，首要任务在安定国家，唯恐即使身死，罪责反更深重。权衡轻重，知唯有遵循伊尹、周公之变通，方可安定国家乱局，所以立即一再申诫，不可以接近公的辇舆，不意成济竟突然冲入阵中闯下大祸。臣之哀悼痛恨，使五内摧裂，不知葬身何地了。按照法令，叛国

律大逆无道，父母妻子同产皆斩。济凶戾悖逆，干国乱纪，罪不容诛。辄敕侍御史收济家属，付廷尉，结正其罪。”太后诏曰：“夫五刑之罪，莫大于不孝。夫人有子不孝，尚告治之，此儿岂复成人主邪？吾妇人不达大义，以谓济不得便为大逆也。然大将军志意恳切，发言恻怆，故听如所奏。当班下远近，使知本末也。”

六月癸丑，诏曰：“古者人君之为名字，难犯而易讳。今常道乡公讳字甚难避，其朝臣博议改易，列奏。”

陈留王讳奂，字景明，武帝孙，燕王宇子也。甘露三年，封安次县常道乡公。高贵乡公卒，公卿议迎立公。六月甲寅，入于洛阳，见皇太后，是日即皇帝位于太极前殿，大赦，改年，赐民爵及谷帛各有差。

景元元年夏六月丙辰，进大将军司马文王位为相国，封晋公，增封二郡，并前满十，加九锡之礼，一如前诏；诸群从子弟，其未有侯者皆封亭侯，赐钱千万，帛万匹，文王固让乃止。己未，故汉献帝夫人节薨，帝临于华林园，使使持节追谥夫人为献穆皇后。及葬，

杀主者，父母妻子兄弟都该处以斩刑。成济凶狠叛逆，干犯国法、扰乱纲纪，罪不容于死。所以臣当即令侍御史扣押了他的家属，交付廷尉，判以应得之罪。”太后颁诏令说：“那五刑之罪，数不孝之罪最重，如果家中出了不孝子，还可以到官署去告发他，而髦这个孩子，计算要害死我，哪还能当人主呢？我是个妇道人家，不懂大道理，但是认为成济算不上大逆不道。可是大将军您心意殷切，言辞伤痛，我也只好依所奏请了。应当宣布出去，使四方远近的人都知道这件事的本末。”

六月癸丑日，颁诏令说：“古代人君取名字，都是选用不容易触犯而容易避讳的字。如今常道乡公的名字很不容易避讳，所以朝中大臣宜广方研究改易，并把所拟改的字逐一列奏。”

陈留王名奂，字景明，为武帝曹操之孙，燕王曹宇的儿子。高贵乡公甘露三年（公元258年）被封为安次县（今河北省安次县西北）常道乡公。高贵乡公卒，朝中大臣建议迎立他为帝。六月甲寅日，到达洛阳，拜见皇太后，就在甲寅这一天，在太极殿前殿即皇帝位，大赦天下，改年号，分别赏赐百姓爵位和粮食币帛。

景元元年（公元260年）夏六月丙辰日，晋升大将军司马文王位为相国，封为晋公，又增封食邑两个郡，合以前所封的，共计十个郡，并加九锡之礼，与以前诏令内容完全相同；其他一些相关的本家子弟尚未受封为侯的，一例封为亭侯，赐钱一千万、帛一万匹，司马文王恳切辞让才罢。己未日，故汉献帝的夫人节卒。帝幸临华林园，派遣使者，持符节追谥夫人为献穆皇后。及至安葬的时候，一切车服礼制，都是沿袭汉时的旧制。癸亥日，

车服制度皆如汉氏故事。癸亥，以尚书右仆射王观为司空，冬十月，观薨。

十一月，燕王上表贺冬至，称臣。诏曰："古之王者，或有所不臣，王将宜依此义。表不称臣乎！又当为报。夫后大宗者，降其私亲，况所继者重邪！若便同之臣妾，亦情所未安。其皆依礼典处当，务尽其宜。"有司奏，以为"礼莫崇于尊祖，制莫大于正典。陛下稽德期运，抚临万国，绍大宗之重，隆三祖之基。伏惟燕王体尊戚属，正位藩服，躬秉虔肃，率蹈恭德以先万国；其于正典，阐济大顺，所不得制。圣朝诚宜崇以非常之制，奉以不臣之礼。臣等平议以为燕王章表，可听如旧式。中诏所施，或存好问，准之义类，则'燕觌之敬'也，可少顺圣敬，加崇仪称，示不敢斥，宜曰'皇帝敬问大王侍御'。至于制书，国之正典，朝廷所以辨章公制，宣昭轨仪于天下者也，宜循法，故曰'制诏燕王'。凡诏命、制书、奏事、上书诸称燕王者，可皆上平。其非宗庙助祭之事，皆不得称王名，奏事、上书、文书及吏民皆不得触王讳，以彰殊礼，加于群后。上遵王典尊祖之制，俯顺圣敬烝烝之心，二者不愆，礼实宜之，可普告施行。"

十二月甲申，黄龙见华阴县井中。甲午，以司隶校尉王祥为司空。

任命尚书右仆射王观为司空。冬十月，王观卒。

十一月，燕王曹宇上表贺冬至，自称曰臣。颁诏令说："古代的帝王，有其不视为臣的人，至于燕王，宜乎依循不臣之义。上表不称臣吗，也应当拟表奏报。凡继承大宗的，都要降抑其私亲，何况是继天子之大位呢。但是如果便任令他称臣，又是于人情所不安。因此，这些细节，都要按照礼法计议，研究可行之格式，务必要合情合理才好。"官吏上奏说："礼仪没有比尊奉祖宗更隆重的，制度没有比国家大法更尊严的，陛下圣德隆高，适逢运会，故君临万国，统有天下，承继大宗之重，光扬三祖之基业。臣等窃以为，燕王贵为陛下尊戚，又居诸侯王之正位，身秉虔肃之至德，率先万国敬事天子，他在端正君臣之道，阐扬顺德，是不能用一般法令限制的。朝廷诚宜订定特殊制度以尊崇他，以不臣的礼节对待他。臣等讨论结果，认为燕王的表彰，可以听用燕王旧有格式，宫廷内的诏告，省问的文件，则要因类别另订格式，以合于宗族聚会宴饮之礼。此时，可以因圣上意思，高其称谓，表示不敢斥为臣妾，应当称'皇帝敬问大王侍御'，至于制书，乃国家之正典，朝廷用以辨典章明制度，传达命令于天下的，应当依法称'制诏燕王'，凡属诏命、制书、奏事、上书等诸述及燕王的，皆可取上平的格式。其他非关宗庙助祭之事的，都不可以直称燕王之名，奏事、上书、文书以及吏民，都不得触犯燕王的法讳，以表现他所受的礼遇，高于一般诸侯之上，这样做上不失王者尊敬祖先之制，下亦尽到了圣上厚爱之心，二者不相抵触，与礼制极为吻合，可以遍告天下，广为施行。"

十二月甲申日，黄龙出现在华阴县的井中。甲午日，任命司隶校尉王祥为司空。

二年夏五月朔，日有食之。秋七月，乐浪外夷韩、濊貊各率其属来朝贡。八月戊寅，赵王幹薨。甲寅，复命大将军进爵晋公，加位相国，备礼崇锡，一如前诏；又固辞乃止。

三年春二月，青龙见于轵县井中。夏四月，辽东郡言肃慎国遣使重译入贡，献其国弓三十张，长三尺五寸，楛矢长一尺八寸，石砮三百枚，皮骨铁杂铠二十领，貂皮四百枚。冬十月，蜀大将姜维寇洮阳，镇西将军邓艾拒之，破维于侯和，维遁走。是岁，诏祀故军祭酒郭嘉于太祖庙廷。

四年春二月，复命大将军进位爵赐一如前诏，又固辞乃止。

夏五月，诏曰："蜀，蕞尔小国，土狭民寡，而姜维虐用其众，曾无废志；往岁破败之后，犹复耕种沓中，刻剥众羌，劳役无已，民不堪命。夫兼弱攻昧，武之善经，致人而不致于人，兵家之上略。蜀所恃赖，唯维而已，因其远离巢窟，用力为易。今使征西将军邓艾督帅诸军，趣甘松、沓中以罗取维，雍州刺史诸葛绪督诸军趣武都、高楼，首尾蹴讨。若擒维，便当东西并进，扫灭巴蜀也。"又命镇西将军钟会由骆谷伐蜀。

秋九月，太尉高柔薨。冬十月甲寅，复命大将军进位爵赐一如前诏。癸卯，立皇后卞氏，十一月，大赦。

二年，夏五月初一日，出现日蚀。秋七月，乐浪的蛮夷韩、濊貊各自率领其部族来朝贡。八月戊寅日，赵王曹幹卒。甲寅日，再诏令大将军晋爵为晋公，加位为相国，礼遇之隆，赏赐之厚，一如前时的诏令；因他又坚辞，乃作罢。

三年春二月，青龙出现在轵县的井中。夏四月，辽东郡上书谓肃慎国派遣使者，经过重重翻译，远道前来进贡，呈献该国出产的弓三十张，弓长三尺五寸；楛矢长一尺八寸，石砮三百枚，皮骨铁的杂铠甲二十件，貂皮四百枚。冬十月，西蜀大将姜维入寇洮阳，镇西将军邓艾发兵抵御之，大破姜维于侯和。维逃去。是年，诏令祭祀故军祭酒郭嘉于太祖庙廷。

四年春二月，复诏令大将军晋位、爵赐一如前次诏令，因大将军又坚辞，乃作罢。

夏五月，颁诏令说："西蜀，只是一个弹丸小国，土地狭小，人民稀少，而姜维虐用其部众，全无放松的意思。往年被我军打败之后，还屯兵于沓中耕作，剥削羌民，劳役无有休止之时，因此百姓苦不堪言。兼并弱小，攻打昏昧，是用兵的上策，控制人而不为人所控制，是军事家最高的策略。西蜀所依恃的，只有姜维一员武将而已，利用他远离本土的时机，可以轻易的获胜。所以特令征西将军邓艾督率大军，取道甘松、沓中以活捉维，雍州刺史诸葛绪率大军取道武都、高楼，前后夹击，如果活捉了姜维，再由东西两方面并进，以消灭西蜀。"又令镇西将军钟会取道骆谷，前去攻打西蜀。

秋九月，太尉高柔卒。冬十月甲寅日，再诏令大将军进官赐爵一如前次诏令。癸卯日，立皇后卞氏。十一月，大赦天下。

自邓艾、钟会率众伐蜀，所至辄克。是月，蜀主刘禅诣艾降，巴蜀皆平。十二月庚戌，以司徒郑冲为太保。壬子，分益州为梁州。癸丑，特赦益州士民，复除租赋之半五年。

乙卯，以征西将军邓艾为太尉，镇西将军钟会为司徒。皇太后崩。

咸熙元年春正月壬戌，槛车征邓艾。甲子，行幸长安。壬申，使使者以璧币祀华山。是月，钟会反于蜀，为众所讨；邓艾亦见杀。二月辛卯，特赦诸在益土者。庚申，葬明元郭后。三月丁丑，以司空王祥为太尉，征北将军何曾为司徒，尚书左仆射荀顗为司空。己卯，进晋公爵为王，封十郡，并前二十。丁亥，封刘禅为安乐公。夏五月庚申，相国晋王奏复五等爵。甲戌，改年。癸未，追命舞阳宣文侯为晋宣王，舞阳忠武侯为晋景王。六月，镇西将军卫瓘上雍州兵于成都县获璧玉印各一，印文似“成信”字，依周成王归禾之义，宣示百官，藏于相国府。

初，自平蜀之后，吴寇屯逼永安，遣荆、豫诸军掎角赴救。七月，贼皆遁退。八月庚寅，命中抚军司马炎副贰相国事，以同鲁公拜后之义。

癸巳，诏曰：“前逆臣钟会构造反乱，聚集征行将士，劫以兵威，始吐奸谋，发言桀逆，逼胁众人，皆使下议，仓卒之际，莫不惊慑。相国左司马夏侯和、骑士曹属朱抚时

自从邓艾、钟会率兵讨伐西蜀，所向皆捷。是月，西蜀后主刘禅向邓艾请降。巴蜀地区全部讨平。十二月庚戌日，任命司徒郑冲为太保。壬子日，划分益州，增设梁州。癸丑日，特赦益州地区士民，并免除其租赋之半，时间为五年。

乙卯日，任命征西将军邓艾为太尉，镇西将军钟会为司徒。皇太后驾崩。

咸熙元年（公元264年）春正月壬戌日，卫瓘密告邓艾谋反，故以囚禁罪人的槛车征召邓艾。甲子日，帝行幸长安。壬申日，派人持璧币封祭西岳华山。这个月，钟会在蜀地反叛，被众将士所讨伐；邓艾也被杀而死。二月辛卯日，特赦那些在益州的士民。庚申日，安葬明元郭后。三月丁丑日，任命司空王祥为太尉，征北将军何曾为司徒，尚书左仆射荀顗为司空。己卯日，晋升晋公的爵为王，封十个郡食邑，合以前所封，共计二十个郡。丁亥日，封刘禅为安乐公。夏五月庚申日，相国晋王司马昭奏请恢复五等封爵。甲戌日，改年号。癸未日，追命舞阳宣文侯司马懿为晋宣王，舞阳忠武侯司马师为晋景王。六月，镇西将军卫瓘献上雍州兵士在成都县所得到的璧玉印章各一枚，印文好像是“成信”字样。按照周成王得唐叔献瑞禾，归禾于周公的精神，宣示百官，将二印收藏在相国府中。

当初，自从平定西蜀以后，吴贼屯兵地区逼临于永安，于是派遣荆、豫两地的军队，由两翼牵制援救。七月，吴贼之兵皆潜退而去。八月庚寅日，命令中抚军司马炎辅佐相国的政务，以同于鲁公拜后的精神。

癸巳日，颁诏令说：“日前逆臣钟会叛逆谋反，聚集出征将士，以武力协迫，才透露他叛逆的计划，言语桀傲横逆，迫令众人，听他的指挥，事出突然，将士们无不惊惧，相

使在成都，中领军司马贾辅、郎中羊琇各参会军事；和、琇、抚皆抗节不挠，拒会凶言，临危不顾，词指正烈。辅语散将王起，说‘会奸逆凶暴，欲尽杀将士’，又云‘相国已率三十万众西行讨会’，欲以称张形势，感激众心。起出，以辅言宣语诸军，遂使将士益怀奋励。宜加显宠，以彰忠义。其进和、辅爵为乡侯，琇、抚爵关内侯。起宣传辅言，告令将士，所宜赏异。其以起为部曲将。”

癸卯，以卫将军司马望为骠骑将军。九月戊午，以中抚军司马炎为抚军大将军。

辛未，诏曰：“吴贼政刑暴虐，赋敛无极。孙休遣使邓句，敕交阯太守锁送其民，发以为兵。吴将吕兴因民心愤怒，又承王师平定巴蜀，即纠合豪杰，诛除句等，驱逐太守长吏，抚和吏民，以待国命。九真、日南郡闻兴去逆即顺，亦齐心响应，与兴协同。兴移书日南州郡，开示大计，兵临合浦，告以祸福；遣都尉唐谱等诣进乘县，因南中都督护军霍弋上表自陈。又交阯将吏各上表，言‘兴创造事业，大小承命。郡有山寇，入连诸郡，惧其计异，各有携贰。权时之宜，以兴为督交阯诸军事、上大将军、定安县侯，乞赐褒奖，以慰边荒’。乃心款诚，形于辞旨。昔仪父朝鲁，《春秋》所美；窦融归汉，待以殊礼。今国威远震，抚

国左司马夏侯和、骑士曹属朱抚，其时正出使在成都，中领军司马贾辅、郎中羊琇等人都在钟会的军中参谋军事，当钟会宣布逆谋时，夏侯和、羊琇、朱抚皆忠贞不二，不为会所屈，并且不怕危险地严词指责他。贾辅告诉散将王起，说‘钟会奸逆凶残，欲杀尽诸将士。’又说‘相国已经率领三十万大军西来征讨钟会。’想以言语造成形势，振奋人心。王起走出帐外，把贾辅所交待的话告知诸将士，遂使他们精神为之一振。钟会之奸谋未得成功，应当加以封赏，以褒扬义行。所以应晋封夏侯和、贾辅为乡侯，羊琇、朱抚为关内侯。王起传达贾辅的话，告知将士，也应当受封赏，所以应该任命王起为部典将。”

癸卯日，任命卫将军司马望为骠骑将军。九月戊午日，任命中抚军司马炎为抚军大将军。

辛未日，颁诏令说：“吴贼刑政暴虐，赋敛无有已时，孙休派遣邓句，命令交阯太守拘系当地百姓，充当兵源。东吴将领吕兴，鉴于人心愤怒，又见我军平定巴蜀，即纠聚豪杰之士，杀掉邓句等人，并驱逐其太守长吏，安抚百姓，以等待我朝廷的号令，九真、日南两郡听说吕兴驱逐残暴，归顺我朝廷的消息，也都一心响应，愿意与吕兴归附。吕兴又寄信给日南州郡，以大计开导他们，军队开到合浦，告之以趋吉避凶之道；派都尉唐谱等人到进乘县，以南中都督护军霍戈上表自陈心迹。又交阯将吏各自上表奏，叙述‘吕兴缔造了去吴归魏的形势，一切承命行事。郡境中有山贼，勾结其他郡县，唯恐他们心怀叵测，另有二心。权通之计，任命吕兴为督交阯诸军事、上大将军、安定县侯，恳请给予褒奖，以抚慰边远地区百姓之心。’他们的心意之诚恳，表现在表章的措辞之间。从前春秋时代的邾仪父与鲁国订盟约，受到孔子的称扬，窦融归附于汉，备受封官的礼遇。如今我朝廷声

怀六合，方包举殊裔，混一四表。兴首向王化，举众稽服，万里驰义，请吏帅职，宜加宠遇，崇其爵位。既使兴等怀忠感悦，远人闻之，必皆竞劝。其以兴为使持节、都督交州诸军事、南中大将军，封定安县侯，得以便宜从事，先行后上。”策命未至，兴为下人所杀。

冬十月丁亥，诏曰：“昔圣帝明王，静乱济世，保大定功，文武殊涂，勋烈同归。是故或舞干戚以训不庭，或陈师旅以威暴慢。至于爱民全国，康惠庶类，必先修文教，示之轨仪，不得已然后用兵，此盛德之所同也。往者季汉分崩，九土颠覆，刘备、孙权乘间作祸。三祖绥宁中夏，日不暇给，遂使遗寇僭逆历世。幸赖宗庙威灵，宰辅忠武，爰发四方，拓定庸、蜀，役不浃时，一征而克。自顷江表衰弊，政刑荒暗，巴、汉平定，孤危无援，交、荆、扬、越，靡然向风。今交阯伪将吕兴已帅三郡，万里归命；武陵邑侯相严等纠合五县，请为臣妾；豫章庐陵山民举众叛吴，以助北将军为号。又孙休病死，主帅改易，国内乖违，人各有心。伪将施绩，贼之名臣，怀疑自猜，深见忌恶。众叛亲离，莫有固志，自古及今，未有亡征若此之甚。若六军震曜，南临江、汉，吴会之域必扶老携幼以迎王师，

威远播，安抚怀柔天下百姓，正是合化异族，统一四海的时机。吕兴率先向心教化，率领异族稽首称服，万里奔义，请求供吏职，所以应当特加礼遇，高其爵位。这样不但吕兴等人忠心悦服，即使远方之人听说了，也一定会竞相劝勉来归的。所以特任命吕兴为使持节、都督交州诸军事、南中大将军，封为定安县侯，可以按情势需要处理政务，先处理，后奏报。”策命尚未送到，吕兴为其下人所杀。

冬十月丁亥日，颁诏令说：“从前的圣主明君，平定战乱，救助天下，保持一统订定功勳，虽然有文韬武略的不同，其功在天下却是一样的。所以有以武舞显示武备以训斥不服从朝廷的，有以布列军队以威赫强暴傲慢的。至于要爱惜民命、保全国家，康惠天下百姓，则一定要先修文教，使百姓知所依从，必然要到不得已的时候，才可以用武力平定，这是圣德之君王所同用的手段。过去汉末天下大乱，分崩离析，刘备、孙权乘机作乱，我三祖在安抚中原之际，政教军事纷繁，不暇兼顾，遂使其后人，伪立政府，称号多时。所幸依赖祖宗神灵的庇佑，相国忠武的辅佐，才能出兵四方，讨平庸、蜀，战争进行不多时，即将之一征而克服。自从江南破败，刑治昏暗，巴蜀、汉中之地剿平以后，丑吴更形孤危无援，以至交州、荆州、扬州、越州等地都随风向化，归附于我朝廷。而驻扎交阯的东吴伪将吕兴，已经统率三郡，远道来附；武陵邑侯相严等人也纠合了五个县请供臣职；豫章庐陵的山民，也互相结合脱离了东吴，号称援助北将军。又孙休病死以后，军事主权易人，国内人心浮动，人人各怀二心，其将领施绩，乃吴贼之名臣，却因怀疑自猜，而深被忌恶，足见他们之众叛亲离，大局不稳，由古至今，从未见败亡征兆如此明显的朝廷。此时我们如能全军动员，南临长江、汉水，吴会地区百姓一定会扶老携幼来迎王师的，这是必然的道理。但是兴动大军，仍然要劳民伤财，宜乎开导之以威德，教化之以仁信，使他们了解

必然之理也。然兴动大众，犹有劳费，宜告喻威德，开示仁信，使知顺附和同之利。相国参军事徐绍、水曹掾孙彧，昔在寿春，并见虏获。绍本伪南陵督，才质开壮；彧，孙权支属，忠良见事。其遣绍南还，以彧为副，宣扬国命，告喻吴人，诸所示语，皆以事实，若其觉悟，不损征伐之计，盖庙胜长算，自古之道也。其以绍兼散骑常侍，加奉车都尉，封都亭侯；彧兼给事黄门侍郎，赐爵关内侯。绍等所赐妾及男女家人在此者，悉听自随，以明国恩，不必使还，以开广大信。”

丙午，命抚军大将军新昌乡侯炎为晋世子。是岁，罢屯田官以均政役，诸典农皆为太守，都尉皆为令长；劝募蜀人能内移者，给廪二年，复除二十岁。安弥、福禄县各言嘉禾生。

二年春二月甲辰，朐䏰县获灵龟以献，归之于相国府。庚戌，以虎贲张修昔于成都驰马至诸营言钟会反逆，以至没身，赐修弟倚爵关内侯。夏四月，南深泽县言甘露降。吴遣使纪陟、弘璆请和。

五月，诏曰：“相国晋王诞敷神虑，光被四海；震耀武功，则威盖殊荒；流风迈化，则旁洽无外。愍恤江表，务存济育，戢武崇仁，示以威德。文告所加，承风向慕，遣使纳献，以明委顺，方宝纤珍，欢以效意。而王谦让之至，一皆簿送，非所以慰副初附，从其

顺附讲和的好处。相国参军事徐绍、水曹掾孙彧，都是过去在寿春一战中被俘获而归顺的。徐绍本是南陵督，品质豪俊；孙彧，则是孙权的本家，忠厚懂事。今特派徐绍回去南方，以孙彧为助手，去宣扬我大魏之国命，告谕东吴百姓，我朝廷所说的，都是实在不虚的，如他们能觉悟而归附，则不需兴动干戈，为祖宗之血食打算，是自古之常道。所以任命徐绍兼散骑常侍、加奉车都尉、封为都亭侯；孙彧兼给事黄门侍郎，赐爵关内侯。徐绍等以往所赐姬妾及男女家人尚留在京师的，听任他们决定去留，以表示国家的恩典，不必令还乡，以开广朝廷的大信用。”

丙午日，命抚军大将军新昌乡侯司马炎为晋王世子。是年，罢除屯田官，以平均政役，所有的曲农都任命为太守，都尉则迁为县令或县长；招劝西蜀百姓之能移居内地的，朝廷给予两年生活所需的粮食，并免税二十年。安弥县和福禄县都呈报说有嘉禾生。

二年春，二月甲辰日，朐䏰县捕获灵龟，呈献朝廷，致送给相国府收养。庚戌日，因为虎贲张修过去在成都飞马跑到各营区去报告钟会谋反的情报而丧生，所以封修的弟弟张倚为关内侯。夏四月，南深泽县奏报说有甘露降。东吴派遣纪陟、弘璆请和。

五月，颁诏令说：“相国晋王，大布圣虑，广被四海；显耀武功，则威及四荒，流风所至，无不受其教化。怜恤江南民命，存济助之心，偃武备、施仁惠，展示以威德。文告所到之处，各国无不承其风化，慕其仁德，纷纷派遣使者，称臣纳贡，以表归顺之诚，献纳大宝细珍，欢愉地表现其效忠之意。而晋王谦让之至，凡有献纳，都一一造册呈献朝廷，

款愿也。孙晧诸所献致，其皆还送，归之于王，以协古义。”王固辞乃止。又命晋王冕十有二旒，建天子旌旗，出警入跸，乘金根车、六马，备五时副车，置旄头云罕，乐舞八佾，设钟虡宫县。进王妃为王后，世子为太子，王子、王女、王孙，爵命之号如旧仪。癸未，大赦。秋八月辛卯，相国晋王薨。壬辰，晋太子炎绍封袭位，总摄百揆，备物典册，一皆如前。是月，襄武县言有大人见，长三丈余，迹长三尺二寸，白发，着黄单衣，黄巾，柱杖，呼民王始语云：“今当太平。”九月乙未，大赦。戊午，司徒何曾为晋丞相。癸亥，以骠骑将军司马望为司徒，征东大将军石苞为骠骑将军，征南大将军陈骞为车骑将军。乙亥，葬晋文王。闰月庚辰，康居、大宛献名马，归于相国府，以显怀万国致远之勋。

十二月壬戌，天禄永终，历数在

曹奂禅位司马炎，选自清刊本《三国演义》。

这就不是慰其初归附，接受他们赤忱献纳的表现了。孙晧所呈献的珍宝，一律再送回去，归于晋王，以求符合古义。”晋王一再坚辞，方罢。又诏令晋王的冠冕加十二旒，设天子的旌旗、出警入跸，乘坐金根车、御六马，备有五时的副车，建置旄头云罕，乐舞用八佾舞，设置钟虡宫悬。进王妃位称王后，世子称太子，王子、王女、王孙，爵命称号一如旧仪。癸未日，大赦天下。秋八月辛卯日，相国晋王卒。壬辰日，晋王太子司马炎承袭封爵，总领百官，所用器物典册，完全如前。是月，襄武县传言有巨人出现，身长三丈有余，脚印长达三尺二寸，白头发，穿黄色单衣，束黄色头巾，手拄拐杖，招呼一个县民叫王始的，告诉他说：“太平的日子就到了。”九月乙未日，大赦天下。戊午日，司徒何曾为晋国丞相。癸亥日，任命骠骑将军司马望为司徒，征东大将军石苞为骠骑将军，征南大将军陈骞为车骑将军。乙亥日，安葬晋文王。闰月庚辰日，康居、大宛进献名马，送致相国府，用以彰显他怀柔万国，远方来附的勋劳。

十二月壬戌日，上天所付与的禄位终止。王者大统的历数传到了晋。诏令群公卿士按

晋。诏群公卿士具仪设坛于南郊，使使者奉皇帝玺绶册，禅位于晋嗣王，如汉魏故事。甲子，使使者奉策。遂改次于金墉城，而终馆于邺，时年二十。

评曰：古者以天下为公，唯贤是与。后代世位，立子以嫡；若嫡嗣不继，则宜取旁亲明德，若汉之文、宣者，斯不易之常准也。明帝既不能然，情系私爱，抚养婴孩，传以大器，托付不专，必参枝族，终于曹爽诛夷，齐王替位。高贵公才慧夙成，好问尚辞，盖亦文帝之风流也；然轻躁忿肆，自蹈大祸。陈留王恭己南面，宰辅统政，仰遵前式，揖让而禅，遂飨封大国，作宾于晋，比之山阳，班宠有加焉。

仪节在南郊设立坛位，派遣使者，捧持皇帝玉玺带绶与封册，禅帝位与晋嗣王（司马炎）。一如当年汉禅位与魏的旧事。甲子日，派遣使者捧策命。陈留王曹奂改宿于金墉城，而最后，移居于邺，时年二十岁。

陈寿评论说：古时候大家认为天下是公有的，唯有贤者才可以授与天下。后世家天下，立嫡子为太子；如果没有嫡子，则由支属中选取那有贤明之德者传之，如汉朝的文帝、宣帝就是如此，这是授受帝位不变的永恒准则。明帝既没有子嗣，又不能遵循旧例，按照个人好恶，选养了一个婴孩，传以帝位，由于临终托付之不专，而使枝族坐大，终使曹爽惨遭诛灭，齐王让位。高贵乡公才慧早成，好发问、重文学，颇有文帝的风采；可惜生性轻率躁急，举措任意，而自蹈大祸。陈留王继承帝位，恭己南面，行止端雅，政事专任宰相，遵循前例施政，最后揖让传位于晋，遂飨广大的封邑，作了晋朝的大宾，比之于曹丕所封的山阳公，他的位禄都高多了。

三国志卷五

后妃传第五

李毓善 译

《易》称“男正位乎外，女正位乎内；男女正，天地之大义也”。古先哲王，莫不明后妃之制，顺天地之德，故二妃嫔妫，虞道克隆，任、姒配姬，周室用熙，废兴存亡，恒此之由。《春秋说》云天子十二女，诸侯九女，考之情理，不易之典也。而末世奢纵，肆其侈欲，至使男女怨旷，感动和气，惟色是崇，不本淑懿，故风教陵迟而大纲毁泯，岂不惜哉！呜呼，有国有家者，其可以永鉴矣！

汉制，帝祖母曰太皇太后，帝母曰皇太后，帝妃曰皇后，其余内官十有四等。魏因汉法，母后之号，皆如旧制，自夫人以下，世有增损。太祖建国，始命王后，其下五等：有夫人，有昭仪，有倢伃，有容华，有美人。文帝增贵嫔、淑媛、修容、顺成、良人。明帝增淑妃、昭华、修仪；除顺成官。太和中始复命夫人，登其位于淑妃之上。自夫人以下爵凡十二等：贵嫔、夫人，位次皇后，爵无所视；淑妃位视相国，爵比诸侯王；淑媛位视御

《易经》说：“男人守着正道，处理外务，女子守着正道，处理家务；男女各守正道，各尽本分，这是天地间的大道理。”古代的英明之君，无不建明后妃的选立制度，顺应天地内外刚柔之大德的。所以尧之二女下嫁虞舜，虞道方得昌隆，大任、大姒配姬姓，周朝教化因而大行，朝代的兴废存亡，永远与后妃有极密切的关系。《春秋说》云，天子有十二个妻子，诸侯有九个妻子，考之于人情事理，可知这是不可改易的常道。到了乱世，人情骄奢恣肆，放纵情欲，遂使百姓不能按时嫁娶，旷男怨女郁结之情，摇动了人类心性中的平和之气，一昧地追逐色情，不重善良的美德，所以社会风教败坏，纲纪泯灭，岂不是很可惜吗？唉！凡是身为天子、诸侯王的，应当常常以此为鉴戒啊！

汉代的制度，皇帝的祖母称为太皇太后，皇帝的母亲称为皇太后，皇帝的妻子称为皇后。此外，宫中的女官又分为十四个等级。曹魏因袭汉代的制度，皇帝母亲、妻子的称谓，都和旧日的制度一样，唯有夫人以下女官的名号，代代都有增减。太祖曹操受封建国，始称他的妻子为王后，王后以下，分五个等级：有夫人，有昭仪，有倢伃，有容华，有美人。文帝曹丕时，增设了贵嫔、淑媛、修容、顺成、良人五个等级。明帝曹叡继位，

史大夫，爵比县公；昭仪比县侯；昭华比乡侯；修容比亭侯；修仪比关内侯；倢伃视中二千石；容华视真二千石；美人视比二千石；良人视千石。

武宣卞皇后，琅邪开阳人，文帝母也。本倡家，年二十，太祖于谯纳后为妾。后随太祖至洛。及董卓为乱，太祖微服东出避难。袁术传太祖凶问，时太祖左右至洛者皆欲归，后止之曰："曹君吉凶未可知，今日还家，明日若在，何面目复相见也？正使祸至，共死何苦！"遂从后言。太祖闻而善之。建安初，丁夫人废，遂以后为继室。诸子无母者，太祖皆令后养之。文帝为太子，左右长御贺后曰："将军拜太子，天下莫不欢喜，后当倾府藏赏赐。"后曰："王自以丕年大，故用为嗣，我但当以免无教导之过为幸耳，亦何为当重赐遗乎！"长御还，具以语太祖。太祖悦曰："怒不变容，喜不失节，故是最为难。"

二十四年，拜为王后，策曰："夫人卞氏，抚养诸子，有母仪之德。今进位王后，太

又增设了淑妃、昭华、修仪三个等级而削除顺成这一级的女官。太和年间，开始又命夫人，晋升她官位位于淑妃之上。由夫人以下，爵位共分十二等：贵嫔、夫人，地位仅次于皇后，爵位无可以比照的；淑妃的官秩比照相国，爵位比照诸侯王；淑媛的官秩比照御史大夫，爵位比照县公；昭仪的爵位比照县侯；昭华的爵位比照乡侯；修容的爵位比照亭侯；修仪的爵位比照关内侯；倢伃的官秩视同中二千石；容华视同真二千石；美人视同比二千石；良人视同千石。

武宣卞皇后，琅邪开阳（今山东省临沂市北十五里）人，是文帝曹丕的生母。本来是个倡家女，二十岁时，太祖在谯（今安徽省亳州市）地纳她为妾。后来跟随太祖到了洛阳（今河南省偃师市东北）。其后董卓作乱，太祖微服东出逃难，而袁术传来了太祖遇难的恶耗，当时跟随太祖到洛阳的人，都打算回家乡去，后劝阻他们说："曹君目前吉凶真相不可知，今日如果诸位都离开了，而明天证实曹君仍然安好，大家还有什么颜面再来相见呢？况且即使真有大祸临头，大伙儿一块儿死，有什么可怕的！"大家听了她的话，于是继续留在洛阳。事后太祖听说了这件事，认为她很了不起。汉献帝建安初年，丁夫人被废，遂升后为继室。诸子中没有母亲的，太祖令后全部照顾教养他们。当文帝被立为王太子时，左右长御向后道贺，说："将军拜为太子，天下人没有不高兴的，您应当尽出府藏，全部用来赏赐，以示庆祝。"后说："君王自己认为丕儿的年纪最大，所以立以为继承人，这会儿我只能庆幸免受'无教导之过'而已，为什么要大事赏赐呢。"长御回去，全部说给太祖听了，太祖高兴的说："恼怒能够不变颜色，喜悦能够不失分寸，是最难能可贵的。"

建安二十四年（公元 219 年），立为王后，策书上说："夫人卞氏，抚养诸子，具有慈

子诸侯陪位，群卿上寿，减国内死罪一等。”二十五年，太祖崩，文帝即王位，尊后曰王太后，及践阼，尊后曰皇太后，称永寿宫。明帝即位，尊太后曰太皇太后。

黄初中，文帝欲追封太后父母，尚书陈群奏曰：“陛下以圣德应运受命，创业革制，当永为后式。案典籍之文，无妇人分土命爵之制。在礼典，妇因夫爵。秦违古法，汉氏因之，非先王之令典也。”帝曰：“此议是也，其勿施行。以作著诏下藏之台阁，永为后式。”至太和四年春，明帝乃追谥太后祖父广曰开阳恭侯，父远曰敬侯，祖母周封阳都君及敬侯夫人，皆赠印绶。其年五月，后崩。七月，合葬高陵。

初，太后弟秉，以功封都乡侯，黄初七年进封开阳侯，邑千二百户，为昭烈将军。秉薨，子兰嗣。少有才学，为奉车都尉、游击将军，加散骑常侍。兰薨，子晖嗣。又分秉爵，封兰弟琳为列侯，官至步兵校尉。兰子隆女为高贵乡公皇后，隆以后父为光禄大夫，位特进，封睢阳乡侯，妻王为显阳乡君。追封隆前妻刘为顺阳乡君，后亲母故也。琳女又为陈留王皇后，时琳已没，封琳妻刘为广阳乡君。

母的典范，特此晋位为王后，太子诸侯班列助事，群卿大臣奉觞上寿，减免国内死囚罪刑一等。”二十五年，太祖崩逝，文帝曹丕即王位，尊称后为王太后。至文帝受禅登基为帝，尊称后为皇太后，称她为永寿宫。明帝曹叡继位，尊太后为太皇太后。

文帝在黄初年间，打算追封太后父母，尚书陈群上奏章说：“陛下因为有圣人之德，顺应运数，承受天命，方得即位为天子，因此开创事业，改革制度，当思为后代子孙立永久之法。考诸典籍的记载，并无妇女分土地命官爵之制度。礼制典籍中记述说：妇人无封爵，从丈夫之封爵。秦朝违戾古制，汉代沿袭不改，是故追封太后父母，并不是先王之美制。”文帝道：“所说甚有理，且不追封就是。下诏将奏章收藏在台阁，永为后世子孙效法。”到了太和四年（公元 230 年）的春天，明帝方追谥太后的祖父卞广为开阳恭侯、父亲卞远为敬侯，祖母周氏封为阳都君及敬侯夫人，都赠予印绶。当年的五月，太后崩逝。七月，与太祖合葬在高陵。

当初，太后的弟弟卞秉，因为有功勋而被封为都乡侯，黄初七年（公元 236 年），晋升封爵为开阳侯，食邑一千二百户，拜官昭列将军。秉卒，他的儿子卞兰嗣位。卞兰自小有才学，官至奉车都尉、游击将军、又加散骑常侍衔。兰卒，他的儿子卞晖嗣位。并分出卞秉一部分封地立卞兰的弟弟卞琳为列侯。卞琳官至步兵校尉。卞兰的儿子卞隆，卞隆的女儿是高贵乡公曹髦的皇后。隆因为是皇后之父的关系，官拜光禄大夫，位为特进，封为睢阳乡侯，妻子王氏，封为显阳乡君。追封隆的前妻刘氏为顺阳乡君，这是因为刘氏是皇后生母的缘故。卞琳的女儿又是陈留王曹奂的皇后，其时，卞琳已故去，因此封琳的妻子刘氏为广阳乡君。

文昭甄皇后，中山无极人，明帝母，汉太保甄邯后也。世吏二千石。父逸，上蔡令。后三岁失父。后天下兵乱，加以饥馑，百姓皆卖金银珠玉宝物，时后家大有储谷，颇以买之。后年十余岁，白母曰：“今世乱而多买宝物，匹夫无罪，怀璧为罪。又左右皆饥乏，不如以谷振给亲族邻里，广为恩惠也。”举家称善，即从后言。

建安中，袁绍为中子熙纳之。熙出为幽州，后留养姑。及冀州平，文帝纳后于邺，有宠，生明帝及东乡公主。延康元年正月，文帝即王位，六月，南征，后留邺。黄初元年十月，帝践阼。践阼之后，山阳公奉二女以嫔于魏，郭后、李、阴贵人并爱幸，后愈失意，有怨言。帝大怒，二年六月，遣使赐死，葬于邺。

曹丕在冀州城破时乘乱纳甄后，选自清刊本《三国演义》。

文昭甄皇后，中山无极（今河北省无极县西）人，明帝曹叡的生母，是汉代太保甄邯的后人，世代都做二千石的官。父亲名逸，为上蔡（今河南省上蔡县）县的县令。后三岁时父亲亡故。其后发生战争，天下大乱，加上年成不好，所以百姓纷纷变卖金银珠玉等宝物，购买粮食，当时后家存粮丰富，因此收买了不少宝物。后年仅十多岁，禀告母亲说：“今逢乱世，而您却大量收买宝物，俗话说人本没有罪，身怀瑰宝，就是他的罪。所以您这样做，可能会招来灾祸的。况且，我们左右的人都在饥困之中，我看不如拿些粮食赈济亲族邻里，广布恩惠，反而好一些。”全家人听了，都表示赞成，立刻照着她说的做了。

汉献帝建安年间，袁绍为他的次子袁熙聘娶了后，后来袁熙去了幽州而后留在故居侍奉婆婆。等到冀州弭平，文帝在邺迎娶了后，深得爱宠，生了明帝曹叡和东乡公主。汉献帝延康元年（公元 220 年）正月，文帝曹丕即王位。六月，南征，后留居在邺。文帝黄初元年（公元 220 年）十月，文帝登天子之位。登基以后，山阳公刘协送二女嫁给文帝，这时郭后、李贵人、阴贵人都得文帝喜爱，所以后愈来愈失意，发为怨言。文帝听了，大怒，二年六月，派遣使者至邺赐后死。死后埋葬在邺。

明帝即位，有司奏请追谥，使司空王朗持节奉策以太牢告祠于陵，又别立寝庙。太和元年三月，以中山魏昌之安城乡户千，追封逸，谥曰敬侯；適孙像袭爵。四月，初营宗庙，掘地得玉玺，方一寸九分，其文曰“天子羡思慈亲”，明帝为之改容，以太牢告庙。又尝梦见后，于是差次舅氏亲疏高下，叙用各有差，赏赐累钜万；以像为虎贲中郎将。是月，后母薨，帝制缌服临丧，百僚陪位。四年十一月，以后旧陵庳下，使像兼太尉，持节诣邺，昭告后土，十二月，改葬朝阳陵。像还，迁散骑常侍。青龙二年春，追谥后兄俨曰安城乡穆侯。夏，吴贼寇扬州，以像为伏波将军，持节监诸将东征，还，复为射声校尉。三年薨，追赠卫将军，改封魏昌县，谥曰贞侯；子畅嗣。又封畅弟温、榦、艳皆为列侯。四年，改逸、俨本封皆曰魏昌侯，谥因故。封俨世妇刘为东乡君，又追封逸世妇张为安喜君。

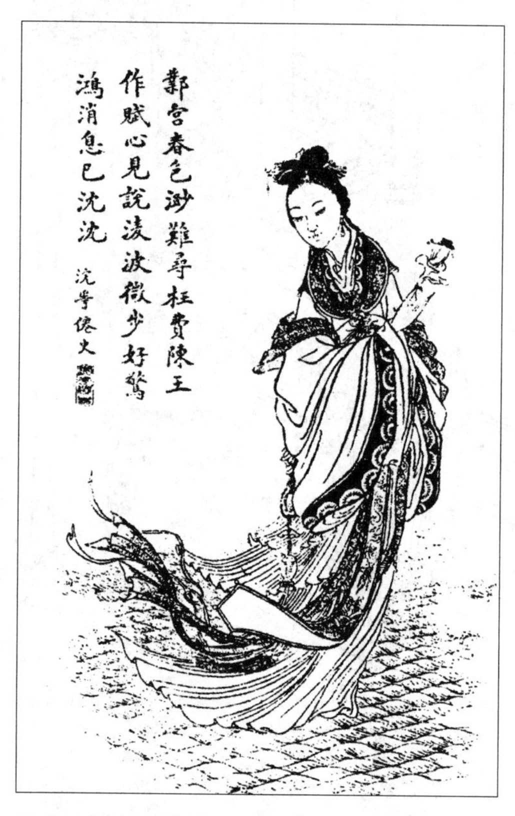

甄后，选自清刊本《三国演义》。

明帝曹叡即位，官吏上书奏请追谥后，于是派遣司空王朗持符节、捧策书，以太牢之礼告祭于墓，另外又筑了寝庙。太和元年（公元 227 年）三月，以中山郡魏昌县安城乡的一千户，追封甄逸，谥为敬侯；嫡长孙甄像承袭爵封。四月，开始建立宗庙，掘地时得一方玉玺，有一寸九分见方大，上有刻文，刻的是“天子羡思慈亲”，明帝看了，为之脸色大变。随即用太牢告祭祖宗神灵。明帝又曾梦见后，于是按照舅族的亲疏上下，分别赐官任用，赏赐币帛数以万计；任命甄像为虎贲中郎将。是月，后的母亲去世，明帝身穿缌服临丧，百官班列助事。四年十一月，因为嫌后旧的陵墓地势低下，故派遣像兼太尉，持节前往邺，告祭后土，十二月，改葬后于朝阳陵。像回到洛阳，调升为散骑常侍。青龙二年（公元 234 年）的春天，追谥后兄甄俨为安城乡穆侯。夏天，东吴入寇扬州，任命像为伏波将军，持节监领诸军东征。回京以后，又任命为射声校尉。三年，像卒。追赠为卫将军，改封在魏昌县，谥为贞侯。他的儿子甄畅嗣位。又封立畅的弟弟甄温、甄榦、甄艳三人为列侯。四年，改逸和俨的本封，都称为魏昌侯，谥号如故。封立俨的世妇刘氏为东乡君、又追封逸的世妇张氏为安喜君。

景初元年夏，有司议定七庙。冬，又奏曰："盖帝王之兴，既有受命之君，又有圣妃协于神灵，然后克昌厥世，以成王业焉。昔高辛氏卜其四妃之子皆有天下，而帝挚、陶唐、商、周代兴。周人上推后稷，以配皇天，追述王初，本之姜嫄，特立宫庙，世世享尝，《周礼》所谓'奏夷则，歌中吕，舞《大濩》，以享先妣'者也。诗人颂之曰：'厥初生民，时维姜嫄。'言王化之本，生民所由。又曰：'閟宫有侐，实实枚枚，赫赫姜嫄，其德不回。'《诗》《礼》所称姬宗之盛，其美如此。大魏期运，继于有虞，然崇弘帝道，三世弥隆，庙祧之数，实与周同。今武宣皇后、文德皇后各配无穷之祚，至于文昭皇后膺天灵符，诞育明圣，功济生民，德盈宇宙，开诸后嗣，乃道化之所兴也。寝庙特祀，亦姜嫄之閟宫也，而未著不毁之制，惧论功报德之义，万世或阙焉，非所以昭孝示后世也。文昭庙宜世世享祀奏乐，与祖庙同，永著不毁之典，以播圣善之风。"于是与七庙议并勒金策，藏之金匮。

帝思念舅氏不已。畅尚幼，景初末，以畅为射声校尉，加散骑常侍，又特为起大第，车驾亲自临之。又于其后园为像母起观庙，名其里曰渭阳里，以追思母氏也。嘉平三年正

明帝景初元年（公元237年）的夏天，官吏建议拟订建立七庙的制度。当年的冬天，又奏请说："大凡帝王之兴起，都是一方面有受命的君王，另方面有圣神之德的女子为匹配，然后才能子孙昌盛，成就王者大业的。从前高辛氏占卜，他的四个妻子的儿子都会成帝王，统有天下，果然帝挚、唐尧、商、周相继兴起。周人追述始祖后稷，称后稷大德配天，追溯始祖之出生，则本之于姜嫄。故周人特建宫庙，祭祀姜嫄世世不绝。《周礼》所说：'奏夷则宫起调、歌中吕宫起调，随着《大濩》歌曲舞蹈，用以祭享先妣姜嫄。'就是记述祭典的。诗人歌颂说：'诞生我们始祖的，名字叫姜嫄。'是叙述王化之所起，和追述始祖之所由生的。诗人又说：'宫庙邃秘而清静，其建筑雄伟而坚固，圣美的姜嫄，其德不邪。'《诗经》和《周礼》称述周朝宗祀，是如此之盛美。我大魏的运数，上承于有虞，然而具备崇弘帝王之道的，则以太祖高祖和陛下这三代犹显其隆，庙祧的数目，实在和周代一样。现在武宣皇后、文德皇后，各自配享，受无穷之福，至于文昭皇后，膺受上天的灵符，生育了圣明之君，功在百姓，德充天地，开启后世无穷之子孙，乃我大魏运化之所由兴盛啊。寝庙之特祭，即如同姜嫄之閟宫一样，然而尚未明著不毁之法令，臣等深恐论功报德之义，后世子孙成有所不明白，就不是昭示孝道于后代的做法了。文昭皇后庙应当世世享祀奏乐，和祖庙一例。永著不毁的制度，用以宣扬圣善的风教。"于是，和七庙之议一起刻在金策上，收藏在金匮之中。

明帝思念舅父不已。这时甄畅年纪尚小，在景初末年，任命畅为射声校尉，加散骑常侍衔。又特别为他建筑大宅第，明帝车驾亲往临问。又在他后园中为像的母亲兴建观庙，命名他所住的里为渭阳里。凡此都是因为思念母亲的缘故。齐王芳嘉平三年（公元251年）

月，畅薨，追赠车骑将军，谥曰恭侯；子绍嗣。太和六年，明帝爱女淑薨，追封谥淑为平原懿公主，为之立庙。取后亡从孙黄与合葬，追封黄列侯，以夫人郭氏从弟德为之后，承甄氏姓，封德为平原侯，袭公主爵。青龙中，又封后从兄子毅及像弟三人，皆为列侯。毅数上疏陈时政，官至越骑校尉。嘉平中，复封畅子二人为列侯。后兄俨孙女为齐王皇后，后父已没，封后母为广乐乡君。

文德郭皇后，安平广宗人也。祖世长吏。后少而父永奇之曰："此乃吾女中王也。"遂以女王为字。早失二亲，丧乱流离，没在铜鞮侯家。太祖为魏公时，得入东宫。后有智数，时时有所献纳。文帝定为嗣，后有谋焉。太子即王位，后为夫人，及践阼，为贵嫔。甄后之死，由后之宠也。黄初三年，将登后位，文帝欲立为后，中郎栈潜上疏曰："在昔帝王之治天下，不惟外辅，亦有内助，治乱所由，盛衰从之。故西陵配黄，英娥降妫，并以贤明，流芳上世。桀奔南巢，祸阶末喜；纣以炮烙，怡悦妲己。是以圣哲慎立元妃，必取先代世族之家，择其令淑以统六宫，虔奉宗庙，阴教聿修。《易》曰：'家道正而天下定。'由内

正月，畅卒。追赠为车骑将军，谥为恭侯。他的儿子甄绍嗣位。太和六年（公元 232 年），明帝的爱女曹淑去世，追封爵位，谥为平原懿公主，并为她立庙。迎取后已故的本家孙子甄黄与之合葬，追封甄黄为列侯，并且过继夫人郭氏的堂弟郭德承继他的后嗣，承甄氏的姓，封甄德为平原侯，承继公主的封爵。青龙年间，又封后的堂兄的儿子甄毅和甄像的三个弟弟，都是位为列侯。甄毅屡次上疏，条陈时政，官位升到越骑校尉。齐王芳嘉平年间，又封立甄畅的二个儿子为列侯。后兄甄俨的孙女为齐王芳的皇后，封后之时，后父已经故去，所以封后的母亲为广乐乡君。

文德郭皇后，安平广宗（今河北省威县东二十里）人。祖上世世代代为长吏。后很小的时候，她的父亲郭永就发现她不平凡，说："这孩子是我的女中之王。"因而就以"女王"做她的字。早年父母双亡，在丧乱流离中，没身在铜鞮侯的家中。太祖曹操为魏公时，得进入东宫。后之为人很有智谋，不时对太子贡献意见。当初文帝曹丕之所以能被立为太子，后也出过主意。等到太子即魏王位，她位为夫人，后来文帝践阼为天子，她位为贵嫔。甄皇后的被赐死，就是由于她受宠幸的缘故。文帝黄初三年（公元 222 年）预备登进皇后，而文帝有意立她为皇后，中郎栈潜上疏说："从前帝王的治理天下，不仅需要文武大臣的辅佐，也得有后妃的帮助，皇后人选往往是治乱的根本，影响盛衰的关键。故西陵女子螺祖配黄帝，帝尧二女娥皇女英嫁虞舜，遂使他们都因为有贤明之德，而留美名于上世。夏桀败逃南巢，祸根在末喜；殷纣滥用炮烙酷刑，是为了取悦妲己。所以说英明之君，都慎立皇后，一定要由前代大家世族中，选取那有贤淑之德的，来统御六宫女官，敬奉宗庙祭祀，

及外，先王之令典也。《春秋》书宗人衅夏云，无以妾为夫人之礼。齐桓誓命于葵丘，亦曰‘无以妾为妻’。今后宫嬖宠，常亚乘舆。若因爱登后，使贱人暴贵，臣恐后世下陵上替，开张非度，乱自上起也。”文帝不从，遂立为皇后。

后早丧兄弟，以从兄表继永后，拜奉车都尉。后外亲刘斐与他国为婚，后闻之，敕曰：“诸亲戚嫁娶，自当与乡里门户匹敌者，不得因势强与他方人婚也。”后姊子孟武还乡里，求小妻，后止之。遂敕诸家曰：“今世妇女少，当配将士，不得因缘取以为妾也。宜各自慎，无为罚首。”

五年，帝东征，后留许昌永始台。时霖雨百余日，城楼多坏，有司奏请移止。后曰：“昔楚昭王出游，贞姜留渐台，江水至，使者迎而无符，不去，卒没。今帝在远，吾幸未有是患，而便移止，奈何？”群臣莫敢复言。六年，帝东征吴，至广陵，后留谯宫。时表留宿卫，欲遏水取鱼。后曰：“水当通运漕，又少材木，奴客不在目前，当复私取官竹木作梁遏。今奉车所不足者，岂鱼乎？”

明帝即位，尊后为皇太后，称永安宫。太和四年，诏封表安阳亭侯，又进爵乡侯，增

以修明女教，母仪天下。《易经》说：‘家道正然后天下定。’治国条理的由内而外，由家而国，就是先王所垂示的不变之常道。《春秋》记述宗人衅夏说：‘没有以妾为夫人的礼。’齐桓公在葵丘（今河南省民权县）会盟诸侯时也是说：‘不要把妾立为正妻。’然而，现今后宫嬖幸之人，经常随陛下车乘出入。如果陛下因私心的爱幸而立皇后，使卑贱之人，暴得尊位，臣恐怕后代会上下陵替开启败坏的风气，祸乱起自朝廷啊！”文帝不听，终于把她立为皇后。

后的兄弟早年去世，于是过继堂兄郭表承继郭永的后嗣。郭表拜官奉车都尉。后的表亲刘斐与外地人通婚，后听说了，敕戒他说：“亲戚们谈论嫁娶，自然应当和本乡本土门当户对人家的儿女结为婚姻，不可以仗着现在家族势强了，与外地人通婚。”后姐姐的儿子孟武，要回家乡娶妾，后禁止他，乘机敕戒亲戚说：“当今成年的女子人数少，应该许配给将士们，你们不得利用权势娶以为妾。大家应当人人谨慎，不要成为祸首。”

黄初五年（公元 224 年），文帝东征，后留居在许昌永始台，时逢大雨百余日不停，城楼多处被浸坏，官吏奏请后迁居他处，后说：“从前楚昭王出游，贞姜留在渐台，江水涌至，使者未持符节而往请贞姜迁居，她不肯离去，最后淹死在渐台。今日皇上身在远方，我很幸运未受贞姜所面临的灾祸，竟然就要搬走，怎么可以！”群臣不敢再请。六年，文帝东征孙吴，到广陵去了，后留居在谯宫，由郭表留任宿卫，表打算堰水捉鱼，后说：“河水应当保持畅通，以便利运输，而且建材不足，奴客也不在眼前，你如果要挡水捉鱼，就得私取公家竹木作河梁，目前你奉车都尉觉得欠缺的，难道是几条鱼吗？”

明帝曹叡即帝位，尊后为皇太后，称为永安宫。太和四年（公元 230 年），诏令封郭

邑并前五百户，迁中垒将军。以表子详为骑都尉。其年，帝追谥太后父永为安阳乡敬侯，母董为都乡君。迁表昭德将军，加金紫，位特进，表第二子训为骑都尉。及孟武母卒，欲厚葬，起祠堂，太后止之曰："自丧乱以来，坟墓无不发掘，皆由厚葬也；首阳陵可以为法。"青龙三年春，后崩于许昌，以终制营陵，三月庚寅，葬首阳陵西。帝进表爵为观津侯，增邑五百，并前千户。迁详为驸马都尉。四年，追改封永为观津敬侯，世妇董为堂阳君。追封谥后兄浮为梁里亭戴侯，都为武城亭孝侯，成为新乐亭定侯，皆使使者奉策，祠以太牢。表薨，子详嗣，又分表爵封详弟述为列侯。详薨，子钊嗣。

明悼毛皇后，河内人也。黄初中，以选入东宫，明帝时为平原王，进御有宠，出入与同舆辇。及即帝位，以为贵嫔。太和元年，立为皇后。后父嘉，拜骑都尉，后弟曾，郎中。

初，明帝为王，始纳河内虞氏为妃，帝即位，虞氏不得立为后，太皇后卞太后慰勉焉。虞氏曰："曹氏自好立贱，未有能以义举者也。然后职内事，君听外政，其道相由而

表为安阳亭侯，又晋升爵封为乡侯，增封食邑，合以前所封的，共计五百户。迁为中垒将军。任命郭表的儿子郭详为骑都尉。这一年，明帝追谥太后的父亲郭永为安阳乡敬侯，母亲董氏为都乡君，迁表为昭德将军，加赐金印紫绶，赐位特进。表的次子郭训为骑都尉。孟武的母亲去世，打算厚葬，建筑祠堂，太后阻止他，说："自从近代动乱以来，坟墓没有不被盗掘的，这都是由于厚葬的缘故；先帝的首阳陵，可以模仿。"青龙三年（公元235年）的春天，后崩逝于许昌，按终制营造陵墓，三月庚寅日，安葬在首阳陵西。明帝晋封郭表的爵位为观津侯，增封食邑五百户，合以前所封，共计一千户。迁郭详为驸马都尉。四年，追改爵封，封郭永为观津敬侯，封永的世妇董氏为堂阳君。追封谥后的兄弟郭浮为梁里亭戴侯、郭都为都城亭孝侯、郭成为新乐亭定侯，都是派遣使者捧策书，以太牢之礼告祭。表卒，他的儿子郭详嗣位，又划分出一部分表的封地封立详的弟弟郭述为列侯。详卒，他的儿子郭钊嗣位。

明悼毛皇后，河内（今河南省武陟县西南）人。文帝黄初年间，因为被选中而入东宫，其时明帝为平原王，进御以后，甚得喜爱，出入与之同乘舆辇。后来明帝即帝位，以她为贵嫔。太和元年（公元227年），被立为皇后。后的父亲毛嘉，拜官骑都尉，后的弟弟毛曾，位为郎中。

当初，明帝做平原王的时候，先纳河内虞氏为正妃，及明帝即帝位，虞氏未能立为皇后，太皇后卞太后安慰她。虞氏说："曹家人自来喜欢封立贱妾为皇后，立国至今，还没有出现过封立合适的人呢。但是，皇后主持宫内的大事，国君指挥朝廷大政，其道相因而相成，如果不能有好的开始，必不会有好结局的。恐怕要因此事而败国丧家了！"虞氏因此

成，苟不能以善始，未有能令终者也。殆必由此亡国丧祀矣！”虞氏遂绌还邺宫。进嘉为奉车都尉，曾骑都尉，宠赐隆渥。顷之，封嘉博平乡侯，迁光禄大夫，曾驸马都尉。嘉本典虞车工，卒暴富贵，明帝令朝臣会其家饮宴，其容止举动甚蚩騃，语辄自谓“侯身”，时人以为笑。后又加嘉位特进，曾迁散骑侍郎。青龙三年，嘉薨，追赠光禄大夫，改封安国侯，增邑五百，并前千户，谥曰节侯。四年，追封后母夏为野王君。

帝之幸郭元后也，后爱宠日弛。景初元年，帝游后园，召才人以上曲宴极乐。元后曰“宜延皇后”，帝弗许。乃禁左右，使不得宣。后知之，明日，帝见后，后曰：“昨日游宴北园，乐乎？”帝以左右泄之，所杀十余人。赐后死，然犹加谥，葬愍陵。迁曾散骑常侍，后徙为羽林虎贲中郎将、原武典农。

明元郭皇后，西平人也，世河右大族。黄初中，本郡反叛，遂没入宫。明帝即位，甚见爱幸，拜为夫人。叔父立为骑都尉，从父芝为虎贲中郎将。帝疾困，遂立为皇后。齐王即位，尊后为皇太后，称永宁宫，追封谥太后父满为西都定侯，以立子建绍其爵。封太后母杜为郃阳君。芝迁散骑常侍、长水校尉，立，宣德将军，皆封列侯。建兄德，出养甄氏。

被绌，还居邺宫。晋升毛嘉为奉车都尉，毛曾为骑都尉，毛氏一家地位崇高，受赐丰厚。过了不久，封嘉为博平乡侯，迁为光禄大夫，迁曾为驸马都尉。毛嘉本来只是个典虞车工，猝然之间，暴得富贵，明帝曾经令朝中大臣聚在他家饮宴，嘉的样子痴呆，动作笨拙，开口说话，动辄自称“侯身”，时人引以为笑谈。其后又晋升嘉为特进，毛曾迁为散骑侍郎。青龙三年（公元 235 年），嘉卒，追赠为光禄大夫，改封为安国侯，增封食邑五百户，合以前所封的，共计一千户。谥为节侯。四年，追封后的母亲夏氏为野王君。

自从明帝宠幸郭元后以来，后的爱宠日减。景初元年（公元 237 年），明帝游幸后园，召令才人以上都参加曲宴，极尽欢娱。元后说：“应当请皇后参加。”明帝不许，并禁令左右之人，不得告诉后。其实她已经知道了。次日，明帝见到后，后说：“昨儿在北园游宴，还快乐吧？”明帝误以为是左右之人泄露出来的，竟然为此杀了十几个人。赐后死。可是后死之后，仍然加封谥号，埋葬在愍陵。迁毛曾为散骑常侍。后来调为羽林虎贲中郎将、原武典农。

明元郭皇后，西平（今青海省西宁市）人。先世为河西之大族。文帝黄初年间，西平郡反叛，遂被收没入宫。明帝即帝位，她甚得明帝爱幸，拜为夫人。叔父郭立为骑都尉，本家叔父郭芝为虎贲中郎将。当明帝病重的时候，遂封立为皇后。齐王芳即帝位，尊后为皇太后，称为永宁宫。追封，谥太后的父亲郭满为西都定侯，过继郭立的儿子郭建承袭其爵封。封太后的母亲杜氏为郃阳君。郭芝迁为散骑常侍、长水校尉，郭立迁为宣德将军。

德及建俱为镇护将军，皆封列侯，并掌宿卫。值三主幼弱，宰辅统政，与夺大事，皆先咨启于太后而后施行。毌丘俭、钟会等作乱，咸假其命而以为辞焉。景元四年十二月崩，五年二月，葬高平陵西。

评曰：魏后妃之家，虽云富贵，未有若衰汉乘非其据，宰割朝政者也。鉴往易轨，于斯为美。追观陈群之议，栈潜之论，适足以为百王之规典，垂宪范乎后叶矣。

都被封为列侯。郭建的哥哥名德，过继在甄家。德与建都是镇护将军，都封为列侯，一同掌管宿卫。适逢三少主幼弱，宰相总理朝政，因此国家大事之斟酌与夺，都是先与太后讨论然后才施行的。毌丘俭、钟会等人的叛乱，都是假托得太后的命令为号召。陈留王景元四年（公元263年）十二月崩逝。五年二月，安葬在高平陵西。

陈寿评论说：曹魏的后妃之家，虽然称得上是既富且贵，但是他们并没有如衰汉之际的外戚一样，乘着本不属于他们的权势，宰制朝政。以前事为鉴，改变自己的做法，这是最可取的。追想陈群的建议，栈潜的分析，正足以做百世帝王的法式，垂模范于后代了。

三国志卷六

董二袁刘传第六

林明德 译

董卓字仲颖，陇西临洮人也。少好侠，尝游羌中，尽与诸豪帅相结。后归耕于野，而豪帅有来从之者，卓与俱还，杀耕牛与相宴乐。诸豪帅感其意，归相敛，得杂畜千余头以赠卓。汉桓帝末，以六郡良家子为羽林郎。卓有才武，旅力少比，双带两鞬，左右驰射。为军司马，从中郎将张奂征并州有功，拜郎中，赐缣九千匹，卓悉以分与吏士。迁广武令，蜀郡北部都尉，西域戊己校尉，免。征拜并州

董卓，选自清皇家珍藏手抄善本绘图描金银《三国志演义》。

董卓，字仲颖，是陇西临洮（今甘肃临洮县东北）人。年轻时很有侠客作风，曾经到羌族的所在地去游历，和他们的豪杰将帅颇有往来。以后，董卓回到中土，在田野里耕作维生。羌族中的一些豪侠有的老远跑来追随他，董卓便带了他们回家，高兴起来，甚至把自己作活用的耕牛都杀了来款待宾客。这些豪帅们内心深被董卓的侠义风度所感动，等回到部落后，竟也搜集了近千头的牲畜来赠送给董卓。汉桓帝末年，董卓以身为六郡的良家子的身份，官拜羽林郎。董卓有才干又有武略，他的力气大得惊人，没有几个人能跟他比的。他能够同时带两个箭囊，骑在奔跑的马背上，一下左、一下右的连着发射。他曾担任军司马的职务，跟随中郎将张奂去讨伐并州，因为有了战功而官拜郎中，获得九千匹丝织品赏赐，董卓把它拿来统统分给部队里的兵士。董卓不断迁官为广武令、蜀郡北部都尉，西域戊己校尉，后来免官，改任并州刺史，河东太守，再

何进谋诛张让等十常侍，清朱芝轩绘。

刺史、河东太守，迁中郎将，讨黄巾，军败抵罪。韩遂等起凉州，复为中郎将，西拒遂。于望垣硖北，为羌、胡数万人所围，粮食乏绝。卓伪欲捕鱼，堰其还道当所渡水为池，使水渟满数十里，默从堰下过其军而决堰。比羌、胡闻知追逐，水已深，不得渡。时六军上陇西，五军败绩，卓独全众而还，屯住扶风。拜前将军，封斄乡侯，征为并州牧。

灵帝崩，少帝即位。大将军何进与司隶校尉袁绍谋诛诸阉官，太后不从。进乃召卓使将兵诣京师，并密令上书曰："中常侍张让等窃幸乘宠，浊乱海内。昔赵鞅兴晋阳之甲，以逐君侧之恶。臣辄鸣钟鼓如洛阳，即讨让

迁为中郎将。在一次征讨黄巾贼的战役中，因军队溃败而将功抵罪。等到韩遂从凉州起兵，董卓再度做中郎将，领兵向西抵拒韩遂的军队。在望垣硖的北方，被数万的羌人和胡人所围困，眼看粮草匮乏，即将面临绝境。一霎间，董卓计上心来，立刻伪装成捕鱼的人，命令手下暗中把羌人胡人所必须经过的河水堵塞成池水，使水域扩展到数十里宽，再静悄悄地带着大队人马从堤下经过，等军队完全通过之后，再一声令下，决断了堤岸。等到羌人、胡人获知情势不妙，想尽快追赶时，整个河水涨得又高又深，再也渡不过去了。当时一共有六支军队在陇西作战，其中的五支军队断续传来了打败的消息，唯独董卓保全了部队，安然归来，于是屯驻在扶风郡。董卓至此官拜前将军，封斄乡侯，受征召担任并州刺史。

汉灵帝崩逝，接着由少帝即位。大将军何进和司隶校尉袁绍，计划想要除掉朝中那批气焰高张的太监，可是太后不愿意。何进便暗中召见董卓，令他率大军开到京师，并且秘密命令董卓上书给皇帝，上面说："中常侍张让等人，勾结权贵、恃宠仗势，意图扰乱天下。从前赵鞅发动晋阳的士卒，去驱逐国君身边的坏人。臣下愿意鸣钟击鼓到洛阳，来诛讨张让等人。"想要拿这个来威胁太后。没想到董卓的军队还没开进京师，何进却因事前走

等。”欲以胁迫太后。卓未至，进败。中常侍段珪等劫帝走小平津，卓遂将其众迎帝于北芒，还宫。时进弟车骑将军苗为进众所杀，进、苗部曲无所属，皆诣卓。卓又使吕布杀执金吾丁原，并其众，故京都兵权唯在卓。

先是，进遣骑都尉太山鲍信所在募兵，适至，信谓绍曰：“卓拥强兵，有异志，今不早图，将为所制；及其初至疲劳，袭之可禽也。”绍畏卓，不敢发，信遂还乡里。

于是以久不雨，策免司空刘弘而卓代之，俄迁太尉，假节钺虎贲。遂废帝为弘农王。寻又杀王及何太后。立灵帝少子陈留王，是为献帝。卓迁相国，封郿侯，赞拜不名，剑履上殿，又封卓母为池阳君，置家令、丞。卓既率精兵来，适值帝室大乱，得专废立，据有武库甲兵，国家珍宝，威震天下。卓性残忍不仁，遂以严刑胁众，睚眦之隙必报，人不自保。尝遣军到阳城。时适二月社，民各在其社下，悉就断其男子头，驾其车牛，载其妇女

露风声，反而先被张让、段珪所杀。中常侍段珪等人劫持少帝，朝小平津（今河南孟津县西北）前去。董卓立即带领部队赶到北芒（今河南洛阳市北）这个地方把少帝接回宫来。这期间何进的弟弟车骑将军何苗，被何进的部众杀掉了，何进、何苗的部队无所归属，都投靠到董卓这边来。董卓又支使吕布杀掉执金吾丁原，并且收编了他的部队，所以，京都的兵权经过一番激烈斗争后，全都掌握在董卓的手中。

起初，何进派遣骑都尉鲍信（泰山平阳人，即今山东新泰人）在他的基地附近招兵买马。鲍信一到了京师，就跑去跟袁绍说：“董卓拥有强大的部队，而且心怀不轨，现在要是不趁早把他除掉，恐怕日后将要完全受他的驾驭了；等他经过长途跋涉刚到京师时，一定人马俱疲，这时去袭击他，想必可以手到擒来。”但是，因为袁绍太过于畏惧董卓，不敢轻易出兵。鲍信空有远见，也只好再返回乡里去。

于是，董卓以久旱不雨的缘故，迫使皇帝下令免去司空刘弘的职权，而以董卓来代替。不久，再迁为太尉，持着皇帝特授的符节，掌控着守卫皇宫的虎贲禁军。董卓权势在握，于是更进一步把少帝给废掉，改称为弘农王。不久，又把弘农王和何太后一起杀了，别立灵帝的小儿子陈留王，是为汉献帝。到这地步，董卓官任相国，封郿侯，朝拜皇帝时，不须经过唱名通报，甚至可以佩剑直入皇帝的宫殿，不受任何阻挠。接着，又封自己的母亲为池阳君，并擅自设置家令、家丞。董卓率领精锐的士卒来京城时，正好碰上皇室内部干戈大起，他把握住这个不寻常的机会，终于能权倾人主，废帝立王，直如反掌，并占据军械甲兵，拥有国家的珍宝，使得自己的声威震撼了全天下。董卓生性残忍，不存一丝一毫的厚道，惯拿严酷的刑罚来胁迫群众。就算看不顺眼，冷眼相对一下，他也耿耿于心，一定想法子要报复，弄得人心惶惶、朝不保夕。他曾经派遣军队到阳城去，刚好碰上二月份的大社集，当地人民大部分聚集在这里。董卓令部下们把其中的男子全砍了头，夺走他们的车辆和牛群，又掳掠妇女和财货，把砍下来的人头绑在车前的横木上，有的还连着车

财物，以所断头系车辕轴，连轸而还洛，云攻贼大获，称万岁。入开阳城门，焚烧其头，以妇女与甲兵为婢妾。至于奸乱宫人公主。其凶逆如此。

初，卓信任尚书周毖、城门校尉伍琼等，用其所举韩馥、刘岱、孔伷、张咨、张邈等出宰州郡。而馥等至官，皆合兵将以讨卓。卓闻之，以为毖、琼等通情卖己，皆斩之。

河内太守王匡，遣泰山兵屯河阳津，将以图卓。卓遣疑兵若将于平阴渡者，潜遣锐众从小平北渡，绕击其后，大破之津北，死者略尽。卓以山东豪杰并起，恐惧不宁。初平元年二月，乃徙天子都长安。焚烧洛阳宫室，悉发掘

董卓焚烧洛阳宫室，挟持汉帝迁都长安，清朱芝轩绘。

轴滚来滚去。浩浩荡荡地把车马驱回洛阳，一边声称攻破贼人，大有斩获，要人们高呼“万岁”。一进入开阳城门后，就把这些炫耀过的死人头用火烧毁，把掳来的妇女赐给部下们做婢做妾。至于他奸污淫乱宫女和公主的事迹，那就说也说不完的了。董卓的凶横残暴有到这步田地的。

起先，董卓由于信任尚书周毖、城门校尉伍琼等人，便用他们所推荐的韩馥、刘岱、孔伷、张资（张咨）、张邈出去掌管各州郡。可是韩馥等人一上任后，便都回过头联军讨伐董卓。董卓听到这消息，以为是周毖、伍琼串通他们出卖自己，一怒之下，把这两人通通斩了。

河内太守王匡，遣调泰山（今山东泰安市）的士兵屯驻在河阳津（今河南省孟州市西），打算对付董卓。董卓表面上派了一些士兵假装要渡过平阴（今河南孟津县东北），暗地里派了精锐的部卒悄悄从小平北渡，绕了个大圈子，偷袭对方的背后，终于在河阳津的北边把王匡的部队打得落花流水，死的死、伤的伤，几乎片甲不留。这时崤山以东的英雄豪杰纷纷起来，董卓内心实在也很恐慌，谈不上有片刻的安宁。初平元年（公元 190 年）二月，董卓挟持献帝到长安。同时大肆焚烧洛阳的宫室，并挖掘皇室的陵墓，任意搜刮宝物。董卓既到西京，便做了太师，自号“尚父”。他出门时搭乘着上覆青色车盖、车身金碧

陵墓，取宝物。卓至西京，为太师，号曰尚父。乘青盖金华车，爪画两轓，时人号曰竿摩车。卓弟旻为左将军，封鄠侯；兄子璜为侍中中军校尉典兵；宗族内外并列朝廷。公卿见卓，谒拜车下，卓不为礼。召呼三台尚书以下自诣卓府启事。筑郿坞，高与长安城埒，积谷为三十年储，云事成，雄据天下，不成，守此足以毕老。尝至郿行坞，公卿已下祖道于横门外。卓豫施帐幔饮，诱降北地反者数百人，于坐中先断其舌，或斩手足，或凿眼，或镬煮之，未死，偃转杯案间，会者皆战栗亡失匕箸，而卓饮食自若。太史望气，言当有大臣戮死者。故太尉张温时为卫尉，素不善卓，卓心怨之，因天有变，欲以塞咎，使人言温与袁术交关，遂笞杀之。法令苛酷，爱憎淫刑，更相被诬，冤死者千数。百姓嗷嗷，道路以目。悉椎破铜人、钟虡，及坏五铢钱。更铸为小钱，大五分，无文章，肉好无轮郭，不磨鑢。于是货轻而物贵，谷一斛至数十万。自是后钱货不行。

辉煌的座车，两旁的旗子都绘上龙飞凤舞的爪形图案，俨然天子出巡，当时的人就称呼董卓的座车为“竿摩车”（按：竿摩是逼近的意思，此指他的车子跟皇帝的很近似）。董卓的弟弟董旻为左将军，封鄠侯；哥哥的儿子董璜为侍中中军校尉典兵；他们董家族里里外外在朝廷都当了官。百官公卿们进见董卓时，常常在他座车的下方就得跪拜，而董卓是根本不回礼的。他又下召三台尚书以下的官吏要亲自到他的官府启奏公事。董卓耗费巨资营造郿坞，高度不让长安宫城，又囤积足够三十年吃用的米粮。他自己常说，要是这番大事业成功，就可以称雄四方、傲视天下；万一不成呢，光守住郿坞也绰绰有余来颐养天年了。有一回，董卓到郿坞，公卿们已经在横门外设好宴席。董卓预先备好帐幔，于是下令大家到帐幔里痛饮。一面殷勤劝诱曾在北方造反的几百人，等到这些人坐定后，他突然以迅雷不及掩耳之势，指挥手下将他们有的割断舌头，有的砍去手脚，有的把眼珠子挖出来，有的丢进滚沸的油锅里去煮。这当中没有一下子死去的，都辗转呻吟在杯盘桌椅间。来参加宴会的公卿们，一个个全都吓得手脚酸软，刀子、筷子都拿不住而跌到地上去，只有董卓一个人，神态自若地照常吃喝。有一名太史观察星相，预言不久将有一位大臣获罪该死。以前的太尉张温，这时当了卫尉，一向对董卓就不太尊重。董卓内心里着实厌恶他，就借口天象有了变化，想要诿过塞责，便派人散播谣言，说张温和袁术暗地往来、图谋不轨，便轻而易举地把张温判罪，用木杖将他活活打死。董卓订下的法令极尽苛酷之能事，经常随他的爱恶滥施刑罚，诬告的案子层出不穷，而含冤莫白死去的人更不下好几千人。百姓们嗷嗷叹息，路上的熟人之间只能用眼睛互相示意。董卓又叫人砸烂长安的铜人和支撑钟磬的架子，并且取销了五铢钱的币制。重新改铸小钱，币值五分，上面没有任何花纹，品质虽然较好可是没有一个显著的外形，草率到没有经过磨治的过程。从此以后，币值下跌而物价上涨，十斗稻谷的价钱竟高达数十万钱，甚至弄到后来钱币根本无法通行。

吕布杀董卓，清朱芝轩绘。据《三国演义》，司徒王允使貂蝉施美人计离间董卓与部下猛将吕布，吕布因而杀董卓。图为吕布杀董卓。

三年四月，司徒王允、尚书仆射士孙瑞、卓将吕布共谋诛卓。是时，天子有疾新愈，大会未央殿。布使同郡骑都尉李肃等，将亲兵十余人，伪着卫士服守掖门。布怀诏书。卓至，肃等格卓。卓惊呼："布所在？"布曰"有诏"，遂杀卓，夷三族。主簿田景前趋卓尸，布又杀之；凡所杀三人，余莫敢动。长安士庶咸相庆贺，诸阿附卓者皆下狱死。

初，卓女婿中郎将牛辅典兵别屯陜，分遣校尉李傕、郭汜、张济略陈留、颍川诸县。卓死，吕布使李肃至陜，欲以诏命诛辅。辅等逆与肃战，肃败走弘农，布诛肃。其后辅营兵有

初平三年（公元192年）四月，司徒王允、尚书僕射士孙瑞和董卓的部将吕布，共同谋划要除去董卓。这时，天子的病刚好痊愈，在未央殿宴会朝臣。吕布派遣同郡骑都尉李肃等，率领亲信的士兵十多人，穿上卫士的服装，假扮成卫士看守在宫殿两边的侧门。吕布身上带着诏书。董卓一进殿门，李肃等人一下呼拥而上，喊杀董卓。董卓大吃一惊，连忙叫道："吕布！你在哪里？"吕布不慌不忙出示诏书，宣称："看着，这里有一份圣旨，我是奉诏而来的！"说时迟，那时快，便把惊魂忐忑的董卓给杀掉了，同时，诛杀了他的三族亲人。主簿田景冲到董卓的尸体旁，吕布"唰"的一声又把他收拾掉；这样一眨眼的工夫便连杀三人，同董卓一起来的人，一个个屏住呼吸，再没人敢轻举妄动。消息很快地传开来，整个长安城的士人百姓，都互相庆贺。那批巴结依附董卓的人全部下狱处死。

起初，董卓的女婿中郎将牛辅，领了一支军队屯驻在陕（今河南省三门峡市陕州区）。分别派遣校尉李傕、郭汜、张济攻占陈留（今河南开封市陈留镇）、颍川（今河南禹州市）各县。董卓被杀后，吕布派李肃到陕县（今河南三门峡市陕州区），想拿皇帝的诏命杀掉牛辅。牛辅等人抗不受命，起兵和李肃作战，李肃败走到弘农（今河南省灵宝市东北），吕布

夜叛出者，营中惊，辅以为皆叛，乃取金宝，独与素所厚支胡赤儿等五六人相随，逾城北渡河，赤儿等利其金宝，斩首送长安。

比傕等还，辅已败，众无所依，欲各散归。既无赦书，而闻长安中欲尽诛凉州人，忧恐不知所为。用贾诩策，遂将其众而西，所在收兵，比至长安，众十余万，与卓故部曲樊稠、李蒙、王方等合围长安城。十日城陷，与布战城中，布败走。傕等放兵略长安老少，杀之悉尽，死者狼藉。诛杀卓者，尸王允于市。葬卓于郿，大风暴雨震卓墓，水流入藏，漂其棺椁。傕为车骑将军、池阳侯，领司隶校尉、假节。汜为后将军、美阳侯。稠为右将军、万年侯。傕、

犯长安李傕听贾诩，清朱芝轩绘。据《三国演义》，董卓部将李傕等闻说董卓被杀后，气为之夺，使人到长安向王允请求赦免，王允不应，李傕等人又想弃军逃生，贾诩劝李傕等自去羽翼不如合力进攻长安，李傕等人听其计，就故意散布流言说王允将杀尽凉州人，以激励部下出死力杀奔长安。图为李傕军攻入长安，王允死节。

立刻下令处死李肃。后来，牛辅的军营里，有士兵在夜里叛逃出城，整个军营都为这件事惊惶不安。牛辅误以为士兵全已反叛他，便打点好金银财宝，单独跟与他一向相交甚厚的胡赤儿等五六人一道，漏夜越过城墙，北渡黄河。没想到胡赤儿这批人利欲熏心，不仅吞了牛辅的财宝，并且把他的首级砍下来，送到长安去。

等到李傕等人回来，牛辅已经败死，众人无所依归，本来想各自回老家去算了。可是不见朝廷下赦令来，又听说长安方面正要大肆杀戮凉州人，心里面又忧虑又恐慌，一时间手足无措起来。总算用贾诩出的计策，李傕等人把部众带向西方，沿途不断吸收兵卒，等到了长安，竟也有了十多万的部队了。于是纠集董卓残余的部队，跟樊稠、李蒙、王方等合力围攻长安城。围攻了十天，终于把长安城攻破，与吕布在城中大战，吕布情势转弱，落败逃走。李傕等纵容士兵抢掠长安城，老弱年幼的被屠杀一空，死者的尸体，布满了长安城，一片狼藉，教人不忍卒睹。再把杀董卓的人给找来杀掉，并归罪司徒王允，将他弃杀在长安市上。这些人重新安葬董卓于郿这个地方，才一下葬就马上有大风暴雨雷击董卓的坟墓；结果，雨水挟着泥沙灌进坟里面去，甚至棺椁都漂浮起来。李傕受命为车骑将军，封池阳侯，领司隶校尉，持有皇帝特颁的符节。另外郭汜受任为后将军，封美阳侯。樊稠为右将军，封万年侯。至此，朝政落入李傕、郭汜、樊稠这批人的手中。张济则受命为骠骑将军，封平阳侯，屯兵于弘农。

李傕、郭汜大交兵，清朱芝轩绘。据《三国演义》，李傕、郭汜受太尉杨彪反间后，自相残杀。图为李傕、郭汜率兵相攻杀。

汜、稠擅朝政。济为骠骑将军、平阳侯，屯弘农。

是岁，韩遂、马腾等降，率众诣长安。以遂为镇西将军，遣还凉州，腾征西将军，屯郿。侍中马宇与谏议大夫种邵、左中郎将刘范等谋，欲使腾袭长安，己为内应，以诛傕等。腾引兵至长平观，宇等谋泄，出奔槐里。稠击腾，腾败走，还凉州；又攻槐里，宇等皆死。时三辅民尚数十万户，傕等放兵劫略，攻剽城邑，人民饥困，二年间相啖食略尽。

诸将争权，遂杀稠，并其众。汜与傕转相疑，战斗长安中。傕质天子于营，烧宫殿城门，略官寺，尽收乘舆服御物置其家。傕使公卿诣汜请和，汜皆执之。相攻击连月，死者万数。

傕将杨奉与傕军吏宋果等谋杀傕，事

同年（即初平三年，公元192年），韩遂、马腾等人投降，率领部队到长安来。皇帝命韩遂为镇西将军，调遣他回凉州；任马腾为征西将军，驻扎在郿县。侍中马宇和谏议大夫种邵、左中郎将刘范共同谋划，想要使马腾偷袭长安，自己在里面接应，以便除去李傕等人。马腾方才把军队带到长平观，马宇这方面的消息已经走漏，只得亡奔至槐里。樊稠攻袭马腾，马腾兵败，逃回凉州；樊稠再回头攻槐里，马宇等人都败死。这时三辅地方的居民还有十万户左右，李傕等人放纵士兵，大肆掳掠屠杀，洗劫城市，弄得人民饥困不堪，在两年内彼此人吃人，真是山穷水尽，惨绝人寰。

一时各将领间再度掀起夺权热潮，在这次权势斗争中，樊稠首先遭殃，他的部队很快地被其他的争夺者吞并了。接着，郭汜与李傕彼此猜忌日深，在长安城内明争暗斗。李傕把皇帝挟持到他的军营里去，烧毁宫殿和城门，并劫掠官署，尽情搜刮车马衣物等宫廷用品带回家去，一方面，李傕差遣公卿到郭汜那边请和，郭汜却把使者全扣押起来。这样的互相攻击，一连好几个月，为此次斗争而丧命的，前前后后不下一万人。

李傕手下的一名大将杨奉，和李傕的一名军吏宋果，计划谋杀李傕，不料风声走露，

泄，遂将兵叛傕。傕众叛，稍衰弱。张济自陕和解之，天子乃得出，至新丰、霸陵间。郭汜复欲胁天子还都郿。天子奔奉营，奉击汜破之。汜走南山，奉及将军董承以天子还洛阳。傕、汜悔遣天子，复相与和，追及天子于弘农之曹阳。奉急招河东故白波帅韩暹、胡才、李乐等合，与傕、汜大战。奉兵败，傕等纵兵杀公卿百官，略宫人入弘农。天子走陕，北渡河，失辎重，步行，唯皇后、贵人从，至大阳，止人家屋中。奉、暹等遂以天子都安邑，御乘牛车。太尉杨彪、太仆韩融近臣从者十余人。以暹为征东、才为征西、乐征北将军，并与奉、承持政。遣融至弘农，与傕、汜等连和，还所略宫人公卿百官，及乘舆车马数乘。是时蝗虫起，岁旱无谷，从官食枣菜。诸将不能相率，上下乱，粮食尽。奉、暹、承乃以天子还洛阳。出箕关，下轵道，张杨以食迎道路，拜大司马。语在《杨传》。天子入洛阳，宫室烧尽，街陌荒芜，百官披荆棘，依丘墙间。州郡各拥兵自卫，莫有至者。饥穷稍甚，尚书郎以下，自出樵采，或饥死墙壁间。

杨奉、宋果干脆领兵正式叛变。由于李傕自己内部的叛乱，力量稍微衰弱了些。张济从陕赶来居中调停，天子才能脱出李傕的掌握，亡奔于新丰（今陕西西安市临潼区东北）、霸陵（今陕西西安市灞桥区）之间。郭汜又想挟持天子回去定都在郿。天子投奔到杨奉的军营，杨奉马上攻破郭汜的军队。郭汜亡走南山。杨奉和将军董承护送天子还都洛阳。李傕、郭汜都后悔没有牢牢抓住天子这张王牌，于是两人再度连成一气，把天子追迫到弘农郡的曹阳县。这下子，杨奉大为紧张，急忙召集河东以前的白波将领韩暹、胡才、李乐等人，联合起来和李傕、郭汜展开一场大战。结果杨奉兵败，李傕等人纵容士兵残杀公卿百官，抢夺宫人回到弘农。天子再度陷入亡命的恐慌中，出奔到陕，向北渡过黄河，许多车马行李都在逃亡中散失掉了，不得已走路。当时只有皇后及贵人跟着逃难，这样一直逃到大阳（今山西平陆县西南），才暂时借住在百姓家里。杨奉、韩暹等人于是迎回天子暂时以安邑（今山西夏县西北）为都城，皇帝这时还驾乘牛车呢！太尉杨彪、太仆韩融几个亲近的臣子加上跟随的不过十多人。皇帝任命韩暹为征东将军、胡才为征西将军、李乐为征北将军，并且和杨奉、董承共同持政。皇帝又派韩融到弘农去，和李傕、郭汜谈和，请他们归还劫掠的宫人、公卿百官，以及乘舆、车马数辆。这时，蝗虫的祸害逐渐蔓延开来，终至整年干旱一无收成，跟从的官员们只好拿枣菜当粮食。那些将领们，自身不能作为表率，上下混乱得不得了，弄到粮食匮乏无以为继。杨奉、韩暹、董承护送天子还都洛阳。出了箕关，经过轵道时，一个名叫张杨的，带了许多食物在道路旁欢迎天子，之后因为这件事而官拜大司马。《张杨传》上面记载得很详尽。天子回到洛阳，只见宫室烧的烧、毁的毁，街道田野一片荒芜，浩劫后的公卿百官有的正在斩除杂生的荆棘，有的衰弱地倚靠在小土堆边或断瓦残壁间。各州郡的领导者，各个拥兵自卫，没有一支军队肯来勤王。饥饿穷困变本加厉接踵而来。从尚书郎以下的官员，都亲自出去打柴，有些没有力气的，就只好辗

太祖乃迎天子都许。暹、奉不能奉王法，各出奔，寇徐、扬间，为刘备所杀。董承从太祖岁余，诛。建安二年，遣谒者仆射裴茂率关西诸将诛傕，夷三族。汜为其将五习所袭，死于郿。济饥饿，至南阳寇略，为穰人所杀，从子绣摄其众。才、乐留河东，才为怨家所杀，乐病死。遂、腾自还凉州，更相寇，后腾入为卫尉，子超领其部曲。十六年，超与关中诸将及遂等反，太祖征破之。语在《武纪》。遂奔金城，为其将所杀。超据汉阳，腾坐夷三族。赵衢等举义兵讨超，超走汉中从张鲁，后奔刘备，死于蜀。

袁绍字本初，汝南汝阳人也。高祖父安，为汉司徒。自安以下四世居三公位，

转饿死在破败的屋角墙边了。

曹操移驾幸许都，选自清刊本《三国演义》。据《三国演义》，曹操听从董昭之言，以洛阳荒废已久，不可修葺为由，挟持献帝及朝廷百官迁都许都。图为曹操率众迁都途中后遇杨奉、韩暹等阻拦。

曹操趁机迎接天子回到许（今河南许昌市东）。韩暹、杨奉自知无法承继王法，各自出奔，在徐、扬一带作乱，后来被刘备杀了。董承跟随曹操一年多，也被杀死。建安二年（公元197年），曹操派仆射裴茂率领关西各部将除掉李傕，并且诛连三族的亲人。郭汜被他下面的一名将领五习所偷袭，死在郿。张济因为粮草缺乏，到南阳一带抢劫，被穰这个地方的人们杀掉了，由他的侄儿张绣收领他的部队。胡才、李乐留守河东郡；胡才被他的一名仇家所杀，李乐生病死掉了。韩遂、马腾自己从凉州回来，互相打来打去。后来，马腾被命为卫尉，由儿子马超接领他的部队。建安十六年（公元214年），马超和关中几名将领联合韩遂造反，被曹操攻破。这件事记载在《武帝纪》。韩遂再亡奔金城，被部下所杀。马超占据汉阳（今甘肃天水市西北），马腾被杀，诛连三族亲人。赵衢等呼召义兵，起来讨征马超，马超亡走汉中，依附张鲁；后来再投奔刘备，死在蜀地。

袁绍，字本初，是汝南汝阳（今河南省商水县西北）地方的人。他的高祖父袁安，做过汉朝的司徒。从袁安以下四代都位居朝廷三公的要职，因此袁家的权势在当时是数一数二

由是势倾天下。绍有姿貌威容，能折节下士，士多附之，太祖少与交焉。以大将军掾为侍御史，稍迁中军校尉，至司隶。

灵帝崩，太后兄大将军何进与绍谋诛诸阉官，太后不从。乃召董卓，欲以胁太后。常侍、黄门闻之，皆诣进谢，唯所错置。时绍劝进便可于此决之，至于再三，而进不许。令绍使洛阳方略武吏，检司诸宦者。又令绍弟虎贲中郎将术选温厚虎贲二百人，当入禁中，代持兵黄门陛守门户。中常侍段珪等矫太后命，召进入议，遂杀之，宫中乱。术将虎贲烧南宫嘉德殿青琐门，欲以迫出珪等。珪等不出，劫帝及帝弟陈留王走小平津。绍既斩宦者所署司隶校尉许相，遂勒兵捕诸阉人，无少长皆杀之。或有无须而误死者，至自发露形体而后得免。宦者或有行善

袁绍，选自清刊本《三国演义》。

的。袁绍气宇轩昂，容貌儒雅，又能摆开显贵的身份，跟一般读书人来往，所以有许多的士人都跑去依附他。曹操年轻时跟袁绍就有过一段交情。袁绍后来由大将军掾迁官为侍御史，不久，再迁为中军校尉，一直做到司隶校尉。

汉灵帝驾崩，太后的哥哥大将军何进，与袁绍共同谋划诛除宦官，太后不肯接受。于是他们私召董卓进京，想用这个来胁迫太后。常侍、黄门的宦官听到这件事，都跑来拜见何进向他谢罪，并表示愿意听任他的处置。这时袁绍劝何进快速把握机会除去宦官，三番两次劝，可是何进因考虑太多而没有答应。何进一面令袁绍叫洛阳方略武吏检举各宦官的恶劣事迹，一面下令袁绍的弟弟袁术，挑选温厚的勇士二百人，进驻皇宫内院，代替原来把持重兵的宦官，来守卫各处重要门户。中常侍段珪等人假拟太后旨命，下召何进入宫谈论事情。何进不疑有他，一进内殿，立刻被预先埋伏的宦官杀死，整个宫廷陷入一片混乱。袁术闻讯，火速率领勇士们焚烧南宫嘉德殿青琐门，想把段珪这帮人逼出来。段珪等人不经宫门，另由秘道逃走，劫持皇帝和皇帝的弟弟陈留王，往小平津（今河南省孟津县北）的方向前去。袁绍先把受宦官支配的司隶校尉许相杀了，便率兵进宫逮捕所有的宦官，不分老的少的，一律斩杀，其中有的由于脸上不长胡须而被误杀，有的情急之下，赶紧脱去

自守而犹见及。其滥如此。死者二千余人。急追珪等，珪等悉赴河死。帝得还宫。

董卓呼绍，议欲废帝，立陈留王。是时绍叔父隗为太傅，绍伪许之，曰："此大事，出当与太傅议。"卓曰："刘氏种不足复遗。"绍不应，横刀长揖而去。绍既出，遂亡奔冀州。侍中周毖、城门校尉伍琼、议郎何颙等，皆名士也，卓信之，而阴为绍，乃说卓曰："夫废立大事，非常人所及。绍不达大体，恐惧故出奔，非有他志也。今购之急，势必为变。袁氏树恩四世，门生故吏遍于天下，若收豪杰以聚徒众，英雄因之而起，则山东非公之有也。不如赦之，拜一郡守，则绍喜于免罪，必无患矣。"卓以为然，乃拜绍勃海太守，封邟乡侯。

绍遂以勃海起兵，将以诛卓。语在《武纪》。绍自号车骑将军，主盟，与冀州牧韩馥立幽州牧刘虞为帝，遣使奉章诣虞，虞不敢受。后馥军安平，为公孙瓒所败。瓒遂引兵入冀州，以讨卓为名，内欲袭馥。馥怀不自安。会卓西入关，绍还军延津，因馥惶遽，使陈

裤子露出男儿身来，才得幸免于难。宦官中也有不少洁身自爱的，可是仍然逃不过袁绍锐利的刀剑，含冤而死。袁绍因为痛恨宦官而诛除宦官，却造成了滥杀无辜。总共在这次事件中灭亡的有二千多人。袁绍马不停蹄地追赶段珪等人，段珪这批人终于全部投河自尽。皇帝才又到宫中来。

董卓招呼袁绍来同他一道谋划，打算将少帝废了，别立陈留王。这时，袁绍的叔父袁隗正担任太傅，袁绍表面上假装同意，向董卓说："这是件大事，我应当回去和太傅商量商量。""刘家的种不必再传下去啦！"董卓脱口说道。袁绍听了，默不作声，按了一下腰间的佩剑，朝董卓深深行了礼，便离开了。袁绍回家后，稍一打点，就漏夜亡奔冀州。侍中周毖、城门校尉伍琼、议郎何颙等人，都是当时的名士，很得董卓的信任。他们心里很替袁绍着急，就到董卓的面前说："要把一位皇帝废掉，可是一件了不得的大事，一般人可是连想都不敢。袁绍不识大体，心生恐惧才逃走，并非有什么大志向。现在如果把他逼急了，想必他也只好叛变。袁氏四代位居三公高位，对国家也树立了不少功劳，他们的门下部属几乎遍布天下。要是袁绍登高一呼，招揽豪杰广聚部众，这么一来，时势恐怕就要造就一名英雄了！崤山以东也很难并入您的势力范围。依我们的意见，倒不如先赦免他，授给他一个郡守的官位去做做，那么袁绍一定很高兴自己免于罪罚，也就用不着担心他会搞什么祸患了。"董卓觉得这番话得有道理，于是任命袁绍为勃海太守，封邟乡侯。

袁绍便拿勃海作为根据地，起兵将要攻讨董卓。这件事记在《武纪》。袁绍自号为车骑将军，主持同盟阵线，和冀州牧韩馥策划，想拥立幽州牧刘虞为皇帝。派了使节带着章表到刘虞那儿去，结果刘虞不敢接受。后来，韩馥驻军安平（今河北安平县），被公孙瓒打败了。公孙瓒以讨伐董卓为借口，引兵进入冀州，暗中想攻击韩馥。韩馥心里面七上八下的，着实日夜难安。刚好这时董卓挟持天子到函谷关去，袁绍回军屯驻在延津（今河南新乡市延津县）。借着韩馥惶惧不安的时机，袁绍派了陈留人高幹、颍川人荀谌等去游说韩

留高幹、颍川荀谌等说馥曰："公孙瓒乘胜来向南，而诸郡应之。袁车骑引军东向，此其意不可知，窃为将军危之。"馥曰："为之奈何？"谌曰："公孙提燕、代之卒，其锋不可当。袁氏一时之杰，必不为将军下。夫冀州，天下之重资也，若两雄并力，兵交于城下，危亡可立而待也。夫袁氏，将军之旧，且同盟也，当今为将军计，莫若举冀州以让袁氏。袁氏得冀州，则瓒不能与之争，必厚德将军。冀州入于亲交，是将军有让贤之名，而身安于泰山也。愿将军勿疑！"馥素恇怯，因然其计。馥长史耿武、别驾闵纯、治中李历谏馥曰："冀州虽鄙，带甲百万，谷支十年。袁绍孤客穷军，仰我鼻息，譬如婴儿在股掌之上，绝其哺乳，立可饿杀。奈何乃欲以州与之？"馥曰："吾，袁氏故吏，且才不如本初，度德而让，古人所贵，诸君独何病焉！"从事赵浮、程奂请以兵拒之，馥又不听。乃让绍，绍遂领冀州牧。

从事沮授说绍曰："将军弱冠登朝，则播名海内；值废立之际，则忠义奋发；单骑出奔，则董卓怀怖；济河而北，则勃海稽首。振一郡之卒，撮冀州之众，威震河朔，名重天

馥："公孙瓒的军队已乘胜南来，听说许多郡县都响应他。另者，袁车骑此际正率领大军朝东开进，他的用意很难明白，我们私底下很为您担心哪！""照这么说，应该怎么做才好？"韩馥给说中了心事，即刻反问道。荀谌察言观色，慢慢说下去："眼前公孙瓒联合了燕、代的兵士，攻势的凌厉是很难抵挡得住的。袁绍是一代豪杰，根本不可能委屈在您的手下。说到冀州，虽是天下数一数二的重要据点，要是他们这两支雄厚的军力联合起来，一起攻打到城下，大概您马上就可以尝到被灭亡的滋味吧？再说袁绍，他跟您有点旧交情，而且曾经同过盟，现在为了您自身的安危起见，不如把冀州让给袁绍。袁绍一得到冀州，那么公孙瓒就很难跟他抗争了，袁绍一定会很感激您的恩德。冀州这块地方交到亲信旧交的手里，对将军来说，不失有让贤的美名，而且，您宝贵的生命也可以如同泰山一般的安稳哩！但望将军别再犹疑了！"韩馥的个性一向懦弱，马上听从了他们的建议。倒是他的长史耿武、别驾闵纯、治中李历向他极力谏说："冀州虽然偏僻，但你拥有百万大军，粮食足够十年的消耗。袁绍势单力孤、穷途末路，全仰仗我们的鼻息。好比婴儿在大人的股掌中，一断绝他的哺乳，立即可将他饿杀。为什么我们要反过来把冀州捧手让给他呢？"韩馥缓缓答道："我，本来就是袁家的手下，而且才干比不上袁绍。自己衡量才德谦让给比我行的人，一向是古人所称道的，各位先生为什么要反对这个呢？"接着从事赵浮、程奂又来请求出兵迎拒敌人，韩馥坚持不肯。终于把自己的事业让给了袁绍，而使他成为冀州牧。

从事沮授向袁绍说："将军以弱冠之年进出朝廷，名声远播海内；适逢董卓废帝立王的时候，您本忠义之心奋发有为；以单枪匹马之势出奔，竟使董卓心怀恐怖；渡河北向，使勃海一带闻风降服。振作全郡的士卒，聚集冀州的部众，您的声威直把河朔都震撼了，

沮授，清朱芝轩绘。沮授，广平人，少有大志，初任冀州别驾，后事袁绍，才不逊色于孔明、周瑜诸贤，官渡之战，计不为袁绍所用，兵败被曹操所俘，不肯背袁绍投降曹操，为曹操所杀。

下。虽黄巾猾乱，黑山跋扈，举军东向，则青州可定；还讨黑山，则张燕可灭；回众北首，则公孙必丧；震胁戎狄，则匈奴必从。横大河之北，合四州之地，收英雄之才，拥百万之众，迎大驾于西京，复宗庙于洛邑，号令天下，以讨未复，以此争锋，谁能敌之？比及数年，此功不难。”绍喜曰：“此吾心也。”即表授为监军、奋威将军。卓遣执金吾胡母班、将作大匠吴修赍诏书喻绍，绍使河内太守王匡杀之。卓闻绍得关东，乃悉诛绍宗族太傅隗等。当是时，豪侠多附绍，皆思为之报，州郡蜂起，莫不假其名。馥怀惧，从绍索去，往依张邈。后绍遣使诣邈，有所计议，与邈耳语。馥在坐上，谓见图构，无何起至溷自杀。

初，天子之立非绍意，及在河东，绍遣

名望重于天下。虽然黄巾贼狡猾作乱，黑山气焰嚣张，如果您领军向东，那么青州必可平定；回师征讨黑山，那么张燕定会消灭；再率兵北向，那么公孙瓒也要闻风丧胆：您的声势震动，也将威胁到戎狄，那么匈奴也会降服顺从。接着横跨黄河以北，集合四州广大的土地，招揽天下的英才，拥有百万大军，迎接天子建都长安，匡复历代祖先的宗庙于洛阳。再向天下全民发号施令，声讨尚未收复的失地，以这个来争取先锋，有谁能和您为敌的？按照这个计划切实去做，不出几年，要建立大功大业并非难事。”袁绍听了，开怀笑道：“这确是我的心愿。”即刻表彰沮授为监军、奋威将军。董卓派执金吾胡母班、将作大匠吴修送诏书去招降袁绍。袁绍一怒之下，叫河内太守王匡把来人杀了。董卓听说袁绍已经据有关东一带，便将袁绍宗族太傅袁隗等人全都杀掉。在这个时候，天下许多豪俊纷纷依附到袁绍这边来，都想尽心尽力报效袁绍，即使一些州郡的拥兵起事，也没有不借着袁绍的名义的。韩馥因为以前得罪不少人，现在心里怕这些人来报复，就向袁绍表明心意，要求离去，另去投靠张邈。以后，袁绍派使者去看张邈，有事商议，讲到机密处时，使者不禁和张邈交头接耳、低声而谈。韩馥在座席上看见这副光景，又听不清人家在谈些什么，一下子以为自己正在被人暗算。不多久，他借口起身，便跑到厕所去自杀了。

起初，天子的迎立不合袁绍的心意，等到在河东时，袁绍就派遣颍川的郭图代他出

颍川郭图使焉。图还说绍迎天子都邺，绍不从。会太祖迎天子都许，收河南地，关中皆附。绍悔，欲令太祖徙天子都鄄城以自密近，太祖拒之。天子以绍为太尉，转为大将军，封邺侯，绍让侯不受。顷之。击破瓒于易京，并其众。出长子谭为青州，沮授谏绍："必为祸始。"绍不听，曰："孤欲令诸儿各据一州也。"又以中子熙为幽州，甥高幹为并州。众数十万，以审配、逢纪统军事，田丰、荀谌、许攸为谋主，颜良、文丑为将率，简精卒十万，骑万匹，将攻许。

先是，太祖遣刘备诣徐州拒袁术。术死，备杀刺史车胄，引军屯沛。绍遣骑佐之。太祖遣刘岱、王忠击之，不克。建安五年，太祖自东征备。田丰说绍袭太祖后，绍辞以子疾，不许，丰举杖击地曰："夫遭难遇之机，而以婴儿之病失其会，惜哉！"太祖至，击破备；备奔绍。

绍进军黎阳，遣颜良攻刘延于白马。沮授又谏绍："良性促狭，虽骁勇不可独任。"绍不听。太祖救延，与良战，破斩良。绍渡河，壁延津南，使刘备、文丑挑战。太祖击破

席朝廷。郭图回来后，游说袁绍迎立天子建都邺（今河南安阳市北、河北临漳县西南），袁绍不同意。这时，曹操先下手为强，把天子迎立到许（今河南许昌市）来，并收复黄河以南的地区，关中一带都逐渐依附他。袁绍心里很后悔，想叫曹操随天子迁都到鄄城（今山东鄄城县北）来，因为这地方跟自己的势力范围比较密切接近，却被曹操一口回绝掉了。天子命袁绍为太尉，转为大将军，封邺侯。袁绍推辞邺侯的职位，不肯接受。不久，袁绍带兵在易京（今河北雄县）把公孙瓒击破，收并了他的部队。派了自己的长子袁谭去出掌青州。沮授观察这个情势，立即劝谏袁绍："您这样做，一定会开启祸端。"袁绍根本听不进去，反而说道："我想让我的儿子们各人都据有一州。"接着，再命次子袁熙出掌幽州，外甥高幹出掌并州。部众高达数十万人，另以审配、逢纪统领军事，田丰、荀谌、许攸为主要参谋，颜良、文丑为将帅，挑选出十万精锐的士卒，骑兵一万，准备攻打许昌。

先前，曹操曾派刘备到徐州抵拒袁术。袁术病死，刘备杀徐州刺史车胄，领兵屯驻沛。袁绍遣骑兵去帮助他。曹操派刘岱、王忠去攻打，结果没成功。建安五年（公元200年），曹操亲自带兵，向东征讨刘备。田丰游说袁绍趁机从背后袭击曹操，袁绍借口儿子有病，没有答应。田丰忧急交加，拿起手杖扣着地面，叫道："这是千载难逢的良机，竟因为小孩子的病痛而坐失掉它，可惜啊！"等曹操大军一到，立刻击破刘备的军队；刘备于是亡奔到袁绍那里。

袁绍进军黎阳（今河南浚县东北），派遣颜良出兵到白马（今河南滑县东北）攻打刘延。沮授又规谏袁绍："颜良的心胸狭隘，虽然勇猛善战，可是不合适让他单独带兵去。"袁绍不听。曹操派兵支援刘延，和颜良大战一场，终于把他斩杀了。袁绍渡过黄河，驻扎

曹操劫乌巢，清朱芝轩绘。

之，斩丑，再战，禽绍大将。绍军大震。太祖还官渡。沮授又曰："北兵数众而果劲不及南，南谷虚少而货财不及北；南利在于急战，北利在于缓搏。宜徐持久，旷以日月。"绍不从。连营稍前，逼官渡，合战，太祖军不利，复壁。绍为高橹，起土山，射营中，营中皆蒙楯，众大惧。太祖乃为发石车，击绍楼，皆破，绍众号曰霹雳车。绍为地道，欲袭太祖营。太祖辄于内为长堑以拒之，又遣奇兵袭击绍运车，大破之，尽焚其谷。太祖与绍相持日久，百姓疲乏，多叛应绍，军食乏。会绍遣淳于琼等将兵万余人北迎运车，沮授说绍："可遣将蒋奇别为支军于表，以断曹公之钞。"绍复不从。琼宿乌巢，去绍军四十里。太祖乃留曹洪守，自将步骑

在延津以南，派刘备、文丑去向曹操挑战。曹操刘备文丑打败，并斩杀了文丑。两次战斗曹操都擒杀了袁绍大将，袁绍军心士气大受震慑。曹操则回师官渡。沮授这刻又出来劝谏袁绍了，他苦口婆心地说道："我们军队数量众多，可是果敢冲劲比不上曹军，曹操军队数量较少而且武器粮草赶不上我军；我军利于速战速决，我军则有利于持久战。我们应当沉得住气，慢慢拖延时间，造成最好的战况。"袁绍不接受他的意见。联合各路军营，继续前进，进逼官渡，演成合战情势，曹军失利，坚壁不出。袁绍建造了很高的望楼，修筑了土山，居高临下，不断向对方营中射击。袁绍的军队遮躲在大盾底下，曹军大为震骇。曹操造了一种车子，能够发射石块，反守为攻，射击对方据点的望楼，袁绍这边的望楼被打得破落不堪。袁军称呼这种车子为"霹雳车"。袁绍经由地道，想偷袭太祖的军营。曹操立刻在营区内挖掘很大的深坑来抵拒袁绍的攻势；另一方面，又暗中派兵乘其不备，大肆攻击袁绍的运输车子，结果把袁绍打得落花流水，并且把他们的军粮，放了一把火，烧个精光。曹操和袁绍的对峙局面维持了不少日子，百姓们给弄得疲惫不堪，许多地方都叛变去投靠袁绍，曹军的粮草日渐匮乏。这时，袁绍派淳于琼等带了一万多名的部队，往北迎接运粮的车子。沮授再度劝说袁绍："您不妨派将军蒋奇另外带一支军队开在前面，用来截断曹操的包抄战略。"可是袁绍还是不肯接纳他的建议。淳于琼驻军乌巢（今河南延津县

五千，候夜潜往攻琼。绍遣骑救之，败走。破琼等，悉斩之。太祖还，未至营，绍将高览、张郃等率其众降。绍众大溃，绍与谭单骑退渡河。余众伪降，尽坑之。沮授不及绍渡，为人所执，诣太祖，太祖厚待之。后谋还袁氏，见杀。

初，绍之南也，田丰说绍曰："曹公善用兵，变化无方，众虽少，未可轻也，不如以久持之。将军据山河之固，拥四州之众，外结英雄，内修农战，然后简其精锐，分为奇兵，乘虚迭出，以扰河南，救右则击其左，救左则击其右，使敌疲于奔命，民不得安业；我未劳而彼已困，不及二年，可坐克也。今释庙胜之策，而决成败于一战，若不如志，悔无及也。"绍不从。丰恳谏，绍怒甚，以为沮众，械系之。绍军既败，或谓丰曰："君必见

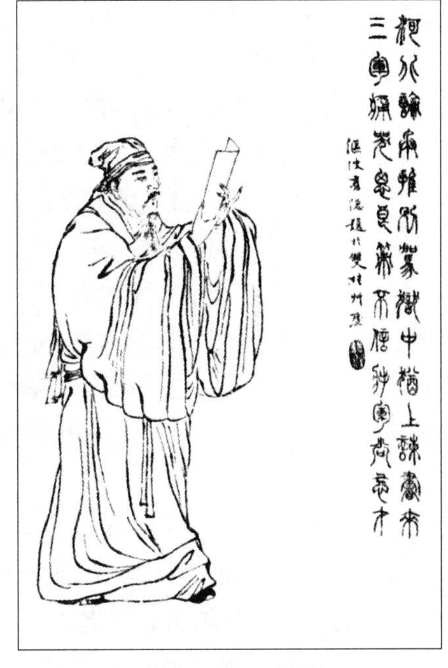

田丰，清朱芝轩绘。田丰字元皓，钜鹿人。袁绍谋士，天资聪明，博览群书，权略多奇，助袁绍破公孙瓒，兼并幽州，屡有奇功。但在官渡之战中，因坚持与曹军打持久战的策略，被袁绍下狱。后袁绍兵败，恐田丰讥笑，派人将他杀死于狱中。

东南），距离袁绍的军队，有四十里之远。曹操叫曹洪留守营中，自己带了五千名精锐的步骑，趁着夜色昏暗，潜往袭击淳于琼。袁绍接获密报，即刻派遣骑兵，前去救援，结果战败退走。曹军大破淳于琼等人，把他们全部斩杀。曹操回师，还没到营区，只见袁绍手下的两名大将高览、张郃带着部众，早已等在半路上投降。袁绍军队大败溃散，袁绍和袁谭单独撤退，渡过黄河。其余的部众假装投降，结果被曹操识破，全部都被活埋。沮授来不及追随袁绍渡河，被人抓去见曹操。曹操相当厚待他。后来沮授念念不忘袁绍，打算再回去袁绍那儿，终于被曹操杀了。

起初，袁绍要向南攻打曹操。田丰劝说袁绍："曹操善于用兵，变化多端，无迹可寻，他的部队虽少，却不能低估他，不如跟他作持久战的打算。将军现在据有险固的山河，拥有四州众多的兵卒，对外结交各地英雄，对内修明农事战备。然后挑选军队中最精锐的，分别组成奇诡莫测的部伍，乘着对方的空隙出兵，来扰动黄河以南的地区。他要救右边，我们就袭击他的左边，他想救左边，我们就袭击他的右边，使敌人疲于奔命，他辖区内的人民也不得安居乐业；这样，我们还没消耗力气，而对方早已疲困不堪，不必等到两年，就可以不费吹灰之力把他们克服。现在舍弃坐在庙堂内策划便可操胜算的法子，而把成败孤注一掷在一次的战争上，万一不能如愿，那可就后悔莫及了。"袁绍不肯听从。田丰锲而不舍力谏，终于把袁绍惹火了，认为他故意在泄士兵们的气，而把田

重。”丰曰：“若军有利，吾必全，今军败，吾其死矣。”绍还，谓左右曰：“吾不用田丰言，果为所笑。”遂杀之。绍外宽雅，有局度，忧喜不形于色，而内多忌害，皆此类也。

冀州城邑多叛，绍复击定之。自军败后发病，七年，忧死。

绍爱少子尚，貌美，欲以为后而未显。审配、逢纪与辛评、郭图争权，配、纪与尚比，评、图与谭比。众以谭长，欲立之。配等恐谭立而评等为己害，缘绍素意，乃奉尚代绍位。谭至，不得立，自号车骑将军。由是谭、尚有隙。太祖北征谭、尚。谭军黎阳，尚少与谭兵，而使逢纪从谭。谭求益兵，配等议不与。谭怒，杀纪。太祖渡河攻谭，谭告急于尚。尚欲分兵益谭，恐谭遂夺其众，乃使审配守邺，尚自将兵助谭，与太祖相拒于黎阳。自九月至二月，大战城下，谭、尚败退，入城守。太祖将围之，乃夜遁。追至邺，收其麦，拔阴安，引军还许。太祖南征荆州，军至西平。谭、尚遂举兵相攻，谭败奔平原。

丰囚禁起来。等到袁绍兵败，有人向田丰说：“一切果如您所料，您一定要被袁绍大为器重了。”“要是出师有利，我或可以保全性命；现在战败，我一定活不成了！”田丰很沉痛地说。袁绍回来后，想起以前种种，忍不住对左右的人说：“我没有听田丰的话，现在一定被他在心里暗笑不已。”于是真的把田丰杀掉了。袁绍外表上看来宽容儒雅，器度不凡，真正的忧愁和喜悦从不表现在脸上；内心里面却充满了猜忌嫉害，像田丰的被杀，就是一个很好的例子。

冀州的城邑，此起彼落叛事连连，袁绍马不停蹄一一攻击平定。自从与曹操在官渡一战大败后，旧病复发，建安七年，终于抑郁而死。

袁绍很疼小儿子袁尚，袁尚长得清秀俊美，袁绍很想让他来接替自己未竟的事业，只是袁绍死时袁尚还没有什么表现。审配、逄纪跟辛评、郭图争夺权势，前者依附袁尚，后者结好袁谭。大家以为袁谭是长子，理当立他为继承人。审配等恐怕袁谭一继位，辛评这帮人就更有力量来打击自己，于是借口袁绍生前口口声声属意袁尚，很快地尊奉袁尚继承袁绍的位子。等到袁谭赶回邺城，已经不能再立位了，只得自号为车骑将军。从此袁谭、袁尚兄弟间的间隙就日渐加深了。曹操向北征讨袁谭、袁尚。袁谭驻军黎阳，袁尚故意只给他很少的士兵，而且叫逄纪跟着他去。袁谭当然要求增加兵额，可是审配等人商议后，把这个要求批驳掉了。袁谭大怒，杀了逄纪。曹操渡过黄河，进攻袁谭，袁谭向袁尚告急求援。袁尚本想分出一些军力去帮助哥哥袁谭，又怕袁谭趁势夺走这些部队。考虑结果，先叫审配守住邺城，自己带着军队去帮助袁谭，和曹操相抗于黎阳。自从这年的九月一直到第二年的二月，在黎阳城下战得昏天黑地，袁谭、袁尚败退，进入城内坚守。曹操下令围城，袁谭、袁尚连夜撤走。曹军紧追在后，直追到邺城，先把田野的麦子收割了，随后攻下阴安（**今河北清丰县北**），才把军队开回许昌。曹操往南攻打荆州，军队到了西平（**今河南西平县西**）。这时袁谭、袁尚兄弟公开反目，举兵互相攻伐，袁谭兵败，逃奔平原（今

尚攻之急，谭遣辛毗诣太祖请救。太祖乃还救谭，十月至黎阳。尚闻太祖北，释平原还邺。其将吕旷、吕翔叛尚归太祖，谭复阴刻将军印假旷、翔。太祖知谭诈，与结婚以安之，乃引军还。尚使审配、苏由守邺，复攻谭平原。太祖进军将攻邺，到洹水，去邺五十里，由欲为内应，谋泄，与配战城中，败，出奔太祖。太祖遂进攻之，为地道，配亦于内作堑以当之。配将冯礼开突门，内太祖兵三百余人，配觉之，从城上以大石击突中栅门，栅门闭，入者皆没。太祖遂围之，为堑，周四十里，初令浅，示若可越。配望而笑之，不出争利。太祖一夜掘之，广深二丈，决漳水以灌之，自五月至八月，城中饿死者过半。尚闻邺急，将兵万余人还救之，依西山来，东至阳平亭，去邺十七里，临滏

决漳河许攸献计，选自清刊本《三国演义》。图为曹操决漳河水灌冀州城后，命辛毗（原属袁绍军，后降曹操）举袁尚印绶衣服招安冀州城内之人，审配大怒，将辛毗家属老小八十余口，斩于城上，并将人头掷于城下。

山东平原县）。袁尚打得很急，袁谭派辛毗到曹操那儿求救兵。十月，曹军到达黎阳。袁尚得知曹操向北进兵，便离开平原，回军邺城。袁尚手下两名将领——吕旷、吕翔叛变，投归曹操。袁谭偷偷刻了将军印假冒吕旷、吕翔名义，曹操看穿他的用心，便与他建立姻亲关系来安抚他，然后方才引军回许昌。袁尚叫审配、苏由先帮他守在邺城，再度出兵到平原攻打袁谭。曹操发动军队将去攻打邺城，到了洹水距离邺城尚有五十里的地方，苏由想在城内接应，配合曹操的外攻，不料事机泄露，先和审配在城里大战起来，苏由打败，亡奔曹操。曹操加紧攻势，挖掘地道。审配也在城里筑造深坑，对抗曹操。出其不意地，审配的一名将领冯礼，打开了突门，接纳了三百多名曹军。审配警觉得快，立刻叫人从城上滚下大石，击中突门的栏栅，栅门关闭不能启动，所有进来的曹军全部被杀。曹操立刻下令围城，挖掘地坑，周围有四十里长，起先命令挖得浅浅的，看起来好像可以跨越过去的样子。审配望见这般光景，只是笑笑，不再出来和曹操争斗。到了晚上，太祖叫人漏夜赶工，把地坑加到两丈宽深，并断了漳水的堤岸，引水灌进邺城。从五月到八月，城里面饿死了大半以上的人。袁尚获知邺城危急，带了一万多名部卒赶回援救，沿着山的西边来，向东到达阳平亭，离邺城十七里靠近滏水

水，举火以示城中，城中亦举火相应。配出兵城北，欲与尚对决围。太祖逆击之，败还，尚亦破走，依曲漳为营，太祖遂围之。未合，尚惧，遣阴夔、陈琳乞降，不听。尚还走滥口，进复围之急，其将马延等临陈降，众大溃，尚奔中山。尽收其辎重，得尚印绶、节钺及衣物，以示其家，城中崩沮。配兄子荣守东门，夜开门内太祖兵，与配战城中，生禽配。配声气壮烈，终无挠辞，见者莫不叹息，遂斩之。高幹以并州降，复以幹为刺史。

太祖之围邺也，谭略取甘陵、安平、勃海、河间，攻尚于中山。尚走故安从熙，谭悉收其众。太祖将讨之，谭乃拔平原，并南皮，自屯龙凑。十二月，太祖军其门，谭不出，夜遁奔南皮，临清河而屯。十年正月，攻拔之，斩谭及图等。熙、尚为其将焦触、张南所攻，奔辽西乌丸。触自号幽州刺史，驱率诸郡太守令长，背袁向曹，陈兵数万，杀白马盟，令曰："违命者斩！"众莫敢语，各以次歃。至别驾韩珩，曰："吾受袁公父子厚恩，今其破亡，智不能救，勇不能死，于义阙矣；若乃北面于曹氏，所弗能为也。"一坐为珩失色。触曰："夫兴大事，当立大义，事之济否，不待一人，可卒珩志，以励事君。"高幹叛，执

的地方，向城中举火做信号，城里面也举火回应。审配从城的北边出兵，想和袁尚呼应，冲破重围阵线。曹操带兵迎击，审配败回，袁尚也兵破亡走，靠着漳水边扎营。于是曹操把袁军团团包围起来，还没再度交锋，袁尚已经惶怖惊骇，很快地派阴夔、陈琳去求降，曹操不接受。袁尚撤走到滥口，曹军攻势愈急愈厉。袁尚的一名将领马延临阵投降，军队溃散，袁尚亡奔中山。曹操缴了他们的器械和粮草，得到袁尚的印绶、符节、斧钺和衣物，带回去给袁尚的家人看，整个邺城大乱，终于瓦解。审配的侄儿审荣把守东门，夜开城门接纳曹操的大军，于是和审配在邺城里展开一场剧烈的战争，终于把审配活捉了。审配慷慨激昂，声势壮烈，至死没有一句讨饶的话，旁观的人没有不被感动得叹息不已的。审配就这样被斩了。高幹率领并州投降，再受命为并州刺史。

在曹操专心一意攻打邺城时，袁谭伺机掠夺甘陵、安平、勃海、河间，并攻打亡奔中山的袁尚。袁尚逃往故安（今河北易县东南），想去依附袁熙，袁谭便把袁尚残留的部下全部收归己有。曹操出兵讨伐袁谭，袁谭就先攻下平原，兼并了南皮，屯军在龙凑。十二月，曹操兵临城下，袁谭不敢出战，连夜逃往南皮，依着大清河边扎营。建安十年（公元 205 年）正月，被曹操大军攻破，袁谭、郭图等被杀。袁熙、袁尚被自己的部将焦触、张南所攻，亡奔辽西的乌丸。焦触自号为幽州刺史，率领各郡的太守长官等，宣称反叛袁熙归向曹操，列兵数万，杀白马立下盟誓："胆敢违命，一律斩！"众人不敢出声，一个个按次序歃血立誓，轮到别驾韩珩的时候，只听他一字一句清楚说道："我一向蒙受袁公父子的厚恩，如今他家破人亡，论智谋，我无法相救；论勇猛，不足以为他效死，这在道义上已经很说不过去了；要是再进一步臣服于他的大敌曹操，我是无论如何做不出来的。"所有在座的人，都为韩珩这番话担心得脸色大变。焦触接下去说道："本来要建立一番大事业，理当先立大义，这件

上党太守，举兵守壶口关。遣乐进、李典击之，未拔。十一年，太祖征幹。幹乃留其将夏昭、邓升守城，自诣匈奴单于求救，不得，独与数骑亡，欲南奔荆州，上洛都尉捕斩之。十二年，太祖至辽西击乌丸。尚、熙与乌丸逆军战，败走奔辽东，公孙康诱斩之，送其首。太祖高韩珩节，屡辟不至，卒于家。

袁术字公路，司空逢子，绍之从弟也。以侠气闻。举孝廉，除郎中，历职内外，后为折冲校尉、虎贲中郎将。董卓之将废帝，以术为后将军；术亦畏卓之祸，出奔南阳。会长沙太守孙坚杀南阳太守张咨，术得据其郡。南阳户口数百万，而术奢淫肆欲，征敛无度，百姓苦之。既与绍有隙，又与刘表不平而北连公孙瓒；绍与瓒不和而南连刘表。其兄弟携贰，舍近交远如此。引军入陈留。太祖与绍合击，大破术军。术以余众奔九江，杀扬州刺史陈温，领其州。以张勋、桥蕤等为大将军。李傕入长安，欲结术为援，以术为左将军，封阳翟侯，假节，遣太傅马日磾因循行拜授。术夺日磾节，拘留不遣。

事能不能成功，也不决定在一个人。我想我们可以成全韩珩的志愿，用来勉励事奉人主的忠心。”高幹背叛曹操，挟持上党的太守，举兵守在壶口关（今山西长治县东南）。太祖派乐进、李典去攻他，没有成功。建安十一年（公元206年），曹操亲征高幹。高幹留下将领夏昭、邓升守城，自己跑到匈奴去向单于求援。求救不成，单独带了几个骑兵逃亡，想往南到荆州，半路上被上洛（今陕西商洛市）的都尉杀了。建安十二年（公元207年），曹操出兵到辽西打乌丸。袁尚、袁熙和乌丸联合迎战，败走，亡奔辽东，被公孙康所诱捕，斩下首级送给曹操。曹操很钦佩韩珩的高尚气节，屡次征召他，他都不肯接受；后来，韩珩老死在家乡。

袁术，字公路，是司空袁逢的儿子，袁绍的堂弟。以任侠好义名闻当时。曾经被举为孝廉，官拜郎中，做过朝廷内外的官，后来做折冲校尉，虎贲中郎将。董卓将要废掉汉少帝的时候，以袁术为后将军；袁术也忧惧董卓所引起的祸患，出奔到南阳（今河南南阳市）去。这时，适逢长沙太守孙坚把南阳太守张咨杀掉了，袁术顺着这个机会，就占领了南阳郡。南阳一地的户口总共有数百万，袁术骄奢淫侈，放纵嗜欲，苛征暴敛无所不至，百姓们叫苦连天。袁术本来跟袁绍就有过节，又与刘表不和，便向北联结公孙瓒；袁绍则和公孙瓒不睦，而往南交好刘表。这些兄弟们各怀二心，舍近求远到这种地步。袁术带兵进入陈留，曹操与袁绍联合起来，大破袁术的军队。袁术领着残兵逃到九江郡（郡治为阴陵，即今安徽定远县西北，属扬州刺史部），干掉了扬州的刺史陈温，自己占领了扬州。命张勋、桥蕤等为大将军。李傕进入长安，想联合袁术互相支援，壮大声势，便任袁术为左将军，封他阳翟侯，让他持有军威大权的符节，派了太傅马日磾按照礼仪去拜授官吏。袁术不但将马日磾的符节夺走，还干脆把他扣留起来。

时沛相下邳陈珪，故太尉球弟子也。术与珪俱公族子孙，少共交游，书与珪曰：“昔秦失其政，天下群雄争而取之，兼智勇者卒受其归。今世事纷扰，复有瓦解之势矣，诚英乂有为之时也。与足下旧交，岂肯左右之乎？若集大事，子实为吾心膂。”珪中子应时在下邳，术并胁质应，图必致珪。珪答书曰：“昔秦末世，肆暴恣情，虐流天下，毒被生民，下不堪命，故遂土崩。今虽季世，未有亡秦苛暴之乱也。曹将军神武应期，兴复典刑，将拨平凶慝，清定海内，信有征矣。以为足下当勠力同心，匡翼汉室，而阴谋不轨，以身试祸，岂不痛哉！若迷而知反，尚可以免。吾备旧知，故陈至情，虽逆于耳，骨肉之惠也。欲吾营私阿附，有犯死不能也。”

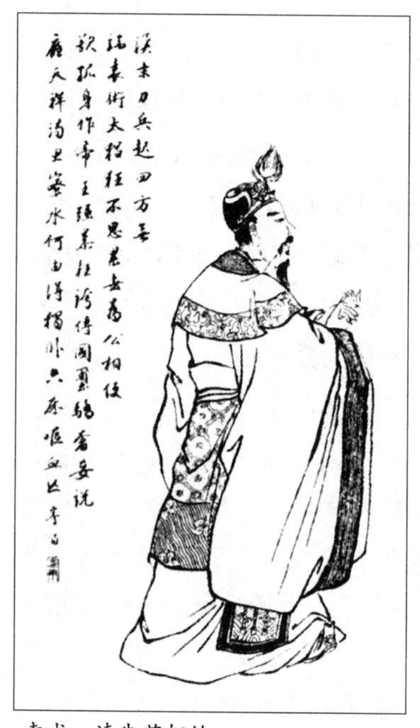
袁术，清朱芝轩绘。

兴平二年冬，天子败于曹阳。术会群下谓曰：“今刘氏微弱，海内鼎沸。吾家四世公辅，百姓所归，欲应天顺民，于诸君意如何？”众莫敢对。主簿阎象进曰：“昔

这时沛国宰相下邳人陈珪，是以前太尉陈球的侄子。袁术和陈珪都是贵族子孙，年轻时曾在一起交游过。袁术有一封写给陈珪的信，信上说：“从前秦王不行仁政，天下群雄纷纷起来与他奋争，智勇双全的人最后都找到了他想归附的主子。现在世局纷乱不安，又有崩溃瓦解的趋势，实在是英雄才俊奋发有为的时机啊！我们是老朋友，哪里会有一左一右互相违背的道理呢？如果想要完成大事，你就是我共谋的心腹。”陈珪的儿子陈应这时在下邳，袁术软硬兼施，挟持陈应作为人质，一定要把陈珪弄到自己这边来。陈珪回了一封信给他：“从前秦朝的末世，统治者纵欲恣情，以暴政苛虐天下，荼毒人民，全天下的人都受不了这种苦痛，所以终于王朝崩解，被汉取而代之。现在虽然也是一个朝代的尾声，可是还没有亡秦时的苛酷暴乱。今天的曹将军神威英武，应了时代的需要而生，新兴并恢复了许多法令制度和刑罚，将要讨平凶恶，澄清海内，这可都是有所凭据的。我以为你应当和我同心协力，一起辅助光复汉室，可是现在你却图谋不轨，暗藏私心，拿自己宝贵的生命来同灾祸下赌注，怎不叫我为你心痛忧虑呢？要是你能即刻迷途知返，或许还可以避免祸乱。因为我是你的老友，所以才坦诚向你表白心意，虽然忠言逆耳，但是对你的骨肉是有好处的。若想要我利欲熏心去阿附你，我可宁死也不愿意的！”

兴平二年（公元 195 年）冬天，天子的军队在曹阳（今河南陕县西）吃了败仗。袁术召集了部队，向他们发表谈话：“如今刘室已经是风里残烛，海内外人心鼎沸。我们袁家四代都是汉朝的公辅宰相更是百姓们心愿的归向，我想要配合天意顺应民心，不晓得各位的

周自后稷至于文王，积德累功，三分天下有其二，犹服事殷。明公虽奕世克昌，未若有周之盛，汉室虽微，未若殷纣之暴也。”术嘿然不悦。用河内张炯之符命，遂僭号。以九江太守为淮南尹。置公卿，祠南北郊。荒侈滋甚，后宫数百皆服绮縠，余粱肉，而士卒冻馁，江淮间空尽，人民相食。术前为吕布所破，后为太祖所败，奔其部曲雷薄、陈兰于灊山，复为所拒，忧惧不知所出。将归帝号于绍，欲至青州从袁谭，发病道死。妻子依术故吏庐江太守刘勋，孙策破勋，复见收视。术女入孙权宫，子耀拜郎中，耀女又配于权子奋。

刘表字景升，山阳高平人也。少知名，号八俊。长八尺余，姿貌甚伟。以大将军掾为北

刘表，选自清刊本《三国演义》。

意见如何？”一时气氛凝重，大家都沉默下来。只有主簿阎象向前进谏说：“从前的周代，自从后稷到文王，不知积累了多少的道德功迹，在三分的天下中领有其中的两分，尚且顺服于殷。您虽然世代昌明，可还没有当年周文王的兴盛吧？汉室虽然衰微，可还不至于像殷纣的残暴吧？”袁术听了默不作声，心里却很不高兴。用了河内张炯的符命，擅自僭称名号。另外任九江太守为淮南尹。又设立公卿，在南边北边的郊外，建祠祀天，俨然天子。袁术极尽荒淫奢靡之能事，后宫里几百名妇女都穿戴绮丽的绸缎，每天有吃不完的精美的膳食；然而士卒却挨饿受冻，长江、淮河一带的人民纷纷迁徙他去，那走不了甚或不能走的，竟然也有的悲惨到互相吃食的地步。袁术先是被吕布攻破，后来又被曹操打败，便逃奔到灊山他的部下雷薄、陈兰那儿去，但是，被他们拒绝收留；袁术忧愁害怕，不知道该往哪里去才好。后来，他想将帝号送还给袁绍，自己打算到青州去依靠袁谭，却在流亡的路途中病死了。袁术的妻子和孩子依托于他以前的部下——庐江太守刘勋。后来，孙策打败刘勋，袁术的妻子又给孙策收留了。袁术的女儿嫁到孙权的后宫，儿子袁耀则官拜郎中，袁耀的女儿又婚配给孙权的儿子孙奋。

刘表，字景升，山阳高平（今山西晋城县北）人。年纪轻轻就很有名气，号称“八

军中候。灵帝崩，代王叡为荆州刺史。是时山东兵起，表亦合兵军襄阳。袁术之在南阳也，与孙坚合从，欲袭夺表州，使坚攻表。坚为流矢所中死，军败，术遂不能胜表。李傕、郭汜入长安，欲连表为援，乃以表为镇南将军、荆州牧，封成武侯，假节。天子都许，表虽遣使贡献，然北与袁绍相结。治中邓羲谏表，表不听，羲辞疾而退，终表之世。张济引兵入荆州界，攻穰城，为流矢所中死。荆州官属皆贺，表曰："济以穷来，主人无礼，至于交锋，此非牧意，牧受吊，不受贺也。"使人纳其众；众闻之喜，遂服从。长沙太守张羡叛表，表围之连年不下。羡病死，长沙复立其子怿，表遂攻并怿，南收零、桂，北据汉川，地方数千里，带甲十余万。

太祖与袁绍方相持于官渡，绍遣人求助，表许之而不至，亦不佐太祖，欲保江汉间，观天下变。从事中郎韩嵩、别驾刘先说表曰："豪杰并争，两雄相持，天下之重，在于将军。将军若欲有为，起乘其弊可也；若不然，固将择所从。将军拥十万之众，安坐而观望。夫见贤而不能助，请和而不得，此两怨必集于将军，将军不得中立矣。夫以曹公之明哲，

俊"之一。他身长八尺多，姿态容貌很俊伟。从大将军掾的职位受任为北军中候。灵帝崩逝，刘表代替王叡为荆州刺史。这时，崤山以东兵事不断，刘表也联合军队屯驻在襄阳（今湖北襄阳市）。袁术在南阳与孙坚采"合纵"策略，联合起来想去袭击刘表的荆州，决定先让孙坚去攻打刘表。孙坚被流箭射中死掉了，军队败退，袁术也不能打胜刘表。李傕、郭汜进入长安城，想连络刘表互相声援，于是授他为镇南将军、荆州牧，封成武侯，并持有符节。天子迁都许昌，刘表虽然也派了使者来进贡，然而，实际上仍和北方的袁绍相连结。治中邓羲进谏刘表，刘表不听，邓羲不得已称病引退，一直到刘表去世。张济带兵进入荆州的州界，围攻穰城（今河南省邓州市）时被流箭射死。荆州上下的官员，都来向刘表道贺，没想到刘表却这么说："张济因末路穷途而来投奔我，做主人的没有拿礼来对待，以至于弄到两边的军队打起来，这并不是我的本意，我只接受那来哀悼慰问的，不想接受任何人的庆贺。"刘表叫人去安抚张济的部队；大家听了都很高兴，很轻易地便都归顺了刘表。长沙太守张羡叛变，刘表出兵去围攻，打了一整年也攻不下。等到张羡病死，长沙地方的人又拥立他的儿子张怿出来，刘表于是再攻张怿，把他吞并了，向南收取零陵（今湖南永州市）、桂阳（今湖南郴州市），北边据有汉川，所统领的区域广及数千里，兵甲扩充到十多万。

曹操的大军和袁绍的部队在官渡相持不下时，袁绍曾差人到刘表那儿求助，刘表口头虽答应，却不见出兵，他也不帮助曹操，打算保住江汉这一带，坐观天下情势的演变。从事中郎韩嵩、别驾刘先向刘表说："豪杰互相竞争，两雄不分上下，决定天下谁属的重担，就落在将军的肩上了。您要是想要有所作为，就应当趁着他们相争的机会起兵；若不是有这种心志，也该谨慎选择跟附的一方。现在将军拥有十万大军，却安然坐在这里观望。再说，遇着贤人不给帮助，请求和好也不去理会，他们两方的怨恨一定会集中到将军的身上，

天下贤俊皆归之，其势必举袁绍，然后称兵以向江汉，恐将军不能御也。故为将军计者，不若举州以附曹公，曹公必重德将军；长享福祚，垂之后嗣，此万全之策也。”表大将蒯越亦劝表，表狐疑，乃遣嵩诣太祖以观虚实。嵩还，深陈太祖威德，说表遣子入质。表疑嵩反为太祖说，大怒，欲杀嵩，考杀随嵩行者，知嵩无他意，乃止。表虽外貌儒雅，而心多疑忌，皆此类也。

刘备奔表，表厚待之，然不能用。建安十三年，太祖征表，未至，表病死。

初，表及妻爱少子琮，欲以为后，而蔡瑁、张允为之支党，乃出长子琦为江夏太守，众遂奉琮为嗣。琦与琮遂为仇隙。越、嵩及东曹掾傅巽等说琮归太祖，琮曰：“今与诸君据全楚之地，守先君之业，以观天下，何为不可乎？”巽对曰：“逆顺有大体，强弱有定势。以人臣而拒人主，逆也；以新造之楚而御国家，其势弗当也；以刘备而敌曹公，又弗当也。三者皆短，欲以抗王兵之锋，必亡之道也。将军自料何与刘备？”琮曰：“吾不若也。”巽

就是您想保持中立也不可能了。因为曹公的聪明敏锐，天下的贤俊慢慢都归附向他，这样的情势演变下去，一定可以打垮袁绍；然后他会起兵朝江汉开来，到时恐怕连你都要挡不了。所以我们为将军打算，建议您不如拿了荆州去归附曹公，他一定会感激您、重用您的；您也可以长久享受福禄，并传给后代的子孙们，这实在不失为万全的计策啊！”刘表的另一名大将蒯越也劝他这么做，刘表心里面犹豫不决，于是派韩嵩去看曹操，以刺探虚实如何。韩嵩回来后，极力称赞曹操的声威贤德，并游说刘表送儿子去当人质。刘表怀疑韩嵩被曹操反间利用，勃然大怒，想把韩嵩杀掉，可是，转念一想，先拷问并杀了跟随他的部下，才知道韩嵩实在没有恶意，而放过了他。刘表虽然外貌儒雅温文，可是内心充满猜疑妒忌，像对付韩嵩的始末就是个明显的例子。

刘备投奔刘表，刘表虽然厚待他，可是却不能重用他。建安十三年（公元208年），曹操出兵征讨刘表，曹军还没到达荆州，刘表已经病死了。

起初，刘表和太太都很疼爱小儿子刘琮，想把他当做继位的人，而蔡瑁、张允又都是支持他的同党，于是派长子刘琦出任江夏的太守，众人于是拥立刘琮。刘琦与刘琮兄弟俩的感情，从此有了裂痕。蒯越、韩嵩和东曹掾傅巽等人，劝刘琮归顺曹操，刘琮不以为然，说道：“现在我和诸位先生领有整个楚的地区，固守先父的产业，来旁观天下情势的变化，这种做法有什么不好呢？”“违逆和顺应都要明识大体，或强或弱自有它一定的情势。以做人臣的身份而违拒人主，这就是逆；拿新建的楚去抵御一个国家，这般情势是无法挡得住的：光靠刘备的力量来敌对曹公，那更不恰当。这三样都行不通，您凭这个想抵抗王军猛锐的攻势，必定要走上灭亡的道路。将军啊！您自己衡量看看，跟刘备相比是怎样呢？”傅巽很坦直地向刘琮剖析。“当然我比不上他。”刘琮答道。“诚然以刘备的力量是不够抵御曹公的，那么，即使保全了旧楚大地，恐怕也还不足以生存下去；要是刘备真的挡得住曹

曰："诚以刘备不足御曹公乎，则虽保楚之地，不足以自存也；诚以刘备足御曹公乎，则备不为将军下也。愿将军勿疑。"太祖军到襄阳，琮举州降。备走奔夏口。

太祖以琮为青州刺史、封列侯。蒯越等侯者十五人。越为光禄勋；嵩，大鸿胪；羲，侍中；先，尚书令；其余多至大官。

评曰：董卓狼戾贼忍，暴虐不仁，自书契已来，殆未之有也。袁术奢淫放肆，荣不终己，自取之也。袁绍、刘表，咸有威容、器观，知名当世。表跨蹈汉南，绍鹰扬河朔，然皆外宽内忌，好谋无决，有才而不能用，闻善而不能纳，废嫡立庶，舍礼崇爱，至于后嗣颠蹶，社稷倾覆，非不幸也。昔项羽背范增之谋，以丧其王业；绍之杀田丰，乃甚于羽远矣！

公，那么，很明显地，刘备绝不可能委屈到你的手下来。但愿将军不要再迟疑了！"傅巽再进一步说服刘琮。曹操的军队才开到襄阳（今湖北襄阳市），刘琮就领了荆州投降。刘备则亡奔夏口（今湖北武汉市汉口）。

曹操授刘琮为青州刺史、封列侯。蒯越等封侯的共十五人。蒯越拜为光禄勋；韩嵩为大鸿胪；邓羲为侍中；刘先为尚书令，其他刘琮身边的人也都纷纷当了大官。

陈寿评论说：董卓凶狠暴戾，残害仁义，自人类有了文字记载历史以来，大概从没有过这种人。袁术奢靡淫侈，放荡声色，虽曾荣显富贵，却不能终享它，完全是咎由自取。袁绍、刘表这两人，看上去很有威严恣容、器宇可观，在当时颇有名望。刘表跨越了汉水以南，袁绍扬威于河朔一带，可是都属于同一类型——外貌看似宽厚，内心却好猜忌；虽有好谋略，却缺乏果断的能力；旁边不乏才智之士，然而终不能重用；即使知道好的建议，也由于不信任别人而不肯接纳；废掉嫡长子而偏立庶少子，舍弃礼制而迁就私爱；终至于后嗣颠沛困顿，国家倾亡，这并非什么可惜的事。从前项羽不听谋士范增的话，终于丧失了他的王霸事业；袁绍的任性斩杀田丰，比起项羽，那就有过之而无不及了！

三国志卷七

吕张臧传第七

吴颐平 译

吕布字奉先，五原郡九原人也。以骁武给并州。刺史丁原为骑都尉，屯河内，以布为主簿，大见亲待。灵帝崩，原将兵诣洛阳。与何进谋诛诸黄门，拜执金吾。进败，董卓入京都，将为乱，欲杀原，并其兵众。卓以布见信于原，诱布令杀原。布斩原首诣卓，卓以布为骑都尉，甚爱信之，誓为父子。

布便弓马，膂力过人，号为飞将。稍迁至中郎将，封都亭侯。卓自以遇人无礼，恐

吕布，别号奉先，是五原郡九原县（今内蒙古包头市）人，由于强壮武勇，在并州（今山西大部、内蒙古中南部、陕西北部等地；当时州治晋阳，即今山西太原市晋源区）服兵役。刺史丁原作骑都尉的时候，驻兵河内（今河南省黄河北岸地），用吕布作主簿官，把吕布当自己人来看待。汉灵帝驾崩了，丁原带领兵马到了洛阳，和何进商量杀了太监们，丁原升了执金吾的官。何进失败后，董卓进了京都，打算作乱，要杀丁原，吞并丁原部队。董卓知道吕布是丁原信用的人，就利诱吕布去杀丁原，吕布果然杀了丁原，将首级送给董卓，董卓就提升吕布作骑都尉，由于喜爱信任吕布，就认吕布为干儿子。

吕布射箭、骑马等武功都好，气力超过一般人，号称飞将军。一步步升到中郎将，

温侯神䠶
世間稀曾
向轅門射
戟時落日
果然欺后
羿號猿直
欲勝由基
吕布

吕布，选自清皇家珍藏手抄善本绘图描金银《三国志演义》。

人谋己，行止常以布自卫。然卓性刚而褊，忿不思难，尝小失意，拔手戟掷布。布拳捷避之，为卓顾谢，卓意亦解。由是阴怨卓。卓常使布守中阁，布与卓侍婢私通，恐事发觉，心不自安。

先是，司徒王允以布州里壮健，厚接纳之。后布诣允，陈卓几见杀状。时允与仆射士孙瑞密谋诛卓，是以告布使为内应。布曰："奈如父子何！"允曰："君自姓吕，本非骨肉。今忧死不暇，何谓父子？"布遂许之，手刃刺卓。语在《卓传》。允以布为奋武将军，假节，仪比三司，进封温侯，共秉朝政。布自杀卓后，畏恶凉州人，凉州人皆怨。由是李

凤仪亭，清末年画。据《三国演义》，董卓在凤仪亭遇见吕布调戏董卓宠姬貂蝉，董卓一时大怒，用手中戟掷吕布，司徒王允趁机离间，董卓终为吕布所杀。

封都亭侯。董卓知道自己待人没礼貌，只怕有人谋害，所以出入都让吕布护卫。但是董卓骄傲急性子，生起气来，不顾一切。有一回，为了一点事不如意，就拿起手戟来投掷吕布，幸亏吕布动作快、躲开了，还向董卓道了歉，董卓也消了气。不过，吕布从这事以后，怨恨在心。董卓常叫吕布守内宅，吕布跟服侍董卓的丫鬟私通了，但害怕董卓知道，所以心不安。

起初，司徒王允因为吕布是同州的健儿，待吕布很厚。后来，吕布去见王允，陈说差一点就被董卓杀了的情形，正好王允跟仆射士孙瑞密商，要杀董卓，所以要求吕布作内应。吕布说："我跟董卓有父子的关系呀！"王允说："您自己姓吕，跟董卓又没骨肉之亲，而今怕死还怕不来，还提什么父子哪！"吕布就答应了，于是亲手刺死董卓。详情在《董卓传》。王允就升吕布作奋武将军，赏给符节，仪仗比照三公，又封为温（今河南温县）侯，一同掌管朝廷大事。吕布从杀死董卓后，连凉州（今甘肃、宁夏、青海东部等地）人也都讨厌

傕等遂相结还攻长安城。布不能拒，傕等遂入长安。卓死后六旬，布亦败。将数百骑出武关，欲诣袁术。

布自以杀卓为术报仇，欲以德之。术恶其反复，拒而不受。北诣袁绍，绍与布击张燕于常山。燕精兵万余，骑数千。布有良马曰赤兔。常与其亲近成廉、魏越等陷锋突陈，遂破燕军。而求益兵众，将士钞掠，绍患忌之。布觉其意，从绍求去。绍恐还为己害，遣壮士夜掩杀布，不获。事露，布走河内，与张杨合。绍令众追之，皆畏布，莫敢逼近者。

张邈字孟卓，东平寿张人也。少以侠闻，振穷救急，倾家无爱，士多归之。太祖、袁绍皆与邈友。辟公府，以高第拜骑都尉，迁陈留太守。董卓之乱，太祖与邈首举义兵。汴水之战，邈遣卫兹将兵随太祖。袁绍既为盟主，有骄矜色，邈正议责绍。绍使

赋不辱主命汉世簪缨不及妇人 貂蝉

貂蝉，选自清皇家珍藏手抄善本绘图描金银《三国志演义》。据《三国演义》，貂蝉本为司徒王允府中歌伎，色艺俱佳，王允欲图董卓，将貂蝉分别许给董卓和吕布两人，又命貂蝉在两人中间周旋，使两人生隙，王允趁机离间，董卓终于被吕布所杀。

了，凉州人也都怨恨他。所以李傕等人就连结进攻长安城，吕布抵抗不了，李傕等就打进长安。董卓死后六十天左右，吕布也失败了，带领几百骑兵逃出武关（在陕西商洛市凤县东四十公里），打算投奔袁术。

吕布觉得杀死董卓，是给袁术报仇，可以讨好。不料袁术讨厌吕布的反复无常，不肯收容。吕布就北走去见袁绍，袁绍就跟吕布联合在常山（今河北正定一带）攻打张燕。张燕拥有精兵一万多，骑兵几千人。吕布有一匹好马，名叫赤兔，经常和他亲近的将领成廉、魏越等冲锋陷阵，就打败了张燕。随后求袁绍给他增兵，但因官兵纪律坏，常出去抢夺，袁绍也忌恨了他，吕布知道袁绍的意思，要求袁绍许他走，袁绍怕吕布回来害自己，就派了壮士半夜去杀吕布，然而没成功。事情败露了，吕布就逃往河内，跟张杨合兵。袁绍派兵去追，大家都怕吕布，不敢接近。

张邈，别号孟卓，是东平郡寿张县（故城在今山东东平西南）人。年轻时，行侠尚义，不惜拿家财去帮助穷苦人，所以许多人士都归向他。曹操、袁绍都跟他交朋友。政府征用他，因为成绩好作了骑都尉，再改任陈留郡（今河南开封市陈留镇一带）太守。董卓造反时，曹操和他发起义兵救国。汴水（在河南荥阳一带）作战时，张邈派卫兹领兵跟随曹操。袁绍因

太祖杀邈，太祖不听，责绍曰："孟卓，亲友也，是非当容之。今天下未定，不宜自相危也。"邈知之，益德太祖。太祖之征陶谦，敕家曰："我若不还，往依孟卓。"后还，见邈，垂泣相对。其亲如此。

吕布之舍袁绍从张杨也，过邈临别，把手共誓。绍闻之，大恨。邈畏太祖终为绍击己也，心不自安。兴平元年，太祖复征谦，邈弟超，与太祖将陈宫、从事中郎许汜、王楷共谋叛太祖。宫说邈曰："今雄杰并起，天下分崩，君以千里之众，当四战之地，抚剑顾眄，亦足以为人豪，而反制于人，不以鄙乎！今州军东征，其处空虚，吕布壮士，善战无前，若权迎之，共牧兖州，观天下形势，俟时事之变通，此亦纵横之一时也。"邈从之。太祖初使宫将兵留屯东郡，遂以其众东迎布为兖州牧，据濮阳。郡县皆应，唯鄄城、东阿、范为太祖守。太祖引军还，与布战于濮阳，太祖军不利，相持百余日。是时岁旱、虫蝗、少谷，百姓相食，布东屯山阳。二年间，太祖乃尽复收诸城，击破布于钜野。布东奔刘备。邈从布，留超将家属屯雍丘。太祖攻围数月，屠之，斩超及其家。邈诣袁术请救未至，自为其兵所杀。

为作了义兵的盟主而自鸣得意，张邈不客气地责备他，袁绍让曹操杀张邈，曹操不听，也责备袁绍，说："孟卓是我们的近友，好歹该包涵他。现在大局还不稳，不可以自相残杀呀。"事情让张邈知道了，越发感激曹操。曹操征伐陶谦时，给家人留下遗言说："我如果回不来，就依靠孟卓去。"幸而回家了，见了张邈，彼此都流了泪，可见他们交情如何深了。

吕布离开袁绍，追从张杨时，见张邈辞行，二人手拉手向天起誓。袁绍听说了，怨恨万分。张邈怕曹操早晚要帮袁绍攻打他，心不自安。兴平元年（公元 194 年），曹操又攻打陶谦。张邈的弟弟超，跟曹操的将军陈官，从事中郎许汜、王楷，合谋反叛曹操，陈宫向张邈说："现在英雄豪杰都起事了，天下分裂，您统辖地方有千里之大，却是无险可守，四面受敌的地方，手拿宝剑四周看看，也可以称为人中豪杰，而今反被人制压，岂不太难堪了！现在曹操东征徐州，后方空虚，吕布这位壮士，很会作战，所向无敌，何妨暂且用他，一同治理兖州（今河北西南和山东西北地方），再静看天下大势，看时局如何演变，不是可以称心如意一时吗？"张邈依从了这计策。曹操本来命陈官驻兵在东郡（今山东聊城、河南濮阳等地），陈宫就带兵东去迎接吕布，吕布作了兖州牧，占了濮阳（今河南濮阳南），各郡县都响应了。只有鄄城（今山东鄄城北）、东阿（在今山东阳谷县东）、范县（今山东梁山西北）为曹操守城。曹操就带回兵来，跟吕布作战于濮阳，曹军失利，对阵一百多天。当时天旱、闹蝗虫，粮食生产少，以至于人吃人，吕布的兵向东开到山阳（山东金乡一带）。兴平二年（公元 195 年）间，曹操夺回各城池，在钜野（今山东巨野）打败了吕布。吕布东去投奔刘备。张邈也随从吕布，留下张超带家眷住在雍丘（今河南杞县）。曹操包围雍丘几个月，杀了全城人，斩了张超跟家眷。张邈到袁术处请救兵还没赶回来，也被他部下所杀。

备东击术，布袭取下邳，备还归布。布遣备屯小沛。布自称徐州刺史。术遣将纪灵等步骑三万攻备，备求救于布。布诸将谓布曰："将军常欲杀备，今可假手于术。"布曰："不然。术若破备，则北连太山诸将，吾为在术围中，不得不救也。"便严步兵千、骑二百，驰往赴备。灵等闻布至，皆敛兵不敢复攻。布于沛西南一里安屯，遣铃下请灵等，灵等亦请布共饮食。布谓灵等曰："玄德，布弟也。弟为诸君所困，故来救之。布性不喜合斗，但喜解斗耳。"布令门候于营门中举一只戟，布言："诸君观布射戟小支，一发中者诸君当解去，不中可留决斗。"布举弓射戟，正中小支。诸将皆惊，言"将军天威也"！明日复欢会，然后各罢。

术欲结布为援，乃为子索布女，布许之。术遣使韩胤以僭号议告布，并求迎妇。沛相陈珪恐术、布成婚，则徐、扬合从，将为国难，

吕奉先辕门射戟，选自清刊本《三国演义》

刘备东去攻打袁术，吕布就袭取了下邳（今江苏邳州南），刘备回到吕布这边来，吕布派刘备守小沛（今江苏沛县），并自称为徐州刺史。袁术派纪灵等步骑兵三万人攻打刘备，备求吕布来救。吕布手下各将向布说："将军常要杀刘备，现在正好让袁术杀了他。"吕布说："不然，袁术如果打败了刘备，就要联合北边太山各军，我们就得被他包围了，所以不能不救刘备。"吕布就装备了一千步兵、二百骑兵，立刻去救刘备。纪灵等听说吕布来了，都收兵不敢再攻。吕布在沛县（今江苏沛县）西南一里地扎下营，派副官去请纪灵等人，纪灵等也请吕布宴饮。吕布对纪灵等说："玄德是我弟弟，他被各位包围了，所以我来搭救。我不爱看人合斗，但愿解决争斗。"吕布命管门人在营门当中举一只戟，就说："诸位看我射戟的小支，如果一发射中了，诸君就得解兵回去，不中的话，你们再决斗。"吕布就举起弓来射箭，正好中了小支。各将领都大吃一惊，说："将军真是天威呀！"第二天，大家又欢会一次，然后罢兵讲和。

袁术为联合吕布互相援助，要求吕布的女儿作儿媳，吕布应许了。袁术打算作皇上，派韩胤告诉吕布这意见，并求迎娶吕布的女儿。沛国（今江苏西北和安徽东北一带）丞相陈珪怕袁术、吕布结成亲家，那么徐州、扬州（今安徽中部、江苏江南、江西、浙江、福

于是往说布曰："曹公奉迎天子，辅赞国政，威灵命世，将征四海，将军宜与协同策谋，图太山之安。今与术结婚，受天下不义之名，必有累卵之危。"布亦怨术初不己受也，女已在涂，追还绝婚，械送韩胤，枭首许市。珪欲使子登诣太祖，布不肯遣。会使者至，拜布左将军。布大喜，即听登往，并令奉章谢恩。登见太祖，因陈布勇而无计，轻于去就，宜早图之。太祖曰："布，狼子野心，诚难久养，非卿莫能究其情也。"即增珪秩中二千石，拜登广陵太守。临别，太祖执登手曰："东方之事，便以相付。"令登阴合部众以为内应。

始，布因登求徐州牧，登还，布怒，拔戟斫几曰："卿父劝吾协同曹公，绝婚公路；今吾所求无一获，而卿父子并显重，为卿所卖耳！卿为吾言，其说云何？"登不为动容，徐喻之曰："登见曹公言：'待将军譬如养虎，当饱其肉，不饱则将噬人。'公曰：'不如卿言也。譬

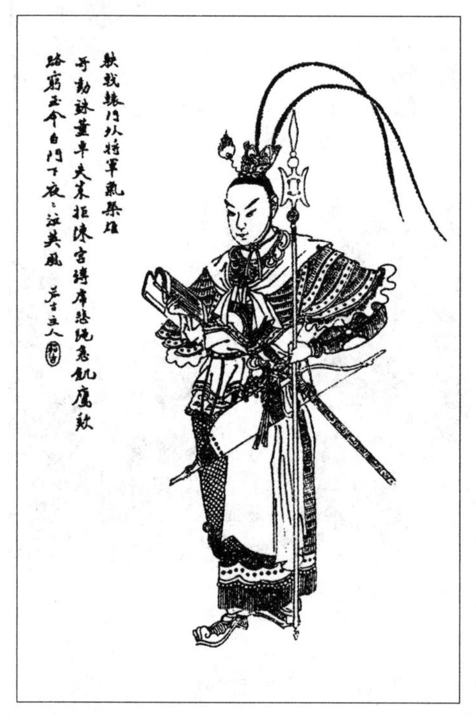

吕布，选自清刊本《三国演义》。

建等地）联合起来，将成国家的灾难，于是见吕布说："曹操奉迎皇上，辅助国家，威灵震动四海，将军该和他共同策划，使天下像太山那么平安。现在如果跟袁术结亲，天下人都说您不义，那危险就跟累卵一样了。"吕布本就怨袁术当初不收容自己，虽然女儿已上了路，仍派人追回，和袁术断了婚。并且扣留韩胤，送到许昌（今河南许昌）斩首。陈珪要让他儿子陈登去见曹操，吕布不许。恰好朝廷派使臣来，任用吕布作左将军。吕布大喜，马上答应陈登上许昌，并且让陈登奏上皇上谢恩。陈登见了曹操，报告吕布是个勇而无谋，缺少人情味，想走就走的人，该早一点打主意解决他。曹操说："吕布野心，像一只狼，不能长久养活，不是你说，我还不知细情呢！"曹操马上提高陈珪俸禄为中二千石，并任陈登为广陵郡（今江苏扬州一带）太守。陈登临别时，曹操握着他的手说："东方的事，都交给你们了。"命陈登暗中整理部队作为内应。

原来，吕布让陈登上许昌是为他求徐州牧的。陈登回来，吕布生了气，拔出戟来斫桌子说："你父亲劝我帮助曹公，又跟袁术断了婚姻，如今我所求的一点也没得到，你们父子倒升了大官，这不是被你们出卖了吗？你说说，你是怎么给我说的？"陈登并不着急，慢慢地说："我见了曹公说：'待将军好比养老虎，必须让它吃饱了肉，不饱就要吃人啦！'曹公说：'不像你说的那样，比如养鹰，饿着它就听你的话，饱了就飞了。'我们就是这么

如养鹰，饥则为用，饱则扬去。’其言如此。”布意乃解。

术怒，与韩暹、杨奉等连势，遣大将张勋攻布。布谓珪曰：“今致术军，卿之由也，为之奈何？”珪曰：“暹、奉与术，卒合之军耳，策谋不素定，不能相维持，子登策之，比之连鸡，势不俱栖，可解离也。”布用珪策，遣人说暹、奉，使与己并力共击术军，军资所有，悉许暹、奉。于是暹、奉从之，勋大破败。

建安三年，布复叛为术，遣高顺攻刘备于沛，破之。太祖遣夏侯惇救备，为顺所败。太祖自征布，至其城下，遗布书，为陈祸福。布欲降，陈宫等自以负罪深，沮其计。布遣人求救于术，自将千余骑出战，败走，还保城，不敢出。术亦不能救。布虽骁猛，然无谋而多猜忌，不能制御其党，但信诸将。诸将各异意自疑，故

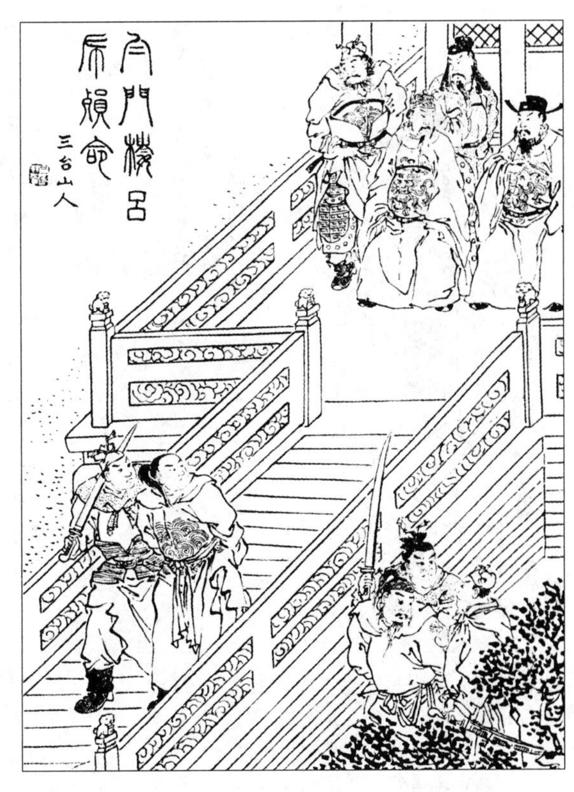

白门楼吕布殒命，清朱芝轩绘。

说的。”吕布听完，气也消了。

袁术听了吕布的事，生气了，就联合韩暹、杨奉等，派大将张勋攻打吕布，吕布向陈珪说：“现在把袁术的兵招来，都是你的缘故，该怎么办？”陈珪说：“韩暹、杨奉跟袁术，是匆忙合起来的，计策不是老早决定的，不会互相帮助，小儿登计算他们，如同绑在一块儿的鸡，不能够同居共处，不难拆散的。”吕布就用了陈珪的计策，派人游说韩、杨二人，二人果然投向吕布，并一齐攻击袁术，吕布许下所有战利品都归韩杨二人所有，结果把张勋打得大败。

建安三年（公元198），吕布又叛变了，去帮助袁术，并且派高顺在沛县打败了刘备，虽然曹操让夏侯惇去救刘备，仍然被高顺打败。曹操只好亲自征伐吕布，兵到下邳城下，先向吕布说明利害，吕布打算投降，但是陈宫等人以为得罪曹操太深了，阻止吕布投降。吕布就派人向袁术求救，自己指挥一千多骑兵出战，然而打败了，退回城中，不敢出来，袁术救兵也没到。吕布虽勇猛，却缺少计谋，又好猜忌人，不能管制所属，只信任各将领，而各将领又彼此闹意见，互相猜疑，便每战多败了。曹操挖濠沟，围城三个月，吕布部下都不同心，以致侯成、宋宪、魏续等将领，绑起陈宫，带着部下先投降了。吕布带领

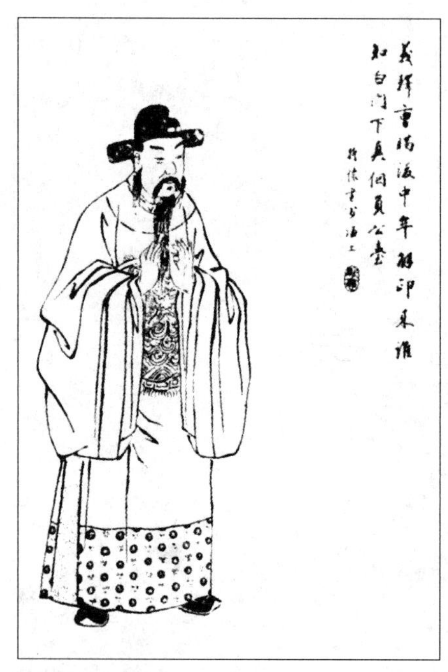

陈宫，清朱芝轩绘。据《三国演义》，陈宫本为东汉末中牟县令，曾捉住企图行刺董卓的曹操，见曹操英武，便弃官与曹操一起逃亡，后见曹操扬言“宁可我负天下人，不可天下人负我”，认为曹操并非仁人，于是弃曹操自去。

每战多败。太祖堑围之三月，上下离心，其将侯成、宋宪、魏续缚陈宫，将其众降。布与其麾下登白门楼。兵围急，乃下降。遂生缚布，布曰：“缚太急，小缓之。”太祖曰：“缚虎不得不急也。”布请曰：“明公所患不过于布，今已服矣，天下不足忧。明公将步，令布将骑，则天下不足定也。”太祖有疑色。刘备进曰：“明公不见布之事丁建阳及董太师乎！”太祖颔之。布因指备曰：“是儿最叵信者。”于是缢杀布。布与宫、顺等皆枭首送许，然后葬之。

太祖之禽宫也，问宫欲活老母及女不。宫对曰：“宫闻孝治天下者不绝人之亲，仁施四海者不乏人之祀，老母在公，不在宫也。”太祖召养其母终其身，嫁其女。

陈登者，字元龙，在广陵有威名。又掎角吕布有功，加伏波将军，年三十九卒。后许汜与刘备并在荆州牧刘表坐，表与备共论天下人，汜曰：“陈元

亲兵登上下邳城的城门叫白门楼的，看看包围的兵水泄不通，只好下城投降吧！叫曹兵活捉了，捆绑起来，吕布还说：“绑得太紧了，放松一点吧！”曹操答道：“绑老虎不能不紧哪！”吕布求曹操说：“明公所忧愁的，无过于我吕布了，现在我降服了，天下再没有可怕的事。明公如果统辖步兵，让我指挥骑兵，就会平定天下而有余呢。”曹操听了，有点犹豫该不该杀吕布。刘备过来说：“明公不记得吕布怎样对付丁建阳和董太师啦！”曹操点了点头。吕布于是对刘备说：“这个小子是最不可信任的。”吕布最后被绞死了。吕布、陈宫、高顺等，都被砍下头，运往许昌验明后埋葬。

曹操捉到陈宫时，问他希望他老母和女儿活下去吗？陈宫答说：“我听说用孝道治天下的人，不断绝人的亲属，仁德行于四海之内的，不绝人的祭祀。我的老母听凭您处分，而不在我呀。”曹操找来陈宫的母亲，并养到死为止，也嫁出了陈宫的女儿。

陈登，字元龙，在广陵太守任内，很受人敬畏。加上帮助降服了吕布，因功得到伏波将军的名号，三十九岁去世的。后来，许汜和刘备都在荆州（在湖北襄阳一带）牧刘表那儿作客。刘表和刘备评论天下人。许汜说：“陈元龙大量像湖海，只是骄气除不掉。”刘备

龙湖海之士，豪气不除。”备谓表曰：“许君论是非？”表曰：“欲言非，此君为善士，不宜虚言；欲言是，元龙名重天下。”备问汜：“君言豪，宁有事邪？”汜曰：“昔遭乱过下邳，见元龙。元龙无客主之意，久不相与语，自上大床卧，使客卧下床。”备曰：“君有国士之名，今天下大乱，帝主失所，望君忧国忘家，有救世之意，而君求田问舍，言无可采，是元龙所讳也，何缘当与君语？如小人，欲卧百尺楼上，卧君于地，何但上下床之间邪？”表大笑。备因言曰：“若元龙文武胆志，当求之于古耳，造次难得比也。”

臧洪字子源，广陵射阳人也。父旻，历匈奴中郎将、中山、太原太守，所在有名。洪体貌魁梧，有异于人，举孝廉为郎。时选三署郎以补县长；琅邪赵昱为莒长，东莱刘繇下邑长，东海王朗菑丘长，洪即丘长。灵帝末，弃官还家，太守张超请洪为功曹。

董卓杀帝，图危社稷，洪说超曰：“明府历世受恩，兄弟并据大郡，今王室将危，贼臣未枭，此诚天下义烈报恩效命之秋也。今郡境尚全，吏民殷富，若动枹鼓，可得二万人，以此诛除国贼，为天下倡先，义之大者也。”超然其言，与洪西至陈留，见兄邈计事。邈亦

问刘表说：“许先生说的对不对？”刘表说：“若说不对，许先生是诚实人，不能说假话；若说不对，天下人都看重陈元龙。”刘备问许汜：“你说的骄气，有事实吗？”许汜说：“以前，我因为逃难，路过下邳曾拜访元龙，他也不懂待客之道，半天不说话，自己卧上大床，却让客人卧下床。”刘备说：“您号称为国士，现在天下大乱，皇上都在受难，盼望您先顾国，再说家，救救这个世界。可是您只是求田问舍，说些没用的话，那元龙是不爱听的，还有什么话跟您讲呢？如果当时换作在下，我都想自个儿卧在百尺高楼上，让您坐在地上，怎么会是上床和下床的关系呢？”刘表听了大笑。刘备接着说：“像元龙那种文思和武略，只可找古人相比，目前难得有人比得上啊。”

臧洪，字子源，是广陵郡射阳县（今江苏盐城西）的人，父亲名旻，曾做过使匈奴中郎将、中山（今河北中部偏西北）、太原（今山西中部）两郡太守，各处都立有好名声。臧洪身体魁梧，跟平常人不同。被举为孝廉，当了郎官。当时，挑选三署的郎官补县长缺，有琅邪郡（今山东东南部）的赵昱作莒县（今山东莒县）长；东莱郡（今山东胶东半岛东部）的刘繇作下邑县（今江苏砀山）长；东海郡（今山东枣庄市、临沂市南部和江苏连云港市）王朗作菑丘县（今安徽宿州市）长；臧洪作即丘县（今山东临沂东）长。灵帝末年（约公元189年）臧洪辞官回家，太守张超请他作功曹。

董卓杀了汉少帝刘辩，想夺汉朝天下。臧洪向张超说：“您几代蒙受国恩，兄弟二人都掌管大郡，如今朝廷遭难，贼臣还没消灭，这正是忠臣义士报答国恩的时候。当前本郡治安还好，官民生活繁荣，如果招兵，可得到两万人，用来讨伐国贼，可以为全国领先倡

素有心，会于酸枣，邈谓超曰："闻弟为郡守，政教威恩，不由己出，动任臧洪，洪者何人？"超曰："洪才略智数优超，超甚爱之，海内奇士也。"邈即引见洪，与语大异之。致之于刘兖州公山、孔豫州公绪，皆与洪亲善。乃设坛场，方共盟誓，诸州郡更相让，莫敢当，咸共推洪。洪乃升坛操槃歃血而盟曰："汉室不幸，皇纲失统，贼臣董卓乘衅纵害，祸加至尊，虐流百姓，大惧沦丧社稷，翦覆四海。兖州刺史岱、豫州刺史伷、陈留太守邈、东郡太守瑁、广陵太守超等，纠合义兵，并赴国难。凡我同盟，齐心勠力，以致臣节，殒首丧元，必无二志。有渝此盟，俾坠其命，无克遗育。皇天后土，祖宗明灵，实皆鉴之！"洪辞气慷慨，涕泣横下，闻其言者，虽卒伍厮养，莫不激扬，人思致节。顷之，诸军莫适先进，而食尽众散。

超遣洪诣大司马刘虞谋，值公孙瓒之难，至河间，遇幽、冀二州交兵，使命不达。而袁绍见洪，又奇重之，与结分合好。会青州刺史焦和卒，绍使洪领青州以抚其众。洪在州二年，群盗奔走。绍叹其能，徙为东郡太守，治东武阳。

导，是最正大光明的举动。"张超听从了，就和臧洪西去陈留，跟他哥哥张邈商量。张邈原来也有这意思，彼此在酸枣县（在今河南延津西南）见了面。张邈对张超说："听说弟弟作郡太守，行政、判案等等，不是自己作主，都是听臧洪的话，臧洪是个什么人？"张超说："臧洪这个人才能智谋，都比我强，我很喜欢他，真是国家的奇才。"于是张邈就会见臧洪，谈过话后，十分惊服。跟着就介绍给兖州刺史刘公山，豫州（今河南东部和安徽西北）刺史孔公绪，都很谈得来。然后，大家商议建一座坛场，好联盟宣誓，盟誓时，各州郡都谦辞盟主之位，最后，一致推举臧洪主礼。臧洪就登上坛场，举起盛了血的盘，宣读盟约说："汉家不幸，乱了王法，贼臣董卓，利用机会造反，害了至尊皇上，连百姓也一齐遭难。我们大家深怕国家衰亡，百姓受苦，兖州刺史岱、豫州刺史伷、陈留太守邈、东郡太守瑁、广陵太守超等人，决定联合起来，发起义军，解救国难。所有参加盟约的人，要同心协力，尽臣子的忠诚，即便牺牲头颅，也不动摇决心。如果违背盟约，情甘被杀，而且绝子绝孙。上天下地，祖宗明灵，都在监视着我们。"臧洪情辞慷慨，涕泪横流，连一般兵卒、仆役们听了，都为之激动，甘心为国牺牲。后来，因为各州郡兵马，没有肯领头前进的，给养耗尽，也就分散了。

张超派臧洪去见大司马刘虞，讨论大事。赶上公孙瓒作乱，走到河间（今河北中部河间一带），幽州（今河北北部和辽宁省大部）兵对冀州（今河北中部、南部）兵作战，以致臧洪使命，没有达成。可是袁绍见了臧洪，非常看重，二人结为好友。那时，青州（今山东半岛大部）刺史焦和去世，袁绍派臧洪接任，领导青州，安抚民众。臧洪治理青州二年，盗贼都逃走了，袁绍很佩服他的才干。以后，改任东郡太守，郡治在东武阳（在今山东莘县南）。

太祖围张超于雍丘，超言："唯恃臧洪，当来救吾。"众人以为袁、曹方睦，而洪为绍所表用，必不败好招祸，远来赴此。超曰："子源，天下义士，终不背本者，但恐见禁制，不相及逮耳。"洪闻之，果徒跣号泣，并勒所领兵，又从绍请兵马，求欲救超，而绍终不听许。超遂族灭。洪由是怨绍，绝不与通。绍兴兵围之，历年不下。绍令洪邑人陈琳书与洪，喻以祸福，责以恩义。洪答曰：

隔阔相思，发于寤寐。幸相去步武之间耳，而以趣舍异规，不得相见，其为怆恨，可为心哉！前日不遗，比辱雅贶，述叙祸福，公私切至。所以不即奉答者，既学薄才钝，不足塞诘；亦以吾子携负侧室，息肩主人，家在东州，仆为仇敌。以是事人，虽披中情，堕肝胆，犹身疏有罪，言甘见怪，方首尾不救，何能恤人？且以子之才，穷该典籍，岂将暗于大道，不达余趣哉！然犹复云云者，仆以是知足下之言，信不由衷，将以救祸也。必欲算计长短，辩谘是非，是非之论，言满天下，陈之更不明，不言无所损。又言伤告绝之义，非吾所忍行也，是以捐弃纸笔，一无所答。亦冀遥忖其心，知其计定，不复渝变也。重获来命，援引古今，纷纭六纸，虽欲不言，焉得已哉！

仆小人也，本因行役，寇窃大州，恩深分厚，宁乐今日自还接刃！每登城勒兵，望主

曹操的兵围困了张超于雍丘，张超说："唯有倚赖臧洪，他会来救我。"部下人们以为曹操、袁绍这时感情正好，而且臧洪是袁绍所奏用的，臧洪不会从那么远地方来救，以致曹、袁伤了和气。张超说："子源是天下的义士，不会忘记旧友，只怕受别人阻挡，没办法来而已。"臧洪得了消息，果然光着脚号哭，就集合了士兵，又请袁绍派兵，去救张超，果然，袁绍不听，结果，张超全族都被杀死。臧洪从这时起，怨恨袁绍，不再往来。袁绍就派兵包围臧洪，一年也攻不下来。袁绍命臧洪的同乡陈琳给洪去信，说明利害，让他别忘恩，臧洪答信说：

别来很久，连梦中也想念，所幸相离并不远，只因志向不同，不得相见，心中该如何忧闷呢！前者，蒙您不弃，屡次来信，论到祸福之理，于公于私，面面都顾到了。没有快回信的缘故，是自觉学问浅薄、心思迟钝，不能圆满回答所问。又想您携家带眷，侍候主人，家在东州，小仆是仇敌呀。在这情况下，虽然说心中话，拿出肝胆给人看，人家还以为疏远，说得再好也要见怪，自己还顾前不能顾后，又怎能顾得别人呢？况且论您的才干，经典精通，怎能不明大道，不明白我的心呢！然而您仍然来信这么说，我知道您说的不是心里想说的话，只是拿来救自己的灾而已。一定要计较长短，分辩是非，须知是非的话，充满天下，说了或者更不明白，不说也没有坏处。至于伤感情、绝交谊的话，我也不忍心写，所以放下纸笔，没有回信，也是盼望您替我想想，知道我的心，不会改变的。然而，一再来信，引证古今，写满了六张纸，虽然我不打算说，也不得已了！

小仆是个无用的人，只因奉命出来，凑巧竟掌管了大州，受人大恩，岂愿今天这样刀

人之旗鼓，感故友之周旋，抚弦搦矢，不觉流涕之覆面也。何者？自以辅佐主人，无以为悔。主人相接，过绝等伦。当受任之初，自谓究竟大事，共尊王室。岂悟天子不悦，本州见侵，郡将遘牖里之厄，陈留克创兵之谋，谋计栖迟，丧忠孝之名，杖策携背，亏交友之分。揆此二者，与其不得已，丧忠孝之名与亏交友之道，轻重殊涂，亲疏异画，故便收泪告绝。若使主人少垂故人，住者侧席，去者克己，不汲汲于离友，信刑戮以自辅，则仆抗季札之志，不为今日之战矣。何以效之？昔张景明亲登坛喢血，奉辞奔走，卒使韩牧让印，主人得地；然后但以拜章朝主，赐爵获传之故，旋时之间，不蒙观过之贷，而受夷灭之祸。吕奉先讨卓来奔，请兵不获，告去何罪？复见斫刺，滨于死亡。刘子璜奉使逾时，辞不获命，畏威怀亲，以诈求归，可谓有志忠孝，无损霸道者也；然辄僵毙麾下，不蒙亏除。仆虽不敏，又素不能原始见终，睹微知著，窃度主人之心，岂谓三子宜死，罚当刑中哉？实且欲一统山东，增兵讨仇，惧战士狐疑，无以沮劝，故抑废王命以崇承制，慕义者蒙荣，待放者被戮，此乃主人之利，非游士之愿也。故仆鉴戒前人，困穷死战。仆虽下愚，亦尝闻君子之言矣。此实非吾心也。乃主人招焉。凡吾所以背弃国民，用命此城者，正以君子

枪相对呢？每逢上城巡阅，看见主人的旗鼓，想想旧友们交往的情形，摸一摸手边武器，不觉得已涕泪满面了。为什么呢？自想帮助主人，没有作过后悔的事。主人对待我，比待别人都好。当初一受任，自以为研究，作好了大事，共尊王室。谁想到皇上不喜欢，本州被侵犯，郡将张超遭到牖里（在河南汤阴）的灾害，在陈留又克服（《三国志集解》说：“克”字也许是错误）创兵的计谋，由于我思虑迟钝，才丧失了忠孝之名，持了鞭策上马告辞，证明我不会交朋友。想想这两样——丧忠孝和对不起朋友，轻重不相同，关系远近也不同，只有收泪告绝朋友。如果主人也顾念一点老面子，对来客收容他，对离去的只责备自己，不要过分忌念老友，不要过分相信刑罚，那么小仆也可学学季札的退让，停止今天的战争了。有什么证明吗？从前张景明（名导）亲自登盟坛宣誓，奉命奔走，居然让韩馥让出州牧的印，主人得到地盘了，然后上禀奏见皇上，赏了爵位，得到这消息，很快地，就不原谅他的过失，遭了杀身之祸。吕布讨平董卓后奔来，请兵不许而打算离去，这有罪吗？又受了惩罚，几乎死掉。刘子璜奉命出去，过了时限，请求辞去又不许，又害怕又想家，诈言求归，真是有志忠孝，不损伤霸道的了。可是结果僵死在军门，得不到宽赦。小仆虽然不聪明，又不能在开始顾到结果，由小事测透大事，私自想，主人的意思，是说上面那三人都该死，惩罚他们都得当吗？实在是打算统一山东，加兵讨伐仇人，只怕士兵疑心，不能阻挡，所以宁可压制王命，提高自己地位，慕义的人得光荣，等待放逐的被杀，这对主人有利，却不是游说之士的愿望。因而小仆看到前面的鉴戒，虽然困难，也要死战。仆虽然最愚笨，也听过君子的道理，这不是我的本心，乃是主人招惹的。总而言之，我所以要背弃国民，拼命保卫这城池的原因，是以为君子的道，不投奔敌国，因而得罪主人，

之违，不适敌国故也。是以获罪主人，见攻逾时，而足下更引此义以为吾规，无乃辞同趋异，非君子所为休戚者哉！

吾闻之也，义不背亲，忠不违君，故东宗本州岛以为亲援，中扶郡将以安社稷，一举二得以徼忠孝，何以为非？而足下欲使吾轻本破家，均君主人。主人之于我也，年为吾兄，分为笃友，道乖告去，以安君亲，可谓顺矣。若子之言，则包胥宜致命于伍员，不当号哭于秦庭矣。苟区区于攘患，不知言乖乎道理矣。足下或者见城围不解，救兵未至，感婚姻之义，惟平生之好，以屈节而苟生，胜守义而倾覆也。昔晏婴不降志于白刃，南史不曲笔以求生，故身著图象，名垂后世，况仆据金城之固，驱士民之力，散三年之畜，以为一年之资，匡困补乏，以悦天下，何图筑室反耕哉！但惧秋风扬尘，伯珪马首南向，张杨、飞燕，膂力作难，北鄙将告倒悬之急，股肱奏乞归之诚耳。主人当鉴我曹辈，反旌退师，治兵邺垣，何宜久辱盛怒，暴威于吾城下哉？足下讥吾恃黑山以为救，独不念黄巾之合从邪！加飞燕之属悉以受王命矣。昔高祖取彭越于钜野，光武创基兆于绿林，卒能龙飞中兴，以成帝业，苟可辅主兴化，夫何嫌哉！况仆亲奉玺书，与之从事。

攻打我用时间太久了。不过，您还用这道理来劝告我，是说不到一块儿的，这不是君子关心别人忧喜的态度呀！

我听说过：正义人不背他的亲人，忠心的人不背他的君王，所以在东方，请本州来援救，在这里帮助郡将，为了安定国家，一举两得都是为忠和孝，有什么不是呢？但是您要我忘本毁家，一齐去效忠主人，主人和我，在年岁上说，是我兄长，在名分上说是老朋友，道不同就别去，而使君亲安心，真是顺理呀。按您的话，那么申包胥该死在伍员面前，而不必去哭秦庭了吗？若只为消除灾祸，却不知话已然不合理了。您也许觉得围城的痛苦没解除，救兵又来不到，感到有婚姻的关系，念及平生的交情，叫我屈节而活命，比较守义而失败，似乎好一点。当知从前晏婴并不怕崔杼的刀，南史氏也不改笔，一样地不怕死，所以被画了图象，留名后世。何况仆的城池坚固如金，用起士民的力量，把三年的储蓄，用在一年上，补救困乏，为了让天下人高兴，何必作从前楚国筑了房屋又反回耕田的举动呢！倒恐怕秋天北风吹来，公孙瓒南下攻打你们，张杨张燕部队，凭强大力量，向你们发难，你们北方的灾难太大了，部下都纷纷要请假不管了。主人该看看我们这些事，下旗退兵，回到邺城（今河南安阳、河北临漳一带）去整理兵马吧。何必生那么大的气，在我的城下示威呢？您讥讽我倚赖黑山张杨的救兵，却不知道当年黄巾贼的合从吗？再说张燕兵已然接受王命了。从前汉高祖得到钜野彭越的帮助，汉光武创业，靠了绿林兵。结果都能够龙飞九五，和中兴汉朝。只要能辅佐君王，振兴教化，又有什么可弃绝的人呢？而且仆是亲自拿着皇上的玺书，和你们互相周旋的。

行矣孔璋！足下徼利于境外，臧洪授命于君亲；吾子托身于盟主，臧洪策名于长安。子谓余身死而名灭，仆亦笑子生死而无闻焉，悲哉！本同而末离，努力努力，夫复何言！

绍见洪书，知无降意，增兵急攻。城中粮谷以尽，外无强救，洪自度必不免，呼吏士谓曰："袁氏无道，所图不轨，且不救洪郡将。洪于大义，不得不死，念诸君无事空与此祸！可先城未败，将妻子出。"将吏士民皆垂泣曰："明府与袁氏本无怨隙，今为本朝郡将之故，自致残困，吏民何忍当舍明府去也！"初尚掘鼠煮筋角，后无可复食者。主簿启内厨米三斗，请中分稍以为糜粥，洪叹曰："独食此何为！"使作薄粥，众分歠之，杀其爱妾以食将士。将士咸流涕，无能仰视者。男女七八千人相枕而死，莫有离叛。

城陷，绍生执洪。绍素亲洪，盛施帏幔，大会诸将见洪，谓曰："臧洪，何相负若此！今日服未？"洪据地瞋目曰："诸袁事汉，四世五公，可谓受恩。今王室衰弱，无扶翼之意，欲因际会，希冀非望，多杀忠良以立奸威。洪亲见呼张陈留为兄，则洪府君亦宜为弟，同共戮力，为国除害，何为拥众观人屠灭！惜洪力劣，不能推刃为天下报仇，何谓服乎！"绍本爱洪，意欲令屈服，原之；见洪辞切，知终不为己用，乃杀之。洪邑人陈容少

算了吧孔璋！您争利在国家利益之外，我臧洪可是奉了天子的命！您托靠的只是盟主，臧洪的名却在首都长安。您说我身死而名灭，仆也笑您生死都没有好名，可怜哪！本来同道，最后居然分离了，努力吧，还有什么好说的！

袁绍见了臧洪的信，知道他不打算投降，就加兵急攻。城里粮谷已完，外边救兵不到，臧洪想难免一死，就招集官兵说："姓袁的无道，要背叛朝廷，而且不救我们的郡将。我臧洪为了正义，不得不死，只挂念各位，白白受这灾难，现在城还没破，你们快带妻子逃走吧。"官兵百姓听了，感动得流下泪说："明府您和袁家本来没有仇，只为本朝郡将的缘故，才遭这灾害，我们怎么忍心舍弃您逃走呢！"大家没有吃的，捉老鼠连皮带骨都吃了，以后更没有东西可吃。主簿报告内宅还有三斗米，可以先煮一半当粥喝，臧洪叹气说："我怎能独自吃呢！"叫做成稀粥，每人喝一点。又杀了他的爱妾给官兵们吃了，官兵们都落了泪，不敢正眼看。结果全城七八千人，堆在一块儿死了，没有离叛的人。

城破后，袁绍活捉到臧洪。袁绍本来很欣赏他，所以布置整齐的帐幕，招集所有将领，开大会和臧洪相见。袁绍说："臧洪，为什么这样和我作对？现在服不服？"臧洪坐在当地瞪着眼说："你们袁家给汉朝服务，四代出了五位公辅，可谓受国洪恩。当今王室衰弱，你不打算扶持，反倒找机会背叛，杀害忠良来镇压人，使人怕你，我臧洪曾亲见你把张超叫作哥哥，那么，洪府君也该称作弟，大家该同心合力，为国家清除灾害，为什么要带领兵马看人屠城！可惜我力量不够，不能拿刀为天下人报仇，什么叫服啊！"袁绍本想，因为爱臧洪，希望他降服，就饶恕了他。现在一听，话口太厉害，知道他绝不会被己所用，只好杀了臧洪。臧洪一位同乡陈容，少年时是读书人，由于钦佩臧洪，跟臧洪当东郡丞，

为书生，亲慕洪，随洪为东郡丞；城未败，洪遣出。绍令在坐，见洪当死，起谓绍曰："将军举大事，欲为天下除暴，而专先诛忠义，岂合天意！臧洪发举为郡将，奈何杀之！"绍惭，左右使人牵出，谓曰："汝非臧洪俦，空复尔为！"容顾曰："夫仁义岂有常，蹈之则君子，背之则小人。今日宁与臧洪同日而死，不与将军同日而生！"复见杀。在绍坐者无不叹息，窃相谓曰："如何一日杀二烈士！"先是，洪遣司马二人出，求救于吕布；比还，城已陷，皆赴敌死。

评曰：吕布有虓虎之勇，而无英奇之略，轻狡反复，唯利是视。自古及今，未有若此不夷灭也。昔汉光武谬于庞萌，近魏太祖亦蔽于张邈。知人则哲，唯帝难之，信矣！陈登、臧洪并有雄气壮节，登降年夙陨，功业未遂，洪以兵弱敌强，烈志不立，惜哉！

城没破时，臧洪遣他先出去了。袁绍让陈容在座看着，陈容见臧洪要被杀了，起来对袁绍说："将军要做大事，给天下人除灾难，若是先杀害忠义之人，怎么合天意呢！臧洪这举动是为了郡将，有什么理由杀他！"袁绍觉得惭愧，左右命人把陈容拉出去，跟他说："你比不了臧洪，空说这话有什么用？"陈容回头说："仁义有什么常理？行仁义的就是君子，相反地就是小人，今天我情愿跟臧洪死在一块，也不愿意跟将军一齐活着！"于是陈容也被杀了。在座的人都很叹息，偷偷地彼此说："怎么一天就杀了两位烈士呢？"起初，臧洪派两位司马出城，向吕布求救，二人回来时，城已攻破，这二人也都力战而死。

陈寿评论说：吕布勇气好比猛虎，然而没有英奇的智谋，轻浮狡诈，反复无常，一心只认得功利。自古至今，这样做人，没有不遭灭亡的。从前，汉光武帝错认了庞萌，近来，曹操（魏太祖）也认错了张邈。有知人之明的是贤哲，作了皇帝也难于认清人，实在呀！陈登、臧洪都有英雄气概，壮烈节操，可惜陈登年轻时就去世，功业没建立；臧洪因为兵弱敌强，大志也没成就，可惜可惜！

三国志卷八

二公孙陶四张传第八

傅试中 译

公孙瓒字伯珪，辽西令支人也。为郡门下书佐。有姿仪，大音声，侯太守器之，以女妻焉，遣诣涿郡卢植读经。后复为郡吏。刘太守坐事征诣廷尉，瓒为御车，身执徒养。及刘徙日南，瓒具米肉，于北芒上祭先人，举觞祝曰："昔为人子，今为人臣，当诣日南。日南瘴气，或恐不还，与先人辞于此。"再拜慷慨而起，时见者莫不歔欷。刘道得赦还。瓒以孝廉为郎，除辽东属国长史。尝从数十骑出行塞，见鲜卑数百骑，瓒乃退入空亭中，约其从骑曰："今不冲之，则死尽矣。"瓒乃自持矛，两头施刃，驰出刺胡，杀伤数十人，亦亡其从骑半，遂得免。鲜卑惩艾，后不敢复入塞。迁为涿令。光和中，凉州贼起，发幽州突骑三千人，假瓒都督行事传，使将之。军到蓟中，渔阳张纯诱辽西乌

公孙瓒，字伯珪，是辽西令支人（故城在今河北省迁安市西）。在郡中任门下书佐。长得仪表容貌出众，说话声音宏亮，侯太守非常的器重他，就把女儿嫁给他做妻子，于是送他前往涿郡卢植处学习儒家经典。后来复用他做郡吏。刘太守因事犯罪被征召至廷尉论罪，公孙瓒亲自为他做些徒隶卑下的事，并亲任马夫为他驾车前往洛阳。后来刘太守被流徙到日南，公孙瓒准备了米肉食物，在北芒山上祭祀他的先人，他举起酒杯祷告着说："从前身为人子应当尽孝，今日身为人臣应当尽忠，我应追随主人前往日南。然而日南山林间湿热蒸郁多瘴气，也许此行一去恐怕就回不来了，因此在此地和先人辞别。"于是再次跪拜，神色慷慨而起，当时在场见到这般情景的人，个个都唏咽叹息。刘太守在道途中被赦而回。公孙瓒以孝廉被推选为郎官，出任辽东属国长史。他曾经跟随着数十多位骑兵去巡行边塞地方，碰着了鲜卑人的数百员兵骑，公孙瓒只得退入空亭中，而告诉身旁的骑兵们说："此刻如果不往前冲刺突击，那么只有死定了！"公孙瓒于是亲自持矛，矛的两头均加上利刃，奔驰而前刺杀胡兵，杀伤了好几十人，也牺牲了一半跟随他的骑兵，才得以幸免一死。鲜卑经过了这一次的惩戒就知所警惧，以后再不敢贸然入塞侵扰。后来公孙瓒升迁做涿县县令。光和中（汉灵帝年号，光和共六年，公元 178—183 年）凉州一带贼兵四起，于是派出了幽州的突骑兵三千人，让公孙瓒兼领都督行事的符牒，由他来统率这一批兵员。

丸丘力居等叛，劫略蓟中，自号将军，略吏民攻右北平、辽西属国诸城，所至残破。瓒将所领，追讨纯等有功，迁骑都尉。属国乌丸贪至王率种人诣瓒降。迁中郎将，封都亭侯，进屯属国，与胡相攻击五六年。丘力居等钞略青、徐、幽、冀，四州被其害，瓒不能御。

朝议以宗正东海刘伯安既有德义，昔为幽州刺史，恩信流著，戎狄附之，若使镇抚，可不劳众而定，乃以刘虞为幽州牧。虞到，遣使至胡中，告以利害，责使送纯首。丘力居等闻虞至，喜，各遣译自归。瓒害虞有功，乃阴使人徼杀胡使。胡知其情，间行诣虞。虞上罢诸屯兵，但留瓒将步骑万人屯右北平。纯乃弃妻子，逃入鲜卑，为其客王政所杀，送首诣虞。封政为列侯。虞以功即拜太尉，封襄贲侯。会董卓至洛阳，迁虞大司马，瓒奋武将军，封蓟侯。

公孙瓒，清朱芝轩绘。

军队来到了蓟中，渔阳人张纯诱导辽西乌丸丘力居等叛变，掠夺了蓟中，自封为弥天将军、安定王，并劫取官吏百姓进攻右北平、辽西属国各城镇，在他足迹所到的地方均残零破碎不堪。公孙瓒统率他所带领的士卒，追击讨伐张纯等有功，升迁骑都尉。于是属国乌丸贪至王率领同族人前往向公孙瓒投降。于是又升迁为中郎将，封都亭侯，进兵屯驻在辽东属国中，与胡人相攻击了五六年之久。丘力居等掠夺取了青州、徐州、幽州、冀州，这四州都蒙受到不少的伤害，公孙瓒终于无法抗御他们。

朝廷研议的结果均认为身任宗正官的东海郡人刘伯安（虞）既有德义名望，从前又做过幽州刺史，慈恩信誉流布且显著不错，戎狄异族都归附他，如果利用慈恩来镇压安抚他们，可以不必劳师动众就能使这一带地方平定无事，于是就任用刘虞做幽州牧。刘虞到任，派遣使者到胡人一带，告诉他们各种利害关系，并责求他们送上张纯的首级。丘力居等听说刘虞到来，非常的欣喜，就遣送刘虞的译使各自回去。公孙瓒心中惧怕刘虞因而有大功，暗中派人去杀害胡使。胡人得知了此事的实情，就乘隙从小道暗中出行到刘虞的住处。刘虞上表给朝廷免除了各地的驻兵，只留下公孙瓒所统率的步兵骑兵一万人屯驻在右北平。于是张纯被迫抛弃了老婆孩子，逃入鲜卑，被他的门下客王政所杀害，而把他的首级送给刘虞。王政因此被封为列侯。刘虞也因有功被拜为太尉，封襄贲侯。当时正逢董卓来到洛阳，升刘虞为大司马，公孙瓒为奋武将军，封蓟侯。

袁绍磐河战公孙，选自清刊本《三国演义》。据《三国演义》，袁绍邀公孙瓒共击冀州，然后利用公孙瓒出兵诈取冀州。公孙瓒派弟公孙越来冀州分地，却被袁绍派人射杀，公孙瓒领军出磐河攻击袁绍。图为公孙瓒被袁绍部将文丑追杀，危急之时，被赵云救下。

关东义兵起，卓遂劫帝西迁，征虞为太傅，道路隔塞，信命不得至。袁绍、韩馥议，以为少帝制于奸臣，天下无所归心。虞，宗室知名，民之望也，遂推虞为帝。遣使诣虞，虞终不肯受。绍等复劝虞领尚书事，承制封拜，虞又不听，然犹与绍等连和。虞子和为侍中，在长安。天子思东归，使和伪逃卓，潜出武关诣虞，令将兵来迎。和道经袁术，为说天子意。术利虞为援，留和不遣，许兵至俱西，令和为书与虞。虞得和书，乃遣数千骑诣和。瓒知术有异志，不欲遣兵，止虞，虞不可。瓒惧术闻而怨之，亦遣其从弟越将千骑诣术以自结，而阴教术执和，夺其兵。由是虞、瓒益有隙。和逃术来北，复为绍所留。

关东义军兴起，董卓劫帝西去，征召刘虞做太傅，却因道途阻隔无法通信息，符信诏命没法传达。当时义军首领袁绍、韩馥私下议论，认为少帝（汉献帝）被奸臣董卓所胁制，天下人无所归心。刘虞是知名的王室宗族，也是万民所仰望的人物，于是就推刘虞做皇帝。因此派出使者前往拜见刘虞，刘虞始终不肯接受。袁绍等人只好又劝刘虞出任尚书掌管人事，承受制命执行敕封拜官的职权，刘虞仍然不愿意接受，不过还是和袁绍等这批人联合在一起。刘虞的儿子刘和任职侍中，人在长安。天子被劫持后想东归，就让刘和假装逃离董卓，然后暗中逃出武关往见刘虞，要他率兵来迎接天子。刘和道途中经过袁术处，告诉他天子想离开长安的心意。袁术就利用刘虞作为救援，而扣留刘和，答应他援兵来到后再一起前往长安救助太子，而且命刘和写信给他父亲刘虞，刘虞接获刘和的求救信，就派出了数千名骑兵前往刘和处。公孙瓒知悉袁术有叛变的心思，不愿派兵，同时也阻止刘虞出兵，刘虞不接受。公孙瓒心怕袁术听闻了此事后怀恨他，也叫他的堂弟公孙越率领一千多名骑兵前往袁术处以表示互相结好，而暗中教袁术拘捕刘和，夺取刘和的兵权。从此刘虞和公孙瓒的仇恨更加的深切。刘和从袁术处逃出而北来，却又被袁绍所扣留。

是时，术遣孙坚屯阳城拒卓，绍使周昂夺其处。术遣越与坚攻昂，不胜，越为流矢所中死。瓒怒曰：“余弟死，祸起于绍。”遂出军屯磐河，将以报绍。绍惧，以所佩勃海太守印绶授瓒从弟范，遣之郡，欲以结援。范遂以勃海兵助瓒，破青、徐黄巾，兵益盛，进军界桥。以严纲为冀州，田楷为青州，单经为兖州，置诸郡县。绍军广川，令将麴义先登与瓒战，生禽纲。瓒军败走勃海，与范俱还蓟，于大城东南筑小城，与虞相近，稍相恨望。

虞惧瓒为变，遂举兵袭瓒。虞为瓒所败，出奔居庸。瓒攻拔居庸，生获虞，执虞还蓟。会卓死，天子遣使者段训增虞邑，督六州；瓒迁前将军，封易侯。瓒诬虞欲称尊号，胁训斩虞。瓒上训为幽州刺史。瓒遂骄矜，记过忘善，多所贼害。虞从事渔阳鲜于辅、齐周、骑都尉鲜于银等，率州兵欲报瓒，以燕国阎柔素有恩信，共推柔为乌丸司马。柔招诱乌丸、鲜卑，得胡、汉数万人，与瓒所置渔阳太守邹丹战于潞北，大破之，斩丹。袁绍又遣麴义及虞子和，将兵与辅合击瓒。瓒军数败，乃走还易京固守。为围堑十重，于堑里筑京，皆高五六丈，为楼其上；中堑为京，特高十丈，自居焉，积谷三百万斛。瓒曰：“昔谓

这个时候，袁术派孙坚屯兵在阳城抵御董卓，袁绍派周昂袭夺了孙坚的阳城，袁术派遣公孙越与孙坚攻打周昂，没有获胜，公孙越反被飞矢射中而死。公孙瓒非常愤怒的说：“我弟弟的死，祸首是袁绍。”于是出兵屯聚磐河，准备报袁绍一箭之仇。袁绍心头害怕，就以自己佩戴的渤海郡太守的印信授与公孙瓒的堂弟公孙范，送他到渤海郡到任，想以此和他互相结援。公孙范就以勃海军援助公孙瓒，攻下了青州、徐州的黄巾贼，兵卒们愈打士气愈盛，于是军队攻进了界桥。即任严纲、田楷、单经，为冀州、青州、兖州三州的刺史，又分别设置郡县。袁绍驻军在广川，命大将麴义立刻与公孙瓒作战，活捉了严纲。公孙瓒兵败逃到渤海郡一带，和堂弟公孙范一起回到蓟中去，在蓟中大城东南筑了一座小城，和刘虞驻扎得很接近，彼此的怨恨渐渐的滋长。

刘虞忧心公孙瓒可能叛变，于是举兵袭击公孙瓒。结果刘虞反被公孙瓒打败，逃到居庸关。公孙瓒继续攻下居庸关，捕获刘虞，拘囚刘虞回到蓟城。正巧董卓身死，天子派遣使者段训增封刘虞城邑，督领六州；公孙瓒也升迁为前将军，封易侯。公孙瓒诬告刘虞想称帝，胁迫段训斩杀刘虞。于是公孙瓒上表朝廷升任段训为幽州刺史。公孙瓒因而更加的骄纵自矜，只记取别人的凶恶而忘却他人的美善，被他所残害的人甚多。刘虞的从事渔阳郡鲜于辅、齐周、以及骑都尉鲜于银等，率领州郡的兵卒想为刘虞报仇，又因为燕国阎柔平素为人有恩信，大家共同推崇阎柔为乌丸司马。阎柔招附且诱导乌丸、鲜卑二族人，共得胡、汉数万人，和公孙瓒所设立的渔阳太守邹丹大战于潞县的北方，一举攻破，斩杀邹丹。袁绍又派麴义及刘虞的儿子刘和，率兵和鲜于辅合攻公孙瓒，公孙瓒一再败北，于是逃回易京力守不移。于是开始设置防御工事，围筑沟堑有十层之多，在沟堑中建高大的土丘，高均在五六丈以上，再于其上筑了瞭望楼台；中间的沟堑所筑的高丘，最高的有十丈，

天下事可指麾而定，今日视之，非我所决，不如休兵，力田畜谷。兵法，百楼不攻。今吾楼橹千重，食尽此谷，足知天下之事矣。”欲以此弊绍。绍遣将攻之，连年不能拔。建安四年，绍悉军围之。瓒遣子求救于黑山贼，复欲自将突骑直出，傍西南山，拥黑山之众，陆梁冀州，横断绍后。长史关靖说瓒曰：“今将军将士，皆已土崩瓦解，其所以能相守持者，顾恋其居处老小，以将军为主耳。将军坚守旷日，袁绍要当自退；自退之后，四方之众必复可合也。若将军今舍之而去，军无镇重，易京之危，可立待也。将军失本，孤在草野，何所成邪！”瓒遂止不出。救至，欲内外击绍。遣人与子书，刻期兵至，举火为应。绍候者得其书，如期举火。瓒以为救兵至，遂出欲战。绍设伏击，大破之，复还守。绍为地道，突坏其楼，稍至中京。瓒自知必败，尽杀其妻子，乃自杀。

鲜于辅将其众奉王命。以辅为建忠将军，督幽州六郡。太祖与袁绍相拒于官渡，阎柔遣使诣太祖受事，迁护乌丸校尉。而辅身诣太祖，拜左度辽将军，封亭侯，遣还镇抚本州。

自己居住在其中，屯积有三百万斛的米谷粮食。公孙瓒说道：“我从前认为天下事物可运掌自如，指挥自定，今日看来，实在不是一己之力可以平定的，还不如休兵罢战，努力田事存蓄米谷。兵法上说：不可攻打设有百座楼橹的防御工事。现在我居有千座的守御望楼，吃尽了这些米谷，天下事的变化也该有个定局了。”公孙瓒想用这个法子来破败袁绍。袁绍仍然派遣将士们继续进攻，但是连年都没法把他攻下来。建安四年（公元199年），袁绍发动所有的军力包围公孙瓒。公孙瓒只好派遣他的儿子向黑山贼求取救援，接着又打算亲自率领一批冲锋陷阵的骑兵突出重围，直驰西南山，卒领黑山一带的徒众，行走冀州，截断了袁绍的后援。长史关靖劝公孙瓒说：“现在你所领导的士卒，全都崩溃瓦解了，而却仍然能对峙坚守的缘故，即因为大家都眷恋自己家中的老幼，而以你为倚靠的中心人物。只要你能持久坚守住这儿，袁绍一定会自己撤退；等他退离后，四方徒众必定可再次的结合一起。如果你此刻抛弃大家逃离而去，军队没有一个镇守的重心，易京的危亡，是可拭目而待的。你失却了根本重镇，孤立在草野民间，又能有何成就呢？”公孙瓒终于坐镇当地而没有出奔他方。等到救兵来到，想要里应外合一举击溃袁绍。于是派人送信给他的儿子，约定好援兵进攻的日期，燃火以为呼应。然而书信却落到了袁绍侦伺他们情报的人手中，结果假冒援兵如期燃火接应。公孙瓒误以为救兵来到，就率兵出来作战。袁绍已经事先部署好埋伏的士卒，一举大破公孙瓒，公孙瓒只好再退回来固守易京。袁绍挖掘地道，击破他的楼橹，渐渐地接近公孙瓒居处的中京，这时候，公孙瓒心中明白一定要败亡，于是把妻子儿女完全杀尽，然后再自杀而死。

鲜于辅率领他属下的徒众接受王命。朝廷任鲜于辅为建忠将军，督领幽州六郡。太祖曹操和袁绍在官渡相抗衡，阎柔派遣使者前往太祖处接受事命，于是升迁阎柔为乌丸校尉。鲜于辅则亲自前往拜谒太祖，授拜左度辽将军，封亭侯，派回去安抚本州。太祖攻破南皮，

陶谦，选自清刊本《三国演义》。

太祖破南皮，柔将部曲及鲜卑献名马以奉军，从征三郡乌丸，以功封关内侯。辅亦率其众从。文帝践阼，拜辅虎牙将军，柔度辽将军，皆进封县侯，位特进。

陶谦字恭祖，丹杨人。少好学，为诸生，仕州郡，举茂才，除卢令，迁幽州刺史，征拜议郎，参车骑将军张温军事，西讨韩遂。会徐州黄巾起，以谦为徐州刺史，击黄巾，破走之。董卓之乱，州郡起兵，天子都长安，四方断绝，谦遣使间行致贡献，迁安东将军、徐州牧，封溧阳侯。是时，徐州百姓殷盛，谷米丰赡，流民多归之。而谦背道任情：广陵太守琅邪赵昱，徐方名士也，以忠直见疏；曹宏等，谗慝小人也，谦亲任之。刑政失和，良善多被其害，由是渐乱。下邳阙宣自称天子，谦初与合从寇钞，后遂杀宣，并其众。

阎柔率领他部下军队归附太祖，并把鲜卑人所进献的名马，供给军用，接着又出征三郡乌丸，因有功封关内侯。鲜于辅也统领他自己属下的徒众跟随太祖。文帝曹丕登基，封鲜于辅为虎牙将军，阎柔为度辽将军，均进封为县侯，名位都是“特进”。（汉朝的制度，诸侯功德隆盛为朝廷所敬异的，赐位特进，地位在三公以下。）

陶谦字恭祖，是丹杨人（在今安徽省当涂县东）。从小就勤奋好学，是诸生出身，在州郡做官，被推举为茂才，任官卢县县令，后来升迁为幽州刺史，征拜为议郎，做车骑将军张温的参军，向西攻讨韩遂之乱。正巧又碰上徐州黄巾作乱，因此就任用陶谦做徐州刺史，攻打黄巾，黄巾贼兵破败而逃走。董卓作乱，州郡纷纷起兵，天子迁都长安，四方交通全都断绝，陶谦派遣使者暗中走小道进献各种贡品，于是升迁为安东将军、徐州牧，封溧阳侯。此时徐州百姓生活殷实富足，米谷丰厚，流亡在外的人民都来归附他。而陶谦却背逆常道，恣任情性；当时广陵郡太守，琅邪人赵昱，是徐州一带的名士，却因忠刚耿直被疏远；曹宏等，是谗邪隐恶的小人，陶谦竟亲信而重用他。因此刑狱政务完全失去了法度，贤良慈善的人多被他毒害，于是乱事日渐兴起。下邳人阙宣自称天子，陶谦起初和他一起攻劫掠取各地，后来把阙宣也杀死，而且收编了他属下的徒众。

初平四年，太祖征谦，攻拔十余城，至彭城大战。谦兵败走，死者万数，泗水为之不流。谦退守郯。太祖以粮少引军还。兴平元年，复东征，略定琅邪、东海诸县。谦恐，欲走归丹杨。会张邈叛迎吕布，太祖还击布。是岁，谦病死。

张杨字稚叔，云中人也。以武勇给并州，为武猛从事。灵帝末，天下乱，帝以所宠小黄门蹇硕为西园上军校尉，军京都，欲以御四方，征天下豪杰以为偏裨。太祖及袁绍等皆为校尉，属之。并州刺史丁原遣杨将兵诣硕，为假司马。灵帝崩，硕为何进所杀。杨复为进所遣，归本州募兵，得千余人，因留上党，击山贼。进败，董卓作乱。杨遂以所将攻上党太守于壶关，不下，略诸县，众至数千人。山东兵起，欲诛卓。袁绍至河内，杨与绍合，复与匈奴单于於夫罗屯漳水。单于欲叛，绍、杨不从。单于执杨与俱去，绍使将麴义追击于邺南，破之。单于执杨至黎阳，攻破度辽将军耿祉军，众复振。卓以杨为建义将军、河内太守。天子之在河东，杨将兵至安邑，拜安国将军，封晋阳侯。杨欲迎天子还洛，诸将不听；杨还野王。建安元年，杨奉、董承、韩暹挟天子还旧京，粮乏。杨以粮迎道路，遂

汉献帝初平四年（公元 193 年），太祖出征陶谦，攻下了十多个城市，在彭城发生了一场大战。陶谦兵败逃走，阵亡的人有好几万，泗水浮满尸首，河水因而阻塞，无法畅流。陶谦退守在郯地。太祖也因粮食不足而引兵退回。兴平元年（汉献帝年号，公元 194 年），又再度向东出征，掠取而平定了琅邪、东海等县。谦内心惶恐，想逃回丹杨，适逢张邈叛变，迎援吕布，太祖引兵回击吕布。就在这一年，陶谦病死。

张杨字稚叔，是云中（今呼和浩特市西南）人。因勇猛有威武而服务并州，任武猛从事，汉灵帝末年，天下大乱，皇帝任命所宠爱的小黄门蹇硕为西园上军校尉，驻军京都，想借这支军力统御四方，征召天下所有的豪士俊杰为偏裨小将。太祖及袁绍等均曾为校尉，都是蹇硕的属下。并州刺史丁原派遣张杨率领士兵前往拜见蹇硕，任代理司马之职。灵帝驾崩以后，蹇硕被何进所杀。张杨又被何进派遣回到本州来招募兵士，募得了千余人，因而被留在上党，以便出击山贼。何进兵败后，董卓作乱。张杨于是率领着他的属下在壶关进攻上党太守，没有攻下，掠取了各县，于是属下增加到几千人之多。后来华山以东一带的义兵起事，想杀董卓。袁绍来到了河内，张杨和袁绍联合起来。又和匈奴单于於夫罗屯驻在漳水一带。单于想叛变，袁绍、张杨不愿意。单于拘执了张杨把他一起带走，袁绍派遣大将麴义在邺县南边追赶，并且击败了他们。单于把张杨带到黎阳，攻破度辽将军耿祉的军队，于是属众又振作起来。董卓任张杨做建义将军、河内太守。天子在河东，张杨率兵来到安邑，拜安国将军，封晋阳侯。张杨想迎接天子回到洛阳，一些将领都不愿意；张杨只好回到野王。汉献帝建安元年（公元 196 年），杨奉、董承、韩暹胁持天子回旧都洛

至洛阳。谓诸将曰："天子当与天下共之，幸有公卿大臣，杨当捍外难，何事京都？"遂还野王。即拜为大司马。杨素与吕布善。太祖之围布，杨欲救之，不能。乃出兵东市，遥为之势。其将杨丑，杀杨以应太祖。杨将眭固杀丑，将其众，欲北合袁绍。太祖遣史涣邀击，破之于犬城，斩固，尽收其众也。

公孙度字升济，本辽东襄平人也。度父延，避吏居玄菟，任度为郡吏。时玄菟太守公孙琙，子豹，年十八岁，早死。度少时名豹，又与琙子同年，琙见而亲爱之，遣就师学，为取妻。后举有道，除尚书郎，稍迁冀州刺史，以谣言免。同郡徐荣为董卓中郎将，荐度为辽东太守。度起玄菟小吏，为辽东郡所轻。先时，属国公孙昭守襄平令，召度子康为伍长。度到官，收昭，笞杀于襄平市。郡中名豪大姓田韶等宿遇无恩，皆以法诛，所夷灭百余家，郡中震栗。东伐高句骊，西击乌丸，威行海外。初平元年，度知中国扰攘，语所亲吏柳毅、阳仪等曰："汉祚将绝，当与诸卿图王耳。"时襄平延里社生大石，长丈余，下有

阳，此时正值粮饷缺乏。张杨在道途中准备了米粮来迎接天子，于是回到了洛阳。因此他告诉那些将领说："天子应当由天下人共同事奉，在朝廷内多亏有公卿大臣之助，而张杨应当出来抵御外来的灾难，为何留在京都呢？"于是回到野王去。不久即拜为大司马。张杨原来就和吕布感情非常地友好，太祖曾围攻吕布，张杨想出兵去救他，没有如愿。于是出兵到东市，遥遥地与他相对为呼应之势。张杨的属将杨丑，杀死了张杨响应太祖。张杨的属将眭固又杀了杨丑，率领了兵众，想直往北方和袁绍相会合。太祖就派遣史涣出兵截击，在犬城击破了他们，斩杀了眭固，将他属下的所有徒众全部收编过来。

公孙度字升济，原先是辽东襄平人（在今辽宁辽阳市北）。公孙度父亲公孙延，为了避免充任小吏徙居到玄菟，公孙度则被任用为郡吏。当时玄菟太守公孙琙，有个儿子叫公孙豹，年十八，就死了。公孙度年少时名字叫做豹，又和公孙琙的儿子公孙豹同年，公孙琙一见面就非常的喜爱他，于是资助他去拜师求学，并且助他娶了妻子。后来公孙度被推举为"有道"，拜尚书郎，不久又升任冀州刺史，却因别人的造谣而被免官。同郡人徐荣任董卓的中郎将，推荐公孙度为辽东太守。公孙度出身于玄菟的小吏，深受辽东郡民的轻视。早先，郡国公孙昭守襄平令，曾征召公孙度的儿子公孙康做伍长。公孙度到职后，即收捕公孙昭入牢狱，在襄平城以杖击杀了公孙昭。郡中的豪门大姓田韶等一些素来待他毫无恩德的人，全都用法诛杀，被夷灭的有一百多户人家，一郡均大感震惊而惧慄。后来他向东攻伐高句骊，往西出击了乌丸，声威远播海外。初平元年（汉献帝年号，公元 190 年）公孙度眼看中国纷乱不安，就告诉他亲近的官员柳毅、阳仪等人说："汉朝的国祚即将灭绝，应当和诸位公卿共同来谋取王位。"当时襄平县延里的社坛有一块大石头，长有一丈多，大

三小石为之足。或谓度曰："此汉宣帝冠石之祥，而里名与先君同。社主土地，明当有土地，而三公为辅也。"度益喜。故河内太守李敏，郡中知名，恶度所为，恐为所害，乃将家属入于海。度大怒，掘其父冢，剖棺焚尸，诛其宗族。分辽东郡为辽西中辽郡，置太守。越海收东莱诸县，置营州刺史。自立为辽东侯、平州牧，追封父延为建义侯。立汉二祖庙，承制设坛墠于襄平城南，郊祀天地，藉田，治兵，乘鸾路，九旒，旄头羽骑。太祖表度为武威将军，封永宁乡侯，度曰："我王辽东，何永宁也！"藏印绶武库。度死，子康嗣位，以永宁乡侯封弟恭。是岁建安九年也。

十二年，太祖征三郡乌丸，屠柳城。袁尚等奔辽东，康斩送尚首。语在《武纪》。封康襄平侯，拜左将军。康死，子晃、渊等皆小，众立恭为辽东太守。文帝践阼，遣使即拜恭为车骑将军、假节，封平郭侯；追赠康大司马。

初，恭病阴消为阉人，劣弱不能治国。太和二年，渊胁夺恭位。明帝即拜渊扬烈将

石下面有三个小石头就像大石的脚。于是有人告诉公孙度说："这和当年汉宣帝大石中兴的祥瑞征兆类似，而地方的名称又和你的父亲公孙延相同。社是主掌土地之神，显然当拥有土地，而三公即是你的辅佐。"公孙度听后更加地欢欣。从前的河内太守李敏，是郡中的知名人物，对于公孙度的所作所为感到非常地厌恶，恐怕被公孙度陷害，携带家属渡海迁徙到内地去。公孙度得悉后，大为愤怒，即挖取他父亲的坟冢，开棺材烧尸首，并进一步地诛杀他的整个宗族。划分辽东郡为辽西中辽郡，设有郡太守。又渡过了海收取东莱各县，增置了营州刺史。自立为辽东侯、平州牧，追封他的父亲公孙延为建义侯。为汉朝的二主——高祖、光武立了庙，并承袭王制在襄平县的南方设置了"坛"、"墠"，以便祭祀天地，又仿照天子设立"籍田"制度来劝民农事，整顿兵马，乘用天子的车驾，戴的是九旒冠，选用羽林骑做先驱的侍卫兵。太祖上表任公孙度为武威将军，封永宁乡侯，公孙度说道："我君临辽东，身居王位，何必做永宁侯呢！"于是把印信组绶藏在辽东郡的武库中。公孙度死后，他的儿子公孙康继承他的爵位，而封他弟弟公孙恭为永宁乡侯。这一年是建安九年（公元204年）。

建安十二年（公元207年），太祖出征三郡乌丸，屠杀柳城县的守卒和居民。袁绍的儿子袁尚等出奔辽东，公孙康斩杀了袁尚，把他的首级送给太祖曹操。这些话都记载在《武纪》中。于是封公孙康襄平侯、拜左将军。公孙康死，他的儿子公孙晃、公孙渊等年纪均幼小，于是大家拥立公孙恭为辽东太守。文帝曹丕登基，即刻派遣使者拜公孙恭为车骑将军、假节，封为平郭侯；也追赠公孙康为大司马。

起初，公孙恭患阴茎上缩入腹的疾病，好像太监一般，身体衰弱，不能治理国事。太和二年（魏明帝年号，公元228年），公孙渊以威胁的手段夺取了公孙恭的地位。明帝即位后即拜公孙渊为扬烈将军、辽东太守。公孙渊派遣使者到南方和孙权联络，并往来赠送各

军、辽东太守。渊遣使南通孙权，往来赂遗。权遣使张弥、许晏等，赍金玉珍宝，立渊为燕王。渊亦恐权远不可恃，且贪货物，诱致其使，悉斩送弥、晏等首，明帝于是拜渊大司马，封乐浪公，持节、领郡如故。使者至，渊设甲兵为军陈，出见使者，又数对国中宾客出恶言。景初元年，乃遣幽州刺史毌丘俭等赍玺书征渊。渊遂发兵，逆于辽隧，与俭等战。俭等不利而还。渊遂自立为燕王，置百官有司。遣使者持节，假鲜卑单于玺，封拜边民，诱呼鲜卑，侵扰北方。二年春，遣太尉司马宣王征渊。六月，军至辽东。渊遣将军卑衍、杨祚等步骑数万屯辽隧，围堑二十余里。宣王军至，令衍逆战。宣王遣将军胡遵等击破之。宣王令军穿围，引兵东南向，而急东北，即趋襄平。衍等恐襄平无守，夜走。诸军进至首山，渊复遣衍等迎军殊死战。复击，大破之，遂进军造城下，为围堑。会霖雨三十余日，辽水暴长，运船自辽口径至城下。雨霁，起土山、修橹，为发石连弩射城中。渊窘急。粮尽，人相食，死者甚多。将军杨祚等降。八月丙寅夜，大流星长数十丈，从首山东

种货财。孙权也派了使者张弥、许晏等，携带各种金玉珍宝赐与公孙渊，并立公孙渊为燕王。然而公孙渊内心却担心孙权相距太遥远了，无法仗恃他，而且贪求财货宝物，于是诱骗孙权的二位使者——把张弥、许晏全杀了，将他们的首级献给明帝，明帝即拜公孙渊为大司马，封乐浪公，持节，仍然领郡如旧。明帝的使者来到，公孙渊安排许多甲兵，陈列军阵，然后出来接见魏明帝的使者，又屡次对国中的宾客口出恶言。到了魏明帝景初元年（公元 237 年）魏才派遣幽州刺史毌丘俭等持送诏敕征召公孙渊到洛阳，公孙渊于是出兵，在辽隧迎战毌丘俭等，毌丘俭等作战失利，就退兵回来。公孙渊即脱离了魏而自立为燕王，设置百官有司。于是派遣使者持符节，对鲜卑的君长颁发代理单于的印玺，分封授拜边疆一带地区的人民，引诱鲜卑人，侵扰魏北方的疆界。景初二年（公元 238 年）的春季，魏派遣太尉司马宣王（懿）征讨公孙渊。这一年的六月，军队来到了辽东。公孙渊派遣大将军卑衍、杨祚等步骑数万屯驻在辽隧，建筑重重环绕的围堑，南北有二十余里远。司马宣王的军队来到辽东，公孙渊即令大将军卑衍出来迎战。司马宣王派遣将军胡遵等击破了他们。司马宣王命令军士们穿破他们的围堑，虚张声势的向东南方进攻，司马宣王暗地里率领军马向东北急行，于是来到了襄平。果然卑衍等怕襄平无法保住，连夜赶路以守襄平。司马宣王的各路军队来到首山，公孙渊再次的派遣卑衍等出迎司马宣王的军队作殊死战。司马宣王也再度出击，大有斩获，于是一直进兵到城下，宣王筑了层层围包的壕堑。正巧一连下了三十多天的大雨，辽河的河水急涨，运输船可从辽口一直运送到城下。雨停后，开始筑土山，修楼橹，制做射发石块的攻具和连发的弩箭，接连不断地将石块和弩箭射到城中去。公孙渊感到困窘而急迫。粮食也光了，人人相食，死伤的人非常地多。公孙渊属下将军杨祚等只得向司马宣王投降。到了八月丙寅日的夜晚，一颗大流星长有数十丈，从首山的东北方坠落到襄平城的东南方。在八月壬午日那天，公孙渊徒众溃败，和他的儿子

公孙渊兵败死襄平，选自清刊本《三国演义》。

北坠襄平城东南。壬午，渊众溃，与其子修将数百骑突围东南走，大兵急击之，当流星所坠处，斩渊父子。城破，斩相国以下首级以千数，传渊首洛阳，辽东、带方、乐浪、玄菟悉平。

初，渊家数有怪，犬冠帻绛衣上屋，炊有小儿蒸死甑中。襄平北市生肉，长围各数尺，有头目口喙，无手足而动摇。占曰："有形不成，有体无声，其国灭亡。"始度以中平六年据辽东，至渊三世，凡五十年而灭。

张燕，常山真定人也，本姓褚。黄巾起，燕合聚少年为群盗，在山泽间转攻，还真定，众万余人。博陵张牛角亦起众，自号将兵从事，与燕合。燕推牛角为帅，俱攻瘿陶。牛角为飞矢所中。被创且死，令众奉燕，

公孙修率领数百名骑兵突破重重的包围向东南逃走，司马宣王属下的大兵急速地追击，即在流星所坠落的地方，斩杀了公孙渊父子。于是城池攻破，斩杀了相国以下的首级有一千左右，用驿车把公孙渊的首级送到洛阳，因此平定了辽东、带方、乐浪、玄菟各郡。

早先，公孙渊的家中常有怪事发生，一条狗头扎着巾帻身穿着绛红色衣服爬上屋宇，厨房中有小孩蒸死在甑中。襄平县的北市生长出一个大肉团，长宽各有好几尺，有头首眼睛和口嘴，没有手脚却能够动摇。有人占卜的结果说："有形体却不成人形，有身体而没有声音，这个国家将要灭亡。"起初公孙度在中平六年（汉灵帝年号，公元189年）据辽东而兴起，至公孙渊共三代，历时五十年而灭亡。

张燕，常山真定人（在今河北省正定县南），本姓是褚。黄巾乱起，张燕聚合了许多少年群起行盗，在山林水泽各处辗转地抢劫，后来回到真定，这时候属众已有一万多人。当时有位博陵人张牛角也率众，自称为将兵从事，和张燕联合，张燕即推张牛角为主帅，

告曰："必以燕为帅。"牛角死，众奉燕，故改姓张。燕剽捍捷速过人，故军中号曰飞燕。其后人众寖广，常山、赵郡、中山、上党、河内诸山谷皆相通，其小帅孙轻、王当等，各以部众从燕，众至百万，号曰黑山。灵帝不能征，河北诸郡被其害。燕遣人至京都乞降，拜燕平难中郎将。是后，董卓迁天子于长安，天下兵数起，燕遂以其众与豪杰相结。袁绍与公孙瓒争冀州，燕遣将杜长等助瓒，与绍战，为绍所败，人众稍散，太祖将定冀州，燕遣使求佐王师，拜平北将军；率众诣邺，封安国亭侯，邑五百户。燕薨，子方嗣。方薨，子融嗣。

张绣，武威祖厉人，骠骑将军济族子也。边章、韩遂为乱凉州，金城麴胜袭杀祖厉长刘隽。绣为县吏，间伺杀胜，郡内义之。遂招合

张绣，清朱芝轩绘。

一起进攻瘿陶。张牛角被流箭所射中，当他受伤临死的时候，要徒众们拥戴张燕，并且告诉大家说："一定要以张燕为统帅。"张牛角死，大家都推奉张燕，因此燕才改姓张。张燕轻剽悍勇动作迅速而快捷，是一般人所不及的，所以军中都称他"飞燕"。后来徒众渐渐地加多，常山、赵郡、中山、上党、河内这一带各个山谷都和他们来往，这些地方的小帅孙轻、王当等人，也都率领他们部下的徒众追随张燕，人数增到百万，号称为黑山。灵帝无力征讨他们，黄河以北的各郡县都受他们的劫掠。张燕派人到京都求降，灵帝拜张燕为平难中郎将。后来，董卓胁制天子迁到长安，天下各地屡次起兵，张燕就以他属下的徒众和各地豪杰相结合。当袁绍和公孙瓒争夺冀州的时候，张燕派遣大将杜长等帮助公孙瓒和袁绍作战，被袁绍击败，于是部属就渐渐地溃散，太祖将要平定冀州时，张燕派遣使者投降，请求辅佐王师，被拜为平北将军；亲自率领属众前往邺地，封为安国亭侯，封邑有五百户。张燕死，他的儿子张方继位。张方死，又由儿子张融嗣位。

张绣，武威郡祖厉（故城在今甘肃靖远县西南）人，是骠骑将军张济同族兄弟的儿子。边章、韩遂在凉州作乱，金城人麴胜暗中偷袭杀了祖厉的首长刘隽，当时张绣做县吏，乘隙侦伺麴胜的行动而杀了他，武威郡中人士均以他为祖厉报仇，是高义的行为。张绣于

少年，为邑中豪杰。董卓败，济与李傕等击吕布，为卓报仇。语在《卓传》。绣随济，以军功稍迁至建忠将军，封宣威侯。济屯弘农，士卒饥饿，南攻穰，为流矢所中死。绣领其众，屯宛，与刘表合。太祖南征，军淯水，绣等举众降。太祖纳济妻，绣恨之。太祖闻其不悦，密有杀绣之计。计漏，绣掩袭太祖。太祖军败，二子没。绣还保穰，太祖比年攻之，不克。太祖拒袁绍于官渡，绣从贾诩计，复以众降。语在《诩传》。绣至，太祖执其手，与欢宴，为子均取绣女，拜扬武将军。官渡之役，绣力战有功，迁破羌将军。从破袁谭于南皮，复增邑凡二千户，是时天下户口减耗，十裁一在，诸将封未有满千户者，而绣特多。从征乌丸于柳城，未至，薨，谥曰定侯。子泉嗣，坐与魏讽谋反诛，国除。

张鲁字公祺，沛国丰人也。祖父陵，客蜀，学道鹄鸣山中，造作道书以惑百姓，从受道者出五斗米，故世号米贼。陵死，子衡行其道。衡死，鲁复行之。益州牧刘焉以鲁为督义司马，与别部司马张修将兵击汉中太守苏固，鲁遂袭修杀之，夺其众。焉死，子璋代立，

是招募结合所有少年，成为城邑中的豪杰。董卓兵败后，张济与李傕等出击吕布，替董卓报仇。这段事迹记载在《董卓传》。张绣追随张济，又因在军中建功而升迁至建忠将军，封为宣威侯。张济屯兵在弘农，兵士们都饥饿不堪，往南攻打穰县，被飞箭射中而死。张绣率领他的属众，屯守宛地，和刘表结好。太祖南征的时候，驻军在淯水，张绣等人均率众投降。太祖曹操收纳了张济的妻子（张绣的婶母），张绣怀恨在心头。太祖听到张绣不高兴的消息，即暗中施计谋想杀害张绣。这个计谋泄漏了，张绣于是乘其不备而袭击太祖。太祖兵败，二子均死在乱军中。张绣回来守驻穰城，太祖连年都出兵攻打，但均攻不下来。太祖在官渡抵御袁绍，张绣听从了贾诩的计谋，再次带着徒众向太祖投降。这段事迹记载在《贾诩传》。张绣到来，太祖握着他的手，和他一起欢畅宴饮，同时为他的儿子曹均娶了张绣的女儿以结婚姻之好，拜为扬武将军。官渡的战役中，张绣努力作战有大功，升迁为破羌将军。接着又跟随太祖在南皮攻破了袁谭，于是封邑增至二千户之多。这个时候，天下户口人数因战乱而减损，十户中才剩下一户，所有大将的封邑没有满一千户的，而张绣的封邑特别的多。后来又率部众跟随太祖出征乌丸在柳城，还未到达在途中就死了，谥号是定侯。他的儿子张泉嗣位，却因与魏讽阴谋造反的罪状而被杀，于是封国被除去。

张鲁字叫公祺，是沛国丰（在今江苏省丰县）人。祖父张陵，客居蜀地，在鹄鸣山中学道，编造道书以迷惑百姓，追随他学道的人要出五斗米，所以世称“米贼”。张陵死后，他的儿子张衡继续传播他的道。张衡死，张鲁仍然继行他的道术。当时的益州牧刘焉任张鲁为督义司马，与别部司马张修率兵击败汉中太守苏固，然后张鲁又暗中偷袭张修，且把他杀了，夺取他的部下兵众。刘焉死，他的儿子刘璋代父职位，以张鲁不顺从他的理由，

五斗米创始者张道陵，即张鲁的祖父，清末年画。

以鲁不顺，尽杀鲁母家室。鲁遂据汉中，以鬼道教民，自号“师君”。其来学道者，初皆名“鬼卒”。受本道已信，号“祭酒”。各领部众，多者为治头大祭酒。皆教以诚信不欺诈，有病自首其过，大都与黄巾相似。诸祭酒皆作义舍，如今之亭传。又置义米肉，县于义舍，行路者量腹取足；若过多，鬼道辄病之。犯法者，三原，然后乃行刑。不置长吏，皆以祭酒为治，民夷便乐之。雄据巴、汉垂三十年。汉末，力不能征，遂就宠鲁为镇民中郎将，领汉宁太守，通贡献而已。民有地中得玉印者，群下欲尊鲁为汉宁王。鲁功曹巴西阎圃谏鲁曰：“汉川之民，户出十万，财富土沃，四面险固；上匡天子，则为桓、文，次及窦融，不失富贵。今承制署置，势足斩断，不烦于王。愿且不称，勿

把张鲁母亲的家族人全杀光。张鲁于是占据陕西汉中一带，设立鬼道来教百姓，自称为“师君”。凡是初来学道的人一律称为“鬼卒”。等到已经能接纳鬼道而且深信不疑了，号称“祭酒”。各自统领部属从众，部众多的做“治头大祭酒”。教导他们一切以诚信不欺诈为要，生病的人在祭酒面前自首自己的过错，大体上和黄巾贼很相似。所有的祭酒都造“义舍”房屋，如同现在所说的驿舍。又准备有义米义肉，悬挂在驿舍，行路的人可以依自己的饭量到吃饱为止，如果太过量，信奉鬼道的人往往会因贪心而生病。万一作奸犯法，可以赦免三次，然后才执行刑罚。没有长吏的设置，一律由祭酒管理，内地百姓和夷民们都认为此法简单而乐意接受。因此他们雄据了巴、汉将近三十年的光景。到了汉朝末年，朝廷力弱，无法讨平他们，于是就地荣任张鲁为镇民中郎将，领汉宁太守，张鲁对于朝廷只进贡物品而已。当地人民曾在地下挖到玉印，所有的属下就想尊奉张鲁做汉宁王。张鲁属下做功曹官的巴西人阎圃劝谏张鲁说：“汉川地区的百姓，已经超过十万户，财物丰富土地肥沃，四面地势险峻而牢固。往上可以匡辅天子，那么可媲美齐桓公、晋文公；其次也可与王莽时代的波水将军后来依附刘秀官至大司马的窦融并称，坐拥富贵。如今自称为王，一切要按王制行事，如此必得斩断附属朝廷的形势，称王并没有好处，而且也未必能达到这一心愿，请千万不要招来称王的灾祸。”张鲁听从了他的谏言没有自立为王。后来韩遂、

为祸先。”鲁从之。韩遂、马超之乱，关西民从子午谷奔之者数万家。

建安二十年，太祖乃自散关出武都征之，至阳平关。鲁欲举汉中降，其弟卫不肯，率众数万人拒关坚守。太祖攻破之，遂入蜀。鲁闻阳平已陷，将稽颡归降，圃又曰：“今以迫往，功必轻；不如依杜濩赴朴胡相拒，然后委质，功必多。”于是乃奔南山入巴中。左右欲悉烧宝货仓库，鲁曰：“本欲归命国家，而意未达。今之走，避锐锋，非有恶意。宝货仓库，国家之有。”遂封藏而去。太祖入南郑，甚嘉之。又以鲁本有善意，遣人慰喻。鲁尽将家出，太祖逆拜鲁镇南将军，待以客礼，封阆中侯，邑万户。封鲁五子及阎圃等皆为列侯。为子彭祖取鲁女。鲁薨，谥之曰原侯。子富嗣。

评曰：公孙瓒保京，坐待夷灭。度残暴而不节，渊仍业以载凶，只足覆其族也。陶谦昏乱而忧死，张杨授首于臣下，皆拥据州郡，曾匹夫之不若，固无可论者也。燕、绣、鲁舍群盗，列功臣，去危亡，保宗祀，则于彼为愈焉。

马超兵乱，关西一带百姓从子午谷来归附张鲁的人有好几万家。

到了建安二十年（公元 215 年），太祖才从散关经过武都出兵征讨，一直来到了阳平关。张鲁想以汉中之地向曹操投降，可是他的弟弟张卫不答应，率领兵众数万人在阳平关抵御曹军而坚守。太祖攻破了阳平关，终于进入了蜀。张鲁听说阳平关已经失陷，准备向太祖求降，阎圃又告诉他说：“目前因为急迫前往投降，功劳必然不重，倒不如依附杜濩前往朴胡处来抗拒曹操，然后再奉上人质而求降，那么功劳必大，才会受重视。”于是张鲁从南山奔逃入巴中。他身旁左右的亲近人员想把所有仓库宝物货财全部烧毁，张鲁说道：“本想向太祖求降，归附国家，只是这颗心意无法向对方表明。现在的离开，只是为了避开曹操锋锐的军队，并没有恶意。这些珍宝财物仓库府库，都是国家所拥有的，千万不要烧毁。”于是封闭了这些宝藏府库就离去了。太祖进入了南郑，非常的嘉许张鲁的措施。又因为张鲁本来就怀着好意，就派了人去晓谕安慰他。张鲁也率领全家的人而归降太祖。太祖即迎拜张鲁为镇南将军，以待客的礼节来款待他，又进封阆中侯，封邑有一万户。同时也封张鲁的五个儿子以及阎圃等均为列侯。又为他哥哥的儿子彭祖娶张鲁女儿，以结婚姻之好。张鲁死，谥号叫原侯。他的儿子张富嗣位。

陈寿评论说：公孙瓒保守易京，坐待全族的诛灭。公孙度残暴而不守节度，公孙渊承袭旧业继续行凶作恶，只足以覆灭整个宗族。陶谦昏乱以忧心而死，张杨被臣下所杀，他们虽均拥州据郡，各自为镇，竟然连个庶人百姓都不如，原本就没什么好评论的。张燕、张绣、张鲁均舍弃了群盗的身份，名列功臣之位，离去危亡，保住了宗祀，和前面那几个人比起来，他们要好多了。

三国志卷九

诸夏侯曹传第九

傅试中 译

夏侯惇字元让，沛国谯人，夏侯婴之后也。年十四，就师学，人有辱其师者，惇杀之，由是以烈气闻。太祖初起，惇常为裨将，从征伐。太祖行奋武将军，以惇为司马，别屯白马，迁折冲校尉，领东郡太守。太祖征陶谦，留惇守濮阳。张邈叛迎吕布，太祖家在鄄城，惇轻军往赴，适与布会，交战。布退还，遂入濮阳，袭得惇军辎重。遣将伪降，共执持惇，责以宝货，惇军中震恐。惇将韩浩乃勒兵屯惇营门，召军吏诸将，皆案甲当部不得动，诸营乃定。遂诣惇所，叱持质者曰："汝等凶逆，乃敢执劫大将军，复欲望生邪！且吾受命讨贼，宁能以一将军之故，而纵汝乎？"因涕泣谓惇曰："当奈国法何！"促召兵击持质者。持质者惶遽叩头，言"我但欲乞资用去耳"！浩数责，皆斩之。惇既免，太祖闻之，谓浩

夏侯惇字元让，是沛国谯（在今安徽省亳州市）人，夏侯婴的后代。十四岁，就从师学习，如果有人侮辱他的老师，夏侯惇即把他杀死，因此以刚烈的脾气而闻名。太祖初起的时候，夏侯惇做他属下的小将，追随他四处征伐。太祖为奋武将军，就用夏侯惇为司马，驻军在白马津，后来升迁为折冲校尉，统领东郡太守。太祖出兵讨伐陶谦，把夏侯惇留下来守卫濮阳。张邈起兵叛变迎援吕布，太祖的家属住在鄄城，夏侯惇率领轻装的军队以便疾行前往保护，正巧在道途中和吕布相遇，两军交战，夏侯惇进入鄄城。吕布退回，于是进占了濮阳，偷袭取得夏侯惇军中的器械、粮秣等。吕布又派遣将领伪装投降，而胁持拘执了夏侯惇，以此来索取珍宝财货，夏侯惇的军士们得悉后都大为震慄而惊恐。于是夏侯惇属下大将韩浩统驭兵马屯兵在夏侯惇军营门前，把军中官员将领都召集来，要他们按兵不动各守其防地，因此所有的营阵才安定下来。韩浩就前往夏侯惇的住所，大声叱责那些胁持人质的贼兵说："你们这些凶恶的叛贼，竟然敢劫持拘执大将军（按：当时夏侯惇官为折冲校尉，其为大将军乃在延康元年即 220 年），你们还想活命吗！而且我接受命令前来讨伐逆贼，哪里会因为一位将军的关系，而放纵你们？"于是涕泣的告诉夏侯惇说："这对国家法令来说没有办法！"即急速的召来兵士击杀胁持人质的贼兵。那些贼兵都惶恐而急遽的叩头说："我们只想求取路费用度而已！"韩浩数说叱责他们后，全部斩杀。夏侯惇脱免了这一次灾难后，

夏侯惇，选自清皇家珍藏手抄善本绘图描金银《三国志演义》。据《三国演义》，夏侯惇和吕布军作战时被敌将曹性射中左目，不想拔箭时连眼珠拔出，乃大叫“父精母血，不可弃也”，遂纳于口内啖之，又挺枪纵马，一枪搠死曹性，两边军士见者，无不骇然。图为夏侯惇拔箭啖睛。

曰：“卿此可为万世法。”乃著令，自今已后有持质者，皆当并击，勿顾质。由是劫质者遂绝。

太祖自徐州还，惇从征吕布。为流矢所中，伤左目。复领陈留、济阴太守，加建武将军，封高安乡侯。时大旱，蝗虫起，惇乃断太寿水作陂，身自负土，率将士劝种稻，民赖其利。转领河南尹。太祖平河北，为大将军后拒。邺破，迁伏波将军，领尹如故，使得以便宜从事，不拘科制。建安十二年，录惇前后功，增封邑千八百户，并前二千五百户。二十一年，从征孙权还，使惇都督二十六军，留居巢。赐伎乐名倡。令曰：“魏绛以和戎之功，犹受金石之乐，况将军乎！”二十四年，太祖军于摩陂，召惇常与同载，特见亲重，出入卧内，诸将莫得比也。拜前

太祖听到了这个消息，就告诉韩浩说：“你这一次的表现足可以作为万代的师法。”于是就公布法令，从今以后如果有人胁持人质，一律击杀，不再顾念人质。因此胁持人质的事也就不再发生。

太祖从徐州回来，夏侯惇随从着出征吕布，被飞箭所射中，左眼受了伤。又领陈留、济阴太守，加建武将军，封高安乡侯。当时天下大旱，蝗虫四起，夏侯惇阻断太寿的水流筑了蓄水池，亲自挑土，而且率领将军士卒们劝农民种植稻谷，老百姓因而蒙受利益。后来转领河南尹。太祖平定了黄河以北一带地方，夏侯惇又任曹操的大将军后拒。攻破了邺城，迁升为伏波将军，仍旧领河南尹，好让他得以方便行事，不必受法令制度的限制。汉献帝建安十二年（公元 207 年），记录夏侯惇前后的功绩，增加了一千八百户的封邑，再加上从前的一共有二千五百户的封邑。到了建安二十一年（公元 216 年）随着征讨孙权回来，即派夏侯惇都督二十六军，留守在居巢赐他名倡乐伎，诏令上是这样的写着：“当年的魏绛因为和戎有功，晋侯赐与他金石之乐，何况将军有大功呢！”建安二十四年（公元 219 年），太祖在摩陂驻军，常召夏侯惇和他同车，格外地受到太祖的亲信和重视，而且可以自由地进出太祖的卧室中，其他的将军无法和他相比。后来又拜为前将军，统领各路军队回到寿春，又迁徙屯驻在召陵。

将军，督诸军还寿春，徙屯召陵。文帝即王位，拜惇大将军，数月薨。

惇虽在军旅，亲迎师受业。性清俭，有余财辄以分施。不足资之于官，不治产业。谥曰忠侯。子充嗣。帝追思惇功，欲使子孙毕侯，分惇邑千户，赐惇七子二孙爵皆关内侯。惇弟廉及子楙素自封列侯。初，太祖以女妻楙，即清河公主也。楙历位侍中、尚书、安西、镇东将军，假节。充薨，子廙嗣。廙薨，子劭嗣。

韩浩者，河内人。沛国史涣与浩俱以忠勇显。浩至中护军，涣至中领军，皆掌禁兵，封列侯。

夏侯渊字妙才，惇族弟也。太祖居家，曾有县官事，渊代引重罪，太祖营救之，得免。太祖起兵，以别部司马、骑都尉从，迁陈留、颍川太守。及与袁绍战于官渡，行督军校尉。绍破，使督兖、豫、徐州军粮；时军食少，渊传馈相继，军以复振。昌狶反，遣于禁击之，未拔。复遣渊与禁并力，遂击狶，降其十余屯，狶诣禁降。渊还，拜典军校尉。济南、乐安黄巾徐和、司马俱等攻城，杀长吏，渊将泰山、齐、平原郡兵击，大破之，斩

等到文帝即魏王之位，拜夏侯惇为大将军，过了几个月后就死了。

夏侯惇虽然一直生活在军旅之中，却亲自迎接老师接受教诲。性情淡泊俭约，有多余的钱财就分送给需要的人，不够的话就向官府取用，不购置产业，谥号叫忠侯。儿子夏侯充嗣位。文帝追念夏侯惇的功业，想使他的后代子孙均封侯，分别把夏侯惇的一千户封邑，赐给夏侯惇的七个儿子二个孙子，并各封爵为关内侯。夏侯惇的弟弟夏侯廉和他的儿子夏侯楙从前本来就封为列侯了。当初，太祖以他的女儿嫁给夏侯楙为妻，也就是清河公主。夏侯楙官做到侍中、尚书、安西、镇东将军，假节。夏侯充死后，他的儿子夏侯廙嗣位。夏侯廙死，他的儿子夏侯劭嗣位。

韩浩，是河内人。当时沛国的史涣和韩浩二人均以忠直勇猛闻名。韩浩官做到中护军，史涣也做到中领军的官位，都是掌管天子禁卫之兵，封为列侯。

夏侯渊字妙才，是夏侯惇同族弟。太祖当年居家的时候，曾有涉及天子的案件发生，夏侯渊代人受过，太祖去营救他，才得免罪。太祖起兵，即任夏侯渊为别部司马、骑都尉跟随太祖，升迁为陈留太守，又转为颍川太守。到和袁绍在官渡作战时，兼任为督军校尉。袁绍的军队被攻破后，太祖就派他督领兖州、豫州、徐州的军粮；当时军中的粮食非常的缺乏，夏侯渊即刻用骑兵传送粮食，使得粮食不断，军队才得以振复。后来昌狶造反，太祖派遣于禁去追击，没有攻拔下来，于是再度地派遣夏侯渊和于禁合力征讨，终于击溃了昌狶，使得昌狶的十多个屯长均带领部下来归降，昌狶也前往向于禁投降。夏侯渊带兵回来后，拜为典军校尉。济南、乐安的黄巾贼徐和、司马俱等率兵攻城，杀害长吏，夏侯渊

和，平诸县，收其粮谷以给军士。十四年，以渊为行领军。太祖征孙权还，使渊督诸将击庐江叛者雷绪，绪破。又行征西护军，督徐晃击太原贼，攻下二十余屯，斩贼帅商曜，屠其城。从征韩遂等，战于渭南。又督朱灵平隃麋、汧氐。与太祖会安定，降杨秋。

十七年，太祖乃还邺，以渊行护军将军，督朱灵、路招等屯长安，击破南山贼刘雄，降其众。围遂、超余党梁兴于鄠，拔之，斩兴，封博昌亭侯。马超围凉州刺史韦康于冀。渊救康，未到，康败。去冀二百余里，超来逆战，军不利。汧氐反，渊引军还。十九年，赵衢、尹奉等谋讨超，姜叙起兵卤城以应之。衢等谲说超，使出击叙，于后尽杀超妻子。超奔汉中，还围祁山。叙等急求救，诸将议者欲须太祖节度。渊曰："公在邺，反复四千里，比报，叙等必败，非救急也。"遂行，使张郃督步骑五千在前，从陈仓狭道入，渊自督粮在后。郃至渭水上，超将氐羌数千逆郃。未战，超走，郃进军收超军器械。渊到，诸县皆已降。韩遂在显亲，渊欲袭取之，遂走。渊收遂军粮，追至略阳城，去遂二十余里，诸

率领泰山、齐、平原郡的军队出击，一举大破，斩杀了徐和，平定了各县，收缴了他们的粮食来供给自己的兵士们食用。建安十四年（公元209年），以夏侯渊兼代领军。太祖征讨孙权回来后，即派遣夏侯渊率领所有的大将追击庐江一带的反叛者雷绪，雷绪兵败。接着夏侯渊又兼代征西护军，统率徐晃出击太原一带的贼兵，攻下了他们二十多个屯，斩杀了贼兵的主帅商曜，屠灭了他所守的城镇。又追随太祖征伐韩遂等人，在渭南一带作战，又督导朱灵平定了隃麋、汧氐。和太祖在安定会合，迫使杨秋投降。

建安十七年（公元212年），太祖回到了邺，即以夏侯渊兼任护军将军，统领朱灵、路招等人屯守长安，攻破了南山贼刘雄，使他的属众全部归降。更进而围攻了韩遂、马超的余党梁兴在鄠县，攻下了鄠县，斩杀了梁兴，封为博昌亭侯。马超在冀围攻凉州刺史韦康，夏侯渊前往救韦康，援兵还没到，韦康已经被击败。在距离冀地二百多里的地方，马超派兵出来迎战，然而战况不佳。后来汧氐造反，夏侯渊率军回来。建安十九年（公元214年），赵衢、尹奉等计划征讨马超，于是姜叙在卤城起兵和他们相呼应。赵衢等人诈骗马超，让他出兵攻打姜叙，然后把马超的妻子全部斩杀。马超奔逃到汉中，进而包围了祁山。姜叙等人万分焦急地想求取救兵，那些将领们商量的结果仍想等待太祖的符节命令才采取行动。夏侯渊说道："太祖在邺，往返需四千里路程，等到太祖批示之后行事，那么姜叙一定失败，这不是救急之道。"于是发兵出救姜叙，派张郃统领步骑五千名作前锋，从陈仓的狭道行军进入，夏侯渊亲自在后面指挥运粮的事。张郃来到渭水附近，马超率领氐、羌族人组成的军队数千人来迎战张郃。战争还没展开，马超带兵逃走了，张郃进军收取马超军队遗留的各种器械。夏侯渊率兵到达的时候，所有的县城均已归降。韩遂屯兵在显亲，夏侯渊想带兵袭击他，韩遂因而逃走。夏侯渊收取了韩遂的军粮，直追到略阳城，距离韩遂只有二十多里路了，一些大将们均想进兵攻打他，有人建议应当攻打兴国氐族。夏侯渊

将欲攻之，或言当攻兴国氐。渊以为遂兵精，兴国城固，攻不可卒拔，不如击长离诸羌。长离诸羌多在遂军，必归救其家。若舍羌独守则孤，救长离官兵得与野战，可必虏也。渊乃留督将守辎重，轻兵步骑到长离，攻烧羌屯，斩获其众。诸羌在遂军者，各还种落。遂果救长离，与渊军对陈。诸将见遂众，恶之，欲结营作堑乃与战。渊曰："我转斗千里，今复作营堑，则士众罢弊，不可久。贼虽众，易与耳。"乃鼓之，大破遂军，得其旌麾，还略阳，进军围兴国。氐王千万逃奔马超，余众降。转击高平屠各，皆散走，收其粮谷牛马。乃假渊节。

初，枹罕宋建因凉州乱，自号河首平汉王。太祖使渊帅诸将讨建。渊至，围枹罕。月余拔之，斩建及所置丞相已下。渊别遣张郃等平河关，渡河入小湟中，河西诸羌尽降，陇右平。太祖下令曰："宋建造为乱逆三十余年，渊一举灭之，虎步关右，所向无前。仲尼有言：'吾于尔不如也。'"二十一年，增封三百户，并前八百户。还击武都氐羌下辩，收氐谷

却认为韩遂的兵卒精锐，兴国城坚固，仓猝之间是无法攻打下来的，倒不如出兵袭击长离一带的羌族。长离的羌族人大部分均在韩遂的部队中，一定会回去救助他的家族。因此韩遂如果舍弃羌族而独守，势必孤单无助，如果他要援救长离，那么官兵可以和韩遂在原野作战，如此必可俘虏韩遂。夏侯渊便留下将领们看守军中的器械粮秣等，而率领轻装疾行的步兵骑兵前往长离，攻取而烧毁了羌族的各屯，大有斩获。一些在韩遂属下的羌人，心中大乱，都各自回到本族的部落。韩遂果然也率兵去救长离，和夏侯渊的军队形成对阵的局面。将领们一看韩遂部下众多，内心都感到厌惧，想扎营修壕堑做好防御工事再与韩遂决战，夏侯渊却认为："我们部队辗转千里和韩遂作战，而今又要修筑营堑工事然后再出兵，如此下来士卒徒众一定疲惫不堪，是无法持久的。贼兵虽多，还是很容易打败他们的。"于是击鼓出兵，一举大破了韩遂的军队，夺取了韩遂指挥作战的旌旗，回到了略阳，然后再进兵围攻兴国。迫使氐王千万逃离而奔赴马超，其他的属众也都向夏侯渊求降。然后夏侯渊又出击高平、屠各一带地方，这一带的兵卒也都溃散而逃走，夏侯渊收取他们的牛马米谷，太祖曹操即授夏侯渊假节。

起初，枹罕人宋建以凉州为根据地而叛乱，自称河首平汉王。太祖派夏侯渊督率各将领讨伐宋建。夏侯渊至，围攻枹罕县，经过了一个多月的时间即攻下来，斩杀了宋建以及他所设置的丞相以下的官员。夏侯渊又另外派遣了张郃等人去平定河关，渡过了黄河，进入了小湟中，黄河以西一带的羌族人均投降，陇右一带地区也平定了。太祖于是下令说："宋建叛乱了三十多年，夏侯渊一举而平灭，在关右地区威风凛凛，没有对手。仲尼曾说过：'我和你均不如他。'现在我也用这话赞美夏侯渊。"到了建安二十一年（公元216年），增封夏侯渊三百户的封邑，合并以前的共八百户。后来又还击武都、氐、羌以及下辩一带地方，收取了氐人的米谷粮食十多万斛。后太祖向西征讨张鲁，夏侯渊等率领凉州的一些

十余万斛。太祖西征张鲁，渊等将凉州诸将侯王已下，与太祖会休亭。太祖每引见羌、胡，以渊畏之。会鲁降，汉中平，以渊行都护将军，督张郃、徐晃等平巴郡。太祖还邺。留渊守汉中，即拜渊征西将军。二十三年，刘备军阳平关，渊率诸将拒之。相守连年。二十四年正月，备夜烧围鹿角。渊使张郃护东围，自将轻兵护南围。备挑郃战，郃军不利。渊分所将兵半助郃，为备所袭，渊遂战死。谥曰愍侯。

初，渊虽数战胜，太祖常戒曰："为将当有怯弱时，不可但恃勇也。将当以勇为本，

定军山，清末年画。关于夏侯渊之死，《三国演义》有精彩叙说：夏侯渊率部驻定军山与蜀将黄忠相持，黄忠趁其不备占领定军山对面高山，可以俯视定军山虚实。夏侯渊出阵邀战，黄忠初不出，待夏侯渊军倦怠时，黄忠骤马下山，夏侯渊猝不及防，被斩于马下。

将领、王侯以下的人员，和太祖在休亭相会合。太祖每次引见羌、胡时，即以夏侯渊的战功向他们夸耀，并使他们因而心生畏惧。适逢张鲁投降，汉中的一带平定，即以夏侯渊兼任都护将军，督领张郃、徐晃等平定巴郡。太祖回到邺地，夏侯渊留守汉中，又拜夏侯渊为征西将军。建安二十三年（公元 218 年），刘备驻军在阳平关，夏侯渊率领属将们抵御刘备，连年相峙。二十四年（公元 219 年）正月，刘备在夜晚围攻而火烧了夏侯渊修筑的军营防御工事——用带枝树木削尖埋植地下以阻止敌人前进——鹿角。夏侯渊即派遣张郃护卫东围，自己率领轻装疾行的兵卒保护南围。刘备向张郃挑战，张郃的军队作战不利。夏侯渊即分了一半自己属下的兵士前往救助张郃，夏侯渊被刘备所袭击，终于死在战阵中。谥号是愍侯。

当初，夏侯渊虽然在作战中屡次胜利，太祖却常告诫他说："身为将领当有胆怯的时

行之以智计；但知任勇，一匹夫敌耳。”

渊妻，太祖内妹。长子衡，尚太祖弟海阳哀侯女，恩宠特隆。衡袭爵，转封安宁亭侯。黄初中，赐中子霸，太和中，赐霸四弟，爵皆关内侯。霸，正始中为讨蜀护军右将军，进封博昌亭侯，素为曹爽所厚。闻爽诛，自疑，亡入蜀。以渊旧勋赦霸子，徙乐浪郡。霸弟威，官至兖州刺史。威弟惠，乐安太守。惠弟和，河南尹。衡薨，子绩嗣，为虎贲中郎将。绩薨，子褒嗣。

曹仁字子孝，太祖从弟也。少好弓马弋猎。后豪杰并起，仁亦阴结少年，得千余人，周旋淮、泗之间，遂从太祖为别部司马，行厉锋校尉。太祖之破袁术，仁所斩获颇多。从征徐州，仁常督骑，为军前锋。别攻陶谦将吕由，破之，还与大军合彭城，大破谦军。后攻费、华、即墨、开阳，谦遣别将救诸县，仁以骑击破之。太祖征吕布，仁别攻句阳，拔之，生获布将刘何。太祖平黄巾，迎天子都许。仁数有功，拜广阳太守。太祖器其勇略，

候，不可一味的只知卖弄自己的勇猛。身任大将应当以勇猛为根本，再辅之以智谋计策来行事。如果只知任气使勇，那只能和一个匹夫相敌而已。”

夏侯渊的妻子，是太祖的妻妹。长子夏侯衡，娶了太祖的弟弟海阳哀侯的女儿，因而恩信宠爱更加隆盛。夏侯衡袭父爵位，转封为安宁亭侯。文帝黄初（共七年，公元220—226年）中，赐给夏侯渊的中子夏侯霸爵位，到了太和（魏明帝年号，太和共六年，公元227—232年）中，赐与夏侯霸的四个弟弟，爵位都是关内侯。夏侯霸，在正始（齐王芳年号，共九年，公元240—248年）年中为讨蜀护军右将军，进封为博昌亭侯，素来深受曹爽的厚待。后来听到曹爽被杀，自己怕被连累，逃入蜀中。朝廷因为顾念夏侯渊从前的功勋而赦免了夏侯霸的儿子，从居乐浪郡。夏侯霸的弟弟夏侯威，官也做到兖州刺史。夏侯威的弟弟夏侯惠，官至乐安太守，夏侯惠的弟弟夏侯和，官至河南尹。夏侯衡死，他的儿子夏侯绩嗣位，官做到虎贲中郎将。夏侯绩死，他的儿子夏侯褒嗣位。

曹仁字子孝，是太祖的堂弟。从小就喜欢弓箭骑马打猎。后来天下豪杰四起，曹仁也暗中结交少年豪杰，共得一千多人，辗转出入在淮河、泗水一带地方，于是跟随太祖作别部司马，兼任厉锋校尉。太祖攻破了袁术，曹仁颇有斩获。又跟从太祖出征徐州，曹仁常督领骑兵，做军队中的先锋。另外又攻打陶谦的属将吕由，大败他们，回来后和大军在彭城会合，于是大举攻破了陶谦的军队。后来跟随太祖攻打费、华、即墨、开阳，陶谦派遣别将前往救助这一带的县城。曹仁又以骑兵击破了他们。太祖征讨吕布，曹仁另行攻打句阳，又把句阳攻下来了，活捉吕布的属将刘何。太祖平定了黄巾贼，迎接天子，迁都到许，曹仁屡次有战功，被拜为广阳太守。太祖器重他的勇敢而有谋略，不让他到郡任职，任他

曹仁，选自清刊本《三国演义》。

不使之郡，以议郎督骑。太祖征张绣，仁别徇旁县，虏其男女三千余人。太祖军还，为绣所追，军不利，士卒丧气，仁率厉将士甚奋，太祖壮之，遂破绣。

太祖与袁绍久相持于官渡，绍遣刘备徇㶏彊诸县，多举众应之。自许以南，吏民不安，太祖以为忧。仁曰："南方以大军方有目前急，其势不能相救，刘备以强兵临之，其背叛固宜也。备新将绍兵，未能得其用，击之可破也。"太祖善其言，遂使将骑击备，破走之。仁尽复收诸叛县而还。绍遣别将韩荀抄断西道，仁击荀于鸡洛山，大破之。由是绍不敢复分兵出。复与史涣等钞绍运军，烧其粮谷。

河北既定，从围壶关。太祖令曰："城拔，皆坑之。"连月不下。仁言于太祖曰："围城必示之活门，所以开其生路也。今公告之必死，将人

为议郎督骑。太祖后来又出兵征讨张绣，曹仁巡行其他各县宣布政令，俘虏了三千多名男女。太祖率兵回来，被张绣的军队所追击，屈居不利的形势，兵士们都丧失了勇气，曹仁即率兵去砥砺所有的部下，因而士气大振，太祖赞美他的勇武，终于攻破了张绣的兵卒。

太祖和袁绍长久地在官渡相持不下，袁绍即派遣刘备巡行㶏彊一带的各个县城，于是这一带地方也都举兵响应刘备。因而从许以南，官吏百姓都感到很不安宁，太祖也以此深为忧虑。曹仁说道："南方认为大军眼前有急迫的情势，无法救援他们，而刘备以强大的兵力来威胁他们，他们的背逆反叛本来就是应该的。刘备刚刚统领袁绍属下的兵士，他们未必能拥戴刘备的，我们只要出兵攻击一定可攻破。"太祖采纳了他的话，即派遣大将率领骑兵出击刘备，大破刘备而赶走了他，曹仁把刘备占领的各个县城全都收复回来。袁绍又另外派遣将领韩荀劫掠而阻断西方的通道，曹仁即在鸡洛山击败了韩荀，从此袁绍不敢再分派军队出来袭击。曹仁于是又和史涣等人劫掠了袁绍的辎重车辆，烧毁了他们的粮食米谷。

黄河以北一带地方已经平定后，曹仁追随太祖围攻壶关。太祖下令说："只要攻下壶关城，即将所有的守兵全部活埋。"一连好几个月都攻不下来。曹仁报告太祖说："围攻城镇必须留一条活路给他们，留了一道城门不包围可以给他们一条生路，那么他们才可能逃生。现在下令一定要全部活埋，只有死路一条，那么城内人众都会各自坚守，而且壶关城坚固加上粮食的积存又多，我们攻打下去则兵卒伤亡多，如果不攻打而围困此城，则消耗

自为守。且城固而粮多，攻之则士卒伤，守之则引日久；今顿兵坚城之下，以攻必死之虏，非良计也。”太祖从之，城降。于是录仁前后功，封都亭侯。

从平荆州，以仁行征南将军，留屯江陵，拒吴将周瑜。瑜将数万众来攻，前锋数千人始至，仁登城望之，乃募得三百人，遣部曲将牛金逆与挑战。贼多，金众少，遂为所围。长史陈矫俱在城上，望见金等垂没，左右皆失色。仁意气奋怒甚，谓左右取马来，矫等共援持之。谓仁曰：“贼众盛，不可当也。假使弃数百人何苦，而将军以身赴之！”仁不应，遂被甲上马，将其麾下壮士数十骑出城。去贼百余步，迫沟。矫等以为仁当住沟上，为金形势也，仁径渡沟直前，冲入贼围，金等乃得解。余众未尽出，仁复直还突之，拔出金兵，亡其数人，贼众乃退。矫等初见仁出，皆惧。及见仁还，乃叹曰：“将军真天人也！”三军服其勇。太祖益壮之，转封安平亭侯。

太祖讨马超，以仁行安西将军，督诸将拒潼关，破超渭南。苏伯、田银反，以仁行骁骑将军，都督七军讨银等，破之。复以仁行征南将军，假节，屯樊，镇荆州。侯音以宛叛，

的时日太多，现在你把兵士留止在这座牢固的城镇下，前去进攻抱定必死之心的强虏，这并不是好的谋略。”太祖听取了曹仁的建议，结果壶关守将投降。于是总计所录曹仁前后的功绩，封为都亭侯。

随后又跟着太祖攻打荆州，任曹仁兼行征南将军，留军屯守江陵，以抵御吴将周瑜。周瑜率领了好几万的兵众前来攻打，首批前锋数千人来到城下，曹仁登到城上观望，于是赶紧从军中选募了三百多人，派遣部下的属将牛金迎上前去，并和周瑜的前锋部队挑战。周瑜的兵士众多，牛金的属众少，终于被周瑜兵所包围。当时长史陈矫也在城上观望作战情形，只见牛金的兵卒即将全军覆没，他属下的人员均大为惊慌失色。曹仁意气奋昂怒气冲天，告诉左右取马来，陈矫等人一起拉住他说：“贼兵人多气盛，是无法抵挡的，就算是放弃了那数百名兵士又何妨，而你要亲身前往应战是多么危险啊！”曹仁不加理会，于是披甲跃上马匹，亲自率领他直属的数十名壮士骑马奔出县城，距离贼兵一百多步的地方，迫近一条水沟，陈矫等人以为曹仁应当停在水沟边上，为被困的牛金掠阵，没想到曹仁却径直渡过那道水沟往前直冲，冲进了贼兵的包围，牛金等人才得以解围。其他的属众仍旧有被围困的，曹仁又直接地冲回贼围而突击他们，救出牛金其余的兵卒，也杀死了对方一些人，于是贼兵才撤退。陈矫等人最初看见曹仁出兵进击，均大感惊慌，等到看见曹仁率兵回来，才赞叹地说道：“将军真是天人啊！”因而三军均非常佩服他的胆识智勇。太祖因而越发欣赏他的勇武，于是转封曹仁为安平亭侯。

后来太祖出兵征讨马超，以曹仁兼代安西将军，督导将领们在潼关抵御马超，在渭南攻破了马超的军队。不久苏伯、田银造反，即派曹仁兼行骁骑将军，督领七军声讨田银等人，一举而击破了他们。接着又以曹仁兼代征南将军，假节，屯兵在樊城，镇守荆州。而

略傍县众数千人，仁率诸军攻破音，斩其首，还屯樊，即拜征南将军。关羽攻樊。时汉水暴溢，于禁等七军皆没，禁降羽。仁人马数千人守城，城不没者数板。羽乘船临城，围数重，外内断绝，粮食欲尽，救兵不至。仁激厉将士，示以必死，将士感之皆无二。徐晃救至，水亦稍减，晃从外击羽，仁得溃围出，羽退走。

仁少时不修行检，及长为将，严整奉法令，常置科于左右，案以从事。鄢陵侯彰北征乌丸，文帝在东宫，为书戒彰曰："为将奉法，不当如征南邪！"及即王位，拜仁车骑将

关云长水淹七军，清末年画。据《三国演义》，曹仁军驻樊城，被蜀大将关羽所围，曹操派来七支精兵救援，都被关羽用水攻所破，樊城岌岌可危，曹仁想弃城逃走，部下满宠谏阻，遂死守樊城，蜀军因此不利。图为关羽水淹七军时的情形。

后侯音又在宛城叛变，劫取了宛城附近县市的徒众好几千人，曹仁率领了各路军队攻破了侯音，斩杀了侯音的首级，再回来屯守樊城，即又被拜为征南将军。当关羽攻打樊城时，正好汉水暴涨，于禁等人所属的七军皆被淹没，于禁只好向关羽求降。曹仁率领好几千的人马坚守樊城，只差数板的厚度水就要把整个樊城淹没了。关羽乘坐船只来前城下督战，城被重重包围着，内外都断绝了交通，粮食已濒临竭尽，然而救兵仍然没有到来。曹仁激奋砥砺所有的将士，表明必死的心志，将士们也颇受感动而没有二心。后来徐晃的救兵来到，水势也稍微的减退了，徐晃从外围进攻关羽，因此曹仁得以击溃重围而逃出来，于是关羽率军退走。

曹仁年少的时候不知约束自己的行止，等到了年长身居将领，即能行为严整而奉公守法，常把教条法令携带在身边，一律按法来行事。当时鄢陵侯曹彰向北征讨乌丸，文帝是

军，都督荆、扬、益州诸军事，进封陈侯，增邑二千，并前三千五百户。追赐仁父炽谥曰陈穆侯，置守冢十家。后召还屯宛。孙权遣将陈邵据襄阳，诏仁讨之。仁与徐晃攻破邵，遂入襄阳，使将军高迁等徙汉南附化民于汉北，文帝遣使即拜仁大将军。又诏仁移屯临颍，迁大司马，复督诸军据乌江，还屯合肥。黄初四年薨，谥曰忠侯。子泰嗣，官至镇东将军，假节，转封甯陵侯。泰薨，子初嗣。又分封泰弟楷、范，皆为列侯，而牛金官至后将军。

仁弟纯，初以议郎参司空军事，督虎豹骑从围南皮。袁谭出战，士卒多死。太祖欲缓之，纯曰："今千里蹈敌，进不能克，退必丧威；且县师深入，难以持久，彼胜而骄，我败而惧，以惧敌骄，必可克也。"太祖善其言，遂急攻之，谭败。纯麾下骑斩谭首。及北征三郡，纯部骑获单于蹋顿。以前后功封高陵亭侯，邑三百户。从征荆州，追刘备于长坂，获其二女辎重，收其散卒。进降江陵，从还谯。建安十五年薨。文帝即位，追谥曰威侯，子演嗣。官至领军将军，正元中进封平乐乡侯。演薨，子亮嗣。

太子，居东宫，即写信告诫曹彰说："身为大将的人奉公守法，不应像征南将军曹仁吗！"等到文帝即王位，拜曹仁为车骑将军，督领荆、扬、益三州的军事，进封为陈侯，增加二千的封邑，合并以前的共有三千五百户。而且追赐曹仁的父亲曹炽谥号为陈穆侯，设置有十户人家为他守坟冢。后来又把曹仁征召回来屯兵在宛城。孙权派遣大将陈邵据有襄阳，文帝即下诏书命曹仁出兵征讨。曹仁和徐晃攻破了陈邵的军队，于是进军襄阳，又派遣将军高迁等人把汉水以南归附的人民迁徙到漠北，文帝派遣使者即刻升拜曹仁为大将军。随后又任命曹仁移兵屯守临颍，升迁为大司马，又督领各路军据守乌江，后来又回来屯守合肥。到了黄初四年（魏文帝年号，公元 223 年）曹仁死了，谥号忠侯。他的儿子曹泰嗣位，官做到镇东将军，假节，转封为宁陵侯。曹泰死后，他的儿子曹初嗣位。又分别封曹泰的弟弟曹楷、曹范，均为列侯，而牛金官也做到后将军。

曹仁的弟弟曹纯，起初以议郎参司空军事，督领精锐的虎豹骑兵跟从太祖围攻南皮。袁谭出兵应战，太祖属下的士卒伤亡的很多。于是太祖想暂缓攻打南皮，曹纯就报告太祖说："如今远行千里之遥进攻敌兵，前攻无法攻下，后退一定丧失威风；而且孤军深入敌兵，这是不能持久的。对方居胜势必骄矜，我方则兵败而惊惧，以怀着忧惧心的军队和骄兵作战，一定能把对方攻下的。"太祖接纳了他的意见，于是紧急的发动攻势，袁谭兵败。曹纯指挥部下的骑兵斩杀了袁谭的首级。后来向北征讨三郡，曹纯部下的骑兵捕获了单于蹋顿。以前后的功勋而封为高陵亭侯。封邑三百户。又跟随太祖出兵荆州，在长坂追击了刘备，擒获了他两个女儿和辎重行李，收取刘备属下的散兵。更进兵降服了江陵一带，跟随着曹操回到了谯。在建安十五年（公元 210 年），曹纯死。文帝即帝位，追封他的谥号为威侯。他的儿子曹演嗣位，官做到领军将军，正元中（高贵乡公曹髦年号，公元 254—255 年）进封为平乐乡侯。曹演死后，他的儿子曹亮嗣位。

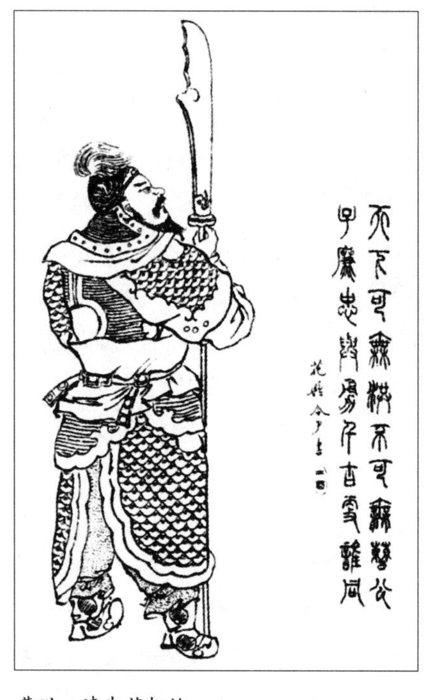

曹洪，清朱芝轩绘。

曹洪字子廉，太祖从弟也。太祖起义兵讨董卓，至荥阳，为卓将徐荣所败。太祖失马，贼追甚急。洪下，以马授太祖，太祖辞让，洪曰："天下可无洪，不可无君。"遂步从到汴水，水深不得渡，洪循水得船，与太祖俱济，还奔谯。扬州刺史陈温素与洪善，洪将家兵千余人，就温募兵，得庐江上甲二千人，东到丹杨复得数千人，与太祖会龙亢。太祖征徐州，张邈举兖州叛迎吕布。时大饥荒，洪将兵在前，先据东平、范，聚粮谷以继军。太祖讨邈、布于濮阳，布破走，遂据东阿，转击济阴、山阳、中牟、阳武、京、密十余县，皆拔之。以前后功拜鹰扬校尉，迁扬武中郎将。天子都许，拜洪谏议大夫。别征刘表。破表别将于舞阳、阴叶、堵阳、博望，有功，迁厉锋将军，封国明亭侯。累从征伐，拜都护将军。文帝即位，为卫将军，迁骠骑将军，进封野王侯，益邑千户，并前二千一百户，位特进；后徙封都阳侯。

曹洪字子廉，是太祖的堂弟。太祖起义军征讨董卓，到达荥阳，被董卓的部将徐荣所击败。太祖的马匹遗失了，贼兵追击得又很急，曹洪即下马，把马送给太祖骑，太祖推辞不肯接受，曹洪就报告太祖说："天下可以失去曹洪，却不能够没有公。"于是追随太祖步行到汴水，汴水的水太深了没法渡过，曹洪即沿着河流找到了一艘船，和太祖一起渡过了汴水，奔回了谯地。扬州刺史陈温平素和曹洪非常的友善，曹洪率领家兵一千多人，前往陈温处招募兵卒，于是募得了庐江一带最好的披甲士兵二千人，然后又向东行来到了丹杨又募得了好几千人，和太祖在龙亢会合。太祖出征徐州，当时张邈举兵在兖州叛乱而迎接吕布和曹操敌对。正巧天下发生大饥荒，曹洪率兵在前面，先占据了东平和范县，在这儿聚集粮谷来接济军食。太祖出兵濮阳攻讨张邈、吕布，攻破吕布，吕布奔逃而去，于是占据了东阿县，而转向攻击济阴、山阳二郡以及中牟、阳武、京、密等十多个县城，均被攻打下来。于是曹洪以前后功绩被拜为鹰扬校尉，升迁为扬武中郎将。后来天子以许昌为国都，即拜曹洪为谏议大夫。另外又出兵征讨刘表，在舞阳、阴叶、堵阳、博望击破了刘表的别将，因而建功，升迁为厉锋将军，封为国明亭侯。屡次地跟随着征伐叛逆有功，拜为都护将军。到了文帝即帝位，任他为卫将军，升迁为骠骑将军，进封野王侯，增封食邑为一千户，合并以前的共有二千一百户，位居特进；后来又改封为都阳侯。

始，洪家富而性吝啬，文帝少时假求不称，常恨之，遂以舍客犯法，下狱当死。群臣并救莫能得。卞太后谓郭后曰：“令曹洪今日死，吾明日敕帝废后矣。”于是泣涕屡请，乃得免官削爵土。洪先帝功臣，时人多为觖望。明帝即位，拜后将军，更封乐城侯，邑千户，位特进，复拜骠骑将军。太和六年薨，谥曰恭侯。子馥，嗣侯。初，太祖分洪户封子震列侯。洪族父瑜，修慎笃敬，官至卫将军，封列侯。

曹休字文烈，太祖族子也。天下乱，宗族各散去乡里。休年十余岁，丧父，独与一客担丧假葬，携将老母，渡江至吴。以太祖举义兵，易姓名转至荆州，间行北归，见太祖。太祖谓左右曰：“此吾家千里驹也。”使与文帝同止，见待如子。常从征伐，使领虎豹骑宿卫。刘备遣将吴兰屯下辩。太祖遣曹洪征之，以休为骑都尉，参洪军事。太祖谓休曰：“汝虽参军，其实帅也。”洪闻此令，亦委事于休。备遣张飞屯固山，欲断军后。众议狐疑，休曰：“贼实断道者，当伏兵潜行。今乃先张声势，此其不能也。宜及其未集，促击兰，兰破

当初，曹洪的家非常富有却性情吝啬，文帝年轻的时候曾向曹洪借钱没能满足他的心意，因而常怀恨在心，等到文帝显贵后，就借着曹洪门下宾客犯罪，要定曹洪罪，下狱审判后，应处死刑。所有的大臣们想救曹洪却无法达成心愿。于是曹丕的母亲卞太后即告诉文帝的皇后郭后说：“假使曹洪今日被处死刑，那么我明天也将下诏命要文帝废立皇后。”于是郭后一再的哭泣着请求文帝，曹洪才得以仅免除官职爵位而保全了性命。而先帝功臣及当时的百姓对曹洪都深抱希望，等到明帝即帝位，拜为后将军，改封乐城侯，封邑有一千户，位居特进，又拜为骠骑将军。太和六年（魏明帝年号，公元 232 年）曹洪死，谥号恭侯。他的儿子曹馥，嗣位为侯。起初，太祖分曹洪的封邑给他的儿子曹震也封为列侯。曹洪的同族叔父曹瑜，为人笃实敬谨，行为有节度，官做到卫将军，封为列侯。

曹休字文烈，是太祖同族兄弟的儿子。那时正逢天下大乱，所有的同宗族人均各自离开了乡里，前往他方。曹休才十多岁大，父亲早丧，当时他只能和一位宾客抬着棺木暂时浮葬，而后携带年老的母亲，渡过了长江前往吴地。因为太祖起义兵，曹休即改名姓转往荆州，乘隙走小道回到北方，拜见了太祖。太祖就告诉他身边的人员说：“这是我们家族中的一匹千里骏马。”就让他和文帝同进同出，对待他如同亲生儿子。曹休常跟随着太祖出兵征伐各地，让他督领虎豹骑宿卫。当时刘备派遣大将吴兰屯守下辩，太祖派遣曹洪前往征讨，即以曹休为骑都尉，做曹洪的参军。太祖告诉曹休说：“你虽然名誉上是参军，其实是主帅。”曹洪听到了这道军令，也把所有的军事全交给曹休处理。后来刘备派遣张飞屯守固山，想阻断曹操军队的后援。大家都很怀疑地议论纷纷，曹休就说：“张飞如想断绝我们援兵的后路，应当埋伏士兵暗中前进。现在他们先虚张声势，恐吓我们的军心，是他们没有

则飞自走矣。”洪从之，进兵击兰，大破之，飞果走。太祖拔汉中诸军还长安，拜休中领军。文帝即王位，为领军将军，录前后功，封东阳亭侯。夏侯惇薨，以休为镇南将军，假节都督诸军事，车驾临送，上乃下舆执手而别。孙权遣将屯历阳。休到，击破之，又别遣兵渡江，烧贼芜湖营数千家。迁征东将军，领扬州刺史，进封安阳乡侯。帝征孙权，以休为征东大将军，假黄钺，督张辽等及诸州郡二十余军，击权大将吕范等于洞浦，破之。拜扬州牧。明帝即位，进封长平侯。吴将审德屯皖，休击破之，斩德首，吴将韩综、翟丹等前后率众诣休降。增邑四百，并前二千五百户，迁大司马，都督扬州如故。太和二年，帝为二道征吴，遣司马宣王从汉水下，休督诸军向寻阳。贼将伪降，休深入，战不利，退还宿石亭。军夜惊，士卒乱，弃甲兵辎重甚多。休上书谢罪，帝遣屯骑校尉杨暨慰谕，礼赐益隆。休因此痈发背薨，谥曰壮侯，子肇嗣。

肇有当世才度，为散骑常侍、屯骑校尉。明帝寝疾，方与燕王宇等属以后事。帝意寻变，诏肇以侯归第。正始中薨，追赠卫将军。子兴嗣。初，文帝分休户三百封肇弟纂为列

力量达成心愿。我们应该趁着他们还没有聚合的时候，尽快地击溃吴兰，如果吴兰攻破，那么张飞一定会自行逃走。”曹洪采纳了他的建议，带兵进攻吴兰，大举破败了吴兰，张飞果然也逃散而去。后来太祖攻取了汉中一带，各路的军队回到长安城，即拜曹休为中领军。到了文帝即魏王的王位，他也被封为魏王的领军将军，根据记录计算他前后的战功，封为东阳亭侯。夏侯惇死，又以曹休为镇南将军，假节都督所有的军事，魏王亲临送行，而且亲自下车和曹休握手作别。后来孙权派遣大将屯守历阳，曹休率军来到，击溃了孙权，又另外派遣兵卒渡过长江，烧毁贼兵在芜湖所设的军营数千。于是升迁为征东将军，领扬州刺史，进封安阳乡侯。当文帝曹丕出兵征讨孙权，任曹休为征东大将军，假借黄钺（黄金大斧）的仪仗来壮声威，而督领张辽等人以及各州郡的二十多军，出击孙权的大将吕范等人，在洞浦攻破了他们。拜曹休为扬州牧。后来明帝即帝位，进封为长平侯。吴国将领审德屯兵在皖，曹休出兵击溃了他们，斩杀了审德的首级，吴国将领韩综、翟丹等人先后都率领兵众向曹休求降。曹休因而增加了四百户的封邑，合并以前的封邑共有二千五百户；而后又升迁为大司马，仍然如以前一样的督领扬州。到了太和二年（公元228年），明帝分二路兵马进击吴，派遣司马宣王从汉水出兵，曹休则统率军队向寻阳进攻。贼兵的将领假装投降，曹休深入贼军中，作战失利，带兵退回住宿在石亭。军队中夜晚发生惊营，因而兵卒们一片慌乱，丢弃兵甲器械米粮很多。曹休上书皇帝请罪，明帝即派遣屯骑校尉杨暨来安慰晓谕他，而且对他的礼遇赏赐更加地隆盛。后来曹休背上长疮而死，谥号为壮侯。他的儿子曹肇嗣位。

曹肇拥有当代的才华器度，官做到散骑常侍、屯骑校尉。明帝卧病在床临终时，正和燕王宇等人嘱咐身后事。不久明帝的心意又变更了，诏命曹肇仍以壮侯的爵位回归宅第，

侯，后为殄吴将军，薨，追赠前将军。

曹真字子丹，太祖族子也。太祖起兵，真父邵募徒众，为州郡所杀。太祖哀真少孤，收养与诸子同，使与文帝共止。常猎，为虎所逐，顾射虎，应声而倒。太祖壮其鸷勇，使将虎豹骑。讨灵丘贼，拔之，封灵寿亭侯。以偏将军将兵击刘备别将于下辩，破之，拜中坚将军。从至长安，领中领军。是时，夏侯渊没于阳平，太祖忧之。以真为征蜀护军，督徐晃等破刘备别将高详于阳平。太祖自至汉中，拔出诸军，使真至武都迎曹洪等还屯陈仓。文帝即王位，以真为镇西将军，假节都督雍、凉州诸军事。录前后功，进封东乡侯。张进等反于酒泉，真遣费曜讨破之，斩进等。黄初三年还京都，以真为上军大将军，都督中外诸军事，假节钺。与夏侯尚等征孙权，击牛渚屯，破之。转拜中军大将军，加给事中。七年，文帝寝疾，真与陈群、司马宣王等受遗诏辅政。明帝即位，进封邵陵侯，迁大将军。

诸葛亮围祁山，南安、天水、安定三郡反应亮。帝遣真督诸军军郿，遣张郃击亮将马

于是恩宠如旧。正始中（齐王芳年号，正始共九年，公元240—248年）曹肇死，追赠为卫将军。由他的儿子曹兴嗣位。起初，文帝分取了曹休的封邑三百户封给曹肇的弟弟曹纂为列侯，后来官到殄吴将军，曹纂死后，追赠为前将军。

曹真字叫子丹，是太祖同族兄弟的儿子。当太祖起兵的时候，曹真的父亲曹邵招募徒众，被州牧所杀害。太祖哀怜曹真年少无父，就收养了曹真，把他视同自己的儿子，让他和文帝共进同出。曹真在打猎时，有一次被老虎追逐，曹真回头射杀了老虎，老虎应弓弦声而仆倒。太祖非常赏识他的胆识和勇气，派他统率精锐的虎豹骑。出兵讨伐灵丘贼兵，而攻下了灵丘，封为灵寿亭侯。以偏将军率兵在下辩出击刘备的别将，又一举攻破，拜为中坚将军。于是跟随着太祖来到长安，督领中领军。这个时候，夏侯渊死在阳平，太祖非常的忧虑。即用曹真为征蜀护军，督领徐晃等人在阳平击破了刘备的别将高详。后来太祖亲自来到汉中一带参与作战，派曹真率领原来作战的部队前往武都迎接曹洪等人屯守陈仓。等到文帝即魏王之位，以曹真为镇西将军，假节都督雍、凉二州的所有军事。根据记录的前后战功，进封为东乡侯。当张进等人在酒泉一带造反，曹真派遣费曜出兵征讨而攻破了他们，斩杀了张进等人。在文帝黄初三年（公元222年）回到京都洛阳，即以曹真为上军大将军，督领中外的所有军事，假以符节黄钺来壮声威。又和夏侯尚等人出兵征讨孙权，击溃了屯驻在牛渚的守军。又转拜为中军大将军，加给事中。黄初七年（公元226年）文帝卧病在床，曹真和陈群、司马宣王等人接奉文帝临终的遗命诏书辅佐王政。明帝即位，进封曹真为邵陵侯，升迁为大将军。

当诸葛亮围攻祁山时，南安、天水、安定三郡都叛变而响应诸葛亮。于是明帝派遣曹

曹真，清朱芝轩绘。据《三国志》，是曹真派张郃在街亭大破马谡；据《三国演义》，派张郃街亭破马谡的却是司马懿，两书不合。

谡，大破之。安定民杨条等略吏民保月支城，真进军围之。条谓其众曰："大将军自来，吾愿早降耳。"遂自缚出，三郡皆平。真以亮惩于祁山，后出必从陈仓。乃使将军郝昭、王生守陈仓，治其城。明年春，亮果围陈仓，已有备而不能克。增邑，并前二千九百户。四年，朝洛阳，迁大司马，赐剑履上殿，入朝不趋。真以"蜀连出侵边境，宜遂伐之，数道并入，可大克也。"帝从其计。真当发西讨，帝亲临送。真以八月发长安，从子午道南入。司马宣王泝汉水，当会南郑。诸军或从斜谷道，或从武威入。会大霖雨三十余日，或栈道断绝，诏真还军。

真少与宗人曹遵、乡人朱赞并事太祖。遵、赞早亡。真愍之，乞分所食邑封遵、赞子。诏曰："大司马有叔向抚孤之仁。笃晏平久要之分。君子

真督领所有的军队驻扎在郿县，又派张郃出击诸葛亮的属将马谡，而攻破了他们。当时安定人杨条等人劫掠官吏百姓而保有月支城，曹真进兵围攻。杨条告诉他的属众说："大将军亲自带兵来击，我愿意早日向他投降。"于是命令属下将他自己捆送出来求降。三郡的造反因而全都平定。曹真认为诸葛亮在祁山出兵的事已经得到了惩戒，以后一定会改由陈仓出兵，因此派遣将军郝昭、王生二人屯守陈仓，同时修治这一带的县城。果然在第二年春天，诸葛亮出兵围攻陈仓，因早有戒备而没有攻下。曹真有功又增加了封邑，合并以前的共有二千九百户的封邑。到了明帝太和四年（公元230年），曹真到洛阳朝见明帝，升迁为大司马，赏赐他可以佩剑不脱鞋履进入宫殿，而且进入朝廷可以不必行"趋"礼。曹真又建议明帝："蜀军连年不断的出兵侵扰边境，应该讨伐他们，如果分几条道路同时进击，一定能够大胜。"明帝听取了他的计谋。曹真立即出兵向西讨伐，明帝亲自送行。曹真在八月从长安出发，由子午道向南攻入。司马宣王从汉水逆流而上，与曹真在南郑会兵。其他各路的军队有的从斜谷道进入，有的从武威进入。那时正逢大雨三十多天，有的险峻阁道断绝无法通行，明帝下诏令要曹真率兵回来。

曹真年少的时候和同族人曹遵，同乡朱赞共同在一起侍奉太祖。可惜曹遵、朱赞都早死，曹真非常同情他们，乞求君王把他自己的食邑分封给曹遵、朱赞的儿子。皇帝即下诏命说："大司马有当年叔向抚育孤儿的仁慈心地，而且又有从前齐大夫晏婴能笃守旧约，不

成人之美，听分真邑赐遵、赞子爵关内侯，各百户。”真每征行，与将士同劳苦，军赏不足，辄以家财班赐，士卒皆愿为用。真病还洛阳，帝自幸其第省疾。真薨，谥曰元侯，子爽嗣。帝追思真功，诏曰：“大司马蹈履忠节，佐命二祖，内不恃亲戚之宠，外不骄白屋之士，可谓能封盈守位，劳谦其德者也。其悉封真五子羲、训、则、彦、皑皆为列侯。”初，文帝分真邑二百户，封真弟彬为列侯。

爽字昭伯，少以宗至谨重，明帝在东宫，甚亲爱之。及即位，为散骑侍郎，累迁城门校尉，加散骑常侍，转武卫将军，宠待有殊。帝寝疾，乃引爽入卧内，拜大将军，假节钺，都督中外诸军事，录尚书事，与太尉司马宣王并受遗诏辅少主。明帝崩，齐王即位，加爽侍中，改封武安侯，邑万二千户。赐剑履上殿，入朝不趋，赞拜不名。丁谧画策，使爽白天子，发诏转宣王为太傅，外以名号尊之，内欲令尚书奏事。先来由己，得制其轻重也。爽弟羲为中领军，训武卫将军，彦散骑常侍侍讲，其余诸弟，皆以列侯侍从，出入禁闼，

忘平生之言的操守。君子是要成人之美的，准许由曹真名下食邑分赐给曹遵、朱赞的儿子，并且均封爵关内侯，各分封邑一百户。”曹真每次带兵出征，一定和将士们同甘共苦，如果遇到军中的赏赐不够，往往拿他的家财来分赏部下，因此士卒都愿意为他效劳。曹真生病，回到洛阳，明帝亲自幸临他的宅第省视慰问。曹真死后，谥号为元侯。他的儿子曹爽嗣位。明帝为了追念曹真的功勋，下诏命说：“大司马曹真一切行止均是忠贞而有节操，而且辅佐魏武、魏文二帝处理政事，对内他不曾仗恃自身是皇族亲戚的恩宠，对外不曾向一般平民百姓显示骄矜的姿态，可说是能持守盈满而保全地位，而且有谦虚任劳美德的君子。因此曹真的五个儿子曹羲、曹训、曹则、曹彦、曹皑全都封为列侯。”起初，文帝分取曹真的封邑二百户，赐给曹真的弟弟曹彬封为列侯。

曹爽的字叫昭伯，从小就因为出身皇族而行为敬谨慎重，明帝在东宫当太子时，非常的亲爱他。等到明帝登上帝位，任曹爽为散骑侍郎，陆续升迁到城门校尉，加散骑常侍，转任武卫将军，所受到的宠遇异于一般人。后来明帝卧病在床，即把曹爽叫到卧房中，拜他为大将军，假节黄钺以壮声威，督领内外的一切军事，又总领尚书事，和太尉司马宣王一起接受明帝的遗命辅佐少主。明帝驾崩，齐王芳即帝位，加曹爽官到侍中，又改封为武安侯，封邑为一万二千户，又赏赐他可佩剑不脱鞋履进入宫殿，上朝也可以不行“趋”礼，赞拜时可以不必自呼名字。后来丁谧出策谋建议，让曹爽禀告天子，发下诏令改任司马宣王为太傅，表面上以名号来尊礼他，骨子里却是太傅奏事，须先经过尚书，那么曹爽可先看到一切奏书的内容，可以完全控制住所有的大小事。曹爽的弟弟曹羲为中领军，曹训为武卫将军，曹彦为散骑常侍侍讲，其他的弟弟，也都以列侯的身份来随侍天子，可以自由

贵宠莫盛焉。南阳何晏、邓飏、李胜、沛国丁谧、东平毕轨咸有声名，进趣于时，明帝以其浮华，皆抑黜之；及爽秉政，乃复进叙，任为腹心。飏等欲令爽立威名于天下，劝使伐蜀，爽从其言。宣王止之不能禁。正始五年，爽乃西至长安，大发卒六七万人，从骆谷入。是时，关中及氐、羌转输不能供，牛马骡驴多死，民夷号泣道路。入谷行数百里，贼因山为固，兵不得进。爽参军杨伟为爽陈形势，宜急还，不然将败。飏与伟争于爽前，伟曰："飏、胜将败国家事，可斩也。"爽不悦，乃引军还。

初，爽以宣王年德并高，恒父事之，不敢专行。及晏等进用，咸共推戴，说爽以权重不宜委之于人。乃以晏、飏、谧为尚书，晏典选举，轨司隶校尉，胜河南尹，诸事希复由宣王。宣王遂称疾避爽。晏等专政，共分割洛阳、野王典农部桑田数百顷，及坏汤沐地以为产业，承势窃取官物，因缘求欲州郡。有司望风，莫敢忤旨。晏等与廷尉卢毓素有不平。因毓吏微过，深文致毓法，使主者先收毓印绶，然后奏闻。其作威如此。爽饮食车服，拟

进出宫禁，他们的显贵恩宠没有人比得上。当时南阳的的何晏、邓飏、李胜、沛国的丁谧、东平的毕轨都颇有名望，随时机的变化而进趋，然而明帝认为他们过于浮靡奢华，不肯重用他们。等到曹爽执政，才又把他们引进而叙以官位，并且任为心腹。邓飏等人想让曹爽的威望声名流布天下，劝曹爽讨伐蜀，曹爽听从了他的话，司马宣王阻止他但没能成功。正始五年（公元244年），曹爽向西行来到了长安，大举发动了六七万的兵卒，从骆谷进入。正当这个时候，关中及氐、羌一带的运转输送工作供应不上，牛马骡驴大多死了，负责运送的人民及夷民苦不堪言，在道途上哀号哭泣。等到进入了山谷行走几百里后，贼兵依凭着山势的险固而屯守，于是士卒攻不进去。曹爽的参军杨伟为曹爽分析而陈说当时的形势，应该紧急下令退兵，否则一定会失败。邓飏和杨伟在曹爽面前争辩，杨伟说："邓飏、李胜将要败坏国家大事，可把他们斩首。"曹爽不高兴，于是带领军队回来。

起初，曹爽以司马宣王年高德劭，常用事奉父亲的礼节来侍奉他，不敢专断行事。一直到了何晏等人被曹爽进用为心腹后，都一起拥戴曹爽，均告诉曹爽大权不可以托付他人。于是曹爽即以何晏、邓飏、丁谧为尚书官，何晏主管选举，毕轨任司隶校尉，李胜为河南尹，而所有的事情仍然希望能经过司马宣王。司马宣王看出别有苗头，即托辞有病以避开曹爽。何晏等人就专断行事，一起分割了洛阳、野王一带的公家田亩好几百顷的土地，以及破坏天子赐与诸侯斋戒自洁汤沐邑的土地，并侵吞为私有的产业，更进而借着他们的威势盗取公家的财物，如果有人谋求州官郡守的职位更是以送礼的多少为准则。主管的单位也闻风而惧，不敢违背他们的意旨。何晏和当时的廷尉卢毓素来即有怨隙，就借着卢毓属下官员的小小过失，即用法深刻故意罗织，牵累卢毓连坐，唆使主管单位先收取卢毓的印信组绶，然后才上奏书给皇帝。他作威作势的情况大都这样。曹爽的饮食车服，自比于皇上，皇帝的一切珍宝玩物，充满于他的家庭中；妻妾盈满后庭，又私选明帝的女官七八人，

于乘舆；尚方珍玩，充牣其家；妻妾盈后庭，又私取先帝才人七八人，及将吏、师工、鼓吹、良家子女三十三人，皆以为伎乐。诈作诏书，发才人五十七人送邺台，使先帝倢伃教习为伎。擅取太乐乐器、武库禁兵。作窟室，绮疏四周，数与晏等会其中，纵酒作乐。羲深以为大忧，数谏止之。又著书三篇，陈骄淫盈溢之致祸败，辞旨甚切，不敢斥爽，托戒诸弟以示爽。爽知其为己发也，甚不悦。羲或时以谏喻不纳，涕泣而起。宣王密为之备。九年冬，李胜出为荆州刺史，往诣宣王。宣王称疾困笃，示以羸形。胜不能觉，谓之信然。

十年正月，车驾朝高平陵，爽兄弟皆从。宣王部勒兵马，先据武库，遂出屯洛水浮桥。奏爽曰："臣昔从辽东还，先帝诏陛下、秦王及臣升御床，把臣臂，深以后事为念。臣言'二祖亦属臣以后事，此自陛下所见，无所忧苦。万一有不如意，臣当以死奉明诏'。黄门令董箕等，才人侍疾者，皆所闻知。今大将军爽背弃顾命，败乱国典，内则僭拟，外专威权；破坏诸营，尽据禁兵，群官要职，皆置所亲；殿中宿卫，历世旧人皆复斥出，欲置新人以树私计；根据槃互，纵恣日甚。外既如此，又以黄门张当为都监，专共交关，看察

以及将吏、师工、鼓吹、良家妇女三十三人，都揽来作为自己的女乐。假造了皇上的诏书，遣送女官才人五十七人到邺台去，让明帝时的女官倢伃教导他们学习各种技艺，以供自己欣赏。又擅自专用太乐官的乐器，以及皇帝武库中的禁中兵器。筑有地下室，四周均雕镂着美丽的花纹，屡次和何晏等人在里头聚会，喝酒寻乐。曹真的儿子曹羲深深的引以为虑，屡次进谏阻止他。又写了三篇文章，陈述骄矜淫荡盈满而招来的祸患，文辞旨意都非常的恳切，但不敢明白的指斥曹爽，只假托以训诫弟弟们的名义来暗示曹爽。曹爽也知道曹羲是为他而发抒的言论，非常的不高兴。曹羲往往因谏劝不被其兄接纳，而泪流满面。司马宣王表面托病暗中却有所防备。到了正始九年的冬天（公元 248 年），李胜出任为荆州刺史，前往拜见司马宣王。司马宣王假装病势严重，而且装出一身衰弱的生病情形。李胜没有察觉，却深信不疑。

正始十年（公元 249 年）正月，皇帝亲自朝拜明帝的坟冢高平陵，曹爽兄弟均随侍身旁。司马宣王部署约束好所有的军队，先占据武库，于是出兵屯驻在洛水的浮桥附近。上奏书给皇帝弹劾曹爽说道："臣以前从辽东回来，先帝曾下诏令给陛下、秦王和臣一起到他的卧床中，抓着臣的手臂，深切地以将来的国事为念，臣曾回答说'武帝、文帝也曾经对臣嘱咐他们的身后事，这是陛下亲眼看见的，如果没有忧苦事发生就算了，万一有了不如意的事出现，臣会牺牲自己的生命来遵奉诏命。'当时黄门令董箕等，以及女官才人侍奉先王寝疾的人，都有所听闻。如今大将军曹爽却违逆了先王的临终遗命，败坏国家的典章制度，在内自比皇帝僭越身份，对外专断职权，破坏各个营地，把天子禁卫的兵马全据为己有，所有的职位官爵，全都安排给他亲近的人；宫中宿卫人员，以及历代的旧有官员都被驱赶出去，完全安置新进人员以便利树立私人的计谋；以此作为根据点而相互勾结私权，

据《三国演义》，曹爽正在飞鹰走犬之际，忽听司马懿发动政变，几乎落马，手足失措，不知所为。图为曹爽听黄门官读司马懿所上魏帝表。选自清刊本《三国演义》。

至尊，候伺神器，离间二宫，伤害骨肉。天下汹汹，人怀危惧，陛下但为寄坐，岂得久安！此非先帝诏陛下及臣升御床之本意也。臣虽朽迈，敢忘往言？昔赵高极意，秦氏以灭；吕、霍早断，汉祚永世。此乃陛下之大鉴，臣受命之时也。太尉臣济、尚书令臣孚等，皆以爽为有无君之心，兄弟不宜典兵宿卫，奏永宁宫。皇太后令敕臣如奏施行。臣辄敕主者及黄门令罢爽、羲、训吏兵，以侯就第，不得逗留以稽车驾；敢有稽留，便以军法从事。臣辄力疾将兵屯洛水浮桥，伺察非常。"

爽得宣王奏事，不通，迫窘不知所为。大司农沛国桓范闻兵起，不应太后召，矫诏开平昌门，拔取剑戟，略将门候，南奔爽。

纵欲恣肆一天甚于一天。曹爽不但对外如此，对内也以黄门张当做都监，专管交往沟通的事，伺察皇帝，窥窃君位，在二宫中也使用离间计，伤害陛下的骨肉至亲。而今天下扰攘不安，人人都心怀危惧，陛下虽身处天子的高位却如同寄寓般，哪能长久平安呢！这都不是明帝诏令陛下和臣同登他的卧床的心意。臣虽然老迈而腐朽，哪敢忘记过去说过的话？从前赵高逞恣心意，秦氏因而覆亡；吕氏、霍氏的灾祸早日根除，汉朝的福祚连绵不断。这正是陛下所能广加鉴戒明察的，也是臣接受诏命行事的时候。太尉臣蒋济、尚书令臣孚等人，都认为曹爽是个怀有无君之心的人，他的兄弟们不适宜掌典禁兵宿卫的官职，并进奏永宁宫。奉皇太后批准敕命臣可按蒋济等奏书行事。臣已下令主管单位及黄门令罢除曹爽、曹羲、曹训等人的官职和兵权，只让他们以侯爵的身份回到家中，不得逗留不回去而稽留陛下的车驾，曹爽如果敢稽留天子车驾，便可用军法来处罚他。臣将竭力支持病躯，率领兵士屯驻在洛水的浮桥附近，侦伺预防非常的变化。"

于是司马宣王的奏章落到了曹爽手上，他不敢向皇上通报，一时感到非常的紧迫而窘困不知应如何来处理。当时大司农沛国人桓范听到了司马宣王起兵的消息，不理皇太后的召令，就自己假造诏书打开平昌门，拔出剑戟，劫夺守门官，夺门而出，南来投奔曹爽。司马宣王知道了这件事，就说道："桓范的谋略，曹爽一定不会采用的。"果然桓范劝说曹

宣王知，曰："范画策，爽必不能用范计。"范说爽使车驾幸许昌，招外兵。爽兄弟犹豫未决，范重谓羲曰："当今日，卿门户求贫贱复可得乎？且匹夫持质一人，尚欲望活。今卿与天子相随，令于天下，谁敢不应者？"羲犹不能纳。侍中许允、尚书陈泰说爽，使早自归罪。爽于是遣允、泰诣宣王，归罪请死，乃通宣王奏事。遂免爽兄弟，以侯还第。

初，张当私以所择才人张、何等与爽。疑其有奸，收当治罪。当陈爽与晏等阴谋反逆，并先习兵，须三月中欲发，于是收晏等下狱。会公卿朝臣廷议，以为"《春秋》之义，'君亲无将，将而必诛'。爽以支属，世蒙殊宠，亲受先帝握手遗诏，托以天下，而包藏祸心，蔑弃顾命。乃与晏、飏及当等谋图神器，范党同罪人，皆为大

收斩曹爽势力后，魏主政归司马氏，选自清刊本《三国演义》。

爽要他让皇帝齐王芳临幸许昌，再招揽各州郡的兵卒来对抗司马宣王。可是曹爽兄弟却犹豫不定，桓范于是一再地告诉曹羲说："在此时，你们不是求成功就是死路一条，想求贫贱岂可再得？而且一个平民百姓挟持一个人质，仍希望能活命，如今你和天子形影相随，只要诏令天下，谁敢不听从你呢？"曹羲仍然不肯接纳他的建议。因此侍中许允、尚书陈泰一起说服了曹爽，要他早日自首认罪。曹爽使派遣许允、陈泰前往拜见司马宣王，自首求治死罪，于是才把司马宣王的奏章送上给皇帝，最后免除了曹爽兄弟的官职，以侯爵的身份回还家门。

起初，张当私自以他所选取的才人张、何等人送与曹爽。朝廷就怀疑张当和曹爽有奸邪坏事，将他收捕按状治罪。张当陈述曹爽和何晏等人阴谋造反，并预先训练兵马，等待在三月中起事，于是皇帝收捕了何晏等人下狱治罪。因而召集公卿朝臣开会讨论，认为"《春秋》大义（《公羊传》鲁庄公三十二年）：'虽然是君王的尊亲，也不能阴谋或者预备叛乱，如有这种行为就一定要判处死刑。'曹爽因为是皇族的宗支亲属，世世代代都蒙受特殊的恩宠，亲身接受先帝握手的临终遗诏，把天下大事嘱咐给他，却深藏着叛逆的心志，蔑视而不顾明帝临死前的诏命，竟然和何晏、邓飏以及张当等人图谋帝位，桓范与罪人结党，

逆不道。”于是收爽、羲、训、晏、飏、谧、轨、胜、范、当等，皆伏诛，夷三族。嘉平中，绍功臣世，封真族孙熙为新昌亭侯，邑三百户，以奉真后。

晏，何进孙也。母尹氏，为太祖夫人。晏长于宫省，又尚公主，少以才秀知名，好老庄言，作《道德论》及诸文赋著述凡数十篇。

夏侯尚字伯仁，渊从子也。文帝与之亲友。太祖定冀州，尚为军司马，将骑从征伐，后为五官将文学。魏国初建，迁黄门侍郎。代郡胡叛，遣鄢陵侯彰征讨之，以尚参彰军事，定代地，还。太祖崩于洛阳。尚持节，奉梓宫还邺。并录前功，封平陵亭侯，拜散骑常侍，迁中领军。文帝践阼，更封平陵乡侯，迁征南将军，领荆州刺史，假节都督南方诸军事。尚奏：“刘备别军在上庸，山道险难，彼不我虞，若以奇兵潜行，出其不意，则独克之势也。”遂勒诸军击破上庸，平三郡九县，迁征南大将军。孙权虽称藩，尚益修攻讨之备，权后果有贰心。黄初三年，车驾幸宛，使尚率诸军与曹真共围江陵。权将诸葛瑾与尚军对江，

都是大逆不道的行为。”于是收捕了曹爽、曹羲、曹训、何晏、邓飏、丁谧、毕轨、李胜、桓范、张当等均被诛杀，夷灭三族。到了齐王芳嘉平年中（公元 249—254 共六年），为了延续朝廷功臣的后代，因而封曹真的族孙曹熙为新昌亭侯，封邑为三百户，以恭奉曹真的祭祀。

何晏是何进的孙子。母亲姓尹，是太祖的夫人。何晏生长在宫禁中，又和公主结婚，年少的时候就以才华出众而闻名，喜欢老庄的言论，作有《道德论》以及各种文章辞赋的著述一共有几十篇。

夏侯尚字伯仁，夏侯渊堂兄弟的儿子。文帝和他非常亲近而友好。当太祖平定冀州的时候，夏侯尚任军司马，率领骑兵跟随太祖出兵征讨，后来任五官将文学。魏国初建立的时候，升迁为黄门侍郎。后来代郡一带的胡兵叛乱，太祖派遣鄢陵侯彰前往征讨，就任夏侯尚做彰的参军，平定了代地，而后带兵回来。太祖驾崩在洛阳，夏侯尚手持符节，敬奉太祖的棺木回到邺地。合并以前所记录的功劳，封为平陵亭侯，拜为散骑常侍，升为中领军。等到文帝登帝位，改封为平陵乡侯，升迁为征南将军，督领荆州刺史，假节督领南方一带的所有军政。夏侯尚进奏章称：“刘备另有一支部队在上庸，这一带山路险阻而难行，他一定没料到我们会出兵攻打他，如果我们派出奇兵暗中前进，出乎他的意料之外，那么我们便可独占攻胜他的优势。”于是约束所有军队攻下了上庸，平定了当地的三郡九个县，因功而升迁为征南大将军。当时孙权对魏虽然自称为藩属，但夏侯尚更加小心的修筑进攻的准备工作，果然孙权是有二心想自称为帝。黄初三年（公元 222 年），文帝幸临宛城，派遣夏侯尚统率所有军队和曹真一起围攻江陵。孙权的属将诸葛瑾和夏侯尚的军队在江陵一

瑾渡入江中渚，而分水军于江中。尚夜多持油船，将步骑万余人，于下流潜渡，攻瑾诸军，夹江烧其舟船，水陆并攻，破之。城未拔，会大疫，诏敕尚引诸军还。益封六百户，并前千九百户，假钺，进为牧。荆州残荒，外接蛮夷。而与吴阻汉水为境，旧民多居江南。尚自上庸通道，西行七百余里，山民蛮夷多服从者。五六年间，降附数千家。五年，徙封昌陵乡侯。尚有爱妾嬖幸，宠夺適室；適室，曹氏女也，故文帝遣人绞杀之。尚悲感，发病恍惚，既葬埋妾，不胜思见，复出视之。文帝闻而恚之曰："杜袭之轻薄尚，良有以也。"然以旧臣，恩宠不衰。六年，尚疾笃，还京都，帝数临幸，执手涕泣。尚薨，谥曰悼侯，子玄嗣。又分尚户三百，赐尚弟子奉爵关内侯。

玄字太初，少知名，弱冠为散骑黄门侍郎。尝进见，与皇后弟毛曾并坐。玄耻之，不悦形之于色。明帝恨之，左迁为羽林监。正始初，曹爽辅政。玄，爽之姑子也。累迁散骑常侍、中护军。

带对峙而战，诸葛瑾渡过江陵一带的州渚，而分派了一些水军在江陵一带。夏侯尚在夜晚多用油船，率领步行的骑兵一万多人，在江陵下游一带偷渡而过，继续进攻诸葛瑾的所有军队，在长江两面举火，烧毁了诸葛瑾的船只，从水陆两方面一起进攻，于是大破诸葛。然而县城还未攻下，正好发生了一场大的传染病，皇帝诏令夏侯尚带领所有军队回来。又加封了六百户，合并以前的共有一千九百户封邑，假借黄钺，更升为州牧。当时荆州残乱而荒芜，外和蛮夷相连，又和吴隔着一条汉水作为疆界，从前百姓都住在江南。自从夏侯尚从上庸打了一条通道，往西可以通行到七百多里，因而山中的居民和蛮夷多服从他，前后五六年间，就降服了好几千户人家。黄初五年（公元 224 年），改封为昌陵卿侯。夏侯尚有爱妾深受宠幸，她的宠爱胜过了嫡妻；而夏侯尚的嫡室，是曹氏人家的女儿，所以文帝派人去绞杀了夏侯尚的爱妾。从此夏侯尚深感悲悽，而得了一场病，精神恍惚。爱妾埋葬后，他无法忍受想见爱妾的痛苦，又把爱妾从坟冢中挖出来看。文帝听了以后非常愤怒，就说："当年杜袭非常轻视夏侯尚，认为夏侯尚不是个良友，实在是有原因呀！"然而却因为是朝廷中的老功臣，因此他受到的恩宠不曾稍有减损。黄初六年（公元 225 年），夏侯尚病重，回到京都去，文帝好几次临幸他的家中探望他，拉着他的手流泪。夏侯尚死，谥号悼侯。他的儿子夏侯玄嗣位。又把夏侯尚的封邑分三百户，赐给他弟弟的儿子夏侯奉，爵位是关内侯。

夏侯玄字太初，年少即名闻四方，二十岁即做散骑黄门侍郎。曾经进见皇帝，和皇后的弟弟毛曾同坐一起，夏侯玄感到非常地耻辱，不高兴的样子显现在脸上。明帝看在眼里怀恨在心头，即降任他做羽林监。正始初年，曹爽辅佐王政。夏侯玄是曹爽姑姑的儿子。又陆续的升迁他做散骑常侍、中护军。

太傅司马宣王问以时事，玄议以为："夫官才用人，国之柄也，故铨衡专于台阁，上之分也，孝行存乎闾巷，优劣任之乡人，下之叙也。夫欲清教审选，在明其分叙，不使相涉而已。何者？上过其分，则恐所由之不本，而干势驰鹜之路开；下逾其叙，则恐天爵之外通，而机权之门多矣。夫天爵下通，是庶人议柄也；机权多门，是纷乱之原也。自州郡中正品度官才之来，有年载矣，缅缅纷纷，未闻整齐，岂非分叙参错，各失其要之所由哉！若令中正但考行伦辈，伦辈当行均，斯可官矣。何者？夫孝行著于家门，岂不忠恪于在官乎？仁恕称于九族，岂不达于为政乎？义断行于乡党，岂不堪于事任乎？三者之类，取于中正，虽不处其官名，斯任官可知矣。行有大小，比有高下，则所任之流，亦涣然明别矣。奚必使中正干铨衡之机于下，而执机柄者有所委仗于上，上下交侵，以生纷错哉？且台阁临下，考功校否，众职之属，各有官长，旦夕相考，莫究于此；闾阎之议，以意裁处，而使匠宰失位，众人驱骇，欲风俗清静，其可得乎？天台县远，众所绝意。所得至者，更在侧近，孰不修饰以要所求？所求有路，则修己家门者，已不如自达于乡党矣。自达乡

当时的太傅司马宣王以当时的国事征问他的意见，夏侯玄建议道："职官人才的任用，这是朝廷的权柄，所以评量人才是尚书的专责，是在上分内的事，百姓的孝顺行谊是出自民间乡间小巷，因此孝行的好坏是乡民的责任，是由下面依次第推选出来的。那么要想清明教化审慎选举，在使上下各自明白他们的职分和次第，不得让二者互相干涉。为什么呢？在上者权过多，就怕选不出好官员，却会打开钻营利禄干求权门的道路；在下者超越他的次第，就怕朝廷官爵的铨衡，受外界的影响，而造成掌权的人太多。如果官爵往下通达于民，那么便是百姓来评议国柄；掌权的人太多，势必是纷乱的根源。自从州郡以九品中正而考核官职人才以来，已经实行了好多年，但是一直纷纷乱乱，不曾听到好好的整饬一番，这难道不是上下权责混淆不清，各自失去他的根本要点所造成的吗！如果九品中正只考察行为好而合伦常的人，在同辈中能德行均布，即可用他为官。为什么呢？因为在家族中能行孝，难道他任官时会不忠敬于职事吗？在九族中能以仁厚宽恕著称，他的孝行难道会不推达到他的处政上吗？在乡党中行事果决合义，也必定能表现在他的职官事务上。这三类，均取自九品中正，虽然不曾身任官职，这种人能担任官责是明白可知的。那么行为有好坏，比较可分出高下，因此所任用的人才，是好是坏可以清清楚楚地分辨出来了，何必使九品中正来干涉朝廷铨衡的事，而掌任官职的人有所仰仗于居下位的人，便会造成上下交相侵扰，容易产生纷乱和错误。而且尚书面临下属，考赏有功，校正过恶，各种职位，也都各有官长，早晚的考校，是再详明不过了；乡闾里巷的评议，都是以自己的心意来裁度处理，常使工匠和宰相各失其职位，这样会使大家都惊骇惶恐，在这种情况下，想清静风俗，是无法办到的。台阁距离百姓非常遥远，大众的意见没法上达。能够上达的人，都是在台阁附近的人，那么这些人哪个不会表面装修掩饰自己以达到自己的心意？求官有

党者，已不如自求之于州邦矣。苟开之有路，而患其饰真离本，虽复严责中正，督以刑罚，犹无益也。岂若使备帅其分，官长则各以其属能否献之台阁，台阁则据官长能否之第，参以乡闾德行之次，拟其伦比，勿使偏颇。中正则唯考其行迹，别其高下，审定辈类，勿使升降。台阁总之，如其所简，或有参错，则其责负自在有司。官长所第，中正辈拟，比随次率而用之，如其不称，责负在外。然则内外相参，得失有所，互相形检，孰能相饰？斯则人心定而事理得，庶可以静风俗而审官才矣。”又以为：“古之建官，所以济育群生，统理民物也，故为之君长以司牧之。司牧之主，欲一而专，一则官任定而上下安，专则职业修而事不烦。夫事简业修，上下相安而不治者，未之有也。先王建万国，虽其详未可得而究，然分疆画界，各守土境，则非重累羁绊之体也。下考殷、周五等之叙，徒有小大贵贱之差，亦无君官臣民而有二统互相牵制者也。夫官统不一，则职业不修；职业不修，则事何得而简？事之不简，则民何得而静？民之不静，则邪恶并兴，而奸伪滋长矣。先王达其如此，故专其职司而一其统业。始自秦世，不师圣道，私以御职，奸以待下；惧宰官之不

了门路，那些行孝修德的人，根本比不上自己能上通于乡党的人。自己能通达于乡党的人，又比不上自己到州邦去求官了。如果做官的捷径得以打开，弊病在于他们伪装自己，就是一再的要求九品要中正无偏，再动用刑罚来督促，仍然是毫无效果的。如果能使各尽职分，官长们都据实把他属下的好坏献上给台阁，台阁即根据官长们所权衡的赏罪次第，再参考乡闾中所评议的孝行次序，拟定出他们的名次，而做到公正无偏。如此九品中正只负责考察他们的行为，分出高下次序，审察后订定类别，不使升降倒置。所有的人事案件由台阁总管，依照他们所呈报的予以赏罚，如果有错，则由有司来负全责。官长所品第的，九品中正按伦类所拟定的，也按他们的呈报次序来任用，如果名实不相称合，责任由外官来负。那么内外相互参验，得失有所根据，互相检点行为，有错误谁又能相互掩饰呢？于是人心安定而事理顺畅，如此大概可以使风俗清静，而明审各种官员人才。”他又认为：“古代所以建立官制，是为了化育众生，治理百姓，因而制定君长以主掌这些事务，主掌政教的事权应该专一，事权专一就官职安定，那么上下安宁，而各有专责，那么职事整治而事务不会烦乱。事务精简德业修治，上下能相安而政事却无法修治，这是不可能的。先王建立众国，虽然他们的详情未必能精确得知，然而总是要划分疆界，各守自己的领域，这并不是重复牵累而有所系绊的体制。往下考核殷商、周室公侯伯子男五等爵禄，只有大小贵贱的差别，也不曾有君王官员臣子百姓发生过两个有权单位互相牵制的事。如果官统不专一，职掌和业务就无法修治；职掌业务不修治，事情又如何能精简呢？事情不简明，百姓又如何能清静呢？百姓生活不平静，所有的邪恶必会蜂然而起，于是奸邪诈伪全都出现了。先王明达这个道理，所以各有专职，而事权也明确划一。从秦朝开始，不以圣道化民，而又各自私下用人任官，待属下奸邪无道；于是害怕宰相官员处事不修治，即设立临牧来督正，

修，立监牧以董之，畏督监之容曲，设司察以纠之；宰牧相累，监察相司，人怀异心，上下殊务。汉承其绪，莫能匡改。魏室之隆，日不暇及，五等之典，虽难卒复，可粗立仪准以一治制。今之长吏，皆君吏民，横重以郡守，累以刺史。若郡所摄，唯在大较，则与州同，无为再重。宜省郡守，但任刺史；刺史职存则监察不废，郡吏万数，还亲农业，以省烦费，丰财殖谷，一也。大县之才，皆堪郡守，是非之讼，每生意异，顺从则安，直己则争。夫和羹之美，在于合异，上下之益，在能相济，顺从乃安，此琴瑟一声也，荡而除之，则官省事简，二也。又干郡之吏，职监诸县，营护党亲，乡邑旧故，如有不副，而因公掣顿，民之困弊，咎生于此，若皆并合，则乱原自塞，三也。今承衰弊，民人凋落，贤才鲜少，任事者寡，郡县良吏，往往非一，郡受县成，其剧在下，而吏之上选，郡当先足，此为亲民之吏，专得底下，吏者民命，而常顽鄙，今如并之，吏多选清良者造职，大化宣流，民物获宁，四也。制使万户之县，名之郡守，五千以上，名之都尉，千户以下，令长如故，自长以上，考课迁用，转以能升，所牧亦增，此进才效功之叙也，若经制一定，则

又怕督监人员包容邪曲，又设立伺察来纠举；造成了宰相官牧相牵累，监察相侦伺，人人各怀二心，上下职事不专一。到了汉朝承袭秦代的绪业，没能改革。魏室隆盛，更没工夫来兼顾，公侯伯子男五等禄爵的典制，虽然不容易在仓猝间恢复，可以粗略的订个标准以划一来治政。现在的长吏，都以类似君王的身份来管理属吏和人民，再加上郡太守，往上又加上刺史。不胜繁复。如果郡所摄行的，只在大体，那么是和州所行相同，不必再设重复的机关。应该废除郡太守，只任刺史即可；刺史的职责在，那么监察的任务就不会废止，郡中的好几万名吏员，就可以回去从事农事，以节省经费，于是可以多存财货种植米谷，这是第一点。做大县的令、长，都有做郡守的才能，于是讼案的是非，常造成郡守与县令不同的意见，和自己看法相同则相安无事，如果固执己见以自己为对，则产生争议。羹汤调和得美味，在于配合得好，上下官员的和善，在于能同舟共济。能人人顺从万事均安和，如同琴瑟和为一声音色协调，如将郡守废除，那么官省事简，这是第二点。又在一郡中能干的吏员，他的责任是监察各县，他如迎合乡党，庇护乡党私亲，以及乡野的故旧好友，就不公平了，如有不合他心意的，常借公事为名，而骚扰百姓，百姓的疲困弊病，都是从此中滋生，如果郡县一律合并，那么祸乱的根源自然堵塞。这是第三点。如今承袭衰弊，人民凋落，贤能的人才缺少，真正做事的人又不多，郡县中的优秀吏员，往往很多，郡是由若干县而形成的，繁剧事务均发生在县，而吏员中最好的人才，郡当先得，这是亲近百姓的吏员，应在下县服务，吏员是人民性命之所系，在县服务的而又常常是顽鄙不好的，现在如果合并，可以多多选取清廉的吏员到任职事，那么良善的教化可以流布四方，人民万物都可获得安宁，这是第四点。在制度上使万户的县，称为郡守，五千户以上，称为都尉，千户以下，仍然称为令长，从长以上，考核升用，改以才能来升用，所主掌的也

官才有次，治功齐名，五也。若省郡守，县皆径达，事不拥隔，官无留滞，三代之风，虽未可必，简一之化，庶几可致，便民省费，在于此矣。”又以为：“文质之更用，犹四时之迭兴也，王者体天理物，必因弊而济通之，时弥质则文之以礼，时泰侈则救之以质。今承百王之末，秦汉余流，世俗弥文，宜大改之以易民望。今科制自公、列侯以下，位从大将军以上，皆得服绫锦、罗绮、纨素、金银饰镂之物，自是以下，杂彩之服，通于贱人，虽上下等级，各示有差，然朝臣之制，已得侔至尊矣，玄黄之采，已得通于下矣。欲使市不鬻华丽之色，商不通难得之货，工不作雕刻之物，不可得也。是故宜大理其本，准度古法，文质之宜，取其中则，以为礼度。车舆服章，皆从质朴，禁除末俗华丽之事，使干朝之家，有位之室，不复有锦绮之饰，无兼采之服，纤巧之物，自上以下，至于朴素之差，示有等级而已，勿使过一二之觉。若夫功德之赐，上恩所特加，皆表之有司，然后服用之。夫上之化下，犹风之靡草。朴素之教兴于本朝，则弥侈之心自消于下矣。”

宣王报书曰：“审官择人，除重官，改服制，皆大善。礼乡闾本行，朝廷考事，大指

因而增加，这才是进用才俊奖赏功劳的一种次第，如果一经制定，官位才能的任用有一定次序，如此便可政治划一功绩明著，这是第五点。如果省略了郡守一县的事务可以直接上达刺史，事情便不会被阻隔，官府的公文就不会被滞留，夏商周三代的风尚，虽然未必能做到，然而简单划一的教化，大概是可实现，那么方便人民节省费用，就在于此中了。”他又认为：“尚文尚质的变换使用，就如同四季的循环更替，君王是体念天道来治理万物，必得救助流弊而使一切畅达，时尚重质就用礼来文饰，时尚侈泰就以质来挽救。如今承袭百王之下，秦、汉的流风，世俗上崇尚文，应该大力改革使能文质并重来符合人民的心愿。目前科制爵位从王公、列侯以下，官位从大将军以上，均穿着绸丝锦罗等华贵的衣服，佩戴着金银雕镂珍异的物品。自此而下，多彩的服饰，连贫贱的人民也都穿着，虽然制度上规定上下等级有别，然而朝臣的服饰，有些已经是和皇帝相同了，皇帝穿用的色彩，也已经流通到下面了。想要街市上不卖华丽的色彩，商人不流通难得的货色，工匠不制作雕镂的物品，那根本是不可能的。所以应当从根本大力整治一番，而以古法作为准则，文质的崇尚，采取中道不偏一方，以为法度。车马衣服纹彩，都以朴实为要，禁止并消除一切华丽的末俗，使干练的人才，有地位的家室，不再有锦绣罗绮的妆饰，没有二种以上的色彩的衣服，纤细精巧的东西，从上到下，朴素的等差，也有等级的分别，不准有超过一二等级的差别。如果是因功德而蒙受的赏赐，皇帝恩宠所特别加赠的，均上表向主管单位报告，然后才能服用。在上者的教化在下者，就如同‘风行草偃’一样，朴素的教化应先从朝廷兴起，那么崇尚奢侈的风气必会自然消失于下。”

司马宣王就写信回答他说：“审察官事选择人才，去除重复的职官，改变朝制，均是非常善美的策略。关于乡闾本行的礼制，朝廷考事问题的弊病，大都如你的指示。而中间

如所示。而中间一相承习，卒不能改。秦时无刺史，但有郡守长吏。汉家虽有刺史，奉六条而已，故刺史称传车，其吏言从事，居无常治，吏不成臣，其后转更为官司耳。昔贾谊亦患服制，汉文虽身服弋绨，犹不能使上下如意。恐此三事，当待贤能然后了耳。”玄又书曰：“汉文虽身衣弋绨，而不革正法度，内外有僭拟之服，宠臣受无限之赐，由是观之，似指立在身之名，非笃齐治制之意也。今公侯命世作宰，追踪上古，将隆至治，抑末正本，若制定于上，则化行于众矣。夫当宜改之时，留殷勤之心，令发之日，下之应也犹响寻声耳，犹垂谦谦，曰‘待贤能’，此伊周不正殷姬之典也。窃未喻焉。”

顷之，为征西将军，假节都督雍、凉州诸军事。与曹爽共兴骆谷之役，时人讥之。爽诛，征玄为大鸿胪，数年徙太常。玄以爽抑绌，内不得意。中书令李丰虽宿为大将军司马景王所亲待，然私心在玄，遂结皇后父光禄大夫张缉，谋欲以玄辅政。丰既内握权柄，子尚公主，又与缉俱冯翊人，故缉信之。丰阴令弟兖州刺史翼求入朝，欲使将兵入，并力起。会翼求朝，不听。嘉平六年二月，当拜贵人，丰等欲因御临轩，诸门有陛兵，诛大将军，

一直承袭下来，短时间是无法更改的。秦朝没有刺史，只有郡守长吏，汉代虽然设有刺史，只是临时发布六项条文的规定，由刺史来执行职权而已，以前刺史坐驿车以办政事，刺史的属吏叫做从事，没有固定的办公地点，而后才变为固定的官位。从前贾谊也一再考虑应否沿袭秦朝的服制，汉文帝虽然身穿黑色的厚缯，仍然无法使上下合意。这三件事，恐怕要等待有贤才的人出现后才能解决了。”夏侯玄又建议说：“汉文帝虽然身着黑色厚缯，而没有改革各种法度，内外有僭越身份的服饰，被宠幸的臣子受到无限度地恩赐，从这些观点看来，似乎只是指树立于他身上的声名，并非是笃重齐家治国的各种制度。如今公侯（指司马懿）以命世之才作宰相，追随上古，将整顿政治达于隆盛，而且抑黜末节端正根本，如果在上者订定制度，自然就可以推行到全国各地去。正是适合改革的时候，存留一颗殷勤仔细的心志，当发布命令那天，居下者的应和就如同回响和声音相呼应了。来信仍然表示谦虚的说道：‘有待贤能的人才’，这等于是有伊尹、周公的地位，而不能匡正殷商、周室的典制。我私下仍然不能了解。”

过了一段时日，又封为征西将军，假节都督雍、凉二州的所有军事。和曹爽共兴兵发动骆谷战役，被当时人所讥刺。曹爽被杀，征召夏侯玄为大鸿胪，过了好几年后改封太常。夏侯玄因曹爽的缘故而不被重用，心中非常不得志。中书令李丰虽然早就被大将军司马景王所爱宠，可是心中却属意夏侯玄，于是和皇后的父亲光禄大夫张缉结交，想阴谋拥立夏侯玄来辅佐王政。李丰在内已掌握大权，他的儿子又娶公主为妻，和张缉又同是冯翊人，所以张缉非常信赖他。李丰暗中叫他弟弟兖州刺史李翼要求觐见朝廷，想让他率兵入京，合力拥立夏侯玄来当政。正好李翼请求入朝，没有批准。嘉平六年（齐王芳年号，公元254年）二月，应当封拜贵人，李丰等人想借皇帝坐临殿陛的机会，而利用殿门的禁

以玄代之，以缉为骠骑将军。丰密语黄门监苏铄、永宁署令乐敦、冗从仆射刘贤等曰："卿诸人居内，多有不法，大将军严毅，累以为言，张当可以为诫。"铄等皆许以从命。大将军微闻其谋，请丰相见，丰不知而往，即杀之。事下有司，收玄、缉、铄、敦、贤等送廷尉。廷尉钟毓奏："丰等谋迫胁至尊，擅诛冢宰，大逆无道，请论如法。"于是会公卿朝臣廷尉议，咸以为"丰等各受殊宠，典综机密，缉承外戚椒房之尊。玄备世臣，并居列位，而包藏祸心，构图凶逆，交关阉竖，授以奸计，畏惮天威，不敢显谋，乃欲要君胁上，肆其诈虐，谋诛良辅，擅相建立，将以倾覆京室，颠危社稷。毓所正皆如科律，报毓施行。"诏书："齐长公主，先帝遗爱，原其三子死命。"于是丰、玄、缉、敦、贤等皆夷三族，其余亲属徙乐浪郡。玄格量弘济，临斩东市，颜色不变，举动自若。时年四十六。正元中，绍功臣世，封尚从孙本为昌陵亭侯，邑三百户，以奉尚后。

初，中领军高阳许允与丰、玄亲善。先是有诈作尺一诏书，以玄为大将军，允为太尉，共录尚书事。有何人天未明乘马以诏版付允门吏，曰"有诏"，因便驰走。允即投书烧

卫，来诛杀大将军司马懿，以夏侯玄来替代他，以张缉做骠骑将军。李丰暗中告诉黄门监苏铄、永宁署令乐敦、冗从仆射刘贤等人说："你们几个人身居在大内，多有不法之事，大将军性情严毅，屡次告诉我这些话，张当可以作为你们的前车之鉴。"苏铄等人均答应服从他的命令。大将军司马懿多多少少听到了一些他们的阴谋，和李丰约好要见一面，李丰不知内情就前往会面，即被斩杀而死。这件事就交给主管单位审办，收捕了夏侯玄、张缉、苏铄、乐敦、刘贤等送往廷尉审讯。廷尉钟毓奏疏称："李丰等阴谋胁迫皇帝，想擅自诛杀冢宰司马懿，真是大逆不道，请依法论罪。"于是集合公卿朝臣廷尉开会讨论，都一致认为："李丰等人都蒙受特殊的恩宠，主掌朝廷机密，张缉承接外戚皇后的尊显，夏侯玄备位世臣，官居高位，却深藏祸害的心意，图谋叛逆，沟通太监，授与他们奸邪的策谋，而畏惧天威，不敢显露阴谋，却想要胁君上，肆行他们的欺诈暴虐行动，又阴谋诛杀善良的宰辅，擅自相互的建党营私，想来颠覆王室，危乱国家。钟毓所禀拟的均合科律，按钟毓的奏疏所拟，呈报皇帝准予执行。"皇上的诏令批示说："齐长公主，是先帝的遗爱，她的三个儿子应该特别赦免。"于是李丰、夏侯玄、张缉、乐敦、刘贤等人都夷灭三族，其余的亲属流徙到乐浪郡。夏侯玄的格局度量弘大远济，在东市临刑前，容色不改，行止自如，当时正好四十六岁。正元（高贵乡公曹髦年号，公元254—255年）中，为了延续功臣的后代，封夏侯尚的同族孙子夏侯本为昌陵亭侯，封邑为三百户，以报奉夏侯尚的祭祀。

起初，中领军高阳人许允和李丰、夏侯玄都非常地友善。首先就有人假造了诏版，版长一尺一寸，以写诏书，即矫令夏侯玄做大将军，许允做太尉，共同总领尚书的事。有一天天还没亮不知是什么人乘着马匹，以诏版交给许允的守门吏，又说了一声"有诏令"，即

之，不以开呈司马景王。后丰等事觉，徙允为镇北将军，假节督河北诸军事。未发，以放散官物，收付廷尉，徙乐浪，道死。

清河王经亦与允俱称冀州名士。甘露中为尚书，坐高贵乡公事诛。始经为郡守。经母谓经曰："汝田家子。今仕至二千石，物太过不祥，可以止矣。"经不能从，历二州刺史，司隶校尉，终以致败。允友人同郡崔赞，亦尝以处世太盛戒允云。

评曰：夏侯、曹氏，世为婚姻。故惇、渊、仁、洪、休、尚、真等并以亲旧肺腑，贵重于时，左右勋业，咸有效劳。爽德薄位尊，沈溺盈溢，此固《大易》所著，道家所忌也。玄以规格局度，世称其名，然与曹爽中外缱绻；荣位如斯，曾未闻匡弼其非，援致良才。举兹以论，焉能免之乎！

奔驰而去。许允随即把诏书投入火中烧毁，不曾把诏书打开呈送给司马景王。后来李丰的阴谋被揭发，就以许允有功而升迁为镇北将军，假节督领河北一带的军事。还没有到任，就因为没有奉准而发放官府的公物，被收捕交给廷尉审办，而贬官乐浪，在道途中死去。

清河人王经和许允均被称为冀州一带的知名人士。甘露年中为尚书官，后来因为高贵乡公的事连累被诛杀而死。最初王经任郡守，王经的母亲曾经告诫王经说："你本来是个农家子弟，如今官做到二千石，凡事太过度就会不吉祥，你可以辞官退休了。"王经不肯听从他母亲的话贪恋职位，历任二州的刺史，司隶校尉，终于招致败亡。许允的朋友同郡的崔赞，也曾经把处世过盛的不良后果告诫许允云云。

陈寿评论说：夏侯氏、曹氏，世代都是结为婚姻之好，因此夏侯惇、夏侯渊、曹仁、曹洪、曹休、曹尚、曹真等人均以亲戚故旧肺腑至交，显贵而名著于当时，辅佐朝廷建立伟大功业，他们也都颇有贡献。曹爽品德不厚而高居尊位，沉溺在盈满而骄矜的环境，这本来就是《易经》上所明白显示的，也是道家最忌讳的事。夏侯玄以他的格局度量著称于当时，然而却和曹爽在朝廷内外缠绵勾结一起，共同兴兵发动骆谷战役，他的声名官位到达这般程度，却也不曾听到他对曹爽有何匡正、谏劝，也未能收揽贤良人才。举这几点来评论，又怎能免于一死呢！

三国志卷十

二荀贾传第十

傅试中 译

荀彧字文若，颍川颍阴人也。祖父淑，字季和，朗陵令。当汉顺、桓之间，知名当世。有子八人，号曰八龙。彧父绲，济南相。叔父爽，司空。

彧年少时，南阳何颙异之，曰："王佐才也。"永汉元年，举孝廉，拜守宫令。董卓之乱，求出补吏。除亢父令，遂弃官归，谓父老曰："颍川，四战之地也，天下有变，常为兵冲，宜亟去之，无久留。"乡人多怀土犹豫，会冀州牧同郡韩馥遣骑迎之，莫有随者，彧独将宗族至冀州。而袁绍已夺馥位，待彧以上宾之礼。彧弟谌及同郡辛评、郭图，皆为绍所任。彧度绍终不能成大事，时太祖为奋武将军，在东郡，初平二年，彧去绍从太祖。太祖大悦曰："吾之子房也。"以为司马，时年二十九。是时，董卓威陵天下，太祖以问彧，彧曰："卓暴虐已甚，必以乱终，无能为也。"卓遣李傕等出关东，所过虏略，至颍川、陈留

荀彧字文若，是颍川颍阴人（今河南许昌市）。祖父名淑，字是季和，曾任朗陵令。在汉顺帝、桓帝年间，知名于当世。有八个儿子，号称八龙。荀彧父亲叫荀绲，曾任济南相。他的叔父荀爽，曾任司空。

荀彧少年的时候，南阳人何颙认为他非常特出，因此说："是辅佐君王的人才。"汉献帝永汉元年（公元 189 年），被举为孝廉，任守宫令。董卓作乱，请求任补官吏。出任为亢父令，于是抛离了官职回归故里，告诉乡间父老说："颍川，是个四面受敌的地方，如果天下有变乱，常常是打仗时候的必争地点，应该赶紧离开，不要滞留此地。"然而乡民大多怀念故土，犹豫而不肯走，正逢冀州州牧同郡人韩馥派遣从人、马匹来迎接荀彧，但没有人肯跟随他走，荀彧只好独自率领同族人前往冀州。这个时候，袁绍已经夺取了韩馥的地位，袁绍以上宾的礼节来款待荀彧。荀彧的弟弟荀谌及同郡人辛评、郭图，均任职在袁绍属下。荀彧衡量袁绍无法完成大事，当时太祖任奋武将军，在东郡，初平二年（公元 191 年），荀彧离开袁绍追随太祖。太祖非常高兴地说："我的张子房呀！"即用他做司马，那时荀彧二十九岁。此时，正好董卓威势陵驾天下，太祖以此询问荀彧，荀彧说："董卓残虐肆暴无度，一定会以暴乱终结的，是不会有什么作为的。"董卓派遣李傕等人从关东出发，他们掠

而还。乡人留者多见杀略。明年，太祖领兖州牧，后为镇东将军，彧常以司马从。兴平元年，太祖征陶谦，任彧留事。会张邈、陈宫以兖州反，潜迎吕布。布既至，邈乃使刘翊告彧曰："吕将军来助曹使君击陶谦，宜亟供其军食。"众疑惑。彧知邈为乱，即勒兵设备，驰召东郡太守夏侯惇，而兖州诸城皆应布矣。时太祖悉军攻谦，留守兵少，而督将大吏多与邈、宫通谋。惇至，其夜诛谋叛者数十人，众乃定。豫州刺史郭贡帅众数万来至城下，或言与吕布同谋，众甚惧。贡求见彧，彧将往。惇等曰："君，一州镇也，往必危，不可。"彧曰："贡与邈等，分非素结也，今来速，计必未定；及其未定说之，纵不为用，可使中立，若先疑之，彼将怒而成计。"贡见彧无惧意，谓鄄城未易攻，遂引兵去。又与程昱计，使说范、东阿，卒全三城，以待太祖。太祖自徐州还击布濮阳，布东走。二年夏，太祖军乘氏，大饥，人相食。

陶谦死，太祖欲遂取徐州，还乃定布。彧曰："昔高祖保关中，光武据河内，皆深根

夺经过的地方，一直到颍川、陈留然后回去。荀彧的同乡父老百姓留居故里的都被杀害劫掠。第二年，太祖领兖州州牧，后来任镇东将军，荀彧常以任司马的身份追随太祖。在兴平元年（公元194年），太祖出兵攻打陶谦，任荀彧留事之官。适逢张邈、陈宫以兖州为根据地造反，偷偷地迎接吕布。吕布已经到达后，张邈才派遣刘翊告诉荀彧说："吕将军前来帮助曹使君（操）攻打陶谦，应该赶紧供给他们军粮。"大家都感到非常地迷惑。荀彧心里明白是张邈在作乱，即刻整治军队，建筑防御工事，赶紧驰告东郡太守夏侯惇，而这个时候兖州一带的县城都已经响应吕布了。当时太祖带领全部的军队攻打陶谦，留守的军队非常地少，而一些督将大吏多和张邈、陈宫相互沟通阴谋不轨。后来夏侯惇到来，当夜诛杀了所有阴谋叛变的人有数十名，于是大家才安定下来。当时豫州刺史郭贡率领兵众数万前来城下，有人说他和吕布一起阴谋造反，大家都感到非常地忧惧。郭贡邀请荀彧会面，荀彧打算前往。夏侯惇等人都告诉荀彧说："你，是一州的镇将，前往会见一定非常地危险，还是不要去。"荀彧回答说："郭贡和张邈等人，他们不是平素就结交的旧知，只是仓猝间建立的友谊，现在他们在仓促间派兵前来，一定还不曾有确定的计谋；赶在他们还没有确定之前说服他们，纵然不能为我们所用，也可使他中立，如果首先就表示怀疑，他一定会愤怒而更加勾结在一起。"郭贡看到荀彧毫无畏惧的心意，认为鄄城必定不容易攻取下来，于是就带兵离去。因此荀彧又和程昱计谋，派人游说范、东阿二县，终于保全了鄄、范、东阿三个县城，以待太祖的驾临。太祖从徐州回到濮阳攻击吕布，吕布向东逃走。到了兴平二年（公元195年）夏季，太祖驻军在乘氏，这时候发生大饥荒，人吃人的事到处发生。

陶谦死后，太祖想因而夺取徐州，回来再来平定吕布。荀彧建议他说："从前高祖保卫关中，光武据守河内，都是深固根本以威制天下，往前进可以攻胜敌兵，往后退可以坚守

固本以制天下，进足以胜敌，退足以坚守，故虽有困败而终济大业。将军本以兖州首事，平山东之难，百姓无不归心悦服。且河、济，天下之要地也，今虽残坏，犹易以自保，是亦将军之关中、河内也，不可以不先定。今以破李封、薛兰，若分兵东击陈宫，宫必不敢西顾，以其间勒兵收熟麦，约食畜谷，一举而布可破也。破布，然后南结扬州，共讨袁术，以临淮、泗。若舍布而东，多留兵则不足用，少留兵则民皆保城，不得樵采。布乘虚寇暴，民心益危，唯鄄城、范、卫可全，其余非己之有，是无兖州也。若徐州不定，将军当安所归乎？且陶谦虽死，徐州未易亡也。彼惩往年之败，将惧而结亲，相为表里。今东方皆以收麦，必坚壁清野以待将军。将军攻之不拔，略之无获，不出十日，则十万之众未战而自困耳。前讨徐州，威罚实行，其子弟念父兄之

荀彧，选自清皇家珍藏手抄善本绘图描金银《三国志演义》。

阵地，所以虽然有困顿破败的时候而终于完成了中兴大业。将军本来由兖州开始起事，平定了华山以东的劫难，所有百姓都诚心地来归附。而且黄河、济水一带，是天下险要的地区，如今虽然被摧残破坏，仍然是很容易用以自卫，也就等于将军的关中、河内，不能不先平定这一带。目前已经平定了李封、薛兰，如果再分派军队往东攻击陈宫，陈宫一定不敢向西回顾，即可利用空隙的时候派兵收割成熟了的麦子，大家节省吃粮以储存米谷，那么便可一举而攻破吕布。攻破了吕布之后，才继续向南方结合扬州兵，共同来讨伐袁术，以面临淮河、泗水。如果舍弃攻打吕布的时机而往东进兵，兵留多了其他地方就不够用，兵留少了那么百姓都忙着保卫城镇，没有时间到城外去采柴草。吕布便会乘虚来寇犯，人心势必更加危乱，那时只可保全鄄城、范县、卫县，其他都保不住，那么也就等于失去了兖州。如果不平定徐州，将军你将以什么地方做根据地呢？而且陶谦虽然死了，徐州的兵力也并不容易消灭。他们将会以往年的失败作为惩戒，于是心中惧怕便相互结合亲好，内外呼应。现在东方都已经收割了麦子，一定会是坚守城池，清除或转移周边可供我军利用的东西，等待你进攻。你攻城打不下来，劫掠又毫无所获，不到十天，那么十万多的兵众还没作战就要先自困而死了。以前攻讨徐州时，对徐州表现的军威和刑罚过重，他们的子弟想到当时父兄所蒙受的耻辱，一定会人人各自坚守阵

耻，必人自为守，无降心，就能破之，尚不可有也。夫事固有弃此取彼者，以大易小可也，以安易危可也，权一时之势，不患本之不固可也。今三者莫利，愿将军熟虑之。”太祖乃止。大收麦，复与布战，分兵平诸县。布败走，兖州遂平。

建安元年，太祖击破黄巾。汉献帝自河东还洛阳。太祖议奉迎都许，或以山东未平，韩暹、杨奉新将天子到洛阳，北连张杨，未可卒制。彧劝太祖曰：“昔晋文纳周襄王而诸侯景从，高祖东伐为义帝缟素而天下归心。自天子播越，将军首唱义兵，徒以山东扰乱，未能远赴关右，然犹分遣将帅，蒙险通使，虽御难于外，乃心无不在王室，是将军匡天下之素志也。今车驾旋轸，东京榛芜，义士有存本之思，百姓感旧而增哀。诚因此时，奉主上以从民望，大顺也；秉至公以服雄杰，大略也；扶弘义以致英俊，大德也。天下虽有逆节，必不能为累，明矣。韩暹、杨奉其敢为害！若不时定，四方生心，后虽虑之，无及。”太祖遂至洛阳，奉迎天子都许。天子拜太祖大将军，进彧为汉侍中，守尚书令。常居中持重，太祖虽征伐在外，军国事皆与彧筹焉。太祖问彧：“谁能代卿为我谋者？”彧言“荀攸、钟

地，不会有求降归服的心，就是能把徐州攻破，仍然是不可能据有这个地方。凡事情原本就有抛弃这个以换取那个，以大的来换取小的是可以的，以安全来换取危险也可以，完全要权衡当时的形势，就不必忧患根本不稳固了。如今三方面看来对我们都不利，希望将军深思熟虑为要。”太祖于是停止攻打徐州的计划。按照荀彧的建议大举收割了麦子，再和吕布作战，分成了好几路兵马平定了各个县城。吕布兵败逃走，兖州因而平定。

建安元年（公元 196 年），太祖出兵击溃了黄巾贼。汉献帝从河东回还洛阳。太祖建议奉迎天子以许为京都，有人认为华山以东未能平定，韩暹、杨奉刚刚随同天子前往洛阳，向北连结张杨，不能在仓猝之间加以控制。荀彧劝谏太祖说：“从前晋文公接纳了周襄王而天下诸侯如影随形全部前来追随他，高祖东伐项羽而为义帝发丧，穿着白色的丧服，天下人全都归向他。自从天子在草莽蒙冒尘埃，将军首先倡导义兵，只因为华山以东一带扰攘不安，无法远赴关右，然而还是分别派遣将帅，冒着危险沟通使者，虽然身居在外以抵御危难，心却时时刻刻系念着王室，这是将军秉持着一颗匡正天下的心志。现在天子旋转过车驾到洛阳，该地一片荒凉，义士们均有存念根本的心思，百姓也感怀旧日而倍增哀伤。实在应该借着这个时候，奉迎君王以顺应老百姓的愿望，这才是大顺；秉持大公无私来顺服雄杰人士，这才是大谋略；扶执弘远的大义来招致英俊人才，这才是大德。天下虽然仍会有少数不受节制的，一定是无法成事，这是很明显的。韩暹、杨奉又怎敢作乱！如果不因此时以平定危乱，那么四方都会生异心，以后才来谋虑，已经是来不及了。”太祖终于前往洛阳，亲自奉迎天子在许建都。天子于是封拜太祖为大将军，进升荀彧为汉侍中，守尚书令。常留守在宫中而为人稳重有节。太祖虽然经常出兵在外打仗，一切军国大事全和荀彧筹谋。太祖曾问荀彧说：“谁能代替你为我运筹谋划？”荀彧回答道：“荀攸、钟繇二人

繇”。先是，或言策谋士，进戏志才。志才卒，又进郭嘉。太祖以彧为知人，诸所进达皆称职，唯严象为扬州，韦康为凉州，后败亡。

自太祖之迎天子也，袁绍内怀不服。绍既并河朔，天下畏其强。太祖方东忧吕布，南拒张绣，而绣败太祖军于宛。绍益骄，与太祖书，其辞悖慢。太祖大怒，出入动静变于常，众皆谓以失利于张绣故也。钟繇以问彧，彧曰：“公之聪明，必不追咎往事，殆有他虑。”则见太祖问之，太祖乃以绍书示彧，曰：“今将讨不义，而力不敌，何如？”彧曰：“古之成败者，诚有其才，虽弱必强，苟非其人，虽强易弱，刘、项之存亡，足以观矣。今与公争天下者，唯袁绍尔。绍貌外宽而内忌，任人而疑其心，公明达不拘，唯才所宜，此度胜也。绍迟重少决，失在后机，公能断大事，应变无方，此谋胜也。绍御军宽缓，法令不立，士卒虽众，其实难用，公法令既明，赏罚必行，士卒虽寡，皆争致死，此武胜也。绍凭世资，从容饰智，以收名誉，故士之寡能好问者多归之，公以至仁待人，推诚心不为虚美，行己谨俭，而与有功者无所吝惜，故天下忠正效实之士咸愿为用，此德胜也。夫以四胜辅

可以。”先前，荀彧谈到能出策谋的人，而推荐了戏志才。志才死后，又引进了郭嘉。太祖认为荀彧是个知人善任的人物，凡是他所推荐的人才都完全能称职，只有严象为扬州刺史，韦康为凉州刺史，后来遭受败亡的结果。

自从太祖迎天子都许以后，袁绍内心常怀不服。等到袁绍已经并吞黄河以北一带，天下人开始畏惧他的强大。太祖才开始忧心东方的吕布，在南方拒御张绣，而张绣在宛城打败了太祖的军队。袁绍更加地骄矜，在写给太祖的书信中，文辞傲慢而悖逆。太祖大为愤怒，进出行动举止失常，大家都误以为是因为被张绣所击败的关系。钟繇就以这件事去请教荀彧，荀彧告诉他说：“以曹公的聪明，一定不会追咎以前的事，可能是有其他的忧虑。”因此就去拜见太祖问他这件事，太祖即把袁绍写给他的信出示给荀彧，并说道：“现在我想出兵讨伐这个不义之人，而力量又敌不过他，该怎么办呢？”荀彧回答他说：“古代一个人的成功或失败，实在由于才能的大小，有才的人虽然起先弱也一定会逐渐强大，如果无才，虽然原本强大的也会转为弱小，刘邦、项羽的存亡，就清楚可以看出。现在和你争夺天下的人，只有袁绍而已，袁绍外面宽大而内心残忌，用人常起怀疑，公为人明理通达又不拘小节，只是以才来取舍，这是公的度量比他大。袁绍迟疑滞重，少有决断，常失去良好的时机，公能裁断大事，随机应变，在谋略上比他强。袁绍统驭军队宽厚而迟缓，法令不明，兵士虽然数目多，实际上却是很难驱使。公法令明确，有功必赏，有罪必罚，士兵虽然数量不多，都争着为你效命，这是在武力上也胜过他。袁绍凭家世的资望，可以从容不迫的来装饰他的智巧，以收取美誉，所以一些没有才能而追慕虚名的人士多来归附他，公以仁厚待人，又能推诚置腹不是为求取美名，自己的行为谨慎俭约，对有功劳的人毫不吝惜，所以天下忠心正直实实在在效命的人士都愿意被你所用，在德业上公也胜过他。以这四胜

天子，扶义征伐，谁敢不从？绍之强其何能为！”太祖悦。彧曰：“不先取吕布，河北亦未易图也。”太祖曰：“然。吾所惑者，又恐绍侵扰关中，乱羌、胡，南诱蜀汉，是我独以兖、豫抗天下六分之五也。为将奈何？”彧曰：“关中将帅以十数，莫能相一，唯韩遂、马超最强。彼见山东方争，必各拥众自保。今若抚以恩德，遣使连和，相持虽不能久安，比公安定山东，足以不动。钟繇可属以西事。则公无忧矣。”

三年，太祖既破张绣，东禽吕布，定徐州，遂与袁绍相拒。孔融谓彧曰：“绍地广兵强；田丰、许攸，智计之士也，为之谋；审配、逢纪，尽忠之臣也，任其事；颜良、文丑，勇冠三军，统其兵；殆难克乎！”彧曰：“绍兵虽多而法不整。田丰刚而犯上，许攸贪而不治。审配专而无谋，逢纪果而自用，此二人留知后事，若攸家犯其法，必不能纵也，不纵，攸必为变。颜良、文丑，一夫之勇耳，可一战而禽也。”五年，与绍连战。太祖保官渡，绍围之。太祖军粮方尽，书与彧，议欲还许以引绍。彧曰：“今军食虽少，未若楚、汉在荥阳、成皋间也。是时刘、项莫肯先退，先退者势屈也。公以十分居一之众，画地而守

的美德辅佐天子，扶持正义以出兵攻讨奸邪，谁敢不追随呢？袁绍的强大又有什么用！”太祖非常地高兴。荀彧又说：“不先攻取吕布，黄河以北一带地方也就不容易图谋了。”太祖说：“是的，但我所迷惑的是，又怕袁绍出兵侵扰关中，混乱羌、胡，以便向南方诱取蜀汉，那么我是以兖、豫六分之一的地方来抗拒天下六分之五的地方。到时那该怎么办呢？”荀彧告诉他说：“关中将帅可以数出十个，但是各自为政，不能互相为用，其中只有韩遂、马超最强。他们看见华山以东正在争战，一定会各自拥众以保卫自己的地方。此刻你如果以恩信德业来安抚他们，派遣使者去和他们联合起来，虽然联合的时间不能持久，但等到平定了华山以东地方，保证他们还不会轻举妄动。可以把西方的大事全嘱托钟繇，那么公便无所忧虑了。”

建安三年（公元198年），太祖攻破了张绣，向东擒取吕布，平定了徐州，于是又和袁绍相对抗。孔融告诉荀彧说：“袁绍土地广大兵力强盛，田丰、许攸，是有智巧能出计谋的人士，为他出谋略；审配、逢纪，是尽心尽忠的臣子，为他担任职事；颜良、文丑，勇敢胆识是三军之冠，为他统率军队，大概不容易克服他们吧！”荀彧回答说：“袁绍的士兵虽然多，但法令不整饬。田丰性情刚劣而好犯上，许攸贪婪而不知修治。审配专断而无谋略，逢纪果决而刚愎自用，这两个人留在后方为袁绍处理各种事务，如果许攸家人触犯了法令，审配、逢纪二人一定依法严办，不会稍微放纵的，不纵容，许攸一定会叛变的。至于颜良、文丑，二人都是徒有匹夫的勇悍，是可以一战而擒获的。”建安五年（公元200年），和袁绍连年作战。太祖保卫官渡，袁绍出兵围攻。太祖军中的粮食快要竭尽了，写一封书信给荀彧，是想引兵回许以诱导袁绍出来攻打他。荀彧告诉他说：“目前军粮虽然不多，并不像当年汉高祖和项羽在荥阳、成皋之间相争的时候。这个时候刘邦、项羽都不肯先退兵，因

之，扼其喉而不得进，已半年矣。情见势竭，必将有变，此用奇之时，不可失也。”太祖乃住。遂以奇兵袭绍别屯，斩其将淳于琼等，绍退走。审配以许攸家不法，收其妻子，攸怒叛绍；颜良、文丑临阵授首；田丰以谏见诛：皆如彧所策。

六年，太祖就谷东平之安民，粮少，不足与河北相支，欲因绍新破，以其间击讨刘表。彧曰：“今绍败，其众离心，宜乘其困，遂定之；而背兖、豫，远师江、汉，若绍收其余烬，承虚以出人后，则公事去矣。”太祖复次于河上。绍病死。太祖渡河，击绍子谭、尚，而高幹、郭援侵略河东，关右震动，钟繇帅马腾等击破之。语在《繇传》。八年，太祖录彧前后功，表封彧为万岁亭侯。九年，太祖拔邺，领冀州牧。或说太祖“宜复古置九州，则冀州所制者广大，天下服矣。”太祖将从之，彧言曰：“若是，则冀州当得河东、冯翊、扶风、西河、幽、并之地，所夺者众。前日公破袁尚，禽审配，海内震骇。必人人自恐不得保其土地，守其兵众也；今使分属冀州，将皆动心。且人多说关右诸将以闭关之计；今

为先退兵就表示形势上屈居于后。你以只有袁绍十分之一的徒众，划地自限，控制了袁绍的咽喉要害处，让他前进不得，已有半年的时间了。眼看着情势就要有变局，这正是个用奇计的时刻，千万不可失去良机。”太祖于是往前进，不再退兵。终于以奇兵偷袭了袁绍另外的屯兵，斩杀了他的将领淳于琼等人，袁绍败退而奔走。审配因为许攸家人不守法制，逮捕了他的妻子，许攸非常愤怒，于是背叛了袁绍；颜良、文丑临阵被杀；田丰以直言进谏被谋杀；完全都如荀彧所预见的。

建安六年（公元 201 年），太祖在东平郡的安民亭收取米谷，但是粮食少，不能够和黄河以北的兵力相抗衡，想借着袁绍刚刚被攻破的时机，找个空隙出兵击打刘表。荀彧建议说：“如今袁绍已经失败，他的兵众都各怀异心，应该趁着他被困的时候，一举扫平他们；而今公却要背弃兖州、豫州，远率军队到江、汉一带讨伐荆州，如果袁绍搜集了被战火焚烧剩余的物质，趁着我们没有防备的时候，从后面出兵袭击我们，那么公的大事就完了。”太祖再度驻军在黄河附近。袁绍生病而死。太祖渡过了黄河，出兵袭击袁绍的儿子袁谭、袁尚。而高幹、郭援侵扰略取黄河以东地区，因此关右大为惊惧震恐，钟繇随即率领马腾等人出兵击溃了他们。这些事都记载在《钟繇传》。建安八年（公元 203 年），太祖根据荀彧的前后功业，上表朝廷封荀彧为万岁亭侯。建安九年（公元 204 年）太祖攻下了邺地，领冀州州牧。有人建议太祖说：“应该恢复古代的制度设置九州，那么冀州所辖制的地方就既广又大，天下人都会心服的。”太祖想采纳这个意见，荀彧就劝阻说：“如果照这样讲，那么冀州应当兼得河东、冯翊、扶风、西河、幽、并的土地，所夺取的地方太多，人人将不会愿意。前些日子你攻破袁尚，擒取审配，海内都震恐惊骇，人人一定会各自怀忧惧心，唯恐无法保有自己的土地，拥有自己的兵众；如果目前再把这些地方全部划归冀州，一些大将们都会信心动摇。而且别人也会游说关右一带的将领采取闭关自守的策略；现在

闻此，以为必以次见夺。一旦生变，虽有守善者，转相胁为非，则袁尚得宽其死，而袁谭怀贰，刘表遂保江、汉之间，天下未易图也。愿公急引兵先定河北，然后修复旧京，南临荆州，责贡之不入，则天下咸知公意，人人自安。天下大定，乃议古制，此社稷长久之利也。”太祖遂寝九州议。

是时荀攸常为谋主。彧兄衍以监军校尉守邺，都督河北事。太祖之征袁尚也，高幹密遣兵谋袭邺，衍逆觉，尽诛之，以功封列侯。太祖以女妻彧长子恽，后称安阳公主。彧及攸并贵重，皆谦冲节俭，禄赐散之宗族知旧，家无余财。十二年，复增彧邑千户，合二千户。

太祖将伐刘表，问彧策安出，彧曰：“今华夏已平，南土知困矣。可显出宛、叶而间行轻进，以掩其不意。”太祖遂行。会表病死，太祖直趋宛、叶如彧计，表子琮以州逆降。

十七年，董昭等谓太祖宜进爵国公，九锡备物，以彰殊勋，密以咨彧。彧以为太祖本兴义兵以匡朝宁国，秉忠贞之诚，守退让之实；君子爱人以德，不宜如此。太祖由是心不

再听闻这种消息，均会认为你必然会按次序夺取他们的土地，一旦发生变故，虽然是个善于固守的人，也会辗转相互裹胁为非作歹，那么袁尚又得以宽免于死，而袁谭心怀二志，刘表终于能保有汉、江荆州一带地方，天下事就不容易图谋了。希望公赶紧带兵先平定黄河以北，然后修复旧都，向南征讨荆州，如同当年齐桓公责备楚王不向周天子进贡，天下人都会知道你的心意，人人各自安心。天下即可平定无事，然后再来议订古代的制度，这是国家长期久远的利益。”太祖于是才停止了恢复古代九州制度的研议。

这段时间，荀攸常常做出谋划策的主要人物。荀彧的哥哥荀衍也以监军校尉的身份固守邺地，都督黄河以北的军事。太祖出兵征讨袁尚，高幹秘密派遣军队计划偷袭邺地，被荀衍事先预知，全部把他们诛杀了，因而有功，被封为列侯。太祖把自己的女儿嫁给荀彧的长子荀恽为妻，后来称为安阳公主。荀彧以及荀攸均显贵于当时，他们为人都谦虚冲和节俭，皇帝赐给的俸禄全部都分散给同宗族的亲人和知友故旧，家中没有留下钱财。建安十二年（公元 207 年），又增加荀彧的封邑一千户，合并以前的共有二千户的封邑。

太祖将出兵攻伐刘表，询问荀彧如何策划，荀彧建议说：“如今中原华夏已径平定，南方一带地方已感到窘困了。可表面上从宛、叶出兵以作为掩饰，而实际乘隙走小道以轻装兵前进，出其不意，可全部夺取。”太祖于是成行。正逢刘表病死，太祖长驱直入宛、叶，完全依照荀彧的计划，刘表的儿子刘琮以荆州全州名义迎接太祖而投降。

建安十七年（公元 212 年），董昭等人建议太祖应该进封爵位为公爵，并受“九锡”的赏赐，来表彰杰出的功勋。太祖秘密咨询荀彧的意见。荀彧认为太祖建立义军就是为了匡正汉室，安宁国家，而秉持着忠贞的诚心，坚守谦退礼让的实德；君子以德爱人，不应该这样做。太祖因此一直感到不满。适逢太祖出兵征讨孙权，于是上表请荀彧到谯地劳军，

能平。会征孙权，表请彧劳军于谯，因辄留彧，以侍中光禄大夫持节，参丞相军事。太祖军至濡须，彧疾留寿春，以忧薨，时年五十。谥曰敬侯。明年，太祖遂为魏公矣。

子恽，嗣侯，官至虎贲中郎将。初，文帝与平原侯植并有拟论，文帝曲礼事彧。及彧卒，恽又与植善，而与夏侯尚不穆，文帝深恨恽。恽早卒，子甝、霬，以外甥故犹宠待。恽弟俣，御史中丞，俣弟诜，大将军从事中郎，皆知名，早卒。诜弟顗，咸熙中为司空。恽子甝嗣，为散骑常侍，进爵广阳乡侯，年三十薨。子頵嗣。霬官至中领军，薨，谥曰贞侯，追赠骠骑将军。子恺嗣。霬妻，司马景王、文王之妹也，二王皆与亲善。咸熙中，开建五等，霬以著勋前朝，改封恺南顿子。

荀攸字公达，彧从子也。祖父昙，广陵太守。攸少孤。及昙卒，故吏张权求守昙墓。攸年十三，疑之，谓叔父衢曰："此吏有非常之色，殆将有奸！"衢寤，乃推问，果杀人亡命。由是异之。何进秉政，征海内名士攸等二十余人。攸到，拜黄门侍郎。董卓之乱，关东兵起，卓徙都长安。攸与议郎郑泰、何颙、侍中种辑、越骑校尉伍琼等谋曰："董卓无

因此即把荀彧留下来，任他为侍中光禄大夫，持节，做丞相的参军。太祖的军队前往濡须，荀彧因病留在寿春，因为忧郁而死，当时五十岁。谥号敬侯。第二年，太祖终于受封为魏公。

荀彧的儿子荀恽，嗣位侯爵，官做到虎贲中郎将。起初，文帝和平原侯曹植同时都有拟议事项，文帝曲礼事奉荀彧。等到荀彧死，荀彧的儿子荀恽又和曹植私交友好，而和夏侯尚不和，文帝因而深切地憎恨荀恽。荀恽早死，儿子甝、霬，因为是外甥的关系所以仍然受到宠幸的待遇（荀恽妻是太祖的女儿）。荀恽的弟弟荀俣，官做到御史中丞，荀俣的弟弟荀诜，官做到大将军从事中郎，均知名于当世，但都早死。荀诜的弟弟荀顗，在咸熙年中（常道乡公曹奂年号，共两年。公元264—265年）任司空职。荀恽的儿子荀甝，继父位为散骑常侍，进封爵位为广阳乡侯，年三十岁死。荀甝的儿子荀頵嗣位。荀霬官也做到中领军，死后谥号称贞侯，追赠骠骑将军。他的儿子荀恺嗣位。荀霬的妻子，是司马景王、文王的妹妹，二王均和他非常亲近友善。咸熙中，开始设立五等爵位，荀霬以前朝有大功勋，改封他的儿子荀恺为南顿子爵。

荀攸字公达，荀彧堂兄弟的儿子。祖父荀昙，曾任广陵太守。荀攸年少即死去了父亲。后来祖父死，有位旧吏张权自己要求看守荀昙的坟墓。当时荀攸才十三岁，就觉得很可怀疑，告诉他叔父荀衢说："这位小吏面有特殊的容色，大概做了奸邪事吧！"荀衢也觉悟了，于是详细的推问他，果然是个杀人亡命之徒。从此对荀攸就另眼看待。何进执政，征用了海内有名人士荀攸等二十多人。荀攸到达后，任黄门侍郎的职官。董卓作乱，关东起兵讨董卓，董卓迁都长安。当时荀攸和议郎郑泰、何颙、侍中种辑、越骑校尉伍琼等人

荀攸，选自清皇家珍藏手抄善本绘图描金银《三国志演义》。

道，甚于桀纣，天下皆怨之，虽资强兵，实一匹夫耳。今直刺杀之以谢百姓，然后据淆、函，辅王命，以号令天下，此桓文之举也。”事垂就而觉，收颙、攸系狱，颙忧惧自杀。攸言语饮食自若，会卓死得免。弃官归，复辟公府，举高第，迁任城相，不行。攸以蜀汉险固，人民殷盛，乃求为蜀郡太守，道绝不得至，驻荆州。

太祖迎天子都许，遗攸书曰：“方今天下大乱，智士劳心之时也，而顾观变蜀汉，不已久乎！”于是征攸为汝南太守，入为尚书。太祖素闻攸名，与语大悦，谓荀彧、钟繇曰：“公达，非常人也，吾得与之计事，天下当何忧哉！”以为军师。建安三年，从征张绣。攸言于太祖曰：“绣与刘表相恃为

商量说：“董卓无道，更甚于当年的夏桀商纣，天下人都怨恨他，虽然表面上拥有强大的兵力，实际上只是个匹夫而已。如今应该直接地把他刺杀了以向天下百姓谢罪，然后以殽山、函谷关为据点，辅佐君王，来号召天下，这也就是当年齐桓公、晋文公一举而霸天下的作为了。”事情已经快要成功了，却被发觉，董卓于是收捕了何颙、荀攸，拘囚在牢狱中，何颙忧惧而自杀身死，荀攸言语饮食自如，正好遇上董卓死亡而被赦免。于是抛弃了官位回归故里，又被荐用于公府中，被选举高第，升迁为任城相，不愿前往就任。荀攸因为蜀汉的险要稳固，百姓殷实丰盛，而求得蜀郡太守，却因为道途中断无法到达，于是留驻在荆州。

后来，太祖迎天子建都在许，送了一封信给荀攸说：“如今天下大乱，是有智谋的人士劳用心神的时候，而你在蜀汉观望天下的变化，耗时太久了！”于是即征召荀攸为汝南太守，入朝廷用为尚书。太祖早已听闻荀攸的名望，直到和他谈话后更是大为欣喜，而告诉荀彧、钟繇说：“公达，是个不平凡的人物，我能够和他来商议大事，天下又有什么可忧虑的呢！”任用他做军师。建安三年（公元198年），跟从太祖出兵征讨张绣。荀攸建议太祖说：“张绣和刘表互相依恃，自以为强大，然而张绣带着游击部队，仰赖刘表供给他们粮食，一旦刘表无法供应，一定会叛离他。还不如用缓兵之计坐着等待这一天到来，然后我

强，然绣以游军仰食于表，表不能供也，势必离。不如缓军以待之，可诱而致也；若急之，其势必相救。”太祖不从，遂进军之穰，与战。绣急，表果救之。军不利。太祖谓攸曰：“不用君言至是。”乃设奇兵复战，大破之。

是岁，太祖自宛征吕布，至下邳，布败退固守，攻之不拔，连战，士卒疲，太祖欲还。攸与郭嘉说曰：“吕布勇而无谋，今三战皆北，其锐气衰矣。三军以将为主，主衰则军无奋意。夫陈宫有智而迟，今及布气之未复，宫谋之未定，进急攻之，布可拔也。”乃引沂、泗灌城，城溃，生禽布。

后从救刘延于白马，攸画策斩颜良。语在《武纪》。太祖拔白马还，遣辎重循河而西。袁绍渡河追，卒与太祖遇。诸将皆恐，说太祖还保营，攸曰：“此所以禽敌，奈何去之！”太祖目攸而笑。遂以辎重饵贼，贼竞奔之，陈乱。乃纵步骑击，大破之，斩其骑将文丑，太祖遂与绍相拒于官渡。军食方尽，攸言于太祖曰：“绍运车旦暮至，其将韩莫锐而轻敌，击可破也。”太祖曰：“谁可使？”攸曰：“徐晃可。”乃遣晃及史涣邀击破走之，烧其辎重。会许攸来降，言绍遣淳于琼等将万余兵迎运粮，将骄卒惰，可要击也。众皆疑，唯攸与贾

们可以引诱而得到这一批军队，如果紧急的去攻战，在这种情况下他们势必会互相救援。”太祖不肯接纳他的意见，于是出兵前往穰，和张绣作战。张绣情势危急，刘表果然派兵援救他。太祖军队不利。太祖告诉荀攸说：“就是没有采用你的建议，才弄到这种地步。”于是又设计奇兵再度出战，大举攻破了张绣的军队。

这一年，太祖从宛城前往出战吕布，一直前进到下邳，吕布失败退兵固守，一再进攻都打不下来，兵士们都疲惫不堪，太祖想带兵回去。荀攸和郭嘉告诉太祖说：“吕布有勇气而没有智谋，如今三次作战都惨遭败北，他的锐利士气一定丧失殆尽。三军以将帅为中心，中心人物士气已衰，那么军队就不会再有奋战的决心。陈宫有智谋而反应迟钝，现在要赶在吕布士气还没有恢复前，陈宫的谋略还没有拟定时，赶紧进攻，那么吕布一定可以攻打下来的。于是引导沂水、泗水二条河水灌入城池，城崩溃，活捉了吕布。

后来又随从太祖在白马救助刘延，荀攸施用了谋略斩杀了颜良。这些事记载在《武纪》。太祖攻下了白马回来后，又派遣军队车马器械顺着黄河往西前进。袁绍渡过了黄河追击太祖，突然和太祖相遇。所有的将领均感惶恐，游说太祖引兵回去保卫自己的营地，荀攸即说：“这正是擒获敌人的最好时机，怎么可以退兵而去呢！”太祖望着荀攸而笑。于是就用兵车械器粮食做饵来勾引贼兵，贩兵竞相奔来，军阵大乱。然后纵放步骑追击，一举大破贼兵，斩杀了他们的骑兵将领文丑，太祖终于和袁绍在官渡对峙。军粮快吃光了，荀攸告诉太祖说：“袁绍运送粮食械用的车子很快就会来到，他的属将韩莫非常锐利而轻视敌军，赶紧追击可以攻破他们。”太祖问荀攸说：“那么谁可去呢？”荀攸说：“徐晃可以。”于是便派遣徐晃及史涣迎击而攻破了他们，烧毁了他们所有的军马器械粮食。适逢许攸来

诩劝太祖。太祖乃留攸及曹洪守。太祖自将攻破之，尽斩琼等。绍将张郃、高览烧攻橹降，绍遂弃军走。郃之来，洪疑不敢受，攸谓洪曰："郃计不用，怒而来，君何疑？"乃受之。

七年，从讨袁谭、尚于黎阳。明年，太祖方征刘表，谭、尚争冀州。谭遣辛毗乞降请救，太祖将许之，以问群下。群下多以为表强，宜先平之，谭、尚不足忧也。攸曰："天下方有事，而刘表坐保江、汉之间，其无四方志可知矣。袁氏据四州之地，带甲十万，绍以宽厚得众，借使二子和睦以守其成业，则天下之难未息也。今兄弟遘恶，此势不两全。若有所并则力专，力专则难图也。及其乱而取之，天下定矣，此时不可失也。"太祖曰："善。"乃许谭和亲，遂还击破尚。其后谭叛，从斩谭于南皮。冀州平，太祖表封攸曰："军师荀攸，自初佐臣，无征不从，前后克敌，皆攸之谋也。"于是封陵树亭侯。十二年，下令大论功行封，太祖曰："忠正密谋，抚宁内外，文若是也。公达其次也。"增邑四百，并前七百户，转为中军师。魏国初建，为尚书令。

求降，告诉他们袁绍派遣淳于琼等人率领了一万多的士兵来接应运送的米粮，然而他们的将领骄矜士卒怠惰，可以截击他们。大家听了都感到很疑惑，只有荀攸和贾诩劝说太祖。太祖于是把荀攸和曹洪留下来镇守。太祖自己亲自率领军队一举攻破了他们，斩杀了淳于琼等人。袁绍的将领张郃、高览烧毁了进攻的橹车以求降，袁绍终于抛弃了军队而逃走。张郃来降，曹洪怀疑他不敢接受，荀攸告诉曹洪说："张郃因他的计谋不被采用，愤怒之下而前来求降，公还怀疑什么？"因此才接纳了张郃。

建安七年（公元202年），追随太祖在黎阳讨伐袁谭、袁尚。建安八年（公元203年），太祖正在出兵征讨刘表，而袁谭、袁尚两人均想争夺冀州。袁谭派遣辛毗求降请救，太祖想答应，以此事询问群下的意见。群下都认为刘表兵力强，应该先讨平他，袁谭、袁尚是不值得忧虑的。荀攸说："天下正当有大事的时候，而刘表却坐镇保卫江汉一带地方，很显然的，他并没有君临天下的心志。袁谭占据四州的土地，带领着十万多的兵甲，袁绍以宽大仁厚得取众人的心，假使他们二人和和睦睦以守住已经成就了的基业，那么天下的劫难还是无法平息。现在兄弟二人交恶，如此更是势不两全。假如他们合并力量便专一，力量专一而团结，那就更难有所图谋了。现在乘着他们争乱时去攻取，天下可以平定，这个时机是绝对不能失去的。"太祖说："好的。"于是答应了袁谭的和亲策略，开始还击袁尚而攻破了袁尚。后来袁谭叛变，太祖属下的随从人员在南皮斩杀了袁谭。冀州平定，太祖上表给皇帝称美荀攸说："军师荀攸，从开始辅佐臣下起，没有一次战役他不随侍在旁的，我能前前后后攻克敌兵，都是出自荀攸的策谋。"于是封荀攸为陵树亭侯。建安十二年（公元207年），皇上下命令从优奖赏有功人员，一切依功行封，太祖即称道："为人忠贞正直而且秘密策谋，安抚内外，第一个有功人物是文若（荀彧），其次便是公达（荀攸）。"于是增加了四百户的封邑，合并以前的一共有七百户，又转任为中军师。魏国初建立的时候，升任尚书令。

攸深密有智防，自从太祖征伐，常谋谟帷幄，时人及子弟莫知其所言。太祖每称曰：“公达外愚内智，外怯内勇，外弱内强，不伐善，无施劳，智可及，愚不可及，虽颜子、甯武不能过也。”文帝在东宫，太祖谓曰：“荀公达，人之师表也，汝当尽礼敬之。”攸曾病，世子问病，独拜床下，其见尊异如此。攸与钟繇善，繇言：“我每有所行，反复思惟，自谓无以易；以咨公达，辄复过人意。”公达前后凡画奇策十二，唯繇知之。繇撰集未就，会薨，故世不得尽闻也。攸从征孙权，道薨。太祖言则流涕。

长子缉，有攸风，早没。次子適嗣，无子，绝。黄初中，绍封攸孙彪为陵树亭侯，邑三百户，后转封丘阳亭侯。正始中，追谥攸曰敬侯。

贾诩字文和，武威姑臧人也。少时人莫知，唯汉阳阎忠异之，谓诩有良、平之奇。察孝廉为郎，疾病去官，西还至汧，道遇叛氐，同行数十人皆为所执。诩曰：“我段公外孙也，汝别埋我，我家必厚赎之。”时太尉段颎，昔久为边将，威震西土，故诩假以惧氐。氐

荀攸为人深沉周密而且有智巧能防患他人，自从太祖出兵征伐各地，常在军帐营地里为太祖筹划计谋，当时人以及他的子弟都不知道他们谈论的内容。太祖每每称赞他说：“荀攸表面愚笨内心多智谋，表面怯懦内心勇猛，表面柔弱内心刚强，不自夸，也不以功自居，他的智慧人人可以赶得上，他的愚笨别人是无法企及的，虽颜渊、宁武子也比不过他。”文帝在东宫当太子时，太祖告诉他说：“荀攸，是可以做每个人的师表，你应该用最敬的礼来尊敬他。”荀攸有一次生病，世子（曹丕）来探问他的病情时，独能在床下行跪拜礼，可见他受尊敬的程度。荀攸和钟繇两人相处非常友善，钟繇说：“每当我有所行动，反复的思考后，自己认为再也无法变更了；于是再去咨问荀攸，往往荀攸却有更异于常人的意见。”荀公达曾经前后策划过十二件奇警的策略，但是只有钟繇知道。钟繇曾把他的策略撰写成册集，没有完成，钟繇死了，所以世上无法得知他的机谋策略。荀攸追随太祖征讨孙权，在道途中死亡。太祖每次一谈及就痛哭流泪。

荀攸的长子荀缉，有父亲的风范，但早年就死了。第二个儿子荀适嗣位，没有儿子，于是断绝了后嗣。黄初年中（魏文帝年号，公元 220—226 年），续封荀攸的孙子荀彪为陵树亭侯，封邑为三百户，后来又转封为丘阳亭侯。正始年中（齐王芳年号，公元 240—248 年），追谥荀攸为敬侯。

贾诩字文和，是武威姑臧（今甘肃武威市）人。年少的时候，没有人知道他，只有汉阳人阎忠看出他是个特异的人才，认为贾诩有张良、陈平的奇策。被推选为孝廉，任郎官，因为身染疾病而离开官职，向西回还，到达了汧，道途中遇到了叛逆氐族人，和贾诩同行的几十个人都被他们所拘执。贾诩告诉他们说：“我是段公的外孙，你们千万不要活埋我，

贾诩，选自清刊本《三国演义》。三国时期著名谋士，在李傕军中时，为求自保，才建议李傕等人袭取长安。归附曹操后，在平定北方及平马超、张鲁等战役中屡有建议，深得曹操信赖，魏文帝时官至大司马。

果不敢害，与盟而送之，其余悉死。诩实非段甥，权以济事，咸此类也。

董卓之入洛阳，诩以太尉掾为平津都尉，迁讨虏校尉。卓婿中郎将牛辅屯陕，诩在辅军。卓败，辅又死，众恐惧，校尉李傕、郭汜、张济等欲解散，间行归乡里。诩曰："闻长安中议欲尽诛凉州人，而诸君弃众单行，即一亭长能束君矣。不如率众而西，所在收兵，以攻长安，为董公报仇，幸而事济，奉国家以征天下，若不济，走未后也。"众以为然。傕乃西攻长安。语在《卓传》。后诩为左冯翊，傕等欲以功侯之，诩曰："此救命之计，何功之有！"固辞不受。又以为尚书仆射，诩曰："尚书仆射，官之师长，天下所望，诩名不素重，非所以

我家人一定会以厚礼来赎我的。"当时太尉段颎，从前曾经做过很长时间的边将，威势震惧西方各地，所以贾诩借段氏来惊骇氐人。氐人果然不敢伤害他，和他互结盟好而把他护送回去，其余的人都被杀死。贾诩事实上并不是段家的外甥，他能权衡变局以渡过危难，均类似这些例子。

董卓进入洛阳，贾诩以太尉掾的身份任平津都尉，升迁为讨虏校尉。董卓的女婿中郎将牛辅屯兵在陕地，贾诩在牛辅的军队中。董卓失败，牛辅又死，大家都深感恐惧，当时校尉李傕、郭汜、张济等人都想解散军队，乘隙走小道回还故里。贾诩告诉他们说："听说长安中正在商议想把凉州人全部诛杀，而你们抛弃属众单独行动，就是一个亭长也能把你捆缚起来。你们还不如率领着兵众向西行去，在所经过的地方收编兵卒，以便迫攻长安，为董卓报仇，如果能幸运地达成任务，就遵奉国家的命令来征讨天下，如果没有成功，再逃走也不算晚。"大家都认为这样对。于是李傕向西前进攻打长安。这些事迹均记载在《董卓传》。后来贾诩为左冯翊，李傕等想因他的功业而封他侯爵，贾诩说道："这是救命的策略，哪有什么功劳！"坚持拒绝不肯接受。又要任他为尚书仆射，贾诩又说："尚书仆射，是官中的师长，为天下人所仰望，我贾诩名位素来并不贵重，不足以使人畏服。纵使我贾

服人也。纵诩昧于荣利，奈国朝何！”乃更拜诩尚书，典选举，多所匡济，傕等亲而惮之。会母丧去官，拜光禄大夫。傕、汜等斗长安中，傕复请诩为宣义将军。傕等和，出天子，祐护大臣，诩有力焉。天子既出，诩上还印绶。是时将军段煨屯华阴，与诩同郡，遂去傕托煨。诩素知名，为煨军所望。煨内恐其见夺，而外奉诩礼甚备，诩愈不自安。

张绣在南阳，诩阴结绣，绣遣人迎诩。诩将行，或谓诩曰：“煨待君厚矣，君安去之？”诩曰：“煨性多疑，有忌诩意，礼虽厚，不可恃，久将为所图。我去必喜，又望吾结大援于外，必厚吾妻子。绣无谋主，亦愿得诩，则家与身必俱全矣。”诩遂往，绣执子孙礼，煨果善视其家。诩说绣与刘表连和。太祖比征之，一朝引军退，绣自追之。诩谓绣曰：“不可追也，追必败。”绣不从，进兵交战，大败而还。诩谓绣曰：“促更追之，更战必胜。”绣谢曰：“不用公言，以至于此。今已败，奈何复追？”诩曰：“兵势有变，亟往必利。”绣信之，遂收散卒赴追，大战，果以胜还。问诩曰：“绣以精兵追退军，而公曰必

诩昧于荣显利益，对朝廷来说又怎对得起呢！”于是改拜贾诩为尚书，主管选举事，任内匡正助益的地方很多，李傕等人虽然和他很亲近，但是也都惮惧他。正巧贾诩因母丧去官，后拜为光禄大夫。李傕、郭汜等人在长安争斗，李傕又请贾诩做宣义将军。李傕等人和好，天子平安的离开长安，保护大臣，贾诩有大功势。天子离开了长安后，贾诩向天子送还印信组绶。这个时候，将军段煨屯兵在华阴，和贾诩是同郡人，于是终于离开了李傕而托附在段煨处。贾素来就颇有名望，是段煨军士们所仰望的人物。段煨内心害怕贾诩夺取了他的兵权，外表却尊奉贾诩非常厚而周全的礼节，贾诩心中愈是无法安宁。

张绣在南阳，贾诩暗中勾结张绣，张绣就派人迎接贾诩。贾诩准备前行的时候，有人告诉贾诩说：“段煨对待你那么优厚，你怎么忍心离去？”贾诩回答说：“段煨性情多疑心，有忌妒我的意念，对待我的礼节虽然不薄，但这是不可依恃的，日子一久一定会被他算计的。我离去，他一定很欣喜，而且也希望我到外头去求取大的援助，他也必定会厚待我的妻子。张绣这个人缺少主谋的人，也希望我去，那么我个人和家庭两方都获得保全了。”贾诩前往张绣处，张绣行子孙礼来对待贾诩，段煨果然非常地照顾他的家室。贾诩游说了张绣与刘表联合。等到太祖出兵征伐，一旦带兵退回，张绣亲自追讨。贾诩即告诉张绣说：“不可以去追击他，追击他一定会失败。”张绣不肯接纳贾诩的意见，派兵前往和太祖会战，终于大败而退还。贾诩告诉张绣说：“现在赶紧再极力追讨，继续打下去一定可以获胜。”张绣谢绝贾诩的意见而说：“就因为没有采用你的话，以至到这种地步。现在已经失败了，为何还要继续追击呢？”贾诩回答他说：“出兵作战的形势是随时变化的，赶紧前往追击一定会获利。”张绣采信他的话，于是整收溃散的兵卒前往追击，和太祖再度作战，果然获胜而回来。张绣回来后，即问贾诩说：“我张绣用精锐的士兵追讨引退的军队，而你却说一定会失败；等到我败退后，改用战败的兵卒进攻骄胜的兵士，而你却说一定会胜

贾文和料敌决胜，选自清刊本《三国演义》。图为贾诩和张绣谋划应曹之策。

败；退以败卒击胜兵，而公曰必克。悉如公言，何其反而皆验也？”诩曰：“此易知耳。将军虽善用兵，非曹公敌也。军虽新退，曹公必自断后；追兵虽精，将既不敌，彼士亦锐，故知必败。曹公攻将军无失策，力未尽而退，必国内有故；已破将军，必轻军速进，纵留诸将断后，诸将虽勇，亦非将军敌，故虽用败兵而战必胜也。”绣乃服。是后，太祖拒袁绍于官渡，绍遣人招绣，并与诩书结援。绣欲许之，诩显于绣坐上谓绍使曰：“归谢袁本初，兄弟不能相容，而能容天下国士乎？”绣惊惧曰：“何至于此！”窃谓诩曰：“若此，当何归？”诩曰：“不如从曹公。”绣曰：“袁强曹弱，又与曹为仇，从之如何？”诩曰：“此乃所以宜从也。夫曹公奉天子以令天下，其宜从一也。绍强盛，我以少众从之，必不以

利。结果也都如你所料，为何两次相反的结果都一一灵验了？”贾诩回答说：“这个道理很简单，将军虽然善于用兵，但绝非曹公的对手。他们的军队虽然刚刚引退，但曹公一定会亲自殿后，阻挡追兵；追讨的军队虽然精良，将军既然不如曹公，他们的士卒也很锋锐，所以知道你一定要惨遭失败。曹公进兵攻打将军从来没有失策过，还没有倾全力来应战就引兵退回，一定是国家有变故；而且又已经攻破了将军的追击，一定会以轻军急速回去，纵使留下了一些将领殿后，这些将领虽然勇猛，也不是将军你的对手，所以虽然引用败退了的兵卒也一定能获胜。”张绣听后才信服。后来，太祖在官渡抵抗袁绍的军队，袁绍派人去招请张绣，并且写了封信给贾诩请求救援。张绣想答应，贾诩就公然的在张绣面前告诉袁绍的使者说：“回去谢绝袁本初，兄弟之间不能互相容纳，而想要能容纳天下国士，可能吗？”张绣听后大为惊慌，恐惧地说：“何至于到这种地步！”随即私下对贾诩说：“既然如此，那么当何去何从？”贾诩就告诉他说：“倒不如追随曹公去。”张绣又问道：“袁绍兵强曹公势弱，而且又和曹公互结怨仇，如何去追随他呢？”贾诩告诉他说：“正因为如此更应该追随曹公。曹公尊奉天子以统令天下，这是第一个应该追随的原因。袁绍兵力强大，我们以少数的部众前去追随他，他一定不会重视我们。曹公属众弱而少，他能得到我们，一定感到非常的欣

我为重。曹公众弱，其得我必喜，其宜从二也。夫有霸王之志者，固将释私怨，以明德于四海，其宜从三也。愿将军无疑！”绣从之，率众归太祖。太祖见之，喜，执诩手曰：“使我信重于天下者，子也。”表诩为执金吾，封都亭侯，迁冀州牧。冀州未平，留参司空军事。袁绍围太祖于官渡，太祖粮方尽，问诩计焉出，诩曰：“公明胜绍，勇胜绍，用人胜绍，决机胜绍，有此四胜而半年不定者，但顾万全故也。必决其机，须臾可定也。”太祖曰：“善。”乃并兵出，围击绍三十余里营，破之。绍军大溃，河北平。太祖领冀州牧，徙诩为太中大夫。建安十三年，太祖破荆州，欲顺江东下。诩谏曰：“明公昔破袁氏，今收汉南，威名远著，军势既大；若乘旧楚之饶，以飨吏士，抚安百姓，使安土乐业，则可不劳众而江东稽服矣。”太祖不从，军遂无利。太祖后与韩遂、马超战于渭南，超等索割地以和，并求任子。诩以为可伪许之。又问诩计策，诩曰：“离之而已。”太祖曰：“解。”一承用诩谋。语在《武纪》。卒破遂、超，诩本谋也。

是时，文帝为五官将，而临菑侯植才名方盛，各有党与，有夺宗之议。文帝使人问诩

喜，这是第二个应该追随的原因。凡是有称王称霸于天下的雄心大志的人，一定会抛弃所的有私人恩怨，以大公无私的崇高的德行行于四海之内，这是第三个应该追随的原因。希望将军你千万不要再迟疑了！”张绣果然听从了贾诩的建议，率领徒众归服了太祖。太祖见到他们，大喜，亲自握着贾诩的手说：“使我的威信显布于天下的人，就是你。”上表推荐贾诩为执金吾，又封他为都亭侯，升迁为冀州的州牧。冀州还未平定，留贾诩做司空参军。后来，袁绍在官渡围攻太祖，太祖的粮食快要吃完，于是请问贾诩该怎么来想个法子，贾诩告诉他说：“曹公你的明智胜过袁绍，勇气胜过袁绍，用人也胜过袁绍，决策机变更胜过袁绍，拥有这四个胜券，如果在半年内无法平定他们，只是为顾念更万全之计的关系。一定要掌握溃决他们的时机，那么顷刻之间就可一举而平定。”太祖回答说：“好的。”于是合并军队出兵进击，把袁绍三十多里的营阵全部击破。袁绍军队大败，黄河以北一带地方因而平定。太祖领冀州州牧，也升迁贾诩为太中大夫。建安十三年（公元208年），太祖攻破了荆州，想顺着长江东下。贾诩进谏说：“曹公从前攻破袁氏，如今又收复汉南一带地方，威望名誉远播各地，目前军队的声势浩大，如果凭借昔日楚地的富饶，来宴享所有的官吏士卒，抚慰安顿所有的人民，使他们人人都能安居乐业，那么就可以不必劳师动众而江东一带地区都会叩首臣服了。”太祖不肯接受贾诩的谏言，出兵袭攻，终致失利。太祖后来在渭南和韩遂、马超作战，马超等人想要求太祖割让土地以讲和，并且求保举其子一人为郎官。贾诩认为可以假装答应。太祖又问贾诩该采什么策略，贾诩告诉他说：“离间他们就行了（韩遂、马超被曹操用离间计而失败）。”太祖告诉他：“知道了。”完全承用贾诩的计谋。这些事迹全部记载在《武纪》。最后终于攻破了韩遂、马超，这是以贾诩谋略为本的效果。

正当这个时候，文帝做五官将，临菑侯曹植才华名气正是显著的时刻，各人均拥有自

自固之术，诩曰：“愿将军恢崇德度，躬素士之业，朝夕孜孜，不违子道。如此而已。”文帝从之，深自砥砺。太祖又尝屏除左右问诩，诩嘿然不对。太祖曰：“与卿言而不答，何也？”诩曰：“属适有所思，故不即对耳。”太祖曰：“何思？”诩曰：“思袁本初、刘景升父子也。”太祖大笑，于是太子遂定。诩自以非太祖旧臣，而策谋深长，惧见猜疑，阖门自守，退无私交，男女嫁娶，不结高门，天下之论智计者归之。

文帝即位，以诩为太尉，进爵魏寿乡侯，增邑三百，并前八百户。又分邑二百，封小子访为列侯。以长子穆为驸马都尉。帝问诩曰：“吾欲伐不从命以一天下，吴、蜀何先？”对曰：“攻取者先兵权，建本者尚德化。陛下应期受禅，抚临率土，若绥之以文德而俟其变，则平之不难矣。吴、蜀虽蕞尔小国，依阻山水，刘备有雄才，诸葛亮善治国，孙权识虚实，陆议见兵势，据险守要，泛舟江湖，皆难卒谋也。用兵之道，先胜后战，量敌论将，故举无遗策。臣窃料群臣，无备、权对，虽以天威临之，未见万全之势也。昔舜舞干戚而

己的党属，而魏国太子未定，太祖起初属意于植，于是有夺取宗位的议论。文帝派人去请问巩固自己的方法，贾诩就告诉他说：“希望将军你崇大德威器度，亲自努力于士人的功业，早晚勤奋不息，不违背做人子的道理，只有如此而已。”文帝听从了他的话言，努力砥砺德业。太祖也曾经摒退了左右随侍身旁的人而请教贾诩，贾诩默口不作声也不回答他的问话。太祖说：“和你谈话，你却不回答，是什么原因呀？”贾诩才说道：“我刚才正好在思考问题，所以没有即刻回答你的话。”太祖就问他：“思考什么呢？”贾诩回答说：“想到袁本初、刘景升父子呀！”太祖放声大笑，因而太子位才定下来。贾诩自己认为不是太祖的老臣下，而又擅长深谋远虑，担心日久被人猜疑，因此闭门自守，退隐而不私自结交官门，儿女的婚娶，也不攀附高门第，而天下评论谁是最善用智谋的人，都公认是贾诩。

文帝即位，任贾诩为太尉，进封为魏寿乡侯的爵位，增加三百户的封邑，合并以前的共有八百户封邑。又分出二百户的封邑，封小儿子贾访为列侯。又任他的长子贾穆为驸马都尉。文帝曾问贾诩说：“我想出兵攻伐不服从命令者以一统天下，吴、蜀二国以哪个为先呢？”贾诩回答道：“出兵攻取首重军权，而建国的根本在于崇尚德业教化。陛下上应天命，接受禅让，应亲自抚临天下，如果以文德来安和吴、蜀，而等待他们的变局，那么就不难平定他们了。吴、蜀虽然是微不足道的国家，却依傍着山险阻隔着江水，有天险的形势。刘备又有大才略，诸葛亮善于治国大道，孙权能明识虚实，陆议能观察军队的形势，依据天险固守要塞，在江湖上泛舟防守，都是不能仓猝间能有所图谋的。凡是用兵的道理，先要能料定可以获胜然后才出兵作战，先要估量敌情才论用哪个将军，那么就不会有遗误的策略。我私下预料你属下群臣，就是没有刘备、孙权相对立，虽然陛下以天威君临他们，也不见得是万无一失的形势。从前虞舜舞动干戚而有苗来归服，我认为当今要务

有苗服，臣以为当今宜先文后武。”文帝不纳。后兴江陵之役，士卒多死。诩年七十七，薨，谥曰肃侯，子穆嗣，历位郡守。穆薨，子模嗣。

评曰：荀彧清秀通雅，有王佐之风，然机鉴先识，未能充其志也。荀攸、贾诩，庶乎算无遗策，经达权变，其良、平之亚欤！

是应该先以文治国然后再以武力定天下。”文帝不肯接纳他的建议。后来就发动江陵战役，士卒大多死亡。贾诩年七十七岁逝世，谥号肃侯。他的儿子贾穆嗣位，历位郡守。贾穆死，他的儿子贾模嗣位。

陈寿评论说：荀彧清秀通达而有雅识，有辅佐王室的风范，然而以他的机变明鉴和先见远识，却不能充分地实行他的心志。荀攸、贾诩，几乎是所谋算的没有遗漏，能够通权达变，将是张良、陈平的流亚了。

三国志卷十一

袁张凉国田王邴管传第十一

王金凌 译

袁涣字曜卿，陈郡扶乐人也。父滂，为汉司徒。当时诸公子多越法度，而涣清静，举动必以礼。郡命为功曹，郡中奸吏皆自引去。后辟公府，举高第，迁侍御史。除谯令，不就。刘备之为豫州，举涣茂才。后避地江、淮间，为袁术所命。术每有所咨访，涣常正议，术不能抗，然敬之不敢不礼也。顷之，吕布击术于阜陵，涣往从之，遂复为布所拘留。布初与刘备和亲，后离隙。布欲使涣作书詈辱备，涣不可，再三强之，不许。布大怒，以兵胁涣曰："为之则生，不为则死。"涣颜色不变，笑而应之曰："涣闻唯德可有辱人，不闻以骂。使彼固君子邪，且不耻将军之言，彼诚小人邪，将复将军之意，则辱在此不在于彼。且涣他日之事刘将军，犹今日之事将军也，如一旦去此，复骂将军，可乎？"布惭而止。

布诛，涣得归太祖。涣言曰："夫兵者，凶器也，不得已而用之。鼓之以道德，征之

袁涣，字曜卿，陈郡扶乐县（今河南太康县西北）人。父亲袁滂，为东汉司徒。当时诸公子大多逾越法度，而袁涣清廉沉静，行为举止必依礼法。郡守任命他为功曹，于是郡中的奸宄小吏都自动辞职。后来他又被召入公府，在选拔中名列前茅，升迁为侍御史。任谯县（今安徽省亳县）县令，但是他不接受这个职务。刘备治豫州时，曾荐举袁涣为茂材。后来他避难到长江、淮水之间，又为袁术所任命。每当袁术有事咨询他时，袁涣总是正直论议，袁术争论不过，但仍旧敬重他，不敢不礼貌。过了不久，吕布在阜陵（今安徽省全椒县东十五里）攻击袁术，袁涣前往追随袁术，被吕布拘留下来，当初，吕布曾与刘备和亲，后来两人有了仇隙，吕布命令袁涣写封信辱骂刘备，袁涣不肯，再三强迫，还是拒绝。吕布大为愤怒，拿武器威胁袁涣说："写！就活命，否则就死。"袁涣面不改色，笑着答说："我听说只有以德望才能使人自形惭秽而感到屈辱，没听说谩骂就可以折服人的，假使刘备是个君子，将不耻将军所说的话；若他是个小人，以后还会反骂回来，那受侮辱的是你而不是他了。过去，我追随刘将军，就像今天追随将军一样，如果一旦离开这里，又骂将军您，这行吗？"吕布羞惭，就不再威胁袁涣了。

其后，吕布被曹操诛杀，袁涣又依归曹操。袁涣对曹操说："战争，真是暴力的行为，

以仁义，兼抚其民而除其害。夫然，故可与之死而可与之生。自大乱以来十数年矣，民之欲安，甚于倒悬，然而暴乱未息者，何也？意者政失其道欤！涣闻明君善于救世，故世乱则齐之以义，时伪则镇之以朴；世异事变，治国不同，不可不察也。夫制度损益，此古今之不必同者也。若夫兼爱天下而反之于正，虽以武平乱而济之以德，诚百王不易之道也。公明哲超世，古之所以得其民者，公既勤之矣，今之所以失其民者，公既戒之矣，海内赖公，得免于危亡之祸，然而民未知义，其惟公所以训之，则天下幸甚！”太祖深纳焉。拜为沛南部都尉。

是时新募民开屯田，民不乐，多逃亡。涣白太祖曰：“夫民安土重迁，不可卒变，易以顺行，难以逆动，宜顺其意，乐之者乃取，不欲者勿强。”太祖从之，百姓大悦。迁为梁相。涣每敕诸县：“务存鳏寡高年，表异孝子贞妇。常谈曰‘世治则礼详，世乱则礼简’，全在斟酌之间耳。方今虽扰攘，难以礼化，然在吾所以为之。”为政崇教训，恕思而后行，外温柔而内能断。以病去官，百姓思之。后征为谏议大夫、丞相军祭酒。前后得赐甚多，皆散尽之，家无所储，终不问产业，乏则取之于人，不为皦察之行，然时人服其清。

不得已才使用的。现在我们应该以道德鼓励，以仁义征伐，安抚百姓并消除他们的祸害。这样，百姓才可与之同生共死。自从天下大乱以来十多年了，百姓渴望安定比解脱倒悬还殷切，然而迄今暴乱不止，这是什么缘故呢？有人推测莫非是政治失道！我听说明君善于拯救世乱，所以时代昏乱就以正义来整饬，时代巧伪则以淳朴来安定。世局不同，事情变迁，治国的方法也跟着改易，这点不能不明察。制度增损，古今不必相同。至于兼爱天下而归于正道，虽然先用武力平乱，接着总以德惠相济，这的确是百王不变的方法。您聪明睿哲，远超乎世人，古人所以深得民心的行为，您已努力做了，今人所以失去民心的举动，您也戒除了，海内依靠您得以免除危亡之祸，然而百姓仍不知义，但愿您能以义训示，那么，天下人就有福了！”曹操深以为然并接纳了这些意见。任袁涣为沛南部都尉。

这时曹操召募流民开垦田地，但是百姓并不喜欢，多数逃亡。袁涣便告诉曹操说：“百姓安土重迁，不能猝然改变。顺着做容易，逆着做就难了，应该顺着百姓的意思，喜欢垦田的才征募，不愿意的就不必强迫了。”曹操依他的意思，百姓大为高兴。其后，袁涣升迁为梁国（今河南商丘市南）相，每每敕令所辖各县：“务必慰问鳏寡年长的人，表扬孝子贞妇。常言道：‘世治则礼宜详密，世乱则礼宜简约。’全在仔细斟酌而已。现在虽然扰攘不安，难用礼节感化，但总在自己怎么去做。”袁涣处理政事，崇尚教导，先宽厚地思量再去做，外表很温和，心中却很果决。后来袁涣因病辞官，百姓都很怀念他。不久又被征召为谏议大夫、丞相军祭酒。前后受到颇多赏赐，但是都散发给他人，家里并没有什么储蓄，到死都不营求产业，自己匮乏了才向人索取，不做苛察的事，当时的人都很敬佩他的清廉。

魏国初建，为郎中令，行御史大夫事。涣言于太祖曰："今天下大难已除，文武并用，长久之道也。以为可大收篇籍，明先圣之教，以易民视听，使海内斐然向风，则远人不服可以文德来之。"太祖善其言。时有传刘备死者，群臣皆贺；涣以尝为备举吏，独不贺。居官数年卒，太祖为之流涕，赐谷二千斛，一教"以太仓谷千斛赐郎中令之家，"一教"以垣下谷千斛与曜卿家"，外不解其意。教曰："以太仓谷者，官法也；以垣下谷者，亲旧也。"又帝闻涣昔拒吕布之事。问涣从弟敏："涣勇怯何如？"敏对曰："涣貌似和柔，然其临大节，处危难，虽贲育不过也。"涣子侃，亦清粹闲素，有父风，历位郡守尚书。

初，涣从弟霸，公恪有功干，魏初为大司农，及同郡何夔并知名于时。而霸子亮，夔子曾，与侃复齐声友善。亮贞固有学行，疾何晏、邓飏等，著论以讥切之，位至河南尹、尚书。霸弟徽，以儒素称。遭天下乱，避难交州。司徒辟，不至。徽弟敏，有武艺而好水功，官至河堤谒者。

张范字公仪，河内修武人也。祖父歆，为汉司徒。父延，为太尉。太傅袁隗欲以女妻

魏国刚建立时，袁涣任郎中令，兼行御史大夫的事务。袁涣对曹操说："现在天下大难已除，文武并用，才是长治久安的途径。我认为可以广收书籍，阐扬先圣的教化，以改变民众的视听，使海内的人朝向文明的风气，若僻远的人不服，就可用此文德招徕。"曹操很赞赏他的意见。当时有人谣传刘备已死，群臣都向曹操庆贺，只有袁涣自认曾受刘备荐举，不去庆贺。他任郎中令几年之后，就去逝了。曹操曾因此掉泪，并赐谷二千斛，并下令"以太仓谷千斛赐郎中令家人"，同时又命令"以垣下谷千斛送袁涣家人"，旁人不懂这有何用意。命令上说："赐大仓谷是依官法，送垣下谷是因为亲旧的缘故。"又曹操听说袁涣曾拒绝为吕布写信骂刘备，于是问他堂弟袁敏："袁涣勇胆如何？"袁敏回答说："袁涣外貌像是和柔，但面临关键，遭遇危难时所表现的勇气，即使古代孟贲、夏育那样的力士也比不上啊！"袁涣的儿子叫袁侃，也是操守清纯素朴，有他父亲那种风操，曾任郡守尚书。

当初，袁涣的堂弟袁霸，公正谨慎，办事有功，在魏初任大司农，和同郡的何夔俱有名望。而袁霸的儿子袁亮，何夔的儿子何曾，和袁侃又相友善。袁亮坚贞，品学兼优，痛恨何晏、邓飏等人，曾写文章讥讽他们，官位至河南尹、尚书。袁霸的弟弟袁徽，素以儒学著称，逢天下大乱，避难到交州。司徒召他，不去。袁徽的弟弟袁敏，有武艺而喜欢水中功夫，官至河堤谒者。

张范，字公仪，河内郡修武县（今河南省获嘉县）人。祖父张歆，为汉朝司徒。父亲

范，范辞不受。性恬静乐道，忽于荣利，征命无所就。弟承字公先，亦知名，以方正征，拜议郎，迁伊阙都尉。董卓作乱，承欲合徒众与天下共诛卓。承弟昭时为议郎，适从长安来，谓承曰："今欲诛卓，众寡不敌，且起一朝之谋，战阡陌之民，士不素抚，兵不练习，难以成功。卓阻兵而无义，固不能久；不若择所归附，待时而动，然后可以如志。"承然之，乃解印绶间行归家，与范避地扬州。袁术备礼招请，范称疾不往，术不强屈也。遣承与相见，术问曰："昔周室陵迟，则有桓、文之霸；秦失其政，汉接而用之。今孤以土地之广，士民之众，欲徼福齐桓，拟迹高祖，何如？"承对曰："在德不在强。夫能用德以同天下之欲，虽由匹夫之资，而兴霸王之功，不足为难。若苟僭拟，干时而动，众之所弃，谁能兴之？"术不悦。是时，太祖将征冀州，术复问曰："今曹公欲以弊兵数千，敌十万之众，可谓不量力矣！子以为何如？"承乃曰："汉德虽衰，天命未改，今曹公挟天子以令天下，虽敌百万之众可也。"术作色不怿，承去之。

太祖平冀州，遣使迎范。范以疾留彭城，遣承诣太祖，太祖表以为谏议大夫。范子陵及承子戬为山东贼所得，范直诣贼请二子，贼以陵还范。范谢曰："诸君相还儿厚矣。夫人

张延，任都尉。太傅袁隗想把女儿嫁给张范，他婉辞了。张范生性恬淡乐道，不在意荣名利禄，征召的命令下来也不应命。他的弟弟张承，字公先，也颇知名，以方正受征召，官拜议郎，迁为伊阙（今河南省洛阳市南）都尉。董卓作乱时，张承要联合徒众和天下人共同诛杀董卓。张承的弟弟张昭，当时任议郎，恰巧从长安来，便对张承说："现在要杀董卓必定寡不敌众，况且仓促谋划，而使农民参战，平日并未安抚，也没训练，实在难以成功。董卓仗恃兵力强大，毫无道义，本就无法持久，不如先选个地方归附，等待时机成熟了再发动，然后才能如愿。"张承一想，这也对，于是解下印绶，私行回家，和张范一起到扬州避难。袁术备礼邀请，张范托称有病不去，袁术也不勉强。遣人请张承来相见，袁术问说："以前周室衰微，就有齐桓、晋文的霸业；秦政失道，汉朝接掌。现在我以广大的土地，众多的士民，想获齐桓公那样的福气，而与汉高祖比功，你认为如何？"张承回答说："在德望而不在武力。能以德望配合天下人的愿望，虽然只是匹夫出身，而振兴霸王的功业并不难。如果想逾越名分，悖时而动，就会为众人所抛弃，那么有谁能崛起呢？"袁术听了不高兴。这时曹操将征伐冀州，袁术又问："现在曹公想以几千名疲弱的士兵，对抗十万大军，真是太不自量力了！你的看法如何？"张承于是说："汉德虽已衰颓，但天命未改，目前曹公挟持天子以令天下，虽然与百万之众为敌也毫无问题。"袁术脸色一变，很不愉快，张承也就离开了。

曹操平定冀州后，派遣使者迎接张范。张范因病留在彭城（今江苏省徐州市），差使张承到曹操处，曹操表荐他为谏议大夫。张范的儿子张陵和张承的儿子张戬被山东贼人所虏，张范直入贼巢，要求释放两个孩子，贼人把张陵还给张范，张范辞谢说："诸君还我

情虽爱其子，然吾怜戬之小，请以陵易之。”贼义其言，悉以还范。太祖自荆州还，范得见于陈，以为议郎，参丞相军事，甚见敬重。太祖征伐，常令范及邴原留，与世子居守。太祖谓文帝：“举动必谘此二人。”世子执子孙礼。救恤穷乏，家无所余，中外孤寡皆归焉。赠遗无所逆，亦终不用。及去，皆以还之。建安十七年卒。魏国初建，承以丞相参军祭酒领赵郡太守，政化大行。太祖将西征，征承参军事，至长安，病卒。

凉茂字伯方，山阳昌邑人也。少好学，论议常据经典，以处是非。太祖辟为司空掾，举高第，补侍御史。时泰山多盗贼，以茂为泰山太守。旬月之间，襁负而至者千余家。转为乐浪太守。公孙度在辽东，擅留茂，不遣之官，然茂终不为屈。度谓茂及诸将曰：“闻曹公远征，邺无守备，今吾欲以步卒三万，骑万匹，直指邺，谁能御之？”诸将皆曰：“然。”又顾谓茂曰：“于君意何如？”茂答曰：“比者海内大乱，社稷将倾，将军拥十万之众，安坐而观成败。夫为人臣者，固若是邪！曹公忧国家之危败，愍百姓之苦毒，率义兵为天下诛残贼，功高而德广，可谓无二矣。以海内初定，民始安集，故未责将军之罪耳！而将军

儿子，可说很宽厚的了，人之常情虽爱自己的孩子，不过我可怜张戬年纪还小，请把他和张陵换过来。”贼人觉得他够义气，就把两个儿子一起还给张范。曹操从荆州回来时，张范在陈（今河南省淮阳县）见到了他，曹操就任张范为议郎，参议丞相军事，颇受敬重。曹操征伐时，常命张范和邴原留下来，与世子曹丕一起居守。曹操对儿子曹丕说：“一切行动都要问这两位先生。”曹丕对他们执子孙礼。张范经常抚恤穷困的人，家无余财，而孤儿寡妇都来依归，每当他受人赠遗，从不拒绝，但也始终不用，等别人要离去时，又全部奉还。建安十七年（公元 212 年）逝世。魏国建立之初，张承以丞相参军祭酒领赵郡太守的职务，政事教化普行郡中。曹操将西征时，征张承参预军事，一到长安，张承就病故了。

凉茂，字伯方，山阳郡昌邑县（今山东省金乡县西北四十里）人。年幼即好学，讨论问题时常引经据典，以判断是非。曹操召请他为司空掾，考试又名列前茅，补侍御史。当时泰山盗贼不少，就以凉茂为泰山太守，才一个月不到，携家带眷住进泰山郡的就有一千多户人家，后凉茂转任乐浪（郡治在今朝鲜平壤）太守，这时公孙度在辽东（今辽宁省东南），擅自拘留凉茂，不遣他上任，但凉茂始终不屈。公孙度对凉茂和诸将说：“听说曹操远征，邺（今河南省安阳市北与河北省临漳县南）毫无守备，现在我要是以步兵三万，骑兵一万，直攻邺地，谁能挡得住呢？”诸将都说：“是啊！”公孙度又回头对凉茂说：“你的意见怎么样？”凉茂答道：“近来海内大乱，国家将亡，将军拥有十万大军，安坐而旁观成败，这就是为人臣之道吗？曹公忧心国家危败，悲悯百姓痛苦，率领义兵为天下诛除残贼，功高而德广，可说无人能与他相比。现在只因海内刚刚平定，百姓开始安集，所以

乃欲称兵西向，则存亡之效，不崇朝而决。将军其勉之！”诸将闻茂言，皆震动。良久，度曰：“凉君言是也。”后征还为魏郡太守、甘陵相，所在有绩。文帝为五官将，茂以选为长史，迁左军师。魏国初建，迁尚书仆射，后为中尉奉常。文帝在东宫，茂复为太子太傅，甚见敬礼。卒官。

国渊字子尼，乐安盖人也，师事郑玄。后与邴原、管宁等避乱辽东。既还旧土，太祖辟为司空掾属，每于公朝论议，常直言正色，退无私焉。太祖欲广置屯田，使渊典其事。渊屡陈损益，相土处民，计民置吏，明功课之法，五年中仓廪丰实，百姓竞劝乐业。太祖征关中，以渊为居府长史，统留事。田银、苏伯反河间，银等既破，后有余党，皆应伏法。渊以为非首恶，请不行刑。太祖从之，赖渊得生者千余人。破贼文书，旧以一为十，及渊上首级，如其实数。太祖问其故，渊曰：“夫征讨外寇，多其斩获之数者，欲以大武功，且示民听也。河间在封域之内，银等叛逆。虽克捷有功，渊窃耻之。”太祖大悦，迁魏郡太守。

时有投书诽谤者，太祖疾之，欲必知其主。渊请留其本书，而不宣露。其书多引《二

才没有谴责将军的罪！而将军竟然要举兵西向，那么存亡的结果，不要半天的工夫就可以决定了，愿将军深思吧！”诸将听了凉茂的话，大感震惊。过了好一会儿，公孙度才说：“凉君的话是对的。”凉茂后来被征召迁为魏郡太守，甘陵（今山东省高唐县南）相，所到之处都有治绩。曹丕任五官将时，凉茂被选为长史，迁官左军师。魏国建立之初，迁为尚书仆射，后来任中尉奉常。曹丕在东宫为太子时，凉茂任太子太傅，颇受礼敬，后来死于任上。

国渊，字子尼，乐安郡盖县（乐安郡有益县无盖县，益县在今山东寿光市西四十里）人。拜郑玄为师，后来和邴原、管宁等人避乱到辽东。回到故乡后，曹操召请他为司空掾属，每在朝廷论议公事，都直言正色，一退朝绝口不私下批评。曹操要广设屯田，派国渊管这件事。国渊屡次进谏哪些制度该增，哪些制度该除，测量土地，安置百姓，计算人口而决定派多少吏员，公告考核办法，五年之内，仓库丰实，百姓竞相勉励，乐于事业。曹操远征关中时，命国渊为居府长史，总理府中事务。田银、苏伯在河间叛乱，后为曹操击破，犹有余党，都应伏诛。国渊认为这些人不是首恶，请求不要行刑。曹操依了他的话，赖国渊而活命的就有一千多人。以往在击破贼寇的公文里，都以一报十，这回国渊呈上首级时，却照实际数目，曹操问他是甚么原因，国渊说：“征讨外国的贼寇，常浮报斩获的数量，目的是要夸大武功，并且表现给百姓看。而河间在领域之内，田银等人叛乱，虽然我们战胜有功，我却感到羞耻。”曹操听了，大为高兴，迁国渊为魏郡太守。

当时有人投书诽谤曹操，曹操极为痛恨，一定要查明是谁干的。国渊请求曹操把这封

京赋》，渊敕功曹曰：“此郡既大，今在都辇，而少学问者。其简开解年少，欲遣就师。”功曹差三人，临遣引见。训以“所学未及，《二京赋》，博物之书也，世人忽略，少有其师，可求能读者从受之。”又密喻旨。旬日得能读者，遂往受业。吏因请使作笺，比方其书，与投书人同手。收摄案问，具得情理。迁太仆。居列卿位，布衣蔬食，禄赐散之旧故宗族，以恭俭自守，卒官。

田畴字子泰，右北平无终人也。好读书，善击剑。初平元年，义兵起，董卓迁帝于长安。幽州牧刘虞叹曰：“贼臣作乱，朝廷播荡，四海俄然，莫有固志。身备宗室遗老，不得自同于众。今欲奉使展效臣节，安得不辱命之士乎？”众议咸曰：“田畴虽年少，多称其奇。”畴时年二十二矣。虞乃备礼请与相见，大悦之，遂署为从事，具其车骑。将行，畴曰：“今道路阻绝，寇虏纵横，称官奉使，为众所指名。愿以私行，期于得达而已。”虞从之。畴乃归，自选其家客与年少之勇壮慕从者二十骑俱往。虞自出祖而遣之。既取道，畴

信暂时留下来，不宣布。这信引了不少《二京赋》的词句，国渊就命功曹说：“魏郡虽大，目前在京都（按：邺都在魏郡）有学问的人却不多。选几位伶俐的少年，遣他们去拜师学习。”功曹就差遣了三个少年，临行时国渊接见他们，并交待这三位少年如此说：“因为学问不够，而《二京赋》是博物的书，世人却忽略了，所以现在教二京赋的老师很少，现在想找位能读这篇赋的人，愿意跟着学习。”又秘密告诉这三位少年如此做的目的。十天左右就找到能读《二京赋》的人了，于是前往受业。功曹便叫这三人请老师作笺，和原来的信对照笔迹，查出了与投书者同出一手的人。于是国渊将这人收押起来审问，终于案情大白。国渊后迁官至太仆，位居列卿，但穿着仍是布衣，粗茶淡饭，受了赏赐就散发给旧友亲族，持身恭敬节俭。死于太仆任上。

田畴，字子泰，右北平郡无终县（今河北省蓟县）人。喜好读书，善于剑术。初平元年（公元190年），义兵起而攻伐董卓，于是董卓挟持献帝到长安。幽州牧刘虞感叹着说：“贼臣作乱，朝廷播迁飘荡，整个国家像是突然间失去了坚定意志。我身为宗室遗老，不可像别人那样。现在要出使到长安觐见皇上以尽臣子的志节，如何才能求得不负使命的人呢？”众人商议了一下，都说：“田畴年纪虽小，许多人却都称赞他的奇才。”田畴当时才二十二岁。刘虞备礼与他相见，大为高兴，于是任命他为从事，并备了车骑。临出发，田畴说：“现在道路阻绝，四处寇贼，如果以官方名义出使，会引起大家注目。我愿意私自行动，只希望完成任务而已。”刘虞就随了他的意见。田畴于是回家，选了家中门客和年少勇壮而愿意随行的二十多人，一起出发。刘虞亲自送别。一路上，田畴往西关（今居庸关），出塞，沿北山（今阴山），直向朔方（今内蒙古南部），循小路走，终于到达长安，完成任

乃更上西关。出塞，傍北山，直趣朔方，循间径去，遂至长安致命。诏拜骑都尉。畴以为天子方蒙尘未安，不可以荷佩荣宠，固辞不受。朝廷高其义。三府并辟，皆不就。得报，驰还，未至，虞已为公孙瓒所害。畴至，谒祭虞墓，陈发章表，哭泣而去。瓒闻之大怒，购求获畴，谓曰："汝何自哭刘虞墓，而不送章报于我也？"畴答曰："汉室衰颓，人怀异心，唯刘公不失忠节。章报所言，于将军未美，恐非所乐闻，故不进也。且将军方举大事以求所欲，既灭无罪之君，又仇守义之臣，诚行此事，则燕、赵之士将皆蹈东海而死耳，岂忍有从将军者乎！"瓒壮其对，释不诛也。拘之军下，禁其故人莫得与通。或说瓒曰："田畴义士，君弗能礼，而又囚之，恐失众心。"瓒乃纵遣畴。

畴得北归，率举宗族他附从数百人，扫地而盟曰："君仇不报，吾不可以立于世！"遂入徐无山中，营深险平敞地而居，躬耕以养父母。百姓归之，数年间至五千余家。畴谓其父老曰："诸君不以畴不肖，远来相就。众成都邑，而莫相统一，恐非久安之道，愿推择其贤长者以为之主。"皆曰："善。"同佥推畴，畴曰："今来在此，非苟安而已，将图大事，复怨雪耻。窃恐未得其志，而轻薄之徒自相侵侮，偷快一时，无深计远虑。畴有愚计，愿与诸君共施之，可乎？"皆曰："可。"畴乃为约束相杀伤、犯盗、诤讼之法，法重者至

务。献帝下诏，命他为骑都尉。而田畴认为天子正落难不安，不能接受这份荣耀，坚持不受，朝廷很赞赏他的义行。三府同时召他，都不往任官。田畴取了朝廷章报，奔驰回来，还没到，刘虞就已经被公孙瓒杀害了。田畴一到，就往刘虞墓地祭拜，并读了朝廷的章报，哭泣而去。公孙瓒听了这消息，大怒，悬赏逮获了田畴，对他说："你为什么独自跑到刘虞墓上哭，为什么不把朝廷的章报送来给我？"田畴答道："汉室衰颓，人人心怀异志恶意，只有刘公不失忠节。章报上所说的，对将军并不好，恐怕不是将军所乐意看的，因此没送过来。况且将军正要发动大事以求所欲，既消灭无罪的君王，又仇恨守义的臣子，果真这样做了，燕、赵之士都将赴东海自沉而死，还有谁愿意追随将军！"公孙瓒觉得田畴的应对很壮烈，就不杀他，但仍拘留在军中，禁止他的老朋友来探望。有人告诉公孙瓒说："田畴是位义士，你非但不能礼敬他，又将他囚禁起来，恐怕会失去人心。"公孙瓒于是放了田畴。

田畴北返后，率领整个宗族及附从者数百人，扫地立盟："主公刘虞之仇不报，誓不立于世间！"于是进入徐无山（今河北省玉田县东北）中，在崎岖不平的山地，开辟出一片宽敞的地方，住了下来，亲自耕种以奉养父母。百姓都来依归，几年之间，多达五千多户。田畴对父老说："诸君不认为我不好，远来相从。众人相聚而成都邑，然而彼此不统一，这恐怕不是长久安居的办法，希望能选位贤能的长者作为领导。"大家齐声说："对！"共同推举田畴。田畴说："现在来到这里，并非苟且偷安而已，还要图谋大事，洗雪怨耻。我恐怕大家还没有完成志愿，轻薄的人就已自相侵侮，贪一时快意，而没有深谋远虑。我有个办法，希望和诸君共同施行，可不可以？"众人都说："可以！可以！"田畴于是订

死，其次抵罪，二十余条。又制为婚姻嫁娶之礼，兴举学校讲授之业，班行其众，众皆便之，至道不拾遗。北边翕然服其威信，乌丸、鲜卑并各遣译使致贡遗，畴悉抚纳，令不为寇。袁绍数遣使招命，又即授将军印，因安辑所统，畴皆拒不受。绍死，其子尚又辟焉，畴终不行。

畴常忿乌丸昔多贼杀其郡冠盖，有欲讨之意而力未能。建安十二年，太祖北征乌丸。未至，先遣使辟畴，又命田豫喻指。畴戒其门下趣治严。门人谓曰："昔袁公慕君，礼命五至，君义不屈；今曹公使一来而君若恐弗及者，何也？"畴笑而应之曰："此非君所识也。"遂随使者到军，署司空户曹掾，引见谘议。明日出令曰："田子泰非吾所宜吏者。"即举茂才，拜为蓨令，不之官，随军次无终。时方夏水雨，而滨海洿下，泞滞不通，虏亦遮守蹊要，军不得进。太祖患之，以问畴。畴曰："此道，秋夏每常有水，浅不通车马，深不载舟船，为难久矣。旧北平郡治在平冈，道出卢龙，达于柳城；自建武以来，陷坏断绝，垂二百载，而尚有微径可从。今虏将以大军当由无终，不得进而退，懈弛无备。若嘿回军，从卢龙口越白檀之险，出空虚之地，路近而便，掩其不备，蹋顿之首可不战而禽也。"太祖

了一些制止互相伤杀、盗窃、诤讼的法令，法令中重者处死，其次抵罪，共二十多条。又制订婚姻嫁娶的礼节，兴办学校教育事宜，颁布实行，大家都感方便，以致路不拾遗。连北方边塞都同声钦服田畴的威信，乌丸、鲜卑分别派遣翻译的使节来送礼，田畴都收下了，并叫他们不要侵扰边塞。袁绍屡次遣使招致田畴，又授将军印，想借此安抚田畴所统领的部属，田畴都拒绝了。袁绍死后，他的儿子袁尚又来召请，田畴始终不去。

田畴常怨忿乌丸曾杀害郡中车马人士，有讨伐的意念，力量却不足。建安十二年（公元 207 年），曹操北征乌丸，未到，先派遣使者召请田畴，又命田豫表明意思。田畴告诉门下赶快治丧。门人说："以前袁绍仰慕你，备礼召请，来了五次，你都守义不屈。现在曹操使者一来，你却好像赶不及似的，什么缘故呢？"田畴笑着答说："这不是你们所能了解的。"于是随使者到曹操军中，被任命为司空户曹掾，并引见商讨大事。次日曹操下令说："我不该只任命田子泰为小小的吏员啊！"立刻荐举为茂才，官拜蓨县（今河北省景县南）县令，田畴不上任，随着部队驻扎在无终。这时正值夏日大雨，靠海处浊水灌注，泥泞不通，敌虏也阻守要道，部队无法前进。曹操心中忧虑，问田畴，田畴说："这条道路，秋、夏两季常有水，深度既不能通车马，也无法行舟船，为患很久了。以前北平郡的郡治在平冈（今河北省承德市平泉市），经由卢龙（今河北省唐山市卢龙县），可到柳城（今辽宁朝阳市西南）；从建武（汉光武帝年号，公元 25—55 年）以来，这条路崩坏断绝，快二百年了，不过还有小径可走。现在敌人以为我军应经过无终，必定是无法前进而撤退，他们一定会松懈无备。如果我军暗中撤回，从卢龙口（今河北省卢龙县到迁西县潘家口）翻越白檀（今河北省承德市西），经由这段空虚无备的地方，路途近，又便捷，攻其不备，蹋顿的

曰："善。"乃引军还，而署大木表于水侧路傍曰："方今暑夏，道路不通，且俟秋冬，乃复进军。"虏候骑见之，诚以为大军去也。太祖令畴将其众为乡导，上徐无山，出卢龙，历平冈，登白狼堆，去柳城二百余里，虏乃惊觉。单于身自临陈，太祖与交战，遂大斩获，追奔逐北，至柳城。军还入塞，论功行封，封畴亭侯，邑五百户。畴自以始为居难，率众遁逃，志义不立，反以为利，非本意也，固让。太祖知其至心，许而不夺。

辽东斩送袁尚首，令"三军敢有哭之者斩"。畴以尝为尚所辟，乃往吊祭。太祖亦不问。畴尽将其家属及宗人三百余家居邺。太祖赐畴车马谷帛，皆散之宗族知旧。从征荆州还，太祖追念畴功殊美，恨前听畴之让，曰："是成一人之志，而亏王法大制也。"于是乃复以前爵封畴。畴上疏陈诚，以死自誓。太祖不听，欲引拜之，至于数四，终不受。有司劾畴狷介违道，苟立小节，宜免官加刑。太祖重其事，依违者久之。乃下世子及大臣博议，世子以畴同于子文辞禄，申胥逃赏，宜勿夺以优其节。尚书令荀彧、司隶校尉钟繇亦以为可听。太祖犹欲侯之。畴素与夏侯惇善，太祖语惇曰："且往以情喻之，自从君所言，无告吾意也。"惇就畴宿，如太祖所戒。畴揣知其指，不复发言。惇临去，乃拊畴背曰："田君，

脑袋定可不战而获。"曹操说："妙！"于是撤回部队，在河边的路旁立了块大木板，上面写着："现在正夏天，道路不通，姑且等秋冬再进军。"敌虏的侦察骑兵见了，真以为曹军已离开。曹操命田畴率领部下为向导，上徐无山，出卢龙，经平冈，登白狼堆（今辽宁葫芦岛市建昌县东的白狼山），距离柳城二百多里，敌虏才惊觉。单于亲自督阵，曹操与他交战，大有斩获，乘胜追击，直到柳城。回师入塞后，曹操论功行赏，封田畴为亭侯，邑五百户。田畴心想：当初在危难中，率领大家逃难，如今志愿尚未完成，反而如此获利，实在不是本意，坚持逊让。曹操了解他的心意，也答应了，不勉强。

辽东斩了袁尚的头送来时，曹操下令："三军敢为袁尚哭的人斩。"田畴因曾受袁尚的召辟，于是前往吊祭。曹操也不过问，田畴将家属和宗人三百多家全搬到邺地居住，曹操赐他车马谷帛，他都散发给宗族旧友。田畴随军征荆州回来后，曹操想起过去田畴的功劳实在很大，后悔从前听任他辞谢封侯，说："这倒成全了他个人的志节，损了王法大制。"于是又以从前的爵位封田畴，田畴上疏陈述心志，并发誓以死辞谢。曹操不听，还是想封拜他，前后达四次之多，田畴始终不接受。有关官员弹劾田畴过于耿介，违背王法，树立个人小节，应免官加刑。曹操对这件事很慎重，犹豫了很久。并让世子曹丕和大臣商议，曹丕认为田畴和楚国令尹子文辞谢俸禄，申包胥避逃赏赐一样的高洁，不宜强迫，而应优容他的志节。尚书令荀彧、司隶校尉钟繇也认为可听任田畴。但曹操还是想封他为侯。田畴平日和夏侯惇友善，曹操告诉夏侯惇说："你姑且前往，动以感情，使他明晓，田畴自然会听你的话，别说是我的意思。"夏侯惇就到田畴那儿过夜，照曹操的话办。田畴揣度，知道了他的意思，于是不再发言。夏侯惇临走时，拍拍田畴的背说："田君！主上的意思很诚

主意殷勤，曾不能顾乎！”畴答曰：“是何言之过也！畴，负义逃窜之人耳，蒙恩全活，为幸多矣。岂可卖卢龙之塞，以易赏禄哉？纵国私畴，畴独不愧于心乎？将军雅知畴者，犹复如此，若必不得已，请愿效死刎首于前。”言未卒，涕泣横流。惇具答太祖。太祖喟然知不可屈，乃拜为议郎。年四十六卒，子又早死。文帝践阼，高畴德义，赐畴从孙续爵关内侯，以奉其嗣。

王修字叔治，北海营陵人也。年七岁丧母。母以社日亡，来岁邻里社，修感念母，哀甚。邻里闻之，为之罢社。年二十，游学南阳，止张奉舍。奉举家得疾病，无相视者，修亲隐恤之，病愈乃去。初平中，北海相孔融召以为主簿，守高密令。高密孙氏素豪侠，人客数犯法。民有相劫者，贼入孙氏，吏不能执。修将吏民围之，孙氏拒守，吏民畏惮不敢近。修令吏民：“敢有不攻者与同罪。”孙氏惧，乃出贼。由是豪强慑服。举孝廉，修让邴原，融不听。时天下乱，遂不行。顷之，郡中有反者。修闻融有难，夜往奔融。贼初发，融谓左右曰：“能冒难来，唯王修耳！”言终而修至。复署功曹。时胶东多贼寇，复令修守胶东令。

恳，你竟然一点都不顾念吗？”田畴回答说：“这话就不对了，田畴，一个背义逃窜的人而已，蒙恩苟活，已够幸运的了。怎么可以靠出卖卢龙之塞换取赏禄呢？纵使国家私下赏赐我，我心中不感惭愧吗？将军最了解我，还如此说，若不得已，我宁愿在你面前自杀。”话没说完，田畴已涕泪纵横。夏侯惇把经过全部禀告曹操，曹操喟然长叹，知道田畴是不会折服的。于是任他为议郎。田畴年四十六去逝，儿子又早死。曹丕登上王位后，很崇敬田畴的德义，便封他的侄孙田续为关内侯，以承继他的后嗣。

王修，字叔治，北海郡营陵县（今山东省昌乐县东南）人。七岁时，母亲就过世了。他的母亲在阴历二月戊日去世，次年邻里举行社祭，王修怀念母亲，极为哀痛。邻里的人晓得了，为他而停止社祭。二十岁时，他到南阳郡游学，住张奉的房子。张奉全家得病时，没人去探望，只有王修前往慰问，直到张奉全家人的病好了才离开。初平（汉献帝年号，自公元190—193年）年间，北海孔融召王修为主簿，兼高密县（今山东高密县西南）县令。高密孙氏一向刁猾，他的门客屡次犯法。民众有人遭抢劫，盗贼逃入孙氏家中，吏员无法前往拘捕。于是王修率领吏民包围，孙氏抗拒，吏民害怕而不敢接近。王修命令吏民说：“不进攻的人，与盗贼同罪。”孙氏畏惧，才把盗贼交了出来。从此地方豪强都被震服。孔融荐举王修为孝廉时，他逊让给邴原，孔融不答应。当时，天下正乱，荐举的事也就没办了。不久，郡中有人造反，王修听说孔融有难，连夜奔赴。叛贼刚造反时，孔融对左右的人说：“能冒险犯难而来的，只有王修一人而已。”话刚说完，王修就到了，于是任王修为功曹，当时胶东（今山东省平度县）多贼寇，又命王修兼胶东县县令。胶东人公沙卢这

胶东人公沙卢宗强，自为营堑，不肯应发调。修独将数骑径入其门，斩卢兄弟，公沙氏惊愕莫敢动。修抚慰其余，由是寇少止。融每有难，修虽休归在家，无不至。融常赖修以免。

袁谭在青州，辟修为治中从事，别驾刘献数毁短修。后献以事当死，修理之，得免。时人益以此多焉。袁绍又辟修除即墨令，后复为谭别驾。绍死，谭、尚有隙。尚攻谭，谭军败，修率吏民往救谭。谭喜曰："成吾军者，王别驾也。"谭之败，刘询起兵漯阴，诸城皆应。谭叹息曰："今举州背叛，岂孤之不德邪！"修曰："东莱太守管统虽在海表，此人不反，必来。"后十余日，统果弃其妻子来赴谭，妻子为贼所杀，谭更以统为乐安太守。谭复欲攻尚，修谏曰："兄弟还相攻击，是败亡之道也。"谭不悦，然知其志节。后又问修："计安出？"修曰："夫兄弟者，左右手也。譬人将斗而断其右手，而曰'我必胜'，若是者可乎？夫弃兄弟而不亲，天下其谁亲之！属有谗人，固将交斗其间，以求一朝之利，愿明使君塞耳勿听也。若斩佞臣数人，复相亲睦，以御四方，可以横行天下。"谭不听，遂与尚相攻击，请救于太祖。太祖既破冀州，谭又叛。太祖遂引军攻谭于南皮。修时运粮在乐安，闻谭急，将所领兵及诸从事数十人往赴谭。至高密，闻谭死，下马号哭曰："无君焉

个宗族势力强大，自筑营垒深沟，不肯听从调派。王修一个人率了几名骑兵，直闯营门，斩公沙卢兄弟，公沙氏整个宗族吓的从此不敢妄动。王修又安慰其他的人，从此贼寇稍稍收敛。孔融每次有难，王修即使休假在家，必往搭救。因此孔融经常靠王修而脱险。

袁谭在青州时，召王修为治中从事，别驾刘献屡次毁谤王修。后来刘献犯错，该判死刑，王修办这件案子，得以免除死刑。当时人更因此而赞美王修。袁绍又召王修任即墨（今山东平度县东南）县令，后来又担任袁谭的别驾。袁绍死后，袁谭和袁尚两兄弟有了仇隙。袁尚攻打袁谭，袁谭兵败，王修立即奉吏民前往援救。袁谭喜出望外的说："保全我军的人，就是王别驾啊！"袁谭败时，刘询在漯阴（今山东省临邑县南）起兵，各城响应。袁谭叹气说："唉！目前全州的人都背叛了，难道是我品德不好吗？"王修说："东莱太守管统虽然远在海边，这个人不会反叛，他一定来。"过了十几天，管统果然留下妻子儿女到袁谭这边来，他的妻子儿女就都被贼人杀害了。袁谭改任管统为乐安太守。这时袁谭又要攻打袁尚。王修劝他说："兄弟还互相攻击，这是败亡之道啊！"袁谭听了，脸色不悦，但他了解王修的志节。后来又问："那要怎么办呢？"王修说："兄弟就像左右手。好比一个人要打斗而先斩断右手，然后说'我一定胜利'，这样子合理吗？兄弟都相弃不亲，天下还有谁可亲呢？属下有谗邪的人，本就想挑拨你们兄弟互相争斗，以便有一天从中取利，但愿你塞耳不听。如果斩杀几个佞臣，兄弟再和睦相亲，共同抵御四方的敌人，就可以纵横天下了。"袁谭不听，仍与袁尚相互攻击，并向曹操请求援救。曹操攻破冀州后，袁谭又叛变。曹操于是率军在南皮（今河北省南皮县东）攻打袁谭。当时王修正在乐安运粮，一听袁谭危急，立刻率领士兵和几十位从事奔赴袁谭那儿。到了高密，听说袁谭死了，下马

归？”遂诣太祖，乞收葬谭尸。太祖欲观修意，默然不应。修复曰：“受袁氏厚恩，若得收敛谭尸，然后就戮，无所恨。”太祖嘉其义，听之。以修为督军粮，还乐安。谭之破，诸城皆服，唯管统以乐安不从命。太祖命修取统首，修以统亡国之忠臣，因解其缚，使诣太祖。太祖悦而赦之。袁氏政宽，在职势者多畜聚。太祖破邺，籍没审配等家财物赀以万数。及破南皮，阅修家，谷不满十斛，有书数百卷。太祖叹曰：“士不妄有名。”乃礼辟为司空掾，行司金中郎将，迁魏郡太守。为治，抑强扶弱，明赏罚，百姓称之。魏国既建，为大司农郎中令。太祖议行肉刑，修以为时未可行，太祖采其议。徙为奉常。其后严才反，与其徒属数十人攻掖门。修闻变，召车马未至，便将官属步至宫门。太祖在铜爵台望见之，曰：“彼来者必王叔治也。”相国钟繇谓修：“旧，京城有变，九卿各居其府。”修曰：“食其禄，焉避其难？居府虽旧，非赴难之义。”顷之，病卒官。子忠，官至东莱太守、散骑常侍。初，修识高柔于弱冠，异王基于幼童，终皆远至，世称其知人。

邴原字根矩，北海朱虚人也。少与管宁俱以操尚称，州府辟命皆不就。黄巾起，原将

痛哭说：“没了你，我往何处啊！”于是去见曹操，请求收葬袁谭的遗体。曹操想观察王修的意向，默默不答。王修又说：“我受袁谭厚恩，如果能先收敛他的遗体，然后被杀，也没什么遗憾了。”曹操嘉美王修的义气，就随他的意思。而后任王修为督军粮，回到了乐安。当袁谭破败时，诸城震服，只有管统据守乐安不听命。曹操便命王修去取管统的首级，王修因为管统是亡国忠臣，就解开他的绳绑，去见曹操。曹操非常高兴，也赦免了管统。袁谭处理政事较宽厚，因此在职有势的人大都蓄积颇富，曹操攻陷邺时，没收了审配等人家中的财物都是以万计算。到攻破南皮时，查了王修的家，米谷不到十斛，书却数百卷。曹操赞叹地说：“这个读书人果然不是妄有虚名。”于是礼召王修为司空掾，兼任司金中郎将，迁官为魏郡太守。王修治事，抑强扶弱，明辨赏罚，百姓都很赞赏，魏国建立后，任大司农郎中令。曹操提议要实施肉刑，王修认为时机未到，不可施行，曹操采纳了他的建议。迁官奉尚，后来严才造反，与数十徒众攻打禁宫的边门。王修一听有变，马上召集车马，车马又还没来，便率领属下跑步到官门。曹操在铜爵台远远望见，说：“来人一定是王叔治。”相国钟繇对王修说：“旧有的制度是京城有变故，九卿都分别住在他们的府内。”王修说：“食人俸禄，怎么可以逃避危难。住在府内虽然是旧制，却不是赴难应有的行为。”不久，王修病了，死于任上。儿子王忠，官至东莱太守，散骑常侍。当初，高柔二十岁左右时，王修与他结识，王基在童年时，王修也觉得这孩子不凡，当王修死时，这两人都远道赶来，世人都赞美王修知人。

邴原，字根矩，北海郡朱虚县（今山东省临朐县东北）人。少时与管宁都以操守著称，

家属入海，住郁洲山中。时孔融为北海相，举原有道。原以黄巾方盛，遂至辽东，与同郡刘政俱有勇略雄气。辽东太守公孙度畏恶欲杀之，尽收捕其家，政得脱。度告诸县："敢有藏政者与同罪。"政窘急，往投原。原匿之月余，时东莱太史慈当归，原因以政付之。既而谓度曰："将军前日欲杀刘政，以其为己害。今政已去，君之害岂不除哉！"度曰："然。"原曰："君之畏政者，以其有智也。今政已免，智将用矣，尚奚拘政之家？不若赦之，无重怨。"度乃出之。原又资送政家，皆得归故郡。原在辽东，一年中往归原居者数百家，游学之士，教授之声，不绝。

后得归，太祖辟为司空掾。原女早亡，时太祖爱子仓舒亦没，太祖欲求合葬，原辞曰："合葬，非礼也。原之所以自容于明公，公之所以待原者，以能守训典而不易也。若听明公之命，则是凡庸也，明公焉以为哉？"太祖乃止，徙署丞相征事。崔琰为东曹掾，记让曰："征事邴原、议郎张范，皆秉德纯懿，志行忠方，清静足以厉俗，贞固足以干事，所谓龙翰凤翼，国之重宝。举而用之，不仁者远。"代凉茂为五官将长史，闭门自守，非公事不出。太祖征吴。原从行，卒。

州府辟召都不去。黄巾作乱时，邴原带着家属渡海，住在郁洲山（今江苏连云港市东北之云台山）中。当时，孔融任北海相，荐举邴原为有道。邴原因黄巾贼气焰正盛，就到辽东，他和同郡的刘政都勇敢，具谋略，有英雄气。辽东太守公孙度对刘政又怕又讨厌，想要杀他。把刘政家属全部拘捕起来，只有刘政脱逃，公孙度警告各县："匿藏刘政的人与他同罪。"刘政这时极为窘迫，去投靠邴原，邴原把他藏匿了一个多月，这时正巧东莱太史慈要回乡，邴原就把刘政托付给他。过后告诉公孙度说："将军前一阵子要杀刘政，认为他是个祸患。现在刘政已离开了，将军的祸患不就铲除了吗？"公孙度说："是啊！"邴原又说："将军所以怕刘政，是因为他有智慧，现在刘政跑了，将军的智慧也能施展了，何必还拘留刘政的家属呢？不如赦免算了，不要增添仇怨。"公孙度于是把刘政的家属放了出来，邴原又出资送刘政家人，使他们回故乡。邴原在辽东时，一年中跑来与他一起住的有几百户人家，游学、教授的人一直不绝。

后来邴原回到故乡，曹操任他为司空掾。邴原的女儿早死，这时曹操爱子仓舒也死了，曹操要求将这两人合葬，邴原推辞说："合葬是不符合礼节的。我所以能受您容纳，您所以待我不薄，都是因为持守训典而不变。如果照您的命令，那么我就是个平庸的人，这样您以后要怎么对我呢？"曹操就打消了这个念头。改任邴原为丞相征事。这时崔琰为东曹掾，记下这段推让的美事说："征事邴原，议郎张范，品德纯善，志行忠直。他们的心性纯正恬静，足以砥砺风俗；他们的守持正道坚定不移，足以担负事务。就像所谓的龙翰凤翼，是国家重宝，推举而用，不仁的人都将远去。"邴原代凉茂为五官将长史，闭门居守，不是公事，绝不出门。曹操远征东吴时，邴原随行，不幸死了。

是后大鸿胪钜鹿张泰、河南尹扶风庞迪以清贤称，永宁太仆东郡张阁以简质闻。

管宁字幼安，北海朱虚人也。年十六丧父，中表愍其孤贫，咸共赠赗，悉辞不受，称财以送终。长八尺，美须眉。与平原华歆、同县邴原相友，俱游学于异国，并敬善陈仲弓。天下大乱，闻公孙度令行于海外，遂与原及平原王烈等至于辽东。度虚馆以候之。既往见度，乃庐于山谷。时避难者多居郡南，而宁居北，示无迁志，后渐来从之。太祖为司空，辟宁，度子康绝命不宜。

王烈者，字彦方，于时名闻在原、宁之右。辞公孙度长史，商贾自秽。太祖命为丞相掾征事，未至，卒于海表。

中国少安，客人皆还，唯宁晏然若将终焉。黄初四年，诏公卿举独行君子，司徒华歆荐宁。文帝即位，征宁，遂将家属浮海还郡，公孙恭送之南郊，加赠服物。自宁之东也，度、康、恭前后所资遗，皆受而藏诸。既已西渡，尽封还之。诏以宁为太中大夫，固辞不受。明帝即位，太尉华歆逊位让宁，遂下诏曰："太中大夫管宁，耽怀道德，服膺六艺，清

此后有大鸿胪钜鹿人张泰、河南尹扶风人庞迪以清廉贤能著称，永宁宫太仆东郡人张阁以简约质朴闻名。

管宁，字幼安，北海郡朱虚县人。十六岁时丧父，表亲同情他孤贫，都赠送他一些办丧事的物品，管宁一概辞谢不受，他衡量自己的财物来办丧事。管宁身长八尺，须眉俊美。和平原（今山东省平原县）人华歆，同县邴原相友善，他们曾一起游学他郡，也同对陈仲弓敬重。当时天下大乱，听说公孙度威令普行辽东，于是和邴原、平原人王烈等前往。公孙度设馆招待他们。见过公孙度后，管宁就在山谷中结庐而居。当时避难的人多数住在郡南，而管宁住在郡北，表示不迁移的意志，稍后渐有人跟着他住郡北。曹操为司空时，召请管宁，公孙度的儿子公孙康暗藏这道命令而不宣布。

王烈，字彦方，那时，他的声名在邴原、管宁之上。辞退了担任公孙度长史的职务，从商以使自己幽处下层社会。曹操任命他为丞相掾征事，还未到任，就死在辽东了。

中原稍安定后，旅居在外的人都返乡了，只有管宁安然，似乎将终老辽东。黄初四年（公元223年），曹丕下诏给公卿，荐举特立独行的君子，司徒华歆推荐管宁。当初，曹丕即位时，召请管宁，于是他带着家属渡海回到北海郡，临行，公孙恭在南郊送别，赠与衣物。自从管宁到辽东，公孙度、公孙康、公孙恭三人前后所送的礼物，他都收下来放着。现在要渡海回乡了，又全数封还。曹丕下诏任管宁为太中大夫，他坚持辞谢。明帝曹叡即位时，太尉华歆逊位给管宁，于是下诏说："太中大夫管宁，深怀道德，服膺六艺，清虚足以与古人相比，廉洁可以高立今世。过去遭逢王道衰微，渡海隐居，大魏秉受天命，就

虚足以侔古，廉白可以当世。曩遭王道衰缺，浮海遁居，大魏受命，则襁负而至，斯盖应龙潜升之道，圣贤用舍之义。而黄初以来，征命屡下，每辄辞疾，拒违不至。岂朝廷之政，与生殊趣，将安乐山林，往而不能反乎！夫以姬公之圣，而耇德不降，则鸣鸟弗闻。以秦穆之贤，犹思询乎黄发。况朕寡德，曷能不愿闻道于子大夫哉！今以宁为光禄勋。礼有大伦，君臣之道，不可废也。望必速至，称朕意焉。"又诏青州刺史曰："宁抱道怀贞，潜翳海隅，比下征书，违命不至，盘桓利居，高尚其事。虽有素履幽人之贞，而失考父兹恭之义，使朕虚心引领历年，其何谓邪？徒欲怀安，必肆其志，不惟古人亦有翻然改节以隆斯民乎！日逝月除，时方已过，澡身浴德，将以曷为？仲尼有言：'吾非斯人之徒与而谁与哉！'其命别驾从事郡丞掾，奉诏以礼发遣宁诣行在所，给安车、吏从、茵蓐、道上厨食，上道先奏。"宁称草莽臣上疏曰："臣海滨孤微，罢农无伍，禄运幸厚。横蒙陛下纂承洪绪，德侔三皇，化溢有唐。久荷渥泽，积祀一纪，不能仰答陛下恩养之福。沈委笃痾，寝疾弥留，逋违臣隶颠倒之节，夙宵战怖，无地自厝。臣元年十一月被公车司马令所下州郡，八月甲申诏书征臣，更赐安车、衣被、茵蓐，以礼发遣，光宠并臻，优命屡至，怔营竦息，悼心失图。思自陈闻，申展愚情，而明诏抑割，不令稍修章表，是以郁滞，讫于今日。诚

携家而来，这是应龙（中国神话中一种有翼的龙，曾助黄帝杀蚩尤）晦则沉潜，明则飞升，及圣贤受重视就施展抱负，不受重视就隐藏起来的道理。而黄初以来，屡次颁下征召的命令，往往推辞有疾，拒绝不来。难道朝廷的政事，与先生的意趣不同，将悠游山林，而不能来吗？以周公的圣德，仍忧心老臣不至，而听不到如凤鸣那样美的诤言。秦穆公那样的贤能，还念念不忘询访老人。况且我德薄能鲜，怎可不听诸位谈论道理呢？现在任管宁为光禄勋。礼有大伦，君臣之道是不能废绝的。希望尽速赶来，以合我的意愿。"又下诏给青州刺史："管宁怀道德、守贞节，潜隐海角，最近下了征召的命令，竟抗命不来，徘徊在安乐的居所，要使隐居成为高尚的事，虽然有隐者平凡自安的贞节，却失去了正考父辅佐宋国戴、武、宣三位君王而更恭敬的义行，使我虚心盼望了多年，这是何用意呢？心怀安乐，必然会履行他平日隐遁的心志，何不想想古人也有完全改变素行，而使百姓隆盛的呢！日月迁移，光阴正不断的流逝，修身养性，为的是什么？孔子曾说：'我若不与天下人亲近，那要和谁亲近呢？飞禽走兽吗（喻隐居）？'命令别驾、从事、郡丞、掾，奉诏书备礼遣送管宁到朝廷，给他舒适的车辆、吏从、蓐垫和途中的伙食，一上路就先启奏。"管宁以草莽臣的名义上疏说："臣只是海滨孤陋卑微，劳倦无依的农夫，幸而获禄丰厚。陛下继承大业，德望比美三皇，教化凌越陶唐。臣受恩泽，有十二年之久，却不能报答陛下的恩典。长久以来，疾病沉重，颠倒礼节，夙夜恐惧，无处安心。臣元年（明帝青龙元年，公元233年）十一月获公车司马令给州郡的命令，有八月甲申召臣的诏书，更赐给舒适的车辆，衣被、蓐垫，备礼遣送，光荣宠幸，同时降临，优厚屡至，臣惶恐敬肃，没了主张。

谓乾覆，恩有纪极，不意灵润，弥以隆赫。奉今年二月被州郡所下三年十二月辛酉诏书，重赐安车、衣服，别驾从事与郡功曹以礼发遣，又特被玺书，以臣为光禄勋，躬秉劳谦，引喻周、秦，损上益下。受诏之日，精魄飞散，靡所投死。臣重自省揆，德非园、绮而蒙安车之荣，功无窦融而蒙玺封之宠，楶棁驽下，荷栋梁之任，垂没之命，获九棘之位，惧有朱博鼓妖之眚。又年疾日侵，有加无损，不任扶舆进路以塞元责。望慕閶阖，徘徊阙庭，谨拜章陈情，乞蒙哀省，抑恩听放，无令骸骨填于衢路。”自黄初至于青龙，征命相仍，常以八月赐牛酒。诏书问青州刺史程喜：“宁为守节高乎，审老疾尪顿邪？”喜上言：“宁有族人管贡为州吏，与宁邻比，臣常使经营消息。贡说：‘宁常着皂帽、布襦袴、布裙，随时单复，出入闺庭，能自任杖，不须扶持。四时祠祭，辄自力强，改加衣服，着絮巾，故在辽东所有白布单衣，亲拜馔馈，跪拜成礼。宁少而丧母，不识形象，常特加觞，泫然流涕。又居宅离水七八十步，夏时诣水中澡洒手足，窥于园圃。’臣揆宁前后辞让之意，独自以生长潜逸，耆艾智衰，是以栖迟，每执谦退。此宁志行所欲必全，不为守高。”

正始二年，太仆陶丘一、永宁卫尉孟观、侍中孙邕、中书侍郎王基荐宁曰：

想禀陈愚意，而诏书抑止，不使臣修写章表，所以迁延到今日。心想陛下恩赐也有终极之时，不料却更兴隆显赫。今年（明帝青龙四年，公元236年）二月获州郡转下三年（明帝青龙三年，公元235年）十二月辛酉的诏书，又赐舒服的车辆、衣服，别驾、从事和郡功曹备礼遣送，又特别接到玺书，命臣为光禄勋。书中陛下谦逊，引周、秦事迹为比喻，谦抑自身而褒美臣下。臣受诏那天，惊恐得魂飞魄散，无地就死。臣深自反省，没有东园公、绮里季那样的品德，却蒙赐安车的荣耀。也没有窦融那般的功勋，而受玺书封赐的宠幸，才具驽下，有如梁上短柱，却要肩负栋梁的重任，性命垂危，而获朝臣的大位，臣恐怕犯了汉哀帝时朱博鼓动妖言的罪过。再则老病常患，有增无减，无法胜任旅途劳累，以完成重大的责任。遥望宫门，徘徊朝廷，谨上表陈情，恳求哀悯，听任愚臣，以免骸骨暴露在旅途上。”自黄初至青龙年间，征召的命令一道接一道，常在八月赐牛酒给管宁。诏书问青州刺史程喜说：“管宁到底是守节高尚，还是真的年老疾病而衰弱？”程喜上书说：“管宁有一位族人叫管贡，是本州吏员，与管宁邻居，臣常派他刺探消息。管贡说：‘管宁常戴黑帽，穿布料做的短衣袴，裙子，随时节增减，出入门庭，能自己拿拐杖，不须别人扶持。四时祭祠，往往自己改穿衣服、戴头巾，和过去在辽东所有的白布单衣，亲自摆设祭品，行跪拜礼。管宁年少即丧母，已不记得母亲的样子了，常因此忧伤而多斟些酒，泪流满面。又管宁住宅离水边七八十步，夏日常到水中洗洗手脚，观览园圃。’臣推测管宁前后数次推让的意向，而认为他生长在隐居的生活中，到了老年，智力衰退，所以游息，因此每次坚持谦退。这是管宁要保全一向的志行，并不是守节高尚。”

正始二年（公元241年），太仆陶丘一、永宁宫卫尉孟观、侍中孙邕、中书侍郎王基一臣闻龙凤隐耀，应德而臻，明哲潜遁，俟时而动。是以鸑鷟鸣岐，周道隆兴，四皓为佐，汉帝用康。伏见太中大夫管宁，应二仪之中和，总九德之纯懿，含章素质，冰絜渊清，玄虚淡泊，与道逍遥；娱心黄老，游志六艺，升堂入室，究其阃奥，韬古今于胸怀，包道德之机要。中平之际，黄巾陆梁，华夏倾荡，王纲弛顿。遂避时难，乘桴越海，羁旅辽东三十余年。在乾之姤，匿景藏光，嘉遁养浩，韬韫儒墨，潜化傍流，畅于殊俗。

黄初四年，高祖文皇帝畴谘群公，思求隽乂。故司徒华歆举宁应选，公车特征，振翼遐裔，翻然来翔。行遇屯厄，遭罹疾病，即拜太中大夫。烈祖明皇帝嘉美其德，登为光禄勋。宁疾弥留，未能进道。今宁旧疾已瘳，行年八十，志无衰倦。环堵筚门，偃息穷巷，饭鬻糊口，并日而食，吟咏诗书，不改其乐。困而能通，遭难必济，经危蹈险，不易其节，金声玉色，久而弥彰。揆其终始，殆天所祚，当赞大魏，辅亮雍熙。衮职有阙，群下属望。昔高宗刻象，营求贤哲，周文启龟，以卜良佐。况宁前朝所表，名德已著，而久栖迟，未时引致，非所以奉遵明训，继成前志也。陛下践阼，纂承洪绪。圣敬日跻，超越周成。每发德音，动谘师傅。若继二祖招贤故典，宾礼俊迈，以广缉熙，济济之化，侔于前代。

齐推荐管宁说：

臣听说龙凤隐晦光耀，呼应德瑞而至，明哲的人平日隐居，等待时机而起。所以鸑鷟在岐山高鸣，接着周室兴隆，四皓为辅佐，汉朝帝王因此而康泰。臣见太中大夫管宁，符应阴阳的中和，汇聚九德的纯美，文质彬彬，品性高洁，胸怀清虚淡泊，悟道逍遥自在；观览黄老、六艺为乐，已登堂入室，得其奥妙。通达古今，含蕴道德。中平（汉灵帝年号，自公元 184—189 年）年间，黄巾贼四处流窜，华夏崩颓，纲纪废弛，于是避难，乘船渡海，羁旅辽东达三十多年。在这不宜进取的时刻，管宁掩蔽光芒，隐遁而养浩然正气，含蕴了儒墨的精华，他的潜移默化，普行于辽东。

黄初四年（公元 223 年），高祖文皇帝（曹丕）垂询诸臣，谋求俊才，已过世的司徒华歆荐举管宁应选，特派公车征召，他从远地振翼来归。路途艰辛，罹患疾病，就任管宁为太中大夫。烈祖明皇帝（曹叡）嘉美他的德望，升为光禄勋。管宁疾病甚重，不能上路。现在管宁旧病已愈，年纪八十，意志毫不衰倦。四壁空虚，以荆柴为门，起居陋巷，喝粥糊口，两日一食，吟咏诗书，乐趣依然不变。管宁在困苦中而能通达，遭遇危难时，必能安渡，他经历过危险，而不改节操，正如金声玉色，愈久愈显。看他一向的行为，几乎是上天所赐，应赞助大魏，辅佐皇上。皇上一旦有所缺失，群臣也都寄望他。从前殷高宗梦见傅说，就刻了他的雕像去找，周文王也用龟卜求良佐。况且管宁曾受前朝表扬，名德已显，却徘徊许久，而不能请来，这不是遵奉明训，完成前朝遗志的措施啊。陛下登位，承继大业，圣化日日降临，超越了周成王。每有意旨，就咨询师傅，若能继承二祖，招纳人才，礼敬贤俊，增广光明，那么济济多士的教化，就可与前代比美了。

宁清高恬泊，拟迹前轨，德行卓绝，海内无偶。历观前世玉帛所命，申公、枚乘、周党、樊英之俦，测其渊源，览其清浊，未有厉俗独行若宁者也。诚宜束帛加璧，备礼征聘，仍授几杖，延登东序，敷陈坟素，坐而论道，上正璇玑，协和皇极，下阜群生，彝伦攸叙，必有可观，光益大化。若宁固执匪石，守志箕山，追迹洪崖，参踪巢、许。斯亦圣朝同符唐、虞，优贤扬历，垂声千载。虽出处殊涂，俯仰异体，至于兴治美俗，其揆一也。

于是特具安车蒲轮，束帛加璧聘焉。会宁卒，时年八十四。拜子邈郎中，后为博士。初，宁妻先卒，知故劝更娶，宁曰："每省曾子、王骏之言，意常嘉之，岂自遭之而违本心哉？"

时钜鹿张臶，字子明，颍川胡昭，字孔明，亦养志不仕。臶少游太学，学兼内外，后归乡里。袁绍前后辟命，不应，移居上党。并州牧高幹表除乐平令，不就，徙遁常山，门徒且数百人，迁居任县。太祖为丞相，辟，不诣。太和中，诏求隐学之士能消灾复异者，郡累上臶，发遣，老病不行。广平太守卢毓到官三日，纲纪白承前致版谒臶。毓教曰："张

管宁的清高淡泊，可比前贤，德行卓绝，海内无第二人，观察前代所褒扬的人物，如申公、枚乘、周党、樊英，他们一生的行事清高，但是都没有像管宁那样能砥砺风俗，特立独行。实在应该以玉帛备礼征聘他，致送几杖，请上东厢，敷陈典籍，坐着谈论道理，上可正天文，以协助皇上，下可富民生，使伦常有序，如此，广助教化，功效必定可观。倘若管宁坚持不肯，有洪崖先生隐居洪崖，巢父、许由隐居箕山那般的志向，那么圣朝也就如唐、虞一样，表彰贤能，必可名垂千年。虽然出仕隐居，各有不同，但振兴治道，敦美风俗的目标是一样的。

于是特别准备了舒适的车辆和玉帛聘请管宁。不巧管宁死了，年纪八十四岁。任他的儿子管邈为郎中，后来为博士。当初，管宁的妻子过世，旧友劝他再娶。管宁说："每次我想到曾子、王骏的话，心中赞佩不已，难道自己遇到这种事，还要违背本心吗？"

当时钜鹿人张臶，字子明，颍川人胡昭，字孔明，也保持淡泊志向，隐居不做官。张臶少年时到太学读书，内自修身，外至治国，无不通达，后来返回乡里。袁绍前后数次召请，都不回应，迁居上党。并州州牧高幹上表请任命张臶为乐平县（今山西昔阳县）县令，他不去，隐居到常山（今山东省诸城市南），学生将近数百人，又搬到任县（今河北省任县东南）。曹操为丞相时，召请张臶，也不去。太和年间（魏明帝年号，自公元227—232年），皇帝下诏寻求能清除灾异，恢复祥瑞的学者，郡守屡次推荐张臶，要遣送上朝廷时，因老病而不走。广平太守卢毓到任三天，主簿告诉卢毓投送名片，请见张臶。卢毓对他说："张先生是上不侍候天子，下不结交诸侯的人，投送名片，请求见面，岂能增加我的

先生所谓上不事天子，下不友诸侯者也。此岂版谒所可光饰哉！”但遣主簿奉书致羊酒之礼。青龙仓质素章，麟凤龙马，焕炳成形，文字告命，粲然著明。太史令高堂隆上言：“古皇圣帝所未尝蒙，实有魏之祯命，东序之世宝。”事颁天下。任令于绰连赍以问嵰，嵰密谓绰曰：“夫神以知来，不追已往，祯祥先见而后废兴从之。汉已久亡，魏已得之，何所追兴征祥乎！此石，当今之变异而将来之祯瑞也。”正始元年，戴鵀之鸟，巢嵰门阴。嵰告门人曰：“夫戴鵀阳鸟，而巢门阴，此凶祥也。”乃援琴歌咏，作诗二篇，旬日而卒，时年一百五岁。是岁，广平太守王肃至官，教下县曰：“前在京都，闻张子明。来至问之，会其已亡，致痛惜之。此君笃学隐居，不与时竞，以道乐身。昔绛县老人屈在泥涂，赵孟升之，诸侯用睦。愍其耄勤好道而不蒙荣宠，书到，遣吏劳问其家，显题门户，务加殊异，以慰既往，以劝将来。”

胡昭始避地冀州，亦辞袁绍之命，遁还乡里。太祖为司空丞相，频加礼辟。昭往应命，既至，自陈一介野生，无军国之用，归诚求去。太祖曰：“人各有志，出处异趣，勉卒雅尚，义不相屈。”昭乃转居陆浑山中，躬耕乐道，以经籍自娱。闾里敬而爱之。建安

光彩！”只派主簿送了信和羊酒。青龙四年（公元236年）辛亥皇帝下诏书：“张掖郡的河川满溢，波涛激荡，有一块宝石，上具图案，形状像灵龟，停在河川西岸，高高挺立，质地青色，而有白色纹理，形状鲜明有如麟凤龙马，很明显的是上天以文字降下祥瑞。太史令高堂隆上书说：‘这是古皇圣帝从未蒙受的吉兆，的确是大魏吉祥的命运，可以收藏在东厢的宝物。’”这件事颁知天下。任县县令于绰带着诏书和图案来问张嵰，张嵰暗中告诉于绰说：“神物是预知未来，而非追究过去，先见了祯祥，跟着才有兴盛或衰败发生。汉亡已很久了，魏也已经得了天下，如何可以追溯为现在兴盛的征兆呢？这块石头，是现在的变异，也是未来的祥瑞啊！”正始元年（公元240年），戴鵀鸟在张嵰家的门檐巢居。张嵰告诉学生说：“戴鵀是阳鸟，却巢居门檐，门檐属阴，这是凶象啊。”于是弹琴歌咏，作了两篇诗，十天后就死了。年纪一百零五岁。这一年，广平太守王肃到任，下令给任县说：“以前我在京都就听说过张子明（嵰）的声誉，现在来慰问，不巧他已亡故，真是令人伤痛啊。这位先生学问深厚而隐居起来，不与时人相争，以道德为乐。昔日绛县老人屈居下层，赵孟升用他，而使诸侯和睦。我很同情张嵰老而勤奋好道，竟未蒙荣宠，接到命令后，派遣吏员慰问他的家人，在门户题字，务必显得特殊，一则告慰死者，再则劝勉来者。”

胡昭起初避难到冀州，也推辞了袁绍的征召，跑回故乡。曹操为司空丞相，屡次礼敬辟召，胡昭前往应命，到了那儿，说自己是个荒野书生，对军国毫无用处，恳求回去。曹操说：“人各有志，出仕隐居，意趣不同，愿你始终如此高雅，我也不勉强了。”胡昭于是搬到陆浑山（今河南省嵩县东北）中，亲自耕种，读读经典消遣。闾里的人都很敬爱他。

二十三年，陆浑长张固被书调丁夫，当给汉中。百姓恶惮远役，并怀扰扰。民孙狼等因兴兵杀县主簿，作为叛乱，县邑残破。固率将十余吏卒，依昭住止，招集遗民，安复社稷。狼等遂南附关羽。羽授印给兵，还为寇贼，到陆浑南长乐亭，自相约誓，言："胡居士贤者也，一不得犯其部落。"一川赖昭，咸无怵惕。天下安辑，徙宅宜阳。正始中，骠骑将军赵俨、尚书黄休、郭彝、散骑常侍荀颢、钟毓、太仆庾嶷、弘农太守何桢等递荐昭曰："天真高絜，老而弥笃。玄虚静素，有夷、皓之节。宜蒙征命，以励风俗。"至嘉平二年，公车特征，会卒，年八十九，拜子纂郎中。初，昭善史书，与钟繇、邯郸淳、卫觊、韦诞并有名，尺牍之迹，动见模楷焉。

评曰：袁涣、邴原、张范躬履清蹈，进退以道，盖是贡禹、两龚之匹。凉茂、国渊亦其次也。张承名行亚范，可谓能弟矣。田畴抗节，王修忠贞，足以矫俗；管宁渊雅高尚，确然不拔；张臶、胡昭阖门守静，不营当世：故并录焉。

建安二十三年（公元218年），陆浑县长张固奉令调遣壮丁，补给汉中。百姓对这遥远的劳役又厌又怕，心中不安，这时有百姓孙狼等人借此起兵，杀了县主簿，造反扰乱，县邑残破不堪。张固就率领十几个吏卒，到胡昭居处住下，招集流亡的百姓，安定全县。孙狼等人于是往南依附关羽。关羽给他军印和士兵，又回来劫掠，到了陆浑南边的长乐亭时，互相约誓，说："胡居士（昭）是一位贤者，不可侵犯他的部族。"幸赖胡昭，大家都没受惊吓。天下安定后，胡昭迁居宜阳（今河南省宜阳县西）。正始（魏齐王芳年号，自公元240—248年）年间，骠骑将军赵俨，尚书黄休、郭彝、散骑常侍荀颢、钟毓、太仆庾嶷、弘农太守何桢等人相继推荐胡昭，说："胡昭天真高洁，愈老愈如此。虚静淡泊，有伯夷和商山四皓的节操，应受征召，以砥砺风俗。"到嘉平二年（公元250年）特别以公车征召胡昭，不巧他死了。年纪有八十九岁。就任命他的儿子胡纂为郎中。当初，胡昭善长史籀书，与钟繇、邯郸淳、卫觊、韦诞都很有名气，至于尺牍书法，一下笔就成楷模。

陈寿评论说：袁涣、邴原、张范笃实清廉，进退合理，是汉朝贡禹、龚舍和龚胜这一类的人物。凉茂、国渊也是，但稍逊色。张承的名誉行为次于张范，可说能恭敬兄长了。田畴高节，王修忠贞，管宁雅正高尚，坚定不拔；张臶、胡昭在家安守清静，不汲汲营求；所以一并载录。

三国志卷十二

崔毛徐何邢鲍司马传第十二

王金凌 译

崔琰字季珪，清河东武城人也。少朴讷，好击剑，尚武事。年二十三，乡移为正，始感激，读《论语》《韩诗》。至年二十九，乃结公孙方等就郑玄受学。学未期，徐州黄巾贼攻破北海，玄与门人到不其山避难。时谷籴县乏，玄罢谢诸生。琰既受遣，而寇盗充斥，西道不通。于是周旋青、徐、兖、豫之郊，东下寿春，南望江、湖。自去家四年乃归，以琴书自娱。

大将军袁绍闻而辟之。时士卒横暴，掘发丘陇。琰谏曰："昔孙卿有言：'士不素教，甲兵不利，虽汤武不能以战胜。'今道路暴骨，民未见德，宜敕郡县掩骼埋胔，示憯怛之爱，追文王之仁。"绍以为骑都尉。后绍治兵黎阳，次于延津，琰复谏曰："天子在许，民望助顺，不如守境述职，以宁区宇。"绍不听，遂败于官渡。及绍卒，二子交争，争欲得

崔琰，字季珪，清河郡东武城县（今山东省武城县西）人，幼年质朴木讷，喜爱剑术、武艺。二十三岁时，乡里推举他为正卒，才感奋而读《论语》《韩诗》。二十九岁时，结交公孙方等人，往郑玄处读书。不到一年，徐州黄巾贼攻破北海，郑玄和门人到不其山（在今山东省青岛市即墨区西南）避难。那时，米粮缺乏，郑玄就把学生都辞掉。崔琰被遣送之后，因盗寇充斥，往西的道路不通，于是辗转往还于青州、徐州、兖州、豫州的周边，东下寿春（今安徽省寿县），向南可望见长江大湖。自从离家之后，四年才回到故乡，以琴书消遣。

大将军袁绍听说有崔琰这个人，就召他来。当时，士卒蛮横暴虐，挖掘坟墓，崔琰向袁绍进谏说："以前荀卿曾说过：'平日不教士卒，武器不锋利，纵使是商汤、武王也无法凭借他们来战胜对手。'现在路有尸骨，百姓未蒙德惠，应该下令郡县掩埋尸骨，表示心中的哀痛，追美文王的仁爱。"袁绍任他为骑都尉。后来袁绍在黎阳津（今河南省浚县东）整顿部队，接着进驻延津（今河南省延津县东北），崔琰又进谏说："天子在许（今河南省许昌市西南），而百姓都希望能辅助顺服天子的人，不如守在境内，尽忠职守，以安定海内。"袁绍不听，于是在官渡（今河南省中牟县东北）吃了败仗。袁绍死后，两个儿子相争相斗，都想

琰。琰称疾固辞，由是获罪，幽于囹圄，赖阴夔、陈琳营救得免。

太祖破袁氏，领冀州牧，辟琰为别驾从事，谓琰曰：“昨案户籍，可得三十万众，故为大州也。”琰对曰：“今天下分崩，九州幅裂，二袁兄弟亲寻干戈，冀方蒸庶暴骨原野。未闻王师仁声先路，存问风俗，救其涂炭，而校计甲兵，唯此为先，斯岂鄙州士女所望于明公哉！”太祖改容谢之。于时宾客皆伏失色。

太祖征并州，留琰傅文帝于邺。世子仍出田猎，变易服乘，志在驱逐。琰书谏曰：“盖闻盘于游田，《书》之所戒，鲁隐观鱼，《春秋》讥之。此周、孔之格言，二经之明义。殷鉴夏后，《诗》称不远，子卯不乐，《礼》以为忌，此又近者之得失，不可不深察也。袁族富强，公子宽放，盘游滋侈，义声不闻，哲人君子，俄有色斯之志，熊罴壮士，堕于吞噬之用，固所以拥徒百万，跨有河朔，无所容足也。今邦国殄瘁，惠康未洽，士女企踵，所思者德。况公亲御戎马，上下劳惨，世子宜遵大路，慎以行正，思经国之高略，内鉴近戒，外扬远节，深惟储副，以身为宝。而猥袭虞旅之贱服，忽驰骛而陵险，志雉兔之小娱，忘社稷之为重，斯诚有识所以恻心也。唯世子燔翳捐褶，以塞众望，不令老臣获罪于天。”

争取到崔琰。崔琰就托疾辞谢，也因此获罪，关在牢里，幸赖阴夔、陈琳营救，才免于难。

曹操击败袁氏后，兼为冀州州牧，召崔琰为别驾从事，得意的对崔琰说：“昨天根据冀州户籍，可以获得三十万兵丁，这真是个大州啊！”崔琰回答说：“目前天下分崩，九州离析，袁谭、袁尚兄弟相互争战，冀州百姓暴骨荒野。还没听说王师的仁声先到，来慰问百姓的状况，拯救人民的苦难，倒先看到了计算多少披甲士兵，这难道是冀州百姓对您的期望吗！”曹操立刻改变得意之色，向崔琰谢罪。这时宾客也都低头变了脸色。

曹操征并州时，留下崔琰在邺（今河北临漳县南河南安阳市北），为文帝（曹丕）师傅。曹丕依然出去打猎，换下衣服、马匹，一心一意要在原野奔逐。崔琰写信进谏说：“听说《尚书·无逸》篇里曾警诫不要沉迷打猎，鲁隐公到棠（今山东省鱼台县东北）看捕鱼，《春秋经》也讥讽他，这是周公、孔子的格言，也是《尚书》《春秋》中很明显的道理。商朝鉴于夏代亡国，《诗经·大雅》就针对这件事而有‘殷鉴不远’的训词，商纣在甲子日被灭亡，夏桀在乙卯日被杀，《礼记·檀弓》就以子、卯两天享乐为禁忌，这又是和自己有切身关系的缺点，不能不深自省察。袁绍家族极为富强，而袁谭、袁尚却放纵无度，游乐奢侈，没听说有仁义的好名声，贤人君子见了这种事，都惊骇地离他远去，而如熊如罴的壮士，在他们手下却沦为残虐人民的工具，所以虽然拥军百万，跨有黄河以北的地区，最后却无立足之地。现在国家正困厄，德惠尚未普及，而百姓所盼的，所想的就是德惠，况且曹公（指曹操）亲率军队，上下辛劳，世子（曹丕）应该循大路、走正途，想想自己是储君，要自视为珍宝。如今竟然穿着卑贱的猎装，忽略了打猎驰逐所冒的危险，沉迷在捉雉捕兔之中，而忘记了国家的重要，这真是有识者所忧心的啊！希望世子（曹丕）烧掉车盖，丢掉猎服，以消

世子报曰："昨奉嘉命，惠示雅数，欲使燔翳捐褶。翳已坏矣，褶亦去焉。后有此比，蒙复诲诸。"

太祖为丞相，琰复为东、西曹掾属征事。初授东曹时，教曰："君有伯夷之风，史鱼之直。贪夫慕名而清，壮士尚称而厉，斯可以率时者已。故授东曹，往践厥职。"魏国初建，拜尚书。时未立太子，临菑侯植有才而爱。太祖狐疑，以函令密访于外。唯琰露板答曰："盖闻《春秋》之义，立子以长，加五官将仁孝聪明，宜承正统。琰以死守之。"植，琰之兄女婿也。太祖贵其公亮，喟然叹息，迁中尉。

琰声姿高畅，眉目疏朗，须长四尺，甚有威重，朝士瞻望，而太祖亦敬惮焉。琰尝荐钜鹿杨训，虽才好不足，而清贞守道，太祖即礼辟之。后太祖为魏王，训发表称赞功伐，褒述盛德。时人或笑训希世浮伪，谓琰为失所举。琰从训取表草视之，与训书曰："省表，事佳耳！时乎，时乎，会当有变时。"琰本意讥论者好谴呵而不寻情理也。有白琰此书傲世怨谤者，太祖怒曰："谚言'生女耳'，'耳'非佳语。'会当有变时'，意指不逊。"于是罚琰为徒隶，使人视之，辞色不挠。太祖令曰："琰虽见刑，而通宾客，门若市人，对宾客虬须直视，若有所瞋。"遂赐琰死。

除大家的怨责，也免得使老臣得罪上天。"曹丕回信说："昨天接获来信，承蒙训示，要我烧掉车盖，丢掉猎服。现在车盖烧了，猎服也丢了。以后若还有这种事，还请不吝教诲。"

曹操为丞相时，崔琰又任东、西曹掾属征事。在授东曹给崔琰时，下令说："君有伯夷的清高，史鱼的正直，贪鄙的人会仰慕你的名声而清廉，壮士会尊敬你的声誉而砥砺，这可以领导时风了，所以授官为东曹，去上任吧。"魏国刚建立时，崔琰官拜尚书。当时，尚未立太子，临菑侯曹植有才颇为曹操宠爱。曹操心中也犹豫不决，就以函令秘密在外查访意见。只有崔琰公开回答："听说《春秋》大义，立长子，五官将曹丕又仁孝聪明，应继承正统，我誓死坚持。"曹植是崔琰哥哥的女婿。因此曹操赞叹崔琰公正亮直，迁官中尉。

崔琰身材高大，声音洪亮，眉目清朗，须长四尺，很有威严，颇受朝臣仰慕，而曹操对他也相当敬畏。崔琰曾推荐钜鹿人杨训，此人虽才具不足，而清廉贞正，曹操就备礼召请。后来曹操为魏王，杨训上表赞美功勋，褒扬盛德。当时有人讥笑他浮浅虚伪，想博取名声，并说崔琰荐举不当。崔琰就从杨训处拿了上表的草稿来看，然后写封信给杨训说："我仔细看过了你的草稿，内容不错罢了，这种事（指曹操为魏王）是时机啊！是时机啊！应该会有变动的时机（所以内容也不能一成不变）。"崔琰的本意，在讥讽那些评论的人喜欢指摘别人，而不推寻情理。却有人说他这封信傲世毁谤，曹操生气地说："俗话讲'生女儿罢了！''罢了'并不是好话。'应该会有变动的时机'，意思更不逊。"于是罚崔琰为徒隶，又派人去看看，崔琰的言谈表情毫不屈服。曹操就下令说："崔琰虽然受刑，却和宾客相见，门庭若市，对宾客也瞪着眼直看，好像有什么怨怒。"于是命崔琰自杀。

始琰与司马朗善，晋宣王方壮，琰谓朗曰："子之弟，聪哲明允，刚断英跱，殆非子之所及也。"朗以为不然，而琰每秉此论。琰从弟林，少无名望，虽姻族犹多轻之，而琰常曰："此所谓大器晚成者也，终必远至。"涿郡孙礼、卢毓始入军府，琰又名之曰："孙疏亮亢烈，刚简能断，卢清警明理，百炼不消，皆公才也。"后林、礼、毓咸至鼎辅。及琰友人公孙方、宋阶早卒，琰抚其遗孤，恩若己子。其鉴识笃义，类皆如此。

初，太祖性忌，有所不堪者，鲁国孔融、南阳许攸、娄圭，皆以恃旧不虔见诛。而琰最为世所痛惜，至今冤之。

毛玠字孝先，陈留平丘人也。少为县吏，以清公称。将避乱荆州。未至，闻刘表政令不明，遂往鲁阳。太祖临兖州，辟为治中从事。玠语太祖曰："今天下分崩，国主迁移，生民废业，饥馑流亡，公家无经岁之储，百姓无安固之志，难以持久。今袁绍、刘表，虽士民众强，皆无经远之虑，未有树基建本者也。夫兵义者胜，守位以财，宜奉天子以令不臣，修耕植，畜军资，如此则霸王之业可成也。"太祖敬纳其言，转幕府功曹。

当初，崔琰和司马朗友好，晋宣王（司马懿）正年轻，崔琰对司马朗说："令弟聪明贤能，刚断英拔，大概不是你比得上的。"司马朗不以为然，而崔琰每次都坚持这个说法。崔琰的堂弟崔林，少时没有名望，即使亲戚也大多轻视他，而崔琰常说："他就是所谓的大器晚成啊！一定会有成就。"涿郡人孙礼、卢毓刚入军府，崔琰又评论他们说："孙礼通达，光明而激烈，刚正、简约而果断，卢毓清廉、机警而明理，历尽折磨也不退却，都是王公之才。"后来崔林、孙礼、卢毓都位至宰辅。崔琰的友人公孙方、宋阶早死，崔琰就抚育这二人遗孤，好像培育自己的孩子一般。他的见识和义气，大抵如此。

曹操的性子本多忌讳，有些不能忍受的人，像鲁国人孔融，南阳人许攸、娄圭，都因仗恃老交情而不敬，被曹操杀了。而崔琰最受世人痛惜，到现在还有人为他叫屈。

毛玠，字孝先，陈留郡平丘县（今河南省长垣县西南）人，少时为县中小吏，以清廉公正著称，他本要到荆州避难，还没抵达，听说刘表政令不明，于是前往鲁阳（今河南省鲁山县）。曹操为兖州牧时，召请毛玠为治中从事。毛玠对曹操说："现在天下分崩，天子到处迁移，人民荒废事业，饥馑流亡，公家连一年的储蓄也没有，百姓心中也不安定，这种局面是难以持久的。目前袁绍、刘表虽然人口众多，士卒强大，却都没有长远的打算，未曾建立根基。军队重义，才能胜利，保位就要保财，应尊奉天子，以命令那些不服的人，整顿农事，储备物资，这样一来，霸王的事业就可完成了。"曹操敬谨地接纳他的意见，转任毛玠为幕府功曹。

太祖为司空丞相，玠尝为东曹掾，与崔琰并典选举。其所举用，皆清正之士。虽于时有盛名而行不由本者，终莫得进。务以俭率人，由是天下之士莫不以廉节自励，虽贵宠之臣，舆服不敢过度。太祖叹曰："用人如此，使天下人自治，吾复何为哉！"文帝为五官将，亲自诣玠，属所亲眷。玠答曰："老臣以能守职。幸得免戾，今所说人非迁次，是以不敢奉命。"大军还邺，议所并省。玠请谒不行，时人惮之，咸欲省东曹。乃共白曰："旧西曹为上，东曹为次，宜省东曹。"太祖知其情，令曰："日出于东，月盛于东，凡人言方，亦复先东，何以省东曹？"遂省西曹。初，太祖平柳城，班所获器物，特以素屏风素冯几赐玠，曰："君有古人之风，故赐君古人之服。"玠居显位，常布衣蔬食，抚育孤兄子甚笃，赏赐以振施贫族，家无所余。迁右军师。魏国初建，为尚书仆射，复典选举。时太子未定，而临菑侯植有宠，玠密谏曰："近者袁绍以嫡庶不分，覆宗灭国。废立大事，非所宜闻。"后群僚会，玠起更衣。太祖目指曰："此古所谓国之司直，我之周昌也。"

崔琰既死，玠内不悦。后有白玠者："出见黥面反者，其妻子没为官奴婢，玠言曰'使天不雨者盖此也'。"太祖大怒，收玠付狱。大理钟繇诘玠曰："自古圣帝明王，罪及妻

曹操为司空丞相时，毛玠曾任东曹掾，和崔琰同时掌管选举人才。他们两人所选用的，都是清廉正直的人士，虽然有盛名而行为浮滥的人，始终不被选用。务必以俭引导大众，因此天下士人没有不以廉洁自我勉励的。即使地位高、受宠幸的人，乘车、衣着也不敢太豪华。曹操赞叹着说："用人如此，使天下人人自治，还会有什么事要我办呢！"文帝（曹丕）为五官将时，亲自去见毛玠，托他照顾亲眷。毛玠答说："老臣以能力奉守职责，幸好没有差错，现在你所说的人并非按升迁的次第，所以不敢遵命。"大军回到邺后，讨论裁并机构，毛玠一向不受理请托的事，当时人怕他，都希望裁掉东曹。于是同声说："过去，西曹是上级，东曹是下级，应裁掉东曹。"曹操知道事情原委，下令说："太阳从东方出来，月亮也盛于东方，大凡谈到方位，也都先说东方，为什么要裁掉东曹？"于是就裁省西曹。当初，曹操平定柳城（今辽宁省朝阳市西南），带回掳获的器物，特别以白色屏风和白色凭几赐给毛玠，并说："你有古人的风范，所以送你古人所用的东西。"毛玠虽然地位显要，经常布衣蔬食，抚育侄儿很恳切，所得赏赐都送给贫穷的宗族，家里没什么剩余，迁官为右军师。魏国刚建立时，为尚书仆射，再度掌管选举。那时，谁是太子还没决定，而临菑侯曹植较受宠幸，毛玠就秘密地进谏曹操说："不久前，袁绍因为嫡庶不分，而覆宗灭国。立太子是件大事，不宜有嫡庶不分的事情发生。"后来群臣聚会，毛玠起来去换衣服，曹操一边看着他，一边说："这人就是古代所谓国家的司直，也是我的周昌啊！"

崔琰被赐死之后，毛玠心中不高兴。后来有人检举毛玠，说："毛玠出来时，看见被黥面的人脸背过去，他的妻子儿女没入官衙为奴婢，便说：'哼！上天不下雨，大概就是这个缘故吧。'"曹操大怒，将毛玠逮捕下狱。大理钟繇审问毛玠，说："自古圣帝明王的

子。《书》云：‘左不共左，右不共右，予则孥戮女。’司寇之职，男子入于罪隶，女子入于舂稿。汉律，罪人妻子没为奴婢，黥面。汉法所行黥墨之刑，存于古典。今真奴婢祖先有罪，虽历百世，犹有黥面供官，一以宽良民之命，二以宥并罪之辜。此何以负于神明之意，而当致旱？案典谋，急恒寒若，舒恒燠若，宽则亢阳，所以为旱。玠之吐言，以为宽邪，以为急也？急当阴霖，何以反旱？成汤圣世，野无生草，周宣令主，旱魃为虐。亢旱以来，积三十年，归咎黥面，为相值不？卫人伐邢，师兴而雨。罪恶无征，何以应天？玠讥谤之言，流于下民，不悦之声，上闻圣听。玠之吐言，势不独语，时见黥面，凡为几人？黥面奴婢，所识知邪？何缘得见，对之叹言？时以语谁？见答云何？以何日月？于何处所？事已发露，不得隐欺，具以状对。”玠曰：“臣闻萧生缢死，困于石显；贾子放外，谗在绛、灌；白起赐剑于杜邮；晁错致诛于东市；伍员绝命于吴都：斯数子者，或妒其前，或害其后。臣垂龆执简，累勤取官，职在机近，人事所窜。属臣以私，无势不绝，语臣以冤，无细不理。人情淫利，为法所禁，法禁于利，势能害之。青蝇横生，为臣作谤，谤臣之人，势不在他。昔王叔、陈生争正王廷，宣子平理，命举其契，是非有宜，曲直有

律令，都是一人有罪，连及妻子儿女。《尚书·甘誓》说：‘若车左的人不恭行左方的命令，车右的人不恭行右方的命令，我就杀了你们的妻子儿女。’《周礼·秋官·司厉》中也谈到，男子有罪，入为奴隶，女子有罪就罚入舂稿做工。汉朝的律令，则罪人的妻子儿女收为奴婢，并黥面。汉法所执行的黥墨之刑，仍保存在古代典籍里。现在奴婢的祖先有罪，虽然经过百代，还有黥面供官衙差使的，一则宽恕百姓的生命，再则原谅他们同罪的过失。这又怎么违背了神明的旨意，而要引起旱灾？根据《尚书·洪范》，政治苛急则气候常寒冷，舒和则常温暖，宽缓则阳光炽烈，所以引起干旱。毛玠的话，是认为宽缓呢？还是苛急？若苛急，应当阴雨，为什么反而干旱？成王、商汤的时代是个盛世，而郊野寸草不生，周宣王是位英明的君主，却干旱肆虐。自从干旱以来，已有三十年，而归咎于黥面的刑罚，这样合理吗？卫人讨伐邢，军队一出动就下雨，罪恶本无征兆，如何与天相应呢？毛玠的讥谤，流传到民间，民间也不喜欢这些话，而呈报皇上。毛玠的话，必然不是单独说的，当时看到黥面的人有多少？认不认得那些黥面的奴婢？怎么能看见他们，而对他们感叹？当时对谁说？别人怎么回答？在什么时候？什么地点？事情已经揭发了，不得隐瞒欺骗，具实招供。”毛玠说：“臣听说：萧望之自杀，是被石显所陷害；贾谊流放长沙，是因周勃、灌婴进谗言；在杜邮（今陕西省咸阳市东），白起被赐剑自刎；在长安东市，晁错被诛死；在吴都（今江苏省苏州市），伍员被迫自杀；这几位先生，有的当面受人嫉妒，有的背后遭人陷害。臣自幼读书，辛辛苦苦取得官位，职掌机要，人事安排都在此处。若请托私事，不论其权势如何，一概拒绝，若诉说冤屈，不论事情大小，一定处理。任何人枉法贪利，都是法律所禁止的，法律禁止这种事，有权有势的人却能妨害法律。谗邪的人到处毁谤我，

所，《春秋》嘉焉，是以书之。臣不言此，无有时、人。说臣此言，必有征要。乞蒙宣子之辨，而求王叔之对。若臣以曲闻，即刑之日，方之安驷之赠；赐剑之来，比之重赏之惠。谨以状对。”时桓阶、和洽进言救玠。玠遂免黜，卒于家。太祖赐棺器钱帛，拜子机郎中。

徐奕字季才，东莞人也。避难江东，孙策礼命之。奕改姓名，微服还本郡。太祖为司空，辟为掾属，从西征马超。超破，军还。时关中新服，未甚安，留奕为丞相长史，镇抚西京，西京称其威信。转为雍州刺史，复还为东曹属。丁仪等见宠于时，并害之，而奕终不为动。出为魏郡太守。太祖征孙权，徙为留府长史，谓奕曰：“君之忠亮，古人不过也，然微太严。昔西门豹佩韦以自缓，夫能以柔弱制刚强者，望之于君也。今使君统留事，孤无复还顾之忧也。”魏国既建，为尚书，复典选举，迁尚书令。

太祖征汉中，魏讽等谋反，中尉杨俊左迁。太祖叹曰：“讽所以敢生乱心，以吾爪牙之臣无遏奸防谋者故也。安得如诸葛丰者，使代俊乎！”桓阶曰：“徐奕其人也。”太祖乃

毁谤我的人，必定不是他人（意指有权有势者）。春秋时代，王叔、陈生两人和伯舆在周王的朝廷争夺权利，由晋国的范宣子评理，他命双方对质，结果是非曲直判断得很恰当，《春秋左氏传》的作者赞美这件事所以记载下来。臣不谈在何时、有何人。说臣曾作此言，必须有证据。请求您要像范宣子那样明辨，找出毁谤的人来对质。若臣理亏，受刑那天，将比为赠我安适的马；赐剑自杀，将拟为对我重赏。谨以实情对答。”这时桓阶、和洽出来说话，营救毛玠。毛玠于是被罢官，死于家中。曹操赐他棺木、钱帛，任他的儿子毛机为郎中。

徐奕，字季才，东莞（今山东省沂水县）人。避难到江东，孙策备礼召请他。徐奕就改了姓名，换了服装，暗地跑回东莞。曹操为司空时，召他为掾属，随军西征马超。马超败，班师回来。当时，刚征服关中，关中不很安定，就留下徐奕为丞相长史，安抚西京（指长安），西京的人都称赞他的威信。转任雍州刺史，接着又回来任东曹属。丁仪等人这时颇受宠幸，都嫉害徐奕，而徐奕对这事始终保持冷静。外调为魏郡太守。曹操征孙权时，迁徐奕为留府长史，对他说：“你的忠耿亮直，即使古人也比不上，但稍微严谨了一些。从前西门豹佩带韦皮，警惕自己，要使性子缓和，他是位能以柔制刚的人，对你，我也抱着这个希望。现在让你总管留在后方的事务，我就没有后顾之忧了。”魏国建立之后，徐奕为尚书，又掌管选举，迁为尚书令。

曹操远征汉中时，魏讽等人阴谋反叛，事后中尉杨俊贬官。曹操感叹着说：“魏讽所以胆敢叛乱，是因为我手下没人能防止奸谋的缘故，如何才能招致像诸葛丰这样的人，来替代杨俊呢？”桓楷说：“徐奕就是这种人才。”曹操便以徐奕为中尉，亲下手令说：“从前

以奕为中尉，手令曰："昔楚有子玉，文公为之侧席而坐；汲黯在朝，淮南为之折谋。《诗》称'邦之司直'，君之谓与！"在职数月，疾笃乞退，拜谏议大夫，卒。

何夔字叔龙，陈郡阳夏人也。曾祖父熙，汉安帝时官至车骑将军。夔幼丧父，与母兄居，以孝友称。长八尺三寸，容貌矜严。避乱淮南。后袁术至寿春，辟之，夔不应，然遂为术所留。久之，术与桥蕤俱攻围蕲阳，蕲阳为太祖固守。术以夔彼郡人。欲胁令说蕲阳。夔谓术谋臣李业曰："昔柳下惠闻伐国之谋而有忧色，曰'吾闻伐国不问仁人，斯言何为至于我哉'！"遂遁匿灊山。术知夔终不为己用，乃止。术从兄山阳太守遗母，夔从姑也，是以虽恨夔而不加害。

建安二年，夔将还乡里，度术必急追，乃间行得免，明年到本郡。顷之，太祖辟为司空掾属。时有传袁术军乱者，太祖问夔曰："君以为信不？"夔对曰："天之所助者顺，人之所助者信。术无信顺之实，而望天人之助，此不可以得志于天下。夫失道之主，亲戚叛之，而况于左右乎！以夔观之，其乱必矣。"太祖曰："为国失贤则亡。君不为术所用；乱，

楚国有子玉，晋文公因此侧席不安，汲黯在朝廷，淮南王因此无处施展阴谋。《诗经》赞美'邦之司直'，所指的大概就是你吧！"徐奕在职数月，病重请辞，官拜谏议大夫，不久就去逝了。

何夔，字叔龙，陈郡阳夏县（今河南省太康县）人。曾祖父何熙，在汉安帝时，官至车骑将军。何夔幼年丧父，与母亲、哥哥一起住，以孝顺友爱闻名。身长八尺三寸，容貌严肃。避乱到淮南。后来袁术到了寿春，召请何夔，他不应命，于是被袁术留下不放。过了好一段时间，袁术和桥蕤共同围攻蕲阳（胡三省认为蕲阳是蕲县的错误，蕲县在今安徽省宿州市南），蕲阳为曹操所坚守。袁术认为何夔与蕲阳人属同一郡（蕲县属沛郡，而何夔是陈郡人，不知何以在此说他与蕲阳人属同一郡），就要威胁他到蕲阳游说。何夔对袁术的谋臣李业说："以前柳下惠一听攻伐的计谋就面有忧色，说'我听说攻伐的事不必问仁人'，这句话今天怎么会落到我头上来呢！"于是逃匿灊山（在今安徽省霍山县西北，即霍山）。袁术知道何夔毕竟不肯为己所用，就算了。袁术堂兄山阳太守袁遗的母亲，是何夔的姑妈，所以袁术虽然恨何夔，也就不害他了。

建安二年（公元 197 年），何夔将返回乡里，猜想袁术一定会紧追不舍。于是走小路而没被追到，次年回到陈郡。不久，曹操召他为司空掾属。当时传言说袁术的部队乱了，曹操问何夔说："你认为这个消息确实吗？"何夔回答说："上天协助顺理的人，百姓协助守信的人。袁术不顺理、不守信，而期望上天与百姓协助，这是无法得愿的。失道的君主，连亲戚都要背叛他，何况左右的人！依我看来，袁术军队的叛乱是必然的。"曹操说："治

不亦宜乎！”太祖性严，掾属公事，往往加杖；夔常畜毒药，誓死不辱，是以终不见及。出为城父令。迁长广太守。郡滨山海，黄巾未平，豪杰多背叛，袁谭就加以官位。长广县人管承，徒众三千余家，为寇害。议者欲举兵攻之。夔曰：“承等非生而乐乱也，习于乱，不能自还，未被德教，故不知反善。今兵迫之急，彼恐夷灭，必并力战。攻之既未易拔，虽胜，必伤吏民。不如徐喻以恩德，使容自悔，可不烦兵而定。”乃遣郡丞黄珍往，为陈成败，承等皆请服。夔遣吏成弘领校尉，长广县丞等郊迎奉牛酒，诣郡。牟平贼从钱，众亦数千，夔率郡兵与张辽共讨定之。东牟人王营，众三千余家，胁昌阳县为乱。夔遣吏王钦等，授以计略，使离散之。旬月皆平定。

是时太祖始制新科下州郡，又收租税绵绢。夔以郡初立，近以师旅之后，不可卒绳以法，乃上言曰：“自丧乱已来，民人失所，今虽小安，然服教日浅。所下新科，皆以明罚敕法，齐一大化也。所领六县。疆域初定，加以饥馑，若一切齐以科禁，恐或有不从教者。有不从教者不得不诛，则非观民设教随时之意也。先王辨九服之赋以殊远近，制三典之刑

国而失去贤者就要灭亡。袁术不能任用你，现在乱了，不也是应该的吗！”曹操性情严苛，掾属办公事，稍有差错，往往用木杖打，何夔常随身带着毒药，誓死不受侮辱，但也始终没挨过打。外调为城父县（今安徽省亳州市东南城父村）县令。迁官长广太守。长广郡既靠山，又滨海，黄巾作乱尚未平定，豪杰大多背叛，袁谭就封赐官位给他们。长广县民管承有徒众三千多户人家，造成祸患。有人商议要派兵攻打。何夔说：“管承等人并非生而喜好作乱，而是习惯于乱事，不能自拔，又未受教化，所以不知回头行善。现在军队若逼急了，他们恐怕被消灭，一定合力反抗。攻，既不容易胜利，就算胜利了，吏民也一定伤亡不少。不如慢慢地用恩德晓喻，使他有悔悟的机会，如此不烦用兵，便可平定。”于是派遣郡丞黄珍前往，为他陈述成败的结果，管承等人果然都请求归服。何夔就派遣吏员成弘，率领校尉，和长广县丞等人带着牛酒往郊外迎接，一齐到郡中。牟平（今山东省蓬莱市东南）盗贼从钱，也有几千徒众，何夔率领郡兵和张辽共同讨平。东牟（今山东省烟台市牟平区）人王营，有徒众三千多户人家，裹胁昌阳县（今山东省威海市文登区西南）作乱，何夔派遣王钦等人讨伐，并授给计谋，使贼寇离散。不到一个月的工夫都平定了。

这时，曹操刚制定新律令颁下州郡，又收绵绢税，何夔考虑到战争刚过，长广郡刚安定，不可以突然用法令约束，于是上书说：“自从天下丧乱以来，百姓流离失所，目前虽稍安定，但接受教化的时间还不够，所颁布的新律令，都以彰明刑罚、整饬法律，统一教化为目的。臣所辖六县，才刚安定，加上饥馑，如果一切都以法令整饬，恐旧有人不服从教化。不服从教化的人就不得不诛杀，这不是观察民性而施设教化，以随时变通的本意。先王区分九服的贡赋，以分别远近的差等，制作轻重不同的三典刑罚以平定乱事，臣认为此郡应依照偏远地区的法令，民间小事，由长吏随时制宜，上不违背正法，下则顺从百姓心

以平治乱，愚以为此郡宜依远域新邦之典，其民间小事，使长吏临时随宜，上不背正法，下以顺百姓之心。比及三年，民安其业，然后齐之以法，则无所不至矣。”太祖从其言。征还，参丞相军事。海贼郭祖寇暴乐安、济南界，州郡苦之。太祖以夔前在长广有威信，拜乐安太守。到官数月，诸城悉平。

入为丞相东曹掾。夔言于太祖曰：“自军兴以来，制度草创，用人未详其本，是以各引其类，时忘道德。夔闻以贤制爵，则民慎德；以庸制禄，则民兴功。以为自今所用，必先核之乡闾，使长幼顺叙，无相逾越。显忠直之赏，明公实之报，则贤不肖之分，居然别矣。又可修保举故不以实之令，使有司别受其负。在朝之臣，时受教与曹并选者，各任其责。上以观朝臣之节，下以塞争竞之源，以督群下，以率万民，如是则天下幸甚。”太祖称善。魏国既建，拜尚书仆射。文帝为太子，以凉茂为太傅，夔为少傅；特命二傅与尚书东曹并选太子诸侯官属。茂卒，以夔代茂。每月朔，太傅入见太子，太子正法服而礼焉；他日无会仪。夔迁太仆，太子欲与辞，宿戒供，夔无往意；乃与书请之，夔以国有常制，遂不往。其履正如此。然于节俭之世，最为豪汰。文帝践阼，封成阳亭侯，邑三百户。疾病，屡乞逊位。诏报曰：“盖礼贤亲旧，帝王之常务也。以亲则君有辅弼之勋焉，以贤则君有

意。到了三年，百姓安于事业，然后用法整饬，那么就没有办不到的事了。”曹操听从他的意见。不久召回来，参预丞相军事。海盗郭祖劫掠乐安、济南境内，州郡人士都很苦恼。曹操因前次何夔在长广期间颇有威信，命他为乐安太守。到任才几个月，各县城就完全平定了。

何夔进入丞相东曹掾后，对曹操说：“自从建安以来，制度草创，用人并未详查来历，所以各人援引同类，常忽略了道德。我听说按贤才制定爵位，人人对品德就会谨慎；按功勋制定俸禄，人人就努力建功。我认为从今以后，用人要先在乡里考核，使长幼有序，不要互相凌越。对忠实、公正、笃实的人都有赏，那么，贤与不肖就可以分别开来。又可以制定保举不实的命令，让主官负起责任。朝廷大臣中，受命与东曹参预选拔事务的官员，都分别负责。上则可以观察朝臣的节操，下可以杜塞请托竞争的来源，这样监督群臣，统率万民，天下人就有福了。”曹操听了他的意见，连声称好。魏国建立之后，何夔任尚书仆射。文帝（曹丕）当太子时，以凉茂为太傅，何夔为少傅；特别命凉、何二人和尚书东曹会同选拔太子诸侯官属。凉茂死后，以何夔代替凉茂为太傅。每月初一，太傅去见天子，太子就穿好礼服，向太傅行礼；其他日子，没有会面的仪节。何夔迁为太仆时，太子要向他辞别，事前设了斋戒，而何夔并无前往的意思；太子于是写信敦请，何夔认为国家有固定的制度，就不去。何夔就是这样一位行事正直的人。但在那个节俭的时代，何夔最豪奢了。文帝（曹丕）登位时，封何夔为成阳亭侯，邑三百户。因生病，屡次请求退位。诏书回报说：“礼敬贤能，亲近故旧，是帝王的经常工作。亲近故旧则君主可获辅佐的功勋，礼

醇固之茂焉。夫有阴德者必有阳报，今君疾虽未瘳，神明听之矣。君其即安，以顺朕意。”薨，谥曰靖侯。子曾嗣，咸熙中为司徒。

邢颙字子昂，河间鄚人也。举孝廉，司徒辟，皆不就。易姓字，适右北平，从田畴游。积五年，而太祖定冀州。颙谓畴曰：“黄巾起来二十余年，海内鼎沸，百姓流离。今闻曹公法令严。民厌乱矣，乱极则平。请以身先。”遂装还乡里。田畴曰：“邢颙，民之先觉也。”乃见太祖，求为乡导以克柳城。

太祖辟颙为冀州从事，时人称之曰：“德行堂堂邢子昂。”除广宗长，以故将丧弃官。有司举正，太祖曰：“颙笃于旧君，有一致之节。”勿问也。更辟司空掾，除行唐令，劝民农桑，风化大行。入为丞相门下督，迁左冯翊，病，去官。是时，太祖诸子高选官属，令曰：“侯家吏，宜得渊深法度如邢颙辈。”遂以为平原侯植家丞。颙防闲以礼，无所屈挠，由是不合。庶子刘桢书谏植曰：“家丞邢颙，北土之彦，少秉高节，玄静澹泊，言少理多，真雅士也。桢诚不足同贯斯人，并列左右。而桢礼遇殊特，颙反疏简，私惧观者将谓君侯习近不肖，礼贤不足，采庶子之春华，忘家丞之秋实，为上招谤，其罪不小，以此反侧。”后参丞相军事，

敬贤能则君主能有醇厚的美德。有阴德的人必有阳报，目前你的病虽未全愈，神明也晓得了。愿你早日康复，以顺承我的意旨。”不久，何夔就死了，封谥号为靖侯，由他的儿子何曾继承，何曾在咸熙（魏陈留王年号，公元264年）年间为司徒。

邢颙，字子昂，河间郡鄚县（今河北任丘市北）人。曾被选举为孝廉，司徒辟召，都不去。改名换姓，到右北平，与田畴交游。五年后，曹操平定冀州。邢颙对田畴说：“黄巾作乱以来二十多年了，海内纷扰，百姓流离。听说曹公法令严明。人民已厌倦战乱了，战乱至极则回到安定。我先回去吧。”于是整装还乡，田畴对人说：“邢颙，是百姓中最先觉醒的人啊。”于是田畴去见曹操，请求担任向导以便攻克柳城。

曹操召邢颙为冀州从事，当时人赞美他说：“德行堂堂邢子昂。”曾任广宗县（今河北威县东二十里）县长，因老长官死了而弃官，有司检举纠正他，曹操说：“邢颙对旧君感情深厚，节操不变，不必追查了。”后来改召为司空掾，任行唐县（今河北密云县东）县令。勉励百姓耕田种桑，教化大行。调为丞相门下督，迁左冯翊因病辞官。这时曹操的几个儿子要选拔官属，下令说：“诸侯的家吏，要像邢颙那样见解深刻、举止合度的人。”于是邢颙被选为平原侯曹植的家丞。邢颙以礼防备，毫不屈挠，因此与曹植不合。庶子刘桢写信劝曹植说：“家丞邢颙，是北方才俊，自幼即秉持高尚的节操，沉静淡泊，话说得少，道理却很深刻，的的确确是位雅士。我真的不够格和他一起在你左右。然而我受到特殊的礼遇，邢颙反被疏远了，我恐怕别人要说君侯亲近不肖，不能礼贤，采用了我的浮华，忘却了邢

转东曹掾。初，太子未定，而临菑侯植有宠，丁仪等并赞翼其美。太祖问颙，颙对曰："以庶代宗，先世之戒也。愿殿下深重察之！"太祖识其意，后遂以为太子少傅，迁太傅。文帝践阼，为侍中尚书仆射，赐爵关内侯，出为司隶校尉，徙太常。黄初四年薨。子友嗣。

鲍勋字叔业，泰山平阳人也，汉司隶校尉鲍宣九世孙。宣后嗣有从上党徙泰山者，遂家焉。勋父信，灵帝时为骑都尉，大将军何进遣东募兵。后为济北相，协规太祖，身以遇害。语在《董卓传》《武帝纪》。建安十七年，太祖追录信功，表封勋兄邵新都亭侯。辟勋丞相掾。

二十二年，立太子，以勋为中庶子。徙黄门侍郎，出为魏郡西部都尉。太子郭夫人弟为曲周县吏，断盗官布，法应弃市。太祖时在谯，太子留邺，数手书为之请罪。勋不敢擅纵，具列上。勋前在东宫，守正不挠，太子固不能悦，及重此事，恚望滋甚。会郡界休兵有失期者，密敕中尉奏免勋官。久之，拜侍御史。延康元年，太祖崩，太子即王位，勋以驸马都尉兼侍中。

颙的笃实。为你招来毁谤，这罪过可不小啊，我也因此不能安心。"后来邢颙参预丞相军事，转任东曹掾，当初太子尚未确定是谁，而临菑侯曹植受宠幸，丁仪等人都赞美他的优秀。曹操就问邢颙，邢颙回答说："以庶子代替宗子，是历史上的大戒，请殿下慎重考虑。"曹操明白他的意思。后来就命他为太子少傅，又调为太傅。文帝登位时，邢颙任侍中尚书仆射，赐爵关内侯，出任司隶校尉，迁为太常。黄初四年（公元 223 年）逝世，他的儿子邢友承继爵位。

鲍勋，字叔业，泰山郡平阳县（今山东省新泰市西北）人，为汉代司隶校尉鲍宣的九世孙。鲍宣的后代有人从上党郡迁徙到泰山郡，于是就在那里住下来。鲍勋的父亲鲍信，在汉灵帝时为骑都尉，大将军何进派他到东方招募兵员。后来担任济北相，协助曹操，自己却遇害，详见《董卓传》《武帝纪》。建安十七年（公元 212 年），曹操追念鲍信的功劳，封鲍勋的哥哥鲍邵为新都亭侯，召鲍勋为丞相掾。

建安二十二年（公元 212 年），立太子，以鲍勋为中庶子。后来迁为黄门侍郎，又调任魏郡西部都尉。太子郭夫人的弟弟为曲周（今河北省曲周县东北）县吏，被判盗取官方布匹，依法应弃市。曹操那时在谯（今安徽省亳州市），太子留在邺，屡次亲笔写信为郭夫人的弟弟说项。鲍勋不敢擅自释放，把案情全部呈报上去。过去他在东宫时，守正不屈，太子就不太高兴，这回，鲍勋严办此事，更增加了太子的怨恨。恰巧郡界士兵休假回营，有人误了日期，太子就暗中命令中尉上奏，免了鲍勋的官职。过一段时间，鲍勋又任侍御史。延康元年（公元 220 年），曹操崩逝，太子即王位，鲍勋以驸马都尉兼任侍中。

文帝受禅，勋每陈“今之所急，唯在军农，宽惠百姓，台榭苑囿，宜以为后”。文帝将出游猎，勋停车上疏曰：“臣闻五帝三王，靡不明本立教，以孝治天下。陛下仁圣恻隐，有同古烈。臣冀当继踪前代。令万世可则也。如何在谅阇之中，修驰骋之事乎！臣冒死以闻，唯陛下察焉。”帝手毁其表而竟行猎，中道顿息，问侍臣曰：“猎之为乐，何如八音也？”侍中刘晔对曰：“猎胜于乐。”勋抗辞曰：“夫乐，上通神明，下和人理，隆治致化，万邦咸乂。移风易俗，莫善于乐。况猎，暴华盖于原野，伤生育之至理，栉风沐雨，不以时隙哉？昔鲁隐观渔于棠，《春秋》讥之。虽陛下以为务，愚臣所不愿也。”因奏：“刘晔佞谀不忠，阿顺陛下过戏之言。昔梁丘据取媚于遄台，晔之谓也。请有司议罪以清皇朝。”帝怒作色，罢还，即出勋为右中郎将。

黄初四年，尚书令陈群、仆射司马宣王并举勋为宫正，宫正即御史中丞也。帝不得已而用之，百寮严惮，罔不肃然。六年秋，帝欲征吴，群臣大议，勋面谏曰：“王师屡征而未有所克者，盖以吴、蜀唇齿相依，凭阻山水，有难拔之势故也。往年龙舟飘荡，隔在南岸，圣躬蹈危，臣下破胆。此时宗庙几至倾覆，为百世之戒。今又劳兵袭远，日费千金，中国虚耗，令黠虏玩威，臣窃以为不可。”帝益忿之，左迁勋为治书执法。

文帝接受禅让后，鲍勋常陈言：“目前急需的，只有军事和农业，和放宽赋税，嘉惠百姓，兴建台榭苑囿，应该稍缓。”文帝要出去打猎，鲍勋就挡住了车子上疏说：“臣听说五帝三王，无不彰明根本，建立教化，以孝治理天下。陛下仁圣恻隐，功业有如古代王者。臣冀望陛下继承前代，成为万世的法则。怎可在天下初定的时候，驰骋打猎？臣冒死上言，请陛下详察。”文帝亲手撕掉章表，就去打猎了，中途休息时，问侍臣说：“打猎比起音乐，哪个令人快乐？”侍中刘晔回答说：“当然打猎比音乐使人快乐。”鲍勋高声地反对说：“音乐，上通神明，下和人理，使治道兴隆，而达到教化的目的，海内都可安定。要改变风俗，没有比音乐更好的了。况且打猎时，暴露在原野，有伤养生，这样辛劳勤苦的事，何不用闲暇的时间呢？从前鲁隐公到棠观鱼，《春秋经》就讥讽他。虽然陛下执意要打猎，但愚臣还是不愿苟同。”接着又上奏说：“刘晔谄谀不忠，顺承陛下错误的话。从前梁丘据在遄台（今山东省淄博市临淄区）谄媚，今天刘晔也犯这样的错误。请有司判他的罪，以澄清皇朝。”文帝气得脸色大变，一回去，立即把鲍勋调为右中郎将。

黄初四年（公元 223 年）尚书令陈群、仆射司马宣王（司马懿）共同荐举鲍勋为宫正，宫正就是御史中丞。文帝不得已而用他，结果百官敬畏。黄初六年（公元 225 年）秋天，文帝要远征东吴，群臣慎重地开会商议，鲍勋当面进谏说：“王师屡次征伐而没有攻下任何地方，这是吴、蜀唇齿相依，仗恃山川险要，形势难攻的缘故。往年龙舟飘荡，泊在长江南岸，先王陷于危难之中，群臣也胆战心惊（指赤壁之战）。这时国家几乎覆亡，这是百代的鉴戒啊。现在又要劳师远攻，每日浪费千金，虚耗中国，而使敌人显威，臣认为不帝从寿春还，屯陈留郡界。太守孙邕见，出过勋。时营垒未成，但立标埒，邕邪行不从正道，军营令史刘曜欲推之，勋以堑垒未成，解止不举。大军还洛阳，曜有罪，勋奏绌遣，而曜密表勋私解邕事。诏曰："勋指鹿作马，收付廷尉。"廷尉法议："正刑五岁。"三官驳："依律罚金二斤。"帝大怒曰："勋无活分，而汝等敢纵之！收三官已下付刺奸，当令十鼠同穴。"太尉钟繇、司徒华歆、镇军大将军陈群、侍中辛毗、尚书卫臻、守廷尉高柔等并表"勋父信有功于太祖"，求请勋罪。帝不许，遂诛勋。勋内行既修，廉而能施，死之日，家无余财。后二旬，文帝亦崩，莫不为勋叹恨。

司马芝字子华，河内温人也。少为书生，避乱荆州，于鲁阳山遇贼，同行者皆弃老弱走，芝独坐守老母。贼至，以刃临芝，芝叩头曰："母老，唯在诸君！"贼曰："此孝子也，杀之不义。"遂得免害，以鹿车推载母。居南方十余年，躬耕守节。

太祖平荆州，以芝为菅长。时天下草创，多不奉法。郡主簿刘节，旧族豪侠，宾客千余家，出为盗贼，入乱吏治。顷之，芝差节客王同等为兵，掾史据白："节家前后未尝给

可以。"文帝更忿恨，贬鲍勋为治书执法。

文帝从寿春回来，屯驻在陈留郡边界。太守孙邕进见，出来时经过鲍勋那儿。当时营垒尚未完成，只是立了标界，孙邕抄小路而不走大路，军营令史刘曜要追究他的罪，鲍勋认为深沟营垒都还没完成，就放了他，不检举。大军回到了洛阳后，刘曜犯罪，鲍勋上奏说应罢绌，而刘曜也秘密上表，陈述鲍勋私下释放孙邕的事情。文帝就下诏说："鲍勋指鹿为马，是非不辨，逮捕起来，交给廷尉。"廷尉依法决议："判徒刑五年。"廷尉正、监、平（三官）反驳："依律罚金二斤。"文帝大怒说："鲍勋哪有活命的道理，你们竟敢宽纵他！逮捕廷尉正、监、平交给刺奸，叫这些鼠辈同在一个洞穴里。"太尉钟繇、司徒华歆、镇军大将军陈群、侍中辛毗、尚书卫臻、守廷尉高柔等人同时上表说："鲍勋的父亲鲍信曾有功于太祖（曹操）"，请求赦免鲍勋。文帝拒绝，就处死鲍勋。鲍勋品行好，清廉而肯施舍，处死那天，家里没什么多余的财物。过了二十天，文帝也崩逝，没人不为鲍勋叹息遗憾的。

司马芝，字子华，河内郡温县（今河南省温县）人。少年时是个书生，避乱到荆州，在鲁阳山（在今河南省鲁山县东十八里）遇到盗贼，同行的人都丢下老弱跑掉，只有司马芝守着老母。盗贼一到，持刀对着他，司马芝叩头说："我母亲老了，是死是活全凭各位了！"盗贼彼此说："这人是个孝子，杀了他太不够义气了。"于是司马芝免于受害，用小车推着母亲走。他住在南方十多年，亲自耕种，谨守节操。

曹操平定荆州后，任司马芝为菅县（今山东省邹平县魏桥镇菅家村）县长。当时天下初定，多数人不守法。郡主簿刘节，是世家大族，豪强任侠，有宾客一千多家，外出即

繇，若至时藏匿，必为留负。”芝不听，与节书曰：“君为大宗，加股肱郡，而宾客每不与役，既众庶怨望，或流声上闻。今调同等为兵，幸时发遣。”兵已集郡，而节藏同等，因令督邮以军兴诡责县，县掾史穷困，乞代同行。芝乃驰檄济南，具陈节罪。太守郝光素敬信芝，即以节代同行，青州号芝“以郡主簿为兵”。迁广平令。征虏将军刘勋，贵宠骄豪，又芝故郡将，宾客子弟在界数犯法。勋与芝书，不著姓名，而多所属托，芝不报其书，一皆如法。后勋以不轨诛，交关者皆获罪，而芝以见称。

迁大理正。有盗官练置都厕上者，吏疑女工，收以付狱。芝曰：“夫刑罪之失，失在苛暴。今赃物先得而后讯其辞，若不胜掠，或至诬服。诬服之情，不可以折狱。且简而易从，大人之化也。不失有罪，庸世之治耳。今宥所疑，以隆易从之义，不亦可乎！”太祖从其议。历甘陵、沛、阳平太守，所在有绩。黄初中，入为河南尹，抑强扶弱，私请不行。会内官欲以事托芝，不敢发言，因芝妻伯父董昭。昭犹惮芝，不为通。芝为教与群下曰：“盖君能设教，不能使吏必不犯也。吏能犯教，而不能使君必不闻也。夫设教而犯，君之劣也；

成海盗，回来就扰乱吏治。不久，司马芝差遣刘节的宾客王同等人当兵，掾史据以往的情形报告说：“刘节家从来就没出过徭役，如果到时候他把王同等人藏匿起来，一定会员额不足。”司马芝不听，写信给刘节说：“你是大宗族，又是郡里的协助人员，而宾客常不参加劳役。大家都埋怨，有的甚至报到上级去。现在调王同等人当兵，希望你届时把他们遣来。”士兵都已集合到郡中时，刘节仍藏匿王同等人，这时刘节叫督邮借口军队要出发，而谴责管县，管县掾史没有办法找出王同，只好请求代替王同。司马芝于是派人快马送信到济南，一一列上刘节的罪状。太守郝光对司马芝一向敬重相信，就以刘节代替王同去当兵，青州地区的人称司马芝“使郡主簿当兵”。迁任广平县（今河北省鸡泽县东）县令。征虏将军刘勋，贵宠、傲慢且豪奢，又是司马芝故乡河内郡的将领，他的宾客子弟屡次在郡界犯法。刘勋写信给司马芝时，不署姓名，又一大堆请托，司马芝也不回信，完全依法办理。后来刘勋因图谋不轨被诛，与他有关系的人也都获罪，而司马芝由此颇受赞美。

司马芝迁官大理正。有人窃盗官方的练帛放在厕所，吏官怀疑是女工偷的，就逮捕下狱，司马芝说：“判刑定罪的差错，常出在苛暴。现在脏物已先获得，然后再逼问口供，若是只用拷打，有的人受不住拷打，便造成诬枉嫌犯屈服的情形，诬枉嫌犯屈服是不能判罪的。再则法令简约而易服从，是圣王的教化。不放过罪犯，只是平凡时代的政治而已。现在宽谅有嫌疑的人，以推崇简易，不是很好吗？”曹操听后，就依他的意见。后来，司马芝曾任甘陵、沛、阳平太守，所到之处都有治绩。黄初年间，调为河南尹，遏抑豪强，扶助弱小，凡私下请托一概拒绝。正巧内官有事想托司马芝，又不敢说，于是托司马芝妻子的伯父董昭，董昭也怕司马芝，不敢替内官通报。司马芝告诉部属说：“君王能设立教令，却无法使官吏一定不违犯。官吏能违犯教令，也无法使君主一定不知道。设了教令而使官

犯教而闻，吏之祸也。君劣于上，吏祸于下，此政事所以不理也。可不各勉之哉！”于是下吏莫不自励。门下循行尝疑门幹盗簪，幹辞不符，曹执为狱。芝教曰：“凡物有相似而难分者，自非离娄，鲜能不惑。就其实然，循行何忍重惜一簪，轻伤同类乎！其寝勿问。”

明帝即位，赐爵关内侯。顷之，特进曹洪乳母当，与临汾公主侍者共事无涧神系狱。卞太后遣黄门诣府传令，芝不通，辄敕洛阳狱考竟，而上疏曰：“诸应死罪者，皆当先表须报。前制书禁绝淫祀以正风俗，今当等所犯妖刑，辞语始定，黄门吴达诣臣，传太皇太后令。臣不敢通，惧有救护，速闻圣听，若不得已，以垂宿留。由事不早竟，是臣之罪，是以冒犯常科，辄敕县考竟，擅行刑戮，伏须诛罚。”帝手报曰：“省表，明卿至心，欲奉诏书，以权行事，是也。此乃卿奉诏之意，何谢之有？后黄门复往，慎勿通也。”芝居官十一年，数议科条所不便者。其在公卿间，直道而行。会诸王来朝，与京都人交通，坐免。

后为大司农。先是诸典农各部吏民，末作治生，以要利人。芝奏曰：“王者之治，崇本抑末，务农重谷。《王制》：‘无三年之储，国非其国也。’《管子区言》以积谷为急。方今二虏未灭，师旅不息，国家之要，惟在谷帛。武皇帝特开屯田之官，专以农桑为业。建

吏违犯，这是君主庸劣；官吏为祸，是政事无法治理得好的原因，各位能不努力吗？”于是下属无不自我鼓励。他的部属中有一位循行曾怀疑门幹偷簪，门幹的供词不合，曹吏捕他下狱。司马芝说：“事情有相似而很难分辨的，若非像离娄那样目光锐利，很少有人能不被困惑的。就算事情确实如此，循行怎么忍心因爱惜一支簪，而伤害同仁呢？算了！不要追究。”

明帝即位后，赐司马芝为关内侯。不久，特进曹洪的奶妈，名字叫当，与临汾公主的侍者因共同祭祀无涧（山名，在今洛阳）神而入狱。卞太后派遣黄门到府传令，司马芝不见，就命令洛阳监狱审问完毕，然后上疏说：“凡是应判死罪的，本来都先上表等候批准。而以前皇上制书下令禁止各种淫祀，以端正风俗，现在当等人触犯妖刑，供词刚审定，黄门吴达就来见臣，传下太皇太后的命令。臣不敢见他，恐怕太皇太后要救当等人，赶快来报告陛下，如果不得已，为了避免见黄门吴达，请留臣待在此地。由于案子没有早点办完，这是臣的罪过，所以违反一般制度，立即命县里审问完毕，臣擅自执行刑戮，应受惩罚。”明帝亲笔回答说：“看了上表，知道你的心意，遵奉诏书，权宜行事，很对。这是你根据诏书的意旨，何须谢罪呢？以后黄门再去的话，注意！不要见他。”司马芝任官十一年，屡次建议法律条文不便之处，他在公卿之间，正直行事。有一回，诸王来朝见明帝，而与京都的人来往，司马芝因受连坐而免官。

后来司马芝任大司农。在这以前，掌管农业的各部门吏员，都做些生意，博取利润。司马芝上奏说：“王者处理政事，必崇扬根本，压抑末节，重视农业。礼记《王制》说：‘没有三年的储粮，国家就不算国家了。’《管子区言》以积累米谷为急务。目前二虏（蜀

安中，天下仓廪充实，百姓殷足。自黄初以来，听诸典农治生，各为部下之计，诚非国家大体所宜也。夫王者以海内为家，故《传》曰：‘百姓不足，君谁与足！’富足之由，在于不失天时而尽地力。今商旅所求，虽有加倍之显利，然于一统之计，已有不赀之损，不如垦田益一亩之收也。夫农民之事田，自正月耕种，耘锄条桑，耕熯种麦，获刈筑场，十月乃毕。治廪系桥，运输租赋，除道理梁，墐涂室屋，以是终岁，无日不为农事也。今诸典农，各言‘留者为行者宗田计，课其力，势不得不尔。不有所废，则当素有余力。’臣愚以为不宜复以商事杂乱，专以农桑为务，于国计为便。”明帝从之。

每上官有所召问，常先见掾史，为断其意故，教其所以答塞之状，皆如所度。芝性亮直，不矜廉隅。与宾客谈论，有不可意，便面折其短，退无异言。卒于官，家无余财，自魏迄今为河南尹者莫及芝。

芝亡，子岐嗣，从河南丞转廷尉正，迁陈留相。梁郡有系囚，多所连及，数岁不决。诏书徙狱于岐属县，县请豫治牢具。岐曰：“今囚有数十，既巧诈难符，且已倦楚毒，其情易见。岂当复久处囹圄邪！”及囚至，诘之，皆莫敢匿诈，一朝决竟，遂超为廷尉。是时

汉与东吴）尚未消灭，战争不息，国家的需要，只在粮食和布帛。武皇帝（曹操）特别设屯田官，专门以农事与种桑为职责。建安年间天下仓库充实，百姓富足。自从黄初（公元220—226年）以来，听任掌管农业的人做生意，各人为部下打算，这真不是国家大计应有的事啊。王者以四海为家，所以《论语》中说：‘百姓若不富足，谁来使君王富足呢！’富足的来源，在于不失天时而尽地利。现在商人所博取的，虽然有加倍的厚利，但一齐计算之后，已有不少的损失，不如多开垦一亩田的收入。再则，农民正月犁田，接着除草、采桑、种麦、收割、筑场圃，十月才结束。建米仓、搭桥梁、运输租税田赋，整饬道路桥梁，涂塞窗户，这样子到年底，没有一天不为农事。现在掌管农业的人各自说：‘务农的人为行商的人管理农地，课征农人赋税，在情势上不得不如此。若农人不废农事，平日还是会有余力获利的。’臣认为不应再以商事来扰乱农业，专门从事农业，对国家生计是最有利的。”明帝听了后，依他的意见。

每逢上官有事召问，别人常先去见掾史，目的是为了推测上官的意思，掾史就教他如何回答，结果都和所推测的符合。司马芝性情光明正直，端正而不桀慢。和宾客谈论，有不合意的，便当面说出对方的缺点，绝不私下批评。司马芝死于任上，家中没有多余的财物，从魏代到现在，历任河南尹没有一位比得上他。

司马芝死后，由儿子司马岐承继爵位，从河南丞转任廷尉正，又迁陈留相。梁郡狱中关了囚犯，牵连了不少人，几年下来仍未判决。皇帝下诏将囚犯迁到司马岐管辖的县里，县府请求预先做好牢具。司马岐说：“现在有几十名囚犯，不仅巧诈不符合实际情况，而且已经疲倦于酷刑，这些案情很容易就可明白，难道还要在牢中关很久吗？”囚犯押到，司

大将军爽专权，尚书何晏、邓飏等为之辅翼。南阳圭泰尝以言迕指，考系廷尉。飏讯狱，将致泰重刑。岐数飏曰："夫枢机大臣，王室之佐，既不能辅化成德，齐美古人，而乃肆其私忿，枉论无辜。使百姓危心，非此焉在？"飏于是惭怒而退。岐终恐久获罪，以疾去官。居家未期而卒，年三十五。子肇嗣。

评曰：徐奕、何夔、邢颙贵尚峻厉，为世名人。毛玠清公素履，司马芝忠亮不倾，庶乎不吐刚茹柔。崔琰高格最优，鲍勋秉正无亏，而皆不免其身，惜哉！《大雅》贵"既明且哲"，《虞书》尚"直而能温"，自非兼才，畴克备诸！

马岐一一审问，都不敢隐匿使诈，一个早上就判决完毕了，于是超迁，升官至廷尉。这时大将军曹爽专权，尚书何晏、邓飏等人为羽翼。南阳（今河南省获嘉县）人圭泰曾言辞间迕逆曹爽，被囚禁在廷尉处。这案子由邓飏审问。要判圭泰重刑。司马岐屡次对邓飏说："地位重要的大臣，是王室的辅佐，既不能辅助教化，成就德望，与古人比美，反而纵任私怨，诬枉无辜的人。使百姓心中危危不安的，不是这个是什么？"邓飏又羞又怒的走了。司马岐恐怕时间久了会得罪这帮人，就借病辞官。在家不到一年就死了，年纪三十五岁。他的儿子司马肇承继爵位。

陈寿评论说：徐奕、何夔、邢颙崇尚严峻，是当时的名人。毛玠平日言行，清廉公正，司马芝忠贞光明，毫不妥协，都不是外表刚强而内心柔弱的人。崔琰品格最优，鲍勋秉公无私，但都不能免祸，可惜！可惜！《大雅》尊尚"既聪明又有智慧"，《虞书》推崇"正直而能温厚"，若不是兼才，又有谁能具备呢？

三国志卷十三

钟华王传第十三

吴颐平 译

钟繇字元常，颍川长社人也。尝与族父瑜俱至洛阳，道遇相者，曰："此童有贵相，然当厄于水，努力慎之！"行未十里，度桥，马惊，堕水几死。瑜以相者言中，益贵繇，而供给资费，使得专学。举孝廉，除尚书郎、阳陵令，以疾去。辟三府，为廷尉正、黄门侍郎。是时，汉帝在西京，李傕、郭汜等乱长安中，与关东断绝。太祖领兖州牧，始遣使上书。傕、汜等以为"关东欲自立天子，今曹操虽有使命，非其至实"，议留太祖使，拒绝其意。繇说傕、汜等曰："方今英雄并起，各矫命专制，唯曹兖州乃心王室，而逆其忠款，非所以副将来之望也。"傕、汜等用繇言，厚加答报，由是太祖使命遂得通。太祖既数听荀彧之称繇，又闻其说傕、汜，益虚心。后傕胁天子，繇与尚书郎韩斌同策谋。天子得出长安，繇有力焉。拜御史中丞，迁侍中尚书仆射，并录前功封东武亭侯。

钟繇，别号元常，是颍川郡长社（今河南长葛市东）的人，曾经随族父瑜一齐到过洛阳，路上遇见一位相面的说："这个孩子有贵相，但是要遭水灾，千万得小心！"他们前行不到十里，过一座桥，马惊了，钟繇落下水去，几乎淹死。钟瑜想，相面的果然说对了，就更看重钟繇，于是供给用费，让他专心求学。后来，被举为孝廉，做了尚书郎、阳陵县（在陕西咸阳东）令，因病去职。受三府邀请，做了廷尉正和黄门侍郎。那时候，皇上在西京长安，李傕、郭汜等人在长安作乱，跟关东断了消息。曹操做兖州（今河北西南及山东西北部）牧，开始派人给皇上上禀奏。郭汜等人想："关东有人要自立为皇上，现在曹操虽派使前来并非实心。"所以要扣留曹操的代表，不听信他的禀告。钟繇就向李傕、郭汜等人说："现在各地英雄都起事了，也都冒充皇上的命令，只有曹兖州心向着朝廷，若是不接纳他的忠言，恐怕后来的人也失望吧。"李傕等接受了钟繇的建议，而且报答他很丰厚，这样曹操的禀报才得传达上去。曹操本已听荀彧屡次称赞钟繇，再听到他给李傕等人的建议，更想虚心接待他。后来李傕逼迫挟持皇上，钟繇和尚书郎韩斌一齐设计策，皇上所以能脱离长安，钟繇也有功劳。以后改任繇当御史中丞，再改任侍中、尚书仆射，合计所立各种功劳，封为东武亭侯。

钟繇，选自《中国历代帝王名臣像真迹》。

时关中诸将马腾、韩遂等，各拥强兵相与争。太祖方有事山东，以关右为忧。乃表繇以侍中守司隶校尉，持节督关中诸军，委之以后事，特使不拘科制。繇至长安，移书腾、遂等，为陈祸福，腾、遂各遣子入侍。太祖在官渡，与袁绍相持，繇送马二千余匹给军。太祖与繇书曰："得所送马，甚应其急。关右平定，朝廷无西顾之忧，足下之勋也。昔萧何镇守关中，足食成军，亦适当尔。"其后匈奴单于作乱平阳，繇帅诸军围之，未拔；而袁尚所置河东太守郭援到河东，众甚盛。诸将议欲释之去，繇曰："袁氏方强，援之来，关中阴与之通，所以未悉叛者，顾吾威名故耳。若弃而去，示之以弱，所在之民，谁非寇仇？纵吾欲归，其得至乎！此为未战先自败也。且援刚愎好胜，必易吾军，若渡汾为营，及其未济击之，可大克也。"张既说马腾会击援，腾遣子超将精兵逆之。援至，果轻渡汾，众止之，不从。济水未半，击，大破之，斩援，降单于。语

当时，关中各将领马腾、韩遂等人，都凭着强大部队争权利。曹操却忙着关东的事，又忧虑关右，就上表朝廷，任命钟繇用侍中头衔兼任司隶校尉，持符节监督关中各部队，以后的事也都让钟繇负责，不受一般的限制。钟繇到了长安，给马腾、韩遂等人去文书，说明如何去祸求福，于是马腾、韩遂都打发儿子到京师服务——做人质的意思。曹兵在官渡（今河南中牟县）和袁绍的兵对立，钟繇送给曹军二千多匹马。曹操回信说："得到送来的马，正合急用。关右安定平稳，朝廷不再忧虑西方，是您的功劳啊。和从前萧何镇守关中，补充军队给养的功劳，可以相比了。"后来，匈奴的单于扰乱平阳（今山西临汾南），钟繇率领各军包围平阳，没攻下；可是袁尚所任用的河东太守郭援也到了河东，部队很强盛。钟繇的部将商量要撤围，钟繇说："袁家势力正强，郭援这次来，关中暗中与他勾结，只因我的威名，还不敢全部造反。如果我们放弃了包围，就是示弱，任何地方的民众，谁不是寇仇（任何地方都有敌人），虽然打算回去，也怕达不到目的呀！这不是不战而自取败亡吗？何况郭援是个自负好胜的人，不看重我们，我们如果渡过汾河（在山西）扎营，趁着他们渡到一半的时候，加以攻击，就可以大胜。"张既说服了马腾一齐攻打郭援，马腾派儿子马超带领精兵迎着郭援前进。郭援兵一到，果然大意的渡过汾水，部下阻止他也不听。过河不到一半，这边下令攻击，郭援大败，被斩了，也降服了单于。详情见《张既传》。以

在《既传》。其后河东卫固作乱，与张晟、张琰及高幹等并为寇，繇又率诸将讨破之。自天子西迁，洛阳人民单尽，繇徙关中民，又招纳亡叛以充之，数年间民户稍实。太祖征关中，得以为资，表繇为前军师。

魏国初建，为大理，迁相国。文帝在东宫，赐繇五熟釜，为之铭曰："于赫有魏，作汉藩辅。厥相惟钟，实干心膂。靖恭夙夜，匪遑安处。百寮师师，楷兹度矩。"数年，坐西曹掾魏讽谋反，策罢就第。文帝即王位，复为大理。及践阼，改为廷尉，进封崇高乡侯。迁太尉，转封平阳乡侯。时司徒华歆、司空王朗，并先世名臣。文帝罢朝，谓左右曰："此三公者，乃一代之伟人也，后世殆难继矣！"明帝即位，进封定陵侯，增邑五百，并前千八百户，迁太傅。繇有膝疾，拜起不便。时华歆亦以高年疾病，朝见皆使载舆车，虎贲舁上殿就坐。是后三公有疾，遂以为故事。

初，太祖下令，使平议死刑可宫割者。繇以为"古之肉刑，更历圣人，宜复施行，以代死刑"。议者以为非悦民之道，遂寝。及文帝临飨群臣，诏谓"大理欲复肉刑，此诚圣王之法。公卿当善共议"。议未定，会有军事，复寝。太和中，繇上疏曰："大魏受命，继

后，河东（河东郡，今山西西南部）卫固作乱，和张晟、张琰、高幹等都做了贼寇，钟繇又率领各将领讨平了他们。自从皇上迁往长安，洛阳人口空虚，钟繇由关中移民和招收流民、叛徒来充实，过了几年，就不空虚了。曹操征关中时，正好用上洛阳的民众，于是上表朝廷命繇做了前军师。

魏国开始建立，钟繇作大理官，又改为相国。曹丕（魏文帝）做太子时，赏赐钟繇五熟釜（釜内分格，可以同时烹调各味食物），釜上有铭文是："我们强大的魏呀！作为汉朝的大支柱。宰相钟繇，就是栋梁，你是那样小心仔细，日夜恭谨奉守，没有闲暇安定舒适地生活，千百大小官员，都拿你当作模范啊。"几年之后，为了西曹掾魏讽谋反，钟繇受了连累，罢官回家。曹丕接续曹操的王位后，钟繇又作了大理官，曹丕当了皇上，钟繇改作廷尉，进封崇高乡侯。又转为太尉。改封平阳乡侯。那时，司徒华歆，司空王朗，都是前朝名臣。有一次，曹丕下朝后，对左右的人说："这三公，都是一代伟人呀，后世难见这场面了。"曹叡（明帝）接位后，钟繇升为定陵（今河南舞阳北）侯，加上五百户，和以前的合计一千八百户。后来又改任太傅。钟繇膝部有病，叩拜不方便，同时华歆也因为年老有病，上朝时特别许坐车，再由卫士把他们抬上殿来。从这时起，这办法就成了规矩。

当初，曹操下过令，讨论死刑有没有可以改判宫割——割生殖器——的。钟繇认为："古代肉刑既经过历代圣人执行，现在应该恢复，用来代替死刑。"参加讨论的人以为这样做，民众会不喜欢，于是就停下来。后来曹丕宴会群臣。下诏说："大理（指钟繇）要恢复肉刑，这正是圣人的办法，公卿们该好好地商议。"讨论还没决定，正发生战事，问题又搁下来。太和（公元 227—232 年）年时钟繇上奏说："我们大魏奉了天命，要继承虞舜、夏

踪虞、夏。孝文革法，不合古道。先帝圣德，固天所纵，坟典之业，一以贯之。是以继世，仍发明诏，思复古刑，为一代法。连有军事，遂未施行。陛下远追二祖遗意，惜斩趾可以禁恶，恨入死之无辜，使明习律令，与群臣共议。出本当右趾而入大辟者，复行此刑。《书》云：'皇帝清问下民，鳏寡有辞于苗。'此言尧当除蚩尤、有苗之刑，先审问于下民之有辞者也。若今蔽狱之时，讯问三槐、九棘、群吏、万民，使如孝景之令，其当弃市，欲斩右趾者许之。其黥、劓、左趾、宫刑者，自如孝文，易以髡、笞。能有奸者，率年二十至四五十，虽斩其足，犹任生育。今天下人少于孝文之世，下计所全，岁三千人。张苍除

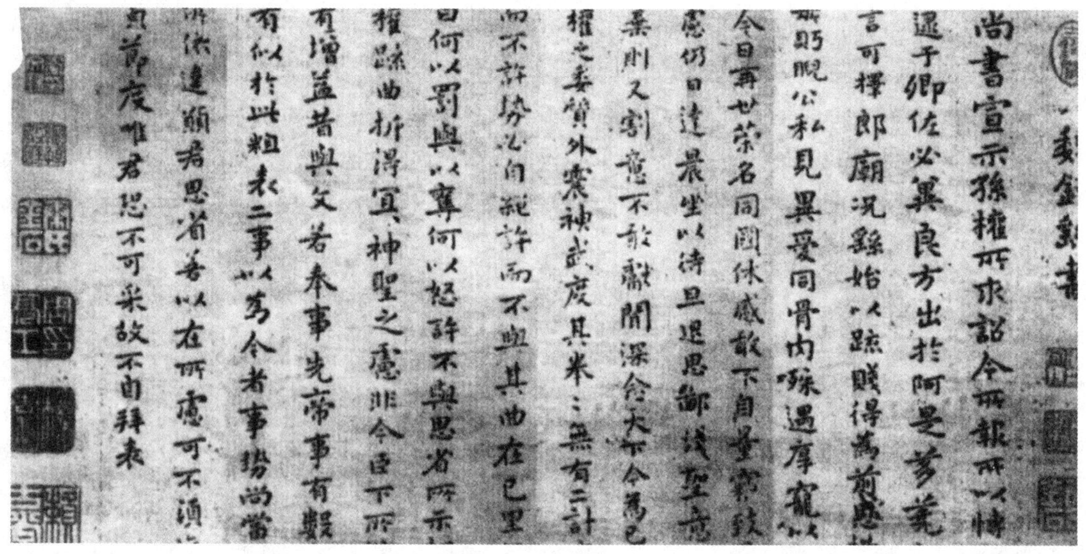

钟繇《宣示表》。钟繇书学曹嘉、蔡邕、刘德升等人，能书隶、草、真、行诸书，尤以真书绝世，唐张怀瓘《书断》称其"真书绝妙，乃过于师，刚柔备焉。点画之间，多有异趣，可谓幽深无际，古雅有余，秦汉以来，一人而已"。

禹的好政治。汉文帝改革古法除免肉刑，不合古道。先帝圣德，本是天赐的，三坟五典古书，都能贯通。所以现在下诏书打算恢复古刑，作为一代大法。只因一再有战事，而没施行。皇上追念远代二祖的遗意，痛惜斩断脚趾却可禁人作恶，有些人判死刑又太重，可使熟习法律的人，和群臣共同讨论这事。提出本来该斩右趾而判死刑的，仍受原刑。《书经》上说：'皇帝问清楚老百姓，连鳏寡都有怨恨苗民的言辞。'这是说尧在废除蚩尤、有苗的刑罚时，先询问那些要说话的百姓。若现今决狱的时候，问一问三公卿大夫，众官吏。万民，若按汉景帝的命，该斩的，愿改为斩右趾的准许他。那些刺面、割鼻、斩左趾、宫刑的，可按文帝的命改为剃发、鞭打。犯法的人，大半由二十岁到四五十岁，虽斩了脚，还能生育，现在天下人比文帝时少了，计算一下，这办法每年可多活三千人。从前张苍废除

肉刑，所杀岁以万计。臣欲复肉刑，岁生三千人。子贡问能济民可谓仁乎？子曰：‘何事于仁，必也圣乎，尧、舜其犹病诸！’又曰：‘仁远乎哉？我欲仁，斯仁至矣。’若诚行之，斯民永济。”书奏，诏曰：“太傅学优才高，留心政事，又于刑理深远。此大事，公卿群僚善共平议。”司徒王朗议，以为“繇欲轻减大辟之条，以增益刖刑之数，此即起偃为竖，化尸为人矣。然臣之愚，犹有未合微异之意。夫五刑之属，著在科律，自有减死一等之法，不死即为减。施行已久，不待远假斧凿于彼肉刑，然后有罪次也。前世仁者，不忍肉刑之惨酷，是以废而不用。不用已来，历年数百。今复行之，恐所减之文未彰于万民之目，而肉刑之问已宣于寇雠之耳，非所以来远人也。今可按繇所欲轻之死罪，使减死之髡、刖。嫌其轻者，可倍其居作之岁数。内有以生易死不訾之恩，外无以刖易钛骇耳之声。”议者百余人，与朗同者多。帝以吴、蜀未平，且寝。

太和四年，繇薨。帝素服临吊，谥曰成侯。子毓嗣。初，文帝分毓户邑，封繇弟演及子劭、孙豫列侯。

毓字稚叔。年十四为散骑侍郎，机捷谈笑，有父风。太和初，蜀相诸葛亮围祁山，明帝欲西征，毓上疏曰：“夫策贵庙胜，功尚帷幄，不下殿堂之上，而决胜千里之外。车驾宜

肉刑，每年所杀的人论万。臣欲恢复肉刑，每年可多活三千人。以前子贡问能救民可称为仁吗？孔子说：‘何止于仁，那必定是圣人了。尧、舜还有些做不到的呢！’又说：‘仁远不远呢？我打算行仁，仁就来到了。’如果我能这样做，百姓就永远得到好处了。”皇上看了禀告，下诏说：“钟太傅才学高超，留心政治，对法律很有研究。这种大事，公卿僚属该好好地评议。”司徒王朗建议：“钟繇要轻减死刑的办法，来加多刖刑的项目，这如把跌倒的扶起，化死尸成活人了。可是愚臣，还有一点不同的意见。五刑的办法，明写在条文上，本来有减死一等的方法。不死就是减刑。施行已久的刑法，不用等远远地做借斧凿在那肉刑，然后定罪的等次。前代的仁人，不忍心看惨烈的肉刑，才废除不用。从不用到现在，经过几百年了，而今再施行它，只怕所减少的条文百姓还没有全懂，可是肉刑的消息已然传到寇仇的耳里，这不是欢迎远人的办法。现今可以照钟繇所欲减轻的死罪让减死的人改受髡、刖，若嫌太轻，可以加多坐监苦工等年数。对内说，对人有不死的大恩，对外，不致被人惊奇说：拿钳刑代替了刖刑了。”参加讨论的有一百多人，多数赞成王朗的意见。皇上以为吴、蜀还没消灭，暂且停下这事。

太和四年（公元230年）钟繇去世。皇上穿上素服去吊慰。谥号是成侯。儿子毓接位。起初曹丕曾分给钟毓户口城邑，封钟繇弟演和儿子劭、孙子豫列侯。

钟毓别号稚叔，十四岁时做散骑侍郎，聪敏和谈笑，都像他的父亲。太和初年，蜀汉丞相诸葛亮兵围祁山（甘肃西和县西北），明帝要亲自西征。钟毓奏禀说：“用兵的计策在朝廷上决胜，立军功在帷帐里，不离开宫殿，就可以战胜千里外的敌人。天子的车驾该镇

镇守中土，以为四方威势之援。今大军西征，虽有百倍之威，于关中之费，所损非一。且盛暑行师，诗人所重，实非至尊动轫之时也。”迁黄门侍郎。时大兴洛阳宫室，车驾便幸许昌，天下当朝正许昌。许昌逼狭，于城南以毡为殿，备设鱼龙曼延，民罢劳役。毓谏，以为“水旱不时，帑藏空虚，凡此之类，可须丰年”。又上“宜复关内开荒地，使民肆力于农”。事遂施行。正始中，为散骑常侍。大将军曹爽盛夏兴军伐蜀，蜀拒守，军不得进。爽方欲增兵，毓与书曰：“窃以为庙胜之策，不临矢石；王者之兵，有征无战。诚以干戚可以服有苗，退舍足以纳原寇，不必纵吴汉于江关，骋韩信于井陉也。见可而进，知难而退，盖自古之政。惟公侯详之！”爽无功而还。后以失爽意，徙侍中，出为魏郡太守。爽既诛，入为御史中丞、侍中、廷尉。听君父已没，臣子得为理谤，及士为侯，其妻不复配嫁，毓所创也。

正元中，毌丘俭、文钦反，毓持节至扬、豫州班行赦令，告谕士民，还为尚书。诸葛诞反，大将军司马文王议自诣寿春讨诞。会吴大将孙壹率众降，或以为“吴新有衅，必不能复出军。东兵已多，可须后问”。毓以为“夫论事料敌，当以己度人。今诞举淮南之地以

守中央，作为援助四方之用。现在大军西征，虽有百倍的威风，在关中的消费，损失不小。何况盛暑用兵，是诗人所批评的，现在实在不是至尊皇上亲征的时候。”后来改任黄门侍郎。那时洛阳大动土木，修建宫殿，皇上移住许昌，各方人都得聚集许昌。许昌地方狭小，在城南用毡作殿，又举行各种鱼龙漫衍的游戏，民众出力非常痛苦。钟毓劝谏说：“当前水旱灾难不少，朝廷用费空虚，这一类休闲的事，可以等到丰年时再说。”又禀报：“该免除关内徭役，开发荒地，使民众发展农业。”这些建议，都施行了。正始（公元 240—248 年）年间，钟毓作了散骑常侍。大将军曹爽在盛夏要兴兵攻打蜀汉，蜀汉出兵抵抗，曹爽无法进兵，还要增兵，钟毓给他去信说：“私自以为庙堂上的策谋可以制胜，不必冒着弓箭上前方；王道的部队，有征讨而没有战争。只用干戚就能制服苗人，晋国退兵一舍之远，原国就可以投降。何必使吴汉那样大将亲到江关，也无需韩信亲自上井陉关了。看情况可进就进，知道困难就退回，自古如此。请公侯详加考虑！”后来曹爽果然没成功，只好撤兵了。再后，因为不合曹爽的意见，改任侍中，又外放作魏郡（河南安阳、河北大名一带）太守。等到曹爽被杀，钟毓又回了京都做御史中丞，侍中廷尉。钟毓创立两种法规，一是君父逝去后，为臣子的可以为他们辩护毁谤的冤案；二是士做了侯，他的妻子就不得再嫁。

正元（公元 254—255 年）年间，毌丘俭、文钦造反，钟毓持符节到扬（江苏南部、安徽、江西、浙江、福建一带）、豫（今河南省）二州宣布赦罪令告示士民。回来，做了尚书。诸葛诞造反，大将军司马文王准备亲自到寿春（今安徽寿县）征伐。正赶上吴国大将孙壹带领部队投降，有人以为吴国新遭灾难，一定不能再出兵，东部兵已很多，等以后再说。毓以为：“论事料敌，该把自己和别人放在相同的立场上比较。如今诸葛诞把整个淮南

与吴国，孙壹所率，口不至千，兵不过三百。吴之所失，盖为无几。若寿春之围未解，而吴国之内转安，未可必其不出也”。大将军曰：“善。”遂将毓行。淮南既平，为青州刺史，加后将军，迁都督徐州诸军事，假节，又转都督荆州。景元四年薨，追赠车骑将军，谥曰惠侯。子骏嗣。毓弟会，自有传。

华歆字子鱼，平原高唐人也。高唐为齐名都，衣冠无不游行市里。歆为吏，休沐出府，则归家阖门。议论持平，终不毁伤人。同郡陶丘洪亦知名，自以明见过歆。时王芬与豪杰谋废灵帝。语在《武纪》。芬阴呼歆、洪共定计，洪欲行，歆止之曰：“夫废立大事，伊、霍之所难。芬性疏而不武，此必无成。而祸将及族。子其无往！”洪从歆言而止。后芬果败，洪乃服，举孝廉，除郎中，病，去官。灵帝崩，何进辅政，征河南郑泰、颍川荀攸及歆等。歆到，为尚书郎。董卓迁天子长安，歆求出为下邽令，病不行，遂从蓝田至南阳。时袁术在穰，留歆。歆说术使进军讨卓，术不能用。歆欲弃去，会天子使太傅马日磾安集关东，日磾辟歆为掾。东至徐州，诏即拜歆豫章太守，以为政清静不烦，吏民感而爱

给了吴国，可是孙壹所统率的，人口不足一千，兵不过三百。吴国的损失并不大。如果寿春的包围不解除，吴国内部转为安定，怎么能知道他们不出来呢？”大将军说：“好。”就同钟毓一齐出发了。淮南平定，钟毓作了青州（山东北部一带）刺史，加上后将军名号，又改为都督徐州各军事，秉持符节。又转都督荆州。景元四年（公元263年）毓去世了。追赠车骑将军，谥法是惠侯。儿子骏接位。钟毓弟名会，另有传。

华歆，别号子鱼，是平原郡高唐（在今山东高唐县）的人。高唐是齐国出名的都会，上流人都往这里行走。华歆作官吏，只有休假时才出府，回到家就关门不出。议论公平，口舌绝不伤人。同乡人陶丘洪也很有名，自以为见解高明超过华歆。当时王芬和豪杰们合谋要废汉灵帝。详情在《魏武帝本纪》。王芬秘密召唤华歆、陶丘洪共同定计，陶丘洪就要去，华歆阻止他说：“废立皇上是大事，伊尹、霍光还觉得难做。王芬性情疏忽不明武事，必不会成功，而且全族都得受罪，你千万不能去！”陶丘洪听了华歆的话，就不去了。后来王芬果然失败，陶丘洪才信服了华歆。华歆被举为孝廉，作了郎中官，因病去官。汉灵帝崩逝后，何进辅助国事，征用河南尹（今河南洛阳至中牟一带）郑泰、颍川郡（今河南许昌市和平顶山市一带）荀攸和华歆等人，华歆到了京师，任为尚书郎。董卓把皇上迁移到长安，华歆请求出京作下邽（在今陕西渭南市）令，因为有病没到任，就经过蓝田（今陕西蓝田）到南阳郡（今河南南阳至湖北北部）。那时袁术在穰（今河南邓县）留住了华歆。歆建议袁术进兵讨伐董卓，术不采纳。华歆要辞别袁术，正赶上皇上使太傅马日磾巡抚关东，日磾任用华歆当属官。随马日磾到了徐州，皇上下诏命歆作豫章郡（今江西）太

之。孙策略地江东，歆知策善用兵，乃幅巾奉迎。策以其长者，待以上宾之礼。后策死。太祖在官渡，表天子征歆。孙权欲不遣，歆谓权曰："将军奉王命，始交好曹公，分义未固，使仆得为将军效心，岂不有益乎？今空留仆，是为养无用之物，非将军之良计也。"权悦，乃遣歆。宾客旧人送之者千余人，赠遗数百金。歆皆无所拒，密各题识，至临去，悉聚诸物，谓诸宾客曰："本无拒诸君之心，而所受遂多。念单车远行，将以怀璧为罪，愿宾客为之计。"众乃各留所赠，而服其德。

歆至，拜议郎，参司空军事，入为尚书，转侍中，代荀彧为尚书令。太祖征孙权，表歆为军师。魏国既建，为御史大夫。文帝即王位，拜相国，封安乐乡侯。及践阼，改为司徒。歆素清贫，禄赐以振施亲戚故人，家无担石之储。公卿尝并赐没入生口，唯歆出而嫁之。帝叹息，下诏曰："司徒，国之俊老，所与和阴阳理庶事也。今大官重膳，而司徒蔬食，甚无谓也。"特赐御衣，及为其妻子男女皆作衣服。三府议："举孝廉，本以德行，不复限以试经。"歆以为"丧乱以来，六籍堕废，当务存立，以崇王道。夫制法者，所以经盛衰。今听孝廉不以经试，恐学业遂从此而废。若有秀异，可特征用。患于无其人，何患不得哉"？帝从其言。

守，他行政的方法是清静不烦，官民都感念喜爱他。孙策往江东发展势力，华歆知道孙策会用兵，就穿戴整齐了去奉迎，策因华歆是长辈，待他用上宾的礼仪。后来孙策死去，曹操在官渡，上表请皇上征用华歆，孙权不想派遣华歆，华歆对权说："将军奉皇上命，本来和曹公交好，情义不太深，使我为将军效力，岂不有好处吗？现在空留我，是养无用之物，这不是将军的好办法呀。"孙权听了很高兴，才打发华歆走。宾客、旧友送行的有一千多，赠送了许多珍宝金钱。华歆表面上都不拒绝，却每个打上记号。等到临走时，告诉各位宾客说："原来没有拒绝各位的心意，因而接受的就多了。念想起孤单的一辆车走远路，将要因着'怀璧'而有罪，请求各位替我想一想。"大家只好把礼物收回，也都佩服华歆的美德。

华歆到京，作了议郎，参赞司空的军事，改入朝廷作尚书，又转任侍中，并代替荀彧作尚书令。曹操征孙权，上表朝廷命歆作军师。魏国建立后作御史大夫。曹丕登上王位，华歆任为相国，封安乐（今河北顺义境）乡侯。曹丕作皇上后，命华歆为司徒。华歆平时生活清贫，拿俸禄帮助亲友，家里也不存粮食。朝廷赏赐公卿们的俘虏女人，只有歆都给嫁出去，皇上赞叹，下诏书说："华司徒，是有才德的老者，帮助朝廷调和阴阳，管理国事的。当今大官们都饮食丰富，华司徒却吃素，是不合宜的。"皇上特别赏给御衣，又给他的妻子家人做了衣服。那时，三府合议："举孝廉，本来看重德行，不必再考试经义。"华歆提议："丧乱以来，六经都废弃了，应该保存扶植，才可推行王道。国家制法，关系盛衰，如今举孝廉不考试经书，恐怕学业都废弃了。但如有特别的人才也可以格外征用。只怕没有那种人，怎么怕得不到呢？"皇上终于采用了他的建议。

黄初中，诏公卿举独行君子，歆举管宁，帝以安车征之。明帝即位，进封博平侯，增邑五百户，并前千三百户，转拜太尉。歆称病乞退，让位于宁。帝不许。临当大会，乃遣散骑常侍缪袭奉诏喻指曰："朕新莅庶事，一日万几，惧听断之不明。赖有德之臣，左右朕躬，而君屡以疾辞位。夫量主择君，不居其朝，委荣弃禄，不究其位，古人固有之矣，顾以为周公、伊尹则不然。洁身徇节，常人为之，不望之于君。君其力疾就会，以惠予一人。将立席几筵，命百官总己，以须君到，朕然后御坐。"又诏袭："须歆必起，乃还。"歆不得已，乃起。

太和中，遣曹真从子午道伐蜀，车驾东幸许昌。歆上疏曰："兵乱以来，过逾二纪。大魏承天受命，陛下以圣德当成康之隆，宜弘一代之治，绍三王之迹。虽有二贼负险延命，苟圣化日跻，远人怀德，将襁负而至。夫兵不得已而用之，故戢而时动。臣诚愿陛下先留心于治道，以征伐为后事。且千里运粮，非用兵之利；越险深入，无独克之功。如闻今年征役，颇失农桑之业。为国者以民为基，民以衣食为本。使中国无饥寒之患，百姓无离土之心，则天下幸甚，二贼之衅，可坐而待也。臣备位宰相，老病日笃，犬马之命将尽，恐

黄初（公元 220—226 年）年间，下诏命公卿推举志节高尚的君子，华歆推举了管宁，皇上特别用坐乘的车征召了管宁。曹叡（明帝）接任，升华歆作博平（今山东博平）侯，加给五百户，合上以前的一共一千三百户，转任太尉。华歆因病请求退休，让位给管宁，皇上不许，当大朝会时，皇上命散骑常侍缪袭奉诏指示华歆说："我新近登位，一天管千万种事，只怕断事不明，赖有德之臣，左右帮助，然而您屡次因病辞位。考量人主，挑选君王，不入他的朝廷，放弃荣位俸禄，不考究地位，古来本有这种人，但觉得周公、伊尹就不然。约制身心严守节度，平常人可以如此，却不希望您也如此。盼望您勉强抱病来会，只为帮助我，我要立在祭席旁，命百官就位，等您来到后，我才入座。"又吩咐缪袭："一定等到华歆起来，才可以回来。"华歆不得已，只得起身。

太和年间，朝廷派曹真从子午道（陕西秦岭一条山路）讨伐蜀汉，皇上却移驾到东边的许昌（今河南许昌）。华歆上禀奏说："兵乱以来，已过了二十多年。皇上圣德足以和周成王、康王相比，应该发扬一代好政治，接续夏禹、商汤、周文王三王的功业，虽然现在有两个贼人凭着天险苟延生命，如果圣化天天进展，远方的人感念仁德，将要背着小孩子投奔我们。至于战争是不得已的事，所以该保藏武器等候时机。臣诚恳地求皇上先留心治道，把征伐看作次要。何况千里运送军需，对于用兵是不利的；穿越危险地带再深入，难有战胜的把握？听说今年因为征兵，农桑事业就缺了人。治国以百姓作基础，民众以衣食为基本，能使国中人都不饥寒，百姓不用离乡背井，天下就幸运了。两方面贼寇的失败，坐着也看得到。臣当宰相只是充数，老病一天天加重，犬马的生命将要结束，恐不能再见皇上的仪仗，不敢不尽臣子的心，请皇上裁断明察！"皇上回报说："您深深顾虑国计，我

不复奉望銮盖，不敢不竭臣子之怀，唯陛下裁察！”帝报曰：“君深虑国计，朕甚嘉之。贼凭恃山川，二祖劳于前世，犹不克平，朕岂敢自多，谓必灭之哉！诸将以为不一探取，无由自弊，是以观兵以窥其衅。若天时未至，周武还师，乃前事之鉴，朕敬不忘所戒。”时秋大雨，诏真引军还。太和五年，歆薨，谥曰敬侯。子表嗣。初，文帝分歆户邑，封歆弟缉列侯。表，咸熙中为尚书。

王朗字景兴，东海郯人也。以通经，拜郎中，除菑丘长。师太尉杨赐。赐薨，弃官行服。举孝廉，辟公府，不应。徐州刺史陶谦察朗茂才。时汉帝在长安，关东兵起，郎为谦治中，与别驾赵昱等说谦曰：“《春秋》之义，求诸侯莫如勤王。今天子越在西京，宜遣使奉承王命。”谦乃遣昱奉章至长安。天子嘉其意，拜谦安东将军。以昱为广陵太守，郎会稽太守。孙策渡江略地。郎功曹虞翻以为力不能拒，不如避之。朗自以身为汉吏，宜保城邑，遂举兵与策战，败绩，浮海至东冶。策又追击，大破之。朗乃诣策。策以朗儒雅，诘让而不害。虽流移穷困，朝不谋夕，而收恤亲旧，分多割少，行义甚著。

很赞成，贼寇凭借山川险要，武帝和文帝辛劳征伐，还不能讨平，我怎敢自大，说必定消灭他呢？各位将领以为不试探一下，他们不会自败，所以起兵看看有没有机会。从前天时不对，周武王也会还师，前事的鉴戒，我是不会忘了的。”当时赶上秋天大雨，就下诏命曹真退了兵。太和五年（公元231年）华歆去世，谥法是敬侯。他儿子华表接位。起初，曹丕分了歆的户邑，封他弟弟华缉作列侯。华表在咸熙年（公元264年至265年）当过尚书。

王朗，别号景兴，是东海郡郯县（今山东郯城）人。由于明达经学，作了郎中，任为菑丘县（在今安徽宿州市墉桥区）长。他的老师是太尉杨赐。杨赐去世时，王朗为老师辞官守孝。以后被举为孝廉。公府征用他，他没有接受。徐州刺史陶谦选王朗为茂才。那时，汉朝皇上在长安，而关东发生了战事，王朗那时作陶谦的侍中官，他和别驾赵昱等向陶谦说：“按照《春秋》的大义，诸侯的职份，最重要的是效忠王室，现在皇上被迫到西京（长安），应该派使臣向皇上表示效忠。”陶谦就派赵昱上禀奏到长安，皇上赞美陶谦的忠心，就命他为安东将军，赵昱为广陵郡（今江苏扬州一带）太守，王朗为会稽（钱塘江以南的浙江省和福建省）太守。孙策渡过长江向北方扩充地盘，王朗的属官虞翻认为不能抵抗孙策，不如退避。王朗却觉得身为汉家官员，就有责任保卫城池，于是跟孙策部下打起仗来，结果败了，就由海上逃到东冶（在福建福州）。孙策还接着追击，王朗大败，只好投奔孙策，策见王朗很斯文，就仅仅责备一番，并没处罚。王朗虽然各处流落，环境困苦，早饭吃过顾不得晚饭，却依然帮忙亲友，有东西就分给别人，躬行仁义非常显著。

太祖表征之，朗自曲阿展转江海，积年乃至。拜谏议大夫，参司空军事。魏国初建，以军祭酒领魏郡太守，迁少府、奉常、大理。务在宽恕，罪疑从轻。钟繇明察当法，俱以治狱见称。

文帝即王位，迁御史大夫，封安陵亭侯。上疏劝育民省刑曰："兵起已来三十余年，四海荡覆，万国殄瘁。赖先王芟除寇贼，扶育孤弱，遂令华夏复有纲纪。鸠集兆民，于兹魏土，使封鄙之内，鸡鸣狗吠，达于四境，蒸庶欣欣，喜遇升平。今远方之寇未宾，兵戎之役未息，诚令复除足以怀远人，良宰足以宣德泽，阡陌咸修，四民殷炽，必复过于曩时而富于平日矣。《易》称敕法，《书》著祥刑，一人有庆，兆民赖之，慎法狱之谓也。昔曹相国以狱市为寄，路温舒疾治狱之吏。夫治狱者得其情，则无冤死之囚；丁壮者得尽地力，则无饥馑之民；穷老者得仰食仓廪，则无馁饿之殍；嫁娶以时，则男女无怨旷之恨；胎养必全，则孕者无自伤之哀；新生必复，则孩者无不育之累；壮而后役，则幼者无离家之思；二毛不戎，则老者无顿伏之患。医药以疗其疾，宽繇以乐其业，威罚以抑其强，恩仁以济其弱，赈贷以赡其乏。十年之后，既笄者必盈巷。二十年之后，胜兵者必满野矣。"

曹操征用王朗，王朗就由曲阿（今江苏丹阳）绕道江海，大约一年之久才到京师，被任为谏议大夫，相帮司空的军事。魏国初建，王朗有军祭酒头衔，作魏郡太守，又转任少府、奉常、大理等官。他管司法时常表达宽大风度，判罪从轻。当时钟繇也明察有道，二人都是司法界的高手。

曹丕称王后，王朗作了御史大夫，被封安陵亭（在河南漯河市郾城区）侯。他上禀劝告维持民生，减省刑罚的道理，说："天下战乱，已有三十多年，四海震荡，万民受罪，仰赖先王平定寇贼，扶养孤弱，国家才恢复了秩序。成千成万的民众，都生活在魏国境内。远近鸡鸣狗叫的声音，都可以听见，人人精神振奋，一齐过着太平年。可是现在，远处的贼寇还没平定，战事并没结束，如果我们尽量减少劳役，就能让远方人佩服，好的地方官，能替朝廷行德政，农田水利若有了秩序，士农工商就都会富足，生活就一天天改善了。《易经》说：'要注重法治'；《书经》说：'要重视刑罚'。君王一个人若好，万民都跟着享福。这是说，对于司法、刑狱，该精心处理。从前汉朝相国曹参说：'监狱只可比作旅店'，路温舒却讨厌管刑狱的官吏。因为司法官吏若真能明察实情，就不会有冤死的囚犯。壮年人都在农田耕作，就不会有人挨饿，穷人和老人都能吃到仓库的粮食，就不会有饿殍。嫁娶年岁都合适，就没有旷男怨女。怀胎的妇女得到照顾，就不会伤心难过。新生了儿女，让做父亲的免除劳役，婴孩就不会失去养育；到了壮年再服役，那么年幼的就没有离家之苦。半老的人不再当兵，那么老年人就不会受困苦。注重医药为民众治病，放宽徭役，使民众安居乐业，用威罚来压制强横的，用恩惠来扶助弱小的，放赈、借贷给贫乏的。这样，十年以后，人口多了，待嫁的女孩必满了巷，二十年以后，能当兵的壮丁必满了全国。"

及文帝践阼，改为司空，进封乐平乡侯。时帝颇出游猎，或昏夜还宫。朗上疏曰："夫帝王之居，外则饰周卫，内则重禁门，将行则设兵而后出幄，称警而后践墀，张弧而后登舆，清道而后奉引，遮列而后转毂，静室而后息驾，皆所以显至尊，务戒慎，垂法教也。近日车驾出临捕虎，日昃而行，及昏而反，违警跸之常法，非万乘之至慎也。"帝报曰："览表，虽魏绛称虞箴以讽晋悼，相如陈猛兽以戒汉武，未足以喻。方今二寇未殄，将帅远征，故时入原野以习戎备。至于夜还之戒，已诏有司施行。"

初，建安末，孙权始遣使称藩，而与刘备交兵。诏议："当兴师与吴并取蜀不？"朗议曰："天子之军，重于华、岱，诚宜坐曜天威，不动若山。假使权亲与蜀贼相持，搏战旷日，智均力敌，兵不速决，当须军兴以成其势者，然后宜选持重之将，承寇贼之要，相时而后动，择地而后行，一举可无余事。今权之师未动，则助吴之军无为先征。且雨水方盛，非行军动众之时。"帝纳其计。黄初中，鹈鹕集灵芝池，诏公卿举独行君子。朗荐光禄大夫杨彪，且称疾，让位于彪。帝乃为彪置吏卒，位次三公。诏曰："朕求贤于君而未得，君乃翻然称疾，非徒不得贤，更开失贤之路，增玉铉之倾。无乃'居其室，出其言不善'，见违

曹丕登极后，王朗改任司空，进封乐平（在山西昔阳）乡侯。当时，皇上很爱打猎，有时候黑夜才回官，王朗上奏说："帝王的居处，外边该有周密的防卫，里边该设几道门。要出去先派兵戒备，才出帷帐，警备好了才下台阶，武器预备好了才上车，清了道才放行开道车，遮盖好了才开车。清查房屋后才停驾，这些都是要显明至尊，讲究谨慎，留下规矩的。近来车驾出去捉老虎，太阳落了才出发，昏夜才回来，不合警卫的常规，对于万乘之尊太不小心了。"皇上回报说："看了禀奏，虽然古代魏绛引证虞箴讽谏晋悼公，司马相如说猛兽伤人来警劝汉武帝，也不足以相比。如今二寇还没有消灭，将帅们都要远征，所以我也常到野外演习武事。至于夜间才回来的警戒，已吩咐官属施行了。"

从前，建安末年（约公元210年后），孙权派代表自认为藩属，准备跟刘备打仗。皇上下诏书叫讨论"应当派兵和吴合作去攻蜀吗？"王朗建议说："天子的军队，比华山、泰山还要重，坐在那里就能显曜天威，稳健如同山一样。如果孙权亲自跟蜀贼对抗，战争时间久了，彼此兵力相当，一时决不了胜败，而且需要兵力相帮时，然后我们可以挑选老练的将军，利用寇贼的弱点，看准时机再作举动，地点也得选得合适，要让它一举成功，不留下问题。现在孙权的兵还没出动，那么要帮助他的部队自然不能先出发，何况现在雨季，不是行军的时候。"皇上听从王朗的计划。黄初年间，鹈鹕鸟聚集在灵芝池。朝廷命公卿推举独行的君子，王朗荐举光禄大夫杨彪，而自己称病要让位杨彪。皇上就给杨彪加派服务的官员和士兵，并且提高地位，仅低于三公。又下诏书给王朗说："我向您求贤，还没得到，您倒称说有病，不但贤人没得到，反而开了一条失贤的路，使得尊高的大臣失了位，这不是在房屋里说的话不好，才被君子所弃绝了吗？您可别再说

于君子乎！君其勿有后辞。”朗乃起。

孙权欲遣子登入侍，不至。是时车驾徙许昌，大兴屯田，欲举军东征。朗上疏曰：“昔南越守善，婴齐入侍，遂为冢嗣，还君其国。康居骄黠，情不副辞，都护奏议以为宜遣侍子，以黜无礼。且吴濞之祸，萌于子入，隗嚣之叛，亦不顾子。往者闻权有遣子之言而未至，今六军戒严，臣恐舆人未畅圣旨，当谓国家愠于登之逋留，是以为之兴师。设师行而登乃至，则为所动者至大，所致者至细，犹未足以为庆。设其傲狠，殊无入志，惧彼舆论之未畅者，并怀伊邑。臣愚以为宜敕别征诸将，各明奉禁令，以慎守所部。外曜烈威，内广耕稼，使泊然若山，澹然若渊，势不可动，计不可测。”是时，帝以成军遂行，权子不至，车驾临江而还。

明帝即位，进封兰陵侯。增邑五百，并前千二百户。使至邺省文昭皇后陵，见百姓或有不足。是时方营修宫室，朗上疏曰：“陛下即位已来，恩诏屡布，百姓万民莫不欣欣。臣顷奉使北行，往反道路，闻众徭役，其可得蠲除省减者甚多。愿陛下重留日昃之听，以计制寇。昔大禹欲拯天下之大患，故乃先卑其宫室，俭其衣食，用能尽有九州，弼成五服。句践欲广其御儿之疆，馘夫差于姑苏，故亦约其身以及家，俭其家以施国，用能囊括五湖，

什么了。”王朗只好照旧上班。

孙权要让他儿子孙登来京师作人质，但没有来。当时皇上移驾许昌，命大量军队种田，打算东征孙权。王朗上禀说：“从前，南越守约，让他儿子婴齐到京都，以后接位，回国为王。康居国骄傲狡猾，口是心非，都护上奏说，应该让他儿子回去，以惩罚无礼。汉朝吴王濞的儿子，因为入京才受了祸。隗嚣叛变，又不顾他儿子被害。现在孙权要叫儿子入京而没来，所以六军戒严，臣恐怕传旨的人没说明圣旨，或者说因为孙登不来才要征伐他们，可是兵如果出发，而孙登又来了，那么出兵的举动未免太大，收到效果却太小，并不值得庆幸。设或他们傲狠，根本不想来，连带传旨不清的人，也感到难堪。愚臣以为该命令征伐各将领，都发禁令，小心戒备。对外表现威武，对内扩充农耕，静得像山岳，定得如深渊，气势不可动摇，计策让他们猜不透。”当时，军事已布置好，皇上也出征了，孙权的儿子始终没到，皇上车驾只到长江边，就退兵了。

曹叡（明帝）登极后，进封王朗兰陵（在山东枣庄峄城区）侯，增加邑户五百，连以前共一千二百户。派他上邺县（今河南安阳市北、河北临漳县南）看看文昭皇后的陵墓，路上发现有的百姓生活困苦。那时京城正兴建宫殿，于是王朗上了奏书说：“皇上登极后，屡次下诏施恩，百姓万民没有不高兴的。臣近来奉命到北方去，在路上看到民众的劳役，有许多是可以免除的。请皇上时时听些忠言，先制服寇贼。从前大禹要救天下人的大难，自己先居住卑陋的宫室，过着俭朴的生活，才能拥有九州，并使五服外的远人也信服。句践要扩大境界到御儿（今浙江嘉兴），在姑苏（今江苏苏州）斩了夫差，先约束自己以及家

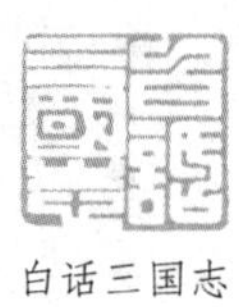

席卷三江，取威中国，定霸华夏。汉之文、景亦欲恢弘祖业，增崇洪绪，故能割意于百金之台，昭俭于弋绨之服，内减太官而不受贡献，外省徭赋而务农桑，用能号称升平，几致刑错。孝武之所以能奋其军势，拓其外境，诚因祖考畜积素足，故能遂成大功。霍去病，中才之将，犹以匈奴未灭，不治第宅。明恤远者略近，事外者简内。自汉之初及其中兴，皆于金革略寝之后，然后凤阙猥闶，德阳并起。今当建始之前足用列朝会，崇华之后足用序内官，华林、天渊足用展游宴，若且先成阊阖之象魏，使足用列远人之朝贡者，修城池，使足用绝逾越，成国险，其余一切，且须丰年。一以勤耕农为务，习戎备为事，则国无怨旷，户口滋息，民充兵强，而寇戎不宾，缉熙不足，未之有也。"转为司徒。

时屡失皇子，而后宫就馆者少，朗上疏曰："昔周文十五而有武王，遂享十子之祚，以广诸姬之胤。武王既老而生成王，成王是以鲜于兄弟。此二王者，各树圣德，无以相过，比其子孙之祚，则不相如。盖生育有早晚，所产有众寡也。陛下既德祚兼彼二圣，春秋高于姬文育武之时矣，而子发未举于椒兰之奥房，藩王未繁于掖庭之众室。以成王为喻，虽未为晚，取譬伯邑，则不为夙。《周礼》六宫内官百二十人，而诸经常说，咸以十二为限，至于秦汉之末，或以千百为数矣。然虽弥猥，而就时于吉馆者或甚鲜，明'百斯男'之

庭，自己先行节约再推行于全国，才能保有江浙，威镇中国，称霸天下。汉朝文、景二帝也都想光大祖业，并延长后代，连百金建造的台，也停止了，穿平常的布衣，减少后宫官员，不接受贡献。在外，减轻劳役、赋税，重视农桑，才得到升平快乐，刑罚几乎用不着。汉武帝所以能发扬国威，扩充领土，正因为祖先的积蓄充足，才能建立大功的。霍去病只算中才的将军，由于匈奴不灭，竟不修住宅。这都说明体念远人先由近处节省。对外的先约制内部。汉代由初起到中兴，都在军事稍安之后，再扩大凤阙，建造德阳宫殿。现在建始宫前面，已然够朝会用的，崇华殿后面也够内官使用的，华林、天渊等宫殿作为游宴用也可以了。若是先建设紫禁宫前悬法的阙门，就可以给远方朝贡的人使用，整修城池，可以挡住不守法的人，作国家的险阻，其余的一切，可以等到丰年再办。最重要的还是农业，其次是军事，使国家没有旷夫怨女，户口增加，民生充实，兵力强大，这样寇盗夷戎不宾服，政治不清明，是不可能的。"以后，王朗转任为司徒。

那时，皇子屡屡丧亡，后宫入侍的人少，王朗禀奏说："从前周文王十五岁生的武王，于是有十个儿子承继，姬姓后人多了起来。武王老年才生成王，成王弟兄就少了，这二王都立了圣德，不相上下，论子孙多少，就不同了。因为生育有早晚，所生的便或多或少。皇上兼有文武二圣的圣德，年岁比文王生武王时要大，但后宫还没生武王发那样的儿子，能封王的儿子没出现于各宫室。比成王虽算不晚，若是比伯邑考，就不早了。《周礼》规定，六宫内官有一百二十人，照各经书所说，都以十二人为限，到了秦、汉末年，甚至于多到千百。不过人虽多，生育的却少，这说明'百男孩'的本意，在乎专一，反倒不在乎

本，诚在于一意，不但在于务广也。老臣偻偻，愿国家同祚于轩辕之五五，而未及周文之二五，用为伊邑。且少小常苦被褥泰温，泰温则不能便柔肤弱体，是以难可防护，而易用感慨。若常令少小之缊袍，不至于甚厚，则必咸保金石之性，而比寿于南山矣。”帝报曰：“夫忠至者辞笃，爱重者言深。君既劳思虑，又手笔将顺，三复德音，欣然无量。朕继嗣未立，以为君忧，钦纳至言，思闻良规。”朗著《易》《春秋》《孝经》《周官传》，奏议论记，咸传于世。太和二年薨，谥曰成侯。子肃嗣。初，文帝分朗户邑，封一子列侯，朗乞封兄子详。

肃字子雍。年十八，从宋忠读《太玄》，而更为之解。黄初中，为散骑黄门侍郎。太和三年，拜散骑常侍。四年，大司马曹真征蜀，肃上疏曰：“前志有之，‘千里馈粮，士有饥色，樵苏后爨，师不宿饱’，此谓平涂之行军者也。又况于深入阻险，凿路而前，则

武乡侯骂死王朗，清朱芝轩绘。据《三国演义》，魏明帝太和元年（公元 227 年），诸葛亮伐魏，两军相持于渭河，王朗出阵，说汉气数已尽，劝诸葛亮弃兵投降，诸葛亮则大骂王朗本汉旧臣，却只图谄谀，和曹氏同谋篡位，罪不容诛，王朗听罢，大叫撞死马下。图为王朗撞死马下的情景。

后官人数多少。老臣一片赤诚，切望国家后代，像轩辕黄帝二十五子那么多，可是现在还不及周文王的十子之数，因而心怀忧虑。臣以为养育小孩，被褥似乎不可太厚，因为对弱小身体不相宜，所以难于保育，容易使人伤感。如果只用普通的被盖，不要太暖，那必能保养金玉般身体，也可以比南山的长寿了。”皇上回报说：“至忠的人言辞诚恳，爱深的人词令急切，您这样操心忧虑，文章又委婉通顺，看了十分高兴。我还没有继位的人，您非常挂念，愿意接纳您至诚的话，接受您的劝告。”王朗作的书，有《易经》《春秋》《孝经》《周官传》等等，奏议、论记，也都传流世上。太和二年（公元 228 年）去世，谥法是成侯。他儿子肃接位。起初，曹丕分过朗的户邑，封一个儿子列侯，王朗请求封了他兄的儿子名详的。

王肃，字子雍，十八岁时，跟宋忠学习《太玄》，并且重新为它做注解。黄初年间，做散骑黄门侍郎。太和三年（公元 229 年），作散骑常侍。太和四年，大司马曹真出征蜀汉，王肃上禀说：“古人说：‘由千里以外运粮到前方，兵士已饿得面黄；等着打柴再煮饭，兵士就吃不饱了。’这是说的在平坦的道路行军时的情况。至于深山大谷，先得开路再走，那要辛苦百倍。如今正在下雨，山路又陡又滑，人和人拥在一起，粮食又接济不上，

其为劳必相百也。今又加之以霖雨，山坂峻滑，众逼而不展，粮县而难继，实行军者之大忌也。闻曹真发已逾月而行裁半谷，治道功夫，战士悉作。是贼偏得以逸而待劳，乃兵家之所惮也。言之前代，则武王伐纣，出关而复还；论之近事，则武、文征权，临江而不济。岂非所谓顺天知时，通于权变者哉！兆民知圣上以水雨艰剧之故，休而息之，后日有衅，乘而用之，则所谓'悦以犯难，民忘其死者'矣。"于是遂罢。又上疏："宜遵旧礼，为大臣发哀，荐果宗庙。"事皆施行。又上疏陈政本曰："除无事之位，损不急之禄，止浮食之费，并从容之官；使官必有职，职任其事，事必受禄，禄代其耕，乃往古之常式，当今之所宜也。官寡而禄厚，则公家之费鲜，进仕之志劝。各展才力，莫相倚仗。敷奏以言，明试以功，能之与否，简在帝心。是以唐、虞之设官分职，申命公卿，各以其事，然后惟龙为纳言，犹今尚书也，以出内帝命而已。夏、殷不可得而详。《甘誓》曰'六事之人'，明六卿亦典事者也。《周官》则备矣，五日视朝，公卿大夫并进，而司士辨其位焉。其《记》曰：'坐而论道，谓之王公；作而行之，谓之士大夫。'及汉之初，依拟前代，公卿皆亲以事升朝。故高祖躬追反走之周昌，武帝遥可奉奏之汲黯，宣帝使公卿五日一朝，成帝始置尚书五人。自是陵迟，朝礼遂阙。可复五日视朝之仪，使公卿尚书各以事进。废礼复兴，

是兵家最忌讳的。听说曹真出发一个多月，才走了一半山谷，开路的工作，都由兵士下手，那么贼寇正好安逸地等着辛苦的人，这在兵家而言是畏惧的。前代武王伐纣，出了关又退回；近代，武帝、文帝都征过孙权，到了长江就过不去了。这不是顺天知时，懂得变通的道理吗？万民知道皇上由于下雨的困苦，而让他们休息，以后有机会，才使用他们，那他们会高高兴兴，连死亡也不怕了。"于是停止征蜀。王肃又向朝廷建议："可以遵照旧礼规，为大臣发丧，在宗庙荐水果。"朝廷也采纳了。王肃又上禀说明行政的基本道理，说："可以免除没有工作的官位，省下不急需的俸禄，停止因袭而来的经费，合并闲散的官位，让每个人都有工作，负责地工作，有事务的才能受禄，俸禄是代替耕田的，这是自古相沿的道理，也是当前该做的。官员人数可以减少，俸禄却可提高，如此公家可以减少支出，工作的人也可更努力，人人尽量施展才能，不可互相推诿，让他们充分表达意见，再看实际工作好不好，是不是有才干，请皇上仔细考察。所以唐虞时代设官分职，个人做好职分内的事，然后由由龙作为纳言，如同今天的尚书，传纳皇帝命令，反映臣民意见。夏、殷两代的情形，今天已不详细。《甘誓》说：'六种职事的人。'这是说，六卿管六种事务。《周官》记载更清楚：五天一上朝，公卿大夫都参加，司士分辨他们的地位。《周礼》上又记载：'坐而论道的，称为王公，工作而施行的，叫作士大夫。'汉朝初年，仿照前代制度，公卿都按职务升朝。所以高祖亲自追赶反走的周昌，武帝遥远地许可汲黯的陈奏，宣帝时，公卿五天一上朝，成帝开始派用五位尚书。以后制度慢慢败坏，朝礼就不讲了。如今可以恢复五天一朝的规矩，叫公卿尚书依职务作报告。如此，已废的礼规复兴，光大而宣扬圣

光宣圣绪，诚所谓名美而实厚者也。”

青龙中，山阳公薨，汉主也。肃上疏曰：“昔唐禅虞，虞禅夏，皆终三年之丧，然后践天子之尊。是以帝号无亏，君礼犹存。今山阳公承顺天命，允答民望，进禅大魏，退处宾位。公之奉魏，不敢不尽节。魏之待公，优崇而不臣。既至其薨，棕敛之制，舆徒之饰，皆同之于王者，是故远近归仁，以为盛美。且汉总帝皇之号，号曰皇帝。有别称帝，无别称皇，则皇是其差轻者也。故当高祖之时，土无二王，其父见在而使称皇，明非二王之嫌也。况今以赠终，可使称皇以配其谥。”明帝不从，使称皇，乃追谥曰汉孝献皇帝。

后肃以常侍领秘书监，兼崇文观祭酒。景初间，宫室盛兴，民失农业，期信不敦，刑杀仓卒。肃上疏曰：“大魏承百王之极，生民无几，干戈未戢，诚宜息民而惠之以安静遐迩之时也。夫务畜积而息疲民，在于省徭役而勤稼穑。今宫室未就，功业未讫，运漕调发，转相供奉。是以丁夫疲于力作，农者离其南亩，种谷者寡，食谷者众，旧谷既没，新谷莫继。斯则有国之大患，而非备豫之长策也。今见作者三四万人，九龙可以安圣体，其内足以列六宫，显阳之殿，又向将毕，惟泰极已前，功夫尚大，方向盛寒，疾疢或作。诚愿陛下发德音，下明诏，深愍役夫之疲劳，厚矜兆民之不赡，取常食廪之士，非急要者之用，

人之法，这才是名美而实厚。”

青龙（公元233—236年）年间，山阳公去世，他原是汉朝皇上。王肃上禀说：“古代唐尧让位虞舜，虞舜让位夏禹，都先守丧三年，然后登极。所以帝号不亏，君礼也存在。如今山阳公顺承天命，答允民众愿望，让位大魏，退到宾位。山阳公事奉魏朝，不敢不尽臣节，魏国对待山阳公，优待他不用称臣。现在山阳公去世，用什么棺木入殓，怎样抬送，多少夫役，都跟王位一样，这样远近都说我们仁至义尽，无不称赞我们。而且汉代合并皇帝两个字，称为皇帝，有别于寻常的称帝，不然就称皇，那么皇字是轻了一点。所以在高祖时，土无二王，他父亲在世而称为皇，表明没有二王的嫌疑。何况现在是送终，可以称为皇来配合他的谥法。”曹叡（明帝）没有采纳只称为“皇”的建议，就追谥称汉孝献皇帝。

以后，王肃做常侍领秘书监，兼任崇文观祭酒。景初（公元237—239年）年间，宫室建造太多，民众得放弃农业，劳役期限不定，刑罚杀人也不认真。王肃就上奏说：“大魏承百王的末期，人口不多，战事不止，是该让民众休息，加恩于他们，来安静远近各方的时候，要打算多积蓄，让困苦民众休养，在乎减少劳役，努力耕作，现今宫室没建完，功业没成就，漕运又要征调民众，一站接一站的工作，这样壮丁们疲劳地做工，农人离弃了田地，种谷人少，吃饭的人多，旧谷吃完，新谷接不上，这才是国家的大患，不是国家长久之计。现在服劳役的有三四万人，九龙殿已够皇上用的，里边足以住六宫，显阳殿也将完成，只有泰极殿工作还多，天气冷了，工人容易生病，切盼皇上发下好消息，下诏书，怜惜役夫的疲劳，体恤民众的困苦，只用吃国家粮的人，只做急要的工作，挑选强壮的一万

选其丁壮，择留万人，使一期而更之，咸知息代有日，则莫不悦以即事，劳而不怨矣。计一岁有三百六十万夫，亦不为少。当一岁成者，听且三年。分遣其余，使皆即农，无穷之计也。仓有溢粟，民有余力：以此兴功，何功不立？以此行化，何化不成？夫信之于民，国家大宝也。仲尼曰：'自古皆有死，民非信不立。'夫区区之晋国，微微之重耳，欲用其民，先示以信，是故原虽将降，顾信而归，用能一战而霸，于今见称。前车驾当幸洛阳，发民为营，有司命以营成而罢。既成，又利其功力，不以时遣。有司徒营其目前之利，不顾经国之体。臣愚以为自今以后，倘复使民，宜明其令，使必如期。若有事以次，宁复更发，无或失信。凡陛下临时之所行刑，皆有罪之吏，宜死之人也。然众庶不知，谓为仓卒。故愿陛下下之于吏而暴其罪。钧其死也，无使污于宫掖而为远近所疑。且人命至重，难生易杀，气绝而不续者也，是以圣贤重之。孟轲称杀一无辜以取天下，仁者不为也。汉时有犯跸惊乘舆马者，廷尉张释之奏使罚金，文帝怪其轻，而释之曰：'方其时，上使诛之则已。今下廷尉。廷尉，天下之平也，一倾之，天下用法皆为轻重，民安所措其手足？'臣以为大失其义，非忠臣所宜陈也。廷尉者，天子之吏也，犹不可以失平，而天子之身，反可以惑谬乎？斯重于为己，而轻于为君，不忠之甚也。周公曰：'天子无戏言；言则史书

人，做一年就找人代替，大家知道有换班的日子，就可以快乐地工作，受累而不抱怨了，算来一年有三百六十万工，也不少了。一年要完的，延到三年，剩下的人都遣送回去务农，这才是长久的打算。使仓中有余下的米，使民众有多余的力，用来兴办事业，什么工都可以做成；拿这办法教化民众，也没有不成功的。信用对人民说，是一件大宝贝，仲尼说：'自古以来，人总是要死的，如果老百姓对统治者不信任，那么这个国家就不能存在下去了。'拿小小的晋国说，微小的重耳，要用民众，先表示信用，所以原国虽然愿意投降，为了信用，还是先退一舍，这才能一战而称霸，被后人称赞。以前，皇上要去洛阳，征用民众建营房，管事人告诉民众，营房建成就可回家。但营房完成后，仍想利用他们，不按时遣送民众。主管人只顾目前的利，不管国家的大体。愚臣以为以后如果征用民众劳役，必须说清楚，按时遣回。如果再有工作，宁可重新征召，不可失信。还有，皇上有临时行刑的人，都是有罪的官吏，或是该受死刑的人。但是百姓不明白，认为行刑太马虎。所以请皇上交给法官，宣布罪状。同样是死刑，不可使朝廷蒙冤，又被远近猜疑。况且人命至重，难生却容易杀，气绝就不能再续了，所以圣贤都重视人命。孟轲说杀一个人就能取天下，仁人也不肯做。汉朝有惊驾的人，廷尉张释之奏明皇上判罚金，文帝怪判得轻，而释之说：'在当时，皇上命人杀了他就好了，现在交给廷尉，廷尉判天下，必须公平，稍微一歪，天下都跟着轻或重，那么民众连手足都没地方放了。'臣以为张释之的话完全不对，不是忠臣所该说的。廷尉是皇上的官吏，尚且不可以不平，而皇上本身，还可以错误吗？这是太看重自己，轻看了皇上，非常不忠的。周公说：'天子说话不能开玩笑；所说的话，要

之，工诵之，士称之。’言犹不戏，而况行之乎？故释之之言不可不察，周公之戒不可不法也。”又陈“诸鸟兽无用之物，而有刍谷人徒之费，皆可蠲除”。

帝尝问曰：“汉桓帝时，白马令李云上书言：‘帝者，谛也。是帝欲不谛。’当何得不死？”肃对曰：“但为言失逆顺之节。原其本意，皆欲尽心，念存补国。且帝者之威，过于雷霆，杀一匹夫，无异蝼蚁。宽而宥之，可以示容受切言，广德宇于天下。故臣以为杀之未必为是也。”帝又问：“司马迁以受刑之故，内怀隐切，著《史记》非贬孝武，令人切齿。”对曰：“司马迁记事，不虚美，不隐恶。刘向、扬雄服其善叙事，有良史之才，谓之实录。汉武帝闻其述《史记》，取孝景及己本纪览之，于是大怒，削而投之。于今此两纪有录无书。后遭李陵事，遂下迁蚕室。此为隐切在孝武，而不在于史迁也。”

正始元年，出为广平太守。公事征还，拜议郎。顷之，为侍中，迁太常。时大将军曹爽专权，任用何晏、邓飏等。肃与太尉蒋济、司农桓范论及时政，肃正色曰：“此辈即弘恭、石显之属，复称说邪！”爽闻之，戒何晏等曰：“当共慎之！公卿已比诸君前世恶人矣。”坐宗庙事免。后为光禄勋。时有二鱼长尺，集于武库之屋，有司以为吉祥。肃曰：“鱼生于渊而亢于屋，介鳞之物失其所也。边将其殆有弃甲之变乎？”其后果有东关之败。

由史官记下来，乐人歌诵，士人称道。’连说话还不能开玩笑，何况行事呢？所以，释之的话，不能不察明，周公的劝戒，不可不取法。”王肃又陈请：“各种鸟兽是没用的，再加上喂养人的俸禄，这都可以省下。”

皇上曾问王肃：“汉桓帝时，白马县（今河南滑县）令李云上奏说：‘帝的意思是审慎，可是帝不要审慎。’应该怎样才能不死？”王肃答说：“这仅是说话不知顺逆，可是查他本心，却是尽忠，为了对国家有利。而且皇帝的威力，比雷霆还大，随便杀一个人，就跟蚂蚁一样。所以如果能宽赦了他，可以表气量大，容得下急切的话，使天下人都受恩惠，所以臣以为杀了李云，未必就对。”皇上又问：“司马迁因为受了刑罚，内心怀恨，就写《史记》讥讽武帝，太可恶了。”王肃答说：“司马迁记事，不夸张好事，不隐藏坏事，刘向、扬雄都佩服他叙事有条理，有好史官的才干，《史记》是实录。汉武帝听说他作《史记》，要景帝和自己的本纪看，看完后大怒，删改后尚不能息怒，干脆将它扔了。如今这两纪只有目录没有书，以后遭李陵的事，才使司马迁遭受宫刑。这是暗恨在武帝，而不在司马迁啊。”

正始元年（公元240年），王肃外放作广平郡（今河北鸡泽一带）太守，因为公事又奉命回京，任议郎。不久，改任侍中，转任太常。当时，大将军曹爽专权，任用何晏、邓飏等。王肃和太尉蒋济、司农桓范谈论时政，肃板着脸说：“这些人跟弘恭、石显一样坏，还有什么可说呢！”曹爽知道了，就警告何晏等说：“大家都得小心哪！公卿们已经把你们比成前代坏人了。”王肃因为宗庙事，免了官。后来，又做了光禄勋。那时，有两条一尺长的鱼，集在武库屋中，管事人认为是吉祥事。王肃说：“鱼生活在水里，现在跳上屋子来，

徙为河南尹。嘉平六年，持节兼太常，奉法驾。迎高贵乡公于元城。是岁，白气经天，大将军司马景王问肃其故，肃答曰："此蚩尤之旗也，东南其有乱乎？君若修己以安百姓，则天下乐安者归德，唱乱者先亡矣。"明年春，镇东将军毌丘俭、扬州刺史文钦反，景王谓肃曰："霍光感夏侯胜之言，始重儒学之士，良有以也。安国宁主，其术焉在？"肃曰："昔关羽率荆州之众，降于禁于汉滨，遂有北向争天下之志。后孙权袭取其将士家属，羽士众一旦瓦解。今淮南将士父母妻子皆在内州，但急往御卫，使不得前，必有关羽士崩之势矣。"景王从之，遂破俭、钦。后迁中领军，加散骑常侍，增邑三百，并前二千二百户。甘露元年薨，门生缞绖者以百数。追赠卫将军，谥曰景侯。子恽嗣。恽薨，无子，国绝。景元四年，封肃子恂为兰陵侯。咸熙中，开建五等，以肃著勋前朝，改封恂为丞子。

初，肃善贾、马之学，而不好郑氏，采会同异，为《尚书》《诗》《论语》《三礼》《左氏》解，及撰定父朗所作《易传》，皆列于学官。其所论驳朝廷典制、郊祀、宗庙、丧纪、轻重，凡百余篇。时乐安孙叔然，受学郑玄之门，人称东州大儒。征为秘书监，不就。肃

这是水族没有家，边界军队有失败的变故吧！"后来，果然出了东关（今安徽巢湖市东南）的败仗。王肃以后又出任河南尹（今河南洛阳至中牟一带）。嘉平六年（公元254年），接受符节兼任太常。带着天子的仪仗，上元城（在今河北邯郸市）去迎接高贵乡（在山东郯城）公。那一年，白气横在天空，大将军司马景王问是什么道理，王肃答说："这是蚩尤的旗子，东南方也许有乱事吗？您若修养自己来安定百姓，那么，天下守本分的人归心，捣乱的就会失败了。"第二年春天，镇东将军毌丘俭、扬州刺史文钦造反，司马景王对王肃说："从前霍光听了夏侯胜的话，才尊重儒学的人，真有道理。要让国家主上都平安，有什么办法呢？"王肃说："当年关羽带着荆州兵马，在汉水附近征服了于禁，才有向北方争天下的心愿。后来孙权偷袭他官兵的家眷，关羽一下子就失败了。现在淮南这些官兵的父母妻子都在我们这边，如果赶快阻挡他们，叫他们不能出境，必然像关羽一样的失败了。"司马景王听从了这计划，就打败了毌丘俭、文钦。以后，王肃又改任中领军，加散骑常侍头衔，加给三百邑，连前合为二千二百户。甘露元年（公元256年）去世。门生中服丧的有数百人。追赠卫将军，谥法是景侯。侯位由儿子王恽接任，恽去世时，没有儿子，侯国就绝了。景元四年（公元263年）封王肃儿子王恂为兰陵（今山东枣庄市峄城区）侯。咸熙年（公元264年）再分五等爵，因为王肃在前朝有功，改封恂为丞（县名，在今山东枣庄市）子。

丞，王肃喜好贾逵、马融的学术，而不喜好郑玄，他研究采取相同或相反的意见，作了《尚书》《诗》《论语》《三礼》《左氏》的解释，又完成了他父亲王朗的《易传》，都列为官学。他评论或反驳朝廷的典制、郊祀、宗庙、丧纪、轻重等著作，有一百多篇。当时，

集《圣证论》以讥短玄，叔然驳而释之，及作《周易》《春秋例》《毛诗》《礼记》《春秋三传》《国语》《尔雅》诸注，又著书十余篇。自魏初征士燉煌周生烈，明帝时大司农弘农董遇等，亦历注经传，颇传于世。

评曰：钟繇开达理干，华歆清纯德素，王朗文博富赡，诚皆一时之俊伟也。魏氏初祚，肇登三司，盛矣夫！王肃亮直多闻，能析薪哉！

乐安（今山东博兴县）的孙叔然（本名炎）是郑玄的学生，人称为东州大儒，曾被征为秘书监，却不就任。王肃有一篇《圣证论》是攻击郑玄的，孙叔然作了反驳和解说，并且作了《周易》《春秋例》《毛诗》《礼记》《春秋三传》《国语》《尔雅》等注解，另外注书十几篇。魏国初年，征士敦煌（今甘肃敦煌）人周生烈，曹叡（明帝）时大司农弘农郡（河南西部和陕西东部）人董遇等，也都注过经传，世上传流的很多。

陈寿评论说：钟繇明理又能干，华歆清廉有德行，王朗文辞广博丰富，这都是一时的俊伟人物。魏国初年，登任三司尊位，真是盛况。王肃明白正直，知识渊博，能够继承父业啊！

三国志卷十四

程郭董刘蒋刘传第十四

包根弟 译

程昱字仲德，东郡东阿人也。长八尺三寸，美须髯。黄巾起，县丞王度反应之，烧仓库。县令逾城走，吏民负老幼东奔渠丘山。昱使人侦视度，度等得空城不能守，出城西五六里止屯。昱谓县中大姓薛房等曰："今度等得城郭不能居，其势可知。此不过欲虏掠财物，非有坚甲利兵攻守之志也。今何不相率还城而守之？且城高厚，多谷米，今若还求令，共坚守，度必不能久，攻可破也。"房等以为然。吏民不肯从，曰："贼在西，但有东耳。"昱谓房等："愚民不可计事。"乃密遣数骑举幡于东山上，令房等望见，大呼言"贼已至"，便下山趣城，吏民奔走随之，求得县令，遂共城守。度等来攻城，不能下，欲去。昱率吏民开城门急击之，度等破走。东阿由此得全。

初平中，兖州刺史刘岱辟昱，昱不应。是时岱与袁绍、公孙瓒和亲，绍令妻子居岱

程昱字仲德，东郡东阿（故城在今山东阳谷县东北五十里）人。身高八尺三寸，胡须长得很美。黄巾乱起，县丞王度乘机反叛应和，焚烧仓库。县令越城逃走，官吏和人民也都扶老携幼向东逃往渠丘山（在东阿县西北十五里）避难。昱派人去侦察窥探王度，发现王度等一帮乱贼得到一座空城不能驻守，兵马屯驻在城西外五六里的地方。昱向县中大姓薛房等人说："如今王度这一帮人，夺得了城郭却不能居留，由此就可以看出他们的情势，只不过想掠夺一些财物而已，并没有整顿军队，坚利甲兵想要攻城防守的大志。现在我们何不彼此率领吏民回到城里去固守城郭，况且城墙又高又厚，谷粮又多，现在如果再找回县令，共同坚守，王度一定支持不久，一攻就破了。"薛房等人认为很对。可是吏民却都不肯听从，说："贼兵在西边，只有东边才安全。"昱告诉房等人说："愚民不能跟他们商量大事。"于是就暗中派遣几个骑兵在东山上举起旗子，让薛房等人望见，大叫说："贼兵已到。"就逃下山去急奔入城，吏民也都跟着他们奔逃，找回了县令，于是就共同入城固守。王度等人来攻城，攻不下，正想撤退，程昱率领吏民打开城门急忙追击，王度等人落败而逃，东阿因此得以保全。

初平（汉献帝年号）年中，兖州刺史刘岱征召程昱，昱不去。那时刘岱和袁绍、公孙

所，瓒亦遣从事范方将骑助岱。后绍与瓒有隙。瓒击破绍军，乃遣使语岱，令遣绍妻子，使与绍绝。别敕范方："若岱不遣绍家，将骑还。吾定绍，将加兵于岱。"岱议连日不决，别驾王或白岱："程昱有谋，能断大事。"岱乃召见昱，问计。昱曰："若弃绍近援而求瓒远助，此假人于越以救溺子之说也。夫公孙瓒，非袁绍之敌也。今虽坏绍军，然终为绍所禽。夫趣一朝之权而不虑远计，将军终败。"岱从之。范方将其骑归，未至，瓒大为绍所破。岱表昱为骑都尉，昱辞以疾。

刘岱为黄巾所杀。太祖临兖州，辟昱。昱将行，其乡人谓曰："何前后之相背也！"昱笑而不应。太祖与语，说之，以昱守寿张令。太祖征徐州，使昱与荀彧留守鄄城。张邈等叛迎吕布，郡县响应，唯鄄城、范、东阿不动。布军降者，言陈宫欲自将兵取东阿，又使氾嶷取范，吏民皆恐。或谓昱曰："今兖州反，唯有此三城。宫等以重兵临之，非有以深结其心，三城必动。君，民之望也，归而说之，殆可！"昱乃归，过范，说其令靳允曰："闻吕布执君母弟妻子，孝子诚不可为心！今天下大乱，英雄并起，必有命世，能息

瓒和亲，袁绍让妻子住在刘岱处，公孙瓒也派遣从事官范方率领骑兵帮助刘岱。后来袁绍和公孙瓒有了仇隙。瓒攻破了绍军，于是就派遣使者告诉岱，要他遣回袁绍的妻子，和袁绍断绝关系。另外敕令范方说："如果刘岱不遣回袁绍的家眷，你就带兵回来，等我平定袁绍，就要攻打刘岱。"刘岱好几天都不能下定决策，别驾王或告诉岱说："程昱有智谋，能决断大事。"岱于是就召见昱，请教计策，昱说："如果弃绝了袁绍的近援而去求取公孙瓒的远助，这就等于去请越地的援手来拯救沉溺的人一样说法。那公孙瓒，并非袁绍的对手，现在虽然打败了袁绍军队，但终究还是会被袁绍擒住的。如果只知趋附一时的权势，而不深谋远虑，将军最后一定会失败的。"刘岱听从了他的话，范方率领他的骑兵回去，还没到，公孙瓒就被袁绍打得大败。刘岱上表推荐昱为骑都尉，昱借病推辞了。

刘岱被黄巾贼杀死，太祖（曹操）到兖州（今河南开封、濮阳，山东菏泽、聊城、济宁、泰安等地），征召程昱。程昱将要动身时，他的乡人问道："为什么你前后的行为不一样呢？"程昱笑而不答。太祖和他一交谈，很喜欢他，命令程昱留守寿张（故城在今山东东平县西南）。太祖征讨徐州时，使昱和荀彧留守鄄城县（故城在今山东鄄城北二十里）。张邈等人反叛曹操迎接吕布军，各个郡县都起来响应，只有鄄城县、范县（故城在今山东范县东南二十里）、东阿县固守不动。吕布军队投降的人说陈宫要亲自率领军队攻取东阿县，又派氾嶷攻打范县。听到这消息，吏民都恐慌起来。荀彧向程昱说："现在兖州各地叛乱，只有这三城固守不动。陈宫等人率领大军压境，如果不深深地团结人心，三城一定会有动乱。先生，您是人民所寄望的人，回去劝说大家，大概有效力。"程昱于是回去，经过范县，进说县令靳允道："听说吕布囚禁了先生的母亲、弟弟和妻、子，这实在是让孝子不能安心的事！现在天下大乱，英雄并起，必有一世奇才，能够平息天下大乱，这就要靠聪

天下之乱者，此智者所详择也。得主者昌，失主者亡。陈宫叛迎吕布而百城皆应，似能有为，然以君观之，布何如人哉！夫布，粗中少亲，刚而无礼，匹夫之雄耳。宫等以势假合，不能相君也。兵虽众，终必无成。曹使君智略不世出，殆天所授！君必固范，我守东阿，则田单之功可立也。孰与违忠从恶而母子俱亡乎？唯君详虑之！”允流涕曰：“不敢有二心。”时汜嶷已在县，允乃见嶷，伏兵刺杀之，归勒兵守。昱又遣别骑绝仓亭津，陈宫至，不得渡。昱至东阿，东阿令枣祗已率厉吏民，拒城坚守。又兖州从事薛悌与昱协谋，卒完三城，以待太祖。太祖还，执昱手曰：“微子之力，吾无所归矣。”乃表昱为东平相，屯范。

太祖与吕布战于濮阳，数不利。蝗虫起，乃各引去。于是袁绍使人说太祖连和，欲使太祖遣家居邺。太祖新失兖州，军食尽，将许之。时昱使适还，引见，因言曰：“窃闻将军欲遣家，与袁绍连和，诚有之乎？”太祖曰：“然。”昱曰：“意者将军殆临事而惧，不然何虑之不深也！夫袁绍据燕、赵之地，有并天下之心，而智不能济也。将军自度能为之下乎？将军以龙虎之威，可为韩、彭之事邪？今兖州虽残，尚有三城。能战之士，不下万

明人自己仔细地选择了。得到明主的人昌盛，失去明主的人败亡。陈宫背叛降迎吕布，许多县城都纷纷响应，好像是能有所作为，但是以先生看来，吕布是怎样的一个人呢？那个吕布，粗鲁严苛而少仁爱，刚愎而不懂礼节，只是匹夫之雄而已。陈宫等人借此时机和他虚合，根本不能互相定下君臣之分。兵虽多，最后一定不会成功。曹使君智慧谋略世间少有，或是上天所授予，先生一定要坚守范县，我防守东阿，那么就可以建立田单般的大功了。这与背弃忠信，附从恶人而使得母子同亡，哪一样好呢？只有靠先生自己详细的考虑了。”靳允流涕说：“不敢存有异心。”当时汜嶷已在县中，靳允于是就接见嶷，暗中埋伏士兵把他刺杀了，回衙整治军队，加强防守。程昱又派遣他处的骑兵截断仓亭津（在今阳谷县城南部）的渡口，陈宫到了此地，没法渡河。程昱到东阿县，东阿县令枣祗已经率领奋厉的吏民，坚守县城抗拒。又有兖州从事薛悌和程昱同心策划。终于保全了三城，等待太祖归来。太祖回来以后，握着程昱的手说：“不是靠你的力量，我就无处可归了。”于是就上表推荐程昱为东平相，屯驻在范县。

太祖和吕布在濮阳县（在今河南濮阳市南）大战，屡次失利。蝗虫灾害发生后，才各自带兵离去。于是袁绍派人来劝说太祖，要和他联合起来，想让太祖把家搬到邺县（在今河北临漳县南和河南安阳市北）居住。太祖刚失去了兖州，军粮又吃完了，正要答应袁绍。这时候程昱恰好出使回来，于是就说道：“听说将军想更遣送家眷（到邺县），和袁绍联合，真有这样的事吗？”太祖答：“对！”程昱说：“我猜想将军大概是临事害怕了吧！不然为什么会考虑得这么不深入呢？那袁绍盘据燕、赵一带的地方，有并吞天下的野心，但是他的智谋又不足以完成大事。将军自我思量能处在他的下位吗？将军以您龙虎般的威武，怎

人。以将军之神武，与文若、昱等，收而用之，霸王之业可成也。愿将军更虑之！”太祖乃止。

天子都许，以昱为尚书。兖州尚未安集，复以昱为东中郎将，领济阴太守，都督兖州事。刘备失徐州，来归太祖。昱说太祖杀备，太祖不听。语在《武纪》。后又遣备至徐州要击袁术，昱与郭嘉说太祖曰：“公前日不图备，昱等诚不及也。今借之以兵，必有异心。”太祖悔，追之不及。会术病死，备至徐州，遂杀车胄，举兵背太祖。顷之，昱迁振威将军。袁绍在黎阳，将南渡。时昱有七百兵守鄄城。太祖闻之，使人告昱，欲益二千兵。昱不肯，曰：“袁绍拥十万众，自以所向无前。今见昱兵少，必轻易，不来攻。若益昱兵，过则不可不攻，攻之必克，徒两损其势。愿公无疑！”太祖从之。绍闻昱兵少，果不往。太祖谓贾诩曰：“程昱之胆，过于贲、育。”昱收山泽亡命，得精兵数千人，乃引军与太祖会黎阳，讨袁谭、袁尚。谭、尚破走，拜昱奋武将军，封安国亭侯。太祖征荆州，刘备奔吴。论者以为孙权必杀备，昱料之曰：“孙权新在位，未为海内所惮。曹公无敌于天下，初举荆州，

么能做出像韩信、彭越般称臣的事呢？现在兖州虽然残败，但还保有三城。能作战的士兵，不下万人。以将军的神明英武，和文若（荀彧字）、昱等人，收揽而用，共同策划，就可以完成霸王的大业，希望将军能重新考虑一下。”太祖于是就打消了这个念头。

天子（汉献帝）以许（在今河南许昌市）为都城时，任用程昱为尚书。兖州这时还没安定集聚，所以又派程昱为东中郎将，领济阴（今山东菏泽市定陶区）太守，统领兖州军事。刘备失去徐州（今山东临沂、日枣和长江以北的江苏等地），来投奔太祖。程昱劝太祖杀掉刘备，太祖不听。这件事记载在《武帝本纪》里。后来又派遣刘备到徐州去拦击袁术，程昱和郭嘉进言太祖说：“公前日不杀刘备，这件事我们这些人实在想不到。但是今天您却又把兵借给他，他一定会生背叛之心。”太祖很后悔，急忙去追，已经追不上了。恰巧袁术病死，刘备到徐州，于是就杀掉车胄，举兵背叛太祖。不久，程昱改任振威将军。袁绍在黎阳（在今河南浚县东北），将要南渡。当时昱只有七百个士兵驻守鄄城，太祖知道了，派人告诉昱，要增加二千士兵给他。昱不肯，说：“袁绍拥有十万军队，自以为兵力所向之处，毫无阻碍。现在看到昱的兵少，一定看不起不会来攻。如果增加了昱的兵，袁绍经过了就不能不攻，一进攻一定会被攻下，这样只会白白地两度损失我军力量，希望公不必疑虑。”太祖听从了他的话。袁绍听说程昱兵少，果然没去。太祖告诉贾翊说：“程昱的胆识，超过孟贲、夏育。”（二人皆古勇士）程昱招收逃亡山泽的人，得到精兵几千人，于是就领兵和太祖在黎阳会面，去讨伐袁谭、袁尚。谭、尚被打败逃走，任昱为奋武将军，封安国亭侯。太祖征讨荆州（今河南南部、湖北大部、贵州东部、湖南等地），刘备逃奔吴。一般评论认为孙权一定会杀掉刘备，昱预测说：“孙权刚刚在位，还不为海内人士畏惧，曹公却是天下无敌，方攻下荆州，威势震动江南，孙权虽有智谋，却不能独力承当。刘备有英

威震江表，权虽有谋，不能独当也。刘备有英名，关羽、张飞皆万人敌也，权必资之以御我。难解势分，备资以成，又不可得而杀也。”权果多与备兵，以御太祖。是后中夏渐平，太祖拊昱背曰：“兖州之败，不用君言，吾何以至此？”宗人奉牛酒大会，昱曰：“知足不辱，吾可以退矣。”乃自表归兵，阖门不出。

昱性刚戾，与人多迕。人有告昱谋反，太祖赐待益厚。魏国既建，为卫尉，与中尉邢贞争威仪，免。文帝践阼，复为卫尉，进封安乡侯，增邑三百户，并前八百户。分封少子延及孙晓列侯。方欲以为公，会薨，帝为流涕，追赠车骑将军，谥曰肃侯。子武嗣。武薨，子克嗣。克薨，子良嗣。

晓，嘉平中为黄门侍郎。时校事放横，晓上疏曰：“《周礼》云：‘设官分职，以为民极。’《春秋传》曰：‘天有十日，人有十等。’愚不得临贤，贱不得临贵。于是并建圣哲，树之风声。明试以功，九载考绩。各修厥业，思不出位。故栾书欲拯晋侯，其子不听；死人横于街路，邴吉不问。上不责非职之功，下不务分外之赏，吏无兼统之势，民无二事之役，斯诚为国要道，治乱所由也。远览典志，近观秦汉，虽官名改易，职司不同，至于崇

名，关羽、张飞都能力敌万人，孙权一定会借助他来抵御我们。情势难解难分之下，刘备就借此成就了他的势力，孙权也就没办法杀他了。”孙权果然给刘备很多兵，来抵御太祖。这以后中原逐渐平定，太祖抚着程昱的背说：“当年兖州失败的时候，如果不听你的话，我怎么会有今天？”宗人举行牛酒犒赏大会，程昱说：“能够知足就不会招来耻辱，我可以隐退了。”于是就自己上表归还兵权，闭门不再出来。

程昱性情刚愎乖戾，常和别人起冲突。有人密告程昱谋反，太祖赏赐他，对待他却更加丰厚。魏国建立以后，做卫尉，和中尉邢贞争夺仪仗，被免职。文帝即位后，又任他为卫尉，进封安乡侯，增加封邑三百户，和以前所封的合并共计八百户。又分封他的小儿子延和孙子晓为列侯。正要封他为公的时候，他就死了，文帝也为他流泪哭泣，追赠他为车骑将军，谥号为肃侯。他的儿子武承嗣爵位。武死后，他的儿子克承嗣爵位。克死后，他的儿子良承嗣爵位。

晓，嘉平（齐王芳年号）中作黄门侍郎，那时校事（官名）恣意妄为，晓上疏朝廷说：“《周礼》说：‘分设官职，作为人民的中正准则。’《春秋传》说：‘天有十日，人有十等。’愚者不可监理贤者，贱者不可监理贵者。于是扶立圣知，治理人民，由地方风俗定下声教之法。详明的考验他九年的功绩。各自修明他的事业，虑事不超越自己的职限。所以栾书想要在烂泥中拯救晋厉公，他的儿子栾铖不让他救（因超越职权）。人民相斗，死人横陈街路，宰相邴吉经过不问。在上位的人不责难职责以外的事功，在下位的人不寻求职分以外的赏赐，官吏没有总揽各职的权势，人民没有两种事务的劳役，这实在是国家的重要治道，政治修明与纷乱的根由呀！往远看记载政典的古籍，往近看秦汉的政

上抑下，显分明例，其致一也。初无校事之官干与庶政者也。昔武皇帝大业草创，众官未备，而军旅勤苦，民心不安，乃有小罪，不可不察，故置校事，取其一切耳，然检御有方，不至纵恣也。此霸世之权宜，非帝王之正典。其后渐蒙见任，复为疾病，转相因仍，莫正其本。遂令上察宫庙，下摄众司，官无局业，职无分限，随意任情，唯心所适。法造于笔端，不依科诏；狱成于门下，不顾覆讯。其选官属，以谨慎为粗疏，以謥詷为贤能。其治事，以刻暴为公严，以循理为怯弱。外则托天威以为声势，内则聚群奸以为腹心。大臣耻与分势，含忍而不言，小人畏其锋芒，郁结而无告。至使尹模公于目下肆其奸慝；罪恶之著，行路皆知，纤恶之过，积年不闻。既非《周礼》设官之意，又非《春秋》十等之义也。今外有公卿将校总统诸署，内有侍中尚书综理万机，司隶校尉督察京辇，御史中丞董摄宫殿，皆高选贤才以充其职，申明科诏以督其违。若此诸贤犹不足任，校事小吏，益不可信。若此诸贤各思尽忠，校事区区，亦复无益。若更高选国士以为校事，则是中丞司隶重增一官耳。若如旧选，尹模之奸今复发矣。进退推算，无所用之。昔桑弘羊为汉求利，卜式以

体，虽然官名改变了，职权不同了，至于尊崇在上者，压抑在下者，明显的分别条例，始终还是一样的。最初并没有校事的官干涉参与各种政事的。以前武皇帝（曹操）刚刚草创大业，所有的官吏都还没齐备，但是因为军旅劳苦，民心不安定，于是有小罪，不能不明察，所以设立校事官，采取暂时权宜的措施，但是却检治有方，不至于放肆。这是霸世的权宜政策，并非帝王正规的典章制度。其后校事渐渐地受到信任，就成为一种疾病祸害，辗转地相因相成，就失去了当初设立此官的本意。于是就派他们上察宗庙，下统百官，官员不分部门，职权没有限制，随意任由他们自己，从心所欲，为所欲为。法令定自他们的笔端，不依照科条和诏令；刑狱就在他们门下被判定，根本不重复讯问。他们考选官属，把谨慎者看作粗疏，把匆遽者看作贤能。他们治理事情，把苛暴当作公严，把循理当作怯弱。在外假托天子的威严作为声势，在内聚集一群奸贼作为心腹，大臣耻与他们争夺权势，含忍而不说，小人畏惧他们的锋芒，内心郁结而无处可诉。所以使得尹模公然在眼前奸邪肆意横行；罪恶的显著，连路人都知道，小恶小过，朝廷累年都不闻不问。这些现象既不是《周礼》中设置官吏的原意，也不合《春秋》所说的十等的意义。现在朝廷外有公卿、将、校，总领统理各官署，内有侍中、尚书管理一切事务，司隶、校尉视察京师，御史、中丞监督宫殿，都是选出特殊的贤才来担任职务，郑重说明科条诏令以监督他们的失职。如果像这些贤才还不能胜任，那么像校事这种小官，就更不可信任了。如果这些贤才各个都想竭尽忠诚，区区的校事，也就没有什么用了。如果重新慎选杰出国士来担任校事，那么只是再增加一个中丞、司隶的官而已。如果依照旧的选法，那么像尹模这样的奸恶今日又会复发了。前后推算，校事一官实在没有任何作用。从前桑弘羊为汉代设立‘平准’制度，替朝廷牟取大利，这年干旱，天子命令官

郭嘉，选自清皇家珍藏手抄善本绘图描金银《三国志演义》。

为独烹弘羊，天乃可雨。若使政治得失必感天地，臣恐水旱之灾，未必非校事之由也。曹恭公远君子，近小人。《国风》托以为刺。卫献公舍大臣，与小臣谋，定姜谓之有罪。纵令校事有益于国，以礼义言之，尚伤大臣之心，况奸回暴露，而复不罢，是衮阙不补，迷而不返也。”于是遂罢校事官。晓迁汝南太守，年四十余薨。

郭嘉字奉孝，颍川阳翟人也。初，北见袁绍，谓绍谋臣辛评、郭图曰：“夫智者审于量主，故百举百全而功名可立也。袁公徒欲效周公之下士，而未知用人之机。多端寡要，好谋无决，欲与共济天下大难，定霸王之业，难矣！”于是遂去之。先是时，颍川戏志才，筹画士也，太祖甚器之。

员求雨，卜式认为只有烹杀桑弘羊，老天才会下雨。如果政治的得失，一定会感应天地，那么臣以为水旱的灾害，恐怕未必不是因校事而引起的吧！曹恭公远离君子，亲近小人，《国风》（《诗经·曹风·候人》章）借小人不称其官服，来讽刺他。卫献公丢弃大臣，专和小臣商议，他的母亲定姜认为他有罪。纵使校事对国家有益，从礼义方面来说，还会伤害了大臣的心，何况他们奸邪枉法显露于外，这样还不撤消他们的职务，那就是天子不能弥补过失、入迷途而不知返回呀！”于是就撤消了校事官。程晓升为汝南太守，年四十多就死了。

郭嘉字奉孝，是颍川郡阳翟人（今河南禹州市）。最初，去北方见袁绍，告诉袁绍的谋臣辛评、郭图说：“那聪明人能精明的审量主人，因此所做的事都能得心应手，功名也就可以建立起来了。袁公只想要效法周公礼敬贤士，却不知道用人的道理。多所从事却少有要领，喜好谋划却没有决断，想要和他共同救助天下的大难，定下霸王的功业，太难了。”于是就离开了北方。早先的时候，颍川（今河南许昌市和平顶山市一带）戏志才，是足智多谋的人，太祖很器重他。早死。太祖写信给荀彧说：“自从志才死了以后，没有可以共

早卒。太祖与荀彧书曰："自志才亡后，莫可与计事者。汝、颍固多奇士，谁可以继之？"或荐嘉。召见，论天下事。太祖曰："使孤成大业者，必此人也。"嘉出，亦喜曰："真吾主也。"表为司空军祭酒。

征吕布，三战破之，布退固守。时士卒疲倦，太祖欲引军还，嘉说太祖急攻之，遂禽布。语在《荀攸传》。

孙策转斗千里，尽有江东，闻太祖与袁绍相持于官渡，将渡江北袭许。众闻皆惧，嘉料之曰："策新并江东，所诛皆英豪雄杰，能得人死力者也。然策轻而无备，虽有百万之众，无异于独行中原也。若刺客伏起，一人之敌耳。以吾观之，必死于匹夫之手。"策临江未济，果为许贡客所杀。

从破袁绍，绍死，又从讨谭、尚于黎阳，连战数克。诸将欲乘胜遂攻之，嘉曰："袁绍爱此二子，莫適立也。有郭图、逄纪为之谋臣，必交斗其间，还相离也。急之则相持，缓之而后争心生。不如南向荆州若征刘表者，以待其变；变成而后击之，可一举定也。"太祖曰："善。"乃南征。军至西平，谭、尚果争冀州。谭为尚军所败，走保平原，遣辛毗乞

同商量事情的人。汝郡、颍川本来有很多奇士，谁可以继承他呢？"荀彧推荐郭嘉。太祖召见他，讨论天下大事，太祖说："使我完成大业的，一定是这个人。"郭嘉出来后，也高兴地说："真是我的主人。"太祖上表推荐他为司空军祭酒。

太祖征讨吕布，三战打败了吕布，吕布退兵固守不出。当时士兵都很疲倦了，太祖想率军回去，郭嘉进言太祖要赶快进攻，于是就捉住了吕布。此事记载在《荀攸传》。

孙策转战千里，占据了整个江东地方（习惯上称芜湖以下的长江南岸地区为江东），听说太祖和袁绍在官渡（在今河南中牟县东北）互相对峙，就要渡江向北攻打许（今河南许昌市）。大家听了都很害怕，郭嘉预测说："孙策刚刚并吞江东，所杀掉的人都是英雄豪杰，这是能得到别人效死命的人呀！但是孙策轻率而没有防备，虽然有百万的军队，却无异于独行平原之中一样。如果刺客埋伏出来行刺，只是一个人的敌手罢了。照我看来，他一定会死在匹夫手里。"孙策到长江边还没渡江，果然就被许贡的门客所杀。

郭嘉跟随太祖打败袁绍，绍死，又随太祖在黎阳讨伐袁谭、袁尚，连战皆捷，诸将想乘胜就进攻他们，郭嘉说："袁绍喜爱这两个儿子，没有立下适当的继承人。有郭图、逄纪做他们的谋臣，一定会在中间彼此勾心斗角，又互相离间。如果我们加紧攻击，他们就会互相团结，我们慢一点攻击，他们就会生出争夺之心。不如南面向荆州，好像要征伐刘表的样子，来等待他们的变乱，变乱发生了然后再攻击他们，就可以一举攻下来了。"太祖说："好！"于是就向南征伐。军队到西平（今河南舞阳县东南）时，谭、尚果然争夺冀州了。谭被尚军打败，逃到平原郡（今山东德州一带）固守。派辛毗来求降。太祖回去援救他，于是就跟着平定了邺县。又随后在南皮县（在今河北南皮县北）攻打

降。太祖还救之，遂从定邺。又从攻谭于南皮，冀州平。封嘉洧阳亭侯。

太祖将征袁尚及三郡乌丸，诸下多惧刘表使刘备袭许以讨太祖，嘉曰："公虽威震天下，胡恃其远，必不设备。因其无备，卒然击之，可破灭也。且袁绍有恩于民夷，而尚兄弟生存。今四州之民，徒以威附，德施未加，舍而南征，尚因乌丸之资，招其死主之臣，胡人一动，民夷俱应，以生蹋顿之心，成觊觎之计，恐青、冀非己之有也。表，坐谈客耳，自知才不足以御备，重任之则恐不能制，轻任之则备不为用，虽虚国远征，公无忧矣。"太祖遂行。至易，嘉言曰："兵贵神速。今千里袭人，辎重多，难以趣利，且彼闻之，必为备；不如留辎重，轻兵兼道以出，掩其不意。"太祖乃密出卢龙塞，直指单于庭。虏卒闻太祖至，惶怖合战。大破之，斩蹋顿及名王已下。尚及兄熙走辽东。

嘉深通有算略，达于事情。太祖曰："唯奉孝为能知孤意。"年三十八，自柳城还，疾笃，太祖问疾者交错。及薨，临其丧，哀甚，谓荀攸等曰："诸君年皆孤辈也，唯奉孝最少。天下事竟，欲以后事属之，而中年夭折，命也夫！"乃表曰："军祭酒郭嘉，自从征伐，十有一年。每有大议，临敌制变。臣策未决，嘉辄成之。平定天下，谋功为高。

袁谭，平定冀州。封嘉为洧阳亭侯。

太祖将要征伐袁尚和三郡乌丸（即乌桓，东胡别种），许多下面的人都害怕刘表派刘备攻打许县来讨伐太祖，郭嘉说："公虽然威势震动天下，但胡人仗恃着地远，一定不会防范，借着他们没防备，猝然去攻击，就可以消灭他们。而且袁绍对人民、夷狄都有恩，同时袁尚兄弟还活着。现在四州的人民，只是因为威势而附从，还未施予恩德，就舍下了他们而南征，如果袁尚借着乌丸的资助，招集为他们效死命的臣子，胡人一动乱，人民和夷狄都起来响应，使蹋顿产生侵略的野心，达成他觊觎的鬼计，恐怕青州、冀州就不是我们所有了。刘表，只是一个坐谈客而已，自己知道没有抵御刘备的才能，重任他则怕不能控制他，轻任他则刘备不为他所用，虽然虚国远征，公不必担心。"太祖于是就出征了，到易县（今河北雄县西北十五里）。郭嘉说："用兵贵神速，现在由千里远地偷袭人，辎重粮草太多，就很难取利，而且对方知道了，一定会有防备，不如留下辎重，轻兵加速进军，乘他不防备的时候去偷袭。"太祖就偷偷地出兵卢龙塞（在河北迁安市西北），直攻单于庭。虏人突然听到太祖到了，惊惶恐惧地来会战。被打得大败，把蹋顿和名王以下的人，全都斩首。袁尚和兄袁熙逃到辽东（今辽宁东南境）。

郭嘉精通计略，对事情洞悉明达。太祖说："只有奉孝能明了我的心意。"三十八岁，从柳城（在今辽宁朝阳市西南）回来，病得很重，太祖派来探病的人交错不绝。死后，去吊丧，太祖十分悲哀，告诉荀攸等人说："诸君年纪都是我一辈的人，只有奉孝最小。本想等到天下一统把以后的事交付给他，他却在中年就夭折了，这全是命吧！"于是上表谓："军祭酒郭嘉，自从征战以来，十一年中，每次有重大的决议，临敌应变，臣未能决断的策不幸短命，事业未终。追思嘉勋，实不可忘。可增邑八百户，并前千户。”谥曰贞侯。子奕嗣。

后太祖征荆州还，于巴丘遇疾疫，烧船，叹曰：“郭奉孝在，不使孤至此。”初，陈群非嘉不治行检，数廷诉嘉，嘉意自若。太祖愈益重之，然以群能持正，亦悦焉。奕为太子文学，早薨。子深嗣。深薨，子猎嗣。

董昭字公仁，济阴定陶人也。举孝廉，除廮陶长、柏人令，袁绍以为参军事。绍逆公孙瓒于界桥，钜鹿太守李邵及郡冠盖，以瓒兵强，皆欲属瓒。绍闻之，使昭领钜鹿。问：“御以何术？”对曰：“一人之微，不能消众谋，欲诱致其心，唱与同议，及得其情，乃当权以制之耳。计在临时，未可得言。”时郡右姓孙伉等数十人专为谋主，惊动吏民。昭至郡，伪作绍檄告郡云：“得贼罗侯安平张吉辞，当攻钜鹿，贼故孝廉孙伉等为应，檄到收行军法，恶止其身，妻子勿坐。”昭案檄告令，皆即斩之。一郡惶恐，乃以次安慰，遂皆平集。事讫白绍，绍称善。会魏郡太守栗攀为兵所害，绍以昭领魏郡太守。时郡界大乱，贼以万数，遣

略，嘉常为我决断。平定天下，谋划功劳甚高。不幸短命而死，事业未究，追念嘉的功勋，实不可忘。可增加他的封邑八百户，合并以前封邑计一千户。”谥为贞侯，子奕承嗣爵位。

后来太祖征伐荆州回来，在巴丘（今湖南岳阳市）遇到疾疫，把船烧毁，叹息说：“郭奉孝如在，不会让我到此田地。”当初，陈群指责郭嘉不注重品行，屡次在朝廷上控诉郭嘉，郭嘉还是意气自如。因此太祖更加看重他，但因陈群能守正道，也很高兴。奕任太子文学，早死。子深承嗣爵位。深死，子猎承嗣爵位。

董昭字公仁，济阴定陶（今山东菏泽市定陶区）人被荐举为孝廉，任瘿陶长（今河北邢台市宁晋县西南三十里）长、柏人（今河北唐山市西）令，袁绍任他为参军。袁绍在界桥（在今河北邢台市威县）迎接公孙瓒，钜鹿（今河北中南部）太守李邵和郡中官员，因为公孙瓒兵力强大，都想要投靠瓒。袁绍听说此事，就派昭任钜鹿太守。并问道：“要用什么方法抵御？”董昭答说：“一个人微薄的力量，不能消除众谋，想博取他们的信任，定要附和他们的谋议，等到探得实情，再掌握大权来制裁他们。计谋要临时应变，没法说出来。”当时世家大族孙伉等几十人专为主谋人，惊动官吏人民。董昭到郡中，假造一道袁绍的檄书通告全郡说：“得到叛贼罗侯安平张吉的书信，要攻打钜鹿，叛贼故孝廉孙伉等人为内应，檄书一到立刻收押处以军法，罪恶止其本身，妻子不必坐罪。”董昭根据檄书告诉县令，全部都立刻斩首。一郡人都感到惶恐，于是才按次到各地安慰，全郡也就都平息安集下来。事情作完后报告袁绍，绍认为他做得很好。恰好魏郡（郡治在今河北临漳县西南四十里）太守栗攀被士兵杀害，袁绍就派董昭任魏郡太守。当时郡界大乱，贼寇有万人之

使往来，交易市买。昭厚待之，因用为间，乘虚掩讨，辄大克破。二日之中，羽檄三至。

昭弟访，在张邈军中。邈与绍有隙，绍受谗将致罪于昭。昭欲诣汉献帝，至河内，为张杨所留。因杨上还印绶，拜骑都尉。时太祖领兖州，遣使诣杨，欲令假涂西至长安，杨不听。昭说杨曰："袁、曹虽为一家，势不久群。曹今虽弱，然实天下之英雄也，当故结之。况今有缘，宜通其上事，并表荐之；若事有成，永为深分。"杨于是通太祖上事，表荐太祖。昭为太祖作书与长安诸将李傕、郭汜等，各随轻重致殷勤。杨亦遣使诣太祖。太祖遗杨犬马金帛，遂与西方往来。天子在安邑，昭从河内往，诏拜议郎。

建安元年，太祖定黄巾于许，遣使诣河东。会天子还洛阳，韩暹、杨奉、董承及杨各违戾不和。昭以奉兵马最强而少党援，作太祖书与奉曰："吾与将军闻名慕义，便推赤心。今将军拔万乘之艰难，反之旧都，翼佐之功，超世无畴，何其休哉！方今群凶猾夏，四海未宁，神器至重，事在维辅；必须众贤以清王轨，诚非一人所能独建。心腹四支，实相恃赖，一物不备，则有阙焉。将军当为内主，吾为外援。今吾有粮，将军有兵，有无相通，足以相济，死生契阔，相与共之。"奉得书喜悦，语诸将军曰："兖州诸军近在许耳，有兵

多，派遣使者往来，在市中交易买卖。董昭对他们十分优厚，借此利用他们作间谍，乘贼寇不防备时去讨伐，常常大破贼寇。两天之中，收到三次军书。

董昭弟弟访，在张邈军中。邈和绍有仇，绍受到谗言要降罪给董昭，昭想要进见汉献帝，到了河内（今河南省黄河以北一带），被张杨留下。靠张杨的关系，献帝把印绶发还给董昭，任他做骑都尉。那时太祖领治兖州，派使者见张杨，想要他借条路西到长安，张杨不肯。董昭进言张杨道："袁、曹虽属一家，在形势上不会永久相合。曹操现在虽然较弱，但实在是天下的英雄，所以应当和他结交。何况如今有缘，应该为他向天子转达这事，并且上表推荐他，如果事情能成功，可永结契缘。"杨于是为太祖向天子转达此事，上表推荐太祖。昭为太祖写信给长安诸将李傕、郭汜等人，各按他们职权的轻重致殷勤之意。杨也派遣使者来见太祖。太祖赠送张杨狗马金银布帛，于是就和西方互相往来。天子在安邑（今山西解州夏县西北）时，昭从河内去，天子下诏任为议郎。

建安元年（汉献帝年号，公元 196 年），太祖在许平定黄巾贼，派遣使者到河东（山西南部黄河东岸）。恰好天子回到洛阳，韩暹、杨奉、董承和张杨各个都乖戾不和。昭因杨奉兵马最强大而援助的同党又少，就写了一封太祖的信给杨奉说："我和将军闻名慕义，就献出赤忱。今天将军扫除了天子的艰难，让天子回到旧都，辅佐的功劳，超世无双，何等的伟大呀！当今群凶乱夏，天下未安，帝位至重，全仗辅佐，必须众贤才来澄清帝王的政轨，实在不是一人的力量所能独建功效的。心腹和四肢，实是互相仗恃依赖，一物不具备，就有缺陷。将军当作内主，我作外援。现在我有粮，将军有兵，有无相通，足以相助，死生离合，与你相共。"杨奉接信很高兴，告诉诸位将军说："兖州诸军就近在许县，有兵有粮，

有粮，国家所当依仰也。”遂共表太祖为镇东将军，袭父爵费亭侯；昭迁符节令。

太祖朝天子于洛阳，引昭并坐，问曰：“今孤来此，当施何计？”昭曰：“将军兴义兵以诛暴乱，入朝天子，辅翼王室，此五伯之功也。此下诸将，人殊意异，未必服从，今留匡弼，事势不便，惟有移驾幸许耳。然朝廷播越，新还旧京，远近跂望，冀一朝获安。今复徙驾，不厌众心。夫行非常之事，乃有非常之功，愿将军算其多者。”太祖曰：“此孤本志也。杨奉近在梁耳，闻其兵精，得无为孤累乎？”昭曰：“奉少党援，将独委质。镇东、费亭之事，皆奉所定，又闻书命申束，足以见信。宜时遣使厚遗答谢，以安其意。说‘京都无粮，欲车驾暂幸鲁阳，鲁阳近许，转运稍易，可无县乏之忧。’奉为人勇而寡虑，必不见疑，比使往来，足以定计。奉何能为累！”太祖曰：“善。”即遣使诣奉。徙大驾至许。奉由是失望，与韩暹等到定陵钞暴。太祖不应，密往攻其梁营，降诛即定。奉、暹失众，东降袁术。三年，昭迁河南尹。时张杨为其将杨醜所杀，杨长史薛洪、河内太守缪尚城守待绍救。太祖令昭单身入城，告喻洪、尚等，即日举众降。以昭为冀州牧。

正是国家应当依靠仰仗的。”于是就共同上表任太祖为镇东将军，承袭父亲的爵位费亭侯，昭升任符节令。

太祖到洛阳朝见天子，引昭同坐，问道：“今天我来这里，当用什么计谋？”昭说：“将军发动义兵诛除暴乱，入朝天子，辅佐王室，这是五霸的大功呀！但此下诸位将领，人人意见不同，未必服从，现在留下来匡辅，形势上有所不便，只有把天子移驾到许去。但是朝廷流亡，刚刚才回到旧都，远近的人都企盼着，希望一朝都能获得安定。现在又要徙驾，众心都会不满。但要做非常之事，才有非常之功，希望将军计算利益多的方面去做。”太祖说：“这是我本来的志向呀！但杨奉就近在梁（今河南汝州市西），听说他的兵很精锐，岂不会成为我的祸害吗？”昭答：“奉却少援助的同党，要单独委质结纳。上次封镇东将军、袭费亭侯爵的事，都是杨奉促成，这次又接到书信申明约定，足可受到他的信任。应该时常派使者赠送厚重的礼物去答谢他，以安定他的心。并告诉他：‘京都（洛阳）没有粮食，希望天子的车驾暂时迁到鲁阳（今河南鲁山县治），鲁阳接近许，转运粮食比较容易，就没有路途遥远供应不继的忧虑了。’奉为人有勇而少思虑，一定不会见疑，在使节频频往来之际，就足以完成了大计。奉怎能成为祸害呢？”太祖说：“好！”立刻派遣使者去见杨奉。把天子大驾迁徙到许。杨奉因此对曹操很失望，和韩暹等人到定陵（今河南漯河市舞阳县北十五里）劫掠骚扰。太祖不理会他们，偷偷地去攻打他梁地军营，降服诛杀立即就扫平了。杨奉、韩暹失去了军队，向东投降袁术。三年（公元 198 年），董昭升任河南尹。那时张杨被他的将领杨醜所杀。杨的长史薛洪和河内太守缪尚固守城池等待袁绍的救兵。太祖命令昭独自进城，晓谕洪、尚等人，当天他们就率领众人投降了。于是任董昭为冀州（今河北中部、南部等地）牧。

太祖令刘备拒袁术，昭曰："备勇而志大，关羽、张飞为之羽翼，恐备之心未可得论也！"太祖曰："吾已许之矣。"备到下邳，杀徐州刺史车胄，反。太祖自征备，徙昭为徐州牧。袁绍遣将颜良攻东郡，又徙昭为魏郡太守，从讨良。良死后，进围邺城。袁绍同族春卿为魏郡太守，在城中，其父元长在扬州，太祖遣人迎之。昭书与春卿曰："盖闻孝者不背亲以要利，仁者不忘君以徇私，志士不探乱以徼幸，智者不诡道以自危。足下大君，昔避内难，南游百越，非疏骨肉，乐彼吴会，智者深识，独或宜然。曹公愍其守志清恪，离群寡俦，故特遣使江东，或迎或送，今将至矣。就令足下处偏平之地，依德义之主，居有泰山之固，身为乔松之偶，以义言之，犹宜背彼向此，舍民趣父也。且邾仪父始与隐公盟，鲁人嘉之，而不书爵，然则王所未命，爵尊不成，《春秋》之义也。况足下今日之所托者乃危乱之国，所受者乃矫诬之命乎？苟不逞之与群，而厥父之不恤，不可以言孝。忘祖宗所居之本朝，安非正之奸职，难可以言忠。忠孝并替，难以言智。又足下昔日为曹公所礼辟，夫戚族人而疏所生，内所寓而外王室，怀邪禄而叛知己，远福祚而近危亡，弃明义而收大

太祖命令刘备抗拒袁术，董昭说："刘备勇敢而志向远大，关羽、张飞做他的羽翼，恐怕刘备的心是不能预料的呀！"太祖说："我已经答应他了。"刘备到下邳（今江苏邳州市东），杀掉徐州（今江苏长江以北和山东临沂日照、枣庄等地）刺史车胄，造反。太祖亲自征讨刘备，把昭迁任为徐州牧。袁绍派将领颜良攻打东郡（今山东聊城、河南濮阳一带），又迁昭任魏郡太守，跟随太祖讨伐颜良。颜良死后，进攻包围邺城。袁绍的同族春卿是魏郡太守，在城里，他的父亲元长在扬州，太祖派人把他父亲迎接来。董昭写信给春卿说："听说孝顺的人不违背尊亲以求利，仁爱的人不忘掉君上以营私，有志的人不探取乱世以侥幸，聪明的人不走邪道以自危。足下的父亲，以前为躲避郡内兵难，向南出游百越，并不是疏远骨肉亲情，喜欢那吴会（在今苏州市）盛地，明智者深微的识见，或者认为应该如此。曹公怜悯他志节清廉谨恪，离群少友，所以特意派使者到江东，去迎接他护送来，现在就要到了。即使足下处在平地，依靠德义君主，居室有泰山之固，自身为王乔、赤松子二仙人之友。从义理上说，还是应该背弃那边投向这边，舍弃人民到父亲这里来。而且像邾仪父（仪父名克）最早和鲁隐公在姑蔑订下盟约，受到鲁人的称赞，但《春秋经》上却因为邾不是周天子赐命的诸侯，所以称名而不写爵位，如此则帝王没有赐命，就不能算是尊爵，这是《春秋》的大义呀！何况足下今天所依托的却是危乱之国，所接受的乃是伪托诬罔的命令呢！如果在众人之中不得志，又不体恤自己的父亲，不可以称为孝。忘掉祖宗所住的本朝，安于不正当的奸职，不可以称为忠。忠孝都抛弃了，不可以称为智。而且足下从前被曹公用礼征召，如果亲近族人而疏远生养至亲，以寓居的地方为内，以王室为外，怀抱着邪禄而背叛知己，远离福祚而接近危亡，抛弃明义而招来大耻，不是太可惜了吗？如果能翻然改变操守，尊奉天子孝养父亲，委身效忠曹公，忠孝不弃，荣名就可以显

耻，不亦可惜邪！若能翻然易节，奉帝养父，委身曹公，忠孝不坠，荣名彰矣。宜深留计，早决良图。”邺既定，以昭为谏议大夫。后袁尚依乌丸蹋顿，太祖将征之。患军粮难致，凿平虏、泉州二渠入海通运，昭所建也。太祖表封千秋亭侯，转拜司空军祭酒。

后昭建议：“宜修古建封五等。”太祖曰：“建设五等者，圣人也，又非人臣所制，吾何以堪之？”昭曰：“自古以来，人臣匡世，未有今日之功。有今日之功，未有久处人臣之势者也。今明公耻有惭德而未尽善，乐保名节而无大责，德美过于伊、周，此至德之所极也。然太甲、成王未必可遭，今民难化，甚于殷、周，处大臣之势，使人以大事疑己，诚不可不重虑也。明公虽迈威德，明法术，而不定其基，为万世计，犹未至也。定基之本，在地与人，宜稍建立，以自藩卫。明公忠节颖露，天威在颜，耿弇床下之言，朱英无妄之论，不得过耳。昭受恩非凡，不敢不陈。”后太祖遂受魏公、魏王之号，皆昭所创。

及关羽围曹仁于樊，孙权遣使辞以“遣兵西上，欲掩取羽江陵、公安累重。羽失二城，必自奔走，樊军之围，不救自解。乞密不漏，令羽有备”。太祖诘群臣，群臣咸言宜当

扬天下了。你应该深入小心的策划一下，早点决定最好的办法。”邺平定以后，任昭为谏议大夫。后来袁尚投奔乌丸蹋顿，太祖将要征伐他，怕军粮不容易送到，就凿通平虏、泉州二渠入海（平虏渠在今河北沧州南，首起河北饶阳县东至沧州。泉州渠首起今天津市武清区南，东北经天津市宝坻区北入沟河）通运粮草，这是董昭的建议。太祖上表封他为千秋亭侯，转拜司空军祭酒。

后来董昭建议：“应该重修古代五等的封建制度。”太祖说：“建立五等设施的，是圣人呀！又不是人臣该制定的，我怎么能担当？”昭说：“从古以来，人臣救世，没有像今天这样的功劳，有像今天这样的功劳的，没有久处在人臣的形势上的。现在明公认为德不如人是种耻辱，就不能达到尽善尽美的地步，乐于保存名节，不受世人重大的责难，美德超过伊尹、周公，这是至德最高的表现。但是太甲、成王未必能遇得到，今日人民的难于教化，又超过商朝、周朝，处在大臣的地位上，又让人怀疑自己有篡夺之心，实在不能不慎重考虑呀。明公虽然励行威德，明晓法术，如果不定下根基，为千秋万世打算，就不算达到完美的境地。定基的根本，全在土地和人上，应该稍为的建立一下，可以自我藩卫。明公忠节显露，天生神威显现颜面，耿弇在汉光武帝床榻下劝他夺取天下的话，朱英对春申君所说的不望而忽至的言论，也不能超过我今日所说的。昭受非凡大恩，不敢不向您陈述。”后来太祖就接受了魏公、魏王的封号，都是董昭所创议的。

在关羽把曹仁包围在樊城（今襄阳市樊城区）时，孙权派使者带信来说：“要派兵西上，偷袭关羽。江陵（荆州市荆州区）、公安（在今湖北公安县西）为重镇，关羽失去二城，一定会飞奔回城自保，樊城被围困的军队，不必援助就自然可以解围了。希望保密勿泄，以免让关羽有所防备。”太祖问群臣，群臣都说应该为他保密。董昭说：“军事要注意

密之。昭曰："军事尚权，期于合宜。宜应权以密，而内露之。羽闻权上，若还自护，围则速解，便获其利。可使两贼相对衔持，坐待其弊。秘而不露，使权得志，非计之上。又，围中将吏不知有救，计粮怖惧，倘有他意，为难不小。露之为便。且羽为人强梁，自恃二城守固，必不速退。"太祖曰："善。"即敕救将徐晃以权书射著围里及羽屯中，围里闻之，志气百倍。羽果犹豫。权军至，得其二城，羽乃破败。

文帝即王位，拜昭将作大匠。及践阼，迁大鸿胪，进封右乡侯。二年，分邑百户，赐昭弟访爵关内侯，徙昭为侍中。三年，征东大将军曹休临江在洞浦口，自表："愿将锐卒虎步江南，因敌取资，事必克捷；若其无臣，不须为念。"帝恐休便渡江，驿马诏止。时昭侍侧，因曰："窃见陛下有忧色，独以休济江故乎？今者渡江，人情所难，就休有此志，势不独行，当须诸将。臧霸等既富且贵，无复他望，但欲终其天年，保守禄祚而已，何肯乘危自投死地，以求徼幸？苟霸等不进，休意自沮。臣恐陛下虽有敕渡之诏，犹必沉吟，未便从命也。"是后无几，暴风吹贼船，悉诣休等营下，斩首获生，贼遂进散。诏敕诸军促渡。军未时进，贼救船遂至。

权变，期望能够合宜。应该答应孙权保密，而暗中却透露出去。关羽听说孙权西上，如果回去自保，就很快的可以解围了，便可获取利益。更可使两贼互相牵制僵持，我们静坐等着他们自败。保密而不泄露，让孙权得志，不是好计策。而且，被围困中的将吏不知道有救，计算着粮食，产生畏惧，如果有其他的意念，造成的难题不小。透露出去比较好。而且关羽为人任威使气，自己仗恃二城防守坚固，一定不会很快退走。"太祖说："好！"就下令去援救的将领徐晃，把孙权的信射进围城里面和关羽的军营中，围城里面知道这消息，一下子志气百倍。关羽也果然犹豫不决。孙权兵到，攻下他的两个城池，关羽就被打败了。

魏文帝即王位，任昭为将作大匠。等到即天子位，迁官任大鸿胪，进封右乡侯。二年（公元 221 年），分封百户采邑，赐董昭弟访关内侯爵位，迁任昭为侍中。三年（公元 222 年），征东大将军曹休在长江边洞浦口（今安徽马鞍山市和县西南临江）自己上表谓："愿意率领精锐兵卒扬威江南，借取敌人的资源，一定会大获胜利，如果臣死在敌手，也不须顾念。"文帝恐怕曹休就此渡江，派驿马下诏阻止他。当时董昭侍奉在旁边，就说："窃见陛下有忧虑之色，就是为曹休要渡江的缘故吗？如今要渡江，在人情上是困难的事，即使曹休有这志向，一定不会单独行动，也会等待各位将领。臧霸等人又富又贵，根本没有其他的意图，只想终老天年，守住他禄位而已，哪里肯涉险自投死地，去求侥幸之功呢？如果臧霸等人不进兵，曹休的心意自然就会沮丧。臣恐怕陛下即使有敕令渡江的诏书，他们还定会犹豫，不一定立刻听命呢！"这以后不久，暴风吹击叛贼（指孙权）的船只，把船都吹到了曹休等人的营下，有斩首的有活捉的，叛贼于是就都奔散了。文帝下诏命令各路军队立刻渡江。军队还没即时进军，孙权援救的船只就到了。

大驾幸宛，征南大将军夏侯尚等攻江陵，未拔。时江水浅狭，尚欲乘船将步骑入渚中安屯，作浮桥，南北往来，议者多以为城必可拔。昭上疏曰："武皇帝智勇过人，而用兵畏敌，不敢轻之若此也。夫兵好进恶退，常然之数。平地无险，犹尚艰难，就当深入，还道宜利，兵有进退，不可如意。今屯渚中，至深也；浮桥而济，至危也；一道而行，至狭也：三者兵家所忌，而今行之。贼频攻桥，误有漏失，渚中精锐，非魏之有，将转化为吴矣。臣私戚之，忘寝与食，而议者怡然不以为忧，岂不惑哉！加江水向长，一旦暴增，何以防御？就不破贼，尚当自完。奈何乘危，不以为惧？事将危矣，惟陛下察之！"帝悟昭言，即诏尚等促出。贼两头并前，官兵一道引去，不时得泄，将军石建、高迁仅得自免。军出旬日，江水暴长。帝曰："君论此事，何其审也！正使张、陈当之，何以复加。"五年，徙封成都乡侯，拜太常。其年，徙光禄大夫、给事中。从大驾东征，七年还，拜太仆。明帝即位，进爵乐平侯，邑千户，转卫尉。分邑百户，赐一子爵关内侯。

太和四年，行司徒事，六年，拜真。昭上疏陈末流之弊曰："凡有天下者，莫不贵尚敦朴忠信之士，深疾虚伪不真之人者，以其毁教乱治，败俗伤化也。近魏讽则伏诛建安之

文帝大驾到宛（今河南南阳市），征南大将军夏侯尚等人攻打江陵没攻下。那时江水又浅又小，夏侯尚想乘船带领步骑进入中洲屯驻，造一条浮桥，南北往来，谋议的人很多都认为江陵城一定可以攻下来。董昭上疏说："武皇帝智勇过人，但是他用兵时深惧强敌，也不敢像这样的轻率呀！用兵喜欢前进，不喜欢后退，这是一定的道理。平地无险的时候，尚且很困难，有时就应前进深入，有时返道后退比较有利，兵有进有退，不一定能如人意。现在屯驻在中洲，十分深入；用浮桥相渡，十分危险；只有一条路通行，十分狭窄；三样都是兵家忌讳的事，而现在却都做了。叛贼如果不停的攻桥，一旦疏忽失误桥被截断，中洲的精锐步骑，就不属于魏所有，将会转化成吴的了。臣私下为此事忧惧，废寝忘食，然而谋议的人却怡然的毫不担心，岂不使人困惑！再加上江水渊源流长，一旦突涨，如何来防御呢？就算不必去打败贼军，自己尚且会先完了。为何在危险关头，还不知道害怕？事情已经十分危急，只望陛下明察。"文帝领悟了董昭的话，马上下诏夏侯尚等人即刻撤出中洲。贼兵由两头一起进军，官兵从一路撤退，几乎没有机会突破，将军石建、高迁也仅能保住自己一命。军队出来十天后，江水暴涨。文帝说："先生议论这件事，多么精确呀！即使让张良、陈平来分析，也不会比你更高明。"黄初五年（公元224年）改封为成都乡侯，官拜太常，这一年又改任光禄大夫，给事中。跟随文帝东征，黄初七年（公元226年）回国，官拜太仆。明帝即位。进封乐平侯的爵位，封邑千户，转任卫尉。又分封邑百户，赐他的一子，爵关内侯。

太和四年（公元230年），掌理司徒之事，六年（公元232年）任司徒。董昭上疏陈述末流的弊病说："凡有天下的人，没有不尊崇敦厚忠信之士，深深痛恨虚伪不真的人，因

末，曹伟则斩戮黄初之始。伏惟前后圣诏，深疾浮伪，欲以破散邪党，常用切齿；而执法之吏皆畏其权势，莫能纠擿，毁坏风俗，侵欲滋甚。窃见当今年少，不复以学问为本，专更以交游为业；国士不以孝悌清修为首，乃以趋势游利为先。合党连群，互相褒叹，以毁訾为罚戮，用党誉为爵赏，附己者则叹之盈言，不附者则为作瑕衅。至乃相谓'今世何忧不度邪，但求人道不勤，罗之不博耳；又何患其不知己矣，但当吞之以药而柔调耳'。又闻或有使奴客名作在职家人，冒之出入，往来禁奥，交通书疏，有所探问。凡此诸事，皆法之所不取，刑之所不赦，虽讽、伟之罪，无以加也。"帝于是发切诏，斥免诸葛诞、邓飏等。昭年八十一薨，谥曰定侯。子胄嗣。胄历位郡守、九卿。

刘晔字子扬，淮南成德人，汉光武子阜陵王延后也。父普，母修，产涣及晔。涣九岁，晔七岁，而母病困。临终，戒涣、晔以普之侍人，有谄害之性。"身死之后，惧必乱家。汝长大能除之，则吾无恨矣。"晔年十三，谓兄涣曰："亡母之言，可以行矣。"涣曰："那可尔！"晔即入室杀侍者，径出拜墓。舍内大惊，白普。普怒，遣人追晔。晔还拜谢

为他们毁坏教化，扰乱治安，败坏风俗呀！近代像魏讽在建安末年被处死，曹伟在黄初初年被斩首。伏念前后圣上的诏书，都是深恨浮华虚伪，想要把邪党破散，常是咬牙切齿；可是一些执法的官吏却都畏惧他们的权势，不能够纠弹，于是毁坏善良风俗，侵凌枉法越来越厉害。窃见当今少年，不再以学问为本，专门以结交同党为业，国士不以孝悌清修为首要，却以趋炎附势求利为第一。联合群党，互相褒扬赞叹，用诋毁作为罚戮，用党誉作为爵赏，附和自己的则过分夸奖，不附和自己的则故意寻衅。甚至于彼此告诉说：'今世何必担心不能度过呢？只怕人际关系用力不深，党友结交不够多。又何必怕别人不知道自己呢？人都是喜欢美誉讨厌诋毁的，所以只要给他吃一颗"毁誉药丸"，他的心就会柔服调顺，附和我了。'又听说或有使奴婢门客冒充有官职家人的名字，出入来去官禁，又书信来往，探问消息。凡是这些事情，都是法律所不容许，刑罚所不能赦免的，即使像魏讽、曹伟的死罪，也不比他们大呀。"明帝于是发出急诏，斥免诸葛诞、邓飏等人。董昭八十一岁死，谥号为定侯。子胄承嗣爵位。胄历任郡守、九卿。

刘晔字子扬，淮南成德人（今安徽寿县东南），是汉光武帝儿子阜陵王延的后代。父亲普，母亲修，生涣和晔。涣九岁，晔七岁时，母亲生重病。临终告诫涣、晔说："你父普的侍儿，有谄害人的恶性。我死了以后，就怕他定会败乱我家。你们长大如果能把他除掉，那么我就死而无憾了。"晔十三岁时，向他的哥哥涣说："亡母的遗言，可以实行了。"涣说："那可以了！"晔就进入房中杀掉侍儿，直接出去祭拜母亲的墓。屋里的人大吃一惊，报告普，普很生气，派人追赶晔。晔回来拜见父亲谢罪说："亡母临终命令的

曰："亡母顾命之言，敢受不请擅行之罚。"普心异之，遂不责也。汝南许劭名知人，避地扬州，称晔有佐世之才。

扬士多轻侠狡桀，有郑宝、张多、许乾之属，各拥部曲。宝最骁果，才力过人，一方所惮。欲驱略百姓越赴江表，以晔高族名人，欲强逼晔使唱导此谋。晔时年二十余，心内忧之，而未有缘。会太祖遣使诣州，有所案问。晔往见，为论事势，要将与归，驻止数日。宝果从数百人赍牛酒来候使，晔令家僮将其众坐中门外，为设酒饭；与宝于内宴饮。密勒健儿，令因行觞而斫宝。宝性不甘酒，视候甚明，觞者不敢发。晔因自引取佩刀斫杀宝，斩其首以令其军，云："曹公有令，敢有动者，与宝同罪。"众皆惊怖，走还营。营有督将精兵数千，惧其为乱，晔即乘宝马，将家僮数人，诣宝营门，呼其渠帅，喻以祸福，皆叩头开门内晔。晔抚慰安怀，咸悉悦服，推晔为主。晔睹汉室渐微，己为支属，不欲拥兵；遂委其部曲与庐江太守刘勋。勋怪其故，晔曰："宝无法制，其众素以钞略为利，仆宿无资，而整齐之，必怀怨难久，故相与耳。"时勋兵强于江、淮之间。孙策恶之，遣使卑辞厚币。以书说勋曰："上缭宗民，数欺下国，忿之有年矣。击之，路

话，我接受不请示您而擅自行动的责罚。"普心里觉得他不平凡，于是就没责罚他。汝南许劭有知人的名声，到扬州（今江苏南部、安徽中部和南部、江西、浙江、福建之地）避难，称赞刘晔有佐世的才华。

扬州士人多轻举妄动又狡猾，有郑宝、张多、许乾这些人，各拥有部众。郑宝最骁勇果断，才力超人，是扬州一地所怕的人。想要驱策百姓渡江到江南，因晔是高门世族的名人，想强逼晔，要他倡导这一计划。晔时年二十多岁，内心很忧虑，但却无缘见太祖。恰好太祖派使者到扬州，有所察问。刘晔去见使者，为他析论政事的形势，与使者约定一起回去，使者驻留了几天。郑宝果然领着几百人带牛酒来拜候使者，晔命令家中僮仆带他的部下坐在中门外面，为他们摆好了酒饭；自己和郑宝在里面饮宴。暗中约好一个健壮手下，命他借着行酒的时候杀郑宝。郑宝的性情并不喜欢喝酒，所以视察得很清楚，倒酒的人不敢采取行动。晔于是就自己抽出佩刀杀郑宝，砍下了他的头来命令他的军队说："曹公有令，敢有反抗的，和宝同罪。"部众都惊惧恐慌，逃回营地。营里有督将（领兵官）和精兵几千人，怕他们作乱，刘晔就骑着郑宝的马，带几个家僮，到郑宝的营门，叫出他们的头目，告诉他们利害祸福，于是都叩头开门迎接刘晔。晔抚慰安怀，众人都心悦诚服，推举晔为领袖。刘晔眼看汉室逐渐衰微，自己是王室的支属，不想拥兵，于是就把他的部众交给庐江太守刘勋。刘勋感到奇怪，刘晔说："郑宝没有法令制度，他的部众一向都以劫掠取利，我以前没有名位可作为率领众人的凭借，而要使他们规整齐一，这样一定会心怀怨恨，很难率领得久，所以交给你。"当时刘勋的兵力在江、淮之间很强大。孙策对他深痛恶绝，于是派遣使者带来谦卑的言辞，厚重的礼物，

不便，愿因大国伐之。上缭甚实，得之可以富国，请出兵为外援。”勋信之，又得策珠宝、葛越，喜悦。外内尽贺，而晔独否。勋问其故，对曰：“上缭虽小，城坚池深，攻难守易，不可旬日而举，则兵疲于外，而国内虚。策乘虚而袭我，则后不能独守。是将军进屈于敌，退无所归。若军必出，祸今至矣。”勋不从。兴兵伐上缭，策果袭其后。勋穷踧，遂奔太祖。

太祖至寿春，时庐江界有山贼陈策，众数万人，临险而守。先时遣偏将致诛，莫能禽克。太祖问群下，可伐与不？咸云：“山峻高而溪谷深隘，守易攻难；又无之不足为损，得之不足为益。”晔曰：“策等小竖，因乱赴险，遂相依为强耳，非有爵命威信相伏也。往者偏将资轻，而中国未夷，故策敢据险以守。今天下略定，后伏先诛。夫畏死趋赏，愚知所同，故广武君为韩信画策。谓其威名足以先声后实而服邻国也。岂况明公之德，东征西怨，先开赏募，大兵临之，令宣之日，军门启而虏自溃矣。”太祖笑曰：“卿言近之！”遂遣猛将在前，大军在后，至则克策，如晔所度。太祖还，辟晔为司空仓曹掾。

写一封信劝说刘勋道：“上缭（属扬州豫章郡海昏县今江西南昌市永修县）的土著，屡次欺侮敝国，已经积恨好几年了。要攻他，路不方便，希望借大国的军队去讨伐他。上缭很富足，得到了可以富国，请让我们出兵做您的外援。”刘勋相信了他的话，又得到孙策的珠宝、葛布（南方布名，用葛织成），很高兴。内外的人都来道贺，只有晔不来。刘勋问他原因，他回答说：“上缭虽然小，但是城墙坚固护城河又深，进攻难，防守容易，十天也攻不下来，那么士兵在外疲困，而国里又空虚。孙策趁虚偷袭我们，那么后面独守不住。使得将军前进为敌所屈，后退又没地方可回。如果军队一定要派出去，灾祸今天就会来临了。”刘勋不听他的话。发兵攻打上缭，孙策果然在后面偷袭，刘勋穷困，于是就投奔了太祖。

太祖到寿春（今安徽寿县治），那时庐江界有山贼陈策，部众几万人，据险固守。起先派副将去攻杀，没能捉住。太祖问下面众人，可以去攻伐吗？都说：“山峻高而溪谷又深又狭，防守容易，进攻困难，而且没有也不算损失，得到了也不算得利。”刘晔说：“陈策等小贼，借乱占据险要地方。于是就互相倚附成为一股强势，并非有爵命威信彼此互相信服。从前副将武力薄弱，而中原又未平定，所以陈策敢据险自守。现在天下各处已经攻克平定，叛贼先后伏诛。怕死趋赏，愚智都一样。所以广武君为韩信出计谋，认为他的威名足以先声夺人，虚张声势，然后再动刀兵，这样就可以把邻国降服了。何况明公的大德，向东征讨西边抱怨他不来，只要先悬赏募集，再派大军到达，命令宣布的那天，军门就会打开，叛贼就自我溃散了。”太祖笑着说：“卿的话说得很对！”于是就派猛将在前面，大军在后面，到那里就收服了陈策，就像刘晔所料想的。太祖回来，征召刘晔为司空仓曹掾。

太祖征张鲁，转晔为主簿。既至汉中，山峻难登，军食颇乏。太祖曰："此妖妄之国耳，何能为有无？吾军少食，不如速还。"便自引归，令晔督后诸军，使以次出。晔策鲁可克，加粮道不继，虽出，军犹不能皆全，驰白太祖："不如致攻。"遂进兵，多出弩以射其营。鲁奔走，汉中遂平。晔进曰："明公以步卒五千，将诛董卓，北破袁绍，南征刘表，九州百郡，十并其八，威震天下，势慑海外。今举汉中，蜀人望风，破胆失守，推此而前，蜀可传檄而定。刘备，人杰也，有度而迟，得蜀日浅，蜀人未恃也。今破汉中，蜀人震恐，其势自倾。以公之神明，因其倾而压之，无不克也。若小缓之，诸葛亮明于治而为相，关羽、张飞勇冠三军而为将，蜀民既定，据险守要，则不可犯矣。今不取，必为后忧。"太祖不从，大军遂还。晔自汉中还，为行军长史，兼领军。延康元年，蜀将孟达率众降。达有容止才观，文帝甚器爱之，使达为新城太守，加散骑常侍。晔以为"达有苟得之心，而恃才好术，必不能感恩怀义。新城与吴、蜀接连，若有变态，为国生患"。文帝竟不易，后达终于叛败。

黄初元年，以晔为侍中，赐爵关内侯。诏问群臣令料刘备当为关羽出报吴不。众议咸

太祖征讨张鲁，转任刘晔为主簿。到了汉中，山路险峻难爬，军粮十分缺乏。太祖说："这只是个妖妄的国家罢了，有没有都起不了什么作用，我军缺少粮食，不如赶快回去。"就自己带兵回去，命令刘晔监督后面各部军队，让他们按顺序撤出。刘晔计算张鲁可以攻克，再加上粮道不继，虽然撤出，军队还不能全部保住，就飞驰告诉太祖："不如去进攻。"于是进兵，派出很多弓箭手射他的军营。张鲁逃走，汉中就平定了。刘晔进一步说："明公用五千步兵，率领着他们要杀董卓，北败袁绍，南伐刘表，九州百郡，并吞了十分之八，威势震动天下，慑服海外。现在攻下汉中，蜀人望风就吓破了胆，城池马上失守，这样子向前推进，蜀地只要送一份军书去就可以平定了。刘备，是人中豪杰，有谋但不灵敏，获得蜀地的日子还少，蜀人还没信赖他。现在打败了汉中，使蜀人惊慌，他们的形势自然就危险了，以公的神明，利用他们倾危的时候去逼迫他，没有攻不下的。如果稍为迟了，诸葛亮明达治道而做宰相，关羽、张飞勇冠三军而做将领，蜀民已经安定，据守着险要之地，那么就不能再进攻了。现在不攻下它，以后一定会有忧患。"太祖不听他的话。大军于是就回来了。刘晔从汉中回来，做行军长史，兼领军。延康元年（公元220年），蜀将孟达率领部众来投降。达有容貌才华，文帝非常器爱他，让达作新城（今湖北房县治）太守，加散骑常侍。刘晔认为："孟达有苟得的心，又仗恃着才情喜欢用权术，一定不会感恩怀义。新城和吴、蜀接连，如果他改变态度，就会为国家带来祸害。"文帝终究没改变对孟达的喜爱，后来孟达终于背叛被杀。

黄初元年（公元220年）任刘晔为侍中，赐关内侯爵位，下诏问众臣子命令他们猜测一下刘备会不会为关羽出兵向吴报仇。众人议论都说："蜀只是一个小国，名将只有关羽。

云：“蜀，小国耳，名将唯羽。羽死军破，国内忧惧，无缘复出。”晔独曰：“蜀虽狭弱，而备之谋欲以威武自强，势必用众以示其有余。且关羽与备，义为君臣，恩犹父子；羽死不能为兴军报敌，于终始之分不足。”后备果出兵击吴。吴悉国应之，而遣使称藩。朝臣皆贺，晔独曰：“吴绝在江、汉之表，无内臣之心久矣。陛下虽齐德有虞，然丑虏之性，未有所感。因难求臣，必难信也。彼必外迫内困，然后发此使耳，可因其穷，袭而取之。夫一日纵敌，数世之患，不可不察也。”备军败退，吴礼敬转废，帝欲兴众伐之，晔以为“彼新得志，上下齐心，而阻带江湖，必难仓卒”。帝不听。五年，幸广陵泗口，命荆、扬州诸军并进。会群臣，问：“权当自来不？”咸曰：“陛下亲征，权恐怖，必举国而应。又不敢以大众委之臣下，必自将而来。”晔曰：“彼谓陛下欲以万乘之重牵己，而超越江湖者在于别将，必勒兵待事，未有进退也。”大驾停住积日，权果不至，帝乃旋师。云：“卿策之是也。当念为吾灭二贼，不可但知其情而已。”

明帝即位，进爵东亭侯，邑三百户。诏曰：“尊严祖考，所以崇孝表行也；追本敬始，所以笃教流化也。是以成汤、文、武，实造商、周，《诗》、《书》之义，追尊稷、契，歌颂

羽死军败，国内忧惧，没有理由再出兵。”只有刘晔说：“蜀国虽然又弱又小，但刘备的计划是想要以威武自强，一定会动兵来表示他有余力。而且关羽和刘备，在义理上是君臣，在恩情上却像父子，关羽死了不能为他发兵向敌人报仇，从自始至终的情分上来说就不够了。”后来刘备果然出兵攻打吴国。吴用全国的力量去抵抗他，又派使者向魏称藩属。朝臣都道贺，只有刘晔说：“吴国隔绝在江、汉的南面，没有向内臣服的心已经很久了。陛下虽然大德和有虞氏相齐，但是恶贼的本性，并不会感动。因为遇到困难，才来请求臣服，一定不可相信。他一定是外面受到压迫，里面穷困，然后才派出这个使者，我们可以利用他的穷困，攻打他，把他攻下来。如果一天纵敌，是几世的祸患，不可以不明察呀。”刘备军队失败撤退以后，吴对魏也就不再礼敬了，文帝想发兵去攻他，刘晔认为：“他刚刚得胜，上下一心，而且有江湖的阻碍，仓猝间一定难攻下。”文帝不听。五年（公元 224 年），到广陵泗口（在今江苏淮安市境），命令荆州、扬州各路军队一起进攻。集合群臣，问道：“孙权是否会自己带兵来应战？”众臣都说：“陛下亲自来征讨，孙权恐惧，一定会发动全国的力量来应战。他也不敢把大队人马委托给臣下，一定会自己率领前来。”刘晔说：“他认为陛下是要以天子的威重去牵制，而真正越过江湖去攻打的却是别的将领，一定会整军等待事情的演变，不会有所举动。”文帝大驾停驻了好几天，孙权果然不到，于是文帝就班师回国了。说道：“卿的谋议是对的，但应该记住为我消灭这两个叛贼，不能只知道他的情势就算了。”

明帝即位，进爵东亭侯，封邑三百户。下诏书说：“尊崇祖先，为的是崇尚孝道表扬美德；追求敬始，为的是笃行教化，流传普及。所以成汤、文王、武王，实建商朝、周朝，《诗经》、《尚书》之义，追尊他们的先祖稷、契，歌颂有娀、姜嫄的事迹，以表明盛德的

有娀、姜嫄之事，明盛德之源流，受命所由兴也。自我魏室之承天序，既发迹于高皇、太皇帝，而功隆于武皇、文皇帝。至于高皇之父处士君，潜修德让，行动神明，斯乃乾坤所福飨，光灵所从来也。而精神幽远，号称罔记，非所谓崇孝重本也。其令公卿已下，会议号谥。”晔议曰：“圣帝孝孙之欲褒崇先祖，诚无量已。然亲疏之数，远近之降，盖有礼纪，所以割断私情，克成公法，为万世式也。周王所以上祖后稷者，以其佐唐有功，名在祀典故也。至于汉氏之初，追谥之义，不过其父。上比周室，则大魏发迹自高皇始；下论汉氏，则追谥之礼不及其祖。此诚往代之成法，当今之明义也。陛下孝思中发，诚无已已，然君举必书，所以慎于礼制也。以为追尊之义，宜齐高皇而已。”尚书卫臻与晔议同，事遂施行。辽东太守公孙渊夺叔父位，擅自立，遣使表状。晔以为“公孙氏汉时所用，遂世官相承，水则由海，陆则阻山，外连胡夷，绝远难制，而世权日久。今若不诛，后必生患。若怀贰阻兵，然后致诛，于事为难。不如因其新立，有党有仇，先其不意，以兵临之，开设赏募，可不劳师而定也”。后渊竟反。

晔在朝，略不交接时人。或问其故，晔答曰：“魏室即阼尚新，智者知命，俗或未咸。

源流，承受天命的由来。自从我魏皇室承接帝王的统绪，既发迹在高皇、太皇帝，而功业昌隆在武皇、文皇帝。至于高皇的父亲处士君，深修美德恭让、行动如神之明，此乃天地神明所赐之福，祖宗神灵所由来呀。但精神幽渺遥远，名号称谓没有记载，就不算是尊崇孝道重视本源了。希望从公卿以下的众臣，共商号谥。”刘晔议论道：“圣帝孝孙想要褒扬崇敬先祖，实在是无所限量的。但是亲疏的定数，远近的降等，都有礼数，因此割断私情，以成公法，是万世的定律。周王所以要上推其祖后稷，是因为他帮助唐尧有功，名字记载在祭祀的典籍里的缘故呀！至于汉氏的开始，追谥之义，不超过他的父亲。往上比照周室，那么大魏的发迹应从高祖开始，往下论及汉氏，那么追谥的礼制不到他的祖辈。这实在是往代的成法，当今的明义呀！陛下孝思发自内心，实在不能遏止，但是君王的一举一动一定要记载下来，所以礼制要特别谨慎呀。我认为追尊的意义，应该到高皇就可以了。”尚书卫臻和刘晔的议论相同，追谥的事情于是就施行了。辽东太守公孙渊篡夺叔父的爵位，擅自自立，派使者呈上表状。刘晔认为公孙氏是汉朝时所任用的，于是就世代相承袭辽东太守的职位，水道要经过海，陆路则有山阻隔，所以像胡人夷狄般绝远难以控制，而世代掌权的时日已经很久。现在如果不杀他，以后一定会产生祸患。如果等到他产生二心用兵抗拒，然后再去讨伐他，在事情上就比较困难。不如利用他新立，有同党也有仇敌的时候，在他没料想到之前，派兵到城下，设立悬赏募集士兵，这样不动兵就可以平定了。后来公孙渊终究叛变了。

刘晔在朝中，大略都不交接当时人，有人问他原因，刘晔回答：“魏室即帝位还不久，明智的人知道天命，俗人或许未能感觉，我在汉朝是宗室支叶，在魏是心腹，稀朋少伴，

仆在汉为支叶，于魏备腹心，寡偶少徒，于宜未失也。”太和六年，以疾拜太中大夫。有间，为大鸿胪，在位二年逊位，复为太中大夫，薨。谥曰景侯。子寓嗣。少子陶，亦高才而薄行，官至平原太守。

蒋济字子通，楚国平阿人也。仕郡计吏、州别驾。建安十三年，孙权率众围合肥。时大军征荆州，遇疾疫，唯遣将军张喜单将千骑，过领汝南兵以解围，颇复疾疫。济乃密白刺史伪得喜书，云步骑四万已到雩娄，遣主簿迎喜。三部使赍书语城中守将，一部得入城，二部为贼所得。权信之，遽烧围走，城用得全。明年使于谯，太祖问济曰：“昔孤与袁本初对官渡，徙燕、白马民，民不得走，贼亦不敢钞。今欲徙淮南民，何如？”济对曰：“是时兵弱贼强，不徙必失之。自破袁绍，北拔柳城，南向江、汉，荆州交臂，威震天下，民无他志。然百姓怀土，实不乐徙，惧必不安。”太祖不从，而江、淮间十余万众，皆惊走吴。后济使诣邺，太祖迎见大笑曰：“本但欲使避贼，乃更驱尽之。”拜济丹阳太守。大军南征还，以温恢为扬州刺史，济为别驾。令曰：“季子为臣，吴宜有君。今君还州，吾无忧矣。”

在义理上是不会错的。”太和六年，因病任太中大夫。不久，为大鸿胪，在位两年退位，又任太中大夫，死后，谥号为景侯。子寓承嗣爵位，小儿子陶，才华也很高，但品行不好，官做到平原太守。

蒋济字子通，楚国平阿人（今安徽怀远县西南六十里），任九江郡的计吏、扬州的别驾。建安十三年（公元 208 年），孙权带兵包围合肥（今安徽合肥市东北金斗城）。当时曹操大军征荆州，遇到病疫，只派将军张喜独自带着一千骑兵，去率领汝南兵来解围，消灭了不少病疫。蒋济于是就秘密告诉刺史假称接到张喜的信，说步兵骑兵四万人已经到达雩娄（今河南信阳市商城县东北），要他派主簿迎接张喜。又分三部让他们拿书信告诉城中守将，一部进入了城中，二部被贼兵捉去。孙权相信了这个消息，急忙放火烧城撤退了，合肥城因此就保全了。第二年出使谯郡（今安徽亳州市），太祖问蒋济说：“从前我和袁本初（绍）在官渡对峙时，迁移燕县（今河南延津县东北）、白马县（今河南滑县东二十里）的人民，人民不会逃离，贼兵也不敢掠夺。现在我想迁移淮河之南的人民，怎么样？”蒋济回答说：“那时我们的军队弱，贼兵强，不迁徙一定会失掉。自从打败了袁绍，北方攻下柳城县（今辽宁朝阳市西南），南方对峙着长江、汉水，荆州拱手称臣，威势震动天下，人民没有其他念头。但百姓都是依恋故土，实在不喜欢迁徙，如果要迁，一定会害怕不安。”太祖没听他的话，于是长江、淮水间十多万人民，都受惊逃到吴国。后来蒋济出使到邺，太祖迎见大笑着说：“本来只想要让他们逃避贼兵，却反而全部赶走了。”任蒋济为丹阳（今安徽宣城市）太守。大军南征回来，任温恢为扬州刺史，蒋济为别驾。下令说：“季札做臣

民有诬告济为谋叛主率者，太祖闻之，指前令与左将军于禁、沛相封仁等曰：“蒋济宁有此事！有此事，吾为不知人也。此必愚民乐乱，妄引之耳。”促理出之。辟为丞相主簿西曹属。令曰：“舜举皋陶，不仁者远；臧否得中，望于贤属矣。”关羽围樊、襄阳。太祖以汉帝在许，近贼，欲徙都。司马宣王及济说太祖曰：“于禁等为水所没，非战攻之失，于国家大计未足有损。刘备、孙权，外亲内疏，关羽得志，权必不愿也。可遣人劝蹑其后，许割江南以封权，则樊围自解。”太祖如其言。权闻之，即引兵西袭公安、江陵。羽遂见禽。

文帝即王位，转为相国长史。及践阼，出为东中郎将。济请留，诏曰：“高祖歌曰‘安得猛士守四方’！天下未宁，要须良臣以镇边境。如其无事，乃还鸣玉，未为后也。”济上《万机论》，帝善之。入为散骑常侍。时有诏，诏征南将军夏侯尚曰：“卿腹心重将，特当任使。恩施足死，惠爱可怀。作威作福，杀人活人。”尚以示济。济既至，帝问曰：“卿所闻见天下风教何如？”济对曰：“未有他善，但见亡国之语耳。”帝忿然作色而问其故，济具以答，因曰：“夫‘作威作福’，《书》之明诫。‘天子无戏言’，古人所慎。惟陛下

子，吴国当有君王（言贤臣辅国，国必不亡）。现在先生回州，我就不必担心了。”人民有诬告蒋济是阴谋叛乱的主要领导人，太祖听到这事，把以前的命令向左将军于禁、沛相封仁等人说：“蒋济怎会有这种事！如果有这种事，我就是不会识人了。这一定是愚民幸灾乐祸，乱指出来的。”催促治狱官斥退诬告的人。又任蒋济为丞相主簿西曹属。下令说：“舜推举皋陶，不仁的人远离；善恶得当，全寄望贤属了。”关羽包围樊城（在今湖北襄阳市樊城区）、襄阳（在今湖北襄阳市襄城区），太祖因汉献帝在许，接近贼兵，想要迁都。司马宣王（懿）和蒋济进说太祖道：“于禁等人被水淹没，并不是攻战的失策，不足以损害国家的大计。刘备、孙权表面上亲近，骨子里却很疏远，关羽得志，孙权一定不愿意。可以派人劝他偷袭关羽的后方，再答应割江南来封孙权，那么樊城的围困自然就会解除了。”太祖照他的话去做。孙权知道了，立刻率兵向西偷袭公安（今湖北公安县东北油江口）、江陵。关羽于是就被捉住。

文帝即王位，转任为相国长史。等到即天子位，派出去任东中郎将。蒋济请求留下，文帝下诏说：“汉高祖高歌唱道：‘如何能得到猛士驻守四方’，天下还没安宁，必须良臣去镇压边境。如果边境平安无事，再回朝廷任职，也并不算晚呀。”蒋济呈上《万机论》，文帝觉得很好。入朝任为散骑常侍。当时有诏书，诏征南将军夏侯尚说：“卿是心腹重将，担当特别大任。施恩足以使人效死命，惠爱足以使人永铭记。有权惩罚人，造福人，让人死，让人活。”夏侯尚拿给蒋济看。蒋济到了以后，文帝问道：“卿所听所见的天下风俗教化怎么样？”蒋济回答说：“没有其他好风俗，只看到亡国的话罢了。”文帝忿怒地变了脸色，问他原因，蒋济把全部事情告诉文帝，就说：“那‘有权惩罚人、造福人’，是《书经》上箕子明白告诫周武王的话（谓臣下不应有此权利）。‘天子没有戏言’，是古人特别小心的。

察之！”于是帝意解，遣追取前诏。黄初三年，与大司马曹仁征吴，济别袭羡谿。仁欲攻濡须洲中，济曰：“贼据西岸，列船上流，而兵入洲中。是为自内地狱，危亡之道也。”仁不从，果败。仁薨，复以济为东中郎将，代领其兵。诏曰：“卿兼资文武，志节慷慨，常有超越江湖吞吴会之志，故复授将率之任。”顷之，征为尚书。车驾幸广陵，济表水道难通，又上《三州论》以讽帝。帝不从，于是战船数千皆滞不得行。议者欲就留兵屯田，济以为东近湖，北临淮，若水盛时，贼易为寇，不可安屯。帝从之，车驾即发。还到精湖，水稍尽，尽留船付济。船本历适数百里中，济更凿地作四五道，蹴船令聚；豫作土豚遏断湖水，皆引后船，一时开遏入淮中。帝还洛阳，谓济曰：“事不可不晓。吾前决谓分半烧船于山阳池中，卿于后致之，略与吾俱至谯。又每得所陈，实入吾意。自今讨贼计画，善思论之。”

明帝即位，赐爵关内侯。大司马曹休帅军向皖，济表以为“深入虏地，与权精兵对，而朱然等在上流，乘休后，臣未见其利也”。军至皖，吴出兵安陵，济又上疏曰：“今贼示形于西，必欲并兵图东，宜急诏诸军往救之。”会休军已败，尽弃器仗辎重退还。吴欲塞夹

望陛下明察呀！”于是文帝怒意化解，派人追回以前的诏书。黄初三年（公元222年），和大司马曹仁一起征讨吴国，蒋济另外攻打羡谿（在安徽无为县东北，亦谓之中洲）。曹仁想攻打濡须洲中（在无为县东北五十里，在羡谿西三十里），蒋济说：“贼兵占据西岸，船只在上游布阵，我军进入洲中，就是自己进入地狱，这是危险灭亡的路呀！”曹仁不听，果然失败了。曹仁死后，又任蒋济为东中郎将，代领他的士兵。诏书说：“卿文武全才，志节慷慨，常有越过江湖并吞吴会（今江苏苏州市）的志向，所以再授予你将率的大任。”不久，征召为尚书。文帝车驾到广陵（今江苏扬州东北），蒋济上表说明水道难通，又上《三州论》讽谏文帝。文帝不听，于是几千艘战船都停滞不能前进。议论的人想就此留下军队来屯田，蒋济认为东边靠近湖，北边临接淮水，如果水涨的时候，贼兵容易进犯，不能安屯。文帝听从了他的话，车驾马上出发。回到精湖（今江苏宝应县南六十里之宝应湖一带），湖水有一点枯竭，就把所有的船都留下来托付给蒋济。船本来疏落地散在几百里水中，蒋济另外挖地开凿了四五条河道，驱赶战船命令它们聚在一起，预先做好土墩阻断湖水，前船都与后船相连接，霎时打开阻遏，湖水冲来船就被冲入淮河。文帝回到洛阳，告诉蒋济说：“事情不能不知道。我以前认为在山阳池中（今高邮邵伯一路小湖）一定要烧掉一半的船只了，后来卿却把船都带回来了，又和我一起巡行到谯郡（今安徽亳州市）。而且每次听到你的意见，都切合我的心意。从今以后，关于讨伐贼兵的计划，你要好好的想想析论一下。”

明帝即位，赐他关内侯的爵位。大司马曹休领兵向皖（今安徽潜山），蒋济上表认为：“深入敌人领土，和孙权精兵相对，而且朱然等人又在上游，在曹休的后面等待机会，臣看不见出兵的好处。”在军队到达皖，吴人出兵安陆（今湖北安陆市）。蒋济又上疏说：“现在贼兵在西边显示形态，一定是想聚兵攻打东边，应当马上下诏命令各路军队去救曹休。”刚

石，遇救兵至，是以官军得不没。迁为中护军。时中书监、令号为专任，济上疏曰：“大臣太重者国危，左右太亲者身蔽，古之至戒也。往者大臣秉事，外内扇动。陛下卓然自览万机，莫不祗肃。夫大臣非不忠也，然威权在下，则众心慢上，势之常也。陛下既已察之于大臣，愿无忘于左右。左右忠正远虑，未必贤于大臣，至于便辟取合，或能工之。今外所言，辄云中书，虽使恭慎不敢外交，但有此名，犹惑世俗。况实握事要，日在目前，倘因疲倦之间有所割制，众臣见其能推移于事，即亦因时而向之。一有此端，因当内设自完，以此众语，私招所交，为之内援。若此，臧否毁誉，必有所兴，功负赏罚，必有所易；直道而上者或壅，曲附左右者反达。因微而入，缘形而出，意所狎信，不复猜觉。此宜圣智所当早闻，外以经意，则形际自见。或恐朝臣畏言不合而受左右之怨，莫适以闻。臣窃亮陛下潜神默思，公听并观，若事有未尽于理而物有未周于用，将改曲易调，远与黄、唐角功，近昭武、文之迹，岂近习而已哉！然人君犹不可悉天下事以适己明，当有所付。三官任一臣，非周公旦之忠，又非管夷吾之公，则有弄机败官之弊。当今柱石之士虽少，至于

好曹休的军队已经失败，抛弃了所有的武器粮草撤退回来。吴人想要截断夹石（在安徽桐城市北），正遇救兵到来，所以官兵才没全军覆没。升任为中护军，当时中书监、中书令，被称为专权的职位。蒋济上疏说：“大臣权太重的，国家危险；左右太亲近的，身受蒙蔽，这是古人最大的警戒。从前大臣掌握政事，内外都被煽动。陛下卓然的自理万机，没有人不敬肃。大臣并非不忠心，但是威权在下，众心就会对上怠慢，这是情势上的常态。陛下既然对大臣已能明察了，希望不要忘记你左右亲信的人。左右的人忠正远虑，不一定比大臣贤能，至于奔走钻营，谄媚逢迎，或许很工巧。现在外面谈话，常说中书，虽然要他们恭敬谨慎，不敢结交外人，但有这个名声，还是会使世俗惑乱。何况实际掌握的权柄，每天就在眼前，倘使因为陛下疲倦之间，割分大权有所制断，众臣看他能够转易事务，也就随着时日趋向于他了。一有这个端倪，就当内里布置，自我保全，将此意告诉大众，私下却招纳同党，作为内援。像这样，善恶毁誉，一定会发生，功罪赏罚，一定会改变，循直道上来的或许不通，曲媚左右的反而通达。利用缝隙渗入，随着形迹现出，但因天子内心亲信，就没有疑觉。这些都是圣智所应该早听到的忠言，陛下向外表示留意国事，那么这种形迹自然就会显露，不能掩藏了。或许朝臣恐怕言辞不合受到左右亲信的怨恨，所以没能适当的告诉陛下。臣窃照亮陛下的潜默神思，使陛下能听取众言，观察各事，如果发现事有未全合于道理，物有未适合于用的，就要有所改变，使功绩远和黄帝、唐尧相比，近则光大武帝，文帝（魏）的功业，岂能按照旧习，一成不变就好了呢！但是人君还是不可以一个人掌管天下所有的事，应当托付给臣下。三种官职任用一个臣子，不是像周公旦的忠心，又不是像管夷吾的公正，就有玩弄权术、败坏职务的弊病。当今国家柱石重臣虽然少，至于品行为一州所称扬，智慧足以担当一官，忠信效命，各自奉行他的职务，这些人

行称一州，智效一官，忠信竭命，各奉其职，可并驱策，不使圣明之朝有专吏之名也。”诏曰：“夫骨鲠之臣，人主之所仗也。济才兼文武。服勤尽节，每军国大事，辄有奏议，忠诚奋发，吾甚壮之。”就迁为护军将军，加散骑常侍。

景初中，外勤征役，内务宫室，怨旷者多，而年谷饥俭。济上疏曰：“陛下方当恢崇前绪，光济遗业，诚未得高枕而治也。今虽有十二州，至于民数，不过汉时一大郡。二贼未诛，宿兵边陲，且耕且战，怨旷积年。宗庙宫室，百事草创，农桑者少，衣食者多，今其所急，唯当息耗百姓，不至甚弊。弊劮之民，傥有水旱，百万之众，不为国用。凡使民必须农隙，不夺其时。夫欲大兴功之君，先料其民力而燠休之。句践养胎以待用，昭王恤病以雪仇。故能以弱燕服强齐，羸越灭劲吴。今二敌不攻不灭，不事即侵，当身不除，百世之责也。以陛下圣明神武之略，舍其缓者，专心讨贼，臣以为无难矣。又欢娱之耽，害于精爽；神太用则竭，形太劳则弊。愿大简贤妙，足以充‘百斯男’者。其冗散未齿，且悉分出，务在清静。”诏曰：“微护军，吾弗闻斯言也。”

齐王即位，徙为领军将军，进爵昌陵亭侯，迁太尉。初，侍中高堂隆论郊祀事，以魏

都可以役使，不可让圣明的朝廷有专权官吏的恶名。”诏书说：“刚直之臣，是人主所依赖的。蒋济文武全才，服事勤劳，竭尽忠节，每有军国大事，常有奏议，忠诚奋发，我觉得他十分壮烈。”就升任为护军将军，又加散骑常侍。

景初年中，在外征伐战役频繁，在内大兴宫宇，男女多怨旷，又年谷不收。蒋济上疏说：“陛下正当光大前代功业，广济前代遗业，实在还不可以高枕无忧地治理呀！现在虽然有十二州，至于人民的数目，不过是汉朝时的一个大郡而已。两个叛贼还没消灭，陈兵边界，一面耕种一面作战，怨旷累年。宗庙宫室，百事初创，种田养蚕的人少，穿衣吃饭的人多，现在紧急的事，只应当停止损耗民力，使人民不至于过分疲弊。过分疲弊的人民，如果遇到水灾旱灾，百万的人民，就不能为国所用了。凡是役使人民一定要在农闲时，不能夺取他们耕作的时间。那想要大兴功业的君王，都是先估计一下民力然后再役使人民。越王句践鼓励妇女生育以备复国之用，燕昭王怜恤民疾以求向齐报仇，所以能够以弱燕征服强齐，弱越灭掉强吴。现在两个敌人不去攻打，不能消灭，他们不降服就会侵犯我们，当陛下一身，不能除去吴、蜀，一定会受到百世的责备。以陛下圣明神武的谋略，放下不重要的事，专心讨伐贼兵，臣认为一定没有困难。再者，沉溺在欢娱中，损害精神，精神超支就会枯竭，形体过劳就会疲弊。希望陛下生活能很简易妙善，足以担起传宗接代的责任，那些闲散未封列的宫女，暂且全分出去，一定要保持清静。”诏书说：“不是护军，我听不到这些话。”

齐王即位，转任为领军将军，进爵昌陵亭侯，迁为太尉。早先，侍中高堂隆议论郊祀的事，认为魏是舜的后代，推崇舜配天（祭天以舜配之）。蒋济认为舜本姓妫，他的苗裔

为舜后，推舜配天。济以为舜本姓妫，其苗曰田，非曹之先，著文以追诘隆。是时，曹爽专政，丁谧、邓飏等轻改法度。会有日蚀变，诏群臣问其得失，济上疏曰："昔大舜佐治，戒在比周；周公辅政，慎于其朋；齐侯问灾，晏婴对以布惠；鲁君问异，臧孙答以缓役。应天塞变，乃实人事。今二贼未灭，将士暴露已数十年，男女怨旷，百姓贫苦。夫为国法度，惟命世大才，乃能张其纲维以垂于后，岂中下之吏所宜改易哉？终无益于治，适足伤民，望宜使文武之臣各守其职，率以清平，则和气祥瑞可感而致也。"以随太傅司马宣王屯洛水浮桥，诛曹爽等，进封都乡侯，邑七百户。济上疏曰："臣忝宠上司，而爽敢苞藏祸心，此臣之无任也。太傅奋独断之策，陛下明其忠节，罪人伏诛，社稷之福也。夫封宠庆赏，必加有功。今论谋则臣不先知，语战则非臣所率，而上失其制，下受其弊。臣备宰司，民所具瞻。诚恐冒赏之渐自此而兴，推让之风由此而废。"固辞，不许。是岁薨，谥曰景侯。子秀嗣。秀薨，子凯嗣。咸熙中，开建五等，以济著勋前朝，改封凯为下蔡子。

刘放字子弃，涿郡人。汉广阳顺王子西乡侯宏后也。历郡纲纪，举孝廉。遭世大乱，

姓田，不是曹的先祖，作文章追责高堂隆。那时，曹爽专政，丁谧、邓飏等人随便更改法令，恰巧有日蚀变异，天子下诏群臣问它的得失。蒋济上疏说："从前大舜助理国政，戒在阿党营私，周公辅佐政治，警戒成王小心朋党；齐景公问灾情，晏婴回答他要广布恩惠；鲁僖公问灾异，臧孙回答他应暂缓征役。顺应天道防止灾变，其实完全在人事上。现在二贼没消灭，将士暴露野外已经几十年，男女怨旷，百姓贫苦。那国家的法度，只有才高一世的大才，才能设立纲维以留传后世，岂是中下等的官吏可以改变的呢？最后一定无益治道，却足以伤害人民，希望能够让文武臣子各自慎守职务，领导人民走向清静和平，如此就能感应上天，得到平和祥瑞之气。"因为跟随太傅司马宣王屯驻洛水浮桥（今洛阳市南洛水上），杀掉曹爽等人，进封都乡侯，封邑七百户。蒋济上疏说："臣辱承恩宠居上官的职位，而曹爽居然敢苞藏祸心，这是臣不能胜任职责呀！太傅奋力实行铁腕政策，陛下也明白他的忠节，让罪人伏诛，这是国家的大福呀！那加封、宠幸、庆贺、赏赐，一定是给有功的人。现在论到谋略，则臣没有预先知道，说到战事，则不是臣所率领的，上面的人没有制度，下面的人就会受到弊害。臣任宰相，是人民共同仰视的，我实在害怕冒领恩赏的开端从此而起，推辞谦让的风气后此而废。"坚辞赏赐，朝廷不许。这年就死了。谥号叫景侯。子秀承嗣爵位。秀死，子凯承嗣爵位。咸熙年中，创建五等爵位，因为蒋济在前朝功勋显著，就改封凯为下蔡子（下蔡，今安徽凤台县）。

刘放字子弃，涿郡（今河北省涿州市）人，汉朝广阳顺王的儿子西乡侯宏的后代。历任涿郡纲纪，被推举为孝廉。遇世大乱，当时渔阳人王松占据了他的家乡，刘放就去投靠

时渔阳王松据其土，放往依之。太祖克冀州，放说松曰："往者董卓作逆，英雄并起，阻兵擅命，人自封殖，惟曹公能拔拯危乱，翼戴天子，奉辞伐罪，所向必克。以二袁之强，守则淮南冰消，战则官渡大败；乘胜席卷，将清河朔，威刑既合，大势以见。速至者渐福，后服者先亡，此乃不俟终日驰骛之时也。昔黥布弃南面之尊，仗剑归汉，诚识废兴之理，审去就之分也。将军宜投身委命，厚自结纳。"松然之。会太祖讨袁谭于南皮，以书招松，松举雍奴、泉州、安次以附之。放为松答太祖书，其文甚丽。太祖既善之，又闻其说，由是遂辟放。建安十年，与松俱至。太祖大悦，谓放曰："昔班彪依窦融而有河西之功，今一何相似也！"乃以放参司空军事，历主簿记室，出为郃阳、祋祤、赞令。

魏国既建，与太原孙资俱为秘书郎。先是，资亦历县令，参丞相军事。文帝即位，放、资转为左右丞。数月，放徙为令。黄初初，改秘书为中书，以放为监，资为令，各加给事中；放赐爵关内侯，资为关中侯，遂掌机密。三年，放进爵魏寿亭侯，资关内侯。明帝即位，尤见宠任，同加散骑常侍；进放爵西乡侯，资乐阳亭侯。太和末，吴遣将周贺浮

他。太祖占领冀州，刘放进说松道："从前董卓叛逆，英雄并起，自恃兵力，不遵国令，每人都各自聚敛财物，只有曹公能够拯救危乱，辅翼尊戴天子，奉命讨伐叛逆，所向必败。以二袁（袁绍、袁术）的强大，袁术据守淮南（即九江郡，治今安徽寿县）最后冰消瓦解，袁绍和曹公大战，在官渡被打得大败；曹公乘胜席卷各地，即将肃清黄河以北的地方，威势刑罚并用，天下大势已出现。快到的渐受其福，后降的首先灭亡，这已是个不须要终日奔走的时代了。从前黥布丢下了南面的尊位，带剑归顺汉朝，实在是能够认识兴亡的道理，细察去就的区别呀！将军应该投身效命，自己去深加结交。"松认为很对。刚好太祖在南皮讨伐袁谭，用书信招松，松率领雍奴（今天津市武清区东八里）、泉州（今天津市武清区东南四十里）、安次（廊坊市安次区西北）三地来归附。刘放为松写一封回太祖的信，他的文辞很工丽。太祖已经很赏识他了，又听到他进说松的话，因此就征召刘放。建安十年（公元205年），和松一起来到。太祖非常高兴，告诉刘放说："从前班彪投效窦融，劝河西大将军窦融事奉汉朝，建立了大功，现在怎么这样相似呢！"于是就使刘放任司空参军，又历任主簿记室，又出任郃阳（今陕西合阳县东南）、祋祤（今陕西耀州东）、赞（今河南永城市西南酂县乡）县令。

魏国建立以后，和太原孙资同为秘书郎。早先，孙资也历任县令，丞相参军。文帝即位，刘放、孙资转任左右丞。几个月后，刘放迁为令。黄初初年（公元220年）改秘书为中书，任刘放为监，孙资为令，各加给事中，刘放赐关内侯的爵位，资为关中侯，于是就掌理国家机密大事。三年（公元222年）刘放进爵魏寿亭侯，孙资进任关内侯。明帝即位，更加宠幸信任，二人同加任散骑常侍；进刘放为西乡侯，孙资为乐阳亭侯。明帝太和末年（公元232年）吴派将领周贺由海上到辽东，招诱公孙渊。明帝想要拦击他，朝议都认为不

海诣辽东，招诱公孙渊。帝欲邀讨之，朝议多以为不可。惟资决行策，果大破之。进爵左乡侯。放善为书檄，三祖诏命有所招喻，多放所为。青龙初，孙权与诸葛亮连和，欲俱出为寇。边候得权书，放乃改易其辞，往往换其本文而傅合之，与征东将军满宠，若欲归化，封以示亮。亮腾与吴大将步骘等，骘等以见权。权惧亮自疑，深自解说。是岁，俱加侍中、光禄大夫。景初二年，辽东平定，以参谋之功，各进爵，封本县，放方城侯，资中都侯。

其年，帝寝疾，欲以燕王宇为大将军，及领军将军夏侯献、武卫将军曹爽、屯骑校尉曹肇、骁骑将军秦朗共辅政。宇性恭良，陈诚固辞。帝引见放、资，入卧内，问曰："燕王正尔为？"放、资对曰："燕王实自知不堪大任故耳。"帝曰："曹爽可代宇不？"放、资因赞成之。又深陈宜速召太尉司马宣王，以纲维皇室。帝纳其言，即以黄纸授放作诏。放、资既出，帝意复变，诏止宣王勿使来。寻更见放、资曰："我自召太尉，而曹肇等反使吾止之，几败吾事！"命更为诏，帝独召爽与放、资俱受诏命，遂免宇、献、肇、朗官。太尉亦至，登床受诏，然后帝崩。齐王即位，以放、资决定大谋，增邑三百，放并前千一百，资千户；封爱子一人亭侯，次子骑都尉，余子皆郎中。正始元年，更加放左光禄大夫，资

可以。只有孙资决定攻击的计划，果然大败他们。进封左乡侯爵位。刘放很会写军书文告，三祖（武帝、文帝、明帝）的诏书命令有什么召谕，大多是刘放所写。明帝青龙初年（公元 233 年）孙权和诸葛亮联合，想要一起出兵作乱，边境的斥候得到孙权的军书，刘放就改变他的文辞，往往把本文换掉加以传会切合其事，给征东将军满宠的信，改成孙权好像要归化魏，封合了拿给诸葛亮看。诸葛亮把信传递给吴大将军步骘等人，步骘等去见孙权，孙权怕诸葛亮怀疑自己，恳切的自我解说。这年，都加侍中，光禄大夫。景初二年（公元 238 年），辽东平定，因为参加谋略的功劳，每人都进爵，封在本县，刘放为方城侯，孙资为中都侯。

这一年，明帝卧病，想要任燕王宇为大将军，和领军将军夏侯献、武卫将军曹爽、屯骑校尉曹肇、骁骑将军秦朗一起辅政。宇性情恭敬温良，抒布诚心一意推辞。明帝接见刘放、孙资，进入房中，问道："燕王做事正是这样吗？"刘放、孙资回答说："燕王实在是自己知道不能担当大任的缘故呀！"明帝说："曹爽能不能代替宇呢？"刘放、孙资于是同表赞成。又深切的陈述应该赶快召太尉司马宣王来维护皇室纲纪。明帝采纳了他的话，就拿黄纸给刘放写诏书。刘放、孙资出去以后，明帝的心意又改变了，下诏阻止宣王叫他不要来。不久又见到刘放、孙资说："我自愿召来太尉，而曹肇等人反而要我阻止他，几乎弄坏了我的大事。"下令重新写诏书，明帝只召曹爽和刘放、孙资共同接受诏命，于是就免除了宇、献、肇、朗的官位，太尉也到了，登床边受诏，然后明帝崩逝。齐王即位后，因为刘放、孙资决定大计，增加封邑三百户，刘放合以前的共一千一百户，孙资一千户；分封爱子一人为亭侯，次子为骑都尉，其余的儿子都任郎中。正始元年（公元 240 年），更加刘

右光禄大夫，金印紫绶，仪同三司。六年，放转骠骑，资卫将军，领监、令如故。七年，复封子一人亭侯，各年老逊位，以列侯朝朔望，位特进。曹爽诛后，复以资为侍中，领中书令。嘉平二年，放薨，谥曰敬侯。子正嗣。资复逊位归第，就拜骠骑将军，转侍中，特进如故。三年薨，谥曰贞侯。子宏嗣。

放才计优资，而自修不如也。放、资既善承顺主上，又未尝显言得失，抑辛毗而助王思，以是获讥于世。然时因群臣谏诤，扶赞其义，并时密陈损益，不专导谀言云。及咸熙中，开建五等，以放、资著勋前朝，改封正方城子，宏离石子。

评曰：程昱、郭嘉、董昭、刘晔、蒋济才策谋略，世之奇士，虽清治德业，殊于荀攸，而筹画所料，是其伦也。刘放文翰，孙资勤慎，并管喉舌，权闻当时，雅亮非体，是故讥谀之声，每过其实矣。

放左光禄大夫，孙资右光禄大夫，金印紫带，仪同三司。六年（公元 245 年）刘放转任骠骑、孙资任卫将军，掌理的职务，命令如旧。七年（公元 246 年）又封子一人为亭侯，二人都因年老退位，以列侯礼节朝谒天子，位为特进。曹爽被杀后，又任孙资为侍中，领中书令。嘉平二年（公元 250 年）刘放死，谥号为敬侯。子正承嗣。孙资又退位回家，就拜任他为骠骑将军，转任侍中，特进的职位照旧。三年（公元 251 年）死，谥号为贞侯，子宏承嗣爵位。

刘放的才智谋略比孙资优异，但自我修养上比不上孙资。刘放、孙资既善于承奉敬顺主上，却又不曾明白地指出朝政的得失，压抑辛毗而帮助王思，所以受到世人的讥讽。但是常因群臣的谏诤，能够在旁扶持赞助他们的大义，并且时时暗中向天子陈述利弊，不光是说些谄媚的话。等到咸熙年间，创建五等爵位，因为刘放、孙资在前朝功勋显著，就改封正为方城子，宏为离石子（离石，今山西吕梁市离石区）。

陈寿评论说：程昱、郭嘉、董昭、刘晔、蒋济才智策划谋略，真是世上奇士，虽然清平的政治道德功业，和荀攸不同，但是谋划预料的才智，却和他一样。刘放的文墨书翰，孙资的勤劳谨慎，同任国家重臣，权势知名当代，却不合忠信正道，所以讥讽谄媚之声，往往是事过其实呀！

三国志卷十五

刘司马梁张温贾传第十五

包根弟 译

刘馥字元颖，沛国相人也。避乱扬州，建安初，说袁术将戚寄、秦翊，使率众与俱诣太祖。太祖悦之，司徒辟为掾。后孙策所置庐江太守李述攻杀扬州刺史严象，庐江梅乾、雷绪、陈兰等聚众数万在江、淮间，郡县残破。太祖方有袁绍之难，谓馥可任以东南之事，遂表为扬州刺史。

馥既受命，单马造合肥空城，建立州治，南怀绪等，皆安集之，贡献相继。数年中恩化大行，百姓乐其政，流民越江山而归者以万数。于是聚诸生，立学校，广屯田，兴治芍陂及茄陂、七门、吴塘诸堨以溉稻田，官民有畜。又高为城垒，多积木石，编作草苫数千万枚，益贮鱼膏数千斛，为战守备。

建安十三年卒。孙权率十万众攻围合肥城百余日，时天连雨，城欲崩，于是以苫蓑覆

刘馥，字元颖，沛国相县（今安徽宿州西北）人，在扬州避难。建安（东汉献帝年号）初年，游说袁术的将军戚寄、秦翊，使他们率领大众一起去拜见太祖（曹操），太祖颇为高兴，命司徒征召他为佐治的官吏。后来孙策所任置的庐江太守李述，攻杀了扬州刺史严象，卢州的梅乾、雷绪、陈兰等人，聚集人众数万据守在江、淮一带。郡县受到骚扰，残破零乱，颇不安定。太祖当时正面临袁绍来攻打的困苦，认为刘馥可以担当平抚东南的能力，便上表任命刘馥为扬州刺史。

刘馥受命以后，单骑前往合肥空城，建立扬州州治。进而怀柔南面的雷绪等人，他们受到安抚，都集聚来归附，进献不断。数年之间，刘馥的恩泽教化遍行扬州，州里的百姓乐意接受统治，一些流亡的百姓爬山涉水来投靠他的，数以万计。于是聚集学生，设立学校，扩大屯田，兴建芍陂（在安徽寿县南）和茄陂（在信阳市固始县东南四十八里）、七门（安徽合肥庐江县南百一十里）、吴塘三堰，导水灌溉稻田，官民都能有积蓄。刘馥又加高城墙堡垒，积存很多的木材石块、编作数千万枚的苫蓑，更贮存数千斛的鱼油以备战事之用。

建安十三年，刘馥去世。孙权率领十万大众围攻合肥城一百多天，当时连日下雨，城

之，夜然脂照城外，视贼所作而为备，贼以破走。扬州士民益追思之，以为虽董安于之守晋阳，不能过也。及陂塘之利，至今为用。

馥子靖，黄初中从黄门侍郎迁庐江太守，诏曰："卿父昔为彼州，今卿复据此郡，可谓克负荷者也。"转在河内，迁尚书，赐爵关内侯，出为河南尹。散骑常侍应璩书与靖曰："入作纳言，出临京任。富民之术，日引月长。藩落高峻，绝穿窬之心。五种别出，远水火之灾。农器必具，无失时之阙。蚕麦有苫备之用，无雨湿之虞。封符指期，无流连之吏。鳏寡孤独，蒙廪振之实。加之以明擿幽微，重之以秉宪不挠；有司供承王命，百里垂拱仰办。虽昔赵、张、三王之治，未足以方也。"靖为政类如此。初虽如碎密，终于百姓便之，有馥遗风。母丧去官，后为大司农卫尉，进封广陆亭侯，邑三百户。上疏陈儒训之本曰："夫学者，治乱之轨仪，圣人之大教也。自黄初以来，崇立太学二十余年，而寡有成者，盖由博士选轻，诸生避役，高门子弟，耻非其伦，故无学者。虽有其名而无其人，虽设其教而无其功。宜高选博士，取行为人表，经任人师者，掌教国子。依遵古法，使二千石以

墙快要崩塌，于是大家便拿苫蓑来填覆，夜里点燃鱼油照明城外，观察贼兵的行动来作防备，最后贼兵败走，扬州士民更加追念他，都认为就算是董安于守晋阳（今山西太原）一事，也不见得比他高明。至于那些陂塘灌溉的水利，到现在都还在发挥作用呢。

刘馥的儿子刘靖，黄初（魏文帝）年间从黄门侍郎升迁为庐江太守，诏令这么写："贤卿的父亲当年治理该州，现在贤卿又去治理此郡，可以说是颇能胜任的。"后来又转任河内太守，又迁为尚书，赐爵关内侯，出任河南府尹等职。散骑常侍应璩给刘靖的信里称赞他"在朝担任出纳帝命的职务，在外又能承当大任，筹划富民的方法，考虑深远，可以行之久长。防卫的城墙高大险峻，杜绝贼兵觊觎侵扰的野心；五谷各有收获，远离水火等意外的灾害。农器一定都准备好，不会失掉各种谷物种作的时机。养蚕种麦，以备急需，就像事先准备好苫蓑，便不用担心久雨城塌了。文书命令都有指定的日期，绝无耽搁盘桓的官员。鳏夫、寡妇、孤儿，甚至于没有倚靠的老人，都能实际蒙受官府的救济。加上明探隐情、执法不阿，官吏们都能重承王命，县官们遵照上级的指示办理。就是当年赵广汉、张敞、王尊、王章、王骏治理京师的政绩，也还比不上呢！"刘靖为政，大都如此。起先虽然似繁琐细碎，最后对于百姓都有很大的方便，颇有乃父刘馥的风范。母亲去逝时罢官守丧，后来又被任为大司农卫尉，进封广陆亭侯，食邑三百户。上疏陈述儒训的根本，他说："学问，是治乱的轨范，圣人最重视的教训。自从黄初以来，大行设立太学有二十多年了，可是成就很少的原因，大概是由于博士的甄选太过草率，学生们入学的目的，为了逃避劳役。门第较高的子弟们，又耻于跟其他学生为伍，所以根本没有什么人在读书，徒有其名，而无真正的人才；虽设有学校，却没有什么功效。朝廷应该慎重严格甄选博士，取其行为足以作人表率，能担当为经师及人师的人，来教导公卿大夫的子弟。按照古代的法

上子孙，年从十五，皆入太学。明制黜陟荣辱之路，其经明行修者，则进之以崇德；荒教废业者，则退之以惩恶；举善而教不能则劝，浮华交游，不禁自息矣。阐弘大化，以绥未宾；六合承风，远人来格。此圣人之教，致治之本也。”后迁镇北将军，假节都督河北诸军事。靖以为“经常之大法，莫善于守防，使民夷有别”。遂开拓边守，屯据险要。又修广戾陵渠大堨，水溉灌蓟南北；三更种稻，边民利之。嘉平六年薨，追赠征北将军，进封建成乡侯，谥曰景侯。子熙嗣。

司马朗字伯达，河内温人也。九岁，人有道其父字者，朗曰：“慢人亲者，不敬其亲者也。”客谢之。十二，试经为童子郎，监试者以其身体壮大，疑朗匿年，劾问。朗曰：“朗之内外，累世长大，朗虽稚弱，无仰高之风，损年以求早成，非志所为也。”监试者异之。后关东兵起，故冀州刺史李邵家居野王，近山险，欲徙居温。朗谓邵曰：“唇齿之喻，岂唯虞、虢，温与野王即是也；今去彼而居此，是为避朝亡之期耳。且君，国人之望也，

制，令俸禄在二千石以上的官家，要他们的子弟，从十五岁起，都入太学读书。明白制订赏罚荣辱的原则。学生有明白经书，进修德行的人，则鼓励奖赏表示推崇德行。如有荒废德业的人，就贬责处罚，表示惩戒不善。能够标明善行用来教导那些做不到的人，就有鼓舞的作用，那么，浮华不实，游宴荒废的行为，虽不禁止也自然会消除掉。宏扬阴阳调和化育万物的道理，安抚那些尚未归服的人；四方受到教化的影响，远方的人都来归顺，这便是圣人教化百姓，达到平治天下的根本呀！”后来，刘靖又升迁为镇北将军，持节督导黄河以北各地的军事。刘靖认为：“可以行之久远而不变的大原则，没有比坚固守防阵势更好的了，要使百姓与夷狄有所区别。”于是便开拓边疆，加强防卫，屯兵据守在各险要的地方。同时又拓建整修庆陵渠（庆陵渠在今通州南）的大堰。储水灌溉蓟县（今北京大兴区西南）南北的农田，三年轮种一次稻作，边塞的百姓颇得其利。嘉平（齐王芳年号）六年去逝。朝廷追赠为征北将军，进封建成乡侯，谥号景侯。儿子刘熙承继爵位。

司马朗，字伯达，河内温县（今河南温县西南三十里）人。九岁的时候，有一次有客人在他面前直称他父亲的名字，司马朗便说：“侮慢别人的亲长，便是不尊重他的亲长。”客人便当面向他道歉。十二岁，参加童子郎的经试，监试的人看他身体壮大，怀疑他隐瞒年龄，便责问他，司马朗就说：“我家亲族，世代都有长得高大的特征，我虽然幼小而嫩弱，没有高伟的风度，如要我减少年岁来表示早熟，我心里是决不会这么做的。”监试的人便觉得他与众人不同。后来关东（函谷关以来，今河南、山东等地是）一带兵乱发生，原冀州刺史李邵住在野王（今河南沁阳），靠近山边，较为危险，便想要迁居到温县来，司马朗告诉李邵说：“唇亡齿寒的比喻，岂只是用在虞、虢两国，温县和野王也正是如此息息相

今寇未至而先徙，带山之县必骇，是摇动民之心而开奸宄之原也，窃为郡内忧之。”邵不从。边山之民果乱，内徙，或为寇钞。

是时董卓迁天子都长安，卓因留洛阳。朗父防为治书御史，当徙西，以四方云扰，乃遣朗将家属还本县。或有告朗欲逃亡者，执以诣卓，卓谓朗曰：“卿与吾亡儿同岁，几大相负！”朗因曰：“明公以高世之德，遭阳九之会，清除群秽，广举贤士，此诚虚心垂虑，将兴至治也。威德以隆，功业以著，而兵难日起，州郡鼎沸，郊境之内，民不安业，捐弃居产，流亡藏窜，虽四关设禁，重加刑戮，犹不绝息，此朗之所以于邑也。愿明公监观往事，少加三思，即荣名并于日月，伊、周不足侔也。”卓曰：“吾亦悟之，卿言有意！”

朗知卓必亡，恐见留，即散财物以赂遗卓用事者，求归乡里。到谓父老曰：“董卓悖逆，为天下所仇，此忠臣义士奋发之时也。郡与京都境壤相接，洛东有成皋，北界大河，天下兴义兵者若未得进，其势必停于此。此乃四分五裂战争之地，难以自安，不如及道路尚通，举宗东到黎阳。黎阳有营兵，赵威孙乡里旧婚，为监营谒者，统兵马，足以为主。

关，现在您离开那个地方到这里来居住，只是逃避早晨灭亡的时间而已，真正的灾难也是紧接着来的。况且，您是百姓仰望的人，现在贼兵来到，您就先行逃走，环山一带的各县城，也必定害怕，这是动摇民心，而为奸佞开道的行为，我实在为我们郡内担心啊！”李邵不听司马朗的话。果然，靠山一带的百姓便骚动起来，有的往内迁移，有的便沦为盗寇。

这时候，董卓挟持天子，移都长安。董卓趁机留在洛阳。司马朗的父亲司马防担任治书御史的职务，应该到西边去，他觉得各地都不安定，便叫司马朗带领家属折回本县，有人去密告说司马朗要逃走，司马朗被捉去见董卓，董卓向司马朗说：“你的年纪跟我死去的儿子一样，可是你们两人的行为却大不相同啊！”司马朗便回答说：“明公以卓绝当代的德性，遭遇乱世，能消除邪恶，多方举用贤士，这实在是虚心深虑，将求重振太平治世的怀抱啊！威德一天天的兴盛，功业一天天的显著。可是各地兵难一天天的发生，州郡动荡不安，郊境之内，百姓不能安居乐业，大多抛弃家产，流亡逃窜到四方去，虽然各地关口设有禁令，并加上严刑峻罚，还是阻止不了，这是我觉得悲伤的原因。希望明公能够明鉴往事，稍加留心，那么一定能成就并比日月的荣名，伊尹、周公也比不上的啊！”董卓说：“我也体会到这点，你讲的话很有道理。”

司马朗知道董卓必然失败，恐怕被拘留在洛阳，于是就用财物贿赂董卓底下一些办事的人，要求放他回乡。他一回到家乡之后，使告诉家乡的父老们说：“董卓叛逆，为天下人所仇恨唾弃，这是忠臣义士奋发起事的时机。本郡跟京都，地相交接，洛阳东边有成皋（今河南荥阳市汜水镇西北），北到黄河为界，天下发动义兵的人，如果不能进占该地，形势上必然造成停留本郡的情况。本郡将是一个四分五裂、战争纷扰的地方，我们难于自求安定，倒不如趁着道路还能通行的时候，带领家族往东迁居到黎阳去。黎阳地方有军队驻

若后有变，徐复观望未晚也。”父老恋旧，莫有从者，惟同县赵咨，将家属俱与朗往焉。后数月，关东诸州郡起兵，众数十万，皆集荥阳及河内。诸将不能相一，纵兵钞掠，民人死者且半。久之，关东兵散，太祖与吕布相持于濮阳，朗乃将家还温。时岁大饥，人相食，朗收恤宗族，教训诸弟，不为衰世解业。

年二十二，太祖辟为司空掾属，除成皋令，以病去，复为堂阳长。其治务宽惠，不行鞭杖，而民不犯禁。先时，民有徙充都内者，后县调当作船，徙民恐其不办，乃相率私还助之，其见爱如此。迁元城令，入为丞相主簿。朗以为天下土崩之势，由秦灭五等之制，而郡国无搜狩习战之备故也。今虽五等未可复行，可令州郡并置兵，外备四夷，内威不轨，于策为长。又以为宜复井田。往者以民各有累世之业，难中夺之，是以至今。今承大乱之后，民人分散，土业无主，皆为公田，宜及此时复之。议虽未施行，然州郡领兵，朗本意也。迁兖州刺史，政化大行，百姓称之。虽在军旅，常粗衣恶食，俭以率下。雅好人伦

守，赵威孙，是我们同乡老亲戚，在那里担任监营谒者的官，统领兵马，可以作主。如果以后有什么变化，我们再慢慢观望形势，另谋出路也不晚啊。”可是父老们都很恋旧，没有人要听他的，只有同县的赵咨带领家属跟司马朗一起前往黎阳。后来过了几个月以后，关东各州郡都起兵相争，数十万兵马，都聚集在荥阳（今河南荥阳市西北）及河内，诸将不能协和，任由兵士掠夺百姓，人民死了大半。过了很久，关东各路兵马逐渐瓦解分散，太祖跟吕布在濮阳相对峙，司马朗才携家回到温县。当时遇上了饥荒的年岁，人民挨饿，甚至到了吃人的地步，司马朗收容照顾宗族的人，并且教训族里的子弟，不因为处于乱世，就荒废了课业。

二十二岁的时侯，太祖征召为司空掾属，拜成皋县令的官，因为生病而辞去，后来又任堂阳（今河北新河县西）县长，司马朗行政宽大有恩，不用鞭杖刑罚，而百姓也不犯法。起先，有些百姓被迁徙到都城里去，后来司马朗的县里被征用船只，徙居的百姓怕他办不到，就相率暗地里回来帮助他，百姓爱戴他到如此的程度。以后，他被升迁元城县（今河北大名县）令，进而入朝为丞相主簿。司马朗认为：“天下所以形成土崩瓦解的情势，实在是起因于秦朝废弃五等爵禄的制度，而后来的郡国又平时都没有狩猎习战的防备能力所造成的。现在虽然五等爵禄的制度不可以恢复，但是却可以令各州郡设置民兵，对外可防备夷狄的侵犯，对内可以威慑不法之徒，这在政策上是最有利的。”他又认为：“应该恢复井田制度，以前是因为百姓各有他们累代的产业，不便半途没收，所以拖延到现在。如今利用天下大乱之下，百姓四处分散，土地产业没有主人，都属于公家的田，应该在这时候恢复井田制度。”他的提议虽然没有被采纳实施，可是各州郡统领有自己的部队，这却是司马朗的本意啊！后来他又升迁为兖州刺史，政令教化大为推行，百姓颇称述他的德政。虽然身在军旅当中，却常常粗衣恶食，拿节俭来作底下人的表率。他又很重视人伦的修养和学

典籍，乡人李觌等盛得名誉，朗常显贬下之；后觌等败，时人服焉。钟繇、王粲著论云："非圣人不能致太平。"朗以为"伊、颜之徒虽非圣人，使得数世相承，太平可致"。建安二十二年，与夏侯惇、臧霸等征吴。到居巢，军士大疫，朗躬巡视，致医药。遇疾卒，时年四十七。遗命布衣幅巾，敛以时服，州人追思之。明帝即位，封朗子遗昌武亭侯，邑百户。朗弟孚又以子望继朗后。遗薨，望子洪嗣。

初朗所与俱徙赵咨。官至太常，为世好士。

梁习字子虞，陈郡柘人也，为郡纲纪。太祖为司空，辟召为漳长，累转乘氏、海西、下邳令，所在有治名。还为西曹令史，迁为属。并土新附，习以别部司马领并州刺史。时承高幹荒乱之余，胡狄在界，张雄跋扈，吏民亡叛，入其部落；兵家拥众，作为寇害，更相扇动，往往棋跱。习到官，诱谕招纳，皆礼召其豪右，稍稍荐举，使诣幕府；豪右已尽，乃次发诸丁强以为义从；又因大军出征，分请以为勇力。吏兵已去之后，稍移其家，前后

问的充实，同乡的李觌等人颇有声誉，司马朗常常很明显的贬低他们，后来李觌等人作乱失败，当时的人都非常佩服他的眼光。钟毓及王粲曾经发表议论，认为："天下没有圣人，绝对达不到太平的境地。"而司马朗却认为："伊尹、颜回这类的人，虽然不是圣人，如果使他们能够数代相继，也可以使天下达到太平。"建安二十二年，司马朗跟夏侯惇、臧霸等人，征讨吴国，到达居巢（今安徽巢湖市东北五里）的时候，军士感染瘟疫，司马朗亲自巡视军营，分送医药，结果自己却得病去逝了，当时年纪才四十七岁，他遗言要用当时人一般穿着的服装，布衣幅巾来埋葬，州里的人都很追念他。明帝即位后，封司马朗的儿子司马遗为昌武亭侯，食邑一百户。司马朗的弟弟司马孚又把自己的儿子过继为司马朗的后嗣，司马遗死了之后，司马孚的长子司马望的儿子司马洪承嗣爵位。

起初跟司马朗一起徙居黎阳的赵咨后来做到太常的官职，为当世的美士。

梁习，字子虞，陈郡（今河南东南部）柘县（今河南柘城县北）人。是该郡的纲纪官，太祖担任司空的时候，征召他为漳地的长官，历任乘氏（今山东巨野县西南）、海西（今江苏灌南县南）、下邳等县令，所到之处，都有很好的政绩，因此很有声名。后来回到朝里任西曹令史，进而升迁为西曹属，当时并州（内蒙古中南部、陕西北部、山西大部等地）的土地刚刚归附，梁习以别部司马的职务兼领并州刺史，当时因为接着高幹的乱事之后，胡狄还在州界，跋扈逞强，有些官吏或百姓趁机叛离逃亡，投入他们的部落，或是聚集众人，成立民兵，到处掠夺为害，甚至还互相煽动，往往相持不下。梁习到任之后，向他们晓谕道理，劝导他们归附，用厚礼召集其中的豪门高族，并稍作举荐，使他们都到太祖的幕府里去，豪门高族都去了，然后再鼓动各壮丁豪强，以义从军。他们追随大军出征，

送邺，凡数万口；其不从命者，兴兵致讨，斩首千数，降附者万计。单于恭顺，名王稽颡，部曲服事供职，同于编户。边境肃清，百姓布野，勤劝农桑，令行禁止。贡达名士，咸显于世，语在《常林传》。太祖嘉之，赐爵关内侯，更拜为真。长老称咏，以为自所闻识，刺史未有及习者。建安十八年，州并属冀州，更拜议郎、西部都督从事，统属冀州，总故部曲。又使于上党取大材供邺宫室。习表置屯田都尉二人，领客六百夫，于道次耕种菽粟，以给人牛之费。后单于入侍，西北无虞，习之绩也。文帝践阼，复置并州，复为刺史，进封申门亭侯，邑百户；政治常为天下最。太和二年，征拜大司农。习在州二十余年，而居处贫穷，无方面珍物，明帝异之，礼赐甚厚。四年，薨，子施嗣。

初，济阴王思与习俱为西曹令史。思因直日白事，失太祖指。太祖大怒，教召主者，将加重辟。时思近出，习代往对，已被收执矣，思乃驰还，自陈己罪，罪应受死。太祖叹习之不言，思之识分，曰："何意吾军中有二义士乎？"后同时擢为刺史，思领豫州。思亦能吏，然苛碎无大体，官至九卿，封列侯。

都分别请求担任勇力。消弭了这些叛吏跟贼兵之后，就把他们的家族稍作迁移，陆续的送到邺县，前后共计万口之多，如有不听从命令的，便兴兵讨伐，斩首一千多，降服的数以万计。夷狄酋长，叩头顺服，各部曲服从任事，如同原先编列于册籍的民户一样。边境的骚扰肃清了，百姓遍布田野，梁习劝导百姓勤于农桑耕作，并且发布各种禁令。当时一些名士受到推荐，都能扬名于当世，这在《常林传》里也有记载。太祖嘉许他，赐爵为关内侯，后来担任实际的官职。一些年长老成之士也都称颂他，认为在所闻见之内，担任刺史职务的人，没有赶得上梁习的。建安十八年，并州并属于冀州，梁习再拜议郎官、西部都督从事，统领冀州及原有的军队。又派人到上党（今山西之东南部）收取大木材供给邺都官室的营造。梁习上表设置屯田都尉二人，率领六百人，在沿途耕种菽粟，以供给人们及牛马的粮食消费。后来，胡王单于能入侍魏国，西北没有忧患，都是梁习的功劳。文帝即位，又设置并州，梁习又任并州刺史，进封申门亭侯，食邑百户。他所施行的政绩，常是天下最有可观的。太和（明帝）二年，征召拜官为大司农。梁习任州刺史二十余年，可是平日居处非常俭约，后来没有积聚该地方的珍奇宝物，明帝认为他与众不同，赐礼非常优厚。太和四年卒，儿子梁施承嗣爵位。

起初，济阴的王思跟梁习都担任西曹令史的职务，王思因为值日当天，陈述事情大大地违背太祖的意思，太祖非常生气，就下令主事者，要加以处置重罪，当时王思刚刚离开，梁习代替他前往接受质询，已经被扣押起来了。王思知道后，就赶忙回来，自行陈述自己的过失，罪该受死。太祖感叹梁习不自表白，而王思又能知道负责，便说："没想到我军中竟有这样两位义士呢！"后来两人同时被擢升为刺史，王思统领豫州（今河南东南部、安徽北部）。王思也是一位能干的官吏，但是为政太过于苛刻细碎，没什么大体制，官做到九卿，封为列侯。

张既字德容，冯翊高陵人也。年十六，为郡小吏。后历右职，举孝廉，不行。太祖为司空，辟，未至，举茂才，除新丰令，治为三辅第一。袁尚拒太祖于黎阳，遣所置河东太守郭援，并州刺史高幹及匈奴单于取平阳，发使西与关中诸将合从。司隶校尉钟繇遣既说将军马腾等，既为言利害，腾等从之。腾遣子超将兵万余人，与繇会击幹、援，大破之，斩援首。幹及单于皆降。其后幹复举并州反。河内张晟众万余人无所属，寇崤、渑间，河东卫固、弘农张琰各起兵以应之。太祖以既为议郎，参繇军事，使西征诸将马腾等，皆引兵会击晟等，破之。斩琰、固首，幹奔荆州。封既武始亭侯。太祖将征荆州，而腾等分据关中。太祖复遣既喻腾等，令释部曲求还。腾已许之而更犹豫，既恐为变，乃移诸县促储偫，二千石郊迎。腾不得已，发东。太祖表腾为卫尉，子超为将军，统其众。后超反，既从太祖破超于华阴，西定关右。以既为京兆尹，招怀流民，兴复县邑，百姓怀之。魏国既建，为尚书，出为雍州刺史。太祖谓既曰："还君本州，可谓衣绣昼行矣。"从征张鲁，别

张既，字德容，冯翊高陵（在今陕西西安市高陵区）地方的人。十六岁时，在郡里做个小吏。后来历任高职，被推举为孝廉，没去接受。太祖任司空职务时，征召他没来，举为茂才，任新丰（在今陕西西安市临潼区）县令，政绩为三辅（汉以京兆尹、左冯翊、右扶风为三辅，今陕西中部之地）一带最好的。袁尚在黎阳抗拒太祖时，派遣了他所任置的河东太守郭援，并州刺史高幹以及匈奴单于攻取平阳（今山西临汾市），并派使者到西边跟关中一带的一些将军联合对抗太祖，司隶校尉钟繇便派遣张既去游说将军马腾等人。张既向他们分析利害关系，马腾等人听从了张既的话。马腾派儿子马超带兵一万多人，跟钟繇会合，攻击高幹、郭援，大破他们的军队，斩了郭援的首级，高幹及匈奴单于都投降。后来高幹又在并州聚众造反，河内张晟带着一万多部众，无所归属，便在崤山（今河南洛宁县西北六十里）、渑池（今河南渑池县西）一带为寇，河东的卫固、弘农（今河南灵宝市北四十里）的张琰各起兵响应张晟。太祖任张既为议郎，参预钟繇的军事，让他到西面去征召马腾等将军，都带兵来会合攻击张晟等人，结果大破贼寇，斩了张琰及卫固的首级，高幹逃奔荆州。太祖封张既为武始亭侯。太祖将要征讨荆州，而马腾等分据在关中，太祖又派遣张既告诉马腾等人，要他们放下部队自请入朝。马腾已经答应了却又有点犹豫，张既恐怕产生变卦，就发文给各县，催促储备粮食以备急需，并以二千石爵禄的官职在京郊等着迎接他，马腾不得已，就向东出发回到朝里。太祖上表任他为卫尉，任他的儿子马超为将军，统率他的部队。后来马超造反，张既追随太祖在华阴（今陕西华阴市东南）击破马超，安定了西面的关右。任张既为京兆尹，招抚怀柔流亡的百姓，恢复各县邑的行政，百姓都很感念他。魏国建国之后，任尚书职务，后来外出担任雍州（今陕西南部、甘肃东南部、宁夏南部）刺史。太祖告诉张既说："让你回到本州去，可以说是锦衣昼行，荣耀至极了。"后来张既又追随太祖征讨张鲁，张既另外走散关（在陕西宝鸡市西南）一路进讨叛

从散关入讨叛氐，收其麦以给军食。鲁降，既说太祖拔汉中民数万户以实长安及三辅。其后与曹洪破吴兰于下辩，又与夏侯渊讨宋建，别攻临洮、狄道，平之。是时，太祖徙民以充河北，陇西、天水、南安民相恐动，扰扰不安，既假三郡人为将吏者休课，使治屋宅，作水碓，民心遂安。太祖将拔汉中守，恐刘备北取武都氐以逼关中，问既。既曰："可劝使北出就谷以避贼，前至者厚其宠赏，则先者知利，后必慕之。"太祖从其策，乃自到汉中引出诸军。令既之武都，徙氐五万余落出居扶风、天水界。

是时，武威颜俊、张掖和鸾、酒泉黄华、西平麹演等并举郡反，自号将军，更相攻击。俊遣使送母及子诣太祖为质，求助。太祖问既，既曰："俊等外假国威，内生傲悖，计定势足，后即反耳。今方事定蜀，且宜两存而斗之，犹卞庄子之刺虎，坐收其毙也。"太祖曰："善。"岁余，鸾遂杀俊，武威王秘又杀鸾。是时不置凉州，自三辅拒西域，皆属雍州。文帝即王位，初置凉州，以安定太守邹岐为刺史。张掖张进执郡守举兵拒岐，黄华、麹演各逐故太守，举兵以应之。既进兵为护羌校尉苏则声势，故则得以有功。既进爵都乡

氐，没收他们的麦粮以供给军用。张鲁投降后，张既建议太祖迁移汉中百姓数万户到长安和三辅。后来又与曹洪一起击破吴兰于下辩，又与夏侯渊征讨宋建，另外进攻临洮、狄道（狄道是陇西郡治，故城在今甘肃临洮县西南），将这一带平定。当时，太祖移民充实河北的人，陇西（今甘肃渭源县、临洮县、广河县、漳县、卓尼县、岷县等地）、天水（今甘肃天水市一带）、南安（今甘肃定西市、武山县一带）的百姓恐慌骚动，很不安定，张既便给予这三郡里的将吏免除税捐，让他们整治屋宅，并且建筑水碓，于是百姓才安下心来。太祖将撤走汉中的守备，又恐怕刘备向北攻取武都氐，进而逼迫关中，便问张既，张既说："我们可以劝导武都氐向北迁出，到有粮的地方来避贼兵，先到的人奖赏优厚，那么先到的人知道有利可得，后面的人必定羡慕他们，赶着要来。"太祖照着他的计策，于是自己到汉中把各部队带出，再命张既到武都，迁移武都氐五万多部落到扶风（今陕西咸阳市西、宝鸡市）、天水一带居住。

当时，武威（今甘肃武威市）的颜俊、张掖（今甘肃张掖市）的和鸾、酒泉（今甘肃嘉峪关市酒泉市东部等地）的黄华、西平的麹演等人各据该郡一起造反，自己封为将军，互相攻击。颜俊派人送他的母亲和儿子去见太祖，当作人质，求太祖出兵相助。太祖问张既，张既说："颜俊等人在外假借我国的威势，在内又生傲慢背叛之心，等到他计划妥定，形势完备，随后就会反叛。现在正大力从事平定蜀国的工作，应该暂时顺着他们，使他们互相争斗，如同卞庄子刺虎的情形一样，我们可以等他们毁灭之后，坐收其利啊。"太祖说："很好！"一年多以后，和鸾杀了颜俊，武威的王秘又杀了和鸾。这时候，没设凉州（今甘肃省中部、西北部），从三辅到西域（今新疆大部分地区）都属于雍州。文帝即位，开始设置凉州，任安定（今宁夏南部、甘肃庆阳市南部、甘肃平凉市东部）太守邹岐为刺

侯。凉州卢水胡伊健妓妾、治元多等反，河西大扰。帝忧之，曰："非既莫能安凉州。"乃召邹岐，以既代之。诏曰："昔贾复请击郾贼，光武笑曰：'执金吾击郾，吾复何忧？'卿谋略过人，今则其时。以便宜从事，勿复先请。"遣护军夏侯儒、将军费曜等继其后。既至金城，欲渡河，诸将守以为"兵少道险，未可深入"。既曰："道虽险，非井陉之隘，夷狄乌合，无左车之计，今武威危急，赴之宜速。"遂渡河。贼七千余骑逆拒军于鹯阴口，既扬声军由鹯阴，乃潜由且次出至武威。胡以为神，引还显美。既已据武威，曜乃至，儒等犹未达。既劳赐将士，欲进军击胡。诸将皆曰："士卒疲倦，虏众气锐，难与争锋。"既曰："今军无见粮，当因敌为资。若虏见兵合，退依深山，追之则道险穷饿，兵还则出候寇钞。如此，兵不得解，所谓'一日纵敌，患在数世'也。"遂前军显美。胡骑数千，因大风欲放火烧营，将士皆恐。既夜藏精卒三千人为伏，使参军成公英督千余骑挑战，敕使阳退。胡果争奔之，因发伏截其后，首尾进击，大破之，斩首获生以万数。帝甚悦，诏曰："卿逾河

史，张掖的张进捉住郡守举兵抗拒邹岐，黄华跟麴演都各自赶走原任太守，举兵响应张进。张既进兵帮助护羌校尉苏则的声势，所以苏则才能有战功。张既进爵为都乡侯。凉州卢水胡的伊健妓妾、治元多等造反，河西一带大为骚扰，文帝很担心，说道："没有张既，实在不能平定凉州。"便召回邹岐，命张既代替他。诏令说："当年贾复请求攻击郾（今河南漯河市郾城区南）地的贼兵，光武帝笑着说：'执金吾去讨击郾贼，我还有什么好担心的。'贤卿谋略超越别人，现在正是讨贼的时候，就便行事，不必先来请示。"又派遣护军夏侯儒、将军费曜等紧接在他后面。张既到了金城（今甘肃兰州市以西一带），正要渡河，诸将认为"兵少路险，不可以深入"。张既便说："道路虽然险阻，并不像井陉关（在河北井陉县东北井陉山上，太行八陉之第五陉）那么狭隘；而夷狄乃乌合之众，绝无左车的计谋，现在武威危急，前往救助就要赶快。"于是大军便渡河。贼兵七千多骑在鹯阴河口（今甘肃白银市平川区黄河湾中村）抗拒大军，张既扬言由鹯阴进军，却暗地里由且次（即揟次，故县治在今甘肃古浪县北）出兵到武威，胡人以为是神兵，便撤兵回到显美（今甘肃永昌县东）。张既占据了武威之后，费曜才到，而夏侯儒等还没到。张既慰劳奖赏诸将士，想要进军攻击胡兵，诸将都说："士卒已很疲倦，敌人多，士气锐，很难跟他们争锋锐。"张既便说："现在军队没有现成的粮食，当可取用敌人的粮食。如果胡人看见我们各路军队已经会合，便会退据到深山里去，那时候要追击他们的话，道路险阻，士兵窘困挨饿；再要退出的话，正好等着挨胡人的袭击。这样一来，战事不能解决，所谓'一日放纵敌人，祸患将延及数代。'"于是进军显美。胡人骑兵数千，趁着大风将要放火烧军营，将士们都很恐慌。张既在夜里埋伏精兵三千人，命参军成公英督率一千多个骑兵去挑战，同时下令要他们假装败退，胡兵果然争相追赶，张既趁此便发动埋伏截断胡兵的后路，头尾挟击，大破胡兵，斩首俘虏数以万计。文帝非常喜悦，下诏令说："贤卿渡河涉历险境，以疲劳攻击闲

历险，以劳击逸，以寡胜众，功过南仲，勤逾吉甫。此勋非但破胡，乃永宁河右，使吾长无西顾之念矣。”徙封西乡侯，增邑二百，并前四百户。

酒泉苏衡反，与羌豪邻戴及丁令胡万余骑攻边县。既与夏侯儒击破之，衡及邻戴等皆降。遂上疏请与儒治左城，筑鄣塞，置烽候、邸阁以备胡。西羌恐，率众二万余落降。其后西平麹光等杀其郡守，诸将欲击之，既曰：“唯光等造反，郡人未必悉同。若便以军临之，吏民羌胡必谓国家不别是非，更使皆相持著，此为虎傅翼也。光等欲以羌胡为援，今先使羌胡钞击，重其赏募，所虏获者皆以畀之。外沮其势，内杂其交，必不战而定。”乃檄告谕诸羌，为光等所诖误者原之；能斩贼帅送首者当加封赏。于是光部党斩送光首，其余咸安堵如故。

既临二州十余年，政惠著闻，其所礼辟扶风庞延、天水杨阜、安定胡遵、酒泉庞淯、燉煌张恭、周生烈等，终皆有名位。黄初四年薨。诏曰：“昔荀桓子立勋翟土，晋侯赏以千室之邑；冯异输力汉朝，光武封其二子。故凉州刺史张既，能容民畜众，使群羌归土，可谓国之良臣。不幸薨陨，朕甚愍之，其赐小子翁归爵关内侯。”明帝即位，追谥曰肃侯。子缉嗣。

逸，以少数打败多数，功劳超过南仲，辛勤超过吉甫，这次的战功不仅大破胡兵，而且还永久安定河右（即河西），让我永远不用担忧西边的事情。”便改封张既为西乡侯，增加食邑二百户，连以前所封的共四百户。

酒泉的苏衡造反，与羌人的强豪邻戴及丁令胡一万多骑兵进攻边境诸县，张既跟夏侯儒把他们击败，苏衡及邻戴等都投降。于是张既上疏请求跟夏侯儒一起管辖西边诸城，建筑城堡，设置烽墩、粮仓，防备胡人。西羌很恐慌，便率领二万多部众来投降。后来西平的麹光等杀了他们的郡守，诸将要去讨击，张既说：“麹光等人的造反，郡人未必都赞同，如果随便用大军去讨击，吏民跟羌胡族的人必然认为朝廷简直是非不分，更促使他们互相勾结在一起，这就像是为老虎添加双翼一样。麹光等人正想靠羌胡族人作援助，现在先使羌胡人攻击他们，我们用重赏来招募羌胡，只要有所虏获，都赐予他们。这样一来在外可以阻止他们势力的扩张，在内可以分离他们的友党，我们必可不用一战便能安定该地。”于是传送文书告诉各路羌族，如果是被麹光等人所欺蒙牵累的人，统统宽谅。如果能斩贼帅，送贼兵首级来的都加封赏，于是麹光的部党斩了麹光，送来了他的首级，其他各地都安定稳当，一如往常。

张既在雍州及凉州治理十余年，施行惠政，颇有声名，被他所礼遇提拔的人如扶风的庞延、天水的杨阜、安定的胡遵、酒泉的庞淯、敦煌（今甘肃敦煌市）的张恭、周生烈等，最后都很有名位。张既在黄初四年去逝，皇上下诏说：“当年荀桓子打败赤狄，灭掉潞，在翟土立功，晋侯赏他千室的封邑，冯异为汉朝卖力，光武帝封他的两个儿子。已故凉州刺史张既，能招抚百姓，增加人口，使各地羌族归附本土，可以说是国家的良臣。不幸去逝，我非常怜惜他，将封赐他的小儿翁归关内侯的爵位。”明帝即位后，追谥张既为肃侯，儿子张缉承继爵位。

缉以中书郎稍迁东莞太守。嘉平中，女为皇后，征拜光禄大夫，位特近，封妻向为安城乡君。缉与中书令李丰同谋，诛。语在《夏侯玄传》。

温恢字曼基，太原祁人也。父恕，为涿郡太守，卒。恢年十五，送丧还归乡里，内足于财。恢曰："世方乱，安以富为？"一朝尽散，振施宗族。州里高之，比之郇越。举孝廉，为廪丘长，鄢陵、广川令，彭城、鲁相，所在见称。入为丞相主簿，出为扬州刺史。太祖曰："甚欲使卿在亲近，顾以为不如此州事大。故《书》云：'股肱良哉！庶事康哉！'得无当得蒋济为治中邪？"时济见为丹杨太守，乃遣济还州。又语张辽、乐进等曰："扬州刺史晓达军事，动静与共咨议。"

建安二十四年，孙权攻合肥，是时诸州皆屯戍。恢谓兖州刺史裴潜曰："此间虽有贼，不足忧，而畏征南方有变。今水生而子孝县军，无有远备。关羽骁锐，乘利而进，必将为患。"于是有樊城之事。诏书召潜及豫州刺史吕贡等，潜等缓之。恢密语潜曰："此必襄阳之急欲赴之也。所以不为急会者，不欲惊动远众。一二日必有密书促卿进道，张辽等又将

张缉以中书郎的官稍稍升迁为东莞（今山东沂水县）太守，嘉平年间，女儿当了皇后，张缉被征召，拜为光禄大夫，赐位特进，妻子向被封为安城乡君。张缉和中书令李丰同谋造反，被杀，这事在《夏侯玄传》里有记载。

温恢字曼基，太原祁县（今山西祁县东南）人。父亲名恕，任涿郡太守，去逝。温恢年十五岁，送丧回归到家乡，家里很有钱。温恢说："局世正乱，这么多钱干什么？"于是一天之内，把钱财都分光，用来救济他家族的人。州里的人士都称赞他的高义，把他比做郇越。后来被荐举为孝廉，历任廪丘（今山东菏泽市郓城县西北水堡）长、鄢陵令（今河南鄢陵县西北）、广川（今河北枣强县东三十里）令、彭城（今江苏徐州）相、鲁相（今山东曲阜市），所到之处，都很被百姓称道。后来曾入朝担任丞相主簿，又外出到扬州当刺史。太祖说道："实在很想把你留在我身边，但是我又觉得扬州的事情比这个还重要。所以《书经》有云'辅佐的臣子很贤良，百事都得以安定。'因此怎么能不把蒋济调来辅助他呢？"当时蒋济正担任丹阳太守，于是派蒋济回到扬州。太祖又告诉张辽、乐进等人说："扬州刺史颇能通晓军事，各项行动做不做要跟他商议才好。"

建安二十四年，孙权攻打合肥，当时各州都有屯田戍守。温恢告诉兖州刺史裴潜说："这里虽有贼兵，不值得担忧，怕的是征南方会有变卦。现在正值雨季，多水为患，征南将军曹子孝的军队孤单，又没有长远的战备，而关羽的军队骁勇锋锐，乘便进兵，必将造成我们的忧患。"所以才有樊城被关羽围困的事情发生。太祖下诏令征召裴潜及豫州刺史吕贡等人，裴潜等人的行为慢吞吞的。温恢便暗地里告诉裴潜道："这必定是襄阳方面有危急，

被召。辽等素知王意，后召前至，卿受其责矣！”潜受其言，置辎重，更为轻装速发，果被促令。辽等寻各见召，如恢所策。

文帝践阼，以恢为侍中，出为魏郡太守。数年，迁凉州刺史，持节领护羌校尉。道病卒，时年四十五。诏曰：“恢有柱石之质，服事先帝，功勤明著。及为朕执事，忠于王室，故授之以万里之任，任之以一方之事。如何不遂，吾甚愍之！”赐恢子生爵关内侯。生早卒，爵绝。

恢卒后，汝南孟建为凉州刺史，有治名，官至征东将军。

贾逵字梁道，河东襄陵人也。自为儿童，戏弄常设部伍，祖父习异之，曰：“汝大必为将率。”口授兵法数万言。初为郡吏，守绛邑长。郭援之攻河东，所经城邑皆下，逵坚守，援攻之不拔，乃召单于并军急攻之。城将溃，绛父老与援要，不害逵。绛人既溃，援闻逵名，欲使为将，以兵劫之，逵不动。左右引逵使叩头，逵叱之曰：“安有国家长吏为贼叩头！”援怒，将斩之。绛吏民闻将杀逵，皆乘城呼曰：“负要杀我贤君，宁俱死耳！”左

要你们赶快前去救助。至于不用急令召集大家的原因，是不要老远的惊动大众。我想一两天之内必有密函来催促您上路，张辽等也将被召集，张辽等人一向知道君王的心意，他们必然后召而先到，那么您就要被责备了。”裴潜采纳了温恢的话，把辎重暂时留下，改变轻便装备急忙出发，果然得到催促令。张辽等人不久也都被征召，就如温恢所预料的一样。

文帝即位之后，任温恢为侍中，后来外出担任魏郡太守，数年之后，升迁为凉州刺史，持使节统领护羌校尉，在路上生病去逝，当时年纪四十五岁。皇上下诏说：“温恢有负国重任的资质，服事先帝，功劳显著。到为我办事的时候，又能忠于朝廷，所以我赋予他藩臣的重任，使他肩负一方的事务。奈何不成，我非常痛惜他。”于是封赐温恢的儿子温生关内侯的爵位，温生早逝，爵位便断绝。

温恢死后，汝南的孟建任凉州刺史，施政很有声名，官做到征东将军。

贾逵，字梁道，河东襄陵（今山西襄汾县襄陵镇东十五里）人。从小时候，就喜欢玩军队行阵的游戏，祖父贾习认为他有特异的地方，便说：“你长大以后必定会当将军统率部队。”于是便口授他兵法数万字。起先，贾逵当个郡吏，守治绛邑（今山西曲沃县西南），郭援进犯河东，到过的城邑都被攻下，贾逵坚守城池，郭援攻打不下，便召集单于的部队合力急攻，城将破败的时候，绛邑的父老跟郭援约定，希望不要伤害贾逵。绛城沦陷之后，郭援听说贾逵的声名，要任贾逵为大将，便用武力胁迫他，贾逵不为所动，左右的人拉着贾逵要他叩头，贾逵大声叱骂说：“岂有国家任命的官吏向贼兵叩头的道理！”郭援很生气，将要斩他的头，绛邑的官民们听说郭援要杀贾逵，都登上城墙大声的叫喊着：“违背

右义逵，多为请，遂得免。初，逵过皮氏，曰：“争地先据者胜。”及围急，知不免，乃使人间行送印绶归郡，且曰“急据皮氏”。援既并绛众，将进兵。逵恐其先得皮氏，乃以他计疑援谋人祝奥，援由是留七日。郡从逵言，故得无败。

后举茂才，除渑池令。高幹之反，张琰将举兵以应之。逵不知其谋，往见琰。闻变起，欲还，恐见执，乃为琰画计，如与同谋者，琰信之。时县寄治蠡城，城堑不固，逵从琰求兵修城。诸欲为乱者皆不隐其谋，故逵得尽诛之。遂修城拒琰。琰败，逵以丧祖父去官，司徒辟为掾，以议郎参司隶军事。太祖征马超，至弘农，曰“此西道之要”。以逵领弘农太守。召见计事，大悦之。谓左右曰：“使天下二千石悉如贾逵，吾何忧？”其后发兵，逵疑屯田都尉藏亡民。都尉自以不属郡，言语不顺。逵怒，收之，数以罪，挝折脚，坐免。然太祖心善逵，以为丞相主簿。太祖征刘备，先遣逵至斜谷观形势。道逢水衡，载囚人数十车，逵以军事急，辄竟重者一人，皆放其余。太祖善之，拜谏议大夫，与夏侯尚并掌军计。太祖崩洛阳，逵典丧事。时鄢陵侯彰行越骑将军，从长安来赴，问逵先王玺绶所在。

我们的约定，杀了我们贤良的父母官，我们愿与他一起死！”郭援左右的人都觉得贾逵是个义士，大多替他求情，终于得免被杀害。起先，贾逵曾经过皮氏（今山西河津市西二里）心有所感的说：“两军争地，以先占据的一方为胜。”到了绛邑被围攻得很紧急的时候，他知道破败是免不了的，便派人暗中将印绶送回到郡里去，并且告诉郡守赶紧占据皮氏。郭援合并了绛邑的民众之后，要再进兵，贾逵怕他先占有皮氏，于是就用计使郭援的谋士祝奥产生疑惑，郭援因此多留了七天，郡守照着贾逵的话做，所以能够不失败。

后来，贾逵被举荐为茂才，任渑池县令。高幹谋反的时候，张琰将要发兵去附合他，贾逵不知道张琰的预谋，前往拜见张琰，等听到变乱一起，想要回来，又怕被捉，于是就装着替他出计策，好像跟他同谋一样，张琰也相信他。当时县府所在地暂寄蠡城（今河南洛宁县西），城池沟壕不太坚固，贾逵向张琰要求兵士来修城，所有想要做乱的人都没有隐藏他们的预谋，所以都被贾逵杀了。于是贾逵修好了城池，便抗拒张琰，张琰失败，贾逵因为祖父去逝辞官守丧。后来司徒征召他为佐理的官员，以议郎的身份做司隶参军。太祖征讨马超的时候，来到弘农，认为这是“西道的要害”，就命贾逵担任弘农太守。召见贾逵讨论大事，太祖非常的高兴，告诉左右随员说：“如果国家里俸禄二千石的官吏都能像贾逵一样，我还担心什么呢？”后来发动军队的时候，贾逵怀疑屯田都尉藏匿逃亡的人，都尉自认为不属于郡里所管，言语颇为强横，贾逵很生气，拘捕他下狱，指出他的罪行，把他的脚打断，自己也犯罪免了官，但是太祖心里很喜欢贾逵，便又任他为丞相主簿。太祖征伐刘备的时侯，先派贾逵到斜谷（在陕西郿县西南）观察形势。路上遇到水衡官，载了数十车的囚人，贾逵因为军事紧急，留下重犯一人，其他的都放掉，太祖认为他处理得好，任他谏议大夫的官，跟夏侯尚一起掌管军事大计。太祖崩逝洛阳，贾逵主管丧礼的事，当

逵正色曰："太子在邺，国有储副。先王玺绶，非君侯所宜问也。"遂奉梓官还邺。

文帝即王位，以邺县户数万在都下，多不法，乃以逵为邺令。月余，迁魏郡太守。大军出征，复为丞相主簿祭酒。逵尝坐人为罪，王曰："叔向犹十世宥之，况逵功德亲在其身乎？"从至黎阳，津渡者乱行，逵斩之，乃整。至谯，以逵为豫州刺史。是时天下初复，州郡多不摄。逵曰："州本以御史出监诸郡，以六条诏书察长吏二千石已下，故其状皆言严能鹰扬有督察之才，不言安静宽仁有恺悌之德也。今长吏慢法，盗贼公行，州知而不纠，天下复何取正乎？"兵曹从事受前刺史假，逵到官数月，乃还；考竟其二千石以下阿纵不如法者，皆举奏免之。帝曰："逵真刺史矣。"布告天下，当以豫州为法。赐爵关内侯。

州南与吴接，逵明斥候，缮甲兵，为守战之备，贼不敢犯。外修军旅，内治民事，遏鄢、汝，造新陂，又断山溜长溪水，造小弋阳陂，又通运渠二百余里，所谓贾侯渠者也。黄初中，与诸将并征吴，破吕范于洞浦，进封阳里亭侯，加建威将军。明帝即位，增邑二百户，并前四百户。时孙权在东关，当豫州南，去江四百余里。每出兵为寇，辄西从江

时鄢陵侯彰兼代越骑将军，从长安来奔丧，问贾逵先王的印玺在哪里，贾逵脸色严肃的说："太子在邺县，国家有太子，先王的印玺不是您所应该问的。"便恭送太祖的灵柩回到邺县。

文帝就王位以后，因为邺县数万户的民众，在都城里都不太守法，就任贾逵当邺县令。过了一个多月，又升迁为魏郡太守。大军出征时，又任贾逵为丞相主簿祭酒。贾逵曾经因别人犯罪而被牵连，文帝不予计较地说："叔向功在国家，就是十世以后，他的子孙犯罪，尚且都能得到赦免；何况贾逵他本身已经立了这么大的功德呢！"贾逵随文帝到黎阳，渡河的时候，有人不守规矩，贾逵便斩了乱行的人，军队的秩序才得以整顿。到谯郡，便任贾逵为豫州刺史。当时天下刚刚平定，各州郡的政务大多还没有整顿，贾逵便说："各州一向都派御史出去监督各郡，拿六条诏书去考察各地二千石以下的各级长吏，所以他们的陈述都说要严厉才有威武，才像个督察；却不说用安静宽厚仁慈的态度，有恺悌的德行来办事。现在各地长官侮慢法令，盗贼公然猖行，州里虽然明知这些现象，却不去设法改善；天下怎么能得到太平呢？"当时豫州兵役部门的一些官员得到前任刺史放的假，在贾逵到任后数月才回来，贾逵便考核追究这些二千石以下的各级官员，如有放纵不守法的，都向朝廷上奏免了他们的官。文帝称赞地说："贾逵真是个刺史啊！"便布告天下，应当以豫州为榜样，赐贾逵关内侯的爵位。

州的南边跟吴国交接，贾逵明布斥候，修缮甲兵，做各种战守的准备，贼兵不敢来举犯。对外整练军队，对内治理民事，堵住了鄢水及汝水，造一新陂池储水；又截断山间的泉水，引长溪流，造小弋阳陂来储水；又开凿通运的沟渠二百多里，就是所谓的"贾侯渠"。黄初年间，跟其他将领一起征讨吴国，在洞浦（今安徽马鞍山市和县西南临江）打败吕范，被进封为阳里亭侯加建威将军的官位。明帝即位，增食邑二百户，连以前所封的共

夏，东从卢江。国家征伐，亦由淮、沔。是时州军在项，汝南、弋阳诸郡，守境而已。权无北方之虞，东西有急，并军相救，故常少败。逵以为宜开直道临江，若权自守，则二方无救；若二方无救，则东关可取。乃移屯潦口，陈攻取之计，帝善之。

吴将张婴、王崇率众降。太和二年，帝使逵督前将军满宠、东莞太守胡质等四军，从西阳直向东关，曹休从皖，司马宣王从江陵。逵至五将山，休更表贼有请降者，求深入应之。诏宣王驻军，逵东与休合进。逵度贼无东关之备，必并军于皖；休深入与贼战，必败。乃部署诸将，水陆并进，行二百里，得生贼，言休战败，权遣兵断夹石。诸将不知所出，或欲待后军。逵曰："休兵败于外，路绝于内，进不能战，退不得还，安危之机，不及终日。贼以军无后继，故至此；今疾进，出其不意，此所谓先人以夺其心也，贼见吾兵必走。若待后军，贼已断险，兵虽多何益！"乃兼道进军，多设旗鼓为疑兵，贼见逵军，遂退。

四百户。当时孙权在东关（在安徽巢湖市东南），正处豫州的南面，距大江四百多里，每次出兵侵犯，往往西边从江夏（今湖北武汉市黄陂区），东边从庐江。魏国出兵征讨，也是从淮水或沔水。当时，豫州的军队都在项城（在河南项城市东北），汝南（今河南东南部、安徽阜阳市一带）、弋阳（今河南潢川县、光山县、新县等地）各郡，不过防守边境而已。孙权没有北方的忧虑，东西两面如有紧急，往往军队合并相救，所以经常很少失败。贾逵认为应该开通一条直路到长江边，孙权如果要守住这边，那么另外二面便无法相救，如果两面无救，那东关便可取得。于是就移兵屯驻潦口（在河南新野县界），陈述攻取的计策，明帝认为他的计策很好。

吴国的大将张婴、王崇率领大众来降。太和二年，明帝派贾逵督率前将军满宠、东莞太守胡质等四军从西阳（今光山县西）直向东关，曹休从皖县（今安徽潜山市），司马宣王从江陵（今湖北江陵县）各自出兵。贾逵到了五将山（在陕西岐山县东北），曹休再上表报告贼兵有人求降，要求军队能深入敌阵来呼应他们。明帝下诏要宣王驻军，贾逵向东去跟曹休会合。贾逵心想贼兵没有防备东关，必然把军队集中在皖，曹休深入与贼兵交战，必然失败。于是贾逵便部署各将领，使用水陆二军并进的方式，走了二百里，活捉到贼兵。贼兵说曹休战败了，孙权派兵要阻断夹石（在安徽桐城市北）。各位将领不知怎么办，有人主张等待后面的援军。贾逵说："曹休在外被敌人打败，我们在内被敌人断绝道路，进不能战，退不能还，安危的机兆，实在等不得作整日的考虑。贼兵以为我们军队没有后援，所以才做如此行动，现在我们不如快速前进，出其不意，这就是所谓先发制人可以夺取对方的军心。贼兵一看到我们的军队，一定会逃走。如果在这里等待后面的援军，贼兵已阻断了险要，我们就是有再多的军队，又有何用？"于是加倍赶路前进，多设旗鼓布置疑兵。贼兵见到贾逵的军队，于是退走。贾逵占据了夹石，把兵粮供给曹休，曹休军队的士气又振作起来。当初，贾逵和曹休不太相好。黄初年间，文帝想要使贾逵假节，都督一方军政，

逵据夹石，以兵粮给休，休军乃振。初，逵与休不善。黄初中，文帝欲假逵节，休曰：“逵性刚，素侮易诸将，不可为督。”帝乃止。及夹石之败，微逵，休军几无救也。

会病笃。谓左右曰：“受国厚恩，恨不斩孙权以下见先帝。丧事一不得有所修作。”薨，谥曰肃侯。子充嗣。豫州吏民追思之，为刻石立祠。青龙中，帝东征，乘辇入逵祠，诏曰：“昨过项，见贾逵碑像，念之怆然。古人有言，患名之不立，不患年之不长。逵存有忠勋，没而见思，可谓死而不朽者矣。其布告天下，以劝将来。”充，咸熙中为中护军。

评曰：自汉季以来，刺史总统诸郡，赋政于外，非若曩时司察之而已。太祖创基，迄终魏业，此皆其流称誉有名实者也。咸精达事机，威恩兼著，故能肃齐万里，见述于后也。

曹休说：“贾逵性情刚烈，一向轻侮各个将领，实在不可以担任都督。”文帝就打消了念头。到了夹石这一败仗，如果没有贾逵，曹休的军队几乎没得救了。

后来，贾逵病危的时候，他告诉左右的人说：“我受到国家优厚的恩宠，所遗憾的是不能亲斩孙权去见先帝于地下，我的丧事一定不可以有任何的铺张。”贾逵去逝以后，谥号肃侯，儿子贾充承嗣爵位。豫州的官民都很追念他，为他刻石碑，立祠庙。青龙年间，明帝东征，乘辇车入贾逵的祠庙，下诏令说：“昨天经过项县的时候，看见贾逵的石碑刻像，非常感伤地想念他。古人有句话说：只担心生不能立名，不担心生命不长。贾逵生前有忠爱国家的功劳，死后能被想念，可以说是死而不朽了。一定要把他的事迹布告天下，鼓励后人效法他的榜样。”贾充在咸熙年间担任中护军的官职。

陈寿评论说：从汉朝以来，刺史统领各郡，在外兼赋行政事务，不只是像以前专任司察的工作而已。太祖创立基础，以至完成整个魏国的大业，这些人都是声誉广播，名符其实的臣子。都能精通事理，掌握契机，有卓著的威仪和恩德，所以能够使天下和敬整齐，被后代一再的称述不已。

三国志卷十六

任苏杜郑仓传第十六

包根弟 译

任峻字伯达，河南中牟人也。汉末扰乱，关东皆震。中牟令杨原愁恐，欲弃官走。峻说原曰："董卓首乱，天下莫不侧目，然而未有先发者，非无其心也，势未敢耳。明府若能唱之，必有和者。"原曰："为之奈何？"峻曰："今关东有十余县，能胜兵者不减万人，若权行河南尹事，总而用之，无不济矣。"原从其计，以峻为主簿。峻乃为原表行尹事，使诸县坚守，遂发兵。会太祖起关东，入中牟界，众不知所从，峻独与同郡张奋议，举郡以归太祖。峻又别收宗族及宾客家兵数百人，愿从太祖。太祖大悦，表峻为骑都尉，妻以从妹，甚见亲信。太祖每征伐，峻常居守以给军。是时岁饥旱，军食不足，羽林监颍川枣祗建置屯田，太祖以峻为典农中郎将，募百姓屯田于许下，得谷百万斛，郡国列置田官，数年中所在积粟，仓廪皆满。官渡之战，太祖使峻典军器粮运。贼数寇钞绝粮道，乃使千乘为一

任峻字伯达，河南中牟（今河南中牟县东）人。汉末各地扰乱不安，关东一带（函谷关以东，古称关东，今河南、山东等地是）人人震惊。中牟县令又担心又害怕，想弃官逃走。任峻进说杨原道："董卓首先作乱，天下人没有不悲愤填膺，但是却没有人首先发难声讨他的，并不是没有这种心意，而是在形势上还不敢这么做。太守如能登高一呼，一定有响应的人。"杨原说："应该要怎么做呢？"任峻说："现在关东有十多个县，能够打仗的不下万人，如果权且行使河南尹的职权，各地都归你指挥使用，没有不成功的道理。"杨原按照他的计划，任命任峻当主簿。任峻便替杨原上表说明代行河南尹职权的事，让各县坚守，于是就起兵发难。正好太祖在关东也起兵，军队进入中牟县界，众人不知所从，任峻单独和同郡张奋商议，全郡都归附太祖。任峻又另外聚集一些宗族和宾客家兵几百人，自愿追随太祖。太祖大为高兴，上表推荐任峻为骑都尉，把堂妹嫁给他为妻，对他非常亲信。太祖每次征伐，任峻经常留守统筹支援。这时正好遇到干旱，年岁饥荒，军队粮食不够，羽林监颍川枣祗建议设置屯田制度，太祖派任峻为典农中郎将，招募百姓在许下（洧仓城在许昌故城东，即洧水之米仓，枣祗募人屯田许下，此其仓城也）屯田，收税谷粮百万斛，并在各郡国设置田官，几年中各地积粮都堆满了仓廪。官渡战役的时候，太祖派任峻主持

部，十道方行，为复陈以营卫之，贼不敢近。军国之饶，起于枣祗而成于峻。太祖以峻功高，乃表封为都亭侯，邑三百户，迁长水校尉。

峻宽厚有度而见事理，每有所陈，太祖多善之。于饥荒之际，收恤朋友孤遗，中外贫宗，周急继乏，信义见称。建安九年薨，太祖流涕者久之。子先嗣。先薨，无子，国除。文帝追录功臣，谥峻曰成侯。复以峻中子览为关内侯。

苏则字文师，扶风武功人也。少以学行闻，举孝廉茂才，辟公府，皆不就。起家为酒泉太守，转安定、武都，所在有威名。太祖征张鲁，过其郡，见则悦之，使为军导。鲁破，则绥定下辩诸氐，通河西道，徙为金城太守。是时丧乱之后，吏民流散饥穷，户口损耗，则抚循之甚谨。外招怀羌胡，得其牛羊，以养贫老。与民分粮而食，旬月之间，流民皆归，得数千家。乃明为禁令，有干犯者辄戮，其从教者必赏。亲自教民耕种，其岁大丰收，由

军器和粮食的运输工作，贼兵屡次攻犯掠夺，截断粮道，任峻于是将千部粮车编为一队，排成十路并行，并以双重的兵阵环绕粮车来保护，使贼兵不敢靠近。以后太祖军国粮备的富裕，可以说是肇始于枣祗，而完成于任峻的经营。太祖因任峻的功劳很大，于是上表封他为都亭侯，食邑三百户，升任为长水校尉（长水，在陕西蓝田县西北）。

任峻为人宽厚有法度而明白事理，每次有所陈述意见，太祖大多表示嘉许。遇到饥荒的时候，能够收容照顾朋友的遗孤，贫穷的亲族不管亲疏，他都能尽力地去救助他们的危急或贫乏，这种信义的行为倍受时人的称扬。建安九年（公元204年）死，太祖感伤流了很久的泪。子先承继爵位。先死，无子，于是封国除名。魏文帝时追录功臣，谥任峻为成侯。又封任峻次子览为关内侯。

苏则字文师，扶风武功（今陕西郿县东四十里）人，年少时就以学问德行出名，被推荐为孝廉茂才，公府征召，他都不接受。后来担任酒泉（郡治今甘肃酒泉）太守，开始他的政治生涯，又转任安定（郡治今甘肃泾川县北五里）、武都（郡治下辩，即今陇南市成县西北）太守，凡所任内，都以威严闻名。太祖征讨张鲁的时候，经过他的郡县，见到苏则，很高兴，便命他为军队的前导。张鲁被打败后，苏则又平定下辩（今甘肃成县西北）一带各部氐族，使往河西的走道得以畅通，因此迁为金城（今甘肃兰州至青海西宁一带）太守，当时因为遭受变乱之后，官民流离失散，饥饿贫乏，户口减损，苏则安抚百姓颇为慎重。对外招抚怀柔羌、胡部族，拿他们的牛羊来供养贫困年老的人。有粮食则跟百姓分享，一个月之间，流亡在外的百姓都回来了，总计有一千多家。于是苏则明颁禁令，如有干犯禁令的人则予刑戮，如能遵守教令的人必定有赏。亲自教导百姓耕种，当年大为丰收，于是回来归附的人一天比一天多。后来，李越在陇西（郡治在今临洮）造反，苏则率领羌胡围

是归附者日多。李越以陇西反，则率羌胡围越，越即请服。太祖崩，西平麹演叛，称护羌校尉。则勒兵讨之。演恐，乞降。文帝以其功，加则护羌校尉，赐爵关内侯。

后演复结旁郡为乱，张掖张进执太守杜通，酒泉黄华不受太守辛机，进、华皆自称太守以应之。又武威三种胡并寇钞，道路断绝。武威太守毌丘兴告急于则。时雍、凉诸豪皆驱略羌胡以从进等，郡人咸以为进不可当。又将军郝昭、魏平先是各屯守金城，亦受诏不得西度。则乃见郡中大吏及昭等与羌豪帅谋曰："今贼虽盛，然皆新合，或有胁从，未必同心；因衅击之，善恶必离，离而归我，我增而彼损矣。既获益众之实，且有倍气之势，率以进讨，破之必矣。若待大军，旷日持久，善人无归，必合于恶，善恶既合，势难卒离。虽有诏命，违而合权，专之可也。"于是昭等从之，乃发兵救武威，降其三种胡，与兴击进于张掖。演闻之，将步骑三千迎则，辞来助军，而实欲为变。则诱与相见，因斩之，出以徇军，其党皆散走。则遂与诸军围张掖，破之，斩进及其支党，众皆降。演军败，华惧，出所执乞降，河西平。乃还金城。进封都亭侯，邑三百户。

攻李越，李越马上请求投降。太祖驾崩后，西平麹演叛乱，自称护羌校尉。苏则整军去讨伐他。麹演害怕，求降。文帝因为苏则有功，便加他护羌校尉的官，赐关内侯的爵位。

后来麹演又勾结邻郡作乱，张掖郡（郡治今甘肃张掖市西北）张进囚禁太守杜通，酒泉郡黄华驱逐太守辛机、张进，黄华都自称太守响应麹演。又加上武威郡的三种胡族都起来为寇掠夺，道路因此断绝。武威太守毌丘兴向苏则紧急求救。当时雍州、凉州的一些权豪都驱策劫略羌胡部族来附从张进等人，郡人都认为张进的势力没法抵挡。而且将军郝昭、魏平本来都各自在金城屯守，也受到诏命要他们不可向西进兵。苏则于是就接见郡中大官和郝昭等人，与羌族大帅商议说："现在贼兵的势力虽然盛大，但都是刚组成的，还有些是被胁迫附从的，不一定同心；乘他们有闲隙的时候去攻击，善人恶人一定会分离，分离后来归顺我们，我们的势力就会增强，而他们就减弱了。既得到增兵的实利，而且能造成倍增勇气的形势，然后再率领军队去讨伐，一定可以打败他们。如果要等大军到来，浪费时日久久对峙，好人无处可归，一定会附合恶人，善恶相合了，势必难于分离。虽然现在有不能西进的诏命，暂且不要听命，采取权宜政策，可以专权进兵讨伐呀。"于是郝昭等人听从了他的计谋，就发兵援救武威，降服了那里三种胡族，又和毌丘兴在张掖攻击张进。麹演听到这个消息，率领步兵骑兵三千人迎接苏则，假意说来帮助苏则的军队，其实是想要变乱。苏则引诱他，和他见面，就把他斩了，出示他的首级安抚他的军队，于是麹演的党徒全都奔散而逃走了。苏则因此就和各路军队围攻张掖，攻下了城池，杀掉张进和他的支属党徒，军队全部投降。麹演军失败了，黄华心里害怕，献出囚禁的人求降，河西就平定了。于是回金城。进封为都亭侯，封邑三百户。

征拜侍中，与董昭同寮。昭尝枕则膝卧，则推下之，曰："苏则之膝，非佞人之枕也。"初，则及临菑侯植闻魏氏代汉，皆发服悲哭，文帝闻植如此，而不闻则也。帝在洛阳，尝从容言曰："吾应天受禅，而闻有哭者，何也？"则谓为见问，须髯悉张，欲正论以对。侍中傅巽掐则曰："不谓卿也。"于是乃止。文帝问则曰："前破酒泉、张掖，西域通使，燉煌献径寸大珠，可复求市益得不？"则对曰："若陛下化洽中国，德流沙漠，即不求自至，求而得之，不足贵也。"帝默然。后则从行猎，槎桎拔，失鹿，帝大怒，踞胡床拔刀，悉收督吏，将斩之。则稽首曰："臣闻古之圣王不以禽兽害人，今陛下方隆唐尧之化，而以猎戏多杀群吏，愚臣以为不可。敢以死请！"帝曰："卿，直臣也。"遂皆赦之。然以此见惮。黄初四年，左迁东平相。未至，道病薨，谥曰刚侯。子怡嗣。怡薨，无子，弟愉袭封。愉，咸熙中为尚书。

杜畿字伯侯，京兆杜陵人也。少孤，继母苦之，以孝闻。年二十，为郡功曹，守郑县令。县囚系数百人，畿亲临狱，裁其轻重，尽决遣之，虽未悉当，郡中奇其年少而有大意

苏则被征召拜任侍中，和董昭同官。董昭曾经把头枕在苏则的膝盖上睡觉，苏则把他推下去，说："苏则的膝盖，不是佞人的枕头呀！"起初，苏则和临菑侯植听到魏氏代替了汉朝，都穿上丧服悲哭，文帝听到曹植这样，而没有听说苏则。文帝在洛阳，曾从容的说道："我应天命接受禅让，却听说有悲哭的，为什么呢？"苏则以为文帝是问他，胡须都竖立起来，想要用严正的言辞回答文帝。侍中傅巽用手掐苏则说："不是说你呀！"于是他才停止。文帝问苏则说："以前打败酒泉、张掖，西域来通使，敦煌进献直径一寸的大珠，能不能再从市面上买到？"苏则回答说："如果陛下教化普及中国，恩德流传沙漠，就会不求自来；去求了才得到，就不值得珍贵了。"文帝默然无语。后来苏则跟随文帝去打猎，兽槛打开后，鹿逃走了，文帝大怒，坐在胡床上拔出刀来，把所有的督吏都捉起来，要杀掉。苏则叩头说："臣听说古代的圣王不因为禽兽害人，现在陛下正要隆兴唐尧的教化，却因为打猎游戏要杀掉很多官吏，愚臣认为不可以。胆敢以死请求（收回命令）。"文帝说："卿，是直臣呀！"于是就都赦免了他们。但也因此受到文帝的忌惮。黄初四年（公元223年），贬降为东平相。还没到东平，在路上病死，谥号为刚侯。子怡承嗣爵位。怡死，无子，弟愉承袭封号。愉，咸熙（陈留王年号）年中为尚书。

杜畿字伯侯，京兆（今陕西西安以东至华县之地）杜陵（今陕西西安市东南）人。幼年丧母，继母虐待他，却以孝顺出名。二十岁，任郡功曹，守郑县（今陕西华县北）的县令，县里囚禁了几百人，杜畿亲自到狱中，裁定他们罪的轻重，全部判定后遣回家去，虽然没有完全恰当，但郡里的人却为他年轻而有大志称奇。被推荐为孝廉，改任汉中府丞。

也。举孝廉，除汉中府丞。会天下乱，遂弃官客荆州，建安中乃还。荀彧进之太祖，太祖以畿为司空司直，迁护羌校尉，使持节，领西平太守。

太祖既定河北，而高幹举并州反。时河东太守王邑被征，河东人卫固、范先外以请邑为名，而内实与幹通谋。太祖谓荀彧曰："关西诸将，恃险与马，征必为乱。张晟寇淆、渑间，南通刘表，固等因之，吾恐其为害深。河东被山带河，四邻多变，当今天下之要地也。君为我举萧何、寇恂以镇之。"彧曰："杜畿其人也。"于是追拜畿为河东太守。固等使兵数千人绝陕津，畿至不得渡。太祖遣夏侯惇讨之，未至。或谓畿曰："宜须大兵。"畿曰："河东有三万户，非皆欲为乱也。今兵迫之急，欲为善者无主，必惧而听于固。固等势专，必以死战。讨之不胜，四邻应之，天下之变未息也；讨之而胜，是残一郡之民也。且固等未显绝王命，外以请故君为名，必不害新君。吾单车直往，出其不意。固为人多计而无断，必伪受吾。吾得居郡一月，以计縻之，足矣。"遂诡道从郖津度。范先欲杀畿以威众。且观畿去就，于门下斩杀主簿已下三十余人，畿举动自若。于是固曰："杀之无损，徒有恶名；

正遇天下大乱，就抛弃了官职客居荆州，建安（汉献帝年号）年中才回乡来。荀彧把他推荐给太祖，太祖任杜畿为司空司直，又改任护羌校尉，使持节（凡督军镇守者，概加号使持节）任西平太守。

太祖平定河北（黄河北）以后，高幹却率领并州谋反。当时河东太守王邑受到征召，河东人卫固、范先表面上以请求留下王邑为理由，而内里实在是和高幹串通谋反。太祖向荀彧说："关西（指函谷关以西之地。今陕西、甘肃二省）的一些将领，凭仗着天险和兵马，出征的话一定会作乱。张晟在殽山（在河南渑池县西南）、渑池（今河南渑池县西）间为寇，和南方的刘表相通，卫固等人因袭他的作风，我怕他会造成很大的祸害。河东山河环绕，四邻之地又多变乱，是当今天下最重要的地方，你替我推荐一个像萧何、寇恂般的人才去镇守河东。"荀彧说："杜畿就是这种人才。"于是追拜杜畿为河东太守。卫固等人派几千士兵截断陕津（在河南陕县西北），杜畿没法渡过黄河。太祖派夏侯惇去讨伐，大军还没到。有人向杜畿说："应该需要大军来征讨。"杜畿说："河东有三万户人家，并不是都想作乱。现在军队逼得太紧了，想要从善的人失去主见，必会害怕，就听从了卫固的命令。卫固等人权势统一后，一定会作殊死战。如果讨伐他不能战胜，四邻地方都起来响应，使天下的变乱不能停止；讨伐他战胜了，使得一郡人民都受到残害。而且卫固等人没有明显的拒绝王命，表面上以请求旧太守为名义，也一定不会害新太守，我单车直往，出乎他们的意料之外。卫固为人多计谋却不能决断，一定会假意的接受我。我能够在郡中居留一个月，用计分化他们，就足够了。"于是就走捷径从郖津（在河南灵宝县西北里）渡过黄河。范先想杀掉杜畿来威服大众。暂时观察一下杜畿的进退，就在太守门下杀掉主簿以下的官吏三十多人，杜畿行动自如，毫不畏惧。于是卫固说："杀掉

且制之在我。”遂奉之。畿谓卫固、范先曰：“卫、范，河东之望也，吾仰成而已。然君臣有定义，成败同之，大事当共平议。”以固为都督，行丞事，领功曹；将校吏兵三千余人，皆范先督之。固等喜，虽阳事畿，不以为意，固欲大发兵，畿患之，说固曰：“夫欲为非常之事，不可动众心。今大发兵，众必扰，不如徐以赀募兵。”固以为然，从之，遂为赀调发，数十日乃定，诸将贪多应募而少遣兵。又入喻固等曰：“人情顾家，诸将掾吏，可分遣休息，急缓召之不难。”固等恶逆众心，又从之。于是善人在外，阴为己援；恶人分散，各还其家，则众离矣。会白骑攻东垣，高幹入濩泽，上党诸县杀长吏，弘农执郡守，固等密调兵未至。畿知诸县附己，因出，单将数十骑，赴张辟拒守，吏民多举城助畿者，比数十日，得四千余人，固等与幹、晟共攻畿，不下，略诸县，无所得。会大兵至，幹、晟败，固等伏诛，其余党与皆赦之，使复其居业。

是时天下郡县皆残破，河东最先定，少耗减。畿治之，崇宽惠，与民无为。民尝辞讼，有相告者，畿亲见为陈大义，遣令归谛思之，若意有所不尽，更来诣府。乡邑父老自

他不能减损他的威严，只招来恶名，而且他又控制在我手上。”于是就承认了他。杜畿告诉卫固、范先说：“卫、范是河东郡的望族，我只是不劳而获罢了。但君臣有一定的大义，成败都要同担当，大事应该一起公平的商议。”任命卫固为都督，行郡丞事，又统领功曹；将校吏兵三千多人，都由范先监督。卫固等人很高兴，虽然表面上事奉杜畿，却并不在意。卫固想要大举发兵，杜畿很担心，进说卫固说：“想做非常的事，不能惊动众人的心。现在大举发兵，大众一定会骚动，不如慢慢的用钱募兵。”卫固认为很对，听从了他的话，于是出钱征兵调发，几十天才征调完毕，一些将领贪财，应募很多，但实际上派出的兵却很少。杜畿又进一步告诉卫固等人说：“人情都是顾家，一些将领属官可以分别遣散回家休息，紧急的时候再征召他们不难。”卫固等人不喜欢违逆众人的心，又听了他的话。于是善人在外面，暗中成为自己的帮手，恶人分散，各自回到家里，众人因此就分离了。刚好遇到白骑攻打东垣（今山西垣曲县东南），高幹进入濩泽（在山西阳城县），上党各县都杀掉了他们的长吏，弘农郡囚禁了他们的郡守，卫固等人暗中所征调的兵还没到。杜畿知道各县都会归附自己，就出去，独自带领几十个骑兵，到张辟城（即张城，又叫东张城）拒守，很多官民都率领全城的人帮助杜畿，到了几十天以后，获得四千多人。卫固等和高幹、张晟一起攻打杜畿，攻不下，掠夺各县，又毫无所得。正遇上大军到来，高幹、张晟溃败，卫固等被杀，其他的党徒都赦免了，让他们再重新回去从事各人的工作。

这时天下各郡各县都残破不堪，河东最早平定，很少损害。杜畿治理河东，崇尚宽惠，让人民休息无为。百姓曾有争讼，互相控告的，杜畿亲自接见他们，为他们说明大义，要他们回去好好反省一下，如果心里还有什么想不通的，再到县府来。乡邑的父老自己互

相责怒曰："有君如此，奈何不从其教？" 自是少有辞讼。班下属县，举孝子、贞妇、顺孙，复其徭役，随时慰勉之。渐课民畜牸牛、草马，下逮鸡豚犬豕，皆有章程。百姓勤农，家家丰实。畿乃曰："民富矣，不可不教也。"于是冬月修戎讲武，又开学宫，亲自执经教授，郡中化之。

韩遂、马超之叛也，弘农、冯翊多举县邑以应之。河东虽与贼接，民无异心。太祖西征至蒲阪，与贼夹渭为军，军食一仰河东。及贼破，余畜二十余万斛。太祖下令曰："河东太守杜畿，孔子所谓'禹，吾无间然矣'。增秩中二千石。"太祖征汉中，遣五千人运，运者自率勉曰："人生有一死，不可负我府君。"终无一人逃亡，其得人心如此。魏国既建，以畿为尚书。事平，更有令曰："昔萧何定关中，寇恂平河内，卿有其功，间将授卿以纳言之职；顾念河东吾股肱郡，充实之所，足以制天下，故且烦卿卧镇之。"畿在河东十六年，常为天下最。

文帝即王位，赐爵关内侯，征为尚书。及践阼，进封丰乐亭侯，邑百户，守司隶校尉。帝征吴，以畿为尚书仆射，统留事。其后帝幸许昌，畿复居守。受诏作御楼船，于陶

相责备，并生气的说："有这样的太守，怎么能不听从他的教导呢？" 从此以后，就很少有争讼的事了。他颁令下面属县，推举孝子、贞妇、顺孙，免除他们的力役，随时慰勉他们。逐渐的率领人民畜养牝牛、牝马（或小马），下及鸡、小猪、狗、大猪，都有一定的程序。百姓勤劳农作，家家都很富足。杜畿于是就说："人民富足了，不能够不教导。"于是在冬月修治讲习兵戎，又开设学校，亲自拿经书教授，郡里的人都受到他的教化。

韩遂、马超的叛乱，弘农郡（郡治今河南灵宝县北二十五里）、冯翊郡（郡治今陕西西安市高陵区）很多县邑都发兵响应他们。河东虽然和贼兵相接，人民却没有异心。太祖西征到蒲阪（今山西永济市北三十里）和贼兵夹着渭河两岸列阵，军粮全部仰仗河东。等到贼兵打败后，剩下积蓄的粮食二十多万斛。太祖下令说："河东太守杜畿，正如孔子所说的'禹，我没什么好批评的了'，增加俸禄到二千石。"太祖征讨汉中，派五千人搬运，搬运的人自己相率勉励说："人生谁都有一死，但却不可以辜负了我们的郡守。"始终没有一个人逃亡，他是这样的获得民心。魏国建立以后，任用杜畿为尚书。乱事平定以后，又有一道命令说："从前萧何平定关中，寇恂平定河内，卿也有他们一样的大功，本来想授卿尚书的职位，但想到河东是我辅翼京城的郡邑，补充实力的地方，足够控制天下，所以暂且烦劳卿去那里镇守。"杜畿在河东十六年，常是天下政绩最好的一郡。

文帝即王位，赐给他关内侯的爵位，征召为尚书。等到即天子位，进封他为丰乐亭侯，封邑百户，官守为司隶校尉。文帝征伐吴，任杜畿为尚书仆射，总理留下来的事务。后来，文帝去许昌，杜畿又居守京师。受诏令造天子乘的楼船，在陶河（今河南孟州市南）

河试船，遇风没。帝为之流涕，诏曰：“昔冥勤其官而水死，稷勤百谷而山死。故尚书仆射杜畿，于孟津试船，遂至覆没，忠之至也。朕甚愍焉。”追赠太仆，谥曰戴侯。子恕嗣。

恕字务伯，太和中为散骑黄门侍郎。恕推诚以质，不治饰，少无名誉。及在朝，不结交援，专心向公。每政有得失，常引纲维以正言，于是侍中辛毗等器重之。

时公卿以下大议损益，恕以为“古之刺史，奉宣六条，以清静为名，威风著称，今可勿令领兵，以专民事”。俄而镇北将军吕昭又领冀州，乃上疏曰：

帝王之道，莫尚乎安民；安民之术，在于丰财。丰财者，务本而节用也。方今二贼未灭，戎车亟驾，此自熊虎之士展力之秋也。然缙绅之儒，横加荣慕，扼腕抗论，以孙、吴为首，州郡牧守，咸共忽恤民之术，修将率之事。农桑之民。竞干戈之业，不可谓务本。帑藏岁虚而制度岁广，民力岁衰而赋役岁兴，不可谓节用。今大魏奄有十二州之地，而承丧乱之弊，计其户口不如往昔一州之民，然而二方僭逆，北虏未宾，三边遘难，绕天略帀；所以统一州之民，经营九州之地，其为艰难，譬策羸马以取道里，岂可不加意爱惜其力哉？以武皇帝之节俭，府藏充实，犹不能十州拥兵；郡且二十也。今荆、扬、青、徐、

试船，遇到风浪沉没。文帝为他哭泣，诏书说：“从前冥（夏水官）勤劳职守，而溺死；稷，勤劳的播种百谷，而死在黑水之山，故尚书仆射杜畿，在孟津试船，竟然翻覆沉没。朕十分悲愍。”追赠太仆，谥号叫戴侯，子恕承继爵位。

恕字务伯，太和年中（魏明帝年号）为散骑黄门侍郎。杜恕以诚待人，出自本性，不喜欢巧佞伪饰，年少时并无美誉。等到入朝，不结交同党，专心从事公务。每次遇到政治上有得失的时候，常常引用法度纲维正直议论，于是侍中辛毗等人都很器重他。

当时公卿以下的官吏大议国政的利弊，杜恕认为：“古代的刺史，宣述诏书六条，以清静扬名，威风著称，现在可以不让他们领兵，专门管理民事。”不久，镇北将军吕昭又领兵冀州（今河北、山西二省及河南黄河以北，辽宁辽河以西之地），于是杜恕就上疏说：

帝王的治道，没有比安民更重要的，安民的方法，就在于富财。富财的意思，就是从事农桑，节约开支。当今两个叛贼未灭，兵车奔走匆忙，这正是熊虎般的威武战士表现力量的时候呀。但是做官的儒士，却横加爱慕他们的显荣，也振奋的直言高论，以孙该、吴质带头，一些州郡的长官，都共同的忽视了体恤人民的方法，只知道修练统率军队的事。从事农桑的人民，争着练习干戈的事，不能称作务本。国库一年年空虚，而制度一年年繁多，民力一年年衰竭，而赋役一年年增加，不能称作节用。现在大魏全部有十州的地方，因为受到丧乱的弊害，算它的户口却比不上从前一州的人民，但是两方僭位背叛（指蜀、吴），北方匈奴未服，三面遇到灾难，祸害漫天，险象环生，要统率一州的人民，去经营九州的土地，它的艰苦困难，就好像是鞭策一匹瘦弱的马去争取旅程，怎可不特别留心的去爱惜他的力气呢！以武皇帝（曹操）的节俭，府库存粮的充足，还不能够十州都拥有兵力，

幽、并、雍、凉缘边诸州皆有兵矣，其所恃内充府库外制四夷者，惟兖、豫、司、冀而已。臣前以州郡典兵，则专心军功，不勤民事，宜别置将守，以尽治理之务；而陛下复以冀州宠秩吕昭。冀州户口最多，田多垦辟，又有桑枣之饶，国家征求之府，诚不当复任以兵事也。若以北方当须镇守，自可专置大将以镇安之。计所置吏士之费，与兼官无异。然昭于人才尚复易；中朝苟乏人，兼才者势不独多。以此推之，知国家以人择官，不为官择人也。官得其人，则政平讼理；政平故民富实，讼理故囹圄空虚。陛下践阼，天下断狱百数十人，岁岁增多，至五百余人矣。民不益多，法不益峻。以此推之，非政教陵迟，牧守不称之明效欤？往年牛死，通率天下十能损二；麦不半收，秋种未下。若二贼游魂于疆场，飞刍挽粟，千里不及。究此之术，岂在强兵乎？武士劲卒愈多，愈多愈病耳。夫天下犹人之体，腹心充实，四支虽病，终无大患；今兖、豫、司、冀亦天下之腹心也。是以愚臣悽悽，实愿四州之牧守，独修务本之业，以堪四支之重。然孤论难持，犯欲难成，众怨难积，疑似难分，故累载不为明主所察。凡言此者，类皆疏贱；疏贱之言，实未易听。若使善策必出

也只有二十郡有军备。现在荆、扬、青、徐、幽、并、雍、凉靠边境的诸州，都有军队了。他们所依赖向内充实府库，向外控制四方夷狄的，只有兖州、豫州、司州（汉魏时以司隶校尉督察畿辅）而已。臣以前认为州郡掌管兵事，就会专心在军功上，不留意民政，应该另外设置将领统兵，使州郡首长尽到治理人民的职份；而陛下却又降恩宠把冀州的统治权给予吕昭。冀州的户口最多，田地大多已经开垦出来，又出产丰盛的桑枣，是国家财税粮食征收求取的府库，实在不应该再担任军事了。如果认为北方应须有人镇守，自然可以专门派任一位大将去镇守以保安宁。计算一下所设置的官吏的费用，和兼职的官吏没有两样。但是像吕昭这样的人才还容易找，朝中如果缺少人手，才兼文武的人一定不会太多。由此推论，知道国家应该依每个人的才能去选择官职，不可以因为官职再去选择人才。官职得到适当的人，那么就会政事安定，讼事平正，政事安定，所以人民富足；讼事平正，所以牢狱空虚。陛下即位时，天下判决的讼案只有一百几十个人，年年增加，已经增到五百多人了。人民并没有增多，法令也没有更加严厉。从这里推论，岂不是因为政令教化渐渐衰微，地方首长不称职的显明的证据吗？往年耕牛死亡的损失，通率占天下的十分之二，麦子收成不到一半，秋粮尚未播种。如果吴、蜀两个叛贼在边界骚扰流窜，即使飞快的运载牲畜米粮，远达千里，也来不及运送。推究这时的治国方法，岂是在强兵？武士精兵愈多，愈多愈有弊病。天下就好像是人的形体，中央的心腹充实了，手脚四肢虽然生病，终究不会产生大祸害；现在兖州、豫州、司州、冀州也是天下的腹心啊！所以愚臣谨敬的实在希望这四州的官长，能够专一的修治农桑的根本事业，以担当起四肢的重任。但是一人之论难以持守；干犯别人的私欲难以成功；树立众怨难以积久；似是而非的言论难以分辨，所以连年都没被明主您察觉。凡是说到这些的，大概都是些疏远卑下的小官，疏远卑下官吏

于亲贵，亲贵固不犯四难以求忠爱，此古今之所常患也。

时又大议考课之制，以考内外众官。恕以为用不尽其人，虽才且无益，所存非所务，所务非世要。上疏曰：

《书》称“明试以功，三考黜陟”，诚帝王之盛制。使有能者当其官，有功者受其禄，譬犹乌获之举千钧，良、乐之选骥足也。虽历六代而考绩之法不著，关七圣而课试之文不垂，臣诚以为其法可粗依，其详难备举故也。语曰：“世有乱人而无乱法。”若使法可专任，则唐、虞可不须稷、契之佐，殷、周无贵伊、吕之辅矣。今奏考功者，陈周、汉之法为，缀京房之本旨，可谓明考课之要矣。于以崇揖让之风，兴济济之治，臣以为未尽善也。其欲使州郡考士，必由四科，皆有事效，然后察举，试辟公府，为亲民长吏，转以功次补郡守者，或就增秩赐爵，此最考课之急务也。臣以为便当显其身，用其言，使具为课州郡之法，法具施行，立必信之赏，施必行之罚。至于公卿及内职大臣，亦当俱以其职考课之也。

的话，实在不容易让您听进去。如果说好的计策一定要出自亲近贵幸的大臣，亲贵的大臣一定不会触犯上面的四种困难来表示忠爱，这是从古到今常有的毛病。

当时又慎重的讨论考核官吏政绩来决定奖惩升迁的制度，以考察朝廷内外的所有官吏。杜恕认为不能任用适当的人，虽然有才也没有用，或所在的职位并非自己专力去做的事，自己专力主做的事又不是世间重要的事。就上疏说：

《书经》上说：“明审地考验官吏的功效，考核三次后，再决定他们的升降。”实在是帝王最良善的制度。让有才能的人担任官职，有功绩的人接受俸禄，就像乌获举起千钧重物，王良、伯乐的选择千里马呀。虽然经过了唐、虞、夏、商、周、汉六代，但考核官吏的方法却不显明，通过尧、舜、禹、汤、文、武、周公七位圣人，但考核官吏的条文却没留下来，臣认为这实在是因为他们各代考核的方法可以大致的作为依据，但他们详细的条目却很难完全的举出来的缘故呀。俗语说：“世上有乱国的人，而没有乱暴的法律。”如果法律可以专门派人来负责担任，那么唐尧、虞舜就可以不需要稷、契的佐助了，商朝、周朝也不会看重伊尹、吕尚的辅佐了。现在上奏考核功绩的人，陈说周代、汉代的方式作法，论述京房（汉人）“考功课吏法”的本旨，可以说是对考核功绩的要义非常明白了。但是在崇尚逊让的风气，和兴起济济庄敬的治道上，臣认为并未达到至善的地步。朝廷让州郡考核士人时，一定要经过“儒学、文吏、孝悌、能从政”这四科的考察，都有事实的验证了，然后再考察推举出来，试由公府征召，任做亲民的长官，接着再按功勋的大小任为郡守的，或者就此增加俸禄、赏赐爵位，这些都是考核工作首先要做好的紧要事情啊！臣认为担任考核的官吏，就应当使他们有贵显的身份，采用他们的话，让他们订出一套考核州郡官吏的法律、规条，这些法规完全推选出来以后，就要建立必信的恩赏、实行必行的处罚。至于像公卿和在朝中任职的大臣，也应当都按照他们的职位去考核他们。

古之三公，坐而论道，内职大臣，纳言补阙，无善不纪，无过不举。且天下至大，万机至众，诚非一明所能偏照。故君为元首，臣作股肱，明其一体相须而成也。是以古人称廊庙之材，非一木之支；帝王之业，非一士之略。由是言之，焉有大臣守职辨课可以致雍熙者哉！且布衣之交，犹有务言誓而蹈水火，感知己而披肝胆，徇声名而立节义者；况于束带立朝，致位卿相，所务者非特匹夫之信，所感者非徒知己之惠，所徇者岂声名而已乎！

诸蒙宠禄受重任者，不徒欲举明主于唐、虞之上而已；身亦欲厕稷、契之列。是以古人不患于念治之心不尽，患于自任之意不足，此诚人主使之然也。唐、虞之君，委任稷、契、夔、龙而责成功，及其罪也，殛鲧而放四凶。今大臣亲奉明诏，给事目下，其有夙夜在公，恪勤特立，当官不挠贵势，执平不阿所私，危言危行以处朝廷者，自明主所察也。若尸禄以为高，拱默以为智，当官苟在于免负，立朝不忘于容身，絜行逊言以处朝廷者，亦明主所察也。诚使容身保位，无放退之辜，而尽节在公，抱见疑之势，公义不修而私议

古代的三公，坐着讨论治道，朝中大臣传达王命，补正帝王的缺失，任何善行都要记载，任何过错都要纠举。而且天下这么大，万事这么多，实在不是君王一明所能够遍照的。所以君王任国家的元首，臣子担任辅佐，这正说明国家的整体是由君臣相须而构成的。所以古人说建造廊庙的材料，不是只靠一很木头的支柱，建立帝王的大业，不是光凭一个士人的策略。由此说来，哪里有大臣守着职位办理考核工作就可以使天下达到太平的！而且像百姓的交往，还有为必守信誓而赴汤蹈火，为感念知己而披露肝胆，为求取名声而立下节义的；何况这些束带站立朝廷，高居卿相重位的人，他们所要做的更不只是拘守匹夫的信约，所感念的也不只是知己的恩惠，所求取的岂只是名声而已呢！

那些蒙受恩宠重禄，受到重任的人，不只是想要辅佐明主成为比唐尧、虞舜更圣明的君王，而且他们自己也想要置身在稷、契这些贤臣的行列之中。所以古人并不担心没有努力尽到要使政治清明的心，只担心自身要负荷起这个重任的信念不够，这实在是人主使得他们这样呀！唐、虞的君王尧、舜，委任稷、契、夔、龙治理政事，而且要求他们要达到一定的成效，在明察罪犯方面，诛杀了鲧，放逐了四凶。现在大臣亲自遵奉君王的明诏，在您跟前供您差遣，如果有办理公务夙夜不懈，恭敬勤奋超群特出，在职务上不屈从权贵，执守正道，不偏袒私己，在朝廷中敢于直言，行为高洁的人，自是明主所能察觉的。如果有白受俸禄而无所事事，却自以为高洁，拱手默然不语，却自以为明智，在职务上只想苟且的免负责任，做官时刻不忘记寻找安身之地，处在朝廷里畏首畏尾，言行婉顺，洁身自保的人，也是明主所能够察觉出来的。假使让臣下可以在朝廷中容身，安保禄位，没有被放逐贬退的罪过，但这样为公竭尽忠节的人，却处在时时受人怀疑的情势中，如此不修好公义却造成私议的风气，即使让圣人仲尼来筹划，也是不能够发挥他的才华，又何况是世

成俗，虽仲尼为谋，犹不能尽一才，又况于世俗之人乎！今之学者，师商、韩而上法术，竞以儒家为迂阔，不周世用，此最风俗之流弊，创业者之所致慎也。

后考课竟不行。乐安廉昭以才能拔擢，颇好言事。恕上疏极谏曰：

伏见尚书郎廉昭奏左丞曹璠以罚当关不依诏，坐判问。又云“诸当坐者别奏”。尚书令陈矫自奏不敢辞罚，亦不敢以处重为恭，意至恳恻。臣窃悯然为朝廷惜之！夫圣人不择世而兴，不易民而治，然而生必有贤智之佐者，盖进之以道，率之以礼故也。古之帝王之所以能辅世长民者，莫不远得百姓之欢心，近尽群臣之智力。诚使今朝任职之臣皆天下之选，而不能尽其力，不可谓能使人；若非天下之选，亦不可谓能官人。陛下忧劳万机，或亲灯火，而庶事不康，刑禁日弛，岂非股肱不称之明效欤？原其所由，非独臣有不尽忠，亦主有不能使。百里奚愚于虞而智于秦，豫让苟容中行而著节智伯，斯则古人之明验矣。今臣言一朝皆不忠，是诬一朝也；然其事类，可推而得。陛下感帑藏之不充实，而军事未息，至乃断四时之赋衣，薄御府之私谷，帅由圣意，举朝称明，与闻政事密勿大臣，宁有恳恳忧此者乎？

俗的人呢！今天的学者，效法商鞅、韩非而崇尚法术，都纷纷地认为儒家思想迂腐不切实际，不合世用，这是风俗最大的流弊，创业的人最应小心谨慎的地方。

后来考核制度终于没有实行。乐安（今山东博兴县北）廉昭因为有才能被推举担任官职，很喜欢挑剔群臣的小过失。杜恕上疏极力进谏道：

伏见尚书郎廉昭上奏左丞曹璠因为有罪罚向上禀告的时候，没依据诏书的规定，应予详加追究，加以责问而处罪。又说：“其他那些应该处罪的人，另外奏上。”尚书令陈矫自己上奏说不敢逃避朝廷的责罚，也不敢自认为严厉处罚罪犯，就是对主上的一种恭敬，意思十分诚恳。臣暗自感伤地为朝廷觉得可惜。那圣人的兴起不会挑选特别的时代，治理国家不会挑选特别的人民，但是圣人出现自然就会有贤智的人来帮助他，这是因为他能用道来任用人，用礼来率领人的缘故呀！古代的帝王他们所以能够维持世教、长育人民，没有不是远得百姓的喜爱，近得群臣的竭尽智慧和能力。如果今天在朝廷中任职的臣子，真的都是属于天下精选的人才，却不能让他们竭尽才力，不可以说是会使用人，如果他们不属于天下精选的人才，也不可以说是会选用官吏。陛下为天下万机忧劳，甚至日以继夜，但却百事不健全，刑法禁令日渐废弛，这岂不是左右臣子不称职的明显证据吗？追察它的原因，不只是臣子没有竭尽忠诚，也是主上没能好好任用臣子呀。百里奚在虞国时很笨拙，到了秦国却变得很聪明了；豫让在中行氏处苟且容身，到了智伯那里却名节显著，这些都是古人明显地验证呀！现在臣说满朝臣子都不忠，这是诬陷满朝人臣，但是朝中有这种不尽忠职守的事情存在，却是可以推想而知的。陛下感叹公库的不充实，而军事又不息，所以就停止班赠四季的衣裘，减少天子仓库的私谷，一切都出自圣上的旨意，全朝都称扬主上的圣明，即使参预政事、办理公务慎密的大臣们，也哪里会有像陛下这样诚恳的担忧这些事的呢？

骑都尉王才，幸乐人孟思所为不法，振动京都，而其罪状发于小吏，公卿大臣初无一言。自陛下践阼以来，司隶校尉、御史中丞宁有举纲维以督奸宄，使朝廷肃然者邪？若陛下以为今世无良才，朝廷乏贤佐，岂可追望稷、契之遐踪，坐待来世之俊乂乎！今之所谓贤者，尽有大官而享厚禄矣，然而奉上之节未立，向公之心不一者，委任之责不专，而俗多忌讳故也。臣以为忠臣不必亲，亲臣不必忠。何者？以其居无嫌之地而事得自尽也。今有疏者毁人不实其所毁，而必曰私报所憎，誉人不实其所誉，而必曰私爱所亲，左右或因之以进憎爱之说。非独毁益有之，政事损益，亦皆有嫌。陛下当思所以阐广朝臣之心，笃厉有道之节，使之自同古人，望与竹帛耳。反使如廉昭者扰乱其间，臣惧大臣遂将容身保位，坐观得失，为来世戒也！

昔周公戒鲁侯曰“无使大臣怨乎不以”，不言贤愚，明皆当世用也。尧数舜之功，称去四凶，不言大小，有罪则去也。今者朝臣不自以为不能，以陛下为不任也；不自以为不智，以陛下为不问也。陛下何不遵周公之所以用，大舜之所以去？使侍中、尚书坐则侍帷

骑都尉王才宠爱乐工孟思，所做的不法行为，震动京师，但是他们的罪状却是由小官揭发出来的，公卿大臣们早先都没说过一句话。自从陛下即帝位以来，司隶校尉、御使中丞哪一个人有振起过国家法度来严察作乱犯法的人，使朝廷纲纪敬肃的呢？如果陛下认为今世没有良才，朝廷缺乏贤能帮手，又哪里可以只追溯想望稷、契的渺远踪迹，坐着等待后世的俊才呢！今天人们所谓的贤者，都已经做了大官，享有优厚的俸禄了，但是遵奉主上的节操却没能树立，热心公务的心也不齐一的原因，是因为主上委任给他们的职责不专一，而且世俗又有很多忌讳呀！臣认为忠臣不一定是主上亲近的人，亲近的臣子也不一定忠心。为什么呢？因为主上不亲近的臣子处在没有嫌疑的地位上，就可以把事情完全陈述出来。今天有主上疏远的人非议别人，主上不相信他所非议的事，就一定说他是报复自己所讨厌的人，他们称赞别人，主上也不相信他所称赞的事，就一定说他是爱护自己所亲近的人，左右大臣就因此进说一些恩怨爱恶的是非。不但是产生了个人的毁誉，而且政事的好坏，也都蒙受了嫌疑。陛下应该去想如何阐扬扩大朝臣的心胸，笃厚奖励有道之士的节操，使他们自己努力做到与古人相同，也能够留名青史。现在反而使廉昭这样的人，在朝廷里扰乱，臣害怕大臣们将会因此只求能容身、保住禄位，坐着旁观朝政的得失，不去管理，成为以后的臣子们的一种警告！

从前周公警戒鲁侯说：“不要让大臣怨你不任用他。”不论贤才、愚才，可知都能配合当世而任用。唐尧提起舜的功劳，就说到放逐四凶的大功，不论大罪、小罪，有罪就应斥逐。今天朝廷中的臣子，不自己承认没有才能，却认为陛下没任用他；不自己承认不聪明，却认为陛下不会察问他。陛下何不遵循周公用人的法则、大舜放逐人的态度。使侍中、尚书们，当您静坐朝廷时，就侍奉在帷帐左右，出行朝外时，就跟随在车子两旁，亲自回答

幄，行则从华辇，亲对诏问，所陈必达，则群臣之行，能否皆可得而知；忠能者进，暗劣者退，谁敢依违而不自尽？以陛下之圣明，亲与群臣论议政事，使群臣人得自尽，人自以为亲，人思所以报，贤愚能否，在陛下之所用。以此治事，何事不办？以此建功，何功不成？每有军事，诏书常曰："谁当忧此者邪？吾当自忧耳。"近诏又曰："忧公忘私者必不然，但先公后私即自办也。"伏读明诏，乃知圣思究尽下情，然亦怪陛下不治其本而忧其末也。人之能否，实有本性，虽臣亦以为朝臣不尽称职也。明主之用人也，使能者不敢遗其力，而不能者不得处非其任。选举非其人，未必为有罪也；举朝共容非其人，乃为怪耳。陛下知其不尽力也，而代之忧其职，知其不能也，而教之治其事，岂徒主劳而臣逸哉？虽圣贤并世，终不能以此为治也。

陛下又患台阁禁令之不密，人事请属之不绝，听伊尹作迎客出入之制，选司徒更恶吏以守寺门，威禁由之，实未得为禁之本也。昔汉安帝时，少府窦嘉辟廷尉郭躬无罪之兄子，犹见举奏，章劾纷纷。近司隶校尉孔羡辟大将军狂悖之弟，而有司嘿尔，望风希指，甚于

主上的诏问，有所陈述时也一定能畅达无阻，那么群臣的行为，有能无能都可以得知了；忠心有才能的人，进用他；昏暗愚劣的人，斥退他，哪一个臣子再敢犹疑不决，而不竭尽自己的才力？以陛下的圣明，亲自和群臣讨论政事，使群臣人人都能竭尽己力，人人都自认为主上很亲近自己，人人都想要报答主上的恩宠，贤才、愚才、有能、无能的人，任由陛下随意使用。像这样治理政事，哪一件事不能办成，像这样去建立功劳，哪一种功劳不能建成？每次有紧急军情的时候，诏书常说："谁应当来担忧这些事情呢？我应该自己来担忧啊！"近日所下的诏书又说："能为公事忧虑，忘掉私事的人，一定不会这样。只要能先公后私，就会自己把公事办好。"伏读明诏，知道圣上的思虑可说把臣下的状态了解得十分透彻，但是却也要责怪陛下不从任贤的根本着手，却去担心事情办得好坏的末节。一个人有能无能，实在有他的本性，即使是我臣下也认为朝中臣子并没有完全称职。明主的任用人，使有才能的人不敢保留他的才力，没才能的人不能够担当自己不能胜任的职务。推举出不适当的人，不一定就有罪，全朝都容忍这个不当的人，才是可怪呀！陛下知道臣子没尽到力量，去代他担心他的职务，知道臣子没有才能，去教导他如何处理事务，岂不只让主上辛劳而臣下却安安逸逸吗？即使是和圣贤同世，也一定不能够像这样就把国家治理好的。

陛下又担心宫掖中秘的禁令不严密，人事请托不断，根据伊尹订下迎客出入宫廷的制度，选定司徒，更换凶恶的官吏来把守宫寺的门户；威严的禁令任由他们掌握，这实在不能算是禁止人情请托的根本办法呀！从前汉安帝的时候，少府窦嘉征召廷尉郭躬没有恶行的兄子，还看到纷纷弹劾的奏章。近日司隶校尉孔羡征召大将军司马宣王放荡悖逆的弟弟，但官吏却默默无言，那种仰望风声，迎合大将军意旨的态度，比接受属托更加顺从。不按

受属。选举不以实，人事之大者也。嘉有亲戚之宠，躬非社稷重臣，犹尚如此；以今况古，陛下自不督必行之罚以绝阿党之原耳。伊尹之制，与恶吏守门，非治世之具也。使臣之言少蒙察纳，何患于奸不削灭，而养若昭等乎！

夫纠擿奸宄，忠事也，然而世憎小人行之者，以其不顾道理而苟求容进也。若陛下不复考其终始，必以违众忤世为奉公，密行白人为尽节，焉有通人大才而更不能为此邪？诚顾道理而弗为耳。使天下皆背道而趋利，则人主之所最病者，陛下将何乐焉，胡不绝其萌乎！夫先意承旨以求容美，率皆天下浅薄无行义者，其意务在于适人主之心而已，非欲治天下安百姓也。陛下何不试变业而示之，彼岂执其所守以违圣意哉？夫人臣得人主之心，安业也；处尊显之官，荣事也；食千钟之禄，厚实也。人臣虽愚，未有不乐此而喜干迕者也，迫于道，自强耳。诚以为陛下当怜而佑之，少委任焉，如何反录昭等倾侧之意，而忽若人者乎？今者外有伺隙之寇，内有贫旷之民，陛下当大计天下之损益，政事之得失，诚不可以怠也。

恕在朝八年，其论议亢直，皆此类也。

实情选举人才，这是人事上很严重的事呀！窦嘉和他征召的人有亲戚的亲密关系，郭躬也不是国家的重臣，还遭受这样多的弹劾；以今天的情况和古代相比，是陛下自己不督察实行一定的罪罚去杜绝阿私营党的根源呀。伊尹的制度，和凶吏把守宫门，都不是治理天下的工具。如果臣的话能够稍为受到您的明察接纳，又何必担心奸恶之徒不减灭，朝中养些像廉昭这样的人呢！

那揭发奸恶，是忠诚的事，但是世上憎恨小人这样做，是因为他不顾道理，只是想苟且的求取容进呀。如果陛下不再察考他的来龙去脉，一定要认为违背众人、忤逆天下是奉公，窥探人家的过失，向上告发是尽节，哪里有通达事理的大才不会这样做的呢？实在是因为顾及道理而不愿意做罢了。假使天下人都违背道理而趋向私利，这是人主最担忧的事，陛下又会有什么快乐呢？为什么不先杜绝这种事的发生呢！先知道主上的意旨加以迎合，以向您献媚的，都是些天下浅薄没有道义的人，他的心意专在取悦人主的心而已，并不是要治理天下，安定百姓呀。陛下怎么不试着改变一下作风给他看，他又哪里会执守自己的原则来违背圣上的旨意呢？如果人臣能得到人主的欢心，就可以使事业安定，能做尊贵荣显的大官，是光荣的事；能领取千钟的俸禄，是优厚的利益。人臣无论多笨，没有不高兴得到这些，却喜欢干犯违逆主上的，只是被道义所逼迫，自我坚强勉励罢了。臣认为陛下实在应该要怜悯他们、帮助他们，稍为任用他们一下，怎么可以反而采信了廉昭等人不正倾邪的意见，而却忽视这些人呢？今天国外有随时想待机蠢动的贼寇，国内有贫乏的人民，陛下应当考核一下国家的损益、政事的得失，实在是不能太疏忽呀！

杜恕在朝中八年，他的论议正直不屈，都是像这样子。

出为弘农太守，数岁转赵相，以疾去官。起家为河东太守，岁余，迁淮北都督护军，复以疾去。恕所在，务存大体而已，其树惠爱，益得百姓欢心，不及于畿。顷之，拜御史中丞。恕在朝廷，以不得当世之和，故屡在外任。复出为幽州刺史，加建威将军，使持节，护乌丸校尉。时征北将军程喜屯蓟，尚书袁侃等戒恕曰："程申伯处先帝之世，倾田国让于青州。足下今俱杖节，使共屯一城，宜深有以待之。"而恕不以为意。至官未期，有鲜卑大人儿，不由关塞，径将数十骑诣州，州斩所从来小子一人，无表言上。喜于是劾奏恕，下廷尉，当死。以父畿勤事水死，免为庶人，徙章武郡，是岁嘉平元年。恕倜傥任意，而思不防患，终致此败。

初，恕从赵郡还，陈留阮武亦从清河太守征，俱自薄廷尉。谓恕曰："相观才性可以由公道而持之不厉，器能可以处大官而求之不顺，才学可以述古今而志之不一，此所谓有其才而无其用。今向闲暇，可试潜思，成一家言。"在章武，遂著《体论》八篇。又著《兴性论》一篇，盖兴于为己也。四年，卒于徙所。

后来被派出去任弘农太守，几年后转任赵相，因病辞掉官职。家居不久，又任河东太守，一年多，改任淮北都督护军，又因病辞去。杜恕所在的地方，治理政事只注重大纲领而已，他所树立的惠爱，很得到百姓的欢心，但是还比不上杜畿。不久，拜任御史中丞。杜恕在朝廷里，因为和当代的官吏处不好，所以常被派在外地任官。后来，又被派出去任幽州刺史，加建威将军，使持节，护乌丸校尉。当时征北将军程喜屯驻蓟县（今北京大兴区西南），尚书袁侃等人告诫杜恕说："程申伯在先帝朝的时候，在青州（今山东北部和东部）陷害了田国让。先生今天和他一起持旌节，共同屯驻在一个城里，应该对他深加戒备。"但杜恕却毫不在意。到任不到一年，有鲜卑的酋长，不经过关塞，直率几十个骑兵到蓟州，州官杀了一个跟随而来的小兵，没有上表向朝廷报告。程喜于是就上奏章弹劾杜恕，交给廷尉查办，应处死。因为他的父亲杜畿勤劳职事而溺死，所以把他免官为平民，贬到章武郡（辖今河北大城文安、青县等地），这年是嘉平元年（齐王芳年号，公元 249 年）。杜恕倜傥不羁，随意任性，在思虑上不知道预防祸患，终于遭到这样的失败。

最初，杜恕从赵郡（郡治今河北邯郸市）回来，陈留（今河南开封）阮武也受到清河（郡治在今河北邢台清河县东南）太守的征召来到，二人各自都到廷尉那里受审对证。阮武告诉杜恕说："察看你的才性，可以依循公道，但持守不够严厉；器量才能可以居大官，但宦途并不顺利；才华学问可以传述古今，但心志不够专一，这就叫做有才华而无所用。今后有空闲，可以试着沉思沉思，成就你独自一派的言论。"在章武郡，于是就著作了《体论》八节，又著了《兴性论》一篇，是要启发自己的本性呀。嘉平四年（公元 252 年）在贬谪地逝世。

甘露二年，河东乐详年九十余，上书讼畿之遗绩，朝廷感焉。诏封恕子预为丰乐亭侯，邑百户。

恕奏议论驳皆可观，掇其切世大事著于篇。

郑浑字文公，河南开封人也。高祖父众，众父兴，皆为名儒。浑兄泰，与荀攸等谋诛董卓，为扬州刺史，卒。浑将泰小子袤避难淮南，袁术宾礼甚厚。浑知术必败。时华歆为豫章太守，素与泰善，浑乃渡江投歆。太祖闻其笃行，召为掾，复迁下蔡长、邵陵令。天下未定，民皆剽轻，不念产殖；其生子无以相活，率皆不举。浑所在夺其渔猎之具，课使耕桑，又兼开稻田，重去子之法。民初畏罪，后稍丰给，无不举赡；所育男女，多以郑为字。辟为丞相掾属，迁左冯翊。

时梁兴等略吏民五千余家为寇钞，诸县不能御，皆恐惧，寄治郡下。议者悉以为当移就险，浑曰："兴等破散，窜在山阻。虽有随者，率胁从耳。今当广开降路，宣喻恩信。而保险自守，此示弱也。"乃聚敛吏民，治城郭，为守御之备。遂发民逐贼，明赏罚，与要

甘露二年（高贵乡公年号，公元257年）河东人乐详年九十多岁，上书称颂杜畿遗留的功绩，朝廷受到感动。下诏封杜恕子预为丰乐亭侯，采邑百户。

杜恕的上奏议论和辩论驳正都有观览价值，所以搜集了他切合时代的大事著录下来。

郑浑字文公，河南开封（今河南开封市南五十里）人。高祖父众，众父兴，都是名儒。浑兄泰，曾和荀攸等人计划杀掉董卓，任扬州刺史，去世。郑浑率领着郑泰的小儿子袤到淮南（郡治今安徽寿县治）避难，袁术用很厚重地客礼对待他。郑浑知道袁术一定会失败。当时华歆作豫章（今江西南昌市）太守，平素和郑泰交情很好，郑浑于是就渡江投靠华歆。太祖听说他品行笃厚，征召为属官，又改任下蔡（县治今安徽凤台县）长、邵陵（县治今河南漯河召陵区）令。天下还没安定，人民都剽悍勇锐，不想生产增殖；他们生下孩子没办法养活，所以，大都不生育。郑浑所治理的地方，他都没收掉人民捕鱼打猎的工具，抽取农桑的税，使他们耕作，又同时开垦稻田，加重堕胎的法令。人民起初怕犯罪，后来稍为丰足能自给，没有一家不生子养育的，所生的男孩、女孩，很多都把字取作"郑"。被征召任丞相掾属，迁任左冯翊。

当时梁兴等人劫持了官民五千多家作贼寇，掠夺各地，各县不能抵御，都很恐惧，把县衙都迁到郡里。议论的人全认为应当迁到险要的地方去，郑浑说："梁兴等人破败散乱，流窜在高山险阻间。虽然有跟随他们的人，大都是受到威胁不得不顺从。现在应该广开归降的路，宣扬恩信，让他们知道。如果在险要的地方防守自卫，这是表示自己的懦弱呀。"于是就聚合了官民，修治城郭，作为防守抵御的准备。便派遣人民追捕盗贼，明定赏罚，和

誓，其所得获，十以七赏。百姓大悦，皆愿捕贼，多得妇女、财物。贼之失妻子者，皆还求降。浑责其得他妇女，然后还其妻子，于是转相寇盗，党与离散。又遣吏民有恩信者，分布山谷告喻，出者相继，乃使诸县长吏各还本治以安集之。兴等惧，将余众聚鄜城。太祖使夏侯渊就助郡击之，浑率吏民前登，斩兴及其支党。又贼靳富等，胁将夏阳长、邵陵令并其吏民入硙山，浑复讨击破富等，获二县长吏，将其所略还。及赵青龙者，杀左内史程休，浑闻，遣壮士就枭其首。前后归附四千余家，由是山贼皆平，民安产业。转为上党太守。

太祖征汉中，以浑为京兆尹。浑以百姓新集，为制移居之法，使兼复者与单轻者相伍，温信者与孤老为比，勤稼穑，明禁令，以发奸者。由是民安于农。而盗贼止息。及大军入汉中，运转军粮为最。又遣民田汉中，无逃亡者。太祖益嘉之，复入为丞相掾。文帝即位，为侍御史，加驸马都尉，迁阳平、沛郡二太守。郡界下湿，患水涝，百姓饥乏。浑于萧、相二县界，兴陂遏，开稻田。郡人皆以为不便，浑曰："地势洿下，宜溉灌，终有鱼稻经久之利，此丰民之本也。"遂躬率吏民，兴立功夫，一冬间皆成。比年大收，顷亩岁

他们约束好，他们所获得的财物，十分之七赏给他们。百姓大为高兴，都愿意去捕贼，获得很多妇女、财物。盗贼失去妻子的人，都回来求降。郑浑命令他们捉到别的妇女，然后才把他的妻子还给他，于是辗转互相抢夺，盗贼的党徒全都离散了。又派遣有恩信的官民，分布在山谷中告谕他们，出来投降的人相继不断，于是就使各县的长吏各自回到原来的县政府，把他们安集起来。梁兴等人畏惧，率领剩余的部下聚集在鄜城（今陕西洛川县东南七十里）。太祖使夏侯渊就帮助州郡去攻打，郑浑率领官民先登城，杀了梁兴和他的属党。又有贼寇靳富等人，威胁率领着夏阳（今陕西韩城市南）长、邵陵令和他们的官民进入硙山，郑浑又去讨伐，打败了靳富等人，获得了二县的长吏，率领被胁迫而去的人回来。另外赵青龙这个人，杀掉左内史程休，郑浑听到后，派壮士就去斩了他的头。前后归附的人有四千多家，从此山贼都扫平了，人民安守产业。郑浑转任上党（今山西东南部）太守。

太祖征讨汉中（今陕西汉中市）时，任郑浑为京兆尹。郑浑因为百姓刚刚集聚，就为他们制定了迁居的法规，让家族众多的人和家族很少的人相为伍，让温信的人和孤老的人为近邻，使百姓勤奋农事，明白禁令，以举发奸恶的人。从此人民安心农作，而盗贼不再出现。等到大军进入汉中，郑浑转运军粮最快。又派人民在汉中耕作，没有一个人逃亡。太祖更加称赞他，又进任为丞相掾。文帝即位，任为侍御史，加驸马都尉，迁任阳平（今山东莘县）、沛郡（治所在今安徽淮北市）两地太守。郡界地低下潮湿，雨水积聚为患，百姓饥饿贫乏。郑浑在萧县（今江苏萧县西北）、相县（今安徽淮北市相山区）两县县界，兴建水坝，开垦稻田。郡人都认为不适合，郑浑说："地势劣下，适合灌溉，终会有鱼虾稻米永久的利益，这是让人民富足的本源呀！"于是就亲自率领官民，只用了一个冬季的工

增，租入倍常，民赖其利，刻石颂之，号曰郑陂。转为山阳、魏郡太守，其治放此。又以郡下百姓，苦乏材木，乃课树榆为篱，并益树五果；榆皆成藩，五果丰实。入魏郡界，村落齐整如一，民得财足用饶。明帝闻之，下诏称述，布告天下。迁将作大匠。浑清素在公，妻子不免于饥寒。及卒，以子崇为郎中。

仓慈字孝仁，淮南人也。始为郡吏。建安中，太祖开募屯田于淮南，以慈为绥集都尉。黄初末，为长安令，清约有方，吏民畏而爱之。太和中，迁燉煌太守。郡在西陲，以丧乱隔绝，旷无太守二十岁，大姓雄张，遂以为俗。前太守尹奉等，循故而已，无所匡革。慈到，抑挫权右，抚恤贫羸，甚得其理。旧大族田地有余，而小民无立锥之土；慈皆随口割赋，稍稍使毕其本直。先是属城狱讼众猥，县不能决，多集治下；慈躬往省阅，料简轻重，自非殊死，但鞭杖遣之，一岁决刑曾不满十人。又常日西域杂胡欲来贡献，而诸豪族多逆断绝；既与贸迁，欺诈侮易，多不得分明。胡常怨望，慈皆劳之。欲诣洛者，为封过

夫去兴建，就都完成了。每年丰收，耕作面积也年年增加，租税收入比平常多了一倍，人民都仰赖水坝灌溉的利益，大家就刻石称颂他，号称“郑陂”（在江苏萧县西北）。又转任山阳县（今河南焦作市东）、魏郡（郡治今河南临漳县西南四十里）太守，他的治绩都和此相似。又因郡下的百姓，为缺乏木材而苦恼，就课劝人民种榆树作篱笆，并且加种五种果物；榆树都长大成为藩篱，五种果物丰盛。进入魏郡郡界，村落整齐，都一模一样，人民财用都能够富饶。明帝听到他的政绩，下诏称扬述说，布告全天下。迁任将作大匠。郑浑平素热心公务，自己的老婆孩子常受饥寒。死了以后，朝廷任他的儿子崇为郎中。

仓慈字孝仁，淮南（郡治今安徽寿县）人。起初，做个郡里的小吏。建安年间，太祖在淮南开始募兵屯田，就任仓慈为绥集都尉。黄初末年，当长安县令，清廉节约，颇有法度，官吏百姓都敬畏而爱戴他。太和年间，迁任为敦煌太守。该郡在西面边陲地方，因为战乱的关系，和中原隔绝，政事荒废，二十年没有太守，当地的大姓，势力豪张，于是习俗以大姓为地方领袖。前任太守尹奉等人，都是遵循旧习惯，一直都没有改善。仓慈到任以后，便抑止那些有权势的豪族，抚恤贫穷羸弱的百姓，很能够合理的处置当地的事务。旧有大族田地太多，但小百姓却没有一块立锥的土地，仓慈全按人口削减赋税，稍微的能让他们获得一些辛劳的基本代价。早先，该郡各城县的诉讼案件杂乱繁多，县城不能判决，都集中到他的都城中来，仓慈亲自前往视察，衡量轻重，决定刑罚。如果不是死罪的话，只用鞭杖刑罚便放回去，一年之中，被判死刑的人，不满十人。又往常西域杂胡想要来进贡献物，而当地的各豪族都迎在半路拦截；跟他们进行买卖交易，往往欺诈侮慢他们，都不能够交易得清清楚楚。胡人经常抱怨，仓慈都能够去慰劳他们。如果有人要到洛阳，就

所，欲从郡还者，官为平取，辄以府见物与共交市，使吏民护送道路，由是民夷翕然称其德惠。数年卒官，吏民悲感如丧亲戚，图画其形，思其遗像。及西域诸胡闻慈死，悉共会聚于戊己校尉及长吏治下发哀，或有以刀画面，以明血诚，又为立祠，遥共祠之。

自太祖迄于咸熙，魏郡太守陈国吴瓘、清河太守乐安任燠、京兆太守济北颜斐、弘农太守太原令狐邵、济南相鲁国孔乂，或哀矜折狱，或推诚惠爱，或治身清白，或擿奸发伏，咸为良二千石。

评曰：任峻始兴义兵，以归太祖，辟土殖谷，仓庾盈溢，庸绩致矣。苏则威以平乱，既政事之良，又矫矫刚直，风烈足称。杜畿宽猛克济，惠以康民。郑浑、仓慈，恤理有方。抑皆魏代之名守乎！恕屡陈时政，经论治体，盖有可观焉。

为他们封好度关的文书，想从本郡就回去的人，官府就用平价收买，常常用府中出产的东西和他们互相交易，又让官民在路上护送，因此百姓胡人都一致的赞扬他的恩德。几年以后，死在任内，官吏百姓悲伤感念，就像死了亲戚一样，绘画他的形貌，对着他的遗像，十分思念。在西域的各族胡人听到仓慈去世的消息，都共同聚会在戊己校尉和长吏的都城中来，为他哀悼，有的甚至于用刀划面，来表明爱戴的赤诚，又为他设立祠庙，远远地共同祭祀仓慈。

从太祖到陈留王咸熙年间，魏郡太守陈国吴瓘、清河太守乐安任燠、京兆太守济北颜斐、弘农太守太原令狐邵、济南（今山东济南市至邹平市一带）相鲁国孔乂，有的能哀怜百姓、轻断狱讼；有的能开诚布公、惠爱百姓；有的洁身处世、清廉自守；有的揭发阴谋、指擿奸佞。都是优良的太守。

陈寿评论说：任峻首先发动义兵，归附太祖，开辟土地，生产五谷，仓廪满溢，功绩极大。苏则威名著称，平定乱贼，既是办事的良才，又能坚强刚正，风范节烈，足为称道。杜畿宽猛能够相济，惠安百姓。郑浑、仓慈，照顾百姓、办理事务都有法度。这些人也都是魏代的有名太守。杜恕屡次陈述当时的政治情势，对于政治体制的宏大言论，实在也有可观的地方。

三国志卷十七

张乐于张徐传第十七

汪惠敏 译

张辽字文远。雁门马邑人也。本聂壹之后，以避怨变姓。少为郡吏。汉末，并州刺史丁原以辽武力过人，召为从事，使将兵诣京都。何进遣诣河北募兵，得千余人。还，进败，以兵属董卓。卓败，以兵属吕布，迁骑都尉。布为李傕所败，从布东奔徐州，领鲁相，时年二十八。太祖破吕布于下邳，辽将其众降，拜中郎将，赐爵关内侯。数有战功，迁裨将军。袁绍破，别遣辽定鲁国诸县。与夏侯渊围昌豨于东海，数月粮尽，议引军还，辽谓渊曰："数日已来，每行诸围，豨辄属目视辽。又其射矢更稀，此必豨计犹豫，故不力战。辽欲挑与语，倘可诱也？"乃使谓豨曰："公有命，使辽传之。"豨果下与辽语，辽为说"太祖神武，方以德怀四方，先附者受大赏"。豨乃许降。辽遂单身上三公山，入豨家，拜妻

张辽，字文远，雁门郡马邑县（在今山西省朔州市）人，他本来是马邑地方的豪杰聂壹的后人，因为逃避仇家，才改名换姓。他年轻的时候，曾经当郡吏的官职。东汉末年，并州刺史丁原看到张辽孔武有力，因此召他担任从事（随从办事的官），派他带兵到京都去。后来何进派他到河北去招兵买马，一共招募了一千多人；当他带着这些人回来的时候，何进已经被打败了，于是张辽就带着这批士兵依附于董卓；等到董卓失败了，他又率领兵士归附吕布，吕布派他担任骑都尉。当吕布被李傕打败的时候，张辽就跟着吕布向东逃到徐州，统领鲁地，当时他才二十八岁。曹操在下邳（治在今江苏邳州南十八公里）把吕布击败以后，张辽又率领他的军队投降曹操，曹操封他为中郎将，并赐给他关内侯的爵位。由于屡建战功，又升为裨将军。袁绍被打败以后，曹操又派张辽去平定鲁国境内的各县城；又派他和夏侯渊在东海（治在今山东省郯城县）围剿昌豨。过了几个月还没有攻下，眼看着粮食快吃完了，大家都已经商议班师回京，这时张辽对夏侯渊说："这些天来，每次我们围剿昌豨的时候，昌豨往往两眼直视着我，好像有话要说的样子，而且最近他们的箭愈射愈少了，这一定是昌豨内心犹豫，所以没有奋力作战。我想过去和他说说话，挑拨一下他们，或许可以把昌豨引诱反正。"于是派人对昌豨说："曹公有话要告诉你，派张辽来传达。"昌豨果然下城来见张辽，张辽于是劝他说："曹公神武飞扬，气宇不凡，现在正在以恩德怀柔四方，谁要先

子。豨欢喜，随诣太祖。太祖遣豨还，责辽曰："此非大将法也。"辽谢曰："以明公威信著于四海，辽奉圣旨，豨必不敢害故也。"从讨袁谭、袁尚于黎阳，有功，行中坚将军。从攻尚于邺，尚坚守不下。太祖还许，使辽与乐进拔阴安，徙其民河南。复从攻邺，邺破，辽别徇赵国、常山，招降缘山诸贼及黑山孙轻等。从攻袁谭，谭破，别将徇海滨，破辽东贼柳毅等。还邺，太祖自出迎辽，引共载，以辽为荡寇将军。复别击荆州，定江夏诸县，还屯临颍，封都亭侯。从征袁尚于柳城，卒与虏遇，辽劝太祖战，气甚奋，太祖壮之，自以所持麾授辽。遂击，大破之，斩单于蹋顿。

张辽，选自清皇家珍藏手抄善本绘图描金银《三国志演义》。

归附于他，必定有重赏。"昌豨听了大为心动，因此答应投降；于是张辽一个人亲自到三公山昌豨的家里，见了他的家人。昌豨一高兴，就跟着张辽一同去见曹操了。等到曹操接见昌豨，并且送他回去以后，才责备张辽说："这不是一个堂堂大将军所用的计策啊！"张辽立刻谢罪说："这实在是因为您的威名远播，我张辽奉有圣旨，料定昌豨一定不敢随便加害我，所以才敢贸然地行动啊！"后来，张辽又跟着曹操一起到黎阳（今河南省浚县东北）讨伐袁谭、袁尚，屡建战功，因此曹操另封他为中坚将军。当他跟着曹操在邺县（今河北省临漳县西南）攻打袁尚的时候，由于袁尚坚守，因此一时攻打不下，曹操就暂时先回到许县（今河南省许昌市南），并派张辽和乐进先攻下阴安（今河北省清丰县西北），把当地的老百姓都迁到黄河以南。张辽又跟随曹操攻邺县，邺县城被攻下之后，张辽又攻下赵国（治今河北邯郸）、常山（今河北石家庄市和山西阳泉市一带，治今河北元氏县西北），招降潜藏山里的一些贼兵以及黑山（今河南安阳西）的孙轻。同时，他又跟从曹操攻打袁谭。等到袁谭的军队被打败，张辽又顺道攻下了海滨的地方，击败了辽东的贼兵柳毅等，然后才班师回邺县。曹操听到这个消息，亲自出来迎接，并且请他共乘一车，又封张辽为荡寇将军。后来，张辽又去攻打荆州，平定江夏（今湖北省武汉市新洲区）附近的县城，然后把军队调回屯驻在临颍（今河南省许昌市）。曹操封他为都亭侯。此外，他又跟随曹操到柳城（今辽宁省朝阳市南）攻打袁尚，半途遇到了匈奴，张辽极力劝告曹操和匈奴一战，语气非常激昂，曹操非常赞许他的勇气，亲自把自己的旗帜交给张辽，大军于是出发，果然大破匈奴，斩了匈奴单于蹋顿。

时荆州未定，复遣辽屯长社。临发，军中有谋反者，夜惊乱起火，一军尽扰。辽谓左右曰：“勿动。是不一营尽反，必有造变者，欲以动乱人耳。”乃令军中，其不反者安坐。辽将亲兵数十人，中阵而立。有顷定，即得首谋者杀之。陈兰、梅成以氐、六县叛，太祖遣于禁、臧霸等讨成，辽督张郃、牛盖等讨兰。成伪降禁，禁还。成遂将其众就兰，转入灊山。灊中有天柱山，高峻二十余里，道险狭，步径裁通，兰等壁其上。辽欲进，诸将曰：“兵少道险，难用深入。”辽曰：“此所谓一与一，勇者得前耳。”遂进到山下安营，攻之，斩兰、成首，尽虏其众。太祖论诸将功，曰：“登天山，履峻险，以取兰、成，荡寇功也。”增邑，假节。

太祖既征孙权还，使辽与乐进、李典等将七千余人屯合肥。太祖征张鲁，教与护军薛悌，署函边曰“贼至乃发”。俄而权率十万众围合肥，乃共发教，教曰：“若孙权至者，张、李将军出战；乐将军守护军，勿得与战。”诸将皆疑。辽曰：“公远征在外，比救至，彼破我必矣。是以教指及其未合逆击之，折其盛势，以安众心，然后可守也。成败之机，在此

当时，荆州还没有完全平定，曹操又派张辽驻军于长社（今河南省长葛市西），出发之前，军中有人想要谋反，利用夜晚放火，扰乱军心，一时人心惶惶。张辽对左右的人说：“大家不要惊慌，绝不会是全营的士兵一起都叛变，一定是有人想造反，想借此扰乱军心罢了。”于是，向全军下了一道命令：“凡是不想叛变的，就安坐不动。”张辽带领着亲信数十人在军阵中站立。不一会儿，就找到了叛变事件的主谋，立刻斩首示众。后来，陈兰、梅成据守氐（按《通鉴》作灊，在今安徽霍山县城北）、六（今安徽六安县）两县反叛，曹操派了于禁、臧霸等讨伐梅成，派张辽率领张郃、牛盖等讨伐陈兰。梅成假装投降于禁，当于禁班师回京的时候，梅成就率领他的部下投奔陈兰，辗转逃到灊县的深山中。灊县内有座天柱山，非常的高峻，连绵二十余里，山道非常窄小而且险阻，只能步行通过，陈兰就驻扎在天柱山上。张辽准备进兵攻打，所有的将领都劝他说：“我们的兵力单薄，前面的道路又那么险阻，很难深入敌人阵地。”张辽说：“成功与失败是一与一的对比，只有勇者才能前进，得到成功。”于是就在山下扎营。果然攻下天柱山，斩了陈兰、梅成，并且俘虏了他所有的部属。曹操论功行赏的时候，说道：“能登天山，履峻险，打败陈兰、梅成，这都是荡冠将军的功劳。”于是又增加张辽的封邑，并且使他持用符节。

当曹操征讨孙权回来以后，就派张辽和乐进、李典等人，带领七千多名军队驻防合肥（今安徽省合肥市）。曹操又亲自带兵去攻打张鲁，临行前给护军薛悌一封手令，并且在信函的旁边注明：“等到贼人来了才可以拆开”。不久，孙权果然带领十万军队围攻合肥，于是大家急忙把这封信函拆开，只见上面写着：“如果孙权来了，张辽将军和李典将军出去和敌人作战，乐进将军保卫薛护军，不可以出战。”起初大家看了都很纳闷，张辽说：“现在曹公在外远征，来不及赶回来救援，等到援军到了，敌人势必早已打败我们了，因此，曹

一战，诸君何疑？”李典亦与辽同。于是辽夜募敢从之士，得八百人，椎牛飨将士，明日大战。平旦，辽被甲持戟，先登陷陈，杀数十人，斩二将，大呼自名，冲垒入，至权麾下。权大惊，众不知所为，走登高冢，以长戟自守。辽叱权下战，权不敢动，望见辽所将众少，乃聚围辽数重。辽左右麾围，直前急击，围开，辽将麾下数十人得出，余众号呼曰：“将军弃我乎！”辽复还突围，拔出余众。权人马皆披靡，无敢当者。自旦战至日中，吴人夺气，还修守备，众心乃安，诸将咸服。权守合肥十余日，城不可拔，乃引退。辽率诸军追击，几复获权。太祖大壮辽，拜征东将军。建安二十一年，太祖复征孙权，到合肥，循行辽战处，叹息者良久。乃增辽

张辽威震逍遥津，清朱芝轩绘。据《三国演义》，张辽在逍遥津大败东吴，自孙权以下，甘宁、凌统、吕蒙等东吴名将均死战得脱。此一役后，闻张辽名，小儿不夜啼。图为张辽追刺孙权，孙权纵马飞跃小师桥。

公这道谕令是教我们，在敌人还没有会合齐备的时候，先去迎头痛击，挫折他们的锐气，一方面可以安定军心，同时也才可以守住这个地方。目前成败的关键就在此一战，大家有什么疑惑的呢？”李典也赞同张辽的看法。于是当夜张辽就招集了八百名敢死队，同时杀牛犒赏将士，准备第二天拼命一战。第二天破晓时分，张辽身穿盔甲，拿着比戟，首先冲锋陷阵，一口气杀了好几十人，同时斩了二员大将，又大呼自己的名字，就直冲到敌人的军营中，一直冲到了孙权的旗下。孙权得到消息，大吃一惊，其他的军士更是惊慌失措，赶紧逃到高岗上，用长戟防守着；张辽大声向孙权挑战，孙权不敢出来，远远望见张辽所带的部众，兵力单薄，于是派兵把张辽团团围住。张辽左劈右砍，向前直冲，终于突破重围，带领了部下数十个人逃出，其他的部众在重围里大叫：“张将军难道不要我们了吗？”于是张辽又掉回头再冲到重围里，救出了其他的部下回来。孙权手下的兵士都惶恐却退，没有敢抵挡的。这一战从清早战到中午，使孙权的军队丧失斗志。张辽这才回到军营，命令将士们重修守备。全营军心大为振奋，其他的将领也都十分佩服张辽的胆识。孙权把合肥围困了十几天，攻不下城，于是率军退去，而张辽却派了军队在后面追击，几乎都快捉到了孙权。等到曹操回来，对张辽大加赞赏，升他为征东将军。建安二十一年（公元216

兵，多留诸军，徙屯居巢。

关羽围曹仁于樊，会权称藩，召辽及诸军悉还救仁。辽未至，徐晃已破关羽，仁围解。辽与太祖会摩陂。辽军至，太祖乘辇出劳之，还屯陈郡。文帝即王位，转前将军。分封兄汎及一子列侯。孙权复叛，遣辽还屯合肥，进辽爵都乡侯。给辽母舆车，及兵马送辽家诣屯，敕辽母至，导从出迎。所督诸军将吏皆罗拜道侧，观者荣之。文帝践阼，封晋阳侯，增邑千户，并前二千六百户。黄初二年，辽朝洛阳宫，文帝引辽会建始殿，亲问破吴意状。帝叹息顾左右曰："此亦古之召虎也。"为起第舍，又特为辽母作殿，以辽所从破吴军应募步卒，皆为虎贲。孙权复称藩。辽还屯雍丘，得疾。帝遣侍中刘晔将太医视疾。虎贲问消息，道路相属。疾未瘳，帝迎辽就行在所，车驾亲临，执其手，赐以御衣，太官日送御食。疾小差，还屯。孙权复叛，帝遣辽乘舟，与曹休至海陵，临江。权甚惮焉，敕诸将："张辽虽病，不可当也，慎之！"是岁，辽与诸将破权将吕范。辽病笃，遂薨于江都。

年)，曹操再征孙权，经过合肥的时候，走过当时张辽作战的地方，还在那里感叹了很久。于是再增加张辽的兵力，又派一部分军队移驻居巢（今安徽省巢湖市东北）。

当关羽在樊（在今湖北省襄阳市樊城区）把曹仁围困住的时候，正好孙权向曹操投降称臣，于是曹操立刻就召张辽及其他军队回来，全力营救曹仁，张辽的军队还没有到达，徐晃就已经打败关羽，解除曹仁的围困。张辽和曹操相约在摩陂（今河南省郏县东南）会师；张辽的军队一到，曹操亲自乘车出来慰劳，再还军驻扎在陈郡（今河南省淮阳县内）。曹丕即王位，改迁张辽为前将军，并且封他的哥哥张汎以及他的一个儿子为列侯。孙权又叛变。曹丕派张辽再回合肥驻军，升他为都乡侯。并且赐给张辽的母亲舆车，又派兵马护送张辽的家眷到他屯驻的地方，还亲自手书给张辽，说他的母亲已经到达，要张辽前去迎接；张辽所率领的将吏也都排列在路旁，跪拜欢迎，在场的人都引以为荣。等到曹丕即帝位，又封张辽为晋阳侯，增加千户的封邑，连同以前的封邑共有三千六百户。黄初二年（公元 221 年），张辽到洛阳宫进谒，曹丕带领张辽在建始殿见面，亲自询问打败吴国的情形，并且对左右侍从叹息着说："这好比古时候的召虎（召穆公）啊！"于是特别替张辽建了屋舍，又特地给他的母亲兴建殿宇，把凡是跟随张辽一起吴军的响应招募的步兵，都封为虎贲（勇士）。孙权再藩投降称藩臣，张辽于是回到雍丘（今河南省杞县）驻军。不幸得了疾病，文帝特地派遣侍中刘晔领着太医为他治病。而从前跟随张辽的那些虎贲，前往探望更是络绎不绝。病还没有好，皇上就把张辽接到行在所，皇上车驾亲自来接，并且拉着他的手，赐给他御衣；每天太官送来御食。等到病情稍为痊愈，张辽就回驻军去了。孙权又再度叛变，曹丕派遣张辽乘船和曹休到海陵（今江苏省泰州市），抵达江边，孙权听说张辽来了，十分害怕，下令给他的将领们说："张辽虽然病了，可是他的神威还在，难以抵挡，大家要特别谨慎。"这一年，张辽和其他将领合力打败了孙权的大将吕范，可是他的病

帝为流涕，谥曰刚侯。子虎嗣。六年，帝追念辽、典在合肥之功，诏曰："合肥之役，辽、典以步卒八百，破贼十万，自古用兵，未之有也。使贼至今夺气，可谓国之爪牙矣。其分辽、典邑各百户，赐一子爵关内侯。"虎为偏将军，薨。子统嗣。

乐进字文谦，阳平卫国人也。容貌短小，以胆烈从太祖，为帐下吏。遣还本郡募兵，得千余人，还为军假司马、陷陈都尉。从击吕布于濮阳，张超于雍丘，桥蕤于苦，皆先登有功，封广昌亭侯。从征张绣于安众，围吕布于下邳，破，别将击眭固于射犬，攻刘备于沛，皆破之，拜讨寇校尉。渡河攻获嘉，还，从击袁绍于官渡，力战，斩绍将淳于琼。从击谭、尚于黎阳，斩其大将严敬，行游击将军。别击黄巾，破之，定乐安郡。从围邺，邺定，从击袁谭于南皮，先登，入谭东门。谭败，别攻雍奴，破之。建安十一年，太祖表汉

情也更加严重，终于死在江都（今江苏省扬州市）。文帝听了非常伤心，流下眼泪。颁给他谥号为刚侯。他的儿子张虎继承他的职位。黄初六年（公元225年），魏文帝追念张辽、李典在合肥所立的功绩，特地颁诏书说："合肥一战，张辽、李典以八百壮士打败了十万的敌军，这是自古有战争以来所没有的；使敌人到现在还闻风丧胆。他们真可以称得是国家的功臣。应该给张辽、李典每人各一百户的封邑，并且赏赐他们的一个儿子为关内侯的爵位。"张虎官做到偏将军，死后，他的儿子张统又继承他的爵位。

乐进，字文谦，阳平郡卫国县（今山东省清丰县城南）人。身材短小，因为有胆识，跟从曹操，在曹操手下做一个小小的官，曹操派他回到家乡去招募军队，他一共招募了一千多人，回来以后，担任军假司马、陷阵都尉的官职。曾经跟随曹操在濮阳（今河南省濮阳市南）征讨吕布；在雍丘（今河南省杞县）征讨张超；在苦县（今河南省鹿邑县东）征讨桥蕤，都一马当先，立下了功绩，因此被封为广昌亭侯。后来又随曹操在安众（今河南省邓县东北）征讨张绣，在下邳（今江苏省邳州南十八公里）围攻吕布，打败他的副将，又在射犬（今河南武陟西北）击败眭固，在沛县（今江苏省沛县）攻打刘备，都能大败敌人，因此被封为讨寇校尉。后来又渡过黄河攻陷获嘉（今河南省新乡市西），回来再跟随曹操到官渡（今河南省中牟县东北）征讨袁绍，奋勇作战，斩了袁绍的大将淳于琼；再跟随曹操和袁谭、袁尚在黎阳（今河南省浚县东北）展开大战，杀死了敌方的大将严敬，因此曹操又封他兼游击将军。另外，他又攻打黄巾贼，大败敌人；平定了乐安郡（治今山东高青县东南）之后，又跟随曹操围剿邺县（治在今河南安阳北部和河北临漳县西南一带），平定邺县之后，又跟随曹操到南皮（今河北省沧州市南皮县北）攻打袁谭，冲锋陷阵，首先攻陷袁谭的东门；打败袁谭之后，又攻打雍奴（今天津市武清区北）也获得了战功。建安十一年（公元206年）曹操特别上奏章给汉献帝，称赞乐进、张辽的功绩说："他们这几

帝，称进及于禁、张辽曰：“武力既弘，计略周备，质忠性一，守执节义，每临战攻，常为督率，奋强突固，无坚不陷，自援枹鼓，手不知倦。又遣别征，统御师旅，抚众则和，奉令无犯，当敌制决，靡有遗失。论功纪用，宜各显宠。”于是禁为虎威；进，折冲；辽，荡寇将军。

进别征高幹，从北道入上党，回出其后。幹等还守壶关，连战斩首。幹坚守未下，会太祖自征之，乃拔。太祖征管承，军淳于，遣进与李典击之。承破走，逃入海岛，海滨平。荆州未服，遣屯阳翟。后从平荆州，留屯襄阳，击关羽、苏非等，皆走之，南郡诸县山谷蛮夷诣进降。又讨刘备临沮长杜普、旌阳长梁大，皆大破之。后从征孙权，假进节。太祖还，留进与张辽、李典屯合肥，增邑五百，并前凡千二百户。以进数有功，分五百户，封一子列侯；进迁右将军。建安二十三年薨，谥曰威侯。子綝嗣。綝果毅有父风，官至扬州刺史。诸葛诞反，掩袭杀綝，诏悼惜之，追赠卫尉，谥曰愍侯。子肇嗣。

个人武力很强，计谋也多，秉性忠诚，坚守节操。每当和敌人作战的时候，常为士卒表率，勇往直前，冲锋陷阵，无坚不摧。自己敲击战鼓，两手不知疲倦；派遣他们出征，也能够统率军队，安抚士卒，奉有命令，从不违抗；遇有敌情，也能当机立断，而没有任何差失，因此论功行赏，他们应该都有优渥的宠恩。”献帝因此册封于禁为虎威将军，乐进为折冲将军，张辽为荡寇将军。

乐进又征伐高幹，从北面进入上党（今山西省长治市和晋城市一带），迂回敌后包抄攻击，高幹于是退回守壶关（今山西省长治市壶关县），据关坚守；乐进连连攻打，虽杀了不少敌人，但始终不能夺取，正好曹操亲身前来征讨，才把壶关攻下。曹操攻打管承的时候，乐进驻军在淳于（今山东省安丘市东北），曹操就派遣乐进和李典合力攻打管承，管承兵败，逃入海岛，于是滨海地方就被平定了。当时荆州（今河南南阳湖南省大部、湖北省大部、贵州省东部、广西桂林、广东韶关等地）还没有完全归附，曹操先派他驻军在阳翟（今河南省禹州市）。然后跟随曹操平定了荆州，曹操就留他在襄阳（今河北省襄阳市襄城区）驻守，攻打关羽和苏非等；每次都把敌人击退。南郡（今湖北省荆州市）各县山谷的蛮夷前来向他投降。乐进又讨伐刘备手下的临沮（今湖北省远安县西北）县长杜普、旌阳（今湖北省枝江市北）县长梁大，都打了胜仗。后来跟随曹操征伐孙权，曹操给他持用符节。等到曹操回京，派乐进、张辽、李典屯驻合肥，增加五百户封邑给乐进，连同以前的封邑，一共有一千二百户人家。乐进因为屡建军功，因此分五百户，封给他的一个儿子为列侯；升迁乐进为右将军。建安二十三年（公元218年）死，谥号为威侯，他的儿子乐綝继承他的职位。乐綝为人果断刚毅，有他父亲的风范，官做到扬州刺史（治在今安徽省合肥市）。诸葛诞谋反的时候，暗中偷袭乐綝，并且把他杀了，朝廷下诏表示悼惜，追赠卫尉的官爵，谥号为愍侯，他的儿子乐肇继承其爵位。

于禁字文则，泰山钜平人也。黄巾起，鲍信招合徒众，禁附从焉。及太祖领兖州，禁与其党俱诣为都伯，属将军王朗。朗异之，荐禁才任大将军。太祖召见与语，拜军司马，使将兵诣徐州，攻广戚，拔之，拜陷陈都尉。从讨吕布于濮阳，别破布二营于城南，又别将破高雅于须昌。从攻寿张、定陶、离狐，围张超于雍丘，皆拔之。从征黄巾刘辟、黄邵等，屯版梁，邵等夜袭太祖营，禁帅麾下击破之，斩邵等，尽降其众。迁平虏校尉。从围桥蕤于苦，斩蕤等四将。从至宛，降张绣。绣复叛，太祖与战不利，军败，还舞阴。是时军乱，各间行求太祖，禁独勒所将数百人，且战且引，虽有死伤不相离。虏追稍缓，禁徐整行队，鸣鼓而还。未至太祖所，道见十余人被创裸走，禁问其故，曰："为青州兵所劫。"初，黄巾降，号青州兵，太祖宽之，故敢因缘为略。禁怒，令其众曰："青州兵同属曹公，而还为贼乎！"乃讨之，数之以罪。青州兵遽走诣太祖自诉。禁既至，先立营垒，不时谒太祖。或谓禁："青州兵已诉君矣，宜促诣公辨之。"禁曰："今贼在后，追至无时，不先为

于禁，字文则，泰山郡钜平县（今山东省泰安市西南）人。当黄巾贼作乱的时候，鲍信召集群众抵抗，于禁曾去投靠他。后来曹操统领兖州，于禁就和他的朋友一起归附曹操，在王朗将军手下担任都伯（相当于百夫长）的官职；王朗对他大为赏识，推荐他担任大将军。曹操召见谈话之后，任命他为军司马的官职，派他带兵到徐州攻下了广戚（今山东省微山湖西北岸），因此升为陷陈都尉。他曾经跟随曹操到濮阳（今河南省濮阳市西南）讨伐吕布，在濮阳城南，打败了吕布两个营的军队，又率军在须昌（今山东省东平县西北）大败高雅。后来又跟随曹操攻打寿张（今山东省东平县西南）、定陶（今山东省菏泽市定陶区城北）、离狐（今山东省东明县北）等地区，并且在雍丘（今河南省杞县）围攻张超，都大胜而归。有一次跟随曹操征讨黄巾贼刘辟、黄邵等人，军队屯驻在版梁，黄邵等人利用夜晚偷袭曹操，于禁率领部下奋力作战，终于把敌军击败，并且杀死了黄邵等人，同时俘虏了他所有的军队，因此被升为平虏校尉。后来，于禁又跟着曹操在苦县（今河南省鹿邑县东）围攻桥蕤，并且杀死了桥蕤等四员大将；接着又跟随曹操到宛（今河南省南阳市），降服张绣。不料张绣又叛变，曹操连战不利，大军退回舞阴（今河南省泌阳县西）；当时军阵大乱，大家都争相从小道逃回曹操的营区，只有于禁约束他所率领的数百人，边战边退，大家还是彼此不分离逃散；慢慢的，敌人追击的速度缓了下来，于禁这才喘了一口气，重新整顿军容，然后击鼓回营。在还没有到达曹操营区的时候，半路上遇见了十几个人，他们衣服全被剥光，而且身上还带有伤痕，一问之下，他们说："我们是被青州兵抢劫的，而且还被他们打伤。"当初，黄巾贼投降的时候，号为青州兵，因为曹操对他们太宽厚了，他们才敢滋生事端，公然劫掠。于禁一听大为生气，对他的部属说："青州兵和我们一样隶属于曹公，而现在他们居然还敢做贼为虐！"于是率领部下攻打青州兵，声讨他们的罪状。青州兵立刻逃到曹操那里控诉于禁；等于禁回到曹操营区，先命令所属将士扎营整顿，并

备，何以待敌？且公聪明，谮诉何缘！”徐凿堑安营讫，乃入谒，具陈其状。太祖悦，谓禁曰：“淯水之难，吾其急也，将军在乱能整，讨暴坚垒，有不可动之节，虽古名将，何以加之！”于是录禁前后功，封益寿亭侯。复从攻张绣于穰，禽吕布于下邳，别与史涣、曹仁攻眭固于射犬，破斩之。

太祖初征袁绍，绍兵盛，禁愿为先登。太祖壮之，乃遣步卒二千人，使禁将，守延津以拒绍，太祖引军还官渡。刘备以徐州叛，太祖东征之。绍攻禁，禁坚守，绍不能拔。复与乐进等将步骑五千，击绍别营，从延津西南缘河至汲、获嘉二县，焚烧保聚三十余屯，斩首获生各数千，降绍将何茂、王摩等二十余人。太祖复使禁别将屯原武，击绍别营于杜氏津，破之。迁裨将军，后从还官渡。太祖与绍连营，起土山相对。绍射营中，士卒多死伤，军中惧。禁督守土山，力战，气益奋。绍破，迁偏将军。冀州平。昌豨复叛，遣禁征之。禁急进攻豨；豨与禁有旧，诣禁降。诸将皆以为豨已降，当送诣太祖，禁曰：“诸君不

没有立刻去见曹操，于是有人劝于禁说：“青州兵已经先到曹公那里去控诉你了，你应该立刻去向曹公辨明。”于禁说：“现在贼兵就在后面，随时都可能会追杀过来，不事先准备应敌，敌人来了如何应付呢？而且我们主公明察秋毫，哪里会相信那些毁谤的话？”他仍然慢慢地在那里督导军士扎营帐、挖壕沟，等一切都安排妥当了，才去晋谒曹操，把事情前后经过向曹操报告。曹操听了大为高兴，对于禁说：“淯水的危难，是我最紧急的时候，将军在混乱中，仍然能够掌握部队，讨伐暴徒，坚守阵地，具有忠贞不二的伟大节操，就是古时候的名将，也没有能够超越你的了。”于是记算下他前后的功绩，封为益寿亭侯。他又跟从曹操到穰县（今河南省邓州市）攻打张绣；到下邳（今江苏省邳州市南）捉拿吕布；另外又和史涣、曹仁在射犬（今河南省武陟西北）攻打眭固，获得大胜并杀死眭固。

曹操初次讨伐袁绍的时候，袁绍的兵力很强大，于禁自告奋勇，愿做先锋，曹操对他十分嘉勉，于是派于禁带领二千名步兵守在延津（今河南省封丘县西北）抵抗袁绍，曹操则带兵回到官渡（今河南省中牟县东北）。刘备在徐州起兵，曹操前往东征。袁绍乘机攻打于禁，于禁坚守阵地，袁绍不能得逞，而于禁和乐进等人还带领了五千步骑，攻打袁绍附迎的军营，从延津西南沿着黄河一直到汲（今河南省卫辉市西）和获嘉（今河南省新乡市西）两县，焚烧了他们屯聚的堡垒三十多处，杀死好几千人，并且俘虏数千人，又降服袁绍的大将何茂、王摩等二十多人。曹操又派于禁率领军队屯驻在原武（今河南省原阳县）攻击袁绍在杜氏津附近的几个营区，也获得了胜利。因此升为裨将军。后来他又跟随曹操回到官渡。曹操和袁绍彼此的营寨几乎相连，两军都堆起土山相互对峙。袁绍向曹操的营寨中射箭，射死了许多兵士，因此士兵们都非常害怕；于禁督导部队防守土山，奋力抵抗，气势愈加勇猛，终于击败了袁绍，升为偏将军。冀州（今河北省中部、南部等地）平定之后，昌豨又叛变，曹操派遣于禁再去征讨；于禁急攻昌豨，昌豨招架不住，因为昌豨曾经

知公常令乎！围而后降者不赦。夫奉法行令，事上之节也。豨虽旧友，禁可失节乎！”自临与豨决，陨涕而斩之。是时太祖军淳于，闻而叹曰：“豨降不诣吾而归禁，岂非命耶！”益重禁。东海平，拜禁虎威将军。后与臧霸等攻梅成，张辽、张郃等讨陈兰。禁到，成举众三千余人降。既降复叛，其众奔兰。辽等与兰相持，军食少，禁运粮前后相属，辽遂斩兰、成。增邑二百户，并前千二百户。是时，禁与张辽、乐进、张郃、徐晃俱为名将，太祖每征伐，咸递行为军锋，还为后拒；而禁持军严整，得贼财物，无所私入，由是赏赐特重。然以法御下，不甚得士众心。太祖常恨朱灵，欲夺其营。以禁有威重，遣禁将数十骑，赍令书，径诣灵营夺其军，灵及其部众莫敢动；乃以灵为禁部下督，众皆震服，其见惮如此。迁左将军，假节钺，分邑五百户，封一子列侯。

建安二十四年，太祖在长安，使曹仁讨关羽于樊，又遣禁助仁。秋，大霖雨，汉水溢，平地水数丈，禁等七军皆没。禁与诸将登高望水，无所回避，羽乘大船就攻禁等，禁

和于禁有交情，于是去向于禁投降。诸将都以为昌豨既然已经投降，理当把他送到曹操那里听候发落。于禁却说：“你们难道忘了曹公常告诫我们的话吗？被围攻之后才投降的人，不可以赦免。奉行法令是人臣事君应有的节操，昌豨虽然是我的老朋友，我哪里可以因此而失去人臣应有的操守呢？”于是亲自去探望昌豨，和他诀别，挥泪把昌豨杀了。当时曹操驻军在淳于（今山东省安丘市东北），听了这个消息，不禁叹息着说：“昌豨要投降，不到我这里来，反而到于禁那里去，他的被杀，难道不是命吗？”从此更加重用于禁。平定东海（今山东省郯城县和江苏连云港市）之后，就任命于禁为虎威将军。后来于禁与臧霸等攻打梅成，张辽、张郃等讨伐陈兰，于禁一到，梅成便带领三千多人来投降，不料后来又叛变，带领他的部属投奔陈兰，张辽等人与陈兰的军队相持不下，军粮缺乏，于禁于是运粮接济，张辽才能杀了陈兰、梅成，曹操因此又增加于禁二百户的封邑，连同以前的赏赐一共是一千二百户。当时于禁和张辽、乐进、张郃、徐晃都是曹操手下的名将，曹操每次征伐都指派他们为前进时候的先锋，后退时候的后卫。于禁治理军纪十分严整，每次得到的敌人财物，都不敢私藏，因此于禁的赏赐也特别优渥，但是他执法太过严苛，不太能得军心。曹操时常怨恨朱灵，想取消他的军权，由于于禁有威重，于是派于禁带了几十名骑兵，拿着令书，直接到朱灵的营区，收回他的军权；朱灵和他的部下慑于于禁的声威，都不敢反抗，曹操于是把朱灵调为于禁的部下受他监督，众人都为之震服。于禁被人畏服的程度由此可见。曹操于是升他为左将军，使其假节钺，分出封邑五百户，封他的一个儿子为列侯。

建安二十四年（公元219年），曹操在长安（今陕西省西安市西北）派曹仁到樊城讨伐关羽，又派于禁帮助曹仁。这年秋天大雨，汉水暴涨，平地都积水数丈高，于禁等七个军旅都被淹死，于禁和其他将领登高察望水势，无处可以逃避，关羽乘着大船前来攻击，于禁不能抵抗，于是投降，只有庞德不肯屈节投降而被杀死。曹操听到这个消息，哀叹了

遂降，惟庞德不屈节而死。太祖闻之，哀叹者久之，曰：“吾知禁三十年，何意临危处难，反不如庞德邪！”会孙权禽羽，获其众，禁复在吴。文帝践阼，权称藩，遣禁还。帝引见禁，须发皓白，形容憔悴，泣涕顿首。帝慰谕以荀林父、孟明视故事，拜为安远将军。欲遣使吴，先令北诣邺谒高陵。帝使豫于陵屋画关羽战克、庞德愤怒、禁降服之状。禁见，惭恚发病薨。子圭嗣封益寿亭侯。谥禁曰厉侯。

张　郃

张郃字儁乂，河间鄚人也。汉末应募讨黄巾，为军司马，属韩馥。馥败，以兵归袁绍。绍以郃为校尉，使拒公孙瓒。瓒破，郃功多，迁宁国中郎将。太祖与袁绍相拒于官渡，绍遣将淳于琼等督运屯乌巢，太祖自将急击之。郃说绍曰：“曹公兵精，往必破琼等；琼等破，则将军事去

好久说：“我任用于禁三十年，没想到他在最后关头变节投降，反而不如庞德！”正好孙权捉住关羽，俘获他的部属，于禁又投降在吴国。曹丕即位，孙权投降称臣，就把于禁送回来。文帝召见于禁，他的头发、胡须都白了，颜色十分憔悴，于禁一看到文帝，立刻拜倒大哭，曹丕安慰他，并且以从前荀林父、孟明视为例（表示在樊城战败，是水灾暴至，不是于禁战争失利），而赦免了于禁，拜他做安远将军。想要派他出使吴国，先命他北上到邺（河南省安阳市北和河北省临漳县西南）拜谒曹操的陵寝，曹丕事先派人在陵寝的堂屋上画了关羽战胜、庞德愤怒、于禁投降的图案。等于禁到了一看，不禁羞愧万分，发病而死。他的儿子于圭继承他的职位，封为益寿亭侯，封于禁谥号为厉侯。

张郃，字儁乂，河间郡鄚县（今河北省任丘市北三十五里）人。汉朝末年的时候，应征讨伐黄巾贼。在韩馥手下做军司马的官职。韩馥失败以后，他就带着部属归附袁绍；袁绍任命他为校尉，让他带兵抵抗公孙瓒。公孙瓒被打败，张郃的功劳很多，因此升为宁国中郎将。当曹操和袁绍在官渡（今河南省中牟县东北）对峙的时候，袁绍派淳于琼等人运粮屯驻在乌巢（今河南省延津县），曹操亲自率兵急攻。张郃劝袁绍说：“曹操的军队非常精良，去攻打淳于琼必定得胜。万一淳于琼兵败，将军的大势就去了，现在应该赶快派兵

矣，宜急引兵救之。”郭图曰：“郃计非也。不如攻其本营，势必还，此为不救而自解也。”郃曰：“曹公营固，攻之必不拔，若琼等见禽，吾属尽为虏矣。”绍但遣轻骑救琼，而以重兵攻太祖营，不能下。太祖果破琼等，绍军溃。图惭，又更谮郃曰：“郃快军败，出言不逊。”郃惧，乃归太祖。

太祖得郃甚喜，谓曰：“昔子胥不早寤，自使身危，岂若微子去殷、韩信归汉邪？”拜郃偏将军，封都亭侯。授以众，从攻邺，拔之。又从击袁谭于渤海，别将军围雍奴，大破之。从讨柳城，与张辽俱为军锋，以功迁平狄将军。别征东莱，讨管承，又与张辽讨陈兰、梅成等，破之。从破马超、韩遂于渭南。围安定，降杨秋。与夏侯渊讨鄜贼梁兴及武都氐。又破马超，平宋建。太祖征张鲁，先遣郃督诸军讨兴和氐王窦茂。太祖从散关入汉中，又先遣郃督步卒五千于前通路。至阳平，鲁降，太祖还，留郃与夏侯渊等守汉中，拒刘备。郃别督诸军，降巴东、巴西二郡，徙其民于汉中。进军宕渠，为备将张飞所拒，引

救助他们。”郭图却说：“张郃的策略不对，不如先攻打曹操的大本营，曹操必定还师自救，这样就可以不去救助淳于琼，而自然解决他们的围困。”张郃说：“曹操的大本营非常坚固，前去攻打，必定不能得胜。而淳于琼若是被捉，我们也都要成了曹操的俘虏了。”结果袁绍只派轻蔑骑兵去救淳于琼，而以大军攻打曹操的大本营，不能攻下。曹操果然打败了淳于琼；袁绍的军队都溃散而逃。郭图先是惭愧，既而老羞成怒，更毁谤张郃说：“张郃看到兵败，如他所料，非常痛快，常常出言不逊。”张郃害怕袁绍听信郭图的谗言，于是归附曹操。

曹操得到张郃，大为欢喜，说：“从前伍子胥就是没有及早醒悟，才使自己遭到危害，哪里比得上微子及早离开商纣，或是像韩信依附于汉朝呢？”于是任命张郃为偏将军，封为都亭侯。给他军队，命他跟随攻打邺城（河北省临漳县西南），结果把城攻下了。他又跟着曹操到勃海（今河北省沧州市一带）征讨袁谭。另外又带领军队围攻雍奴（今天津市武清区北），获得大胜。后来随曹操攻打柳城（今辽宁省朝阳市北），和张辽同为先锋，立下了汗马功劳，被升为平狄将军。另外，他又征东莱（今山东省威海、烟台、青岛一带），讨伐管承，还和张辽一起攻讨陈兰、梅成等人，大败敌人；并跟随曹操在渭南（渭水之南）大败马超、韩遂；围攻安定（治今甘肃镇原县南），降服杨秋；和夏侯渊讨伐鄜郡（今陕西省富县）的贼兵梁兴，以及武都（今甘肃省成县西）的氐族胡人。又打败了马超，平定宋建。曹操讨伐张鲁，先命张郃率领军队讨伐兴和（今陕西汉中附近）的氐族王窦茂。曹操从散关（今陕西省宝鸡市西南大散岭上）进入汉中（今陕西省汉中市），又先派张郃带领五千步卒在前面开路。到了阳平（今陕西省汉中市宁强县城西北），张鲁投降，曹操班师回京，留下张郃、夏侯渊驻守汉中，抵抗刘备。张郃另外又率领军队降服巴东（治今重庆奉市）、巴西（治今四川阆中西）两郡，把当地的老百姓都迁到汉中，然后向宕渠（今四川省

还南郑。拜荡寇将军。刘备屯阳平，郃屯广石。备以精卒万余，分为十部，夜急攻郃。郃率亲兵搏战，备不能克。其后备于走马谷烧都围，渊救火，从他道与备相遇，交战，短兵接刃。渊遂没，郃还阳平。当是时，新失元帅，恐为备所乘，三军皆失色。渊司马郭淮乃令众曰："张将军，国家名将，刘备所惮；今日事急，非张将军不能安也。"遂推郃为军主。郃出，勒兵安陈，诸将皆受郃节度，众心乃定。太祖在长安，遣使假郃节。太祖遂自至汉中，刘备保高山不敢战。太祖乃引出汉中诸军，郃还屯陈仓。

文帝即王位，以郃为左将军，进爵都乡侯。及践阼，进封鄚侯。诏郃与曹真讨安定卢水胡及东羌，召郃与真并朝许宫，遣南与夏侯尚击江陵。郃别督诸军渡江，取洲上屯坞。明帝即位，遣南屯荆州，与司马宣王击孙权别将刘阿等。追至祁口，交战，破之。诸葛亮出祁山。加郃位特进，遣督诸军，拒亮将马谡于街亭。谡依阻南山，不下据城。郃绝其汲道，击，大破之。南安、天水、安定郡反应亮，郃皆破平之。诏曰："贼亮以巴蜀之众，当

渠县东北）进军，遭到刘备大将张飞的抵抗，不能攻下，才带兵退回南郑（今陕西省汉中市）。朝廷封他为荡寇将军。刘备驻守在阳平的时候，张郃屯驻在广石，刘备派遣精兵一万多人，分为十路，利用夜晚猛攻张郃，张郃亲自率兵奋战，因此刘备不能得胜。后来刘备在走马谷放火焚烧都邑的外围，夏侯渊急忙赶去救火，半途上和刘备的大军相遇，两军交战，短兵相接；夏侯渊在这场战役中，不幸身亡。张郃回到阳平，这个时候，因为刚失去主帅，将士们害怕刘备乘隙偷袭，都惊慌失措；夏侯渊的司马名叫郭淮，于是向大家宣布："张将军是国家的名将，而且是刘备所畏惧的，如今军情紧急，非得张将军出来领导，才能安定这个局面。"于是大家公推张郃为主帅。张郃出任主帅，整编队伍，部署兵阵，其他将领都听他的调度，军心这才安定下来。曹操在长安，派人把主帅的符信交给张郃。曹操亲自率兵到汉中，刘备守住高山不敢出来作战，曹操因此把汉中的军队退出。命张郃屯驻在陈仓（今陕西省宝鸡市陈仓区）。

曹丕即王位为魏王，任张郃为左将军，封他都乡侯的爵位。等到曹丕登了帝位，又加封张郃为鄚侯。诏令张郃与曹真讨伐安定、卢水（今甘肃省平凉市泾河一支流）等地的胡人及东羌。召张郃与曹真一起到许宫朝谒，又派他南下和夏侯尚一起攻打江陵（今湖北省今荆州市）。张郃又另外督领军队渡江夺取沙洲上屯驻的堡垒。明帝（曹叡）即位，派张郃向南屯驻在荆州，和司马宣王共同讨伐孙权的副将刘阿，一直进到祁口，两军交战，大败刘阿军。诸葛亮出祁山（在今甘肃省礼县），朝廷提升张郃爵位，派他率军在街亭（今甘肃省秦安县城东四十五公里的陇城镇）抗拒诸葛亮的大将马谡；马谡依着南山险阻，而不在城池中据守，张郃就断绝他的水道，然后发兵攻击，终于大败马谡。南安（今甘肃省陇西县东部和定西县、武山县一带）、天水（今甘肃省天水市、陇南市礼县一带）、安定（今甘肃省平凉市、宁夏固原市一带）等郡造反，依附诸葛亮，也都被张郃击败平定。朝廷颁诏

虓虎之师。将军被坚执锐，所向克定，朕甚嘉之。益邑千户，并前四千三百户。”司马宣王治水军于荆州，欲顺沔入江伐吴，诏郃督关中诸军往受节度。至荆州，会冬水浅，大船不得行，乃还屯方城。诸葛亮复出，急攻陈仓，帝驿马召郃到京都。帝自幸河南城，置酒送郃，遣南北军士三万及分遣武卫、虎贲使卫郃，因问郃曰：“迟将军到，亮得无已得陈仓乎！”郃知亮县军无谷，不能久攻，对曰：“比臣未到，亮已走矣；屈指计亮粮不至十日。”郃晨夜进至南郑，亮退。诏郃还京都，拜征西车骑将军。

郃识变数，善处营陈，料战势地形，无不如计，自诸葛亮皆惮之。郃虽武将而爱乐儒士，尝荐同乡卑湛经明行修，诏曰：“昔祭遵

奔剑阁张郃中计，选自清刊本《三国演义》。据《三国演义》，建兴八年（公元230），曹魏三路进攻汉川，诸葛亮出川与之相持。后诸葛亮听说东吴兴兵讨蜀，急回军返川，魏军追击。张郃轻军冒进，在木门道遇伏击身亡。图为张郃遇伏。

令说：“贼人诸葛亮拥有巴蜀广大群众。面对着如虎般勇猛的军队，将军能够披坚甲，执干戈，所到之处都能克服强敌，寡人非常嘉许。论功行赏，增加千户的封邑，连同以前的封邑一共四千三百户。”司马宣王在荆州训练水军，想要顺着沔水（汉江之在今陕西勉县境内者为沔水）进入长江，以便攻打东吴。朝廷命张郃率军前往接受调度。张郃到了荆州，正好冬天，水位低落，大船不能航行，于是还军驻守方城（今河南省南阳市方城县）。

后来诸葛亮又重整旗鼓，急攻陈仓，明帝传驿召令张郃回京师。又亲自驾临河南城（今河南省洛阳市西南），准备了酒菜送张郃，派遣南北的军士三万人由他调度，又派武卫及虎贲护卫张郃，然后问张郃：“等到将军到了陈仓，诸葛亮会不会已经攻下了陈仓呢？”张郃知道诸葛亮军队缺乏粮食，不能持久作战，于是回答说：“没等臣到陈仓，诸葛亮一定就已经退走了。我算了一下，诸葛亮的存粮不到十天。”等到张郃连夜行军到了南郑，诸葛亮就已经退兵。朝廷又诏令张郃回京师，拜为征西车骑将军。

张郃懂得事情可变的因素，善于安排兵阵的布置，推算作战情势以及战争地形，全都能如他的计策，因此诸葛亮等人都非常怕他。张郃虽然是一员武将，但是也很喜欢儒雅之士；曾经推荐同乡卑湛为经明行修的官。朝廷下令说：“从前祭遵为将领的时候，奏请朝廷

为将，奏置五经大夫，居军中，与诸生雅歌投壶。今将军外勒戎旅，内存国朝。朕嘉将军之意，今擢湛为博士。”

诸葛亮复出祁山，诏郃督诸将西至略阳，亮还保祁山，郃追至木门，与亮军交战，飞矢中郃右膝，薨，谥曰壮侯。子雄嗣。郃前后征伐有功，明帝分郃户，封郃四子列侯。赐小子爵关内侯。

徐晃字公明，河东杨人也。为郡吏，从车骑将军杨奉讨贼有功，拜骑都尉。李傕、郭汜之乱长安也，晃说奉，令与天子还洛阳，奉从其计。天子渡河至安邑，封晃都亭侯。及到洛阳，韩暹、董承日争斗，晃说奉令归太祖；奉欲从之，后悔。太祖讨奉于梁，晃遂归太祖。

太祖授晃兵，使击卷、原武贼，破之，拜裨将军。从征吕布，别降布将赵庶、李邹等。与史涣斩眭固于河内。从破刘备，又从破颜良，拔白马，进至延津，破文丑，拜偏将军。与曹洪击㶏彊贼祝臂，破之，又与史涣击袁绍运车于故市，功最多，封都亭侯。太祖

设置五经大夫；在军营中还时常和儒生们奏乐、投壶；现在将军在外统御军队，对内安定国本。寡人很赞许将军的厚意。现在提升卑湛为博士。”

诸葛亮后来又重整行伍，再出祁山。朝廷诏令张郃率军向西到略阳（治今甘肃省秦安县陇城镇），诸葛亮退保祁山，张郃又追到木门（今甘肃省天水西南）和诸葛亮的军队交战，不幸被流箭射中右膝而死。朝廷封为壮侯的谥号。他的儿子张雄继承他的职位。因为张郃一生立了不少功绩，明帝将他的封邑分封给他的四个儿子为列侯，赐给他小儿子关内侯的爵位。

徐晃，字公明，河东杨县（今山西省洪洞县东南）人。曾做郡吏的官，因为跟随车骑将军杨奉讨伐贼兵，立了功劳，升为骑都尉。当李傕、郭汜在长安作乱，徐晃说服杨奉，让杨奉派他护送天子回洛阳；杨奉听从了他的建议。等天子渡河，到了安邑（今山西省夏县西北），封徐晃为都亭侯。等到了洛阳，徐晃看见韩暹、董承每天都在争权夺利，于是又劝杨奉归降曹操。杨奉本来要听从他的建议，可是不久又后悔。当曹操在梁（今河南省汝州市西）讨伐杨奉，徐晃就乘机归降曹操。

曹操让徐晃带兵，派他去攻打卷县（今河南省原阳县西）以及原武（今河南省原阳县）的贼兵，获得大胜，被封为裨将军。徐晃曾跟着曹操讨伐吕布，降服吕布的大将赵庶、李邹等，并且和史涣在河内（今河南省黄河以北等地）杀了眭固；跟随曹操打败刘备，又击溃颜良，攻下了白马城（今河南滑县东），进兵到延津（今河南省封丘县西北），打败文丑的军队，因此升为偏将军。他还曾和曹洪共同击败㶏彊（今河南省漯河市北）的贼兵祝臂，

既围邺，破邯郸，易阳令韩范伪以城降而拒守，太祖遣晃攻之，晃至，飞矢城中，为陈成败。范悔，晃辄降之。既而言于太祖曰："二袁未破，诸城未下者倾耳而听，今日灭易阳，明日皆以死守，恐河北无定时也。愿公降易阳以示诸城，则莫不望风。"太祖善之。别讨毛城，设伏兵掩击，破三屯。从破袁谭于南皮，讨平原叛贼，克之。从征蹋顿，拜横野将军。从征荆州，别屯樊，讨中庐、临沮、宜城贼。又与满宠讨关羽于汉津，与曹仁击周瑜于江陵。十五年，讨太原反者，围大陵，拔之，斩贼帅商曜。韩

徐晃，选自清刊本《三国演义》。

又和史涣在故市（今河南省荥阳市东北）袭击袁绍运补的粮车，功劳最多，于是封为都亭侯。曹操围攻邺城（今河北省临漳县西南）之后，又攻陷邯郸（今河北省邯郸市）。易阳（今河北省永年县西）县令韩范先是假装投降，然后又坚拒防守，曹操于是派徐晃前去攻伐。徐晃一到城下，用箭射了一封信到城里，为韩范详细分析利害得失。韩范看了之后，大为后悔，就向徐晃投降了。接着徐晃又对曹操说："目前袁谭、袁尚还没有破除，其他还没有降服的城池都在互相观望；如果现在屠杀易阳城，那么其他城池必定死守抵抗，黄河以北各地还不知道要等到什么时候才能安定呢！希望曹公能接受易阳城的投降，那么其他各城自然闻风归顺了。"曹操觉得他的话有道理，就赞同他的建议了。徐晃又率兵征讨毛城（今河北省涉县西南），事先设计埋伏军队暗中偷袭，夺取三个屯驻区；又跟着曹操到南皮（今河北省沧州市南皮县北）击败袁谭的军队，讨伐平原郡的叛贼，也获得平定；跟着曹操征伐匈奴蹋顿之后，官拜横野将军；又跟着讨伐荆州，另外带兵屯驻樊城（今湖北襄阳市樊城区），讨伐中卢（今湖北省襄阳市西南）、临沮（今湖北省远安县西北）、宜城（今湖北省宜城市东南）等地的贼兵。又和满宠在汉津讨伐关羽，和曹仁在江陵（今湖北省荆州市）与周瑜作战。建安十五年（公元210年），讨伐太原（今山西省太原市西南）的叛贼；围攻大陵（今山西省文水县东北），城破，斩了贼兵的主帅商曜。韩遂、马超在关右造反，曹操派遣徐晃驻军在汾阴（今山西省荣河县西南），安

遂、马超等反关右，遣晃屯汾阴以抚河东，赐牛酒，令上先人墓。太祖至潼关，恐不得渡，召问晃。晃曰："公盛兵于此，而贼不复别守蒲坂，知其无谋也。今假臣精兵渡蒲坂津，为军先置，以截其里，贼可擒也。"太祖曰："善。"使晃以步骑四千人渡津。作堑栅未成，贼梁兴夜将步骑五千余人攻晃，晃击走之，太祖军得渡。遂破超等，使晃与夏侯渊平隃麋、汧诸氐，与太祖会安定。太祖还邺，使晃与夏侯渊平鄜、夏阳余贼，斩梁兴，降三千余户。从征张鲁。别遣晃讨攻椟、仇夷诸山氐，皆降之。迁平寇将军。解将军张顺围。击贼陈福等三十余屯，皆破之。

太祖还邺，留晃与夏侯渊拒刘备于阳平。备遣陈式等十余营绝马鸣阁道，晃别征破之，贼自投山谷，多死者。太祖闻，甚喜，假晃节，令曰："此阁道，汉中之险要咽喉也。刘备欲断绝外内，以取汉中。将军一举，克夺贼计，善之善者也。"太祖遂自至阳平，引出汉中诸军。复遣晃助曹仁讨关羽，屯宛。会汉水暴溢，于禁等没。羽围仁于樊，又围将军

抚河东（今山西省境内黄河以东）的老百姓。徐晃到了河东，分赏牛酒给当地百姓，又让他们祭扫先人的坟墓，河东地区很快的就安抚下来。当曹操到潼关（今陕西省潼关县，地当黄河大曲部），恐怕附近有伏兵，不能安全过渡，于是召来徐晃商议计策。徐晃说："曹公现在大军在这里，而贼兵并没有在蒲阪（今山西省永济县东南）防守，我断定他们是没有谋略。现在曹公只要给我带领一些精锐部队渡过蒲阪津，在那里先为大军部署阵地，中途拦腰截击，敌人必定唾手可得。"曹操连连称好，于是派遣徐晃带领四千名精兵渡过蒲阪津。徐晃的部队还没有做好壕沟栏栅，贼兵梁兴就在夜里带了五千多名骑兵攻击徐晃，被徐晃击退。曹操大军于是顺利过河，击败了马超等人。曹操又派徐晃和夏侯渊平定隃麋（今陕西省千阳县东）、汧县（今陕西省陇县）一带的氐族胡人，然后和曹操在安定（今甘肃省镇原县东南）会师。当曹操回到邺县（今河北省临漳县西南和河南安阳市北一带），又派徐晃和夏侯渊平定鄜（今陕西省富县）和夏阳（今陕西省韩城县南）一带的残贼，杀死梁兴，并且降服三千多户。在跟随曹操征讨张鲁之后，又奉派攻打椟、仇夷等地的氐族，都一一达成任务。因此迁升为平寇将军。此外，他又解除张顺将军的围困，击败了贼兵陈福等三十多个屯区。

曹操回到邺县，留下徐晃和夏侯渊在阳平抵抗刘备，刘备派陈式等十余营的军队，断绝马鸣阁（今四川省广元市昭化区）的通道。徐晃分别击败，贼兵无退路可逃，很多人跳进山谷而死。曹操听了这个消息，非常高兴，立刻给他符节，表示亲信，并且下令说："马鸣阁是通往汉中（今陕西省汉中市）的咽喉要道；刘备想要断绝内外的通路，以便取得汉中地方。徐将军这一胜仗，使敌人的诡计不能得逞，真是太好了。"曹操于是亲自到阳平（今陕西省汉中市宁强县城西北）把汉中的军队撤出。又派遣徐晃帮助曹仁讨伐关羽，军队屯驻在宛（今河南省南阳市），正好汉水暴涨，于禁等全军覆没，关羽就把曹仁围困在樊，

吕常于襄阳。晃所将多新卒，以羽难与争锋，遂前至阳陵陂屯。太祖复还，遣将军徐商、吕建等诣晃，令曰："须兵马集至，乃俱前。"贼屯偃城。晃到，诡道作都堑，示欲截其后，贼烧屯走。晃得偃城，两面连营，稍前，去贼围三丈所。未攻，太祖前后遣殷署、朱盖等凡十二营诣晃。贼围头有屯，又别屯四冢。晃扬声当攻围头屯，而密攻四冢。羽见四冢欲坏，自将步骑五千出战，晃击之，退走，遂追陷与俱入围，破之，或自投沔水死。太祖令曰："贼围堑鹿角十重，将军致战全胜，遂陷贼围，多斩首虏。吾用兵三十余年，及所闻古之善用兵者，未有长驱径入敌围者也。且樊、襄阳之在围，过于莒、即墨，将军之功，逾孙武、穰苴。"晃振旅还摩陂，太祖迎晃七里，置酒大会。太祖举卮酒劝晃，且劳之曰："全樊、襄阳，将军之功也。"时诸军皆集，太祖案行诸营，士卒咸离陈观，而晃军营整齐，将士驻陈不动。太祖叹曰："徐将军可谓有周亚夫之风矣。"

文帝即王位，以晃为右将军，进封逯乡侯。及践阼，进封杨侯，与夏侯尚讨刘备于上庸，破之。以晃镇阳平，徙封阳平侯。明帝即位，拒吴将诸葛瑾于襄阳。增邑二百，并前

又把吕常将军围困在襄阳（今湖北省襄阳市襄城区）。徐晃因为所带领的都是一些新兵，没有作战经验，很难和关羽的军队正面交锋，于是就率军到阳陵陂（今湖北省襄阳市樊城区北）屯驻。曹操回到京师，派遣徐商、吕建两位将军到徐晃军中，并且下令说："等到兵马会集齐了，再一起进兵。"贼兵屯驻在偃城（今湖南省襄阳市北），徐晃一到，假装挖壕沟，表示要截击敌人的后援，贼兵于是放火烧了屯区逃走；徐晃顺利地得到偃城。这时两军的营寨几乎相连，徐晃又带兵再稍稍向前移动，离开敌人营区三丈左右。双方还没有开始交锋，曹操就前后派了殷署、朱盖等十二个营的军队给徐晃；贼兵在围头有驻军，又在四冢也驻扎了不少军队。徐晃对外放出风声：要先攻打围头，实际上暗地攻打四冢。关羽看到四冢快要保不住了，就亲自带领五千步骑前来作战，被徐晃击退，徐晃乘胜追击，攻入敌人的包围，大破敌军；贼兵吓得丧胆，有的自投沔水而死。曹操诏令说："贼兵围住壕堑，重重包围，将军能奋力作战，获得全胜，终于破了贼兵的围困，斩了许多首虏。寡人亲自带兵三十年，以及所曾经听说过的古时候善于带兵的名将，都没有长驱直入进入敌人包围圈的，而且，樊城襄阳城等地敌人的包围，胜过于莒城和即墨城。将军的战功，甚至超过了孙武、穰苴。"徐晃带着军队回到摩陂（今河南省郏县东南），曹操在七里之外迎接他，并且替他摆设酒宴庆贺。曹操举杯劝酒，并且慰劳他说："能够保全樊城和襄阳城，全是将军的功劳啊！"当时，军队全部齐集，曹操到每个军营巡视，其他的士兵都离开自己的阵营观看，只有徐晃的军营整齐，将士们都坚守岗位，没有人敢擅自离开。曹操看了，不禁赞叹着说："徐将军真可说是有周亚夫的风范啊！"

曹丕刚即王位的时候，以徐晃为右将军，加封为逯乡侯。等到称帝之后，又加封他为杨侯。命令他和夏侯尚在上庸（今湖北省竹山县东南）讨伐刘备，大败刘备的军队。又派

三千一百户。病笃，遗令敛以时服。

性俭约畏慎，将军常远斥候。先为不可胜，然后战，追奔争利，士不暇食，常叹曰："古人患不遭明君，今幸遇之，当以功自效，何用私誉为！"终不广交援。太和元年薨，谥曰壮侯。子盖嗣。盖薨，子霸嗣。明帝分晃户，封晃子孙二人列侯。

初，清河朱灵为袁绍将。太祖之征陶谦，绍使灵督三营助太祖，战有功。绍所遣诸将各罢归，灵曰："灵观人多矣，无若曹公者，此乃真明主也。今已遇，复何之？"遂留不去。所将士卒慕之，皆随灵留。灵后遂为好将，名亚晃等，至后将军，封高唐亭侯。

评曰：太祖建兹武功，而时之良将，五子为先。于禁最号毅重，然弗克其终。张郃以巧变为称，乐进以骁果显名，而鉴其行事，未副所闻。或注记有遗漏，未如张辽、徐晃之备详也。

徐晃镇守阳平，改封他为阳平侯。曹叡即帝位以后，徐晃又在襄阳抵抗孙吴的大将诸葛瑾，朝廷赏赐二百户的封邑，连同以前的封邑一共三千一百户。后来徐晃病重，临终遗命不要铺张，只要以普通的便服收敛就可以了。

徐晃天性俭仆，小心谨慎。每次作战都把斥候派到很远的地方。先做出打不赢的样子，然后再奋勇作战，追杀敌人夺取胜利，兵士们常常忙得没有空闲吃饭。徐晃常叹息着说："古代的人常会忧虑遇不到贤明的国君，我现在有幸遇到了明主，尤其应当立功报效国君，哪里是为了个人名誉才做的！"徐晃一生不攀援结交。太和元年（公元227年）去逝，谥号壮侯。他的儿子徐盖继承他的职位，徐盖死，徐霸继业。曹丕把徐晃的封邑分封他的子孙为列侯。

当初清河郡朱灵为袁绍大将。曹操讨伐陶谦的时候，袁绍派朱灵率领三个营的军队援助曹操，获得了战功。战争结束，袁绍所派出的将领们，各自回到原来的地方，只有朱灵说："我看的人也不少了，没有人比得上曹公的，他才是真正的明主啊！如今我已经遇到了这样一位明主，我还要到哪里去呢？"于是就留在曹操的募下；朱灵所带领的将士，平日钦慕朱灵的为人，也都跟随他留下效忠曹操。朱灵后来成为曹操手下名将，名声仅次于徐晃，官做到后将军，封为高唐亭侯。

陈寿评说：太祖建立这般的功业，而当时的良将，以这五个人为最先。于禁最为刚毅厚重，可是不能全节而终；张郃以巧于应变为人称道；乐进以骁勇果敢名显当时，然而我看他的所做所为，却不符合他的声望，或许是史家记载有遗漏，不像张辽、徐晃记载得那么详备吧！

白话三国志

[晋]陈　寿◎著　王静芝◎主持　台湾十一位教授◎合译

㊥

白话全译　文白对照

插图珍藏本

新世界出版社
NEW WORLD PRESS

三国志卷十八

二李臧文吕许典二庞阎传第十八

汪惠敏 译

李典字曼成，山阳钜野人也。典从父乾，有雄气，合宾客数千家在乘氏。初平中，以众随太祖，破黄巾于寿张，又从击袁术，征徐州。吕布之乱，太祖遣乾还乘氏，慰劳诸县。布别驾薛兰、治中李封招乾，欲俱叛，乾不听，遂杀乾。太祖使乾子整将乾兵，与诸将击兰、封。兰、封破，从平兖州诸县有功，稍迁青州刺史。整卒，典徙颍阴令，为中郎将，将整军，迁离狐太守。

时太祖与袁绍相拒官渡，典率宗族及部曲输谷帛供军。绍破，以典为裨将军，屯安民。太祖击谭、尚于黎阳，使典与程昱等以船运军粮。会尚遣魏郡太守高蕃将兵屯河上，绝水道，太祖敕典、昱："若船不得过，下从陆道。"典与诸将议曰："蕃军少甲而恃水，有懈怠之心，击之必克。军不内御；苟利国家，专之可也，宜亟击之。"昱亦以为然。遂北渡

李典，字曼成，山阳郡钜野县（今山东省巨野县南）人。李典叔父李乾，有豪气，聚合了宾客数千人，住在乘氏（今山东省巨野县西南）。汉初平（汉献帝年号）年间，率领许多人追随曹操，在寿张（山东省阳谷县东南）击败黄巾贼；又跟随曹操远征徐州，讨伐袁术。吕布之乱，曹操派李乾回到乘氏，去安抚那附近的县城；当时吕布手下的别驾薛兰、治中李封想要联合李乾一起叛乱，李乾不答应，于是被杀。曹操派他的儿子李整继续带领李乾的军队和其他将领一起攻打薛兰、李封。薛兰、李封被打败后，又跟随曹操平定兖州，立了功劳，升为青州刺史。李整死了以后，李典被调为颍阴（县治在今河南省许昌市）县令，为中郎将，带领李整的军队，后来又升为离狐（在今山东省东明县）太守。

当时，曹操和袁绍两军在官渡（今河南省中牟县东北）相持不下，李典率领他的同宗族和部属，运送粮饷供应军需。袁绍打败以后，曹操升他为裨将军，驻守在安民（今山西省襄垣县北），曹操在黎阳（今河南省浚县东北）攻打袁谭、袁尚的时候，派李典和程昱由水路运送军粮，正好袁尚派魏郡（郡治邺城在今河北省临漳县西南）太守高蕃带兵屯驻在河上，断绝水路，曹操下令给李典、程昱说："如果船运不能过来，就改由陆道。"李典和其他将领商议道："高蕃军队的装备少，但是依恃着有水阻隔，兵士有懈怠之心，这时候去

河，攻蕃，破之，水道得通。刘表使刘备北侵，至叶，太祖遣典从夏侯惇拒之。备一旦烧屯去，惇率诸军追击之，典曰："贼无故退，疑必有伏。南道狭窄，草木深，不可追也。"惇不听，与于禁追之，典留守。惇等果入贼伏里，战不利，典往救，备望见救至，乃散退。从围邺，邺定，与乐进围高幹于壶关，击管承于长广，皆破之。迁捕虏将军，封都亭侯。典宗族部曲三千余家，居乘氏，自请愿徙诣魏郡。太祖笑曰："卿欲慕耿纯邪？"典谢曰："典驽怯功微，而爵宠过厚，诚宜举宗陈力；加以征伐未息，宜实郊遂之内，以制四方，非慕纯也。"遂徙部曲宗族万三千余口居邺。太祖嘉之，迁破虏将军。与张辽、乐进屯合肥，孙权率众围之，辽欲奉教出战。进、典、辽皆素不睦，辽恐其不从，典慨然曰："此国家大事，顾君计何如耳，吾可以私憾而忘公义乎！"乃率众与辽破走权。增邑百户，并前三百户。

典好学问，贵儒雅，不与诸将争功。敬贤士大夫，恂恂若不及，军中称其长者。年

攻打，一定能得胜。本来军人是服从命令不可擅自主张，但是如果有利于国家，虽然自己专权，也无可厚非，我们应该立刻攻击敌人。"程昱也同意李典的看法，于是大军就向北渡河，攻打高蕃。大败敌人，水路也就因此而畅通无阻了。刘表派刘备向北进军，到了叶县（今河南省叶县），曹操派李典跟随夏侯惇去抵抗。有一天刘备突然放火烧了营区然后退走，夏侯惇立刻要带兵追击。李典说："贼兵无故撤退，我怀疑一定有伏兵。南边的道路狭窄，草木又深，不可以派兵追击。"夏侯惇不听，和于禁一路追杀下去，李典留下来防守。夏侯惇果然陷入敌人埋伏的阵地中，战况非常不利，李典于是率军前往增援，刘备看见援军到了，才撤兵而去。他又跟随曹操围攻邺县（今河北省临漳县西南），邺县平定之后，又和乐进在壶关（今山西省长治县东）围攻高幹，在长广（今山东省莱阳市东）攻打管承，都把敌人打败了，因此升为捕虏将军，封为都亭侯。李典的宗族以及他的军队一共有三千多家，住在乘氏，李典上书自愿全部迁到魏郡，曹操笑着说："你是钦慕耿纯，要效法他吗？"李典拜谢说："我生性驽钝胆怯，功绩又少，可是朝廷给我的爵位与宠赐太过优厚，我实在应该要尽我全族人的力量为国家效劳。而且现在战争还没有停止，也实在该充实郊遂以内的地方，这样才能控制四方，我并不是要效法耿纯。"于是就把私人军队和族人一共一万三千多人迁到邺县居住。曹操嘉许他，升他为破虏将军。他又和张辽、乐进屯驻在合肥（今安徽省合肥市），孙权率领大军把他们团团围住，张辽奉曹操谕令，要出兵应战，可是乐进、李典、张辽都向来不能和睦相处，张辽怕他们不肯听从，李典感慨地说："这是国家大事，只看你定的计策如何，我怎么可以凭个人的恩怨，而忘掉国家大义呢？"于是带着军队和张辽共同击退孙权。曹操增加他的封邑一百户，连同以前的封邑共三百户。

李典喜欢学问，尊重儒雅之士，又不和其他将领争功，敬重贤士大夫，态度谦虚，好像处处不如人的样子；军中大家都称他为长者。李典三十六岁去世，他的儿子李祯继承他

三十六薨，子祯嗣。文帝践阼，追念合肥之功，增祯邑百户，赐典一子爵关内侯，邑百户；谥典曰愍侯。

李通字文达，江夏平春人也。以侠闻于江、汝之间。与其郡人陈恭共起兵于朗陵，众多归之。时有周直者，众二千余家，与恭、通外和内违。通欲图杀直而恭难之。通知恭无断，乃独定策，与直克会，酒酣杀直。众人大扰，通率恭诛其党帅，尽并其营。后恭妻弟陈郃，杀恭而据其众。通攻破郃军，斩郃首以祭恭墓。又生禽黄巾大帅吴霸而降其属。遭岁大饥，通倾家振施，与士分糟糠，皆争为用。由是盗贼不敢犯。

建安初，通举众诣太祖于许。拜通振威中郎将，屯汝南西界。太祖讨张绣，刘表遣兵以助绣，太祖军不利。通将兵夜诣太祖，太祖得以复战。通为先登，大破绣军。拜裨将军，封建功侯。分汝南二县，以通为阳安都尉。通妻伯父犯法，朗陵长赵俨收治，致之大辟。是时杀生之柄，决于牧守，通妻子号泣以请其命。通曰："方与曹公戮力，义不以私废公。"

的爵位。曹丕登帝位，追念李典在合肥的功绩，于是增加了李祯的封邑一百户，赐封李典的一个儿子为关内侯的爵位，封邑一百户。颁赠李典谥号为愍侯。

李通，字文达，江夏郡平春县（今河南省信阳县西北）人。平时就因为好行侠仗义，闻名于江、汝一带；当他和同郡的陈恭一起在朗陵（今河南确山县）起兵的时候，许多人都前往归附。那时，有一个人名叫周直，拥有两千多家的部属，和李通、陈恭貌合神离，李通想把周直杀了，而陈恭却犹豫不决；李通知道陈恭不能果断，于是独自计策，和周直约会，在酒酣耳热的时候，把周直杀了。众人大乱，李通便率领陈恭诛杀周直的党羽，并且接收他的军队。后来陈恭妻子的弟弟陈郃，杀了陈恭，并且占有陈恭的军队。李通率兵打败陈郃，斩下陈郃的头颅祭祀陈恭。又活捉黄巾贼的大帅吴霸，并且降服他的部属。当时正好遇到荒年，李通倾荡家财，救济贫困，并且和兵士们一起吃粗劣的食物，于是大家都争相归附，愿意为他效劳，盗贼也因此不敢来冒犯。

建安（汉献帝年号）初年，李通率领部属到许（河南省许昌市南）归附曹操，曹操任命他为振威中郎将，在汝南（今河南省汝南县东）西面驻军。曹操讨伐张绣的时候，刘表派兵援救张绣，曹操的军队节节失利，李通连夜赶去增援，曹操才有力量再战。李通一马当先，大败张绣，因此被升为裨将军，册封为建功侯；曹操并且把汝南郡的两个县分赏给李通，任命他为阳安（今河南省息县西南）都尉。李通妻子的伯父犯了罪，朗陵县长赵俨把他收押，判他死罪。当时，百姓的生杀大权，决定在郡牧的手中，李通妻子悲伤哀求，请求李通代为求情，李通说："我现在正和曹公并力作战，从道义上说，绝不能因为私情而忘了公事。"反而称赞赵俨执法公正，和他结为知己。曹操和袁绍的军队在官渡（今河南省

嘉俨执宪不阿，与为亲交。太祖与袁绍相拒于官渡。绍遣使拜通征南将军，刘表亦阴招之，通皆拒焉。通亲戚部曲流涕曰："今孤危独守，以失大援，亡可立而待也，不如亟从绍。"通按剑以叱之曰："曹公明哲，必定天下。绍虽强盛，而任使无方，终为之虏耳。吾以死不贰。"即斩绍使，送印绶诣太祖。又击郡贼瞿恭、江宫、沈成等，皆破残其众，送其首。遂定淮、汝之地。改封都亭侯，拜汝南太守。时贼张赤等五千余家聚桃山，通攻破之。刘备与周瑜围曹仁于江陵，别遣关羽绝北道。通率众击之，下马拔鹿角入围，且战且前，以迎仁军，勇冠诸将。通道得病薨，时年四十二。追增邑二百户，并前四百户。文帝践阼，谥曰刚侯。诏曰："昔袁绍之难，自许、蔡以南，人怀异心。通秉义不顾，使携贰率服，朕甚嘉之。不幸早薨，子基虽已袭爵，未足酬其庸勋。基兄绪，前屯樊城，又有功。世笃其劳，其以基为奉义中郎将，绪平虏中郎将，以宠异焉。"

臧霸字宣高，泰山华人也。父戒，为县狱掾，据法不听太守欲所私杀。太守大怒，令

中牟县东北）相持不下，袁绍派人任命李通为征南将军，刘表也暗中派人招抚他，都被李通拒绝了。当时李通的亲戚部曲都流着泪劝他说："现在我们孤军独守，危险万分，没有援军救助，马上就有可能被消灭，不如赶快归附袁绍吧！"李通听了之后，按住佩剑，叱责他们说："以曹公的英明，将来一定会统一天下。袁绍虽然一时强盛，但是他用人不当，将来必定会被曹公打败的，我是宁死也不会背叛。"于是立即斩杀袁绍派来的使臣，并且把袁绍和刘表送来的印信交送给曹操。他又攻打汝南郡内的叛军瞿恭、江宫、沈成等人，都把他们打败并杀掉，并且把他们的头割下来，送给曹操。于是平定淮河与汝水之间的地区。因此改封为都亭侯，官拜汝南太守。当时贼兵张赤等人在桃山聚集了五千余家，也被李通击败。刘备和周瑜在江陵（今湖北荆州市）围攻曹仁的时候，派遣关羽截断北面的通道。李通率领部将迎击，下马抵抗，突破重围，一面作战，一面前进，来接应曹仁的军队，其勇敢超出其他将领。后来李通在行军途中得病而死，享年四十二岁。朝廷追加他二百户的封邑，连同以前的封邑，共四百户。曹丕称帝位，册封他的谥号为刚侯。诏令说："从前袁绍发难的时候，从许、蔡（今河南省上蔡县西南）以南，许多人心怀叛逆，李通却执持道义，忠心不二，使得其他有二心的人都归服，寡人非常赞赏。不幸早死，他的儿子李基虽然继承了他的爵位，但是还不足以酬劳他的功勋。而且李基的哥哥李绪，以前屯驻樊城的时候，也立下了功绩，本朝为了重酬他的功劳，任命李基为奉义中郎将，李绪为平虏中郎将，以示特别恩宠。"

臧霸，字宣高，泰山郡华县（今山东省费县东北）人。他的父亲臧戒在县里做狱掾（典狱长），公正执法，不肯听从县太守私怨杀人，太守大怒，下令收押臧戒到县府。执行

收戒诣府，时送者百余人。霸年十八，将客数十人径于费西山中要夺之，送者莫敢动，因与父俱亡命东海，由是以勇壮闻。黄巾起，霸从陶谦击破之，拜骑都尉。遂收兵于徐州，与孙观、吴敦、尹礼等并聚众，霸为帅，屯于开阳。太祖之讨吕布也，霸等将兵助布。既擒布，霸自匿。太祖募索得霸，见而悦之，使霸招吴敦、尹礼、孙观、观兄康等，皆诣太祖。太祖以霸为琅邪相，敦利城、礼东莞、观北海、康城阳太守，割青、徐二州，委之于霸。太祖之在兖州，以徐翕、毛晖为将。兖州乱，翕、晖皆叛。后兖州定，翕、晖亡命投霸。太祖语刘备，令语霸送二人首。霸谓备曰："霸所以能自立者，以不为此也。霸受公生全之恩，不敢违命。然王霸之君可以义告，愿将军为之辞。"备以霸言白太祖，太祖叹息，谓霸曰："此古人之事，而君能行之，孤之愿也。"乃皆以翕、晖为郡守。时太祖方与袁绍相拒，而霸数以精兵入青州，故太祖得专事绍，不以东方为念。太祖破袁谭于南皮，霸等会贺。霸因求遣子弟及诸将父兄家属诣邺，太祖曰："诸君忠孝，岂复在是！昔萧何遣子弟入侍，而高祖不拒，耿纯焚室舆榇以从，而光武不逆，吾将何以易之哉！"东州扰攘，霸

解押的有一百多人。臧霸当时十八岁，率领宾客数十人，就在费城（今山东省费县北）西边山中半途拦截抢夺，解押的人吓得都不敢动，臧霸于是和他的父亲一起逃亡到东海（今山东省郯城县枣庄市和江苏省连云港市一带）。臧霸的勇敢壮烈因此风闻远近。当黄巾贼作乱，臧霸跟随陶谦把黄巾贼击败，封为骑都尉。于是收兵聚集徐州，与孙观、吴敦、尹礼等一起召募部属，以臧霸为主帅，屯驻在开阳（今山东省临沂市北）。曹操讨伐吕布的时候，臧霸曾带兵援助吕布；吕布失败了，臧霸于是逃亡躲起来，曹操派人捉到臧霸，见面以后，大为赏识，派臧霸招降吴敦、尹礼、孙观以及孙观的哥哥孙康，一同来见曹操。曹操封臧霸为琅邪（今山东临沂一带）相，封吴敦为利城（今江苏连云港市西北）太守，尹礼为东莞（今山东省沂水县）太守，孙观为北海（今山东省潍坊北部一带）太守，孙康为城阳（今山东省莒县东北至诸城高密一带）太守，同时割青、徐二州归属臧霸。曹操在兖州时，任命徐翕、毛晖为将领。兖州大乱的时候，徐翕、毛晖都相继背叛。后来兖州平定，徐翕、毛晖逃亡投奔臧霸。曹操告诉刘备，叫刘备转告臧霸，把徐翕、毛晖的头送交曹操。臧霸对刘备说："我臧霸如今能以自己的力量立身于世，正因为不做出这种不讲道义的事。臧霸受到曹公活命之恩，不敢违抗，可是王霸之君，是可以用道义来请求，希望将军能替臧霸转达给曹公。"刘备把臧霸的话告诉曹操。曹操不禁摇头叹息，对臧霸说："这是古人才讲的道义，如今你能做到，这也是我的意愿。"于是分派徐翕、毛晖两人都为郡守。当时曹操正和袁绍两军相持不下，而臧霸几次派精兵驻进青州，使得曹操能专心对付袁绍，不必顾虑到东方的敌人。曹操在南皮（今河北省沧州市西南）打败袁谭，臧霸等前去道贺；臧霸因此要求派遣子弟以及其他将领的父兄家属到邺县（今河北省临漳县西南）。曹操说道："诸位的忠孝，哪里要表现在这些行动上呢？可是从前萧何派遣子弟服侍汉高祖，高祖

等执义征暴，清定海岱，功莫大焉，皆封列侯。霸为都亭侯，加威虏将军。又与于禁讨昌豨，与夏侯渊讨黄巾余贼徐和等，有功，迁徐州刺史。沛国武周为下邳令，霸敬异周，身诣令舍。部从事谡訽不法，周得其罪，便收考竟，霸益以善周。从讨孙权，先登，再入巢湖，攻居巢，破之。张辽之讨陈兰，霸别遣至皖，讨吴将韩当，使权不得救兰。当遣兵逆霸，霸与战于逢龙，当复遣兵邀霸于夹石，与战，破之，还屯舒。权遣数万人乘船屯舒口，分兵救兰，闻霸军在舒，遁还。霸夜追之，比明，行百余里，邀贼，前后击之。贼窘急，不得上船，赴水者甚众。由是贼不得救兰，辽遂破之。霸从讨孙权于濡须口，与张辽为前锋，行遇霖雨，大军先及，水遂长，贼船稍进，将士皆不安。辽欲去，霸止之曰："公明于利钝，宁肯捐吾等邪？"明日果有令。辽至，以语太祖。太祖善之，拜扬威将军，假节。后权乞降，太祖还，留霸与夏侯惇等屯居巢。

文帝即王位，迁镇东将军，进爵武安乡侯，都督青州诸军事。及践阼，进封开阳侯，

不曾拒绝；耿纯烧了屋室、车子，跟从光武帝，光武也不拂逆他的美意，我怎好改变前人的做法呢？"于是答应了臧霸的要求。东州地方扰攘不安，臧霸等人仗义前往征讨暴乱，清除平定了海岱（今山东省泰山以东至大海的广大地区）的贼兵，功劳很大，因此全都被封为列侯。臧霸封为都亭侯，加封威虏将军。臧霸又和于禁讨伐昌豨，和夏侯渊讨伐黄巾残北的叛军徐和等，都有战功，于是升为徐州刺史。沛国（今安徽省淮北市西）人武周为下邳（今江苏省邳州市南）县令，臧霸非常敬重武周，亲自到县令官邸探望他。武周的部属，有人言辞急切，又轻薄不守法律，武周收集了罪状，就收押判刑，臧霸因此更加看重武周。臧霸曾经跟随曹操讨伐孙权，一马当先；再进入巢湖（在今安徽省境），攻打居巢（今安徽省巢湖市东北），也获得大胜。张辽讨伐陈兰，曹操派遣臧霸到皖城县（安徽省潜山市）讨伐吴大将韩当，使孙权不能援救陈兰。韩当派兵迎战臧霸，和臧霸在逢龙大战；韩当又派兵在夹石（今安徽省桐城市北）向臧霸挑战，臧霸应战，大败韩当，再还军屯驻在舒县（今安徽省庐江县南）。孙权派遣数万名军队，乘船屯驻在舒县口，要分兵援救陈兰，听说臧霸的军队在舒县，立刻撤军而回。臧霸连夜追击，等到第二天天亮，走了一百多里路，阻截敌人前后夹击；贼兵窘急，又不能上船，很多人吓得跳水逃生。贼兵因为无法救援陈兰，张辽才能顺利打败陈兰。臧霸又跟随曹操到濡须口（今安徽省含山县西南）讨伐孙权；他和张辽同为前锋，半途遇到大雨，大军已经先到河边，河水高涨，敌军的船稍稍趋前，将士们都惶惑不安；张辽想要撤军回去，臧霸阻止他说："曹公明辨利害，他哪里会舍弃我们不顾呢？"第二天，曹操果然有命令传来。后来张辽回到军营，把这件事告诉曹操，曹操十分赞许，封他为扬威将军，给他符节。后来孙权乞求投降，曹操班师回京，留下臧霸和夏侯惇驻军在居巢。

曹丕继承魏王的时候，改封臧霸为镇东将军，赐给他武安乡侯的爵位，督领青州军事；等曹丕登了帝位，又封臧霸为开阳侯，后来改封为良成侯。臧霸又和曹休讨伐孙吴，

徙封良成侯。与曹休讨吴贼，破吕范于洞浦，征为执金吾，位特进。每有军事，帝常咨访焉。明帝即位，增邑五百，并前三千五百户，薨，谥曰威侯。子艾嗣。艾官至青州刺史、少府。艾薨，谥曰恭侯。子权嗣。霸前后有功，封子三人列侯，赐一人爵关内侯。

而孙观亦至青州刺史，假节，从太祖讨孙权，战被创，薨。子毓嗣，亦至青州刺史。

文聘字仲业，南阳宛人也，为刘表大将，使御北方。表死，其子琮立。太祖征荆州，琮举州降，呼聘欲与俱，聘曰："聘不能全州，当待罪而已。"太祖济汉，聘乃诣太祖，太祖问曰："来何迟邪？"聘曰："先日不能辅弼刘荆州以奉国家，荆州虽没，常愿据守汉川，保全土境，生不负于孤弱，死无愧于地下，而计不得已，以至于此。实怀悲惭，无颜早见耳。"遂欷歔流涕。太祖为之怆然，曰："仲业，卿真忠臣也。"厚礼待之。授聘兵，使与曹纯追讨刘备于长阪。太祖先定荆州，江夏与吴接，民心不安，乃以聘为江夏太守，使典北兵，委以边事，赐爵关内侯。与乐进讨关羽于寻口，有功，进封延寿亭侯，加讨逆将

在洞浦地方打败了吕范，曹丕提拔他为执金吾（朝廷驻卫），官位特进。每当有重大军情，文帝常常询问他的意见。曹叡即位，又增加他五百户的封邑，连同以前的封邑，一共有三千五百户。死后，朝廷颁赠谥号为威侯。他的儿子臧艾继承他的职位。臧艾官做到青州刺史、少府。臧艾死，谥号恭侯。他的儿子臧权又继承他的爵位。臧霸因为前后立了许多功绩，因此朝廷封他的三个儿子为列侯，同时，颁赐给他的一个儿子关内侯的爵位。

孙观后来也官做到青州刺史，持有符节，因为跟随曹操讨伐孙权，作战受伤而死。他的儿子孙毓继承他的爵位，官也做到青州刺史。

文聘，字仲业，南阳郡宛县（今河南省南阳市）人。曾经做刘表的大将，刘表派他镇守北方。刘表死，他的儿子刘琮继位；曹操攻打荆州，刘琮弃城投降，叫文聘一起投降，文聘不肯，说道："我不能保全荆州，应当待罪而死。"一直等到曹操渡过汉水，文聘才去见曹操。曹操问他说："将军怎么这么晚才来呢？"文聘说："从前我没有能够辅助刘荆州（刘表）供奉国家，刘荆州虽然死了，我还是常常希望能守住汉川（汉水以南）保全领土，活着的时候，不亏欠孤弱的幼主，死后也无愧于地下的故主。现在实在是无计可守，才到投降的地步；我实在觉得非常惭愧、悲愤，哪有面目早来见你。"于是痛哭流涕，十分伤心。曹操看了，也很替他难过，说："仲业，你真是一个忠臣。"因此对他特别礼遇，同时，把军队给他，让他和曹纯到长阪（今湖北省当阳县东北）追击刘备。曹操先平定荆州，因为江夏（今湖北省武汉市新洲区）和吴地连接，当地老百姓担心随时会有战争发生；曹操因此派文聘为江夏太守，让他率领北军，把边疆的事情交付给他，同时赐给他关内侯的爵位。文聘又和乐进在寻口讨伐关羽，立了功绩，于是升为延寿亭侯，加封讨逆将军。后来，

军。又攻羽重辎于汉津，烧其船于荆城。文帝践阼，进爵长安乡侯，假节。与夏侯尚围江陵，使聘别屯沔口，止石梵，自当一队，御贼有功，迁后将军，封新野侯。孙权以五万众自围聘于石阳，甚急。聘坚守不动，权住二十余日乃解去。聘追击破之。增邑五百户，并前千九百户。

聘在江夏数十年，有威恩，名震敌国，贼不敢侵。分聘户邑封聘子岱为列侯，又赐聘从子厚爵关内侯。聘薨，谥曰壮侯。岱又先亡，聘养子休嗣。卒，子武嗣。

嘉平中，谯郡桓禺为江夏太守，清俭有威惠，名亚于聘。

吕虔字子恪，任城人也。太祖在兖州，闻虔有胆策，以为从事，将家兵守湖陆。襄贲校尉杜松部民炅母等作乱，与昌豨通。太祖以虔代松，虔到，招诱炅母渠率及同恶数十人，赐酒食。简壮士伏其侧，虔察炅母等皆醉，使伏兵尽格杀之。抚其余众，群贼乃平。太祖以虔领泰山太守。郡接山海，世乱，闻民人多藏窜。袁绍所置中郎将郭祖、公孙犊等数十

又在汉津攻打关羽的粮车，在荆城烧了关羽的船只。曹丕登帝位，加封文聘为长安乡侯，给他符节，派他和夏侯尚围攻江陵（今湖北省荆州市荆州区）；又派文聘单独驻守在沔口，阻止石梵的军队，文聘独自作战，立了全功，升为后将军，册封为新野侯。后来，孙权带领五万人在石阳（今湖北省武汉市黄陂区）围困文聘，情况非常紧急，文聘坚守城池，毫不动摇。孙权围了二十多天，仍然不能攻下，于是退兵回去；而文聘却乘机追击，大破孙权的军队。朝廷论功行赏，增加他五百户的封邑，连同以前的封邑，一共一千九百户。

文聘在江夏驻守几十年，有威信也有恩惠，威名远震敌国，使贼兵不敢侵犯。后来，朝廷把文聘的封邑分给文聘的儿子文岱，封他为列侯。又赐给他的侄子文厚关内侯的爵位。文聘死，朝廷颁给他壮侯的谥号。当时，文岱已经死了，文聘的养子文休继承他的爵位。文休死了，他的儿子文武继续继承。

嘉平（魏齐王芳年号）年间，谯郡（今安徽省亳州市）人桓禺担任江夏郡太守，待民清俭，有威惠，他的名声仅次于文聘。

吕虔，字子恪，任城县（今山东省济宁市）人。曹操最初在兖州的时候，听说吕虔有胆识，又有谋略，于是派他做从事的官职，让他带兵守湖陆（今山东省鱼台县东南）；襄贲（今山东省临沂市西南）校尉杜松带领民众炅母等作乱，和昌豨勾结，曹操派吕虔去代替杜松的职位。吕虔一到任，先设计骗来炅母，连同他的同党几十人，赐给他们酒食；事先指派壮士埋伏在四周，等吕虔看到炅母等人都喝醉了，一声令下，就叫埋伏的士兵把他们都杀了，然后再安抚其他的人，这样贼兵才平定下来。曹操又派吕虔为泰山郡（今山东省泰安市东南）太守，泰山郡背山面海。世局纷乱，很多人民都逃亡躲藏在此地；袁绍所属中

辈，保山为寇，百姓苦之。虔将家兵到郡，开恩信，祖等党属皆降服，诸山中亡匿者尽出安土业。简其强者补战士，泰山由是遂有精兵，冠名州郡。济南黄巾徐和等，所在劫长吏，攻城邑。虔引兵与夏侯渊会击之，前后数十战，斩首获生数千人。太祖使督青州诸郡兵以讨东莱群贼李条等，有功。太祖令曰："夫有其志，必成其事。盖烈士之所徇也。卿在郡以来，禽奸讨暴，百姓获安，躬蹈矢石，所征辄克。昔寇恂立名于汝、颍，耿弇建策于青、兖，古今一也。"举茂才，加骑都尉，典郡如故。虔在泰山十数年，甚有威惠。文帝即王位，加裨将军，封益寿亭侯，迁徐州刺史，加威虏将军。请琅邪王祥为别驾，民事一以委之，世多其能任贤。讨利城叛贼，斩获有功。明帝即位，徙封万年亭侯，增邑二百，并前六百户。虔薨，子翻嗣。翻薨，子桂嗣。

许褚字仲康，谯国谯人也。长八尺余，腰大十围，容貌雄毅，勇力绝人。汉末，聚少年及宗族数千家，共坚壁以御寇。时汝南葛陂贼万余人攻褚壁，褚众少不敌，力战疲极。

郎将郭祖、公孙犊等数十人，据山为寇，时常骚扰百姓，老百姓都深以为苦。吕虔带领亲信部属到了泰山郡，首先开诚布公，降服郭祖及他的同党，其他亡匿在山中的人于是都出来定居了。吕虔从其中挑选了一些强壮的人补充兵源。泰山郡的精兵，于是声名传遍了其他州郡。济南（今山东省济南市历城区西）黄巾贼徐和等人，到处劫掠官吏，攻打城邑。于是吕虔带兵会合夏侯渊一起前往讨伐，前后几十场战役，一共杀死及俘虏了好几千人。曹操又派他督领青州所辖诸部的兵，去讨伐东莱（今山东省胶东半岛东部）的贼兵李条等人，立了功绩。曹操颁诏令说："凡是立定了志向，必定能够成就其事。这是一个忠烈之士所遵循的目标。将军到郡以后，捉拿奸贼，讨伐暴徒，让百姓获得安定；冲锋陷阵，又战无不克。从前寇恂在汝州、颍州扬名，耿弇在青州、兖州建立了功绩。不分古今，将军也和他们一样。"于是推举他为茂才，加封骑都尉，仍然治理泰山郡。吕虔在泰山郡几十年，很有威信，但也加惠老百姓。曹丕即帝位，加封裨将军，又册封他为益寿亭侯。后来改调为徐州刺史，加封威虏将军。他请琅邪人（今山东省临沂市）王祥担任别驾，所有老百姓的事情全部交付给王祥；世人都赞美他能任用贤人。吕虔又讨伐利城（今江苏连云港市西北）的叛贼，也立了功绩。明帝曹叡即位，改封他为万年亭侯，增加二百户的封邑，连同以前的封邑共六百户。吕虔死，他的儿子吕翻继承；吕翻死，他的儿子吕桂继承他的职位。

许褚，字仲康，谯国谯县（今安徽省亳州市）人。身长有八尺多，腰粗十围，相貌雄伟，力气过人。汉朝末年，聚集本地的少年以及宗族约数千家，共同修建防御工事，抵抗贼寇。当时，汝南郡（今河南省驻马店和安徽省阜阳市等地）的葛陂地区的贼寇一万多人攻打许褚的防御堡垒。许褚人少，抵挡不住，精疲力尽。箭也用完了，于是下令堡垒里的

兵矢尽，乃令壁中男女，聚治石如杅斗者置四隅。褚飞石掷之，所值皆摧碎。贼不敢进。粮乏，伪与贼和，以牛与贼易食，贼来取牛，牛辄奔还。褚乃出陈前，一手逆曳牛尾，行百余步。贼众惊，遂不敢取牛而走。由是淮、汝、陈、梁间，闻皆畏惮之。

太祖徇淮、汝，褚以众归太祖。太祖见而壮之曰："此吾樊哙也。"即日拜都尉，引入宿卫。诸从褚侠客，皆以为虎士。从征张绣，先登，斩首万计，迁校尉。从讨袁绍于官渡。时常从士徐他等谋为逆，以褚常侍左右，惮之不敢发。伺褚休下日，他等怀刀入。褚至下舍心动，即还侍。他等不知，入帐见褚，大惊愕。他色变，褚觉之，即击杀他等。太祖益亲信之，出入同行，不离左右。从围邺，力战有

许褚，选自清皇家珍藏手抄善本绘图描金银《三国志演义》。

人不分男女，找来像杵、斗一般大的石头，放在堡垒的四周，然后拿石头飞掷，因为力气勇猛，被扔到的都应声而碎。贼兵因此不敢前进。渐渐地，粮食快吃完了，许褚假装和贼兵和谈，以牛和贼兵换取粮食。当贼兵把牛牵走，牛又跑了回来。许褚走到敌军前面，一只手倒拉着牛尾，走了一百多步，所有的贼兵大吃一惊，牛也不敢要了，都纷纷退走。从此淮水和汝水流域、陈国（今河南周口市北部）和梁国（今河南商丘）等地，听说此事后，都害怕畏惧许褚。

曹操巡视淮水和汝水流域，许褚带领着他的部属，归附曹操。曹操见到他，非常赞许他，说："你真是我的樊哙啊！"立刻就任命他为都尉，荐举他进入警卫部队；其他跟从许褚的侠客，曹操也都任命为虎士。许褚曾经跟随曹操讨伐张绣，一马当先，杀了一万多名敌人，因此升为校尉；又跟随曹操到官渡（今河省南中牟县东北）讨伐袁绍。曹操幕下的时常从士徐他等人想要谋反，因为看见许褚常常随侍在曹操身边，心里害怕，不敢发难，一直等到许褚休假的日子，徐他等人才带了刀子到曹操的营帐。当许褚休假回到家里，心里突然悸动，立刻又回到曹操的营帐；徐他等人事先不知道，一进营帐，看见许褚，大吃一惊，脸色大变，被许褚察觉，立刻把徐他等人杀了。曹操从此对他更加亲信，每次进出，都和他在一起，不让他离开身边。许褚跟随曹操回攻邺县，奋勇杀敌，立下战功，曹操颁

功，赐爵关内侯。从讨韩遂、马超于潼关。太祖将北渡，临济河，先渡兵，独与褚及虎士百余人留南岸断后。超将步骑万余人，来奔太祖军，矢下如雨。褚白太祖，贼来多，今兵渡已尽，宜去，乃扶太祖上船。贼战急，军争济，船重欲没。褚斩攀船者，左手举马鞍蔽太祖。船工为流矢所中死，褚右手并溯船，仅乃得渡。是日，微褚几危。其后太祖与遂、超等单马会语，左右皆不得从，唯将褚。超负其力，阴欲前突太祖，素闻褚勇，疑从骑是褚。乃问太祖曰："公有虎侯者安在？"太祖顾指褚，褚瞋目盼之。超不敢动，乃各罢。后数日会战，大破超等，褚身斩首级，迁武卫中郎将。武卫之号，自此始也。军中以褚力如虎而痴，故号曰虎痴；是以超问虎侯，至今天下称焉，皆谓其姓名也。

褚性谨慎奉法，质重少言。曹仁自荆州来朝谒，太祖未出，入与褚相见于殿外。仁呼

赐给他关内侯的爵位；他又跟随曹操到潼关（今陕西省潼关县北）讨伐韩遂、马超。曹操准备北面渡河，到了河边，大军先渡过，曹操和许褚以及一百多名勇士留在南边断后。马超率领一万多名军队向曹操直杀过来，箭如雨点一般落下。许褚告诉曹操说："敌兵愈来愈多，现在大军已经过河，曹公应该赶快离去。"于是扶持曹操上船。这时贼兵愈战愈急，士兵都争着上船，船太超重，几乎要沉没。许褚斩杀攀在船缘的人，左手举着马鞍替曹操遮挡；船夫被流箭射死，许褚就用右手推船，船才能渡河。这天要是没有许褚，曹操就有危险了。后来曹操和韩遂、马超单独会谈，其他人都不能跟随，曹操只带了许褚。马超仗着自己有力，想暗中偷袭曹操，因为听说许褚的勇猛，怀疑曹操的随从就是许褚，于是问曹操，说："听说你手下有一名虎侯，现在在哪里？"曹操手指许褚，许褚瞪着眼睛看他。马超因此不敢冒然侵犯，双方又回到各人的营帐。过了几天，两军会战，许褚又亲自杀了许多敌人，因此升为武卫中郎将。武卫这个名号，就是从这个时候开始的。当时，军中将士看到许褚力大如虎，而且憨厚，大家都叫他虎痴，所以当初马超问起虎侯，到现在大家还都叫这个称号，都以为是他的姓名。

许褚裸衣斗马超，选自清刊本《三国演义》。

许褚生性谨慎守法，刚毅木讷。曹仁从

褚入便坐语，褚曰："王将出。"便还入殿，仁意恨之。或以责褚曰："征南宗室重臣，降意呼君，君何故辞？"褚曰："彼虽亲重，外藩也。褚备内臣，众谈足矣，入室何私乎？"太祖闻，愈爱待之，迁中坚将军。太祖崩，褚号泣欧血。文帝践阼，进封万岁亭侯，迁武卫将军，都督中军宿卫禁兵，甚亲近焉。初，褚所将为虎士者从征伐，太祖以为皆壮士也，同日拜为将，其后以功为将军封侯者数十人，都尉、校尉百余人，皆剑客也。明帝即位，进封牟乡侯，邑七百户，赐子爵一人关内侯。褚薨，谥曰壮侯。子仪嗣。褚兄定，亦以军功为振威将军，都督徼道虎贲。太和中，帝思褚忠孝，下诏褒赞，复赐褚子孙二人爵关内侯。仪为钟会所杀。泰始初，子综嗣。

典韦，陈留己吾人也。形貌魁梧，膂力过人，有志节任侠。襄邑刘氏与睢阳李永为仇，韦为报之。永故富春长，备卫甚谨。韦乘车载鸡酒，伪为候者，门开，怀匕首入杀永，并杀其妻，徐出，取车上刀戟，步出。永居近市，一市尽骇。追者数百，莫敢近。行

荆州来谒见曹操，曹操还没有出来，曹仁于是直接进入，在殿外碰见许褚；曹仁很亲热地招呼许褚坐下一起谈话，没想到许褚只说："王就要出来了。"于是转身入殿。曹仁非常生气，有人责备许褚说："征南将军是王室宗族，又是国家重臣，他肯屈意招呼你，你为什么推辞不理呢？"许褚说："他虽然是王室亲族、国家重臣，但是驻守在外藩；而我是内侍的大臣，在大庭广众地方谈话就可以了，何必入室单独私谈呢？"曹操听了对他更加宠爱，升他为中坚将军。曹操死，许褚大哭吐血。曹丕登帝位，封他为万岁亭侯，升武卫将军，率领中军宿卫禁兵，对他特别亲切。当初许褚所率领随他一起征讨的虎士，曹操认为他们都是壮士，在一天之内，都任命为部将。后来因为战功升为将军并且封侯的有好几十人，升为都尉、校尉有一百多人，他们都是剑客。曹叡即位，封许褚为牟乡侯，赐给他七百户封邑；封他一个儿子为关内侯。许褚死，朝廷谥号壮侯，他的儿子许仪继承职位。许褚的哥哥许定也有战功，封为振威将军，率领负责警卫的勇士。太和（魏明帝年号）年间，明帝（曹叡）思念许褚的忠孝，于是下诏表扬，又赐给许褚的子孙二人为关内侯的爵位。许仪后来被钟会杀死，泰始（晋武帝年号）年间，他的儿子许综继承他的职位。

典韦，陈留郡己吾县（今河南省宁陵县西南）人。身材魁梧，体力过人，有志节，好行侠仗义。襄邑县（今河南省睢县西）人刘氏，曾经和睢阳（今河南省商丘县南）人李永结下冤仇，请典韦替他报仇。李永曾经做富春（今浙江省杭州市富阳区）县长，平时门禁森严；典韦于是乘着车，载了鸡和酒，假装是拜访的客人。大门一开，典韦怀着匕首就直冲而入，杀了李永，并且杀了李永的妻子，然后慢慢地走出大门，拿了车上的刀戟走了。

四五里，遇其伴，转战得脱。由是为豪杰所识。初平中，张邈举义兵，韦为士，属司马赵宠。牙门旗长大，人莫能胜，韦一手建之，宠异其才力。后属夏侯惇，数斩首有功，拜司马。太祖讨吕布于濮阳。布有别屯在濮阳西四五十里，太祖夜袭，比明破之。未及还，会布救兵至，三面掉战。时布身自搏战，自旦至日昳数十合，相持急。太祖募陷陈，韦先占，将应募者数十人，皆重衣两铠，弃楯，但持长矛撩戟。时西面又急，韦进当之，贼弓弩乱发，矢至如雨，韦不视，谓等人曰："虏来十步，乃白之。"等人曰："十步矣。"又曰："五步乃白。"等人惧，疾言"虏至矣"！韦手持十余戟，大呼起，所抵无不应手倒者。布众退。会日暮，太祖乃得引去。拜韦都尉，引置左右，将亲兵数百人，

典韦，选自清皇家珍藏手抄善本绘图描金银《三国志演义》。

李永居住临近城镇，事情突然发生，全市的人都非常害怕，虽然有几百人在后面追击，却没有人敢靠近他；典韦就这样走了四五里路，遇到他的同伴，终于辗转脱逃。从此当地的豪杰都认识典韦。初平（汉献帝年号）年间，张邈以义兵的名义举事，典韦前去响应，被任命为士，隶属于司马赵宠。当时，军营的旗帜又长又大，一般人都举不动，而典韦一只手轻而易举地就扛起来，赵宠非常惊异他的才力。后来，他又隶属夏侯惇，屡次作战都有斩获，立了不少功绩，因此被封为司马。当曹操在濮阳（今河南省濮阳市南）征讨吕布，吕布有一部分军队屯驻在濮阳西面四五十里的地方；曹操利用夜晚偷袭，黎明时候，终于打胜仗；军队还没有撤回，正好吕布的援军赶到，三面围攻，吕布亲自督战，从清晨到太阳偏西，双方交战好几十回合，情况相当紧急；曹操于是召募敢死队，典韦首先响应，其他应召的部将也有几十人，大家都穿着厚重的盔甲，不带盾牌，只拿着矛戟作战。当时西面战情特别紧急，由典韦抵挡。敌人的弓箭乱发，箭像雨点一般落下来，典韦视若无睹，只告诉手下的人说："等敌人距离十步的时候，才告诉我。"敌人愈来愈近了，手下的人来报告："敌人已经距离有十步了。"典韦又吩咐："等敌人距离五步的时候，再来报告。"手下的人都害怕，急忙报告说："敌人已经到了。"典韦于是手拿着十余根矛戟，大呼而出。凡是抵挡他的敌人，都被他击倒。吕布的军队终于撤退，正好天色也晚了，曹操的军队才能

常绕大帐。韦既壮武，其所将皆选卒，每战斗，常先登陷陈。迁为校尉。性忠至谨重，常昼立侍终日，夜宿帐左右，稀归私寝。好酒食，饮啖兼人，每赐食于前，大饮长歠，左右相属，数人益乃供，太祖壮之。韦好持大双戟与长刀等，军中为之语曰："帐下壮士有典君，提一双戟八十斤。"

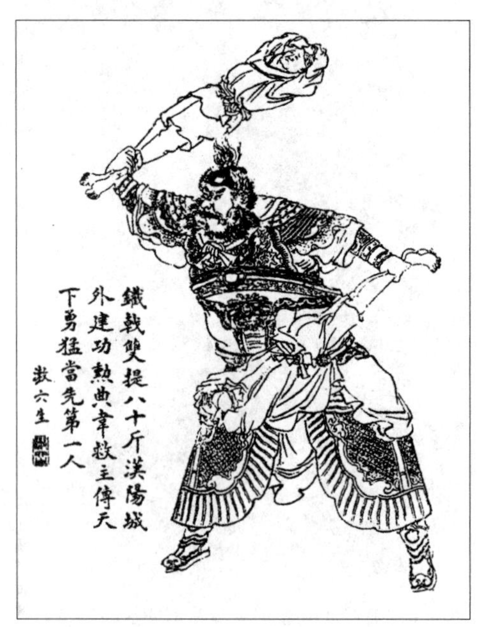

典韦，选自清刊本《三国演义》。图为典韦手持两名敌军与张绣军近战时的情形。

太祖征荆州，至宛，张绣迎降。太祖甚悦，延绣及其将帅，置酒高会。太祖行酒，韦持大斧立后，刃径尺，太祖所至之前，韦辄举斧目之。竟酒，绣及其将帅莫敢仰视。后十余日，绣反，袭太祖营，太祖出战不利，轻骑引去。韦战于门中，贼不得入。兵遂散从他门并入。时韦校尚有十余人，皆殊死战，无不一当十。贼前后至稍多，韦以长戟左右击之，一叉入，辄十余矛摧。左右死伤者略尽。韦被数十创，短兵接战，贼前搏之。韦双挟两贼击杀之，余贼不敢前。韦复前突贼，

安然回营。典韦因此被升为都尉，曹操把他安置在身边，让他带领亲信的手下数百人，常常围绕着曹操的营帐，保护曹操。典韦的身材高大，他的手下也是特选的部卒，每次战斗，常常一马当先，冲锋陷阵，因此被升为校尉。典韦性情忠诚，做事小心谨慎，常常是侍候了一天，夜晚就在曹操营帐附近睡觉，很少回家休息。他喜欢喝酒，酒量过人，每次在曹操面前参加酒宴，他都是尽情大吃大喝，左右的人接二连三的供应，才足够他的需要。曹操非常赞许他的豪壮。典韦喜欢用大双戟和长刀，因此军中大家流传说："曹公帐下有一位典将军，他提的双戟有八十斤重。"

曹操攻打荆州，行军到宛县（今河南省南阳市），正好张绣投降，曹操非常高兴，于是请张绣和他的将帅们聚会、饮酒。曹操劝酒的时候，典韦拿着大斧站在后面，大斧的刀刃有一尺多长，曹操到别人面前，典韦就拿着大斧，两眼注视着那个人；一直到酒宴结束，张绣和他的将领没有人敢抬头看。过了十几天，张绣造反，袭击曹操的营区，曹操战事不利，于是率领少数人先退走，典韦在营区大门抵挡；贼兵不能从正门进入，于是分散从其他侧门涌进；当时典韦手下有十几个人，全都以一当十，决心死战。贼兵愈涌愈多，典韦拿着长戟，左右攻击，长戟一叉，就有十几个人应声而倒。但是，寡不敌众，手下部将死的死、伤的伤，典韦身上虽然也有十几处创伤，仍然短兵相接，与贼兵肉搏。典韦挟着两

杀数人，创重发，瞋目大骂而死。贼乃敢前，取其头，传观之，覆军就视其躯。太祖退住舞阴，闻韦死，为流涕，募间取其丧，亲自临哭之，遣归葬襄邑，拜子满为郎中。车驾每过，常祠以中牢。太祖思韦，拜满为司马，引自近。文帝即王位，以满为都尉，赐爵关内侯。

庞德字令明，南安狟道人也。少为郡吏州从事。初平中，从马腾击反羌叛氐，数有功，稍迁至校尉。建安中，太祖讨袁谭、尚于黎阳，谭遣郭援、高幹等略取河东，太祖使钟繇率关中诸将讨之。德随腾子超拒援、幹于平阳，德为军锋，进攻援、幹，大破之，亲斩援首。拜中郎将，封都亭侯。后张白骑叛于弘农，德复随腾征之，破白骑于两殽间。每战，常陷陈却敌，勇冠腾军。后腾征为卫尉，德留属超。太祖破超于渭南，德随超亡入汉阳，保冀城。后复随超奔汉中，从张鲁。太祖定汉中，德随众降。太祖素闻其骁勇，拜立义将军，封关门亭侯，邑三百户。

、

个贼兵，击杀而死，其他的贼兵都不敢再向前进；典韦于是又向前突围，杀了几个人，终于因为伤势太重，不支倒地，临死前还瞪着眼睛大骂贼兵。典韦一死，贼兵才敢向前，割下他的头颅，争相传阅，又争着看他的尸体。曹操退守到舞阴（今河南省泌阳县西北），听说典韦死了，非常伤心，招募勇士取回他的尸体，为他发丧，曹操亲自到灵前祭吊，然后送回襄邑安葬。并且封他的儿子典满为郎中，每次车驾经过襄邑，都以中牢（羊、豕）祭祀他。后来，曹操想念典韦，又封典满为司马，让他随侍左右。曹丕即王位，封典满为都尉，赐给他关内侯的爵位。

庞德，字令明，南安郡狟道（今甘肃陇西县西南）人。年轻的时候，曾经担任郡吏州从事的官职。初平（汉献帝年号）年间，跟随马腾攻打叛乱的羌、氐，屡建功绩，因此升为校尉。建安（汉献帝年号）年间，曹操在黎阳（今河南省浚县东北）讨伐袁谭、袁尚；袁谭派遣郭援、高幹等人攻打河东（今山西省临汾市和运城市等地）；曹操派钟繇率领关中将领去征讨。庞德随着马腾的儿子马超，也在平阳（今山西临汾市西南）抵抗郭援、高幹。庞德担任前锋，进攻郭援、高幹，大败敌人，亲自斩了郭援的头，因此官拜中郎将，并且封为都亭侯。张白骑在弘农（今河南省灵宝县北）作乱，庞德又随着马腾前往讨伐，在东、西两崤山之间（今河南省洛宁县西北，西接陕县界，东接渑池界）把张白骑打败。每次作战，庞德常常冲入敌阵，打败敌人，在马腾军中，就数他最勇猛。后来马腾被曹操征为卫尉庞德留下跟随马超。当曹操在渭南（今陕西省渭水之南）打败马超，庞德跟随马超逃入汉阳（今甘肃省天水一带），据守冀城（今甘肃天水市西北）；又跟随马超逃到汉中（今陕西省汉中市）依附张鲁。曹操平定汉中，庞德因此也随着其他人投降曹操。曹操平时就听说庞德的勇敢善战，立刻任命他为立义将军，封为关门亭侯，赐给他封邑三百户。

庞令名抬榇决死战，选自清刊本《三国演义》。据《三国演义》，曹操派庞德率军救樊城，庞德为表其志，命军士抬一木棺随军，并扬言如杀关羽，则棺关羽用，如被关羽所杀，则棺自用。图为庞德抬棺会关羽。

侯音、卫开等以宛叛，德将所领与曹仁共攻拔宛，斩音、开，遂南屯樊，讨关羽。樊下诸将以德兄在汉中，颇疑之。德常曰："我受国恩，义在效死。我欲身自击羽。今年我不杀羽，羽当杀我。"后亲与羽交战，射羽中额。时德常乘白马，羽军谓之白马将军，皆惮之。仁使德屯樊北十里，会天霖雨十余日，汉水暴溢，樊下平地五六丈，德与诸将避水上堤。羽乘船攻之，以大船四面射堤上。德被甲持弓，箭不虚发。将军董衡、部曲将董超等欲降，德皆收斩之。自平旦力战至日过中，羽攻益急，矢尽，短兵接战。德谓督将成何曰："吾闻良将不怯死以苟免，烈士不毁节以求生。今日，我死日也。"战益怒，气愈壮，而水浸盛，吏士皆降。德与麾下将一人，五

侯音、卫开等人在宛（今河南省南阳市）叛变，庞德率领他的部属和曹仁一起去攻打宛县，斩了侯音、卫开之后，军队于是向南屯驻在樊城，攻打关羽。当时因为庞德的哥哥在汉中刘备的手下，樊城将士对庞德都表示怀疑。庞德常说："我受了国家的恩惠，就当为国效命。我要亲自和关羽打一仗，今年我若是不能杀死关羽，就是被关羽所杀。"后来，亲自和关羽作战，射中关羽的额头。庞德又时常骑着白马，关羽的部下都称他为白马将军，每个人都害怕他。曹仁派庞德在樊城北面十里的地方扎营，正好下了十多天大雨，汉水暴涨，樊城以下，平地积水有五六丈，庞德和其他将领在河堤上避水，关羽乘船来攻打，用大船四面包围向堤上射箭。庞德身披盔甲，引发弓箭，箭无虚发。当时，将军董衡及部将董超等想要投降，全被庞德杀了。这一战从清晨打到下午，关羽愈攻愈猛，庞德军队箭已经用完了，双方短兵相接。庞德对他的督将成何说："我听说良将是不贪生怕死，烈士是不会苟且偷生。今天，就是我的死日。"于是作战愈猛，气势愈盛；但是水势愈涨愈高，部将们都投降了。庞德和手下一员大将、二名五伯，弯弓搭箭，搭乘小船，准备回到曹仁的营区，不幸水势太猛，

伯二人，弯弓傅矢，乘小船欲还仁营。水盛船覆，失弓矢，独抱船覆水中，为羽所得，立而不跪。羽谓曰："卿兄在汉中，我欲以卿为将，不早降何为？"德骂羽曰："竖子，何谓降也！魏王带甲百万，威振天下。汝刘备庸才耳，岂能敌邪！我宁为国家鬼，不为贼将也。"遂为羽所杀。太祖闻而悲之，为之流涕，封其二子为列侯。文帝即王位，乃遣使就德墓赐谥，策曰："昔先轸丧元，王蠋绝脰，陨身徇节，前代美之。惟侯式昭果毅，蹈难成名，声溢当时，义高在昔，寡人愍焉，谥曰壮侯。"又赐子会等四人爵关内侯，邑各百户。会勇烈有父风，官至中卫将军，封列侯。

庞淯字子异，酒泉表氏人也。初以凉州从事守破羌长，会武威太守张猛反，杀刺史邯郸商，猛令曰："敢有临商丧，死不赦。"淯闻之，弃官，昼夜奔走，号

关羽擒将图，明商喜绘。图中左二为大将关羽，被绑者为庞德，执剑者为关平，持大刀者为周仓。庞德被擒后，不屈，被关羽所杀。

小船被翻覆，失掉了弓箭，庞德独自抱着船板落在水里，被关羽捉住，见到关羽，庞德只是站立，不肯下跪。关羽对他说道："你的哥哥在汉中，我想要任命你为大将，你为什么不早投降呢？"庞德大骂关羽说："小子，什么叫做投降？魏王拥有百万装备精良的将士，威震天下，刘备只不过是一个庸才罢了，哪里是魏王的对手？我宁愿做国家的鬼，也不愿做贼人的大将。"于是被关羽杀死了。曹操听说庞德不肯屈节而死，心中大为悲恸，封他的两个儿子为列侯。曹丕即王位，派人到庞德的墓上颁赐谥号。诏书上说："从前晋国的先轸，为国牺牲，断了头颅；齐国的王蠋，不肯投降，自杀而死，他们都是奉守节操而死，为前代人所称颂。现在将军留下刚毅果敢的典范，身赴国难，留名青史，声名超过现世的人；将军的高义更超过前人，寡人非常痛惜，特别颁赐壮侯的谥号。"又赐给他的儿子庞会等四人关内侯的爵位，每人封邑一百户。庞会非常勇敢果决，有父亲的风范，官做到中尉将军，封为列侯。

庞淯，字子异，酒泉郡（今甘肃省酒泉市）表氏人。最初是以凉州从事，代理破羌（今青海省乐都县）县长，正好武威（今甘肃省武威市）太守张猛造反，杀死刺史邯郸商。

哭丧所讫，诣猛门，衷匕首，欲因见以杀猛。猛知其义士，敕遣不杀，由是以忠烈闻。太守徐揖请为主簿。后郡人黄昂反，围城。淯弃妻子，夜逾城出围，告急于张掖、燉煌二郡。初疑未肯发兵，淯欲伏剑，二郡感其义，遂为兴兵。军未至而郡城邑已陷，揖死。淯乃收敛揖丧，送还本郡，行服三年乃还。太祖闻之，辟为掾属。文帝践阼，拜驸马都尉，迁西海太守，赐爵关内侯。后征拜中散大夫，薨。子曾嗣。

初，淯外祖父赵安为同县李寿所杀，淯舅兄弟三人同时病死，寿家喜。淯母娥自伤父仇不报，乃帏车袖剑，白日刺寿于都亭前，讫，徐诣县，颜色不变。曰："父仇已报，请受戮。"禄福长尹嘉解印绶纵娥，娥不肯去，遂强载还家。会赦得免，州郡叹贵，刊石表闾。

阎温字伯俭，天水西城人也。以凉州别驾守上邽令。马超走奔上邽，郡人任养等举众迎之。温止之，不能禁，乃驰还州。超复围州所治冀城甚急，州乃遣温密出，告急于夏侯

张猛下令说："谁敢去祭吊邯郸商的，一律格杀勿论。"庞淯听说了这件事，立刻抛弃官职，日夜兼程赶路，到邯郸商家里大哭祭吊，然后到张猛的家门口，身上藏着匕首，准备看见张猛时，刺杀张猛。张猛知道他是义士，下令赦免，不杀害他。庞淯的忠烈，因此闻名当时。酒泉太守徐揖请他做主簿的官。后来酒泉郡的黄昂造反，包围县城，庞淯丢下妻子，连夜赶出城，向张掖、敦煌两郡求援。起先两郡太守怀疑庞淯，不肯发兵；后来，庞淯要以自杀来表明，两郡太守被他的忠义所感动，终于派兵援助。当增援的军队还没有到达，郡城已经被敌人攻陷，太守徐揖战死。庞淯于是替徐揖收殓发丧，然后送回他的家乡，替他服丧三年才回去。曹操听了，特地征召他为掾属。曹丕即帝位，封他为驸马都尉，后来调为西海（今青海省东北，湟河之源）太守，赐给他关内侯的爵位。后来又征拜他为中散大夫。死后，他的儿子庞会继承他的职位。

当初，庞淯的外祖父赵安，被同县的李寿杀死，庞淯的舅舅兄弟三人又同时病死。李寿家大为高兴。庞淯的母亲赵娥，痛心父仇未报，于是大白天在都亭前，拦住李寿帏车，取出袖中的藏剑，亲手把李寿杀死。杀死李寿之后，从容不迫地走到县衙，神情自如地说："我父亲的冤仇已经报了，我愿意接受制裁。"禄福（今甘肃省酒泉市）县长尹嘉，被赵娥的孝行感动，宁愿弃官想放走赵娥，赵娥不肯逃走，尹嘉于是强送她回家。正好遇到大赦，才得免罪。当时所有州郡的人都赞叹赵娥可贵的烈义行为，特地为她刊石、立碑光大她的门闾。

阎温，字伯俭，天水郡西城县（今陕西省安康市西北）人，由凉州（时治冀城，在今甘肃省天水市西北）别驾，担任上邽（今甘肃省天水市）县令。当马超逃亡到上邽郡，上邽郡人任养等人率领众人前去迎接；阎温出面阻止，无效。于是阎温就自己驾车返回凉州。

渊。贼围数重，温夜从水中潜出。明日，贼见其迹，遣人追遮之，于显亲界得温，执还诣超。超解其缚，谓曰："今成败可见，足下为孤城请救而执于人手，义何所施？若从吾言，反谓城中，东方无救，此转祸为福之计也。不然，今为戮矣。"温伪许之，超乃载温诣城下。温向城大呼曰："大军不过三日至，勉之！"城中皆泣，称万岁。超怒数之曰："足下不为命计邪？"温不应。时超攻城久不下，故徐诱温，冀其改意。复谓温曰："城中故人，有欲与吾同者不？"温又不应。遂切责之，温曰："夫事君有死无贰，而卿乃欲令长者出不义之言，吾岂苟生者乎？"超遂杀之。

先是，河右扰乱，隔绝不通，燉煌太守马艾卒官，府又无丞。功曹张恭素有学行，郡人推行长史事，恩信甚著，乃遣子就东诣太祖，请太守。时酒泉黄华、张掖张进各据其郡，欲与恭并势。就至酒泉，为华所拘执，劫以白刃。就终不回，私与恭疏曰："大人率厉燉煌，忠义显然，岂以就在困厄之中而替之哉？昔乐羊食子，李通覆家，经国之臣，宁怀妻孥邪？今大军垂至，但当促兵以掎之耳；愿不以下流之爱，使就有恨于黄壤也。"恭即遣从

马超又包围凉州治所冀城，战况非常危急，凉州太守于是派阎温秘密逃出，向夏侯渊告急。贼兵把城重重包围，阎温利用晚上，从水中潜逃出城。第二天，贼兵看见他的脚迹，派人拦截，在显亲（今甘肃省天水市西北）边界捉到阎温，押回去见马超；马超替他松了绑，对他说："现在成败已经是定局，你为一座孤城请救兵而被捉住，又如何施展道义呢？如果你听我的话，转而告诉城里的人说：东边没有救兵，这才是转祸为福的计策，不然的话，我现在就杀了你。"阎温假装答应了。马超于是把他送到城下，阎温向城里大叫："援军三天之内，一定赶到，希望大家振作一些。"城里的人听了喜极而泣，大呼万岁。马超很生气，责备他说："难道你不要命了吗？"阎温不理他。当时，马超攻城，久久不能攻下，因此温和地劝诱阎温，希望他能回心转意。又向阎温说："你在城里的朋友，有没有要跟随我的？"阎温还是不理他；马超很严厉的指责他，阎温才说："我事奉人君，有必死的决心，决无二念；而你却想要一个长者说出不义不忠的话，我哪里是那种苟且贪生的人呢？"马超于是把他杀了。

最初，河右（即河西）有贼人骚扰，道路阻绝不通；敦煌太守马艾，在任上去世，府里又没有丞相。当时，功曹张恭，平素就有学问，又有修养，郡里的人于是公推他代理太守职务；张恭代理政事，恩信卓著。同时，派遣他的儿子张就往东去晋谒曹操，请示曹操派一位太守。酒泉郡黄华、张掖郡张进，他们都各自据守本郡，想要和张恭联合；当张就经过酒泉，被黄华捉住，用刀威胁他，张就始终不肯屈服，暗中和张恭通消息，说："父亲在敦煌带领军队，忠义昭著，哪里可以因为孩儿在困厄之中，而改变了节操？从前乐羊食子、李通毁家，公而忘私，他们都是辅佐国家的忠臣，哪里以妻小为念呢？现在大军就快到了，大人只有更加督促军队抵抗敌人，孩儿不愿意父亲因为对孩儿小小的私爱，而使孩

弟华攻酒泉沙头、乾齐二县。恭又连兵寻继华后，以为首尾之援。别遣铁骑二百，迎吏官属，东缘酒泉北塞，径出张掖北河，逢迎太守尹奉。于是张进须黄华之助；华欲救进，西顾恭兵，恐急击其后，遂诣金城太守苏则降。就竟平安。奉得之官。黄初二年，下诏褒扬，赐恭爵关内侯，拜西域戊己校尉。数岁征还，将授以侍臣之位，而以子就代焉。恭至燉煌，固辞疾笃。太和中卒，赠执金吾。就后为金城太守，父子著称于西州。

评曰：李典贵尚儒雅，义忘私隙，美矣。李通、臧霸、文聘、吕虔镇卫州郡，并著威惠。许褚、典韦折冲左右，抑亦汉之樊哙也。庞德授命叱敌，有周苛之节。庞淯不惮伏剑，而诚感邻国。阎温向城大呼，齐解、路之烈焉。

儿含恨在黄泉地下。”张恭立刻派堂弟张华攻打酒泉郡的沙头、乾齐两县，张恭再继张华之后，又出兵增援；另外，又派二百名铁骑去迎接曹操派来的官员；向东沿着酒泉北边要塞，直接出张掖北河，迎接太守尹奉。当时，贼兵张进等待黄华的援助，黄华本来要出兵救张进，可是西边担心有张恭的军队会从后面袭击，于是就向金城（今甘肃省兰州西五十公里，湟水北岸）太守苏则投降了。张就反而平安无事，而尹奉也得以到任就职。黄初二年（公元 221 年）朝廷下诏表扬，颁赐张恭关内侯的爵位，封他为西域戊己校尉。过了几年，征调他回朝廷。本来要颁授给他侍臣的职位，后来改由他的儿子张就代替任职。张恭到了敦煌，就因为病重而辞官。太和（魏明帝年号）年间，死了。朝廷赠予执金吾的官位。张就后来担任金城太守，父子在西州都有好的名声。

陈寿评说：李典崇尚儒雅，为公义而忘却私仇，实在值得赞美。李通、臧霸、文聘、吕虔，镇守州郡，同样都是恩威并施。许褚、典韦，冲锋陷阵，相当于汉代的樊哙。庞德授命叱退敌人，有周苛的节操。庞淯临危不苟且，忠诚感动邻国。阎温向城里大呼，鼓舞士气，是向路中大夫（见《史记·齐悼惠王世家》）、解扬（见《史记·晋世家》）等人看齐。

三国志卷十九

任城陈萧王传第十九

林明德 译

任城威王彰，字子文。少善射御，膂力过人，手格猛兽，不避险阻。数从征伐，志意慷慨。太祖尝抑之曰："汝不念读书慕圣道，而好乘汗马击剑，此一夫之用，何足贵也！"课彰读《诗》、《书》，彰谓左右曰："丈夫一为卫、霍，将十万骑驰沙漠，驱戎狄，立功建号耳，何能作博士邪？"太祖尝问诸子所好，使各言其志。彰曰："好为将。"太祖曰："为将奈何？"对曰："被坚执锐，临难不顾，为士卒先；赏必行，罚必信。"太祖大笑。建安二十一年，封鄢陵侯。

二十三年，代郡乌丸反，以彰为北中郎将，行骁骑将军。临发，太祖戒彰曰："居家为父子，受事为君臣，动以王法从事，尔其戒之！"彰北征，入涿郡界，叛胡数千骑卒至。时兵马未集，唯有步卒千人，骑数百匹。用田豫计，固守要隙，虏乃退散。彰追之，身自

任城威王曹彰，字子文。少年时候对于射箭、驾御十分精通，他的体力超过一般人，曾经空手跟猛兽搏斗，任何艰险都不放在眼里。有好几次跟随曹操征伐陷阵，常流露慷慨激昂的神态。曹操曾经约束他说："你不好好读书，仰慕圣贤的大道，却喜爱骑汗马、击剑，这是匹夫之勇，没什么了不起！"于是，教他读《诗经》、《尚书》等功课，曹彰向左右的人说："身为大丈夫，应该像卫青、霍去病一般，率领十万骑兵纵横驰骋在广大无垠的沙漠间，驱逐戎狄，立大功、建名号才是啊！怎能拿博学多识作为大志向呢？"曹操曾经问他的几个儿子，叫他们各自说说将来的志愿。曹彰就说："我喜欢当将军。""作为一名将军，应当怎样呢？"曹操问道。"身披坚甲手执锐器，面对危难也不回头，领先士卒冲锋陷阵；该奖赏的，一定要奖赏，该惩罚的，一定要惩罚。"曹彰正色答道。曹操听了，忍不住开怀大笑。汉献帝建安二十一年（公元 216 年），封曹彰为鄢陵侯。

建安二十三年（公元 218 年），代郡的乌丸造反，遂命曹彰为北中郎将，兼骁骑将军。军队出发前，曹操告诫曹彰说："在家里我们是父子关系，你现在受命出征，可是行的君臣之义，行为必须拿王法来自我规范，你一定要切记在心！"曹彰北征，进入涿郡的境界，叛变的胡人有数千骑兵突然到来。这时，曹彰的兵马还没完全聚集，只有一千人左右的士

搏战，射胡骑，应弦而倒者前后相属。战过半日，彰铠中数箭，意气益厉，乘胜逐北，至于桑乾，去代二百余里。长史诸将皆以为新涉远，士马疲顿，又受节度，不得过代，不可深进，违令轻敌。彰曰："率师而行，唯利所在，何节度乎？胡走未远，追之必破。从令纵敌，非良将也。"遂上马，令军中："后出者斩。"一日一夜与虏相及，击，大破之，斩首获生以千数。彰乃倍常科大赐将士，将士无不悦喜。时鲜卑大人柯比能将数万骑观望强弱，见彰力战，所向皆破，乃请服。北方悉平。时太祖在长安，召彰诣行在所。彰自代过邺，太子谓彰曰："卿新有功，今西见上，宜勿自伐，应对常若不足者。"彰到，如太子言，归功诸将。太祖喜，持彰须曰："黄须儿竟大奇也！"

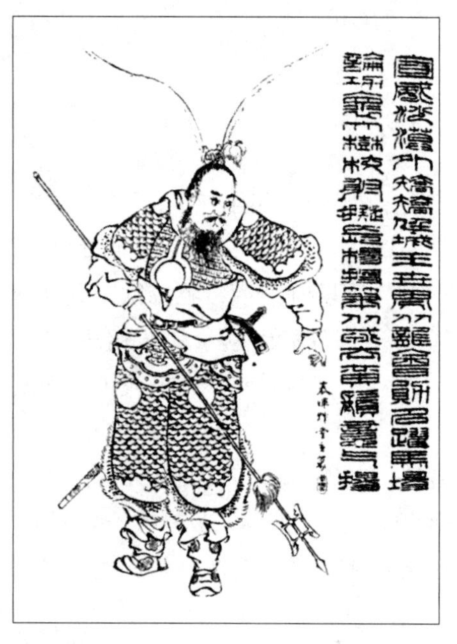
曹彰，清朱芝轩绘。

兵，加上几百匹坐骑而已。曹彰用了田豫的计策，坚守表面上看起来最不堪一击的地方，胡人攻不进来，只好败散退走。曹彰随后追赶，亲身加入肉搏战，奋力射杀胡骑，敌人一个连一个应箭而倒。经过半天的战斗，曹彰的盔甲中了不少箭，但他的意气更加激扬，乘胜追击，一直追到桑乾（今河北蔚县北四十公里），距离代郡两百多里的地方。长史和其他的将领都认为第一回作战就长途跋涉，兵士坐骑相当疲惫，加上受到军令的限制，不能越过代郡，而且不可深入力战，如今违背命令又轻忽敌人是不妥的。曹彰却自有主张，他说："率领军队出征，只求利益所在，谈什么节制呢？现在胡人败走不远，紧接着去追击他，一定可以攻破。只为了服从军令而放走敌人，根本算不上是一位优良的将领啊！"于是滚鞍上马，即刻下令军队："迟疑不出发的，一律斩！"经过一天一夜的紧追不舍，终于追上胡人，曹彰率众奋击，把对方杀得落花流水，斩的斩、活捉的活捉，一共有千人之多。曹彰超出寻常的规定，大加赏赐辛劳的将士们，整个军营中一片欢悦。这时另一支鲜卑族的将领轲比能，带了几万的部骑观望战势的强弱究竟谁属，望见曹彰如此奋勇力战，所到之处全被他攻破，便请求降服。这一来，北方都平定了。当时曹操在长安召曹彰去见他。曹彰从代郡向南经过邺城，太子曹丕提醒他说："你最近建了大功，如今向西去见父亲，记住不要一味自夸，应对时，要表现出自己好像还有不完美的地方。"曹彰拜见曹操，果然依照太子的劝告，把所有的功勋都归属给手下的将士们。曹操高兴极了，忍不住用手扯着曹彰的胡须，叫道："我这个黄须小子，竟然是个奇才哩！"

太祖东还，以彰行越骑将军，留长安。太祖至洛阳，得疾，驿召彰，未至，太祖崩。文帝即王位，彰与诸侯就国。诏曰："先王之道，庸勋亲亲，并建母弟，开国承家，故能藩屏大宗，御侮厌难。彰前受命北伐，清定朔土，厥功茂焉。增邑五千，并前万户。"黄初二年，进爵为公。三年，立为任城王。四年，朝京都，疾薨于邸，谥曰威。至葬，赐銮辂、龙旂，虎贲百人，如汉东平王故事。子楷嗣，徙封中牟。五年，改封任城县。太和六年，复改封任城国，食五县二千五百户。青龙三年，楷坐私遣官属诣中尚方作禁物，削县二千户。正始七年，徙封济南，三千户。正元、景元初，连增邑，凡四千四百户。

陈思王植字子建。年十岁余，诵读《诗》、《论》及辞赋数十万言，善属文。太祖尝视其文，谓植曰："汝倩人邪？"植跪曰："言出为论，下笔成章，顾当面试，奈何倩人？"时邺铜爵台新成，太祖悉将诸子登台，使各为赋。植援笔立成，可观，太祖甚异之。性简

曹操回到东方，任命曹彰兼越骑将军，留守长安。等曹操到了洛阳，不久便得重病。即刻派驿使传讯曹彰，曹彰人还没到，曹操就去世了。曹丕继承魏王之位后，曹彰和其他的诸侯回到各自封地。曹丕下诏说："我们先王主张，酬赏有功的人，亲近自己的亲人，一起封建自己同母的弟弟，使其开创自己的封国，承继家族，因此才能保卫王室大宗，共同抵御外侮，平息灾难。曹彰以往受命北伐，扫平叛乱，安定国土，他的功绩很大。现在特别增加给他五千户食邑，跟以前所封的一共有一万户。"魏文帝黄初二年（公元221年），进爵号为公。黄初三年（公元222年），立为任城王。黄初四年（公元223年），曹彰到京都来朝见，死于急病，皇上加给他"威"的谥号。等他下葬时，赐他悬挂金铃的车驾，绘有龙纹的旗子，还有勇士一百人，一如汉朝时东平王死时所受的恩赐一般。曹彰的儿子曹楷承继了他的位子，改封在中牟（今河南中牟县东）。黄初五年（公元224年），又改封任城县。魏明帝太和六年（公元232年），再改封任城国，食邑有五县共两千五百户。魏明帝青龙三年（公元235年），曹楷私自派属下的官员到中尚方那儿去营造朝廷禁止的物品，因而获罪，被削去两千户的食邑。齐王芳正始七年（公元246年），迁封到济南，食邑剩下三千户。高贵乡公正元、陈留王景元初年，才又连连增加食邑，总共四千四百户。

陈思王曹植，字子建。十几岁的时候，就诵读《诗经》、《论语》，以及各种长篇的辞赋，很会作文章。传说曹操曾经读了他的一篇文章，问道："你请别人写的吗？"曹植心中很难过，马上下跪说："我确实能够出口成章，下笔为文，愿意当面接受您的试验，我又何必请人捉刀呢？"这时，刚逢邺城的铜爵台落成，曹操带了儿子们到台上去庆贺，便叫他们各人写一篇赋。曹植提起笔来，不一会儿就写好了，洋洋洒洒甚为可观，曹操看了

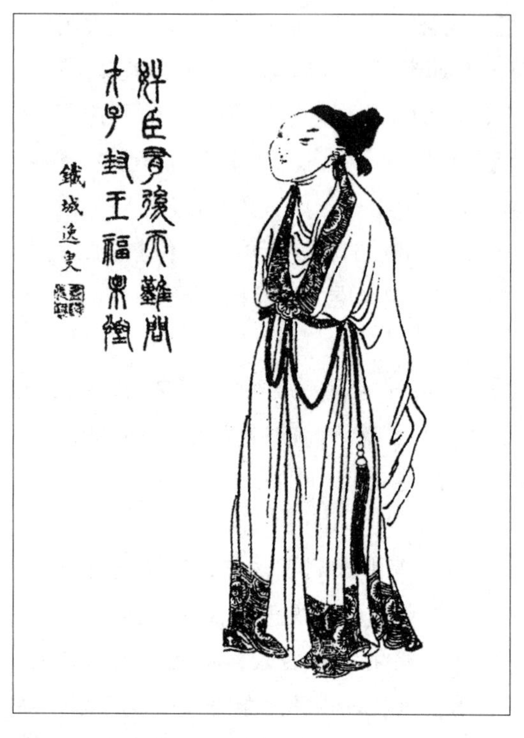

曹植，选自清刊本《三国演义》。

易，不治威仪。舆马服饰，不尚华丽，每进见难问，应声而对，特见宠爱。建安十六年，封平原侯。十九年，徙封临菑侯。太祖征孙权，使植留守邺，戒之曰："吾昔为顿邱令，年二十三。思此时所行，无悔于今。今汝年亦二十三矣，可不勉与！"植既以才见异，而丁仪、丁廙、杨修等为之羽翼。太祖狐疑，几为太子者数矣。而植任性而行，不自彫励，饮酒不节。文帝御之以术，矫情自饰，宫人左右，并为之说，故遂定为嗣。二十二年，增植邑五千，并前万户。植尝乘车行驰道中，开司马门出。太祖大怒，公车令坐死。由是重诸侯科禁，而植宠日衰。太祖既虑终始之变，以杨修颇有才策，而又袁氏之甥也，于是以罪诛修。植益内不自安。二十四年，曹仁为关羽所围。太祖以植为南中郎将，行

既惊讶又喜欢。曹植性情简淡可亲，看上去没有威严的派头。他所用的车马服饰，都不讲究华丽。每回去进见曹操，提出难题问他时，他总是敏捷应对，充分表现出机智灵慧，因此特别受曹操的宠爱。汉献帝建安十六年（公元 211 年），封为平原侯。建安十九年（公元 214 年），迁封为临菑侯。曹操出兵征讨孙权，叫曹植留守邺城，临行前告诫他说："我以前做顿邱令的时候，才二十三岁。自己想想现在所做的一切，一点儿也不后悔。你今年也二十三了，能不好好勉励自己吗？"曹植以他过人的才智受到曹操的另眼相待，丁仪、丁廙、杨修这些人都拥护他，帮助他。曹操心里拿不定主意，好几次都想立他为太子。曹植本色待人，纵情任性，一点不掩饰造作，但也不自我惕励，喝起酒来毫无节制。文帝刚好相反，很富心机、矫情伪装、自我修饰，在宫廷内人缘很好，大家一有机会都在曹操面前夸赞他，所以他能够被立为继位的人。建安二十二年（公元 217 年），曹植增置五千户的食邑，加上以前封的，总共有一万户。曹植曾经驾着车子，风驰于宫廷走道，并私开司马门外出。曹操知道这件事后，大为震怒，怪罪掌司马门的公车令，下令赐死。由于这事件，更加紧控制各诸侯，曹植也一天天失去宠信。曹操深谋远虑，提防有不测事变；因为杨修有才智又善于策划，加上是袁术的外甥，曹操找了个机会便把杨修处决了。这一来，曹植失去了好朋友兼帮手，内心愈发不安起来。建安二十四年（公元 219 年）年，曹仁被关羽

征虏将军，欲遣救仁，呼有所敕戒。植醉不能受命，于是悔而罢之。

文帝即王位，诛丁仪、丁廙并其男口。植与诸侯并就国。黄初二年，监国谒者灌均希指，奏“植醉酒悖慢，劫胁使者”。有司请治罪，帝以太后故，贬爵安乡侯。其年改封鄄城侯。三年，立为鄄城王，邑二千五百户。

四年，徙封雍丘王。其年，朝京都。上疏曰：

臣自抱衅归藩，刻肌刻骨，追思罪戾，昼分而食，夜分而寝。诚以天罔不可重离，圣恩难可再恃。窃感《相鼠》之篇，无礼遄死之义，形影相吊，五情愧赧。以罪弃生，则违古贤“夕改”之劝，忍活苟全，则犯诗人“胡颜”之讥。伏惟

曹植赋诗，选自清刊本《三国演义》。据《三国演义》，曹操死后，曹丕立为太子，以曹植未奔丧为由，将曹植缉拿到京都。命曹植以兄弟为题，应声即做诗一首，否则治罪。曹植当即口占一首：“煮豆燃豆萁，豆在釜中泣。本是同根生，相煎何太急！”曹丕为之泣下。

所围困。曹操命曹植为南中郎将，兼征虏将军，打算派他去营救曹仁，召唤他在出发前来面授机宜，没想到曹植正沉醉在酒乡中，无法接受任命，曹操深感懊丧，从此再也不重用他了。

魏文帝一登上王位，就诛杀丁仪、丁廙和丁家的男子。曹植和其他诸侯都分别回到自己的封地。黄初二年（公元 221 年），监国谒者灌均迎合文帝的心意，上书指陈：“曹植醉酒时态度傲慢，不把王法放在眼里，并劫持胁迫使者。”有关部门便请文帝治曹植的罪，文帝看在太后的份上，将他贬为安乡侯。这年改封鄄城侯。黄初三年（公元 222 年），立为鄄城王，食邑共两千五百户。

黄初四年（公元 223 年），改封雍丘王。这年，曹植进京都朝见。上了一篇疏：

我自从怀罪回到封地，时时刻骨铭心，追思我的种种过失，每到日中才吃饭，夜半才就寝。实在是天网恢恢，不可重蹈覆辙，皇恩难以再让我仗恃。私底下沉思《诗经·相鼠》篇的涵义——人要是不知礼数，还不如早些死的好——愈加悲凄，只落得形体和影子互相安慰，而内心无比的羞愧！因着这罪过而抛弃生存的意志，那就违背了古代贤人所谓的“朝过夕改”的劝诲；忍辱偷活，委屈求全，则又惹上诗人所谓“有何颜面”的讥讽。陛下

陛下德象天地，恩隆父母，施畅春风，泽如时雨。是以不别荆棘者，庆云之惠也；七子均养者，尸鸠之仁也；舍罪责功者，明君之举也；矜愚爱能者，慈父之恩也：是以愚臣徘徊于恩泽而不能自弃者也。

前奉诏书，臣等绝朝，心离志绝，自分黄耇无复执珪之望。不图圣诏猥垂齿召，至止之日，驰心辇毂。僻处西馆，未奉阙廷，踊跃之怀，瞻望反仄。谨拜表献诗二篇，其辞曰："於穆显考，时惟武皇，受命于天，宁济四方。朱旗所拂，九土披攘，玄化滂流，荒服来王。超商越周，与唐比踪。笃生我皇，奕世载聪，武则肃烈，文则时雍，受禅炎汉，临君万邦。万邦既化，率由旧则；广命懿亲，以藩王国。帝曰尔侯，君兹青土，奄有海滨，方周于鲁，车服有辉，旗章有叙，济济隽乂，我弼我辅。伊予小子，恃宠骄盈，举挂时网，动乱国经。作藩作屏，先轨是堕，傲我皇使，犯我朝仪。国有典刑，我削我绌，将置于理，元凶是率。明明天子，时笃同类，不忍我刑，暴之朝肆，违彼执宪，哀予小子。改封兖邑，于河之滨，股肱弗置，有君无臣，荒淫之阙，谁弼予身？茕茕仆夫，于彼冀方，嗟予小子，

的德业可比天地，恩威比父母还盛，您的施政使人民如沐春风，您的德泽如同那及时的甘霖。所以不特别挑出荆棘不去照顾它，那就是祥云普及的恩惠；对七个孩子一般疼爱养育，那就是尸鸠的仁厚之心；忘却臣子的罪过，只责求他去立功，那就是贤明君主的作风；怜悯那愚蠢的，爱惜那有才能的，那就是慈父的恩情：这就是愚昧的我徘徊流连在您的恩泽里，而不能自我毁弃的缘故啊！

上回接获诏书，自知已受朝廷绝弃，意志沮丧，心想到老再也不能身登庙堂面见天子。意外地，却蒙您下诏前来，在未抵达京都之前，内心充满了对朝廷的思念。我住在偏僻的西馆，没晋见前，心情兴奋雀跃，翻来覆去，难以入睡。我恭敬地呈上这篇表，并献上诗作二首，第一首的内容是这样的："伟大显赫的武皇，接受上天的使命，来拯济四方的人民。凡是他的朱旗拂过的地方，各地都深受感化，绵远流布，连荒僻地区的蛮夷也都纷纷来朝。他的德勋凌驾过商周，直可追迹唐尧。直到今上诞生，秉受了累代的聪明智慧，既有肃谨壮烈的武略，又具备雍雅的文才，接替末汉的禅让，而君临万邦。德化广布天下，大抵沿循旧有的法规；对于我族宗亲，大加器用，俾便兴盛我们的王国。皇上赐封我旧青州的土地，靠近海边相当于古代周鲁的地区。赐我的车马服饰、旌旗章印都表明我显贵的身份，济济的人才也在左右协助我。而我这不知天高地厚的小子，竟然仗恃恩宠，骄侈放肆，触犯纲纪，动乱王国的大法。身为朝廷的王储屏藩，却率先败坏规范，傲慢对待使者，冒犯朝廷的礼仪。国朝自有典制刑罚，应当削黜我的官爵封邑，这才是合理的惩治元凶的途径。圣明的天子，念在手足情深，不忍我受刑罚，暴尸于朝堂市肆，对我这个违犯国法的小子，哀怜有加。于是，改封我在旧兖州靠近河边的地方，失去了往日辅助我的臣子，这都是我自己的荒淫过失所造成的，还有谁来护助我呢？怀着满心的孤寂，我尝到了种种

乃罹斯殃。赫赫天子，恩不遗物，冠我玄冕，要我朱绂。朱绂光大，使我荣华，剖符授玉，王爵是加。仰齿金玺，俯执圣策，皇恩过隆，祗承怵惕。咨我小子，顽凶是婴，逝惭陵墓，存愧阙廷。匪敢傲德，实恩是恃，威灵改加，足以没齿。昊天罔极，性命不图，常惧颠沛，抱罪黄垆。愿蒙矢石，建旗东岳，庶立毫氂，微功自赎。危躯授命，知足免戾，甘赴江、湘，奋戈吴、越。天启其衷，得会京畿，迟奉圣颜，如渴如饥。心之云慕，怆矣其悲，天高听卑，皇肯照微！”又曰：“肃承明诏，应会皇都，星陈夙驾，秣马脂车。命彼掌徒，肃我征旅，朝发鸾台，夕宿兰渚。芒芒原隰，祁祁士女，经彼公田，乐我稷黍。爰有樛木，重阴匪息；虽有糇粮，饥不遑食。望城不过，面邑匪游，仆夫警策，平路是由。玄驷蔼蔼，扬镳漂沫；流风翼衡，轻云承盖。涉涧之滨，缘山之隈，遵彼河浒，黄阪是阶。西济关谷，或降或升；騑骖倦路，再寝再兴。将朝圣皇，匪敢晏宁；弭节长骛，指日遄征。前驱举燧，后乘抗旌；轮不辍运，鸾无废声。爰暨帝室，税此西墉；嘉诏未赐，朝觐莫从。仰瞻城阈，

难以言宣的苦痛。唉！活该我这小子遭受如此的灾祸呀！威仪显赫的天子再度施恩，让我能够再加冠冕、重掌朱印。这样的赐爵封王，使我重温荣华，想到您皇恩浩盛，内心不觉更加惕励自己。我这冥顽的罪首，凭吊先王时满心羞惭，面对朝廷则无比愧疚。您的恩宠，我一辈子也忘不了，皇天无极，性命难料，我担心颠沛流离，怀罪而死。但愿给我一个矢志效忠的机会，掌着王旗到泰山去，努力建功来补赎我以往的罪过。拿我区区的形体，面临危机、接受任命，我于愿足矣！只求免除内心的罪咎，甘心奔赴长江、湘水，在吴、越一带奋戈力战。上天体会了我的诚意，使我能回到京师来，想望您的圣颜，如口渴饥饿一般。我对您强烈地仰慕，满腔悲怆之情汹涌不已。上苍极崇高，只愿听卑弱的声音；但望圣明的您，也能体察微劣的我的一片赤诚！”第二首如下：“敬承诏令，要我前来京都。我披星戴月，喂饱马匹整饰坐车，吩咐驾驶的仆役，可要千万小心。早晨从銮台出发，夜里停宿在兰渚。有一望无际的高而平坦的原野，许多女郎经过这儿的公田时，都忍不住为那成熟的稻米杂粮感到喜悦。即使有高大成荫的树木，也不想休息；行囊中带了干粮，虽然饥饿也没空暇吃。途中远看一座座的城市，都没有心思停下来赏玩，马伕们快马加鞭，尽量找那平坦的路径奔驰。暮色苍茫中，四匹马连着一起，奋力驰骋；疾如流风，快似流水哟！跋涉过婉致的水边，又靠着崎岖的山崖跑，一会见沿着弯曲的河岸，一会儿又已扬长在黄土漫天的石子路上。往西方飞奔，一下子上坡一下子下坡，渡过了关谷，马匹已经风尘仆仆，倦困极了。这时才停下来略为休息，匆匆宿了一夜，第二天大清早，又加紧赶路。只为了内心焦急兴奋，将要去朝见圣皇呀！怎么敢偷安怠慢呢？于是按节长驱，即日急速出发！前边的车队举着火把照路，后面的车队扛举着我们的旌旗；车轮不断地转呵转，挂在车上的铃子叮当地响个不停。想到将到皇都了，不知不觉间又越过了一座城市。没等您赐见的命令下来，我不敢妄自进见啊！抬起头来，只见那巍峨的城阙连天而起；低下头来沉思，

俯惟阙廷；长怀永慕，忧心如酲。”

帝嘉其辞义，优诏答勉之。

六年，帝东征，还过雍丘，幸植宫，增户五百。太和元年，徙封浚仪。二年，复还雍丘。植常自愤怨，抱利器而无所施，上疏求自试曰：

臣闻士之生世，入则事父，出则事君；事父尚于荣亲，事君贵于兴国。故慈父不能爱无益之子，仁君不能畜无用之臣。夫论德而授官者，成功之君也；量能而受爵者，毕命之臣也。故君无虚授，臣无虚受；虚授谓之谬举，虚受谓之尸禄，《诗》之“素餐”所由作也。昔二虢不辞两国之任，其德厚也；旦、奭不让燕、鲁之封，其功大也。今臣蒙国重恩，三世于今矣。正值陛下升平之际，沐浴圣泽，潜润德教，可谓厚幸矣。而窃位东藩，爵在上列，身被轻暖，口厌百味，目极华靡，耳倦丝竹者，爵重禄厚之所致也。退念古之受爵禄者，有异于此，皆以功勤济国，辅主惠民。今臣无德可述，无功可纪，若此终年无益国

犹然醒觉自己身在何处；我永远怀着渴慕的心，心中忧闷，就像醉酒后的病态一样。”

文帝读了这份奏表，很嘉许曹植的文辞和心意，便下诏书勉励他。

黄初六年（公元225年），文帝领兵东征，回来时路过雍丘（今河南杞县），临幸曹植的住所，下令增加他五百户的食邑。

太和元年（公元227年），迁封浚仪（今河南开封市西北）。太和二年（公元228年），再回到雍丘。曹植经常忿怨不平，认为自己空有卓越的才干而不能施展，他想试试皇上是否愿意用他，就上了一篇疏说：

臣下听说有识见的人生存在世间，主要在于回到家里能奉养父母，外出做事能敬事国君；奉养父母的最高境界莫过于使他们尊荣。敬事国君呢？最好的作为就是使国家兴盛了。所以，往往慈祥的父母不会太疼爱不长进的孩子，仁德的君王也不喜欢任用无能的臣子。评量人的品德而授给他官职的，称得上是位成功的君王；估计自己的才能而接受爵位的，称得上是达成任务的良臣了。因此，明君不因私心授与官职，良臣也不敢以无能接纳爵位；私心授官叫做荒谬举用，无能纳爵叫做尸位素餐。这就是《诗经》讽刺“素餐”的由来。从前，虢仲、虢叔受周天子册封于虢，是由于他们德性仁厚；周公旦、召公奭被武王封在燕、鲁，实在因为有平定殷商的大功劳。臣下蒙受国家的重恩，到现在已经有三代了。正好遇到陛下当政，海内升平的时刻，我沐浴在您圣明的恩泽里，潜移浸润在您的德教中，可以说是很幸运了！我受封东土，爵位极高，身上穿的是既轻又暖的衣服，嘴巴尝的是天下各种美味，眼睛看的是无比华丽的景致，耳朵听足了丝竹的美妙音乐，这都由于高官厚禄的缘故啊！我退一步想那古时君王的颁授爵禄，跟这个来比，大不相同，他们都因为有救国济民，辅佐君上的功勋啊！而我呢？一来没有德性可以称道，二来没有功劳可以记载。如果这样终了一生，对国朝毫无助益，恐怕将要免不了遭到像《诗经》上说的，

朝，将挂风人“彼其”之讥。是以上惭玄冕，俯愧朱绂。

方今天下一统，九州晏如，而顾西有违命之蜀，东有不臣之吴，使边境未得脱甲，谋士未得高枕者，诚欲混同宇内以致太和也。故启灭有扈而夏功昭，成克商奄而周德著。今陛下以圣明统世，将欲卒文、武之功，继成、康之隆。简贤授能，以方叔、召虎之臣镇御四境，为国爪牙者，可谓当矣。然而高鸟未挂于轻缴，渊鱼未县于钩饵者，恐钓射之术或未尽也。昔耿弇不俟光武，亟击张步，言不以贼遗于君父。故车右伏剑于鸣毂，雍门刎首于齐境，若此二士，岂恶生而尚死哉？诚忿其慢主而陵君也。夫君之宠臣，欲以除患兴利；臣之事君，必以杀身靖乱，以功报主也。昔贾谊弱冠，求试属国，请系单于之颈而制其命；终军以妙年使越，欲得长缨缨其王，羁致北阙。此二臣，岂好为夸主而耀世哉？志或郁结，欲逞其才力，输能于明君也。昔汉武为霍去病治第，辞曰：“匈奴未灭，臣无以家为！”夫忧国忘家，捐躯济难，忠臣之志也。今臣居外，非不厚也，而寝不安席，食不遑

一个人无德空有华服的讽刺罢！所以，我仰头时，对黑色的冠冕感到羞惭不已，低下头来，又深为手中的朱红官印愧咎极了！

现在天下正朝着一统的方向走去，九州已经平静，可看看西边还有违背我们君命的蜀，东方的吴也还不肯臣服，致使边境地区一直处在战争状态，智慧的谋士们也没有一天能够高枕无忧，实在是因为我们想融合四方海内，达到理想的太平境界啊！启攻灭了有扈氏，使得夏的功绩昭显；成王平定了商奄的叛乱，使得周的声德著明起来。如今陛下以圣明的才智统领世局，承袭了像文王、武王的功勋，继续成王、康王治世的隆盛，选拔任用贤能之士，派了像周宣王时方叔、召虎那样能干的臣子去镇御四方，让他们作为保护我们国家的爪牙，可以说是很适当的。然而，那高飞的鸟儿还没能被箭射中，那深渊的游鱼尚未吃着钓饵，恐怕是射箭钓鱼的技术还不够精湛罢？以前耿弇不等待汉光武帝的救兵，奋力出击张步，说是不愿把贼人留给君王。而车右陪齐成王出猎时，为了车子的左轮故障而引咎自杀；雍门狄在越兵侵入齐境前，也因自责刎颈。像这两位先生，难道是讨厌生命而喜爱死亡吗？实在是因为不忍怠慢欺陵君上啊！君主的宠信臣下，是想要他来除去祸患增加利益；臣下事奉君主，必定要能做到舍命平乱，拿功绩来报效君主。汉朝初年的贾谊，年纪轻轻的就上书皇帝，请求派他做属国的官吏，说他一定不辱任命，把单于的首级取来献给皇上。终军也在少年时出使南越，他说要用长长的马鞭把南越王捆起来，送回朝廷。这两位臣子，哪里只是想在人主面前夸口，在世人的面前自我炫耀呢？他们的心志也许郁抑难伸，但总是想竭尽自己的才干，让贤明的君王能重用他们的能力啊！从前汉武帝为大将军霍去病营建居所，他推辞说：“现在匈奴气势嚣张，尚未平定，我还没有心思想到家哩！”为了忧虑国事而忘却个人的家庭，甚至舍命赴难，本是忠臣的心志。现在我受封在外，并非不富厚，可是睡觉睡不安稳，吃饭也不知味道，只缘于时刻惦记着蜀、

味者，伏以二方未克为念。

伏见先武皇帝武臣宿将，年耆即世者有闻矣。虽贤不乏世，宿将旧卒，犹习战陈，窃不自量，志在效命，庶立毛发之功，以报所受之恩。若使陛下出不世之诏，效臣锥刀之用，使得西属大将军，当一校之队，若东属大司马，统偏舟之任，必乘危蹈险，骋舟奋骊，突刃触锋，为士卒先。虽未能禽权馘亮，庶将虏其雄率，歼其丑类，必效须臾之捷，以灭终身之愧，使名挂史笔，事列朝策。虽身分蜀境，首县吴阙，犹生之年也。如微才弗试，没世无闻，徒荣其躯而丰其体，生无益于事，死无损于数，虚荷上位而忝重禄，禽息鸟视，终于白首，此徒圈牢之养物，非臣之所志也。流闻东军失备，师徒小衄，辍食弃餐，奋袂攘衽，抚剑东顾，而心已驰于吴会矣。

臣昔从先武皇帝南极赤岸，东临沧海，西望玉门，北出玄塞，伏见所以行军用兵之势，可谓神妙矣。故兵者不可豫言，临难而制变者也。志欲自效于明时，立功于圣世。每览史籍，观古忠臣义士，出一朝之命，以徇国家之难，身虽屠裂，而功铭著于鼎钟，名称

吴尚未平定啊！

我看先父武皇帝的武臣旧将，因为年老力衰而去世的，时有所闻。虽说现在不乏贤士，一些老将旧兵还熟习打仗；但是，我不自量力，心存效命的志愿，也想建立些汗马功劳，以便报答我一向受到的恩宠。如果陛下下了不平常的诏令，愿意纳用我薄弱的才干，使我成为正在西方作战的大将军曹真的助手，那我可以担当军营伍部的校尉；要是使我成为在东方作战的大司马曹休的助手，那我将能统揽大部分的重任；而且，必定不畏危险，水陆并进，磨刀砺枪，必要时身先士卒。即使不能活捉斩首孙权或诸葛亮，但愿能俘虏他们的将帅，消灭对方的兵力，一定在短时间内把握机会胜利回来，以洗雪我一辈子的愧咎，把战绩记载在朝策上，而名垂青史。真能这样，就算杀身于蜀境，悬头在吴都，也依然像活着一般。如果我这微弱的才干，连试验的机会都没有，默默无闻地死去，只是徒然丰养我的躯体，活着于事无补，死了也不影响什么，白白拥有高官厚禄，像被饲养的鸟兽，一辈子只晓得吃喝睡息。过这种笼中物的日子，绝不是我的志向。传说东征的部队失于严密的防备，而遭受小小的挫折，我为此废寝忘食，意气激昂，手按着身上的宝剑，而一颗心早已飞奔到东方的吴会（今即吴郡、会稽郡，大约相当于今苏南和浙北一带）去了！

以前我曾经跟随先父武皇帝向南到达赤岸，东边面临沧海，往西可见玉门关（今甘肃敦煌西），北向则从长城出发，亲自体验到怎样行军用兵的情势，可以说相当神妙的了！军阵的事往往不能预先测度，必须在临到危难时有应变控制的能力。我深愿在这圣明的世代里效命立功。每次读到古书上的忠臣义士，他们接受朝廷的任命，尽心尽力，为国殉难在所不惜，身体虽然被砍杀分裂，可是，国家的钟鼎上镌刻着那显赫的功勋，史书上永留那伟烈的名字，这时刻，我没有不搥心叹息的。我听说明主使用臣子，不会因为他曾经犯过

垂于竹帛，未尝不拊心而叹息也。臣闻明主使臣，不废有罪。故奔北败军之将用，秦、鲁以成其功；绝缨盗马之臣赦，楚、赵以济其难。臣窃感先帝早崩，威王弃世，臣独何人，以堪长久！常恐先朝露，填沟壑，坟土未干，而身名并灭。臣闻骐骥长鸣，则伯乐照其能；卢狗悲号，则韩国知其才。是以效之齐、楚之路，以逞千里之任；试之狡兔之捷，以验搏噬之用。今臣志狗马之微功，窃自惟度，终无伯乐、韩国之举，是以于邑而窃自痛者也。

夫临博而企竦，闻乐而窃抃者，或有赏音而识道也。昔毛遂，赵之陪隶，犹假锥囊之喻，以寤主立功，何况巍巍大魏多士之朝，而无慷慨死难之臣乎！夫自衒自媒者，士女之丑行也。干时求进者，道家之明忌也。而臣敢陈闻于陛下者，诚与国分形同气，忧患共之者也。冀以尘雾之微补益山海，荧烛末光增辉日月，是以敢冒其丑而献其忠。

罪就废弃他。从前，秦将孟明视、西乞术、白乙丙出兵，被晋打败俘虏，他们回到秦国后仍受重用，后来终于把晋国攻败。鲁将曹沫带兵跟齐作战，三战三败，鲁庄公割地求和。后来齐桓公答应鲁庄公在柯这个地方举行谈判，曹沫仍以大将身份出席，他出其不意用匕首劫持齐桓公，终使鲁国尽复失地。从前，楚庄王赐宴群臣，其中有一名臣子趁着火烛熄灭时调戏陪酒的美女，结果被扯下帽带，要求庄王严惩他，庄王却很巧妙地原谅了这名臣子。后来楚晋交兵，那名臣子奋勇杀敌，五个回合下来都有斩获，终于找到答报庄王的机会。有一回，秦穆公的座马走丢了，被野人们捉去。穆公据报前去察看，那名贵的骑马已经被野人杀死正要吃掉，穆公于是下令赐酒，并且同他们畅饮欢叙。后来，穆公被晋军围困，情势危急，却出现那怎么想也料不到的野人们，奋力营救，终于解了穆公之围。我心想先帝那么早就驾崩，任城威王也已去世，我是什么人？又怎能抗耐长久的岁月呢？常常恐慌像那朝露，太阳一出来就消逝，一旦死了，坟土还没干，而名字已随形体朽灭了！听说那千里马所以能奋奔长鸣，是由于伯乐能鉴察它的才能；那雄壮的黑狗所以引颈悲号，是由于韩国这个人懂得相狗呵！因此，如果仿效那齐楚遥远的路程，或可以托给我奔驰千里的任务；拿试验狡兔灵敏的方法，或可以证明我如同灵犬的善于扑杀猎物。如今我心存狗马效劳的志愿，仔细想想，却又没有伯乐、韩国来举荐我，所以，心情郁闷沉痛之至。

看人赌博不觉会踮起脚尖，听到音乐本能地打拍子，这都由于是内行人才能有的反应啊！从前的毛遂，本来是赵平原君底下一名默默无闻的门客，他奋勇进见，经由譬喻，说自己是囊袋中的刀锥，总会脱颖而出的，终而得为主立功的机会。何况我们雄伟的魏朝，人才济济，怎么会没有慷慨赴难的忠臣呢！当然，自我夸耀和自我作媒，那是读书人和女人家的丑行。看准时势力求官禄，更是道家明显的禁忌。而我之所以胆敢披心置腹，实在是因为我把自己看成和国家一体，忧患与共的缘故啊！我只望拿我如同尘雾般的微弱才能，约略补益像高山大海的魏国，以我如同萤烛的光芒来增加一点日月的辉耀，所以我胆敢冒着丑行的误解来呈献我的赤诚。

三年，徙封东阿。五年，复上疏求存问亲戚，因致其意曰：

臣闻天称其高者，以无不覆；地称其广者，以无不载；日月称其明者，以无不照；江海称其大者，以无不容。故孔子曰："大哉尧之为君！惟天为大，惟尧则之。"夫天德之于万物，可谓弘广矣。盖尧之为教，先亲后疏，自近及远。其《传》曰："克明峻德，以亲九族；九族既睦，平章百姓。"及周之文王亦崇厥化，其《诗》曰："刑于寡妻，至于兄弟，以御于家邦。"是以雍雍穆穆，风人咏之。昔周公吊管、蔡之不咸，广封懿亲以藩屏王室，《传》曰："周之宗盟，异姓为后。"诚骨肉之恩爽而不离，亲亲之义实在敦固，未有义而后其君，仁而遗其亲者也。

伏惟陛下资帝唐钦明之德，体文王翼翼之仁，惠洽椒房，恩昭九族，群后百寮，番休递上，执政不废于公朝，下情得展于私室，亲理之路通，庆吊之情展，诚可谓恕己治人，推惠施恩者矣。至于臣者，人道绝绪，禁锢明时，臣窃自伤也。不敢过望交气类，修人事，叙人伦。近且婚媾不通，兄弟乖绝，吉凶之问塞，庆吊之礼废，恩纪之违，甚于路人，隔

太和三年（公元229年）年，曹植迁封至东阿（今山东阳谷县东北阿城镇）。太和五年（公元231年），曹植再上书希望朝廷慰劳亲戚，并表明自己的心意：

我听说上天的崇高所以被赞颂，是由于它的无所不覆盖；大地的广博所以被称述，是由于它的无所不负载；日月光辉的被讴歌，是由于它的无所不照耀；江海的汪洋深奥，是由于它的无所不容受。所以孔子说："尧成为国君是何等伟大啊！只有上苍是最伟大的，也只有尧能效法它。"天德对于万物，可以说是宽弘广博的了！唐尧教化人民，先从最亲近的人们做起，然后再慢慢推广普及到疏远的人们身上。《尚书》上说："尧能够彰明自己伟大的德行，来亲近九族中的亲人；等亲人都已经和睦了，他又进一步使百姓安和相处。"等到周文王时，他很推崇尧的德行化民，《诗经》上说他："在家里先做模范给妻子看，慢慢在兄弟间形成友爱正直的风气，最后，也就能用这个来治理整个邦国了。"所以诗人们歌颂传唱他那雍容雅达的风范。从前周公出兵诛讨谋反的管叔、蔡叔，同时大力分封王室宗亲来作为屏障，《左传》上说："周朝盟会诸侯的时候，排列位次都以同姓居先，异姓为后。"真的是兄弟骨肉的恩情即使有冲突也不致离散，亲近亲人的情义实在厚固啊！从来没有一位义士会把君王抛诸脑后，也绝没有仁德的人会遗弃自己的亲戚的。

陛下天赋有帝唐敬明的德行，禀受文王谨慎的仁心，德惠使得子孙繁兴，恩情昭耀九族，群臣百官，轮流为您效命。在公朝上努力执政，私下里又体恤一般人情，亲戚间的情理得以畅通，喜庆吊慰诸情得以抒展，实在称得上用推己及人之心来治理国家，善于推广布施您的恩情。至于我呢？人际间的往来几乎断绝，在这么圣明的时代遭受禁锢，我的内心无比伤感。不敢奢望还能结交气味相投的朋友，整治人情事理，欢叙天伦之乐。最近，情况更加恶劣，有婚姻关系的亲戚也不相往来，兄弟间情谊乖绝，不晓得彼此间的吉凶消

阂之异，殊于胡越。今臣以一切之制，永无朝觐之望，至于注心皇极，结情紫闼，神明知之矣。然天实为之，谓之何哉！退唯诸王常有戚戚具尔之心，愿陛下沛然垂诏，使诸国庆问，四节得展，以叙骨肉之欢恩，全怡怡之笃义。妃妾之家，膏沐之遗，岁得再通，齐义于贵宗，等惠于百司，如此，则古人之所叹，风雅之所咏，复存于圣世矣。

臣伏自惟省，无锥刀之用。及观陛下之所拔授，若以臣为异姓，窃自料度，不后于朝士矣。若得辞远游，戴武弁，解朱组，佩青绂，驸马、奉车，趣得一号，安宅京室，执鞭珥笔，出从华盖，入侍辇毂，承答圣问，拾遗左右，乃臣丹诚之至愿，不离于梦想者也。远慕《鹿鸣》君臣之宴，中咏《常棣》匪他之诫，下思《伐木》友生之义，终怀《蓼莪》罔极之哀；每四节之会，块然独处，左右惟仆隶，所对惟妻子，高谈无所与陈，发义无所与展，未尝不闻乐而拊心，临觞而叹息也。臣伏以为犬马之诚不能动人，譬人之诚不能动

息，喜庆丧悼的礼数也荒废了。理当有恩情纪录的，却形同路人；隔阂离异，比胡越还严重。现在，我的一切既被禁制，恐怕永远没有朝见的希望了，我的内心很关注您和朝廷之事，神明想必知道得最清楚。可是这一切都是天命，我又能怎样呢？退省之余，深知其他的王侯常怀着忧思的心情，但愿陛下如那沛然降落的甘霖，下道诏书，使王侯间互相慰问往来，四时节庆时能向您尽点礼数，而能骨肉团聚欢叙天伦，成全兄弟和乐相处的义理。我们的妃妾之间，也让她们互送对方一些油膏沐发的礼品，在来年内，大家亲情相达，外戚们一概平等对待，百官僚属也一律蒙受陛下的恩泽。能够这么做，那古人所赞叹的、《诗经》所咏唱的亲情的可贵，就可以再度呈现在这个圣世了！

我深深思维，觉得自己实在连刀锥的才用都算不上。我仔细想陛下所提拔授与我的，如果拿我当异姓的臣子看待，我自己评量一下，应当不会落在一般朝士的后面。要是让我辞国出征，头戴武冠，解除诸侯的章印，佩戴将军的符信，或当驸马都尉，或任奉车都尉，我将很快地立功建勋。让我安住在京都王室里的话，我愿做一名侍从，您出门时跟随着您的座车，回来时服侍在京师，随时在左右承受您的问话，采补缺漏；这就是我由衷的愿望，而这个念头从没有自我的梦想中离开过。我慕盼《诗经·鹿鸣》篇上所说的贤主款宴群臣嘉宾，在歌咏《常棣》篇时，心中常存兄弟不是外人的告诫，又沉思《伐木》篇所说的朋友故旧的义气，也怀浸在《蓼莪》篇所述的无从报答父母恩情的哀痛里，而不能自拔。每当四时节令的聚会，我内心总涌起无比的孤独感来。环绕在左右的只是些仆役，所面对的也只是妻子儿女，想要高谈纵论，却没有对象可以倾诉；想要畅述卓见，却苦于无可施展的局面。因而聆听乐曲时，未尝不拍心沉痛；握着满溢的酒杯，往往不停地叹气。我晓得狗马的忠心不一定能感动它的主人，好比人类的精诚也不见得能撼动天地。齐人杞梁的妻子，因为丈夫战死而哭倒了城墙；尽忠于燕惠王的邹衍，反而受冤被囚，他终于把盛夏哭出寒霜来。这些故事我本来深信不疑，可是现在呢？对我而言，再没有比这些话更

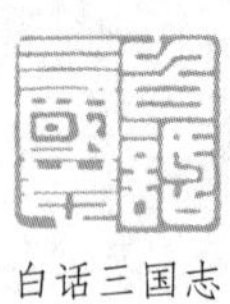

天。崩城、陨霜，臣初信之，以臣心况，徒虚语耳。若葵藿之倾叶太阳，虽不为之回光，然向之者诚也。窃自比于葵藿，若降天地之施，垂三光之明者，实在陛下。

臣闻《文子》曰："不为福始，不为祸先。"今之否隔，友于同忧，而臣独倡言者，窃不愿于圣世使有不蒙施之物。有不蒙施之物，必有惨毒之怀。故《柏舟》有"天只"之怨，《谷风》有"弃予"之叹。故伊尹耻其君不为尧舜，孟子曰："不以舜之所以事尧事其君者，不敬其君者也。"臣之愚蔽，固非虞、伊。至于欲使陛下崇光被时雍之美，宣缉熙章明之德者，是臣慺慺之诚，窃所独守，实怀鹤立企伫之心。敢复陈闻者，冀陛下倘发天聪而垂神听也。

诏报曰："盖教化所由，各有隆弊，非皆善始而恶终也，事使之然。故夫忠厚仁极草木，则《行苇》之诗作；恩泽衰薄，不亲九族，则《角弓》之章刺。今令诸国兄弟，情理

曹植名作《洛神赋》诗意图，元卫九鼎绘。

虚妄的了！那仰着脸一心一意跟着太阳转的向日葵，就算太阳不回照它，它也一样诚心地向着太阳。我自比成向日葵，您愿不愿像天地降下福泽，日月星垂照万物，那就全要看您的决定了！

我曾听《文子》这么说："不要抢先享福，但也不要做个最先惹祸的人！"现在我的一片诚心能否让您接受，兄弟们都同感忧虑。而我独自胆敢大声疾呼，实在是不愿在圣世里头，还有不能蒙受到您的恩泽的东西。如果有不蒙受恩泽的，那必定有忧怨的情怀，所以《诗经·柏舟》篇有对上苍的怨诉，《谷风》篇有被厌弃的悲叹。殷的贤相伊尹认为，国君不能像尧舜那样是自己的耻辱。《孟子》也说："不拿舜事奉尧的态度来事奉自己的君上的，那是不尊敬国君哪！"愚昧固弊的我，当然远不及虞舜、伊尹的敏锐聪明；可是，我确实抱着谨慎的诚心，期望陛下能效法古圣先王，广布德光，普施仁政啊！我如此孤独地固守这个信念，实在是怀着像那不转身的鹤鸟，举起脚跟专心一意地等待着的心思。我胆敢一再陈述这些话，是希望或许能激动陛下的聪慧，而劳神垂听我的心声。

皇帝便下了一道诏书："大抵教化的根由各有它的隆盛衰弊，并非都从好的开始，而以坏的作结束，实在也是时事使它如此。忠厚仁慈的极致能到达草木，那就是《诗经·行苇》篇创作的意旨；绝恩寡义，不亲近族人，那就是《诗经·角弓》篇所要讥刺的所在。

简怠，妃妾之家，膏沐疏略，朕纵不能敦而睦之，王援古喻义备悉矣，何言精诚不足以感通哉？夫明贵贱，崇亲亲，礼贤良，顺少长，国之纲纪，本无禁固诸国通问之诏也，矫枉过正，下吏惧谴，以至于此耳。已敕有司，如王所诉。”

植复上疏陈审举之义，曰：

臣闻天地协气而万物生，君臣合德而庶政成；五帝之世非皆智，三季之末非皆愚，用与不用，知与不知也。既时有举贤之名，而无得贤之实，必各援其类而进矣。谚曰：“相门有相，将门有将。”夫相者，文德昭者也；将者，武功烈者也。文德昭，则可以匡国朝，致雍熙，稷、契、夔、龙是也；武功烈，则可以征不庭，威四夷，南仲、方叔是矣。昔伊尹之为媵臣，至贱也，吕尚之处屠钓，至陋也，及其见举于汤武、周文，诚道合志同，玄谟神通，岂复假近习之荐，因左右之介哉？《书》曰：“有不世之君，必能用不世之臣；用不世之臣，必能立不世之功。”殷周二王是矣。若夫龌龊近步，遵常守故，安足为陛下言哉？故阴阳不和，三光不畅，官旷无人，庶政不整者，三司之责也。疆埸骚动，方隅内侵，没

现在让各封地的兄弟们，尽量精简不必要的人情世理的往还；妃妾妇道人家，不要奢华妆扮。朕纵使不能敦促大家和睦相处，你所援引的古喻，用意我也极明白了，怎么说精诚不足以感动沟通上天呢？谈到分明贵贱，尊崇亲戚，礼敬贤良，少长有序，都是国朝的纲纪，本来就没有禁锢各侯国间互相沟通问候的诏令啊！不过是有些属下矫枉过正，担心受谴责，才弄到这地步。现已下令有关部门，按照你所陈诉的加以改进。”

曹植再上疏陈述审核举用人才的意旨，疏文如下：

我听说天地和气然后万物化生，君王和臣下同心修德而后政务才能成功；五帝时代不一定个个都聪明，三代的末世不一定个个都愚昧；完全在于君王能不能任用贤人，和知不知道人才在哪里。既然时常听到举用贤人的名目，却没有得到贤人的实质，那就应该斟酌人才的类型来进用他。俗话说：“宰相的世家有宰相，将军的世家有将军。”这个“相”，是说文才品德昭明的；这个“将”，就是说那武略功勋伟烈的了。文德显著，便可以匡理国朝，使它安和兴明，像稷、契、夔、龙都是；武功伟烈，便可去征讨那不正直的，使声威震动四夷，像南仲、方叔就是。从前伊尹做过陪嫁的臣仆，再卑贱不过了；姜太公曾经在渭水边钓鱼度日，也极鄙陋；等到他们分别被商汤、文王发现任用后，真的是志同道合，许多深远的谋略都能心意互通，哪还要假借君王近亲的推荐，或是左右的介绍呢？《书经》上说：“有不寻常的国君，必定能任用不寻常的臣子；能用不寻常的臣子，必定能建立不寻常的功勋。”这实在是殷、周二王的写照。至于自限狭隘，只求遵守故旧的做法，想陛下是不屑一顾的。因此，若是阴阳失调，日月星三光不畅达，空着官位没有适当的人才来担当，国家政务无法整饬，这都是三司（即三公，指太尉、司空和司徒）的职责所在啊！像边界骚动、四方交侵，却连连挫败，军民死伤无数，仍干戈不停，这就是镇守边疆的将领最大

军丧众，干戈不息者，边将之忧也。岂可虚荷国宠而不称其任哉？故任益隆者负益重，位益高者责益深，《书》称“无旷庶官”，《诗》有“职思其忧”，此其义也。

陛下体天真之淑圣，登神机以继统，冀闻《康哉》之谔，偃武行文之美。而数年以来，水旱不时，民困衣食，师徒之发，岁岁增调，加东有覆败之军，西有殪没之将，至使蚌蛤浮翔于淮、泗，鼲鼬讙哗于林木。臣每念之，未尝不辍食而挥餐，临觞而搤腕矣。昔汉文发代，疑朝有变，宋昌曰：“内有朱虚、东牟之亲，外有齐、楚、淮南、琅邪，此则磐石之宗，愿王勿疑。”臣伏惟陛下远览姬文二虢之援，中虑周成召、毕之辅，下存宋昌磐石之固。昔骐骥之于吴阪，可谓困矣，及其伯乐相之，孙邮御之，形体不劳而坐取千里。盖伯乐善御马，明君善御臣；伯乐驰千里，明君致太平；诚任贤使能之明效也。若朝司惟良，万机内理，武将行师，方难克弭。陛下可得雍容都城，何事劳动銮驾，暴露于边境哉？

臣闻“羊质虎皮，见草则悦，见豺则战，忘其皮之虎也”。今置将不良，有似于此。

的忧虑了。怎么可以空负国家的恩宠而不能完成任务呢？所以，官职愈高的责任也就更重，权位愈显赫的负担也就更深。《书经》上说“不要废缺众官的职位”，《诗经》上也说“担任某项职务就有这职务的忧虑”，都指的是上面的意思。

陛下体受天赋的真知圣明，登上帝位继承大统，但望能听到像《康哉》上所歌颂的，止息武事、推动文艺的美况。然而，几年下来，不时有水灾、旱灾，人民苦于缺衣乏食，每年都在征调士男充军，不时出兵伐敌。加上东边有曹休的石亭败仗，西方有阵亡的大将王双、张郃，以至使得一些蚌蛤之流的东西，也能浮游在淮水、泗水上，而鼲鼬鼠辈们更在森林里嚣闹不休。我每次想到这些事情，纵然佳肴美酒当前，没有一回不是食难下咽，扼腕长叹的。从前，汉文帝要去征讨代这个地方时，疑虑朝廷里会有变故发生。宋昌安慰他说：“现在朝廷内有朱虚、东牟这两个最亲信的人在，外面又有齐、楚、淮南、琅邪各处的宗亲，他们像磐石一般地守卫着汉朝王室，希望王上不必多加疑虑。”我请陛下沉思：远的像周文王，曾借助母舅虢仲、虢叔的帮助以成就他的王业；接着，周成王任用召公、毕公两位伯父来辅佐，间接促成了太平治世；近一点像前面说过的，宋昌曾劝勉汉文帝，借重有如磐石般牢固的宗亲力量来保卫国朝。以前，千里马曾经困处在吴阪这个地方，一直等到精通马性的伯乐发现它，再由擅长驾马的孙邮来御驶，才充分表现了它的能力，而伯乐、孙邮更能不必劳累形体，就可奔驰千里路程。伯乐善于驾御骏马，明君善于器用良臣；所以伯乐能够驰骋千里，明君能够导致天下太平；这实在是举任贤才重用能士的最好效果。如果任职朝廷的都是贤良之士，只需在内部综理万事，外面派遣武将去征守就可以了，甚且眼前的危难也将可以克服。陛下当然得以从容坐镇都城，又有什么事需要劳动皇上的车马，奔驰暴露在边境上呢？

传说披上虎皮的羊只，一见了青草就喜悦，一看到豺狼还忍不住发抖，是因为忘了自

故语曰："患为之者不知，知之者不得为也。"昔乐毅奔赵，心不忘燕；廉颇在楚，思为赵将。臣生乎乱，长乎军，又数承教于武皇帝，伏见行师用兵之要，不必取孙、吴而暗与之合。窃揆之于心，常愿得一奉朝觐，排金门，蹈玉陛，列有职之臣，赐须臾之间，使臣得一散所怀，摅舒蕴积，死不恨矣。

被鸿胪所下发士息书，期会甚急。又闻豹尾已建，戎轩鹜驾，陛下将复劳玉躬，扰挂神思。臣诚竦息，不遑宁处。愿得策马执鞭，首当尘露，撮风后之奇，接孙、吴之要，追慕卜商起予左右，效命先驱，毕命轮毂，虽无大益，冀有小补。然天高听远，情不上通，徒独望青云而拊心，仰高天而叹息耳。屈平曰："国有骥而不知乘，焉皇皇而更索！"昔管、蔡放诛，周、召作弼；叔鱼陷刑，叔向匡国。三监之衅，臣自当之；二南之辅，求必不远。华宗贵族，藩王之中，必有应斯举者。故《传》曰："无周公之亲，不得行周公之事。"唯陛下少留意焉。

近者汉氏广建藩王，丰则连城数十，约则餐食祖祭而已，未若姬周之树国，五等之品

己身上的老虎皮啊！如今设置将帅不甚得法，有些像这个例子。老话说："只忧虑那去做的不知道实情，知道实情的不能去做。"从前乐毅投奔赵国，心中念念不忘燕国；廉颇身处楚国，时刻想成为赵国的将领。我出生在乱世，成长于军伍中，又常常承受武皇帝的教导，亲自看见行军用兵的道理，不必取法孙膑、吴起的兵法，也能与他们不谋而合。我衡量内心，常愿得到朝见陛下的机会，跻身皇宫，列职于朝廷，即便片刻的赐问，使我能够陈诉胸怀，发抒心底的郁愁，我就是死了也没有遗憾。

鸿胪发下一份通知，希望大伙儿尽快聚集。又听说天子座车后面缀饰的豹尾已经造好，兵车也已整备待发。这一来，陛下将要再劳动龙体，神思也受到纷扰，牵挂各项事务。我恭敬地等候传唤，内心不得安宁。真愿为您手执马鞭驾御车辆，首当尘露的侵袭，摄取黄帝时贤相风后的奇智，受纳孙武、吴起兵法的精要，像孔子身旁的得意门生卜商，追随在您的左右，充当先锋为您效命，而完成执鞭驾马的任务，虽没有什么大功益，但望有小小的补助。然而，上苍何其高，天听何其远，我微渺的心情达不到那儿，只能孤独地凝望着白云，空自捶心，仰起头来向着高高在上的青天，悲痛地叹息而已！屈原说："自己国家里有骏马而不知道乘坐它，何苦要心神不安地向别处去探寻呢？"从前管叔、蔡叔叛变，一被诛杀，一被放逐，周成王仍用亲人周公、召公来辅政；晋国的叔鱼断案不公，韩宣子依然向他的亲人叔向问政治国。周朝三监的祸乱，我自当引以为鉴；周公召公分封在南方，辅佐成王，陛下想征求这种帮手，自是不必远求。在我们华贵的宗族、镇守各地的藩王里面，必定有响应您的举用的人才。所以史传说上说："没有周公那样亲近的关系，不能让他担任像周公所做的职务。"希望陛下多少能留意这个。

近代汉王室大力封建藩王，封地大的甚至连接几十个城市，微不足道的只是参与祭

制也。若扶苏之谏始皇，淳于越之难周青臣，可谓知时变矣。夫能使天下倾耳注目者，当权者是矣，故谋能移主，威能慑下。豪右执政，不在亲戚；权之所在，虽疏必重，势之所去，虽亲必轻，盖取齐者田族，非吕宗也。分晋者赵、魏，非姬姓也。唯陛下察之。苟吉专其位，凶离其患者，异姓之臣也。欲国之安，祈家之贵，存共其荣，没同其祸者，公族之臣也。今反公族疏而异姓亲，臣窃惑焉。

臣闻孟子曰："君子穷则独善其身，达则兼善天下。"今臣与陛下践冰履炭，登山浮涧，寒温燥湿，高下共之，岂得离陛下哉？不胜愤懑，拜表陈情。若有不合，乞且藏之书府，不便灭弃，臣死之后，事或可思。若有豪厘少挂圣意者，乞出之朝堂，使夫博古之士，纠臣表之不合义者。如是，则臣愿足矣。

帝辄优文答报。

其年冬，诏诸王朝六年正月。其二月，以陈四县封植为陈王，邑三千五百户。植每欲求别见独谈，论及时政，幸冀试用，终不能得。既还，怅然绝望。时法制，待藩国既自峻

祖，聊得生活而已。总不像那姬姓的周朝，分封诸侯分为五等的品制。秦始皇的长子扶苏，力谏始皇坑儒的缺失；周青臣赞同秦始皇废封建行郡县的做法，淳于越当着始皇的面加以责难，可以说明时代的变化。能够使全天下的人倾注耳目的，必是当权的人无疑；因此只要有权谋，甚至能够变移人主的地位，只要有声威，就能慑服下面的人。豪贵权门执政，不屈于王室亲戚的话；那么，只要权力所在，不管关系疏淡，他的地位也举足轻重，只要威势不存，再亲近的关系，他的地位也没什么意义。这就是为什么取代齐的，不是吕氏本宗，反而是田氏；瓜分晋的，不是姬姓本宗，反而是赵氏魏氏的缘故了。希望陛下仔细察考这个。如果专门霸住有利的高位，一旦有祸患就迫不及待要求离去的，这就是异姓臣子的作风。想望国家安定、家族富贵，并存着荣祸相共的决心，这就是我们公族的忠臣啊！现在陛下反而疏远公族亲近异姓，我真感到困惑极了。

孟子曾经这么说："君子在困穷的时候力求独善其身，既已显达，就进一步要做到兼善天下。"如今，我和陛下共踏薄冰，同踩热炭，齐登高山，跋涉深涧，体受各种寒温燥湿，不管或高或低，都和你同受甘苦，怎么可能会背离您呢？我内心无比的愤怨，所以呈上这篇表，来陈述衷情。如果上面所说的完全不合您的意思，那求您把它藏入书库，不要灭弃它，等我死后，或许能引发您的深思。要是有小部分违触您的旨意，但求在朝廷上公开它，请博学多识的人来纠正表内不合理的地方。这样，我就心满意足了！

文帝读了，即刻答复一篇诏书。

这年（公元 231 年）冬天，下诏诸王在太和六年（公元 232 年）正月入朝。二月，把陈附近的四个县划给曹植，封他为陈王，食邑三千五百户。曹植每每想请求单独进见，谈论时政，希望被用，终究得不到机会。回到封地后，惆怅绝望已极。这时的法律规定，对

迫，寮属皆贾竖下才，兵人给其残老，大数不过二百人。又植以前过，事事复减半，十一年中而三徙都，常汲汲无欢，遂发疾薨，时年四十一。遗令薄葬。以小子志，保家之主也，欲立之。初，植登鱼山，临东阿，喟然有终焉之心，遂营为墓。子志嗣，徙封济北王。景初中诏曰："陈思王昔虽有过失，既克己慎行，以补前阙，且自少至终，篇籍不离于手，诚难能也。其收黄初中诸奏植罪状，公卿已下议尚书、秘书、中书三府、大鸿胪者皆削除之。撰录植前后所著赋颂诗铭杂论凡百余篇，副藏内外。"志累增邑，并前九百九十户。

萧怀王熊，早薨。黄初二年追封谥萧怀公。太和三年，又追封爵为王。青龙二年，子哀王炳嗣。食邑二千五百户。六年薨，无子，国除。

评曰：任城武艺壮猛，有将领之气。陈思文才富艳，足以自通后叶，然不能克让远防，终致携隙。传曰"楚则失之矣，而齐亦未为得也"，其此之谓欤！

待藩国很是苛峻煎迫，曹植的部属多是劣等庸才，分派给他一些老弱残兵的，顶多不超过两百人。又由于曹植以前的过失，每件事都减半办理，十一年中共迁徙了三个地方，时常心神不安，落落寡欢。后来，生了一场急病死了，才四十一岁。他遗命简单埋他。小儿子曹志，曹植生前认为是保佑他们家的主人，所以想立他继承自己。当初曹植登上鱼山，俯视东阿县（今山东阳谷县东北阿城镇），忍不住叹气，这时他已有归葬在此的心意，于是，在这儿营建坟地。儿子曹志继位，迁封为济北王。魏明帝景初年间，皇上下了一道诏书："陈思王从前虽有过错，但后来克己慎行，足以弥补往日的缺失；而且，从年轻到逝世，文章书籍不曾离手，实在难能可贵。黄初年间所收的曹植各项罪状，公卿们已经决议，下令尚书、秘书、中书三府和大鸿胪将它削除。并抄录曹植生前所写的赋、颂、诗、铭、杂论共一百多篇，宫廷内外各有藏本。"曹志又增封食邑，加上以前的总共九百九十户。

萧怀王曹熊，很早就去世了。魏文帝黄初二年（公元 221 年），追封谥号为萧怀公。魏明帝太和三年（公元 229 年），又追封爵位为王号。青龙二年（公元 234 年），儿子哀王炳继位，有食邑二千五百户。在位六年，没有子嗣，被除去了封国。

陈寿评论说：任城威王的武艺雄壮勇猛，深具将领的气度。陈思王文采富丽华艳，足以自己传致后代，然而不能克己谦让，防患长远，终于一辈子兄弟间有裂痕。史传上说："楚既失去了，而齐也未必能有所得。"或许就是这个意思罢！

三国志卷二十

武文世王公传第二十

李毓善 译

武皇帝二十五男：卞皇后生文皇帝、任城威王彰、陈思王植、萧怀王熊，刘夫人生丰愍王昂、相殇王铄，环夫人生邓哀王冲、彭城王据、燕王宇，杜夫人生沛穆王林、中山恭王衮，秦夫人生济阳怀王玹、陈留恭王峻，尹夫人生范阳闵王矩，王昭仪生赵王幹，孙姬生临邑殇公子上、楚王彪、刚殇公子勤，李姬生谷城殇公子乘、郿戴公子整、灵殇公子京，周姬生樊安公均，刘姬生广宗殇公子棘，宋姬生东平灵王徽，赵姬生乐陵王茂。

丰愍王昂字子修。弱冠举孝廉。随太祖南征，为张绣所害。无子。黄初二年追封，谥曰丰悼公。三年，以樊安公均子琬奉昂后，封中都公。其年徙封长子公。五年，追加昂号曰丰悼王。太和三年改昂谥曰愍王。嘉平六年，以琬袭昂爵为丰王。正元、景元中，累增邑，并前二千七百户。琬薨，谥曰恭王。子廉嗣。

武皇帝曹操共有二十五个儿子：卞皇后生文皇帝曹丕、任城的威王曹彰、陈思王曹植、萧怀王曹熊，刘夫人生丰愍王曹昂、相殇王曹铄，环夫人生邓哀王曹冲、彭城王曹据、燕王曹宇，杜夫人生沛穆王曹林、中山恭王曹衮，秦夫人生济阳怀王曹玹、陈留恭王曹峻，尹夫人生范阳闵王曹矩，王昭仪生赵王曹幹，孙姬生临邑殇公曹子上、楚王曹彪、刚殇公曹子勤，李姬生谷城殇公曹子乘、郿戴公曹子整、灵殇公曹子京，周姬生樊安公曹均，刘姬生广宗殇公子曹棘，宋姬生东平灵王曹徽，赵姬生乐陵王曹茂。

丰愍王曹昂，字子修。二十岁的时候，被荐举为孝廉。他在跟随太祖曹操南征张绣时，被张绣所杀害。没有子嗣。文帝黄初二年（公元 221 年）追封，谥为丰悼公。三年，过继樊安公曹均的儿子曹琬承继他的后嗣，封为中都公。同年，改封为长子公。五年，追封曹昂的谥号为丰悼王。明帝太和三年（公元 229 年），改他的谥号为愍王。齐王芳嘉平六年（公元 254 年），以曹琬承袭他的爵位为丰王。高贵乡公正元、陈留王景元年间，一再增封食邑，合以前所封的，共计二千七百户。曹琬卒，谥为恭王，他的儿子曹廉嗣位。

相殇王铄，早薨，太和三年追封谥。青龙元年，子愍王潜嗣，其年薨。二年，子怀王偃嗣，邑二千五百户，四年薨。无子，国除。正元二年，以乐陵王茂子阳都乡公竦继铄后。

邓哀王冲字仓舒。少聪察岐嶷，生五六岁，智意所及，有若成人之智。时孙权曾致巨象，太祖欲知其斤重，访之群下，咸莫能出其理。冲曰："置象大船之上，而刻其水痕所至，称物以载之，则校可知矣。"太祖大悦，即施行焉。时军国多事，用刑严重。太祖马鞍在库，而为鼠所啮，库吏惧必死，议欲面缚首罪，犹惧不免。冲谓曰："待三日中，然后自归。"冲于是以刀穿单衣，如鼠啮者，谬为失意，貌有愁色。太祖

曹冲称象，佚名绘。

相殇王曹铄，早年去世。明帝曹叡太和三年（公元229年）追封，谥为殇王。明帝青龙元年（公元233年），他的儿子愍王曹潜嗣位，当年，曹潜卒。二年，他的儿子怀王曹偃嗣位，封食邑二千五百户。四年，曹偃卒。曹偃没有子嗣，封国削除。高贵乡公曹髦正元二年（公元255年），过继乐陵王曹茂的儿子阳都乡公曹竦承继曹铄的后嗣。

邓哀王曹冲，字仓舒。自小就聪颖秀出，卓荦不群，只五六岁大的时候，其思想表现，就如成年人的智慧了。当时孙权曾经送给他们一只大象，太祖想知道它有多重。遍问左右部属，没有一个人想得出称象的法子。曹冲说："把象牵到大船上去，察看船身入水的深度，然后刻下水位记号，再换载其他的东西，装到船身吃水深度和记号相同的时候为止，只要称一称这些东西的重量，就是大象的体重了。"太祖一听，大为高兴。就照着曹冲所说的法子做了。当时军务及国政多事，所以用刑法极严苛。太祖的马鞍放在库房中，被老鼠咬破了，库吏非常害怕，心想必被处死刑无疑，他们商议，要自己反绑着去向太祖请罪，又怕仍然是不免于死。曹冲对他们说："等到第三天的中午，你们再自己去吧。"曹冲用刀子在自己的单衣上刺了一个洞，好像被老鼠牙齿咬破的形状，然后假装很失意的样子，愁容满面。太祖问他为何事发愁，曹冲回答说："我听人家说，被老鼠咬破衣服的，那个人

问之，冲对曰："世俗以为鼠啮衣者，其主不吉。今单衣见啮，是以忧戚。"太祖曰："此妄言耳，无所苦也。"俄而库吏以啮鞍闻，太祖笑曰："儿衣在侧，尚啮，况鞍县柱乎？"一无所问。冲仁爱识达，皆此类也。凡应罪戮，而为冲微所辩理，赖以济宥者，前后数十。太祖数对群臣称述，有欲传后意。年十三，建安十三年疾病，太祖亲为请命。及亡，哀甚。文帝宽喻太祖，太祖曰："此我之不幸，而汝曹之幸也。"言则流涕，为聘甄氏亡女与合葬，赠骑都尉印绶，命宛侯据子琮奉冲后。二十二年，封琮为邓侯。黄初二年，追赠谥冲曰邓哀侯，又追加号为公。三年，进琮爵，徙封冠军公。四年，徙封己氏公。太和五年，加冲号曰邓哀王。景初元年，琮坐于中尚方作禁物，削户三百，贬爵为都乡侯。三年，复为己氏公。正始七年，转封平阳公。景初、正元、景元中，累增邑，并前千九百户。

彭城王据，建安六十年封范阳侯。二十二年，徙封宛侯。黄初二年，进爵为公。三年，为章陵王，其年徙封义阳。文帝以南方下湿，又以环太妃彭城人，徙封彭城。又徙封

一定要倒楣，今天我的单衣被老鼠咬了一个洞，所以我很发愁。"太祖听了，说："那完全是一派胡言，你不用为那个自苦。"不久，库吏来报告马鞍被咬的事，太祖笑着说："我儿子的衣服放在身边，都被老鼠咬了，何况是挂在柱子上的马鞍呢？"完全不予追究。冲待人仁慈，通情达理，常做这一类的事。凡是犯了大罪，靠着冲替他们暗中处理解决，得以免罪的，前后有数十件之多。太祖屡次在群臣面前称赞叙述冲的好处，很有立他为太子的意思。十三岁那年，也就是汉献帝刘协的建安十三年（公元 208 年），冲病了，太祖亲自为他设祭祈祷。后来病重死亡，太祖悲伤逾恒。文帝曹丕安慰太祖，请太祖宽心，太祖说："这是我的不幸，却是你们的幸运。"每当说到冲，总是泪流满面。替他聘了甄家已亡故的女儿为妻，把两人合葬在一起，赠予骑都尉的印绶，令宛侯曹据的儿子曹琮承继曹冲的后嗣。建安二十二年（公元 217 年），封曹琮为邓侯。文帝黄初二年（公元 221 年），追赠封号，谥冲为邓哀侯，又追加封号为公。三年，晋升曹琮的封爵，改封为冠军公。四年，改封为己氏公。明帝太和五年（公元 231 年）晋升曹冲的封号为邓哀王。明帝景初元年（公元 237 年），曹琮触犯了在中尚方制作禁物的禁令，被削减食邑三百户，贬封爵为都乡侯。三年，再恢复为己氏公。齐王芳正始七年（公元 246 年）转封为平阳公。明帝景初、高贵乡公正元、陈留王景元年间，屡次增封食邑，合以前所封的，共计一千九百户。

彭城王曹据，汉献帝建安十六年（公元 211 年）封为范阳侯。二十二年，改封为宛侯。文帝黄初二年（公元 221 年），晋升爵位为公。三年，封为章陵王。同年，改封在义阳，为义阳王。文帝认为南方的地势低下潮湿，又因为环太妃是彭城人，所以改封他在彭城，为彭城王。又改封在济阴，为济阴王。五年，颁诏令说："从前帝王建国，因时代之需要而创

济阴。五年，诏曰："先王建国，随时而制。汉祖增秦所置郡，至光武以天下损耗，并省郡县。以今比之，益不及焉。其改封诸王，皆为县王。"据改封定陶县。太和六年，改封诸王，皆以郡为国，据复封彭城。景初元年，据坐私遣人诣中尚方作禁物，削县二千户。三年，复所削户邑。正元，景元中累增邑，并前四千六百户。

燕王宇字彭祖。建安十六年，封都乡侯。二十二年，改封鲁阳侯。黄初二年，进爵为公。三年，为下邳王。五年，改封单父县。太和六年，改封燕王。明帝少与宇同止，常爱异之。及即位，宠赐与诸王殊。青龙三年，征入朝。景初元年，还邺。二年夏，复征诣京都。冬十二月，明帝疾笃，拜宇为大将军，属以后事。受署四日，宇深固让；帝意亦变，遂免宇官。三年夏，还邺。景初、正元、景元中，累增邑，并前五千五百户。常道乡公奂，宇之子，入继大宗。

沛穆王林，建安十六年封饶阳侯。二十二年，徙封谯。黄初二年，进爵为公。三年，为谯王。五年，改封谯县。七年，徙封鄄城。太和六年，改封沛。景初、正元、景元中，

立制度。汉高祖刘邦增加秦朝设置的郡县，到了光武帝刘秀的时候，因为战争的损耗，并省了一些郡县。拿今日之情况相比较，更比不上从前了。特此改封诸王，都封为县王。"曹据改封在定陶县，为定陶县王。明帝太和六年（公元 232 年），改封诸王，都是以一郡为一国，曹据又被封为彭城王。明帝景初元年（公元 237 年），曹据犯了私自派人到中尚方去制作违禁物的罪，被削减食邑二千户。三年，恢复了削减的食邑，高贵乡公正元、陈留王景元年间，屡次增封食邑，合以前所封的，共计四千六百户。

燕王曹宇，字彭祖。汉献帝建安十六年（公元 211 年），封为都乡侯。二十二年，改封为鲁阳侯。文帝黄初二年（公元 221 年），晋升爵位为公。三年，封为下邳王。五年，改封在单父县，为单父县王。明帝太和六年（公元 232 年），改封为燕王。明帝从小就和宇最要好，生活在一块儿，常常同进退。所以等明帝即帝位之后，对宇的照顾赏赐和对其他诸侯王不同。青龙三年（公元 235 年），被征召入洛阳朝觐。景初元年（公元 237 年），方回邺地。二年夏天，又征召他进京。是年的冬十二月，明帝病重，拜宇为大将军，并托付他以后事。受任命才四天，宇坚决谦辞大将军的官职；明帝的心意也有所改变，所以免去了宇的官位。三年的夏天，宇再回到邺。明帝景初、高贵乡公正元、陈留王景元年间，屡次增封食邑，合以前所封的，共计五千五百户。常道乡公曹奂，是宇的儿子，入继大统。

沛穆王曹林，汉献帝建安十六年（公元 211 年）封为饶阳侯。二十二年，改封在谯，为谯侯。文帝黄初二年（公元 221 年），晋升爵位为公。三年，封为谯王。五年，改封在谯县，为谯县王。七年，改封在鄄城，为鄄城王。明帝太和六年（公元 232 年），改封在沛，

累增邑，并前四千七百户。林薨，子纬嗣。

中山恭王衮，建安二十一年封平乡侯。少好学，年十余岁能属文。每读书，文学左右常恐以精力为病，数谏止之，然性所乐，不能废也。二十二年，徙封东乡侯，其年又改封赞侯。黄初二年，进爵为公，官属皆贺，衮曰："夫生深宫之中，不知稼穑之艰难，多骄逸之失。诸贤既庆其休，宜辅其阙。"每兄弟游娱，衮独覃思经典。文学防辅相与言曰："受诏察公举错，有过当奏，及有善，亦宜以闻，不可匿其美也。"遂共表称陈衮美。衮闻之，大惊惧。责让文学曰："修身自守，常人之行耳，而诸君乃以上闻，是适所以增其负累也。且如有善，何患不闻，而遽共如是，是非益我者。"其戒慎如此。三年，为北海王。其年，黄龙见邺西漳水，衮上书赞颂。诏赐黄金十斤，诏曰："昔唐叔归禾，东平献颂，斯皆骨肉赞美，以彰懿亲。王研精坟典，耽味道真，文雅焕炳，朕甚嘉之。王其克慎明德，以终令闻。"四年，改封赞王。七年，徙封濮阳。太和二年就国，尚约俭，教敕妃妾纺绩织纴，习为家人之事。五年冬，入朝。六年，改封中山。

为沛王。明帝景初、高贵乡公正元、陈留王景元年间，屡次增封食邑，合以前所封的，共计四千七百户。曹林卒，他的儿子曹纬嗣位。

中山恭王曹衮，汉献帝建安二十一年（公元216年）封为平乡侯。他自小就喜欢读书，十多岁就能写文章。每当他念书的时候，文学左右常常怕他用功过度而生病，所以屡次劝他多休息，但是由于个性所好，他总不接受。二十二年，改封为东乡侯，当年，又改封为赞侯。文帝黄初二年（公元221年），晋升爵位为公，属官纷纷前来道贺，曹衮说："生长在深宫之中，不知道农事的艰难，常常容易犯骄奢纵逸的毛病，诸位贤达既然庆贺我的好运，也应当帮助我改正缺点。"每次和兄弟们聚首游宴时，衮独自深思经文典籍。文学防辅官彼此说："我们奉皇上的命令来此考核公的举止，有过错时固然应该呈报，他的优点，也应该呈报上去，让皇上知道，不可以隐没了他的长处。"于是，他们共同上表章，称扬衮的善行。衮听说了，大为惊恐，指责文学防辅官说："修养身心，自守善道，本是极平常的行为，而诸位竟然呈报了皇上，这适足以增加了我的负累而已。况且，如果我的行为果真可取，还怕别人不知道吗？你们这样遽尔呈报，对我并无好处。"他的个性，就是如此谨慎。三年，封为北海王。这一年，黄龙在邺县西方的漳水中出现，衮上书敬致赞颂之意。文帝下诏，赏赐他黄金十斤。诏书说："从前唐叔虞有归禾一文，东平王刘苍献汉光武皇帝中兴颂，这些都是骨肉至亲的赞美，用以彰显其至亲的美德的。王精研三坟五典，深体道德仁义，文章典雅焕炳，我非常欣赏。希望王能够慎其明德，使美誉长存。"四年，改封为赞王。七年，改封在濮阳，为濮阳王。明帝太和二年（公元228年），前往封地。他的生活崇尚俭约，教戒妃妾纺纱、缉麻、织布、缝纴，自理琐事。五年的冬天，入朝京师。六年，改封在中山，为中山王。

初，衮来朝，犯京都禁。青龙元年，有司奏衮。诏曰："王素敬慎，邂逅至此，其以议亲之典议之。"有司固执。诏削县二，户七百五十。衮忧惧，戒敕官属愈谨。帝嘉其意，二年，复所削县。三年秋，衮得疾病，诏遣太医视疾，殿中、虎贲赍手诏、赐珍膳相属，又遣太妃、沛王林并就省疾。衮疾困，敕令官属曰："吾寡德忝宠，大命将尽。吾既好俭，而圣朝著终诰之制，为天下法。吾气绝之日，自殡及葬，务奉诏书。昔卫大夫蘧瑗葬濮阳，吾望其墓，常想其遗风，愿托贤灵以弊发齿，营吾兆域，必往从之。《礼》：'男子不卒妇人之手。'亟以时成东堂。"堂成，名之曰遂志之堂，舆疾往居之。又令世子曰："汝幼少，未闻义方，早为人君，但知乐，不知苦；不知苦，必将以骄奢为失也。接大臣，务以礼。虽非大臣，老者犹宜答拜。事兄以敬，恤弟以慈。兄弟有不良之行，当造膝谏之；谏之不从，流涕喻之；喻之不改，乃白其母。若犹不改，当以奏闻，并辞国土。与其守宠罹祸，不若贫贱全身也。此亦谓大罪恶耳，其微过细故，当掩覆之。嗟尔小子，慎修乃身，奉圣朝以忠贞，事太妃以孝敬。闺闱之内，奉令于太妃；阃阈之外，受教于沛王。无怠乃心，以慰予灵。"其年薨。

当初，曹衮未奉征召而擅入京师，触犯了不得擅自进京的禁令。明帝青龙元年（公元233年），官吏告发衮。明帝颁诏令说："中山王衮为人素称敬慎，今不期而来此，触犯禁令，且根据议亲的法规议处之。"官吏坚持应当依法判罪，不得已，明帝下诏削减衮的两个县，食邑七百五十户。衮为此忧愁恐惧，约束僚属较前更加谨慎。明帝嘉许他改过向善的诚意，所以在青龙二年，又下诏复封所削减的食邑。三年的秋天，衮生病，明帝诏令派遣太医前去诊治，另外殿中和虎贲捧着明帝的手诏、赏赐的珍膳补品，络绎于道路间。又派遣太妃、沛王曹林一同前去探病。衮在病危之时，敕戒僚属说："我德薄而蒙受皇上如此的恩遇，而今大限已到。我生性喜好俭约，而朝廷明令终诰之制，以为天下的法则。因此当我气绝的那一天，由殡殓到下葬，务必遵奉诏令行事。从前卫国大夫蘧瑗葬在濮阳，我瞻仰其陵墓，追怀他遗留下来的风范，愿意托附骸骨在贤智英灵的左右，所以我的坟墓，要营建在他的附近。《礼》书上说：'男子不可以死在妇人之手。'要尽快建造东堂。"东堂落成，命名为"遂志之堂"，衮扶病迁过去住。又告诫世子说："你年纪还轻，尚不懂得事理，小小年纪即位做人君，只知道享乐，不知道吃苦；不知吃苦，必将流于骄奢的习气。接遇大臣，必须要合于礼法，即使不是大臣，对待那年事已高的也要答拜。事奉兄长以敬，抚恤弟妹以慈，兄弟们有越轨的行为，应当前去就近规劝他。规劝而他不听从，你就要流着泪开导他，开导了而仍然不知悔改，这才去禀告他的母亲。如果他还是不肯改过，就可以呈报皇上，并且辞去封邑。因为与其居优渥之位而罹灾祸，远不如守贫贱保性命啊。这些是指犯大罪过而言，至于犯了细小的过错，就应该替他隐瞒。唉！你这小小的年轻人，要注意修身啊！以忠贞事奉天子，以孝敬事奉太妃。宫闱中事，要听太妃的命令，国家大事，要受沛王的教导。不要使心志怠惰，才能安慰我的魂灵。"当年，衮卒。明帝诏令沛王曹

诏沛王林留讫葬，使大鸿胪持节典护丧事，宗正吊祭，赠赗甚厚。凡所著文章二万余言，才不及陈思王而好与之侔。子孚嗣。景初、正元，景元中，累增邑，并前三千四百户。

济阳怀王玹，建安十六年封西乡侯。早薨，无子。二十年，以沛王林子赞袭玹爵邑，早薨，无子。文帝复以赞弟壹绍玹后。黄初二年，改封济阳侯。四年，进爵为公，太和四年，追进玹爵，谥曰怀公。六年，又进号曰怀王，追谥赞曰西乡哀侯。壹薨，谥曰悼公。子恒嗣。景初、正元、景元中，累增邑，并前千九百户。

陈留恭王峻字子安，建安二十一年封鄗侯。二十二年，徙封襄邑。黄初二年，进爵为公。三年，为陈留王。五年，改封襄邑县。太和六年，又封陈留。甘露四年薨。子澳嗣。景初、正元、景元中，累增邑，并前四千七百户。

范阳闵王矩，早薨，无子。建安二十二年，以樊安公均子敏奉矩后，封临晋侯。黄初

林留在濮阳，直到衮下葬为止，派大鸿胪持符节主持丧事、宗正吊祭，赙赗极为丰厚。衮一生著述的文章，共计有二万多字，虽然他的才华不及陈思王曹植，而喜好文学的心则与之相同。他的儿子曹孚嗣位。明帝景初、高贵乡公正元、陈留王景元年间，屡次增封食邑，合以前所封的，共计三千四百户。

济阳怀王曹玹，汉献帝建安十六年（公元 211 年）封为西乡侯。早年去世，没有子嗣。二十年，过继沛王曹林的儿子曹赞承袭曹玹的爵邑，曹赞也早死，没有子嗣。文帝又过继赞的弟弟曹壹承继曹玹的后嗣。黄初二年（公元 221 年），改封为济阳侯。四年，晋升爵位为公。明帝太和四年（公元 230 年），追晋曹玹的封爵，谥为怀公。六年，又晋升封号为怀王，追谥曹赞为西乡哀侯。曹壹卒，谥为悼公。他的儿子曹恒嗣位。明帝景初，高贵乡公正元，陈留王景元年间，屡次增封食邑，合以前所封的，共计一千九百户。

陈留恭王曹峻，字子安，汉献帝建安二十一年（公元 216 年），封为鄗侯。二十二年，改封在襄邑，为襄邑侯。文帝黄初二年（公元 221 年），晋升爵位称公。三年，封为陈留王。五年，改封在襄邑县，为襄邑县王。明帝太和六年（公元 232 年），又封在陈留，为陈留王。高贵乡公甘露四年（公元 259 年）卒。他的儿子曹澳嗣位。明帝景初、高贵乡公正元、陈留王景元年间，屡次增封食邑，合以前所封的，共计四千七百户。

范阳闵王曹矩，早年去世，没有子嗣。汉献帝建安二十二年（公元 217 年），过继樊安

三年，追封谥矩为范阳闵公。五年，改封敏范阳王。七年，徙封句阳，太和六年，追进矩号曰范阳闵王，改封敏琅邪王。景初、正元、景元中，累增邑，并前三千四百户。敏薨，谥曰原王。子焜嗣。

赵王幹，建安二十年封高平亭侯。二十二年，徙封赖亭侯。其年改封弘农侯。黄初二年，进爵，徙封燕公。三年，为河间王。五年，改封乐城县。七年，徙封钜鹿。太和六年，改封赵王。幹母有宠于太祖。及文帝为嗣，幹母有力。文帝临崩，有遗诏，是以明帝常加恩意。青龙二年，私通宾客，为有司所奏，赐幹玺书诫诲之，曰："《易》称'开国承家，小人勿用'，《诗》著'大车惟尘'之诫。自太祖受命创业，深睹治乱之源，鉴存亡之机，初封诸侯，训以恭慎之至言，辅以天下之端士，常称马援之遗诫，重诸侯宾客交通之禁，乃使与犯妖恶同。夫岂以此薄骨肉哉？徒欲使子弟无过失之愆，士民无伤害之悔耳。高祖践阼，祗慎万机，申著诸侯不朝之令。朕感诗人《常棣》之作，嘉《采菽》之义，亦缘诏

公曹均的儿子曹敏接续曹矩的香烟，封为临晋侯。文帝黄初三年（公元 222 年），追封，追谥曹矩为范阳闵公。五年，改封曹敏为范阳王。七年，改封在句阳，为句阳王。明帝太和六年（公元 232 年），追晋曹矩的谥号为范阳闵王，改封曹敏为琅邪王。明帝景初、高贵乡公正元、陈留王景元年间，屡次增封食邑，合以前所封的，共计三千四百户。曹敏卒，谥为原王。他的儿子曹焜嗣位。

赵王曹幹，汉献帝建安二十年（公元 215 年）封为高平亭侯。二十二年，改封为赖亭侯。当年，又改封为弘农侯。文帝黄初二年（公元 221 年），晋升封爵，改封为燕公。三年，封为河间王。五年，改封在乐城县，为乐城县王。七年，改封在钜鹿，为钜鹿王。明帝太和六年（公元 232 年），改封为赵王。曹幹的生母王昭仪受宠于太祖。文帝曹丕的被立为太子，继承王位，幹的母亲曾经出过力。因此文帝将崩之时，曾颁遗诏，要太子曹叡善待他们，所以明帝即位以后，常加赏赐。青龙二年（公元 234 年），和宾客私相往来，为官吏所检举，明帝赐曹幹玺书训诲他说："《易经》阐述：开创帝业，分封诸侯，不可任用小人的道理，《诗经》明示进用小人，就会使自己遭尘污的训诫。本朝自太祖受天命，创帝王之伟业以来，深切体会治乱的根本道理，掌握存亡的契机，所以当开始分封子弟，建立诸侯王的时候，就引最有深远含义的恭慎二字训示他们，推荐品德端正的贤达帮助他们，经常称述马援对兄子严与敦的遗诫，重视诸侯宾客往来的禁令，违令者与犯妖恶罪相同。难道是想以此冲淡父子兄弟骨肉之亲情吗？实在是想借此使子弟不犯过愆，百姓没有伤害之悔恨而已。高祖文皇帝即天子之位，敬慎地治理万机，申明诸侯不得擅自进京朝觐的戒令。我受到诗人《常棣》亲情的感动，嘉许诸侯来朝《采菽》诗的旨意，也沿用诏文'如果有

文曰‘若有诏得诣京都’，故命诸王以朝聘之礼。而楚、中山并犯交通之禁，赵宗、戴捷咸伏其辜。近东平王复使属官殴寿张吏，有司举奏，朕裁削县。令有司以曹纂、王乔等因九族时节，集会王家，或非其时，皆违禁防。朕惟王幼少有恭顺之素，加受先帝顾命，欲崇恩礼，延乎后嗣，况近在王之身乎？且自非圣人，孰能无过？已诏有司宥王之失。古人有言：‘戒慎乎其所不睹，恐惧乎其所弗闻，莫见乎隐，莫显乎微，故君子慎其独焉。’叔父兹率先圣之典，以纂乃先帝之遗命，战战兢兢，靖恭厥位，称朕意焉。”景初、正元、景元中，累增邑，并前五千户。

临邑殇公子上，早薨。太和五年，追封谥。无后。

楚王彪字朱虎。建安二十一年，封寿春侯。黄初二年，进爵，徙封汝阳公。三年，封弋阳王。其年徙封吴王。五年，改封寿春县。七年，徙封白马。太和五年冬，朝京都。六年，改封楚。初，彪来朝，犯禁，青龙元年，为有司所奏，诏削县三，户千五百。二年，

诏令，可以朝京都’的精神，令各诸侯王按朝聘的礼节互相往来。但是楚王彪、中山恭王衮都触犯了‘交通’的禁令，赵宗、戴捷都伏了他们应得的罪。最近东平王徽又叫属官殴打寿张县的地方官，官吏呈报，我减削他的食邑。现在官吏因为曹纂、王乔等人利用至亲朝觐时节，在王家集会，或非其时，都违犯了禁防。我想到王自小就有恭顺之素养，同时又受到先帝的遗命，想要加重礼遇，推及王的后代子孙，何况是对王的本人呢？而且既然不是圣人，谁能不犯过错？所以我已经下令有司，宽免王之过失。古人曾经说：在人看不到的地方也常警戒谨慎，在人听不到的地方也常惶恐畏惧。没有比隐暗处更明亮的，没有比细微处更显著的，所以君子在独居的时候特别谨慎。叔父遵循先圣王的法则，以继述先帝的遗命，小心谨慎，战战兢兢的善守封地，以称合我的心意。”明帝景初、高贵乡公正元、陈留王景元年间，屡次增封食邑，合以前所封的，共计五千户。

临邑殇公曹子上，早年去世。明帝太和五年（公元 231 年），追封在临邑，谥为殇公。没有子嗣。

楚王曹彪，字朱虎。汉献帝建安二十一年（公元 216 年），封为寿春侯。文帝黄初二年（公元 221 年），晋升封爵，改封为汝阳公。三年，封为弋阳王。当年，又改封为吴王。五年，改封在寿春县，为寿春县王。七年，改封在白马，为白马县王。明帝太和五年（公元 231 年）的冬天，朝觐京师。六年，改封在楚，为楚王。当初，曹彪擅自来朝京都，触犯了禁令，明帝青龙元年（公元 233 年），被官吏所举发，呈报天子，因此削减了封县三，食

大赦，复所削县。景初三年，增户五百，并前三千户。嘉平元年，兖州刺史令狐愚与太尉王凌谋迎彪都许昌。语在《凌传》。乃遣傅及侍御史就国案验，收治诸相连及者。廷尉请征彪治罪。于是依汉燕王旦故事，使兼廷尉大鸿胪持节赐彪玺书切责之，使自图焉。彪乃自杀。妃及诸子皆免为庶人，徙平原。彪之官属以下及监国谒者，坐知情无辅导之义，皆伏诛。国除为淮南郡。正元元年诏曰："故楚王彪，背国附奸，身死嗣替，虽自取之，犹哀矜焉。夫含垢藏疾，亲亲之道也，其封彪世子嘉为常山真定王。"景元元年，增邑，并前二千五百户。

刚殇公子勤，早薨。太和五年追封谥。无后。

谷城殇公子乘，早薨。太和五年追封谥。无后。

郿戴公子整，奉从叔父郎中绍后。建安二十二年，封郿侯。二十三年薨，无子。黄初

邑一千五百户。二年，大赦天下，复封所削去的食邑。明帝景初三年（公元 239 年），增封食邑五百户，合以前所封的，共有三千户。齐王芳嘉平元年（公元 249 年），兖州刺史令狐愚和太尉王凌阴谋迎接曹彪建都许昌。经过记述在《王凌传》中。朝廷特派了太傅和侍御史等官吏到楚国，搜集证据，追查从犯人等。侦查结果，曹彪谋反的罪证确凿，廷尉报请下诏治罪。于是，按照汉朝燕王刘旦谋反的旧例，派遣兼廷尉大鸿胪持符节，颁赐玺书给曹彪，严词督责之，令他自决。于是曹彪自杀。他的妻子儿女都被免为庶人，徙居到平原。至于楚国的政府官员、朝廷的监国谒者，则因知情无辅导之义的罪名，全部被杀。封国削除，改设为淮南郡。高贵乡公正元元年（公元 254 年），颁诏令说："故楚王彪，勾结奸党，背叛朝廷，以至身死国废，虽然是咎由自取，对他的下场，我还是深感哀矜。容忍缺点，隐瞒过错，这是爱护亲人的道理，特此封彪的世子曹嘉为常山真定王。"陈留王景元元年（公元 260 年），增封食邑，合以前所封的，共计二千五百户。

刚殇公曹子勤，早年去世。明帝太和五年（公元 231 年），追封在刚，谥为殇公。没有子嗣。

谷城殇公曹子乘，早年去世。明帝太和五年（公元 231 年），追封在谷城，谥为殇公子。没有子嗣。

郿戴公曹子整，承继堂叔父郎中曹绍的后嗣。汉献帝建安二十二年（公元 217 年），

二年追进爵，谥曰戴公。以彭城王据子范奉整后。三年，封平氏侯。四年，徙封成武。太和三年，进爵为公。青龙三年薨。谥曰悼公。无后。四年，诏以范弟东安乡公阐为郿公，奉整后。正元、景元中，累增邑，并前千八百户。

灵殇公子京，早薨。太和五年追封谥。无后。

樊安公均，奉叔父蓟恭公彬后。建安二十二年，封樊侯。二十四年薨。子抗嗣。黄初二年，追进公爵，谥曰安公。三年，徙封抗蓟公。四年，徙封屯留公。景初元年薨，谥曰定公。子谌嗣。景初、正元、景元中，累增邑，并前千九百户。

广宗殇公子棘，早薨。太和五年追封谥。无后。

东平灵王徽，奉叔父朗陵哀侯玉后。建安二十二年，封历城侯。黄初二年，进爵为

封为郿侯。二十三年卒。没有子嗣。文帝黄初二年（公元221年），追晋封爵，谥为戴公。过继彭城王曹据的儿子曹范承继曹整的后嗣。三年，封为平氏侯。四年，改封在成武，为成武侯。明帝太和三年（公元229年），晋升封爵称公。明帝青龙三年（公元235年）卒。谥为悼公。没有子嗣。四年，明帝诏令以曹范的弟弟东安乡公曹阐为郿公，承继曹整的后嗣。高贵乡公正元、陈留王景元年间，屡次增封食邑，合以前所封的，共计一千八百户。

灵殇公曹子京，早年去世。明帝太和五年（公元231年），追封在灵，谥为殇公。没有后嗣。

樊安公曹均，承继叔父蓟恭公曹彬的后嗣。汉献帝建安二十二年（公元217年）封为樊侯。二十四年卒。他的儿子曹抗嗣位。文帝黄初二年（公元221年），追晋封爵称公。谥为安公。三年，改封为抗蓟公。四年，改封为屯留公。明帝景初元年（公元237年）卒。谥为定公。他的儿子曹谌嗣位。明帝景初、高贵乡公正元、陈留王景元年间，屡次增封食邑，合以前所封的，共计一千九百户。

广宗殇公曹子棘，早年去世。明帝太和五年（公元231年）追封在广宗，谥为殇公。没有子嗣。

东平灵王曹徽，继承叔父朗陵哀侯曹玉的后嗣。汉献帝建安二十二年（公元217年），

公。三年，为庐江王。四年，徙封寿张王。五年，改封寿张县。太和六年，改封东平。青龙二年，徽使官属挝寿张县吏，为有司所奏。诏削县一，户五百。其年复所削县。正始三年薨。子翕嗣。景初、正元、景元中，累增邑，并前三千四百户。

乐陵王茂，建安二十二年封万岁亭侯。二十三年，改封平舆侯。黄初三年，进爵，徙封乘氏公。七年，徙封中丘。茂性傲佷，少无宠于太祖。及文帝世，又独不王。太和元年，徙封聊城公，其年为王。诏曰："昔象之为虐至甚，而大舜犹侯之有庳。近汉氏淮南、阜陵，皆为乱臣逆子，而犹或及身而复国，或至子而锡土。有虞建之于上古，汉文、明、章行之乎前代，斯皆敦叙亲亲之厚义也。聊城公茂少不闲礼教，长不务善道。先帝以为古之立诸侯也，皆命贤者，故姬姓有未必侯者，是以独不王茂。太皇太后数以为言，如闻茂顷来少知悔昔之非，欲修善将来。君子与其进，不保其往也。今封茂为聊城王，以慰太皇太后下流之念。"六年，改封曲阳王。正始三年，东平灵王薨，茂称嗌痛，不肯发哀，居处出入自若。有司奏除国土，诏削县一，户五百。五年，徙封乐陵，诏以茂租奉少，诸子多，

封为历城侯。文帝黄初二年（公元221年），晋升官爵为公。三年，封为庐江王。四年，改封为寿张王。五年，改封在寿张县，为寿张县王。明帝太和六年（公元232年）改封在东平，为东平王。明帝青龙二年（公元234年），曹徽派遣官属殴打寿张县的县吏，被官吏所举发，明帝诏令削减他的一个封县，食邑五百户。当年，又恢复其旧封。齐王芳正始三年（公元242年）卒。他的儿子曹翕嗣位。明帝景初、高贵乡公正元、陈留王景元年间，屡次增封食邑，合以前所封的，共计三千四百户。

乐陵王曹茂，汉献帝建安二十二年（公元217年）封为万岁亭侯。二十三年，改封为平舆侯。文帝黄初三年（公元222年）晋升封爵，改封为乘氏公。七年，改封在中丘，为中丘公。茂生性骄倨凶狠，小时候不得太祖的宠爱。及至文王即位，又是唯独他不被封为王爵。明帝太和元年（公元227年），改封为聊城公，当年，晋升为王。明帝颁诏令说："从前象至狂虐，而帝舜犹封他为有庳。近代汉朝淮南王刘安、阜陵王刘延都是叛臣逆子，尚且或可以及身蒙赦复国，或至子嗣即蒙封赐国土。有虞建榜样于上古，汉代文、明、章诸帝行法式于前代，他们都发扬了亲亲之至德。聊城公茂，小时候不娴习礼教，长大了也不学善道。先帝以为，古代设立诸侯，一定简选贤智之士，故有周一代，姬姓的人未必个个都封为侯，因此没有立茂为王。太皇太后为此耿耿于怀，屡次谈及，如听说近来茂已经稍知悔改，立志向善。君子嘉勉人迁善改过之诚，而不追究既往。今特封茂为聊城王，以慰太皇太后关爱子孙之意。"六年，改封为曲阳王。齐王芳正始三年（公元242年），东平灵王曹徽卒，曹茂伪称喉咙痛，不肯去发哀，而生活行止一切如常。官吏奏报朝廷削除其

复所削户，又增户七百。嘉平、正元、景元中，累增邑，并前五千户。

文皇帝九男：甄氏皇后生明帝，李贵人生赞哀王协，潘淑媛生北海悼王蕤，朱淑媛生东武阳怀王鉴，仇昭仪生东海定王霖，徐姬生元城哀王礼，苏姬生邯郸怀王邕，张姬生清河悼王贡，宋姬生广平哀王俨。

赞哀王协，早薨。太和五年追封谥曰经殇公。青龙二年，更追改号谥。三年，子殇王寻嗣。景初三年，增户五百，并前三千户。正始九年薨。无子。国除。

北海悼王蕤，黄初七年，明帝即位，立为阳平县王。太和六年，改封北海。青龙元年薨。二年，以琅邪王子赞奉蕤后，封昌乡公。景初二年，立为饶安王。正始七年，徙封文安。正元、景元中，累增邑，并前三千五百户。

封地，齐王芳诏令削减他的一个封县，食邑五百户。五年，改封在乐陵，为乐陵王，皇上因茂的租奉少而孩子多，所以诏令恢复他旧有的食邑，并且又增封了七百户。齐王芳嘉平、高贵乡公正元、陈留王景元年间，屡次增封食邑，合以前所封，共计五千户。

文帝曹丕有九个儿子：甄氏皇后生了明帝曹叡，李贵人生了赞哀王曹协，潘淑媛生了北海悼王曹蕤，朱淑媛生了东武阳怀王曹鉴，仇昭仪生了东海定王曹霖，徐姬生了元城哀王曹礼，苏姬生了邯郸怀王曹邕，张姬生了清河悼王曹贡，宋姬生了广平哀王曹俨。

赞哀王曹协，早年去世。明帝太和五年（公元 231 年），追封，谥为经殇公。明帝青龙二年（公元 234 年），又追改封号，谥为哀王。三年，他的儿子殇王曹寻嗣位。明帝景初三年（公元 239 年）增封食邑五百户，合以前所封，共计三千户。齐王芳正始九年（公元 248 年）卒。没有子嗣，封国削除。

北海悼王曹蕤，文帝黄初七年（公元 226 年），明帝曹叡即帝位。立为阳平县王。明帝太和六年（公元 232 年）改封在北海，为北海王。明帝青龙元年（公元 233 年）卒。二年，过继琅邪王的儿子曹赞接续蕤的后嗣，封为昌乡公。明帝景初二年（公元 238 年）立为饶安王。齐王芳正始七年（公元 246 年），改封在文安，为文安王。高贵乡公正元、陈留王景元年间，屡次增封食邑，合以前所封，共计三千五百户。

东武阳怀王鉴，黄初六年立。其年薨。青龙三年赐谥。无子。国除。

东海定王霖，黄初三年立为河东王。六年，改封馆陶县。明帝即位，以先帝遗意，爱宠霖异于诸国。而霖性粗暴，闺门之内，婢妾之间，多所残害。太和六年，改封东海。嘉平元年薨。子启嗣。景初、正元、景元中，累增邑，并前六千二百户。高贵乡公髦，霖之子也，入继大宗。

元城哀王礼，黄初二年封秦公，以京兆郡为国。三年，改为京兆王。六年，改封元城王。太和三年薨。五年，以任城王楷子悌嗣礼后。六年，改封梁王。景初、正元、景元中，累增邑，并前四千五百户。

邯郸怀王邕，黄初二年封淮南公，以九江郡为国。三年，进为淮南王。四年，改封陈。六年，改封邯郸。太和三年薨。五年，以任城王楷子温嗣邕后。六年，改封鲁阳。景

东武阳怀王曹鉴，封立于文帝黄初六年（公元 225 年）。当年卒。明帝青龙三年（公元 235 年）赐谥号为怀王。没有子嗣，封国削除。

东海定王曹霖，文帝黄初三年（公元 222 年）立为河东王。六年，改封在馆陶县，为馆陶县王。明帝曹叡即帝位，因为文帝之遗意，所以对霖的爱宠不同于其他封国。然而霖的个性粗暴，家庭之中，婢妾之间，多半受过他任情的伤害。明帝太和六年（公元 232 年），改封在东海，为东海王。齐王芳嘉平元年（公元 249 年）卒。他的儿子曹启嗣位。明帝景初、高贵乡公正元、陈留王景元年间，屡次增封食邑，合以前所封，共计六千二百户。高贵乡公曹髦，就是霖的儿子，入承大统。

元城哀王曹礼，文帝黄初二年（公元 221 年）封为秦公，以京兆郡为封地。三年，改为京兆王。六年，改封为元城王。明帝太和三年（公元 229 年）卒。五年，过继任城王曹楷之子曹悌接续礼的香火。六年，改封为梁王。明帝景初、高贵乡公正元、陈留王景元年间，屡次增封食邑，合以前所封，共计四千五百户。

邯郸怀王曹邕，文帝黄初二年（公元 221 年）封为淮南公，以九江郡为封地。三年，晋升封爵为淮南王。四年，改封在陈，为陈王。六年，改封在邯郸，为邯郸王。明帝太和三年（公元 229 年）卒。五年，过继任城王曹楷之子曹温继邕的后嗣。六年，改封在鲁阳，为鲁阳王。明帝景初、高贵乡公正元、陈留王景元年间，屡次增封食邑，合以前所封，共

初、正元、景元中，累增邑，并前四千四百户。

清河悼王贡，黄初三年封。四年薨。无子。国除。

广平哀王俨，黄初三年封。四年薨。无子。国除。

评曰：魏氏王公，既徒有国土之名，而无社稷之实，又禁防壅隔，同于囹圄；位号靡定，大小岁易；骨肉之恩乖，《常棣》之义废。为法之弊，一至于此乎！

计四千四百户。

清河悼王曹贡，文帝黄初三年（公元222年）封立。四年卒。没有子嗣。封国削除。

广平哀王曹俨，文帝黄初三年（公元222年）封立。四年卒。没有子嗣。封国削除。

陈寿评论说：曹魏所封立的王公们，不仅空有封国之名，而且也无权力之实，又被严密监视防范，彼此隔绝，如同囚犯一样；爵位封号变动无常，大小年年不定；骨肉之情乖离，《常棣》诗中所讲的兄弟之间的情义被废除。奉行法制的弊端，竟然到了这种地步！

三国志卷二十一

王卫二刘傅传第二十一

林明德 译

王粲字仲宣，山阳高平人也。曾祖父龚，祖父畅，皆为汉三公。父谦，为大将军何进长史。进以谦名公之胄，欲与为婚。见其二子，使择焉。谦弗许。以疾免，卒于家。

献帝西迁，粲徙长安，左中郎将蔡邕见而奇之。时邕才学显著，贵重朝廷，常车骑填巷，宾客盈坐。闻粲在门，倒屣迎之。粲至，年既幼弱，容状短小，一坐尽惊。邕曰："此王公孙也，有异才，吾不如也。吾家书籍文章，尽当与之。"年十七，司徒辟，诏除黄门侍郎，以西京扰乱，皆不就。乃之荆州依刘表。表以粲貌寝而体弱通侻，不甚重也。表卒。粲劝表子琮，令归太祖。太祖辟为丞相掾，赐爵关内侯。太祖置酒汉滨，粲奉觞贺曰："方今袁绍起河北，仗大众，志兼天下，然好贤而不能用，故奇士去之。刘表雍容荆楚，坐观

王粲，字仲宣，山阳郡高平县（今山东微山县两城镇）人。曾祖父王龚，是汉顺帝时的太尉，祖父王畅，在汉灵帝时为司空。父亲王谦，是何进大将军府内的长史。何进因为王谦是名公的后裔，想要和他结为婚姻，把自己的两个女儿叫出来见王谦，让他挑选一个为妻。王谦没有答应。因病免官，死在家中。

汉献帝受董卓挟持西迁，王粲也迁徙到长安来。左中郎将蔡邕见了王粲，惊为奇才。当时蔡邕才学显耀，在朝廷上的地位很贵重，来往的车骑常常把他家门前的巷子挤得满满的，家里头更是宾客满座热闹非常。有一天，听说王粲来拜访，蔡邕急急忙忙跑出去迎接，竟把鞋子穿反了。王粲一出现，只见他年纪轻轻，长得既瘦弱又矮小，满座的宾客心中暗地吃惊。蔡邕说道："这位是王公（畅）的孙子，有过人的才华，我自认不如他哩。我们家的书籍文章，应当全部送给他才对。"王粲十七岁那年，司徒征辟他，献帝下诏任命王粲为黄门侍郎，由于西京扰乱不已，所以没有去上任。王粲到荆州去投靠刘表。刘表看王粲容貌丑陋，身体瘦弱，言行又放旷不拘，所以并不怎么器重他。等到刘表去世后，王粲就劝刘表的儿子刘琮归顺曹操。曹操征召王粲为丞相属吏，赐给他关内侯的爵位。曹操在汉水边设酒款宴群下，王粲举杯祝贺说："现在袁绍的势力是从黄河以北起家的，他仗着广大的群众拥护，志在兼并天下，可惜喜好贤才却不能重用他们，使得许多奇士都离他而去。刘

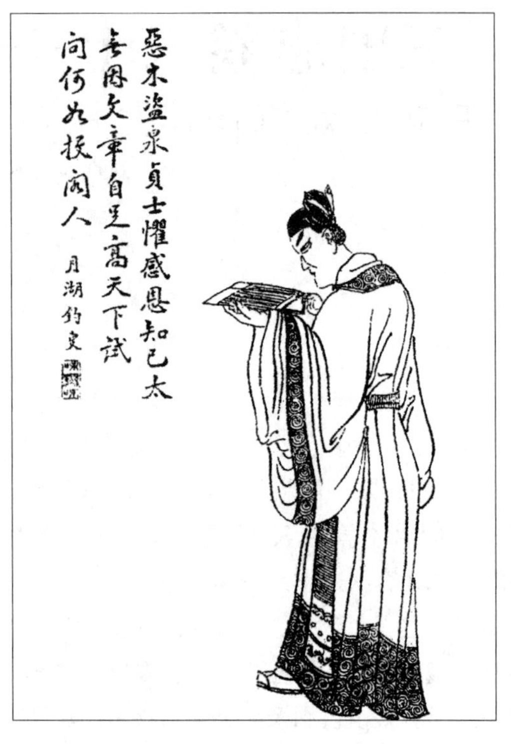

蔡邕，选自清刊本《三国演义》。

时变，自以为西伯可规。士之避乱荆州者，皆海内之俊杰也；表不知所任，故国危而无辅。明公定冀州之日，下车即缮其甲卒，收其豪杰而用之，以横行天下；及平江、汉，引其贤俊而置之列位，使海内回心，望风而愿治，文武并用，英雄毕力，此三王之举也。”后迁军谋祭酒。魏国既建，拜侍中。博物多识，问无不对。时旧仪废弛，兴造制度，粲恒典之。

初，粲与人共行，读道边碑。人问曰：“卿能闇诵乎？”曰：“能。”因使背而诵之，不失一字。观人围棋，局坏，粲为覆之。棋者不信，以帊盖局，使更以他局为之。用相比较，不误一道。其强记默识如此。性善算，作算术，略尽其理。善属文，举笔便成，无所改定，时人常以为宿构；然正复精意覃思，亦不能加也。著诗、赋、论、议垂六十篇。建安

表姿容雄伟，据有荆楚（今湖北、湖南）旧地，坐观时局的变化，自以为可以效仿周文王的霸业。来荆州避乱的才智之士，算来都是海内的俊杰；但刘表却不知道怎么去器用他们，导致国势危急，缺乏辅助的人才。明公灭掉袁绍平定冀州的时候，马上整备他残留下的甲卒，收服以前归附他的豪杰并加以任用，所以能横行天下；等到长江、汉水一带渐次平定，再度延揽此地的贤杰才俊，安置他们各就职位，使海内人心归向，望风而愿受治理，您真能文武并用，使英雄们尽力效命，好比三王时代的措施啊！”后来，王粲迁官为军谋祭酒。魏国建立社稷宗庙，王粲官拜侍中。他博学多识，凡有所问，定有对答。这时一切旧有的礼仪制度都已废弛，需得恢复建立新的礼仪制度，王粲经常参与主持这件事。

有一回，王粲和朋友一同出去，读到路边石碑上的文字，有人就问他：“你能把它默记下来吗？”“能呀！”王粲答。于是大家请他当场背诵一遍，竟然一个字也不错。又有一回，他去看人家下围棋，一个不小心，棋局弄坏了，王粲便把棋子重新摆回原来的位子。下棋的人不相信，就拿了一条手帕将棋局盖住，另外要他再摆一盘。结果将两盘棋局对看，竟也毫无差误。王粲的记忆力，实在惊人之至！他生性喜好算术，只要稍微演算一下，便能通晓其中的道理。又很会作文章，常常提起笔来，一挥而就，不必再修改更正，当时的人都以为是他曾经写过的旧作品；可是就算再有精妙的旨意、深致的思辩，也无法加到王

二十一年，从征吴。二十二年春，道病卒，时年四十一。粲二子，为魏讽所引，诛。后绝。

始文帝为五官将，及平原侯植皆好文学。粲与北海徐幹字伟长、广陵陈琳字孔璋、陈留阮瑀字元瑜、汝南应玚字德琏。东平刘桢字公幹并见友善。幹为司空军谋祭酒掾属，五官将文学。

琳前为何进主簿。进欲诛诸宦官，太后不听，进乃召四方猛将，并使引兵向京城，欲以劫恐太后。琳谏进曰："《易》称'即鹿无虞'。谚有'掩目捕雀'。夫微物尚不可欺以得志，况国之大事，其可以诈立乎？今将军总皇威，握兵要，龙骧虎步，高下在心；以此行事，无异于鼓洪炉以燎毛发。但当速发雷霆，行权立断，违经合道，天人顺之；而反释其利器，更征于他。大兵合聚，强者为雄，所谓倒持干戈，授人以柄；功必不成，只为乱阶。"进不纳其言，竟以取祸。琳避难冀州，袁绍使典文章。袁氏败，琳归太祖。太祖谓曰："卿昔为本初移书，但可罪状孤而已，恶恶止其身，何乃上及父祖邪？"琳谢罪，太祖爱其才而不咎。

粲的作品里面。他作的诗、赋、论、议，将近六十篇。建安二十一年（公元216年），他跟随曹操南征孙权。建安二十二年（公元217年），病死在路途中，才四十一岁。王粲有两个儿子，因为魏讽谋反的事件被牵连处死，因此绝了后代。

魏文帝为五官中郎将时，和平原侯曹植都很爱好文学。王粲与北海（今山东寿光市东南）人徐幹（字伟长）、广陵（今江苏扬州市）人陈琳（字孔璋）、陈留（今河南尉氏县）人阮瑀（字元瑜）、汝南（今河南项城市）人应玚（字德琏）、东平（今山东宁阳县）人刘桢（字公幹）都很友善。徐幹为司空府军谋祭酒的掾属（按即佐吏），任职为五官将文学。

陈琳曾为大将军何进的主簿。何进计划诛除宦官时，由于太后执意不听，何进于是召集四方的猛将，并令他们向京城进军，想要拿既成情势来威胁太后。陈琳劝谏何进说："《易经》上有句话，'想去猎鹿，要是没有掌山泽的虞官来引导，那鹿也猎不到的'。俗话说'掩住眼睛去捕鸟雀'根本行不通。这么细微的事物尚且不可以拿志得意满的骄态去欺瞒它，何况国家大事，怎能寄望用诈术来建立呢？现在将军总揽皇威，掌握军机大权，气概威严、如龙似虎，或屈或伸，完全存乎您的一心；以这个情势来行事，跟鼓煽火炉焚烧毛发没有两样。您只消尽速发出雷霆般的威严，当机立断，大可放手去做，即使违反常法但合乎于情的事情，也一定可以顺天应人；如今您轻易放弃了自己的兵权，反过来求助他人。一旦大兵聚集，势必强者称雄，正是所谓的'倒持干戈，授人以柄'；恐怕您的功业难成，徒然自乱脚步罢了！"何进不接纳陈琳的意见，终于遭到杀身之祸。陈琳到冀州避难，袁绍派他主持文章方面的事务。袁绍兵败后，陈琳投归曹操。曹操向他说："你以前替袁绍写文告，顶多骂我归罪我也就罢了，讨厌恶人恶事也止于当事人本身，何苦连我的父亲祖父一起骂进去呢？"陈琳一再谢罪，曹操深爱他的才华，也就既往不咎了。

瑀少受学于蔡邕。建安中都护曹洪欲使掌书记，瑀终不为屈。太祖并以琳、瑀为司空军谋祭酒，管记室，军国书檄，多琳、瑀所作也。琳徙门下督，瑀为仓曹掾属。

玚、桢各被太祖辟为丞相掾属。玚转为平原侯庶子，后为五官将文学。桢以不敬被刑，刑竟署吏。咸著文赋数十篇。

瑀以十七年卒。幹、琳、玚、桢二十二年卒。文帝书与元城令吴质曰："昔年疾疫，亲故多离其灾，徐、陈、应、刘，一时俱逝。观古今文人，类不护细行，鲜能以名节自立。而伟长独怀文抱质，恬淡寡欲，有箕山之志，可谓彬彬君子矣。著《中论》二十余篇，辞义典雅，足传于后。德琏常斐然有述作意，其才学足以著书，美志不遂，良可痛惜。孔璋章表殊健，微为繁富。公幹有逸气，但未遒耳。元瑜书记翩翩，致足乐也。仲宣独自善于辞赋，惜其体弱，不起其文；至于所善，古人无以远过也。昔伯牙绝弦于钟期，仲尼覆醢于子路，痛知音之难遇，伤门人之莫逮也。诸子但为未及古人，自一时之俊也。"

阮瑀年轻时，曾跟蔡邕研习学问。建安中都护曹洪想请他任书记官，阮瑀不受威逼，坚持不受。后来，曹操同时任命陈琳、阮瑀为司空军谋祭酒，管理表章书记方面的事务。军国文书，多半出自陈琳、阮瑀之手。以后，陈琳徙官门下督，阮瑀则为仓曹掾属。

应玚、刘桢都被曹操征召，做了丞相掾属。应玚再转为平原侯的属官，后来又任为五官将文学。刘桢因抬头平看甄夫人，以不敬的罪名受刑，后来赦还，再度复职。他们都著有数十篇的文赋。

阮瑀死在建安十七年（公元212年），徐幹、陈琳、应玚、刘桢死在建安二十二年（公元217年）。魏文帝写给元城（今河北大名县东）县令吴质的信上说："那年传染病正流行，亲朋故旧当中有许多人遭受疾病的侵袭。徐幹、陈琳、应玚、刘桢，同时都去世了。看古往今来的文人，大多不注意小节，很少能够以名誉、节操自主的。只有徐伟长文采和行事都很好，性情恬淡少私欲，具有隐遁山林的志愿，真可以称得上是古人所说'彬彬君子'。他著作《中论》二十多篇，文辞道理很典雅，足以流传后世。应德琏极有才华，常常有著述创作的意思，他的才学可以著书；可是这么好的志愿却因匆匆去世而不能达成，真教人痛惜！陈孔璋的章表写得气势雄伟，只是稍嫌繁杂富丽些。刘公幹的文章很秀逸，可惜还不够劲健。阮元瑜的书牍、奏记轻快秀丽，读起来教人喜悦。王仲宣独自擅长于辞赋，可惜气势薄弱，不能使整篇文章振作起来；至于说到他的长处，古代的好作家也不能超出多远。从前，伯牙因为钟子期死了，再也不愿弹琴；孔子因为子路遇难被斫成肉酱，往后一见到肉酱就伤心不已。一个是哀痛知音不容易碰到，一个是感伤学生里头再也难见到这么优秀的。上面提到的这几个人或赶不上古人，但是，他们确是一个时代里难得的人才。"

自颍川邯郸淳、繁钦、陈留路粹、沛国丁仪、丁廙、弘农杨修、河内荀纬等。亦有文采，而不在此七人之例。

玚弟璩，璩子贞，咸以文章显。璩官至侍中。贞咸熙中参相国军事。

瑀子籍，才藻艳逸，而倜傥放荡，行己寡欲，以庄周为模则。官至步兵校尉。

时又有谯郡嵇康，文辞壮丽，好言老、庄，而尚奇任侠。至景元中，坐事诛。

景初中，下邳桓威出自孤微，年十八而著《浑舆经》，依道以见意。从齐国门下书佐、司徒署吏，后为安成令。

吴质，济阴人。以文才为文帝所善，官至振威将军，假节都督河北诸军事，封列侯。

卫觊字伯儒，河东安邑人也。少夙成，以才学称。太祖辟为司空掾属，除茂陵令、尚书郎。太祖征袁绍，而刘表为绍援，关中诸将又中立。益州牧刘璋与表有隙，觊以治书侍御史使益州，令璋下兵以缀表军。至长安，道路不通，觊不得进，遂留镇关中。时四方大有还民，关中诸将多引为部曲，觊书与荀彧曰：“关中膏腴之地，顷遭荒乱，人民流入荆

其他像颍川（今河南禹州市）人邯郸淳、繁钦、陈留（今河南开封市陈留镇）人路粹、沛国（今安徽淮北市西北）人丁仪、丁廙、弘农（今陕西华阴市）人杨修、河内（今河南武陟县西南）人荀纬，也都很有文采，只是不在“建安七子”的行列里面。

应玚的弟弟应璩，应璩的儿子应贞，都因为能作文章而有名声。

阮瑀的儿子阮籍，文章的辞藻华艳秀逸，性格倜傥风流，豪放不拘，做人清心寡欲，以庄周为模仿的对象。他的官做到步兵校尉。

当时又有谯郡人嵇康，文辞壮丽，喜欢谈论老、庄的思想，性情崇尚奇特，富于侠义心肠。到了景元年间，因吕安事件受牵连，临死前从容自若。

景初年间，下邳（今江苏邳州市南）人桓微，出身孤弱寒微的人家，十八岁就写了一部《浑舆经》，依附道家的思想来发挥自己的意见。先前做过齐国门下书佐、司徒署吏，后来又做了安成（今河南汝南市东南）的县令。

吴质是济阴（今山东菏泽市定陶区）人，由于文才受到魏文帝的亲善礼遇，官做到振威将军，假节（按：持有旄节，可以处决犯军令者。）都督黄河以北的军事，受封为列侯。

卫觊，字伯儒，河东安邑（今山西省夏县西北）人。年纪轻轻就有成就，以才学著称于世。曹操征召他为司空掾属，后又任职茂陵令、尚书郎。曹操征讨袁绍时，刘表支援袁绍，关中地区的将领大多保持中立的态度。益州刺史刘璋与刘表间有嫌隙，卫觊以治书侍御史的身份出使益州，命令刘璋出兵阻止刘表的军队。到了长安时，因道路不通，卫觊不能前进，于是留镇在关中。这时四面八方都有归附的人民，关中的将领们多把他们编成部

州者十万余家，闻本土安宁，皆企望思归。而归者无以自业，诸将各竞招怀，以为部曲。郡县贫弱，不能与争，兵家遂强。一旦变动，必有后忧。夫盐，国之大宝也，自乱来散放，宜如旧置使者监卖，以其直益市犁牛。若有归民，以供给之。勤耕积粟，以丰殖关中。远民闻之，必日夜竞还，又使司隶校尉留治关中以为之主，则诸将日削，官民日盛，此强本弱敌之利也。”或以白太祖。太祖从之，始遣谒者仆射监盐官，司隶校尉治弘农。关中服从，乃白召觊还，稍迁尚书。魏国既建，拜侍中，与王粲并典制度。文帝即王位，徙为尚书。顷之，还汉朝为侍郎，劝赞禅代之义，为文诰之诏。文帝践阼，复为尚书，封阳吉亭侯。

明帝即位，进封閿乡侯，三百户。觊奏曰：“九章之律，自古所传，断定刑罪，其意微妙。百里长吏，皆宜知律。刑法者，国家之所贵重，而私议之所轻贱；狱吏者，百姓之所县命，而选用者之所卑下。王政之弊，未必不由此也。请置律博士，转相教授。”事遂施行。时百姓凋匮而役务方殷，觊上疏曰：“夫变情厉性，强所不能，人臣言之既不易，人主

伍。卫觊写了一封信给荀彧说：“关中是个相当富庶的地区，最近遭逢兵荒马乱，人民迁徙流亡到荆州的，大约有十万多家，许多人风闻本地安宁，都企盼能够归附到这里来。归顺来的人们往往缺乏谋生之道，各位将领又使尽手段竞相招徕，充实自已的行阵。郡县本身极为贫弱，根本不能同这些拥兵自重的兵家相争，致使后者势力愈来愈强大。局势一旦有了什么变动，必定会产生无穷的后患。盐，是国家宝贵的物产，自从天下大乱，盐就散放各地没有统筹经理，应该像以前那样，派遣专人监督贩卖，把收益拿来买犁牛。要是有归顺的人民，就配给牛只供他们耕作。大家勤勉耕种积存粮食，使关中地区日渐丰足。远处的人民听到这消息，一定会日夜赶到此地来。另外又令司隶校尉留治关中，主持各项事务，那么各位军将的威权就会日渐削减；相对的，官吏和人民的实力才会日渐强盛，这就是巩固我们的根本，削弱敌人实力的好处。”荀彧把这些话告诉曹操。曹操接受他的建议，派遣谒者仆射监管盐官，司隶校尉去治理弘农。关中一带果然顺服，于是下召卫觊回来，不久，迁任尚书。魏国建立以后，卫觊官拜侍中，与王粲共同参与制度修订事宜。曹丕即王位，再迁为尚书。不久，卫觊回汉朝任侍郎，劝汉献帝禅让帝位。写了一篇文诰，力陈其中的道理。曹丕登上帝位后，恢复卫觊为尚书，并且封他为阳吉亭侯。

魏明帝即位，卫觊再进封为閿乡侯，采邑三百户。卫觊上了一篇奏书：“九章的律法，是自古以来所流传的。断定刑罚科以罪刑，立意极为微妙。百里行政区域的长官，都应当具备法律常识。谈到刑法，是一个国家最宝贵最重要的东西，而私下的议论毋宁是较轻贱的；狱官的职权关系着百姓生命的安危存亡，可是选用来当狱官的却常常是卑下的人，君主行政的弊端，未必不是由此而起。恳请设置律博士，转相教授法律的观念知识。”这件事很快就着令施行了。这时民生凋敝不堪，劳役之事方兴未艾。卫觊又上疏说：“要改变或惕

受之又艰难。且人之所乐者富贵显荣也，所恶者贫贱死亡也，然此四者，君上之所制也，君爱之则富贵显荣，君恶之则贫贱死亡；顺指者爱所由来，逆意者恶所从至也。故人臣皆争顺指而避逆意，非破家为国，杀身成君者，谁能犯颜色，触忌讳，建一言，开一说哉？陛下留意察之，则臣下之情可见矣。今议者多好悦耳，其言政治则比陛下于尧舜，其言征伐则比二虏于狸鼠。臣以为不然。昔汉文之时，诸侯强大，贾谊累息以为至危。况今四海之内，分而为三，群士陈力，各为其主。其来降者，未肯言舍邪就正，咸称迫于困急，是与六国分治，无以为异也。当今千里无烟，遗民困苦，陛下不善留意，将遂凋敝不可复振。礼，天子之器必有金玉之饰，饮食之肴必有八珍之味，至于凶荒，则彻膳降服。然则奢俭之节，必视世之丰约也。武皇帝之时，后宫食不过一肉，衣不用绵绣，茵蓐不缘饰，器物无丹漆，用能平定天下，遗福子孙。此皆陛下之所亲览也。当今之务，宜君臣上下，并用筹策，计校府库，量入为出。深思句践滋民之术，由恐不及，而尚方所造金银之物，渐更

励一个人的情性，勉强他去做不能做到的事，作为人臣的要去劝谏君王已是很不容易的，何况做为人主的要接受这些话尤其艰难。一个人所喜好的当然是富贵显荣，所厌恶的不消说是贫贱死亡，而这四样东西都操纵在君王的手里；君王喜爱他，他就能富贵显荣，君王厌恶他，他就免不了贫贱死亡；顺从君王旨意的，就会蒙受喜爱，违抗君王意愿的，厌恶很快就跟着来到。所以大部分的人臣都争先恐后地顺服君王的旨意，绝对避免违抗君王的意愿。不是甘愿为国家毁灭家庭、为君主献出生命的人，有谁愿意拂逆主上的颜色，触犯危险忌讳，来建议一句正直的话，公开他种不同的观点呢？只要陛下留意观察，就可以明见臣下的赤情了。如今议论国事的人，一谈政治就把陛下比成尧舜，一论征伐就把敌人比成野猫老鼠之辈。臣下大不以为然。从前汉文帝的时候，诸侯的势力强大，贾谊尚且内心忧惧以为是极危急的时机。何况现在四海以内的势力，鼎足三分，才士们贡献智力，都是为了自己的人主。来投靠的，总不肯说自己是‘舍邪就正’，都说为困急的情势所迫，这和六国分治的局面，有什么两样呢？放眼当今，千里之内悄无人烟，遗民困苦不堪，如果陛下再不留神，国力会继续凋敝下去，也许再也振兴不起来了。就礼制上来说，天子的器物必须有金玉的装饰，饮食必具八方的珍奇美味，但，一到了凶年荒岁，就不免要减少膳食、降低车服的需求。这么看来，君王奢侈省俭的用度，也要看时代是丰厚还是困乏来定了。武皇帝的时候，后宫每顿膳食都不超过一盘肉，衣服也不用织锦刺绣，车席坐蓐的边缘不加任何修饰，所用的器物更不上丹漆，他这种作为终能平定天下，遗福给子孙。这都是陛下亲眼看到过的。摆在眼前的要务是，君臣上下同心协力筹划，计校府库里的钱货，谨慎量入为出。如今深思句践生聚养民的教训，都还怕来不及，何况尚方令造的金银宝物，渐渐增多，使得百工役匠不得喘息，只要有一天崇尚奢侈华靡，库藏的钱货将一天比一天枯竭下去。从前汉武帝迷信神仙，为了贮存云露配食玉粉，所以建造仙掌玉盘来承接甘露，

增广，工役不辍，侈靡日崇，帑藏日竭。昔汉武信求神仙之道，谓当得云表之露以餐玉屑，故立仙掌以承高露。陛下通明，每所非笑。汉武有求于露，而由尚见非，陛下无求于露而空设之；不益于好而糜费功夫，诚皆圣虑所宜裁制也。”觊历汉、魏，时献忠言，率如此。

受诏典著作，又为《魏官仪》，凡所撰述数十篇。好古文、鸟篆、隶草，无所不善。建安末，尚书右丞河南潘勖，黄初时，散骑常侍河内王象。亦与觊并以文章显。觊薨，谥曰敬侯。子瓘嗣。瓘咸熙中为镇西将军。

刘廙字恭嗣，南阳安众人也。年十岁，戏于讲堂上，颍川司马德操拊其头曰：“孺子，孺子，‘黄中通理’，宁自知不？”廙兄望之，有名于世，荆州牧刘表辟为从事。而其友二人皆以谗毁，为表所诛，望之又以正谏不合，投传告归。廙谓望之曰：“赵杀鸣、犊，仲尼回轮。今兄既不能法柳下惠和光同尘于内，则宜模范蠡迁化于外。坐而自绝于时，殆不可也！”望之不从，寻复见害。廙惧，奔扬州，遂归太祖。太祖辟为丞相掾属，转五官将文学。文帝器之，命廙通草书。廙答书曰：“初以尊卑有逾，礼之常分也。是以贪守区区之

陛下通达明智，每每嘲笑这个。汉武帝有求于仙露的理由尚且被人非议，陛下根本无求于仙露却仍然大兴土木；不仅没有什么好处，说开来不过是白费工夫。这实在是您圣明的智虑所该裁制的啊！”卫觊身历汉、魏的衰替，时时献纳忠言，大抵都像这个样子。

卫觊受诏主持著作方面的事务，作了《魏官仪》这部书，他的作品有数十篇。喜好古文、鸟篆、隶草书，这些方面他很擅长。建安末年的尚书右丞潘勖（河南人），黄初年间的散骑常侍王象（河内人），和卫觊同以文才受到重视。卫觊去世，谥为“敬侯”，由儿子卫瓘承继。卫瓘在咸熙年间做了镇西将军。

刘廙，字恭嗣，南阳安众（今河南南阳市西南）人。十岁的时候，有一天在讲堂上嬉戏，颍川人司马德操拍着他的头说：“小子啊小子，《易经》上说的，黄色居中而兼有四方之色，通晓事物的道理，你难道知道吗？”刘廙的哥哥叫刘望之，在当时很有名气，荆州刺史刘表征召他为从事。他有两个朋友，都由于受到谗言，被刘表杀掉了。刘望之不会见风转舵，还直言劝谏，很不合刘表的心意，就递上辞呈说要回家。刘廙对刘望之说：“从前赵简子野心勃勃，想专有天下，先后设计残杀了晋国大夫铎鸣、犊犨，孔子本想去赵国，听说之后便掉转车轮回去了。现在哥哥既不能效法柳下惠‘和其光，同其尘’（与尘俗相合不标新立异）的生命态度，那么就该模仿范蠡洞照世情，逍遥物外。你只待在那里，又自绝于时俗，这是万万行不通的呀！”刘望之不听弟弟的劝告，果然不久就遇害了。刘廙很怕，出奔到扬州（今安徽寿县）去，后来投归曹操。曹操召他为丞相掾属，又转任五官将文学。魏文帝很器重刘廙，命令他写书信时用草书，刘廙回信说：“起初我以

节，不敢修草。必如严命，诚知劳谦之素，不贵殊异若彼之高，而惇白屋如斯之好，苟使郭隗不轻于燕，九九不忽于齐，乐毅自至，霸业以隆。亏匹夫之节，成巍巍之美，虽愚不敏，何敢以辞？”魏国初建，为黄门侍郎。

太祖在长安，欲亲征蜀。廙上疏曰：“圣人不以智轻俗，王者不以人废言。故能成功于千载者，必以近察远，智周于独断者，不耻于下问，亦欲博采必尽于众也。且韦弦非能言之物，而圣贤引以自匡。臣才智闇浅，愿自比于韦弦。昔乐毅能以弱燕破大齐，而不能以轻兵定即墨者，夫自为计者虽弱必固，欲自溃者虽强必败也。自殿下起军以来，三十余年，敌无不破，强无不服。今以海内之兵，百胜之威，而孙权负险于吴，刘备不宾于蜀。夫夷狄之臣，不当冀州之卒，权、备之籍，不比袁绍之业。然本初以亡，而二寇未捷，非闇弱于今而智武于昔也。斯自为计者，与欲自溃者异势耳。故文王伐崇，三驾不下，归而修德，然后服之。秦为诸侯，所征必服，及兼天下，东向称帝，匹夫大呼

为尊卑有别，于礼不可越分。所以谨守细微末节，不敢用草书写信。现在我一定遵奉您的旨意，我真正知道您劳苦谦和的素养，不因为自己的尊高而对别人有不同的看待，竟对我这贫寒之士如此友厚。从前郭隗不见轻于燕王，齐桓公连进纳九九算术的人也不忽视，所以才有乐毅的投依燕昭王，齐桓公也才能成就他的霸业。我宁愿亏损个人的礼节，成全您崇高的美德。虽然我愚钝不聪敏，又怎敢推辞您的盛意呢？”魏国一建立，刘廙就被任为黄门侍郎。

曹操在长安时，打算亲自去征讨蜀国。刘廙上疏说：“圣人不拿自己过人的才智轻视时俗，一位明君更不会因为自己厌恶某人而废弃他的意见。所以能够完成千载事业的，一定能从近处推察到远处，有智谋的人所以比独断独行的人行事周全，是由于他们能够向地位学识都比他低下的人去请教，而不引以为耻，想要广博采纳意见必须要尽量向群众中去求取。熟治的兽皮和弓箭的弦本身并不是能说话的东西，圣贤们也拿它们来作为自己行为的规范。臣下才智愚浅，愿意自比成皮革和箭弦。从前乐毅能够以微弱的燕国的力量攻破强大的齐国，却不能以轻兵平定即墨，这是因为自己努力筹划的虽然处于弱势也必定坚固，自己想要溃败时，再强大的也必定遭到失败。自从殿下起兵以来，三十多年间，几乎所向无敌。现在，我们拥有海内大军，又挟着百胜的雄威，而孙权在吴地凭借天险顽抗，蜀地的刘备也拒不投降。偏远地区的臣民，自不能和冀州的部卒相比，孙权、刘备的出身声望，也跟袁绍不同；可是，自从袁绍去世，孙、刘这两股力量至今未除，并不是以前的我们聪明威武，而现在却变得愚笨软弱。这是说，真正要为自己的未来筹谋的，和那自求溃败的，情势完全两样。以前周文王去伐崇，征讨了三次都打不下，文王于是班师而回，勤修德化，后来，崇终于降服了。秦还是诸侯的时候，出去征讨常常获胜，等到兼并天下，秦始皇东向称帝后，臣民却怨声载道，最后弄到国家败亡。推究它的原因，当是对外过于滥用武力，

而社稷用隳。是力毙于外，而不恤民于内也。臣恐边寇非六国之敌，而世不乏才，土崩之势，此不可不察也。天下有重得，有重失：势可得而我勤之，此重得也；势不可得而我勤之，此重失也。于今之计，莫若料四方之险，择要害之处而守之，选天下之甲卒，随方面而岁更焉。殿下可高枕于广夏，潜思于治国；广农桑，事从节约，修之旬年，则国富民安矣。"太祖遂进前而报廙曰："非但君当知臣，臣亦当知君。今欲使吾坐行西伯之德，恐非其人也。"

魏讽反，廙弟伟为讽所引，当相坐诛。太祖令曰："叔向不坐弟虎，古之制也。"特原不问，徙署丞相仓曹属。廙上疏谢曰："臣罪应倾宗，祸应覆族。遭乾坤之灵，值时来之运，扬汤止沸，使不燋烂；起烟于寒灰之上，生华于已枯之木。物不答施于天地，子不谢生于父母，可以死效，难用笔陈。"廙著书数十篇，及与丁仪共论刑礼，皆传于世。文帝即王位，为侍中。赐爵关内侯。黄初二年卒。无子。帝以弟子阜嗣。

刘劭字孔才，广平邯郸人也。建安中，为计吏，诣许。太史上言："正旦当日蚀。"劭

又不晓得对内体恤民情。臣下恐怕我们边界上的敌人和从前的六国大不相同，加上不乏才智之士为他们效劳，土崩瓦解的局面是不能不加以留意的。天下的情势，本有主要的得利和严重的失策：情势可以得，而我们努力去做，就是主要的得利；情势不可得，而我们硬要去得，这就是严重的失策了。目前的计划，不如检查四方的险要，选择要害的地方坚守住，甄选天下的甲兵，随着各方面的需要每年更调。这样一来，殿下可以在广厦里高枕无忧，深思治国之道；广励农桑生产，凡事力求节约，经过十年修养教化，一定可以国富民安的。"曹操于是进前告诉刘廙说："不但君上应当知道臣子，臣子也应当了解君上。现在想要使我坐着施行文王的德化，我恐怕不是这样的人。"

魏讽谋反，刘廙的弟弟刘伟牵连在内，理当连带处死。曹操下令说："从前羊舌虎因罪被杀，哥哥叔向并不连带获罪，可见古代早有这样的案例。"于是特别宽容刘廙，命他迁官为丞相仓曹属吏。刘廙上疏感谢说："臣下的罪过实应倾宗覆族，遭逢天地灵机，时来运转，使得本已煮沸的汤镬凉息下来，免我熬煎之刑；这种恩泽，好比在寒灰上生起烟火，在枯槁的木头上滋长繁花。万物无法答谢由天地的恩施，子女报答不了父母生育的苦劳，我但愿为主上效死命，一片赤忱难用笔墨形容。"刘廙著书共数十篇，又和丁仪共同论述刑法礼制，这些作品都流传下来。曹丕即王位，刘廙任侍中，赐爵禄为关内侯。刘廙死于黄初二年（公元221年），没有儿子，曹丕令他弟弟的儿子刘阜为他的后嗣。

刘劭，字孔才，广平邯郸（今河北邯郸市）人。建安年间，任为计吏，曾到过许昌（今河南许昌市）。太史预言："元旦这天会日蚀。"刘劭这时在尚书令荀彧的住所，当场在

时在尚书令荀彧所，坐者数十人，或云当废朝，或云宜却会。劭曰："梓慎、裨灶，古之良史，犹占水火，错失天时。《礼记》曰诸侯旅见天子，及门不得终礼者四，日蚀在一。然则圣人垂制，不为变异豫废朝礼者，或灾消异伏，或推术谬误也。"彧善其言。敕朝会如旧，日亦不蚀。

御史大夫郗虑辟劭，会虑免，拜太子舍人。迁秘书郎。黄初中，为尚书郎、散骑侍郎。受诏集五经群书，以类相从，作《皇览》。明帝即位，出为陈留太守，敦崇教化，百姓称之。征拜骑都尉，与议郎庾嶷、荀诜等定科令，作《新律》十八篇，著《律略论》。迁散骑常侍。时闻公孙渊受孙权燕王之号，议者欲留渊计吏，遣兵讨之。劭以为"昔袁尚兄弟归渊父康，康斩送其首，是渊先世之效忠也。又所闻虚实，未可审知。古者要荒未服，修德而不征，重劳民也。宜加宽贷，使有以自新"。后渊果斩送权使张弥等首。劭尝作《赵都赋》，明帝美之，诏劭作《许都》、《洛都赋》。时外兴军旅，内营宫室，劭作二赋，皆讽谏焉。

青龙中，吴围合肥。时东方吏士皆分休，征东将军满宠表请中军兵，并召休将士，须

座的有数十人，有的说这一天应当废除朝见，有的说最好停止聚会。刘劭说道："鲁国大夫梓慎、郑国大夫裨灶，都是古代优良的史官，他们占卜水火时，有时难免错失天时。《礼记》上说，诸侯们去朝见天子，进了朝门后有四种状况使典礼不能顺利完成，而日蚀就是其中之一。可见古圣先贤留下的礼制，告诉我们并不因有什么变异的迹象而事先废弃朝廷的典礼，有时候这些灾难变异会自然消平，也有可能是史官们的推算谬误啊！"荀彧很嘉赏刘劭这番话。下令朝会如期举行，到了那天也没出现日蚀。

御史大夫郗虑更征召刘劭，刚好郗虑免官，刘劭官拜太子舍人，又迁为秘书郎。黄初年间，为尚书郎、散骑侍郎。受诏搜集五经各种书籍，把同类的汇集在一起，作成《皇览》一书。魏明帝即位，刘劭出任为陈留太守，致力于敦厚民风、教化民俗，很受百姓的称赞。再被征召为骑都尉，和议郎庾嶷、荀诜等人制订科令法规，作《新律》十八篇，又著《律略论》。后迁官散骑常侍。这时据闻公孙渊接受孙权封他为燕王，许多人建议把公孙渊的计吏留为人质，出兵去征讨他。刘劭以为："以前袁尚兄弟归还公孙渊的父亲公孙康，事后公孙康斩送首级谢恩，可知公孙渊的先世是如何的效忠。现在这件传闻的虚实很难确定。古代的明君在重要的远荒尚未臣服时，往往勤修德政不出兵征讨，是为了不愿劳困人民。我们应该多加宽容他，使他有改过自新的机会才是。"后来，公孙渊果然斩送孙权的使者张弥等人的首级来。刘劭曾作《赵都赋》，魏明帝读了很欣赏，便下诏他再作《许都赋》、《洛都赋》。这时正好对外劳师动众，对内大兴土木、营造宫室，刘劭作的这两篇赋，都含有讽谕规谏的意思。

青龙年间，吴兵围攻合肥（今安徽合肥市），此时东方的官吏士兵大部分在休假，征

集击之。劭议以为“贼众新至，心专气锐。宠以少人自战其地，若便进击，不必能制。宠求待兵，未有所失也。以为可先遣步兵五千，精骑三千，军前发，扬声进道，震曜形势。骑到合肥，疏其行队，多其旌鼓，曜兵城下，引出贼后，拟其归路，要其粮道。贼闻大军来，骑断其后，必震怖遁走，不战自破贼矣”。帝从之。兵比至合肥，贼果退还。

时诏书博求众贤。散骑侍郎夏侯惠荐劭曰：“伏见常侍刘劭，深忠笃思，体周于数，凡所错综，源流弘远，是以群才大小，咸取所同而斟酌焉。故性实之士服其平和良正，清静之人慕其玄虚退让，文学之士嘉其推步详密。法理之士明其分数精比，意思之士知其沈深笃固，文章之士爱其著论属辞，制度之士贵其化略较要，策谋之士赞其明思通微，凡此诸论，皆取适己所长而举其支流者也。臣数听其清淡，览其笃论，渐渍历年，服膺弥久，实为朝廷奇其器量。以为若此人者，宜辅翼机事，纳谋帏幄，当与国道俱隆，非世俗所常有也。惟陛下垂优游之听，使劭承清闲之欢。得自尽于前，则德音上通，辉耀日新矣。”

东将军满宠上表请求派出中央的军兵，并召令休假将士，立刻出发迎击。刘劭的意见以为：“贼人部众新到，一定士气猛锐，专心一致。满宠只消带少数人马去作战，方便的话就乘势进攻，否则不必一定要制服对方。满宠请求预备部队，并没什么错，我以为可以先派遣五千名步兵，三千名精锐的骑兵，在军队正式出动前先出发，浩浩荡荡行军，极力显耀我们壮大的军势。骑兵一到合肥便疏散开来，特别增多旌旗和战鼓，在城门下耀武扬威，把贼兵引出后，即刻度察他们的归路，将对方的粮道中途拦截住。贼人一听大军压境，加上骑兵已截断后路，必定惊恐逃散，我们不必作战就可以打败贼兵了。”魏明帝接纳了刘劭的建议。军队刚开到合肥，贼众果然很快地撤退了。

当时皇帝颁布诏书，广求贤人智士。散骑侍郎夏侯惠推荐刘劭，极力赞扬他说：“臣下见散骑常侍刘劭，忠心耿耿，思虑深厚，精通数理，举凡他所综合的学术，莫不源远流长，所以，不论大小贤士们，都愿斟酌采纳他的意见。性情忠实的人敬服他平和良正，清静恬淡的人钦慕他谦虚退让，嘉言善行的人喜欢他详密推论，精于法理的人明白他在算数方面的独到功夫，明智敏觉的人知道他思辨深沉厚实，喜好文章的人都爱他的说辞立论，考究典章的人很重视他对制度的演化简略和比较精要的能力，长于策谋的人赞赏他思虑明达微细。凡此种种，大家不外选取适合自己所专长的来论述，而这些也不过是刘劭才干的支流而已！臣下好几回聆听他的清谈，亲览他深厚的论著，几年下来渐受影响，内心万分佩服，实在替我们的朝廷为他器量深感惊异。我以为像这样的人才，应当使他辅佐机密大事，参与军政的谋划，一定会使国家的运数日渐隆盛，这等人才不是一般世俗常有的。希望陛下能垂听臣言，使刘劭承欢您的跟前，把他的才干全部贡献出来，美德的心声往上通达到陛下那里，那么国运也就如同陛下的德业，得以日新又新了。”

景初中，受诏作《都官考课》。劭上疏曰："百官考课，王政之大较，然而历代弗务，是以治典阙而未补，能否混而相蒙。陛下以上圣之宏略，愍王纲之弛颓，神虑内鉴，明诏外发。臣奉恩旷然，得以启矇，辄作《都官考课》七十二条，又作《说略》一篇。臣学寡识浅，诚不足以宣畅圣旨，著定典制。"又以为宜制礼作乐，以移风俗，著《乐论》十四篇，事成未上。会明帝崩，不施行。正始中，执经讲学，赐爵关内侯。凡所撰述，《法论》、《人物志》之类百余篇。卒，追赠光禄勋。子琳嗣。

劭同时东海缪袭亦有才学，多所述叙，官至尚书、光禄勋。

袭友人山阳仲长统，汉末为尚书郎，早卒。著《昌言》，词佳可观省。

散骑常侍陈留苏林、光禄大夫京兆韦诞、乐安太守谯国夏侯惠、陈郡太守任城孙该、郎中令河东杜挚等亦著文赋，颇传于世。

傅嘏字兰石，北地泥阳人，傅介子之后也。伯父巽，黄初中为侍中尚书。嘏弱冠知名，司空陈群辟为掾。时散骑常侍刘劭作考课法，事下三府。嘏难劭论曰："盖闻帝制宏

景初年间，刘劭受诏作《都官考课》。他上疏说："文武百官的考核，能使君王的朝政条理分明，可是历代以来都不甚注意，造成治国典制的重重阙误，能与不能的人混然杂处。陛下以圣明的智慧才略，痛惜王纲的废弛，经过熟虑深思，下诏整顿官纪。臣下承奉广大皇恩，有机会振声启蒙，于是作《都官考课》七十二条，又作《说略》一篇。臣下学识浅薄，实在不足以宣达畅述圣旨，著定典章制度。"刘劭又以为应该制作礼仪乐曲，来教化民风民俗，因此著《乐论》十四篇，已经完成却没有呈上去。刚好碰到魏明帝崩逝，也就没有付之实行。正始年间，刘劭依据经书讲学，赐爵为关内侯。他所撰述的，像《法论》、《人物志》之类的书共有一百多篇。去世时，朝廷追赠他为"光禄勋"。由儿子刘琳来承继他。

和刘劭同时的东海（今山东郯城县）人缪袭，颇有才学，讲述著作也多，官做到尚书、光禄勋。

缪袭的朋友山阳（今山东微山县两城镇）人仲长统，汉朝末年为尚书郎，很早就死了。著有《昌言》一书，词句优美值得观赏，颇能发人深省。

散骑长侍陈留（今河南开封市陈留镇）人苏林、光禄大夫京兆（今陕西省西安市）人韦诞、乐安太守谯国人夏侯惠、陈郡太守任城人孙该、郎中令河东人杜挚等，也著有文赋，大多流传于世。

傅嘏，字兰石，北地泥阳（今陕西省耀县东南）人，是傅介子的后代。伯父傅巽，黄初年间为侍中尚书。傅嘏二十岁就名闻于世，司空陈群召他为佐吏。当时散骑常侍刘劭制作考核百官的制度，这件事下达三府。傅嘏提出自己的意见来辩难刘劭，他说："据闻帝

深，圣道奥远，苟非其才，则道不虚行，神而明之，存乎其人。暨乎王略亏颓而旷载罔缀，微言既没，六籍泯玷。何则？道弘致远而众才莫晞也。案劭考课论，虽欲寻前代黜陟之文，然其制度略以阙亡。礼之存者，惟有周典，外建侯伯，藩屏九服，内立列司，筦齐六职，土有恒贡，官有定则，百揆均任，四民殊业，故考绩可理而黜陟易通也。大魏继百王之末，承秦、汉之烈，制度之流，靡所修采。自建安以来，至于青龙，神武拨乱，肇基皇祚，扫除凶逆，芟夷遗寇，旌旗卷舒，日不暇给。及经邦治戎，权法并用，百官群司，军国通任，随时之宜，以应政机。以古施今，事杂义殊，难得而通也。所以然者，制宜经远，或不切近，法应时务，不足垂后。夫建官均职，清理民物，所以立本也；循名考实，纠励成规，所以治末也。本纲未举而造制未呈，国略不崇而考课是先，惧不足以料贤愚之分，精幽明之理也。昔先王之择才，必本行于州闾，讲道于庠序，行具而谓之贤，道修则谓之能。乡老献贤能于王，王拜受之，举其贤者，出使长之，科其能者，入使治之，此先王收才之义

王制度的由来既深又大，圣人之道奥妙悠远，如果不是真正有才德的人来做，那‘道’就不会白白地施行，某种人身上必定存在着上天赋予的神明智慧。一旦君王的谋略亏损颓败，经过长时间也未加修补，终使微言大义埋没，六经典籍也横遭污灭。这是什么原因呢？这是因为‘道’的本身宽大悠远，而实行‘道’的众人的才干远及不上它啊！刘劭的考课论，虽然想要搜寻历代进退人才的资料，可是这个制度已经阙失将尽。大概周朝的典制还存有一些礼仪制度，彼时对外封建侯伯，使产生屏藩的作用来镇服各边区，对内设立各种机构，主持六官之职，土地有恒常的税贡，官吏遵守一定的法则，文武百官各有职司，士农工商也有不同的事业，所以考绩可以综理，而选用或罢黜人才的法则也较行得通。大魏继续历代先王之后，秉承秦、汉的帝业，对流传下来的各种制度，没有什么重大的修改。自从建安到青龙年间，英明的主上先后平息各处的乱事，建造皇基以来，不断扫除凶逆，删定残余的贼寇，打仗的旌旗一会儿开一会儿卷，忙得没有一天的空闲。等到经理邦国，整治军伍时，权势法律并用，掌内务的文官和主外战的武将，都因应时局的变化，和政机相配合。如果拿古法来施行于今日，由于事类繁杂意义不尽相同，恐怕很难行得通。所以，制度或由于其来久远未必切合于眼前的情势，而法规就必须配合时潮，且不一定能流垂后世。谈到建立官制分配职责，以及清理民物，当然是一项立本的工作；至于依着名分考校实绩，纠正奖励百官，使合于既有的规定，那就是治理末节的工作了。如今，根本的纲要尚且没有订立，改造制度的蓝图又未呈上，经国的要略且不注重，就要斤斤于考核审查百官的职责，我担心这办法不足以判别真正的贤愚，精通幽暗显明的界线。从前的君王选择人才，一定要那人在自己的乡里有所表现，和能在学校里讲授道术的。有种种具体的作为方才称之为‘贤’，不断修养道术的方才称之为‘能’。乡里父老们把贤能的人贡献给君王，君王诚敬地接受了，便选用那贤德的，使出去掌管事务，考试那能干的，使到朝中来辅助，这

也。方今九州之民，爰及京城，未有六乡之举，其选才之职，专任吏部。案品状则实才未必当，任薄伐则德行未为叙，如此则殿最之课，未尽人才。述综王度，敷赞国式，体深义广，难得而详也。”

正始初，除尚书郎，迁黄门侍郎。时曹爽秉政，何晏为吏部尚书。嘏谓爽弟羲曰：“何平叔外静而内铦巧，好利，不念务本。吾恐必先惑子兄弟，仁人将远，而朝政废矣。”晏等遂与嘏不平，因微事以免嘏官。起家拜荥阳太守，不行。太傅司马宣王请为从事中郎。曹爽诛，为河南尹，迁尚书。嘏常以为“秦始罢侯置守，设官分职，不与古同。汉、魏因循，以至于今。然儒生学士，咸欲错综以三代之礼，礼弘致远，不应时务，事与制违，名实未附，故历代而不至于治者，盖由是也。欲大改定官制，依古正本，今遇帝室多难，未能革易”。

时论者议欲自伐吴，三征献策各不同。诏以访嘏。嘏对曰：“昔夫差陵齐胜晋，威行中国，终祸姑苏；齐闵兼土拓境，辟地千里，身蹈颠覆。有始不必善终，古之明效也。孙

就是先王们延纳人才的真正意义所在。现在九州各地的人民到处迁徙，很多都已到了京城来，百里之内的六乡也没有推举人才的措施，选用人才的职权，完全委任吏部办理。要是光看纸面资料未必符合这个人的才干，只听一些浅薄的称扬也未必能铨叙这个人的德行，如此考核人才的优劣，实在是不能人尽其才。以上是臣下综合叙述先王的制度，并陈论一些国家的法规，由于这问题既深且广，因此也难得详尽。”

正始初年，傅嘏任尚书郎，再迁黄门侍郎。这时曹爽持政，何晏为吏部尚书，傅嘏向曹爽的弟弟曹羲说：“何平叔这个人外表恬静，内心却敏锐灵巧，颇好利，不念根本。我恐怕他先用计诱惑你们兄弟，到头来，仁人都将离去，而朝政就废弛了。”何晏这批人与傅嘏不和，假借一件小事把傅嘏免了官。后来，再把他从家里征召出来当荥阳太守，傅嘏不肯上任。太傅司马懿请他担任从事中郎。曹爽败死，傅嘏出任河南尹，再迁尚书。他常常以为：“秦朝开始罢除诸侯设置郡守，所设的官位和分配的职责，不同于古制。汉、魏因循他的旧制一直到今天。然而，儒生学士们都想要错综三代的礼制，而礼制本身是广博深远的，不一定适合时务，事实常与制度相背，名实又难以符合，所以经过许多朝代仍不能达到完善的地步，想是由于这缘故啊！要大幅度改订官制，依照古法修正根本是很好的计划，只是现在帝室正逢多难的时刻，恐怕没有那么容易罢！”

当时议论纷纷，多主张主动去征讨吴国，征南大将军王昶、征东将军胡遵、镇南将军毌丘俭各自上表请求出征吴，朝廷看他们所献的策略都不同，便下诏征求傅嘏的意见，傅嘏以为：“从前吴王夫差败齐师于艾陵，与齐定公争长短，北会诸侯于黄池，横行中国，终于还是不免败亡；齐湣王并土地、拓边境，辟地千里，最后还是被杀。所以说，有了开始，不一定得到好的结局，这是古来的明训。孙权自从攻败关羽吞并荆州后，志得意满，凶残

权自破关羽并荆州之后，志盈欲满，凶宄以极，是以宣文侯深建宏图大举之策。今权以死，托孤于诸葛恪。若矫权苛暴，蠲其虐政，民免酷烈，偷安新惠，外内齐虑，有同舟之惧，虽不能终自保完，犹足以延期挺命于深江之外矣。而议者或欲泛舟径济，横行江表；或欲四道并进，攻其城垒；或欲大佃疆场，观衅而动：诚皆取贼之常计也。然自治兵以来，出入三载，非掩袭之军也。贼之为寇，几六十年矣，君臣伪立，吉凶共患，又丧其元帅，上下忧危，设令列船津要，坚城据险，横行之计，其殆难捷。惟进军大佃，最差完牢。兵出民表，寇钞不犯；坐食积谷，不烦运士；乘衅讨袭，无远劳费：此军之急务也。昔樊哙愿以十万之众，横行匈奴，季布面折其短。今欲越长江，涉虏庭，亦向时之喻也。未若明法练士，错计于全胜之地，振长策以御敌之余烬，斯必然之数也。”后吴大将诸葛恪新破东关，乘胜扬声欲向青、徐，朝廷将为之备。嘏议以为“淮海非贼轻行之路，又昔孙权遣兵入海，漂浪沉溺，略无孑遗，恪岂敢倾根竭本，寄命洪流，以徼乾没乎？恪不过遣偏率小将素习水军者，乘海溯淮，示动青、徐，恪自并兵来向淮南

已极。相国宣文侯深谋远虑，准备鸿图大展。现在孙权已死，托孤给诸葛恪。如果改变孙权苛暴的作为，抛弃他所行的虐政，人民免受酷烈的煎熬，在新政的惠泽下苟且偷安，内外有一致的谋虑，上下有同舟共济的决心，虽然不能长久保全国运，但仍足以在深险的长江之外延长生存的期限。现在议论此事的人，有的主张直接率船渡江，横行在他们的势力范围；有的主张分四路进兵，攻夺他们的城垒；有的主张在疆场上大力屯田，观看对方的空隙，伺机而动：这些都是攻取贼人的平常计策。然而自从我们用兵以来，进进出出也有三年的时光了，根本算不上是突然袭击敌人的军队。贼人的为祸，将近六十年，君臣僭伪称立，吉祥凶灾共同担当，如今丧失元帅，上下忧心危虑，更加紧戒备，在各个重要的渡口都设有军船镇守，又据着险要的形势坚守城垒，想来上述的‘横行’计策，是行不通的。只有在疆场上驻兵屯田，算是比较完善的策略。不妨派出隐去身份的部队，使对方的人民始料未及，且不明目张胆地去攻夺他们；先在那儿坐食积存的粮食，不烦运送军士；然后趁其不备时出兵讨袭，不需要长途的辛劳和花费，这才是我们用兵的当务之急。从前樊哙愿意带领十万大军，去横扫匈奴，季布当面批评他的错误。现在我们如果渡过长江，莽撞地攻取对方的都城，跟过去的史实没有两样啊！不如清明法纪、训练兵士，在那可能全胜的地区谨慎部署，用长远之计来铲除敌人余灰般的力量，对方的败亡必是命中的定数。”后来，吴国的大将军诸葛恪刚把东关（今安徽含山县西南接巢巢湖市）攻占，乘着战胜的威势，扬言进取青州、徐州，朝廷为之严密戒备。傅嘏以为：“淮水和大海的深广不是贼人轻易可行之路，以前孙权派遣兵士入海，在滔天巨浪中载浮载沉，几乎全部溺死。现在诸葛恪怎么敢倾尽根本，把部队寄命在涛涛洪流中，自取殁亡呢？谅他不过派了一些素习水性的军士，乘着海流，逆淮水而上，表面上是向青州、徐州进攻，事实上是自己带兵进军淮

耳”。后恪果图新城，不克而归。

嘏常论才性同异，钟会集而论之。嘉平末，赐爵关内侯。高贵乡公即尊位，进封武乡亭侯。正元二年春，毌丘俭、文钦作乱。或以司马景王不宜自行，可遣太尉孚往，惟嘏及王肃劝之。景王遂行。以嘏守尚书仆射，俱东。俭、钦破败，嘏有谋焉。及景王薨，嘏与司马文王径还洛阳，文王遂以辅政。语在《钟会传》。会由是有自矜色，嘏戒之曰：“子志大其量，而勋业难为也，可不慎哉！”嘏以功进封阳乡侯，增邑六百户，并前千二百户。是岁薨，时年四十七，追赠太常，谥曰元侯。子祗嗣。咸熙中开建五等，以嘏著勋前朝，改封祗泾原子。

评曰：昔文帝、陈王以公子之尊，博好文采，同声相应，才士并出。惟粲等六人最见名目。而粲特处常伯之官，兴一代之制，然其冲虚德宇，未若徐幹之粹也。卫觊亦以多识典故，相时王之式。刘劭该览学籍，文质周洽。刘廙以清鉴著，傅嘏用才达显云。

南罢了。”果然不出傅嘏所料，诸葛恪图谋攻占新城（今安徽省合肥市北郊），结果没有成功，就带兵回去了。

傅嘏常常论述才气和情性的异同，钟会更把它聚集起来讨论。嘉平末年，赐爵为关内侯。高贵乡公即尊位，傅嘏进封为武乡亭侯。正元二年（公元255年）春天，毌丘俭、文钦作乱。有人认为司马景王不该亲自去征讨，可以派遣太尉司马孚前往。只有傅嘏和王肃力劝景王出征，景王接受了建议。命傅嘏兼理尚书仆射，一起东征。毌丘俭和文钦的破败，傅嘏是参与谋划的人。等到司马景王去世，傅嘏和司马文王直接回到洛阳，文王于是请他辅佐朝政。这些事在《钟会传》里面有记载。跟傅嘏有交情的钟会因此常常面露骄傲之色，傅嘏告诫他说：“您的志向远超过器量，这样子很难建立什么功勋伟业的，可要谨慎呀！”傅嘏由于有功，进封为阳乡侯，增加食邑六百户，加上以前封的，共有一千二百户。这年就去世了，死时四十七岁，追赠太常卿，谥号元侯。留有子嗣傅祗。咸熙年间，开建五等官职，因为傅嘏在前朝时立有功勋，故改封傅祗为泾原子。

陈寿评论说：从前魏文帝、陈思王以公子尊贵的身份，深深爱好文学，与嗜趣相同的人互相应和，一时才士辈出，但只有王粲等六个人最有名气。王粲位居常伯（按：此指侍中）的官职，参与兴订一代的典章制度，然而他谦冲虚和的德操，却不如徐幹来得淳厚深致。卫觊也因为博学多识，得以辅助当时的君王，参与法规的制定事宜。刘劭综览群书，他内在的质性和表现出来的文采，配合得相当完美。刘廙以清明的视察能力著称。傅嘏因为才识，而位居显达。

三国志卷二十二

桓二陈徐卫卢传第二十二

李毓善 译

桓阶字伯绪，长沙临湘人也。仕郡功曹。太守孙坚举阶孝廉，除尚书郎。父丧还乡里。会坚击刘表战死，阶冒难诣表乞坚丧，表义而与之。后太祖与袁绍相拒于官渡，表举州以应绍。阶说其太守张羡曰："夫举事而不本于义，未有不败者也。故齐桓率诸侯以尊周，晋文逐叔带以纳王。今袁氏反此，而刘牧应之，取祸之道也。明府必欲立功明义，全福远祸，不宜与之同也。"羡曰："然则何向而可？"阶曰："曹公虽弱，仗义而起，救朝廷之危，奉王命而讨有罪，孰敢不服？今若举四郡保三江以待其来，而为之内应，不亦可乎！"羡曰："善。"乃举长沙及旁三郡以拒表，遣使诣太祖。太祖大悦。会绍与太祖连战，军未得南。而表急攻羡，羡病死。城陷，阶遂自匿。久之，刘表辟为从事祭酒，欲妻以妻妹蔡氏。阶自陈已结婚，拒而不受，因辞疾告退。

桓阶，字伯绪，长沙郡临湘县（今湖南省长沙市）人。曾任长沙郡功曹一职。郡太守孙坚荐举他为孝廉，拜官尚书郎。其后因遭父丧，还归故乡。适遇孙坚进攻刘表，孙坚战死，桓阶不避险难的去见刘表，请求收葬孙坚，刘表感于他的忠义而答应了。后来太祖曹操和袁绍相拒于官渡，刘表用全荆州的兵力响应袁绍。桓阶游说他的太守张羡说："凡起事而不根据正道，没有不失败的。所以齐桓公率领诸侯以尊奉周天子，晋文公驱逐叔带以迎纳周王。现在袁氏的作为与此相反，而刘州牧竟应和他，这是自取灾祸之举啊。明府若要建立功业，伸张正义，保全福禄，远离灾祸，实在不应该和他相同啊！"张羡说："那么，应当如何做才好呢？"桓阶说："曹公虽然势力薄弱，是依据正道而起，为的是挽救朝廷的危难，遵奉皇帝的诏命以讨伐有罪的人，谁敢不服从呢？现在你如果能举四郡的土地，保全三江流域，以等待他来，并且做他的内应，不就可以了吗？"张羡说："好！"于是以长沙以及附近的三个郡来抵拒刘表，派遣使者，谒见太祖，太祖非常高兴。适遇袁绍与太祖合战不休，军队不得南下。而刘表猛攻张羡，张羡生病而死。城被攻陷，桓阶因而隐匿不出。事过很久以后，刘表征召他担任从事祭酒，打算把妻妹蔡氏嫁给他，桓阶自己表明已经结过婚，拒绝而不接受，并以有病为由辞职而去。

太祖定荆州，闻其为张羡谋也，异之，辟为丞相掾主簿，迁赵郡太守。魏国初建，为虎贲中郎将侍中。时太子未定，而临菑侯植有宠。阶数陈文帝德优齿长，宜为储副，公规密谏，前后恳至。又毛玠、徐奕以刚蹇少党，而为西曹掾丁仪所不善，仪屡言其短，赖阶左右以自全保。其将顺匡救，多此类也。迁尚书，典选举。曹仁为关羽所围，太祖遣徐晃救之，不解。太祖欲自南征，以问群下。群下皆谓："王不亟行，今败矣。"阶独曰："大王以仁等为足以料事势不也？"曰："能。""大王恐二人遗力邪？"曰："不。""然则何为自往？"曰："吾恐虏众多，而晃等势不便耳。"阶曰："今仁等处重围之中而守死无贰者，诚以大王远为之势也。夫居万死之地，必有死争之心；内怀死争，外有强救，大王案六军以示余力，何忧于败而欲自往？"太祖善其言，驻军于摩陂。贼遂退。

文帝践阼，迁尚书令，封高乡亭侯，加侍中。阶疾病，帝自临省，谓曰："吾方托六尺之孤，寄天下之命于卿。勉之！"徙封安乐乡侯，邑六百户，又赐阶三子爵关内侯。祐以嗣子不封，病卒，又追赠关内侯。后阶疾笃，遣使者即拜太常，薨，帝为之流涕，谥曰贞侯。子嘉嗣。以阶弟纂为散骑侍郎，赐爵关内侯。嘉尚升迁亭公主，会嘉平中，以乐安

太祖平定了荆州，听说他曾为张羡画策，欣赏他的才智，征召他为丞相掾主簿，徙官为赵郡太守。魏国立国之初，任虎贲中郎将侍中。当时太子人选尚未决定，而临菑侯曹植很得太祖宠爱。桓阶屡次陈说文帝曹丕品德优异，年齿较长，应当立以为储君，公开规陈，私下谏诤，前后词气都极恳切。他如毛玠、徐奕两人，因为个性刚正蹇直缺少党援，而被西曹掾丁仪所排挤，丁仪屡次说他们的缺点，依靠桓阶的帮助而得以自我保全。他将顺君美、匡救正人，多如此类。改调为尚书，职掌选举。曹仁被关羽所包围，太祖派遣徐晃去援救，无法解围，太祖想亲自率兵南征，因此问属下群臣，群臣都说："大王若不速去，就要被打败了。"唯有桓阶说："大王觉得曹仁等人能正确的料度事势还是不能呢？"太祖说："能。""大王恐怕他们两个人会保留力量吗？"太祖说："不会。""那么，为什么要自己去呢？"太祖说："我深恐敌人众多，情势对徐晃等不利罢了。"桓阶说："现在曹仁等人身处重围之中，尚能死守而无二心的原故，主要是因为大王您在远处造成的形势，大凡处在万死一生的环境，一定有以死相争的心理；内有死争的决心，外有强大的救兵，大王控制六军，用以显示尚有余力，何必忧虑于失败而打算亲自前往呢？"太祖同意他的说法，把军队驻扎在摩陂。敌军因此退去。

文帝曹丕即位，晋升为尚书令，封为高乡亭侯，加官侍中。桓阶生病，文帝亲自去探视，告诉他说："我正要把六尺高的孤儿相托，天下的命运寄望于足下，足下要保重啊！"改封他为安乐乡侯，食邑六百户，又赐封桓阶的三个儿子为关内侯。桓祐因为是嗣子，所以没有封爵，生病去世，又追赠为关内侯。后来桓阶病危，派遣使者当时就拜官为太常，桓阶去世，文帝为之伤心流泪，谥为贞侯。其子桓嘉继他的封爵。任桓阶的弟弟桓纂为

太守与吴战于东关，军败，没，谥曰壮侯。子翊嗣。

陈群字长文，颍川许昌人也。祖父寔，父纪，叔父谌，皆有盛名。群为儿时，寔常奇异之，谓宗人父老曰："此儿必兴吾宗。"鲁国孔融高才倨傲，年在纪、群之间，先与纪友，后与群交，更为纪拜，由是显名。刘备临豫州，辟群为别驾。时陶谦病死，徐州迎备，备欲往，群说备曰："袁术尚强，今东，必与之争。吕布若袭将军之后，将军虽得徐州，事必无成。"备遂东，与袁术战。布果袭下邳，遣兵助术，大破备军，备恨不用群言。举茂才，除柘令，不行，随纪避难徐州。属吕布破，太祖辟群为司空西曹掾属。时有荐乐安王模、下邳周逵者，太祖辟之。群封还教，以为模、逵秽德，终必败，太祖不听。后模、逵皆坐奸宄诛，太祖以谢群。群荐广陵陈矫、丹阳戴乾，太祖皆用之。后吴人叛，乾忠义死难，矫遂为名臣，世以群为知人。除萧、赞、长平令，父卒去官。后以司徒掾举高第，为治书侍御史，转参丞相军事。魏国既建，迁为御史中丞。

时太祖议复肉刑。令曰："安得通理君子达于古今者，使平斯事乎！昔陈鸿胪以为死

散骑侍郎，赐爵关内侯。桓嘉娶升迁亭公主为妻，在齐王芳嘉平年间（公元249年—254年），因安乐太守，与孙吴战于东关，军队被打败，战死，谥为壮侯。他的儿子桓翊继他的封爵。

陈群，字长文，颍川郡许昌县（今河南省许昌市）人。祖父名寔，父亲名纪，叔父名谌，都享有盛名。陈群在儿童时代，祖父寔就常对他另眼看待，告诉宗人父老说："这孩子一定能兴隆我们的宗门。"鲁国孔融才高倨傲，年龄在陈纪、陈群之间，先和陈纪为友，后来又和陈群交往，更为陈纪下拜，因此有名。刘备到豫州，征召陈群为别驾。当时徐州牧陶谦生病去世，徐州人迎接刘备，刘备打算前去，陈群对刘备说："袁术还很强大，现在东去，一定和他发生争夺。吕布如果袭击将军的后方，将军虽然得到徐州，大事一定无所成。"刘备进向东方，和袁术交战，吕布果然袭击下邳，派兵协助袁术，大破刘备的军队，刘备悔恨不采纳陈群的建议。陈群被举为茂才，拜官柘城县县令，尚未到任，随父亲陈纪避难于徐州，时吕布军破败，太祖曹操征召陈群为司空西曹掾属。其时有人推荐乐安王模和下邳周逵，太祖征用他们。陈群不同意，他认为模、逵两人有恶德，最后必然败事，太祖不听。后来王模和周逵都坐奸宄之罪被处死，太祖因而向陈群致歉。陈群推荐广陵人陈矫、丹阳人戴乾，太祖都加以录用。其后吴人反叛，戴乾因忠义遂死此难，陈矫也成了名臣，世人公认陈群善知人。官拜萧县、赞县、长平县县令，父亲去世，辞官。后来因在司徒掾升迁，做治书侍御史，转官参丞相军事。魏国建立以后，迁为御史中丞。

当时太祖考虑恢复肉刑，下命令说："如何才可以得到那通达古今的君子，使衡量这

刑有可加于仁恩者，正谓此也。御史中丞能申其父之论乎？”群对曰：“臣父纪以为汉除肉刑而增加笞，本兴仁恻而死者更众，所谓名轻而实重者也。名轻则易犯，实重则伤民。《书》曰：‘惟敬五刑，以成三德。’《易》著劓、刖、灭趾之法，所以辅政助教，惩恶息杀也。且杀人偿死，合于古制；至于伤人，或残毁其体而裁翦毛发，非其理也。若用古刑，使淫者下蚕室，盗者刖其足，则永无淫放穿窬之奸矣。夫三千之属，虽未可悉复，若斯数者，时之所患，宜先施用。汉律所杀殊死之罪，仁所不及也，其余逮死者，可以刑杀。如此，则所刑之与所生足以相贸矣。今以笞死之法易不杀之刑，是重人支体而轻人躯命也。”时钟繇与群议同，王朗及议者多以为未可行。太祖深善繇、群言，以军事未罢，顾众议，故且寝。

群转为侍中，领丞相东西曹掾。在朝无适无莫，雅仗名义，不以非道假人。文帝在东宫，深敬器焉，待以交友之礼，常叹曰：“自吾有回，门人日以亲。”及即王位，封群昌武亭侯，徙为尚书。制九品官人之法，群所建也。及践阼，迁尚书仆射，加侍中，徙尚书令，进爵颍乡侯。帝征孙权，至广陵，使群领中领军。帝还，假节，都督水军。还许昌，以群

件事呢！以前陈鸿胪认为死刑也可以高出于仁恩的，说的正是这件事。御史中丞能够申述你父亲的理论吗？”陈群回答说：“臣的父亲认为汉朝除去肉刑而增加笞刑，本来是出于仁者恻隐之心，然而受刑而死的人却更多，正是所谓刑名虽轻而实质更重啊。刑名轻，就容易触犯，实质重则伤害民命。《尚书》说：‘只有谨慎于用五刑，用以成就三种美德。’《易经》阐述劓、刖、灭趾之法条，这都是用以辅助政教，惩恶止杀的言论啊。而且杀人偿命，合乎古代法制，至于伤害人，则或残毁其肢体，或剪去其毛发，则非其原始用心了。如果袭用古刑法，使行为淫乱的人下蚕室受刑，窃盗的人，施以断足的刖刑，则永远不会有淫乱放荡、穿墙偷窃的奸伪行为出现了。古代三千种的刑法，虽然不能一条一款的全部恢复，如上述的几款，则正是目前忧患之所在，应当先加施用的。汉朝律令中斩头的殊死之罪，是仁字所不及的。其余一些逮死的，可以刑杀。如此以来，那么所罚的和所赦的足以相当了。现在用笞死之法令替换不杀之刑法，则是重视人的肢体而轻其生命了。”当时钟繇和陈群的意见相同，而王朗和参议的其他人则多数以为不可行。太祖非常赞成钟繇和陈群的意见，因为军事倥偬、碍于众人的言论，所以暂时搁置而未施行。

陈群转任侍中，领丞相东西曹掾。在朝廷之中，不固执己见，行事常师出有名、依循正理，决不以非道假诸人。文帝曹丕在东宫为太子，非常敬爱器重他，待之以朋友之礼，常常感叹说：“我自从有了颜回，门人之间日益亲和了。”等他即了王位，封陈群为武昌亭侯，徙任尚书。制定九品用人之法，就是陈群所建立的。及文帝即天子之位，晋升为尚书仆射，另加侍中官衔，又徙任尚书令，晋封爵为颍乡侯。文帝征讨孙权，到达广陵，使陈群领中领军。文帝回来，使持节，都督水军。又回到许昌，用陈群为镇军大将军，领中护

为镇军大将军，领中护军，录尚书事。帝寝疾，群与曹真、司马宣王等并受遗诏辅政。明帝即位，进封颍阴侯，增邑五百，并前千三百户，与征东大将军曹休、中军大将军曹真、抚军大将军司马宣王并开府。顷之，为司空，故录尚书事。

是时，帝初莅政，群上疏曰："《诗》称'仪刑文王，万邦作孚'；又曰'刑于寡妻，至于兄弟，以御于家邦'。道自近始，而化洽于天下。自丧乱已来，干戈未戢，百姓不识王教之本，惧其陵迟已甚。陛下当盛魏之隆，荷二祖之业，天下想望至治，唯有以崇德布化，惠恤黎庶，则兆民幸甚。夫臣下雷同，是非相蔽，国之大患也。若不和睦则有雠党，有雠党则毁誉无端，毁誉无端则真伪失实，不可不深防备，有以绝其源流。"太和中，曹真表欲数道伐蜀，从斜谷入。群以为"太祖昔到阳平攻张鲁，多收豆麦以益军粮，鲁未下而食犹乏。今既无所因，且斜谷阻险，难以进退，转运必见钞截，多留兵守要，则损战士，不可不熟虑也"。帝从群议。真复表从子午道。群又陈其不便，并言军事用度之计。诏以群议下真，真据之遂行。会霖雨积日，群又以为宜诏真还，帝从之。

后皇女淑薨，追封谥平原懿公主。群上疏曰："长短有命，存亡有分。故圣人制礼，

军，掌尚书事。文帝卧病，陈群和曹真、司马宣王等人同受遗命，辅佐政事。明帝曹叡即位，晋封为颍阴侯，增食邑五百户，合以前所封，共计一千三百户，与征东大将军曹休、中军大将军曹真、抚军大将军司马宣王等共同开建府署，自选僚属。不久之后，任命为司空，依旧掌尚书事。

其时，明帝初临朝政，陈群上书说："《诗经》说：'能效法文王，则万国信服。'又说：'立仪法于嫡妻，影响及于兄弟，因以治理其家邦。'言治道是由近处开始，推广而普化天下的。自从天下丧乱以来，战争至今犹未停止，百姓不了解王者教化的根本，深恐社会日益衰微。陛下身处皇魏隆盛之时，承继太祖、文帝之大业，天下臣民一心想望至治，此时唯有崇尚德治、广布教化、惠爱百姓，则是天下万民之福了。大凡臣下君云亦云，不究是非，互相欺瞒，则是朝廷之大患。如若不能和睦相处，则有党派对立之起，有了结党营私，则会使毁誉无据，毁誉无据，则真伪失实，实在不可不严加防备，谋求杜绝源流之道。"明帝太和年间曹真上表，打算兵分数路，攻打西蜀，取道斜谷进入。陈群以为："以前太祖到阳平攻打张鲁，增收豆麦以补充军粮，张鲁尚未被攻下而军粮就已经缺乏。如今既无所凭借，斜谷地势又极险阻，进退都不容易，转运军需品一定会遭敌人拦截，多留兵士守冲要，又会使战士减少，不可不熟思。"明帝同意陈群的意见。曹真又上表说从子午道进兵，陈群又申述其不便处，并分析军事用度之计。明帝诏令将陈群的意见交予曹真，曹真依据其说遂出兵。适遇久雨不停，陈群认为应当诏令曹真回来，明帝采纳了他的意见。

后来皇女曹淑去世，追加封谥为平原懿公主。陈群上疏说："生命的久暂在乎天命，存和亡各有宿分。所以圣人制定礼仪，或减或增，无非求其适中而已。防墓有不修为坟的

或抑或致，以求厥中。防墓有不修之俭，嬴、博有不归之魂。夫大人动合天地，垂之无穷，又大德不逾闲，动为师表故也。八岁下殇，礼所不备。况未期月，而以成人礼送之，加为制服，举朝素衣，朝夕哭临。自古已来，未有此比。而乃复自往视陵，亲临祖载。愿陛下抑割无益有损之事，但悉听群臣送葬，乞车驾不行，此万国之至望也。闻车驾欲幸摩陂，实到许昌，二宫上下，皆悉俱东，举朝大小，莫不惊怪。或言欲以避衰，或言欲于便处移殿舍，或不知何故。臣以为吉凶有命，祸福由人，移徙求安，则亦无益。若必当移避，缮治金墉城西宫，及孟津别宫，皆可权时分止。可无举宫暴露野次，废损盛节蚕农之要。又贼地闻之，以为大衰。加所烦费，不可计量。且吉士贤人，当盛衰，处安危，秉道信命，非徒其家以宁，乡邑从其风化，无恐惧之心。况乃帝王万国之主，静则天下安，动则天下扰；行止动静，岂可轻脱哉？”帝不听。

青龙中，营治宫室，百姓失农时。群上疏曰：“禹承唐、虞之盛，犹卑宫室而恶衣服，况今丧乱之后，人民至少，比汉文、景之时，不过一大郡。加边境有事，将士劳苦，若有水旱之患，国家之深忧也。且吴、蜀未灭，社稷不安。宜及其未动，讲武劝农，有以待之。今舍此急而先宫室，臣惧百姓遂困，将何以应敌？昔刘备自成都至白水，多作传舍，兴费

俭制，嬴、博故邑有不归的灵魂。大凡君子之动止，一定与天地之德相契合，垂法于无穷的后世子孙。况且，大德之人，行事不逾越法度，由于他的动止，辄为百姓表率的原故。八岁之下而早死的葬礼，礼仪所不备载，何况尚未满周岁，竟以成人之礼节送葬，又为之制服制，举朝素衣，早晚哭临，自古以来，没有这等事。陛下又要亲往送葬，亲临祖事。希望陛下毋为无益有害的事，只听任群臣送葬即可，请陛下车驾不行，乃是天下最大的愿望。听说车驾打算幸临摩陂，实到许昌，二宫上下的人，要悉数东行，举朝大小，闻此无不惊怪。有人说陛下想借此避衰运，有人说想要营缮旧宫室，或不知是何缘故。臣认为吉凶有天命，造祸造福悉由人，想借迁徙殿舍以求安，则亦无益。如果一定要迁移，则修缮金墉城西宫以及孟津别宫，都可以因时机决定，可毋需举宫暴露于野外，损废盛季农桑的事务。而且令敌国听说了，以为我国遇大困。所受的烦费，不可计数。况且贤人吉士，面临盛衰之际，身处安危之间，每每是秉道信命，而非徒其家以求安宁的，所以乡里受他的风化，没有恐惧之心。再则陛下乃万国之主，居静则天下安泰，有所行动则天下扰乱，所以陛下的行止动静，岂可以轻率呢？”明帝不听。

青龙年间（公元233年—236年）营造宫室，百姓不能按时令耕作。陈群上疏说：“大禹承继唐尧、虞舜之盛世，犹且住卑陋的宫室，穿粗劣的衣裳，况且现今是继丧乱之后，人口稀少，比之于汉朝文、景时代，只不过相当于一个大郡而已，加之边境时有战争，将士疲于征战，如果遇到水旱天灾，是朝廷最怕的。而且东吴西蜀尚未消灭，国家尚不安靖，应当趁其未发动战事之时，讲习武备，奖励农事，增加国力，以待时变。如今舍急务而先

人役，太祖知其疲民也。今中国劳力，亦吴、蜀之所愿。此安危之机也，惟陛下虑之。”帝答曰：“王者宫室，亦宜并立。灭贼之后，但当罢守耳，岂可复兴役邪？是故君之职，萧何之大略也。”群又曰：“昔汉祖唯与项羽争天下，羽已灭，宫室烧焚，是以萧何建武库、太仓，皆是要急，然犹非其壮丽。今二虏未平，诚不宜与古同也。夫人之所欲，莫不有辞，况乃天王，莫之敢违。前欲坏武库，谓不可不坏也；后欲置之，谓不可不置也。若必作之，固非臣下辞言所屈；若少留神，卓然回意，亦非臣下之所及也。汉明帝欲起德阳殿，钟离意谏，即用其言，后乃复作之；殿成，谓群臣曰：‘钟离尚书在，不得成此殿也。’夫王者岂惮一臣，盖为百姓也。今臣曾不能少凝圣听，不及意远矣。”帝于是有所减省。

初，太祖时，刘廙坐弟与魏讽谋反，当诛。群言之太祖，太祖曰：“廙，名臣也，吾亦欲赦之。”乃复位。廙深德群，群曰：“夫议刑为国，非为私也；且自明主之意，吾何知焉？”其弘博不伐，皆此类也。青龙四年薨，谥曰靖侯。子泰嗣。帝追思群功德，分群户邑，封一子列侯。

筑宫室，臣深恐怕百姓会更穷困，将如何应付强敌呢！从前刘备由成都到白水，建筑了许多传舍，大费人力。我太祖认为他疲劳百姓，而今我们国中使百姓虚费精力，也是东吴、西蜀所深愿的。这是国家安危的关键，愿陛下深思。”明帝说：“帝王的宫室，也应该乘时营造，待敌人消灭之后，只需守成就可以，岂能再兴劳役吗？所以君的职责，要有萧何之大谋略啊！”陈群又说：“从前汉高祖仅和项羽争天下，待项羽被消灭，宫室烧焚殆尽，所以萧何建武库、太仓，都是当务之急，可是汉高祖仍然嫌其太壮丽，现在东吴、西蜀未灭，实在还不应该学古人的营造宫室。大凡人有所欲求，都有理由与说辞，何况是天王的愿望，更没有人敢违背。先前要毁去武库，说不能不毁去，过后要立武库，说是不能不立。如果陛下一定要兴建宫室，当然不是臣下言语所可改变的，但是如果稍为留神，突然改变心意，也不是臣下影响之所可及。汉明帝打算兴建德阳殿，钟离意谏止，当时虽采纳了他的意见，其后仍然建造了德阳殿；宫殿落成，对群臣说：‘如果钟离尚书还在，这座宫殿是建不成的。’做君王的难道怕一个臣子吗？主要是为了天下民命啊。现在臣说话居然不能使陛下稍加留听，不及钟离意的太远了。”明帝因此有所减省。

当初，太祖的时候，刘廙因他弟弟和魏讽谋反的罪名，当受诛论。陈群对太祖诉说其事，太祖说：“刘廙，是有声望的贤臣，我也正有意要赦免他。”于是复其故职。刘廙非常感激陈群，群说：“议论刑法，乃是为了国家，并非为了私人；而且这是出自圣明君主的意愿，我所知不多。”他为人的宽大博达，不夸示己功，都如这一类事情。明帝青龙四年（公元236年）去世，谥为靖侯。其子陈泰继承封爵。明帝追思陈群的功德，故划分陈群的食邑，封他的一个儿子为列侯。

泰字玄伯。青龙中，除散骑侍郎。正始中，徙游击将军，为并州刺史，加振威将军，使持节，护匈奴中郎将，怀柔夷民，甚有威惠。京邑贵人多寄宝货，因泰市奴婢，泰皆挂之于壁，不发其封，及征为尚书，悉以还之。嘉平初，代郭淮为雍州刺史，加奋威将军。蜀大将军姜维率众依麹山筑二城，使牙门将句安、李歆等守之，聚羌胡质任等寇逼诸郡。征西将军郭淮与泰谋所以御之。泰曰："麹城虽固，去蜀险远，当须运粮。羌夷患维劳役，必未肯附。今围而取之，可不血刃而拔其城；虽其有救，山道阻险，非行兵之地也。"淮从泰计，使泰率讨蜀护军徐质、南安太守邓艾等进兵围之，断其运道及城外流水。安等挑战，不许，将士困窘，分粮聚雪以稽日月。维果来救，出自牛头山，与泰相对。泰曰："兵法贵在不战而屈人。今绝牛头，维无反道，则我之禽也。"敕诸军各坚垒勿与战，遣使白淮。欲自南渡白水，循水而东，使淮趣牛头，截其还路，可并取维。不惟安等而已。淮善其策，进率诸军军洮水。维惧，遁走，安等孤县，遂皆降。

淮薨，泰代为征西将军，假节都督雍、凉诸军事。后年，雍州刺史王经白泰，云姜维、夏侯霸欲三道向祁山、石营、金城，求进兵为翅。使凉州军至枹罕，讨蜀护军向祁山。

陈泰，字玄伯。明帝青龙年间（公元233年—236年）官拜散骑侍郎。齐王芳正始年间（公元240年—246年），改任为游击将军，为并州刺史，加官振威将军，使持节符，护匈奴中郎将，招抚夷民，颇有威望惠声。京邑的贵人多寄宝货给陈泰，希望透过他以买奴婢，陈泰把它们全部挂在墙上，不开其封，等到他被征召为尚书，悉数归还京邑贵人。齐王芳嘉平初年（公元249年），代郭淮为雍州刺史，加奋威将军衔。蜀大将军姜维率众依傍麹山建筑了二个城，使牙门将句安、李歆等人驻守，聚集羌胡质任等侵逼诸郡。征西将军郭淮和陈泰商讨抵御之计。陈泰说："麹城的地势虽然险固，但是去西蜀地险而路远，依赖粮食的输运。羌民怕受姜维驱遣，一定不肯归附。现在我们去围攻，可以不流血即拔其城；纵然其救兵来援，山路险阻，不是行军的理想环境。"郭淮接受陈泰的计策，使陈泰率领讨蜀护军徐质、南安太守邓艾等人进兵围麹城，截断其补给道路和城外供水。句安等人挑战，相应不理。城中将士困窘，分配粮食，集聚雪水以计日月。姜维果然来救，出自牛头山，与陈泰军对垒。陈泰说："兵法最高的成就是不交战而屈敌人之兵。现在截断牛头山通路，使姜维欲退而不能，则一定是我的俘虏了。"戒令诸军，使各自坚守营垒，不与合战，派遣使者告诉郭淮，说他计划自己由南方渡过白水，再顺水路而东行，让郭淮的兵力往牛头，截断姜维的归路，如此则可以一并取姜维，不仅是句安等人而已了。郭淮非常欣赏他的计策，率领诸军前进，驻军于洮水，姜维害怕，逃走，句安等形势悬孤，所以全部投降。

郭淮去世，陈泰代为征西将军，持节都督雍州、凉州诸军事。后年，雍州刺史王经告诉陈泰，说姜维、夏侯霸计划军分三路推向祁山、石营、金城，谋欲进兵为翅，使凉州的

泰量贼势终不能三道，且兵势恶分，凉州未宜越境，报经："审其定问，知所趣向，须东西势合乃进。"时维等将数万人至枹罕，趣狄道。泰敕经进屯狄道，须军到，乃规取之。泰进军陈仓。会经所统诸军于故关与贼战不利，经辄渡洮。泰以经不坚据狄道，必有他变，并遣五营在前，泰率诸军继之。经已与维战，大败，以万余人还保狄道城，余皆奔散。维乘胜围狄道，泰军上邽，分兵守要，晨夜进前。邓艾、胡奋、王秘亦到，即与艾、秘等分为三军，进到陇西。艾等以为"王经精卒破衄于西，贼众大盛，乘胜之兵既不可当，而将军以乌合之卒，继败军之后，将士失气，陇右倾荡。古人有言：'蝮蛇螫手，壮士解其腕。'《孙子》曰：'兵有所不击，地有所不守。'盖小有所失而大有所全故也。今陇右之害，过于蝮蛇，狄道之地，非徒不守之谓。姜维之兵，是所辟之锋。不如割险自保，观衅待弊，然后进救，此计之得者也"。泰曰："姜维提轻兵深入，正欲与我争锋原野，求一战之利。王经当高壁深垒，挫其锐气。今乃与战，使贼得计，走破王经，封之狄道。若维以战克之威，进兵东向，据栎阳积谷之实，放兵收降，招纳羌、胡，东争关、陇，传檄四郡，此我之所恶也。而维以乘胜之兵，挫峻城之下，锐气之卒，屈力致命，攻守势殊，客主不同。兵书云'修橹轒辒，三月乃成，拒堙三月而后已'。诚非轻军远入，维之诡谋仓卒所办，县军远

军队到枹罕，讨蜀护军向祁山。陈泰忖度敌人的兵势不可能分为三路，而且兵势最忌分散，凉州不宜越境，回报王经说："审度其消息，知道如何进退，必须东西合力才可以进兵。"当时姜维等人率领数万人到枹罕，疾赴狄道。陈泰敕令王经屯驻狄道，待大军到达，方规划攻取。陈泰进军陈仓。适逢王经所统率的诸军在故关和敌人交锋，战不利，王经即过洮水。陈泰认为王经不坚兵据守狄道，必然会另有变故，同时派遣五营在前面为前行，陈泰率诸军为其后继。王经已和姜维交战，大败，即以万余人还守狄道城，其余的皆四处奔散。姜维乘着胜势包围狄道。陈泰驻扎在上邽，分派兵力据守要冲，日夜进前。邓艾、胡奋、王秘军队亦到，于是遂与邓艾、王秘等大军分三路，进到陇西。邓艾等人以为："王经的精卒破败于西，敌人的声势大振，乘胜之兵既已不可当，而将军您以乌合之众，继于败军之后，将士丧志失勇，陇西倾乱不稳，古人曾说：'蝮蛇咬了手，壮士断其腕。'《孙子兵法》说：'军队有所不攻击，土地有所不固守。'可能是说明在小的地方有所损失，而在大体方面有所保全的道理。如今陇西之害，大过蝮蛇，狄道之地，非徒不值得固守的意思。姜维的兵力，是我们应当躲避的利锋。不如割险要以图自保，观衅以静待其弊，然后再进兵救援，这是较为妥当的计划。"陈泰说："姜维率其轻兵以深入，正是想和我们交战原野，求一胜战。王经应当高其垒壁、深其护濠，以挫姜维的锐气。现在竟然与他交战，使其计谋得逞，打败了王经，困围之于狄道。如果姜维以其战胜之威势，进兵东向，掌握了栎阳存粮的实利，然后纵兵收降者，招纳羌、胡之兵，东争关、陇之地，传书四郡，这是我们所最害怕的。可是，姜维以乘胜之兵，挫折在高城之下，锐气之兵，尽力损驱，攻守异势，

侨，粮谷不继，是我速进破贼之时也，所谓疾雷不及掩耳，自然之势也。洮水带其表，维等在其内，今乘高据势。临其项领，不战必走。寇不可纵，围不可久，君等何言如此？”遂进军度高城岭，潜行，夜至狄道东南高山上，多举烽火，鸣鼓角。狄道城中将士见救者至，皆愤踊。维始谓官救兵当须众集乃发，而卒闻已至，谓有奇变宿谋，上下震惧。自军之发陇西也。以山道深险，贼必设伏。泰诡从南道，维果三日施伏，定军潜行，卒出其南，维乃缘山突至，泰与交战，维退还。凉州军从金城南至沃干阪。泰与经共密期，当共向其还路，维等闻之，遂遁，城中将士得出。经叹曰：“粮不至旬，向不应机，举城屠裂，覆丧一州矣。”泰慰劳将士，前后遣还，更差军守，并治城垒，还屯上邽。

初，泰闻经见围，以州军将士素皆一心，加得保城，非维所能卒倾。表上进军晨夜速到还。众议以经奔北，城不足自固，维若断凉州之道，兼四郡民夷，据关、陇之险，敢能没经军而屠陇右。宜须大兵四集，乃致攻讨。大将军司马文王曰：“昔诸葛亮常有此志，卒亦不能。事大谋远，非维所任也。且城非仓卒所拔，而粮少为急，征西速救，得上策矣。”

主客不同。兵书上说：‘修治橹和轒辒等大盾兵车，要三个月才能完成，据险固而拒守，三个月而后战争结束。’实在不宜轻军远去攻人之国，姜维之奸谋，是仓卒间决定的。悬军远寄，粮食不继，正是我们迅速进击，大破贼寇的最佳时机，所谓疾雷不及掩耳，是自然的声势啊！洮水环绕在其外，姜维等在其内，现在我们乘高据势，临其要害之地，不必动干戈，姜维必然撤退。敌人不可放纵，围困不可持久，诸位怎么可以说这种话呢！”于是进军度高城岭，暗中行军，趁夜到达狄道东南方的高山之上，多举燃烽火，高鸣鼓角。狄道城中的将士望见救兵已到，人人愤恚跳踊。姜维当初谓诸将必待救兵众集才可发动，不意猝然听说救兵已到，认为有出人意料的权变和早设的计谋，军中上下震惊恐惧。自从军旅由陇西出发，认为山路深邃险阻，敌人必定设有埋伏。陈泰遂诡秘地由南面的道路通过，姜维果然已经设伏三天。陈泰整军潜行，猝然由其南方穿过。姜维循着山路突然而来，陈泰与他交战，姜维不敌而退。凉州的军队从金城南到沃干阪。陈泰与王经同时密期，应当一同阻其还路，姜维等人听到消息，遂潜遁而去，城中将士得出。王经感叹地说：“粮食维持不了十天，前时如不应机随变，就要举城屠灭，丧亡一州了。”陈泰慰劳将士，分批陆续遣回故里，改派将士守城，并修缮城垒、防御工事，然后返回上邽屯驻。

当初，陈泰听说王经被围，以为州军将士平素都团结一心，加之要保守城池，决非姜维所能猝然攻破的。陈泰上表请进军，早晚兼程往救。众人论议以为王经败北，狄道城不足以自守，姜维若截断凉州的通路，兼统四郡的民夷，据守关、陇形势之险，必能消灭王经的兵力而且屠戮陇右的。所以应当待大兵四集之后，才能发动攻讨。大将军司马文王说：“从前诸葛亮常有此心，终于未能实现。事大而谋远，绝不是姜维所能胜任的。况且狄道非仓卒间所能攻下的，但是城中困于粮食缺乏，征西将军陈泰快速去营救，应当是上上

泰每以一方有事，辄以虚声扰动天下。故希简白上事，驿书不过六百里。司马文王语荀顗曰："玄伯沈勇能断，荷方伯之重，救将陷之城，而不求益兵，又希简上事，必能办贼故也。都督大将，不当尔邪！"

后征泰为尚书右仆射，典选举，加侍中光禄大夫。吴大将孙峻出淮、泗。以泰为镇军将军，假节都督淮北诸军事，诏徐州监军已下受泰节度。峻退，军还，转为左仆射。诸葛诞作乱寿春，司马文王率六军军丘头，泰总署行台。司马景王、文王皆与泰亲友，及沛国武陔亦与泰善。文王问陔曰："玄伯何如其父司空也？"陔曰："通雅博畅，能以天下声教为己任者，不如也；明统简至，立功立事，过之。"泰前后以功增邑二千六百户，赐子弟一人亭侯，二人关内侯。景元元年薨，追赠司空，谥曰穆侯。子恂嗣。恂薨，无嗣。弟温绍封。咸熙中开建五等，以泰著勋前朝，改封温为慎子。

陈矫字季弼，广陵东阳人也。避乱江东及东城，辞孙策、袁术之命，还本郡。太守陈登请为功曹，使矫诣许。谓曰："许下论议，待吾不足；足下相为观察，还以见诲。"矫还曰："闻远近之论，颇谓明府骄而自矜。"登曰："夫闺门雍穆，有德有行，吾敬陈元方兄

之策。"陈泰常常以为一方有战事，每每因不实消息而扰动天下，所以很少上疏言事，驿书不超过六百里。司马文王告诉荀顗说："玄伯为人深沉勇敢而有决断，肩负方伯之重任，驰救将陷的边城，却不请求增加兵源，又能希简上事，必然是胸有败敌之策的缘故，都督大将，不是正该如此吗？"

其后，征用陈泰为尚书右仆射，职掌选举事务，加官侍中光禄大夫。吴国大将孙峻出淮、泗。任命陈泰为镇军将军，持节都督淮北诸军事，诏令徐州监军以下受陈泰节度。孙峻军退，陈泰率军队撤回，调任为尚书左仆射。诸葛诞在寿春作乱，司马文王亲自率军驻扎丘头，陈泰总署行台事务。司马景王、司马文王都与陈泰为亲友，其他如沛国武陔，亦与陈泰亲善。文王问武陔说："玄伯和他父亲司空比较，那一个好呢？"武陔说："如论学行美备、洞晓事理，能够以天下的声教为己任，玄伯不及其父；至于明于治道、管理简明、立功勋、建事业，则超过其父了。"陈泰因功屡次受封，前后共食邑二千六百户，赐子弟一人为亭侯，二人为关内侯。陈留王景元元年（公元260年）卒，追赠为司空，谥为穆侯。其子陈恂继爵。及陈恂卒，没有子嗣，由其弟陈温继其封爵。陈留王咸熙年间（公元264年—265年）开始立五等爵禄，因为陈泰在前朝即有显赫的勋爵，故改封陈温为慎子。

陈矫，字季弼，广陵东阳（今安徽省天长县西北）人。避战乱于江东与东城，辞谢了孙策以及袁术的任命，回到广陵郡。太守陈登，请他出任功曹一职，派他到许昌去，对他

弟；渊清玉絜，有礼有法，吾敬华子鱼；清修疾恶，有识有义，吾敬赵元达；博闻强记，奇逸卓荦，吾敬孔文举；雄姿杰出，有王霸之略，吾敬刘玄德：所敬如此，何骄之有！余子琐琐，亦焉足录哉？”登雅意如此，而深敬友矫。

郡为孙权所围于匡奇，登令矫求救于太祖。矫说太祖曰：“鄙郡虽小，形便之国也，若蒙救援，使为外藩，则吴人剉谋，徐方永安，武声远震，仁爱滂流，未从之国。望风景附，崇德养威，此王业也。”太祖奇矫，欲留之。矫辞曰：“本国倒悬，本奔走告急，纵无申胥之效，敢忘弘演之义乎？”太祖乃遣赴救。吴军既退，登多设间伏，勒兵追奔，大破之。

太祖辟矫为司空掾属，除相令，征南长史。彭城、乐陵太守，魏郡西部都尉。曲周民父病，以牛祷，县结正弃市。矫曰：“此孝子也。”表赦之。迁魏郡太守。时系囚千数，至有历年。矫以为周有三典之制，汉约三章之法，今惜轻重之理，而忽久系之患，可谓谬矣。悉自览罪状，一时论决。大军东征，入为丞相长史。军还，复为魏郡，转西曹属。从征汉

说：“许昌地方人士之议论，对我不利，足下前去代为观察，回来以后有以教我。”陈矫回来以后，说：“听远近的议论，多以为明府君您骄傲而好自矜夸。”陈登说：“大凡家室兄弟皆和睦，有美德有善行的，我敬重陈元方兄弟；深博清廉有操守，行事不违乎礼法的，我敬重华子鱼；淡泊自持，嫉恶如仇，有见识有原则的，我敬重赵元达；博学多闻，阅历广泛，秉赋奇逸，才能卓荦的，我敬重孔文举；雄姿英发，才能杰出，有王道霸业谋略的，我敬重刘玄德：平素所敬重的人如此之多，我哪里骄傲了？其余一般琐琐鄙吝的读书人，又何足挂齿呢？”陈登对人评品如此严格，而却深深敬重友待陈矫。

孙权围攻广陵匡奇，陈登令陈矫向太祖曹操求救。陈矫游说太祖说：“鄙郡面积虽然偏小，却有地形之利，如果承蒙援救，使成为您的外藩属地，则东吴的奸谋挫折，徐方永远安固，您的武声远震，仁爱广被，尚未归附之小国，会仰望丰采，景然归顺，建立仁德，培养威望，这是王者的事业啊。”太祖惊奇于陈矫的谈吐，打算留住他，陈矫辞谢说：“本国正处于困苦之中，我来此的本意是告急求救，纵然不能有楚国申包胥的成绩，难道敢忘记古代卫国大夫弘演忠义的典型吗？”太祖于是遣兵赴救。吴国军队既退，陈登设置了很多伏兵，勒令追击退兵，大破吴军。

太祖召陈矫为司空掾属，拜官相县县令，征南长史，彭城、乐陵郡太守，魏郡西部都尉。曲周地方的一个百姓，父亲生病，用牛祭祷，县府定案判决他死罪。陈矫说：“这是个孝子啊！”上表请求赦免他。迁升为魏郡太守。其时狱中的囚犯以千数，甚至有系狱数年的，陈矫认为周代有三典的制度，汉朝简约有三章之法令，如今只是注重轻重的道理，而忽略了久系的流弊，此可以说是错误的。因此亲自全部审核其罪状，一次加以论决清理。大军东征的时候，进入中央政府任丞相长史。军队西回，复任魏郡太守。转任为西曹属。

中，还为尚书。行前未到邺，太祖崩洛阳，郡臣拘常，以为太子即位，当须诏命。矫曰："王薨于外，天下惶惧。太子宜割哀即位，以系远近之望。且又爱子在侧，彼此生变，则社稷危矣。"即具官备礼，一日皆办。明旦，以王后令，策太子即位，大赦荡然。文帝曰："陈季弼临大节，明略过人，信一时之俊杰也。"帝即践阼，转署吏部，封高陵亭侯，迁尚书令。明帝即位，进爵东乡侯，邑六百户。车驾尝卒至尚书门，矫跪问帝曰："陛下欲何之？"帝曰："欲案行文书耳。"矫曰："此自臣职分，非陛下所宜临也。若臣不称其职，则请就黜退。陛下宜还。"帝惭，回车而反。其亮直如此。加侍中光禄大夫，迁司徒。景初元年薨，谥曰贞侯。

子本嗣，历位郡守、九卿。所在操纲领，举大体，能使群下自尽。有统御之才，不亲小事，不读法律而得廷尉之称，优于司马岐等，精练文理。迁镇北将军，假节都督河北诸军事。薨，子粲嗣。本弟骞，咸熙中为车骑将军。

初，矫为郡功曹，使过泰山。泰山太守东郡薛悌异之，结为亲友。戏谓矫曰："以郡吏而交二千石，邻国君屈从陪臣游，不亦可乎！"悌后为魏郡及尚书令，皆承代矫云。

跟随太祖出征汉中，回京以后，做尚书。曹操还师还未到邺县时，驾崩于洛阳，群臣拘守故常，认为太子继王位，应当得汉帝之诏命。陈矫说："大王在洛阳去逝，天下人心惶惧，此时太子应该节哀即王位，用以安系远近人心的想望。况且又是所爱之子在身侧，如果彼此之间发生变故，则国家就危险了。"当即具官备礼，一日之间诸事处理完妥。次日清晨，以王后的命令，策命太子即王位，广行大赦之令。文帝曹丕说："陈季弼于处理大事之时，其明决智略胜过一般人，实在是当代的俊杰之士啊。"

文帝即天子之位，陈矫转署吏部，封为高陵亭侯，晋升为尚书令。明帝曹叡即帝位，晋爵位为东乡侯，食邑六百户。明帝车驾曾猝至尚书门，陈矫跪问皇帝说："陛下想上哪儿去？"帝说："想来巡视公事而已。"矫说："这自是臣的职分，不是陛下所应当亲临的，如若臣的工作不称其职，则请立即黜退臣，陛下应当请回。"明帝听了，觉得很惭愧，上车回宫。他为人的忠直都如此类。加侍中光禄大夫衔，调为司徒。明帝景初元年（公元 237 年）卒，谥号为贞侯。

其子陈本继封爵，历任郡太守、九卿。所在都是操大纲、举大体，能使属下各尽所能。有统御臣下的才略。从来不亲临小事，不读法律，却得廷尉的称誉，优于司马岐等人，精熟于文理。迁官镇北将军，持节都督河北诸军事。卒，其子陈粲继爵封。陈本的弟弟陈骞，在陈留王咸熙年间（公元 264 年—265 年）做车骑将军。

当初，陈矫为郡功曹，出使过泰山。泰山太守东郡薛悌很赏识他，与他结为亲友。打趣陈矫说："以一个郡吏而结交二千石之官，邻国之君屈从一个陪臣游，不也很好了吗？"薛悌后来官拜魏郡太守以及尚书令，据说都是承代陈矫。

三国志 卷二十二 魏书二十二 桓二陈徐卫卢传 第二十二

徐宣字宝坚，广陵海西人也。避乱江东，又辞孙策之命，还本郡。与陈娇并为纲纪，二人齐名而私好不协，然俱见器于太守陈登，与登并心于太祖。海西、淮浦二县民作乱，都尉卫弥、令梁习夜奔宣家，密送免之。太祖遣督军扈质来讨贼，以兵少不进。宣潜见责之，示以形势，质乃进破贼。太祖辟为司空掾属，除东缗、发干令，迁齐郡太守，入为门下督，从到寿春。会马超作乱，大军西征，太祖见官属曰："今当远征，而此方未定，以为后忧，宜得清公大德以镇统之。"乃以宣为左护军，留统诸军。还，为丞相东曹掾，出为魏郡太守。太祖崩洛阳，群臣入殿中发哀。或言可易诸城守，用谯、沛人。宣厉声曰："今者远近一统，人怀效节，何必谯、沛，而沮宿卫者心。"文帝闻曰："所谓社稷之臣也。"帝既践阼，为御史中丞，赐爵关内侯，徙城门校尉，旬月迁司隶校尉，转散骑常侍。从至广陵，六军乘舟，风浪暴起，帝船回倒，宣病在后，陵波面前，群寮莫先至者。帝壮之，迁尚书。

明帝即位，封津阳亭侯，邑二百户。中领军桓范荐宣曰："臣闻帝王用人，度世授才，争夺之时，以策略为先，分定之后，以忠义为首。故晋文行舅犯之计而赏雍季之言，高祖

徐宣，字宝坚，广陵郡海西县（今江苏省灌南县南）人。汉末避乱于江东，又辞谢了孙策的任命，回到广陵郡。和陈娇二人同时为主簿，当时两人齐名，但是私交并不融洽，却是同被太守陈登所器重，和陈登一样向心于太祖曹操。海西、淮浦二县的县民作乱，县都尉卫弥、县令梁习趁夜逃到徐宣家中，宣秘密地送走他们，使免于难，太祖派遣督军扈质来讨乱，因为兵力寡少，不敢进击，徐宣暗中去见扈质，并责备他，说明形势，扈质才进兵平了乱。太祖征召徐宣为司空掾属，任命为东缗、发干县县令。后来晋升为齐郡太守，征入京师为门下督，跟随太祖到寿春。适遇马超作乱，大军西征，太祖召见众官属说："现在正要远征，然而这个地方尚不安定，觉得是后顾之忧，应该找一位清廉公正、有大节的人来镇服统御之。"于是，任命徐宣为左护军，留在该地统领诸军，回京以后，为丞相东曹掾，离京出任魏郡太守。太祖驾崩于洛阳，群臣入殿中行哀悼礼。有人说要更换那些守城的将领，改用谯和沛地方的人。徐宣很生气地厉声说："现在天下一统，人人怀忠尽节，为什么一定要用谯、沛地方的人，因而沮丧宿卫人的心志。"文帝曹丕听说了，说："这才是所谓的国之重臣啊！"文帝即天子位以后，任命徐宣为御史中丞，赐爵位为关内侯，调任为城门校尉，在旬月之间，又晋升为司隶校尉，转任为散骑常侍。跟随文帝到广陵，六军都乘舟船，突然风浪大起，文帝所乘的船向后倒退，徐宣不愿意在后面，因此冲着波涛向前，同僚没有先到的，文帝认为他很勇敢，晋升为尚书。

明帝曹叡即位，封为津阳亭侯，食邑二百户。中领军桓范推荐徐宣说："臣听说帝王用人，都是忖度时局，授官予人才，当战乱的时候，先擢用有策略之人，大局既定之后，则先用有忠义之德的。所以晋文公战时用舅犯'亦诈而已'的计策，大胜敌人后，重赏雍季'有百代之利'的谠言，汉高祖用陈平之智以败项羽，但托后事，则选厚重少文的周勃。

用陈平之智而托后于周勃也。窃见尚书徐宣，体忠厚之行，秉直亮之性；清雅特立，不拘世俗；确然难动，有社稷之节；历位州郡，所在称职。今仆射缺，宣行掌后事；腹心任重，莫宜宣者。”帝遂以宣为左仆射，后加侍中光禄大夫。车驾幸许昌，总统留事。帝还，主者奏呈文书。诏曰：“吾省与仆射何异？”竟不视。尚方令坐猥见考竟，宣上疏陈威刑大过，又谏作宫殿穷尽民力，帝皆手诏嘉纳。宣曰：“七十有县车之礼，今已六十八，可以去矣。”乃固辞疾逊位，帝终不许。青龙四年薨，遗令布衣疏巾，敛以时服。诏曰：“宣体履至实，直内方外，历在三朝，公亮正色，有托孤寄命之节，可谓柱石臣也。常欲倚以台辅，未及登之，惜乎大命不永！其追赠车骑将军，葬如公礼。”谥曰贞侯。子钦嗣。

卫臻字公振，陈留襄邑人也。父兹，有大节，不应三公之辟。太祖之初至陈留。兹曰：“平天下者，必此人也。”太祖亦异之，数诣兹议大事。从讨董卓，战于荥阳而卒。太祖每涉郡境，辄遣使祠焉。夏侯惇为陈留太守，举臻计吏，命妇出宴，臻以为“末世之俗，

臣私下发现尚书徐宣，体现忠贞谨厚之行，秉持正直光明的性情；清廉雅正特立独行，不受世俗的拘束；坚定而不动摇，有为国家重臣的气节；曾历任州郡各种职务，其所担任之工作，都很称职。现在仆射有空缺，徐宣掌管留后的事务；是腹心所寄，责任重大，没有比徐宣更适合的了。”明帝遂用徐宣为尚书左仆射，其后又加侍中光禄大夫官衔。明帝车驾幸临许昌，总理留后事务。明帝回京，主事官吏奏呈文书。诏令说：“我看和仆射看有什么不同？”竟然没有看。尚方令坐猥见罪，被判决以后，徐宣上疏陈奏威刑太过，又因兴建宫殿穷尽民力而进谏，明帝都亲自下诏嘉许，并且采纳。徐宣说：“七十岁有悬车不仕的礼制，现在我已经六十八岁，可以去了。”于是坚请因病辞职，明帝始终不允许。明帝青龙四年（公元236年）徐宣去世，遗命用布衣疏巾，收敛时穿着平常的衣服。明帝颁诏书说：“徐宣纯正笃实，言行如一，内心正直，外行方正，历经三朝，忠直公正，有可以托五尺之孤，寄百里之命的节操，可以说是国家的柱石大臣。朕经常想依赖他做朝廷的台辅，尚没有任用，可惜啊！其寿命不长！所以追赠为车骑将军，用公的礼仪埋葬。”谥号曰贞侯。他的儿子徐钦继承爵位。

卫臻，字公振，陈留郡襄邑县（今河南省睢县西一里许）人。父亲名兹，有大节操，不接受三公的辟召。太祖曹操早年到陈留，卫兹就说：“能够平定天下的，一定是这个人了。”太祖也对他极欣赏，经常亲自拜访商讨大事。跟随太祖讨伐董卓，在荥阳作战时阵亡了。太祖每次经过其郡境，都会派人去祭祀他。夏侯惇做陈留郡太守，推荐卫臻为计吏，令其夫人出席宴会，卫臻认为这是衰亡时代的习俗，不是正常的礼节。夏侯惇非常生气，就把卫臻关了起来，不久又把他给放了。后来他出任汉朝廷的黄门侍郎。东郡人朱越

非礼之正”。惇怒，执臻，既而赦之。后为汉黄门侍郎。东郡朱越谋反，引臻。太祖令曰：“孤与卿君同共举事，加钦令问。始闻越言，固自不信。及得荀令君书，具亮忠诚。”会奉诏命，聘贵人于魏，因表留臻参丞相军事。追录臻父旧勋，赐爵关内侯，转为户曹掾。文帝即王位，为散骑常侍。及践阼，封安国亭侯。时群臣并颂魏德，多抑损前朝。臻独明禅授之义，称扬汉美。帝数目臻曰：“天下之珍，当与山阳共之。”迁尚书，转侍中吏部尚书。帝幸广陵，行中领军，从。征东大将军曹休表得降贼辞，“孙权已在濡须口”。臻曰：“权恃长江，未敢抗衡，此必畏怖伪辞耳。”考核降者，果守将诈所作也。

明帝即位，进封康乡侯，后转为右仆射，典选举如前，加侍中。中护军蒋济遗臻书曰：“汉祖遇亡虏为上将，周武拔渔父为太师；布衣厮养，可登王公，何必守文，试而后用？”臻答曰：“古人遗智慧而任度量，须考绩而加黜陟；今子同牧野于成、康，喻断蛇于文、景，好不经之举，开拔奇之津，将使天下驰骋而起矣。”诸葛亮寇天水，臻奏：“宜遣奇兵入散关，绝其粮道。”乃以臻为征蜀将军，假节督诸军事，到长安，亮退。还，复职，加光禄大夫。是时，帝方隆意于殿舍，臻数切谏。及殿中监擅收兰台令史，臻奏案之。诏

谋反，牵引卫臻。太祖下令说：“我和您的老太爷共同举事，又极钦佩他的令名，起初听到朱越的话，根本无法相信，等我接到荀令君的信，完全明白您的忠诚。”恰巧奉了汉献帝的诏命，聘魏王之女为贵人，太祖乘机上表请求留下卫臻参丞相军事。追录卫臻父亲卫兹生前的功勋，赐爵位为关内侯，调任为户曹掾。文帝曹丕即魏王位，任职散骑常侍。等到即了天子之位，封为安国亭侯。当时群臣一同颂扬皇魏的德业，大多贬损汉朝的作为。只有卫臻阐明禅让授受的意义，称扬汉献帝之美德。文帝一再的注视着卫臻，说：“天下的珍宝，当与山阳公共有。”晋升为尚书，调任为侍中吏部尚书。文帝幸临广陵郡，卫臻行中领军事，从行。征东大将军曹休上表，言获得投降敌人的供辞：“孙权已经在濡须口。”卫臻说：“孙权依恃长江之险，不敢与我军相抗衡，这一定是威胁我们的假话罢了。”再刑讯那投降的人，果然是他们守将使的诡计。

明帝曹叡即位，晋封爵为康乡侯，其后又调任为尚书右仆射，职掌选举事务，和以前一样的加侍中衔。中护军蒋济送信给卫臻说：“汉高祖任命敌人的逃亡者韩信做大将，周武王拔擢渔父吕尚为太师，因此平民奴仆，也可以位至王公，为什么一定要拘守条文，经过甄试而后才任用？”卫臻答复说：“古人放弃智慧而任用大度量，等待有了考绩才加以升降；现在足下视武王牧野争战时代与成王、康王天下太平的时代相同，比喻汉高祖斩蛇事绩为文帝、景帝之治世，喜好荒唐不经之举动，开启拔擢奇才之先路，将要使天下奔竞之人，相偕而起了。”诸葛亮侵天水，卫臻上奏说：“应该派遣奇兵进入散关，截断其粮运之路。”于是，明帝任命卫臻为征蜀将军，持节督导诸军事务，到了长安，诸葛亮已经退兵。回来以后，恢复原职，加官光禄大夫。这时，明帝正热心于宫殿廊舍之兴建，卫臻屡次恳

曰："殿舍不成，吾所留心，卿推之何？"臻上疏曰："古制侵官之法，非恶其勤事也，诚以所益者小，所堕者大也。臣每察校事，类皆如此，惧群司将遂越职，以至陵迟矣。"亮又出斜谷；征南上："朱然等军已过荆城。"臻曰："然，吴之骁将，必下从权，且为势以缀征南耳。"权果召然入居巢，进攻合肥。帝欲自东征，臻曰："权外示应亮，内实观望。且合肥城固，不足为虑。车驾可无亲征，以省六军之费。"帝到寻阳而权竟退。

幽州刺史毌丘俭上疏曰："陛下即位已来，未有可书。吴、蜀恃险，未可卒平，聊可以此方无用之士克定辽东。"臻曰："俭所陈皆战国细术，非王者之事也。吴频岁称兵，寇乱边境，而犹案甲养士，未果寻致讨者，诚以百姓疲劳故也。且渊生长海表，相承三世，外抚戎夷，内修战射，而俭欲以偏军长驱，朝至夕卷，知其妄矣。"俭行军遂不利。

臻迁为司空，徙司徒。正始中，进爵长垣侯，邑千户，封一子列侯。初，太祖久不立太子，而方奇贵临菑侯。丁仪等为之羽翼，劝臻自结，臻以大义拒之。及文帝即位，东海

切的进谏。等到殿中监擅自收捕兰台令史，卫臻上奏，请求查验其事。明帝下诏说："殿舍尚没有盖成，是朕所最关心的，卿要查验些什么？"卫臻上疏说："古来的制度中都有限制侵及他官的侵官之法，并不是嫌恶他对事情的勤快，实在是因为它所收到的益处少，所败坏的事情大啊！臣我每次察核校正事情，大多都是这种情形。深恐各单位将要超出自己的职权，以至于渐生衰弊啊！"诸葛亮又由斜谷出兵；征南将军上表说："朱然等人的军队已经过了荆城。"卫臻说："朱然，是东吴的骁勇大将，一定追随在孙权的麾下，这只是假作声势，用来牵制征南将军的兵力而已。"孙权果然召朱然入居巢，进攻合肥。明帝打算亲自东征，卫臻上奏说："孙权对外表示响应诸葛亮，实际上他只是心存观望，况且合肥城很坚固，不值得忧虑。陛下可以不必亲征，以便节省六军的军费。"明帝到达寻阳，而孙权竟然退兵而去。

幽州刺史毌丘俭上疏说："陛下即位以来，没有什么可以记载的。东吴、西蜀二国依恃地势险要，无法在短时间内讨平，聊且可以用这地方派不上用场的军队去平定辽东。"卫臻说："毌丘俭所陈述的，都是战国的小兵略，不是王者之大事业。在东吴连年称兵，侵乱边境之时，尚且还要按置武器，休养士卒，没有马上讨伐的原因，实在是因为百姓疲劳的缘故。况且公孙渊自小生长在海边，相承其职已有三代之久，对外招抚戎夷，对内勤习战阵射技，然而毌丘俭竟然打算用偏师长驱直入，早晨到达，晚上攻拔，足见他的妄动不明事而已。"毌丘俭出兵，战不利。

卫臻晋升为司空，调任为司徒。齐王芳正始年间（公元240年—248年），晋封爵为长垣侯，食邑一千户，封他的一个儿子为列侯。当初，太祖久久不立太子，而正非常宝爱临菑侯曹植。丁仪等人为其辅佐，丁仪劝卫臻自己结交植，卫臻以大义拒绝了他。等到文帝即位，东海王曹霖很受宠爱，文帝问卫臻说："平原侯怎么样？"卫臻只是称颂曹植品德高

王霖有宠，帝问臻："平原侯何如？"臻称明德美而终不言。曹爽辅政，使夏侯玄宣指，欲引臻入守尚书令，及为弟求婚，皆不许。固乞逊位。诏曰："昔干木偃息，义压强秦；留侯颐神，不忘楚事。谠言嘉谋，望不吝焉。"赐宅一区，位特进，秩如三司。薨，追赠太尉，谥曰敬侯。子烈嗣。咸熙中为光禄勋。

卢毓字子家，涿郡涿人也。父植，有名于世。毓十岁而孤，遇本州乱，二兄死难。当袁绍、公孙瓒交兵，幽冀饥荒，养寡嫂孤兄子，以学行见称。文帝为五官将，召毓署门下贼曹。崔琰举为冀州主簿。时天下草创，多逋逃，故重士亡法，罪及妻子。亡士妻白等，始适夫家数日，未与夫相见，大理奏弃市。毓驳之曰："夫女子之情，以接见而恩生，成妇而义重。故《诗》云'未见君子，我心伤悲；亦既见止，我心则夷'。又《礼》'未庙见之妇而死，归葬女氏之党，以未成妇也'。今白等生有未见之悲，死有非妇之痛，而吏议欲肆之大辟，则若同牢合卺之后，罪何所加？且《记》曰'附从轻'，言附人之罪，以轻者为比也。又《书》云'与其杀不辜，宁失不经'，恐过重也。苟以白等皆受礼聘，已入门庭，刑

尚，始终不说其他的。曹爽辅政，使夏侯玄说明意思，想援引卫臻入守尚书令，又为其弟求婚姻，都没有答应。坚决请求辞职。诏令说："从前段干木隐居不仕，他的高义足以压制强大的秦国；留侯张良颐养精神，依然不忘灭楚之事。正直的言论、美好的计划，希望不要吝于献纳啊！"赏赐他宅第一座，位为特进，官秩如同三公。去世以后，追赠为太尉。谥号曰敬侯。他的儿子卫烈继承其封爵。陈留王咸熙年间（公元 264 年—265 年），官至光禄勋。

卢毓，字子家，涿郡涿县（今河北省涿县）人。父亲名植，有名于当世。当卢毓十岁的时候，父亲卢植故去，适遇故乡大乱，两个哥哥又都死在战乱之中。当袁绍和公孙瓒交兵相战那个时期，幽州与冀州遍地饥荒，卢毓供养寡嫂抚育亡兄的子女，以学问出众，操守不凡见称于人。文帝曹丕任为五官将，召用卢毓，派为门下贼曹一职。崔琰推荐他做冀州主簿。其时朝廷尚在开创时期，逃亡者多，所以特重军士逃亡的法令，罪及于妻子。逃亡军士的妻子白等，嫁到夫家才几天，尚没有与丈夫见面，掌刑之官奏请应当处以死罪。卢毓驳斥说："大凡女子的感情，因为相接见而后生恩情，成为夫妇而后重情义。所以《诗经》说：'没有见到君子，我的心中非常伤悲；既已相见以后，我的心情方转为安定。'又《礼》书上说：'还没有拜庙堂的新媳妇如果死了，应当归葬于娘家，这是因为还没有完成为妇之礼的缘故。'现在白等女子，活着的时候有'未见君子'之悲伤，死了以后有'未成妇'哀痛，但是刑官们商议要处以死罪，那么等婚礼完成，同食同寝以后，又将如何加重罪刑呢？而且《礼记》说：'从犯应当从轻发落。'说明从犯罪罚，比照轻的法令处分。《尚书》也说：'与其杀了没有罪的人，宁愿失之于不合常轨。'是说明唯恐量刑偏之于重啊！

之为可，杀之为重。”太祖曰：“毓执之是也。又引经典有意，使孤叹息。”由是为丞相法曹议令史，转西曹议令史。

魏国既建，为吏部郎。文帝践阼，徙黄门侍郎，出为济阴相，梁、谯二郡太守。帝以谯旧乡，故大徙民充之，以为屯田。而谯土地垸瘠，百姓穷困，毓愍之，上表徙民于梁国就沃衍，失帝意。虽听毓所表，心犹恨之，遂左迁毓，使将徙民为睢阳典农校尉。毓心在利民，躬自临视，择居美田，百姓赖之。迁安平、广平太守，所在有惠化。

青龙二年，入为侍中。先是，散骑常侍刘劭受诏定律，未就。毓上论古今科律之意，以为法宜一正，不宜有两端，使奸吏得容情。及侍中高堂隆数以宫室事切谏，帝不悦，毓进曰：“臣闻君明则臣直，古之圣王恐不闻其过，故有敢谏之鼓。近臣尽规，此乃臣等所以不及隆。隆诸生，名为狂直，陛下宜容之。”在职三年，多所驳争。诏曰：“官人秩才，圣帝所难，必须良佐，进可替否。侍中毓禀性贞固，心平体正，可谓明试有功，不懈于位者也。其以毓为吏部尚书。”使毓自选代，曰：“得如卿者乃可。”毓举常侍郑冲，帝曰：“文

如果说因为白等女子都已经受聘礼，而且已到了夫家，处之以刑是可以的，处死刑，则太重了。”太祖曹操说：“毓所执的理是对的。他引经据典的分析很有深意，很使我叹服！”因为这个原因，卢毓做了丞相法曹议令史。改为西曹议令史。

魏国建立以后，出任吏部郎一职。文帝即天子位之后，调为黄门侍郎，出京就任济阴相，梁郡、谯郡太守。文帝因为谯郡是旧乡，所以大量移民使居之，以为屯田。但是谯郡土地垸薄不肥沃，百姓穷苦，卢毓很同情他们，上表请移民到梁国去，在肥沃广大的土地上谋生活，很不得文帝的欢心。虽然采纳了毓的表请，心里却不免怨恨他，于是降调卢毓，让他带领移徙的百姓到睢阳，任为典农校尉。毓存心方便百姓，亲自到农地视察，选择肥美的土地让百姓留居，百姓都信赖他。后来又调升为安平、广平太守，所在之地，都受其惠化。

明帝青龙二年（公元234年），入京任侍中一职，在这以前，散骑常侍刘劭接受诏命，修定律令，还没有完成，卢毓上疏申论古今科律要义，认为法令应当统一，不可以有两端，使奸吏得以在夹缝中找法令漏洞，饰其奸谋。及侍中高堂隆屡次因营造宫室的事恳切进谏，明帝不高兴，卢毓进谏说：“臣听说：‘君主圣明则臣子忠直。’古代的圣王唯恐听不到他犯的过错，所以设有敢谏之鼓。身边的臣子尽心规过，这就是臣等所比不上高堂隆的地方。隆是经生，有狂直的称号，陛下应当容纳他。”在职的三年之间，每有辩驳争论的事。明帝下诏命说：“量才任官，即使古之圣帝也不易做到，一定要有贤良的辅佐大臣，才能登用那可用的，贬退那不可用的。侍中卢毓，本性贞固，心平履正，可以说是任事卓然有绩效，尽忠于职守的贤臣了。所以任命卢毓为吏部尚书。”让卢毓自己选择继任人选，说：“要像你的人才可以。”卢毓推荐常侍郑冲。明帝说：“文和，我本来就知道他，另推举那我所没

和，吾自知之，更举吾所未闻者。”乃举阮武、孙邕，帝于是用邕。

前此诸葛诞、邓飏等驰名誉，有四聪八达之诮，帝疾之。时举中书郎，诏曰：“得其人与否，在卢生耳。选举莫取有名，名如画地作饼，不可啖也。”毓对曰：“名不足以致异人，而可以得常士。常士畏教慕善，然后有名，非所当疾也。愚臣既不足以识异人，又主者正以循名案常为职，但当有以验其后。故古者敷奏以言，明试以功。今考绩之法废，而以毁誉相进退，故真伪浑杂，虚实相蒙。”帝纳其言，即诏作考课法。会司徒缺，毓举处士管宁，帝不能用。更问其次，毓对曰：“敦笃至行，则太中大夫韩暨；亮直清方，则司隶校尉崔林；贞固纯粹，则太常常林。”帝乃用暨。毓于人及选举，先举性行，而后言才。黄门李丰尝以问毓，毓曰：“才所以为善也，故大才成大善，小才成小善。今称之有才而不能为善，是才不中器也。”丰等服其言。

齐王即位，赐爵关内侯。时曹爽秉权，将树其党，徙毓仆射，以侍中何晏代毓。顷之，出毓为廷尉，司隶毕轨又枉奏免官。众论多讼之，乃以毓为光禄勋。爽等见收，太傅司马宣王使毓行司隶校尉，治其狱。复为吏部尚书，加奉车都尉，封高乐亭侯，转为仆

有听说过的人。”于是，就举荐阮武、孙邕两人，明帝因此任用了孙邕。

在这以前，诸葛诞、邓飏等人都广有声誉，有四聪、八达的称号，明帝很厌恶他们，当时要选用一位中书郎，下诏命说：“能不能找到理想的人选，完全在卢先生罢了。选用人才不可以徒看名声，名声就如同画地作饼一样，是不可以吃的。”卢毓回答说：“徒靠声望不能够得到异人，而可以得到常士。常士敬畏教化、倾心向善，而后才获得声望，所以声望不可以非贬。臣愚，既不足以识拔异人，而掌管的又是循名声按行为以用人的职责，只求在上任之后加以考核。所以古时候使官吏发表其治国的言论，然后就他所说的来考核其功效。如今考绩之制度废弛，而用舆论之毁誉以为进退的根据，所以真伪难免混杂，虚实也就不清了。”明帝采纳了他的建议，立即下诏令，命制定考课的制度。恰巧司徒官出缺，卢毓推荐处士管宁，明帝不能用，另问有无其他人选，卢毓回答说：“敦厚笃实，品行至高，则是太中大夫韩暨；忠亮耿直，清廉方正，则是司隶校尉崔林；固守正道，纯正不杂，则是太常常林。”明帝乃录用了韩暨。卢毓对人物之品评以及选举，都是先举品格操守，然后才说才智。黄门李丰曾经以此问卢毓，卢毓说：“才智是用以为善的，所以有大才智的成大善，小才智的成小善。若称举他有才但不能为善，就是才器不相称。”李丰等都赞成他的话。

齐王芳即帝位，赐爵为关内侯。其时曹爽掌权，预备大其党羽，改调卢毓为仆射，由侍中何晏代替卢毓故职。过了不久，调卢毓出京任廷尉，司隶毕轨又因枉奏而免官。舆论纷纷指责，于是改任卢毓为光禄勋。曹爽等人被收捕，太傅司马宣王使卢毓行司隶校尉事，审理其狱。恢复为吏部尚书，加奉车都尉衔，封为高乐亭侯，转官为仆射、依旧掌选

射，故典选举，加光禄大夫。高贵乡公即位，进封大梁乡侯。封一子亭侯，毌丘俭作乱，大将军司马景王出征，毓纲纪后事，加侍中。正元三年，疾病，逊位。迁为司空，固推骠骑将军王昶、光禄大夫王观、司隶校尉王祥。诏使使者即授印绶，进爵封容城侯，邑二千三百户。甘露二年薨，谥曰成侯。孙藩嗣。毓子钦、珽，咸熙中钦为尚书，珽泰山太守。

评曰：桓阶识睹成败，才周当世。陈群动仗名义，有清流雅望；泰弘济简至，允克堂构矣。魏世事统台阁，重内轻外，故八座尚书，即古六卿之任也。陈、徐、卫、卢，久居斯位，矫、宣刚断骨鲠，臻、毓规鉴清理，咸不忝厥职云。

举，加光禄大夫官衔。高贵乡公曹髦即帝位，晋封为大梁乡侯。封他的一个儿子为亭侯。毌丘俭作乱，大将军司马景王出征，卢毓治理留后事务，加官侍中。高贵乡公正元三年（公元256年），因生病而逊位。晋升为司空，极力推荐骠骑将军王昶、光禄大夫王观、司隶校尉王祥。诏令派遣使者即时授予印绶，晋封为容城侯，食邑二千三百户。高贵乡公甘露二年（公元257年）卒。谥号曰成侯。其孙卢藩继爵封。卢毓的儿子卢钦、卢珽，在陈留王咸熙年间（公元264年—265年）钦为尚书，卢珽做泰山太守。

陈寿评论说：桓阶了解盛衰大旨，预知成败，才华盖于当世。陈群行事循正道，有清高博雅的声望；陈泰功业远大，处事简明，果能继其父业了。魏国政事统于台阁，重内政而轻外事，所以八座尚书，就是古代的六卿之职啊。陈矫、徐宣、卫臻、卢毓，都久居此位，陈矫与徐宣处事刚断，直言敢谏，卫臻和卢毓，就事规谏，治事清明，都不亏其职守。

三国志卷二十三

和常杨杜赵裴传第二十三

李毓善 译

和洽字阳士，汝南西平人也。举孝廉，大将军辟，皆不就。袁绍在冀州，遣使迎汝南士大夫。洽独以“冀州土平民强，英桀所利，四战之地。本初乘资，虽能强大，然雄豪方起，全未可必也。荆州刘表无他远志，爱人乐士，土地险阻，山夷民弱，易依倚也”。遂与亲旧俱南从表，表以上客待之。洽曰：“所以不从本初，辟争地也。昏世之主，不可黩近，久而阽危，必有谗慝间其中者。”遂南度武陵。

太祖定荆州，辟为丞相掾属。时毛玠、崔琰并以忠清干事，其选用先尚俭节。洽言曰：“天下大器，在位与人，不可以一节检也。俭素过中，自以处身则可，以此节格物，所失或多。今朝廷之议，吏有着新衣、乘好车者，谓之不清；长吏过营，形容不饰，衣裘敝坏者，谓之廉洁。至令士大夫故污辱其衣，藏其舆服；朝府大吏，或自挈壶餐以入官寺。

和洽，字阳士，汝南郡西平县（今河南省西平县西四十五里）人。被推举为孝廉，大将军征召，他都不肯接受。其时袁绍在冀州，派遣使者迎接汝南地区的知识分子。和洽自己认为：“冀州地区土地平坦，民风强盛，是英豪之人所瞩目，四方无险可守，易于受敌锋的地方。袁本初乘时而起，虽然能够发展强大，但是此时正是各地英杰并起，能否保全则是不一定的。荆州的刘表，此人没有高远的志向，能亲爱百姓，敬重读书人，而荆州一带，地势险阻，境内山势平缓，百姓怯弱，是容易依恃的。”于是和他的亲戚故交一起南去投奔刘表，刘表以上客的礼遇接待他。和洽说：“我之所以不跟从袁本初，是为了躲避战乱。乱世的君主，是不可以过分狎近的，时间一久，将有危险，必然有谗佞小人挑拨离间。”于是渡江，南往武陵。

太祖曹操平定了荆州，征召和洽为丞相掾属。其时毛玠、崔琰都是以忠直清廉处理事务。他们选用人才，都是以节俭为主。和洽说：“天下是重器，在位者举用人才，不可以单用一种操守考核的。生活俭素过乎中道，自己用来修身是可以的，用来格物，其毛病可能会很多。现在朝廷中的议论，凡是官吏有穿新衣服，乘坐好车马的，都谓之不清廉；长吏们过营，凡是不修饰容貌、衣裘破旧的，就谓之廉洁。以致使得士大夫们故意污垢其衣裳，

夫立教观俗，贵处中庸，为可继也。今崇一概难堪之行以检殊涂，勉而为之，必有疲瘁。古之大教，务在通人情而已。凡激诡之行，则容隐伪矣。”

魏国既建，为侍中。后有白毛玠谤毁太祖，太祖见近臣，怒甚。洽陈玠素行有本，求案实其事。罢朝，太祖令曰：“今言事者白玠不但谤吾也，乃复为崔琰觖望。此损君臣恩义，妄为死友怨叹，殆不可忍也。昔萧、曹与高祖并起微贱，致功立勋。高祖每在屈笮，二相恭顺，臣道益彰，所以祚及后世也。和侍中比求实之，所以不听，欲重参之耳。”洽对曰：“如言事者言，玠罪过深重，非天地所覆载。臣非敢曲理玠以枉大伦也，以玠出群吏之中。特见拔擢，显在首职，历年荷宠，刚直忠公，为众所惮，不宜有此。然人情难保，要宜考核，两验其实。今圣恩垂含垢之仁，不忍致之于理，更使曲直之分不明，疑自近始。”太祖曰：“所以不考，欲两全玠及言事者耳。”洽对曰：“玠信有谤上之言，当肆之市朝；若玠无此，言事者加诬大臣以误主听；二者不加检核，臣窃不安。”太祖曰：“方有军事，安可受人言便考之邪？狐射姑刺阳处父于朝，此为君之诫也。”

收藏起车舆冠服而不用；朝廷大臣，有的自己携带水壶饭包到官衙去。大凡树立教化，观察习俗，贵在行乎中庸，因为唯有中庸才是可以继续相传的。现在我们崇尚此完全不容易遵行的行为，用以考核、约束人为非，勉强的做下去，其后果必定是使人疲瘁，古人的大教化，务求使人情通达而已。凡是不合于中正的行事，常包含诈伪于其中。”

魏国建立以后，为侍中官。其后有人报告说毛玠毁谤太祖，太祖接见近臣，非常生气。和洽陈说毛玠平素行事有规矩，并请求调查其事。罢朝之后，太祖下令说：“那个告发毛玠毁谤我的人说，毛玠不但毁谤我呢，并且还替崔琰抱屈不满。他这是损害君臣的恩义，乱替死友怨叹，实在使人不能忍受。从前萧何、曹参与汉高祖刘邦同以平民起义，建功立名，高祖常居困辱之中，但是萧曹二人恭敬服从，越发谨守臣道，所以能够福禄传及子孙后代啊。和侍中请求案验考实其事，我所以不答应的，打算重新参议而已。”和洽回答说：“如果那告发者的话是真的，那么毛玠的罪过深重，不可以容活于天地之间。臣并不敢曲意要维护毛玠而乱了君臣大伦，因为毛玠在群臣之间，特别受到擢用，身居要职，许多年来一直受君王爱宠，为人刚正耿直，忠心无私，深受一般人所敬畏，所以不应当有毁谤君主之事，但是人的感情难掌握，应当加以考查审核，由两方面验问，以求其实情。现在君王大圣，有含物忍辱之仁，不忍加以刑罚，反而使曲直是非不明，疑二由近处开始。”太祖说：“我所以不愿查明这件事，是希望两全毛玠和那告发的人而已。”和洽回答说：“如果毛玠真有毁谤君上的言论，应当陈尸于市朝；如果没有，那告发的人要受诬陷大臣，而惑乱君主听闻的罪；二者不加以检核，臣私心深感不安。”太祖说：“现在国家正有战争，怎么可以听人的一句话就要深入调查呢？从前狐射姑击刺阳处父于朝的旧事，足下应该引以为诫啊！”

太祖克张鲁，洽陈便宜以时拔军徙民，可省置守之费。太祖未纳，其后竟徙民弃汉中。出为郎中令。文帝践阼，为光禄勋，封安城亭侯。明帝即位，进封西陵乡侯，邑二百户。

太和中，散骑常侍高堂隆奏："时风不至，而有休废之气，必有司不勤职事以失天常也。"诏书谦虚引咎，博咨异同。洽以为"民稀耕少，浮食者多。国以民为本，民以谷为命。故废一时之农，则失育命之本。是以先王务蠲烦费，以专耕农。自春夏以来，民穷于役，农业有废，百姓嚣然，时风不至，未必不由此也。消复之术，莫大于节俭，太祖建立洪业，奉师徒之费，供军赏之用。吏士丰于资食，仓府衍于谷帛，由不饰无用之宫，绝浮华之费。方今之要，固在息省劳烦之役，损除他余之务，以为军戎之储。三边守御，宜在备豫。料贼虚实，蓄士养众，算庙胜之策，明攻取之谋，详询众庶以求厥中。若谋不素定，轻弱小敌，军人数举，举而无庸，所谓'悦武无震'，古人之诫也。"

转为太常，清贫守约，至卖田宅以自给。明帝闻之，加赐谷帛。薨，谥曰简侯。子离嗣。离弟逌，才爽开济，官至廷尉、吏部尚书。

洽同郡许混者，许劭子也。清醇有鉴识，明帝时为尚书。

太祖平定了张鲁，和洽陈说便宜行事，因时机迁徙军民，可以减省置守之费用。太祖没有采纳，其后，竟然移徙百姓放弃汉中地。做郎中令。文帝曹丕即天子之位，任光禄勋一职，封为安城亭侯。明帝曹叡即位，晋封为西陵乡侯，食邑二百户。

明帝太和年间（公元 227 年—232 年）散骑常侍高堂隆上书说："风雨不调，四时失序，而又充满了郁结之气化，一定是各官吏不勤职事，以失天常的缘故。"明帝下诏，谦虚的引过以自责，并且广问臣下，使陈说意见。和洽以为："农人少，耕作力不够，但是吃闲饭的人多。国家以人民为根本，人民以食物为生命，所以耗费一季的农事，则失掉了养命的根本。因此古圣先王力求蠲除烦费，以专力耕作。自从春、夏以来，百姓困于役作，农事因而荒废，百姓喧哗不安，风雨之不调，未必不是为了这个原故。补救之道，莫大于节俭。太祖皇帝建立大业，给师旅的常费，供赏赐的用度，官吏将士资食宽裕，仓、府中谷帛储藏丰富，这都是由于不装饰无用的宫室，禁绝浮华之消费的缘故。当今最重要的，就在停止、减省劳烦的役作，损除不必要的事务，以便厚植战力。国境上三边的守御，应该预先准备。掌握敌情的虚实，蓄养士卒，筹算胜敌的策略，讲明攻取的计划，广求百姓意见，求取可行之道。如若计划不早做决定，轻忽小敌，纵然时有征战，也是战而无功，所谓'悦武而无震'，是古人的警言啊！"

后来转调为太常，生活清贫而有原则，竟至变卖田宅以维持生活。明帝听说了，另加赏赐谷物币帛。去世以后，谥为简侯。他的儿子和离继嗣封爵。离的弟弟名逌，才性高迈，富办事能力，官至廷尉、吏部尚书。

和洽同郡的许混，是许劭的儿子，为人清正纯厚，遇事有见识，明帝时为尚书。

常林字伯槐，河内温人也。年七岁，有父党造门。问林：“伯先在否？汝何不拜！”林曰：“虽当下客，临子字父，何拜之有？”于是咸共嘉之。太守王匡起兵讨董卓，遣诸生于属县微伺吏民罪负，便收之。考责钱谷赎罪，稽迟则夷灭宗族，以崇威严。林叔父挝客，为诸生所白，匡怒收治。举宗惶怖，不知所责多少，惧系者不救。林往见匡同县胡母彪曰：“王府君以文武高才，临吾鄙郡。鄙郡表里山河，土广民殷，又多贤能，惟所择用。今主上幼冲，贼臣虎据，华夏震栗，雄才奋用之秋也。若欲诛天下之贼，扶王室之微，智者望风，应之若响，克乱在和，何征不捷。苟无恩德，任失其人，覆亡将至，何暇匡翼朝廷，崇立功名乎？君其藏之！”因说叔父见拘之意。彪即书责匡，匡原林叔父。林乃避地上党，耕种山阿。当时旱蝗，林独丰收，尽呼比邻，升斗分之。依故河间太守陈延壁。陈、冯二姓，旧族冠冕。张杨利其妇女，贪其资货。林率其宗族，为之策谋。见围六十余日，卒全堡壁。

并州刺史高幹表为骑都尉，林辞不受。后刺史梁习荐州界名士林及杨俊、王凌、王象、荀纬，太祖皆以为县长。林宰南和，治化有成，超迁博陵太守、幽州刺史，所在有绩。

常林，字伯槐，河内郡温县（今河南省温县西南三十里）人。七岁的时候，有位父亲的友人来访，问常林说：“伯先在家吗？你为什么见了我也不下拜啊？”常林说：“虽然应该尊敬客人，但是当着儿子喊叫他父亲的字，我为什么要下拜呢？”于是大家都称赞他。太守王匡起兵讨伐董卓，派遣诸生到所属的各个县中去，暗中察看吏民动静，犯罪的当场收捕，考掠问罪，责令他们用钱谷赎罪，如果拖延，则诛灭宗族，用此以树立威严。常林的叔父挝击门客，被诸生所告发，王匡盛怒地拘捕他治罪，全族的人都很恐惧，不知道官府要索求多少，怕被捕的家人无法赎回。常林去见王匡同县的胡母彪，说：“王府君的文才武略都极高明，来治理我们这个小郡。我们这个郡内有高山，外有大河，土地广大，人民殷实，而且贤能的人才很多，只看如何的选择任用。现在君主年幼，叛逆之臣割据，使得整个中国震动恐惧，这正是豪杰之士奋起用事的时机。若想诛除天下的奸贼，扶持王室于衰微，聪明的人仰望风声，即如响之应声一般的快。平定祸乱首重在得人和，哪有征伐不胜利的道理。如果不用恩德，所用非人，那么覆亡就要到来，哪里还有时间扶助朝廷，树立自己的功名呢？您要切记。”于是说明叔父被捕的事。胡母彪立刻写信指摘王匡的过失，王匡遂释放了常林的叔父。常林于是逃避到上党，在山阿处耕种。当时有旱灾和蝗虫为害作物，唯独常林收获丰富，他把邻居全部叫来，按量分送粮食给他们。常林又依附前任河间太守陈延的坞堡。陈、冯二姓，是当地世家大族的领袖。张杨觊觎他们的妇女，贪图他们的资产。常林率领自己的宗族，替他们出谋划策，被围了六十多天，终于保全了堡壁。

并州刺史高幹表荐常林任骑都尉一职，常林推辞不接受。其后刺史梁习推荐州内富有声望的人士如常林以及杨俊、王凌、王象、荀纬等，太祖曹操都任用他们做县长。常林治

文帝为五官将，林为功曹。太祖西征，田银、苏伯反，幽、冀扇动。文帝欲亲自讨之。林曰："昔忝博陵，又在幽州，贼之形势，可料度也。北方吏民，乐安厌乱，服化已久，守善者多。银、伯犬羊相聚，智小谋大，不能为害。方今大军在远，外有强敌，将军为天下之镇也，轻动远举，虽克不武。"文帝从之，遣将往伐，应时克灭。

出为平原太守、魏郡东部都尉，入为丞相东曹属。魏国既建，拜尚书。文帝践阼，迁少府，封乐阳亭侯，转大司农。明帝即位，进封高阳乡侯，徙光禄勋太常。晋宣王以林乡邑耆德，每为之拜。或谓林曰："司马公贵重，君宜止之。"林曰："司马公自欲敦长幼之叙，为后生之法。贵非吾之所畏，拜非吾之所制也。"言者踧踖而退。时论以林节操清峻，欲致之公辅，而林遂称疾笃。拜光禄大夫。年八十三，薨，追赠骠骑将军，葬如公礼，谥曰贞侯。子旹嗣。为泰山太守，坐法诛。旹弟静绍封。

杨俊字季才，河内获嘉人也。受学陈留边让，让器异之。俊以兵乱方起，而河内处四达之衢，必为战场，乃扶持老弱诣京、密山间，同行者百余家。俊振济贫乏，通共有无。

理南和县，施政、教化都很有成绩，因此不次升迁，升为博陵太守、幽州刺史，所在的地方都很有政绩。文帝曹丕做五官将时，常林当他的功曹。当太祖西征的时候，田银、苏伯等人反叛，幽州、冀州等地扰动。文帝想自己去讨伐他们，常林说："往年忝任为博陵太守，又曾出任过幽州刺史，逆贼的形势我是可以预料忖度的。北方的官吏和民众，喜欢安定而厌恶战乱，感服于教化已经很久了，所以笃守善道的人多。田银、苏伯等人如同犬羊相聚一般，智慧小而图谋大，不足以构成祸患。现在我们的大军系在远方，外面有强大的敌人，将军现在正是天下的重镇，轻率的出兵远征，纵然取胜也不足以彰显武德。"文帝听从了他的话，派遣将领去讨伐，很快就把他们给消灭了。

出京担任平原太守、魏郡东部都尉，又入京做丞相东曹的官属。魏国建立以后，拜官尚书。文帝即帝位，迁官少府，封为乐阳亭侯，调任为大司农。明帝曹叡即位，晋封为高阳乡侯，徙官为光禄勋太常。晋宣王司马懿认为常林在乡邑之中年辈高而有德望，经常为他下拜。有人对常林说："司马公官高位重，你应该阻止他。"常林说："司马公自己愿意敦叙长幼的次序，为后辈的法则，官高不是我所怕的，下拜也不是我所制定的啊。"那说话的人恭敬又不安地走了。当时的舆论以为常林节操清峻，想使他位居三公辅相，于是常林自称病重。拜官为光禄大夫。年八十三岁去世。追赠为骠骑将军，用三公的葬礼埋葬，谥号曰贞侯。他的儿子常旹继承爵封，做泰山太守，因犯法而被杀。常旹的弟弟常静继承爵位。

杨俊，字季才，河内郡获嘉县（今河南省新乡市西南）人。曾随陈留的边让读书，边让很器重他。杨俊认为当时兵乱刚起，而河内郡地处四通八达的冲要地区，一定会成为战

宗族知故为人所略作奴仆者凡六家，俊皆倾财赎之。司马宣王年十六七，与俊相遇，俊曰：“此非常之人也。”又司马朗早有声名，其族兄芝，众未之知，惟俊言曰：“芝虽夙望不及朗，实理但有优耳。”俊转避地并州。本郡王象，少孤特，为人仆隶，年十七八，见使牧羊而私读书，因被箠楚。俊嘉其才质，即赎象著家，聘娶立屋，然后与别。

太祖除俊曲梁长，入为丞相掾属，举茂才，安陵令，迁南阳太守。宣德教，立学校，吏民称之。徙为征南军师。魏国既建，迁中尉。太祖征汉中，魏讽反于邺，俊自劾诣行在所。俊以身方罪免，笺辞太子。太子不悦，曰：“杨中尉便去，何太高远邪！”遂被书左迁平原太守。文帝践阼，复在南阳。时王象为散骑常侍。荐俊曰：“伏见南阳太守杨俊，秉纯粹之茂质，履忠肃之弘量，体仁足以育物，笃实足以动众。克长后进，惠训不倦，外宽内直，仁而有断。自初弹冠，所历垂化，再守南阳，恩德流著，殊邻异党，襁负而至。今境守清静，无所展其智能，宜还本朝，宣力辇毂，熙帝之载。”

俊自少及长，以人伦自任。同郡审固、陈留卫恂本皆出自兵伍，俊资拔奖致，咸作佳

场，于是扶老携弱的徙居到京、密山中，同行的有一百余家，杨俊济助贫困，与他们同甘共苦。族人知道过去被人掳掠去做奴仆的一共有六家，杨俊都用尽财力赎他们自由。当司马宣王年方十六七岁时，与杨俊相遇，杨俊说：“这是位非常之人啊！”又有司马朗早就享有盛名，他的本家哥哥司马芝，一般人还不太了解他，只有杨俊说道：“司马芝虽然平日声望不如司马朗，而实际反而比较优秀呢。”杨俊转而避地到了并州。同郡的王象，自小孤立无助，为人奴仆，十七八岁时，被差遣去牧羊而私下读书，因此遭主人鞭打。杨俊欣赏他的才分和气质，就替王象赎身并带回家中，为他娶妻成家，然后才跟他分别。

太祖曹操任命杨俊为曲梁县县长，入京任丞相的掾属，被推荐为茂才，做安陵县县令，迁升为南阳太守。宣扬道德教化，设立学校，官吏和百姓交口称赞他。调职为征南军师。魏国建立以后，迁调为中尉。太祖出兵征讨汉中，魏讽在邺地反叛，杨俊自己举列罪状迳奔太祖的驻地，杨俊以为自己方因罪免官，所以用信函向太子告别，太子不高兴，说：“杨中尉要去便去，何必太高蹈远隐呢？”于是被降调为平原太守。文帝曹丕即天子位，又调回南阳。其时王象任散骑常侍官，荐举杨俊，说：“臣窃见南阳太守杨俊，生有纯粹的美质，实践忠肃的大度，实行仁爱，足以化育万物，笃厚诚实，足以感动群众，能够作育后进，和惠教化而不厌倦，外表宽舒而内怀刚直，以仁待人而能果断。自从入朝任职以来，所治之地都留教化，再做南阳太守以来，更是恩德广被，其他地区的百姓，扶老携幼的到来。如今境内清静，没有机会施展他的智能，应当召回中央，在京师效力，为盛明的天子推行仁政。”

杨俊在一生之中，以敦序人伦为己任，同郡的审固、陈留郡的卫恂，本来都是军人出身。杨俊识拔鼓励，都成了德行优异的人；后来审固历任郡守，卫恂官至御史、县令，他

士；后固历位郡守，恂御史、县令，其明鉴行义多此类也。初，临菑侯与俊善，太祖適嗣未定，密访群司。俊虽并论文帝、临菑才分所长，不適有所据当，然称临菑犹美，文帝常以恨之。黄初三年，车驾至宛，以市不丰乐，发怒收俊。尚书仆射司马宣王、常侍王象、荀纬请俊，叩头流血，帝不许。俊曰："吾知罪矣。"遂自杀。众冤痛之。

杜袭字子绪，颍川定陵人也。曾祖父安，祖父根，著名前世。袭避乱荆州，刘表待以宾礼。同郡繁钦数见奇于表，袭喻之曰："吾所以与子俱来者，徒欲龙蟠幽薮，待时凤翔。岂谓刘牧当为拨乱之主，而规长者委身哉？子若见能不已，非吾徒也。吾其与子绝矣！"钦慨然曰："请敬受命。"袭遂南适长沙。

建安初，太祖迎天子都许。袭逃还乡里，太祖以为西鄂长。县滨南境，寇贼纵横。时长吏皆敛民保城郭，不得农业。野荒民困。仓庾空虚。袭自知恩结于民，乃遣老弱各分散就田业。留丁强备守，吏民欢悦。会荆州出步骑万人来攻城，袭乃悉召县吏民任拒守者五十余人，与之要誓。其亲戚在外欲自营护者，恣听遣出；皆叩头愿致死。于是身执矢石，

的见解明晰、行事得当，大多如这种情形。当初，临菑侯曹植与杨俊感情很好，太祖適嗣人选尚未决定，私下访问各单位的意见。杨俊虽然同时论述文帝和临菑侯二人才分之所长，不特举哪一位当立为太子，然而认为临菑侯更好一些，文帝常为了此事怨恨他。文帝皇初三年（公元 222 年），文帝南巡到了宛，因为市街上太过冷清，生气地收捕了杨俊。尚书仆射司马宣王、常侍王象、荀纬等人请求赦免杨俊，叩头至于流血，文帝仍然未答应。杨俊说："我知道自己所犯的罪了！"于是自杀而死。大家都知道他冤枉而痛惜他。

杜袭，字子绪，颍川郡定陵县（今河南省舞阳县北十五里）人。曾祖父名安，祖父名根，是汉朝有名的人物。杜袭避乱于荆州，刘表以贵宾之礼接待他。同郡的繁钦屡次受到刘表的赏识，杜袭告诉他说："我之所以和足下同来此地，只是打算暂时隐居，等待时机一到，再出而一展抱负。怎么能说刘表是拨乱反正的圣主，而规劝长者委身相事呢？足下如果不停止自我表现才能的话，就不是我的朋友，我要和你绝交了。"繁钦慨然地说："请答应我敬受你的指示就是。"杜袭于是南到长沙。

汉献帝建安初年（公元 196 年）太祖曹操迎接天子建都于许昌，杜袭逃回故乡，太祖任他为西鄂县县长。县界的南边，寇贼横行。当时地方长官都聚集百姓，保卫城郭，以致无法从事农耕。田地荒废，百姓穷困，仓库空虚。杜袭自己知道恩德结于民心，于是分派老弱的人，各自分散从事农业生产，留下成年强壮的人担任守备的工作，吏民上下都很高兴。适遇荆州派出步兵和骑兵计一万人来攻县城，杜袭就悉数召集县内担任守拒的吏民计五十余人，和他们订誓约。那些亲戚在城外，愿意自己营护的，听任他们出城；都叩头宁

率与戮力。吏民感恩，咸为用命。临陈斩数百级，而袭众死者三十余人，其余十八人尽被创，贼得入城。袭帅伤痍吏民决围得出，死丧略尽，而无反背者。遂收散民，徙至摩陂营，吏民慕而从之如归。

司隶钟繇表拜议郎参军事。荀彧又荐袭，太祖以为丞相军祭酒。魏国既建，为侍中，与王粲、和洽并用。粲强识博闻，故太祖游观出入，多得骖乘，至其见敬不及洽、袭。袭尝独见，至于夜半。粲性躁竞，起坐曰："不知公对杜袭道何等也？"洽笑答曰："天下事岂有尽邪？卿昼侍可矣，悒悒于此，欲兼之乎！"后袭领丞相长史，随太祖到汉中讨张鲁。太祖还，拜袭驸马都尉，留督汉中军事。绥怀开导，百姓自乐出徙洛、邺者，八万余口。夏侯渊为刘备所没，军丧元帅，将士失色。袭与张郃、郭淮纠摄诸军事，权宜以郃为督，以一众心，三军遂定。太祖东还，当选留府长史，镇守长安，主者所选多不当，太祖令曰："释骐骥而不乘，焉皇皇而更索？"遂以袭为留府长史，驻关中。

时将军许攸拥部曲，不附太祖而有慢言。太祖大怒，先欲伐之。群臣多谏："可招怀攸，共讨强敌。"太祖横刀于膝，作色不听。袭入欲谏，太祖逆谓之曰："吾计以定，卿勿

愿效死。于是杜袭亲自拿着弓矢与石头，率领众人合力御敌。吏民感戴他的恩德，人人效命。在战阵中斩敌数百名，而杜袭的手下也死了三十多个人，其余的十八人，都身受重伤，敌人因此攻入城内。杜袭带领着伤残的吏民突围而出，死亡殆尽，可是没有一个背离他的。于是招集流散的百姓，迁徙到摩陂营，吏民慕义而追随的极踊跃。

司隶校尉钟繇上表请任命为议郎参军事。荀彧也推荐杜袭，太祖任命他做丞相军祭酒。魏国建立以后，官为侍中，与王粲、和洽并用于朝。王粲记忆力强，见闻广博，所以每逢太祖出入游观，经常陪侍在侧，至于受敬重，则不如和洽与杜袭。杜袭曾经单独晋见，一直到半夜。王粲个性急躁竞进，站起来说："不知道曹公对杜袭说何等事？"和洽笑着答复说："天下的事情哪儿有完的？足下白天陪侍也可以了，在此悒郁不乐，想兼有吗？"其后杜袭兼领丞相长史一职，跟随太祖到汉中去讨伐张鲁。太祖大军还，拜杜袭为驸马都尉，留下来督理汉中的军事。安抚开导，百姓自动地愿意出汉中迁徙到洛阳、邺城的，计有八万余口，夏侯渊被刘备所败而死，军中丧失了主帅，将士们惊恐变色。杜袭与张郃、郭淮共同代理诸军事务，为方便之计，暂时以张郃为督帅，以便统一人心，三军因此才安定了下来，太祖东归，应当选派留守府长史，镇守长安，主事者所选的多不适当，太祖下令说："放置着千里马而不骑，何遑遑然地由别处找寻呢？"于是以杜袭为留府长史，驻守关中。

当时将军许攸拥有私人武力，不归附太祖而且有侮慢的言论。太祖大怒，原先想讨伐他。群臣多劝阻说："可以招抚许攸，与之一起讨伐强大的敌人。"太祖把刀横放在腿上，怒形于色地不听劝。杜袭进来，想要劝告，太祖迎头先对他说："我的计划已经决定，足下

复言。”袭曰：“若殿下计是邪，臣方助殿下成之；若殿下计非邪，虽成宜改之。殿下逆臣，令勿言之，何待下之不阐乎？”太祖曰：“许攸慢吾，如何可置乎？”袭曰：“殿下谓许攸何如人邪？”太祖曰：“凡人也。”袭曰：“夫惟贤知贤，惟圣知圣，凡人安能知非凡人邪？方今豺狼当路而狐狸是先，人将谓殿下避强攻弱，进不为勇，退不为仁。臣闻千钧之弩不为鼷鼠发机，万石之钟不以莛撞起音。今区区之许攸，何足以劳神武哉？”太祖曰：“善。”遂厚抚攸，攸即归服。时夏侯尚昵于太子，情好至密。袭谓尚非益友，不足殊待，以闻太祖。文帝初甚不悦，后乃追思。语在《尚传》。其柔而不犯，皆此类也。

文帝即王位，赐爵关内侯。及践阼，为督军粮御史，封武平亭侯，更为督军粮执法，入为尚书。明帝即位，进封平阳乡侯。诸葛亮出秦川，大将军曹真督诸军拒亮，徙袭为大将军军师，分邑百户赐兄基爵关内侯。真薨，司马宣王代之，袭复为军师，增邑三百，并前五百五十户。以疾征还，拜太中大夫。薨，追赠少府。谥曰定侯。子会嗣。

赵俨字伯然，颍川阳翟人也。避乱荆州，与杜袭、繁钦通财同计，合为一家。太祖

不用再说。”杜袭说：“如果殿下的计划是对的，我将要协助殿下完成它；如果殿下的计划是错误的，即使已经决定了，也应该改正它，殿下对着我，命令不要谈此事，何以待下如此不明啊！”太祖说：“许攸侮慢我，怎么可以置而不讨伐呢！”杜袭说：“殿下以为许攸是怎么样的人呢？”太祖说：“是个平常人。”杜袭说：“寻常都是唯有贤人才能了解贤人，只有圣人才能了解圣人，一个平常人如何能了解非常人的行止呢？目前正是一个豺狼挡路，而狐狸为先的时代，别人将说殿下您是避强攻弱，进攻算不得勇敢，退守算不得仁厚。我听说千钧的大弩，绝不会为了一只鼷鼠发机，万石之大钟，绝不会因为草茎的撞击而出声，现在一个小小的许攸，何足以劳动殿下的神威英武呢？”太祖说：“好！”于是优厚地招抚许攸，攸就归服了太祖。当时夏侯尚亲昵于太子，感情极好，来往密切。杜袭认为夏侯尚不是益友，不值得特别地厚待，报告了太祖，文帝曹丕起初非常不高兴，后来慢慢回想，也认为杜袭的话有理。这件事记载在《夏侯尚传》中。其个性的柔婉而不冒犯，大抵都像这样子的。

文帝登魏王位后，赐杜袭爵为关内侯。等到登上天子之位，任命杜袭为督军粮御史，封为武平亭侯，更为督军粮执法，入京为尚书。明帝曹叡即位，晋封为平阳乡侯。诸葛亮率兵出秦川，大将军曹真率诸军抵御，改任杜袭为大将军军师，分了杜袭的一百户食邑，赏赐其兄杜基，封为关内侯。曹真去世，司马宣王代替他的职务，杜袭再做军师，增加食邑三百户，合以前之所封，计有五百五十户。后来因病被调回京，拜官太中大夫。去世以后，追赠少府，谥号曰定侯。他的儿子杜会继承爵位。

赵俨，字伯然，颍川郡阳翟县（今河南省禹州市）人。避乱到荆州，与杜袭、繁钦钱

始迎献帝都许，俨谓钦曰："曹镇东应期命世，必能匡济华夏，吾知归矣。"建安二年，年二十七，遂扶持老弱诣太祖，太祖以俨为朗陵长。县多豪猾，无所畏忌。俨取其尤甚者，收缚案验，皆得死罪。俨既囚之，乃表府解放，自是威恩并著。时袁绍举兵南侵，遣使招诱豫州诸郡，诸郡多受其命。惟阳安郡不动，而都尉李通急录户调。俨见通曰："方今天下未集，诸郡并叛，怀附者复收其绵绢，小人乐乱，能无遗恨！且远近多虞，不可不详也。"通曰："绍与大将军相持甚急，左右郡县背叛乃尔。若绵绢不调送，观听者必谓我顾望，有所须待也。"俨曰："诚亦如君虑；然当权其轻重，小缓调，当为君释此患。"乃书与荀彧曰："今阳安郡当送绵绢，道路艰阻，必致寇害。百姓困穷，邻城并叛，易用倾荡，乃一方安危之机也。且此郡人执守忠节，在险不贰。微善必赏，则为义者劝。善为国者，藏之于民。以为国家宜垂慰抚，所敛绵绢，皆俾还之。"彧报曰："辄白曹公，公文下郡，绵绢悉以还民。"上下欢喜，郡内遂安。

入为司空掾属主簿。时于禁屯颍阴，乐进屯阳翟，张辽屯长社；诸将任气，多共不

财相通，共同计算，合为一家人。太祖曹操刚迎接汉献帝建都许昌时，赵俨对繁钦说："曹镇东将军顺应期运，有名世之才，一定可以拯救中国，我知道该如何做了。"汉献帝建安二年（公元197年），年方二十七岁，就扶老持弱的去投奔太祖，太祖任命赵俨为朗陵县县长。县中多强横不守法度的人，他们平素行事无所畏忌。于是赵俨选择其中最强横的，收捕捆绑，考事问罪，结果都被判为死刑。赵俨既然已经囚禁了他们，就上表相府请求解除囚禁，自此以后威恩并著。当时袁绍举兵南侵，派遣使者招诱豫州诸属郡，诸郡多数都接受了他的命令。只有阳安郡不为袁绍的引诱所动，但是都尉李通忙于征取户税。赵俨见了李通说："方今天下尚未统一，诸郡纷纷背叛，心安于归附的郡县反而收取他们的绵绢，小人每乐观天下大乱，这样做能够不生遗恨吗？况且远近各地情势堪忧，不可不仔细考虑。"李通说："袁绍和大将军两军相持，非常危急，左右的各郡县又都如此的纷纷背叛，如果绵和绢不征集输送，一般人一定以为我观望，怀有二心，在有所等待呢。"赵俨说："确实也是如您所顾虑的，但是应当斟酌其轻重，稍微放松一下征调，我要为您消除此顾虑。"于是写信给荀彧说："现在阳安郡应当输送绵绢，然而道路艰难险阻，一定会招致盗贼的寇害。目前本郡百姓困穷，邻近的城邑纷纷背叛，很容易因而陷落，这是一个地区安危的关键。而且这个郡的人坚守忠节，在危险之中也没有存二心。片善必赏，那么行义的人就会相劝善。善于治理国家的人，藏富于民。我认为朝廷应当给以安抚，所征收的绵绢，都可以使主事者还给百姓。"荀彧回覆说："已经报告了曹公，公文下到郡府，绵和绢全数归还给百姓。"上下都很欢喜，郡内因此安定。

入京被任命为司空掾属主簿。其时于禁驻屯颍阴，乐进屯驻阳翟，张辽驻屯长社，诸将负才任气，彼此相处得并不和谐；派遣赵俨同时参议三军之事，每经一事都要训诫告喻，

协；使俨并参三军，每事训喻，遂相亲睦。太祖征荆州，以俨领章陵太守，徙都督护军，护于禁、张辽、张郃、朱灵、李典、路招、冯楷七军。复为丞相主簿，迁扶风太守。太祖徙出故韩遂、马超等兵五千余人，使平难将军殷署等督领，以俨为关中护军，尽统诸军。羌虏数来寇害，俨率署等追到新平，大破之。屯田客吕并自称将军，聚党据陈仓，俨复率署等攻之，贼即破灭。

时被书差千二百兵往助汉中守，署督送之。行者卒与室家别，皆有忧色。署发后一日，俨虑其有变，乃自追至斜谷口，人人慰劳，又深戒署。还宿雍州刺史张既舍。署军复前四十里，兵果叛乱，未知署吉凶。而俨自随步骑百五十人，皆与叛者同部曲，或婚姻，得此问，各惊，被甲持兵，不复自安。俨欲还，既等以为“今本营党已扰乱，一身赴之无益，可须定问”。俨曰：“虽疑本营与叛者同谋，要当闻行者变，乃发之。又有欲善不能自定，宜及犹豫，促抚宁之。且为之元帅，既不能安辑，身受祸难，命也。”遂去。行三十里止，放马息，尽呼所从人，喻以成败，慰励恳切。皆慷慨曰：“死生当随护军，不敢有二。”前到诸营，各召料简诸奸结叛者八百余人，散在原野，惟取其造谋魁率治之，余一不问。

于是诸军终于相互亲睦。太祖率兵征荆州，任命赵俨兼领章陵太守一职，改官为都督护军，监护于禁、张辽、张郃、朱灵、李典、路招、冯楷等七军。后来又做丞相主簿，迁调为扶风太守。太祖调出故属韩遂、马超等兵五千余人，令平难将军殷署等监督领导，用赵俨为关中护军，全部统领诸军。羌人数度入侵，赵俨率领殷署等追到新平，大破羌人。屯田客吕并自称将军，招聚徒党占据陈仓，赵俨又率领殷署等讨伐吕并，乱贼立即被消灭了。

当时接到命令，派遣一千二百名士兵协助汉中的防务，殷署负责监督送他们前去。这些将行的士卒猝然和家庭别离，每个人的脸上都带有愁容。殷署出发的次日，赵俨深恐会有变故发生，于是亲自追到斜谷口，每一个人都加以慰劳，又深切的告诫殷署。回程途中，投宿在雍州刺史张既的官舍。殷署领兵继续前进，走了四十里，兵士果然叛乱，不知道殷署的生死消息。而赵俨自己所带领的步兵、骑兵计有一百五十名，他们都与叛逆者为军中的同事，有的还是姻亲，所以得到这个消息，个个惊慌，身披铠甲、手持兵器，不再安宁。赵俨想再到殷署的军中去，张既等认为：“现在本营已经扰乱，一个人赶去没有什么好处，可以等待确切的消息。”赵俨说：“虽然怀疑本营与叛逆的人合谋，应当听到出发的人叛变，才会发动。又有的人想去为善而无法自定，宜乎趁他们犹豫的时候，及时的安定他们。而且既然做了他们的元帅，如果不能安抚绥辑，自己遭受祸难，那也是命啊！”于是出发，走了三十里，停止前进，解下马鞍休息，招呼听有从行的人，说明了成败得失的道理，又真挚而恳切的予以安慰鼓励。他们都意气慷慨地说：“不管生死，都要追随将军，不敢存有二心。”前行到达诸军军营，分别召集审核那些奸诈结集反叛的共有八百余人，分散在原野上，只收捕他们当中造谋的首领治罪，其余的人一概不问。郡县所收捕送来的，都

郡县所收送，皆放遣，乃即相率还降。俨密白："宜遣将诣大营，请旧兵镇守关中。"太祖遣将军刘柱将二千人，当须到乃发遣，而事露，诸营大骇，不可安喻。俨谓诸将曰："旧兵既少，东兵未到，是以诸营图为邪谋。若或成变，为难不测。因其狐疑，当令早决。"遂宣言当差留新兵之温厚者千人镇守关中，其余悉遣东。便见主者，内诸营兵名籍，案累重，立差别之。留者意定，与俨同心。其当去者亦不敢动，俨一日尽遣上道，因使所留千人，分布罗落之。东兵寻至，乃复胁喻。并徙千人，令相及共东，凡所全致二万余口。

关羽围征南将军曹仁于樊。俨以议郎参仁军事南行，与平寇将军徐晃俱前。既到，羽围仁遂坚。余救兵未到。晃所督不足解围，而诸将呵责晃促救。俨谓诸将曰："今贼围素固，水潦犹盛。我徒卒单少，而仁隔绝不得同力，此举适所以弊内外耳。当今不若前军逼围，遣谍通仁，使知外救，以励将士。计北军不过十日，尚足坚守。然后表里俱发，破贼必矣。如有缓救之戮，余为诸军当之。"诸将皆喜，便作地道，箭飞书与仁，消息数通，北军亦至，并势大战。羽军既退，舟船犹据沔水，襄阳隔绝不通，而孙权袭取羽辎重，羽闻

放他们回去，于是叛变的人都相率回来投降。赵俨又秘密的向上级报告说："应该派遣将领到大营去，请旧兵仍然镇守关中。"太祖派遣将军刘柱率领二千人，要等待到达后就派遣上路，但是消息被泄露了，各营大为害怕，无法安抚开导。赵俨对诸将领说："旧兵的人数既然不多，由东边来的兵士还没有到，所以诸营图谋叛乱的计划。如果万一造成变乱，产生的灾害无法估计。利用他们犹豫不定之时，应当要他们早做决定。"于是，宣布要差留一千个个性温厚的新兵镇守关中，其余的悉数派遣到东边去。就便见主管兵籍的人，纳各营兵士的名籍，那有家累的，马上分别开来。留下来在关中的心意已定，和赵俨同心协力。其他那些应当到东边去的，也不敢乱动，赵俨在一天之内全部派他们出发，并且要所留下来的一千个人，错落地分布在行者之间。由东方来的士兵随即到达，于是再威胁开导，一并移徙留下的一千人，命令陆续出发，一起往东，合计所招致的，一共有二万余人。

关羽包围征南将军曹仁于樊城。其时赵俨以议郎参谋曹仁军事南行，和平寇将军徐晃一同前往。到达樊城，关羽把曹仁已经围困得很坚实，别的救兵还没有到。徐晃所统的兵力不足以解围，而诸将怒责徐晃，催促他尽速救援。赵俨对诸将说："目前敌人包围的已经很坚实，水潦之势犹猛。我们的军队单弱寡少，而曹仁的兵力又被隔绝，无法和我们同力施为，救援的举动正所以破坏内外而已。现在不如前军以接近围城，派遣谍报人员潜通曹仁，使城内知道外有救兵，用以振奋士气。按估计，北军不出十天便会到达，曹仁尚能坚守。然后内外同时发动，一定可以破敌围的。如果将来因为缓救而受戮，我替诸军承当。"诸将都很高兴，便挖地道，用箭附信射给曹仁，通了几次的消息，北军也到了，遂合力大战。关羽的军队退去以后，舟船仍然占据着沔水，所以与襄阳隔绝，无法交通，而孙权趁机袭取关羽的军需品，关羽得到消息，立刻启程南返。曹仁约集诸将商量，大家一致认

之，即走南还。仁会诸将议，咸曰："今因羽危惧，必可追禽也。"俨曰："权邀羽连兵之难，欲掩制其后，顾羽还救，恐我承其两疲，故顺辞求效，乘衅因变，以观利钝耳。今羽已孤进，更宜存之以为权害。若深入追北，权则改虞于彼，将生患于我矣。王必以此为深虑。"仁乃解严。太祖闻羽走，恐诸将追之，果疾敕仁，如俨所策。

文帝即王位，为侍中。顷之，拜驸马都尉。领河东太守，典农中郎将。黄初三年，赐爵关内侯。孙权寇边，征东大将军曹休统五州军御之，征俨为军师。权众退，军还，封宜土亭侯，转为度支中郎将，迁尚书。从征吴，到广陵，复留为征东军师。明帝即位，进封都乡侯，邑六百户，监荆州诸军事，假节。会疾，不行，复为尚书，出监豫州诸军事，转大司马军师，入为大司农。齐王即位，以俨监雍、凉诸军事，假节，转征蜀将军，又迁征西将军，都督雍、凉。正始四年，老疾求还，征为骠骑将军，迁司空。薨，谥曰穆侯。子亭嗣。初，俨与同郡辛毗、陈群、杜袭并知名，号曰辛、陈、杜、赵云。

裴潜字文行，河东闻喜人也。避乱荆州，刘表待以宾礼。潜私谓所亲王粲、司马芝

为："现在趁着关羽危急恐惧，一定可以追上活捉他的。"赵俨说："孙权趁关羽遭受内外夹攻的危机，想乘其不备而偷袭他的后方，看到关羽回兵营救，唯恐我们的大军会承他们两方疲惫，所以才以卑顺的言辞求合作，想趁着战争利用时变，以观胜负变化而已。现在关羽已经势力孤单而奔逃，就更应该留下他作为孙权的后患。如果我们深入追击，那么孙权就会改变对关羽的顾虑，成为我们的威胁了。魏王一定以为此事值得往长远打算。"曹仁于是解严。太祖得知关羽已去，怕诸将追击他，果然很快的下令曹仁，如同赵俨所预料的一般。

文帝曹丕即魏王位，赵俨做侍中。不久，拜官驸马都尉，兼领河东太守，典农中郎将。文帝黄初三年（公元 222 年），赐封为关内侯。孙权侵寇边境，征东大将军曹休统率五州的军队去防御，征调赵俨担任军师。孙权的部队退去以后，大军回来，赵俨被封为宜土亭侯，转官为度支中郎将，迁升为尚书。跟随部队征讨吴国，到了广陵，又被留下做征东军师。明帝曹叡即位，晋封为都乡侯，食邑六百户，监督荆州诸军事务，持节。适遇生病，未能成行，再被任命为尚书，出京监督豫州诸军事务，转官为大司马军师，入京做大司农。齐王芳即位，用赵俨监督雍州、凉州诸军事务，持节，转调为征蜀将军，又迁调为征西将军，都督雍州、凉州。齐王芳正始四年（公元 243 年），因为年老多病请求回京，征调为骠骑将军，迁调为司空。去世以后，谥为穆侯。其子赵亭继嗣封爵。当初，赵俨与同郡的辛毗、陈群、杜袭同时知名于世，有辛、陈、杜、赵的称号。

裴潜，字文行，河东郡闻喜县（今山西省闻喜县西南）人。逃避战乱于荆州，刺史刘表以宾客的礼节接待他。裴潜私下对好友王粲、司马芝说："荆州牧刘表不是霸王的材料，

曰："刘牧非霸王之才，乃欲西伯自处，其败无日矣。"遂南适长沙。太祖定荆州，以潜参丞相军事，出历三县令，入为仓曹属。太祖问潜曰："卿前与刘备俱在荆州，卿以备才略何如？"潜曰："使居中国，能乱人而不能为治也。若乘间守险，足以为一方主。"

时代郡大乱，以潜为代郡太守。乌丸王及其大人，凡三人，各自称单于，专制郡事。前太守莫能治正，太祖欲授潜精兵以镇讨之。潜辞曰："代郡户口殷众，士马控弦，动有万数。单于自知放横日久，内不自安。今多将兵往，必惧而拒境，少将则不见惮。宜以计谋图之，不可以兵威迫也。"遂单车之郡。单于惊喜。潜抚之以静。单于以下脱帽稽颡，悉还前后所掠妇女、器械、财物。潜案诛郡中大吏与单于为表里者郝温、郭端等十余人，北边大震，百姓归心。在代三年，还为丞相理曹掾，太祖褒称治代之功。潜曰："潜于百姓虽宽，于诸胡为峻。今计者必以潜为理过严，而事加宽惠；彼素骄恣，过宽必弛，既弛又将摄之以法，此讼争所由生也。以势料之，代必复叛。"于是太祖深悔还潜之速。后数十日，三单于反问至，乃遣鄢陵侯彰为骁骑将军征之。

竟然以周文王自比，想做一方的领袖，他的败亡，没有几天了。"于是南到长沙。太祖曹操平定了荆州，任命裴潜参议丞相军事，派出去历任三个县的县令，调回京中担任仓曹属。太祖问裴潜说："足下以前和刘备同在荆州，足下认为刘备的才具谋略怎么样？"裴潜说："使他住在中原，能够扰乱别人而自己不能为治。若说有机会让他据守险要之地，也足以成为一方的领袖。"

当时代郡大乱，派遣裴潜做代郡太守。乌丸王以及他们的大人，一共三个人，都自称为单于，独断的自行决定郡中的事情。以前的太守无法治理改正，太祖想授裴潜精兵，用来镇压讨伐他们。裴潜辞谢说："代郡人民殷实而户口众多，军马士卒，一号召就有万余，单于自己知道放恣横行，为日已久，内心已经觉得不安。如今多带领军队前去，一定会害怕而在边境抗拒；带的军队少，则又产生不了镇压的作用。因此应当在计谋上设法，不可以用武力去威吓胁迫的。"于是就单车到代郡去。单于惊讶喜悦。裴潜用安静抚勉他们。单于以下的人都脱下帽子叩头，把以往前后所抢掠的妇女、器械、财物悉数归还。裴潜查验定罪，杀了郡中和单于互相勾结的大吏郝温、郭端等十多人，北方地区大为震惊，百姓归心。裴潜在代郡三年，回京做丞相理曹掾，太祖称赞他治理代郡的功绩，裴潜说："我对于百姓虽然宽厚，对于诸胡可是严峻的。现在继为代郡太守的，一定认为我为治过严，而对事会加以宽厚慈惠；他们向来骄纵放肆，对他们过宽，那么一定会松弛，既松弛了又要以法来整饬他们，这是讼争所以产生的原因。由事势推测，代郡一定会再反叛。"于是太祖深自后悔这么快就把裴潜调回京来。过了几十天，三单于造反的消息传来，就派遣鄢陵侯曹彰为骁骑将军，去征讨他们。

裴潜出京做沛国相，迁调为兖州刺史。太祖到摩陂，赞叹他军队阵伍的齐整，特别加

潜出为沛国相，迁兖州刺史。太祖次摩陂，叹其军陈齐整，特加赏赐。文帝践阼，入为散骑常侍。出为魏郡、颍川典农中郎将，奏通贡举，比之郡国，由是农官进仕路泰。迁荆州刺史，赐爵关内侯。明帝即位，入为尚书。出为河南尹，转太尉军师、大司农，封清阳亭侯，邑二百户。入为尚书令，奏正分职，料简名实，出事使断官府者百五十余条。丧父去官，拜光禄大夫。正始五年薨，追赠太常，谥曰贞侯。子秀嗣。遗令俭葬，墓中惟置一坐，瓦器数枚，其余一无所设。秀，咸熙中为尚书仆射。

评曰：和洽清和干理，常林素业纯固，杨俊人伦行义，杜袭温粹识统，赵俨刚毅有度，裴潜平恒贞干，皆一世之美士也。至林能不系心于三司，以大夫告老，美矣哉！

以赏赐。文帝曹丕即帝位，回到京都做散骑常将，调出京做魏郡、颍川郡典农中郎将，奏请可以贡举人才，比照各郡国，由此以后，农官仕进之路通泰。迁调为荆州刺史，赐爵位为关内侯。明帝曹叡即位，入京做尚书。调出做河南尹，转官为太尉军师、大司农，封为清阳亭侯，食邑二百户。入京做尚书令，奏请裁定分职任事，计量而查核名实，出事例经官府宣判的有一百五十余条。因父丧辞官，又拜官为光禄大夫。齐王芳正始五年（公元244年）卒，追赠为太常，谥号曰贞侯。其子裴秀继承封爵。遗命丧葬事宜要从简，坟墓中只放置一把座椅、数件粗拙的陶器，其余什么摆设也不要。裴秀，陈留王曹奂咸熙年间（公元264年—265年）做尚书仆射。

陈寿评论说：和洽清正中和，有干济之才，常林平生事业，守正专一，杨俊重视人伦，行事守义，杜袭温良精粹，富有见识，赵俨刚强坚毅，长于谋略，裴潜平和有常，稳重干练。他们都是一代之贤士。至于常林能够不眷恋于三司的高官厚禄，而以大夫之身份告老回乡，多值得称美啊！

三国志卷二十四

韩崔高孙王传第二十四

王初庆 译

韩暨字公至，南阳堵阳人也。同县豪右陈茂，谮暨父兄，几至大辟。暨阳不以为言，庸赁积资，阴结死士，遂追呼寻禽茂，以首祭父墓，由是显名。举孝廉，司空辟，皆不就。乃变名姓，隐居避乱鲁阳山中。山民合党，欲行寇掠。暨散家财以供牛酒，请其渠帅，为陈安危。山民化之，终不为害。避袁术命召，徙居山都之山。荆州牧刘表礼辟，遂遁逃，南居孱陵界，所在见敬爱，而表深恨之。暨惧，应命，除宜城长。

太祖平荆州，辟为丞相士曹属。后迁乐陵太守，徙监冶谒者。旧时冶，作马排，每一熟石用马百匹；更作人排，又费功力；暨乃因长流为水排，计其利益，三倍于前。在职七年，器用充实。制书褒叹，就加司金都尉，班亚九卿。文帝践阼，封宜城亭侯。黄初七年，迁太常，进封南乡亭侯，邑二百户。

韩暨，字公至，南阳堵阳人（今河南方城）。同县豪强恶霸陈茂诬陷韩暨父兄，差点使他们遭受死罪。韩暨表面上不言报复，替人帮佣储蓄资财，暗中结交死士，于是就追赶呼喊着寻找擒获了陈茂，拿他的头告祭父亲的墓前。由是声名显扬，被举为孝廉，司空也来征召，但他都不去就任，而改变姓名，隐居避乱于鲁阳山中（在今河南鲁山县东北）。山中之民成群结党，想要强劫掠夺，韩暨变卖家产，准备牛酒，邀请他们的头领，陈述安危的道理，山民受到感化，终不为害地方。为了躲避袁术的召命，韩暨迁居到山都（今湖北襄阳西北）的山上。荆州牧刘表以礼仪征召他，他又遁逃，南居孱陵境内（今湖北公安）。他所在的地方，都受人敬重，而刘表以他不应命，深为怀恨。韩暨怕刘表加害自己，只得应命，被任命为宜城县长（今湖北宜城）。

太祖平定荆州后，征召他为丞相士曹属，后来又被选拔为乐陵（今山东乐陵）太守，调任监冶谒者。以前炼铁的方法，用马排成一排来吹炽炭火，每炼熟一石铁矿要用一百匹马，如果用人力来排队吹炭火，又耗费功力。韩暨于是借着水流激动水的力量来鼓起炭火，计算一下所得的利益，比以前多出三倍。在职七年间，国家的器用充实，政府特别褒扬，加官司金都尉，在朝的班次仅亚于九卿。文帝继位后，封为宜城亭侯。黄初七年（公元226年），升太常，进封南乡亭侯，食邑二百户。

时新都洛阳，制度未备，而宗庙主祏皆在邺都，暨奏请迎邺四庙神主，建立洛阳庙，四时蒸尝，亲奉粢盛。崇明正礼，废去淫祀，多所匡正。在官八年，以疾逊位。景初二年春，诏曰："太中大夫韩暨，澡身浴德，志节高絜，年逾八十。守道弥固，可谓纯笃，老而益劭者也。其以暨为司徒。"夏四月薨，遗令敛以时服，葬为土藏。谥曰恭侯。子肇嗣。肇薨，子邦嗣。

崔林字德儒，清河东武城人也。少时晚成，宗族莫知，惟从兄琰异之。太祖定冀州，召除鄔长，贫无车马，单步之官。太祖征壶关，问长吏德政最者，并州刺史张陟以林对，于是擢为冀州主簿，徙署别驾、丞相掾属。魏国既建，稍迁御史中丞。

文帝践阼，拜尚书，出为幽州刺史。北中郎将吴质统河北军事，涿郡太守王雄谓林别驾曰："吴中郎将，上所亲重，国之贵臣也。仗节统事，州郡莫不奉笺致敬，而崔使君初不与相闻。若以边塞不修斩卿，使君宁能护卿邪？"别驾具以白林。林曰："刺史视去此州如脱屣，宁当相累邪？此州与胡虏接，宜镇之以静，扰之则动其逆心，特为国家生北顾忧，

当时刚建都洛阳，制度还不完备，而宗庙的牌位都有在邺都（在今河北临漳）。韩暨奏请迎接邺四庙的神主，建立洛阳太庙，四时的祭祀，亲自供奉祭品祭器。在推崇阐明正统礼制及废除淫祠方面，韩暨多所匡正。在官八年，因病辞官。景初二年（公元 238 年）春，皇帝下诏书说："太中大夫韩暨，沐浴在仁德之中，志节高洁，年逾八十，守道更加持固，可谓纯厚笃实，老而更加美善，任命韩暨为司徒。"夏四月薨。遗命殡敛时用日常的服饰，不具棺椁而葬于土中，谥为恭侯。子肇嗣位，肇薨后；子邦继立。

崔林，字德儒，清河东武城人（今山东武城）。由于年幼时优秀才学到很迟才显出，所以宗族中没有人知道他有才学，只有堂兄崔琰特别看重他。太祖底定冀州，任命他为鄔县县长（今山西介休）。家贫无钱购置车马，就单身步行到职。太祖征壶关时（今山西长治），问长吏中德行政事最好的人，并州刺史张陟推举崔林。于是拔擢崔林为冀州主簿，调署别驾、丞相掾属。魏建国后，升为御史中丞。

文帝就帝位后，拜为尚书，外放为幽州刺史，当时北中郎将吴质统率河北军事；涿郡太守王雄对崔林的别驾说："吴中郎将，是皇上所亲幸看重的贵臣，持节统领军事，各州郡莫不奉笺向他致敬，而崔使君目前不与他相联系，如果上级以边塞不加整顿的罪名斩决你，崔使君能回护你吗？"别驾把这些话禀告崔林。崔林说："我这刺史，把离开这州看得像脱鞋一样容易，怎么能够因为贪图官位而受到牵累呢？本州和胡虏相接壤，应该用平静的方法来镇守，过分的惊扰，往往会启动叛逆者的心思，只能使国家产生北顾的忧患，这

以此为寄。”在官一期，寇窃寝息；犹以不事上司，左迁河间太守，清论多为林怨也。

迁大鸿胪。龟兹王遣侍子来朝，朝廷嘉其远至，褒赏其王甚厚。余国各遣子来朝，间使连属。林恐所遣或非真的，权取疏属贾胡，因通使命，利得印绶，而道路护送，所损滋多。劳所养之民，资无益之事，为夷狄所笑，此曩时之所患也。乃移书燉煌喻指，并录前世待遇诸国丰约故事，使有恒常。明帝即位，赐爵关内侯，转光禄勋、司隶校尉。属郡皆罢非法除过员吏。林为政推诚，简存大体，是以去后每辄见思。

散骑常侍刘劭作《考课论》，制下百僚。林议曰：“案《周官》考课，其文备矣，自康王以下，遂以陵迟，此即考课之法存乎其人也。及汉之季，其失岂在乎佐吏之职不密哉？方今军旅，或猥或卒，备之以科条。申之以内外，增减无常，固难一矣。且万目不张举其纲，众毛不整振其领。皋陶仕虞，伊尹臣殷，不仁者远。五帝三王未必如一，而各以治乱。《易》曰：‘易简，而天下之理得矣。’太祖随宜设辟，以遗来今，不患不法古也。以为今之制度，不为疏阔，惟在守一勿失而已。若朝臣能任仲山甫之重，式是百辟，则孰敢不肃？”

才是我心意寄托的所在。”崔林在职一年，贼寇和偷窃的事情都平息了。但仍旧因为不奉承上司，被迁谪为河间太守，当时的清议多为崔林感到不平。

崔林升为大鸿胪。龟兹王派侍子入朝，朝廷嘉勉他从远方来，褒赏龟兹王很丰厚。于是其他各属国也派王子来朝贡，使者相连于路上。崔林担心所派遣的或许不是可靠的王子，权宜以远亲子弟或胡族商人，借着通使的名目，得到朝廷赏赐印绶的利益，而道路上朝廷要派人沿路护送，损失很大，劳动蓄积的民力，供应无益的事情，被夷狄所窃笑，这是当时的缺失。于是写信到敦煌，说明他的意旨，而且摘录前世对待各国入朝厚薄的故事，使有常轨。明帝即位，赐爵关内侯，转光禄勋，司隶校尉。所属各郡都罢斥非法任用超出名额的官吏。崔林为政推心致诚，掌握简要而存大体，所以离开以后，常被人怀念。

散骑常侍刘劭作《考课论》来控制属下的百官，崔林议论说：“依《周官经》以考察课督群官，在文字上是很完备的，但是从周康王以后，就衰微陵夷了，这就说明考察课督的方法在于人为。到汉朝末年的错失，难道在于对佐吏的职责规定不够严密吗？方今军旅之中，或堆积或仓猝，要准备用科分条文，申明以内外的差异，增减没有常法，很难做到整齐划一的。渔网张不开应当提起网绳；皮衣的毛不整齐，就振动它的衣领。皋陶替虞舜作官，伊尹作商朝的大臣，不仁者都自动远离。五帝三王未必都一样，而各因为能否任贤而有治乱。《易经》上说：‘易简而天下之理得矣。’太祖随所宜而设置官吏，传流到今天，不必去担心不以古为法，以为今天制度上的要务，不在官职的疏阔，惟在守住这一原则勿失而已。如果朝臣都能任用像仲山甫那样的重臣，作为百官的表率，谁又敢不敬事呢？”

景初元年，司徒、司空并缺，散骑侍郎孟康荐林曰：“夫宰相者，天下之所瞻效，诚宜得秉忠履正本德仗义之士，足为海内所师表者。窃见司隶校尉崔林，禀自然之正性，体高雅之弘量。论其所长以比古人，忠直不回则史鱼之俦，清俭守约则季文之匹也。牧守州郡，所在而治，及为外司，万里肃齐，诚台辅之妙器，衮职之良才也。”后年遂为司空，封安阳亭侯，邑六百户。三公封列侯，自林始也。顷之，又进封安阳乡侯。

鲁相上言：“汉旧立孔子庙，褒成侯岁时奉祠，辟雍行礼，必祭先师，王家出谷，春秋祭祀。今宗圣侯奉嗣，未有命祭之礼，宜给牲牢，长吏奉祀，尊为贵神。”制三府议，博士傅祗以《春秋传》言立在祀典，则孔子是也。宗圣适足继绝世，章盛德耳。至于显立言，崇明德，则宜如鲁相所上。林议以为“宗圣侯亦以王命祀，不为未有命也。周武王封黄帝、尧、舜之后，及立三恪，禹、汤之世，不列于时，复特命他官祭也。今周公已上，达于三皇，忽焉不祀，而其礼经亦存其言。今独祀孔子者，以世近故也。以大夫之后，特受无疆之祀，礼过古帝，义逾汤、武，可谓崇明报德矣，无复重祀于非族也”。

明帝又分林邑，封一子列侯。正始五年薨，谥曰孝侯。子述嗣。

景初元年（公元237年），司徒、司空同时出缺，散骑侍郎孟康推荐崔林，说：“作宰相的人，是天下所观瞻效法的，应该任用秉忠行正，本德仗义的人士，足为海内所师法表率的。窃见司隶校尉崔林，禀持自然的正性，体行高雅的弘量，拿他的长处和古人相比，忠直不曲则如同卫国的史官子鱼一般，清俭守约则可与季文子相匹敌。他担任州牧郡守，所在地都能平治，担任司隶校尉，万里都能敬肃齐一，实在可说是三公衮职的良才妙器。”第二年就被重用为司空，封安阳亭侯，食邑六百户。三公封列侯，从崔林开始。不久，又进封为安阳乡侯。

鲁相上书说：“汉代旧立孔子庙，由褒成侯岁时奉行祭祀，每奉太学中行礼，一定祭祀先师，由王家出谷米作为春秋祭祀之用。现在宗圣侯嗣位，没有受命行祭祀之礼，应该供给牲畜，由长吏奉行祭祀，尊孔子为贵神。”制下，交三府讨论，博士傅祗以《春秋传》言立在祀典，是孔子的言论，宗圣正足以继绝世，表彰孔子的盛德，至于显明立言，崇尚明德，应该照鲁相的章奏处理。崔林的意见是：“宗圣侯也是奉王命祀位，不能算是没有受到天子的命令。周武王封黄帝、尧、舜之后及立虞、夏、商后代的陈、杞、宋三恪，禹、汤二世，不列入时祭，只特命其他的官吏来祭祀。今天周公以上，直到三皇，已经都不祭祀，而他们的礼经上也存在他们的话，现在独独祭祀孔子，是由于时代接近的缘故。孔子以大夫之后，特受无疆的祭祀，礼仪超过古代帝王，恩义逾越汤、武，可说是崇明报德，不必再重复的由非亲族的人奉祀。”

明帝又分崔林的食邑，封他的一个儿子为列侯。正始五年（公元244年）薨，谥号为孝侯，儿子述嗣爵。

高柔字文惠，陈留圉人也。父靖，为蜀郡都尉。柔留乡里。谓邑中曰："今者英雄并起，陈留四战之地也。曹将军虽据兖州，本有四方之图，未得安坐守也。而张府君先得志于陈留，吾恐变乘间作也，欲与诸君避之。"众人皆以张邈与太祖善，柔又年少，不然其言。柔从兄幹，袁绍甥也。在河北呼柔，柔举宗从之。会靖卒于西州，时道路艰涩，兵寇纵横，而柔冒艰险诣蜀迎丧，辛苦荼毒，无所不尝，三年乃还。

太祖平袁氏，以柔为菅长。县中素闻其名，奸吏数人，皆自引去。柔教曰："昔邴吉临政，吏尝有非，犹尚容之。况此诸吏，于吾未有失乎！其召复之。"咸还，皆自励，咸为佳吏。高幹既降，顷之以并州叛。柔自归太祖，太祖欲因事诛之，以为刺奸令史；处法允当，狱无留滞，辟为丞相仓曹属。太祖欲遣钟繇等讨张鲁，柔谏，以为今猥遣大兵，西有韩遂、马超，谓为己举，将相扇动作逆，宜先招集三辅，三辅苟平，汉中可传檄而定也。繇入关，遂、超等果反。

魏国初建，为尚书郎。转拜丞相理曹掾。令曰："夫治定之化，以礼为首。拨乱之政，以刑为先。是以舜流四凶族，皋陶作士。汉祖除秦苛法，萧何定律。掾清识平当，明于宪

高柔，字文惠，陈留圉人（今河南杞县）。父名靖，为蜀郡都尉。高柔留在乡里，对邑中人说："现在英雄并起，陈留是四战之地，曹将军虽然据守兖州，本来就有图谋四方的大志，不会安坐镇守而已，而张府君先得志于陈留，我担心变乱会乘隙发作，我们一起去避难吧！"众人都以为太祖和张邈相友善，高柔又年轻，不相信他的话。高柔的堂兄幹，是袁绍的外甥，在河北招唤高柔投效，于是高柔带着全族投奔。适逢父亲高靖在西州去世，当时道路上行路艰难，兵士与盗寇横行，而高柔冒险到蜀迎父丧，辛苦荼毒，无所不尝，历时三年才回来。

太祖平定袁绍后，以高柔为菅县长（今山东邹平西北），县中平素都听到他的名声，因他到来，奸吏数人，都自行辞去，高柔教导他们说："从前邴吉临政，官吏曾有过失，都尚且能加以宽恕，何况这些官吏，对我还没有过失呢？把他们都找回来吧！"那些官吏都回来了，也能自我勉励，全变成了优良的官吏。幹既已降魏，不久又以并州背叛。高柔自己归顺太祖。太祖想借机会杀掉他；任命他为刺奸令史。而他处置法令允当，狱中无滞留的犯人，就被征召为丞相仓曹属。太祖想派遣钟繇等人讨伐张鲁，高柔进谏，以为今天突然派大兵，西有韩遂、马超，会以为是针对他们发兵，将相煽动作乱，最好先招集三辅（今陕西中部，京兆尹、左冯翊、右扶风，共治长安城中，合称三辅），三辅如果平定，汉中可传檄而定。钟繇入关，韩遂、马超果然叛变。

魏国初建，高柔为尚书郎，转拜丞相理曹掾。太祖下令说："政治安定的教化，以礼为首，拨除混乱的政务，以刑为先。所以舜流放四凶后，皋陶作刑师，汉高祖除去秦朝苛刻的法规，萧何订定律令。理曹掾高柔清明的见识公平恰当，明于法典，勉恤之哉。"鼓吹

典，勉恤之哉！”鼓吹宋金等在合肥亡逃。旧法，军征士亡，考竟其妻子。太祖患犹不息，更重其刑。金有母妻及二弟皆给官，主者奏尽杀之。柔启曰：“士卒亡军，诚在可疾，然窃闻其中时有悔者。愚谓乃宜贷其妻子，一可使贼中不信，二可使诱其还心。正如前科，固已绝其意望，而猥复重之，柔恐自今在军之士，见一人亡逃，诛将及己，亦且相随而走，不可复得杀也。此重刑非所以止亡，乃所以益走耳。”太祖曰：“善。”即止不杀金母、弟，蒙活者甚众。

迁为颍川太守，复还为法曹掾。时置校事卢洪、赵达等，使察群下，柔谏曰：“设官分职。各有所司。今置校事，既非居上信下之旨。又达等数以憎爱擅作威福，宜检治之。”太祖曰：“卿知达等，恐不如吾也。要能刺举而辨众事，使贤人君子为之，则不能也。昔叔孙通用群盗，良有以也。”达等后奸利发，太祖杀之以谢于柔。

文帝践阼，以柔为治书侍御史，赐爵关内侯，转加治书执法。民间数有诽谤妖言，帝疾之，有妖言辄杀，而赏告者。柔上疏曰：“今妖言者必戮，告之者辄赏。既使过误无反善之路，又将开凶狡之群相诬罔之渐，诚非所以息奸省讼，缉熙治道也。昔周公作诰，称殷之祖宗，咸不顾小人之怨。在汉太宗，亦除妖言诽谤之令。臣愚以为宜除妖谤赏告之法，

手宋金等人在合肥逃亡。依旧法，军队出征时，军士逃亡，要考问他的妻子。太祖担心此法仍旧不能止息逃亡，就更加重刑罚。宋金有母亲、妻子及二个弟弟都因此被送到官府，主事者上奏主张把他们全部杀了。高柔启奏说：“士卒在军中逃亡，诚然可恨。然我私下听闻其中时有后悔的，我以为最好宽免他们的妻子，一来可使贼人不信任他们，二来可诱发他们回来的心思。如旧法判罪，固然已经绝了他们的希望，而又突然加重其刑罚，恐怕从此军中的士卒，见一人逃亡，诛杀将及于己身，也将随着逃亡，不能再抓回来杀掉了。此重刑并不能阻止逃亡，反而增加逃亡的人。”太祖说：“好！”于是没杀宋金的母亲、妻子、弟弟，因而很多人得以活命。

迁为颍川太守，又回来为法曹掾。当时设置校事卢洪、赵达等人，让他们督察群吏，高柔进谏说：“设官分职，各有所司，现在设置校事，既不是居上位信任下属的意思，而且赵达等人屡次以个人的爱憎擅作威福，应该检讨惩治这事。”太祖说：“卿对赵达等人的了解，恐怕不如我，要能用刺探举发的方法来处理众事，让贤人君子来做是不能做到的，从前叔孙通用群盗，实在是有原因的。”赵达后来奸巧取利事发，太祖就杀了赵达向高柔谢罪。

文帝称帝后，以高柔为治书侍御史，赐爵关内侯，转加治书执法。民间屡有诽谤妖言，帝感到痛恨。有妖言者即杀，而奖赏告发的人。高柔上疏说：“今天妖言者必杀，告发他们的人即赏。即使有过失错误的人无悔改返善之路，又将开凶狡之辈相互诬罔的风气。实不是所以息奸省讼的光明治道。从前周公作诰，称殷的祖先都不顾小人的痛怨，在汉文帝时，也除去妖言诽谤之令。臣愚以为应除去妖言诽谤奖赏告者的法令，以尊崇天父养物

以隆天父养物之仁。”帝不即从，而相诬告者滋甚。帝乃下诏：“敢以诽谤相告者，以所告者罪罪之。”于是遂绝。校事刘慈等，自黄初初数年之间，举吏民奸罪以万数，柔皆请惩虚实；其余小小挂法者，不过罚金。四年，迁为廷尉。

魏初，三公无事，又希与朝政。柔上疏曰：“天地以四时成功，元首以辅弼兴治；成汤仗阿衡之佐，文、武凭旦、望之力。逮至汉初，萧、曹之俦并以元勋代作心膂，此皆明王圣主任臣于上，贤相良辅股肱于下也。今公铺之臣，皆国之栋梁，民所具瞻。而置之三事，不使知政，遂各偃息养高，鲜有进纳，诚非朝廷崇用大臣之义，大臣献可替否之谓也。占者刑政有疑，辄议于槐棘之下。白今之后，朝有疑议及刑狱大事，宜数以咨访三公。三公朝朔望之日，又可特延入，讲论得失，博尽事情，庶有裨起天听，弘益大化。”帝嘉纳焉。

帝以宿嫌，欲枉法诛治书执法鲍勋，而柔固执不从诏命。帝怒甚，遂召柔诣台；遣使者承指至廷尉考竟勋，勋死乃遣柔还寺。

明帝即位，封柔延寿亭侯。时博士执经，柔上疏曰：“臣闻遵道重学，圣人洪训；褒文崇儒，帝者明义。昔汉末陵迟，礼乐崩坏，雄战虎争，以战陈为务，遂使儒林之群，幽隐而不显。太祖初兴，愍其如此，在于拨乱之际，并使郡县立教学之官。高祖即位，遂阐

之仁。”帝不立即听从，而相诬告者愈来愈多，帝乃下诏说：“敢以诽谤相告的人，以所告发的人的罪来处分他。”于是相告的情形才绝止。校事刘慈等人，从黄初以来数年之间，举发吏民的奸情罪过以万数，高柔皆请求依虚实惩办，其余小有犯法的，不过罚金而已。在职四年，升为廷尉。

魏初，三公无政事，又少参与朝政，高柔上疏说：“天地以四时成功，元首以辅弼兴治。成汤仗恃伊尹的辅佐，文、武凭借周公、吕尚的力量，及至汉初，萧何、曹参等人并以元勋相继作为亲信，这都是明王圣主任用大臣于上，贤相良辅作为股肱于下。今天三公台辅之臣，都是国家的栋梁，为人民所瞻仰，而设置此三职事，不使知悉政事，于是各自休心养性，少有忠言进讷，实在不是朝廷尊崇任用大臣之义，大臣献可替否的意思。古时刑罚政事有疑，即议论于槐棘之下，自今之后，朝有疑义及刑狱大事，应该悉数以咨询探访三公的意见，三公上朝在初一、十五的日子，又可特别请入宫中，议论得失，博尽事情，庶几可上接天听，弘益大化。”帝嘉慰并采纳了这意见。

帝以宿怨想不按法规诛杀治书执法鲍勋，而高柔执意不从诏命。帝很生气，于是召高柔上殿，派遣使者承旨至廷尉考问鲍勋，鲍勋死后才使高柔回到官署。

明帝即位，封高柔为延寿亭侯。当时博士执经，高柔上疏说：“我听说尊道重学，是圣人的大训，褒扬文人，崇扬儒术，是皇帝明显的大义，以前汉朝末年，国运衰微，礼乐崩坏，雄战虎争，以战阵为急务，遂使儒林群士，幽隐而不显。太祖初兴，有鉴于此，在

其业，兴复辟雍，州立课试，于是天下之士，复闻庠序之教，亲俎豆之礼焉。陛下临政，允迪睿哲，敷弘大猷，光济先轨，虽夏启之承基，周成之继业，诚无以加也。然今博士皆经明行修，一国清选，而使迁除限不过长，惧非所以崇显儒术，帅励怠惰也。孔子称'举善而教不能则劝'，故楚礼申公，学士锐精，汉隆卓茂，缙绅竞慕。臣以为博士者，道之渊薮，六艺所宗，宜随学行优劣，待以不次之位。敦崇道教，以劝学者，于化为弘。"帝纳之。

后大兴殿舍，百姓劳役；广采众女，充盈后宫；后宫皇子连夭，继嗣未育。柔上疏曰："二虏狡猾，潜自讲肄，谋动干戈，未图束手；宜畜养将士，缮治甲兵，以逸待之。而顷兴造殿舍，上下劳扰；若使吴、蜀知人虚实，通谋并势，复俱送死，甚不易也。昔汉文惜十家之资，不营小台之娱；去病虑匈奴之害，不遑治第之事。况今所损者非惟百金之费，所忧者非徒北狄之患乎？可粗成见所营立，以充朝宴之仪。乞罢作者，使得就农。二方平定，复可徐兴。昔轩辕以二十五子，传祚弥远；周室以姬国四十，历年滋多。陛下聪达，穷理尽性，而顷皇子连多夭逝，熊罴之祥又未感应。群下之心，莫不悒戚。《周礼》，天子后妃以下百二十人，嫔嫱之仪，既以盛矣。窃闻后庭之数，或复过之，圣嗣不昌，殆能由

拨正乱世之时，并使郡县立教学之官。高祖即位，继续发扬此事业，开办辟雍太学，州立课督考试的制度，于是天下的士人再知悉学校的教育，亲临祭祀的典礼。陛下临政，诚明睿哲，敷弘大道，光大先贤的轨迹，就是夏启与周成王的继承基业，都不能超过。现在的博士们，都能阐明经籍，行为修治，是一国的清选，而使他们升迁限制不能超过县长，怕不是崇显儒术之道，而引起了怠惰之心。孔子说：'举善而教不能则劝'，所以楚礼遇申公，使学士们更加深入精求；汉尊崇卓茂，士大夫们竞相仰慕。臣以为博士是道的荟萃集中，六艺之所宗法，应该依照博士们学问与行为的优劣，待以不次升迁的高位，敦崇大道名教，以劝勉学者，弘大教化。"明帝采纳了此建议。

日后大兴宫殿房屋，百姓劳役，广采众女，充实后宫。后宫中皇子连续夭折，继位的后嗣，尚未长育。高柔上疏说："吴蜀二敌狡猾，暗中讲习演练，计划发动战争，一直不肯罢休，应该畜养将士，修缮整治甲胄武器，静待他们蠢动。而目前兴造宫殿房舍，上下都受到劳苦惊扰，如果让吴蜀知道虚实，合谋联并势力，一起来送死，也很不容易消灭他们的。从前汉文帝爱惜十家的资财，不肯营造小台以自娱，霍去病顾虑匈奴的祸害，没有空闲修治府第。何况今天损耗的不止百金的花费，所忧虑的不仅北狄的祸患呢！如今可粗略完工正在营建的宫殿，充作朝宴仪式的地方，恳求让修造的夫役停工，让他们回去耕田。等到吴蜀平定后，再慢慢兴建。从前轩辕氏因为有二十五个儿子，传国久远；周室以姬姓同宗诸侯四十个，享年长久。陛下聪明通达，穷理尽性，而现在皇子连续夭逝，熊罴表示生男的祥瑞的征兆还没有显应，大臣们心中没有不担忧的。《周礼》上说，天子后妃以下有一百二十人，嫔嫱的仪节已经够多了。我听说后宫嫔嫱的人数，还或许超过这数字，圣皇

此。臣愚以为可妙简淑媛，以备内官之数，其余尽遣还家。且以育精养神，专静为宝。如此，则螽斯之征，可庶而致矣。”帝报曰：“知卿忠允，乃心王室，辄克昌言；他复以闻。”

时猎法甚峻。宜阳典农刘龟窃于禁内射兔，其功曹张京诣校事言之。帝匿京名，收龟付狱。柔表请告者名，帝大怒曰：“刘龟当死，乃敢猎吾禁地。送龟廷尉，廷尉便当考掠，何复请告者主名，吾岂妄收龟邪？”柔曰：“廷尉，天下之平也，安得以至尊喜怒而毁法乎？”重复为奏，辞指深切。帝意寤，乃下京名。即还讯，各当其罪。

时制，吏遭大丧者，百日后皆给役，有司徒吏解弘遭父丧，后有军事，受敕当行，以疾病为辞。诏怒曰：“汝非曾、闵，何言毁邪？”促收考竟。柔见弘信甚羸劣，奏陈其事，宜加宽贷。帝乃诏曰：“孝哉弘也！其原之。”

初，公孙渊兄晃，为叔父恭任内侍，先渊未反，数陈其变。及渊谋逆，帝不忍市斩，欲就狱杀之。柔上疏曰：“《书》称‘用罪伐厥死，用德彰厥善’，此王制之明典也。晃及妻子，叛逆之类，诚应枭县，勿使遗育。而臣窃闻晃先数自归，陈渊祸萌，虽为凶族，原心

后嗣的不昌盛，恐怕就是由于此原因。臣的愚见以为可以选择淑媛，以备内官应有嫔妃的定额，其余的都送她们还家。尚且可以育精养神，专求静心为宝，如此则螽斯子孙繁茂的征象，庶几可以出现了。”明帝回报说：“知道卿忠心公允正当，忠心王室，经常能够美言，其他的事也要说给我听。”

当时对狩猎的法律很严苛，宜阳典农刘龟私自在禁苑内射兔，属下功曹张京到校事处告发，明帝隐匿张京的姓名，将刘龟下狱。高柔上表请求告发者的姓名，皇帝大怒说：“刘龟当有死罪，竟敢在我的禁苑里狩猎，送刘龟到廷尉，廷尉便当考问罪状，为何又要请示告发者的名字？我哪里会诬妄扣押刘龟呀？”高柔说：“廷尉，是为天下求公平，怎么可以因为皇帝至尊的喜怒而损毁了法律呢？”于是高柔重新上奏摺，言辞意旨深切，明帝悔悟，交下了张京的姓名，即刻回去讯问，各判了应得的罪。

当时的制度：官吏遭遇父母之丧，百日以后都要恢复正常到职工作。有司徒吏解弘遭父丧，后来有军事行动，受敕命要随行，解弘以疾病的理由推辞。明帝下诏怒说：“你并不是曾参、闵子骞，怎么也说因父丧而身体损毁呢？”催促将解弘下狱考问。高柔看到解弘实在身体很羸弱，上奏陈述实情，以为应该宽免。明帝于是下诏说：“孝顺的解弘，原谅他的罪。”

原先公孙渊的哥哥晃，代替叔父公孙恭担任内侍，在公孙渊没有谋反之前，屡次陈述他要叛变。等到公孙渊谋反后，明帝不忍在市集公开斩决公孙晃，想要在狱中处死刑。高柔上疏说：“《书经》上说：‘因为罪而诛杀，因为德而表彰善行。’此为王制的明白典范。公孙晃及妻子是叛逆家族，诚然应该枭首示众，不留余类。但臣私下听说公孙晃屡次自己回来，就陈述公孙渊祸象已萌，虽是凶族，他的心值得原谅。孔子显示对司马牛的忧心，

可恕。夫仲尼亮司马牛之忧，祁奚明叔向之过，在昔之美义也。臣以为晃信有言，宜贷其死；苟自无言，便当市斩。今进不赦其命，退不彰其罪，闭著囹圄，使自引分，四方观国，或疑此举也。”帝不听，竟遣使赍金屑饮晃及其妻子，赐以棺、衣，殡敛于宅。

是时，杀禁地鹿者身死，财产没官，有能觉告者厚加赏赐。柔上疏曰：“圣王之御世，莫不以广农为务，俭用为资。夫农广则谷积，用俭则财畜，畜财积谷而有忧患之虞者，未之有也。古者，一夫不耕，或为之饥；一妇不织，或为之寒。中间已来，百姓供给众役，亲田者既减，加顷复有猎禁，群鹿犯暴，残食生苗，处处为害，所伤不赀。民虽障防，力不能御。至如荥阳左右，周数百里，岁略不收，元元之命，实可矜伤。方今天下生财者甚少，而麋鹿之损者甚多。卒有兵戎之役，凶年之灾，将无以待之。惟陛下览先圣之所念，愍稼穑之艰难，宽放民间，使得捕鹿，遂除其禁，则众庶久济，莫不悦豫矣。”

顷之，护军营士窦礼近出不还。营以为亡，表言逐捕，没其妻盈及男女为官奴婢。盈连至州府，称冤自讼，莫有省者。乃辞诣廷尉。柔问曰：“汝何以知夫不亡？”盈垂泣对曰：“夫少单特，养一老妪为母，事甚恭谨，又哀儿女，抚视不离，非是轻狡不顾室家者也。”柔重问曰：“汝夫不与人有怨雠乎？”对曰：“夫良善，与人无雠。”又曰：“汝夫不

祁奚明举出叔向的过错，都重在他们以往的美义。臣以为公孙晃如果真的先有告诫，宜免其一死，如果没有预告其事，就当公开处斩。今天进不赦免他的性命，退不彰显他的罪过。关在牢中，让他自杀，四方观望的诸侯，或许要疑惑这事。”明帝不听，终派遣使者持金屑给公孙晃及其妻子饮下自尽，赐以棺木、衣服，殡敛在宅中。

当时，猎杀禁地鹿者处死罪，财产没收，有能发觉并告发的人则厚加赏赐。高柔上疏说：“圣王治世，没有不以广辟农地为急务，节俭费用以为资财。农地广则谷米储积多，费用节俭则财货蓄积，蓄积财货谷米，是不会有忧患的顾虑。古时，一夫不耕田，或就因而有人为此挨饿；一妇不织布，或就有人因此而冻寒。而今百姓供给劳役，亲身种田的人既减少了，加上又有狩猎的禁令，群鹿冒犯凶暴，残食生苗，处处为害，所损伤的很多。百姓虽然设障碍来防止，力量也抵御不了。至于像荥阳附近，方圆数百里，一年没有收成，庶民的生命，实在值得同情。方今天下产生财利的事甚少，而麋鹿损伤的东西却很多，一旦有兵戎之役，凶年之灾，将无法应付。希望陛下看古代圣王之所悬念，愍伤稼穑的艰难，对民间宽厚，让他们能捕鹿，废除禁地，则百姓得益，莫不愉悦。”

没过多久，护军营士窦礼外出不返，营中以为他逃亡了，就上表要求追捕，没收他的妻子盈及家中男女为官府奴婢。盈连忙到州府，声称冤枉以自诉。可是没有谁能理会她的；她就到廷尉诉说。高柔问道：“你怎么知道丈夫没有逃亡？”盈垂泪回答说：“丈夫年幼时孤单特立，奉养一位老太太当作母亲，事奉她很恭谨，又爱护儿女，抚养照顾不离身边，所以他不是轻忽狡猾不顾家室的人。”高柔再问说：“你丈夫和别人有没怨仇？”盈回

与人交钱财乎？”对曰：“尝出钱与同营士焦子文，求不得。”时子文适坐小事系狱，柔乃见子文。问所坐。言次，曰：“汝颇曾举人钱不？”子文曰：“自以单贫，初不敢举人钱物也。”柔察子文色动。遂曰：“汝昔举窦礼钱，何言不邪？”子文怪知事露，应对不次。柔曰：“汝已杀礼，便宜早服。”子文于是叩头，具首杀礼本末，埋葬处所。柔便遣吏卒，承子文辞往掘礼，即得其尸。诏书复盈母子为平民。班下天下，以礼为戒。

在官二十三年，转为太常，旬日迁司空，后徙司徒。太傅司马宣王奏免曹爽，皇太后诏召柔假节行大将军事，据爽营。太傅谓柔曰：“君为周勃矣。”爽诛，进封万岁乡侯。高贵乡公即位，进封安国侯，转为太尉。常道乡公即位，增邑并前四千，前后封二子亭侯。景元四年，年九十薨，谥曰元侯。孙浑嗣。咸熙中，开建五等。以柔等著勋前朝，改封浑昌陆子。

孙礼字德达，涿郡容城人也。太祖平幽州，召为司空军谋掾。初丧乱时，礼与母相失，同郡马台求得礼母，礼推家财尽以与台。台后坐法当死，礼私导令逾狱自首，既而曰：“臣无逃亡之义。”径诣刺奸主簿温恢。恢嘉之，具白太祖，各减死一等。

答说：“丈夫良善，与人没有冤仇。”高柔又问：“你丈夫是否和别人有钱财上的往来呢？”盈回答说：“他曾经借钱给同营士焦子文，要讨钱时，却要不回来。”当时焦子文正好因小事犯法入狱，高柔去看焦子文，问他所犯的法。说：“你曾经向人借钱了没有？”焦子文回答说：“我自己因为单薄贫贱，本来就不敢向人借钱。”高柔注意到焦子文面貌变色，就说：“你以前曾向窦礼借钱，为何说没有呢？”焦子文奇怪事机怎会败露，一时应对失去条理。高柔说：“你已经杀害了窦礼，就应该早些服罪。”焦子文于是叩头，详细地说出了杀害窦礼的经过以及埋尸的地点。高柔便派遣吏卒，领了焦子文的口供，去掘窦礼的尸骨，立即就挖出来了。诏书恢复盈母子为平民，并颁布天下，以窦礼的事为戒。

任职二十三年，升为太常，十天后又迁司空，后来又调为司徒。太傅司马懿上奏要求免除大将军曹爽的职务，皇太后下诏召高柔持节行大将军事，以曹爽的军营为本营。太傅对高柔说：“君如同周勃当年一样。”曹爽伏诛。高柔进封万岁乡侯。高贵乡公即位，进封安国侯，调为太尉。常道乡公即位，增加他的食邑，连以前所封的一共四千户，前后封他两个儿子为亭侯。景元四年（公元263年），年九十去世，谥号为元侯，孙高浑嗣爵。咸熙年间，开建五等爵位，以高柔功勋显著于前朝，改封高浑为昌陆子爵。

孙礼，字德达，涿郡容城人（今河北容城）。太祖平定幽州后，征召他为司空军谋掾。当初天下大乱时，孙礼与母亲失散，同郡马台找到孙礼的母亲；孙礼把全部家财都送给了马台。马台后来犯法当处死；孙礼私下导引让马台越狱自首，完事后说：“臣无逃亡之义。”直接往访掌管稽查刺探奸情的主簿温恢。温恢嘉勉他的义行，便将事情呈报太祖，各减免死罪一等。

后除河间郡丞，稍迁荥阳都尉。鲁中贼数百人，保固险阻，为民作害；乃徙礼为鲁相。礼至官，出俸谷，发吏民，募首级，招纳降附，使还为间，应时平泰。历山阳、平原、平昌、琅邪太守。从大司马曹休征吴于夹石，礼谏以为不可深入，不从而败。迁阳平太守，入为尚书。

明帝方修宫室，而节气不和，天下少谷。礼固争罢役。诏曰："敬纳谠言，促遣民作。"时李惠监作，复奏留一月，有所成讫。礼径至作所，不复重奏，称诏罢民，帝奇其意而不责也。

帝猎于大石山，虎趋乘舆，礼便投鞭下马，欲奋剑斫虎，诏令礼上马。明帝临崩之时，以曹爽为大将军，宜得良佐，于床下受遗诏，拜礼大将军长史，加散骑常侍。礼亮直不挠，爽弗便也，以为扬州刺史，加伏波将军，赐爵关内侯。吴大将全琮帅数万众来侵寇，时州兵休使，在者无几。礼躬勒卫兵御之，战于芍陂，自旦及暮，将士死伤过半。礼犯蹈白刃，马被数创，手秉枹鼓，奋不顾身，贼众乃退。诏书慰劳，赐绢七百匹。礼为死事者设祀哭临，哀号发心，皆以绢付亡者家，无以入身。

后来任命为河间（今河北献县）郡丞，升为荥阳（今河南荥阳东北）都尉。鲁国山中山贼数百人，占据险要，为害百姓，于是调他为鲁相。孙礼到任后，拿出俸禄谷米分发给吏民，招募勇士砍杀山贼首级，并招纳贼人投降归附，让他们回去作内应，然后山贼平定，人民和平安泰。历任山阳（今山东金乡西南）、平原（今山东平原南）、平昌（今山东安丘东南）、琅邪（今山东临沂）太守。随从大司马曹休征吴于夹石（今安徽桐城北），孙礼劝谏曹休以为不可深入，可是曹休不听，以致失败。调阳平（今山东莘县）太守，后入京为尚书。

明帝正修治宫室，而节气不调和，天下缺少粮食；孙礼坚持诤谏，要罢去这项修宫室的劳役。诏书说："敬纳善言，催促派遣百姓回去耕作。"当时李惠监督宫室的兴作，复上奏要求留民役一个月，可以完工。孙礼直接到工地，不再上奏而根据诏书罢去民夫。明帝觉得奇怪，可是也没有责难他。

明帝在大石山（在河南洛阳东南四十里）打猎，有虎趋近乘舆。孙礼就丢了马鞭下马，想用剑砍杀老虎。明帝诏令孙礼上马。明帝临崩时，以曹爽为大将军，以为应有贤良辅佐，于床下受遗诏，拜孙礼为大将军长史，加封散骑常侍。孙礼为人正大光明不屈服，使曹爽行事不便，外放为扬州（今安徽寿县）刺史，加封伏波将军，赐爵关内侯。吴国大将全琮率领数万之众来侵寇，当时州中部队休假，在营中的不多。孙礼亲自部勒卫兵抵御迎敌，在芍陂（今安徽寿县南）接战，从早上到日暮，将士伤亡过半。孙礼冒白刃，马受数创，手持枹鼓，奋不顾身，努力迎战，敌人才退师。诏书慰劳，赐绢七百匹。孙礼为战死者设神位痛哭临祭，哀号发自内心，把全部的赐绢转付牺牲者的家属，自己分毫不取。

征拜少府，出为荆州刺史，迁冀州牧。太傅司马宣王谓礼曰：“今清河、平原争界八年，更二刺史，靡能决之；虞、芮待文王而了，宜善令分明。”礼曰：“讼者据墟墓为验，听者以先老为正，而老者不可加以榎楚，又墟墓或迁就高敞。或徙避仇雠。如今所闻，虽皋陶犹将为难。若欲使必也无讼，当以烈祖初封平原时图决之。何必推古问故，以益辞讼？昔成王以桐叶戏叔虞，周公便以封之。今图藏在天府，便可于坐上断也，岂待到州乎？”宣王曰：“是也。当别下图。”礼到，案图宜属平原。而曹爽信清河言，下书云：“图不可用，当参异同。”礼上疏曰：“管仲霸者之佐，其器又小，犹能夺伯氏骈邑，使没齿无怨言。臣受牧伯之任，奉圣朝明图，验地著之界，界实以王翁河为限；而鄃以马丹候为验，诈以鸣犊河为界。假虚讼诉，疑误台阁。窃闻众口铄金，浮石沈木，三人成市虎，慈母投其杼。今二郡争界八年，一朝决之者，缘有解书图画，可得寻案擿校也。平原在两河。向东上，其间有爵堤，爵堤在高唐西南，所争地在高唐西北，相去二十余里，可谓长叹息流涕者也。案解与图奏而鄃不受诏，此臣软弱不胜其任，臣亦何颜尸禄素餐？”辄束带著履，

后来被征召为少府，外放为荆州刺史，又升为冀州牧。太傅司马懿对孙礼说：“今天清河（今河北清河）与平原（今山东平原南）二郡争地界争了八年，换了二任刺史，都不能解决。虞、芮二国的争执，等待周文王才能解决。所以你该好好把这事弄分明。”孙礼说：“兴起讼案的一方，据丛葬的墓地以为证验，被告的一方以先辈老者的意见作准则。而老人家不能加以刑求，丛葬的墓地，又或者迁到高敞的地方，或者迁葬以避仇家。如今日之所闻，就是皋陶也将难以裁断。如果想让这事不再起争讼，应当拿烈祖明帝当年封平原州时分国的地图来决定。何必推论古事，询问父老，来增加讼案的困扰。从前周成王以桐叶作封地给叔虞的游戏，周公就真的封叔虞为侯，目前地图收藏在掌管祖庙守藏的天府，就可在坐上判决，何必要等到州里去才能决定呢？”司马懿说：“是啊！应该特别发下地图来查证。”孙礼到职，依地图争议的地方应该归属平原郡，而曹爽听信清河郡的意见。下书说：“地图不能用，应该参考异同再来定案。”孙礼上疏说：“管仲是霸者的辅佐，器识又小，尚且能夺取伯氏的封地骈邑，使伯氏到死都无怨言。臣受托为州牧方伯的重位，奉圣朝明确的地图，察验二地接壤的界限，地界实际是王翁河（在平原西南）为界，而鄃县（平原西南）以马丹候为证验，欺诈说以鸣犊河（今山东博平东北）为界，以虚假的说法引起诉讼，使官府台阁疑惑产生错误。我私下听说众口铄金，浮石沉木。制造谣言，曾参也会变成杀人犯，使曾母投下机杼逾墙逃走。今天二郡争地界八年，所以能在一朝来解决，因为有解决的书籍地图，可以按图索骥，平原郡在两河向东上，中间有爵堤，爵堤在高唐西南（山在禹城市西），所争议的地方在高唐西北，相差二十余里，可说是长叹息而流涕啊；依解书与地图入奏，而鄃县不受诏命。这是臣软弱不胜其任的地方，臣还有何面目尸位素餐呢？应立即束带着履，驾车等待流放。”曹爽看见孙礼的奏摺大怒，便弹劾孙礼怨

驾车待放。爽见礼奏，大怒。劾礼怨望，结刑五岁。在家期年，众人多以为言，除城门校尉。

时匈奴王刘靖部众强盛，而鲜卑数寇边，乃以礼为并州刺史，加振武将军，使持节，护匈奴中郎将。往见太傅司马宣王，有忿色而无言。宣王曰："卿得并州，少邪？恚理分界失分乎？今当远别，何不欢也！"礼曰："何明公言之乖细也！礼虽不德，岂以官位往事为意邪？本谓明公齐踪伊、吕，匡辅魏室，上报明帝之托，下建万世之勋。今社稷将危，天下凶凶，此礼之所以不悦也。"因涕泣横流。宣王曰："且止，忍不可忍。"爽诛后，入为司隶校尉，凡临七郡五州，皆有威信。迁司空，封大利亭侯，邑一百户。礼与卢毓同郡时辈，而情好不睦。为人虽互有长短，然名位略齐云。嘉平二年薨，谥曰景侯。孙元嗣。

王观字伟台，东郡廪丘人也。少孤贫励志，太祖召为丞相文学掾，出为高唐、阳泉、酂、任令，所在称治。文帝践祚，入为尚书郎、廷尉监，出为南阳、涿郡太守。涿北接鲜卑，数有寇盗，观令边民十家已上，屯居，筑京候。时或有不愿者，观乃假遣朝吏，使归助子弟，不与期会，但敕事讫各还。于是吏民相率不督自劝，旬日之中，一时俱成。守御

望，被判缓刑五年。在家一年，众人都为他说话，再被任命为城门校尉。

当时匈奴王刘靖部众强盛，而鲜卑屡次入寇边境，于是以孙礼为并州刺史，加封振武将军，使持节，护匈奴中郎将。去谒见太傅司马懿，面有忿怒怨恨之色而无言，司马懿说："卿得到并州，还嫌少吗？恚怨处理分界事失职吗？现在正要远别，为何不快乐呢？"孙礼说："为何明公言辞这样乖违琐细呢？我孙礼虽然无德，怎会以官位往事为意呢？本来想明公与伊尹、吕尚齐迹，匡辅魏室，上报明帝的托付，下建万世的功勋，今天社稷将有危难，天下汹汹，这是我所以不悦的原因。"于是泪涕横流。司马懿说："别伤心了，要忍人之不可忍。"曹爽伏诛后，入京为司隶校尉，前后监临七郡五州，都有威信。升为司空，封大利亭侯，邑一百户。孙礼和卢毓同郡同时，而二人感情不和睦。二人为人虽互有长短处，但是名望地位都差不多。嘉平二年（公元 250 年）逝世，谥号为景侯，孙元嗣爵。

王观，字伟台，东郡廪丘人（今山东郓城东北）。年幼时孤弱贫困，奋励志节。太祖征召他为丞相文学掾，外放为高唐（今山东禹城）、阳泉（今安徽霍丘东北）、酂（今湖北老河口市北）、任（今河北任县）各地县令，所在的地方都能平治。文帝即位后，入中枢为尚书郎、廷尉监，外放为南阳（今河南南阳）、涿郡（今河北涿州）太守。涿郡北接鲜卑，屡有入寇及偷盗的事发生。王观命令边境的百姓每十家以上屯聚在一起居住，建筑守望台。当时或有不愿意遵办的，王观便给官吏们假期，让他们回去帮助子弟们工作，不定期限，只规定事情办妥后各自回衙办公。于是官吏民众相率不须督导而各自劝勉，十天之中，所

有备，寇钞以息。明帝即位，下诏书使郡县条为剧、中、平者。主者欲言郡为中平，观教曰："此郡滨近外虏，数有寇害，云何不为剧邪？"主者曰："若郡为外剧，恐于明府有任子。"观曰："夫君者，所以为民也。今郡在外剧，则于役条当有降差。岂可为太守之私而负一郡之民乎？"遂言为外剧郡，后送任子诣邺。时观但有一子而又幼弱。其公心如此。观治身清素，帅下以俭，僚属承风，莫不自励。

明帝幸许昌，召观为治书侍御史，典行台狱。时多有仓卒喜怒，而观不阿意顺指。太尉司马宣王请观为从事中郎，迁为尚书，出为河南尹，徙少府。大将军曹爽使材官张达斫家屋材，及诸私用之物，观闻知。皆录夺以没官。少府统三尚方御府内藏玩弄之宝，爽等奢放，多有干求，惮观守法，乃徙为太仆。司马宣王诛爽，使观行中领军，据爽弟羲营，赐爵关内侯，复为尚书，加驸马都尉。高贵乡公即位，封中乡亭侯。顷之，加光禄大夫，转为右仆射。常道乡公即位，进封阳乡侯，增邑千户，并前二千五百户。迁司空，固辞，不许，遣使即第拜授。就官数日，上送印绶，辄自舆归里舍。薨于家，遗令藏足容棺，不设明器，不封不树。谥曰肃侯。子悝嗣。咸熙中，开建五等，以观著勋前朝，改封悝胶东子。

有的守望台都完工了。既有了守御防备，寇乱抢劫之事就止息了。明帝即位，下诏书要各郡县条列为艰困、中等、平安三等状况。主办者想订涿郡为中等、平安的等次。王观教导他说："这一郡靠近外虏，屡次受到寇盗贼害，为什么说不是艰困的一等呢？"主事者说："如果归郡是外受艰困，恐怕对明府君您，要有以门荫任用儿子入京的担忧。"王观说："作领袖的，是为了百姓的利益，今天本郡列入外受艰困，则于吏役的条文上会有减少差等，怎么可以为太守的私利而背负一郡的人民呢？"于是被列为外受艰困的郡，而后送以门荫任官的儿子到邺（今河北临漳）。当时王观仅有一子，又年幼体弱，但他不以私害公，公正到这地步。王观修身清高朴素，领导属下以节俭，僚属承此风气，没有不自励的。

明帝临幸许昌（今河南许昌），征召王观为治事侍御史，主管行宫的刑狱，当时皇上常有仓卒之间的喜怒，而王观不去阿谀顺从皇上的心意。太尉司马懿请调王观为从事中郎，升为尚书，出为河南尹，又调任少府。大将军曹爽让材官张达砍伐公家的木材作自宅的使用，还有其他的私用物品。王观知道后，都纪录下来并没收。少府负责三个皇帝的尚方御府，内藏皇帝的古玩宝物。曹爽等人奢侈放纵，多有求取，怕王观守法不给与，就调他为太仆。司马懿诛曹爽后，让王观行中领军，以曹爽弟弟曹羲的营房为本营，赐爵关内侯，复任尚书，加驸马都尉。高贵乡公即位，封中乡亭侯，不久，加光禄大夫，转任右仆射。常道乡公即位，进封阳乡侯，增加食邑千户，连以前的共计二千五百户，升任司空，坚决辞任，皇帝不许，遣使者在他家中拜授。就官数日，上呈印绶，即自己乘舆归家园，薨于家中。遗命墓穴仅容棺木即可，不安置殉葬的明器，不积土成丘墓，也不必种树。谥号是肃侯，儿子悝嗣爵。咸熙中，设置五等爵位，由于王观功勋著于前朝，改封王悝为胶东子爵。

评曰：韩暨处以静居行化，出以任职流称；崔林简朴知能；高柔明于法理；孙礼刚断伉厉；王观清劲贞白：咸克致公辅。及暨年过八十，起家就列；柔保官二十年，元老终位；比之徐邈、常林，于兹为疚矣。

陈寿评论说：韩暨家居时以静居推行教化，出来做官以能称职而流传美誉；崔林简明朴实，智慧能干，高柔明于法理；孙礼刚强有决断，正直而严厉；王观清雅劲直，坚贞清白：他们都能成为三公良辅。韩暨年过八十，起用为司徒，高柔保有官位二十年，以元老终任；比之徐邈、常林，在这一点是惭疚的。

三国志卷二十五

辛毗杨阜高堂隆传第二十五

黄湘阳 译

辛毗字佐治，颍川阳翟人也。其先建武中，自陇西东迁。毗随兄评从袁绍。太祖为司空，辟毗，毗不得应命。及袁尚攻兄谭于平原，谭使毗诣太祖求和。太祖将征荆州，次于西平。毗见太祖致谭意，太祖大悦。后数日，更欲先平荆州，使谭、尚自相弊。他日置酒，毗望太祖色，知有变，以语郭嘉。嘉白太祖，太祖谓毗曰："谭可信？尚必可克不？"毗对曰："明公无问信与诈也，直当论其势耳。袁氏本兄弟相伐，非谓他人能间其间，乃谓天下可定于己也。今一旦求救于明公，此可知也。显甫见显思困而不能取，此力竭也。兵革败于外，谋臣诛于内，兄弟谗阋，国分为二；连年战伐，而介胄生虮虱，加以旱蝗，饥馑并臻，国无囷仓，行无裹粮，天灾应于上，人事困于下，民无愚智，皆知土崩瓦解，此乃天

辛毗，字佐治。他是颍川郡阳翟县（今河南禹州市）人。他祖先本来住在陇西，建武年间才迁移到阳翟。他成年后跟着哥哥辛评（字仲治）在袁绍麾下做官。曹操为司空时，征召他为朝廷服务，但他无法应命。后来袁尚发兵在平原（今山东平原南）攻击兄长袁谭，袁谭战败便派辛毗去向曹操求救；这时曹操率军队屯扎在西平（今河南舞阳东南）。正要征伐荆州（今湖北荆州市）。他见了曹操，转达了袁谭的意思，曹操非常高兴。可是过了几天，曹操想想，还是先平了荆州，让袁谭、袁尚去自相残杀抵消力量较好。一天，曹操摆酒招待门下宾客，辛毗远远看见曹操的神色，知道事情有了变化，就把他的观察告诉郭嘉。郭嘉便向曹操报告，曹操就召辛毗来问："袁谭的话真的可信吗？袁尚一定会被打败吗？"辛毗回答说："袁谭是否可信，并不值得重视。请你不要计较袁谭的可信与否，如今该重视的是天下的大势。袁氏兄弟胆敢互相攻伐，是因他们以为没有人能在他两人相争时取得利益，他们都想只要打败对方，就取得了青州和冀州的全部，那么也就可以平定天下了。现在袁谭向您求救，您就可以看出他俩的真相了。袁尚知道袁谭很疲困，却没法攻下他，足见袁尚的力量也用完了。在外的将士都已战败，在内的谋臣也被杀害，兄弟不能和好，相互谩骂攻击，大好的领土分裂成两半，年年征战不止，铠甲不能换洗都生了虮虱，地方上又同时发生旱灾蝗灾，谷米不熟，饥荒严重，国内没有米仓贮米，作战的将士也没有粮食

亡尚之时也。兵法称有石城汤池带甲百万而无粟者，不能守也。今往攻邺，尚不还救，即不能自守。还救，即谭踵其后。以明公之威，应困穷之敌，击疲弊之寇，无异迅风之振秋叶矣。天以袁尚与明公，明公不取而伐荆州。荆州丰乐，国未有衅。仲虺有言：‘取乱侮亡。’方今二袁不务远略而内相图，可谓乱矣；居者无食，行者无粮，可谓亡矣。朝不谋夕，民命靡继，而不绥之，欲待他年；他年或登，又自知亡而改修厥德，失所以用兵之要矣。今因其请救而抚之，利莫大焉。且四方之寇，莫大于河北；河北平，则六军盛而天下震。”太祖曰：“善。”乃许谭平，次于黎阳。明年攻邺，克之，表毗为议郎。

久之，太祖遣都护曹洪平下辩，使毗与曹休参之，令曰：“昔高祖贪财好色，而良、平匡其过失。今佐治、文烈忧不轻矣。”军还，为丞相长史。

文帝践阼，迁侍中。赐爵关内侯。时议改正朔。毗以魏氏遵舜、禹之统，应天顺民；

供应，这可以说是上有天灾报应，下有人事困扰，无论是谁都会指出他们是免不了要土崩瓦解的，这是天要灭亡袁尚的时候啊！兵法上说，虽然有最坚固的高墙，有最深广的河沟，有一百万以上坚兵利甲，但是缺乏了米粮，仍然是防守不住的。如今您去进攻邺城，袁尚他不回兵救邺，就要失去根据地。但他一回兵，袁谭就紧跟在他背后追击，他还有不败的吗？再说以您的神威，去攻打这样一个困苦贫穷，疲乏伤病的寇贼，那不就像狂风摇落秋叶一样，卷得无影无踪吗？上天要把袁尚交给您来处置，您要是放弃了他，而去攻打荆州，我以为那就违背了用兵的要领了。因为荆州是丰收安乐的地方，一向平静无事，没有矛盾可供利用，《尚书·仲虺篇》说：‘乱国会被攻下，亡国会被侮辱。’袁氏兄弟不向长久远大的目标努力，偏偏自相残杀，可以说他们就是一个乱国啊！在家的没有食物，在外的没有米粮，可以说就是个亡国哪！这样的一个百姓们缺衣少食，权力也极端不稳的地方，您不尽早把他平定下来，难道想等到以后吗？万一以后那地方五谷丰收了，主事的人明白了成败兴亡的道理，而改变了作风，那时再去征讨可就难了。您现在趁着他们来求救的机会去安抚他们，可以轻易地得到最大的利益。再说，普天之下，最大的反对势力就来自黄河以北，河北一得安定，您的军力就强大起来，而天下各地就都惊恐慑服了。”曹操说：“你的意见很好，好，就这么办。”于是曹操答应和袁谭和好合作，把军队驻扎到黎阳去（今河南浚县东北）。第二年就把邺（今河北临漳县西南）攻下了。事定之后，曹操上表保荐辛毗为议郎。

许久之后，太祖派遣都护曹洪去平定下辩（今甘肃成县西三十里），又要辛毗和曹休二人去给他作参军，下令说：“以前汉高祖贪财好色，靠着张良陈平匡助他才能成功，如今佐治和文烈你们二人的责任就像张、陈一样可不轻哩！”曹洪军队回来后，辛毗被任命为丞相长史。

魏文帝即位后，辛毗升任侍中，被赐爵位为关内侯，当时大家议论要改历法、服色，辛毗以为曹氏代替刘氏来统治中国，是遵照舜禹禅让的传统，顺应天意民心的行动，而

至于汤、武，以战伐定天下，乃改正朔。孔子曰“行夏之时”，《左氏传》曰“夏数为得天正”，何必期于相反。帝善而从之。

帝欲徙冀州士家十万户实河南。时连蝗民饥，群司以为不可，而帝意甚盛。毗与朝臣俱求见，帝知其欲谏，作色以见之，皆莫敢言。毗曰：“陛下欲徙士家，其计安出？”帝曰：“卿谓我徙之非邪？”毗曰：“诚以为非也。”帝曰：“吾不与卿共议也。”毗曰：“陛下不以臣不肖，置之左右，厕之谋议之官，安得不与臣议邪！臣所言非私也，乃社稷之虑也，安得怒臣！”帝不答，起入内；毗随而引其裾，帝遂奋衣不还，良久乃出，曰：“佐治，卿持我何太急邪？”毗曰：“今徙，既失民心，又无以食也。”帝遂徙其半。尝从帝射雉，帝曰：“射雉乐哉！”毗曰：“于陛下甚乐，而于群下甚苦。”帝默然，后遂为之稀出。

上军大将军曹真征朱然于江陵，毗行军师。还，封广平亭侯。帝欲大兴军征吴，毗谏曰：“吴、楚之民，险而难御，道隆后服，道洿先叛，自古患之，非徒今也。今陛下祚有

商汤、周武王他们是靠战争的手段来平定天下，方式不同，所以汤武他们才需要改历法、服色。再说孔子主张用夏历行事，《左氏传》中也说夏历最能切合正常地季节变化。基于以上两个理由，我们魏朝又何必非改历法不可呢？文帝很喜欢他的意见，就照他所说，不改历了。

文帝又想下令把冀州地区的民众迁十万户来充实河南，而那时河南正连年发生蝗灾，饥荒情况很严重，所有有关官吏都认为不能执行文帝的计划，但是文帝偏要大家照办。辛毗和其他大臣一同求见文帝，文帝知道他们的意思，满脸怒色地来接见他们，大家一看都不敢讲话了，只有辛毗说道：“陛下您有什么好方法可以迁移十万户民众到河南去呢？”“你是说朕的主张不对吗？”“是的。臣下以为不对。”“朕不愿跟你讨论这种事。”“陛下您过去并不以为臣很糟，所以把臣选为近臣，让臣也是参加讨论大事的人，现在怎么可以排斥臣呢？臣所要说的话，绝对没有一丝一毫的私心，全是为国家长久的利益打算的呀！陛下怎么可以对臣这么生气呢？”文帝不管他，起身就要回宫，辛毗跟上去，拉住他的衣襟，文帝用力扯回衣服，回到后宫，很久之后才再出来，说道：“佐治爱卿，你怎么这么急切地拉住朕呢？”辛毗说：“因为陛下将要做的不但失民心，而且也没法供应他们粮食呀！”辛毗的谏正终于发生作用，文帝只徙了五万户人家到河南。有一回，辛毗跟随文帝射猎山鸡，文帝说：“猎山鸡可真令人高兴呀！”辛毗说：“对陛下来说，当然快乐得很，对我们臣下来说，可是很痛苦的事哩！”听了辛毗的话，文帝沉默了许久，从此以后，他就很少出来打猎了。

上军大将军曹真到江陵（今湖北荆州市）去征伐朱然。辛毗奉派担任军师职务，回来后被封为广平侯。文帝想要大规模发军征伐东吴。辛毗上谏说：“吴楚一带的民性，心思深沉、狡诈多变，很难防备，帝王尽管有道，他们还是很晚才来归服，但如果帝王无道，最

海内，夫不宾者，其能久乎？昔尉佗称帝，子阳僭号，历年未几，或臣或诛。何则，违逆之道不久全，而大德无所不服也。方今天下新定，土广民稀。夫庙算而后出军，犹临事而惧，况今庙算有阙而欲用之，臣诚未见其利也。先帝屡起锐师，临江而旋。今六军不增于故，而复循之，此未易也。今日之计，莫若修范蠡之养民，法管仲之寄政，则充国之屯田，明仲尼之怀远；十年之中，强壮未老，童龀胜战，兆民知义，将士思奋，然后用之，则役不再举矣。”帝曰：“如卿意，更当以虏遗子孙邪？”毗对曰：“昔周文王以纣遗武王，唯知时也。苟时未可，容得已乎！”帝竟伐吴，至江而还。

明帝即位，进封颍乡侯，邑三百户。时中书监刘放、令孙资见信于主，制断时政，大臣莫不交好，而毗不与往来。毗子敞谏曰：“今刘、孙用事，众皆影附，大人宜小降意，和光同尘；不然必有谤言。”毗正色曰：“主上虽未称聪明，不为闇劣。吾之立身，自有本末。

先起来叛乱的就是他们。自古以来，执政的人都以治理他们为苦，所以，眼前实在不必急着去征服他们。如今陛下有天降福命，应该统治全国，那些不肯来归的，他们能长久存在吗？以前西汉时代，尉佗自称南越武帝，东汉初，公孙述自立为天子（国号成家，年号龙兴），但都只有几年的时间，不是归顺为臣，就是被诛灭了。为什么呢？因为凡是违逆天道行事的，一定不能长久，不能保全；而有大德行的一定是处处都来归服的啊！如今天下刚刚平定，国土广大而人口稀少，统治起来已经十分吃力，何必急着要再开拓疆土呢？再说，征战的事，虽然事前已有慎重商议，出兵后还是需要时时刻刻小心谨慎，何况现在并没有经过商议就一定要出兵呢？这么做是很危险的，臣下我实在看不出能得到什么利益。以前先帝在时，屡次发动精锐大军南下进攻，但都是一到长江边上就回来了。如今我们军队不比先帝时多，而要仿照先帝的行动，这是很不容易成功的啊！目前我们最好的做法是：一、建立起像范蠡为越王句践养民的办法。二、效法桓公把权力托给管仲的那种责任区分。三、仿照赵充国的屯田建军。四、讲明孔子修德怀远的政治。十年之内，现在精壮的士兵仍然不到衰老年纪，而目前幼小的孩童已经长大可以胜任战事，所有的百姓都明白应为国家做些什么，而所有的将士也都想拼命报国，那时候再动员他们，就可以一战成功了。”“照你的意思，难道说我们该把敌人留给子孙去解决吗？”文帝不以为然地说道。辛毗回答说：“这有什么不可以的呢？以前周文王把纣留给武王去处理，这就是他知道凡事总有一定的时机，如果时机不到，难道又由得了自己吗？”文帝终究不肯听劝，发动大军，南下攻吴，到了长江边上，还是回来了。

魏明帝即位以后，辛毗被晋封为颍乡侯，有领邑三百户。当时明帝最信任中书监刘放、中书令孙资二人，所以他二人可以决断当时一切的政令，其他大臣没有不交好他们的。只有辛毗不和他们往来，他的儿子辛敞劝他说：“如今孙刘二人掌握大权，群臣们都如影随形一般附合他们，父亲您还是稍微委屈一下，敷衍他们一点，否则得罪了他们，会有人诽

就与刘、孙不平，不过令吾不作三公而已，何危害之有？焉有大丈夫欲为公而毁其高节者邪？”冗从仆射毕轨表言：“尚书仆射王思精勤旧吏，忠亮计略不如辛毗，毗宜代思。”帝以访放、资，放、资对曰：“陛下用思者，诚欲取其效力，不贵虚名也。毗实亮直，然性刚而专，圣虑所当深察也。”遂不用。出为卫尉。

帝方修殿舍，百姓劳役。毗上疏曰：“窃闻诸葛亮讲武治兵，而孙权市马辽东，量其意指，似欲相左右。备豫不虞，古之善政，而今者宫室大兴，加连年谷麦不收。《诗》云：‘民亦劳止，迄可小康，惠此中国，以绥四方。’唯陛下为社稷计。”帝报曰：“二虏未灭而治宫室，直谏者立名之时也。夫王者之都，当及民劳兼办，使后世无所复增，是萧何为汉规摹之略也。今卿为魏重臣，亦宜解其大归。”帝又欲平北芒，令于其上作台观，则见孟津，毗谏曰：“天地之性，高高下下，今而反之，既非其理；加以损费人功，民不堪役。且若九河盈溢，洪水为害，而丘陵皆夷，将何以御之？”帝乃止。

谤您的。”辛毗严肃地说：“现在的国君虽然没有人称他耳聪目明，但也不算是昏庸低能的人，我立身处事，有我自己的主张和作法，就算我和孙刘二人不和，大不了使我不能成为三公之一而已，又有什么别的害处呢？难道说会有大丈夫想做官，就自己毁掉崇高的节操吗？”辛毗正颜地说道。后来冗从仆射毕轨上表奏言：“尚书仆射王思虽然是勤奋用心的老臣子，但是忠直贞亮计谋策略都不如辛毗，应该让毗来代替他。”明帝拿了毕轨的意见询问刘放和孙资，他二人回答说：“陛下您所以重用王思，本来就是要他勤奋效力，并不是为了他有什么空名；辛毗的确是很忠直的人，但是他的个性太刚强，做事太固执，皇上您该多多考虑呀！”于是辛毗没被任用，仅被派为卫尉而已。

这时候，皇帝正在大兴土木，修建宫殿楼台，征用百姓服役，非常辛苦，辛毗便上疏奏说：“微臣听说诸葛亮很重视发展军事，日夜加紧演练军队；而东吴孙权也往辽东（今辽宁辽阳）购买骏马。微臣猜想他们的意思，大约是想从左右两方合作来攻打我们。自古以来治平时代的善政都是随时有良好的准备，以防意外的发生，如今我国却大兴土木，大修宫室，加上连着几年麦谷没有收成，这样下去，怎么能应付吴蜀的攻击？《诗经》上说：‘百姓们已经够疲劳了，该让他们稍微休息了，要爱护京师的百姓，才能安定四方的诸侯。’但求陛下多为社稷考虑。”明帝答复说：“在东吴、西蜀二贼还没消灭的时候就大修宫室，这当然正是直谏者建立声名的时候，不过帝王的京城，本来是该和民众的劳役同时兼办的，这样可以使后世不再增建；而且这也正是当年萧何为汉高祖规划帝业的远略哩！你现在是魏国的大臣了，也该明白其中的深意才好。”明帝就这样拒绝了辛毗的谏正，后来明帝又想派人把北芒山顶削平，然后再建高台宫观，以便在那里远望孟津，辛毗又上谏说：“天地的本性是高的就该让它更高，低的要使它更低，如今您的作法，违背了天地的本件，既不合理，又要浪费许多人力，老百姓都受不了的，而且削平了北芒川，万一引起各条河流的泛滥，发生水灾，

青龙二年，诸葛亮率众出渭南。先是，大将军司马宣王数请与亮战，明帝终不听。是岁恐不能禁，乃以毗为大将军军师，使持节；六军皆肃，准毗节度，莫敢犯违。亮卒，复还为卫尉。薨，谥曰肃侯。子敞嗣，咸熙中为河内太守。

杨阜字义山，天水冀人也。以州从事为牧韦端使诣许，拜安定长史。阜还，关右诸将问袁、曹胜败孰在，阜曰："袁公宽而不断，好谋而少决；不断则无威，少决则失后事，今虽强，终不能成大业。曹公有雄才远略，决机无疑，法一而兵精，能用度外之人，所任各尽其力，必能济大事者也。"长史非其好，遂去官。而端征为太仆，其子康代为刺史，辟阜为别驾。察孝廉，辟丞相府，州表留参军事。

马超之战败渭南也，走保诸戎。太祖追至安定，而苏伯反河间，将引军东还。阜时奉使，言于太祖曰："超有信、布之勇，甚得羌、胡心，西州畏之。若大军还，不严为之备，

淹没丘陵，那时又要怎么解决呢？"明帝听了他的话，也就打消了削平北芒山的主意。

青龙二年（魏明帝年号，当公元234年），诸葛亮领大兵由渭河南岸攻入魏地，在此之前，大将军司马懿一再要求和他决战，但明帝怎么也不答应，到这时，觉得恐怕阻止不住了，就派辛毗为司马懿的军师，他手拿着明帝的节仗，因此所有将士都恭肃地依着辛毗的指挥行动，没有人敢违背他。诸葛亮去世后，辛毗回朝，仍然担任卫尉官。他逝世后，给他肃侯的谥号。辛毗的儿子辛敞继承了他的爵位。辛敞在咸熙（魏元帝年号，当公元264至265年）年间并担任了河内（今河南武陟西南）太守。

杨阜，字义山，是天水郡（今甘肃天水市）冀县（今甘肃甘谷县南）人。建安四年（公元199年）他任州从事官，奉了凉州（州治在今甘肃武威县）牧韦端的使命，到许（河南省许昌市）去拜见曹操，曹操派他为安定（今甘肃镇原东南）长史。他回到关右之后，将领们问他袁绍和曹操将来谁能成功。他说："袁公为人宽大，但过于优柔，凡事喜欢商议，却又议而不决，优柔便没有威严，议而不决便会耽误时机。他现在虽然强盛，将来一定成不了大事的。曹公的才干雄大，谋略深远，遇事判断，明确不疑，又能掌握时机，号令一致，军队精良，而且他用人不受法规约束，使人尽其才，因此大家都为他尽力，他是一定能成大事的。"由于杨阜不喜欢长史职务，于是便辞职，离开安定。这时韦端被朝廷征为太仆，也离开凉州，他的儿子韦康接替了他的职务后，便选拔杨阜为别驾，举为孝廉，丞相府要选用他，但凉州地方特别上公文，请求留他在地方上协办军事。

建安十六年（公元211年）马超在渭水南岸被曹操打败，逃往戎族胡地保命，曹操一路追击，直到安定。这时苏伯忽然在河间一带举兵叛变（事在建安十七年），曹操不得已，只好东向回军。杨阜这时恰好奉使命来到安定，他便向曹操说："马超有韩信、吕布一

陇上诸郡非国家之有也。”太祖善之，而军还仓卒，为备不周。超率诸戎渠帅以击陇上郡县，陇上郡县皆应之，惟冀城奉州郡以固守。超尽兼陇右之众，而张鲁又遣大将杨昂以助之，凡万余人，攻城。阜率国士大夫及宗族子弟胜兵者千余人，使从弟岳于城上作偃月营，与超接战，自正月至八月拒守而救兵不至。州遣别驾阎温循水潜出求救，为超所杀，于是刺史、太守失色，始有降超之计。阜流涕谏曰：“阜等率父兄子弟以义相励，有死无二；田单之守，不固于此也。弃垂成之功，陷不义之名，阜以死守之。”遂号哭。刺史、太守卒遣人请和，开城门迎超。超入，拘岳于冀，使杨昂杀刺史、太守。

阜内有报超之志，而未得其便。顷之，阜以丧妻求葬假。阜外兄姜叙屯历城。阜少长叙家，见叙母及叙，说前在冀中时事，歔欷悲甚。叙曰：“何为乃尔？”阜曰：“守城不能完，君亡不能死，亦何面目以视息于天下！马超背父叛君，虐杀州将，岂独阜之忧责，一州士大夫皆蒙其耻。君拥兵专制而无讨贼心，此赵盾所以书弑君也。超强而无义，多衅易

般的勇敢，很得羌族胡人的拥护，西部各州都很怕他。如果大军东返而没有留下严密地戒备，大概陇上各州郡都要被马超和胡人占据了。”曹操以为杨阜的分析很是正确，但因回军紧急，也无法严密防备。曹操走后马超果然领着各地胡人头目攻打陇上各县，各县也都响应他，叛了汉朝。只有冀城因有州刺史和郡守在，所以固守不降。马超动员了陇右各地的军队来攻冀城，加上张鲁又派大将杨昂来帮助，因此攻城的士兵多达一万多人。杨阜这时亲率城中大小官吏，又发动他亲族中提得动刀枪的子弟都去守城，又要堂弟杨岳在城上作偃月营，不分昼夜和马超交战，战事从建安十八年正月开始，到了八月间，他们还在拼死抵抗，而救援却始终不到，最后刺史派别驾官阎温潜水出城向长安的夏侯渊求救，但又不幸被马超捉住杀了。从这时起刺史韦康和太守坚守的信心渐渐丧失，开始有了投降的念头，杨阜知道了，痛哭劝止说：“我杨阜率领了全族大小来守城，大家都以义理互相鼓励，都决心拼命不作其他打算，这种坚决防守的情形，就是当年齐国田单守城时，也不比我们更强，如果现在开城投降，那就是平白放弃了即将到手的成功，同时还陷大家于不义，这是毫无意义的，我请求大家不要投降，让我以死命来守城吧！”虽然杨阜大声痛哭地请求着，但是刺史、太守看着实在没有救援，不忍吏民全部牺牲，终于派人向马超请和，开了城门迎接他。他进城后，就把杨岳拘留起来，又指使杨昂把刺史韦康及太守都杀害了。

杨阜虽然没被杀害，但他心中已立下了要向马超报仇的心愿，只是他一直没有机会实行。不久，杨阜妻子去逝，他以办理丧事为由，向马超请假离开冀城。这时他姨表兄姜叙屯军在历城（**今甘肃成县**），而他幼年时代是在姜叙家中度过的，因此便投奔到历城去。见了姜叙和姜母之后，说起在冀城抵抗马超的情形，悲痛哭泣，不能抑制，姜叙说：“你这么悲伤，又是何苦呢？”杨阜说：“既不能尽责防守城池，又不能追随长官为国牺牲，还有什么面目生活在天地间呢？马超这贼子违逆父命，背叛国君，残害官吏将领，他的行为

图耳。”叙母慨然，敕叙从阜计。计定，外与乡人姜隐、赵昂、尹奉、姚琼、孔信、武都人李俊、王灵结谋，定讨超约，使从弟谟至冀语岳，并结安定梁宽、南安赵衢、庞恭等。约誓既明，十七年九月，与叙起兵于卤城。超闻阜等兵起，自将出。而衢、宽等解岳，闭冀城门，讨超妻子。超袭历城，得叙母。叙母骂之曰：“汝背父之逆子，杀君之桀贼，天地岂久容汝，而不早死，敢以面目视人乎！”超怒，杀之。阜与超战，身被五创，宗族昆弟死者七人。超遂南奔张鲁。

陇右平定，太祖封讨超之功，侯者十一人，赐阜爵关内侯。阜让曰：“阜君存无扞难之功，君亡无死节之效，于义当绌，于法当诛；超又不死，无宜苟荷爵禄。”太祖报曰：“君与群贤共建大功，西土之人以为美谈。子贡辞赏，仲尼谓之止善。君其剖心以顺国命。姜叙之母，劝叙早发，明智乃尔，虽杨敞之妻盖不过此。贤哉，贤哉！良史记录，必不坠于地矣。”

使本州所有的士大夫都蒙上羞耻，大家都有责任去讨伐他的，这哪是我一个人的事呢？姜叙，你手中有兵随你指挥，却没有讨伐马超恶贼的意思，你知道这就是为什么《春秋》记赵盾弑君（《左传·宣公二年》）的理由吗？马超虽然很强，但他行为不义，仇怨很多，要打倒他，是很容易的。”姜叙的母亲听了很受感动，便要姜叙和杨阜商量除掉马超。他们慎重地商议之后，就联合同乡的姜隐、赵昂、尹奉、姚琼、孔信，还有武都（今甘肃陇南市北）地方的李俊、王灵等人，大家约好一同讨伐马超，杨阜又派堂弟杨谟回到冀城去把计划告诉杨岳，又联好安定地方的梁宽，南安地方的赵衢和庞恭等人，要他们一同举事。建安十七年（公元212年，按卢弼《集解》考证应为十八年）九月，杨阜和姜叙在卤城（按卢弼《集解》考证卤城可能为西城之讹，西城即今甘肃西和县）发兵，马超知道了，便亲自领兵前往攻打。这时赵衢、梁宽赶紧到冀城狱中把杨岳放出，关了冀城城门，攻进马超家中，把他一家都杀了。马超则攻进历城，抓住姜叙的母亲，但她痛骂他说：“你这背叛父亲的逆子，杀害长官的恶贼，天地不会让你长久活命的，你不赶快去死，难道还敢有脸见人吗？”马超大怒，就把她杀了。杨阜和马超大战，身上受了五处创伤，同族兄弟死了七个，终于把他打败，他便向南逃走投奔到张鲁的阵营中去。

陇西一带这才平定下来。曹操奖赏平定马超有功的人，被封为侯的就有十一个，杨阜也被封为关内侯。他诚恳地推辞说：“当我长官活着的时候，我没有保护他克服困难，长官被害时，我又不能殉节尽忠，在义理之前，我没有立足的地方，在法律之前，我更该被处死抵罪，如今马超恶贼仍然活着，我怎么可以忘了责任而贪图国家的爵禄呢？”曹操答复说：“先生和其他贤者共同建立了大功，陇西一带都传为美谈。子贡做了好事，却推辞赏金，孔子责备他说你将使人不再为善了。为了奖励世人尽忠，先生还是勉强接受国命吧！姜叙的母亲劝他早早发兵是这样的明智，就是当年杨敞的妻子也不过如此，她真是个贤良的母亲哪！她真真是贤良啊！正直地史官，一定会好好记载她，不会埋没她的。”

太祖征汉中，以阜为益州刺史。还，拜金城太守，未发，转武都太守。郡滨蜀汉，阜请依龚遂故事，安之而已。会刘备遣张飞、马超等从沮道趣下辩，而氐雷定等七部万余落反应之。太祖遣都护曹洪御超等，超等退还。洪置酒大会，令女倡著罗縠之衣，蹋鼓，一坐皆笑。阜厉声责洪曰："男女之别，国之大节，何有于广坐之中裸女人形体！虽桀、纣之乱，不甚于此。"遂奋衣辞出。洪立罢女乐，请阜还坐，肃然惮焉。

及刘备取汉中以逼下辩，太祖以武都孤远，欲移之，恐吏民恋土。阜威信素著，前后徙民、氐，使居京兆、扶风、天水界者万余户，徙郡小槐里，百姓襁负而随之。为政举大纲而已，下不忍欺也。文帝问侍中刘晔等："武都太守何如人也？"皆称阜有公辅之节。未及用，会帝崩。在郡十余年，征拜城门校尉。

阜常见明帝著绣帽，被缥绫半褎。阜问帝曰："此于礼何法服也？"帝默然不答，自

曹操征讨汉中（今陕西汉中）时，派杨阜为益州刺史。回来后又拜他为金城（今甘肃兰州市西）太守，命令尚未发出，又改派为武都（郡治下辩，在今甘肃成县西）太守，武都地方就接蜀汉边境，他要求曹操允许他可以按西汉龚遂治理勃海的方式，一切因时因地相机处理，但求地方安定就好。这时刘备派张飞、马超等将领从沮县（今陕西略阳县）附近进攻下辩（今甘肃成县西），这时氐人雷定等七部落也举兵反叛响应，情况很是紧急，曹操派都护曹洪领兵抵挡。后来张飞、马超退兵回去，曹洪就安排盛大的酒宴，使女伎穿上透明的纱罗薄衣，在大鼓上跳舞，参加的人都兴奋地嘻笑不已。杨阜见了非常生气，站起来高声严厉地指责说："男女有别，是国家重大的礼节，哪有在众人之前裸露女子身体的，桀、纣的荒淫也不过如此吧！"于是他扯起衣裳就告辞离去，曹洪赶忙制止歌舞，恭请杨阜回到座位，对他恭恭敬敬，十分畏惧。

后来刘备取得了汉中，进逼下辩时，曹操认为武都孤单地位在遥远的边境，很不放心，就想把当地百姓迁到国内，却又担心那里一般官吏和百姓爱恋乡土，不肯搬迁，因此很怕杨阜不能达成任务。但杨阜平日已建立起威信，他几次主持移民，汉人之外，还有氐族，总计搬到京兆（今陕西西安市西北）、扶风（今陕西兴平市东南）、天水（今甘肃天水县西北）等地去的有一万多户，又把武都郡郡治搬到小槐里（槐里县乃今陕西兴平县东南十里，小槐里在其市西）百姓们都自动地抱着孩子，背着父母跟去。杨阜治理地方事务，只是把大原则交待属下们，而他们也都尽心尽力按原则办事，不忍心欺骗他。魏文帝也曾经问过侍中刘晔说："武都太守是怎样的人呢？"大家都称赞他很有三公宰辅的节操，可是当文帝正想重用他时，却去世了。杨阜治理武都郡前后十多年，后来被征召到京城任城门校尉。

他到了京城，常见魏明帝戴着有绣带的小帽，身上衣裳又加披半件青白色的薄绫外衣，好像很美的样子。他就问明帝说："这是什么礼仪中规定的服制呀？"明帝默默地不能回

是不法服不以见阜。

迁将作大匠。时初治宫室，发美女以充后庭，数出入弋猎。秋，大雨震电，多杀鸟雀。阜上疏曰：“臣闻明主在上，群下尽辞。尧、舜圣德，求非索谏；大禹勤功，务卑宫室；成汤遭旱，归咎责己；周文刑于寡妻，以御家邦；汉文躬行节俭，身衣弋绨；此皆能昭令问，贻厥孙谋者也。伏惟陛下奉武皇帝开拓之大业，守文皇帝克终之元绪，诚宜思齐往古圣贤之善治，总观季世放荡之恶政。所谓善治者，务俭约、重民力也；所谓恶政者，从心恣欲，触情而发也。惟陛下稽古世代之初所以明赫，及季世所以衰弱至于泯灭，近览汉末之变，足以动心诫惧矣。曩使桓、灵不废高祖之法，文、景之恭俭，太祖虽有神武，于何所施其能邪？而陛下何由处斯尊哉？今吴、蜀未定，军旅在外，愿陛下动则三思，虑而后行，重慎出入，以往鉴来，言之若轻，成败甚重。顷者天雨，又多卒暴，雷电非常，至杀鸟雀。天地神明，以王者为子也，政有不当，则见灾谴。克己内讼，圣人所记。惟陛下虑患无形之外，慎萌纤微之初，法汉孝文出惠帝美人，令得自嫁；顷所调送小女，远闻

答，从此以后，他要是所穿的衣服不合规制，就绝不敢见杨阜。

杨阜后来迁任将作大匠，那时明帝刚开始大修宫室，广征天下美女，充实后宫，又常常出宫狩猎。到了秋天，忽然天下大雨，强烈地电光雷声持续不断，死了许多鸟雀。杨阜见了这种情形，就上疏说：“臣听说上有明理的君王，就有直言不隐的臣子。尧舜有那样圣明的德行，还是要求大家指出他的错误；禹有治水的大功大德，依然努力减省享受；商汤遇到旱灾，就痛心地自责；周文王用自身作亲属的表率，来统治家邦；汉文帝穿着粗布衣服，亲自励行节俭，他们都能获得显著的美名流传，并为子孙留下了长久的基业啊！因此臣谨以他们来劝勉陛下，希望陛下能谨奉太祖武皇帝辛勤开拓出来的伟大基业，把握住文皇帝勤谨守护的大成就，诚心地向古代圣贤的治世看齐。考察以往各朝末代放荡的恶政。凡被称为太平隆盛的时代，都是国君尽力俭约，爱惜民力造成的；凡被称为恶政的时代，都是国君从心由欲，随兴胡为造成的。臣恳求陛下考察各朝代初期隆盛光辉的理由，及末期衰微灭亡的原因，就近更要细推汉末的各种演变，那是足够令人身心激动害怕的。假使当年桓、灵帝不破坏了汉高祖建立的规矩，和文帝、景帝勤奋节俭的成绩，我朝太祖武皇帝虽然有神灵般的武勇，又哪有施展的机会呢？而陛下您又怎么有今天的这种尊贵呢？如今东吴、蜀汉都还没平定，国家有大军在外征战，负担沉重，臣希望陛下凡事能多作考虑，思考好了才去行动，一切行为都得慎重，要用过去史实为鉴以策励将来。臣的话说得是很轻微，但确实关系着国家的兴亡，近来天下大雨，又多突发可怕的暴雷闪电，甚至杀害了许多鸟雀，这就是天地所降的警告呀！因为天地鬼神，把帝王当成子弟，如果国政上有不对的事情，天地就显示灾害来表现谴责。圣人所谨记的就是克服自己的私欲，责备自己的行为，臣谨求陛下在灾害尚未形成以前，就加以考虑，凡事谨慎以防微杜渐。此外并请效

不令，宜为后图。诸所缮治，务从约节。《书》曰：‘九族既睦，协和万国。’事思厥宜，以从中道，精心计谋，省息费用。吴、蜀以定，尔乃上安下乐，九亲熙熙。如此以往，祖考心欢，尧舜其犹病诸。今宜开大信于天下，以安众庶，以示远人。”时雍丘王植怨于不齿，藩国至亲，法禁峻密，故阜又陈九族之义焉。诏报曰：“间得密表，先陈往古明王圣主，以讽闇政，切至之辞，款诚笃实。退思补过，将顺匡救，备至悉矣。览思苦言，吾甚嘉之。”

后迁少府。是时大司马曹真伐蜀，遇雨不进。阜上疏曰：“昔文王有赤乌之符，而犹日昃不暇食；武王白鱼入舟，君臣变色。而动得吉瑞，犹尚忧惧，况有灾异而不战竦者哉？今吴、蜀未平，而天屡降变，陛下宜深有以专精应答，侧席而坐，思示远以德，绥迩以俭。间者诸军始进，便有天雨之患，稽阂山险，以积日矣。转运之劳，担负之苦，所费以多，若有不继，必违本图。《传》曰：‘见可而进，知难而退，军之善政也。’徒使六军困

法汉文帝，他把惠帝后宫的美女遣送出宫，并允许她们婚姻自主，减省了后宫女子的人数，并且不耽误她们的青春。最近陛下征选许多少女进宫，远近各地都传来不满的消息，陛下请多为将来打算，一切修筑整建也请尽量节约。《尚书》中说：‘所有的亲族都和睦了，天下也就安宁了。’因此，凡事请多向最适宜的方面计划以求合乎中庸之道。要精心设计，节省费用，等到东吴、蜀汉都平定之后，我国上上下下自然就安乐无忧，而所有的亲友家人也都富足快乐了，我们这样地繁荣发展，不但列祖列宗满心欢畅，就是尧舜见了也要惭愧不已呢。所以陛下今后要努力使天下都相信您是勤政爱民、节约朴实的国君，那就能使我国百姓安心而别国的人民也知道你的英明伟大了。”杨阜上疏中提到九族要亲密的原因，是因为雍丘王曹植被朝廷排斥，心中非常不满，常常表示怨恨的态度，而魏国法令苛刻，虽然是宗族至亲，处罚也很残酷，杨阜怕朝廷对曹植有不利的缘故。明帝读了他的奏疏后很受感动，就以诏书回答说：“最近收到你秘密呈进的奏章，你先陈述过去英明的圣王来讽喻现在昏暗的政治，痛切而毫不隐讳的言辞，表现了精诚切实的忠心。你列举了所有的缺失，要朕回宫后仔细反省补救，朕很明白你的苦心，也非常嘉许你。”

后来杨阜改任少府，那时大司马曹真攻伐蜀汉，行军途中，遇到天雨不停，大军一直无法前进，杨阜就上疏说：“以前周文王虽然有红色乌鸟的吉兆，但他仍然勤奋治事，过了中午还抽不出时间用饭；武王渡河伐纣的时候，有白鱼跃进舟里，象征着战事胜利，但他们的脸色却变得更加严肃，像他们那样得了吉兆之后，还要更加小心谨慎，不敢稍微放松，更何况在灾害反常的事件发生后，难道可以不害怕得发抖吗？如今东吴、蜀汉还没平定，而天地老是降下灾难反常的事件来，陛下应该有深切的反省来报答上天，要侧席而坐表示谦卑，更多想如何使远方的人知道你的恩德，用俭朴的生活使本国的百姓安心。前些日子，我国各路大军刚刚出发，就遇到大雨不停的反常现象，加上受到山地阻碍，军队已有许久不能前进了，而各地的粮食又要转运过去，负担沉重辛苦，耗费的财力、物力更多，今后

于山谷之间，进无所略，退又不得，非主兵之道也。武王还师，殷卒以亡，知天期也。今年凶民饥，宜发明诏损膳减服，技巧珍玩之物，皆可罢之。昔邵信臣为少府于无事之世，而奏罢浮食；今者军用不足，益宜节度。”帝即召诸军还。

后诏大议政治之不便于民者。阜议以为：“致治在于任贤，兴国在于务农。若舍贤而任所私，此忘治之甚者也。广开宫馆，高为台榭，以妨民务，此害农之甚者也。百工不敦其器，而竞作奇巧，以合上欲，此伤本之甚者也。孔子曰：‘苛政甚于猛虎。’今守功文俗之吏，为政不通治体，苟好烦苛，此乱民之甚者也。当今之急，宜去四甚，并诏公卿郡国，举贤良方正敦朴之士而选用之，此亦求贤之一端也。”

阜又上疏欲省宫人诸不见幸者，乃召御府吏问后宫人数。吏守旧令，对曰：“禁密，不得宣露。”阜怒，杖吏一百，数之曰：“国家不与九卿为密，反与小吏为密乎？”帝闻而愈敬惮阜。

万一不能维持，必定会有严重的反效果出现。《左传》说：‘发现有利就进攻，知道不利就撤退。这就是指挥军队的重要原则。’（宣公十二年，公元前597年，随武子言）现在我们徒然地使大军被困在山谷之中，既不能进攻，又不肯撤退，这不是领兵的道理呀！当年武王虽然撤军，还是造成殷商的灭亡，由此可知凡事都有一定的时间，勉强是没用的。如今我国年头不好，百姓都受着饥饿，在这样的情况下，陛下应该公开下诏，减少衣食费用，其他雕镂技巧、珍奇玩赏的有闲物件也都该停止制造。以往邵信臣在太平富庶时代做少府官，他还上奏要禁止特意花巧的食物，如今军用物资十分不够，我们更该节制使用才好。”明帝看了杨阜的奏表，立刻就把曹真的军队召回来了。

这事之后，明帝下令大臣们大规模地彻底检讨有哪些不便民的政治措施，杨阜就上疏说：“要使天下大治，最重要的是选任贤能；要使国家兴盛，最重要的是致力农产，如果不任贤能而只用自己所私爱的人，这是最忽略政治的人哪。大修宫殿、高筑台榭，结果妨碍了百姓的生活，这是最害农事生产的呀。各种工匠不把器物制作坚实，而只顾比赛谁最奇特巧妙，来满足上层社会的欲望，这是最伤根本的事呀。孔子说：‘苛刻的政治比猛虎还要凶残。’可是如今争功贪名的官吏们不知真正的治民原则，只会以烦扰、刻薄百姓为能事，这是最造成民众混乱的人哪。眼前我国的急务，应首先去掉忘治、害农、伤本、乱民等四大弊端，并且要下令给公卿大臣以及郡国地方官吏，要他们推举贤良方正，诚朴厚重的人来让朝廷选拔任用，这也是寻求人才的一种方法呀。”

杨阜又想上疏劝谏明帝裁减他后宫那些不喜欢的女子。于是他就召见管理这方面事务的小官，询问后宫女子的人数，那小官按照以往的规定，回答说：“这是机密，不可以说的。”杨阜非常生气就责打小官一百大板，一面打，一面责备他说：“国家的机密难道不让大臣知道，反而只让小吏知道吗？”明帝听说这事后，从此就更加敬畏杨阜了。

帝爱女淑，未期而夭，帝痛之甚，追封平原公主，立庙洛阳，葬于南陵。将自临送，阜上疏曰："文皇帝、武宣皇后崩，陛下皆不送葬，所以重社稷、备不虞也。何至孩抱之赤子而可送葬也哉？"帝不从。

帝既新作许宫，又营洛阳宫殿观阁。阜上疏曰："尧尚茅茨而万国安其居，禹卑宫室而天下乐其业；及至殷、周，或堂崇三尺，度以九筵耳。古之圣帝明王，未有极宫室之高丽以彫弊百姓之财力者也。桀作璇室、象廊，纣为倾宫、鹿台，以丧其社稷，楚灵以筑章华而身受其祸；秦始皇作阿房而殃及其子，天下叛之，二世而灭。夫不度万民之力，以从耳目之欲，未有不亡者也。陛下当以尧、舜、禹、汤、文、武为法则，夏桀、殷纣、楚灵、秦皇为深诫。高高在上，实监后德。慎守天位，以承祖考，巍巍大业，犹恐失之。不夙夜敬止，允恭恤民，而乃自暇自逸，惟宫台是侈是饰，必有颠覆危亡之祸。《易》曰：'丰其屋，蔀其家，窥其户，阒其无人。'王者以天下为家，言丰屋之祸，至于家无人也。方今二虏合从，谋危宗庙，十万之军，东西奔赴，边境无一日之娱；农夫废业，民有饥色。陛下

明帝的女儿曹淑非常受他的宠爱，可是她不到一岁就夭折了（事在太和六年，公元232年），明帝非常悲伤，追封她为平原公主，为她在洛阳立庙纪念，把她埋葬在南陵。当时，明帝要亲送埋葬，杨阜上疏谏说："魏文帝及武宣皇后逝世时，陛下都没有亲自送葬，那是为了要以社稷国家为重，防备意外发生的缘故。对先皇及太后尚且不能亲自送葬，为什么现在对一个抱在手中的小孩反而可以呢？这不是太奇怪了吗？"明帝见了他的奏疏还是不听。

明帝刚把许昌的宫殿造好，洛阳宫的工程就接着开始，杨阜上疏谏说："尧以为茅草盖成的房屋就很美好了，他的俭朴使得天下各国都很安居；禹也只住低矮的宫室，使百姓都能快乐地从事自己的本业。到了商代、周代，堂高只有三尺，宽也只摆得下九张席子而已。古代圣明的帝王，没有把宫室建得极高，极华丽而使百姓生活困穷，家庭破败的。夏桀造璇室、象廊，商纣造倾宫、鹿台，结果都因此失去了社稷，楚灵王因为筑章华台而被杀害，秦始皇因造阿房宫而毁了扶苏，天下背叛，传国二代便亡了国家。这都证明了凡不能衡量百姓的力量，只顾追求自己耳目声色享受的人，没有不被灭亡的。陛下应该以尧、舜、禹、汤、文、武为效法的榜样；以夏桀、殷纣、楚灵王、秦始皇为最痛切的箴规。天命高高在上，时刻监视着帝王的德行，帝王要谨慎地保守着天赐的福禄，以承继祖先的事业成就；伟大的基业，深怕失去了，如不早起晚睡，勤奋工作，诚恳恭慎地爱护民众，反而自我松懈怠惰，贪求享受，一心只注意宫殿台阁的高大华美，就会有颠覆危亡的灾祸。《易经》上说：'房屋太高大了，反而使屋里光线很暗，由门口望进去，静悄悄地一个人影也没有。'（《易》丰卦上六爻辞）。这就是说高门大屋不但不适合居住，而且也隔绝了和别人的往来。这是很有害的，对帝王尤其不好。因为帝王是以天下为家，如果拼命追求自己宫殿的华美，那祸患就是家人都被消灭。如今东吴、蜀汉正联合起来算计我国，我国十万大军奔驰救援

不以是为忧，而营作宫室，无有已时。使国亡而臣可以独存，臣又不言也；君作元首，臣为股肱，存亡一体，得失同之。《孝经》曰：‘天子有争臣七人，虽无道不失其天下。’臣虽驽怯，敢忘争臣之义？言不切至，不足以感寤陛下。陛下不察臣言，恐皇祖烈考之祚，将坠于地。使臣身死有补万一，则死之日，犹生之年也。谨叩棺沐浴，伏俟重诛。”奏御，天子感其忠言，手笔诏答。每朝廷会议，阜常侃然以天下为己任。数谏争，不听，乃屡乞逊位，未许。会卒，家无余财。孙豹嗣。

高堂隆字升平，泰山平阳人，鲁高堂生后也。少为诸生，泰山太守薛悌命为督邮。郡督军与悌争论，名悌而呵之。隆按剑叱督军曰：“昔鲁定见侮，仲尼历阶；赵弹秦筝，相如进缶。临臣名君，义之所讨也。”督军失色，悌惊起止之。后去吏，避地济南。

于东西国境上，一天也不得休息，农夫们为了支援军事以及劳役，把农事都荒废了，百姓全生活在饥饿状态中，可是陛下却不以为这种情况很可忧虑，还是不停地大修筑宫殿楼宇，这怎么成呢？如果国家亡了，而臣可以幸免，那么臣不说也罢。可是国君好比是人的头脑，臣下好比是人的手足，存亡相共，得失一致，臣下是不能单独生存的，所以请恕臣不能不直说了。《孝经》上讲：‘做天子如有七个正直不屈的争臣，那么不论他怎么昏昧，也不会失去天下。’臣虽然很低能、很胆怯，但怎敢忘了要做争臣的大义呢？话要是说得不痛切，就不能使陛下感动醒悟。陛下若不把臣的话仔细地思考，那么恐怕魏太祖、文帝传下来的福祚就要中途坠灭了。要是做臣子的能以自身的牺牲稍稍补救一点国家的危亡，那么臣虽然死了，也还像是活着一样。臣是绝无怨恨的。臣恭谨地备好了棺木，沐浴洁净，伏在地上，等着陛下来诛杀。”魏明帝看了杨阜的奏疏以后，很被他的忠心感动，亲自写诏书回答他。朝廷上每当有重大事情商议时，杨阜总是耿直刚正地陈辞，把天下兴亡当作自己的责任。他常常向皇帝提出谏正，和皇帝争执不肯让步，皇帝不肯听他，他就屡次提出辞呈，皇帝总是不许。他死了以后，家中一点多余的财产也没有，真是个忠心清廉的臣子。他的爵位，由孙子杨豹继承。

高堂隆，字升平，是泰山平阳人。他祖先就是鲁国的高堂生（西汉初传今文《士礼》十七篇的大学者）。他年轻时，在郡学读书，泰山太守薛悌任命他为督邮。有一回，郡督军和太守起了争执，督军喊着太守的名字大骂，高堂隆见了，手按着佩剑，愤怒地厉声指责他说：“做属下的人，是不能见到自己长官受辱的。过去鲁定公和齐景公在夹谷相会（事在《左传·定公十年》，公元前493年）。当定公眼看就要受到侮辱时，孔子就立刻走上台阶去阻止；赵惠文王和秦昭王在渑池（河南洛宁县西）相会，秦王逼赵王弹筝，蔺相如立刻呈上瓦缶要秦王敲击（事在周赧王三十六年，公元前245年）。你现在当着我的面呵斥我的长

建安十八年，太祖召为丞相军议掾，后为历城侯徽文学，转为相。徽遭太祖丧，不哀，反游猎驰骋；隆以义正谏，甚得辅导之节。黄初中，为堂阳长，以选为平原王傅。王即尊位，是为明帝。以隆为给事中、博士、驸马都尉。帝初践阼，群臣或以为宜飨会，隆曰："唐、虞有遏密之哀，高宗有不言之思，是以至德雍熙，光于四海。"以为不宜为会，帝敬纳之。迁陈留太守。犊民酉牧，年七十余，有至行，举为计曹掾；帝嘉之，特除郎中以显焉。征隆为散骑常侍，赐爵关内侯。

青龙中，大治殿舍，西取长安大钟。隆上疏曰："昔周景王不仪刑文、武之明德，忽公旦之圣制，既铸大钱，又作大钟，单穆公谏而弗听，泠州鸠对而弗从，遂迷不反，周德以衰，良史记焉，以为永鉴。然今之小人，好说秦、汉之奢靡以荡圣心，求取亡国不度之器，劳役费损，以伤德政。非所以兴礼乐之和，保神明之休也。"是日，帝幸上方，隆与卞

官，我就有理由向你讨个公道。"督军当场吓得脸色发白，太守也大吃一惊，急忙站起来阻止。高堂隆后来不作督邮，为了避乱，迁居到济南（今山东济南市东七十五里）去了。

建安十八年（公元213年），曹操招请高堂隆担任"丞相军议掾"，后来又担任历城侯曹徽的文学官，不久，他转为历城侯相。当曹操过世时，曹徽不仅没有哀伤之情，甚至于还带着随从欢乐地去驰骋打猎。高堂隆见了，就用道理来谏正他，很能尽到辅导侯王的责任。黄初年间，他被任为堂阳（今河北新河县西）长，又被选拔为平原王曹叡的师傅。平原王后来登上帝位，就是魏明帝。明帝即位后，任命他为给事中、博士、驸马都尉等官。在明帝刚即位时，群臣中有人以为应该用盛大的集会来显示即位的隆重意义。可是高堂隆反对，说："当唐尧逝世后，虞舜禁绝了各种音乐来表示对他的哀思；殷高宗即位后，为了哀伤先王，三年都不说话。由于他们这种崇高的德行，使得那时的社会也变得安宁、和乐、光照四方了。"既然高堂隆表示反对，明帝也就恭敬地采纳了他的意见。后来他改任陈留（今河南开封市陈留镇）太守。陈留有个牧牛的人，名叫酉牧，年龄已有七十多了，德行非常高洁。高堂隆就举荐他为计曹掾，明帝很赞赏他，特地派他为郎中，来表示对他的褒扬。这以后，明帝又任高堂隆为散骑常侍，赐他关内侯爵位。

青龙年间，明帝大规模地兴建宫殿，又西到长安去取大钟，高堂隆上疏谏说："以前周景王不肯效法文王、武王的大德，漠视周公圣明的制度。他铸了大钱后，又制作大钟，单穆公劝他，他不肯听；泠州鸠反对他也没有效果。他终于沉迷在自己的错误里不能回头，而周代的福祚也就衰微了。正直的史官把这段事实记在历史里，作为后世永远的教训。只是历史上虽然有这样的教训，后世的小人还是喜欢以赞美秦汉帝王的奢侈浮华来动摇国君的心思，使某些国君，也像周景王一样，去贪求会导致亡国、过分奢侈的宫室器具。那些帝王们为了达到享乐的目的，除了使百姓劳役痛苦外，又耗费了大量的钱财和物资，严重地损害了政治和民心，这种行为不是倡导礼乐安和社会的办法，也不是长保神明降福的途

兰从。帝以隆表授兰，使难隆曰：“兴衰在政，乐何为也？化之不明，岂钟之罪？”隆曰：“夫礼乐者，为治之大本也。故箫韶九成，凤皇来仪，雷鼓六变，天神以降，政是以平，刑是以错，和之至也。新声发响，商辛以陨，大钟既铸，周景以弊，存亡之机，恒由斯作，安在废兴之不阶也？君举必书，古之道也，作而不法，何以示后？圣王乐闻其阙，故有箴规之道；忠臣愿竭其节，故有匪躬之义也。”帝称善。

迁侍中，犹领太史令。崇华殿灾。诏问隆：“此何咎？于礼，宁有祈禳之义乎？”隆对曰：“夫灾变之发，皆所以明教诫也，惟率礼修德，可以胜之。《易传》曰：‘上不俭，下不节，孽火烧其室。’又曰：‘君高其台，天火为灾。’此人君苟饰宫室，不知百姓空竭，故天应之以旱，火从高殿起也。上天降鉴，故谴告陛下；陛下宜增崇人道，以答天意。昔太戊有桑谷生于朝，武丁有雊雉登于鼎，皆闻灾恐惧，侧身修德，三年之后，远夷朝贡，故

径啊！”他上疏的这天，明帝临驾上方署，高堂隆和卞兰两人随侍在旁，明帝就拿他的表章给卞兰，要他和高堂隆辩论，卞兰说：“国家的兴衰在于政治的好坏，和音乐又有什么相干呢？难道用了大钟，教化就不能圣明吗？”高堂隆说：“礼制和音乐是经国治民的根本依据。因此虞舜造箫，使乐器齐备，又作了尽善尽美的“韶”乐。当韶乐演奏九遍之后，连凤凰也被引来飞舞了，那真是最美好的景象啊！又如雷鼓（八面鼓）是用来祭神的，击鼓六遍之后，神明就会降临，亨受祭祀。所以音乐应用得当，政治就能清明，刑罚也就能够不用。因为音乐是最能使社会人心平和的呀！但是如果用得不好，像商纣王偏爱奇怪的新曲，结果亡了国家。周景王造了大钟，也就坏了政治。所以国家存亡的契机，借着音乐全都表现出来了，怎么可以说音乐不是政治兴废的导引呢？国君的行为一定要记载在历史上，这是古代定下的规矩。因为如果历史记下了国君的胡作非为，那么他便无法面对后世的人了。因此古圣明王都很乐意听到别人指正他的缺点。为了达到这希望，还特别设下提供箴规的办法，而忠臣们也愿尽到提供劝谏的责任，甚至于宁愿牺牲了性命也不悔恨。”明帝听了他的答辩，很满意地称赞他说得有理。

高堂隆后来升任侍中，同时还兼太史令的职务，有一回，崇华殿被大火烧毁，明帝就下诏问他：“这次火灾是表示有什么殃咎吗？在礼制上，我们可以用祭祀来消灾吗？”高堂隆接到诏命，就答奏说：“上天为了明示警告，便降下各种灾变。国君唯有循照礼法的规定，修养德行，才能消灾避害。《易传》上说：‘在上位的人不守俭德，在下位的人不肯节约，那么就有妖火烧光他们的房屋。’又说：‘国君把楼台建得太高，就会有天火来烧它。’这就是表明了如果国君只知道经营自己的宫室，而不解救百姓的困苦的话，上天就会用干旱来报应他，烈火就会由高大的宫殿开始烧起。如今崇华殿烧了，这就是上天降下的警告，要陛下赶紧重视民生，造福百姓，来报答天恩。以前商代太戊当政时，忽然有祥桑和嘉谷在朝堂生长出来；当武丁祭商汤时，突然有雉鸟飞上了祭祀的大鼎；太戊、武丁

号曰中宗、高宗。此则前代之明鉴也。今案旧占，灾火之发，皆以台榭宫室为诫。然今宫室之所以充广者，实由宫人猥多之故。宜简择留其淑懿，如周之制，罢省其余。此则祖己之所以训高宗，高宗之所以享远号也。”诏问隆：“吾闻汉武帝时，柏梁灾，而大起宫殿以厌之，其义云何？”隆对曰：“臣闻《西京》‘柏梁既灾，越巫陈方，建章是经，以厌火祥’。乃夷越之巫所为，非圣贤之明训也。《五行志》曰：‘柏梁灾，其后有江充巫蛊卫太子事。’如《志》之言，越巫建章无所厌也。孔子曰：‘灾者修类应行，精祲相感，以戒人君。’是以圣主睹灾责躬，退而修德，以消复之。今宜罢散民役。宫室之制，务从约节，内足以待风雨，外足以讲礼仪。清埽所灾之处，不敢于此有所立作，萐莆、嘉禾必生此地，以报陛下虔恭之德。岂可疲民之力，竭民之财！实非所以致符瑞而怀远人也。”帝遂复崇华殿，时郡国有九龙见，故改曰九龙殿。

陵霄阙始构，有鹊巢其上，帝以问隆。对曰：“《诗》云‘维鹊有巢，维鸠居之’。今

见到了这样奇怪的事，都非常恐惧，谦卑地修养道德，勤政爱民，三年之后，远方蛮夷都来朝贡，因此他们被赞颂为中宗、高宗。以上就是古代留给我们的很明白的教训。过去的占验显示：凡是火灾，都是上天的警告，表示帝王的宫室楼台已经太多、太高、太华美了。不过，我国现在积极扩充宫室的原因，是为了后宫的女子太多。因此这回崇华殿火灾的意义，就是上天希望后宫女子的人数减少。陛下该在她们之中，按周代所定的人数，选择贤淑贞静的留下，其他的，都要遣送出宫。陛下这样去做，就合乎了商代祖己教训高宗，而高宗后来能享美名的道理了。”明帝下诏问：“朕听说汉武帝时，柏梁台发生火灾，武帝就造了更大的宫殿来克制火，你对武帝的做法，又怎么解释呢？”高堂隆回答说：“臣听说是这样的，长安宫柏梁台失火之后，越地的巫师陈方，大修了建章宫来克制火灾的兆示；这是蛮夷越人巫师的荒谬行为，不是往古圣贤的明训哪。《五行志》上说：‘柏梁台失火之后，就发生了江充巫蛊事件及卫太子事件。’按《五行志》的说法，那么越地巫师大修建章宫来克制预兆的方法，是完全失败的。孔子说：‘灾异的事，就是用来警戒国君，表明人事和天地鬼神是彼此有密切感应的。胡作非为就会招来妖氛鬼雾。’所以圣明的天子，一遇到灾异事件，立刻就痛心地自我检讨，苦修道德，以求消除恶兆。如今陛下也该停止民众的劳役，使他们回家休息。宫室的规模费用，也要力求节约简单，只要能遮蔽风雨，满足朝拜礼仪的需要，也就足够了。把烧毁的崇华台清理干净，在这时不可再有工程兴筑，那么上天必然会使萐莆和嘉禾等等的瑞草出现在京师，来报答陛下的虔诚和恭敬。陛下一定不可以使百姓筋疲力尽，财富枯竭，那绝不是招来吉祥和安抚远敌的办法。”虽然高堂隆这么劝谏，明帝还是重建了崇华殿，那时各地共有九次发现龙的记录，明帝就把崇华殿改名为九龙殿。

青龙三年（公元 235 年），陵霄阙刚架好时，就有鹊鸟在阙上筑巢，明帝便问这事预兆什么？高堂隆回答说：“《诗经》上说：‘鹊鸟辛苦地造了窝巢，却被鸠鸟强占去了。’如今

兴宫室，起陵霄阙，而鹊巢之，此宫室未成身不得居之象也。天意若曰，宫室未成，将有他姓制御之，斯乃上天之戒也。夫天道无亲，惟与善人，不可不深防，不可不深虑。夏、商之季，皆继体也，不钦承上天之明命，惟谗谄是从，废德适欲，故其亡也忽焉。太戊、武丁，睹灾竦惧，祗承天戒，故其兴也勃焉。今若休罢百役，俭以足用，增崇德政，动遵帝则，除普天之所患，兴兆民之所利，三王可四，五帝可六，岂惟殷宗转祸为福而已哉！臣备腹心，苟可以繁祉圣躬，安存社稷，臣虽灰身破族，犹生之年也。岂惮忤逆之灾，而令陛下不闻至言乎？”于是帝改容动色。

是岁，有星孛于大辰。隆上疏曰：“凡帝王徙都立邑，皆先定天地社稷之位，敬恭以奉之。将营宫室，则宗庙为先，厩库为次。居室为后。今圜丘、方泽、南北郊、明堂、社稷，神位未定，宗庙之制又未如礼，而崇饰居室，士民失业。外人咸云宫人之用，与兴戎军国之费，所尽略齐。民不堪命，皆有怨怒。《书》曰‘天聪明自我民聪明，天明畏自我民

我国兴建宫室，刚造好陵霄阙，鹊鸟就立刻在上面营巢，这是宫室造不成，自身也不能享用的预兆。天的意思好像是在告诉我们，那些宫室在建成之前，就会落到别姓人的手中了。这就是上天垂示的警告呀！天道本来不一定要福佑谁的，它只是常在善人的身边而已。我们不能不仔细反省自己是否良善，不能不防备天道忽然不福佑我们了。夏代商代的末世，也还是夏禹、商汤的后人哪！可是他们不恭敬上天的明命，只知听从小人的挑拨和谄言，败坏了道德，追逐欲望享乐，所以他们的灭亡很快就来临了。太戊、武丁见了灾异的事，就非常害怕警惕，恭敬地接受上天的警告，所以他们的兴盛不但快速而且强大。如今陛下如果停止一切建筑劳役，以节省的方法来使经费变得充足；多多造福民众，一切遵守圣王的规则；扫除天下的贼害，建立万民的福利。那么三王的美号，就可变为四王；五帝的大名，也可变为六帝了。这种成就，哪里是殷中宗、高宗仅仅把祸害转为福禄所能比的呢？臣是为陛下和国家而存在的，只要陛下身心多福，国家安定强大，那么臣就是粉身碎骨，家破族灭，也好像仍然在世一样。臣怎会为了怕招来忤逆的罪灾，就使陛下不能听到最真切地实话呢？”明帝听了很是感动，脸上的神色表情都改变了。

在这年中有彗星出现在大辰（房心尾三宿）星群内，高堂隆见了，就上疏奏说：“从来帝王迁都建城，都是先确定好天地社稷的正位，慎重恭敬地奉守着，将要建筑宫室的时候，要先筑宗庙，再建车马厩房府库，最后才建筑居住的房舍。可是现在的建设却正好相反。供祭祀天地鬼神的圜丘、方泽、南北郊、明堂、社稷等各项建筑都没开始，天地神灵没有地方可以依附和接受祭祀；而祖先宗庙的规模也不合礼制的规定，所以，就是历代祖先也很不安。但是，陛下的宫室却建筑修饰得既崇高又华美，而为了这些宫室，甚至使百姓们失去本来的生活，百姓们都批评说宫中妇女们每年的耗费，几乎和国家养兵战争的经费相等。百姓们都不能再忍受国家对他们的要求了，他们都有强烈地怨恨和愤怒。《尚书》

明威’，舆人作颂，则向以五福，民怒吁嗟，则威以六极，言天之赏罚，随民言，顺民心也。是以临政务在安民为先，然后稽古之化，格于上下，自古及今，未尝不然也。夫采椽卑宫，唐、虞、大禹之所以垂皇风也；玉台琼室，夏癸、商辛之所以犯昊天也。今之宫室，实违礼度，乃更建立九龙，华饰过前。天彗章灼，始起于房心，犯帝坐而干紫微，此乃皇天子爱陛下，是以发教戒之象，始卒皆于尊位，殷勤郑重。欲必觉寤陛下；斯乃慈父恳切之训，宜崇孝子祗耸之礼，以率先天下，以昭示后昆，不宜有忽，以重天怒。”

时军国多事，用法深重。隆上疏，曰：“夫拓迹垂统，必俟圣明，辅世匡治，亦须良佐，用能庶绩其凝而品物康乂也。夫移风易俗，宣明道化，使四表同风，回首面内，德教光熙，九服慕义，固非俗吏之所能也。今有司务纠刑书，不本大道，是以刑用而不措，俗弊而不敦。宜崇礼乐，班叙明堂，修三雍、大射、养老，营建郊庙，尊儒士，举逸民，表章制度，改正朔，易服色，布恺悌，尚俭素，然后备礼封禅。归功天地，使雅颂之声盈于

中说：‘上天以百姓为耳目，上天的威力也借百姓们的行动来表现。’当小民歌颂政治的时候，上天就降五福给国君，当百姓愤怒怨叹时，上天就降下凶恶来给国君。这就是天表明他的赏罚，是以民众的批评为准，是顺着民心的希望而行的。所以统治天下一定要先求民生的安定，民生安定之后，再考察古代的治道教化，使天地人生的要求，都圆满无缺。自古以来，帝王没有不这么做的。宫室房屋卑少，梁木也不加彩饰，这就是唐尧虞舜和大禹所留给后世帝王的风格哪！造玉台建琼室，极端奢侈，这就是夏桀商纣得罪了上天的理由。如今陛下的宫室确实已经超过了礼制的允许，而还要再造比以前更美、更高大的九龙殿，这就引起天象的变化了。长尾的大彗星，由房宿心宿中出现，冲犯了帝座星位，又遮蔽了紫微星位。这种天象的出现，是上天爱护陛下的表现。上天用这现象来表示教训告诫，所以天象的开始和结束，都在群星中最尊的星位出现，上天这种诚恳、郑重的意思，就是要使陛下一定觉悟，这就好比慈父对子女恳切的训示一样，陛下应该要推崇孝子事父恭慎遵从的礼法，作天下的表率，来昭示后人。千万不可以漠视不顾而惹来上天的愤怒惩罚。”

明帝时，国家军事行动极多，为了贯彻政令，常常立下严重的法令来督促官吏和人民，高堂隆很不以为然，他上奏说：“开国立姓，统治天下，一定要等圣明的人出现才能成功。辅助国君统治天下，匡正世俗风气，也一定要靠优秀的人才。圣君贤相互相配合，国家和人文就会兴盛昌明，而物产也丰美众多了。一般的俗吏，无论如何也没法使风俗改变；无论如何也不能宣扬和昌明王道文化；使四海之内各民族都转变过来向中国的道德文明学习的。而今主管司法的官吏们，判刑时只知道严格地引用法条，而不依据天地人生的正道。因此刑狱事件愈用愈多而社会风俗却愈来愈坏。如果要加改正就应该崇尚礼乐文教。同时设立明堂，修明三雍、大射、养老的礼制，营建郊祀的祭坛，显扬学者的声名地位，表彰隐居的高士，尊崇政府的制度，改换历法，修改服制，另定尊色，把孝悌仁善的风气普及

六合，缉熙之化混于后嗣。斯盖至治之美事，不朽之贵业也。然九域之内，可揖让而治，尚何忧哉！不正其本而救其末，譬犹棼丝，非政理也。可命群公卿士通儒，造具其事，以为典式。”隆又以为改正朔，易服色，殊徽号，异器械，自古帝王所以神明其政，变民耳目，故三春称王，明三统也。于是敷演旧章，奏而改焉。帝从其议，改青龙五年春三月为景初元年孟夏四月，服色尚黄，牺牲用白，从地正也。

迁光禄勋。帝愈增崇宫殿，雕饰观阁，凿太行之石英，采穀城之文石，起景阳山于芳林之园，建昭阳殿于太极之北，铸作黄龙凤皇奇伟之兽，饰金墉、陵云台、陵霄阙。百役繁兴，作者万数，公卿以下至于学生，莫不展力，帝乃躬自掘土以率之。而辽东不朝。悼皇后崩。天作淫雨，冀州水出，漂没民物。隆上疏切谏曰：

到社会各个角落去。此外，还要提倡节俭朴实的生活。以上所说，做到之后，请再准备封天禅地的隆重祭祀，把一切成就，归功于天地鬼神。这么一来，就会使得民众们雅歌咏颂的声音，充满了天地之间；使安乐祥和的教化永远流传下去。这是最美盛的大事，是永不磨灭的大成就呀！那么普天之下，就可以无为而治了，又还有什么烦心的事呢。如果现在不端正根本，只在细微末节上补救，那就好像要清理丝绳而又故意扰乱一样，是永远没有结果的，政治也不会成功的。所以请陛下下令要所有的公卿大臣和大学者们，仔细研究出一套详细的办法来作为实行的依据吧！”高堂隆又认为：自古以来，帝王都是以更改历法，变换服色，另用徽号，更新器械等方法来显示新政的神奇优异，同时也可使百姓们的观感一新。夏商周三代，各选用不同的月份为正月，就是为了向天下表明各有不同的正朔，各有不同的行政。因此，他把先前呈上的章奏，加以引申说明，然后再度呈上，请明帝下令更改历法。明帝采纳了他的意思，把当时青龙五年（公元237年）春季三月改为景初元年初夏四月，服色也改以黄色为尊色，祭祀牺牲则用白色，这就是为了遵从地德的缘故。

高堂隆后来被改任为光禄勋，从那以后，明帝愈发地增修宫室，他把殿堂建筑得更高，把观台楼阁雕琢漆绘得更精美。为了讲究材料，他甚于开采了太行山的石英，和穀城（今山东东阿县）的文石。为了景致的优美，他在芳林园中堆起了一座假山，取名景阳山。又在太极的北边造了一座昭阳殿。为了把金墉、陵云台、陵霄阙等装饰得更华美富丽，他精心地为它们铸上了黄龙、凤凰等珍奇瑰丽的鸟兽。因为他一时发动的工程有百件以上，征集的工匠民众，要以万人为计算单位。由于需用的人力太多，百姓们不足以供应，所以从公卿大臣到太学学生全都被征用了，就是明帝本人也亲自挖土来作为臣民的表率。这时辽东太守公孙渊公开背叛，悼皇后（明帝皇后毛氏）去世，天雨不停，冀州发生洪水，淹没了城邑房舍，千千万万的民众都无家可归。高堂隆见了这种种不幸的情形，他又上疏痛切地劝谏说：

盖“天地之大德曰生，圣人之大宝曰位；何以守位？曰仁；何以聚人？曰财”。然则士民者，乃国家之镇也；谷帛者，乃士民之命也。谷帛非造化不育，非人力不成。是以帝耕以劝农，后桑以成服，所以昭事上帝，告虔报施也。昔在伊唐，世值阳九厄运之会，洪水滔天，使鲧治之，绩用不成，乃举文命，随山刊木，前后历年二十二载。灾眚之甚，莫过于彼，力役之兴，莫久于此，尧、舜君臣，南面而已。禹敷九州，庶士庸勋，各有等差，君子小人，物有服章。今无若时之急，而使公卿大夫并与厮徒共供事役，闻之四夷，非嘉声也，垂之竹帛，非令名也。是以有国有家者，近取诸身，远取诸物，妪煦养育，故称“恺悌君子，民之父母”。今上下劳役，疾病凶荒，耕稼者寡，饥馑荐臻，无以卒岁；宜加愍恤，以救其困。

臣观在昔书籍所载，天人之际，未有不应也。是以古先哲王，畏上天之明命，循阴阳

臣听说：“孕生万物，就是天地的大德。至尊的帝位，就是君王的重宝。仁民爱物，就是君王固守帝位的最佳方法。创造民众的财富，就是使百姓聚合的最好方法。”按这么说来，士、农、工、商，就是国家的重心，谷米丝帛，就是百姓生命的依靠了。可是谷米丝帛一定要靠天地育化，靠人力培养，才能生长应用。所以古代的帝王，以亲自耕种来奖励农事；而帝后也亲自种桑喂蚕以成衣服。他们用这样的行为，来公开表示对上帝的恭敬事奉，以及他们的诚意和感激。在上古唐尧时代，世间遭逢到最恶劣的时运，洪水高涨，淹没了房屋农田，唐尧命鲧治水，可是他一点成绩也没有；尧便改用大禹，他随着山势的起伏，砍伐树木，渲导洪水，前后经过二十二年的时间，终于平定了水患。历史上最大的天灾，就是尧时的洪灾；历史上最艰巨长久的工程，就是大禹治水的工程。当治水期间，尧是国君，舜是大臣，他们却没有参加工作，只是守着自己的职位，等着大禹治好洪水。而大禹平定水患以后，对参加工程的人员，都根据他们的身份和功劳，一一颁给赏赐，有爵禄的人和一般民众，在职务、服制以及器物等各方面都有不同，以示显明的等级区别。如今我们要做的工程并不像禹那么危急重要，却使公卿大臣和贱民奴仆毫无分别地共同劳役。这种情形被四方蛮夷知道了，怎会以为我们文化高明，有上下尊卑的分别呢？再说这种情形，记录在历史上也是要受批评的啊！凡是国君，不论是对近身的亲属也好，对远方的民众也好，都要像老母待子一样慈爱，像暖日抚慰万物一样，无微不至，使他们顺利地繁荣滋长。所以《诗经》上有这样的话说：“充满了爱心的慈祥君子啊！您是百姓们的父母哪！”可是，我们目前却是上上下下都在辛苦劳役，遭受着病痛饥荒的侵袭，能够去耕种的人很少；而仅有的稻谷菜蔬又接连地遭遇灾害不能成熟，要安稳地度过冬天，是不可能的。陛下应该要怜悯抚恤他们，以解救他们的困苦才好。

臣看古代典籍的记载，都说天地的喜怒和政事的优劣没有不相感应的。因此，在古代没有不敬畏上天显明命令的圣王，没有不遵循阴阳顺逆而行事的贤君。他们庄重肃穆谨慎

之逆顺，矜矜业业，惟恐有违。然后治道用兴，德与神符，灾异既发，惧而修政，未有不延期流祚者也。爰及末叶，暗君荒主，不崇先王之令轨，不纳正士之直言，以遂其情志，恬忽变戒，未有不寻践祸难，至于颠覆者也。

天道既著，请以人道论之。夫六情五性，同在于人，嗜欲廉贞，各居其一。及其动也，交争于心。欲强质弱，则纵滥不禁；精诚不制，则放溢无极。夫情之所在，非好则美，而美好之集，非人力不成，非谷帛不立。情苟无极，则人不堪其劳，物不充其求。劳求并至，将起祸乱。故不割情，无以相供。仲尼云："人无远虑，必有近忧。"由此观之，礼义之制，非苟拘分，将以远害而兴治也。

今吴、蜀二贼，非徒白地小虏、聚邑之寇，乃据险乘流，跨有士众，僭号称帝，欲与中国争衡。今若有人来告，权、禅并修德政，复履清俭，轻省租赋，不治玩好，动咨耆贤，事遵礼度，陛下闻之，岂不惕然恶其如此，以为难卒讨灭，而为国忧乎？若使告者曰，彼

小心地推行政事，深怕发生任何违背天命阴阳的行动。也就因为他们是那样地勤慎谨肃，所以，国家得到了最妥善的治理，社会也兴隆繁盛。而帝王的德行也能和天道互相契合了。当有天灾奇怪的事件发生时，古帝王们非常畏惧地立刻修正他所推行的政事，他的悔改，会得到上天的宽恕，上天对他没有不延长福禄的。可是到了他们末代的子孙，都是昏昧荒唐的国君，既不尊崇先王定下的美好法规；又不采用正直大臣的忠言，他们只知道追求自己情欲的满足，一点也不在乎上天所降下的灾难，这些末代昏君，没有不很快招来祸殃而亡国灭族的。

臣以上所说，是关于天道方面的，以下臣要专就人事道理进言。人类天生就有喜、怒、哀、乐、好、恶等六情，有静、躁、力、坚、智等五性。这六情五性有属于偏嗜欲求的，也有属于坚正廉洁的。平时它们相安无事，但是遇到外界的刺激后，各种情性就在心中发生激烈的争执。如果欲望强烈胜过了朴质的本性，那么行动就会变得放纵，会不受礼法的控制。这时如果专一诚正的心灵也不能发生作用，那么行动就变得放肆不堪了。人的情欲，不是要求精巧，就是要求华美，而事物的精巧华美，不靠人力，不靠财物，又怎能成功呢？如果无穷无尽地苛求精巧华美，那么人力和财物都将无法胜任，那就要引起祸灾了。所以情欲的贪求，是要割舍的。孔子说："人如果对将来没有长远的计划，短期内就会发生困难。"照他的意思看来，制定礼义，并不是仅仅拘守于做人的本分而已，事实上是要更积极地兴隆政治和远离祸害啊！

如今，吴蜀两国寇贼，他们并不是普通的小贼或暂时占据城邑的流寇。他们是扼守险要，占领上游，拥有疆域、民众，私自称皇称帝，而想和我国争王争霸的大敌。如果现在有人来告诉我们说东吴、蜀汉的领导人都在努力地造福民众，亲自实行节约清静，减轻百姓的税捐，节省政府用度，不求享受逸乐，凡事敬人尊贤，广求意见，一切行为都遵守礼

二贼并为无道，崇侈无度，役其士民，重其征赋，下不堪命，吁嗟日甚。陛下闻之，岂不勃然忿其困我无辜之民，而欲速加之诛，其次，岂不幸彼疲弊而取之不难乎？苟如此，则可易心而度，事义之数亦不远矣。

且秦始皇不筑道德之基，而筑阿房之宫，不忧萧墙之变，而修长城之役。当其君臣为此计也，亦欲立万世之业，使子孙长有天下，岂意一朝匹夫大呼，而天下倾覆哉？故臣以为使先代之君知其所行必将至于败，则弗为之矣。是以亡国之主自谓不亡，然后至于亡；贤圣之君自谓将亡，然后至于不亡。昔汉文帝称为贤主，躬行约俭，惠下养民，而贾谊方之，以为天下倒悬，可为痛哭者一，可为流涕者二，可为长叹息者三。况今天下凋弊，民无儋石之储，国无终年之畜，外有强敌，六军暴边，内兴土功，州郡骚动，若有寇警，则臣惧版筑之士不能投命虏庭矣。

又，将吏奉禄，稍见折减，方之于昔，五分居一；诸受休者又绝廪赐，不应输者今皆

仪规定等等，陛下听了之后，难道不会很警惕、很厌恶，而又很为我们国家担忧吗？因为他们的作为会使我们很难消灭他们呀！如果来报告的人说：那二国国君的行为都不合正道，崇尚奢侈，毫无节制，奴役他们的臣民，加重他们的赋税，百姓们已经无法忍受，悲叹怨恨的言论一天比一天多。陛下听了后，难道不会立刻愤怒非常地指责那两个国君，凭什么他们可以奴役我无辜的百姓，同时想要尽快地消灭他们吗？其次，陛下难道不庆幸他们国穷民困，可以很容易地被我们攻下吗？如果陛下的反应真是这样，那么把我们换作他们，他们也一定是有同样反应的，因为人心事理是一样的啊！

再说，秦始皇他不努力打好道德的基础而致力于兴建阿房宫；他不忧心于自家内部的不合，而大修长城，防备匈奴；当初他们君臣这样做，也是想建立万世不朽的大业，使他的子孙后人永远拥有天下。他又哪里想得到，有一天会因为一个老百姓的呼喊就把他的天下喊垮了呢？因此，臣想，如果那些前代国君，他们知道自己的作为是会亡国的，那么他们一定就不肯做了。把这个想法反过来说，那就是亡国的国君自以为不会亡国，结果真的亡了国；贤圣的国君自己说会亡国，努力之下，国家反而兴隆起来。以前汉文帝在时，大家都称赞他是个贤君。他亲身力行节约朴实的生活，待臣下非常宽厚，对国民非常爱护，可是仍然有贾谊责备他，认为那时天下非常困苦，如同人被倒吊着一样。贾谊举证说，天下昏暗的事，使人要痛苦不已的有一件，使人要悲泣流涕的有二件，使人要永远叹息扼腕的有三件这么多。文帝是个贤君，尚且有贾谊不满他，何况我国现在社会残破困苦，民众们没有粮食积存，国家也没有可以维持一年的财用，但国外却有强大的敌人，所有的军队都暴露在边界上，时刻准备作战，而京城里却又大兴土木工程，征用百姓，使州郡地方不得安宁。万一这时发生盗贼流寇或战争，臣很担心那些兴筑宫室的臣子和百姓们是不会用心尽力于战场了。

此外，如今大臣将士们，文官们的俸禄，和以前的比起来减少了五分之一，而退休的

出半：此为官入兼多于旧，其所出与参少于昔。而度支经用，更每不足，牛肉小赋，前后相继。反而推之，凡此诸费，必有所在。且夫禄赐谷帛，人主所以惠养吏民而为之司命者也，若今有废，是夺其命矣，既得之而又失之，此生怨之府也。《周礼》，大府掌九赋之财，以给九式之用，入有其分，出有其所，不相干乘而用各足。各足之后，乃以式贡之余，供王玩好。又上用财，必考于司会。今陛下所与共坐廊庙治天下者，非三司九列，则台阁近臣，皆腹心造膝，宜在无讳。若见丰省而不敢以告，从命奔走，惟恐不胜，是则具臣，非鲠辅也。昔李斯教秦二世曰："为人主而不恣睢，命之曰天下桎梏。"二世用之，秦国以覆，斯亦灭族。是以史迁议其不正谏，而为世诫。

书奏，帝览焉。谓中书监、令曰："观隆此奏，使朕惧哉！"

隆疾笃。口占上疏曰：

曾子有疾，孟敬子问之。曾子曰："鸟之将死，其鸣也哀；人之将死，其言也善。"臣

大臣们，政府也不再供给生活费用，过去免税的人家，如今也要按照别人的税捐减半缴纳。政府钱财米粮的收入比以前多了两倍以上，而该支出的比以前少了三分之一。但是，现在政府每年的财经预算比起以前反而严重地不足。菜蔬牛肉等小税捐，现在是一项接着一项的开征。政府征用这些税收，百姓们就得尽力缴纳，反过来说，政府不征，则百姓们就可以移作别的用途，如今被政府征用了，百姓们会不难受吗？再说官吏将士们的薪俸谷米、布帛等，是人主给予官吏们辛勤为国的酬劳，也是他们生存的依靠，如今减少了，那就是危害了他们的生命哪！已经到手的东西又被夺走，这就是怨恨发生的根源，《周礼》上说，国家的府库，掌理着各种税收和支用，收支都有一定的数目和用途。政府的各项用度是独立的、充足的。各项用度支用之后，税收还有剩余，才能提供给君王享乐之用，而帝王的享用也一定要经过有关官吏的审核才行。现在和陛下共坐在朝堂上商议大事的，不是三公九卿，就是高级而亲密的臣子。他们跟陛下是可以促膝密谈的知己，彼此是没有忌讳和秘密的。如果他们见到陛下享用的情况，不论是用多用少，都不敢向陛下提出劝告，只知顺着陛下的意思做事的话，那么他们就只是备供使唤的小臣而已，不是正直坚贞的贤佐大臣呀！从前李斯教秦二世胡亥说："做天子的如果不随心所欲的享乐，那就是反被天下事物折磨，好像戴着枷锁一样。"二世听信他的话，秦国便亡了，而李斯也灭了族，因此司马迁责备他不严正地劝谏二世，并用此来告诫后世的人。

高堂隆的谏书奏上之后，明帝看过了，对中书监、中书令等人说："看过了高堂隆的奏书，真使朕害怕得很哪！"

高堂隆得了重病，临终时口述奏疏说：

曾子病重时，孟敬子去探问他的病情，曾子说："鸟将死时，那鸣声是很凄哀的；人将死时，所说的话，总是善意的。"臣现在病势愈来愈沉重了，每天都害怕着死亡突然来

寝疾病，有增无损，常惧奄忽，忠款不昭。臣之丹诚，岂惟曾子，愿陛下少垂省览！涣然改往事之过谬，勃然兴来事之渊塞，使神人向应，殊方慕义，四灵效珍，玉衡曜精，则三王可迈，五帝可越，非徒继体守文而已也。

臣常疾世主莫不思绍尧、舜、汤、武之治，而蹈踵桀、纣、幽、厉之迹，莫不蚩笑季世惑乱亡国之主，而不登践虞、夏、殷、周之轨。悲夫！以若所为，求若所致，犹缘木求鱼，煎水作冰，其不可得，明矣。寻观三代之有天下也，圣贤相承，历载数百，尺土莫非其有，一民莫非其臣，万国咸宁，九有有截；鹿台之金，巨桥之粟，无所用之，仍旧南面，夫何为哉！然癸、辛之徒，恃其旅力，知足以拒谏，才足以饰非，谄谀是尚，台观是崇，淫乐是好，倡优是说，作靡靡之乐，安濮上之音。上天不蠲，眷然回顾，宗国为墟，下夷于隶，纣县白旗，桀放鸣条；天子之尊，汤、武有之，岂伊异人，皆明王之胄也。且当六国之时，天下殷炽，秦既兼之，不修圣道，乃构阿房之宫，筑长城之守，矜夸中国，威服百蛮，天下震竦，道路以目；自谓本枝百叶，永垂洪晖，岂寤二世而灭，社稷崩圮哉？近汉孝武乘文、景

临，而臣的忠心诚恳不能表现，臣的一片赤诚忠心，哪里会比曾子少呢？只望陛下稍分一些心神，注意到臣的奏章，而彻底地改正过去的过失和谬误，为将来建立强大稳固地根基，使得上天和世人都响应，而远方蛮夷的民众也向心，使龙凤麟等祥瑞鸟兽都受感应而来呈献珍宝，使天上日月也更加光耀呈祥。那么，三王的治绩可被超过，五帝的成就也可以被突破了。那么，陛下也不仅仅是一个因祖父的余荫而得享受的人了。

臣常常痛恨历代国君们不想去继承尧、舜、禹、汤的治世，而总是走上桀、纣、幽、厉这些昏君的覆辙。他们没有不讥讽那些末代昏乱亡国的国君的，但是他们自己却不能走上舜、禹、商、汤和周文王的轨范，这真是可悲的事啊！以他们所做的，去求他们想得的，那真像爬到树上去求鱼，或是像煮沸了水而想造冰一样，谁都知道那是注定要失败的。夏商周三代统治天下的时候，圣君贤相一个接着一个，每一朝代都维持了数百年的天下。那时没有一寸土地不属于天子，所有的人都是天子的臣民。天下各地秩序井然，平静安宁。那时的天子，既不要动用鹿台内的财富，也不必动用钜桥仓中的储粮，就能安稳地称王称帝，统治天下。这是什么道理呢？可是到了夏桀商纣时，他们倚仗着勇力和智慧，既能掩饰住自己的罪过错误，又能拒绝别人的劝谏，喜欢谄媚阿谀的小人，好筑高大的楼台观阁，喜爱荒淫的酒色逸乐，偏爱倡伎、优伶小人，演奏的是靡靡淫荡的音乐，享受着濮上荒唐的歌声。因而引发了上天的惩罚，不再福佑夏商，使他们的宗庙毁灭，使他们降为奴隶，商纣的人头被悬在白旗之上，夏桀被放逐到鸣条（今山西安邑县北）去，天子的尊位，被商汤、周武王所接替。说起来，夏桀商纣也是禹汤的后人哪！怎么就会遭到这样悲惨的下场呢？再说到战国时代，七雄争强，天下极端不安，最后被秦所统一。可是秦始皇不修明圣人的治道，竟然兴建阿房宫，万里长城等浩大的工程。对国内的百姓，极端地高压奴

之福，外攘夷狄，内兴宫殿，十余年间，天下嚣然。乃信越巫，怼天迁怒，起建章之宫，千门万户，卒致江充妖蛊之变，至于宫室乖离，父子相残，殃咎之毒，祸流数世。

臣观黄初之际，天兆其戒，异类之鸟，育长燕巢，口爪胸赤，此魏室之大异也，宜防鹰扬之臣于萧墙之内。可选诸王，使君国典兵，往往棋跱，镇抚皇畿，翼亮帝室。昔周之东迁，晋、郑是依，汉吕之乱，实赖朱虚，斯盖前代之明鉴。夫皇天无亲，惟德是辅。民咏德政，则延期过历，下有怨叹，掇录授能。由此观之，天下之天下，非独陛下之天下也。臣百疾所钟，气力稍微，辄自舆出，归还里舍，若遂沈沦，魂而有知，结草以报。

诏曰："生廉追伯夷，直过史鱼，执心坚白，謇謇匪躬，如何微疾未除，退身里舍？昔邴吉以阴德，疾除而延寿；贡禹以守节，疾笃而济愈。生其强饭专精以自持。"隆卒，遗令薄葬，敛以时服。

役；对四方的蛮夷，尽量地威逼迫害；使得天下百姓非常恐惧紧张，连指引道路也只敢用眼色表示。秦始皇自以为在这样显盛的威风之下，他一家人的福禄一定是万世不绝的。他怎么会明白居然只有两代就亡了国呢？再以近代汉武帝来说，他靠着文帝景帝所积下的福祚财富，对外攘除匈奴蛮夷，对内大造宫殿。有十多年的时间，天下多事不安，他还又相信越地的巫师，他埋怨迁怒上天，又建造了浩大的建章宫，其中的房间成千上万，最后终于惹起了江充巫蛊事件，逼得太子造反而死。使得家庭破裂，父子相残，灾难报应害了好几代的子孙。

臣注意到黄初年间，上天曾降警告的预兆，那就是在燕巢中发现了一种奇异的怪鸟，它的口、爪子及胸部都是红色的，这是魏国最奇怪的事啊！千万要防备那宫廷中像猛鹰般凶悍的大臣哪！想要避过这个灾难，就得选拔一些亲王，让他们主持封国，执掌军权，形成据点，以镇厌奸邪，安定朝廷，辅佐皇室。当年周平王东迁，就是靠着宗亲晋侯和郑伯的协助。汉代吕氏之乱，主要也是靠宗亲朱虚侯的匡助才得平定。这些都是前代留下的明鉴。要知道皇天的庇佑是没有偏私的，皇天只帮助有德的国君，凡得到百姓们歌颂赞美的，皇天就福佑他永享天下；凡被百姓所怨恶悲叹的，皇天便除去他，而把天下授给别的贤者。从这点看来，天下国家，是天下人共同享有的，并不是陛下所独享的啊！如今臣百病在身，气力比以前要微弱了，臣将要辞职并乘着软轿回家乡去了。将来死后，灵魂如果有知，一定会来报答陛下的恩德的。

明帝看过了他的奏章后，下诏说："你比伯夷更廉洁，比史鱼更正直，一心一意图守着坚贞清白。你是这么正直，为什么只因有一些儿小病，就要退隐回乡呢？从前邴吉因为积了阴德，所以虽有重病也能痊愈，而且还延长了年岁；又有贡禹，因为坚持节操，虽然病势沉重也能得救，所以不要灰心，请你还是勉强进用饮食，凝聚心神，坚持信心好好生活吧！"高堂隆不久便去世了，临终时，命令他的子女只要薄葬，衣衾都用当时一般的质料和形式。

初，太和中，中护军蒋济上疏曰“宜遵古封禅”。诏曰：“闻济斯言，使吾汗出流足。”事寝历岁，后遂议修之，使隆撰其礼仪。帝闻隆没，叹息曰：“天不欲成吾事，高堂生舍我亡也。”子琛嗣爵。

始，景初中，帝以苏林、秦静等并老，恐无能传业者。乃诏曰：“昔先圣既没，而其遗言余教，著于六艺。六艺之文，礼又为急，弗可斯须离者也。末俗背本，所由来久。故闵子讥原伯之不学，荀卿丑秦世之坑儒，儒学既废，则风化曷由兴哉？方今宿生巨儒，并各年高，教训之道，孰为其继？昔伏生将老，汉文帝嗣以晁错；《穀梁》寡畴，宣帝承以十郎。其科郎吏高才解经义者三十人，从光禄勋隆、散骑常侍林、博士静，分受四经三礼，主者具为设课试之法。夏侯胜有言：‘士病不明经术，经术苟明，其取青紫如俯拾地芥耳。’今学者有能究极经道，则爵禄荣宠，不期而至。可不勉哉！”数年，隆等皆卒，学者遂废。

起先，在太和年间（公元227年—232年）有中护军蒋济上疏说：“该遵照古制行封禅典礼。”明帝便下诏说：“听到蒋济这种劝我封禅的话，使我惭愧得浑身流汗，以我的德行，怎么够得上呢？”蒋济的建议因此便搁下了。后来又有人再度提起，并且认为该明定封禅典礼的仪式及内容，明帝要高堂隆去拟订。当明帝听到他去世的消息时，叹息地说：“上天不愿意让我封禅天地，所以使高堂生死在我之前啊！”明帝下令，要高堂隆的儿子高堂琛去继承他的爵位。

在景初年间（公元237年—239年）时，明帝眼见大学者苏林、秦静等都日益老迈了，很担忧他们的学问一旦失传，就没有继承的人了。因此他下诏令说：“古代的圣贤虽然逝世了，但是他们的遗训教诲，都登载在六经之中。六经内，以礼的需要最为迫切，因为礼是生活中时刻也不能离开的行为规范。后世的社会，违背了礼的根本正道，为时已经很久了。所以春秋时代，鲁国大夫闵子骞就曾讥笑周原伯的学识不够多（事在《左传·昭公十八年》），而荀卿也曾大骂秦国的坑儒恶行。虽然他们这么强烈地痛下针砭，但儒学已经不受世人重视了，风俗教化又怎么能恢复呢？如今有深厚学问的大学者，都已年岁老大了，如果不早设法，那么古人所教训的道理，又将怎么传达下去呢？从前伏生年龄大时，汉文帝命令晁错去继承他的学问；《穀梁传》缺少继承者，宣帝就派十名俊秀的郎官去接受他的学问。如今我们也该采用这种方法来挽救才是。政府该从郎官及其他官员或优秀博士弟子中考选出三十名最优秀的人才来，要他们去跟光禄勋高堂隆、散骑常侍苏林、博士秦静学习，分别传授四经、三礼等学问。主司教育的官吏要为考选设定详细地办法。夏侯胜曾说：‘学者最怕不能明白经书的意义。而能明白的人，要取得官禄功名，就像弯身下去捡取地上的芥草一样，太容易了。’目前的学者，只要能穷究出经书中的道理，那么他的爵禄光荣和重用，是不必费心就会来到的，大家怎么可以不努力呢。”虽然明帝下了这样的诏令，但是时间已经太晚。不到几年功夫，高堂隆他们都过世了。而向他们求学的行动，也跟着就半途而废了。

初，任城栈潜，太祖世历县令。尝督守邺城。时文帝为太子，耽乐田猎，晨出夜还。潜谏曰："王公设险以固其国，都城禁卫，用戒不虞。《大雅》云：'宗子维城，无俾城坏。'又曰：'犹之未远，是用大谏。'若逸于游田，晨出昏归，以一日从禽之娱，而忘无垠之衅，愚窃惑之。"太子不悦，然自后游出差简。黄初中，文帝将立郭贵嫔为皇后，潜上疏谏，语在《后妃传》。明帝时，众役并兴，戚属疏斥，潜上疏曰："天生蒸民而树之君，所以覆焘群生，熙育兆庶，故方制四海匪为天子，裂土分疆匪为诸侯也。始自三皇，爰暨唐、虞，咸以博济加于天下，醇德以洽，黎元赖之。三王既微，降逮于汉，治日益少，丧乱弘多，自时厥后，亦罔克乂。太祖浚哲神武，芟除暴乱，克复王纲，以开帝业。文帝受天明命，廓恢皇基，践阼七载，每事未遑。陛下圣德，纂承洪绪，宜崇晏晏，与民休息。而方隅匪

除了高堂隆常劝谏明帝外，还有任城（今山东济宁市）人栈潜也常对明帝提出规劝，他在魏武帝曹操时代就曾担任过好几个地方的县令，也曾经督守过邺城（今河北临漳县西四十里），那时文帝还是太子，每天沉迷于田猎的刺激中，天天清晨就出城，到了夜间才回来，栈潜就去劝谏他说："王公们设置险阻来巩固国防，大城市也都设有禁卫措施，就是为了防备突发事件。《诗经·大雅·板篇》中说：'世子就是国家的大城，千万不能有损伤啊！'又说：'他的过失还没到最坏的境地哪！所以我们要用最大的力量来谏正他啊！'按这样的道理，如果太子您偏爱享受田猎的乐趣，早出晚归，贪于短时的追逐刺激，而忘了无法衡量的危险或灾难，以臣下劣愚的智慧，实在是无法明白的。"太子听了很不高兴，但从此以后，他出城射猎的次数和规模就缩减了许多。当黄初年间（公元220年—226年）魏文帝将要册立郭贵嫔为皇后，栈潜曾上疏谏正，他上疏的内容，记录在《后妃传》中。到了魏明帝时代，朝廷同时发动了各种工程劳役，百姓们负担太重，而对皇室亲戚，又采取疏远排斥的态度和做法，栈潜见了就又上疏劝谏说："天地造就了万民百姓，又为他们设立君王，这么做的原因是为了使百姓们真正得到保护和幸福。有安和乐利的生活而更加繁荣兴盛。因此四方之内，可供统治的疆域，不是为天子而存在的；全国各封建区域的划分也不是为了建立诸侯才设立的。从三皇时代开始，到唐尧虞舜为止，天子们都以博施济众的心情为百姓谋福利，用真纯温厚的仁心来对待百姓，使社会风俗和乐融洽，百姓们也全靠着他们而得到幸福的生活。但三王以后，到汉朝立国以前，这段期间内，太平幸福的时间愈来愈少，而迷失混乱的日子却不断地增加，汉代当政以后，对这混乱情况也没有什么纠正。到我朝太祖皇帝（曹操）凭着他高明的智慧和神灵般的武勇，扫平了汉末的混乱，恢复了国家的纲纪，才开拓出伟大的帝业根基。等到先皇帝（曹丕）继位魏王以后，才接奉到上天的大命，登上皇帝大位，建立盛美的朝廷制度，可惜先帝在位七年而已，留下许多事务没能完善的处理就崩逝了。陛下有圣明的德行，因此能承继帝位，应该仔细体会太祖及先皇帝的苦心经营，尽心尽力，力求社会的安宁，给予民众们休养生息的机会才

宁，征夫远戍，有事海外，县旌万里，六军骚动，水陆转运，百姓舍业，日费千金。大兴殿舍，功作万计，徂来之松，刊出穷谷，怪石珷玞，浮于河、淮，都圻之内，尽为甸服，当供稿秸銍粟之调，而为苑囿择禽之府，盛林莽之秽，丰鹿兔之薮；伤害农功，地繁茨棘，灾疫流行，民物大溃，上减和气，嘉禾不植。臣闻文王作丰，经始勿亟，百姓子来，不日而成。灵沼、灵囿，与民共之。今宫观崇侈，彫镂极妙，忘有虞之总期，思殷辛之琼室。禁地千里，举足投网，丽拟阿房，役百乾谿。臣恐民力彫尽，下不堪命也。昔秦据淆函以制六合，自以德高三皇，功兼五帝，欲号谥至万叶，而二世颠覆，愿为黔首，由枝干既杌，本实先拔也。盖圣王之御世也，克明俊德，庸勋亲亲；俊乂在官，则功业可隆，亲亲显用，

是啊！可是现在四方并不安宁，军士们远在边境上辛苦戍守，甚至有时还要远征海外，旌旗招摇万里以上，所有的军队也都不得休息。而军需粮食的辗转运送，不仅扰乱了百姓们原来的行业，就是政府每天也要花费许多经费。加上陛下又大规模地兴建宫殿，每回发动民工都在万人以上，除了宫室殿堂的高大华美外，又要讲究造园景观的配合，为了把徂来山的奇松珍柏都移植过来，铲平了高山，填实了幽谷，由各地搜来的奇形怪石，以及珷玞类的美石，都由黄河、淮水运进宫来。本来京城四周千里以内，应该都是天子直辖的地区，也是天子日常供养衣食用品的来源。现在却成了天子游赏的花园和射猎的区域。有的是高大的、丛林茂密地野草，有的是飞禽走兽、麋鹿野兔。原有的农田庄稼全都破坏了。地面长满了荆棘，流行着天灾瘟疫。百姓也好，物产也好，都不能维持旧有的生活和数量，都被彻底的毁坏了。上天不再风调雨顺，粮食也不再丰收了。臣听说周文王在丰镐（今陕西西安）建都，开始的时候，非常简朴，规模也小，百姓们扶老携幼地都来帮他，只用了很短的时间，都城就造好了，虽然灵沼、灵囿等花园猎区应该是文王独享的，但他却和百姓们共同享用，如今陛下的宫室景观，高大华糜，雕刻彩绘极尽巧妙，根本就忘记了虞舜的明堂，只是简朴地茅舍竹篱而已啊。陛下心中念念不忘的，是像商纣一样，以精金美玉构成的琼室哪！陛下所划定的花园猎区有千里广大。老百姓们只要踏进一步，立刻就要被捕受刑了。陛下的宫殿和阿房宫一样华丽，而所发动的劳役，比使楚灵王亡国的乾谿之役还要多过百倍，臣实在很担忧百姓们的力量将要耗尽，而臣子们也再不能忍受您的命令了啊！以前秦始皇拥有崤山和函谷关的险要，平定了天下，他一心以为自己的德行比三皇还高，功业比五帝的总和还大，因此他自名为秦始皇帝，儿子为秦二世皇帝，一直到万世皇帝，永远不衰。可是秦到二世时代就亡国了；当二世的末日来临时，他想求为庶人尚且不能哩！这原因就是：树的主干已不安稳，根本早被拔除的缘故呀！由秦亡的教训，便可知道了。当圣明天子在位时，总是努力地修养磨练自己的德行，总是丰厚亲密地对待自己的亲戚和族人。总是选拔贤良有德的人来从事政治，那么他的德业治绩也就可以建立起来了。亲戚同族的人被厚待重用，那么他们对天下国家的安危就会挂在心上，用心思考了，圣明

则安危同忧；深根固本，并为干翼，虽历盛衰，内外有辅。昔成王幼冲，未能莅政，周、吕、召、毕，并在左右；今既无卫侯、康叔之监，分陕所任，又非旦、奭。东宫未建，天下无副。愿陛下留心关塞，永保无极，则海内幸甚。”后为燕中尉。辞疾不就，卒。

评曰：辛毗、杨阜，刚亮公直，正谏匪躬，亚乎汲黯之高风焉。高堂隆学业修明，志在匡君，因变陈戒，发于恳诚，忠矣哉！及至必改正朔，俾魏祖虞，所谓意过其通者欤！

的帝王一方面为国家扎下深厚稳固的根基；一方面又启用大量人才作为辅佐支干，在这样内外都有支持助力的情况下，就是遭遇到天灾人祸，也能很容易度过的。从前周成王即位时，年龄很小，不能亲自掌握朝政，那时周公、姜太公、召公、毕公都在他前后左右帮助他，武王的帝业因此没有败坏。可是现在，在外地没有像周卫叔、康叔那样忠心监督敌国的亲戚；而京城内所重用的执政大臣，也不是像周公、召公那样伟大的人才，直到现在，太子还不知道是谁。天下没有储君，臣恳切地希望陛下多留心大政和边防，长保无尽的福祚，那么国家百姓就有福了。”栈潜后来被任命为燕的中尉，他因为有病推辞了官职，不久就去世了。

陈寿评论说：辛毗和杨阜两人，都是刚毅、诚信、无私、正直的忠臣。他们不怕伤害了自己也要对皇帝提出严正地劝谏，真可说是像汉朝汲黯一样的高洁了。高堂隆的学术精湛高明，一心一意要匡正国君。他一再利用各种灾异奇怪的事件来提出劝戒教训，真是一个忠心的臣子啊！只是他后来一定要改正朔，使魏国能祖述虞舜，那大概就是一般人所说的理想超过了学识，反而不够通达了吧！

三国志卷二十六

满田牵郭传第二十六

黄湘阳 译

满宠字伯宁，山阳昌邑人也。年十八，为郡督邮。时郡内李朔等各拥部曲，害于平民，太守使宠纠焉。朔等请罪，不复钞略。守高平令。县人张苞为郡督邮，贪秽受取，干乱吏政。宠因其来在传舍，率吏卒出收之，诘责所犯，即日考竟，遂弃官归。

太祖临兖州，辟为从事。及为大将军，辟署西曹属，为许令。时曹洪宗室亲贵，有宾客在界，数犯法，宠收治之。洪书报宠，宠不听。洪白太祖，太祖召许主者。宠知将欲原，乃速杀之。太祖喜曰："当事不当尔邪？"故太尉杨彪收付县狱，尚书令荀彧、少府孔融等并属宠："但当受辞，勿加考掠。"宠一无所报，考讯如法。数日，求见太祖，言之曰："杨彪考讯无他辞语。当杀者宜先彰其罪；此人有名海内，若罪不明，必大失民望，窃为明公

满宠，字伯宁。他是山阳郡昌邑（今山东巨野县南）县人，十八岁的时候，就被任为郡中的督邮。那时山阳郡里像李朔等豪强，仗着自己有私人武装，就鱼肉百姓，胡作非为，郡太守命令满宠去纠察他们，李朔等人都承认有罪，从此不再抢劫民众了。他后来担任高平（今山东济宁市两城镇）令，当地人张苞是郡督邮，贪污不法，干扰行政，满宠利用他来到传舍的机会，率领官吏和士兵逮捕了他，严厉地审讯他所犯的罪过，而且当天就把案子审理了结，而满宠也自动舍弃官职，回到故乡去。

当曹操镇守兖州时，召他去并派为从事。等曹操被任为大将军后，又选拔他掌理西曹属以及许令。那时曹洪因为是曹氏亲属，地位尊贵，他有门客在许县，常犯法令，满宠把那人抓进牢中判了罪刑。曹洪便寄书信给满宠，希望他把那人放了，满宠不听。曹洪就向曹操报告，曹操便召见了许县的主吏，满宠知道曹操将会释放那人，他就即刻把那人杀了。当曹操知道这事以后，很高兴地说："遇事不就该这样子吗？"而当故太尉杨彪被收押交付县狱审判时，尚书令荀彧、少府孔融等都交待满宠说："只要记下他的口供就好了，千万不要审问和责打他呀！"但是满宠毫不理会他们的话，他依法令拷打审问杨彪。几天之后，满宠去求见曹操，向他报告说："我拷打审问了杨彪，他却一句口供也没有。该杀的罪犯我们就要先公布他的罪状才是，但杨彪也是天下知名的人。如果没有明白的罪状就判他的罪

惜之。”太祖即日赦出彪。初，彧、融闻考掠彪，皆怒，及因此得了，更善宠。

时袁绍盛于河朔，而汝南绍之本郡，门生宾客布在诸县，拥兵拒守。太祖忧之，以宠为汝南太守。宠募其服从者五百人，率攻下二十余壁，诱其未降渠帅，于坐上杀十余人，一时皆平。得户二万，兵二千人，令就田业。

建安十三年，从太祖征荆州。大军还，留宠行奋威将军，屯当阳。孙权数扰东陲，复召宠还为汝南太守，赐爵关内侯。关羽围襄阳，宠助征南将军曹仁屯樊城拒之，而左将军于禁等军以霖雨水长为羽所没。羽急攻樊城，樊城得水，往往崩坏，众皆失色。或谓仁曰：“今日之危，非力所支。可及羽围未合，乘轻船夜走，虽失城，尚可全身。”宠曰：“山水速疾，冀其不久。闻羽遣别将已在郏下，自许以南，百姓扰扰，羽所以不敢遂进者，恐吾军掎其后耳。今若遁去，洪河以南，非复国家有也；君宜待之。”仁曰：“善。”宠乃沈白

刑，一定会大失民心的，我私心很替您惋惜呢！”曹操听了，当天就下令赦免杨彪的罪，并释放他。在满宠拷问杨彪时，荀彧、孔融知道了，都非常愤怒。等后来杨彪因拷问而得无罪释放，他们才明白满宠的用心，而更加和他交好了。

那时袁绍在河朔一带势力极盛，而汝南郡又是他的本郡，袁家的门生宾客散布在郡内各县，他们仗着军队，拒绝新派的太守上任。曹操很为这事烦心，就派满宠为汝南太守，要他前去上任。满宠先招募了五百名能服从命令的士兵，率领他们攻下了二十多个抗命不从的反对势力防区。又诱集了其他抗拒的首领们一块儿谈话，就在商谈的座席上把他们杀了十多个，汝南郡抗拒的力量立刻就平息了。满宠由此获得两万户的民众，两千名士兵，满宠命他们都去从事农作。

建安十三年（公元208年）满宠跟随着曹操去征荆州。当大军回来时，曹操命他为奋威将军，留他在当阳（今湖北当阳市东）驻守。后来孙权屡次侵扰东边的疆界，曹操就又召回他再担任汝南太守，并赐他关内侯爵位。当关羽围攻襄阳（今湖北襄阳襄城区）时，满宠协助征南将军曹仁驻守在樊城（今湖北襄阳西樊城区）抵抗。而左将军于禁等人的军队，因大雨水涨而被关羽用水淹没了。关羽趁机急速而全力地进攻樊城。偏偏樊城的城墙又因为雨水的侵蚀，常有崩塌毁坏的情况发生，大家都害怕得脸色发青。有人就对曹仁说：“现在情势这么危急，凭我们的力量是抵抗不了的，如今我们最好赶在关羽军队还没把我们完全包围之前，利用夜间乘快船逃走，那么虽然失去了城池，性命总可以保住。”满宠知道了，就说：“看现在水势奔流得这么急，我们就可以预计它为时是不会长久的，我听说关羽已另派将领到达郏下（今河南郏县）去了，从许以南的地方，百姓们都非常不安，关羽他就是因为怕我们会控制了他的后方，所以他不敢放心进攻呀！如果我们现在趁夜逃走，那么黄河以南的地方，恐怕就都要失去了。您应该再等一等才好。”曹仁说：“好！我们还是坚守下去吧！”曹仁回答了之后，满宠就用白马祭水，和军士们对天约誓，坚守樊

马，与军人盟誓。会徐晃等救至，宠力战有功，羽遂退。进封安昌亭侯。文帝即王位，迁扬武将军。破吴于江陵有功，更拜伏波将军，屯新野。大军南征，到精湖，宠帅诸军在前，与贼隔水相对。宠敕诸将曰："今夕风甚猛，贼必来烧军，宜为其备。"诸军皆警。夜半，贼果遣十部伏夜来烧，宠掩击破之，进封南乡侯。黄初三年，假宠节钺。五年，拜前将军。明帝即位，进封昌邑侯。太和二年，领豫州刺史。三年春，降人称吴大严，扬声欲诣江北猎，孙权欲自出。宠度其必袭西阳而为之备，权闻之，退还。秋，使曹休从庐江南入合肥，令宠向夏口。宠上疏曰："曹休虽明果而希用兵，今所从道，背湖旁江，易进难退，此兵之洼地也。若入无彊口，宜深为之备。"宠表未报，休遂深入。贼果从无彊口断夹石，要休还路。休战不利，退走。会朱灵等从后来断道，与贼相遇。贼惊走，休军乃得还。是岁休薨，宠以前将军代都督扬州诸军事。汝南兵民恋慕，大小相率，奔随道路，不可禁止。护军表

城。正巧这时徐晃等人领着救兵来到，满宠又奋力作战，很有功劳。关羽攻不下樊城，只好退兵了。这次战役，满宠很有贡献，因此被晋爵为安昌亭侯。曹丕即魏王位以后，改派满宠为扬武将军。在江陵之役，满宠击溃东吴大军，很有功劳，就被拜为伏波将军，驻守在新野（今河南新野）。这时魏军主力南下征讨，到达精湖（在今江苏宝应县南六十里，今名津湖）时，满宠亲自在最前线领导各军，和贼寇隔水相对，他告诫将士们说："今晚风势强劲，贼人一定会来放火烧营，大家应该好好准备。"各军听说了以后，都严密戒备。到了半夜，果然吴军派了十队人马偷偷来烧营。满宠这边早已埋伏着等他们进来，一下就把来敌消灭了。大家乘胜追击，把吴军完全打垮。这一仗，满宠的功劳最大，因此被进封为南乡侯。到黄初三年（公元222年）时，文帝曹丕赐他节钺，黄初五年，又升他为前将军。魏明帝曹叡即位后，满宠被晋爵为昌邑侯。太和二年（公元228年），满宠受任为豫州刺史。太和三年的春季，东吴方面有人投降魏国，带来消息说吴国现在气氛非常紧张。吴国政府表面上好像是要到长江北岸去举行大规模的狩猎活动，其实是国君孙权要亲自领兵北伐。满宠听到这个情报以后，预测孙权一定会进攻西阳（今河南光山县西），因此就在西阳做了最严密的戒备，孙权听说了只好领兵退回国去。这年秋天，明帝命令曹休从庐江（今安徽庐江西南）向南进入合肥（今安徽合肥），又命令满宠军队向夏口（湖北武汉市汉口）前进。满宠上疏说："曹休固然是个聪明果决的人，但是他没有实际作战经验，如今他采取的行军路线，是背着巢湖而傍着长江的，这样的路线对前进来说自然很有利，可是一旦要退却时，就很困难了，因为这种地形在军事上说是洼地，是很不利的地形之一啊！如果他进入了无彊口（今安徽桐城市北）以后，千万要严密戒备才好。"满宠的上疏还没得到回报，曹休军队已经顺着路线深入战地了。果然贼兵把无彊口和夹口间的道路截断，要使曹休没有退路。曹休战事不利，退却回来，正在危急的时候，正巧朱灵等将领兵由后方赶来支援。他们和阻断道路的贼兵相遇，贼兵受惊逃走，曹休的军队才得保全。这年中，曹休

上，欲杀其为首者。诏使宠将亲兵千人自随，其余一无所问。四年，拜宠征东将军。其冬，孙权扬声欲至合肥，宠表召兖、豫诸军，皆集。贼寻退还，被诏罢兵。宠以为今贼大举而还，非本意也，此必欲伪退以罢吾兵，而倒还乘虚，掩不备也，表不罢兵。后十余日，权果更来，到合肥城，不克而还。其明年，吴将孙布遣人诣扬州求降，辞云："道远不能自致，乞兵见迎。"刺史王凌腾布书，请兵马迎之。宠以为必诈，不与兵，而为凌作报书曰："知识邪正，欲避祸就顺，去暴归道，甚相嘉尚。今欲遣兵相迎，然计兵少则不足相卫，多则事必远闻。且先密计以成本志，临时节度其宜。"宠会被书当入朝，敕留府长史："若凌欲往迎，勿与兵也。"凌于后索兵不得，乃单遣一督将步骑七百人往迎之。布夜掩击，督将迸走，死伤过半。初，宠与凌共事不平，凌支党毁宠疲老悖谬，故明帝召之。既至，体气康强，见而遣还。宠屡表求留，诏报曰："昔廉颇强食，马援据鞍，今君未老而自谓已老，

去世，满宠以前将军身份，兼代都督扬州诸军事的职务。当他去扬州时，汝南郡的士兵和民众因为非常敬爱他，扶老携幼地要跟着他往扬州去。官吏们怎么样也阻止不了。最后，职掌护军的官吏上表请示，要把民众中领头的人杀掉，来阻止他们追随满宠。明帝下令要满宠先领他自己的卫队一千名迅速赶到扬州去，其他的事，明帝完全不问。太和四年（公元 230 年）明帝拜满宠为征东将军。这年冬天，孙权又宣布要进攻合肥。满宠就上表要求召集兖、豫两州各地的军队。当各路军队会合之后，东吴入侵军队却又退回去了。明帝就下令让各军回防。但满宠认为吴国大军忽然撤退回去，一定不是他们的本意，必定是伪装退却而使魏军休兵。等魏军解散以后，他们再乘虚突然反攻，利用魏国的不备而取得胜利。因此满宠上表要求不要解散各军。过了十多天，孙权果然又率军来攻，兵到合肥城下，无法获胜，只好真正退兵。第二年，吴国将领孙布派人来到扬州，向满宠要求接受投降。他的信上说："因为北上的路途太远，我无法凭自己的力量前往，乞求你派兵来接我。"扬州刺史王凌把孙布的信呈上，请准派兵马去迎接他。满宠认为这其中一定有阴谋存在，因此不肯发兵，他代王凌写了一封回信给孙布，信上说："我们了解到你已能辨识邪恶和正道，想要躲避灾难趋向顺吉，离开暴虐而归于正流。我非常的嘉许和推崇你。你要我们发兵迎接你，我们很愿意。只是考虑到所派的军队少了，就不能自卫；多了却又泄露了你要归降的秘密。因此目前不能发兵。最好还是请你先仔细地做好归顺的计划，到计划发动时，再看情况决定该采取的行动。"正巧这时明帝有令召满宠入朝，他就留下命令给府中的长史说："如果王凌要去迎接，一定不可以发兵给他。"王凌后来果然要去，求不到兵，就只能派一督将带领着七百名步骑去迎接孙布。孙布见魏军到来，就在夜间发动突袭。魏军督将虽然拼命逃出，士兵们却损失了一大半。满宠被明帝召去的原因是他和王凌在许多事务上处理意见不合。王凌的同党造谣毁谤，说他年迈衰退而且刚愎胡为，所以明帝才召他回朝看看。他到了朝廷，明帝见他身体健壮，气概恢宏，就命他再回扬州都督军事。他在扬州

何与廉、马之相背邪？其思安边境，惠此中国。”

明年，吴将陆逊向庐江，论者以为宜速赴之。宠曰：“庐江虽小，将劲兵精，守则经时。又贼舍船二百里来，后尾空县，尚欲诱致。今宜听其遂进，但恐走不可及耳。”整军趋杨宜口。贼闻大兵东下，即夜遁。时权岁有来计。青龙元年，宠上疏曰：“合肥城南临江湖，北远寿春，贼攻围之，得据水为势；官兵救之，当先破贼大辈，然后围乃得解。贼往甚易，而兵往救之甚难，宜移城内之兵，其西三十里，有奇险可依，更立城以固守，此为引贼平地而掎其归路，于计为便。”护军将军蒋济议，以为：“既示天下以弱，且望贼烟火而坏城，此为未攻而自拔。一至于此，劫略无限，必以淮北为守。”帝未许。宠重表曰：“孙子言，兵者，诡道也。故能而示之以弱不能，骄之以利，示之以慑。此为形实不必相应也。又曰‘善动敌者形之’。今贼未至而移城却内，此所谓形而诱之也。引贼远水，择利而

期间，屡次上表请求调回，明帝都不允许，而且下诏命回答他说：“从前廉颇虽老，饭量依然惊人，马援虽老，仍然上马显威，他们都不肯服老，怎么你年龄不大就自称老迈而不能像廉颇、马援两位一样呢？你还是多为安定边界，造福国家打算，不要再提回朝的事了。”

太和五年（公元231年），吴国大将陆逊领兵进犯庐江，议事的人都认为魏军应该赶紧前往抵挡才是，满宠说：“庐江虽然是个小地方，但是那儿的守将很强悍，军队也很精锐，他们必能长久坚守的，我们不必担心。再说敌军放弃了他们惯用的水战，上陆行军两百多里，后无援军。我们就该引诱他们孤军更深入才好，所以目前最好的计划是任由他们进兵庐江，就怕他们忽然迅速地逃跑而我们无法追上呢。”满宠把魏军集结起来，赶往扬宜口（今安徽霍邱县西）去，果然吴军一打探到魏军大举东下的消息，当天晚上就遁逃了。那些年中，孙权每年都有北上伐魏的打算。到了青龙元年（公元233年）满宠上疏说：“合肥城南面紧邻着江湖，北面距离寿春却很远。当长于水战的吴军来围攻时，他们可以倚仗着江湖水面为根据，形成强大的压力。而我国军队前往解围时，则要先把敌军主力打败，才能解围。但我军是长于陆战的，所以要解围很不容易。因为敌军乘船来攻合肥很是容易，而我军奔驰解围却很困难。我们该把合肥城中的军队，抽调出来，向西转移三十里地。那里地形奇险，可以据守。我们改在那儿建立新城，固守不退，这才是把敌军引上岸来同时控制住他们退路的好计策！”满宠的计划遭到护军将军蒋济的反对，他说：“照满宠所提出的办法去做，不但是向天下人示弱，而且是仅仅看见敌人的烟火，就自己毁坏了城池。这简直可说是不战而自败。这么下去，将来必然受到极严重地攻击和掠夺的。我们的防线，必须固守在淮河北岸才好。”明帝听了，批驳了满宠的意见。满宠再度上表说：“孙子说：‘战争的本质就是诡诈的。’所以明明是战力高强，却偏要让敌人看成老弱无能；要让敌人取得利益而骄傲起来；要让敌人以为我们很惧怕他们。这都是说外形和实际是不必一致的。孙子又说：‘巧于诱敌的人，也就是善于制造战场形态的人。’如今我们在敌兵未来以前，就

动，举得于外，则福生于内矣。”尚书赵咨以宠策为长，诏遂报听。其年，权自出，欲围新城，以其远水，积二十日不敢下船。宠谓诸将曰：“权得吾移城。必于其众中有自大之言，今大举来欲要一切之功，虽不敢至，必当上岸耀兵以示有余。”乃潜遣步骑六千，伏肥城隐处以待之。权果上岸耀兵，宠伏军卒起击之，斩首数百，或有赴水死者。明年，权自将号十万，至合肥新城。宠驰往赴，募壮士数十人，折松为炬，灌以麻油，从上风放火，烧贼攻具，射杀权弟子孙泰。贼于是引退。三年春，权遣兵数千家佃于江北。至八月，宠以为田向收熟，男女布野，其屯卫兵去城远者数百里，可掩击也。遣长吏督三军循江东下，摧破诸屯，焚烧谷物而还。诏美之，因以所获尽为将士赏。

景初二年，以宠年老征还，迁为太尉。宠不治产业，家无余财。诏曰：“君典兵在外，专心忧公，有行父、祭遵之风。赐田十顷，谷五百斛，钱二十万，以明清忠俭约之节焉。”

转移了城池，把防线向后退却，这也就是所谓造成一种似乎有利于对方的战争形势来引诱他们呀！我们引导他们远离水面，深入内地，然后选择有利时地发动攻击，那么就能取得对外的胜利，而我们的福利也就出现了。”这时，尚书赵咨也认为满宠的意见比较优异，于是明帝下诏采用他的主张。果然那年孙权又亲领兵来要围攻新城，却顾虑新城距水太远，前后拖延迟疑了二十多天，不敢下船。满宠对将领们说：“孙权知道我们转移了防守的城池，一定会在他部众面前骄傲地自吹自擂起来的。现在他发动大兵就是想用此取得任何可能得到的利益，他虽然不敢真的深入内地，也一定会把军队开上岸来耀武扬威一番，表示他的了不起的。”于是满宠就暗中派了骑兵步兵六千人，埋伏在合肥城的隐密处所等待。孙权果然派了军队上岸炫耀，满宠所埋伏的军队突然杀出，斩了东吴士兵好几百人，另外还有好多是逃奔到水中淹死的。第二年，孙权又亲自领兵来攻，号称有十万大军，来到合肥新城，满宠赶紧领兵前去支援，他征募到数十名精壮的勇士，要他们折下松枝做火炬，又灌烧麻油在火炬上，从上风的地方放起火来，烧掉东吴用以进攻的器械，射杀了孙权的侄子孙泰。孙权吃了大亏，只好领兵退回国去。青龙三年春季，孙权派了士兵及他们的家庭到长江北岸来屯垦，来的有好几千家。到了八月间该收成的时候，满宠认为种的作物都快要收割了，士兵的家属们都来到田里，到处都是，而东吴屯卫的士兵，距离他们的大本营远的有几百里之远，很可利用这情形加以突袭。因而他就派遣他的长史监督三军沿大江东下，把各屯的驻军打垮，房舍摧毁，谷米粮食都烧光才回军。满宠这次胜利，明帝下诏称扬了他，同时也把这回的战利品全部分赏给将士们。

景初二年（公元238年）皇帝看满宠年岁大了，就召他回朝，升为太尉。满宠他从不经营自己的产业，家中一点儿多余的钱也没有，于是皇帝下诏令说：“你在边界上典守重兵，一心一意为公家忧劳，真有行父、祭遵的作风，朕要赐你十顷良田、五百斛谷粮、二十万钱财，来显扬你的清廉忠心和俭朴的美德啊！”满宠前前后后被封赏的户口，一共

宠前后增邑，凡九千六百户，封子孙二人亭侯。正始三年薨，谥曰景侯。子伟嗣。伟以格度知名，官至卫尉。

田豫字国让，渔阳雍奴人也。刘备之奔公孙瓒也，豫时年少，自托于备，备甚奇之。备为豫州刺史，豫以母老求归，备涕泣与别，曰："恨不与君共成大事也。"

公孙瓒使豫守东州令，瓒将王门叛瓒，为袁绍将万余人来攻。众惧欲降。豫登城谓门曰："卿为公孙所厚而去，意有所不得已也；今还作贼，乃知卿乱人耳。夫挈瓶之智，守不假器，吾既受之矣；何不急攻乎？"门惭而退。瓒虽知豫有权谋而不能任也。瓒败而鲜于辅为国人所推，行太守事，素善豫，以为长史。时雄杰并起，辅莫知所从。豫谓辅曰："终能定天下者，必曹氏也。宜速归命，无后祸期。"辅从其计，用受封宠。太祖召豫为丞相军谋掾，除颍阴、朗陵令，迁弋阳太守，所在有治。

增加到九千六百户之多，又有两个儿子被封赏了亭侯爵位，他于魏齐王芳正始三年（公元242年）去世，被赐谥号为景侯。他的爵位由儿子满伟继承，满伟是以明法执法驰名，后来一直做到卫尉的官职。

田豫，字国让，他是渔阳郡雍奴县（今天津市武清区）人，当刘备投奔到公孙瓒那儿时，田豫年龄还小，但他却决定要投身在刘备阵营中，刘备觉得他很奇特，很尊敬他。当刘备担任豫州刺史时，田豫因为母亲年纪大了，请求回乡奉养老母，刘备很难过地和他分手，流着泪说："我真恨不能和先生共同完成大事啊！"

当公孙瓒派田豫为东州（卢弼《集解》以为东州应为泉州，泉州本汉雍奴县，在今天津市武清区。）令时，公孙瓒的部将王门背叛了，后来他替袁绍带领着万多名兵士来攻打东州，东州城内的官吏们非常害怕，都打算开城投降，可是田豫反对，他上了城楼对王门说："你得过公孙先生的厚遇，却又背弃了他，我还以为你是有不得已的苦衷，而今你回来作乱，迫害我们，我才知道原来你根本就是一个祸害，一个人虽然智慧不高，但不管他的职守多么微细，也要尽心尽职，不能马虎塞责。如今我既然是这儿的守令，当然就要抵抗你，你怎么不赶快攻击呢？"王门听了，心中很惭愧，就退兵不攻。公孙瓒虽然也知道田豫他很有权变智谋，却不能重用他。公孙瓒后来垮了，大家就公推鲜于辅来执行太守职事。鲜于辅和田豫素来要好，就任命他为长史。那时候，各地英雄豪杰都纷纷起事，鲜于辅也不知要依附谁好，田豫对他说："将来平定天下的，除了曹操外，再也没有别个了，你最好赶快归顺他，奉行他的号令，不要因为拖晚了而惹上灾祸。"鲜于辅照着他的话去做，果然大受曹操的欢心和封赏。曹操把田豫召去任命为丞相军谋掾，又派他为颍阴、朗陵（今河南确山县西南三十五里）令，后来又升任为弋阳郡（今河南潢川）的太守，田豫在每一个

鄢陵侯彰征代郡，以豫为相。军次易北，虏伏骑击之，军人扰乱，莫知所为。豫因地形，回车结圜陈，弓弩持满于内，疑兵塞其隙。胡不能进，散去。追击，大破之，遂前平代，皆豫策也。

迁南阳太守。先时，郡人侯音反，众数千人在山中为群盗，大为郡患。前太守收其党与五百余人，表奏皆当死。豫悉见诸系囚，慰谕，开其自新之路，一时破械遣之。诸囚皆叩头，愿自效，即相告语，群贼一朝解散，郡内清静。具以状上，太祖善之。

文帝初，北狄强盛，侵扰边塞。乃使豫持节护乌丸校尉，牵招、解儁并护鲜卑。自高柳以东，濊貊以西，鲜卑数十部，比能、弥加、素利割地统御，各有分界；乃共要誓，皆不得以马与中国市。豫以戎狄为一，非中国之利，乃先搆离之，使自为仇敌，互相攻伐。素利违盟，出马千匹与官，为比能所攻，求救于豫，豫恐遂相兼并，为害滋深，宣救善讨恶，示信众狄。单将锐卒，深入虏庭，胡人众多，钞军前后，断截归路。豫乃进军，去虏

地方都留下很好的声誉。

当鄢陵侯曹彰征伐代郡（郡治在今河北蔚县东北）时，他用田豫为国相。那时军队驻防在易水北岸，突然受到胡人所埋伏的骑兵攻击，军中情况一时非常混乱，大家都不知道怎么办才好。田豫要大家利用地形，把车辆集合成圆阵，士兵们在圆阵里把弓弩拉满射箭，又把空隙地方都布上疑兵，胡人攻不进来，只好解散退兵。魏军随后追击，把胡骑打得大败，因此很顺利地进军平定了代郡，这都是靠着田豫的计策才成功的。

田豫后来被任为南阳郡（今河南南阳）的太守，在他到任以前，南阳郡有个叫侯音的，他反叛政府，集合了好几千人在山区里，常常下山寇掠，为害地方非常严重。前任太守捕获了侯音的同党五百多人，上表朝廷请求按他们的罪状全判死刑。当田豫到任后，他见过了所有被囚禁的盗贼，抚慰劝说他们，又开导他们改过新生的途径，然后把他们身上的刑具全都打开，放他们离去。所有的囚犯都向他下跪叩谢，诚心地愿意为他效命，他们互相传话回去，于是全部的盗贼很快的就都解散了，南阳郡变得非常安宁清静。田豫把实情报上，曹操非常嘉许他。

当魏文帝初即位时，北方狄族势力强大，屡次侵犯边塞，于是文帝就派田豫执尊节杖担任护乌丸校尉官职，又派牵招、解儁共同守护鲜卑。当时从高柳（今山西阳高县）以东到濊貊（今朝鲜东部）以西的地区里，有好几十个鲜卑部落，分属于比能、弥加、素利等三酋长控制。三酋长彼此划分区域，又互相约誓，都不可以用马匹和中国贸易。田豫到了北地以后，认为戎狄团结一心，不是中国的福利。因此他就制造一些事端分化各族，使他们互相成为仇敌，彼此攻伐。后来素利违背了盟约，出售马匹给官府，因而受到了比能的攻击。他便向田豫求救。田豫想如果不去救他，万一他被比能兼并了，比能势力一大，将来的祸害就更重了。再说中国对夷狄部落，也应该救助善良，讨伐邪恶，才能取信于他们。

十余里结屯营，多聚牛马粪然之，从他道引去。胡见烟火不绝，以为尚在，去，行数十里乃知之。追豫到马城，围之十重，豫密严，使司马建旌旗，鸣鼓吹，将步骑从南门出，胡人皆属目往赴之。豫将精锐自北门出，鼓噪而起，两头俱发，出虏不意，虏众散乱，皆弃弓马步走，追讨二十余里，僵尸蔽地。又乌丸王骨进桀黠不恭，豫因出塞案行，单将麾下百余骑入进部。进逆拜，遂使左右斩进，显其罪恶以令众。众皆怖慑不敢动，便以进弟代进。自是胡人破胆，威震沙漠。山贼高艾，众数千人，寇钞，为幽、冀害，豫诱使鲜卑素利部斩艾，传首京都。封豫长乐亭侯。为校尉九年，其御夷狄，恒摧抑兼并，乖散强猾。凡逋亡奸宄，为胡作计不利官者，豫皆构刺搅离，使凶邪之谋不遂，聚居之类不安。事业未究，而幽州刺史王雄支党欲令雄领乌丸校尉，毁豫乱边，为国生事。遂转豫为汝南太守，加殄夷将军。

因此田豫单独率领精锐的士兵，深入鲜卑区域去解救素利。那时胡人众多，他们前后包抄拦截，切断了魏军的归路。田豫干脆继续前进，到距离胡人营区十多里的地方才停下扎营。搜集了许多的牛马粪块燃烧起来，然后趁浓烟迷漫时，偷偷地从小路离开。胡人看到田豫营区烟火不断，都以为他们还在，直到他们离开了几十里地以后才发觉，胡人气得全都上马追赶，一直追到马城（今河北滦州市南），把田豫他们重重包围住。田豫严令军中守密，派司马立起大旗，敲击锣鼓，吹起号角，领着步兵骑兵，由南门出城。胡人都把注意力集中到南门去，同时军队也向那儿移动。结果田豫却领着精锐部队由北门大声地冲杀出来，南北两路军队都发动攻势。这情况大出胡人意料之外，胡虏军队一时被攻得混乱四散，都抛弃了弓箭、马匹逃走。田豫领兵追杀了二十多里路，胡兵的尸身满布战场，田豫反而获得了最大的胜利。这以后又有乌丸王骨进骄横强悍而又狡猾，对中国很不恭顺，田豫便出关塞去察访他的罪状。当田豫单独领着百多名的部下骑马进入骨进的部落里，骨进出来拜迎，田豫就命部下斩了他的人头，公布他的罪状，号令他的部众对中国要恭顺服从。骨进的部众都恐怖畏服得很，完全不敢反对。田豫就指派骨进的弟弟取代骨进的地位。从此以后，胡人的胆气都让田豫吓破了，他的声威震服了整个沙漠。有山贼名叫高艾的，他聚集了好几千的贼寇，在幽州、燕州一带攻略屠杀，为害严重，田豫就设计使鲜卑族胡人素利率领他的族人去攻杀高艾，把他的人头送到京城去。朝廷因此封田豫为长乐亭侯。田豫担任校尉官职前后共有九年。他治理夷狄的方法，就是破坏夷狄各部落的联合战线。对于特别强大狡猾的部落，他就设法分化离间，使他们内部分裂。凡是由中国逃亡出去，投奔胡人，而为胡人设计危害中国的，田豫就用计谋使胡人和他们互相猜忌提防，彼此无法安居，而他们凶恶可怕的造反计划也就不能实现了。田豫在边疆的功业还没完全成功，而幽州刺史王雄的党徒却想要使王雄来兼任乌丸校尉官职，他们毁谤田豫在边境多事，给国家惹来很多麻烦。朝廷听了，就改派田豫为汝南（今河南省东南）太守，又加给他殄夷将军的称号。

太和末，公孙渊以辽东叛，帝欲征之而难其人。中领军杨暨举豫应选，乃使豫以本官督青州诸军，假节，往讨之。会吴贼遣使与渊相结，帝以贼众多，又以渡海，诏豫使罢军。豫度贼船垂还，岁晚风急，必畏漂浪，东随无岸，当赴成山。成山无藏船之处，辄便循海，案行地势，及诸山岛，徼截险要，列兵屯守，自入成山，登汉武之观。贼还，果遇恶风，船皆触山沈没，波荡著岸，无所逃窜，尽虏其众。初，诸将皆笑于空地待贼，及贼破，竞欲与谋，求入海钩取浪船。豫惧穷虏死战，皆不听。初，豫以太守督青州，青州刺史程喜内怀不服，军事之际，多相违错。喜知帝宝爱明珠，乃密上："豫虽有战功而禁令宽弛，所得器仗珠金甚多，放散皆不纳官。"由是功不见列。

后孙权号十万众攻新城，征东将军满宠欲率诸军救之。豫曰："贼悉众大举，非徒投射小利，欲质新城以致大军耳。宜听使攻城，挫其锐气，不当与争锋也。城不可拔，众必

太和末年，公孙渊以辽东为凭借，背叛魏国，明帝想要征讨他，却找不到理想的人选领兵前往，那时中领军杨暨推举田豫为最适当人选。朝廷就派他用汝南太守的名义督理青州各地的军队，另外又给他节杖，要他前往讨伐。正巧这时吴国派使臣去和公孙渊互相勾结。明帝认为贼兵过多，加上还要渡海才能到达，困难险阻实在太多，就下诏令要田豫把集结的大军解散，不要讨伐叛军了。田豫算着贼兵就要回返他们的巢穴，而时节又正当年尾风季，贼兵们一定会很怕强风漂浪的冲击，他们回程时向东是无岸可靠的，只有走向成山（今山东荣城市）去，但成山那儿也没有藏掩船只的地方，贼船就只有沿着西边海岸航行了。田豫于是领着军队循着海边察看地势，各山丘岛屿，凡是有利于邀击拦截以及地理险要的地方，都布下军队扎营防守。田豫自己又亲自进驻成山，登上当年汉武帝的观海台去观察敌迹。当公孙渊的贼船回巢时，果然遇上恶劣风浪，船只都因触礁撞山而沉没了。贼兵们随着波涛被卷上岸的，全都没处藏躲，完全被俘。起先各将领都讽笑田豫要他们在海边空地上等待贼兵的安排。等到贼船沉破，贼兵被俘，他们却又争先恐后来和田豫共商计谋。许多将领要求派人下海去钩取浪船。田豫恐怕这样会使得那些无处可逃命的贼兵们拼死抵抗，造成官兵的死伤，所以对他们的献计都不采纳。在这次战前，因为田豫是以太守官职来主持青州地区的军事，这使得青州刺史程喜内心很不服气。因此，田豫在军事上的需要和安排，常常发生问题，很不顺利。如今田豫赢得大胜，程喜心中更加嫉恨，他知道皇帝很喜爱明珠宝玉，就密奏说："田豫虽然很有战功，但是他治军不严，军纪很坏，所以这次战争中尽管得到很多的珍宝明珠及金银器物，却都被军士们瓜分了，公家一点也没得到。"田豫应得的大功，就因此被程喜的密奏破坏了。

此后，孙权号称发动了十万大军要来攻打新城，征东将军满宠打算立刻率领各路人马去援救，田豫说："孙权贼子发动了所有的军队来攻打我们，绝不会只求一点小利益的。他这回一定是想用扣住新城的方式来诱出我们的大军。我们应该随他的意思，让他去攻打新

罢怠；罢怠然后击之，可大克也。若贼见计，必不攻城，势将自走。若便进兵，适入其计。又大军相向，当使难知，不当使自画也。”豫辄上状，天子从之。会贼遁走。后吴复来寇，豫往拒之，贼即退。诸军夜惊，云：“贼复来！”豫卧不起，令众“敢动者斩”。有顷，竟无贼。

景初末，增邑三百，并前五百户。正始初，迁使持节护匈中郎将，加振威将军，领并州刺史。外胡闻其威名，相率来献。州界宁肃，百姓怀之。征为卫尉。屡乞逊位，太傅司马宣王以为豫克壮，书喻未听。豫书答曰：“年过七十而以居位，譬犹钟鸣漏尽而夜行不休，是罪人也。”遂固称疾笃。拜太中大夫，食卿禄。年八十二薨，子彭祖嗣。

豫清俭约素，赏赐皆散之将士。每胡、狄私遗，悉簿藏官，不入家；家常贫匮。虽殊类，咸高豫节。嘉平六年，下诏褒扬，赐其家钱谷。语在《徐邈传》。

城，不该立刻和他一争高下。新城是不会被攻下的，而且这也能造成孙权军队的疲倦和松懈。到那时我们再去进攻，一定能获得大胜。贼兵如果知道了我们的计策，他们一定会自动逃走，不会攻城的。如果我们现在急着进兵，那就正好中了他们的诡计了。再说，当大军相对的时候，一定要使对方不能知道我方的行动，但我们也绝不可以把自己的行动限制住啊！”田豫又把这意见上奏魏明帝，明帝也同意他的主张，正好这时又传来东吴入寇军队撤走的消息。后来东吴又来侵略，田豫被派去抵抗，田豫一到，吴兵就退了。到了晚上，各军忽然都惊慌混乱起来，纷纷传说着东吴军队又来了，田豫这时仍然躺在床上不起身，他下令说：“东吴军队不会来的，如果有谁敢违抗命令，随意行动的，我一定把他杀了。”各军这才安定下来，过了一会儿，大家查清楚了，果然并没有东吴军队来偷袭。

当景初末年（公元239年），明帝加封田豫三百户人家，这三百户可以和从前的封邑并在一起，所以田豫共有五百户的封邑。当魏齐王芳正始初年（公元240年）田豫被任命为持节护匈奴中郎将，又加振威将军职衔，同时兼领并州刺史职务，胡人们听到他的威名，都互相结伴前来贡献。而并州一带边境上也就跟着安宁而有秩序了，百姓们很怀念田豫在的那一段时光。后来他被征为卫尉，他屡次上表请求辞职，太傅司马懿都说他身体还很硬朗，下书慰留而不批准。田豫回书答说：“年纪超过七十岁后，还在朝为官的，那就好像是在钟已响过，沙漏也漏尽之后还在夜间行走不停的人一样了，那种人是罪人哪！”于是他坚持说自己身染重病，不能担任职务，最后只好拜他为太中大夫，支公卿薪俸，他活到八十二岁才去世，他遗下的爵位，由儿子田彭祖继承。

田豫平日生活清廉节俭朴素，得到的赏赐都散给部下。每回得到胡人、狄人的私人赠品，也都登记在公文中，藏在官库里，绝不拿回家去；他家中经济情形常很困难，但是夷狄士人都很尊崇他的节操。齐王芳嘉平六年（公元254年）皇帝下诏令褒扬他，而且还赏赐金钱谷粮给他家中，这些事都记载在《徐邈传》中。（《徐邈传》见卷二十七。）

牵招字子经，安平观津人也。年十余岁，诣同县乐隐受学。后隐为车骑将军何苗长史，招随卒业。值京都乱，苗、隐见害，招俱与隐门生史路等触蹈锋刃，共殡敛隐尸，送丧还归。道遇寇钞，路等皆悉散走。贼欲斫棺取钉，招垂泪请赦。贼义之，乃释而去。由此显名。

冀州牧袁绍辟为督军从事，兼领乌丸突骑。绍舍人犯令，招先斩乃白，绍奇其意而不见罪也。绍卒，又事绍子尚。建安九年，太祖围邺。尚遣招至上党，督致军粮。未还，尚破走，到中山。时尚外兄高幹为并州刺史，招以并州左有恒山之险，右有大河之固，带甲五万，北阻强胡，劝幹迎尚，并力观变。幹既不能，而阴欲害招。招闻之，间行而去，道隔不得追尚，遂东诣太祖。太祖领冀州，辟为从事。

太祖将讨袁谭，而柳城乌丸欲出骑助谭。太祖以招尝领乌丸，遣诣柳城。到，值峭王严，以五千骑当遣诣谭。又辽东太守公孙康自称平州牧，遣使韩忠赍单于印绶往假峭王。峭王大会群长，忠亦在坐。峭王问招："昔袁公言受天子之命，假我为单于；今曹公复言当

牵招，字子经，他是安平郡（郡治在今河北冀县）观津（今河北武邑县东）县人。当他十多岁时，就拜同县的学者乐隐为师求学。后来乐隐做了车骑将军何苗的长史，他仍然跟着乐隐直到学成。那时正赶上京都大乱发生，何苗、乐隐都被杀害，他跟其他同学如史路等人拼了全力，历经艰险，终于为他们的老师完成殡殓，并且护送灵柩回乡。半途中他们遇到强盗打劫，史路等人都四下逃散，只有牵招守在棺木旁边，盗贼们要砍破棺材取钉，他流着眼泪恳求他们，盗贼们都很感动，觉得他是个义人，因此便放过了棺木离去。经过这件事后，牵招的名声便显揭开了。

冀州牧袁绍召请他担任督军从事，同时兼任乌丸突骑的统领。袁绍的舍人犯了法令，牵招把那人杀了之后才向袁绍报告，袁绍认为他的胆识很特殊，便没有怪罪他。袁绍死后，他又为袁绍的儿子袁尚工作。当建安九年（公元204年）曹操围攻邺城（今河北临漳县），袁尚派牵招到上党（今山西长治县）去监收军粮。他还没来得及回来，袁尚已被打败，逃奔到中山（今河北定县）去了。那时袁尚的姨表兄高幹正担任并州刺史。牵招以为并州左边拥有恒山险要；右边又有大河屏障，本身精兵在五万以上，北边倚恃着强悍的胡人，真是既安全又强大。他劝高幹把袁尚迎接过来，两人同心合力观察世变，再决定将来的行动。那知高幹不但不能采用他的建议，反而暗中想谋害他，他听到消息后，就偷偷逃走了。因为道路不通，追不上袁尚，便只好向东去投奔曹操，曹操统有冀州后，派他为冀州从事。

当曹操要讨伐袁谭时，有柳城（今辽宁朝阳市南）的乌丸部落却偏要出兵帮助袁谭。因为牵招曾经治理过乌丸，所以曹操派他去柳城处理这事。他抵达时，正赶上乌丸峭王在动员军队，要派五千名骑兵去支持袁谭。同时辽东太守公孙康自称为平州的州牧，派了使臣韩忠带着“单于”的印绶，也要赐封峭王。峭王召开盛会，请来了所有部落的酋王，而

更白天子，假我真单于；辽东复持印绶来。如此，谁当为正？”招答曰：“昔袁公承制，得有所拜假；中间违错，天子命曹公代之，言当白天子，更假真单于，是也。辽东下郡，何得擅称拜假也？”忠曰：“我辽东在沧海之东，拥兵百万，又有扶馀、濊貊之用。当今之势；强者为右，曹操独何得为是也？”招呵忠曰：“曹公允恭明哲，翼戴天子，伐叛柔服，宁静四海，汝君臣顽嚚，今恃险远，背违王命，欲擅拜假，侮弄神器，方当屠戮，何敢慢易咎毁大人？”便捉忠头顿筑，拔刀欲斩之。峭王惊怖，徒跣抱招，以救请忠，左右失色。招乃还坐，为峭王等说成败之效，祸福所归。皆下席跪伏，敬受敕教，便辞辽东之使，罢所严骑。

太祖灭谭于南皮，署招军谋掾，从讨乌丸。至柳城，拜护乌丸校尉。还邺，辽东送袁尚首，县在马市，招睹之悲感，设祭头下。太祖义之，举为茂才。从平汉中，太祖还，留招为中护军。事罢，还邺，拜平虏校尉，将兵督青、徐州郡诸军事，击东莱贼，斩其渠率，

韩忠也在会中，峭王就问牵招说：“以前袁公说他受天子的命令封我为单于，现在曹公又讲他要再向天子要求封我为真单于，而眼前辽东又有使臣带着单于的印绶来到，这三方面都要封我，究竟谁是正式的呢？我该接受谁的呢？”牵招回答他说：“以前是袁公在职，所以他能够代表天子封赐你。后来袁公发生事故，不在职了，如今是曹公得到天子的任命，他说要向天子报告后，改封你为真单于，这就对了。辽东只是个偏远小郡，凭什么对外封赏呢？”韩忠听了便说：“我辽东位在大海东边，有百万雄兵，又有扶馀、濊貊等附庸供我驱用。如今的世局，本来是强者为大，曹操又算得什么？”牵招听了就大声责备他说：“曹公是个公正敬慎明理的人。他辅佐并且保护着天子，讨伐叛贼、安抚顺民，使得天下安宁。你们辽东上上下下都是顽劣叫嚣的叛贼，现在倚仗着地理上的险要和阻绝，大胆的违背天子的命令，居然还要乱用封赏，侮辱玩弄了国家神器。这种情形，就该立刻被乱刀斩杀，才能抵罪，你怎么还敢傲慢地毁谤曹公呢？”于是牵招在酒席中就把韩忠抓住，把他的头部在地上撞击，又拔出刀来，要把韩忠当场斩死。峭王大惊，而且很紧张，顾不得空手赤脚，就跑上前去抱住牵招，请他不要杀韩忠，其他的乌丸头目们也都吓得变了脸色。牵招这才回到座位上，为峭王及他的部众们解说成败的结果和祸福的影响。他们明白之后，都离开座位跪下来向牵招表示谨受教训。峭王起来后就拒绝了辽东的使臣，同时解散了他所召集的军队，不再出兵支援袁谭了。

曹操在南皮（**河北南皮县**）消灭了袁谭的军队后，任命牵招为军谋掾，随着部队讨代乌丸。到柳城（**辽宁省朝阳市南**）后又拜他为乌丸校尉。回到邺都（**河北临漳县**），辽东又送来袁尚的首级，曹操把首级悬挂在马市示众。牵招看了非常悲伤，他就在人头下面设起供桌拜祭。曹操知道了，很以为他是个有义气的君子，因此举他为茂才。并带着他去平定汉中（**陕西汉中**），当曹操先回时，命他为中护军，留在汉中监督军事。等一切结束，他回

东土宁静。

文帝践阼，拜招使持节护鲜卑校尉，屯昌平。是时，边民流散山泽，又亡叛在鲜卑中者，处有千数。招广布恩信，招诱降附。建义中郎将公孙集等，率将部曲，咸各归命；使还本郡。又怀来鲜卑素利、弥加等十余万落，皆令款塞。

大军欲征吴，召招还，至，值军罢，拜右中郎将，出为雁门太守。郡在边陲，虽有候望之备，而寇钞不断。招既教民战陈，又表复乌丸五百余家租调，使备鞍马，远遣侦候。虏每犯塞，勒兵逆击，来辄摧破，于是吏民胆气日锐，荒野无虞。又搆间离散，使虏更相猜疑。鲜卑大人步度根、泄归泥等与轲比能为隙，将部落三万余家诣郡附塞。敕令还击比能，杀比能弟苴罗侯，及叛乌丸归义侯王同、王寄等，大结怨雠。是以招自出，率将归泥等讨比能于云中故郡，大破之。招通河西鲜卑附头等十余万家，缮治陉北故上馆城，置屯

到邺，就被拜为平虏校尉，领着军队去主持青州、徐州各郡的军事，他攻伐了东莱（山东胶东半岛东部）地方的贼寇，杀了他们的首领，东方一带从此才获得安宁。

魏文帝即天子位后，拜牵招为持节护鲜卑校尉，屯驻于昌平（北京昌平区）。那时边疆一带百姓流落散布在山区水泽为乱，或亡命背叛投奔到鲜卑族中的，每处都有千人以上。他们给边地带来极大的祸害。牵招去了以后，尽量施恩立信，招抚诱导，使边民重新归顺朝廷。例如建义中郎将公孙集等人，他们率领着部下，回来听从政府的命令，就是牵招努力的结果。牵招使他们都回到自己的故乡去。此外，怀来（河北宣化县）一带的鲜卑族，例如素利、弥加等部落十多万人，牵招也都令他们来到塞内投降称臣。

魏国大军将要征伐东吴了。朝廷把牵招召回。当他回到京城时，正值计划撤消，因此另拜他为右中郎将，派到雁门（山西代县）去当太守。雁门郡位在遥远的边疆地方，虽然有烽火警报设置，但经常还是受到戎狄的侵袭，情况很不安定。牵招到了那儿，就教当地民众战技和布阵，又上表求准恢复五百多家乌丸族人的租调办法，使他们能备鞍马，到远地去侦察斥候。经过牵招这么改进之后，每回胡人来犯边塞，牵招都能事先得到消息，挥兵迎击，来犯的胡兵每回都被打得大败，因此所有的官吏百姓，他们的胆子和气势都愈来愈强大有力，虽然单独置身荒野，也毫不害怕。牵招又设法在胡人部落中挑拨离间，制造矛盾，使他们彼此猜疑，互不信赖，鲜卑大人步度根、泄归泥等人和轲比能发生了误会，所以他们就率领着自己的部落共三万多户到雁门内归附，政府下令要他们回军去攻击轲比能。他们在战事中杀了轲比能的弟弟苴罗侯，还杀了背叛的乌丸族的归义侯王同、王寄等人。因此，鲜卑各族和乌丸各族之间，彼此都结下了很深的仇怨。牵招便利用这个大分裂的机会，亲自领军出塞，率领将军归泥等人在旧云中（内蒙古托克托县）郡一带讨伐轲比能，把他打得大败。牵招又交通了河西地方的鲜卑附头等十多万户，使他们不再为害。他又修治了在陉水北岸的旧上馆城，在那儿驻军屯垦，以安定内外。这些行动，使得大小戎

戍以镇内外，夷虏大小，莫不归心，诸叛亡虽亲戚不敢藏匿，咸悉收送。于是野居晏闭，寇贼静息。招乃简选有才识者，诣太学受业，还相授教，数年中庠序大兴。郡所治广武，井水咸苦，民皆担辇远汲流水，往返七里。招准望地势，因山陵之宜，凿原开渠，注水城内，民赖其益。

明帝即位，赐爵关内侯。太和二年，护乌丸校尉田豫出塞，为轲比能所围于故马邑城，移招求救。招即整勒兵马，欲赴救豫。并州以常宪禁招，招以为节将见围，不可拘于吏议，自表辄行。又并驰布羽檄，称陈形势，云当西北掩取虏家，然后东行，会诛虏身。檄到，豫军踊跃。又遗一通于虏蹊要，虏即恐怖，种类离散。军到故平城，便皆溃走。比能复大合骑来，到故平州塞北。招潜行扑讨，大斩首级。招以蜀虏诸葛亮数出，而比能狡猾，能相交通，表为防备，议者以为县远，未之信也。会亮时在祁山，果遣使连结比能。比能至故北地石城，与相首尾。帝乃诏招，使从便宜讨之。时比能已还漠南，招与刺史毕轨议

狄，都很乐意地归顺朝廷；而背叛亡命的人，虽然是他们的亲戚，也不敢收留包庇他们，都自动加以逮捕送交法办。因此在牵招的辖区内，治安非常良好，秩序也很安定。牵招见社会安宁了，他就选拔郡中有能力有见识的，送到太学去接受教育。他们学成回来，又教育地方子弟，几年之间，地方教育事业就非常兴盛了。雁门郡所辖的广武（在今山西代县西南）地方，井水水质既咸又苦，民众都用肩挑车载的方式到远地去汲取河水饮用，来回共有七里路程，很是劳苦。牵招测量地势，利用山陵地形的便利，挖掘水源，开通沟渠，使水流进城内，百姓们都得到很大的福利。

明帝即位以后，赐牵招关内侯爵位。太和二年（公元228年），护乌丸校尉田豫到塞外去，被轲比能围困在旧马邑城（山西朔州市）。他发消息向牵招求救，牵招立刻调动军队，要去救他，但是上级并州朝史衙门引用法令来制止牵招。牵招认为持有节杖的将领被围困的话，是一定要去援救的，不该受到一般庸吏的阻拦。所以他上表之后，就立刻出兵。他又用快马送羽书给田豫，陈说作战形势，他的军书内说："我军出塞后，应该先向西北偷袭轲比能的老巢，然后再东向和你们会师，共同消灭胡虏。"当这封军书抵达田豫军中时，他们都高兴得跳跃起来，士气大振。牵招又故意遗失了一封军书在胡虏重要的交通线上，果然被胡虏发现了。他们立刻紧张害怕起来，各部族纷纷解散回家。当牵招的军队行到从前的平城时，胡虏军队就都溃散逃走了。后来轲比能又召集起大量骑兵，来到旧日的平州塞的北面，牵招偷偷地行军到那儿，突然追击，杀死了许多胡兵，获得胜利。从前牵招认为在四川的敌人诸葛亮多次出兵攻魏，而轲比能又狡猾顽劣，他们二人必然会互相勾结，对魏不利，所以他上疏朝廷，希望能加防备。但是议事的人，以为他二人相距遥远，不必顾虑，不怎么相信牵招的预测。这时正巧诸葛亮领兵来到祁山，果然他派使臣去勾结轲比能。轲比能就领军来到旧日北地郡的石城和蜀军成一条阵线，明帝这才下诏命给牵招，使他就

曰："胡虏迁徙无常。若劳师远追，则迟速不相及。若欲潜袭，则山溪艰险，资粮转运，难以密办。可使守新兴、雁门二牙门，出屯陉北，外以镇抚，内令兵田，储畜资粮，秋冬马肥，州郡兵合，乘衅征讨，计必全克。"未及施行，会病卒。招在郡十二年，威风远振。其治边之称，次于田豫，百姓追思之。而渔阳傅容在雁门有名绩，继招后，在辽东又有事功云。

招子嘉嗣。次子弘，亦猛毅有招风，以陇西太守随邓艾伐蜀有功，咸熙中为振威护军。嘉与晋司徒李胤同母，早卒。

郭淮字伯济，太原阳曲人也。建安中举孝廉，除平原府丞。文帝为五官将，召淮署为门下贼曹，转为丞相兵曹议令史，从征汉中。太祖还，留征西将军夏侯渊拒刘备，以淮为渊司马。渊与备战，淮时有疾不出。渊遇害，军中扰扰，淮收散卒，推荡寇将军张郃为军

近讨伐。但那时候轲比能已经回到汉南去了。牵招和刺史毕轨商量说："胡虏的行踪不定，如果我们不辞劳苦发兵远追，他们行动快过我们，追是追不上的。如果想偷袭他们的巢穴，却又因为高山溪流的阻隔，地形的困难和补给不利，实在很难保持隐密完成偷袭。所以最好的办法，还是命令目前防守在新兴和雁门的两支正规军队，前进到陉的北边去驻防，他们对外可以发生镇压安抚作用，对内可以使士兵屯垦，储蓄物资粮草。等到秋冬时节马肥兵强，那时再把州、郡的军队合并运用，利用机会征讨胡虏。用这样的计划，既能达成目的，又能保全实力。"可惜这计划来不及实行，牵招就病死了。他在郡中共计十二年，声威远播，胡人都敬服他。他治理边地的美名，仅次于田豫而已。他死后，百姓们一直都在追念他。牵招之后在雁门郡治理有成的是傅容，他是渔阳（北京密云）人，后来他被调到辽东去，在那儿也很有治绩。

牵招逝世之后，他的儿子牵嘉承袭了爵位，他的次子牵弘为人行事也很勇猛强毅，很有牵招的风范。他后来以陇西太守的身份随着邓艾讨伐西蜀，很有功劳。到了魏陈留王咸熙元年（公元 264 年），他被任为振威护军。牵嘉和晋司徒李胤是同母所生，只是牵嘉去世较早。

郭淮，字伯济，他是太原郡（今山西太原一带）阳曲（今山西定襄县），在建安（汉献帝年号）年间被举为孝廉，派为平原县（今山东平原县）的府丞。当魏文帝最初被任为五官中郎将时，他召郭淮前去，报他为门下贼曹。后来他去转任为丞相府衙的兵曹议令史，跟着曹操出征汉中。当曹操由汉中回来，留下了征西将军夏侯渊抵挡刘备，又派郭淮为夏侯渊的司马。夏侯渊和刘备激战，郭淮因染重病，因此不能出战。夏侯渊遇害，军中惊慌不安，全靠郭淮把散乱的士兵们重新集合起来，又推举荡寇将军张郃为主将继续指挥，这

主，诸营乃定。其明日，备欲渡汉水来攻。诸将议众寡不敌，备便乘胜，欲依水为陈以拒之。淮曰："此示弱而不足挫敌，非算也。不如远水为陈，引而致之，半济而后击，备可破也。"既陈，备疑不渡，淮遂坚守，示无还心。以状闻，太祖善之，假郃节，复以淮为司马。文帝即王位，赐爵关内侯，转为镇西长史。又行征羌护军，护左将军张郃、冠军将军杨秋讨山贼郑甘、卢水叛胡，皆破平之。关中始定，民得安业。

黄初元年，奉使贺文帝践阼。而道路得疾，故计远近为稽留。及群臣欢会，帝正色责之曰："昔禹会诸侯于涂山，防风后至，便行大戮。今溥天同庆而卿最留迟，何也？"淮对曰："臣闻五帝先教，导民以德，夏后政衰，始用刑辟。今臣遭唐虞之世，是以自知免于防风之诛也。"帝悦之，擢领雍州刺史，封射阳亭侯，五年为真。安定羌大帅辟蹏反，讨破降之。每羌、胡来降，淮辄先使人推问其亲理，男女多少，年岁长幼；及见，一二知其款曲，讯问周至，咸称神明。

样才把各处营区的秩序安定下来。第二天，刘备想渡过汉水发动攻击，将领们开会商量，都认为刘备兵多，不是对手，万一战败，可就惨了，所以大家打算紧依着汉水岸边摆下阵势，以阻止刘备渡河。郭淮说："这种做法，正让敌人看出我军的弱点，是不能使敌人挫败的，这怎能算是好计谋呢？我看不如我们远离河岸设下阵势，引诱对方来到阵前，当对方军队半渡时，我们就猛力攻击，那么刘备的军队一定会被我们打败的。"大家都采纳了他的意见，当郭淮他们摆好阵势之后，刘备起了疑心，不敢渡过汉水，于是郭淮等人虽然兵卒很少，却能坚守，表示出决不退兵的决心。当郭淮他们把这种决心写进奏章呈上以后，很受曹操赞赏，于是就颁节杖给张郃。并派郭淮为司马。当魏文帝即魏王位后，郭淮被封赐关内侯爵位，后来转为镇西长吏。他又兼征羌护军，保护左将军张郃及冠军将军杨秋去讨代山贼郑甘，还有卢水地区背叛的胡人，把他们全都打败平定，从此以后，关中才真正得到安宁，百姓们也才能安居乐业。

黄初元年（公元220年），郭淮奉派为入京贺魏文帝即位的使臣，半路上他感染了疾病，不得已之下只好计算路程的远近，稍微耽搁一下，当他到达京城时，正赶上群臣为庆贺文帝即位而举行盛大集会，文帝很严肃地责备他说："从前大禹在涂山会合诸侯，防风氏来得最晚，大禹便把他治了重罪杀掉，如今溥天同庆，而你来得最迟，该怎么处理呢？"郭淮回答说："臣听说五帝时代都是先以道往来教化民众，到了夏禹时代，政治衰败，那才开始用刑罚对待百姓。如今臣是遭逢到唐虞一样的盛世，所以自己很明白一定不会受到如同防风氏一般的责罚的。"文帝听了非常高兴，就提升他代理雍州刺史，又封他为射阳亭侯，到黄初五年，才正式任命他为雍州刺史。安定（今甘肃庆阳市西至宁夏固原一带）地方的羌族大帅辟蹏叛乱，被郭淮领兵平定，羌族投降。每当羌人、胡人来降的时候，郭淮就先让别人去询问他们还有哪些家属，有多少男女，及年龄大小等等，等到郭淮接见他们

太和二年，蜀相诸葛亮出祁山，遣将军马谡至街亭，高详屯列柳城。张郃击谡，淮攻详营，皆破之。又破陇西名羌唐蹏于枹罕，加建威将军。五年，蜀出卤城。是时，陇右无谷，议欲关中大运，淮以威恩抚循羌、胡，家使出谷，平其输调，军食用足，转扬武将军。青龙二年，诸葛亮出斜谷，并田于兰坑。是时司马宣王屯渭南；淮策亮必争北原，宜先据之，议者多谓不然。淮曰："若亮跨渭登原，连兵北山，隔绝陇道，摇荡民、夷，此非国之利也。"宣王善之，淮遂屯北原。堑垒未成，蜀兵大至，淮逆击之。后数日，亮盛兵西行，诸将皆谓欲攻西围，淮独以为此见形于西，欲使官兵重应之，必攻阳遂耳。其夜果攻阳遂，有备不得上。

正始元年，蜀将姜维出陇西。淮遂进军，追至彊中，维退，遂讨羌迷当等，按抚柔氐三千余落，拔徙以实关中。迁左将军。凉州休屠胡梁元碧等，率种落二千余家附雍州。淮奏请使居安定之高平，为民保障，其后因置西州都尉。转拜前将军，领州如故。

时，又和他们一一谈到，羌人、胡人都说他像神明一样。

太和二年（公元228年），蜀汉丞相诸葛亮出兵祁山，派遣马谡到街亭，高详到柳城驻守，曹军张郃攻打马谡，郭淮攻打高详的军营，都获得大胜。郭淮后来又在枹罕（今甘肃临夏县）攻破了陇西著名的羌人唐蹏，被晋升为建威将军。太和五年，蜀军由卤城进兵攻魏，那时陇右一带正缺谷粮，无法支应，朝中商议着要尽量发动关中的民众和粮食，但郭淮却用恩威推动羌人、胡人，使他们家家户户出谷米，郭淮收纳整理，军队的粮食就足用了，因为这项大功，朝廷就升任他为扬武将军。青龙二年（公元234年），诸葛亮由斜谷（在今陕西眉县）出兵，并且在兰坑（在今陕西眉县）屯田。那时屯驻在渭水南岸，郭淮预料诸葛亮一定会攻占北原，魏军应该先控制住这个地方才好，但是议论这事的人多数都不同意。郭淮说："如果诸葛亮跨过渭河，登上北原，他的军队就把北边山地全占据了，也就隔断了陇地的交通。到那时候，百姓也好，羌胡也好，都要混乱不安了，那可不是国家的福利啊！"司马懿很赞许他的见解，因此郭淮才被准许屯兵北原，果然还没等他防御工事造好，蜀汉的军队就已大批来到。他率军迎击，才保住了北原。过了几天，诸葛亮的大军公开地向西移动，魏军将领们都说是要去攻打西围，只有郭淮认为他这种公开向西进兵的情形，是要使魏国大军也移向西去应付，其实蜀军一定是要进攻阳遂的。那晚上果然蜀军进攻阳遂，但因郭淮有防备，所以不能得手。

魏齐王芳正始元年（公元240年），蜀将姜维由陇西率兵伐魏，郭淮便进兵抵挡，一路追到彊中，姜维只好退兵。郭淮趁便讨伐背叛的羌人迷当等，安抚怀柔氐族三千多部落，把他们都迁徙到关中一带去居住，充实了关中的户口。郭淮被升任为左将军。凉州的休屠胡首领梁元碧等，也率领他们的部落和其他胡人部族二千多家到雍州归附。郭淮向朝廷上奏请准使他们住到安定郡的高平去，以保护百姓，后作又为他们设置（西州）都尉。这时朝廷又拜郭淮为前将军，仍然兼任原来州刺史官职。

五年，夏侯玄伐蜀，淮督诸军为前锋。淮度势不利，辄拔军出，故不大败。还假淮节。八年，陇西、南安、金城、西平诸羌饿何、烧戈、伐同、蛾遮塞等相结叛乱，攻围城邑，南招蜀兵，凉州名胡治无戴复叛应之。讨蜀护军夏侯霸督诸军屯为翅。淮军始到狄道，议者佥谓宜先讨定枹罕，内平恶羌，外折贼谋。淮策维必来攻霸，遂入沨中，转南迎霸。维果攻为翅，会淮军适至，维遁退。进讨叛羌，斩饿何、烧戈，降服者万余落。九年，遮塞等屯河关、白土故城，据河拒军。淮见形上流，密于下渡兵据白土城，击，大破之。治无戴围武威，家属留在西海。淮进军趋西海，欲掩取其累重，会无戴折还，与战于龙夷之北，破走之。令居恶虏在石头山之西，当大道止，断绝王使。淮还过讨，大破之。姜维出石营，从彊川，乃西迎治无戴，留阴平太守廖化于成重山筑城，敛破羌保质。淮欲分兵取之。诸将以维众西接强胡，化以据险，分军两持，兵势转弱，进不制维，退不拔化，非计也，不如合而俱西，及胡、蜀未接，绝其内外，此伐交之兵也。淮曰："今往取化，出贼不意，维

正始五年，夏侯玄领兵攻伐蜀汉，郭淮督率各军担任前锋。战前他预料形势不利，所以先行撤军，因此魏军不致大败。回军之后，朝廷仍然给予郭淮节杖去治理羌胡。正始八年，在陇西、南安、金城，西平等地的羌族，如饿何、烧戈、伐同、蛾遮塞部落互相勾结叛乱，他们围攻城邑，杀害百姓，又向南去招呼蜀兵。那时凉州一带著名的胡人治无戴也反叛以响应他们。魏国当时讨伐蜀汉的护军夏侯霸正督导各军屯驻在为翅，而郭淮的军队才刚开到狄道。议事的人都主张应该先讨平枹罕，也就是要先平定国内可恶的羌族，然后再全力对外摧折蜀汉的阴谋。但郭淮预料姜维一定来攻夏侯霸，于是他转进沨中，再转向南方去迎接夏侯霸。果然姜维进攻为翅，紧急时郭淮军队正好来到，姜维只好退兵。这时郭淮才去征讨背叛羌人，斩杀了饿何、烧戈。降服的羌人聚落有一万多。到了正始九年，仍然背叛的羌人遮塞等屯军在河南和旧白土城一带，据守大河以对抗官军。郭淮假意往上游行军，却秘密地由下游渡河，攻占了白土城，再进兵攻击河关，把遮塞打得大败。这时候，治无戴正围攻武威，他的家属则留在西海。郭淮向西海进军，想偷袭他的家属和积蓄，正巧治无戴回军，于是两军在龙夷的北边大战，郭淮把他打得大败而逃。在石头山西边，就是极可恶的胡虏令居的游牧区域，那也是正当大道中止的地方。他们屡次阻隔了中原使臣的通路。郭淮就趁回军的时候，顺便去讨伐，把他们打得大败。蜀将姜维由石营出兵，经由彊川，再向西去迎接治无戴，留下阴平太守廖化在成重山筑城防守魏军，收留残余的羌人，并保护他们。郭淮要把军队分成两支，一支攻廖化，一支攻姜维。但将领们都以为姜维军多又西接强胡，而廖化则据守险地难以取胜，魏军分成两支，力量就分散而弱小了，向前的不能治服姜维，向后的也不能攻下廖化，这不是好办法；所以还不如合军向西，趁胡兵蜀兵还没联合的时候，隔离开他们相会的路线，这才是制止对方联军的最佳办法。但郭淮很不同意，他说："如今我们去攻廖化，那一定出乎他意料之外，而姜维也就不能放心

必狼顾。比维自致，足以定化，且使维疲于奔命。兵不远西，而胡交自离，此一举而两全之策也。”乃别遣夏侯霸等追维于沓中，淮自率诸军就攻化等。维果驰还救化，皆如淮计。进封都乡侯。

嘉平元年，迁征西将军，都督雍、凉诸军事。是岁，与雍州刺史陈泰协策，降蜀牙门将句安等于翅上。二年，诏曰：“昔汉川之役，几至倾覆。淮临危济难，功书王府。在关右三十余年，外征寇虏，内绥民夷。比岁以来，摧破廖化，禽虏句安，功绩显著，朕甚嘉之。今以淮为车骑将军，仪同三司，持节、都督如故。”进封阳曲侯，邑凡二千七百八十户，分三百户，封一子亭侯。正元二年薨，追赠大将军，谥曰贞侯。子统嗣。统官至荆州刺史，薨。子正嗣。咸熙中，开建五等，以淮著勋前朝，改封汾阳子。

评曰：满宠立志刚毅，勇而有谋。田豫居身清白，规略明练。牵招秉义壮烈，威绩显著。郭淮方策精详，垂问秦、雍。而豫位止小州，招终于郡守，未尽其用也。

前进，一定要回头来救，而当他回来的时候，我们已经攻下廖化了，同时也使得姜维军队疲于奔命。我们的军队不必远行到西方去，却可以使蜀、胡的联合自动分开，这是一举而两全的好办法呢。”于是郭淮另派夏侯霸去追姜维，直到沓中。他自己则率领各军去攻廖化等人。果然这使得姜维拼命跑回来援救廖化，一切结果都正如郭淮的预料。朝廷为了奖赏他，进封他为都乡侯。

魏齐王芳嘉平元年（公元 249 年）又升郭淮为征西将军，总督雍州、凉州各地的军事，同年中，他和雍州刺史陈泰共定计策，使蜀军的牙门将句安等在翅上投降。二年，皇帝下诏令说：“当年汉川之役，几乎使国家危亡，都靠郭淮临危救护，免除灾难，他的功劳记录在王府之内，永远不会磨灭的。郭淮在关右三十多年，对外征服敌寇胡虏，对内安抚百姓夷民，近年来又大败廖化，俘虏句安，他的功绩实在伟大，朕非常嘉许他，朕现在任命郭淮为车骑将军，他的仪仗制饰，和三司相同，而且他仍和以前一样，可以持节都督军事。”又进封郭淮为阳曲侯，封邑共有二千七百八十户，又下诏允许他分出三百户来，封他一子为亭侯。魏高贵乡公正元二年（公元 255 年）郭淮去世，朝廷追赠他为大将军，加谥号为贞侯。他的爵位由儿子郭统继承。郭统后来官拜荆州刺史，他死了后，儿子郭正继嗣爵禄。魏陈留王咸熙元年（公元 264 年），国家建五等爵，因郭淮在前朝立有大功，还改封他为汾阳子。

陈寿评论说：满宠心志立得非常刚正强毅，为人勇敢又有谋略。田豫立身廉洁清白，处事能建立规模，明白练达。牵招以义气为重，行为壮烈，声威成就伟大显著。郭淮谋略精细深远，能完全掌握住秦地和雍州。可惜的是，田豫只在小州服务，牵招最后还是郡太守而已，他们的才能并没有完全展布啊！

三国志卷二十七

徐胡二王传第二十七

黄湘阳 译

徐邈字景山，燕国蓟人也。太祖平河朔，召为丞相军谋掾，试守奉高令，入为东曹议令史。魏国初建，为尚书郎。时科禁酒，而邈私饮至于沈醉。校事赵达问以曹事，邈曰："中圣人。"达白之太祖，太祖甚怒。度辽将军鲜于辅进曰："平日醉客谓酒清者为圣人，浊者为贤人，邈性修慎，偶醉言耳。"竟坐得免刑。后领陇西太守，转为南安。文帝践阼，历谯相，平阳、安平太守，颍川典农中郎将，所在著称，赐爵关内侯。车驾幸许昌，问邈曰："颇复中圣人不？"邈对曰："昔子反毙于谷阳，御叔罚于饮酒，臣嗜同二子，不能自惩，时复中之。然宿瘤以丑见传，而臣以醉见识。"帝大笑，顾左右曰："名不虚立。"迁抚军大将军军师。

徐邈，字景山，他是燕国蓟（在今北京市大兴区西南）人，当曹操平定河朔一带时，召他做丞相军谋掾，又要他暂任奉高（在今山东泰安市东）守令，后来也曾在丞相府担任过东曹议令史。当魏国初成立，他被任为尚书郎。当时法令规定禁酒，但徐邈却私下喝得大醉。有一回，校事官陈达有公事要问他，他却回答说："中圣人。"陈达把这事说给曹操听，曹操很生气。度辽将军鲜于辅听说了就向曹操进言说："爱喝酒的人常说清酒是圣人，浊酒是贤人，徐邈他性格正直谨慎，这回他只是偶而说说醉话而已。你又何必生气呢？"由于鲜于辅的缓颊，徐邈居然就逃过了责罚。徐邈后来被任命为陇西太守，也曾调为南安（今甘肃省陇西县西南）太守。曹丕即帝位后，他被任为谯国的相，以后转调为平阳郡、安平郡的太守及颍川典农中郎将，他曾任职过的地方，都留下很好的政声。因此他被封为关内侯。有一回文帝曹丕到许昌，遇到了他就问说："你现在还常常'中圣人'吗？"他回答说："春秋时楚国的司马子反因为醉酒而死在谷阳手中（事见《左传·成公十六年》），鲁国大夫御叔因饮酒而受重罚（事见《左传·襄公二十二年》）；臣的嗜好和他二人相同却不能改正，到现在还常常喝得大醉。不过宿瘤是因丑而闻名的，臣却是因醉而被赏识的啊！"文帝听了大笑，看了看左右的随从说："徐邈的名气，可真不是随便得来的哪！"于是升任徐邈为抚军大将军军师。

明帝以凉州绝远，南接蜀寇，以邈为凉州刺史，使持节领护羌校尉。至，值诸葛亮出祁山，陇右三郡反，邈辄遣参军及金城太守等击南安贼，破之。河右少雨，常苦乏谷，邈上修武威、酒泉盐池以收虏谷，又广开水田，募贫民佃之，家家丰足，仓库盈溢。乃支度州界军用之余，以市金帛犬马，通供中国之费。以渐收敛民间私仗，藏之府库。然后率以仁义，立学明训，禁厚葬，断淫祀，进善黜恶，风化大行，百姓归心焉。西域流通，荒戎入贡，皆邈勋也。讨叛羌柯吾有功，封都亭侯，邑三百户，加建威将军。邈与羌、胡从事，不问小过；若犯大罪，先告部帅，使知，应死者乃斩以徇，是以信服畏威，赏赐皆散与将士，无入家者，妻子衣食不充；天子闻而嘉之，随时供给其家。弹邪绳枉，州界肃清。

正始元年，还为大司农。迁为司隶校尉，百寮敬惮之。公事去官。后为光禄大夫，数

明帝以为凉州（州治在今甘肃武威市凉州区）地方距京城太远，加上那儿的南界已经和蜀汉相接壤，因此特派徐邈为凉州刺史，以便镇抚当地，又命他持节领护羌校尉。当徐邈到任时，正赶上诸葛亮出祁山，而陇右三郡的戎夷又趁机造反，徐邈就派遣州中的参军以及金城（在今甘肃榆中县北）地方的太守，合力来攻伐南安的贼寇，恢复地方的安宁。河右地方雨水很少，百姓们经常因为收成失败、缺乏谷米而痛苦不已。徐邈于是整修武威、酒泉两郡的盐池，利用池盐和胡人交换谷米；此外又大量开辟水田，召募贫民，租佃给他们耕种。因为他多方努力，因此造成凉州地区家家都有丰盛的收成，到后来，仓库里的粮食都满得流到外面来了。徐邈就用这样造成的财富，来支持州郡必需的军事费用。有时，还用它作资本，买卖金银丝帛和马匹犬只等，以买卖的盈余来供应和中原贸易、交通的经费；有时，又还用来收买民间兵器，贮藏在官府的库房中。当地方富足，兵器都被收买之后，徐邈就率领上下吏民，尊崇仁义道德，设立学校，讲明教训，禁止厚葬和荒唐不正的祭祀，选用善良，斥逐罪恶。这么一来，凉州地方的风俗教化完全改观，百姓都归向政府了，西域各地和中国的来往也愈发地密切起来，就是最远方的胡人，也到中国来朝贡了。这一切全都是徐邈的功劳。徐邈后来讨伐叛乱的羌人柯吾很有功绩，因此被封为亭侯，赐给他食邑三百户，又拜他为建威将军。他治理羌人、胡人的方式是不计较他们的小过失，但如果有人犯了大罪，就先告诉他们的酋长，要他们再向那人说明他应死的理由，然后才动刑杀他，并传送他的首级到各部落去。因此，各部落的胡人对徐邈都非常敬畏服从。徐邈得了赏赐，就全数分给部下，从没有送回自己家的，他妻子儿女的衣食都不周全。天子知道了，很嘉许他，并且经常供应他家中的用度。徐邈在凉州，纠劾邪恶，矫正不直，因而使得州内风气秩序非常优良。

魏齐王芳正始元年（公元240年），他被召回京城，先任大司农，后又升为司隶校尉，所有文武百官都对他既敬重又畏惧。后来他因为公事而离职，但又被任命为光禄大夫，短

岁即拜司空，邈叹曰："三公论道之官，无其人则缺，岂可以老病忝之哉？"遂固辞不受。嘉平元年，年七十八，以大夫薨于家，用公礼葬，谥曰穆侯。子武嗣。六年，朝廷追思清节之士，诏曰："夫显贤表德，圣王所重；举善而教，仲尼所美。故司空徐邈、征东将军胡质、卫尉田豫皆服职前朝，历事四世，出统戎马，入赞庶政，忠清在公，忧国忘私，不营产业，身没之后，家无余财，朕甚嘉之。其赐邈等家谷二千斛，钱三十万，布告天下。"邈同郡韩观曼游，有鉴识器干，与邈齐名，而在孙礼、卢毓先，为豫州刺史，甚有治功，卒官。卢钦著书，称邈曰："徐公志高行絜，才博气猛。其施之也，高而不狷，絜而不介，博而守约，猛而能宽。圣人以清为难，而徐公之所易也。"或问钦："徐公当武帝之时，人以为通，自在凉州及还京师，人以为介，何也？"钦答曰："往者毛孝先、崔季珪等用事，贵清素之士，于时皆变易车服以求名高，而徐公不改其常，故人以为通。比来天下奢靡，转相仿效，而徐公雅尚自若，不与俗同，故前日之通，乃今日之介也。是世人之无常，而徐

短几年的工夫，他就被拜为司空了。徐邈叹息着说："三公是要论道的大官，如果没有适当的人选，就宁可从缺，怎么可以派我这么一个年老多病的人去使国家蒙羞呢？"因此徐邈坚决推辞，不肯担任司空。齐王芳嘉平元年（公元249年）他以大夫身份，死于家中，享年七十八岁。朝廷特赐以公礼敛葬他，又赐谥号为穆侯，他的爵位由他儿子徐武继承。嘉平六年，朝廷追思以往清高气节之士，下诏令说："古先圣王很重视彰显贤能，表扬道德；孔子也赞美及推崇善人，并以他们为教化的模范；故去的司空徐邈，征东将军胡质，还有卫尉田豫，他们都是在前朝任职的贤能，也都是服务四代（武帝操、文帝丕、明帝叡、齐王芳）的忠良。他们在外统率兵马为国征战，回朝又参赞国政，造福民众，他们的忠贞与清廉，给国家留下了良好的楷模。他们为国忧劳，甚至于忘了自身，因此他们没有经营任何产业，以致于逝世之后，家中贫困无依。朕非常嘉许他们，基于圣王和孔子的教训，朕也要表扬和奖励他们，国家现在就要赐给他们每家二千斛的谷米，三十万的钱币。同时要把这奖赏的事由公布给天下人都知道。"徐邈同郡有个叫韩观字曼游的人，他很有学识才干，名声也和徐邈相同，但比孙礼、卢毓为高。他也曾当过豫州刺史，很有治绩，他是在任上去世的。卢钦曾经著书描写徐邈说："徐先生志向高远，德行贞洁，才干博大，气势勇猛，他行为的表现很高尚但不是不合群；他的品行高洁但不是独特奇异，他学识很广但有中心，他治事严猛但寓有宽厚，圣人也以为清正是很难做到的，可是在徐先生来说却是很容易的哪！"曾有人问卢钦说："当武帝（曹操）时代，大家都以为徐邈是个很通达的人，但他到了凉州以及回到京师以后，大家又以为他是个很独特不俗的人，这又是什么缘故呢？"卢钦回答说："武帝时代是毛孝先（玠）和崔季珪（琰）二人当道主事，他们爱重清高素俭的士人，因此那时人都改换车马服饰以博取清高朴素的声名，但徐先生却不随俗作伪，所以大家以为他很通达；近来天下风气讲究奢侈浮华，人们也都跟着效法，但徐先

公之有常也。”

胡质字文德，楚国寿春人也。少与蒋济、朱绩俱知名于江、淮间，仕州郡。蒋济为别驾，使见太祖。太祖问曰：“胡通达，长者也，宁有子孙不？”济曰：“有子曰质，规模大略不及于父，至于精良综事过之。”太祖即召质为顿丘令。县民郭政通于从妹，杀其夫程他，郡吏冯谅系狱为证。政与妹皆耐掠隐抵，谅不胜痛，自诬，当反其罪。质至官，察其情色，更详其事，检验具服。

入为丞相东曹议令史，州请为治中。将军张辽与其护军武周有隙。辽见刺史温恢求请质，质辞以疾。辽出谓质曰：“仆委意于君，何以相辜如此？”质曰：“古人之交也，取多知其不贪，奔北知其不怯，闻流言而不信，故可终也。武伯南身为雅士，往者将军称之不容于口，今以睚眦之恨，乃成嫌隙。况质才薄，岂能终好？是以不愿也。”辽感

生并不改变他原来的作风，所以和一般流行不同。因而他从前的通达就变成了现在的独特不俗了。其实，这不是他有什么改变，实在是一般人在变化无常啊！”

胡质，字文德，他是楚国寿春（今安徽寿县）人。他年少时就和蒋济、朱绩在江淮一带很有名声了。起先，他在本乡州郡服务。那时蒋济也在州中担任别驾，被派去谒见曹操，曹操问说：“胡通达这人是个仁厚长者，可惜不在了，但不知他有子孙吗？”蒋济回答说：“他有个名叫质的儿子在，气度抱负是不如了，但是精明能干却强过他父亲。”曹操听了，就召胡质去，任命他为顿丘（旧城在今河南清丰县西南二十五里）令。当地有个县民郭政，跟堂妹私通，杀害了堂妹夫程他。当奸情败露，两人都被捕下狱，而郡中小吏冯谅就是证人，也系留狱中。但因郭政跟他堂妹能耐得住拷打，坚不认罪，证人冯谅却耐不住责打，只好自己承认诬告，因此反而他要受重刑处分。胡质上任之后，细细地观察他们的表情和行事，重新审察证言证据，终于查出了真相，平反冤情，使真凶认罪受刑。

胡质后来被选入丞相府担任东曹议令史，但扬州刺史要求让他留在州内担任治中。张辽将军那时跟他的护军武周彼此有些意见，于是张辽就去见扬州刺史温恢，请求让胡质去为他工作。胡质知道了，就以有病为托辞，请张辽收回要求。张辽由温恢那儿出来，就来看胡质，并且说：“我十分诚恳地请求你，为什么你就一定不肯呢？”胡质说：“我听说古人的交友，见别人多取，并不就以为别人是贪鄙小人；见别人逃命，并不就以为那人就是胆怯；听到中伤的话，并不就此相信。所以古人交友，都能一直维持下去。将军您和武伯南（周）的交往是大家都知道的，武先生是个雅士，从前将军也对他赞不绝口。如今为了一点小事，却恨成了眼中钉。武先生这样的人和您还会变成这样，那我的才德更薄，将来怎么能跟您长久维持良好的关系呢？我实在不能违心接受您的好意呀！”张辽听了这样的

言，复与周平。

太祖辟为丞相属。黄初中，徙吏部郎，为常山太守，迁任东莞。士卢显为人所杀。质曰："此士无雠而有少妻，所以死乎！"悉见其比居年少，书吏李若见问而色动，遂穷诘情状。若即自首，罪人斯得。每军功赏赐，皆散之于众，无入家者。在郡九年，吏民便安，将士用命。

迁荆州刺史，加振威将军，赐爵关内侯。吴大将朱然围樊城，质轻军赴之。议者皆以为贼盛不可迫，质曰："樊城卑下，兵少，故当进军为之外援；不然，危矣。"遂勒兵临围，城中乃安。迁征东将军，假节都督青、徐诸军事。广农积谷，有兼年之储，置东征台，且佃且守。又通渠诸郡，利舟楫，严设备以待敌，海边无事。

性沉实内察，不以其节检物，所在见思。嘉平二年薨，家无余财，惟有赐衣书箧而已。军师以闻，追进封阳陵亭侯，邑百户，谥曰贞侯。子威嗣。六年，诏书褒述质清行，赐其

回答，心中很感动，于是就和武周消除隔阂，恢复友好了。

曹操知道了，就召胡质去担任丞相掾属。魏文帝黄初年间，他被升为吏部郎，又任命他为常山（在今河北正定县西南）太守，后来又被改派为东莞（今山东省沂水县东北）太守。东莞有个士人，名叫卢显，被人杀害了，胡质审判这件命案，他判断说："这人并没有仇家，但他的妻子却很年轻，难道这就是他被害的原因吗？"于是胡质就传见卢显家左右邻居的青年，发现有一个书吏名叫李若的，他被讯问时脸上神色变化可疑，于是胡质严厉地追问下去。李若隐瞒不住，只好自首，坦承罪过，卢显命案终于侦破。胡质每次因军功受到赏赐，都把奖赏分给大家，并不送回家去独享。他在东莞担任太守九年，使那儿的官吏和百姓生活都安定方便，军官士兵都能尽忠尽力。

他被升任为荆州刺史，又被加封为振威将军，赐给关内侯爵位。吴国大将朱然围攻樊城，胡质亲率精锐军队轻装驰救。议论这事的人都以为敌兵势力强大，不能逼近，以免受害。胡质说："樊城城池低矮，军队又少，所以我们应该派军增援；否则，樊城恐怕会守不住的。"因此他还是领兵前去，逼迫吴军，就因为他急速地进军援助，樊城才没被攻下。这以后，胡质又改任征东将军，并被赐节杖，可以代表皇帝，都督青州和徐州的军事。胡质在那里极力推广农业，积存米粮，使地方上有两年以上的存粮；他又设立东征台，使军队和民众一面屯垦，一面操练，他还开掘许多沟渠运河，使各郡彼此能有水上交通。他又严密地设立守备以防御敌兵攻击，使沿海一带，都没有变乱和灾难。

胡质的个性沉稳实在，思虑周详细密，但他并不以这种要求去对待别人，所以凡是他担任过官职的地方都很思念他。魏齐王芳嘉平二年（公元250年），胡质去世了，家中除了政府所赐的衣服和个人的书籍之外，毫无其他积蓄。军师把这种情况报上朝廷，朝廷立刻封他为阳陵亭侯，赐他家食邑两百户，又赐他贞侯的谥号。他的爵位由儿子胡威继承。嘉

家钱谷。语在《徐邈传》。威，咸熙中官至徐州刺史，有殊绩，历三郡守，所在有名。卒于安定。

王昶字文舒，太原晋阳人也。少与同郡王凌俱知名。凌年长，昶兄事之。文帝在东宫，昶为太子文学，迁中庶子。文帝践阼，徙散骑侍郎，为洛阳典农。时都畿树木成林，昶斫开荒莱，勤劝百姓，垦田特多。迁兖州刺史。明帝即位，加扬烈将军，赐爵关内侯。昶虽在外任，心存朝廷，以为魏承秦、汉之弊，法制苛碎，不大厘改国典以准先王之风，而望治化复兴，不可得也。乃著《治论》，略依古制而合于时务者二十余篇，又著《兵书》十余篇，言奇正之用，青龙中奏之。

其为兄子及子作名字，皆依谦实，以见其意。故兄子默字处静，沈字处道，其子浑字玄冲，深字道冲。遂书戒之曰：

夫人为子之道，莫大于宝身全行，以显父母。此三者人知其善，而或危身破家，陷于

年六年，朝廷褒扬并叙述了胡质高洁清廉的行谊，下令赏赐他的后人金钱和谷米。这事记载在《徐邈传》中。到了魏陈留王咸熙年间，胡威的官职已做到徐州刺史了。他任官有很优异的成就，三任郡守，都留下极好的名声，每到一地，就被当地人歌颂不已。胡威最后是在安定（在今甘肃省镇原南）逝世的。

王昶，字文舒，他是太原郡晋阳（在今山西省太原市南）县人，他年少时就和同郡的王凌一样，都很有名气。王凌年纪较大，王昶就以兄礼待他。当魏文帝曹丕还是太子时，王昶的官职是太子文学，后来升任为中庶子。当曹丕即皇帝位，王昶担任散骑侍郎，又任洛阳典农。那时京都附近树林高大茂密，王昶要民众们砍伐树木，开辟荒芜，在他勤恳地劝导之下开辟出来的田地特别多，因此他被升任兖州刺史。魏明帝曹叡即位时，加封他为扬烈将军，又赐给关内侯爵位。王昶虽然是在外地任官，但他心中时时刻刻都记挂着朝廷；他以为魏国法制承袭了秦、汉苛刻而又琐细的缺点。如果不大幅修改，并使新法按古圣先王的教化来制定的话，要想化民成俗，形成治世那是不可能的。于是他写了一本《治论》。这书共有二十多篇，内容主要是当时仍可采用的古代政治措施。他又写了十多篇《兵书》，说明军事上奇正运用的原理原则。魏明帝青龙年间，他把自己所著的《治论》和《兵书》都呈给朝廷。

他为兄长及自己子女取名字时都按谦虚和笃实的原则来取名，他把哥哥的儿子命名为默，字处静；另外一个命名为沈，字处道；他自己的两个儿子一个命名为浑，字玄冲；另一个命名为深，字道冲。他并且写了一篇劝戒的文章给他们。他说：

人子之道，没有比用珍视身体，德行完全，来显扬父母更可贵的了。人人都知道以上

灭亡之祸者，何也？由所祖习非其道也。夫孝敬仁义，百行之首，行之而立，身之本也。孝敬则宗族安之，仁义则乡党重之，此行成于内，名著于外者矣。人若不笃于至行，而背本逐末，以陷浮华焉，以成朋党焉；浮华则有虚伪之累，朋党则有彼此之患。此二者之戒，昭然著明，而循覆车滋众，逐末弥甚，皆由惑当时之誉，昧目前之利故也。夫富贵声名，人情所乐，而君子或得而不处，何也？恶不由其道耳。患人知进而不知退，知欲而不知足，故有困辱之累，悔吝之咎。语曰："如不知足，则失所欲。"故知足之足常足矣。览往事之成败，察将来之吉凶，未有干名要利，欲而不厌，而能保世持家，永全福禄者也。欲使汝曹立身行己，遵儒者之教，履道家之言，故以玄默冲虚为名，欲使汝曹顾名思义，不敢违越也。古者盘杆有铭，几杖有诫，俯仰察焉，用无过行；况在己名，可不戒之哉！夫物速成则疾亡，晚就则善终。朝华之草，夕而零落；松柏之茂，隆寒不衰。是以大雅君子恶速成，戒阙党也。若范匄对秦客而武子击之，折其委笄，恶其掩人也。夫人有善鲜不自伐，

三项是很好的，但却有人不能免于伤身毁家，最后落入灭亡的境地，这又是什么原因呢？这就是他们所重视的和所做的事都不正确的缘故呀！要知孝顺、礼敬、仁爱、义理是一切德行中最重要的，也是人立身于社会的根本哪！做人能孝顺、能礼敬，那么他同宗的人都能和他安心乐意地相处了。做人能讲仁爱和义理，那么他同乡的人，就都会敬重他了。这也就是内在的德行修成之后，名声自然显现的意思哪！如果一个人不真诚地去实践道德；相反的，他们专去做违法败德的事，那就会陷于浮华或者形成派系了。陷于浮华便有虚伪的拖累；形成派系，便会有和别人互相倾轧的灾祸。这两种情况的教训，是很明显的，可是重蹈覆辙的人却很多，他们所以会重蹈覆辙，都是因为受到一时虚名的迷惑，不明白眼前的利益绝不长久的缘故哪！财富、地位和名誉，是人人都喜爱的，但是君子有时虽然获得了，也不愿享有。他们以为，如果不是由正当途径得来的，那不仅不接受，而且非常地厌恶。一般罪人就是因为只知道贪取而不知道退避；只知道追求欲望而不知道满足，所以他们有危困受辱的苦痛，有咎恨失败的灾难。俗语说："如果不知足的话，那么反而会失去自己所要的。"所以，能知足的人，就永远没有匮乏。我们观察过去的成败事迹，也就可以预知将来的好坏了。这世界上，从来没有只知贪求名利而又能保全自家世代福禄不衰的人。我为了使你们立身行事都能遵守儒家的教训，依循道家的主张，所以拿玄、默、冲、虚四个字来作为你们的名字。我的目的就是要你们经常由自己的名字想到所代表的意义而不敢做出违背道理的行为来。古人在盘杆上刻下铭文，在几杖上写下教戒，目的就是要经常警惕反省，使自己没有错误的行为发生。何况现在被取为自己的名字，难道能不更加警戒的吗？事物如果成就得太快，那么毁灭损坏也就更快；如果形成得很慢，那么它就会有很好的结果。清晨开放的花朵，到傍晚时就凋零了，但松柏在冬季最寒冷时却仍然茂盛。所以真正明理的君子，都很厌恶速成，并且也以孔子的话为戒。例如范匄（据裴注范匄应为范

有能者寡不自矜，伐则掩人，矜则陵人。掩人者人亦掩之，陵人者人亦陵之。故三郤为戮于晋，王叔负罪于周，不惟矜善自伐好争之咎乎？故君子不自称，非以让人，恶其盖人也。夫能屈以为伸，让以为得，弱以为强，鲜不遂矣。夫毁誉，爱恶之原而祸福之机也，是以圣人慎之。孔子曰："吾之于人，谁毁谁誉；如有所誉，必有所试。"又曰："子贡方人。赐也贤乎哉，我则不暇。"以圣人之德，犹尚如此，况庸庸之徒而轻毁誉哉？

昔伏波将军马援戒其兄子，言："闻人之恶，当如闻父母之名；耳可得而闻，口不可得而言也。"斯戒至矣。人或毁己，当退而求之于身。若己有可毁之行，则彼言当矣；若己无可毁之行，则彼言妄矣。当则无怨于彼，妄则无害于身，又何反报焉？且闻人毁己而忿者，恶丑声之加人也，人报者滋甚，不如默而自修己也。谚曰："救寒莫如重裘，止谤莫如自修。"斯言信矣。若与是非之士，凶险之人，近犹不可，况与对校乎？其害深矣。夫虚伪

燮）对答了秦国使臣的话之后，反而被武子所责打，连帽上的簪子都打下来了。发生这种情形的原因，就是因为范匄他太露锋芒了。一般人如果有长处，一定会对别人夸耀的；有能干，也一定会表现出骄傲来的。但对人夸耀，那就是使别人不能表现；显露骄傲，就必然会欺压了别人。使别人不能表现的，别人也不会让他表现；欺压别人的人，也要被别人所欺压的。春秋时代，晋国的郤锜、郤犨、郤至三位大夫被杀的事件（事在成公十七年），不就是因为他们太得意了吗？还有王叔得罪于天子的事件（事在襄公十年），这些不都是因为他们很爱表现自己的本事，骄傲抢功所招来的厄运吗？所以，君子人绝不自己称扬自己，这并不是他们凡事退让，实在是他们怕阻碍了别人表现的机会哪！要知道一个人能够以委屈为伸张，以退让为获得，以弱小为强大的话，那么凡是他所希望的，没有不成功的。批评别人就是惹来别人对我们好恶的根源，也是我们自身祸福发生的契机。所以圣人非常谨慎，绝不轻易表示批评的。孔子说："我对哪一位表示过好坏的批评吗？如果我说过谁好，那他一定是被我慎重地考验过的。"又说："子贡喜欢点评别人。子贡啊！难道你就是最好的人了吗？我每天还忙着努力地修正我自己哩！"圣人有那么崇高的德行，也还不敢随意批评别人，那么我们一般庸庸碌碌的小人，又怎么能随意批评别人的好坏呢？

从前伏波将军马援，教训他哥哥的儿子说："听到别人说某人的过失，那就该像听到自己父母的名字一样，耳朵可以听，但自己的口中却不可以说。"这样的教训，实在是太好了。如果我们听到别人批评我们，说我们不好；那就该私下反省。如果自己真有该被批评的行为，那么别人的话就是对的；否则，那就是乱讲的。是对的，我们就不可以怨恨别人；是乱讲的，那并不会伤害我们，我们又何必一定要报复他呢？再者，听到别人批评自己就会生气愤怒的人，要是把难听的批评责骂回去，那么别人对他的回报，一定会更加难听的，那还不如保持沉默，自我修持来得好些。俗语说："要避免寒冷的话，最好是赶紧穿上厚重的皮裘；要消除别人恶评的话，最好的办法就是自我修持。"这话可说得最实在不

之人，言不根道，行不顾言，其为浮浅较可识别；而世人惑焉，犹不检之以言行也。近济阴魏讽、山阳曹伟皆以倾邪败没，荧惑当世，挟持奸慝，驱动后生。虽刑于铁钺，大为炯戒，然所污染，固以众矣。可不慎与！

若夫山林之士，夷、叔之伦，甘长饥于首阳，安赴火于緜山，虽可以激贪励俗，然圣人不可为，吾亦不愿也。今汝先人世有冠冕，惟仁义为名，守慎为称。孝悌于闺门，务学于师友。吾与时人从事，虽出处不同，然各有所取。颍川郭伯益，好尚通达，敏而有知。其为人弘旷不足，轻贵有余；得其人重之如山，不得其人忽之如草。吾以所知亲之昵之，不愿儿子为之。北海徐伟长，不治名高，不求苟得，澹然自守，惟道是务。其有所是非，则托古人以见其意，当时无所褒贬。吾敬之重之，愿儿子师之。东平刘公幹，博学有高才，诚节有大意，然性行不均，少所拘忌，得失足以相补。吾爱之重之，不愿儿子慕之。乐安

过了。如果我们不可以接近那些专门搬弄是非的，阴险奸诈的人，那么我们就更不该跟他们产生正面冲突了。那样做的话，将来的危害一定非常深远的。要知道虚伪的人，他们说话完全不是根据正道来的，他们的行为，也不合于他们的承诺。他们比一般人要来得肤浅，这是很明显地可以比较出来的，但是社会上偏偏就看不清他们，这是因为一般人不仔细地去考核他们的所言所行哪！这真是太奇怪了。近来济阴（**今山东省菏泽市定陶区**）地方的魏讽、山阳（**今山东巨野县南**）地方的曹伟，都是因为言行邪曲不正而败身丧命的，他们淆乱是非，蛊惑社会人心，存心阴险邪恶，驱使青年为恶，虽然已受到国法严厉地制裁，整个社会都深切地引为教训，但是他们的污染已经很广泛了。像这样的情形，难道可以不谨慎防止吗？

像那些山林隐士伯夷、叔齐一般的清高人物，他们甘心长久地在首阳山（**今河南偃师市西北十五里**），或是安心而舒坦地走上着了火的绵山，固然他们的行为可以激励起贪佞庸俗的小人，但是圣人的境界究竟不是勉强可以做到的，我也不愿意你们发生这样的事来。你们的祖先，世世代代都是在朝为官的，也都以仁义为惟一追求的名誉，以谨慎敬肃著名于世。他们在家就恭行孝悌，出外则向师友勤学。他们真是模范。我跟社会上的人来往，虽然彼此行事立身的态度会有不同，但我总是赞美并取法他们的特长和优点。例如颍川的郭伯益（**郭奕**），我欣赏他好尚通达，勤敏且有智慧；只是他胸襟不够开阔，又太轻视富贵，和他交好的人，他极端看重他们，不跟他交好的人，他就极端看轻他们。我因为知道他的长处，所以和他很亲近，但我不愿你们学他。北海（**今山东寿光市东南三十里**）的徐伟长（**徐幹**），他不求有高名，也不贪图不义的财富，淡泊自守，力求正道，他如果要表示批评讲论是非时，一定假托古人古事来表示他的意思，但在当时当地，他一定不论说好坏的。我尊敬他、看重他，也希望他们学他。东平（**今山东东平县南**）的刘公幹（**刘桢**），他学识广博，才华很高，做人又诚实正直，识见远大，可惜他行为不守礼法，不受约束，所

任昭先，淳粹履道，内敏外恕，推逊恭让，处不避洿，怯而义勇，在朝忘身。吾友之善之，愿儿子遵之。若引而伸之，触类而长之，汝其庶几举一隅耳。及其用财先九族，其施舍务周急，其出入存故老，其论议贵无贬，其进仕尚忠节，其取人务实道，其处世戒骄淫，其贫贱慎无威，其进退念合宜，其行事加九思，如此而已。吾复何忧哉?

青龙四年，诏“欲得有才智文章，谋虑渊深，料远若近，视昧而察，筹不虚运，策弗徒发，端一小心，清修密静，乾乾不解，志尚在公者，无限年齿，勿拘贵贱，卿校已上各举一人”。太尉司马宣王以昶应选。正始中，转在徐州，封武观亭侯，迁征南将军，假节都督荆、豫诸军事。昶以为国有常众，战无常胜；地有常险，守无常势。今屯宛，去襄阳三百余里，诸军散屯，船在宣池，有急不足相赴，乃表徙治新野，习水军于二州，广农垦殖，仓谷盈积。

嘉平初，太傅司马宣王既诛曹爽，乃奏博问大臣得失。昶陈治略五事：其一，欲崇道

以他的得失正好相抵。我欣赏他也看重他，但是我不愿意你们效法他。乐安（今山东省淄博市西北）的任昭先，他这人淳厚真粹，遵行正道，心思敏捷但体谅他人；做人能推让谦恭，也能忍受委屈，平时看来怯弱，但见义一定勇为。他在朝廷为公家服务，从不计较自身的安危。我和他结为朋友，非常要好，同时也愿你们遵循他的行为去做。以上所举的这些见证，希望你们能够加以引伸，触类旁通，那么就能举一反三了。今后你们动用钱财，应该以亲戚族人为重；施舍别人，应该照顾到最急需的人；出外或在家，要探访慰问故旧老人；发言论议，不要贬斥别人；仕进为官，要崇尚忠心尽节；交接朋友，要敬重守正道切实际的人；有权势的时候，要力戒骄傲放荡；当贫贱的时候，一定要坦坦荡荡；当进取或退守的时刻，总要考虑是否合适；一切行事，要再三思考。如果你们能照以上所说的去做，那么我还有什么忧愁呢?

魏明帝青龙四年（公元236年），皇帝下诏：“公卿校尉以上的臣子，朕要你们每人推举一位人才给朝廷，朕不论他们的年龄是大是小，也不论他们的出身是高是低，只要他有心为国家服务，朕就愿意用他。朕只要求他们是有才学智慧，计虑深远，观察敏锐，策划正确，谨慎端正，品德清高，性情温静，积极有为恒毅不懈的人。”太尉司马懿推荐王昶为适当人选。魏齐王芳正始年间，王昶转为徐州刺史。朝廷封他为武观亭侯，升任征南将军，并赐节给他都督荆州、豫州各地军事。王昶认为国家虽然有一定的军事武力，但却不能保证一定回回赢得胜利；地形的险要虽然也有一定，但防守上却不能永远一成不变。如今魏军屯驻在宛（今河南南阳）地，距离襄阳有三百多里远，而且军队还分散在各地，船只又远在宣池，如果发生紧急事件，实在没法集合救援，于是他就上表请求把州治移到新野（今河南省新野县），同时命水军在荆州、豫州操练，大量开辟农田，使仓库贮满谷米。

到了魏齐王芳嘉平初年（公元249年），太傅司马懿把曹爽杀了之后，曾向齐王芳上

笃学，抑绝浮华，使国子入太学而修庠序；其二，欲用考试，考试犹准绳也，未有舍准绳而意正曲直，废黜陟而空论能否也；其三，欲令居官者久于其职，有治绩则就增位赐爵；其四，欲约官实禄，励以廉耻，不使与百姓争利；其五，欲绝侈靡，务崇节俭，令衣服有章，上下有叙，储谷畜帛，反民于朴。诏书褒赞。因使撰百官考课事，昶以为唐虞虽有黜陟之文，而考课之法不垂。周制冢宰之职，大计群吏之治而诛赏，又无校比之制。由此言之，圣主明于任贤，略举黜陟之体，以委达官之长，而总其统纪，故能否可得而知也。其大指如此。

二年，昶奏："孙权流放良臣，適庶分争，可乘衅而制吴、蜀；白帝、夷陵之间，黔、巫、秭归、房陵皆在江北，民夷与新城郡接，可袭取也。"乃遣新城太守州泰袭巫、秭归、房陵，荆州刺史王基诣夷陵，昶诣江陵，两岸引竹絙为桥，渡水击之。贼奔南岸，凿七道

表，要他广泛地询问大臣们的治国意见。那时王昶上疏陈述了五条治国方略，他说："第一、要崇道德，重实学，禁止浮华奢侈。要使贵族子弟都进太学读书，各地要设立学校。第二、国家要建立考试制度，考试就比如是一种准绳，从来没有废弃准绳而随意决定曲直的。也从来没有不用考核升降就可以空口论定官吏能力高下的。第三、官吏们的职务不该经常变动，总要有长久一定的时间，确实有治绩的，那才可以获得升迁，赐给爵位。第四、要确实订定官吏的俸禄，同时奖励廉耻，使他们不会再去和老百姓争夺利益。第五、要禁绝奢侈，尽力尊崇节俭朴实。国民的衣服器用，要有一定的制度，使能分上下尊卑，井然有序；要使百姓储存谷米丝帛，使百姓们变得富足而回归纯朴的境界中去。"王昶的建议，很受朝廷的重视，特下诏书表扬赞美。并且指派他担任设计考核百官办法的起草人。王昶以为唐尧虞舜时代，虽然是有升降官吏的记载，但是他们所用的考核方法实在无法查到。周代也曾设立了冢宰官职，由冢宰来规划文武百官的工作同时考核他们的绩效，加以赏罚。可是周代赏罚的制度，也没有流传下来。按此说来，圣明的国君，他们很知道任用贤能，却不详举官制升降奖惩的实际，这就是要把这项奖惩的权力，交给各部各班的首长，使他们来总领纲纪，由他们属下的工作表现，就可以知道各人能力的大小了。王昶所草拟的考核办法，其内容大致和他以上所想的主张相同。

嘉平二年，王昶上疏奏说："孙权如今倒行逆施，他把忠良的大臣流放贬斥，又造成了嫡庶的分裂争执，我们正可利用这大好的机会去制服吴、蜀两国。蜀的白帝（今重庆奉节县东）到夷陵（今湖北宜昌市）之间的区域，例如黔、巫（今重庆巫山县东）、秭归（今湖北秭归县）、房陵（今湖北房县）等地都在长江北岸，那儿的百姓或土著和我国的新城郡（郡治在今湖北房县治）郡民相互都有往来的，我们很可以发动偷袭去把那些地方抢夺过来。"朝廷采纳了他的建议，于是就派新城太守州泰袭击巫、秭归、房陵等地，又使荆州刺史王基进兵夷陵、王昶进兵江陵（今湖北荆州市），他们在江岸用大竹索造桥，使士兵渡水

并来攻。于是昶使积弩同时俱发，贼大将施绩夜遁入江陵城，追斩数百级。昶欲引致平地与合战，乃先遣五军案大道发还，使贼望见以喜之，以所获铠马甲首，驰环城以怒之，设伏兵以待之。绩果追军，与战，克之。绩遁走，斩其将钟离茂、许旻，收其甲首旗鼓珍宝器仗，振旅而还。王基、州泰皆有功。于是迁昶征南大将军、仪同三司，进封京陵侯。毌丘俭、文钦作乱，引兵拒俭、钦有功，封二子亭侯、关内侯，进位骠骑将军。诸葛诞反，昶据夹石以逼江陵，持施绩、全熙使不得东。诞既诛，诏曰："昔孙膑佐赵，直凑大梁。西兵骤进，亦所以成东征之势也。"增邑千户，并前四千七百户，迁司空，持节、都督如故。甘露四年薨，谥曰穆侯。子浑嗣，咸熙中为越骑校尉。

王基字伯舆，东莱曲城人也。少孤，与叔父翁居。翁抚养甚笃，基亦以孝称。年十七，郡召为吏，非其好也，遂去，入琅邪界游学。黄初中，察孝廉，除郎中。是时青土

进攻。蜀兵不敌，纷纷逃向南岸，在南岸集结好后，开辟了七条山道重新反攻，但被王昶用强弓硬弩万箭齐发地射了回去。蜀兵大将施绩只好在夜间潜进江陵城去，王昶发兵追击，杀了他好几百人。施绩坚守不战，王昶想把他引出城外到平原地区会战，因此就故意派了五支军队，由大道回军，施绩见了心里很高兴；王昶又把以前俘获的蜀军兵器军械等，载在车上，绕着江陵城奔驰，激怒施绩；果然施绩开城追击，但王昶早埋伏好军队截击，结果施绩大败逃走，他的部将钟离茂、许旻，都阵亡了。蜀军溃退之后，王昶把所有的战利品收拾妥当，高唱凯歌回军北方，这一次战役，王基、州泰也都立有功勋。因为这回的胜利，朝廷升王昶为征南大将军，特许他的车服仪仗，可以和三司相同，又晋封他为京陵侯。当毌丘俭、文钦起兵为乱时，王昶讨伐他们，又很有功劳，因此朝廷特别封王昶的两个儿子一个为关内侯，一个为亭侯，并且把王昶的官职再提升为骠骑将军。当诸葛诞叛乱时，王昶率军据守住夹石（今安徽省桐城市北）以进逼江陵，使施绩、全熙等蜀军不能乘机向东蠢动。当诸葛诞被消灭后，朝廷下诏令褒扬王昶说："从前孙膑直攻魏国大梁以解救赵国，现在王昶及时进兵，也正是成就了我军东征的形势啊！"因此朝廷特别给王昶的食邑再增加一千户，总计他共获得了四千七百户。又升他为司空，仍然持节命，都督荆州、豫州军事。魏高贵乡公甘露四年（公元259年）王昶去世，被赐谥号穆侯。他的儿子王浑继承爵位，到魏陈留王咸熙年间，王浑的官职是越骑校尉。

王基，字伯舆，他是东莱郡曲城（今山东省掖县东北）人。他幼年时代，就丧失了父母，跟着叔父王翁生活，王翁很尽心地抚养他，他也很有孝子的名声。当他十七岁时，被地方政府召为小吏，但因为志趣不合，所以他辞职离去，到琅邪一带游学。当魏文帝黄初年间，他被察举为孝廉，并被任命为郎中。那时青州一带刚刚平定，急需人才协助治理。

初定，刺史王凌特表请基为别驾，后召为秘书郎，凌复请还。顷之，司徒王朗辟基，凌不遣。朗书劾州曰："凡家臣之良，则升于公辅，公臣之良，则入于王职。是故古者侯伯有贡士之礼。今州取宿卫之臣，留秘阁之吏，所希闻也。"凌犹不遣。凌流称青土，盖亦由基协和之辅也。大将军司马宣王辟基，未至，擢为中书侍郎。

明帝盛修宫室，百姓劳瘁。基上疏曰："臣闻古人以水喻民，曰'水所以载舟，亦所以覆舟'。故在民上者，不可以不戒惧。夫民逸则虑易，苦则思难，是以先王居之以约俭，俾不至于生患。昔颜渊云东野子之御，马力尽矣而求进不已，是以知其将败。今事役劳苦，男女离旷，愿陛下深察东野之弊，留意舟水之喻，息奔驷于未尽，节力役于未困。昔汉有天下，至孝文时唯有同姓诸侯，而贾谊忧之曰：'置火积薪之下而寝其上，因谓之安也。'今寇贼未殄，猛将拥兵，检之则无以应敌，久之则难以遗后，当盛明之世，不务以除患，

青州刺史王凌特地上表请求任命王基为青州的别驾，帮助治理地方。到后来朝廷要召回王基，任命他为秘书郎时，王凌又上表请求仍然留他在州中任职。过了不多久，司徒王朗又征召他去，王凌却不肯放人，王朗就以公文弹劾青州刺史说："自古以来，大夫有好家臣，就要荐举给诸侯为辅佐；诸侯有大贤臣，就要推举给天子。因此在古代，诸侯方伯都有向朝廷推荐贤良的责任及制度。如今地方州府却强留天子宿卫的贤才，不放朝廷秘阁的官吏，这可真是少见啊！"可是王凌仍然不放。王凌在青州很有治绩，声名很好，当然他的成就大半也是靠着王基为他筹划协调而促成的。当大将军司马懿征召王基去时，王凌不敢再留住他，王基离开青州，正走到半路，朝廷就已经升任他为中书侍郎了。

当魏明帝大修宫室楼台，百姓们辛劳疲倦到了极点。王基见到这样的情形，就上书说："臣听说古人用水来比喻百姓，他们说：'水可以载舟船航行，但水也可以使舟船翻覆的。'所以，凡为君主的，治理百姓就一定要小心谨慎。要知道百姓们生活安逸，那么他们的想法也就平易安和；百姓们生活困苦，那么他们就产生邪恶的野心了。因此，古先圣王的生活非常节俭，目的就是不要虐用民力，避免不良后果。从前颜渊曾评议东野子的训练马匹，他说：'东野子练马，已经使马匹用尽力气了，但他仍然不住地苛求，因而我知道马匹将不胜负荷，而东野子的训练也必将失败。'如今政府的劳役已使百姓们非常辛苦，他们的家庭都被拆散了，我但愿陛下深体东野子失败的原因，也留心到舟和水的比喻，要使奔驰的驷马在力量还没用尽时就停下来休息；要使劳役的百姓们在力尽悲伤以前就获得休养。从前汉朝统治天下，到孝文帝时，所有的诸侯都是姓刘的，这种情形引起了贾谊的忧虑，他说：'把火放在堆积的薪材下面，人却睡在薪材上面，还说这样是很安全的，难道可以吗？'现在我们的大敌尚未消灭，猛悍的将领又拥有重兵，夺了他的兵权就没有应敌的人选，让他掌兵久了恐怕又给后世留下祸患。在这兴盛圣明的时代，如果不尽力除去灾患，将来如果子孙不况，恐怕社稷就有危险了。我相信，如果现在使贾谊复生，他一定会再像

若子孙不竞，社稷之忧也。使贾谊复起，必深切于曩时矣。”

散骑常侍王肃著诸经传解及论定朝仪，改易郑玄旧说，而基据持玄义，常与抗衡。迁安平太守，公事去官。大将军曹爽请为从事中郎，出为安丰太守。郡接吴寇，为政清严有威惠，明设防备，敌不敢犯。加讨寇将军。吴尝大发众集建业，扬声欲入攻扬州，刺史诸葛诞使基策之。基曰：“昔孙权再至合肥，一至江夏，其后全琮出庐江，朱然寇襄阳，皆无功而还。今陆逊等已死，而权年老，内无贤嗣，中无谋主。权自出则惧内衅卒起，痈疽发溃；遣将则旧将已尽，新将未信。此不过欲补定支党，还自保护耳。”后权竟不能出。时曹爽专柄，风化陵迟。基著《时要论》以切世事。以疾征还，起家为河南尹，未拜，爽伏诛，基尝为爽官属，随例罢。

其年为尚书，出为荆州刺史，加扬烈将军，随征南王昶击吴。基别袭步协于夷陵，协闭门自守。基示以攻形，而实分兵取雄父邸阁，收米三十余万斛，虏安北将军谭正，纳降

从前一样，又有着深切的忧虑的。”

散骑常侍王肃著作了各经传的注解，又论定朝廷的礼仪，他的主张和从前郑玄的说法有很多不同。王基不肯听从，就用郑玄的理论去和王肃对抗。他后来改任安平太守，因为公事的缘故，抛弃了职务。但大将军曹爽又召请他担任从事议郎。王基后来出任安丰（今河南固始县东）太守，虽然安丰郡和东吴土地相接，他却治理得清正严明，对百姓有威有恩。他又设置了许多防御措施，使东吴不敢来犯。因此朝廷加赐他讨寇将军名号。东吴曾经在建业（今江苏省南京市）发动大批军队，扬言说要进攻扬州（今安徽省寿县），这消息使得大家都很紧张。刺史诸葛诞就要王基提供意见。王基说：“以往孙权曾经两次进攻合肥，一次进攻江夏（今湖北省武汉市黄陂区）；后来他又要全琮进攻庐江（今安徽省六安县北），朱然进攻襄阳；结果都没有成功，只好退兵。如今东吴的情形是：像陆逊那样的大将都已去世，而孙权的年纪也衰老了。他宫中没有贤良的子嗣，朝廷里也没有能提供计谋的大臣。如果孙权亲自领兵来攻，那么他心中一定忧虑着朝中会有突然的变动发生；到那时候，一切灾患全都爆发，他将无法收拾；他如果不亲自领兵来攻，东吴的老将又都已经去世了，新将领都还没经过考验，孙权是不敢放心把军队交给他们的。所以，目前东吴集结军队，号称要来进攻，其实是要选拔补充他自己的辅佐以及党羽，目的也只是要保护自己而已，他们是不会来攻的。”后来的发展证明王基的看法正确，孙权到底不敢前来攻打。当时魏国大权掌握在曹爽手中，社会上的风俗教化，正逐渐败坏，王基写作了“时要论”来纠正风气。后来他因病被召回，病愈后被派为河南尹，命令尚未正式发布，曹爽突然被政府捕杀，而王基过去曾经做过曹爽的属下，按往例他是要被罢官的，因此他只好暂时在家。

当年内他就被召为尚书，出任荆州刺史，又加封为扬烈将军，跟随征南将军王昶攻击东吴。王基也曾单独出兵攻击在夷陵的吴将步协，步协闭门不战，王基就表面摆出攻击形

数千口。于是移其降民，置夷陵县。赐爵关内侯。基又表城上昶，徙江夏治之，以逼夏口。由是贼不敢轻越江。明制度，整军农，兼修学校，南方称之。时朝廷仪欲伐吴，诏基量进趣之宜。基对曰："夫兵动而无功，则威名折于外，财用穷于内，故必全而后用也。若不资通川聚粮水战之备，则虽积兵江内，无必渡之势矣。今江陵有沮、漳二水，溉灌膏腴之田以千数。安陵左右，陂池沃衍。若水陆并农，以实军资，然后引兵诣江陵、夷陵，分据夏口，顺沮、漳，资水浮谷而下。贼知官兵有经久之势，则拒天诛者意沮，而向王化者益固。然若率合蛮夷以攻其内，精卒劲兵以讨其外，则夏口以上必拔，而江外之郡不守。如此，吴、蜀之交绝，交绝而吴禽矣。不然，兵出之利，未可必矣。"于是遂止。

司马景王新统政，基书戒之曰："天下至广，万机至猥，诚不可不矜矜业业，坐而待旦也。夫志正则众邪不生，心静则众事不躁，思虑审定则教令不烦，亲用忠良则远近协服。

式，其实却分兵去攻取在雄父地方的粮仓武库，获得了三十多万斛的米粮，俘虏了蜀汉的安北将军谭正，投降的民众有好几千人。因此王基把那些投降的民众迁移到魏国地界，并为此设立夷陵县。朝廷奖赏王基的功劳，赐他关内侯爵位。他后来又上表建议在上昶（今湖北云梦县南）地方建城，把江夏郡郡治移到上昶去，用上昶来威胁夏口（今湖北武昌），从此敌兵就不敢随意渡江了。王基在荆州修明制度，整顿军事、农作。他又成立学校，提倡学术，南方一带，都称扬他的治绩。那时朝中商议要征伐东吴，下令要他提供行动与否的意见，他回答说："如果发兵而没有收获，那么对外来说，威名就要受到挫折和屈辱；对内来说，财物粮食也要因此而徒然消耗，造成经济上的不利。所以我们一定要有万全的把握才可以发动攻势。再说，如果没有充足的粮食以及通过河川水上战斗的训练和工具，那么就算在江北动员好了军队，也还是不能渡江作战的。所以臣不赞同现在出兵。臣以为现在江陵有沮水、漳水两条河流，这两条河流灌溉了一千多处的良田；而在安陆（今湖北安陆县南）的左右，又有许多水塘和良田，如果我们在水陆两方面都努力增产，来充实军粮军器的要求，等兵精粮足之后，再指挥军队进驻江陵、夷陵，分兵占据夏口，需用的粮食则顺着沮水、漳水、资水运送下来，方便而又充足。敌兵见了，就会知道我们有长期征讨的意思和行动，那么他们之中要逆天拒诛的人就会灰心沮丧；而那些希望王师前往征服的人，他们的心理就更稳固了。那时候我们再发动蛮夷的军队在贼人内部起兵，而我军则由边境展开攻击，那么夏口以上的地带一定会被我方占领，而敌人长江以北的郡县也就全部失守了。这么一来，东吴蜀汉的联络自然断绝，而吴国也就要被我们所擒服了。但如果我们这么做，那么臣恐怕现在出兵，是不见得会得到利益的。"王基的意见呈上后，进攻东吴的商议也就中止了。

当司马景王（司马师）初执政时，王基上书劝戒他说："天下是极广大的，事物是极纷杂的，所以做执政的，一定要谨谨慎慎，勤勤恳恳才行哪！执政的人如果能心志

故知和远在身，定众在心，许允、傅嘏、袁侃、崔赞皆一时正士，有直质而无流心，可与同政事者也。”景王纳其言。

高贵乡公即尊位，进封常乐亭侯。毌丘俭、文钦作乱，以基为行监军、假节，统许昌军，适与景王会于许昌。景王曰：“君筹俭等何如？”基曰：“淮南之逆，非吏民思乱也，俭等诳胁迫惧，畏目下之戮，是以尚群聚耳。若大兵临逼，必土崩瓦解，俭、钦之首。不终朝而县于军门矣。”景王曰：“善。”乃令基居军前。议者咸以俭、钦慓悍，难与争锋。诏基停驻。基以为：“俭等举军足以深入，而久不进者，是其诈伪已露，众心疑沮也。今不张示威形以副民望，而停军高垒，有似畏懦，非用兵之势也。若或虏略民人，又州郡兵家为贼所得者，更怀离心；俭等所迫胁者，自顾

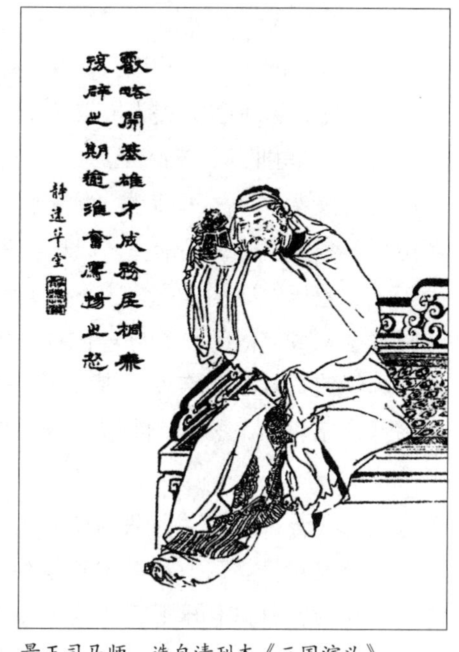
景王司马师，选自清刊本《三国演义》。

正大光明，那么各种邪事就不会发生了；他的心情沉静，那么处理事物也就不会烦躁了；他凡事思考精详，那么政令也就不会苛扰烦杂了；他如果亲爱忠直选用贤良，那么远近的民众就都会向心归顺了。所以近悦远服是在于行动的表现，安定一切则是在于内心的澄明宁静。目前在朝中的许允、傅嘏、袁侃、崔赞他们都是正直的贤臣，除了知道忠直为国之外，没有任何的邪心歪念，他们是很可以共事的。”司马师很接受王基的意见。

当高贵乡公（曹髦）即帝位后，王基被进封为常乐亭侯。那时毌丘俭、文钦起兵叛乱，朝廷任命王基为行监军、持节，统领许昌的军队。他和司马师在许昌会合时，司马师问他说：“先生，依你看要怎么样才能消灭毌丘俭他们呢？”王基说：“这回淮南的叛乱，并不是当地官吏民众的意思，完全是因为受到毌丘俭他们的欺骗裹胁逼迫和威吓，他们害怕立刻被毌丘所杀，所以还暂时集合在一块，如果大军前往镇压，他们就会完全溃散，毌丘、文二贼的首极，立刻就要被悬挂在军门上示众了。”司马师说：“先生说得真是太好了，就请先生在前领导吧！”司马师派王基为先锋，那时大家都以为二贼非常慓悍，如果和他们正面战斗，很不易得利。所以朝廷又有命令要王基军队暂停，不要前进。王基立即上书请求准予前进征讨，他说：“毌丘俭他们所发动的兵力是足够继续深入的，可是他们却久久不进。由此可见，他们的欺诈奸谋已经败露了，因此部众们犹豫沮丧，不能行动，如果我们现在不切合民心用大兵堂堂正正的征讨，反而停兵据守，好像心虚畏怯，那就反而壮

罪重，不敢复还，此为错兵无用之地，而成奸宄之源。吴寇因之，则淮南非国家之有，谯、沛、汝、豫危而不安，此计之大失也。军宜速进据南顿，南顿有大邸阁，计足军人四十日粮。保坚城，因积谷，先人有夺人之心，此平贼之要也。”基屡请，乃听进据㶏水。既至，复言曰：“兵闻拙速，未睹工迟之久。方今外有强寇，内有叛臣，若不时决，则事之深浅未可测也。议者多欲将军持重。将军持重是也，停军不进非也。持重非不行之谓也，进而不可犯耳。今据坚城，保壁垒，以积实资虏，县运军粮，甚非计也。”景王欲须诸军集到，犹尚未许。基曰：“将在军，君令有所不受。彼得则利，我得亦利，是谓争城，南顿是也。”遂辄进据南顿，俭等从项亦争欲往，发十余里，闻基先到，复还保项。时兖州刺史邓艾屯乐嘉，俭使文钦将兵袭艾。基知其势分，进兵逼项，俭众遂败。钦等已平，迁镇南将军，都督豫州诸军事，领豫州刺史，进封安乐乡侯。上疏求分户二百，赐叔父子乔爵关内侯，

了叛贼的气势了，用兵的法则不是这样的啊！再说那些被贼寇所掳掠的民众，以及军人中家园被贼寇所侵害的，如果不让他们报仇，那就更有人会埋怨及离心了。被毌丘俭等人所逼迫造反的，他们自觉罪孽深重，不敢再回原籍，只有继续造乱；而我们停军不进，这就是把军队安置在无用的地方而成全了奸贼恶党的叛乱呀！如果这时吴国发兵响应，那么整个淮南地方就要完全失守。到那时候，谯、沛、汝、豫都将骚动不安，那可真是大大的失策了。目前我军一定要赶紧进入南顿（今河南项城市北五十里）据守。那儿有大邸阁粮仓，可供应全军四十天的粮食，我们占据了坚固的城池，又有丰富的粮食可用，这就产生一种先声夺人的领先气势，这是平定贼寇的必要步骤啊！”王基数次上书请求，终于获得命令可以进兵到㶏水（今又名溵水）。他到了那儿，立刻又上书说：“在军事上从来只听过速度太慢的批评，没听说过巧于长久迟疑的。如今我国外有强大的敌国，内有叛乱的奸臣，如果不及时处理，那真不敢想象将来会发生些什么后果。评事的人都要将军您保持慎重，保持慎重是对的，停军不进却是不对的，因为慎重并不是要停军不向前进啊！只不过是前进后不可以和敌人争战而已呀！如今我们据守着坚固的城池，躲在堡垒之中，把长期积蓄的粮米轻易地让给贼寇，而自己的粮食却靠长途转运，这又算是什么办法呢？”但司马师还是想等各路军队都到了之后，才去征讨，所以他虽然接到王基这样的上书，仍然不肯答应进兵。王基说：“将领在军中时，有时是不受军命指挥的。那地方，敌人得到就对敌人有利，我方得到就对我方有利，那就是所谓的争城啊！现在南顿就是争城，我们不能再等命令了。”于是王基自行进占南顿，而毌丘俭他们也由项地（今河南项城县）出发去争南顿，但他们进军十多里以后，听说王基已经进占南顿，只好再退回项地防守。那时兖州刺史邓艾屯驻在乐嘉（今河南商水县东南四十里），毌丘俭派文钦领兵去偷袭邓艾。王基知道对方的军力分散了，就挥兵进逼项地，毌丘俭的军队因此就被击败了。等文钦也被平定之后，王基被升为镇南将军，都督豫州各地军事，兼任豫州刺史，爵位也升高为安乐乡侯。王基

以报叔父拊育之德。有诏特听。

诸葛诞反，基以本官行镇东将军，都督扬、豫诸军事。时大军在项，以贼兵精，诏基敛军坚垒。基累启求进讨。会吴遣朱异来救诞，军于安城。基又被诏引诸军转据北山。基谓诸将曰："今围垒转固，兵马向集，但当精修守备以待越逸，而更移兵守险，使得放纵，虽有智者不能善后矣。"遂守便宜上疏曰："今与贼家对敌，当不动如山。若迁移依险，人心摇荡，于势大损。诸军并据深沟高垒，众心皆定，不可倾动，此御兵之要也。"书奏，报听。大将军司马文王进屯丘头，分部围守，各有所统。基督城东城南二十六军，文王敕军

上疏请求分出食邑三百户来，请朝廷封他叔父的儿子王乔为关内侯，以报答他叔叔过去养育长成的恩德。上疏之后，朝廷下令特准这事。

诸葛诞起兵叛乱，王基奉派以原官兼镇东将军职务，都督扬、豫两州的军事。那时大军集结在项城，因为贼兵非常精锐，所以朝廷命令他好好约束住军队，加强防守，不可交战。但他屡次上表，请求进兵讨伐，朝廷都不答应。这时吴军将领朱异又领兵前来援救诸葛诞，吴军驻守在安城（**今安徽寿县西南二十五公里**），因为吴军的增援，所以王基又奉到诏令，要他率领各军转移阵地到北山一带防守，王基对将领们说："如今我军的防御守备已逐渐完密坚固，军队也已集合完毕，目前所要做的，只是更精细地做好防守准备来逼迫敌人败逃。如果现在忽然改变防线，把军队移到别处险地去，使敌人能够减轻压迫，扩大活动范围，那么就是智慧再高的人，将来也不能善后的。"于是王基就上疏说明一定得按原定订划防守才最有利的理由。他说："目前既然和叛徒对峙，就该像大山一样雄立不动。要是迁移防线去倚靠险地，那就会使人心动摇，对讨贼的形势会产生很不利的影响。现在我军各部的调派都已妥当，大家都做好了深沟高垒的坚强防御工事，军士们的心情也都已沉稳下来，所以不可以再移动他们了，这是统御军队的要诀啊！"文书奏上以后，获得批准。王基军队因此便留在原地不动。这时司马文王（**司马昭**）也领军进驻到丘头（**今河南沈丘县东南**），他把各军的位置分配好，将叛军包围起来，并且规定好指挥系统，王基的防区在寿春城外的东城

司马昭，选自清刊本《三国演义》。

吏人镇南部界，一不得有所谴。城中食尽，昼夜攻垒，基辄拒击，破之。寿春既拔，文王与基书曰："初议者云云，求移者甚众，时未临履，亦谓宜然。将军深算利害，独秉固志，上违诏命，下拒众议，终至制敌禽贼，虽古人所述，不是过也。"文王欲遣诸将轻兵深入，招迎唐咨等子弟，因衅有荡覆吴之势。基谏曰："昔诸葛恪乘东关之胜，竭江表之兵，以围新城，城既不拔，而众死者太半。姜维因洮上之利，轻兵深入，粮饷不继，军覆上邽。夫大捷之后，上下轻敌，轻敌则虑难不深。今贼新败于外，又内患未弭，是其修备设虑之时也。且兵出逾年，人有归志，今俘馘十万，罪人斯得，自历代征伐，未有全兵独克如今之盛者也。武皇帝克袁绍于官渡，自以为所获已多，不复追奔，惧挫威也。"文王乃止。以淮南初定，转基为征东将军，都督扬州诸军事，进封东武侯。基上疏固让，归功参佐，由是

和南城一带，共有二十六路军队归他指挥。司马昭下令军中说，凡进入镇南将军（王基）辖区的，就归他指挥，不许违抗。诸葛诞被困在寿春城中，日子一久，粮食都吃完了，只好拼命突围，他日夜攻击王基防军的堡垒，但都被王基击退，寿春城后来终被攻克。司马昭给王基信说："起先议事的人都众口一辞，要你移防，我那时没有亲自到北山一带观察，也以为你该移防才是，但是将军你深切地察明了利弊，一个人坚持决心，不惜对上违抗圣旨，对下排斥大家的意见，但也因为你的坚持，使叛贼终于战败被捕，你这种高明坚毅的表现，不仅现在人不如你，就是在古人的记载中，也没有超过你的呀！"司马昭想要借战胜的锐气，派将军们领轻军深入吴国，招降唐咨等人，并想利用机会去消灭吴国。王基见了。就上谏说："从前诸葛恪乘着东关（今安徽巢湖市东南）之战的胜利（事见嘉平五年），动员了所有东吴的军队来攻打新城，结果不仅没有攻下城池，自己的士兵还死伤了大半以上；再如蜀将姜维，也曾想利用洮水西岸的胜利，轻骑深入攻打我国，结果粮饷补给不能跟上，结果全军都在上邽（今甘肃天水县西南）牺牲了（事在甘露元年）。当大捷之后，上上下下都会因胜利而得意起来，得意了就会不重视敌人，也就不会凡事多作考虑，所以容易失败。如今吴兵刚在国外战败，他们的内患又还没有弭平，这正是他们整修防备，建立大计的时刻，我们更要小心谨慎才是。再说我军来这儿作战也超过一年了，士兵们都想回故乡去。现在既然已斩杀了十万多的敌军，叛乱的主脑也被捕获，自有战史以来，还不曾有过这么辉煌的胜利呢。所以我们应该好好保持战果才是。例如从前高祖武皇帝（曹操）在官渡（今河南中牟县东北）之战也是把袁绍打得落花流水一样，但他当时就认为所获得的已经够多，立刻决定不再穷追，恐怕万一发生事故，反而挫伤了辛苦建立的声威。"司马昭听了王基的话，这才打消原意，率兵回国。战争虽然结束，但因淮南地方刚被平定，须加镇守，所以把王基的职守转到淮南，同时任命他为东乡侯，都督扬州各地的军事。后来又升任他为东武侯。王基上疏极力推辞，把功劳都归因于部属和参谋等人，因此

长史司马等七人皆侯。

是岁，基母卒。诏秘其凶问，迎基父豹丧合葬洛阳，追赠豹北海太守。甘露四年，转为征南将军，都督荆州诸军事。常道乡公即尊位，增邑千户，并前五千七百户。前后封子二人亭侯、关内侯。

景元二年，襄阳太守表吴贼邓由等欲来归化，基被诏，当因此震荡江表。基疑其诈，驰驿陈状。且曰："嘉平以来，累有内难，当今之务，在于镇安社稷，绥宁百姓，未宜动众以求外利。"文王报书曰："凡处事者，多曲相从顺，鲜能确然共尽理实。诚感忠爱，每见规示，辄敬依来指。"后由等竟不降。

是岁基薨，追赠司空，谥曰景侯。子徽嗣，早卒。咸熙中，开建五等，以基著勋前朝，改封基孙廙，而以东武馀邑赐一子爵关内侯。晋室践阼，下诏曰："故司空王基既著德立勋，又治身清素，不营产业，久在重任，家无私积，可谓身没行显，足用励俗者也。

朝廷特别再度封赏，这回被封为侯的，有长史、司马等七位。

这年中，王基的母亲去世，皇帝命他不要公开发丧，要他迎来父亲王豹的灵柩，和母亲合葬在洛阳，并且由国家追赠王豹为北海太守。魏高贵乡公甘露四年（公元259年），王基转任征南将军，都督荆州各地的军事。当常道乡公（曹奂，曹操孙子）即帝位后，加封王基一千户的乡邑，跟他以前被封的乡邑合计起来共有五千七百户之多。王基的儿子被封为亭侯、关内侯的有两个。

魏元帝景元二年（公元261年）襄阳太守上表说吴国将领邓由等人想要投降魏国，皇帝下令王基，要他利用这事对吴国发动攻击，取得大利。但王基很怀疑其中有诈谋存在，因此他赶到驿站送上书奏。同时他说："我国从嘉平以来，屡次发生内乱，而且都很严重，如今我们最重要的事务，就是求国内的安定，百姓的安宁，现在很不适宜发动群众去求国外的利益。"王基的书奏呈上后，司马文王（昭）回信给他说："一般人处理事务，多半是随世俗委曲变化，彼此妥协曲从，很少有人能够以实实在在的态度，使别人也都能切合道理做事的。我真心地感受到你对国家的忠爱，每回见到你规劝的书信，就立刻恭敬地忠实奉行。"王基的判断很是正确，邓由等人终究没来投降。

就在这一年，王基去世了，他被追赠为司空，赐谥号景侯。他的爵位，由儿子王徽继承，但王徽极早过世，因此爵位就被取消。到了魏元帝咸熙元年（公元264年），朝廷设立五等爵位，因为王基在前朝很有功绩，所以把爵位又改封给他的孙子王廙。同时又拿东吴县编剩的乡邑赐他一子为关内侯。当晋朝成立时，曾下诏令说："已故司空王基，他立下了极高的德义和功勋，而且他治身又非常清廉朴素，自己不经营产业，虽然长时期担任极重要的官职，家中却没有一点儿私产和积蓄，真可说是一个虽然本身已死，但德行却完全显示，最能够端正和鼓舞社会风气的人哪！现在政府要特别赐给他家奴婢二

其以奴婢二人赐其家。”

评曰：徐邈清尚弘通，胡质素业贞粹，王昶开济识度，王基学行坚白，皆掌统方任，垂称著绩。可谓国之良臣，时之彦士矣。

人，以为奖励。”

陈寿评论说：徐邈这人清廉高尚，胸怀广大通达；胡质朴素竞业，忠贞精纯；王昶立大功以济世，有见识、有裁度；王基学问德行坚贞清白。他们都在掌理方面有专责在身，也都留下了良好的政声，有显著的治绩。他们全可称得上是国家的良臣，也是当时的俊彦啊！

三国志卷二十八

王毌丘诸葛邓钟传第二十八

黄湘阳 译

王凌字彦云，太原祁人也。叔父允，为汉司徒，诛董卓。卓将李傕、郭汜等为卓报仇，入长安，杀允，尽害其家。凌及兄晨，时年皆少，逾城得脱，亡命归乡里。凌举孝廉，为发干长，稍迁至中山太守，所在有治，太祖辟为丞相掾属。

文帝践阼，拜散骑常侍，出为兖州刺史，与张辽等至广陵讨孙权。临江，夜大风，吴将吕范等船漂至北岸，凌与诸将逆击，捕斩首虏，获舟船，有功，封宜城亭侯，加建武将军，转在青州。是时海滨乘丧乱之后，法度未整。凌布政施教，赏善罚恶，甚有纲纪，百姓称之，不容于口。后从曹休征吴，与贼遇于夹石，休军失利，凌力战决围，休得免难。仍徙为扬、豫州刺史，咸得军民之欢心。始至豫州，旌先贤之后，求未显之士，各有条教，

王凌，字彦云，他是太原郡祁（今山西省祁县东南五里）人。他叔父王允在汉朝末年任司徒官，诛杀了董卓（事在汉献帝初平三年）。董卓部将李傕、郭汜等人为了替董卓报仇，他们打进长安，杀害了王允全家。当时王凌和哥哥王晨年纪都小，他们爬过城墙，逃得性命，一路流亡，回到故乡。王凌后来被察举为孝廉，派到发干（今山东省聊城市堂邑镇西南二十三里）任地方官长。他逐级升迁，做到了中山（今河北省定州市）太守。曹操曾召选他任丞相掾属。

而魏文帝曹丕即位后，拜他为散骑常侍。他后来被派出朝廷，担任兖州刺史。魏文帝黄初三年（公元 222 年）王凌和张辽等人同到广陵（今江苏省江都县东北）去讨伐孙权。他们驻守在江边，夜晚忽起大风，把吴军将领吕范等人的兵船漂到北岸，王凌和其他将领趁机迎击，杀了不少吴军，俘获了许多船只，建立了很大的功劳。因此，他被封为宜成亭侯，加建武将军名号，转为青州刺史。那时沿海一带的官吏民众，都乘大乱之后，法律制度来不及恢复的情况下，胡作非为，社会秩序愈来愈坏。王凌到任以后，积极推行法治，普及教化，奖励善良，惩罚邪恶，建立起很好的纲纪，百姓们都传扬他的仁政，赞不绝口。他后来跟随曹休征伐东吴，和吴军在夹石（今安徽省桐城市北四十七里北峡关）相遇，曹休军队战况很坏，幸亏王凌拼命苦战，曹休才能免于死难（事在魏明帝太和二年）。战争

意义甚美。初，凌与司马朗、贾逵友善，及临兖、豫，继其名迹，正始初，为征东将军，假节都督扬州诸军事。二年，吴大将全琮数万众寇芍陂，凌率诸军逆讨，与贼争塘，力战连日，贼退走。进封南乡侯，邑千三百五十户，迁车骑将军、仪同三司。

是时，凌外甥令狐愚以才能为兖州刺史，屯平阿。舅甥并典兵，专淮南之重。凌就迁为司空。司马宣王既诛曹爽，进凌为太尉，假节钺。凌、愚密协计，谓齐王不任天位，楚王彪长而才，欲迎立彪都许昌。嘉平元年九月，愚遣将张式至白马，与彪相问往来。凌又遣舍人劳精诣洛阳，语子广。广言："废立大事，勿为祸先。"其十一月，愚复遣式诣彪，未还，会愚病死。二年，荧惑守南斗。凌谓："斗中有星，当有暴贵者。"三年春，吴贼塞涂水。凌欲因此发，大严诸军，表求讨贼；诏报不听。凌阴谋滋甚，遣将军杨弘以废立事告兖州刺史黄华，华、弘连名以白太傅司马宣王。宣王将中军乘水道讨凌，先下赦赦凌罪，

结束后，王凌就被升任为扬、豫州刺史，他在扬、豫两州都很得到官吏和民众的爱戴和欢心。他初到豫州时，就特别表扬豫州地方先贤的后人，又寻访隐居而有高节学问的士人；为了达到这两个目的，他设立了很完善的办法，意义非常美好。起初王凌和司马朗、贾逵等人原有很好的友谊，当他继任兖州、豫州刺史后，就继续推行他们的政教措施。魏齐王芳（邵陵厉公）正始元年（公元 240 年），王凌被任为征东将军，赐节都督扬州各地军事。正始二年，东吴大将全琮率领好几万人的大军进攻芍陂（今安徽省寿县南面）。王凌率领各地军队前往迎战，和敌军争夺湖塘，一连几天，拼死不退，终于使东吴军队败退。王凌因功被封为南乡侯，赐采邑一千三百五十户，又升任为车骑将军，出入仪仗规模可以和三司所用相同。

那时王凌的外甥令狐愚，也因才能卓越被任为兖州刺史，屯守在平阿（今安徽省怀远县西南）。舅甥两人都掌握重兵，肩负起淮水以南地区的安危重任，真是非常少见而又显赫的。王凌后来升为司空，当司马宣王（懿）诛杀了曹爽之后，就把王凌再提升为太尉。赐节钺。王凌和令狐愚两人密商，以为齐王芳弱小无能，不能够担任国君重任，楚王曹彪年龄较长而且才能也高，想要立他为帝，建都许昌。当邵陵厉公嘉平元年（公元 249 年），令狐愚派遣部将张式到白马（今河南省滑县东二十里）谒见楚王曹彪，相互联络。王凌也派自己的舍人劳精到洛阳去告诉儿子王广。王广说："废旧主立新君的事是最严重的，千万不能做那领头惹祸的人啊！"这年十一月，令狐愚又派张式谒见曹彪。张式还没回来，令狐愚却得急病死了。邵陵厉公嘉平二年，荧惑星（火星）运行进入南斗星位，王凌说南斗星位内有其他星进入，表示天下将有突然贵盛无比的人出现了。嘉平三年春季，东吴军队把涂水（即涂河，源出安徽省合肥市北黄泥段）堵住（东吴曾于安徽六合县建造瓦梁堰）。王凌想利用这机会集合军队发动废立，因此他上表请求出兵讨伐东吴。虽然朝廷驳回不准，但王凌的阴谋行动更加积极，他派部将扬弘把废立计划去告诉兖州刺史黄华。哪知黄华和

又将尚书广东，使为书喻凌，大军掩至百尺逼凌。凌自知势穷，乃乘船单出迎宣王，遣掾王彧谢罪，送印绶、节钺。军到丘头，凌面缚水次。宣王承诏遣主簿解缚反服，见凌，慰劳之，还印绶、节钺，遣步骑六百人送还京都。凌至项，饮药死。宣王遂至寿春。张式等皆自首，乃穷治其事。彪赐死，诸相连者悉夷三族。朝议咸以为《春秋》之义，齐崔杼、郑归生皆加追戮，陈尸斲棺，载在方策。凌、愚罪宜如旧典。乃发凌、愚冢，剖棺，暴尸于所近市三日，烧其印绶、朝服，亲土埋之。进弘、华爵为乡侯。广有志尚学行，死时年四十余。

毌丘俭字仲恭，河东闻喜人也。父兴，黄初中为武威太守，伐叛柔服，开通河右，名次金城太守苏则。讨贼张进及讨叛胡有功，封高阳乡侯。入为将作大匠。俭袭父爵，为平

扬弘两人共同把这事揭发给太傅司马懿，司马懿立刻率领禁卫军顺流而下讨伐王凌，但在出兵之前，却先下赦令，赦免王凌，又命令王凌的儿子尚书王广随军东下，写信给王凌劝他不要造反。司马懿的大军悄然来到百尺堰（今河南省项城市东），开始进逼王凌，当王凌发觉时，情势已经很危急了，他只好单身孤舟去迎接司马懿，另外派属下掾吏王彧带着他的印绶节钺等去向政府请罪。当司马懿军队到达丘头（今河南省沈丘县东南），王凌把手缚在背后，等在岸边，这时司马懿奉到诏令，要赦免王凌，因此他让主簿去把王凌的束缚解开，把官服还给王凌，又把印绶节钺等也交还他，派步骑兵六百人护送王凌到京师去。但王凌在经过项（今河南省沈丘县）地时，还是服毒自杀了。司马懿进兵到达寿春，张式等人都自首请罪。在司马懿穷究严察之下，曹彪也被赐死，其他被牵连上的全都被灭三族。朝中议论这事的人都认为以《春秋》大义而言，对齐崔杼、郑归生这种叛乱弑君的臣子，虽然在他们死后，也要加以惩罚，要把他们的尸首暴露，棺木毁坏。而且历史上也确实记载了这样的事实（崔杼事在《左传·襄公二十八年》，郑归生事在宣公十年）。所以令狐愚、王凌的罪过也应该按旧例来处置。既然朝中这么决议，因此王凌、令狐愚两人的坟墓就被挖开，棺木都被打烂，尸首被公示在附近的市集中三天，他们的印绶朝服等器物都被烧毁，而尸首再埋葬时也不许用棺木盛殓，只许直接埋在土中。杨弘、黄华两人因举发有功，所以被进封为乡侯。王凌的儿子王广是极有志向极重学问品德的人，但也被处死，那时他是四十多岁。

毌丘俭，字仲恭，他是河东郡闻喜县（今山西省闻喜县东三十里）人。他父亲毌丘兴在黄初（魏文帝年号）年间任武威太守，曾把叛乱的蛮族平定，柔服他们，开辟河右一带，成就仅在金城太守苏则之下。后来又曾讨平叛贼张进及叛乱的胡人，很有功劳，被封为高阳乡侯。朝廷调他入朝，任将作大匠。毌丘俭承袭父亲的爵位，担任平原侯的文学官。当

原侯文学。明帝即位，为尚书郎，迁羽林监。以东宫之旧，甚见亲待。出为洛阳典农。时取农民以治宫室，俭上疏曰："臣愚以为天下所急除者二贼，所急务者衣食。诚使二贼不灭，士民饥冻，虽崇美宫室，犹无益也。"迁荆州刺史。

青龙中，帝图讨辽东，以俭有干策，徙为幽州刺史，加度辽将军，使持节，护乌丸校尉。率幽州诸军至襄平，屯辽隧。右北平乌丸单于寇娄敦、辽西乌丸都督率众王护留等，昔随袁尚奔辽东者，率众五千余人降。寇娄敦遣弟阿罗槃等诣阙朝贡，封其渠率二十余人为侯、王，赐舆马缯采各有差。公孙渊逆与俭战，不利，引还。明年，帝遣太尉司马宣王统中军及俭等众数万讨渊，定辽东。俭以功进封安邑侯，食邑三千九百户。

正始中，俭以高句骊数侵叛。督诸军步骑万人出玄菟，从诸道讨之。句骊王宫将步骑二万人，进军沸流水上，大战梁口，宫连破走。俭遂束马悬车，以登丸都，屠句骊所都，斩获首虏以千数。句骊沛者名得来，数谏宫，宫不从其言。得来叹曰："立见此地将生蓬

魏明帝即位，他被任为尚书郎，又转升为羽林监。因他是明帝在太子时代就有关系的人，所以明帝待他非常亲密，他后来被派为洛阳典农。那时明帝常用农民修筑宫室，他就上疏谏说："臣很愚昧，总以为目前天下最急于除去的就是东吴和蜀汉两大贼寇；最急切该努力的就是求民众衣食的温饱，如果不能消灭两大贼寇；如果让百姓们挨饿受冻，那么虽然有再高大华美的宫室，也是没用的。"明帝后来把他升任为荆州刺史。

魏明帝青龙年间，皇帝想讨伐辽东的公孙渊，因为毌丘俭很有才干，又能策划用计，因此就调派他为幽州刺史，再加封他为度辽将军，使他秉持节仗，担任护乌丸校尉。毌丘俭领着军队到达襄平（今辽宁省辽阳市），驻扎在辽隧。这时右北平一带的乌丸族单于寇娄敦，原辽西一带的乌丸都督率众王护留等人，以及从前大乱时跟着袁尚逃奔到辽东去的袁氏部众等，共有五千多人前来归顺投降。寇娄敦还派他弟弟阿罗槃等人来到京城朝见，明帝封他们的首领为侯、王的有二十多个，又赐他们车马丝帛等等多少不同。公孙渊领叛军迎战毌丘俭，魏军情况不利，毌丘俭领军退回。第二年，明帝派太尉司马懿率领羽林军和毌丘俭等好几万人再度讨伐公孙渊，平定了辽东。毌丘俭因军功被进封为安邑侯，赏赐食邑三千九百户。

魏齐王芳（邵陵厉公）正始年间，高句丽屡次叛变，侵扰边境，毌丘俭就统率各路军队前往征讨，他领着步兵骑兵一万多人由玄菟（今辽宁省沈阳市东）出关讨伐。高句丽国王名叫宫，他领着步骑兵两万多人开到沸流水（按卢弼《集解注》即鸭绿江）上，和魏军在梁口展开激战，毌丘俭连败高句丽兵，高句丽王溃败逃走，毌丘俭于是尽力把马匹和车辆捆好牵紧，终于爬上了高句丽的京城丸都（今辽宁省集安市），屠杀城中的百姓好几千人。高句丽国中有个沛者（官吏名），名叫得来，他曾屡次劝谏高句丽王，但都不被接受，得来叹息着说："这地方的一切马上就要变成荒城废墟了。"于是他绝食而死。全国的人都

蒿。”遂不食而死，举国贤之。俭令诸军不坏其墓，不伐其树，得其妻子，皆放遣之。宫单将妻子逃窜。俭引军还。六年，复征之，宫遂奔买沟。俭遣玄菟太守王颀追之，过沃沮千有余里，至肃慎氏南界，刻石纪功，刊丸都之山，铭不耐之城。诸所诛纳八千余口，论功受赏，侯者百余人。穿山溉灌，民赖其利。

迁左将军，假节监豫州诸军事，领豫州刺史，转为镇南将军。诸葛诞战于东关，不利，乃令诞、俭对换。诞为镇南，都督豫州。俭为镇东，都督扬州。吴太傅诸葛恪围合肥新城，俭与文钦御之，太尉司马孚督中军东解围，恪退还。

初，俭与夏侯玄、李丰等厚善。扬州刺史前将军文钦，曹爽之邑人也。骁果粗猛，数有战功，好增虏获，以徼宠赏，多不见许，怨恨日甚。俭以计厚待钦，情好欢洽。钦亦感戴，投心无贰。正元二年正月，有彗星数十丈，西北竟天，起于吴、楚之分。俭、钦喜，以为己祥。遂矫太后诏，罪状大将军司马景王，移诸郡国，举兵反。迫胁淮南将守诸别

崇敬他的贤良。毌丘俭攻下丸都之后，下令军中不许毁坏他的坟墓，不可砍伐他墓地的树木，他家人中有被捕的，全都被释放。高句丽王单独领着妻子逃走了，毌丘俭搜捕不到，这才带领军队回国。正始六年，又领兵前去征讨，高句丽王只有逃奔到买沟去。毌丘俭派玄菟太守王颀去追杀他，一直追过了沃沮一千多里远，直到肃慎氏部族的南部边界才回来。毌丘俭为了这次的胜利，刻了石碑以纪念功勋，又把丸都的山顶削平，还在不耐城立下碑铭。在这次讨伐中，高句丽人被杀被俘的，有八千多口，朝廷封赏有功官兵，封侯的就有百多人。毌丘俭在辽东，挖掘沟渠，穿过山岭以灌溉农地，为农民造福很多。

毌丘俭后来被升任左将军，赐节监督豫州各军事，兼任豫州刺史，后又转任为镇南将军。东关（今安徽巢湖市东南四十里）之役，因诸葛诞战事失利，所以朝廷命令他二人对调职位，诸葛诞去担任镇南将军，都督豫州一带；毌丘俭为镇东将军，都督扬州一带。那时候，东吴太傅诸葛恪正围攻合肥新城，幸亏毌丘俭和文钦两人合力把他阻挡下来，直到太尉司马孚亲领羽林军东来解围，诸葛恪才退兵回国。

起先，毌丘俭是和夏侯玄、李丰等人很要好。扬州刺史、前将军文钦，他是跟曹爽同乡的人，这人骁勇果敢，粗鲁狂猛，曾经立过几回战功。但因好贪政府的封赏，所以战时总多抓俘虏和抢劫金银财宝，呈给朝廷，希望因此能受到更多的亲信倚重和奖赏，但他的打算常常落空，因此他愈来愈心怀怨恨。毌丘俭了解他这种情形后，就用计谋和文钦取得联络，待他非常宽厚亲善，文钦心中也很感激，所以他对毌丘俭也就全力支持，没有二心了。魏少帝（高贵乡公）正元二年（公元 255 年），正月，有彗星出现，头尾好几十丈长，由吴楚交界的天空出现，奔向西北消逝。毌丘俭、文钦见到这种天象都非常高兴，以为这就是他们将有伟大成功的吉兆，于是他们假称太后的诏令，条列大将军司马景王（司马懿之子，司马师）的罪状，通告各地，发兵叛乱。他们当时胁迫淮南一带各地驻守的将领军

屯者，及吏民大小，皆入寿春城，为坛于城西，歃血称兵为盟，分老弱守城，俭、钦自将五六万众渡淮，西至项。俭坚守，钦在外为游兵。

大将军统中外军讨之，别使诸葛诞督豫州诸军从安风津拟寿春，征东将军胡遵督青、徐诸军出于谯、宋之间，绝其归路。大将军屯汝阳，使监军王基督前锋诸军据南顿以待之。令诸军皆坚壁勿与战。俭、钦进不得斗，退恐寿春见袭，不得归，计穷不知所为。淮南将士，家皆在北，众心沮散，降者相属，惟淮南新附农民为之用。大将军遣兖州刺史邓艾督泰山诸军万余人至乐嘉，示弱以诱之，大将军寻自洙至。钦不知，果夜来欲袭艾等，会明，见大军兵马盛，乃引还。大将军纵骁骑追击，大破之，钦遁走。是日，俭闻钦战败，恐惧夜走，众溃。比至慎县，左右人兵稍弃俭去，俭独与小弟秀及孙重藏水边草中。安风津都尉部民张属就射杀俭，传首京都。属封侯。秀、重走入吴。将士诸为俭、钦所迫胁者，悉归降。

士及地方大小官吏，都到寿春城内集合，在城西筑了一座高坛，大家歃血，举兵盟誓，然后留下较为老弱的士兵守城，其余精壮士卒由文钦带领，共五六万人，渡过淮水，西到项（今河南省沈丘县）地。毌丘俭在寿春据守，文钦则在外面往来征讨，游走不定。

大将军司马师非常震怒，亲自率领禁卫军及其他各地军队南下征讨，又派诸葛诞督领豫州境内的军队，从安风津（今安徽省霍丘县北）发兵进占寿春，又派征东将军胡遵指挥青州、徐州等地的军队布置在谯宋（卢弼《集解》以为谯宋即魏豫州谯郡之谯、宋二县，宋在项之南，即今安徽太和县北七十里）等地，以断绝毌丘俭他们的后路。大将军司马师统率大军驻扎在汝阳（今河南省商水县西北），另外指定监军王基，率领前锋各军据守在南顿（在今河南省项城市西）等待叛军来攻。司马师下令各军坚守营垒，不要和叛军交战。毌丘俭、文钦两人挥兵前进，却没有人和他战斗，想撤退时，却又怕寿春城根据地受到攻击，因此陷于进退不得，不知如何是好的境地，淮南地区的军士，虽然他们这时是叛了朝廷，可是他们的家园，都在北方。如今进退不得，大家非常沮丧，士气很低，因而反正归降的，每天都有，接连不断。真正支持毌丘俭他们的，只有淮南当地的农民而已。司马师又派兖州刺史邓艾率领泰山地方的军队一万多人进兵到乐嘉（在今河南项城市西北三十五里）故意向文钦露出弱点，以引诱文钦来攻，司马师紧接着来到乐嘉接应。文钦不知道，果然在夜间发兵偷袭邓艾等人，当天亮后，他才发现司马师大军已到，兵强马盛，气势豪壮，文钦赶紧领兵退回，司马师调精锐骑兵追击，把叛军完全打垮，只有文钦逃得一命。也就在同一天之内，毌丘俭听说文钦失败，他就在当天晚上逃走了，所以他的军队整个崩溃。当他快逃到慎县时，身边的随从已经有人背弃他逃走了，最后只剩毌丘俭和他的小弟毌丘秀以及孙子毌丘重藏身在水边的草丛中。安风津都尉的手下张属发现了他们，毌丘俭被射死，首级则被割下来送到京城去，张属则被封侯。毌丘秀、毌丘重两人逃亡到了东吴。当初凡是受到毌丘俭和文钦威胁而参加叛乱的将士，现在全部都出来归顺投降朝廷了。

俭子甸为治书侍御史，先时知俭谋将发，私出将家属逃走新安灵山上。别攻下之，夷俭三族。

钦亡入吴，吴以钦为都护、假节、镇北大将军、幽州牧、谯侯。

诸葛诞字公休，琅邪阳都人。诸葛丰后也。初以尚书郎为荥阳令，入为吏部郎。人有所属托，辄显其言而承用之，后有当否，则公议其得失以为褒贬，自是群僚莫不慎其所举。累迁御史中丞尚书，与夏侯玄、邓飏等相善，收名朝廷，京都翕然。言事者以诞、飏等修浮华，合虚誉，渐不可长。明帝恶之，免诞官。会帝崩，正始初，玄等并在职。复以诞为御史中丞尚书，出为扬州刺史，加昭武将军。

诸葛诞，选自清刊本《三国演义》。

毌丘俭的儿子毌丘甸，他这时任治书侍御史官职，他在起事前就已经知道了，因此毌丘甸私下先打发家属逃到新安灵山上去。司马师另外派了一支军队去攻打并俘虏了他们。朝廷下命把毌丘俭家夷三族，以示惩罚。

文钦亡命到了东吴，东吴任命他为都护，赐节仗，担任镇北大将军，命他为幽州牧，封他为谯侯。

诸葛诞字公休，他是琅邪阳都（今山东沂南县南）地方人。他的先人，就是诸葛丰。他起先以尚书郎身份被派为荥阳令，后来被召回朝廷担任吏部郎官职。他在任时，如果别人推荐人员给他，他就公开推荐的内容并任用那人，那人以后如有得失，就由大家来检讨他的成败并加以奖惩。从此之后，所有的同事没有不谨慎推荐人才的了。诸葛诞后来逐渐升迁到御史中丞尚书。他和夏侯玄、邓飏等人很要好，他们三人互相标榜，评论人物，京城中一般人都信服他们的说法，不敢提出异议。但朝廷中议事的官员们却以为他们提倡浮华、倡导空名，以为这种作风很要不得。魏明帝也很不喜欢这种风气，所以就撤销了诸葛诞的官位。不久之后，明帝去世，到正始初年，夏侯玄等人又都被重用，因此诸葛诞也就重被召回朝廷，再任御史中丞尚书，后来又被派出朝廷担任扬州刺史，并加赐昭武将军的美号。

王凌之阴谋也，太傅司马宣王潜军东伐，以诞为镇东将军、假节都督扬州诸军事，封山阳亭侯。诸葛恪兴东关，遣诞督诸军讨之，与战，不利。还，徙为镇南将军。

后毌丘俭、文钦反，遣使诣诞，招呼豫州士民。诞斩其使，露布天下，令知俭、钦凶逆。大将军司马景王东征，使诞督豫州诸军。渡安风津向寿春。俭、钦之破也，诞先至寿春。寿春中十余万口，闻俭、钦败，恐诛，悉破城门出，流迸山泽，或散走入吴。以诞久在淮南，乃复以为镇东大将军、仪同三司、都督扬州。吴大将孙峻、吕据、留赞等闻淮南乱，会文钦往，乃帅众将钦径至寿春；时诞诸军已至，城不可攻，乃走。诞遣将军蒋班追击之，斩赞，传首，收其印节。进封高平侯，邑三千五百户，转为征东大将军。

诞既与玄、飏等至亲，又王凌、毌丘俭累见夷灭，惧不自安，倾帑藏振施以结众心，厚养亲附及扬州轻侠者数千人为死士。甘露元年冬，吴贼欲向徐堨，计诞所督兵马足以待之，而复请十万众守寿春，又求临淮筑城以备寇，内欲保有淮南。朝廷微知诞有自疑心，

当王凌阴谋叛乱时，太傅司马懿暗中调兵向东征讨，任命诸葛诞为镇东将军，赐节杖为扬州一带各军的总指挥，又封他为山阳亭侯。当诸葛恪在东关起兵作乱，诸葛诞又被派去攻打，这回战争失利，回来后，被改派为镇南将军。

此后，毌丘俭、文钦造反，他们派了使者去见诸葛诞，要他发动豫州地方的士民响应叛乱。但是他杀了那个使者，并且把毌丘俭他们的意思布告天下，使人人都知道他们的叛逆罪孽。大将军司马师主持东征，派诸葛诞总领豫州各地的军队，渡过安风津，进向寿春。当毌丘俭、文钦被打败时，诸葛诞是最先到达寿春的。那时寿春城中有十多万人，他们听说毌丘俭、文钦已经败了，心中都很畏惧，恐怕朝廷责罚他们随从叛贼作乱，就都打破城门逃出，流亡于山区或沼泽地带，也有分散或流落到东吴去的。朝廷看到这种情形，很想有所补救，因为诸葛诞在淮南一带很久，各方面也较熟悉，所以就又任命他为镇东大将军，给他的仪仗同三司一样，为扬州地区的最高指挥。东吴大将孙峻、吕据、留瓒等人听说淮南有乱，都想利用机会攻占淮南，正巧文钦逃奔东吴，他们就领着文钦直向寿春攻来，那时，归诸葛诞统领的各军队都已赶到，寿春城不可能被攻下，东吴军队这才赶紧离开，诸葛诞派将军蒋班领兵追击，斩了留赞，把他的首级传示军中，收缴了他的印信和节仗。朝廷因诸葛诞立了大功，所以进封他为高平侯，食邑三千五百户，并升他为征东大将军。

诸葛诞本来和夏侯玄、邓飏等人非常亲近，又看到王凌、毌丘俭等人遭受灭门惨事，内心中很感到不安，因此他拿出了所有钱财积蓄，救助他人以笼络人心，他又对亲附他的以及扬州地方行侠仗义的人，给予最丰富的待遇，使他们成为他的死士，他养的死士有好几千人之多。当甘露元年（魏少帝高贵乡公年号，当公元256年）冬天，东吴军队准备进寇徐竭（在今安徽含山县西南），诸葛诞当时是有足够的军队去抵制吴军的，但他仍向朝廷要求增加十万军队镇守寿春，又要求在淮河沿岸筑城来抵挡贼寇。他真正的意思，是想利

以诞旧臣，欲入度之。二年五月，征为司空。诞被诏书，愈恐，遂反。召会诸将，自出攻扬州刺史乐綝，杀之。敛淮南及淮北郡县屯田口十余万官兵，扬州新附胜兵者四五万人，聚谷足一年食，闭城自守。遣长史吴纲将小子靓至吴请救。吴人大喜，遣将全怿、全端、唐咨、王祚等，率三万众，密与文钦俱来应诞。以诞为左都护、假节、大司徒、骠骑将军、青州牧、寿春侯。是时镇南将军王基始至，督诸军围寿春，未合。咨、钦等从城东北，因山乘险，得将其众突入城。

六月，车驾东征，至项。大将军司马文王督中外诸军二十六万众，临淮讨之。大将军屯丘头。使基及安东将军陈骞等四面合围，表里再重，堑垒甚峻。又使监军石苞督兖州刺史州泰等，简锐卒为游军，备外寇。钦等数出犯围，逆击走之。吴将朱异再以大众来迎诞等，渡黎浆水，泰等逆与战，每摧其锋。孙綝以异战不进，怒而杀之。城中食转少，外救不至，众无所恃。将军蒋班、焦彝，皆诞爪牙计事者也，弃诞，逾城自归大将军。大将军

用这次机会，使淮南一带完全属于他的。这时朝廷约略的知道诸葛诞对政府已有二心了，但还是认为他是魏国的老臣，可以把他调回说服的。甘露二年五月，政府指令诸葛诞回朝担任司空。但他接到诏书之后，内心却更加恐慌，因此他就正式反叛了。他召见淮南地区的将领，亲自领兵去攻打扬州刺史乐綝，并杀害了他。诸葛诞集合了淮南、淮北各郡县及屯田士兵等十多万人，加上扬州一带新归附的可用士兵四五万人，搜集了足够一年食用的粮食，全数集中在寿春城中，封闭城门坚守。他又派长史吴纲领着幼儿诸葛靓到东吴去求救。东吴方面非常高兴，就派将军全怿、全端、唐咨、王祚等人，领三万军队，秘密地和文钦一齐来到寿春接应诸葛诞。东吴并指派诸葛诞为东吴的左都护、赐节仗、大司马、骠骑将军、青州牧等官职，并封他为寿春侯。那时，魏镇南将军王基也正来到寿春附近，指挥各路军队包围寿春，因为包围圈部署一时不易完成，所以东吴方面的将领唐咨、文钦等人能够由寿春城东北方利用山地的险阻，率领军队进城。

到了六月间，魏少帝亲自东征，来到项城，大将军司马文王（司马昭）指挥禁卫军及各地军队二十六万多人，逼近淮河，讨伐诸葛诞。大将军屯驻在丘头（今河南省沈丘县东南）派王基及安东将军陈骞等把寿春城四面由里到外，围了好几层，碉堡壕沟等防御工事，做得非常高深坚固。又派监军石苞、兖州刺史州泰等人，挑选精锐士卒，编成游军，在最外圈往来巡逻，以防外援入寇。寿春城里的文钦，屡次领兵冲出攻击包围圈，但都被魏军打退。东吴这时又派大将朱异，领了大军前来接应诸葛诞等人。当朱异军队要渡过黎浆水（今安徽寿县东南）时，州泰等人就来迎战，每每把朱异的先锋打败，使他不能渡河。东吴孙綝以为是朱异不尽力求胜，气得把他杀了。当寿春城中粮食渐渐减少，而外援又无法来到时，人人心中都失去了仗恃，开始变得不稳起来，将领中如蒋班、焦彝等，都是诸葛诞的亲信死党，共同商议的人，但他们却背叛了他，翻过城墙向大将军投降了。大将军因此

乃使反间，以奇变说全怿等，怿等率众数千人开门来出。城中震惧，不知所为。

三年正月，诞、钦、咨等大为攻具。昼夜五六日攻南围，欲决围而出。围上诸军，临高以发石车火箭逆烧破其攻具，弩矢及石雨下，死伤者蔽地，血流盈堑。复还入城，城内食转竭，降出者数万口。钦欲尽出北方人，省食，与吴人坚守，诞不听，由是争恨。钦素与诞有隙，徒以计合，事急愈相疑。钦见诞计事，诞遂杀钦。钦子鸯及虎将兵在小城中，闻钦死，勒兵驰赴之，众不为用。鸯、虎单走，逾城出，自归大将军。军吏请诛之，大将军令曰："钦之罪不容诛，其子固应当戮，然鸯、虎以穷归命，且城未拔，杀之是坚其心也。"乃赦鸯、虎，使将兵数百骑驰巡城，呼语城内云："文钦之子犹不见杀，其余何惧？"表鸯、虎为将军，各赐爵关内侯，城内喜且扰，又日饥困，诞、咨等智力穷。大将军乃自临围，四面进兵，同时鼓噪登城，城内无敢动者。诞窘急，单乘马，将其麾下突小城门出。大将军司马胡奋部兵逆击，斩诞，传首，夷三族。诞麾下数百人，

就用反间计，派人招降全怿等人，全怿等率领了好几千士兵出城投降，城中情况，一时非常惊慌，不知道该做什么才好。

甘露三年正月里，诸葛诞、文钦、唐咨等制造了大量的攻击器械，连续五六天日夜不停地进攻城南的包围圈，要突破防线逃出。但防守的魏军，在高高的营垒中用发石车、火箭等迎战，烧毁了对方的攻击工具，弩矢石弹如雨而下，血流成河，遍地都是死伤的士兵，诸葛诞等人只好退回城中。当城中的粮食快用完时，出城投降的，有好几万人。这时文钦想把北方人全部赶出城去，以便节省粮食，和吴军坚守寿春，但诸葛诞不肯接受，因此两人发生争执，相互怨恨，文钦本来和诸葛诞就有距离，只因要共同对付魏军，所以能暂时合作，如今情况愈来愈危急了，两人的猜疑也就愈来愈严重。一天，文钦去见诸葛诞，商议对策，却被诸葛诞杀了。文钦的儿子文鸯、文虎都领兵在小城中，他们听到了文钦的死讯，就要率军为父报仇，但军队不听指挥，文鸯、文虎只有爬出城墙，向大将军司马昭投降。军吏要求把他们按军法处死，大将军说："文钦的罪过杀了他也抵消不了，他的儿子当然应该处死，但因他二人是在走投无路的情况下来投降的，再说寿春城也还没被攻下，如果把他们杀了，那就反而坚定了对方抵抗到底的决心了。所以不能杀他二人啊！"因此大将军赦免了文鸯、文虎二人的罪过，要他们领着数百名骑兵绕着寿春城奔驰。同时大声呼喊说："文钦的儿子尚且可以不死，其他的人难道还有什么不放心的吗？"大将军又上表推荐文鸯、文虎两人为将军，朝廷不但接受，更封他们两人为关内侯。这么一来，寿春城内的叛将都兴奋起来，骚动不安，加上粮食又日益缺乏，诸葛诞、唐咨等简直想不出使城中稳定的方法来。这时大将军亲自来到包围圈上，下令全体进攻，由四面鸣鼓喊杀，攀上城墙，而城中士兵都吓傻了，没有一个人敢抵抗。诸葛诞困窘情急到了极点，一个人骑上马领着部下由小城门冲出，迎面遇上了大将军司马胡奋的部队，诸葛诞被斩杀，首级传送京

坐不降见斩，皆曰：“为诸葛公死，不恨。”其得人心如此。唐咨、王祚及诸裨将皆面缚降，吴兵万众，器仗军实山积。

初围寿春，议者多欲急攻之，大将军以为：“城固而众多，攻之必力屈，若有外寇，表里受敌，此危道也。今三叛相聚于孤城之中，天其或者将使同就戮，吾当以全策縻之，可坐而制也。”诞以二年五月反，三年二月破灭。六军按甲，深沟高垒，而诞自困，竟不烦攻而克。及破寿春，议者又以为淮南仍为叛逆，吴兵室家在江南，不可纵，宜悉坑之。大将军以为古之用兵，全国为上，戮其元恶而已。吴兵就得亡还，适可以示中国之弘耳。一无所杀，分布三河近郡以安处之。

寿春破城，选自清刊本《三国演义》。诸葛诞困守寿春不久，城破，诸葛诞被杀。

城，并夷三族。他的部下有好几百人，因为不肯投降，全被斩首，他们都说：“我们是为诸葛公而死的，我们心甘情愿。”由此可见，诸葛诞真是非常得人心。东吴将领唐咨、王祚以及其他部将都把双手缚绑在背后向魏军投降，被俘的吴军有一万多人，兵器军品等堆积得像山一般高。

当刚刚包围寿春时，议事的人多半都主张急速攻城，但大将军说：“寿春城非常坚固，防守的士兵又多，勉强进攻一定会受挫折，如果这时再有外敌来攻的话，那么我们里外都有强敌，可就危险了。如今三个叛贼都集合在一座孤城之中，这大概就是天意要使他们同时抵罪被杀的意思吧！我们应该掌握机会用最好的办法把他们困住，完全不费力气的达到目的才是。”诸葛诞是在甘露二年五月开始反叛的，到甘露三年二月就被灭亡了。这期间内魏国大军并没有作战，只用了深深的壕沟和高高的营垒。而诸葛诞却自己固守孤城，到最后，不用攻打就被攻克了。当寿春城攻下之后，议事的人又以为淮南一带仍然有许多叛逆，吴兵被俘的，他们的家庭都在江南，绝不可以放纵他们，最好把他们全部都坑杀掉。但大将军认为自古以来军事行动总以保全国家为最高目标，作战只是为了杀掉元凶首恶而已，被虏的吴国士兵，让他们逃得性命，正可以表示出中国的宽大呢。所以凡被俘的，都不杀害，只把他们分散在三河附近的郡邑中，让他们安适地生活。

唐咨本利城人。黄初中，利城郡反。杀太守徐箕，推咨为主。文帝遣诸军讨破之，咨走入海，遂亡至吴，官至左将军，封侯、持节。诞、钦屠戮，咨亦生禽，三叛皆获，天下快焉。拜咨安远将军，其余裨将咸假号位，吴众悦服。江东感之，皆不诛其家。其淮南将吏士民诸为诞所胁略者，惟诛其首逆，余皆赦之。听鸯、虎收敛钦丧，给其车牛，致葬旧墓。

邓艾字士载，义阳棘阳人也。少孤，太祖破荆州，徙汝南，为农民养犊。年十二，随母至颍川，读故太丘长陈寔碑文，言“文为世范，行为士则”，艾遂自名范，字士则。后宗族有与同者，故改焉。为都尉学士，以口吃，不得作干佐。为稻田守丛草吏。同郡吏父怜其家贫，资给甚厚，艾初不称谢。每见高山大泽，辄规度指画军营处所，时人多笑焉。后为典农纲纪，上计吏，因使见太尉司马宣王。宣王奇之，辟之为掾，迁尚书郎。

时欲广田畜谷，为灭贼资。使艾行陈、项已东至寿春。艾以为“田良水少，不足以尽

唐咨本来是利城（今江苏省连云港市西北八十里）人，在黄初年间，利城郡民众造反，杀了太守徐箕，大家推戴唐咨为首领。魏文帝派出军队把叛乱平定，唐咨逃往海上，亡命到了东吴，他在东吴任官，做到了左将军，封侯爵、持节。当诸葛诞、文钦被杀时，唐咨也被生擒，三个叛逆全被捕获，天下人心都很愉快。但唐咨后来并没被杀，朝廷拜他为安远将军，其他被捕的东吴偏副将领也都有很好的安置，给他们名衔和职务，因此他们都心悦诚服。就是在东吴政府中，也很感激，并且也不诛杀那些被俘投降将领的家人。而当初被诸葛诞胁迫造反的淮南将士吏民等人，政府只诛除了其中的主脑分子，其他的全都赦免了。又由着文鸯、文虎两人埋葬文钦，并资助他家车、牛等必须的葬具，使文钦能归葬祖坟中去。

邓艾字士载，是义阳郡棘阳（河南省新野县东北有棘阳镇）人，他很小就死了父亲，当曹操攻破荆州时，他家迁到了汝南（今河南省汝南县东北五十里），在那儿为农家放牛为生。十二岁时又跟母亲搬到颍川（今河南省禹州市）。有一回，他读到故太丘长陈寔碑的碑文，其中有一句是“文为世范，行为士则”。于是他就自己取名为范，字士则。后来发现宗族中有人也用这样的名字。他才改回本名。他做了颍川的都尉学士，因为口吃的关系，不能担任文书官佐，只有去做稻田守丛草吏。郡中有位同事的父亲见他家中贫困，很怜悯他，资助他很多，他却从不表示谢意。他每遇高山大泽，就口说指划地区分营寨位置和安排攻防据点，别人常讥笑他这种行为，但他从来不理。他后来担任典农纲纪、上计吏等职务。有一回，奉派去见太尉司马宣王（司马懿），太尉非常惊讶他的表现，召他为自己的掾属，后升任为尚书郎。

当时政府推行广开农田，多积粮食，以为灭吴、蜀的资本，朝廷派邓艾巡行陈（今河南淮阳县境）、项（今河南沈丘县）等地以东，直到寿春一带。他报告这一带的田地特色

地利，宜开河渠，可以引水浇溉，大积军粮，又通运漕之道”。乃著《济河论》以喻其指。又以为“昔破黄巾，因为屯田，积谷于许都以制四方。今三隅已定，事在淮南，每大军征举，运兵过半，功费巨亿，以为大役。陈、蔡之间，土下田良，可省许昌左右诸稻田，并水东下。令淮北屯二万人，淮南三万人，十二分休，常有四万人，且田且守。水丰常收三倍于西，计除众费，岁完五百万斛以为军资。六七年间，可积三千万斛于淮上，此则十万之众五年食也。以此乘吴，无往而不克矣。”宣王善之，事皆施行。正始二年，乃开广漕渠，每东南有事，大军兴众，泛舟而下，达于江、淮，资食有储而无水害，艾所建也。

邓艾，选自清皇家珍藏手抄善本绘图描金银《三国志演义》。

是：“田地本身很肥沃，但水利不够，因此不能充分发挥地利，今后应多开河渠，才能引水灌溉，这样不仅能使粮食大量生产积蓄，同时也打通了漕运的水道。”他后来根据上述看法，写成了《济河论》一文，详尽地表达了他的意见。他又以为：“从前为了消灭黄巾贼，所以在许都一带屯田积谷，以便控制四方，如今天下除了淮南一带多事之外，其他地方都已安定。每回大军出动征讨，担任运粮的士兵比真正作战的士兵还多，耗费的金钱也在亿万以上，简直成了最艰巨的劳役。事实上，粮食是不必一定从许都一路送下来的，在陈、蔡南北的田地都是良田，可以代替许昌附近的田地，有事的时候，各路军队利用河渠漕军，顷刻就能够集合起来了。所以不妨下令在淮水北岸派二万士兵屯垦防守，在淮水南岸则派三万士兵屯垦防守，一年中按月有十分之二的人轮休，则总有四万人在屯田防守。只要水量充足，淮南淮北的收成就有西部地区的三倍以上，扣除各种开垦的花费，每年总能缴纳五百万斛谷米作为军粮储存，有六七年的时间，淮水一带就可积成三千万斛米粮，足够维持十万士兵五年的食用，以这样丰厚的积蓄去压制东吴，还会有什么克服不了的困难呢？”司马懿很赞赏他的意见，凡是他所提出的，都立刻实行。魏齐王芳（邵陵厉公）正如二年（公元241年）政府就开挖广漕渠，每当东南有事时，大军就浩浩荡荡乘舟直下，抵达长江淮河沿岸，粮食随处都能供应，地方又永无水患，这都是邓艾建设的成果啊！

出参征西军事，迁南安太守。嘉平元年，与征西将军郭淮拒蜀偏将军姜维。维退，淮因西击羌。艾曰："贼去未远，或能复还，宜分诸军以备不虞。"于是留艾屯白水北。三日，维遣廖化自白水南向艾结营。艾谓诸将曰："维今卒还，吾军人少，法当来渡而不作桥。此维使化持吾，令不得还。维必自东袭取洮城。"洮城在水北，去艾屯六十里。艾即夜潜军径到，维果来渡，而艾先至据城，得以不败。赐爵关内侯，加讨寇将军，后迁城阳太守。

是时并州右贤王刘豹并为一部，艾上言曰："戎狄兽心，不以义亲，强则侵暴，弱则内附，故周宣有猃狁之寇，汉祖有平城之围。每匈奴一盛，为前代重患。自单于在外，莫能牵制长卑。诱而致之，使来入侍。由是羌夷失统，合散无主，以单于在内，万里顺轨。今单于之尊日疏，外土之威浸重。则胡虏不可不深备也。闻刘豹部有叛胡，可因叛割为二国，以分其势。去卑功显前朝，而子不继业，宜加其子显号，使居雁门。离国弱寇，追录

邓艾曾负责参征西军事职务，后来改任南安太守。魏齐王芳（邵陵厉公）嘉平元年（公元249年）他和征西将军郭淮共同对抗蜀汉的偏将军姜维，并把他打退，郭淮要顺势向西袭击羌人，邓艾进言说："贼寇败退得并不很远，也许他们还有力量再来侵扰，我想最好还是留下一些部队作为防备。"郭淮听了，就留下邓艾屯兵在白水的北边，三天之后，姜维派廖化由白水南下，在魏军的正对面设下营寨。邓艾对诸将说："姜维领兵突然回来，而我军人少力薄。按兵法来说，对方就该立刻渡过白水攻击我军，不会迟迟地等待造桥的。现在蜀军的做法，明明是要用廖化来吸引住我们，使我们不敢离开，我判断姜维所以这么做的理由，一定是他要向东去偷袭洮城的缘故。"洮城在白水的北面，距邓艾的营地有六十里远，邓艾在当晚就派军偷偷去到洮城，果然姜维的军队也随后就到，因邓艾已经先占领了洮城，因而洮城没有失守。朝廷赐邓艾关内侯爵，加尊号为讨寇将军，后来他又改任为城阳（今山东诸城）太守。

这时候，在并州匈奴的右贤王和左贤王刘豹两方面的人马集合成一部了，邓艾上书说："戎狄民族的居心，就像禽兽一样，完全不讲道义和仁爱的。他们势力强大时就发动侵略暴乱，势力衰弱时则归附中国。例如历史上周代有猃狁的寇难，汉代有高祖的平城之困（事在汉高祖七年）。这就证明每当匈奴强大起来，中国就会有重大的边患。过去，我们利用匈奴势力衰弱，不能控制其他胡人的时候，引诱他们归顺中国，奉侍天子，固然解决了匈奴入寇的问题，但也使得其他羌夷部族，失去了管束，他们分散无统，各自发展。过去因单于王归依中国，各部落弱小无主，所以边境无事，万里安宁，如今单于王地位日低，各部落声势反而日益高涨，在这种情形下，我们对于羌夷胡虏的监视是不能不加小心防备的。最近听说刘豹部众中有叛胡，我们正好利用这种分裂的机会，把他们再度区分为两国，使力量减弱。从前胡人去卑，对前朝很有功绩，但他的儿子却没能承袭他的基业，我们应该赐他封号部族，使他住在雁门（今山西代县）附近，把敌人的势力分散减弱，追念并奖

旧勋，此御边长计也。”又陈：“羌胡与民同处者，宜以渐出之，使居民表崇廉耻之教，塞奸宄之路。”大将军司马景王新辅政，多纳用焉。迁汝南太守，至则寻求昔所厚己吏父，久已死，遣吏祭之，重遗其母，举其子与计吏。艾所在，荒野开辟，军民并丰。

诸葛恪围合肥新城，不克，退归。艾言景王曰：“孙权已没，大臣未附，吴名宗大族，皆有部曲，阻兵仗势，足以建命。恪新秉国政，而内无其主，不念抚恤上下以立根基，竞于外事，虐用其民，悉国之众，顿于坚城，死者万数，载祸而归，此恪获罪之日也。昔子胥、吴起、商殃、乐毅皆见任时君，主没而败。况恪才非四贤，而不虑大患，其亡可待也。”恪归，果见诛。迁兖州刺史，加振威将军，上言曰：“国之所急，惟农与战，国富则兵强，兵强则战胜。然农者，胜之本也。孔子曰：‘足食足兵’，食在兵前也。上无设爵之劝，则下无财畜之功。今使考绩之赏，在于积粟富民，则交游之路绝，浮华之原塞矣。”

励过去的勋劳以收人心，这才是治理边疆的长久办法呀！”邓艾除了这封奏书外，后来还上书建议说：“凡是羌胡和汉人杂住的地区，应该逐渐地把他们区分开来，使汉夷的住区有明显划分，羌胡等族，应该住在汉人区域的外缘。地方政府又要奖励礼教，使居民们能够明白和推崇廉耻，这才能杜绝奸宄的发生。”这时期，大将军司马师初辅政，邓艾所提的意见，多半都被采用。邓艾后来迁任汝南太守，他到任后，就寻找当初厚待他的郡吏之父，但那人早已去世了，邓艾就派人致祭，并送重礼给那人的妻子，又推荐那人的儿子任官。凡邓艾任职的地方，总把荒野开辟为良田，使军方民间都过着丰裕的生活。

东吴大将诸葛恪发兵围攻合肥新城，但因战事不利，只好退兵回去，邓艾上书对司马师说：“孙权去世之后，东吴大臣们对新君并不拥护，孙氏的宗亲大族，又都有部众党徒，他们如果仗恃着自己的力量，也足够即位称帝的，所以他们也很傲慢不逊。诸葛恪在这种情况下，初掌国政，内心中却不为主上多加顾虑，他不想安抚宗亲大臣，也不体恤百姓士卒，不为国家打下稳固的根基，他只顾全力向外用兵，残忍地对待百姓，把全国的精锐大军牺牲在攻击坚城高垒上，死伤了好几万人，他带着这样的灾祸回国去，这就是他得罪招祸的日子了，从前伍子胥、吴起、商鞅、乐毅都是被当时的国君所信任重用的，但也都是被继任的国君杀害的，他们的下场尚且这样，何况诸葛恪的才干并不如那四位贤者呢！他既然不知考虑大患，那么他的灭亡也就是顷刻间的事了。”果然，一回到东吴，诸葛恪就被定罪诛除了。邓艾被升为兖州刺史，又加振威将军名号。他上书说：“国家最重大的事情，就是农事和战争。国家富裕，军力就会强大，军力强大，就能战胜敌人。所以农事实际上就是军事胜利的根源。孔子说：‘粮食充足了，再求军事力量的充足强大。’可见孔子也主张农业发展要先于军事的发展呀！凡是政府要提倡的事，如果不针对那事设立优厚的奖赏作为鼓励，民间社会是不会努力的。所以，如果我们把考核绩效的奖赏，发给积蓄粮食、富裕民生的人士身上，那么社会上交游钻营的途径就会被封死，而奢侈浮华的根源也就会被堵塞住了。”

高贵乡公即尊位，进封方城亭侯。毌丘俭作乱，遣健步赍书，欲疑惑大众，艾斩之，兼道进军，先趣乐嘉城，作浮桥。司马景王至，遂据之。文钦以后大军破败于城下，艾追之至丘头。钦奔吴。吴大将军孙峻等号十万众，将渡江，镇东将军诸葛诞遣艾据肥阳，艾以与贼势相远，非要害之地，辄移屯附亭，遣泰山太守诸葛绪等于黎浆拒战，遂走之。其年征拜长水校尉。以破钦等功，进封方城乡侯，行安西将军。解雍州刺史王经围于狄道，姜维退驻钟提，乃以艾为安西将军，假节、领护东羌校尉。议者多以为维力已竭，未能更出。艾曰："洮西之败，非小失也；破军杀将，仓廪空虚，百姓流离，几于危亡。今以策言之，彼有乘胜之势，我有虚弱之实，一也。彼上下相习，五兵犀利，我将易兵新，器杖未复，二也。彼以船行，吾以陆军，劳逸不同，三也。狄道、陇西、南安、祁山，各当有守，彼专为一，我分为四,四也。从南安、陇西，因食羌谷，若趣祁山，熟麦千顷，为之县饵，五也。贼有黠数，其来必矣。"顷之，维果向

当高贵乡公（曹髦，魏少帝）即帝位（公元254年）后，邓艾爵位被晋封为方城亭侯。当毌丘俭、文钦起兵叛乱时，他们派能急行之人为使臣传送书信给邓艾，想用这方法使社会大众对邓艾起疑，但是邓艾立刻斩杀来使，又日夜行军，抢先进入乐嘉城（今河南项城县西北六十里）造好浮桥，等司马景王（司马师）来到，连城带桥都呈交司马师使用。文钦后来在乐嘉城下被打得大败，邓艾一路追杀，直到丘头（今河南沈丘县东南三十里）。文钦逃进了东吴，东吴的大将军孙峻等人号称发动十万大军来攻魏国。当他们准备渡江北上时，镇东将军诸葛诞指派邓艾在肥阳（今安徽寿县淝水之北）坚守。但他以为那儿和贼兵相距太远，又不是魏国的要害地方，所以他自行移驻到附亭（又名黎浆亭，在寿县东南）；他又调派泰山太守诸葛绪等人在黎浆抗拒东吴大军，终于把东吴军队打退。这年中，邓艾被征为长水校尉，并因打败文钦等人有功，晋封为方城乡侯，执行安西将军职务。雍州刺史王经在狄道（今甘肃兰州附近）被蜀汉军队包围，幸亏邓艾出兵，才得解困，蜀将姜维退兵驻守钟提（在狄道之西，洮水西边），朝廷正式指定邓艾为安西将军持节兼领护东羌校尉。朝廷中议事的人多半都认为姜维这时力量已经衰竭了，不可能再出兵攻魏了，但是邓艾说："洮西之役，我方并不是仅仅小败而已，事实上我们的军队完全被打垮，将领大多牺牲，仓库空虚，百姓流亡，整个地区几乎就要失守。如果用筹策来算双方的优劣，一共可以得到五项比较。第一，对方有大胜的气势可乘，我方却是空虚而又衰弱。第二，对方的将领和士兵彼此都非常了解和信赖，各种军器也都精良锋利；我方却是新将新兵，各种兵器也没有修复。第三，对方是乘船行动，我方却要奔行陆上，双方的劳逸差别太远。第四，我方要坚守的地方有狄道、陇西、南安、祁山四处，兵力分散；对方却可集中兵力专攻一点。第五，对方若由陇西、南安进攻，就要利用羌人的粮食供应军粮，如果趋向祁山，则有千顷以上成熟的麦子可供食用了。有以上五点优劣比较，加以贼人狡计又多，他们一定

祁山，闻艾已有备，乃回从董亭趣南安，艾据武城山以相持。维与艾争险，不克，其夜，渡渭东行，缘山趣上邽，艾与战于段谷，大破之。甘露元年诏曰："逆贼姜维连年狡黠，民夷骚动，西土不宁。艾筹画有方，忠勇奋发，斩将十数，馘首千计；国威震于巴、蜀，武声扬于江、岷。今以艾为镇西将军、都督陇右诸军事，进封邓侯，分五百户封子忠为亭侯。"二年，拒姜维于长城，维退还。迁征西将军，前后增邑凡六千六百户。景元三年，又破维于侯和，维却保沓中。四年秋，诏诸军征蜀，大将军司马文王皆指授节度，使艾与维相缀连；雍州刺史诸葛绪要维，令不得归，艾遣天水太守王颀等直攻维营，陇西太守牵弘等邀其前，金城太守杨欣等诣甘松。维闻钟会诸军已入汉中，引退还。欣等追蹑于彊川口，大战，维败走。闻雍州已塞道，屯桥头，从孔函谷入北道，欲出雍州后。诸葛绪闻之，却还三十里。维入北道三十余里，闻绪军却，寻还，从桥头过，绪趣截维，较一日不及。维遂东引，还守剑阁。钟会攻维未能克。艾上言："今贼摧折，宜遂乘之，从

会再来攻击的。"过不多久，姜维军队果然向祁山行动，因为听说邓艾已有准备，就回头从董亭（今甘肃武山县南）杀向南安，邓艾据守在武城山和蜀军对抗坚持。姜维和邓艾争夺险要失败，当晚就渡过渭河向东奔行，沿着山地奔向上邽（今甘肃省天水市），邓艾也急行军和他在段谷（今甘肃天水市东南）激战，大破蜀军。魏少帝（高贵乡公）甘露元年（公元 256 年）朝廷下诏说："逆贼姜维每年入寇，汉民夷人都骚动不安，西部国境总不安宁，幸亏邓艾筹划适当，加上他又忠心勇敢，奋力抵抗，斩杀了对方十多名将领，消灭了对方好几千人的士兵，使我国声威震撼了巴蜀地方，长江、岷江流城都畏惧我国的武力。所以朕要嘉奖邓艾，任命他为镇西将军，要他担任陇右各地军队的总指挥，并进封他为邓侯。再分封五百户给他的儿子邓忠，封为亭侯。"甘露二年，邓艾在长城抗拒姜维，使他退兵回蜀，朝廷升任邓艾为征西将军，又加他封邑，使他共得六千六百户之多。魏元帝（陈留王）景元三年（公元 262 年），邓艾又在侯和（今甘肃省临潭县东南）把姜维打败，姜维只好退守沓中（今甘肃省舟曲、迭部县一带）。魏元帝景元四年的秋天，元帝下令各军征讨蜀汉，大将军司马文王（司马昭）也奉令指挥大军，主持大计。他派邓艾紧紧追逼姜维；又要雍州刺史诸葛绪紧缠住姜维，使他无法回到蜀地。邓艾调派天水太守王颀等人正面进攻姜维军营，再派陇西太守牵弘等在蜀军阵前骚扰，派金城太守杨欣等人开往甘松（今甘肃迭部东南四十里）。姜维听说魏将钟会等人已进入汉中，拼命摆脱了王颀等人，领兵退回蜀地去。但是杨欣等人由甘松暗中紧追，在彊川口（今白龙江与嘉陵江交汇处）赶上了蜀军，姜维大败逃走。他听说雍州道路已被堵塞，魏军诸葛绪驻守在桥头（今甘肃文县东南七十里）地方等他，他只好由孔函谷（今甘肃省舟曲东南）进入北道，想绕道由雍州的后方回国。诸葛绪探听到姜维的计划，就退兵三十里，姜维进入北道三十多里以后，听说诸葛绪的军队已退，就又回军，仍由桥头通过，诸葛绪赶紧回头截击，却差了一天没赶上。姜维

邓艾偷渡阴平，选自清刊本《三国演义》。

阴平由邪径经汉德阳亭趣涪，出剑阁西百里，去成都三百余里，奇兵冲其腹心。剑阁之守必还赴涪，则会方轨而进；剑阁之军不还，则应涪之兵寡矣。军志有之曰：'攻其无备，出其不意。'今掩其空虚，破之必矣。"

冬十月，艾自阴平道行无人之地七百余里，凿山通道，造作桥阁。山高谷深，至为艰险，又粮运将匮，频于危殆。艾以毡自裹，推转而下。将士皆攀木缘崖，鱼贯而进。先登至江由，蜀守将马邈降。蜀卫将军诸葛瞻自涪还绵竹，列陈待艾。艾遣子惠唐亭侯忠等出其右，司马师纂等出其左。忠、纂战不

于是向东急行，终于赶回剑阁，防守魏军。钟会攻不下姜维，邓艾上言说："如今对方已遭受重大摧折，我军应该及时进攻，压迫对方，由阴平（今甘肃文县）有险路，经过汉德阳亭（今四川省江油市东北九十里）直向涪地（今四川绵阳市），那儿离开剑阁西边百里以上，和成都只差三百多里路程。我们用奇兵直冲进入对方的腹心要害，剑阁守兵必定要回去救涪，那时钟会就可以放心地并排着车马通过剑阁了。剑阁的蜀军没赶到涪地以前，那儿的守兵一定很少，军法中曾说：'攻击敌人没有防备的地方，是出乎敌人意料之外的。'如今我军能突击到对方虚弱的地方，一定就能消灭敌人了。"

这年冬季十月里，邓艾由阴平进兵，通过七百多里无人的荒野地区，一路开山辟路，修造桥梁，因为山高谷深，行动艰险困苦到了极点，加上粮食就要用完，情况真是危急万分。到最后，邓艾是用毛毯把自己包裹起来，滚下山地的。其他的将士们，攀援树木悬崖，一个接着一个，艰苦地前进，他们第一个攻下的地方是江由（今四川江油市北），当地有蜀将马邈献城投降。蜀汉魏将军诸葛瞻由涪地赶回到绵竹（今四川绵竹市东南四十里，自古为由涪至成都必经之要道），布下阵势，等待邓艾。邓艾派他儿子惠堂亭侯邓忠等人进攻对方右翼，司马师纂等进攻对方的左翼。邓忠、师纂等不能取胜，都退兵回来，向邓艾报告说："贼兵很强，实在无法攻击。"邓艾愤怒地说："生死存亡，就看这一次战争了，哪有无

利，并退还。曰："贼未可击。"艾怒曰："存亡之分，在此一举，何不可之有？"乃叱忠、纂等，将斩之。忠、纂驰还更战，大破之，斩瞻及尚书张遵等首，进军到雒。刘禅遣使奉皇帝玺绶，为笺诣艾请降。

艾至成都，禅率太子诸王及群臣六十余人面缚舆榇诣军门。艾执节解缚焚榇。受而宥之。检御将士，无所虏略，绥纳降附，使复旧业，蜀人称焉。辄依邓禹故事，承制拜禅行骠骑将军，太子奉车、诸王驸马都尉。蜀群司各随高下拜为王官，或领艾官属。以师纂领益州刺史，陇西太守牵弘等领蜀中诸郡。使于绵竹筑台以为京观，用彰战功。士卒死事者，皆与蜀兵同共埋藏。艾深自矜伐。谓蜀士大夫曰："诸君赖遭某，故得有今日耳。若遇吴汉之徒，已殄灭矣。"又曰："姜维自一时雄儿也，与某相值，故穷耳。"有识者笑之。

十二月，诏曰："艾曜威奋武，深入虏庭，斩将搴旗，枭其鲸鲵，使僭号之主，稽首系颈，历世逋诛，一朝而平。兵不逾时，战不终日，云彻席卷，荡定巴蜀。虽白起破强楚，韩信克劲赵，吴汉禽子阳，亚夫灭七国，计功论美，不足比勋也。其以艾为太尉，增邑

法攻击的道理。"于是他大骂邓忠、师纂等人，并要把他们推出营门斩头。邓忠、师纂等人只得领军拼死再战，终于把蜀军完全打败，杀了蜀将诸葛瞻及尚书张遵等人，并进军到雒县（由此西南距成都八十里）。蜀后主刘禅派了使臣捧着皇帝玺绶和笺表求见邓艾请许投降。

邓艾军队到了成都，刘禅率领着太子、诸王以及群臣等六十多人，把手缚在背后，携带了棺木来到军门求见。邓艾拿着魏皇帝的节杖，解开了刘禅的束缚，烧掉他的灵榇，接受了蜀汉的投降，赦免了刘禅的罪过。他检阅将士，对蜀地民众毫无侵犯，安抚百姓及投降的吏卒，使他们各回本业，蜀人都赞叹他的仁慈。他又依从前邓禹旧例（按邓禹受隗嚣之降）顺当时制度拜刘禅为行骠骑将军，太子为奉车都尉，其他各王为驸马都尉。蜀汉原来的官吏也都按他们原任官职的高下拜为魏国官吏，也有的改编为邓艾的属下。他又指派师纂兼任益州刺史，要陇西太守牵弘等人兼任蜀中各地郡的太守。又派人在绵竹建筑高台作为京观，用来表彰魏军的战功。魏军牺牲的，也都和蜀兵一同埋葬。邓艾非常夸耀自己的功劳，他曾对蜀汉的士大夫们说："各位都是靠着遇到我，才有今天的呀！如果你们遇到的是吴汉之流的人，那早就都死光了。"（东汉吴汉破成都，杀尽公孙述妻子家人，纵兵屠城焚烧宫室）他又说："姜维当然也算是一时的英雄人物，可惜他是遇到了我，他也只有倒霉的份儿了。"他这些话，有见识的人听到了，都讥笑他。

这年十二月，魏元帝下诏令说："邓艾的威武像太阳一般强烈振奋，他深入敌方的内部，斩杀了对方的大将，拔取了将旗，使狂妄僭号的匪首叩头牵颈，两代以来，长久幸免的罪魁祸首，顷刻之间遭到应得的惩罚。我军发兵不过一季，作战不过一天，却能像云消席卷一样，平定了巴蜀。这种成就，就是白起的攻破强楚、韩信的克服悍赵、吴汉的擒服子阳、周亚夫的平定七国之乱，拿他们的丰功伟业也无法和邓艾相比的，朕要任命邓艾为

二万户，封子二人亭侯，各食邑千户。”艾言司马文王曰：“兵有先声而后实者，今因平蜀之势以乘吴，吴人震恐，席卷之时也。然大举之后，将士疲劳，不可便用，且徐缓之；留陇右兵二万人，蜀兵二万人，煮盐兴冶，为军农要用，并作舟船，豫顺流之事，然后发使告以利害，吴必归化，可不征而定也。今宜厚刘禅以致孙休，安士民以来远人，若便送禅于京都，吴以为流徙，则于向化之心不劝。宜权停留，须来年秋冬，比尔吴亦足平。以为可封禅为扶风王，锡其资财，供其左右。郡有董卓坞，为之宫舍。爵其子为公侯，食郡内县，以显归命之宠。开广陵、城阳以待吴人，则畏威怀德，望风而从矣。”文王使监军卫瓘喻艾：“事当须报，不宜辄行。”艾重言曰：“衔命征行，奉指授之策，元恶既服；至于承制拜假，以安初附，谓合权宜。今蜀举众归命，地尽南海，东接吴会，宜早镇定。若待国命，往复道途，延引日月。《春秋》之义，大夫出疆，有可以安社稷，利国家，专之可也。今吴

太尉，加封两万户封邑，封他两个儿子为亭侯，各给一千户食邑。”邓艾向司马昭说：“军事上有时候是要先虚张声势，然后再采取实际行动的。如今我们可以乘着平定蜀汉的声势去压迫东吴了。吴人现在非常惊恐不安，正是我们席卷他们的时候哪！不过我们正当大规模征讨之后，将士疲劳不堪，是不能要他们立刻再去征战的，也只有稍待一些日子了。目前我们在陇右一带留下两万士兵，在蜀汉留下两万士兵也就足够了。其他的人都遣散了吧！留下的士兵，要他们煮盐锻铁，以供应军器粮食，并且要他们造舟船，准备顺流而下攻破吴国。一切准备妥当之后，就可以派出使者，向吴人说明利害，那时吴人一定会归顺降服，用不着我们去征讨了。所以，目前我们应该厚待刘禅，才能招来孙休，要安定四川的士民，才能招来东吴的百姓，要是现在就把刘禅送到京城里去，那么吴人听说了，就会以为刘禅是在流放虐待之中，他们归顺降服的心也就不会兴起了。因此，我们要有所变通，仍然让刘禅留在四川，等明年秋冬时节，东吴也快被平定之时，再迁移他。我以为现在可以封刘禅为扶风王，赐他一些财产，供应他一些仆从。扶风郡有董卓坞，可以作为他的官舍，我们也可以封他的儿子为公侯，给他一些郡中的小县做为食邑，用这些赏赐来显示我们对他归顺的恩宠。然后再开放广陵、城阳两地招徕东吴百姓，那么东吴人民既敬畏我们的声威，又向慕我们的恩德，一定会很快就归顺我们的。”司马昭派监军卫瓘晓喻邓艾说：“凡事都要向上报告，取得批准再做，不要由着自己的意思做。”邓艾却重重地回答说：“我奉命征伐，秉承着上级指示的方针办事，如今元凶罪首已经服罪，可以说主要目的已经完成。既然主要目的已达，那么其他的设官任职、安抚吏民等等事宜，本来是对刚刚内附的敌国臣民必要的措施，也是很合权宜的。再说楚汉已经全国归顺，国土辽阔，向南内到南海，向东可接吴会（今江苏省苏州市），这么广大的区域，应该早有镇抚安定，所以我就先做安排了。如果事事要等待朝廷的指示，公文要层层转达，又要经过千里以上的传送，来回不知要耗费掉多少时间，这中间若是发生什么意外，又怎么办呢？《春秋经》也严正地

未宾，势与蜀连，不可拘常以失事机。兵法，进不求名，退不避罪，艾虽无古人之节，终不自嫌以损于国也。”钟会、胡烈、师纂等皆白艾所作悖逆，变衅以结。诏书槛车征艾。

艾父子既囚，钟会至成都，先送艾，然后作乱。会已死。艾本营将士追出艾槛车，迎还。瓘遣田续等讨艾，遇于绵竹西，斩之。子忠与艾俱死，余子在洛阳者悉诛，徙艾妻子及孙于西域。

初，艾当伐蜀，梦坐山上而有流水，以问殄虏护军爰邵，邵曰：“按《易》卦，山上有水曰《蹇》。《蹇》繇曰：‘《蹇》利西南，不利东北。’孔子曰：‘《蹇》利西南，往有功也；不利东北，其道穷也。’往必克蜀，殆不还乎！”艾怃然不乐。

泰始元年，晋室践阼。诏曰：“昔太尉王凌谋废齐王，而王竟不足以守位。征西将军邓艾，矜功失节，实应大辟。然被书之日，罢遣人众，束手受罪，比于求生遂为恶者，诚复不同。今天赦得还，若无子孙者听使立后，令祭祀不绝。”三年，议郎段灼上疏理艾曰：

主张，当大夫的，在国境之外，只要是能够安定社稷，有益国家的事情，都可以自做决定的。如今吴国尚未臣服，他们势必要和蜀汉联合，我们又怎么能够拘守常法，以致于耽误了治事的时机呢？兵法上说：‘积极猛进，并不是为了求个人的声名；消极退让，并不是为了怕事避祸。’我邓艾虽然没有古人那么高洁的操持，但也不愿为了避免嫌疑而使国家受到损害。”虽然邓艾这么回答，但是钟会、胡烈、师纂等人纷纷说邓艾做了种种悖上违逆的事情，说他利用变乱制造机会收买人心。于是朝廷下诏令把邓艾用囚车送到京城去。

邓艾父子被捕后，钟会来到成都，他先把邓艾送走，然后开始作乱。钟会死后，邓艾本营的军士们追上囚车，要把邓艾迎回成都。但监军卫瓘指派田续等将讨伐邓艾，两方面的军队在绵竹的西边相遇，邓艾被杀，他的儿子邓忠是跟着他一块儿死的。其他在洛阳的儿子也都被杀，他的妻子和孙辈则被流放到西域去。

当邓艾攻伐蜀国时，曾梦见自己坐在山上，梦中并且还有溪水流动，于是他就去问殄虏护军爰邵。爰邵回答他说：“照《易经》卦象来说，山上有水的卦是《蹇卦》，这《蹇卦》的繇辞说：‘《蹇卦》利于西南方，不利东北方。’孔子说：‘《蹇卦》利于西南方，向那儿去一定很有收获的；不利东北方，向那儿去的路是绝路。’您做这样的梦，大概是攻蜀必可获胜，但也许就回不来了。”邓艾听了，难过得很。

晋泰始元年（公元265年），晋司马氏取代了曹魏统治天下，晋武帝下诏令说：“从前太尉王凌阴谋废除齐王曹芳，而曹芳终究无法守住帝位。征西将军邓艾矜持自己的功劳，有亏朝廷给他的使命，实在是应该遭受斩头的惩罚，但是他们在接到朝廷罪状的时候，马上就解散部下，自行绑手接受罪刑，比起那些不受命令造反到底的人来，实在大有不同，如今国家举行大赦，被流放的都可回国，像王凌、邓艾这样的人，如果已绝后的，可以任由他们立嗣，使他们今后的祭祀不要断绝。”晋武帝泰始三年，议郎段灼上疏为邓艾申冤

“艾心怀至忠而荷反逆之名，平定巴蜀而受夷灭之诛，臣窃悼之。惜哉，言艾之反也！艾性刚急，轻犯雅俗，不能协同朋类，故莫肯理之。臣敢言艾不反之状。昔姜维有断陇右之志，艾修治备守，积谷强兵。值岁凶旱，艾为区种，身被乌衣，手执耒耜，以率将士。上下相感，莫不尽力。艾持节守边，所统万数，而不难仆虏之劳，士民之役，非执节忠勤，孰能若此？故落门、段谷之战，以少击多，摧破强贼。先帝知其可任，委艾庙胜，授以长策。艾受命忘身，束马悬车，自投死地，勇气陵云，士众乘势，使刘禅君臣面缚，叉手屈膝。艾功名以成，当书之竹帛，传祚万世。七十老公，反欲何求！艾诚恃养育之恩，心不自疑，矫命承制，权安社稷；虽违常科，有合古义，原心定罪，本在可论。钟会忌艾威名，搆成其事。忠而受诛，信而见疑，头县马市，诸子并斩，见之者垂泣，闻之者叹息。陛下龙兴，阐弘大度，释诸嫌忌，受诛之家，不拘叙用。昔秦民怜白起之无罪，吴人伤子胥之冤酷，

说：“邓艾内心是最最忠诚的，却反而蒙受到造反叛逆的恶名，他有平定巴蜀的大功，却受到杀身灭族的罪刑，臣内心非常为他悲痛。说邓艾是造反的叛逆，这真是一件令人伤痛的事啊！邓艾的性子刚直急切，常常怠慢了别人，不能交好朋友，因此当时没有人肯出头为他申诉，臣敢说邓艾绝没有叛逆的意思跟行动，从前姜维曾有割断我国陇右的阴谋，但邓艾积极经营防备，积蓄粮食、精练部队，那时正遇到凶恶的旱灾，邓艾为了鼓励农田的耕种，亲身穿着黑衣，手中推着农具，做将士们的表率，他的诚心和举动，使全军上下都感动不已，大家全力耕种操练。邓艾他持守皇帝的节令，镇守着边疆地区，统辖好几万的部众，但是他从不为难奴仆及胡民，也不征用地方士民的财物力役。他如果不是真心忠诚勤谨，怎么做得到呢？所以在落门（**今甘肃武山县东**）段谷的战役中，他都能以少胜多，彻底消灭强大的敌人。先帝知道邓艾他的忠心和能力，才把国家大事交托给他，并告诉他怎样击破蜀国。邓艾接受命令之后，完全忘了自身安危，收拾好车辆马匹，直奔险恶的战场，他旺盛的勇气，比白云更高，士卒们乘着这样的气势，逼得刘禅君臣当面投降，双手交叉捆绑，双腿屈膝下跪。这样的大功，本来应该书写在历史上，他的福禄也应该传递到万代子孙之后，再说这时邓艾的年龄也已经大了，一个七十岁的老人，还会为贪图什么而造反叛乱吗？如果邓艾真是仗恃着自己受朝廷的宠爱，内心中完全不顾嫌疑，假造王命，设立典制，那也是为了一时权宜，固然有违背国家的法制，但古来不是没有类似的状况，而古人也明明有同样的主张。我们应该探求他的本心，再决定他的罪刑，邓艾的被杀，本来是应该再作商榷的。钟会妒忌邓艾的威名，编织出他的罪状使他被害。邓艾忠心反而被杀，诚信反而被疑，他的首级被悬挂在马市上，他的子女都被砍头，见到的人都流下眼泪，听说的人都摇头叹息，为他难受。如今陛下登临大位，胸襟开阔，毫不计较任何嫌疑，就是过去曾受诛罚的家庭，也对他们一视同仁，照样重用。从前秦国人民怜悯白起的无罪被杀，吴国人民哀伤伍员的残酷冤屈，都为他们建立祠庙，以祭祀安慰他们。如今天下百姓都为

皆为立祠。今天下民人为艾悼心痛恨，亦犹是也。臣以为艾身首分离，捐弃草土，宜收尸丧，还其田宅。以平蜀之功，绍封其孙，使阖棺定谥，死无余恨。赦冤魂于黄泉，收信义于后世，葬一人而天下慕其行，埋一魂而天下归其义，所为者寡而悦者众矣。”九年，诏曰：“艾有功勋，受罪不逃刑，而子孙为民隶，朕常愍之。其以嫡孙朗为郎中。”

艾在西时，修治障塞。筑起城坞。泰始中，羌虏大叛，频杀刺史，凉州道断。吏民安全者，皆保艾所筑坞焉。

艾州里时辈南阳州泰，亦好立功业，善用兵。官至征虏将军、假节都督江南诸军事。景元二年薨，追赠卫将军，谥日壮侯。

钟会字士季，颍川长社人。太傅繇小子也。少敏惠夙成。中护军蒋济著论，谓“观其眸子，足以知人”。会年五岁，繇遣见济，济甚异之，曰：“非常人也。”及壮，有才数技艺，而博学精练名理，以夜续昼，由是获声誉。正始中，以为秘书郎，迁尚书中书侍郎。

邓艾痛心哀伤、悲愤不已，这种情形和秦人、吴人是一样的啊！臣以为把邓艾的头颅和身体分离，胡乱地扔弃在荒郊野地，这是不对的，陛下应本着宽大的胸襟，派人收殓邓艾的尸骨，发还他被没收的田宅庄园，用平蜀的大功，封赏他的子孙，使他能瞑目盖棺，颁赐谥号，那么邓艾虽死，也没有余恨了。这种作法，是赦免了黄泉冤魂，获得了后世崇信尊义的好名声啊！仅仅埋葬了一个邓艾，却使天下人都向往他的德行，超渡一条魂灵，而使天下人都归顺于道义，这不是很好吗？朝廷只要稍微做一点小事，但是满心高兴的人可就很多很多了。”泰始九年，皇帝下诏令说：“邓艾有大功绩，遇刑却不逃走，就是他的子孙，也成了别人的仆役，朕常常为他悲悯不已，如今朕要以他的嫡孙邓朗担任郎中，来表示朕对他的关切。”

邓艾在西疆时，为边民修筑了许多垒塞屏障和坚城楼坞。泰始年间，羌胡大举叛变，经常杀害州郡刺史令长，凉州和中原的交通阻绝，幸存的吏民，都是聚守在邓艾所筑的城坞中才得保全的。

邓艾同州同辈的州泰，他是南阳（今河南省南阳市）人，也很有志立功建勋。他很善用兵，官位做到了征虏将军，朝廷赐节使他总督江南各地军事。他在魏元帝景元二年（公元 261 年）去世，朝廷追封他为卫将军，赐他壮侯的谥号。

钟会字士季，是颍川郡长社（在今河南长葛市东）地方人，他是太傅钟繇的幼子，从小就很聪敏，学业也早有成就。中护军蒋济著书立论说到品评人才时，曾以为：“看一个人的眸子，就可以知道他的才干和成就了。”当钟会五岁时，钟繇要他去见蒋济，蒋济见了他，非常惊奇，就说：“这孩子可不是普通人哪！”当钟会长大之后，通晓数理武技，同时

钟会，选自清刊本《三国演义》。

高贵乡公即尊位，赐爵关内侯。

毌丘俭作乱，大将军司马景王东征，会从，典知密事，卫将军司马文王为大军后继。景王薨于许昌，文王总统六军，会谋谟帷幄。时中诏敕尚书傅嘏，以东南新定，权留卫将军屯许昌为内外之援，令嘏率诸军还。会与嘏谋，使嘏表上，辄与卫将军俱发，还到雒水南屯住。于是朝廷拜文王为大将军、辅政，会迁黄门侍郎，封东武亭侯，邑三百户。

甘露二年，征诸葛诞为司空，时会丧宁在家，策诞必不从命，驰白文王。文王以事已施行，不复追改。及诞反，车驾住项，文王至寿春，会复从行。

初，吴大将全琮，孔权之婚亲重臣也，琮子怿、孙静、从子端、翩、缉等，皆将兵来救诞。怿兄子辉、仪留建业，与其家

他学识渊博，精熟名理，读起书来，经常夜以继日，因此他很有声誉。正始年间，他被任为秘书郎，后来升为尚书中书侍郎。当高贵乡公（即魏少帝）登帝位时（公元254年）他受赐关内侯爵位。

毌丘俭造乱，大将军司马师领军东征，钟会也跟着出征，掌理知密事官职，卫将军司马昭担任大军的后援。司马师在许昌逝世，大军遂由司马昭统率，而钟会则担任运筹帷幄工作。那时宫中颁下诏书，谕令尚书傅嘏，以为东南地方新得安定，可权宜情势，留卫将军司马昭屯驻许昌，作为内外接应，要傅嘏领着各地军队回京。钟会便和傅嘏商议，使傅嘏上表，但钟会和卫将军也同日起程，大军回到洛水南岸屯驻，因此朝廷拜司马昭为大将军，辅政。钟会则升为黄门侍郎，封东武亭侯，食邑三百户。

魏少帝（高贵乡公）甘露二年（公元254年）朝廷征诸葛诞为司空，那时钟会正在家守丧，他预计诸葛诞一定不会遵命，朝廷应另有对策，所以他立刻用快马送意见给司马昭。司马昭因事情已经施行，只好不再更改。等到诸葛诞真反之后，魏少帝御驾亲征到项，司马昭抵达寿春，钟会就又随从在军了。

起先，吴国大将全琮，他是孙权的亲家重臣。全琮的儿子全怿，孙子全静，侄子全端、全翩、全缉等人，都领着军队来救诸葛诞。全怿兄长的儿子全辉、全仪两人则留在建

内争讼，携其母，将部曲数十家渡江，自归文王。会建策，密为辉、仪作书，使辉、仪所亲信赍入城告怿等，说吴中怒怿等不能拔寿春，欲尽诛诸将家，故逃来归命。怿等恐惧，遂将所领开东城门出降，皆蒙封宠，城中由是乖离。寿春之破，会谋居多，亲待日隆，时人谓之子房。军还，迁为太仆，固辞不就。以中郎在大将军府管记室事，为腹心之任。以讨诸葛诞功，进爵陈侯，屡让不受。诏曰："会典综军事，参同计策，料敌制胜，有谋谟之

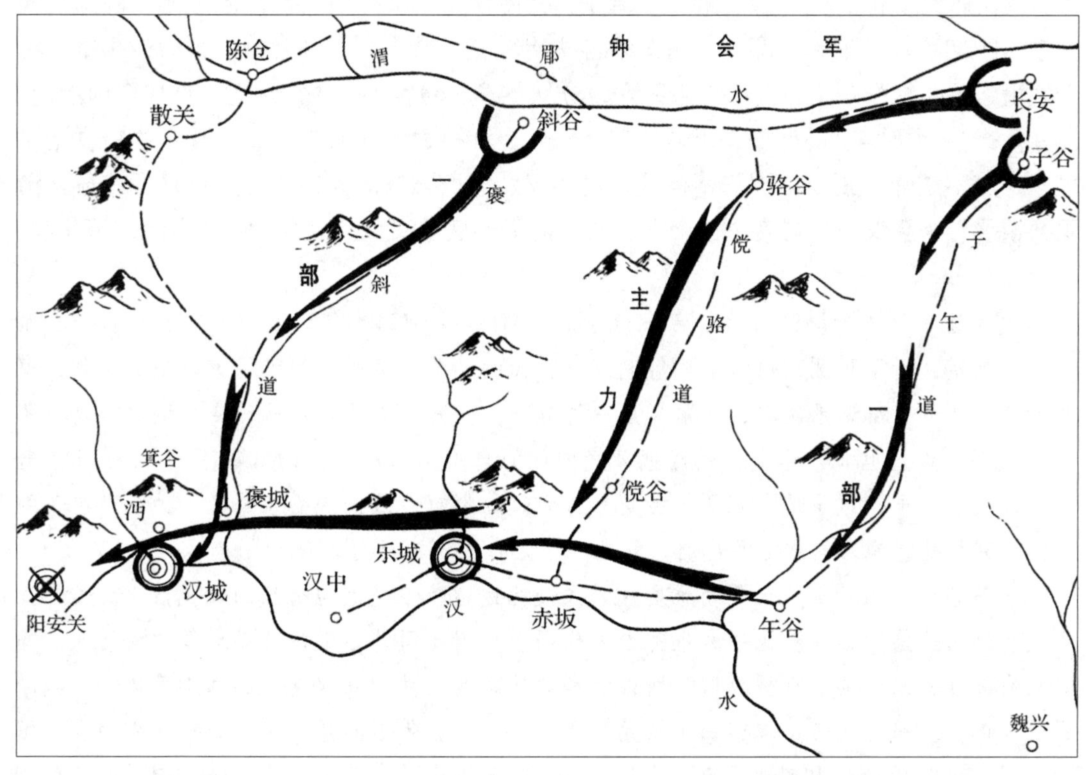

钟会伐蜀进取汉中示意图

业。因他二人和其他家人有官司纷争，因此他们带了母亲，率领着亲信部下，好几十家渡过长江，投奔司马昭。钟会就利用这事提出计谋，他主动秘密地伪造全辉、全仪的信，又派他二人的亲信带信进入寿春城中，告诉全怿等人，说是东吴国内对全怿等人的表现很愤怒，责备他们不能攻下寿春，将要把他们的家人全都杀了，全辉、全仪二人因此逃到北方来投降等等。全怿等人接到消息后都很害怕，后来就带领着自己的部下开了东城城门出来投降。他们投降后，都受到司马昭的重用和信赖，因此造成了寿春城内各将领的分裂。寿春城后来被攻下，钟会的计谋占了最大的因素，而司马昭对他的亲信也日益增高，当时人都喊他张子房。大军凯旋后，钟会被升为太仆，他坚决推辞不肯就职。只肯以中郎身份，在大将军府担任记室工作，成为司马昭的心腹。因他讨伐诸葛诞有功，因此被进爵为陈侯，

勋，而推宠固让，辞指款实，前后累重，志不可夺。夫成功不处，古人所重，其听会所执，以成其美。”迁司隶校尉。虽在外司，时政损益，当世与夺，无不综典。嵇康等见诛，皆会谋也。

文王以蜀大将姜维屡扰边陲，料蜀国小民疲，资力单竭，欲大举图蜀。惟会亦以为蜀可取，豫共筹度地形，考论事势。景元三年冬，以会为镇西将军、假节都督关中诸军事，文王敕青、徐、兖、豫、荆、扬诸州，并使作船，又令唐咨作浮海大船，外为将伐吴者。四年秋，乃下诏使邓艾、诸葛绪各统诸军三万余人。艾趣甘松、沓中连缀维，绪趣武街、桥头绝维归路。会统十余万众，分从斜谷、骆谷入。先命牙门将许仪在前治道，会在后行，而桥穿，马足陷，于是斩仪。仪者，许褚之子，有功王室，犹不原贷。诸军闻之，莫不震竦。蜀令诸围皆不得战，退还汉、乐二城守。魏兴太守刘钦趣子午谷，诸军数道平行，至汉中。蜀监军王含守乐城，护军蒋斌守汉城，兵各五千。会使护军荀恺、

他屡次谦让不肯接受。最后，皇帝下诏令说：“钟会掌理军事行动的综合研判工作，参加大计的制定，对于预测敌情，达成胜利，有极大的功劳。可是他推辞国家对他的宠爱，坚拒封赏，他的言辞诚恳实在，前前后后一再辞让，真是一点儿也不能改变。像这样功成不居的情形，古人也非常尊重，朝廷也只好依他的意思，以成全他的好事了。”后来他被升为司隶校尉。虽然这是地方官职，但是当时大政的拟定，政治的兴革奖惩，钟会没有不综理的。例如嵇康等人的被定罪行刑，都是按钟会的计谋施行的。

司马昭认为虽然蜀汉大将姜维屡次兴兵侵扰边疆，但是因为蜀汉的疆域很小，长期兴兵使百姓们疲倦困顿，资源物力也都单薄枯竭了，因此司马昭很想劳动大军攻伐蜀汉。当时只有钟会也以为蜀汉可被攻取。所以他和司马昭两人共同商议蜀汉的地形，讨论、判断成败和情势。当魏元帝（陈留王）景元三年（公元262年）的冬天，司马昭任命钟会为镇西将军，赐节总督关中各地军事，此外，司马昭又下令给青、徐、兖、豫、荆、扬等各州出兵，并要他们造船。此外还下令要唐咨造成航海的大船，对外显示就要攻击东吴了。景元四年秋天，皇帝下令要邓艾、诸葛绪各统兵三万人，要邓艾急向甘松、沓中去追姜维，要诸葛绪急速攻到武街（今甘肃成县西）、桥头（今甘肃文县东南八十里）去截断姜维的退路。钟会领着十多万人的部队，分成两支，一支由斜谷，另一支由骆谷（今陕西盩厔县西南）进入四川。行军时他要牙门将许仪走在前面，修治道路，钟会则紧跟在后面。当钟会走上一座桥时，桥上木板忽然穿陷，马脚陷进洞里，因此钟会下令把许仪杀了。许仪是许褚的儿子，许褚对王室极有功劳，可是许仪并没有因此获得原谅。各路军队听说了，没有不震惊害怕的。当魏军大举入侵，蜀汉命令边界各单位（即各“围”）都不可以和魏军交战，要他们退到汉、乐两城去防守。魏兴太守刘钦急行过子午谷（今陕西西安市西南），各军分成几路，同时进兵，直到汉中。蜀汉监军王含守在乐城（今陕西省城固县），护军

前将军李辅各统万人，恺围汉城，辅围乐城。会径过，西出阳安口，遣人祭诸葛亮之墓。使护军胡烈等行前，攻破关城，得库藏积谷。姜维自沓中还，至阴平，合集士众，欲赴关城。未到，闻其已破，退趣白水，与蜀将张翼、廖化等合守剑阁拒会。会移檄蜀将吏士民曰：

往者汉祚衰微，率土分崩，生民之命，几于泯灭。太祖武皇帝神武圣哲，拨乱反正，拯其将坠，造我区夏。高祖文皇帝应天顺民，受命践

武侯降圣定军山，选自清刊本《三国演义》。据《三国演义》，钟会伐蜀，驻军定军山。晚上见愁云合布，杀气四起，待得知山上有诸葛武侯墓后，即前往致祭，祭毕，杀气随即四散。晚上钟会寝于帐中，梦诸葛亮现身相告，言汉祚已尽，但教钟会入川后，勿妄杀生灵。图为钟会梦会诸葛亮。

蒋斌守在汉城（今陕西沔县东南）各有守军五千人。钟会派护军荀恺、前将军李辅两人各领一万军队，要荀恺去包围汉城，李辅则去包围乐城。钟会则领军直接通过战地向西，走出阳安口（今陕西勉县西），派人去祭扫诸葛亮的坟墓。他又指派胡烈等人担任先锋，攻破了关城（陕西宁强县西北四十里），得到了蜀汉的军库和粮仓。这时姜维急急由沓中赶回，当他来到阴平（今甘肃文县西北）刚把部下士兵集合完成，向着关城开拔，半路上就得到消息说关城已经失守了，姜维只有急急退经白水（今四川省广元帝西北七十里）去，和蜀国其他将领张翼、廖化等人合力坚守剑阁，抗拒钟会。钟会便写了一道檄文给蜀汉的将士吏民说：

以往因为汉朝的福祚衰微了，所以各地方分崩离析，百姓的生命财产，几乎都灭绝不保。魏太祖武皇帝曹操，他有神灵般的武勇、圣明和智慧，天下就靠着他的领导，才能去除乱政，回到治途的，他把汉代危亡的政权稳定，从新造成华夏的安定。魏高祖文皇帝曹丕，他应天命，顺人心，接受天意登皇帝位。魏烈祖明皇帝曹叡，他继承文帝，使天下再度光明，广大地开拓了国家大业。虽然经过了祖孙三代的努力，但是大江高山之外，仍然有不同的政教风俗存在，他们属于中国，却不能接受圣王的教化，这就是我魏国三祖内心

阼。烈祖明皇帝奕世重光，恢拓洪业。然江山之外，异政殊俗，率土齐民未蒙王化，此三祖所以顾怀遗恨也。今主上圣德钦明，绍隆前绪，宰辅忠肃明允，劬劳王室，布政垂惠而万邦协和，施德百蛮而肃慎致贡。悼彼巴蜀，独为匪民，愍此百姓，劳役未已。是以命授六师，龚行天罚，征西、雍州、镇西诸军，五道并进。古之行军，以仁为本，以义治之；王者之师，有征无战；故虞舜舞干戚而服有苗，周武有散财、发廪、表闾之义。今镇西奉辞衔命，摄统戎重，庶弘文告之训，以济元元之命，非欲穷武极战，以快一朝之政，故略陈安危之要，其敬听话言。

益州先主以命世英才，兴兵朔野，困踬冀、徐之郊，制命绍、布之手，太祖拯而济之，与隆大好。中更背违，弃同即异，诸葛孔明仍规秦川，姜伯约屡出陇右，劳动我边境，侵扰我氐、羌，方国家多故，未遑修九伐之征也。今边境乂清，方内无事，畜力待时，并兵一向，而巴蜀一州之众，分张守备，难以御天下之师。段谷、侯和沮伤之气，难以敌堂

中不断反省和遗憾的事啊！而今魏国的主上非常圣明有道，确能承继祖先的基业与成就，朝中的宰相和辅政大臣，也都忠心敬肃贤明公正，都能为王室辛劳尽力，他们推动的政事，都是造福百姓和协和万国的，对于边疆蛮夷各族，都是把恩德赐给他们，所以即使是最远方的肃慎氏蛮族也来朝贡归顺。我们最感哀痛的，就是在巴蜀的百姓们了。惟有你们陷入盗匪的控制之中；我们非常为你们悲伤，你们总是在战争和劳役下生活。为了解救你们的苦难，因此我们劳动六军，替天进行惩罚，大军包括了征西将军，雍州地方及镇西将军的部队，分为五路，同时并进，来攻伐巴蜀。古人用兵，是以仁为本心，以正义来治乱世的；所以圣王的军队，只有出兵征讨，却没有交战争斗发生的。因此，虞舜的军队只不过舞动干戚而已，但有苗氏蛮族就因此而臣服了。周武王征商之后，也有散发鹿台的金钱，散发和钜桥的粮米，表彰商容故里的德政。如今镇西将军奉了我君的命令，有统领大军重责，因此事先特别扩大文告的教训，来解救百姓们的生命。我军并不是迷于武力的好战军队，也不想只逞一天的痛快，所以在此很简略地向你们说一说安危的厚理，希望你们能慎重地听讲。

益州先主刘备虽然是命世英才，但他自朔野起兵之后，在冀州、徐州之间，总是困顿颠踬，非常不利，不是受辱于袁绍，就是被吕布所欺侮。他幸好遇到了我朝太祖曹操，靠着太祖的协助救济，他这才兴隆起来。但他中途改变志节，抛弃同志，采行异端。到诸葛孔明时期，他进窥秦川，姜维继任之后，又屡次在陇右出兵，使我魏国的边境不得安宁；使我边疆的氐、羌种族，受到严重地侵扰。由于我魏国屡次发生事端，故而实在没有时间来实行仁义的征伐。如今边境安宁清静，天下无事，长期积蓄的力量已等到发动的机会，我们集中全国力量，对着一个方向，而你们巴蜀不过只有中国一州大小，军队四散防备，又怎么能抵挡住整个天下的军队攻击呢？段谷之役，侯和之战，蜀军战败，沮丧地衰气，

堂之陈。比年以来，曾无宁岁，征夫勤瘁，难以当子来之民。此皆诸贤所亲见也。蜀相壮见禽于秦，公孙述授首于汉，九州之险，是非一姓。此皆诸贤所备闻也。明者见危于无形，智者规祸于未萌，是以微子去商，长为周宾，陈平背项，立功于汉。岂晏安酖毒，怀禄而不变哉？今国朝隆天覆之恩，宰辅弘宽恕之德，先惠后诛，好生恶杀。往者吴将孙壹举众内附，位为上司，宠秩殊异。文钦、唐咨为国大害，叛主仇贼，还为戎首。咨困逼禽获，钦二子还降，皆将军、封侯；咨与闻国事。壹等穷踧归命，犹加盛宠，况巴蜀贤知见机而作者哉！诚能深鉴成败，邈然高蹈，投迹微子之踪，错身陈平之轨，则福同古人，庆流来裔，百姓士民，安堵旧业，农不易亩，市不回肆，去累卵之危，就永安之福，岂不美与！若偷安旦夕，迷而不反，大兵一发，玉石皆碎，虽欲悔之，亦无及已。其详择利害，自求多福，各具宣布，咸使闻知。

邓艾追姜维到阴平，简选精锐，欲从汉德阳入江由、左儋道诣绵竹，趣成都，与诸葛

怎比得上我魏军堂堂盛大地阵势呢？近几年来，没有一年是安静无事的。蜀军战士们虽然辛勤劳瘁到了极点，又怎么能抵挡得住起心投奔的民众呢？以上种种，都是各位贤者所亲眼看到的。从前蜀人相壮虽然据有蜀地，仍被秦所兼并；公孙述在蜀立国，也仍然被汉所消灭。所以九州虽然有险可守，但最后一定要归于一姓统治的。真正明见的人，是能够看到那无形无状的事物，智慧高的人是在福气尚未出现时就已经计划好了的人。因此，微子早早离开殷商而永远成为周的客卿；陈平背弃项羽而为汉立功，哪里有不知晏安就是鸩毒，贪于享乐而不知改变的呢？如今魏帝对你们降赐天覆地载的大恩，魏室大臣赐你们宽恕免死的厚德，这样先给恩惠，后来责备，好生而厌杀的表现，真是令人感动争取的呀。从前吴将孙壹，率领着部下归附魏国，立刻被封为高官，赐给特殊的恩宠。文钦、唐咨他们是魏国的大害，是背叛主子的恶贼，但只要他们回心转意，仍然可以掌执魏国兵权。唐咨在困窘中被捕，文钦的两子归顺投降，但他们都被任为将军，封为侯爵，唐咨甚至还参与国事的策划呢。孙壹等人，在困穷无路的时候勉强来奔，尚且被赐以特殊的厚恩，那更何况你们是巴蜀的贤能，知机明理的人呢！只要你们确能深明成败顺逆的影响，飘然采取高士的作为，或者学习微子的风范，或者置身陈平的法则，那么就会像微子、陈平一样有福，而且子子孙孙也享受到无穷的福泽了。四川所有的百姓吏民啊！你们如果能安享旧日生活，农夫不用变换田亩，商人不需改变市场，远离极端的危险，得到永久平安的幸福，那不是再好不过了吗？如果只知贪求顷刻的安乐，走进了迷途还不知回头，当魏国大军一经发动，那时候玉石不分都归毁灭，你们就是要悔恨改过，也是来不及的了。希望你们仔细地选择利害，多为自身谋求福利啊，我们这样的宣告，希望你们互相传达，使大家都能知道。

邓艾一路追击姜维直到阴平（**今甘肃省文县西北**），此后，邓艾选拔精锐士卒，要从汉德阳进入江由、左儋道，直趋绵竹（**今四川绵竹东南**），然后直奔成都。邓艾军队和诸

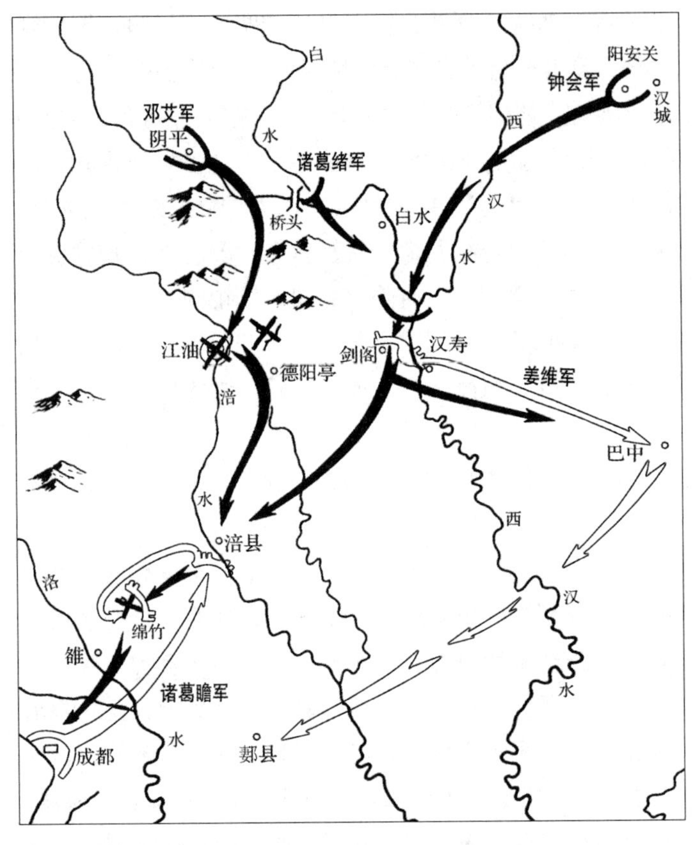

曹魏平定蜀国示意图

绪共行。绪以本受节度邀姜维，西行非本诏，遂进军前向白水，与会合。会遣将军田章等从剑阁西，径出江由。未至百里，章先破蜀伏兵三校，艾使章先登。遂长驱而前。会与绪军向剑阁，会欲专军势，密白绪畏懦不进，槛车征还。军悉属会，进攻剑阁，不克，引退，蜀军保险拒守。艾遂至绵竹，大战，斩诸葛瞻。维等闻瞻已破，率其众东入于巴。会乃进军至涪，遣胡烈、田续、庞会等追维。艾进军向成都，刘禅诣艾降，遣使敕维等令降于会。维至广汉郪县，令兵悉放器仗，送节传于胡烈，便从东道诣会降。会上言曰："贼姜维、张翼、廖化、董厥等逃

葛绪一同前进。诸葛绪因本身所奉的命令是死缠住姜维，不是单纯的向西进军，所以他就和邓艾军队分开，赶去和钟会联合。钟会原派将军田章等人从剑阁西边，直奔江由。在距江由一百里路的地方，蜀军有三路埋伏，都被田章击破，邓艾又要田章先登上江由，于是魏军就长驱而进了。钟会和诸葛绪两军杀向剑阁，钟会想独占指挥权力，便秘密上书朝廷，诉说诸葛绪胆怯畏战，行动迟缓，把他用槛车囚送回朝。于是两军全归钟会指挥，拼命向剑阁进攻，但是攻打不进，只有暂时退下，而蜀军也得凭险据守，抗拒魏军，两方形成僵持状态。另一方面，邓艾这时已经到达绵竹，和蜀军展开大战，杀了蜀将诸葛瞻。姜维听说诸葛瞻被杀，赶紧率领部下离开剑阁，向东进入边县以挡魏军，钟会也因而能够进占涪（今四川省绵阳市）地。然后他指派胡烈、田续、庞会等追击姜维。邓艾军队进向成都，刘禅来到他的面前求降，又派使臣命令姜维等将领向钟会投降。姜维领兵来到广东汉郡的郪县（今四川三台县南）后，就下令军中把兵器甲仗都放下，派使者把蜀汉赐的节仗送呈给胡烈，然后姜维带着徒手的将士，向东去见钟会并且投降。钟会受降之后，上书说："贼人姜维、张翼、廖化、董厥等人想逃过死罪，因此用尽方法潜逃，想要急急回到成都。臣于

死遁走，欲趣成都。臣辄遣司马夏侯咸、护军胡烈等，经从剑阁，出新都、大渡截其前，参军爰彭、将军句安等蹑其后，参军皇甫闿、将军王买等从涪南出冲其腹，臣据涪县为东西势援。维等所统步骑四五万人，擐甲厉兵，塞川填谷，数百里中首尾相继，凭恃其众，方轨而西。臣敕咸、闿等令分兵据势，广张罗罔，南杜走吴之道，西塞成都之路，北绝越逸之径，四面云集，首尾并进，蹊路断绝，走伏无地。臣又手书申喻，开示生路，群寇困逼，知命穷数尽，解甲投戈，面缚委质，印绶万数，资器山积。昔舜舞干戚，有苗自服；牧野之师，商旅倒戈：有征无战，帝王之盛业。全国为上，破国次之；全军为上，破军次之：用兵之令典。陛下圣德，侔踪前代，翼辅忠明，齐轨公旦，仁育群生，义征不譓，殊俗向化，无思不服，师不逾时，兵不血刃，万里同风，九州共贯。臣辄奉宣诏命，导扬恩化，复其社稷，安其闾伍，舍其赋调，弛其征役，训之德礼以移其风，示之轨仪以易其俗，百姓欣欣，人怀逸豫，后来其苏，义无以过。”会于是禁检士众不得钞略，虚己诱纳，

是就派司马夏侯咸、护军胡烈等人，经由剑阁，穿过新都（今四川省成都市新都区）、大渡（今四川汉源县西北）去拦截蜀军的前锋，派参军爰彭、将军句安等紧紧追在蜀军身后。又派参军皇甫闿、将军王买等从涪地南边杀出，冲击蜀军的胸腹，臣自己则据守在涪县，做为东西两边的照应和声援。姜维等贼所率领的步兵骑兵约有四五万人，都披着坚甲带着利兵，充满了山川壑谷，前后行列有好几百里长，仗着他们人多势众，两车平排向西前进。臣严令夏侯咸、皇甫闿等将军分配部队、占据险要，到处设下罗网埋伏，杜绝了他们向南投奔吴国的路途，堵塞了他们西向成都的道路，又断绝了他们向北逃亡的路径，然后我军四面包围，前后并进，使对方大路小径全都不通，要逃要藏都不可能。臣又以亲笔书信开示他们，晓喻求生途径。那些寇贼受到围困逼迫，了解命运气数都已穷尽，因此都抛弃武装，束手投降，我军所获得的印绶在万颗以上，军械器材堆得像山一般高大。从前虞舜只是挥舞了干戚，有苗氏就自动降服了。周武王发兵牧野，商纣军队自然倒戈，像这种只有出征，而不必交战就获得胜利的情形，就是帝王最盛美的成就哪！征服他国的时候，能保全敌国完整的才是最高明的，不能保全的可就差了；击敌军时，能维持敌军的完整而又能取胜敌军的，那才是高明。这两句话，就是用兵的宝典啊！陛下的盛德，可以赶上前代圣王，辅政的大臣们，又都是忠勤明智的英才，因此我国的政治，和召公、周公走同样的轨道，爱育所有的生民，对不顺道理的人，我们就要以正义来制裁他，因此风俗习惯不同的国家，没有不喜欢向我国学习，受我国感化的。我军出征，绝不会超越季节，我军的兵器，也不会染上血污，广阔的疆域之中，大家过着同样美满的生活，九州之内奉行着一位国君的指示。臣所做的，只是奉承朝廷的旨意，宣扬皇帝的诏令，倡导宣扬天子的恩德教化，恢复地方的安宁和祭祀。减免百姓的赋税劳役，放宽对地方的征税和劳役，臣要以德礼教训他们，使社会的风气转移，臣也要向他们宣示仪则轨范，来改变他们不正

以接蜀之群司，与维情好欢甚。十二月诏曰："会所向摧弊，前无强敌，缄制众城，罔罗迸逸。蜀之豪帅，面缚归命，谋无遗策，举无废功。凡所降诛，动以万计，全胜独克，有征无战。拓平西夏，方隅清晏。其以会为司徒，进封县侯。增邑万户。封子二人亭侯，邑各千户。"

会内有异志，因邓艾承制专事，密白艾有反状，于是诏书槛车征艾。司马文王惧艾或不从命，敕会并进军成都，监军卫瓘在会前行，以文王手笔令宣喻艾军，艾军皆释仗，遂收艾入槛车。会所惮惟艾，艾既禽而会寻至，独统大众，威震西土。自谓功名盖世，不可复为人下，加猛将锐卒皆在己手，遂谋反。欲使姜维等皆将蜀兵出斜谷，会自将大众随其后。既至长安，令骑士从陆道，步兵从水道顺流浮渭入河，以为五日可到孟津，与骑会洛阳，一旦天下可定也。会得文王书云："恐邓艾或不就征，今遣中护军贾充将步骑万人径入斜谷，屯乐城，吾自将十万屯长安，相见在近。"会得书，惊呼所亲语之曰："但取邓艾，

的风俗习惯，那么百姓们的心情都会欣喜欢畅，人人都过着安心乐意地生活了。臣相信，《尚书》中所说的'商汤来了，我们就有幸福的生活了（后来其苏）'，那意义是不会比我们现在更高的。"钟会这时又下令军中不许钞夺抢劫，他自己更是谦逊地交结蜀国官吏，和姜维的感情更是非常友好。十二月间，皇帝下诏说："钟会他所向无敌，凡阻挡他的，没有不被摧毁的，他攻克了许多城池，捕获了许多亡命的乱贼。就是蜀汉的大将，也反绑着双手前来归顺。他所谋划的事，没有不周全的，他所从事的事，也没有不成功的。被他征服投降的士卒，总是以万人为计算单位，他每次都能获得全胜，甚至于只要出兵，不用战斗，就能取得胜利了。他拓平了西夏，使那个地区从此获得清静安宁。朕要任命他为司徒，进封他为县侯，增加他一万户食邑，并且要封他的两个儿子为亭侯，各给食邑一千户。"

钟会心中有叛变的打算，但因这时四川的指挥大权掌握在邓艾手中，因此他秘密上书，说邓艾有造反事实，因此朝廷下诏用槛车囚送邓艾回京。司马昭还怕邓艾万一不听命令，事情将难收拾，所以一面又下令钟会率军前往成都镇压。监军卫瓘走在钟会前面，他到成都之后，把司马昭的手令宣告给邓艾的军队，那些将士全部放下武器，于是邓艾就被押进囚车之中了。钟会所畏惧的就是邓艾，邓艾一被囚禁，钟会立刻就到达成都，一个人掌握了所有的军队，声威震动了整个西部区域。钟会他自以为功名已经盖世，怎能再屈从他人，加以猛将精兵都由他指挥，更是野心勃勃，于是就阴谋叛变了。他想要派姜维等人作先锋，领着原来蜀汉的军队穿过斜谷，他自己统率大军紧跟在姜维身后，当到达长安之后，就下令骑兵由陆路前进，步兵由水路顺流而下，从渭水进入黄河，这样只要五天就可抵达孟津，而和骑兵在洛阳会师了，再用短短的时间，就可以推翻朝廷自立为帝了。钟会收到司马昭的信说："我担心邓艾也许不肯奉命被召，所以现在派中护军贾充率领步兵及骑兵一万人直

相国知我能独办之；今来大重，必觉我异矣，便当速发。事成，可得天下；不成，退保蜀汉，不失作刘备也。我自淮南以来，画无遗策，四海所共知也。我欲持此安归乎！”会以五年正月十五日至，其明日，悉请护军、郡守、牙门骑督以上及蜀之故官，为太后发丧于蜀朝堂。矫太后遗诏，使会起兵废文王，皆班示坐上人，使下议讫，书版署置，更使所亲信代领诸军。所请群官，悉闭著益州诸曹屋中，城门宫门皆闭，严兵围守。会帐下督丘建本属胡烈，烈荐之文王，会请以自随，任爱之。建愍烈独坐，启会，使听内一亲兵出取饮食，诸牙门随例各内一人。烈绐语亲兵及疏与其子曰：“丘建密说消息，会已作大坑，白棓数千，欲悉呼外兵入，人赐白帢，拜为散将，以次棓杀坑中。”诸牙门亲兵亦咸说此语，一夜传相告，皆遍。或谓会：“可尽杀牙门骑督以上。”会犹豫未决。十八日日中，烈军兵与烈儿雷鼓出门，诸军兵不期皆鼓噪出，曾无督促之者，而争先赴城。时方给与姜维铠杖，

接进军斜谷，屯驻在乐城，我自己也领十万大军守在长安，我们很快就可以相见了。”钟会看了这封信后，惊慌地喊来他的亲信说：“如果只要捕拿邓艾的话，相国他知道单靠我一个人也能办到的，如今他派了大军前来，一定是他发现我有叛变的打算了。我现在只有赶紧发动，事情能成，那就可以夺得天下；万一不成，也可以退回蜀汉，保全实力，就像刘备当年一样。我自从在淮南掌兵以后，作战从来没有失算过，这是天下人都知道的，我有这样大的功劳，还有什么地方可以容身呢？”魏元帝景元五年，正月十五日，钟会到达成都，第二天，他召请所有的护军、郡守、牙门骑督以上的军官，以及蜀汉的旧官，在蜀汉朝堂上，为魏太后（明元郭太后死于景元四年十二月）发丧，假造太后的遗诏，说是要钟会起兵废除司马昭。把遗诏展示给大家看后，就要大家商议，议决了办法之后，就书写在版上收藏起来。钟会又派他的亲信取代各军原任将领，而所有被召请的人都被禁闭在成都城内各办公厅室中，成都城门宫门都紧紧关闭，派重兵包围守护。钟会的帐下督丘建，他本来是胡烈的部下，胡烈把他推荐给司马昭，钟会向司马昭要求让他做自己的随从，并且非常信爱他。丘建看胡烈一个人孤单地坐着，很不忍心，就向钟会要求，请他允许让胡烈可以招来一名亲兵，侍候饮食杂役。钟会答应了，因此其他牙门骑督等人援例也可以招来一名亲兵陪侍。胡烈骗他那名亲兵并且写了一信给儿子说：“丘建秘密地告诉我一个消息，钟会已要人挖好一个大坑，并且准备好几千根白木棒，准备用每人给一项白帽，任命为散将的名义，把各将在外面的士兵都招进来，一个一个打死在大坑中。”这时，各牙门被招进去的亲兵出来后也都这么说，一夜之间，大家传话不停，全体士兵都知道了。有人见了这种情形，就告诉钟会说：“干脆把牙门骑督以上的军官统统杀掉算了。”但钟会犹豫得很，不能决定办法。到了十八日那天中午，胡烈的儿子和士兵突然击着鼓走出他们的营内，各营的士兵忽然也都一致行动呼喊着涌出营区，他们背后完全没有督促指挥的人，可是一个个都争先恐后地冲向城门，那时钟会正把铠甲军器交给姜维，士兵赶来报告说外面有喧哗的

钟会与姜维合兵，欲得天下，事不成，反被乱军所杀，选自清刊本《三国演义》。图为姜维与钟会被乱军所杀时的情形。

白外有匈匈声，似失火，有顷，白兵走向城。会惊，谓维曰："兵来似欲作恶，当云何？"维曰："但当击之耳。"会遣兵悉杀所闭诸牙门郡守，内人共举机以柱门，兵斫门，不能破。斯须，门外倚梯登城，或烧城屋，蚁附乱进，矢下如雨，牙门、郡守各缘屋出，与其卒兵相得。姜维率会左右战，手杀五六人，众既格斩维，争赴杀会。会时年四十，将士死者数百人。

初，艾为太尉，会为司徒，皆持节、都督诸军如故，咸未受命而毙。会兄毓，以四年冬薨，会竟未知问。会兄子邕，随会与俱死。会所养兄子毅及峻、辿等下狱。当伏诛，司马文王表天子下诏曰："峻等祖父繇，三祖之世，极位台司，佐命立勋，飨食庙庭。父毓，历职内外，

声音，好像有大火的样子，过了一会儿，又有士兵来报说有军队走向城来，钟会大惊，向姜维问说："那些士兵好像是来暴动的，这该怎么办呢？"姜维说："兵来将挡，只有把他们都杀光。"于是钟会派人要把所有被禁闭的牙门骑将和郡守都杀死，而在内城的人又翻倒几案来顶撑门户。外面的乱兵虽然用刀砍门，都无法破门进入，一会儿之后，乱兵靠着梯子登上了内城，有的放火烧屋，其他的都沿着梯子上城乱纷纷地杀进来，箭矢如雨点般地射下，而被禁闭的牙门、郡守也由他们的房中逃了出来，遇到自己的部下后，更领着他们追杀钟会的党徒。姜维领着钟会的部下迎战，当大家把姜维格杀之后，更争着去砍杀钟会。而他这时不过是四十岁而已。在这次兵乱中，死亡的将士有好几百人。

起初，邓艾被任为太尉，钟会被任为司徒，他们都还像以前一样掌持节杖都督各军，没有正式接受册命就丧生，钟会的哥哥钟毓，于甘露四年冬天去世，钟会竟然不知不问，他的侄子钟邕，跟着他一块儿死了。被钟会所抚养的，钟毓的儿子钟毅、钟峻及钟辿等三人都被捕下狱，木来是该被杀头的，司马昭请天子下诏令说："钟峻兄弟的祖父钟繇，在魏初三祖时代，官位最高，佐助天子建立大功，死后是被敬奉在庙廷之中的。他们的父亲

干事有绩。昔楚思子文之治，不灭鬥氏之祀。晋录成宣之忠，用存赵氏之后。以会、邕之罪，而绝繇、毓之类，吾有愍然！峻、辿兄弟特原，有官爵者如故。惟毅及邕息伏法。”或曰，毓曾密启司马文王，言会挟术难保，不可专任，故宥峻等云。

初，文王欲遣会伐蜀，西曹属邵悌求见曰：“今遣钟会率十余万众伐蜀，愚谓会单身无重任，不若使余人行。”文王笑曰：“我宁当复不知此耶？蜀为天下作患，使民不得安息，我今伐之如指掌耳，而众人皆言蜀不可伐。夫人心豫怯则智勇并竭，智勇并竭而强使之，适为敌禽耳。惟钟会与人意同，今遣会伐蜀，必可灭蜀。灭蜀之后，就如卿所虑，当何所能一办耶？凡败军之将不可以语勇，亡国之大夫不可与图存，心胆以破故也。若蜀以破，遗民震恐，不足与图事；中国将士各自思归，不肯与同也。若作恶，祇自灭族耳。卿不须忧此，慎莫使人闻也。”及会白邓艾不轨，文王将西，悌复曰：“钟会所统，五六倍于邓艾，但可敕会取艾，不足自行。”文王曰：“卿忘前时所言邪，而更云可不须行乎？虽尔，此言

钟毓，在朝中、在地方都担任过很多重要的职务，为国家有很多贡献。这两代都是值得尊敬纪念的人物啊！从前楚国因怀念子文的治绩，因而不断绝斗氏的宗祀（事在《左传·宣公四年》）。晋国追念成季（赵衰）、宣孟（赵盾）的忠心，而立赵世后人赵武（事在《左传·成公八年》）。如今，要为了钟会、钟邕的罪孽而灭绝了钟繇、钟毓家族，我内心中是很不忍的。所以我要特别原谅钟峻、钟辿两兄弟的罪过，使他们仍然担任原先的官职，只要钟毅和钟邕按法令处死就可以了。”关于这事的裁决，也有人说，钟毓过去曾经秘密地向司马昭报告过，钟会仗着自己的才学，会大胆妄为，不能信任他，给他大权，因此司马昭才特别原谅钟峻他们的。

当初，司马昭要派钟会去伐蜀时，西曹属郡邵悌曾求见他说：“您现在派钟会领着十多万军队去攻伐蜀汉，我却想，他是单身一人，没有家人子弟留在京中，所以攻蜀的将领，还是另派别人吧！”“我怎么会不知道这些呢？蜀是天下的大患，使得百姓无法休息，我现在去消灭他，就像动动手掌指头一样容易。但大家却都说不可以去伐蜀。好像我是一意孤行，其实，人心中先有了怯意，就使得原有的智慧勇力都枯竭无效了，当智勇都枯竭无效之后，还一定要勉强他去做，那反而会成为敌人的俘虏的。目前国中，只有钟会和我的意思一样，认为伐蜀必胜，我派他去，那是一定成功的。在灭蜀之后，如果你所疑虑的事情真发生了，那还怕解决不了吗？吃了败仗的将领，是不能谈勇敢的，亡了国的大夫是不能共商救亡图存的，因为他们的心智胆气都已经破裂了，由古到今，绝无例外。所以，蜀的大夫将帅，不能帮他成事。而跟他去的我国将士，各自心中都想回家，不会甘心跟他一致行动的。所以，如果他要作恶，只是自取灭族而已，你不用为此而担忧了，但是我说的话，你也千万不要告诉别人哪！”司马昭笑着回答了他。当钟会密告邓艾造反时，司马昭就要领军向西出发，邵悌又建议说：“钟会所领的军队，比邓艾的多五六倍，现在只要下令让钟

不可宣也。我要自当以信义待人，但人不当负我，我岂可先人生心哉！近日贾护军问我，言：‘颇疑钟会不？’我答言：‘如今遣卿行，宁可复疑卿邪？’贾亦无以易我语也。我到长安，则自了矣。”军至长安，会果已死，咸如所策。

会尝论《易》无互体、才性同异。及会死后，于会家得书二十篇，名曰《道论》，而实刑名家也，其文似会。初，会弱冠与山阳王弼并知名。弼好论儒道，辞才逸辩，注《易》及《老子》，为尚书郎，年二十余卒。

评曰：王凌风节格尚，毌丘俭才识拔干，诸葛诞严毅威重，钟会精练策数，咸以显名，致兹荣任，而皆心大志迂，不虑祸难，变如发机，宗族涂地，岂不谬惑邪！邓艾矫然强壮，立功立事，然阇于防患，咎败旋至，岂远知乎诸葛恪而不能近自见，此盖古人所谓目论者也。

会去抓邓艾就可，你自是不必亲自出兵的。”“你忘了你前些时说的话了吗？现在要改成可以不必去了吗？不过这话是不可以预说的呀！我们做人，当然是要以信义来对待别人，不过，别人也不可以辜负我们呀！我怎么可以比别人先一步生出机心来呢？近几天贾护军问我说：‘你是否很怀疑钟会呢？’我回答他说：‘如果我现在是派你去，难道可以也怀疑你吗？’贾护军他也没法使我改口说别的话。当我到达长安时，那件事情，一定早已经自行结束了。”司马昭这么回答了他。当司马昭领军抵达长安时，钟会果然已经死了，完全像他所预计的一样。

钟会除了曾论说过蜀以外，他以“《易》无互体”（按《集解》：梁有《周易无互体论》三卷，钟会撰，亡。互字《册府元龟》作玄），又主张“才性同异”之说。钟会死后，在他家中找出二十篇文章，题名为《道论》，其内容实际上是刑名家的主张，文笔意味很像钟会。钟会二十岁时，和山阳王弼同样有名于世，王弼喜欢议论儒家道家，辞语才气超逸而又有口才，曾注《易经》和《老子》，担任过尚书郎，二十多岁就死了。

陈寿评论说：王凌风节严肃高洁；毌丘俭才干雄大，见识超越常人；诸葛诞严谨刚毅、威仪肃重；钟会精微练达、智谋深沉能中事理。他们都因此扬名，并获得显荣的官爵，可是他们也因此而产生野心叛志，毫不考虑祸患灾难，最后事变都像机关发动不可挽回一样，害得所有的宗亲戚友，都被残杀，这不是太没道理而且太不明事理了吗？邓艾气魄强大壮健，立下大功，完成大事，但是他不知道要防备祸患，所以很快地惹来殃咎灾难，他既然能远料东吴诸葛恪的即将败灭，却不能看出他自己的危机，这又是怎么回事呢？大概这就是古人所谓的‘目论’（眼睛能看见秋毫，却不能看见自己的睫毛）吧。

三国志卷二十九

方技传第二十九

王金凌 译

华佗字元化，沛国谯人也，一名旉。游学徐土，兼通数经。沛相陈珪举孝廉，太尉黄琬辟，皆不就。晓养性之术，时人以为年且百岁而貌有壮容。又精方药，其疗疾，合汤不过数种，心解分剂，不复称量，煮熟便饮，语其节度，舍去辄愈。若当灸，不过一两处，每处不过七八壮，病亦应除。若当针，亦不过一两处，下针言“当引某许，若至，语人”。病者言“已到”，应便拔针，病亦行差。若病结积在内，针药所不能及，当须刳割者，便饮其麻沸散，须臾便如醉死无所知，因破取。病若在肠中，便断肠湔洗，缝腹膏摩，四五日差，不痛，人亦不自寤，一月之间，即平复矣。

故甘陵相夫人有娠六月，腹痛不安，佗视脉，曰：“胎已死矣。”使人手摸知所在，在左则男，在右则女。人云“在左”，于是为汤下之，果下男形，即愈。

华佗，字元化，沛国谯县（今安徽亳州市）人，另有一个名字叫旉。他曾到徐州游学，兼通好几部经典。沛相陈珪荐举他为孝廉，太尉黄琬也加以召请，都不去。华佗通晓养生术，当时人以为他的年纪近百岁，而容貌却很年轻。他又精于方药，治病时，配合的汤药不过几种而已，心里很清楚药量须多少，一抓就不再秤，煮熟了便喝，并告诉病人该喝几回，喝完，病也好了。如果病况须要灸，不过灸上一两个部位，每个部位不过放七八枝艾茸，病就痊愈。如果应该针，也不过针上一两个穴道，下针时说：“下针后某处会有反应，若反应，便告诉我。”病人说：“有反应了！”立即拔针，病就差不多好了。如果病在脏腑，针药无法对治，而应开刀，便喝华佗做的麻沸散，过一会儿，麻醉而无知觉，就接着开刀。如果病在肠内，便动手术将肠洗净，缝好腹部，敷上药膏，四五天稍愈，不痛，病人也不知已开过刀，一个月工夫，就完全康复了。

原先有一位甘陵（今山东清平县南）相夫人，怀有六个月身孕，腹痛不安，华佗把脉后，说：“胎儿已经死了。”于是叫人用手摸，看看胎儿靠左边还是靠右边，在左边就是男的，在右边就是女的。这人说：“在左边。”于是煎了汤药喝下，堕下的胎儿果然是男的，腹痛也好了。

华佗，选自清皇家珍藏手抄善本绘图描金银《三国志演义》。

县吏尹世苦四支烦。口中干，不欲闻人声，小便不利。佗曰：“试作热食，得汗则愈；不汗，后三日死。”即作热食而不汗出，佗曰：“藏气已绝于内，当啼泣而绝。”果如佗言。

府吏兒寻、李延共止，俱头痛身热，所苦正同。佗曰：“寻当下之，延当发汗。”或难其异，佗曰：“寻外实，延内实，故治之宜殊。”即各与药，明旦并起。

盐渎严昕与数人共候佗，适至，佗谓昕曰：“君身中佳否？”昕曰：“自如常。”佗曰：“君有急病见于面，莫多饮酒。”坐毕归，行数里，昕卒头眩堕车，人扶将还，载归家，中宿死。

故督邮顿子献得病已差，诣佗视脉，曰：“尚虚，未得复，勿为劳事，御内即死。临死，当吐舌数寸。”其妻闻其病除，从百余里来省之，

有位县吏名叫尹世，四肢劳倦，口中干燥，讨厌听到人声，小便不畅。华佗说：“你试着吃热的食物，能发汗就好了；不发汗的话，三天以后将死。”尹世就吃了热的食物而汗不发，华佗说：“你内脏的气息已断绝，将啼泣而死。”尹世果然如华佗所说的，啼泣而亡。

府吏兒寻、李延住在一起，两人都头痛，全身发热，病症相同。华佗说：“兒寻应服药而使他下泻，李延应服药而使他发汗。”有人问他为何治法不同，华佗说：“兒寻外实，李延内实，所以治疗的方法应不同。”于是分别给这两人开不同的药，第二天早上两人就痊愈了。

盐渎县（今江苏盐城市西北）人严昕和几位朋友一起等华佗，正好华佗来了，对严昕说：“你觉得身体状况如何？”严昕说：“跟平常一样啊！”华佗警告说：“你的病已呈露在脸上，别多喝酒。”大家坐着聊聊，聊完就回家，严昕走了几里路，突然头晕得厉害，摔下车来，旁人扶着送他回去，到了家里，隔夜就死了。

已故督邮顿子献患病，已稍好，就到华佗那儿诊脉，华佗说：“脉仍虚弱，还没完全复原，千万不要做劳苦的事，如果行房事，立即死亡。将死的时候，舌头吐出几寸长。”顿子献的妻子听说他病好了，从一百多里外赶来看他，那晚两人行房，隔三天病发而死，完全

止宿交接，中间三日发病，一如佗言。

督邮徐毅得病，佗往省之。毅谓佗曰：“昨使医曹吏刘租针胃管讫，便苦咳嗽，欲卧不安。”佗曰：“刺不得胃管，误中肝也，食当日减，五日不救。”遂如佗言。

东阳陈叔山小男二岁得疾，下利常先啼，日以羸困。问佗，佗曰：“其母怀躯，阳气内养，乳中虚冷，儿得母寒，故令不时愈。”佗与四物女宛丸，十日即除。

彭城夫人夜之厕。虿螫其手，呻呼无赖。佗令温汤近热，渍手其中，卒可得寐，但旁人数为易汤，汤令暖之，其旦即愈。

军吏梅平得病，除名还家，家居广陵，未至二百里，止亲人舍。有顷，佗偶至主人许，主人令佗视平，佗谓平曰：“君早见我，可不至此。今疾已结，促去可得与家相见，五日卒。”应时归，如佗所刻。

佗行道，见一人病咽塞，嗜食而不得下，家人车载欲往就医。佗闻其呻吟，驻车往视，语之曰：“向来道边有卖饼家蒜齑大酢，从取三升饮之，病自当去。”即如佗言，立吐蛇一枚，悬车边，欲造佗。佗尚未还，小儿戏门前，逆见，自相谓曰：“似逢我公，车边病

和华佗所说的症状一样。

督邮徐毅得病，华佗去诊视。徐毅对华佗说：“昨天我让医曹吏刘租（应作刘祖）在胃管下针，一完毕，便咳嗽不停，躺也躺得不安稳。”华佗说：“针没刺在胃管，而是误刺在肝，你的饮食会一天天减少，五天就没救了。”五天后正如华佗所说的。

东阳县（今江苏盱眙东六十里）人陈叔山的儿子，二岁得病，下痢前常先啼哭，一天天的瘦下去。问华佗，华佗说：“孩子的母亲怀孕时，体内阳气太盛，产后，又变得奶水虚冷，小孩得了母亲奶水的寒气，所以无法痊愈。”华佗给他四物女宛丸，十天病就好了。

彭城（今江苏徐州市）夫人夜晚上厕所，被毒蝎咬了手，痛得呻吟喊叫，毫无办法，华佗叫她把手放进温热的水中，这才睡着，但旁人仍一直替夫人换水，水要烧热，天亮时就好了。

军吏梅平得病，退休回家，他家住在广陵，离家还有二百里路，就住在亲戚那里。过一会，华佗偶然到主人处，主人介绍华佗跟梅平见面认识，华佗对梅平说：“唉！如果你早点遇到我，还不至于到这个地步。现在你的病已固结深重，赶快走，还可以和家人相见，五天后你就死了。”梅平立刻动身回去，死的时候正如华佗所预测的。

有一回，华佗在路上看见一个人喉咙哽住，吃东西都咽不下去，家人用车子正要载他去看医生。华佗听到他呻吟，就停下车子去看看，告诉他说：“刚才我经过路边，有家卖饼的铺子，那里有蒜末酸醋，去买三升，吃了，病就好。”病患家人立刻照华佗的话去办，当场吐出一条蛇，就挂在车边，要去见华佗。这时华佗还没回家，有小孩子在门口玩，看了这景象，都叫着说：“你大概是遇见了我爷爷，这车边病就是证明了。”病人进华佗屋里，

是也。”疾者前入坐，见佗北壁悬此蛇辈约以十数。

又有一郡守病，佗以为其人盛怒则差，乃多受其货而不加治，无何弃去，留书骂之。郡守果大怒，令人追捉杀佗。郡守子知之，属使勿逐。守瞋恚既甚，吐黑血数升而愈。

又有一士大夫不快，佗云：“君病深，当破腹取。然君寿亦不过十年，病不能杀君，忍病十岁，寿俱当尽，不足故自刳裂。”士大夫不耐痛痒，必欲除之。佗遂下手，所患寻差，十年竟死。

广陵太守陈登得病，胸中烦懑，面赤不食。佗脉之曰：“府君胃中有虫数升，欲成内疽，食腥物所为也。”即作汤二升，先服一升，斯须尽服之。食顷，吐出三升许虫，赤头皆动，半身是生鱼脍也，所苦便愈。佗曰：“此病后三期当发，遇良医乃可济救。”依期果发动，时佗不在，如言而死。

太祖闻而召佗，佗常在左右。太祖苦头风，每发，心乱目眩，佗针鬲，随手而差。

李将军妻病甚，呼佗视脉，曰：“伤娠而胎不去。”将军言：“闻实伤娠，胎已去矣。”佗曰：“案脉，胎未去也。”将军以为不然。佗舍去，妇稍小差。百余日复动，更呼佗。佗

一看，北边墙挂了十几条这种蛇。

又有一位郡守生病，华佗认为他一大怒，病就稍好，于是多收费用而不治疗，没多久华佗故意跑掉，并留封信痛骂郡守。郡守果然大怒，派人追杀华佗。郡守的儿子晓得华佗的用意，叫人别追。郡守这时已气得不得了，吐出数升黑血，病就好了。

又有一位士大夫身体不舒服，华佗说：“你的病很重，要动手术，但是从命理来看，你的寿命也不会超过十年，这个病不会要你的命，忍耐十年，那时，寿命和病痛将一起结束，不值得动手术。”这位士大夫忍不住痛痒，坚持要开刀。于是华佗替他动了手术，不久病痛好了，十年后也死了。

广陵太守陈登患病，胸中闷闷的，满脸通红，吃不下饭。华佗为他把脉后，说：“你的胃里有好几升小虫，快变成痈疮了，这是吃腥燥食物引起的。”就熬了二升汤药，先服一升，一会儿就全喝光了。喝后不久，吐出大约三升的小虫，虫头红色，不断蠕动，半身黏附着细小的生鱼片，太守的病痛也好了。华佗说：“这个病三年后将再发作，遇到良医才有办法治。”三年后果然发作，那时华佗不在，果然如华佗所说，陈登病死了。

曹操听说华佗的声名，便请他来，常陪在身边。曹操为头风很伤脑筋，每次发作，心乱目晕，华佗在鬲下针，随手便好。

李将军的妻子病重，请华佗诊脉，华佗说：“怀孕伤了胎盘，胎儿却仍留在里面。”将军说：“听别的医生说，的确是怀孕伤了胎盘，不过胎儿已拿掉了！”华佗说：“根据脉象，胎儿还没去掉。”李将军不以为然。华佗就走了，这时孕妇病痛也稍微好转。过了一百多天，胎儿动了，李将军再请华佗来，华佗说：“根据脉象，本来就有胎儿，上回应是生两

曰：“此脉故事有胎。前当生两儿，一儿先出，血出甚多，后儿不及生。母不自觉，旁人亦不寤，不复迎，遂不得生。胎死，血脉不复归，必燥著母脊。故使多脊痛。今当与汤，并针一处，此死胎必出。”汤针既加，妇痛急如欲生者。佗曰：“此死胎久枯，不能自出，宜使人探之。”果得一死男，手足完具，色黑，长可尺所。

佗之绝技，凡此类也。然本作士人，以医见业，意常自悔，后太祖亲理，得病笃重，使佗专视。佗曰：“此近难济，恒事攻治，可延岁月。”佗久远家思归，因曰：“当得家书，方欲暂还耳。”到家，辞以妻病，数乞期不反。太祖累书呼，又敕郡县发遣。佗恃能厌食事，犹不上道。太祖大怒，使人往检。若妻信病，赐小豆四十斛，宽假限日；若其虚诈，便收送之。于是传付许狱，

治风疾神医身死，选自清刊本《三国演义》。据《三国演义》，曹操伐树惊梨树之神后，头常痛。召华佗治疗，华佗诊断说曹操脑中有风涎，须用利斧砍开脑袋，取出风涎。曹操疑华佗为奸细，将华佗下狱杀之。图为华佗为曹操解说诊治头痛病的方法。

个孩子，其中一个先出来，因流血太多，第二个来不及生，母体自己并没感觉，旁人也不知道，没再接生，胎儿就下不来。胎儿死后，母亲血脉循环不正常，而胎儿必然干燥的附着在母体脊背，所以脊背常痛。现在应该让她喝药，并且用针刺一个部位，死胎一定下来。”李将军的妻子喝药，刺针后，痛得好像要生产一般。华佗说：“这个死胎久了，枯了，无法自动流下来，应叫人取出。”果然取出已死的男婴，手脚完整，全身黑色，约莫一尺长左右。

华佗的绝技，大致都是这一类。但他本是士人，如今以医为业，心中常常懊悔。后来曹操因事必躬亲，得病甚重，让华佗专门治疗。华佗说：“此病难以治疗，须长期医治，才可延长生命。”华佗离家很久，想返乡，就对曹操说：“我接到家书，正想暂时回去一趟。”华佗到家后，托词妻子生病，屡次请求延期，不回到曹操那儿。曹操也屡次传唤，又命令郡县将华佗遣来。华佗仗恃医术高明，又不喜欢靠这个混饭吃，仍不上路。曹操大怒，派人去检查。如果华佗妻子真的生病了，就赐给他小豆四十斛，并放宽回来的期限；如果使诈，就收押下去。结果华佗便被押到许昌（今河南许昌市东）牢狱中，经考问才服罪。荀

考验首服。荀彧请曰："佗术实工，人命所悬，宜含宥之。"太祖曰："不忧，天下当无此鼠辈耶？"遂考竟佗。佗临死，出一卷书与狱吏，曰："此可以活人。"吏畏法不受，佗亦不强，索火烧之。佗死后，太祖头风未除。太祖曰："佗能愈此。小人养吾病，欲以自重，然吾不杀此子，亦终当不为我断此根原耳。"及后爱子仓舒病困，太祖叹曰："吾悔杀华佗，令此儿彊死也。"

初，军吏李成苦咳嗽，昼夜不寤，时吐脓血，以问佗。佗言："君病肠臃，咳之所吐，非从肺来也。与君散两钱，当吐二升余脓血讫，快自养，一月可小起，好自将爱，一年便健。十八岁当一小发，服此散，亦行复差。若不得此药，故当死。"复与两钱散。成得药，去五六岁，亲中人有病如成者。谓成曰："卿今强健，我欲死，何忍无急去药，以待不祥？先持贷我，我差，为卿从华佗更索。"成与之。已故到谯，适值佗见收，匆匆不忍从求。后十八岁，成病竟发，无药可服，以至于死。

广陵吴普、彭城樊阿皆从佗学。普依准佗治，多所全济。佗语普曰："人体欲得劳动，但不当使极尔。动摇则谷气得消，血脉流通，病不得生，譬犹户枢不朽是也。是以古之仙者为导引之事，熊颈鸱顾，引挽腰体，动诸关节，以求难老。吾有一术，名五禽之戏，一

彧请求说："华佗的医术实在高明，而医术关系人命，应宽恕他。"曹操说："哼！不必担心，天下难道就没有像他这种鼠辈吗？"于是将华佗考问完毕。华佗临死前，拿出一卷书给狱吏，说："这卷书可以医活人命。"狱吏怕受惩罚，不敢收，华佗也不勉强，拿了火把书烧掉了。华佗死后，曹操头风还没好。曹操说："华佗确实能医好头风。但是这小子疗养我的病，就想以此自重，哼！我如果不杀这小子，他也不会替我断除头风的病根。"后来，曹操爱子仓舒病重，他才叹口气说："唉！我真后悔杀了华佗，眼睁睁地看着孩子就这样死去！"

当初，军吏季成苦于咳嗽，昼夜都无法睡觉（根据范晔《后汉书·华佗传》，改寤为寐。）时常吐脓和血，就问华佗，华佗说："你的病是肠子发肿，咳嗽所吐的，不是从肺里出来。我给你两钱药粉，吃了就会吐出二升多的脓和血，赶快自己调养，一个月能小有起色，再好好的将养，一年便可完全康复。但每十八年就要发作一次，吃了这些药粉，病又好转。如果不吃这药粉，就会死。"华佗又给他两钱药粉，李成拿了药便走了。五六年后，李成的亲戚也有人得此病，就对李成说："你现在健康得很，我却快死了，你怎么忍心没病时收藏这药粉，看着我死呢？先借我，我病好了，再为你向华佗拿药。"李成就把药粉给了他，特此到谯县找华佗，正遇上华佗被收押，匆忙中不忍心在这个时候向华佗拿药。过了十八年，李成的病终于发作了，无药可服，以致死去。

广陵人吴普、彭城人樊阿都随着华佗学医。吴普依照华佗的方法治病，治好了许多人。华佗告诉吴普说："人体必须劳动，但不要过度。劳动能消化所吃的米谷，使血脉畅通，疾病不生，这好比门轴常用就不会朽烂的道理一样。所以古代的仙人都做导引的活动，像熊、

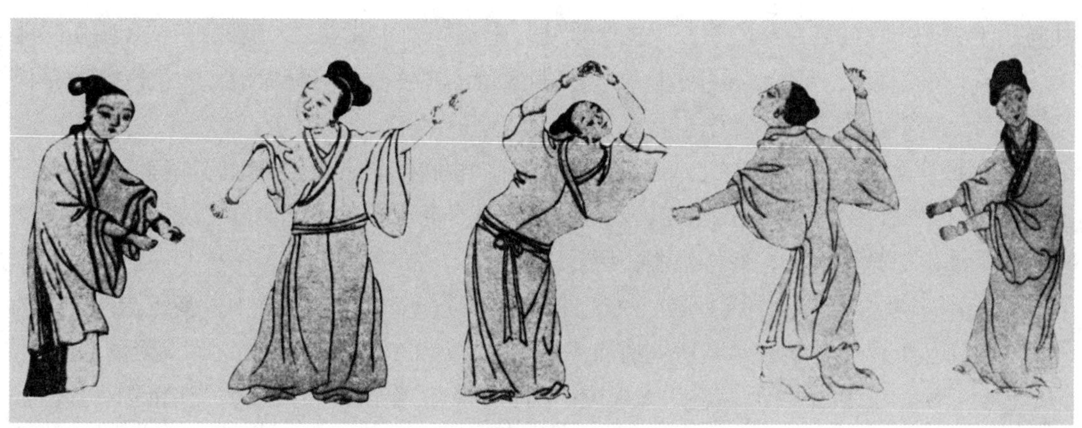

华佗五禽戏

曰虎，二曰鹿，三曰熊，四曰猿，五曰鸟，亦以除疾，并利蹄足，以当导引。体中不快，起作一禽之戏，沾濡汗出，因上著粉，身体轻便，腹中欲食。”普施行之，年九十余，耳目聪明，齿牙完坚。阿善针术。凡医咸言背及胸藏之间不可妄针，针之不过四分，而阿针背入一二寸，巨阙胸藏针下五六寸，而病辄皆瘳。阿从佗求可服食益于人者，佗授以漆叶青黏散。漆叶屑一升，青黏屑十四两，以是为率，言久服去三虫，利五藏，轻体，使人头不白。阿从其言，寿百余岁。漆叶处所而有，青黏生于丰、沛、彭城及朝歌云。

杜夔字公良，河南人也。以知音为雅乐郎，中平五年，疾去官。州郡司徒礼辟，以世

鸱一样的转动脖子，旋转腰干，活动每一处关节，使自己不易老化。我有一套方法，叫五禽戏，一为虎、二为鹿、三为熊、四为猨、五为鸟，可以袪除疾病，并且有益脚力，可以当作导引的活动。身体感到不舒适，就可起来作一禽戏，让全身出汗，过后扑粉，身体就觉得轻爽，食欲大振。”吴普便依华佗的话常作五禽戏，到了九十多岁，还耳聪目明，牙齿牢固完整。樊阿擅长针术，一般医生都说背部和胸脏不可随便下针，即使下针也不要超过四分深，但是樊阿在背部一刺就是一两寸深，巨阙胸脏也刺五六寸，而病痛往往就好了。樊阿随华佗学些有益健康的药物，华佗教他用漆叶青黏散。漆叶屑末一升，青黏屑末十四两，就以此为标准来配药，并说常服用可以去三虫，利五脏，使人体轻便，头发不白。樊阿照着他的话去做，活了一百多岁。漆叶到处都有，青黏产在丰（今江苏丰县）、沛、彭城和朝歌（今河南淇县东北）等地。

杜夔，字公良，河南人。由于精通音乐而担任雅乐郎，汉灵帝中平五年（公元 188 年），因病辞官。州、郡和司徒都曾备礼召请他，由于世局混乱，他跑到荆州。荆州牧刘表

乱奔荆州。荆州牧刘表令与孟曜为汉主合雅乐，乐备，表欲庭观之，夔谏曰："今将军号为天子合乐，而庭作之，无乃不可乎！"表纳其言而止。后表子琮降太祖，太祖以夔为军谋祭酒，参太乐事，因令创制雅乐。

夔善钟律，聪思过人，丝竹八音，靡所不能，惟歌舞非所长。时散郎邓静、尹齐善咏雅乐，歌师尹胡能歌宗庙郊祀之曲，舞师冯肃、服养晓知先代诸舞，夔总统研精，远考诸经，近采故事，教习讲肄，备作乐器，绍复先代古乐，皆自夔始也。

黄初中，为太乐令、协律都尉。汉铸钟工柴玉巧有意思，形器之中，多所造作，亦为时贵人见知。夔令玉铸铜钟，其声均清浊多不如法，数毁改作。玉甚厌之，谓夔清浊任意，颇拒捍夔。夔、玉更相白于太祖，太祖取所铸钟，杂错更试，然后知夔为精而玉之妄也，于是罪玉及诸子，皆为养马士。文帝爱待玉，又尝令夔与左騠等于宾客之中吹笙鼓琴，夔有难色，由是帝意不悦。后因他事系夔，使騠等就学，夔自谓所习者雅，仕宦有本，意犹不满，遂黜免以卒。

弟子河南邵登、张泰、桑馥，各至太乐丞，下邳陈颃司律中郎将。自左延年等虽妙于音，咸善郑声，其好古存正莫及夔。

命他与孟曜替汉天子编配雅乐，雅乐编好后，刘表想在大厅聆赏，杜夔劝他说："现在将军名为替汉天子编雅乐，却在你的厅堂演奏，这不大好吧！"刘表接纳他的意见，就算了。后来刘表的儿子刘琮投降曹操，曹操任杜夔为军谋祭酒，参预太乐的事务，并命他创作雅乐。

杜夔善长音律，聪明过人，丝竹八音，无所不能，只是不擅长歌舞。当时，散郎邓静、尹齐善于歌咏雅乐，歌师尹胡能唱宗庙郊祀的乐曲，舞师冯肃、服养通晓先代各种舞蹈，杜夔综合各家精华，细心研究，考证古代各种经典，采择近代的事迹，教授讲习，制作乐器，恢复先代古乐，都由杜夔开创出来。

黄初年间（**魏文帝年号，公元220—226年**），杜夔任太乐令，协律都尉。汉末铸钟工人柴玉颇有巧思，所作钟形，很有创意，当时的贵人也都知道柴玉这个人。杜夔命柴玉铸造铜钟，声韵清浊大多不合法度，屡次毁弃改作。柴玉很讨厌他，说杜夔任意改变清浊的标准，抗拒杜夔。于是两人都向曹操诉说对方的不是，曹操就把所铸的钟拿来，轮番试验，然后才知道杜夔是精通乐音的，而柴玉只是狂妄，于是罚柴玉和他的几个儿子为养马士。文帝喜爱柴玉，又曾命杜夔和左騠等人在宾客前吹笙鼓琴，杜夔面有难色，因此文帝很不高兴。后来因其他事故而拘捕杜夔，派左騠等人向杜夔学艺，杜夔认为自己所学的是雅乐，以仕宦为本职，因而心中不满，于是被免官，接着就死了。

杜夔的弟子河南人邵登、张泰、桑馥，分别任官至太乐丞，下邳（**今江苏邳州市西南五十里**）人陈颃任司律中郎将。自左延年等人以来，虽然精于音乐，但都只擅长郑声，不像杜夔能好古而保存雅正的音乐。

朱建平，沛国人也。善相术，于闾巷之间，效验非一。太祖为魏公，闻之，召为郎。文帝为五官将，坐上会客三十余人，文帝问己年寿，又令遍相众宾。建平曰："将军当寿八十，至四十时当有小厄，愿谨护之。"谓夏侯威曰："君四十九位为州牧，而当有厄，厄若得过，可年至七十，致位公辅。"谓应璩曰："君六十二位为常伯，而当有厄，先此一年，当独见一白狗，而旁人不见也。"谓曹彪曰："君据藩国，至五十七当厄于兵。宜善防之。"

初，颍川荀攸、钟繇相与亲善。攸先亡，子幼。繇经纪其门户，欲嫁其妾。与人书曰："吾与公达曾共使朱建平相，建平曰：'荀君虽少，然当以后事付钟君。'吾时啁之曰：'惟当嫁卿阿鹜耳。'何意此子竟早陨没，戏言遂验乎！今欲嫁阿鹜，使得善处。追思建平之妙，虽唐举、许负何以复加也！"

文帝黄初七年，年四十，病困，谓左右曰："建平所言八十，谓昼夜也，吾其决矣。"顷之，果崩。夏侯威为兖州刺史，年四十九，十二月上旬得疾，念建平之言，自分必死，豫作遗令及送丧之备，咸使素办。至下旬转差，垂以平复。三十日日昃，请纪纲大吏设酒，曰："吾所苦渐平，明日鸡鸣，年便五十，建平之戒，真必过矣。"威罢客之后，合瞑疾动，

朱建平，沛国人。善于相术，在闾巷之间，不止应验一次而已。曹操为魏公时，听说朱建平的声名，召他任郎官。文帝曹丕为五官将时，座上宾客三十多人，曹丕向朱建平问自己的年寿有多少，又让他替众宾客看相。建平说："将军的寿命应有八十岁，到了四十岁应有小小的灾厄，希望小心照护。"对夏侯威说："先生四十九岁位至州牧，这时当有灾厄，若能度过这场灾厄，年寿可达七十岁，获宰辅高位。"对应璩说："先生六十二岁为常伯，那时当有灾厄，在此前一年，会看见一只白狗，而别人都看不见这只狗。"对曹彪说："先生据有藩国，到五十七岁时有刀兵之灾，要小心防备。"

当初，颍川（郡治今河南省禹州市）人荀攸、钟繇两人很要好。荀攸先过世，儿子还小。钟繇为他管理家事，要把荀攸的妾嫁出去。写信给人说："我和荀攸曾一起让朱建平看相，建平说：'荀先生虽较年轻，但会把后事托付给钟先生。'我当时大声对荀攸说：'只要把你的妾阿鹜嫁出去哟！'哪想到荀攸竟然真的早殁，当时的戏言却应验了！现在把阿鹜嫁出去，要让他嫁到好人家的地方。回想起朱建平的绝妙相术，纵然战国时代的唐举、汉朝的许负也比不上啊！"

黄初七年（公元226年），文帝曹丕四十岁，病重，对左右的人说："朱建平所说的八十岁，指的是白天和晚上加起来的啊！我差不多要离开人间了！"不久，果然崩逝。夏侯威任兖州刺史，年龄正是四十九岁，那年十二月上旬得病，想起朱建平的话，自料必死，于是预先写了遗书，和准备丧葬事宜，都派人办妥。到下旬，病况稍好，渐渐康复。三十日那天过了中午，夏侯威设酒席宴请属下和大吏，说："我的病痛稍微平复，明天鸡啼，就五十岁了，朱建平的警告，一定会过去的。"夏侯威宴客完毕后，合眼一睡，病况转重，半

夜半遂卒。璩六十一为侍中，直省内，欻见白狗，问之众人，悉无见者。于是数聚会，并急游观田里，饮宴自娱，过期一年，六十三卒。曹彪封楚王，年五十七，坐与王凌通谋，赐死。凡说此辈，无不如言，不能具详，故粗记数事。惟相司空王昶、征北将军程喜、中领军王肃有蹉跌云。肃年六十二，疾笃，众医并以为不愈。肃夫人问以遗言，肃云："建平相我逾七十，位至三公，今皆未也，将何虑也乎！"而肃竟卒。

建平又善相马。文帝将出，取马外入，建平道遇之，语曰："此马之相，今日死矣。"帝将乘马，马恶衣香，惊啮文帝膝，帝大怒，即便杀之。建平黄初中卒。

周宣字孔和，乐安人也。为郡吏。太守杨沛梦人曰："八月一日曹公当至，必与君杖，饮以药酒。"使宣占之。是时黄巾贼起，宣对曰："夫杖起弱者，药治人病，八月一日，贼必除灭。"至期，贼果破。

后东平刘桢梦蛇生四足，穴居门中，使宣占之，宣曰："此为国梦，非君家之事也。当杀女子而作贼者。"顷之，女贼郑、姜遂俱夷讨，以蛇女子之祥，足非蛇之所宜故也。

夜就死了。应璩六十一岁时为侍中，在门下省办公，忽然看见白狗，问众人，都没看见。于是经常和朋友聚会，到郊野游玩观赏，饮酒享乐，隔了一年，六十三岁死。曹彪封为楚王时，年纪正五十七岁，与王凌通谋反叛，被皇帝赐死。朱建平所谈的这些人，没有不应验的，无法仔细记载下来，所以大略的记载几件事情。只有替司空王昶、征北将军程喜、中领军王肃所看的相有差错。王肃六十二岁时，患病很重，众医都认为无法痊愈。王肃的妻子问他有什么遗言？王肃说："朱建平为我看相，说我会活过七十岁，地位高至三公，现在还早呢，担心什么！"而王肃这回竟然病死了。

朱建平又善于相马。文帝曹丕要外出，从外头牵马进来，建平在途中遇到，告诉人说："从这匹马的外相来看，今天必死无疑。"结果曹丕要乘马时，马不喜闻衣服所熏的香味，惊恐之下咬了曹丕的膝盖，曹丕大怒，立即将马杀掉。朱建平在黄初年间逝世。

周宣，字孔和，乐安县（今山东省博兴县北）人。任职郡吏。太守杨沛梦见有人告诉他："八月一日，曹操会来，给你一根节杖，并叫你喝药酒。"于是杨沛叫周宣占个梦。这时黄巾贼刚兴起作乱，周宣对他说："节杖使身体衰弱的人能站起来，药酒可治疾病，八月一日，一定可以消灭黄巾贼。"到那一天，黄巾贼果然败了。

后来东平人刘桢梦见一条蛇，有四只脚，穴居在门里，就请周宣占梦，周宣说："这个梦象征国家的事，而不是你家中的事，表示会诛杀女性盗贼。"不久，女贼郑、姜都被讨平，因为蛇代表女子的征兆，但脚却不是蛇所应有的。

文帝问宣曰："吾梦殿屋两瓦堕地，化为双鸳鸯，此何谓也？"宣对曰："后宫当有暴死者。"帝曰："吾诈卿耳！"宣对曰："夫梦者意耳，苟以形言，便占吉凶。"言未毕，而黄门令奏宫人相杀。无几，帝复问曰："我昨夜梦青气自地属天。"宣对曰："天下当有贵女子冤死。"是时，帝已遣使赐甄后玺书，闻宣言而悔之，遣人追使者不及。帝复问曰："吾梦摩钱文，欲令灭而更愈明，此何谓邪？"宣怅然不对。帝重问之，宣对曰："此自陛下家事，虽意欲尔而太后不听，是以文欲灭而明耳。"时帝欲治弟植之罪，逼于太后，但加贬爵。以宣为中郎，属太史。

尝有问宣曰："吾昨夜梦见刍狗，其占何也？"宣答曰："君欲得美食耳！"有顷，出行，果遇丰膳。后又问宣曰："昨夜复梦见刍狗，何也？"宣曰："君欲堕车折脚，宜戒慎之。"顷之，果如宣言。后又问宣："昨夜复梦见刍狗，何也？"宣曰："君家欲失火，当善护之。"俄遂火起。语宣曰："前后三时，皆不梦也。聊试君耳，何以皆验邪？"宣对曰："此神灵动君使言，故与真梦无异也。"又问宣曰："三梦刍狗而其占不同，何也？"宣曰："刍狗者，祭神之物。故君始梦，当得饮食也。祭祀既讫，则刍狗为车所轹，故中梦当堕车

文帝曹丕问周宣说："我梦见宫殿的屋瓦有二片坠落地上，化为双鸳鸯，这代表什么意思？"周宣回答说："后宫有人突然死亡。"文帝说："我只是骗骗你而已！"周宣回答说："梦即意象，若以言语表达出，便可占卜吉凶。"周宣的话还没说完，黄门令来报告说有宫人互相砍杀。没多久，曹丕又问："昨晚我梦见青气从地连绵到天。"周宣回答说："天下应有贵女子含冤而死。"这时，曹丕已派人把玺书送到甄后那里（要甄后自杀），听了周宣的话，心中后悔，派人赶紧去追使者，但太迟了。曹丕又问："我梦见用手磨擦钱币上的文字，想把字磨光，却更明显，这是什么意思呢？"周宣听了，神色怅然，不回答。曹丕再问，周宣才说："这是陛下的家务事，虽心里想这么做，太后却不愿意，所以想磨灭钱币上的文字，文字反而更明显。"当时曹丕正想治弟弟曹植的罪，但受到太后的压力，只是贬爵而已。曹丕任周宣为中郎，隶属太史。

曾有人问周宣说："昨夜我梦见刍狗，这代表什么意思呢？"周宣回答说："你会吃一顿丰盛的餐宴！"过不久，这人外出，果然碰上一顿丰盛的餐宴。后来又问周宣说："昨晚又梦见刍狗，这是什么意思呢？"周宣说："你会从车下摔下来，折断脚骨，要小心。"不久，果然如周宣所说的。后来这人又问周宣说："昨晚又梦见刍狗，为什么？"周宣说："你家将有火灾，要注意防备。"一会儿，这人家中就失火了。于是告诉周宣说："其实我前后三次都没做梦。只是试试而已，但为什么都应验呢？"周宣回答说："这是天灵激你说的，所以和真梦没有两样。"他又问周宣说："但三次梦见刍狗，结果都不同，这是什么道理？"周宣说："刍狗是祭神的东西。所以你第一个梦代表可以吃到丰盛的菜肴，祭祀完毕，刍狗被车子压过去，所以第二个梦代表摔车断脚。刍狗被车子压过后，一定载走当

折脚也。刍狗既车铄之后，必载以为樵，故后梦忧失火也。”宣之叙梦，凡此类也。十中八九，世以比建平之相矣。其余效故不次列。明帝末卒。

管辂，选自清皇家珍藏手抄善本绘图描金银《三国志演义》。

管辂字公明，平原人也。容貌粗丑，无威仪而嗜酒，饮食言戏，不择非类，故人多爱之而不敬也。

父为利漕，利漕民郭恩兄弟三人，皆得躄疾。使辂筮其所由。辂曰：“卦中有君本墓，墓中有女鬼，非君伯母，当叔母也。昔饥荒之世，当有利其数升米者，排著井中，啧啧有声，推一大石，下破其头，孤魂冤痛，自诉于天。”于是恩涕泣服罪。

广平刘奉林妇病困，已买棺器。时正月也，使辂占，曰：“命在八月辛卯日日之中时。”林谓必不然，而妇渐差，至秋发动，一如辂言。

辂往见安平太守王基，基令作卦，辂曰：“当有

柴烧，所以第三个梦代表有失火的顾虑。”周宣解梦，大致是这一类。十次中有八九次应验，世人将他与朱建平的相术并论。其余应验的梦在此不多叙述。他在明帝末年过世。

管辂，字公明，平原（今山东平原县）人。容貌丑陋，一点威严都没有，又爱喝酒，吃饭、言谈、嬉戏时也不挑人，跟谁都合得来，所以大家都喜欢他，但也不尊敬他。

管辂的父亲在利漕渠（今河北肥乡县东、元城县西北）做事，利漕渠有郭恩兄弟三人，都跛脚，就请管辂卜筮，看看是何原因。管辂说：“卦中显示你的祖坟中有女鬼，若不是令伯母，就是叔母。从前饥荒的时候，有人（暗指郭恩祖先）想贪得令伯母或叔母数升米，就把她推落井里，她在里面大声呼叫，凶手又丢下一块大石头，打破了她的头，孤魂含冤伤痛，向上天控诉（所以在你们兄弟三人身上作祟）。”郭恩听了，痛哭流涕，承认祖先有罪（所以祸及子孙）。

广平人刘奉林的妻子病重，他已买了棺木，准备后事。当时是正月，请管辂占卜，管辂说：“可以活到八月辛卯日中午。”刘奉林认为不然，可是他的妻子病却渐渐好起来，到了秋天，病又发了，情形完全像管辂说的那样。

有一回管辂去见安平太守王基，王基叫他卜个卦，管辂说：“郡中有一贫贱妇人，生个

贱妇人，生一男儿，堕地便走入灶中死。又床上当有一大蛇衔笔，小大共视，须臾去之也。又乌来入室中，与燕共斗，燕死，乌去。有此三怪。”基大惊，问其吉凶。辂曰：“直客舍久远，魑魅魍魉为怪耳。儿生便走，非能自走，直宋无忌之妖将其入灶也。大蛇衔笔，直老书佐耳。乌与燕斗，直老铃下耳。今卦中见象而不见其凶，知非妖咎之征，自无所忧也。”后卒无患。

时信都令家妇女惊恐，更互疾病，使辂筮之。辂曰：“君北堂西头，有两死男子，一男持矛，一男持弓箭，头在壁内，脚在壁外。持矛者主刺头，故头重痛不得举也。持弓箭者主射胸腹，故心中悬痛不得饮食也。昼则浮游，夜来病人，故使惊恐也。”于是掘徙骸骨，家中皆愈。

清河王经去官还家，辂与相见。经曰：“近有一怪，大不喜之，欲烦作卦。”卦成，辂曰：“爻吉，不为怪也。君夜在堂户前，有一流光如燕爵者，入君怀中，殷殷有声，内神不安，解衣彷徉，招呼妇人，觅索余光。”经大笑曰：“实如君言。”辂曰：“吉，迁官之征也，其应行至。”顷之，经为江夏太守。

辂又至郭恩家，有飞鸠来在梁头，鸣甚悲。辂曰：“当有老公从东方来，携豚一头，

男孩，一下地便走进灶里死了。又床上会有一条大蛇，口中衔笔，小孩大人都一起看到，一会儿，蛇就走了。又有乌鸦来到屋里，和燕子打架，燕子死而乌鸦走了。郡中有这三件怪事。”王基大惊，问管辂吉凶如何。管辂说：“不碍事，只是房子老旧，魑魅魍魉作怪而已。小孩一生下来就会走路，并不是他自己会走的，只是古代的宋无忌这妖怪带他进灶而已。大蛇口中衔笔，那只是个老文书员而已。乌鸦和燕子打架，只是公府的老传达而已。现在卦中只见此现象，而不见凶，可以知道并非妖怪作祟的征兆，不必担心。”后来王基也没有遭到祸患。

有一回信都县（今河北省冀县）县令家中妇女都很惊恐，因为家中妇女都轮番生病，于是让管辂卜筮。管辂说：“你家北屋的西面，有两个已死的男子，一个手中持矛，一个持弓箭，头在墙内，脚在墙外，持矛的专门刺别人的头，所以头痛得抬不起来。持弓箭的专门射胸腹，所以心中痛得吃喝不下。白天这二人在外飘荡，晚上就来害人，所以使妇女惊恐不已。”于是把北屋西边墙下的骸骨都挖走，家人的病也都不药而愈。

清河人王经辞官回家，管辂与他见了面。王经说：“最近有件怪事，心里老犯嘀咕，想烦你卜个卦。”卦卜完后，管辂说：“爻吉，不是妖怪作祟。你晚上在厅堂前，突然有一道流光，好像燕雀，跑进你怀里，嘤嘤有声，你心神不安，解开衣服走来走去，又叫你太太一起去找这流光。”王经大笑说：“的确如此。”管辂说：“吉！这是升官的征兆，马上就要应验了。”不久，王经为江夏太守。

管辂又到郭恩家里，有只鸠鸟飞到屋梁上，叫得很悲伤。管辂说：“应有老先生从东

酒一壶。主人虽喜，当有小故。”明日果有客，如所占。恩使客节酒、戒肉、慎火，而射鸡作食，箭从树间激中数岁女子手，流血惊怖。

辂至安德令刘长仁家，有鸣鹊来在阁屋上，其声甚急。辂曰：“鹊言东北有妇昨杀夫，牵引西家人夫离娄，候不过日在虞渊之际，告者至矣。”到时，果有东北同伍民来告，邻妇手杀其夫。诈言西家人与夫有嫌，来杀我婿。

辂至列人典农王弘直许，有飘风高三尺余，从申上来，在庭中幢幢回转，息以复起，良久乃止。直以问辂，辂曰：“东方当有马吏至，恐父哭子，如何！”明日胶东吏到，直子果亡。直问其故，辂曰：“其日乙卯，则长子之候也。木落于申，斗建申，申破寅，死丧之候也。日加午而风发，则马之候也。离为文章，则吏之候也。申未为虎，虎为大人，则父之候也。”有雄雉飞来，登直内铃柱头，直大以不安，令辂作卦，辂曰：“到五月必迁。”时三月也，至期，直果为勃海太守。

馆陶令诸葛原迁新兴太守，辂往祖饯之，宾客并会。原自起取燕卵、蜂窠、鼅鼄著器中，使射覆。卦成，辂曰：“第一物，含气须变，依乎宇堂，雄雌以形，翅翼舒张，此燕卵

方来，带了一头小猪，一壶酒。你虽然很高兴，但会发生小差错。”第二天，果然如管辂所说，有客人来。郭恩请客人少喝点酒，不要吃肉，小心火烛，郭恩就去射鸡（一作鸠）佐餐，箭从树木间弹出来，射中小女孩的手，这小女孩才几岁而已，一看流血，吓得要命。

管辂有一次到安德县（今山东省陵县）县令刘长仁家中，有喜鹊飞到屋上悲鸣，声音急切。管辂说：“喜鹊说，昨天东北方有一妇人杀了丈夫，而诬陷西邻人的丈夫离娄是凶手，太阳下山以前，申告的人就会到这里。”到时候，果然东北方有同伍的百姓来申告，说邻居妇人杀了丈夫，却使诈诬告西邻的人与他丈夫有仇，杀了他的丈夫。

管辂到列人县（今河北肥乡县东北）典农王弘直家，突然有风，在三尺多高处，从申的方位（西北方）吹来，在庭院旋转成一团，稍停又转，良久才止。王弘直问管辂这是怎么回事，管辂说：“东方有小吏乘马来报信，恐怕是父亲要为儿子哭丧，你看怎么样！”第二天，胶东（今山东平度县）吏到，王弘直的儿子果然死了。王弘直就问管辂原因，管辂说：“昨天乙卯日，卯在东方，在卦中属震，震是长子的象征。树叶在申位飘落，北斗斗柄所指的时辰又在申，申与寅对冲，这是死亡的象征。午时起风，午在十二生肖中属马，是马的象征。离为火，代表炳耀的文章，这是吏员的象征。坤为虎，在西南方的申未之间，虎代表大人，是父亲的象征。”又有雄雉飞来，站在王弘直家中的内铃柱头，他心中大感不安，就请管辂卜个卦，管辂说：“到五月你一定可以升官。”管辂说这话时是三月，到了五月，王弘直果然升为勃海太守。

馆陶县（今山东馆陶县西南）县令诸葛原升迁为新兴太守，管辂前往送别，宾客聚集在一起。诸葛原亲自拿了燕卵、蜂窠和蜘蛛放在容器里，便让管辂卜卦，看看里面装些什

也。第二物，家室倒悬，门户众多，藏精育毒，得秋乃化，此蜂窠也。第三物，觳觫长足，吐丝成罗，寻网求食，利在昏夜，此鼅鼄也。”举坐惊喜。

辂族兄孝国，居在斥丘，辂往从之，与二客会。客去后，辂谓孝国曰：“此二人天庭及口耳之间同有凶气，异变俱起，双魂无宅，流魂于海，骨归于家，少许时当并死也。”复数十日，二人饮酒醉，夜共载车，牛惊下道入漳河中，皆即溺死也。

当此之时，辂之邻里，外户不闭，无相偷窃者。清河太守华表，召辂为文学掾。安平赵孔曜荐辂于冀州刺史裴徽曰：“辂雅性宽大，与世无忌，仰观天文则同妙甘公、石申，俯览《周易》则齐思季主。今明使君方垂神幽薮，留精九皋，辂宜蒙阴和之应，得及羽仪之时。”徽于是辟为文学从事，引与相见，大善友之。徙部钜鹿，迁治中别驾。

初应州召，与弟季儒共载，至武城西，自卦吉凶，语儒云：“当在故城中见三狸，尔者乃显。”前到河西故城角，正见三狸共踞城侧，兄弟并喜。正始九年举秀才。

十二月二十八日，吏部尚书何晏请之，邓飏在晏许。晏谓辂曰：“闻君著爻神妙，试

么，卦卜完后，管辂说：“第一样东西，含气等待变化，托身在屋宇下，由雌雄结合才能成形，翅膀可以舒张，这是燕卵。第二样东西，房屋倒挂，门户众多，里面有精华，也有毒物，到秋天才变化，这是蜂窠。第三样东西，颤动长脚，吐丝成网，在网中寻找食物，最有利的时刻在夜晚，这是蜘蛛。”在座宾客听后，又惊又喜。

管辂家族中的一位兄长，名叫管孝国，住在斥丘（今河北成安县东南），管辂去他家，正巧遇见孝国的两位客人，客人走后，管辂对孝国说：“这两人的额头和脸颊都有凶气，将同时遭遇突然的变故，而死无葬身之地，阴魂流荡海上，骨骸归葬家中，过不了多久，这二人会同时亡故。”过了几十天，这二人酒醉，夜晚同坐一辆牛车，牛受惊吓摔进漳河水中，二人一起溺毙。

当时，管辂邻里的人外出，都不必关闭门户，没人偷窃。清河郡太守华表召管辂为文学掾。安平人赵孔曜向冀州刺史裴徽推荐管辂，说：“管辂性情，宽弘大量，所以与他人之间毫无忌讳，仰观天文，其学问奥妙与战国的甘公、石申相同；流览《周易》，其思虑深远，与司马季主无别。方今先生正留意幽邈而玄远的知识，管辂应可作为楷模。”裴徽于是召请管辂为文学从事，并接见他，两人非常友好。裴徽巡行到钜鹿郡，改任管辂为治中别驾。

当初，管辂赴州刺史召请，与弟弟管季儒同车共行，到武城（今河北磁县西南）西，自己卜卦推求吉凶，告诉季儒说：“在旧城里应会看到三只野猫，日后你们就会成名显贵。”他们走到黄河西岸，在旧城墙角，正好看见三只野猫蹲在那儿，兄弟两人，乐成一团。齐王芳正始九年（公元248年）管辂就被荐举为秀才。

正始九年十二月二十八日，吏部尚书何晏邀请管辂，邓飏也在座上。何晏对管辂说：

卜《周易》管辂知机，选自清刊本《三国演义》。据《三国演义》，管辂闲游见赵颜，言其眉间有死气，三日必死。赵颜父求告祈救方法，管辂见其父子情切，指点赵颜到南山找仙人求寿。图中下棋者为南斗和北斗仙人，赵颜跪进酒及鹿脯。

为作一卦，知位当至三公不？”又问：“连梦见青蝇数十头，来在鼻上，驱之不肯去，有何意故？”辂曰：“夫飞鸮，天下贱鸟，及其在林食椹，则怀我好音，况辂心非草木，敢不尽忠？昔元、凯之弼重华，宣惠慈和，周公之翼成王，坐而待旦，故能流光六合，万国咸宁。此乃履道休应，非卜筮之所明也。今君侯位重山岳，势若雷电，而怀德者鲜，畏威者众，殆非小心翼翼多福之仁。又鼻者艮，此天中之山，高而不危，所以长守贵也。今青蝇臭恶，而集之焉。位峻者颠，轻豪者亡，不可不思害盈之数，盛衰之期。是故山在地中曰谦，雷在天上曰壮；谦则裒多益寡，壮则非礼不履。未有损己而不光大，行非而不伤败。愿君侯上追文王六爻之旨，下思尼父彖象之义，然后三公

“听说你排蓍草以断爻辞，极为神妙。请替我卜个卦，看能不能当上三公。”何晏接着又问：“我一连好几次梦见几十只青蝇飞到鼻上，赶也赶不走，这是什么意思？”管辂说：“飞鸮，是贱鸟，声音难听，但此鸟一在林间吃桑椹，鸣叫的声音就很美（管辂以飞鸮自喻）。何况我心非草木，敢不尽忠竭诚地说出真心话？从前八元、八凯辅弼虞舜，普宣慈惠，周公佐助成王，日夜辛勤，所以光辉遍布宇内，万国安宁无事。这是实践道德的良好结果，并非透过卜筮所能预知的。现在先生的地位威重有如山岳，先生的权势显赫一似雷电，而蒙受先生德惠的人少，畏惧先生威势的人多，这不是小心翼翼，以求多福的仁行。再者，鼻子在八卦中属艮，艮为上天下山，地位虽高，并不危险，所以能长守富贵。现在，青蝇是恶臭的虫，却聚集在鼻梁上。地位太高，就会陨坠，轻率豪奢，将会消亡，因此，不能不想想盈则亏，盛则衰的道理。所以《易经》里山在地中叫谦，雷在天上叫壮；谦就应损有余以补不足，壮就应非礼不行。从来没有持谦损己而不广大，为非作歹而不失败的事。但愿先生追念文王在《易经》中所设六爻的大旨，思考孔子所作彖辞象辞的意义，然后能否登上三公的高位就可决定，而青蝇也能驱逐了。”邓飏听了，不屑地说：

可决，青蝇可驱也。”飏曰：“此老生之常谭。”辂答曰：“夫老生者见不生，常谭者见不谭。”晏曰：“过岁更当相见。”辂还邑舍，具以此言语舅氏，舅氏责辂言太切至。辂曰：“与死人语，何所畏邪？”舅大怒，谓辂狂悖。岁朝，西北大风，尘埃蔽天，十余日，闻晏、飏皆诛，然后舅氏乃服。

始辂过魏郡太守钟毓，共论《易》义。辂因言“卜可知君生死之日”。毓使筮其生日月，如言无蹉跌。毓大愕然，曰：“君可畏也。死以付天，不以付君。”遂不复筮。毓问辂：“天下当太平否？”辂曰：“方今四九天飞，利见大人，神武升建，王道文明，何忧不平？”毓未解辂言，无几，曹爽等诛，乃觉寤云。

平原太守刘邠取印囊及山鸡毛著器中，使筮。辂曰：“内方外圆，五色成文，含宝守信，出则有章，此印囊也。高岳岩岩，有鸟朱身，羽翼玄黄，鸣不失晨，此山鸡毛也。”邠曰：“此郡官舍，连有变怪，使人恐怖，其理何由？”辂曰：“或因汉末之乱，兵马扰攘，军尸流血，污染丘山，故因昏夕，多有怪形也。明府道德高妙，自天祐之，愿安百禄，以光休宠。”

清河令徐季龙使人行猎，令辂筮其所得。辂曰：“当获小兽，复非食禽，虽有爪牙，

“哼！这不过是老生常谈。”管辂回他一句：“老生可以看到未生的事，常谈可以预见未谈的事。”何晏立即打圆场，说：“管辂，过一年我们再见吧！”管辂回到平原县家中，把经过情形跟舅舅说了一遍，他的舅舅责备管辂，说他话讲得太重了。管辂说：“和死人讲话，还怕什么？”管辂的舅舅大怒，骂他狂妄。次年正月，西北刮大风，尘埃满天，过了十几日，听说何晏、邓飏都被诛杀，自此以后，管辂的舅舅才佩服他。

当初，管辂过访魏郡太守钟毓，两人一起讨论《易经》的义理，管辂顺便提到“用卜筮可以知道他生和死的日子”。钟毓就让他卜生日，果然一点都不差。钟毓大为惊愕，说：“你真厉害。不过我要把死日交付上天，不交给你。”于是不再卜死亡的日期。钟毓问管辂说：“天下会太平吗？”管辂说：“目前正是乾卦所谓四九，飞龙在天，利见大人的时刻，神武建国，王道彰明，何必担心不太平呢？”钟毓不懂管辂的含意，没多久，曹爽等人被诛杀，才会过意来。

平原郡太守刘邠拿了印囊和山鸡毛放在容器中，请管辂卜筮。管辂说：“中间方形，周围圆形，有五色构成文彩，内含珍宝而能守信，取出则为印章，这是印囊。如山岳般高峻，此鸟全身朱红，而羽毛玄黄，每天清晨鸣啼，绝不误时，这是山鸡毛。”刘邠说：“此郡官邸连着好几次发生怪事，真叫人恐怖，这是什么道理？”管辂说：“大概是汉末大乱，战争纷扰，尸体满野，血染山丘，因此在早晚常有怪形出现。先生道德纯美，上天自然会保佑你，愿先生安于禄位，以增广福祉。”

清河县县令徐季龙派人去打猎，而叫管辂卜筮，看能捕获什么动物。管辂说：“能捕

微而不强，虽有文章，蔚而不明，非虎非雉，其名曰狸。”猎人暮归，果如辂言。季龙取十三种物，著大篋中，使辂射。云：“器中藉藉有十三种物。”先说鸡子，后道蚕蛹。遂一一名之，惟以梳为枇耳。

辂随军西行，过毌丘俭墓下，倚树哀吟，精神不乐。人问其故，辂曰：“林木虽茂，无形可久；碑诔虽美，无后可守。玄武藏头，苍龙无足，白虎衔尸，朱雀悲哭，四危以备，法当灭族。不过二载，其应至矣。”卒如其言。后得休，过清河倪太守。时天旱，倪问辂雨期，辂曰：“今夕当雨。”是日旸燥，昼无形似，府丞及令在坐，咸谓不然。到鼓一中，星月皆没，风云并起，竟成快雨。于是倪盛修主人礼，共为欢乐。

正元二年，弟辰谓辂曰：“大将军待君意厚，冀当富贵乎？”辂长叹曰：“吾自知有分直耳，然天与我才明，不与我年寿，恐四十七八间，不见女嫁儿娶妇也。若得免此，欲作洛阳令，可使路不拾遗，枹鼓不鸣。但恐至太山治鬼，不得治生人，如何！”辰问其故，辂曰：“吾额上无生骨，眼中无守精，鼻无梁柱，脚无天根，背无三甲，腹无三壬，此皆不寿之验。又吾本命在寅，加月食夜生，天有常数，不可得讳，但人不知耳。吾前后相当死

得小兽，不是飞禽，虽有爪牙，但不锐利，虽有毛纹，但不鲜明，不是老虎，也不是野鸡，这只小兽叫狐狸。”猎人傍晚回来，果然如管辂所说，捕得狐狸。徐季龙又拿了十三种东西放在大箱子里，让管辂卜筮，看看里面究竟是什么。管辂说：“里面零零散散地放了十三种东西。”于是依次先说小鸡，接着说蚕蛹，而后依次一一说出，只有把梳子说成枇杷。

管辂曾随军西征，经过毌丘俭父亲的坟墓时（依用寿昌的意见，增“父”字）靠着树干哀叹，闷闷不乐。别人问他何以如此长吁短叹，管辂说：“林木虽然茂盛，却保持不了多久，碑诔虽然写得很美，却无后代可以持守。玄武（北方）藏头，苍龙（东方）无足，白虎（西方）含尸，朱雀（南方）悲哭，四面艰危的位置都具备了，依此看来，毌家将灭族。不出两年，即可应验。”毌丘俭的下场果然应了管辂的话。后来管辂休假，经过清河郡倪太守那儿。当时正干旱，倪太守就问管辂何时会下雨，管辂说：“今晚下雨。”这一天燥热得很，白天一点下雨的迹象都没有，府丞和县令在座，都不以为然。到晚上打一更鼓时，星月隐没，风云并起，竟然下大雨。于是倪太守盛备主人礼款待管辂，高高兴兴的聚了一场。

高贵乡公正元二年（公元255年），管辂弟弟管辰对他说：“大将军司马昭待你很好，你是希望得富贵吗？”管辂长叹一声，说：“我了解自己的分量，上天给我英明的才华，却不给我长寿，恐怕只能活到四十七八岁而已，既看不到女儿出嫁，也看不到儿子娶媳妇。如果能过四十七八岁，便可当洛阳县县令，我可使路不拾遗，民无讼案。但是，恐怕要到太山下去治理鬼魂，而无法治理生人了。唉！这又有什么办法呢！”管辰问他什么原因，管辂说：“我的额头没有骨，不饱满，眼中无精，神采涣散，鼻梁无柱，太蹋了，脚无天根，背无三甲，腹无三壬，这些都不是长命的征兆。再者，我本命在寅，又是晚上月蚀时

者过百人，略无错也。”是岁八月，为少府丞。明年二月卒，年四十八。

评曰：华佗之医诊，杜夔之声乐，朱建平之相术，周宣之相梦，管辂之术筮，诚皆玄妙之殊巧，非常之绝技矣。昔史迁著扁鹊、仓公、日者之传，所以广异闻而表奇事也。故存录云尔。

出生。天有定数，逃不掉的，只是一般人不晓得而已。我前后相过百来个应死的人，大致都没错。”这年二月，管辂为少府丞，次年二月故世，死时四十八岁。

陈寿评论说：华佗的医学，杜夔的音乐，朱建平的相术，周宣的解梦，管辂的卜筮，的确是玄妙而神巧无比的绝技。汉代司马迁写扁鹊、仓公和日者的传记，目的在广搜异闻，彰表奇事，所以本书也记载此类人物。

三国志卷三十

乌丸鲜卑东夷传第三十

王金凌 译

《书》载“蛮夷猾夏”，《诗》称“猃狁孔炽”，久矣其为中国患也。秦、汉以来，匈奴久为边害。孝武虽外事四夷，东平两越、朝鲜，西讨贰师、大宛，开邛苲、夜郎之道，然皆在荒服之外，不能为中国轻重。而匈奴最逼于诸夏，胡骑南侵则三边受敌，是以屡遣卫、霍之将，深入北伐，穷追单于，夺其饶衍之地。后遂保塞称藩，世以衰弱。建安中，呼厨泉南单于入朝，遂留内侍，使右贤王抚其国，而匈奴折节，过于汉旧。然乌丸、鲜卑稍更强盛，亦因汉末之乱，中国多事，不遑外讨，故得擅漠南之地，寇暴城邑，杀略人民，北边仍受其困。会袁绍兼河北，乃抚有三郡乌丸，宠其名王而收其精骑。其后尚、熙又逃于蹋顿。蹋顿又骁武，边长老皆比之冒顿，恃其阻远，敢受亡命，以雄百蛮。太祖潜师北伐，出其不意，一战而定之，夷狄慑服，威振朔土。遂引乌丸之众服从征讨，而边民得用安

《尚书·舜典》曾记载“蛮夷扰乱中国”，《诗经·小雅》也说“猃狁侵袭华夏，非常剧烈”，长久以来，蛮族成为中国的祸患。秦汉以后，匈奴一直危害边塞。汉武帝虽然对外征伐四夷，东平南越、东越和朝鲜，西讨贰师、大宛，开辟通往邛笮、夜郎的道路，但这些外族都在偏远的荒野之外，对中国并没有多大影响。而匈奴最接近中国，胡人骑兵南侵，则中国三面受敌，所以屡次派遣卫青、霍去病北伐，深入大漠，穷追单于，夺取匈奴丰饶广大的土地。然后匈奴才退保塞外，称臣而为藩国，匈奴这才一代代衰弱下去。建安年间（汉献帝年号自公元190—220年），呼厨泉南单于入朝汉廷，于是将他留下，做为内侍，指派右贤王治理匈奴国，于是匈奴比在汉朝时更加驯服。然而乌丸、鲜卑代之而起，逐渐强盛，也因为汉末衰乱，中国纷扰不安，无暇讨伐，所以乌丸、鲜卑能横行漠南，侵略城镇、杀戮人民，北方边境仍受他们困扰。正巧袁绍兼领河北，于是安抚住在三郡（辽西、上谷、右北平，另一说法是渔阳、右北平、雁门）的乌丸人，笼络乌丸国王而笼络其精锐的骑兵。后来，袁尚、袁熙逃到蹋顿那儿。蹋顿骁猛勇武，边塞老人都将他比拟为汉朝的冒顿，蹋顿仗恃路远阻绝，所以敢收纳亡命之徒，在蛮族间称雄。曹操率军奇袭，出其不意，一战而将其平定，夷狄畏惧臣服，中国声威因而远振北方。于是乌丸率众服从中国，而边塞百

胡汉战争，汉画像石，山东嘉祥五老洼。

息。后鲜卑大人轲比能复制御群狄，尽收匈奴故地，自云中、五原以东抵辽水，皆为鲜卑庭。数犯塞寇边，幽、并苦之。田豫有马城之围，毕轨有陉北之败。青龙中，帝乃听王雄，遣剑客刺之。然后种落离散，互相侵伐，强者远遁，弱者请服。由是边陲差安，漠南少事，虽时颇钞盗，不能复相扇动矣。乌丸、鲜卑即古所谓东胡也。其习俗、前事，撰汉记者已录而载之矣。故但举汉末魏初以来，以备四夷之变云。

汉末，辽西乌丸大人丘力居，众五千余落，上谷乌丸大人难楼，众九千余落，各称王，而辽东属国乌丸大人苏仆延，众千余落，自称峭王，右北平乌丸大人乌延。众八百余落，自称汗鲁王，皆有计策勇健。中山太守张纯叛入丘力居众中，自号弥天安定王，为三

姓得以休息而免受乌丸攻击。后来，鲜卑大人轲比能又统御各蛮族，拥有匈奴以前所占领的土地，从云中、五原以东到辽水，都成为鲜卑的领域。鲜卑屡次侵犯边塞，幽州、并州二地大为苦恼。田豫被围困于马城，毕轨曾败于陉北（今河北省井陉县北）。青龙年间（魏明帝年号自公元233年—236年），皇帝听王雄的计谋，派剑客刺杀轲比能。从此，蛮夷各种族部落分离，互相攻打，强劲的部落远逃，衰弱的部落请求臣服。自此，边塞逐渐安定，漠南稍微无事，虽然偶有侵盗劫掠，蛮族间再也无法互相煽动了。乌丸、鲜卑就是古代所说的东胡。他们的习俗来源，撰写汉代史实的人已有记载。所以只举汉末魏初以来的历史，说明四夷的演变。

汉朝末年，辽西乌丸大人丘力居，有徒众五千多个部落，上谷乌丸大人难楼，有徒众九千多个部落，分别称王，而辽东属国乌丸大人苏仆延，有徒众一千多个部落，自称峭王，右北平乌丸大人乌延，有徒众八百多个部落，自称汗鲁王，都富有计谋而勇武。中山郡太守张纯叛离中国而逃入丘力居徒众中，自号弥天安定王，成为三郡乌丸的元帅，侵犯青、

郡乌丸元帅，寇略青、徐、幽、冀四州，杀略吏民。灵帝末，以刘虞为幽州牧，募胡斩纯首，北州乃定。后丘力居死。子楼班年小，从子蹋顿有武略，代立，总摄三王部，众皆从其教令。袁绍与公孙瓒连战不决，蹋顿遣使诣绍求和亲，助绍击瓒，破之。绍矫制赐蹋顿、峭王、汗鲁王印绶，皆以为单于。

后楼班大，峭王率其部众奉楼班为单于，蹋顿为王。然蹋顿多画计策。广阳阎柔，少没乌丸、鲜卑中，为其种所归信。柔乃因鲜卑众，杀乌丸校尉邢举代之，绍因宠慰以安北边。后袁尚败奔蹋顿，凭其势，复图冀州。会太祖平河北，柔帅鲜卑、乌丸归附，遂因以柔为校尉，犹持汉使节，治广甯如旧。建安十一年，太祖自征蹋顿于柳城，潜军诡道，未至百余里，虏乃觉。尚与蹋顿将众逆战于凡城，兵马甚盛。太祖登高望虏陈，抑军未进，观其小动，乃击破其众，临陈斩蹋顿首，死者被野。速附丸、楼班、乌延等走辽东，辽东悉斩，传送其首。其余遗迸皆降。及幽州、并州柔所统乌丸万余落，悉徙其族居中国，帅从其侯王大人种众与征伐。由是三郡乌丸为天下名骑。

徐、幽、冀四州，抢杀官吏百姓。汉灵帝末年，任刘虞为幽州牧，刘虞招募胡人斩张纯首级，北方各州才安定下来。后来丘力居死了，他的儿子楼班年幼，侄儿蹋顿富有军事谋略，代楼班为王，总领乌丸的三个王部，大家都服从他的命令。袁绍和公孙瓒打了好几次仗，未分胜负，蹋顿派遣使者到袁绍处请求和亲，协助袁绍攻打公孙瓒，于是公孙瓒兵败。袁绍伪造皇帝的命令，赐蹋顿、峭王、汗鲁王印章、大绶，任他们三人为单于。

后来，楼班长大了，峭王率领他的部属尊奉楼班为单于，而以蹋顿为王。然而蹋顿计谋多。广阳（郡治在今北京市宣武区）人阎柔，少年时即与乌丸、鲜卑人生活在一起，为他们所信服。于是阎柔假鲜卑人之手杀了乌丸校尉邢举，取而代之，袁绍就抚慰阎柔，以安定北方边境。后来，袁尚兵败，逃归蹋顿，想凭借蹋顿的力量，恢复冀州。正遇曹操平定黄河以北的地区，阎柔就率领乌丸、鲜卑归附，曹操于是任阎柔为校尉，仍然持汉朝的使节杖，治理广甯（今河北省张家口市）。建安十一年（公元206年）曹操亲自往柳城征伐蹋顿，军行暗道，离柳城一百多里，乌丸才发觉。于是，袁尚和蹋顿率军迎战于凡城（今河北平泉市东南），兵马壮盛。曹操登高观察敌人的阵势后，按兵不动，一看蹋顿的军队略有移动，立即攻击，打败乌丸，在阵前斩了蹋顿，死亡的乌丸兵士，满山满野。速附丸（即苏仆延，《武帝纪》作速仆丸）、楼班、乌延等人逃往辽东，辽东方面斩杀此数人，将其首级传送到曹军。其余的败军也都投降了。这些投降的部队和在幽州、并州境内阎柔所统率的乌丸人一万多个部落，通通内迁到中国，他们跟随侯王大人受中国节制，参加征战。从此三郡的乌丸士卒成为天下最有名的骑兵。

鲜卑步度根既立，众稍衰弱。中兄扶罗韩亦别拥众数万为大人。建安中，太祖定幽州，步度根与轲比能等因乌丸校尉阎柔上贡献。后代郡乌丸能臣氐等叛，求属扶罗韩，扶罗韩将万余骑迎之。到桑乾，氐等议，以为扶罗韩部威禁宽缓，恐不见济。更遣人呼轲比能。比能即将万余骑到，当共盟誓。比能便于会上杀扶罗韩，扶罗韩子泄归泥及部众悉属比能。比能自以杀归泥父，特又善遇之。步度根由是怨比能。文帝践阼，田豫为乌丸校尉，持节并护鲜卑，屯昌平。步度根遣使献马，帝拜为王。后数与轲比能更相攻击，步度根部众稍寡弱，将其众万余落保太原、雁门郡。步度根乃使人招呼泄归泥曰："汝父为比能所杀，不念报仇，反属怨家。今虽厚待汝，是欲杀汝计也。不如还我，我与汝是骨肉至亲，岂与仇等？"由是归泥将其部落逃归步度根，比能追之弗及。至黄初五年，步度根诣阙贡献，厚加赏赐，是后一心守边，不为寇害，而轲比能众遂强盛。明帝即位，务欲绥和戎狄，以息征伐，羁縻两部而已。至青龙元年，比能诱步度根深结和亲，于是步度根将泄归泥及部众悉保比能，寇钞并州，杀略吏民。帝遣骁骑将军秦朗征之，归泥叛比能，将其部众降，拜归义王，赐幢麾、曲盖、鼓吹，居并州如故。步度根为比能所杀。

鲜卑步度根自立为大人后，所统率的部族稍衰弱，他的表哥扶罗韩也另有徒众数万人，自命大人。建安年间，曹操平定幽州，步度根和轲比能等人经由乌丸校尉阎柔呈上贡品。后来代郡乌丸能臣氐等人叛乱，请求归属扶罗韩，扶罗韩率一万多名骑兵迎接。到了桑乾（今河北省阳原县东七十里），能臣氐等人商议，认为扶罗韩的部落法禁太松弛，恐怕无法从扶罗韩处得到多大帮助，于是另外派人去请轲比能。轲比能就率一万多名骑兵前来，要共同盟誓。轲比能就在会盟进行的时候杀了扶罗韩，扶罗韩的儿子泄归泥和他的部众因此全归轲比能。轲比能心想已杀了泄归泥的父亲，于是特别善待泄归泥。步度根也因而怨恨轲比能。文帝曹丕即位时（公元 220 年），田豫为乌丸校尉，持节监守鲜卑，屯驻昌平。步度根派遣使者进献马匹，文帝封他为王。后来屡次与轲比能互相攻击，步度根的部队略少而弱，于是率领一万多个部落退保太原及雁门郡。步度根派人告诉泄归泥说："你的父亲被轲比能杀害，而你竟不想报仇，反而归顺仇家。现在他虽然善待你，其实是一条要杀你的计策。不如到我这儿，我与你是骨肉至亲，难道会和轲比能一样谋害你？"于是，泄归泥率众逃向步度根处，轲比能闻讯追赶，却没追上。到了黄初五年（公元 224 年）步度根到朝廷进贡，皇帝赏赐甚多，从此一心一意防守边境，不再侵扰，而轲比能的部众也日益强大。明帝曹叡即位后（公元 227 年），全力安抚戎狄，以便消弭征战，所以只笼络他们而已。到了青龙元年（公元 233 年），轲比能引诱步度根结为亲家，于是步度根率泄归泥与部属一起保卫轲比能，又劫掠并州，杀害官吏百姓。明帝派遣骁骑将军秦朗征讨，泄归泥就叛离轲比能，率部众投降，封为归义王，蒙赐旌旗、仪仗及鼓吹乐队，并与以前一样住在并州。这时，步度根为轲比能所杀。

轲比能本小种鲜卑，以勇健，断法平端，不贪财物，众推以为大人。部落近塞，自袁绍据河北，中国人多亡叛归之，教作兵器铠楯，颇学文字。故其勒御部众，拟则中国，出入弋猎，建立旌麾，以鼓节为进退。建安中，因阎柔上贡献。太祖西征关中，田银反河间，比能将三千余骑随柔击破银。后代郡乌丸反，比能复助为寇害，太祖以鄢陵侯彰为骁骑将军，北征，大破之。比能走出塞，后复通贡献。延康初，比能遣使献马，文帝亦立比能为附义王。黄初二年，比能出诸魏人在鲜卑者五百余家，还居代郡。明年，比能帅部落大人小子代郡乌丸修武卢等三千余骑，驱牛马七万余口交市，遣魏人千余家居上谷。后与东部鲜卑大人素利及步度根三部争斗，更相攻击。田豫和合，使不得相侵。五年，比能复击素利，豫帅轻骑径进掎其后。比能使别小帅琐奴拒豫，豫进讨，破走之，由是怀贰。乃与辅国将军鲜于辅书曰："夷狄不识文字，故校尉阎柔保我于天子。我与素利为仇，往年攻击之，而田校尉助素利。我临陈使琐奴往，闻使君来，即便引军退。步度根数数钞盗，又杀我弟，而诬我以钞盗。我夷狄虽不知礼义，兄弟子孙受天子印绶，牛马尚知美水草，况我有人心邪！将军当保明我于天子。"辅得书以闻，帝复使豫招纳安慰。比能众遂强盛，控弦十余万骑。每钞略得财物，均平分付，一决目前，终无所私，故得众死力，余部大人皆敬

轲比能本是小种鲜卑，由于勇健，持法公平，不贪财物，所以被大家推举为大人。他的部落接近中国边塞，自从袁绍盘据黄河以北，有许多中国人逃亡到他那儿，教他做兵器、铠甲及盾牌，也稍微学些文字。所以轲比能统御部属的方法都模仿中国，四出巡行，建立旗帜，以击鼓为进退的信号。建安年间，经由阎柔进贡物品。曹操西征关中时，田银叛乱于河间，轲比能率领三千多名骑队跟着阎柔击败田银。后来住在代郡的乌丸反叛，轲比能又协助他们一起劫掠，曹操命鄢陵侯曹彰为骁骑将军，北征，大败乌丸及轲比能。轲比能逃到塞外，后来又向中国进贡。延康初年（汉献帝年号，公元 220 年），轲比能派遣使者献马，文帝曹丕也封轲比能为附义王。黄初二年（公元 221 年），轲比能交出在鲜卑的魏人五百多家，叫他们回代郡住。第二年，他率领了各部落的大人小子及代郡的乌丸修武卢等三千多名骑兵，赶着七万多头牛马来作买卖，并遣送一千多家魏人住到上谷。后来轲比能、东部鲜卑大人素利和步度根争斗，互相攻伐。田豫居中调停，叫他们不得相侵。黄初五年（公元 224 年）轲比能又攻击素利，田豫率领轻装骑兵抄小路进攻，牵制轲比能后面的部队。轲比能派别小帅琐奴抗拒田豫，田豫进击，琐奴败走，从此，轲比能怀有叛离的念头。于是写信给辅国将军鲜于辅说："夷狄不懂文字，所以校尉阎柔在天子面前保荐我。我和素利结仇，去年又攻击他，而田校尉（豫）竟然帮助素利。我临阵派琐奴前往，听说田豫来，立即撤退军队。步度根屡次劫掠，又杀了我弟弟，反而诬陷我劫掠。我们夷狄虽不懂什么礼义，但兄弟子孙都蒙受天子所赐的印绶，牛马尚知甘美的水草，何况我有人心呢！将军应当在天子前保证我的清白。"鲜于辅接信后，呈报文帝，文帝再派田豫前往招纳安慰。轲

惮之，然犹未能及檀石槐也。

太和二年，豫遣译夏舍诣比能女婿郁筑鞬部，舍为鞬所杀。其秋，豫将西部鲜卑蒲头、泄归泥出塞讨郁筑鞬，大破之。还至马城，比能自将三万骑围豫七日。上谷太守阎志，柔之弟也，素为鲜卑所信。志往解喻，即解围去。后幽州刺史王雄并领校尉，抚以恩信。比能数款塞，诣州奉贡献。至青龙元年，比能诱纳步度根，使叛并州，与结和亲，自勒万骑迎其累重于陉北。并州刺史毕轨遣将军苏尚、董弼等击之，比能遣子将骑与尚等会战于楼烦，临陈害尚、弼。至三年中，雄遣勇士韩龙刺杀比能，更立其弟。

素利、弥加、厥机皆为大人，在辽西、右北平、渔阳塞外，道远初不为边患，然其种众多于比能。建安中，因阎柔上贡献，通市，太祖皆表宠以为王。厥机死，又立其子沙末汗为亲汉王。延康初，又各遣使献马。文帝立素利、弥加为归义王。素利与比能更相攻击。太和二年，素利死。子小，以弟成律归为王，代摄其众。

《书》称“东渐于海，西被于流沙”。其九服之制，可得而言也。然荒域之外，重译而至，非足迹车轨所及，未有知其国俗殊方者也。自虞暨周，西戎有白环之献，东夷有肃慎

比能的部众于是又强盛起来，拥有十多万善射的骑兵。每次劫得财物，平均分配，当场解决，毫无私心，所以部众誓死效忠，其余各部大人都敬畏他，但轲比能还是比不上檀石槐。

明帝太和二年（公元 227 年），田豫派遣翻译人员夏舍到轲比能女婿郁筑鞬的部族，夏舍为郁筑鞬所杀。这年秋天，田豫率领西部鲜卑蒲头和泄归泥出塞讨伐郁筑鞬，大胜。回到马城时，轲比能亲自带领三万名骑兵包围田豫，前后共七天。上谷太守阎志，他是阎柔的弟弟，一向为鲜卑所信服。这时，他前往游说，轲比能才解围而去。后来，幽州刺史王雄，兼任校尉，以恩德与信用安抚轲比能。轲比能屡次请求入塞，到幽州奉上贡品。到了明帝青龙元年（公元 233 年），轲比能引诱步度根，唆使他反叛并州，并与他结为姻亲，亲自带一万骑兵到井陉北方迎接步度根的辎重。并州刺史毕轨派将军苏尚、董弼二人进击，轲比能也派遣儿子率领骑兵于楼烦（今雁门关北）迎战，在阵前杀了苏尚与董弼。到青龙三年，王雄遣勇士韩龙刺杀轲比能，而立他的弟弟为王。

素利、弥加、厥机都是大人，住在辽西、右北平、渔阳等边塞之外，因路途遥远，起初并不构成边患，然而他们的人口较轲比能为多。建安年间，通过阎柔呈上贡品，并来通商，曹操都上表给皇帝，请求封他们为王。厥机死后，又立他的儿子沙末汗为亲汉王。延康初年，他们又分别派遣使者献马。文帝曹丕立素利、弥加为归义王。素利和轲比能互相攻伐。魏明帝太和二年（公元 228 年），素利亡故。儿子年幼，由他的弟弟成律归为王，代理统御整个部族。

《尚书·禹贡》说：“东入于海，西至流沙。”夏代九服的制度，还能考察出来。但是在荒远以外的地方，驿使须辗转才能到达，并非足迹车轨所能至，所以无法了解那些国家的

之贡，皆旷世而至，其遐远也如此。及汉氏遣张骞使西域，穷河源，经历诸国，遂置都护以总领之，然后西域之事具存，故史官得详载焉。魏兴，西域虽不能尽至，其大国龟兹、于寘、康居、乌孙、疏勒、月氏、鄯善、车师之属，无岁不奉朝贡，略如汉氏故事。而公孙渊仍父祖三世有辽东，天子为其绝域，委以海外之事，遂隔断东夷，不得通于诸夏。景初中，大兴师旅，诛渊，又潜军浮海，收乐浪、带方之郡，而后海表谧然，东夷屈服。其后高句丽背叛，又遣偏师致讨，穷追极远，逾乌丸、骨都，过沃沮，践肃慎之庭，东临大海。长老说有异面之人，近日之所出，遂周观诸国，采其法俗，小大区别，各有名号，可得详纪。虽夷狄之邦，而俎豆之象存。中国失礼，求之四夷，犹信。故撰次其国，列其同异，以接前史之所未备焉。

夫馀在长城之北，去玄菟千里。南与高句丽，东与挹娄，西与鲜卑接，北有弱水，方可二千里。户八万。其民土著，有宫室、仓库、牢狱。多山陵、广泽，于东夷之域最平敞。土地宜五谷，不生五果。其人粗大，性强勇谨厚，不寇钞。国有君王，皆以六畜名官，有

风俗。自虞代至周朝这一段岁月，西戎曾进献白环，东夷有肃慎氏呈贡楛矢，都隔了好长的年代才来到中国，他们距离中国是那么的遥远。到了汉代派遣张骞出使西域，深入黄河源头，经过许多国家，于是设置都护，总管这些地方，然后西域的事迹才知道得比较完备，而史官也才能详尽地记载这些事迹。魏朝兴起之后，西域的国家虽不能都来，但其中的大国如龟兹（今新疆库车）、于寘（今新疆和阗）、康居（今哈萨克斯坦）、乌孙（今伊犁河南的特克斯河流域）、疏勒（今喀什噶尔）、月支、鄯善（今甘肃敦煌之西）、车师（今新疆吐鲁番），每年都进贡，大抵和汉朝时的情形一样。而公孙渊承继父亲、祖父，接连三代雄踞辽东，汉天子因为觉得那是一片与中原隔绝的地区，所以把海外的事交付给他，于是东夷就隔绝了，无法与中国沟通。魏明帝景初年间（公元237年—239年），大举出兵，诛杀公孙渊，又暗中渡海，收复乐浪、带方二郡，然后海外才安宁，东夷始屈服。后来高句丽背叛，又派遣部分军队去讨伐，穷追到遥远的地方，越乌丸、骨都山，经沃沮，到肃慎地区，东至大海。老一辈的人说：最近出现过脸孔很怪的人。于是又到各国观察，采集他们的风俗习惯，不论大小事情都有名称，能够详细地记载下来。虽然是夷狄国家，但俎豆之类的礼器都保存着。中国失传的一些古礼，到四夷去考求，依然可信。所以将这些国家依次撰述，列出他们的同异，以承接前代历史尚未完备之处。

夫馀（居今吉林大部、辽宁北部一带）在长城以北，离玄菟千里，南与高句丽，东与挹娄，西与鲜卑接壤，北方有弱水，绕水一周大约二千里。有八万户人家，百姓属土著，有官室、仓库及牢狱。境内有许多山陵，及广大的湖泽，但在东夷地区算是最平敞的了。土地适合种五谷，却不产水果。夫馀人体形粗大，忠厚而勇敢，不劫掠。国内有君王，官

马加、牛加、猪加、狗加、大使、大使者、使者。邑落有豪民，名下户皆为奴仆。诸加别主四出，道大者主数千家，小者数百家。食饮皆用俎豆，会同、拜爵、洗爵，揖让升降。以殷正月祭天，国中大会，连日饮食歌舞，名曰迎鼓，于是时断刑狱，解囚徒。在国衣尚白，白布大袂，袍、裤，履革鞜。出国则尚缯绣锦罽，大人加狐狸、狖白、黑貂之裘，以金银饰帽。译人传辞，皆跪，手据地窃语。用刑严急，杀人者死，没其家人为奴婢。窃盗一责十二。男女淫，妇人妒，皆杀之。尤憎妒，已杀，尸之国南山上，至腐烂。女家欲得，输牛马乃与之。兄死妻嫂，与匈奴同俗。其国善养牲，出名马、赤玉、貂狖、美珠。珠大者如酸枣。以弓矢刀矛为兵，家家自有铠仗。国之耆老自说古之亡人。作城栅皆员，有似牢狱。行道昼夜无老幼皆歌，通日声不绝。有军事亦祭天，杀牛观蹄以占吉凶，蹄解者为凶，合者为吉。有敌，诸加自战，下户俱担粮饮食之。其死，夏月皆用冰。杀人殉葬。多者百数。厚葬，有椁无棺。

夫馀本属玄菟。汉末，公孙度雄张海东，威服外夷，夫馀王尉仇台更属辽东。时句丽、鲜卑强，度以夫馀在二虏之间，妻以宗女。尉仇台死，简位居立。无適子，有孽子麻余。位居死，诸加共立麻余。牛加兄子名位居，为大使，轻财善施，国人附之，岁岁遣使

员都是以六畜命名，有马加、牛加、猪加、狗加、大使、大使者、使者。村落有豪富，在豪富名下的民家都是奴仆。诸加另外在各地主持事务，行政区域叫“道”，大道要管数千家，小道管数百家。饮食都用俎豆，会同、拜爵、洗爵，都有揖让升降的礼节。在殷历的正月祭天，国内大聚，一连好几天饮酒歌舞，称为迎鼓，这时也判决刑狱，或释放囚犯。夫馀人在国内衣着崇尚白色，穿白袍、白袴，有白布大袖，鞋子用皮革作的。若出国则崇尚缯绣锦罽，大官则另加狐狸、白猨、黑貂制的皮裘，而用金银装饰帽子。翻译人员传话时，跪着，手按地轻声地说话。夫馀的刑罚很严苛，杀人犯处死刑，并将其家人没收为奴婢。窃盗要赔偿赃物价值十二倍的东西。男女淫奔，妇人嫉妒，都要诛杀。尤其憎恶嫉妒，嫉妒的人被杀死后，把尸体暴放在南面的山上，直到腐烂。若女家为免腐烂，想收葬尸体，须出牛马才行。兄死，弟则需娶嫂子，这个风俗和匈奴的一样。夫馀国擅长畜养牲口，出产名马、赤玉、貂、黑猨、美珠。大的珠玉像酸枣那么大。兵器用弓箭刀矛，每家都有铠甲。夫馀国的老人自称是古代流亡的人。他们的城栅都是圆形的，像牢狱一样。走路时，不管白天夜晚，老少都唱歌，整天歌声不绝。有了战事就祭天，杀牛观察牛蹄，占卜吉凶，牛蹄若分离即凶，若完整则吉。敌人来击时，诸加各自为战，民家都挑着粮食供给战士。夫馀人死时，在夏天都用冰冷冻起来。殉葬者多达百人。葬礼很隆重，有外椁而无内棺。

夫馀本来隶属玄菟郡。西汉末年，公孙度称雄东北，东夷屈服。汉献帝时，夫馀王尉仇台请求改属辽东郡。起初，句丽、鲜卑势力强大，公孙度认为夫馀国处于句丽与鲜卑之间，于是将同宗的女子嫁给他。尉仇台死后，简位居嗣位。他没有嫡子，只有庶子，名叫

诣京都贡献。正始中，幽州刺史毌丘俭讨句丽，遣玄菟太守王颀诣夫馀，位居遣大加郊迎，供军粮。季父牛加有二心，位居杀季父父子，籍没财物，遣使簿敛送官。旧夫馀俗，水旱不调，五谷不熟，辄归咎于王，或言当易，或言当杀。麻余死，其子依虑年六岁，立以为王。汉时，夫馀王葬用玉匣，常豫以付玄菟郡，王死则迎取以葬。公孙渊伏诛，玄菟库犹有玉匣一具。今夫馀库有玉璧、珪、瓒数代之物，传世以为宝，耆老言先代之所赐也。其印文言“濊王之印”，国有故城名濊城，盖本濊貊之地，而夫馀王其中，自谓“亡人”，抑有以也。

高句丽在辽东之东千里。南与朝鲜、濊貊，东与沃沮，北与夫馀接。都于丸都之下，方可二千里，户三万。多大山深谷，无原泽。随山谷以为居，食涧水。无良田，虽力佃作，不足以实口腹。其俗节食，好治宫室，于所居之左右立大屋，祭鬼神，又祀灵星、社稷。其人性凶急，喜寇钞。其国有王，其官有相加、对卢、沛者、古雏加、主簿、优台丞、使者、皂衣先人，尊卑各有等级。东夷旧语以为夫馀别种，言语诸事，多与夫馀同，其性气衣服有异。本有五族，有涓奴部、绝奴部、顺奴部、灌奴部、桂娄部。本涓奴部为王，稍

麻余。简位居死后，诸加共同拥立麻余。牛加的侄儿名叫位居，是个大使，轻财乐施，很受国人爱戴，每年派遣使者到京都贡献。齐王芳正始年间（自公元240年—248年），幽州刺史毌丘俭讨伐句丽，派玄菟太守王颀到夫馀，位居遣大加在近郊迎接，供应军粮。牛加因心怀反叛，简位居就杀牛加父子，没收其财物，派人简单的料理丧事后送到官府。依夫馀旧有的风俗，如果水旱不调，五谷不熟，就认为是国王的错，或者更换国王，或者杀死。麻余死后，他的儿子依虑才六岁，即位为王。在汉代时，夫馀国王埋葬都用玉匣，玉匣常预先交给玄菟郡，国王一死，就去迎取玉匣。公孙渊被杀后，玄菟郡还有一具玉匣。现在夫馀的府库中，有玉璧、珪、瓒等流传数代的宝物，历来都很珍视，老一辈的人常说那是祖先所赐的。夫馀国的印章有“濊王之印“四字，国内有故城叫濊城，大概是因在濊貊这片地区而命名的吧，而夫馀王处于其中，自称“流亡之人”，或许有个缘故。

高句丽在辽东东方大约一千里，南方和朝鲜、濊貊，东方和沃沮，北方和夫馀接壤。建都在丸都山（今吉林集安市境的板石岭）下，面积约有二千里，人口三万户。境内多大山深谷，没有平原湖泊。人民依山谷的地形而居，饮涧水。没有良田，即使努力耕作，也难以填饱肚子。高句丽的风俗，饮食节省，喜欢建造宫室，在居所左右盖大房子，祭祀鬼神，也祭祀灵星神和社稷神。人民性情凶恶急躁，嗜好劫掠。国内有王，官属有相加、对卢、沛者、古雏加、主簿、优台丞、使者、皂衣先人，地位尊卑，各有等级。东夷古老的传说认为高句丽是夫馀的另一种族，言语及各种事务，很多都和夫馀相同，只是脾气、衣服不同。高句丽本来有五族，叫涓奴部、绝奴部、顺奴部、灌奴部、桂娄部。原来是涓奴

微弱，今桂娄部代之。汉时赐鼓吹技人，常从玄菟郡受朝服衣帻，高句丽令主其名籍。后稍骄恣，不复诣郡，于东界筑小城，置朝服衣帻其中，岁时来取之，今胡犹名此城为帻沟溇。沟溇者，句丽名城也。其置官，有对卢则不置沛者，有沛者则不置对卢。王之宗族，其大加皆称古雏加。涓奴部本国主，今虽不为王，适统大人，得称古雏加，亦得立宗庙，祠灵星、社稷。绝奴部世与王婚，加古雏之号。诸大加亦自置使者、皂衣先人，名皆达于王，如卿大夫之家臣，会同坐起，不得与王家使者、皂衣先人同列。其国中大家不佃作，坐食者万余口，下户远担米粮鱼盐供给之。其民喜歌舞，国中邑落，暮夜男女群聚，相就歌戏。无大仓库，家家自有小仓，名之为桴京。其人絜清自喜，善藏酿。跪拜申一脚，与夫馀异，行步皆走。以十月祭天，国中大会，名曰东盟。其公会，衣服皆锦绣金银以自饰。大加主簿头著帻，如帻而无余，其小加著折风，形如弁。其国东有大穴，名隧穴，十月国中大会，迎隧神还于国东上祭之，置木隧于神坐。无牢狱，有罪诸加评议，便杀之，没入妻子为奴婢。其俗作婚姻，言语已定，女家作小屋于大屋后，名婿屋，婿暮至女家户外，自名跪拜，乞得就女宿，如是者再三，女父母乃听使就小屋中宿，傍顿钱帛，至生子已长

部为国王，但国力稍弱，目前则由桂娄部代而为王。汉朝时，曾赐他们鼓吹乐队和才艺人员，经常从玄菟郡接受朝服、衣裳、头巾，高句丽令主其名籍。后来略为傲慢，不再到玄菟郡来。于是中国在东部边界建筑一座小城，把朝服、头巾放在城内，每年由高句丽派人来取，现在胡人仍称此为帻沟溇。沟溇在高句丽的语言中即“城”的意思。他们设官，若有对卢就不设沛者。若有沛者就不设对卢。国王的宗族中，凡是大加都称古雏加。涓奴部本为国王，现在虽然不再担任国王，但仍为嫡统大人，可称古雏加，也可以立宗庙，祭祀灵星神、社稷神。绝奴部历代都与王室结为姻亲，加古雏的名号，诸大加也自己设置使者，皂衣先人等官，名字都呈送给国王，这些官员就好像卿大夫的家臣，会面时，不管坐下或起来，不可以和国王的使者、皂衣先人同列。国内大家族不必耕种，不劳而食的有一万多人，一般居民，即使住得再远，也要挑着米粮鱼盐供给大家族。人民都喜欢唱歌跳舞，国内村落，一入夜，男女群聚，唱歌游戏。国中没有大仓库，但家家户户自备小仓库，称为桴京。百姓喜欢清洁，善于酿酒。跪拜时伸出一脚，这个礼节和夫馀人不同，走路时用慢跑。在十月祭天，国内的大会称为东盟。在公众聚会时，都穿着锦绣衣服，以金银为装饰。大加和主簿戴巾，形状像帻而少了后面的一块，小加戴折风，形状像弁。高句丽东方有个大穴，称为隧穴，在十月国内大会时，迎接隧神，回到东方祭祀，把木头雕的隧神放在神座上。他们没有牢狱，犯了罪，由诸加共同评议，便诛死，妻子儿女没收为奴婢。他们的婚姻风俗是口头商定后，女家在大屋后面盖间小屋，称为婿屋，黄昏时，女婿到女家门口，自道姓名并跪拜，恳请入女家与该女子同宿，如此一而再、再而三的恳求，女家父母终于答应，让他在小屋中住，旁边存有钱币、布帛，直到所生的孩子长大了，才带着妻子回家。

大，乃将妇归家。其俗淫。男女已嫁娶，便稍作送终之衣。厚葬，金银财币，尽于送死，积石为封，列种松柏。其马皆小，便登山。国人有气力，习战斗，沃沮、东濊皆属焉。又有小水貊。句丽作国，依大水而居，西安平县北有小水，南流入海，句丽别种依小水作国，因名之为小水貊，出好弓，所谓貊弓是也。

王莽初发高句丽兵以伐胡，不欲行，强迫遣之，皆亡出塞为寇盗。辽西大尹田谭追击之，为所杀。州郡县归咎于句丽侯騊。严尤奏言："貊人犯法，罪不起于騊，且宜安慰，今猥被之大罪，恐其遂反。"莽不听，诏尤击之。尤诱期句丽侯騊至而斩之，传送其首诣长安。莽大悦，布告天下，更名高句丽为下句丽。当此时为侯国，汉光武帝八年，高句丽王遣使朝贡，始见称王。

至殇、安之间，句丽王宫数寇辽东，更属玄菟。辽东太守蔡风、玄菟太守姚光以宫为二郡害，兴师伐之。宫诈降请和，二郡不进。宫密遣军攻玄菟，焚烧候城，入辽隧，杀吏民。后宫复犯辽东，蔡风轻将吏士追讨之，军败没。

宫死，子伯固立。顺、桓之间，复犯辽东，寇新安、居乡，又攻西安平，于道上杀带方令，略得乐浪太守妻子。灵帝建宁二年，玄菟太守耿临讨之，斩首虏数百级，伯固降，

高句丽的风俗淫乱，男女已嫁或已娶，便开始作送终的寿衣。葬礼隆重，金银财币，都花在送葬上，用石头堆积成高坟，两旁种松柏。所产的马很小，便于登山。高丽人力气大，常学习战斗，沃沮、东濊都是他们的地方。此外有小水貊。当高句丽建国时，依傍大水而居，西安平县北有小水，南流入海，高句丽的另一种族依傍小水而建国，因此称为小水貊，生产好弓，就是所谓的貊弓。

当初，王莽发动高句丽军队攻打胡人，高句丽人不愿意，王莽强迫派遣，于是都逃到塞外当强盗。辽西大尹田谭追击这些人，却被杀了。州郡县都将过错推到句丽侯騊身上，严尤不平，上奏说："貊人犯法，罪过不是騊所引起的，应对他稍加安慰，现在反而加上罪名，恐怕要因此而反叛了。"王莽不听，下诏命严尤攻击高句丽。严尤于是引诱句丽侯騊会面，騊一到，即斩杀，将首级传送到长安。王莽大喜，布告天下，把高句丽改为下句丽。这时句丽是侯国。汉光武帝八年（公元前32年）高句丽王派使者朝贡，才被称为王。

到东汉殇帝、安帝年间，句丽王宫屡次劫掠辽东郡，改为隶属玄菟郡。辽东太守蔡风、玄菟太守姚光认为宫为害二郡，于是举兵讨伐。宫诈降，请求和谈，二郡军队因而不再前进。而宫暗中派军攻打玄菟，焚烧候城，进入辽隧（今辽宁海城市西北高坨子附近），杀害官吏百姓。后来宫又侵犯辽东，蔡风率领吏士追击，因大意而军败。

宫死后，他的儿子伯固立为王。东汉顺帝、桓帝年间，又侵犯辽东，劫掠新安、居乡，又攻西安平，在路上杀了带方县（今朝鲜平壤城南一百二十里）县令，掳走乐浪太守的妻子儿女。东汉灵帝建宁二年（公元169年）玄菟太守耿临前往征讨，斩敌人数百首级，伯

属辽东。熹平中，伯固乞属玄菟。公孙度之雄海东也，伯固遣大加优居、主簿然人等助度击富山贼，破之。

伯固死，有二子，长子拔奇，小子伊夷模。拔奇不肖，国人便共立伊夷模为王。自伯固时，数寇辽东，又受亡胡五百余家。建安中，公孙康出军击之，破其国，焚烧邑落。拔奇怒为兄而不得立，与涓奴加各将下户三万余口诣康降，还住沸流水。降胡亦叛伊夷模，伊夷模更作新国，今日所在是也。拔奇遂往辽东，有子留句丽国，今古雏加驳位居是也。其后复击玄菟，玄菟与辽东合击，大破之。

伊夷模无子，淫灌奴部，生子名位宫。伊夷模死，立以为王，今句丽王宫是也。其曾祖名宫，生能开目视，其国人恶之，及长大，果凶虐，数寇钞，国见残破。今王生堕地，亦能开目视人，句丽呼相似为位，似其祖，故名之为位宫。位宫有力勇，便鞍马，善猎射。景初二年，太尉司马宣王率众讨公孙渊，宫遣主簿大加将数千人助军。正始三年，宫寇西安平，其五年，为幽州刺史毌丘俭所破。语在《俭传》。

东沃沮在高句丽盖马大山之东，滨大海而居。其地形东北狭，西南长，可千里，北

固投降，于是隶属辽东。熹平年间，伯固请求改属玄菟郡。公孙度称雄辽东时，伯固派遣大加名叫优居，主簿名叫然人，协助公孙度破富山的盗贼。

伯固死后，有二个儿子，哥哥叫拔奇，弟弟叫伊夷模。拔奇不贤，国人就共同拥护伊夷模为王。在伯固那时，句丽已屡次侵寇辽东，又收留五百多家逃亡的胡人。汉献帝建安年间，公孙康率军出击，攻破句丽，烧毁城邑村落，拔奇由于为兄却不能立为王，心中怨恨，就与涓奴加各率领三万多人向公孙康投降，而后回去住在沸流水。这时投降句丽的胡人也背叛伊夷模，伊夷模就另建新的国家，今日所在的地方即是。于是拔奇迁往辽东，他的儿子留在句丽国，就是现在的古雏加驳位居。后来句丽又攻击玄菟郡，玄菟与辽东二郡合击，大破句丽。

伊夷模本来没有儿子，因奸淫灌奴部女子，生了一个儿子，名叫位宫。伊夷模死后，位宫即位为王，就是现在的句丽王宫。他的曾祖父名叫宫，一生下来就能睁开眼睛看东西，国人厌恶他，长大后，果然凶残暴虐，屡次劫掠，国家日益残破。现在的句丽王也是一生下来就能睁眼看人，句丽称相似为位，他像曾祖父，所以称为位宫。位宫勇敢有力，善于骑马射猎。魏明帝景初二年（公元238年），太尉司马宣王（懿）率军讨伐公孙渊，位宫派遣主簿、大加带着几千人助阵。魏齐王芳正始三年（公元242年），位宫侵寇西安平，五年，被幽州刺史毌丘俭击败。详见《毌丘俭传》。

东沃沮在高句丽盖马大山（今朝鲜平安道与咸镜道分界的山脉）的东方，滨临大海

与挹娄、夫馀，南与濊貊接。户五千，无大君王，世世邑落，各有长帅。其言语与句丽大同，时时小异。汉初，燕亡人卫满王朝鲜，时沃沮皆属焉。汉武帝元封二年，伐朝鲜，杀满孙右渠，分其地为四郡，以沃沮城为玄菟郡。后为夷貊所侵，徙郡句丽西北，今所谓玄菟故府是也。沃沮还属乐浪。汉以土地广远，在单单大领之东，分置东部都尉，治不耐城，别主领东七县，时沃沮亦皆为县。汉建武六年，省边郡，都尉由此罢。其后皆以其县中渠帅为县侯，不耐、华丽、沃沮诸县皆为侯国。夷狄更相攻伐，唯不耐濊侯至今犹置功曹、主簿诸曹，皆濊民作之。沃沮诸邑落渠帅，皆自称三老，则故县国之制也。国小，迫于大国之间，遂臣属句丽。句丽复置其中大人为使者，使相主领，又使大加统责其租税，貊布、鱼、盐、海中食物，千里担负致之，又送其美女以为婢妾，遇之如奴仆。

其土地肥美，背山向海，宜五谷，善田种。人性质直强勇，少牛马，便持矛步战。食饮居处，衣服礼节，有似句丽。其葬作大木椁，长十余丈，开一头作户。新死者皆假埋之，才使覆形，皮肉尽，乃取骨置椁中。举家皆共一椁，刻木如生形，随死者为数。又有瓦鬲，置米其中，编县之于椁户边。

而住，其地形东北狭而西南长，大约有千里，北方与挹娄、夫馀，南方与濊貊接壤。人口五千户，没有大君王，历代都是部落，各有长帅。其语言与高句丽大致相同，偶有小异。汉朝初年，燕国流亡的人卫满统治朝鲜时，沃沮在他的管辖之下。汉武帝元封二年（公元前109年），讨伐朝鲜，杀了卫满的孙子卫右渠，将朝鲜分为四郡，以沃沮城为玄菟郡治所在地。后来遭夷貊侵袭，将郡治迁到句丽西北，就是现在所称的玄菟郡旧府。沃沮又隶属乐浪。由于土地广大，汉朝就在单单大岭（即长白山）以东的地区设置东部都尉，治不耐城（在今朝鲜江原道的江陵府境内），主管单单大岭以东的七个县，当时沃沮地区都属县。汉光武帝建武六年（公元30年），裁省边疆各郡，因此都尉一职也就废了。后来都以各县中的首领为县侯，不耐、华丽、沃沮各县都成为侯国。夷狄交相攻伐，只有不耐濊侯到现在仍设置功曹、主簿等各曹吏，都是由濊人来担任。沃沮各部落首领，都自称三老，这是以前县国的制度。由于国小，在大国之间倍受压迫，于是臣属句丽。句丽以大人为使者，管理沃沮，又派大加征收租税，貊布、鱼、盐和海中食物，沃沮人从千里之远挑着送过来，又把美女送给句丽当婢妾，句丽待她们像奴仆一般。

沃沮土地肥沃，背山面海，适合五谷生长，他们也善于种田。他们的性情直率勇敢，缺少牛马，于是持矛步战。饮食居处，衣服礼节，很像句丽。丧葬时做个大木棺，长十几丈，打开一头作为门户。刚死的都暂时埋葬。只把尸体用土盖住，等皮肉烂光了，才捡起骨头，放在棺木中。全家人都放在一起，并依生前的样子刻木像，数目依死者而定。又有像鼎的瓦鬲，里面放着米，挂在棺木门口。

毌丘俭讨句丽，句丽王宫奔沃沮，遂进师击之。沃沮邑落皆破之，斩获首虏三千余级，宫奔北沃沮。北沃沮一名置沟娄，去南沃沮八百余里。其俗南北皆同，与挹娄接。挹娄喜乘船寇钞，北沃沮畏之，夏月恒在山岩深穴中为守备，冬月冰冻，船道不通，乃下居村落。王颀别遣追讨宫，尽其东界。问其耆老"海东复有人不"，耆老言国人尝乘船捕鱼，遭风见吹数十日，东得一岛，上有人，言语不相晓，其俗常以七月取童女沈海。又言有一国亦在海中，纯女无男。又说得一布衣，从海中浮出，其身如中人衣，其两袖长三丈。又得一破船，随波在海岸边，有一人项中复有面，生得之，与语不相通，不食而死。其域皆在沃沮东大海中。

挹娄在夫馀东北千余里，滨大海，南与北沃沮接，未知其北所极。其土地多山险。其人形似夫馀。言语不与夫馀、句丽同。有五谷、牛、马、麻布。人多勇力，无大君长，邑落各有大人。处山林之间，常穴居，大家深九梯，以多为好。土气寒，剧于夫馀。其俗好养猪，食其肉，衣其皮。冬以猪膏涂身，厚数分，以御风寒。夏则裸袒，以尺布隐其前后，以蔽形体。其人不絜，作溷在中央，人围其表居。其弓长四尺，力如弩，矢用楛，长尺八

毌丘俭征讨高丽时，高丽王宫逃到沃沮。于是又进兵攻击。沃沮村落都被打得残破不堪，斩获敌人三千多个首级，宫又逃到北沃沮。北沃沮又名置沟娄（图们江南北），离南沃沮八百多里，其风俗南北相同，而与挹娄接壤。挹娄喜欢乘船抢劫，北沃沮怕他们，所以夏季常住在山岩深穴中守备，冬季海上结冰，挹娄船只无法通行，北沃沮才下山住在村落中。王颀另外派人追捕宫，一直到北沃沮东界。问当地的老人说："大海东方还有人吗？"老人说："国人曾经乘船出海捕鱼，遇大风狂吹几十天，到了东方一座小岛，岛上有人，可是与我们语言不通，岛上有一种风俗，常在七月把女童沉入海里。"又说："海中有一国，全是女人。"又说："有一件布质衣服漂流在海上，捞起来一看，样子很像中国人的衣服，两袖长三丈。又见到一艘破船，被海浪打到岸边，船上有一个人，他的脖子上还有一张面孔，生擒后与他说话，却是言语不通，这人因不吃东西而死。出现这些怪事的地区，都是在沃沮东方的大海中。"

挹娄（居今辽宁东北部、吉林东部、黑龙江东部）在夫馀东北一千多里，滨临大海，南方和北沃沮接壤，北境不知到何处。这地区险峻多山。人长得像夫馀人，但语言和夫馀、句丽不同。有五谷、牛、马、麻布。人们勇敢、力气大，没有大君长，各村落有首领。住在山林之间的洞穴中，大家族住的洞穴很深，要九个梯子接起来，一般人认为梯子愈多愈好。气候比夫馀还冷。挹娄人喜欢养猪，吃猪肉，穿猪皮。冬天时用猪油涂在身上，有几分厚，以抵御风寒。夏天时裸身，只用一小块布掩蔽下体。他们不爱干净，厕所

寸，青石为镞，古之肃慎氏之国也。善射，射人皆入目。矢施毒，人中皆死。出赤玉、好貂，今所谓挹娄貂是也。自汉已来，臣属夫馀，夫馀责其租赋重，以黄初中叛之。夫馀数伐之，其人众虽少，所在山险，邻国人畏其弓矢，卒不能服也。其国便乘船寇盗，邻国患之。东夷饮食类皆用俎豆，唯挹娄不，法俗最无纲纪也。

濊南与辰韩，北与高句丽、沃沮接，东穷大海，今朝鲜之东皆其地也。户二万。昔箕子既适朝鲜，作八条之教以教之。无门户之闭而民不为盗。其后四十余世，朝鲜侯准僭号称王。陈胜等起，天下叛秦，燕、齐、赵民避地朝鲜数万口。燕人卫满，魋结夷服，复来王之。汉武帝伐灭朝鲜，分其地为四郡。自是之后，胡、汉稍别。无大君长，自汉已来，其官有侯邑君、三老，统主下户。其耆老旧自谓与句丽同种。其人性愿悫，少嗜欲，有廉耻，不请匄。言语法俗大抵与句丽同，衣服有异。男女衣皆著曲领，男子系银花广数寸以为饰。自单单大山领以西属乐浪，自领以东七县，都尉主之，皆以濊为民。后省都尉，封其渠帅为侯，今不耐濊皆其种也。汉末更属句丽。其俗重山川，山川各有部分，不得妄相

在中央，人就绕着厕所住。他们的弓长四尺，力量像机弩一样，箭用楛做的，长一尺八寸，以青石为箭头，这是古代肃慎国所用的。挹娄人善于射箭，射人都中眼睛。箭又涂上毒药，所以被射中的人都难逃一死。当地出产赤玉、好貂，就是现在所称的挹娄貂。从汉朝以来，挹娄一直臣属夫馀，后因夫馀要求的赋税太繁重，在魏文帝黄初年间，挹娄反叛。夫馀屡次去讨伐，挹娄人口虽少，但住在险峻的山中，夫馀人又怕他们的箭弩，所以始终不能降服他们。挹娄人善于乘船抢劫，邻国人都很伤脑筋。东夷饮食大多用俎豆，只有挹娄人不同，他们的风俗最没有纲纪了。

濊（居今朝鲜江原道、咸镜南道）南方与辰韩，北方与高句丽、沃沮接壤，东方至大海，现在的朝鲜东方都是濊的领域。人口二万。从前箕子到了朝鲜，制定了八条规范教导他们，所以门户不关，也没有强盗。传了四十多代后，朝鲜侯准僭越称王。陈胜等人起兵后，天下叛秦，燕、齐、赵等地有数万百姓避难到朝鲜。燕人卫满结发髻，穿夷服，来此成为朝鲜王。汉武帝击败朝鲜后，将其分为四郡。从此胡汉之间稍有区别。濊没有大君长，从汉朝以来，官员有侯邑君、三老，统领百姓。当地老人说："他们本与句丽同一种族。"濊人性情恭谨，欲望不多，有廉耻心，不乞求（据赵一清解释：句为匄，丽为衍字）。语言风俗大致和句丽相同，只是服装不一样。男女衣服的领子都是弯曲的，男子又佩戴数寸宽的银花作装饰。从单单大山岭以西属于乐浪郡，以东的七县由东部都尉管理，所管理的百姓都是濊人。后来废都尉，改封其首领为侯，现在的不耐濊侯就是这个种族。汉末又改隶句丽。濊人风俗重视山川，山川各有分别，不能相混。同姓不婚。有许多忌讳，因病而死就

涉人。同姓不婚。多忌讳，疾病死亡辄捐弃旧宅，更作新居。有麻布，蚕桑作绵，晓候星宿，豫知年岁丰约。不以珠玉为宝。常用十月节祭天，昼夜饮酒歌舞，名之为舞天，又祭虎以为神。其邑落相侵犯，辄相罚责生口牛马，名之为责祸。杀人者偿死。少寇盗。作矛长三丈，或数人共持之，能步战。乐浪檀弓出其地。其海出班鱼皮，土地饶文豹，又出果下马，汉桓时献之。

正始六年，乐浪太守刘茂、带方太守弓遵以领东濊属句丽，兴师伐之，不耐侯等举邑降。其八年，诣阙朝贡，诏更拜不耐濊王。居处杂在民间，四时诣郡朝谒。二郡有军征赋调，供给役使，遇之如民。

韩在带方之南，东西以海为限，南与倭接，方可四千里。有三种，一曰马韩，二曰辰韩，三曰弁韩。辰韩者，古之辰国也。马韩在西。其民土著，种植，知蚕桑，作绵布。各有长帅，大者自名为臣智，其次为邑借，散在山海间，无城郭。有爰襄国、牟水国、桑外国、小石索国、大石索国、优休牟涿国、臣濆沽国、伯济国、速卢不斯国、日华国、古诞者国、古离国、怒蓝国、月支国、咨离牟卢国、素谓乾国、古爰国、莫卢国、卑离国、占

抛弃旧有的房子，改建新居。他们有麻布，蚕丝，用来作绵。清晨观察星辰，以预知今年收获多少。不珍爱珠玉，常在十月祭天，昼夜饮酒歌舞，称为舞天，又祭祀老虎，把老虎当作神。村落间若相侵犯，就互相责罚，要求牲口牛马，这称为责祸。杀人偿命。境内很少盗贼。他们所做的矛长三丈，要几个人共同持用，善于步战。乐浪的檀弓就出产在这里。海上产班鱼皮（据黄山说：改班为鲂），陆上有许多花纹美丽的豹，又产果下马，东汉桓帝时，曾进献给中国。

魏齐王芳正始六年（公元 245 年），因为岭东濊擅自改属句丽，于是乐浪太守刘茂，带方太守弓遵率兵讨伐，不耐侯等人投降。八年（公元 247 年）到中国朝贡，皇帝下诏封为不耐濊王。自此濊人杂居在中国人民之间，一年四时都到郡中进见。乐浪、带方二郡有军征赋调，濊人也要供给役使，待他们一如中国百姓。

韩在带方南边，东西以海为界，南与倭相连，面积约四千里。有三个族，一为马韩（居今韩国西部），二为辰韩（居今韩国东部），三为弁韩（居今韩国南部）。辰韩即古代辰国。马韩在西边。韩人是土著，能种植，懂蚕桑，也会作绵布。各有首领，大的自称臣智，其次称邑借，散居在山海之间，没有城郭。有爰襄国、牟水国、桑外国、小石索国、大石索国、优休牟涿国、臣濆沽国、伯济国、速卢不斯国、日华国、古诞者国、古离国、怒蓝国、月支国、咨离牟卢国、素谓乾国、古爰国、莫卢国、卑离国、占离卑国、臣衅国、支侵国、狗卢国、卑弥国、监奚卑离国、古蒲国、致利鞠国、冉路国、儿林国、驷卢国、内

离卑国、臣衅国、支侵国、狗卢国、卑弥国、监奚卑离国、古蒲国、致利鞠国、冉路国、儿林国、驷卢国、内卑离国、感奚国、万卢国、辟卑离国、臼斯乌旦国、一离国、不弥国、支半国、狗素国、捷卢国、牟卢卑离国、臣苏涂国、莫卢国、古腊国、临素半国、臣云新国、如来卑离国、楚山涂卑离国、一难国、狗奚国、不云国、不斯渍邪国、爰池国、乾马国、楚离国，凡五十余国。大国万余家，小国数千家，总十余万户。辰王治月支国。臣智或加优呼臣云遣支报安邪踧支渍臣离儿不例拘邪秦支廉之号。其官有魏率善、邑君、归义侯、中郎将、都尉、伯长。

侯准既僭号称王，为燕亡人卫满所攻夺，将其左右宫人走入海，居韩地，自号韩王。其后绝灭，今韩人犹有奉其祭祀者。汉时属乐浪郡，四时朝谒。

桓、灵之末，韩濊强盛，郡县不能制，民多流入韩国。建安中，公孙康分屯有县以南荒地为带方郡，遣公孙模、张敞等收集遗民，兴兵伐韩濊，旧民稍出，是后倭韩遂属带方。景初中，明帝密遣带方太守刘昕、乐浪太守鲜于嗣越海定二郡，诸韩国臣智加赐邑君印绶，其次与邑长。其俗好衣帻，下户诣郡朝谒，皆假衣帻，自服印绶衣帻千有余人。部从事吴林以乐浪本统韩国，分割辰韩八国以与乐浪，吏译转有异同，臣智激韩忿，攻带方郡崎离营。时太守弓遵、乐浪太守刘茂兴兵伐之，遵战死，二郡遂灭韩。

卑离国、感奚国、万卢国、辟卑离国、臼斯乌旦国、一离国、不弥国、支半国、狗素国、捷卢国、牟卢卑离国、臣苏涂国、莫卢国、古腊国、临素半国、臣云新国、如来卑离国、楚山涂卑离国、一难国、狗奚国、不云国、不斯渍邪国、爰池国、乾马国、楚离国，总共五十多国。大国有一万多户，小国数千户，总计十余万户。辰王治理月支国。有的臣智加上优呼臣云遣支报安邪踧支渍臣离儿不供拘邪秦支廉的名号。其官名有魏率善、邑君、归义侯、中郎将、都尉、伯长。

朝鲜侯准僭号称王后，燕国流亡的人卫满攻夺其位，于是带领左右官人逃入海中，辗转至韩，自称韩王。后来灭绝了，现在韩还是有人祭祀他。汉时，韩属乐浪郡，一年四季朝见中国。

东汉末年桓灵二帝期间，韩濊强盛，郡县无法控制，人民大多跑到韩国。汉献帝建安年间，公孙康把屯有县（今朝鲜平壤城南）以南的荒地划分为带方郡（今朝鲜开城以西、沙里院市以南一带），派遣公孙模、张敞等人招集流民，并举兵讨伐韩濊，于是以前流亡的百姓逐渐回来，此后，倭、韩就隶属带方郡。魏明帝景初年间，暗中派遣带方太守刘昕、乐浪太守鲜于嗣渡海平定乐浪、带方二郡，并赐名号与印绶给韩国臣智邑君，小国赐号邑长。韩国风俗，人们喜欢穿好衣服、戴头巾，民众若到郡中进见官员，都穿戴衣巾，那时佩印绶、戴衣巾的有一千多人。乐浪本来只统领韩国，部从事吴林把辰韩的八国改为隶属乐浪，官吏译员们因此有了变动，臣智于是鼓动韩人的怒潮，攻打带方郡的崎离营。当时太守弓遵、乐浪太守刘茂举兵讨伐，弓遵战死，韩也被这二郡消灭。

其俗少纲纪，国邑虽有主帅，邑落杂居，不能善相制御。无跪拜之礼。居处作草屋土室，形如冢，其户在上，举家共在中，无长幼男女之别。其葬有椁无棺，不知乘牛马，牛马尽于送死。以璎珠为财宝。或以缀衣为饰，或以悬颈垂耳，不以金银锦绣为珍。其人性强勇，魁头露紒。如炅兵，衣布袍，足履革蹻蹋。其国中有所为及官家使筑城郭，诸年少勇健者，皆凿脊皮，以大绳贯之，又以丈许木锸之，通日嚾呼作力，不以为痛，既以劝作，且以为健。常以五月下种讫，祭鬼神，群聚歌舞，饮酒昼夜无休。其舞，数十人俱起相随，踏地低昂，手足相应，节奏有似铎舞。十月农功毕，亦复如之。信鬼神，国邑各立一人主祭天神，名之天君。又诸国各有别邑，名之为苏涂。立大木，悬铃鼓，事鬼神。诸亡逃至其中，皆不还之，好作贼。其立苏涂之义，有似浮屠，而所行善恶有异。其北方近郡诸国差晓礼俗，其远处直如囚徒奴婢相聚。无他珍宝。禽兽草木略与中国同。出大栗，大如梨。又出细尾鸡。其尾皆长五尺余。其男子时时有文身。又有州胡在马韩之西海中大岛上，其人差短小，言语不与韩同，皆髡头如鲜卑，但衣韦，好养牛及猪。其衣有上无下，略如裸势。乘船往来，市买韩中。

辰韩在马韩之东，其耆老传世，自言古之亡人避秦役来适韩国，马韩割其东界地与

韩的风俗缺乏纲纪，国邑虽然有主帅，但村落杂居，不能好好统御。没有跪拜礼。住屋是用草与泥士建成的，形状像坟墓一样，门在上面，全家都住在里头，没有长幼男女的界线。他们的葬器有外椁，无内棺，也不知乘坐牛马，牛马主要用来送葬。把璎珠当成财宝，有时结在衣服上当装饰品，有时挂在颈子上或耳垂上，不珍爱金银锦绣。韩人性情勇敢，头发常结成一个髻，若遇战事，则穿布袍、草鞋。国中若有大事或官家命令建筑城郭，年少勇健的人都在脊背皮肤上凿个孔，用大绳子穿起来，又用一丈左右的木头从绳子插进去，整天欢呼工作，一点也不感疼痛，此乃一则勉励大家做工，再则以此为勇健的表现。韩人常在五月播种完毕后，祭祀鬼神，群众歌舞，昼夜不停地喝酒。他们的舞蹈，由数十人一起跳，随着歌声的高低，手足相和，节奏类似汉代铎舞。十月里农事结束后，像五月一样，也有一次祭祀歌舞。他们崇信鬼神，各邑推举一人主祭天神，这人就被称为天君。又各国另外设一小邑，叫做苏涂。邑中竖根大木，挂着铃鼓，以侍奉鬼神。凡是逃到这地方的人，都不放回去。他们喜欢窃盗。建苏涂的用意，有点类似佛教，只是佛教行善，而韩人行恶。北方各国略微晓得礼俗，偏远地区就像囚徒奴婢相聚的地方一样荒陋。没有什么珍宝。禽兽草木大致与中国相同，出产大栗，其大如梨。又产细尾鸡，尾巴有五尺多长。男子常纹身。又有州胡（今韩国的济州岛）在马韩西方的海岛上，州胡人稍矮小，语言与韩人不同，都像鲜卑一样，剃光头发，但穿着皮衣，喜欢牛与猪。他们的衣服，有上无下，大致是裸体。常乘船到韩做买卖。

辰韩在马韩东方，老人相传说：“古时避秦徭役，逃亡到韩国，马韩分割东边给他们。

之。有城栅。其言语不与马韩同，名国为邦，弓为弧，贼为寇，行酒为行觞。相呼皆为徒，有似秦人，非但燕、齐之名物也。名乐浪人为阿残；东方人名我为阿，谓乐浪人本其残余人。今有名之为秦韩者。始有六国，稍分为十二国。

弁辰亦十二国，又有诸小别邑，各有渠帅，大者名臣智，其次有险侧，次有樊濊，次有杀奚，次有邑借。有已柢国、不斯国、弁辰弥离弥冻国、弁辰接涂国、勤耆国、难弥离弥冻国、弁辰古资弥冻国、弁辰古淳是国、冉奚国、弁辰半路国、弁辰乐奴国、军弥国、弁军弥乌邪马国、如湛国、弁辰甘路国、户路国、州鲜国、马延国、弁辰狗邪国、弁辰走漕马国、弁辰安邪国、弁辰渎卢国、斯卢国、优由国。弁、辰韩合二十四国，大国四五千家，小国六七百家，总四五万户。其十二国属辰王。辰王常用马韩人作之，世世相继。辰王不得自立为王。土地肥美，宜种五谷及稻，晓蚕桑，作缣布，乘驾牛马。嫁娶礼俗，男女有别。以大鸟羽送死，其意欲使死者飞扬。国出铁，韩、濊、倭皆从取之。诸市买皆用铁，如中国用钱，又以供给二郡。俗喜歌舞饮酒。有瑟，其形似筑，弹之亦有音曲。儿生，便以石厌其头，欲其褊。今辰韩人皆褊头。男女近倭，亦文身。便步战，兵仗与马韩同。其俗，行者相逢，皆住让路。

辰韩有城栅，语言和马韩不同，称国为邦，弓为弧，贼为寇，行酒为行觞。彼此称呼为徒，有些类似秦人，不只是用燕齐的称呼而已。他们称乐浪人为阿残；东方人称我为“阿”，阿残的意思就是乐浪人本是他们残余的人。现在也有人称辰韩为秦韩。开始的时候有六国，后来分为十二国。

弁韩（依《馆本考证》改弁辰为弁韩）也有十二国，又有各小邑，分别有首领，大邑的首领称臣智，其次称险侧，其次称樊濊，再其次称杀奚；接着称邑借。有已柢国、不斯国、弁辰弥离弥冻国、弁辰接涂国、勤耆国、难弥离弥冻国、弁辰古资弥冻国、弁辰古淳是国、冉奚国、弁奚半路国、弁辰乐奴国、军弥国、弁辰弥乌邪马国、如湛国、弁辰甘路国、户路国、州鲜国、马延国、弁辰狗邪国、弁辰走漕马国、弁辰安邪国、弁辰渎卢国、斯卢国、优由国。弁韩、辰韩合计二十四国，大国有四五千家，小国有六七百家，总四五万户。其中十二国隶属辰王。辰王常由马韩人担任。世代继承，辰王不能自立为王。这个地方土壤肥沃，适合种植五谷及稻子，他们也懂得蚕桑，作缣布，乘驾马车。有嫁娶的礼俗，男女有别。送葬用大鸟的羽毛，其意义是希望死者飞升。国内产铁，韩、濊、倭所需的铁都从这里运去。市场买卖都带铁，就像中国用钱一样，铁同时也要供应乐浪、带方二郡。他们的习俗是喜欢歌舞饮酒。有瑟，形状像筑，他们也会奏出一些曲调。婴儿生下来后，就用石头压他的头，希望能扁些，现在辰韩的人都是扁头。男女近似倭人，也纹身。善于步战，兵器与马韩相同。他们的风俗是，在路上相遇，便停下来，互相让路。

弁辰与辰韩杂居，亦有城郭。衣服居处与辰韩同。言语法俗相似，祠祭鬼神有异，施灶皆在户西。其渎卢国与倭接界。十二国亦有王，其人形皆大。衣服絜清，长发。亦作广幅细布。法俗特严峻。

倭人在带方东南大海之中，依山岛为国邑。旧百余国，汉时有朝见者，今使译所通三十国。从郡至倭，循海岸水行，历韩国，乍南乍东，到其北岸狗邪韩国，七千余里，始度一海，千余里至对马国。其大官曰卑狗，副曰卑奴母离。所居绝岛，方可四百余里，土地山险，多深林，道路如禽鹿径。有千余户，无良田，食海物自活，乘船南北市籴。又南渡一海千余里，名曰瀚海。至一大国，官亦曰卑狗，副曰卑奴母离。方可三百里，多竹木丛林，有三千许家，差有田地，耕田犹不足食，亦南北市籴。又渡一海，千余里至末卢国，有四千余户，滨山海居，草木茂盛，行不见前人。好捕鱼鳆，水无深浅，皆沈没取之。东南陆行五百里，到伊都国，官曰尔支，副曰泄谟觚、柄渠觚。有千余户，世有王，皆统属女王国，郡使往来常所驻。东南至奴国百里，官曰兕马觚，副曰卑奴母离，有二万余户。东行至不弥国百里，官曰多模，副曰卑奴母离，有千余家。南至投马国，水行二十日，官曰弥弥，副曰弥弥那利，可五万余户。南至邪马壹国，女王之所都，水行十日，陆行一月。

弁韩与辰韩杂居，也有城郊。两国的衣服居室相同。语言法令风俗相近，祭祀鬼神则有异，弁辰把灶安置在门的西边。其中的渎卢国和倭边界相连。弁韩十二国都设国王，人民身材高大，衣着清洁，蓄留长发。也会制作广幅的细布。法令风俗特别严苛。

倭人在带方郡东南大海中，依山岛而建国。以前有一百多个国家，汉朝时有的国到中原进见，目前使者能交通的有三十国。从带方郡到倭，须沿海行船，经韩国，一忽儿南，一忽儿东，到了倭北的狗邪韩国，共七千多里，这时才开始渡海，船行一千多里到对马国。对马国的大官称卑狗，副官称卑奴母离。所住的海岛，面积约四百余里，上面有险峻的山岭，深林多，道路像飞禽野鹿所走的小径。有一千多户人家，境内无良田，靠海产过活，并乘船往来南北做买卖。再往南渡过约千余里的大海，名叫瀚海，可至一个大国，官员也称卑狗，副官称卑奴母离。面积约三百里，到处丛林竹木。大约有三千多户人家，略有田地，但靠耕田还不够吃，所以也往来南北做生意。又渡过一海，草木茂盛，所以走路时，看不到前面的人。他们喜欢捕鲍鱼，不管海水多深，都潜下去捕捉。往东南走五百里陆路，到了伊都国，官员叫尔支，副官叫泄谟觚、柄渠觚。有一千多户，历代有国王，都隶属女王国，中国郡使往来常驻于此地。往东南百里，到奴国，官员叫兕马觚，副官叫卑奴母离，有二万多户。东行百里，到不弥国，官员叫多模，副官叫卑奴母离，有一千多户。经水路往南行二十天，到投马国，官员叫弥弥，副官叫弥弥那利，大约五万多户。往南到

官有伊支马，次曰弥马升，次曰弥马获支，次曰奴佳鞮，可七万余户。自女王国以北，其户数道里可得略载，其余旁国远绝，不可得详。次有斯马国，次有已百支国，次有伊邪国，次有都支国，次有弥奴国，次有好古都国，次有不呼国，次有姐奴国，次有对苏国，次有苏奴国，次有呼邑国，次有华奴苏奴国，次有鬼国，次有为吾国，次有鬼奴国，次有邪马国，次有躬臣国，次有巴利国，次有支惟国，次有乌奴国，次有奴国，此女王境界所尽。其南有狗奴国，男子为王，其官有狗古智卑狗，不属女王。自郡至女王国万二千余里。

男子无大小皆黥面文身。自古以来，其使诣中国，皆自称大夫。夏后少康之子封于会稽，断发文身以避蛟龙之害。今倭水人好沈没捕鱼蛤，文身亦以厌大鱼水禽，后稍以为饰。诸国文身各异，或左或右，或大或小，尊卑有差。计其道里，当在会稽、东冶之东。其风俗不淫，男子皆露紒，以木绵招头。其衣横幅，但结束相连，略无缝。妇人被发屈紒，作衣如单被，穿其中央，贯头衣之。种禾稻、纻麻、蚕桑、缉绩，出细纻、缣绵。其地无牛马虎豹羊鹊。兵用矛、楯、木弓。木弓短下长上，竹箭或铁镞或骨镞，所有无与儋耳、朱崖同。倭地温暖，冬夏食生菜，皆徒跣。有屋室，父母兄弟卧息异处，以朱丹涂其身体，如中国用粉也。食饮用笾豆，手食。其死，有棺无椁，封土作冢。始死停丧十余日，当时

邪马壹国，是女王的首都所在地，这段路程须水行十多日，陆行一月。官员有伊支马，其次叫弥马升，其次叫弥马获支，其次叫奴佳鞮，大约七万多户。从女王国以北，人口和路程大略有记载，其余国家太远了，无法详知。其次有斯马国、已百支国、伊邪国、都支国、弥奴国、好古都国、不呼国、姐奴国、对苏国、苏奴国、呼邑国、华奴苏奴国、鬼国、为吾国、鬼奴国、邪马国、躬臣国、巴利国、支惟国、乌奴国、奴国，这是女王国境的界线。女王国南方有狗奴国，国王是男的，官员是狗古智卑狗，不隶属女王。从带方郡到女王国有一万二千多里。

倭国男子无论大人小孩都黥面纹身。自古以来，使者到中国，都自称大夫。夏后少康的儿子分封在会稽，断发纹身，以免被水中蛟龙伤害。现在倭人好潜水捕鱼蛤，也纹身以镇压海中鱼类，后来纹身才成为一种装饰。倭地各国的纹身不同，有的在左，有的在右，有的大，有的小，按地位高低区别。算一算路程，倭地应在会稽、东冶的东方（今会稽、东冶分别在浙江、福建，前人臆测错误）。他们的风俗不淫，男子都在头上盘成发髻，用木绵招头。衣服是横幅的布，包在身上，并不缝起来。妇人长发，梳倭堕髻，衣服像被单，从头套下去。倭人种植稻米与纻麻、养蚕桑、绩麻，出产细麻与缣绵。这地方没有牛马虎豹羊鹊。兵器用矛、盾、木弓。木弓下短而上长，以竹为箭，箭头有的用铁，有的用骨，所有的东西与儋耳（今海南儋州市）、朱崖（今海南海口市）都不同。倭地气候温暖，冬夏吃生菜，一般人都打光脚。他们也有房屋，父母兄弟各有房间，用朱丹涂在身上，就像中国人用粉一样。饮食用笾豆，以手取食。埋葬时，有内棺而无外椁，用土堆上去成一个冢。

不食肉，丧主哭泣，他人就歌舞饮酒。已葬，举家诣水中澡浴，以如练沐。其行来渡海诣中国，恒使一人，不梳头，不去虮虱，衣服垢污，不食肉，不近妇人，如丧人，名之为持衰。若行者吉善，共顾其生口财物；若有疾病，遭暴害，便欲杀之，谓其持衰不谨。出真珠、青玉。其山有丹，其木有柟、杼、豫樟、楺枥、投橿、乌号、枫香，其竹筱竿、桃支。有姜、桔、椒、蘘荷，不知以为滋味。有猕猴、黑雉。其俗举事行来，有所云为，辄灼骨而卜，以占吉凶，先告所卜，其辞如令龟法，视火坼占兆。其会同坐起，父子男女无别，人性嗜酒。见大人所敬，但搏手以当跪拜。其人寿考，或百年，或八九十年。其俗，国大人皆四五妇，下户或二三妇。妇人不淫，不妒忌。不盗窃，少诤讼。其犯法，轻者没其妻子，重者灭其门户。及宗族尊卑，各有差序，足相臣服。收租赋。有邸阁。国国有市，交易有无，使大倭监之。自女王国以北，特置一大率，检察诸国，诸国畏惮之。常治伊都国，于国中有如刺史。王遣使有诣京都、带方郡、诸韩国，及郡使倭国，皆临津搜露，传送文书赐遣之物诣女王，不得差错。下户与大人相逢道路，逡巡入草；传辞说事，或蹲或跪，两手据地，为之恭敬。对应声曰噫，比如然诺。

刚死时，要停丧十几天，这段时间内不吃肉，丧主要哭泣以表示哀伤，而邻人则来喝酒、唱歌、跳舞。埋葬后，全家人到水中洗澡，就像中国人在丧葬之后第十三个月的练沐。他们渡海到中国，常只派一人，不梳头，不除虮虱，衣服肮脏，不吃肉，不近女色，就像家中有死人一样，这叫做持衰。如果这人一路平安，大家就共同照顾他的牲口财产，如果生病了，或遭意外事故，便要减少他的财产，认为他的持衰不恭。倭地生产真珠、青玉。山中有丹沙，木材有柟、杼、豫樟、楺枥、投橿、乌号、枫香。竹材有筱竿、桃支。也产姜、桔子、椒、襄荷，但他们不懂用来调味。动物有猕猴、黑雉。他们的风俗是，凡大事将临，而要设法应付时，就灼烧骨头占卜，以问吉凶，先说所卜的事，说辞与龟卜相同，然后再看骨上裂痕，占得征兆。他们见面坐起时，父子男女没有差等。性好饮酒，见了大人，只两手合抱为礼，相当于跪拜。一般人都长寿，有的可活到百岁，有的八九十岁。他们的风俗是国中大人都有四五个妻子，百姓有的二三个妻子。妇人不淫，也不忌妒。不盗窃，很少诉讼。犯法的人，罪轻则没收妻子，重则杀其全家。至于宗族尊卑，各有差等，也都能服从。他们也征收租税，有邸阁国，国内有市场，以交换有无，由大官监管。从女王国以北，特别设置一个大率，检察各国，各国都很畏惧。大率常驻伊都国，就像中国的刺史。女王派遣使者到中国京都、带方郡、各韩国以及中国郡使到倭国，都要在海港被搜查，传送的文书与中国所赐的物品全送到女王处，不能有差误。百姓在路上遇到大人，要赶紧躲入路旁草丛内。对大人传话或报告事情，有的蹲，有的跪，两手按在地面上，表示恭敬，应声时说 “嗨”，好像遵从命令。

其国本亦以男子为王，住七八十年，倭国乱，相攻伐历年，乃共立一女子为王，名曰卑弥呼，事鬼道，能惑众，年已长大，无夫婿，有男弟佐治国。自为王以来，少有见者。以婢千人自侍，唯有男子一人给饮食，传辞出入。居处宫室楼观，城栅严设，常有人持兵守卫。

女王国东渡海千余里，复有国，皆倭种。又有侏儒国在其南，人长三四尺，去女王四千余里。又有裸国、黑齿国复在其东南，船行一年可至。参问倭地，绝在海中洲岛之上，或绝或连，周旋可五千余里。

景初二年六月。倭女王遣大夫难升米等诣郡，求诣天子朝献，太守刘夏遣吏将送诣京都。其年十二月，诏书报倭女王曰："制诏亲魏倭王卑弥呼：带方太守刘夏遣使送汝大夫难升米、次使都市牛利奉汝所献男生口四人，女生口六人，班布二匹二丈，以到。汝所在逾远，乃遣使贡献，是汝之忠孝，我甚哀汝。今以汝为亲魏倭王，假金印紫绶，装封付带方太守假授汝。其绥抚种人，勉为孝顺。汝来使难升米、牛利涉远，道路勤劳，今以难升米为率善中郎将，牛利为率善校尉，假银印青绶，引见劳赐遣还。今以绛地交龙锦五匹、绛地绉粟罽十张、茜绛五十匹、绀青五十匹，答汝所献贡直。又特赐汝绀地句文绵三匹、细

倭国本来是男子为王，经七八十年后，国内大乱，互相攻打了好多年，于是最后共同拥立了一名女子为王，名叫卑弥呼。此女子专事鬼道，能愚惑大众。长大后，没有夫婿，只有一个弟弟帮他治国。自有国王以来，这是少见的现象。她有奴婢千人侍候着，只有一个男的料理饮食，并出入传话。女王居处有宫室楼观，严设城栅，经常有人持兵器守卫。

从女王国渡海往东千余里，又有其他国家，都是倭种。往南又有侏儒国，国人身长三四尺，离女王国四千多里。在东南方又有裸国、黑齿国，船行大约一年才能到达。问了倭地的人，才知道这两个国家远在海上的州岛上，有的岛相连，有的被大海隔绝，周围大约有五千多里。

魏明帝景初三年（公元 239 年）（史书作二年，据卢弼说改为三年），倭女王派遣大夫难升米等人到带方郡，请求进见天子，以便朝贡，太守刘夏派吏员将送他们到京都。十二月，下诏书回报倭女王说："制诏亲魏倭王卑弥呼：带方太守刘夏派遣使者护送你的大夫难升米，次使都市牛利贡献你所献的男生口四人，女生口六人，白布二匹二丈，均已收到。你居处遥远，竟能遣使贡献，这是你的忠孝，我很同情。现在任你为亲魏倭王，持金印紫绶，封好后，由带方太守授与你，希望能安抚同族的人，勉励他们孝顺。你的使者难升米、牛利长途跋涉，备极辛劳，现在任难升米为率善中郎将，牛利为率善校尉，持银印青绶，我接见后遣他们回去。现在封装绛色为底，有蛟龙纹的锦布五匹，绛色为底，细毛织布十张，绛布五十匹，红青色帛五十匹，作为回报，价值与你的贡品相当。此外，特别赐你赤

班华罽五张、白绢五十匹、金八两、五尺刀二口、铜镜百枚、真珠、铅丹各五十斤。皆装封付难升米、牛利还到录受。悉可以示汝国中人，使知国家哀汝，故郑重赐汝好物也。”

正始元年，太守弓遵遣建忠校尉梯儁等奉诏书印绶诣倭国，拜假倭王，并赍昭赐金、帛、锦罽、刀、镜、采物，倭王因使上表答谢恩诏。其四年，倭王复遣使大夫伊声耆、掖邪狗等八人，上献生口、倭锦、绛青缣、绵衣、帛布、丹木、𤝔、短弓矢。掖邪狗等壹拜率善中郎将印绶。其六年，诏赐倭难升米黄幢，付郡假授。其八年，太守王颀到官。倭女王卑弥呼与狗奴国男王卑弥弓呼素不和，遣倭载斯、乌越等诣郡说相攻击状。遣塞曹掾史张政等因赍诏书、黄幢，拜假难升米为檄告喻之。卑弥呼以死，大作冢，径百余步，徇葬者奴婢百余人。更立男王，国中不服，更相诛杀，当时杀千余人。复立卑弥呼宗女壹与，年十三为王，国中遂定。政等以檄告喻壹与，壹与遣倭大夫率善中郎将掖邪狗等二十人送政等还，因诣台，献上男女生口三十人，贡白珠五千，孔青大句珠二枚，异文杂锦二十匹。

评曰：《史》、《汉》著朝鲜、两越，东京撰录西羌。魏世匈奴遂衰，更有乌丸、鲜卑，爰及东夷，使译时通，记述随事，岂常也哉！

色为底的句文锦三匹，细花毛织布五张，白绢五十匹，黄金八两，五尺刀二口，铜镜百枚，真珠、铅丹各五十斤，都封装交给难升米、牛利带回去。可以把这些珍品展示给国人看，让他们知道国家同情你，所以郑重地赐你珍品。”

魏齐王芳正始元年（公元240年），带方太守弓遵派建中校尉梯儁等人带着诏书印绶到倭国，见了倭王，并送皇帝所赐的金、帛、毛织布、刀、镜，及采物，倭王于是上表答谢恩赐。四年，倭王又派遣大夫伊声者、掖邪狗等八人，进献生口、倭锦、绛青丝、绵衣、帛布、丹木、𤝔、短弓箭。掖邪狗等人都授给率善中郎将的印绶。六年，皇帝下诏赐难升米黄色旌旗，由带方郡代授。八年，太守王颀到任。倭女王卑弥呼及狗奴国男王卑弥弓呼一向不合，于是派载斯、乌越等人来郡报告二国互相攻击的情形。于是王颀遣塞曹掾史张政等人带诏书、黄色旌旗，叫难升米作檄文晓喻他们。卑弥呼死后，作了很大的坟冢，直径一百多步，殉葬的奴婢有百来个。于是另立男王，但国内不服，相互攻伐，当时死了一千多人。后来拥立卑弥呼的宗女壹与，壹与十三岁便为王，国内这才安定下来。张政以檄文晓喻壹台，壹与派大夫率善中郎将掖邪狗等二十多人送张政等人回去，于是到郡中，献上男女生口三十人，进贡白珠五千，孔青大句珠二枚，异纹杂镜二十匹。

陈寿评论说：《史记》、《汉书》详载朝鲜、两越，东汉记载西羌。魏代时，匈奴就没落了，代起而有乌丸、鲜卑，以至东夷，使者译员偶而往来，随事记述，但这并非常有的啊！

三国志卷三十一

刘二牧传第一

王金凌　译

刘焉字君郎，江夏竟陵人也，汉鲁恭王之后裔，章帝元和中徙封竟陵，支庶家焉。焉少仕州郡，以宗室拜中郎，后以师祝公丧去官。居阳城山，积学教授，举贤良方正，辟司徒府，历雒阳令、冀州刺史、南阳太守、宗正、太常。焉睹灵帝政治衰缺，王室多故，乃建议言："刺史、太守，货赂为官，割剥百姓，以致离叛。可选清名重臣以为牧伯，镇安方夏。"焉内求交阯牧，欲避世难。议未即行，侍中广汉董扶私谓焉曰："京师将乱，益州分野有天子气。"焉闻扶言，意更在益州。会益州刺史郤俭赋敛烦扰，谣言远闻，而并州杀刺史张壹，凉州杀刺史耿鄙，焉谋得施。出为监军使者，领益州牧，封阳城侯，当收俭治罪；扶亦求为蜀郡西部属国都尉，及太仓令巴西赵韪去官，俱随焉。

是时益州逆贼马相、赵祇等于绵竹县自号黄巾，合聚疲役之民，一二日中得数千人，

刘焉字君郎，江夏竟陵（今湖北天门市西北）人，汉朝鲁恭王的后代，在汉章帝元和（公元84年—86年）年间迁封到竟陵，从此就住在这里。刘焉年轻时在州郡作官，因与汉宗室有亲属关系而官拜中郎，后来因老师祝恬逝世辞官，居住阳城山（在今河南登封市东北），一边治学，一边教书。举贤良方正时，刘焉被司徒府征召，先后做过洛阳令、冀州刺史、南阳太守、宗正、太常等官。刘焉目睹灵帝时代政治腐败，王室多难，于是建议说："刺史、太守皆以贿赂当官，剥削百姓，以致百姓叛离。应选拔一些清廉的大官为牧伯，以安定华夏。"刘焉想做交阯牧，以避乱世。他的建议还未实行，侍中广汉人董扶就私下对刘焉说："京师将乱，益州之地有天子气。"刘焉听了董扶的话，又改变主意想作益州牧。这时正值益州刺史郤俭赋敛繁苛，谣言四起，而并州刺史张壹、凉州刺史耿鄙又都被杀，于是刘焉得以达成愿望，出任监军使者，兼益州牧，封阳城侯，并准备收押郤俭治罪；董扶这时也要求出任蜀郡西部属国都尉，等太仓令巴西人赵韪一辞官，董扶便跟随着刘焉上任。

这时，益州叛贼马相、赵祇等人在绵竹县（今四川省德阳市北）自称黄巾，聚集一些苦于徭役的百姓，一两天之内便纠集了数千人，先杀绵竹县令李升，吏民合拢，总共一万多

先杀绵竹令李升，吏民翕集，合万余人，便前破雒县，攻益州杀俭，又到蜀郡、犍为，旬月之间，破坏三郡。相自称天子，众以万数。州从事贾龙领家兵数百人在犍为东界，摄敛吏民，得千余人，攻相等，数日破走，州界清静。龙乃选吏卒迎焉。焉徙治绵竹，抚纳离叛，务行宽惠，阴图异计。张鲁母始以鬼道，又有少容，常往来焉家，故焉遣鲁为督义司马，住汉中，断绝谷阁，杀害汉使。焉上书言米贼断道，不得复通，又托他事杀州中豪强王咸、李权等十余人，以立威刑。犍为太守任岐及贾龙由此反攻焉，焉击杀岐、龙。

焉意渐盛，造作乘舆车具千余乘。荆州牧刘表表上焉有似子夏在西河疑圣人之论。时焉子范为左中郎将，诞治书御史，璋为奉车都尉，皆从献帝在长安，惟叔子别部司马瑁素随焉。献帝使璋晓谕焉，焉留璋不遣。时征西将军马腾屯郿而反，焉及范与腾通谋，引兵袭长安。范谋泄，奔槐里，腾败，退还凉州，范应时见杀，于是收诞行刑。议郎河南庞羲与焉通家，乃募将焉诸孙入蜀。时焉被天火烧城，车具荡尽，延及民家。焉徙治成都，既痛其子，又感祅灾，兴平元年，痈疽发背而卒。州大吏赵韪等贪璋温仁，共上璋为益州刺史，诏书因以为监军使者，领益州牧，以韪为征东中郎将，率众击刘表。

人，于是前进攻陷雒县（今四川广汉市），进击益州，杀了郤俭，又到蜀郡、犍为，二三十天之间，破坏三郡。马相自称天子，拥有数万民众。州从事贾龙在犍为东方的郡界率领数百士卒，收纳吏民，计有一千余人，立即进攻马相，数日便把他击走，益州由此而得安宁。贾龙于是选若干吏卒迎接刘焉。刘焉将州治迁到绵竹，招纳离叛的人，并予安抚，政事从宽，待民仁惠，暗中另有计划。张鲁的母亲由于擅长鬼道邪术，而容貌又年轻，经常出入刘焉的家，所以刘焉派张鲁为督义司马，驻守汉中，断绝斜谷和阁道，又杀害汉朝使者。刘焉便假意上书说：米贼阻绝道路，无法与朝廷交通。又制造借口杀了益州豪强王咸、李权等十余人，以树立威刑。犍为太守任岐和贾龙也因此反过来攻打刘焉，刘焉便击杀此二人。

刘焉气势逐渐强盛，制造天子座车和一千多辆车子。荆州牧刘表上表给皇帝，说："刘焉在益州就像子夏在西河，众人疑子夏为圣人，益州人也以为刘焉就是天子。"当时，刘焉的儿子刘范任左中郎将，刘诞任治书御史，刘璋任奉车都尉，都跟着献帝在长安，只有小儿子别部司马刘瑁一直在身边。汉献帝派刘璋去告诫刘焉，刘焉就把儿子留下来，不让他回朝廷。这时征西将军马腾屯驻郿县（今陕西眉县东北），竟然造反，刘焉、刘范和马腾通谋，要率军袭击长安。刘范因泄露阴谋，逃到槐里（在今陕西省兴平市东南），马腾打了败仗，撤退至凉州，刘范立即被杀，又收押刘诞处决。议郎河南人庞羲与刘焉是亲家，于是带着刘焉的几个孙子到四川。这时刘焉遭意外火灾，车辆全毁，火势延及民家。于是将州治迁到成都，他既因丧子而忧伤不已，又感于天灾无情，在兴平元年（公元 194 年），背上的痈疮发作而死。益州大吏赵韪等人见刘璋温仁庸弱，以为有利可贪，于是一起上表拥他为益州刺史。皇帝就下诏命刘璋为监军使者，兼益州牧，任赵韪为征东中郎将，率领士卒攻击刘表。

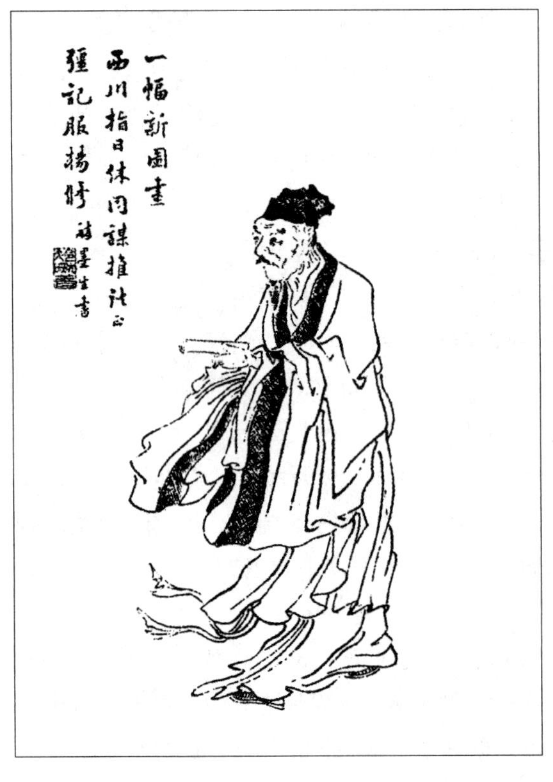

张松，选自清刊本《三国演义》。据《三国演义》，刘璋派张松联络曹操攻打张鲁，张松却暗中带上西川地图，想趁机献给曹操。入京都后，为曹操不喜。诸葛亮探知消息后，在张松回川途中殷勤接待，张松便献上西川地图，并向刘璋献计邀刘备入川，以抗张鲁。

璋，字季玉，既袭焉位。而张鲁稍骄恣，不承顺璋，璋杀鲁母及弟，遂为仇敌。璋累遣庞羲等攻鲁，数为所破。鲁部曲多在巴西，故以羲为巴西太守，领兵御鲁。后羲与璋情好携隙，赵韪称兵内向，众散见杀，皆由璋明断少而外言入故也。璋闻曹公征荆州，已定汉中，遣河内阴溥致敬于曹公。加璋振威将军，兄瑁平寇将军。瑁狂疾物故。璋复遣别驾从事蜀郡张肃送叟兵三百人并杂御物于曹公，曹公拜肃为广汉太守。璋复遣别驾张松诣曹公，曹公时已定荆州，走先主，不复存录松，松以此怨。会曹公军不利于赤壁，兼以疫死。松还，疵毁曹公，劝璋自绝，因说璋曰："刘豫州，使君之肺腑，可与交通。"璋皆然之，遣法正连好先主，寻又令正及孟达送兵数千助先主守御，正遂还。后松复说璋曰："今州中诸将庞羲、李异等皆恃功骄豪，欲有外意，不得豫州，则敌攻

刘璋，字季玉，承袭刘焉的官位后，张鲁逐渐傲慢放肆，不服从他，于是刘璋杀了张鲁的母亲和弟弟，从此两人结怨。刘璋屡次派庞羲等人攻打张鲁，但都吃了败仗。张鲁的部队大部分在巴西，所以任庞羲为巴西太守，带兵抵御张鲁。后来庞羲和刘璋情谊破裂，赵韪又举兵攻刘璋，但赵韪因部众离散而被杀，这些事情都是由于刘璋不果断，且听外人谗言的缘故。刘璋听说曹操征伐荆州，而且已经平定汉中，于是派河内人阴溥向曹操致敬。曹操就加封刘璋为振威将军，刘瑁为平寇将军。后来刘瑁因发疯而死。刘璋又派遣别驾从事蜀郡人张肃送三百名四川兵和若干皇家所用的杂物给曹操，曹操任张肃为广汉太守。刘璋又派别驾张松去见曹操，这时曹操已平定荆州，赶走刘备，不再照顾录用张松，张松因此怀恨在心。恰巧曹操的军队在赤壁失利，加上疾疫死亡不少。张松一回来，就非毁曹操，劝刘璋与他断绝关系，并说："刘备，是您的宗室亲戚，可以与他往来。"刘璋认为他说的话都对，就派法正与刘备结好，不久又命法正和孟达送数千名士兵协助刘备守御，法正将士兵送到后就回来。后来张松又劝刘璋说："现在本州各将领如庞羲、李异等人，都

其外，民攻其内，必败之道也。”璋又从之，遣法正请先主。璋主簿黄权陈其利害，从事广汉王累自倒县于州门以谏，璋一无所纳，敕在所供奉先主，先主入境如归。先主至江州北由垫江水诣涪，去成都三百六十里，是岁建安十六年也。璋率步骑三万余人，车乘帐幔，精光曜日，往就与会；先主所将将士，更相之适，欢饮百余日。璋资给先主，使讨张鲁，然后分别。

明年，先主至葭萌，还兵南向，所在皆克。十九年，进围成都数十日，城中尚有精兵三万人，谷帛支一年，吏民咸欲死战。璋言：“父子在州二十余年，无恩德以加百姓。百姓攻战三年，肌膏草野者，以璋故也，何心能安！”遂开城出降，群下莫不流涕。先主迁璋于南郡公安，尽归其财物及故佩振威将军印绶。孙权杀关羽，取荆州，以璋为益州牧，驻秭归。璋卒，南中豪率雍闿据益郡

刘璋向刘备献上印绶，刘备自领益州牧，选自清刊本《三国演义》。

仗恃有功，骄纵豪奢，想依附外力。若不能与刘备联盟，则敌人由外攻，民众由内攻，一定会败亡。”刘璋又听他的话，派法正邀请刘备。刘璋的主簿黄权为他剖陈利害，从事广汉人王累也自己倒吊在州门，表示谏阻。但刘璋一个意见也不接纳，下令在成都供奉刘备，刘备入四川就像回老家一样。刘备先到江州北方，再从垫江沿水路至涪（今四川绵阳市），离成都才三百六十里，这一年正是汉献帝建安十六年（公元211年）。刘璋率领步兵、骑兵三万人，车辆帐幔，光彩如日，前往与刘备会谈；刘备所率的将领，轮番赶赴，欢宴一百多天。刘璋资助刘备，请他讨伐张鲁，然后两人才告别。

次年（建安十七年，公元212年），刘备到葭萌（今四川广元市昭化区），然后部队南进，打到哪里，胜到哪里。建安十九年（公元214年），包围成都数十天，这时，城内还有三万精兵，谷、帛等可用一年，官员、百姓都要一决死战。刘璋竟说：“我父子在益州二十多年，对百姓也没有什么恩德，百姓已打了三年仗，暴尸荒野，都是为了我的缘故，我怎么能安心呢！”于是开城投降，吏民无不掉泪。刘备就把他迁到南郡公安，并将财物及过去刘璋所佩带的振威将军印绶通通还他。孙权杀关羽后，取得荆州，任刘璋为益州牧，

反，附于吴。权复以璋子阐为益州刺史，处交、益界首。丞相诸葛亮平南土，阐还吴，为御史中丞。初，璋长子循妻，庞羲女也。先主定蜀，羲为左将军司马，璋时从羲启留循，先主以为奉车中郎将。是以璋二子之后，分在吴、蜀。

评曰：昔魏豹闻许负之言则纳薄姬于室，刘歆见图谶之文则名字改易，终于不免其身，而庆钟二主。此则神明不可虚要，天命不可妄冀，必然之验也。而刘焉闻董扶之辞则心存益土，听相者之言则求婚吴氏，遽造舆服，图窃神器，其惑甚矣。璋才非人雄，而据土乱世，负乘致寇，自然之理，其见夺取，非不幸也。

驻在秭归（今湖北省秭归县）。刘璋死后，南方的豪杰领袖雍闿占领益郡，反叛刘备，依附吴国。孙权又任刘璋的儿子刘阐为益州刺史，驻在交州和益州的交界处。丞相诸葛亮平定南方时，刘阐回到吴国，任御史中丞。当初，刘璋长子刘循娶庞羲的女儿为妻。刘备平定蜀时，庞羲任左将军司马，那时，刘璋依从庞羲的请求，留下刘循，刘备任他为奉车中郎将。所以刘璋两个儿子的后代，分别住在吴国和蜀汉。

陈寿评论说：汉朝时，魏豹听了许负的话而纳薄姬，刘歆看了河图赤伏符上的文字而改名刘秀，然而还是不免一死。福祉依然降临汉高祖和光武帝身上。由此可见神明不能虚求，天命也不可妄想，这是一定会应验的。然而刘焉听了董扶的话，就想割据益州，听了相命的话，就为儿子刘瑁向吴氏求婚，急于制作天子的座车和服装，谋窃王位，这是多么的糊涂啊！至于刘璋，才干并非人中豪杰，而在乱世中盘据一方，就好像骑着马，背着财物，一定会引来窃盗，这是自然的道理，最后为刘备所夺，也并非不幸的啊！

三国志卷三十二

先主传第二

王静芝 译

先主姓刘，讳备，字玄德，涿郡涿县人，汉景帝子中山靖王胜之后也。胜子贞，元狩六年封涿县陆城亭侯，坐酎金失侯，因家焉。先主祖雄，父弘，世仕州郡。雄举孝廉，官至东郡范令。

先主少孤，与母贩履织席为业。舍东南角篱上有桑树生高五丈余，遥望见童童如小车盖，往来者皆怪此树非凡，或谓当出贵人。先主少时，与宗中诸小儿于树下戏，言：“吾必当乘此羽葆盖车。”叔父子敬谓曰：“汝勿妄语，灭吾门也！”年十五，母使行学，与同宗

刘备，选自清皇家珍藏手抄善本绘图描金银《三国志演义》。

先主姓刘，名备，字玄德，涿郡涿县人（今河北省涿州市），是汉景帝的儿子中山靖王刘胜的后裔。刘胜的儿子刘贞，在汉武帝元狩六年封涿县陆城亭侯。后来坐贡酎金不合之罪，失去侯爵。刘贞既失去侯爵，因而便安家在涿县长住下来。先主刘备的祖父刘雄，父亲刘弘，世代都出仕于州郡。刘雄举孝廉，官至东郡范县令。

先主刘备年少时丧父，与母亲以卖鞋织席为生业。他家住屋东南角的篱笆外，生有一棵桑树，长得五丈多高，远远望去，那桑树枝叶铺张，作成一个圆顶，如同一小车盖。从此路往来行走的人，都觉得怪异，以为此树不凡，或有人说此地当出贵人。刘备年少时，和同宗中的许多小孩子在树下游戏，刘备指那桑树说：“我必然该当乘这一座鸟羽毛编成华盖的车。”刘备的叔父刘子敬说：“你不要胡说，这要遭灭族之祸的。”刘备至十五岁时，母亲使他上学。刘备和同宗刘德然、辽西人公孙瓒都在前

张翼德怒鞭督邮，选自清刊本《三国演义》。据《三国演义》，鞭打督邮者是刘备的结拜兄弟张飞，而不是《三国志》所说的刘备自己鞭打督邮。图为张飞怒打督邮。

刘德然、辽西公孙瓒俱事故九江太守同郡卢植。德然父元起常资给先主，与德然等。元起妻曰：“各自一家，何能常尔邪！”起曰：“吾宗中有此儿，非常人也。”而瓒深与先主相友。瓒年长，先主以兄事之。先主不甚乐读书，喜狗马、音乐、美衣服。身长七尺五寸，垂手下膝，顾自见其耳。少语言，善下人，喜怒不形于色。好交结豪侠，年少争附之。中山大商张世平、苏双等赀累千金，贩马周旋于涿郡，见而异之，乃多与之金财。先主由是得用合徒众。

灵帝末，黄巾起，州郡各举义兵，先主率其属从校尉邹靖讨黄巾贼有功，除安喜尉。督邮以公事到县，先主求谒，不通，直入缚督邮，杖二百，解绶系其颈着马柳弃官亡命。顷之，大将军何进遣都尉毌丘毅诣丹杨募兵，先主与俱行，至下邳遇贼，力战有

九江太守、同郡人卢植门下读书。刘德然的父亲刘元起，经常出金钱资助刘备学费，所给的钱数和刘德然相同。刘元起的妻子说：“德然和刘备，各自有家，不是一家人，你怎能经常如此呢？”刘元起说：“我们宗族中有这样一个孩子，不是平常的人，值得帮助。”公孙瓒和刘备特别交谊深厚。公孙瓒年长，刘备对待公孙瓒如兄长一样。刘备不甚喜欢读书，而喜欢狗马、音乐、华美的衣服。他身长七尺五寸，两手下垂时长达膝盖以下，两耳甚大，可以看见自己的双耳。他很少讲话，善能谦退下人，心中有喜怒之情，不表露于面色。他喜好结交豪侠之士，年少豪壮之人争先归附于他。中山地方大商人张世平、苏双等人，资财积累千金，贩卖马匹，辗转活动于涿郡，见到刘备，感到他异于常人，于是给了他很多金银。刘备因此得以利用资财，聚合徒众。

汉灵帝末年，黄巾贼盗兴起作乱，各州各郡都举义兵平乱。刘备便率领其所属从校尉邹靖讨伐黄巾贼，有功，因此得拜官为安喜县尉。督邮因公事到县，刘备求谒见督邮，不得通达。刘备迳自闯入，将督邮捆绑，杖击二百下。刘备解下了自己的印绶，系在督邮的脖子上，将督邮绑在拴马柱上，弃官而逃去。过了些时，大将军何进派遣都尉毌丘毅到丹阳招募兵士，刘备和毌丘毅同行。到下邳，遇黄巾贼。刘备力战有功，因得拜官下密丞。

功，除为下密丞。复去官。后为高唐尉，迁为令。为贼所破，往奔中郎将公孙瓒，瓒表为别部司马，使与青州刺史田楷以拒冀州牧袁绍。数有战功，试守平原令，后领平原相。郡民刘平素轻先主，耻为之下，使客刺之。客不忍刺，语之而去。其得人心如此。

袁绍攻公孙瓒，先主与田楷东屯齐。曹公征徐州，徐州牧陶谦遣使告急于田楷，楷与先主俱救之。时先主自有兵千余人及幽州乌丸杂胡骑，又略得饥民数千人。既到，谦以丹杨兵四千益先主，先主遂去楷归谦。谦表先主为豫州刺史，屯小沛。谦病笃，谓别驾麋竺曰："非刘备不能安此州也。"谦死，竺率州人迎先主，先主未敢当。下邳陈登谓先主曰："今汉室陵迟，海内倾覆，立功立事，在于今日。彼州殷富，户口百万，欲屈使君抚临州事。"先主曰：

陶谦三让徐州牧，选自清刊本《三国演义》。据《三国演义》，刘备替陶谦去曹操之兵，陶谦见刘备仁善，三次主动要让出徐州，刘备坚辞。陶谦死后，徐州百姓拥挤府前哭拜："刘使君若不领此郡，我等皆不得安生矣！"刘备方才应允领徐州事。

又去官。后官高唐尉，迁为高唐令。高唐被黄巾贼攻破，刘备投奔中郎将公孙瓒。公孙瓒上表荐刘备为别部司马，派遣刘备和青州刺史田楷合力抗拒冀州牧袁绍。屡次立有战功。迁试守平原令，后领平原相。郡中人刘平，平日轻视刘备，以居刘备之下为耻辱，暗遣刺客行刺刘备。刺客见刘备，不忍下手，反将行刺之事，告知刘备，然后离去。刘备之得人心，竟能如此。

袁绍出兵攻击公孙瓒，刘备和田楷领兵东移，屯兵于齐地。曹操出兵征伐徐州，徐州牧陶谦派使者向田楷告急。田楷和刘备都领兵去救徐州。当时刘备率领自己所有兵一千余人，又有幽州乌丸杂胡骑兵，又稍得饥馑中流民数千人，到达徐州。陶谦又以丹阳兵四千交与刘备，增益兵力。刘备乃离开田楷而归附陶谦。陶谦上表荐刘备为豫州刺史，屯兵于小沛（汉代之沛县，属于沛郡，故谓小沛，在今江苏沛县东）。陶谦病，沉重将不能起，他对别驾麋竺说："除非刘备出任州牧，别人不能安治这一州。"陶谦死，麋竺率人迎刘备出任州牧。刘备谦让不敢担任，下丕人陈登对刘备说："目前汉室衰微，海内外情势有如翻覆，要立功立业，就在今天。陶谦所领的徐州，地方富足，户口百万之多，现在要委屈使君去治理这一州的政事。"刘备

"袁公路近在寿春，此君四世五公，海内所归，君可以州与之。"登曰："公路骄豪，非治乱之主。今欲为使君合步骑十万，上可以匡主济民，成五霸之业，下可以割地守境，书功于竹帛。若使君不见听许，登亦未敢听使君也。"北海相孔融谓先主曰："袁公路岂忧国忘家者邪？冢中枯骨，何足介意。今日之事，百姓与能，天与不取，悔不可追。"先主遂领徐州。袁术来攻先主，先主拒之于盱眙、淮阴。曹公表先主为镇东将军，封宜城亭侯，是岁建安元年也。先主与术相持经月，吕布乘虚袭下邳。下邳守将曹豹反，间迎布。布虏先主妻子，先主转军海西。杨奉、韩暹寇徐、扬间，先主邀击，尽斩之。先主求和于吕布，布还其妻子。先主遣关羽守下邳。

先主还小沛，复合兵得万余人。吕布

吕布袭徐州，清朱芝轩绘。据《三国演义》，刘备受帝命攻袁术，留张飞守徐州，张飞酒后痛打部下曹豹，曹豹即引吕布夜袭徐州，张飞酒后不敌吕布，败走城外。图为吕布进徐州后和张飞相遇。

说："袁公路（袁术）现居寿春，路程不远，此君家世高贵，四代有五公爵，声望极高，海内共同归心，君可以将徐州交与袁公。"陈登说："袁公路骄纵豪奢，不是治乱世之主。现在我们徐州，要为使君聚合步骑士卒十万人，进一步可以匡正君王，拯救万民，成五霸之大业；退而言之，也可以割据地方，守城保境，功业将来写在史册。如果使君不肯听，不接受此一意见，陈登也不敢听使君的意见。"北海相孔融对刘备说："袁公路岂是忧国忘家的人？他好像坟墓中的枯骨，何足以介意？今天的事态，百姓是要追随能治世的人。现在是天给你成功立业的机会，你如果不争取，将来追悔不及。"于是刘备领了徐州牧（徐州为古九州之一，有今江苏西部与山东南部，安徽东北部）。袁术领兵来攻刘备，刘备引兵拒袁术于盱眙、淮阴。曹操上表于汉献帝，荐刘备为镇东将军，封宜城亭侯。这一年是汉献帝建安元年（公元196年）。刘备军与袁术兵相对峙经一个多月，吕布乘虚袭击徐州所属地下邳。下邳地方守将曹豹反，暗中迎接吕布。吕布俘虏了刘备的妻子。刘备转兵于海西。杨奉、韩暹二人率众劫掠于徐、扬二地之间，刘备领兵截击杨韩之众，杀杨奉与韩暹。刘备向吕布求和，吕布归还刘备的妻子。刘备派关羽守下邳。

刘备回到小沛，又聚合士众，得一万多人。吕布很厌恶刘备的反复，自己出兵攻刘备。

恶之，自出兵攻先主，先主败走归曹公。曹公厚遇之，以为豫州牧。将至沛收散卒，给其军粮，益与兵使东击布。布遣高顺攻之，曹公遣夏侯惇往，不能救，为顺所败，复虏先主妻子送布。曹公自出东征，助先主围布于下邳，生擒布。先主复得妻子，从曹公还许。表先主为左将军，礼之愈重，出则同舆，坐则同席。袁术欲经徐州北就袁绍，曹公遣先主督朱灵、路招要击术。未至，术病死。

先主未出时，献帝舅车骑将军董承辞受帝衣带中密诏，当诛曹公。先主未发。是时曹公从容谓先主曰："今天下英雄，唯使君与操耳。本初之徒，不足数也。"先主方食，失匕箸。遂与承及长水校尉种辑、将军吴子兰、王子服等同谋。会见使，未发。事觉，承等皆伏诛。

先主据下邳。灵等还，先主乃杀徐州刺史

曹操煮酒论英雄，选自清刊本《三国演义》。

刘备不敌败走，投归曹操。曹操厚遇刘备，以刘备为豫州牧（豫州为古九州之一，约为今河南省地）。刘备将去小沛收拾奔散的士卒，曹操拨给刘备军粮，又加拨些兵力，当即使刘备东进攻击吕布。吕布派高顺攻刘备，曹操派夏侯惇增援刘备。不能救助刘备，刘备、夏侯惇被高顺击败。高顺又俘虏了刘备的妻子，送到吕布处。曹操亲自出兵东征，助刘备攻吕布，围吕布于下邳，生擒吕布。刘备又得回妻子，随曹操回到许昌。曹操表奏刘备为左将军。曹操礼遇刘备，更为重厚，出外同乘一车，坐则同坐一席。袁术想要经过徐州，北上去投袁绍。曹操派刘备督率朱灵、路招二人领兵拦截击袁术，袁术兵因此不能通过，而袁术病死。

刘备在未领兵出击袁术之时，献帝的长亲车骑将军董承受献帝密诏，藏衣带之中，依诏当杀曹操。刘备与董承共谋。一时未能举事。这时曹操曾从容地对刘备说："今日天下的英雄人物，唯有使君和曹操二人而已！袁本初那一种人物，不能计算在数内！"当时刘备正在进餐，一时震惊，手中的匙箸竟掉落地上。刘备乃和董承及长水校尉种辑、将军吴子兰、王子服等人同谋杀曹操。正值刘备被派出去拦击袁术，便未能发动举事。其后密谋事被发觉，董承等人都被杀。

刘备据守下邳，朱灵等回许昌。刘备乃杀徐州刺史车胄，留关羽守下邳，而自己回到

车胄，留关羽守下邳，而身还小沛。东海昌霸反，郡县多叛曹公为先主，众数万人，遣孙乾与袁绍连和，曹公遣刘岱、王忠击之，不克。五年，曹公东征先主，先主败绩。曹公尽收其众，虏先主妻子，并禽关羽以归。

先主走青州。青州刺史袁谭，先主故茂才也，将步骑迎先主。先主随谭到平原，谭驰使白绍。绍遣将道路奉迎，身去邺二百里，与先主相见。驻月余日，所失亡士卒稍稍来集。曹公与袁绍相拒于官渡，汝南黄巾刘辟等叛曹公应绍。绍遣先主将兵与辟等略许下。关羽亡归先主。曹公遣曹仁将兵击先主，先主还绍军，阴欲离绍，乃说绍南连荆州牧刘表。绍遣先主将本兵复至汝南，与贼龚都等合，众数千人。曹公遣蔡阳击之，为先主所杀。

斩蔡阳兄弟释疑，选自清刊本《三国演义》。据《三国演义》，关羽护送刘备二位夫人投奔刘备，在古城遇到张飞，张飞怀疑关羽已为奸细，关羽斩杀曹操部将蔡阳，以释张飞之疑。此与《三国志》蔡阳为刘备所杀不合。图为关羽斩蔡阳于马下。

小沛。东海昌霸反，郡县多叛离曹操而归刘备，士众达好几万人。刘备派孙乾与袁绍联合。曹操派刘岱和王忠击刘备，不能胜。建安五年，曹操亲自领兵东征刘备。刘备败。曹操收集了刘备全部士众，俘虏了刘备的妻子，并且擒关羽而归。

刘备脱走到青州（今山东德州、济南淄博、潍坊以及胶东半岛等地）。青州刺史袁谭曾被刘备举为茂才，亲自率步骑士卒迎接刘备。刘备随袁谭到平原，袁谭派使者飞骑报告袁绍。袁绍派将士沿途奉迎刘备，亲身出邺地，行二百里之遥，与刘备相见。刘备停留一个多月，所散失的士卒渐渐寻来集聚。曹操与袁绍相拒于官渡（河南省中牟县东北，旁有水，为汴水之荥阳以东经中牟之流，名官渡水，因以名地）。汝南的黄巾刘辟等人，叛曹操而应合袁绍，袁绍派刘备领兵与刘辟等攻夺许昌，关羽得机会脱走，又归于刘备。曹操遣曹仁将兵击刘备，刘备回到袁绍军中，暗中有意脱离袁绍，乃劝说袁绍向南联合荆州牧刘表（荆州为古九州之一，有今湖南、湖北二省及四川东南，贵州东北以及广东、广西之一部分地）。袁绍乃派刘备将兵又到汝南，与黄巾贼龚都等联合，士众共数千人，曹操派蔡阳攻击刘备，蔡阳败，被刘备所杀。

曹公既破绍，自南击先主。先主遣麋竺、孙乾与刘表相闻，表自郊迎，以上宾礼待之，益其兵，使屯新野。荆州豪杰归先主者日益多，表疑其心，阴御之。使拒夏侯惇、于禁等于博望。久之，先主设伏兵，一旦自烧屯伪遁，惇等追之，为伏兵所破。

十二年，曹公北征乌丸，先主说表袭许，表不能用。曹公南征表，会表卒，子琮代立，遣使请降。先主屯樊，不知曹公卒至，至宛乃闻之，遂将其众去。过襄阳，诸葛亮说先主攻琮，荆州可有。先主曰："吾不忍也。"乃驻马呼琮，琮惧不能起。琮左右及荆州人

长阪坡，清代年画。图中情形依《三国演义》展开，刘备扶老携幼在前，曹操千军万马蹑踪于后，左下角为关羽率江夏水军正来接应。

曹操击破了袁绍以后，亲自领兵南进攻击刘备。刘备派麋竺、孙乾二人和刘表通洽。刘表亲出郊迎接刘备，以上宾之礼待刘备，并且增益刘备的兵力，使刘备屯兵于新野（今河南县名，在南阳市南）。荆州的豪杰，归附于刘备的日益加多。刘表怀疑刘备另有居心，暗中防御刘备。派刘备领兵抵御夏侯惇和于禁等于博望。相持很久，刘备设下埋伏，一日忽烧其屯聚之地，伪装逃遁。夏侯惇等驱兵追刘备，被刘备所设的伏兵所破。

建安十二年，曹操北征乌丸。刘备劝说刘表，乘势袭击许昌，刘表没听从刘备的意见。而曹操却又南征刘表，正值刘表去世，刘表的儿子刘琮代立，遣使者向曹操请降。刘备其时屯兵樊城，不知道曹操兵已如此突然到达，及曹兵到宛城，才听到消息。刘备乃率领兵众离去，经过襄阳，诸葛亮劝说刘备袭击刘琮，可以取得荆州。刘备说："我不忍这样做。"乃驻马停下来，呼刘琮。刘琮畏惧，不能起来会见刘备。刘琮左右的人和荆州的

多归先主。比到当阳，众十余万，辎重数千两，日行十余里，别遣关羽乘船数百艘，使会江陵。或谓先主曰：“宜速行保江陵，今虽拥大众，被甲者少，若曹公兵至，何以拒之？”先主曰：“夫济大事必以人为本，今人归吾，吾何忍弃去！”

曹公以江陵有军实，恐先主据之，乃释辎重，轻军到襄阳。闻先主已过，曹公将精骑五千急追之，一日一夜行三百余里，及于当阳之长阪。先主弃妻子，与诸葛亮、张飞、赵云等数十骑走，曹公大获其人众辎重。先主斜趋汉津，适与羽船会，得济沔，遇表长子江夏太守琦众万余人，与俱到夏口。先主遣诸葛亮自结于孙权，权遣周瑜、程普等水军数万，与先主并力，与曹公战于赤壁，大破之，焚其舟船。先主与吴军水陆并进，追到南郡，时又疾疫，北军多死，曹公引归。

先主表琦为荆州刺史，又南征四郡。武陵太守金旋、长沙太守韩玄、桂阳太守赵范、零陵太守刘度皆降。庐江雷绪率部曲数万口稽颡。琦病死，群下推先主为荆州牧，治公安。权稍畏之，进妹固好。先主至京见权，绸缪恩纪。权遣使云欲共取蜀，或以为宜报听许，

人士多离开刘琮而归附刘备。及行到当阳，刘备的人众已有十多万，辎重粮草有数千辆之多，每日只能走十几里路，行动迟缓。刘备乃遣关羽另外乘船数百艘先走，使关羽到江陵等候与刘备聚合。有人对刘备说：“现在应该快走，以求保住江陵。今在此虽拥有大众，但是披甲能战之士很少，若曹操兵到，如何抵抗？”刘备说：“成大事必以人为根本。现在有这些人归附于我，我怎忍得弃他们而去？”

曹操以为江陵一地有军事上所需的器械粮饷，恐怕刘备先占为据点，乃放下辎重，轻车快奔襄阳。听说刘备已过襄阳，曹操亲自率精锐骑兵五千人，急追刘备，一日一夜之间，奔驰三百多里，赶到当阳的长阪（当阳县在今湖北宜昌市东），追上了刘备。刘备弃了妻儿，和诸葛亮、张飞、赵云等数十骑一同驰走。曹操大获刘备所遗的人众和辎重。刘备由小路近趋汉津，正好遇到关羽的船只，因得渡过沔水。遇到刘表的长子，江夏太守刘琦，士卒有一万多人，大家共到夏口。刘备派诸葛亮与吴主孙权相结盟。孙权派周瑜、程普等领水军数万人，和刘备合力与曹操战于赤壁。大破曹兵，焚烧其舟船。刘备与吴兵水陆并进，直追到南郡。当时又流行疾疫，曹兵很多死掉。曹操乃引兵回许昌。

刘备表荐刘琦为荆州刺史。又南进征伐四郡。武陵太守金旋、长沙太守韩玄、桂阳太守赵范、零陵太守刘度四人都降刘备。庐江雷绪率领部下数万人叩首归附。刘琦病死，荆州众属官公推刘备为荆州牧，以公安为州治所在（公安，今湖北公安县）。孙权见刘备如此得人望，有地利，渐渐畏惧刘备，以妹嫁刘备，以求好合永固。刘备过江到京（今江苏镇江），会见孙权，相交亲密，厚结恩情。孙权派使者来荆州，说要和刘备共同出兵，攻取蜀地。刘备的部下有人主张可以回答孙权，听从孙权的意见，共同取蜀地。因为吴无论如何无法越过荆州而有四川之地，而四川之地乃因之可属于以荆州为根据地的刘备。但荆州主

吴终不能越荆有蜀，蜀地可为己有。荆州主簿殷观进曰：“若为吴先驱，进未能克蜀，退为吴所乘，即事去矣。今但可然赞其伐蜀，而自说新据诸郡，未可兴动，吴必不敢越我而独取蜀。如此进退之计，可以收吴、蜀之利。”先主从之，权果辍计。迁观为别驾从事。

十六年，益州牧刘璋遥闻曹公将遣钟繇等向汉中讨张鲁，内怀恐惧。别驾从事蜀郡张松说璋曰：“曹公兵强无敌于天下，若因张鲁之资以取蜀土，谁能御之者乎？”璋曰：“吾固忧之而未有计。”松曰：“刘豫州，使君之宗室而曹公之深仇也，善用兵，若使之讨鲁，

回荆州，清末年画。据《三国演义》，孙权将妹妹嫁与刘备是周瑜引诱刘备到东吴的计策，不料被诸葛亮将计就计，真成就这段姻缘。后刘备进一步劝说孙夫人随他回到荆州，周瑜的计划全部落空。图为孙夫人随刘备回荆州途中，遇徐盛、丁奉二将阻挡，被孙夫人斥退。

簿殷观进言说：“假如荆州为吴攻蜀的先驱，向前进攻而未能克蜀，要退时，荆州又被吴乘势取去，那就进退失据，大事去矣！现在仅仅可以答应孙权，赞成伐蜀，而我自己借口刚刚才取得各郡据守，局势初定，不可立即兴兵有所动作。吴也必不敢越过我方地界而单独攻取蜀地。如此进可以攻，退可以守，可以收拒吴取蜀之利。”刘备以殷观之说为然，回答孙权。孙权果然停止取蜀之计。刘备迁殷观为别驾从事。

建安十六年，益州牧刘璋（益州，汉置州，今四川省地，即所谓蜀地）远闻曹操将派遣钟繇等向汉中进兵，讨伐张鲁。刘璋心中恐惧。刘璋属下别驾从事，蜀郡人张松劝说刘璋：“曹操兵强，无敌于天下。假使因取得张鲁之地，以为进取之据，而攻取蜀地，谁能抵御呢？”刘璋说：“我固然正在担忧于这种情形，而想不出好办法。”张松说：“刘备这个

鲁必破。鲁破，则益州强，曹公虽来，无能为也。”璋然之，遣法正将四千人迎先主，前后赂遗以巨亿计，正因陈益州可取之策。先主留诸葛亮、关羽等据荆州，将步卒数万人入益州。至涪，璋自出迎，相见甚欢。张松令法正白先主，及谋臣庞统进说，便可于会所袭璋。先主曰：“此大事也，不可仓卒。”璋推先主行大司马，领司隶校尉；先主亦推璋行镇西大将军，领益州牧。璋增先主兵，使击张鲁，又令督白水军。先主并军三万余人，车甲器械资货甚盛。是岁，璋还成都。先主北到葭萌，未即讨鲁，厚树恩德，以收众心。

明年，曹公征孙权，权呼先主自救。先主遣使告璋曰：“曹公征吴，吴忧危急。孙氏与孤本为唇齿，又乐进在青泥与关羽相拒，今不往救羽，进必大克，转侵州界，其忧有甚于鲁。鲁自守之贼，不足虑也。”乃从璋求万兵及资实，欲以东行，璋但许兵四千，其余皆给半。张松书与先主及法正曰：“今大事垂可立，如何释此去乎！”松兄广汉太守肃，惧祸逮己，白璋发其谋。于是璋收斩松，嫌隙始构矣。璋敕关戍诸将文书勿复关通先主。先主大怒，召璋白水军督杨怀，责以无礼，斩之。乃使黄忠、卓膺勒兵向璋。先主径至关中，

人，乃是使君的同宗，而是曹操的大仇人。刘备善于用兵，假如能使刘备讨伐张鲁，张鲁必被击破。张鲁既被击破，则我益州便强大起来，曹操虽来攻，也无能为力了。”刘璋以为张松所言很对，便派法正率领四千人迎接刘备，前后赠送财物以亿万计。法正因向刘备陈述可以取得益州的策略。刘备于是留诸葛亮、关羽等人据守荆州，自己率领步卒数万人入益州。刘备到涪县（涪县，今四川省绵阳市涪陵县），刘璋亲自出迎于涪。二人相见，极为欢洽。张松命法正劝告刘备，又刘备的谋臣庞统也进言，都主张乘便在相会之地，突袭刘璋。刘备说：“这是一件大事，不可仓促行事。”刘璋推举刘备行大司马，领司隶校尉。刘备也推举刘璋行镇西大将军，领益州牧。刘璋增添了刘备的兵力，使刘备进击张鲁，又令刘备督饬白水军。刘备合并军队得三万多人，车用器械财物极多。这一年，刘璋由涪州回成都（今四川成都，时为益州州治）。刘备领兵向北行，到葭萌。但并未攻击张鲁，而在地方树立宽厚恩德，用以取得民心。

次年，曹操出兵征孙权。孙权向刘备呼求救援。刘备派使者到成都见刘璋说：“曹操出兵征吴，吴忧惧危急，孙氏与我本为唇齿相关。又曹操部下乐进，现在青泥与我将关羽对敌相持不下，如果不去救关羽，乐进必定大胜而转兵侵益州界，那时益州忧患更甚，过于张鲁。张鲁不过自己据守一地，是一个不能发展之贼，不足以为虑。”刘备乃向刘璋要求拨给一万兵士，和若干钱谷，意欲起兵东行。刘璋仅许给刘备兵四千人，其余钱谷等物，都给一半。张松写信给刘备和法正说：“现在大事垂手可成，如何可以放弃而离去呢？”张松的哥哥广汉太守张肃，怕张松的行为招祸，连累自己，向刘璋告发了张松的阴谋。于是刘璋逮捕张松，杀张松。至此刘璋与刘备开始结下怨恨了。刘璋下令守关各戍将，不要将文书送达刘备。刘备大怒，召刘璋所属白水军督杨怀，责斥杨怀无礼，斩杨怀。刘备乃使黄

质诸将并士卒妻子，引兵与忠、膺等进到涪，据其城。璋遣刘璝、冷苞、张任、邓贤等拒先主于涪，皆破败，退保绵竹。璋复遣李严督绵竹诸军，严率众降先主。先主军益强，分遣诸将平下属县，诸葛亮、张飞、赵云等将兵泝流定白帝、江州、江阳，惟关羽留镇荆州。先主进军围雒；时璋子循守城，被攻且一年。

十九年夏，雒城破，进围成都数十日，璋出降。蜀中殷盛丰乐，先主置酒大飨士卒，取蜀城中金银分赐将士，还其谷帛。先主复领益州牧，诸葛亮为股肱，法正为谋主，关羽、张飞、马超为爪牙，许靖、麋竺、简雍为宾友。及董和、黄权、李严等本璋之所授用也，吴壹、费观等又璋之婚亲也，彭羕又璋之所排摈也，刘巴者宿昔之所忌恨也，皆处之显任，尽其器能。有志之士。无不竞劝。

孔明定计捉张任，选自清刊本《三国演义》。据《三国演义》，诸葛亮亲征西川，途中有刘璋子刘循率刘璝、张任守雒城，诸葛亮设埋伏之计活捉张任，攻下雒城。图为诸葛亮与部下商议伏击张任之策。

忠、卓膺带兵进攻刘璋。刘备亲自率军直入白水关中，扣押守关诸将及士卒妻子，引兵与黄忠、卓膺等进兵到涪县，据守其城。刘璋派遣刘璝、冷苞、张任、邓贤等，抵拒刘备于涪县，都被击破败北，退兵保守绵竹。刘璋又派李严督帅绵竹诸军，而李严却率领士众投降于刘备。于是刘备兵势愈强大，分遣诸将，攻下属县。诸葛亮、张飞、赵云等领兵，逆流而上，攻下白帝、江州、江阳等地。惟关羽留荆州镇守。刘备进军围雒城，时雒城由刘璋的儿子刘循守城。刘备围攻，雒城被攻将近一年。

建安十九年夏，雒城被攻破。刘备军进攻成都，围攻数十日，刘璋出城投降。蜀地原极富足丰盛，民生康乐。刘备大摆酒席饮宴士卒，取蜀中金银财物，分赐将士。至于民间所藏米谷布帛，则仍归还民间原主。刘备又复加领益州牧，诸葛亮为股肱，为军师将军、益州太守。法正为谋士，为蜀郡太守、扬武将军。关羽、张飞、马超为爪牙，以关羽董督荆州事，张飞、马超都为将军。许靖、麋竺、简雍为宾友。至于董和、黄权、李严等，本来是刘璋所任用之人；而吴壹、费观等人，又是刘璋的姻亲；彭羕却是刘璋所排斥之人；刘巴则是刘备早日所忌恨之人，然而刘备都任他们居显要的官位，能尽量的用他们每人的器量和能力。因此，所有蜀地有志之士，没有不竞相劝勉，愿为效力的。

二十年，孙权以先主已得益州，使使报欲得荆州。先主言，“须得凉州，当以荆州相与。”权忿之，乃遣吕蒙袭夺长沙、零陵、桂阳三郡。先主引兵五万下公安，令关羽入益阳。是岁，曹公定汉中，张鲁遁走巴西。先主闻之，与权连和，分荆州江夏、长沙、桂阳东属；南郡、零陵、武陵西属，引军还江州。遣黄权将兵迎张鲁，张鲁已降曹公。曹公使夏侯渊、张郃屯汉中，数数犯暴巴界。先主令张飞进兵宕渠，与郃等战于瓦口，破郃等，郃收兵还南郑。先主亦还成都。

二十三年，先主率诸将进兵汉中。分遣将军吴兰、雷铜等入武都，皆为曹公军所没。

五虎大将进西川，清末年画。这幅大型年画描绘了《三国演义》中献西川张松卖主、战巴州义释严颜、落凤坡庞统中箭、金雁桥计捉张任、成都府刘璋出降、葭萌关挑灯大战等情节。

建安二十年，孙权因刘备已经得到益州，派使者报刘备，要得到荆州。刘备说：“等我得到凉州，当即把荆州送给你。”孙权很生气，乃派遣吕蒙袭夺长沙、零陵、桂阳三郡。刘备引兵五万，攻下公安，令关羽入益阳。这一年，曹操攻取汉中，张鲁逃走到巴西。刘备闻悉消息，和孙权和解，分荆州江夏、长沙、桂阳属东归吴；南郡、零陵、武陵西归蜀。然后刘备引兵回江州，遣黄权率兵迎张鲁，而张鲁已降曹操。曹操使夏侯渊、张郃屯兵汉中，屡次侵犯巴地。刘备令张飞进兵宕渠，与张郃战于瓦口，张飞击破张郃等。张郃收兵回南郑，刘备也回到成都。

建安二十三年，刘备率领众将进兵汉中，分遣将军吴兰、雷铜等入武都，都被曹操军先主次于阳平关，与渊、郃等相拒。

二十四年春，自阳平南渡沔水，缘山稍前，于定军兴势作营。渊将兵来争其地。先主命黄忠乘高鼓噪攻之，大破渊军，斩渊及曹公所署益州刺史赵颙等。曹公自长安举众南征。先主遥策之曰："曹公虽来，无能为也，我必有汉川矣。"及曹公至，先主敛众拒险，终不交锋，积月不拔，亡者日多。夏，曹公果引军还，先主遂有汉中。遣刘封、孟达、李平等攻申耽于上庸。

秋，群下上先主为汉中王，表于汉帝曰："平西将军都亭侯臣马超、左将军长史领镇军将军臣许靖、营司马臣庞羲、议曹从事中郎军议中郎将臣射援、军师将军臣诸葛亮、荡寇将军汉寿亭侯臣关羽、征虏将军新亭侯臣张飞、征西将军臣黄忠、镇远将军臣赖恭、扬武将军臣法正、兴业将军臣李严等一百二十人上言曰：昔唐尧至圣而四凶在朝，周成仁贤而四国作难，高后称制而诸吕窃命，孝昭幼冲而上官

张飞智取瓦口隘，选自清刊本《三国演义》。据《三国演义》，张郃在宕渠与张飞相持，初战不利，张郃遂坚守营寨。张飞搦战不成，便天天在阵前饮酒作乐，以示轻视，诱张郃下山劫寨。张郃中计，兵败。图为张飞与帐前饮酒观军士相扑为戏。

所消灭。刘备驻兵于阳平关（**陕西宁羌县东北**），与夏侯渊、张郃等相对峙。

建安二十四年春，刘备军自阳平关南进，渡沔水，沿山向前，于定军山依势作营。夏侯渊领兵来争取其地势。刘备命黄忠乘高地势，鼓噪而攻，大破夏侯渊兵。斩夏侯渊和曹操所指派益州刺史赵颙等。曹操从长安兴大兵南征。刘备远在蜀中，计算着说："曹操虽然来攻，无能为力，我必能得到汉川了。"及曹操来到，刘备聚合兵众，据守险要，始终不肯交锋，经几个月，曹军不能攻下刘备据守之地，而士卒逃亡的日益加多。到了夏季，曹操果然引兵回去。刘备乃得到汉中。派刘封、孟达、李平等攻上庸，上庸太守申耽降。

秋，蜀中群下官员，拥戴刘备为汉中王，上表于汉献帝说："平西将军都亭侯臣马超、左将军领长史镇军将军臣许靖、营司马臣庞羲、议曹从事中郎军议中郎将臣射援、军师将军臣诸葛亮、荡寇将军汉寿亭侯臣关羽、征虏将军新亭侯臣张飞、征西将军臣黄忠、镇远将军臣赖恭、扬武将军臣法正、兴业将军臣李严等一百二十人上言曰：往昔唐尧为至圣，而有恶人四凶在朝；周成王仁而贤，而有四国作乱；本朝高皇后称制而诸吕氏窃命为祸，孝昭皇帝即位时年幼，而有上官氏之谋逆。这都是依凭世代宠幸，借以登上国政之权位，

曹阿瞒兵退斜谷，选自清刊本《三国演义》。据《三国演义》，曹操在阳平关被诸葛亮所破，逃至斜谷口，见前面尘头忽起，曹操大惊，等两军走近，才发现原来是曹操次子曹彰率兵来援。图为曹操斜谷口遇曹彰。

逆谋，皆冯世宠，藉履国权，穷凶极乱，社稷几危。非大舜、周公、朱虚、博陆，则不能流放禽讨，安危定倾。伏惟陛下诞姿圣德，统理万邦，而遭厄运不造之艰。董卓首难，荡覆京畿，曹操阶祸，窃执天衡；皇后太子，鸩杀见害，剥乱天下，残毁民物。久令陛下蒙尘忧厄，幽处虚邑。人神无主，遏绝王命，厌昧皇极，欲盗神器。左将军领司隶校尉豫、荆、益三州牧宜城亭侯备，受朝爵秩，念在输力，以殉国难。睹其机兆，赫然愤发，与车骑将军董承同谋诛操，将安国家，克宁旧都。会承机事不密，令操游魂得遂长恶，残泯海内。臣等每惧王室大有阎乐之祸，小有定安之变，夙夜惴惴，战慄累息。昔在《虞书》，敦序九族，周监二代，封建同姓，《诗》著其义，历载长久。汉兴之初，割裂疆土，尊王子弟，是以卒折诸吕之难，

乃穷凶极乱，社稷几乎危殆。如非当时有大舜、周公、朱虚侯、博陆等之贤，则不能将凶恶流放，将叛逆讨伐擒灭，怎能安国家之危，安定社稷之倾覆？伏惟皇帝陛下，天生圣德，统理万国，而遭遇困厄之机运，不幸之艰难。董卓首先为患，摇荡扰乱京城；曹操渐进成祸，盗执天子之权柄；皇后太子，都被鸩杀害死，败乱天下，破坏民物。长久使陛下蒙尘，处于忧思困厄之中，幽居空邑，人神无主；止绝王命，抑损暗昧天子之大权正位，谋欲窃国。左将军领司隶校尉豫、荆、益三州牧，宜城亭侯刘备，受朝廷之爵禄官秩，心存效力以殉国难之志。发现如此危急的机运征兆，赫然愤发志气，与车骑将军董承，同谋诛曹操，将以安定国家，望能宁靖旧都。不料遭遇董承的事机不密，乃令曹操鬼魅游魂，能得长行其恶，施残暴而泯灭海内之民。臣等经常恐惧担忧，怕王室发生祸事，大者如赵高令阎乐杀害秦二世之祸，小者如王莽废孺子为安定公之变。故而早夜不安，战栗喘息。从前在《尚书·虞书》上说：次序九族而亲之。周回顾夏商二代以为例，行封建，同姓为侯，在《诗》三百篇上，著明其义，历经久远。我汉朝兴起之初，割裂疆土，同姓子弟有封王之尊号，是以终能摧折诸吕的叛乱，而造成太宗孝文皇帝的基业。臣等以为，刘备为

而成太宗之基。臣等以备肺腑枝叶，宗子藩翰，心存国家，念在弭乱。自操破于汉中，海内英雄望风蚁附，而爵号不显，九锡未加，非所以镇卫社稷，光昭万世也。奉辞在外，礼命断绝。昔河西太守梁统等值汉中兴，限于山河，位同权均，不能相率，咸推窦融以为元帅，卒立效绩，摧破隗嚣。今社稷之难，急于陇、蜀，操外吞天下，内残群寮，朝廷有萧墙之危，而御侮未建，可为寒心。臣等辄依旧典，封备汉中王，拜大司马，董齐六军，纠合同盟，扫灭凶逆。以汉中、巴、蜀、广汉、犍为为国，所署置依汉初诸侯王故典。夫权宜之制，苟利社稷，专之可也。然后功成事立，臣等退伏矫罪，虽死无恨。”遂于沔阳设坛场，陈兵列众，群臣陪位，读奏讫，御王冠于先主。

先主上言汉帝曰：“臣以具臣之才，荷上将之任，董督三军，奉辞于外，不能扫除寇难，靖匡王室，久使陛下圣教陵迟，六合之内，否

刘备进位汉中王，选自清刊本《三国演义》。图为刘备进位汉中王后接受群臣进贺。

皇室肺腑枝叶之亲，王家宗子，为国家的屏藩，是汉邦的桢干，心存国家，意念在于止乱。自从曹操被刘备击破于汉中，海内英雄，都望风归附于刘备，如群蚁之攀附缘墙而上。而刘备却官爵不够显赫，九锡未加到身上，并不足以使其得以守卫社稷光耀万世。又因奉遣在外，君臣之间的礼仪诏命乃都已断绝。从前河西太守梁统等，正当汉朝中兴之际，限于山河远隔，又限于与窦融等地位相同，权力相等，不能相率效命。故梁统等推举窦融为元帅，终于能建立功效，摧破隗嚣。今日国家的危难，其危急过于当年隗嚣之乱时征讨陇蜀。曹操向外欲吞并天下，在朝廷之内残杀群僚；朝廷有内乱之危机，而御侮之力未能建立，令人为之寒心。臣等乃依照旧日法典，封刘备为汉中王，拜大司马，整顿六军，纠合同盟，扫灭凶逆曹操；以汉中、巴、蜀、广汉、犍为之地为国土，所部署置官都依汉初诸侯王之故典。此种权宜之裁断，只要能有利于国家，专擅而行，也就可以了。然后只求能够功成事立，臣等当即退伏矫诏之罪，虽死无恨。”于是在沔阳（汉置县，在今陕西勉县东南）设坛场，陈兵，排列士众，群臣陪列就位，宣读奏章完毕，加戴王冠于刘备。

汉中王刘备上言于汉献帝说：“臣以仅能备群臣之数，无所作为之材，蒙受上将之大任。整饬三军，奉遣于外，不得扫除贼寇，解除厄难，安定社稷，匡正王室。久使陛下圣

而未泰，惟忧反侧，疢如疾首。曩者董卓造为乱阶，自是之后，群凶纵横，残剥海内。赖陛下圣德威灵，人神同应，或忠义奋讨，或上天降罚，暴逆并殪，以渐冰消。惟独曹操，久未枭除，侵擅国权，恣心极乱，臣昔与车骑将军董承图谋讨操，机事不密，承见陷害，臣播越失据，忠义不果。遂得使操穷凶极逆，主后戮杀，皇子鸩害。虽纠合同盟，念在奋力，懦弱不武，历年未效。常恐殒没，孤负国恩，寤寐永叹，夕惕若厉。今臣群寮以为在昔《虞书》敦叙九族，庶明励翼，五帝损益，此道不废。周监二代，并建诸姬，实赖晋、郑夹辅之福。高祖龙兴，尊王子弟，大启九国，卒斩诸吕，以安大宗。今操恶直丑正，实繁有徒，包藏祸心，篡盗已显。既宗室微弱，帝族无位，斟酌古式，依假权宜，上臣大司马汉中王。臣伏自三省，受国厚恩，荷任一方，陈力未效，所获已过，不宜复忝高位以重罪谤。群寮见逼，迫臣以义。臣退惟寇贼不枭，国难未已，宗庙倾危，社稷将坠，成臣忧责碎首之负。若应权通变，以宁靖圣朝，虽赴水火，所不得辞，敢虑常宜，以防后悔。辄顺众议，拜受印玺，以崇国威。仰惟爵号，位高宠厚，俯思报效，忧深责重，惊怖累息，

教衰微，宇宙之内，否而未泰，惟心中忧惧，反侧不安，中心如病，有如头疾。往昔董卓造成作乱之阶，从此之后，群凶纵横，残杀群众，破坏海内。赖得陛下圣德威灵，人神同感，或有忠义奋发之人，乃能治事讨贼。或有上天降罚，暴逆之人都归死亡，乃渐如冰消。惟独曹操，久久未能枭首除灭，侵夺高位，专擅国权，肆意至极，为乱无忌。臣从前与车骑将军董承，图谋讨除曹操，而事机泄露，董承被害。臣流亡在外，失去所据，忠义之心，未得实现。乃使曹操得以穷凶极逆，杀戮皇后，鸩害皇子。臣虽纠合同盟，心中常念有所奋力，但因懦弱不武，历多年而未有成效；常恐一旦殒命，未尽忠义，有负国恩。故寤寐之间，不时长叹，向夕之时，每自怀忧惕危惧。现在臣所属群僚，以为在昔日《虞书》载：'次序九族而亲之，以众多明达之宗族，作为羽翼。'五帝之间，或有增损其国，而封建之道未废。周以夏商二代为先例，并封建诸姬姓为侯，而实赖晋、郑夹辅周王室，国家乃有福祉。本朝高祖皇帝，龙兴立国，封同宗子弟为王，大启九国，终能斩除诸吕之作乱，以安刘氏大宗。今曹操厌恶刚直，丑诋忠正，而与曹操共同为恶者实甚众多。曹操之包藏祸心篡盗帝位，已然显著。然而宗室既都微弱，帝族中也无可以居重位以讨逆贼之人。益州群下，斟酌古代法典，可以凭借，乃权宜行事，上尊臣为大司马汉中王。臣伏思，自作三省，以为身受国家厚恩，担任一方之事，尽用其才力，未能有效，所已得者，实已过本分。不宜再辱居高位，加重罪过，多生诽谤。惟群僚以大义逼迫臣就汉中王之位。臣退而思虑，想寇贼不能斩除，国难未能完了，宗庙倾危，社稷将要毁坏。这些情形，造成臣担负重大，忧惧自责，头几乎为之碎裂。若能适应时势，通权达变，以求安宁世事，绥靖圣朝，虽赴水蹈火，是所不得推辞。乃敢深虑常理，慎取权宜，以防将来后悔于未能及时救国杀贼。于是顺从众人之议，拜受印玺，用以崇敬国威。仰思此一爵号，地位高而恩宠厚，

如临于谷。尽力输诚，奖厉六师，率齐群义，应天顺时，扑讨凶逆，以宁社稷，以报万分。谨拜章因驿上还所假左将军、宜城亭侯印绶。”于是还治成都。拔魏延为都督，镇汉中。时关羽攻曹公将曹仁，禽于禁于樊。俄而孙权袭杀羽，取荆州。

二十五年，魏文帝称尊号，改年曰黄初。或传闻汉帝见害，先主乃发丧制服，追谥曰孝愍皇帝。是后在所并言众瑞，日月相属，故议郎阳泉侯刘豹、青衣侯向举、偏将军张裔、黄权、大司马属殷纯、益州别驾从事赵莋、治中从事杨洪、从事祭酒何宗、议曹从事杜琼、劝学从事张爽、尹默、谯周等上言：“臣闻《河图》、《洛书》，五经谶、纬，孔子所甄，验应自远。谨案《洛书·甄曜度》曰：‘赤三日德昌，九世会备，合为帝际。’《洛书·宝号命》曰：‘天度帝道备称皇，以统握契，百成不败。’《洛书·录运期》曰：‘九侯七杰争命民炊骸，道路籍籍履人头，谁使主者玄且来。’《孝经·钩命决录》曰：‘帝三建九会备。’臣父群未亡时，言西南数有黄气，直立数丈，见来积年，时时有景云祥风，从璿玑下来应之，此为异瑞。又二十二年中，数有气如旗，从西竟东，中天而行，《图》、《书》曰：‘必有天子出其方。’加是年太白、荧惑、填星，常从岁星相追。近汉初兴，五星从岁星谋；岁星主义，汉位在西，义之上方，故汉法常以岁星候人主。当有圣主起于此州，以致中兴。时许

俯思应如何报效，忧虑极深。自感责任重大，惊惧震恐，喘息不已。如临于深谷，战栗自危。但愿尽力输诚任事，奖励六军，率领群下义兵，整饬出师，应天顺时，扑灭凶恶，讨伐逆贼，以安定社稷，以报答万分之恩。谨拜章，由驿传呈上归还前所授左将军宜城亭侯印绶。”汉中王刘备于是回归成都，以为治都，提升魏延为都督，镇守汉中。此时关羽攻击曹操部将曹仁，生擒于禁于樊城。不久，孙权派兵将袭击关羽，杀关羽。孙权取得荆州。

建安二十五年（公元220年），魏文帝曹丕称帝，改年号为黄初。或传闻汉帝被害。汉中王刘备乃为汉帝发丧，制孝服，追谥汉帝曰孝愍皇帝。在此以后，汉中王处在之地成都，传说有很多祥瑞出现。传言日益加多，接连不绝。因此议郎阳泉侯刘豹，青衣侯向举，偏将军张裔、黄权，大司马属殷纯，益州别驾从事赵莋，治中从事杨洪，从事祭酒何宗，议曹从事杜琼，劝学从事张爽、尹默、谯周等上言说：“臣闻《河图》、《洛书》、五经谶、纬，孔子所考订，其书自有远大之应验。谨案：《洛书·甄曜度》曰：‘赤三日德昌，九世会备，合为帝际。’《洛书·宝号命》曰：‘天度帝道备称皇，以统握契，百成不败。’《洛书·录运期》曰：‘九侯七杰争命民炊骸，道路籍籍履人头，谁使主者玄且来。’《孝经·钩命决录》曰：‘帝三建九会备。’臣先父群，未去世时，曾言西南屡次有黄气，直立数丈高，见到曾有数年，时时有景云祥风，从测天文器之璿玑下来，以应黄气，这是奇异的祥瑞。又在建安二十二年中，屡次有气呈现，其状如旗帜，从西到东，在中天行动。《河图》、《洛书》说：‘必有天子出其方。’再加这一年太白星、荧惑星、填星，常从岁星相追行接近。汉之初兴时，五星从岁星成谋，岁星主于义，汉之位在西，居义之上方。故汉法常以岁星

帝尚存，故群下不敢漏言。顷者荧惑复追岁星，见在胃昴毕；昴毕为天纲，《经》曰‘帝星处之，众邪消亡’。圣讳豫睹，推揆期验，符合数至，若此非一。臣闻圣王先天而天不违，后天而奉天时，故应际而生，与神合契。愿大王应天顺民，速即洪业，以宁海内。”

太傅许靖、安汉将军糜竺、军师将军诸葛亮、太常赖恭、光禄勋黄柱、少府王谋等上言：“曹丕篡弑，湮灭汉室，窃据神器，劫迫忠良，酷烈无道。人鬼忿毒，咸思刘氏。今上无天子，海内惶惶，靡所式仰。群下前后上书者八百余人，咸称述符瑞，图、谶明征。间黄龙见武阳赤水，九日乃去。《孝经·援神契》曰‘德至渊泉则黄龙见’，龙者，君之象也。《易》乾九五‘飞龙在天’，大王当龙升，登帝位也。又前关羽围樊、襄阳，襄阳男子张嘉、王休献玉玺，玺潜汉水，伏于渊泉，晖景烛耀，灵光彻天。夫汉者，高祖本所起定天下之国号也，大王袭先帝轨迹，亦兴于汉中也。今天子玉玺神光先见，玺出襄阳，汉水之末，明大王承其下流，授与大王以天子之位，瑞命符应，非人力所致。昔周有乌鱼之瑞，咸曰休哉。二祖受命，《图》、《书》先著，以为征验。今上天告祥，群儒英俊，并起《河》、《洛》、孔子谶、记，咸悉具至。伏惟大王出自孝景皇帝中山靖王之胄，本支百世，乾祇降祚，圣姿硕茂，神武在

之居位，占验人主之出。观岁星之兆，当有圣主起于此益州，以达成大汉之中兴。彼时许昌愍帝尚在，故群下不敢泄漏此言。现在，荧惑之星又追岁星，出现在胃昴毕，昴毕是天纲，《经》上说：‘帝星处之，众邪消亡。’现圣讳在《河图》、《洛书》上已经预见，由此推度，期其应验，多次符合如此，并非一端。臣闻圣王先天而作，而天不相背，后天而尊奉天时以行，故能应际会生，与神契合。愿大王应天之命，顺民心之望，速就帝位，以成大业，以安海内。”

太傅许靖、安汉将军糜竺、军师将军诸葛亮、太常赖恭、光禄勋黄柱、少府王谋等上言说：“曹丕行篡位弑君之逆，湮灭汉室，窃据帝位，劫迫忠良之士，残酷凶暴无道，人鬼愤恨，一致思念刘氏。现在已经上无天子，海内人心惶惶不安，无所遵循仰承。群下等前后上书的八百多人，都称述符瑞和图谶的明显征兆。又近日黄龙现于武阳赤水，停九日才去。《孝经·援神契》说：‘德至渊泉则黄龙见。’龙是人君之象。《易经》乾卦九五：‘飞龙在天。’大王应当龙升，登帝位。又前时关羽兵围樊城、襄阳，襄阳的男子张嘉、王休献一玉玺，玺潜藏在汉水，伏在深渊之中，光辉照耀，灵光通彻于天。汉水的汉字，本是本朝高祖兴起而定天下的国号，此汉字也象征大王承袭先帝的轨迹，兴起于汉中之祥瑞。今天子玉玺的神光先现出。玉玺出于襄阳，在汉水之末，明征大王承汉的下游，授与大王以天子之位。这一切瑞命符应，不是人力所能成。从前周有乌鱼的祥瑞，都称喜庆。我朝高皇帝及光武二祖受天命为帝，《河图》《洛书》先有著录，以为征验。今上天告下民以祥瑞，群儒和英杰俊秀之士共进呈《河图》《洛书》祥征之言，孔子谶记之语，都已具至。伏惟大王，出自孝景皇帝中山靖王之后裔，本宗支系，百世绩祀，天地降福。大王圣姿硕茂，神

躬，仁覆积德，爱人好士，是以四方归心焉。考省《灵图》，启发谶、纬，神明之表，名讳昭著。宜即帝位，以纂二祖，绍嗣昭穆，天下幸甚。臣等谨与博士许慈、议郎孟光，建立礼仪，择令辰，上尊号。”即皇帝位于成都武担之南。为文曰：“惟建安二十六年四月丙午，皇帝备敢用玄牡，昭告皇天上帝后土神祇：汉有天下，历数无疆。曩者王莽篡盗，光武皇帝震怒致诛，社稷复存。今曹操阻兵安忍，戮杀主后，滔天泯夏，罔顾天显。操子丕，载其凶逆，窃居神器。群臣将士以为社稷堕废，备宜修之，嗣武二祖，龚行天罚。备惟否德，惧忝帝位。询于庶民，外及蛮夷君长，佥曰‘天命不可以不答，祖业不可以久替，四海不可以无主’。率土式望，在备一人。备畏天明命，又惧汉阼将湮于地，谨择元日，与百寮登坛，受皇帝玺绶。修燔瘗，告类于天神，惟神飨祚于汉家，永绥四海！”

刘备正位继大统，选自清刊本《三国演义》。图为刘备登极后接受群臣拜贺。

章武元年夏四月，大赦，改年。以诸葛亮

武在身，仁心仁行覆于万民；德望积累，留于人心；爱人而好士，是以四方归心。今考察《灵图》所载，启发谶纬所预言，神明之所表露者，大王之名讳，昭然著明。应即帝位，以继续我朝二祖，续嗣宗庙昭穆。天下幸甚。臣等谨与博士许慈、议郎孟光，建立礼仪，选择吉日良辰，上尊号。”于是汉中王刘备即皇帝位于成都武担之南（武担，山名，在成都西北）。文告说：“惟建安二十六年四月丙午，皇帝刘备，谨奉献、献祭黑雄牛，昭告皇天上帝，后土神祇：汉之有天下，年代无穷无尽。从前王莽篡盗国家，光武皇帝震怒而加以诛除，社稷因以复存。今曹操恃兵力而征伐不已，残忍行虐，刑杀无度，戮杀主后，罪恶滔天，泯灭中夏，不顾天的明道。曹操的儿子曹丕，承继曹操的凶逆，窃居帝位。群臣将士，认为社稷败毁，应由刘备修复，嗣续我朝二祖，恭行天罚。刘备乃无德之人，深怕有辱帝位。问之于众民，远及于蛮夷君长，都说‘天命不可以不答，祖宗大业不可以容其长久衰废，四海不可以无主。’全国民众的所希望，在刘备一人身上。刘备畏惧天的明命，不敢不遵；又怕汉的国祚将归于泯灭。谨择元日，与百官登坛，接受皇帝玺绶。整治祭肉和埋地之祭物，告祭于天神。惟神受之而降福于汉家，永安四海。”

章武元年（公元 221 年）夏四月，大赦，改年号。以诸葛亮为丞相，许靖为司徒。分

急兄仇张飞遇害，清朱芝轩绘。据《三国演义》，关羽死后，张飞急于在阆中起兵伐吴，令范疆、张达限三日造白盔、白甲。二人请缓期，张飞不许，并痛挞二人。二人怀恨，又思三日不成，必死，就趁张飞大醉时，刺死张飞，投奔东吴。

为丞相，许靖为司徒。置百官，立宗庙，祫祭高皇帝以下。五月，立皇后吴氏，子禅为皇太子。六月，以子永为鲁王，理为梁王。车骑将军张飞为其左右所害。初，先主忿孙权之袭关羽，将东征，秋七月，遂帅诸军伐吴。孙权遣书请和，先主盛怒不许，吴将陆议、李异、刘阿等屯巫、秭归；将军吴班、冯习自巫攻破异等，军次秭归，武陵五溪蛮夷遣使请兵。

二年春正月，先主军还秭归，将军吴班、陈式水军屯夷陵，夹江东西岸。二月，先主自秭归率诸将进军，缘山截岭，于夷道猇亭驻营，自佷山通武陵，遣侍中马良安慰五溪蛮夷，咸相率响应。镇北将军黄权督江北诸军，与吴军相拒于夷陵道。夏六月，黄气见自秭归十余里中，广数十丈。后十余日，陆议大破先主军于猇亭，将军冯习、张南等皆没。先主自猇亭还秭归，收合离散兵，遂弃船舫，由步道还鱼复，改鱼复县曰永安。吴遣将军李异、刘阿等踵蹑先主军，

置百官，立宗庙，祫祭高皇帝以下各代列祖列宗。五月，立皇后吴氏，立儿子刘禅为皇太子。六月，以儿子刘永为鲁王，刘理为梁王。车骑将军张飞被左右部下所害。当初，刘备气忿于孙权的袭杀关羽，将要东征孙权。秋七月，乃亲自率诸军伐吴。孙权遣人致书信，请讲和。刘备正当盛怒，不准许和。吴将陆议、李异、刘阿等屯兵于巫、秭归。刘备军将军吴班、冯习领兵自巫地攻破李异等兵。吴班兵停于秭归。武陵五溪之蛮夷遣使者来，请派兵支援。

章武二年春正月，先主刘备领兵回秭归。将军吴班、陈式领水军屯兵于夷陵。夹江扎营于东西两岸。二月，先主刘备率诸将进兵，靠山边，截断山岭，在猇亭驻营（猇亭在今湖北省宜昌市）。营寨自佷山通于武陵。刘备派侍中马良去安抚五溪的蛮夷，蛮夷都响应汉兵。镇北将军黄权，督率江北诸军，与吴兵相对峙在夷陵道。夏六月，有黄气现于秭归十余里之间，宽有数十丈。后十余日，陆议大破先主刘备军于猇亭。将军冯习、张南等都战死。刘备从猇亭回秭归，收聚离散士卒。乃抛弃船只，由步行小路回到鱼复。改鱼复县曰

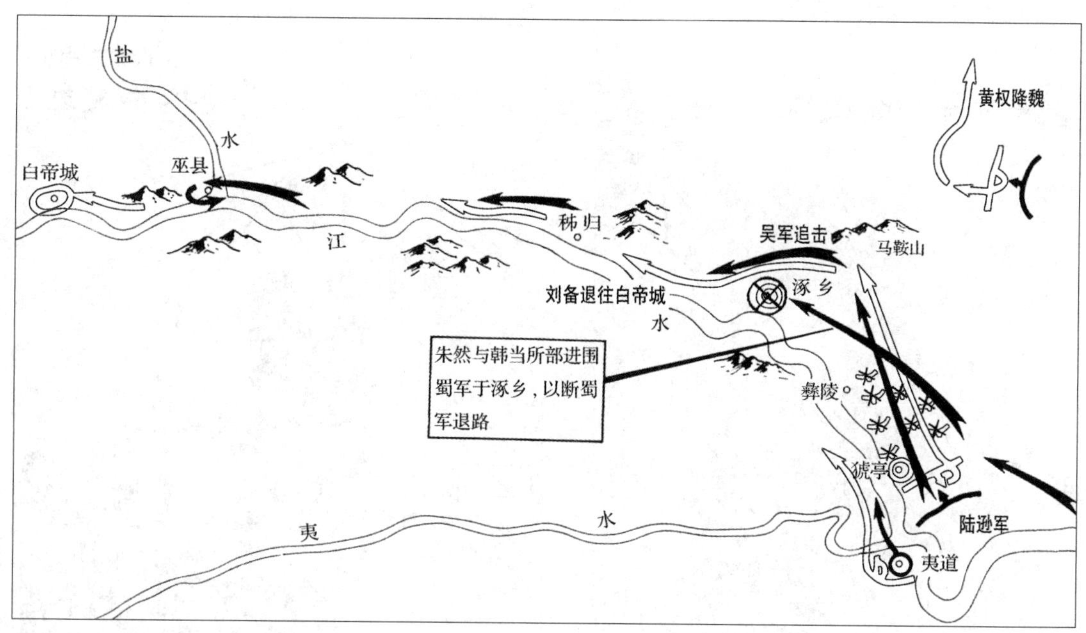

刘备伐吴两军进军示意图

屯驻南山。秋八月，收兵还巫。司徒许靖卒。冬十月，诏丞相亮营南北郊于成都。孙权闻先主住白帝，甚惧，遣使请和。先主许之，遣太中大夫宗玮报命。冬十二月，汉嘉太守黄元闻先主疾不豫，举兵拒守。

三年春二月，丞相亮自成都到永安。三月，黄元进兵攻临邛县。遣将军陈曶讨元，元军败，顺流下江，为其亲兵所缚，生致成都，斩之。先主病笃，托孤于丞相亮，尚书令李严为副。夏四月癸巳，先主殂于永安宫，时年六十三。

永安（地在今重庆市奉节县东北）。吴派遣将军李异、刘阿等追踪刘备军，屯驻南山。秋八月，刘备收兵返回巫县。司徒许靖卒。冬十月，下诏命丞相诸葛亮经营南北郊于成都。孙权闻刘备住在白帝，很畏惧，派使者求和。刘备许和，遣太中大夫宗玮赴吴报命。冬十二月，汉嘉太守黄元，闻刘备染病，举兵拒守叛离。

章武三年（公元223年），春二月，丞相诸葛亮自成都到永安。三月，汉嘉太守黄元进兵攻临邛县。先主刘备遣将军陈曶领兵讨伐黄元。黄元兵败，顺江流奔向下游，被亲兵所捆绑，生擒送到成都，斩黄元。先主刘备病笃，托孤于丞相诸葛亮，尚书李严为副。夏四月癸巳（夏四月无癸巳，癸巳当在夏五月初六日，恐误），先主刘备逝世于永安宫。时年六十三岁。

陆逊营烧七百里，清朱芝轩绘。图为刘备被陆逊火烧连营后败走。

刘备白帝城托孤，清朱芝轩绘。图为刘备将死之时，命次子鲁王刘永、梁王刘理同拜诸葛亮，嘱二人与太子刘禅以父事丞相。

亮上言于后主曰："伏惟大行皇帝迈仁树德，覆焘无疆，昊天不吊，寝疾弥留，今月二十四日奄忽升遐，臣妾号啕，若丧考妣。乃顾遗诏，事惟大宗，动容损益；百寮发哀，满三日除服，到葬期复如礼；其郡国太守、相、都尉、县令长，三日便除服。臣亮亲受敕戒，震畏神灵，不敢有违。臣请宣下奉行。"五月，梓宫自永安还成都，谥曰昭烈皇帝。秋，八月，葬惠陵。

诸葛亮上言于后主刘禅说："伏惟大行皇帝，行仁义，树立德望，如天之覆被万物，无疆无外。而上天不加悯顾，染病至于弥留。本月二十四日，遽而崩殂，臣妾号哭，如丧父母。乃遵遗诏所嘱，礼事都按大宗；举动仪节，依理加以增减；百官参加哀祭，满三日然后除孝服，到葬期仍复依礼着服。其余如郡国太守、相、都尉、县令长，三日便除服。臣亮亲受先帝敕戒，震恐畏惧先帝神灵，不敢稍有违背，臣请宣布礼仪于群下奉行。"五月，先主刘备灵柩从永安宫迁回成都，谥曰昭烈皇帝。秋八月，葬于惠陵。

评曰：先主之弘毅宽厚，知人待士，盖有高祖之风，英雄之器焉。及其举国托孤于诸葛亮，而心神无贰，诚君臣之至公，古今之盛轨也。机权干略，不逮魏武，是以基宇亦狭。然折而不挠，终不为下者，抑揆彼之量必不容己，非唯竞利，且以避害云尔。

陈寿评论说：先主的弘毅宽厚，知人，待士，有汉高祖的风范，实为英雄大器。等到他将举国大事托孤于诸葛亮之时，而心神一志，毫无二意，实在表现了君臣之间至公无私之心，为古今之最高轨范。先主的机谋权变处理事务的韬略，不及魏武帝曹操，因此其基业国土亦都较狭小。然而屡经挫折而不挠，终不居人下。或是揆度彼曹氏的度量，必不能容自己的存在，故奋斗不泄；不仅是竞利，且以此避免受害是耳。

三国志卷三十三

后主传第三

傅试中 译

后主讳禅，字公嗣，先主子也。建安二十四年，先主为汉中王，立为王太子。及即尊号，册曰："惟章武元年五月辛巳，皇帝若曰：太子禅，朕遭汉运艰难，贼臣篡盗，社稷无主，格人群正，以天明命，朕继大统。今以禅为皇太子，以承宗庙，祇肃社稷。使使持节丞相亮授印绶，敬听师傅，行一物而三善皆得焉，可不勉与！"三年夏四月，先主殂于永安宫。五月，后主袭位于成都，时年十七。尊皇后曰皇太后。大赦，改元。是岁魏黄初四年也。

建兴元年夏，牂牁太守朱褒拥郡反。先是，益州郡有大姓雍闿反，流太守张裔于吴，

后主名禅，字公嗣，是刘先主的儿子。建安二十四年（公元 219 年），先主为汉中王，立后主为王太子。等到先主称帝时，策命上这样写着："在章武元年（公元 221 年）五月辛巳日，皇帝宣称：太子禅，朕遭逢汉室国运艰困的时代，盗贼叛臣篡逆作乱，国家失去了重心，为使人民整饬，奉行正道；又由于上天的明命，使朕继承了帝位。现在立禅为皇太子，来继承宗庙的祭祀，并敬肃地奉守社稷。派遣使持节丞相诸葛亮来颁发印信组绶，禅应恭听师傅的训诲，行一事而兼得三善，岂可不以此自勉吗？"章武三年（公元 223 年）夏季四月，先主在永安宫驾崩。同年五月，后主在成都继承了帝位，那时他才十七岁。于是尊称皇后吴氏为皇太后。下令大赦，改元建兴。这一年是魏文帝黄初四年。

建兴元年（公元 223 年）夏季，牂牁太守朱褒以郡中土地为根据，拥众造反。起初在益州郡有个大户

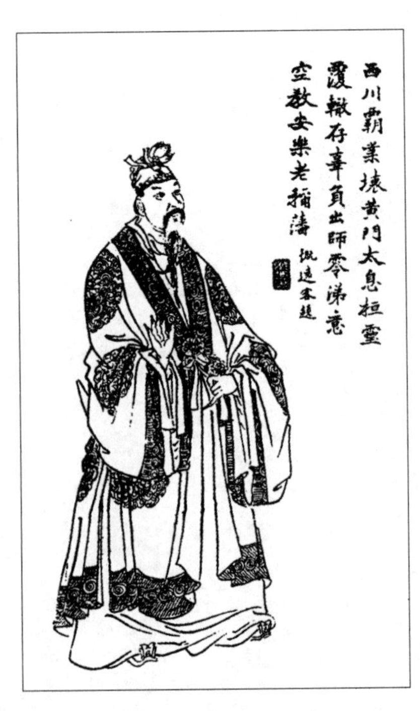

刘禅，选自清刊本《三国演义》。

据郡不宾，越嶲夷王高定亦背叛。是岁，立皇后张氏。遣尚书郎邓芝固好于吴，吴王孙权与蜀和亲使聘，是岁通好。

二年春，务农殖谷，闭关息民。

三年春三月，丞相亮南征四郡，四郡皆平。改益州郡为建宁郡，分建宁、永昌郡为云南郡，又分建宁、牂牁为兴古郡。十二月，亮还成都。

四年春，都护李严自永安还住江州，筑大城。

五年春，丞相亮出屯汉中，营沔北阳平石马。

六年春，亮出攻祁山，不克。冬，复出散关，围陈仓，粮尽退。魏将王双率军追亮，亮与战，破之，斩双，还汉中。

七年春，亮遣陈式攻武都、阴平，遂克

追汉军王双受诛，选自清刊本《三国演义》。据《三国演义》，蜀建兴三年(225年)，诸葛亮出兵陈仓，魏先锋王双出援。诸葛亮久战无功，退军返蜀，料定王双必追赶，途中设计诛王双。图为魏延出其不意地出现在王双面前，王双措手不及，被魏延斩于马下。

人家叫雍闿的起兵反叛，流放太守张裔到吴地，占据州郡不肯顺服，越巂夷王高定也起兵叛变。这一年立张飞的女儿张氏为皇后。派遣尚书邓芝到吴，与吴言归于好。吴王孙权也派遣使者张温报聘于蜀，蜀又派邓芝再度出使到吴，在这一年两国互结盟好。

建兴二年（公元224年）春季，专心致力于农事，种植各种米谷。闭关自守，与百姓休养生息。

建兴三年（公元225年）春季三月，丞相诸葛亮出兵往南征讨益州、永昌、牂牁、越巂四郡，四郡都被平定。于是改益州郡为建宁郡，分建宁郡、永昌郡的一部分为云南郡，又分建宁郡、牂牁郡的一部分为兴古郡。同年十二月，诸葛亮回到成都。

建兴四年（公元226年）春季，都护李严从永安回来迁驻在江州，兴建大城。

建兴五年（公元227年）春季，丞相诸葛亮出兵屯驻在汉中，于是在沔北的阳平、石马一带地方营建了军垒。

建兴六年（公元228年）春季，诸葛亮出兵攻打祁山，没有攻下。同年冬季，又再度出兵攻打散关，围攻陈仓，由于粮食不足而退兵。魏国将领王双率领军队追击，诸葛亮回兵和他大战，击败了魏军，斩杀了王双，然后回驻汉中。

诸葛亮造木牛流马，选自《三国演义版刻图录》。

定二郡。冬，亮徙府营于南山下原上，筑汉、乐二城。是岁，孙权称帝，与蜀约盟，共交分天下。

八年秋，魏使司马懿由西城，张郃由子午，曹真由斜谷，欲攻汉中。丞相亮待之于城固、赤阪，大雨道绝，真等皆还。是岁，魏延破魏雍州刺史郭淮于阳谿。徙鲁王永为甘陵王，梁王理为安平王，皆以鲁、梁在吴分界故也。

九年春二月，亮复出军围祁山，始以木牛运。魏司马懿、张郃救祁山。夏六月，亮粮尽退军，郃追至青封，与亮交战，被箭死。秋八月，都护李平废徙梓潼郡。

十年，亮休士劝农于黄沙，作流马木牛毕，教兵讲武。

十一年冬，亮使诸军运米，集于斜谷口，治斜谷邸阁。是岁，南夷刘胄反，将军马忠

建兴七年（公元229年）春季，诸葛亮派遣陈式进兵攻打武都、阴平，终于平定了这两个郡。同年冬季，诸葛亮把府营迁徙到南山下的平原上，建筑了汉、乐两个城池。这一年，孙权称帝，和蜀订立盟约，互相协议划分天下的疆界。

建兴八年（公元230年）秋季，魏国派遣司马懿从西城，张郃从子午，曹真从斜谷，想分路进兵攻打汉中。丞相诸葛亮在城固、赤阪等地防守，准备迎敌魏军。正巧大雨连绵，道路不能通行，曹真等人只好带兵退回。这一年，蜀将魏延在阳谿攻破魏国的雍州刺史郭淮。后主改封鲁王刘永为甘陵王，改封梁王刘理为安平王，因为鲁、梁二王的封地，都在蜀与吴国协议划分疆界时，划在吴国势力范围之内的缘故。

建兴九年（公元231年）春季二月，诸葛亮又派兵围攻祁山，同时开始用木牛做运输的工具。魏国的司马懿、张郃前往救援祁山。同年六月，诸葛亮又因军粮不足，于是引兵退还，张郃带兵一直追击到青封，和诸葛亮会战，被箭射死。秋季八月，都护李平被废为平民，被迁移到梓潼郡居住。

建兴十年（公元232年），诸葛亮下令士兵休战，在黄沙劝导农事，完成了流马、木牛的制作后，教导士兵，讲习武事。

建兴十一年（公元233年）冬季，诸葛亮派遣军队运送米粮，集中到斜谷口，整修斜

破平之。

十二年春二月，亮由斜谷出，始以流马运。秋八月，亮卒于渭滨。征西大将军魏延与丞相长史杨仪争权不和，举兵相攻，延败走；斩延首，仪率诸军还成都。大赦。以左将军吴壹为车骑将军，假节督汉中。以丞相留府长史蒋琬为尚书令，总统国事。

十三年春正月，中军师杨仪废徙汉嘉郡。夏四月，进蒋琬位为大将军。

十四年夏四月，后主至湔，登观阪，看汶水之流，旬日还成都。徙武都氐王苻健及氐民四百余户于广都。

十五年夏六月，皇后张氏薨。

延熙元年春正月，立皇后张氏。大赦，改元。立子璿为太子，子瑶为安定王。冬十一月，大将军蒋琬出屯汉中。

武侯预伏锦囊计，选自清刊本《三国演义》。据《三国演义》，诸葛亮临死，授杨仪锦囊，交待如魏延背反，可依计而行。后魏延果反，杨仪依计诛杀魏延。图为蜀将马岱趁其不备，斩魏延于马下。

谷存储粮食的仓库。这一年，南夷人刘胄起兵反叛，被将军马忠击破他们而平定了刘胄。

建兴十二年（公元234年）春季二月，诸葛亮从斜谷出兵，开始用流马运输。秋季八月，诸葛亮在渭滨逝世。征西大将军魏延与丞相长史杨仪为了争夺权势而失和，因此举兵相攻击，结果魏延兵败逃走；斩杀了魏延，杨仪率领军队回到成都。后主大赦天下。任命左将军吴壹为车骑将军，假节督领汉中。又任命丞相留府长史蒋琬为尚书令，总领国家大事。

建兴十三年（公元235年）春季正月，中军师杨仪被废为平民，流放到汉嘉郡。夏季四月，进升蒋琬为大将军。

建兴十四年（公元236年）夏季四月，后主前往湔县，登观阪，观赏汶水的水流，十天后才回到成都，丝毫不以国事系心。又将武都氐王苻健和氐族人四百多户迁徙到广都。

建兴十五年（公元237年）夏季六月，皇后张氏崩逝。

延熙元年（公元238年）春季正月，立张氏（已逝皇后张氏的妹妹）为皇后，下令大赦，改年号为延熙。立子刘璿为太子，另立子刘瑶为安定王。冬季十一月，大将军蒋琬率兵屯守汉中。

二年春三月，进蒋琬位为大司马。

三年春，使越嶲太守张嶷平定越嶲郡。

四年冬十月，尚书令费祎至汉中，与蒋琬咨论事计，岁尽还。

五年春正月，监军姜维督偏军，自汉中还屯涪县。

六年冬十月，大司马蒋琬自汉中还，住涪。十一月，大赦。以尚书令费祎为大将军。

七年闰月，魏大将军曹爽、夏侯玄等向汉中，镇北大将军王平拒兴势围，大将军费祎督诸军往赴救，魏军退。夏四月，安平王理卒。秋九月，祎还成都。

八年秋八月，皇太后薨。十二月，大将军费祎至汉中，行围守。

九年夏六月，费祎还成都。秋，大赦。冬十一月，大司马蒋琬卒。

十年，凉州胡王白虎文、治无戴等率众降，卫将军姜维迎逆安抚，居之于繁县。是岁，汶山平康夷反，维往讨，破平之。

十一年夏五月，大将军费祎出屯汉中。秋，涪陵属国民夷反，车骑将军邓芝往讨，皆破平之。

延熙二年（公元 239 年）春季三月，进升蒋琬为大司马。

延熙三年（公元 240 年）春季，派遣越嶲太守张嶷平定了越嶲郡。

延熙四年（公元 241 年）冬季十月，尚书令费祎前往汉中，与蒋琬咨商讨论国事、策略，一直到年底才回来。

延熙五年（公元 242 年）春季正月，监军姜维督领偏军，从汉中出，屯驻在涪县。

延熙六年（公元 243 年）冬季十月，大司马蒋琬从汉中返回，留驻在涪。同年十一月，下令大赦。任命尚书令费祎为大将军。

延熙七年（公元 244 年）春季闰二月，魏国大将军曹爽、夏侯玄等向汉中进军，镇北大将军王平在兴势围领兵抵挡，大将军费祎也督领各军前往援救，于是击退了魏军。同年夏季四月，安平王刘理逝世。秋季九月，费祎带兵返回成都。

延熙八年（公元 245 年）秋季八月，皇太后驾崩。同年十二月，大将军费祎前往汉中，增兵各围，以御敌军。

延熙九年（公元 246 年）夏季六月，费祎返回成都。同年秋季，下令大赦。到了冬季十一月，大司马蒋琬逝世。

延熙十年（公元 247 年），凉州胡王白虎文、治无戴等率领部属来投降，由卫将军姜维迎接而安抚他们，安排他们定居在繁县。这一年，汶山平康的夷族叛变，姜维带兵前往征讨，击破而平定了他们。

延熙十一年（公元 248 年）夏季五月，大将军费祎率兵屯守汉中。秋季，涪陵属国民夷叛，派车骑将军邓芝前往征讨，分别击破而平定了他们。

十二年春正月，魏诛大将军曹爽等，右将军夏侯霸来降。夏四月，大赦。秋，卫将军姜维出攻雍州，不克而还。将军句安、李韶降魏。

十三年，姜维复出西平，不克而还。

十四年夏，大将军费祎还成都。冬，复北驻汉寿。大赦。

十五年，吴王孙权薨。立子琮为西河王。

十六年春正月，大将军费祎为魏降人郭循所杀于汉寿。夏四月，卫将军姜维复率众围南安，不克而还。

十七年春正月，姜维还成都。大赦。夏六月，维复率众出陇西。冬，拔狄道、河关、临洮三县民，居于绵竹、繁县。

十八年春，姜维还成都。夏，复率诸军出狄道，与魏雍州刺史王经战于洮西，大破之。经退保狄道城，维却住钟题。

十九年春，进姜维位为大将军，督戎马，与镇西将军胡济期会上邽，济失誓不至。秋八月，维为魏大将军邓艾所破于上邽。维退军还成都。是岁，立子瓒为新平王。大赦。

二十年，闻魏大将军诸葛诞据寿春以叛，姜维复率众出骆谷，至芒水。是岁大赦。

延熙十二年（公元 249 年），魏国诛杀了大将军曹爽等人，右路军夏侯霸前来求降。同年夏季四月，下令大赦。到了秋季，卫将军姜维出兵攻打雍州，没有攻下而返回。将军句安、李韶向魏投降。

延熙十三年（公元 250 年），姜维又出兵进攻西平，没有攻下而返回。

延熙十四年（公元 251 年），大将军费祎返回成都。同年冬季，又北向驻守在汉寿。下令大赦。

延熙十五年（公元 252 年），吴王孙权崩逝。后主立子刘琮为西河王。

延熙十六年（公元 253 年）春季正月，大将军费祎被魏国来降的人郭循在汉寿刺杀。同年夏季四月，卫将军姜维又率兵围攻南安，没有攻下而返回。

延熙十七（公元 254 年）春季正月，姜维回到成都。下令大赦。同年夏季六月，姜维再度率兵进攻陇西，冬季，拔取了狄道、河关、临洮三县及人民，留居在绵竹、繁县。

延熙十八年（公元 255）春季，姜维回到成都。同年夏季，姜维又率兵行经狄道，和魏国雍州刺史王经在洮西会战，一举大破王经。于是王经退兵保卫狄道城，姜维也退驻钟题。

延熙十九年（公元 256 年）春季，进升姜维为大将军，督领所有军事，和镇西将军胡济约定日期在上邽相会，胡济违背誓约没有前来。同年秋季八月，姜维被魏国的大将军邓艾在上邽攻败。姜维退兵回到成都。同年，后主立子刘瓒为新平王。下令大赦。

延熙二十年（公元 257 年），传闻魏国的大将军诸葛诞以寿春为根据地起兵叛变，姜维再度率领兵众，从骆谷出兵，前往芒水。这一年，又下令大赦。

景耀元年，姜维还成都。史官言景星见，于是大赦，改年。宦人黄皓始专政。吴大将军孙綝废其主亮，立琅邪王休。

二年夏六月，立子谌为北地王，恂为新兴王，虔为上党王。

三年秋九月，追谥故将军关羽、张飞、马超、庞统、黄忠。

四年春三月，追谥故将军赵云。冬十月，大赦。

五年春正月，西河王琮卒。是岁，姜维复率众出侯和，为邓艾所破，还住沓中。

六年夏，魏大兴徒众，命征西将军邓艾、镇西将军钟会、雍州刺史诸葛绪数道并攻。于是遣左右车骑将军张翼、廖化、辅国大将军董厥等拒之。大赦。改元为炎兴。冬，邓艾破卫将军诸葛瞻于绵竹。用光禄大夫谯周策，降于艾，奉书曰："限分江、汉，遇值深远，阶缘蜀土，斗绝一隅，干运犯冒，渐苒历载，遂与京畿攸隔万里。每惟黄初中，文皇帝命

景耀元年（公元258年），姜维回返成都。史官说天上出现景星，显示人君有德，是祥瑞的征兆；于是下令大赦，改年号为景耀。宦官黄皓开始专政。吴国大将军孙綝废吴主孙亮，改立琅邪王孙休为吴主。

蜀汉景耀六年（263年），魏大将邓艾围困绵竹，守将诸葛瞻先赍书向东吴求救，后见救兵久不至，引军冲出，魏军见诸葛瞻冲出，先辙兵退，然后四面合兵，诸葛瞻因此死节。图为诸葛瞻中箭落马后，自刎而死。

景耀二年（公元259年）夏季六月，立子刘谌为北地王，刘恂为新兴主，刘虔为上党王。

景耀三年（公元260年）秋季九月，追赠已故将军关羽、张飞、马超、庞统、黄忠的谥号。

景耀四年（公元261年）春季三月，追赠已故将军赵云的谥号。冬季十月，下令大赦。

景耀五年（公元262年）春季正月，西河王刘琮逝世。同年，姜维又从侯和出兵，被邓艾所击破，回兵屯驻在沓中。

景耀六年（公元263年）夏季，魏国大举属下兵众，下令征西将军邓艾、镇西将军钟会、雍州刺史诸葛绪分兵数路进攻。于是派遣左右车骑将军张翼、廖化、辅国大将军董厥等来抵御魏军。同年，下令大赦。改年号为炎兴。到了冬季，邓艾在绵竹攻破了卫将军诸葛瞻。后主采纳了光禄大夫谯周的建议，向邓艾要求投降，奉上的降书是这样写的："彼此受到长江、汉水的阻隔，遇逢的机会很少，终于偏居蜀地，拘限于一隅，而山势险峭，难以来往，因此干冒侵犯天

虎牙将军鲜于辅，宣温密之诏，申三好之恩，开示门户，大义炳然，而否德暗弱，窃贪遗绪，俯仰累纪，未率大教。天威既震，人鬼归能之数，怖骇王师，神武所次，敢不革面，顺以从命！辄敕群帅投戈释甲，官府帑藏一无所毁。百姓布野，余粮栖亩，以俟后来之惠，全元元之命。伏惟大魏布德施化，宰辅伊、周，含覆藏疾。谨遣私署侍中张绍、光禄大夫谯周、驸马都尉邓良奉赍印绶，请命告诚，敬输忠款，存亡敕赐，惟所裁之。舆榇在近，不复缕陈。”是日，北地王谌伤国之亡，先杀妻子，次以自杀。绍、良与艾相遇于雒县。艾得书，大喜，即报书，遣绍、良先还。艾至城北，后主舆榇自缚，诣军垒门。艾解缚焚榇，延请相见。因承制拜后主为骠骑将军。诸围守悉被后主敕，然后降下。艾使后主止其故

哭祖庙一王死孝，选自清刊本《三国演义》。据《三国演义》，后主刘禅的儿子北地王刘谌听说刘禅向邓艾投降，决意以死殉社稷，他的妻子也触柱而死，于是刘谌自杀三子，携妻儿首级到照烈庙中，泣告祖先，然后自刎而死。图为刘谌携妻儿首级祭告祖先。

威，不知不觉已有好多年，于是和京都远隔有万里之遥。每每思念黄初年间，文皇帝（曹丕）命令虎牙将军鲜于辅，秘密宣达温厚优渥的诏书，重申三好的恩宠，开启受降的门户，大义显然，然而我们恶德晦暗薄弱，私下贪恋先人的遗业，瞬息间过了数十年，没有遵循天子的伟大教化。现在既然震动皇威，又值逢人、鬼都归向有德能大魏的运数，我们已经惊惧王师的神武，岂敢不洗心革面，而顺从归命吗！现已下敕命令所有的将帅放下干戈，脱下盔甲，等待归顺，公家的仓库财货丝毫不敢毁损。所有的百姓都安居在原野，所有保存的余粮，也都留储在田亩，而等待接受君后降临时所赏赐的恩泽，并借以保全人民的性命。敬念大魏，广布德业，推行教化，天子的宰辅也都具有当年伊尹、周公的才能和度量，能够包容我的匿恶。谨此派遣私自署任的侍中张绍、光禄大夫谯周、驸马都尉邓良亲自捧持印玺组绶来请命，并禀告我们的忠诚之心，是存是亡，惟凭大命的裁度。随时在近待死，不再一一的陈述。”就在这一天，北地王刘谌伤痛国家的破亡，先杀死了妻子儿女，接着自杀身死。张绍、邓良等和邓艾在雒县相遇。邓艾接到这封降书，非常高兴，即刻答复后主的降书，并让张绍、邓良先回去。邓艾来到城北，后主用车载着空棺，并且以绳子捆缚着自己，前行到邓艾的辕门投降。邓艾亲手为后主解开绳索，并焚烧空棺，引请相见。邓艾因承受制命拜后主为骠骑将军。各地守军接到后主敕命，

宫，身往造焉。资严未发，明年春正月，艾见收。钟会自涪至成都作乱。会既死，蜀中军众钞略，死丧狼籍，数日乃安集。

后主举家东迁，既至洛阳，策命之曰："惟景元五年三月丁亥，皇帝临轩，使太常嘉命刘禅为安乐县公。於戏，其进听朕命！盖统天载物，以咸宁为大，光宅天下，以时雍为盛。故孕育群生者，君人之道也，乃顺承天者，坤元之义也。上下交畅，然后万物协和，庶类获乂。乃者汉氏失统，六合震扰。我太祖承运龙兴，弘济八极，是用应天顺民，抚有区夏。于时乃考因群杰虎争，九服不静，乘间阻远，保据庸蜀，遂使西隅殊封，方外壅隔。自是以来，干戈不戢，元元之民，不得保安其性，几将五纪。朕永惟祖考遗志，思在绥缉四海，率土同轨，故爰整六师，耀威梁、益。公恢崇德度，深秉大正，不惮屈身委质，以爱民全国为贵，降心回虑，应机豹变，履信思顺，以享左右无疆之休，岂不远欤！朕嘉与君公长飨显禄，用考咨前训，开国胙土，率遵旧典，锡兹玄牡，苴以白茅，永为魏藩辅，往钦哉！公其祗服朕命，克广德心，以终乃显烈。"食邑万户，赐绢万匹，奴婢百人，他物

才肯投降。邓艾就让后主留止在故宫，并亲身前往拜访。后主朝见京都所需的行装、旅费都准备好了，尚未出发。第二年（公元264年）春季正月的时候，钟会说邓艾谋反，因此邓艾被收捕。于是钟会自涪到成都，借机叛变魏国，结果被杀。钟会既死之后，蜀中的士兵乘机到处劫夺财物，死亡的人很多，一片零乱不堪，过了几天，才安定下来。

后主于是全家东行，来到了洛阳，魏的策命上这样写着："在景元五年（公元264年）三月丁亥日，皇帝亲自临幸殿上，派遣太常嘉册封刘禅为安乐县公。呜呼！公应上前敬听朕的诏命！大凡统理天下，承载万物，以安宁为最重要，仁德覆被天下，以和睦为最美盛。所以孕育众生，使其成长，是统治人民的要道，同时也是顺承天命，资生万物的要义。如此上下意见，可以交流，然后万物和谐，庶民获得安宁。当初汉室不能统驭天下，上下四方都震恐扰攘不安，我太祖（曹操）承袭天命，国运昌隆，广济八方，一切都是上应天意，下顺民情，于是安抚拥有诸夏。正当此时，公的父亲刘备因各地豪杰并起，龙争虎斗，天子所属的远近邦国，不得安静，于是乘机据有蜀土，远隔中原，因使西方一带，不能蒙受朝廷的封赐，变成方外的区域。自此以后，战争连年，百姓无法过着安定的生活，将近六十年的光景。朕常思念先人的遗志，希望安抚四海，普天之下，同守王法。所以才整顿六军，耀扬威武于梁、益二州。而公有崇高的德业、广大的器度，深知秉持大正，不怕委屈自身，亲为人质，完全以爱护人民，保全国家为可贵，而能回心转意，随机应变，履行信守，思念归顺，以享受永无穷尽的美善，这不正是证明公有远见吗！朕特别嘉美公的行为，赐公永享显贵的爵位和官禄，因而有上面的诏命，使公开建国土，一切遵循朝廷的制度，因此赐与公玄牡（黑色的雄性骏马），并准许祭祀时在黍稷下用白茅为垫借，永远做大魏的屏藩和辅弼。公应敬谨地服从朕的诏命，并能扩充德心，以完成伟大的功业。"于是赐

称是。子孙为三都尉封侯者五十余人。尚书令樊建、侍中张绍、光禄大夫谯周、秘书令郤正、殿中督张通并封列侯。公泰始七年薨于洛阳。

评曰：后主任贤相则为循理之君，惑阉竖则为昏暗之后，传曰“素丝无常，唯所染之”，信矣哉！礼，国君继体，逾年改元，而章武之三年，则革称建兴，考之古义，体理为违。又国不置史，注记无官，是以行事多遗，灾异靡书。诸葛亮虽达于为政，凡此之类，犹有未周焉。然经载十二而年名不易，军旅屡兴而赦不妄下，不亦卓乎！自亮没后，兹制渐亏，优劣著矣。

封刘禅一万户的食邑，赏与绢一万匹，以及一百名奴婢，其他赏赐的物品，大多和上述的相称。刘禅的子孙为三都尉封侯的有五十多人。尚书令樊建、侍中张绍、光禄大夫谯周、秘书令郤正、殿中督张通都封为列侯。在泰始七年（公元271年），刘禅在洛阳逝世。

陈寿评论说：后主刘禅任用贤明的丞相时，就是位循行法理的君王，当被太监迷惑时，又可说是位昏昧愚暗的人主。古书上说：“洁白生丝的颜色，是变化无常的，要看它所濡染的颜色而定。”这真是可信的话啊！按照礼的规定，国君继承君位，要过一年以后，才可以改换年号。可是刘禅在先主驾崩的那一年，也就是章武三年（公元223年），就改称建兴元年，稽考古义，是完全违背礼制的。而且国家不设置史官，也没有作注记的官员，所以行事常有遗漏，国家遇有灾害变异，也没有记载下来。诸葛亮处理政事，虽然通达，但举凡如上述的缺点，却还有欠周详的地方。然而蜀的年号经过十二年之久，尚能不予更改，屡次用兵，而不随意妄下赦令，不也非常高明吗！自从诸葛亮逝世后，这些体制，逐渐的亏败，所有的得失好坏，与以前相比，就非常的明显了。

三国志卷三十四

二主妃子传第四

傅试中 译

先主甘皇后，沛人也。先主临豫州，住小沛，纳以为妾。先主数丧嫡室，常摄内事。随先主于荆州，产后主。值曹公军至，追及先主于当阳长阪，于时困逼，弃后及后主，赖赵云保护，得免于难。后卒，葬于南郡。章武二年，追谥皇思夫人，迁葬于蜀，未至而先主殂陨。丞相亮上言：“皇思夫人履行修仁，淑慎其身。大行皇帝昔在上将，嫔妃作合，载育圣躬，大命不融。大行皇帝存时，笃义垂恩，念皇思夫人神柩在远飘飖，特遣使者奉迎。会大行皇帝崩，今皇思夫人神柩以到，又梓宫在道，园陵将成，安厝有朝。臣辄与太常臣

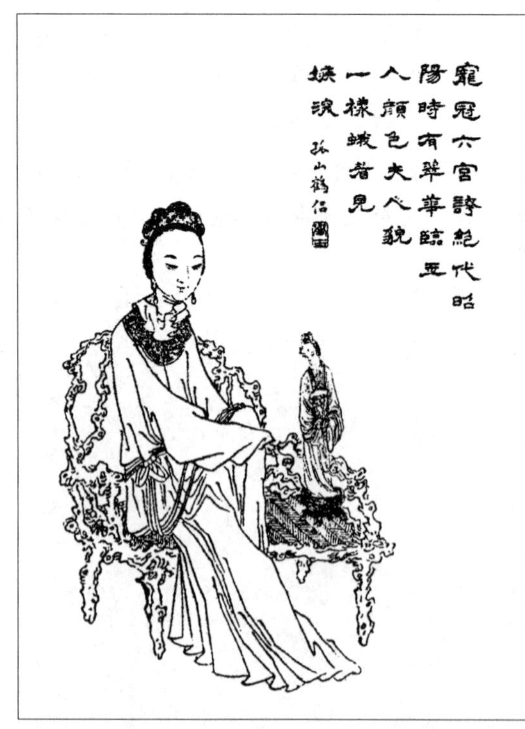

甘夫人，选自清刊本《三国演义》。

先主甘皇后，是沛（在今江苏省沛县）人。先主监临豫州的时候，居住在小沛，就纳她为妾。先主屡次地丧亡正妻，因此她常常兼代主妇的职事。甘皇后跟随先主到荆州，生了一个儿子，也就是后主刘禅。那时正逢曹公的军队到来，在当阳长阪追上了先主，先主在穷迫困窘之际，只好抛下了甘皇后和后主，幸赖赵云的保护，才能免于危难。甘皇后逝世后，葬在南郡。章武二年（公元 222 年），追谥她为皇思夫人，改葬在蜀，还没有到达蜀地，先主就驾崩了。丞相诸葛亮上奏说：“皇思夫人履行仁道，修养德行，而且持身贤淑慎谨。先帝从前任上将时，由于嫔妃的配合，而诞育了圣体（指刘禅），然而大命不长，先帝生前，笃行仁义，垂留恩典，念及皇思夫人的神柩，飘摇在远地，特别派遣使者

赖恭等议：《礼记》曰：‘立爱自亲始，教民孝也；立敬自长始，教民顺也。’不忘其亲，所由生也。《春秋》之义，母以子贵。昔高皇帝追尊太上昭灵夫人为昭灵皇后，孝和皇帝改葬其母梁贵人，尊号曰恭怀皇后，孝愍皇帝亦改葬其母王夫人，尊号曰灵怀皇后。今皇思夫人宜有尊号，以慰寒泉之思，辄与恭等案谥法，宜曰昭烈皇后。《诗》曰：‘谷则异室，死则同穴。’故昭烈皇后宜与大行皇帝合葬，臣请太尉告宗庙，布露天下，具礼仪别奏。”制曰可。

挂印封金，清代年画。据《三国演义》，关羽千里走单骑，护送刘备二位夫人投奔刘备。除了甘夫人外，还有糜夫人，糜夫人是糜竺之妹，在刘备兵败徐州时所娶，在长阪坡为救阿斗投井而死。图为关羽护送甘、糜二夫人离开曹营。

前往奉迎。适逢先帝遽然崩逝，如今皇思夫人神柩已经迎到，而先帝的梓宫也在道途中，坟陵将要建成，安厝的吉期，业已选定。臣曾经与太常臣赖恭等研议的结果是：《礼记》上说：‘从双亲建立敬爱的体制，这是为了教民行孝，从兄长确立尊敬的礼制，这是为了教民和顺有序。’人人都不应忘记养育他的双亲。《春秋》的大义是：母亲因为儿子的地位尊贵而尊贵。从前高皇帝追尊太上昭灵夫人为昭灵皇后，孝和皇帝改葬他的生母梁贵人，尊号是恭怀皇后。孝愍皇帝也改葬他的生母王夫人，尊号是灵怀皇后。而今的皇思夫人也应上有尊号，以安慰先帝在九泉之下的思情，即和臣赖恭等依照谥法，应该尊称为昭烈皇后。《诗经》上说：‘活着的时候，虽然异室相处，死亡以后则应合葬在一个墓穴。’所以昭烈皇后也应该与先帝合葬在一起。臣请太尉禀告宗庙，公布天下周知，至于合葬应该具备的礼仪，另案奏闻。”奉到制命批示：“可。”

先主穆皇后，陈留人也。兄吴壹，少孤，壹父素与刘焉有旧，是以举家随焉入蜀。焉有异志，而闻善相者相后当大贵。焉时将子瑁自随，遂为瑁纳后。瑁死，后寡居。先主既定益州，而孙夫人还吴，群下劝先主聘后。先主疑与瑁同族，法正进曰："论其亲疏，何与晋文之于子圉乎？"于是纳后为夫人。建安二十四年，立为汉中王后。章武元年夏五月，策曰："朕承天命，奉至尊，临万国。今以后为皇后，遣使持节丞相亮授玺绶，承宗庙，母天下，皇后其敬之哉！"建兴元年五月，后主即位，尊后为皇太后，称长乐宫。壹官至车骑将军，封县侯。延熙八年，后薨，合葬惠陵。

后主敬哀皇后，车骑将军张飞长女也。章武元年，纳为太子妃。建兴元年，立为皇后。十五年薨，葬南陵。

后主张皇后，前后敬哀之妹也。建兴十五年，入为贵人。延熙元年春正月，策曰："朕统承大业，君临天下，奉郊庙社稷。今以贵人为皇后，使行丞相事左将军向朗持节授玺

先主穆皇后，是陈留（在今河南省开封市陈留镇）人。她的哥哥吴壹，年少就死去了父亲，吴壹的父亲平素和刘焉很友好，因此全家跟随刘焉进入蜀地。刘焉对朝廷有二心，听到精于相术的人为穆皇后看相，认为穆皇后将来会大贵。刘焉当时带着儿子刘瑁随行，于是为刘瑁娶穆皇后为妻。刘瑁早死，后守寡独居。先主平定益州以后，而孙夫人已回东吴，群臣劝先主聘娶穆皇后。先主怀疑自己可能与刘瑁同族，不应娶其亡妻。法正即进谏道："论公与刘瑁的亲疏关系，那里比得上当年晋文公和晋惠公的关系亲近呢！而晋文公却收纳了惠公的妻子子圉。"于是先主娶穆皇后为夫人。建安二十四年（公元 219 年），立她为汉中王后。章武元年（公元 221 年）夏季五月，册立她为皇后，策命上这样说："朕上承天命，奉守至尊，君临万国。现在立后为皇后，派遣使者持节丞相诸葛亮授与印玺组绶，承祀宗庙，母仪天下，皇后应该敬慎为之。"建兴元年（公元 223 年）五月，后主即帝位，尊后为皇太后，称为长乐宫。吴壹做到车骑将军，封为县侯。延熙八年（公元 245 年），穆皇后逝世，和先主合葬在惠陵。

后主敬哀皇后，是车骑将军张飞的长女。章武元年（公元 221 年），纳娶为太子妃。建兴元年（公元 223 年），册立她为皇后。建兴十五年（公元 237 年）逝世，安葬在南陵。

后主张皇后，是前敬哀皇后的妹妹。建兴十五年入宫封为贵人。延熙元年（公元 238 年）册立她为皇后，策命上说："朕继承帝王的大业，君临天下，奉守天地宗庙社稷的祭祀。现在册立贵人为皇后，派遣兼行丞相事左将军向朗持节授与皇后印玺组绶。勉力修治

绶。勉修中馈，恪肃禋祀，皇后其敬之哉！”咸熙元年，随后主迁于洛阳。

刘永字公寿，先主子，后主庶弟也。章武元年六月，使司徒靖立永为鲁王，策曰：“小子永，受兹青土。朕承天序，继统大业，遵修稽古，建尔国家，封于东土，奄有龟蒙，世为藩辅。呜呼，恭朕之诏！惟彼鲁邦，一变适道，风化存焉。人之好德，世兹懿美。王其秉心率礼，绥尔士民，是飨是宜，其戒之哉！”建兴八年，改封为甘陵王。初，永憎宦人黄皓，皓既信任用事，谮构永于后主，后主稍疏外永，至不得朝见者十余年。咸熙元年，永东迁洛阳，拜奉车都尉，封为乡侯。

刘理字奉孝，亦后主庶弟也，与永异母。章武元年六月，使司徒靖立理为梁王，策曰：“小子理，朕统承汉序，祗顺天命，遵修典秩，建尔于东，为汉藩辅。惟彼梁土，畿甸之邦，民狎教化，易导以礼。往悉乃心，怀保黎庶，以永尔国，王其敬之哉！”建兴八年，改封理为安平王。延熙七年卒，谥曰悼王。子哀王胤嗣，十九年卒。子殇王承嗣，二十年

家中馈食等妇人职事，敬肃斋洁，奉行祭祀之礼。皇后必须敬慎为之。”咸熙元年（公元264年），随着后主迁徙到洛阳。

刘永字公寿，是先主的儿子，后主刘禅的庶母所生的弟弟。章武元年（公元221年）六月，派遣司徒靖册立刘永为鲁王。策命上说：“小子刘永，遥领青土的封土。朕承受天命的顺序而登帝位，继续统理国家大事，遵循修治稽考古道，使你建立国家，封在东土，拥有龟、蒙之地，世世代代都是汉的屏藩辅弼。呜呼！恭奉朕的诏令！思念那鲁国旧邦的发展，由鲁一变而至于道，古代的风范教化，仍然留存着。人人好德，世代美善。鲁王你要秉执善心，依循礼制，安抚所属的士民，永远安享青土，一切顺适合宜，要小心戒惕啊。”建兴八年（公元230年）改封为甘陵王。起初，刘永非常憎恶宦官黄皓，黄皓被宠信当权后，就在后主面前进谗言，陷害刘永，使后主逐渐和刘永疏远，以至于刘永有十多年之久不能朝见后主。咸熙元年（公元264年），刘永东迁到洛阳，拜为奉车都尉，封为乡侯。

刘理字奉孝，也是后主刘禅庶母所生的弟弟。和刘永不是一个母亲。章武元年（公元221年）六月，派遣司徒靖册立刘理为梁王，策命上说：“小子刘理，朕承受汉朝的顺序而登帝位，敬顺天命，遵循古制，修治典法官秩，封你在东土建立国家，为汉的屏藩辅弼。梁州是最靠近京都的邦国，人民习见教化，最容易用礼治来引导教化他们。你应用全付的心力来怀柔保护所属的庶民，以永享你的封国。梁王！你要敬慎为之。”建兴八年（公元230年）改封刘理为安平王。延熙七年（公元244年）逝世。谥号是悼王。他的儿子刘胤

卒。景耀四年诏曰："安平王，先帝所命。三世早夭，国嗣颓绝，朕用伤悼。其以武邑侯辑袭王位。"辑，理子也，咸熙元年，东迁洛阳，拜奉车都尉，封乡侯。

后主太子璿，字文衡。母王贵人，本敬哀张皇后侍人也。延熙元年正月策曰："在昔帝王，继体立嗣，副贰国统，古今常道。今以璿为皇太子，昭显祖宗之威，命使行丞相事左将军朗持节授印绶。其勉修茂质，祗恪道义，谘询典礼，敬友师傅，斟酌众善，翼成尔德，可不务修以自勖哉！"时年十五。景耀六年冬，蜀亡。咸熙元年正月，钟会作乱于成都，璿为乱兵所害。

评曰：《易》称有夫妇然后有父子，夫人伦之始，恩纪之隆，莫尚于此矣。是故纪录，以究一国之体焉。

嗣位，是为哀王。延熙十九年（公元256年）哀王胤逝世。他的儿子刘承嗣位，是为殇王，延熙二十年（公元257年）殇王刘承逝世。景耀四年（公元261年）后主下诏说："安平王是先帝所册封的。然而三代都早夭，封国的嗣位中绝，朕因此深为悲悼，应以武邑侯刘辑来承袭王位。"刘辑是刘理的儿子，咸熙元年（公元264年），东迁到洛阳，拜奉车都尉，封为乡侯。

后主刘禅的太子刘璿，字文衡。母亲是王贵人，本来是敬哀皇后的侍人。延熙元年（公元238年）正月，后主下策命说："从前的帝王，继承体制，建立嗣子，佐理国家的统治，是古今恒常不变的道理。现在册立刘璿为皇太子，希望太子竭尽心力，辅弼朕躬，而能显明发扬祖宗的威德。现在派遣使者代理丞相左将军朗持节，授与太子印玺组绶。太子此后应该勉力修养美好的才质，敬守道义，与人商讨咨询各种典章制度，敬爱师傅朋友，选取众善，以辅助成就你的德业，太子能不专心致力的修治以自勉吗！"当时刘璿的年龄是十五岁。景耀六年（公元263年）冬季，蜀国灭亡。咸熙元年（公元264年）正月，钟会在成都作乱，刘璿被乱兵所杀。

陈寿评论说：《易经》上说："先有夫妇，然后才有父子。"人伦的开始，恩法的隆盛，没有比夫妇更重要的了。所以将二主后妃的传记纪录在史书上，以供研究一个国家体制的资料。

三国志卷三十五

诸葛亮传第五

林明德 译

诸葛亮字孔明，琅邪阳都人也。汉司隶校尉诸葛丰后也。父珪，字君贡，汉末为太山郡丞。亮早孤，从父玄为袁术所署豫章太守，玄将亮及亮弟均之官。会汉朝更选朱晧代玄。玄素与荆州牧刘表有旧，往依之。玄卒，亮躬畊陇亩，好为《梁父吟》。身高八尺，每自比于管仲、乐毅，时人莫之许也。惟博陵崔州平、颍川徐庶元直与亮友善，谓为信然。

诸葛亮，字孔明，是琅邪郡阳都县（今山东省沂南县）人。他是汉朝司隶校尉诸葛丰的后代。父亲叫做诸葛珪，字君贡，在汉朝末年曾做过太山郡丞。他很小时父亲就去世了，那时候他的叔父诸葛玄被袁术派去当豫章郡（今江西南昌）的太守，玄就带着诸葛亮和他的弟弟诸葛均去上任。刚好在这时刻，汉朝又选派了另外一个人，叫做朱晧的，来代替诸葛玄。因为诸葛玄一向和荆州（今湖南常德县东）刺史刘表颇有交情，于是就去投靠他。等到叔父死了，诸葛亮就自己谋求生路，在南阳的隆中山（今湖北襄阳市西）耕起田来，常常独自吟唱着相当有名的《梁父吟》。诸葛亮的身高，有八尺长之多。他常常把自己比拟成春秋时代帮助齐桓公称霸天下的管仲，还有战国时曾备受礼遇，成为燕赵客卿的乐毅，可是那时候的人们不太相信他的话。倒是只有博陵县（今河北蠡县）的崔州平、颍川郡（今河南省禹州市、许昌市等地）的徐庶，这两个和他臭味相投的好朋友，常常振振有辞地夸奖他呢！

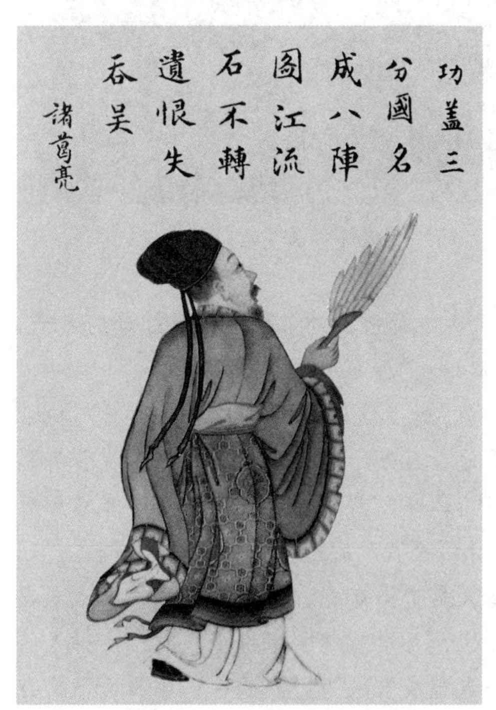

诸葛亮，选自清皇家珍藏手抄善本绘图描金银《三国志演义》。

时先主屯新野。徐庶见先主，先主器之，谓先主曰："诸葛孔明者，卧龙也，将军岂愿见之乎？"先主曰："君与俱来。"庶曰："此人可就见，不可屈致也。将军宜枉驾顾之。"由是先主遂诣亮，凡三往，乃见。因屏人曰："汉室倾颓，奸臣窃命，主上蒙尘。孤不度德量力，欲信大义于天下，而智术浅短，遂用猖蹶，至于今日。然志犹未已，君谓计将安出？"亮答曰："自董卓已来，豪杰并起，跨州连郡者不可胜数。曹操比于袁绍，则名微而众寡，然操遂能克绍，以弱为强者，非惟天时，抑亦人谋也。今操已拥百万之众，挟天子

武侯高卧图，明朱瞻基绘。

这时刘备驻守新野（今河南新野县南），徐庶跑去拜见他，刘备相当器重徐庶的才干。徐庶顺着这个机会，大力推荐诸葛亮，因而向刘备说："诸葛孔明这个人真是条'卧龙'哩！将军您可愿意见见他？"此际刘备正是求才若渴，听了这话，立刻说道："那你赶快带他来看我。"徐庶接着说："这个人只能您迁就去看他，万万不能委屈他来见您。我看将军还是委屈点去拜望他吧！"因此刘备立刻筹划去找诸葛亮，前后去了三次，好不容易最后一次才见到他。刘备很慎重地把左右支遣开去，然后用极诚恳的态度，向诸葛亮讨教："眼看当今汉室马上就要灭亡了，先是董卓叛乱，接着又是曹操夺权，致使献帝亡命出奔。我没有考虑自已德行能力，一心一意想要伸张公理正义，可惜智慧学术都很浅陋，使得天下情势一天比一天分裂紊乱，但是我的壮志雄心可一点也没有减少。您想在这种局面下，有没有什么好的计谋呢？"诸葛亮答道："自从董卓废帝夺权以来，天下各地的豪杰纷纷出现，他们的势力有的跨越了州界，有的连续占领了几个郡，真是数也数不清。如果拿曹操

而令诸侯，此诚不可与争锋。孙权据有江东，已历三世，国险而民附，贤能为之用，此可以为援而不可图也。荆州北据汉、沔，利尽南海，东连吴会，西通巴、蜀，此用武之国，而其主不能守，此殆天所以资将军，将军岂有意乎？益州险塞，沃野千里，天府之土，高祖因之以成帝业。刘璋暗弱，张鲁在北，民殷国富而不知存恤，智能之士思得明君。将军既帝室之胄，信义著于四海，总揽英雄，思贤如渴，若跨有荆、益，保其岩阻，西和诸戎，南抚夷越，外结好孙权，内修政理；天下有变，则命一上将将荆州之军以向宛、洛，

三顾一遇图，清孙亿绘。

来跟袁绍比，起先那曹操可是既没有名气，又缺乏雄厚的兵力。但是，后来袁绍却被他打败了，曹操之所以能够用微弱的力量去抵挡强大的势力，说起来不只是天时的配合而已，实在也是因为有好人才替他谋划啊。现在曹操已拥有近百万的部队，挟持着献帝来号召天下的诸侯，从现实的眼光来看，实在不必在这时刻去跟他较量，一争短长。目前孙权据有长江以东的地区，从孙坚传位给儿子孙策，孙策再传给弟弟孙权，总也有三代了，国情虽然艰危，可是民心却很依附他，并且有许多的贤才智士都跑去那里，受到他的重用。从这局面来考量，似乎只能跟他合作，互相声援，不要有去打他的念头。荆州北边据有汉水、沔水流域，富饶的地区包括了整个南海郡，东边连结了吴郡和会稽郡，西边又贯通了巴郡和蜀郡，这样的地理情势太有利于用兵了，偏偏这个荆州刺史刘表守不住它。这也许是冥冥上苍有意要帮助您，不晓得将军（按：这时候刘备的官衔是左将军）意下如何？再谈到益州（今四川和陕西南部，州治为今成都），形势险要，肥沃的田野绵延千里，称得上是富庶的‘天府’啊！汉高祖刘邦就是借益州为基地，终于成就了他的帝业。此际领有益州的刘璋，却是相当的愚昧懦弱，北方又有号称‘张天师’的张鲁盘据着。这里人民众多，域内富厚，可是刘璋却不晓得顺应民情，加以慰问安抚。一般智慧才能之士，没有一个内心不是企盼有一位贤明的国君来领导的。将军您既是汉朝皇室的后裔，四海之内也都交口称赞您的守信重义，您不妨广泛地延揽天下的英雄，眼前您需要贤才来帮助，就像口渴迫不及待要喝水一般哪！如果您先把荆州、益州拿下来，仗着它的险要形势，西边跟诸戎和平相处，南边又把夷越安抚妥贴，向外更

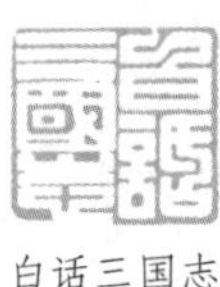

徐庶走马荐诸葛，清代年画。据《三国演义》，徐庶老母被曹操所劫，徐庶不得已离开刘备，在离开时，徐庶郑重向刘备推荐诸葛亮。图为徐庶告别刘备时的情形。

将军身率益州之众出于秦川，百姓孰敢不箪食壶浆以迎将军者乎？诚如是，则霸业可成，汉室可兴矣。”先主曰：“善！”于是与亮情好日密。关羽、张飞等不悦，先主解之曰：“孤之有孔明，犹鱼之有水也。愿诸君勿复言。”羽、飞乃止。

刘表长子琦，亦深器亮。表受后妻之言，爱少子琮，不悦于琦。琦每欲与亮谋自安之术，亮辄拒塞，未与处画。琦乃将亮游观后园，共上高楼，饮宴之间，令人去梯，因谓亮曰：“今日上不至天，下不至地，言出子口，入于吾耳，可以言未？”亮答曰：“君不见申生在内而危，重耳在外而安乎？”琦意感悟，阴规出计。

结好孙权，对内则修明政治。一旦天下局势发生变化，立刻派遣一位最优秀的将领，率领荆州的大军，直指宛（今河南南阳）、洛（今河南洛阳），您则亲自统率益州的部众，开向秦川（今陕西关中一带），这么一来，老百姓们哪里会不高兴万分，争先恐后地提着饭篮和水壶来犒劳您的军队呢？要是这个计划能实现，我想，不仅成就您个人的霸业，汉朝宗室也一定能复兴的！”刘备很仔细地听了诸葛亮的剖析后，便道：“这主意甚好！”于是刘备和诸葛亮的交情，一天比一天密切起来。关羽和张飞等人看在眼里，心里边可真的有点不是滋味。刘备其实也知道他们不高兴的原因，找个机会解说给他们听：“我得到孔明，就好比鱼儿有了水一般。希望你们体谅我，不要再计较好吗？”刘备一把话讲开来，关羽、张飞也就比较释然了。

本来刘表的大儿子刘琦也很器重诸葛亮。刘表因为听了后妻不断离间的话，渐渐钟爱小儿子刘琮，而不喜欢刘琦了。刘琦每每想要同诸葛亮商量怎样自保的法子，全都给诸葛亮找借口推辞掉了。有一天，刘琦邀请诸葛亮去观赏后花园，两人一起登上楼梯，到达很高的亭台上面。在饮宴的当儿，刘琦突然命令下面的人把楼梯拿走。接着才对诸葛亮说：“今天可是上不达天，下不到地；话从您口中说出来，就直接听进我耳里去。现在您可以指点指点我吧？”诸葛亮只淡淡答道：“你难道没看见申生处在国内很危险，而重耳流亡在外反而平安无事吗？”（按：春秋时，晋献公听信骊姬的谗言，想杀太子申生，别立少子奚齐。公子重耳则流亡在外，后得秦穆公之助，回国即位，是为晋文公。）刘琦很快地领悟话

会黄祖死，得出，遂为江夏太守。俄而表卒，琮闻曹公来征，遣使请降。先主在樊闻之，率其众南行，亮与徐庶并从，为曹公所追破，获庶母。庶辞先主而指其心曰："本欲与将军共图王霸之业者，以此方寸之地也。今已失老母，方寸乱矣，无益于事，请从此别。"遂诣曹公。

先主至于夏口，亮曰："事急矣，请奉命求救于孙将军。"时权拥军在柴桑，观望成败。亮说权曰："海内大乱，将军起兵据有江东，刘豫州亦收众汉南，与曹操并争天下。今操芟夷大难，略已平矣，遂破荆州，威震四海。英雄无所用武，故豫州遁逃至此。将军量力而处之：若能以吴、越之众与中国抗衡，不如早与之绝；若不能当，何不案兵束甲，北面而事之！今将军外托服从之名，而内怀犹豫之计，事急而不断，祸至无日矣！"权曰："苟如君言，刘豫州何不遂事之乎？"亮曰："田横，齐之壮士耳，犹守义不辱，况刘豫州

里面的涵意，暗中计划流亡避祸。这时刚好江夏（今湖北黄冈市西北）的太守黄祖被孙权打败，死于部下之手，刘琦得到机会，立即出任补为江夏太守。没多久，刘表因为背上的肿疮不治而死。曹操在官渡（今河南省中牟县东北）破了袁绍后，即刻移师打荆州。继刘表而立的刘琮，知道曹军向他开来，听了王粲的一番游说后，主动投降，使曹操不费一兵一卒轻易地便取下了荆州。刘备在樊城（今湖北襄阳市樊城区）获悉这个消息，赶快率领部众南行，随行的有诸葛亮和徐庶。没想到曹操的大兵紧追不舍，终于刘备在这里吃了个大败仗，落荒而逃。这曹操本不是等闲之辈，马上叫人把徐庶的母亲给掳来。徐庶在万分无奈、心急忧伤之余跑去向刘备辞行，指着自己的心窝说道："本来想同将军共创王朝霸业的，全在这颗赤心啊！现在我老母被捉，方寸已经大乱，留在这儿对您也帮不上什么忙了，不如向您谢罪请别。"徐庶说完这番话后，就到曹操那里去了。

刘备的军队开到夏口（今湖北汉口），诸葛亮马上建议："如今事态相当危急，请下令派我到孙将军那儿求援罢！"此刻的孙权正拥着军队，据守在柴桑（今江西九江西南），采取观望成败的态度。诸葛亮披星戴月地赶去游说孙权："当今海内局势大乱，孙将军起兵，据有江东（指芜湖以东长江下游的江南之地）地区，刘豫州（豫州指今河南东部、安徽北部等地，州治为谯，即今安徽亳州）也收服汉水以南的地方，和曹操一起竞争天下。现在曹操删平各方阻力，乘势取得荆州，声威震动了四海。局势的变化往往极难逆料，使得一介英雄无所用武，所以刘豫州才逃亡到此地。孙将军啊！但愿您衡量自己的实力，好好安排摆在眼前的情势。如果您能纠合吴越的部众，和黄河下游的曹操相抗衡的话，那不如早点跟他决裂；要是自度不能抵挡曹操的百万雄师，何不按兵不动，干脆向北去臣服他算了！现在将军您啊，对外假托服从他的名义，其实内心举棋不定；像这般的优柔寡断，不能应付危机，想那祸患即将来到了！"孙权道："如果真像您所说的那样，那刘豫州何不立即臣服曹操呢？"诸葛亮答道："田横是齐国的壮士，尚且坚守气节，不肯投降受辱。何

诸葛亮舌战群儒，选自清刊本《三国演义》。据《三国演义》，诸葛亮到柴桑寻求孙刘联盟时，先和江东诸英俊聚会，会中诸葛亮一人以寡敌众，力压江东群儒。图为诸葛亮与江东群儒舌战。

王室之胄，英才盖世，众士慕仰，若水之归海，若事之不济，此乃天也，安能复为之下乎！”权勃然曰：“吾不能举全吴之地，十万之众，受制于人。吾计决矣！非刘豫州莫可以当曹操者，然豫州新败之后，安能抗此难乎？”亮曰：“豫州军虽败于长阪，今战士还者及关羽水军精甲万人，刘琦合江夏战士亦不下万人。曹操之众，远来疲弊，闻追豫州，轻骑一日一夜行三百余里，此所谓‘强弩之末，势不能穿鲁缟’者也。故兵法忌之，曰‘必蹶上将军’。且北方之人，不习水战；又荆州之民附操者，逼兵势耳，非心服也。今将军诚能命猛将统兵数万，与豫州协规同力，破操军必矣。操军破，必北还，如此则荆、吴之势强，鼎足之形成矣。成败之机，在于今日。”权大悦，即遣周瑜、程普、鲁肃等水军三万，随亮诣先主，

况刘豫州是汉朝王室的后裔呢！他英才盖世，百姓士卒对他的仰慕，就像水流奔向大海一般。如果他的事业不能成功，也只能归之于天意，哪有反过头来去降服曹操，屈居其下的道理？”听到这里，孙权勃然变色道：“我可不能用吴国宝贵的土地，以及十万部众，受制于别人，我的心意已经决定。并不是说刘豫州抵挡不了曹操，只是他刚刚败在曹操的手下，怎么克服当下的困难，实在还是一个大问题啊！”诸葛亮眼看孙权已经被说动几分，马上接着说道：“豫州的军队虽然在长阪（今湖北当阳市东北）打了败仗，可是战士生还的和关羽统率的水师，加起来总共还有上万的精锐部卒。又刘琦集合江夏的战士，也不下万人。曹操的军队从北方老远开来，已经疲惫不堪，据说在追击豫州军时，轻骑一天一夜要跑三百多里。这就是所谓的‘强弩之末’，不管开始时气势多凌厉，到末了恐怕连一张细绢都穿不过去哩！所以兵法上最忌讳这个，有道是：‘急速行军而又长途跋涉，必使上将军受挫败。’而且曹军是北方人，本来就不习惯水战。再说荆州的人民归附曹操，实在是迫于他的兵势，绝不是衷心服从。现在将军要是真能遣派猛将，带兵数万，和刘豫州同心协力，曹军必败无疑。曹操一旦兵败，势必北归。如此一来，荆州、吴越的势力就强大起来，鼎足而三的局面也就自然形成了。整个事情成败的关键，就看将军今天的决定了！”孙权听了，内心很高兴，立刻派出周瑜、程普、鲁肃带领三万水师，随诸葛亮去见刘备。两军联合起来，奋力抵拒

并力拒曹公。曹公败于赤壁，引军归邺。先主遂收江南，以亮为军师中郎将，使督零陵、桂阳、长沙三郡，调其赋税，以充军实。

建安十六年，益州牧刘璋遣法正迎先主，使击张鲁。亮与关羽镇荆州。先主自葭萌还攻璋，亮与张飞、赵云等率众溯江，分定郡县，与先主共围成都。成都平，以亮为军师将军，署左将军府事。先主外出，亮常镇守成都，足食足兵。二十六年，群下劝先主称尊号，先主未许，亮说曰："昔吴汉、耿弇等初劝世祖即帝位，世祖辞让，前后数四，耿纯进言曰：'天下英雄喁喁，冀有所望。如不从议者，士大夫各归求主，无为从公也。'世祖感纯言深至，遂然诺之。今曹氏篡汉，天下无主，大王刘氏苗族，绍世而起，今即帝位，乃其宜也。士大夫随大王久勤苦者，亦欲望尺寸之功如纯言耳。"先主于是即帝位，策亮为丞相

曹操。曹操终于在赤壁（今湖北赤壁市南岸）打了败仗，最后把军队开回邺城（今河北临漳县）。刘备于是收复了江南，任诸葛亮为军师中郎将，使他监督零陵（今湖南永州市零陵区）、桂阳（今湖南郴州市一带）和长沙（今湖南长沙）三郡，征调当地的租税，来充实军备。

建安十六年（公元 211 年），益州刺史刘璋派法正迎接刘备，请他出兵去打张鲁。诸葛亮和关羽镇守荆州，刘备从葭萌（今四川昭化县东南）回师攻打刘璋，诸葛亮和张飞、赵云等人逆江而上，分定州界，与刘备一起围攻成都；等到成都平定，即命诸葛亮为军师将军，代理左将军府的事务，刘备一旦有事外出，则由诸葛亮镇守成都，真也做到了足食足兵。建安二十六年（公元 221 年），群臣们劝刘备称帝，刘备多方顾虑，并没有同意。诸葛亮道："从前吴汉、耿弇等人起初劝汉光武帝即帝位，光武一再辞让，前后总共四次。耿纯进言说：'现在天下的英雄们，像鱼口朝上般地企盼您，如果您不顺从众意，士大夫们只好各自回去找他们的主人，也没有必要跟随在您的左右了。'光武帝深深感到耿纯的话有道理，便允诺即位称帝。今天眼看曹氏篡汉，天下没有一位真正的君主。大王本是刘氏的后裔，继世而起，在此时此刻即帝位，实在是恰当的。再说，士大夫们追随大王长久劳苦，也盼望得到些许的功业，就如同耿纯所说的啊！"刘备于是即帝位，任命诸葛亮为丞相。并道："我不幸遭遇家难，

蜀主刘备，唐阎立本绘。

伐中原武侯上表，清朱芝轩绘。图为章武五年（公元225年），诸葛亮首次上表伐魏，向后主刘禅进《前出师表》。

曰："朕遭家不造，奉承大统，兢兢业业，不敢康宁，思靖百姓，惧未能绥。於戏！丞相亮其悉朕意，无怠辅朕之阙，助宣重光，以照明天下，君其勖哉！"亮以丞相录尚书事，假节。张飞卒后，领司隶校尉。

章武三年春，先主于永安病笃，召亮于成都，属以后事，谓亮曰："君才十倍曹丕，必能安国，终定大事。若嗣子可辅，辅之；如其不才，君可自取。"亮涕泣曰："臣敢竭股肱之力，效忠贞之节，继之以死！"先主又为诏敕后主曰："汝与丞相从事，事之如父。"建兴元年，封亮武乡侯，开府治事。顷之，又领益州牧。政事无巨细，咸决于亮。南中诸郡，并皆叛乱，亮以新遭大丧，故未便加兵，且遣使聘吴，因结和亲，遂为与国。

三年春，亮率众南征，其秋悉平。军资所出，国以富饶，乃治戎讲武，以俟大举。五

继承王位，时时小心谨慎，不敢稍微懈怠，虽一心一意想使百姓安居乐业，却担心做不到。啊！丞相诸葛亮，您要详细体察朕的心思。耐心帮助我纠正缺点，并且宣扬汉朝历来的德业，来造福天下的百姓，您要多加勉励哟！"诸葛亮以丞相的身份加任录尚书事，持节镇守。张飞死后，诸葛亮兼职司隶校尉。

章武三年（公元223年）春天，刘备在永安（今重庆市奉节县东）宫病情沉重，下召诸葛亮来成都，把后事托付给他，告诉诸葛亮说："您的才干远超过曹丕十倍，必能安定国家，成就大业。如果我儿子值得您帮他，那就帮他吧！要是真的太愚蠢，蜀的天下就由您取代！"诸葛亮听了，激动万分，流泪道："臣下一定竭尽辅助的能力，忠贞效命，直到死为止！"刘备又下诏给儿子刘禅："你跟着丞相治理国事，事奉他要像对待父亲一般！"建兴元年（公元223年），后主刘禅即位，封诸葛亮为武乡侯，建府署综理政事。不久，又让他担任益州刺史。政事不分大小，都取决于诸葛亮。南中各郡（按：指此年牂牁太守朱褒、益州郡大姓雍闿及越巂夷王高定造反事）纷纷拥兵叛乱；诸葛亮因为新逢国丧，不方便用兵。另外派遣使者到吴国去，双方缔结姻亲关系，两国遂成为亲善之国。

建兴三年（公元225年）春，诸葛亮率领部队南征。这年秋天，乱事平定。由于各郡供给军用物资，蜀国更加富饶。于是加紧训练军士，讲授兵法，以等待良机的到来。建兴

年，率诸军北驻汉中，临发，上疏曰：

先帝创业未半而中道崩殂，今天下三分，益州疲弊，此诚危急存亡之秋也。然侍卫之臣不懈于内，忠志之士忘身于外者，盖追先帝之殊遇，欲报之于陛下也。诚宜开张圣听，以光先帝遗德，恢弘志士之气，不宜妄自菲薄，引喻失义，以塞忠谏之路也。宫中府中俱为一体，陟罚臧否，不宜异同。若有作奸犯科及为忠善者，宜付有司论其刑赏，以昭陛下平明之理，不宜偏私，使内外异法也。侍中、侍郎郭攸之、费祎、董允等，此皆良实，志虑忠纯，是以先帝简拔以遗陛下。愚以为宫中之事，事无大小，悉以咨之，然后施行，必能裨补阙漏，有所广益。将军向宠，性行淑均，晓畅军事，试用于昔日，先帝称之曰能，是以众议举宠为督。愚以为营中之事，悉以咨之，必能使行陈和睦，优劣得所。亲贤臣，远小人，此先汉所以兴隆也；亲小人，远贤臣，此后汉所以倾颓也。先帝在时，每与臣论此事，未尝不叹息痛恨于桓、灵也。侍中、尚书、长史、参军，此悉贞良死节之臣，愿陛下亲之信之，则汉室之隆，可计日而待也。

五年（公元 227 年），诸葛亮亲率大军，向北驻扎于汉中。出发前向后主上了一篇疏：

先帝创立基业，未及一半，就崩逝了。现在天下成了三分的局面，我们的重要据点——益州，却又疲困不堪，这真是到了危急存亡的紧要关头。然而，朝廷里边侍卫的臣子，一点也不懈怠，外边忠心勇敢的将士，早把生死置之度外，这都是因为追念先帝特殊的待遇，而想要报答在陛下的身上啊！陛下真应该多听各方不同的意见，来光大先帝遗留下来的各种美德，并振奋志士们的勇气和信心；不应该随便把自己看轻，引用一些不合义理的借口，把忠臣劝谏的路子给堵塞住了。皇帝的宫廷、宰相的府中，是同样在一个行政体系下，赏善罚恶，不应该有所不同。要是有做坏事，犯了法令的和尽忠做好事的，都应该交给主管其事的部门，公开讨论如何刑罚和奖赏，以表明陛下公平英明的政治；不应该存有偏私的心，使得里外有不同的法令标准。侍中郭攸之、费祎，侍郎董允这些人都善良诚实，思虑详密，尽忠为国，所以先帝精选出来留给陛下用。我认为宫里的事，不分大小，都要先问问他们的意见，然后才付诸实行；一定能够补救缺点漏洞，有所增益。向宠将军性情和善，做事公平，对军事很精通，以前试用的时候，先帝就夸他能干，也因此经过大家的讨论，推举他当禁卫军的都督。我认为军营里的事，大大小小最好都能先问他一下，一定能使军队和睦，好人坏人都能得到恰当的安置。亲近贤良的臣子，疏远坏心思的小人，这是汉朝初年兴盛的原因；亲近小人，疏远良臣，更是汉朝末年衰败的原因。先帝在世的时候，常常和我谈论这些事，没有一次不是对桓帝、灵帝的作为深深叹息痛恨的。侍中郭攸之和费祎、尚书陈震、长史张裔、参军蒋琬，这些都是忠贞贤良有气节的臣子，希望陛下能亲迎他们，并且信任他们，那么汉朝的兴盛，也就可以数着日子等待了。

臣本布衣，躬耕于南阳，苟全性命于乱世，不求闻达于诸侯。先帝不以臣卑鄙，猥自枉屈，三顾臣于草庐之中，谘臣以当世之事，由是感激，遂许先帝以驱驰。后值倾覆，受任于败军之际，奉命于危难之间，尔来二十有一年矣。先帝知臣谨慎，故临崩寄臣以大事也。受命以来，夙夜忧叹，恐托付不效，以伤先帝之明，故五月渡泸，深入不毛。今南方已定，兵甲已足，当奖率三军，北定中原，庶竭驽钝，攘除奸凶，兴复汉室，还于旧都。此臣所以报先帝，而忠陛下之职分也。

银坑洞七擒孟获，清代年画。据《三国演义》，诸葛亮在伐魏之前，先渡泸水，设计七擒七纵南方部落首领孟获。将南方部落平定，为伐魏解除了后顾之忧。图为在银坑洞诸葛亮第七次也是最后一次擒获孟获。

我本出身平民，在南阳以耕种维生，只想在乱世里苟全性命，不愿追求名利结识达官贵人。先帝不计较我身份微贱，而撇开了自己的尊贵，前后三次到草庐来找我，向我询问如何挽救时局。因此我很感激，便答应一定为他尽力效忠。以后遇到当阳、长阪战役的失败，接受任命在军队溃散的时刻，奉命令于危难的时局，到现在也有二十一年了。先帝知道我为人处世的态度很谨慎，所以在驾崩前将国家大事托付给我。自从我受命以来，早晚都在忧虑中勤勉尽职，深恐没有做好他托付的事，而辜负了先帝知人之明。所以在五月间渡过泸水（今金沙江之一部），深入寸草不生的地方，现在南方乱事已大略平定，军队的装备还算充足，我理当奖励三军，率领他们尽早收复中原，愿竭尽我微簿的能力，铲除这些扰乱天下的奸凶，复兴汉室，回到旧日的京城。这是我用来报答先帝，而且尽忠于陛下的职分啊！

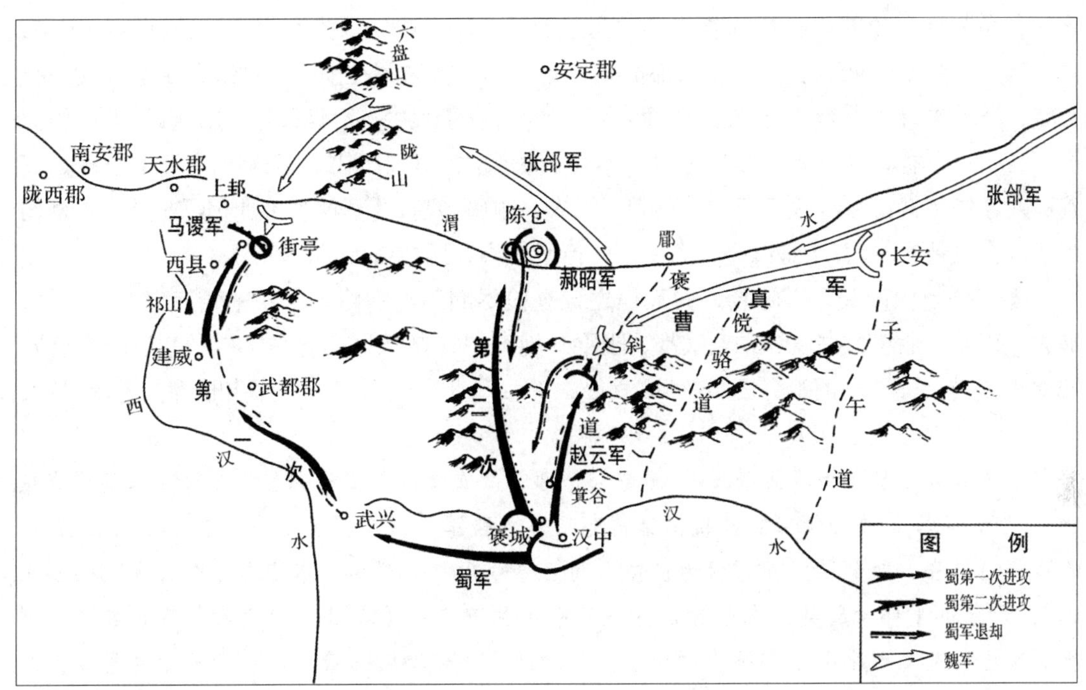

诸葛亮第一、二次伐魏示意图

至于斟酌损益，进尽忠言，则攸之、祎、允之任也。愿陛下托臣以讨贼兴复之效；不效，则治臣之罪，以告先帝之灵。若无兴德之言，则责攸之、祎、允等之慢，以彰其咎。陛下亦宜自谋，以谘诹善道，察纳雅言，深追先帝遗诏。臣不胜受恩感激，今当远离，临表涕零，不知所言。

遂行，屯于沔阳。

六年春，扬声由斜谷道取郿，使赵云、邓芝为疑军，据箕谷，魏大将军曹真举众拒

至于斟酌国情民意，在施政上哪些该增哪些该减，而随时进献好的意见，这就是郭攸之、费祎和董允的责任所在了。希望陛下把讨贼兴复的任务托付给我，没有成效的话，就治我的罪，来告慰先帝在天的英灵。要是没有增进德政的建议，就责备郭攸之、费祎和董允等人的过失，来表明他们的怠慢职守。陛下也应该自己想一想，时常去探求好的道理，明察事情的真相，采纳正直的言论，深思追念先帝临终的诏书。我受了这么大的恩宠和任命，内心非常感激。现在我就要远离陛下去北伐了，面对着这份奏表，不禁落泪，也不知道自己讲了些什么。”

于是出发，把军队驻扎在沔阳（今陕西勉县东南）。

建兴六年（公元228年）春天，诸葛亮宣言由斜谷道（今陕西眉县西南三十里）出

之。亮身率诸军攻祁山，戎陈整齐，赏罚肃而号令明，南安、天水、安定三郡叛魏应亮，关中响震。魏明帝西镇长安，命张郃拒亮，亮使马谡督诸军在前，与郃战于街亭。谡违亮节度，举动失宜，大为郃所破。亮拔西县千余家，还于汉中，戮谡以谢众。上疏曰："臣以弱才，叨窃非据，亲秉旄钺以厉三军，不能训章明法，临事而惧，至有街亭违命之阙，箕谷不戒之失，咎皆在臣授任无方。臣明不知人，恤事多暗，《春秋》责帅，臣职是当。请自贬三等，以督厥咎。"于是以亮为右将军，行丞相事，所总统如前。

冬，亮复出散关，围陈仓，曹真拒之，亮粮尽而还。魏将军王双率骑追亮，亮与战，破之，斩双。七年，亮遣陈式攻武都、阴平。魏雍州刺史郭淮率众欲击式，亮自出至建威，淮退还，遂平二郡。诏策亮曰："街亭之役，咎由马谡，而君引愆，深自贬抑，重违君意，

发，指向郿县（今陕西眉县东北）。派赵云、邓芝故布疑阵，据有箕谷（今陕西勉县褒城镇北）。魏大将军曹真带领部队抵抗，诸葛亮亲率各路军马进攻祁山（今甘肃礼县东），行伍的阵容很整齐，对部队的赏罚极为谨慎，而且号令也相当严明。南安郡（今甘肃陇西县东北）、天水郡（郡治冀县，在今甘肃甘谷县东）和安定郡（今甘肃镇原县）背叛魏国，群起响应诸葛亮，整个关中都因为这局面而震动起来。魏明帝（曹叡）在西边镇守长安，派张郃出兵抵挡诸葛亮。诸葛亮令马谡在前线督导军队，跟张郃大战于街亭（今甘肃秦安县东）。没想到马谡没有完全按照诸葛亮的策略行事，调度失宜，而在张郃的攻势下惨遭败绩。诸葛亮于是将西县（今甘肃天水市西南）的部众迁移到汉中来，立即下令斩马谡向群众谢罪。并上了一篇疏："我以薄弱的才能，占据了这么重要的职位，亲自带着军旗兵器，砥砺三军，却不能宣明军令告诫军士，面临危急反而恐惧，以至于马谡在街亭战役因违反命令而失败，而箕谷也因警戒不足而沦入敌人手中，这些罪过全在我身上，因着我的授任不当，明明不知道用人，处事尤其昏昧。如同《春秋》在战败时责备统帅一样，这当然是我的职责所在了。我希望贬职三等，来惩罚我的过错。"后主刘禅于是命诸葛亮为右将军兼任丞相，所掌理的事务还是跟以前一样。

这年冬天，诸葛亮再从散关（就是大散关，今陕西宝鸡市西南）出兵，包围陈仓（在宝鸡东边）。曹真在这里迎战。诸葛亮因粮食用尽而撤军，魏国大将王双率领骑兵从后追击，诸葛亮与他奋战，终于打败王双并把他杀了。建兴七年（公元 229 年），诸葛亮派陈式率兵攻打武都（今甘肃成县西）和阴平（今甘肃文县西北）。魏国雍州刺史郭淮带军想要攻打诸葛亮，诸葛亮便自己出兵，开到建威（今甘肃西和县东北），郭淮慑于他的声威，下令退兵。于是很轻易地把武都、阴平平定下来。这时，刘禅下了一道诏书给诸葛亮，上面说："街亭战役的失败，罪过实在应由马谡承担，可是你深深引咎自责，请愿贬官，我也难以违背你的意思，就听任你的要求。前年你出师大捷，斩杀王双；今年又外出征讨，郭淮逃走，使氐和羌都投降聚集来，兴复了武都、阴平二郡；你的声威把凶暴的对方给震慑住

听顺所守。前年耀师，馘斩王双；今岁爰征，郭淮遁走；降集氐、羌，兴复二郡，威镇凶暴，功勋显然。方今天下骚扰，元恶未枭，君受大任，干国之重，而久自挹损，非所以光扬洪烈矣。今复君丞相，君其勿辞。”

九年，亮复出祁山，以木牛运，粮尽退军，与魏将张郃交战，射杀郃。十二年春，亮悉大众由斜谷出，以流马运，据武功五丈原，与司马宣王对于渭南。亮每患粮不继，使己志不申，是以分兵屯田，为久驻之基。耕者杂于渭滨居民之间，而百姓安堵，军无私焉。相持百余日。其年八月，亮疾病，卒于军，时年五十四。及军退，宣王案行其营垒处所，

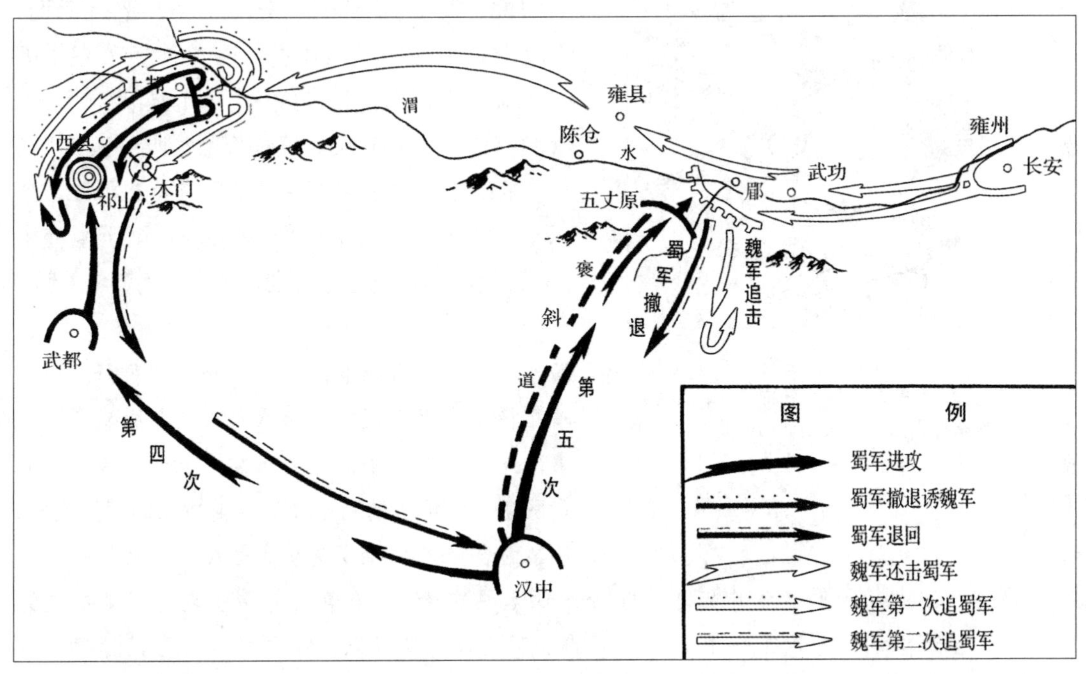

诸葛亮第四、五次伐魏示意图

了，这样的功勋是很大的！现在天下仍然扰攘不安，首恶魏明帝还没降服，你接受极大的重任，理当把国家要事托付给你，而今你长久贬官，实在不能光扬功业！现在我恢复你丞相的名位，希望你不要再推辞。”

建兴九年（公元 231 年），诸葛亮从祁山出发，用自己设计的“木牛”（按：指有机关可自动的运输工具）来运载粮物，等粮食用尽才又撤军。这回跟魏国的张郃将军作战，终于射杀了张郃。建兴十二年（公元 234 年）春天，诸葛亮告知部众由斜谷出发，再用自己设计的“流马”作运输工具，以武功（今陕西眉县西南）的五丈原（今陕西眉县西南，与岐山县接界）为根据地，和司马懿隔着渭水相对峙。诸葛亮常忧虑粮草不继，恐怕自己的志愿抱负不能伸展，因此驻兵种田，自给自足，来做为久住的基础。耕种的部卒杂处在渭水边的居民中

殒大星汉丞相归天，清朱芝轩绘。据《三国演义》，诸葛亮驻军五丈原与司马懿相持，暂觉病体沉重。临死时出帐用剑指住自己的将星，口念咒语，言可使自己将星不坠，如是则司马懿不知自己死，可使全军安全退回蜀中。图为诸葛亮剑指将星，口念咒语。

曰："天下奇才也！"

亮遗命葬汉中定军山，因山为坟，冢足容棺，敛以时服，不须器物。诏策曰："惟君体资文武，明睿笃诚，受遗托孤，匡辅朕躬，继绝兴微，志存靖乱；爰整六师，无岁不征，神武赫然，威镇八荒，将建殊功于季汉，参伊、周之巨勋。如何不吊，事临垂克，遘疾陨丧！朕用伤悼，肝心若裂。夫崇德序功，纪行命谥，所以光昭将来，刊载不朽。今使使持节左中郎将杜琼，赠君丞相武乡侯印绶，谥君为忠武侯。魂而有灵，嘉兹宠荣。呜呼哀哉！呜呼哀哉！"

初，亮自表后主曰："成都有桑八百株，薄田十五顷，子弟衣食，自有余饶。至于臣在外任，无别调度，随身衣食，悉仰于官，不别治

间，百姓们安居乐业，跟军队相处得很好。与魏军相持了一百多天，这年八月，诸葛亮病得很厉害，终于死在军中，死的时候才五十四岁。等到军队撤走，司马懿到诸葛亮生前所在的营垒巡视，不禁由衷赞道："诸葛先生真是天下的奇才啊！"

诸葛亮遗命希望葬在汉中定军山（今陕西勉县东南），依着山势造筑坟墓，他的坟穴刚好只够容纳棺木，并且吩咐用当时所穿的衣服收敛他就可以，不须任何陪葬的器物。刘禅下了一道诏策，上面说："你兼备文才武略，聪明智慧，忠厚诚实，接受先帝临终的托付，匡正辅助我施政，延继兴复衰微的蜀汉，心中存着平定天下的志愿。整顿军备，几乎每年都出征，你的神态威武，震撼海内，将在后汉的尾声里建立起突出的功勋，参与伊尹、周公巨大的勋业。怎么教我不伤感呢？在事情将要成功的时候，你却因病逝去，我的内心极为哀悼，心肝都要碎裂一般！崇扬你的品德，叙述你的功劳，记载你的言行，加上谥号给你，都是为了昭示给后来的人知道，使你的一切永垂不朽。现在我派遣左中郎将杜琼追赠给你丞相武乡侯的印信，谥封你为忠武侯。希望你的魂魄有灵性，好接受这恩宠荣耀啊！唉，真令人悲痛呀！"

当初，诸葛亮曾经上表给后主说："我的老家在成都，那儿种了八百株桑树，不算肥沃的田亩有十五顷，子孙们的衣食全赖这些供应，生活也还过得去，偶而还有微薄的剩余。至于我任职在外，没有额外的花费，随身所要的衣食，都靠官俸供给，我也不想另外营生，

生，以长尺寸。若臣死之日，不使内有余帛，外有赢财，以负陛下。”及卒，如其所言。

亮性长于巧思，损益连弩，木牛流马，皆出其意；推演兵法，作八陈图，咸得其要云。亮言教书奏多可观，别为一集。

景耀六年春，诏为亮立庙于沔阳。秋，魏镇西将军钟会征蜀，至汉川，祭亮之庙，令军士不得于亮墓所左右刍牧樵采。亮弟均，官至长水校尉。亮子瞻，嗣爵。

诸葛氏集目录

开府作牧第一	权制第二	南征第三
北出第四	计算第五	训厉第六
综核上第七	综核下第八	杂言上第九
杂言下第十	贵和第十一	兵要第十二
传运第十三	与孙权书第十四	与诸葛瑾书第十五
与孟达书第十六	废李平第十七	法检上第十八
法检下第十九	科令上第二十	科令下第二十一
军令上第二十二	军令中第二十三	军令下第二十四

来增加什么财富。只望有一天我要是死了，不使我家里面有多余的布帛，外面流放多余的钱财，而辜负了陛下的爱护。”等到诸葛亮死了，果真如他当初所讲的一般。

诸葛亮的性情擅长于巧妙的思考，像设计连发的弓箭、运输器具的木牛和流马等，都出自他的创意。另外，像推演兵法，制作有名的八阵图，都相当把握了它们的精要。又把日常具有观览学习的言论教诲和文书奏摺，编为集子。

景耀六年（公元263年）的春天，后主下诏在沔阳为诸葛亮立一座庙宇。这年秋天，魏国镇西将军钟会出兵伐蜀，军队开到汉川，大伙去诸葛亮的庙祭拜，钟会下令，军士们不得在诸葛亮的坟墓附近割草或采薪。诸葛亮的弟弟诸葛均，后来官做到长水校尉。诸葛亮的儿子诸葛瞻，继承了他的爵位。

诸葛氏集目录

开府作牧第一	权制第二	南征第三
北出第四	计算第五	训厉第六
综核上第七	综核下第八	杂言上第九
杂言下第十	贵和第十一	兵要第十二
传运第十三	与孙权书第十四	与诸葛瑾书第十五
与孟达书第十六	废李平第十七	法检上第十八
法检下第十九	科令上第二十	科令下第二十一
军令上第二十二	军令中第二十三	军令下第二十四

上二十四篇，凡十万四千一百一十二字。

臣寿等言：臣前在著作郎，侍中领中书监济北侯臣荀勖、中书令关内侯臣和峤奏，使臣定故蜀丞相诸葛亮故事。亮毗佐危国，负阻不宾，然犹存录其言，耻善有遗，诚是大晋光明至德，泽被无疆，自古以来，未之有伦也。辄删除复重，随类相从，凡为二十四篇。篇名如右。

亮少有逸群之才，英霸之器，身长八尺，容貌甚伟，时人异焉。遭汉末扰乱，随叔父玄避难荆州，躬耕于野，不求闻达。时左将军刘备以亮有殊量，乃三顾亮于草庐之中；亮深谓备雄姿杰出，遂解带写诚，厚相结纳。及魏武帝南征荆州，刘琮举州委质，而备失势众寡，无立锥之地。亮时年二十七，乃建奇策，身使孙权，求援吴会。权既宿服仰备，又睹亮奇雅，甚敬重之，即遣兵三万人以助备。备得用与武帝交战，大破其军，乘胜克捷，江南悉平。后备又西取益州。益州既定，以亮为军师将军。备称尊号，拜亮为丞相，录尚书事。及备殂没，嗣子幼弱，事无巨细，亮皆专之。于是外连东吴，内平南越，立法施度，整理戎旅，工械技巧，物究其极，科教严明，赏罚必信，无恶不惩，无善不显，至于吏不

上列二十四篇，总共十万四千一百一十二字。

陈寿等人向晋帝奏言：我以前担任著作郎，侍中领中书监济北侯荀勖、中书令关内侯和峤上奏，令我写定蜀国丞相诸葛亮的旧事。诸葛亮辅佐一个将亡的蜀国，坚决不肯臣服，然而我们（按：陈寿时为晋官）还保存著录他的言论，以为要是遗漏了他人的长处是可耻的，这实在是晋朝至大光明的美德，它的恩泽无所不至，从古以来，没有任何朝代能跟它相比的。于是我删除重复的部分，把同性质的文章编排在一起，总共二十四篇，篇名如上所列。

诸葛亮年轻时就表现出超群的才华，颇有英雄霸士的风范，身长八尺，容貌很伟岸，当时的人都感到很奇特。因为遇到汉末天下扰乱，跟着叔父诸葛玄到荆州避难，亲自在野外耕种，并不存心寻名求利。当时左将军刘备因为知道诸葛亮有不凡的才干，于是前后三次到他的草庐去拜访；至此诸葛亮深明刘备确实雄姿杰出，立即坦诚相见，为他谋划，两人的情谊一天天深厚起来。等到魏武帝移兵南下攻打荆州，刘琮举兵投降，而刘备失去时势又加上寡不敌众，终至无立锥之地。诸葛亮这时才二十七岁，马上贡献奇策，要求出使到孙权那儿，游说他出兵助蜀。孙权一向心服刘备，又亲眼看见诸葛亮智慧出奇，风度儒雅，也敬重极了，便即刻派了三万大军帮助刘备。刘备才能以这支军力跟魏武帝交战，扭转战势，大败曹军，并乘胜追击，把江南一带都平定下来。后来刘备又向西边用兵，取得益州。等益州平定，刘备任命诸葛亮为军师将军。不久，刘备称帝，再拜他为丞相兼任录尚书事。刘备去世后，继位的刘禅年幼愚弱，政事不分大小，全由诸葛亮专权处理。于是向外连结东吴，内部平定南越的叛乱，明订法律制度，整顿军备，又对于工器技巧，倾力

容奸，人怀自厉，道不拾遗，强不侵弱，风化肃然也。

当此之时，亮之素志，进欲龙骧虎视，苞括四海，退欲跨陵边疆，震荡宇内。又自以为无身之日，则未有能蹈涉中原、抗衡上国者，是以用兵不戢，屡耀其武。然亮才，于治戎为长，奇谋为短，理民之干，优于将略。而所与对敌，或值人杰，加众寡不侔，攻守异体，故虽连年动众，未能有克。昔萧何荐韩信，管仲举王子城父，皆忖己之长，未能兼有故也。亮之器能政理，抑亦管、萧之亚匹也，而时之名将无城父、韩信，故使功业陵迟，大义不及邪？盖天命有归，不可以智力争也。

青龙二年春，亮帅众出武功，分兵屯田，为久驻之基。其秋病卒，黎庶追思，以为口实。至今梁、益之民，咨述亮者，言犹在耳，虽《甘棠》之咏召公，郑人之歌子产，无以远譬也。孟轲有云："以逸道使民，虽劳不怨；以生道杀人，虽死不忿。"信矣！论者或怪亮文彩不艳，而过于丁宁周至。臣愚以为咎繇大贤也，周公圣人也，考之《尚书》，咎繇

研究改良（按：指诸葛亮改良制造的连弩、木牛、流马而言），科刑和教化都很严明，奖惩必定遵守诚信的原则，没有做恶事不受惩戒的，更没有做好事而不受表扬的。终于能做到官吏中没有奸诈的，而且人人心存自励，路旁有贵重的东西摆着，也不会有贪心的人去捡它，强者不欺凌弱者这都是由于受到他严谨的风范所感化的缘故啊！

在这段期间内，诸葛亮充分表现出他的志向来，那就是激进的话想要囊括全天下，保守的话也想要跨越既有的疆界，震荡国内。又他自以为一旦他死了，那么就再也无人能涉足中原，与占尽优势的国家（按：指魏吴）相抗衡了，所以他不停地用兵，一再地显耀他的武略。然而，诸葛亮的才干，在理兵方面比较擅长，出奇谋却是他的弱点；又治理人民的器识远胜于做为一名将军的谋略。而且，跟他敌对的，碰巧都是杰出人物，再加上众寡悬殊，攻和守的局势也不是一成不变，所以虽然每年劳师动众，却不能成功。从前萧何推荐韩信，管仲举用王子城父，都是自度自己的长处，不能兼具各方面的缘故。诸葛亮的器识表现在政理上头，大概能跟管仲、萧何相媲美了，可是当时的名将却没有能及得上城父、韩信的，所以，终于使他的功业迟迟不能建立，公理大义也难于伸张了。这或许是上天的旨意，要把天下归给谁都有定数的，实在不能专拿才智去争取罢！

青龙二年（公元234年）春天，诸葛亮率部众出据武功，分发士卒屯田自给，以此做为长久驻军的基地。这年秋天，不幸因病而死，百姓很追念他，常常传诵他生平的事迹。直到今天，梁州、益州的人民，他们赞叹诸葛亮的话，一句句都好像在耳边回响着。即使像《诗经·甘棠篇》的咏赞召公，郑人的歌颂子产，都无法拿来比喻人民怀念诸葛亮。孟子曾经说过："拿宽容的仁道来治国，在使用人民时，虽然很劳苦，可是人民也不会怨恨；处处为人民的生存着想，即使不得已把人民杀死，人民就是死了也不至于心生气忿。"这句话实在有道理啊！一般评论的人有的苛责诸葛亮的文词不够艳丽，而且过分叮咛、流于繁

之谟略而雅，周公之诰烦而悉。何则？咎繇与舜、禹共谈，周公与群下矢誓故也。亮所与言，尽众人凡士，故其文指不得及远也。然其声教遗言，皆经事综物，公诚之心，形于文墨，足以知其人之意理，而有补于当世。

伏惟陛下迈踪古圣，荡然无忌，故虽敌国诽谤之言，咸肆其辞而无所革讳，所以明大通之道也。谨录写上诣著作。臣寿诚惶诚恐，顿首顿首，死罪死罪。泰始十年二月一日癸巳，平阳侯相臣陈寿上。

乔字伯松，亮兄瑾之第二子也，本字仲慎。与兄元逊俱有名于时，论者以为乔才不及兄，而性业过之。初，亮未有子，求乔为嗣，瑾启孙权遣乔来西，亮以乔为己適子，故易其字焉。拜为驸马都尉，随亮至汉中。年二十五，建兴六年卒。子攀，官至行护军翊武将军，亦早卒。诸葛恪见诛于吴，子孙皆尽，而亮自有胄裔，故攀还复为瑾后。

瞻字思远。建兴十二年，亮出武功，与兄瑾书曰："瞻今已八岁，聪慧可爱，嫌其早

琐。我却以为，咎繇固然是大贤，周公也算得上是圣人；从《尚书》来看，咎繇的论述简略而雅致，周公的诰书就烦杂而详尽了。这是为什么呢？实在是因为咎繇谋划的对象是舜和禹，而周公要对着广大的群众立誓的缘故啊！同样的，诸葛亮所谈论的对象，大部分是平凡的群众，所以他为文的旨意也就不能也不太深远。然而他的声容教化和遗言，大都能经理政务综合事理。他那公正诚挚的心胸，同时表现在字里行间，足够让人了解他这个人的志向和理想，而且对于那个时代也是很有助益的。

我心想陛下追踪古圣先哲，坦荡无所顾忌，所以虽然出自敌国诽谤的话，我也都尽量保持它的原貌而不加以删节，无非是用来彰明开通明达的大道。我恭谨地记载上面的事情。臣下寿极为惶恐，一再顿首，该当死罪。泰始十年二月一日癸巳平阳侯相臣陈寿拜上。

诸葛乔，字伯松，是诸葛亮的哥哥诸葛瑾的次子，本来的字叫仲慎。他和哥哥诸葛元逊在当时都很有名气，一般评论的人都以为诸葛乔的才干赶不上他哥哥，可是性情操守却超过他。起初，诸葛亮还没有儿子，就请求诸葛乔过嗣给他。诸葛瑾把这件事告诉了孙权，便叫诸葛乔到西蜀来，于是诸葛亮正式收诸葛乔为儿子，所以又改了他的字号。后来诸葛乔做了驸马都尉，跟随诸葛亮到汉中来。他死在建兴六年（公元 228 年），才二十五岁。诸葛乔的儿子诸葛攀，官位做到行护军翊武将军，也死得很早。诸葛恪被孙吴所杀，子孙也都死光了，而诸葛亮自己又有子嗣，因此，诸葛攀便回去继承诸葛瑾的香火。

诸葛瞻，字思远。建兴十二年（公元 234 年），诸葛亮出兵到武功，在他写给诸葛瑾的

成，恐不为重器耳。”年十七，尚公主，拜骑都尉。其明年为羽林中郎将，屡迁射声校尉、侍中、尚书仆射，加军师将军。瞻工书画，强识念，蜀人追思亮，咸爱其才敏。每朝廷有一善政佳事，虽非瞻所建倡，百姓皆传相告曰：“葛侯之所为也。”是以美声溢誉，有过其实。景耀四年，为行都护卫将军，与辅国大将军南乡侯董厥并平尚书事。六年冬，魏征西将军邓艾伐蜀，自阴平由景谷道旁入。瞻督诸军至涪停住，前锋破，退还，住绵竹。艾遣书诱瞻曰：“若降者必表为琅邪王。”瞻怒，斩艾使。遂战，大败，临阵死，时年三十七。众皆离散，艾长驱至成都。瞻长子尚，与瞻俱没。次子京及攀子显等，咸熙元年内移河东。

诸葛瞻，选自清刊本《三国演义》。

董厥者，丞相亮时为府令史，亮称之曰：“董令史，良士也。吾每与之言，思慎宜适。”

信上说：“瞻儿今年八岁，聪慧可爱，我担心他小时了了，恐怕难成大器。”诸葛瞻十七岁那年，跟公主成婚，官拜骑都尉。第二年，任职羽林中郎将，屡次升迁为射声校尉、侍中、尚书仆射，加任军师将军。诸葛瞻工于书法绘画，记忆奇佳，蜀国人在追思诸葛亮之余，加倍爱惜诸葛瞻的才智聪敏。每当朝廷里有了一件善政好事，虽然不是诸葛瞻所提倡建立的，百姓们往往都互相传告说：“这是葛侯所做的呢！”所以他的名望实在超过了实质。景耀四年（公元 261 年），诸葛瞻为行都护卫将军，与辅国大将军南乡侯董厥，一起行使尚书的职事。景耀六年（公元 263 年）冬天，魏国征西将军邓艾出兵伐蜀，自阴平（今甘肃文县西北）经由景谷道（今四川广元）的旁边进入。诸葛瞻督军到涪县停住，军队前锋战败，退还驻守在绵竹（今四川德阳市北）。邓艾派人送信到诸葛瞻那儿，故意诱降他：“如果你投降魏国的话，必定被表彰为琅邪王。”诸葛瞻大怒，杀了邓艾的信使。于是两军再度开战，诸葛瞻大败，死于乱阵之中，才三十七岁。他的部队溃散流亡，而邓艾的大军长驱直入成都。诸葛瞻的长子诸葛尚，也在这次战役中丧身。次子诸葛京及诸葛攀的儿子诸葛显等人，于咸熙元年（公元 264 年）移往河东（今山西省境内黄河以东地区）。

董厥这个人在诸葛亮为丞相时，官任府令史。诸葛亮称赞说：“董令史真是一位良士

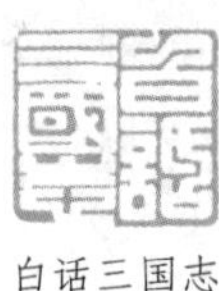

诸葛尚，选自清刊本《三国演义》。

徙为主薄。亮卒后，稍迁至尚书仆射，代陈祗为尚书令，迁大将军，平台事，而义阳樊建代焉。延熙十四年，以校尉使吴，值孙权病笃，不自见建。权问诸葛恪曰："樊建何如宗预也？"恪对曰："才识不及预，而雅性过之。"后为侍中，守尚书令。自瞻、厥、建统事，姜维常征伐在外，宦人黄皓窃弄机柄，咸共将护，无能匡矫，然建特不与皓和好往来。蜀破之明年春，厥、建俱诣京都，同为相国参军，其秋并兼散骑常侍，使蜀慰劳。

评曰：诸葛亮之为相国也，抚百姓，示仪轨，约官职，从权制，开诚心，布公道；尽忠益时者虽仇必赏，犯法怠慢者虽亲必罚，服罪输情者虽重必释，游辞巧饰者虽轻必戮，善无微而不赏，恶无纤而不贬；庶事

啊！我每次跟他谈论，都深深感觉到他的思维严谨得体。"往后迁调董厥为主簿。诸葛亮死后，董厥再调为尚书仆射，代替陈祗为尚书令，又迁任为大将军，及治理尚书部分的职事。后来，由同乡义阳人樊建取代这项职务。延熙十四年（公元 251 年），樊建以校尉的身份出使吴国，恰逢孙权在重病中，没有亲自接见他。孙权问诸葛恪道："樊建及得上宗预吗？"诸葛恪答称："樊建的才识虽比不上宗预，可是他的澹雅气质却超过他。"后来，樊建担任侍中，兼守尚书令。自从诸葛瞻、董厥、樊建参理政事以来，姜维经常在外征伐，而宦官黄皓伺机窃弄权柄，朝廷内一片姑息养奸的风气，无人可以匡正政局，但是唯有樊建不与黄皓和好往来。蜀亡的第二年春天，董厥、樊建都到京师来，共同为相国参军。这年秋天，并兼任为散骑常侍，受派到蜀地（蜀已亡）慰劳安抚。

陈寿评论说：诸葛亮身为相国，尽力安抚民心，明示各项法制规范，减省各种职位，依从权责所在订定制度，广张诚心，发布公道。对于尽忠国家有益时局的人，即使有仇怨的，也一定奖赏他；那触犯法律、怠慢职责的，虽然是最亲近的人，也必定受到处罚；那服从罪刑、献纳实情的，犯的罪过再重，也有开释的机会；言辞狡诈、擅于作伪的，虽然过错很轻，往往难逃刑戮。做好事的，不因为它的微小而没有奖赏；那做恶事的，更不因

精炼，物理其本，循名责实，虚伪不齿；终于邦域之内，咸畏而爱之，刑政虽峻而无怨者，以其用心平而劝戒明也。可谓识治之良才，管、萧之亚匹矣。然连年动众，未能成功，盖应变将略，非其所长欤！

它的轻细而没有受到贬斥。在处理事情方面，他充分表现了精明干练的魄力，凡事都要探讨它的根本，依着名分去督求实情，他最厌恶的莫过于虚伪了。在他所辖的邦域内，民众没有不敬畏爱戴他的；刑罚施政虽然不免严厉，然而却没有人埋怨；这是因为他用心公平而劝导明确的缘故。诸葛亮可以算得上是有见识懂政治的良材了，他足以和管仲、萧何相匹。然而一年接一年劳师动众，最后又不能成功，大概在临机应变、统帅军队的谋略方面，不是他所擅长的罢！

三国志卷三十六

关张马黄赵传

林明德 译

关羽字云长，本字长生，河东解人也。亡命奔涿郡。先主于乡里合徒众，而羽与张飞为之御侮。先主为平原相，以羽、飞为别部司马，分统部曲。先主与二人寝则同床，恩若兄弟。而稠人广坐，侍立终日，随先主周旋，不避艰险。先主之袭杀徐州刺史车胄，使羽守下邳城，行太守事，而身还小沛。

建安五年，曹公东征，先主奔袁绍。曹公禽羽以归，拜为偏将军，礼之甚厚。绍遣大将军颜良攻东郡太守刘延于白马，曹公使张辽及羽为先锋击之。羽望见良麾盖，策马刺良于万众之中，斩其首还，绍诸将莫能当者，遂解白马围。曹公即表封羽为汉寿亭侯。初，曹公壮羽为人，而察其心神无久留之意，谓张辽曰："卿试以情问之。"既而辽以问羽，羽叹曰："吾极知曹公待我厚，然吾受刘将军厚恩，誓以共死，不可背之。吾终不留，吾要当

关羽，字云长，本来的字叫长生，是河东郡解县（今山西省运城市盐湖区解州镇）人。因事逃亡避仇到涿郡。刘备在家乡涿郡涿县（今河北省涿州市）招兵买马的时候，关羽和张飞两人是他的御敌武臣。后来刘备当了平原相，就任命关羽与张飞为两部的司马，分别带领军队。刘备跟他们两人，寝则同床，关系如同兄弟一般。但是，在大庭广众之中，他们两人整天侍立不倦，追随刘备酬应，不避任何艰险。在刘备袭杀了徐州刺史车胄后，便派关羽驻守下邳城，兼代理太守的职务，自己返回小沛去。

汉献帝建安五年（公元200年）春正月，曹操率兵东征，结果，刘备大败，投奔袁绍去了。曹操活捉关羽归来，就拜他为偏将军，待他非常的礼遇。当袁绍派遣大将军颜良在白马这地方攻打东郡太守刘延的时候，曹操派出张辽与关羽两人作先锋出击。关羽远远地望见颜良的将军旗帜，就快马加鞭，长驱直入万军之中，刺杀了颜良，把头砍下带回。袁绍手下大将没有一个能够阻挡得了他的，于是，解除了白马的围急。为此，曹操立刻表奏朝廷，封关羽为汉寿亭侯。起初，曹操非常称赞关羽的为人，但是，他看出关羽的心神似乎没有久留下来的意思，便对张辽说："你诚恳地去跟他谈谈吧！"于是，张辽就向关羽试问去。关羽感叹地回答："我关某非常了解曹公对我的一番厚爱，可是，我已接受刘将军

立效以报曹公乃去。”辽以羽言报曹公，曹公义之。乃羽杀颜良，曹公知其必去，重加赏赐。羽尽封其所赐，拜书告辞，而奔先主于袁军。左右欲追之，曹公曰：“彼各为其主，勿追也。”

从先主就刘表。表卒，曹公定荆州，先主自樊将南渡江，别遣羽乘船数百艘会江陵。曹公追至当阳长阪，先主斜趣汉津，适与羽船相值，共至夏口。孙权遣兵佐先主拒曹公，曹公引军退归。先主收江南诸郡，乃封拜元勋，以羽为襄阳太守、荡寇将军，驻江北。先主西定益州，拜羽董督荆州事。羽闻马超来降，旧非故人，羽书与诸葛亮，问超人才可谁比类。亮知羽护前，乃答之曰：“孟起兼资文武，雄烈过人，一世之杰，黥、彭之徒，当与益德并驱争先，犹未及髯之绝伦逸群也。”羽美须髯，

关云长千里走单骑，选自清刊本《三国演义》。

的恩惠，发誓要跟他同生死，断无违背这誓言的道理！我是不会久留此地，但无论如何，我关某一定要立功报答曹公后才离去。”张辽把关羽所说的话一五一十地跟曹操报告，曹操当时被关羽这种重义气的风范，感动不已。等到关羽杀了颜良之后，曹操心里知道关羽一定会离开，便特别加给他一些赏赐，但是关羽把所有的赏赐都封固起来，写了一封书信向曹操辞谢，就向袁绍军中投靠刘备去了。当时曹操的属下有人想去追赶他，曹操却连忙说道：“大家各为其主尽忠，不必追了！”

后来关羽随着刘备依附刘表。刘表死后，曹操平定了荆州，刘备自樊城（今湖北省襄阳市樊城区）将要南渡长江的时候，另外派遣关羽带了几百艘船，到江陵（今湖北省荆州市）会合。曹操大军追到当阳的长阪（今湖北当阳市东北），刘备走小路到汉津，正好和关羽的船相遇，一同抵达夏口（今湖北武汉汉口）。这时，孙权派周瑜、程普等水军数万来帮助刘备抵抗曹操，赤壁一战，曹操大败，才率军退去。刘备取下江南几个郡后，就封赏有功的人员，任命关羽为襄阳太守、荡寇将军，并驻守江北。刘备西定益州之后，又命令关羽都督荆州的事务。关羽听说马超来投降，由于素昧平生，就写信问诸葛亮说：“马超的才能可以跟谁相提并论？”诸葛亮深知关羽一向耻为人下，不肯引咎从善（即自是）的心理。于是，在回信上说道：“马超文武兼备，雄武刚烈超过一般人，不失为一代的豪杰，属于英布、彭越一类型的人，应该可以跟张飞并驾争先，但还赶不上髯公的绝伦超群哩！”因为关羽的胡须长得很美，所以诸葛亮给他绰号叫“髯”。关羽看完信后，非常地

关云长刮骨疗伤，选自清刊本《三国演义》。

故亮谓之髯。羽省书大悦，以示宾客。

羽尝为流矢所中，贯其左臂，后创虽愈，每至阴雨，骨常疼痛，医曰："矢镞有毒，毒入于骨，当破臂作创，刮骨去毒，然后此患乃除耳。"羽便伸臂令医劈之。时羽适请诸将饮食相对，臂血流离，盈于盘器，而羽割炙引酒，言笑自若。

二十四年，先主为汉中王，拜羽为前将军，假节钺。是岁，羽率众攻曹仁于樊。曹公遣于禁助仁。秋，大霖雨，汉水泛溢，禁所督七军皆没。禁降羽，羽又斩将军庞德。梁、郏、陆浑群盗或遥受羽印号，为之支党，羽威震华夏。曹公议徙许都以避其锐，司马宣王、蒋济以为关羽得志，孙权必不愿也。可遣人劝权蹑其后，许割江南以封权，则樊围自解。曹公从之。先是，权遣使为子索羽女，羽骂辱其使，不许婚，权大怒。又南郡太守麋芳在江陵，将军士仁屯公安，素皆嫌羽轻己。自羽之出军，芳、仁供给军资，不悉

高兴，就拿给宾客们传阅。

关羽曾被流箭射中，贯穿了左臂，后来创伤虽然痊愈，但每到阴雨时气，骨头常常疼痛不已。有位医生诊断说："流箭头上有毒，直透入骨，必须割开皮肉，刮去骨上的箭毒，才能使这种疼痛消除。"关羽听罢，就伸出手臂，让他剖开医治。这时，关羽正好邀请将领们一起聚餐，他手臂上的鲜血淋漓，流满整盘，但是丝毫不为所动，依然切他的肉，饮他的酒，谈笑自如。

建安二十四年（公元219年），刘备为汉中王，任命关羽为前将军，加符节与斧钺。这年，关羽率军到樊县攻打曹仁。曹操派遣于禁来帮助曹仁。到了秋天，大雨频仍，汉水泛滥，把于禁所率领的七军都给淹没了。最后于禁向关羽投降，关羽又斩了魏将庞德。当时，梁、郏、陆浑这一带的盗匪，有的遥受关羽的指挥，成为他的党派，他的声誉从此威震了中国。曹操甚至商议要迁许都（今河南许昌市），以便回避他锐利的锋头，但是，司马懿、蒋济两人却认为："关羽一时得志，一定会使孙权不高兴的。现在，可以派人去劝劝孙权从后面偷袭关羽，答应把江南割让给他，那么，樊县的围急自会解除。"曹操立即接受这个建议。原来，孙权曾派人替他的儿子向关羽的女儿提亲，关羽不仅辱骂来人，又拒绝这档婚事，为此，孙权曾大怒不已。加上在江陵的南郡太守麋芳，和驻守公安的将军傅士仁，平

相救，羽言“还当治之”，芳、仁咸怀惧不安。于是权阴诱芳、仁，芳、仁使人迎权。而曹公遣徐晃救曹仁，羽不能克，引军退还。权已据江陵，尽虏羽士众妻子，羽军遂散。权遣将逆击羽，斩羽及子平于临沮。

追谥羽曰壮缪侯。子兴嗣。兴字安国，少有令问，丞相诸葛亮深器异之。弱冠为侍中、中监军，数岁卒。子统嗣，尚公主，官至虎贲中郎将。卒，无子，以兴庶子彝续封。

张飞字益德，涿郡人也，少与关羽俱事先主。羽年长数岁，飞兄事之。先主从曹公破吕布，随还许，曹公拜飞为中郎将。先主背曹公依袁绍、刘表。表卒，曹公入荆州，先主奔江南。曹公追之，一日一夜，及于当阳之长阪。先主闻曹公卒至，弃妻子走，使飞将

常都不满关羽轻视他们。所以，关羽出军时，麋芳、傅士仁虽负责供给军资，却不来救援。为这，关羽曾说：“回来一定要严办他们两人！”麋芳、傅士仁两人都感到惶恐不安。于是，孙权趁机暗中引诱他们，结果他们就派人迎接孙权。而曹操又派遣徐晃前来救援曹仁，关羽无法战胜他们，便带领军队退回。可是这时孙权已经占据了江陵，俘虏了他的将士妻子，关羽的部队到此已溃不成军。孙权又派遣将领追击他，终于在临沮（今湖北远安县东南）把关羽和他的儿子关平都斩杀了。

关兴，选自清刊本《三国演义》。

后主时，追谥关羽为壮缪侯。他的儿子关兴继承爵位。关兴字安国，年少时就有美好的声誉，丞相诸葛亮非常的器重他。二十岁就作了侍中、中监军，几年后去世。他的儿子关统继承爵位，娶了公主，官至虎贲中郎将。他死后，没有儿子，就以关兴的庶子关彝来继承爵位。

张飞，字益德，是涿郡人。年少时，与关羽一同侍候刘备。关羽年纪比他大几岁，张飞对待他像兄长一般。刘备跟随曹操击败吕布，一起回到许都（今河南许昌市）之后，曹操就任命张飞为中郎将。后来，刘备离开曹操，依附袁绍、刘表。刘表死后，曹操率军攻入荆州，刘备只好奔往江南。曹操率领精骑五千追过来，一日一夜，急行三百多里路，终于赶到当阳的长阪（今湖北当阳市）。刘备听说曹军来到，就丢下妻小，逃走去了，让张飞

张飞，选自清皇家珍藏手抄善本绘图描金银《三国志演义》。

二十骑拒后。飞据水断桥，瞋目横矛曰："身是张益德也，可来共决死！"敌皆无敢近者，故遂得免。先主既定江南，以飞为宜都太守、征虏将军，封新亭侯，后转在南郡。先主入益州，还攻刘璋，飞与诸葛亮等溯流而上，分定郡县。至江州，破璋将巴郡太守严颜，生获颜。飞呵颜曰："大军至，何以不降而敢拒战？"颜答曰："卿等无状，侵夺我州，我州但有断头将军，无有降将军也。"飞怒，令左右牵去斫头，颜色不变，曰："斫头便斫头，何为怒邪！"飞壮而释之，引为宾客。飞所过战克，与先主会于成都。益州既平，赐诸葛亮、法正、飞及关羽金各五百斤，银千斤，钱五千万，锦千匹，先其余颁赐各有差，以飞领巴西太守。

曹公破张鲁，留夏侯渊、张郃守汉川。郃别督诸军下巴西，欲徙其民于汉中，进军宕渠、蒙头、盪石，与飞相拒五十余日。飞率精卒万余人，从他道邀郃军交战，山道迮狭，前后不得相

带着二十位骑兵殿后。张飞隔着水，折断了桥梁，瞋目横矛，大声吼道："我就是张益德，有胆量的，就过来跟我一决生死如何！"曹军没人敢接近他的，终于解除了一场困局。刘备平定江南以后，任命张飞为宜都太守、征虏将军，封新亭侯，后来转调南郡。刘备进入益州，率军攻打刘璋时，张飞与诸葛亮等人率军逆流而上，分别平定郡县。到了江州（今重庆市），击破刘璋手下大将巴郡太守严颜的部队，同时活捉了严颜。张飞呵责严颜说："大军来到，你为什么不投降，竟然还敢抵抗？"严颜回答说："你们无缘无故侵夺我们的州郡，我们这里只有断头将军，可没有投降将军呀！"张飞听罢，勃然大怒，命令部下把严颜拉下去砍头，但是，严颜的脸色毫不改变，慢条斯理地说："砍就砍吧，何必生这么大的脾气呢！"刹那之间，张飞被他的豪气感动了，立刻释放了严颜，而且对待他如嘉宾一般。张飞一路下来，每战必胜，和刘备在成都会师。益州平定后，刘备就封赏有功的人员，赐给诸葛亮、法正、张飞及关羽，每人各得黄金五百斤、银子千斤、钱五千万、锦一千匹，其他的人也都按功行赏。当时任命张飞为巴西太守。

曹操攻破张鲁后，留下夏侯渊、张郃两人守汉川。张郃另外督导军队直下巴西，想把当地的人民迁到汉中，然后进军宕渠、蒙头、荡石，跟张飞相持了五十多天。张飞率领精

救，飞遂破郃。郃弃马缘山，独与麾下十余人从间道退，引军还南郑，巴土获安。先主为汉中王，拜飞为右将军、假节。章武元年，迁车骑将军，领司隶校尉，进封西乡侯，策曰："朕承天序，嗣奉洪业，除残靖乱，未烛厥理。今寇虏作害，民被荼毒，思汉之士，延颈鹤望。朕用怛然，坐不安席，食不甘味，整军诰誓，将行天罚。以君忠毅，侔踪召虎，名宣遐迩，故特显命，高墉进爵，兼司于京。其诞将天威，柔服以德，伐叛以刑，称朕意焉。诗不云乎，'匪疚匪棘，王国来极。肇敏戎功，用锡尔祉'。可不勉欤！"

初，飞雄壮威猛，亚于关羽，魏谋臣程昱等咸称羽、飞万人之敌也。羽善待卒伍而骄于士大夫，飞爱敬君子而不恤小人。先主常戒之曰："卿刑杀既过差，又日鞭挝健儿，而令在左右，此取祸之道也。"飞犹不悛。先主伐吴，飞当率兵万人，自阆中会江州。临发，其帐下将张达、范彊

张翼德义释严颜，选自清刊本《三国演义》。

兵一万多人，从其他途径邀请张郃的部队前来交战，由于山路狭隘，军队前后不能相互支援，因此，张飞便把张郃的军队击溃了。张郃丢下马，沿着山，和十多个部下，抄小径逃走，带着剩余的部队回到南郑（今陕西汉中市南郑区）去。从此，巴郡一带才获得安宁。刘备为汉中王时，曾拜张飞为右将军，加符节。章武元年（公元 221 年），迁为车骑将军，领司隶校尉，又进封为西乡侯，任命书上说："我接受天命，继承大业，铲除残暴，平定乱局，还未能洞见其中的道理。现在寇虏为害，生灵涂炭，想念我大汉家邦的人，无不延颈鹤望地等待着。我为此忧伤，坐不安席，食不甘味。于是整顿军备，发誓替天行道，讨罚妖孽。你的忠贞刚毅，可和周朝的召穆公相媲美，你的声誉远近共闻，所以特别升迁爵位，并在京师任职。你可要好好纪念上帝的威灵，以品德去感化百姓，用刑罚来对付叛逆，以便符合我的心意。《诗经·江汉》曾说：'这不是病民的事情，也不是急于要办的，是因为要建国立制。''要图谋你的功业，我当赐你福禄。'望你好自为之！"

起初，张飞雄壮威猛，仅次于关羽，魏国的谋臣程昱等人都称赞说："关羽、张飞，万夫莫敌！"关羽对军士十分爱护，但对于士大夫却是态度骄傲；张飞敬爱君子，却不会体恤军士。刘备时常警告他说："你刑罚杖杀已太过分，每天又鞭打军士，而且还让他们在身边侍候，这可是会惹祸的呀！"张飞仍然不改。刘备讨伐东吴时，张飞本来要率领一万

张苞，选自清刊本《三国演义》。据《三国演义》，张苞并未早夭，且武艺过人，曾随刘备伐蜀，后随诸葛亮伐魏，均建有战功。

马超，选自清皇家珍藏手抄善本绘图描金银《三国志演义》。

杀飞，持其首，顺流而奔孙权。飞营都督表报先主，先主闻飞都督之有表也，曰：“噫！飞死矣。”追谥飞曰桓侯。长子苞，早夭。次子绍嗣，官至侍中尚书仆射。苞子遵为尚书，随诸葛瞻于绵竹，与邓艾战，死。

马超字孟起，扶风茂陵人也。父腾，灵帝末与边章、韩遂等俱起事于西州。初平三年，遂、腾率众诣长安。汉朝以遂为镇西将军，遣还金城，腾为征西将军，遣屯郿。后腾袭长安，败走，退还凉州。司隶校尉钟繇镇关中，移书遂、腾，为陈祸福。腾遣超随繇讨郭援、高幹于平阳，超将

人，从阆中到江州和刘备会师的。可是在出发之前，他的部下张达、范彊两人一起把张飞给杀了，拿着他的首级，顺流而下，投奔孙权。张飞营中的都督上表启奏刘备，刘备听说张飞的都督上表来，立刻说道：“唉！张飞死了！”后主时，追谥张飞为桓侯。张飞的长子张苞，早就过世了，由次子张绍继承爵位，官至侍中尚书仆射。张苞的儿子张遵，官至尚书，曾跟随诸葛瞻到绵竹（今四川德阳市北三十里），和邓艾部队作战的时候，为国捐躯了。

马超，字孟起，是扶风茂陵（今陕西兴平市东北）人。他的父亲马腾，在汉灵帝末年，跟边章、韩遂等人一道在西州起兵。汉灵帝初平三年（公元192年），韩遂、马腾率军抵达长安。朝廷封韩遂为镇西将军，派他回去驻守金城；封马腾为征西将军，调守郿县（今陕西眉县东北）。后来马腾袭击长安，没能成功，便退回凉州去。当时，司隶校尉钟繇镇守关中，曾写信给韩遂、马腾，叙述关系他们两人福祸的一些问题。马腾就派儿子马超跟着钟

庞德亲斩援首。后腾与韩遂不和，求还京畿。于是征为卫尉，以超为偏将军，封都亭侯，领腾部曲。

超既统众，遂与韩遂合从，及杨秋、李堪、成宜等相结，进军至潼关。曹公与遂、超单马会语，超负其多力，阴欲突前捉曹公，曹公左右将许褚瞋目眄之，超乃不敢动。曹公用贾诩谋，离间超、遂，更相猜疑，军以大败。超走保诸戎，曹公追至安定，会北方有事，引军东还。杨阜说曹公曰："超有信、布之勇，甚得羌、胡心。若大军还，不严为其备，陇上诸郡非国家之有也。"超果率诸戎以击陇上郡县，陇上郡县皆应之，杀凉州刺史韦康，据冀城，有其众。超自称征西将军，领并州牧，督凉州军事。康故吏民杨阜、姜叙、梁宽、赵衢等，合谋击超。阜、叙起于卤城，超出攻之，不能下；宽、衢闭冀城门，超不

倒反西凉，清末年画。据《三国演义》，曹操见刘备日渐强大，想兴兵攻打，又怕西凉马腾来攻，就设计诱杀马腾。马腾子马超闻讯，起兵为父复仇，连破长安、潼关，大败曹军。

繇到平阳（今山西临汾市南）去讨伐郭援、高幹。马超手下大将庞德亲自斩下郭援的首级。后来，马腾与韩遂合不来，要求调回京城。于是，征召他为卫尉，任命马超为偏将军，加封都亭侯，统率马腾的军队。

马超统率军队之后，就跟韩遂联合，又和杨秋、李堪、成宜等人结盟，一同进军到潼关（今陕西潼关县北）。在曹操单马过来和韩遂、马超会谈时，马超自负孔武多力，想出其不意向前捉拿曹操，由于曹公身边大将许褚向他嗔目怒视，才没敢动手。曹操采用贾诩的计谋，离间马超与韩遂，使他们两人互相猜疑，因而击败了他们的军队。马超逃走，护卫戎地，曹操追到安定，恰逢北方有战事，于是率军东回。杨阜向曹操建议说："马超具有韩信、吕布一般的勇猛，很得羌人与胡人的爱戴。如果大军就这样回去，而不严加戒备的话，恐怕陇上数郡之地都保不住了。"不久，马超果然率领戎人来攻击陇上的郡县，这些地方都纷纷响应，结果，杀死了凉州刺史韦康，占领了冀城，尽得对方的部队。马超也因而自称为征西将军、并州刺史，并总督凉州的军事。韦康的旧友僚属杨阜、姜叙、梁宽与赵衢等人共谋攻打马超。杨阜、姜叙在卤城起兵，马超率军进攻，无法攻下；梁宽、赵衢又关闭

马岱，选自清刊本《三国演义》。

得入。进退狼狈，乃奔汉中依张鲁。鲁不足与计事，内怀于邑，闻先主围刘璋于成都，密书请降。

先主遣人迎超，超将兵径到城下。城中震怖，璋即稽首，以超为平西将军，督临沮，因为前都亭侯。先主为汉中王，拜超为左将军，假节。章武元年，迁骠骑将军，领凉州牧，进封斄乡侯，策曰："朕以不德，获继至尊，奉承宗庙。曹操父子，世载其罪，朕用惨怛，疢如疾首。海内怨愤，归正反本，暨于氐、羌率服，獯鬻慕义。以君信著北土，威武并昭，是以委任授君，抗飏虓虎，兼董万里，求民之瘼。其明宣朝化，怀保远迩，肃慎赏罚，以笃汉祜，以对于天下。"二年卒，时年四十七。临没上疏曰："臣门宗二百余口，为孟德所诛略尽，惟有从弟岱，当为微宗血食之继，深托陛下，余无复言。"追谥超曰威侯，子承嗣。岱位至平北将军，进爵陈仓侯。超女配安平王理。

冀城的城门，教他不能进入。马超进退受到牵制，情况实在狼狈。于是，奔向汉中投靠张鲁。但是，他看张鲁不是成就大事业的人，内心郁闷不乐。就在这时，听说刘备在成都围攻刘璋，便叫人送信，请求接受他的投诚。

刘备派人迎接马超，马超率兵直接抵达城下。城中的人，都感到惶恐惊惧，刘璋马上顿首投降。刘备因此封马超为平西将军，总督临沮（今湖北远安县东南），并封他为前都亭侯。刘备为汉中王时，任命马超为左将军，加符节。章武元年（公元221年），升为骠骑将军，凉州刺史，又进封为斄乡侯，任命书上说："我以寡德之质，继承帝位，祭祀宗庙。曹操父子，世人都知道他们的罪状，我因此悲伤哀痛，如头痛之缠身。海内的人无不胸怀怨愤，寻根思汉，甚至氐人、羌人都一一顺服，獯鬻的地方更是慕义归附。你在北方彰显的信誉，真是威、武辉映，所以把这重任交给你。你的勇猛威武，不仅要监督万里的地方，更要广泛去了解民间的疾苦。你可要宣扬朝廷的德化，保护近处的百姓，体恤远方的子民，赏、罚要谨慎，好使大汉的福祚厚实，这样才不会辜负天下万民的期望。"二年后，马超去世，时年四十七。在他临死前曾上书给刘备，说："臣下整个家族二百多人，被曹操杀害得差不多了，虎口余生，只有让堂弟马岱一人继承我家族的血脉了，我将这件事托付给您，我心满意足，再也没有话可说了。"后主时，追谥马超为威侯。他的儿子马承继承爵位。他的堂弟马岱官至平北将军，进封陈仓侯。马超的女儿嫁给安平王刘理。

黄忠字汉升，南阳人也。荆州牧刘表以为中郎将，与表从子磐共守长沙攸县。及曹公克荆州，假行裨将军，仍就故任，统属长沙太守韩玄。先主南定诸郡，忠遂委质，随从入蜀。自葭萌受任，还攻刘璋，忠常先登陷阵，勇毅冠三军。益州既定，拜为讨虏将军。建安二十四年，于汉中定军山击夏侯渊。渊众甚精，忠推锋必进，劝率士卒，金鼓振天，欢声动谷，一战斩渊，渊军大败。迁征西将军。是岁，先主为汉中王，欲用忠为后将军，诸葛亮说先主曰："忠之名望，素非关、马之伦也，而今便令同列。马、张在近，亲见其功，尚可喻指；关遥闻之，恐必不悦，得无不可乎！"先主曰："吾自当解之。"遂与羽等齐位，赐爵关内侯。明年卒，追谥刚侯。子叙，早没，无后。

黄忠，选自清皇家珍藏手抄善本绘图描金银《三国志演义》。

黄忠，字汉升，是南阳（今河南南阳市）人。荆州刺史刘表曾任命他为中郎将，和刘表的侄子刘磐共同驻守长沙攸县（今湖南攸县东）。曹操平定荆州之后，命他兼行裨将军，依旧担任原职，统属于长沙太守韩玄。刘备平定了南方数郡，黄忠向他投靠称臣，随着进入四川。汉献帝建安十七年（公元212年），刘备从葭萌（今四川广元市昭化区东南五十里）回来攻打成都的刘璋，黄忠常常先锋陷阵，勇毅冠三军。益州平定后，就任命他为讨虏将军。建安二十四年（公元219年），在汉中的定军山攻击夏侯渊。夏侯渊的部队非常精良，但黄忠发动部队前进，身先士卒，在锣鼓振天、欢声动谷之际，一战便斩了夏侯渊，夏侯渊的部队大退逃去。于是，升黄忠为征西将军。这年，刘备为汉中王，想任命黄忠为后将军，诸葛亮劝刘备说："黄忠的声望，平常就不能和关羽、马超两人相比，现在让他们同列，马超和张飞在您身边，亲眼看他立功，还可谅解，但是，关羽在远方听了，恐怕会不高兴的，如此说来，这考虑毋宁是不太妥当吧！"刘备回答说："我自有解决的办法。"于是，便让黄忠与关羽等人同列要职，并封他为关内侯。第二年，黄忠就去世了。后主时，追谥黄忠为刚侯。他的儿子叫黄叙，早就死去，黄氏一门也就没有后代了。

长阪坡，清代年画。据《三国演义》，曹操50万大军破刘备于当阳长阪，赵云保着阿斗杀透重围，所到之处，如入无人之境。是役，赵云共砍倒大旗两面，夺槊三条，杀死曹营名将五十余名，威振敌胆。

赵云字子龙，常山真定人也。本属公孙瓒，瓒遣先主为田楷拒袁绍，云遂随从，为先主主骑。及先主为曹公所追于当阳长阪，弃妻子南走，云身抱弱子，即后主也，保护甘夫人，即后主母也，皆得免难。迁为牙门将军。先主入蜀，云留荆州。

先主自葭萌还攻刘璋，召诸葛亮。亮率云与张飞等俱泝江西上，平定郡县。至江州，分遣云从外水上江阳，与亮会于成都。成都既定，以云为翊军将军。建兴元年，为中护军、征南将军，封永昌亭侯，迁镇东将军。五年，随诸葛亮驻汉中。明年，亮出军，扬声由斜谷道，曹真遣大众当之。亮令云与邓芝往拒，而身攻祁山。云、芝兵弱敌强，失利于箕谷，然敛众固守，不至大败。军退，贬为镇军将军。七年卒，

赵云，字子龙，是常山真定（今河北省正定县）人。他本来是公孙瓒的手下，当公孙瓒派遣刘备帮田楷抵抗袁绍的时候，赵云就跟随刘备，成为他手下的一员大将。刘备在当阳的长阪（今湖北当阳市东北）被曹操赶上时，就丢下妻小，往南方逃走。当时赵云在乱军之中，身上所抱的小孩，就是后主刘禅；他奋身保护的甘夫人，就是后主的母亲。由于他，使他们母子脱离一场浩劫。于是，升他为牙门将军。刘备到四川的时候，赵云留守荆州。

刘备从葭萌（今四川广元市昭化区东南五十里）回来攻打刘璋的时候，命诸葛亮前来助阵。诸葛亮就率领赵云和张飞等人，一同溯江西上，分别平定郡县，到了江州（今重庆市），分派赵云从外水到江阳（今四川泸州市），和诸葛亮在成都会师。平定了成都后，以赵云为翊军将军。建兴元年（公元223年），任命赵云为中护军、征南将军，封永昌亭侯，调升镇东将军。建兴五年（公元227年），追随诸葛亮驻守汉中。次年，诸葛亮出师，故意扬言他要经过斜谷道（今陕西眉县西南），曹真信以为真就派大军前来抵挡。诸葛亮让赵云与邓芝两人去对抗，自己却带兵攻打祁山（今甘肃礼县东）。由于赵云、邓芝的兵力薄弱，

追谥顺平侯。

初，先主时，惟法正见谥；后主时，诸葛亮功德盖世，蒋琬、费祎荷国之重，亦见谥；陈祗宠待，特加殊奖，夏侯霸远来归国，故复得谥；于是关羽、张飞、马超、庞统、黄忠及云乃追谥，时论以为荣。云子统嗣，官至虎贲中郎，督行领军。次子广，牙门将，随姜维沓中，临阵战死。

评曰：关羽、张飞皆称万人之敌，为世虎臣。羽报效曹公，飞义释严颜，并有国士之风。然羽刚而自矜，飞暴而无恩，以短取败，理数之常也。马超阻戎负勇，以覆其族，惜哉！能因穷致泰，不犹愈乎！黄忠、赵云强挚壮猛，并作爪牙，其灌、滕之徒欤？

而对方的兵力坚强，因此，在箕谷（今陕西汉中市褒城镇）被打败了。但是他们聚合军队，坚守营地，所以还不至于有大败的局面。大军退回以后，他被贬为镇军将军。建兴七年（公元229年），赵云死。后主时，追谥他为顺平侯。

赵云，选自清皇家珍藏手抄善本绘图描金银《三国志演义》。

起初，在刘备时，只有法正一人死后受谥；后主时，因为诸葛亮的盖世功德，蒋琬、费祎担负国家重任的功劳，所以都被追谥；陈祗是后主所宠爱的，特别给他一份殊荣，夏侯霸从远方来归，因此都得到谥号。于是，关羽、张飞、马超、庞统、黄忠及赵云等人也都一一给予追谥，当时的舆论莫不认为这是件非常光荣的事。赵云的儿子赵统继承爵位，官至虎贲中郎将，督行领军。次子赵广，官至牙门将，随着姜维到沓中的时候，临阵战死了。

陈寿评论说：关羽、张飞两人，号称万夫莫敌、英勇盖世的人物。关羽杀颜良以报答曹操，张飞因义气而释放严颜，都表现了国士的风范。但是，关羽性情刚烈而骄傲，张飞本性暴躁而少怜恤，性格上的缺点，惹来了祸害，这是命里注定的呀！马超勇猛，威震诸戎，却因此使他的家族几乎被诛灭，多可惜呀！一个人能够挣脱穷困，臻于泰顺的境地，不是更好吗？黄忠、赵云两人，强壮勇猛，同为刘备的部将，他们大概就像汉高祖刘邦手下的灌婴、夏侯婴这类人吧！

三国志卷三十七

庞统法正传第七

王初庆 译

庞统字士元，襄阳人也。少时朴钝，未有识者。颍川司马徽清雅有知人鉴，统弱冠往见徽，徽采桑于树上，坐统在树下，共语自昼至夜。徽甚异之，称统当为南州士之冠冕，由是渐显。后郡命为功曹。性好人伦，勤于长养。每所称述，多过其才，时人怪而问之，统答曰："当今天下大乱，雅道陵迟，善人少而恶人多。方欲兴风俗，长道业，不美其谭即声名不足慕企，不足慕企而为善者少矣。今拔十失五，犹得其半，而可以崇迈世教，使有志者自励，不亦可乎？"吴将周瑜助先主取荆州，因领南郡太守。瑜卒，统送丧至吴，吴

庞统，字士元，襄阳人（今湖北襄阳）。年幼时质朴鲁钝，没有人知道他的才具。颍川人（郡治今河南禹州市）司马徽清高雅正，懂得鉴赏人物。庞统刚成年时去拜望徽。徽正在桑树上采桑，就让统坐在树下。二人相谈，从白天一直谈到晚上。司马徽对他特别另眼相看，认为庞统应是南州士人中最杰出的。由于司马徽的重视，从此庞统的声名逐渐显扬。后来郡中任命他为幕僚属官的功曹。庞统天性喜好人伦，勤于尊侍奉养长者，对人称赞论述，往往超说那人本来的情状。有人对这事感到奇怪而问他缘故，庞统回答说："当今天下大乱，正道衰微，善人少而恶人多。我正想要鼓动风俗，增长道业，对有善行的人不去极力宣扬的话，那么他的声名不足为人所仰慕企望；不足为人仰慕企望，为善的人就少了。今天举出十个善人，就算其中有五个略有偏失，仍旧还有一半是值得称道的。这样可以尊崇

庞统，选自清皇家珍藏手抄善本绘图描金银《三国志演义》。

人多闻其名。及当西还，并会昌门，陆绩、顾劭、全琮皆往。统曰：“陆子可谓驽马有逸足之力，顾子可谓驽牛能负重致远也。”谓全琮曰：“卿好施慕名，有似汝南樊子昭。虽智力不多，亦一时之佳也。”绩、劭谓统曰：“使天下太平，当与卿共料四海之士。”深与统相结而还。

先主领荆州，统以从事守耒阳令，在县不治，免官。吴将鲁肃遗先主书曰：“庞士元非百里才也，使处治中、别驾之任，始当展其骥足耳。”诸葛亮亦言之于先主，先主见与善谭，大器之，以为治中从事。亲待亚于诸葛亮，遂与亮并为军师中郎将。亮留镇荆州。统随从入蜀。

益州牧刘璋与先主会涪，统进策曰：“今因此会，便可执之，则将军无用兵之劳而坐

耒阳县凤雏理事，清朱芝轩绘。据《三国演义》，庞统初投刘备，刘备并不见重，只让他到耒阳小县当一名县令。庞统到任后，并不视事，只喝酒玩乐。张飞到耒阳视察，责他好酒废事，庞统当即叫小吏搬来案卷，不到半日，即把百日来的政事处理完毕，张飞拜服。图为张飞向庞统躬身行礼。

推展世俗的教化，使有志之士自我勉励，不也是件好事吗？”吴将周瑜帮助先主攻荆州（今湖北荆州市），因而被任命为南郡（郡治今荆州）太守。周瑜卒，庞统护送遗体至吴。吴人多数都曾听到他的声名。等到事毕他应当回国时，许多吴人都聚集在昌门为他送行。一时的名士陆绩、顾劭、全琮也都去了。庞统说：“陆先生好比是匹驽马，却有尽力疾奔的力气。顾先生可说是头驽牛，却能负重致远。”对全琮说：“先生乐于施与，仰慕好的声誉、德行和汝南人（今河南汝南）樊子昭相似。虽然智力并不是最好，也算是一时的俊秀。”陆绩、顾劭对庞统说：“如果天下太平，我们当与先生共同照料四方的士人。”三人与庞统结交了很深的友谊，才各自回去。

先主统领荆州后，庞统以辅佐的从事镇守耒阳（今湖南衡阳）为县令。由于庞统不能治理好县里的政务而被免官。吴将鲁肃写信给先主道：“庞士元并不是一个镇守区区百里小县的人才，让他担任审核文稿的治中或辅佐的别驾之官，才会一展他的长材。”诸葛亮也对先主推荐他。先主与庞统面谈后，赏识他的谈吐，大为器重，任用为治中从事，对他的礼遇仅次于诸葛亮。后来和诸葛亮并是军师中郎将。亮留守荆州，庞统则随先主入蜀。

益州（今四川成都）牧刘璋和先主在涪（今四川绵阳市）相会。庞统献策略说：“今

诸葛亮痛哭庞统，选自清刊本《三国演义》。据《三国演义》，庞统随刘备入川，诸葛亮守荆州，时当七夕，诸葛亮和同僚正在宴饮，突见一星，其大如斗，自天而落，诸葛亮随即大惊，掩面哭道："庞士元命必休矣。"图为诸葛亮观陨星。

定一州也。"先主曰："初入他国，恩信未著，此不可也。"璋既还成都，先主当为璋北征汉中，统复说曰："阴选精兵，昼夜兼道，径袭成都；璋既不武，又素无预备，大军卒至，一举便定，此上计也。杨怀、高沛，璋之名将，各仗强兵，据守关头，闻数有笺谏璋，使发遣将军还荆州。将军未至，遣与相闻，说荆州有急，欲还救之，并使装束，外作归形；此二子既服将军英名，又喜将军之去，计必乘轻骑来见，将军因此执之，进取其兵，乃向成都，此中计也。退还白帝，连引荆州，徐还图之，此下计也。若沈吟不去，将致大困，不可久矣。"先主然其中计，即斩怀、沛，还向成都，所过辄克。于涪大会，置酒作乐，谓统曰："今日之会，可谓乐矣。"统曰："伐人之国而以为欢，非仁者

天借着这次相会，就可以把刘璋拘囚起来，那么将军就不必劳动军队而可以坐定益州了。"先主说："初入他国，恩德和威信都没有显现出来，这计策还不可行。"刘璋已经安返成都，依约定先主应该替刘璋北征汉中（今陕西汉中市），庞统又再度劝先主说："暗中选派精兵，昼夜不停地行军，直接袭击成都。刘璋既不懂军事，平素又不防备。大军突然来到，一举就能成功，这是上计。杨怀、高沛是璋的名将，各自凭仗强大的军队据守在关头（白水关），听说他们屡次上书劝谏刘璋，要让将军回到荆州去。将军未到关头之前，派人通知他们，说荆州有急，想要还师去援救，而且装束打扮成要回去的样子。这二人既然佩服将军的英名，又高兴将军的离开，解除了他们的威胁。算定他们必定会轻骑来拜望，将军乘机把他们抓起来，再去取得他们的部队，然后指向成都，这是中计。退还白帝城（今重庆奉节县东北），连接荆州，逐渐图谋并吞，这是下计。如果迟疑不决，将会导致大困难，而不可能长久啊！"先主以采用中计，依计斩杀杨怀、高沛，再直指成都，所过之处的城镇，一一攻克。事后在涪设置酒宴，先主对庞统说："今日的聚会，可真高兴啊！"庞统说："攻打人家的国家而当作乐事，这不是仁者之师。"先主喝醉了，闻言大怒，

之兵也。”先主醉，怒曰：“武王伐纣，前歌后舞，非仁者邪？卿言不当，宜速起出！”于是统逡巡引退。先主寻悔，请还。统复故位，初不顾谢，饮食自若。先主谓曰：“向者之论，阿谁为失？”统对曰：“君臣俱失。”先主大笑，宴乐如初。

进围雒县，统率众攻城，为流矢所中，卒，时年三十六。先主痛惜，言则流涕。拜统父为议郎，迁谏议大夫，诸葛亮亲为之拜。追赐统爵关内侯，谥曰靖侯。统子宏，字巨师，刚简有臧否，轻傲尚书令陈祇，为祇所抑，卒于涪陵太守。统弟林，以荆州治中从事参镇北将军黄权征吴，值军败，随权入魏，魏封列侯，至钜鹿太守。

法正字孝直，扶风郿人也。祖父真，有清节高名。建安初，天下饥荒，正与同郡孟达俱入蜀依刘璋，久之为新都令，后召署军议校尉。既不任用，又为其州邑俱侨客者所

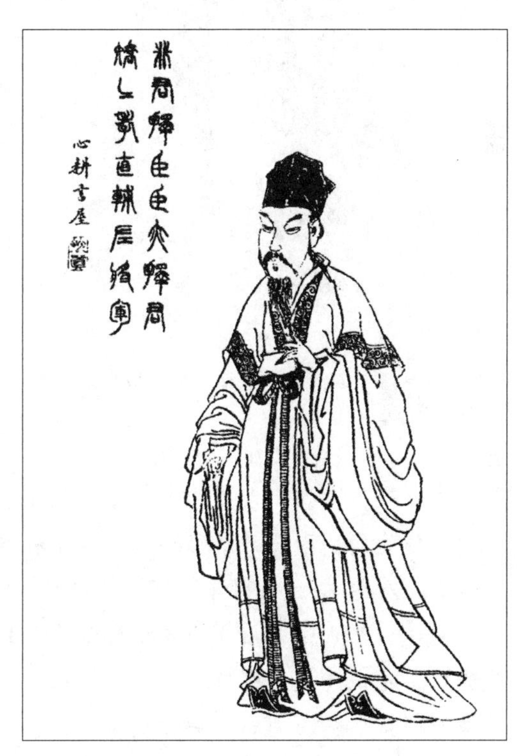

法正，选自清刊本《三国演义》。

说：“当年武王伐纣，前歌后舞，那么文王也不是仁者吗？先生失言了。应该赶快离席。”于是庞统抽身退席。先主不久后悔失言，请他回席。庞统回到原来的席位，也不先谢罪，饮食自如。先主对他说：“刚才的争论，到底是谁错了？”庞统回答说：“君臣都有错。”先主大笑，欢乐如初。

进围雒县（今四川广汉）时，庞统率众攻城，被流矢射中而卒，当时仅有三十六岁。先主大为痛惜，一提到他就流泪。后来就任命庞统的父亲为议郎，又迁为谏议大夫；诸葛亮亲自传达了这项任命。追赐庞统为关内侯，谥号为靖侯。庞统有子名宏，字巨师，果敢简明而表现对人的好恶，由于轻视尚书令陈祇，被祇压抑不得升迁，死于涪陵（今重庆涪陵）太守任内。统弟名林，以荆州幕僚治中从事的官辅佐北将军黄权征吴，结果战败，就随黄权投奔魏，魏封为列侯，做官一直做到钜鹿（今河北平乡）太守。

法正，字孝直，是扶风郿县人（今陕西眉县）。祖父名真，清高的节操，为人所称道。建安初年，天下饥荒，法正与同乡孟达一起入蜀投靠刘璋，过了很久才被任用为新都令（今四川成都市新都）。后来奉命代理军议校尉。既不被重用，又被同乡们毁谤，说他无善

张松，选自清皇家珍藏手抄善本绘图描金银《三国志演义》。

谤无行，志意不得。益州别驾张松与正相善，忖璋不足与有为，常窃叹息。松于荆州见曹公还，劝璋绝曹公而自结先主。璋曰："谁可使者？"松乃举正，正辞让，不得已而往。正既还，为松称说先主有雄略，密谋协规，愿共戴奉，而未有缘。后因璋闻曹公欲遣将征张鲁之有惧心也，松遂说璋宜迎先主，使之讨鲁，复令正衔命。正既宣旨，阴献策于先主曰："以明将军之英才，乘刘牧之懦弱；张松，州之股肱，以响应于内；然后资益州之殷富，冯天府之险阻，以此成业，犹反掌也。"先主然之，泝江而西，与璋会涪。北至葭萌，南还取璋。

郑度说璋曰："左将军县军袭我，兵不满万，士众未附，野谷是资，军无辎重。其计莫若尽驱巴西、梓潼民内涪水以西，其仓廪野谷，一皆烧除，高垒深沟，静以待之。彼至，请战，勿许，久无所资，不过百日，必将自走。走而击之，则

行，志意不得发挥。益州别驾张松和法正相友善，自忖刘璋的才气不足，跟他做是没有什么发展作为的，因此常常私下叹息。张松在荆州拜见曹公回来后，劝刘璋弃绝曹公而跟先主结盟。刘璋说："谁可以去担当这使命呢？"张松乃荐举法正。法正推辞了一阵，不得已只好应命。法正回来后，为张松称赞先王雄才大略，二人秘密商量一起规划，愿意共同拥戴先主，可是总找不到机会。后来刘璋听说曹公派遣部将征伐张鲁而有惧心；张松就劝刘璋最好迎接先主，使先主去讨伐张鲁，再令法正衔命出使。法正表明了刘璋的心意后，暗中对先主说："以将军的英才，正好可乘着刘州牧的懦弱而有所作为；张松是州中的股肱之人，可作为内应，借着益州的殷富，仗恃天府之国的险阻，来成就一番大事，好比反掌一般的容易啊！"先主认为这意见很对，就渡过长江西行，和刘璋在涪（今四川绵阳市）相会后，北行至葭萌（今四川广元市昭化区西北），南还时攻打刘璋。

郑度谏刘璋说："左将军以孤军来袭击我们，兵力不满万人，士众都不归附他，又借着就地取得的粮食为军粮，部队本身没有辎重补给。应战的计划不如把巴西（今四川阆中）、梓潼（今四川梓潼）的老百姓都赶到涪水以西，将当地的仓库粮食全部烧掉，筑高营垒，挖深护城河，静待敌人来攻。敌人来了，求战，不要答应他，时间久了，又没有粮食补给作为凭借，不过一百天，一定会自行退走。等退走时再行追击，一定会一网成擒的。"

必禽耳。”先主闻而恶之，以问正。正曰：“终不能用，无可忧也。”璋果如正言，谓其群下曰：“吾闻拒敌以安民，未闻动民以避敌也。”于是黜度，不用其计。及军围雒城，正笺与璋曰：“正受性无术，盟好违损，惧左右不明本末，必并归咎，蒙耻没身，辱及执事，是以捐身于外，不敢反命。恐圣听秽恶其声，故中间不有笺敬，顾念宿遇，瞻望悢悢。然惟前后披露腹心，自从始初以至于终，实不藏情，有所不尽，但愚暗策薄，精诚不感，以致于此耳。今国事已危，祸害在速，虽捐放于外，言足憎尤，犹贪极所怀，以尽余忠。明将军本心，正之所知也，实为区区不欲失左将军之意，而卒至于是者，左右不达英雄从事之道，谓可违信黩誓，而以意气相致，日月相迁，趋求顺耳悦目，随阿遂指，不图远虑为国深计故也。事变既成，又不量强弱之势，以为左将军县远之众，粮谷无储，欲得以多击少，旷日相持。而从关至此，所历辄破，离宫别屯，日自零落。雒下虽有万兵，皆坏陈之卒，破军之将，若欲争一旦之战，则兵将势力，实不相当。各欲远期计粮者，今此营守已固，谷米已积，而明将军土地日削，百姓日困，敌对遂多，所供远旷。愚意计之，谓必先竭，将不复以持久也。空尔相守，犹不相堪，今张益德数万之众，已定巴东，入犍为界，分平资

先主听到这计划而觉得担心，问法正该如何？法正说：“这计划终究不会被刘璋所接受的，不必担忧。”刘璋果然被法正料中，并且刘璋还对他的部众说：“我听说抵抗敌人以安定老百姓，没听过扰动老百姓以躲避敌人的。”于是罢黜郑度，不用他的计策。等到大军围困雒城时，法正写信给刘璋说：“正任性发展又没有方术，致使二国的盟好受到违损，怕左右不明事情本末，必定归罪于我。不但我自己蒙受耻辱一直到死，还辱及到将军您。所以我流落在外，不敢回国报命。由于怕将军厌恶我的声音，也不敢奉书问安。回想以往的知遇，遥望眷念不已。惟有前后披露腹心，自始至终，都不敢隐藏自己的才情而不尽心发挥。但是由于秉性愚昧，不能有好的策略，精诚不能使将军感动，以至到了今天这地步。目前国事已极危急，祸害很快就要临头，职虽流放在外，被人憎恨怨尤，仍然想极尽胸怀，以尽余忠。将军的内心，我是知道的，实在是出于爱慕而不想失去左将军的援手，而结果变成如此，实在是左右不明白英雄处事的道理，以为可以违背信誓，玩忽盟约，而由于凭意气相互结交，日迁月移，所追求的仅是顺耳悦目，随意阿谀，顺从心意的人，不去为国深谋远虑的原因啊！事变已经发生，又不知度量强弱的形势，以为左将军孤军远征，没有蓄积粮草，想要以多击少，长久相对峙。但是左将军的部队，从关头一直打到这儿，所过之地都立刻攻陷，离宫别屯，日见失陷零落。雒下虽有部队万人，都是战败之卒，破军之将，如果想要作国家存亡的战斗，双方兵将势力，实在不能相比。对那些打长远消耗战，希望敌人粮草不继的主意的人来说，今天左将军营寨的防守已安定，粮食也储积了，而将军土地日加减削，百姓日加困苦，敌对者增多，还要供应辽阔旷远的战线。我私下计算一下，必定会无以为继，不能再支持下去。只是相持不战，尚且还不能应付。现在张益德的数万

中、德阳，三道并侵，将何以御之？本为明将军计者，必谓此军县远无粮，馈运不及，兵少无继。今荆州道通，众数十倍，加孙车骑遣弟及李异、甘宁等为其后继。若争客主之势，以土地相胜者，今此全有巴东，广汉、犍为，过半已定，巴西一郡，复非明将军之有也。计益州所仰惟蜀，蜀亦破坏；三分亡二，吏民疲困，思为乱者十户而八；若敌远则百姓不能堪役，敌近则一旦易主矣。广汉诸县，是明比也。又鱼复与关头实为益州福祸之门，今二门悉开，坚城皆下，诸军并破，兵将俱尽，而敌家数道并进，已入心腹，坐守都、雒，存亡之势，昭然可见。斯乃大略，其外较耳，其余屈曲，难以辞极也。以正下愚，犹知此事不可复成，况明将军左右明智用谋之士，岂当不见此数哉？旦夕偷幸，求容取媚，不虑远图，莫肯尽心献良计耳。若事穷势迫，将各索生，求济门户，展转反覆，与今计异，不为明将军尽死难也，而尊门犹当受其忧。正虽获不忠之谤，然心自谓不负圣德，顾惟分义，实窃痛心。左将军从本举来，旧心依依，实无薄意。愚以为可图变化，以保尊门。”

十九年，进围成都，璋蜀郡太守许靖将逾城降，事觉，不果。璋以危亡在近，故不诛

部队，已经底定巴东（今重庆奉节），进到了犍为县（今四川宜宾）境内，分兵资中（今四川资中）、德阳（今四川德阳）三路入侵，将军又如何抵御呢？本来替将军策划的谋士，一定说这支部队深入远征，又无粮草，辎重既来不及补给，兵少又无以为继；目前荆州的通道也打开了，人数有好几十倍，再加上孙车骑派了弟弟及李异、甘宁作为后援，如要争客主的形势，以土地的多少定胜负。今天左将军已完全占领巴东，广汉（今四川广汉）、犍为的一大半已经底定，巴西一郡，又非将军所有了。算算益州所能仰仗的只有蜀，蜀也遭到破坏，丢掉了三分之二，吏民疲困，想造反作乱的，十家有八家。如果敌人距离远，那么百姓不能胜任役使；敌人一走近，那么马上就会易主了。广汉那些失陷的县城，就是明显的例子。还有鱼复（今重庆奉节）和关头，实是关系益州祸福的大门，今天二扇大门都被敌人打开，坚固的城也都被攻陷，所有的部队全被击破，兵将俱尽，而敌人数路并进，已入心腹之地，坐守成都、雒城，存亡的形势，已经明白可见。这还是从外面比较所得的大略情况，其他的细节，很难用文辞来表明。以正这样愚笨的资质，尚且知道守土之事不可复成，何况将军左右那些明智用谋的策士，怎看不见这个情况呢？只是他们早晚博取宠幸，为求有容身之地而取媚上级，不去深虑远图，不肯尽心贡献良计罢了。如果情势迫切，他们将各自求生路，要求打通关节，辗转反复的保全性命，就和今天的表现大不相同了。他们都不会为将军去效死的，而将军仍旧要自己担负起危亡的忧患。正虽然受到不忠的毁谤，但是内心自谓不负圣主恩德，回想自己职分之义，实在痛心。左将军从头至尾都是本着以往的情谊，并没有其他鄙薄的想法。依愚见以为可以商量另作打算，来保全将军一家。”

十九年，进兵围成都。刘璋手下的蜀郡太守许靖，打算爬越城墙出降，事情被发觉，没能成功。刘璋以危亡在即，所以没杀靖。刘璋归顺后，先主因此轻视许靖的为人而不任

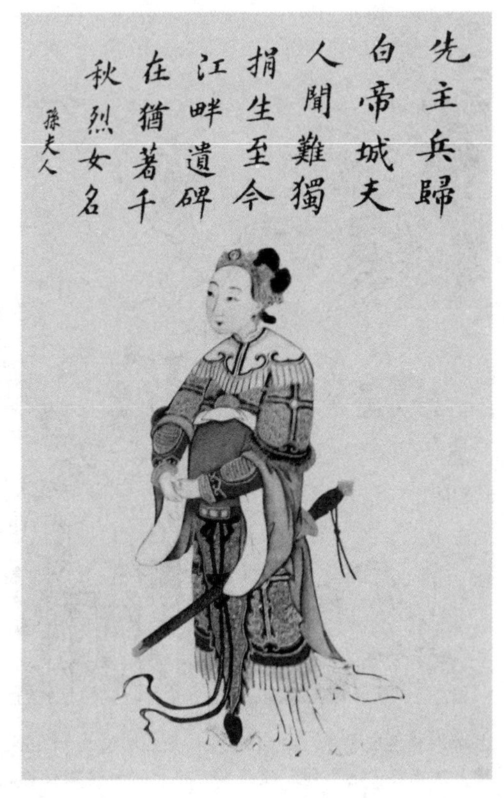

孙夫人，选自清皇家珍藏手抄善本绘图描金银《三国志演义》

靖。璋既稽服，先主以此薄靖不用也。正说曰：“天下有获虚誉而无其实者，许靖是也。然今主公始创大业，天下之人不可户说，靖之浮称，播流四海，若其不礼，天下之人以是谓主公为贱贤也。宜加敬重，以眩远近，追昔燕王之待郭隗。”先主于是乃厚待靖。以正为蜀郡太守、扬武将军，外统都畿，内为谋主。一餐之德，睚眦之怨，无不报复，擅杀毁伤己者数人。或谓诸葛亮曰：“法正于蜀郡太纵横，将军宜启主公，抑其威福。”亮答曰：“主公之在公安也，北畏曹公之强，东惮孙权之逼，近则惧孙夫人生变于肘腋之下；当斯之时，进退狼跋，法孝直为之辅翼，令翻然翱翔，不可复制，如何禁止法正使不得行其意邪！”初，孙权以妹妻先主，妹才捷刚猛，有诸兄之风，侍婢百余人，皆亲执刀侍立，先主每入，衷心常凛凛；亮又知先主雅爱信正，故言如此。

二十二年，正说先主曰：“曹操一举而降张鲁，定汉中，不因此势以图巴、蜀，而留夏

用他。法正劝先主说：“天下有获得虚名美誉而无其实的，就是许靖这样的人，但是主公始创大业，天下的人不能一家一家地游说，许靖的浮名，远播四海，他如果不得礼遇，天下之人就会因此说主公看轻贤人。应该格外地敬重他，让远近的人都受到眩惑，好比往昔燕王对待郭隗一般。”先主于是厚待许靖。法正受命为蜀郡太守、扬武将军，在外统治城畿，在内担任谋主。凡是一餐的恩惠，睚眦的小怨恨，法正没有不报的，擅自杀了毁谤自己的好几个人。有人对诸葛亮说：“法正在蜀郡太任性霸道，将军应该启禀主公，压抑他一下，使他不再作威作福。”诸葛亮回答说：“主公当年在公安时，北边畏惧曹公强大的势力，东边担心孙权的逼迫，近处又怕孙夫人在内有所变化。于那时，真是进退两难，但是在法孝直辅佐翼助之下，让主公能任意翱翔，不再受到牵制。如今怎能禁止法正，使他不任意而行呢？”原先孙权把妹妹嫁给先主，孙夫人才干敏捷刚猛，有她哥哥们的风范，侍婢百余人，都执刀侍立在左右。先主每入内室，经常心存敬畏。亮又知道先主平素爱护信任法正，所以才如此说。

二十二年，法正劝先生说：“曹操一举而降服张鲁，底定汉中（今陕西汉中市），不借

占对山黄忠逸待劳，选自清刊本《三国演义》。此一役，法正与黄忠合作大破魏军，魏大将夏侯渊被黄忠所杀。

侯渊、张郃屯守，身遽北还，此非其智不逮而力不足也，必将内有忧逼故耳。今策渊、郃才略，不胜国之将帅，举众往讨，则必可克。克之之日，广农积谷，观衅伺隙，上可以倾覆寇敌，尊奖王室，中可以蚕食雍、凉，广拓境土，下可以固守要害，为持久之计。此盖天以与我，时不可失也。"先主善其策，乃率诸将进兵汉中，正亦从行。二十四年，先主自阳平南渡沔水，缘山稍前，于定军兴势作营。渊将兵来争其地。正曰："可击矣。"先主命黄忠乘高鼓噪攻之，大破渊军，渊等授首。曹公西征，闻正之策，曰："吾故知玄德不办有此，必为人所教也。"

先主立为汉中王，以正为尚书令、护军将军。明年卒，时年四十五。先主为之流涕者累日。谥曰翼侯。赐子邈爵关内侯，官至奉军都尉、汉阳太守。诸葛亮与正，虽好尚不同，以公义相取。亮每奇正智术。先主既

着这情势对巴、蜀有所图谋，而只留下夏侯渊、张郃屯兵驻守，自身突然北向而归。这并不是他智力不足或是力量不够，一定是受到内部快要发生忧患侵逼的缘故。今天估计夏侯渊、张郃的才略，比不上国内的将帅，兴师去讨伐，必定可以攻克的。攻克以后，在汉中大量地耕种，储积米谷，观察等待敌人的罅隙，上可以倾覆入寇的敌人，尊重佐助王室；中可以蚕食雍（今陕西长安）、凉（今甘肃武威）二州，广拓土地，下可以固守要害，作持久的计划，这是上天给我们的，时机不可坐失啊！"先主认为这策略很好，就率领诸将进兵汉中，法正也随驾而行。二十四年，先主从阳平（即阳平关，今陕西勉县西）南渡沔水，沿着山势的前面，在定军（山名，在今陕西勉县东南）兴势扎营。夏侯渊率领部队来攻占营地。法正说："可以进击了！"先主命令黄忠居高临下，鸣鼓进军，大破渊军。夏侯渊等敌将身首异处。曹公西征途中，听到了这是法正的策略，就说："我就知道刘玄德做不到这样，一定是别人教他的。"

先主立为汉中王后，任命法正为尚书令、护军将军。次年卒，享年四十五岁。先主为他流泪数日。谥号为翼侯，并赐其子邈为关内侯，官做到奉车都尉、汉阳（今四川庆符）太守。诸葛亮与法正虽然喜好不同，但都以勇于公义而互相推重。亮经常以正的智慧方术

即尊号，将东征孙权以复关羽之耻，群臣多谏，一不从。章武二年，大军败绩，还住白帝。亮叹曰：“法孝直若在，则能制主上，令不东行；就复东行，必不倾危矣。”

评曰：庞统雅好人流，经学思谋，于时荆、楚谓之高俊。法正著见成败，有奇画策算，然不以德素称也。拟之魏臣，统其荀彧之仲叔，正其程、郭之俦俪邪？

为奇计。先主称王以后，将要东征孙权，以报关羽被害之耻，群臣多人都来劝谏，他谁也不听从。章武二年（公元222年），大军败绩，回驻白帝城。诸葛亮感叹说：“法孝直如果在，就能说服主上，使他不东向出师；即使东向出师，也一定不会失败的啊！”

陈寿评论说：庞统常素喜好他人好的风范，透过学问，深思熟虑，在当时荆、楚二地，称为高才俊秀。法正明见成败，能想出神奇的计策，但是平日不以德行见称。跟魏的大臣比较，庞统与荀彧在伯仲之间，法正大概是与程昱、郭嘉相当吧！

三国志卷三十八

许麋孙简伊秦传第八

王初庆 译

许靖字文休，汝南平舆人。少与从弟劭俱知名，并有人伦臧否之称，而私情不协。劭为郡功曹，排摈靖不得齿叙，以马磨自给。颍川刘翊为汝南太守，乃举靖计吏，察孝廉，除尚书郎，典选举。灵帝崩，董卓秉政，以汉阳周毖为吏部尚书，与靖共谋议，进退天下之士，沙汰秽浊，显拔幽滞。进用颍川荀爽、韩融、陈纪等为公、卿、郡守，拜尚书韩馥为冀州牧，侍中刘岱为兖州刺史，颍川张咨为南阳太守，陈留孔伷为豫州刺史，东郡张邈为陈留太守，而迁靖巴郡太守，不就，补御史中丞。馥等到官，各举兵还向京都，欲以诛卓。卓怒毖曰："诸君言当拔用善士，卓从君计，不欲违天下人心。而诸君所用人，至官之日，还来相图。卓何用相负！"叱毖令出，于外斩之。靖从兄陈相玚，又与伷合规，靖惧诛，奔伷。伷卒，依扬州刺史陈祎。祎死，吴郡都尉许贡、会稽太守王朗素与靖有旧，故

许靖，字文休，汝南郡平舆人（今河南汝南）。年幼时和堂弟许劭都为人所知，并称为人伦的模范，可是二人私下的感情不和。许劭担任郡里的功曹，排斥许靖，并不以兄弟看待。许靖以推磨维生。颍川人（今河南禹州市）刘翊任汝南太守，乃举用许靖为计吏，被推举为孝廉，担任尚书郎，主管选拔举用官吏。汉灵帝崩逝后，董卓专政，以汉阳人周毖为吏部尚书，与许靖一同谋议，进用与罢斥天下的士人，淘汰秽浊，选拔幽隐滞留的贤才，进用颍川人荀爽、韩融、陈纪等人为公、卿、郡守，任命尚书韩馥为冀州牧，侍中刘岱为兖州刺史，颍川人张咨为南阳太守，陈留人（今河南开封市陈留镇）孔伷为豫州刺史，东郡人（今河南滑县）张邈为陈留太守，而升许靖为巴郡太守，由于他不肯就职，补为御史中丞。韩馥等人到职后，各自举兵还向京都，想要诛除董卓。董卓生周毖地气说："诸君说应该选拔任用善士，卓听从诸君的计策，不想违背天下人心，而诸君所起用的人，到职的那天，就回兵有所图谋，我董卓有什么对不起你的地方呢？"叱令周毖出官，在庭外斩杀。许靖的堂兄陈相许玚，又和孔伷合谋；许靖害怕被杀，投奔孔伷。孔伷死后，投靠扬州刺史陈祎。陈祎死，吴郡都尉许贡、会稽太守王朗，平素都和许靖是旧交，所以去求他们保护。许靖收留体恤亲人

往保焉。靖收恤亲里，经纪振赡，出于仁厚。

孙策东渡江，皆走交州以避其难，靖身坐岸边，先载附从，疏亲悉发，乃从后去，当时见者莫不叹息。既至交阯，交阯太守士燮厚加敬待。陈国袁徽以寄寓交州，徽与尚书令荀彧书曰："许文休英才伟士，智略足以计事。自流宕已来，与群士相随，每有患急，常先人后己，与九族中外同其饥寒。其纪纲同类，仁恕恻隐，皆有效事，不能复一二陈之耳。"钜鹿张翔衔王命使交部，乘势募靖，欲与誓要，靖拒而不许。靖与曹公书曰：

世路戎夷，祸乱遂合，驽怯偷生，自窜蛮貊，成阔十年，吉凶礼废，昔在会稽，得所贻书，辞旨款密，久要不忘。迫于袁术方命圮族，扇动群逆，津涂四塞，虽县心北风，欲行靡由。正礼师退，术兵前进，会稽倾覆，景兴失据，三江五湖，皆为虏庭。临时困厄，无所控告，便与袁沛、邓子孝等浮涉沧海，南至交州。经历东瓯、闽、越之国，行经万里，不见汉地，漂薄风波，绝粮茹草，饥殍荐臻，死者大半。既济南海，与领守兒孝德相见，知足下忠义奋发，整饬元戎，西迎大驾，巡省中岳。承此休问，且悲且憙，即与袁沛及徐元贤复共严装，欲北上荆州。会苍梧诸县夷、越蜂起，州府倾覆，道路阻绝，元贤被害，老弱并杀。靖寻循渚岸五千余里，复遇疾疠，伯母陨命，并及群从，自诸妻子，一时

同乡，救济他们，全出于他仁厚的心地。

孙策东渡长江，当地人士都逃到交州躲避战乱，许靖自己坐在岸边，先载送依附随从的人，等到疏远和亲近的人都出发了，才最后离开。当时看见这情景的人，没有不感叹的。到了交阯以后，交阯太守士燮特别敬重相待。陈国人袁徽因为寄寓在交州，寄信给尚书令荀彧说："许文休是英才伟士，智慧谋略足以策划事情，自流亡以来，与士人们相随，每有危患急难，常先人而后已，与九族及远近亲友同受饥寒，他这种纲纪同类，仁恕恻隐的行为，都一一有证验，不能一件件的再陈述。"钜鹿人（今河北平乡）张翔奉王命出使交部，乘势招募许靖，想和他订誓约。许靖推拒而不应允，而写信给曹操说：

世道遭遇兵祸与夷狄，祸害跟混乱于是合在一起，我愚驽胆怯而苟且偷生，自从逃窜到蛮貊之地，如今已有十年了，吉凶的礼数都已荒废了。从前在会稽（今浙江绍兴），收到来信，辞旨亲密，久久不能忘怀。由于袁术逆命毁族的乱行所逼迫，煽动群逆，津渡与路途四处阻塞，虽然心中想要北行投靠，可是欲行而无路。刘繇的军队退走，袁术的军队又前进，会稽沦陷，景兴失守，三江五湖，都为敌人所有。面临困厄，却无处控告。就和袁沛、邓子孝等人飘渡大海，南至交州，经历东瓯、闽、越等蛮夷国度，行经万里，不见汉族土地，漂泊在风浪中，绝粮就吃草，因而饥饿成饿殍的连接而至，人死了大半。已经渡过了南海，与镇守兒孝德相见，得知足下忠义奋发，整饬元戎，西迎皇帝大驾，巡视省察中岳嵩山河洛之地。由于这一询问，且悲且喜，立即与袁沛及徐元贤共同整理行装，想北上荆州。正逢苍梧（今广西梧州）诸县的夷人、越人蜂涌而起，州府沦陷，道路阻绝。徐

略尽。复相扶侍，前到此郡，计为兵害及病亡者，十遗一二。生民之艰，辛苦之甚，岂可具陈哉！惧卒颠仆，永为亡虏，忧瘁惨惨，忘寝与食。欲附奉朝贡使，自获济通，归死阙庭，而荆州水陆无津，交部驿使断绝。欲上益州，复有峻防，故官长吏，一不得入。前令交阯太守士威彦，深相分托于益州兄弟，又靖亦自与书，辛苦恳恻，而复寂寞，未有报应。虽仰瞻光灵，延颈企踵，何由假翼自致哉？

知圣主允明，显授足下专征之任，凡诸逆节，多所诛讨，想力竞者一心，顺从者同规矣。又张子云昔在京师，志匡王室，今虽临荒域，不得参与本朝，亦国家之藩镇，足下之外援也。若荆、楚平和，王泽南至，足下忽有声命于子云，勤见保属，令得假途由荆州出，不然，当复相绍介于益州兄弟，使相纳受。倘天假其年，人缓其祸，得归死国家，解逋逃之负，泯躯九泉，将复何恨！若时有险易，事有利钝，人命无常，陨没不达者，则永衔罪责，入于裔土矣。

昔营邱翼周，杖钺专征，博陆佐汉，虎贲警跸。今日足下扶危持倾，为国柱石，秉师望之任，兼霍光之重，五侯九伯，制御在手，自古及今，人臣之尊未有及足下者也。夫爵

元贤被害，老弱一并被杀害。我再沿着渚岸走了五千多里，又遇到了疾疫，伯母陨命，并且传染给随行的人们及其妻子，一时几乎丧亡略尽。在相互扶持之下，来到此郡。计算为乱兵所害及生病死亡的很多，如今只剩下十之一二。生民之艰困辛苦程度，怎可能全部描述出来呢？恐惧国家灭亡，永远成为亡虏，忧心惨恻，忘寝忘食。想依附于朝奉的使者，自己得到解救，归死于阙庭，而荆州水陆路都不通，交部的驿使断绝。想要上益州，又有严峻的关防，以前的官员，一概不准进入。以前曾要交阯太守士威彦，深切托附他在益州的兄弟，我也亲自写信给他，辛苦恳求，而一直没有回音；虽然仰瞻您的光辉神露，延颈企踵，又从哪儿借翅膀来投效呢？

知道圣主公允清明，明显授以足下专征的责任，凡诸叛逆变节的，多所诛讨，想来已能做到使以力相竞争的人同心同德，顺从的人一同规划国事了。又张子云从前在京师时，志在匡正王室，今天虽然君临交州荒域为刺史，不能在内参与朝政，也是国家的藩镇，足下的外援，如果荆楚平和安定，天子的恩泽南来，足下忽然有声明命令给子云，能加以保护注意，让我能借道由荆州出来，不然，再介绍我给益州兄弟，让他们接纳我。倘若天假以年，人缓其祸，能归死于国家，解除了逃亡的罪过，就是葬身九泉之下，又有什么遗憾呢？如时有危险平易，事有顺利迟钝，人命无常道，到死不能达成归国心意，则永含罪责，埋身于远方了。

从前齐国太公翼助周室，杖钺专征，博陆侯霍光辅佐汉朝，在虎贲之士护卫下出入，有警跸的威仪。今天足下扶危持倾，为国柱石，秉持姜太公当年的责任，兼有霍光那样的贵重；五侯九伯，制御在手，从古到今，人臣之尊贵，没有能超过足下的。爵位高的人忧

高者忧深，禄厚者责重。足下据爵高之任，当责重之地，言出于口，即为赏罚，意之所存，便为祸福。行之得道，即社稷用宁；行之失道，即四方散乱。国家安危，在于足下；百姓之命，县于执事。自华及夷，颙颙注望。足下任此，岂可不远览载籍废兴之由，荣辱之机，弃忘旧恶，宽和群司，审量五材，为官择人？苟得其人，虽仇必举；苟非其人，虽亲不授。以宁社稷，以济下民，事立功成，则系音于管弦，勒勋于金石，愿君勉之！为国自重，为民自爱。

翔恨靖之不自纳，搜索靖所寄书疏，尽投之于水。

后刘璋遂使使招靖，靖来入蜀。璋以靖为巴郡、广汉太守。南阳宋仲子于荆州与蜀郡太守王商书曰："文休倜傥瑰玮，有当世之具，足下当以为指南。"建安十六年，转在蜀郡。十九年，先主克蜀，以靖为左将军长史。先主为汉中王，靖为太傅。及即尊号，策靖曰："朕获奉洪业，君临万国，夙宵惶惶，惧不能绥。百姓不亲，五品不逊，汝作司徒，其敬敷五教，在宽。君其勖哉！秉德无怠，称朕意焉。"

靖虽年逾七十，爱乐人物，诱纳后进，清谈不倦。丞相诸葛亮皆为之拜。章武二年卒。子钦，先靖夭没。钦子游，景耀中为尚书。始靖兄事颍川陈纪，与陈郡袁涣、平原华

虑深远，俸禄厚的人责任重大。足下据有高爵的任务，承当重责的地位，言出于口，就成赏罚，心意所存，便为祸福。行之得法，则社稷因而安宁，行之不得法，则四方散乱。国家的安危，全在于足下；百姓的性命，悬于执事，自华夏到夷狄，都向您注目仰望。足下担此重任，怎可不远观典籍上所载国家兴废的理由、荣辱的机发，弃忘旧恶，宽和群吏，审察度量勇、智、仁、信、忠五材，作为各种官职适当的人选？假如能得到合适的人，虽是仇人也一定要推举；如非适当的人选，虽是亲人也不授予官职。如此以安社稷，以救济人民，事立功成，则在管弦间留下歌颂的音乐，在钟鼎石碑上刻下功勋，愿君勉之，为国自重，为民自爱。"

张翔怨恨许靖不接纳自己，找出许靖所寄的书疏，都投弃于水中。

后来刘璋就使使者招募许靖。许靖入蜀，刘璋任命他为巴郡、广汉太守。南阳人宋仲子在荆州写信给蜀郡太守王商说："许文休为人不羁而奇伟，有应世的才具，足下应该以他作为行事的指南。"建安十六年（公元211年），调为蜀郡太守。十九年，先主攻克蜀，以许靖为左将军长吏。先主为汉中王后，许靖为太傅。及就帝位后，下策书给许靖说："朕获奉祖先洪大事业，君临万国，早晚惶惶，忧惧不能安绥，百姓不相亲，五伦不顺，你做司徒，还要敬陈五伦的教化，仁慈宽厚。你要勉励啊！秉德无懈怠，以称朕的心意啊！"

许靖虽然年逾七十，仍爱好人物，诱导荐纳后进，清谈不倦。连丞相诸葛亮都佩服他。章武二年（公元222年）卒，子钦先许靖死。钦子游，景耀中为尚书。原先许靖以兄长之礼对待颍川人（今河南禹州）陈纪，与陈郡人（今河南周口一带）袁涣，平原人华歆，

糜夫人，选自清皇家珍藏手抄善本绘图描金银《三国志演义》。

歆、东海王朗等亲善，歆、朗及纪子群，魏初为公辅大臣，咸与靖书，申陈旧好，情义款至，文多故不载。

麋竺字子仲，东海朐人也。祖世货殖，僮客万人，赀产钜亿。后徐州牧陶谦辟为别驾从事。谦卒，竺奉谦遗命，迎先主于小沛。建安元年，吕布乘先主之出拒袁术，袭下邳，虏先主妻子。先主转军广陵海西，竺于是进妹于先主为夫人，奴客二千，金银货币以助军资；于时困匮，赖此复振。后曹公表竺领嬴郡太守，竺弟芳为彭城相，皆去官，随先主周旋。先主将适荆州，遣竺先与刘表相闻，以竺为左将军从事中郎。益州既平，拜为安汉将军，班在军师将军之右。竺雍容敦雅，而干翮非所长。是以待之以上宾之礼，未尝有所统御。然赏赐优宠，无与为比。

芳为南郡太守，与关羽共事，而私好携贰，叛迎孙权，羽因覆败。竺面缚请罪，先主慰谕以

东海人王朗等人相亲善。华歆、王朗及陈纪的儿子陈群，魏国初年任三公四辅的重任，都给许靖写信，申述旧有的交情，情义诚至，文章太多，所以在此不录载。

麋竺，字子仲，东海朐人（今江苏连云港市）。祖先世代经营商业，家中僮仆宾客万人，家产亿万。后来徐州牧陶谦征召他为别驾从事。陶谦卒，麋竺奉陶谦遗命，迎接先主于小沛。建安元年（公元196年），吕布乘着先主外出抵御袁术的机会，偷袭下邳（今江苏徐州市），俘虏了先主的妻子，先主移转部队到广陵（今江苏扬州）、海西（今江苏灌南县）。麋竺于是进献妹妹给先主为夫人，另送奴仆二千及金银货币以助军费。当时军费艰困匮乏，幸赖这捐助又重新振作。后来曹公上表要求任命麋竺为嬴郡太守（嬴，在今山东莱芜），麋竺的弟弟麋芳为彭城相，二人都弃官，跟随在先主左右。先主将要到荆州去，派麋竺通知刘表，任命麋竺为左将军从事中郎。益州平定后，任命为安汉将军，在朝廷的班次在军师将军之上。麋竺雍容敦厚雅正，而作为国家的支柱则非所长，所以先主虽然以上宾之礼节对待他，从来未尝统御过军队，然而赏赐的优厚，没有人能比得上他的。

麋芳为南郡太守，与关羽共事，而私下二人感情不好，于是叛变迎接孙权，关羽因而

兄弟罪不相及，崇待如初。竺惭恚发病，岁余卒。子威，官至虎贲中郎将。威子照，虎骑监。自竺至照，皆便弓马，善射御云。

孙乾字公祐，北海人也。先主领徐州，辟为从事，后随从周旋。先主之背曹公，遣乾自结袁绍，将适荆州，乾又与麋竺俱使刘表，皆如意指。后表与袁尚书，说其兄弟分争之变，曰："每与刘左将军、孙公祐共论此事，未尝不痛心入骨，相为悲伤也。"其见重如此。先主定益州，乾自从事中郎为秉忠将军，见礼次麋竺，与简雍同等。顷之，卒。

简雍字宪和，涿郡人也。少与先主有旧，随从周旋。先主至荆州，雍与麋竺、孙乾同为从事中郎，常为谈客，往来使命。先主入益州，刘璋见雍，甚爱之。后先主围成都，遣雍往说璋，璋遂与雍同舆而载，出城归命。先主拜雍为昭德将军。优游风议，性简傲跌宕，在先主坐席，犹箕踞倾倚，威仪不肃，自纵适；诸葛亮已下则独擅一榻，项枕卧语，无所为屈。时天旱禁酒，酿者有刑。吏于人家索得酿具，论者欲令与作酒者同罚。雍与先主

失败，麋竺背缚双手自行请罪，先主慰问晓喻他以兄弟罪不相及，尊礼对待他如初。麋竺惭愧恚愤而发病，一年多后去世。儿子麋威，官至虎贲中郎将，威子麋照，任虎骑监。从麋竺到麋照，都善于射箭骑马。

孙乾，字公祐，北海人（**今山东潍坊市**）。先主镇守徐州时，征召他为从事，以后就辗转随从在左右。先主背弃曹公后，派遣孙乾去结交袁绍。将要到荆州时，孙乾又和麋竺一起出使去拜访刘表，都能如先主的心意。后来刘表给袁尚写信，劝解他们兄弟分争的变故，说："每与刘左将军，孙公祐共同讨论此事时，未尝不痛心入骨，相互为你们兄弟悲伤的。"可见他如此被看重。先主底定益州后，孙乾自从事中郎升为秉忠将军，所受的礼遇次于麋竺，与简雍同等，不久去世。

简雍，字宪和，涿郡人（**今河北涿州市**）。年幼时与先主是旧交，随从在先主左右。先主到荆州，简雍和麋竺、孙乾同为从事中郎，常为先主座上谈话之客，往来接受使命。先主到益州后，刘璋看见简雍，非常喜爱。后来先主包围成都，派简雍去向刘璋劝降，刘璋于是与简雍一同乘车，出城投降。先主拜简雍为昭德将军。于是他闲暇自得，遇事乘机讽谏议论，天性简慢而放佚不羁，在先主的面前坐席，尚且伸着两腿，随身倚靠，丝毫不检点自己的仪态，只求自身能安适；与丞相诸葛亮以下的人相处，则独自据一榻，躺着谈话，不肯为他人而委屈自己。当时天下因有旱灾而禁酒，酿酒的人要受到刑罚。官吏在百姓家中搜得酿酒器具，论法者想判定和作酒者同罪。简雍和先主一同出游，看见一对男女

秦宓，选自清刊本《三国演义》。

游观，见一男女行道，谓先主曰：“彼人欲行淫，何以不缚？”先主曰：“卿何以知之？”雍对曰：“彼有其具，与欲酿者同。”先主大笑，而原欲酿者。雍之滑稽，皆此类也。

伊籍字机伯，山阳人。少依邑人镇南将军刘表。先主之在荆州，籍常往来自托。表卒，遂随先主南渡江，从入益州。益州既定，以籍为左将军从事中郎，见待亚于简雍、孙乾等。遣东使于吴，孙权闻其才辩，欲逆折以辞。籍适入拜，权曰：“劳事无道之君乎？”籍即对曰：“一拜一起，未足为劳。”籍之机捷，类皆如此，权甚异之。后迁昭文将军，与诸葛亮、法正、刘巴、李严共造《蜀科》;《蜀科》之制，由此五人焉。

秦宓字子勑，广汉绵竹人也。少有才学，州郡辟命，辄称疾不往。奏记州牧刘焉，荐

走在路上，就对先主说：“那个人想到行淫，为什么不把他们抓起来呢？”先生说：“你怎么知道呢？”简雍回答说：“他们有淫具，和有酿酒的器具想酿酒相同。”先主大笑，而原谅了持酿酒器具的人。简雍的行为滑稽，都像这样的情况。

伊籍，字机伯，山阳人（今山东巨野）。年幼时投靠同乡镇南将军刘表。先主在荆州时，伊籍常常自行往来拜谒。刘表卒后，就随先主南渡长江，跟着到了益州。益州底定后，任命伊籍为左将军从事中郎，见礼待遇次于简雍、孙乾等人。派他东使于吴国，孙权听说他有辩才，想要用言辞迎接并折服他。伊籍正入拜，孙权说：“烦劳了你的大驾来事奉无道的国君吗？”伊籍说：“一拜一起，也谈不上烦劳。”伊籍的机智敏捷，都像这类的情况。孙权很看重他。后来升为昭文将军，与诸葛亮、法正、刘巴、李严共同创造了《蜀科》条律令。《蜀科》条律令的法制，由这五人开始。

秦宓，字子敕，广汉绵竹人（今四川德阳）。年少而有才学，对州郡征召出仕的命令，

儒士任定祖曰："昔百里、蹇叔以耆艾而定策，甘罗、子奇以童冠而立功，故书美黄发，而易称颜渊，固知选士用能，不拘长幼，明矣。乃者以来，海内察举，率多英隽而遗旧齿，众论不齐，异同相半，此乃承平之翔步，非乱世之急务也。夫欲救危抚乱，修己以安人，则宜卓荦超伦，与时殊趣，震惊邻国，骇动四方，上当天心，下合人意；天人既和，内省不疚，虽遭凶乱，何忧何惧！昔楚叶公好龙，神龙下之，好伪彻天，何况于真？今处士任安，仁义直道，流名四远，如令见察，则一州斯服。昔汤举伊尹，不仁者远，何武贡二龚，双名竹帛，故贪寻常之高而忽万仞之嵩，乐面前之饰而忘天下之誉，斯诚往古之所重慎也。甫欲凿石索玉，剖蚌求珠，今乃随、和炳然，有如皎日，复何疑哉！诚知昼不操烛，日有余光，但愚情区区，贪陈所见。"

刘璋时，宓同郡王商为治中从事，与宓书曰："贫贱困苦，亦何时可以终身！卞和衒玉以耀世，宜一来，与州尊相见。"宓答书曰："昔尧优许由，非不弘也，洗其两耳；楚聘庄周，非不广也，执竿不顾。《易》曰'确乎其不可拔'，夫何衒之有？且以国君之贤，子为良辅，不以是时建萧、张之策，未足为智也。仆得曝背乎陇亩之中，诵颜氏之箪瓢，咏

常称病不往。上奏记给州牧刘焉，推荐儒士任定祖，说："以前百里奚、蹇叔以五六十岁的高龄而替自己的国家订定策略；甘罗、子奇以童冠的少年而立功。所以《尚书》中曾经赞美老人家，《易经》也曾经赞美年轻的颜渊；固然知道选拔士人、任用贤能，不拘年龄长幼，已经很明白了。近来海内考察举用人员，大抵都是英俊少年而遗忘老者，众人的议论不齐，异同参半，这乃是承平时期安定的作法而不是乱世的急务。要想拯救危亡、抚恤混乱、修治自己、安定百姓，则应该有特立通达、超越群伦、与时异趣的人，行事震惊邻国，骇动四方，上应天心，下合人意，天人既然相和谐，内省而不歉疚，就是遭遇凶乱，又有什么好忧惧呢？从前楚国的叶公喜欢龙，神龙为他下降，喜欢伪的也能通天，何况是真的呢？今有处士任安，仁义直道，声名远播四方，如果让他被察看任用，则一州都能安服。从前汤举用伊尹，不仁的人都远去，何武进献龚胜与龚舍二龚，双双都能留名史籍，所以贪图平常的高度而忽略万仞的嵩山，喜欢眼前的文饰而忘记天下的美誉，这实是往古所慎重行事的。如果正想凿开石头求玉，剖开蚌壳求珠，今天随侯之珠、和氏之璧已经炳然，有如白日般明显，还有什么疑问呢？固然知道白昼时不必持蜡烛，而太阳有余光，但是愚情区区，贪图陈述我所见到的贤人。"

刘璋时，秦宓的同郡王商为治中从事，给秦宓写信说："贫贱困苦，又何时可以执以终身呢？卞和显露玉璧以光耀于世，应该一来，与州牧相见。"秦宓回信说："从前尧优礼许由，不是不弘大，而许由却洗耳以逃隐；楚王聘用庄周，不是不广，而庄周执钓竿而不顾。《易经》上说'确乎其不可拔'，有什么好炫耀的呢？而且以国君的贤明，先生为良辅，不在此时建立萧何、张良的策略，不能算智慧，而我得以在陇亩中晒晒太阳、诵读颜

原宪之蓬户，时翱翔于林泽，与沮、溺之等俦，听玄猿之悲吟，察鹤鸣于九皋，安身为乐，无忧为福，处空虚之名，居不灵之龟，知我者希，则我贵矣。斯乃仆得志之秋也，何困苦之戚焉！”后商为严君平、李弘立祠，宓与书曰：“疾病伏匿，甫知足下为严、李立祠，可谓厚党勤类者也。观严文章，冠冒天下，由、夷逸操，山岳不移，使扬子不叹，固自昭明。如李仲元不遭《法言》，令名必沦，其无虎豹之文故也，可谓攀龙附凤者矣。如扬子云潜心著述，有补于世，泥蟠不滓，行参圣师，于今海内，谈咏厥辞。邦有斯人，以耀四远，怪子替兹，不立祠堂。蜀本无学士，文翁遣相如东受七经，还教吏民，于是蜀学比于齐、鲁。故《地理志》曰：‘文翁倡其教，相如为之师。’汉家得士，盛于其世；仲舒之徒，不达封禅，相如制其礼。夫能制礼造乐，移风易俗，非礼所秩有益于世者乎！虽有王孙之累，犹孔子大齐桓之霸，公羊贤叔术之让。仆亦善长卿之化，宜立祠堂，速定其铭。”

先是，李权从宓借《战国策》，宓曰：“战国从横，用之何为？”权曰：“仲尼、严平，会聚众书，以成《春秋》、《指归》之文，故海以合流为大，君子以博识为弘。”宓报曰：“书非史记周图，仲尼不采；道非虚无自然，严平不演。海以受淤，岁一荡清；君子博识，

回的箪食瓢饮，歌咏原宪的蓬户高洁，经常在山林池泽中遨游，与长沮、桀溺等高士相同，听玄猿的悲吟，察鹤鸣于九皋，但求自身为乐，无忧为福，处于空虚的名望，据有不灵的卜龟，知道我的人少，那我就贵重了。这乃是我得志的时候，有什么困苦忧戚呢？”后来王商为严君平、李弘建立神庙，秦宓写信给他说：“由于疾病隐居，刚知道足下为严、李二氏立庙，可说是殷勤厚待同类的善人。见严氏的文章，冠于天下，许由、伯夷清逸的节操，像山岳一样的坚定不可移，就是扬雄不去感叹，固然自己就能昭明于后世。可是如果李仲元不被《法言》称赞，令名一定会被埋没，因为他没有虎豹灿烂的文采缘故啊！可以说是攀龙附凤者。像扬雄潜心著述，有补于世，如龙屈于泥中而不受污染，行为参合圣师，至今海内仍谈诵歌咏他的文章。家邦有这人，可以光耀四方，而奇怪的是先生却不替他立祠堂。蜀地本来没有学士，文翁派司马相如东往学习七经，回乡后教导吏民，于是蜀学比照齐鲁而兴旺。所以《地理志》上说：‘文翁倡其教，相如为之师。’汉朝得士，盛于当时；董仲舒等人，不通封禅的仪节，司马相如代为制定了封禅的礼仪。能够制礼作乐，移风易俗，不是礼有所序而有益于世人的学者吗？虽然有卓王孙的阻挠，但是好比孔子崇扬齐桓公的霸业，《公羊传》称赞叔术的让国。我也称扬司马相如的教化，应该为他立祠堂，尽速订立他的碑铭。”

起先，李权向秦宓借《战国策》，秦宓说：“都是战国策士纵横之言，用来做什么呢？”李权说：“孔子、严君平，会合聚集众多的书籍，写了《春秋》、《老子指归》的著作，所以海以能会合众流而成其大，君子以博览学识为弘大。”秦宓回答说：“典籍不是各国史书及周的图籍，孔子不会去采录；道不是虚无自然的，严君平不会去推演。海底因为

非礼不视。今战国反覆仪、秦之术，杀人自生，亡人自存，经之所疾。故孔子发愤作《春秋》，大乎居正，复制《孝经》，广陈德行。杜渐防萌，预有所抑，是以老氏绝祸于未萌，岂不信邪！成汤大圣，睹野鱼而有猎逐之失，定公贤者，见女乐而弃朝事，若此辈类，焉可胜陈。道家法曰：'不见所欲，使心不乱。'是故天地贞观，日月贞明；其直如矢，君子所履。《洪范》记灾，发于言貌，何战国之谲权乎哉！"

或谓宓曰："足下欲自比于巢、许、四皓，何故扬文藻见瓌颖乎？"宓答曰："仆文不能尽言，言不能尽意，何文藻之有扬乎！昔孔子三见哀公，言成七卷，事盖有不可嘿嘿也。接舆行且歌，论家以光篇；渔父咏沧浪，贤者以耀章。此二人者，非有欲于时者也。夫虎生而文炳，凤生而五色，岂以五采自饰画哉？天性自然也。盖《河》、《洛》由文兴，六经由文起，君子懿文德，采藻其何伤！以仆之愚，犹耻革子成之误，况贤于己者乎！"

先主既定益州，广汉太守夏侯纂请宓为师友祭酒，领五官掾，称曰仲父。宓称疾，卧在第舍，纂将功曹古朴，主簿王普，厨膳即宓第宴谈，宓卧如故。纂问朴曰："至于贵州养

受到渣滓的淤积，一年浚除一次；君子博览学识，但是不合礼仪的不去看。今天《战国策》中记载反复的张仪、苏秦的方术，杀害别人自己求生，灭亡别国自身求保，是经书所疾恨的。所以孔子发愤作《春秋》，弘扬正道；又制作《孝经》，广博地陈述孝的德行。杜渐防微，预先有所抑止，是以老子主张消弥祸乱于未萌发之前，怎么能不相信呢？商汤这样的大圣，看到野外的张网捕鱼而有沉溺游猎的过失；鲁定公为贤君，看了齐人进献的女乐，便荒废了朝政，像这一类的事，不胜枚举。道家的方法说：'不见所欲，使心不乱。'所以天地正观，日月正明，君子之所行，正直如矢。《尚书·洪范》记灾祸发生于言貌之间，何况是战国纵横谲诈的权术呢？"

有人对秦宓说："足下想自比于巢父、许由、商山四皓的先贤隐者，为什么还要张扬自己的文章辞藻来显现自己的奇才与锋芒呢？"秦宓回答说："我的文章不能写尽自己要说的话，说话又不能完全表达出自己的心意，有什么文章辞藻值得张扬的呢？从前孔子三次谒见鲁哀公，应对的话写成了孔子《三朝记》七卷，有些事是不可以默然不语的，接舆遇见孔子且行且歌，议论的人拿这事光大他的篇籍，渔父看见屈原而咏沧浪之诗，屈原用这诗来光耀他的文章。这二个人并不是对当时的社会有所个人的冀图，老虎生下来就斑纹炳然，凤凰生下来就五色鲜明，难道说他们是以五彩来自我装饰文画的吗？不过出于天性自然而已。《河图》、《洛书》由文字而兴，六经由文章而起，君子美文德，文采辞藻又有什么妨害呢？以我之愚昧，尚且以革子成只重质不重文的错误为耻，何况是比我贤明的人呢？"

先主底定益州后，广汉太守夏侯纂邀请秦宓为师友祭酒，领五官掾的官衔，尊称他为仲父。秦宓称病，躺在官邸。夏侯纂带着功曹古朴、主簿王普，以及煮好的酒菜到秦宓的寓所，举办宴会畅谈。秦宓仍旧躺着而不礼让。夏侯纂问古朴说："贵州养生的用具，实在

生之具，实绝馀州矣，不知士人何如馀州也？”朴对曰：“乃自先汉以来，其爵位者或不如馀州耳，至于著作为世师式，不负于馀州也。严君平见黄、老作《指归》，扬雄见《易》作《太玄》，见《论语》作《法言》，司马相如为武帝制封禅之文，于今天下所共闻也。”纂曰：“仲父何如？”宓以簿击颊，曰：“愿明府勿以仲父之言假于小草，民请为明府陈其本纪。蜀有汶阜之山，江出其腹，帝以会昌，神以建福，故能沃野千里。淮、济四渎，江为其首，此其一也。禹生石纽，今之汶山郡是也。昔尧遭洪水，鲧所不治，禹疏江决河，东注于海，为民除害，生民已来功莫先者，此其二也。天帝布治房心，决政参伐，参伐则益州分野，三皇乘祗车出谷口，今之斜谷是也。此便鄙州之阡陌，明府以雅意论之，何若于天下乎？”于是纂逡巡无以复答。

益州辟宓为从事祭酒。先主既称尊号，将东征吴，宓陈天时必无其利，坐下狱幽闭，然后贷出。建兴二年，丞相亮领益州牧，选宓迎为别驾，寻拜左中郎将、长水校尉。吴遣使张温来聘，百官皆往饯焉。众人皆集而宓未往，亮累遣使促之，温曰：“彼何人也？”亮曰：“益州学士也。”及至，温问曰：“君学乎？”宓曰：“五尺童子皆学，何必小人！”温复问曰：“天有头乎？”宓曰：“有之。”温曰：“在何方也？”宓曰：“在西方。《诗》曰：

是其他各州都赶不上的，不知道士人比起其他州如何？”古朴回答说：“不过是从以前的汉朝以来，爵位或许不如其他各州而已，至于有所著作为世师法模范的，不比其他各州差。严君平看见黄帝、老子之道作《老子指归》；扬雄见《易经》作《太玄》，见《论语》作《法言》；司马相如为汉武帝制定封禅的文告，直到今天还都是天下共知的事。”夏侯纂说：“仲父认为怎样呢？”秦宓用上朝的手板敲着面颊说：“希望明府君不要以我仲父的话，看作小草一般的轻微，我请求为明府君陈述本末。蜀有汶阜山，长江之源头从山腹中穿出，天帝以此而昌盛，神明因之而建福，所以能拥有肥沃的原野千里。江、淮、河、济四条河流，以长江为首，这是其一。禹生于石纽，就是今天的汶山郡。从前尧遭遇洪水，鲧没有办法治水，禹疏通长江，决开黄河，使能东流于海，为民除害，自有生民以来，没有功劳比他再大的，这是其二。天帝布置治术在房宿、心宿（即天蝎座），决定政务在参宿、伐星（即猎户座），参宿、伐星正当益州上空，三皇乘坐祗车出谷口，谷口就是今天的斜谷。这便是鄙州的阡陌，明府君以你的雅意来讨论，比起天下各处来如何呢？”于是夏侯纂为之语塞而无以复答。

益州征召秦宓为从事祭酒。先主称帝以后，将要东征吴国。秦宓陈述于天时来看，必定无法得利，因而坐罪下狱被囚禁，后又被宽免赦出。建兴二年，丞相诸葛亮兼领益州牧，选拔秦宓，迎接他为别驾。不久又拜为左中郎将、长水校尉。吴国派张温出使西蜀，百官都前往参加饯别的酒宴，众人都聚集了，只有秦宓未到。诸葛亮屡次派使者去催促他。张温说：“他究竟是什么人呀？”诸葛亮说：“是益州的学士。”等到秦宓驾到以后。张温问他：“先生读过书吗？”秦宓说：“五尺的童子都读过书，何况是我呢？”张温又问：“天

‘乃眷西顾。’以此推之，头在西方。”温曰：“天有耳乎？”宓曰：“天处高而听卑，《诗》云：‘鹤鸣于九皋，声闻于天。’若其无耳，何以听之？”温曰：“天有足乎？”宓曰：“有。《诗》云：‘天步艰难，之子不犹。’若其无足，何以步之？”温曰：“天有姓乎？”宓曰：“有。”温曰：“何姓？”宓曰：“姓刘。”温曰：“何以知之？”答曰：“天子姓刘，故以此知之。”温曰：“日生于东乎？”宓曰：“虽生于东而没于西。”答问如响，应声而出，于是温大敬服。宓之文辩，皆此类也。迁大司农，四年卒。初宓见帝系之文，五帝皆同一族，宓辨其不然之本。又论皇帝王霸豢龙之说，甚有通理，谯允南少时数往谘访，纪录其言于《春秋然否论》，文多故不载。

难张温秦宓逞天辩，选自清刊本《三国演义》。

评曰：许靖夙有名誉，既以笃厚为称，

有头吗？”秦宓说：“有的。”张温问：“在哪一方呢？”秦宓说：“在西方。《诗经》上说：‘乃眷西顾’，由这句诗来推论，天的头在西方。”张温说：“天有耳朵吗？”秦宓答道：“天居于高处而能听察到低下之处。《诗经》上说：‘鹤鸣九皋，声闻于天。’如果天没有耳朵，拿什么来听呢？”张温再问：“天有足吗？”秦宓回答说：“有。《诗经》上说：‘天步艰难，之子不犹。’如果天没有足，用什么来步行呢？”张温问：“天有姓吗？”秦宓说：“有！”张温问：“姓什么？”秦宓说：“姓刘。”张温说：“怎么知道呢？”秦宓说：“天子姓刘，所以由此能知道。”张温说：“太阳生于东方吗？”秦宓说：“虽然生于东方，但是没于西方。”回答问题，好像回响一般，应声而出，于是张温大为敬重佩服。秦宓的文才辩思，都是像这样一类的事情。升为大司农，四年后卒。最先秦宓看见帝王系谱的记载，五帝都出于同一族，秦宓辨别应该不是如此的根源，又讨论皇帝王霸及帝舜豢龙的传说，非常通达合理。谯允南年少时屡次去拜访他并有所咨询，把他的言论学说记录在《春秋然否论》一书中，由于文章太多，所以在此不录载。

陈寿评论说：许靖早年就有声名称誉，既以笃厚见称，又留意荐举人物，虽然行事举

又以人物为意，虽行事举动，未悉允当，蒋济以为“大较廊庙器”也。麋竺、孙乾、简雍、伊藉，皆雍容风议，见礼于世。秦宓始慕肥遁之高，而无若愚之实。然专对有余，文藻壮美，可谓一时之才士矣。

动，未必全部允当，蒋济仍旧认为：“大略他的才器可以担当国家的重任。”麋竺、孙乾、简雍、伊籍都能雍容讽议，受到当世的礼敬。秦宓本来仰慕隐退的清高，但是没有大智若愚的实质。不过应对的辩才有余，文采辞藻雄美，可以说是一时的才士。

三国志卷三十九

董刘马陈董吕传第九

王初庆 译

董和字幼宰，南郡枝江人也，其先本巴郡江州人。汉末，和率宗族西迁，益州牧刘璋以为牛鞞、江原长、成都令。蜀土富实，时俗奢侈，货殖之家，侯服玉食，婚姻葬送，倾家竭产。和躬率以俭，恶衣蔬食，防遏逾僭，为之轨制，所在皆移风变善，畏而不犯。然县界豪强惮和严法，说璋转和为巴东属国都尉。吏民老弱相携乞留和者数千人，璋听留二年，还迁益州太守，其清约如前。与蛮夷从事，务推诚心，南土爱而信之。

先主定蜀，征和为掌军中郎将，与军师将军诸葛亮并署左将军大司马府事，献可替否，共为欢交。自和居官食禄，外牧殊域，内干机衡，二十余年，死之日家无儋石之财。亮后为丞相，教与群下曰："夫参署者，集众思广忠益也。若远小嫌，难相违覆，旷阙损矣。违覆而得中，犹弃弊蹻而获珠玉。然人心苦不能尽，惟徐元直处兹不惑，又董幼宰参

董和，字幼宰，南郡枝江人（今湖北枝江）。祖籍在巴郡江州（今重庆江北区）。汉朝末年，董和率领宗族西迁，益州牧刘璋任命他为牛鞞（今四川简阳）、江原（今四川崇州）县长，成都县令。蜀土地肥沃物产丰饶，当时习俗奢侈，作生意的商家，穿着王侯的华服，享用珍馐美味，遇有婚丧之事，往往倾家荡产。董和亲自倡导俭朴，布衣蔬食，防止人民僭越身份，使制定了各阶层的制度，制度所推行的地方都转移了风俗而变善，人民敬畏他而不敢违犯制度。但是县里的豪强士绅怕董和订定的严法，就劝说刘璋，调董和为巴东属国的都尉。吏民老弱得知此事，相携而来要求挽留董和的共有好几千人。刘璋只好听从民意，留他在原位二年之久。后来升为益州太守，仍旧清高俭约如前。与蛮夷交往，一定做到推心置腹，以诚相待，南土的人士都敬爱而信服他。

先主平定蜀后，征召董和为掌军中郎将，和军师将军诸葛亮一起署理左将军大司马军府的公事，呈献可行的方案，二人相处得很愉快。从董和担任官吏取得俸禄以来，在外治理蛮夷异域，在内参与国家机要大事，总计有二十多年，逝世的时候家中连一二石粮食的财产都没有。诸葛亮后来作丞相，教导属下们说："参预总理公事的人，要集合众人的心智，推展利于公益之事。如果远离小人和嫌恶，难以违避覆审，那么对事情也会有阙失的。

署七年，事有不至，至于十反，来相启告。苟能慕元直之十一，幼宰之殷勤，有忠于国，则亮可少过矣。”又曰：“昔初交州平，屡闻得失，后交元直，勤见启诲，前参事于幼宰，每言则尽，后从事于伟度，数有谏止；虽姿性鄙暗，不能悉纳，然与此四子终始好合，亦足以明其不疑于直言也。”其追思和如此。

刘巴字子初，零陵烝阳人也。少知名，荆州牧刘表连辟，及举茂才，皆不就。表卒，曹公征荆州。先主奔江南，荆、楚群士从之如云，而巴北诣曹公。曹公辟为掾，使招纳长沙、零陵、桂阳。会先主略有三郡，巴不得反使，遂远适交阯，先主深以为恨。

巴复从交阯至蜀。俄而先主定益州，巴辞谢罪负，先主不责。而诸葛孔明数称荐之，先主辟为左将军西曹掾。建安二十四年，先主为汉中王，巴为尚书，后代法正为尚书令。躬履清俭，不治产业，又自以归附非素，惧见猜嫌，恭默守静，退无私交，非公事不言。先主称尊号，昭告于皇天上帝后土神祇，凡诸文诰策命，皆巴所作也。章武二年卒。卒后，

违避覆审得其中，犹如丢弃破鞋而获得珠玉一样。但是人心苦于不能尽性，只有徐元直处于这种情况而不迷惑；又董幼宰综理公务七年，事情有不能解决的，往往至于十次，来回地解说。如果能仰慕元直的十分之一，幼宰的殷勤，像他们那样的忠于国事，那我就可以减少过错了。”又说：“当年初与崔州平交往，就常听到他对我行为得失的批评。后来认识了徐元直，又尽力对我启发教诲。先前和董幼宰共参机要，对我言无不尽；后来又有胡伟度的辅佐，屡次劝谏我的不当。虽然我天资愚劣，不能完全采纳他们的建议，但是和这四位先生始终有深厚的情谊，也足以说明不必疑于直言人的啊！”诸葛亮追思董和到这样的地步。

刘巴，字子初，零陵烝阳人（今湖南衡阳西一百七十里）。年少时就有了声名。荆州牧刘表连续征召，并推举为茂才，刘巴都辞不赴命。刘表卒，曹公征荆州。先主逃到江南，荆、楚的士人大批的跟从他，但是刘巴却北行拜见曹公。曹公征召他为幕僚，使他招安纳降长沙（今湖南长沙）、零陵（今湖南永州）、桂阳（今湖南桂阳）等地。正好此时先主攻占三郡，刘巴不能回覆曹公使命，就远去交阯（今广西、云南南部、越地北部），先主不能得到他的归顺，深表遗憾。

刘巴又从交阯到蜀。不多久先主平定益州，刘巴向先主谢罪。先主也不责怪他。而诸葛亮屡次称赞并推荐他，先主就征召他为左将军西曹掾。建安二十四年（公元 219 年），先王称汉中王，刘巴担任尚书，后来代替法正为尚书令。刘巴自身清高节俭，不购置产业，又自知不是从开始就归顺拥护先主的，害怕受到猜忌，所以恭谨沉默而清静自守；退朝以后没有私人的交往，而且不是公事也不多言。先主称帝，禀告皇天上帝后土神明，那些文诰策命，都出于刘巴的手笔。章武二年去世。去世后，魏国尚书仆射陈群写信给丞相诸葛

魏尚书仆射陈群与丞相诸葛亮书，问巴消息，称曰刘君子初，甚敬重焉。

马良字季常，襄阳宜城人也。兄弟五人，并有才名，乡里为之谚曰："马氏五常，白眉最良。"良眉中有白毛，故以称之。先主领荆州，辟为从事。及先主入蜀，诸葛亮亦从后往，良留荆州，与亮书曰："闻雒城已拔，此天祚也。尊兄应期赞世，配业光国，魄兆见矣。夫变用雅虑，审贵垂明，于以简才，宜适其时。若乃和光悦远，迈德天壤，使时闲于听，世服于道，齐高妙之音，正郑、卫之声，并利于事，无相夺伦，此乃管弦之至，牙、旷之调也。虽非钟期，敢不击节！"先主辟良为左将军掾。

后遣使吴，良谓亮曰："今衔国命，协穆二家，幸为良介于孙将军。"亮曰："君试自为文。"良即为草曰："寡君遣掾马良通聘继好，以绍昆吾、豕韦之勋。其人吉士，荆楚之令，鲜于造次之华，而有克终之美，愿降心存纳，以慰将命。"权敬待之。

先主称尊号，以良为侍中。及东征吴，遣良入武陵招纳五溪蛮夷，蛮夷渠帅皆受印号，咸如意指。会先主败绩于夷陵，良亦遇害。先主拜良子秉为骑都尉。

亮，打听刘巴的消息，信中称他为"刘君子初"，很是敬重呢！

马良，字季常，襄阳宜城人（今湖北宜城）。兄弟五人都因有才干而显名，乡里为他们作了谚语说："马氏五常，白眉最良。"马良五兄弟的字中都有一个"常"，唯独马良的眉毛中有白毛，所以才有这样的说法。先主占领荆州后，征召他为从事。到先主入蜀，诸葛亮后来也跟去了，而马良留守荆州。他曾写信给诸葛亮说道："听说雒城已经攻下，这是上天给予的福祚。吾兄应该顺应时机，襄赞时世，建立相当的事业，光大国家，好的征兆已看见了。权变行事，雅正思虑，详细审察，来选拔人才，也该乘这时有所作为。如果能广为包容，使远方人心悦诚服，进德业于天地，使时人熟悉听命，世人都顺服于道，以高妙的音乐，使郑、卫的靡靡之音归于雅正，以利于政事，不相互侵夺，这才是音乐的极高境界。像伯牙、师旷一样的曲调，虽然不是钟子期，谁不会顺着节奏而打拍子受到感化呢！"先主就征召马良为左将军掾。

后来马良奉派出使吴国，马良对诸葛亮说："今天衔负国家使命，要协同和穆二国，希望能写信把我介绍给孙将军。"诸葛亮说："先生试试自己写篇文章吧！"马良就起了草稿道："寡君派遣幕僚马良出使聘问，以通二国之好，以继续传统的友谊。这人是荆楚的善士，虽然没有出口成章的好口才，却有始终如一的美德。但愿能委曲自己接纳他，使他完成使命。"结果孙权很客气地接待马良。

先主称帝后，任命马良为侍中。东征吴国时，派马良到武陵（今湖南常德）招降收纳五溪蛮夷，结果蛮夷的头目全接受了蜀汉的印绶及封号，都服从他的指挥。当先主在夷陵（今湖北宜昌）战败时，马良遇害。先主任命良的儿子秉为骑都尉。

马谡拒谏失街亭，选自清刊本《三国演义》。据《三国演义》，马谡虽久读兵书，但泥古不化。守御街亭时，不立寨要道，却驻兵于孤山之上，妄言兵法“凭高视下，势如劈竹”。待魏军合围后，又言兵法“置之死地而后生”，结果其军不战自乱，街亭迅即失守。

良弟谡，字幼常，以荆州从事随先主入蜀，除绵竹成都令、越嶲太守。才器过人，好论军计，丞相诸葛亮深加器异，先主临薨谓亮曰：“马谡言过其实，不可大用，君其察之！”亮犹谓不然，以谡为参军，每引见谈论，自昼达夜。

建兴六年，亮出军向祁山，时有宿将魏延、吴壹等，论者皆言以为宜令为先锋，而亮违众拔谡，统大众在前，与魏将张郃战于街亭，为郃所破，士卒离散。亮进无所据，退军还汉中。谡下狱物故，亮为之流涕。良死时年三十六，谡年三十九。

陈震字孝起，南阳人也。先主领荆州牧，辟为从事，部诸郡，随先主入蜀。蜀既定，为蜀郡北部都尉，因易郡名，为汶山太守，转在犍为。建兴三年，入拜尚书，迁尚书令，

马良的弟弟马谡，字幼常，以荆州从事随先主入蜀，升迁为绵竹（今四川德阳）、成都县令，越嶲（今四川越西）太守。才干和器识过人，喜欢谈论军事大计，丞相诸葛亮深加器重。先主临驾崩前，对诸葛亮说：“马谡言过其实，不可重用。希望先生仔细体察这件事。”诸葛亮还说不至于此，任用马谡为参军，每次入见谈论，从白昼一直谈到夜里。

建兴六年（公元 228 年），诸葛亮出师祁山（在甘肃礼县东），当时有宿将魏延、吴壹等人，讨论军情的人都认为应该任命他们为先锋，而诸葛亮违背众人的意见，选拔马谡统率大军而担任先锋，和魏国将领张郃在街亭（在今甘肃秦安县东）接战，被张郃打败，士卒逃离走散。诸葛亮进军失去主力，只得退军回到汉中（今陕西汉中市）。马谡下狱，后卒于狱中。诸葛亮为他痛哭流涕。马良死时年三十六岁，马谡死时年三十九岁。

陈震，字孝起，南阳人（今河南南阳）。先主为荆州牧时，征召他为从事，部署各郡，随先主入蜀。蜀地已安定后，他担任蜀郡北部都尉，于是更改当地为郡，作汶山（今四川茂县）太守，又调任犍为（今四川犍为）郡。建兴三年，拜为尚书，后升迁至尚书令，奉

奉命使吴。七年，孙权称尊号，以震为卫尉，贺权践阼，诸葛亮与兄瑾书曰：“孝起忠纯之性，老而益笃，及其赞述东西，欢乐和合，有可贵者。”震入吴界，移关候曰：“东之与西，驿使往来，冠盖相望，申盟初好，日新其事。东尊应保圣祚，告燎受符，剖判土宇，天下响应，各有所归。于此时也，以同心讨贼，则何寇不灭哉！西朝君臣，引领欣赖。震以不才，得充下使，奉聘叙好，践界踊跃，入则如归。献子适鲁，犯其山讳，《春秋》讥之。望必启告，使行人睦焉。即日张旍诰众，各自约誓。顺流漂疾，国典异制，惧或有违，幸必斟诲，示其所宜。”震到武昌，孙权与震升坛歃盟，交分天下：以徐、豫、幽、青属吴，并、凉、冀、兖属蜀，其司州之土，以函谷关为界。震还，封城阳亭侯。九年，都护李平坐诬罔废；诸葛亮与长史蒋琬、侍中董允书曰：“孝起前

孔明挥泪斩马谡，选自清刊本《三国演义》。

令出使吴国。七年，孙权称帝，蜀汉任命陈震为卫尉，祝贺孙权登基。诸葛亮写信给他的哥哥诸葛瑾并介绍陈震，说：“陈孝起忠心天性纯正，年纪愈大愈笃实。由他来赞美称述东西两国的善事，欢乐和谐，特别可贵。”陈震入了吴国国界，写信给守边关的守将说：“东吴与西蜀，驿使往来传递书信，通好的要员使者的车辆，一辆接着一辆，每天都重申当年的盟誓。东吴的皇帝应该保有圣位，祭祀告燎于天神，接受上天的符命，分割天下的土地，天下的人民都来响应，能够有所归顺。在这个时候，大家同心协力讨伐逆贼，那么怎样的敌人不被消灭呢？西蜀的君臣，大家都在引领欢欣仰赖这项盛举。我陈震不才，充任使者，奉命通两国之好，越过边界非常高兴，入境如同回到自己国家一般熟悉。当年晋国的范献子出使鲁国，问山名而冒犯了鲁国先君的名讳，《春秋》曾刺讥这不当的行为。如今还盼望开示告知我贵国的国情，让我这使者能和睦地达成任务。我马上张起令旗，告示我的部众，各自约束。顺流而下将很畅利，各国的典章制度不同，害怕或许会有违犯，还盼望能斟酌教诲，明示我所该做的。”陈震到了武昌后，孙权与陈震登坛歃血为盟，两国交互商量，划分天下，以徐、豫、幽、青各州属吴，并、凉、冀、兖各州归汉，而司州的土地，就以函谷关（**在今河南灵宝市**）为界分属两国。陈震回国，受封为城阳亭侯。九年，都护李平因运粮不续之事，言语诬罔，被废为民。诸葛亮曾就此事写信给长史蒋琬、侍中董允，说：

临至吴，为吾说正方腹中有鳞甲，乡党以为不可近。吾以为鳞甲者但不当犯之耳，不图复有苏、张之事出于不意。可使孝起知之。”十三年，震卒。子济嗣。

董允字休昭，掌军中郎将和之子也。先主立太子，允以选为舍人，徙洗马。后主袭位，迁黄门侍郎。丞相亮将北征，住汉中，虑后主富于春秋，朱紫难别，以允秉心公亮，欲任以宫省之事。上疏曰：“侍中郭攸之、费祎、侍郎董允等，先帝简拔以遗陛下，至于斟酌规益，进尽忠言，则其任也。愚以为宫中之事，事无大小，悉以咨之，必能裨补阙漏，有所广益。若无兴德之言，则戮允等以彰其慢。”亮寻请祎为参军，允迁为侍中，领虎贲中郎将，统宿卫亲兵。攸之性素和顺，备员而已。献纳之任，允皆专之矣。允处事为防制，甚尽匡救之理。后主常欲采择以充后宫，允以为古者天子后妃之数不过十二，今嫔嫱已具，不宜增益，终执不听。后主益严惮之。尚书令蒋琬领益州刺史，上疏以让费祎及允，又表“允内侍历年，翼赞王室，宜赐爵土以褒勋劳。”允固辞不受。后主渐长大，爱宦人黄皓。皓便辟佞慧，欲自容入。允常上则正色匡主，下则数责于皓。皓畏允，不敢为非。终允之

“陈孝起以前出使吴国时，曾对我说李平居心险恶、城府太深，同乡朋友都以为不可以亲近他。我以为城府深的人只要不去冒犯他，就不致受到伤害；没料到他还会效法苏秦、张仪逞口舌之能，实在是意外。此事可使孝起知道。”十三年，陈震去世，由其子陈济嗣爵。

董允，字休昭，是掌军中郎将董和的儿子。先主立太子时，允被选拔为太子舍人，又调为洗马。后主即位，升迁为黄门侍郎。丞相诸葛亮率军北伐，驻节汉中，担心后主年轻，不能分辨是非善恶；而董允秉心公正廉明，想任命他负责宫中与尚书省的政务。上疏说：“侍中郭攸之、费祎、侍郎董允等人，是先帝特别选拔出来辅佐陛下的，对于斟酌事情的得失，规划事情的损益，都能进尽忠言，这是他们的任务。愚以为宫中的事情无论大小，都得咨询他们，必能补充阙漏之处，而有所增益。如果不能听到他们对你德性启发的言论，就杀掉董允这批人，以彰显他们的怠慢。”诸葛亮不久请费祎为参军，董允调为侍中，主领虎贲中郎将，统率宫中宿卫的亲兵。郭攸之本性素来和顺，只能尸位素餐，聊备一员而已；对于呈忠言、纳善行的工作，全由董允担任。董允处事为防弊端，很能尽到匡正补失的任务。后主常想选嫔妃以充实后宫，董允则以为古时天子，后妃的人数也不过十二人；今天嫔妃已有，不应再增加，始终执意不从。后主因此更加敬畏他。尚书令蒋琬兼领益州刺史，上疏推崇费祎及董允，又上表说：“董允常年担任内侍，辅佐襄赞王室，应该赐给他爵位及土地，以褒扬他的功勋。”董允坚决推辞不肯接受。后主逐渐年长，宠幸宦官黄皓。黄皓善于逢迎钻营，口才便捷，有小聪明，想要参预朝廷政务。董允常上对后主正色匡救，下对黄皓屡次责让。黄皓畏惧董允，不敢为非作歹。终董允一世，黄皓的官位

世，皓位不过黄门丞。

允尝与尚书令费祎、中典军胡济等共期游宴，严驾已办，而郎中襄阳董恢诣允修敬。恢年少官微，见允停出，逡巡求去，允不许，曰："本所以出者，欲与同好游谈也，今君已自屈，方展阔积，舍此之谈，就彼之宴，非所谓也。"乃命解骖，祎等罢驾不行。其守正下士，凡此类也。延熙六年，加辅国将军。七年，以侍中守尚书令，为大将军费祎副贰。九年，卒。

陈祗代允为侍中，与黄皓互相表里，皓始预政事。祗死后，皓从黄门令为中常侍、奉车都尉，操弄威柄，终至覆国。蜀人无不追思允。及邓艾至蜀，闻皓奸险，收闭，将杀之，而皓厚赂艾左右，得免。

祗字奉宗，汝南人，许靖兄之外孙也。少孤，长于靖家。弱冠知名，稍迁至选曹郎，矜厉有威容。多技艺，挟数术，费祎甚异之，故超继允内侍。吕乂卒，祗又以侍中守尚书令，加镇军将军，大将军姜维虽班在祗上，常率众在外，希亲朝政。祗上承主指，下接阉竖，深见信爱，权重于维。景耀元年卒，后主痛惜，发言流涕，乃下诏曰："祗统职一纪，

不过是黄门丞。

董允曾与尚书令费祎、中典军胡济等人约好一起出游宴饮，车驾都准备妥当。中郎将襄阳人董恢来拜见董允，表示敬意。董恢年轻官职又低，见董允要外出，就不敢入内而要告辞。董允不许，说道："本来此次出门，是想和同僚好友遨游畅谈。今天先生你已枉驾来看我，正好一展你心中广阔的才华，舍弃与你谈话的机会，而参加那个宴饮，是没这道理的。"于是下令解除车驾，费祎等人也都停止了此次出游。他的守正不阿，礼贤下士，都是这样的情况。延熙六年（公元 243 年），加封辅国将军。七年，以侍中兼代尚书令，为大将军费祎的副手。九年，去世。

陈祗代替董允为侍中，和黄皓一内一外互为表里。黄皓开始参预政事。祗死后，黄皓从黄门令升为中常侍、奉车都尉，操持玩弄威势权柄，终于导致国家的覆亡。蜀人没有不追思董允的。等到邓艾到蜀，听说黄皓的奸险，便把他关起来，将要明正典刑，可是黄皓厚贿邓艾的左右，才得免去一死。

陈祗，字奉宗，汝南人（今河南汝南），是许靖哥哥的外孙。小时父母就去世了，因此生长在许靖家。弱冠时声名已为人所知，后来升为选曹郎，矜庄严厉而有威容。陈祗会很多种技艺，凭着占卜数术，费祎很看重他，所以特别升调他继董允内侍。吕乂去世，陈祗又以侍中兼领尚书令，加镇军将军。大将军姜维的官位虽比陈祗高，但是经常率领军队驻扎在外，很少亲自参预朝政。陈祗在上承君主的意旨，于下结交宦官，深得他们的信任

柔嘉惟则，干肃有章，和义利物，庶绩允明。命不融远，朕用悼焉。夫存有令问，则亡加美谥，谥曰忠侯。”赐子粲爵关内侯，拔次子裕为黄门侍郎。自祗之有宠，后主追怨允日深，谓为自轻，由祗媚兹一人，皓构间浸润故耳。允孙宏，晋巴西太守。

吕乂字季阳，南阳人也。父常，送故将刘焉入蜀，值王路隔塞，遂不得还。乂少孤，好读书鼓琴。初，先主定益州，置盐府校尉，较盐铁之利，后校尉王连请乂及南阳杜祺、南乡刘幹等并为典曹都尉。乂迁新都、绵竹令，乃心隐恤，百姓称之，为一州诸城之首。迁巴西太守。丞相诸葛亮连年出军，调发诸郡，多不相救，乂募取兵五千人诣亮，慰喻检制，无逃窜者。徙为汉中太守，兼领督农，供继军粮。亮卒，累迁广汉、蜀郡太守。蜀郡一都之会，户口众多，又亮卒之后，士伍亡命，更相重冒，奸巧非一。乂到官，为之防禁，开喻劝导，数年之中，漏脱自出者万余口。后入为尚书，代董允为尚书令，众事无留，门无停宾。乂历职内外，治身俭约，谦靖少言，为政简而不烦，号为清能；然持法刻深，好

宠爱，权力比姜维还要大。景耀元年（公元258年），陈祗去世，后主非常痛惜，一谈到他就流泪，于是下诏书说：“陈祗在朝任职十二年，秉性柔善有原则，做事敬肃有章法，和顺义理，利于事物，各种功业都很显著。而命不长远，朕因此特别哀悼。活着时有美好名声的人，那么去世时就给他加上美好的谥号，谥号称为忠侯。”赐他的儿子陈粲为关内侯，拔擢次子陈裕为黄门侍郎。自从陈祗得宠之后，后主追怨董允日深，认为董允轻忽自己，这都是由于陈祗取媚后主而不顾国事，黄皓又在中间进谗言的缘故。董允的孙子董宏，在晋朝做到巴西太守。

吕乂，字季阳，南阳人（今河南南阳）。父名常，送故将军刘焉入蜀，正遇到天下大乱，道路阻绝，因此不能返回家乡。吕乂年少就成孤儿，他喜欢读书弹琴。原先先主底定益州后，设置盐府校尉，以负责盐铁的利润。后来此任务由校尉王连邀请吕乂及南阳人杜祺、南乡人（今河南淅川附近）刘幹一起担任典曹都尉。乂调升为新都（今四川成都市新都区）、绵竹（今四川德阳）县令，能体恤民情，百姓赞扬他是全州各县城中最好的地方官。后又避调巴西太守。丞相诸葛亮连年出师，征调发动各郡的军队，多数的官吏都不应命派兵救急，只有吕乂募集兵士五千人，支援诸葛亮。吕乂并对士卒慰问劝喻，因此士卒没有逃亡的。后调任汉中太守后，兼办督导农业，供应补给军粮。诸葛亮死后，吕乂历任广汉、蜀郡太守。蜀郡（治所在今四川成都）是重要的都会，户口众多；加上诸葛亮去世后，士卒逃亡的、冒名顶替的、使用奸诈巧智的，情况不一。吕乂到任后，防治禁止这些事情，并且一一开导晓喻众人。数年之中，逃脱没有户籍而出来自首者有一万多人。后来入中枢为尚书，代替董允为尚书令，一切公务都不搁置，门外没有停留等待的宾客。乂历

用文俗吏，故居大官，名声损于郡县。延熙十四年卒。子辰，景耀中为成都令。辰弟雅，谒者。雅清厉有文才，著《格论》十五篇。

杜祺历郡守监军大将军司马，刘幹官至巴西太守，皆与乂亲善，亦有当时之称，而俭素守法，不及于乂。

评曰：董和蹈羔羊之素，刘巴履清尚之节，马良贞实，称为令士，陈震忠恪，老而益笃，董允匡主，义形于色，皆蜀臣之良矣。吕乂临郡则垂称，处朝则被损，亦黄、薛之流亚矣。

经内外要职，修身俭约，谦虚和靖而少言，为政简明而不烦琐，号称清快能干，但是他持法苛细，喜欢用文饰的俗吏。所以他做到中枢高官后，名声反而不如在郡县任职时高。延熙十四年去世。其子吕辰，景耀中担任成都令。吕辰的弟弟吕雅担任谒者，雅清正严厉而有文才，著有《格论》十五篇。

杜祺历任郡守监军大将军司马，刘幹官至巴西太守，都和吕乂相亲善，在当时也有好名声，不过他们俭约守法的态度不及吕乂。

陈寿评论说：董和秉承羔羊一样纯真的素养；刘巴实行清正高尚的节操；马良坚贞厚实，称为善士；陈震忠厚恪守，愈老愈笃实；董允匡正人君，大义显现于容貌之间；他们都是蜀臣当中的良臣。吕乂治理郡县则受到称赞，居朝则受人毁谤，也像是西汉黄霸、薛宣一类的人物吧！

三国志卷四十

刘彭廖李刘魏杨传第十

王初庆 译

刘封者，本罗侯寇氏之子，长沙刘氏之甥也。先主至荆州，以未有继嗣，养封为子。及先主入蜀，自葭萌还攻刘璋，时封年二十余，有武艺，气力过人，将兵俱与诸葛亮、张飞等泝流西上，所在战克。益州既定，以封为副军中郎将。

初，刘璋遣扶风孟达副法正，各将兵二千人，使迎先主，先主因令达并领其众，留屯江陵。蜀平后，以达为宜都太守。建安二十四年，命达从秭归北攻房陵，房陵太守蒯祺为达兵所害。达将进攻上庸，先主阴恐达难独任，乃遣封自汉中乘沔水下统达军，与达军会上庸。上庸太守申耽举众降，遣妻子及宗族诣成都。先主加耽征北将军，领上庸太守员乡侯如故，以耽弟仪为建信将军、西城太守，迁封为副军将军。自关羽围樊城、襄阳，连呼封、达，令发兵自助。封、达辞以山郡初附，未可动摇，不承羽命。会羽覆败，先主恨之。

刘封，本来是罗侯寇氏的儿子，长沙刘氏的外甥。先主到荆州，因为没有子嗣，就收刘封为养子。等到先主入蜀，自葭萌关（今四川广元市昭化区附近）还攻刘璋。当时刘封二十多岁，有武艺，气力过人，率领部队和诸葛亮、张飞等人逆流西上，有他在的地方都能攻克敌人，益州平定后，任命刘封为副军中郎将。

起先，刘璋派扶风人（治所在今陕西兴平）孟达辅佐法正，各率兵二千人让他们迎接先主。先主于是命令孟达一并统领这些部队，留守屯驻在江陵（今湖北荆州）。蜀地平定后，任命孟达为宜郡太守。建安二十四年（公元219年），命令孟达从秭归（今湖北秭归）北攻房陵（今湖北房县），房陵太守蒯祺被孟达的部队杀害。孟达将要进攻上庸（今湖北竹山县西南），先主暗中怕孟达独自难以完成任务，于是派刘封从汉中（今陕西汉中市）由沔水而下，统率孟达的部队，和孟达在上庸会师。上庸太守申耽率众投降，派妻子及宗族到成都入朝。先主加封申耽为征北将军，兼领上庸太守员乡侯本来的职位，任命申耽的弟弟申仪为建信将军，西城太守，调升刘封为副军将军。关羽围攻樊城（今湖北襄阳市樊城区）、襄阳（今湖北襄阳市襄城区），一连下令刘封、孟达派兵相助。刘封、孟达推辞以上庸山郡刚刚归附，不能有所动摇，不接受关羽的命令。而正好关羽败亡，先主对这事怀恨在心。加上刘封和孟达争斗不

又封与达忿争不和，封寻夺达鼓吹。达既惧罪，又忿恚封，遂表辞先主，率所领降魏。魏文帝善达之姿才容观，以为散骑常侍、建武将军，封平阳亭侯。合房陵、上庸、西城三郡为新城郡，以达领新城太守。遣征南将军夏侯尚、右将军徐晃与达共袭封。达与封书曰：

古人有言："疏不间亲，新不加旧"。此谓上明下直，谗慝不行也。若乃权君谲主，贤父慈亲，犹有忠臣蹈功以罹祸，孝子抱仁以陷难，种、商、白起、孝己、伯奇，皆其类也。其所以然，非骨肉好离，亲亲乐患也。或有恩移爱易，亦有谗间其间，虽忠臣不能移之于君，孝子不能变之于父者也。势利所加，改亲为仇，况非亲亲乎！故申生、卫伋、御寇、楚建禀受形之气，当嗣立之正，而犹如此。今足下与汉中王，道路之人耳，亲非骨血而据势权，义非君臣而处上位，征则有偏任之威，居则有副军之号，远近所闻也。自立阿斗为太子已来，有识之人相为寒心。如使申生从子舆之言，必为太伯；卫伋听其弟之谋，无彰父之讥也。且小白出奔，入而为霸；重耳逾垣，卒以克复。自古有之，非独今也。

夫智贵免祸，明尚夙达，仆揆汉中王虑定于内，疑生于外矣；虑定则心固，疑生则心惧，乱祸之兴作，未曾不由废立之间也。私怨人情，不能不见，恐左右必有以间于汉中王

和，刘封于是抢走了孟达部队的仪仗器具。孟达一方面害怕遗失仪仗器具的罪，又怨恨刘封，于是上表辞谢先主，率领部队投降魏国。魏文帝喜欢孟达的英姿才干，任命他为散骑常侍、建武将军，封为平阳亭侯，并合房陵、上庸、西城（今陕西安康）三郡为新城郡，由孟达兼领新城太守。派征南将军夏侯尚、右将军徐晃与孟达一同袭击刘封。孟达写信给刘封说：

古人说："疏不间亲，新不加旧。"这是说明在上位者圣明，在下位者正直，谗言和奸邪的事情就不得行其道。如果专用权术谲诈的君主，尊敬父老，慈爱亲人的臣子们，仍旧会有忠臣立功却招致祸害，孝子行仁而陷于灾难，像楚臣文种，秦臣商鞅、白起，殷高宗之子孝己，尹吉甫之子伯奇都是这一类的例子。所以会这样，并不是骨肉喜欢离散，亲人乐于患难。而或许是主上恩爱转移，又有小人在中间进谗言，就是忠臣也不能使国君转移看法，孝子也不能转变父亲的态度。在势利交加之下，会使亲人变成仇人，何况还不是亲族的人呢？所以晋献公世子申生、卫宣公太子伋、陈宣公太子御寇、楚平王太子建都是正室所出，应该嗣位的太子，都遭遇杀身之祸，今天足下和汉中王关系不深，不过如同道路之人而已，并非骨肉之亲而据有权势，没有君臣之义而居高位，出征则有专征的威仪，平居则有副军的尊号，众所周知。自从阿斗立为太子以后，有识之士都互相寒心。如果申生听从士蔿的话逃亡，一定会享有吴太伯一样的威名；卫伋肯听弟弟不要奉命出使的计划，就不会受到彰明父亲罪过的讥议，而且齐公子小白由于襄公乱行而出亡，才能回国成就为霸王齐桓公；重耳跳墙逃走，所以后来回国成为晋文公，这都是古来就有的例子而不仅在今天。

智慧贵在用来远祸，明鉴崇尚能早日通达，我算计汉中王计划考虑定于内，而疑惑生于外；计虑定了心中就牢固，疑惑一生则心有畏惧，乱祸的兴起，未尝不是由于废与立之

矣。然则疑成怨闻，其发若践机耳。今足下在远，尚可假息一时；若大军遂进，足下失据而还，窃相为危之。昔微子去殷，智果别族，违难背祸，犹皆如斯。今足下弃父母而为人后，非礼也；知祸将至而留之，非智也；见正不从而疑之，非义也。自号为丈夫，为此三者，何所贵乎？以足下之才，弃身来东，继嗣罗侯，不为背亲也；北面事君，以正纲纪，不为弃旧也；怒不致乱，以免危亡，不为徒行也。加陛下新受禅命，虚心侧席，以德怀远，若足下翻然内向，非但与仆为伦，受三百户封，继统罗国而已，当更剖符大邦，为始封之君。陛下大军，金鼓以震，当转都宛、邓；若二敌不平，军无还期。足下宜因此时早定良计。《易》有“利见大人”，《诗》有“自求多福”，行矣。今足下勉之，无使狐突闭门不出。

封不从达言。

申仪叛封，封破走还成都。申耽降魏，魏假耽怀集将军，徙居南阳，仪魏兴太守，封员乡侯，屯洵口。封既至，先主责封之侵陵达，又不救羽。诸葛亮虑封刚猛，易世之后终难制御，劝先主因此除之。于是赐封死，使自裁。封叹曰：“恨不用孟子度之言！”先主为

间，私怨人情，不能不在这显现了出来，恐怕在左右一定会有人在汉中王耳边进谗言的。但是疑惑变成了怨恨传闻出来，就会一触即发。今天足下驻守远方，还可喘息苟安于一时。如果我们大军进发，足下战败失掉根据地回到京师，我私下很为你感到危急。从前微子离开商朝，智果远别宗族，以躲避祸难，亲人犹且如此，今天足下抛弃了自己的父母而做别人的后代，不合礼制；知道大祸要临头了还要留下来，不算明智，看见正道不顺从反而要怀疑，不合义理。自己号称为大丈夫，有这三件事，哪里值得尊贵呢？以足下的才干，逃亡到东方来，恢复作罗侯寇氏的后嗣，不算背弃亲人；北面事奉君主，以正君臣纲纪，不算抛弃旧主；怒而不致乱行，以免于危亡，不算轻率的行动。加上陛下新受禅让以应天命，虚心谦让，以德怀柔远方，如足下改变心意投顺，不但与我一般，可接受三百户的封赏，继续罗国寇氏的血统，更会剖符大城，为始封的诸侯之君。陛下大军，金鼓震动，要转向宛（今河南南阳）、邓（今河南邓州一带）之地，如这二个敌人不投降，军无还师之期。足下应该在此时早定良计。《易经》有“利见大人”，《诗经》说“自求多福”，快做决定吧，希望足下勉之，不要效法申生不从善谏而使他的老师狐突闭门不出啊！”

刘封不听从孟达的劝告。

申仪背叛刘封。刘封被击败回到成都。申耽降魏，魏任命申耽为怀集将军，迁居南阳（今河南南阳），申仪为魏兴（今陕西安康）太守，封员乡侯，驻屯洵口（今陕西旬阳）。刘封回成都后，先主责怪他侵陵孟达，又不肯出师救关羽，诸葛亮顾虑刘封性格刚猛，后主日后继位后，终究难以控制统御，劝先主借此机会除掉他，于是赐死，让刘封自杀。刘封感叹说：“真悔恨没有听从孟子度的劝告啊！”先主为之涕下。孟达本字子敬，由于先主叔

之流涕。达本字子敬，避先主叔父敬，改之。

彭羕字永年，广汉人。身长八尺，容貌甚伟。姿性骄傲，多所轻忽，惟敬同郡秦子敕，荐之于太守许靖曰："昔高宗梦傅说，周文求吕尚，爰及汉祖，纳食其于布衣，此乃帝王之所以倡业垂统，缉熙厥功也。今明府稽古皇极，允执神灵，体公刘之德，行勿翦之惠，《清庙》之作于是乎始，褒贬之义于是乎兴，然而六翮未之备也。伏见处士绵竹秦宓，膺山甫之德，履隽生之直，枕石漱流，吟咏缊袍，偃息于仁义之途，恬惔于浩然之域，高概节行，守真不亏，虽古人潜遁，蔑以加旃。若明府能招致此人，必有忠说落落之誉，丰功厚利，建迹立勋，然后纪功于王府，飞声于来世，不亦美哉！"

羕仕州，不过书佐，后又为众人所谤毁于州牧刘璋，璋髡钳羕为徒隶。会先主入蜀，泝流北行。羕欲纳说先主，乃往见庞统。统与羕非故人，又适有宾客，羕径上统床卧，谓统曰："须客罢当与卿善谈。"统客既罢，往就羕坐，羕又先责统食，然后共语，因留信宿，至于经日。统大善之，而法正宿自知羕，遂并致之先主。先主亦以为奇，数令羕宣传军事，指授诸将，奉使称意，识遇日加。成都既定，先主领益州牧，拔羕为治中从事。羕起徒步，

父名敬，为避讳而改为子度。

彭羕，字永年，广汉人（今四川广汉）。身高八尺，容貌非常雄伟，天性骄傲，很多人都被他轻视忽略，只敬重同乡秦宓，曾推荐秦氏给太守许靖说："从前殷高宗梦到傅说，周文王求取吕尚，到了汉高祖重用布衣百姓郦食其，这都是帝王所以能创立事业，垂继法统，明广其功的原因。今天明府君考察古代圣王的准则，敬奉神灵，体察公刘爱民之德，不荼毒百姓，《清庙》歌颂之诗由是而作，褒贬的大义于是兴起，但是辅佐的贤才还不完备。我看见处士绵竹人秦宓，服膺仲山甫之德性，履行隽不疑的正直，以石为枕，以泉为饮，着缊袍而仍吟咏不已，栖息于仁义之途，恬淡清静于浩然的境域，气概高，行有节，守真不亏，就是古代的隐者也不能超过他的风范，如果明府君能招致此人，一定会有忠直坦率的称誉，成丰功、得厚利，建立事业功勋，然后纪录功劳于王府，传流声名于来世，不亦美哉。"

彭羕在州中任职，位不过文书佐吏，后来又受到众人在州牧刘璋前诽谤他。刘璋施以髡钳的刑罚，剃光了彭羕的头发，加上刑具，废为囚徒。先主入蜀后，逆流北行，彭羕想进言于先主，就去见庞统。庞统本来与彭羕并不相识，又正好有宾客在；彭羕就直接上庞统的床上躺着，对庞统说："等到客人告辞后，要好好跟先生谈谈。"客人都离去后，庞统和彭羕坐谈。彭羕先向庞统要食物，然后共语，由是留宿在那儿，谈了整整一天。庞统非常称赞他，而法正自己本来也知道彭羕的名声，于是一起推荐他给先主。先主也以他为奇

一朝处州人之上，形色嚣然，自矜得遇滋甚。诸葛亮虽外接待羕，而内不能善，屡密言先主，羕心大志广，难可保安。先主既敬信亮，加察羕行事，意以稍疏，左迁羕为江阳太守。

羕闻当远出，私情不悦，往诣马超。超问羕曰："卿才具秀拔，主公相待至重，谓卿当与孔明、孝直诸人齐足并驱，宁当外授小郡，失人本望乎？"羕曰："老革荒悖，可复道邪！"又谓超曰："卿为其外，我为其内，天下不足定也。"超羁旅归国，常怀危惧，闻羕言大惊，默然不答。羕退，具表羕辞，于是收羕付有司。

羕于狱中与诸葛亮书曰："仆昔有事于诸侯，以为曹操暴虐，孙权无道，振威暗弱，其惟主公有霸王之器，可与兴业致治，故乃翻然有轻举之志。会公来西，仆因法孝直自衒鬻，庞统斟酌其间，遂得诣公于葭萌，指掌而谭，论治世之务，讲霸王之义，建取益州之策，公亦宿虑明定，即相然赞，遂举事焉。仆于故州不免凡庸，忧于罪罔，得遭风云激矢之中，求君得君，志行名显，从布衣之中擢为国士，盗窃茂才。分子之厚，谁复过此。羕一朝狂悖，自求菹醢，为不忠不义之鬼乎！先民有言，左手据天下之图，右手刎咽喉，愚

人，屡次命令彭羕宣传布达军事，指派授命给诸将，所奉使任务都能称先主的心意，对他的赏识和知遇日加。成都平定后，先主担任州牧，选拔彭羕为治中从事。彭羕由百姓的身份见用，一下子官位居于州人之上，形容颜色之间不免嚣张，自己越加得意能受到知遇。诸葛亮虽然表面上和彭羕交往，内心中却不以他为善类，屡次密言先主，说彭羕心大志广，很难保他会安于其位的。先主既然尊敬信任诸葛亮，再着意去考察彭羕的行为后，心中也渐渐地疏远他，迁贬彭羕为江阳（今四川泸州市江阳区）太守。

彭羕听到要远放于外，私心不悦，去拜访马超，马超问彭羕说："先生才干器识是选拔出来的隽秀，主公对你特别重视，说先生应该和诸葛孔明、法孝直等人并驾齐驱，怎么会外放作小郡的太守，失掉了别人的期望呢？""那个年老荒悖的老兵，还有什么好说的，"彭羕回答。又对马超说："先生在外为将，我在内策谋，天下还不够你我来底定的。"马超在外羁旅多年才归顺蜀汉，心中常抱危惧，听到彭羕的话大为吃惊，沉默不语。彭羕告辞后，把彭羕所说的话，全都上表呈报朝廷，于是彭羕被捕。

彭羕在狱中写信给诸葛亮说："我从前也曾想出仕，事奉诸侯，但是认为曹操暴虐，孙权无道，刘璋昏庸柔弱，惟有主公有霸主的器识，可以帮他兴起功业而达到大治，所以有了投奔主公的愿望。正好主公西来，我向法孝直自我推荐，由庞统斟酌其间，因而能在葭萌关谒见主上，高谈阔论，讨论治理世事的要务，讲述霸王的策略，建献攻取益州的策略，主公也早经考虑明定于心，因此赞成我的意见而举事成功。我在故州不过是凡庸之辈，成天忧心得罪陷身于法网之中，而因为风云际会，求贤君而得贤君，使我心志得行，声名显扬，由布衣百姓而拔擢为国士，盗窃茂才的声名，主上又用对儿子的厚恩施之于我，有谁能超过这样的际遇呢？难道是我彭羕一时狂妄悖乱，自求菹醢酷刑、剁成肉酱的杀身之

夫不为也。况仆颇别菽麦者哉！所以有怨望意者，不自度量，苟以为首兴事业，而有投江阳之论，不解主公之意，意卒感激，颇以被酒，侻失‘老’语。此仆之下愚薄虑所致，主公实未老也。且夫立业，岂在老少，西伯九十，宁有衰志，负我慈父，罪有百死。至于内外之言，欲使孟起立功北州，戮力主公，共讨曹操耳，宁敢有他志邪？孟起说之是也，但不分别其间，痛人心耳。昔每与庞统共相誓约，庶托足下末踪，尽心于主公之业，追名古人，载勋竹帛。统不幸而死，仆败以取祸。自我堕之，将复谁怨！足下，当世伊、吕也，宜善与主公计事，济其大猷。天明地察，神祇有灵，复何言哉！贵使足下明仆本心耳。行矣努力，自爱，自爱！”羕竟诛死，时年三十七。

廖立字公渊，武陵临沅人。先主领荆州牧，辟为从事，年未三十，擢为长沙太守。先主入蜀，诸葛亮镇荆土，孙权遣使通好于亮，因问士人皆谁相经纬者，亮答曰：“庞统、廖立，楚之良才，当赞兴世业者也。”建安二十年，权遣吕蒙奄袭南三郡，立脱身走，自归先主。先主素识待之，不深责也，以为巴郡太守。二十四年，先主为汉中王，征立为侍中。

祸，作不忠不义的鬼吗？先辈们说：‘左手已有了占据天下的策略，右手自刎咽喉，就是愚夫也不会做的。’何况我还是能略略区别豆麦是非这样的人呢！所以心中会有怨望的想法，实在是不自度量自己的能力，私心以为刚兴事业，就有被远谪丢弃在江阳的命令，不了解主公的心意，有所感慨，又由于喝了几杯酒，轻率的脱口说出‘老’的言语。这是我下愚有欠考虑的失言，主公实在并不老，况且建立事业哪里在于老少的分别呢？西伯九十岁，哪有降低他的志意呢？辜负了待我如慈父的主公，罪该万死。至于‘内外’的那段话，想要让马超立功于北州，为主公效力，一起讨伐曹操而已，哪里敢有其他的想法呢？马超告发检举我并没有错，只是不分别中间的是非曲直，使人痛心。当年常和庞统相互誓约，庶几可托附跟随在足下的足迹后面，尽心于主公的事业，使声名能追踪古人，功留青史。庞统不幸早逝，我又败事而取祸，都是我自己堕落，要怪罪谁呢？足下是当世的伊尹、吕尚，应该善于与主公计划，成其大功。天明地察，神祇有灵，还要说什么呢？贵在使足下明白我的本心而已呀！行事要努力自爱啊！”彭羕终于被诛杀，死时年三十七岁。

廖立，字公渊，武陵临沅人（今湖南常德市西）。先主担任荆州牧时，征召他为从事，还不到三十岁，就被拔擢为长沙太守。先主入蜀后，诸葛亮坐镇荆州，孙权遣使和诸葛亮通好，因而询问都有哪些士人来辅佐协助他。诸葛亮回答他说：“庞统、廖立是楚地的良才，正是襄赞兴起世上大业的人。”建安二十年（公元215年），孙权派吕蒙偷袭南方的三郡，廖立脱逃出走，只身回归先主。先主仍旧像平素一样对待他，并不去深责失地之过；又派他作巴郡太守。二十四年，先主立为汉中王，征调廖立为侍中，后主袭位后，迁为长后主袭位，徙长水校尉。

立本意，自谓才名宜为诸葛亮之贰，而更游散在李严等下，常怀怏怏。后丞相掾李邵、蒋琬至，立计曰："军当远出，卿诸人好谛其事。昔先帝不取汉中，走与吴人争南三郡，卒以三郡与吴人，徒劳役吏士，无益而还。既亡汉中，使夏侯渊、张郃深入于巴，几丧一州。后至汉中，使关侯身死无孑遗，上庸覆败，徒失一方。是羽怙恃勇名，作军无法，直以意突耳，故前后数丧师众也。如向朗、文恭，凡俗之人耳。恭作治中无纲纪；朗昔奉马良兄弟，谓为圣人，今作长史，素能合道。中郎郭演长，从人者耳，不足与经大事，而作侍中。今弱世也，欲任此三人，为不然也。王连流俗，苟作掊克，使百姓疲弊，以致今日。"邵、琬具白其言于诸葛亮。亮表立曰："长水校尉廖立，坐自贵大，臧否群士，公言国家不任贤达而任俗吏，又言万人率者皆小子也；诽谤先帝，疵毁众臣。人有言国家兵众简练，部伍分明者，立举头视屋，愤咤作色曰：'何足言！'凡如是者不可胜数。羊之乱群，犹能为害，况立托在大位，中人以下识真伪邪？"于是废立为民，徙汶山郡。立躬率妻子耕殖自守，闻诸葛亮卒，垂泣叹曰："吾终为左衽矣！"后监军姜维率偏军经汶山，诣

水（代河南洛宁）校尉。

就廖立的想法，自以为才智声名应该仅次于诸葛亮，但是更浮游散列在李严的等次之下，心中常不满足。后来丞相掾李邵、蒋琬到长水，廖立献计说："大军正当远征，诸位先生好好注意这事。从前先帝不攻取汉中，而去和吴人争南方的三郡，结果把三郡给吴人攻占，白白劳役官吏将士，无功而回。既然失掉了汉中，让夏侯渊、张郃得以深入巴郡，几乎丧失掉一个州。后来到汉中，又让关羽父子被害，上庸战败，白白失去一方领土。这是关羽仗恃勇名，领军无法，完全凭心意突然而为，所以前后屡次失败丧师。像向朗、文恭不过是凡俗之人。文恭担任治中行事，毫无纲纪；向朗从前侍奉马良兄弟，称他们作圣人，今天担任长史，平素行事还能合于正道。中郎郭演长，只会随人附和，不足以和他处理大事，而居然作到侍中。目前国势衰微，还想任用这三个人，实在是不对的。王连低俗，制定苛捐杂税，使百姓疲劳困弊，以致演成现在这样地步。"李邵、蒋琬把他的话都禀告诸葛亮，诸葛亮上表说明廖立的过错说："长水校尉廖立，坐自尊大，批评士人的是非，公开评论国家不任用贤达而使用俗吏，又说万人表率的先帝是没见识的人，诽谤先帝，疵议诋毁群臣。别人说国家部众，都经简择而训练纯熟，但是廖立抬头看着屋顶，愤然叱咤，变色而说：'这有什么值得说的。'像这一类的情形不可胜数。羊要是扰乱了羊群的安宁，也能造成灾害，何况廖立托身官吏的高位，资质在中人以下的人，怎能分得出他话的真假呢？"于是把廖立免职，废为平民，放逐到汶山郡（今四川茂县）。廖立亲自率领妻子耕田织布以维生。听到诸葛亮死了，流泪叹息说："我终生要流落在蛮荒夷狄之地了。"后来监军姜维率支队经过汶山，去拜访廖立，说廖立意气不

立，称立意气不衰，言论自若。立遂终徙所。妻子还蜀。

李严字正方，南阳人也。少为郡职吏，以才干称。荆州牧刘表使历诸郡县。曹公入荆州时，严宰秭归，遂西诣蜀，刘璋以为成都令，复有能名。建安十八年，署严为护军，拒先主于绵竹。严率众降先主，先主拜严裨将军。成都既定，为犍为太守、兴业将军。二十三年，盗贼马秦、高胜等起事于郪，合聚部伍数万人，到资中县。时先主在汉中，严不更发兵，但率将郡士五千人讨之，斩秦、胜等首。枝党星散，悉复民籍。又越嶲夷率高定遣军围新道县，严驰往赴救，贼皆破走。加辅汉将军，领郡如故。章武二年，先主征严诣永安宫，拜尚书令。三年，先主疾病，严与诸葛亮并受遗诏辅少主；以严为中都护，统内外军事，留镇永安。建兴元年，封都乡侯，假节，加光禄勋。四年，转为前将军。以诸葛亮欲出军汉中，严当知后事，移屯江州，留护军陈到驻永安，皆统属严。严与孟达书曰："吾与孔明俱受寄托，忧深责重，思得良伴。"亮亦与达书曰："部分如流，趋舍罔滞，正方性也。"其见贵重如此。八年，迁骠骑将军。以曹真欲三道向汉川，亮命严将二万人赴

减当年，言论自如。廖立结果死在放逐之地，妻子回到了蜀。

李严，字正方，南阳人（今河南南阳）。年少时担任郡中各类职务，因为有才干而见称。荆州牧刘表让他历任各郡县的工作。曹公入荆州时，李严主管秭归（今湖北秭归），于是西行到蜀。刘璋任命他为成都令，复以有才能而有名。建安十八年（公元 213 年），部署李严为护军，抵拒先主于绵竹（今四川绵竹）。李严率众投降先主。先主拜李严为裨将军。成都底定后，为犍为（今四川犍为）太守、兴业将军。二十三年，盗贼马秦、高胜等在郪（今四川三台）起事，纠合聚集部伍数万人，攻到资中县（今四川资中）。当时先主在汉中，李严不再发兵，仅率领郡中将士五千人去讨伐，斩下了马秦、高胜等人的首级，枝党一时星散，重做安分的百姓。又越嶲（今四川西昌）的夷族统率高定，派遣军队围困新道县，李严急往救援，贼人都被击破退走。朝廷加封李严辅汉将军的头衔，仍旧统领旧郡。章武二年（公元 222 年），先主征召李严到永安宫（今重庆奉节），拜为尚书令。三年，先主疾病，李严和诸葛亮并受遗诏辅佐少主，任命李严为中都护，统领内外军事，坐镇在永安宫。建兴元年（公元 223 年），封都乡侯，持节加光禄勋衔。四年，调任前将军。因为诸葛亮想出师汉中，李严应当处理出师以后的运补事务，就迁移屯驻的地方到江州，留下护军陈到驻守永安，仍归李严统属。李严写信给孟达说："我和诸葛孔明并受先主寄托重任，忧虑深远，责任重大，想得良伴的协助。"诸葛亮也给孟达写信说："部署分配如流水，取舍之间毫无凝滞，这正是李正方的天性啊！"可见他被看重尊崇到这样的地步。八年，迁调骠骑将军。因为曹真想分三路攻汉川，诸葛亮命令李严率领二万人到汉中，诸葛亮并上表章使

汉中。亮表严子丰为江州都督督军，典严后事。亮以明年当出军，命严以中都护署府事。严改名为平。

九年春，亮军祁山，平催督运事。秋夏之际，值天霖雨，运粮不继，平遣参军狐忠、督军成藩喻指，呼亮来还；亮承以退军。平闻军退，乃更阳惊，说“军粮饶足，何以便归”，欲以解己不办之责，显亮不进之衍也。又表后主，说“军伪退，欲以诱贼与战”。亮具出其前后手笔书疏本末，平违错章灼。平辞穷情竭，首谢罪负。于是亮表平曰：“自先帝崩后，平所在治家，尚为小惠，安身求名，无忧国之事。臣当北出，欲得平兵以镇汉中，平穷难纵横，无有来意，而求以五郡为巴州刺史。去年臣欲西征，欲令平主督汉中，平说司马懿等开府辟召。臣知平鄙情，欲因行之际逼臣取利也，是以表平子丰督主江州，隆崇其遇，以取一时之务。平至之日，都委诸事，群臣上下皆怪臣待平之厚也。正以大事未定，汉室倾危，伐平之短，莫若褒之。然谓平情在于荣利而已，不意平心颠倒乃尔。若事稽留，将致祸败，是臣不敏，言多增咎。”乃废平为民，徙梓潼郡。十二年，平闻亮卒，发病死。平常冀亮当自补复，策后人不能，故以激愤也。丰官至朱提太守。

任命李严的儿子丰为江州都督，督理军务，主理李严后继的补给。由于诸葛亮次年要出师，任命李严以中都护的职务署理丞相府事。李严改名为平。

九年春季，诸葛亮驻师在祁山（在甘肃礼县东），李平负责催办督导运补事宜。到了夏秋之交，正好遇上连雨数日，运送粮食不继，李平派参军狐忠、督军成藩说明情况，要诸葛亮还师。诸葛亮承其意退军。李平听到部队退师，假装惊讶，说道：“军粮富饶充足，为什么就退师回朝了呢？”李平想要辩解自己不办运补的责任，显明诸葛亮不进军的罪，又上奏章给后主，说：“军队是伪作退师，想来诱贼出来接战。”诸葛亮拿出他前后所有的亲笔文件陈述事情本末，李平的违逆错失，明白昭然。李平辞穷情竭，承认了罪状，于是诸葛亮奏李平的罪，说：“从先帝驾崩后，李平所在的地方治理家产，仅是取小惠，安身求名，没有为国家担忧。臣当北出，想得到李平的部队镇守汉中，李平穷尽各种困难的托词，毫无派兵前来的意思，却借机要求给他五郡，担任巴州刺史。去年臣想西征，想让李平主管督导汉中，李平托以司马懿等开府征召他前往。臣知道李平鄙陋的心情，想乘出行的机会，逼迫臣，谋取利益，所以奏李平的儿子丰督导主理江州，隆重推崇，以为一时的急务。从李平来的那一天，全权委托他处理各项事务，群臣上下都怪臣待平太厚，其实正由于大事未定，汉家倾危，与其攻击李平的短处，不如褒扬他。但以为李平的心胸只要求荣名利益而已，没料到李平竟颠倒是非如此。如再有所迟疑停留，将招致祸败，这是臣资质不敏，多说了增加罪过。”于是李平免官，废为平民，放逐到梓潼郡（今四川梓潼）。十二年，李平听说诸葛亮卒，发病死。李平常寄望诸葛亮会自动恢复自己的官职，料想以后继任的人不能如此，因此激动愤慨而致病的。李丰官至朱提（今治所在今云南昭通）太守。

三国志

卷四十　蜀书十

刘彭廖李刘魏杨传第十

刘琰字威硕，鲁国人也。先主在豫州，辟为从事，以其宗姓，有风流，善谈论，厚亲待之，遂随从周旋，常为宾客。先主定益州，以琰为固陵太守。后主立，封都乡侯，班位每亚李严，为卫尉中军师后将军，迁车骑将军。然不豫国政，但领兵千余，随丞相亮讽议而已。车服饮食，号为侈靡，侍婢数十，皆能为声乐，又悉教诵读《鲁灵光殿赋》。建兴十年，与前军师魏延不和，言语虚诞，亮责让之。琰与亮笺谢曰："琰禀性空虚，本薄操行，加有酒荒之病，自先帝以来，纷纭之论，殆将倾覆。颇蒙明公本其一心在国，原其身中秽垢，扶持全济，致其禄位，以至今日。间者迷醉，言有违错，慈恩含忍，不致之于理，使得全完，保育性命。虽必克己责躬，改过投死，以誓神灵；无所用命，则靡寄颜。"于是亮遣琰还成都，官位如故。

琰失志慌惚。十二年正月，琰妻胡氏入贺太后，太后令特留胡氏，经月乃出。胡氏有美色，琰疑其与后主有私，呼五百挝胡，至于以履搏面，而后弃遣。胡具以告言琰，琰坐下狱。有司议曰："卒非挝妻之人，面非受履之地。"琰竟弃市。自是大臣妻母朝庆遂绝。

刘琰，字威硕，鲁国人（今山东曲阜），先主在豫州（辖区在今河南东部、安徽大部、江苏北部，治所在安徽亳州）时，征召他为从事，因为是同宗，仪表态度潇洒，又善于谈论，对待他很亲近深厚，于是刘琰随从酬应，常为座上宾客。先主平定益州后，任命刘琰为固陵太守。后主即位后，封他为都乡侯，在朝列上的位次总是低于李严，担任卫尉中军师后将军，又调任车骑将军。但是他并不参与国家的政务，仅仅率领千余名士卒，跟着丞相诸葛亮讽喻议论而已。所使用的车辆服饰饮食，号称奢侈华靡，侍婢有好几十人，都能唱歌，又全部教导她们诵读《鲁灵光殿赋》。建兴十年（公元 232 年），与前军师魏延不和，言语虚妄放诞，受到诸葛亮的责备。刘琰写信向诸葛亮谢罪说："琰禀性空虚，本来就薄于操守行为，加上沉迷于酒的毛病，从先帝以来，已受到别人纷纭的议论，几乎就要受到灾祸，颇蒙明公谅解我一心在国，原谅我自身行为的污点，扶持周全，使我的禄位能保全到今天。前日因醉酒迷乱，言语有所违错，由于您的仁慈恩德，不移送法办，让我能保全性命，今后一定要克己改过，并凭神灵为誓；如果不听从您的命令，则无颜见人了。"于是诸葛亮让刘琰回到成都，官位如旧。

刘琰失神恍惚。十二年正月，刘琰妻胡氏入朝为太后祝贺。太后下令特地留胡氏在宫中陪伴，过了一个月才出宫回家。胡氏貌美有姿色，刘琰怀疑她与后主有乱行，叫五百名士兵挝击胡氏，甚至拿鞋子扑打她的面部，然后把她休掉送回娘家。胡氏把这事告发，刘琰坐罪下狱。有司官员讨论罪行说："士兵不是挝击妻子的人，脸也不是承受鞋子扑打的地方。"刘琰终究被判死罪。从此以后大臣的妻子母亲入朝庆贺的事情，就绝止了。

魏延，选自清刊本《三国演义》。

魏延字文长，义阳人也。以部曲随先主入蜀，数有战功，迁牙门将军。先主为汉中王，迁治成都，当得重将以镇汉川，众论以为必在张飞，飞亦以心自许。先主乃拔延为督汉中镇远将军，领汉中太守，一军尽惊。先主大会群臣，问延曰："今委卿以重任，卿居之欲云何？"延对曰："若曹操举天下而来，请为大王拒之；偏将十万之众至，请为大王吞之。"先主称善，众咸壮其言。先主践尊号，进拜镇北将军。建兴元年，封都亭侯。五年，诸葛亮驻汉中，更以延为督前部，领丞相司马、凉州刺史。八年，使延西入羌中，魏后将军费瑶、雍州刺史郭淮与延战于阳谿，延大破淮等，迁为前军师征西大将军，假节，进封南郑侯。

延每随亮出，辄欲请兵万人，与亮异道会于潼关，如韩信故事，亮制而不许。延常谓亮为怯，叹恨己才用之不尽。延既善养士卒，勇猛过人，又性矜高，当时皆避下之，唯杨仪不假借延，延以为至忿，有如水火。

魏延，字文长，义阳人（今河南信阳）。以行伍出身随着先主入蜀，屡有战功，升为牙门将军。先主为汉中王，把首都迁到成都，需要一员重将镇守汉川。众人的议论以为一定会派张飞；张飞自己心中也愿意去。没料到先主却拔擢魏延为督汉中镇远将军，兼领汉中太守，全军都为之惊讶。先主召会群臣，问魏延说："今天委派卿以重任，卿出任后有什么打算呢？"魏延回答说："如果曹操率领所有的部队来入侵，请为大王抵拒他们，如果是偏将军率领十万之众来犯，请为大王吞掉他们。"先主称善，众人都佩服他的豪语。先主称帝后，魏延进而受命为镇北将军。建兴元年，封都亭侯。五年，诸葛亮驻守汉中，更用魏延督理前部，兼领丞相司马、凉州刺史。八年，让魏延西入羌中。魏后将军费瑶、雍州刺史郭淮和魏延在阳溪接战。魏延大破郭淮等人，升为前军征西大将军，执节，进封南郑侯。

魏延每次跟随诸葛亮出征，经常想请求率兵万人，与诸葛亮分道会师潼关，如韩信当年的故事。亮阻止他而不允许。魏延常说诸葛亮胆怯，感叹报怨自己才干不能充分发挥。魏延既善于训练蓄养士兵，勇猛过人，又天性自矜高才，当时人都回避尊敬他，只有杨仪不肯假以辞色。魏延因此非常忿恨，二人之间水火不容。十二年，诸葛亮出师北谷口（今十二年，亮出北谷口，延为前锋。出亮营十里，延梦头上生角，以问占梦赵直，直诈延曰：“夫麒麟有角而不用，此不战而贼欲自破之象也。”退而告人曰：“角之为字，刀下用也；头上用刀，其凶甚矣。”

秋，亮病困，密与长史杨仪、司马费祎、护军姜维等作身殁之后退军节度，令延断后，姜维次之；若延或不从命，军便自发。亮适卒，秘不发丧，仪令祎往揣延意指。延曰：“丞相虽亡，吾自见在。府亲官属便可将丧还葬，吾自当率诸军击贼，云何以一人死废天下之事邪？且魏延何人，当为杨仪所部勒，作断后将乎！”因与祎共作行留部分，令

斩魏延，清末年画。据《三国演义》，诸葛亮临终前，料魏延必反，特密授计与大将马岱与长史杨仪。后魏延果反，马岱表示愿意跟随。与杨仪对阵时，杨仪激魏延大叫三声“谁敢杀我”？身后马岱出其不意，砍魏延于马下。图中魏延正在大叫“谁敢杀我”，马岱则于后砍杀之。

陕西礼泉县），魏延的前锋。离开诸葛亮的营地十里，魏延梦见头上生出角来，就询问占梦者赵直。赵直骗魏延说：“麒麟有角并不去使用，这是不战而贼人要自我破灭的征兆。”赵直出来后告诉别人说：“角字的结构是刀下一个用字，头上用刀，是非常凶险的。”

秋天，诸葛亮病危，秘密和长史杨仪、司马费祎、护军姜维等人安排死后退师的节制调度，令魏延断后，姜维次之；如果魏延不听命令，部队就自行出发。诸葛亮卒，秘不发丧，杨仪令费祎去揣测魏延的心意。魏延说：“丞相虽然故去了，我现在还活着，丞相府亲近的属官可以扶丧还葬，我自己则率领诸军攻击敌人，怎可说因为一个人的死亡而废弃了天下大事呢？而且魏延是什么人，应该被杨仪部署约束，作断后的将军吗？”于是和费祎

祎手书与己连名，告下诸将。祎绐延曰："当为君还解杨长史，长史文吏，稀更军事，必不违命也。"祎出门驰马而去，延寻悔，追之已不及矣。延遣人觇仪等，遂使欲案亮成规，诸营相次引军还。延大怒，攙仪未发，率所领径先南归，所过烧绝阁道。延、仪各相表叛逆，一日之中，羽檄交至。后主以问侍中董允、留府长史蒋琬，琬、允咸保仪疑延。仪等槎山通道，昼夜兼行，亦继延后。延先至，据南谷口，遣兵逆击仪等，仪等令何平在前御延。平叱延先登曰："公亡，身尚未寒，汝辈何敢乃尔！"延士众知曲在延，莫为用命，军皆散。延独与其子数人逃亡，奔汉中。仪遣马岱追斩之，致首于仪，仪起自踏之，曰："庸奴！复能作恶不？"遂夷延三族。初，蒋琬率宿卫诸营赴难北行，行数十里，延死问至，乃旋。原延意不北降魏而南还者，但欲除杀仪等。平日诸将素不同，冀时论必当以代亮。本指如此。不便背叛。

杨仪字威公，襄阳人也。建安中，为荆州刺史傅群主簿，背群而诣襄阳太守关羽。羽命为功曹，遣奉使西诣先主。先主与语论军国计策，政治得失，大悦之，因辟为左将军兵

一起安排回去与留下的部署分配，让费祎亲笔和自己联名写信告诉属下诸将。费祎欺骗魏延说："我为君回去对杨长史解释，长史是文官，不太熟悉军事，一定不会违抗你的命令。"费祎出营门驰马疾去，魏延一会儿后悔了；去追他已经追不上了。魏延派人窥伺杨仪等人的行动，已经按诸葛亮既订的计划，诸营相接率军还师。魏延大怒，在杨仪没有出发前，先率领自己直属的部队直接南归，所经过的地方，把栈道都烧掉。魏延、杨仪各自上表，指责对方叛乱逆行，一天中间，军书交互送到。后主询问侍中董允、留府长史蒋琬。蒋琬、董允都保杨仪而疑魏延；杨仪等人在山上砍伐出通道，昼夜不停地前进，也跟在魏延后面。魏延先到，占据南谷口的险要，派兵迎击杨仪等。杨仪等命令何平在前抵御魏延。何平叱骂魏延先登南谷口的乱行说："丞相去世，尸骨未寒，你们怎么敢这样乱来呢？"魏延的部众士卒也知道魏延理屈，不肯听命，部队全溃散了。魏延独自跟他的儿子，几个人一起逃亡，投奔汉中。杨仪派马岱追斩魏延，把首级送给杨仪，杨仪起来踏着魏延的头说："蠢材，你还能作恶否？"于是杀害魏延三族。起先，蒋琬率领宿卫诸营北行救难，师行数十里，魏延死的消息传来，于是班师回朝。本来魏延心中不北降魏而南归的原因，只是想杀掉杨仪等人，平日诸将素不同心，而希望当时的议论一定会建议以自己替代诸葛亮而已，并不想背叛。

杨仪，字威公，襄阳人（今湖北襄阳）。建安年间，为荆州刺史傅群的主簿，背弃了傅群去拜见襄阳太守关羽。关羽任命他为功曹，派他奉命西诣先主。先主跟他谈论军国计策，政治得失，大为喜悦，于是征召为左将军兵曹掾。先主为汉中王后，拔擢杨仪为尚书。

曹掾。及先主为汉中王，拔仪为尚书。先主称尊号，东征吴，仪与尚书令刘巴不睦，左迁遥署弘农太守。建兴三年，丞相亮以为参军，署府事，将南行。五年，随亮汉中。八年，迁长史，加绥军将军。亮数出军，仪常规画分部，筹度粮谷，不稽思虑，斯须便了。军戎节度，取办于仪。亮深惜仪之才干，凭魏延之骁勇，常恨二人之不平，不忍有所偏废也。十二年，随亮出屯谷口。亮卒于敌场。仪既领军还，又诛讨延，自以为功勋至大，宜当代亮秉政，呼都尉赵正以《周易》筮之，卦得《家人》，默然不悦。而亮平生密指，以仪性狷狭，意在蒋琬，琬遂为尚书令、益州刺史。仪至，拜为中军师，无所统领，从容而已。

初，仪为先主尚书，琬为尚书郎，后虽俱为丞相参军长史，仪每从行，当其劳剧，自惟年宦先琬，才能逾之，于是怨愤形于声色，叹咤之音发于五内。时人畏其言语不节，莫敢从也，惟后军师费祎往慰省之。仪对祎恨望，前后云云，又语祎曰："往者丞相亡没之际，吾若举军以就魏氏，处世宁当落度如此邪！令人追悔不可复及。"祎密表其言。十三年，废仪为民，徙汉嘉郡。仪至徙所，复上书诽谤，辞指激切，遂下郡收仪。仪自杀，其妻子还蜀。

先主称帝后，东征吴国，杨仪与尚书令刘巴不和，迁贬为遥署弘农太守。建兴三年，丞相诸葛亮任命他为参军，署丞相府事，预备南行。五年，跟诸葛亮到汉中。八年，升为长史，加绥军将军。诸葛亮屡次出师，杨仪常协助规划分配布置，筹度粮谷，不假思索，一会儿就解决了问题。于是军事戎机的节制调度，都由杨仪办理。诸葛亮深为爱惜杨仪的才干、魏延的骁勇，常遗憾二人不能和睦相处，但是也不忍心有所偏废。十二年，跟诸葛亮出师，屯驻在谷口（今陕西泾阳县西北），诸葛亮卒于敌境，杨仪既率军回国，又诛讨魏延的叛乱有功，自以为功勋最大，应该代替诸葛亮执政，叫都尉赵正用《周易》来卜筮，得到《家人》的卦象，默然不悦。而依诸葛亮生前的密指，以杨仪天性狷介狭隘，属意于蒋琬，于是蒋琬被任命为尚书令，益州刺史。杨仪到京师，拜为中军师，没有统领的部众，只是个闲散的职务而已。

原先，杨仪为先主尚书，蒋琬为尚书郎，后来虽然一起担任丞相参军长史，杨仪每随从出行，承担辛劳剧烈的差事，自己心想年龄与出仕都先于蒋琬，才能也超过蒋琬，于是怨愤显露音容貌间，感叹之声发于心中。当时人怕他言语不合节度，没有人敢跟他交往，只有后军师费祎去慰问他。杨仪对费祎抒发怨望，陈述自己遭遇不幸的本末，又跟费祎说："从前丞相刚去世时，我如果举师投奔魏国，下场难道会流落到今天这地步吗？真是令人追悔不及啊！"费祎秘密呈报了他的言论。十三年，废杨仪为平民，放逐汉嘉郡（今四川雅安北）。杨仪到了放逐的地方，又上书诽谤，言辞激烈；于是下旨郡中逮捕杨仪。杨仪自杀。妻子回到了蜀。

评曰：刘封处嫌疑之地，而思防不足以自卫。彭羕、廖立以才拔进，李严以干局达，魏延以勇略任，杨仪以当官显，刘琰旧仕，并咸贵重。览其举措，迹其规矩，招祸取咎，无不自己也。

陈寿评论说：刘封处于招致嫌疑的地方，而他的思虑不足以自卫。彭羕、廖立因为有才而被拔擢进用。李严因为干练能发达。魏延以勇敢智略被任用。杨仪以处事恰当而官职显要。刘琰以故旧同宗出任，都能贵重于一时，看他们的举止言行，寻求他们做事的规矩，所以招祸取咎，没有不是出于自取的。

白话三国志

[晋]陈　寿◎著　　王静芝◎主持　　台湾十一位教授◎合译

下

白话全译　文白对照

插图珍藏本

新世界出版社
NEW WORLD PRESS

三国志卷四十一

霍王向张杨费传第十一

齐晓枫 译

霍峻字仲邈，南郡枝江人也。兄笃，于乡里合部曲数百人。笃卒，荆州牧刘表令峻摄其众。表卒，峻率众归先主，先主以峻为中郎将。先主自葭萌南还袭刘璋，留峻守葭萌城。张鲁遣将杨帛诱峻，求共守城，峻曰："小人头可得，城不可得。"帛乃退去。后璋将扶禁、向存等帅万余人由阆水上，攻围峻，且一年，不能下。峻城中兵才数百人，伺其怠隙，选精锐出击，大破之，即斩存首。先主定蜀，嘉峻之功，乃分广汉为梓潼郡，以峻为梓潼太守、裨将军。在官三年，年四十卒，还葬成都。先主甚悼惜，乃诏诸葛亮曰："峻既佳士，加有功于国，欲行酹。"遂亲率群僚临会吊祭，因留宿墓上，当时荣之。

子弋，字绍先，先主末年为太子舍人。后主践阼，除谒者。丞相诸葛亮北驻汉中，请为记室，使与子乔共周旋游处。亮卒，为黄门侍郎。后主立太子璿，以弋为中庶子。璿好

霍峻，字仲邈，南郡枝江人（今湖北省枝江市）。哥哥霍笃，在家乡组织了数百名部曲。霍笃死后，荆州牧刘表命令霍峻统摄这些士卒。刘表死后，霍峻率领部队依附先主，先主任命霍峻为中郎将。先主从葭萌（今四川省广元市昭化区）南方回来偷袭刘璋，留下霍峻镇守葭萌城。张鲁派遣将领杨帛诱降霍峻，要求共同守城，霍峻说："要小人的头，可以；要城，办不到！"杨帛才知难而退。后来刘璋的将领扶禁、向存等率领部队万余人经由阆水（嘉陵江的异名）逆流而上，攻围霍峻，费时将近一年，都攻不下。霍峻城中士兵才数百人，乘对方怠惰的空档，选派精锐部队出击，大大地打了场胜仗，就砍下了向存的头颅。先主平定蜀地，嘉奖霍峻的功绩，于是划分广汉为梓潼郡（今四川省梓潼县），以霍峻为梓潼太守，兼裨将军。霍峻在任内三年，四十岁时去世。遗体迁回成都（今四川省成都）安葬。先主十分悼念和惋惜，于是下诏给诸葛亮，说道："霍峻既是个出色的人，又对国家有功，我准备为他举行一次盛大的祭典。"于是亲自率领许多官员到场吊祭他，因而留在墓旁住了一宿，当时人公认是极荣耀的事。

霍峻的儿子霍弋，字绍先，先主晚年时任职太子舍人。后主（刘禅）即位后，升他做谒者的官。当时丞相诸葛亮在北边的汉中（郡名，治南郑，在今陕西省汉中市）驻防，向

骑射，出入无度，弋援引古义，尽言规谏，甚得切磋之体。后为参军庲降屯副贰都督，又转护军，统事如前。时永昌郡夷獠恃险不宾，数为寇害，乃以弋领永昌太守，率偏军讨之，遂斩其豪帅，破坏邑落，郡界宁静。迁监军翊军将军，领建宁太守，还统南郡事。景耀六年，进号安南将军。是岁，蜀并于魏。弋与巴东领军襄阳罗宪各保全一方，举以内附，咸因仍前任，宠待有加。

王连字文仪，南阳人也。刘璋时入蜀，为梓潼令。先主起事葭萌，进军来南，连闭城不降，先主义之，不强逼也。及成都既平，以连为什邡令，转在广都，所居有绩。迁司盐校尉，较盐铁之利，利入甚多，有裨国用，于是简取良才以为官属，若吕乂、杜祺、刘幹等，终皆至大官，自连所拔也。迁蜀郡太守、兴业将军，领盐府如故。建兴元年，拜屯骑校尉，领丞相长史，封平阳亭侯。时南方诸郡不宾，诸葛亮将自征之，连谏以为“此不毛

后主要了霍弋来做丞相记室，使他和儿子诸葛乔交游相处。诸葛亮死后，霍弋做黄门侍郎。后主立刘璿为太子，任命霍弋为中庶子。刘璿喜爱骑马射箭，进出宫廷不守法度，霍弋引用古人的大道理，言无不尽地规劝，很能够符合切磋的意义。后来做参军庲降屯副贰都督，又转任为护军，统领军事职务如前。当时永昌郡（故治在今云南保山市北五十里）的蛮夷獠人仗恃着地形险要不肯臣服，屡次作乱为害，朝廷于是派霍弋兼领永昌太守，率偏军去讨伐，终于斩了他们的豪帅，毁了他们居住的城邑村落，郡内各地才得宁静。于是霍弋升迁为监军翊军将军，并兼领建宁太守，回去掌理南方各郡县的事务。（后主）景耀六年（公元 263 年），名号进为安南将军。这一年，蜀地被并入魏国。霍弋和巴东（郡名，有今重庆奉节、云阳、巫山诸地）的领军襄阳（郡名，今湖北省襄阳市）人罗宪各自保全了所管的区域，并率全境人民来归附，于是都得以保留原职，得到十分优厚的待遇。

王连，字文仪，南阳（今河南省南阳市）人。在刘璋主政时代迁居蜀地，做过梓潼县令。先主在葭萌起事，率军队进发到南方的梓潼县，王连紧闭城门坚守，不肯投降，先主觉得这人很有义气，就不再逼迫他。等到成都平定了，就任命王连为什邡县（在今四川省什邡市）县令，后来转到广都县（今四川省成都市），每一任内都有政绩。又调迁为司盐校尉，统筹盐铁财政的收入，获利很多，对国家税收很有助益，于是他就精选一批有才干的人作为部属，如吕乂、杜祺、刘幹等，后来都做到大官，这都是最先由王连选拔出来的。王连本人也升为蜀郡太守、兴业将军，并照旧兼管盐府。（后主）建兴元年（公元 223 年），拜官屯骑校尉，兼领丞相长史，并封为平阳亭侯。当时南方有好几个郡不肯臣服，诸葛亮打算亲自率兵去征讨，王连谏阻他，认为“那里都是些容易令人感染疫疠的不毛之地，实在不适宜您这样一个全国声望所寄的重臣冒险而去。”但是，诸葛亮顾虑其他诸将的才能都

之地，疫疠之乡，不宜以一国之望，冒险而行”。亮虑诸将才不及己，意欲必往，而连言辄恳至，故停留者久之。会连卒。子山嗣，官至江阳太守。

向朗字巨达，襄阳宜城人也。荆州牧刘表以为临沮长。表卒，归先主。先主定江南，使朗督秭归、夷道、巫、夷陵四县军民事。蜀既平，以朗为巴西太守，顷之转任牂牁，又徙房陵。后主践阼，为步兵校尉，代王连领丞相长史。丞相亮南征，朗留统后事。五年，随亮汉中。朗素与马谡善，谡逃亡，朗知情不举，亮恨之，免官还成都。数年，为光禄勋，亮卒后徙左将军，追论旧功，封显明亭侯，位特进。初，朗少时虽涉猎文学，然不治素检，以吏能见称。自去长史，优游无事垂三十年，乃更潜心典籍，孜孜不倦。年逾八十，犹手自校书，刊定谬误，积聚篇卷，于时最多。开门接宾，诱纳后进，但讲论古义，不干时事，以是见称。上自执政，下及童冠，皆敬重焉。延熙十年卒。子条嗣，景耀中为御史中丞。

朗兄子宠，先主时为牙门将。秭归之败，宠营特完。建兴元年封都亭侯，后为中部

不及自己，执意起行；由于王连经常以恳切的言辞来劝阻他，所以耽搁了许久没有动身。就在这时候，王连去世了。王连的儿子王山继承父亲的余荫，官做到江阳太守。

向朗，字巨达，襄阳宜城（今湖北省宜城市）人。荆州牧刘表曾任命他做临沮县（故城在今湖北省远安、南漳县一带）县长。刘表死后，就归附先主。先主平定江南后，任命向朗监督秭归（今湖北省秭归县）、夷道（故城在今湖北省宜都市西北）、巫（山）（今重庆市巫山县）、夷陵（今湖北省宜昌市）四县军民事。蜀地既已平定，就派向朗为巴西（郡名，今四川省阆中市）太守，短时间内又转任为牂牁（今贵州省遵义、石阡、思南诸县一带）太守，后来又转到房陵（今湖北省房县）任职。后主即位后，官拜步兵校尉，并代替王连兼领丞相长史。丞相诸葛亮南征时，向朗就留守后方主管一切事务。五年，跟随诸葛亮到汉中。向朗向来和马谡友好，马谡逃亡时，向朗知情不报，诸葛亮很气他，免了他的官，回到成都。过了几年，任职为光禄勋；诸葛亮死后，转任左将军，朝廷追论他昔日的功绩，封他为显明亭侯，位为特进。起先，向朗年少时虽然涉猎一些文章书籍，但是行为不太检点，只是在吏治的才能上被人称赏。自从免去长史的职位后，优游无事将近二十年（原文三十年，据裴松之注改），于是才转而努力于典籍的研究，孜孜不倦。年过八十了，还亲手校对书籍，刊定谬误，他收藏的书，在当时人中最多。平日在家开门接待宾客，教导引进后辈，他只讲论古书大义，不干涉时事，因此声名远播。上自朝廷执政，下至不满二十的童子少年，都非常敬重他。向朗逝世于（后主）延熙十年（公元 247 年）。儿子向条继承余荫，景耀年间任职为御史中丞。

向朗哥哥的儿子向宠，先主时代官拜牙门将。蜀兵在秭归的那场败仗里，只有向宠的

督，典宿卫兵。诸葛亮当北行，表与后主曰："将军向宠，性行淑均，晓畅军事，试用于昔，先帝称之曰能，是以众论举宠为督。愚以为营中之事，悉以咨之，必能使行陈和睦，优劣得所也。"迁中领军。延熙三年，征汉嘉蛮夷，遇害。宠弟充，历射声校尉尚书。

张裔字君嗣，蜀郡成都人也。治《公羊春秋》，博涉《史》、《汉》。汝南许文休入蜀，谓裔干理敏捷，是中夏钟元常之伦也。刘璋时，举孝廉，为鱼复长，还州署从事，领帐下司马。张飞自荆州由垫江入，璋授裔兵，拒张飞于德阳陌下，军败，还成都。为璋奉使诣先主，先主许以礼其君而安其人也，裔还，城门乃开。先主以裔为巴郡太守，还为司金中郎将，典作农战之器。先是，益州郡杀太守正昂，耆率雍闿恩信著于南土，使命周旋，远通孙权。乃以裔为益州太守，径往至郡。闿遂趑趄不宾，假鬼教曰："张府君如瓠壶，外虽泽而内实粗，不足杀，令缚与吴。"于是遂送裔于权。

军队仍能保持完整。（后主）建兴元年（公元223年）封为都亭侯，后来又任职中部督，掌管宿卫兵。诸葛亮正要北征，上表给后主，说道："将军向宠，品格行为和善，通晓军事，往日曾被任用过，先帝称赞他，说他'能干'，所以大家一致推举他做都督。愚见以为军营中的事情，全都可以咨询他，他一定能够使部队和睦，人才运用优劣得所的。"于是向宠升为中领军。（后主）延熙三年（公元240年），向宠征讨汉嘉（今四川省雅安市北）一带的蛮夷，遇害身亡。向宠的弟弟向充，历任射声校尉、尚书等官职。

张裔，字君嗣，蜀郡成都（今四川省成都市）人。专研《公羊春秋》，博览《史记》、《汉书》。汝南（郡名，属今河南省）人许文休（许靖）到蜀地后，称赞张裔，说他干才议论很敏捷，类似中夏的钟元常（钟繇）这一辈人。在刘璋主政的时代，被察举为孝廉，担任鱼复县（故城在今重庆市奉节县东）县长的职务。回本州代理从事的官，兼领帐下司马。张飞从荆州经由垫江（今重庆市垫江县）攻入，刘璋授张裔兵权，在德阳（故城在今四川省梓潼县北）田陌之间抵御张飞，打了败仗，退回成都。替刘璋做投降使者，去拜见先主。先主答应礼遇他的主人，并安抚蜀地的百姓。张裔回去覆命，才开城门让先主进入。先主任命张裔为巴郡（故治在今重庆市江北）太守，内调做司金中郎将，掌管制作农具与兵器的事。原先，益州（今四川省地）郡民杀掉他们的太守正昂，耆率雍闿素来在南方很有恩泽信誉，派了许多使者来来往往，向远地的孙权交好，作为支援。先主于是任命张裔为益州太守，直接到郡。雍闿就犹疑推托，不肯降服，还装神弄鬼，假借邪教传出这样的话："张府君就像个瓠瓜一般，表面虽然鲜明润泽，里面却粗得很，这种人根本不值得杀！你们该把他绑起来押送给吴国！"于是就把张裔送到孙权那儿。

会先主薨，诸葛亮遣邓芝使吴，亮令芝言次可从权请裔。裔自至吴数年，流徙伏匿，权未之知也，故许芝遣裔。裔临发，权乃引见，问裔曰："蜀卓氏寡女，亡奔司马相如，贵土风俗何以乃尔乎？"裔对曰："愚以为卓氏之寡女，犹贤于买臣之妻。"权又谓裔曰："君还，必用事西朝，终不作田父于闾里也，将何以报我？"裔对曰："裔负罪而归，将委命有司。若蒙徼幸得全首领，五十八已前父母之年也，自此已后大王之赐也。"权言笑欢悦，有器裔之色。裔出阁，深悔不能阳愚，即便就船，倍道兼行。权果追之，裔已入永安界数十里，追者不能及。

既至蜀，丞相亮以为参军，署府事，又领益州治中从事。亮出驻汉中，裔以射声校尉领留府长史，常称曰："公赏不遗远，罚不阿近，爵不可以无功取，刑不可以贵势免，此贤愚之所以佥忘其身者也。"其明年，北诣亮谘事，送者数百，车乘盈路，裔还书与所亲曰："近者涉道，昼夜接宾，不得宁息，人自敬丞相长史，男子张君嗣附之，疲倦欲死。"其谈啁流速，皆此类也。少与犍为杨恭友善，恭早死，遗孤未数岁，裔迎留，与分屋而居，事

适逢先主逝世，诸葛亮派遣邓芝出使到吴，并交待他言谈间可以向孙权请求放回张裔。张裔到吴地，已有数年之久，四处流徙，躲躲藏藏，孙权并不知道有他这个人在，因此应允邓芝遣返张裔。张裔临出发前，孙权接见他，并问道："听说蜀地有个卓家守寡的女儿，私奔到司马相如那里，贵地的风俗怎么竟然是这样的啊？"张裔回答说："愚见以为卓家守寡的女儿，还是比朱买臣的妻子要贤慧些。"孙权又对张裔说："先生回去后，必定被西朝重用，终于不必回乡下作农夫了，你要拿什么回报我呀？"张裔回答说："裔背负着罪状回去，性命即将交在有关当局手里。如果蒙圣恩侥幸得以活命，五十八岁以前是父母赐给我的年岁，自此以后就是大王的赏赐。"孙权谈笑之间十分欢悦，露出器重张裔的容色。张裔出了宫，深深后悔没有伪装愚昧，就立刻上了船，加快速度兼程而行。孙权果然派人追赶他，张裔已经越过永安（今重庆市奉节县东）边界，进入蜀国数十里路了，追的人已赶不上了。

到了蜀国，丞相诸葛亮任用他做参军，代理丞相府事，又兼领益州治中从事。诸葛亮出外驻扎在汉中（郡名，治南郑，在今陕西省汉中市）时，张裔以射声校尉的职位兼领留府长史，他常常对人说："丞相为人，有功该赏，决不因为对方是个和他疏远的人而遗漏他；有罪应罚，也不因为对方是个亲近他的人而枉法徇私。爵位不可以没有一点功劳而侥幸取得，刑罚不可以凭仗贵人权势而侥幸免掉，这正是不论贤愚之人都能不顾性命为他效力的原因啊！"第二年，他往北边到诸葛亮那里去请示事情，送行的有好几百人，车辆塞满了道路，张裔写了一封信回来给亲近的人，说道："近来要出门上路，日夜接待宾客，得不到片刻安息。别人家只是尊敬'丞相长史'，张君嗣这个家伙挂了这虚名，就累得个要死。"他谈笑流畅敏捷，都像这一类。张裔年少时和犍为郡（有今四川省宜宾、高县、富

恭母如母。恭之子息长大，为之娶妇，买田宅产业，使立门户。抚恤故旧，振赡衰宗，行义甚至。加辅汉将军，领长史如故。建兴八年卒。子翯嗣，历三郡守监军。翯弟郁，太子中庶子。

杨洪字季休，犍为武阳人也。刘璋时历部诸郡。先主定蜀，太守李严命为功曹。严欲徙郡治舍，洪固谏不听，遂辞功曹，请退。严欲荐洪于州，为蜀部从事。先主争汉中，急书发兵，军师将军诸葛亮以问洪，洪曰："汉中则益州咽喉，存亡之机会，若无汉中则无蜀矣，此家门之祸也。方今之事，男子当战，女子当运，发兵何疑？"时蜀郡太守法正从先主北行，亮于是表洪领蜀郡太守，众事皆办，遂使即真。顷之，转为益州治中从事。

先主既称尊号，征吴不克，还住永安。汉嘉太守黄元素为诸葛亮所不善，闻先主疾病，惧有后患，举郡反，烧临邛城。时亮东行省疾，成都单虚，是以元益无所惮。洪即启太子，遣其亲兵，使将军陈曶、郑绰讨元。众议以为元若不能围成都，当由越嶲据南中。

顺、屏山、筠连诸县地）的杨恭是好朋友，杨恭早死，遗孤不过才几岁大，张裔把他们迎回家，拨房子给他们住，事奉杨恭的母亲如同自己的母亲一般。杨恭的儿子长大了，替他娶了媳妇，买下田地房产，使他自立门户。他抚恤亲朋故旧，救济衰败的族人，使他们振兴起来，像这样行义不遗余力。后来他被加官为辅汉将军，并兼领长史如前。（后主）建兴八年（公元230年）去世。儿子张翯继嗣，历任三个郡的守监军职位。张翯的弟弟名叫郁，任职太子中庶子。

杨洪，字季休，犍为武阳（故治在今四川省眉山市彭山区东十里）人。刘璋主政时在好几个郡做过事。先主平定蜀地，太守李严任命他为功曹。李严想迁徙郡治官舍，杨洪坚决谏阻，却不被接纳，于是辞去功曹的职位，请求退隐。李严想把他推荐给上头州政府，做蜀部从事。遇到先主正争夺汉中之地，发送紧急军书要调派部队，军师将军诸葛亮拿这件事来问杨洪的意见，杨洪说："汉中就是益州的咽喉，这是存亡的关键，如果没有汉中，蜀也就保不住了，这是逼近家门前的祸患呀！就目前的状况看来，男子都该步上战场，女子都该参加运粮，发兵啊！还有什么好犹疑的呢！"当时蜀郡太守法正已侍从先主往北方去了，诸葛亮于是上表推荐杨洪兼领蜀郡太守，一切事情都办得很成功，就让他真除了。不久，转任为益州治中从事。

先主称尊号以后，征讨吴国失利，还军留驻永安。汉嘉（故城在今四川省雅安市北）太守黄元一向是诸葛亮所不喜欢的人，听说先主患病，恐惧有后患，就率同全郡的人造反，烧毁了临邛城。那时候诸葛亮正往东边去探望先主的疾病。成都境内单弱空虚，所以黄元更加无所忌惮。杨洪立即启奏太子，调派亲信部队，任命陈曶、郑绰两位将军征讨黄元。

洪曰："元素性凶暴，无他恩信，何能办此？不过乘水东下，冀主上平安，面缚归死；如其有异，奔吴求活耳。敕留、绰但于南安峡口遮即便得矣。"留、绰承洪言，果生获元。洪建兴元年赐爵关内侯，复为蜀郡太守、忠节将军，后为越骑校尉，领郡如故。

五年，丞相亮北住汉中，欲用张裔为留府长史，问洪何如？洪对曰："裔天姿明察，长于治剧，才诚堪之，然性不公平，恐不可专任，不如留向朗。朗情伪差少，裔随从目下，效其器能，于是两善。"初，裔少与洪亲善。裔流放在吴，洪临裔郡，裔子郁给郡吏，微过受罚，不特原假。裔后还闻之，深以为恨，与洪情好有损。及洪见亮出，至裔许，具说所言。裔答洪曰："公留我了矣，明府不能止。"时人或疑洪意自欲作长史，或疑洪知裔自嫌，不愿裔处要职，典后事也。后裔与司盐校尉岑述不和，至于忿恨。亮与裔书曰："君昔在陌下，营坏，吾之用心，食不知味；后流迸南海，相为悲叹，寝不安席；及其来还，委付大任，同奖王室，自以为与君古之石交也。石交之道，举仇以相益，割骨肉以相明，犹不相

大家的意见都认为黄元如果不能包围成都，必定经由越嶲（郡名，在今四川西昌市）去占据南中之地。杨洪却说："黄元的性情素来凶暴，对人没有什么特别的恩惠威信，他有什么本领办得成这件事？他只不过是想乘船沿江东下，观望一时；希望主上平安无事，他就自己回来面缚请罪；如果万一情况有什么不对，他就逃到吴国寻求活命而已。请您命令陈留、郑绰两位将军去，只要在南安（在今四川乐山市）峡口拦截，就可以逮住他了。"陈留、郑绰两人接受了杨洪的建议，果然生擒住黄元。杨洪在建兴元年（公元223年）赐爵为关内侯，又再度做蜀郡太守、忠节将军，后来转任为越骑校尉，照旧兼领蜀郡。

五年，丞相诸葛亮留在北边的汉中，想擢用张裔为留府长史，问杨洪的意见怎样？杨洪对答说："张裔天赋明察，擅长治理繁琐的事，才干实在足以担任这个职务，但是他为人不很公平，恐怕不可完全委任他，不如留下向朗，向朗毛病比较少。让张裔随从在您跟前，充分发挥他的才能罢。这样的话，事情就两全其美了。"当初，张裔年少时与杨洪亲近友善。张裔流放在吴国的时候，杨洪曾到过张裔的本郡，张裔的儿子张郁正做郡吏，犯了一点小错受到处罚，杨洪不曾看情面额外宽免他。后来张裔回乡听说有这件事，觉得十分可恨，与杨洪的交情有了裂痕。所以当杨洪见过诸葛亮出来，去到张裔那里，将曾在丞相面前说过的一番话原原本本的向他表白。张裔回答杨洪说："丞相留用我的意思很明显了，您再怎样也破坏不了！"当时有人怀疑杨洪自己想做长史，另有人怀疑杨洪自知被张裔所嫌恶，不愿意张裔身处要职，掌理诸葛亮走后丞相府的事务。后来张裔与司盐校尉岑述不和，甚至于互相忿恨。诸葛亮在给张裔的信中说道："张君您以前在德阳陌下兵败之时，我用尽心思，想尽办法争取您到我们阵营这边来，以致食不知味；后来您在南海一带流散，我为您悲哀叹息，连睡觉也不安稳；等到您安然返回，我把重大的责任委托给您，共同戮力于王室的振兴大业，自以为与您的交谊深厚，已经到了古人所谓'石交'的境界。'石交'之

谢也，况吾但委意于元俭，而君不能忍邪？”论者由是明洪无私。

洪少不好学问，而忠清款亮，忧公如家，事继母至孝。六年卒官。始洪为李严功曹，严未去犍为而洪已为蜀郡。洪迎门下书佐何祗，有才策功干，举郡吏，数年为广汉太守，时洪亦尚在蜀郡。是以西土咸服诸葛亮能尽时人之器用也。

费诗字公举，犍为南安人也。刘璋时为绵竹令，先主攻绵竹时，诗先举城降。成都既定，先主领益州牧，以诗为督军从事，出为牂牁太守，还为州前部司马。先主为汉中王，遣诗拜关羽为前将军，羽闻黄忠为后将军，羽怒曰：“大丈夫终不与老兵同列！”不肯受拜。诗谓羽曰：“夫立王业者，所用非一。昔萧、曹与高祖少小亲旧，而陈、韩亡命后至，论其班列，韩最居上，未闻萧、曹以此为怨。今汉王以一时之功，隆崇于汉升，然意之轻重，宁当与君侯齐乎！且王与君侯，譬犹一体，同休等戚，祸福共之，愚为君侯，不宜计官号之高下，爵禄之多少为意也。仆一介之使，衔命之人，君侯不受拜，如是便还，但相

道，乃是捐弃仇恨而相互助益，甚至割舍骨肉至情以表明心意时，都互不称谢的呀！何况我只不过是对元俭表示了一点好感，而您竟不能忍受吗？”说闲话的人因此才明了杨洪是公正无私的。

杨洪年少时不喜欢研究学问，但他忠诚清廉、坦率耿直，忧心公事就像是私事一般，奉侍继母极为孝顺。（建兴）六年时，死在任上。当初杨洪在李严手下担任功曹的官职，而李严尚未离开犍为太守任上，杨洪已被诸葛亮任为蜀郡太守。杨洪迎纳任用的门下书佐何祗，有才华有计谋，办事能力又强，杨洪就推举他为郡吏，数年之间，何祗即升任为广汉（郡治在今四川省广汉市）太守，当时杨洪也还在蜀郡。所以西土人士都服膺诸葛亮能够充分发挥当时的人才。

费诗，字公举，犍为南安（故治在今四川省乐山市）人。刘璋时代做绵竹县（故城在今四川省德阳市北）的县令。先主攻绵竹县时，费诗首先举城投降。等到成都平定后，先主兼领益州牧，就任用费诗为督军从事，继而外放做牂牁太守，又调回任州前部司马。先主做汉中王之后，命费诗为特使拜关羽为前将军，关羽听说黄忠做了后将军，就大怒道：“我堂堂大丈夫，无论如何也不能与老兵同在一个行列里！”不肯受拜。费诗对关羽说：“创立王业的人，需用的人材不一。以前萧何、曹参与高祖（刘邦）自小就有亲旧的交情，而陈平和韩信却都是以后才逃亡过来的，拿他们的地位而论，韩信最在上面，没听说萧、曹二人因此而抱怨的。今天汉王因为汉升（黄忠）一时的功绩，而推重尊崇他，但是大王内心中分量自有轻重，难道他有可能把汉升和君侯相提并论吗？何况大王与您，犹如人的整个身体，休戚相关，祸福与共。我为君侯设想，您不应该计较官号的高下、爵禄的多少，

为惜此举动，恐有后悔耳！”羽大感悟，遽即受拜。

后群臣议欲推汉中王称尊号，诗上疏曰：“殿下以曹操父子逼主篡位，故乃羁旅万里，纠合士众，将以讨贼。今大敌未克，而先自立，恐人心疑惑。昔高祖与楚约，先破秦者王。及屠咸阳，获子婴，犹怀推让，况今殿下未出门庭，便欲自立邪！愚臣诚不为殿下取也。”由是忤指，左迁部永昌从事。建兴三年，随诸葛亮南行，归至汉阳县，降人李鸿来诣亮，亮见鸿，时蒋琬与诗在坐。鸿曰：“间过孟达许，适见王冲从南来，言往者达之去就，明公切齿，欲诛达妻子，赖先主不听耳。达曰：‘诸葛亮见顾有本末，终不尔也。’尽不信冲言，委仰明公，无复已已。”亮谓琬、诗曰：“还都当有书与子度相闻。”诗进曰：“孟达小子，昔事振威不忠，后又背叛先主，反覆之人，何足与书邪！”亮默然不答。亮欲诱达以为外援，竟与达书曰：“往年南征，岁末乃还，适与李鸿会于汉阳，承知消息，慨然永叹，以存足下平素之志，岂徒空托名荣，贵为乖离乎！呜呼孟子，斯实刘封侵陵足下，以伤先主待士之义。又鸿道王冲造作虚语，云足下量度吾心，不受冲说。寻表明之言，追平生之

而心里不舒服啊！鄙人不过是个小小的使者，奉命行事的人，君侯您如果不受拜，我也没办法，就这样马上回去覆命，也没有什么不好，我只是为您惋惜这番举动，恐怕您将来会后悔罢了！”关羽听后，大彻大悟，立刻接受拜命。

后来群臣商议打算推举汉中王称尊号，费诗上疏说：“殿下是因曹操父子胁逼天子篡夺帝位，所以才寄居万里之外，联合天下士人群众，准备讨贼。今天大敌还未克服，就先自立称帝，恐怕会引起人心疑惑，以为殿下自己有野心，不是真替汉室出力。从前高祖与楚王订约，先破秦的可以称王关中。等到屠灭了咸阳，俘虏了子婴之后，还存着推让之心，何况现在殿下还未迈出门庭，就想自立了呢！愚臣真不认为殿下这样做有什么可取的呀！”由于这番话拂逆了汉中王的心意，降职为永昌郡从事。建兴三年（公元225年），随从诸葛亮南行，回师时抵达汉阳县（故治在今四川高县庆符镇南），有个投降的人李鸿来拜见诸葛亮，诸葛亮接见他，当时蒋琬和费诗都在坐。李鸿说：“有一次偶然到孟达那里拜访，正巧遇见王冲由南方来，提起从前孟达叛蜀附魏时，明公您痛恨得咬牙切齿，想杀掉孟达的妻儿，全靠先主不听您的意见，才得免一死而已。孟达说：‘诸葛亮待人有始有终，无论如何不会做这种事的。’他完全不相信王冲的话。孟达那信赖仰仗您的心意，居然从来不曾中止过啊！”诸葛亮对蒋琬、费诗说：“还都之后，应当有封信给子度（孟达）联络一下。”费诗进言说：“孟达这小子，以前在振威（刘璋）手下做事就不尽忠，后来又背叛了先主，像这种反复无常的人，哪里值得给他写信呢？”诸葛亮沉默着没有答话。诸葛亮想引诱孟达作为外援力量，终于还是给他写信，说道：“去年南征时，到了年底才回来，恰巧在汉阳遇见李鸿，承蒙他告知您的消息，令人伤感长叹，因而想起以您平生的志愿，您哪里是愿意白白地为了名位虚荣，而甘心做出背叛的行为呢！唉！孟先生呀！这实在是刘封侵犯了您，

好，依依东望，故遣有书。”达得亮书，数相交通，辞欲叛魏。魏遣司马宣王征之，即斩灭达。亮亦以达无款诚之心，故不救助也。蒋琬秉政，以诗为谏议大夫，卒于家。

王冲者，广汉人也。为牙门将，统属江州督李严。为严所疾，惧罪降魏。魏以冲为乐陵太守。

评曰：霍峻孤城不倾，王连固节不移，向朗好学不倦，张裔肤敏应机，杨洪乃心忠公，费诗率意而言，皆有可纪焉。以先主之广济，诸葛之准绳，诗吐直言，犹用陵迟，况庸后乎哉！

因而损害到先主对待士人的高义。李鸿又提起王冲捏造虚妄不实的话来中伤我，说您衡量过我的本心，明白我不会做那些下流的事情，因此没有采信王冲的胡说。我再三玩味你那些明白事理的话，追念我们平素交往的情谊，不禁向东企盼遥望，心里满是依依之情，所以有这封信给您。”孟达收到诸葛亮的信后，也曾有多次书信来往，言辞之间透露出要背叛曹魏的意思。魏国获悉此事后，就派司马宣王去征讨，斩杀了孟达。事前诸葛亮也因孟达并无诚意投效，所以没有出兵援救。蒋琬秉政之后，任用费诗为谏议大夫，后来终老于家中。

王冲是广汉（郡名，郡治在今四川省广汉市）人，任职牙门将，隶属于江州督李严。被李严所嫉恨，畏惧加罪而投降了魏。魏任他做乐陵（郡名，在今山东省乐陵市西南三十里）太守。

陈寿评论说：霍峻坚守孤城不屈；王连固执志节不移；向朗勤奋好学，孜孜不倦；张裔才高敏捷，应对灵活；杨洪心存忠公；费诗直率进言，都有值得记录的地方。以先主包涵万物的胸怀，诸葛亮大公无私的准则，费诗说了坦白的话，还是因此受到贬斥，更何况是平庸的后主呢？

三国志卷四十二

杜周杜许孟来尹李谯郤传第十二

齐晓枫 译

杜微字国辅，梓潼涪人也。少受学于广汉任安。刘璋辟为从事，以疾去官。及先主定蜀，微常称聋，闭门不出。建兴二年，丞相亮领益州牧，选迎皆妙简旧德，以秦宓为别驾，五梁为功曹，微为主簿。微固辞，舆而致之。既致，亮引见微，微自陈谢。亮以微不闻人语，于坐上与书曰："服闻德行，饥渴历时，清浊异流，无缘咨觏。王元泰、李伯仁、王文仪、杨季休、丁君幹、李永南兄弟、文仲宝等，每叹高志，未见如旧。猥以空虚，统领贵州，德薄任重，惨惨忧虑。朝廷今年始十八，天姿仁敏，爱德下士。天下之人思慕汉室，欲与君因天顺民，辅此明主，以隆季兴之功，著勋于竹帛也。以谓贤愚不相为谋，故自割绝，守劳而已，不图自屈也。"微自乞老病求归，亮又与书答曰："曹丕篡弑，自立为帝，

杜微，字国辅，梓橦郡涪县（今四川绵阳市）人。少年时代曾在广汉（今四川省广汉市）人任安的门下受学。刘璋曾经征辟他做从事官，后来因病离职。先主（刘备）平定蜀地之后，杜微经常拿耳聋作借口，闭门不出。（后主刘禅）建兴二年（公元224年），丞相诸葛亮领益州牧，在选迎人材方面，都是精选早以德行知名的人士，他用秦宓为别驾，五梁为功曹，杜微为主簿。杜微坚决辞谢，诸葛亮就派车子去接他。接来后，诸葛亮引见他，杜微当面以言辞婉拒。诸葛亮因为杜微听不到说话，就在座位上以笔书的方式告诉他说："很早就拜闻先生的义德高行，如饥似渴地想亲近先生已有多时了，您是隐士，我是官场中人，清浊不同流，以致于一直没机缘见面请教。王元泰（谋）、李伯仁、王文仪（连）、杨季休（洪）、丁君幹、李永南（邵）兄弟、文仲宝（恭）等众位都常常赞叹先生的高洁志趣，认为老成如先生真是前所未见。现在，像我这样空疏的人却来统领贵州，德行浅薄而责任重大，内心非常忧虑不安。朝廷（主公）今年才十八岁，天赋仁厚聪敏，喜爱有德行的人，又能屈己下士。天下的百姓莫不思慕汉室，我愿与先生迎合天意，顺应民情，辅佐这位英明的主公，来建立兴复汉室的功劳，把勋名记载竹帛上，留传后世。若是先生一定要说贤愚不相为谋，有意和我们划清界限，我只有固执着这份勤恳的心意，却不敢企盼先生勉强屈就的。"杜微还是自称年老多病，要求返乡，诸葛亮又写了一封信答复他说："曹

是犹土龙刍狗之有名也。欲与群贤因其邪伪，以正道灭之。怪君未有相诲，便欲求还于山野。丕又大兴劳役，以向吴、楚。今因丕多务，且以闭境勤农，育养民物，并治甲兵，以待其挫，然后伐之，可使兵不战民不劳而天下定也。君但当以德辅时耳，不责君军事，何为汲汲欲求去乎！”其敬微如此。拜为谏议大夫，以从其志。

五梁者，字德山，犍为南安人也，以儒学节操称。从议郎迁谏议大夫、五官中郎将。

周群字仲直，巴西阆中人也。父舒，字叔布，少学术于广汉杨厚，名亚董扶、任安。数被征，终不诣，时人有问：“《春秋谶》曰代汉者当涂高，此何谓也？”舒曰：“当涂高者，魏也。”乡党学者私传其语。群少受学于舒，专心候业。于庭中作小楼，家富多奴，常令奴更直于楼上视天灾，才见一气，即白群，群自上楼观之，不避晨夜，故凡有气候，无不见之者，是以所言多中。州牧刘璋，辟以为师友从事。先定主蜀，署儒林校尉。先主欲与曹公争汉中，问群，群对曰：“当得其地，不得其民也。若出偏军，必不利，当戒慎

丕篡弑，自立为帝，就像是把泥巴抟作龙形的土龙，把草儿结成狗形的刍狗，一样的有名无实。我正想集合众位贤人君子的力量，针对他这种邪恶诈伪的行为，用正道来消灭他。我很惊奇先生竟然没有一言半句教诲我，就打算回山野过不问世事的隐居生活。现在曹丕又大肆发动军队，向吴、楚进兵，我以为当今之计，正好趁着曹丕事务繁杂的机会，我方暂且关闭国境，奖励农事，让百姓休养生息，一方面整理器械，训练军队，等待曹丕的挫败，然后一举进攻，必可以使兵不战民不劳而天下就平定了。您只需要及时贡献德望聊为辅佐罢了，我们不会拿军事来责成您的，为什么还急急忙忙地要求离去呢？”他对杜微的尊敬到了这种地步。最后朝廷任命杜微做谏议大夫，官职很清高，以成全他的志愿。

五梁这个人，字德山，是犍为郡南安县人（故治在今四川省乐山市），在儒学节操方面著名。官职由议郎升迁谏议大夫、五官中郎将。

周群，字仲直，巴西阆中（巴西郡治，在今四川省阆中市）人。父亲名舒，字叔布，少年时代在广汉人杨厚的门下学术数，名气仅次于董扶、任安。屡次被征召，始终不肯去。当时有人问道：“《春秋谶》说取代汉朝天下的将是‘当涂高’，这话怎么解释呀？”周舒回答说：“‘当涂高’，就是指魏。”乡里学者之间都私下传布他这句话。周群自幼受教于父亲，专心于征候的学问。在庭中造了一座小楼，家里有钱，养了许多奴仆，就经常命令奴仆在楼上轮值来观察天灾，每逢看见一种天象变化，就马上向周群报告，周群亲自上楼去观看，不论早晚。因此，凡是气候上有任何变异，没有看不到的，所以他的预测常常命中。州牧刘璋延揽他做师友从事。先主定蜀之后，命他代理儒林校尉。先主想和曹操争夺汉中，询问周群的意见，周群对答说：“应该可以取得那地方，但是不得民心。如果派遣偏师去，必

之！”时州后部司马蜀郡张裕亦晓占候，而天才过群，谏先主曰：“不可争汉中，军必不利。”先主竟不用裕言，果得地而不得民也。遣将军吴兰、雷铜等入武都，皆没不还，悉如群言。于是举群茂才。

裕又私语人曰：“岁在庚子，天下当易代，刘氏祚尽矣。主公得益州，九年之后，寅卯之间当失之。”人密白其言。初，先主与刘璋会涪时，裕为璋从事，侍坐。其人饶须，先主嘲之曰：“昔吾居涿县，特多毛姓，东西南北皆诸毛也，涿令称曰‘诸毛绕涿居乎’！”裕即答曰：“昔有作上党潞长，迁为涿令者，去官还家，时人与书，欲署潞则失涿，欲署涿则失潞，乃署曰‘潞涿君’。”先主无须，故裕以此及之。先主常衔其不逊，加忿其漏言，乃显裕谏争汉中不验，下狱，将诛之。诸葛亮表请其罪，先主答曰：“芳兰生门，不得不鉏。”裕遂弃市。后魏氏之立，先主之薨，皆如裕所刻。又晓相术，每举镜视面，自知刑死，未尝不扑之于地也。

群卒，子巨颇传其术。

杜琼字伯瑜，蜀郡成都人也。少受学于任安，精究安术。刘璋时辟为从事。先主定益

定失利，可要小心谨慎！”当时官拜州后部司马的蜀郡人张裕也懂得占候之术，而且这方面的天才超过周群，他劝谏先主说：“千万别争夺汉中，军队必定要失利的。”先主终于不采纳张裕的话，果然是得地而不得民心。派遣将军吴兰、雷铜等人进入武都，都是全军覆没，一切都如周群的预言。于是推举周群为茂才。

张裕又私下对人说：“太岁在庚子这一年，天下将改朝换代，刘氏的福祚要完了，主公可以得到益州（今四川省地），九年之后，在寅年或卯年左右就会失掉它。”有人把他这番话拿去打小报告。当初，先主与刘璋在涪县相会时，张裕正是刘璋的从事，在一旁陪侍而坐。他这个人满嘴胡须，先主嘲笑他说：“以前我住在涿县，姓毛的特别多，东西南北都是些姓毛的，涿县的县令宣称说：‘许多毛绕着涿居住呀！’”张裕立刻回答说：“以前有个人，作上党潞长，迁官为涿县县令。离官返乡后，有人写信给他，想在信上称他潞长，却怕失了涿长的衔头，想称呼他涿长，又怕失去潞长的衔头，只好这样称呼他：潞涿君。”先主没有胡须，所以张裕用这话来反唇相讥。先主经常因张裕的不逊而耿耿于心，加上恼怒他这次预测军情的话全没遮拦，就公布他“谏诤取汉中的预言没有应验”。拿这个为罪名，把他关进监狱，要杀他。诸葛亮上表请问张裕到底犯了什么罪，先主答复说：“芳兰虽然是香草，但生在门前挡路，不得不锄掉！”张裕于是被斩首弃市。后来魏氏的兴盛，先主的去世，都如同张裕原先的刻画。张裕又懂得相术，每次举镜看自己的面孔，自知将受刑戮而死，没有一次不是把镜子摔在地上的。

周群死后，他的儿子周巨颇能传承他在占候方面的长才。

州，领牧，以琼为议曹从事。后主践阼，拜谏议大夫，迁左中郎将、大鸿胪、太常。为人静默少言，阖门自守，不与世事。蒋琬、费祎等皆器重之。虽学业入深，初不视天文有所论说。后进通儒谯周常问其意，琼答曰："欲明此术甚难，须当身视，识其形色，不可信人也。晨夜苦剧，然后知之，复忧漏泄，不如不知，是以不复视也。"周因问曰："昔周徵君以为当涂高者魏也，其义何也？"琼答曰："魏，阙名也，当涂而高，圣人取类而言耳。"又问周曰："宁复有所怪邪？"周曰："未达也。"琼又曰："古者名官职不言曹；始自汉已来，名官尽言曹，吏言属曹，卒言侍曹，此殆天意也。"琼年八十余，延熙十三年卒。著《韩诗章句》十余万言，不教诸子，内学无传业者。周缘琼言，乃触类而长之曰："《春秋传》著晋穆侯名太子曰仇，弟曰成师。师服曰：'异哉君之名子也！嘉耦曰妃，怨耦曰仇，今君名太子曰仇，弟曰成师，始兆乱矣，兄其替乎？'其后果如服言。及汉灵帝名二子曰史侯、董侯，既立为帝，后皆免为诸侯，与师服言相似也。先主讳备，其训具也，后主讳禅，其训授也，如言刘已具矣，当授与人也；意者甚于穆侯、灵帝之名子。"后宦人黄皓弄权于内，景耀五年，宫中大树无故自折，周深忧之，无所与言，乃书柱曰："众而大，期之

杜琼，字伯瑜，蜀郡成都（今四川省成都市）人。年少时，在任安门下求学，精心研究任安的道术。刘璋时代征辟他做从事的官。先主定益州，领州牧，任命杜琼为议曹从事。后主即位后，拜为谏议大夫，迁官左中郎将、大鸿胪、太常等职。杜琼为人沉静，不多话，闭门自守，不参与人世间事。蒋琬、费祎等人都很器重他。虽然他的学业已经达到深厚的境地，但他却从不在天文这方面有所论说。后辈通儒谯周曾询问他这样做有什么用意，杜琼回答说："想精通这种术法是很难的，你必须亲自观察，辨识各种形色，不可以一味地相信别人的话。早晨夜晚辛苦劳碌，然后才能懂得一些。但是又要担忧泄露天机，还不如不知道的好，所以我不再观察天象了。"谯周因而又问，说："以前周征君（周舒）认为'当涂高'即是指魏，他的道理在哪里？"杜琼回答说："魏，是象阙的别名，正是当着道路而高起来的所在，圣人取它形象和意义相类似而这么说。"他又问谯周说："你难道还觉得有什么奇怪的吗？"谯周回答说："我实在还不懂。"杜琼又说："古时候官职的名称没有称作'曹'的，从汉代开始以来，官职的命名全都叫作'曹'，吏叫'属曹'，卒叫'侍曹'，这恐怕是天意罢。"杜琼享年八十余，（后主）延熙十三年（公元250年）去世。著有《韩诗章句》十余万字，没有传授给几个儿子，他专擅的谶讳之学就没有传人了。谯周借着杜琼的启发，竟然触类旁通，引申出一套理论："《春秋传》记载晋穆侯把他的太子取名叫做仇，太子的弟弟叫做成师。师服说：'你替儿子取名真是特别呀！佳偶叫做妃，怨偶叫做仇，现在国君把太子叫做仇，太子的弟弟叫做成师。一开始就预兆着动乱了呀！做兄长的恐怕要陵替了罢？'后来事情的发展果然应验了师服的预言。到汉灵帝为二子起名字叫史侯、董侯，二人曾被策立为帝，后来都被废为诸侯，和师服的预言很相似。先主名讳叫'备'，它

会，具而授，若何复？”言曹者众也。魏者大也，众而大，天下其当会也，具而授，如何复有立者乎？蜀既亡，咸以周言为验。周曰：“此虽己所推寻，然有所因，由杜君之辞而广之耳，殊无神思独至之异也。”

许慈字仁笃，南阳人也。师事刘熙，善郑氏学，治《易》、《尚书》、《三礼》、《毛诗》、《论语》。建安中，与许靖等俱自交州入蜀。时又有魏郡胡潜，字公兴，不知其所以在益土。潜虽学不沾洽，然卓荦强识，祖宗制度之仪，丧纪五服之数，皆指掌画地，举手可采。先主定蜀，承丧乱历纪，学业衰废，乃鸠合典籍，沙汰众学，慈、潜并为博士，与孟光、来敏等典掌旧文。值庶事草创，动多疑议，慈、潜更相克伐，谤讟忿急，形于声色；书籍有无，不相通借，时寻楚挞，以相震挠。其矜己妒彼，乃至于此。先主愍其若斯，群僚大会，使倡家假为二子之容，效其讼阋之状，酒酣乐作，以为嬉戏，初以辞义相难，终以刀杖相

的意思是‘具备’，后主名讳叫‘禅’，它的意思是‘授与’，如同说刘氏已经具备了，应当授与他人了；这意思比晋穆侯、汉灵帝替儿子起的名字更要糟糕。”后来宦人黄皓在内廷弄权，（后主）景耀五年（公元262年），宫中大树无缘无故的自己折断了，谯周为此事十分忧虑，没有什么人可以作为说话的对象，于是在柱子上写道：“众而大，期之会，具而授，若何复？”这话的意思是说，“曹”的意思是众多，“魏”的意思是高大，众多而高大，天下恐怕要会合为一，已具备的基业却要授与他人，哪里再有建立国家的人呢？蜀被灭亡之后，大家都认为谯周的话是应验了。谯周说：“这虽然是我自己推究寻析的结果，然而是有所根据的，是由杜先生的话加以推广得来的罢了，绝无神思特别独到的异禀呀！”

许慈，字仁笃，南阳（今河南省旧南阳府，湖北省旧襄阳府之地，治宛，即今河南省南阳市治）人。以师礼奉侍刘熙，专精郑氏（郑玄）学，研究《易》、《尚书》、《三礼》、《毛诗》、《论语》。（汉献帝）建安年间，和许靖等人一起从交州进入蜀地。当时又有个魏郡人胡潜，字公兴，不知道他是怎么来到益州的。胡潜的学问虽然并不十分广博，但是有超群绝俗的记忆力，对于祖宗制度的仪则，丧事中斩衰、齐衰、大功、小功、缌麻等五服的礼数，都可以在地上指画说明，随便举出即可采用。先主平定蜀地后，以当地连年饱受战乱，学术文化日渐衰废，于是收集各种典籍，由良窳不齐的学问中披沙拣金，许慈、胡潜同时被任命为博士，与孟光、来敏等人主管昔日文籍。因正值一切事务草创期间，任何举措难免有许多不同的意见，许慈、胡潜相互攻击、自夸，诽谤忿争，都表露在言语容色上；甚至书籍有无，相互间却不通借，经常找机会挞伐对方，要把对方握杀。他们矜夸自己妒嫉别人，竟至于如此的地步。先主为他们这种行为感到忧心，在群臣大会的时候，令倡优装扮成他们二人的容貌，模仿他们讼争的样子，在酒酣耳热乐声四起的场面上，拿来

屈，用感切之。潜先没，慈后主世稍迁至大长秋，卒。子勋传其业，复为博士。

孟光字孝裕，河南洛阳人，汉太尉孟郁之族。灵帝末为讲部吏。献帝迁都长安，遂逃入蜀，刘焉父子待以客礼。博物识古，无书不览，尤锐意三史，长于汉家旧典。好公羊春秋而讥呵左氏，每与来敏争此二义，光常譊譊讙咋。先主定益州，拜为议郎，与许慈等并掌制度。后主践阼，为符节令、屯骑校尉、长乐少府，迁大司农。延熙九年秋，大赦，光于众中责大将军费祎曰："夫赦者，偏枯之物，非明世所宜有也。衰弊穷极，必不得已，然后乃可权而行之耳。今主上仁贤，百僚称职，有何旦夕之危，倒悬之急，而数施非常之恩，以惠奸宄之恶乎？又鹰隼始击，而更原宥有罪，上犯天时，下违人理。老夫耄朽，不达治体，窃谓斯法难以经久，岂具瞻之高美，所望于明德哉。"祎但顾谢踧踖而已。光之指摘痛痒，多如是类，故执政重臣，心不能悦，爵位不登；每直言无所回避，为世所嫌。太常广

作为嬉戏，起先只用文辞义理相互问难，最后执起刀棒相互威胁，用这种方法来感悟他们。胡潜先去世，许慈在后主的时代逐渐升迁到大长秋，死在任上。他的儿子许勋传承他的学问，又再做博士的官。

孟光，字孝裕，河南洛阳（今河南省洛阳市）人。是汉朝太尉孟郁的族人。灵帝末年任职讲部吏。献帝迁都长安，他就逃入蜀地，刘焉父子以客礼招待他。他博识品物，通晓古事，没有什么书不看的，尤其留心三史，对汉朝的典章旧制特别专精。爱好《公羊春秋》，对《左氏春秋》却讥讽排斥，往往与来敏在《公羊》和《左氏》二种义理上有所争议，孟光经常辩来辩去就大声嚷嚷起来。先主平定益州，任命他作议郎，和许慈等人共掌制度。后主继位后，历任符节令、屯骑校尉、长乐少府，改任为大司农。（后主）延熙九年（公元246年）秋季，朝廷大赦，孟光在大庭广众之中责备大将军费祎说："'大赦'这个东西，是半身不遂的产物，不是清明时世所应该有的。衰微凋弊到了极点，再没有别的办法了，然后才可以权衡轻重，拿来施行罢了。现在主上仁厚贤能，百官僚属也都各称其职，有什么朝不保夕的危险，有什么倒悬半空的急难，要你屡次施舍这不寻常的恩德，来嘉惠那些作奸犯科的恶人呢？而且目前是鹰隼开始发动攻击的秋季，正是用刑的节候，竟然就宽恕了有罪的人，既干犯了天时，又违背了人情。老夫虽然年迈衰朽，不大懂得治国的道理，但私心也认为这种做法难以持久，身为大臣，应该有最高最美的形象，让万展瞻仰，你这样做，哪里是老百姓所盼望的明德之人呢？"费祎只好一面顾望谢罪，一面手足无措地难为情罢了。孟光指摘时事痛痒弊病的言行，多数就像这个样子。所以当权的大臣心里都不高兴，他的爵位也就得不到进升；他每每直言不讳，全无顾忌，因此为当世人所嫌恶。作太常的广汉（郡治梓潼，即今四川省梓潼县治，后汉徙治雒，即今四川省广汉市）

汉镡承、光禄勋河东裴儁等，年资皆在光后，而登据上列，处光之右，盖以此也。

后进文士秘书郎郤正数从光谘访，光问正太子所习读并其情性好尚，正答曰："奉亲虔恭，夙夜匪懈，有古世子之风；接待群僚，举动出于仁恕。"光曰："如君所道，皆家户所有耳；吾今所问，欲知其权略智调何如也。"正曰："世子之道，在于承志竭欢，既不得妄有所施为，且智调藏于胸怀，权略应时而发，此之有无，焉可豫设也？"光解正慎宜，不为放谈，乃曰："吾好直言，无所回避，每弹射利病，为世人所讥嫌；省君意亦不甚好吾言，然语有次。今天下未定，智意为先，智意虽有自然，然亦可力强致也。此储君读书，宁当效吾等竭力博识以待访问，如博士探策讲试以求爵位邪！当务其急者。"正深谓光言为然。后光坐事免官，年九十余卒。

来敏字敬达，义阳新野人，来歙之后也。父艳，为汉司空。汉末大乱，敏随姊奔荆州，姊夫黄琬是刘璋祖母之侄，故璋遣迎琬妻，敏遂俱与姊入蜀，常为璋宾客。涉猎书籍，善左氏《春秋》，尤精于《仓》、《雅》训诂，好是正文字。先主定益州，署敏典学校尉，及

人镡承、作光禄勋的河东（今山西省夏县之北）人裴儁等，论年资都在孟光之后，却纷纷升任高官，名位在孟光之上，大概就是这个缘故。

后进文人秘书郎郤正屡次向孟光请教，孟光询问郤正太子读些什么书，性情爱好又怎么样，郤正答复说："事奉尊亲虔诚恭敬，早晚不敢懈怠，有古代世子的风范；接待僚属们的态度也是出乎仁恕之心。"孟光说："如你所说，那都是平常人家子弟该做的事罢了；我现在所问的，是想知道太子的权谋策略、机智才气究竟如何啊！"郤正说："做世子的正道，在于继承君父的志业，竭力事奉他，尽量使他高兴，既不能随便有所作为，况且机智才气是潜藏于城府之中的，权谋策略是随时机而发动的，这方面才华的有无，岂是事先就能设想得到的呢？"孟光了解郤正谨慎而有分寸，不肯放言高论，于是说："我这个人就是喜欢坦白说话，从来不回避什么，每每针对利病有所弹击，因此被世人讥评嫌恶；我看您心里也不太喜欢我的话吧？但是话头有轻重，有时不得不说。目前天下尚未平定，机智才略最为要紧，机智才略虽然有天生的，但也可以勉力强求得到。储君读书，难道要学我们这些人竭力博闻强识以备君上的咨询，或是像博士们抽到试题而后答复讲论以求爵位呢？应当致力于最急切的需要啊！"郤正以为孟光的话对极了。后来孟光因事免官，年在九十余岁时去世。

来敏，字敬达，义阳新野（今河南省新野县南）人，是来歙的后代。父亲来艳，在汉朝任职司空。汉末天下大乱，来敏随从姊姊奔赴荆州避难，姊夫黄琬，是刘璋祖母的侄儿，所以刘璋派遣使者来迎接黄琬的妻子，来敏于是和姊姊一起进入蜀地，做过刘璋的宾客。

立太子，以为家令。后主践阼，为虎贲中郎将。丞相亮住汉中，请为军祭酒、辅军将军，坐事去职。亮卒后，还成都为大长秋，又免，后累迁为光禄大夫，复坐过黜。前后数贬削，皆以语言不节，举动违常也。时孟光亦以枢机不慎，议论干时，然犹愈于敏，俱以其耆宿学士见礼于世。而敏荆楚名族，东宫旧臣，特加优待，是故废而复起。后以敏为执慎将军，欲令以官重自警戒也。年九十七，景耀中卒。子忠，亦博览经学，有敏风，与尚书向充等并能协赞大将军姜维。维善之，以为参军。

尹默字思潜，梓潼涪人也。益部多贵今文而不崇章句，默知其不博，乃远游荆州，从司马德操、宋仲子等受古学。皆通诸经史，又专精于左氏《春秋》，自刘歆条例，郑众、贾逵父子、陈元、服虔注说，咸略诵述，不复按本。先主定益州，领牧，以为劝学从事。及立太子，以默为仆，以《左氏传》授后主。后主践阼，拜谏议大夫。丞相亮住汉中，请为军祭酒。亮卒，还成都，拜太中大夫，卒。子宗传其业，为博士。

来敏涉猎书籍，在《左氏春秋》方面有专长，尤其精研《三仓》和《尔雅》等训诂之学，喜爱厘定校正文字。先主平定益州，使来敏代理典学校尉，立太子后，任命他为太子家令。后主即位，来敏作虎贲中郎将。丞相诸葛亮驻守汉中，请他担任军祭酒、辅军将军，因犯事而离职。诸葛亮去世后，他回到成都任大长秋，又被免官，后来逐渐升迁做到光禄大夫，又因犯了过错遭到罢黜。前后数次贬官削职，都是因为言语不检点，举止违背常情的缘故。当时孟光也同样因言行不慎，议论干犯了时政，但是情况还是比来敏好些，二人都因为是有学问的老前辈而受当世人的礼遇。来敏出身荆楚地方的望族，是天子在东宫时的旧臣，特别受到优待，所以虽被罢黜而又恢复录用。后来，朝廷任命他做执慎将军，希望他借着官号来提醒自己加意警戒。他在九十七岁时，后主景耀年间去世。来敏的儿子来忠，也博览经学书籍，有他父亲的风范，和尚书向充等人都能够协助大将军姜维。姜维觉得他很好，任命他做参军。

尹默，字思潜，梓潼郡涪县（今四川省绵阳市治）人。益州人大多注重今文经而不崇尚章句之学，尹默知道这在学问上是不够博通的，于是远游荆州，在司马德操、宋仲子等人门下学习古学。于诸经史都能通晓，又专精于《左氏春秋》，自刘歆的左氏条例以下，于郑众、贾逵父子、陈元、服虔等各家注说，都能大略背诵讲述，不必再看着原书。先主平定益州，兼领州牧，任命他为劝学从事。等到立了太子，就用尹默做太子仆（射），他拿《左氏传》教给后主。后主即位后，拜官谏议大夫。丞相诸葛亮驻军汉中时，向朝廷请得他来担任军祭酒。诸葛亮去世后，他回到成都，拜官太中大夫，死在任上。尹默的儿子尹宗传述他的学问，做过博士的官。

李譔字钦仲，梓潼涪人也。父仁，字德贤，与同县尹默俱游荆州，从司马徽、宋忠等学。譔具传其业，又从默讲论义理，五经、诸子，无不该览，加博好技艺，算术、卜数、医药、弓弩、机械之巧，皆致思焉。始为州书佐、尚书令史。延熙元年，后主立太子，以譔为庶子，迁为仆。转中散大夫、右中郎将，犹侍太子。太子爱其多知，甚悦之。然体轻脱，好戏啁，故世不能重也。著古文《易》、《尚书》、《毛诗》、《三礼》、《左氏传》、《太玄指归》，皆依准贾、马，异于郑玄。与王氏殊隔，初不见其所述，而意归多同。景耀中卒。时又有汉中陈术，字申伯，亦博学多闻，著《释问》七篇、《益部耆旧传》及《志》，位历三郡太守。

谯周字允南，巴西西充国人也。父

岍，字荣始，治《尚书》，兼通诸经及图、纬。州郡辟请，皆不应，州就假师友从事。周幼孤，与母兄同居。既长，耽古笃学，家贫未尝问产业，诵读典籍，欣然独笑，以忘寝食。研精六经，尤善书札。颇晓天文，而不以留意；诸子文章非心所存，不悉遍视也。身长八尺，体貌素朴，性推诚不饰，无造次辩论

李譔，字钦仲，梓潼郡涪县人。父名仁，字德贤，和同县人尹默一起游学荆州，随从司马徽、宋忠等人求学。李譔都能传述他们的学问，又跟从尹默讲论义理之学，五经、诸子没有一本不读的，加上他对各种技艺有广泛的兴趣，算术、卜数、医药、弓弩、机械的技巧等方面，他都很用心思。他起初做州书佐、尚书令史等官。延熙元年（公元238年），后主立太子，用李譔为太子庶子，后迁为太子仆（射）。又转任中散大夫、右中郎将等职，仍然奉侍太子。太子爱他知识广博，十分喜欢他。但是他举止轻佻，又好戏弄调侃人，所以不为世人看重。他的著作有古文《易》、《尚书》、《毛诗》、《三礼》、《左氏传》和《太玄指归》，都以贾逵、马融的理论为依准，和郑玄不同。他与王肃相距十分遥远，当初没看过王肃的著述，但两人的意见趋向大多相同。他在后主景耀年间逝世。当时又有汉中人陈术，字申伯，也博学多闻，著有《释问》七篇、《益部耆旧传》和《志》，曾历任三个郡的太守。

谯周，字允南，是巴西西充国（故治在今四川省阆中市木兰乡）人。父亲名岍，字荣始，治《尚书》之学，兼通诸经以及图、纬。州郡的主管征辟延请他做官，他都不理，州政府在本乡就近以师友从事的名义给他。谯周幼年死了父亲，和母亲、哥哥住在一起。长大以后，沉迷于古书，笃好学问；家里很穷，却不曾从事生产事业，只是诵读典籍，能沉醉其中而欣然独自笑了起来，因而废寝忘食。他研读六经而能精通，更擅长书札。很懂得些天文，却未特别留意；诸子文章如果不是心里向往的，就不一一的遍读。他身长八尺，体格与面貌都长得很素朴，性情诚恳不矫饰，没有随机应变的辩论才华，但是内心深处蓄

之才，然潜识内敏。

建兴中，丞相亮领益州牧，命周为劝学从事。亮卒于敌庭，周在家闻问，即便奔赴，寻有诏书禁断，惟周以速行得达。大将军蒋琬领刺史，徙为典学从事，总州之学者。

后主立太子，以周为仆，转家令。时后主颇出游观，增广声乐。周上疏谏曰："昔王莽之败，豪杰并起，跨州据郡，欲弄神器，于是贤才智士思望所归，未必以其势之广狭，惟其德之薄厚也。是故于时更始、公孙述及诸有大众者多已广大，然莫不快情恣欲，怠于为善，游猎饮食，不恤民物。世祖初入河北，冯异等劝之曰：'当行人所不能为。'遂务理冤狱，节俭饮食，动遵法度，故北州歌叹，声布四远。于是邓禹自南阳追之，吴汉、寇恂未识世祖，遥闻德行，遂以权计举渔阳、上谷突骑迎于广阿。其余望风慕德者邳肜、耿纯、刘植之徒，至于舆病赍棺，襁负而至者，不可胜数，故能以弱为强，屠王郎，吞铜马，折赤眉而成帝业也。及在洛阳，尝欲小出，车驾已御，铫期谏曰：'天下未宁，臣诚不愿陛下细行数出。'即时还车。及征隗嚣，颍川盗起，世祖还洛阳，但遣寇恂往，恂曰：'颍川

积的见识却很灵敏。

（后主）建兴年间，丞相诸葛亮兼领益州牧，任命谯周为劝学从事。后来诸葛亮在敌国境内逝世，谯周在家闻讯，立即就赶去了，不久有诏书下令禁止国人这种赴丧行动，只有谯周因行程快速得以抵达。大将军蒋琬兼领刺史时，改派谯周为典学从事，总理全州的读书人。

后主立太子，任谯周为太子仆，后又转任太子家令。当时后主经常出游，并扩张音乐各方面的编制。谯周上疏劝谏说："以前王莽败亡的时候，各方豪杰纷纷起来，越郡跨州的各自占据一方，想要玩弄传国的神器，争夺政权，于是贤才智士都渴望有个值得拥护的真正领袖出现，他们不一定拿势力的大小来衡量什么人值得投靠，而是看这人德行的厚薄来决定。所以那时候更始皇帝、公孙述以及一些拥有许多群众的人多半已经声势浩大，但是他们个个都没有节制地放纵欲望，不大乐意做好事，只知道游猎饮食，毫不体恤百姓。世祖（刘秀）当初进入河北时，冯异等人劝他说：'应当做他人所不能做的事。'于是他就致力于治理冤狱，饮食方面很节俭，行动也遵守法度，所以北方州郡的百姓都歌颂他的功德，声名流传四方。于是邓禹从南阳跑来追随他。吴汉、寇恂本来不认识世祖，远远地听说了他的德行，于是运用权宜之计发动渔阳、上谷两处的突骑军队，在广阿迎接世祖。其他一些望风慕德，如邳肜、耿纯、刘植这一类人，甚至于老病的躺在车子中，还载着棺木，有小孩的用背带背着投奔而来的，数之不尽，所以能转弱势为强势，屠灭王郎、并吞铜马、折败赤眉军而成就了大一统的帝业。后来在洛阳，他曾经想便服出宫，马车已经准备妥当，铫期劝谏说：'天下尚未安定，小臣实在不希望陛下您常常微服出游。'（世祖闻言）车子立刻转回头。到了征伐隗嚣时，颍川地方的盗贼起来作乱，世祖返回洛阳，只派寇恂前往讨

以陛下远征，故奸猾起叛，未知陛下还，恐不时降；陛下自临，颍川贼必即降。’遂至颍川，竟如恂言。故非急务，欲小出不敢，至于急务，欲自安不为，故帝者之欲善也如此！故《传》曰‘百姓不徒附’，诚以德先之也。今汉遭厄运，天下三分，雄哲之士思望之时也。陛下天姿至孝，丧逾三年，言及陨涕，虽曾闵不过也。敬贤任才，使之尽力，有逾成康。故国内和一，大小戮力，臣所不能陈。然臣不胜大愿，愿复广人所不能者。夫挽大重者，其用力苦不众，拔大艰者，其善术苦不广，且承事宗庙者，非徒求福祐，所以率民尊上也。至于四时之祀，或有不临，池苑之观，或有仍出，臣之愚滞，私不自安。夫忧责在身者，不暇尽乐，先帝之志，堂构未成，诚非尽乐之时。愿省减乐官、后宫所增造，但奉修先帝所施，下为子孙节俭之教。”徙为中散大夫，犹侍太子。

于时军旅数出，百姓彫瘁，周与尚书令陈祗论其利害，退而书之，谓之《仇国论》。其辞曰：“因余之国小，而肇建之国大，并争于世而为仇敌。因余之国有高贤卿者，问于伏愚子曰：‘今国事未定，上下劳心，往古之事，能以弱胜强者，其术何如？’伏愚子曰：

伐，寇恂说：‘颍川那边是因为陛下远征，所以奸猾小人才乘机起来叛乱的，他们还不知道陛下已经回来，臣去讨伐恐怕不能令他们立刻投降；陛下如果亲自上前线，颍川的贼子必定马上投降。’世祖于是亲到颍川，事情结果完全符合寇恂的话。所以，不是紧急事务，即使是便服出宫也不敢，至于真有紧急事务，就是想偷点懒也办不到，所以做皇帝的人要求好就该这样啊！因此书上有句话说：‘百姓是不白白来依附你的’，实在是因为德行比什么都重要呀！今天大汉朝遭逢厄运，天下三分，正是英雄明智之士渴望领袖出现的时刻。陛下天性至为孝顺，守丧甚至超过三年，言谈间提到先帝时都还落泪，虽是曾子、闵子骞也不会超过您啊！尊敬贤人，任用有才干的，使他们尽力而为，这作风实已超过成王、康王。所以国内和谐一致，大大小小的文武百官都戮力为国，这不是小臣我所能形容于万一的。然而臣斗胆还有个更大的愿望，希望陛下再努力做些别人做不到的好事。我们拉很重的东西，常常担心出力的人数不够；我们拔除重大的艰难险阻，常常担心好办法不够多。况且继承奉事宗庙，并非只是祈求降福庇祐皇家而已，是要率领臣民尊敬上天的。至于四时的祭祀，您有时或者不曾莅临参加；池塘苑囿的观览，您有时或者仍然出外游赏。臣虽极愚笨呆滞，私下里也不能安心。凡是有家国之忧的责任在身的人，没有余暇尽情享乐，先帝的志业，如以盖房子来比喻，那是连地基间架都还未完成，实在不是尽情享乐的时刻啊！希望陛下能减省乐官和后宫所增设加造的一切，只须秉承实行先帝的施为，以为后代子孙节俭的教训。”后主改派他做中散大夫，依旧侍奉太子。

当时军队屡次出征，民生凋弊困苦，谯周与尚书令陈祗议论这件事的利害关系，退朝之后写成文章，称为《仇国论》。它的内容如下：“有个名叫因馀之国的很小，另有个叫做肇建之国的却很大。这两国在同一时代互相竞争，成了仇敌。因馀之国有位名叫高贤卿的

‘吾闻之，处大无患者恒多慢，处小有忧者恒思善；多慢则生乱，思善则生治，理之常也。故周文养民，以少取多，勾践卹众，以弱毙强，此其术也。’贤卿曰：‘曩者项强汉弱，相与战争，无日宁息，然项羽与汉约分鸿沟为界，各欲归息民；张良以为民志既定，则难动也，寻帅追羽，终毙项氏，岂必由文王之事乎？肇建之国方有疾疢，我因其隙，陷其边陲，觊增其疾而毙之也。’伏愚子曰：‘当殷、周之际，王侯世尊，君臣久固，民习所专；深根者难拔，据固者难迁。当此之时，虽汉祖安能杖剑鞭马而取天下乎？当秦罢侯置守之后，民疲秦役，天下土崩，或岁改主，或月易公，鸟惊兽骇，莫知所从，于是豪强并争，虎裂狼分，疾搏者获多，迟后者见吞。今我与肇建皆传国易世矣，既非秦末鼎沸之时，实有六国并据之势，故可为文王，难为汉祖。夫民疲劳则骚扰之兆生，上慢下暴则瓦解之形起。谚曰：“射幸数跌，不如审发。”是故智者不为小利移目，不为意似改步，时可而后动，数合而后举，故汤、武之师不再战而克，诚重民劳而度时审也。如遂极武黩征，土崩势生，

人，向伏愚子请教说：‘现在国家大事还未宁定，君臣上下费尽心思，好像古时有些实例，弱国能够战胜强国的，这办法到底是怎样的呢？’伏愚子说：‘我听说，处大国之势而无忧患的，经常会怠慢下来；处小国之势而常怀忧惧的，经常考虑如何改善；经常怠慢，国家就发生错乱；考虑改善，国家就治理得好，这是不变的道理。所以周文王培育人民，就能以小国寡民的周攻取地广人众的商王朝；勾践抚恤百姓，就能以弱小的越国置强大的吴国于死地，这就是他们的办法。’高贤卿说：‘从前项羽势强而汉王势弱，互相战争，没有一天宁息，然而项羽和汉王约定以鸿沟划分界限，各自打算退回去让人民休息；张良却认为百姓的心理一旦安定下来，就很难再鼓动了，汉王马上率领军队追杀项羽，终于灭了项氏，哪里一定要按照文王的方式行事呢？现在肇建之国刚巧发生灾患，我们乘着这个空档，攻陷它的边关，再伺机加重他的病情而后一举歼灭他。’伏愚子说：‘以前在殷、周之际，王侯有世袭的尊贵地位，君臣的名分长久而且坚固，人民习惯于这种情况，不问所以然就会拥戴他们的君上，须知道根深蒂固得难以拔除，据地坚固得难以改变。正当这个时候，虽然以汉高祖的雄武，又如何能仗剑鞭马用武力来取得天下呢？当秦皇废侯国建郡守之后，老百姓厌倦了秦朝的徭役，天下如土块崩溃一般全垮了，只见一年中就换了一个主子，或者一月中就换了一个领袖，人民都像吓坏了的鸟兽一样，不知何去何从，于是豪强之人一个个起来争夺，如虎狼攫取猎物般分裂天下，行动敏疾的所获就多，缓慢的就被并吞了。今天我们和肇建之国都已经传了好几世了，情况和秦末鼎沸的时代大不相同，实际上有六国并驾齐驱的形势，所以我们只可以做文王，很难做汉高祖。须知道百姓疲惫劳苦，骚动扰乱的预兆就会萌生，君上怠慢、臣下暴虐，土崩瓦解的形势就会开始。谚语说：“射许多次都不中，不如看清楚才发一箭。”所以聪明人不为小利而转移目光，不为似乎可行的事而改变步骤，时机到了，然后采取行动，条件许可了，然后起来大干。所以商汤、周武王的

不幸遇难，虽有智者将不能谋之矣。若乃奇变纵横，出入无间，冲波截辙，超谷越山，不由舟楫而济盟津者，我愚子也，实所不及。'"

后迁光禄大夫，位亚九列。周虽不与政事，以儒行见礼，时访大议，辄据经以对，而后生好事者亦咨问所疑焉。

景耀六年冬，魏大将军邓艾克江由，长驱而前。而蜀本谓敌不便至，不作城守调度，及闻艾已入平，百姓扰扰，皆迸山野，不可禁制。后主使群臣会议，计无所出。或以为蜀之与吴，本为和国，宜可奔吴；或以为南中七郡，阻险斗绝，易以自守，宜可奔南。惟周以为："自古已来，无寄他国为天子者也，今若入吴，固当臣服。且政理不殊，则大能吞小，此数之自然也。由此言之，则魏能并吴，吴不能并魏明矣。等为小称臣，孰与为大？再辱之耻，何与一辱？且若欲奔南，则当早为之计，然后可果；今大敌已近，祸败将及，群小之心，无一可保，恐发足之日，其变不测，何至南之有乎！"群臣或难周曰："今艾以不远，恐不受降，如之何？"周曰："方今东吴未宾，事势不得不受，受之之后，不得不

军队，不必打第二次仗就能克敌致胜，实在是因为重视人民的劳苦，而在时机上仔细审度过呀！如果只知穷兵黩武，一旦土崩的形势萌生，不幸遇难，虽然有睿智的人，也将没有什么办法可想了。至于那些奇变纵横、五花八门的战术，怎样使军队出兵回归都不致遇到阻拦，冲过天险的波涛，截断敌人的通路，翻山越岭，甚至不必乘坐船舰就能渡过盟津的种种法子，我是个笨人，实在想不到那么深奥的境界了。'"

他后来迁职为光禄大夫，地位仅次于九列。谯周虽然不参与政事，因为有儒者风范而受到礼遇，朝廷经常向他咨询重大问题，他往往根据经书义理来回答，而后辈好事的人也向他请教心中的疑难问题。

（后主）景耀六年（公元263年）冬天，魏大将军邓艾攻下江由，长驱直入。而蜀这方面本以为敌人不会即刻来到，没有作守卫城池的调度，等到听说邓艾已经进入阴平（故城在今甘肃省文县西北），百姓就惊惶扰攘，都向山野奔窜，无法禁止。后主命群臣会商，大家都无计可施。有些人以为蜀和吴，本是和平相处的盟国，应该可以投奔吴国的；另有些人认为南方七郡形势十分险峭，容易用来自守，应该可以向南方撤退。惟有谯周认为："自古以来，没有寄居在别人的国家做天子的事，今天如果进入东吴境内，必然只有臣服一条路。况且两国的政治绩效不太悬殊的时候，大国就能并吞小国，这是一定的道理。由这话看来，那么魏能兼并吴，吴不能兼并魏是显而易见的事了。与其向小国称臣，为什么不投降大国呢？受两次侮辱的羞耻，比起只受一次侮辱，哪一个更难堪些呢？而且如果想奔往南方，就应当老早做好打算，然后才可实行；现在大敌已经近在眼前，覆亡的灾祸都要来临了，那些小人们的心意，没有一个可以保得住是忠贞的，恐怕发动脚跟的那一天，就有不可想象的变故，又哪有可能到得南方呢！"群臣之中有人诘难谯周说："现在邓艾自以

礼。若陛下降魏，魏不裂土以封陛下者，周请身诣京都，以古义争之。”众人无以易周之理。

后主犹疑于入南，周上疏曰：“或说陛下以北兵深入，有欲适南之计，臣愚以为不安。何者？南方远夷之地，平常无所供为，犹数反叛，自丞相亮南征，兵势逼之，穷乃幸从。是后供出官赋，取以给兵，以为愁怨，此患国之人也。今以穷迫，欲往依恃，恐必复反叛，一也。北兵之来，非但取蜀而已，若奔南方，必因人势衰，及时赴追，二也。若至南方，外当拒敌，内供服御，费用张广，他无所取，耗损诸夷必甚，甚必速叛，三也。昔王郎以邯郸僭号，时世祖在信都，畏逼于郎，欲弃还关中。邳彤谏曰：‘明公西还，则邯郸城民不肯捐父母，背城主，而千里送公，其亡叛可必也。’世祖从之，遂破邯郸。今北兵至，陛下南行，诚恐邳彤之言复信于今，四也。愿陛下早为之图，可获爵土；若遂适南，势穷乃服，其祸必深。《易》曰：‘亢之为言，知得而不知丧，知存而不知亡；知得失存亡而不失其正者，其惟圣人乎！’言圣人知命而不苟必也。故尧、舜以子不善，知天有授，而求授人；

为离此不远了，恐怕不肯接受投降，你又拿他怎么办呢？”谯周说：“目前东吴尚未宾服，他们要拿我们做个招降的模式，在事势上他不能不接受，受降之后，又不得不礼遇。如果陛下投降魏国，而魏不分裂土地来封陛下的话，我谯周愿意自请亲身上京都，拿古来的义理辩争到底。”大家都不能提出比谯周更好的办法。

后主还犹疑着是否要逃入南方，谯周上疏说：“有人拿北军已深入我方的说法来劝陛下，有想逃往南方求全的计策，据小臣的愚见，这是不妥当的。为什么呢？南方是偏远蛮夷所居的地方，平常既没有纳税出力，向朝廷有所贡献，还屡次反叛，自从丞相诸葛亮率军南征，拿兵势来迫他们就范，他们走投无路了，才依附主上。此后向官府纳税服役，朝廷用来供应军队所需，他们就拿这个来发愁、抱怨，这都是为患国家的顽劣之人啊。现在因为情势窘迫，而想去倚重他们，恐怕他们必然又再反叛，这是第一个原因。北军来犯，不只是攫取我蜀国而已，如果奔往南方，他们必乘着我方势衰力弱而及时追赶，这是第二个原因。如果到了南方，对外要拒敌，对内要供给服御，费用浩大，别的地方无法取得，对各个夷族的损耗必然很重，耗损严重必招致叛变，这是第三个原因。从前王郎在邯郸叛逆称帝，当时世祖在信都，畏惧王郎的侵迫，想放弃信都返回关中。邳彤劝谏说：‘明公您要回到西边去，那么邯郸城的百姓不会因此抛弃父母不顾，违背城主不从，而千里迢迢地护送您，他们要逃走反叛可是必然的了。’世祖依从他的劝谏，终于攻破了邯郸。今天北军来犯，陛下就往南方去，我真怕邳彤的预言要在今天重演而应验了。这是第四个原因。希望陛下早点做好打算，就可以获封爵位与土地；如果就这样跑到南方去，等到势穷力尽了才投降，那祸患一定是更深的。《易经》上说：‘亢这个字是说，只知道得而不知道失；只知道存而不知道亡；知道得失存亡的道理而不失其正的，大概惟有圣人做得到罢！’这是说圣人知天命而且不肯随便蛮干啊！所以，尧舜因为儿子不够好，晓得天意另有传人，因

子虽不肖，祸尚未萌，而迎授于人，况祸以至乎！故微子以殷王之昆，面缚衔璧而归武王，岂所乐哉，不得已也。”于是遂从周策。刘氏无虞，一邦蒙赖，周之谋也。

时晋文王为魏相国，以周有全国之功，封阳城亭侯。又下书辟周，周发至汉中，困疾不进。咸熙二年夏，巴郡文立从洛阳还蜀，过见周。周语次，因书版示立曰：“典午忽兮，月酉没兮。”典午者谓司马也，月酉者谓八月也，至八月而文王果崩。晋室践阼，累下诏所在发遣周。周遂舆疾诣洛，泰始三年至。以疾不起，就拜骑都尉，周乃自陈无功而封，求还爵土，皆不听许。

五年，予常为本郡中正，清定事讫，求休还家，往与周别。周语予曰：“昔孔子七十二、刘向、扬雄七十一而没，今吾年过七十，庶慕孔子遗风，可与刘、扬同轨，恐不出后岁，必便长逝，不复相见矣。”疑周以术知之，假此而言也。六年秋，为散骑常侍，疾笃不拜，至冬卒。凡所著述，撰定《法训》、《五经论》、《古史考》之属百余篇。周三子，熙、贤、同。少子同颇好周业，亦以忠笃质素为行，举孝廉，除锡令、

而访求可授予帝位的人，把天下授给他；儿子虽然不肖，灾祸也尚未萌生，就迎接别人授他帝位，何况是大祸已然临头的呢！所以微子以殷王兄弟的身份，也要反缚着手、口衔璧玉来归顺武王，哪里是他高兴这么做呢，不得已啊！”于是后主就依从谯周的办法。刘氏没有受到伤害，整个邦国都因而受惠，全是谯周的计谋所致。

当时晋文王（司马昭）做魏朝的相国，因为谯周有保全一国的功绩，封他为阳城亭侯。又发下文书要征召谯周。谯周起程到汉中，为疾病所困不能前行。（魏元帝）咸熙二年（公元 265 年）夏天，巴郡人文立从洛阳回到蜀地，去过访谯周。谯周言谈之余，又在板子上写字告诉文立说：“典午忽兮，月酉没兮。”所谓“典午”就是指司马氏，所谓“月酉”就是指八月，到了八月，文王果然崩逝。晋王即位之后，屡次下诏到谯周所住的地方，命地方官送谯周上朝；谯周于是带病乘车去到洛阳，（晋武帝）泰始三年（公元 267 年）抵达。因为有病不能上朝，就地拜官为骑都尉，谯周于是上言说自己无功受封，请求退还爵号与封地，朝廷全不听从。

（泰始）五年时，我曾任职本郡的中正，郡里的人流品第都已澄清厘定，再也没有别的事了，我请求退休回乡，前去和谯周告别。谯周对我说：“以前孔子七十二岁，刘向、扬雄七十一岁，就在这年龄上去世了。今天我已年过七十，希望能够追慕孔子的遗风，或者还可以与刘向、扬雄走同一条路，恐怕不出后年，必定就要与世长辞，不再能见到您了。”我怀疑谯周靠着方术预知自己的死期，只不过借着这些话来掩饰罢了。（泰始）六年秋天，谯周被委任为散骑常侍，因病重不接受职务，到了冬天就去世了。总计他的著作，写定的有《法训》、《五经论》、《古史考》之类共百余篇。谯周有三个儿子，名字是熙、贤、同。小儿子谯同颇为爱好父亲的志业，也以忠厚笃实、真纯素洁作为行为的轨范，后被察举为

东宫洗马，召不就。

郤正字令先，河南偃师人也。祖父俭，灵帝末为益州刺史，为盗贼所杀。会天下大乱，故正父揖因留蜀。揖为将军孟达营都督，随达降魏，为中书令史。正本名纂。少以父死母嫁，单茕只立，而安贫好学，博览坟籍。弱冠能属文，入为秘书吏，转为令史，迁郎，至令。性澹于荣利，而尤耽意文章，自司马、王、扬、班、傅、张、蔡之俦遗文篇赋，及当世美书善论，益部有者，则钻凿推求，略皆寓目。自在内职，与宦人黄皓比屋周旋，经三十年。皓从微至贵，操弄威权，正既不为皓所爱，亦不为皓所憎，是以官不过六百石，而免于忧患。

依则先儒，假文见意，号曰《释讥》，其文继于崔骃《达旨》。其辞曰：

或有讥余者曰："闻之前记，夫事与时并，名与功偕，然则名之与事，前哲之急务也。是故创制作范，匪时不立，流称垂名，匪功不记，名必须功而乃显，事亦俟时以行止，身没名灭，君子所耻。是以达人研道，探赜索微，观天运之符表，考人事之盛衰，辩者驰说，

孝廉，任职为锡县令、东宫洗马，朝廷征召他，他却不去上任。

郤正，字令先，河南偃师（今河南省偃师市）人。祖父名俭，汉灵帝末年任益州刺史，被盗贼所杀。适逢天下大乱，所以郤正的父亲郤揖因而留在蜀地。郤揖为将军孟达的一名营都督，跟着孟达投降了魏，任职中书令史。郤正本名叫纂，年少时因为父亲过世，母亲改嫁，孤单单一个人，却能安贫好学，并且博览古书。二十岁左右就能作文章，入朝为秘书吏，转任令史，升官为秘书郎，以至于做到秘书令。他的性情淡泊荣利，却更是一心一意沉醉在文章之中，从司马相如、王褒、扬雄、班固、傅毅、张衡到蔡邕这一班人的遗文和赋篇，以及当代的好书信、好议论，凡是益州见得到的，他都到处钻凿搜寻，大致上都全看过了。自从在内廷供职，与宦人黄皓邻居，不免有所周旋，历经三十年。黄皓从卑微爬升到显贵，操弄威权，郤正既不被黄皓喜爱，也不被他憎恨，所以官禄一直不超过六百石，因而免除了忧患。

他依照先儒的准则，借着文辞表达意见，写了一篇《释讥》，这篇文章是继承崔骃《达旨》的遗绪的。文辞内容如下：

有位讥笑我的人说："听说以前有这种说法，做事与时机是相比并的，立名和功绩是相偕行的，如此说来，立名与做事，是古代哲人急切致力的事务啊。所以创设一种制度，制定一种典范，不是适当的时机就不订立；传扬个人的美誉，留下个人的声名，不是真有功绩，就得不到记载；立名必须倚仗功绩而后才显扬，做事也须等待时机而后决定行止，形体消逝后名亦磨灭，这是君子所引以为耻的。所以通达的人研求真理，探索到最幽深最

智者应机，谋夫演略，武士奋威，云合雾集，风激电飞，量时揆宜，用取世资，小屈大申，存公忽私，虽尺枉而寻直，终扬光以发辉也。今三方鼎跱，九有未乂，悠悠四海，婴丁祸败，嗟道义之沈塞，愍生民之颠沛，此诚圣贤拯救之秋，烈士树功之会也。吾子以高朗之才，珪璋之质，兼览博窥，留心道术，无远不致，无幽不悉；挺身取命，干兹奥秘，踌躇紫闼，喉舌是执，九考不移，有入无出，究古今之真伪，计时务之得失。虽时献一策，偶进一言，释彼官责，慰此素飧，固未能输竭忠款，尽沥胸肝，排方入直，惠彼黎元，俾吾徒草鄙并有闻焉也。盍亦绥衡缓辔，回轨易涂，舆安驾肆，思马斯徂，审厉揭以投济，要夷庚之赫怃，播秋兰以芳世，副吾徒之披图，不亦盛与！”

余闻而叹曰：“呜呼，有若云乎邪！夫人心不同，实若其面，子虽光丽，既美且艳，管窥筐举，守厥所见，未可以言八纮之形埒，信万事之精练也。”

微妙的地方，观察自然运行的表征，考察人事盛衰的道理，于是有辩才的人驰骋论说，有智慧的人随机应变，有计谋的人演绎策略，有勇力的人耀武扬威，像云雾一般集合，如风电一般激飞，酌量时机，揆度适宜的举措，因此得为当世所用，能屈能伸，公而忘私，虽然在小的方面受到挫折，大的方面却得到舒展，终于能够发扬他的光辉。今天三国鼎立，九州未定，广大的四海之内，处处遭遇祸灾丧乱，可叹道义沉沦阻塞，可怜生民颠沛流离，这正是圣贤之士拯救天下的时刻，义烈之士树立功名的机会呀！以先生您那高明的才能，像珪璋般高贵的人品，博览群书，留心道术，无论多么偏僻的学问，没有不涉猎的；无论多么精微的道理，没有不知悉的；您挺身而出，谋取声名，担任这个内廷的清要职位。在皇宫之中踌躇满志，具有说话的力量，您经历了好几次的考核，地位却从来没有更动，您一入内廷，就再也没有外放过。您探究古往今来的真伪事情，衡量当前事务的是非得失，即使随时献上一条策略，偶然说上一句话语，聊尽身为官员的责任，洗脱尸位素餐的嫌疑，也是应该的啊！可是您却未能竭尽忠诚，披肝沥胆，排除不合理的措施，进献忠直的谏言，嘉惠那些老百姓，使我们这些鄙陋的人也一起耳闻您的高风亮节啊！既然这样，您也该放下您的车衡，放松您的缰绳，改变途径，向着回程，车马都安排妥当，那就快点走吧！您该看清楚，我们过河遇着水深，就得涉水过去，衣服任由它沾湿；遇着水浅，就得拉起衣服走过，情况不同，理应有因时制宜的不同对策，您不能老是眷恋着官位而不引退，您应该树立道德的模范，像坦荡荡的大道一般光明宽厚，让您的君子风度，像秋兰的香气一般流播世间，以符合您在我们这些人心目中美好的形像，那岂不是尽善尽美了吗？”

我听了，叹着气说：“唉！天下有这样说的道理吗？人的心和人的容貌一样，实际上没有两个人是完全相同的。您的容貌虽然光滑漂亮，又好看又艳丽，可是您却像以管窥天，以蠡测海一般，没有看到事实的全面真相，就固执着自己的偏见。跟您谈论天地万物的迹象，分析一切事情的精粹，那是白费功夫的了。”

或人率尔，仰而扬衡曰："是何言与！是何言与！"

余应之曰："虞帝以面从为戒，孔圣以悦己为尤，若子之言，良我所思，将为吾子论而释之。昔在鸿荒，曚昧肇初，三皇应箓，五帝承符，爰暨夏、商，前典攸书。姬衰道缺，霸者冀扶，嬴氏惨虐，吞嚼八区，于是从横云起，狙诈如星，奇衺蜂动，智故萌生；或饰真以仇伪，或挟邪以干荣，或诡道以要上，或鬻技以自矜；背正崇邪，弃直就佞，忠无定分，义无常经。故鞅法穷而慝作，斯义败而奸成，吕门大而宗灭，韩辩立而身刑。夫何故哉？利回其心，宠耀其目，赫赫龙章，铄铄车服，媮幸苟得，如反如仄，淫邪荒迷，恣睢自极，和鸾未调而身在辕侧，庭宁未践而栋折榱覆。天收其精，地缩其泽，人吊其躬，鬼芟其颔。初升高冈，终陨幽壑，朝含荣润，夕为枯魄。是以贤人君子，深图远虑，畏彼咎戾，超然高举，宁曳尾于涂中，秽浊世之休誉。彼岂轻主慢民，而忽于时务哉？盖《易》

这人给说得急了，抬起头来笑着说："这是什么话！这是什么话！"

我回答他说："虞帝以当面附和而在背后说闲话的行为作警戒，孔圣人以别人阿谀自己为罪过，像您说的这番话，实在是我长久以来所考虑的，下面我想为先生说明解释一番。从前在鸿荒未凿，蒙昧混沌的时期，三皇五帝应天命受符箓，保有天下，乃至夏朝商朝，过去的书籍都有所记载。到了姬姓的周朝开始衰微，道统缺失，就要托赖诸侯中的霸主来扶持王朝了。嬴氏惨虐无道，并吞宇内，于是合纵连横的策士像云气般到处冒出来，有权谋机变的人像星星般到处都出现了，奇诈邪恶层出不穷，智巧阴谋日渐滋生，有人假托真理来掩饰虚伪，有人凭仗邪说来干求利禄，有人专走歪路来向权贵要宠，有人出卖技艺来作自我夸耀；违背正道，推崇邪术，抛弃正直的操守，采取阿谀的姿态，'忠'没有一定的界线，'义'没有不变的准则，所以商鞅定的法到了最后，他的罪恶就显现了；李斯当政归于失败，他的奸邪就出来了；吕不韦门大势盛，全族人却因此遭到诛灭；韩非雄辩出名，他自己却因此遭到刑戮。这是什么道理呢？是利禄迷惑了他们的心，荣宠闪坏了他们的双眼。他们只知道天子煊赫庄严的龙袍，只看到天子赐给大臣那鲜明华丽的车子与衮服，就存着侥幸苟且的念头，用不干不净的手段去争取荣利，淫邪荒乱，横暴放纵到了极点。坐着高尚的车子，铃声还未调谐，本人却已置身辕边遭受车裂的惨刑；盖好豪华的房子，门庭还未踏上，屋柱就折断了，屋椽就崩塌下来。天收回他们的精魂，地减缩他们的福泽，人吊祭他们的尸体，鬼取走他们的上额。起初像登上了高山，最后像堕落到深谷；早上还勃勃有生气，傍晚就变成枯槁的魂魄。所以，凡是贤人君子，都深谋远虑，担心碰上这些倒霉凶险的事，于是就采取超然的态度，远离是非之地，像庄子所说的，与其做一只丧失性命的神龟，留下空壳让王侯供奉在庙堂之上，不如做一只普通的泥龟，拖着尾巴在烂泥巴地上走，这样虽然卑微，却可以保全性命，在这混浊的世界上，贤人君子为了免祸，故意把自己美好的名誉沾污，道理就在这里。他们哪里是轻贱君上，侮慢百姓，而不把当世

著行止之戒，《诗》有靖恭之叹，乃神之听之而道使之然也。

自我大汉，应天顺民，政治之隆，皓若阳春，俯宪坤典，仰式乾文。播皇泽以熙世，扬茂化之酞醇，君臣履度，各守厥真；上垂询纳之弘，下有匡救之责，士无虚华之宠，民有一行之迹，粲乎亹亹，尚此忠益。然而道有隆窳，物有兴废，有声有寂，有光有翳。朱阳否于素秋，玄阴抑于孟春，羲和逝而望舒系，运气匿而耀灵陈。冲、质不永，桓、灵坠败，英雄云布，豪杰盖世，家挟殊议，人怀异计，故从横者欻披其胸，狙诈者暂吐其舌也。

今天纲已缀，德树西邻，丕显祖之宏规，縻好爵于士人，兴五教以训俗，丰九德以济民，肃明祀以礿祭，几皇道以辅真。虽跱者未一，伪者未分，圣人垂戒，盖均无贫；故君臣协美于朝，黎庶欣戴于野，动若重规，静若疊矩。济济伟彦，元凯之伦也，有过必知，

的事务放在心上呢？《易经》上明白记载着出处行止的训诫，《诗经》里也有劝在位的人安静敬慎的叹辞，那是因为皇天上帝永远在倾听下民的反应，而真理使他们不得不如此的缘故。

自从我大汉立国以来，上应天命，下顺民情，政治上的兴盛，皎洁和煦有如春天时节，一举一动都依循自然运行的法则，传播皇家的恩泽使世上充满光明，弘扬皇朝教化的深厚，君臣所作所为都合乎规矩，各人都保持他的真性，在上位的有咨询采纳的雅量；在下位的有匡救缺失的担当，士人不能靠虚名浮华而取得恩宠，老百姓有遵从事奉君上的现象，大家欢欢喜喜，勤勤勉勉，都致力于维持这种各尽本分、共谋福利的太平盛世。可是天道有盛有衰，人事有兴有废，有声音就有寂静，有光亮就有黑暗。生发万物的朱阳之气到秋天就销退了，幽暗寒冷的玄阴之气到初春就潜伏了，太阳消逝，月光就接替它的位置；黑夜的运会隐匿了，白日又出现眼前。冲帝、质帝的寿命不长，桓帝、灵帝的国势衰落，然后英雄豪杰之士像云一般而满天下，每一家都抱持非比寻常的策略，每个人都心怀不同凡响的企图，所以，懂纵横之术的人一下子就展开他们的抱负，有权谋机变的人一时间就卖弄他们的口才。

今天当世的纲纪已经缝补过来了，朝廷在西方树立恩德，伸张了显赫的祖宗们所留下的宏大规模，拿高官厚禄分给士人，振兴五教来敦厚风俗，扩充九德来成全人民，庄严地举行隆重的祭礼来祭祀宗庙，尽量走光明正大的途径来配合天意。虽然天下仍在鼎足对峙，未能统一，伪政权还没有分崩离析，可是圣人曾经留下训诫，教我们对天下百姓都要一视同仁，不要让任何一方觉得缺少了眷顾。因此，我们君臣在朝廷上，能建立和谐完美的关系，我们的老百姓在民间，也能呈现欢欣感戴的气象。我们全国一条心，做任何事都像圆形叠在另一个圆形之上，长方形叠在另一个长方形之上，那样一心一德。我们国内人才济济，都是属于八元、八凯那一类贤人才子。他们的才干如何呢？打个比喻好了。我们犯了错误，自己必然知道，那是颜回的仁德啊！我们的一切政治和乐清明，那是冉求、季路的

颜子之仁也。侃侃庶政，冉、季之治也，鹰扬鸷腾，伊、望之事也；总群俊之上略，含薛氏之三计，敷张、陈之秘策，故力征以勤世，援华英而不遑，岂暇修枯箨于榛秽哉！

然吾不才，在朝累纪，托身所天，心焉是恃。乐沧海之广深，叹嵩岳之高跱，闻仲尼之赞商，感乡校之益己，彼平仲之和羹，亦进可而替否；故矇冒瞽说，时有攸献，譬遒人之有采于市闾，游童之吟咏乎疆畔，庶以增广福祥，输力规谏。若其合也，则以暗协明，进应灵符；如其违也，自我常分，退守己愚。进退任数，不矫不诬，循性乐天，夫何恨诸？此其所以既入不出，有而若无者也。狭屈氏之常醒，浊渔父之必醉，溷柳季之卑辱，褊夷叔之高怼。合不以得，违不以失，得不充诎，失不惨悸；不乐前以顾轩，不就后以虑轾，不鬻誉以干泽，不辞愆以忌绌。何责之释？何飧之卹？何方之排？何直之入？九考不移，固其所执也。

政绩啊！我们的部队像鹰隼鸷鸟那样勇悍飞腾，那是伊尹、吕望的功劳啊！朝廷从众多俊彦之士那里综合了最好的谋略，掌握了像薛公预设的上中下三个阶段的计谋，敷演张良、陈平那样的秘密策略，因此才可以并力征讨逆贼，拯救世人，朝廷引用人才精英还来不及，哪里有时间留意荒芜的草木丛中有一片枯萎的笋壳呢！

可是我不才，在朝二三十年，托身陛下，心里的确以这个地位沾沾自喜。我沐浴在浩荡的皇恩之中，感觉到像身处广阔渊深的沧海一般使人欣悦，又像仰望崇高耸峙的嵩岳一般令人赞叹。听说仲尼称颂商朝的乡校制度，感叹着能够容忍非议执政的言论存在，可以让自己有所改进。那一位晏婴也曾以调弄羹汤作比喻，凡是可以增加滋味的佐料就拿来用，不起什么作用的就丢开。因此，我那些昏蒙不开通的胡言瞎说，也不时有所进献，这就像宣导政令的遒人从民间采录来的风诗，又像闲游浪荡的儿童在路边行吟咏唱的歌谣，勉强用来增加点福气祥和，尽点规谏的力量。假如这些话合用，那就是以我的愚昧，赞助了主上的圣明，进而与神灵的符瑞相应。假如这些话不合时宜，我只好依着本分，退而守着自己的愚拙。一进一退都委之自然，不标奇立异，不无中生有，率性而为，乐天而行，又有什么值得遗憾的呢？这就是我为什么既入内廷就不再外放，身居要职却像毫无建树的缘故。我认为，屈原永远用清醒的眼光看世事，实在太狭隘了；渔父总是醉醺醺地不理世事，的确太糊涂了；柳下惠几经免职的屈辱，还不离开政府机关，未免太胡混了；伯夷、叔齐不食周粟，以示他们的清高与愤懑，真是太褊狭了。有人采纳我的意见，我不认为得到了什么，有人否定我的意见，我不觉得丧失了什么。即使真有所得，不能令我屈意附和他人；即使真有所失，不能令我惨伤害怕。我不喜欢走在前面让人看重，也不担心落在后面让人看轻。不沽名钓誉以求恩泽，也不推搪过失以避处分。那么，有什么责任非要我来担当不可？有什么尸位素餐的嫌疑要我来顾虑呢？我还能排除什么不合理的措施？我还该进献什么忠直的谏言呢？多次考绩不能更动我的官位，这本来是我所坚持的啊！

方今朝士山积，髦俊成群，犹鳞介之潜乎巨海，毛羽之集乎邓林，游禽逝不为之尠，浮鲂臻不为之殷。且阳灵幽于唐叶，阴精应于商时，阳盱请而洪灾息，桑林祷而甘泽滋。行止有道，启塞有期。我师遗训，不怨不尤，委命恭己，我又何辞？辞穷路单，将反初节，综坟典之流芳，寻孔氏之遗艺，缀微辞以存道，宪先轨而投制，韪叔肸之优游，美疎氏之遐逝，收止足以言归，泛皓然以容裔，欣环堵以恬娱，免咎悔于斯世，顾兹心之未泰，惧末涂之泥滞，仍求激而增愤，肆中怀以告誓。昔九方考精于至贵，秦牙沈思于殊形；薛烛察宝以飞誉，瓠梁托弦以流声；齐隶拊髀以济文，楚客潜寇以保荆；雍门援琴而挟说，韩哀秉辔而驰名；卢敖翱翔乎玄阙，若士竦身于云清。

余实不能齐技于数子，故乃静然守己而自宁。”

现在朝廷上的俊彦之士山积成群，犹如有鳞介的水族潜藏在巨海，有毛羽的鸟类聚集在邓林一般，不可胜数。一只鸟儿飞走了，不见得少了什么；一条鱼儿游来了，不见得多了什么。况且，太阳的灵气在唐时幽隐了，天下就闹水灾，太阴的精气在商时相应地潜伏了，天下就闹旱灾；一定要等到禹在阳盱河上以自身作牺牲向上天祈请，洪水才停息；一定要等到汤在桑林旁边以自身作牺牲向上天祷告，甘霖才下降。可见天道的运行与休止，都有他的常规，人事的开通与阻滞，都有他的机运。先师的遗训，教我们不怨天不尤人，把一切交给造化，自身要恭敬谨慎，不要勉强与自然相违背；这样，我又能够说些什么呢？我无话可说，无路可走，只好回返我当初定下的志节，研读古书，吸收古人的流芳，推寻孔子的遗艺，写些卑微的文章保存大道，效法先贤的轨范而投合古制。我讳言叔肸处身衰世用以避害的优游态度，赞美疎广叔侄功成身退的远遁行为。该停止该满足的时候，我会辞官归去，那时候，我荡漾在光明无碍的境遇中悠闲自在，可以在斗室中享受恬淡自娱的生活，从此免受这个世界的灾难祸患。可是我心里还不能无牵无挂，恐怕路走到末了遭遇阻滞。因而我要求归隐的意愿日渐急切，我内心激动之情也日渐升高，我敞开心胸，坦白告诉各位，并且可以向各位发誓，我的本心的确如此。从前，九方皋相马，由精神天机上鉴定，秦牙相马，从特殊形骸上考虑，他们的眼光都很精准，能够相出最贵重的神驹。薛烛能够鉴定最珍贵的宝剑，瓠梁能够弹奏最动听的弦乐，他们都因此天下闻名。齐国的低等食客，能够扇动双臂拍击大腿，模仿公鸡鼓翅啼叫，使田文成功地逃出秦国；楚国的小偷兵士，能够潜入敌营，把对方将军的帐子、枕头、簪子偷来，因而吓走了敌人，保全了楚国。雍门周抱着琴为孟尝君演奏，还有一套相应的议论令人感动流泪；韩哀执缰驾车的技巧出神入化，因而驰名当世。卢敖遨游天下，来到北极的玄阙之山，他所见的那名怪人，一竦身就能够没入云天里。

像这几位先生，我实在没有可以和他们相提并论的技术，所以只好静静地守着自己的本分，平平凡凡地过日子了。”

景耀六年，后主从谯周之计，遣使请降于邓艾，其书，正所造也。明年正月，钟会作乱成都，后主东迁洛阳，时扰攘仓卒，蜀之大臣无翼从者，惟正及殿中督汝南张通，舍妻子单身随侍。后主赖正相导宜适，举动无阙，乃慨然叹息，恨知正之晚。时论嘉之。赐爵关内侯。泰始中，除安阳令，迁巴西太守。泰始八年诏曰："正昔在成都，颠沛守义，不违忠节，及见受用，尽心干事，有治理之绩，其以正为巴西太守。"咸宁四年卒。凡所著述诗论赋之属，垂百篇。

评曰：杜微修身隐静，不役当世，庶几夷、皓之槩。周群占天有征，杜琼沈默慎密，诸生之纯也。许、孟、来、李，博涉多闻，尹默精于《左氏》，虽不以德业为称，信皆一时之学士。谯周词理渊通，为世硕儒，有董、扬之规，郤正文辞灿烂，有张、蔡之风，加其行止，君子有取焉。二子处晋事少，在蜀事多，故著于篇。

景耀六年（公元263年），后主依从谯周的计策，派遣使者向邓艾请求投降，那封降书，是郤正写的。第二年正月，钟会在成都作乱，后主被迁徙到东方的洛阳，当时局面纷扰紧急，蜀国的大臣没有跟从护驾的，只有郤正和殿中督汝南人张通，抛弃了妻儿，只身随从侍候。后主靠着郤正辅佐得宜，举动才没有缺失，这才感慨万千，后悔真正认识郤正太晚了。当时舆论十分赞美他，受赐爵位为关内侯。晋武帝泰始年间，任安阳令，升任巴西太守。泰始八年（公元272年）朝廷下诏说："郤正从前在成都时，在颠沛流离的局面下仍谨守道义，不违背精忠的志节，等到被录用之后，又全心全意办事，有治理的绩效，现在就任命郤正为巴西太守。"晋武帝咸宁四年（公元278年），郤正去世。总计他所作的诗论赋之类作品，将近有百篇之多。

陈寿评论说：杜微自修其身，安于寂寞，不为当世所役使，他的节操差不多可以赶上伯夷、叔齐和商山四皓。周群观察天象，信而有征；杜琼沉默慎密，不随便发言，不干涉世事；是读书人中的精华。许慈、孟光、来敏、李譔，博学多闻，尹默还精于《左氏春秋》，他们虽然不以道德功业见称，实在都是饱学之士中的一时之选。谯周的言辞义理渊深通达，为当世的大儒，有董仲舒、扬雄的规模；郤正的文章，辞藻灿烂生光，有张衡、蔡邕的遗风，加上他的行止端正，是君子认为可取的。这两位先生生活在晋朝的事迹少，在蜀国的事迹多，所以就收录在这本书内。

三国志卷四十三

黄李吕马王张传第十三

齐晓枫 译

黄权字公衡，巴西阆中人也。少为郡吏，州牧刘璋召为主簿。时别驾张松建议，宜迎先主，使伐张鲁。权谏曰："左将军有骁名，今请到，欲以部曲遇之，则不满其心，欲以宾客礼待，则一国不容二君。若客有泰山之安，则主有累卵之危。可但闭境，以待河清。"璋不听，竟遣使迎先主，出权为广汉长。及先主袭取益州，将帅分下郡县，郡县望风景附，权闭城坚守，须刘璋稽服，乃诣降先主。先主假权偏将军。及曹公破张鲁，鲁走入巴中，权进曰："若失汉中，则三巴不振，此为割蜀之股臂也。"于是先主以权为护军，率诸将迎鲁。鲁已还南郑，北降曹公，然卒破杜濩、朴胡，杀夏侯渊，据汉中，皆权本谋也。

先主为汉中王，犹领益州牧，以权为治中从事。及称尊号，将东伐吴，权谏曰："吴

黄权，字公衡，巴西阆中（今四川省阆中市）人。年轻时做巴西郡吏，州牧刘璋征召他作主簿。那时别驾张松建议，最好把先主迎来益州（今四川省地），让他攻伐张鲁。黄权却进谏说："左将军（刘备）一向有骁勇的声名，现在请他来，我们拿什么地位给他呢？像对待部曲那样对待他，那可不能使他心满意足；把他当作宾客那样礼遇吧，可是一国不容二君。假如客人的地位稳如泰山，那么主人就要危如累卵了。我们现在可以做的事，只有把国境封闭起来，等候局面太平罢了。"刘璋不听他的劝说，终于派使者迎接先主，把黄权调出去作广汉县长。后来先主偷袭取得益州，又派将帅分头攻打各郡县，各郡县都望风迎降，只有黄权闭起城门固守抵抗，等到刘璋都低头降服了，他才到先主那里投降。先主任命黄权为偏将军。其后曹操破张鲁，张鲁逃入巴中，黄权进言说："假使张鲁的汉中失守了，三巴的声势就大大减弱，如此一来就像把我们蜀地的大腿臂膀割掉一般，我们得赶快采取行动！"于是先主以黄权为护军将军，统率各将领前去迎接支援张鲁，虽然张鲁已经回到南郑（故城在今陕西省汉中市南郑区），投降了北方的曹操，但蜀兵终于打败了杜濩、朴胡，杀死了夏侯渊，占据了汉中，这都是黄权原来的战略得到的成果。

先主作汉中王的时候，还兼领益州牧，以黄权为治中从事。到了先主称尊号为帝，要去讨伐孙吴，黄权进谏说："吴人勇悍善战，加上我们的水军是沿江顺流而下的，前进容

人悍战，又水军顺流，进易退难，臣请为先驱以尝寇，陛下宜为后镇。”先主不从，以权为镇北将军，督江北军以防魏师；先主自在江南。及吴将军陆议乘流断围，南军败绩，先主引退。而道隔绝，权不得还，故率将所领降于魏。有司执法，白收权妻子。先主曰：“孤负黄权，权不负孤也。”待之如初。

魏文帝谓权曰：“君舍逆效顺，欲追踪陈、韩邪？”权对曰：“臣过受刘主殊遇，降吴不可，还蜀无路，是以归命。且败军之将，免死为幸，何古人之可慕也！”文帝善之，拜为镇南将军，封育阳侯，加侍中，使之陪乘。蜀降人或云诛权妻子，权知其虚言，未便发丧，后得审问，果如所言。及先主薨问至，魏群臣咸贺而权独否。文帝察权有局量，欲试惊之，遣左右诏权，未至之间，累催相属，马使奔驰，交错于道，官属侍从莫不碎魄，而权举止颜色自若。后领益州刺史，徙占河南。大将军司马宣王深器之，问权曰：“蜀中有卿辈几人？”权笑而答曰：“不图明公见顾之重也！”宣王与诸葛亮书曰：“黄公衡，快士也，每坐起叹述足下，不去口实。”景初三年，蜀延熙二年，权迁车骑将军、仪同三司。明

易，后退却难。臣请求作先头部队，去试试贼人的虚实，陛下最好留在后面坐镇。”先主不听从，以黄权为镇北将军，督率江北军，防备魏兵偷袭；先主亲自在江南以主力攻吴。后来吴将军陆议（即陆逊）顺着水势切断包围网，南军败绩，先主引兵退却，造成归路断绝，黄权回不去了，因此带领所统率的将士投降曹魏。蜀汉执法的有关人员上言，要收捕黄权的妻儿治罪。先主说：“孤没有听黄权的劝告，是孤对不起他，他可没有对不起孤啊。”对待黄权的家人像从前一样。

魏文帝对黄权说：“你舍弃了叛徒刘备，来投效朝廷，是不是想效法陈平、韩信离开项羽，投靠刘邦，要建立一番大功业啊？”黄权答道：“臣深深蒙受刘主公的特殊恩遇，不能做对不起他的事，投降敌人孙吴万万不可，回去蜀国却又归路断绝，迫不得已所以投奔这里。况且我是败军之将，免于死亡就已经够侥幸了，哪里可以奢谈追慕古人呢！”文帝认为这番应对好极了，就任命他为镇南将军，封育阳侯，加官为侍中，让他陪随乘舆出入。蜀汉来投降的人里面，有人说蜀汉已经诛杀了黄权的妻儿，黄权知道这都是一派胡言，没有立刻办丧事，后来得到正确的音讯，果然像黄权所说的什么事也没有发生。先主死亡的讯息传到魏朝，魏群臣都向文帝致贺，只有黄权若无其事，不作任何表示。文帝察知黄权有格局气量，想借这件事吓唬他，试试他有什么反应。于是派遣左右的人奉诏召黄权；不等人到，就接二连三派人紧接着催促，骑着马的使者在路上飞快的奔驰交错，黄权的官属侍从看见这种如临大敌的紧张架势，一个个都吓得魂飞魄散，可是黄权的举止神色却如平常一样宁静，一点都没有惊怕的意思。后来他兼领益州刺史，徙占河南。大将军司马宣王（懿）十分器重他，问黄权说：“蜀中像您这样的人才有几个呢？”黄权笑着回答：“我算什么角色，没想到明公（您）对我那么看重啊！”司马宣王写信给诸葛亮说：“黄公衡，他是

年卒，谥曰景侯。子邕嗣。邕无子，绝。

权留蜀子崇，为尚书郎，随卫将军诸葛瞻拒邓艾。到涪县，瞻盘桓未进，崇屡劝瞻宜速行据险，无令敌得入平地。瞻犹与未纳，崇至于流涕。会艾长驱而前，瞻却战至绵竹，崇帅厉军士，期于必死，临陈见杀。

李恢字德昂，建宁俞元人也。仕郡督邮，姑夫爨习为建伶令，有违犯之事，恢坐习免官。太守董和以习方土大姓，寝而不许。后贡恢于州，涉道未至，闻先主自葭萌还攻刘璋。恢知璋之必败，先主必成，乃托名郡使，北诣先主，遇于绵竹。先主嘉之，从至雒城，遣恢至汉中交好马超，超遂从命。成都既定，先主领益州牧，以恢为功曹书佐主簿。后为亡虏所诬，引恢谋反，有司执送，先主明其不然，更迁恢为别驾从事。章武元年，庲降都督邓方卒，先主问恢："谁可代者？"恢对曰："人之才能，各有长短，故孔子曰'其使人也器之'。且夫明主在上，则臣下尽情，是以先零之役，赵充国曰'莫若老臣'。臣窃不自揆，

个豪爽的人，常常在坐中起来提到您，一面讲一面赞叹，话题从来没有离开您！"（魏明帝）景初三年，蜀（后主刘禅）延熙二年（公元239年），黄权升任车骑将军、仪同三司。第二年去世，谥号是"景侯"。儿子黄邕承继爵位。黄邕没有儿子，爵位从此断绝。

黄权留在蜀汉的儿子黄崇，作尚书郎的官，跟随卫将军诸葛瞻抵抗邓艾。到了涪县（今四川省绵阳市），诸葛瞻盘桓不肯进兵，黄崇屡次劝他应当快速前行占据险要，不可让敌人进入平地。诸葛瞻犹疑不愿采纳，黄崇极力劝说，激动到眼泪都流下来了。这时邓艾正好长驱直入，诸葛瞻只得退到绵竹（故城在今四川省德阳市）接战，黄崇激励部下军士，相约战至最后一人，临阵对敌时，黄崇被杀。

李恢，字德昂，建宁俞元（故治在今云南省澄江县南）人，在本郡建宁做督邮的官，姑夫爨习为建伶县长，做了违法的事，李恢治爨习的罪，要免他的官，太守董和因为爨习是当地的土著大姓，就把这件案子压下来，不准追究。后来他把李恢举荐到本州（益州）。李恢徒行上道，半路上听说先主从葭萌（今四川省广元市）回头攻刘璋，他知道刘璋必定失败，先主必定成功，于是假托自己是建宁郡的使者，到北方拜见先主，在绵竹就遇上了。先主嘉奖他这次归附的行动，带着他到雒城，派他到汉中和马超交好，马超因此也听从了先主的号令。成都平定后，先主领益州牧，任命李恢为功曹书佐主簿。后来他被逃亡的俘虏诬陷攀引，说他同谋造反，司法的人把他扣押移送，将要治罪，先主知道他不会这样犯罪，反而升他的官，任命他为别驾从事。（先主）章武元年（公元221年），庲降都督邓方死了，先主问李恢："谁可以取代邓方呢？"李恢答道："每个人的才能各有长短，所以孔子说：'君子使人做事，是衡量人的才干而任用的。'况且在上位的主人要英明，臣下才会

惟陛下察之。”先主笑曰：“孤之本意，亦已在卿矣！”遂以恢为庲降都督，使持节领交州刺史，住平夷县。

先主薨，高定恣睢于越嶲，雍闿跋扈于建宁，朱褒反叛于牂牁。丞相亮南征，先由越嶲，而恢案道向建宁。诸县大相纠合，围恢军于昆明。时恢众少敌倍，又未得亮声息，绐谓南人曰：“官军粮尽，欲规退还，吾中间久斥乡里，乃今得旋，不能复北，欲还与汝等同计谋，故以诚相告。”南人信之，故围守怠缓。于是恢出击，大破之，追奔逐北，南至槃江，东接牂牁，与亮声势相连。南土平定，恢军功居多，封汉兴亭侯，加安汉将军。后军还，南夷复叛，杀害守将。恢身往扑讨，鉏尽恶类，徙其豪帅于成都，赋出叟、濮耕牛战马金银犀革，充继军资，于时费用不乏。

建兴七年，以交州属吴，解恢刺史。更领建宁太守，以还居本郡。徙居汉中，九年卒。子遗嗣。恢弟子球，羽林右部督，随诸葛瞻拒邓艾，临陈授命，死于绵竹。

竭诚服务。所以汉朝讨伐先零羌那一场战役，汉宣帝嫌七十来岁的赵充国年纪太老，想派别人去，赵充国才会说：‘没有一个人选比老臣更妥当了。’结果他果然立了大功。臣不自量力，私意以为可以承担这个任务，但求陛下明鉴。”先主笑着说：“孤本来的意思，也早就决定用你了。”于是任命李恢为庲降都督，让他持节领交州刺史，驻居平夷县（故治在今贵州毕节市）。

先主去世后，高定在越嶲（郡名，故治在今四川省西昌市东南）放纵暴戾，雍闿在建宁（郡名，故治在今云南省曲靖市西十五里）跋扈起来，朱褒在牂牁（今贵州省遵义、石阡、思南诸地）反叛。丞相诸葛亮南征，先从越嶲开始，而李恢一路巡察到建宁。各县闻讯，就大大勾结起来，把李恢的军队围在昆明。当时李恢的人很少，敌人却多出一倍，又没有诸葛亮的消息，就用计策骗南人说：“官军粮草食尽，正想规划退回去。我这些年来长时期远离乡里，现在好不容易才回来一趟，不能再到北边去了，我打算回头和你们共同计谋，所以拿这些军情私心向各位坦诚相告。”南人相信了这些话，包围防守都怠慢松弛下来。于是李恢突然出击，大破敌军，追奔逐北，南至槃江，东面就接壤牂牁，和诸葛亮声势相连。南方平定，李恢军功最多，受封为汉兴亭侯，加安汉将军。后来军队班师回朝，南夷又再反叛，杀害守将，李恢亲自去扑灭征讨，把作恶的人诛锄净尽，把他们的豪杰领袖徙到成都居住。拿出叟、濮两地的耕牛、战马、金银、犀革作为赋税，充当补给军需，使当时用度不致匮乏。

（后主）建兴七年（公元229年），因为交州入属孙吴，朝廷解除李恢交州刺史的职务，改为兼领建宁太守，让他还居本郡。后来他徙居汉中，在建兴九年逝世。由他的儿子李遗承继爵位。李恢弟弟的儿子李球，做羽林右部督，跟从诸葛瞻抗拒邓艾，临阵接受任务，在绵竹死难。

吕凯字季平，永昌不韦人也，仕郡五官掾功曹。时雍闿等闻先主薨于永安，骄黠滋甚。都护李严与闿书六纸，解喻利害，闿但答一纸曰：“盖闻天无二日，土无二王，今天下鼎立，正朔有三，是以远人惶惑，不知所归也。”其桀慢如此。闿又降于吴，吴遥署闿为永昌太守。永昌既在益州郡之西，道路壅塞，与蜀隔绝，而郡太守改易。凯与府丞蜀郡王伉帅厉吏民，闭境拒闿。闿数移檄永昌，称说云云。凯答檄曰：“天降丧乱，奸雄乘衅，天下切齿，万国悲悼，臣妾大小，莫不思竭筋力，肝脑涂地，以除国难。伏惟将军世受汉恩，以为当躬聚党众，率先启行，上以报国家，下不负先人，书功竹帛，遗名千载。何期臣仆吴越，背本就末乎？昔舜勤民事，陨于苍梧，书籍嘉之，流声无穷。崩于江浦，何足可悲！文、武受命，成王乃平。先帝龙兴，海内望风，宰臣聪睿，自天降康。而将军不睹盛衰之纪，成败之符。譬如野火在原，蹈履河冰，火灭冰泮，将何所依附？曩者将军先君雍侯，造怨而封，窦融知兴，归志世祖，皆流名后叶，世歌其美。今诸葛丞相英才挺出，深

吕凯，字季平，永昌不韦（故治在今云南省保山县北五十里）人，在郡中任五官掾功曹的官。那时雍闿等人听说先主在永安（今重庆市奉节县东）死了，就越来越骄横狡诈。都护李严给他写信，写了六张纸，分析利害来劝解他。雍闿只写了一张纸答复说：“我听说天无二日、地无二王，现在天下鼎足而立，有三个不同的正朔，所以像我们这些边远地区的人惶恐疑惑，不知道应该归附哪一个。”他桀傲不驯到这种地步。雍闿又投降孙吴，吴远远的给他永昌太守的名份，让他署理。永昌本来在益州郡的西面，道路壅塞难通，和蜀地隔绝，现在郡太守要换人了，吕凯和府丞蜀郡人王伉不肯从命，激励他们领导的官吏、人民，实行关闭永昌郡境抗拒雍闿。雍闿屡次用公文书通告永昌，有所称说。吕凯用檄文答复说：“上天降下丧亡祸乱，奸雄趁着这个危机起来，天下万国的人都恨得咬牙切齿，悲伤哀悼，人不分家臣奴婢，位不分上下高低，没有一个不想竭尽筋力，不惜肝脑涂地，来攘除国难。我想起将军（您）世世代代受汉朝的恩惠，以为您一定会亲自组织乡党群众，带头开拔为朝廷效命，上可以报答国家，下不致辜负祖宗，把功勋写在竹帛上，留名千古。哪知道你竟然会向吴越称臣，背弃本源，自趋末流呢？从前大舜勤于治民，死在苍梧的道路上，书上很赞美他，声名流传后世永不穷尽。他虽然在江边驾崩，不能舒舒服服地寿终正寝，但那有什么值得悲哀的呢！周文王、武王承受天命立国，到成王才天下平定。先帝起来建基立业，海内百姓都望风向慕，首脑大臣聪明睿智，上天降下吉祥，像周朝初年一样，这真是个大有为的时代。而将军居然不睁眼看看一盛一衰的历史记载，一成一败的征兆，就这么轻举妄动，正像是野火在平原里焚烧，人在河冰上走过，一旦火熄灭了，冰融解了，您还能依附什么呢？过去，将军的祖先雍（齿）侯爷，得罪了高祖皇帝，高祖还封他为什方侯。窦融在河西割据，但他明白天命人事的归向，最后向世祖光武皇帝投诚，他们两位都名传后世，世世代代的人都歌颂他们的轶事。现在诸葛丞相英才突出，早就料到

睹未萌，受遗托孤，翊赞季兴，与众无忌，录功忘瑕。将军若能翻然改图，易迹更步，古人不难追，鄙土何足宰哉！盖闻楚国不恭，齐桓是责，夫差僭号，晋人不长，况臣于非主，谁肯归之邪？窃惟古义，臣无越境之交，是以前后有来无往。重承告示，发愤忘食，故略陈所怀，惟将军察焉。”凯威恩内著，为郡中所信，故能全其节。

及丞相亮南征讨闿，既发在道，而闿已为高定部曲所杀。亮至南，上表曰：“永昌郡吏吕凯、府丞王伉等，执忠绝域，十有余年，雍闿、高定逼其东北，而凯等守义不与交通。臣不意永昌风俗敦直乃尔！”以凯为云南太守，封阳迁亭侯。会为叛夷所害，子祥嗣。而王伉亦封亭侯，为永昌太守。

马忠字德信，巴西阆中人也。少养外家，姓狐，名笃，后乃复姓，改名忠。为郡吏，建安末举孝廉，除汉昌长。先主东征，败绩猇亭，巴西太守阎芝发诸县兵五千人以补遣阙，遣忠送往。先主已还永安，见忠与语，谓尚书令刘巴曰：“虽亡黄权，复得狐笃，此为世

有什么事情要发生了。他受先帝遗诏托孤，要辅佐主上复兴汉室，他与人无怨，录用有功的人，忘记别人的缺点。将军如果能够反过来改变您的计划，调整您的步骤，为汉朝效忠到底，古人留名千载的功业不难追慕得到，我们这个边鄙的小地方哪里值得您占据来称王呢！我又听说春秋时代楚国对周王不恭敬，齐桓公就起来讨伐责难它；吴王夫差不自量力要越位自封盟主，晋人却不肯让他称老大。何况您臣服于名不正言不顺的所谓主人（吴），这样谁还归附您呢？我想古来人们认为是正义的事，就是人臣绝对不可以跨越自己的国境和外国人勾结，所以您前前后后派人来，我都没有给您交待。但再次接到您的通告指示，令人愤恨得饭都不想吃了，所以大略陈述我的感想，希望将军好好考虑考虑我这番话。”吕凯对内部施行的威权恩惠都很严明公正，郡里的人都信赖他，所以能够保全他的节操。

等到丞相诸葛亮到南方征讨雍闿，军队都开拔在半路了，而雍闿已经给高定的部曲杀掉。诸葛亮到了南方，上表说：“永昌郡吏人吕凯、府丞王伉等，在偏远的地方忠心耿耿，坚持了十多年，这期间雍闿、高定在东北面直接威胁着永昌，但吕凯等人却固守着正义的原则不和他们交结。臣想不到永昌的风俗敦厚正直到这个程度！”任命吕凯为云南太守，封阳迁亭侯。适逢叛夷作乱被杀，儿子吕祥承继爵位。而王伉也被封为亭侯，作永昌太守。

马忠，字德信，巴西阆中（今四川省阆中市）人。少时寄养在外婆家，姓狐，名笃，后来才恢复本姓，改名忠。马忠任郡吏，建安末年被举荐作孝廉，升任汉昌县长。先主东征孙吴，在猇亭打败仗，巴西太守阎芝出动由各县组成的兵士五千人来补充先主失去的员额，派马忠送去。先主已经回到永安，见到马忠，和他谈过话，先主对尚书令刘巴说：“我虽然失掉了黄权这个人才，可是现在又得到狐笃，这是世上不乏贤才的证明。”（后主）建

不乏贤也。”建兴元年，丞相亮开府，以忠为门下督。三年，亮入南，拜忠牂牁太守。郡丞朱褒反。叛乱之后，忠抚育卹理，甚有威惠。八年，召为丞相参军，副长史蒋琬署留府事。又领州治中从事。明年，亮出祁山，忠诣亮所，经营戎事。军还，督将军张嶷等讨汶山郡叛羌。十一年，南夷豪帅刘胄反，扰乱诸郡。征庲降都督张翼还，以忠代翼。忠遂斩胄，平南土，加忠监军奋威将军，封博阳亭侯。初，建宁郡杀太守正昂，缚太守张裔于吴，故都督常驻平夷县。至忠，乃移治味县，处民夷之间。又越嶲郡亦久失土地，忠率将太守张嶷开复旧郡，由此就加安南将军，进封彭乡亭侯。延熙五年还朝，因至汉中，见大司马蒋琬，宣传诏旨，加拜镇南大将军。七年春，大将军费祎北御魏敌，留忠成都，平尚书事。祎还，忠乃归南。十二年卒，子修嗣。

忠为人宽济有度量，但诙啁大笑，忿怒不形于色。然处事能断，威恩并立，是以蛮夷畏而爱之。及卒，莫不自致丧庭，流涕尽哀，为之立庙祀，迄今犹在。

张表，时名士，清望逾忠。阎宇，宿有功干，于事精勤。继踵在忠后，其威风称绩，皆不及忠。

兴元年（公元223年），丞相诸葛亮开府，用马忠为门下督。三年，诸葛亮入南方，任命马忠为牂牁郡太守。在此之前，牂牁郡丞朱褒曾经造反，地方上经历过叛乱事件的蹂躏，马忠抚恤百姓，努力于重建工作，很有威望德惠。八年，被召为丞相参军，副长史蒋琬让他署理留府事。又兼领州治中从事。第二年，诸葛亮取道祁山出征，马忠去到诸葛亮那里，参与军事工作。大军退还，他又监督将军张嶷等讨伐汶山郡叛变的羌人。十一年，南夷的豪杰领袖刘胄造反，扰乱了好几个郡，朝廷征召庲降都督张翼还朝，用马忠代替他的职务，马忠终于斩杀刘胄，平定南方。加马忠的官为监军奋威将军，封博阳亭侯。起初，建宁郡民杀掉太守正昂，抓住太守张裔送往孙吴，有这些叛乱纪录，所以都督经常驻在平夷县。自从马忠来了，才把办公的地方移到味县，处在普通百姓和夷人之间。同时越嶲郡也是许久以来丢掉的土地，马忠所统率的将领太守张嶷，把越嶲郡恢复原来归属于汉朝的样子，因此朝廷就近升马忠为安南将军，进封彭乡亭侯。（后主刘禅）延熙五年（公元242年）回朝，于是到了汉中，见大司马蒋琬，蒋琬宣读皇帝的旨意，加拜马忠为镇南大将军。七年春天，大将军费祎到北方抵御曹魏敌兵，留马忠守成都，执行尚书的职务。费祎回来后，马忠才归返南方。他在十二年时去世，由儿子马修继嗣。

马忠为人宽厚有度量，但他也很诙谐，爱大笑，至于忿恨生气，却不会形于颜色。可是他做起事来很果断，恩威并施，所以蛮夷又怕他又喜欢他。他死的时候，蛮夷人没有一个不亲自跑到办丧事的地方，流着眼泪动情致哀，还为他盖神庙拜祭他，这个庙到今天还存在。

张表是当时的名士，清誉比马忠有过之而无不及。阎宇早就立有功劳，做事精细尽力。这两人都能够直追马忠，但他们的威望风仪与口碑政绩，都不能和马忠相比。

王平字子均，巴西宕渠人也。本养外家何氏，后复姓王。随杜濩、朴胡诣洛阳，假校尉，从曹公征汉中，因降先主，拜牙门将、裨将军。建兴六年，属参军马谡先锋。谡舍水上山，举措烦扰，平连规谏谡，谡不能用，大败于街亭。众尽星散，惟平所领千人，鸣鼓自持，魏将张郃疑其伏兵，不往逼也。于是平徐徐收合诸营溃迸，率将士而还。丞相亮既诛马谡及将军张休、李盛，夺将军黄袭等兵。平特见崇显，加拜参军，统五部兼当营事，

空城计，清末年画。据《三国演义》，魏军夺得街亭后，长驱大进直至西城。时诸葛亮仅数千兵士，无法与司马懿相拒。遂下令偃旗息鼓，大开四门，每个城门派兵士扮成百姓模样洒扫，自己则于城楼上焚香弹琴。司马懿见此阵势，心下疑惑，惧中埋伏，竟自撤军。

王平，字子均，巴西宕渠（故城在今四川省渠县东北）人。本来寄养在外婆家，姓何，后来恢复本姓王。曾随同杜濩、朴胡到洛阳，做校尉的官，跟从曹操征汉中，因而投降先主，任职牙门将、裨将军。（后主）建兴六年（公元228年），隶属参军马谡为先锋。马谡舍弃临河驻扎的军事常规而领队上山，举动措施烦扰不堪，王平接二连三规谏他，马谡却不听，结果在街亭打了个大败仗。马谡的部队全部零落解散了，只有王平率领的一千人，擂响战鼓稳住阵势，魏将张郃怀疑他设有伏兵，不敢进逼。于是王平慢慢收编各营残余的散兵，率领将士安全退回。丞相诸葛亮诛杀了马谡和将军张休、李盛，免了将军黄袭的兵权之后，王平特别受到推崇和重用，加官为参军，统领五部兵，又兼当营屯的事，进位讨寇将军，封为亭侯。（建兴）九年，诸葛亮围祁山，王平单独负责南面的包围网。魏大将

进位讨寇将军，封亭侯。九年，亮围祁山，平别守南围。魏大将军司马宣王攻亮，张郃攻平，平坚守不动，郃不能克。十二年，亮卒于武功，军退还，魏延作乱，一战而败，平之功也。迁后典军、安汉将军，副车骑将军吴壹住汉中，又领汉中太守。十五年，进封安汉侯，代壹督汉中。延熙元年，大将军蒋琬住沔阳，平更为前护军，署琬府事。六年，琬还住涪，拜平前监军、镇北大将军，统汉中。

七年春，魏大将军曹爽率步骑十余万向汉川，前锋已在骆谷。时汉中守兵不满三万，诸将大惊。或曰："今力不足以拒敌，听当固守汉、乐二城，遇贼令入，比尔间，涪军足得救关。"平曰："不然。汉中去涪垂千里。贼若得关，便为祸也。今宜先遣刘护军、杜参军据兴势，平为后拒；若贼分向黄金，平率千人下自临之，比尔间，涪军行至，此计之上也。"惟护军刘敏与平意同，即便施行。涪诸军及大将军费祎自成都相继而至，魏军退还，如平本策。是时，邓芝在东，马忠在南，平在北境，咸著名迹。

平生长戎旅，手不能书，其所识不过十字，而口授作书，皆有意理。使人读《史》、

军司马宣王（懿）攻诸葛亮，张郃攻王平，王平坚守不动，张郃怎样也攻不下。十二年，诸葛亮在武功死了，大军退回，魏延乘机作乱，和政府军才一接战就溃败灭亡，这都是王平的功劳。他升任后典军、安汉将军。副车骑将军吴壹驻守汉中，王平又兼领汉中太守。十五年，进封安汉侯，代替吴壹督领汉中。（后主）延熙元年（公元238年），大将军蒋琬驻守沔阳，王平改任前护军，署理蒋琬大将军府中事务。六年，蒋琬回师在涪驻防，任命王平为前监军，镇北大将军，统理汉中。

七年春，魏大将军曹爽率领步兵骑兵共十余万向汉川进发，先头部队已经到了骆谷。当时汉中守兵才不到三万人，敌众我寡，所有将领都大惊失色。有人提议："现在我们的兵力不足够抵挡敌人，只好顺其自然，我们只须固守汉、乐两城保全实力，贼人来了就让他深入，以空间换取时间，这么来回一拖拉，涪地的援军就有足够的时间赶来救关城了。"王平说："这话不对，汉中和涪距离几乎一千里，怎会那么快赶得来。贼兵假如得到了关城，那就后患无穷了。为今之计应该先派刘护军（敏），杜参军（祺）占住兴势，我跟在后面支援；如果贼人分兵向黄金谷进攻，我就率领一千人居高临下打他，这么来回一拖拉，涪地的援军就快到了，只有这样才是上策。"在许多将领之中，只有护军刘敏的想法和王平相同，于是马上付诸实行。从涪来的各路援军，和大将军费祎从成都来的援军相继到了。魏军看情形不对就退了回去，刚好应验了王平原先的策略。在那段日子里，邓芝在东，马忠在南，王平在国境北面，都同样出名，同样有建树。

王平自小从军，在军队里长大，不懂得写字，他认得的字不超过十个，但他靠口述请人代写的信，都很有意思条理。他叫人读《史记》、《汉书》的本纪、列传，听着这些，就完全能够懂得里面的重要意义，评论分析的时候也往往不会和原来的主旨冲突。他又遵行

《汉》诸纪传，听之，备知其大义，往往论说不失其指。遵履法度，言不戏谑，从朝至夕，端坐彻日，憧无武将之体。然性狭侵疑，为人自轻，以此为损焉。十一年卒，子训嗣。

初，平同郡汉昌句扶忠勇宽厚，数有战功，功名爵位亚平，官至左将军，封宕渠侯。

张嶷字伯岐，巴郡南充国人也。弱冠为县功曹。先主定蜀之际，山寇攻县，县长捐家逃亡，嶷冒白刃，携负夫人，夫人得免。由是显名，州召为从事。时郡内士人龚禄、姚伷位二千石，当世有声名，皆与嶷友善。建兴五年，丞相亮北住汉中，广汉绵竹山贼张慕等钞盗军资，劫掠吏民，嶷以都尉将兵讨之。嶷度其鸟散，难以战禽，乃诈与和亲，克期置酒。酒酣，嶷身率左右，因斩慕等五十余级，渠帅悉殄。寻其余类，旬日清泰。后得疾病困笃，家素贫匮。广汉太守蜀郡何祗，名为通厚，嶷宿与疏阔，乃自舆诣祗，托以治疾。祗倾财医疗，数年除愈。其党道信义皆此类也。拜为牙门将，属马忠，北讨

法度，说话不随便开玩笑，从早到晚，正正经经地坐着到太阳下山，丝毫没有军人乖戾的作风。可是他个性褊狭，好侵陵人而又多疑，被人看不起，这些是他的缺陷。他在（后主）延熙十一年（公元248年）去世，儿子王训承继他的爵位。

起初，与王平同郡的汉昌人句扶，忠勇宽厚，屡次建立战功，功名爵位亚于王平，官做到左将军，封宕渠侯。

张嶷，字伯岐，巴西郡南充国（今四川省南部县治）人。二十岁左右做县功曹的官。先主平定蜀地的时候，山贼攻击县城，县长弃家逃命，张嶷冒着被杀的危险，拖着背着夫人逃难，夫人因此得救。张嶷因为做这件事大大地出了名，州征召他做从事的官。那时郡内士人龚禄、姚伷，爵位达到二千石，是当代很有名气的人，都来和张嶷结交友好。（后主）建兴五年（公元227年），丞相诸葛亮在北方汉中驻留，广汉、绵竹（故城在今四川省德阳市北）两地的山贼张慕等人乘机抢夺盗取军需物品，劫掠官吏百姓，张嶷奉命充当都尉带兵讨伐他们。张嶷考虑到贼人一旦作鸟兽散，四面逃窜，就再难一一击破逮捕，于是假意跟他们讲和亲近，定了日期摆下酒席，请山贼们来联欢。正喝到酒酣耳热，张嶷亲自率领左右侍卫，趁这个紧要关头斩下张慕等五十几颗头颅，贼人头目也全数被歼灭。然后搜捕他们的同党，十日之内全部清除干净。后来张嶷生了一场重病，十分危急，家里素来贫穷，没有钱医病，那时广汉太守蜀郡人何祗，是出名的大方厚道的人，张嶷一向和他疏远没有交情，这时却亲自坐了车子来见何祗，托他帮忙治病。何祗倾尽财力替他医疗，过了好几年才渐渐好起来。他能够和有道义的人精诚结交，这件事只是一个最普通的例子。朝廷任命他做牙门将，隶属马忠统率，到北边去讨伐在汶山叛变的羌人，又到南边去平定四郡蛮夷，往往有筹划战胜的功劳。（建兴）十四年，武都氐王苻健请求归降朝廷，朝廷

汶山叛羌，南平四郡蛮夷，辄有筹画战克之功。十四年，武都氐王苻健请降，遣将军张尉往迎，过期不到，大将军蒋琬深以为念。嶷平之曰："苻健求附款至，必无他变，素闻健弟狡黠，又夷狄不能同功，将有乖离，是以稽留耳。"数日，问至，健弟果将四百户就魏，独健来从。

初，越嶲郡自丞相亮讨高定之后，叟夷数反，杀太守龚禄、焦璜，是后太守不敢之郡，只住安上县，去郡八百余里，其郡徒有名而已。时论欲复旧郡，除嶷为越嶲太守，嶷将所领往之郡，诱以恩信，蛮夷皆服，颇来降附。北徼捉马最骁劲，不承节度，嶷乃往讨，生缚其帅魏狼。又解纵告喻，使招怀馀类。表拜狼为邑侯，种落三千余户皆安土供职。诸种闻之，多渐降服，嶷以功赐爵关内侯。

苏祁邑君冬逢、逢弟隗渠等，已降复反。嶷诛逢。逢妻，旄牛王女，嶷以计原之。而渠逃入西徼。渠刚猛捷悍，为诸种深所畏惮，遣所亲二人诈降嶷，实取消息。嶷觉之，许以重赏，使为反间，二人遂合谋杀渠。渠死，诸种皆安。又斯都耆帅李求承，昔手杀龚禄，嶷求募捕得，数其宿恶而诛之。

派将军张尉前去迎接他，过了约定的日期，苻健还没有来，大将军蒋琬非常担心。张嶷安慰他说："苻健诚心诚意请求归附，一定不会有什么变卦的。我一向听说苻健的弟弟狡黠得很，而且他们夷狄之人办事往往不能意见一致，恐怕他们要闹分裂，所以苻健被耽搁住了。"过了几天，消息传来，苻健的弟弟果然带了四百户人投奔曹魏去了，只有苻健自己正往这边来。

在以前，越嶲郡自从丞相诸葛亮讨平高定之后，叟夷屡次造反，曾杀掉太守龚禄、焦璜，从此以后所有被派任越嶲太守的人都不敢到郡里上任，只停留在安上县，距离郡城八百多里，所谓太守只是虚有其名罢了。当时朝廷上一般意见都希望恢复原来统治全郡的旧观，于是升张嶷的官，做越嶲太守。张嶷带着所领的军队直接去到那里，用恩惠诚信来诱导叟夷人，蛮夷都服他，颇有些来投诚归附的。北徼的部落捉马最骁勇强悍，不肯接受节度，张嶷就前往征讨，把他们的首领魏狼生擒了，但又放了他去四处晓喻，让他招安余党。张嶷上表请求朝廷任命魏狼为邑侯，他的部落里三千多户都安居乐业，服从政府的命令。各部落知道这个消息后，渐渐跑来降服的就多起来了，张嶷因为这个功劳得到赐以关内侯的爵位。

苏祁邑君冬逢、冬逢的弟弟隗渠等人，投降之后又再反叛。张嶷诛杀冬逢。冬逢的妻子是旄牛王的女儿，张嶷因为计划上的需要而免了她的罪。隗渠逃进西徼去了。隗渠为人刚烈勇猛、敏捷强悍，各部落都非常畏惧他，他派了两名亲信假意投降张嶷，其实是来刺探消息。张嶷发觉了，答应事成之后给以重赏，叫他们充当反间，这两人就合谋把隗渠杀了。隗渠死后，各部落全都放心安居。同时斯都耆帅李求承，过去曾经亲手杀死龚禄，张嶷搜索悬赏终于把他捉到，一一列明他过往的罪状，杀了他。

始嶷以郡郛宇颓坏，更筑小坞。在官三年，徙还故郡，缮治城郭，夷种男女莫不致力。

定莋、台登、卑水三县去郡三百余里，旧出盐铁及漆，而夷徼久自固食。嶷率所领夺取，署长吏焉。嶷之到定莋，定莋率豪狼岑，槃木王舅，甚为蛮夷所信任，忿嶷自侵，不自来诣。嶷使壮士数十直往收致，挞而杀之，持尸还种，厚加赏赐，喻以狼岑之恶，且曰："无得妄动，动即殄矣！"种类咸面缚谢过。嶷杀牛飨宴，重申恩信。遂获盐铁，器用周赡。

汉嘉郡界旄牛夷种类四千余户，其率狼路，欲为姑婿冬逢报怨，遣叔父離将逢众相度形势。嶷逆遣亲近赍牛酒劳赐，又令離逆逢妻宣畅意旨。離既受赐，并见其姊，姊弟欢悦，悉率所领将诣嶷，嶷厚加赏待，遣还。旄牛由是辄不为患。

郡有旧道，经旄牛中至成都，既平且近；自旄牛绝道，已百余年，更由安上，既险且远。嶷遣左右赍货币赐路，重令路姑喻意，路乃率兄弟妻子悉诣嶷，嶷与盟誓，开通旧道，

起初张嶷为了越巂郡城郭毁坏不堪，就在别的地方筑了一个小小的坞堡，作为办公场所，在任内三年，才搬回原来的郡城，修理城郭。蛮夷部落的男男女女，没有不出力帮忙的。

定莋（故城在今四川省盐源县南）、台登（故治在今四川省冕宁县东）、卑水（故治在今四川省美姑县）三县，距离郡城三百多里，一向出产盐、铁和漆，长久以来为各路徼塞的蛮夷所把持，作为生活的经济来源。张嶷带着所领的兵士把它夺过来，又委任官吏去管理。张嶷到定莋的时候，定莋蛮夷有个领袖狼岑，是槃木王的舅父，很得蛮夷的信任，他气忿张嶷无缘无故跑来侵夺，就不肯去见张嶷。张嶷派了数十名壮士强行前去收捕他，活活把他打死，将尸体送回他的部落那里，重重赏赐这个部落，公布狼岑的恶状来晓喻他们，并且说："千万不可轻举妄动，一动马上就得死！"部落中人都面缚谢罪，张嶷杀牛设宴款待他们，再三宣导朝廷的恩德威信。从此张嶷就得到盐、铁的供应，器械资用都充裕起来。

汉嘉郡（今四川省雅安市北）界一带有旄牛夷的部落四千多户，他们的首领狼路，企图替姑丈冬逢报仇，就派了叔父狼离率领冬逢的旧部来探查形势。张嶷早就派了亲信带着牛酒前去慰劳赏赐，又命令狼离的姐姐，也就是冬逢的妻子去宣扬政府的意旨。狼离既接受了赏赐，又见到了姐姐，姐弟两人高兴得不得了，统率着他带来的全部将领来见张嶷，张嶷厚厚的接待赏赐，遣送他们回去。旄牛从此就不再捣乱了。

越巂郡有一条旧路，穿越旄牛中间通到成都，又平坦又近便；自从旄牛阻绝了这条通路，已经有百余年的历史了，来往的人只好绕路从安上走过，又险峻又遥远。张嶷派遣左右人等带了财货礼物赐给狼路，又叫狼路的姑姑去宣导朝廷的意思，狼路于是率领兄弟妻儿全族人来见张嶷，张嶷和他约盟宣誓，开通旧路，沿途千里之内都宁靖无事，恢复设置

千里肃清，复古亭驿。奏封路为旄牛㽛毗王，遣使将路朝贡。后主于是加嶷抚戎将军，领郡如故。

嶷初见费祎为大将军，恣性泛爱，待信新附太过，嶷书戒之曰："昔岑彭率师，来歙杖节咸见害于刺客，今明将军位尊权重，宜鉴前事，少以为警。"后祎果为魏降人郭修所害。

吴太傅诸葛恪以初破魏军，大兴兵众以图攻取。侍中诸葛瞻，丞相亮之子，恪从弟也，嶷与书曰："东主初崩，帝实幼弱，太傅受寄托之重，亦何容易！亲以周公之才，犹有管、蔡流言之变，霍光受任，亦有燕、盖、上官逆乱之谋，赖成、昭之明，以免斯难耳。昔每闻东主杀生赏罚，不任下人，又今以垂没之命，卒召太傅，属以后事，诚实可虑。加吴、楚剽急，乃昔所记，而太傅离少主，履敌庭，恐非良计长算之术也。虽云东家纲纪肃然，上下辑睦，百有一失，非明者之虑邪？取古则今，今则古也，自非郎君进忠言于太傅，谁复有尽言者也！旋军广农，务行德惠，数年之中，东西并举，实为不晚，愿深采察。"恪

古时候原有的亭驿。张嶷奏闻朝廷，封狼路做旄牛㽛毗王，派使者带领狼路上朝朝贡。后主因而加张嶷的官为抚戎将军，依然让他统领越巂郡。

张嶷起初见费祎做了大将军，却率性泛爱没有分寸，对待新来投诚的人过分信任，张嶷写了一封信劝他说："从前在东汉时，岑彭统率大军，来歙执持节仗，都被蜀人派遣的刺客杀害。现在明将军（您）位尊权重，应该以从前的事为鉴戒，稍为小心防备些。"后来费祎果然被由曹魏投降过来的郭修杀害了。

吴国太傅诸葛恪趁着刚刚打败魏军的余威，正要扩大召集兵众企图再度攻击。侍中诸葛瞻，是丞相诸葛亮的儿子，诸葛恪的堂弟，张嶷写信给他说："他们东方那边的君主才驾崩不久，新皇帝的年纪实在太小，太傅（诸葛恪）受他们先帝托孤，责任十分重大，事情哪里有那么好办！才干高如周公，又是天子的亲叔父，尚且发生管叔、蔡叔散布流言的变故；霍光受遗命摄政，也有燕王旦、盖公主、上官桀等叛乱的阴谋；他们幸亏遇到周成王、汉昭帝这样明白的人，才免了一场灾难罢了。过去我常听说东方那边的君主，对于杀、生、赏、罚这些属于君主的重大权力，不肯托下面的人代理，而目前因为快要死了，就发下命令急急忙忙将太傅召去，把身后国事都嘱咐给他，这真是教人忧虑的啊！加上吴人、楚人轻剽急躁，古来就有所记载，而太傅离开年幼的国主，深入敌国的境界，恐怕不是长久打算的好计策吧。虽然说东边那里纲纪严整，上阶层与下阶层的人十分和洽，但我们不怕一万，也怕万一，最轻微的可能性也许会造成致命的失败，这岂不是明智的人应该有的顾虑吗？拿古人衡量今人的事，现在跟古时是没有两样的，只有郎君（您）可以向太傅进献忠言，要不是您，还有谁肯言无不尽呢！请他把军队撤回来，推广农业，努力实行德政仁惠，几年之内，东吴和西蜀同时兴盛，再合力攻打曹魏，为时未晚。这些意见，希望您

竟以此夷族。嶷识见多如是类。

在郡十五年，邦域安穆。屡乞求还，乃征诣成都。民夷恋慕，扶毂泣涕，过旄牛邑，邑君襁负来迎，及追寻至蜀郡界，其督相率随嶷朝贡者百余人。嶷至，拜荡寇将军，慷慨壮烈，士人咸多贵之，然放荡少礼，人亦以此讥焉，是岁延熙十七年也。魏狄道长李简密书请降，卫将军姜维率嶷等因简之资以出陇西。既到狄道，简悉率城中吏民出迎军。军前与魏将徐质交锋，嶷临陈陨身，然其所杀伤亦过倍。既亡，封长子瑛西乡侯，次子护雄袭爵。南土越嶲民夷闻嶷死，无不悲泣，为嶷立庙，四时水旱辄祀之。

评曰：黄权弘雅思量，李恢公亮志业，吕凯守节不回，马忠扰而能毅，王平忠勇而严整，张嶷识断明果，咸以所长，显名发迹，遇其时也。

仔细考虑采用。”后来诸葛恪竟然被张嶷说中，因为这些因素而灭了族。张嶷的识见多半像这样高明。

张嶷在郡任职十五年，国境安宁平静。他屡次乞求回朝，朝廷就征召他回成都去。百姓和蛮夷都恋恋不舍，攀着他的车子不让他走，还伤心得哭了起来。经过旄牛邑的时候，邑君背着孩子来迎接他，又追寻他直到蜀郡边界，他们督率成群结队，跟随张嶷来朝贡的，有一百多人。张嶷到了京师，官拜荡寇将军。张嶷的个性慷慨壮烈，士人都很推崇他，可是他的行为比较随便，不讲究礼节，有人也拿这个讥讽他。这一年是（后主）延熙十七年（公元254年）。魏国狄道县（故城在今甘肃省临洮县西南）长李简用密函来请求投诚，卫将军姜维率领张嶷等人利用李简的帮助出兵陇西，来到狄道，李简带着城里所有吏民出迎大军。两军对抗，张嶷和魏将军徐质交战，临阵被杀，但他杀伤的敌人也超过自己损失的一倍。他死后，朝廷封他的长子张瑛为西乡侯，由次子张护雄袭爵。南方越嶲郡的百姓蛮夷听到张嶷死了，没有不悲哀流涕的；他们替张嶷建造庙宇，春、夏、秋、冬四时，或者遇着水灾旱灾，往往都去拜祭他。

陈寿评论说：黄权心胸广阔纯正，有思致有气度。李恢赋性公忠磊落，有志向有功绩。吕凯能够坚守节操，决不向强权屈服。马忠为人宽顺，但他够坚强，受到挫折不会灰心。王平既忠且勇，而治军严整。张嶷见识精明，而决断果敢。各人都凭借他们的长处扬名发迹，正是生当其时的缘故。

三国志卷四十四

蒋费姜传第十四

齐晓枫 译

蒋琬字公琰，零陵湘乡人也。弱冠与外弟泉陵刘敏俱知名。琬以州书佐随先主入蜀，除广都长。先主尝因游观奄至广都，见琬众事不理，时又沈醉，先主大怒，将加罪戮。军师将军诸葛亮请曰："蒋琬，社稷之器，非百里之才也。其为政以安民为本，不以修饰为先，愿主公重加察之。"先主雅敬亮，乃不加罪，仓卒但免官而已。琬见推之后，夜梦有一牛头在门前，流血滂沱，意甚恶之，呼问占梦赵直。直曰："夫见血者，事分明也。牛角及鼻，'公'字之象，君位必当至公，大吉之征也。"顷之，为什邡令。先主为汉中王，琬入为尚书郎。建兴元年，丞相亮开府，辟琬为东曹掾。举茂才，琬固让刘邕、阴化、庞延、廖淳，亮教答曰："思惟背亲舍德，以殄百姓，众人既不隐于心，实又使远近不解其义，是以君宜显其功举，以明此选之清重也。"迁为参军。五年，亮住汉中。琬与长史张裔统留府

蒋琬，字公琰，零陵湘乡（今湖南省湘乡市）人。二十岁左右和表弟泉陵（故城在今湖南永州市北）人刘敏都很出名。蒋琬任职州书佐时，跟随先主（刘备）入蜀，升任广都（今四川省成都市华阳街道）县长。先主有一次趁着游览忽然到了广都，看见蒋琬什么事情也不管，当时又喝得大醉，先主大为生气，要重重责罚他。军师将军诸葛亮替他求情说："蒋琬是社稷之器，不是治理一个县邑的小才。他推行政事以安定百姓为根本，不拿门面工夫当急务，这一回希望主公多加考虑。"先主素来敬重诸葛亮，于是也不追究蒋琬的罪，只是姑且免了他的官罢了。蒋琬这次被审问之后，有一个晚上做梦，看见一个牛头在门前，淋淋漓漓流满鲜血，蒋琬心里十分厌恶这梦，把占梦人赵直叫来问个究竟，赵直说："见到血，表示事情的是非曲直将要得到澄清。牛角和鼻，合起来看正是'公'字的模样，您做官一定会做到公的阶级的，这是上上大吉的征兆啊！"没多久，蒋琬就做什邡县长了。先主作汉中王，蒋琬内调为尚书郎。（后主刘禅）建兴元年（公元 223 年），丞相诸葛亮开府，征辟蒋琬做东曹掾。又举荐他为茂才，蒋琬坚持要让给刘邕、阴化、庞延、廖淳，诸葛亮写信答复他说："想到要违背亲厚的交谊，舍弃有德的人不用，因而害了百姓，大家既于心不安，事实上又令远近的人都不明白其中道理，所以您应该显扬这回察举的功效，拿行

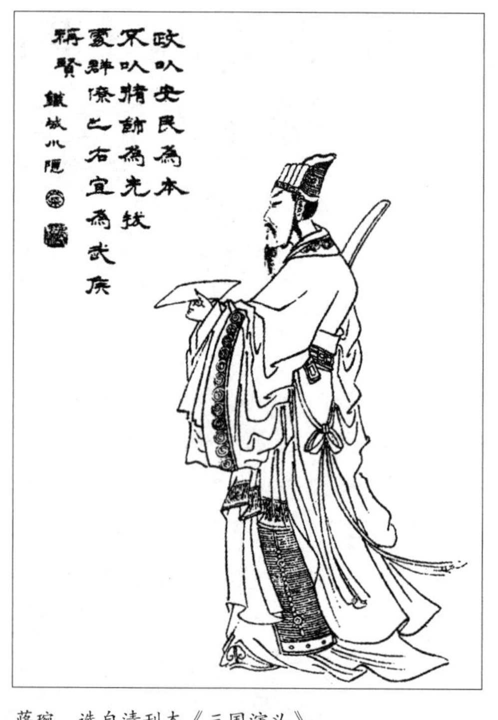

蒋琬，选自清刊本《三国演义》。

事。八年，代裔为长史，加抚军将军。亮数外出，琬常足食足兵以相供给。亮每言："公琰托志忠雅，当与吾共赞王业者也。"密表后主曰："臣若不幸，后事宜以付琬。"

亮卒，以琬为尚书令，俄而加行都护，假节，领益州刺史，迁大将军，录尚书事，封安阳亭侯。时新丧元帅，远近危悚。琬出类拔萃，处群僚之右，既无戚容，又无喜色，神守举止，有如平日，由是众望渐服。延熙元年，诏琬曰："寇难未弭，曹叡骄凶，辽东三郡苦其暴虐，遂相纠结，与之离隔。叡大兴众役，还相攻伐。曩秦之亡，胜、广首难，今有此变，斯乃天时。君其治严，总帅诸军屯住汉中，须吴举动，东西掎角，以乘其衅。"又命琬开府，明年就加为大司马。

东曹掾杨戏素性简略，琬与言论，时不

动来证明这个职衔的清高贵重啊！"又改派他做参军的官。（建兴）五年，诸葛亮在汉中停留，蒋琬和长史张裔总理丞相府中事务。（建兴）八年，代张裔继任长史，加官抚军将军。诸葛亮好几次出外征战，蒋琬常常准备好充足的粮食和兵源不断补给。诸葛亮常说："公琰立志忠恳纯正，一定是能够和我一起辅佐王业的人啊。"又秘密地上表给后主说："臣假如不幸死了，身后遗留的一切事务最好都交托给蒋琬。"

诸葛亮死后，朝廷用蒋琬为尚书令，不久就加官行都护，假节，领益州刺史，又升迁为大将军，录尚书事，封安阳亭侯。那时新死了元帅，远近的人都担心害怕。蒋琬在群众之中脱颖而出，做了所有官僚的上司，他既没有忧伤的模样，也没有露出特别高兴的脸色，神情举止，和平日没有两样，就是这番镇定工夫，大家都渐渐服了他。（后主）延熙元年（公元238年），有诏令给蒋琬说："贼寇的祸难还未消除，曹叡骄横凶暴，辽东三郡的人民受不了他的残暴虐待，就互相联合起来，要脱离他的统治。曹叡于是大举兴师，回转刀头，双方你攻我伐。从前秦朝的覆亡，有陈胜、吴广首先发难，今日遇上这个变故，这是上天赐下的时机。您快整理行装，统率各军在汉中屯守，等待吴国有所举动，然后东西两路同时进兵，成为掎角的形势，好充分利用曹叡这一次的纰漏。"又命令蒋琬开府。明年，就地加官为大司马。

东曹掾杨戏性情一向粗略，蒋琬和他谈论，有时他不答理。有人在蒋琬面前中伤杨戏

应答。或欲构戏于琬曰："公与戏语而不见应，戏之慢上，不亦甚乎！"琬曰："人心不同，各如其面；面从后言，古人之所诫也。戏欲赞吾是耶，则非其本心，欲反吾言，则显吾之非，是以默然，是戏之快也。"又督农杨敏曾毁琬曰："作事愦愦，诚非及前人。"或以白琬，主者请推治敏，琬曰："吾实不如前人，无可推也。"主者重据听不推，则乞问其愦愦之状。琬曰："苟其不如，则事不当理，事不当理，则愦愦矣。复何问邪？"后敏坐事系狱，众人犹惧其必死。琬心无适莫，得免重罪。其好恶存道，皆此类也。

琬以为昔诸葛亮数窥秦川，道险运艰，竟不能克，不若乘水东下。乃多作舟船，欲由汉、沔袭魏兴、上庸。会旧疾连动，未时得行。而众论咸谓如不克捷，还路甚难，非长策也。于是遣尚书令费祎、中监军姜维等喻指。琬承命上疏曰："芟秽弭难，臣职是掌。自臣奉辞汉中，已经六年，臣既暗弱，加婴疾疢，规方无成，夙夜忧惨。今魏跨带九州，根蒂滋蔓，平除未易。若东西并力，首尾掎角，虽未能速得如志，且当分裂蚕食，先摧其支党。然吴期二三，连不克果，俯仰惟艰，实忘寝食。辄与费祎等议，以凉州胡塞之要，进退有

说："您跟杨戏讲话，他却不理您，杨戏对长官这样傲慢，不是太过分了吗？"蒋琬说："人心不相同，就正如每个人的面貌不相同一样；当面附和别人的意见，却在背后说闲话，这是古人引以为诫的。杨戏如果要赞成我呢，那不是他本来的心意；他要反对我呢，就是暴露了我的错失。这两种情形都不是他愿意见到的，所以他什么话也不说，这正是杨戏爽直的地方。"又督农杨敏曾经诋毁蒋琬说："做事乱七八糟，真比不上他的前任。"有人告诉蒋琬，执法的人请求追究杨敏的罪责。蒋琬说："我的确比不上前任，没有什么好追究的。"执法的人还是坚决请求即使就这样不问杨敏的罪，倒要问问他怎么个乱七八糟法。蒋琬说："假如我真的比不上丞相，那么做事一定不合理，做事不合理，就乱七八糟啦！还用问什么？"后来杨敏犯了法关在牢里，人人都替他担心，以为他死定了，但蒋琬心里却不存任何芥蒂成见，杨敏终于得免重罪。蒋琬行事不论好恶皆依存正道而行，都像这类事情一样。

蒋琬认为以前诸葛亮好几次取道秦川窥伺敌人，道路险峻，转运困难，始终没有成功，不如顺着水路向东进发。于是造了许多船只，打算循着汉水、沔水袭击魏兴、上庸两个地方。刚好遇上旧疾接连复发，未能及时进行。而众人的意见都说：如果仗没打赢，退路十分艰难，不是长久的打算。于是后主派了尚书令费祎、中监军姜维等人宣谕旨意。蒋琬接受命令，又上疏说："铲除荒秽，平定祸难，是臣的职责所在。自从臣听命驻守汉中，已经六年了，臣既愚昧懦弱，加上疾病缠身，以致规划图谋一无所成，早晚忧心伤惨。现在魏横跨九州，根蒂滋长蔓延，锄平扫除并不容易。如果吴和我们东西合力，保持首尾掎角的形势，虽然不一定能够很快实现我们消灭曹魏的愿望，姑且分割他、蚕食他，先摧毁他的支党。可是吴人和我们约定行动了好几次，却接二连三的不肯决然进兵。臣想到时局

资，贼之所惜；且羌、胡乃心思汉如渴。又昔偏军入羌，郭淮破走，算其长短，以为事首，宜以姜维为凉州刺史。若维征行，衔持河右，臣当帅军为维镇继。今涪水陆四通，惟急是应，若东北有虞，赴之不难。”由是琬遂还住涪。疾转增剧，至九年卒，谥曰恭。

子斌嗣，为绥武将军、汉城护军。魏大将军钟会至汉城，与斌书曰：“巴蜀贤智文武之士多矣，至于足下、诸葛思远，譬诸草木，吾气类也。桑梓之敬，古今所敦。西到，欲奉瞻尊大君公侯墓，当洒扫坟茔，奉祠致敬。愿告其所在！”斌答书曰：“知惟臭味意眷之隆，雅托通流，未拒来谓也。亡考昔遭疾疢，亡于涪县，卜云其吉，遂安厝之。知君西迈，乃欲屈驾修敬坟墓。视予犹父，颜子之仁也，闻命感怆，以增情思。”会得斌书报，嘉叹意义，及至涪，如其书云。

后主既降邓艾，斌诣会于涪，待以交友之礼。随会至成都，为乱兵所杀。斌弟显，为太子仆，会亦爱其才学，与斌同时死。

艰难，心里担忧得觉也睡不着，饭也吃不下。常常和费祎他们商量，都认为凉州是胡人关塞的重要地方，占据了这里，无论进攻退守，都有所凭借，是贼人很重视的军事要地。而且那里的羌人胡人心中思念汉朝，像渴了想喝水一样。又过去有一次我们的偏师进入羌地，郭淮就大败逃走了，有这例子在先，可见攻凉州是可行的。衡量事势的利害难易，这个战略最妥当，最好用姜维作凉州刺史。假如姜维出兵了，控制住河右一带，臣就率领大军作姜维的支援后盾。现在涪县水陆路四面畅通，应急最方便了，如果东北有危险，赶去救援也不难。”因此，蒋琬就回来留在涪县（今四川省绵阳市）。他的病变得更重了，到了（后主）延熙九年（公元 246 年）死去，谥号是“恭”。

他的儿子蒋斌袭爵，做绥武将军、汉城护军的官。魏大将军钟会到汉城，写信给蒋斌说：“巴蜀贤智文武的才士很多，但像足下和诸葛思远（瞻），拿草木来做譬喻吧，两位和我的气味是一类的。对待祖先所种的桑树梓树，人人都该恭敬有礼，敬老的意义，古往今来都是受人看重的。我来到西边，想去瞻仰令尊公（恭）侯的坟墓，自然要洒扫坟茔，拜祭致敬的。希望您告诉我在哪里。”蒋斌回信说：“知悉您有盛情厚意来交臭味相投的朋友，蒙您雅意来促成友谊的交流，我实在没有任何托辞拒绝您来。先父过去不幸遭逢疾病，在涪县逝世，卜者说葬在那里吉祥，于是就在涪县安厝。我晓得您要到西边去，您居然肯劳驾修整礼敬先父的坟墓。孔子曾说颜回‘把我看作父亲一样’，现在您也和颜回一样的仁厚啊。听到您这番话真令人伤感，因而增添了思念先父之情。”钟会接到蒋斌的回信，很赞赏他应对得体，等到进入涪县，就实践了他书信上的诺言。

后主投降邓艾之后，蒋斌到涪县见钟会，用朋友的礼节对待他。跟随钟会到成都，被乱兵所杀。他的弟弟蒋显，任职太子仆，钟会也很欣赏他的才学，后来和蒋斌同时死去。

刘敏，左护军、扬威将军，与镇北大将军王平俱镇汉中。魏遣大将军曹爽袭蜀时，议者或谓但可守城，不出拒敌，必自引退。敏以为男女布野，农谷栖亩，若听敌入，则大事去矣。遂帅所领与平据兴势，多张旗帜，弥亘百余里。会大将军费祎从成都至，魏军即退，敏以功封云亭侯。

费祎字文伟，江夏鄳人也。少孤，依族父伯仁。伯仁姑，益州牧刘璋之母也。璋遣使迎仁，仁将祎游学入蜀。会先主定蜀，祎遂留益土，与汝南许叔龙、南郡董允齐名。时许靖丧子，允与祎欲共会其葬所。允白父和请车，和遣开后鹿车给之。允有难载之色，祎便从前先上。及至丧所，诸葛亮及诸贵人悉集，车乘甚鲜，允犹神色未泰，而祎晏然自若。持车人还，和问之，知其如此，乃谓允曰："吾常疑汝于文伟优劣未别也，而今而后，吾意了矣。"

先主立太子，祎与允俱为舍人，迁庶子。后主践位，为黄门侍郎。丞相亮南征还，群寮于数十里逢迎，年位多在祎右，而亮特命祎同载，由是众人莫不易观。亮以初从南归，

刘敏是左护军、扬威将军，和镇北大将军王平一同镇守汉中。魏派大将军曹爽偷袭蜀国的时候，参加商讨对策的人当中有个意见说只可守住城池，不可出城抵挡敌人，对方必然自己退兵。刘敏认为男男女女遍布野外，农作稻谷都在田里，如果听任敌人深入，大事就坏了。于是他率领自己的部下和王平据守兴势（**山名，在陕西省洋县北**），多多竖立旗帜，横亘布满了一百多里。正好大将军费祎从成都赶来支援，魏军立刻就撤退了。刘敏因为立了功封作云亭侯。

费祎，字文伟，江夏鄳（**故城在今河南省罗山县西南九十里**）人。从小死了父亲，依靠族父费伯仁生活。费伯仁的姑姑是益州牧刘璋的母亲。刘璋派人去接费伯仁，他就带着费祎游学入蜀。刚好先主平定蜀地，费祎就留在益州。他和汝南人许叔龙、南郡人董允齐名。那时许靖死了儿子，董允与费祎想一起去办葬礼的地方，董允向父亲董和要车，董和派了一辆开后的窄小车子——鹿车给他。董允脸上露出很不愿意乘坐的神色，费祎却什么表情也没有，立即从前面先上。到了办丧事的地方，诸葛亮和许多贵人都来了，车马都很光鲜，董允还神色不大自然，而费祎却毫不在乎像个没事人似的。车夫回来后，董和问他，知道他们两个的不同表现，就跟董允说："我常常不能断定你和文伟那一个较好，那一个较差，从今以后，我心里可明白了。"

先主立太子，费祎和董允都被用为太子舍人，后来又升任庶子。后主继位，费祎做黄门侍郎。丞相诸葛亮南征回来，官员们都到数十里外迎接，其中年纪和职位比费祎高的占了大半，但诸葛亮却特别让费祎和他同车，因此大家对费祎没有不另眼相看的。诸葛亮因

以祎为昭信校尉使吴。孙权性既滑稽，嘲啁无方，诸葛恪、羊衜等才博果辩，论难锋至，祎辞顺义笃，据理以答，终不能屈。权甚器之，谓祎曰："君天下淑德，必当股肱蜀朝，恐不能数来也。"还，迁为侍中。亮北住汉中，请祎为参军。以奉使称旨，频烦至吴。建兴八年，转为中护军，后又为司马。值军师魏延与长史杨仪相憎恶，每至并坐争论，延或举刃拟仪，仪泣涕横集。祎常入其坐间，谏喻分别，终亮之世。各尽延、仪之用者，祎匡救之力也。亮卒，祎为后军师。顷之，代蒋琬为尚书令。琬自汉中还涪，祎迁大将军，录尚书事。

延熙七年，魏军次于兴势，假祎节，率众往御之。光禄大夫来敏至祎许别，求共围棋。于时羽檄交驰，人马擐甲，严驾已讫，祎与敏留意对戏，色无厌倦。敏曰："向聊观试君耳！君信可人，必能办贼者也。"祎至，敌遂退，封成乡侯。琬固让州职，祎复领益州刺史。祎当国功名，略与琬比。十一年，出住汉中。自琬及祎，虽自身在外，庆赏刑威，皆遥先谘断，然后乃行，其推任如此。后十四年夏，还成都，成都望气者云都邑无宰相位，

为新近从南方回朝，就用费祎做昭信校尉出使吴国。孙权个性既诙谐，而且嘲弄人时又没有分寸，诸葛恪、羊衜等人才气博大、口辩果决，谈论问难像刀锋一样逼人而来，可是费祎言语温和，立场坚定，又据理答辩，吴国君臣始终不能把他折服。孙权很器重他，跟他说："您是天下间美德的化身，将来一定做到蜀汉的股肱重臣，恐怕不能常常来这里了。"费祎回去后，升任为侍中。诸葛亮到北方，留在汉中，请求朝廷派费祎做他的参军。因为出使的表现很切合朝廷的旨意，就频频奉派到吴国去。（后主）建兴八年（公元230年）转任中护军，后来又做到司马的官。正遇着军师魏延和长史杨仪互相憎恶，甚至同坐商量事情，双方起了争论，魏延有时举起兵器，向着杨仪比着要杀的样子，杨仪也激动得涕泪交流，这一类事情时时发生。费祎常常走过去拦在两人座位中间，拿道理劝解他们，终诸葛亮一生，对魏延和杨仪分别做到人尽其才，都是靠着费祎辅助解救所出的力。诸葛亮死后，费祎为后军师。不多久，代蒋琬为尚书令。蒋琬从汉中回涪县，费祎升任为大将军，录尚书事。

（后主）延熙七年（公元244年），魏人打过来了，军队驻扎在兴势，朝廷假费祎节，带领人马去抵御。光禄大夫来敏到费祎那里话别，要求费祎一同下围棋。当时军情紧迫，告急文书交驰传递，人马都穿上了甲衣，车驾都已整治完毕，快要开拔了，费祎和来敏心情都贯注在比赛游戏上，脸上毫无厌倦的神态。来敏说："刚才我不过是随便试试您，看您的反应罢了！您真是个可人，必定能够解决贼人的。"费祎到了前线，敌人就退回去了，朝廷封他为成乡侯。蒋琬坚持推让州长的职位，于是费祎又兼领益州刺史。费祎秉理国政的功劳名位，大概和蒋琬相当。延熙十一年，外调居守汉中。从蒋琬到费祎，虽然自身在朝廷以外，但朝廷上重大的庆赏刑罚，都先老远向他们咨询，请他们决定，然后才施行，对他们的推崇任用，到了这个程度。后来在延熙十四年夏季，费祎回到成都，成都望气的

故冬复北屯汉寿。延熙十五年，命祎开府。十六年岁首大会，魏降人郭修在坐。祎欢饮沉醉，为修手刃所害，谥曰敬侯。子承嗣，为黄门侍郎。承弟恭，尚公主。祎长女配太子璿为妃。

姜维字伯约，天水冀人也。少孤，与母居。好郑氏学。仕郡上计掾，州辟为从事。以父冏昔为郡功曹，值羌、戎叛乱，身卫郡将，没于战场，赐维官中郎，参本郡军事。建兴六年，丞相诸葛亮军向祁山，时天水太守适出案行。维及功曹梁绪、主簿尹赏、主记梁虔等从行。太守闻蜀军垂至，而诸县响应，疑维等皆有异心，于是夜亡保上邽。维等觉太守去，追迟，至城门，城门已闭，不纳。维等相率还冀，冀亦不入维。维等乃俱诣诸葛亮。会马谡败于街亭，亮拔将西县千余家及

姜维，选自清皇家珍藏手抄善本绘图描金银《三国志演义》。

相士说京城没有宰相之位，所以冬季时又到北方去，在汉寿屯守。延熙十五年，朝廷命费祎开府。十六年的新年大会，有魏国投降过来的人郭修在坐。费祎兴高采烈饮酒，醉得不省人事，被郭修手刃害死了，朝廷给他的谥号是“敬侯”。他的儿子费承袭爵位，为黄门侍郎。费承的弟弟费恭，娶了公主作妻子。费祎长女匹配太子璿为妃。

姜维，字伯约，天水冀（故城在今甘肃省甘谷县南）人。从小死了父亲，和母亲相依为命。爱好郑氏学。在本郡任职上计掾，州里征辟他作从事的官。姜维的父亲姜冏过去做过郡功曹，遇上羌、戎叛乱，亲身挡卫郡将，死在战场，因此上头赐姜维官为中郎，参本郡军事。（后主）建兴六年（公元228年），丞相诸葛亮大军向祁山（在今甘肃省礼县东）进发，当时天水太守正好外出巡察，姜维和功曹梁绪、主簿尹赏、主记梁虔等随从出行。太守听说蜀军快要到了，而各县都响应蜀军，就怀疑姜维等人也都心怀不轨，于是漏夜逃到上邽（在今甘肃省天水市西南）坚守。姜维等人发现太守走了，赶忙追去，慢了一步，到城门边，城门已经关上，不许他们进入。他们一起回到冀县，冀县也不让姜维等人进内。姜维等人只好全都投奔诸葛亮去了。正遇着马谡在街亭（在今甘肃秦安县东北）战败，诸葛亮取了西县一千多家人和姜维等带回蜀国，因此姜维就和母亲散失了。诸葛亮辟姜维做

维等还，故维遂与母相失。亮辟维为仓曹掾，加奉义将军，封当阳亭侯，时年二十七。亮与留府长史张裔、参军蒋琬书曰：“姜伯约忠勤时事，思虑精密，考其所有，永南、季常诸人不如也。其人，凉州上士也。”又曰：“须先教中虎步兵五六千人。姜伯约甚敏于军事，既有胆义，深解兵意。此人心存汉室，而才兼于人，毕教军事，当遣诣宫，觐见主上。”后迁中监军征西将军。

十二年，亮卒，维还成都，为右监军辅汉将军，统诸军，进封平襄侯。延熙元年，随

天水关，清末年画。据《三国演义》，诸葛亮首次伐魏，在天水关收服了足智多谋的魏将姜维，为自己找到了伐魏事业的接班人。图为姜维向诸葛亮请降时的情形。

仓曹掾，加官奉义将军，封当阳亭侯，那年姜维二十七岁。诸葛亮写信给留府长史张裔、参军蒋琬说：“姜伯约对时事尽心尽力，思虑精密，我看他的长处，连永南（李邵）、季常（马良）等人都比不上的。这个人，是凉州第一等人才啊！”又说：“必须先训练中虎步兵五六千人。姜伯约对军事很有领悟力，他既有胆色义气，又深深懂得兵法的意理。这人心存汉室，而才气比常人高出一倍，等到军事训练完毕，我会派他到宫里觐见主上的。”后来姜维被改任为中监军征西将军。

建兴十二年（公元 234 年），诸葛亮死了，姜维回到成都，任职右监军辅汉将军，统领各军，进封平襄侯。（后主）延熙元年（公元 238 年），跟随大将军蒋琬留驻汉中。蒋琬升

大将军蒋琬住汉中。琬既迁大司马，以维为司马，数率偏军西入。六年，迁镇西大将军，领凉州刺史。十年，迁卫将军，与大将军费祎共录尚书事。是岁，汶山平康夷反，维率众讨定之。又出陇西、南安、金城界，与魏大将军郭淮、夏侯霸等战于洮西。胡王治无戴等举部落降，维将还安处之。十二年，假维节，复出西平，不克而还。维自以练西方风俗，兼负其才武，欲诱诸羌、胡以为羽翼，谓自陇以西可断而有也。每欲兴军大举，费祎常裁制不从，与其兵不过万人。

十六年春，祎卒。夏，维率数万人出石营，经董亭，围南安，魏雍州刺史陈泰解围至洛门，维粮尽退还。明年，加督中外军事。复出陇西，守狄道长李简举城降。进围襄武，与魏将徐质交锋，斩首破敌，魏军败退。维乘胜多所降下，拔河关、狄道、临洮三县民还。后十八年，复与车骑将军夏侯霸等俱出狄道，大破魏雍州刺史王经于洮西，经众死者数万人。经退保狄道城，维围之。魏征西将军陈泰进兵解围，维却住钟题。

十九年春，就迁维为大将军。更整勒戎马，与镇西大将军胡济期会上邽，济失誓不至，故维为魏大将邓艾所破于段谷，星散流离，死者甚众。众庶由是怨讟，而陇已西亦骚

任大司马以后，用姜维作司马，好几次率领偏军向西攻入敌境。六年，升任镇西大将军，领凉州刺史。十年，改任卫将军，与大将军费祎共录尚书事。同一年，汶山平康夷反叛，经姜维率领军队平定。姜维又出兵陇西、南安、金城边界，和魏国大将军郭淮、夏侯霸等人在洮水的西面大战。胡王治无戴等人带着部落来投降，姜维领着他们回到蜀国好好安置了。十二年，朝廷假姜维节，再出兵西平，也没有成功就回来了。姜维自以为对西方凉州的风俗很熟悉，而且自负很有才气武力，打算引导各羌、胡来作蜀军的羽翼，认为自陇以西可以切断攻占的。每每想要大举兴兵，费祎时常抑制他，不依从他的计划，拨给姜维统领的兵力不超过一万人。

十六年春季，费祎死了。夏季的时候，姜维率领几万人出兵石营（今甘肃省西和县西北），经过董亭（今甘肃省天水市西南），包围了南安（今甘肃省陇西县东北，渭水北），魏雍州刺史陈泰冲破包围网到了洛门，姜维粮食用完了，退回蜀国。第二年，加官督中外军事。又出兵陇西郡，守狄道长李简领着全城投降。姜维进兵围攻襄武（故城在今甘肃省陇西县西南），和魏将徐质交战，杀伤了许多敌人，魏军败退。姜维乘胜进兵，许多城投降了，又有许多被他打下了，取了河关（今甘肃省永靖县西南）、狄道（故城在今甘肃省临洮县）、临洮（故治在今甘肃省岷县）三县百姓退回。后来在十八年，又和车骑将军夏侯霸等一起出兵狄道，在洮西大破魏雍州刺史王经，王经的兵战死的有几万人。王经退守狄道城，姜维把它包围了。魏征西将军陈泰进兵来援救解围，姜维退到钟题屯驻。

十九年春天，就地升姜维为大将军。又整治器械战马，与镇西大将军胡济相约在上邽会师，胡济失约没有到来，因此姜维被魏大将邓艾大破于段谷（今甘肃省天水市东南），军

动不宁，维谢过引负，求自贬削。为后将军，行大将军事。

二十年，魏征东大将军诸葛诞反于淮南，分关中兵东下。维欲乘虚向秦川，复率数万人出骆谷，径至沈岭。时长城积谷甚多而守兵乃少，闻维方到，众皆惶惧。魏大将军司马望拒之，邓艾亦自陇右，皆军于长城。维前住芒水，皆倚山为营。望、艾傍渭坚围，维数下挑战，望、艾不应。景耀元年，维闻诞破败，乃还成都。复拜大将军。

初，先主留魏延镇汉中，皆实兵诸围以御外敌，敌若来攻，使不得入。及兴势之役，王平捍拒曹爽，皆承此制。维建议，以为错守诸围，虽合《周易》“重门”之义，然适可御敌，不获大利。不若使闻敌至，诸围皆敛兵聚谷，退就汉、乐二城，使敌不得入平，且重关镇守以捍之。有事之日，令游军并进以伺其虚。敌攻关不克，野无散谷，千里县粮，自然疲乏。引退之日，然后诸城并出，与游军并力搏之，此殄敌之术也。于是令督汉中胡济却住汉寿，监军王含守乐城，护军蒋斌守汉城，又于西安、建威、武卫、石门、武城、建昌、临远皆立围守。

队星散流离，死了许多。士兵人民因此都怨恨他，而陇以西也骚动不安。姜维向朝廷请罪，引咎自责，自动请求贬削官爵。朝廷于是贬他为后将军，代理大将军的职务。

二十年，魏征东大将军诸葛诞在淮南造反，魏国把关中的兵马分一部分出来到东方压制。姜维想趁着关中空虚攻打秦川，又再率兵几万人出骆谷（今陕西省周至县西南），直到沈岭。当时长城内储藏了许多粮谷，但守兵却很少，听说姜维来了，大家都很惶恐。魏大将军司马望负责抵挡姜维，邓艾也从陇右赶来，都在长城驻军。姜维进驻芒水（在陕西省周至县东南，北流入渭），各部队都依山扎营。司马望、邓艾傍着渭水坚守防线，姜维屡次下来挑战，司马望、邓艾只是不理。到了（后主）景耀元年（公元258年），姜维接到诸葛诞已经破败的消息，就退兵回成都。朝廷恢复委任他大将军的职位。

起初，先主留魏延镇守汉中，都是在许多防线阵地设置兵力来抵御外敌，敌人假如攻来，就尽力防守，不让他深入一步。一直到兴势这一役，王平抗拒曹爽，都是承袭这个法子。姜维建议，他认为错落守着各处防线，虽然合乎《周易》“重门”的用意，但只可以抵抗敌人的侵略，是被动的，不可能获得重大胜利。不如让他们一听到敌人要来，各防线马上收兵，把谷食集中，退到汉（今陕西省勉县）、乐（今陕西省城固县）两城里防守，使敌人不能进入平地，暂且由重重关防镇守抵御敌人。在敌人要发动攻击的时候，命令各地游击部队一齐向前乘虚骚扰他。敌人攻城无功，野外一点零散的谷食也没有，他们千里迢迢的运送粮草，补给不容易，到后来自然人马疲倦，粮食短缺，非退兵不可。等他退兵的那一天，我们各城一起出兵，连同游击部队合力搏杀他，这是歼灭敌人的最好战术。朝廷于是命令督汉中的胡济退守汉寿，监军王含守乐城，护军蒋斌守汉城，又在西安、建威、武卫、石门、武城、建昌、临远都设立了防守阵地。

五年，维率众出汉、侯和，为邓艾所破，还住沓中。维本羁旅托国，累年攻战，功绩不立，而宦官黄皓等弄权于内，右大将军阎宇与皓协比，而皓阴欲废维树宇。维亦疑之，故自危惧，不复还成都。六年，维表后主：“闻钟会治兵关中，欲规进取，宜并遣张翼、廖化督诸军分护阳安关口、阴平桥头以防未然。”皓征信鬼巫，谓敌终不自致。启后主寝其事，而群臣不知。及钟会将向骆谷，邓艾将入沓中，然后乃遣右车骑廖化诣沓中为维援，左车骑张翼、辅国大将军董厥等诣阳安关口以为诸围外助。比至阴平，闻魏将诸葛绪向建威，故住待之。月余，维为邓艾所摧，还住阴平。钟会攻围汉、乐二城，遣别将进攻关口，蒋舒开城出降，傅佥格斗而死。会攻乐城，不能克，闻关口已下，长驱而前。翼、厥甫至汉寿，维、化亦舍阴平而退，适与翼、厥合，皆退保剑阁以拒会。会与维书曰：“公侯以文武之德，怀迈世之略，功济巴、汉、声畅华夏，远近莫不归名。每惟畴昔，尝同大化，吴札、郑乔，能喻斯好。”维不答书，列营守险。会不能克，粮运县远，将议还归。

而邓艾自阴平由景谷道傍入，遂破诸葛瞻于绵竹。后主请降于艾，艾前据成都。维等

景耀五年，姜维带领人马出兵汉、侯和，被邓艾所破，退回沓中（甘肃舟曲一带）。姜维本来是外乡人，托身蜀国，多年来带兵攻战，但却不曾建下功绩，而宦官黄皓等在宫里弄权，右大将军阎宇和黄皓朋比为奸，黄皓暗中想废掉姜维的兵权扶植阎宇。姜维也怀疑黄皓有什么阴谋诡计要害他，所以心生恐惧，不敢再回到成都。景耀六年，姜维上表给后主说：“臣得到消息，钟会在关中整治兵马，有来进攻的企图，我们应该一起派出张翼、廖化督镇各个部队，分头守护阳安关口、阴平（故城在今甘肃省文县西北）桥头，以防范未然。”黄皓向鬼巫求问消息是否正确，得到的结果是说敌人无论如何不会攻来，黄皓就启奏后主把这件事掩盖过去了，所有的臣子都不知道这个消息。等到钟会快要进兵骆谷，邓艾快要攻入沓中，然后朝廷才派右车骑廖化到沓中作姜维的后援，派左车骑张翼、辅国大将军董厥等人到阳安关口作各防线的外围助力。等到救兵开到阴平，接到消息说魏将诸葛绪挥兵指向建威，因此救兵就停在阴平等候敌人。过了一个多月，姜维被邓艾所摧败，退守阴平。钟会进兵包围了汉、乐两城，派遣别将进攻关口，蒋舒打开城门出去投降了，傅佥格斗而死。钟会攻乐城没能成功，听得关口已被攻下了，就长驱直入。张翼、董厥才到了汉寿，姜维、廖化也弃了阴平撤退，刚好和张翼、董厥会合，全部退守剑阁准备抗拒钟会。钟会写信给姜维，说：“公侯以文武双全的才德，抱负盖世的韬略，功劳成就于巴、汉，声望显扬于华夏，远近的人没有不敬服您的威名。我常常想起过去的日子里，我们曾经同在一个朝廷的广大德化荫庇之下，我对您神交已久，这种友谊只有吴季札、郑子产一见如故的交情可以比拟。”姜维没有覆信，只是列好营阵守住险要。钟会不能取胜，而粮运补给线太长太远，很不妥当，都要商量退兵了。

可是邓艾从阴平由景谷道（即东汉德阳亭，在今四川省梓潼县北）傍攻入，就在绵竹

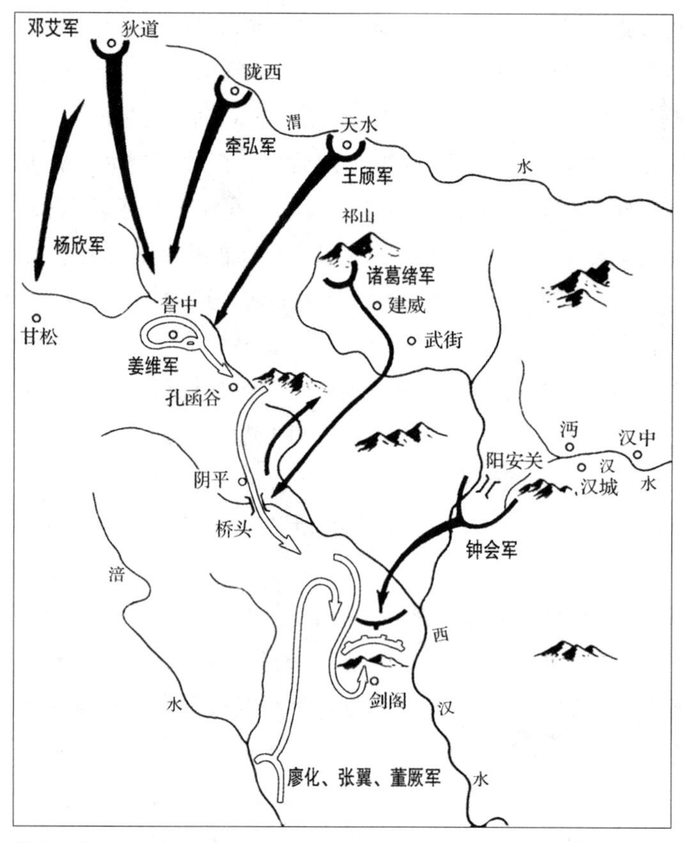

姜维退守剑阁示意图

初闻瞻破，或闻后主欲固守成都，或闻欲东入吴，或闻欲南入建宁，于是引军由广汉、郪道以审虚实。寻被后主敕令，乃投戈放甲，诣会于涪军前，将士咸怒，拔刀斫石。

会厚待维等，皆权还其印号节盖。会与维出则同舆，坐则同席，谓长史杜预曰：“以伯约比中土名士，公休、太初不能胜也。”会既构邓艾，艾槛车征，因将维等诣成都，自称益州牧以叛。欲授维兵五万人，使为前驱。魏将士愤怒，杀会及维，维妻子皆伏诛。

郤正著论论维曰：“姜伯约据上将之重，处群臣之右，宅舍弊薄，资财无余，侧室无妾媵之亵，后庭无声乐之娱，

（故城在今四川省德阳市北）大败诸葛瞻。后主向邓艾请降，艾进兵占据了成都。姜维等人起初听得诸葛瞻兵败，有消息传来，说后主想坚守成都，一会儿又说想向东逃入吴国，一会儿又说想向南逃入建宁（郡名，故治在今云南省曲靖市西十五里），不知道哪个消息才正确。于是姜维带着兵马从广汉和郪县（故城在今四川省三台县南）的通道撤退来查明虚实。不久接到后主的敕令，就放下武器，解除甲胄，走到钟会在涪县的军营里投降，蜀国的将士都大为愤怒，拔出刀子猛砍着石头。

钟会对待姜维等人很优厚，都从权暂时退还他们的印号节盖。钟会和姜维出外就同乘一辆车，入坐就同坐一张席，他对长史杜预说：“拿伯约和中原名士相比，公休（诸葛诞）、太初（夏侯玄）未必胜得过他。”后来钟会陷害邓艾，邓艾被朝廷下诏关在槛车里递解回去，最忌惮的人除去了，钟会因此带着姜维等人到了成都，自称益州牧，背叛魏朝。钟会企图给姜维五万名兵士，让他作先锋部队。原先的魏朝将士愤怒反抗，杀了钟会和姜维，姜维的妻儿都被害了。

郤正著论论姜维说：“姜伯约据有上将的重大职位，阶级在群臣之上，但他家的房屋破

衣服取供，舆马取备，饮食节制，不奢不约，官给费用，随手消尽；察其所以然者，非以激贪厉浊，抑情自割也，直谓如是为足，不在多求。凡人之谈，常誉成毁败，扶高抑下，咸以姜维投厝无所，身死宗灭，以是贬削，不复料擿，异乎《春秋》褒贬之义矣。如姜维之乐学不倦，清素节约，自一时之仪表也。"

维昔所俱至蜀，梁绪官至大鸿胪，尹赏执金吾，梁虔大长秋，皆先蜀亡没。

评曰：蒋琬方整有威重，费祎宽济而博爱，咸承诸葛之成规，因循而不革，是以边境无虞，邦家和一，然犹未尽治小之宜，居静之师也。姜维粗有文武，志立功名，而玩众黩旅，明断不周，终致陨毙。《老子》有云："治大国者犹烹小鲜。"况于区区蕞尔，而可屡扰乎哉?

旧狭小，财产也没留下多少，他的偏房里没有养着妾侍供作亲狎，后庭内也没有准备乐队供作娱乐，他添置衣服只要够穿就行了，用车马只要整齐就算了，饮食很有节制，不奢侈也不省俭，公家给的费用，随手就花用干净；我们看他所以如此，并不是为了激励贪污浑浊的人，就这样压抑自己的欲望，割舍自己的享受，他只不过认为这样生活就够了，不必更有所贪求罢。普通人的主张，常常是赞扬成功的人，毁斥失败的人，或者是帮地位高的说话，而压抑地位低的，他们都认为姜维死无葬身之地，连宗族都被人灭绝了，就拿这个来贬损他，不再肯仔细检讨整个事情，这和《春秋》所定下褒贬的原则实在差得太远啊！像姜维的好学不倦，清白节约，本来就是一个时代的表率。"

从前跟姜维一起到蜀国的人当中，梁绪官做到大鸿胪，尹赏做到执金吾，梁虔做到大长秋，他们都在蜀亡以前就死去了。

陈寿评论说：蒋琬正直严整有威仪，费祎宽厚大方而博爱，他们都继承了诸葛亮定下的成规，依循他的做法而不变革，所以边境没有危险，国家安和调协，可是他们还未达到统治小国以处静为原则的最高境界。姜维大致上是有文才武略的，他的志向在建立功名，因而随便动用军队，他的判断力不够周密，终于落得毙命的下场。《老子》书上有这句话："治理大国好像煎小鱼一样。"何况是区区一个蕞尔蜀国，哪里经得起频频扰动呢?

三国志卷四十五

邓张宗杨传第十五

齐晓枫 译

邓芝字伯苗，义阳新野人，汉司徒禹之后也。汉末入蜀，未见知待。时益州从事张裕善相，芝往从之，裕谓芝曰："君年过七十，位至大将军，封侯。"芝闻巴西太守庞羲好士，往依焉。先主定益州，芝为郫邸阁督。先主出至郫，与语，大奇之，擢为郫令，迁广汉太守。所在清严有治绩，入为尚书。

先主薨于永安。先是，吴王孙权请和，先主累遣宋玮、费祎等与相报答。丞相诸葛亮深虑权闻先主殂陨，恐有异计，未知所如。芝见亮曰："今主上幼弱，初在位，宜遣大使重申吴好。"亮答之曰："吾思之久矣，未得其人耳，今日始得之。"芝问其人为谁？亮曰："即使君也。"乃遣芝修好于权。权果狐疑，不时见芝，芝乃自表请见权曰："臣今来亦欲为吴，非但为蜀也"。权乃见之，语芝曰："孤诚愿与蜀和亲，然恐蜀主幼弱，国小势逼，为

邓芝，字伯苗，义阳新野（今河南省新野县南）人，是汉朝司徒邓禹的后代。汉朝末年进入蜀地，没有受到重视和礼遇。当时在益州做从事的张裕擅长相术，邓芝去投奔他，张裕对邓芝说："先生七十岁过后，做官可做到大将军，而且会封侯。"邓芝听说巴西太守庞羲好接待士人，就前去依附他。先主（刘备）平定益州之后，邓芝做郫县（今四川省成都市郫都区）邸阁督。先主出巡来到郫县，和他谈话，深深感觉他有过人之处，于是提拔他做郫县令，后又升为广汉郡的太守。他所在之处都清廉严整，很有政绩，内调入朝升做尚书的职务。

先主在永安（故治在今重庆市奉节县东）驾崩。在此以前，吴王孙权派员请求和好，先主屡次派遣宋玮、费祎等人去报聘回答。丞相诸葛亮十分担心孙权听说先主突然去世的消息，恐怕他会另起异心，影响两国良好的关系，正不知该怎么办。邓芝就去见他，说道："现在主上年纪还幼小，又是刚即位，应该派遣大使重新申明和吴国通好之意。"诸葛亮答复他说："这件事我考虑很久了，就是没有找到适当的人选罢了，今天可找到了呀！"邓芝问这人是谁？诸葛亮说："就是使君您啊！"于是派邓芝去和孙权敦睦邦交。孙权果然在犹疑是否要改变外交政策，不肯立刻见邓芝。邓芝于是自己上表请求晋见孙权，说道："小臣今天来也是想要为吴国效力，不仅仅是为了蜀国啊。"孙权这才见他，对邓芝说："我

魏所乘，不自保全，以此犹豫耳。”芝对曰：“吴、蜀二国四州之地，大王命世之英，诸葛亮亦一时之杰也。蜀有重险之固，吴有三江之阻，合此二长，共为唇齿，进可并兼天下，退可鼎足而立，此理之自然也。大王今若委质于魏，魏必上望大王之入朝，下求太子之内侍，若不从命，则奉辞伐叛，蜀必顺流见可而进，如此，江南之地非复大王之有也。”权默然良久曰：“君言是也。”遂自绝魏，与蜀连和，遣张温报聘于蜀。蜀复令芝重往，权谓芝曰：“若天下太平，二主分治，不亦乐乎！”芝对曰：“夫天无二日，土无二王，如并魏之后，大王未深识天命者也，君各茂其德，臣各尽其忠，将提枹鼓，则战争方始耳。”权大笑曰：“君之诚款，乃当尔邪！”权与亮书曰：“丁厷掞张，阴化不尽；和合二国，唯有邓芝。”及亮北住汉中，以芝为中监军、扬武将军。亮卒，迁前军师前将军，领兖州刺史，封阳武亭侯，顷之为督江州。权数与芝相闻，馈遗优渥。延熙六年，就迁为车骑将军，后假节。十一年，涪陵国人杀都尉反叛，芝率军征讨，即枭其渠帅，百姓安堵。十四年卒。

芝为将军二十余年，赏罚明断，善卹卒伍。身之衣食资仰于官，不苟素俭，然终不治

诚心想和蜀国亲和，但是担心你们国主年纪太小，国土狭窄而形势紧迫，让魏人有机可乘，不能自保，我因此才犹豫的啊！”邓芝回答说：“吴、蜀二国据有四大州的土地，大王您又是名高一世的英明领袖，诸葛亮也是一时的人杰。蜀国有重重的山险作屏障，吴国有三江的防阻，合这两种长处，互为唇齿相依的盟邦，进，可以兼并天下，退，可以保有鼎足而立的形势，这是最自然的道理。大王今天若想向魏委质妥协，魏必然是首先希望大王您入朝称臣，其次要太子进京侍奉，如果不听从他的命令，就托辞要讨伐叛逆，蜀国必然顺水推舟，见到时机许可了，就向您进兵，如此一来，江南的地方就不再属于大王您所有的了。”孙权沉默了很久才说：“你说的话很对啊！”于是就主动和魏绝交，跟蜀连和，并派张温到蜀国报聘。蜀国又派遣邓芝再度前往，孙权对邓芝说：“如果天下太平，二位国君分别治理，岂不是很快乐吗！”邓芝回答说：“天上没有两个太阳，地上也没有两个国君，如果兼并魏国之后，大王您未能深切体认天命所归的话，双方的君主各自努力修德，臣子们各尽忠诚辅佐，大家将要拿起擂槌战鼓，那么，战争才刚开始罢了。”孙权大笑说：“先生你的忠诚款曲，竟然就是如此吗？”孙权给诸葛亮的信里说到：“丁厷言论浮夸，阴化说话不尽不实，能够使我们两国关系和谐的，只有邓芝这个人。”等到诸葛亮往北进驻汉中之后，任命邓芝为中监军、扬武将军。诸葛亮死后，迁为前军师前将军，兼领兖州刺史，并封为阳武亭侯，过了不久，做江州的都督。孙权还屡次有书信和邓芝互通音问，送给他很丰厚的礼物。（后主）延熙六年（公元 243 年），朝廷就地升他为车骑将军，后来又给他假节的权力。十一年，涪陵（郡名，郡治涪陵县，即今重庆市彭水县治）属国的人杀了都尉反叛，邓芝率领军队去征讨，一去便杀了他们的统帅示众，百姓因此可以平安过日子。他在（延熙）十四年去世。

邓芝做将军二十多年，赏罚分明而有决断，善于体恤部下士兵；他自己本身的衣食依

私产，妻子不免饥寒，死之日家无余财。性刚简，不饰意气，不得士类之和。于时人少所敬贵，唯器异姜维云。子良，袭爵，景耀中为尚书左选郎，晋朝广汉太守。

张翼字伯恭，犍为武阳人也。高祖父司空浩，曾祖父广陵太守纲，皆有名迹。先主定益州，领牧，翼为书佐。建安末，举孝廉，为江阳长，徙涪陵令，迁梓潼太守，累迁至广汉、蜀郡太守。建兴九年，为庲降都督、绥南中郎将。翼性持法严，不得殊俗之欢心。耆率刘胄背叛作乱，翼举兵讨胄。胄未破，会被征当还，群下咸以为宜便驰骑即罪，翼曰："不然。吾以蛮夷蠢动，不称职故还耳，然代人未至，吾方临战场，当运粮积谷，为灭贼之资，岂可以黜退之故而废公家之务乎？"于是统摄不懈，代到乃发。马忠因其成基以破殄胄，丞相亮闻而善之。亮出武功，以翼为前军都督，领扶风太守。亮卒，拜前领军，追论讨刘胄功，赐爵关内侯。延熙元年，入为尚书，稍迁督建威，假节，进封都亭侯，征西大将军。

靠公家供给，不随便接受不明不白的钱财。他一向俭朴，但始终不肯营谋私人财产，妻子儿女不能免于挨饿受冻，他死的那一天，家里没有剩下什么财物。他个性刚强直率，不会掩藏自己的心事和感受，争取不到士人们的友谊。他对同时代的人很少有尊敬推崇的，只是特别器重姜维一个人罢了。他的儿子邓良袭爵，后主景耀年间做到尚书左选郎，入晋朝后做过广汉太守。

张翼，字伯恭，犍为武阳（故治在今四川省眉山市彭山区东十里）人。高祖父司空张浩，曾祖父广陵太守张纲，都有声誉行迹。先主平定益州，领州牧，用张翼做书佐。汉献帝建安末年，张翼受举荐为孝廉，做江阳县长，改任为涪陵县令，升职做梓潼太守，屡次升迁做到广汉和蜀郡的太守。（后主）建兴九年（公元 231 年），为庲降都督，绥南中郎将。张翼素性执法严峻，得不到风俗相异的外族人的欢心。耆率刘胄背叛作乱，张翼领兵讨伐他。刘胄还未破灭，正遇上张翼被朝廷征召要回去了，下属们都认为朝廷已经怪罪下来，张翼应该立刻骑马回去接受处分，张翼说："不致这样。这次蛮夷蠢动，我因为表现不称职，所以被召回去罢了，可是接替的人还没有到来，我现在正亲临战场领导打仗，应当继续接运粮草储存谷食，作为将来消灭叛贼的准备，哪里可以因为自己被罢黜了就耽误公家的事务呢？"于是他依然执行代理指挥官的任务，丝毫没有懈怠，等到接替的人来了，他才动身。马忠就是凭借他已经奠定的基础来消灭掉刘胄的，丞相诸葛亮知道这件事后，认为张翼的做法十分妥当。诸葛亮出兵武功，用张翼做前军都督，兼领扶风太守。诸葛亮死后，朝廷任命他为前领军，追论他讨伐刘胄的功劳，赐他关内侯的爵位。（后主）延熙元年（公元 238 年），内调做尚书，渐渐升官做到建威的都督，朝廷给他假节的名位，进封都亭侯，征西大将军。

十八年，与卫将军姜维俱还成都。维议复出军，唯翼廷争，以为国小民劳，不宜黩武。维不听，将翼等行，进翼位镇南大将军。维至狄道，大破魏雍州刺史王经，经众死于洮水者以万计。翼曰："可止矣，不宜复进，进或毁此大功。"维大怒，曰："为蛇画足。"维竟围经于狄道，城不能克。自翼建异论，维心与翼不善，然常牵率同行，翼亦不得已而往。景耀二年，迁左车骑将军，领冀州刺史。六年，与维咸在剑阁，共诣降钟会于涪，明年正月，随会至成都，为乱兵所杀。

宗预字德艳，南阳安众人也。建安中，随张飞入蜀。建兴初，丞相亮以为主簿，迁参军右中郎将。及亮卒，吴虑魏或承衰取蜀，增巴丘守兵万人，一欲以为救援，二欲以事分割也。蜀闻之，亦益永安之守，以防非常。预将命使吴，孙权问预曰："东之与西，譬犹一家，而闻西更增白帝之守，何也？"预对曰："臣以为东益巴丘之戍，西增白帝之守，皆事势宜然，俱不足以相问也。"权大笑，嘉其抗直，甚爱待之，见敬亚于邓芝、费祎。迁为

延熙十八年，他和卫将军姜维一起回到成都。姜维商量着再出兵北伐，只有张翼在朝廷上和他争论，张翼认为国土小，人民不堪劳役，不应该穷兵黩武。姜维不听，率领着张翼等人起行，朝廷加派张翼的职位为镇南大将军。姜维到了狄道（故城在今甘肃省临洮县西南）大破魏国雍州刺史王经，王经的部队死在洮水之上，数以万计。张翼说："够了，不要再深入了，再深入，可能会毁掉这场大功劳。"姜维大怒说："我就是要画蛇添足！"终于把王经包围在狄道城内，却始终攻不下。自从张翼开始有了不同的意见，姜维心里就不大喜欢他，可是却常常拉扯着率领他和自己同行，张翼也不得已，只好跟姜维去了。（后主）景耀二年（公元 259 年），张翼迁职左车骑将军，领冀州刺史。六年，他和姜维同在剑阁（今四川省剑阁县东北），一起到涪县（今四川省绵阳市）向钟会投降。第二年正月，跟随钟会到达成都，被乱兵杀害了。

宗预，字德艳，南阳安众（今河南省邓州市东北）人。建安年间，跟随张飞入蜀。（后主）建兴初年，丞相诸葛亮用他做主簿，转任参军右中郎将。诸葛亮死后，吴担心魏会趁着蜀国衰弱而出兵取蜀，就把巴丘（故城在今湖南省岳阳市）的守兵增加了一万名，一来想用作救援，二来想实行瓜分蜀国。蜀得到这个情报，也增强了永安的守卫力量，来防备非常事件的发生。宗预带着任务出使吴国，孙权问他说："东西两国，好像是一家人，而我听说你们西边增强了白帝（今重庆市奉节县东）的守卫力量，那是干什么呢？"宗预对答说："臣认为东边加派了巴丘的防戍，西边增强了白帝的守卫，全是事势应该如此的，都不值得相互责问啊。"孙权听了大笑，嘉赏他的抗言直率，十分礼遇优待他，他受敬重的程度仅次于邓芝、费祎。宗预升职为侍中，转任尚书。（后主）延熙十年（公元 247 年），做

侍中，徙尚书。延熙十年，为屯骑校尉。时车骑将军邓芝自江州还，来朝，谓预曰："礼，六十不服戎，而卿甫受兵，何也？"预答曰："卿七十不还兵，我六十何为不受邪？"芝性骄傲，自大将军费祎等皆避下之，而预独不为屈。预复东聘吴，孙权捉预手，涕泣而别曰："君每衔命结二国之好。今君年长，孤亦衰老，恐不复相见！"遗预大珠一斛，乃还。迁后将军，督永安，就拜征西大将军，赐爵关内侯。景耀元年，以疾征还成都。后为镇军大将军，领兖州刺史。时都护诸葛瞻初统朝事，廖化过预，欲与预共诣瞻许。预曰："吾等年逾七十，所窃已过，但少一死耳，何求于年少辈而屑屑造门邪？"遂不往。

廖化字元俭，本名淳，襄阳人也。为前将军关羽主簿，羽败，属吴。思归先主，乃诈死，时人谓为信然，因携持老母昼夜西行。会先主东征，遇于秭归。先主大悦，以化为宜都太守。先主薨，为丞相参军，后为督广武，稍迁至右车骑将军，假节，领并州刺史，封中乡侯，以果烈称。官位与张冀齐，而在宗预之右。

咸熙元年春，化、预俱内徙洛阳，道病卒。

屯骑校尉。那时车骑将军邓芝从江州回来入朝，对宗预说："依照礼法，六十岁的人就不可以从军了，而你才刚刚接受兵权，为什么？"宗预回答说："你七十岁了还不把兵权交出来，我六十岁为什么不能接受？"邓芝性情骄傲，从大将军费祎等人起都避他让他，只有宗预不肯被他屈服。宗预又东行聘问吴国，孙权捉着宗预的手，哭着和他作别说："您常常奉命出使来联络两国的邦交，现在您年纪不小了，孤也衰弱老迈，恐怕不再有见面的机会啊！"说完送他一斛大珠，宗预这才回去。升任后将军，督永安，又就地拜为征西大将军，赐爵关内侯。（后主）景耀元年（公元 258 年），因生病征回成都，后来做镇军大将军，兼领兖州刺史。那时都护诸葛瞻新近统理朝廷事务，廖化来看望宗预，打算和宗预一起到诸葛瞻那里。宗预说："我们年纪都过七十岁了，欺世盗名所得来的已经多得过了头，只欠一死罢了，还有什么需要向那些年轻小辈求取，而小里小器跑到人家门口去呢？"就不肯前往。

廖化，字元俭，本名叫淳，襄阳（今湖北省襄阳市）人。担任前将军关羽的主簿，关羽败亡，廖化入属吴国。他想着要回归先主，就诈死，当时的人信以为真，于是带着老母亲日夜不停向西行进。正好先主东征，在秭归（今湖北省秭归县）就遇上了。先主很高兴，用廖化为宜都太守。先主薨后，任职丞相参军，后来做广武都督，逐渐升迁做到右车骑将军，假节，兼领并州刺史，封中乡侯，以果敢刚烈出名。官位与张翼同等，而在宗预之上。

（魏元帝）咸熙元年（公元 264 年）春季，廖化、宗预都奉命向内地洛阳迁徙，就在中途病死了。

杨戏字文然，犍为武阳人也。少与巴西程祁公弘、巴郡杨汰季儒、蜀郡张表伯达并知名。戏每推祁以为冠首，丞相亮深识之。戏年二十余，从州书佐为督军从事，职典刑狱，论法决疑，号为平当，府辟为属主簿。亮卒，为尚书右选部郎，刺史蒋琬请为治中从事史。琬以大将军开府，又辟为东曹掾，迁南中郎参军，副贰庲降都督，领建宁太守。以疾征还成都，拜护军监军，出领梓潼太守，入为射声校尉，所在清约不烦。延熙二十年，随大将军姜维出军至芒水。戏素心不服维，酒后言笑，每有傲弄之辞。维外宽内忌，意不能堪，军还，有司承旨奏戏，免为庶人。后景耀四年卒。

戏性虽简惰省略，未常以甘言加人，过情接物。书符指事，希有盈纸。然笃于旧故，居诚存厚。与巴西韩俨、黎韬童幼相亲厚，后俨痼疾废顿，韬无行见捐，戏经纪振卹，恩好如初。又时人谓谯周无当世才，少归敬者，唯戏重之，尝称曰："吾等后世，终自不如此长儿也。"有识以此贵戏。

杨戏，字文然，犍为武阳（故治在今四川省眉山市彭山区）人。少时和巴西（今四川省阆中市）程祁（字公弘）、巴郡（故治在今重庆市北）杨汰（字季儒）、蜀郡（故治在今四川省成都市）张表（字伯达）都很出名。杨戏常常推崇程祁，说他是四个人中的首脑，丞相诸葛亮很器重他（杨戏）。杨戏二十几岁的时候，从州书佐转任督军从事，职责是掌管刑狱司法，他按照律令来判决疑案，别人都说他公平妥当，府里征辟他做官属主簿。诸葛亮死后，任职尚书右选部郎，刺史蒋琬向朝廷请求要了他来担任治中从事史。蒋琬以大将军的职衔开府，又辟召他作东曹掾，转任南中郎参军，副贰庲降都督，兼领建宁太守。因为有病征回成都，官拜护军监军，外调作梓潼太守，又调回作射声校尉，他所到的地方，政绩都清廉简约而不烦苛。（后主）延熙二十年（公元257年），他随同大将军姜维出兵到了芒水（在陕西省周至县东南）。杨戏向来心中不服姜维，喝过酒后谈笑，常常有傲慢侮弄姜维的言辞。姜维表面上宽厚不计较，实际上却很忌恨，心里无法忍受；大军退回之后，执法的人奉承姜维的旨意，上奏数说杨戏的罪状，朝廷就把他免官，贬为庶民。后来在（后主）景耀四年（公元261年）去世。

杨戏的个性虽然大而化之，有点随便，却未曾拿好听的话阿谀别人，对待人也太过认真。他在书信、公文里说的话，很少写满一张纸的。可是他对朋友故旧的感情十分坚定，本着真心厚意待人。他和巴西人韩俨、黎韬从童年时就很亲密友好，后来韩俨染上顽疾失业在家，黎韬行为不良被政府认定永不录用，杨戏替他们打点生活、排除忧患，恩义和好，与当初并没有两样。当时又有人批评谯周，说谯周完全没有合于时宜的才具，尊敬他的人很少，只有杨戏很看重他，曾经说："我们这些人死后，在后世人的心目中，我们的地位终归是比不上这个高个子的啊！"有识之士因此很推崇杨戏的眼光。

张表有威仪风观，始名位与戏齐，后至尚书，督庲降后将军，先戏没。祁、汰各早死。

戏以延熙四年著《季汉辅臣赞》，其所颂述，今多载于《蜀书》，是以记之于左。自此之后卒者，则不追谥，故或有应见称纪而不在乎篇者也。其戏之所赞而今不作传者，余皆注疏本末于其辞下，可以粗知其仿佛云尔。

昔文王歌德，武王歌兴，夫命世之主，树身行道，非唯一时，亦由开基植绪，光于来世者也。自我中汉之末，王纲弃柄，雄豪并起，役殷难结，生人涂地。于是世主感而虑之，初自燕、代则仁声洽著，行自齐、鲁则英风播流，寄业荆、郢则臣主归心，顾援吴、越则贤愚赖风，奋威巴、蜀则万里肃震，厉师庸、汉则元寇敛迹，故能承高祖之始兆，复皇汉之宗祀也。然而奸凶怼险，天征未加，犹孟津之翔师，复须战于鸣条也。天禄有终，奄忽不豫。虽摄归一统，万国合从者，当时俊乂扶携翼戴，明德之所怀致也，盖济济有可观焉。遂乃并述休风，动于后听。其辞曰：

张表有威严的仪表，又有识见，当初和杨戏齐名，地位也相当，后来官做到尚书，督庲降后将军，在杨戏前亡故。程祁、杨汰两人都早死，没有什么功绩留下。

杨戏在后主延熙四年（公元241年）著《季汉辅臣赞》，里面所称述的人，现在多半刊载在《蜀书》里，所以记在下面。从这一年之后死的，就不再追究引用了，因此有些应该提到的人却没有包括在内。又有些人，杨戏替他们作了赞辞，而本书没有替他们作传的，我都把有关的事迹附注在各人的赞辞下面，可以粗略知道一个大概了。

从前在周朝，有人歌颂文王的德行，有人歌颂武王的兴起。那些出名的领袖，立身行道，不仅仅是得到一时的成功，也由于他们建基立业，能够使后代发扬光大的缘故。自从我中汉末叶以来，王朝丧失了威权，英雄豪杰纷纷起事，以致徭役殷盛，灾难频仍，多少生命因而牺牲掉。我们那位划时代的领袖，有感于世局的动荡，心中忧虑，于是起来号召天下。当初在燕、代的时候，他那仁德的声望就已经十分显著；他走到齐、鲁，他那英明的风范更加流传开来；他在荆、郢暂时经营王业，当地的臣民和主子们都归心于他；他看顾援助吴、越，无论贤与不肖都仰仗他的恩泽；他在巴、蜀发扬威武，万里之地都肃然震慑；他在庸、汉检阅军队，大敌人就赶紧收敛恶迹。所以，他能够继承高祖创下的基业，恢复皇汉的宗庙祭祀。然而，可恨那大奸巨恶仍然存在，上天降下的征讨还未加在他的头上，这就好像各路诸侯大军在孟津会师伐纣，只因时机未至而退了回来，还有待在鸣条打最后一次胜仗啊！上天赐给先帝的禄命终于到了尽头，忽然之间，身体就不大舒服，就这样去了。虽然说天下终归一统，万国理应从顺，天命一直在我们大汉皇朝这边，但当时贤俊之士之所以肯来扶助拥戴，也是由于受朝廷圣明仁德的感召而来啊！而人才济济，十分可观。于是我就把他们美好的风范一起记述下来，让后来听

皇帝遗植，爰滋八方，别自中山，灵精是钟，顺期挺生，杰起龙骧。始于燕、代，伯豫君荆，吴、越凭赖，望风请盟，挟巴跨蜀，庸汉以并。乾坤复秩，宗祀惟宁，蹑基履迹，播德芳声。华夏思美，西伯其音，开庆来世，历载攸兴。

——赞昭烈皇帝

忠武英高，献策江滨，攀吴连蜀，权我世真。受遗阿衡，整武齐文，敷陈德教，理物移风，贤愚竞心，佥忘其身。诞静邦内，四裔以绥，屡临敌庭，实耀其威，研精大国，恨于未夷。

——赞诸葛丞相

司徒清风，是咨是臧，识爱人伦，孔音锵锵。

——赞许司徒

关、张赳赳，出身匡世，扶翼携上，雄壮虎烈。藩屏左右，翻飞电发，济于艰难，赞

闻的人有所动于心。文辞如下：

大汉皇帝的子孙，在四面八方繁育滋长。由中山靖王这位别子开始，天地间的灵秀精华就聚集在这一脉了。他顺应机运诞生，像龙一般卓绝高飞。他从燕、代之地起家，在豫州、荆州成为领袖，吴、越之国托赖他的庇荫，远远望见他，就赶紧请求结盟。他跨有巴、蜀，并兼庸、汉。乾坤恢复了正常的秩序，宗庙祭祀得以顺利举行。他追步祖先的基业，传扬仁德与美名。整个华夏都思慕他的好处，仿佛又听到西伯的声音。他为后世开创了无穷的福祥，千秋万载永远昌明。

——赞昭烈皇帝（刘备）

忠武侯英明崇高，在江边进献谋策。使吴、蜀攀合连结，权衡当时的实情而知所变通。他接受遗诏的嘱咐，担任阿衡幼主的重任，使文武百官各得其所。他敷陈德教，把人民治理得很好，把风俗转为淳厚，无论贤与不肖，人人都争先效命，忘记自身的安危。他大大地安定国内，四方边远之地也因他而平定。他屡次亲临敌境，确实发扬了国家的声威。他处心积虑要光大国家，只遗憾王道未能清平。

——赞诸葛丞相（亮）

司徒有清雅风致，值得人询访赞美。他爱好品评人物，见识很高，他伟大的言谈，像玉敲击的声音那么好听。

——赞许司徒（靖）

关、张威武赳赳，挺身而出，匡救时世。扶持翼戴主上，雄壮猛烈如虎。他们在主上左右藩屏辅佐，行动如电一般翻飞激发。在最艰难的日子里帮助主上成功，建立庞大的基业。他们的行迹，就如同韩信、耿弇，一开始就跟随光武皇帝一般。他们声名相当，功德相称。不幸接近了些不知礼义之徒，因而都招致奸邪陷害。可哀的是：他们一时疏

主洪业，侔迹韩、耿，齐声双德。交待无礼，并致奸慝，悼惟轻虑，陨身匡国。

——赞关云长、张益德

骠骑奋起，连横合从，首事三秦，保据河、潼。宗计于朝，或异或同，敌以乘衅，家破军亡。乖道反德，托凤攀龙。

——赞马孟起

翼侯良谋，料世兴衰，委质于主，是训是谘，暂思经算，睹事知机。

——赞法孝直

军师美至，雅气晔晔，致命明主，忠情发臆，惟此义宗，亡身报德。

——赞庞士元

将军敦壮，摧锋登难，立功立事，于时之干。

——赞黄汉升

掌军清节，亢然恒常，谠言惟司，民思其纲。

——赞董幼宰

忽，竟然为国殉难了。

——赞关云长（羽）、张益德（飞）

骠骑将军奋勇飞扬，有连横合纵的才略。在三秦起事，占据黄河、潼关一带。关陇军的一众同盟，早就计议如何抵抗曹操，但意见各有不同。敌人趁着他们互相猜疑的机会，进兵攻击。他们的家族破灭了，部队丧失了。时乖运舛，他回头投奔有德者这一边，攀龙附凤，连带着开泰起来。

——赞马孟起（超）

翼侯好计谋，能够预知时世的盛衰。他向主上委质为臣，为主上所取法咨询。他脑筋一转，就能够经营好整个计划，他看到一件事就知道往后的发展。

——赞法孝直（正）

军师完美无瑕，他的正气像四射的光芒，为明主效命，至忠至情发自胸臆。这位道义深重的伟人，抛弃了自己的性命，报答主上知遇的恩德。

——赞庞士元（统）

将军敦厚雄壮，无坚不摧，无难不克，建功立业，为当时擎天一柱。

——赞黄汉升（忠）

掌军清廉俭约，操守极高，而能经常如此。进献善言是他的职责，人民都怀念他的政绩。

——赞董幼宰（和）

安远强志，允休允烈，轻财果壮，当难不惑，以少御多，殊方保业。

——赞邓孔山

孔山名方，南郡人也。以荆州从事随先主入蜀。蜀既定，为犍为属国都尉，因易郡名，为朱提太守，选为安远将军、庲降都督，住南昌县。章武二年卒。失其行事，故不为传。

扬威才干，欷歔文武，当官理任，衎衎辩举，图殖财施，有义有叙。

——赞费宾伯

宾伯名观，江夏鄳人也。刘璋母，观之族姑，璋又以女妻观。观建安十八年参李严军，拒先主于绵竹，与严俱降。先主既定益州，拜为裨将军，后为巴郡太守、江州都督。建兴元年封都亭侯，加振威将军。观为人善于交接。都护李严性自矜高，护军辅匡等年位与严相次，而严不与亲亵；观年少严二十余岁，而与严通狎如时辈云。年三十七卒。失其行事，故不为传。

屯骑主旧，固节不移，既就初命，尽心世规，军资所恃，是辨是裨。

——赞王文仪

安远志节坚强，又美好又有光辉。他不重钱财，而果敢豪壮，面对危难，从不退缩。他以少敌多，保住在异域的基业。

——赞邓孔山（方）

孔山名叫方，是南郡（郡治在今湖北荆州市）人。在荆州从事的任上随从先主入蜀。蜀地平定之后，为犍为属国都尉，因为郡名更易，改做朱提太守，膺选为安远将军、庲降都督，在南昌县驻守。先主章武二年（公元222年）去世。有关他行为事迹的资料已散失了，所以不为他立传。

扬威的才干，令满朝文武赞叹不已。做官办事，遇到任何争议，他侃侃而谈，问题就能解决。他能够开辟经济来源，也很能够花钱，他知道什么该做，也知道守着分寸。

——赞费宾伯（观）

宾伯名叫观，是江夏鄳县（今河南省罗山县西南）人。刘璋的母亲是费观的同族姑母，刘璋又将女儿许配给他。费观在汉献帝建安十八年当李严的参军，在绵竹（故城在今四川省德阳市北）抵御先主，后来和李严一起投降。先主平定益州后，拜官为裨将军，后来历任巴郡太守、江州都督，后主建兴元年（公元223年）封为都亭侯，加官振威将军。费观为人善于交际。都护李严性好自夸自大，护军辅匡等人年龄地位和李严相近，李严却不和他们亲暱交好；费观年纪比李严小二十几岁，却和李严来往亲近有如平辈一般。他在三十七岁时去世。有关他行为事迹的资料已散失了，所以不为他立传。

屯骑一意拥护故主，志节坚定不移。当初既然接受了任务，就尽心建立一代的规模。部队的补给全仗他供输，他都办得非常完备，帮了国家很大的忙。

——赞王文仪（连）

尚书清尚，敕行整身，抗志存义，味览典文，倚其高风，好侔古人。

——赞刘子初

安汉雍容，或婚或宾，见礼当时，是谓循臣。

——赞麋子仲

少府修慎，鸿胪明真，谏议隐行，儒林天文，宣班大化，或首或林。

——赞王元泰、何彦英、杜辅国、周仲直

王元泰名谋，汉嘉人也。有容止操行。刘璋时，为巴郡太守，还为州治中从事。先主定益州，领牧，以为别驾。先主为汉中王，用荆楚宿士零陵赖恭为太常，南阳黄柱为光禄勋，谋为少府；建兴初，赐爵关内侯，后代赖恭为太常。恭、柱、谋皆失其行事，故不为传。恭子厷，为丞相西曹令史，随诸葛亮于汉中，早夭，亮甚惜之，与留府长史参军张裔、蒋琬书曰："令史失赖厷，掾属丧杨颙，为朝中损益多矣。"颙亦荆州人也。后大将军蒋琬问张休曰："汉嘉前辈有王元泰，今谁继者？"休对曰："至于元泰，州里无继，况鄙郡乎？"其见重如此。

何彦英名宗，蜀郡郫人也。事广汉任安学，精究安术。与杜琼同师而名问过之。刘璋

尚书清正高尚，能够节制自身的行为。志向远大而心存道义，又好研读典籍文章。他的高风足以和古人比肩。

——赞刘子初（巴）

安汉雍容敦雅，是朝廷的姻亲，也是上宾。他受当世礼重，这就是善良忠直的好人臣。

——赞麋子仲（竺）

少府自修谨慎，鸿胪明朗率真。谏议颇有隐逸行径，儒林长于天文之学，都能宣扬朝廷的伟大德化。有人做到很高的官，也有人退隐山林。

——赞王元泰（谋）、何彦英（宗）、杜辅国（微）、周仲直（群）

王元泰名叫谋，是汉嘉（**故城在今四川省雅安市北**）人。仪表举止有风度，又有操守。刘璋时代任巴郡太守，还本州做治中从事。先主平定益州，兼领州牧，任他为别驾。先主做汉中王时，任用荆楚地方的老学者零陵人赖恭为太常，南阳人黄柱为光禄勋，王谋为少府；后主建兴初年，赐给他关内侯的爵位，后来代替赖恭做太常。赖恭、黄柱、王谋的事迹资料都已散失，所以不为他们立传。赖恭的儿子赖厷，做丞相西曹令史，追随诸葛亮到汉中，早死，诸葛亮十分惋惜他，在给留府长史参军张裔、蒋琬的书信中提到："令史当中少了赖厷，掾属当中失了杨颙，成为朝廷里极大的损失啊！"杨颙也是荆州人。后来大将军蒋琬问张休说："汉嘉地方的前辈有王元泰，今天有谁能继承取代他？"张休回答说："提起王元泰，整个州里都无后继之人，何况是我们这偏僻的小郡呢！"王元泰之受人推重由此可见。

何彦英名叫宗，是蜀郡郫县（**今属四川省成都市郫都区**）人。师事广汉人任安，对任

时，为犍为太守。先主定益州，领牧，辟为从事祭酒。后援引图、谶，劝先主即尊号，践阼之后，迁为大鸿胪。建兴中卒。失其行事，故不为传。子双，字汉偶。滑稽谈笑，有淳于髡、东方朔之风。为双柏长。早卒。

车骑高劲，惟其泛爱，以弱制强，不陷危坠。

——赞吴子远

子远名壹，陈留人也。随刘焉入蜀。刘璋时，为中郎将，将兵拒先主于涪，诣降。先主定益州，以壹为护军讨逆将军，纳壹妹为夫人。章武元年，为关中都督。建兴八年，与魏延入南安界，破魏将费瑶，徙亭侯，进封高阳乡侯，迁左将军。十二年，丞相亮卒，以壹督汉中，车骑将军，假节，领雍州刺史，进封济阳侯。十五年卒。失其行事，故不为传。壹族弟班，字元雄，大将军何进官属吴匡之子也。以豪侠称，官位常与壹相亚。先主时，为领军。后主世，稍迁至骠骑将军，假节，封绵竹侯。

安汉宰南，奋击旧乡，翦除芜秽，惟刑以张，广迁蛮、濮，国用用强。

——赞李德昂

安的学术有精深研究，和杜琼同一师们，然而名气却超过他。刘璋时代，做犍为郡太守。先主平定益州，兼领州牧，征辟他做从事祭酒。后来征引图、谶的义理，劝先主接受皇帝的尊号。先主即位后，何宗迁职为大鸿胪。后主建兴年间去世。没有他的事迹资料，所以不为他立传。他的儿子何双，字汉偶。善作滑稽突梯的谈笑，有淳于髡、东方朔的遗风。做到双柏长。很年轻就去世了。

车骑挺拔劲直，但因他能泛爱军士，所以能以弱制强，不致陷入危亡的境地。

——赞吴子远（壹）

子远名叫壹，是陈留（今河南省开封市陈留镇）人。追随刘焉进入蜀地。刘璋时代任中郎将，率军队在涪县（今四川省绵阳市治）抗拒先主，后来亲自到先主那里投降。先主平定益州，任用吴壹为护军讨逆将军，收吴壹的妹妹做夫人。先主章武元年（公元221年），做关中都督。后主建兴八年（公元230年），和魏延进入南安郡界，击败魏将费瑶，徙封为亭侯，进封高阳乡侯，迁官为左将军。（建兴）十二年，丞相诸葛亮去世，任命吴壹为汉中督，车骑将军，假节，兼领雍州刺史，进封济阳侯。（建兴）十五年去世。没有他的事迹资料，所以不为他立传。吴壹同族的弟弟吴班，字元雄，是大将军何进官属吴匡的儿子。以豪侠闻名，官位经常和吴壹不相上下。先主在位时，任职领军。后主时代，渐渐升迁，做到骠骑将军，假节，封为绵竹侯。

安汉主理南疆事务，奋力击讨故乡的叛逆。翦除芜秽，朝廷的刑政得以推展施行。他把蛮、濮豪强大量迁到成都，责成原地的夷人纳税，国家的收入因此大为增加。

——赞李德昂（恢）

辅汉惟聪，既机且惠，因言远思，切问近对，赞时休美，和我业世。

——赞张君嗣

镇北敏思，筹画有方，导师禳秽，遂事成章。偏任东隅，末命不祥，哀悲本志，放流殊疆。

——赞黄公衡

越骑惟忠，厉志自祗，职于内外，念公忘私。

——赞杨季休

征南厚重，征西忠克，统时选士，猛将之烈。

——赞赵子龙、陈叔至

叔至名到，汝南人也。自豫州随先主，名位常亚赵云，俱以忠勇称。建兴初，官至永安都督、征西将军，封亭侯。

镇南粗强，监军尚笃，并豫戎任，任自封裔。

——赞辅元弼、刘南和

辅元弼名匡，襄阳人也。随先主入蜀。益州既定，为巴郡太守。建兴中，徙镇南，为

辅汉为人聪颖，既机警又有计谋，借着言辞寄托深远的思虑，而又不失为亲切的交谈。他的话说得很漂亮，能够为我们的时代带来一片祥和。

——赞张君嗣（裔）

镇北思虑敏捷，筹划有方。引导王师驱除污秽，事遂功成。他独自负担东方一角的防线，不祥的命运终于降临到他身上。可悲的是，他的本心始终向着朝廷，却流放在异乡，不能回国。

——赞黄公衡（权）

越骑一片忠心，砥励志气，敬慎自守。在朝廷内外供职，公尔忘私。

——赞杨季休（洪）

征南为人厚重，征西忠贞而有才能。他们统领的士卒都是一时之选，两人是猛将中最勇烈的。

——赞赵子能（云）、陈叔至（到）

叔至名叫到，汝南（郡名，属今河南省）人。从在豫州时就追随先主，名气与地位常常仅次于赵云，都因忠勇而闻名。后主建兴初年，官做到永安都督、征西将军，封为亭侯。

镇南疏放强悍，监军最为笃实，他们都参预军事任务，立下大功，割地封侯。

——赞辅元弼（匡）、刘南和（邕）

辅元弼名叫匡，襄阳郡（今湖北省襄阳市）人。追随先主入蜀。益州平定后，做巴郡

右将军，封中乡侯。

刘南和名邕，义阳人也。随先主入蜀。益州既定，为江阳太守。建兴中，稍迁至监军后将军，赐爵关内侯，卒。子式嗣。少子武，有文，与樊建齐名，官亦至尚书。

司农性才，敷述允章，藻丽辞理，斐斐有光。

——赞秦子敕

正方受遗，豫闻后纲，不陈不佥。造此异端，斥逐当时，任业以丧。

——赞李正方

文长刚粗，临难受命，折冲外御，镇保国境。不协不和，忘节言乱，疾终惜始，实惟厥性。

——赞魏文长

威公狷狭，取异众人；闲则及理，逼则伤侵；舍顺入凶，《大易》之云。

——赞杨威公

季常良实，文经勤类，士元言规，处仁闻计，孔休、文祥，或才或臧，播播述志，

太守。后主建兴年间，改任镇南将军，又任右将军，封为中乡侯。

刘南和名叫邕，义阳郡（故城在今河南省桐柏县东）人。追随先主入蜀。益州平定后，做江阳太守。后主建兴年间，渐渐升官做到监军后将军，受赐关内侯的爵位。死在任内。儿子刘式袭爵。小儿子刘武，有文才，和樊建齐名，也做到尚书的官职。

司农天生美才，凡是有所推衍铺述，都十分出色。辞藻鲜丽，而言语得体，文采斐然，而晔晔有光。

——赞秦子敕（宓）

正方受先帝遗诏，参预日后的朝廷大政。可惜他没有什么好的建议，只是制造分裂。为当时所斥逐，功业因而全毁了。

——赞李正方（严）

文长刚猛疏放，临危受命，与敌人折冲，抵御外侮，镇保国境。可是他不与同僚和协，忘记大臣应有的节操，而挑起动乱。他晚年的作为很可恨，但早年的建树却令人惋惜，这实在是由于他的性情造成的。

——赞魏长良（延）

威公狷介褊狭，喜好标奇立异。他得意的时候，举动都合乎道理，窘迫的时候，却诽谤侵陵别人。这就是《大易》所说的，舍弃和顺的处境，而进入凶险的地域。

——赞杨威公（仪）

季常纯良笃实，文经忠勤完善，士元言谈合乎规矩法度，处仁以智谋为人所知。孔休和文祥，各有才能优点，不断发扬他们的志尚，这两位是楚地出名的君子，有如

楚之兰芳。

——赞马季常、卫文经、韩士元、张处仁、殷孔休、习文祥

文经、士元，皆失其名实、行事、郡县。处仁本名存，南阳人也。以荆州从事随先主入蜀，南次至雒，以为广汉太守。存素不服庞统，统中矢卒，先主发言嘉叹，存曰："统虽尽忠可惜，然违大雅之义。"先主怒曰："统杀身成仁，更为非也？"免存官。顷之，病卒。失其行事，故不为传。

孔休名观，为荆州主簿、别驾从事，见《先主传》。失其郡县。文祥名祯，襄阳人也。随先主入蜀，历雒、郫令，广汉太守。失其行事。子忠，官至尚书郎。

国山休风，永南耽思；盛衡、承伯，言藏言时；孙德果锐，伟南笃常；德绪、义彊，志壮气刚。济济修志，蜀之芬香。

——赞王国山、李永南、马盛衡、马承伯、李孙德、李伟南、龚德绪、王义彊

国山名甫，广汉郪人也。好人流言议。刘璋时，为州书佐。先主定蜀后，为绵竹令，还为荆州议曹从事。随先主征吴，军败于秭归，遇害。子祐，有父风，官至尚书右选郎。

兰花舒放的芬芳。

——赞马季常（良）、卫文经、韩士元、张处仁（存）、殷孔休（观）、习文祥（祯）

文经、士元，他们的名字、生平事迹、籍贯都缺乏资料。处仁本名叫存，是南阳（今河南省南阳市）人。以荆州从事的身份追随先主入蜀。南行到了雒县（今四川省广汉市治）停下来，被任命为广汉太守。张存向来不服庞统，庞统中箭死了，先主发表谈话，称赏庞统，并且叹息他的不幸，张存说："庞统虽然为国尽忠，足可怜惜，但是他违背了正道的意义。"先主很生气地说："庞统杀身成仁，难道还做错了吗？"因此罢免了张存的官。不久，张存生病去世。他的生平事迹缺乏资料，所以不为他立传。

孔休名叫观，做荆州主簿、别驾从事，事迹见于《先主传》。不知道他的籍贯。文祥名叫祯，襄阳郡（今湖北省襄阳市）人。追随先主入蜀，历任雒、郫令，广汉太守。缺乏他生平事迹的资料。他的儿子习忠，官做到尚书郎。

国山有完美的风范，永南有精密的头脑。盛衡、承伯，行藏用舍，都有他们的准则。孙德果断敏锐，伟南笃实守常。德绪、义彊，志节雄壮，意气刚猛。这些众多美好的志士，都是蜀国的芳香。

——赞王国山（甫）、李永南（邵）、马盛衡（勋）、马承伯（齐）、李孙德（福）、李伟南（朝）、龚德绪（禄）、王义彊（士）

国山名叫甫，广汉郡郪县（故城在今四川省三台县南）人。喜欢品评人物。刘璋时代，做本州书佐。先主平定蜀地后，做绵竹令。回来后做荆州议曹从事。追随先主征讨吴国，军队在秭归打败仗，因而遇害。儿子王祐，颇有父风，官做到尚书右选郎。

永南名邵，广汉郪人也。先主定蜀后，为州书佐部从事。建兴元年，丞相亮辟为西曹掾。亮南征，留邵为治中从事，是岁卒。

盛衡名勋，承伯名齐，皆巴西阆中人也。勋，刘璋时为州书佐，先主定蜀，辟为左将军属，后转州别驾从事，卒。齐为太守张飞功曹。飞贡之先主，为尚书郎。建兴中，从事丞相掾，迁广汉太守，复为参军。亮卒，为尚书。勋、齐皆以才干自显见，归信于州党，不如姚伷。伷字子绪，亦阆中人。先主定益州后，为功曹书佐。建兴元年，为广汉太守。丞相亮北驻汉中，辟为掾。并进文武之士，亮称曰："忠益者莫大于进人，进人者各务其所尚；今姚掾并存刚柔，以广文武之用，可谓博雅矣，愿诸掾各希此事，以属其望。"迁为参军。亮卒，稍迁为尚书仆射。时人服其真诚笃粹。延熙五年卒，在作赞之后。

孙德名福，梓潼涪人也。先主定益州后，为书佐、西充国长、成都令。建兴元年，徙巴西太守，为江州督、扬威将军，入为尚书仆射，封平阳亭侯。延熙初，大将军蒋琬出征汉中，福以前监军领司马，卒。

伟南名朝，永南兄。郡功曹，举孝廉，临邛令，入为别驾从事。随先主东征吴，章武

永南名叫邵，广汉郡郪县人。先主平定蜀地后，官拜州书佐部从事。后主建兴元年（公元223年），丞相诸葛亮征辟他做西曹掾。诸葛亮南征时，留李邵为治中从事，就在这一年去世。

盛衡名叫勋，承伯名叫齐，都是巴西郡阆中县（在今四川省阆中市）人。马勋，刘璋时代任职州书佐，先主平定蜀地，辟召为左将军属，后来转任州别驾从事，在任上去世。马齐做太守张飞的功曹。张飞把他推荐给先主，任职尚书郎。后主建兴年间，任为从事丞相掾，升官为广汉太守，又做诸葛亮的参军。诸葛亮去世后，任职尚书。马勋、马齐都因有才干，靠自己的努力做官出名；但他们在本州乡党中的信誉，却不如姚伷。姚伷字子绪，也是阆中县人。先主平定益州后，任职功曹书佐。后主建兴元年，任广汉太守。丞相诸葛亮在北方的汉中驻军时，征辟他做丞相掾，他进用人才，文才和武略一起采纳，诸葛亮赞扬他说："对国家尽忠有益的事莫过于进用人才，每个人都喜欢挑合乎他口味的人来用。现在姚掾不管刚柔都一起采纳，来增广文武两方面的人手，他可说是个博雅君子了。我但愿各位掾属都能做到这样，以不负国家厚望。"就升他为参军。诸葛亮死后，姚伷渐次递升，做到尚书仆射。当时的人佩服他的真诚纯厚。后主延熙五年去世，在杨戏作赞之后。

孙德名叫福，梓潼郡涪县（今四川省绵阳市）人。先主平定益州后，历任书佐、西充国长、成都令。建兴元年，改任巴西太守，做江州督、扬威将军，入朝任尚书仆射，封为平阳亭侯。（后主）延熙初年，大将军蒋琬率军出征汉中，李福以前监军的职位兼领司马，在任上去世。

伟南名叫朝，是永南的哥哥。任职郡功曹，被察举为孝廉，做临邛令，入朝任职别驾

二年卒于永安。

德绪名禄，巴西安汉人也。先主定益州，为郡从事牙门将。建兴三年，为越嶲太守，随丞相亮南征，为蛮夷所害，时年三十一。弟衡，景耀中为领军。义彊名士，广汉郪人，国山从兄也。从先主入蜀后，举孝廉，为符节长，迁牙门将，出为宕渠太守，徙在犍为。会丞相亮南征，转为益州太守，将南行，为蛮夷所害。

休元轻寇，损时致害，文进奋身，同此颠沛。患生一人，至于弘大。

——赞冯休元、张文进

休元名习，南郡人。随先主入蜀。先主东征吴，习为领军，统诸军，大败于猇亭。

文进名南，亦自荆州随先主入蜀，领兵从先主征吴，与习俱死。时又有义阳傅肜，先主退军，断后拒战，兵人死尽，吴将语肜令降，肜骂曰："吴狗！何有汉将军降者！"遂战死。拜子佥为左中郎，后为关中都督。景耀六年，又临危授命。论者嘉其父子奕世忠义。

江阳刚烈，立节明君，兵合遇寇，不屈其身，单夫只役，陨命于军。

——赞程季然

从事。追随先主东征吴国，（先主）章武二年在永安去世。

德绪名叫禄，巴西郡安汉县（今四川省南充市北）人。先主平定益州，任职郡从事牙门将。后主建兴三年（公元225年），做越嶲太守，随从丞相诸葛亮南征，被蛮夷杀害，当时只有三十一岁。龚禄的弟弟龚衡，后主景耀年间做领军的官。义彊名叫士，广汉郡郪县人，是国山的从兄。随从先主进入蜀地之后，被察举为孝廉，任职符节长，升迁为牙门将，外放做宕渠太守，后来调迁在犍为郡。适逢丞相诸葛亮南征，转任为益州太守，正打算往南方的时候，就被蛮夷杀害了。

休元轻视贼人，不但浪费时间，还惹来不测之祸。文进奋勇挺身，遭遇同样的不幸命运。灾患虽然是由一人所引起，却往往影响到大局。

——赞冯休元（习）、张文进（南）

休元名叫习，南郡人。追随先主入蜀。先主东征吴国时，冯习任职领军，统领各路部队，在猇亭（在今湖北省宜昌市）打了大败仗。

文进名叫南，也是从荆州追随先主入蜀的，率领军队随从先主征讨吴国，和冯习一起战死。当时又有位义阳人傅肜，先主退军时，他断后与敌人抗拒，兵士都死光了，吴国的将领警告傅肜，命他投降，傅肜大骂道："吴狗！哪里有汉朝将军会投降的！"于是战死沙场。朝廷任命他的儿子傅佥为左中郎，傅佥后来做关中都督。景耀六年，又遇临危牺牲了性命。当时谈论此事的人，都称赞他们父子世世忠义。

江阳刚猛勇烈，立大节发扬君上的声威。敌我双方交兵之时，他遇上贼寇，不肯屈服，

季然名畿，巴西阆中人也。刘璋时为汉昌长。县有賨人，种类刚猛。昔高祖以定关中。巴西太守庞羲以天下扰乱，郡宜有武卫，颇招合部曲。有谗于璋，说羲欲叛者，璋阴疑之。羲闻，甚惧，将谋自守，遣畿子郁宣旨，索兵自助。畿报曰："郡合部曲，本不为叛，虽有交构，要在尽诚；若必以惧，遂怀异志，非畿之所闻。"并敕郁曰："我受州恩，当为州牧尽节。汝为郡吏，当为太守效力，不得以吾故有异志也。"羲使人告畿曰："尔子在郡，不从太守，家将及祸！"畿曰："昔乐羊为将，饮子之羹，非父子无恩，大义然也。今虽复羹子，吾必饮之。"羲知畿必不为己，厚陈谢于璋以致无咎。璋闻之，迁畿江阳太守。先主领益州牧，辟为从事祭酒。后随先主征吴，遇大军败绩，泝江而还，或告之曰："后追已至，解船轻去，乃可以免。"畿曰："吾在军，未曾为敌走，况从天子而见危哉！"追人遂及畿船，畿身执戟战，敌船有覆者。众大至，共击之，乃死。

公弘后生，卓尔奇精，夭命二十，悼恨未呈。

——赞程公弘

一个人单独作战，在沙场上牺牲了性命。

——赞程季然（畿）

季然名叫畿，是巴西郡阆中县人。刘璋时代做汉昌长。县里有賨族的夷人，民族性相当刚猛，以前高祖用他们平定了关中。巴西太守庞羲认为天下纷扰动乱，郡里应该有武装卫队，于是招集了不少部曲。有人在刘璋耳边进谗言，说庞羲想要造反，刘璋暗地里怀疑他。庞羲听说后十分担心，想要谋求自保，派遣程畿的儿子程郁宣布意旨，要程畿派兵帮助自己。程畿回复说："郡里集合部曲，本来不是为了叛变，虽然有人说您的坏话，但无论如何您还是应该竭尽赤诚；假如一定要因为心里有了恐惧，因而就怀着异心，这不是程畿所愿意听到的。"他并且又告诫程郁说："我受州的恩惠，应当为州牧尽死节。你做郡吏，应当为太守贡献力量，不可以因为我的关系而有二心。"庞羲派人告诉程畿说："你的儿子在郡里做事，却不听从太守的意旨，家里就要有大祸临头了！"程畿说："以前乐羊做将领时，喝了用亲生儿子做成的肉汤，不是他没有父子的恩情，只是大义使他这样啊。今天即使再把我的儿子煮成肉羹，我也一定喝掉它。"庞羲知道程畿必然不会为他效力，就拿厚礼好话向刘璋谢罪，因而免除了祸害。刘璋听说了这件事，升程畿做江阳太守。先主兼领益州牧时，征辟他做从事祭酒。后来追随先主征讨吴国，遇上大军打败仗，就溯着江水回去，有人告诉他说："后面的追兵已经赶上来了，解掉并行的船只，减轻负担快走，这才可以躲过祸灾啊。"程畿说："我从军以来，从来没因为遇敌而逃走的，何况是随从天子而遭遇危难呢！"追兵于是赶上了程畿的船只，程畿亲自执戟作战，敌人的船只有被他打翻的。众多的敌兵追了上来，一起向他攻击，于是才战死了。

公弘这位后生小子，卓尔不群，是个奇才精英，二十岁就短命死了，令人哀悼遗

公弘，名祁，季然之子也。

古之奔臣，礼有来逼，怨兴司官，不顾大德，靡有匡救，倍成奔北，自绝于人，作笑二国。

——赞麋芳、士仁、郝普、潘濬

麋芳字子方，东海人也，为南郡太守；士仁字君义，广阳人也，为将军，住公安，统属关羽；与羽有隙，叛迎孙权。郝普字子太，义阳人。先主自荆州入蜀，以普为零陵太守。为吴将吕蒙所谲，开城诣蒙。潘濬字承明，武陵人也。先主入蜀，以为荆州治中，典留州事，亦与关羽不穆。孙权袭羽，遂入吴。普至廷尉，濬至太常，封侯。

评曰：邓芝坚贞简亮，临官忘家，张翼亢姜维之锐，宗预御孙权之严，咸有可称。杨戏商略，意在不群，然智度有短，殆罹世难云。

憾不已。

——赞程公弘（祁）

公弘名叫祁，是程畿的儿子。

古时逃离国境的奔臣，只要是受了不得已的逼迫而出走的，在礼教上还站得住脚。可是现在这些人，只为了和上司结怨，就不顾大义而反叛了。他们对国家毫无贡献，背弃了将要成功的祖国，投靠快要败亡的邻邦，自绝于人，为两国君臣所耻笑。

——赞麋芳、士仁、郝普、潘濬

麋芳，字子方，东海郡（今山东省临沂市以南，江苏省东北部一带）人，任职南郡太守。士仁，字君义，广阳郡（故治在今北京市）人。任职将军，驻军在公安，都属于关羽所统领；二人和关羽有了仇怨，因而叛变，向孙权迎降。郝普，字子太，义阳郡（故城在今河南省桐柏县东）人。先主从荆州入蜀，任命郝普做零陵太守。后来被吴国将领吕蒙所欺骗，开了城门到吕蒙的军营中投降。潘濬，字承明，武陵郡（郡治义陵，后汉移治临沅，在今湖南省常德市西）人。先主进入蜀地后，任命他做荆州治中，掌领先主走后州中留下来的大小事务，也和关羽有过节。孙权袭击关羽时，就投降了东吴。郝普官做到廷尉，潘濬官做到太常，被封为侯。

陈寿评论说：邓芝性格坚贞，刚简诚信，忠于公事，因而忽略家庭。张翼抗衡姜维的锐气，宗预抵制孙权的威风，都有令人激赏的地方。杨戏斟酌人物，专意要超群绝俗，可是才智与气度都有缺点，几乎遭受不测的大难。

三国志卷四十六

孙破虏讨逆传第一

王静芝 译

孙坚字文台，吴郡富春人，盖孙武之后也。少为县吏。年十七，与父共载船至钱唐，会海贼胡玉等从匏里上掠取贾人财物，方于岸上分之，行旅皆住，船不敢进。坚谓父曰："此贼可击，请讨之。"父曰："非尔所图也。"坚行操刀上岸，以手东西指麾，若分部人兵以罗遮贼状。贼望见，以为官兵捕之，即委财物散走。坚追，斩得一级以还；父大惊。由是显闻，府召署假尉。会稽妖贼许昌起于句章，自称阳明皇帝，与其子韶扇动诸县，众以万数。坚以郡司马募召精勇，得千馀人，与州郡合讨破之。是岁，熹平元年也。刺史臧旻列上功状，诏书除坚盐渎丞，数岁徙盱眙丞，又徙下邳丞。

中平元年，黄巾贼帅张角起于魏郡。托有神灵，遣八使以善道教化天下，而潜相连结，自称黄天泰平。三月甲子，三十六方一旦俱发，天下响应，燔烧郡县，杀害长吏。汉

孙坚字文台，吴郡富春人（吴郡约有今江苏省长江以南及浙江一部，及长江北南通、海门、启东诸地。原由会稽郡分出。富春，汉县名，在今浙江杭州市富阳区北，后汉属吴郡，见《后汉书·郡国志》）。是春秋时兵法家孙武的后人。孙坚年少时作县中吏，年十七时，与父亲同乘船到钱唐，正值海贼胡玉等从匏里上岸，劫取商人的财物，正在岸上分赃。一时行旅客人都停住，船不敢前进。孙坚对父亲说："这批海贼，可以击败，请许我去杀他们！"父亲说："这不是你所能作的事。"孙坚径自操刀上岸，以手作东西指挥之状，仿佛在分派人兵以包围捕贼的样子。海贼见此情形，以为官兵来捕盗，当即放弃了财物，纷纷散逃。孙坚持刀追赶，杀了一贼，取贼头而回。父亲大惊。由此名声大显，官府召孙坚署假尉。会稽地方的妖贼许昌，起事于句章，自称阳明皇帝，和他的儿子许韶煽动附近各县，聚合人众达万人。孙坚以郡司马名义招募精强勇士，得一千余人，与州郡合力征讨妖贼许昌、许韶，击破贼众。这一年是熹平元年（汉灵帝建宁五年改元熹平，为公元 172 年）。刺史臧旻，列孙坚所立功上表朝廷，诏书除孙坚为盐渎丞，过几年，迁盱眙丞，又迁下邳丞。

中平元年（公元 184 年），黄巾贼头目张角起事于魏郡，假托有神灵，派遣八使者下凡，以善道教化天下，而暗中结合徒众，自称黄天泰平。三月甲子日，在三十六处地方，

孙坚，选自清刊本《三国演义》。

遣车骑将军皇甫嵩、中郎将朱儁将兵讨击之。儁表请坚为佐军司马，乡里少年随在下邳者皆愿从。坚又募诸商旅及淮、泗精兵，合千许人，与儁并力奋击，所向无前。汝、颍贼困迫，走保宛城。坚身当一面，登城先入，众乃蚁附，遂大破之。儁具以状闻上，拜坚别部司马。

边章、韩遂作乱凉州，中郎将董卓拒讨无功。中平三年，遣司空张温行车骑将军，西讨章等。温表请坚与参军事，屯长安。温以诏书召卓，卓良久乃诣温。温责让卓，卓应对不顺。坚时在坐，前耳语谓温曰："卓不怖罪而鸱张大语，宜以召不时至，陈军法斩之。"温曰："卓素著威名于陇蜀之间，今日杀之，西行无依。"坚曰："明公亲率王兵，威震天下，何赖于卓？观卓所言，不假明公，轻上无礼，一罪也；章、遂跋扈经年，当以时进讨，而卓云未可，沮军疑众，二罪也；卓受任无功，应召稽留，而轩

一天同时举事。一时天下响应，焚烧郡县，杀害郡县长吏。汉灵帝遣车骑将军皇甫嵩，中郎将朱儁领兵讨击黄巾贼。朱儁上表请孙坚为佐军司马，乡里中的青年随孙坚在下邳的，都愿意从孙坚一起讨伐黄巾。孙坚又募集许多行商和淮水、泗水地区的精兵，合计一千多人，与朱儁合力奋击黄巾，所进击之处，贼众无人能敌。汝南、颍川两郡黄巾贼被击困迫，败逃至宛城，固守。孙坚身当一面，奋勇领先，登城先入，众士卒随后，有如蚁之附物，缘墙而上，乃大破黄巾贼。朱儁将孙坚破贼事详具表奏朝廷。朝廷任命孙坚为别部司马。

边章、韩遂作乱于凉州，中郎将董卓领兵征讨无功。中平三年，遣司空张温行车骑将军，领兵西向讨伐边章等。张温上表请由孙坚与参军事，屯兵长安。张温以诏书召董卓，董卓很久方来见张温。张温责难董卓，董卓应对之间，言语顶撞。孙坚当时在座，上前对张温耳语说："董卓不怕罪，而且狂暴凶恶，如鸱鸮张翼，出言不逊，应该给以奉召而不按时到达之罪，用军法斩董卓。"张温说："董卓平素颇著盛名于陇蜀之间，今日如果杀董卓，向西进攻将无凭依。"孙坚说："明公亲自率领天子之兵，威望震于天下，于董卓有何倚赖之处？由董卓说话的情形看来，他对明公毫不谦逊，轻慢上官，全无礼貌，是第一罪；边章、韩遂跋扈为患，业已经年，当及时早日进兵讨伐，而董卓却说不可进讨，使军中士气沮丧，士众疑虑，是第二罪；董卓前受任讨伐边章、韩遂，劳师无功，此次应召而稽留迟

昂自高，三罪也。古之名将，仗钺临众，未有不断斩以示威者也，是以穰苴斩庄贾，魏绛戮杨干。今明公垂意于卓，不即加诛，亏损威刑，于是在矣。”温不忍发举，乃曰：“君且还，卓将疑人。”坚因起出。章、遂闻大兵向至，党众离散，皆乞降。军还，议者以军未临敌，不断功赏。然闻坚数卓三罪，劝温斩之，无不叹息。拜坚议郎。时长沙贼区星自称将军，众万馀人，攻围城邑，乃以坚为长沙太守。到郡亲率将士，施设方略，旬月之间，克破星等。周朝、郭石亦帅徒众起于零、桂，与星相应。遂越境寻讨，三郡肃然。汉朝录前后功，封坚乌程侯。

灵帝崩，卓擅朝政，横恣京城。诸州郡并兴义兵，欲以讨卓。坚亦举兵。荆州刺史王叡素遇坚无礼，坚过杀之。比至南阳，众数万人。南阳太守张咨闻军至，晏然自若。坚以牛酒礼咨，咨明日亦答诣坚。酒酣，长沙主簿入白坚：“前移南阳，而道路不治，军资不具，请收主簿推问意故。”咨大惧欲去，兵陈四周不得出。有顷，主簿复入白坚：“南阳太守稽停义兵，使贼不时讨，请收出案军法从事。”便牵咨于军门斩之。郡中震栗，无求不

到，且自高傲昂扬，目中无人，是第三罪。古时的名将，仗斧钺，临士众，没有不断颈斩头，以显示其威严的。所以穰苴曾斩庄贾，魏绛曾戮杨干。现今明公关心于董卓，不肯加以诛戮，有亏损于威严刑典之处，就在此了！”张温不忍举发董卓之罪，便说：“孙君且退回，如此耳语，董卓将会怀疑。”孙坚因之便起身而去。边章和韩遂闻悉大军即将到达，党羽士众离散，都要求投降。张温领兵回来，议功之人以为军队并未临敌作战，不能判功行赏。然听说孙坚数出董卓有三项罪过，劝张温斩董卓之事，大家无不叹息。拜孙坚为议郎。这时长沙贼区星自称将军，有贼众一万多人，攻城围邑，乃以孙坚为长沙太守。孙坚到郡就任，亲自率领将士，布置防守设施，谋划破贼方略，在一月之内，便攻克区星等贼众。周朝、郭石也率领徒众起事于零陵、桂阳，与区星互相呼应。孙坚乃越过长沙郡边境，领兵追寻到零陵及桂阳郡境，讨伐众贼，于是长沙、零陵、桂阳三郡，肃然安静。朝廷记录孙坚先后所立功绩，封孙坚为乌程侯。

汉灵帝崩逝，董卓独揽朝政，横行恣意于京城之中，诸州郡于是都兴起义兵，意欲共同讨伐董卓。孙坚也起兵。荆州刺史王叡平素对孙坚不礼貌，孙坚兵过荆州，杀王叡。及兵到南阳，已收聚兵众数万人。南阳太守张咨闻知孙坚兵到，安然自如，不加理会。孙坚以牛酒送与张咨，以为礼仪。张咨在次日也以礼答谢孙坚。孙坚与张咨相与饮酒，酒足适量，长沙主簿进入，向孙坚报说：“我军前进到南阳，而南阳的道路不加修整，我军所需的军需也没有具备，请将主簿收押，推问他是何用意。”张咨大惊恐惧，意欲离去。但孙坚的士兵已经布置在四周，张咨不能脱出。过了一会，主簿又进来向孙坚报说：“南阳太守，阻留我义兵前进，使乱贼不能及时被讨伐，请收捕太守，牵出，按军法从事。”于是即牵出张咨，在军门斩首。南阳全郡中人震恐战栗，对孙坚的军需一切，供应俱全，没有

获。前到鲁阳，与袁术相见。术表坚行破虏将军，领豫州刺史。遂治兵于鲁阳城。当进军讨卓，遣长史公仇称将兵从事还州督促军粮。施帐幔于城东门外，祖道送称，官属并会。卓遣步骑数万人逆坚，轻骑数十先到。坚方行酒谈笑，敕部曲整顿行陈，无得妄动。后骑渐益，坚徐罢坐，导引入城，乃谓左右曰："向坚所以不即起者，恐兵相蹈藉，诸君不得入耳。"卓兵见坚士众甚整，不敢攻城，乃引还。坚移屯梁东，大为卓军所攻，坚与数十骑溃围而出。坚常著赤罽帻，乃脱帻令亲近将祖茂著之。卓骑争逐茂，故坚从间道得免。茂困迫，下马，以帻冠冢间烧柱，因伏草中。卓骑望见，围绕数重，定近觉是柱，乃去。坚复相收兵，合战于阳人，大破卓军，枭其都督华雄等。是时，或间坚于术，术怀疑，不运军粮。阳人去鲁阳百馀里，坚夜驰见术，画地计校，曰："所以出身不顾，上为国家讨贼，下慰将军家门之私仇。坚与卓非有骨肉之怨也，而将军受谮润之言，还相嫌疑！"术踧踖，即调发军粮。坚还屯。卓惮坚猛壮，乃遣将军李傕等来求和亲。令坚列疏子弟任刺史、郡守者，许表用之。坚曰："卓逆天无道，荡覆王室，今不夷汝三族，县示四海，则吾死不瞑

经要求而得不到的。孙坚兵前进到鲁阳（今河南鲁山县）。孙坚与袁术相见。袁术上表荐孙坚担任破虏将军，领豫州刺史。孙坚乃整治军旅于鲁阳城。当孙坚进军讨伐董卓时，派遣长史公仇称领兵治事，回州郡督促军粮。于是孙坚设帐幔在城东门之外，祭道神为公仇称送行，所有的官属都会集在帐中。董卓派步卒和骑兵数万人迎战孙坚兵。先有轻骑数十到达。孙坚这时正在与大家饮酒谈笑，令部属整顿军队行阵，不许随便行动。过些时，董卓后来的骑兵渐渐加多。孙坚缓缓的停止饮宴散席，他自己引导军队入城。孙坚此时才对左右部属说："方才在董卓兵初到的时候，我所以不肯起动，恐怕兵士慌张，互相践踏，大家便都不得退入城中了。"董卓见孙坚的军队，军容整齐，不敢攻城，乃引兵回去。孙坚乃移军，屯兵于梁县之东。孙坚兵受董卓军猛烈攻击。孙坚与数十骑突破董卓军包围而出。孙坚经常头上戴红色毛布头巾，此时乃脱掉红头巾令亲近将官祖茂戴起来。董卓的骑卒争着追逐祖茂，因之孙坚从人所不注意的小路逃出，得免于被俘。祖茂被董卓骑卒围困迫急，自己下马，将红毛布头巾取下，戴在坟地中的烧柱顶上，因伏俯藏在草中。董卓望见红头巾，命兵士围绕数重。及走近，发现巾下是柱，乃离去。孙坚又复收兵，与义军相合，合战董卓军于阳人。大破董卓军，斩董卓军都督华雄等。这时，或有人向袁术进谗言，离间袁术与孙坚。袁术竟有些怀疑，便不运军粮给孙坚。阳人距离鲁阳一百多里，孙坚于夜间飞马来见袁术，划地与袁术相计较，孙坚说："我所以不顾一切，献身于讨贼，上为国家讨伐乱贼，下以安慰袁将军家门之私仇。孙坚和董卓并没有杀害骨肉的仇恨，而将军却听信他人的谗言，互相怀疑！"袁术对孙坚，敬其为人，闻言而感不安，于是调军粮发运。孙坚又回屯驻地。董卓畏惧孙坚的猛壮，乃遣部下将军李傕等来向孙坚求和，愿结为儿女姻戚。令孙坚将子弟姓名，列成表册，以使出任刺史或郡守。董卓许以照册上表录用。孙坚

目，岂将与乃和亲邪？”复进军大谷，拒雒九十里。卓寻徙都西入关，焚烧雒邑。坚乃前入至雒，修诸陵，平塞卓所发掘。讫，引军还，住鲁阳。

初平三年，术使坚征荆州，击刘表。表遣黄祖逆于樊、邓之间。坚击破之，追渡汉水，遂围襄阳，单马行岘山，为祖军士所射杀。兄子贲，帅将士众就术，术复表贲为豫州刺史。

坚四子：策、权、翊、匡。权既称尊号，谥坚曰武烈皇帝。

策字伯符。坚初兴义兵，策将母徙居舒，与周瑜相友，收合士大夫，江、淮间人咸向之。坚薨，还葬曲阿。已，乃渡江居江都。

徐州牧陶谦深忌策。策舅吴景，时为丹杨太守，策乃载母徙曲阿，与吕范、孙河俱就景，因缘召募得数百人。兴平元年，从袁术。术甚奇之，

孙坚跨江击刘表，选自清刊本《三国演义》。

说：“董卓逆天无道，摇荡社稷，颠覆汉室，今如不能平灭董的三族，悬首示众于四海，我死都不瞑目。怎能和他和亲呢？”孙坚又复进军到大谷（在河南偃师市西南水泉口），距洛邑九十里。不久，董卓迁都城，西行入函谷关，临行焚烧了洛邑宫殿房屋（洛邑为东汉京师）。孙坚乃前进，兵入洛邑，修整已破坏的皇陵，填平董卓所发掘的墓穴。然后又引兵回，停驻于鲁阳。

汉献帝初平三年（公元192年），袁术使孙坚征伐荆州，攻击荆州牧刘表。刘表遣部将黄祖领兵迎战孙坚于樊城、邓县之间。孙坚击破黄祖，追黄祖败军，渡过汉水，乃围住襄阳。孙坚追击黄祖，单骑驰行在岘山之中，被黄祖埋伏兵射杀。孙坚哥哥的儿子孙贲，带领将士归于袁术，袁术又表荐孙贲为豫州刺史。

孙坚有四个儿子：孙策、孙权、孙翊、孙匡。孙权后来在称帝以后，追谥孙坚曰武烈皇帝。

孙策字伯符。在孙坚初起义兵的时候，孙策奉母亲迁居于舒（舒县，在今安徽省庐江市西）。孙策与周瑜结交为友，聚合当地士大夫。在江、淮之间，大家都心向于孙策。孙坚去世以后，归葬于曲阿。葬事完了，孙策乃渡江而南迁，住于江都（今江苏扬州市）。

徐州牧陶谦，见孙策住在本州江都，甚有声望，心中深为忌恶。孙策有舅父吴景，当时任丹阳太守。孙策乃奉母离江都，乘车迁于曲阿（今江苏省丹阳市），与吕范、孙河，一

孙策，选自清刊本《三国演义》。

以坚部曲还策。太傅马日磾杖节安集关东，在寿春以礼辟策，表拜怀义校尉，术大将乔蕤、张勋皆倾心敬焉。术常叹曰：“使术有子如孙郎，死复何恨！”策骑士有罪，逃入术营，隐于内厩。策指使人就斩之，讫，诣术谢。术曰：“兵人好叛，当共疾之，何为谢也？”由是军中益畏惮之。术初许策为九江太守，已而更用丹杨陈纪。后术欲攻徐州，从庐江太守陆康求米三万斛。康不与，术大怒。策昔曾诣康，康不见，使主簿接之。策尝衔恨。术遣策攻康，谓曰：“前错用陈纪，每恨本意不遂。今若得康，庐江真卿有也。”策攻康，拔之，术复用其故吏刘勋为太守，策益失望。先是，刘繇为扬州刺史，州旧治寿春。寿春，术已据之，繇乃渡江治曲阿。时吴景尚在丹杨，策从兄贲又为丹杨都尉，繇至，皆迫逐之。景、贲退舍历阳。

同投归于吴景。孙策利用种种关系，招募士众，得有数百人。汉献帝兴平元年（公元194年），孙策往从袁术。袁术见孙策才识过人，甚以为奇异，便将孙坚原来的部属士卒，归还给孙策。太傅马日磾杖节代朝廷安抚聚集地方民众于关东，在寿春以礼仪征辟任用孙策。表荐任命孙策为怀义校尉。袁术部下大将乔蕤、张勋对孙策都倾心敬佩。袁术常赞叹说：“如果使我有儿子能如孙郎，虽死还有何遗恨！”孙策的骑士有罪，逃入袁术军营，隐藏在内马厩中。孙策派人搜捕获得，便就地斩首。斩后，孙策去见袁术谢罪。袁术说：“兵士们这种人，好离叛。我们领兵的人应该是都痛恨这种人，杀了很对，何必谢罪？”由此以后，军中越发惧怕孙策的命令严肃。袁术先前曾经许孙策任九江太守。但过后袁术却改用丹阳人陈纪为九江太守。后来袁术要攻取徐州，便向庐江太守陆康要求供给米三万斛。陆康不给，袁术大怒。孙策在先前曾经到庐江求见陆康，陆康不肯接见，派主簿接见孙策。孙策心中曾怀恨陆康。袁术便派孙策领兵攻陆康，袁术说：“以前错用了陈纪做九江太守，我常自恨，我的本来心意，原是你作九江太守，但没有达成。现在你去攻击陆康，如能击败陆康，庐江太守真是你所应有的了。”孙策领兵攻陆康，取得庐江。但袁术又任用他的旧部属刘勋为庐江太守。孙策更为失望。在先，刘繇为扬州刺史。扬州的旧州治是寿春。寿春已被袁术所占据，刘繇便渡江而南，以曲阿为扬州州治。当时吴景远在丹阳，孙策的从兄孙

繇遣樊能、于麋东屯横江津，张英屯当利口，以距术。术自用故吏琅邪惠衢为扬州刺史，更以景为督军中郎将，与贲共将兵击英等，连年不克。策乃说术，乞助景等平定江东。术表策为折冲校尉，行殄寇将军，兵财千馀，骑数十匹，宾客愿从者数百人。比至历阳，众五六千。策母先自曲阿徙于历阳，策又徙母阜陵，渡江转斗，所向皆破，莫敢当其锋，而军令整肃，百姓怀之。

策为人，美姿颜，好笑语，性阔达听受，善于用人，是以士民见者，莫不尽心，乐为致死。刘繇弃军遁逃，诸郡守皆捐城郭奔走。吴人严白虎等众各万馀人，处处屯聚。吴景等欲先击破虎等，乃至会稽。策曰："虎等群盗，非有大志，此成禽耳。"遂引兵渡浙江，据会稽，屠东冶，乃攻破虎等。尽更置长吏，策自领会稽太守，复以吴景为丹杨太守，以孙贲为豫章太守；分豫章为庐陵郡，以贲弟辅为庐陵太守，丹杨朱治为吴郡太守。彭城张昭、广陵张纮、秦松、陈端等为谋主。时袁术僭号，策以书责而绝之。曹公表策为讨逆将军，封为吴侯。后术死，长史杨弘、大将张勋等将其众欲就策，庐江太守刘勋要击，悉虏之，收其珍宝以归。策闻之，伪与勋好盟。勋新得术众，时豫章上缭宗民万馀家在江东，

贲，又作丹阳的都尉。刘繇到了丹阳，将吴景和孙贲都加以逼迫逐走，使离开丹阳。吴景和孙贲乃退而住于历阳。刘繇派遣樊能、于麋东屯兵于横江津，派张英屯兵于当利口，以抵拒袁术。袁术自己另任用旧属琅邪人惠衢为扬州刺史。而更以吴景为督军中郎将，与孙贲共同领兵攻击张英等。攻击连年，不能攻克。孙策乃劝说袁术，要求援助吴景等平定江东刘繇。袁术乃表荐孙策为折冲校尉，担任殄寇将军。袁术给予兵才千余，马数十匹。孙策的宾客愿随孙策渡江东征的有数百人。等到孙策到了历阳（今安徽省和县），聚集的兵众便达五六千人。孙策的母亲先从曲阿迁到历阳。孙策又迁母亲于阜陵。孙策渡江，辗转战斗，所攻之处都攻破，没有人敢抵挡孙策攻击的锋芒。而孙策的军队，军令严肃，不侵百姓，百姓都怀念孙策。

孙策的为人，姿容体貌很美，好说笑，性情豁达，喜听受他人的意见，善于用人，所以士民见到过孙策的，没有不尽心尽力，乐意为他效命致死。刘繇弃军队逃走，各郡守都弃城奔逃。吴人严白虎等，各有兵众一万多人，在许多处分别屯聚。吴景等打算先击破严白虎等，乃引兵到会稽。孙策说："严白虎等群盗，不是有大志的人，这一次就可以擒住了。"于是孙策引兵渡过浙江，占据会稽，攻下东冶，杀群贼，乃攻破严白虎等。将各地长吏都另置更换。孙策自己领会稽太守，又以吴景为丹阳太守，以孙贲为豫章太守。孙策分豫章为庐陵郡，以孙贲的弟弟孙辅为庐陵太守，以丹阳人朱治任吴郡太守。彭城人张昭，广陵人张纮、秦松、陈端等为谋主。当其时袁术僭号称帝，孙策写书信责难袁术，当即与袁术决绝。曹操表荐孙策为讨逆将军，封为吴侯。后来袁术死去，长史杨弘、大将张勋等率领其士众，将要归附孙策。庐江太守刘勋以兵拦截而击杨弘、张勋兵，将二人兵全部俘

策劝勋攻取之。勋既行，策轻军晨夜袭拔庐江，勋众尽降，勋独与麾下数百人自归曹公。是时袁绍方强，而策并江东，曹公力未能逞，且欲抚之。乃以弟女配策小弟匡，又为子章取贲女，皆礼辟策弟权、翊，又命扬州刺史严象举权茂才。

建安五年，曹公与袁绍相拒于官渡，策阴欲袭许，迎汉帝，密治兵，部署诸将。未发，会为故吴郡太守许贡客所杀。先是，策杀贡，贡小子与客亡匿江边。策单骑出，卒与客遇，客击伤策。创甚，请张昭等谓曰："中国方乱，夫以吴、越之众，三江之固，足以观成败。公等善相吾弟！"呼权佩以印绶，谓曰："举江东之众，决机于两陈之间，与天下争衡，卿不如我；举贤任能，各尽其心，以保江东，我不如卿。"至夜卒，时年二十六。

权称尊号，追谥策曰长沙桓王，封子绍为吴侯，后改封上虞侯。绍卒，子奉嗣。孙皓时，讹言谓奉当立，诛死。

虏，并收取杨弘、张勋等的珍宝而归。孙策闻悉此事，伪装与刘勋和好结盟。刘勋新近才得到袁术的士众，当时豫章上缭的宗民一万多家，都在江东，孙策劝刘勋攻取这些民众。刘勋起兵进攻，兵既已行动离庐江，孙策以轻军疾进，于晨夜间攻击，拔取庐江。刘勋的兵全部投降孙策。刘勋只独存一身，与麾下数百人无所依归，乃奔投曹操。这时袁绍正当强大之际，而孙策并取了江东。曹操的力量不能肆行攻击，且要安抚孙策。曹操乃以其弟弟的女儿，许配孙策的小弟孙匡。曹操又为儿子曹章娶了孙贲的女儿作媳妇，并且礼貌的征辟孙策的弟弟孙权和孙翊二人，都与官爵。曹操又命扬州刺史严象，举孙权为茂才。

汉献帝建安五年（公元200年），曹操与袁绍两方作战，两军相对峙于官渡。孙策此时暗中计划，要乘机突袭许昌，迎接汉帝至江南。于是秘密的整治军队，部署诸将，以便发动。但没等发动，孙策被前吴郡太守许贡的宾客所刺杀。在先前，孙策杀了许贡，许贡家的幼小和门客，逃亡避害，藏匿在长江边隐密之地。某日，孙策单骑出游猎，终于与许贡的门客相遇。门客攻击孙策，伤孙策。孙策伤势很严重，请来张昭等人。孙策对张昭等说："中原天子之地，正在大乱。我们在大江之南，以吴、越的人士兵马之众，以三江的险固，足以观中原争斗的成败，而取其利。希望诸公，多多用心，辅助我的弟弟孙权。"孙策叫孙权前来，将印绶佩在孙权身上。孙策对孙权说："兴起全部江东的兵马，决定机运于两军对阵之间，与天下人物争高下，你不如我。但是，举出贤者，任用能事的人才，使他们各个能尽心竭力的任事，以保江东的安全局面，我就不如你！"到这一天的夜里，孙策伤重逝世，时年二十六岁。

孙权后来称帝，追谥孙策曰长沙桓王。孙权封孙策的儿子孙绍为吴侯，后改封上虞侯。孙绍死后，孙绍的儿子孙奉，嗣爵为侯。孙皓为帝时，有谣言说孙奉应当立为帝，孙皓杀了孙奉。

评曰：孙坚勇挚刚毅，孤微发迹，导温戮卓，山陵杜塞，有忠壮之烈。策英气杰济，猛锐冠世，览奇取异，志陵中夏。然皆轻佻果躁，陨身致败。且割据江东，策之基兆也，而权尊崇未至，子止侯爵，于义俭矣。

陈寿评论说：孙坚勇敢猛严，刚强坚毅，由孤独微弱之中，发迹而至雄大，引导张温，诛戮董卓，平塞董卓所发掘诸山陵，表现其忠义豪壮的光耀。孙策英气杰出，超众而旺盛，勇猛锐利为一世之冠；能探窥奇异之局，取得时势之利，立志侵越中原。然而孙策的举措，都不免轻佻，而又求功躁急，以致身死，而致失败。且割据江东之地，是孙策造成其基业之始，而孙权对孙策却没有尽到尊崇之心，封孙策的儿子止于侯爵，不免太薄义了。

三国志卷四十七

吴主传第二

林明德 译

孙权字仲谋。兄策既定诸郡，时权年十五，以为阳羡长。郡察孝廉，州举茂才，行奉义校尉。汉以策远修职贡，遣使者刘琬加锡命。琬语人曰："吾观孙氏兄弟虽各才秀明达，然皆禄祚不终，惟中弟孝廉，形貌奇伟，骨体不恒，有大贵之表，年又最寿，尔试识之。"

建安四年，从策征庐江太守刘勋。勋破，进讨黄祖于沙羡。

五年，策薨，以事授权，权哭未及息。策长史张昭谓权曰："孝廉，此宁哭时邪？且周公立法而伯禽不师，非欲违父，时不得行也。况今奸宄竞逐，豺狼满道，乃欲哀亲戚，顾礼制，是犹开门而揖盗，未可以为仁也。"乃改易权服，扶令上马，使出巡军。是时惟有会稽、吴郡、丹杨、豫章、庐陵，然深险之地犹未尽从，而天下英豪布在州郡，宾旅寄寓之士以安危去就为意，未有君臣之固。张昭、周瑜等谓权可与共成大业，故委心而服事焉。

孙权，字仲谋。他的哥哥孙策平定各郡的时候，孙权才十五岁，就被任为阳羡（今江苏宜兴市）长。郡和州先后推举他为孝廉、茂（秀）才，担任了奉义校尉。汉朝以孙策驻官远地，职司藩属入贡的事务，派遣使者刘琬去加封赐命。刘琬告诉别人说："我看孙家兄弟虽然才气秀逸，明智通达，可是官运都不长，只有当选孝廉的二弟，容貌奇伟，资质不凡，很有大贵的气象，而且最长寿，你们不妨记得注意观察他。"

汉献帝建安四年（公元199年），孙权跟随孙策去征讨庐江太守刘勋。打败刘勋后，再移师沙羡（今湖北武汉市江夏区），进讨黄祖。

建安五年（公元200年），孙策去世，将后事交待给孙权，孙权痛哭不停。孙策的长史张昭向孙权说："孝廉，这哪里是哭的时候呢？从前周公立法规定国家有丧不动兵，伯禽母亲去世时正值徐戎作难，伯禽止哭出征，并非有意违背父旨，而是时势不得不然啊！何况现在奸仇竞逐，到处是凶猛的豺狼当道，如果仍执守着哀悼亲人，顾全礼制的规范，那等于是开了门请盗贼进来，根本不合乎仁道。"于是请孙权换掉丧服，扶鞍上马，出去巡逻军队。这时他领有的只是会稽、吴郡、丹阳、豫章和庐陵，尚未完全掌握其他深险地区，天下的英雄豪杰多散布在各州郡，这批客寄漂旅之士只重视本身的安危去就，丝毫谈不上君

曹公表权为讨虏将军，领会稽太守，屯吴，使丞之郡行文书事。待张昭以师傅之礼，而周瑜、程普、吕范等为将率。招延俊秀，聘求名士，鲁肃、诸葛瑾等始为宾客。分部诸将，镇抚山越，讨不从命。

七年，权母吴氏薨。

八年，权西伐黄祖，破其舟军，惟城未克，而山寇复动。还过豫章，使吕范平鄱阳，程普讨乐安，太史慈领海昏，韩当、周泰、吕蒙等为剧县令长。

九年，权弟丹杨太守翊为左右所害，以从兄瑜代翊。

十年，权使贺齐讨上饶，分为建平县。

十二年，西征黄祖，虏其人民而还。

十三年春，权复征黄祖，祖先遣舟兵拒军，

孙权，选自清皇家珍藏手抄善本绘图描金银《三国志演义》。

臣之间的道义关系。张昭和周瑜认为，孙权是可以共成大业的人，所以虚心诚意地辅助他。曹操推举孙权为讨虏将军，担任会稽太守，屯兵在吴地，并派遣郡丞到会稽代理文书事务。孙权以师傅之礼尊待张昭，任周瑜、程普、吕范为将帅。又招纳才俊，聘求名士，鲁肃、诸葛瑾都成为他的宾客。孙权分派部将，前往平定安抚山越（按：蔓延于浙东、皖南山区的百越遗民）。

建安七年（公元 202 年），孙权的母亲吴氏去世。

建安八年（公元 203 年），孙权带兵西伐黄祖，把他的水师打败了，只有城池尚未攻下，可是这时山越的流寇再度蠢动。孙权便回师豫章，派吕范平定鄱阳（今江西鄱阳县）、会稽，程普攻讨乐安（今江西德兴县东），太史慈驻守海昏（今江西永修县），并任命韩当、周泰、吕蒙为重要县治的长官。

建安九年（公元 204 年），孙权的弟弟丹阳太守孙翊，被部下杀害了，于是改派堂兄孙瑜代替孙翊的职务。

建安十年（公元 205 年），孙权派贺齐征讨上饶（今江西上饶市），并此地为建平县（今福建南平市建阳区）。

建安十二年（公元 207 年），西征黄祖，将对方的人民掳掠回来。

建安十三年（公元 208 年）春天，孙权再度征讨黄祖，黄祖先派水师迎战，孙权的都

孙权决计破曹操，清朱芝轩绘。图为孙权在周瑜的劝说下，以剑斫案，表示决意抗曹，再无疑虑。

都尉吕蒙破其前锋。而凌统、董袭等尽锐攻之，遂屠其城。祖挺身亡走，骑士冯则追枭其首，虏其男女数万口。是岁，使贺齐讨黟、歙，分歙为始新、新定、犁阳、休阳县，以六县为新都郡。荆州牧刘表死，鲁肃乞奉命吊表二子，且以观变。肃未到，而曹公已临其境，表子琮举众以降。刘备欲南济江，肃与相见，因传权旨，为陈成败。备进住夏口，使诸葛亮诣权，权遣周瑜、程普等行。是时曹公新得表众，形势甚盛，诸议者皆望风畏惧，多劝权迎之。惟瑜、肃执拒之议，意与权同。瑜、普为左右督，各领万人，与备俱近，遇于赤壁，大破曹公军。公烧其馀船引退，士卒饥疫，死者大半。备、瑜等复追至南郡，曹公遂北还，留曹仁、徐晃于江陵，使乐进守襄阳。时甘宁在夷陵，为仁党所围，用吕蒙计，留凌统以拒

尉吕蒙，攻破他的先锋部队，战势急下，凌统、董袭率精兵力攻，很快就夺占了城池。黄祖突围逃走，被骑士冯则追上，砍回他的首级，俘虏好几万男女。这年，派贺齐征讨黟县（今安徽黟县）、歙县（今安徽歙县），将歙分为始新（今浙江淳安县西）、新定（今浙江遂安县西北）、犁阳（今安徽休宁县东南）和休阳县（今安徽休宁县），合六县为新都郡。荆州刺史刘表去世，鲁肃自请前去吊慰刘表的两个儿子，并借机观察事态的动向。鲁肃还没到，曹操的军队已经开到荆州城下，刘表的儿子刘琮立刻率领部众投降。刘备打算往南渡过长江，鲁肃去见他，传达孙权的意见，并分析目前局势成败的关键。刘备驻军到夏口，派诸葛亮去游说孙权，孙权大为所动，于是派周瑜、程普等带军前来。这时，曹操刚收并了刘表的部队，军势浩大，一般议论的人都惶惧不安，大多力劝孙权迎附他。只有周瑜、鲁肃极力主张对抗曹军，与孙权的意思不谋而合。于是使周瑜、鲁肃分左右督军，各领万人部队，与刘备分头并进，相遇于赤壁（今湖北赤壁市西北），大破曹操的军队。曹操烧毁其余的战船，下令撤退，士卒们饱受饥饿疾病的侵袭，死伤大半。刘备、周瑜带兵紧追到南郡（今湖北荆州市），曹操让曹仁、徐晃留守江陵（今湖北荆州市），乐进镇守襄阳（今湖北襄阳市），然后领军北归。当时甘宁在夷陵（今湖北宜昌市东）被曹仁的军队所围困，

仁，以其半救宁，军以胜反。权自率众围合肥，使张昭攻九江之当涂。昭兵不利，权攻城逾月不能下。曹公自荆州还，遣张喜将骑赴合肥。未至，权退。

十四年，瑜、仁相守岁馀，所杀伤甚众。仁委城走。权以瑜为南郡太守。刘备表权行车骑将军，领徐州牧。备领荆州牧，屯公安。

十五年，分豫章为鄱阳郡；分长沙为汉昌郡，以鲁肃为太守，屯陆口。

十六年，权徙治秣陵。明年，城石头，改秣陵为建业。闻曹公将来侵，作濡须坞。

十八年正月，曹公攻濡须，权与相拒月馀。曹公望权军，叹其齐肃，乃退。初，曹公恐江滨郡县为权所略，征令内移。民转相惊，自庐江、九江、蕲春、广陵户十馀万皆东渡江，江西遂虚，合肥以南惟有皖城。

十九年五月，权征皖城。闰月，克之，获庐江太守朱光及参军董和，男女数万口。是岁刘备定蜀。权以备已得益州，令诸葛瑾从求荆州诸郡。备不许，曰："吾方图凉州，凉州定，乃尽以荆州与吴耳。"权曰："此假而不反，而欲以虚辞引岁。"遂置南三郡长吏，关羽

吴方正苦于军少，吕蒙献计，一面留下凌统带兵牵制曹仁的军队，另外分出一半的部队营救甘宁，终于得胜。孙权亲自率军攻围合肥（今安徽合肥），派张昭攻打九江的当涂（今安徽蚌埠市西南三十里）。张昭出师不利，孙权这边也久攻不下。曹操从荆州回军，派张喜带骑兵支援合肥。曹军未到，孙权已下令撤退。

建安十四年（公元 209 年），周瑜、曹仁两军对峙达一年多的时间，双方死伤甚重。曹仁弃城撤走。孙权任周瑜为南郡太守。刘备推举孙权为车骑将军，领守徐州。刘备自领荆州，屯兵公安（今湖北今公安县北）。

建安十五年（公元 210 年），吴分豫章为鄱阳郡，分长沙为汉昌郡，以鲁肃为太守，驻守陆口（今湖北省嘉鱼县西南之陆溪镇）。

建安十六年（公元 211 年），孙权迁徙到秣陵（今江苏南京市江宁区秣陵镇）。次年，营造石头城（在今南京市鼓楼区清凉山），改秣陵为建业。听说曹操计划南侵，便建设濡须坞。

建安十八年（公元 213 年）正月，曹操攻打濡须，孙权迎战。相持一个多月，曹操观察孙权的军队严整有秩序，慨叹不可侵犯，于是退兵。起先，曹操担心孙权掠夺长江边的郡县，下令百姓内移。人民反而惊怖走告，庐江（今安徽庐江县西南）、九江（今安徽定远县西北）、蕲春（今湖北蕲春县南）、广陵（今江苏扬州市）十余万户人家都东渡长江，江西一带变得非常空虚。合肥以南，只有皖城（今安徽潜山县北）尚有人烟。

建安十九年（公元 214 年）五月，孙权征讨皖城。闰月时分才攻下，俘获庐江太守朱光和参军董和，以及男女数万人。这年，刘备刚把蜀地平定。孙权由于刘备已经得到益州，便派诸葛瑾要求给与荆州各郡。刘备不肯答应，借口说："我正要去攻凉州，等凉州平定了，一定把全部荆州奉送给吴。"孙权听了很不高兴，心里暗道："这是假话，他不过虚与

尽逐之。权大怒，乃遣吕蒙督鲜于丹、徐忠、孙规等兵二万取长沙、零陵、桂阳三郡，使鲁肃以万人屯巴丘以御关羽。权住陆口，为诸军节度。蒙到，二郡皆服，惟零陵太守郝普未下。会备到公安，使关羽将三万兵至益阳，权乃召蒙等使还助肃。蒙使人诱普，普降，尽得三郡将守，因引军还，与孙皎、潘璋并鲁肃兵并进，拒羽于益阳。未战，会曹公入汉中，备惧失益州，使使求和。权令诸葛瑾报，更寻盟好，遂分荆州、长沙、江夏、桂阳以东属权，南郡、零陵、武陵以西属备。备归，而曹公已还。权反自陆口，遂征合肥。合肥未下，徹军还。兵皆就路，权与凌统、甘宁等在津北为魏将张辽所袭，统等以死捍权，权乘骏马越津桥得去。

二十一年冬，曹公次于居巢，遂攻濡须。

二十二年春，权令都尉徐详诣曹公请降，公报使修好，誓重结婚。

二十三年十月，权将如吴，亲乘马射虎于庱亭。马为虎所伤，权投以双戟，虎却废，常从张世击以戈，获之。

委蛇，有意拖延时日。”于是在南方三郡——长沙、零陵、桂阳——设立长吏，没想到全给关羽赶走了。孙权大怒，便派吕蒙督军，与鲜于丹、徐忠、孙规带领二万兵士，攻取长沙、零陵、桂阳三郡，另派鲁肃率一万人的军队屯驻在巴丘（今湖南岳阳市），抵御关羽的攻势。孙权驻在陆口，指挥调度各路军队。吕蒙一到，除零陵太守郝普以外，其余二郡都已降服。这时刘备到达公安，命关羽带兵三万往益阳（今湖南益阳市），孙权也下令吕蒙等领军支援鲁肃。吕蒙设计派人去劝诱郝普，郝普投降，至此三郡的守将都已收服。于是吕蒙带兵回头，联合孙皎、潘璋和鲁肃的军队再出发，在益阳这个地方对抗关羽。双方尚未开战而曹操已经进入汉中，刘备唯恐失去益州，遣使求和。孙权衡度情势，命诸葛瑾与蜀会谈，重订和约，划分荆州、长沙、江夏（今湖北云梦县东南）、桂阳（今湖南郴州市）以东地区属于孙权，南郡、零陵、武陵（今湖南常德市西）以西地区属于刘备。等刘备会谈后回去，曹操已经撤回。孙权从陆口出征合肥，没有攻下，便引军回去。各路兵马都已上道，孙权和凌统、甘宁在逍遥津（今安徽省合肥市庐阳区）的北边被魏将张辽偷袭，凌统等人冒死保护孙权，孙权方能鞭驰骏马，越桥逃脱。

建安二十一年（公元216年）冬天，曹操的军队驻留在居巢（今安徽巢湖市东北），进攻濡须坞。

建安二十二年（公元217年）春天，孙权命都尉徐详去拜会曹操请求投降。曹操回信同意修好，并立誓结为姻亲。

建安二十三年（公元218年）十月，孙权将要去吴郡，途中在庱亭（今江苏丹阳市东）亲自骑马打猎射虎。他的座骑被虎咬伤，孙权用双戟投掷老虎，老虎受伤退却，孙权的侍从张世用戈刺虎，终于把老虎给捉住了。

二十四年，关羽围曹仁于襄阳，曹公遣左将军于禁救之。会汉水暴起，羽以舟兵尽虏禁等步骑三万送江陵，惟城未拔。权内惮羽，外欲以为己功，笺与曹公，乞以讨羽自效。曹公且欲使羽与权相持以斗之，驿传权书，使曹仁以弩射示羽。羽犹豫不能去。闰月，权征羽，先遣吕蒙袭公安，获将军士仁。蒙到南郡，南郡太守麋芳以城降。蒙据江陵，抚其老弱，释于禁之囚。陆逊别取宜都，获秭归、枝江、夷道，还屯夷陵，守峡口以备蜀。关羽还当阳，西保麦城。权使诱之。羽伪降，立幡旗为象人于城上，因遁走，兵皆解散，尚十馀骑。权先使朱然、潘璋断其径路。十二月，璋司马马忠获羽及其子平、都督赵累等于章乡，遂定荆州。是岁大疫，尽除荆州民租税。曹公表权为骠骑将军，假节领荆

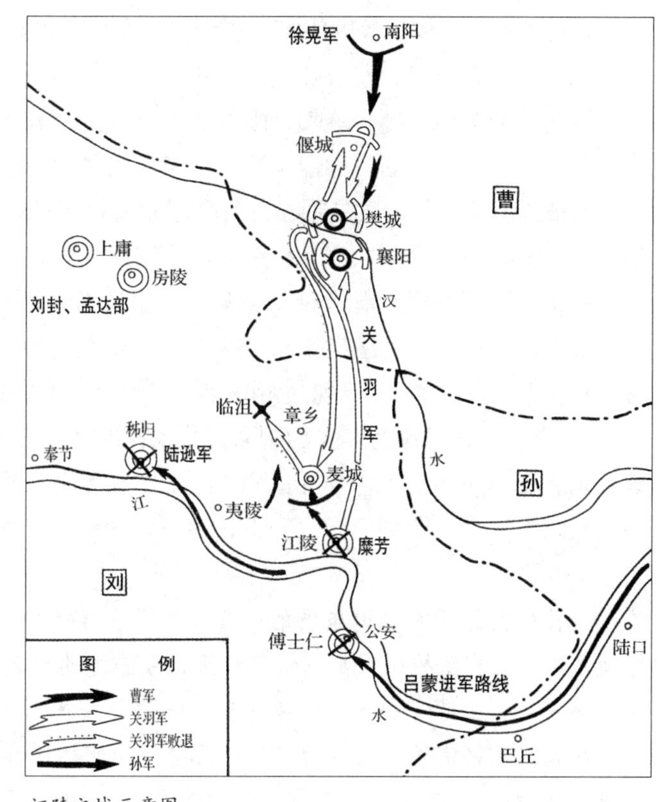

江陵之战示意图。

建安二十四年（公元219年），关羽在襄阳围攻曹仁，曹操派左将军于禁前往救援。刚好当时汉水暴涨，关羽以水师俘虏了于禁的三万步骑，押送至江陵，只是襄阳城尚未攻下。孙权心里面畏惧关羽，外表上却极力邀功，写信给曹操，自己说要去征讨关羽。曹操正想关羽和孙权争斗，所以马上回报给孙权，另外教曹仁把孙权的来信射过去给关羽知道。关羽考虑再三，不愿离去。这年闰十月，孙权出兵征讨关羽，先派吕蒙袭击公安，俘将军傅士仁。吕蒙兵临南郡，南郡太守麋芳奉城求降。吕蒙占领江陵，抚恤当地孤老弱小，释放于禁。由陆逊带领的另一路军队，进攻宜都（属荆州），占领秭归（今湖北秭归县）、枝江、夷道（同属湖北），回师屯驻夷陵，守住西陵峡口（今湖北宜昌西北）以防备蜀的侵袭。关羽还军当阳（今湖北当阳市东三十五里），保守住西边的麦城。孙权用计引诱。关羽诈降，树立了许多假人和旌旗在城上，趁机脱走，军队解散，只剩十多名骑兵。孙权先派朱然、潘璋截断他的归路。这年十二月，潘璋的司马马忠在章乡（今湖北当阳市东北六十里漳水东岸）俘虏了关羽和他的儿子关平，以及都督赵累，终于平定荆州。这年荆州疾病

州牧，封南昌侯。权遣校尉梁寓奉贡于汉，及令王惇市马，又遣朱光等归。

二十五年春正月，曹公薨，太子丕代为丞相魏王，改年为延康。秋，魏将梅敷使张俭求见抚纳。南阳阴、酂、筑阳，山都、中庐五县民五千家来附。冬，魏嗣王称尊号，改元为黄初。二年四月，刘备称帝于蜀。权自公安都鄂，改名武昌，以武昌、下雉、寻阳、阳新、柴桑、沙羡六县为武昌郡。五月，建业言甘露降。八月，城武昌，下令诸将曰："夫存不忘亡，安必虑危，古之善教。昔隽不疑汉之名臣，于安平之世而刀剑不离于身，盖君子之于武备，不可以已。况今处身疆畔，豺狼交接，而可轻忽不思变难哉？顷闻诸将出入，各尚谦约，不从人兵，甚非备虑爱身之谓。夫保己遗名，以安君亲，孰与危辱？宜深警戒，务崇其大，副孤意焉。"自魏文帝践阼，权使命称藩，及遣于禁等还。十一月，策命权曰："盖圣王之法，以德设爵，以功制禄；劳大者禄厚，德盛者礼丰。故叔旦有夹辅之勋，太公有鹰扬之功，并启土宇，并受备物，所以表章元功，殊异贤哲也。近汉高祖受命之初，分裂膏腴以王八姓，斯则前世之懿事，后王之元龟也。朕以不德，承运革命，君临万国，秉

流行，孙权免除所有当地居民的租税。曹操表荐孙权为骠骑将军，并加符节领守荆州，封为南昌侯。孙权派校尉梁寓到汉室进贡，令王惇购置马匹，又遣朱光等人回去。

建安二十五年（公元220年）春天正月，曹操逝世，曹丕继为丞相魏王。改年号为延康。秋天，魏将梅敷派张俭请求接纳投降。南阳的阴县（今湖北老河口市西北）、酂县（今老河口市西北）、筑阳县（今湖北谷城县东北）、山都县（今谷城县东南）、中庐县（今湖北襄阳市西北）五县县民共五千家来归附。冬天，曹丕称尊号，改元为黄初。黄初二年（公元221年）四月，刘备在蜀称帝。孙权从所驻地公安迁移到鄂县（今湖北鄂州市），改名武昌县，以武昌、下雉（今湖北阳新县东南）、寻阳（今湖北广济县东北）、阳新（今湖北阳新县西南）、柴桑（今江西九江市）、沙羡（今湖北省武汉市西南）六县为武昌郡。五月，建业地方传言降甘露。八月，孙权驻守武昌，下令各部将："能够生存时不可忘记灭亡的来临，处境平安时不可不忧虑危急情况的发生，这是古人的明训。从前汉朝的名臣隽不疑，在那样安平的世代里尚且刀剑不离身，这故事告诉我们：君子对于武备不可以懈怠。何况今天我们处身强敌环伺、豺狼交接的情势下，怎么可以态度轻忽，不考虑变故急难的到来呢？我最近听说各位将领出入的时候，为了崇尚谦和节约，都没有护卫跟随，这不是有充足智虑、爱惜身家的做法。说到保卫自己留下美名，安慰君王亲长，有谁能加给我们危辱呢？大家应当深深警戒，顾全大体，以符合我的意愿啊！"自魏文帝登上王位后，孙权自居屏藩地位，并将于禁等人遣送回去。十一月，魏文帝赐命孙权："古代圣王制订法律，有德的封给他爵号，有功的赐给他利禄；劳苦大的利禄就富厚，德业高的自然备受礼遇。以前周公旦有辅佐的勋劳，太公望有显扬王室的功绩，他们都受到王上的裂地分封，这无非是为了表彰开国元勋，特殊礼遇贤哲之士。近代的汉高祖即天子位不久，立刻分裂肥美的

统天机，思齐先代，坐而待旦。惟君天资忠亮，命世作佐，深睹历数，达见废兴。远遣行人，浮于潜汉。望风影附，抗疏称藩，兼纳纤绨南方之贡，普遣诸将来还本朝，忠肃内发，款诚外昭，信著金石，义盖山河，朕甚嘉焉。今封君为吴王，使使持节太常高平侯贞，授君玺绶策书、金虎符第一至第五、左竹使符第一至第十，以大将军使持节督交州，领荆州牧事，锡君青土，苴以白茅，对扬朕命，以尹东夏。其上故骠骑将军南昌侯印绶符策。今又加君九锡，其敬听后命。以君绥安东南，纲纪江外，民夷安业，无或携贰。是用锡尹大辂、戎辂各一，玄牡二驷。君务财劝农，仓库盈积，是用锡君衮冕之服，赤舄副焉。君化民以德，礼教兴行，是用锡君轩縣之乐。君宣导休风，怀柔百越，是用锡君朱户以居。君运其才谋，官方任贤，是用锡君纳陛以登。君忠勇并奋，清除奸慝，是用锡君虎贲之士百人。君振威陵迈，宣力荆南，枭灭凶丑，罪人斯得，是用锡君鈇钺各一。君文和于内，武信于外，是用锡君彤弓一、彤矢百、玈弓十、玈矢千。君以忠肃为基，恭俭为德，是用锡君秬鬯一卣，圭瓒副焉。钦哉！敬敷训典，以服朕命，以勖相我国家，永终尔显烈。”是岁，刘备帅军来伐，至巫山、秭归，使使诱导武陵蛮夷，假与印传，许之封赏。于是诸县

地域分封八王，这是前世美好的措施，可以做为后代君王的典范。没有什么德业的我，秉承前王的运数，而革新天命，能够君临万国，统理天机，时时刻刻都想着要跟先王们看齐，不敢稍有懈怠。你天资忠诚明智，命定为大时代的辅助人才。精通历书算术，对时局的废亡兴盛具有通达的识见，从远地派来使者，渡过汉水，望风而附影，上疏给我自称藩属，进贡许多南方的稀珍宝物，又送还本朝的几位将领，内心忠义庄重，外表亲信诚恳，这种表现可比金石之固、山河之永，朕非常嘉许。现在册封你为吴王，特派使持节太常高平侯贞，按照诏令送给你印信，以及金虎符第一至第五，左竹使符第一至第十，用大将军使持节督守交州，兼理荆州刺史的事务，赐封东边的土地给你，相对显扬朕的使命，得以治守华东一带。请交上原来骠骑将军南昌侯的印信、绶带、符节和策命文书。现在要赏给你九锡的完备赐物，请敬听后面的命令：由于你安定东南地区，长江沿岸颇有纲纪，人民安居乐业，没有二心，因此赐给你大车、军车各一辆，每辆车各由四匹黑色的雄马驾驶。你善理财务，奖励农耕，使仓库里充满着物资，所以赐给你王侯的服饰。你用德行化育人民，使得礼教昌盛，因此赐给你管弦乐器。你宣导美好的风气，以怀柔的手段对待百越遗民，因此赐给你高门华屋居住。你运用才智谋略，知贤善任，所以赐你把台阶造在屋檐里面，小心保护贵体。你忠勇奋发，扫荡邪恶势力，所以赐给你一百名勇士。你大大振扬声威，在荆南地区努力消灭强敌，实是他们罪有应得，所以赐给你斧钺兵器，得以专杀。你内心温文谦和，外表威武信义，所以赐给你红弓一副、红箭百支，和黑弓十副、黑箭千支。你以忠诚严谨为基本，具有恭敬节俭的美德，所以赐给你黑黍、香草酿成的美酒一瓮，和玉制的酒杯一套。谨布各项赐命，希望你服受我的意旨，辅助我的国家，永远显扬你的忠

及五溪民皆反为蜀。权以陆逊为督，督朱然、潘璋等以拒之。遣都尉赵咨使魏。魏帝问曰："吴王何等主也？"咨对曰："聪明仁智，雄略之主也。"帝问其状，咨曰："纳鲁肃于凡品，是其聪也；拔吕蒙于行陈，是其明也；获于禁而不害，是其仁也；取荆州而兵不血刃，是其智也；据三州虎视于天下，是其雄也；屈身于陛下，是其略也。"帝欲封权子登，权以登年幼，上书辞封，重遣西曹掾沈珩陈谢，并献方物。立登为王太子。

黄武元年春正月，陆逊部将军宋谦等攻蜀五屯，皆破之，斩其将。三月，鄱阳言黄龙见。蜀军分据险地，前后五十馀营，逊随轻重以兵应拒，自正月至闰月，大破之，临陈所斩及投兵降首数万人。刘备奔走，仅以身免。

初，权外托事魏，而诚心不款。魏欲遣侍中辛毗、尚书桓阶往与盟誓，并征任子，权辞让不受。秋九月，魏乃命曹休、张辽、臧霸出洞口，曹仁出濡须，曹真、夏侯尚、张郃、徐晃围南郡。权遣吕范等督五军，以舟军拒休等，诸葛瑾、潘璋、杨粲救南郡，朱桓以濡须督拒仁。时扬、越蛮夷多未平集，内难未弭，故权卑辞上书，求自改厉，"若罪在难除，

烈。"这年，刘备率军伐吴，兵到巫山（今四川巫县）、秭归，派人利诱武夷的蛮夷，假装授给印信，并答应给予优厚的奖赏。于是附近各县及五溪的人民都归附到蜀这边来了。孙权用陆逊为督军，指挥朱然、潘璋的军队去抵御刘备。一方面派都尉赵咨到魏国。魏文帝问他："吴王是怎样的君主呢？"赵咨回答说："吴王聪明仁智，是一位雄才大略的君主。"魏文帝要他详细说明，赵咨叙述道："能够在凡人中看上鲁肃，是他的聪敏；在芸芸行阵里拔取吕蒙，是他的明察；俘获了于禁并不加害，是他的仁厚；不靠流血滥杀取得荆州，是他的智慧；据有扬、荆、交三州而虎视天下，是他的雄武所在；至于屈身在你的下面，那更是由于他的识略使然。"魏文帝打算册封孙权的儿子孙登，孙权以孙登年幼为理由，上书辞封，再派遣西曹掾沈珩带着贡物去拜谢。这年，孙权立孙登为王太子。

黄武元年（公元222年）春天正月，陆逊军部里的将军宋谦，发兵攻打蜀军五个屯驻的地方，全部攻破并斩了对方的将领。三月，鄱阳地区传言有黄龙出现。蜀军分据在各个险要的地点，前后有五十多处军营。陆逊衡量轻重出兵应战，从正月到闰六月，攻势凌厉，蜀阵全破，所斩杀和降服的将士将近好几万人。刘备仓皇奔逃，只留得一个全身而已。

开始时孙权表面上假托事奉魏，其实内心里非常不服。魏多少也看出他的心意，派了侍中辛毗、尚书桓阶来和孙权立约宣誓，并要求保举孙权的儿子为官，孙权辞让不愿接受。这年秋天九月，魏命曹休、张辽、臧霸从洞口（今安徽当涂县对江北岸）发兵，曹仁则从濡须出动，曹真、夏侯尚、张郃、徐晃围攻南郡。孙权派吕范督导五军，用水师抵拒曹休，令诸葛瑾、潘璋、杨粲营救南郡，另命朱桓在濡须与曹仁周旋。此时扬州、百越的蛮夷反复不定，内难尚未平息，所以孙权用极卑微的措辞上书，自请更动疆界，文中说："如果我的罪过实在难赦，必要废弃昔日所封，我一定把土地人民交出来，只恳求让我寄命于交州，

必不见置，当奉还土地民人，乞寄命交州，以终馀年。”文帝报曰：“君生于扰攘之际，本有从横之志，降身奉国，以享兹祚。自君策名已来，贡献盈路。讨备之功，国朝仰成。埋而掘之，古人之所耻。朕之与君，大义已定，岂乐劳师远临江汉？廊庙之议，王者所不得专；三公上君过失，皆有本末。朕以不明，虽有曾母投杼之疑，犹冀言者不信，以为国福。故先遣使者犒劳，又遣尚书、侍中践修前言，以定任子。君遂设辞，不欲使进，议者怪之。又前都尉浩周劝君遣子，乃实朝臣交谋，以此卜君，君果有辞，外引隗嚣遣子不终，内喻窦融守忠而已。世殊时异，人各有心。浩周之还，口陈指麾，益令议者发明众嫌，终始之本，无所据杖，故遂俯仰从群臣议。今省上事，款诚深至，心用慨然，凄怆动容。即日下诏，敕诸军但深沟高垒，不得妄进。若君必效忠节，以解疑议，登身朝到，夕召兵还。此言之诚，有如大江！”权遂改年，临江拒守。冬十一月，大风，范等兵溺死者数千，馀军还江南。曹休使臧霸以轻船五百、敢死万人袭攻徐陵，烧攻城车，杀略数千人。将军全琮、

度过残余的年光。”魏文帝看了他的书奏，答复如下：“你生在动荡不安的时代，本有纵横天下的野心，如今委屈降服在魏国之下，得享荣华富贵。自从你接受策封以来，对本朝贡献极大。讨伐刘备，靠你的力量才能成功。出尔反尔的言行，是古人所不耻的。我和你之间君臣大义已定，怎会愿意劳师动众远伐江汉呢？实在是由于满朝议论的决定，不是为王的我所能专断的，三公上奏关于你的过失，历历分明，有本有末。从前，有人先后三次告诉曾子的母亲，曾子在外头杀了人，第一次和第二次曾母都不相信，织布如故，到了第三次时，曾子的母亲丢下织具跳墙逃走了。我并不怎么聪明，虽然难免像曾母一样，一而再，再而三听了谣言后，不由得起疑心，但是，我内心还是希望传闻不实，这才是国家的福气啊！所以，我先派使者去犒劳你，又命尚书、侍中前往立约，践行诺言，并荐举你的儿子为官。没想到你借口推托，并不欢迎我的使者前往，使人更加怀疑你的居心。还有，前都尉浩周力劝你把儿子送过来，以示彼此友好。这其实也是朝臣想出来试你的诚意的法子，你果然辞谢不受，表面上援引隗嚣遣子留质，由于隗嚣不肯投降，儿子终于被杀的例子来推辞，一面又力陈你的忠心像窦融一般。世代时局常常在变化，人们的心思也各有不同。浩周从你那儿归来之后，口口声声保证你一定臣服，结果完全相反，更让朝臣们洞悉你别有用心的嫌疑，从头到尾，你的做法一点合情合理的依据都没有，所以我不得已听从群臣的建议，出兵去征讨你。现在我读了你这封信，觉得你颇有诚意，委宛悽怆之处，令人感动。我今天就下诏，命令各路军马，只可以深沟高垒据守，不得轻举妄动。如果你真愿效忠本朝，解除我们对你的猜疑和不谅解，那么尽快送你儿子孙登过来，只要他早上一到，我当晚一定召回大军。我说这话的诚意，一如那永恒的滔滔大江，绝不反悔！”孙权不接受这项条件，于是更改年号，临江拒守魏军。这年冬天十一月，碰到剧烈的风灾，吕范等人的兵士有几千人溺死，其余的还驻长江以南。曹休命臧霸用五百艘轻舟，和一万人的敢

徐盛追斩魏将尹卢，杀获数百。十二月，权使太中大夫郑泉聘刘备于白帝，始复通也。然犹与魏文帝相往来，至后年乃绝。是岁改夷陵为西陵。

二年春正月，曹真分军据江陵中州。是月，城江夏山。改四分，用乾象历。三月，曹仁遣将军常彫等，以兵五千，乘油船，晨渡濡须中州。仁子泰因引军急攻朱桓，桓兵拒之，遣将军严圭等击破彫等。是月，魏军皆退。夏四月，权群臣劝即尊号，权不许。刘备薨于白帝。五月，曲阿言甘露降。先是戏口守将晋宗杀将王直，以众叛如魏，魏以为蕲春太守，数犯边境。六月，权令将军贺齐督麋芳、刘邵等袭蕲春，邵等生虏宗。冬十一月，蜀使中郎将邓芝来聘。

三年夏，遣辅义中郎将张温聘于蜀。秋八月，赦死罪。九月，魏文帝出广陵，望大江，曰“彼有人焉，未可图也”，乃还。

四年夏五月，丞相孙邵卒。六月，以太常顾雍为丞相。皖口言木连理。冬十二月，鄱阳贼彭绮自称将军，攻没诸县，众数万人。是岁地连震。

死队袭攻徐陵（今安徽当涂县西），烧毁攻击城堡的冲车，等攻城不下，也不留给敌人用，共斩杀掳掠数千人。吴这边的将军全琮、徐盛，追斩魏将尹卢，也杀获了几百人。十二月，孙权派太中大夫郑泉到白帝（今重庆市奉节东）去拜访刘备，从此再互通信息。但仍然勉强和魏文帝互相往来，一直到后年，才正式决绝。这年，改夷陵县为西陵县。

黄武二年（公元223年），春天正月，曹真调出一部分的军队据守在江陵县江中的陆地。这个月，就江夏沿山筑城。吴废蜀汉沿用的四分历，改用乾象历。三月，曹仁派将军常彫等带兵五千，乘上油漆过的船只，大清早就渡过濡须水中的陆地。曹仁的儿子曹泰引军急攻朱桓。朱桓的部卒奋力抵拒，另派将军严圭等人击破常彫的军队。这个月，所有的魏军都撤退了。夏天四月，孙权的群臣劝他称号即帝位，孙权不同意。不久，从白帝传来刘备去世的消息。五月，曲阿地方传言降甘露。起先，戏口（今湖北蕲春县西）的守将晋宗，把原来的将领王直杀了，带了部众去投奔魏，魏命他为蕲春太守，屡次侵犯吴的边境。六月，孙权令将军贺齐督导麋芳、刘邵等袭击蕲春，活捉了晋宗。冬天十一月，蜀派中郎将邓芝来访。

黄武三年（公元224年）夏天，吴派遣辅义中郎将张温前访蜀国。这年秋天八月，吴行大赦，免除死罪。九月，魏文帝到广陵（今江苏扬州市），隔着浩瀚的江水望过去，隐约中一片千军万马，叹道：“对方有那么多的人马，不能轻易制伏啊！”便撤军回来。

黄武四年（公元225年）夏天五月，丞相孙邵去世。六月，以太常顾雍接任丞相。皖口（今安徽安庆市西）地方传闻有连理共生的树木。冬天十二月，鄱阳盗贼彭绮自称将军，攻占附近几个县，领有几万的部众。这年连续发生地震。

三国志

卷四十七

吴书二

吴主传第二

五年春，令曰：“军兴日久，民离农畔，父子夫妇，不听相恤，孤甚愍之。今北虏缩窜，方外无事，其下州郡，有以宽息。”是时陆逊以所在少谷，表令诸将增广农亩。权报曰：“甚善。今孤父子亲自受田，车中八牛以为四耦，虽未及古人，亦欲与众均等其劳也。”秋七月，权闻魏文帝崩，征江夏，围石阳，不克而还。苍梧言凤皇见。分三郡恶地十县置东安郡，以全琮为太守，平讨山越。冬十月，陆逊陈便宜，劝以施德缓刑，宽赋息调。又云：“忠谠之言，不能极陈，求容小臣，数以利闻。”权报曰：“夫法令之设，欲以遏恶防邪，儆戒未然也，焉得不有刑罚以威小人乎？此为先令后诛，不欲使有犯者耳。君以为太重者，孤亦何利其然，但不得已而为之耳。今承来意，当重谘谋，务从其可。且近臣有尽规之谏，亲戚有补察之箴，所以匡君正主明忠信也。《书》载‘予违汝弼，汝无面从’，孤岂不乐忠言以自裨补邪？而云‘不敢极陈’，何得为忠谠哉？若小臣之中，有可纳用者，宁得以人废言而不采择乎？但谄媚取容，虽暗亦所明识也。至于发调者，徒以天下未定，事以众济。若徒守江东，修崇宽政，兵自足用，复用多为？顾坐自守可陋耳。若不豫调，恐

黄初五年（公元226年）春天，孙权公告国中：“由于长久以来的用兵，使得人民久违农耕，父子夫妇不能共聚一堂，同享天伦，我内心深感歉咎不安。现在北方的魏军已经败走，边境安宁无事，我特地宽减各州郡的赋税劳役，让大家有一个休养生息的机会。”这时，陆逊因为驻扎所在的粮食不够，奏请主上下令各将领增广农亩。孙权闻奏，答道：“这主意甚好！现在也让孤家父子亲自接受分配的农田，把田车的八条牛，分成四组，每组两条牛并耕。虽然未必赶得上古人，也不过想和大家均担劳苦罢了。”秋天七月，孙权获悉魏文帝崩逝，便立即出兵征讨江夏，包围石阳（今湖北汉川县西北），没有成功而回师。苍梧郡传言出现凤凰鸟。吴国将丹阳、吴、会稽三郡的险地分出十县来，设东安郡辖理，派全琮担任太守，发兵讨平山越。冬天十月，陆逊陈说便民之计，建议施行德政，减缓刑罚，并宽免赋税，停止征调兵役，又说：“忠直的言论，不敢尽情陈谏，倒是一些邀宠的小臣，常常拿利益来惑说主上。”孙权答复他说：“本来设订法令是为的防止邪恶，在事件未发生前先给大家警戒之心，怎能没有刑罚来威吓一般小人呢？把重点放在先下法令，而后才诛罚那犯法的，用意不外乎希望大家不要触犯它。你以为现有的刑罚太重，其实对我何尝有利？不过是由于不得已才这么做的。现在我愿尽量接受你的建议，多方征求意见，使它更合情合理。我的近臣和亲戚们，所以尽力规谏明察我的作为，实在是为了想匡正君主的过失，使能明白忠信的道理啊！《书经》上说‘我违背正道时，你应该辅助我，不要当面顺从我，而在背后有怨言’，我怎会不喜欢接纳忠言来补正自己的缺点呢？你说‘不敢尽情陈谏’，这怎么是忠直的言论？要是小臣当中也有可以纳用的意见，又哪能因人废言呢？一些只会谄媚求得私利的，我虽不聪敏也能明白识别。至于发兵调役的做法，实因天下尚未安定，许多方面都急需接济。如果光要守住江东，力修宽免的仁政，军队当然足够供给，何

吴主孙权，唐阎立本绘。

临时未可便用也。又孤与君分义特异，荣戚实同，来表云不敢随众容身苟免，此实甘心所望于君也。”于是令有司尽写科条，使郎中褚逢赍以就逊及诸葛瑾，意所不安，令损益之。是岁，分交州置广州。俄复旧。

六年春正月，诸将获彭绮。闰月，韩当子综以其众降魏。

七年春三月，封子虑为建昌侯。罢东安郡。夏五月，鄱阳太守周鲂伪叛，诱魏将曹休。秋八月，权至皖口，使将军陆逊督诸将大破休于石亭。大司马吕范卒。是岁，改合浦为珠官郡。

黄龙元年春，公卿百司皆劝权正尊号。夏四月，夏口、武昌并言黄龙、凤凰见。丙申，南郊即皇帝位，是日大赦，改年，追尊父破虏将军坚为武烈皇帝，

必多费心思，只是在这样的时局里，单求自守，未免是太浅陋了罢？要是不预先调度，恐怕临时有极大的不方便。我和你虽说身份职责不同，但是，光荣忧戚是相共的。你的奏表上说，不敢附和众人但求容身免难，这实在也是我衷心对你的厚望。”于是下令有关部门书写所有的法令，派郎中褚逢送到陆逊和诸葛瑾的手中。要是觉得有不妥善的地方，孙权授权他们得以斟酌情形，或删或减。这年，交州刺史吕岱上表，请分交州为交州和广州，不久又恢复旧制。

黄武六年（公元 227 年）春天正月，各将领擄获彭绮。闰十二月，韩当的儿子韩综，率部众投降魏。

黄武七年（公元 228 年）春天三月，孙权封儿子孙虑为建昌侯。废置东安郡。夏天五月，鄱阳太守周鲂伪称叛吴，引诱魏将曹休前来。秋天八月，孙权到达皖口，派将军陆逊督导各将领，从后包抄，在石亭（今安徽桐城市南）大破曹休的大军。大司马吕范去世。这年，改合浦郡为珠官郡。

黄龙元年（公元 229 年）春天，公卿百官都力劝孙权正尊号。夏天四月，夏口、武昌传言有黄龙、凤凰同时出现。丙申（四月十三日）这天，孙权在南郊即皇帝位。行大赦令，改年号，追尊父亲破虏将军孙坚为“武烈皇帝”，母亲吴氏为“武烈皇后”，哥哥讨逆将军

母吴氏为武烈皇后，兄讨逆将军策为长沙桓王。吴王太子登为皇太子。将吏皆进爵加赏。初，兴平中，吴中童谣曰："黄金车，班兰耳，闿昌门，出天子。"五月，使校尉张刚、管笃之辽东。六月，蜀遣卫尉陈震庆权践位。权乃参分天下，豫、青、徐、幽属吴，兖、冀、并、凉属蜀。其司州之土，以函谷关为界，造为盟曰："天降丧乱，皇纲失叙，逆臣乘衅，劫夺国柄，始于董卓，终于曹操，穷凶极恶，以覆四海，至令九州幅裂，普天无统，民神痛怨，靡所戾止。及操子丕，桀逆遗丑，荐作奸回，偷取天位。而叡么麽，寻丕凶迹，阻兵盗土，未伏厥诛。昔共工乱象而高辛行师，三苗干度虞舜征焉。今日灭叡，禽其徒党，非汉与吴，将复谁任？夫讨恶翦暴，必声其罪，宜先分裂，夺其土地，使士民之心，各知所归。是以《春秋》晋侯伐卫，先分其田以界宋人，斯其义也。且古建大事，必先盟誓，故《周礼》有司盟之官，《尚书》有告誓之文。汉之与吴，虽信由中，然分土裂境，宜有盟约。诸葛丞相德威远著，翼戴本国，典戎在外，信感阴阳，诚动天地，重复结盟，广诚约誓，使东西士民咸共闻知。故立坛杀牲，昭告神明，再歃加书，副之天府。天高听下，灵威棐谌，司慎司盟，群神群祀，莫不临之。自今日汉、吴既盟之后，戮力一心，同讨魏贼，

孙策为'长沙桓王'，吴王太子孙登为皇太子。将领和官吏们都进爵号、加赏赐。以前在汉献帝兴平年间（公元194至195年），江苏地区的孩童就流唱一首歌谣："黄金般显耀的车子呵，载着那有光彩耳朵的人儿哟，高高爽爽的阊门哪，将要出现一位天子来！"五月，孙权派校尉张刚、管笃往辽东与公孙渊接触。六月，蜀派遣卫尉陈震庆贺孙权登帝位。孙权于是斟酌情势，分配天下，将豫、青、徐、幽划属吴，兖、冀、并、凉归于蜀，司隶校尉所属的司州，则以函谷关（今河南新安县东北）为界。并立下盟书，文书上说："自从上天降下灾乱以来，皇纲失常，逆臣趁机夺权，始于董卓，终于曹操，穷凶极恶，翻天覆地。以至于天下溃裂，丧亡道统，人神共怨，无所归宿。到了曹操的儿子曹丕，由于是奸恶的逆种，更加邪诈，偷取皇天正位自居。后来的宵小之辈曹叡，追踪曹丕恶劣昭彰的事迹，侵兵略土，至今尚未伏诛。从前共工侵陵诸侯，与高辛争王，终被高辛所灭。三苗在江、淮、荆州一带屡次作乱，虞舜请尧出兵征讨。今天要消灭曹叡，抢掳他的徒党，除了蜀汉和吴，有谁担得了这等重任！要讨除恶暴，必先声明他的罪行。我们应当先分裂他的权势，夺走他的土地，使兵士百姓的心，知道选择最合宜的归向。所以《左传春秋》上说，晋文公计划征讨卫国，先瓜分卫的土地给宋人，就是这个意思。古时侯国与国间的重大事情，都先经过盟誓，所以《周礼》上有专门职司立盟的官，《尚书》上也有文告誓约的记载。蜀汉与吴虽然都由衷守信，可是分土裂境的大事，毕竟立下盟约比较妥当。诸葛丞相德威远播，内助国政，外掌军伍，他的诚信足以感动天地，若再来结盟约誓，使东西两国的士民都知道这件事，实在让天人共奋。因此设下台坛，宰杀牺牲，昭告神明，诚恳订立盟约，并抄录副本收藏在府库中。皇天高高在上，俯听下情，司慎、司盟和其他的天神们，

救危恤患，分灾共庆，好恶齐之，无或携贰。若有害汉，则吴伐之；若有害吴，则汉伐之。各守分土，无相侵犯。传之后叶，克终若始。凡百之约，皆如载书。信言不艳，实居于好。有渝此盟，创祸先乱，违贰不协，慆慢天命，明神上帝是讨是督，山川百神是纠是殛，俾坠其师，无克祚国。于尔大神，其明鉴之！”秋九月，权迁都建业，因故府不改馆，征上大将军陆逊辅太子登，掌武昌留事。

二年春正月，魏作合肥新城。诏立都讲祭酒，以教学诸子。遣将军卫温、诸葛直将甲士万人浮海求夷洲及亶洲。亶洲在海中，长老传言秦始皇帝遣方士徐福将童男童女数千人入海，求蓬莱神山及仙药，止此洲不还。世相承有数万家，其上人民，时有至会稽货布，会稽东县人海行，亦有遭风流移至亶洲者。所在绝远，卒不可得至，但得夷洲数千人还。

三年春二月，遣太常潘濬率众五万讨武陵蛮夷。卫温、诸葛直皆以违诏无功，下狱诛。夏，有野蚕成茧，大如卵。由拳野稻自生，改为禾兴县。中郎将孙布诈降以诱魏将王凌，凌以军迎布。冬十月，权以大兵潜伏于阜陵俟之，凌觉而走。会稽南始平言嘉禾生。

没有不降临观看的。从今天开始，蜀汉与吴结盟同心，努力讨伐魏贼，救恤危难，灾庆与共，好恶均担，绝不存有二心。如果有为害蜀汉的事情发生，吴有义务去帮助征讨；反之，如果有为害吴的利益的，蜀汉也义不容辞伸出援手。我们各自守住自己的疆土，不可互相侵犯。这样传到后世，让往后的一切都像开始这般美好。对所有的约定，都要像盟书上所记载的去遵守。信实的话不必用华丽的词藻来修饰，是由于双方友好的关系。哪一方不守约定，领先创祸，侮慢天命的，那么请求明智的上帝讨伐督促他，山川百神惩罚他，甚至消灭他的国家。伟大的神明啊，请作为我们的见证！”秋天九月，孙权自武昌还都建业，仍用旧有府第，不再改筑馆舍。召请上大将军陆逊辅助太子孙登，留守武昌，掌理诸事。

黄龙二年（公元230年）春天正月，魏在合肥城的西方，另筑一座新城。孙权下诏设立都讲祭酒，来教导儿子们的学业。孙权派将军卫温、诸葛直，带领万人甲士，渡海找寻夷洲（在临海东，似为日本）和亶洲（似为琉球）。亶洲在大海之中，老一辈的长者传言，秦始皇时曾派遣方士徐福，带了几千名童男童女入海，寻觅蓬莱神山和不死的仙药，他们到达亶洲后就留住下来，累代相传共有好几万户的人家。这里的居民有时会到会稽郡来买卖货物。会稽郡东部诸县的人民，出海航行时也有被海风吹飘到亶洲的。因为这地方实在遥远，卫温、诸葛直终于没能找到，只带了几千个夷洲人回来。

黄龙三年（公元231年）春天二月，孙权派遣太常潘濬带了五万部众去征讨武陵的蛮夷。卫温和诸葛直行军年余，没有找着亶洲，达不到诏令的要求，因此被下狱治死。夏天时，传闻有野蚕作成的茧，大得像蛋一般。由拳县（今浙江嘉兴市南）有野生的稻子长成很好，这地方就改称禾兴县。中郎将孙布伪称投降，设计引诱魏将王凌，王凌领军迎接孙布。冬天十月，孙权在阜陵伏下大兵等候，王凌发觉事态不妙，立即撤走。会稽南始平县十二月丁卯，大赦，改明元年也。

嘉禾元年春正月，建昌侯虑卒。三月，遣将军周贺、校尉裴潜乘海之辽东。秋九月，魏将田豫要击，斩贺于成山。冬十月，魏辽东太守公孙渊遣校尉宿舒、阆中令孙综称藩于权，并献貂马。权大悦，加渊爵位。

二年春正月，诏曰："朕以不德，肇受元命，夙夜兢兢，不遑假寝。思平世难，救济黎庶，上答神祇，下慰民望。是以眷眷，勤求俊杰，将与戮力，共定海内。苟在同心，与之偕老。今使持节督幽州领青州牧辽东太守燕王，久胁贼虏，隔在一方，虽乃心于国，其路靡缘。今因天命，远遣二使，款诚显露，章表殷勤，朕之得此，何喜如之！虽汤遇伊尹，周获吕望，世祖未定而得河右，方之今日，岂复是过？普天一统，于是定矣。《书》不云乎，'一人有庆，兆民赖之'。其大赦天下，与之更始，其明下州郡，咸使闻知。特下燕国，奉宣诏恩，令普天率土备闻斯庆。"三月，遣舒、综还，使太常张弥、执金吾许晏、将军贺达等将兵万人，金宝珍货，九锡备物，乘海授渊。举朝大臣，自丞相雍已下皆谏，以为渊未可信，而宠待太厚，但可遣吏兵数百护送舒、综，权终不听。渊果斩弥等，送其首于魏，

传言盛长良谷。十二月二十九日丁卯这天，行大赦，改明年为嘉禾元年。

嘉禾元年（公元232年），春天正月，建昌侯孙虑去世。三月，派遣将军周贺、校尉裴潜浮海乘船往辽东郡。秋天九月，魏将田豫半途出击，在成山（今山东半岛成山头）斩杀了周贺。冬天十月，魏辽东太守公孙渊派校尉宿舒、阆中令孙综，进献貂和马，向孙权自称藩属。孙权高兴极了，很快加封公孙渊为燕王。

嘉禾二年（公元233年）春天正月，孙权下诏："朕以无德，承受天命，早晚兢兢业业，不敢稍存懈怠之心，时刻都想平定世乱，救济万民，上以报答神明的恩泽，下以慰抚百姓对我的厚望。所以念念不忘寻求俊杰之士，想和他们共同努力安定天下，我的用心始终如一。如今使持节督幽州领青州牧辽东太守燕王公孙渊，因长久受贼虏所劫持（按：公孙渊本受魏封），隔在一方，虽忠心于我国，但苦无适当途径效劳。现在顺应天意，派遣二位使臣宿舒、孙综远道而来，充分显露内心的真诚，殷勤致意的章表，令朕感动之余，尤有无比的喜悦！从前商汤得遇伊尹，文王寻获吕望，世祖在天下未定前受到窦融的相助，拿来和今天的事情相比，一点也不为过！普天下的统一，想必指日可待。《书经》上不是说：'国君一个人有了福善，万民都可以仰赖他'吗？所以大赦天下，让一切有从头更新的机会。并传达各州郡，使大家都知道这件事。特遣使者下诏于燕，以宣布恩德，令普天下同来庆祝。"三月，遣宿舒、孙综回去，派太常张弥、执金吾许晏、将军贺达率领一万士兵，带着各种珍宝奇物，具备天子赐诸侯大功的"九锡"（按：九等衣物赏赐）之礼，渡海厚封公孙渊。举朝大臣，从丞相顾雍以下都极力劝谏，认为不可轻易相信公孙渊，给他的恩宠也未免太过分，只要派几百名官吏士兵护送宿舒、孙综就可以了。孙权固执己见，终

没其兵资。权大怒，欲自征渊，尚书仆射薛综等切谏，乃止。是岁，权向合肥新城，遣将军全琮征六安，皆不克还。

三年春正月，诏曰："兵久不辍，民困于役，岁或不登。其宽诸逋，勿复督课。"夏五月，权遣陆逊、诸葛瑾等屯江夏、沔口，孙韶、张承等向广陵、淮阳，权率大众围合肥新城。是时蜀相诸葛亮出武功，权谓魏明帝不能远出，而帝遣兵助司马宣王拒亮，自率水军东征。未至寿春，权退还，孙韶亦罢。秋八月，以诸葛恪为丹杨太守，讨山越。九月朔，陨霜伤谷。冬十一月，太常潘濬平武陵蛮夷，事毕，还武昌。诏复曲阿为云阳，丹徒为武进。庐陵贼李桓、罗厉等为乱。

四年夏，遣吕岱讨桓等。秋七月，有雹。魏使以马求易珠玑、翡翠、瑇瑁，权曰："此皆孤所不用，而可得马，何苦而不听其交易？"

五年春，铸大钱，一当五百。诏使吏民输铜，计铜畀直。设盗铸之科。二月，武昌言甘露降于礼宾殿。辅吴将军张昭卒。中郎将吾粲获李桓，将军唐咨获罗厉等。自十月不雨，

究不肯接纳大家的建议。公孙渊果然斩杀张弥等人，将首级呈送给魏，并吞没了所有前去的士兵和物资。孙权大怒，忍不住要发兵攻打公孙渊，尚书仆射薛综等力谏不可冲动行事，孙权方才停止。这年，孙权将目标指向合肥新城，派将军全琮征讨六安（今安徽六安县东北），都没有成功而撤军回来。

嘉禾三年（公元 234 年）春天正月，孙权下诏："由于连年动兵，人民长期困于赋役，加上有时歉收。现宽容各项租赋，不再限期催缴。"夏天五月，孙权派遣陆逊、诸葛瑾屯驻江夏、沔口（今汉口、江夏郡北出之要地），孙韶、张承率兵向广陵、淮阳，孙权则亲率大军围攻合肥新城。这时，蜀的丞相诸葛亮从武功（今陕西省武功县南）出兵，孙权以为魏明帝不能远出，没想到明帝派兵帮助司马懿抵拒诸葛亮，却亲率水军东征。大军还没开到寿春（今安徽寿县），孙权就退回来，孙韶也罢兵，还守原来的防地。秋天八月，用诸葛恪为丹阳太守，就近征讨山越。九月初一这天，大霜纷降，损伤不少稻谷。冬天十一月，太常潘濬平定了武陵地方的蛮夷，回到武昌。孙权下诏改曲阿为云阳，丹徒（今江苏省镇江市丹徒区）为武进。庐陵盗贼李桓、罗厉相继为乱。

嘉禾四年（公元 235 年）夏天，派吕岱出兵征讨李桓等人。秋天七月，降冰雹。魏派使者前来，请求用马交换南方的特产——真珠、翡翠鸟、玳瑁。孙权说："这些东西虽是珍宝，却不是我必要的，现在可以用来换得马匹，何乐而不为呢？"

嘉禾五年（公元 236 年）春天，铸造大钱，一大钱等于五百单位的小钱。诏令吏民捐献铜器，按重量的多少，给付等值的钱，并订定律法，处罚私铸钱币的人。二月，武昌传言有甘露降于礼宾殿。辅吴将军张昭去世。中郎将吾粲俘虏李桓，将军唐咨也截获罗厉。从去年十月开始到今年夏天，久旱无雨。冬天十月，天空的东方出现彗星。鄱阳地方的彭

至于夏。冬十月，彗星见于东方。鄱阳贼彭旦等为乱。

六年春正月，诏曰："夫三年之丧，天下之达制，人情之极痛也；贤者割哀以从礼，不肖者勉而致之。世治道泰，上下无事，君子不夺人情，故三年不逮孝子之门。至于有事，则杀礼以从宜，要绖而处事。故圣人制法，有礼无时则不行。遭丧不奔非古也，盖随时之宜，以义断恩也。前故设科，长吏在官，当须交代，而故犯之，虽随纠坐，犹已废旷。方事之殷，国家多难，凡在官司，宜各尽节，先公后私，而不恭承，甚非谓也。中外群僚，其更平议，务令得中，详为节度。"顾谭议，以为"奔丧立科，轻则不足以禁孝子之情，重则本非应死之罪，虽严刑益设，违夺必少。若偶有犯者，加其刑则恩所不忍，有减则法废不行。愚以为长吏在远，苟不告语，势不得知。比选代之间，若有传者，必加大辟，则长吏无废职之负，孝子无犯重之刑。"将军胡综议，以为"丧纪之礼，虽有典制，苟无其时，所不得行。方今戎事军国异容，而长吏遭丧，知有科禁，公敢干突，苟念闻忧不奔之耻，不计为臣犯禁之罪，此由科防本轻所致。忠节在国，孝道立家，出身为臣，焉得兼之？故为忠臣不得为孝子。宜定科文，示以大辟，若故违犯，有罪无赦。以杀止杀，行之一人，其后必绝"。丞相雍奏从大辟。其后吴令孟宗丧母奔赴，已而自拘于武昌以听刑。陆逊陈其

旦领众为乱。

嘉禾六年（公元237年）春天正月，孙权下诏："服三年的丧礼，是天下的通制，为的这是人情最大的悲痛，贤明的人能够割舍个人的哀伤而以礼法为先，不肖的人勉强也可以做到。当世道安泰，上下无事时，在上位的君子不会夺人守丧之情，所以在三年丧期中，虽有王事，也不征役孝子。可是，当国事纷繁时，那就应该减免丧礼顺从时宜，甚至于带丧处理自己的职务。所以圣人创制礼法，如果徒有礼文而无时宜就行不通。遭逢亲人亡故，为了公事无法奔丧，虽然不合古制，但是为了配合时宜，也不得不以义断恩。关于此事以前曾设科条，主要立意在于不希望大家动不动以奔丧为由，废弛了公务。在职的长官应当凡事有所交待，仍难免有的明知故犯。虽然规定随时处罚，却形同虚设。现在国难当前，所有的官吏们，理该各尽职守，先公后私，要是率先违法，是很说不过去的。内外的官吏们，可就此事详加商议，务使法令适当可行。"顾谭的意见以为："设禁限止奔丧，轻罚不足以禁孝子之情，重罚则本来也不是应死之罪，虽然加设严刑，听令守禁的人必定很少。如果偶然有人触犯它，临时加刑为皇恩所不忍，减刑又使得法令难以施行。愚见以为，许多长吏仕地遥远，假使不告诉他，很难获知家里出了什么事。当选派人员接替职位时，要是这人传达泄露丧讯，就处以死刑。这么一来，长吏们再不会有废职的罪咎，孝子们也可避免触犯严刑。"将军胡综认为："丧葬之礼虽然历来有典制，如果不逢其时，根本也没有服不服丧的问题存在。现在国家处于非常状态，长吏们遭遇亲丧，明知有科条禁令，却公然敢于触犯，若只念着闻忧不奔丧的耻辱，而不计为人臣犯禁的罪责，这全因为处罚

素行，因为之请，权乃减宗一等，后不得以为比，因此遂绝。二月，陆逊讨彭旦等，其年，皆破之。冬十月，遣卫将军全琮袭六安，不克。诸葛恪平山越事毕，北屯庐江。

赤乌元年春，铸当千大钱。夏，吕岱讨庐陵贼，毕，还陆口。秋八月，武昌言麒麟见。有司奏言麒麟者太平之应，宜改年号。诏曰："间者赤乌集于殿前，朕所亲见，若神灵以为嘉祥者，改年宜以赤乌为元。"群臣奏曰："昔武王伐纣，有赤乌之祥，君臣观之，遂有天下，圣人书策载述最详者，以为近事既嘉，亲见又明也。"于是改年。步夫人卒，追赠皇后。初，权信任校事吕壹，壹性苛惨，用法深刻。太子登数谏，权不纳，大臣由是莫敢言。后壹奸罪发露伏诛，权引咎责躬，乃使中书郎袁礼告谢诸大将，因问时事所当损益。礼还，复有诏责数诸葛瑾、步骘、朱然、吕岱等曰："袁礼还，云与子瑜、子山、义封、定公相见，并以时事当有所先后，各自以不掌民事，不肯便有所陈，悉推之伯言、承明。伯言、承明见礼，泣涕恳恻，辞旨辛苦，至乃怀执危怖，有不自安之心。闻此怅然，深自刻

太轻所致。对国要有忠节，立家要以孝道，既然出来作官，怎能两者得兼呢？所以，一名忠臣很难同时是孝子。应该明定科文，处以极刑，若有故意违犯的，决不宽赦。以杀止杀，从第一个人开始就彻底实行，绝无后患。"丞相顾雍上奏，也主张违令奔丧，旷废职守者处死。以后，吴地一名长官孟宗，得悉母亡凶讯，犯禁奔丧，后来又回到武昌自请受刑。陆逊陈诉孟宗平日的言行，向孙权极力求情，终于减轻一等罪名。明示以后不得援例比附，从此奔丧废公的事件就不再发生。二月，陆逊出兵征讨彭旦等，在这年里面把对方全攻破了。冬天十月，遣卫将军全琮袭击六安，没有成功。诸葛恪完成平定山越的战事，向北屯驻庐江（按：指皖，时已由寻阳还治皖城）。

赤乌元年（公元238）春天，铸造一种相当于一千钱的大钱。夏天，吕岱征讨庐陵叛贼完毕，还军陆口。秋天八月，武昌传言出现麒麟。有关部门上奏说："麒麟是太平盛世的瑞兆，应该更改年号。"孙权下诏："前些时候有许多赤乌翔集在殿前，是朕亲眼所见，若真的是神灵显示的吉祥，改年号就可以用'赤乌'。"百官群臣也奏言："从前武王兴兵伐纣，就曾有过赤乌的祥瑞，君臣们都看到，终于领有天下，这在圣人流传下来的典籍里面，记载得很详尽。现在主上亲见吉兆，更可证明事态愈佳了。"于是改年号。步夫人去世，追赠为皇后。起初，孙权很信任校事吕壹，吕壹的个性苛刻惨酷，执法极严厉。太子孙登好几次劝谏，孙权都不接纳，其他的大臣们也就没有人敢再说话了。后来，吕壹奸罪泄露被处死，孙权深深引咎自责，派中书郎袁礼告谢各位大将，并请教时事所当损益之处。袁礼回来后，孙权又下诏书，责备诸葛瑾、步骘、朱然、吕岱等人说："袁礼回来报告说曾和子瑜（按：诸葛瑾的字）、子山（按：步骘的字）、义封（按：朱然的字）、定公（按：吕岱的字）见过面，大家都拿自己不掌理民事以及时事应有先后次序为借口，不肯陈述意见，把责任全推到伯言（按：陆逊的字）和承明（按：潘濬的字）的身上去。等到伯言、承明见

怪。何者？夫惟圣人能无过行，明者能自见耳。人之举措，何能悉中，独当已有伤拒众意，忽不自觉，故诸君有嫌难耳；不尔，何缘乃至于此乎？自孤兴军五十年，所役赋凡百皆出于民。天下未定，孽类犹存，士民勤苦，诚所贯知。然劳百姓，事不得已耳。与诸君从事，自少至长，发有二色，以谓表里足以明露，公私分计，足用相保。尽言直谏，所望诸君；拾遗补阙，孤亦望之。昔卫武公年过志壮，勤求辅弼，每独叹责。且布衣韦带，相与交结，分成好合，尚污垢不异。今日诸君与孤从事，虽君臣义存，犹谓骨肉不复是过。荣福喜戚，相与共之。忠不匿情，智无遗计，事统是非，诸君岂得从容而已哉？同船济水，将谁与易？齐桓诸侯之霸者耳，有善管子未尝不叹，有过未尝不谏，谏而不得，终谏不止。今孤自省无桓公之德，而诸君谏诤未出于口，仍执嫌难。以此言之，孤于齐桓良优，未知诸君于管子何如耳？久不相见，因事当笑。共定大业，整齐天下，当复有谁？凡百事要所当损益，乐闻异计，匡所不逮。”

二年春三月，遣使者羊衜、郑胄、将军孙怡之辽东，击魏守将张持、高虑等，虏得男女。零陵言甘露降。夏五月，城沙羡。冬十月，将军蒋秘南讨夷贼。秘所领都督廖式杀临

了哀礼，虽然流泪恳诉，辞意辛苦，却免不了心怀畏惧，有不能自安之情。我听到这些，内心怅惘已极，深自苛责。为什么呢？只有圣人能够不犯过失，绝顶聪明的人才能看清自己。常人的举止怎能尽合情理？一定是我固执己见，自以为是，伤害拒绝了众人的美意仍不自觉，才使各位难以启口；要不然，又有什么缘故会这样呢？自从我用兵以来，已经五十寒暑，所需要的田赋兵役全部取之于民。如今天下未定，敌人尚在，士民的劳苦，是大家所熟知的。我和各位共同努力国事，从少至长，发已半白，总以为表里一致，足以坦诚相待，公私分明，就能够保全。诚心盼望各位尽言直谏，使我能够补救缺误。从前卫武公年过三十，还勤求补助的人才，常常叹责自己、鼓励自己。一般没有爵位的志士相交往，合则来，不合则去，尚且不因某人有了污垢就改变平日的态度。今天各位和我共事，虽然有君臣之义存乎其间，就拿骨肉情分来比喻也不为过。应该荣福喜戚完全相共才是啊！真正的忠心不会隐匿私情，真正的睿智也不会遗漏计谋，凡事都有它的是非对错，各位怎可从容旁观？我又怎能和别的人去同舟共济呢？齐桓公称霸诸侯，有了善行，管仲一定赞叹勉励他；有了过错，管仲绝不放过规谏的机会，劝了不听，他会一直劝个不停。现在，我自问没有桓公的德业，但各位仍旧心存芥蒂，不肯出口谏诤。就拿这点来说，恐怕我并不比齐桓公差，不晓得各位自比管仲又怎样呢？好久没有见到各位，说了半天时事，各位不妨一笑。还是老话一句，共定大业，整顿天下，除了靠各位鼎力相助外，还能靠谁？各等事务都有损益的可能，我很愿意听听不同的意见，好补正我能力所不及的地方。”

赤乌二年（公元239年）春天三月，派遣使者羊衜、郑胄、将军孙怡往辽东，袭击魏守将张持、高虑，掳得若干男女。零陵地方传言降甘露。夏天五月，修筑沙羡城垣。冬天

贺太守严纲等，自称平南将军，与弟潜共攻零陵、桂阳，及摇动交州、苍梧、郁林诸郡，众数万人。遣将军吕岱、唐咨讨之，岁馀皆破。

三年春正月，诏曰："盖君非民不立，民非谷不生。顷者以来。民多征役，岁又水旱，年谷有损，而吏或不良，侵夺民时，以致饥困。自今以来，督军郡守，其谨察非法，当农桑时，以役事扰民者，举正以闻。"夏四月，大赦，诏诸郡县治城郭，起谯楼，穿堑发渠，以备盗贼。冬十一月，民饥，诏开仓廪以赈贫穷。

四年春正月，大雪，平地深三尺，鸟兽死者大半。夏四月，遣卫将军全琮略淮南，决芍陂，烧安城邸阁，收其人民。威北将军诸葛恪攻六安。琮与魏将王凌战于芍陂，中郎将秦晃等十馀人战死。车骑将军朱然围樊，大将军诸葛瑾取柤中。五月，太子登卒。是月，魏太傅司马宣王救樊。六月，军还。闰月，大将军瑾卒。秋八月，陆逊城邾。

五年春正月，立子和为太子，大赦，改禾兴为嘉兴。百官奏立皇后及四王，诏曰："今天下未定，民物劳瘁，且有功者或未录，饥寒者尚未恤，猥割土壤以丰子弟，崇爵位以

十月，将军蒋秘往南征讨夷贼。蒋秘所统领的都督廖式，杀掉临贺太守严纲等人，自称平南将军，和他的弟弟廖潜，一起攻打零陵、桂阳，声势振动了交州、苍梧、郁林（今广西贵港市东南）诸郡，部众有数万人。孙权派将军吕岱、唐咨发兵征讨，经过一年多全部攻破。

赤乌三年（公元 240 年）春天正月，孙权下诏："国君没有人民的拥护不能存在，人民没有稻谷则不能生活。近年来，人民苦于征役，又多水旱灾，年谷收成不好，有些不良的官吏，更借故侵夺人民耕作的时间，以致造成饥荒贫困。从现在开始，各地的督军郡守，谨慎察明不法事情，如果有在农桑时以役事骚扰人民的，当据实呈报处分。"夏天四月，行大赦，诏令各郡县修治城郭，在城上建筑瞻望敌人动向的谯楼，并挖深护城河以防患盗贼。冬天十一月，民间闹饥荒，诏令开仓廪赈济灾民。

赤乌四年（公元 241 年）春天正月，大雪纷飞，平地上积雪三尺深，冻死许多的鸟兽。夏天四月，派卫将军全琮经理淮南，溃决芍陂（水名，今安徽寿县南），烧毁安城的官舍，收服当地的人民。威北将军诸葛恪攻打六安。全琮和魏将王凌大战于芍陂，中郎将秦晃等十余人战死。车骑将军朱然包围樊城，大将军诸葛瑾攻取柤中（今湖北南漳县南）。五月，太子孙登去世。这个月，魏太傅司马懿发兵营救樊城。六月，吴军撤退回来。闰七月，大将军诸葛瑾去世。秋天八月，陆逊在邾（今湖北黄冈县西北，本为吴、蜀边界上的土地）建城。

赤乌五年（公元 242 年）春天正月，孙权立儿子孙和为太子，行大赦，为避太子讳，改禾兴为嘉兴。朝廷百官奏请立皇后及四王，孙权下诏："现在天下尚未安定，人民疲惫，百物待兴，而且，有功国家的还来不及封赏，饥寒的人们犹未抚恤。在这时刻，滥割土地使子弟们丰厚，以爵位来恩宠妃妾，是我万万做不出来的。但愿大家不要再提这件事。"三

宠妃妾，孤甚不取。其释此议。”三月，海盐县言黄龙见。夏四月，禁进献御，减太官膳。秋七月，遣将军聂友、校尉陆凯以兵三万讨珠崖、儋耳。是岁大疫，有司又奏立后及诸王。八月，立子霸为鲁王。

六年春正月，新都言白虎见。诸葛恪征六安，破魏将谢顺营，收其民人。冬十一月，丞相顾雍卒。十二月，扶南王范旃遣使献乐人及方物。是岁，司马宣王率军入舒，诸葛恪自皖迁于柴桑。

七年春正月，以上大将军陆逊为丞相。秋，宛陵言嘉禾生。是岁，步骘、朱然等各上疏云：“自蜀还者，咸言欲背盟与魏交通，多作舟船，缮治城郭。又蒋琬守汉中，闻司马懿南向，不出兵乘虚以掎角之，反委汉中，还近成都。事已彰灼，无所复疑，宜为之备。”权揆其不然，曰：“吾待蜀不薄，聘享盟誓，无所负之，何以致此？又司马懿前来入舒，旬日便退，蜀在万里，何知缓急而便出兵乎？昔魏欲入汉川，此间始严，亦未举动，会闻魏还而止，蜀宁可复以此有疑邪？又人家治国，舟船城郭，何得不护？今此间治军，宁复欲以御蜀邪？人言苦不可信，朕为诸君破家保之。”蜀竟自无谋，如权所筹。

月，海盐县（今浙江省今县东北）传言出现黄龙。夏天四月，禁止进献御用物资，并节减御厨膳用物品。秋天七月，派遣将军聂友、校尉陆凯领兵三万，征讨珠崖、儋耳（今海南岛）。这年秋天传染病大流行，有关部门又上奏请立皇后及诸王。八月，立儿子孙霸为鲁王。

赤乌六年（公元243年）春天正月，新都地方传言出现白色的老虎。诸葛恪出征六安，攻破魏将谢顺的军营，收服当地人民。冬天十一月，丞相顾雍去世。十二月，扶南（今柬埔寨南部和泰国东南部一带）王范旃，派遣使者前来进贡演戏的乐人和当地物产。这年，司马懿带军进入舒县（今安徽庐江县西南），诸葛恪从皖迁到柴桑（今江西九江市西南）。

赤乌七年（公元244年）春天正月，孙权用上大将军陆逊为丞相。秋天，宛陵地方传言生产嘉禾。这年，步骘、朱然各自上疏说：“从蜀地回来的人，都盛传蜀将背盟，与魏建交，现在他们正大造船只，修治城墙。又蒋琬本来守卫汉中，听说司马懿南下，不但不趁隙出兵与他相抗，反而放弃汉中，回师成都。整个情势的演变已经很明显，我们不用再怀疑，应该早作准备才是。”孙权衡度事态，却不以为然，说：“我们一向待蜀不薄，两国订有盟誓友好往来，并无背负的事情，怎么会有此事发生？司马懿前来舒县，十多天便要回去，蜀在万里之外，怎能知悉事情的缓急而轻易出兵呢？以前魏打算进入汉川，我们仅作戒备，也没有主动发兵，后来听说魏军回去了，我们的防备才停止，蜀又哪里因此怀疑我们呢？人家治国，怎能不建造船只，修护城郭？现在我们也在训练军队，哪里是要防御蜀呢？传言不可轻易相信，我就算破家亡身也会保护诸位的。”蜀终究没有图谋不轨，一如孙权所料。

八年春二月，丞相陆逊卒。夏，雷霆犯宫门柱，又击南津大桥楹。茶陵县鸿水溢出，流漂居民二百馀家。秋七月，将军马茂等图逆，夷三族。八月，大赦。遣校尉陈勋将屯田及作士三万人凿句容中道，自小其至云阳西城，通会市，作邸阁。

九年春二月，车骑将军朱然征魏柤中，斩获千馀。夏四月，武昌言甘露降。秋九月，以骠骑将军步骘为丞相，车骑将军朱然为左大司马，卫将军全琮为右大司马，镇南将军吕岱为上大将军，威北将军诸葛恪为大将军。

十年春正月，右大司马全琮卒。二月，权适南宫。三月，改作太初宫，诸将及州郡皆义作。夏五月，丞相步骘卒。冬十月，赦死罪。

十一年春正月，朱然城江陵。二月，地仍震。三月，宫成。夏四月，雨雹，云阳言黄龙见。五月，鄱阳言白虎仁。诏曰："古者圣王积行累善，修身行道，以有天下，故符瑞应之，所以表德也。朕以不明，何以臻兹？《书》云'虽休勿休'，公卿百司，其勉修所职，以匡不逮。"

十二年春三月，左大司马朱然卒。四月，有两乌衔鹊堕东馆。丙寅，骠骑将军朱据领丞相，燎鹊以祭。

赤乌八年（公元 245 年）春天二月，丞相陆逊去世。夏天，有雷霆打中宫门的大柱，又击毁南津大桥的支柱。茶陵县（今湖南茶陵县东）山洪暴发，流走二百多户的民家。秋天七月，将军马茂计划叛逆，三族牵连被杀。八月，行大赦。派校尉陈勋带领屯垦的兵卒，和正在服役的人丁共三万人，凿通句容（今江苏句容市）县的主干道路，从小其（句容市东）一直到云阳（今丹阳市城西一带）西城，使人们可以往来定期的市集，并筑官舍。

赤乌九年（公元 246 年）春天二月，车骑将军朱然攻打魏的柤中，斩获一千多人。夏天四月，武昌传言降甘露。秋天九月，以骠骑将军步骘为丞相，车骑将军朱然为左大司马，卫将军全琮为右大司马，镇南将军吕岱为上大将军，威北将军诸葛恪为大将军。

赤乌十年（公元 247 年）春天正月，右大司马全琮去世。二月，孙权移住南宫。三月，营造太初宫，诸将及各州郡都按贫富，出资助建。夏天五月，丞相步骘去世。冬天十月，大赦死罪。

赤乌十一年（公元 248 年）春天正月，朱然镇守江陵。二月间，地震仍然连续不停。三月，太初宫筑成。夏天四月，天降冰雹。云阳地方传言出现黄龙。五月，鄱阳一带传闻白虎不为害。孙权下诏："古时圣王行善积德，修养自身普施仁政而领有天下，常有祥瑞的征兆出现，大概是上天用来表彰他的德性吧！朕不明达，为何能有此境界呢？《尚书·吕刑》篇说：'虽然上苍显示吉兆，君子也不得以此自怠'，公卿百官们应该尽忠职守，补正我不完善的地方啊！"

赤乌十二年（公元 249 年）春天三月，左大司马朱然去世。四月，有两只乌鸟口衔着小鹊，堕落在东边的馆舍。四月初九（丙寅）这天，骠骑将军朱据为丞相，烧鹊祭天。

十三年夏五月，日至，荧惑入南斗，秋七月，犯魁第二星而东。八月，丹杨、句容及故鄣、宁国诸山崩，鸿水溢。诏原逋责，给贷种食。废太子和，处故鄣。鲁王霸赐死。冬十月，魏将文钦伪叛以诱朱异，权遣吕据就异以迎钦。异等持重，钦不敢进。十一月，立子亮为太子。遣军十万，作堂邑涂塘以淹北道。十二月，魏大将军王昶围南郡，荆州刺史王基攻西陵，遣将军戴烈、陆凯往拒之，皆引还。是岁，神人授书，告以改年、立后。

太元元年夏五月，立皇后潘氏，大赦，改年。初临海罗阳县有神，自称王表。周旋民间，语言饮食，与人无异，然不见其形。又有一婢，名纺绩。是月，遣中书郎李崇赍辅国将军罗阳王印绶迎表。表随崇俱出，与崇及所在郡守令长谈论，崇等无以易。所历山川，辄遣婢与其神相闻。秋七月，崇与表至，权于苍龙门外为立第舍，数使近臣赍酒食往。表说水旱小事，往往有验。秋八月朔，大风，江海涌溢，平地深八尺，吴高陵松柏斯拔，郡城南门飞落。冬十一月，大赦。权祭南郊还，寝疾。十二月，驿征大将军恪，拜为太子太傅。诏省徭役，减征赋，除民所患苦。

赤乌十三年（公元250年）夏天五月，夏至这天，火星行入南斗星宿的轨道。秋天七月，火星掠过次于首星的第二星，向东而去。八月，丹杨（今安徽当涂县东北）、句容及故鄣（今浙江安吉县西北）、宁国（今安徽宁国市西南）附近山崩，洪水奔流。孙权下诏宥免欠债，并借给人民种籽和食粮。废掉太子孙和，将他安置在故鄣。鲁王孙霸赐死。冬天十月，魏将文钦假装叛变，引诱朱异，孙权派吕据到朱异处迎接文钦。朱异一向稳重行事，文钦不敢进兵。十一月，孙权立儿子孙亮为太子。派了十万大军，在堂邑附近挖掘涂塘引滁水（今滁河）蓄存，后来决滁塘之水淹没北来道路，以拒魏兵窥伺建业。十二月，魏大将军王昶包围南郡，荆州刺史王基攻打西陵，孙权派将军戴烈、陆凯前去迎战，魏军知吴有备而来，不久引兵北还。这年，孙权目击骨肉相残，心伤之余假托神人授书，想要改年号更新情势，并立后以明嫡庶。

太元元年（公元251年）夏天五月，立皇后潘氏，行大赦，改年号。临海罗阳县（今浙江瑞安市）有一名自称王表的巫师，周旋在民间，饮食谈吐与常人没有什么不同，人们始终看不到王表所附托的神形。又有一名叫纺绩的侍婢，伴随在侧。这个月，孙权派中书郎李崇，带着辅国将军罗阳王的印信去迎接王表。王表随李崇一起出现，与李崇及在场的郡守县令高谈阔论，竟没有人辩得过他。所阅历过的山川杂物甚多，他常常令婢女与所托附的神相与闻答。秋天七月，李崇陪王表来谒见，孙权为他在苍龙门外营造住所，好几次叫近臣送酒食去给他。王表预言一些水旱灾的小事，往往很灵验。八月初一这天刮卷大风，江海涌涨，平地上积水八尺深，吴高陵（今江苏镇江市丹徒区高陵村，孙坚墓所在）地区的松柏都被连根拔起。郡城的南门也飞落下来。冬天十一月，行大赦。孙权往南郊祭拜，回来后就病倒了。十二月，传达驿站，急召大将军诸葛恪，拜为太子太傅。诏令省免徭役，减轻田赋，除去民间的疾苦。

二年春正月，立故太子和为南阳王，居长沙；子奋为齐王，居武昌；子休为琅邪王，居虎林。二月，大赦，改元为神凤。皇后潘氏薨。诸将吏数诣王表请福，表亡去。夏四月，权薨，时年七十一，谥曰大皇帝。秋七月，葬蒋陵。

评曰：孙权屈身忍辱，任才尚计，有句践之奇，英人之杰矣。故能自擅江表，成鼎峙之业。然性多嫌忌，果于杀戮，暨臻末年，弥以滋甚。至于谗说殄行，胤嗣废毙，岂所谓贻厥孙谋以燕翼子者哉？其后叶陵迟，遂致覆国，未必不由此也。

太元二年（公元252年）春天正月，孙权立原太子孙和为南阳王，居于长沙；立儿子孙奋为齐王，居于武昌；立儿子孙休为琅邪王，居于虎林（今安徽贵池县西）。二月，行大赦，改元为神凤。皇后潘氏去世。几位将领三番两次去见王表，祈求未来的福祉，王表不堪其请，趁隙走掉了。夏天四月，孙权去世，年七十一。谥为“大皇帝”。秋天七月，葬于蒋陵（今江苏南京市钟山南麓的梅花山）。

陈寿评论说：孙权屈身忍辱，能够任用贤才，崇尚计策，与越王句践同样有奇谋，算得上人中英杰。所以，他能自领长江以南地区，成就鼎足三分的大业。然而，生性多疑，忍心杀戮，到了晚年，更加严重。以至于听信谗言，废绝一生的操行，孙权废嫡立庶，儿子间彼此倾轧，骨肉相残，这哪里是深谋远虑，为子孙筹划一切，使后世可以相安无事的作为呢？吴的晚期日渐衰替，终于亡国，未始不是由于这个原因吧。

三国志卷四十八

三嗣主传第三

汪惠敏 译

孙亮字子明，权少子也。权春秋高，而亮最少，故尤留意。姊全公主常谮太子和子母，心不自安，因倚权意，欲豫自结，数称述全尚女，劝为亮纳。赤乌十三年，和废，权遂立亮为太子，以全氏为妃。

太元元年夏，亮母潘氏立为皇后。冬，权寝疾，征大将军诸葛恪为太子太傅，会稽太守滕胤为太常，并受诏辅太子。明年四月，权薨，太子即尊号，大赦，改元。是岁，于魏嘉平四年也。

建兴元年闰月，以恪为帝太傅，胤为卫将军领尚书事，上大将军吕岱为大司马，诸文武在位皆进爵班赏，冗官加等。冬十月，太傅恪率军遏巢湖，城东兴，使将军全端守西城，都尉留略守东城。十二月朔丙申，大风雷电，魏使将军诸葛诞、胡遵等步骑七万围东兴，将军王昶攻南郡，毌丘俭向武昌。甲寅，恪以大兵赴敌。戊午，兵及东兴，交战，大破魏

孙亮，字子明，孙权的小儿子。当孙权的年纪大了，而孙亮又最小，因此对他特别宠爱。他的姊姊全公主曾经说过太子孙和母子的坏话，担心孙和报复，于是揣测孙权的心意，想巩固自己的地位，屡次在孙权的面前称赞全尚的女儿，劝孙权替孙亮订亲。赤乌十三年（公元250年）孙和被废，孙权就立孙亮为太子，以全氏为妃。

太元元年（公元251年），孙亮的母亲被立为皇后。这年冬天，孙权生病，征召大将军诸葛恪担任太子太傅，会稽郡（今浙江省绍兴市）太守滕胤担任太常，并且接受诏令辅佐太子。第二年四月，孙权死了，孙亮即位，大赦天下，改元。这一年，正好是魏嘉平四年（公元252年）。

建兴元年（公元252年）闰月，孙亮任命诸葛恪担任帝太傅，滕胤为卫将军，兼领尚书之事，上大将军吕岱为大司马，其他文武百官也都进爵、加赏。这年冬天，十月，诸葛恪率军到巢湖（今安徽省巢湖市），在东兴（今安徽巢湖市东南）驻守，派将军全端守西城，都尉留略守东城。十二月初一，丙申日，有大风、雷、电。魏派遣将军诸葛诞、胡遵等人率领步骑七万，围攻东兴，派将军王昶攻南郡（今湖北省荆州市）、毌丘俭攻武昌（今

军，杀将军韩综、桓嘉等。是月，雷雨，天灾武昌端门；改作端门，又灾内殿。

二年春正月丙寅，立皇后全氏，大赦。庚午，王昶等皆退。二月，军还自东兴，大行封赏。三月，恪率军伐魏。夏四月，围新城，大疫，兵卒死者大半。秋八月，恪引军还。冬十月，大飨。武卫将军孙峻伏兵杀恪于殿堂。大赦，以峻为丞相，封富春侯。十一月，有大鸟五见于春申，改明年元。

五凤元年夏，大水。秋，吴侯英谋杀峻，觉，英自杀。冬十一月，星茀于斗、牛。

二年春正月，魏镇东大将军毌丘俭、前将军文钦以淮南之众西入，战于乐嘉。闰月壬辰，峻及骠骑将军吕据、左将军留赞率兵袭寿春，军及东兴，闻钦等败。壬寅，兵进于橐皋，钦诣峻降，淮南馀众数万口来奔。魏诸葛诞入寿春，峻引军还。二月，及魏将军曹珍遇于高亭，交战，珍败绩。留赞为诞别将蒋班所败于菰陂，赞及将军孙楞、蒋修等皆遇害。三月，使镇南将军朱异袭安丰，不克。秋七月，将军孙仪、张怡、林恂等谋杀峻，发觉，仪自杀，恂等伏辜。阳羡离里山大石自立。使卫尉冯朝城广陵，拜将军吴穰为广陵太守，

湖北省鄂州市）。甲寅日，诸葛恪调遣大军应战。戊午日，大军开到东兴，两军交战，大败魏的军队，杀死魏将韩综、桓嘉等人。这一个月，有大雷雨。武昌宫的端门，出现灾异，改作端门；后来内殿也出现灾异。

建兴二年（公元253年），正月，丙寅日，册封全氏为皇后，全国大赦。庚午日，王昶等人都撤回军队。二月，大军由东兴班师而回，大行封赏有功的将士。三月，诸葛恪领军伐魏。夏天四月，围攻新城，军中发生疫病，士兵死去大半。秋八月，诸葛恪不得已率军撤退。冬天，十月，宴飨将帅。武卫将军孙峻在殿上设埋伏，把诸葛恪杀了。这一年，大赦天下。孙亮任命孙峻为丞相，封富春侯。十一月，在春申（今上海市松江区春申村）有大鸟出现五次，于是明年改元为五凤。

五凤元年（公元254年）夏天有水灾。秋天，吴侯孙英谋杀孙峻，事先被发觉，吴侯英自杀。冬天，十一月，众星遮蔽了斗星和牛星（灾异现象）。

五凤二年（公元255年），春天，正月，魏镇东大将毌丘俭、前将军文钦，率领淮南郡（郡治今安徽省寿县）的大军由西南攻来，两军在乐嘉会战。这一年闰正月，壬辰日，孙峻以及骠骑将军吕据、左将军留赞率领大军攻打寿春（今安徽省寿县）。军队才开到东兴，就听说文钦等人已被打败了。壬寅日，军队驻进橐皋县（今安徽省巢湖市西北），文钦来诣见孙峻，向孙峻投降。他所率领的淮南士兵有几万人都来依附。等到诸葛诞驻进寿春，孙峻才引军而回。二月，孙峻大军和魏大将曹珍的军队，在高亭县（今安徽潜山西）相遇，两军交战，曹珍大败。而留赞却在菰陂被诸葛诞的别将蒋班打败，留赞及将军孙楞、蒋修等都被杀害。三月，孙亮派遣镇南将军朱异攻打安丰（今安徽省霍丘县西南），没有成功。秋天，七月，将军孙仪、张怡、林恂等计划刺杀孙峻，被孙峻发觉。孙仪自杀，林恂等人治

留略为东海太守。是岁大旱。十二月，作太庙，以冯朝为监军使者，督徐州诸军事，民饥，军士怨畔。

太平元年春二月朔，建业火。峻用征北大将军文钦计，将征魏。八月，先遣钦及骠骑将军吕据、车骑将军刘纂、镇南将军朱异、前将军唐咨军自江都入淮、泗。九月丁亥，峻卒，以从弟偏将军綝为侍中、武卫将军，领中外诸军事，召还据等。据闻綝代峻，大怒。己丑，大司马吕岱卒。壬辰，太白犯南斗，据、钦、咨等表荐卫将军滕胤为丞相，綝不听。癸卯，更以胤为大司马，代吕岱驻武昌。据引兵还，欲讨綝。綝遣使以诏书告喻钦、咨等，使取据。冬十月丁未，遣孙宪及丁奉、施宽等以舟兵逆据于江都，遣将军刘丞督步骑攻胤。胤兵败夷灭。己酉，大赦，改年。辛亥，获吕据于新州。十一月，以綝为大将军、假节，封永宁侯。孙宪与将军王惇谋杀綝，事觉，綝杀惇，迫宪令自杀。十二月，使五官中郎将刁玄告乱于蜀。

二年春二月甲寅，大雨，震电。乙卯，雪，大寒。以长沙东部为湘东郡，西部为衡阳

罪。这年，在阳羡（今江苏省宜兴市南）离里山上有大石头自动竖立起来。孙亮派卫尉冯朝驻守广陵（今江苏省扬州市），封吴穰将军为广陵太守，任命留略为东海（今山东省郯城县北）太守。这一年，又发生旱灾。十二月，修建太庙。孙亮派遣冯朝担任监军使者，督领徐州的军事。老百姓因为荒年饥饿，军士都抱怨，纷纷背叛。

太平元年（公元256年）春天，二月初一，建业（今江苏省南京市）发生大火。孙峻采纳征北大将文钦的计策，率兵攻打魏。八月，先派文钦及骠骑将军吕据、车骑将军刘纂、镇南将军朱异、前将军唐咨等人，率领军队从江都（今江苏省扬州市）进入淮水、泗水一带。九月，丁亥日，孙峻死。孙亮任命孙峻的堂弟——偏将军孙綝担任侍中、武卫将军，统理内外所有的军事，同时把吕据等人召回。吕据听说孙綝代替了孙峻的职位，大为生气。己丑日，大司马吕岱死。壬辰日，太白星侵犯斗南星（灾异现象）。吕据、文钦、唐咨等人上表推荐卫将军滕胤为丞相，孙綝不答应。癸卯日，反而任命滕胤为大司马，代替吕岱驻守武昌。吕据率兵回来，准备讨伐孙綝。孙綝派使臣拿了诏书，命文钦、唐咨等人声讨吕据。冬天，十月，丁未日，派遣孙宪、丁奉、施宽等人率领水上军在江都迎战吕据；又派刘丞将军率领步骑攻打滕胤。滕胤兵败灭亡。己酉日，大赦天下，改年号。辛亥日，在新州（今江苏省南京市东北）捉到吕据。十一月，孙亮派遣孙綝担任大将军，持用符节，封为永宁侯。孙宪和将军王惇想谋杀孙綝，被孙綝发觉，他杀死王惇，并且逼迫孙宪自杀。十二月，因为内乱，派五官中郎将刁玄向蜀求救。

太平二年（公元257年），春天，二月，甲寅日，大雨。有雷电。乙卯日，又突然下雪。大寒。孙亮改长沙郡（今湖南省长沙县）东部为湘东郡（今湖南省衡阳市东）、西部为衡阳郡（今湖南省湘潭县西南）、改会稽郡东部为临海郡（今浙江省临海市东南）、改豫章

郡，会稽东部为临海郡，豫章东部为临川郡。夏四月，亮临正殿，大赦，始亲政事。綝所表奏，多见难问，又科兵子弟年十八已下十五已上，得三千馀人，选大将子弟年少有勇力者为之将帅。亮曰："吾立此军，欲与之俱长。"日于苑中习焉。

五月，魏征东大将军诸葛诞以淮南之众保寿春城，遣将军朱成称臣上疏，又遣子靓、长史吴纲诸牙门子弟为质。六月，使文钦、唐咨、全端等步骑三万救诞。朱异自虎林率众袭夏口，夏口督孙壹奔魏。秋七月，綝率众救寿春，次于镬里，朱异至自夏口，綝使异为前部督，与丁奉等将介士五万解围。八月，会稽南部反，杀都尉。鄱阳、新都民为乱，廷尉丁密、步兵校尉郑胄、将军钟离牧率军讨之。朱异以军士乏食引还，綝大怒，九月朔己巳，杀异于镬里。辛未，綝自镬里还建业。甲申，大赦。十一月，全绪子祎、仪以其母奔魏。十二月，全端、怿等自寿春城诣司马文王。

三年春正月，诸葛诞杀文钦。三月，司马文王克寿春，诞及左右战死，将吏已下皆降。秋七月，封故齐王奋为章安侯。诏州郡伐宫材。自八月沉阴不雨四十馀日。亮以綝专

（今江西省南昌市）东部为临川郡（江西省南城县东南二十五里）。夏天，四月，孙亮上正殿，全国大赦，开始亲自处理政事。孙綝所上的奏章，孙亮提出许多责难。同时，又征召士兵子弟年纪在十八岁以下，十五岁以上的士兵，一共有三千多人，挑选大将子弟年少有勇力的人担任他们的将帅。孙亮说："我设置的这个部队，就是希望能和他们的年纪一样，日见茁壮。"每天在宫殿苑中练习。

太平二年（公元257年），五月，魏征东大将军诸葛诞率领淮南众军守住寿春城，同时派遣将军朱成向孙亮上疏称臣，又派遣他的儿子诸葛靓、长史吴纲等官吏子弟做人质。六月，孙亮派文钦、唐咨、全端等率领三万步骑去救诸葛诞。朱异从虎林（今安徽省池州市贵池区西）率领众人攻打夏口（今湖北省武汉市武昌区西），夏口督军孙壹逃到魏。秋天，七月，孙綝率兵到寿春救援，军队驻扎在镬里；朱异从夏口前来，孙綝派朱异担任前部督，和丁奉等大将，带甲兵五万解救寿春的围困。八月，会稽南部造反，杀死了都尉。鄱阳（今江西省鄱阳县）、新都（今浙江省淳安县西）等地百姓作乱，廷尉丁密、步兵校尉郑胄、将军钟离牧带兵前往讨伐。朱异因为粮食缺乏，于是率军而回，孙綝大怒。九月初一己巳日，孙綝在镬里杀死朱异。辛亥日，孙綝从镬里回到建业。甲申日，全国大赦。十一月，全绪的儿子全祎、全仪因为他们的母亲而逃到魏。十二月，全端、全怿等在寿春进诣司马昭。

太平三年（公元258年），春天，正月，诸葛诞杀死文钦。三月，司马文王攻下寿春城，诸葛诞以及他的左右部属都战死，其他将吏以及兵士都投降。秋天，七月，孙亮改封故齐王孙奋为章安侯。诏令州郡砍伐修筑宫殿的木材。这一年，从八月起，天上一直阴沉不下雨，连续四十多天。孙亮认为是孙綝太专权拔扈，于是和太常全尚、将军刘丞计划诛

恣，与太常全尚，将军刘丞谋诛綝。九月戊午，綝以兵取尚，遣弟恩攻杀丞于苍龙门外，召大臣会宫门，黜亮为会稽王，时年十六。

孙休字子烈，权第六子。年十三，从中书郎射慈、郎中盛冲受学。太元二年正月，封琅邪王，居虎林。四月，权薨，休弟亮承统，诸葛恪秉政，不欲诸王在滨江兵马之地，徙休于丹杨郡。太守李衡数以事侵休，休上书乞徙他郡，诏徙会稽。居数岁，梦乘龙上天，顾不见尾，觉而异之。孙亮废，己未，孙綝使宗正孙楷与中书郎董朝迎休。休初闻问，意疑，楷、朝具述綝等所以奉迎本意，留一日二夜，遂发。十月戊寅，行至曲阿，有老公干休叩头曰："事久变生，天下喁喁，愿陛下速行。"休善之，是日进及布塞亭。武卫将军恩行丞相事，率百僚以乘舆法驾迎于永昌亭，筑宫，以武帐为便殿，设御座。己卯，休至，望便殿止住，使孙楷先见恩。楷还，休乘辇进，群臣再拜称臣。休升便殿，谦不即御坐，止东厢。户曹尚书前即阶下赞奏，丞相奉玺符。休三让，群臣三请。休曰："将相诸侯咸推

杀孙綝。九月，戊午日，孙綝带兵攻下全尚，又派他的弟弟孙恩在苍龙门外击杀刘丞，同时召集大臣，聚集在宫门，把孙亮贬黜为会稽王。孙亮当时十六岁。

孙休，字子烈，孙权的第六个儿子。十三岁的时候，跟随中书郎射慈、郎中盛冲读书。太元二年（公元 252 年），正月，封为琅邪王，住在虎林（今安徽省池州市贵池区西）。四月，孙权死了，孙休的弟弟孙亮继承帝位，由诸葛恪代理政权。诸葛恪不愿意这些王侯留在长江一带兵马是非的地方，于是把孙休迁到丹阳郡（今江苏省南京市东南）。丹阳郡太守屡次冒犯孙休，孙休于是上书请求迁到其他的郡县。于是朝廷下诏将他迁到会稽郡（今浙江省绍兴市）。过了几年，孙休有一天晚上，梦见自己骑着龙上天，可是不见龙尾。孙休醒来，觉得很奇怪。等到孙亮被废（太平三年，九月戊午日），己未日，孙綝派宗正孙楷和中书郎董朝前来迎接孙休。孙休事先一点都不知情，觉得很奇怪，孙楷、董朝于是将孙綝派他们来迎接的本意告诉孙休，孙休在会稽留了一天两夜，就向京城出发了。十月，戊寅日，走到曲阿（今江苏省丹阳市），有一位老人到孙休面前叩头说："事情耽搁久了，会生变化，天下的老百姓都渴望太平，希望陛下能赶快赶路。"孙休听了觉得有道理，于是兼程赶路，来到布塞亭。而武卫将军孙恩代理丞相的职务，率领百官，准备了天子的座车，在永昌亭（今江苏南京市东）接驾，临时赶建宫殿，以天子的武帐做为休闲的便殿，并且设置天子的宝座。己卯日，孙休到达，看见便殿，就让车驾停住，派孙楷先去见孙恩。孙楷回来，孙休才乘车进入，群臣再拜称臣。孙休走上便殿，谦让不坐天子御座，只坐东厢的位子。当时，户曹尚书向前走到阶下，上奏章歌颂；丞相也献上玉玺、符信。孙休再三辞让，群臣也再三请求，孙休才说："诸位将相诸侯都推举寡人，寡人怎好不接受这个玉玺、

寡人，寡人敢不承受玺符。”群臣以次奉引，休就乘舆。百官陪位，綝以兵千人迎于半野，拜于道侧，休下车答拜。即日，御正殿，大赦，改元。是岁，于魏甘露三年也。

永安元年冬十月壬午，诏曰：“夫褒德赏功，古今通义。其以大将军綝为丞相、荆州牧，增食五县。武卫将军恩为御史大夫、卫将军、中军督，封县侯。威远将军据为右将军、县侯。偏将军幹杂号将军、亭侯。长水校尉张布辅导勤劳，以布为辅义将军，封永康侯。董朝亲迎，封为乡侯。”又诏曰：“丹杨太守李衡，以往事之嫌，自拘有司。夫射钩斩袪，在君为君，遣衡还郡，勿令自疑。”己丑，封孙晧为乌程侯，晧弟德钱唐侯，谦永安侯。

十一月甲午，风四转五复，蒙雾连日。綝一门五侯皆典禁兵，权倾人主，有所陈述，敬而不违，于是益恣。休恐其有变，数加赏赐。丙申，诏曰：“大将军忠款内发，首建大计以安社稷，卿士内外，咸赞其议，并有勋劳。昔霍光定计，百僚同心，无复是过。亟案前日与议定策告庙人名，依故事应加爵位者，促施行之。”戊戌，诏曰：“大将军掌中外诸军事，事统烦多，其加卫将军、御史大夫恩侍中，与大将军分省诸事。”壬子，诏曰：“诸吏家有五人三人兼重为役，父兄在都，子弟给郡县吏；既出限米，军出又从，至于家事无

符信呢？”于是群臣依次引导，孙休坐上天子车驾，百官陪侍在侧；孙綝带领兵士一千人到郊野半途迎接，在道路两旁跪拜，孙休也下车答拜。当天就登上正殿，全国大赦，改年号。这一年，是魏甘露三年（公元258年）。

永安元年（公元258年），冬天，十月，壬午日，诏令说：“褒扬美德，赏赐有功绩的人，这是古今以来的通义。因此，册封大将军孙綝为丞相，兼荆州牧，增加五县的食邑。册立武卫将军孙恩为御史大夫、卫将军、中军督，封为县侯。册立威远将军孙据为右将军，封为县侯。册立偏将军孙幹为杂号将军，封为亭侯。长水（今浙江桐乡市东北）校尉张布，因为督军勤勉，任命张布为辅义将军，封为永康侯。董朝因为亲迎圣驾，封为乡侯。”又下诏说：“丹阳太守李衡，因为过去和寡人有猜嫌，自己到有司那里受押；但是齐桓公从前被管仲射中带钩，晋文公被寺人披斩袖口，都能不拘旧怨；在朝为君，应当有为君的风范。命李衡返回本郡，不要让他心里有猜疑。”己丑日，封孙晧为乌程侯，封孙晧的弟弟孙德为钱唐侯、孙谦为永安侯。

永安元年（公元258年），十一月，甲午日，有大风回旋四五转，而且连日浓雾蒙蒙。孙綝一家五侯（孙綝，弟恩、据、幹、闿）都典掌禁卫军，权力超过人主；有所禀告，皇上也是恭敬而不违逆，因此更加放肆骄傲。孙休怕他会生变故，屡次都封赏笼络。丙申日，诏令说：“大将军的忠诚，发自内心，首先拟定大计来安定社稷，内外大臣都赞成他的计策，甚有功劳。从前霍光定了计策，使得朝廷上下一心团结，功劳最大，尽速按照商议，拟定告庙人名，依照往例，应该增加爵位的，赶快颁行。”戊戌日，又下诏说：“大将军典掌内外所有的军事，事情烦多，因此加派卫将军御史大夫孙恩担任侍中，替大将军分劳。”壬子日，下诏说：“凡是百官家里五口，有三人在外服劳役，父兄在京城，子弟就留在郡

经护者，朕甚愍之。其有五人三人为役，听其父兄所欲留，为留一人，除其米限，军出不从。”又曰：“诸将吏奉迎陪位在永昌亭者，皆加位一级。”顷之，休闻綝逆谋，阴与张布图计。十二月戊辰腊，百僚朝贺，公卿升殿，诏武士缚綝，即日伏诛。己巳，诏以左将军张布讨奸臣，加布为中军督，封布弟惇为都亭侯，给兵三百人，惇弟恂为校尉。

诏曰：“古者建国，教学为先，所以道世治性，为时养器也。自建兴以来，时事多故，吏民颇以目前趋务，去本就末，不循古道。夫所尚不惇，则伤化败俗。其案古置学官，立五经博士，核取应选，加其宠禄；科见吏之中及将吏子弟有志好者，各令就业。一岁课试，差其品第，加以位赏。使见之者乐其荣，闻之者羡其誉。以敦王化，以隆风俗。”

二年春正月，震电。三月，备九卿官，诏曰：“朕以不德，托于王公之上，夙夜战战，忘寝与食。今欲偃武修文，以崇大化。推此之道，当由士民之赡，必须农桑。《管子》有言：‘仓廪实，知礼节；衣食足，知荣辱。’夫一夫不耕，有受其饥，一妇不织，有受其寒；饥寒并至而民不为非者，未之有也。自顷年已来，州郡吏民及诸营兵，多违此业，皆

县；已经纳了米粮，还要服兵役，以至于家事没有人料理，寡人觉得很难过。从今以后，一家五人中，有三人服劳役，父兄任留一人，免除纳粮，并且不必参加征召。”又诏说：“从前在永昌亭奉迎寡人的所有将士、官吏，都加一级职位。”不久，听说孙綝想谋反，于是暗中和张布商量策划，在十二月戊辰日举行腊祭，百官前来朝贺，公卿大夫都上殿时，诏令武士捉住孙綝，当天就把他杀死。己巳日，朝廷因为左将军张布讨伐奸臣，因此下诏加封张布为中军督；封张布的弟弟张惇为都亭侯，给他三百名士兵；又封张惇的弟弟张恂为校尉。

这一年，又下诏说：“古时候的人，建立一个国家，必定先注重教育，这是为了教化百姓，陶冶人民性情，为国家培育人才。自从建兴年（孙亮年号）以来，国家多难，官吏、人民大多迁就现实，又近求利，舍本逐末，不遵循古人的教诲。人民追求的目标不纯厚，必定造成伤风败俗。因此，依照古代的制度，设置学官，立五经博士，严加考选，增加读书人的宠禄。凡是官吏之中，或是将帅子弟有志好学的，都让他们入学。一年以后，举行考试，依照他们的等次，给他们官职或是赏赐。使得其他看见他们宠禄的人，以他们为荣，听到他们名声的人羡慕他们；使王者的教化敦厚，风俗归于纯朴。”

永安二年（公元259年），春天，正月，有雷电。三月，设置九卿官，下诏说：“寡人德性浅薄，托王公的庇荫，才能如此，因此，每天战战兢兢，废寝忘食。如今寡人想要止息兵戈，整饬文事，推崇王者的教化。要想实现这个理想，先要老百姓丰衣足食；要想老百姓衣食充足，先得推广农桑。《管子》曾经说过：‘仓库的粮食充满了，老百姓自然知道讲求礼节；衣食充足了，老百姓自然懂得荣誉和羞耻。’全国之中，只要有一个农夫不耕田，就会有人受饥饿；有一个妇人不织布，就会有人受寒冷。从来没有听说一个国家老百姓饥寒交迫，仍然不会为非作歹的。这些年来，州郡的官吏、老百姓以及驻屯的兵士，大

浮船长江，贾作上下，良田渐废，见谷日少，欲求大定，岂可得哉？亦由租入过重，农人利薄，使之然乎？今欲广开田业，轻其赋税，差科强羸，课其田亩，务令优均。官私得所，使家给户赡，足相供养，则爱身重命，不犯科法，然后刑罚不用，风俗可整。以群僚之忠贤，若尽心于时，虽太古盛化，未可卒致，汉文升平，庶几可及。及之，则臣主俱荣；不及，则损削侵辱。何可从容俯仰而已？诸卿尚书，可共咨度，务取便佳。田桑已至，不可后时。事定施行，称朕意焉。”

三年春三月，西陵言赤乌见。秋，用都尉严密议，作浦里塘。会稽郡谣言王亮当还为天子，而亮宫人告亮使巫祷祠，有恶言。有司以闻，黜为候官侯，遣之国。道自杀，卫送者伏罪。以会稽南部为建安郡，分宜都置建平郡。

四年夏五月，大雨，水泉涌溢。秋八月，遣光禄大夫周奕、石伟巡行风俗，察将吏清浊，民所疾苦，为黜陟之诏。九月，布山言白龙见。是岁，安吴民陈焦死，埋之，六日更生，穿土中出。

多不从事农业，都在长江上乘船往来做生意，良田慢慢荒废了，稻米产量日渐减少，长此以往，要求国家安定，怎么办得到呢？这是不是因为农田租税太重，农人的利润太少，才造成这种现象呢？因此，寡人想要大量开辟田亩，减轻农田赋税，按照土地的肥沃或贫瘠，课征税收，一定要使得利益均等，官家及老百姓都能得到合理的收益，使得百姓家给人足，足够供养父母妻子，老百姓才会人人爱惜自己的生命，不作奸犯科，慢慢的，就可以免除刑罚，整顿风俗。以文武百官的忠诚、贤明，如果肯时时为老百姓尽心，则太古时候的理想政治，虽然不能一下就做到，但是像汉文帝时候的太平安定，应该是可以达到了。能够达到这个目标，则人臣、主上都感到光荣；不能够做到的话，就会国力衰弱，受到敌人的侵辱，这哪里是可以随便等闲看待就算了呢？诸位公卿尚书，要共同商议，务必谋求最妥善的策略，农作时期已经到了，千万不可以延误时日，事情决定了，就立刻施行，以合乎寡人的心意。”

永安三年（公元260年），春天，三月，西陵（今湖北省宜昌市夷陵区）地方传言看见大赤乌。秋天，采用都尉严密的建议，作浦里塘。会稽郡谣传会稽王孙亮会回朝当天子，孙亮的宫人也告发孙亮利用巫蛊，诅咒天子，有司把这些消息都禀报朝廷，因此，把孙亮贬为候官侯，然后遣送回去。途中，孙亮自杀，护卫遣送的人，因为防范不周，都治了罪。朝廷把会稽郡南部改为建安郡；分宜都（今湖北省宜都县西北）设置建平郡。

永安四年（公元261年）夏天，五月，下大雨，泉水、河水暴涨。秋天，八月，派遣光禄大夫周奕、石伟巡视民情风俗，考察将帅、官吏是否公正廉明，以及百姓的疾苦，做为诏令升贬的依据。九月，布山（今广西省桂平县西南）地方传言有白龙出现。这一年，安吴（今安徽省泾县西南）人陈焦死，埋葬以后六天又复活，破土而出。

五年春二月，白虎门北楼灾。秋七月，始新言黄龙见。八月壬午，大雨震电，水泉涌溢。乙酉，立皇后朱氏。戊子，立子雨为太子，大赦。冬十月，以卫将军濮阳兴为丞相，廷尉丁密、光禄勋孟宗为左、右御史大夫。休以丞相兴及左将军张布有旧恩，委之以事，布典宫省，兴关军国。休锐意于典籍，欲毕览百家之言，尤好射雉，春夏之间常晨出夜还，唯此时舍书。休欲与博士祭酒韦曜、博士盛冲讲论道艺，曜、冲素皆切直，布恐入侍，发其阴失，令已不得专，因妄饰说以拒遏之。休答曰："孤之涉学，群书略遍，所见不少也；其明君暗主，奸臣贼子，古今贤愚成败之事，无不览也。今曜等入，但欲与论讲书耳，不为从曜等始更受学也。纵复如此，亦何所损？君特当以曜等恐道臣下奸变之事，以此不欲令入耳。如此之事，孤已自备之，不须曜等然后乃解也。此都无所损，君意特有所忌故耳。"布得诏陈谢，重自序述，又言惧妨政事。休答曰："书籍之事，患人不好，好之无伤也。此无所为非，而君以为不宜，是以孤有所及耳。政务学业，其流各异，不相妨也。不图君今日在事，更行此于孤也，良所不取。"布拜表叩头，休答曰："聊相开悟耳，何至叩头乎！如君之忠诚，远近所知。往者所以相感，今日之巍巍也。诗云：'靡不有初，鲜克有

永安五年（公元262年），春天，二月，白虎门北楼有灾害。秋天，七月，始新（今浙江省淳安县西）地方传言出现黄龙。八月，壬午日，有大雨，雷电，河水满溢。乙酉日，立朱氏为皇后。戊子日，立孙休儿子孙雨为太子，大赦天下。冬天，十月，任命卫将军濮阳兴担任丞相，廷尉丁密、光禄勋孟宗担任左右御史大夫。孙休因为丞相濮阳兴对左将军张布有旧恩，因此，把国事交给他们。张布管理宫中内府的事，濮阳兴掌管国家军务大事。孙休喜欢读书，立志要读完百家的书；同时他也喜欢射雉，春夏之间，常常早晨出去，到深夜才回来。只有在这段时间，才放下书本。孙休曾经想要和博士祭酒韦曜、博士盛冲一起讨论学问；韦曜、盛冲平时就个性急切、爽直，张布深怕他们在帝王身边，会揭发他的阴私，使得自己不能专权，因此胡乱找些理由来阻止。孙休回答说："寡人读书，诸子百家，大略都看过。从书本里所看到的也不少了，凡是明君、昏君，奸臣、贼子，以及古今圣贤、不肖，成功失败等事，没有不看到的。现在召韦曜他们来，只是要和他们讨论诗书，不是重新跟韦曜他们受学。即使是要受学，又有什么损失呢？你只是怨怕韦曜他们说出一些臣下作奸犯科的事情，而你不希望寡人听到这些事罢了。这些事情，寡人心里早已明白，不须要等到韦曜等人说了才了解。其实，这些都没有关系，只是你特别有所顾忌罢了。"张布得到诏旨，立刻谢罪，再三申辩，又说：怕妨碍政事。孙休回答说："读书这件事，只怕人不喜欢，喜欢读书，不会坏事。这本来不会有问题的，可是你既然认为不妥当，所以寡人有所意见：政务和学业，是两条不同的路，不会相妨碍，没想到今日你竟以这件事，干涉到寡人身上，这是寡人所不同意的。"张布听了，立刻跪拜，叩头谢罪。孙休回答说："这只是彼此相互开导罢了，哪里要到叩头的地步呢？你的忠诚，是远近都知道

终。'终之实难，君其终之。"初休为王时，布为左右将督，素见信爱，及至践阼，厚加宠待，专擅国势，多行无礼，自嫌瑕短，惧曜、冲言之，故尤患忌。休虽解此旨，心不能悦，更恐其疑惧，竟如布意，废其讲业，不复使冲等入。是岁使察战到交阯调孔爵、大猪。

六年夏四月，泉陵言黄龙见。五月，交阯郡吏吕兴等反，杀太守孙谞。谞先是科郡上手工千馀人送建业，而察战至，恐复见取，故兴等因此扇动兵民，招诱诸夷也。冬十月，蜀以魏见伐来告。癸未，建业石头小城火，烧西南百八十丈。甲申，使大将军丁奉督诸军向魏寿春，将军留平别诣施绩于南郡，议兵所向，将军丁封、孙异如沔中，皆救蜀。蜀主刘禅降魏问至，然后罢。吕兴既杀孙谞，使使如魏，请太守及兵。丞相兴建取屯田万人以为兵。分武陵为天门郡。

七年春正月，大赦。二月，镇军将军陆抗、抚军将军步协、征西将军留平、建平太守盛曼，率众围蜀巴东守将罗宪。夏四月，魏将新附督王稚浮海入句章，略长吏赀财及男女二百馀口。将军孙越徼得一船，获三十人。秋七月，海贼破海盐，杀司盐校尉骆秀。使中书

的；从前我们彼此信任，今天才会如此坦然。《诗经》上说：'每个人都能有一个好的开始，可是很少人能够有圆满的结果。'任何事情，坚持到最后一刻，实在很难，希望你能够勉励做到。"当初，孙休为会稽王的时候，张布担任左右都将，一直很受孙休的信任和宠爱；孙休登了帝位，更加厚待他，因此张布擅自专权，背地里做了许多无礼的事，自己心虚，怕韦曜、盛冲等人告诉孙休，心里特别担心猜忌。孙休虽然了解张布的居心，心中不高兴，但是，更担心张布心中疑虑、害怕，最后还是照张布的意思，废了讲学的事，不再请盛冲等人入宫。这一年，孙休派察战官到交阯（今越南北部）征调孔爵、大猪。

永安六年（公元 263 年），夏天，四月，泉陵（今湖南永州市北）地方传有黄龙出现。五月，交阯郡吏吕兴等人造反，杀死太守孙谞。孙谞原先已经征召郡上的手工一千多人，送到建业（今江苏省南京市），而察战官一到，吕兴等人恐怕他又要征调，因此煽动军人、百姓，招引西南夷叛变。冬天，十月，蜀因为被魏攻打，而来求援。癸未日，建业石头小城火灾，火势往西南蔓延一百八十丈长。甲申日，派大将军丁奉，率兵往魏国寿春城出发；将军留平在南郡（今湖北省荆州市）和施绩会面，商议行军方向；将军丁封、孙异到沔中（沔水中游），都是去援救蜀国。蜀主刘禅投降曹魏，消息传来，然后才收兵回师。吕兴杀了孙谞，便派人到魏，请求派太守和军队。丞相濮阳兴征兵一万人，建取屯田。同时，分武陵郡（今湖南省常德市）为天门郡（今湖南省张家界市）。

永安七年（公元 264 年）春天，正月，大赦天下。二月，镇军将军陆抗、抚军将军步协、征西将军留平、建平太守盛曼，率领兵众围攻蜀巴东（郡治永安白帝城，今重庆奉节）守将罗宪。夏天，四月，魏将新附督王稚从海上入句章（今浙江省慈溪县西南三十五里城山渡东），劫掠长吏钱财以及男女二百多人。将军孙越拘捕到一艘船，捉到三十人。秋天，

郎刘川发兵庐陵。豫章民张节等为乱，众万馀人。魏使将军胡烈步骑二万侵西陵，以救罗宪，陆抗等引军退。复分交州置广州。壬午，大赦。癸未，休薨，时年三十，谥曰景皇帝。

孙晧字元宗，权孙，和子也，一名彭祖，字晧宗。孙休立，封晧为乌程侯，遣就国。西湖民景养相晧当大贵，晧阴喜而不敢泄。休薨，是时蜀初亡，而交阯携叛，国内震惧，贪得长君。左典军万彧昔为乌程令，与晧相善，称晧才识明断，是长沙桓王之畴也，又加之好学，奉遵法度，屡言之于丞相濮阳兴、左将军张布。兴、布说休妃太后朱，欲以晧为嗣。朱曰："我寡妇人，安知社稷之虑，苟吴国无陨，宗庙有赖可矣。"于是遂迎立晧，时年二十三。改元，大赦。是岁，于魏咸熙元年也。

七月，海贼打下了海盐（今浙江省平湖市东南），杀死司盐校尉骆秀。朝廷派中书郎刘川发兵到庐陵（今江西省泰和县城西三里）。豫章（今江西省南昌市）人张节带领一万多人作乱。魏派胡烈将军带领步骑两万，攻打西陵（今湖北省宜昌市）救罗宪，陆抗等人于是撤军。再次分交州（今广东省、广西省及越南北部）别置广州（今广东省境）。壬午日，大赦天下。癸未日，孙休死。当时三十岁，谥号为景皇帝。

孙晧，清朱芝轩绘。

孙晧，字元宗，孙权的孙子，孙和的儿子；又名彭祖，字晧宗。孙休即帝位，封孙晧为乌程侯，就遣派他到封地。西湖（今浙江省长兴县西南）人景养替孙晧看相，说他有大贵之相，孙晧内心暗暗高兴，而不敢随便告诉他人。孙休死，当时蜀刚亡国，而交阯（今越南北部）又叛变，国内人人危惧，期望能有一位年高德劭的君主。左典军万彧，从前做过乌程（今浙江省湖州市南二十五里之菰城）县令，和孙晧有交情，称赞孙晧有才识，能明断，是长沙桓王孙策一类的人，加上他又好学，奉守法度，因此每次在丞相濮阳兴、左将军张布面前提起孙晧；濮阳兴、张布游说孙休的王妃太后朱氏，想让孙晧为子嗣，朱氏说："我是妇道人家，哪里知道社稷大事，只要对吴国没有损害，宗庙有人可仰赖就可以了。"于是迎立孙晧为帝。当时孙晧二十三岁。改元，大赦天下。这一年是魏咸熙元年（公元 264 年）。

元兴元年八月，以上大将军施绩、大将军丁奉为左、右大司马，张布为骠骑将军，加侍中，诸增位班赏，一皆如旧。九月，贬太后为景皇后，追谥父和曰文皇帝，尊母何为太后。十月，封休太子雨为豫章王，次子汝南王，次子梁王，次子陈王，立皇后滕氏。皓既得志，粗暴骄盈，多忌讳，好酒色，大小失望。兴、布窃悔之。或以谮皓，十一月，诛兴、布。十二月，孙休葬定陵。封后父滕牧为高密侯，舅何洪等三人皆列侯。是岁，魏置交阯太守之郡。晋文帝为魏相国，遣昔吴寿春城降将徐绍、孙彧衔命赍书，陈事势利害，以申喻皓。

甘露元年三月，皓遣使随绍、彧报书曰："知以高世之才，处宰辅之任，渐导之功，勤亦至矣。孤以不德，阶承统绪，思与贤良共济世道，而以壅隔未有所缘，嘉意允著，深用依依。今遣光禄大夫纪陟、五官中郎将弘璆宣明至怀。"绍行到濡须，召还杀之，徙其家属建安，始有白绍称美中国者，故也。夏四月，蒋陵言甘露降，于是改年大赦。秋七月，皓逼杀景后朱氏，亡不在正殿，于苑中小屋治丧，众知其非疾病，莫不痛切。又送休四子

元兴元年（公元 264 年）八月，孙皓任命大将军施绩、大将军丁奉担任左、右大司马；任命张布为骠骑将军，加侍中，其他文武百官也都按照往例，或者加封爵位，或者厚加赏赐。九月，贬太后为景皇后。追封父亲孙和谥号为文皇帝，尊封母亲何氏为太后。十月，封孙休太子雨为豫章王，次子为汝南王，三子为梁王，四子为陈王；册立皇后滕氏。孙皓得势之后，粗暴骄傲，又多忌讳，喜好酒色，朝野上下对他都失望。濮阳兴、张布私底下都很后悔。有人密告孙皓，十一月，孙皓把濮阳兴、张布都杀了。十二月，孙休葬在定陵（今安徽马鞍山市雨山区宋山）。孙皓封皇后的父亲滕牧为高密侯，封舅舅何洪等三人为列侯。这一年，曹魏设置交阯郡，并且派太守到郡。同时，晋文帝（司马昭）为魏相国，派遣从前吴国寿春县（今安徽省寿县）的降将徐绍、孙彧，奉命把书信送给孙皓，替他分析时势的利害。

甘露元年（公元 265 年），三月，孙皓派使臣随徐绍、孙彧带了封信给司马昭，信上说："阁下以出世的才华，担任宰相的重任，督导教化的功绩，至为勤勉。寡人才德浅陋，继承统绪，时常想和贤良的人一起共谋济世之道，只因为路途遥远，山川阻隔，无缘见面。阁下来信，用心良苦，态度十分恳切。现在寡人派遣光禄大夫纪陟、五官中郎将弘璆前往表明寡人的旨意。"当徐绍走到濡须（在今安徽省无为县），孙皓又把他召回杀死，把他的家属迁到建安（今福建省建瓯市），因此才有人说：徐绍因为称美中国，而落得如此下场。夏天，四月，蒋陵一带传言称天降甘露，于是改年号，大赦天下。秋天，七月，孙皓逼死景皇后朱氏。朱氏死的时候，不在正殿，而是在苑中小屋替他发丧。大家知道朱氏不是因病而死，都非常悲痛。接着，孙皓又把孙休的四个儿子送到吴国的小城，不久又追杀了两个大儿子。九月，依从西陵（今湖北省宜昌市）都督步阐的表奏，迁都到武昌（今湖北省

于吴小城，寻复追杀大者二人。九月，从西陵督步阐表，徙都武昌，御史大夫丁固、右将军诸葛靓镇建业。陟、瑶至洛，遇晋文帝崩，十一月，乃遣还。晧至武昌，又大赦。以零陵南部为始安郡，桂阳南部为始兴郡。十二月，晋受禅。

宝鼎元年正月，遣大鸿胪张俨、五官中郎将丁忠吊祭晋文帝。及还，俨道病死。忠说晧曰："北方守战之具不设，弋阳可袭而取。"晧访群臣，镇西大将军陆凯曰："夫兵不得已而用之耳，且三国鼎立已来，更相侵伐，无岁宁居。今强敌新并巴蜀，有兼土之实，而遣使求亲，欲息兵役，不可谓其求援于我。今敌形势方强，而欲徼幸求胜，未见其利也。"车骑将军刘纂曰："天生五才，谁能去兵？谲诈相雄，有自来矣。若其有阙，庸可弃乎？宜遣间谍，以观其势。"晧阴纳纂言，且以蜀新平，故不行，然遂自绝。八月，所在言得大鼎，于是改年，大赦。以陆凯为左丞相，常侍万彧为右丞相。冬十月，永安山贼施但等聚众数千人，劫晧庶弟永安侯谦出乌程，取孙和陵上鼓吹曲盖。比至建业，众万馀人。丁固、诸葛靓逆之于牛屯，大战，但等败走。获谦，谦自杀。分会稽为东阳郡，分吴、丹杨为吴兴

鄂州市)，派御史大夫丁固、右将军诸葛靓镇守建业县（今江苏南京市）。纪陟、弘瑶二人到了洛阳，正好司马昭死了，到十一月，魏国才遣送回吴。孙晧到了武昌，又大赦天下。以零陵（今湖南永州市零陵区）南部为始安郡（今广西桂林）；桂阳（今湖南郴州）南部为始兴郡（今广东省韶关市东南）。这一年十二月，晋王司马炎接受魏帝禅位。

宝鼎元年（公元266年），正月，派遣大鸿胪张俨、五官中郎将丁忠去祭吊司马昭，在回来途中，张俨病死。丁忠对孙晧说："北方守备以及兵器都没有设置，可以袭取弋阳（今河南省潢川县西）地方。"孙晧询问群臣，镇西将军陆凯说："兵事是不得已才使用的。而且从三国鼎立以来，大家都互相攻伐，没有一天过安宁的日子。现在我们的强敌刚刚吞并巴蜀，扩展领土，如今还派使臣来求亲，这表示他们有意止息干戈。我们决不可以认为他们是向我们求援。现在敌人的势力正强，我们想要侥幸求胜，我看是得不到什么好处的。"车骑将军刘纂说："上天既然生下五种才能的人，有谁能够去掉兵事不用？兵不厌诈，这是自古以来就有的，敌人若是有隙可乘，怎么可以放弃呢？我们应该派遣间谍，去观察敌情。"孙晧私底下是赞同刘纂的意见，而且因为蜀刚被魏平定，所以没有采取行动。可是从此和晋的关系恶化。八月，有人报告：在当地挖到大鼎，于是改年号，大赦天下。任命陆凯为左丞相；任命常侍万彧为右丞相。冬天，十月，永安山贼人施旦等人聚集数千群众，劫持孙晧庶出的弟弟永安侯孙谦，逃出乌程，抢了孙和墓上的鼓吹曲盖。等到了建业，已经聚集了一万多人。丁固、诸葛靓在牛屯地方迎敌，双方大战，施旦等人失败逃走，解救了孙谦；但是孙谦却自杀而死。孙晧又分会稽郡（今浙江省绍兴市）为东阳郡（今浙江省金华市治）；分吴郡、丹阳郡（今江苏省南京市东南）为吴兴郡（今浙江省湖州市南）；以零陵（今湖南省永州市零陵区）北部为邵陵郡（今湖

郡。以零陵北部为邵陵郡。十二月，皓还都建业，卫将军滕牧留镇武昌。

二年春，大赦。右丞相万彧上镇巴丘。夏六月，起显明宫，冬十二月，皓移居之。是岁，分豫章、庐陵、长沙为安成郡。

三年春二月，以左右御史大夫丁固、孟仁为司徒、司空。秋九月，皓出东关，丁奉至合肥。是岁，遣交州刺史刘俊、前部督修则等人击交阯，为晋将毛炅等所破，皆死，兵散还合浦。

建衡元年春正月，立子瑾为太子，及淮阳、东平王。冬十月，改年，大赦。十一月，左丞相陆凯卒。遣监军虞汜、威南将军薛珝、苍梧太守陶璜由荆州，监军李勖、督军徐存从建安海道，皆就合浦击交阯。

二年春，万彧还建业。李勖以建安道不通利，杀导将冯斐，引军还。三月，天火烧万馀家，死者七百人。夏四月，左大司马施绩卒。殿中列将何定曰："少府李勖枉杀冯斐，擅徹军退还。"勖及徐存家属皆伏诛。秋九月，何定将兵五千人上夏口猎。都督孙秀奔晋。是岁大赦。

三年春正月晦，皓举大众出华里，皓母及妃妾皆行，东观令华覈等固争，乃还。是

南省邵阳市）。十二月，孙晧又回到建业定都，卫将军滕牧留守武昌。

宝鼎二年（公元267年），春天，大赦天下。右丞相万彧北上镇守巴丘县（今江西峡江县西南）。夏天，六月，建昭明宫。冬天，十二月，孙晧迁到昭明宫居住。这一年，分豫章（今江西省南昌市）、庐陵（今江西省泰和县西北）、长沙（今湖南省长沙市）等郡为安成郡（今江西省安福县）。

宝鼎三年（公元268年），春天，二月，任命左、右御史大夫丁固、孟仁为司徒、司空。秋天，九月，孙晧出东关（安徽省巢湖市东南），丁奉到合肥（今安徽省合肥市西北）。这一年，派交州（越南河内省境）刺史刘俊、前部督修则等人攻打交阯，被晋国大将毛炅等人打败，刘俊、修则都战死，军队溃散逃回合浦县（今广西合浦）。

建衡元年（公元269年），春天，正月，孙晧立儿子孙瑾为太子，立其他儿子分别为淮阳王、东平王。冬天，十月，改年号，大赦天下。十一月，左丞相陆凯死。孙晧派遣监军虞汜、威南将军薛珝、苍梧太守陶璜，由荆州出兵；派监军李勖、督军徐存从建安海路出发，在合浦会合，攻打交阯。

建衡二年（公元270年）春天，万彧回到建业。李勖因为建安海路不通畅，杀了引导的将军冯斐，带领大军而回。三月，天火烧毁一万多家，死了七百人。夏天，四月，左大司马施绩死。殿中列将何定说："少府李勖冤枉杀死冯斐，又擅自撤军而回。"于是李勖及徐存的家属都被处死。秋天，九月，何定带兵五千人到夏口（今湖北省武汉市武昌区西黄鹄山上）打猎。都督孙秀投奔到晋。这一年，大赦天下。

建衡三年（公元271年），春天，正月，孙晧率领大众出华里（今江苏省南京市西南），

岁，汜、璜破交阯，禽杀晋所置守将，九真、日南皆还属。大赦，分交阯为新昌郡。诸将破扶严，置武平郡。以武昌督范慎为太尉。右大司马丁奉、司空孟仁卒。西苑言凤凰集，改明年元。

凤皇元年秋八月，征西陵督步阐。阐不应，据城降晋。遣乐乡都督陆抗围取阐，阐众悉降。阐及同计数十人皆夷三族。大赦。是岁右丞相万彧被谴忧死，徙其子弟于庐陵。何定奸秽发闻，伏诛。皓以其恶似张布，追改定名为布。

二年春三月，以陆抗为大司马。司徒丁固卒。秋九月，改封淮阳为鲁，东平为齐，又封陈留、章陵等九王，凡十一王，王给三千兵。大赦。皓爱妾或使人至市劫夺百姓财物，司市中郎将陈声，素皓幸臣也，恃皓宠遇，绳之以法。妾以愬皓，皓大怒，假他事烧锯断声头，投其身于四望之下。是岁，太尉范慎卒。

三年，会稽妖言章安侯奋当为天子。临海太守奚熙与会稽太守郭诞书，非论国政。诞但白熙书，不白妖言，送付建安作船。遣三郡督何植收熙，熙发兵自卫，断绝海道。熙部

孙皓的母亲、妻子以及后宫都一起出行，东观令华覈等极力争谏阻止，孙皓才回来。这一年，虞汜、陶璜攻下交阯，杀死晋所设置的守将；九真、日南等地又隶属于吴。大赦天下。分交阯郡为新昌郡（今越南境）；诸将领又攻下扶严，设置武平郡（今越南北境）。命武昌督范慎为太尉。右大司马丁奉、司空孟仁死。宫殿西苑有人报告：凤凰群集。于是明年改元。

凤皇元年（公元 272 年），秋天，八月，孙皓征召西陵督步阐，步阐不应召，带领全城投降于晋。孙皓派乐乡都督陆抗围攻步阐，步阐的手下全都投降，步阐和他的幕僚数十人都被诛灭三族。大赦天下。这一年，右丞相万彧被谴责，忧愤而死。孙皓把他的子弟迁徙到庐陵。何定的奸情被揭发出来，诛死。孙皓因为他的罪状和张布相似，于是追改何定的名字为何布。

凤皇二年（公元 273 年），春天，三月，派陆抗担任大司马。司徒丁固死。秋天，九月，改封淮阳王为鲁王，东平王为齐王。又册封陈留、章陵等九个王，一共十一个王，每个王给兵三千人。大赦天下。孙皓的爱妾，时常派人到市街上抢夺老百姓的财物，司市中郎将陈声，平时一直是孙皓宠幸的臣子，仗恃着孙皓的宠遇，将抢夺财物的人绳之以法。孙皓的爱妾即向孙皓进谗言，孙皓大怒，借着其他小事，把陈声的头锯断、焚烧，又把他的身子投置在四望山（今江苏省南京市西北定淮门外）之下。这一年，太尉范慎死。

凤皇三年（公元 274 年），会稽郡有妖言：章安侯孙奋要当天子。临海郡（今浙江临海市东南）太守奚熙写信给会稽太守郭诞，批评国政。郭诞只向朝廷报告奚熙的来信，没有报告会稽郡的妖言，因此被判刑，送到建安造船。孙皓派三郡督何植去收押奚熙，奚熙发兵自卫，断绝海道。奚熙的部将杀了奚熙，把头颅送到建业，奚熙因此被夷杀三族。秋天七月，孙皓派使者二十五人分别到各州郡视察逃亡叛逆的情形。大司马陆抗死。自从改

曲杀熙，送首建业，夷三族。秋七月，遣使者二十五人分至州郡，科出亡叛。大司马陆抗卒。自改年及是岁，连大疫。分郁林为桂林郡。

天册元年，吴郡言掘地得银，长一尺，广三分，刻上有年月字，于是大赦，改年。

天玺元年，吴都言临平湖自汉末草秽壅塞，今更开通。长老相传，此湖塞，天下乱，此湖开，天下平。又于湖边得石函，中有小石，青白色，长四寸，广二寸馀，刻上作皇帝字。于是改年，大赦。会稽太守车浚、湘东太守张咏不出算缗，就在所斩之，徇首诸郡。秋八月，京下督孙楷降晋。鄱阳言历阳山石文理成字，凡二十，云“楚九州渚，吴九州都，扬州士，作天子，四世治，太平始”。又吴兴阳羡山有空石，长十馀丈，名曰石室，在所表为大瑞。乃遣兼司徒董朝、兼太常周处至阳羡县，封禅国山。改明年元，大赦，以协石文。

天纪元年夏，夏口督孙慎出江夏、汝南，烧略居民。初，驺子张俶多所谮白，累迁为司直中郎将，封侯，甚见宠爱，是岁奸情发闻，伏诛。

二年秋七月，立成纪、宣威等十一王，王给三千兵。大赦。

年号到这一年，连年大瘟疫。又分郁林郡（今广西贵港市）为桂林郡（今广西象州县）。

天册元年（公元 275 年），吴郡（今江苏省苏州市）传言有人从地下挖到银子，长一尺，宽三分，上面刻有年月，于是大赦天下，改元。

天玺元年（公元 276 年），吴郡传言临平湖（今浙江省杭州市余杭区临平山东南）从汉末以来，一直被杂草阻塞，如今却畅通无阻了。吴郡父老相传：“此湖塞，天下乱；此湖开，天下平。”同时又在湖边得到一个石头盒子，里面放有一个小石头，青白色，长四寸，宽二寸多，石头上刻有“作皇帝”等字样。于是改年号，天下大赦。会稽太守车浚、湘东（今湖南省衡阳市东）太守张咏，因为不出课征捐税，在当地就被斩了，朝廷把他们的头，传送到各州郡，以示警戒。秋天，八月，京下督孙楷降晋。鄱阳郡（今江西省鄱阳县治）传言历阳（今安徽省和县西北）山上石头的文理成文字形，一共有二十字，说的是“楚的九州，是水中的陆地；吴的九州，是湖中的小岛。扬州的人士要作天子，经过四代的治理，天下就会太平。”此外，又听说吴兴（今浙江省吴兴县治）阳羡山有一个石头中空，长有十余丈，名叫石室，当地的人，认为是很大的祥瑞，于是孙晧派遣兼司徒董朝、兼太常周处到阳羡县（今江苏省宜兴市南）封禅为国山。明年改元，天下大赦，以符合石头上的文字。

天纪元年（公元 277 年），夏天，夏口督孙慎出江夏（今湖北省鄂州市）、汝南郡（今河南省汝南县东南），沿途劫掠百姓财物，焚烧屋舍。最初，掌管车马的仆驿张俶捏造了许多不实的事情呈报朝廷，因此一直升迁到司直中郎将，被封侯，很受宠幸，这一年，奸情泄露，被处死。

天纪二年（公元 278 年），秋天，七月，立成纪、宣威等十一个王，每个王给兵三千，天下大赦。

三年夏，郭马反。马本合浦太守修允部曲督。允转桂林太守，疾病，住广州。先遣马将五百兵至郡安抚诸夷。允死，兵当分给，马等累世旧军，不乐离别。皓时又科实广州户口，马与部曲将何典、王族、吴述、殷兴等因此恐动兵民，合聚人众，攻杀广州督虞授。马自号都督交、广二州诸军事、安南将军，兴广州刺史，述南海太守。典攻苍梧，族攻始兴。八月，以军师张悌为丞相，牛渚都督何植为司徒。执金吾滕循为司空，未拜，转镇南将军，假节领广州牧，率万人从东道讨马，与族遇于始兴，未得前。马杀南海太守刘略，

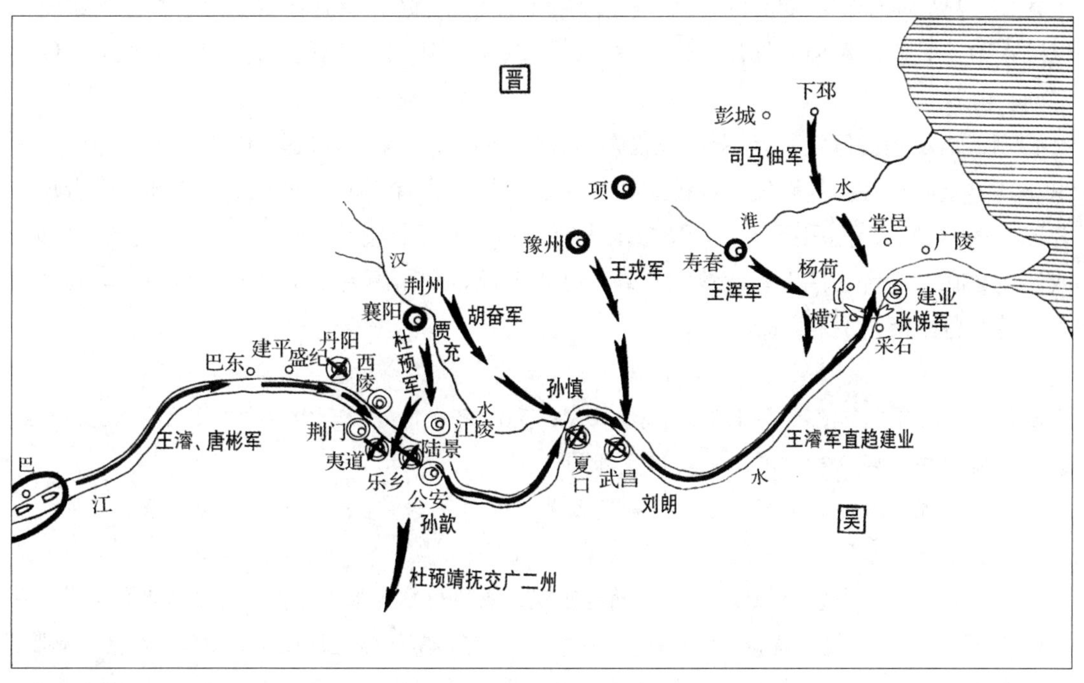

晋军灭吴示意图

天纪三年（公元279年），夏天，郭马造反。郭马本来是合浦太守修允的部下督军，修允调任桂林太守，因为生病，驻军在广州，派郭马先带领五百名兵士到桂林郡安抚当地的夷族。修允死了，军队应当转分散到其他部队；而郭马和这些军队，都是从他们的上一代就在一起从军，大家都不愿意彼此分开。孙皓当时又按实课征广州的户口，郭马和部将何典、王族、吴述、殷兴等人因此起兵骚动，聚合众人，攻杀广州都督虞授。郭马自称都督交州、广州二州的军事、安南将军；殷兴为广州刺史；吴述为南海太守。何典攻打苍梧郡（今广西梧州）；王族攻打始兴。八月，孙皓任命军师张悌为丞相；牛渚（今安徽省马鞍山市西南）都督何植为司徒。任命执金吾滕循为司空，还没有正式封职，又改为镇南将军，持用符节，领广州牧守。同时，派他率领万人从东道讨伐郭马。在始兴遇到王族的军队，不能前进。郭马杀了南海郡（今广东省广州市）太守刘略，驱逐广州刺史徐旗。孙皓

逐广州刺史徐旗。皓又遣徐陵督陶濬将七千人从西道，命交州牧陶璜部伍所领及合浦、郁林诸郡兵，当与东西军共击马。

有鬼目菜生工人黄耇家，依缘枣树，长丈馀，茎广四寸，厚三分。又有买菜生工人吴平家，高四尺，厚三分，如枇杷形，上广尺八寸，下茎广五寸，两边生叶绿色。东观案图，名鬼目作芝草，买菜作平虑草，遂以耇为侍芝郎，平为平虑郎，皆银印青绶。

冬，晋命镇东大将军司马伷向涂中，安东将军王浑、扬州刺史周浚向牛渚，建威将军王戎向武昌，平南将军胡奋向夏口，镇南将军杜预向江陵，龙骧将军王濬、广武将军唐彬浮江东下，太尉贾充为大都督，量宜处要，尽军势之中。陶濬至武昌，闻北军大出，停驻不前。

初，皓每宴会群臣，无不咸令沉醉。置黄门郎十人，特不与酒，侍立终日，为司过之吏。宴罢之后，各奏其阙失，迕视之咎，谬言之愆，罔有不举。大者即加威刑，小者辄以为罪。后宫数千，而采择无已。又激水入宫，宫人有不合意者，辄杀流之。或剥人之面，或凿人之眼。岑昬险谀贵幸，致位九列。好兴功役，众所患苦。是以上下离心，莫为皓尽力，盖积恶已极，不复堪命故也。

又派徐陵的督军陶濬，带兵七千人从西道攻；又命交州牧陶璜率领他所有的军队以及合浦、郁林等郡的兵，接应东西军，一起讨伐郭马。

手工匠人黄耇的家中突然生出一种鬼目菜，依附着枣树生长，长一丈多，茎宽四寸，厚三分。手工匠人吴平的家中也生出一种买菜，高四尺，厚三分，像枇杷的形状，上面宽一尺八寸，下茎宽五寸，两边生绿色的叶子。朝廷东观，依照植物的形象，把鬼目菜命名作芝草，买菜命名作平虑草，于是封黄耇为侍芝郎，吴平为平虑郎，都颁给他们银质的刻印\青色的绶带。

冬天，晋朝命镇东大将军司马伷向涂中进军；要东将军王浑、扬州刺史周浚向牛渚；建威将军王戎向武昌；平南将军胡奋向夏口；镇南将军杜预向江陵（今湖北省荆州市）；龙骧将军王濬、广武将军唐彬则从长江东下；又任命太尉贾充为大都督，看军事实际需要的情形，安排兵阵部署。陶濬的军队才到武昌，听说北面晋国派出了大军，因此就停驻在武昌，不继续向前。

当初，孙皓每次宴会群臣，都要他们喝得大醉，而另外设置黄门郎十人，不准喝酒，派他们整天在旁侍候，担任监督过失的任务。每次宴会完毕，黄门郎就报告每个大臣的过失，举凡瞪眼睛、胡言乱语，都算过失；过失大的，就动用酷刑；过失小的，也分别定罪。后宫数千人，却依旧采择无度。另外，他又引水进宫。凡是后宫有不合意的，就杀了丢进水里流走，不然就是剥人的面皮，或者挖人的眼睛。岑昬因为好阿谀而显贵，官位升到九卿之列。又好大兴土木，百姓深深叫苦。因此都存背叛之心，不肯替孙皓效力，实在是他造孽太多，老百姓已经无法忍受了。

四年春，立中山、代等十一王，大赦。濬、彬所至，则土崩瓦解，靡有御者。预又斩江陵督伍延，浑复斩丞相张悌、丹杨太守沈莹等，所在战克。

三月丙寅，殿中亲近数百人叩头请晧杀岑昏，晧惶愦从之。

戊辰，陶濬从武昌还，即引见，问水军消息，对曰："蜀船皆小，今得二万兵，乘大船战，自足击之。"于是合众，授濬节钺。明日当发，其夜众悉逃走。而王濬顺流将至，司马伷、王浑皆临近境。晧用光禄勋薛莹、中书令胡冲等计，分遣使奉书于濬、伷、浑曰："昔汉室失统，九州分裂，先人因时，略有江南，遂分阻山川，与魏乖隔。今大晋龙兴，德覆四海。暗劣偷安，未喻天命。至于今者，猥烦六军，衡盖路次，远临江渚，举国震惶，假息漏刻。敢缘天朝含弘光大，谨遣私署太常张夔等奉所佩印绶，委

王濬，清朱芝轩绘。

天纪四年（公元280年），春天，立中山、代等十一个王，大赦天下。晋朝王濬、唐彬大军所到的地方，军队都如土崩瓦解，没有人肯抵抗就投降了。杜预又斩了江陵都督伍延；王浑斩了丞相张悌、丹阳太守沈莹等，也是所到皆捷。

三月，丙寅日，殿里孙晧亲近的数百人叩头请求杀岑昏。孙晧害怕地答应了。

戊辰日，陶濬从武昌回来，孙晧立刻召见他，询问水军的消息，陶濬回答说："蜀都是些小的船只，现在只要派二万名兵，乘大船应战，就足够击败他们了。"于是孙晧纠集群众，授给陶濬大斧的符节，准备第二天出发。当天晚上，所有的兵士都纷纷逃走。而王濬的军队顺着江水马上就要到了；司马伷、王浑的大军也迫近边界。孙晧于是采纳光禄勋薛莹、中书令胡冲等人的计策，分别派使臣送信给王濬、司马伷、王浑，说道："从前汉朝失去了正统，使得九州分裂。我们的先人，因为天时，而拥有这江南的领土，于是便分别被山川阻隔，与魏国远远分开。如今你们大晋朝兴盛，恩德被四海；我们愚暗不明，仅在这小小的地方苟延残喘，没有听到你们的天命，才会到今天这地步。还要麻烦你们的六军从各方面出发，从老远的地方来到江渚边，我们全国上下都惊慌失措，不敢片刻安宁。我现在岂敢攀缘天朝的广大恩泽，很恭敬地派私署太常张夔等人献上我所佩的印绶，向你们请命，希望

降孙晧三分归一统，选自清刊本《三国演义》。据《三国演义》，孙晧归晋后，登殿叩首以见晋帝，晋帝赐坐说“朕设此座以待卿久矣”，孙晧回答说“臣于南方，亦设此座以待陛下”。图为孙晧叩见晋帝。

质请命，惟垂信纳，以济元元。”

壬申，王濬最先到，于是受晧之降，解缚焚榇，延请相见。伷以晧致印绶于己，遣使送晧，晧举家西迁，以太康元年五月丁亥集于京邑。四月甲申，诏曰：“孙晧穷迫归降，前诏待之以不死，今晧垂至，意犹愍之，其赐号为归命侯。进给衣服车乘，田三十顷，岁给谷五千斛，钱五十万，绢五百匹，绵五百斤。”晧太子瑾拜中郎，诸子为王者，拜郎中。五年，晧死于洛阳。

评曰：孙亮童孺无贤辅，其替位不终，必然之势也。休以旧爱宿恩，任用兴、布，不能拔近良才，改弦易张。虽志善好学，何益救乱乎？又使既废之亮不得其死，友于之义薄矣。晧之淫刑所滥，陨毙流黜者，盖不

你们能垂爱、信纳，以济天下苍生。”

壬申日，王濬最先到，于是接受孙晧的投降。王濬解去他的绳子，焚烧了带来的棺木，请他相见。司马伷因为孙晧把印绶交给自己，于是派人送孙晧到洛阳，孙晧全家也跟着西迁。在太康元年（公元 280 年）五月，丁亥日，到达京师。四月，甲申日，朝廷下诏书：“孙晧实在是穷迫无路可走，才投降的。因为以前曾经下诏不杀死他，现在孙晧立刻就要送到，寡人心里还觉得怜悯，赐给他归命侯的封号，分给他衣服、车马，三十顷田地，每年给他五千斛谷子，五十万钱，五百匹绢，五百斤绵。”孙晧太子孙瑾封为中郎，其他儿子孙晧有封王的，都封为郎中。五年，孙晧死在洛阳。

陈寿评说：孙亮只是一个小孩子，没有贤相辅佐，他的王位不能长保，是必然的情形。孙休因为一个是他从前所宠爱的臣子，一个是对他有恩的缘故，而任用濮阳兴、张布；不能拔用人才，没有自己的主见。虽然喜好读书，但是对拯救国家动乱有什么帮助呢？既已废了孙亮，还使他死得不明不白，兄弟的情义也未免太薄了。孙晧滥用酷刑，被他杀死、流放的人，简直不可胜数，因此臣下人人惊恐，每天都过着朝不保夕的日子。他把荧惑星、巫祝等认为是祥瑞，而急切的办理这些事。从前舜、禹亲自耕稼；他们有至圣

可胜数。是以群下人人惴恐，皆日日以冀，朝不谋夕。其荧惑、巫祝、交致祥瑞，以为至急。昔舜、禹躬稼，至圣之德，犹或矢誓众臣，予违女弼，或拜昌言，常若不及。况皓凶顽，肆行残暴，忠谏者诛，谗谀者进，虐用其民，穷淫极侈，宜腰首分离，以谢百姓。既蒙不死之诏，复加归命之宠，岂非旷荡之恩，过厚之泽也哉！

的德行，还时常和大臣们誓志，我若有过失，你们应匡正，或者是征询臣下的意见，常常好像自己的才智不及别人一般。孙皓凶狠顽固，恣行暴虐，凡是忠心劝谏的忠臣，都被杀死，而阿谀的佞臣反而显贵，他虐待百姓，穷凶恶极，实在应该被腰斩车裂，向百姓谢罪；然而居然得到不死的诏令，还封他为归命侯。这种恩宠，难道不是广大的恩惠，太过宽厚了吗？

三国志卷四十九

刘繇太史慈士燮传第四

汪惠敏 译

刘繇字正礼，东莱牟平人也。齐孝王少子封牟平侯，子孙家焉。繇伯父宠，为汉太尉。繇兄岱，字公山，历位侍中，兖州刺史。

繇年十九，从父韪为贼所劫质，繇篡取以归，由是显名。举孝廉，为郎中，除下邑长。时郡守以贵戚托之，遂弃官去。州辟部济南，济南相中常侍子，贪秽不循，繇奏免之。平原陶丘洪荐繇，欲令举茂才。刺史曰："前年举公山。奈何复举正礼乎？"洪曰："若明使君用公山于前，擢正礼于后，所谓御二龙于长涂，骋骐骥于千里，不亦可乎！"会辟司空掾，除侍御史，不就。避乱淮浦，诏书以为扬州刺史。时袁术在淮南，繇畏惮，不敢之州。欲南渡江，吴景、孙贲迎置曲阿。术图为僭逆，攻没诸郡县。繇遣樊能、张英屯江边以拒之，以景、贲术所授用，乃迫逐使去。于是术乃自置扬州刺史，与景、贲并力攻英、

刘繇，字正礼，东莱郡牟平县（今山东省烟台市福山区西北）人。从前，齐孝王最小的儿子封为牟平侯，他的子孙从此就在那里定居。刘繇的伯父刘宠，在汉朝担任太尉的官职；刘繇的哥哥刘岱，字公山，官做到侍中，担任兖州（今山东省巨野县昌邑镇）刺史。

刘繇十九岁的时候，他的叔父刘韪，被贼人劫持作人质，刘繇奋勇将叔父抢救回来，因此名显州郡，被推举为孝廉，封为郎中，担任下邑（今江苏省砀山县东）县长。当时郡守因为贵戚的身份而骄傲自大，刘繇于是弃官离去。州郡又征他治理济南国（今山东章丘市西）。济南国相是中常侍的儿子，贪污不守法，刘繇上奏朝廷，将他免官。平原郡（今山东省平原县西）陶丘洪推荐刘繇，想要推举他为茂才。刺史说："前年你推举刘公山，怎么现在又推举刘正礼了呢？"陶丘洪说："如果阁下用刘公山在前，又提拔刘正礼在后，这正是所谓驾着二龙走长远的路途，骑着骐骥奔驰千里，不是很好吗？"正好朝廷征他为司空掾，担任侍御史。刘繇不去上任，在淮浦县（今江苏省涟水县西）避乱，朝廷又诏书派他担任扬州（今安徽省合肥市）刺史。当时，袁术正在淮南县（今安徽省寿县），刘繇心里害怕，便不敢到扬州就任，想要南渡长江，吴景、孙贲把他迎到曲阿（今江苏省丹阳市治）。袁术企图越礼犯上作皇帝，攻下附近许多郡县。刘繇派樊能、张英屯驻在江边抵抗。由于

能等，岁馀不下。汉命加繇为牧，振武将军，众数万人。孙策东渡，破英、能等。繇奔丹徒，遂泝江南保豫章，驻彭泽。笮融先至，杀太守朱晧，入居郡中。繇进讨融，为融所破，更复招合属县，攻破融。融败走入山，为民所杀。繇寻病卒，时年四十二。

笮融者，丹杨人，初聚众数百，往依徐州牧陶谦。谦使督广陵、彭城运漕，遂放纵擅杀，坐断三郡委输以自入。乃大起浮图祠，以铜为人，黄金涂身，衣以锦采，垂铜槃九重，下为重楼阁道，可容三千馀人，悉课读佛经，令界内及旁郡人有好佛者听受道，复其他役以招致之，由此远近前后至者五千馀人户。每浴佛，多设酒饭，布席于路，经数十里，民人来观及就食且万人，费以巨亿计。曹公攻陶谦，徐土骚动，融将男女万口，马三千匹，走广陵，广陵太守赵昱待以宾礼。先是，彭城相薛礼为陶谦所逼，屯秣陵。融利广陵之众，因酒酣杀昱，放兵大略，因载而去。过杀礼，然后杀晧。

后策西伐江夏，还过豫章，收载繇丧，善遇其家。王朗遗策书曰："刘正礼昔初临州，未能自达，实赖尊门为之先后，用能济江成治，有所处定。践境之礼，感分结意，情在终

吴景、孙贲是袁术所任用的，刘繇把他们强迫赶走。袁术于是自己设置扬州刺史，和吴景、孙贲合力攻打张英、樊能等，过了一年多，还是不能攻下。汉朝政府因此诏令升他为牧守，封为振武将军，率领数万名军队。孙策东渡河，打败张英、樊能等、刘繇逃到丹徒（今江苏省镇江市丹徒区），于是沿长江南行，防守豫章（今江西省南昌市），驻军于彭泽（今江西省湖口县东）；笮融先到，杀死太守朱晧，带了军队驻守在郡中。刘繇于是进兵讨伐笮融，被笮融打败，刘繇又招集附近属县的兵力，才打败笮融。笮融失败，逃入山中，被当地老百姓杀死。刘繇不久也病死了，年仅四十二岁。

笮融，丹阳（郡治宛陵，即今安徽宣城市宣州区）人，早先聚集群众数百人依附徐州陶谦。陶谦派他督军广陵（今江苏省扬州市）、彭城（今江苏省徐州市）的运粮部队。笮融私自放纵，滥杀无辜，因为吞没三郡的粮运而被免官。笮融于是大量的修建佛寺，铸造铜人，用黄金涂遍全身，穿上锦绣的衣服，垂下九层铜盘，楼阁重叠，可容纳三千多人，督促他们研读佛经，使界内以及旁郡的善男信女前来听道，又以免除役使，招徕群众。因此，前后远近共有五千多户人家来参加。每次礼佛的时候，就准备许多酒、饭摆在道路两旁，绵延数十里，老百姓来围观并且就食的，将近有一万人，耗费极为庞大。曹操攻打陶谦，徐州百姓因此不安，笮融率领男女一万多人，马三千匹，逃到广陵；广陵太守赵昱以宾客之礼对待他。当初，彭城相薛礼被陶谦逼迫，驻军在秣陵（今江苏省南京市南）；笮融看中广陵的富庶，于是在宴客酒酣的时候，杀了赵昱，放纵兵士大肆劫掠，满载而去，经过秣陵，杀了薛礼，然后又到豫章杀朱晧。

后来，孙策往西攻打江夏（今湖北省武汉市新洲区），回来经过豫章，替刘繇发丧，并且善待他的家属。王朗写信给孙策说："刘正礼最初到达州郡的时候，不会自我表达，实

始。后以袁氏之嫌，稍更乖剌。更以同盟，还为仇敌，原其本心，实非所乐。康宁之后，常愿渝平更成，复践宿好。一尔分离，款意不昭，奄然殂陨，可为伤恨！知敦以厉薄，德以报怨，收骨育孤，哀亡愍存，捐既往之猜，保六尺之托，诚深恩重分，美名厚实也。昔鲁人虽有齐怨，不废丧纪，《春秋》善之，谓之得礼，诚良史之所宜藉，乡校之所叹闻。正礼元子，致有志操，想必有以殊异。威盛刑行，施之以恩，不亦优哉！”

繇长子基，字敬舆，年十四，居繇丧尽礼，故吏馈饷，皆无所受。姿容美好，孙权爱敬之。权为骠骑将军，辟东曹掾，拜辅义校尉、建忠中郎将。权为吴王，迁基大农。权尝宴饮，骑都尉虞翻醉酒犯忤，权欲杀之，威怒甚盛，由基谏争，翻以得免。权大暑时，尝于船中宴饮，于船楼上值雷雨，权以盖自覆，又命覆基，馀人不得也。其见待如此。徙郎中令。权称尊号，改为光禄勋，分平尚书事。年四十九卒。后权为子霸纳基女，赐第一区，四时宠赐，与全、张比。基二弟，铄、尚，皆骑都尉。

在是因为贵府替他先后张罗，因此才能有所成就。这份超越地界的礼节，情意觉得特别深浓；后来因为袁氏的猜嫌，使得彼此关系稍稍恶化。甚至使原来的同盟，变成了仇敌。推其本心，实在不是他所乐意的。动乱平静之后，常常希望能抛弃前嫌，重修旧好。想不到分离不久，盛意尚未昭显，刘繇便已过世，实在令人伤心。阁下能够以敦厚对待刻薄，以恩德还报仇怨，替刘氏收尸骨，抚恤他的遗孤，哀悼死去的，怜悯尚存的；抛弃已往的猜嫌，保全了死者临终的托付，真是恩深意重，美名厚实。从前鲁国人虽然和齐国有怨，但是不废丧制的礼节，因此《春秋》特别褒扬，称他们是得礼。这实在是一个良史拿来做典型，乡校应该赞美传颂的事情。刘正礼的长子，有志向、有操守，想必阁下对他有特别的礼遇。他的威仪庄重，施政严明，像这样的人，给予宠恩，不是很合宜的吗？”

刘繇的长子刘基，字敬舆，十四岁时，在为刘繇守丧期间，都能尽到礼节，从前旧官僚的馈赠，都不收取；长得非常英俊，孙权不但宠爱他，而且也尊敬他。孙权担任骠骑将军，派他担任东曹掾，后来封他为辅义校尉，建忠中郎将。孙权封为吴王之后，升刘基为大农。孙权曾经在宴会的时候，骑都尉虞翻因为酒醉，冒犯了孙权，孙权很生气，要杀虞翻，由于刘基的极力谏争，虞翻才免得被杀。又有一次大热天，孙权在船中宴饮，正好遇到大雷雨，孙权拿了遮盖自己遮雨，也命人替刘基遮蔽，其他人都被淋湿了。刘基被孙权宠爱，由此可见。后来改升为郎中令。孙权称帝，改封刘基为光禄勋，与宰相一同处理尚书事。四十九岁死。后来，孙权为他的儿子孙霸娶了刘基的女儿，赏赐第一等的封区，四时的封赏，也和全氏、张氏（孙权姻亲）差不多。刘基两个弟弟刘铄、刘尚都担任骑都尉。

三国志 卷四十九 吴书四 刘繇太史慈士燮传第四

太史慈字子义，东莱黄人也。少好学，仕郡奏曹吏。会郡与州有隙，曲直未分，以先闻者为善。时州章已去，郡守恐后之，求可使者。慈年二十一，以选行，晨夜取道，到洛阳，诣公车门，见州吏始欲求通。慈问曰：“君欲通章耶？”吏曰：“然。”问：“章安在？”曰：“车上。”慈曰：“章题署得无误耶？取来视之。”吏殊不知其东莱人也，因为取章。慈已先怀刀，便截败之。吏踊跃大呼，言“人坏我章”！慈将至车间，与语曰：“向使君不以章相与，吾亦无因得败之，是为吉凶祸福等耳，吾不独受此罪。岂若默然俱出去，可以存易亡，无事俱就刑辟。”吏言：“君为郡败吾章，已得如意，欲复亡为？”慈答曰：“初受郡遣，但来视章通与未耳。吾用意太过，乃相败章。今还，亦恐以此见谴怒，故俱欲去尔。”

太史慈，字子义，东莱郡黄县（今山东省龙口市石良镇北黄城集）人，从小好学，在郡县担任奏曹吏；正巧当时州和郡发生嫌隙，双方各执一说，于是朝廷下令：奏章先到的一方算是有理。那时候，州的奏章已经发出，郡守担心落后，寻求可以派遣的人。太史慈二十一岁，被选中，于是日夜兼程赶路；到了洛阳（今河南省洛阳市东北），来到公车门，看到州的官吏正要通报。太史慈问他：“你是要来通报奏章的吗？”州吏说：“是的。”太史慈问：“奏章现在在哪里？”州吏说：“在车上。”太史慈于是说：“奏章上的题署会不会有错误？拿来我帮你看看。”官吏不知道他是东莱人，就把奏章拿给他看。太史慈拿起预先藏在怀中的小刀，就把奏章割坏了。官吏急得直大叫：“有人把我的奏章割坏了。”太史慈把他带到车列中间，对他说：“如果你刚才不把奏章给我看，我就没有办法破坏了。这吉凶祸福是一样的，我不会单独一个人受罪。还不如我们安安静静地一起出去，这样才可以活命，不致两个人都受重刑。”官吏疑惑的问：“你为你们郡而破坏了我的奏章，现在你已经成功了，为什么还要逃走呢？”太史慈骗他说：“当初我受到郡的差遣，只是要来看看你们的奏章有没有通报；我因为求功心切，弄坏了你们的奏章，现在回去，

太史慈，选自清皇家珍藏手抄善本绘图描金银《三国志演义》。

孔融，选自清皇家珍藏手抄善本绘图描金银《三国志演义》。

吏然慈言，即日俱去。慈既与出城，因遁还通郡章。州家闻之，更遣吏通章，有司以格章之故不复见理，州受其短。由是知名，而为州家所疾。恐受其祸，乃避之辽东。

北海相孔融闻而奇之，数遣人讯问其母，并致饷遗。时融以黄巾寇暴，出屯都昌，为贼管亥所围。慈从辽东还，母谓慈曰："汝与孔北海未尝相见，至汝行后，赡恤殷勤，过于故旧，今为贼所围，汝宜赴之。"慈留三日，单步径至都昌。时围尚未密，夜伺间隙，得入见融，因求兵出斫贼。融不听，欲待外救，未有至者，而围日逼。融欲告急平原相刘备，城中人无由得出，慈自请求行。融曰："今贼围甚密，众人皆言不可，卿意虽壮，无乃实难乎？"慈对曰："昔府君倾意于老母，老母感遇，遣慈赴府君之急，固以慈有

也恐怕被责备，所以要和你一起逃走。"官吏觉得他说的有道理，当天就和太史慈一起出城去了。太史慈和州官吏一起出了城之后，又偷偷的溜了回来，通报自己的奏章。州府的人听说发生变故，又另外派人再递上奏章；有司因为州府改换奏章的缘故，不再受理，州府的官司因此失败了。太史慈由此远近闻名，可是也因此被州府的人所仇恨。太史慈害怕州府的人报复，于是躲到辽东（今辽宁省辽阳市北）。

北海国相（今山东省昌乐县西）孔融，听说了这件事，非常赞赏他的才智，屡次派人问候太史慈的母亲，并且时时送来吃的粮食。那时候，孔融因为黄巾贼乱作，屯驻在都昌（今山东省昌邑市西），被贼兵管亥围困。太史慈从辽东回来，他的母亲对太史慈说："你和孔北海先生素不相见，从你走了以后，北海先生常常来周济我，比起你的那些故旧朋友还殷切。现在他被贼兵围困，你应该赶快去帮助他。"太史慈在家中停留了三天，就一个人步行来到都昌。当时，贼兵还没有围困得很严密，太史慈利用夜晚，找了机会溜进城中拜见孔融，向孔融请求派兵出城杀贼；孔融不肯，想要等待外面的援军。可是等了许久，没有援军来到，而贼人的围困日渐紧迫。孔融想要向平原（今山东省平原县南）刘备告急，但是城里没有一个人出得去；太史慈主动要求出城救兵，孔融说："现在敌人重重围困，大家都说没有法子出城，你的勇气虽然可佩，但未免太冒险了。"太史慈回答说："从前先生每次对家母致意，家母感于知遇，派慈来解救先生的危难，就是认为慈还有可取的地方，前

可取，而来必有益也。今众人言不可，慈亦言不可，岂府君爱顾之义，老母遣慈之意邪？事已急矣，愿府君无疑。”融乃然之。于是严行蓐食，须明，便带鞬摄弓上马，将两骑自随，各作一的持之，开门直出。外围下左右人并惊骇，兵马互出。慈引马至城下堑内，植所持的各一，出射之，射之毕，径入门。明晨复如此，围下人或起或卧，慈复植的，射之毕，复入门。明晨复出如此，无复起者，于是下鞭马直突围中驰去。比贼觉知，慈行已过，又射杀数人，皆应弦而倒，故无敢追者。遂到平原，说备曰：“慈，东莱之鄙人也，与孔北海亲非骨肉，比非乡党，特以名志相好，有分灾共患之义。今管亥暴乱，北海被围，孤穷无援，危在旦夕。以君有仁义之名，能救人之急，故北海区区，延颈恃仰，使慈冒白刃，突重围，从万死之中自托于君，惟君所以存之。”备敛容答曰：“孔北海知世间有刘备邪！”即遣精兵三千人随慈。贼闻兵至，解围散走。融既得济，益奇贵慈，曰：“卿吾之少友也。”事毕，还启其母，母曰：“我喜汝有以报孔北海也。”

扬州刺史刘繇与慈同郡，慈自辽东还，未与相见，暂渡江到曲阿见繇。未去，会孙策至。或劝繇可以慈为大将军，繇曰：“我若用子义，许子将不当笑我邪？”但使慈侦视轻

来对先生必定有助益。现在虽然大家都说不能突出重围，慈也附和众人的话，这哪里是先生爱顾慈的道义以及家母派遣慈来的用心呢？现在事情已经非常紧迫了，希望先生不要再疑虑。”孔融这才答应。因此整备行装，早早的吃饱了饭，天刚一亮，便带着弓、箭上马，带着两名随从的骑兵，命他们各拿一个箭靶，开了城门，直奔而出，外围的贼兵都非常震惊，立刻兵马戒备。太史慈骑马到了城下沟堑，把箭靶插上，然后射箭，箭射完了，就回到城里。第二天又是如此，而围困的贼兵有的起来，有的仍然在睡觉；而太史慈还是照样插箭靶、射箭，再退回城门。第三天又是如此，贼兵再也没有一个愿意起来的了。太史慈于是策着马鞭，向敌人重围中冲出去；等到敌人发觉，太史慈已经冲出重围了，又射杀了好几个人，都应弦而倒，因此没有人敢再追他。太史慈到达了平原郡，告诉刘备说：“慈是东莱地方粗鄙的人，和孔北海先生没有骨肉之亲，也没有乡党之谊，只因为意气相投，有共患难的道义。如今管亥作乱，北海先生被围困，孤穷没有援军，非常危急；因为听说阁下有仁义的美名，能救别人的危难，因此北海先生非常企盼先生前去解围，派慈冒险突破重围，从百死一生之中，前来托付于阁下，请求阁下解救这个急难。”刘备听了，肃敬的说道：“孔北海先生还知道世间有我刘备这个人吗？”立刻派遣精兵三千人，跟着太史慈回去。贼兵听说救兵到了，纷纷解围逃散。孔融解了围困，因此更加看重太史慈的智勇，对他说：“你真是我年轻的朋友。”事情完毕，太史慈回去禀报母亲，母亲说：“我非常高兴你能回报孔北海先生。”

扬州刺史刘繇和太史慈同郡，太史慈从辽东回来，没有和别人见面，只是渡江到曲阿（今江苏省丹阳市治）去见刘繇。还没有去之前，正赶上孙策大军前来有人劝刘繇可以派

太史慈酣斗小霸王，选自清刊本《三国演义》。

重。时独与一骑卒遇策。策从骑十三，皆韩当、宋谦、黄盖辈也。慈便前斗，正与策对。策刺慈马，而擥得慈项上手戟，慈亦得策兜鍪。会两家兵骑并各来赴，于是解散。

慈当与繇俱奔豫章，而遁于芜湖，亡入山中，称丹杨太守。是时，策已平定宣城以东，惟泾以西六县未服。慈因进住泾县，立屯府，大为山越所附。策躬自攻讨，遂见囚执。策即解缚，捉其手曰："宁识神亭时邪？若卿尔时得我云何？"慈曰："未可量也。"策大笑曰："今日之事，当与卿共之。"即署门下督，还吴授兵，拜折冲中郎将。后刘繇亡于豫章，士众万馀人未有所附，策命慈往抚安焉。左右皆曰："慈必北去不还。"策曰："子义舍我，当复与谁？"饯送昌门，把腕别曰："何时能还？"答曰："不过六十

太史慈担任大将军。刘繇说："我如果用太史慈，许子将不就要笑我了吗？"只是让太史慈自己衡量轻重，决定去就。当时，太史慈只带一名骑兵，路上遇到孙策。孙策随从的骑兵有十三人，都是像韩当、宋谦、黄盖这一类的勇士；太史慈便向前挑战，和孙策正面相对。孙策刺太史慈的马，钩住太史慈脖子上的手戟，太史慈也拿住了孙策的兜鍪。正好两家的兵骑赶来相助，双方这才解散。

太史慈本来要和刘繇一起逃到豫章（今江西省南昌市），可是他却逃到了芜湖（今安徽省芜湖市东南），躲在山中，自称是丹阳太守。那时候，孙策已经平定了宣城（今安徽省南陵县东十四里青弋江上）以东，只有泾县（今安徽省泾县西）以西六个县没有归附，太史慈于是驻到泾县，立屯府，山越之民有许多来归附的。后来，孙策亲自来征讨，太史慈才被俘虏。孙策见到太史慈，立刻替他松绑，拉着他的手，说："还记得在神亭那个时候的事吗？如果你在那个时候捉到了我，会如何呢？"太史慈回答："那可不一定。"孙策于是大笑说："今日天下之事，我要和你一起来商讨。"立刻派他担任门下督，回到吴郡（今江苏省苏州市），授兵给他，封他为折冲中郎将。后来刘繇在豫章死了，兵士约有一万多人，不知所往，孙策命太史慈前往安抚。左右的人都说："太史慈一定往北而去，不再回来。"孙策说："太史子义除了我，还会依附谁呢？"于是在昌门替他送别，握着他的手腕道别，向

日。”果如期而反。

刘表从子磐，骁勇，数为寇于艾、西安诸县。策于是分海昏、建昌左右六县，以慈为建昌都尉，治海昏，并督诸将拒磐。磐绝迹不复为寇。

慈长七尺七寸，美须髯，猿臂善射，弦不虚发。尝从策讨麻保贼．贼于屯里缘楼上行詈，以手持楼棼，慈引弓射之，矢贯手著棼，围外万人莫不称善。其妙如此。曹公闻其名，遗慈书，以箧封之，发省无所道，而但贮当归。孙权统事，以慈能制磐，遂委南方之事。年四十一，建安十一年卒。子亨，官至越骑校尉。

士燮字威彦，苍梧广信人也。其先本鲁国汶阳人，至王莽之乱，避地交州。六世至燮父赐，桓帝时为日南太守。燮少游学京师，事颍川刘子奇，治《左氏春秋》。察孝廉，补尚书郎，公事免官。父赐丧阕后，举茂才，除巫令，迁交阯太守。

弟壹，初为郡督邮。刺史丁宫征还京都，壹侍送勤恪，宫感之，临别谓曰：“刺史若待罪三事，当相辟也。”后宫为司徒，辟壹。比至，宫已免，黄琬代为司徒，甚礼遇壹。董

他说：“几时回来？”太史慈回答：“不超过六十天，一定能回来。”到时候果然如期回来。

刘表的侄子刘磐，非常勇敢，常常在艾（今江西省修水县西）、西安（今江西省武宁县西）等县乱作，孙策于是分置海昏（今江西省永修县治）、建昌（今江西省奉新县西）等左右六个县，派太史慈担任建昌都尉，治理海昏，同时统领诸将抵抗刘磐。从此刘磐绝迹，不再骚扰。

太史慈身长七尺七寸，有很长的须髯；长长的手臂，很会射箭，箭不虚发。曾经跟随孙策讨伐麻保的贼兵，贼兵在屯区里，攀援楼上叫骂，两手扶着楼的梁柱，太史慈一箭射去，贯穿贼人的手掌而射入梁柱，外围众人看了个个叫好，他射箭的功夫是如此的神妙。曹操听到他的名声，派人送信给太史慈，用小箱子封好了，太史慈打开一看，里面一句话也没有说，只是放了“当归”（一种中药材）。孙权统事，因为太史慈能制住刘磐，就把南方的事都托付给他。太史慈四十一岁，在建安十一年（公元206年）死。他的儿子太史亨，官做到越骑校尉。

士燮，字威彦，苍梧郡广信县（今广西梧州市）人。他的祖先本来是鲁国汶阳（今山东省宁阳县东北）人，王莽作乱的时候，迁到交州（今广西梧州市）避乱。过了六世，到士燮的父亲士赐，在汉桓帝的时候，担任日南（今越南南部）太守。士燮从小到京师游学，跟着颍川（今河南省禹州市）刘子奇学《左氏春秋》，被举为孝廉，补尚书郎的官。后来因为公事被免官。父亲士赐丧事期满之后，又被举为茂才，担任巫县（今四川省巫山县东）县令；后来升为交阯（今越南东京州）太守。

士燮的弟弟士壹，最初担任郡督邮，当刺史丁宫被召回京师，士壹沿途照顾非常勤勉，丁宫非常感谢，临别对他说：“我如果能有幸任职三公，一定召你来共事。”后来丁

卓作乱，壹亡归乡里。交州刺史朱符为夷贼所杀，州郡扰乱。燮乃表壹领合浦太守，次弟徐闻令䵋领九真太守，䵋弟武，领南海太守。

燮体器宽厚，谦虚下士，中国士人往依避难者以百数。耽玩《春秋》，为之注解。陈国袁徽与尚书令荀彧书曰："交阯士府君既学问优博，又达于从政，处大乱之中，保全一郡，二十馀年疆埸无事，民不失业，羁旅之徒，皆蒙其庆。虽窦融保河西，曷以加之？官事小阕，辄玩习书传，《春秋左氏传》尤简练精微，吾数以咨问传中诸疑，皆有师说，意思甚密。又《尚书》兼通古今，大义详备。闻京师古今之学，是非忿争，今欲条《左氏》、《尚书》长义上之。"其见称如此。

燮兄弟并为列郡，雄长一州，偏在万里，威尊无上。出入鸣钟磬，备具威仪，笳箫鼓吹，车骑满道，胡人夹毂焚烧香者常有数十。妻妾乘辎軿，子弟从兵骑，当时贵重，震服百蛮，尉他不足逾也。武先病没。

朱符死后，汉遣张津为交州刺史，津后又为其将区景所杀，而荆州牧刘表遣零陵赖恭代津。是时苍梧太守史璜死，表又遣吴巨代之，与恭俱至。汉闻张津死，赐燮玺书曰："交

官担任司徒，果然征召士壹。等士壹到了京师，丁宫已经被免官，黄琬代为司徒，对士壹非常礼遇。董卓作乱，士壹回到乡里；交州刺史朱符被贼兵所杀，州郡大乱，士燮于是上表推荐士壹担任合浦（今西合浦县）太守，推荐二弟——徐闻（今广东省徐闻县东）县令士䵋担任九真（今越南之河内以南，顺化以北清华、义安等处）太守、䵋弟士武担任南海（今广东省广州市）太守。

士燮气量宽大，为人谦虚，能够礼贤下士，因此中原读书人前往依附避难的有好几百人。他非常喜欢《春秋》，替《春秋》作注。陈国（今河南省淮阳县治）袁徽给尚书令荀彧信中说："交阯郡士先生，不但学问广博，又精于政事，处在大乱之中，保全一郡达二十多年平安无事，百姓没有失业的，商旅之人也受到他的恩泽。即使从前窦融保有河西（今山西省临汾县），也没有比他再好了。公事余暇，就研读书传，对《春秋左氏传》尤其有精透的见解，我好几次问他《左传》中的疑难，他的立论都有师承，解说非常详密。又兼通晓《尚书》今、古文。听说京师为今、古文之学在争执是非，士燮正准备条列《左传》与《尚书》的优点，上奏朝廷。"士燮他是如此的被人称赞。

士燮兄弟同为郡太守，在一州之中最为称雄。又地在偏远，有无上的威武尊严。出入都敲钟磬，很有威仪，配上笳、箫、鼓吹，车骑满道；胡人夹在车队两旁烧香的，常有几十人之多。妻妾们乘车，子弟骑马，在当时是非常贵重，百蛮都很震服。昔日即使尉他的贵重也比不上他。士武最先病死。

朱符死了以后，汉朝派遣张津担任交州刺史，张津后来被他的部将区景杀死，而荆州牧刘表派遣零陵（今湖南省永州市零陵区）赖恭代替张津。当时，苍梧太守史璜死，刘表

州绝域，南带江海，上恩不宣，下义壅隔，知逆贼刘表又遣赖恭窥看南土，今以燮为绥南中郎将，董督七郡，领交阯太守如故。”后燮遣吏张旻奉贡诣京都。是时，天下丧乱，道路断绝，而燮不废贡职。特复下诏拜安远将军，封龙度亭侯。

后巨与恭相失，举兵逐恭，恭走还零陵。建安十五年，孙权遣步骘为交州刺史。骘到，燮率兄弟奉承节度。而吴巨怀异心，骘斩之。权加燮为左将军。建安末年，燮遣子廞入质，权以为武昌太守。燮、壹诸子在南者，皆拜中郎将。燮又诱导益州豪姓雍闿等，率郡人民使遥东附，权益嘉之，迁卫将军，封龙编侯，弟壹偏将军，都乡侯。燮每遣使诣权，致杂香细葛，辄以千数，明珠、大贝、流离、翡翠、瑇瑁、犀、象之珍，奇物异果，蕉、邪、龙眼之属，无岁不至。壹时贡马凡数百匹。权辄为书，厚加宠赐，以答慰之。燮在郡四十馀岁，黄武五年，年九十卒。

权以交阯县远，乃分合浦以北为广州，吕岱为刺史；交阯以南为交州，戴良为刺史。又遣陈时代燮为交阯太守。岱留南海，良与时俱前行到合浦，而燮子徽自署交阯太守，发宗兵拒良。良留合浦。交阯桓邻，燮举吏也，叩头谏徽使迎良，徽怒，笞杀邻。邻兄治、

又派吴巨代理，和赖恭一起上任。汉朝听说张津死了，下诏给士燮说：“交州在偏远的地域，朝廷的恩泽不能下宣，下面的民情又不能上达，获悉逆贼刘表又派赖恭窥视南方州郡，现在派士燮为绥南中郎将，总督七郡，依然领治交阯太守。”后来士燮派张旻带了贡品到京师朝贡。那时候，天下已经大乱，道路中断，而士燮仍然不废贡职；朝廷又下诏任命他为安远将军，封龙度亭侯。

后来，吴巨与赖恭失和，吴巨举兵驱逐赖恭，赖恭逃回零陵。建安十五年（公元 208 年），孙权派步骘担任交州刺史；步骘一到，士燮带领兄弟前往接受调度。而吴巨怀有异心，被步骘杀了。孙权封士燮为左将军。建安末年，士燮派儿子士廞入为人质，孙权任命士廞担任武昌（今湖北省鄂州市）太守。士燮、士壹的儿子留在南方的，都封为中郎将。士燮又诱导益州郡（今云南省昆明市晋宁区）的大姓豪族雍闿等人率领郡中百姓向东遥附孙权。孙权更加嘉勉他，封他为卫将军、龙编侯；弟士壹封为偏将军、都乡侯。士燮每次都派使臣晋谒孙权，送他香料、细葛，常以数千计；另外明珠、大贝、琉璃、翡翠、玳瑁、犀、象等珍品，以及奇物异果如蕉、邪（椰）、龙眼之类，没有一年不送到的。士壹则经常进贡马数百匹。孙权则写信给他们，厚加宠赐，以答谢他们。士燮在郡四十多年，黄武五年（公元 226 年），九十岁去世。

孙权因为交阯地处偏远，于是分合浦以北为广州，派吕岱为刺史；分交阯以南为交州，派戴良为刺史；又派陈时代替士燮担任交阯太守。吕岱留在南海，戴良和陈时一起前往合浦。而士燮的儿子士徽，自命为交阯太守，派宗族的军队抵抗戴良，戴良因此留在合浦；交阯人桓邻，从前被士燮推举为吏，叩头劝士徽，希望他能迎接戴良。士徽十分愤怒，

子发又合宗兵击徽，徽闭门城守，治等攻之数月不能下，乃约和亲，各罢兵还。而吕岱被诏诛徽，自广州将兵昼夜驰入，过合浦，与良俱前。壹子中郎将匡与岱有旧，岱署匡师友从事，先移书交阯，告喻祸福，又遣匡见徽，说令服罪，虽失郡守，保无他忧。岱寻匡后至，徽兄祗，弟幹、颂等六人肉袒奉迎。岱谢令复服，前至郡下。明旦早施帐幔，请徽兄弟以次入，宾客满坐。岱起，拥节读诏书，数徽罪过，左右因反缚以出，即皆伏诛，传首诣武昌。壹、䵋、匡后出，权原其罪，及燮质子廞，皆免为庶人。数岁，壹、䵋坐法诛。廞病卒，无子，妻寡居，诏在所月给俸米，赐钱四十万。

评曰：刘繇藻厉名行，好尚臧否，至于扰攘之时，据万里之土，非其长也。太史慈信义笃烈，有古人之分。士燮作守南越，优游终世，至子不慎，自贻凶咎。盖庸才玩富贵而恃阻险，使之然也。

鞭笞杀了桓邻。桓邻的哥哥桓治、儿子桓发联合宗族的兵力攻打士徽，士徽闭城坚守。桓治等攻打了数个月，不能攻下，于是相约和亲，双方罢兵而回。吕岱奉到诏令要杀死士徽，于是从广州发兵，兼程赶路，经过合浦，与戴良一起前往。士壹的儿子——中郎将士匡和吕岱有旧交情，吕岱封士匡为师友从事，吕岱先发信到交阯，明白分析祸福利害，又派士匡去见士徽，劝说他服罪，保证他虽然失去了郡守，但是没有其他的忧患。吕岱接着士匡之后也到了。士徽哥哥士祇、弟弟士幹、士颂等六人，袒露上衣，以迎接吕岱。吕岱拜谢，命他们穿上衣服，来到郡府前。第二天早上升帐幔，请士徽兄弟依次进入。宾客满座，吕岱起身，持符节宣读诏书，指责士徽罪状，左右于是把士徽反绑出帐，立刻处斩伏罪，将他的头颅传驿送到武昌。士壹、士䵋、士匡后出，孙权不追究他们的罪过，与士燮押质的儿子廞，都贬为庶人。过了几年，士壹、士䵋因为犯法被杀；廞病死，没有后嗣，妻子寡居，孙权下诏州郡每月供给俸米及赏钱四十万。

陈寿评说：刘繇辞藻、声名都好，喜欢臧否人物是非；但是在纷乱扰攘的时候，据守万里的土地，就不是他的所长。太史慈诚信讲道义，有古人的气概。士燮在南越担任太守，一世优游，到他的儿子不谨慎，自己招惹灾祸，实在是平庸无能而贪图富贵，却仗恃地理的险要阻隔，才会如此的缘故啊！

三国志卷五十

妃嫔传第五

汪惠敏 译

孙破虏吴夫人，吴主权母也。本吴人，徙钱唐，早失父母，与弟景居。孙坚闻其才貌，欲娶之。吴氏亲戚嫌坚轻狡，将拒焉，坚甚以惭恨。夫人谓亲戚曰："何爱一女以取祸乎？如有不遇，命也。"于是遂许为婚，生四男一女。

景常随坚征伐有功，拜骑都尉。袁术上景领丹杨太守，讨故太守周昕，遂据其郡。孙策与孙河、吕范依景，合众共讨泾县山贼祖郎，郎败走。会为刘繇所迫，景复北依术，术以为督军中郎将，与孙贲共讨樊能、于麋于横江，又击笮融、薛礼于秣陵。时策被创牛渚，降贼复反，景攻讨，尽禽之。从讨刘繇，繇奔豫章，策遣景、贲到寿春报术。术方与刘备争徐州，以景为为广陵太守。术后僭号，策以书喻术，术不纳，便绝江津，不与通，使人

孙破虏（孙坚）的吴夫人。吴主孙权的母亲。本来是吴郡（今江苏省苏州市）人，后来迁到钱唐。早年失去父母，和弟弟吴景住在一起；孙坚听说他有才貌，想要娶他，而吴氏的亲戚却嫌孙坚轻浮狡诈，想要拒绝，孙坚知道了，心里既惭愧又愤恨。吴夫人对亲戚说："何必因为爱惜一个女子，使得吴氏宗族遭到祸害呢？如果将来遇人不淑，那也是命吧！"吴氏亲戚于是答应这门婚事。她生了四男一女。

吴景时常跟着孙坚东征西讨，立了功绩，封为骑都尉。袁术推荐吴景担任丹阳（今江苏省南京市东南）太守，讨伐从前的太守周昕，占有他的郡县，孙策和孙河、吕范依附吴景，共同讨伐泾县（今安徽省泾县西）山贼祖郎。祖郎失败逃走。正好被刘繇所逼，吴景又北向依附袁术，袁术派他担任督军中郎将，和孙贲一同在横江（今安徽省和县东南，长江西北岸，与江东南岸当涂县之采石镇相对）讨伐樊能、于麋；又在秣陵（今江苏省南京市西）攻打笮融、薛礼。当时，孙策在牛渚（今安徽省当涂县西北）受伤，原先已经降服的敌人又纷纷反叛；吴景前往讨伐，把叛贼全都俘虏了。他还跟随孙策讨伐刘繇，刘繇逃到豫章（今江西省南昌市），孙策派吴景、孙贲到寿春（今安徽省寿县治）告诉袁术；当时袁术正和刘备争夺徐州（今江苏省西北铜山、砀、丰、沛等县，山东省南部滋阳、邹、滕等县，安徽省东北宿、泗等县），于是派吴景担任广陵（今江苏省扬州市）太守。袁术后来

告景，景即委郡东归。策复以景为丹杨太守。汉遣议郎王诵衔命南行，表景为扬武将军，领郡如故。

及权少年统业，夫人助治军国，甚有补益。建安七年，临薨，引见张昭等，属以后事，合葬高陵。

八年，景卒官，子奋授兵为将，封新亭侯，卒。子安嗣，安坐党鲁王霸死。奋弟祺嗣，封都亭侯，卒。子纂嗣。纂妻即滕胤女也，胤被诛，并遇害。

吴主权谢夫人，会稽山阴人也。父煚，汉尚书郎、徐令。权母吴，为权聘以为妃，爱幸有宠。后权纳姑孙徐氏，欲令谢下之，谢不肯，由是失志，早卒。后十馀年，弟承拜五官郎中，稍迁长沙东部都尉、武陵太守，撰《后汉书》百馀卷。

吴主权徐夫人，吴郡富春人也。祖父真，与权父坚相亲，坚以妹妻真，生琨。琨少仕州郡，汉末扰乱，去吏，随坚征伐有功，拜偏将军。坚薨，随孙策讨樊能、于糜等于横江，

僭号称帝，孙策写信给袁术，晓以大义，袁术不接纳，孙策于是断绝长江渡口，不让袁术通过；派人告诉吴景，吴景当即舍弃广陵郡太守的职位，回到东边孙策的营区。孙策又派吴景担任丹阳太守。汉朝派遣议郎王诵带了诏令南下，封吴景为扬武将军，依然治理丹阳郡。

等到孙权少年治理大业的时候，吴夫人在治理军国方面，对孙权有许多帮助。建安七年（公元202年），吴夫人临死的时候，还召见张昭等，嘱咐死后的事。死后，和孙坚合葬在高陵。

建安八年（公元203年）年，吴景在任内去世，他的儿子吴奋，带兵担任将领，封为新亭侯。死后，他的儿子吴安继承。吴安因为牵连鲁王霸事件而被杀，由吴奋的弟弟吴祺继承，封为都亭侯。死后，他的儿子吴纂继承；吴纂的妻子是滕胤的女儿，滕胤作乱被杀，吴纂也因而遇难。

吴主孙权的谢夫人，会稽郡山阴县（今浙江省绍兴市治）人。父亲谢煚，在汉朝担任尚书郎、徐县（今安徽省泗县西北）令。孙权的母亲替孙权娶为正妃，对他非常宠爱。后来孙权娶了姑姑的孙女徐氏，想要使谢夫人屈居徐氏之下，谢夫人不肯，从此失去宠幸，很早就死了。过了十余年，他的弟弟谢承封五官郎中，又升为长沙（今湖南省长沙市）东部都尉、武陵（今湖南省常德市西）太守，著有《后汉书》一百多卷。

吴主孙权的徐夫人，吴郡富春县（今浙江省杭州市富阳区）人。祖父徐真和孙权的父亲孙坚很要好，孙坚把他的妹妹嫁给徐真，生了徐琨。徐琨年轻的时候，在州郡作官，汉

击张英于当利口，而船少，欲驻军更求。琨母时在军中，谓琨曰："恐州家多发水军来逆人，则不利矣，如何可驻邪？宜伐芦苇以为泭，佐船渡军。"琨具启策，策即行之，众悉俱济，遂破英，击走笮融、刘繇，事业克定。策表琨领丹杨太守，会吴景委广陵来东，复为丹杨守。琨以督军中郎将领兵，从破庐江太守李术，封广德侯，迁平虏将军。后从讨黄祖，中流矢卒。

琨生夫人，初适同郡陆尚。尚卒，权为讨虏将军在吴，聘以为妃，使母养子登。后权迁移，以夫人妒忌，废处吴。积十馀年，权为吴王及即尊号，登为太子，群臣请立夫人为后，权意在步氏，卒不许。后以疾卒。兄矫，嗣父琨侯，讨平山越，拜偏将军，先夫人卒，无子。弟祚袭封，亦以战功至芜湖督、平魏将军。

吴主权步夫人，临淮淮阴人也，与丞相骘同族。汉末，其母携将徙庐江，庐江为孙策所破，皆东渡江，以美丽得幸于权，宠冠后庭。生二女，长曰鲁班，字大虎，前配周瑜子

末大乱，徐琨弃官，跟随孙坚东征西讨，立了功绩，封为偏将军。孙坚死，徐琨又跟着孙策到横江（今安徽省和县东南，长江西北岸）讨伐樊能、于糜等。又在当利口（今安徽省和县东南）攻打张英，但是船只太少；徐琨想要先驻扎军队，再去增援船只，徐琨的母亲当时在军中，对徐琨说："这样恐怕刺史府会多派水军来迎击，对我们就相当不利了。怎么可以先驻军呢？最好是砍伐芦苇，作成竹筏，就可以辅佐船只，载送军队。"徐琨启告孙策，孙策立刻采用这个方法，全部军队于是都过了河，打败张英，击退笮融、刘繇，孙策的大业才能打下基础。孙策上表推荐徐琨担任丹阳太守，正好吴景弃广陵太守回来，孙策就命吴景为丹阳太守。徐琨以督军中郎将带兵跟随孙策破庐江（今安徽省庐江县西南）太守李术，封为广德侯，升平虏将军。后来又跟随孙策讨伐黄祖，被流箭射中而死。

徐琨生下吴夫人，最初嫁给同郡陆尚，陆尚死，孙权当时在吴郡，担任讨虏将军，就聘他为妃，让他像母亲一样照顾儿子孙登。后来孙权四处征讨，因为徐夫人好嫉妒，孙权就把她废了，留在吴郡。过了十几年，孙权为吴王，称尊号为吴大帝，孙登为太子，群臣建议立徐夫人为皇后，当时，孙权喜欢步氏，因此始终没有答应。徐夫人后来因病而死。她的哥哥徐矫继承父亲徐琨的侯爵，由于讨平山越，封为偏将军。他比徐夫人早死，没有子嗣。他的弟弟徐祚继承封爵，也因为战功，做到芜湖（今安徽省芜湖市西南）督军、平魏将军。

吴主孙权的步夫人，临淮郡淮阴县（今江苏省淮安市淮阳区）人。和丞相步骘同族。汉朝末年，她的母亲带着她迁徙到庐江（今安徽省庐江县西南）。庐江被孙策攻破，大家都往东渡江逃生。步夫人因为长得很美丽，被孙权所宠爱，在后宫之中最被宠幸。生了两个女儿：大女儿鲁班，字大虎，先是嫁给周瑜的儿子周循，后来又嫁给全琮。二女儿鲁育，

循，后配全琮；少曰鲁育，字小虎，前配朱据，后配刘纂。

夫人性不妒忌，多所推进，故久见爱待。权为王及帝，意欲以为后，而群臣议在徐氏，权依违者十馀年，然宫内皆称皇后，亲戚上疏称中宫。及薨，臣下缘权指，请追正名号，乃赠印绶，策命曰："惟赤乌元年闰月戊子，皇帝曰：呜呼皇后，惟后佐命，共承天地。虔恭夙夜，与朕均劳。内教修整，礼义不愆。宽容慈惠，有淑懿之德。民臣縣望，远近归心。朕以世难未夷，大统未一，缘后雅志，每怀谦损。是以于时未授名号，亦必谓后降年有永，永与朕躬对扬天休。不寤奄忽，大命近止。朕恨本意不早昭显，伤后殂逝，不终天禄。愍悼之至，痛于厥心。今使使持节丞相醴陵侯雍，奉策授号，配食先后。魂而有灵，嘉其宠荣。呜呼哀哉！"葬于蒋陵。

吴主权王夫人，琅邪人也。夫人以选入宫，黄武中得幸，生和，宠次步氏。步氏薨后，和立为太子，权将立夫人为后，而全公主素憎夫人，稍稍谮毁。及权寝疾，言有喜色，由是权深责怒，以忧死。和子晧立，追尊夫人曰大懿皇后，封三弟皆列侯。

字小虎，先嫁给朱据，后来又嫁给刘纂。

步夫人天性不嫉妒，还替孙权引进许多美女，所以一直受到宠爱。孙权为吴王，后来又称帝，本来想立步夫人为皇后，群臣却都建议立徐夫人，孙权犹疑了十余年。可是宫里的人还是称呼步夫人为皇后，亲戚上疏奏都称呼中宫。步夫人死后，臣下依着孙权的旨意，请求追赠名号，于是颁赠皇后印绶，策命说："赤乌元年（公元 238 年）闰月戊子日，皇帝说：'唉！皇后！皇后你辅佐王命，和寡人共承天地，从早到晚虔敬谨慎，替寡人分劳，修养妇德，礼仪周备，宽容慈惠，有淑善的美德，为臣民所仰望，远近都归心。寡人因为动乱尚未平定，天下还没统一；加上皇后的雅意，心怀谦逊，因此当时没有封名号。寡人也以为皇后能享天年，永远和寡人共有天下；不料突然去世，不得终年，使寡人遗憾没有早些昭显皇后。寡人哀伤皇后突然殂逝，没有享到天年，哀悼之至，伤心欲绝。现在特派拿着寡人符节的丞相醴陵侯顾雍奉策命为你封号。使皇后配食于皇太后。皇后魂灵有知，应该享有这份荣耀。悲哀啊！'"葬在蒋陵（今江苏省南京市钟山南麓）。

吴主孙权的王夫人，琅邪郡（今山东省临沂市北）人，夫人是被选送入宫。黄武年间（孙权年号）被宠幸，生子孙和，宠爱仅次于步氏。步氏死后，孙权立孙和为太子，本来要立王夫人为皇后，但是全公主平日很不喜欢王夫人，常常暗中毁谤他。孙权生病时，公主诬言王夫人有喜色，孙权很生气，责骂一顿。王夫人因此忧愤而死。孙和儿子孙晧即位，追尊为大懿皇后，三个弟弟都封为列侯。

吴主权王夫人，南阳人也，以选入宫，嘉禾中得幸，生休。及和为太子，和母贵重，诸姬有宠者，皆出居外。夫人出公安，卒，因葬焉。休即位，遣使追尊曰敬怀皇后，改葬敬陵。王氏无后，封同母弟文雍为亭侯。

吴主权潘夫人，会稽句章人也。父为吏，坐法死。夫人与姊俱输织室，权见而异之，召充后宫。得幸有娠，梦有以龙头授已者，已以蔽膝受之，遂生亮。赤乌十三年，亮立为太子，请出嫁夫人之姊，权听许之。明年，立夫人为皇后。性险妒容媚，自始至卒，谮害袁夫人等甚众。权不豫，夫人使问中书令孙弘吕后专制故事。侍疾疲劳，因以羸疾，诸宫人伺其昏卧，共缢杀之，托言中恶。后事泄，坐死者六七人。权寻薨，合葬蒋陵。孙亮即位，以夫人姊婿谭绍为骑都尉，授兵。亮废，绍与家属送本郡庐陵。

孙亮全夫人，全尚女也。从祖母公主爱之，每进见辄与俱。及潘夫人母子有宠，全主自以与孙和母有隙，乃劝权为潘氏男亮纳夫人，亮遂为嗣。夫人立为皇后，以尚为城门校

吴主孙权的另一个王夫人，南阳郡（今河南省南阳市）人。被选入宫，在嘉禾年间（孙权年号）被孙权宠幸，生了孙休。等到孙和立为太子，孙和母亲因此身份贵重，其他姬妾被宠爱的，都放逐出外居住；王夫人住在公安县（今湖北省公安县东北油江口），后来死了也就葬在公安。孙休即帝位，派使臣追封尊号为敬怀皇后，改葬在敬陵。王氏宗族没有后嗣，封同母弟文雍为亭侯。

吴主孙权的潘夫人，会稽郡（今浙江省绍兴市）句章人。父亲做官时，因为犯法被处死，潘夫人和她的姐姐都被送到宫廷纺织；孙权见到潘夫人，惊异他的美貌，召入后宫，得到孙权宠幸而有身孕。她梦见有人拿龙头授给自己，自己则用蔽膝接受。于是生下孙亮。赤乌十三年（公元250年），孙亮立为太子，请求准许夫人的姐姐出嫁，孙权答应了。第二年，孙权立潘夫人为皇后；潘夫人生性阴险，嫉妒其他貌美的女子，从头到尾谗害了袁夫人等许多人。孙权生病。夫人派人问中书令孙弘关于吕后专制的故事。后来因为服侍孙权的疾病，过于劳累，几位官人乘她昏睡的时候，一起把她勒死，托言是中风致死。后来事机泄露，被处死的有六七人。孙权不久也死了，合葬在蒋陵（今江苏省南京市钟山南麓）。孙亮即位，委任潘夫人姐女婿谭绍为骑都尉，分兵给他。孙亮被废，谭绍和家属被送回本郡庐陵（今江西省泰和县西高昌故城）。

孙亮的全夫人，全尚的女儿。从祖母公主对她十分宠爱，每次进见，都带她一起入宫。后来潘夫人母子被孙权宠幸，全公主因为和孙和母子有猜嫌，于是劝孙权替潘夫人的

尉，封都亭侯，代滕胤为太常、卫将军，进封永平侯，录尚书事。时全氏侯有五人，并典兵马，其馀为侍郎、骑都尉，宿卫左右，自吴兴，外戚贵盛莫及。及魏大将诸葛诞以寿春来附，而全怿、全端、全袆、全仪等并因此际降魏，全熙谋泄见杀，由是诸全衰弱。会孙綝废亮为会稽王，后又黜为候官侯，夫人随之国，居候官，尚将家属徙零陵，追见杀。

孙休朱夫人，朱据女，休姊公主所生也。赤乌末，权为休纳以为妃。休为琅邪王，随居丹杨。建兴中，孙峻专政，公族皆患之。全尚妻即峻姊，故惟全主祐焉。初，孙和为太子时，全主谮害王夫人，欲废太子，立鲁王，朱主不听，由是有隙。五凤中，孙仪谋杀峻，事觉被休。全主因言朱主与仪同谋，峻枉杀朱主。休惧，遣夫人还建业，执手泣别。既至，峻遣还休。太平中，孙亮知朱主为全主所害，问朱主死意？全主惧曰："我实不知，皆据二子熊、损所白。"亮杀熊、损。损妻是峻妹也，孙綝益忌亮，遂废亮，立休。永安五年，立夫人为皇后。休卒，群臣尊夫人为皇太后。孙晧即位月馀，贬为景皇后，称安定宫。甘露

儿子孙亮聘娶她为夫人。孙亮嗣位，夫人立为皇后，任命全尚为城门校尉，封为都亭侯；后来又代替滕胤担任太常、卫将军，又进封为永平侯，掌理尚书事。当时，全氏封侯的有五人，一起负责管理兵马，其他的也都担任侍郎、骑都尉，宿卫左右。从吴兴盛以来，外戚没有一个像他们这样宠贵的。后来曹魏大将诸葛诞从寿春（今安徽省寿县治）来投降，而全怿、全端、全袆、全仪等人想趁这个机会投降曹魏，全熙事机泄露被杀，全氏因此而衰落。正好孙綝废孙亮为会稽王，后来又贬为候官侯，全夫人也跟他到封地，居住在候官（今福建省福州市），全尚带领家人迁徙到零陵（今湖南省永州市零陵区），被追杀而死。

孙休的朱夫人，朱据的女儿。孙休姐姐公主所生。赤乌（孙权年号）末年，孙权替孙休聘娶为妃。孙休封琅邪王，夫人跟着他住在丹阳（今江苏省南京市东南）。建兴（孙亮年号）年间，孙峻专政，朝廷所有的大臣都感到忧虑。全尚的妻子就是孙峻的姐姐，所以只有全公主帮助他。当初，孙和为太子的时候，全公主曾经谗害王夫人，想废太子，立鲁王，朱公主不答应，因此二人之间有仇隙。五凤（孙亮年号）年间，孙仪想要谋害孙峻，事情发觉，孙仪被杀还牵扯到孙林。全公主诬说朱公主和孙仪同谋，孙峻因此冤枉杀了朱公主。孙休害怕，送朱夫人回建业（今江苏省南京市），两人拉着手，哭泣道别。朱夫人到了建业，孙峻又送还孙休。太平（孙亮年号）年间，孙亮知道朱公主是被全公主所害，问起朱公主的死因，全公主害怕地说："我实在不知情，都是朱据二个小孩朱熊、朱损所说的。"孙亮于是杀了朱熊、朱损。朱损的妻子是孙峻的妹妹。孙綝更加忌讳孙亮，于是废了孙亮，立孙休。永安五年（公元 262 年），立朱夫人为皇后。孙休死，群臣尊奉朱夫人为皇太后。孙晧即位一个多月，贬为景皇后，称安定宫。甘露元年（公元 265 年）七月，被逼死，合

元年七月，见逼薨，合葬定陵。

孙和何姬，丹杨句容人也。父遂，本骑士。孙权尝游幸诸营，而姬观于道中，权望见异之，命宦者召入，以赐子和。生男，权喜，名之曰彭祖，即晧也。太子和既废，后为南阳王，居长沙。孙亮即位，孙峻辅政。峻素媚事全主，全主与和母有隙，遂劝峻徙和居新都，遣使赐死，嫡妃张氏亦自杀。何姬曰："若皆从死，谁当养孤？"遂拊育晧，及其三弟。晧即位，尊和为昭献皇帝，何姬为昭献皇后，称升平宫，月馀，进为皇太后。封弟洪永平侯，蒋溧阳侯，植宣城侯。洪卒，子邈嗣，为武陵监军，为晋所杀。植官至大司徒。吴末昏乱，何氏骄僭，子弟横放，百姓患之。故民讹言"晧久死，立者何氏子"云。

孙晧滕夫人，故太常胤之族女也。胤夷灭，夫人父牧，以疏远徙边郡。孙休即位，大赦，得还，以牧为五官中郎。晧既封乌程侯，聘牧女为妃。晧即位，立为皇后，封牧高密侯，拜卫将军，录尚书事。后朝士以牧尊戚，颇推令谏争。而夫人宠渐衰，晧滋不悦，晧

葬在定陵（今安徽省当涂县东）。

孙和的何姬，丹杨郡句容县（今属江苏省句容市华阳镇）人。父亲何遂，本来是骑士。孙权曾经到各军中巡视，何姬在路旁观看，孙权看到了，惊异她的貌美，命宦者召她入宫，赐给孙和。生了一个儿子，孙权非常高兴，命名作彭祖，他就是孙晧。太子孙和被废，后来被封为南阳王，住在长沙。孙亮即位，孙峻辅政。孙峻一向讨好全公主，全公主和孙和的母亲有怨，于是劝孙峻将孙和迁到新都（今浙江省淳安县西），派人赐孙和死。孙和的嫡妃张氏也自杀。何姬说："如果大家都跟着主上死，谁来养育孤弱的幼儿？"于是抚育孙晧和他三个弟弟。孙晧即位，尊封孙和为昭献皇帝。封何姬为昭献皇后，称升平宫。过了一个多月，进封为皇太后；封弟弟孙洪为永平侯、孙蒋为溧阳侯、孙植为宣城侯。孙洪死，他的儿子孙邈继承，担任武陵监军，为晋兵所杀。孙植官做到大司徒。吴末年昏乱，何氏骄矜，子弟放纵，百姓都非常忧患，所以百姓故意放谣言："孙晧很久就死了，何氏的子孙继承。"

孙晧的滕夫人，是太常滕胤同族人的女儿。滕胤被灭，夫人的父亲滕牧，因为关系疏远，只被迁徙到边郡。孙休即位，天下大赦，滕牧因此才回到京师，朝廷派滕牧担任五官中郎将。孙晧被封为乌程侯的时候，聘娶滕牧的女儿为妃子。孙晧即位，夫人立为皇后；任命滕牧为高密侯，封为卫将军，处理尚书事。后来朝廷大臣因为滕牧尊为贵威，都推派他担任谏诤。但是滕夫人宠爱渐衰，孙晧开始对滕氏父女不满，孙晧母亲何氏一直替他们

母何恒左右之。又太史言，于运历，后不可易，晧信巫觋，故得不废，常供养升平宫。牧见遣居苍梧郡，虽爵位不夺，其实裔也，遂道路忧死。长秋官僚，备员而已，受朝贺表疏如故。而晧内诸宠姬，佩皇后玺绂者多矣。天纪四年，随晧迁于洛阳。

评曰：《易》称“正家而天下定”。《诗》云：“刑于寡妻，至于兄弟，以御于家邦”。诚哉，是言也！远观齐桓，近察孙权，皆有识士之明，杰人之志，而嫡庶不分，闺庭错乱，遗笑古今，殃流后嗣。由是论之，惟以道义为心、平一为主者，然后克免斯累邪！

调解，而且太史官也进言道：“从历法运数上看，皇后不可改易。”孙晧信巫觋，因此滕夫人没有被废除，只把她供养在升平宫。滕牧被贬谪到苍梧（今广西悟州市），虽然没有夺他的爵位，其实已经是疏远了。滕牧于是在途中忧愤而死。长秋官的官员只是凑数的，滕夫人形式上仍接受朝贺拜表与奏疏。而孙晧内官许多宠姬，好些人都已佩带皇后玺绂。天纪四午（公元280年），滕夫人跟随孙晧迁到洛阳（今河南省洛阳县东北）。

陈寿评说：《易经》上说：“先要把家安顿好，才能安定天下。”《诗经》上说：“先作妻子的典范，然后推及到兄弟，才能治理天下国家。”这些话说得实在对啊。远的例子，我们看齐桓公，近的则看孙权，他们都有察识人的智慧、超人的志向，但是嫡庶不分，家庭闺阁规矩不清，使得贻笑古今，并且殃及后世子孙。由此看来，只有以道义为本心，公正不偏，才可以免除这种拖累。

三国志卷五十一

宗室传第六

包根弟 译

孙静字幼台，坚季弟也。坚始举事，静纠合乡曲及宗室五六百人以为保障，众咸附焉。策破刘繇，定诸县，进攻会稽，遣人请静，静将家属与策会于钱唐。是时太守王朗拒策于固陵，策数渡水战，不能克。静说策曰："朗负阻城守，难可卒拔。查渎南去此数十里，而道之要径也，宜从彼据其内，所谓攻其无备、出其不意者也。吾当自帅众为军前队，破之必矣。"策曰："善。"乃诈令军中曰："顷连雨水浊，兵饮之多腹痛，令促具罂缶数百口澄水。"至昏暮，罗以然火诳朗，便分军夜投查渎道，袭高迁屯。朗大惊，遣故丹杨太守周昕等帅兵前战。策破昕等，斩之，遂定会稽。表拜静为奋武校尉，欲授之重任，静恋坟墓宗族，不乐出仕，求留镇守。策从之。权统事，就迁昭义中郎将，终于家。有五子，暠、瑜、皎、奂、谦。暠三子：绰、超、恭。超为偏将军。恭生峻。绰生綝。

孙静，字幼台，孙坚的最小的弟弟。孙坚开始起事的时候，孙静集合了乡里和宗族五六百人做保卫，大家都来附和他。孙策攻破刘繇，平定各县，进攻会稽（今浙江省钱塘江以南和福建省大部等地），派人来邀请孙静，孙静率领家属和孙策会合于钱唐（今浙江省杭州市）。当时钱唐太守王朗在固陵（在今浙江杭州市萧山区西十二里）抗拒孙策，孙策多次渡江攻打，都不能攻下。孙静便告诉孙策说："王朗背城为守，很难攻拔，查渎（在萧山区西南九里）向南距离这里几十里远，是这条路上的要径，应该从那里占据它的内地，这就是所谓进攻他不备，出乎他意外。我将亲自带领部队做前锋，必然可以攻破他。"孙策说："很好。"于是便诈令军中说："最近接连下雨，河水污浊，士兵喝了多会腹痛，现在赶快贮存数百瓮缶的清水。"到了黄昏以后，仍然在军营罗列火把，来欺骗王朗，而军队却暗中分批往查渎道走，并偷袭高迁屯（在萧山区东北五十里）。王朗大惊，派原来的丹阳（今安徽宣城市）太守周昕等率兵前去争战。孙策破了周昕等，斩了他们，于是平定了会稽。孙策上奏请任孙静为奋武校尉，要授予他重任，孙静牵挂祖坟及家族的人，不愿意担任高官，要求留作镇守，孙策就答应了他。到了孙权统领国事之后，高升孙静为昭义中郎将，最后在家去世。有五个儿子：名暠、瑜、皎、奂、谦。暠有三个儿子：名绰、超、恭。超担任偏将军，恭有儿子名峻。绰有儿子名綝。

瑜字仲异，以恭义校尉始领兵众。是时宾客诸将多江西人，瑜虚心绥抚，得其欢心。建安九年，领丹杨太守，为众所附，至万馀人。加绥远将军。十一年，与周瑜共讨麻、保二屯，破之。后从权拒曹公于濡须，权欲交战，瑜说权持重，权不从，军果无功。迁奋威将军，领郡如故，自溧阳徙屯牛渚。瑜以永安人饶助为襄安长，无锡人颜连为居巢长，使招纳庐江二郡，各得降附。济阴人马普笃学好古，瑜厚礼之，使二府将吏子弟数百人就受业，遂立学官，临飨讲肄。是时诸将皆以军务为事，而瑜好乐坟典，虽在戎旅，诵声不绝。年三十九，建安二十年卒。瑜五子：弥、熙、耀、曼、纮。曼至将军，封侯。

孙皎字叔朗，始拜护军校尉，领众二千馀人。是时曹公数出濡须，皎每赴拒，号为精锐。迁都护征虏将军，代程普督夏口。黄盖及兄瑜卒，又并其军。赐沙羡、云杜、南新市、竟陵为奉邑，自置长吏。轻财能施，善于交结，与诸葛瑾至厚，委庐江刘靖以得失，江夏

孙瑜，字仲异，起先以恭义校尉的身份带领兵众。当时一些宾客将领大多是江西（即今江北，长江以北之地）人，孙瑜虚心辑和安抚他们，很得他们的欢心。建安九年，任丹阳太守，众人都来附和，达一万多人，被加官绥远将军。十一年，跟周瑜共同征讨麻屯（在湖北嘉鱼县陆口东）保屯（在嘉鱼县北沔阳市东），攻破二屯。后来追随孙权在濡须（在安徽巢湖市南）抗拒曹公，孙权主张打仗，孙瑜劝说孙权要持重，孙权不听，果然没有战功。后来孙瑜又升迁为奋威将军，照样担任原来的郡守职务，从溧阳（今江苏溧阳市西北四十五里）徙兵屯田于牛渚（在安徽当涂县西北二十里）。孙瑜用永安（今浙江德清县西）人饶助为襄安（今安徽无为县南）长，无锡（今属江苏无锡市）人颜连为居巢（今安徽巢湖市东北五里）长。让他们去招纳庐江（今安徽六安市北）、九江二郡，二郡都能来降附。济阴（今山东菏泽市定陶区）人马普勤学好古，孙瑜很优厚的礼遇他，叫二府将吏的子弟们数百人来跟他读书。于是设立学官，按照古礼学堂的规矩来讲习学业。当时各个将领都是以军事为要务，而孙瑜喜好三坟五典这些古书，虽身在军中，而诵读之声从不断绝。三十九岁去世，正好是建安二十年。孙瑜有五个儿子：名弥、熙、耀、曼、纮。曼做到将军，并且封侯。

孙皎，字叔朗，起先拜官护军校尉，带领二千多人。这时候，曹公屡次从濡须出兵，孙皎每次都带兵前往抗拒，号称精锐。迁升为都护征虏将军，代替程普督都夏口（湖北武汉市武昌区西黄鹄山上）。黄盖和他的哥哥孙瑜死了之后，又合并统领他们的军队。被恩赐沙羡（今湖北武昌县西南）、云杜（今湖北京山县西北）、南新市（今湖北京山县东北六十里）、竟陵（今湖北天门县西北）为他的奉邑，自己可以安置长吏。孙皎为人不重金钱，能施舍，善于交结朋友，跟诸葛瑾相交很深，关于事情得当与否，他都委任庐江的刘

李允以众事，广陵吴硕、河南张梁以军旅，而倾心亲待，莫不自尽。皎尝遣兵候获魏边将吏美女以进皎，皎更其衣服送还之，下令曰：“今所诛者曹氏，其百姓何罪？自今以往，不得击其老弱。”由是江淮间多归附者。尝以小故与甘宁忿争，或以谏宁，宁曰：“臣子一例，征虏虽公子，何可专行侮人邪！吾值明主，但当输效力命，以报所天，诚不能随俗屈曲矣。”权闻之，以书让皎曰：“自吾与北方为敌，中间十年，初时相持年小，今者且三十矣。孔子言‘三十而立’，非但谓五经也。授卿以精兵，委卿以大任，都护诸将于千里之外，欲使如楚任昭奚恤，扬威于北境，非徒相使逞私志而已。近闻卿与甘兴霸饮，因酒发作，侵陵其人，其人求属吕蒙督中。此人虽粗豪，有不如人意时，然其较略大丈夫也。吾亲之者，非私之也。我亲爱之，卿疏憎之；卿所为每与吾违，其可久乎？夫居敬而行简，可以临民；爱人多容，可以得众。二者尚不能知，安可董督在远，御寇济难乎？卿行长大，特受重任，上有远方瞻望之视，下有部曲朝夕从事，何可恣意有盛怒邪？人谁无过，贵其能改，宜追前愆，深自咎责。今故烦诸葛子瑜重宣吾意。临书摧怆，心悲泪下。”皎得书，

靖决定；各种杂事便委任江夏（今湖北鄂州市）的李允处理；军旅方面则委任广陵（今江苏扬州市东北）的吴硕、河南（今黄河以南的洛阳、郑州等地）的张梁统领。互相之间都能倾心对待，他们没有不是尽自己最大的力量来帮助孙皎的。孙皎曾经派兵掳获了魏国边境将吏的美女，进送给孙皎，孙皎让她们换了衣服以后，再将她们遣送回去，并且下令说道：“现在所要诛讨的是曹氏，他们的百姓有何罪过呢？从今以后，不可以再攻击他们的老弱百姓。”因此江淮一带的人大多来归附他。孙皎曾经因为小事跟甘宁争执，颇为愤怒。有人劝说甘宁，甘宁说：“臣子们都应一视同仁，征虏将军虽然贵为公子，怎可独断独行、欺人太甚呢？我正好遇上英明的君主，我只求效命尽力，来报答君上，实在不能随俗卑屈承奉的啊！”孙权听到了以后，便写信责备孙皎说：“自从我跟北方曹氏为敌以来，已有十年之久，起先互相争持的时候，年纪还轻，现在将近三十岁啦。孔子说‘三十而立’，不仅是要人博通五经。现在我授你精兵，委任你大任，都护各将领在千里之外，就是要像楚国任用昭奚恤一样，期望你扬威于北面，不是要你只知道逞强私欲而已。最近听说你跟甘兴霸喝酒，因为酒醉，欺侮了他，他要求归属到吕蒙督中。这个人虽然粗豪，有不太如人意的地方，但是他大致说来还是个大丈夫。我对于亲近的人，并不会存有私心。我亲近关怀他，而你却疏远憎恨他，你所作所为往往跟我意思相反，这怎么能处得久呢？大凡一个人居处诚敬，行为简约，可以亲近百姓，爱护别人，多能容让，可以得到大众的拥戴。这两点都不知道，怎么可以在远方督导军务，抵御外寇，救助困难呢？你已经渐渐长大了，又特别接受大任，在上对你有远大的寄望，在下又有部从早晚为你办事，怎么可以随意任性，气极发怒呢？做人谁没有过错呢？最可贵的就是在于能够改过。你应该回想以前的过错，深深自责。现在特别烦请诸葛子瑜再次的宣示我的意见。写这封信的时候，心里实在很难过，

上疏陈谢，遂与宁结厚。后吕蒙当袭南郡，权欲令皎与蒙为左右部大督。蒙说权曰："若至尊以征虏能，宜用之；以蒙能，宜用蒙。昔周瑜、程普为左右部督，共攻江陵，虽事决于瑜，普自恃久将，且俱是督，遂共不睦，几败国事，此目前之戒也。"权寤，谢蒙曰："以卿为大督，命皎为后继。"禽关羽，定荆州，皎有力焉。建安二十四年卒。权追录其功，封子胤为丹杨侯。胤卒，无子。弟晞嗣，领兵，有罪自杀，国除。弟咨、弥、仪皆将军，封侯。咨羽林督，仪无难督。咨为滕胤所杀，仪为孙峻所害。

孙奂字季明。兄皎既卒，代统其众，以扬武中郎将领江夏太守。在事一年，遵皎旧迹，礼刘靖、李允、吴硕、张梁及江夏闾举等，并纳其善。奂讷于造次而敏于当官，军民称之。黄武五年，权攻石阳，奂以地主，使所部将军鲜于丹帅五千人先断淮道，自帅吴硕、张梁五千人为军前锋，降高城，得三将。大军引还，权诏使在前住，驾过其军，见奂军陈整齐，权叹曰："初吾忧其迟钝，今治军，诸将少能及者，吾无忧矣。"拜扬威将军，封沙

悲伤得眼泪都掉了下来。"孙皎接到这封信后，便上疏谢罪，于是跟甘宁结为密友。后来吕蒙担任攻袭南郡（今湖北荆州市）的任务，孙权要使孙皎跟吕蒙分任左、右部大督的职务，吕蒙告诉孙权说："如果主上认为征虏将军有能力征讨虏寇，就应该用他；如果认为我吕蒙能够征讨虏寇，就应该用我吕蒙。当年周瑜、程普分任左右部督，一起去进攻江陵（今湖北荆州市），虽然事情由周瑜决定，而程普自恃久年老将，而且都是部督，于是互不相合，几乎败了国家大事，这就是眼前所要戒惕的！"孙权领悟了其中的道理，向吕蒙道歉说："任你为大督，命孙皎为后援。"于是擒服关羽，平定荆州（今湖南、湖北及四川旧遵义、重庆二府，贵州旧思南、铜仁、思州、石阡等府，及广西之全县，广东之连县皆其地），孙皎也尽了力。建安二十四年，孙皎去世，孙权追录他的功劳，封他的儿子孙胤为丹阳侯。孙胤死了以后，没有儿子，弟弟孙晞嗣承他的侯位，带领军队。后来犯罪自杀，封国免除。其他弟弟孙咨、孙弥、孙仪都做到将军，封侯。孙咨任羽林督，孙仪任无难督。孙咨被滕胤所杀，孙仪被孙峻所害。

孙奂，字季明。哥哥孙皎死了以后，代替他统领兵众，以扬武中郎将的职衔担任江夏太守。在事一年，按照孙皎以前的行为，礼遇刘靖、李允、吴硕、张梁及江夏的闾举等人，并采纳他们的善言。孙奂在危急的时候，常常显得木讷无言，而在做官办事方面却很敏捷，军民都很称赞他。黄武五年，孙权进攻石阳（在湖北汉川市西），孙奂以地主之便，派所属将军鲜于丹率五千人先断绝淮道，亲自率领吴硕、张梁等五千人担任前锋，降服高城，掳获三名将领。大军回来的时候，孙权下令让先头的部队暂停，亲自乘车巡视军队，看见孙奂的军队行阵整齐，孙权赞叹的说："起先我担心他做事迟钝，现在看他治军，诸将很少能

羡侯。吴硕、张梁皆裨将军，赐爵关内侯。奂亦爱乐儒生，复命部曲子弟就业，后仕进朝廷者数十人。年四十，嘉禾三年卒。子承嗣，以昭武中郎将代统兵，领郡。赤乌六年卒，无子，封承庶弟壹奉奂后，袭业为将。孙峻之诛诸葛恪也，壹与全熙、施绩攻恪弟公安督融，融自杀。壹从镇南迁镇军，假节督夏口。及孙綝诛滕胤、吕据，据、胤皆壹皆之妹夫也，壹弟封又知胤、据谋，自杀。綝遣朱异潜袭壹。异至武昌，壹知其攻己，率部曲千馀口过将胤妻奔魏。魏以壹为车骑将军、仪同三司，封吴侯，以故主芳贵人邢氏妻之。邢美色妒忌，下不堪命，遂共杀壹及邢氏。壹入魏三年死。

孙贲字伯阳。父羌字圣台，坚同产兄也。贲早失二亲，弟辅婴孩，贲自赡育，友爱甚笃。为郡督邮守长。坚于长沙举义兵，贲去吏从征伐。坚薨，贲摄帅馀众，扶送灵柩。后袁术徙寿春，贲又依之。术从兄绍用会稽周昂为九江太守，绍与术不协，术遣贲攻破昂于阴陵。术表贲领豫州刺史，转丹杨都尉，行征虏将军，讨平山越。为扬州刺史刘繇所迫逐，

赶得上他的，我没什么好担忧的啦！”便拜孙奂为扬威将军，封沙羡侯。吴硕、张梁都任为裨将军，赐爵关内侯。孙奂也很喜欢儒生，又命令部下的子弟们都要学习课业，后来在朝廷做官的有数十人之多。嘉禾三年，孙奂四十岁的时候去世。儿子孙承继承爵位，以昭武中郎将代统兵，领辖本郡。孙承在赤乌六年去逝，没有儿子。封孙承的异母弟孙壹奉孙奂的后嗣，承袭他的功业，担任将领。孙峻杀诸葛恪的时候，孙壹跟全熙、施绩攻打诸葛恪的弟弟公安（今湖北公安县东北油江口）督诸葛融，融自杀。孙壹从镇南将军升迁为镇军将军，假节督军夏口。及至孙綝杀滕胤、吕据的时候，吕据、滕胤都是孙壹的妹夫，孙壹的弟弟孙封又知道滕胤、吕据的阴谋，所以就自杀。孙綝派朱异暗中偷袭孙壹，朱异到了武昌（今湖北武汉市武昌区），孙壹知道是来攻打自己，便率领部下一千多人经过滕胤的地方，带着滕胤的妻子投奔魏国。魏国任孙壹为车骑将军，仪同三司，封吴侯，并且把故主齐王芳的贵人邢氏嫁他为妻。邢氏有美色，可是善妒忌，婢女们不能忍受她的指使，于是一齐杀了孙壹跟邢氏。孙壹死在投奔魏国的第三年。

孙贲，字伯阳；父亲孙羌，字圣台，是孙坚同母的哥哥。孙贲的双亲早死，弟弟孙辅还小，孙贲亲自抚养弟弟，兄弟非常友爱。孙贲当郡里的都邮守长，孙坚在长沙（今湖南长沙市）发起义军，孙贲辞掉小吏的职务，追随孙坚征伐敌国。孙坚崩逝，孙贲代理职务，率领余众扶送孙坚的灵柩回去。后来袁术移守寿春（今安徽寿县治），孙贲又去依附他。袁术的堂兄袁绍任用会稽的周昂为九江（郡治阴陵，即今安徽定远县西北）太守，袁绍与袁术不和，袁术派孙贲攻破周昂于阴陵。袁术上表奏请孙贲担任豫州（州治谯县，即今安徽亳州市，辖区大致包括今河南东部、安徽西北部一带）刺史。后来又转任丹阳都

因将士众还住历阳。顷之，术复使贲与吴景共击樊能、张英等，未能拔。及策东渡，助贲、景破英、能等，遂进击刘繇。繇走豫章。策遣贲、景还寿春报术，值术僭号，署置百官，除贲九江太守。贲不就，弃妻孥还江南。时策已平吴、会二郡，贲与策征庐江太守刘勋、江夏太守黄祖。军旋，闻繇病死，过定豫章，上贲领太守，后封都亭侯。建安十三年，使者刘隐奉诏拜贲为征虏将军，领郡如故。在官十一年卒。子邻嗣。

邻年九岁，代领豫章，近封都乡侯。在郡垂二十年，讨平叛贼，功绩修理。召还武昌，为绕帐督。时太常潘濬掌荆州事，重安长陈留舒燮有罪下狱，濬尝失燮，欲置之于法。论者多为有言，濬犹不释。邻谓濬曰："舒伯膺兄弟争死，海内义之，以为美谭，仲膺又奉国旧意。今君杀其子弟，若天下一统，青盖北巡，中州士人必问仲膺继嗣，答者云潘承明杀燮，于事何如？"濬意即解，燮用得济。邻迁夏口沔中督、威远将军，所居任职。赤乌十二年卒。子苗嗣。苗弟旅及叔父安、熙、绩，皆历列位。

尉，兼征虏将军，讨平了山越。被扬州（今江苏南部、安徽中部和南部以及江西、浙江、福建等地）刺史刘繇所逼赶，便带领士众回驻历阳（今安徽和县治），不久以后，袁术又派孙贲跟吴景共同去攻击樊能及张英等人，没有攻下。等到孙策东渡，帮助孙贲、吴景攻破张英及樊能等人后，于是联合进击刘繇。刘繇退走豫章（今江西南昌市）。孙策派孙贲、吴景回到寿春向袁术报告，正好遇上袁术僭窃王号，分置百官，便命孙贲为九江太守。孙贲不去就任，抛下妻儿，独自回到江南。当时孙策已经平定吴郡（今苏南浙北一带）会稽（今钱塘江以南的浙江和福建大部）二郡，孙贲和孙策一起征讨庐江太守刘勋、江夏太守黄祖。军队回来时，听说刘繇病死，便前往平定豫章，孙策上表请任孙贲为豫章太守，后来封都亭侯。建安十三年，使者刘隐奉诏书拜封孙贲为征虏将军，照旧担任该郡太守。孙贲在官十一年才去世，儿子孙邻承嗣爵位。

孙邻九岁时，就承继父亲，管辖豫章，后来进封为都乡侯，在郡里达二十年之久，讨平叛贼，颇有治理整顿的功绩。后来被召回武昌，担任绕帐督的官。当时太常潘濬掌管荆州的事，重安（今湖南衡阳市西北）长陈留（今河南开封市东南陈留镇）的舒燮有罪，被判下狱，潘濬曾经跟舒燮不和，想要用法处置他。很多人有议论，为他说情，潘濬还是不通融。孙邻告诉潘濬说："舒伯膺兄弟曾经为了替亲友报仇的事，争着要去受罪，天下人士都很称赞他们的义行，一时传为美谈。舒仲膺原本就有遵奉本国的心意，现在你若杀了他的子弟，如果将来天下统一，皇上巡行北方的时候，中土的人士一定会问起舒仲膺的后嗣，回答的人说是潘承明杀了舒燮，这事你将怎么办？"潘浚的心马上缓和下来，舒燮也因此得救。孙邻后来又升迁为夏口沔中督、威远将军等官，就在他所居地任职。赤乌十二年去世。儿子孙苗承嗣。孙苗的弟弟孙旅以及叔父孙安、孙熙、孙绩，都担任过很高的职位。

孙辅字国仪，贲弟也，以扬武校尉佐孙策平三郡。策讨丹杨七县，使辅西屯历阳以拒袁术，并招诱馀民，鸠合遗散。又从策讨陵阳，生得祖郎等。策西袭庐江太守刘勋，辅随从，身先士卒，有功。策立辅为庐陵太守，抚定属城，分置长吏。迁平南将军，假节领交州刺史。遣使与曹公相闻，事觉，权幽系之。数岁卒。子兴、昭、伟、昕，皆历列位。

孙翊字叔弼，权弟也，骁悍果烈，有兄策风。太守朱治举孝廉，司空辟。建安八年，以偏将军领丹杨太守，时年二十。后卒为左右边鸿所杀，鸿亦即诛。

子松为射声校尉、都乡侯。黄龙三年卒。蜀丞相诸葛亮与兄瑾书曰："既受东朝厚遇，依依于子弟。又子乔良器，为之恻怆。见其所与亮器物，感用流涕。"其悼松如此，由亮养子乔咨述故云。

孙匡字季佐，翊弟也。举孝廉茂才，未试用，卒，时年二十馀。子泰，曹氏之甥也，为长水校尉。嘉禾三年，从权围新城，中流矢死。泰子秀为前将军、夏口督。秀公室至亲，

孙辅，字国仪，孙贲的弟弟。以扬武校尉的职务佐助孙策平定三郡。孙策讨伐丹阳七县的时候，派孙辅屯驻在西面的历阳来抗拒袁术，并且招抚劝导余留的百姓，集合四散的人民。又追随孙策讨伐陵阳，生擒祖郎等人。孙策西袭庐江太守刘勋，孙辅随从前往，都是身在士卒的前头，颇立战功，孙策便立孙辅为庐陵太守，安定所属的城县，并分别设置长吏等官。后来升迁为平南将军，以假节的官任交州刺史。曾经派使者跟曹公相通消息，事情泄漏，孙权便拘捕他，把他幽禁起来，数年以后去世。有儿子名兴、昭、伟、昕，都担任过很高的职位。

孙翊，字叔弼，孙权的弟弟，骁勇强悍，果决刚烈，有哥哥孙策的风范。太守朱治推荐他为孝廉，司空征召他做官。建安八年，以偏将军的官担任丹阳太守，当时年纪才二十岁，最后是被近臣边鸿所杀，边鸿也立刻被杀。

儿子孙松，担任射声校尉，都乡侯的官，在黄龙三年去世。蜀国丞相诸葛亮给哥哥诸葛瑾的信说："孙松既受吴国的厚待，在吴国王室诸子弟中，最受人思慕。子乔（孙松的字）有很好的才器，不幸故世，令人为他感伤。每当见到他所送我的器物，便激动得掉眼泪。"诸葛亮是如此的哀悼孙松。这是由于诸葛亮的养子乔，曾经向诸葛亮叙述孙松的为人，所以诸葛亮才会这么感伤。

孙匡，字季佐，孙翊的弟弟，举荐为孝廉茂才，还没来得及试用，便去世了，当时年纪才二十多岁。儿子孙泰，是曹氏的外甥，担任长水校尉，在嘉禾三年，随孙权围攻新城

握兵在外，晧意不能平。建衡二年，晧遣何定将五千人至夏口猎。先是，民间佥言秀当见图，而定远猎，秀遂惊，夜将妻子亲兵数百人奔晋。晋以秀为骠骑将军、仪同三司，封会稽公。

孙韶字公礼。伯父河，字伯海，本姓俞氏，亦吴人也。孙策爱之，赐姓为孙，列之属籍。后为将军，屯京城。

初，孙权杀吴郡太守盛宪，宪故孝廉妫览、戴员亡匿山中，孙翊为丹杨，皆礼致之。览为大都督督兵，员为郡丞。及翊遇害，河驰赴宛陵，责怒览、员，以不能全诩，令使奸变得施。二人议曰："伯海与将军疏远，而责我乃耳。讨虏若来，吾属无遗矣。"遂杀河，使人北迎扬州刺史刘馥，令住历阳，以丹杨应之。会翊帐下徐元、孙高、傅婴等杀览、员。

韶年十七，收河馀众，缮治京城，起楼橹，修器备以御敌。权闻乱，从椒丘还，过定丹杨，引军归吴。夜至京城下营，试攻惊之，兵皆乘城传檄备警，欢声动地，颇射外人，权使晓喻乃止。明日见韶，甚器之，即拜承烈校尉，统河部曲，食曲阿、丹徒二县，自置

（即合肥新城，在卢州西三十里鸡鸣山北。）中了流箭而死。孙泰的儿子孙秀，担任前将军及夏口督。孙秀是王族的至亲，掌兵在外，孙晧心里颇为不满。建衡二年，孙晧派何定带领五千人到夏口打猎。起先，民间都传说孙秀一定会被谋害，到了何定老远的来打猎，孙秀便很惊慌，利用夜晚带着妻子儿女以及亲近的士兵数百人，投奔到晋朝，晋朝任孙秀为骠骑将军，仪同三司，封为会稽公。

孙韶，字公礼。伯父孙河，字伯海，本姓俞氏，也是吴国的人。孙策很喜欢他，便赐姓为孙，列在孙姓附属的族谱里。后来担任将军，屯兵在京城。

当初，孙权杀了吴郡太守盛宪，盛宪的故旧孝廉妫览、戴员逃匿到山里去，孙翊任丹阳太守时，都用礼罗致了他们。妫览担任大都督督兵，戴员担任郡丞。到了孙翊遇害，孙河奔赴宛陵，怒责妫览、戴员，由于二人不能完全掌握局势，致使奸人得以逞乱。二人商议说："伯海跟将军一向很疏远，可是现在竟然这样责怪我们，如果孙权一来的话，我们绝不能活命。"于是二人便杀了孙河，派人到北方迎接扬州刺史刘馥，要他驻军历阳，二人在丹阳跟他相呼应。在这时候，孙翊的部下徐元、孙高、傅婴等人把妫览和戴员杀了。

孙韶十七岁时，便招集了孙河的剩余部众，整治京城，建瞭望楼，并且整修器备，用来抵御敌人。孙权听到起了乱事，从椒丘回来，经过丹阳，把那一带平定后，大军再回吴国，夜晚来到了京城，扎营城外，并且试着攻打京城，故意惊动城里。而城内的士兵，都登上城墙，传布军令，警戒备战，一片动地的呼叫声，而且有很多箭射向城外的人，孙权派人告诉了城内才停止。第二天，孙权召见孙韶，非常器重他，立刻拜他为承烈校尉，统

长吏，一如河旧。后为广陵太守、偏将军。权为吴王，迁扬威将军，封建德侯。权称尊号，为镇北将军。韶为边将数十年，善养士卒，得其死力。常以警疆埸远斥候为务，先知动静而为之备，故鲜有负败。青、徐、汝、沛颇来归附，淮南滨江屯候皆徹兵远徙，徐、泗、江、淮之地，不居者各数百里。自权西征，还都武昌，韶不进见者十馀年。权还建业，乃得朝觐。权问青、徐诸屯要害，远近人马众寡，魏将帅姓名，尽具识之，有问咸对。身长八尺，仪貌都雅。权欢悦曰："吾久不见公礼，不图进益乃尔。"加领幽州牧、假节。赤乌四年卒。子越嗣，至右将军，越兄楷武卫大将军、临成侯，代越为京下督。楷弟异至领军将军，奕宗正卿，恢武陵太守。天玺元年，征楷为宫下镇骠骑将军。初永安贼施但等劫皓弟谦，袭建业，或白楷二端不即赴讨者，皓数遣诘楷。楷常惶怖，而卒被召，遂将妻子亲兵数百人归晋，晋以为车骑将军，封丹杨侯。

孙桓字叔武，河之子也。年二十五，拜安东中郎将，与陆逊共拒刘备。备军众甚盛，弥山盈谷，桓投刀奋命，与逊戮力，备遂败走。桓斩上夔道，截其径要。备逾山越险，仅

率孙河的部队，食邑曲阿、丹徒二县，可以自己设置长吏，完全像当年的孙河一样。后来担任广陵太守、偏将军。孙权称吴王，升迁孙韶为扬威将军，封建德侯。孙权称帝后，又封他为镇北将军。孙韶任边将数十年，很会照顾士卒，士卒都能为他效命。他经常致力于警卫疆埸，远布斥候，先知晓敌人的动静，而预为防备，所以很少战败。青州、徐州、汝州、沛州大都来归附，在淮南地区靠近长江屯驻的军队跟斥候都撤退远迁，徐、泗、江、淮一带各有数百里地不驻军。自从孙权西征，还都武昌以来，孙韶不进见有十来年之久。孙权回到建业，才得以上朝进见。孙权问及青州、徐州各屯要害，以及远近人马的多寡、魏国将帅的姓名，孙韶都知道，有问必答。孙韶身高八尺，仪态容貌雄伟而温雅，孙权很高兴的说："我好久没见到公礼了，没想到有如此的精进。"便加他兼领幽州州牧、假节的官职。赤乌四年去世，儿子孙越承嗣爵位，官至右将军，孙越的哥哥孙楷为武卫大将军、临成侯，代替孙越任京下督。孙楷弟弟孙异官至领军将军、奕宗正卿、恢武陵太守。天玺元年，要征召孙楷为宫下镇骠骑将军。当初永安贼寇施但等劫持孙皓的弟弟孙谦，进袭建业，有人告诉孙楷采取两面观望的态度，不要立刻去讨伐，孙皓屡次派人来责问孙楷，孙楷时常觉得惶恐，结果终于被征召，孙楷便带着妻儿以及亲近的士兵数百人归附了晋，晋朝任他为车骑将军，封丹阳侯。

孙桓，字武叔，孙河的儿子，二十五岁时，拜官安东中郎将，和陆逊共同抗拒刘备。刘备的军队很多，满山遍野，孙桓拼命挥刀，和陆逊努力拒敌，刘备终于败走。孙桓阻断了上夔道，并且截断他的要道，刘备越山度险，仅免一死，非常愤恨的叹息道："我当初到

乃得免，忿恚叹曰：“吾昔初至京城，桓尚小儿，而今迫孤乃至此也！”桓以功拜建武将军，封丹徒侯，下督牛渚，作横江坞，会卒。

评曰：夫亲亲恩义，古今之常。宗子维城，诗人所称。况此诸孙，或赞兴初基，或镇据边陲，克堪厥任，不忝其荣者乎！故详著云。

京城，孙桓只是个小孩子，现在竟然逼迫我到如此的地步。”孙桓因为有功，拜官建武将军，封丹徒侯。后来下督牛渚，兴建横江坞，不久便去世。

陈寿评论说：亲爱亲人，施恩有义，这是古今的常情。宗室之子，是卫国干城的人，诗人早有称述。何况这些孙家的子弟，有的帮助振兴开国的基业，有的镇守边疆，都能担当他们的任务，不辱没他们光荣的家声，所以详细地加以记载，如上所述。

三国志卷五十二

张顾诸葛步传第七

包根弟 译

张昭字子布，彭城人也。少好学，善隶书，从白侯子安受《左氏春秋》，博览众书，与琅邪赵昱、东海王朗俱发名友善。弱冠察孝廉，不就，与朗共论旧君讳事，州里才士陈琳等皆称善之。刺史陶谦举茂才，不应，谦以为轻己，遂见拘执。昱倾身营救，方以得免。汉末大乱，徐方士民多避难扬土，昭皆南渡江。孙策创业，命昭为长史、抚军中郎将，升堂拜母，如比肩之旧，文武之事，一以委昭。昭每得北方士大夫书疏，专归美于昭，昭欲嘿而不宣则惧有私，宣之则恐非宜，进退不安。策闻之，欢笑曰："昔管仲相齐，一则仲父，二则仲父，而桓公为霸者宗。今子布贤，我能用之，其功名独不在我乎！"

策临亡，以弟权托昭，昭率群僚立而辅之。上表汉室，下移属城，中外将校，各令奉职。权悲感未视事，昭谓权曰："夫为人后者，贵能负荷先轨，克昌堂构，以成勋业也。方

张昭字子布，彭城人（今江苏徐州市）。自幼好学，善写隶书，跟随白侯子安学习《左氏春秋》，博览群书，和琅邪赵昱、东海王朗，都有名声，彼此很友善。二十岁被推举为孝廉，不去就任。和王朗共同议论旧君名讳的事情，同州里的才士陈琳等人都称赞他。刺史陶谦推举他为茂才，他不接受，陶谦认为他轻视自己，于是就逮捕了他。赵昱尽力营救，他才能免罪。汉末天下大乱，徐州方面的士民都避难到扬州，张昭这些人也都南渡长江。孙策创立帝业时，就命张昭为长史，抚军中郎将，入堂拜见孙策的母亲，就好像并肩共事的旧友一样，不论政治或军事，孙策全都托付给张昭办理。张昭每次接到北方士大夫的书信，都一致赞扬张昭，张昭想缄口不说出来，则害怕有私情，说出来又恐怕不恰当，进退不安。孙策知道此事，欢笑着说："从前管仲做齐相，说一就是仲父，说二也是仲父，而桓公就成为霸者之主。现在子布贤能，我能够任用他，那么统一天下的功业不就在我身上了吗？"

孙策弥留之时，把弟弟孙权托付给张昭，张昭率领众属下立了孙权，加以辅佐。上表给汉朝廷，又移送公文到各属城，内外的将领校尉，都命令他们各自奉守职责。孙权因为哀痛兄丧没能亲自视察政事，张昭就向孙权进言道："做人家后辈的人，重要的是要能担当

今天下鼎沸，群盗满山，孝廉何得寝伏哀戚，肆匹夫之情哉？”乃身自扶权上马，陈兵而出，然后众心知有所归。昭复为权长史，授任如前。后刘备表权行车骑将军，昭为军师。权每田猎，常乘马射虎，虎常突前攀持马鞍。昭变色而前曰：“将军何有当尔？夫为人君者，谓能驾御英雄，驱使群贤，岂谓驰逐于原野，校勇于猛兽者乎？如有一旦之患，奈天下笑何？”权谢昭曰：“年少虑事不远，以此惭君。”然犹不能已，乃作射虎车，为方目，间不置盖，一人为御，自于中射之。时有逸群之兽，辄复犯车，而权每手击以为乐。昭虽谏争，常笑而不答。魏黄初二年，遣使者邢贞拜权为吴王。贞入门，不下车。昭谓贞曰：“夫礼无不敬，故法无不行。而君敢自尊大，岂以江南寡弱，无方寸之刃故乎！”贞即遽下车。拜昭为绥远将军，封由拳侯。权于武昌，临钓台，饮酒大醉。权使人以水洒群臣曰：“今日酣饮，惟醉堕台中，乃当止

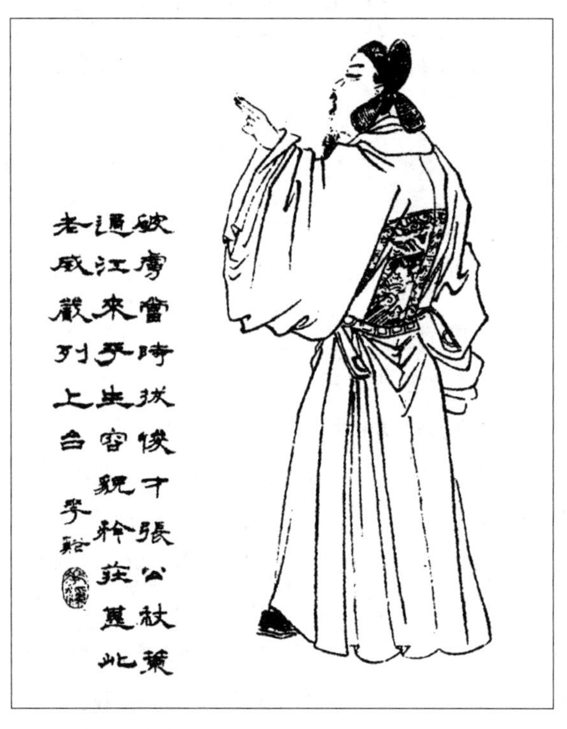

张昭，选自清刊本《三国演义》。

起先朝轨业，将先人遗绪加以恢宏，以完成功名大业。如今天下沸腾，满山都是盗贼，孝廉哪能卧伏悲戚，逞匹夫的私情呢？”就亲自扶孙权上马，列军出巡，然后众人的心才晓得有所归属。张昭还是做孙权的长史，授受的职权一如从前。后来刘备上表天子让孙权兼摄车骑将军，张昭任军师。孙权每次去打猎时，常常骑着马射杀老虎，老虎也常突然向前攀住马鞍。张昭变了脸色向前说道：“将军哪里值得这样做呢？做一个人君的人，是说能驾御英雄，任用群贤，哪里是说在原野上驰逐，和猛兽一较勇力的呢？一旦发生祸害，怎奈天下人的嘲笑？”孙权向张昭道歉说：“年纪轻，考虑事情不够深远，这件事我对您觉得很惭愧。”但孙权还是不能罢手，他就制作一部射虎车，开个方洞，中间不加盖子，一人驾驶，自己在车中射杀老虎。时常有离群的猛兽侵犯车子，每次孙权都用手去搏击，当作乐事，张昭虽然极力进谏，孙权常笑而不答。魏黄初二年（公元221年），派遣使者邢贞拜孙权为吴王。邢贞进军门，不下车。张昭告诉邢贞说：“礼节没有人敢不尊敬，所以法令没有不实行的。而君却敢妄自尊大，难道是因为江南兵少力薄，没有方寸的刀刃吗？”邢贞立刻就下了车。拜张昭为绥远将军，封由拳侯。孙权在武昌（今湖北武汉市武昌区），登钓

耳。”昭正色不言，出外车中坐。权遣人呼昭还，谓曰：“为共作乐耳，公何为怒乎？”昭对曰：“昔纣为糟丘酒池长夜之饮，当时亦以为乐，不以为恶也。”权默然，有惭色，遂罢酒。初，权当置丞相，众议归昭。权曰：“方今多事，职统者责重，非所以优之也。”后孙邵卒，百寮复举昭，权曰：“孤岂为子布有爱乎？领丞相事烦，而此公性刚，所言不从，怨咎将兴，非所以益之也。”乃用顾雍。

权既称尊号，昭以老病，上还官位及所统领。更拜辅吴将军，班亚三司，改封娄侯，食邑万户。在里宅无事，乃著《春秋左氏传解》及《论语注》。权尝问卫尉严畯：“宁念小时所闇书不？”畯因诵《孝经》“仲尼居”。昭曰：“严畯鄙生，臣请为陛下诵之。”乃诵“君子之事上”，咸以昭为知所诵。

昭每朝见，辞气壮厉，义形于色，曾以直言逆旨，中不进见。后蜀使来，称蜀德美，而群臣莫拒，权叹曰：“使张公在坐，彼不折则废，安复自夸乎？”明日，遣中使劳问，因请见昭。昭避席谢，权跪止之。昭坐定，仰曰：“昔太后、桓王不以老臣属陛下，而以陛下属老臣，是以思尽臣节，以报厚恩，使泯没之后，有可称述，而意虑浅短，违逆盛旨，自分幽沦，长弃沟壑，不图复蒙引见，得奉帷幄。然臣愚心所以事国，志在忠益，毕命而已。

台，喝酒大醉。孙权命人用水喷洒群臣说：“今天畅快痛饮，只有醉倒台中，才可以停止。”张昭正色不说话，走出去，坐在车里。孙权派人叫张昭回来，说道：“为了一起作乐而已，先生为什么发怒呢？”张昭答道：“从前纣王积糟成丘，以酒为池，长夜痛饮，当时也以为很乐，并不认为是坏事呀。”孙权默默无言，脸色惭愧，就停止了酒会。起初，孙权要设立丞相，众议归属张昭。孙权说：“现在天下多事，统领的人责任重大，这样，并不是对他优厚啊！”后来孙邵死了，百官又推举张昭，孙权说：“孤岂是对子布有所私爱呢？担任丞相的事很烦杂，而此公性情刚直，臣下所说的话，他不采纳，就会产生怨责，这样并不是对他好呀！”就用了顾雍为相。

孙权称帝以后，张昭因老病，上表归还官位和所统领的职责。就被改封为辅吴将军，班亚三司，又改封为娄侯，食邑万户。在家中无事，乃著《春秋左氏传解》和《论语注》。孙权曾经问卫尉严畯说：“还记得小时候所默诵的书吗？”严畯就背诵《孝经》“仲尼居”一章。张昭说：“严畯鄙陋小子，臣请为陛下背诵。”于是就背诵“君子之事上”一章，大家都认为张昭背诵得当。张昭每次上朝进见，辞气壮厉，脸上透出一股正义，曾因直言违逆了旨意，宦官不让他进见。后来蜀国使者来，称扬蜀的美德，而吴国群臣没人能屈服他，孙权叹息道：“假使张公在坐，蜀使不屈服也会丧气，哪能再自夸呢？”次日，派遣中使慰问，借以请见张昭。张昭避席道谢，孙权跪下来止住他。张昭坐定，抬起头来说道：“以前太后、桓王不把老臣属托陛下，而把陛下属托老臣，所以我想要竭尽臣节，来报答他们的厚恩，使我死了以后，有可称说之处，但是我的思虑浅薄，违逆了盛旨，料想定会深自沉

若乃变心易虑，以偷荣取容，此臣所不能也。”权辞谢焉。

权以公孙渊称藩，遣张弥、许晏至辽东拜渊为燕王，昭谏曰：“渊背魏惧讨，远来求援，非本志也。若渊改图，欲自明于魏，两使不反，不亦取笑于天下乎？”权与相反覆，昭意弥切。权不能堪，案刀而怒曰：“吴国士人入宫则拜孤，出宫则拜君，孤之敬君，亦为至矣，而数于众中折孤，孤尝恐失计。”昭熟视权曰：“臣虽知言不用，每竭愚忠者，诚以太后临崩，呼老臣于床下，遗诏顾命之言故在耳。”因涕泣横流。权掷刀致地，与昭对泣。然卒遣弥、晏往。昭忿言之不用，称疾不朝。权恨之，土塞其门，昭又于内以土封之。渊果杀弥、晏。权数慰谢昭，昭固不起，权因出过其门呼昭，昭辞疾笃。权烧其门，欲以恐之，昭更闭户。权使人灭火，住门良久，昭诸子共扶昭起，权载以还宫，深自克责。昭不得已，然后朝会。

昭容貌矜严，有威风，权常曰：“孤与张公言，不敢妄也。”举邦惮之。年八十一，嘉禾五年卒。遗令幅巾素棺，敛以时服。权素服临吊，谥曰文侯。长子承已自封侯，少子休袭爵。

没，必死无疑，没想到又蒙引见，得以侍奉在帐下。但是臣愚钝之心所以事奉国家的心志，在于忠诚益国，竭尽生命而已。如果要我窃取荣华，苟合取容，这是臣做不到的。”孙权向他辞让道歉。

孙权因公孙渊称藩属，派遣张弥、许晏到辽东拜公孙渊为燕王，张昭进谏说：“公孙渊背叛魏国，怕魏讨伐，远来求援，并不是他的本意。如果公孙渊改变意图，想要向魏自我表白，我国派去的两个使者不能回来，不就使天下人取笑我们吗？”孙权和他反复对峙，张昭心意更形急切。孙权不能忍受，握着刀，生气的说：“吴国士人入宫则拜见我，出宫则拜见先生，我尊敬先生，也可说到了顶点，而你却屡次在众臣面前折辱我，我常恐怕自己会失计（谓杀昭）。”张昭凝视着孙权说：“臣虽然知道所说的话不被采纳，但每次还要竭尽愚忠的原因，实在是因为太后临崩时，把老臣叫到床下，遗诏弥留的话还在耳边的缘故呀！”为之涕泪横流。孙权把刀丢在地上，也和张昭对泣。但终于还是派遣张弥、许晏去了辽东。张昭忿怒自己的话没被采纳，假称生病不上朝。孙权也恨他，用泥土堵塞了他家的门，张昭又在门内也用泥土封了起来。公孙渊果然杀了张弥、许晏。孙权屡次去向张昭慰问道歉，张昭坚决不上朝，孙权因此出宫经过他家门口呼叫张昭，张昭借口病重辞绝孙权。孙权烧他的门，想要吓他，张昭却更关紧了门。孙权让人扑灭了火，在门口停了很久，张昭诸子共同扶起了张昭，孙权把他载回了宫廷，深自责备。张昭不得已，然后才上朝。

张昭容貌矜持严肃，很有威风，孙权常说：“我和张公说话，不敢妄言。”全国的人都怕他。年八十一岁，嘉禾五年（公元236年）死。遗言命人头束幅巾，棺木不必加饰，以常服入殓。孙权穿丧服来吊丧，谥为文侯。长子承自己已经被封为侯，由少子休承袭爵位。

昭弟子奋年二十，造作攻城大攻车，为步骘所荐。昭不愿曰："汝年尚少，何为自委于军旅乎？"奋对曰："昔童汪死难，子奇治阿，奋实不才耳，于年不为少也。"遂领兵为将军，连有功效，至半州都督，封乐乡亭侯。

承字仲嗣，少以才学知名，与诸葛瑾、步骘、严畯相友善。权为骠骑将军，辟西曹掾，出为长沙西部都尉。讨平山寇，得精兵万五千人。后为濡须都督、奋威将军，封都乡侯，领部曲五千人。承为人壮毅忠谠，能甄识人物，拔彭城蔡款、南阳谢景于孤微童幼。后并为国士，款至卫尉，景豫章太守。又诸葛恪年少时，众人奇其英才。承言终败诸葛氏者元逊也。勤于长进，笃于物类，凡在庶几之流，无不造门。年六十七，赤乌七年卒，谥曰定侯。子震嗣。初，承丧妻，昭欲为索诸葛瑾女，承以相与有好，难之，权闻而劝焉，遂为婿。生女，权为子和纳之。权数令和修敬于承，执子婿之礼。震诸葛恪诛时亦死。

休字叔嗣，弱冠与诸葛恪、顾谭等俱为太子登僚友，以《汉书》授登。从中庶子转为右弼都尉。权常游猎，迨暮乃归，休上疏谏戒，权大善之，以示于昭。及登卒后，为侍中，拜羽林都督，平三典军事，迁扬武将军。为鲁王霸友党所谮，与顾谭、承俱以芍陂论功事，

张昭弟子奋，年二十岁，制造攻城大车，为步骘所推荐。张昭不愿意，说："你的年纪还小，为什么要投效军队之中呢？"奋回答说："从前童子汪踦为国死难，子奇治理阿地，奋的确没有才能，但在年龄上并不算小呀！"于是就让他带兵为将军，连续立下功劳，做到半州都督，被封为乐乡亭侯。

张承字仲嗣，少年时以才学闻名，和诸葛瑾、步骘、严畯相友善。孙权做骠骑将军，征召他为西曹掾，出任长沙西部都尉。讨平山贼，获得精兵一万五千人。后来做濡须都督，奋威将军，被封为都乡侯，率领部队五千人。张承为人勇壮强毅、忠诚直谏，能够洞识人才，把彭城蔡款、南阳谢景在孤弱卑微的童幼之时提拔出来。后来二人并为国士，蔡款做到卫尉，谢景任豫章太守。又诸葛恪年少时，众人赞叹他的英才，张承说让诸葛氏身败的最后一定是元逊呀！勤奋求进学业，笃实爱物，凡是在贤圣之流的人，他没有不登门拜访的。年六十七岁，赤乌七年（公元 244 年）死，谥为定侯。子震承嗣。当初张承死了妻子，张昭想要为他娶诸葛瑾的女儿，张承因为彼此是相交好友，不愿意，孙权听到了就劝告他，他就做了诸葛瑾的女婿。生一个女儿，孙权为自己的儿子和娶来为妻。孙权常命孙和对张承要修习敬慎，守子婿的礼节。张震在诸葛恪被杀时，也死了。

张休字叔嗣，二十岁时和诸葛恪、顾谭等都是太子登的僚友，为孙登讲解《汉书》。从中庶子转任为右弼都尉。孙权曾经游猎，到天黑才回来，张休上疏进谏劝戒，孙权十分赞赏他，拿给张昭看。等到孙登死后，为侍中，拜任羽林都督，治理中、左、右三典军的事务，迁任扬武将军。被鲁王霸朋党进谗言，和顾谭、顾承都因芍陂论功的事情，张休、

休、承与典军陈恂通情，诈增其伐，并徙交州。中书令孙弘佞伪险诐，休素所忿，弘因是谮诉，下诏书赐休死，时年四十一。

顾雍字元叹，吴郡吴人也。蔡伯喈从朔方还，尝避怨于吴，雍从学琴书。州郡表荐，弱冠为合肥长，后转在娄、曲阿、上虞，皆有治迹。孙权领会稽太守，不之郡，以雍为丞，行太守事，讨除寇贼，郡界宁静，吏民归服。数年，入为左司马。权为吴王，累迁大理奉常，领尚书令，封阳遂乡侯，拜侯还寺，而家人不知，后闻乃惊。

黄武四年，迎母于吴。既至，权临贺之，视拜其母于庭，公卿大臣毕会，后太子又往庆焉。雍为人不饮酒，寡言语，举动时当。权尝叹曰："顾君不言，言必有中。"至饮宴欢乐之际，左右恐有酒失而雍必见之，是以不敢肆情。权亦曰："顾公在坐，使人不乐。"其见惮如此。是岁，改为太常，进封醴陵侯，代孙邵为丞相，平尚书事。其所选用文武将吏各随能所任，心无適莫。时访逮民间，及政职所宜，辄密以闻。若见纳用，则归之于上，不用，终不宣泄。权以此重之。然于公朝有所陈及，辞色虽顺而所执者正。权尝咨问得失，张昭因陈听采闻，颇以法令太稠，刑罚微重，宜有所蠲损。权默然，顾问雍曰："君以为

顾承和典军陈恂打通关节，诈增他们的功绩，一起被流放到交州。中书令孙弘伪善险诈，张休平时对他就很忿怒，孙弘因此就诬告他，天子下诏书赐张休死，时年四十一岁。

顾雍字元叹，为吴郡吴地人，蔡伯喈从朔方回来，曾在吴地避仇，顾雍跟随他学习琴书。州郡上表推荐，二十岁就做了合肥长，后来转任娄县（今江苏昆山市东北三里）、曲阿、上虞都有治绩。孙权任会稽太守，不到郡中，以顾雍为郡丞，摄行太守职事，讨平贼寇，郡界宁静，官民因而归服。几年后，入朝为左司马。孙权为吴王，屡次迁任为大理奉常，领尚书令，封为阳遂乡侯，拜侯以后回到官舍，而家人还不知道，后来知道了都大吃一惊。

黄武四年（公元 225 年），到吴地迎接母亲。到后，孙权到他家道贺，亲自在庭中拜见他的母亲，公卿大臣全都会聚，后来太子又往庆贺。顾雍为人不喝酒，少言语，一举一动都很合时得当。孙权曾叹息说："顾先生只是不说话，一说必合正道。"在宴饮欢乐的时候，左右的人恐怕酒后失态，一定会被顾雍看到，因此不敢纵情畅饮。孙权也说："顾公在坐，让人不乐。"大家都这样忌惮他。这年，改为太常，进封醴陵侯，代替孙邵为丞相，领尚书事。他所选用的文武将军官吏各随他们的才能任用，心中毫无厚薄之分。时常访及民间，和政府职责所应作的事，就密奏天子。如果被采纳实行，就归功给君上；不用，也始终不泄漏出去。孙权因此很看重他。但是在公朝中有所陈述之时，言辞脸色虽然和顺，而执守之道却很严正。孙权曾咨问政治得失，张昭就陈述所探访到的民情，都认为法令太繁，刑罚称重，应该有所减损。孙权默默不语，回头问顾雍说："先生认为如何？"顾雍答道：

何如？”雍对曰：“臣之所闻，亦如昭所陈。”于是权乃议狱轻刑。久之，吕壹、秦博为中书，典校诸官府及州郡文书。壹等因此渐作威福，遂造作榷酤障管之利，举罪纠奸，纤介必闻，重以深案丑诬，毁短大臣，排陷无辜，雍等皆见举白，用被谴让。后壹奸罪发露，收系廷尉。雍往断狱。壹以囚见，雍和颜色，问其辞状，临出，又谓壹曰：“君意得无欲有所道？”壹叩头无言。时尚书郎怀叙面詈辱壹，雍责叙曰：“官有正法，何至于此！”

雍为相十九年，年七十六，赤乌六年卒。初疾微时，权令医赵泉视之，拜其少子济为骑都尉。雍闻，悲曰：“泉善别生死，吾必不起，故上欲及吾目见济拜也。”权素服临吊，谥曰肃侯。长子邵早卒，次子裕有笃疾，少子济嗣，无后，绝。永安元年，诏曰：“故丞相雍，至德忠贤，辅国以礼，而侯统废绝。朕甚愍之。其以雍次子裕袭爵为醴陵侯，以明著旧勋。”

邵字孝则，博览书传，好乐人伦。少与舅陆绩齐名，而陆逊、张敦、卜静等皆亚焉。自州郡庶几及四方人士，往来相见，或言议而去，或结厚而别，风声流闻，远近称之。权妻以策女。年二十七，起家为豫章太守。下车祀先贤徐孺子之墓，优待其后；禁其淫祀非礼之祭者。小吏资质佳者，辄令就学，择其先进，擢置右职，举善以教，风化大行。初，

“我所听到的，也像张昭陈述的一样。”于是孙权就商议减轻刑狱。过了很久，吕壹、秦博任中书，典校各官府和州郡的文书。吕壹等人因此逐渐作威作福，便订定公家卖酒，禁阻管制的专利，纠举犯罪好恶时，丝毫的小罪也要上奏，再加上深究恶诬、毁谤大臣、排挤陷害无辜，顾雍等人都被纠举弹劾，受到责让。后来吕壹奸罪暴露，被廷尉逮捕。顾雍去审判刑案，吕壹以囚犯身份和顾雍相见，顾雍和颜悦色，讯问他的供辞，临出来时，又向吕壹问道：“君心中难道没什么要辩解的吗？”吕壹叩头无言。当时尚书郎怀叙当面辱骂吕壹，顾雍责备怀叙说：“官有正法，何至于要如此呢？”

顾雍做宰相十九年，年七十六岁，赤乌六年（公元243年）死。起初他病情还轻微时，孙权命御医赵泉去看病，任顾雍的小儿子顾济为骑都尉。顾雍知道了，悲伤地说：“赵泉最善于分辨死生，我一定不会好了，所以主上要让我亲眼看见顾济拜官。”孙权穿丧服去吊丧，谥为肃侯。长子顾邵早死，次子裕有不治之病，少子济承嗣，没后代，绝嗣。永安元年（公元258年），诏书说：“故丞相顾雍，德行高超，忠贞贤能，以礼辅佐国家，而侯国统嗣废绝，朕十分哀愍。现由雍次子裕承袭爵位为醴陵侯，以明著旧功。”

邵字孝则，博览群书记传，喜欢品评人物。少年时和舅父陆绩齐名，而陆逊、张敦、卜静等人都差他一等。从州郡贤人到四方人士，往来相见，有的谈论而去，有的深交而别，风节声望传闻各处，远近的人同声称扬。孙权把孙策的女儿嫁给他。二十七岁，由家中被召为豫章太守。刚到任祭祀先代贤人徐孺子的墓，优待他的后人；禁止那些荒淫而不合礼的祭祀。小吏资质好的，常命他就学。挑选那些学业优秀的人，担任高职，推崇善德，教

钱唐丁谞出于役伍，阳羡张秉生于庶民，乌程吴粲、云阳殷礼起乎微贱，邵皆拔而友之，为立声誉。秉遭大丧，亲为制服结绖。邵当之豫章，发在近路，值秉疾病，时送者百数，邵辞宾客曰："张仲节有疾，苦不能来别，恨不见之，暂还与诀，诸君少时相待。"其留心下士，惟善所在，皆此类也。谞至典军中郎，秉云阳太守，礼零陵太守，粲太子少傅。世以邵为知人。在郡五年，卒官，子谭、承云。

谭字子默，弱冠与诸葛恪等为太子四友，从中庶子转辅正都尉。赤乌中，代恪为左节度。每省簿书，未尝下筹，徒屈指心计，尽发疑谬，下吏以此服之。加奉车都尉。薛综为选曹尚书，固让谭曰："谭心精体密，贯道达微，才照人物，德允众望，诚非愚臣所可越先。"后遂代综。祖父雍卒数月，拜太常，代雍平尚书事。是时鲁王霸有盛宠，与太子和齐衡，谭上疏曰："臣闻有国有家者，必明嫡庶之端，异尊卑之礼，使高下有差，阶级逾邈，如此则骨肉之恩生，觊觎之望绝。昔贾谊陈治安之计，论诸侯之势，以为势重，虽亲必有逆节之累；势轻，虽疏必有保全之祚。故淮南亲弟，不终飨国，失之于势重也；吴芮疏臣，传祚长沙，得之于势轻也。昔汉文帝使慎夫人与皇后同席，袁盎退夫人之座，帝有怒色，

导百姓，流风教化散播各处。起初，钱唐丁谞出身于军队行伍，阳羡张秉出身为平民百姓，乌程吴粲、云阳殷礼出身于微贱，顾邵都提拔了他们，与他们结交为友，为他们建立起声名。张秉遭遇失亲大丧，他亲自为他准备孝服、孝帽和孝带。顾邵要到豫章去，在张秉家附近出发，正值张秉生病，当时送别的人有百来个，顾邵辞别宾客说："张仲节有病，苦不能来送别，恨不能见到他，我暂且回去和他道别，诸位请稍待一会。"他用心礼敬士人，一心求善，都像这类的事。丁谞做到典军中郎，张秉任云阳太守，殷礼任零陵太守，吴粲任太子少傅。世人认为顾邵有知人之明。在郡中五年，死于任职中，有子顾谭和顾承。

谭字子默，二十岁时和诸葛恪等人为太子四友，从中庶子转任辅正都尉。赤乌年间，代替诸葛恪做左节度。每次察核账册，从不曾用筹计算，只要屈指心算，疑问错误的地方全都被找出来了，下吏因此很服他。加任奉车都尉。薛综任选曹尚书，坚持要让给顾谭说："顾谭心思细微、体察精密；贯通道术、明达微妙；才情焕发，照耀时人；德业诚为众望所归，实非愚臣所可以超越他的。"后来顾谭就代替了薛综。祖父顾雍死几个月后，任太常，代替顾雍任尚书事。这时鲁王孙霸颇受宠信，和太子孙和齐等，顾谭上疏道："臣听说有国有家的天子、公卿，一定要分清楚嫡庶的本端，对尊卑的礼节有所不同，使高位下位有差等，阶级遥隔，这样才会产生骨肉的恩情，断绝非分的想望。从前贾谊陈述治安的计谋，论到诸侯的权势，认为诸侯的权势重，虽然关系亲近，也会有叛逆之祸；诸侯的权势轻，虽然关系疏远，也会有保全之福。所以，淮南厉王为汉文帝的亲弟弟，在位不终天年，错失在权势太重呀；吴芮疏远之臣，却能以长沙王传于后代，得益在权势轻微呀。从前汉文帝让慎夫人和皇后同坐一席，袁盎撤掉慎夫人的座位，文帝面有怒色，等到袁盎为

及盎辨上下之仪，陈人彘之戒，帝既悦怿，夫人亦悟。今臣所陈，非有所偏，诚欲以安太子而便鲁王也。”由是霸与谭有隙。时长公主婿卫将军全琮子寄为霸宾客，寄素倾邪，谭所不纳。先是，谭弟承与张休俱北征寿春，全琮时为大都督，与魏将王凌战于芍陂，军不利，魏兵乘胜陷没五营将秦晃军，休、承奋击之，遂驻魏师。时琮群子绪、端亦并为将，因敌既住，乃进击之，凌军用退。时论功行赏，以为驻敌之功大，退敌之功小，休、承并为杂号将军，绪、端偏裨而已。寄父子益恨，共构会谭。谭坐徙交州，幽而发愤，著《新言》二十篇。其《知难篇》盖以自悼伤也。见流二年，年四十二，卒于交阯。

承字子直，嘉禾中与舅陆瑁俱以礼征。权赐丞相雍书曰：“贵孙子直，令问休休，至与相见，过于所闻，为君嘉之。”拜骑都尉，领羽林兵。后为吴郡西部都尉，与诸葛恪等共平山越，别得精兵八千人，还屯军章坑，拜昭义中郎将，入为侍中。芍陂之役，拜奋威将军，出领京下督。数年，与兄谭、张休等俱徙交州，年三十七卒。

诸葛瑾字子瑜，琅邪阳都人也。汉末避乱江东。值孙策卒，孙权姊婿曲阿弘咨见而异之，荐之于权，与鲁肃等并见宾待。后为权长史，转中司马。建安二十年，权遣瑾使蜀通

他分辨上下的礼仪，陈述人彘的警戒，文帝高兴以后，慎夫人也彻悟了。今日臣所陈述的，并不是有所偏私，实在是想要让太子地位安固，而使鲁王安利呀。”从此鲁王孙霸和顾谭结下仇怨。当时长公主丈夫卫将军全琮的儿子全寄是鲁王孙霸的宾客，全寄平常就奸邪不正，为顾谭所不愿交往的。起先，顾谭弟弟顾承和张休一起北征寿春，全琮当时是大都督，和魏将王凌在芍陂战斗，军队失利，魏兵乘胜消灭了五营将秦晃的军队，张休、顾承奋勇攻击，于是就止住了魏军的攻势。当时全琮诸子绪、端也都为将领，因为敌人已经停止攻击，就进兵反击魏军，王凌的军队因此而退。其时论功行赏，认为止敌的功劳较大，退敌的功劳较小，张休、顾承并任为杂号将军，全绪、全端只是任副贰小将而已。全寄父子更加怀恨，一起谗陷顾谭。顾谭被判罪流放交州，幽思发愤，作《新言》二十篇。他的《知难篇》，就是用来自我哀悼痛惜的呀！被流放两年，四十二岁，死在交阯（当作交州）。

顾承字子直，嘉禾年中和舅父陆瑁同被朝廷用礼征召。孙权赐丞相顾雍信中说：“贵孙子直，令誉美盛，等到和他相见，更超过以前所听到的，为君嘉勉之。”任为骑都尉，领羽林军。后任吴郡西部都尉，和诸葛恪等人共同平定山越，另获得精兵八千人，回来把军队屯驻在章阬，拜任昭义中郎将，入朝任为侍中。芍陂战役，被拜为奋威将军，出宫领京下督。几年后，和兄顾谭、张休等同流放交州，年三十七岁死。

诸葛瑾字子瑜，琅邪郡阳都县（今山东沂南县南）人。汉朝末年到江东避乱。恰遇孙策死，孙权的姊夫曲阿弘咨看到他，觉得他很特出，就推荐给孙权，和鲁肃等人同受宾礼

好刘备，与其弟亮俱公会相见，退无私面。

与权谈说谏喻，未尝切愕，微见风彩，粗陈指归，如有未合，则舍而及他，徐复托事造端，以物类相求，于是权意往往而释。吴郡太守朱治，权举将也，权曾有以望之，而素加敬，难自诘让，忿忿不解。瑾揣知其故，而不敢显陈，乃乞以意私自问，遂于权前为书，泛论物理，因以己心遥往忖度之。毕，以呈权，权喜，笑曰："孤意解矣。颜氏之德，使人加亲，岂谓此邪？"权又怪校尉殷模，罪至不测。群下多为之言，权怒益甚，与相反覆，惟瑾默然，权曰："子瑜何独不言？"瑾避席曰："瑾与殷模等遭本州倾覆，生类殄尽。弃坟墓，携老弱，披草莱，归圣化，在流隶之中，蒙生成之福，不能躬相督厉，陈答万一，至令模孤

相待。后来做孙权的长史，又转任中司马。建安二十年，孙权派遣诸葛瑾出使蜀，和刘备敦睦邦交，诸葛瑾和他的弟弟诸葛亮一起在公朝相见，离朝以后脸上毫无私情显现。

和孙权谈论时进谏说喻，没有一点激直之情，稍微显现一些风彩，大略的陈述一下主旨，如果不合孙权的心意，就丢开另谈别的，再慢慢地托喻一事重新谈起，用同类的事物求取其理，于是孙权的心意常常就豁然而通。吴郡太守朱治，是孙权所举用的将领，孙权对他曾有些怨恨，但因平常对他十分礼敬，难于责备，内心怨气，没法消除。诸葛瑾测知了其中原因，但不敢明白地陈说，就请求用自己私意自我探问，就在孙权面前执笔而写，泛论万物的道理，就用自己私心做远远地推测。写完，呈给孙权，孙权很高兴，笑着说："我内心的怨气已经消除了，颜回的美德，让人人更加相亲相爱，岂不就指此而言？"孙权又责怪校尉殷模，殷模可能会遭遇不测的大罪。许多臣下都为他说话，孙权更加生气，和他们相辩论，只有诸葛瑾默默无言，孙权说："子瑜，为何只有你不说话？"诸葛瑾离开坐席说："瑾和殷模等人的州县都遭到倾覆，百姓几乎都被灭绝，大家抛下了祖先坟墓，携带着老人小孩，开垦荒地，归附在您的圣明教化之下，处身在流亡的贱民当中，蒙受您生成的大福，不能够亲自互相

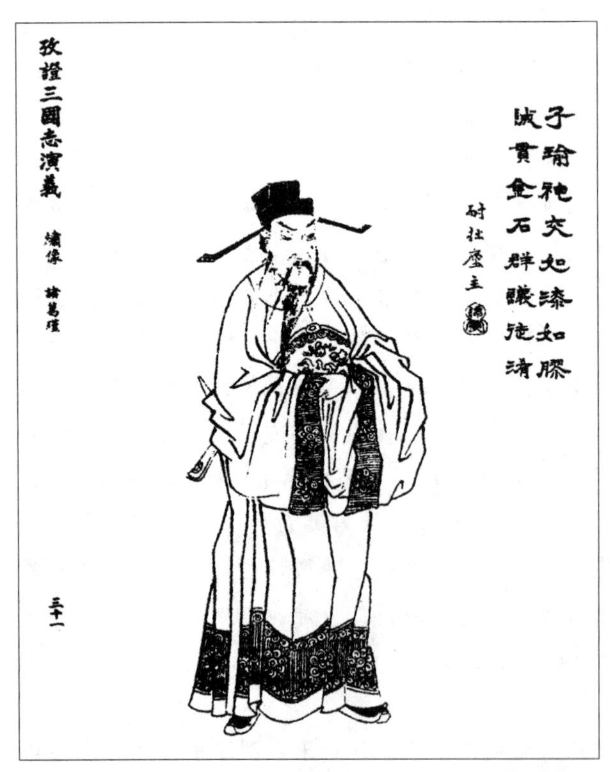

诸葛瑾，选自清刊本《三国演义》。

负恩惠，自陷罪戾。臣谢过不暇，诚不敢有言。”权闻之怆然，乃曰：“特为君赦之。”

后从讨关羽，封宣城侯，以绥南将军代吕蒙领南郡太守，住公安。刘备东伐吴，吴王求和，瑾与备笺曰：“奄闻旗鼓来至白帝，或恐议臣以吴王侵取此州，危害关羽，怨深祸大，不宜答和，此用心于小，未留意于大者也。试为陛下论其轻重，及其大小。陛下若抑威损忿，暂省瑾言者，计可立决，不复咨之于群后也。陛下以关羽之亲何如先帝？荆州大小孰与海内？俱应仇疾，谁当先后？若审此数，易于反掌。”时或言瑾别遣亲人与备相闻，权曰：“孤与子瑜有死生不易之誓，子瑜之不负孤，犹孤之不负子瑜也。”黄武元年，迁左将军，督公安，假节，封宛陵侯。

虞翻以狂直流徙，惟瑾屡为之说。翻与所亲书曰：“诸葛敦仁，则天活物，比蒙清论，有以保分。恶积罪深，见忌殷重，虽有祁老之救，德无羊舌，解释难冀也。”

瑾为人有容貌思度，于时服其弘雅。权亦重之，大事咨访。又别咨瑾曰：“近得伯言表，以为曹丕已死，毒乱之民，当望旌瓦解，而更静然。闻皆选用忠良，宽刑罚，布恩惠，

督导勉励，报答您万分之一的大恩，所以使得殷模辜负了恩惠，自己陷入大罪之中。臣为自己的过失道歉还来不及，实在是不敢再说话。”孙权听完他的话，心中悽怆，就说：“特为先生赦免了他。”

后来跟随孙权讨伐关羽，被封为宣城侯，以绥南将军代替吕蒙任南郡太守，驻公安。刘备向东攻伐吴，吴王求和，诸葛瑾写给刘备的信笺说：“突闻贵国军队来到白帝城（今四重庆市奉节县东），只恐怕计议的大臣认为吴王侵略攻取了这一州，危害了关羽，怨仇深切，祸患甚大，不应该答应讲和，这是只留心在小的方面，没有留意大的方面呀。我试为陛下论一论它的轻重，以及它的大小。陛下如果能压抑一下盛威，减退一下忿怒，暂时仔细想想我的话，计策就可以马上决定，不需要再去询问群后了。陛下认为您对关羽的亲爱与先帝相比如何？荆州的大小和天下相比哪个大？哪个小？两者都要痛恨的话，哪个应在先？哪个应在后？如果能洞悉此中道理，那么就会像翻一翻手掌这么容易解决了。”当时有人说诸葛瑾另外派亲信的人和刘备相通，孙权说：“我和子瑜有过死生永不改变的誓言，子瑜不会辜负我，就像我不会辜负子瑜一样。”黄武元年（公元222年），升任左将军，为公安督都，持节为使臣，封宛陵侯。

虞翻因疏狂率直被流放，只有诸葛瑾屡次为他关说。虞翻给他亲信的信中说：“诸葛子瑜敦厚仁慈，效法天道，长育万物，近蒙他的清论，想要保全我，可惜所积聚的罪恶深重，受到很深的忌嫉，虽然有祁奚的援救，但却没有羊舌肸（叔向）的德性，难于寄望能获免罪。”

诸葛瑾为人有容貌深度，当时人都敬服他的宽弘儒雅。孙权也很看重他，遇到大事，都去询问他。又特别请教诸葛瑾说：“最近接到伯言（陆逊字）的上表，认为曹丕已死，叛乱的人民，当会自动瓦解，魏国境内当重新平静。听说魏朝廷选用忠良之人，宽大刑罚，

薄赋省役，以悦民心，其患更深于操时。孤以为不然。操之所行，其惟杀伐小为过差，及离间人骨肉，以为酷耳。至于御将，自古少有。丕之于操，万不及也。今叡之不如丕，犹丕不如操也。其所以务崇小惠，必以其父新死，自度衰微，恐困苦之民一朝崩沮，故强屈曲以求民心，欲以自安住耳，宁是兴隆之渐邪！闻任陈长文、曹子丹辈，或文人诸生，或宗室戚臣，宁能御雄才虎将以制天下乎？夫威柄不专，则其事乖错，如昔张耳、陈馀，非不敦睦，至于秉势，自还相贼，乃事理使然也。又长文之徒，昔所以能善守者，以操笮其头，畏操威严，故竭心尽意，不敢为非耳。逮丕继业，年已长大，承操之后，以恩情加之，用能感义。今叡幼弱，随人东西，此曹等辈，必当因此弄巧行态，阿党比周，各助所附。如此之日，奸谗并起，更相陷怼，转成嫌贰。一尔已往，群下争利，主幼不御，其为败也焉得久乎？所以知其然者，自古至今，安有四五人把持刑柄，而不离刺转相蹄啮者也！强当陵弱，弱当求援，此乱亡之道也。子瑜，卿但侧耳听之，伯言常长于计校，恐此一事小短也。”

权称尊号，拜大将军、左都护，领豫州牧。及吕壹诛，权又有诏切磋瑾等，语在《权

广布恩惠，减轻赋税，减少劳役，以取悦民心，魏国对我们的祸害比曹操时期更大了。我以为不然。曹操所做的事，只有在战争上稍为有些过失，和离间别人的骨肉，太残酷罢了。至于他统御将帅的本领，从古以来少有。曹丕和曹操比，不及他的万分之一。现在曹叡的不如曹丕，就像曹丕不如曹操一样。他所以要专力施行小惠，一定是因为他的父亲刚死，自忖势力衰微，恐怕困苦的人民一下子分崩颓丧，所以勉强委曲来争取民心，想求得自我帝位的安稳罢了，哪里是国家要兴隆的开端呀！听说他任用陈长文、曹子丹这一类人，有的是一些文士，有的是宗室外戚，哪里能够统率雄才猛将来控制天下呢？要是权柄不能统一，那么这件事一定会乖戾出错，像从前张耳、陈馀，二人交情并不是不敦厚和睦，当遇到时势相逼时，却回过来自相贼害，是事情的自然道理使他们这样的呀。又像陈长文这些人，从前所以能够执守善道的，因为有曹操压在他们头上，害怕曹操的威严，所以才尽心尽意，不敢为非作歹。等到曹丕继承大业，年岁已大，继承曹操之后，用恩情对待他们，使他们能感恩向义。现在曹叡年小幼弱，跟着人家向东向西，这些人一定会因此玩花样故作姿态，结党营私，各自帮助附从自己的党徒。像这样的时候，奸邪谗言都一起出现，更互相陷害怨恨，转变成彼此猜疑。如此一来，群臣争利，主上年幼不能控制，他就会败亡，怎能持久呢？我所以知道会有这样的情形，是因为从古到今，哪里有四五个人把持着刑罚的权柄，而不彼此违逆，转而互相倾轧的呢！强者就会欺侵弱者，弱者就会请求援手，这就是乱亡之道呀。子瑜，你只要侧耳听我说，伯言常常擅长于争辩是非，恐怕这件事稍为有点短见。”

孙权称帝，诸葛瑾拜大将军、左都护，领豫州牧。等到吕壹被杀，孙权又有诏书和诸

传》。瑾辄因事以答，辞顺理正。瑾子恪，名盛当世，权深器异之；然瑾常嫌之，谓非保家之子，每以忧戚。赤乌四年，年六十八卒，遗命令素棺敛以时服，事从省约。恪已自封侯，故弟融袭爵，摄兵业驻公安，部曲吏士亲附之。疆外无事，秋冬则射猎讲武，春夏则延宾高会，休吏假卒，或不远千里而造焉。每会辄历问宾客，各言其能，乃合榻促席，量敌选对，或有博弈，或有摴蒱，投壶弓弹，部别类分，于是甘果继进，清酒徐行，融周流观览，终日不倦。融父兄质素，虽在军旅，身无采饰；而融锦罽文绣，独为奢绮。孙权薨，徙奋威将军。后恪征淮南，假融节，令引军入沔，以击西兵。恪既诛，遣无难督施宽就将军施绩、孙壹、全熙等取融。融卒闻兵士至，惶惧犹豫，不能决计，兵到围城，饮药而死，三子皆伏诛。

步骘字子山，临淮淮阴人也。世乱，避难江东，单身穷困，与广陵卫旌同年相善，俱以种瓜自给，昼勤四体，夜诵经传。

会稽焦征羌，郡之豪族，人客放纵。骘与旌求食其地，惧为所侵，乃共修刺奉瓜，以

葛瑾等人相研讨，记载在《孙权本传》中。诸葛瑾常针对着事情回答，言辞顺畅，事理严正。诸葛瑾的儿子诸葛恪，在当世很有盛名，孙权非常器重他，认为他颇不平凡，但是诸葛瑾却常常嫌他，认为他不是能保住家业的儿子，常因此忧愁。赤乌四年（公元241年），年六十八岁死，遗命令用素棺，以平时常服入殓，丧事要遵从节约。恪自己已经封侯，所以弟弟诸葛融承袭爵位，率领他父亲的军队，承继父亲的功业，驻守公安。部队中官吏士卒都亲附他。边境外无战事，诸葛融秋冬就射箭打猎讲习武事，春夏就邀请宾客宴会，休假的吏卒，有的不远千里来拜访。每次宴会都遍问宾客，使他们各自说出自己的才能，就把床榻、坐席并合起来，衡量能力选择对手，有的下棋，有的赌摴蒱（古代博戏）、投壶、弹弓，分门别类。在这种场合下，美果供应不停，清酒慢慢品尝，诸葛融四处流览观赏，整日不倦。诸葛融的父兄本性朴素，虽然在军队里，身上不配带漂亮的饰物；但是诸葛融却穿着织花的锦绣毛料，唯独他很奢丽。孙权死后，迁任奋战将军。后来诸葛恪征讨淮南，授诸葛融符节，命他带兵进入沔地，去攻打西边敌军。诸葛恪被杀以后，朝廷派无难督施宽到将军施绩、孙壹、全熙等人逮捕诸葛融。诸葛融突然听说朝廷派士兵到来，恐惧犹豫，想不出办法，兵到包围了城池，诸葛融喝毒药自杀，三个儿子都被杀。

步骘字子山，临淮郡淮阴（今江苏淮安市淮阴区西南）人，因天下大乱，到江东避难，单身一人，十分穷困，和广陵人卫旌同年，彼此友善，都以种瓜自足自给，白天辛勤劳作，晚上诵读经书记传。

会稽的焦征羌，是郡中的豪族，门客缺乏管束，步骘和卫旌在他的土地上种瓜谋生，

献征羌。征羌方在内卧，驻之移时，旌欲委去，骘止之曰："本所以来，畏其强也；而今舍去，欲以为高，只结怨耳。"良久，征羌开牖见之，身隐几坐帐中，设席致地，坐骘、旌于牖外，旌愈耻之，骘辞色自若。征羌作食，身享大案，殽膳重沓，以小盘饭与骘、旌，惟菜茹而已。旌不能食，骘极饭致饱乃辞出。旌怒骘曰："何能忍此？"骘曰："吾等贫贱，是以主人以贫贱遇之，固其宜也，当何所耻？"

孙权为讨虏将军，召骘为主记，除海盐长，还辟车骑将军东曹掾。建安十五年，出领鄱阳太守。岁中，徙交州刺史、立武中郎将，领武射吏千人，便道南行。明年，追拜使持节、征南中郎将。刘表所置苍梧太守吴巨阴怀异心，外附内违。骘降意怀诱，请与相见，因斩徇之，威声大震。士燮兄弟，相率供命，南土之宾，自此始也。益州大姓雍闿等杀蜀所署太守正昂，与燮相闻，求欲内附。骘因承制遣使宣恩抚纳，由是加拜平戎将军，封广信侯。

延康元年，权遣吕岱代骘，骘将交州义士万人出长沙。会刘备东下，武陵蛮夷蠢动，权遂命骘上益阳。备既败绩，而零、桂诸郡犹相惊扰，处处阻兵，骘周旋征讨，皆平之。黄武二年，迁右将军左护军，改封临湘侯。五年，假节，徙屯沤口。

怕受到他的侵扰，就一起递上名片送瓜去献给征羌。征羌正在里面睡觉。等了一会，卫旌想要离去，步骘劝住他说："本来我们来的原因，就是害怕他的强大势力，现在舍弃而去，想自标清高，这样只会结怨罢了。"许久，征羌才打开窗户接见他们，身子凭靠几边，坐在帐中，在地上摆两个坐席，让步骘、卫旌坐在窗外，卫旌更加觉得耻辱，步骘却言辞脸色自如。征羌吃饭时，在一张大桌子上，酒菜丰盛，给步骘、卫旌却只是一小盘饭，上面只有蔬菜而已。卫旌吃不下去，步骘尽量吃，吃饱了才辞别出来。卫旌对步骘生气的说："怎么忍得下这口气？"步骘说："我们贫贱，所以主人用贫贱方式对待我们，本来就是应该的，又有什么可耻？"

孙权任讨虏将军，召步骘为主记，改任海盐长，又回来被征召为车骑将军（孙权）东曹掾。建安十五年（公元210年），出领鄱阳太守。这年中，又改任交州刺史、立武中郎将，率领武射吏一千人，从便路南行。第二年，追拜使持节，征南中郎将。刘表所设置的苍梧太守吴巨，暗怀异心，表面归附内里违逆。步骘用谦恭的态度引诱他，请求和他相见，就趁此杀了他，出示大众，步骘的威名因此大振。士燮兄弟相率地来投效听命，南土的宾服，就是从此开始的。益州大姓雍闿等人杀掉蜀所派任的太守正昂，和士燮相通消息，想请求归顺吴。步骘因此就承受制命，派遣使者宣示恩典，安抚接纳他们，因此加拜平戎将军，封为广信侯。

延康元年，孙权派吕岱代替步骘，步骘带领交州义士万人离开长沙郡。恰遇刘备东下，武陵的蛮夷蠢动，孙权就命令步骘上益阳郡。刘备战败以后，零陵、桂阳这些郡还是惊扰不安，处处阻挠军队，步骘周旋各地去征讨，都平定下来。黄武二年（公元223年），升任右将军左护军，改封临湘侯。黄武五年，持符节，转屯兵沤口。

权称尊号，拜骠骑将军，领冀州牧。是岁，都督西陵。代陆逊抚二境，顷以冀州在蜀分，解牧职。时权太子登驻武昌，爱人好善，与骘书曰："夫贤人君子，所以兴隆大化，佐理时务者也。受性暗蔽，不达道数，虽实区区欲尽心于明德，归分于君子，至于远近士人，先后之宜，犹或缅焉，未之能详。《传》曰：'爱之能勿劳乎？忠焉能勿诲乎？'斯其义也，岂非所望于君子哉！"骘于是条于时事业在荆州界者，诸葛瑾、陆逊、朱然、程普、潘濬，裴玄、夏侯承、卫旌、李肃、周条、石幹十一人，甄别行状，因上疏奖劝曰："臣闻人君不亲小事，百官有司各任其职。故舜命九贤，则无所用心，弹五弦之琴，咏南风之诗，不下堂庙而天下治也。齐桓用管仲，被发载车，齐国既治，又致匡合。近汉高祖擥三杰以兴帝业，西楚失雄俊以丧成功。汲黯在朝，淮南寝谋；郅都守边，匈奴窜迹。故贤人所在，折冲万里，信国家之利器，崇替之所由也。方今王化未被于汉北，河、洛之滨尚有僭逆之丑，诚擥英雄拔俊任贤之时也。愿明太子重以经意，则天下幸甚。"

后中书吕壹典校文书，多所纠举，骘上疏曰："伏闻诸典校擿抉细微，吹毛求瑕，重案深诬，辄欲陷人以成威福；无罪无辜，横受大刑，是以使民跼天蹐地，谁不战栗？昔之

孙权称帝，被任为骠骑将军，领冀州牧。这年，任西陵都督，接替陆逊，抚绥冀州、西陵二地。不久，因吴与蜀约定三分天下，冀州在蜀的区域内，就解除了冀州牧的职位。当时孙权的太子登驻守武昌，爱好士人，喜欢善德，写信给步骘说："那贤人君子，是用以兴隆大教化，助理时务的人呀！我秉性鄙陋，不能通达道数，虽然区区之心确实想尽力达到明德的境地，成为君子，但是对于远近的士人，谁宜先任用，谁应后任用，或许还不清楚，不能够详知。《论语·宪问》篇说："爱惜他能不叫他劳动吗？忠诚对人能不劝诲他吗？"这个意义，岂不就是祈望于君子的！"步骘于是列出当时事业在荆州地区的人，诸葛瑾、陆逊、朱然、程普、潘濬、裴玄、夏侯承、卫旌、李肃、周条，石幹十一人，审察区分各人的行谊生平，为此上疏嘉奖勉励说："臣听说人君不亲自处理小事，由百官小吏各自负起他们的职责。所以舜任用了九个贤官，就不需要苦用心思，弹着五弦琴，唱南风诗，不用走出朝廷，天下就平治了。齐桓公任用了管仲，披散着头发，车上带着嫔妃，整天在市中游乐，不但齐国安治，而且又能九合诸侯，一匡天下。近世汉高祖罗致三杰，而建立了帝业，项羽丧失了雄杰范增，而失去了成功机会。汲黯在朝中，淮南王不敢谋反；郅都防守边境，匈奴逃窜而去。所以贤人所在之处，可以在万里之外御敌，实在是国家的利器，兴衰的根源呀。现在王的教化还没达到汉北，黄河、洛水之滨还有僭位叛逆的贼子，实在是罗致英雄提拔任用贤俊的时候呀！希望太子加以留意，那么天下就非常幸运了。"

后来，中书吕壹典校各州郡的文牍，多所弹劾，步骘便上疏说："臣下听说各负责典校文书的人，都是挑剔小毛病，吹毛求疵，无中生有，重判罪刑，往往要用陷害别人来促成自己的威福；很多无罪无辜的人，平白遭受大刑，所以使得百姓非常恐惧，没有一个不

狱官，惟贤是任，故皋陶作士，吕侯赎刑，张、于廷尉，民无冤枉，休泰之祚，实由此兴。今之小臣，动与古异，狱以贿成，轻忽人命，归咎于上，为国速怨。夫一人吁嗟，王道为亏，甚可仇疾。明德慎罚，哲人惟刑，书传所美。自今蔽狱，都下则宜谘顾雍，武昌则陆逊、潘濬，平心专意，务在得情，黥党神明，受罪何恨？”又曰：“天子父天母地，故宫室百官，动法列宿。若施政令，钦顺时节，官得其人，则阴阳和平，七曜循度。至于今日，官寮多阙，虽有大臣，复不信任，如此天地焉得无变？故频年枯旱，亢阳之应也。又嘉禾六年五月十四日，赤乌二年正月一日及二十七日，地皆震动。地阴类，臣之象，阴气盛故动，臣下专政之故也。夫天地见异，所以警悟人主，可不深思其意哉！”又曰：“丞相顾雍、上大将军陆逊、太常潘濬，忧深责重，志在竭诚，夙夜兢兢，寝食不宁，念欲安国利民，建久长之计，可谓心膂股肱，社稷之臣矣。宜各委任，不使他官监其所司，责其成效，课其负殿。此三臣者，思虑不到则已，岂敢专擅威福欺负所天乎？”又曰：“县赏以显善，设刑以威奸，任贤而使能，审明于法术，则何功而不成，何事而不辨，何听而不闻，何视而不睹哉？若今郡守百里，皆各得其人，共相经纬，如是，庶政岂不康哉！窃闻诸县并有

害怕的。古时候的狱官，都是用贤人来担任，因此皋陶做狱官长；吕侯为司寇，作书训畅夏禹赎刑之法；张释之、于定国做廷尉，百姓都没有冤枉的事；天下安定太平的福基，实在是由此奠立起来的。现在的一些小臣，做起事来都与古人不同，靠贿赂来断案，轻忽百姓的生命，把一切罪过都推给朝廷，为国家招来了民怨。如果有一个百姓哀叹，王道就有所亏损，这是很令人痛恨的事。修明德行，谨慎刑罚，圣哲用刑，为善无穷，这是书传里所赞美的。今后的决狱，京里应当请教顾雍，武昌那边就问陆逊、潘濬，要公平而专意，务必要求得实情。我心亲近神明，如果因此获罪，也没什么怨恨的。”又说：“天子以天为父，以地为母，所以宫室百官的设置，取法天上的星宿。如果施行政令，任官能得适当人选，那么阴阳平和，日月及五星的运行都能顺循轨度。至于今天，官僚大多有缺失，虽有大臣，又不信任，如此一来，天地哪得不发生变故？所以频年有枯旱，这就是阳气太盛的报应。又如嘉禾六年（公元237年）五月十四日，赤乌二年（公元239年）正月一日及二十七日，都有地震。地属于阴类，是臣子的象征，阴气太盛所以震动，这就是臣下专政的原故呀。天地发生异动，这是用来警告国君，使他觉悟，国君能不深思其中的道理吗？”又说：“丞相顾雍，上大将军陆逊，太常潘濬，忧虑深远，任务繁重，一心一意竭尽忠诚，早晚谨慎，寝食不安，心里时时在想安国利民的事情，建立国运长久的计划，可以说是皇上的心腹、辅佐的人才，也是社稷的重臣呀！皇上应该各自委任他们实权，不让其他官吏监督他们所担任的职务，责求他们的功效，稽核他们的优劣。这三个臣子，顶多是考虑不周到而已，哪里敢专拥权势，作威作福，欺负君上呢？”又说：“提供奖赏，用来褒扬善德；设立刑罚，用来威慑奸宄。任用贤能的人，慎明法术的运用，那么有何事功不能达到

备吏，吏多民烦，俗以之弊。但小人因缘衔命，不务奉公而作威福，无益视听，更为民害，愚以为可一切罢省。”权亦觉悟，遂诛吕壹。骘前后荐达屈滞，救解患难，书数十上。权虽不能悉纳，然时采其言，多蒙济赖。

赤乌九年，代陆逊为丞相，犹诲育门生，手不释书，被服居处有如儒生。然门内妻妾服饰奢绮，颇以此见讥。在西陵二十年，邻敌敬其威信。性宽弘得众，喜怒不形于声色，而外内肃然。

十年卒，子协嗣，统骘所领，加抚军将军。协卒，子玑嗣侯。协弟阐，继业为西陵督，加昭武将军，封西亭侯。凤皇元年，召为绕帐督。阐累世在西陵，卒被征命，自以失职，又惧有谗祸，于是据城降晋。遣玑与弟璿诣洛阳为任，晋以阐为都督西陵诸军事、卫将军、仪同三司，加侍中，假节领交州牧，封宜都公；玑监江陵诸军事、左将军，加散骑常侍，领庐陵太守，改封江陵侯；璿给事中、宣威将军，封都乡侯。命车骑将军羊祜、荆州刺史杨肇往赴救阐。孙晧使陆抗西行，祜等遁退。抗陷城，斩阐等，步氏泯灭，惟璿绍祀。

成效，有何事情不能加以分辨，有何听闻会听不明白，有何观察会看不清楚的呢？如果当今各郡守县令，都能用适当的人选，互相配合，有条不紊，如此一来，百政岂不康宁！臣下听说各县还有储备的官吏，官吏一多，百姓就烦心，世俗都以此为弊病。但是那些小人们，却藉着命令，上下其手，不专力奉行公事，只会作威作福。不但对皇上的视听无所帮助，对百姓更是祸害。臣下以为一切都可以减免。”孙权也有所觉悟，于是就杀了吕壹。步骘前后荐举一些委屈滞居下位的人，或解救一些遭遇患难的人，曾上书数十次。孙权虽不能完全采纳，但也时时采用他的话，很多人都蒙受他的救济和提拔。

赤乌九年（公元246年），接替陆逊担任丞相，而他还是像往常一样，教诲弟子，手不释卷。他的穿着和居处，都像儒生。但是家里妻妾的服饰都非常奢侈绮丽，因此很受时人的讥讽。他在西陵二十年，邻敌都很敬重他的威信。他性情宽弘，能得大众的信任，喜怒不表现在言辞脸色上，可是里里外外却都对他一片肃敬。

赤乌十年（公元247年）去世，儿子步协承嗣他的爵位，统领步骘所属的职务，并加任抚军将军。步协死后，儿子步玑承嗣他的侯爵。步协的弟弟步阐，承继为西陵督，并加任昭武将军，封西亭侯。凤皇元年（公元272年），征召为绕帐督。步阐历代都住西陵，突然被征召，步阐自以为失职，而且又怕有人进谗言得祸，所以就据城自守，投降晋朝，并派遣步玑和弟弟步璿到洛阳任职。晋朝任步阐为都督西陵各路军事、卫将军，仪同三司，加侍中，持节领交州牧，封宜都公；步玑监江陵各路军事、左将军，加散骑常侍，领庐陵太守，改封江陵侯；步璿为给事中、宣威将军，封都乡侯。命令车骑将军羊祜、荆州刺史杨肇前往救助步阐。孙晧派陆抗西讨，羊祜等人军队撤退逃走。陆抗攻陷城池，斩了步阐等人，步氏灭亡，只留下步璿继承祀统。

颍川周昭著书称步骘及严畯等曰："古今贤士大夫所以失名丧身倾家害国者，其由非一也，然要其大归，总其常患，四者而已。急论议一也，争名势二也，重朋党三也，务欲速四也。急论议则伤人，争名势则败友，重朋党则蔽主，务欲速则失德，此四者不除，未有能全也。当世君子能不然者，亦比有之，岂独古人乎！然论其绝异，未若顾豫章、诸葛使君、步丞相、严卫尉、张奋威之为美也。《论语》言'夫子恂恂然善诱人'，又曰'成人之美，不成人之恶'，豫章有之矣。'望之俨然，即之也温，听其言也厉'，使君体之矣。'恭而安，威而不猛'，丞相履之矣。学不求禄，心无苟得，卫尉、奋威蹈之矣。此五君者，虽德实有差，轻重不同，至于趣舍大检，不犯四者，俱一揆也。昔丁谞出于孤家，吾粲由于牧竖，豫章扬其善，以并陆、全之列，是以人无幽滞而风俗厚焉。使君、丞相、卫尉三君，昔以布衣俱相友善，诸论者因各叙其优劣。初，先卫尉，次丞相，而后有使君也；其后并事明主，经营世务，出处之才有不同，先后之名须反其初，此世常人所决勤薄也。至于三君分好，卒无亏损，岂非古人交哉！又鲁横江昔杖万兵，屯据陆口，当世之美业也，能与不能，孰不愿焉？而横江既亡，卫尉应其选，自以才非将帅，

颍川的周昭写文章称述步骘及严畯等人说："古今的贤士大夫，所以会失名丧身、倾家害国的原因，理由并不见得都一样，但是归纳它的大要，综合它一般的祸患，只有四点而已。第一是论议急切，第二是争夺名势，第三是深结朋党，第四是专求快速。论议急切就会伤害别人，争夺名势就会破坏友朋，深结朋党就会蒙蔽主上，专求快速就会失去德性，这四种毛病不除去，没有一个能保全的。今世的君子，能够不如此的，也往往大有人在，岂仅是古人才有呢！不过论其特殊表现，那就没有比顾豫章、诸葛使君、步丞相、严卫尉、张奋威再好的了。《论语》有言："老师按部就班的很会诱导学生"又说："君子成全别人的美德，不成全别人的恶行"顾豫章实在是有这样的表现呀；"看起来很庄严的样子，接近的时候又觉得很温和，听他的话却是很严肃"诸葛使君真正领会了其中的真谛；"恭敬而安泰，威严而不凶猛"步丞相确实能做到如此；好学不在于追求仕禄，始终持守不苟得的心志，严卫尉和张奋威都是实践这种原则的人。这五位先生虽然在德行和实质的表现上有差异，职责的轻重也各有不同，至于他们对于大法则的取舍，不犯前述四项过失，却都是一样的做法。以前丁谞出身于孤贫家庭，吾粲出身于牧童，顾豫章表扬他们的善行，使他们和陆逊、全琮齐名并列，所以没有被埋没的人才，风俗淳厚。使君、丞相、卫尉三位先生，在没有做官以前彼此都很友善，一些评论的人就论述他们各人的优劣。起初是以卫尉为第一，次为丞相，最后才是使君；后来，他们一起侍奉明主，处理政事，进退的才华有所不同，先后的排名也与当初完全相反，这是世上常人所评定的优劣而已。至于三位先生的友好交情，始终没有改变，这岂不就是古人君子之交吗？又鲁横江（肃）以前掌管万名士兵，屯驻据守在陆口，这是当代的美业呀！不论有才、无才，谁不愿意担任呢？而横江死了以

深辞固让，终于不就。后徙九列，迁典八座，荣不足以自曜，禄不足以自奉。至于二君，皆位为上将，穷富极贵。卫尉既无求欲，二君又不称荐，各守所志，保其名好。孔子曰：‘君子矜而不争，群而不党。’斯有风矣。又奋威之名，亦三君之次也，当一方之戍，受上将之任，与使君、丞相不异也。然历国事，论功劳，实有先后，故爵位之荣殊焉。而奋威将处此，决能明其部分，心无失道之欲，事无充诎之求，每升朝堂，循礼而动，辞气謇謇，罔不惟忠。叔嗣虽亲贵，言忧其败，蔡文至虽疏贱，谈称其贤。女配太子，受礼若吊，慷忾之趋，惟笃人物，成败得失，皆如所虑，可谓守道见机，好古之士也。若乃经国家，当军旅，于驰骛之际，立霸王之功，此五者未为过人。至其纯粹履道，求不苟得，升降当世，保全名行，邈然绝俗，实有所师。故粗论其事，以示后之君子。”周昭者字恭远，与韦曜、薛莹、华覈并述《吴书》，后为中书郎，坐事下狱，覈表救之，孙休不听，遂伏法云。

评曰：张昭受遗辅佐，功勋克举，忠謇方直，动不为己；而以严见惮，以高见外，既

后，卫尉被朝廷选上了，却自己认为不是将帅之才，坚决地推辞掉，终于没有就任。后来升为九卿之列，迁任尚书令，荣显不足以让他夸耀，俸禄不足以让他度日。至于另外二位先生，都在上将之位，富贵已极。卫尉并不想求取，二位先生也不称扬推荐他，各自执守着自己的志向，保持他们美好的名声。孔子说："君子矜持而不争，合群而不结私党。"他们三人都具此风范。又张奋威的名声，也在三位先生的后面，担当一方戍卫的职责，接受上将的大任，和使君、丞相的责任没有不同。不过历论国事，谈到功劳，实在是有先有后，所以爵位的显荣也有所不同。而张奋威率领军队，在自己的岗位上，非常能够分清自己的本分，心中毫无非分的欲望，任何事情从没有得意失节的要求，每次上朝，一切行动都遵循着礼节，辞气耿耿，显露一片忠贞。叔嗣（按：为无逊之误）虽然亲贵，奋威一谈起他，就担忧他会败亡；蔡文至虽然疏贱，奋威谈到他时，却一再称赞他的贤能。他的女儿嫁给太子，接受聘礼时，毫无喜悦、慷慨的意气。只有对当时人物最能洞察，他们的成败得失，就都如他所思虑到的，他可以说是一个执守天道，明察契机，爱好古道的人士呀！但是像经营国家、率领军队，在奔走之际，建立霸王的功业，这五人并不能超过别人。至于他们的纯粹行道，不苟且贪取，在当代升降，能够保全名誉节操，高远的行为，超绝世俗，实在是可为后人效法。所以大略谈论一下他们的行事，可以给以后的君子看一看。"周昭这人，字恭远，和韦曜、薛莹、华覈一起撰述《吴书》，后来做中书郎，因事犯罪下狱，华覈上表去拯救他，孙休不采纳，于是就被处决了。

陈寿评论说：张昭接受遗命辅佐君王，功勋显著，忠贞方直，一举一动从不为己；但

不处宰相，又不登师保，从容闾巷，养老而已，以此明权之不及策也。顾雍依杖素业，而将之智局，故能究极荣位。诸葛瑾、步骘并以德度规检见器当世，张承、顾邵虚心长者，好尚人物，周昭之论，称之甚美，故详录焉。谭献纳在公，有忠贞之节。休、承修志，咸庶为善。爱恶相攻，流播南裔，哀哉!

却因为太严厉，令人忌惮，因为行为高洁，受到排斥，既不在宰相之位，又不任师保的职位，优游街里，只是养老而已，由此可证明孙权比不上孙策呀！顾雍凭仗着他平时的事业，再利用他的聪明才智，所以能够登上最高的荣位。诸葛瑾、步骘都以道德气量、行为法度被当代器重；张承、顾邵是虚心的长者，喜欢品评人物。周昭的评论，称赞得很好，所以详细地记录下来。顾谭向朝廷奉献忠言，有忠贞的节操。张休、顾承修习心志，都可以称得上是善士。爱恶互相攻击，二人被流放到南疆，实在可悲呀!

三国志卷五十三

张严程阚薛传第八

吴颐平 译

张纮字子纲，广陵人。游学京都，还本郡，举茂才，公府辟，皆不就，避难江东。孙策创业，遂委质焉。表为正议校尉，从讨丹杨，策身临行陈，纮谏曰："夫主将乃筹谟之所自出，三军之所系命也，不宜轻脱，自敌小寇。愿麾下重天授之姿，副四海之望，无令国内上下危惧。"

建安四年，策遣纮奉章至许宫，留为侍御史。少府孔融等皆与亲善。曹公闻策薨，欲因丧伐吴。纮谏，以为乘人之丧，既非古义，若其不克，成仇弃好，不如因而厚之。曹公从其言，即表权为讨虏将军，领会稽太守。曹公欲令纮辅权内附，出纮为会稽东部都尉。

后权以纮为长史，从征合肥。权率轻骑将往突敌，纮谏曰："夫兵者凶器，战者危事也。今麾下恃盛壮之气，忽强暴之虏，三军之众，莫不寒心，虽斩将搴旗，威震敌场，此

张纮，字子纲，是广陵郡（今江苏扬州市一带）人。曾在京都念书，回到本郡后，被举为茂才，公府征用，他都不去。因避难到了江东，正好孙策要创大业，就报名投效。受任为正议校尉，随孙策讨伐丹阳郡（郡治今安徽宣城市宣州区），孙策要亲自上前线，张纮劝止说："作战的全盘计策，要由主将发布，三军的性命都在主将手里，所以不能轻易出动，去敌对小贼。请将军保重天授的玉体，满全全国民众的愿望，别让国内上下担心。"

建安四年（公元 199 年），孙策派张纮到许昌（今河南许昌市）皇宫呈送禀奏，朝廷留下他做了侍御史。少府官孔融等都跟他结为好友。曹操听到孙策去世了，打算藉着丧事的机会攻打吴国，张纮劝阻说："乘人有丧事就去攻击，既不合古人所讲的义气，如果再打不胜，不是变好友为仇敌了吗？不如反过来厚待他"。曹操听从了他的建议于是派孙权做讨虏将军，任会稽郡（今钱塘江以南的浙江和福建）太守。曹操要利用张纮使孙权归顺，就派张纮做会稽东部（浙江临海一带）都尉。

后来，孙权用张纮做长史，随从去征伐合肥（今安徽合肥），孙权带领快速轻装的骑兵要突击敌军，张纮劝告说："军队是个凶器，战争是危险的，现今将军凭着一股盛壮的勇气，轻看强暴的敌寇，三军上下，都替您捏一把汗，即使杀敌人将领，夺敌人军旗，威风

乃偏将之任，非主将之宜也。愿抑贲、育之勇，怀霸王之计。”权纳纮言而止。既还，明年将复出军，纮又谏曰：“自古帝王受命之君，虽有皇灵佐于上，文德播于下，亦赖武功以昭其勋。然而贵于时动，乃后为威耳。今麾下值四百之厄，有扶危之功，宜且隐息师徒，广开播殖，任贤使能，务崇宽惠，顺天命以行诛，可不劳而定也。”于是遂止不行。纮建计宜出都秣陵，权从之。令还吴迎家，道病卒。临困，授子靖留笺曰：“自古有国有家者，咸欲修德政以比隆盛世，至于其治，多不馨香。非无忠臣贤佐，暗于治体也，由主不胜其情，弗能用耳。夫人情惮难而趋易，好同而恶异，与治道相反。《传》曰‘从善如登，从恶如崩’，言善之难也。人君承奕世之基，据自然之势，操八柄之威，甘易同之欢，无假取于人；而忠臣挟难近之术，吐逆耳之言，其不合也，不亦宜乎！离则有衅，巧辩缘间，眩于小忠，恋于恩爱，贤愚杂错，长幼失叙，其所由来，情乱之也。故明君悟之，求贤如饥渴，受谏而不厌，抑情损欲，以义割恩，上无偏谬之授，下无希冀之望。宜加三思，含垢藏疾，以成仁覆之大。”时年六十卒。权省书流涕。

震动敌阵，而这只是偏将的职份，不是主帅该做的。请放下孟贲、夏育的小勇，推行称霸天下的大计。”孙权接纳了张纮的建议，停止突击行动。班师之后，第二年，又要出征，张纮又劝阻说：“自古以来，承受天命的君王，虽然有先王神灵助佑，文治德政广播给民众，也要仗着武功光大功业。但是必须看准时机，才能立威。如今将军碰上全国大难，我们也立了救难的大功，应该让士兵休息，去推广农耕，任用贤能，施行宽仁、慈爱的政治，再顺承天命讨伐，就可以不辛苦而平定天下的。”于是，孙权就停止用兵了。张纮又建议，应该以秣陵（今江苏南京市）为首都，孙权也听从了。孙权命张纮回吴县（今江苏苏州市）迎接家眷，不幸，张纮走在路上就去世了。临危时，给他儿子张靖留下遗书说：“自古以来，治理国家的人，都愿意用好政治来比美太平盛世，可是结果多半不好。并不是没有忠臣贤人，不懂治国的方法，却由于君王不能克治私情，不能任用忠贤之故。人情却怕难而爱易，喜欢意见相同的，反对不同的，这跟治国正道正相反。《国语》说：‘向善难如登山，向恶如同山崩’，这说明好事难做。君王接受祖上的基业，掌握着自然的势力，拿着禄惩罚等等八种权柄，喜爱相同的意见，用不着人帮忙；但是，忠臣用了难行的方法，说逆耳之言，和君王意见不合，那是当然了！意见分了就生嫌疑，而巧言的人专会等机会，忠心于小事的容易迷惑人，对所喜爱的人有了偏见，这样好坏混杂一起，长幼失了秩序，追问一下来由，都是受私情扰乱的缘故。一位明君对这情形才真正悟解，才求贤人如饥渴那么急，爱听劝告的话而不讨厌，克制私情，减少私欲，凭正义切断私恩，在上位的赏罚分明，在下位的就没有分外的需求。凡事都该三思，含忍下属的缺点，才可表现君王的伟大宽仁。”张纮去世时，年六十岁。孙权看了这信，感动得流了泪。

纮著诗赋铭诔十馀篇。子玄，官至南郡太守、尚书。玄子尚，孙晧时为侍郎，以言语辩捷见知，擢为侍中、中书令。晧使尚鼓琴，尚对曰："素不能。"敕使学之。后宴言次说琴之精妙，尚因道"晋平公使师旷作清角，旷言吾君德薄，不足以听之"。晧意谓尚以斯喻己，不悦。后积他事下狱，皆追以此为诘，送建安作船。久之，又就加诛。

初，纮同郡秦松字文表，陈端字子正，并与纮见待于孙策，参与谋谟。各早卒。

严畯字曼才，彭城人也。少耽学，善《诗》、《书》、三礼，又好《说文》。避乱江东，与诸葛瑾、步骘齐名友善。性质直纯厚，其于人物，忠告善道，志存补益。张昭进之于孙权，权以为骑都尉、从事中郎。及横江将军鲁肃卒，权以畯代肃，督兵万人，镇据陆口。众人咸为畯喜，畯前后固辞："朴素书生，不闲军事，非才而据，咎悔必至。"发言慷慨，至于流涕，权乃听焉。世嘉其能以实让。权为吴王，及称尊号，畯尝为卫尉，使至蜀，蜀相诸葛亮深善之。不畜禄赐，皆散之亲戚知故，家常不充。广陵刘颖与畯有旧，颖精学家巷，权闻征之，以疾不就。其弟略为零陵太守，卒官，颖往赴丧，权知其诈病，急驿收录。

张纮的著作有：诗、赋、铭、诔十几篇。他儿子名玄，做了南郡（今湖北公安县）太守和尚书。玄的儿子名尚，孙晧时作侍郎，因为口才敏捷出名，升为侍中、中书令。有一次，孙晧叫张尚弹琴，尚答说："向来不会弹琴。"孙晧叫他学习。当休闲时又叫他讲一讲琴的精妙所在，张尚说："从前晋平公命师旷奏清角，师旷说我君德行浅薄，不能听清角。"孙晧以为张纮讲这种比喻，是瞧不起君王，所以不喜欢他。以后，又加上别的原故，罚张尚入监狱，始终追问他说的这话。后来，派他上建安（今福建建瓯市）造船。很久以后，被处了死刑。

起初，张纮同郡人秦松字文表，陈端字子正，和张纮同时为孙策所用，参加国事，但去世都早。

严畯，字曼才，是彭城（今江苏徐州）人。年轻时爱念书，《诗》、《书》、三礼都好，还好《说文》。因为避难到江东，和诸葛瑾、步骘结为好友，也同样有名。性格正直忠厚，对于别人，往往忠言劝告，志在挽救别人的过失。张昭向孙权推荐他，孙权任他为骑都尉、从事中郎。横江将军鲁肃去世后，要让严畯接位，率领一万士兵，镇守陆口中（今湖北嘉鱼），大家都替他高兴，他却一再推辞说："朴素书生，不懂军事，没有才干而占据要职，必然会后悔。"他言辞慷慨激动，至于流了泪。孙权才允许了。大家也认为他的谦让确是实情。孙权做吴王以至称皇帝时，严畯做卫尉，曾奉派到蜀汉，蜀汉丞相诸葛亮非常赞美他。他的俸禄、赏赐全不积蓄，却分给亲戚朋友，可是家用不够。广陵人刘颖与严畯是老朋友，刘颖在家乡是有名学人，孙权听说了，要征用他，他推辞有病不来。刘颖弟弟刘略做零陵

畯亦驰语颖，使还谢权。权怒废畯，而颖得免罪。久之，以畯为尚书令，后卒。

畯著《孝经传》、《潮水论》，又与裴玄、张承论管仲、季路，皆传于世。玄字彦黄，下邳人也，亦有学行，官至太中大夫。问子钦齐桓、晋文、夷、惠四人优劣，钦答所见，与玄相反覆，各有文理。钦与太子登游处，登称其翰采。

程秉字德枢，汝南南顿人也。逮事郑玄，后避乱交州，与刘熙考论大义，遂博通五经。士燮命为长史。权闻其名儒，以礼征；秉既到，拜太子太傅。黄武四年，权为太子登娉周瑜女，秉守太常，迎妃于吴，权亲幸秉船，深见优礼。既还，秉从容进说登曰："婚姻人伦之始，王教之基，是以圣王重之，所以率先众庶，风化天下，故《诗》美《关雎》，以为称首。愿太子尊礼教于闺房，存《周南》之所咏，则道化隆于上，颂声作于下矣。"登笑曰："将顺其美，匡救其恶，诚所赖于傅君也。"

病卒官。著《周易摘》、《尚书驳》、《论语弼》，凡三万馀言。秉为傅时，率更令河南徵崇亦笃学立行云。

（今湖南永州市零陵区一带）太守，在任上去了世，刘颖去奔丧，孙权知道他是装病，就赶快派人捉到。严畯也赶快告诉刘颖，快回来向孙权谢罪。孙权生了气，免掉严畯官职，但是刘颖倒免了罪。很久以后，孙权又派严畯做尚书令，最终死在任内。

严畯的著作有：《孝经传》、《潮水论》，又和裴玄、张承论管仲、季路，都流传世上。裴玄字彦黄，是下邳（今江苏邳州市）人，学问和操行都好，做到太中大夫官，他问儿子裴钦：齐桓公、晋文公、伯夷、柳下惠四个人品德的高低，裴钦照自己的意见回答，和裴玄反复谈论；各有道理。裴钦和太子孙登交游，孙登称赞他文笔美妙。

程秉，字德枢，是汝南郡（今河南汝南、安徽阜阳一带）南顿县（今河南项城市西南）人，是郑玄的门生，后来以避乱到交州（今越南北部和广东广西），和刘熙考究经书大义，精通五经。士燮任他为长史。孙权听说他是位名学人，以礼物聘到吴国，任太子太傅。黄武四年（公元225年），孙权为太子登聘娶了周瑜的女儿，程秉当太常官，上吴县迎接新娘，孙权亲自登上程秉的船，表示尊敬。回到京都，程秉很从容地向孙登进言："婚姻是人伦的开始，王教的基础，所以圣王都加重视，用婚姻大礼领导万民，感化天下，所以《诗经》称赞《关雎》，列为第一首。希望太子在闺房里，尊重礼教，保存《周南》歌咏的本义，那么教化既被在上者看重，下民就会歌颂起来。"孙登笑着说："扶助我的美德，补救我的缺点，这都要仰仗师傅了。"

程秉因病，在任上去了世，他的著作有《周易摘》、《尚书驳》、《论语弼》，一共三万多字。他做太傅时，率更令河南郡（今洛阳一带）人徵崇也是一位认真求学且有操守的人。

阚泽字德润，会稽山阴人也。家世农夫，至泽好学，居贫无资，常为人佣书，以供纸笔，所写既毕，诵读亦遍。追师论讲，究览群籍，兼通历数，由是显名。察孝廉，除钱唐长，迁郴令。孙权为骠骑将军，辟补西曹掾；及称尊号，以泽为尚书。嘉禾中，为中书令，加侍中。赤乌五年，拜太子太傅，领中书如故。

泽以经传文多，难得尽用，乃斟酌诸家，刊约《礼》文及诸注说以授二宫，为制行出入及见宾仪，又著《乾象历注》以正时日。每朝廷大议，经典所疑，辄谘访之。以儒学勤劳，封都乡侯。性谦恭笃慎，宫府小吏，呼召对问，皆为抗礼。人有非短，口未尝及，容貌似不足者，然所闻少穷。权常问："书传篇赋，何者为美？"泽欲讽喻以明治乱，因对贾谊《过秦论》最善，权览读焉。初，以吕壹奸罪发闻，有司穷治，奏以大辟，或以为宜

阚泽，选自清刊本《三国演义》。

阚泽，字德润，是会稽郡山阴县（今浙江绍兴）人。世代都是农夫，到了阚泽才好学，家贫没有钱，常替人抄写来买文具，凡抄过的书，他也同时念会了。自动找老师听讲，研究了许多书，还懂得历法，因而出了名。被选为孝廉，做了钱唐（今浙江杭州市）县长，又改任彬县（今湖南彬县）令。孙权做骠骑将军时，命补阚泽为西曹掾；孙权称帝时，以阚泽为尚书。嘉禾（公元232—237年）年间，做中书令，加侍中名号。赤乌五年（公元242年），任太子太傅，仍兼中书。

阚泽以为经传文字太多，难得尽用，于是斟酌各家学说，挑选重要的礼文和各种注说来教授两宫、学习出入，见宾客等礼仪，又作《乾象历注》来纠正时日。每逢朝廷大会议，经典上有问题，都征求阚泽的意见。由于研究儒学有功，被封为都乡侯。性情谦逊谨慎，连官府的小职员。招呼谈话，都有礼貌。人家的是非长短，一概不谈，外貌好像没有学问的人，可是答不上来的问题很少。孙权曾问他："书传篇赋里，什么是最好的？"阚泽要藉讽喻来说明治乱，答称贾谊《过秦论》最好，孙权就去阅读了。起初，吕壹的罪过宣扬出来，司法官极力追究，且上奏主张处以死刑，又有人说应该烧死，因为罪过太大。孙权为

加焚裂，用彰元恶。权以访泽，泽曰："盛明之世，不宜复有此刑。"权从之。又诸官司有所患疾，欲增重科防，以检御臣下，泽每曰"宜依礼、律"。其和而有正，皆此类也。六年冬卒，权痛惜感悼，食不进者数日。

泽州里先辈丹杨唐固亦修身积学，称为儒者，著《国语》、《公羊》、《穀梁传》注，讲授常数十人。权为吴王，拜固仪郎，自陆逊、张温、骆统等皆拜之。黄武四年尚书仆射，卒。

薛综字敬文，沛郡竹邑人也。少依族人避地交州，从刘熙学。士燮既附孙权，召综为五官中郎将，除合浦、交阯太守。时交土始开，刺史吕岱率师讨伐，综与俱行，越海南征，及到九真。事毕还都，守谒者仆射。西使张奉于权前列尚书阚泽姓名以嘲泽，泽不能答。综下行酒，因劝酒曰："蜀者何也？有犬为独，无犬为蜀，横目苟身，虫入其腹。"奉曰："不当复列君吴邪？"综应声曰："无口为天，有口为吴，君临万邦，天子之都。"于是众坐喜笑，而奉无以对。其枢机敏捷，皆此类也。

吕岱从交州召出，综惧继岱者非其人，上疏曰："昔帝舜南巡，卒于苍梧。秦置桂林、

这事问阚泽，泽说："政治最清明的时代，不应该再有这种刑罚。孙权就听从了他。又对大小官吏所犯过失，打算增加条款，来防范考查，阚泽时常说："该照礼、律就好了。"他那性情和平正直，都如此类。赤乌六年（公元243年）冬季阚泽去世。孙权痛惜感伤得几天吃不下饭去。

阚泽本州的前辈丹杨郡人唐固，也是位修身好学的儒者，著作有《国语》、《公羊》、《穀梁传》等书的注，弟子常有几十人。孙权称吴王时，任唐固为议郎。陆逊、张温、骆统等人，都敬礼唐固。黄武四年（公元225年）任尚书仆射时去世。

薛综，字敬文，是沛郡（今江苏西北和安徽北部）竹邑县（今安徽宿县）人，年轻时，随着同族人逃难到交州，是刘熙的学生。士燮归顺孙权后，用薛综做五官中郎将，任合浦郡（郡治今广西合浦东东北 ）、交阯郡（今越南东京一带）太守。那时交州刚开辟，刺史吕岱率领部队征讨，薛综跟随着，过了海南进，到达九真郡（今越南顺化以北）。事完回到京都，任谒者仆射。蜀汉的使臣张奉在孙权面前，道出尚书阚泽的姓名来嘲笑，阚泽不能回答。薛综帮助斟酒，一面劝酒一面说："蜀是什么呢？有犬是独，没有犬是蜀，横着眼目、卑下着身子，虫入了肚。"张奉说："不可以说说您的吴吗？"薛综应声说："没有口是天，有口是吴，国君管理万邦，天子的首都。"大家听了，嘻笑起来，张奉反倒不能对答了。薛综头脑聪明，常是这样。

吕岱奉命离开交州，薛综恐怕没有适当的接位人，就禀奏说："古代帝舜南巡，崩逝在

南海、象郡，然则四国之内属也，有自来矣。赵佗起番禺，怀服百越之君，珠官之南是也。汉武帝诛吕嘉，开九郡，设交阯刺史以镇监之。山川长远，习俗不齐，言语同异，重译乃通。民如禽兽，长幼无别，椎结徒跣，贯头左衽，长吏之设，虽有若无。自斯以来，颇徙中国罪人杂居其间，稍使学书，粗知言语，使驿往来，观见礼化。及后锡光为交阯，任延为九真太守，乃教其耕犁，使之冠履；为设媒官，始知聘娶；建立学校，导之经义。由此已降，四百馀年，颇有似类。自臣昔客始至之时，珠崖除州县嫁娶，皆须八月引户，人民集会之时，男女自相可适，乃为夫妻，父母不能止。交阯糜泠、九真都宠二县，皆兄死弟妻其嫂，世以此为俗，长吏恣听，不能禁制。日南郡男女倮体，不以为羞。由此言之，可谓虫豸，有靦面目耳。然而土广人众，阻险毒害，易以为乱，难使从治。县官羁縻，示令威服，田户之租赋，裁取供办，贵致远珍名珠、香药、象牙、犀角、瑇瑁、珊瑚、琉璃、鹦鹉、翡翠、孔雀、奇物，充备宝玩，不必仰其赋入，以益中国也。然在九甸之外，长吏之选，类不精核。汉时法宽，多自放恣，故数反违法。珠崖之废，起于长吏睹其好发，髡取为髲。及臣所见，南海黄盖为日南太守，下车以供设不丰，挝杀主薄，仍见驱逐。九真

苍梧（今广西梧州）。秦代置了桂林郡（今广西贵港市布山县）、南海郡（今广东南部和广西东部）、象郡（今广东雷州半岛、合浦至越南），可见四国归属于中原王朝，由来已久。赵佗在番禺（今广州）兴起，怀服了百越的君长，地点都在珠官（广西合浦）以南。汉武帝诛了吕嘉，开发九郡，设置交阯刺史来统制。山川长远，习俗不齐，言语也不同，一再翻译才能懂，人有点像禽兽，长幼次序不分明，头发挽着，脚光着，包上头、左大襟，虽然设有官长、却和没有一样。从那时以后，中原王朝发遣了不少犯人去，杂居一起，慢慢地教他们读书，懂得些文明言语，加上往来的人，看着我们的礼规教化。后来，锡光做交阯太守，任延做九真太守，才教他们耕种，穿整齐服装，嫁娶都经过媒人；开学校，用经义领导他们。以后，四百多年间，很有一些受教化了。臣初来时，珠崖郡（今海南岛琼山东南）除了州县有嫁娶，一般乡民都在八月互相引荐集会，只要男女二人同意，就可成为夫妻，父母也管不了。交阯郡糜泠县和九真郡都庞县，都是哥哥死后，弟弟娶其嫂，代代如此，官长也只有听便，不能禁止。日南郡（治今越南广治省广治河与甘露河合流处）男女都裸体，不以为耻。由此看来，就好像昆虫长了人的面貌而已。不过，土地很大、人口也多，山川险恶，毒物也不少，容易生乱事，难于治理。县官只好用怀柔方法，使他们怕威而信服，农家的租税，按情形来缴纳，比如贡献珍珠、香药、象牙、犀角、玳瑁、珊瑚、琉璃、鹦鹉、翡翠、孔雀，奇怪的产物，作为玩物，不必等他们的赋税帮助中国。不过，在这么远的地方，官长的选用，往往不太谨慎。汉代法律宽大，过于随便，民众往往违犯法律。珠崖所以放弃的原故，起因是官吏看他们头发好，就剃了他们的头，补充自己的发。按照臣所亲见的事，南海郡的黄盖做日南郡太守，到任后因为供应不足，击杀了主簿，结

太守儋萌为妻父周京作主人，并请大吏，酒酣作乐，功曹番歆起舞属京，京不肯起，歆犹迫强，萌忿杖歆，亡于郡内。歆弟苗帅众攻府，毒矢射萌，萌至物故。交阯太守士燮遣兵致讨，卒不能克。又故刺史会稽朱符，多以乡人虞褒、刘彦之徒分作长吏，侵虐百姓，强赋于民，黄鱼一枚收稻一斛，百姓怨叛，山贼并出，攻州突郡。符走入海，流离丧亡。次得南阳张津，与荆州牧刘表为隙，兵弱敌强，岁岁兴军，诸将厌患，去留自在。津小检摄，威武不足，为所陵侮，遂至杀没。后得零陵赖恭，先辈仁谨，不晓时事。表又遣长沙吴巨为苍梧太守。巨武夫轻悍，不为恭所服。辄相怨恨，逐出恭，求步骘。是时津故将夷廖、钱博之徒尚多，骘以次锄治，纲纪适定，会仍召出。吕岱既至，有士氏之变。越军南征，平讨之日，改置长吏，章明王纲，威加万里，大小承风。由此言之，绥边抚裔，实有其人。牧伯之任，既宜清能，荒流之表，祸福尤甚。今日交州虽名粗定，尚有高凉宿贼；其南海、苍梧、郁林、珠官四郡界未绥，依作寇盗，专为亡叛逋逃之薮。若岱不复南，新刺史宜得精密，检摄八郡，方略智计，能稍稍以渐治高凉者，假其威宠，借之形势，责其成效，庶几可补复。如但中人，近守常法，无奇数异术者，则群恶日滋，久远成害。故国之安危，

果还是被驱逐；九真郡太守儋萌为岳父周京作主人，请了高级官员，酒喝得高兴后跳舞，功曹番歆邀周京起舞，周京不肯，番歆强迫他，儋萌生气，杖打了番歆，逃亡郡内。番歆弟弟名苗的带领群众攻打官署，拿毒箭射中儋萌，儋萌因而死了；交阯太守士燮派兵讨伐，也没制服。还有，故去的刺史会稽郡人朱符，用同乡人虞褒、刘彦等人做官吏，欺负百姓，强迫人民纳税，一条黄鱼折合一斛稻米，引得百姓怨恨叛乱，山贼也跟着出来，攻打州郡。朱符只好逃到海上，流离丧亡。再说，南阳郡（今河南南阳）人张津和荆州（今湖北襄阳）牧刘表有隙，再加上兵弱敌强，年年作战，以致部下将领都厌恶了，想走就走。张津只能表现一点小威风，而镇压力却不足，结果仍是被杀害了。以后，又有零陵郡人赖恭，是一位忠厚长者，不明白时事。刘表又命长沙郡（今湖南长沙）人吴巨做苍梧郡太守，吴巨是个武夫，轻浮强悍，赖恭并不听从他，彼此结了仇恨。结果赖恭被逐出，再求步骘出头。那时张津部下旧将夷廖、钱博等等势力还不小。步骘一个个地整治了他们。秩序才稍微安定，可巧步骘也被朝廷召回去，然后吕岱才来，有了士家的变故。越军向南征伐，讨平之后，改换长官，王法再振作起来，国威又达到万里之外，大小人物都接受了王化。由以上这些经过看来，安抚边远地方，实在有能干的人。高级官员，必须清廉能干，在这荒流的远方，祸福尤其要注意。目前交州大致虽还安定，但还有高凉郡（越南一郡名）的老贼窝。另外，南海、苍梧、郁林（广西贵港市）、珠官四郡不平安，还有盗寇，也是亡命徒所聚集的地方。如果吕岱不再回来，新刺史应该是一位精明的人，才能统管八郡，用方法计策，都能慢慢把高凉郡管好，一方面显示威宠，一方面利用形势，对部下确定职权，这样，缺点可以补好。假若只用一个中才的人，只知道守着常规，没有高明的办法，那么，坏事会

在于所任，不可不察也。窃惧朝廷忽轻其选，故敢竭愚情，以广圣思。”

黄龙三年，建昌侯虑为镇军大将军，屯半州，以综为长史，外掌众事，内授书籍。虑卒，入守贼曹尚书，迁尚书仆射。时公孙渊降而复叛，权盛怒，欲自亲征。综上疏谏曰：“夫帝王者，万国之元首，天下之所系命也。是以居则重门击柝以戒不虞，行则清道案节以养威严，盖所以存万安之福，镇四海之心。昔孔子疾时，托乘桴浮海之语，季由斯喜，拒以无所取才。汉元帝欲御楼船，薛广德请刎颈以血染车。何则？水火之险至危，非帝王所宜涉也。谚曰：‘千金之子，坐不垂堂。’况万乘之尊乎？今辽东戎貊小国，无城池之固，备御之术，器械铢钝，犬羊无政，往必禽克，诚如明诏。然其方土寒埆，谷稼不殖，民习鞍马，转徙无常。卒闻大军之至，自度不敌，鸟惊兽骇，长驱奔窜，一人匹马，不可得见，虽获空地，守之无益，此不可一也。加又洪流滉瀁，有成山之难，海行无常，风波难免，倏忽之间，人船异势。虽有尧舜之德，智无所施，贲育之勇，力不得设，此不可二也。加以郁雾冥其上，咸水蒸其下，善生流肿，转相洿染，凡行海者，稀无斯患，此不可三也。天生神圣，显以符瑞，当乘平丧乱，康此民物；嘉祥日集，海内垂定，逆虏凶虐，灭亡在

天天多，时间一长，就成为大害。所以，国家平安不平安，在乎用人得当不得当，不可不明察。私下深怕朝廷不重视人选，这才敢用愚心陈报，请圣上多想一想。”

黄龙三年（公元231年），建昌（今江西奉新县）侯孙虑做镇军大将军，驻在半州（今江西九江西），任薛综为长史，对外掌管各种事务，对内还讲授书籍。孙虑去世后，调回中央任贼曹尚书，再调任尚书仆射。那时，公孙渊先降服又叛变，孙权很生气，要亲自率兵讨伐，薛综上禀劝止说：“帝王是万国的元首，天下人性命都掌握帝王手中，所以住的地方设几道门，还要打更戒备，外出要清道、由持节的官吏警卫，表达威严，这都是为元首平安，四海人心才会镇定。从前，孔子病了，说是要坐船到海上去，子路听了还高兴，但孔子拒绝说子路不能裁度事理。汉元帝想坐楼船，薛广德为此要自杀在车前来劝止。为什么呢？水火是最危险的，帝王不可随便冒险。谚语说：‘千金之子，不坐在房檐底下。’何况至尊贵的天子呢？而今辽东只是夷狄小国，没有坚固的城池，没有防御的方法，兵器都很钝，养犬羊也没有规矩，大军去了当然可以克胜，符合圣上的愿望。但是他们的地方寒冷，五谷不容易生殖，人都骑马，各处奔走，没有固定住处，忽然听见大军开到，自知不能抵抗，如同鸟兽般奔跑分散。骑着马野跑，不久，连人带马都不见踪影，虽然得到一片空地，看着它也没用，这是第一种不可以；再加上大海动荡，有成山（山东荣成龙须岛镇）的难关，海上航行危险不少，常起风波，一分一秒之间，人和船就能分离，虽有尧舜的德行，也没办法，虽有孟贲、夏育的勇气，也用不上，这是第二种不可；再加上迷人的雾气笼罩天空，咸海水在下边蒸发，很容易害病，而且能传染，凡是航行海上的，都躲不开这些灾难，这是第三种不可以。皇上是天降的神圣，由显明的符瑞就可以证明，现在过

近。中国一平，辽东自毙，但当拱手以待耳。今乃违必然之图，寻至危之阻，忽九州之固，肆一朝之忿，既非社稷之重计，又开辟以来所未尝有，斯诚群僚所以倾身侧息，食不甘味，寝不安席者也。惟陛下抑雷霆之威，忍赫斯之怒，遵乘桥之安，远履冰之险，则臣子赖祉，天下幸甚。”时群臣多谏，权遂不行。

正月乙未，权敕综祝祖不得用常文，综承诏，卒造文义，信辞粲烂。权曰：“复为两头，使满三也。”综复再祝，辞令皆新，众咸称善。赤乌三年，徙选曹尚书。五年，为太子少傅，领选职如故。六年春，卒。凡所著诗赋难论数万言，名曰《私载》，又定《五宗图述》、《二京解》，皆传于世。

子珝，官至威南将军，征交阯还，道病死。珝弟莹，字道言，初为秘府中书郎，孙休即位，为散骑中常侍。数年，以病去官。孙晧初，为左执法，迁选曹尚书，及立太子，又领少傅。建衡三年，晧追叹莹父综遗文，且命莹继作。莹献诗曰：“惟臣之先，昔仕于汉，奕世绵绵，颇涉台观。暨臣父综，遭时之难，卯金失御，邦家毁乱。适兹乐土，庶存孑遗，天启其心，东南是归。厥初流隶，困于蛮垂，大皇开基，恩德远施。特蒙招命，拯擢泥污，

的是平安日子，上天给了丰富的物产，喜庆的事天天都有，四海之内平定，造反的凶恶人，不久就会灭亡。中原地区一平定，辽东盗寇自会灭亡的，我们拱起手不动，就可以等得到了。如今违背自然的趋势，找那最危险路子，不顾九州的安定，逞一时的忿怒，既不成为国家的大计，也是开天辟地所不可行的办法，这才是众臣民心神不安、吃不下饭、睡不好觉的事。请皇上息止雷霆之威，忍下怒气，选择坐车的平安办法，避免脚踩薄冰的危险，那么臣子都托洪福，天下人都幸运了。”当时群臣，也都一致劝阻，孙权才没有亲自出征。

正月乙未日，孙权告诉薛综，敬神时不要再用俗套文词，薛综接受旨意立刻造出文义，辞句非常美妙。孙权说：“把上下两篇文再作一次，可以满全三篇。”薛综再作祝词，而辞令都是新想出来的，大家都齐声赞美。赤乌三年（公元 240 年），改任选曹尚书。五年（公元 242 年），任太子少傅，仍然兼任选曹尚书。六年（公元 243 年）春季，薛综去世。他所著的诗、赋，难、论一共几万字，名叫《私载》，又写定《五宗图述》、《二京解》，都传流于世。

薛综儿子名珝，任官到威南将军，征交阯回来，死在路上。珝的弟弟莹，字道言，先做秘府中书郎，孙休就位后，任散骑中常侍。几年后，因病辞了官。孙晧初年，薛莹任左执法，又改任选曹尚书，立太子后，兼任少傅。建衡三年（公元 271 年），孙晧很喜欢薛综遗留下的文章，命薛莹接着作，于是薛莹献了一首长诗，都是四言的，译成白话是这样：“臣的祖先，是在汉朝做官的，一代一代传下来，不少在台观里做高官，到了我父亲名综的，遭逢乱世，卯金刘氏失了控制力，国家破坏混乱了。来到这块乐土，才保全了性命，上天启示我们，天命在东南方。起初我过的流亡生活，困在蛮荒地带，大皇上建立根基，恩德施到边远地方。特别下了令，从低下处将我们提上来，脱下老百姓衣服，接受相当高

释放巾褐，受职剖符。作守合浦，在海之隅，迁入京辇，遂升机枢。枯瘁更荣，绝统复纪，自微而显，非愿之始。亦惟宠遇，心存足止。重值文皇，建号东宫，乃作少傅，光华益隆。明明圣嗣，至德谦崇，礼遇兼加，惟渥惟丰。哀哀先臣，念竭其忠，洪恩未报，委世以终。嗟臣蔑贱，惟昆及弟，幸生幸育，托综遗体。过庭既训，顽蔽难启。堂构弗克，志存耦耕。岂悟圣朝，仁泽流盈。追录先臣，愍其无成，是济是拔，被以殊荣。珝忝千里，受命南征，旍旗备物，金革扬声。及臣斯陋，实暗实微，既显前轨，人物之机；复傅东宫，继世荷辉，才不逮先，是忝是违。乾德博好，文雅是贵，追悼亡臣，冀存遗类。如何愚胤，曾无仿佛！瞻彼旧宠，顾此顽虚，孰能忍愧，臣实与居。夙夜反侧，克心自论，父子兄弟，累世蒙恩，死惟结草，生誓杀身，虽则灰陨，无报万分。”

是岁，何定建议凿圣谿以通江淮，皓令莹督万人往，遂以多盘石难施功，罢还，出为武昌左部督。后定被诛，皓追圣谿事，下莹狱，徙广州。右国史华覈上疏曰：“臣闻五帝三王皆立史官，叙录功美，垂之无穷。汉时司马迁、班固，咸命世大才，所撰精妙，与六经俱传。大吴受命，建国南土。大皇帝末年，命太史令丁孚、郎中项峻始撰《吴书》。孚、峻

的官职。做了合浦太守，在南海边疆，又转到京都，升为中枢要员。如同枯干的转成茂盛，将要断绝的又能接上，由低微升为显要，真是料想不到。完全靠了皇上的恩宠，心中十分满足。又赶上文皇，做了东宫太子，被任为少傅，也更加有光彩。明达的圣皇子，具有谦逊的至德，对少傅礼貌很好，待遇丰厚。哀念先父，尽了忠心，但还没答报皇恩，就弃世而去。可叹小臣，资格低微，幸而兄弟们生育下来，留下先父综的遗体。虽然受了父亲的教训，但生性低劣，难于觉悟。自念不能继续先父伟业，就打算做个农人，不料圣朝的恩泽又来到，念到先臣，来提拔我们，加给我们最大的光荣。薛珝南征到千里以外的地方，光彩的军旗，辉煌的武器，振动外国。到了小臣，更是愚笨，只靠了前人开的路，遇见好机会，才能又做了东宫少傅，累代蒙受国光，而才能远不及先人，既不好意思又怕做错了。皇上乾德崇高，如此地看重文彩，悼念故去的臣子，希望后代也来发扬光大，可惜我这愚鲁的后生，追不上前人脚步！想到先代所受恩典，看看自己的没成就，真感到惭愧。现在昼夜都在想，自我评论一番，累代蒙受皇恩，只有死后结草报答，在世奉献性命服务，即使将自己烧成灰土，也难报答圣恩的万分之一呀。”

这年，何定建议修一条圣谿，沟通长江和淮河，孙皓命薛莹督导一万工役去挖通，只因路中石块太多，难得施工，就停工回京了，随后外放他为武昌（今湖北鄂州市一带）左部督。以后，何定被处死刑，孙皓追问圣谿的事，也把薛莹下了监狱，发遣到广州（今广东广州）去。右国史华覈为了解救薛莹上禀说：“臣听说五帝三王都设了史官，记录功勋美事，留传给无穷的后世。汉朝司马迁、班固，都是一代大才，所写的奥妙文笔，跟六经同样流传下来。大吴承受天命，在南方建国。大皇帝孙权末年，命太史令丁孚，郎中项峻开

俱非史才，其所撰作，不足纪录。至少帝时，更差韦曜、周昭、薛莹、梁广及臣五人，访求往事，所共撰立，备有本末。昭、广先亡，曜负恩蹈罪，莹出为将，复以过徙，其书遂委滞，迄今未撰奏。臣愚浅才劣，适可为莹等记注而已。若使撰合，必袭孚、峻之迹，惧坠大皇帝之元功，损当世之盛美。莹涉学既博，文章尤妙，同寮之中，莹为冠首。今者见吏，虽多经学，记述之才，如莹者少，是以慺慺为国惜之。实欲使卒垂成之功，编于前史之末。奏上之后，退填沟壑，无所复恨。”晧遂召莹还，为左国史。顷之，选曹尚书同郡缪祎以执意不移，为群小所疾，左迁衡阳太守。既拜，又追以职事见诘责，拜表陈谢。因过诣莹，复为人所白，云祎不惧罪，多将宾客会聚莹许。乃收祎下狱，徙桂阳，莹还广州。未至，召莹还，复职。是时法政多谬，举措烦苛，莹每上便宜，陈缓刑简役，以济育百姓，事或施行。迁光禄勋。天纪四年，晋军征晧，晧奉书司马伷、王浑、王濬请降。其文，莹所造也。莹既至洛阳，特先见叙，为散骑常侍，答问处当，皆有条理。太康三年卒。著书八篇，名曰《新议》。

始写《吴书》，可是，这二人都不是写史的人才，所写的不足以保留。到了少帝时，又派韦曜、周昭、薛莹、梁广和臣五个人，搜寻、访问往事，一同著作、有本有末。周昭、梁广二人先去世了，韦曜负恩犯了罪，薛莹派出做将军，又因为有过被发遣，这部史书就停止下来到现在也没写妥。臣愚浅才低，不过为薛莹等帮忙记注而已。如果强行写好，只会和丁孚、项峻做得一样。恐怕将损了大皇帝的伟大功勋和当世的德政。薛莹学问渊博，文章更妙，同事里要称他为第一。当前的官吏们，虽然研究经学的不少，而记述的人才，能比薛莹的却很少，所以臣诚然为国家可惜，真想使将要完成的《吴书》，编列在前史的后面，等到奉将书呈到朝廷之后，即便丧身在山沟里，也没有遗恨了。”孙晧于是命薛莹回京，作左国史。不久，选曹尚书、和薛莹同郡的缪祎为了坚持自己的意见，被许多小人所恨，降为衡阳（今湖南衡山一带）太守。已然接命了，又因为工作上的事被追问，上表谢罪。又因曾访问过薛莹，又被人告发，说缪祎不怕罚，邀了许多宾客聚集薛莹家中。于是朝廷判缪祎入监狱，且遣发到桂阳（今湖南郴州市一带）去，而薛莹仍然遣发到广州。还没到广州，又被召回来，恢复原职。那时，行政法令有许多错误，手续繁杂扰民，薛莹屡次禀告，请朝廷减轻刑罚，也减少民众劳役，安定百姓生活，有的建议已施行了。之后，又改任光禄勋。天纪四年（公元 280 年），晋军攻击孙晧，晧上书给司马伷、王浑、王濬，请求投降。那投降的文书，就是薛莹作的。薛莹到了洛阳（今河南洛阳），晋朝优先给了他官职，做散骑常侍，他答复问题、处理事务，都有条理。他在太康三年（公元 282 年）去世。著作有八篇，称为《新议》。

评曰：张纮文理意正，为世令器，孙策待之亚于张昭，诚有以也。严、程、阚生，一时儒林也。至畯辞荣济旧，不亦长者乎！薛综学识规纳，为吴良臣。及莹纂蹈，允有先风，然于暴酷之朝，屡登显列，君子殆诸。

陈寿评论说：张纮文章有条理、意见正确，是当世有用之才，孙策待他只在张昭之下，是有道理的。严畯、程秉、阚泽，也称得起是一代的儒学家。而严畯舍弃荣名、救助亲友，也是一位忠厚人。薛综学识和忠言劝告皇上，真是吴国良臣。到了薛莹，接续先人文风，算是跟得上。然而在暴虐的政府里，多次出任显要官职，君子人未免为他寒心哪。

三国志卷五十四

周瑜鲁肃吕蒙传第九

吴颐平 译

周瑜字公瑾，庐江舒人也。从祖父景，景子忠，皆为汉太尉。父异，洛阳令。

瑜长壮有姿貌。初，孙坚兴义兵讨董卓，徙家于舒。坚子策与瑜同年，独相友善，瑜推道南大宅以舍策，升堂拜母，有无通共。瑜从父尚为丹杨太守，瑜往省之。会策将东渡，到历阳，驰书报瑜，瑜将兵迎策。策大喜曰："吾得卿，谐也。"遂从攻横江、当利，皆拔之。乃渡江击秣陵，破笮融、薛礼，转下湖孰、江乘，进入曲阿，刘繇奔走，而策之众已

周瑜，字公瑾，是庐江郡（今安徽庐江、六安一带）舒县（今安徽舒城）人。叔伯祖父名景，景的儿子忠，都做汉朝太尉。父亲名异，做洛阳县（今河南洛阳）令。

周瑜身材壮大，面貌漂亮。当初，孙坚发起义兵讨伐董卓，家搬到舒城。孙坚的儿子孙策和周瑜同岁，二人是好朋友，周瑜把路南的大宅子给孙策住，又进内宅拜见孙策的母亲，金钱、用品都共同使用，不分彼此。周瑜的伯（叔）父周尚做丹阳郡（郡治宛陵，即今安徽宣城市宣城区）太守，周瑜去看望他，正好孙策要过江，走到历阳（今安徽和县），写快信告诉周瑜，周瑜派兵去迎接他。孙策大喜，说："我得到你，事必成功了。"于是，一齐进攻横江（今安徽和县境）、当利（同上和县境），都攻下了。于是过江攻打秣陵（今江苏南京），打败了笮融、薛礼，再攻下湖孰县（在江苏南京东南）、江乘县（在江苏句容北），进了曲阿县（今江苏丹阳），打跑了刘繇，这时，

周瑜，选自清皇家珍藏手抄善本绘图描金银《三国志演义》。

数万矣。因谓瑜曰："吾以此众取吴会平山越已足。卿还镇丹杨。"瑜还。顷之，袁术遣从弟胤代尚为太守，而瑜与尚俱还寿春。术欲以瑜为将，瑜观术终无所成，故求为居巢长，欲假涂东归，术听之。遂自居巢还吴。是岁，建安三年也。策亲自迎瑜，授建威中郎将，即与兵二千人，骑五十匹。瑜时年二十四，吴中皆呼为周郎。以瑜恩信著于庐江，出备牛渚，后领春穀长。顷之，策欲取荆州，以瑜为中护军，领江夏太守，从攻皖，拔之。时得桥公两女，皆国色也。策自纳大桥，瑜纳小桥。复近寻阳，破刘勋，讨江夏，还定豫章、庐陵，留镇巴丘。

五年，策薨。权统事。瑜将兵赴丧，遂留吴，以中护军与长史张昭共掌众事。十一年，督孙瑜等讨麻、保二屯，枭其渠帅，囚俘万馀口，还备宫亭。江夏太守黄祖遣将邓龙将兵数千人入柴桑，瑜追讨击，生虏龙送吴。十三年春，权讨江夏，瑜为前部大督。

其年九月，曹公入荆州，刘琮举众降，曹公得其水军，船步兵数十万，将士闻之皆恐。权延见群下，问以计策。议者咸曰："曹公豺虎也，然托名汉相，挟天子以征四方，动

孙策部下已有几万人。孙策就向周瑜说："我用这些人取吴会（今江苏苏州市），平山越族已够了，你回去镇守丹阳。"周瑜就回到丹阳。不久，袁术派他的堂弟袁胤代替周尚做太守，周瑜和周尚都回了寿春（今安徽寿县）。袁术要用周瑜做将军，周瑜看袁术是一个不会成功的人，所以请求作居巢县（今安徽巢湖市）长，以便藉路东归。袁术许可了。周瑜就藉机东归吴郡。这一年，是建安三年（公元198年）。孙策亲自迎接周瑜，任命他建威中郎将，给他两千个兵，马五十匹，那年，周瑜才二十四岁，所以吴郡都叫他周郎。因为他在庐江郡名声很好，就命他防卫牛渚（今安徽当涂西北），后来做春穀县（今安徽繁昌西北）长。不久，孙策要取荆州（今湖北荆州），派周瑜做中护军，兼江夏郡（今湖北武汉一带）太守，就随孙策攻占了皖城（今安徽潜山）。当时，得到桥公两位女儿，美貌都是全国少有的。孙策娶了大桥，周瑜娶了小桥。然后，进兵寻阳县（今湖北黄梅），打败了刘勋，又讨伐江夏郡，再回兵平定豫章郡（今江西南昌市一带），庐陵郡（今江西吉安一带），然后周瑜留镇巴丘（今江西峡江县）。

建安五年（公元200年），孙策去世，由孙权统辖政事。周瑜带领部队参加孙策丧事后，就留在吴郡，用中护军名义和长史张昭共管一切事务。建安十一年（公元206年），率领孙瑜等讨伐麻、保二屯（二屯都在今湖北嘉鱼县），斩了敌兵酋长，俘虏一万多人，回来警卫官亭（今鄱阳湖一带）。江夏郡太守黄祖派将军邓龙带几千兵士入了柴桑县（今江西九江西南），周瑜讨伐他，活捉了邓龙送到吴郡。建安十三年（公元208年）春天，孙权讨伐江夏郡，周瑜任前部大督。

那一年九月，曹操入了荆州（今湖北襄阳一带），刘琮率领部下投降，曹操得到荆州水军、船、步兵几十万之多，孙权的将士听到这消息都害怕了。孙权于是召集部下问计，参加会议的人都说："曹操好像豺虎，却藉着汉朝丞相的名义，劫持皇上征伐各处，动不动

孙权决计破曹操，选自清刊本《三国演义》。图为周瑜力劝孙权联刘抗曹，孙权拔剑砍桌以明抗曹决心。

以朝廷为辞，今日拒之，事更不顺。且将军大势，可以拒操者，长江也。今操得荆州，奄有其地，刘表治水军，蒙冲斗舰，乃以千数，操悉浮以沿江，兼有步兵，水陆俱下，此为长江之险，已与我共之矣。而势力众寡，又不可论。愚谓大计不如迎之。”瑜曰：“不然。操虽托名汉相，其实汉贼也。将军以神武雄才，兼仗父兄之烈，割据江东，地方数千里，兵精足用，英雄乐业，尚当横行天下，为汉家除残去秽。况操自送死，而可迎之邪？请为将军筹之：今使北土已安，操无内忧，能旷日持久，来争疆场，又能与我校胜负于船楫间乎？今北土既未平安，加马超、韩遂尚在关西，为操后患。且舍鞍马，仗舟揖，与吴越争衡，本非中国所长。又今盛寒，马无藁草，驱中国士众远涉江湖之间，不习水土，必生疾病。此数四者，用兵之患也，而操皆冒行之。将军禽操，宜在今

就拿朝廷威胁人，今天我们如果反对他，事情会更不顺利。况且孙将军的优势，可以阻挡曹操的，是一条长江。现在曹操已得到荆州，占据大片土地，刘表所训练的水军，作战舰只，数目上千，曹操都给它们布置在沿江，再加上步兵，水陆军都可以开到下游来，这样长江的天险，跟我们共有了。再谈势力大小，更不必说，愚臣等以为不如欢迎他吧。”周瑜却说：“不是这样，曹操名虽称作汉朝丞相，其实是汉贼，将军凭仗神武雄才，再仗着父兄的功劳，割据江东，地方有几千里之大，兵精足用，英雄们都喜爱这里，正该当横行天下，为汉家除去这残恶的人。况且曹操自己来送死，怎样能欢迎他呢？请我为将军筹划一下：如果北部情形已经平安，曹操没有内忧，怎能耗费长久时日，跟我们争疆土，又怎样能跟我们在水军方面比胜负呢？何况北方并不平安，加上马超、韩遂还在函谷关以西，成为曹操的后患。再说，放下鞍马，驾驶船只，跟吴越争权，本就不是中原人所长。又逢上大冷天，马没有草吃，驱使中原士兵远来到江湖之间，水土不服，必然生病，这许多条款，在用兵上都是大患，然而曹操竟冒险去做。所以将军捉拿曹操，应该就在今天。我周瑜请拨精兵

日。瑜请得精兵三万人，进住夏口，保为将军破之。”权曰：“老贼欲废汉自立久矣，徒忌二袁、吕布、刘表与孤耳。今数雄已灭，惟孤尚存，孤与老贼，势不两立。君言当击，甚与孤合，此天以君授孤也。”

时刘备为曹公所破，欲引南渡江，与鲁肃遇于当阳，遂共图计，因进住夏口，遣诸葛亮诣权。权遂遣瑜及程普等与备并力逆曹公，遇于赤壁。时曹公军众已有疾病，初一交战，公军败退，引次江北。瑜等在南岸。瑜部将黄盖曰：“今寇众我寡，难与持久。然观操军

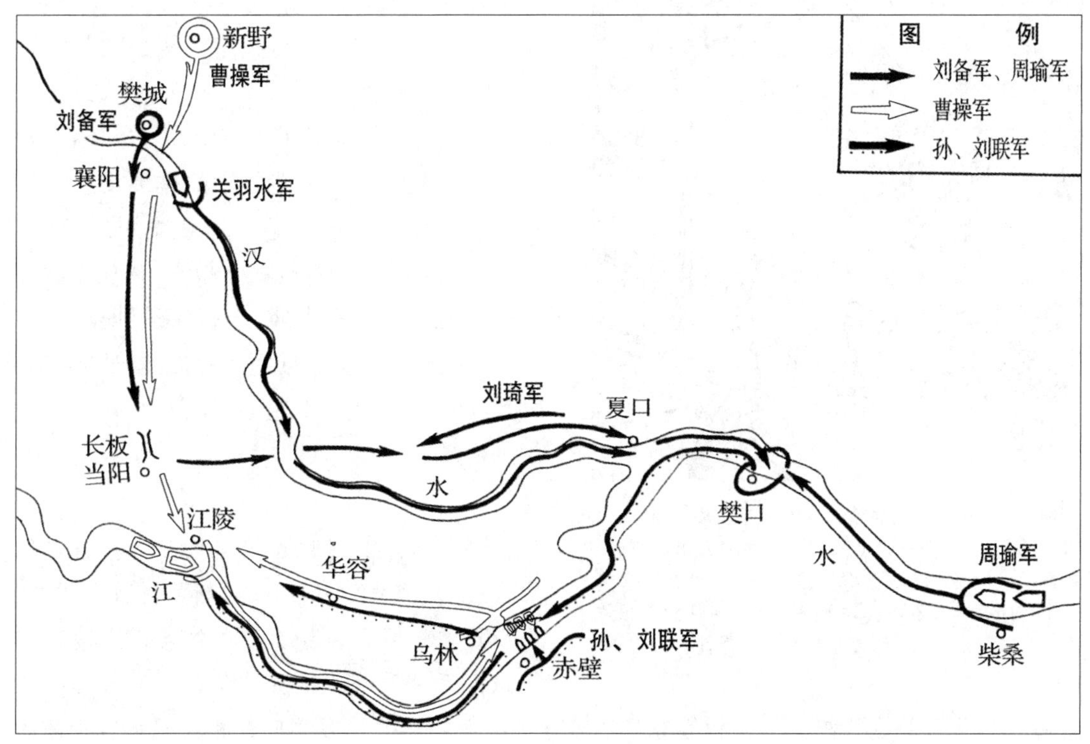

赤壁之战曹操军与孙刘联军进军示意图

三万人，进驻夏口（今湖北武汉市武昌区黄鹄山），保证为将军打败了他。”孙权说：“老贼要灭汉朝篡位已久了，只是怕二袁、吕布、刘表和我而已。现在几位英雄都消除了，只有我还在，我和老贼，势不两立。您说该攻击他，很合我的意见，这真是上天把您送给我的。”

那时，刘备被曹操打败，要带部下过长江南来，和鲁肃在当阳县（今湖北荆门市西南）遇见了，就一同商量办法，刘备进兵到夏口（今湖北武汉市武昌区），派诸葛亮来见孙权。孙权就让周瑜、程普等跟刘备合作抵抗曹操，两方相对于赤壁（今湖北赤壁市）。当时曹操部队已然害了病，战事一开始，曹军就败下来，退到江北。周瑜等部队在南岸，他部下一位将军黄盖建议说：“如今敌兵多而我兵少，难以跟他们作持久战，但是看见曹军战舰

献密计黄盖受刑，选自清刊本《三国演义》。据《三国演义》，周瑜与曹操赤壁相拒。周瑜升帐议事时，黄盖故发沮军之言，周瑜假意大怒，命斩之。众将苦求，改打一百军棍。黄盖即以此苦肉计向曹操诈降，为火烧赤壁赢得机会。图为黄盖受刑。

船舰首尾相接，可烧而走也。”乃取蒙冲斗舰数十艘，实以薪草，膏油灌其中，裹以帷幕，上建牙旗，先书报曹公，欺以欲降。又豫备走舸，各系大船后，因引次俱前。曹公军吏士皆延颈观望，指言盖降。盖放诸船，同时发火。时风盛猛，悉延烧岸上营落。顷之，烟炎张天，人马烧溺死者甚众，军遂败退，还保南郡。备与瑜等复共追。曹公留曹仁等守江陵城，径自北归。

瑜与程普又进南郡，与仁相对，各隔大江。兵未交锋，瑜即遣甘宁前据夷陵。仁分兵骑别攻围宁。宁告急于瑜。瑜用吕蒙计，留凌统以守其后，身与蒙上救宁。宁围既解，乃渡屯北岸，克期大战。瑜亲跨马擽陈，会流矢中右胁，疮甚，便还。后仁闻瑜卧未起，勒兵就陈。瑜乃自兴，案行军营，激扬吏士，仁由是遂退。

是首尾相接的，可以用火烧的方法，打败他们。”于是用战舰几十只，上面装满了柴草，里面再灌上膏油，外面裹上帷幕，上边竖立旗帜，而且先给曹操去了信，假装投降。又预备了舢舨，系在大船后面，排整齐了向曹军方面驶去。曹军官兵们都相信了黄盖投降的括，一个个伸长了脖子观望，都说黄盖带着船投降来了。黄盖驶下来的船，却按时点着了火。那时风又猛，大火一直燃烧到了岸上，连军营也着起火来。一会儿，漫天遍野都是烟火，曹军人马烧死、淹死的非常多，只好掉头向后逃跑，回去保守南郡（郡治）。刘备、周瑜的部队又联合追赶，曹操只留下曹仁等人守住江陵城（今湖北江陵），他自己逃回北方去了。

周瑜和程普又率兵向南郡挺进，相隔着长江，跟曹仁对立，双方没有作战。周瑜又遣甘宁进兵夷陵县（今湖北宜昌）。曹仁派兵包围了甘宁，甘宁急向周瑜求救。周瑜用了吕蒙的计策，让凌统驻守后方，他亲自跟吕蒙去救甘宁，于是解了围。之后，周瑜渡过长江，向北岸进军，准备定期大战。周瑜骑着马亲自上阵攻击，恰巧敌人的箭射中了他的右肋，受伤很重，只好退下阵来。以后，曹仁知道了周瑜受伤卧床不起，就想利用机会率兵上阵攻来，周瑜不得已只好起身，巡视各兵营，给部下打气，曹仁才退了兵。

权拜瑜偏将军，领南郡太守。以下隽、汉昌、刘阳、州陵为奉邑，屯据江陵。刘备以左将军领荆州牧，治公安。备诣京见权，瑜上疏曰：“刘备以枭雄之姿，而有关羽、张飞熊虎之将，必非久屈为人用者。愚谓大计宜徙备置吴，盛为筑宫室，多其美女玩好，以娱其耳目，分此二人，各置一方，使如瑜者得挟与攻战，大事可定也。今猥割土地以资业之，聚此三人，俱在疆场，恐蛟龙得云雨，终非池中物也。”权以曹公在北方，当广揽英雄，又恐备难卒制，故不纳。

是时刘璋为益州牧，外有张鲁寇侵，瑜乃诣京见权曰：“今曹操新折衄，方忧在腹心，未能与将军连兵相事也。乞与奋威俱进取蜀，得蜀而并张鲁，因留奋威固守其地，好与马超结援。瑜还与将军据襄阳以蹙操，北方可图也。”权许之。瑜还江陵，为行装，

柴桑口卧龙吊孝，选自清刊本《三国演义》。据《三国演义》，周瑜为诸葛亮设计气死，临死时大呼“既生瑜，何生亮”。图为诸葛亮在周瑜灵前吊祭。

赤壁战后，孙权任周瑜为偏将军，兼南郡太守，将下隽（今湖南沅陵东北）、汉昌（今湖南平江）、刘阳（今湖南浏阳）、州陵（今湖北监利东）作为奉养他的城池，驻扎在江陵。刘备以左将军头衔任荆州牧，州治在公安（在江陵对面，长江南岸）。刘备上吴国京都去见孙权，周瑜为这事上书给孙权说：“刘备是一个雄鹜狡诈的英雄，加上关羽、张飞熊虎般的大将，决不肯长久屈于人下的。愚见是让刘备搬到吴国来住，给他建筑漂亮的宫室，多预备美女玩物，满足他耳目的嗜好，关、张二人要分开，各置一地，派遣我这样的人，监督他们攻战，这样，大局才能安定。现在若割给土地成为刘备的本钱，又让三人聚在一块，恐怕像蛟龙得到云雨，终归不是养在池中的动物呀。”孙权却以为曹操盘据北方，该广泛地收纳英雄，又怕刘备在仓猝间不容易被控制，所以没有采纳周瑜的建议。

那时，刘璋做益州（今四川）牧，又受着张鲁的侵扰，周瑜为此上京县拜见孙权说：“现在曹操新受了打击，内心正在忧闷，不能跟将军作战。请允许我和奋威（孙瑜号奋威将军）一同进取蜀郡（四川），得到蜀郡后再并吞张鲁，留下奋威固守那地方，好跟马超相连合，我回来和将军进占襄阳（郡名，今湖北襄阳一带），这样压迫曹操，就能打北方的主意

而道于巴丘病卒，时年三十六。权素服举哀，感动左右。丧当还吴，又迎之芜湖，众事费度，一为供给。后著令曰："故将军周瑜、程普，其有人客，皆不得问。"初瑜见友于策，太妃又使权以兄奉之。是时权位为将军，诸将宾客为礼尚简，而瑜独先尽敬，便执臣节。性度恢廓，大率为得人，惟与程普不睦。

瑜少精意于音乐，虽三爵之后，其有阙误，瑜必知之，知之必顾，故时人谣曰："曲有误，周郎顾。"

瑜两男一女。女配太子登。男循尚公主，拜骑都尉，有瑜风，早卒。循弟胤，初拜兴业都尉，妻以宗女，授兵千人，屯公安。黄龙元年，封都乡侯，后以罪徙庐陵郡。赤乌二

赤壁，明杨晋绘。

了。"孙权允许这计。周瑜就回江陵预备行装，不幸走到巴丘（今湖南岳阳，和前面巴丘不同）时，就因病去了，才三十六岁。孙权为他穿素服追悼，左右人士无不感动。灵柩将回到吴地，孙权又远到芜湖迎接，一切治丧用的财物，完全由官方供给。又下令说："已故的将军周瑜、程普所有的用人宾客，都不可以追问事情。"早先，孙策和周瑜为朋友之交，太妃——孙策的母亲又让孙权称周瑜为兄。那时，孙权只有将军的地位，各将领对他的礼貌还很简单，但是周瑜总是先向孙权敬礼，按臣下的规矩。周瑜性情又宽厚，所以许多人都喜欢他，只有和程普不和。

周瑜年轻时，对于音乐就有研究，虽然喝过三爵酒，如果听出乐音上的错误，仍然知道，听出来就回头注意，所以当时有句歌谣是："曲有误，周郎顾。"

周瑜生有两儿一女，女儿嫁给太子孙登，儿子周循娶了公主，任骑都尉，为人像周瑜，但是早年就死了。第二个儿子周胤，先任兴业都尉，妻子是宗室孙家女儿，他部下有

年，诸葛瑾、步骘连名上疏曰：“故将军周瑜子胤，昔蒙粉饰，受封为将，不能养之以福，思立功效，至纵情欲，招速罪辟。臣窃以瑜昔见宠任，入作心膂，出为爪牙，衔命出征，身当矢石，尽节用命，视死如归，故能摧曹操于乌林，走曹仁于郢都，扬国威德，华夏是震，蠢尔蛮荆，莫不宾服，虽周之方叔，汉之信、布，诚无以尚也。夫折冲捍难之臣，自古帝王莫不贵重，故汉高帝封爵之誓曰‘使黄河如带，太山如砺，国以永存，爰及苗裔’；申以丹书，重以盟诅，藏于宗庙，传于无穷，欲使功臣之后，世世相踵，非徒子孙，乃关苗裔，报德明功，勤勤恳恳，如此之至，欲以劝戒后人，用命之臣，死而无悔也。况于瑜身没未久，而其子胤降为匹夫，益可悼伤。窃惟陛下钦明稽古，隆于兴继，为胤归诉，乞匄馀罪，还兵复爵，使失旦之鸡，复得一鸣，抱罪之臣，展其后效。”权答曰：“腹心旧勋，与孤协事，公瑾有之，诚所不忘。昔胤年少，初无功劳，横受精兵，爵以侯将，盖念公瑾以及于胤也。而胤恃此，酗淫自恣，前后告喻，曾无悛改。孤于公瑾，义犹二君，乐胤成就，岂有已哉？迫胤罪恶，未宜便还，且欲苦之，使自知耳。今二君勤勤援引汉高河山之

一千兵士，驻在公安。黄龙元年（公元229年）封为都乡侯，以后因为有罪，发遣到庐陵郡（今江西吉安一带）。赤乌二年（公元239年），诸葛瑾、步骘为周胤连名上禀说：“故将军周瑜儿子胤，早先蒙恩，受封为将军，他不懂得修养享福，不会立功报恩，甚至于放纵情欲，自己招来罪罚。臣觉得从前周瑜蒙受宠任，在朝时有如心腹，在外有如爪牙，奉命出征，亲冒刀枪的危险，竭尽忠诚、服从命令，视死如归，所以能在乌林（今湖北嘉鱼长江北岸）摧毁了曹军，在郢都（今湖北荆州市）打败了曹仁，发扬吴国威德，震动了华夏，那些蠢蠢而动的蛮人，也没有不服从的。虽然周朝的方叔，汉朝的韩信、英布，也比不上周瑜。自古凡是抵抗外患为国家除灾的臣子，帝王没有不看重的，所以汉高帝封爵的誓词是：‘让黄河像一条带子，让太山像一块磨刀石，你的国要永远存在，而且延长到后代去’，用丹书来发表命令，所订盟约，收藏在宗庙里，保留到无穷的后世。意思是让功臣后人，一代一代传下去，不只是子孙，而且到了再远的后代，酬答尽忠之士，表扬功臣，诚心施恩，十分深厚，目的在劝戒后人，知道受命的臣子，为国死亡也不后悔。何况今天周瑜去世不久，可是他儿子周胤已降为平民，实在令人伤心。愚臣想皇上聪明和古圣先贤一样，恩典及于后世，所以我们替周胤陈情，请免了他的罪，照旧让他领兵，恢复他的爵位，好比一只早晨不鸣的鸡，有机会再鸣叫一回，带着罪的臣子，再施展一下才能。”孙权答复说：“最亲近的旧功臣，和我共同奋斗的，周公瑾就是一位，实在不能忘记。当初周胤年轻，本来没有功劳，我突然给了他精兵，任他为将军、封为侯爵，就是不忘公瑾的原因。但是周胤仰仗官爵，醉酒、淫乱、行为放肆，虽然屡次训告，都没改过。我和公瑾，情如兄弟，当然希望周胤有成就，而且希望无穷。无奈周胤这样有罪，不便就恢复他的官爵，而且这痛苦是试验他，叫他自己觉悟。如今二位诚心引用汉高祖河山的誓词，我真觉

誓，孤用恧然。虽德非其畴，犹欲庶几，事亦如尔，故未顺旨。以公瑾之子，而二君在中间，苟使能改，亦何患乎！”瑾、骘表比上，朱然及全琮亦俱陈乞，权乃许之。会胤病死。

瑜兄子峻，亦以瑜元功为偏将军，领吏士千人。峻卒，全琮表峻子护为将。权曰：“昔走曹操，拓有荆州，皆是公瑾，常不忘之。初闻峻亡，仍欲用护，闻护性行危险，用之适为作祸，故便止之。孤念公瑾，岂有已乎？”

鲁肃字子敬，临淮东城人也。生而失父，与祖母居。家富于财，性好施与。尔时天下已乱，肃不治家事，大散财货，摽卖田地，以赈穷弊结士为务，甚得乡邑欢心。

周瑜为居巢长，将数百人故过候肃，并求资粮。肃家有两囷米，各三千斛，肃乃指一囷与周瑜，瑜益知其奇也，遂相亲结，定侨、札之分。袁术闻其名，就署东城长。肃见术

得惭愧。虽然我比不上汉高祖的德行，也愿意学习。只是事实如此，不能顺从二位的美意。既然是公瑾的儿子，二位从中间成全，如果他能改悔，也就不怕没官爵了。”诸葛瑾、步骘禀告刚呈上，朱然和全琮也一样为周胤陈情，孙权才答应了。但是，周胤却因病死了。

周瑜的侄儿名峻，也因为周瑜的功劳做了偏将军，带领官兵一千人。周峻去世后，全琮上表请许周峻儿子周护做将军，孙权说：“当初打败了曹操，开展国土到荆州，都是公瑾的功劳，未尝忘记。初听见周峻去世，本来愿意用周护，只是周护性情、行为都不好，用了他正好作祸，于是停用了。但我惦念公瑾，哪里会停止呢？”

鲁肃，字子敬，是临淮郡（今安徽东北部）东城县（今安徽定远）人，生下时父亲已去世，跟祖母住在一起。家里有钱，好施舍。那时天下已乱，鲁肃不顾家务，把财货施舍别人，以至于卖了田地，来赈济贫穷的人和结交有才能的人，所以得到家乡人的赞美。

周瑜做居巢县长时，带领几百人特意去拜访鲁肃，并且求帮助粮食，鲁肃家里有两仓米，每仓三千斛，就让给周瑜一仓，周瑜

鲁肃，选自清皇家珍藏手抄善本绘图描金银《三国志演义》。

无纲纪，不足与立事，乃携老弱将轻侠少年百馀人，南到居巢就瑜。瑜之东渡，因与同行，留家曲阿。会祖母亡，还葬东城。

刘子扬与肃友善，遗肃书曰："方今天下豪杰并起，吾子姿才，尤宜今日。急还迎老母，无事滞于东城。近郑宝者，今在巢湖，拥众万馀，处地肥饶，庐江间人多依就之，况吾徒乎？观其形势，又可博集，时不可失，足下速之。"肃答然其计。葬毕还曲阿，欲北行。会瑜已徙肃母到吴，肃具以状语瑜。时孙策已薨，权尚住吴，瑜谓肃曰："昔马援答光武云'当今之世，非但君择臣，臣亦择君'。今主人亲贤贵士，纳奇录异，且吾闻先哲秘论，承运代刘氏者，必兴于东南，推步事势，当其历数，终构帝基，以协天符，是烈士攀龙附凤驰骛之秋。吾方达此，足下不须以子扬之言介意也。"肃从其言。瑜因荐肃才宜佐时，当广求其比，以成功业，不可令去也。

权即见肃，与语甚悦之。众宾罢退，肃亦辞出，乃独引肃还，合榻对饮。因密议曰："今汉室倾危，四方云扰，孤承父兄馀业，思有桓文之功。君既惠顾，何以佐之？"肃对曰："昔高帝区区欲尊事义帝而不获者，以项羽为害也。今之曹操，犹昔项羽，将军何由得

知道了鲁肃的特点，于是交情更亲密了，好像吴公子季札跟郑国子产的情感一样。袁术听说鲁肃的美名，就命他做东城县长，鲁肃看袁术做事没有条理，不能做大事，就率领老弱和青年侠义一百多人，南去居巢见周瑜。周瑜过长江南去，鲁肃也跟着去了，家留在曲阿。后来，因为祖母去世，就回东城安葬了祖母。

鲁肃的好友刘子扬给鲁肃去信说："当今天下豪杰都起事了，您的才干，今天正有用，应该回家迎接老母，不可停留在东城。近来有一位郑宝，现在巢湖（今安徽巢湖），带领一万多人，那里土地肥沃，庐江郡的人都追随他，何况我们呢？看那情形，又在收纳同志，机会不可错过，您要快点决定。"鲁肃回信接受刘子扬的意见。祖母安葬后，回到曲阿，要往北去，正好周瑜已把鲁肃母亲搬到吴郡（今江苏苏州市），鲁肃就把刘子扬的话告诉了周瑜。那时孙策已去世，孙权还在吴郡，周瑜告诉鲁肃说："从前马援回答汉光武帝说'今天的世界，不但君王选择臣子，臣子也挑选君王啊！'现在主人亲贤贵士，收纳奇才异能的人，而且我听前代贤哲秘论，承受天运代替刘家的，一定在东南兴起。推测当前时局，现在正是时候，必可建立帝业，符合天兆，这是勇士攀龙附凤展现才能的好机会。我才来到这里，您不必介意刘子扬的意见了。"鲁肃听从了周瑜的话。周瑜于是向孙权推荐鲁肃，认为鲁肃的才能正合当前需要，且要多请这样人才，帮助建立功业，不可以让他离去。

于是孙权接见了鲁肃，谈了话，很喜欢他。宾客们事罢退出，鲁肃也要告辞，但是孙权特别请鲁肃回来，合榻对饮，就秘密商谈说："目前汉家天下要倾倒了，各处都乱起来，我承受父兄事业，要建立齐桓公、晋文公那样大功，既然您下驾来到，要怎样帮助我呢？"鲁肃答说："从前汉高帝私意要尊奉楚义帝而不成功，是由于项羽作乱；今天的曹操，有如

为桓文乎？肃窃料之，汉室不可复兴，曹操不可卒除。为将军计，惟有鼎足江东，以观天下之衅。规模如此，亦自无嫌。何者？北方诚多务也。因其多务，剿除黄祖，进伐刘表，竟长江所极，据而有之，然后建号帝王以图天下，此高帝之业也。”权曰：“今尽力一方，冀以辅汉耳，此言非所及也。”张昭非肃谦下不足，颇訾毁之，云肃年少粗疏，未可用。权不以介意，益贵重之，赐肃母衣服帏帐，居处杂物，富拟其旧。

刘表死，肃进说曰：“夫荆楚与国邻接，水流顺北，外带江汉，内阻山陵，有金城之固，沃野万里，士民殷富，若据而有之，此帝王之资也。今表新亡，二子素不辑睦，军中诸将，各有彼此。加刘备天下枭雄，与操有隙，寄寓于表，表恶其能而不能用也。若备与彼协心，上下齐同，则宜抚安，与结盟好；如有离违，宜别图之，以济大事。肃请得奉命吊表二子，并慰劳其军中用事者，及说备使抚表众，同心一意，共治曹操，备必喜而从命。如其克谐，天下可定也。今不速往，恐为操所先。”权即遣肃行。到夏口，闻曹公已向荆州，晨夜兼道。比至南郡，而表子琮已降曹公，备惶遽奔走，欲南渡江。肃径迎之，到当阳长阪，与备会，宣腾权旨，及陈江东强固，劝备与权并力。备甚欢悦。时诸葛亮与备相

当年的项羽，将军怎么能作齐桓、晋文呢？我私下以为，汉家不可能复兴，曹操也难立刻除掉。为将军打算，只有像鼎足一样，据有江东，观察天下的变化。情形就是这样，也不用避嫌疑，为什么呢？北方事太复杂了。正因这样，我们该消灭黄祖，进攻刘表，把整个长江控制住，然后称帝去图天下，这才是汉高帝的办法呢。”孙权说：“如今我尽一方面的力量，志在辅助汉朝，您这话我还没想到。张昭嫌鲁肃谦下不足，给他说坏话，说鲁肃年轻心粗，不可用。孙权不但不听张昭的坏话，反倒更重用鲁肃，赏给他母亲衣服用物、生活用品，和在东城老家时一样的富裕。

刘表去世后，鲁肃建议说：“荆楚和我国接境，水流向北，外面有江、汉（汉水），里面有山地的险要，坚固好比金城，肥沃土地有万里之多，民众生活富足，若是占有荆州，是具备了帝王的资产。如今刘表刚去世，两个儿子不和，军中将领，也不同心。加上刘备是狡诈的英雄，和曹操也不和，托身在刘表那里，刘表怕他能干，所以不敢用。如果刘备跟他们合作，上下一心，我们就该安抚他们，跟他们结盟；他们若彼此不合，我们该另打主意，想法成就我们的大事。我愿意奉命去吊问刘表两个儿子，也慰劳他军中负责人，再说服刘备叫他也要安抚刘表部下，大家同心一意，对付曹操，刘备一定愿意这样做。这计划若成功，天下就能平定了。如今若不快去，恐怕被曹操抢了先。”孙权于是派鲁肃去了。到了夏口，听说曹兵已向荆州开去，而且昼夜不停。鲁肃到南郡时，刘表的儿子刘琮已投降曹操，刘备急忙逃走，要过长江南去。鲁肃迎到刘备，到当阳县长阪（在湖北当阳东北），和刘备相见，告诉了孙权的意见，并且说江东势力强盛，劝刘备跟孙权合作，刘备很愿意。那时，诸葛亮跟随刘备，鲁肃对诸葛亮说：“我是子瑜（诸葛瑾）的朋友。”于是鲁

随，肃谓亮曰“我，子瑜友也”，即共定交。备遂到夏口，遣亮使权，肃亦反命。

会权得曹公欲东之问，与诸将议，皆劝权迎之，而肃独不言。权起更衣，肃追于宇下，权知其意，执肃手曰：“卿欲何言？”肃对曰：“向察众人之议，专欲误将军，不足与图大事。今肃可迎操耳，如将军，不可也。何以言之？今肃迎操，操当以肃还付乡党，品其名位，犹不失下曹从事，乘犊车，从吏卒，交游士林，累官故不失州郡也。将军迎操，欲安所归？愿早定大计，莫用众人之议也。”权叹息曰：“此诸人持议，甚失孤望；今卿廓开大计，正与孤同，此天以卿赐我也。”

时周瑜受使至鄱阳，肃劝追召瑜还。遂任瑜以行事，以肃为赞军校尉，助画方略。曹公破走，肃即先还，权大请诸将迎肃。肃将入阁拜，权起礼之，因谓曰：“子敬，孤持鞍下马相迎，足以显卿未？”肃趋进曰：“未也。”众人闻之，无不愕然。就坐，徐举鞭言

鲁子敬力排众议，选自清刊本《三国演义》。图为鲁肃力劝孙权不要被众议所误，应当与刘备并力抗曹。

肃和诸葛亮结交了。刘备到了夏口，派诸葛亮去见孙权，鲁肃也回东吴报告出使情形。

那时，孙权得到曹操要向东方进兵的消息，就和各将领商议，大家都劝孙权迎接曹操，而鲁肃却不说话。孙权起身上厕所，鲁肃追到廊子下，孙权知道他的意思，拉着他的手说：“您要说什么？”鲁肃回答说：“刚才研究大家的意见，只是耽误将军大事，不能跟他们讨论了。像我鲁肃是可以欢迎曹操的，将军就不行了。为什么呢？我欢迎他，他可以叫我回本乡，讨论我的名位，不至于连下曹从事也当不上，坐坐牛车，随从吏士兵卒，跟士人来往，不失为一个州郡官。但是将军迎曹操，要到哪里去？请早定大计，不可以用这些人的计策。”孙权叹息说：“这些人的议论，很使我失望，现在您设了这大计，正和我的意见相同，这是上天把您赏给我的。”

当时，周瑜受命到鄱阳（今江西鄱阳），鲁肃劝孙权派人把周瑜召回来。于是就派周瑜负责行事，鲁肃做赞军校尉，帮助设计。结果曹操打败逃走了，事后，鲁肃先回来，孙权请将军们都来迎接鲁肃，鲁肃将要进屋内行礼，孙权起来还礼，就向鲁肃说：“我拿着鞍子，下了马迎接你，足以使您显荣了吧？”鲁肃赶到前面说：“没有。”大家听了，都一惊。

曰："愿至尊威德加乎四海，总括九州，克成帝业，更以安车软轮征肃，始当显耳。"权抚掌欢笑。

后备诣京见权，求都督荆州，惟肃劝权借之，共拒曹公。曹公闻权以土地业备，方作书，落笔于地。

周瑜病困，上疏曰："当今天下，方有事役，是瑜乃心夙夜所忧，愿至尊先虑未然，然后康乐。今既与曹操为敌，刘备近在公安，边境密迩，百姓未附，宜得良将以镇抚之。鲁肃智略足任，乞以代瑜。瑜陨踣之日，所怀尽矣。"即拜肃奋武校尉，代瑜领兵。瑜士众四千馀人，奉邑四县，皆属焉。令程普领南郡太守。肃初住江陵，后下屯陆口，威恩大行，众增万馀人，拜汉昌太守、偏将军。十九年，从权破皖城，转横江将军。

先是，益州牧刘璋纲维颓弛。周瑜、甘宁并劝权取蜀，权以咨备，备内欲自规，乃伪报曰："备与璋托为宗室，冀凭英灵，以匡汉朝。今璋得罪左右，备独竦惧，非所敢闻，愿加宽贷。若不获请，备当放发归于山林。"后备西图璋，留关羽守，权曰："猾虏乃敢挟诈！"及羽与肃邻界，数生狐疑，疆场纷错，肃常以欢好抚之。备既定益州，权求长沙、零、桂，备不承旨，权遣吕蒙率众近取。备闻，自还公安，遣羽争三郡。肃住益阳，与羽

等到入了座，鲁肃才慢慢地举起鞭子说："盼望至尊威德加到四海，总管九州，完成帝业，再用安车软轮征召我，那才有面子呢。"孙权不由得鼓掌欢笑。

后来，刘备到京都见孙权，请求都督荆州，只有鲁肃劝孙权答应刘备，好一齐抵抗曹操。曹操正在写信，一听说孙权把荆州给了刘备，一吃惊，连笔也掉在地下。

周瑜病重时，上禀报说："当今的天下，正有事该做，这是瑜昼夜所忧虑的。请至尊先考虑未来的事，然后再求康乐。现在和曹操为敌，刘备在附近的公安，彼此边界很近，百姓还没归附，该请一位好将领去镇守。鲁肃智略，足够出任的，请允许他代替我，一旦之间，我丧亡了，我的心事也就到此为止了。"孙权就任命鲁肃做奋武校尉，替周瑜领兵。周瑜部下四千多人，和供奉的四县，都归鲁肃。又令程普做南郡太守。鲁肃先住在江陵，后来，改驻下游的陆口（今湖北嘉鱼），名声威望，都十分好，部下加到一万多人，转任汉昌郡（今湖南岳阳、湘阴一带）太守、偏将军。建安十九年（公元214），随孙权攻破皖城（今安徽潜山）后，转任横江将军。

起先，益州（注见首）牧刘璋政治混乱，周瑜、甘宁都劝孙权夺取蜀地，孙权就询问刘备的意见。刘备本心要争取蜀地，却假意说："我和刘璋都是宗室，希望仰仗祖上英灵，辅助汉朝。如今刘璋得罪了左右，我也很替他担心，您的意见我不敢听，请多宽恕他。您若不允许，我就要散了头发回到山林隐退。"以后，刘备向西去图谋刘璋，留下关羽的守备，孙权说："这个奸滑的奴才，竟敢欺骗我！"关羽跟鲁肃境界连接，彼此各相猜疑，界限分不清，鲁肃常保持和气对待关羽。刘备已经占有益州，孙权就索要长沙（今湖南长沙

相拒。肃邀羽相见，各驻兵马百步上，但诸将军单刀俱会。肃因责数羽曰："国家区区本以土地借卿家者，卿家军败远来，无以为资故也。今已得益州，既无奉还之意，但求三郡，又不从命。"语未究竟，坐有一人曰："夫土地者，惟德所在耳，何常之有！"肃厉声呵之，辞色甚切。羽操刀起谓曰："此自国家事，是人何知！"目使之去。备遂割湘水为界，于是罢军。

肃年四十六，建安二十二年卒。权为举哀，又临其葬。诸葛亮亦为发哀。权称尊号，

单刀会，清代杨柳青年画。据《三国演义》，荆州本为孙权借与刘备，但关羽占据后，不肯还于东吴。鲁肃设计请关羽到吴营一聚，在宴席上伏有甲兵，想或要挟或杀之，以夺回荆州。关羽明知鲁肃有诈，却慨然应允，单刀赴会，后在会上乘机挟制鲁肃得脱。图为鲁肃率部下迎接关羽的到来。

一带)、零陵郡（今湖南西南部)、桂阳郡（今湖南东南部）三郡，刘备不肯还，孙权就派吕蒙带兵去追取。刘备知道了，自己回到公安，派关羽争这三郡。鲁肃住在益阳（今湖南益阳)，和关羽对抗。鲁肃邀关羽见面，但将两方兵马驻在百步之远的地方，只有请关将军一个人带着刀赴会。见了面，鲁肃责备关羽说："国家好意将土地借给你们，你们打败了仗，从老远来到，什么东西都没有了。现在已然得了益州，根本不想还我们土地，我们只要这三郡，也不肯给。"鲁肃话还没完，座上有一个人说："土地是有德的人所该有的，哪里有什么永久的规矩！"鲁肃大声阻吓这个人，辞句很严厉，关羽拿着刀站起来说："这是国家的事，这个人懂得什么？"关羽用眼色叫这人退去。结果刘备答应了割地，以湘水（今湖南湘水）为界，双方就罢兵讲和。

鲁肃四十六岁，在建安二十二年（公元217年）去世。孙权为他开会追悼，并且亲到墓地。诸葛亮也为鲁肃开了追悼会。后来，孙权称帝时，上了坛，回头对公卿们说："从前

吕蒙，选自清皇家珍藏手抄善本绘图描金银《三国志演义》。

临坛，顾谓公卿曰：“昔鲁子敬尝道此，可谓明于事势矣。”

肃遗腹子淑既壮，濡须督张承谓终当到至。永安中，为昭武将军、都亭侯、武昌督。建衡中，假节，迁夏口督。所在严整，有方干。凤皇三年卒。子睦袭爵，领兵马。

吕蒙字子明，汝南富陂人也。少南渡，依姊夫邓当。当为孙策将，数讨山越。蒙年十五六，窃随当击贼，当顾见大惊，呵叱不能禁止。归以告蒙母，母恚欲罚之，蒙曰：“贫贱难可居，脱误有功，富贵可致。且不探虎穴，安得虎子？”母哀而舍之。时当职吏以蒙年小轻之，曰：“彼竖子何能为？此欲以肉喂虎耳。”他日与蒙会，又蚩辱之。蒙大怒，引刀杀吏，出走，逃邑子郑长家。出因校尉袁雄自首，承间为言，策召见奇之，引置左右。

数岁，邓当死，张昭荐蒙代当，拜别部司

鲁子敬曾说过我登极的话，他真是明白大势的人啊。”

鲁肃的遗腹子名淑，长大了，濡须（在今安徽含山县）督张承以为鲁淑终究会来到政府。永安（公元258—263年）年间，鲁淑做昭武将军、都亭侯、武昌（今湖北鄂州市）督。建衡年间，持节，改任夏口督，后来改任夏口督。所掌管的地方，规矩严格、秩序整齐，做事有方法。凤皇三年（公元274年）去世，儿子鲁睦袭爵，并带领兵马。

吕蒙，字子明，是汝南郡（今河南东南、安徽西北部）富陂（今安徽阜阳南）人。年轻时到江南，投奔姐夫邓当。邓当是孙策部下将领，屡次征讨山越。吕蒙十五六岁时，就暗自随邓当击贼，邓当知道了，大惊，责备他也禁止不了。只得回家告诉吕蒙的母亲，母亲也生气要责罚他，吕蒙说：“贫贱人日子难过，万一能立点功劳，不是可以富贵了。再说，不入虎穴，怎可得虎子呢？”母亲同情他的话，任他去了。邓当部下的属员看吕蒙年纪小，瞧不起他，说：“这个小子能干什么？这不是拿肉喂老虎吗？”有一天，看见吕蒙，又出口讥讽他。吕蒙大怒，拿刀把这属员杀死，逃到同乡的儿子郑长家。后来出头，请校尉袁雄带他自首，并且替他说了好话，孙策召见觉得他很出奇，叫他在左右侍候。

马。权统事，料诸小将兵少而用薄者，欲并合之。蒙阴赊贳，为兵作绛衣行縢，及简日，陈列赫然，兵人练习，权见之大悦，增其兵。从讨丹杨，所向有功，拜平北都尉，领广德长。

从征黄祖，祖令都督陈就逆以水军出战。蒙勒前锋，亲枭就首，将士乘胜，进攻其城。祖闻就死，委城走，兵追禽之。权曰："事之克，由陈就先获也。"以蒙为横野中郎将，赐钱千万。

是岁，又与周瑜、程普等西破曹公于乌林，围曹仁于南郡。益州将袭肃举军来附，瑜表以肃兵益蒙，蒙盛称肃有胆用，且慕化远来，于义宜益不宜夺也。权善其言，还肃兵。瑜使甘宁前据夷陵，曹仁分众围宁，宁困急，使使请救。诸将以兵少不足分，蒙谓瑜、普曰："留凌公绩，蒙与君行，解围释急，势亦不久，蒙保公绩能十日守也。"又说瑜分遣三百人柴断险道，贼走可得其马。瑜从之。军到夷陵，即日交战，所杀过半。敌夜遁去，行遇柴道，骑皆舍马步走。兵追蹙击，获马三百匹，方船载还。于是将士形势自倍，乃渡江立屯，与相攻击，曹仁退走，遂据南郡，抚定荆州。还，拜偏将军，领寻阳令。

鲁肃代周瑜，当之陆口，过蒙屯下。肃意尚轻蒙，或说肃曰："吕将军功名日显，不

几年后，邓当死了，张昭举荐吕蒙替代，任别部司马。孙权统治国家时，计划把各小将兵少而力量也小的，合并他们。吕蒙却暗中借钱，给士兵作绛色军服和绑腿，到了检阅时，一看他的兵服装整齐，操练得法，孙权非常高兴，反给他加了兵额。随从孙权讨伐丹阳，由于每战必胜，升为平北都尉，兼任广德县（今安徽广德）长。

以后，随孙权出征黄祖，黄祖命都督陈就率水军迎战，吕蒙任前锋，亲自斩了陈就，将士们乘胜攻城。黄祖听说陈就已被杀，只好弃城逃跑，也被孙权的部下捉住。孙权说："战事胜利，是由于先捉到了陈就。"所以任吕蒙为横野中郎将，赏钱千万。

这一年，吕蒙又和周瑜、程普等在乌林（今湖北嘉鱼的江北）打败曹操，在南郡包围曹仁。益州将领袭肃带着兵来投降，周瑜上表请把袭肃的兵加给吕蒙，吕蒙很称赞袭肃有胆量，而且为了喜爱东吴才来，在道义上是该给增兵，不该夺他的兵。孙权认为吕蒙说得对，就把兵还给袭肃。周瑜命甘宁去进攻夷陵，曹仁派士兵攻打甘宁，宁因被困太苦，派使者求救，各将军以为兵太少，没法子再去援助，吕蒙向周瑜、程普说："留下凌公绩在这里，我和你们去解围救急，时间也不会太久，我保证公绩能守十天。"又向周瑜建议分派三百人斫了柴堆在险道上，这样敌军逃跑时，可夺得他们的马，周瑜听从了。兵开到夷陵，当天就交战，斫杀敌兵超过一半。敌人乘夜偷跑，路上偏遇见柴道，只好下马步行，这边派兵快追，果然得了三百匹马，用船运回。结果吴军兵力增加一倍，然后渡江安营，和敌人作战，逼曹仁退兵，就占领了南郡，平定荆州。胜利回来，升为偏将军，兼任寻阳县（汉代所置在湖北黄梅）县令。

鲁肃接替周瑜的工作，要到陆口去，经过吕蒙驻屯地。那时鲁肃还瞧不起吕蒙，有人

可以故意待也，君宜顾之。”遂往诣蒙。酒酣，蒙问肃曰：“君受重任，与关羽为邻，将何计略，以备不虞？”肃造次应曰：“临时施宜。”蒙曰：“今东西虽为一家，而关羽实熊虎也，计安可不豫定？”因为肃画五策。肃于是越席就之，拊其背曰：“吕子明，吾不知卿才略所及乃至于此也。”遂拜蒙母，结友而别。

时蒙与成当、宋定、徐顾屯次比近，三将死，子弟幼弱，权悉以兵并蒙。蒙固辞，陈启顾等皆勤劳国事，子弟虽小，不可废也。书三上，权乃听。蒙于是又为择师，使辅导之，其操心率如此。

魏使庐江谢奇为蕲春典农，屯皖田乡，数为边寇。蒙使人诱之，不从，则伺隙袭击，奇遂缩退，其部伍孙子才、宋豪等，皆携负老弱，诣蒙降。后从权拒曹公于濡须，数进奇计，又劝权夹水口立坞，所以备御甚精，曹公不能下而退。

曹公遣朱光为庐江太守，屯皖，大开稻田，又令间人招诱鄱阳贼帅，使作内应。蒙曰：“皖田肥美，若一收孰，彼众必增，如是数岁，操态见矣，宜早除之。”乃具陈其状。于是权亲征皖，引见诸将，问以计策。蒙乃荐甘宁为升城督，督攻在前，蒙以精锐继之。

向鲁肃说：“吕将军功名早已显露，不是从前的吕蒙了，您该访问他一下。”鲁肃就去访问吕蒙。酒喝得差不多了，吕蒙问鲁肃：“您接受重任，跟关羽作邻居，要用什么计策，防备意外呢？”鲁肃随意轻率地答说：“看当时的情形，再作打算。”吕蒙说：“如今东、西虽是一家，但关羽实在是熊虎呀，计策怎能不早点决定？”不是给鲁肃出了五条计策，鲁肃起席到吕蒙前，拍着他的肩膀说：“吕子明，我不知道您的才能有这么高啊。”随即拜见了吕蒙母亲，结为好友而别。

当时，吕蒙和成当、宋定、徐顾的防区接近，这三位将领死去后，子弟幼弱，孙权要把三人的兵都交给吕蒙。吕蒙却坚决推辞，并报告这三位都为国勤劳，子弟虽小，不可以取消他们的部队。报告连呈三回，孙权才允许。吕蒙又为三家子弟们找老师，辅导他们。吕蒙的用心常常这样忠厚。

魏国派庐江郡人谢奇做蕲春（今湖北蕲春）的农官，驻兵皖城的田乡，屡次派兵侵犯边界。吕蒙使人引诱他们，不听从，就利用机会袭击，谢奇只好退缩了。谢奇的部下孙子才、宋豪等，带领家中老弱，一齐投降吕蒙。以后吕蒙随孙权在濡须抵挡曹兵，屡次进奇计。又劝孙权在水口两旁立坞，防御工事很精巧，曹操因攻打不下而退。

曹操派朱光任庐江郡太守，驻在皖城，大规模地种稻田，又命间谍引诱鄱阳贼头，作为内应。吕蒙说：“皖城一带田地肥沃，如果收成一次，他们的人就多一次，这样过几年，敌人的侵略态度就明显了，应该趁早除掉他。”就将一势情形呈报上去。孙权就亲自出征皖城，事先召见各将领，问他们有什么对策。吕蒙就推荐甘宁做升城督，担任前线攻击任务，吕蒙率精锐部队接应。一清早就进攻，吕蒙亲手打鼓，激动士兵勇猛登城，到吃饭的时候，

侵晨进攻，蒙手执枹鼓，士卒皆腾踊自升，食时破之。既而张辽至夹石，闻城已拔，乃退。权嘉其功，即拜庐江太守，所得人马皆分与之，别赐寻阳屯田六百户，官属三十人。蒙还寻阳，未期而庐陵贼起，诸将讨击不能禽，权曰："鸷鸟累百，不如一鹗。"复令蒙讨之。蒙至，诛其首恶，馀皆释放，复为平民。

是时刘备令关羽镇守，专有荆土，权命蒙西取长沙、零、桂三郡。蒙移书二郡，望风归服，惟零陵太守郝普城守不降。而备自蜀亲至公安，遣羽争三郡。权时住陆口，使鲁肃将万人屯益阳拒羽，而飞书召蒙，使舍零陵，急还助肃。初，蒙既定长沙，当之零陵，过酃，载南阳邓玄之，玄之者郝普之旧也，欲令诱普。及被书当还，蒙秘之，夜召诸将，授以方略，晨当攻城，顾请玄之曰："郝子太闻世间有忠义事，亦欲为之，而不知时也。左将军在汉中，为夏侯渊所围。关羽在南郡，今至尊身自临之。近者破樊本屯，救酃，逆为孙规所破。此皆目前之事，君所亲见也。彼方首尾倒悬，救死不给，岂有馀力复营此哉？今吾士卒精锐，人思致命，至尊遣兵，相继于道。今子太以旦夕之命，待不可望之救，犹牛蹄中鱼，冀赖江汉，其不可恃亦明矣。若子太必能一士卒之心，保孤城之守，尚能稽延旦

便攻破了城。不久，张辽到了夹石（今安徽桐城北），听说城已被攻下，就退兵了。孙权嘉奖吕蒙的功劳，立即任他为庐江郡太守，得到敌方的人马都分给他，另给他寻阳屯田兵六百人，官属三十人。吕蒙回到寻阳不到一年，庐陵郡贼寇又闹起来，各征讨将领都捉不到贼，孙权说："猛鸟一百只，也不如一只鹗。"还是让吕蒙去讨伐。吕蒙来到，杀了贼人头目，其余的都给释放了，恢复平民身份。

那时，刘备命关羽镇守荆州，孙权派吕蒙向刘备争取长沙、零陵、桂阳三郡。吕蒙给两郡去了文书，很快就归服了，只有零陵太守郝普守城不降。而刘备由蜀地亲自来到公安，派关羽争夺长沙等三郡。孙权当时住在陆口，命鲁肃领一万兵驻扎益阳（今湖南益阳）抵挡关羽，再用极快的信叫吕蒙，让他放下零陵，回来帮助鲁肃。起先，吕蒙已占了长沙郡，应当去零陵，经过酃县（汉代酃县在今衡阳东）时，随车载上了南阳人邓玄之，玄之是郝普的老朋友，想让邓玄之说服郝普。现在接到孙权命令，只得回来，但是先守秘密，乘夜召集各将领，告诉他们计策，说是早晨要攻城，又跟邓玄之说："郝子太（即郝普）若知道世间有忠义事，也愿意去做，只是不知道时务。左将军（指刘备）在汉中（陕西西南部）被夏侯渊包围了；关羽在南郡，至尊（指孙权）亲自征讨。近来破了樊城（今湖北樊城），救了酃县，反被孙规所击破，（《三国志集解》说，这里可能有脱漏错误）这都是目前的事，您所亲见的。刘备那一方面，正顾头顾不了尾，救自己的命还来不及，哪里有力量管到郝普这方面呢？如今我的士兵精强，人人不怕死，至尊派的兵，又不断来到。而子太（郝普）的危险就在眼前，空等那没指望的救兵，好比牛蹄下的鱼，等待江汉的水，当然不可靠了。如果子太能让所有兵士，一心一德，保全孤城，还能够延迟一半天，来等候命运也可以，

夕，以待所归者，可也。今吾计力度虑，而以攻此，曾不移日，而城必破，城破之后，身死何益于事，而令百岁老母，戴白受诛，岂不痛哉？度此家不得外问，谓援可恃，故至于此耳。君可见之，为陈祸福。”玄之见普，具宣蒙意，普惧而听之。玄之先出报蒙，普寻后当至。蒙豫敕四将，各选百人，普出，便入守城门。须臾，普出，蒙迎执其手，与俱下船。语毕，出书示之，因拊手大笑。普见书，知备在公安，而羽在益阳，惭恨入地。蒙留孙皎，委以后事，即日引军赴益阳。刘备请盟，权乃归普等，割湘水，以零陵还之。以寻阳、阳新为蒙奉邑。

师还，遂征合肥，既徹兵，为张辽等所袭，蒙与凌统以死捍卫。后曹公又大出濡须，权以蒙为督，据前所立坞，置强弩万张于其上，以拒曹公。曹公前锋屯未就，蒙攻破之，曹公引退。拜蒙左护军、虎威将军。

鲁肃卒，蒙西屯陆口，肃军人马万馀尽以属蒙。又拜汉昌太守，食下隽、刘阳、汉昌、州陵。与关羽分土接境，知羽骁雄，有并兼心，且居国上流，其势难久。初，鲁肃等以为曹公尚存，祸难始构，宜相辅协，与之同仇，不可失也。蒙乃密陈计策曰：“令征虏

现在我估计我们的力量，攻打这城，只需不到一天，就能攻破，到那时候，死了又有什么好处？还要让一百岁高堂老母，戴着白头发被杀，那可太痛苦啦！我以为这家人是没听到外边的消息，以为可以依赖救兵，才有这种情形。您可以去见他，跟他说明祸福的情形。邓玄之果然去见郝普，把吕蒙这一套话都说了，郝普果然害怕，也就相信了。邓玄之先出城报告吕蒙，说郝普随后就来。吕蒙预先命四个将领，各选一百人，等郝普一出来，这些人立刻进城把守。等一会儿，郝普来了，吕蒙上前迎接，拉着他的手，一齐下了船。话说完了，才把孙权的信给他看，同时拍掌大笑。郝普看信完，才知道刘备已然来到公安，而关羽在益阳，自己却上了大当，惭愧得恨不能钻进地下去。吕蒙留下孙皎，作了交代，当天带兵去了益阳。刘备请求彼此结盟，孙权也把郝普释放，以湘水为界，并且把零陵还给刘备。而将寻阳县、阳新县（今湖北阳新）两县作为供奉吕蒙的城邑。

吕蒙军队调回来，又征讨合肥（今安徽合肥），退兵之后，受张辽等袭击，吕蒙和凌统出死力自卫。以后，曹操又派大军攻击濡须，孙权命吕蒙做濡须督，把守以前所立的坞，在上面准备一万张强弩，为抵抗曹兵。曹兵前锋扎营还没完成，就被吕蒙攻破了，曹操只好退兵。事后吕蒙受命为左护军、虎威将军。

鲁肃去世后，吕蒙西去驻屯陆口，鲁肃所统率的一万多人马，都划归吕蒙统领。又受任汉昌太守，下隽、刘阳、汉昌、州陵四县供奉都给吕蒙。于是，就跟关羽境界相接，吕蒙知道关羽勇猛，有吞并别人的野心并且地位在上流，形势难以持久。当初，鲁肃等人以为曹操还在，患难是完不了的，所以该和关羽互助，一齐对付曹操，不可失误。吕蒙就秘密献计说：“命征虏将军孙皎把守南郡，潘璋住在白帝（今重庆奉节），蒋钦率游击兵一万

守南郡，潘璋住白帝，蒋钦将游兵万人，循江上下，应敌所在，蒙为国家前据襄阳，如此，何忧于操，何赖于羽？且羽君臣，矜其诈力，所在反覆，不可以腹心待也。今羽所以未便东向者，以至尊圣明，蒙等尚存也。今不于强壮时图之，一日僵仆，欲复陈力，其可得邪？”权深纳其策，又聊复与论取徐州意，蒙对曰：“今操远在河北，新破诸袁，抚集幽、冀，未暇东顾。徐土守兵，闻不足言，往自可克。然地势陆通，骁骑所聘，至尊今日得徐州，操后旬必来争，虽以七八万人守之，犹当怀忧。不如取羽，全据长江，形势益张。”权尤以此言为当。及蒙代肃，初至陆口，外倍修恩厚，与羽结好。

后羽讨樊，留兵将备公安、南郡。蒙上疏曰：“羽讨樊而多留备兵，必恐蒙图其后故也。蒙常有病，乞分士众还建业，

吕子明白衣渡江，清朱芝轩绘。图为扮成客商的东吴军，骗过荆州守军盘查。

人，沿长江上下巡游，注意敌人所在，蒙为国家去进占襄阳，这样，何必忧虑曹操？又何必依赖关羽？而且关羽君臣，使用欺诈手段，反复无常，不能拿他们当自己人。现在关羽所以不能往东发展，是由于至尊圣明，蒙等还在的原故。若不在我们健壮时设法，一旦僵倒，再要发挥力量，还办得到吗？”孙权很赞成吕蒙的计策，并且谈论夺取徐州（江苏铜山一带）的意见，吕蒙答说：“当今曹操远在黄河以北，刚打败了袁绍、袁卫，正安定幽州（今河北北部）、冀州（今河北中部），没有时间顾到东方。徐州的守兵，听说是不可靠的，我们若去，必可战胜。但是那里地势四通八达，是骑兵骋驰的地方，至尊现在得有它，不久曹操必然来争，虽然用七八万人把守，还可顾虑。不如攻击关羽，占据整个长江，形势就扩大了。”孙权更赞成这话。等到吕蒙接替鲁肃，刚到陆口，表面上跟关羽拉情感，结成好朋友。

后来，关羽讨伐樊城，留下官兵警备公安、南郡。吕蒙禀奏说：“关羽讨伐樊城，却留下许多兵防备后方，必然是怕蒙进攻他的后方。蒙一向有病，请求分散我的一部士兵回建业（今南京），宣扬说我要去治病。关羽听说了，必然把警备的兵，完全调到襄阳方面。

关羽，选自清皇家珍藏手抄善本绘图描金银《三国志演义》。

以治疾为名。羽闻之，必撤备兵，尽赴襄阳。大军浮江，昼夜驰上，袭其空虚，则南郡可下，而羽可禽也。”遂称病笃，权乃露檄召蒙还，阴与图计。羽果信之，稍撤兵以赴樊。魏使于禁救樊，羽尽禽禁等，人马数万，托以粮乏，擅取湘关米。权闻之，遂行，先遣蒙在前。蒙至寻阳，尽伏其精兵䑴䚢中，使白衣摇橹，作商贾人服，昼夜兼行，至羽所置江边屯候，尽收缚之，是故羽不闻知。遂到南郡，士仁、麋芳皆降。蒙入据城，尽得羽及将士家属，皆抚慰，约令军中不得干历人家，有所求取。蒙麾下士，是汝南人，取民家一笠，以覆官铠，官铠虽公，蒙犹以为犯军令，不可以乡里故而废法，遂垂涕斩之。于是军中震栗，道不拾遗。蒙旦暮使亲近存恤耆老，问所不足，疾病者给医药，饥寒者赐衣粮。羽府藏财宝，皆封闭以待权至。羽还，在道路，数使人与蒙相闻，蒙辄厚遇其使。周游城中，家家致问，或手书示信。羽

然后我们派大军上长江，昼夜不停地赶路，偷袭他的空城，那么南郡就可攻破，关羽会被擒住的。”吕蒙就装说有病，而且很重，孙权就公开发文书叫吕蒙回去，其实却秘密设计。关羽果然相信了，慢慢把兵调到樊城去。魏国命于禁救樊城，关羽把于禁等完全捉到。人马达几万之多，说是粮食不够，任意取湘关（今湖南湘水上吴蜀分界处）的米。孙权听说了，就带兵出发，派吕蒙在前锋。吕蒙到了寻阳，把精兵全藏在大船里，让摇橹的人穿白衣，装成商人模样，昼夜不停地，驶到了关羽所派江边的卫兵所，把哨兵通通捉到绑起来，这时关羽还不晓得。然后到了南郡，傅士仁、麋芳都投降了。吕蒙进城，把关羽和将士们的家眷都得到了，但是却安慰他们，并命令军中不许私入民宅扰乱，或索要东西。吕蒙军中有个士官，是汝南郡人，拿了民间一顶雨帽，盖上官家的铠甲，铠甲虽然是公家的，吕蒙仍然认为犯军令，不能因为是同乡（吕蒙也是汝南郡人）就不惩罚，于是垂了泪将这士官斩了。这样一来，全军都害怕了，使得路不拾遗，纪律极好。吕蒙时时派亲近官吏问候年老的人，问他们都缺少什么，害病的就给医药，饥寒的给粮食、衣裳。关羽府库财宝，都封闭不动，等候孙权来。关羽走回来，在路上，屡次派人跟吕蒙联络，吕蒙待关羽使者

人还，私相参讯，咸知家门无恙，见待过于平时，故羽吏士无斗心。会权寻至，羽自知孤穷，乃走麦城，西至漳乡，众皆委羽而降。权使朱然、潘璋断其径路，即父子俱获，荆州遂定。

以蒙为南郡太守，封孱陵侯，赐钱一亿，黄金五百斤。蒙固辞金钱，权不许。封爵未下，会蒙疾发，权时在公安，迎置内殿，所以治护者万方，募封内有能愈蒙疾者，赐千金。时有针加，权为之惨慽，欲数见其颜色，又恐劳动，常穿壁瞻之，见小能下食则喜，顾左右言笑，不然则咄唶，夜不能寐。病中瘳，为下赦令，群臣毕贺。后更增笃，权自临视，命道士于星辰下为之请命。年四十二，遂卒于内殿。时权哀痛甚，为之降损。蒙未死时，所得金宝诸赐尽付府藏，敕主者命绝之日皆上还，丧事务约。权闻之，益以悲感。

蒙少不修书传，每陈大事，常口占为笺疏。常以部曲事为江夏太守蔡遗所白，蒙无恨意。及豫章太守顾邵卒，权问所用，蒙因荐遗奉职佳吏，权笑曰："君欲为祁奚耶？"于是用之。甘宁粗暴好杀，既常失蒙意，又时违权令，权怒之，蒙辄陈请："天下未定，斗将如

也很优厚。又周游全城，挨着家问安，或写亲笔信表达意见。关羽部下人回来，暗中彼此交谈，都知道家人平安，吕蒙待他的家人比从前还好，弄得关羽的官兵没有心作战。正好，孙权也来了，关羽才知道自己被人孤立了，没路可走，就往麦城（在湖北当阳东南五十里）方面逃，又往西到了漳乡（在当阳东北），部下都脱离关羽投降了。孙权派朱然、潘璋断绝关羽走的小路，关羽父子就都被擒住，荆州归孙权所有。

孙权命吕蒙为南郡太守，封孱陵（今湖北公安南）侯，赏钱一亿，黄金五百斤。吕蒙坚决不接受金钱，孙权仍然不许。封爵令还没发下，吕蒙可巧就害了病。孙权当时在公安，把吕蒙迎到内殿，想尽方法给他治疗，声明国内有能治好吕蒙的，赏千金。不断有人给吕蒙扎针，孙权也很难过，而且屡次想当面看看吕蒙的气色，又怕扰乱他，所以就把墙穿了洞去看，看见能吃点东西就高兴，也快乐得跟左右人笑笑，不然，就难受得睡不着觉。病渐好，孙权就为他下赦令，群臣也都来道贺。以后却愈来愈重，孙权只好亲自来了，并且命道士在晚上星辰下为吕蒙祝祷。结果终于死在内殿里，才四十二岁。孙权非常哀痛，并且为他减了饮食。吕蒙死以前，把所得金宝都收藏好了，命主事人当他去世之后，都奉还朝廷，丧事也要俭省。孙权知道了，自然更加悲伤。

吕蒙年轻时没念书，每逢报告大事，就把所说的白话写在纸上。曾经为了部下事被江夏太守蔡遗告发，吕蒙并不怀恨。豫章太守顾邵去世，孙权问由谁接代，吕蒙说蔡遗就是尽职的好官，孙权笑着说："您要作祁奚吗？"结果就用了蔡遗接位。甘宁是个粗暴好杀的人，常常不听吕蒙的话，又屡次违背孙权命令，逢到孙权生甘宁的气时，吕蒙还给甘宁求情说："天下还没安定，像甘宁这种战将，实在难得，还该容忍他。"孙权因此厚待甘宁，

宁难得，宜容忍之。”权遂厚宁，卒得其用。

蒙子霸袭爵，与守冢三百家，复田五十顷。霸卒，兄琮袭侯。琮卒，弟睦嗣。

孙权与陆逊论周瑜、鲁肃及蒙曰：“公瑾雄烈，胆略兼人，遂破孟德，开拓荆州，邈焉难继，君今继之。公瑾昔要子敬来东，致达于孤，孤与宴语，便及大略帝王之业，此一快也；后孟德因获刘琮之势，张言方率数十万众水步俱下。孤普请诸将，咨问所宜，无适先对，至子布、文表，俱言宜遣使修檄迎之，子敬即驳言不可，劝孤急呼公瑾，付任以众，逆而击之，此二快也。且其决计策意，出张苏远矣；后虽劝吾借玄德地，是其一短，不足以损其二长也；周公不求备于一人，故孤忘其短而贵其长，常以比方邓禹也。又子明少时，孤谓不辞剧易，果敢有胆而已；及身长大，学问开益，筹略奇至，可以次于公瑾，但言议英发不及之耳。图取关羽，胜于子敬。子敬答孤书云：‘帝王之起，皆有驱除，羽不足忌。’此子敬内不能办，外为大言耳，孤亦恕之，不苟责也。然其作军屯营，不失令行禁止，部界无废负，路无拾遗，其法亦美也。”

评曰：曹公乘汉相之资，挟天子而扫群桀，新荡荆城，仗威东夏，于时议者莫不疑

以后果然用着了。

吕蒙的儿子吕霸袭父亲爵位，又给三百家看守吕蒙坟墓，免税田五十顷。吕霸去世，他哥哥琮袭爵，琮去世后，弟弟睦接位。

孙权曾和陆逊评论周瑜、鲁肃、吕蒙三人，说：“公瑾雄才英气、胆识计略远超过一般人，才能打败曹孟德，开拓了荆州，智虑深远难有人继续，只有您（陆逊）能继续他这功业。公瑾当年邀子敬到东方来，介绍给我，我和他作私人谈话，就提到大方略和帝王的事业，这是第一件快意事；以后曹孟德因为战败刘琮，势力增加，夸大地带几十万水陆军攻来，我问每一位将领，征求意见，却没有满意的答复，以至于子布、文表，也都说该派代表欢迎曹操。惟有子敬反对大家的意见，劝我快找公瑾，付给大任，迎击曹操，这是第二件快意事；而且他决定计策，远比张、苏高明。以后，虽然劝我借给玄德土地，是他一件短处，然而还不能损坏两种长处。古代周公不求完备的人，所以我也忘记他的短而重他的长处，常常把他比作邓禹。还有，子明年轻时，我只觉得他不怕烦难，勇敢有决断而已；等到长大了，学问非常好，计策出奇，可以列在公瑾下面，只是议论赶不上公瑾的透澈明白。对付关羽，比子敬的计划高。子敬答我的信说：‘帝王兴起，都有该剪除的人，关羽不必怕。’这是子敬不能做到，表面上说大话，我也原谅他，不愿多责备。可是他管军队、扎营没错失，出令禁止的事，部下都能办到，做到路不拾遗，方法也不错了。”

陈寿评论说：曹操把持汉朝的地位，假借皇上的名义扫除英雄豪杰，凭着占领荆州的

贰。周瑜、鲁肃建独断之明，出众人之表，实奇才也。吕蒙勇而有谋，断识军计，谲郝普，禽关羽，最其妙者。初虽轻果妄杀，终于克己，有国士之量，岂徒武将而已乎！孙权之论，优劣允当，故载录焉。

强大力量，要征服东方的孙权，当时参加意见的人都犹豫了。只有周瑜、鲁肃有明白的分析和建议，超乎众人见解以上，真是奇才呀！吕蒙勇敢又有智谋果断，了解军计，骗了郝普，捉到关羽，是最奇妙的表现。起初虽然轻浮乱杀人，结果却能克制自己，有国士的大量，岂止是个武将呢？孙权的评论，优缺点两面都恰当，所以将它记下了。

三国志卷五十五

程黄韩蒋周陈董甘凌徐潘丁传第十

吴颐平 译

程普字德谋，右北平土垠人也。初为州郡吏，有容貌计略，善于应对。从孙坚征伐，讨黄巾于宛、邓，破董卓于阳人，攻城野战，身被创夷。

坚薨，复随孙策在淮南，从攻庐江，拔之，还俱东渡。策到横江、当利，破张英、于麋等，转下秣陵、湖孰、句容、曲阿，普皆有功，增兵二千，骑五十匹。进破乌程、石木、波门、陵传、馀杭，普功为多。策入会稽，以普为吴郡都尉，治钱唐。后徙丹杨都尉，居石城。复讨宣城、泾、安吴、陵阳、春穀诸贼，皆破之。策尝攻祖郎，大为所围，普与一骑共蔽捍策，驱马疾呼，以矛突贼，贼披，策因随出。后拜荡寇中郎将，领零陵太守，从

程普，字德谋，是右北平郡（今河北东北部及热河一带）土垠县（今河北丰润）人。起初，做州郡官吏，容貌不俗，有计略，也很会应对。后来随从孙坚征伐，在宛县（今河南南阳）邓县（今河南邓县）讨伐黄巾贼，在阳人（今河南汝州西）打败了董卓。攻城野战，曾受过伤。

孙坚去世后，又随孙策在淮南郡（今安徽寿县一带）进攻并占了庐江郡（今安徽六安、庐江一带），以后就渡过长江。孙策到了横江（今安徽和县东南）、当利（同上和县境），打败了张英、于麋等，转攻秣陵（今南京）、湖孰（今江苏南京东南）、句容（今江苏句容）、曲阿（今江苏丹阳），都攻下了，也都有程普的功劳。于是给他增加二千士兵，五十匹马。以后进占乌程（今浙江吴兴）、石木、波门、陵传（以上三地，当在吴兴馀杭之间）、馀杭（今浙江馀杭），程普功劳最多。孙策进到会稽郡（今浙江绍兴），命程普做吴郡（今江苏苏州）都尉，首府是钱唐（今浙江杭州）。以后，改任丹杨郡（今江苏西南和安徽东南）都尉，住在石城县（今江苏南京）。又讨伐宣城（今安徽南陵县东）、泾县（今安徽宁国西）、安吴县（今安徽泾县西南）、陵阳县（今安徽石埭）、春穀县（今安徽繁昌县）各地贼寇，都战胜了。孙策曾经攻打祖郎，被敌人包围很紧，程普和另一骑士一齐保卫孙策，赶着马大喊，再用矛突击贼兵，贼兵才被打散，孙策也才得出围。于是升为荡寇中郎将，兼零陵郡（今湖南西南部）太守，又在寻阳（今湖北黄梅）征讨刘勋，在沙羡（今湖

讨刘勋于寻阳，进攻黄祖于沙羡，还镇石城。

策薨，与张昭等共辅孙权，遂周旋三郡，平讨不服。又从征江夏，还过豫章，别讨乐安。乐安平定，代太史慈备海昏，与周瑜为左右督，破曹公于乌林；又进攻南郡，走曹仁。拜裨将军，领江夏太守，治沙羡，食四县。

先出诸将，普最年长，时人皆呼程公。性好施与，喜士大夫。周瑜卒，代领南郡太守。权分荆州与刘备，普复还领江夏，迁荡寇将军，卒。权称尊号，追论普功，封子咨为亭侯。

黄盖字公覆，零陵泉陵人也。初为郡吏，察孝廉，辟公府。孙坚举义兵，盖从之。坚南破山贼，北走董卓，拜盖别部司马。坚薨，盖随策及权，擐甲周旋，蹈刃屠城。

诸山越不宾，有寇难之县，辄用盖为守长。

黄盖，选自清皇家珍藏手抄善本绘图描金银《三国志演义》。

北武昌西南）攻打黄祖，然后回来镇守石城。

孙策去世后，程普和张昭等扶助孙权，应付三郡的事，征讨不服的人。又出征过江夏郡（今湖北武汉一带），回来经过豫章郡（今江西省南昌一带），征伐乐安（今江西崇仁）。乐安平定后，代替太史慈警备海昏县（今江西永修），和周瑜分任左右督，在乌林（今湖北嘉鱼县西）打败了曹操；又进攻南郡（今湖北东部和南部），逼走了曹仁。被任为裨将军，兼江夏太守，郡治在沙羡，受四个县的奉养。

早一辈的将领里，程普最年长，当时人都称他程公。他喜欢帮助别人，也喜爱士大夫。周瑜去世，程普兼代南郡太守。孙权把荆州（今湖北江陵一带）借给刘备后，程普又回来任江夏太守，再改为荡寇将军后，去世。孙权称帝后，追论程普的功劳，封他儿子程咨做亭侯。

黄盖，字公覆，是零陵郡泉陵县（今湖南永州北）人，起初，做本郡官吏，被考选为孝廉，又在公府工作。孙坚发起义兵，黄盖跟随他，孙坚攻破了南部山贼，又打败了北方的董卓，任黄盖为别部司马。孙坚去世后，黄盖追随孙策和孙权，常穿着铠甲应付一切，出入刀剑之中，攻打城池。

石城县吏，特难检御，盖乃署两掾，分主诸曹。教曰："令长不德，徒以武功为官，不以文吏为称。今贼寇未平，有军旅之务，一以文书委付两掾，当检摄诸曹，纠擿谬误。两掾所署，事入诺出，若有奸欺，终不加以鞭杖，宜各尽心，无为众先。"初皆怖威，夙夜恭职；久之，吏以盖不视文书，渐容人事。盖亦嫌外懈怠，时有所省，各得两掾不奉法数事。乃悉请诸掾吏，赐酒食，因出事诘问。两掾辞屈，皆叩头谢罪。盖曰："前已相敕，终不以鞭杖相加，非相欺也。"遂杀之。县中震栗。后转春穀长，寻阳令。凡守九县，所在平定。迁丹杨都尉，抑强扶弱，山越怀附。

盖姿貌严毅，善于养众，每所征讨，士卒皆争为先。建安中，随周瑜拒曹公于赤壁，建策火攻，语在《瑜传》。拜武锋中郎将。武陵蛮夷反乱，攻守城邑，乃以盖领太守。时郡兵才五百人，自以不敌，因开城门，贼半入，乃击之，斩首数百，馀皆奔走，尽归邑落。诛讨魁帅，附从者赦之。自春讫夏，寇乱尽平，诸幽邃巴、醴、由、诞邑侯君长，皆改操易节，奉礼请见，郡境遂清。后长沙益阳县为山贼所攻，盖又平讨。加偏将军，病卒于官。

凡是山越不宾服，有贼寇的县，就用黄盖做守长。石城的县吏，是最难管理的，黄盖特地派了两个主管，分别领导各部门，并训话说："本县令没有能力，只是凭藉武功当的官，没有文官方面的才能。如今贼寇未平，有军事方面的任务需要我做。至于文书，则全部委托给我的两个副官，让他们领导监察各曹，指正错误。凡是两位主管所负责的，收进的公事和承诺送出的，如果有不守法的，绝不用杖鞭来责罚，希望大家用心，别首先受罚呀。"开始时，大家都很小心，早晚用心办公。时间一久，县吏以为黄盖自己不看公文，渐渐松懈了。黄盖也发觉有懈怠情形，就不断考查，查出来两个主管有几件不守法的事。于是召集所有官员，赏给酒食，然后按事实追问，两个主管理屈了，都叩头谢罪。黄盖说："以前讲过，绝不用鞭杖责打，并不是骗人的话。"但是竟把两主管杀了。使全县都震惊恐怖。以后，黄盖转任春穀县长和寻阳县令。一共镇守了九县，每一个地方作得都平定。又转任丹杨郡都尉，制服强暴，扶助弱小，山越人都信服他。

黄盖表情严肃，很会待人，每有征讨，兵士都愿争先效命。建安年间（具体为公元208年），随周瑜在赤壁（在今湖北赤壁）和曹兵作战，火攻的计策，就是黄盖提出的——详情在周瑜传。以后，受任武锋中郎将。武陵郡（今湖南西北部）蛮夷反乱，攻打城邑，就用黄盖为太守。当时郡兵才有五百人，自知不能抵挡，于是开了城门，等贼人进来一半，才攻击他们，于是杀了几百贼人，剩下的都逃回原住邑落去了。事后只把为首的贼杀死，附从的都从宽赦免。由春到夏，寇乱完全平定，深山大谷里的巴、醴、由、诞（据赵一清说这是四条水名）各部落头目，都改变态度，送来礼物请见，全郡从此清静。后来长沙郡益阳县（今湖南益阳）受山贼侵犯，又被黄盖讨平，孙权给他加了偏将军的称号，却因病死在任上。

盖当官决断，事无留滞，国人思之。及权践阼，追论其功，赐子柄爵关内侯。

韩当字义公，辽西令支人也。以便弓马，有膂力，幸于孙坚，从征伐周旋，数犯危难，陷敌禽虏，为别部司马。及孙策东渡，从讨三郡，迁先登校尉，授兵二千，骑五十匹。从征刘勋，破黄祖，还讨鄱阳，领乐安长，山越畏服。后以中郎将与周瑜等拒破曹公，又与吕蒙袭取南郡，迁偏将军，领永昌太守。宜都之役，与陆逊、朱然等共攻蜀军于涿乡，大破之，徙威烈将军，封都亭侯。曹真攻南郡，当保东南。在外为帅，厉将士同心固守，又敬望督司，奉遵法令，权善之。黄武二年，封石城侯，迁昭武将军，领冠军太守，后又加都督之号。将敢死及解烦兵万人，讨丹杨贼，破之。会病卒，子综袭侯领兵。

其年，权征石阳，以综有忧，使守武昌，而综淫乱不轨。权虽以父故不问，综内怀惧，载父丧，将母家属部曲男女数千人奔魏。魏以为将军，封广阳侯。数犯边境，杀害人民，权常切齿。东兴之役，综为前锋，军败身死，诸葛恪斩送其首，以白权庙。

黄盖在公事上有果断，做事不迟误，所以国人都想念他。孙权登极后，追论黄盖的功勋，赏给他儿子黄柄关内侯爵。

韩当，字义公，是辽西郡（今辽宁西部和河北东北部）令支县（今河北迁安）人，由于骑术、射箭都好，体力强壮，受孙坚喜爱，随孙权征伐应付，多次冒危险，打败敌人，捉到俘虏，受任别部司马。以后，孙策东渡长江，又随从征伐三郡，任为先登校尉，交给他二千兵卒，五十骑兵。又曾征讨刘勋，打败黄祖，回来讨伐鄱阳（今江西鄱阳）敌寇，任乐安县长，山越人都害怕服从他。以后任中郎将，和周瑜等击败曹操，又和吕蒙袭取南郡，改任偏将军，兼任永昌郡（今云南保山，韩当是遥领这个郡）太守。在宜都（今湖北宜昌）作战时，和陆逊、朱然等在涿乡（今湖北宜昌西）共同攻打蜀汉兵，大败蜀军，升为威烈将军，封都亭侯。曹真攻打南郡时，韩当负责保卫东南。在外边作指挥官，训勉官兵同心固守，而且尊敬都司，遵守法令，所以孙权很喜欢他。黄武二年（公元 223 年），封为石城侯，改称昭武将军，做冠军（在今河南邓州市西北）太守，后来又加给都督称号。率领敢死和解烦兵一万，讨伐丹杨贼，打败了他们。以后因病去世，儿子韩综的袭侯爵并继续领兵。

那一年，孙权征讨石阳（今湖北黄陂西），因为韩综守父丧命他守卫武昌（今湖北武汉一带），但是韩综邪乱不守法。孙权虽然因为他父亲有功劳，不加追问，可是韩综贼人胆虚，他就带着父亲的棺材，和母亲、家人、部下男女一共几千人，逃奔魏国。魏国任他为将军，封为广阳（今北京房山良乡）侯。而且韩综屡次侵犯吴国边境，杀害人民，孙权气得咬牙切齿。东兴堤（今安徽含山）的战事里，韩综为魏军作前锋，因打败而死，被诸葛恪斩了首级，告祭在孙权庙中。

蒋钦字公奕，九江寿春人也。孙策之袭袁术，钦随从给事。及策东渡，拜别部司马，授兵。与策周旋，平定三郡，又从定豫章。调授葛阳尉，历三县长，讨平盗贼，迁西部都尉。会稽冶贼吕合、秦狼等为乱，钦将兵讨击，遂禽合、狼，五县平定，徙讨越中郎将，以经拘、昭阳为奉邑。贺齐讨黟贼，钦督万兵，与齐并力，黟贼平定。从征合肥，魏将张辽袭权于津北，钦力战有功，迁荡寇将军，领濡须督。后召还都，拜右护军，典领辞讼。

权尝入其堂内，母疏帐缥被，妻妾布裙。权叹其在贵守约，即敕御府为母作锦被，改易帷帐，妻妾衣服悉皆锦绣。

初，钦屯宣城，尝讨豫章贼。芜湖令徐盛收钦屯吏，表斩之，权以钦在远不许，盛由是自嫌于钦。曹公出濡须，钦与吕蒙持诸军节度。盛常畏钦因事害己，而钦每称其善。盛既服德，论者美焉。

权讨关羽，钦督水军入沔，还，道病卒。权素服举哀，以芜湖民二百户、田二百顷，给钦妻子。子壹封宣城侯，领兵拒刘备有功，还赴南郡，与魏交战，临陈卒。壹无子，弟

蒋钦，字公奕，是九江郡（今江苏江北、安徽江北和江西北部）寿春县（今安徽寿县）人。孙策袭击袁术时，蒋钦跟随服务。以后孙策渡江东来，任蒋钦为别部司马，叫他带兵。和孙策应付事务，平定三郡，又跟孙策平定豫章郡。任他为葛阳县（今江西弋阳）尉，先后做了三个县的县长，讨平盗贼，又改任西部都尉。会稽郡冶县（今福建闽侯）贼吕合、秦狼等作乱，蒋钦领兵讨伐，把吕合、秦狼都捉到，附近五个县全平定了，任为讨越中郎将，把经拘、昭阳（以上两地名，考证很多，这里不多写了）两地作为他的供奉邑。贺齐征讨黟县（今安徽黟县）的贼，蒋钦领了一万士兵，和贺齐协同讨平了黟县贼。又征伐合肥（今安徽合肥），魏将张辽袭击孙权于津北（这个津该是逍遥津，孙权在这打了败仗。逍遥津在合肥东），蒋钦拼命作战有功，升了荡寇将军，兼领濡须（今安徽巢湖市南）督。以后奉命还都，任为右护军，掌管法律辞讼的事。

孙权曾到过蒋钦的家，见蒋母用的是粗布被帐，妻妾都穿布裙。孙权赞叹他在贵位而生活俭约，就命主管官署给蒋母作了棉被，换了新帷帐，妻妾衣服也都给换作锦绣的。

起初，蒋钦驻扎宣城，曾讨伐豫章贼寇。芜湖县（今安徽芜湖）令徐盛拘捕了蒋钦屯垦兵的官吏，呈报上级将这官吏杀了，孙权认为蒋钦驻在远方不许可，徐盛由此和蒋钦有了嫌隙。曹操的兵到濡须来，蒋钦和吕蒙管制各部队，徐盛常常担心，怕蒋钦藉机会报仇，然而蒋钦往往只提徐盛的好处，徐盛不得不佩服蒋钦的为人，别人也都夸奖蒋钦。

孙权征伐关羽，蒋钦督导水军开入沔县（今湖北沔阳），回来的时候，在路上病亡。孙权穿了丧服追悼他，把芜湖居民二百户、田地二百顷给了蒋钦妻子。钦的儿子名壹，封为宣城侯，蒋壹为抵抗刘备，立了战功，以后又在南郡和魏军作战，死在阵上。蒋壹没有

休领兵，后有罪失业。

周泰字幼平，九江下蔡人也。与蒋钦随孙策为左右，服事恭敬，数战有功。策入会稽，署别部司马，授兵。权爱其为人，请以自给。策讨六县山贼，权住宣城，使士自卫，不能千人，意尚忽略，不治围落，而山贼数千人卒至。权始得上马，而贼锋刃已交于左右，或斫中马鞍，众莫能自定。惟泰奋激，投身卫权，胆气倍人，左右由泰并能就战。贼既解散，身被十二创，良久乃苏。是日无泰，权几危殆，策深德之，补春穀长。后从攻皖，及讨江夏，还过豫章，复补宜春长，所在皆食其征赋。

从讨黄祖有功。后与周瑜、程普拒曹公于赤壁，攻曹仁于南郡。荆州平定，将兵屯

儿子，弟弟名休的接着领兵，后来因为有罪而失业。

周泰，字幼平，是九江郡下蔡县（今安徽寿县北）人。和蒋钦追随孙策左右，很服从，有礼貌，多次立了战功。孙策进入会稽郡，周泰做别部司马，领了兵。孙权喜爱周泰的为人，常使他跟随左右。孙策讨伐六县山贼，孙权住在宣城，带领自卫兵不到一千人，有点大意，周围没设防，突然来了几千山贼，孙权刚上了马，贼兵刀枪已逼近了，有的已然斫上马鞍子，大家心都着了慌。但周泰毫不畏惧，奋勇杀贼，舍命保卫孙权，胆量比别人大若干倍，左右被他所激动，也都奋勇作战。等到贼被打散后，周泰受伤十二处之多，很久才苏醒过来。那一天，如果没有周泰，孙权几乎丧了命。孙策非常感激他，命他为春穀县长。后来又进攻皖城（今安徽潜山），讨伐江夏郡，回来经过豫章郡，又补任宜春县（今江西宜春）长，所在的地方，都把当地征赋给他作俸禄。

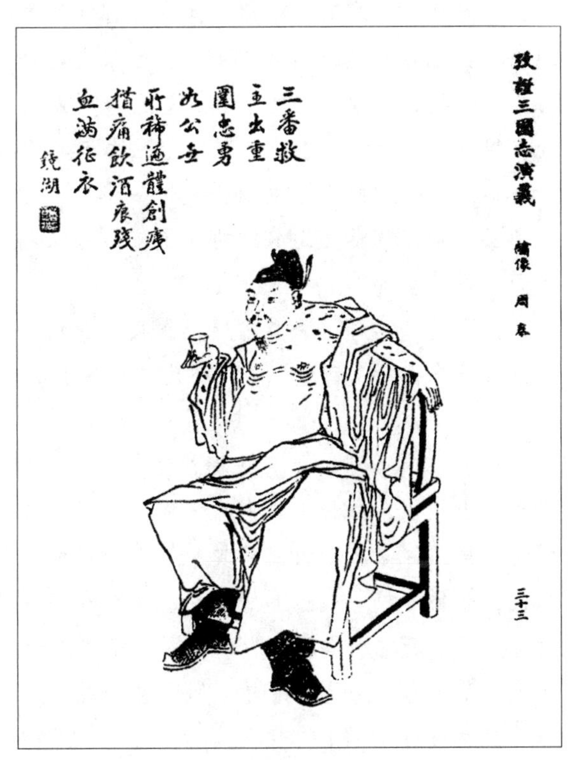

周泰，选自清刊本《三国演义》。

随从讨伐黄祖也有功。以后又和周瑜、程普在赤壁抵挡曹操，在南郡攻打曹仁。荆州平定后，率兵驻屯岑（在今湖南澧县）。曹操由濡须进兵，周泰又去迎击。曹操退去后，周泰留下做濡须督，

岑。曹公出濡须，泰复赴击，曹公退，留督濡须，拜平虏将军。时朱然、徐盛等皆在所部，并不伏也，权特为案行至濡须坞，因会诸将，大为酣乐，权自行酒到泰前，命泰解衣，权手自指其创痕，问以所起。泰辄记昔战斗处以对，毕，使复服，欢谯极夜。其明日，遣使者授以御盖。于是盛等乃伏。

后权破关羽，欲进图蜀，拜泰汉中太守、奋威将军，封陵阳侯。黄武中卒。

子邵以骑都尉领兵。曹仁出濡须，战有功，又从攻破曹休，进位裨将军，黄龙二年卒。弟承领兵袭侯。

陈武字子烈，庐江松滋人。孙策在寿春，武往修谒，时年十八，长七尺七寸，因从渡江，征讨有功，拜别部司马。策破刘勋，多得庐江人，料其精锐，乃以武为督，所向无前。及权统事，转督五校。仁厚好施，乡里远方客多依托之。尤为权所亲爱，数至其家。累有功劳，进位偏将军。建安二十年，从击合肥，奋命战死。权哀之，自临其葬。

子修有武风，年十九，权召见奖厉，拜别部司马，授兵五百人。时诸新兵多有逃叛，而修抚循得意，不失一人。权奇之，拜为校尉。建安末，追录功臣后，封修都亭侯，为解

升为平虏将军。那时，朱然、徐盛等都在周泰部下，但心里并不服他，孙权特别巡行到濡须坞，会见各将领，饮酒欢乐，而且亲自行酒到周泰面前，命周泰解开衣裳，孙权亲自指着那些伤痕，问他受伤的经过。周泰就说明昔日作战的情形，说完，叫他再穿上，欢宴彻夜。第二天，特派代表把孙权自己用的车盖赏给周泰。于是徐盛等才服气。

以后，孙权打败了关羽，要进一步夺取蜀汉，任命周泰为汉中（今陕西南郑以东至湖北郧县一带，周泰是追领这郡）太守、奋威将军，封为陵阳侯。黄武（公元 222—229 年）年间，周泰去世。

周泰儿子名邵，做骑都尉，领兵。曹仁出兵濡须时，周邵迎战有功；又随孙权打败曹休，进升裨将军。黄龙二年（公元 230 年）去世。他的弟弟周承继续领兵并袭侯爵。

陈武，字子烈，是庐江郡松滋（今安徽宿松县北）人。孙策在寿春时，陈武去拜见，那年他十八岁，身长七尺七寸。随孙策过了长江，因征讨有功，做了别部司马。孙策打败刘勋，得到许多庐江人，从其中挑选精锐的，派陈武领导他们，从没打过败仗。到了孙权时代，改督五校。他忠厚好施舍，同乡和远来客人都倚靠他。孙权更喜爱他，屡次到他家里去。因不断立功，晋升为偏将军。建安二十年（公元 215 年），随从征伐合肥，奋力作战而死。孙权为悼念他，亲自参加了他的葬礼。

陈武儿子名修，有陈武的气质，十九岁时，蒙孙权召见奖励，派他做别部司马，带五百个兵。那时许多新兵都逃跑或背叛，但是陈修统领得法，没有一个逃兵。孙权很以为

烦督。黄龙元年卒。

弟表，字文奥，武庶子也。少知名，与诸葛恪、顾谭、张休等并侍东宫，皆共亲友。尚书暨艳亦与表善，后艳遇罪，时人咸自营护，信厚言薄，表独不然，士以此重之。從太子中庶子，拜翼正都尉。兄修亡后，表母不肯事修母，表谓其母曰："兄不幸早亡，表统家事，当奉嫡母。母若能为表屈情，承顺嫡母者，是至愿也；若母不能，直当出别居耳。"表于大义公正如此。由是二母感寤雍穆。表以父死敌场，求用为将，领兵五百人。表欲得战士之力，倾意接待，士皆爱附，乐为用命。时有盗官物者，疑无难士施明。明素壮悍，收考极毒，惟死无辞，廷尉以闻。权以表能得健儿之心，诏以明付表，使自以意求其情实。表便破械沐浴，易其衣服，厚设酒食，欢以诱之。明乃首服，具列支党。表以状闻。权奇之，欲全其名，特为赦明，诛戮其党。迁表为无难右部督，封都亭侯，以继旧爵。表皆陈让，乞以传修子延，权不许。嘉禾三年，诸葛恪领丹杨太守，讨平山越，以表领新安都尉，与恪参势。初，表所受赐复人得二百家，在会稽新安县。表简视其人，皆堪好兵，乃上疏陈让，乞以还官，充足精锐。诏曰："先将军有功于国，国家以此报之，卿何得辞焉？"表

奇，将他升为校尉。建安末年，查访功臣后代，封他为都亭侯，做解烦部队督，黄龙元年（公元229年）去世。

陈修弟弟名表，字文奥，是陈武的庶出儿子，青年时已有名，和诸葛恪、顾谭、张休等在东宫工作，彼此结为好朋友。尚书暨艳也跟陈表很好，后来暨艳有罪，当时人大半脱身事外，而且说长道短，只有陈表不然，士人因而更敬重他。由太子中庶子，升了翼正都尉。陈修死后，陈表的母亲（因为不是正太太）不肯事奉陈修的母亲，陈表就向母亲说："哥哥不幸去世早，儿要管理家事，应该奉事正夫人，妈妈如果能为儿受屈，听从正夫人，那太好了；如果妈妈不肯，就该分出去住了。"陈表是这样得大道理的。他这样一说，二位母亲都和睦了。陈表因为父亲死在战场，就请求再领兵，于是给他五百兵卒。因为希望战士都能出力，他就付出全部爱心，兵士也就喜欢他，愿意听从他。当时有人盗窃官物，大家怀疑是无难士兵（无难是吴国兵营名称）施明。施明平素为人很勇敢刚烈，所以被拷打很厉害，但是打死他也不说，廷尉只好往上报告。孙权知道陈表一向受士兵爱戴，就下旨把施明事交给陈表办，用私人情感倒可问出实情。陈表就把施明刑具去掉，沐浴换上衣裳，预备丰盛酒食，和和气气的交谈，施明这才承认了，而且把同伙人名字列出。陈表把案情作了报告，孙权也不禁称奇，为了成就陈表声名，还特别宽赦施明，只惩罚他的同党。且把陈表升为无难兵营右部督，封都亭侯，接续原有的爵位。陈表都上表退让，请求把爵位让给陈修儿子陈延，孙权不许。嘉禾三年（公元234年），诸葛恪做丹杨郡太守，讨平山越，陈表受任为新安（今浙江衢县西）都尉，和诸葛恪权势相当。起初，陈表接受免役的人二百家做仆役，在会稽郡新安县，陈表观察这些人，都可以做好兵，就上禀退让，请把

乃称曰："今除国贼，报父之仇，以人为本。空枉此劲锐以为僮仆，非表志也。"皆辄料取以充部伍。所在以闻，权甚嘉之。下郡县，料正户羸民以补其处。表在官三年，广开降纳，得兵万馀人。事捷当出，会鄱阳民吴遽等为乱，攻没城郭，属县摇动，表便越界赴讨，遽以破败，遂降。陆逊拜表偏将军，进封都乡侯，北屯章阬。年三十四卒。家财尽于养士，死之日，妻子露立，太子登为起屋宅。子敖年十七，拜别部司马，授兵四百人。敖卒，修子延复为司马代敖。延弟永，将军，封侯。始施明感表，自变行为善，遂成健将，致位将军。

董袭字元代，会稽余姚人，长八尺，武力过人。孙策入郡，袭迎于高迁亭，策见而伟之，到署门下贼曹。时山阴宿贼黄龙罗、周勃聚党数千人，策自出讨，袭身斩罗、勃首，还拜别部司马，授兵数千，迁扬武都尉。从策攻皖，又讨刘勋于寻阳，伐黄祖于江夏。

策薨，权年少，初统事，太妃忧之，引见张昭及袭等，问江东可保安否，袭对曰："江东地势，有山川之固，而讨逆明府，恩德在民。讨虏承基，大小用命，张昭秉众事，袭

这二百家归还公家，以充实兵力。得到诏书说："你家先将军为国立了功，国家用这二百家报答他，你何必辞让呢？"陈表禀报说："如今消除国贼，为先父报仇，以人才为根本。白白雇用这么些人做仆役，不符合臣的心志。"于是挑选一番，把他们编入部队。地方官将情形报上，孙权表示嘉奖。并且下令各郡县，把户口里衰弱而应征的民众缺额补上。陈表在官三年，大规模地招募，招到一万多兵，等机会出兵作战。恰好鄱阳人吴遽等造反，攻陷了城镇，附近各县人心慌乱，陈表就越界征讨，把吴遽等打败了，投降官军。陆逊呈请升陈表为偏将军，进封都乡侯，驻扎北边的章阬（按顾承传注，章阬在浙江淳安以北）。陈表三十四岁去世，家财都给了能任事的人，以致死时，妻子没房屋住，太子孙登为他建造住宅。陈表儿子名敖，十七岁，任别部司马，带兵四百人。陈敖死后，陈修儿子陈延，仍然做司马接代陈敖。陈延弟名永，做了将军，封侯。以前说的那无难营士兵施明，为感谢陈表，自动改过行善，成为一名健将，升到将军地位。

董袭，字元代，会稽郡余姚县人，身长八尺，武力超过常人。孙策进入会稽郡，董袭在高迁亭（今浙江萧山县东北）迎接，孙策喜爱他的英伟，任他做门下贼曹，那时，山阴（今浙江绍兴）老贼黄龙罗、周勃，聚贼党几千人之多，孙策亲自去征讨，董袭亲手杀了黄、周二人，事后，任为别部司马，带领几千士兵，又升为扬武都尉。后来随孙策攻打皖城，又讨伐过寻阳的刘勋，和江夏的黄祖。

孙策去世后，孙权还年轻，开始掌权，太妃不免有些忧虑，就召见张昭和董袭等，问能不能保有江东，董袭答说："江东地势，有山水险要，当初讨逆将军，恩德留在民间，讨

等为爪牙，此地利人和之时也，万无所忧。”众皆壮其言。

鄱阳贼彭虎等众数万人，袭与凌统、步骘、蒋钦各别分讨。袭所向辄破，虎等望见旌旗，便散走，旬日尽平，拜威越校尉，迁偏将军。

建安十三年，权讨黄祖。祖横两蒙冲挟守沔口，以栟闾大绁系石为矴，上有千人，以弩交射，飞矢雨下，军不得前。袭与凌统俱为前部，各将敢死百人，人被两铠，乘大舸船，突入蒙冲里。袭身以刀断两绁，蒙冲乃横流，大兵遂进。祖便开门走，兵追斩之。明日大会，权举觞属袭曰：“今日之会，断绁之功也。”

曹公出濡须，袭从权赴之，使袭督五楼船住濡须口。夜卒暴风，五楼船倾覆，左右散走舸，乞使袭出。袭怒曰：“受将军任，在此备贼，何等委去也，敢复言此者斩！”于是莫敢干。其夜船败，袭死。权改服临殡，供给甚厚。

甘宁字兴霸，巴郡临江人也。少有气力，好游侠，招合轻薄少年，为之渠帅；群聚相随，挟持弓弩，负毦带铃，民闻铃声，即知是宁。人与相逢，及属城长吏，接待隆厚者乃

虏将军接续大业，大小人物全都听命，张昭管理众事，我们作为爪牙，这是地利又人和的时候，千万不用忧虑。”大家都觉得他的话有力量。

鄱阳贼寇彭虎等有几万人之多，董袭和凌统、步骘、蒋钦几人分头去讨伐，董袭所到地方，贼人通通打败了，彭虎等只要望见董袭军旗就跑，只有十天便平定了，于是他升为威越校尉、偏将军。

建安十三年（公元208年），孙权出征黄祖。黄祖用两条大战舰夹守沔口（今汉口），用大棕榈绳拴上大石头坠在江中，船上有一千士兵，用弩射击，射箭之多有如下雨，使人没办法前进。董袭和凌统都是前锋，二人各带一百名敢死队，人人穿上双层铠甲，乘坐大船，突进敌人巨舰里面。董袭亲自切断敌船的棕榈大绳，大船就横飘下来，后面大兵立刻前进，黄祖开了门逃走，兵士追上将他杀死。第二天大会，孙权举酒向董袭祝贺说：“今天的大会，是庆祝断船绳的大功。”

曹操进兵濡须，董袭随孙权去迎战，他奉命督五楼船住在濡须口，夜间忽然起了暴风，五楼船被吹倒，左右赶快驶出小船，请董袭登小船快逃，董袭却生气说：“接受将军的重任，在这儿防备贼人，怎可以放下就跑呢？敢再这样说的斩首！”大家吓得不敢出发。当晚船破了，董袭就这么死掉。孙权换上素服，以表哀痛，又参加殡葬礼，供给财物很多。

甘宁，字兴霸，是巴郡（今重庆一带）临江县（今重庆忠县）人，年轻时就有力气，行侠尚义，招集轻浮的少年人，自己当首领，成群结伙，手拿弓弩，戴上鸟毛和铃铛，到处游荡，人一听见铃声，就知道是他。遇见他的人，和官府长吏，热诚招待的，就和他欢

甘宁，选自清皇家珍藏手抄善本绘图描金银《三国志演义》。

与交欢；不尔，即放所将夺其资货，于长吏界中有所贼害，作其发负，至二十馀年。止不攻劫，颇读诸子，乃往依刘表，因居南阳，不见进用，后转托黄祖，祖又以凡人畜之。

于是归吴。周瑜、吕蒙皆共荐达，孙权加异，同于旧臣。宁陈计曰：“今汉祚日微，曹操弥憍，终为篡盗。南荆之地，山陵形便，江川流通，诚是国之西势也。宁已观刘表，虑既不远。儿子又劣，非能承业传基者也。至尊当早规之，不可后操。图之之计，宜先取黄祖。祖今年老，昏耄已甚，财谷并乏，左右欺弄，务于货利，侵求吏士，吏士心怨，舟船战具，顿废不修，怠于耕农，军无法伍。至尊今往，其破可必。一破祖军，鼓行而西，西据楚关，大势弥广，即可渐规巴蜀。”权深纳之。张昭时在坐，难曰：“吴下业业，若军果行，恐必致乱。”宁谓昭曰：“国家以萧何之任付君，君居守而忧乱，奚以希慕古人乎？”权举酒属宁曰：“兴霸，今年行讨，如此酒矣，决以付卿。

谈，不然的话，就让伙伴们抢夺财物。在官吏中，有被甘宁等所害的，叫他们废职负罪，这样做了二十多年才改过了，不再抢劫，反努力读各种子书，然后投奔刘表，因而住在南阳。因不被任用，就改去投奔黄祖，黄祖也待他如平常人。

于是转到吴国，周瑜、吕蒙一致推荐他，孙权也优待他如同旧臣一样。甘宁于是向孙权献计说：“当前汉家势力衰微，曹操非常骄傲，结果会篡了位。荆州南边，地理形势便利，江河畅通，真是国家西部的命脉。依我看刘表这个人，缺少长远的计划，他的儿子又不成材，不能承受他的事业。请至尊趁早设法，不可落在曹操后面。我们的未来，是先解决黄祖。黄祖岁数大了，糊涂得厉害，钱和粮都缺乏，左右人都欺骗他，只想发财，敲诈属下，官吏们心中抱怨，船只战具，老旧不修，耕种也懈怠，军人没法纪。所以，至尊如果去征伐，保证可以打败他。一打败了他，昂扬地往西去，占领了楚关（在今湖北长阳），势力更大，就可以进一步图谋巴蜀（今四川、重庆等地）了。”孙权很赞成这计策。当时，张昭在座，反驳说：“吴下情形还不安定，如果军队往那边开，这里恐怕要乱。”甘宁对张昭说：“国家给了您萧何的重任，您留守后方而怕乱，怎样能比古人哪？”孙权举杯祝甘宁

卿但当勉建方略，令必克祖，则卿之功，何嫌张长史之言乎。”权遂西，果禽祖，尽获其士众。遂授宁兵，屯当口。

后随周瑜拒破曹公于乌林。攻曹仁于南郡，未拔。宁建计先径进取夷陵，往即得其城，因入守之。时手下有数百兵，并所新得，仅满千人。曹仁乃令五六千人围宁。宁受攻累日，敌设高楼，雨射城中，士众皆惧，惟宁谈笑自若。遣使报瑜，瑜用吕蒙计，帅诸将解围。后随鲁肃镇益阳，拒关羽。羽号有三万人，自择选锐士五千人，投县上流十馀里浅濑，云欲夜涉渡。肃与诸将议。宁时有三百兵，乃曰：“可复以五百人益吾，吾往对之，保羽闻吾欬唾，不敢涉水，涉水即是吾禽。”肃便选千兵益宁，宁乃夜往。羽闻之，住不渡，而结柴营，今遂名此处为关羽濑。权嘉宁功，拜西陵太守，领阳新、下雉两县。

后从攻皖，为升城督。宁手持练，身缘城，为吏士先，卒破获朱光。计功，吕蒙为最，宁次之，拜折冲将军。

后曹公出濡须，宁为前部督，受敕出斫敌前营。权特赐米酒众殽，宁乃料赐手下百馀人食。食毕，宁先以银碗酌酒，自饮两碗，乃酌与其都督。都督伏，不肯时持。宁引白削

说：“兴霸，今年征讨，就像这杯酒了，决定交给你这个责任。你只该好好设计，一定要战胜黄祖，那样你既有大功，张长史的话，又有什么关系呢？”孙权决定西征，果然捉得黄祖，得到他的全部士兵民众，就派甘宁领兵，驻扎当口（在夏口附近，或说就是当利口）。

甘宁后来随周瑜在乌林打败曹操，又在南郡攻打曹仁，没能攻下，甘宁建议先攻取夷陵县（在今湖北宜昌），果然，一打就攻下了，就进去守城。那时手下有几百个兵，加上新征服的，才满一千人，曹仁却用兵五六千人来包围，甘宁连日被攻，敌人设了高楼，射箭到城里，如同雨点之多，兵士们都怕了，只有甘宁谈笑如旧，一面派人报告周瑜。周瑜用吕蒙的计策，率各将领给甘宁解了围。以后，随鲁肃镇守益阳，抵抗关羽。关羽自说有三万人，由其中选精锐五千人，到益阳上游十几里浅滩，说要夜间渡江。鲁肃和各将领商议，甘宁当时有三百兵，他说：“给我加上五百人，我就可以对付关羽，保证他听到我一声咳嗽，就不敢过江，过江就会被我捉到。”鲁肃就挑选一千人给甘宁，甘宁夜间去了。关羽听说后，果然不渡江，而扎着营了。现在这个地方就叫作关羽濑。孙权为嘉奖甘宁的功劳，叫他做西陵郡（这郡后来并入武昌郡）太守，管辖阳新（今湖北阳新）、下雉（在今阳新县东南）两县。

后来，随孙权进攻皖城，做升城督，甘宁手持著练，亲自爬城，在士兵之前，终于打败捉住朱光。计算功劳，吕蒙最大，甘宁第二，任为折冲将军。

后来曹操出兵濡须，甘宁担任前部督，受命出斫曹兵前营，孙权特别赏了米酒肉菜犒军，甘宁就分配给部下一百多人吃。吃完了，甘宁先用银碗斟酒，自己喝了两碗，再斟给他的都督，那都督低下头去，不肯接受，甘宁把酒樽放在膝上削破，大声责备说：“你和

甘宁百骑劫魏营，选自清刊本《三国演义》。据《三国演义》，孙权与曹操大军相持。夜半时分，甘宁率勇士百人，取白翎百根，插于盔上为号，拔开鹿角，杀入魏营。在营内纵横驰骤，无人敢当，又从魏营南门杀出，不折一人一骑，曹营为之气夺。图为甘宁率百骑冲入魏营。

置膝上，呵谓之曰："卿见知于至尊，孰与甘宁？甘宁尚不惜死，卿何以独惜死乎？"都督见宁色厉，即起拜持酒，通酌兵各一银碗。至二更时，衔枚出斫敌。敌惊动，遂退。宁益贵重，增兵二千人。

宁虽粗猛好杀，然开爽有计略，轻财敬士，能厚养健儿，健儿亦乐为用命。建安二十年，从攻合肥，会疫疾，军旅皆已引出，唯车下虎士千馀人。并吕蒙、蒋钦、凌统及宁，从权逍遥津北。张辽觇望知之，即将步骑奄至。宁引弓射敌，与统等死战。宁厉声问鼓吹何以不作，壮气毅然，权尤嘉之。

宁厨下儿曾有过，走投吕蒙。蒙恐宁杀之，故不即还。后宁赍礼礼蒙母，临当与升堂，乃出厨下儿还宁。宁许蒙不杀。斯须，还船，缚置桑树，自挽弓射杀之。毕，敕船人更增舸缆，解衣卧船中。蒙大

至尊的关系，比我怎么样？我甘宁还不怕死，你反倒怕死吗？"那都督看见甘宁气很盛，就起来谢过接了酒，而且给每一个兵斟一银碗。到了半夜二更天，为保持肃静，士兵都口含筷子去杀敌，敌人受了惊动，就退却了。从此，甘宁更受尊重，给他加了二千士兵。

甘宁虽然粗暴好杀，然而性情开朗有计策，轻财、敬重有才的，对待官兵很好，官兵也都听从他。建安二十年（公元215年）随孙权进攻合肥，因为有传染病，部队都出动了，只剩下车下勇士一千多，加上吕蒙、蒋钦、凌统和甘宁，随孙权到逍遥津（今安徽合肥东）北边，被曹兵将军张辽探察到了，马上率骑兵冲到，甘宁拉弓射敌，跟凌统等死战，甘宁大声喊道，鼓号为什么不奏起，气象壮烈，震动人心，孙权越发看重他。

甘宁的厨师曾犯了错，逃到吕蒙那里，吕蒙怕甘宁会杀这厨师，就没有放他回去。以后甘宁拿礼物拜见吕蒙母亲，进了内宅，吕蒙才把这厨师还给甘宁。甘宁许下不杀他。不久，坐回船去，把厨师绑在桑树上，亲自用箭将他射死，完了，叫船夫再把船缆系好，脱了衣服睡在船上。吕蒙听说他杀死厨师后大怒，就击鼓召集士兵，要攻击甘宁的船，甘宁

怒，击鼓会兵，欲就船攻宁。宁闻之，故卧不起。蒙母徒跣出谏蒙曰："至尊待汝如骨肉，属汝以大事，何有以私怒而欲攻杀甘宁？宁死之日，纵至尊不问，汝是为臣下非法。"蒙素至孝，闻母言，即豁然意释，自至宁船，笑呼之曰："兴霸，老母待卿食，急上！"宁涕泣歔欷曰："负卿。"与蒙俱还见母，欢宴竟日。

宁卒，权痛惜之。子瓌，以罪徙会稽，无几死。

凌统字公绩，吴郡馀杭人也。父操，轻侠有胆气。孙策初兴，每从征伐，常冠军履锋。守永平长，平治山越，奸猾敛手，迁破贼校尉。及权统军，从讨江夏。入夏口，先登，破其前锋，轻舟独近，中流矢死。

统年十五，左右多称述者，权亦以操死国事，拜统别部司马，行破贼都尉，使摄父兵。后从击山贼，权破保屯先还，馀麻屯万人，统与督张异等留攻围之，克日当攻。先期，统与督陈勤会饮酒，勤刚勇任气，因督祭酒，陵轹一坐，举罚不以其道。统疾其侮慢，面折不为用。勤怒詈统，及其父操，统流涕不答，众因罢出。勤乘酒凶悖，又于道路辱统。统不忍，引刀斫勤，数日乃死。及当攻屯，统曰："非死无以谢罪。"乃率厉士卒，身当矢

故意卧在船上不起身。吕蒙的母亲急得光着脚跑出来阻挡吕蒙说："至尊待你如同骨肉至亲，派你做大事，为什么为了私怨就要杀甘宁？甘宁死了，虽然至尊不问，你做臣子的也是不守法。"吕蒙是个孝子，听了母亲的话，恨意全消，走到甘宁船上，笑着叫他说："兴霸，老母等着你吃饭，快点来吧！"甘宁涕泣叹气说："对不起你！"跟随吕蒙一齐来见吕母，谈笑吃喝了一整天。

甘宁去世时，孙权非常哀痛。甘宁的儿子名瓌，因为有罪遣到会稽郡，不久就死了。

凌统，字公绩，是吴郡馀杭县的人。父亲名操，是一位侠客，很有胆量。孙策初起义时，常跟着作战，都是冒着枪刀打先锋。被任为永平县（今江苏溧阳市南）长，平定了山越人，使奸猾人都收敛起来，又改任破贼校尉。后来，孙权统领军队，凌操随着去讨伐江夏，攻进夏口，首先登城，打败了敌兵前峰，独自乘坐快船急进，不幸中了流箭阵亡。

凌统十五岁时，孙权左右已然夸奖他，孙权也因为凌操为国牺牲，任命凌统为别部司马。破贼都尉，统领凌操的兵。后来随军攻击山贼，孙权攻破保屯先回军，剩下麻屯一万人（麻屯、保屯都在今湖北嘉鱼县）。凌统和督官张异等人围城，定好日期进攻。事先，凌统和督官陈勤聚会饮酒，陈勤是个刚强气粗的人，为了督祭酒，欺负在座的人，罚酒也不按规矩，凌统看不上他欺负人，当面顶撞，陈勤就骂凌统和统的父亲凌操，凌统流了泪不答话，大家就退了席。陈勤酒喝多了还闹气，又在路上辱骂凌统，凌统不能再忍，就拿刀砍了陈勤，隔几天陈勤死去。到了进攻麻屯的日子，凌统说："非死不能赎罪。"就激励士

石，所攻一面，应时披坏，诸将乘胜，遂大破之。还，自拘于军正。权壮其果毅，使得以功赎罪。

后权复征江夏，统为前锋，与所厚健儿数十人共乘一船，常去大兵数十里。行入右江，斩黄祖将张硕，尽获船人。还以白权，引军兼道，水陆并集。时吕蒙败其水军，而统先搏其城，于是大获。权以统为承烈都尉，与周瑜等拒破曹公于乌林，遂攻曹仁，迁为校尉。虽在军旅，亲贤接士，轻财重义，有国士之风。

又从破皖，拜荡寇中郎将，领沛相。与吕蒙等西取三郡，反自益阳，从往合肥，为右部督。时权徹军，前部已发，魏将张辽等奄至津北。权使追还前兵，兵去已远，势不相及，统率亲近三百人陷围，扶捍权出。敌已毁桥，桥之属者两版，权策马驱驰，统复还战，左右尽死，身亦被创，所杀数十人，度权已免，乃还。桥败路绝，统被甲潜行。权既御船，见之惊喜。统痛亲近无反者，悲不自胜。权引袂拭之，谓曰："公绩，亡者已矣，苟使卿在，何患无人？"拜偏将军，倍给本兵。

时有荐同郡盛暹于权者，以为梗概大节，有过于统，权曰："且令如统足矣。"后召暹

兵，迎着刀箭进攻，他所攻打的一面，立时破败了，于是各路乘胜进兵，大败敌人。作战回来，凌统自投军法处。但孙权称道他勇敢奋战，结果将功赎了罪。

后来，孙权再出征江夏，凌统任前锋，和关系最密切的健儿几十人坐一条船前行，常常离大军几十里之远。进到右江，斩了黄祖的将领张硕，并捉到全船人，回来向孙权报告，再引领军队加快前进，水军陆军都集合一起。当时吕蒙打败敌人水军，凌统先夺敌人城池，于是大胜，被孙权任为承烈都尉。又跟周瑜等在乌林打败曹操，再进攻曹仁，改任校尉。他虽然身在军队，却仍亲待贤人，接近士人，轻财重义，成为全国所推仰的国士。

后来，随军攻破皖城，升为荡寇中郎将，任沛国丞相。又和吕蒙等西进取回三郡，从益阳回来，又征合肥，担任右部督。那时，孙权决定撤退，前部兵已然出发，魏军将领张辽等忽然冲到逍遥津北边，孙权让前头兵转回来，但是部队已走远了，一时开不回来，以致凌统和亲兵三百人被魏军包围，好容易才救孙权出了围。但是敌人破坏了桥梁，只剩下两条板子，幸而孙权快马跳过桥，凌统却转回迎战，左右的人全都阵亡，凌统也受了伤，还奋力杀死几十个敌兵，一直到估量着孙权脱了险，凌统才肯退下来，而桥断路绝，他就穿着铠甲偷跑。孙权上船后，忽然见到凌统还活着，既大惊又大喜，凌统却痛心亲随都战死了，没有一人回来，难过得不得了。孙权用自己衣袖给凌统擦干眼泪，对他说："公绩，死的已然死了。只要有你在，还怕没有人吗？"回来，任为偏将军，给他的兵士数目增加一倍。

那时，有人推荐凌统一位同乡名盛暹的给孙权，说是人格高尚，节操比凌统还好，孙权说："能够和凌统一样就不错了。"后来，召见盛暹，他是半夜来的，凌统虽已睡觉，还

夜至，时统已卧，闻之，摄衣出门，执其手以入。其爱善不害如此。

统以山中人尚多壮悍，可以威恩诱也，权令东占且讨之，命敕属城，凡统所求，皆先给后闻。统素爱士，士亦慕焉。得精兵万馀人，过本县，步入寺门，见长吏怀三版，恭敬尽礼，亲旧故人，恩意益隆。事毕当出，会病卒，时年四十九。权闻之，拊床起坐，哀不能自止，数日减膳，言及流涕，使张承为作铭诔。

二子烈、封，年各数岁，权内养于宫，爱待与诸子同，宾客进见，呼示之曰："此吾虎子也。"及八九岁，令葛光教之读书，十日一令乘马，追录统功，封烈亭侯，还其故兵。后烈有罪免，封复袭爵领兵。

徐盛字文嚮，琅邪莒人也。遭乱，客居吴，以勇气闻。孙权统事，以为别部司马，授兵五百人，守柴桑长，拒黄祖。祖子射，尝率数千人下攻盛。盛时吏士不满二百，与相拒击，伤射吏士千馀人。已乃开门出战，大破之。射遂绝迹不复为寇。权以为校尉、芜湖令。复讨临城南阿山贼有功，徙中郎将，督校兵。

是披上衣服出来迎接，手牵手走进房内。凌统是这样的喜爱好人而且毫不嫉妒。

凌统以为山岭里人还有强横的，可以用恩威和利诱的办法使他们归顺，孙权就让他东去征讨，并且下令所属城市，凡是凌统需用的物资，都可以先供给再报告。凌统素来爱护士兵，士兵也喜欢他，这样召到精兵一万多。经过本县，进了公署的门，见到官员手持三版，恭敬尽礼，亲旧老朋友，情感更浓厚。凌统事情办完要出去时，因病发而死，年四十九岁。（按考证四十九岁可能不对）孙权得到这坏消息，拍着床起身，悲哀不能自止，并且减餐几天，一提到凌统就流涕，命张承为凌统作铭诔。

凌统有两个儿子，名叫烈、封，都才几岁，孙权收养二人在宫中，爱护得跟自己子女一样，有客人来，就叫过二人来说："这是我的虎子呀。"到了八九岁，命葛光教他们念书，十天学一回骑马，又追念凌统功勋，封凌烈为亭侯，把凌统的兵也交给凌烈管。后来凌烈有罪免官，改由凌封袭爵领兵。

徐盛，字文乡，是琅邪郡（今山东东南部）莒县（今山东莒县）人，因为遭乱事，寄居在吴郡，也因为他有勇力出了名。孙权掌权时，任他为别部司马，给他带五百个兵，做柴桑县（今江西九江境）长，抵抗黄祖。黄祖的儿子黄射，曾带领数千人下江来攻打他，徐盛的官兵还不到二百人，个个奋勇抵挡，打伤黄射官兵一千多人，随着开城出战，黄射大败，从此再也不敢来侵犯。孙权任他为校尉、芜湖县长。又征伐临城县（今安徽青阳南）南阿山贼有功，升为中郎将，督管校兵。

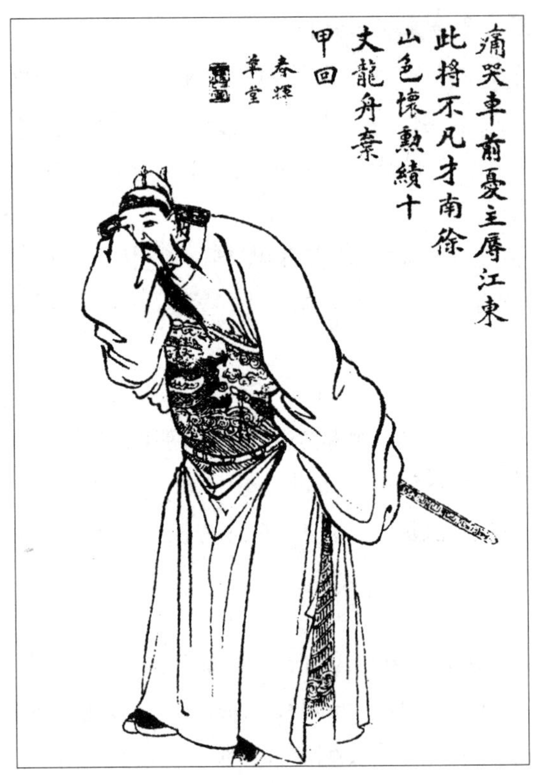

徐盛，选自清刊本《三国演义》。

曹公出濡须，从权御之。魏尝大出横江，盛与诸将俱赴讨。时乘蒙冲，遇迅风，船落敌岸下。诸将恐惧，未有出者，盛独将兵，上突斫敌，敌披退走，有所伤杀，风止便还，权大壮之。

及权为魏称藩，魏使邢贞拜权为吴王。权出都亭侯贞，贞有骄色，张昭既怒，而盛忿愤，顾谓同列曰："盛等不能奋身出命，为国家并许洛，吞巴蜀，而令吾君与贞盟，不亦辱乎！"因涕泣横流。贞闻之，谓其旅曰："江东将相如此，非久下人者也。"

后迁建武将军，封都亭侯，领庐江太守，赐临城县为奉邑。刘备次西陵，盛攻取诸屯，所向有功。曹休出洞口，盛与吕范、全琮渡江拒守。遭大风，船人多丧，盛收馀兵，与休夹江。休使兵将就船攻盛，盛以少御多，敌不能克，各引军退。迁安东将军，封芜湖侯。

曹操出兵濡须，徐盛随从孙权去抵挡。魏国大军曾经到了横江（今安徽和县东南），徐盛跟许多将领去讨伐，所坐的大战船，遇见强风，被吹到敌方岸旁，各将领都害怕得不敢出去，只有徐盛带着兵上前杀敌，敌人这才退走，且有不少受了伤，直到大风止住徐盛才回来，得到孙权的特别称道。

后来，孙权向魏国称臣，魏国派邢贞东封孙权为吴王，孙权要到都亭去迎接这邢特使，邢贞带着一副骄大的表情，张昭看着很是生气，徐盛也愤恨得向同僚们说："我们不能奋身卖命，为国家吞并许（今河南许昌）、洛（今河南洛阳），进占巴蜀（今四川），反而让君王跟邢贞立誓，不是可耻吗？"说罢，涕泪横流。邢贞听见这话，跟随员们说："江东将相有这种志气，不会长久称臣的。"

徐盛后来升为建武将军，封都亭侯，任庐江太守，吴国将临城县作他的供奉邑。刘备驻兵西陵，徐盛进攻各屯兵所，都很成功。曹休兵进到洞口（今安徽和县江边），徐盛和吕范、全琮等过江抵抗，忽然遇见大风，船上人吹死很多，徐盛收拾余兵，和曹休隔江对立。曹休命官兵乘船攻来，徐盛兵虽少却能抗多，敌人竟不能取胜，结果彼此都撤退了。吴国改授徐盛为安东将军，封芜湖侯。

后魏文帝大出，有渡江之志，盛建计从建业筑围，作薄落，围上设假楼，江中浮船。诸将以为无益，盛不听，固立之。文帝到广陵，望围愕然，弥漫数百里，而江水盛长，便引军退。诸将乃伏。

黄武中卒。子楷，袭爵领兵。

潘璋字文珪，东郡发干人也。孙权为阳羡长，始往随权。性博荡嗜酒，居贫，好赊酤，债家至门，辄言后豪富相还。权奇爱之，因使召募，得百馀人，遂以为将。讨山贼有功，署别部司马。后为吴大市刺奸，盗贼断绝，由是知名，迁豫章西安长。刘表在荆州，民数被寇，自璋在事，寇不入境。比县建昌起为贼乱，转领建昌，加武猛校尉，讨治恶民，旬月尽平。召合遗散，得八百人，将还建业。

合肥之役，张辽奄至，诸将不备，陈武斗死，宋谦、徐盛皆披走，璋身次在后，便驰进，横马斩谦、盛兵走者二人，兵皆还战。权甚壮之，拜偏将军，遂领百校，屯半州。

后来，魏文帝派遣大军，要扑过长江来，徐盛建议从建业（今南京）起筑围墙，用丛草作藩篱，围上装假的楼房，沿江摆设浮船，目的在混乱敌人眼目。但各将领以为这样骗不了敌人，没有什么用，徐盛坚持要作，结果作好了。等魏文帝到了广陵（今江苏江都一带）江边看见围墙长有几百里，吓了一跳，加上江水上涨，所以没进攻就退兵了，各将领这才佩服徐盛的老谋深算。

黄武年间（公元222—229年），徐盛去世了，他的儿子名楷，袭爵并且接续领兵。

潘璋，字文珪，是东郡（今河北大名、山东聊城等地）发干县（今山东冠县东南）人。孙权做阳羡（今江苏宜兴）长时，潘璋就开始追随。他性情放荡、爱喝酒，没钱买酒就赊欠，债主到门，他说等以后阔起来就还钱。孙权倒是特别爱他，叫他招了一百多兵，就叫他带领。由于讨山贼有功，任为别部司马。又在吴国各大都市捉拿匪徒，使得盗贼都绝了，因而有了名，升为豫章郡西安县（今江西武宁）长。刘表在荆州时，民间经常遭盗贼扰乱，但自潘璋到任，贼寇都不敢入境。邻县建昌（今江西奉新）受强盗扰乱，潘璋就奉命改任建昌县长，加给武猛校尉头衔，讨治恶民，只有一个月都平定了。于是召募闲散的人当兵，得到八百人，带回建业去。

在合肥那决战事里，魏将张辽领大兵冲到，各将领竟缺乏准备，以致陈武战死，宋谦、徐盛败退，潘璋位置在后，却仍然跃马奋进，一转马身，便把宋谦、徐盛的逃兵斩了两个，于是吴兵才肯回头作战。孙权很赞美他的勇壮，升他为偏将军，领导百（百字应为"五"字）校，驻守半州（今江西九江西）。

权征关羽，璋与朱然断羽走道，到临沮，住夹石。璋部下司马马忠禽羽，并羽子平、都督赵累等。权即分宜都巫、秭归二县为固陵郡，拜璋为太守、振威将军，封溧阳侯。甘宁卒，又并其军。刘备出夷陵，璋与陆逊并力拒之，璋部下斩备护军冯习等，所杀伤甚众，拜平北将军、襄阳太守。

魏将夏侯尚等围南郡，分前部三万人作浮桥，渡百里洲上，诸葛瑾、杨粲并会兵赴救，未知所出，而魏兵日渡不绝。璋曰："魏势始盛，江水又浅，未可与战。"便将所领，到魏上流五十里，伐苇数百万束，缚作大筏，欲顺流放火，烧败浮桥。作筏适毕，伺水长当下，尚便引退。璋下备陆口。权称尊号。拜右将军。

璋为人粗猛，禁令肃然，好立功业，所领兵马不过数千，而其所在常如万人。征伐止顿，便立军市，他军所无，皆仰取足。然性奢泰，末年弥甚，服物僭拟。吏兵富者，或杀取其财物，数不奉法。监司举奏，权惜其功而辄原不问。嘉禾三年卒。子平，以无行徙会稽。璋妻居建业，赐田宅，复客五十家。

孙权征伐关羽时，潘璋和朱然负责切断关羽的退路，兵到临沮县（今湖北当阳西北），住在夹石（在今安徽桐城市北），潘璋部下的司马马忠捉到关羽和羽的儿子关平，以及都督赵累等。孙权就把宜都郡（今湖北宜昌一带）的巫县（今重庆巫山）、秭归（今湖北秭归县）县分出，为固陵郡，命潘璋任太守、振威将军，封溧阳（在今江苏溧阳西北）侯。甘宁去世后，又兼领甘宁的部队。刘备出兵夷陵，潘璋和陆逊联合迎战，他的部下斩了刘备的护军冯习等，又杀伤敌兵很多，于是潘璋升为平北将军、襄阳（今湖北襄阳一带）太守。

魏国将军夏侯尚等包围南郡（今湖北江陵），命前部的三万人来搭浮桥，架在百里洲（今湖北枝江东、松滋北）上，诸葛瑾、杨粲两部兵同去解救，不知应走向哪个方向，而魏兵天天渡沉不绝。潘璋说："魏国兵势正盛，江水又浅，我方不可和他作战。"于是率领部下，到魏军上游五十里地方，砍下几百万捆的苇子，绑起来作成大筏，准备顺江而下去放火，可以烧毁魏军浮桥。筏子刚做好，等着长江水涨就可以放下去时，夏侯尚便退兵了。潘璋军队开往下游，警备陆口（今湖北嘉鱼）。孙权称帝后，升他为右将军。

潘璋性情粗猛，军令严肃，喜欢作战立功，所带兵马不过几千人，但他所到地方，都像有一万人之多。征伐一止，就设军市，别的部队所缺物资，都可以由他这里补充。只是生活奢侈，晚年更厉害，用的服饰超过他的分位。官兵富有的，甚至于被杀后再夺取他们的财物，多少次犯法。虽有监察人员告发，孙权都为了他曾立功而原谅，不加追问。嘉禾三年（公元234年）去世。他儿子名平，因为行为不正，被遣到会稽郡去。潘璋的妻子住在建业，朝廷赏给田宅，加上免赋役的五十家服侍她。

丁奉字承渊，庐江安丰人也。少以骁勇为小将，属甘宁、陆逊、潘璋等。数随征伐，战斗常冠军。每斩将搴旗，身被创夷。稍迁偏将军。孙亮即位，为冠军将军，封都亭侯。

丁奉，选自清刊本《三国演义》。

魏遣诸葛诞、胡遵等攻东兴，诸葛恪率军拒之。诸将皆曰："敌闻太傅自来，上岸必遁走。"奉独曰："不然。彼动其境内，悉许、洛兵大举而来，必有成规，岂虚还哉？无恃敌之不至，恃吾有以胜之。"及恪上岸，奉与将军唐咨、吕据、留赞等，俱从山西上。奉曰："今诸军行迟，若敌据便地，则难与争锋矣。"乃辟诸军使下道，帅麾下三千人径进。时北风，奉举帆二日至，遂据徐塘。天寒雪，敌诸将置酒高会，奉见其前部兵少，相谓曰："取封侯爵赏，正在今日！"乃使兵解铠著胄，持短兵。敌人从而笑焉，不为设备。奉纵兵斫之，大破敌前屯。会据等至，魏军遂溃。迁灭寇将军，进封都乡侯。

丁奉，字承渊，是庐江郡安丰县（今河南固始）人，年轻时因为勇猛做了小将，并做过甘宁、陆逊、潘璋的部下。各次征战，丁奉常常冠军。勇敢杀敌，抢夺军旗，都曾受过伤，渐渐升为偏将军。孙亮登极后，丁奉为冠军将军，封都亭侯。

魏国派诸葛诞、胡遵等攻打东兴（今安徽含山县西南），吴国诸葛恪率兵抵抗，各将领都说："敌人知道太傅亲自来了，一定会上岸逃走。"丁奉却说："不然，他们是全部动员，把许昌、洛阳大军通通开来，必然有全盘计划，绝不能空手回去，我们且不问敌人来不来，要想办法战胜他。"后来，诸葛恪上了岸，丁奉和将军唐咨、吕据、留赞等，都登上山的西面。丁奉说："我们行军如果迟慢，让敌人占据好地势，就难得争胜了。"于是，命各军走下道，丁奉带领三千人走捷径。当时有北风，丁奉的船，只两天就到了，于是先占据了徐塘（今安徽含山县东）。那时天冷下雪，敌方各将领喝酒聚会，丁奉发现敌人前部兵不多，向伙伴们说："取封侯爵赏，正在今天！"就命士兵脱下铠甲，只戴帽子，各带短刀。趁敌人还在笑谈，毫无准备时，丁奉指挥兵士上前斫杀，把敌人前敌兵打得大败。正好吕据等军也开到，魏军就溃败了。战后丁奉升为灭寇将军，封都乡侯。

魏将文钦来降，以奉为虎威将军，从孙峻至寿春迎之，与敌追军战于高亭。奉跨马持矛，突入其陈中，斩首数百，获其军器。进封安丰侯。

太平二年，魏大将军诸葛诞据寿春来降，魏人围之。遣朱异、唐咨等往救，复使奉与黎斐解围。奉为先登，屯于黎浆，力战有功，拜左将军。

孙休即位，与张布谋，欲诛孙綝，布曰："丁奉虽不能吏书，而计略过人，能断大事。"休召奉告曰："綝秉国威，将行不轨，欲与将军诛之。"奉曰："丞相兄弟友党甚盛，恐人心不同，不可卒制，可因腊会，有陛下兵以诛之也。"休纳其计，因会请綝，奉与张布目左右斩之。迁大将军，加左右都护。永安三年，假节领徐州牧。六年，魏伐蜀，奉率诸军向寿春，为救蜀之势。蜀亡，军还。

休薨，奉与丞相濮阳兴等从万彧之言，共迎立孙晧，迁右大司马左军师。宝鼎三年，晧命奉与诸葛靓攻合肥。奉与晋大将石苞书，构而间之，苞以征还。建衡元年，奉复帅众治徐塘，因攻晋穀阳。穀阳民知之，引去，奉无所获。晧怒，斩奉导军。三年，卒。奉贵

魏国将军文钦向吴国投降，派丁奉为虎威将军，随从孙峻到寿春去迎降，和敌人的追兵在高亭（今安徽巢湖市西北）冲突。丁奉跨马持矛，突魏兵阵里，杀了几百人，且夺得军器。事后进封为安丰侯。

太平二年（公元 257 年），魏国大将军诸葛诞占寿春来投降，但被魏兵包围。吴国派朱异、唐咨等去援救，又命丁奉、黎斐负责解围。丁奉率先抵达，驻在黎浆（今安徽寿县东南），奋战有功，升为左将军。

孙休登极后，跟张布商讨，要谋杀孙綝，张布说："丁奉文笔虽然不成，可是计略超过常人，能决断大事。"孙休就召见丁奉说："孙綝掌握着国家大权，想要篡夺，我跟你商量怎样杀掉他。"丁奉说："丞相兄弟同党人很多，怕是人心不齐，一下子制不了他，可以藉着腊祭大家聚会时，用皇上自己的亲兵杀掉他。"孙休接受了丁奉的建议，在腊祭上请孙綝参加，丁奉和张布指使左右斩了孙綝。于是升为大将军，加上左右都护官。永安三年（公元 260 年），赏给符节，任徐州（今江苏北部山东东南部）牧。永安六年（公元 263 年），魏国伐蜀汉，丁奉率领各军开往寿春以形成解救蜀汉的态势，但因蜀汉灭亡了，丁奉也率军归还。

孙休去世，丁奉和丞相濮阳兴等采纳了万彧的意见，一同迎接孙晧登极，以后丁奉升为右大司马左军师。宝鼎三年（公元 268 年），孙晧命丁奉和诸葛靓进攻合肥，丁奉给晋国大将石苞去信，为挑拨他们，果然，石苞被叫回去。建衡元年（公元 269 年），丁奉又率领部下治理徐塘，趁机攻击晋国穀阳县（今安徽固镇县），但消息被穀阳人知道了，就预先躲去，丁奉这次没有功劳，孙晧一听，生了气，斩了丁奉的导军作惩罚。建衡三年（公元 271 年），丁奉去世。他因地位尊贵，又立过大功，所以有点骄傲，也有人给他说坏话，孙

而有功，渐以骄矜，或有毁之者，晧追以前出军事，徙奉家于临川。奉弟封，官至后将军，先奉死。

评曰：凡此诸将，皆江表之虎臣，孙氏之所厚待也。以潘璋之不修，权能忘过记功，其保据东南，宜哉！陈表将家支庶，而与冑子名人比翼齐衡，拔萃出类，不亦美乎！

晧追究以前穀阳失败的事，命丁奉家搬到临川郡（今江西东部）。丁奉弟弟名封，任官到后将军，比丁奉去世要早。

陈寿评论说：这一卷所说的各位将军，都是江东吴国的虎臣，是孙家优礼厚待的人。像潘璋那样不知自修，孙权还能对他忘过记功，孙家能保有江南，是有道理的。陈表是将军的后代，但能和世家子弟相比，真是出乎其类，拔乎其萃，实在值得赞美呀！

三国志卷五十六

朱治朱然吕范朱桓传第十一

王令樾 译

朱治字君理，丹杨故鄣人也。初为县吏，后察孝廉，州辟从事，随孙坚征伐。中平五年，拜司马，从讨长沙、零、桂等三郡贼周朝、苏马等，有功，坚表治行都尉。从破董卓于阳人，入洛阳。表治行督军校尉，特将步骑，东助徐州牧陶谦讨黄巾。

会坚薨，治扶翼策，依就袁术。后知术政德不立，乃劝策还平江东。时太傅马日磾在寿春，辟治为掾，迁吴郡都尉。是时吴景已在丹杨，而策为术攻庐江，于是刘繇恐为袁、孙所并，遂构嫌隙。而策家门尽在州下，治乃使人于曲阿迎太妃及权兄弟，所以供奉辅护，甚有恩纪。治从钱唐欲进到吴，吴郡太守许贡拒之于由拳，治与战，大破之。贡南就山贼严白虎，治遂入郡，领太守事。策既走刘繇，东定会稽。

朱治，字是君理，他是丹杨郡故鄣县（今浙江省安吉县西北）的人。开始是当县中的一个官吏，后来被保举孝廉，由州征召任用，做了从事史，就追随孙坚到处征战。东汉灵帝中平五年（公元188年）任命为司马，跟随征讨长沙郡、零陵郡、桂阳郡等三个郡的乱贼周朝、苏马等人，很有功劳，孙坚表奏治为都尉。又跟从出征，在阳人县打败董卓，而进入了洛阳。于是又表奏他为督军校尉，独领步兵骑兵，到东面协助徐州州长陶谦，去讨伐黄巾贼。

接着遇到孙坚死了，朱治扶助孙策，依附于袁术。后来得知袁术没建立起德政，就劝孙策回头平定江东。这时三公之一的太傅马日磾在寿春（今安徽省寿县），征召朱治为幕僚，调为吴郡都尉。这时吴景已在丹杨，袁术就命孙策替自己去攻庐江。在东汉献帝兴平元年（公元194年）冬，朝廷又命侍御史刘繇为扬州刺史。刘繇奉命到扬州，江北寿县（今山西省寿阳县）已为袁术所占据，刘繇畏惧不敢赴扬州，此时丹杨太守吴景，丹杨都尉孙贲迎接刘繇到曲阿（今江苏省丹阳市）。孙策攻庐江，刘繇怕被袁术、孙策所吞并，因而就结成怨恨。而孙策的家庭全在扬州，朱治就派人至曲阿迎接太妃（孙策之母）及孙权诸兄弟，所做的供奉、护助，都十分有恩惠和理法。朱治率兵想从钱唐进占吴郡，吴郡太守许贡在由拳抵抗他，朱治与战，大破许贡军，占领了吴郡。许贡逃往南面，去投奔山贼严白虎，朱治进入了吴郡，就掌管起太守的职务。孙策赶走刘繇之后，就到东面平定了会稽。

权年十五，治举为孝廉。后策薨，治与张昭等共尊奉权。建安七年，权表治为吴郡太守，行扶义将军，割娄、由拳、无锡、毗陵为奉邑，置长吏。征讨夷越，佐定东南，禽截黄巾馀类陈败、万秉等。黄武元年，封毗陵侯，领郡如故。二年，拜安国将军，金印紫绶，徙封故鄣。

权历位上将，及为吴王，治每进见，权常亲迎，执版交拜，飨宴赠赐，恩敬特隆，至从行吏，皆得奉贽私觌，其见异如此。

初，权弟翊，性峭急，喜怒快意，治数责数，谕以道义。权从兄豫章太守贲，女为曹公子妇，及曹公破荆州，威震南土，贲畏惧，欲遣子入质。治闻之，求往见贲，为陈安危，贲由此遂止。

权常叹治忧勤王事。性俭约，虽在富贵，车服惟供事。权优异之，自令督军御史典属城文书，治领四县租税而已。然公族子弟及吴四姓多出仕郡，郡吏常以千数，治率数年一遣诣王府，所遣数百人，每岁时献御，权答报过厚。是时丹杨深地，颇有奸叛，亦以年向

孙权十五岁那一年，被朱治推举为孝廉。后来孙策死了，朱治与张昭（字子布，博览群书，为孙策所用，待之以师友之礼）等共同尊奉孙权。东汉献帝建安七年（公元202年）孙权表荐朱治为吴郡太守，兼为扶义将军，并割娄县（今江苏省昆山市）、由拳县（今浙江省嘉兴市南）、无锡县（今江苏省无锡市）、毗陵县（今江苏省常州市武进区）做朱治供俸禄的县邑，并设置高俸禄高职位的官吏管理。朱治征讨山越，平定了东南方面，擒捉了黄巾余寇陈败、万秉等，截断其势力。吴王黄武元年（公元222年）朱治被封为毗陵侯，统领的郡地还和以前一样。二年，又被任命为安国将军，给他金印紫绶（紫色印带），徙封于故鄣。

孙权历任上将职位，以至做了吴王，朱治每次进见，孙权常亲自出来迎接，拿着笏版，彼此互相行拜礼，设筵招待，赐给他礼物，对他的恩惠、敬重特别隆厚，甚至朱治的随从官吏，都可以捧着一点见面礼，私下去见孙权，足见朱治所受到的特殊待遇竟是这般样的。

初时，孙权的弟弟孙翊，性情峭刻急躁，喜怒全凭自己一时的快意，朱治屡次责备他，明示他一些道理大义。孙权的堂兄豫章太守孙贲，把女儿嫁给曹公（曹操）儿子为妻，及至曹公攻破荆州，声威震惊南方，孙贲害怕，想派遣儿子到曹公处当人质。朱治听说后，就去求见孙贲，说明了安危的道理，孙贲才因此打消了这念头。

孙权常赞叹朱治为国事忧劳勤奋。本性节俭，虽在富贵中，所用的车骑衣服，只取来供应事情的需要，绝不奢华。孙权极度优待他，自己令督军御史主管他属下县城的文书，朱治只领收四个县的租税而已。然而孙权族人子弟及吴郡四个大姓，多半到朱治所管辖的郡内做官，郡吏之多常用千位数来计算，朱治都是隔几年把他们遣送到王府一次，所送的有好几百人，来减轻郡内的负担。每逢过年过节，进献御用物品，孙权答谢的礼物，超过

老，思恋土风，自表屯故鄣，镇抚山越。诸父老故人，莫不诣门，治皆引进，与共饮宴，乡党以为荣。在故鄣岁馀，还吴。黄武三年卒，在郡三十一年，年六十九。

子才，素为校尉领兵，既嗣父爵，迁偏将军。才弟纪，权以策女妻之，亦以校尉领兵。纪弟纬、万岁，皆早夭。才子琬，袭爵为将，至镇西将军。

朱然字义封，治姊子也，本姓施氏。初治未有子，然年十三，乃启策乞以为嗣。策命丹杨郡以羊酒召然，然到吴，策优以礼贺。

然尝与权同学书，结恩爱。至权统事，以然为余姚长，时年十九。后迁山阴令，加折冲校尉，督五县。权奇其能，分丹杨为临川郡，然为太守，授兵二千人。会山贼盛起，然平讨，旬月而定。曹公出濡须，然备大坞及三关屯，拜偏将军。建安二十四年，从讨关羽，别与潘璋到临沮禽羽，迁昭武将军，封西安乡侯。

了加厚的程度。这时丹杨郡内陆深远地方，时常有盗匪作恶背叛，朱治也因年老而思念故乡旧俗，于是自己上表要求去屯驻在故鄣，以镇压安抚山越蛮族。故鄣的一些父老旧友，在朱治回来时，没有不到他家去看他的，朱治把这些父老都引进屋内，和他们一起饮宴，乡里间都引以为荣。朱治在故鄣一年多而后返回吴郡。黄武三年（公元224年）去世，掌理吴郡三十一年，死时六十九岁。

朱治的儿子朱才，原为校尉领兵，后来继承父亲的爵位，升为偏将军。朱才的弟弟朱纪，孙权把孙策的女儿嫁给他为妻，也任用他为校尉领兵。朱纪的弟弟纬、万岁，都幼年早死。朱才的儿子朱琬，承袭爵位为将官，一直升到镇西将军。

朱然字是义封，朱治姐姐的儿子，本来姓施。初时朱治没有儿子，此时朱然十三岁，朱治就启奏孙策，请求将朱然过继为子。孙策就命令丹杨郡以羊酒来召请朱然，朱然到了吴郡后，孙策以极优厚的礼物道贺。

朱然曾和孙权一同学书，结交出恩爱的友情。到了孙权治理政事，用朱然为余姚县的县长，这时朱然才十九岁。后来改为山阴（今浙江省绍兴市）县令，并加了折冲校尉官职，督统五个县。孙权很惊奇朱然的才能，就分丹杨郡的一部分为临川郡，令朱然为太守，给他军队二千人。这时遇上山贼纷纷起来作乱，朱然率兵讨伐，一个月就平定了。曹公亲率大军进抵濡须（水名，在今安徽含山县西南六十里濡须山与无为县西北五十里七宝山之间，发源于巢湖，东南入长江）口，朱然备筑大屏障及三个关，造成濡须一带的险要，阻挡了曹操的攻势，于是被任用为偏将军。东汉献帝建安二十四年（公元219年），朱然跟从吕蒙诸将征讨关羽，朱然和潘璋从另一路线到临沮县，擒获关羽，于是升朱然为昭武将军，封西安乡侯。

虎威将军吕蒙病笃，权问曰：“卿如不起，谁可代者？”蒙对曰：“朱然胆守有馀，愚以为可任。”蒙卒，权假然节，镇江陵。黄武元年，刘备举兵攻宜都，然督五千人与陆逊并力拒备。然别攻破备前锋，断其后道，备遂破走。拜征北将军，封永安侯。

魏遣曹真、夏侯尚、张郃等攻江陵，魏文帝自住宛，为其势援，连屯围城。权遣将军孙盛督万人备州上，立围坞，为然外救。郃渡兵攻盛，盛不能拒，即时却退，郃据州上围守，然中外断绝。权遣潘璋、杨粲等解围而围不解。时然城中兵多肿病，堪战者裁五千人。真等起土山，凿地道，立楼橹临城，弓矢雨注，将士皆失色，然晏如而无恐意，方厉吏士，伺间隙攻破两屯。魏攻围然凡六月日，未退。江陵令姚泰领兵备城北门，见外兵盛，城中人少，谷食欲尽，因与敌交通，谋为内应。垂发，事觉，然治戮泰。尚等不能克，乃彻攻退还。由是然名震于敌国，改封当阳侯。

六年，权自率众攻石阳，及至旋师，潘璋断后。夜出错乱，敌追击璋，璋不能禁。然即还住拒敌，使前船得引极远，徐乃后发。黄龙元年，拜车骑将军、右护军、领兖州牧。

虎威将军吕蒙病重，孙权问他说：“你若病好不了，谁能接替你？”吕蒙回答说“朱然的胆识、守成的力量是足够有余，我认为他可以任用。”吕蒙死了以后，孙权授给朱然符节，镇守江陵（属湖北省）。吴王黄武元年（公元 222 年）刘备起兵攻打宜都（今湖北省宜都市），朱然率五千人和陆逊合力抵抗刘备。朱然另外攻破刘备的前锋部队，并切断刘备军队的后路，刘备遂被打败而逃走，于是朱然又升为征北将军，封永安侯。

魏国派遣曹真、夏侯尚、张郃等人攻江陵，魏文帝曹丕自己住在宛，为曹真、夏侯尚等的势力增援，而连结营栅，包围县城。孙权派将军孙盛率领一万多人，守备在水中岛屿上，设立围绕的屏障，做朱然外面的援救。张郃带兵渡河攻打孙盛，孙盛抵抗不住，立刻退兵，张郃占据水中岛屿，用兵围绕防守，朱然内外断绝。孙权派潘璋、杨粲等来解围，但围不能解。这时朱然在城中的兵士多患重病，能作战的才五千人。曹真等人派兵造土山，凿地道，设立守望的楼靠近在城边，以利作战。当弓箭如雨般的射下，朱然的将士都害怕变色，唯有朱然安然如平常，没有丝毫恐惧的意思，而正在勉励官兵，等待空隙，去攻破城外州上的两处屯兵。魏将围攻朱然一共六个月的时日，一直没退走。江陵县县令姚泰领兵在城的北门守备，看见城外敌兵很多，而城中人却极少，且粮食也快没有了，因而与敌人沟通，计划做敌人的内应。到了快要发动时，事情被发觉，朱然审问姚泰的罪状，处以死刑。夏侯尚等一直攻不下，就撤去攻击而退走。由此，朱然名声震动敌国，改封为当阳侯。

黄武六年（公元 227 年）孙权亲自率领大军攻打江夏郡的石阳，等到军队回头时，潘璋率军在后面截敌。因为夜晚出行，造成一些错乱，敌人竟追击潘璋，潘璋抗拒不了。朱然立刻回来，停下来抵抗敌军，使得前面孙权等人的船可以开走到很远，朱然才慢慢地从后进发。在孙权称帝，改元黄龙的那一年（公元 229 年），朱然升为车骑将军、右护军，做

顷之，以兖州在蜀分，解牧职。

嘉禾三年，权与蜀克期大举，权自向新城，然与全琮各受斧钺，为左右督。会吏士疾病，故未攻而退。

赤乌五年，征柤中，魏将蒲忠、胡质各将数千人，忠要遮险隘，图断然后，质为忠继援。时然所督兵将先四出，闻问不暇收合，便将帐下见兵八百人逆掩。忠战不利，质等皆退。九年，复征柤中，魏将李兴等闻然深入，率步骑六千断然后道，然夜出逆之，军以胜反。先是，归义马茂怀奸，觉诛，权深忿之。然临行上疏曰："马茂小子，敢负恩养。臣今奉天威，事蒙克捷，欲令所获，震耀远近，方舟塞江，使足可观，以解上下之忿。惟陛下识臣先言，责臣后效。"权时抑表不出。然既献捷，群臣上贺，权乃举酒作乐，而出然表曰："此家前初有表，孤以为难必，今果如其言，可谓明于见事也。"遣使拜然为左大司马、右军师。

然长不盈七尺，气候分明，内行修絜，其所文采，惟施军器，馀皆质素。终日钦钦，

兖州州长。不久，因兖州属于蜀国的领域，就解除了兖州州长的职务。

吴大帝嘉禾三年（公元234年）春二月，孙权和蜀国共同约好时间，发起大军去攻打魏，夏五月，孙权向合肥新城（即太和六年满宠所筑之新城。今庐州谢步镇）进攻，朱然及全琮各受斧钺（大斧）的特权，为左右都督。但正逢官兵们患病，所以没打就回去了。

赤乌五年（公元242年），出征柤中（在湖北省南漳县西，沮水之旁，一名沮中，离襄阳一百五十里。），魏国大将蒲忠、胡质各率领数千人去救樊城（在今湖北省襄阳县北，为襄阳之外卫。），蒲忠遮断险要的关隘，想要截断朱然的后路，胡质就替蒲忠做后继之援。这时朱然所统率的兵将，在此之前已分别四出，朱然听到消息后，来不及集合，就领着军营内现有的兵八百人，迎头暗袭。蒲忠作战不利，和胡质等一同退还。九年，又去征伐柤中，魏将李兴等听到朱然深入魏地，就率领步兵骑兵六千人截断朱然后面的道路。朱然在夜间出兵迎击他，军队胜利而回。在这以前，起义来归的马茂，藏着邪恶的想法，发觉后被杀，孙权很忿怒他。朱然将要出征之前，上奏疏说："马茂小东西，竟敢辜负了恩惠及养育之情。臣现在奉持皇上如天的威力，战事如蒙胜利奏捷，想要把所获的战果，震动照耀到远近的地方，把两两相连的许多战船，塞满大江，使有足够可观的战绩，来解除全国上下的忿怒。望皇上记着臣事先所说的话，责成臣事后的功效。"孙权当时搁压了这奏表，不拿出发表。朱然献捷以后，诸臣都上朝庆贺，孙权就举行酒筵，奏着音乐，然后才拿出朱然的奏表，说道："这个大夫在以前早就有了这个表，我认为很难一定成功，现在真照他的话实现，可说是观察事情最明白的人了。"就派使者任命朱然做左大司马、右军师。

朱然身长不满七尺，气节清明，内在的修养操守，都修整高洁。他所用的采色绘饰，只用在军器上面，其余的物品都是本色而朴素的。他终日忧劳不忘的，常是在战场上。当

常存战场，临急胆定，尤过绝人，虽世无事，每朝夕严鼓，兵在营者，咸行装就队，以此玩敌，使不知所备，故出辄有功。诸葛瑾子融，步骘子协，虽各袭任，权特复使然总为大督。又陆逊亦卒，功臣名将存者惟然，莫与比隆。寝疾二年，后渐增笃，权昼为减膳，夜为不寐，中使医药口食之物，相望于道。然每遣使表疾病消息，权辄召见，口自问讯，入赐酒食，出送布帛。自创业功臣疾病，权意之所钟，吕蒙、凌统最重，然其次矣。年六十八，赤乌十二年卒，权素服举哀，为之感恸。子绩嗣。

绩字公绪，以父任为郎，后拜建忠都尉。叔父才卒，绩领其兵，随太常潘濬讨五溪，以胆力称。迁偏将军营下督，领盗贼事，持法不倾。鲁王霸注意交绩，尝至其廨，就之坐，欲与结好，绩下地住立，辞而不当。然卒。绩袭业，拜平魏将军，乐乡督。明年，魏征南将军王昶率众攻江陵城，不克而退。绩与奋威将军诸葛融书曰："昶远来疲困，马无所食，力屈而走，此天助也。今追之力少，可引兵相继，吾欲破之于前，足下乘之于后，岂一人之功哉，宜同断金之义。"融答许绩。绩便引兵及昶于纪南，纪南去城三十里，绩先战胜而

面临危急时，胆气镇定，更是高过别人。虽然社会上没有事，但他还是每天早晚急促的击鼓，在营中的兵，都全副军装，守在队伍中。以此来戏弄敌人，使敌人不知如何准备，所以能一出征就得胜而有功。诸葛瑾的儿子融、步骘的儿子协，虽然各自承继其父的职任，孙权特别再命令朱然总管他们，做大都督。再者当时陆逊已去世，功臣名将存在的只有朱然，已没有人能和他的隆贵相比。他病了两年，后来越来越严重，孙权白天为他的病而减少了饭，晚上为他的病而睡不着，派去探病的太监及医药、食物，一路上连接不断。朱然每次派遣人去表奏自己的病情，孙权立刻召见这人，亲自讯问，进入时赐给这人酒食，临行时还送这人布帛。自从帮助创业的功臣生病，孙权心意所集注的，以吕蒙、凌统为最重，其次就是朱然了。朱然在六十八岁时，就是赤乌十二年（公元 249 年）去世，孙权穿了素服祭悼，很为他感伤哀恸。朱然的儿子朱绩承继。

朱绩字是公绪，以父亲的关系，被任用为郎，后来任用为建忠都尉。他的叔父朱才去世，他率领他叔父的军队，随太常潘濬去征讨五溪蛮。（武陵有五溪，溪岸皆盘瓠种族所居，谓之五溪蛮。今湘、黔、渝、鄂四省接壤处，即是古时五溪蛮地。五溪即雄溪、满溪、潕溪、酉溪、辰溪。）由于他胆力强大，而被称道。升为偏将军营下督，管领盗贼的事情，执法公正不偏。鲁王孙霸很留心的想结交朱绩，曾到朱绩的公舍中，和他坐在一起，想要结交成友好，朱绩立刻下地站着，坚辞而不承受相等之礼。朱然死后，朱绩承袭朱然的世业，担任平魏将军，乐乡督。次年，魏国征南将军王昶率兵攻打江陵城，没攻下而退走。朱绩给奋威将军诸葛融信说："王昶远道而来，必然是疲劳困乏，马无粮草，力竭而退走，这是上天助我们。如今去追击，我的力量太少，你可以率兵接续而来，我想在前面先打败他，你再趁机会在后面攻打他，这样岂是我一个人的功劳？我们应共同做

融不进，绩后失利。权深嘉绩，盛责怒融，融兄大将军恪贵重，故融得不废。初绩与恪、融不平，及此事变，为隙益甚。建兴元年，迁镇东将军。二年春，恪向新城，要绩并力，而留置半州，使融兼其任。冬，恪、融被害，绩复还乐乡，假节。太平二年，拜骠骑将军。孙綝秉政，大臣疑贰，绩恐吴必扰乱，而中国乘衅，乃密书结蜀，使为并兼之虑。蜀遣右将军阎宇将兵五千，增白帝守，以须绩之后命。永安初，迁上大将军、都护督，自巴丘上讫西陵。元兴元年，就拜左大司马。初，然为治行丧竟，乞复本姓，权不许，绩以五凤中表还为施氏，建衡二年卒。

吕范字子衡，汝南细阳人也。少为县吏，有容观姿貌。邑人刘氏，家富女美，范求之。女母嫌，欲勿与，刘氏曰："观吕子衡宁当久贫者邪？"遂与之婚。后避乱寿春，孙策见而异之，范遂自委昵，将私客百人归策。时太妃在江都，策遣范迎之。徐州牧陶谦谓范

到如《易·系辞》所谓'二人同心，其利断金'的意义。"诸葛融答应了朱绩。朱绩就带兵在纪南（今湖北省荆州市荆州区纪南城）追上了王昶。纪南离开江陵三十里，朱绩先战胜王昶而诸葛融却不照约定前进，朱绩后来失败了。孙权因此十分嘉许朱绩，而严重地责怪诸葛融。融的哥哥是大将军诸葛恪，位尊权重，所以诸葛融才没有被免官。最初朱绩和诸葛恪，诸葛融就不合睦，等到这件事变发生，彼此间的怨隙就更厉害了。废帝孙亮建兴元年（公元 252 年），朱绩改升为镇东将军。次年春，诸葛恪攻向新城，邀约朱绩合力攻打，而把朱绩流放在半州（今江西省九江市西），使诸葛融兼负朱绩的职任。这年冬，诸葛恪、诸葛融被孙峻所害，朱绩又回到乐乡，皇帝授给他符节。废帝太平二年（公元 257 年），朱绩任为骠骑将军。这时孙琳（孙峻之弟）主持朝政，大臣们多对他怀疑乖背，朱绩怕吴国扰攘混乱，而中原的魏国乘机寻衅；于是就以密函去联合蜀国，使蜀有了魏会兼并吴国的忧虑。蜀国派右将军阎宇率兵五千人，增加白帝城（今重庆市奉节县东）的防守能力，以等待朱绩以后的通知。吴景帝永安初，朱绩升为上大将军、都护督，统管从巴丘（今江西省峡江县）向上一直到西陵（今湖北省宜昌市。即汉时之夷陵）。吴主晧元兴元年（公元 264 年），就所在地拜为左大司马。当初，朱然为朱治办完丧事后，乞请吴帝恢复他的本姓，但孙权不允许，朱绩在五凤年间上表请准，回复本来的施姓。在建衡二年（公元 270 年）去世。

吕范字是子衡，汝南郡细阳县（今安徽省阜阳市西北四十里）人。年轻时在县中做小官，仪态容貌均好。同县人刘氏，家中有钱，女儿长得也美，吕范去求亲。刘妻厌弃他，想不把女儿嫁给他，刘氏就说："看吕子衡哪里会做个长久贫穷的人呢？"于是就让女儿和他结婚。后来他在寿春躲避乱事，孙策见到他而感到十分惊异，吕范就自己屈身礼拜，去

为袁氏觇候，讽县掠考范，范亲客健儿篡取以归。时唯范与孙河常从策，跋涉辛苦，危难不避，策亦亲戚待之，每与升堂，饮宴于太妃前。

后从策攻破庐江，还俱东渡，到横江、当利，破张英、于麋，下小丹杨、湖孰，领湖孰相。策定秣陵、曲阿，收笮融、刘繇馀众，增范兵二千，骑五十匹。后领宛陵令，讨破丹杨贼，还吴，迁都督。

是时下邳陈瑀自号吴郡太守，住海西，与强族严白虎交通。策自将讨虎，别遣范与徐逸攻瑀于海西，枭其大将陈牧。又从攻祖郎于陵阳，太史慈于勇里。七县平定，拜征虏中郎将，征江夏，还平鄱阳。

策薨，奔丧于吴。后权复征江夏，范与张昭留守。

曹公至赤壁，与周瑜等俱拒破之，拜裨将军，领彭泽太守，以彭泽、柴桑、历阳为奉邑。刘备诣京见权，范密请留备。后迁平南将军，屯柴桑。

亲近他，并带领私人门下的养客百余人归附孙策。这时孙策的母亲在江都县（今江苏省扬州市），孙策派吕范去迎接。徐州州长陶谦就说吕范替袁术窥伺机会，示意江都县用刑法拷打吕范，吕范亲近客人中的壮士夺取他回来。当时只有吕范及孙河常常跟随着孙策，到处奔波行走十分辛苦，遇到危难也不逃避，而孙策也以亲戚般亲切的待遇来对待吕范，每次和吕范上了厅堂，在太妃面前一同吃饭喝酒。

后来吕范随孙策攻破庐江，回来时一起渡江往东，到横江（杨林渡口，正对江南之采石，安徽省和县东南二十五里。）、当利（在安徽省和县东南十二里），打败张英、于麋，攻下小丹杨、湖孰等地，当了湖孰的辅助官吏。孙策平定秣陵（约为今之南京市，其地本名金陵）、曲阿，收服了笮融、刘繇残余的部下，增加了吕范二千名兵，五十匹马。后来让吕范当了宛陵之长，征讨并打败了丹杨的叛贼，回到了吴郡，当了都督。

这时候下邳（即古邳国，故城在今江苏邳州市东）的陈瑀，自称为吴郡太守，住海西县（故城在今江苏省灌南县南），和强大的一族严白虎来往。孙策自己率兵攻打严白虎，另外派吕范与徐逸到海西攻打陈瑀，斩了陈瑀的大将陈牧的头，悬于木上。又跟随到陵阳（故治即今安徽省石台县东北之广阳镇）攻打祖郎，到勇里（安徽省泾县西北）攻打太史慈。平定了七个县后，官拜征虏中郎将。出征江夏，回程时平定了鄱阳（故城在今江西省鄱阳县东六十里）。

孙策去世，吕范到吴郡奔丧。后来孙权又征讨江夏，吕范和张昭就留守京城。

曹操率军到了赤壁，吕范和周瑜等一起抗拒打败曹军，任用为裨将军，统领彭泽郡，为郡太守，且以彭泽县（今江西省湖口县东三十里）、柴桑县（今江西省九江市西南）、历阳县（今安徽省和县）为他的奉邑。刘备到京城来见孙权，吕范曾秘密地请求孙权把刘备扣留下来。后来吕范升为平南将军，屯驻在柴桑。

权讨关羽，过范馆，谓曰："昔早从卿言，无此劳也。今当上取之，卿为我守建业。"权破羽还，都武昌，拜范建威将军，封宛陵侯，领丹杨太守，治建业，督扶州以下至海，转以溧阳、怀安、宁国为奉邑。

曹休、张辽、臧霸等来伐，范督徐盛、全琮、孙韶等，以舟师拒休等于洞口。迁前将军，假节，改封南昌侯。时遭大风，船人覆溺，死者数千，还军，拜扬州牧。

性好威仪，州民如陆逊、全琮及贵公子，皆修敬虔肃，不敢轻脱。其居处服饰，于时奢靡，然勤事奉法，故权悦其忠，不怪其侈。

初策使范典主财计，权时年少，私从有求，范必关白，不敢专许，当时以此见望。权守阳羡长，有所私用，策或料覆，功曹周谷辄为傅著簿书，使无谴问。权临时悦之，及后统事，以范忠诚，厚见信任，以谷能欺更簿书，不用也。

黄武七年，范迁大司马，印绶未下，疾卒。权素服举哀，遣使者追赠印绶。及还都建业，权过范墓呼曰："子衡！"言及流涕，祀以太牢。

孙权讨伐关羽时，经过吕范公馆，对吕范说："以前我若早照你的话做，现在就没有此次的劳苦了。现在我要沿江而上去攻取他，你替我守好建业。"孙权打败关羽回来，建都在武昌（即今湖北省鄂州市），任命吕范为建威将军，封为宛陵侯，当丹杨郡的太守，治理建业，督理扶州，以下至海边。改换溧阳（属江苏省在宜兴市西北，以在溧水之阳故名溧阳）、怀安（怀安城在安徽省宁国市南四十里）、宁国（属安徽省，在宁国市西南）为吕范的奉邑。

曹休、张辽、臧霸等人来攻，吕范督导徐盛、全琮、孙韶等，以水军在洞口抵抗曹休等人。这时吕范升为前将军，吴帝授给符节，改封为南昌侯。在此次战役中，遭到大风，船翻人溺，死了好几千人，军队回国后，任为扬州牧。

吕范性情好威仪，州内的人如陆逊、全琮以及一些贵家公子都修整庄敬，诚实严肃，不敢轻率逾礼。吕范的居所、衣着，在当时是很奢靡的，然而他办公事勤奋且守法，所以孙权喜欢他的忠心而不怪他的奢侈。

其初，孙策用吕范主管财政会计，孙权当时年纪尚轻，私底下向他有所要求，吕范每次一定去禀告孙策，不敢独自专断准许，当时因为这一点，受到孙权的埋怨。孙权当阳羡县长时，私自利用一点公钱，孙策有时核计复查，功曹周谷就替孙权补记账簿，使得孙策不谴责追问。孙权当时是很喜欢他，等到后来总统国事后，认为吕范忠诚不欺，非常信任他，而认为周谷会欺骗君上变动簿书，就不任用他了。

黄武七年（公元228年）吕范升为大司马，但印信还未拿到，人已病逝。孙权穿着素服，举行哭奠，并派使者追赠印信。等到首都迁回建业，孙权经吕范的坟墓，呼叫着"子衡"，说到他就落泪，用了太牢（牛羊豕三牲具为太牢。天子社稷皆太牢，诸侯社稷皆少牢。）的大礼去祭祀。

范长子先卒，次子据嗣。据字世议。以父任为郎，后范寝疾，拜副军校尉，佐领军事。范卒，迁安军中郎将。数讨山贼，诸深恶剧地，所击皆破。随太常潘濬讨五溪，复有功。朱然攻樊，据与朱异破城外围，还拜偏将军，入补马闲右部督，迁越骑校尉。太元元年，大风，江水溢流，渐淹城门，权使视水，独见据使人取大船以备害。权嘉之，拜荡魏将军。权寝疾，以据为太子右部督。太子即位，拜右将军。魏出东兴，据赴讨有功。明年，孙峻杀诸葛恪，迁据为骠骑将军，平西宫事。五凤二年，假节，与峻等袭寿春，还遇魏将曹珍，破之于高亭。太平元年，帅师侵魏，未及淮，闻孙峻死，以从弟綝自代，据大怒，引军还，欲废綝。綝闻之，使中书奉诏，诏文钦、刘纂、唐咨等使取据，又遣从兄宪以都下兵逆据于江都。左右劝据降魏，据曰："耻为叛臣。"遂自杀。夷三族。

朱桓字休穆，吴郡吴人也。孙权为将军，桓给事幕府，除余姚长。往遇疫疠，谷食荒贵，桓分部良吏，隐亲医药，飧粥相继，士民感戴之。迁荡寇校尉，授兵二千人，使部伍

吕范长子早先死了，次子吕据继承。吕据字是世议，因他父亲的关系，做了郎官，后来吕范病在床上，就被任命为副军校尉，辅佐统理军事。吕范死后，吕据就升为安军中郎将。屡次讨伐山贼，那些深远险恶最甚的地方，凡他去攻打的全都攻破。随太常潘濬征讨五溪蛮，再度有功。朱然攻打樊城，吕据和朱异攻破城的外围，回来后被任命为偏将军，进入政府，补了马闲右部督的缺，升为越骑校尉。吴大帝太元元年（公元 251 年），突然起大风，长江水满外流，逐渐的淹没城门，孙权使人察看水势，只见吕据派人取来大船以防备灾害。孙权很赞许，任命他为荡魏将军。孙权卧病，以吕据为太子右部督。太子即位后，任命他为右将军。魏国军队到东兴堤（在今安徽省含山县西南，与巢湖市相接），吕据赶往东兴征讨，很有功劳。次年，孙峻杀了诸葛恪，升吕据为骠骑将军，平定了西宫事件（潘后被杀之事）。废帝五凤二年（公元 255 年），皇帝授给他符节，与孙峻等袭击寿春，回来时遇见魏国将领曹珍，在高亭这地方打败了他。废帝太平元年（公元 256 年）吕据统帅军队去侵伐魏国，尚未到淮水，听说孙峻死了，而以堂弟孙綝代理他自己的职位，吕据大怒，带军而回，想要废掉孙綝。孙綝听说后，派中书奉持诏书诏告文钦、刘纂、唐咨等人去捉拿吕据，又派自己的堂兄孙宪以首都的驻军，迎击吕据于江都。吕据左右的人劝他投降魏国，吕据说："我羞于做叛国臣子。"于是自杀，被夷灭了三族。

朱桓字是休穆，吴郡吴县（今江苏省苏州市）人。孙权为将军，朱桓在幕府中担任书写工作，又担任余姚县长。在到任后，遇上瘟疫恶疮的疾病，粮食缺乏、昂贵，朱桓分别部署好的官吏，抚恤慰爱人民，给人民药物医病，又用粥饭救济，因此兵士、人民都感动而爱戴他。升为荡寇校尉，给他军队二千人，分配编制到吴和会稽二郡去聚集散落的士兵，

吴、会二郡，鸠合遗散，期年之间，得万馀人。后丹杨、鄱阳山贼蜂起，攻没城郭，杀略长吏，处处屯聚。桓督领诸将，周旋赴讨，应皆平定。稍迁裨将军，封新城亭侯。

后代周泰为濡须督。黄武元年，魏使大司马曹仁步骑数万向濡须，仁欲以兵袭取州上，伪先扬声，欲东攻羡溪。桓分兵将赴羡溪，既发，卒得仁进军拒濡须七十里问。桓遣使追还羡溪兵，兵未到而仁奄至。时桓手下及所部兵，在者五千人，诸将业业，各有惧心，桓喻之曰："凡两军交对，胜负在将，不在众寡。诸君闻曹仁用兵行师，孰与桓邪？兵法所以称客倍而主人半者，谓俱在平原，无城池之守，又谓士众勇怯齐等故耳。今人既非智勇，加其士卒甚怯，又千里步涉，人马罢困，桓与诸军，共据高城，南临大江，北背山陵，以逸待劳，为主制客，此百战百胜之势也。虽曹丕自来，尚不足忧，况仁等邪！"桓因偃旗鼓，外示虚弱，以诱致仁。仁果遣其子泰攻濡须城，分遣将军常雕督诸葛虔、王双等，乘油船别袭中洲。中洲者，部曲妻子所在也。仁自将万人留橐皋，复为泰等后拒。桓部兵将

一年间得到一万多人。后来丹杨、鄱阳山（今江西省鄱阳县西北百十五里）的贼寇蜂拥而起，攻下了城池，杀了长官，到处屯聚。朱桓督率着诸将，来回的去征讨，所到之处都平定下来。后逐渐升为裨将军，封为新城亭侯。

后来代替周泰为濡须的都督。吴王孙权黄武元年（公元222年）魏国派大司马曹仁率领步兵骑兵好几万人向濡须进攻。曹仁想要以兵偷袭，来取得岛屿上的土地，就先传出虚假的消息，说要攻打东面的羡溪（今安徽省无为县东北，西去濡须口三十里）。朱桓分出一部分兵力将到羡溪去已经出发了，忽然得知曹仁进军到距离濡须七十里的讯息。朱桓就派遣使者去追回到羡溪去的军队，兵还没追回来，而曹仁军队很快就到了。这时朱桓手下以及所编配的兵，在这儿的只有五千人，诸将官都很危惧，各自存了畏心，朱桓开示他们说："凡是两军交锋相对，胜负的关键在领兵的将官，而不在兵的多少。各位听说曹仁用兵行军的方法，能和我比吗？兵法上所谓客军的兵力要一倍，而防守的主人只要一半就行，这是说双方都在平原上，没有城郭可守的情形，再说还要双方的兵，勇敢或怯弱的情形也相等，所以这么样罢了。如今曹仁这人既非明智勇敢，加上他的兵很畏怯，又千里步行而来，人马都疲惫困乏，而我与各位共同据守在高高的城上，南面临着大江，北面依靠着山陵，以我们安逸的情势，等待着对方疲劳的军队，以地主军队制服客军，这是百战百胜的情势。纵然是曹丕自己来攻打，尚且不值得忧虑，何况是曹仁之辈呢！"朱桓于是降低旗帜，压低战鼓的声音，向外表示很虚弱的样子，用以引诱曹仁到来。曹仁果真派他的儿子曹泰来攻濡须城，又分派将军常雕督率诸葛虔、王双等，乘油船另外去偷袭中洲。中洲是军中将士的妻、子所居留的地方。曹仁自己率领一万人留在橐皋（故城在今安徽省巢湖市西北之柘皋镇），做曹泰等人后面的捍拒势力。朱桓部署军队去攻取油船，另外有的去攻击常雕等人，朱桓本身亲自去抗拒曹泰，烧了他的军营而回，又斩了敌将常雕的头，活捉王

攻取油船，或别击雕等，桓等身自拒泰，烧营而退，遂枭雕，生虏双，送武昌，临陈斩溺，死者千馀。权嘉桓功，封嘉兴侯，迁奋武将军，领彭城相。

黄武七年，鄱阳太守周鲂谲诱魏大司马曹休，休将步骑十万至皖城以迎鲂。时陆逊为元帅，全琮与桓为左右督，各督三万人击休。休知见欺，当引军还，自负众盛，邀于一战。桓进计曰："休本以亲戚见任，非智勇名将也。今战必败，败必走，走当由夹石、挂车，此两道皆险厄，若以万兵柴路，则彼众可尽，而休可生虏，臣请将所部以断之。若蒙天威，得以休自效，便可乘胜长驱，近取寿春，割有淮南，以规许、洛，此万世一时，不可失也。"权先与陆逊议，逊以为不可，故计不施行。

黄龙元年，拜桓前将军，领青州牧，假节。嘉禾六年，魏庐江主簿吕习请大兵自迎，欲开门为应。桓与卫将军全琮俱以师迎。既至，事露，军当引还。城外有溪水，去城一里所，广三十馀丈，深者八九尺，浅者半之，诸军勒兵渡去，桓自断后。时庐江太守李膺整严兵骑，欲须诸军半渡，因迫击之。及见桓节盖在后，卒不敢出，其见惮如此。

双，送到武昌去。在双方对阵时，被朱桓部队砍杀的，或落水溺毙的曹仁军队，死了一千余人。孙权嘉奖朱桓的功劳，封为嘉兴侯，升为奋武将军，当了彭城相。

吴王黄武七年（公元 228 年），鄱阳太守周鲂诈托自己要投降，求兵接应，诱骗魏国大司马曹休，曹休率领步兵骑兵十万到皖城（今安徽省潜山市北）来迎接周鲂。这时陆逊为元帅，全琮和朱桓为左右督，各自督军三万人攻打曹休。曹休知道被欺骗，立刻带军回去，因自负自己兵多人众，邀吴军一战。朱桓贡献计策说："曹休在魏国，原是靠亲戚关系才被用的，并非是个智勇名将。今一交战必然失败，败后必逃走，逃走时必经由夹石、挂车，这两条道都很危险，如果用上万的兵力以柴塞路，那他们将全被消灭，而曹休也会活生生的被俘虏。臣请求率领部下来截断他。如果蒙大王如天的威力，使得曹休自己投降，便可乘胜而长驱直入，进取寿春，割淮南为所有，来规划取得许昌（故城在今河南省许昌市东三十里）、洛阳（故城在今河南省洛阳市东北二十里），这是万年中难得的一个机会，不可以失掉啊！"孙权先与陆逊商议，陆逊认为不可如此做，所以这计策没被实行。

吴大帝黄龙元年（公元 229 年）任用朱桓为前将军，当青州牧，授给符节。嘉禾六年（公元 237 年），魏国庐江主簿吕习请求吴国派大军自动去迎接他，他将要开城门接应。朱桓与卫将军全琮都以军队去迎接。到了以后，事情真相泄露出来，军队当即带回去。城外面有溪水，距离城大约一里多，宽有三十多丈，深处有八九尺，浅处也有一半，各军队署兵士渡水回去，朱桓自己在后面截断敌兵。这时庐江太守李膺整顿出最严整的兵马，想要在各军渡到一半时，然后迫近攻击它。等看到朱桓的符节伞盖在后面，终于不敢出兵，朱桓使敌人恐惧成这么个样。

是时全琮为督，权又令偏将军胡综宣传诏命，参与军事。琮以军出无获，议欲部分诸将，有所掩袭。桓素气高，耻见部伍，乃往见琮，问行意，感激发怒，与琮校计。琮欲自解，因曰："上自令胡综为督，综意以为宜尔。"桓愈恚恨，还乃使人呼综。综至军门，桓出迎之，顾谓左右曰："我纵手，汝等各自去。"有一人旁出，语综使还。桓出，不见综，知左右所为，因斫杀之。桓佐军进谏，刺杀佐军，遂托狂发，诣建业治病。权惜其功能，故不罪。使子异摄领部曲，令医视护，数月复遣还中洲。权自出祖送，谓曰："今寇虏尚存，王涂未一，孤当与君共定天下，欲令君督五万人专当一面，以图进取，想君疾未复发也。"桓曰："天授陛下圣姿，当君临四海，猥重任臣，以除奸逆，臣疾当自愈。"

桓性护前，耻为人下，每临敌交战，节度不得自由，辄嗔恚愤激。然轻财贵义，兼以强识，与人一面，数十年不忘，部曲万口，妻子尽识之。爱养吏士，赡护六亲，俸禄产业，皆与共分。及桓疾困，举营忧戚。年六十二，赤乌元年卒。吏士男女，无不号慕。又家无馀财，权赐盐五千斛以周丧事。子异嗣。

这时全琮为督军，孙权又命令偏将军胡综传送宣达孙权的命令，命胡综参与这次军事。全琮因为军队出击，没有收获，计划要编配诸将去偷袭。朱桓平时意气高傲，因全琮总领督导全军，因而自己羞见部下将士，就去见全琮，问他行动的用意，感到激动而发怒，并与全琮校正计较。全琮想为自己辩解，所以说："皇上自己命令胡综为督，胡综的意思也认为应该这么做而已。"朱桓更加恨愤，回去后就派人叫胡综来。胡综到了军营门口，朱桓将出营门迎接，回顾左右的人说："我放手杀他，你们各自离去。"有一个人从旁边出来，告诉胡综，叫他赶快回去。朱桓出来，看不到胡综，知道是左右的人所为，因而就砍杀了他。朱桓的佐军劝谏，又刺杀了佐军，就假托狂病发作，到建业治病。孙权爱惜他的功劳与才能，所以没治罪。派他的儿子朱异代为统领部队，命令医师去看护朱桓，数月后再把朱桓送回中洲。孙权自己出来饯行，对朱桓说："如今贼寇尚存，国家尚未统一，我当和你共同平定天下。想派你督率五万人，独当一面，来计划前进攻取，想来你的病没有复发吧。"朱桓说："上天给予陛下圣明英姿，应该成为统治天下的君主，如今重重地任用臣，要我去除掉奸贼叛逆，我的病会自然痊愈的。"

朱桓生性争强好胜，不甘人后，每次碰到与敌人交战时，节制调度不得自由运用，就愤怒激动。然而他轻视财物，重视义气，加上有极好的记忆力，和人见一面，数十年不会忘记，部队上万的人口，连他们的妻子儿女全都认识。喜爱恤养官吏、士兵，对六类亲属都加以帮助保护，自己的俸禄产业，都与亲族共同分享。等到朱桓病得很严重时，全军营的人都忧愁悲戚。在六十二岁，吴大帝赤乌元年（公元 238 年）时病逝。官吏士兵以及其男女家属，无不号哭思念。又家里没有一点钱财，孙权赐给他家盐五千斛，用来周济他的丧事。他的儿子朱异继承。

异字季文，以父任除郎，后拜骑都尉，代桓领兵。赤乌四年，随朱然攻魏樊城，建计破其外围，还拜偏将军。魏庐江太守文钦营住六安，多设屯砦，置诸道要，以招诱亡叛，为边寇害。异乃身率其手下二千人，掩破钦七屯，斩首数百，迁扬武将军。权与论攻战，辞对称意。权谓异从父骠骑将军据曰："本知季文胆定，见之复过所闻。"十三年，文钦诈降，密书与异，欲令自迎。异表呈钦书，因陈其伪，不可便迎。权诏曰："方今北土未一，钦云欲归命，宜且迎之。若嫌其有谲者，但当设计网以罗之，盛重兵以防之耳。"乃遣吕据督二万人，与异并力，至北界，钦果不降。建兴元年，迁镇南将军。是岁魏遣胡遵、诸葛诞等出东兴，异督水军攻浮梁，坏之，魏军大破。太平二年，假节，为大都督，救寿春围，不解。还军，为孙綝所枉害。

评曰：朱治、吕范以旧臣任用，朱然、朱桓以勇烈著闻，吕据、朱异、施绩咸有将领之才，克绍堂构。若范、桓之越隘，得以吉终，至于据、异无此之尤而反罹殃者，所遇之时殊也。

朱异字是季文，以父亲的关系担任郎官，后来当了骑都尉，代替朱桓领兵。赤乌四年（公元 241 年）随朱然攻魏国的樊城，提出了一计，攻破城的外围军队，回去后当了偏将军。魏国庐江太守文钦的军营，驻扎在六安（今安徽省合肥市西），设了很多屯兵的营垒，安置在许多要道上，以招引亡命叛徒，作为吴国边境的盗掠祸害。朱异就亲自率领他手下二千人，偷袭攻破文钦七个营垒，砍了数百人的头，升为扬武将军。孙权和朱异谈论军事上攻守的战略，朱异的应对言辞，很合孙权的心意。孙权对朱异的伯父骠骑将军朱据说："原来就知道季文胆识坚定，见他以后，比所听来的还要超过。"赤乌十三年（公元 250 年），文钦假装投降，暗暗给朱异信，想要叫朱异亲自迎接。朱异就上表呈上文钦的来信，并藉此说明文钦的虚假，不可就去迎接。孙权下诏书说："如今北方未统一，文钦信上说要来归顺我们朝廷命令，应该立即去迎接，如果怀疑他有诡诈，就应当设定计谋去捉到他，多派大兵来防范罢了。"就派了吕据督领二万人，和朱异合力到北方边界，文钦果然不投降。废帝孙亮建兴元年（公元 252 年），升朱异为镇南将军。这一年魏国派遣胡遵、诸葛诞等人出征东兴，朱异督领水军，攻打浮在水上以船相联而成的桥，把它都破坏了，魏军大败。太平二年（公元 257 年），授给符节，为大都督，去救寿春的围困，不能解围。带军回来，被孙綝冤枉害死。

陈寿评论说：朱治、吕范都因旧臣而被任用，朱然、朱桓因勇敢猛烈而出名，吕据、朱异、施绩都有将帅领导的才能，能继承父业。像吕范、朱桓超越了人生重要的规范，竟能够善终。至于吕据、朱异并没有这样的过错，反而遭难，这是因他们所遭逢的时世不同。

三国志卷五十七

虞陆张骆陆吾朱传第十二

王令樾译

虞翻字仲翔，会稽余姚人也，太守王朗命为功曹。孙策征会稽，翻时遭父丧，衰绖诣府门，朗欲就之，翻乃脱衰入见，劝朗避策。朗不能用，拒战败绩，亡走浮海。翻追随营护，到东部候官，候官长闭城不受，翻往说之，然后见纳。朗谓翻曰："卿有老母，可以还矣。"翻既归，策复命为功曹，待以交友之礼，身诣翻第。

策好驰骋游猎，翻谏曰："明府用乌集之众，驱散附之士，皆得其死力，虽汉高帝不及也。至于轻出微行，从官不暇严，吏卒常苦之。夫君人者不重则不威，故曰龙鱼服，困于豫且；白蛇自放，刘季害之，愿少留意。"策曰："君言是也。然时有所思，端坐悒悒，有裨谌草创之计，是以行耳。"

虞翻字仲翔，会稽郡余姚县（在今浙江省，在绍兴市东北）的人，太守王朗任用他为郡功曹（辅佐的官）。孙策出征会稽时，虞翻正遭到父亲丧事，穿着斩衰黑带的丧服，到太守府门口拜访，王朗就要这样接见他，他就脱掉孝服进去见面，劝王朗避免出战孙策。王朗不接受这劝告，抵抗作战而大败，逃亡到海上。虞翻追随保护，到东部候官（今属福建省神话市）。候官县长关着城门不让他们进去，虞翻就去游说他，然后受到他的接纳。王朗对虞翻说："你尚有年老的母亲在，可以回去了。"虞翻回去后，孙策又任用他为郡功曹，用朋友的礼节对待他，亲自到虞翻的住所访问。

孙策喜好骑马奔驰，打猎游玩，虞翻劝他说："明府（汉人称太守曰府君，或称明府君，简称明府）用临时集合的军队，驱使那些流散归附的人，都能得到他们卖命的气力，这一点纵然是汉高帝也赶不上的。至于穿着便服，私自出来巡视或出游，跟从的官吏来不及警备，官吏兵士都常以此为苦。说到这做百姓之君的人，若自己不庄重，则必无威严，所以白龙到清泠的深渊中，化为鱼的形状，被捕鱼的豫且所困；又如白蛇自动出来当路，被汉高祖所杀，（比喻贵人微服出行而遇险），希望您能稍加留意。"孙策说："你说的是对的，然而我常常有所思考，端坐在那里，就觉着不安，想要像裨谌创作命令那样，有一个新构想的计划，所以要出去走走了。"

翻出为富春长。策薨，诸长吏并欲出赴丧，翻曰："恐邻县山民或有奸变，远委城郭，必致不虞。"因留，制服行丧。诸县皆效之，咸以安宁。后翻州举茂才，汉召为侍御使，曹公为司空辟，皆不就。

翻与少府孔融书，并示以所著《易注》。融答书曰："闻延陵之理乐，睹吾子之治易，乃知东南之美者，非徒会稽之竹箭也。又观象云物，察应寒温，原其祸福，与神合契，可谓探赜穷通者也。"会稽东部都尉张纮又与融书曰："虞仲翔前颇为论者所侵，美宝为质，彫摩益光，不足以损。"

孙权以为骑都尉。翻数犯颜谏争，权不能悦，又性不协俗，多见谤毁，坐徙丹杨泾县。吕蒙图取关羽，称疾还建业，以翻兼知医术，请以自随，亦欲因此令翻得释也。后蒙举军西上，南郡太守麋芳开城出降。蒙未据郡城而作乐沙上，翻谓蒙曰："今区区一心者麋将军也，城中之人岂可尽信，何不急入城持其管籥乎？"蒙即从之。时城中有伏计，赖翻谋不行。关羽既败，权使翻筮之，得《兑》下《坎》上，《节》，五爻变之《临》，翻曰："不出二日，必当断头。"果如翻言。权曰："卿不及伏羲，可与东方朔为比矣。"

虞翻出来做了富春县的县长。孙策死后，各县的长官们都要去参加丧祭，虞翻说："恐怕邻县的山族人民会有叛变，我们远离自己的城池，必然会遭到想不到的灾祸。"因而留下来，穿着丧服，举行丧礼。其余各县都仿效他的做法，都因此得到安定。后来虞翻被推荐为茂才，东汉命为侍御史。曹操这时作司空，召聘他去作官，他都没有接受。

虞翻给少府孔融信，并且出示了他所著的《周易注》注解。孔融回信说："听说延陵季子到鲁国闻乐辨声，今天见到你研究《易经》，才知东南生产的美物，并非只有会稽的竹箭（会稽竹箭为东南方之美材，与南金并称）。又观察云物的现象，而得到寒暑的应验，推究这种气象所带来的灾祸，和宇宙间神妙不可测的道理相合，真可说是探索幽隐，穷尽贯通的奥妙了。"会稽郡东部都尉张纮又给孔融信说："虞仲翔不久前，颇被评论者所攻击，但他本质优秀，就像一块美好的宝玉，越雕凿摩拭越光采，是不会因攻击而有所减损的。"

孙权用虞翻为骑都尉。虞翻好几次当面冒犯孙权而劝谏力争，孙权不高兴，又加上虞翻的个性不与世俗妥协，因此常被毁谤，因而犯法被迁徙到丹杨泾县（属安徽省，在宁国县西）。吕蒙计划攻取关羽，自称有病回建业，因虞翻懂医术，请求让虞翻随护自己，也是想藉此让虞翻得以被释放而回。后来吕蒙率军西上，南郡太守麋芳开了城门投降。吕蒙并未占据南郡的郡城，而在城外沙上作乐，虞翻对吕蒙说："如今喜爱东吴，和吴国一条心的，只有麋将军一个人，怎能全信城中的人？为何不赶快进城，拿到掌管城的锁钥呢？"吕蒙就听从了他的话。这时城中早就策划下了埋伏，全靠虞翻这个据城的计划，所以伏兵之计不能实行。关羽失败后，孙权叫虞翻以蓍草卜卦，得到《兑》下《坎》上的《节卦》，第五爻变《临卦》，虞翻说："不出两天，关羽一定会遭断头之祸。"果然如虞翻所说。孙权

魏将于禁为羽所获，系在城中，权至释之，请与相见。他日，权乘马出，引禁并行，翻呵禁曰："尔降虏，何敢与吾君齐马首乎！"欲抗鞭击禁，权呵止之。后权于楼船会群臣饮，禁闻乐流涕，翻又曰："汝欲以伪求免邪？"权怅然不平。

权既为吴王，欢宴之末，自起行酒，翻伏地阳醉，不持。权去，翻起坐。权于是大怒，手剑欲击之，侍坐者莫不惶遽，惟大农刘基起抱权谏曰："大王以三爵之后杀善士，虽翻有罪，天下孰知之？且大王以能容贤畜众，故海内望风，今一朝弃之，可乎？"权曰："曹孟德尚杀孔文举，孤于虞翻何有哉！"基曰："孟德轻害士人，天下非之。大王躬行德义，欲与尧、舜比隆，何得自喻于彼乎？"翻由是得免。权因敕左右，自今酒后言杀，皆不得杀。翻尝乘船行，与麋芳相逢，芳船上人多欲令翻自避，先驱曰："避将军船！"翻厉声曰："失忠与信，何以事君？倾人二城，而称将军，可乎？"芳阖户不应而遽避之。后翻乘车行，又经芳营门，吏闭门，车不得过。翻复怒曰："当闭反开，当开反闭，岂得事宜邪？"芳闻之，有惭色。

说："你虽不如伏羲氏，但可以和东方朔相比了。"

魏国大将于禁被关羽所俘，被关在城里，孙权到时，释放了于禁，并要求和于禁见面。有一天孙权骑马出去，带着于禁同行，虞翻呵责于禁说："你是个投降的俘虏，怎敢与我君主两马齐头并行呢？"想举起马鞭打于禁，孙权呵叱阻止他。后来孙权在楼船（高大之船）上宴会群臣，一起饮酒，于禁听到音乐而流泪，虞翻又说："你想用故作伤悲的假情假意，来求得被释放吗？"孙权听了很怅恨，而且心中不平。

孙权当了吴王后，在欢乐宴会的最后，自己起来敬酒，虞翻伏在地上装醉，不拿那杯酒。孙权走开后，虞翻就起来坐着。孙权因此很生气，手拿宝剑要杀他，陪坐的人莫不惶恐窘急，只有大司农刘基起身抱住孙权劝说："大王在酒行三杯之后杀了一个好人，虽然虞翻有罪，但天下人谁知道呢？反会认为大王酒后杀人。而且大王是因能容纳人，蓄养众才，所以海内都望风倾心，如今一下子丢掉了这名声，值得吗？"孙权回答说："曹孟德尚且杀了孔文举（孔融），我杀虞翻又有何不可呢？"刘基说："孟德轻率的杀害士人，天下人都评责他不对。而大王亲身率行道德正义，想要和尧舜的大德比高，怎能把自己和他相比呢？"虞翻因此才得免于被杀。孙权也因此而训令左右的人，从今以后凡酒后说杀，都不许照他的话真去杀人。虞翻曾坐船走水路，中途和麋芳相逢，麋芳船上的人，多半想令虞翻自己避开，麋芳船队导航在前的先锋说："避开将军的船！"虞翻厉声说："失了忠和信的臣子，如何能事奉君王？破败了别人两个城池，还自称将军，行吗？"麋芳关着船门不回答，而且惶急地避开他。后来虞翻乘车赶路时，又经过麋芳的军营大门，掌管营门的小吏把门关了，使得车过不去。虞翻又生气，说："守城时应当闭门反而开门，如今应当开门反而闭门，哪里做得合乎事情的正理？"麋芳听了露出惭愧的颜色。

翻性疏直，数有酒失。权与张昭论及神仙，翻指昭曰："彼皆死人，而语神仙，世岂有仙人邪！"权积怒非一，遂徙翻交州。虽处罪放，而讲学不倦，门徒常数百人。又为《老子》、《论语》、《国语》训注，皆传于世。

初，山阴丁览，太末徐陵，或在县吏之中，或众所未识，翻一见之，便与友善，终咸显名。

在南十馀年，年七十卒。归葬旧墓，妻子得还。

翻有十一子，第四子汜最知名，永安初，从选曹朗为散骑中常侍，后为监军使者，讨扶严，病卒。汜弟忠，宜都太守；耸，越骑校尉，累迁廷尉，湘东、河间太守；昺，廷尉尚书，济阴太守。

陆绩字公纪，吴郡吴人也。父康，汉末为庐江太守。绩年六岁，于九江见袁术。术出橘，绩怀三枚，去，拜辞堕地，术谓曰："陆郎作宾客而怀橘乎？"绩跪答曰："欲归遗母。"术大奇之。孙策在吴，张昭、张纮、秦松为上宾，共论四海未泰，须当用武治而平之，绩年少末坐，遥大声言曰："昔管夷吾相齐桓公，九合诸侯，一匡天下，不用兵车。孔

虞翻性情疏略直率，好几次因喝酒而犯过失。孙权和张昭谈论到神仙，虞翻指着张昭说："他们都是死了的人，而来谈论神仙。世上哪有仙人呢？"孙权积压的怒怨不是一次了，于是就流放虞翻去交州。虞翻虽然被治罪流放，但讲学从不倦怠，所收的门徒常是好几百人。又替《老子》、《论语》、《国语》这些书作了训诂注解，都传留到世上。

早先，山阴（今浙江省绍兴市）人丁览，太末（今浙江省龙游县）人徐陵，有个在县城中当小官，有个根本不为大众所认识，但虞翻一见到，就很友善地相交，最后他们都成就了显耀的名声。

虞翻流放在南方十余年，七十岁时去世。死后送丧回本郡，葬在旧墓地里。妻子儿女也都获准回到乡里。

虞翻有十一个儿子，第四子汜最出名，永安初年，从选曹郎职位做到了散骑中常侍，后来做了监军使者，征讨扶严有功，不久就病死了。虞汜的弟弟虞忠，做了宜都太守；虞耸当了越骑校尉，接连作官，升迁到廷尉，湘东、河间的太守；虞昺当了廷尉尚书，济阴的太守。

陆绩字是公纪，吴郡吴县（今江苏省苏州市）人。父亲陆康，汉朝末年时做庐江的太守。陆绩六岁时，在九江见到袁术。袁术拿出橘子，陆绩把三个橘子藏在怀中，临走拜辞时，橘子掉在地上，袁术对他说："陆郎君来做客，而藏橘子在身上吗？"陆绩跪下来回答说："我是想带回去送给母亲吃。"袁术感到十分惊奇。孙策在吴时，张昭、张纮、秦松被请来为上宾，共同谈论天下尚未太平，应当用武力来治理而平定，陆绩年纪轻，坐在最下

陆绩怀橘遗母，清王素绘。

子曰：'远人不服，则修文德以来之。'今论者不务道德怀取之术，而惟尚武，绩虽童蒙，窃所未安也。"昭等异焉。

绩容貌雄壮，博学多识，星历算数无不该览。虞翻旧齿名盛，庞统荆州令士，年亦差长，皆与绩友善。孙权统事，辟为奏曹掾，以直道见惮，出为郁林太守，加偏将军，给兵二千人。绩既有躄疾，又意存儒雅，非其志也。虽有军事，著述不废，作《浑天图》，注《易》释《玄》，皆传于世。豫自知亡日，乃为辞曰："有汉志士吴郡陆绩，幼敦《诗》、《书》，长玩《礼》、《易》，受命南征，遘疾逼厄，遭命不永，呜呼悲隔！"又曰："从今已去，六十

面的位子，隔着很远大声说："以前管夷吾（管仲）做齐桓公的宰相，九次会合诸侯，一次匡正了天下，却没用兵车武力。孔子说：'远方的人不服从，就应修养文教道德，使他们佩服而自动来归。'如今在座讨论的人，不注重以道德信服于人而取得人心的方法，只是崇尚武力，我虽还是小孩，但我私心中仍觉不妥的。"张昭等人都十分惊异。

陆绩容貌雄壮，学问博大识见多，星象、历法、算学、术数无不备览。虞翻年老而名望很大，庞统是荆州有美名的人士，年纪也比陆绩稍长，两人都和陆绩相交的很和善。孙权统领政事以后，召聘他为奏曹掾这个官，因为他做事全按正直的道理，受到孙权的畏惧，就派出去做郁林郡的太守，加上偏将军的官职，给他军队二千人。陆绩既有跛脚的毛病，心意又在做儒者雅士，所以这些官职都不是他的志愿。虽然常带兵应战，但仍不忘写作著书，作了《浑天图》这部书，并注解《易经》和《太玄经》，这两书均流传世上。因预先自己知道死亡之日，就作一篇辞，说："有个汉朝志士吴郡的陆绩，幼年勤读《诗经》、《书经》，长成后玩习《礼经》、《易经》，受命去出征南方，遇上疾病的灾祸，遭到不长久的命运，啊！就这么悲伤地永久隔绝了。"又说："从现在以下，六十年后，全国的车轨同一，文字同一，天下一统，我是遗憾见不到了。"三十二岁去世。长子陆宏，

年之外，车同轨，书同文，恨不及见也。”年三十二卒。长子宏，会稽南部都尉，次子睿，长水校尉。

张温字惠恕，吴郡吴人也。父允，以轻财重士，名显州郡，为孙权东曹掾，卒。温少修节操，容貌奇伟。权闻之，以问公卿曰：“温当今与谁为比？”大农刘基曰：“可与全琮为辈。”太常顾雍曰：“基未详其为人也。温当今无辈。”权曰：“如是，张允不死也。”征到延见，文辞占对，观者倾竦，权改容加礼。罢出，张昭执其手曰：“老夫托意，君宜明之。”拜议郎、选曹尚书，徙太子太傅，甚见信重。

时年三十二，以辅义中郎将使蜀。权谓温曰：“卿不宜远出，恐诸葛孔明不知吾所以与曹氏通意，故屈卿行。若山越都除，便欲大构于丕。行人之义，受命不受辞也。”温对曰：“臣入无腹心之规，出无专对之用，惧无张老延誉之功，又无子产陈事之效。然诸葛亮达见计数，必知神虑屈申之宜，加受朝廷天覆之惠，推亮之心，必无疑贰。”温至蜀，诣阙拜章曰：“昔高宗以谅暗昌殷祚于再兴，成王以幼冲隆周德于太平，功冒溥天，声贯罔

做会稽南部的都尉，次子陆睿，做长水校尉。

张温字是惠恕，吴郡吴县人。父亲张允，因轻视财利，重视人才而在州郡中名望显盛，做孙权的东曹掾，而后去世。张温从小修养品节操守，容貌奇特俊伟。孙权听说后，就问公卿大官说：“在目前张温可以和谁相比？”大司农刘基说：“可以和全琮为同等之人。”太常顾雍说：“刘基不清楚张温的为人，当今无人可与张温同等。”孙权说：“既是这样，张允就不算白白死去，因为有如此好的儿子。”他应征聘而到达后，孙权请他见面，文章、辞令、瞻视、应对，使在旁观看的无不惊异钦服，孙权改变容色态度，加厚礼遇。出去后，张昭拉着他的手说：“我所托付的意思，你应当明白。”孙权任命他做了议郎、选曹尚书，又改为太子太傅，很被信任敬重。

当三十二岁的时候，以辅义中郎将的身份出使到蜀国。孙权对张温说：“你本来不适合到太远的地方去，但怕诸葛孔明不明白我所以和曹氏通好的意思，所以要委曲你去一趟。如果山越的人都被除掉，便要对曹丕大大挑战。作外交官的道理是只接受出使的命令，不接受办外交的言辞。”张温回答说：“臣进入政府，没有作天子心腹的规划，出国办外交，没有独力对答的功用；恐怕没有张老传播君主声誉的功绩，又没有子产陈述事理的效果。然而诸葛亮见解通达，计事合度，一定了解陛下神妙的思考，有屈有伸的合宜之处；加上蜀国受到我们政府像上天覆育万物的广大恩惠；由此推测诸葛亮的心意，必没有怀疑背离的想法。”张温到了蜀国，就到刘后主的殿门，拜献奏章，说到：“昔时殷高宗以父丧守制，三年不言，昌大殷朝的帝业，达到中兴；周成王以幼年继位，隆盛周朝的德政，直到太

极。今陛下以聪明之姿，等契往古，总百揆于良佐，参列精之炳耀，遐迩望风，莫不欣赖。吴国勤任旅力，清澄江浒，愿与有道平一宇内，委心协规，有如河水，军事凶烦，使役乏少，是以忍鄙倍之羞，使下臣温通致情好。陛下敦崇礼义，未便耻忽。臣自远境，及即近郊，频蒙劳来，恩诏辄加，以荣自惧，悚怛若惊。谨奉所赍函书一封。”蜀甚贵其才。还，顷之，使入豫章部伍出兵，事业未究。

权既阴衔温称美蜀政，又嫌其声名大盛，众庶炫惑，恐终不为己用，思有以中伤之，会暨艳事起，遂因此发举。艳字子休，亦吴郡人也，温引致之，以为选曹郎，至尚书。艳性狷厉，好为清议，见时郎署混浊淆杂，多非其人，欲臧否区别，贤愚异贯。弹射百僚，核选三署，率皆贬高就下，降损数等，其守故者十未能一，其居位贪鄙、志节污卑者，皆以为军吏，置营府以处之。而怨愤之声积，浸润之谮行矣。竞言艳及选曹郎徐彪，专用私情，爱憎不由公理。艳、彪皆坐自杀。温宿与艳、彪同意，数交书疏，闻问往还，即罪温。

平；功业覆盖了全天下，声名贯通到无穷的时间。今陛下以聪明姿禀，和古代的高宗、成王相等相合，把总领百官的重任，交给最好的佐命大臣；参用禀赋列星精气的群臣，使他们都成就光辉的功业；远近的人引领瞻望，没有不欣然倚赖的。吴国屡次任用兵力，澄清了长江两岸的地方，很愿意和有政道的蜀国平定统一天下，交付诚心，协力规划，这要约真实不变，可以请河神作监察。只因军事凶险烦杂，派遣的使者非常缺少，所以强忍着鄙陋背理的羞愧，使下等臣子我——张温来通达情意，献达和好。陛下崇尚礼义，不便加以耻辱和轻忽。使得臣自从进入遥远的边境，以至到了首都近郊，屡次蒙受安慰勉励，施恩的诏书，常常加在臣身，以这样的光荣，自恐不能负荷，敬畏的心情好像惊骇的重压。谨奉上所持的书信一封。”蜀国很重视他的才能。回国后过了不久，派他加入豫章军队，出兵打仗。他的事业没有完毕。

孙权既暗中怨恨张温赞美蜀的政治，又疑忌张温声望太盛，大家都被他所迷惑，怕张温最后还是不会为自己所用，就想找个理由来整治他。正好遇上暨艳的事情发生，就藉此举发张温的罪状。暨艳字子休，也是吴郡人，张温介绍而被任用，当了选曹郎，一直做到尚书。暨艳性情褊急严厉，好作清明公正的言论，看到当时郎官衙署里混沌污浊，淆乱烦杂，多半不是郎官的人选，就想要加以好坏的区别，使贤者愚者不同列于一类。就弹劾百官，考察挑选三个官署的官吏，都是把高职贬谪，落到下位，降职减等了好几个等级，能守住以前职级的，还不到十分之一；那些做官贪污粗鄙、志气节操污秽卑下的，都用为军中官吏，设置了军营的居宅来安置他们。于是怨恨愤怒的话积聚很多，渐进的诬毁也实行了。都争说暨艳和选曹郎徐彪专用偏私的情感，所爱或所厌都不遵从公理，暨艳和徐彪都因触犯此罪而自杀。张温以前就和暨艳、徐彪意见相同，常常有交往的书札，以及消息来往，因此就藉此加给张温罪状。孙权把他囚在主管的监狱里，下了一道命令说：“以前下令

权幽之有司，下令曰："昔令召张温，虚己待之，既至显授，有过旧臣，何图凶丑，专挟异心。昔暨艳父兄，附于恶逆，寡人无忌，故进而任之，欲观艳何如。察其中间，形态果见。而温与之结连死生，艳所进退，皆温所为头角，更相表里，共为腹背，非温之党，即就疵瑕，为之生论。又前任温董督三郡，指挧吏客及残馀兵，时恐有事，欲令速归，故授棨戟，奖以威柄。乃便到豫章，表讨宿恶，寡人信受其言，特以绕帐、帐下、解烦兵五千人付之。后闻曹丕自出淮、泗，故豫敕温有急便出，而温悉内诸将，布于深山，被命不至。赖丕自退，不然，已往岂可深计。又殷礼者，本占候召，而温先后乞将到蜀，扇扬异国，为之谭论。又礼之还，当亲本职，而令守尚书户曹郎，如此署置，在温而已。又温语贾原，当荐卿作御史，语蒋康，当用卿代贾原，专衒贾国恩，为已形势。揆其奸心，无所不为。不忍暴于市朝，今斥还本郡，以给厮吏。呜呼温也，免罪为幸！"

将军骆统表理温曰："伏惟殿下，天生明德，神启圣心，招髦秀于四方，署俊乂于宫朝。多士既受普笃之恩，张温又蒙最隆之施。而温自招罪谴，孤负荣遇，念其如此，诚可

征聘张温，我谦虚地接待他，来了以后，授给他显耀的职位，超过以前做官的群臣。哪里想到凶恶的人，专持不同于正常的心意。以前暨艳的父亲、哥哥，依附于邪恶背逆，我对人无所忌恨，所以进而任用他，想要看看他究竟怎么样。观察他到了中间，形状态度果真现了出来。可是张温和他结合成同生共死的关系，暨艳所进用所免职的，都是张温替他作的一条条的头绪，他们相互的成为一体的表里，共同的成为一身的腹背，如果不是张温的同党，就拿来当成毛病，造成许多评论。又以前任命张温整治督理三个郡，使他指挥官吏人民及残余军队。这时恐怕会有战事，想要教他快些回来，就授给他持油戟作前驱的卫士，以这样的威力权柄奖励他。他竟然到豫章后，上表要讨伐以前的恶人，我就相信接受了他的话，特别把外面围护营帐的，帐内侍从护卫的，有勇力解决烦难的兵五千人，交给了他。后来听说曹丕亲自从淮水、泗水一带，统兵出攻，就预先命令张温有危急时，就赶快出兵。可是张温完全收敛诸将，布置在深山里，受到命令也不到来。幸赖曹丕自动退走，若不是这样的话，那过去的这些情形，哪里可以深深地计算其危险呢！又殷礼这个人，本来是以占卦候气的身份征召来的，可是张温先后请求带他去蜀国，而在外国宣传称扬，替他作了许多谈论。又殷礼的回国，应当身任本来的职务，可是却教他担任尚书户曹郎，这样的布置，完全是在张温随心的决定罢了。又张温告诉贾原说：'我要推荐你做御史。'又告诉蒋康说：'要用你代替贾原。'这是专门出卖国家恩典，造成自己权力的形势。推量他奸邪的用心，没有任何坏事不能做。不忍把他杀死，暴露尸体在朝廷边的市场，现在把他逐退，让他回他的本郡，来供给卑下官吏的役使。啊！张温呀！能免了罪刑，就是很幸运了。"

将军骆统上表替张温辩冤，说到："伏思陛下，天生光明大德，神明启发圣心，从四方招来特出的人才，在朝廷安置了贤能人士。这许多才士，已受到普遍深厚的恩惠，张温

悲疚。然臣周旋之间，为国观听，深知其状，故密陈其理。温实心无他情，事无逆迹，但年纪尚少，镇重尚浅，而戴赫烈之宠，体卓伟之才，亢臧否之谭，效褒贬之议。于是务势者妒其宠，争名者嫉其才，玄默者非其谭，瑕衅者讳其议，此臣下所当详辨，明朝所当究察也。昔贾谊，至忠之臣也，汉文，大明之君也，然而绛、灌一言，贾谊远退。何者？疾之者深，谮之者巧也。然而误闻于天下，失彰于后世，故孔子曰'为君难，为臣不易'也。温虽智非从横，武非虓虎，然其弘雅之素，英秀之德，文章之采，论议之辨，卓跞冠群，炜晔曜世，世人未有及之者也。故论温才即可惜，言罪则可恕。若忍威烈以赦盛德，有贤才以敦大业，固明朝之休光，四方之丽观也。国家之于暨艳，不内之忌族，犹等之平民，是故先见用于朱治，次见举于众人，中见任于明朝，亦见交于温也。君臣之义，义之最重；朋友之交，交之最轻者也。国家不嫌于艳为最重之义，是以温亦不嫌与艳为最轻之交也。时世宠之于上，温窃亲之于下也。夫宿恶之民，放逸山险，则为劲寇；将置平土，则

又蒙受最盛的施恩。可是张温自己招致罪责，辜负了光荣的待遇，想到他这么样，实在令人悲伤愧恨。然而臣和人们相从往来的时候，为国家观察探听，深深地了解他的情状，所以秘密陈述那其中的道理。张温实在心里没有其他的情事，事实上也没有叛逆的迹象，只是年纪尚轻，镇定稳重的修养还浅，竟承戴了光辉的恩宠，禀受了超卓伟大的才能，高举评论人物好坏的言谈，发表褒美贬恶的议论。于是专心于权势的人，妒忌他的恩宠；竞争声名的人，嫉恨他的才力；喜欢沉默的人，责备他的言谈；有毛病的人，忌讳他的评议，这是下臣所当详细辩论，圣明的朝廷所当彻底考察的啊！古时候的贾谊，是最尽忠的大臣，汉文帝是最聪明的君主，然而绛侯周勃和将军灌婴说了他一句话，贾谊就被远远地退逐。为什么呢？恨他之人的恨意太深，诬毁他的话太巧诈了。然而这错误传闻于天下之人，失去了真相的表明，直到后代。所以孔子说：'作君主很难，作臣子也不容易。'张温虽然智力不是纵横家，武勇也不像发怒的老虎，然而他弘大高雅的本质，英华秀出的行为，文章的华采，议论的明辨，特异于常人，冠绝于群伦，光采照耀世界，世人没有能赶上他的了。所以就温的才能论，就可爱惜；说到他的罪过，就可宽恕。如果忍下猛烈威严，以赦免来繁盛恩德；以宽宥贤才，来光大事业，实在是圣明朝廷美好的光辉，四方国民壮丽的见赏。国家对于暨艳，不把他纳入忌恨的种族，还让他和平民相等，所以先是被朱治任用，第二步又被众人推举，中间还被圣明朝廷任职，也被张温结交。君臣的大义，是道义中最重的了；朋友的交情，是交道中最轻的。国家不嫌弃对暨艳做最重的君臣之义，所以张温也不嫌弃和暨艳做最轻的朋友之交了。时代社会在上宠爱他，张温就在下私自亲近他了。那作恶很久的人民，放纵到深山险要之处，就成为劲猛的贼寇；把他放在平地，就是勇健的军队；所以张温的想法，是要取得长久作恶的这些人，来除掉猛寇的祸害，而增加健兵的锐利。但因他布置的参差杂乱，战功不能配合他所说的话。然而计算他所送来的军队，比起

为健兵，故温念在欲取宿恶，以除劲寇之害，而增健兵之锐也。但自错落，功不副言。然计其送兵，以比许晏，数之多少，温不减之，用之强羸，温不下之，至于迟速，温不后之，故得及秋冬之月，赴有警之期，不敢忘恩而遗力也。温之到蜀，共誉殷礼，虽臣无境外之交，亦有可原也。境外之交，谓无君命而私相从，非国事而阴相闻者也，若以命行，既修君好，因叙己情，亦使臣之道也。故孔子使邻国，则有私觌之礼；季子聘诸夏，亦有燕谭之义也。古人有言，'欲知其君，观其所使，见其下之明明，知其上之赫赫'。温若誉礼，能使彼叹之，诚所以昭我臣之多良，明使之得其人，显国美于异境，扬君命于他邦。是以晋赵文子之盟于宋也，称随会于屈建；楚王孙圉之使于晋也，誉左史于赵鞅。亦向他国之辅，而叹本邦之臣，经传美之以光国，而不讥之以外交也。王靖内不忧时，外不趋事，温弹之不私，推之不假，于是与靖遂为大怨，此其尽节之明验也。靖兵众之势，干任之用，皆胜于贾原、蒋康，温尚不容私以安于靖，岂敢卖恩以协原、康邪？又原在职不勤，当事不堪，温数对以丑色，弹以急声；若其诚欲卖恩作乱，则亦不必贪原也。凡此数者，校之于事既不合，参之于众亦不验。臣窃念人君虽有圣哲之姿，非常之智，然以一人之身，御

许晏，在数目的多少上，温不少于他；在用起来的强弱上，温也不在他之下；至于时间的快慢，温也不在他之后；所以能赶上秋冬月份，应合了有危急的期限。他是不敢忘记大恩而保留力量啊。张温到蜀国，和别人共同称誉殷礼一事，虽然做臣子的不应有国境外的交往，也有可原谅的地方。国境外的交往，是说没有君主的命令而私下相交，不是国家的事情而秘密的互相问闻。如果因奉命而往，既为君主修好，藉此展叙自己的友情，这也是做使臣的道理。所以孔子出使邻国，就有私人见面的礼仪；吴季子到许多中原诸侯国聘问，也有闲居谈话的交谊。古人有句话说：'要知道他的君主如何，就看他所用的使臣；看见他下面臣子的明察，就知道他上面君主的明智。'如果张温称誉殷礼，能使得他们蜀人赞叹他，实在是因以表明我国的臣子有许多贤良，也就证明使臣得到适当的人选，这是彰明国家的美事至国外，显扬君主的命令于他国。所以晋国赵文子到宋国订盟约，向屈建称赞随会；楚国王孙圉到晋国出使，向赵鞅称誉左史。也都是向别国的辅佐，来赞叹本国的人臣，经传以光荣国家来赞美他们，而不以私交外国来讥刺他们。王靖内心不忧虑时局，外面也不趋赶国事。张温弹劾他，不是有私怨，推问他的事都不假，于是和靖就构成大怨，这正是他竭尽人臣品节很明显的证明了。王靖军队的势力，干练任职的才用，都胜过贾原、蒋康。张温尚不容许私情使王靖安于职位，岂敢出卖恩惠来协和原、康呢？又贾原在职不肯勤劳，办事不能胜任，张温常常以难堪的表情相对，以急厉的声音呵责，如果他真要卖恩惠作叛乱，那也不必贪图贾原这个人啊！总合上面这几项，从事实考校既不相合，从众人参证也不应验。臣私下想想，人君虽有圣智的资禀，非常的智慧，然而以一个人的身子，驾驭百万人民之多，从一层层深宫的里面，环视到四方国家以外，察看许多属下的心情，

兆民之众，从层宫之内，瞰四国之外，照群下之情，求万机之理，犹未易周也，固当听察群下之言，以广聪明之烈。今者人非温既殷勤，臣是温又契阔，辞则俱巧，意则俱至，各自言欲为国，谁其言欲为私，仓卒之间，犹难即别。然以殿下之聪睿，察讲论之曲直，若潜神留思，纤粗研核，情何嫌而不宣，事何昧而不昭哉？温非亲臣，臣非爱温者也。昔之君子，皆抑私忿，以增君明。彼独行之于前，臣耻废之于后，故遂发宿怀于今日，纳愚言于圣听，实尽心于明朝，非有念于温身也。”权终不纳。

后六年，温病卒。二弟祗、白，亦有才名，与温俱废。

骆统字公绪，会稽乌伤人也。父俊，官至陈相，为袁术所害。统母改适，为华歆小妻，统时八岁，遂与亲客归会稽。其母送之，拜辞上车，面而不顾，其母泣涕于后。御者曰：“夫人犹在也。”统曰：“不欲增母思，故不顾耳。”事適母甚谨。时饥荒，乡里及远方客多有困乏，统为之饮食衰少。其姊仁爱有行，寡归无子，见统甚哀之，数问其故。统曰：“士大夫糟糠不足，我何心独饱！”姊曰：“诚如是，何不告我，而自苦若此？”乃自

探求万种要事的道理，恐怕还不容易周到。实应听察许多下属的言语，来广大天生聪明的光明。现在，人们指责张温的罪过，已委曲说尽，臣以张温为是，又为他劳苦地分解，言辞均巧妙，意思都恳切。各人都自说是为了国家，谁肯说是为了私心，匆忙之间，还是难以立刻分别的。然而以殿下聪明智慧，来察看言论的是非，如果暗运精神，留心思想，粗的细的都加以研究考实，任何可疑的事情，哪有不明白的；任何暗昧的事实，哪有不显著的呢？张温并非和臣亲昵，臣也不是爱护张温呀！古时的君子，都是压制私人的忿怒，来增加君主的明察。他们能独立实行在前，臣羞耻废弃这种做法在后，所以就在今天发挥出以前所有的想法，献上愚昧的言辞，给圣主听闻采纳，实在是尽心力于圣明的朝廷，不是有所爱念于张温的人啊。”孙权终于还是不采纳。

六年以后，张温生病死了。两个弟弟张祗、张白，也有贤才的名声，和张温同时被废弃。

骆统字是公绪，会稽郡乌伤县（今浙江省义乌市）的人。父亲骆俊，官做到陈王的相国，后被袁术所杀害。骆统的母亲改嫁，做了华歆的妾，这时骆统八岁，就和一些亲戚朋友回到会稽郡。临走他的母亲送他，他拜别后上车，面对前方不再转头回顾，他母亲在后面流泪。赶车的人说：“夫人还站在那里。”骆统说：“我不想增加母亲对我的思念，所以不回头看。”他事奉母亲十分小心恭敬。有一年闹饥荒，乡里间以及从远方来客居的人，多半都贫乏困穷，骆统因此而吃的很少。他的姐姐有仁爱的品行，守寡后回来，没有孩子，看到骆统很悲哀的样子，就三番两次的问他原因。骆统说：“许多士人粮食不够吃，我怎忍心一个人吃饱！”他姐姐说：“既是如此，为什么不告诉我，而如此的自己苦自己呢？”于是

以私粟与统，又以告母，母亦贤之，遂使分施，由是显名。

孙权以将军领会稽太守，统年二十，试为乌程相，民户过万，咸叹其惠理。权嘉之，召为功曹，行骑都尉，妻以从兄辅女。统志在补察，苟所闻见，夕不待旦。常劝权以尊贤接士，勤求损益，飨赐之日，可人人别进，问其燥湿，加以密意，诱谕使言，察其志趣，令皆感恩戴义，怀欲报之心。权纳用焉。出为建忠中郎将，领武射吏三千人。及凌统死，复领其兵。

是时征役繁数，重以疫疠，民户损耗，统上疏曰："臣闻君国者，以据疆土为强富，制威福为尊贵，曜德义为荣显，永世胤为丰祚。然财须民生，强赖民力，威恃民势，福由民殖，德俟民茂，义以民行，六者既备，然后应天受祚，保族宜邦。《书》曰：'众非后无能胥以宁，后非众无以辟四方。'推是言之，则民以君安，君以民济，不易之道也。今强敌未殄，海内未乂，三军有无已之役，江境有不释之备，征赋调数，由来积纪。加以殃疫死丧之灾，郡县荒虚，田畴芜旷，听闻属城，民户浸寡，又多残老，少有丁夫，闻此之日，

就把自己的粟米送给骆统，又把这事情告诉母亲，他母亲也很称赞他的贤德，就派人去分别施济，由此骆统的名声显盛起来。

孙权以将军兼为会稽郡太守，骆统二十岁被试用为乌程县（今浙江省湖州市南）的辅佐官，百姓超过一万户，大家都赞美他治理时有恩惠。孙权嘉许他，召他为功曹，兼任骑都尉，并把堂兄孙辅的女儿嫁给他为妻。骆统志在帮助监察，如果听说或看见的事，必立刻去办，夜间的事，绝不等到天明。他常常劝孙权尊敬贤人、接近学士，多向他们访求应当增减的各方面建议。宴会奖赏的时候，可使每人个别进见，问他们居处是高燥？是低湿？加之以亲密的意思，引导宣明让他们讲话，用来观察他们的志向意趣，使得都能感激恩惠，尊奉情谊，且心中持藏着要报答的心意。孙权采纳了他的话。派出去做建忠中郎将，统领擅长武事的吏士三千人。到凌统死后，又统领他属下的兵。

这时征召兵役很频繁，再加上瘟疫疠病，每户人民损失很重，骆统上疏说："臣听说作一国君主的，以据有疆大为强大富有，以制定威力福祉为尊崇隆贵，以彰示道德正义为光荣显盛，以永远世世代代继承下去为大福。但财力须靠人民的生产，强盛须靠人民的力量，声威须靠民众的势力，福是由于人民而生成，德是等待民力而盛大，义是凭藉民力而推行，以上六事都具备，然后才能顺应天命，接受福禄，保护家族，和顺邦国。《书经》上说：'民众没有君主，无法都得到安宁；君主没有民众，无法开辟平定四方。'由这推论，那么人民因国君而得到安定，君主因人民而得到成功，这是不变的道理。如今强敌未消灭，天下未安定，军队有打不完的仗，长江边境有不能解除的守备，于是收赋税，征发频烦，开始以来，已积至十二年之久（十二年为一纪，故曰积纪）。加以疠疫死亡的灾害，郡县已成荒凉废墟，田地也荒芜空旷，听说各郡属下的县城，人民户口渐少，又多是残废或老人，

心若焚燎。思寻所由，小民无知，既有安土重迁之性，且又前后出为兵者，生则困苦无有温饱，死则委弃骸骨不反，是以尤用恋本畏远，同之于死。每有征发，羸谨居家重累者先见输送。小有财货，倾居行赂，不顾穷尽。轻剽者则迸入险阻，党就群恶。百姓虚竭，嗷然愁扰，愁扰则不营业，不营业则致穷困，致穷困则不乐生，故口腹急，则奸心动而携叛多也。又闻民间，非居处小能自供，生产儿子，多不起养；屯田贫兵，亦多弃子。天则生之，而父母杀之，既惧干逆和气，感动阴阳。且惟殿下开基建国，乃无穷之业也。强邻大敌非造次所灭，疆埸常守非期月之戍，而兵民减耗，后生不育，非所以历远年，致成功也。夫国之有民，犹水之有舟，停则以安，扰则以危，愚而不可欺，弱而不可胜，是以圣王重焉，祸福由之，故与民消息，观时制政。方今长吏亲民之职，惟以办具为能，取过目前之急，少复以恩惠为治，副称殿下天覆之仁，勤恤之德者。官民政俗，日以彫弊，渐以陵迟，势不可久。夫治疾及其未笃，除患贵其未深，愿殿下少以万机馀闲，留神思省，补复荒虚，深图远计，育残馀之民，阜人财之用，参曜三光，等崇天地。臣统之大愿，足以死而不朽

很少壮丁，听到这些话的时候，内心如同在焚烧般。细想这一切的原因，百姓无知识，既有安居于本土，重视迁移的本性，且又陆续出去当兵，于是生存的时候，得不到温饱，生活很困苦，死后则丢弃尸骨在外地，回不了故乡，所以就更因此而眷恋本土，畏惧远征，最后同样的是死路一条。每次征兵发送，势弱谨慎又有家庭重大拖累的先被送走，小有财产物资的，不顾家产的荡尽，倾其所有去贿赂主管。易动好乱的人就投入险阻中，与做恶的群体为党。百姓空虚力竭，都发出愁苦之声，忧愁扰动。忧愁扰动就不能营业，不营业就遭致穷困，遭受穷困就不会以生存为乐事，所以口腹饿急了，就会动了作乱的邪恶之心，而叛离的也就多了。又听说民间，并非小户人家就能供得起自己的生活，生了儿子，多半都养不起；守边种田的贫困兵卒，也多半抛弃子女。上天生养万物，而父母却杀了他们所生的，臣既恐惧背犯了天地和洽之气，激动了阴阳二气的不平衡；且又想到殿下开创基业，建立国家，这是永恒的大业。强邻大敌不是仓卒间可以消灭的，疆界上的长远守备，也不是一个月短期的防卫，可是兵士人民的减少与损失，加上后代的不加抚养，都不是可以经历久远的年岁，而达到成功的目的的。国家有人民，就像水上有船，船停止就安定，船扰乱就危险，人民虽愚但不能欺，势力虽弱但不能胜，所以圣明的君主都重视人民，祸福也由此而来，所以得沟通民情，且观察当时情势来制定政治。如今做长官接近人员的职任，只是以完成应办的事务为能干，取其渡过眼前的急需，很少以恩惠作为治民的要务，来配合殿下像上天覆育万物的仁恩，殷勤照顾的大德的。官吏的行政，人民的风俗，一天天凋零败坏，渐渐的到了衰微的境地，这形势是不能维持长久的。治病要赶在尚未严重的时候，除患重在尚未深入的时候，希望殿下稍稍的用一点万种要务剩余的时间，留心思虑考察，补救荒废空虚而回复以前，深刻的计划久远的大计，养育这些残余的人民，丰富人民和财

矣。”权感统言，深加意焉。

以随陆逊破蜀军于宜都，迁偏将军。黄武初，曹仁攻濡须，使别将常雕等袭中洲，统与严圭共拒破之，封新阳亭侯，后为濡须督。数陈便宜，前后书数十上，所言皆善，文多故不悉载。尤以占募在民间长恶败俗，生离叛之心，急宜绝置，权与相反覆，终遂行之。年三十六，黄武七年卒。

陆瑁字子璋，丞相逊弟也。少好学笃义。陈国陈融、陈留濮阳逸、沛郡蒋纂、广陵袁迪等，皆单贫有志。就瑁游处，瑁割少分甘，与同丰约。及同郡徐原，爰居会稽，素不相识，临死遗书，托以孤弱，瑁为起立坟墓，收导其子。又瑁从父绩早亡，二男一女，皆数岁以还，瑁迎摄养，至长乃别。州郡辟举，皆不就。

时尚书暨艳盛明臧否，差断三署，颇扬人暗昧之失，以显其谪。瑁与书曰：“夫圣人嘉善矜愚，忘过记功，以成美化。加今王业始建，将一大统，此乃汉高弃瑕录用之时也，

物的使用，使光辉和日月虽相并，道德和天地同高，这就是臣统的最大愿望，足使此生虽死，不与万物同朽了。”孙权很受骆统的言语感动，深刻注意这事情。

因随陆逊打败了蜀国军队，调任偏将军。吴王黄武初年，曹仁攻打濡须坞（在今安徽含山县西南吉濡须水口），派另外的大将军常雕等袭击中洲，骆统和严圭共同抗拒，打败敌人，封为新阳亭侯，后来又做了濡须都督。屡次上书说明便利的事宜，前后上书有好几十次，所说的都对，因文字很多，所以不完全记载。尤其是让自己衡量具备的条件，来应募从军的这种方式，在民间助长了邪恶，败坏了风气，造成分离叛逆的野心，实应急速断绝这种设置，孙权为此和他互相反复辩论，最后还是照他的意见去实行。他三十六岁那年，也就是黄武七年（公元228年）去世。

陆瑁字是子璋，丞相陆逊的弟弟。小时候喜好学问，笃信正义。陈国的陈融，陈留的濮阳逸、沛郡的蒋纂、广陵的袁迪等人，都孤单贫困而有志气，到陆瑁处一起游学相处，陆瑁有了吃用的东西，少的就割出一部分，好的也分出一部分，和他们同享丰富或节约的生活。及至同郡县的徐原，移居到会稽，原本并不认识，临死时留下交待遗言的书信，把弱小孤儿托付给陆瑁，陆瑁替徐原建起坟墓，收养教导他的孩子。又陆瑁的伯父陆绩，很早去世，留下两男一女，都是几岁左右，陆瑁迎接了来，保护养育，直到他们长大才分开。州郡征召推荐，陆瑁都不接受。

当时尚书暨艳，极力分别人物的好坏。分等断定五官、左、右等三署的官吏，很显扬他人的隐秘过失，以显现出此人的罪过。陆瑁给他信说：“圣人称许好人，怜悯笨人，忘去过失，记住功劳，以造成美好的教化。加上现在王业刚开始建立，将要统一天下，这正是

若令善恶异流，贵汝颍月旦之评，诚可以厉俗明教，然恐未易行也。宜远模仲尼之泛爱，中则郭泰之弘济，近有益于大道也。”艳不能行，卒以致败。

嘉禾元年，公车征瑁，拜议郎、选曹尚书。孙权忿公孙渊之巧诈反覆，欲亲征之，瑁上疏谏曰：“臣闻圣王之御远夷，羁縻而已，不常保有，故古者制地，谓之荒服，言慌惚无常，不可保也。今渊东夷小丑，屏在海隅，虽托人面，与禽兽无异。国家所为不爱货宝远以加之者，非嘉其德义也，诚欲诱纳愚弄，以规其马耳。渊之骄黠，恃远负命，此乃荒貊常态，岂足深怪？昔汉诸帝亦尝锐意以事外夷，驰使散货，充满西域，虽时有恭从，然其使人见害，财货并没，不可胜数。今陛下不忍悁悁之忿，欲越巨海，身践其土，群臣愚议，窃谓不安。何者？北寇与国，壤地连接，苟有间隙，应机而至。夫所以越海求马，曲意于渊者，为赴目前之急，除腹心之疾也，而更弃本追末，捐近治远，忿以改规，激以动众，斯乃猾虏所愿闻，非大吴之至计也。又兵家之术，以功役相疲，劳逸相待，得失之间，所觉辄多。且沓渚去渊，道里尚远，今到其岸，兵势三分，使强者进取，次当守船，又次

汉高祖用人，抛弃缺点加以任用的时候。如果让好坏之人分为两类，重视汝南每月品题的评论，如此诚然可以勉励世俗，宣明教化，然而恐怕不易实行。应该向远古模仿孔子的泛爱大众，中间就学郭泰的大度助人（郭泰家贫早孤，博通坟籍，善谈论，美音制，显名京师而绝意仕进，生平好品题人物，而不为危言覈论，故党锢事起，泰独得免），这才是接近有益于大道的做法。”暨艳不肯照他话做，最后终于遭致失败。

吴大帝嘉禾元年（公元 232 年），政府征召陆瑁任议郎，选曹尚书。孙权愤怒公孙渊的巧言欺诈，反复无常，想要亲自征伐他，陆瑁上疏劝谏说：“臣听说圣明君王统御远方的蛮夷，只是连系罢了，不能持为己有，所以古时候制理境地，称为荒服，就是说恍惚不定能保有。现在公孙渊是个东方夷族的小东西，退住在海的一角，虽然假借人的外貌，本质和禽兽没有两样。国家所以不爱惜财货珍宝，远远的去送给他，并非嘉许他的德义，实在是想引诱收纳，加以愚弄，来图谋他所产的马匹罢了。公孙渊的骄傲狡猾，仗着在远方而违背命令，这乃是荒远貊族常有的情形，哪里值得深深怪罪？以前汉朝那些皇帝，也曾很注意的来对付外夷，派使节分送财货，充满了西城，虽然夷族有时恭敬顺服，但那使者被害，财物全被拿走的事情也不胜其数。如今陛下不忍忿怒之气，想要渡过大海，亲自到他境内，大家的愚见都私下认为不妥。为什么呢？北边的敌寇和我们国家的土地相邻，土地连接，如果一旦有可伺的机会，他会顺应时机而到来。那所以要渡海求取马匹，委曲心意优待公孙渊的做法，都是为了适应眼前的危急状态，除去心腹中的大病。而变成舍本求末，舍近治远，因忿怒而改变常规，由激动而用大兵，这乃是狡猾的敌人所想听到的消息，而不是大吴国的最好计策。再说兵家的技术，是以战功、劳役相互的疲惫敌人，以逸敌劳相对的对待敌军，得失之间，所感受到的就很多。而且沓渚距离公孙渊，路程还很远，如今要到

运粮，行人虽多，难得悉用；加以单步负粮，经远深入，贼地多马，邀截无常。若渊狙诈，与北未绝，动众之日，唇齿相济。若实孑然无所凭赖，其畏怖远迸，或难卒灭。使天诛稽于朔野，山虏承间而起，恐非万安之长虑也。”权未许。

瑁重上疏曰：“夫兵革者，固前代所以诛暴乱，威四夷也，然其役皆在奸雄已除，天下无事，从容庙堂之上，以馀议议之耳。至于中夏鼎沸，九域槃互之时，率须深根固本，爱力惜费，务自休养，以待邻敌之阙，未有正于此时，舍近治远，以疲军旅者也。昔尉佗叛逆，僭号称帝，于时天下乂安，百姓殷阜，带甲之数，粮食之积，可谓多矣，然汉文犹以远征不易，重兴师旅，告喻而已。今凶桀未殄，疆埸犹警，虽蚩尤、鬼方之乱，故当以缓急差之，未宜以渊为先。愿陛下抑威任计，暂宁六师，潜神嘿规，以为后图，天下幸甚。”权再览瑁书，嘉其词理端切，遂不行。

初，瑁同郡闻人敏见待国邑，优于宗修，惟瑁以为不然，后果如其言。

赤乌二年，瑁卒。子喜亦涉文籍，好人伦，孙晧时为选曹尚书。

他的岸上，军队势力要分成三部分，令强兵去进攻，其次的守护兵船，再其次的运送粮食，行动的人虽然很多，很难完全用上；加上徒步背运粮食，经历很远的路，又深入敌境，贼人境内有很多的马，在半路遮断拦截，行动没有一定。如果公孙渊狡诈，与北方边寇没有断绝来往，作战之时，他们必如唇齿相依而互助。如果确实孤单无所依赖，他就会因害怕而远逃，或许也难以很快的消灭。假使天子的诛伐停留在北方的旷野，山族的贼人乘着这空隙而起兵，恐怕不是绝对安全的最好思考了。”孙权没有听从而未允许。

陆瑁再上疏说：“那用兵作战，原是古代用来诛伐暴乱，威服四方蛮夷的，而那些战役都在恶贼的首长已除去，天下安定没事，从容平静的朝廷上，以剩余讨论事项来谈论罢了。至于中国大乱，九州都被敌人盘踞错杂的时候，都须要扎深根基，巩固根本，爱护国力，珍惜费用，专力于自己休养，以等待邻国敌人的缺失，而没有正在此时却放弃近敌而到远方去攻打，使得军队疲惫的。以前尉佗叛国，偷立国号称起皇帝，那时天下平安，百姓很富足，武装的兵士数目，全国粮食的屯积，可以说是很多了，然而汉文帝仍以到远方出征不容易，难于起兵征伐，而仅仅写信去告喻罢了。如今凶恶好杀的国贼尚未消灭，疆界须警备，纵有古代的蚩尤、鬼方的叛乱，也应以轻重缓急而有所差别，不宜以公孙渊为首先攻打的目标。希望陛下压住威武，采用计谋，暂时安定军队，暗藏神机，默默规划，来为以后打算。这样，天下是非常的幸运。”孙权再看陆瑁的奏疏，赞美他的文辞道理端正切实，就没去出征。

其初，陆瑁同郡县的闻人敏，在国内和乡邑间受人重视，被人看待，认为比宗修还好。只有陆瑁认为不是那样，后来果真如他所说的一样。

赤乌二年（公元 239 年），陆瑁去世。他的儿子陆喜也涉猎文章书籍，喜好评论人物，在吴主孙晧时代，任选曹尚书。

吾粲字孔休，吴郡乌程人也。孙河为县长，粲为小吏，河深奇之。河后为将军，得自选长吏，表粲为曲阿丞，迁为长史，治有名迹。虽起孤微，与同郡陆逊、卜静等比肩齐声矣。孙权为车骑将军，召为主簿，出为山阴令，还为参军校尉。

黄武元年，与吕范、贺齐等俱以舟师拒魏将曹休于洞口。值天大风，诸船绠绁断绝，漂没著岸，为魏军所获，或覆没沈溺，其大船尚存者，水中生人皆攀缘号呼，他吏士恐船倾没，皆以戈矛撞击不受。粲与黄渊独令船人以承取之，左右以为船重必败，粲曰："船败，当俱死耳！人穷，奈何弃之。"粲、渊所活者百馀人。

还，迁会稽太守，召处士谢谭为功曹，谭以疾不诣，粲教曰："夫应龙以屈伸为神，凤皇以嘉鸣为贵，何必隐形于天外，潜鳞于重渊者哉？"粲募合人众，拜昭义中郎将，与吕岱讨平山越，入为屯骑校尉、少府，迁太子太傅。遭二宫之变，抗言执正，明嫡庶之分，欲使鲁王霸出驻夏口，遣杨竺不得令在都邑。又数以消息语陆逊，逊时驻武昌，连表谏争。由此为霸、竺等所谮害，下狱诛。

吾粲字是孔休，吴郡乌程县（故治即今浙江省湖州市南之古菰城。东晋移今湖州市城区治；明、清时与归安县同为湖州府治；民国废，并二县为吴兴县。）人。孙河当县长，吾粲当小官吏，孙河深深惊奇他。孙河后来当了将军，可以自己选任官吏之长，表奏吾粲为曲阿辅佐的官，调任为长史，治理上有出名的成绩。虽然出身于孤单寒微的家庭，后来和同郡的陆逊、卜静等人身份相等，声望相同了。孙权做车骑将军，召他做主簿，外放为山阴县令，回朝廷又当了参军校尉。

吴王孙权黄武元年（公元222年），和吕范、贺齐等人一同以水军抗拒魏国大将曹仁于洞口。正逢天刮大风，那些系船的绳索断了，船都漂流浮沉靠在岸边，被魏国军队所俘获，有的船沉了，人也溺毙，有的大船还存在，水中活着的人，都攀着船边呼号求救，船上其他的官兵怕船因载人太多而覆沉，就都拿戈矛撞打，不能接受求救的人。吾粲和黄渊特别命令船上的人来接救他们，旁边的人认为船太重必然会破坏，吾粲说："船坏，就是一起死罢了！他人在穷困时，为何丢弃他们。"吾粲、黄渊救活了一百多人。

回来后，调任会稽郡太守，召请隐居的学者谢谭任功曹，谢谭称病不到，吾粲给他命令说："飞龙以能屈能伸为神奇，凤凰以美好的叫声为可贵，何必隐藏形迹于天外，潜藏鳞爪于深渊呢？"吾粲召募集合人群，任昭义中郎将，和吕岱讨平山越族，入朝内任屯骑校尉、少府，调升为太子太傅。遇上太子和鲁王霸的事变，就抗议直言，执持正义，说明嫡长、庶出的分别，想要让鲁王霸外出屯驻在夏口，遣走杨竺，使他不得在首都的县邑。又屡次把消息告诉陆逊，陆逊当时驻军在武昌，连续上表劝谏力争。吾粲因此被鲁王霸、杨竺等诬谤陷害，关入牢狱后被杀。

朱据字子范，吴郡吴人也。有姿貌膂力，又能论难。黄武初，征拜五官郎中，补侍御史。是时选曹尚书暨艳，疾贪污在位，欲沙汰之。据以为天下未定，宜以功覆过，弃瑕取用，举清厉浊，足以沮劝，若一时贬黜，惧有后咎。艳不听，卒败。

权咨嗟将率，发愤叹息，追思吕蒙、张温，以为据才兼文武，可以继之，由是拜建义校尉，领兵屯湖孰。黄龙元年，权迁都建业，征据尚公主，拜左将军，封云阳侯。谦虚接士，轻财好施，禄赐虽丰而常不足用。嘉禾中，始铸大钱，一当五百。后据部曲应受三万缗，工王遂诈而受之，典校吕壹疑据实取，考问主者，死于杖下，据哀其无辜，厚棺敛之。壹又表据吏为据隐，故厚其殡。权数责问据，据无以自明，藉草待罪。数月，典军吏刘助觉，言王遂所取，权大感寤，曰："朱据见枉，况吏民乎？"乃穷治壹罪，赏助百万。

赤乌九年，迁骠骑将军。遭二宫构争，据拥护太子，言则恳至，义形于色，守之以死，遂左迁新都郡丞。未到，中书令孙弘谮润据，因权寝疾，弘为诏书追赐死，时年

朱据的字是子范，吴郡吴县（今江苏省苏州市）人。有容貌气力，又能辩论质问。黄武初，征召任用为五官郎中，补了侍御史。这时选曹尚书暨艳，痛恨贪污的人在官位，想要淘汰掉。朱据认为天下尚未平定，应该以功掩过，丢开小过失，采取可用的长处，举用清廉，勉励污浊的人，如此足以遏止、劝勉，如果一下子贬官罢黜，恐怕会有后患。暨艳不听，最后失败。

孙权嗟叹将帅人才难得，发出愤懑言语，深深叹息，追念吕蒙、张温，认为朱据文才武才兼备，可以接续吕蒙、张温二人。自此任他为建义校尉，率兵屯驻湖孰。吴大帝黄龙元年（公元229年），孙权把首都迁到建业，召朱据娶公主为妻，任左将军，封为云阳侯。朱据谦虚待人，看轻财物，乐于施舍，俸禄赏赐虽然丰富，然而常常不够用。吴大帝嘉禾年间，开始铸造大钱，一个相当于五百个小钱。后来朱据部下军队应接受三万贯钱，铸工王遂以诈骗手法私自接受了那些钱。典校吕壹怀疑朱据实已拿去，就拷问主管这事的人，这人死于拷打的木杖下，朱据悲哀他的无辜，就厚厚地用棺木殡葬他。吕壹又上奏说朱据的属吏替朱据隐瞒实情，所以朱据才厚葬他。孙权屡次责问朱据，朱据无法表明自己，就坐在草地上等待判罪。几个月后，典军吏刘助发觉真相，说明是王遂所拿，孙权深感觉悟，说："朱据都被冤枉，更何况那些官吏人民呢？"就追究吕壹的罪过，判他罪刑，赏赐刘助一百万钱。

吴大帝赤乌九年（公元246年），调任骠骑将军。遇上太子与鲁王结怨争斗，朱据拥护太子，言语极恳切，义气表于颜色，以虽死不变的意志坚守这原则，于是就被贬降为新都（故城在今浙江省淳安县西）的郡丞。还没到任，中书令孙弘谗言加诬朱据，因为孙权卧病，孙弘就作成诏书，追送了去，赐他死刑。此时他五十七岁。孙亮（东吴废帝）时代，

五十七。孙亮时，二子熊、损各复领兵，为全公主所谮，皆死。永安中，追录前功，以熊子宣袭爵云阳侯，尚公主。孙晧时，宣至骠骑将军。

评曰：虞翻古之狂直，因难免乎末世，然权不能容，非旷宇也。陆绩之于扬《玄》，是仲尼之左丘明，老聃之严周矣；以瑚琏之器，而作守南越，不亦贼夫人欤！张温才藻俊茂，而智防未备，用致艰患。骆统抗明大义，辞切理至，值权方闭不开。陆瑁笃义规谏，君子有称焉。吾粲、朱据遭罹屯蹇，以正丧身，悲夫！

他的两个儿子朱熊、朱损各又领兵，被全公主所诬毁，都死了。景帝永安年中，追记朱据以前的功劳，以朱熊的儿子朱宣承袭爵位，为云阳侯，娶公主为妻。在吴主孙晧时代，朱宣升至骠骑将军。

陈寿评论说：虞翻是古代狂放正直的那种人，实在难以避免道德衰微之世的杀身之祸；然而孙权不能宽容他，那也不算是有广阔的度量。陆绩对于扬雄的《太玄经》，可说是孔子的左丘明，老子的庄周了。以宝玉祭器般的高贵才能，而做了南越太守，不也伤害了这个好人吗？张温才华美盛，可是没具备防害的智慧，因此遭受到苦难祸患。骆统上疏宣明大义，文辞切当，道理极高，恰遇孙权闭拒忠言，不能开心接纳。陆瑁笃守正义，规划劝谏，君子有所称美他。吾粲、朱据，遭遇了艰难不利，因正道而死亡，可悲伤啊！

三国志卷五十八

陆逊传第十三

王令樾 译

陆逊字伯言，吴郡吴人也。本名议，世江东大族。逊少孤，随从祖庐江太守康在官。袁术与康有隙，将攻康，康遣逊及亲戚还吴。逊年长于康子绩数岁，为之纲纪门户。

孙权为将军，逊年二十一，始仕幕府，历东、西曹令史，出为海昌屯田都尉，并领县事。县连年亢旱，逊开仓谷以振贫民，劝督农桑，百姓蒙赖。时吴、会稽、丹杨多有伏匿，逊陈便宜，乞与幕焉。会稽山贼大帅潘临，旧为所在毒害，历年不禽。逊以手下召兵，讨治深险，所向皆服，部曲已有二千馀人。鄱阳贼帅尤突作乱，复往讨之，拜定威校尉，军屯利浦。

权以兄策女配逊，数访世务，逊建议曰："方今英雄棋跱，豺狼窥望，克敌宁乱，非众不济。而山寇旧恶，依阻深地。夫腹心未平，难以图远，可大部伍，取其精锐。"权纳其

陆逊字是伯言，吴郡吴县（今江苏省苏州市）的人。本来名叫议，世代为江东的大族。陆逊小时候失去父亲，跟随从祖父庐江太守陆康在官任。袁术与陆康有怨，将攻打陆康，陆康使陆逊及亲戚回到吴县去。陆逊比陆康的儿子陆绩年长几岁，就替他经管家事。

孙权做将军，那年陆逊二十一岁，开始在将军府中做官。经历了东、西曹令史，外放为海昌县的屯田都尉，并管领县长职事。县中连年抗旱，陆逊打开谷仓来赈济贫民，劝导督促农事，百姓蒙受他的恩泽，依赖他的照顾。当时吴郡、会稽郡、丹杨郡有许多潜藏的人民，陆逊陈明便于公、宜于民的做法，乞求征募他们来当兵。会稽山贼的大帅潘临，以前就是所在地惨痛的祸害，经过多年都没擒获。陆逊以手底下召募来的兵，征讨整顿深远险僻的地方，所到之处都降服，部队已有二千余人。鄱阳贼的统帅尤突作乱，又去征讨了他。任定威校尉，军队屯驻在利浦。

孙权以哥哥孙策的女儿许配给陆逊，屡次访求经世的事务，陆逊建议说："当今英雄像棋子的对峙，相持不下，如豺狼般残杀险恶的人，在窥伺探望，要克胜敌人，平定祸乱，非军队不成。而山贼旧有的恶势力，依靠着险阻，深入内地。那等于腹心之疾没平复，很难图谋远方，可以扩大部队，拔取那里面的精锐士兵。"孙权采纳他的计策，任用为帐下右

陆逊，选自《中国历代帝王名臣像真迹》。

策，以为帐下右部督。会丹杨贼帅费栈受曹公印绶，扇动山越，为作内应，权遣逊讨栈。栈支党多而往兵少，逊乃益施牙幢，分布鼓角，夜潜山谷间，鼓噪而前，应时破散。遂部伍东三郡，强者为兵，羸者补户，得精卒数万人，宿恶荡除，所过肃清，还屯芜湖。

会稽太守淳于式表逊枉取民人，愁扰所在。逊后诣都，言次，称式佳吏，权曰："式白君而君荐之，何也？"逊对曰："式意欲养民，是以白逊。若逊复毁式以乱圣听，不可长也。"权曰："此诚长者之事，顾人不能为耳。"

吕蒙称疾诣建业，逊往见之，谓曰："关羽接境，如何远下，后不当可忧也？"蒙曰："诚如来言，然我病笃。"逊曰："羽矜其骁气，陵轹于人。始有大功，意骄志逸，但务北进，未嫌于我，有相闻病，必益无备。今出其不意，自可禽制。下见至尊，宜好为计。"蒙

部督。适逢丹杨贼帅费栈接受了曹操的官印，煽动山越民族，作为内应，孙权派陆逊讨伐费栈。费栈的支流党羽很多，而派去的兵很少，陆逊就设立了许多用象牙装饰的大将旗子，分别布置了军鼓号角，夜间潜藏在山谷间，鸣鼓喧闹着前进，费栈的贼兵立刻败散。于是部署东面的三个郡，强者当兵，弱者补入民户，得到精兵好几万人，旧有的恶势力被完全除尽，所经过的地方完全肃清，回去屯驻在芜湖。

会稽郡太守淳于式，表奏陆逊不合法的取用人民，使所在之地愁苦困扰。陆逊后来到了首都，谈话之间，称赞淳于式是好官，孙权说："式来告你，而你却推举他，为什么呢？"陆逊答复说："式的意思是要养护百姓，所以告我。如果我再去毁谤式，来扰乱圣上的听闻，这互讦的恶风，是不可以让它渐渐成长的。"孙权说："这实在是道德忠厚的人所做的事，但是人们做不到罢了。"

吕蒙声称有病而到建业，陆逊去见他，对他说："关羽就接近在我国的边境，怎么能远来这里，以后不是就该很可忧虑了吗？"吕蒙说："实在是像你所说的情形，但我病得很重。"陆逊说："关羽矜夸他的勇猛之气，对人欺侮蔑视。刚有大功，意态骄傲，心志放纵，只专力于向北进攻，没有怀疑于我，今听说您有病，必更加无防备，如今出他意料之外，自当可以擒住制服。今后见了皇帝，应该好好的作个计划。"吕蒙说："关羽一向勇猛，

曰："羽素勇猛，既难为敌，且已据荆州，恩信大行，兼始有功，胆势益盛，未易图也。"蒙至都，权问："谁可代卿者？"蒙对曰："陆逊意思深长，才堪负重，观其规虑，终可大任。而未有远名，非羽所忌，无复是过。若用之，当令外自韬隐，内察形便，然后可克。"权乃召逊，拜偏将军右部督代蒙。

逊至陆口，书与羽曰："前承观衅而动，以律行师，小举大克，一何巍巍！敌国败绩，利在同盟，闻庆拊节，想遂席卷，共奖王纲。近以不敏，受任来西，延慕光尘，思廪良规。"又曰："于禁等见获，遐迩欣叹，以为将军之勋足以长世，虽昔晋文城濮之师，淮阴拔赵之略，蔑以尚兹。闻徐晃等少骑驻旌，窥望麾葆。操猾虏也，忿不思难，恐潜增众，以逞其心。虽云师老，犹有骁悍。且战捷之后，常苦轻敌，古人杖术，军胜弥警，愿将军广为方计，以全独克。仆书生疏迟，忝所不堪，喜邻威德，乐自倾尽，虽未合策，犹可怀也。傥明注仰，有以察之。"羽览逊书，有谦下自托之意，意大安，无复所嫌。逊具启形

本就很难为敌，而且现已占据荆州，恩泽信用风行，加上一开始的功勋，胆势更盛，不容易图谋。"吕蒙到都城，孙权问他："谁可以代替你？"吕蒙回答说："陆逊用意运思，深刻长远，才干足能负起重任，看他的规划思虑，终究可以大大地任用。而且没有远大名声，不是关羽所避忌的人，没有比他再超过的人了。如果用他，应当命令他外面自己隐藏才能，内心考察形势的便利，然后就可以战胜。"孙权就召见陆逊，任为偏将军右部督，代替吕蒙。

陆逊到了陆口（今湖北省嘉鱼县西南之陆溪镇），写信给关羽说："以前承你观察敌人的缺失空隙来发动攻击，按照规律行军，小小的举兵也得到大的胜利，成就的功业怎么那么高呢！敌国失败，那利益加在同盟国上，听到这喜庆的事，我就鼓掌击节。想必接着进攻中原，像卷席子般的全部攻下，共同的来帮助朝廷的治国纲纪。近来以我这个不聪敏的人，到西面来接受这项任务，延颈遥望，羡慕你的光彩和行迹，想要禀受你的好计划。"又说："于禁等被提获，远近的人都欣喜叹美，认为将军的功勋，足以久远传留于世上。虽古时晋文公在城濮的用兵，淮阴侯拔赵帜的战略，也不能居于这次战功之上。听说徐晃等少数的骑兵，竖立军旗，驻在近地，窥伺着你设立着旗伞的军营。曹操是狡猾的敌寇，忿怒了就想不到危难，恐怕他会偷偷的增兵，来称心如愿。虽说是他的军队暮气沉沉，可还有一点点凶猛强悍。而且战胜之后，常患有轻敌的心理，古人所倚仗的方法，就是军队战胜后更加警戒，希望将军多作一些方案计划，来保全特有的战胜之功。我是一个疏略迟钝的书生，惭愧地担任这不能胜任的战务，很喜欢邻国有这样的威力德政，我高兴的把心意完全吐露出来，虽然未必适合你的谋划，可是也可以想一想啊！如果能明白我关注仰望的心意，希望有所考察。"关羽看了陆逊的信，认为有谦虚居下，自己托靠的意思，感到十分的安心，而不再有所怀疑。陆逊完全地启奏了关羽的情形，陈述他可以擒获的大要。孙权就

状，陈其可禽之要。权乃潜军而上，使逊与吕蒙为前部，至，即克公安、南郡。逊径进，领宜都太守，拜抚边将军，封华亭侯。备宜都太守樊友委郡走，诸城长吏及蛮夷君长皆降。逊请金银铜印，以假授初附。是岁，建安二十四年十一月也。

逊遣将军李异、谢旌等将三千人，攻蜀将詹晏、陈凤。异将水军，旌将步兵，断绝险要，即破晏等，生降得凤。又攻房陵太守邓辅、南乡太守郭睦，大破之。秭归大姓文布、邓凯等合夷兵数千人，首尾西方。逊复部旌讨破布、凯。布、凯脱走，蜀以为将。逊令人诱之，布帅众还降。前后斩获招纳，凡数万计。权以逊为右护军、镇西将军，进封娄侯。

时荆州士人新还，仕进或未得所，逊上疏曰："昔汉高受命，招延英异，光武中兴，群俊毕至，苟可以熙隆道教者，未必远近。今荆州始定，人物未达，臣愚慺慺，乞普加覆载抽拔之恩，令并获自进，然后四海延颈，思归大化。"权敬纳其言。

黄武元年，刘备率大众来向西界，权命逊为大都督、假节，督朱然、潘璋、宋谦、韩当、徐盛、鲜于丹、孙桓等五万人拒之。备从巫峡、建平连围至夷陵界，立数十屯，以金

暗中派军沿江而上，派陆逊和吕蒙为前锋，一到就立即攻下公安（**今湖北省公安县东北油江口，故一称油口**）、南郡。陆逊一直前进，当了宜都郡太守，任抚边将军，封为华亭侯。刘备的宜都太守樊友，抛下郡城逃走，许多城的长官及蛮夷的首长都投降。陆逊请求领金、银、铜三种不同官位的印，来授予这些初降的人。这年是东汉献帝建安二十四年（公元 219 年）十一月。

陆逊派将军李异、谢旌等率领三千人，攻打蜀国将领詹晏、陈凤。李异率水军，谢旌率步兵，截断险要之地，立即攻破詹晏等人，降服陈凤。又攻打房陵太守邓辅、南乡太守郭睦，大败他们。秭归（**今湖北秭归**）的大姓（**有地位之人家**）文布、邓凯等联合蛮夷，有兵好几千人，和西面的蜀国连结成首尾形势。陆逊又部署谢旌攻破文布、邓凯。布、凯逃脱而走，蜀国任用他们为将领，陆逊派人去引诱他们，文布率军回来投降。前后斩首、虏获、招降，收纳的大约有好几万人。孙权用陆逊为右护军，镇西将军，进而封为娄侯。

当时荆州有学问的人刚回来，要进身当官，有的得不到适当职务，陆逊上疏说："以前汉高祖受天命为皇帝，招揽延请英俊特异的人才；东汉光武中兴，许多俊才都来了；只要可以和盛大道教化的，无论远方近地的人，未必有所区别。如今荆州刚平定，人才尚未全到，我笨拙而忠勤地想，乞求普遍的加以天覆地载这抽提拔擢的大恩，令士人都获得自请进身的机会，然后四方的人，都会伸长脖子地等待，想归顺伟大的教化。"孙权很敬重的接纳了他的意见。

吴王黄武元年（公元 222 年），刘备率大军向着西面边界而来，孙权命令陆逊为大都督、授予符节，督率朱然、潘璋、宋谦、韩当、徐盛、鲜于丹、孙桓等五万人抵抗刘备。刘备从巫峡、建平（**吴置建平郡，郡治即今湖北秭归县南**）一连包围到夷陵地界，设置数

锦爵赏诱动诸夷，使将军冯习为大督，张南为前部，辅匡、赵融、廖淳、傅肜等各为别督，先遣吴班将数千人于平地立营，欲以挑战。诸将皆欲击之，逊曰：“此必有谲，且观之。”备知其计不可，乃引伏兵八千，从谷中出。逊曰：“所以不听诸君击班者，揣之必有巧故也。”逊上疏曰：“夷陵要害，国之关限，虽为易得，亦复易失。失之非徒损一郡之地，荆州可忧。今日争之，当令必谐。备干天常，不守窟穴，而敢自送。臣虽不材，凭奉威灵，以顺讨逆，破坏在近。寻备前后行军，多败少成。推此论之，不足为戚。臣初嫌之，水陆俱进，今反舍船就步，处处结营，察其布置，必无他变。伏愿至尊高枕，不以为念也。”诸将并曰：“攻备当在初，今乃令入五六百里，相衔持经七八月，其诸要害皆以固守，击之必无利矣。”逊曰：“备是猾虏，更尝事多，其军始集，思虑精专，未可干也。今住已久，不得我便，兵疲意沮，计不复生，犄角此寇，正在今日。”乃先攻一营，不利。诸将皆曰：“空杀兵耳。”逊曰：“吾已晓破之之术。”乃敕各持一把茅，以火攻拔之。一尔势成，通率诸军同时俱攻，斩张南、冯习及胡王沙摩柯等首，破其四十馀营。备将杜路、刘宁等穷逼

十营垒，用金子、锦缎、官位、赏赐，来诱惑动摇许多蛮夷。派将军冯习为全军大都督，张南为前部都督，辅匡、赵融、廖淳、傅肜等各为别部的都督，先派遣吴班率领数千人在平地上设立军营，要来挑战。吴国一些将领都想要攻打他，陆逊说：“这其中一定有诡诈，暂且观察一下。”刘备知道他的计谋不行，就带着埋伏的兵八千人，从山谷中出来。陆逊说：“所以不听从各位去攻打吴班，就是料想其中一定有巧诈的缘故。”陆逊上奏疏说：“夷陵这险要地方，是国家的关口门槛，虽然很容易得到，也很容易失去。失去了并非只损失一个郡的土地，而是荆州就令人担忧了。今日争夺此地，应当要大家一定合谐。刘备冒犯了上天的恒常定理，不守在他的洞穴，而敢自己出来送命。臣虽无才能，凭藉奉持君上的威严神力，以顺势征讨逆势，打败对方就在最近了。寻求刘备前前后后的用兵，多半失败，很少成功，以此推论，不值得忧虑。臣开始时怀疑他会水陆并进，如今却弃船而用步兵，处处结成营垒，观察他的布置，一定没有其他的变化。臣默愿君王高枕无忧，不要以此为念。”诸将一同说：“攻打刘备应当在开始时，如今让他进入了五六百里之深，彼此相接相持经过了七八个月，他的一些要害都已坚固防守，去攻打他一定不会胜利的。”陆逊说：“刘备是个狡猾的乱人，曾经历过许多事，他军队刚开始集合时，思虑很精密独到，不能侵犯。如今驻扎已久，得不到我军的方便机会，军队疲惫，意志沮丧，计谋也不再出生，执角扭足的捉拿这乱寇，正是现在呀！”就先攻其中的一个营，没攻下。诸将说：“白白的杀害自己的兵卒罢了。”陆逊说：“我已经知道攻破他的方法了。”就命令每人各拿一把茅草，点火进攻，攻取了军营。全军这样的胜势一造成后，统率诸军同时一起攻打，斩了张南、冯习及胡人之王沙摩柯等人的头，攻破对方四十多个营寨。刘备的大将杜路、刘宁等无路可走，被逼着请求投降。刘备登上马鞍山，排列出环绕自己的兵阵。陆逊督促

请降。备升马鞍山，陈兵自绕。逊督促诸军四面蹙之，土崩瓦解，死者万数。备因夜遁，驿人自担烧铙铠断后，仅得入白帝城。其舟船器械，水步军资，一时略尽，尸骸漂流，塞江而下。备大惭恚，曰："吾乃为逊所折辱，岂非天邪！"

初，孙桓别讨备前锋于夷道，为备所围，求救于逊。逊曰："未可。"诸将曰："孙安东公族，见围已困，奈何不救？"逊曰："安东得士众心，城牢粮足，无可忧也。待吾计展，欲不救安东，安东自解。"及方略大施，备果奔溃。桓后见逊曰："前实怨不见救，定至今日，乃知调度自有方耳。"

当御备时，诸将军或是孙策时旧将，或公室贵戚，各自矜恃，不相听从。逊案剑曰："刘备天下知名，曹操所惮，今在境界，此强对也。诸君并荷国恩，当相辑睦，共翦此虏，上报所受，而不相顺，非所谓也。仆虽书生，受命主上。国家所以屈诸君使相承望者，以仆有尺寸可称，能忍辱负重故也。各任其事，岂复得辞！军令有常，不可犯矣。"及至破备，计多出逊，诸将乃服。权闻之，曰："君何以初不启诸将违节度者邪？"逊对曰："受恩深重，任过其才。又此诸将或任腹心，或堪爪牙，或是功臣，皆国家所当与共克定大事

诸军四面迫逼他，像泥土崩落、瓦石碎裂般的整个崩溃，死了上万的人。刘备乘着夜间逃走，用一些管驿马的人来肩担必要的物品，把有木柄的小钲和铠甲堆起来烧，来截断后面敌人的追击，如此也仅仅能逃入白帝城（在今重庆市奉节县东）。他的舟船武器军械，水军步兵的军需物资，一下子全完了，尸体漂流，塞满大江，往下流去。刘备非常惭愧愤恨地说："我竟被陆逊所挫折侮辱，难道不是天意吗？"

初时，孙桓另外带一支军队去讨伐刘备的前锋，在夷道（故城在今湖北省宜都市西北，汉属南郡，吴属宜都郡）这地方，被刘备所围困，就向陆逊求救。陆逊说："不可以。"诸将说："孙安东与王同族，被围已很危困，为什么不去救呢？"陆逊说："安东获得众兵拥护的心，城又坚固，粮食也足，没有可忧虑的。等我的计划展开，我不想去救安东，安东自己会解除危困。"等到方略完全实施，刘备果然逃奔溃散。孙桓后来见了陆逊说："以前实在怨恨不被救，到今天大势决定了，才知道你调配裁度自有方法。"

当防御刘备时，在许多将军中，有的是孙策的旧将，有的是王族的尊贵亲戚，各自骄矜自负，互不听从。陆逊按着剑说："刘备是天下有名之人，是曹操所怕的人，今在国界，这是强大对手。各位共同承受国家的恩惠，应当彼此齐心和睦，共同消灭这乱人，对上报答所受的恩惠，但现今却互相不和顺，这实在不是所谓的报恩之理。我虽是个书生，受命于主上。国家所以委屈诸君，使一同指望于我，是因我有一点点可称道的，就是能忍受耻辱，担负重任的缘故。各人要在自己的岗位任事，哪里能推卸，而军令有常规，不可以冒犯啊。"等到打败了刘备，许多计策都出自陆逊，诸将才心服。孙权听说后，就说："你为何一开始不启奏各将中违背节度的人呢？"陆逊说："臣受到的恩惠这么深重，所负的责任

者。臣虽驽懦，窃慕相如、寇恂相下之义，以济国事。”权大笑称善，加拜逊辅国将军，领荆州牧，即改封江陵侯。

又备既住白帝，徐盛、潘璋、宋谦等各竞表言备必可禽，乞复攻之。权以问逊，逊与朱然、骆统以为曹丕大合士众，外托助国讨备，内实有奸心，谨决计辄还。无几，魏军果出，三方受敌也。

备寻病亡，子禅袭位，诸葛亮秉政，与权连和。时事所宜，权辄令逊语亮，并刻权印，以置逊所。权每与禅、亮书，常过示逊，轻重可否，有所不安，便令改定，以印封行之。

七年，权使鄱阳太守周鲂谲魏大司马曹休，休果举众入皖，乃召逊假黄钺，为大都督，逆休。休既觉知，耻见欺诱，自恃兵马精多，遂交战。逊自为中部，令朱桓、全琮为左右翼，三道俱进，果冲休伏兵，因驱走之，追亡逐北，径至夹石，斩获万馀，牛马骡驴车乘万两，军资器械略尽。休还，疽发背死。诸军振旅过武昌，权令左右以御盖覆逊，入出殿门，凡所赐逊，皆御物上珍，于时莫与为比。遣还西陵。

超过了才能。又这些将领有的可任为心腹，有的可担当为武臣，有的是功臣，都是国家所应当和他共同完成统一大业的人。臣虽愚笨懦弱，私心很钦慕司马相如、寇恂互相以身屈居其下的道理，来完成国家大事。”孙权大笑称好，加官任陆逊为辅国将军，当荆州牧，并即改封为江陵侯。

再者刘备既驻在白帝城，徐盛、潘璋、宋谦等各自竞相上表说刘备一定可以被擒住，乞求再去攻打他。孙权问陆逊，陆逊和朱然、骆统都认为曹丕大大的会合士兵，外面假托帮助讨伐刘备，内里实在有恶心，现已谨慎决定计划，就立刻还军。没多久，魏军果然出兵，后来造成三方面互相受敌。

刘备不久就病逝，儿子刘禅承袭王位，诸葛亮主持大政，和孙权联合通好。凡是时事适宜的，孙权就令陆逊告诉诸葛亮，并刻了孙权的大印，放在陆逊处。孙权每次给刘禅、诸葛亮信，常经过陆逊阅看，应轻应重，可以不可以，有所不妥之处，就令陆逊改正，然后用印来封口送走。

吴王黄武七年（公元 228 年），孙权派鄱阳太守周鲂诈骗魏国大司马曹休，曹休果真率军进入皖城，就召告陆逊授给金斧专杀的特权，为大都督，迎接曹休。曹休既知道实情，羞于被欺骗，自负兵精马多，就与陆逊交战。陆逊自己在中军，令朱桓、全琮在左右两边，三路同时进攻，果然冲破曹休的埋伏军队，因此赶走曹休，追击逃亡的，驱逐失败的，一直到了夹石，斩获一万余人，牛马骡驴车一万辆，军用物资和器械差不多都掠取净尽。曹休回去，背上生了疽疮而死。诸军凯旋，经过武昌，孙权命令左右的人，用皇帝的伞盖遮护陆逊，进出都从宫殿大门，凡赐给陆逊的，都是皇帝用物的上等珍品，在当时没有能与他相比的。让他回到西陵（即夷陵。今湖北宜昌）。

黄龙元年，拜上大将军、右都护。是岁，权东巡建业，留太子，皇子及尚书九官，征逊辅太子，并掌荆州及豫章三郡事，董督军国。时建昌侯虑于堂前作斗鸭栏，颇施小巧，逊正色曰："君侯宜勤览经典以自新益，用此何为？"虑即时毁彻之。射声校尉松于公子中最亲，戏兵不整，逊对之髡其职吏。南阳谢景善刘廙先刑后礼之论，逊呵景曰："礼之长于刑久矣，廙以细辩而诡先圣之教，皆非也。君今侍东宫，宜遵仁义以彰德音，若彼之谈，不须讲也。

逊虽身在外，乃心于国，上疏陈时事曰："臣以为科法严峻，下犯者多。顷年以来，将吏罹罪，虽不慎可责，然天下未一，当图进取，小宜恩贷，以安下情。且世务日兴，良能为先，自非奸秽入身，难忍之过，乞复显用，展其力效。此乃圣王忘过记功，以成王业。昔汉高舍陈平之愆，用其奇略，终建勋祚，功垂千载。夫峻法严刑，非帝王之隆业；有罚无恕，非怀远弘规也。"

权欲遣偏师取夷州及朱崖，皆以谘逊，逊上疏曰："臣愚以为四海未定，当须民力，以济时务。今兵兴历年，见众损减，陛下忧劳圣虑，忘寝与食，将远规夷州，以定大事。

吴大帝黄龙元年（公元229年），陆逊任上大将军、右都护。这一年，孙权到东面巡视建业，留太子、皇子及尚书九卿于武昌，征召陆逊辅佐太子，并掌管荆州及豫章、鄱阳、庐陵等三郡的事，督理军事国政。当时建昌侯虑，在堂前作门鸭栏槛，颇表现一些小技巧，陆逊肃颜正色说："君侯应勤看经典，来自求日新德行，时有进益，做这个有何用？"孙虑立时拆毁了它。射声校尉松在公子中，和陆逊最亲近。他以游戏的方式治兵，不够严整，陆逊当着他的面，把他管兵的官吏头发剪掉，以示惩罚。南阳谢景喜好刘廙先刑罚后礼制的论议，陆逊呵责他说："礼比刑罚好，这是久远的定论了，刘廙用小辩论来变异先圣的教化，全不对的。你现在侍奉太子，应遵守仁义，来彰明善言，像刘廙的言谈，不须要讲。"

陆逊虽然身在外任，但他的心仍关顾着国事，上疏陈述时事说："臣认为科条法律严厉，下面犯法的很多。近年来，将士官吏遭到罪刑，虽然是不谨慎应该责罚，然而天下尚未统一，应当谋求进取，而应小加恩惠，赦其罪责，来安抚下面人的心情。且世上事务生起越多，即应以良材及有能的官吏为先，只要不是邪恶贪污深入其身，以致造成无法忍耐的过错，就请再加以明令录用，使得以展布他的能力功效。这就是圣王忘去过失记取功劳来完成帝王的大业。以前汉高祖抛弃陈平的过失，用他的奇计，终于建立功勋福祚，功绩垂留千年。那严厉的法律，严酷的刑罚，不是帝王的隆盛大业；只有罚而不宽恕，也不是使远方之人来归顺的弘大规模啊。"

孙权想派一部分军队攻取夷州及朱崖（海南岛东北部），都来问陆逊，陆逊上疏说："臣愚见认为四方未平定，应当须要人民之力，来助成当时要务。现在年年与兵作战，可看臣反覆思惟，未见其利。万里袭取，风波难测，民易水土，必致疾疫，今驱见众，经涉不毛，欲益更损，欲利反害。又珠崖绝险，民犹禽兽，得其民不足济事，无其兵不足亏众。今江东见众，自足图事，但当畜力而后动耳。昔桓王创基，兵不一旅，而开大业。陛下承运，拓定江表。臣闻治乱讨逆，须兵为威，农桑衣食，民这本业，而干戈未戢，民有饥寒。臣愚以为宜育养士民，宽其租赋，众克在和，义以劝勇，则河渭可平，九有一统矣。”权遂征夷州，得不补失。

及公孙渊背盟，权欲往征，逊上疏曰：“渊凭险恃固，拘留大使，名马不献，实可仇忿。蛮夷猾夏，未染王化，鸟窜荒裔，拒逆王师，至令陛下爰赫斯怒，欲劳万乘泛轻越海，不虑其危而涉不测。方今天下云扰，群雄虎争，英豪踊跃，张声大视。陛下以神武之姿，诞膺期运，破操乌林，败备西陵，禽羽荆州，斯三虏者当世雄杰，皆摧其锋。圣化所绥，万里草偃，方荡平华夏，总一大猷。今不忍小忿，而发雷霆之怒，违垂堂之戒，轻万乘之重，此臣之所惑也。臣闻志行万里者，不中道而辍足；图四海者，匪怀细以害大。强寇在

到现有兵力减损，陛下忧劳了神圣的思虑，忘记了寝食，要远去规划攻取夷州，以完成统一的大事，臣反复思考，看不出它的利益。万里之远的伺机攻击，海上风波危险的难测，兵民换了水土，必招来疾病疠疫，如今赶着现有的军队，去涉入不毛之地，要有所获益，反而更损失，要有所得利，反而受害。加上朱崖（即珠崖）极险峻，人民好像禽兽，俘来了他们的人民，不足以帮助我们的事，没有那些兵，也不足以亏乏我们的军队。如今江东现有的军队，自己足以图谋事情，但须培养力量，而后才能发动罢了。以前桓王创立基业，兵不到一旅人（五百人）而开创了大业。陛下承继天运，开拓平定了大江以南。臣听说治理乱事，讨伐逆贼，须要兵的威力，农桑衣食，则是人民的基本事业，可是战争不停，人民就有了饥寒之苦。臣愚见认为应当培育教养百姓士兵，放宽他们的租税，又因大众能够战胜是在于和睦，故且用正义来勉励人们的勇敢，则黄河渭水一带可以平定，九州可以统一了。”孙权却仍然去征讨夷州，结果获得的还弥补不了所失去的。

及至公孙渊背弃盟约，孙权想去征讨，陆逊又上疏说：“渊凭藉险要，自负坚固，拘留大国使节，名马也不肯献贡，实在可以仇恨忿怒。蛮夷扰乱中原，没被王者教化所浸染，像鸟的飞窜在荒远边境，抗逆帝王军队，致使陛下赫然动怒，要劳动陛下万乘之君，驶行轻舟，越过大海，不忧虑那危险而涉入不可推测的危难境地。当今天下战争纷起，如浮云的扰扰；群雄的割据，如虎般的相争。英雄豪杰跳跃竞起，张开声音，扩大注视。陛下以神奇英武的姿禀，大大地承当了开国的时机和运数，在乌林攻破曹操，在西陵打败刘备，在荆州擒获关羽，这三个敌人是当代的枭雄英杰，都摧毁了他们的锋芒。圣上教化安定天下的时候，万里的广土众民都像草随风倒般的一致顺从。正是刚要扫荡平定中国全境，成就统一大计之时。如今不忍小小的忿怒，而发雷霆般的大怒，违反了‘千金之子，坐不垂

境，荒服未庭，陛下乘桴远征，必致窥阚，戚至而忧，悔之无及。若使大事时捷，则渊不讨自服；今乃远惜辽东众之与马，奈何独欲捐江东万安之本业而不惜乎？乞息六师，以威大虏，早定中夏，垂耀将来。”权用纳焉。

嘉禾五年，权北征，使逊与诸葛瑾攻襄阳。逊遣亲人韩扁赍表奉报，还，遇敌于沔中，钞逻得扁。瑾闻之甚惧，书与逊云：“大驾已旋，贼得韩扁，具知吾阔狭。且水干，宜当急去。”逊未答，方催人种葑豆，与诸将弈棋射戏如常。瑾曰：“伯言多智略，其当有以。”自来见逊，逊曰：“贼知大驾以旋，无所复戚，得专力于吾。又已守要害之处，兵将意动，且当自定以安之，施设变术，然后出耳。今便示退，贼当谓吾怖，仍来相蹙，必败之势也。”乃密与瑾立计，令瑾督舟船，逊悉上兵马，以向襄阳城。敌素惮逊，遽还赴城。瑾便引船出，逊徐整部伍，张拓声势，步趋船，敌不敢干。军到白围，托言住猎，潜遣将军周峻、张梁等击江夏新市、安陆、石阳，石阳市盛，峻等奄至，人皆捐物入城。城门噎不得关，敌乃自斫杀己民，然后得阖。斩首获生，凡千馀人。其所生得，皆加营护，不令

堂’的警戒，轻视了万乘国君的贵重，这实是臣所困惑不明的。臣听说立志行走万里路的人，不在半途而停下脚步；图谋天下的人，不会挂怀小事而危害了大事。强大敌寇在边界上，荒远地方的蛮夷还未顺命来朝，陛下乘船远征，必遭致别人的窥伺间隙，当烦忧到来而忧心，后悔就来不及了。如果使统一之大事适时胜利，则公孙渊不必征讨就自会屈服；如今乃惜爱辽东的兵与马，怎么却要损失江东极安定的基业而不加以爱惜呢？乞请平息军队，早早安定中原，留下光辉于将来。”孙权就采纳了他的意见。

吴大帝嘉禾五年（公元 236 年）孙权到北方出征，派陆逊和诸葛瑾攻打襄阳。陆逊派自己亲近的人韩扁持表向上报告，回来时在沔中遇见敌人，他们出来钞掠巡察而获得韩扁。诸葛瑾听说后很害怕，给陆逊信说：“皇上已回去，敌人得到韩扁，完全知道我军处境的广狭。而且河水干涸，应当赶快离去。”陆逊未回信，正在催人去种蔓菁大豆，和诸将下棋射箭，游戏一如平常。诸葛瑾说：“伯言智谋极多，他如此应当有原因。”自己来见陆逊，陆逊说：“贼知道皇上已回，没有什么可再忧虑的，能够全力对付我。而且已经守住要害之地，我们的兵士、将领意气又浮动，应当自己镇定以便来安定他们，设置变化的方法，然后出战。眼前就表示出退走的样子，贼会说我们害怕，仍就来逼扰，这是一定会失败的情势。”就秘密地和诸葛瑾设立计划，令诸葛瑾督率舟船，陆逊军队全上马，攻向襄阳城。敌人一向怕陆逊，急忙回到城中。瑾就带船队出发，陆逊慢慢地整理好部队，扩展声势，步行上船，敌人不敢干扰。军队到了白围，假托说要屯驻打猎，暗中派将军周峻、张梁等人攻打江夏郡的新市、安陆、石阳，石阳市场交易很旺盛，周峻等人忽然很快的来到，人们都丢了东西进入城内。城门被人塞满而关不起来，敌人就自己砍杀自己的百姓，然后才关起来。被杀头及被俘虏的大约有一千多人。凡是俘虏来的生人，都加以保护，不准兵士干

兵士干扰侵侮。将家属来者，使就料视。若亡其妻子者，即给衣粮，厚加慰劳，发遣令还，或有感慕相携而归者。邻境怀之，江夏功曹赵濯、弋阳备将裴生及夷王梅颐等，并帅支党来附逊。逊倾财帛，周赡经恤。

又魏江夏太守逯式兼领兵马，颇作边害，而与北旧将文聘子休宿不协。逊闻其然，即假作答式书云："得报恳恻，知与休久结嫌隙，势不两存，欲来归附，辄以密呈来书表闻，撰众相迎。宜潜速严，更示定期。"以书置界上，式兵得书以见式，式惶惧，遂自送妻子还洛。由是吏士不复亲附，遂以免罢。

六年，中郎将周祗乞于鄱阳召募，事下问逊。逊以为此郡民易动难安，不可与召，恐致贼寇。而祗固陈取之，郡民吴遽等果作贼杀祗，攻没诸县。豫章、庐陵宿恶民，并应遽为寇。逊自闻，辄讨即破，遽等相率降，逊料得精兵八千馀人，三郡平。

时中书典校吕壹，窃弄权柄，擅作威福，逊与太常潘濬同心忧之，言至流涕。后权诛壹，深以自责，语在《权传》。

时谢渊、谢厷等各陈便宜，欲兴利改作，以事下逊。逊议曰："国以民为本，强由民

扰侵侮。带领家属一起来的，让他就俘虏中察看拣回。如果失落了妻子儿女的就给衣服粮食，重重地加以慰劳，然后发放遣送，让他们回去，也有感动钦慕相伴来归服的人，邻境的都怀藏着归附的意思，江夏的功曹赵濯、戈阳刘备的将军裴生和夷王梅颐等，都率支属同党来归附陆逊，陆逊拿出所有的财物布帛，普遍充足地照顾抚慰。

又有魏国江夏太守逯式兼管军队，颇在边界作乱为害，而与北方旧将文聘的儿子文休不和。陆逊听说情形如此，就假装写了一封回逯式的信说："得到你的答书，出自至诚。知道你和文休长久以来结有怨隙，势不两立，想要来归附，就以密函呈上你的来信，表达奉闻于皇上，打算具备军队相迎。你应暗中速整行装，再说明决定的日期。"将信放在边界上，逯式的兵拿到此信来见逯式，逯式惶恐畏惧，就亲自送妻子儿女回洛阳。因此官吏兵士不再亲近附从他，就因此罢免。

吴大帝嘉禾六年（公元 237 年），中郎将周祗乞求在鄱阳召募兵士，将此事发下，询问陆逊，陆逊认为这个郡的人民容易骚动，很难安分，不可以对他们召募，怕招来贼寇。而周祗坚持请求召募取用，郡民吴遽等果然当了叛贼杀了周祗，攻陷了好几个县。豫章（今江西省地，治南昌）、庐陵（治高昌，故城在今江西省泰和县西北）一向作恶的人民，都应和吴遽做了贼寇。陆逊听说后，就讨伐而立即攻破，吴遽等都相率投降。陆逊得到精兵八千多人，鄱阳（故城在今江西省鄱阳县东六十里）、豫章、庐陵三郡都被平定。

那时中书典校吕壹，私下玩弄权柄，擅自作威作福，陆逊和太常潘濬同样担忧，说到就流泪。后来孙权杀了吕壹，深深以此自责，所说的话记在《孙权传》中。

当时谢渊、谢厷等各自陈述便于公宜于民的事，想要兴起利益，改变以前的做法。孙

力，财由民出。夫民殷国弱，民瘠国强者，未之有也。故为国者，得民则治，失之则乱，若不受利，而令尽用立效，亦为难也。是以《诗》叹‘宜民宜人，受禄于天’。乞垂圣恩，宁济百姓，数年之间，国用少丰，然后更图。”

赤乌七年，代顾雍为丞相，诏曰：“朕以不德，应期践运，王途未一，奸宄充路，夙夜战惧，不遑鉴寐。惟君天资聪睿，明德显融，统任上将，匡国弭难。夫有超世之功者，必应光大之宠；怀文武之才者，必荷社稷之重。昔伊尹隆汤，吕尚翼周，内外之任，君实兼之。今以君为丞相，使使持节守太常傅常授印绶。君其茂昭明德，修乃懿绩，敬服王命，绥靖四方。於乎！总司三事，以训群寮，可不敬与！君其勗之。其州牧都护领武昌事如故。”

先是，二宫并阙，中外职司，多遣子弟给侍。全琮报逊，逊以为子弟苟有才，不忧不用，不宜私出以要荣利；若其不佳，终为取祸。且闻二宫势敌，必有彼此，此古人之厚忌也。琮子寄，果阿附鲁王，轻为交构。逊书与琮曰：“卿不师日磾，而宿留阿寄，终为足下门户致祸矣。”琮既不纳，更以致隙。及太子有不安之议，逊上疏陈：“太子正统，宜有

权就把这事交下给陆逊，陆逊评议说：“国家以人民为根本，强大是靠人民的力量，财富靠人民的生产。那人民富而国家弱，人民贫而国家强的情形是没有的。所以治理国家的人，得到民心则国家治平，失去民心则必有乱，如果不接受他们的财利，还要尽量用以建立功效，这也是困难的。所以《诗经》叹美‘宜于安民，宜于官人，以此受福禄于上天’。请降圣恩，来安定、济助百姓，几年之后，国家财用稍稍丰富，然后再计划兴利的事。”

吴大帝赤乌七年（公元244年），陆逊代替顾雍为丞相，诏书说：“我以无德的人，顺应受命的期会，实践上天运数。现在帝王的政道尚未统一，奸贼盗匪充塞道路，早晚恐惧，连日常的醒睡都感觉不暇。惟有你天资明智，光明的大德显现辉耀，总任上将，辅正国家，消除灾难。凡有超越世人功劳的，必当有广大的光荣；怀有文武才能的人，必负担国家的重任。以前伊尹兴隆了商汤，吕尚辅助了周武，内外的重任，你实在都兼有它。今天以你为丞相，派遣使持节任太常卿的傅常给你印绶。你要盛大地彰显光明的大德，治出你美好的功绩，恭敬的服从君王命令，平定四方。鸣呼！总管三公的职事，来训导所有的僚属，可以不敬慎吗？你要努力去做它。那荆州牧、都护、管领武昌等职事，仍和以前一样。”

在这以前，太子、鲁王两官的官位出现空缺，首都和外郡的职官，很多派遣子弟们供役侍奉的。全琮报告陆逊，陆逊认为子弟如果有才，不必忧虑不被任用，不应当私自出去邀取光荣和利益；如果他才能不好，终会遭来祸害。并且听说太子、鲁王势力相当，必有一彼一此的或胜或败，这是古人的大忌讳。全琮的儿子全寄，果然偏私亲近鲁王，轻率地造成两方嫌怨。陆逊写信给全琮说：“你不师法金日磾，而叫阿寄在鲁王官宿卫留侍，终会为你的门庭招来祸患的。”全琮既不采纳他的意见，更因此而造成怨恨。及至有了太子地

盘石之固，鲁王藩臣，当使宠秩有差，彼此得所，上下获安。谨叩头流血以闻。”书三四上，及求诣都，欲口论適庶之分，以匡得失。既不听许，而逊外生顾谭、顾承、姚信，并以亲附太子，枉见流徙。太子太傅吾粲坐数与逊交书，下狱死。权累遣中使责让逊，逊愤恚致卒，时年六十三。家无馀财。

初，暨艳造营府之论，逊谏戒之，以为必祸。又谓诸葛恪曰：“在我前者，吾必奉之同升；在我下者，则扶持之。今观君气陵其上，意蔑乎下，非安德之基也。”又广陵杨竺少获声名，而逊谓之终败，劝竺兄穆令与别族。其先睹如此。长子延早夭，次子抗袭爵。孙休时，追谥逊曰昭侯。

抗字幼节，孙策外孙也。逊卒时，年二十，拜建武校尉，领逊众五千人，送葬东还，诣都谢恩。孙权以杨竺所白逊二十事问

陆抗，选自《中国历代帝王名臣像真迹》。

位不安的议论，陆逊上疏陈述说：“太子是君位的正统，应有大石般的坚固，鲁王是诸侯，故为臣子，应当让他们受到的恩宠秩位有所差别，彼此各得其所，上下都得到安定。恭敬的叩头流血来报告，以达到皇帝的听闻。”书上了三四次，并要求到首都去，要当面论明嫡子、庶子的身份，来匡正错误。孙权不听从，而陆逊外甥顾谭、顾承、姚信，都因为亲近太子，冤枉的被流放迁徙。太子太傅吾粲，因为好几次和陆逊通信，而触犯了法条，被关进牢狱死了。孙权屡次派中使责备陆逊，陆逊愤怒以致于死，当时六十三岁，家里没有剩下财产。

其初，暨艳造出军营公府的评论，陆逊劝谏告诫他，认为一定会遭到灾祸。又对诸葛恪说：“在我以前的人，我一定奉持他一同升进；在我以下的人，就扶助他。现在我看你气势凌压那些在上位的人，心意无视于在下的人，这不是修养德行的基本啊。”又广陵（故城在今江苏省扬州市东北）的杨竺，在年轻时就获得声名，而陆逊说他最后一定会失败，劝杨竺的哥哥杨穆和他分开族系。他的先见之明是这般样的。他的长子陆延少年夭亡，次子陆抗承袭爵位。孙休时候，追谥陆逊为昭侯。

陆抗的字是幼节，孙策的外孙。陆逊死时，他才二十岁，任建武校尉，率领陆逊的军队五千人，到东面送葬后回来，到首都面见孙权谢恩。孙权以杨竺所说的陆逊二十件事来

抗，禁绝宾客，中使临诘，抗无所顾问，事事条答，权意渐解。赤乌九年，迁立节中郎将，与诸葛恪换屯柴桑。抗临去，皆更缮完城围，葺其墙屋，居庐桑果，不得妄败。恪入屯，俨然若新。而恪柴桑故屯，颇有毁坏，深以为惭。太元元年，就都治病。病差当还，权涕泣与别，谓曰："吾前听用谗言，与汝父大义不笃，以此负汝。前后所问，一焚灭之，莫令人见也。"建兴元年，拜奋威将军。太平二年，魏将诸葛诞举寿春降，拜抗为柴桑督，赴寿春，破魏牙门将偏将军，迁征北将军。永安二年，拜镇军将军，都督西陵，自关羽至白帝。三年，假节。孙晧即位，加镇军大将军，领益州牧。建衡二年，大司马施绩卒，拜抗都督信陵、西陵、夷道、乐乡、公安诸军事，治乐乡。

抗闻都下政令多阙，忧深虑远，乃上疏曰："臣闻德均则众者胜寡，力侔则安者制危，盖六国所以兼并于强秦，西楚所以北面于汉高也。今敌跨制九服，非徒关右之地，割据九州，岂但鸿沟以西而已。国家外无连国之援，内非西楚之强，庶政陵迟，黎民未乂，而议

问陆抗，并禁止宾客往来，中使到他家诘问，陆抗在无人可以请问下，每一事都很有条理地回答，孙权心中误会渐渐解开。吴大帝赤乌九年（公元 246 年），调任立节中郎将，和诸葛恪交换，屯驻柴桑（今江西省九江市西南）。陆抗临走前，都更新修整好城的围墙，补好他住的墙壁屋子，住宅中的桑树果树，不准胡乱弄坏。诸葛恪进入营寨，整齐得像新的一般。而诸葛恪在柴桑的旧寨，很多毁坏的地方，深深感到惭愧。吴大帝太元元年（公元 251 年），陆抗到首都治病，病愈应当回去时，孙权哭泣着与他分别，对他说："我以前听信采用了谗言，和你父亲的君臣大义不够深厚，因此而负欠了你。我前前后后所问的事项资料，完全烧毁灭掉，不要让人再见到。"废帝亮建兴元年（公元 252 年），任奋威将军。废帝太平二年（公元 257 年），魏国大将诸葛诞带引驻寿春（今安徽省寿县）的兵投降，于是任陆抗为柴桑都督，到寿春，攻破魏牙门将偏将军，调升征北将军。景帝休永安二年（公元 259 年），任镇军将军，总督西陵（即夷陵），从关羽（即《甘宁传》所云关羽濑，在益阳茱萸江上。《水经注》益阳县西有关羽濑，南对甘宁古垒。）至白帝（城名，在今四川省奉节县东白帝山，三国时蜀汉以此为防吴重地）。永安三年（公元 260 年）授予符节。孙晧即位，升为镇军大将军，当益州牧。吴主晧建衡二年（公元 270 年），大司马施绩去世，任陆抗都督信陵（故城在今湖北省秭归县东）、西陵、夷道（故城在今湖北省宜都市西北）、乐乡（故城在今湖北省宿松县东）、公安（故城在今湖北公安县东北）诸地方的军事，军治设在乐乡。

陆抗听说国都内政令很多缺失，便有深深的忧愁，深远的思虑，就上疏说："臣听说道德平衡，那就兵多的战胜兵少的；力量等齐，那就安定的制服危险的，这就是六国所以被强秦吞并，西楚霸王所以败北于汉高祖的原因了。如今敌人绵亘的控制了王畿以外的九层属国，并非只有函谷关以西的地方；分割占据华夏的九州，岂仅是鸿沟（即今河南省的

者所恃，徒以长川峻山，限带封域，此乃守国之末事，非智者之所先也。臣每远惟战国存亡之符，近览刘氏倾覆之衅，考之典籍，验之行事，中夜抚枕，临餐忘食。昔匈奴未灭，去病辞馆；汉道未纯，贾生哀泣。况臣王室之出，世荷光宠，身名否泰，与国同戚，死生契阔，义无苟且，夙夜忧怛，念至情惨。夫事君之义犯而勿欺，人臣之节匪躬是殉，谨陈时宜十七条如左。"十七条失本，故不载。

时何定弄权，阉官预政，抗上疏曰："臣闻开国承家，小人勿用，靖谮庸回，唐书攸戒，是以雅人所以怨刺，仲尼所以叹息也。春秋已来，爰及秦、汉，倾覆之衅，未有不由斯者也。小人不明理道，所见既浅，虽使竭情尽节，犹不足任，况其奸心素笃，而憎爱移易哉？苟患失之，无所不至。今委以聪明之任，假以专制之威，而冀雍熙之声作，肃清之化立，不可得也。方今见吏，殊才虽少，然或冠冕之胄，少渐道教，或清苦自立，资能足用，自可随才授职，抑黜群小，然后俗化可清，庶政无秽也。"

贾鲁河，为楚汉分界处）以西的地方而已。国家外面没有联合的盟国援助，内面又非西楚霸王的强大，许多的政务逐渐衰微，百姓也未能安定，而议论国事者所倚仗的，只是以长江高山，界限着、围绕着国境，这只是保守国家的末节，不是有智谋者所首先注重的。臣常远想战国时诸国存亡的证验，近看刘姓失败的缺失，在典籍中考证它，在平常行事中验证它，深夜摸着枕头无法成眠，面对餐饭而忘记进食。以前匈奴未被消灭，霍去病拒绝新造府第；汉朝国家政道不纯正，贾谊悲哀哭泣。更何况臣乃是王室的外戚，世代承受光荣恩宠，身名好坏，与国家忧戚相同，从生到死应该勤劳困苦，守此正义，不能苟且，早晚都忧愁恐惧，想到这里，心情就感到悲惨。那事奉君王的道理，是宁可冒犯也不要欺骗，为人臣子的节操，是不顾本身的祸福，只是为国牺牲。恭敬地陈述现时应该做的十七条，如左边所写的。"十七条原文失去，所以不记载。

这时何定玩弄大权，太监们干预政治，陆抗上疏说："臣听说开创国家，承继家业，小人是不可用的，自作计谋的建言，而做起来却违背所言的人，这是《尚书·尧典》所警戒认为不可用的。所以作《小雅》的诗人有所怨恨讽刺，孔子所以会嗟叹太息。春秋战国以来，直到秦、汉失败灭亡的毛病，没有不是由于这事的。小人不明道理，所拥有的见识既是很浅薄，纵然让他用尽真情，尽了臣节，仍不足以任用；何况他恶心一向很重，而他的爱憎又容易改变呢？如果他怕失掉既得的一切，那就会不管什么坏事，没有做不到的。现在交给他耳目听视的的任务，授给他专力制裁的权威，还希望全国和洽的声音响起，严整清静的教化能建立，那是得不到的。方今现有的官吏中，特异的人才虽少，然而有的是大官的后嗣，少年就染习了道术教化；有的是从清塞困苦中，自己有所树立，资质能力都足以任用；自然可以随着各人的才能，授给他官职，把那许多小人压低或逐退，然后世上的教化可以澄清，许多的政务也没有污秽了。"

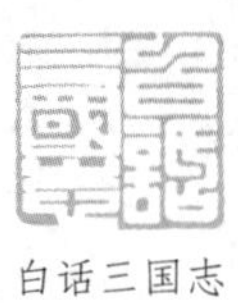

凤皇元年，西陵督步阐据城以叛，遣使降晋。抗闻之，日部分诸军，令将军左奕、吾彦、蔡贡等径赴西陵，敕军营更筑严围，自赤溪至故市，内以围阐，外以御寇，昼夜催切，如敌以至，众甚苦之。诸将咸谏曰："今及三军之锐，亟以攻阐，比晋救至，阐必可拔。何事于围，而以弊士民之力乎？"抗曰："此城处势既固，粮谷又足，且所缮修备御之具，皆抗所宿规。今反身攻之，既非可卒克，且北救必至，至而无备，表里受难，何以御之？"诸将咸欲攻阐，抗每不许。宜都太守雷谭言至恳切，抗欲服众，听令一攻。攻果无利，围备始合。晋车骑将军羊祜率师向江陵，诸将咸以抗不宜上，抗曰："江陵城固兵足，无所忧患。假令敌没江陵，必不能守，所损者小。如使西陵槃结，则南山群夷皆当扰动，则所忧虑，难可竟言也。吾宁弃江陵而赴西陵，况江陵牢固乎？"初，江陵平衍，道路通利，抗敕江陵督张咸作大堰遏水，渐渍平中，以绝寇叛。祜欲因所遏水，浮船运粮，扬声将破堰以通步军。抗闻，使咸亟破之。诸将皆惑，屡谏不听。祜至当阳。闻堰败，乃改船以车运，大费损功力。晋巴东监军徐胤率水军诣建平，荆州刺史杨肇至西陵。抗令张咸固守其城；公安督孙遵巡南岸御祜；水军督留虑、镇西将军朱琬拒胤；身率三军，凭围对肇。将军朱

吴主晧凤皇元年（公元 272 年），西陵都督步阐据着郡城背叛，派使者去投降晋朝。陆抗听说后，当天部署各军，命令将军左奕、吾彦、蔡贡等直趋西陵，命令军营再筑严密围墙，自赤溪到故市，对内包围步阐，对外防御敌寇，昼夜催促急切，好像敌人已来到。军队甚觉辛苦，各将都劝说："现在更趁着三军最锋锐的时候，赶快攻打步阐，等晋国救兵来到，步阐必定已被打败。为何要去筑围墙而来败坏兵士的力量呢？"

陆抗说："西陵城所处的地势既巩固，粮食又充足，而且所修整、防御的工具都是我以前所规划的。如今反过来去攻打，既非仓促间可以攻克，而且北方的救兵一定会来，来了以后，我们若无防备，内外受敌，如何来抵抗呢？"诸将都要去攻打步阐，陆抗每次都不允许。宜都太守雷谭说得非常恳切，陆抗想让大家心服，就任由他们去攻打一次。进攻果然没收到利益，包围防备的力量才开始结合起来。晋国车骑将军羊祜，率军进逼江陵县（属湖北省，在潜江县西），各将都认为陆抗不应上赴西陵，陆抗说："江陵城坚固兵又多，没什么可忧虑的祸患。假如让敌人攻陷江陵，必不能守住，但所损失的很小。如果让西陵盘固结合起来，那南方山区群夷都会扰乱发动，则所担心的是很难用言语来说详尽的。我宁愿丢掉江陵而打西陵，何况江陵是很坚固的呢？"其初，江陵地势平展，道路通畅，陆抗命令江陵督张咸作大河堤阻水，逐渐的使河中水位平起来，来杜绝敌寇叛贼。羊祜想借着所阻挡的水，用船来运粮，却传扬出声明要打坏河堤来让步军通行的消息。陆抗听说后，让张咸赶快破坏河堤。诸将都感到困惑，屡次劝谏都不听。羊祜到了当阳（今湖北省荆门市西南），听到堤堰坏了，就改变不用船运而用车运粮，大大的耗损了工夫力气。晋国巴东监军徐胤率水军到建平（郡治，即今湖北秭归县南），荆州刺史杨肇到西陵。陆抗命令张

乔、营都督俞赞亡诣肇。抗曰："赞军中旧吏，知吾虚实者，吾常虑夷兵素不简练，若敌攻围，必先此处。"即夜易夷民，皆以旧将充之。明日，肇果攻故夷兵处，抗命旋军击之，矢石雨下，肇众伤死者相属。肇至经月，计屈夜遁。抗欲追之，而虑阐畜力项领，伺视间隙，兵不足分，于是但鸣鼓戒众，若将追者。肇众凶惧，悉解甲挺走，抗使轻兵蹑之，肇大破败，祜等皆引军还。抗遂陷西陵城，诛夷阐族及其大将吏，自此以下，所请赦者数万口。修治城围，东还乐乡，貌无矜色，谦冲如常，故得将士欢心。

加拜都护。闻武昌左部督薛莹征下狱，抗上疏曰："夫俊乂者，国家之良宝，社稷之贵资，庶政所以伦叙，四门所以穆清也。故大司农楼玄、散骑中常侍王蕃、少府李勖，皆当世秀颖，一时显器，既蒙初宠，从容列位，而并旋受诛殛，或圮族替祀，或投弃荒裔。盖《周礼》有赦贤之辟，《春秋》有宥善之义。《书》曰：'与其杀不辜，宁失不经。'而蕃等罪名未定，大辟以加，心经忠义，身被极刑，岂不痛哉！且已死之刑，固无所识，至乃焚烁流漂，弃之水滨，惧非先王之正典，或甫侯之所戒也。是以百姓哀耸，士民同戚。蕃、

咸坚守他的江陵城；公安都督孙遵巡守南岸，抵抗羊祜；水军都督留虑、镇西将军朱琬抵抗徐胤；自己亲率三军，凭靠城围，对抗杨肇。将军朱乔、营都督俞赞逃到杨肇处，陆抗说："俞赞是军中旧官，知道我们实情的人，我常常忧虑蛮夷来的兵一向未精简训练，如果敌人来攻打围城，一定先从此处。"立即在晚上就换去夷兵，都用旧将卒来补充替换。次日，杨肇果然攻打以前夷兵防守的地方，陆抗命令很快的调动军队攻打他，弓矢石头如雨般射下来，杨肇的兵死伤连成一起。杨肇到此已一个月，现在计谋已尽，在夜间逃走而去。陆抗想追击他，考虑到步阐蓄养力量，在颈项般的要害地方，等待窥伺着可乘的空隙，而自己兵力不够分布，于是只击鼓来训戒军队，装出好像要去追赶的样子。杨肇的军队扰动恐惧，完全除去武装而出走，陆抗就派轻兵追击他们，杨肇大败，羊祜等都领军回去。陆抗因而就攻陷了西陵城，杀灭了步阐家族及他的大将官吏，从将吏以下请求赦免的有好几万人。陆抗修理城墙，然后回到东面的乐乡，脸上没有骄傲表情，和往常一样的谦虚，所以得到将士的欢喜之心。

升任都护。听说武昌左部督薛莹被召命入狱，陆抗上疏说："那才能出众的人，是国家最好的珍宝，全国最重的资本，因为有人才，许多政务才所以有条理秩序，四方所来的诸侯，才都有美德而无凶人。以前的大司农楼玄、散骑中常侍王蕃、少府李勖，都是当代拔尖的杰出人才，一个时代的显著才能者。既已蒙受开始的荣宠，从容的列在官位，可是都很快的受到诛杀，有的毁灭了全族、废绝了祭祀，有的被抛弃到荒远的边境。《周礼》有赦免贤人的法条，《春秋》有宽宥好人的恩义。《尚书》说：'与其错杀了无罪的人，宁愿失掉了有罪就罚的常法。'那王蕃等人罪名还没有确定，死刑就加在身上，他们心中注重的是忠贞道义，可是身体受到了最重的刑戮，岂不是可伤痛的吗？而且已死的受刑者，固然一

勖永已，悔亦靡及，诚望陛下赦召玄出，而顷闻薛莹卒见逮录。莹父综纳言先帝，傅弼文皇，及莹承基，内厉名行，今之所坐，罪在可宥。臣惧有司未详其事，如复诛戮，益失民望，乞垂天恩，原赦莹罪，哀矜庶狱，清澄刑网，则天下幸甚！”

时师旅仍动，百姓疲弊。抗上疏曰：“臣闻《易》贵随时，传美观衅，故有夏多罪而殷汤用师，纣作淫虐而周武授钺。苟无其时，玉台有忧伤之虑，孟津有反旆之军。今不务富国强兵，力农畜谷，使文武之才效展其用，百揆之署无旷厥职，明黜陟以厉庶尹，审刑赏以示劝沮，训诸司以德，而抚百姓以仁，然后顺天乘运，席卷宇内，而听诸将徇名，穷兵黩武，动费万计，士卒彫瘁，寇不为衰，而我已大病矣！今争帝王之资，而昧十百之利，此人臣之奸便，非国家之良策也。昔齐鲁三战，鲁人再克而亡不旋踵。何则？大小之势异也。况今师所克获，不补所丧哉？且阻兵无众，古之明鉴，诚宜暂息进取小规，以畜士民之力，观衅伺隙，庶无悔吝。”

无所知，至于加以焚烧尸体，使骨灰随水漂流，抛弃在水边，恐怕不是古代圣王的正常法律，或者那是甫侯（炎帝裔孙伯夷，为尧太岳，封其后为甫侯，子孙以国为民）所戒绝的。所以百姓悲哀惊惧，士民共同悲伤。王蕃、李勖永远完了，懊悔也来不及了。实在希望陛下赦免楼玄，召出监狱。可是刚才听说薛莹终被逮捕论罪。薛莹的父亲薛综做过先帝的尚书，辅佐文皇帝，到了薛莹，承继他父亲的基业，内德修养能在声名品行上努力，现在所犯的法条，那种罪是在可赦的程度。臣恐怕主管审判的法官不详细了解他的事情，如果再行诛杀，就更失掉人民的仰望。请求赐予如天的恩惠，宥赦薛莹的罪，哀怜那众多的刑案，澄清刑罚的法网，那天下人是非常幸运的。”

这时军队仍然常出动作战，百姓都疲惫败坏。陆抗上疏说：“臣听说《易经》以随应时势为贵，古书赞美窥观对方的缺点，所以夏桀多罪而商汤用兵攻打，商纣荒淫暴虐而周武授武器来作战。如果没有那时的情势，纣王在玉台上有忧国伤乱的思虑，武王在孟津就有反转旗子回去的军队。如今不专力于富国强兵，努力农耕，积蓄米谷，使那些文才武才贡献展示他们的功用，百官的各部门没有旷废他们的职务；明定升降来勉励众官，审核刑罚来示以劝勉或阻止；以道德训导各官，以仁爱安抚百姓，然后顺天命，承天运，括有天下。却是任从诸将为了争名，尽量用兵，屡次用武，一动就花费上万计算的钱，兵士凋零毁伤，贼寇也没因而衰微，而我们已经很疲困了。如今争取的是帝王的资本，可是迷惑于一十、一百的财利，这是做人臣的奸邪便利，不是国家的好政策。以前齐鲁两国三次战争，鲁人两度胜利，然而很快的灭亡。为什么呢？大国小国的势力不同啊！何况现在军队所攻取获得的，不能补偿所损失的呢！并且倚仗兵力而自矜，就不被众民拥护，这是古代显明的戒律。实在应该暂止进取的小规划，来培养兵士人民的力量，观探敌人的缺失，等待有利的空隙，或许可以没有懊悔和过错。”

二年春，就拜大司马、荆州牧。三年夏，疾病，上疏曰："西陵、建平，国之蕃表，既处下流，受敌二境。若敌泛舟顺流，舳舻千里，星奔电迈，俄然行至，非可恃援他部以救倒悬也。此乃社稷安危之机，非徒封疆侵陵小害也。臣父逊昔在西垂陈言，以为西陵国之西门，虽云易守，亦复易失。若有不守，非但失一郡，则荆州非吴有也。如其有虞，当倾国争之。臣往在西陵，得涉逊迹，前乞精兵三万，而主者循常，未肯差赴。自步阐以后，益更损耗。今臣所统千里，受敌四处，外御强对，内怀百蛮，而上下见兵财有数万，羸弊日久，难以待变。臣愚以为诸王幼冲，未统国事，可且立傅、相，辅导贤姿，无用兵马，以妨要务。又黄门竖宦，开立占募，兵民怨役，逋逃入占。乞特诏简阅，一切料出，以补疆场受敌常处，使臣所部足满八万。省息众务，信其赏罚，虽韩、白复生，无所展巧。若兵不增，此制不改，而欲克谐大事，此臣之所深戚也。若臣死之后，乞以西方为属。愿陛下思览臣言，则臣死且不朽。"

秋遂卒，子晏嗣。晏及弟景、玄、机、云，分领抗兵。晏为裨将军、夷道监。天纪四年，晋军伐吴，龙骧将军王濬顺流东下，所至辄克，终如抗虑。景字士仁，以尚公主拜骑

凤皇二年春天，就他所驻之地，任命为大司马，荆州牧。凤皇三年夏天，生病，上疏说："西陵、建平是国家的外围重地，既位于长江下流，是承受敌人攻打的两个境地。如果敌人用船顺流而下，船头船尾连接千里不绝，如星奔电驰般的快速，一下子来到，不是可以依靠别的军队来救这倒悬的苦难。这是国家安危的机运，不止是疆域侵略的小损害啊。臣的父亲逊以前在西面边陲陈述，认为西陵是国家西边的门户，虽说好守，也是容易失去。如果不守，不但失去一个郡，那连荆州也不是吴所有的了。如果真有那料想的事情，应当倾全国之力来争取。臣过去在西陵，得以经历逊的遗迹，前不久乞请精兵三万，可是主管的官吏只顺着常规，不肯派遣前往。自步阐之乱以后，更加亏损。今臣管领的有千里之大，四处受敌，对外抵抗顽强对手，对内要使许多蛮夷心存归附之心，而上下现有的兵力只有几万，疲弱败坏为时已久，很难用他们来预防等待变化。臣愚见认为诸王都还年幼，没有统御过国家大事，可以暂且设置太傅、王相，辅导诸王的贤才，不要再用武力，来妨害了这重要事务。又黄门官署中的太监，开设了自己度量应征的办法，兵士人民因都怨恨服役，就相率逃亡，加入应征。请特下诏命，拣择察看，一切逃入的都挑出来，用来补充边界常受敌人攻打的地方，使得臣统属的兵满八万人。减少或停止许多事务，赏或罚都诚实做到，这样，虽使韩信、白起复活，也不能施展作战的巧妙。如果兵不增加，这个制度不改变，还想要成就和合的大事，这是臣所深深忧愁的。如果臣死后，请以这西方为嘱托。希望陛下思考观看臣所说的这些话，那么臣心愿已达，身虽死亡，也等于没有腐朽了。"

在秋天就去世了，儿子陆晏继承。晏和弟弟景、玄、机、云，分别统领陆抗的军队。陆晏为裨将军、夷道监。吴主晧天纪四年（公元 280 年），晋国军队攻吴，龙骧将军王濬

都尉，封毗陵侯，既领抗兵，拜偏将军、中夏督，澡身好学，著书数十篇也。二月壬戌，晏为王濬别军所杀。癸亥，景亦遇害，时年三十一。景妻，孙晧嫡妹，与景俱张承外孙也。

评曰：刘备天下称雄，一世所惮，陆逊春秋方壮，威名未著，摧而克之，罔不如志。予既奇逊之谋略，又叹权之识才，所以济大事也。及逊忠诚恳至，忧国亡身，庶几社稷之臣矣。抗贞亮筹干，咸有父风，奕世载美，具体而微，可谓克构者哉！

顺江水东下，所到的每一地方都攻克，最后是像陆抗所担心的一样。陆景的字是士仁，因娶公主为妻而任骑都尉，封为毗陵侯，统领陆抗军队，任偏将军、中夏督。洁身自爱又好学不倦，著了好几十篇的书。二月壬戌，陆晏被王濬另一支军队所杀。癸亥，陆景也遇害，死时三十一岁。陆景的妻子是孙晧的嫡亲妹妹，和陆景同是张承的外孙。

陈寿评论说：刘备，天下都称为英雄，为那一代的人所畏惧，陆逊正当壮年，威名还没显著，就摧毁战胜了他，没有不随陆逊心愿的。我既惊奇陆逊的智谋策略，又叹服孙权的了解人才，所以才能完成大事。又陆逊忠诚恳切，忧心国事而亡身，真是国家的忠臣了。陆抗忠贞亮节，筹谋干练，都很有他父亲的风范。累代成就美行，能够具有全部，但未广大，可说是能继承父志，完成功业的人吧！

三国志卷五十九

吴王五子传第十四

王令樾 译

孙登字子高，权长子也。魏黄初二年，以权为吴王，拜登东中郎将，封万户侯，登辞侯不受。是岁，立登为太子，选置师傅，铨简秀士，以为宾友，于是诸葛恪、张休、顾谭、陈表等以选入，侍讲诗书，出从骑射。权欲登读《汉书》，习知近代之事，以张昭有师法，重烦劳之，乃令休从昭受读，还以授登。登待接寮属，略用布衣之礼，与恪、休、谭等或同舆而载，或共帐而寐。太傅张温言于权曰："夫中庶子官最亲密，切问近对，宜用隽德。"于是乃用表等为中庶子。后又以庶子礼拘，复令整巾侍坐。黄龙元年，权称尊号，立为皇太子，以恪为左辅，休右弼，谭为辅正，表为翼正都尉，是为四友，而谢景、范慎、刁玄、羊衜等皆为宾客，于是东宫号为多士。

权迁都建业，征上大将军陆逊辅登镇武昌，领宫府留事。登或射猎，当由径道，常远

孙登字是子高，孙权的长子。魏黄初二年（公元221年），魏封孙权为吴王（刘备伐吴，吴王孙权遣使称臣于魏），任孙登为东中郎将，封万户侯，孙登借病辞谢不接受。就在这一年，吴王立登为太子，选择、设置老师太傅，选拔了一些优秀人才，作为宾客朋友，于是诸葛恪、张休、顾谭、陈表等被选入，陪侍讲解诗书，出外随从去骑马射猎。孙权想叫孙登读《汉书》，学习了解近代的事，因张昭有老师传授的家法，又难于烦劳他，就叫张休跟从张昭读书，回来再教给孙登。孙登接待官僚下属，稍用平民的礼节，与诸葛恪、张休、顾谭等人有时同车而坐，有时同一寝帐而睡。太傅张温对孙权说："中庶子这个官，和太子最亲密，因接受亲切的问话，而有亲近的对答，应该用个有好德性的人。"于是就用陈表等人为中庶子。后来又因庶子的礼节太拘束，又令他们整肃衣冠，陪太子坐着。吴大帝黄龙元年（公元229年），孙权称帝，立登为皇太子，以诸葛恪为左辅，张休为右弼，顾谭为辅正，陈表为翼正都尉，是皇太子的四位朋友；而谢景、范慎、刁玄、羊衜等人都是宾客，于是东宫（太子宫殿）被称为人才盛多。

孙权迁都建业（故城在今之南京市南），征召上大将军陆逊辅助孙登镇守武昌，管理宫中、府中留守的事。孙登有时射猎，都走小路，常远远避开好田地，不踏稻苗禾稼，到

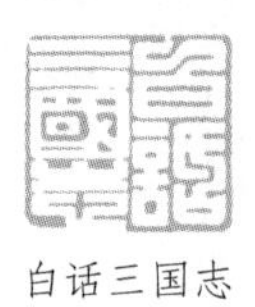

避良田，不践苗稼，至所顿息，又择空间之地，其不欲烦民如此。尝乘马出，有弹丸过，左右求之。有一人操弹佩丸，咸以为是，辞对不服，从者欲捶之，登不听，使求过丸，比之非类，乃见释。又失盛水金马盂，觉得其主，左右所为，不忍致罚，呼责数之，长遣归家，敕亲近勿言。后弟虑卒，权为之降损，登昼夜兼行，到赖乡，自闻，即时召见。见权悲泣，因谏曰："虑寝疾不起，此乃命也。方今朔土未一，四海喁喁，天戴陛下，而以下流之念，减损大官殽馔，过于礼制，臣窃忧惶。"权纳其言，为之加膳。住十馀日，欲遣西还，深自陈乞，以久离定省，子道有阙，又陈陆逊忠勤，无所顾忧，权遂留焉。嘉禾三年，权征新城，使登居守，总知留事。时年谷不丰，颇有盗贼，乃表定科令，所以防御，甚得止奸之要。

初，登所生庶贱，徐夫人少有母养之恩，后徐氏以妒废处吴，而步夫人最宠。步氏有赐，登不敢辞，拜受而已。徐氏使至，所赐衣服，必沐浴服之。登将拜太子，辞曰："本立而道生，欲立太子，宜先立后。"权曰："卿母安在？"对曰："在吴。"权默然。

立凡二十一年，年三十三卒。临终，上疏曰："臣以无状，婴抱笃疾，自省微劣，惧

一处所停下休息，又选择空闲的地方，他不肯烦扰百姓竟是如此这般。曾乘马出行，有弹弓的弹丸射过，左右的人去寻找。有一个人拿着弹弓佩带弹丸，大家都认为就是他，在回话时他不肯认罪，随从要用杖打他，孙登不听，派人找到射过的弹丸，比照下两颗不同类，就被释放。又丢掉盛水的金马盂，发觉偷盂的主犯，竟是左右随从之人所做，不忍加以处罚，叫了来责备他的过错，遣送他永远回家，训诫亲近的这些人不要说。后来弟弟孙虑去世，孙权为此减少了菜肴。孙登就白天夜晚的赶路，到达赖乡，自己去请求报告，而被立时召见。看到孙权悲伤落泪，因此而劝谏说："虑卧病不起，这是命运。当今北方尚未统一，全国人张口仰望，像上天一样拥戴陛下，而以对下专注的思念，减少大官供设的食品，超过了礼节的制限，臣私下很忧心惶恐。"孙权接纳他的劝说，为他加了饭菜。住了十余天，要叫他回西面的武昌，他深深的为自己去陈请乞求，以长久疏离昏定晨省，为人子的道义有所亏缺。又述说陆逊忠心勤事，没什么好担心忧虑的，孙权就留下他。吴大帝嘉禾三年（公元 234 年），孙权出征新城（在今湖北省房县），派孙登住守首都，总管留守的事。当时收成不丰富，有许多盗贼，于是就上表订定科条法令，用来防犯，很得到阻止奸乱的要点。

当初，孙登的母亲是出身庶民贱族，徐夫人在他幼小时有如母亲养育的恩德，后来徐夫人因妒忌而被废，留居在吴郡，而步夫人最得宠。步氏有赏赐时，孙登不敢拒收，下拜接受而已。徐氏使者到来，所赐的衣服，孙登一定沐浴后穿着。孙登将封为太子时，辞谢道："根本建立，道才由之以生，要立太子应先立皇后。"孙权说："你的母亲在哪里？"回答说："在吴郡。"孙权默然无语。

孙登立为太子，总共二十一年，三十三岁时去世。临终前上疏说："臣因为没有好的

卒陨毙。臣不自惜，念当委离供养，埋胔后土，长不复奉望宫省，朝觐日月，生无益于国，死贻陛下重戚，以此为哽结耳。臣闻死生有命，长短自天，周晋、颜回有上智之才，而尚夭折，况臣愚陋，年过其寿，生为国嗣，没享荣祚，于臣已多，亦何悲恨哉！方今大事未定，逋寇未讨，万国喁喁，系命陛下，危者望安，乱者仰治。愿陛下弃忘臣身，割下流之恩，修黄老之术，笃养神光，加羞珍膳，广开神明之虑，以定无穷之业，则率土幸赖，臣死无恨也。皇子和仁孝聪哲，德行清茂，宜早建置，以系民望。诸葛恪才略博达，器任佐时。张休、顾谭、谢景，皆通敏有识断，入宜委腹心，出可为爪牙。范慎、华融矫矫壮节，有国士之风。羊衜辩捷，有专对之材。刁玄优弘，志履道真。裴钦博记，翰采足用。蒋修、虞翻，志节分明。凡此诸臣，或宜廊庙，或任将帅，皆练时事，明习法令，守信固义，有不可夺之志。此皆陛下日月所照，选置臣官，得与从事，备知情素，敢以陈闻。臣重惟当今方外多虞，师旅未休，当厉六军，以图进取。军以人为众，众以财为宝，窃闻郡县颇有荒残，民物彫弊，奸乱萌生，是以法令繁滋，刑辟重切。臣闻为政听民，律令与时推移，

情形状况，重病缠身反省自己卑微劣下，害怕忽然间死掉。臣并不爱惜自己，只是想到就要弃离奉养父母的责任，埋骨大地，永远不再仰望宫廷，不能朝见如日月光明的圣主，生前又无益于国家，死后留给陛下很重的悲忧，因此而为之悲泣气塞罢了。臣听说生死都有命运，寿命长短也由天定。周太子晋及颜回，有上等智慧的才能，尚且早死，何况臣愚笨鄙陋，年龄已超过他们的寿命，生时为国家的继承人，死时享受到光荣地位，对于臣来说，已经很多了，还有什么悲哀憾恨呢？如今天下大事没定，逃窜的贼寇尚未讨平，许多诸侯国都在张口仰天，把生命系属在陛下身上，危难的希望安定，扰乱的仰望治理。愿陛下抛弃忘掉臣的一身，割舍对下关注的恩情，修持黄老的道术，好好保养精神灵明，增加进食珍美的食物，广大的开扩神祇般的思虑，来定下无限的事业，则全国幸运得到依靠，臣虽死也无憾了。皇子和仁爱孝顺，聪明睿智，品德行为清高茂美，应早立为太子，来维系人民的希望。诸葛恪才能谋略广博通达，器量担当都是足以辅佐时世。张休、顾谭、谢景，都通达聪敏，有识见果断，进入朝廷，可以当谋臣；出任州郡，可以当将官。范慎、华融勇武雄壮的气节，有全国推仰的风范。羊衜辩才敏捷，有出使独对的才能。刁玄优秀弘远，志在实践大道真理。裴钦博览强记，笔墨文采足以任用。蒋修、虞翻意志节操清明不乱。总合这些大臣，有的适合朝廷官职，有的可任为将帅，都熟练现时代的政事，明习法令，遵守信用，坚持道义，有不能夺取的志节。这都是陛下如日月般的聪明所照察，而选拔出来安置做臣的属官，因能和他们一同做事，才完全了解他们的真实情意，所以敢来陈述，让陛下听到。臣再想到当今国境以外，很多忧患，军队不能停止作战，应当奋励各军，来图谋进攻略取。军队以人多为群众，群众以财为珍宝。私下听说郡县多有荒废残破，人民物产凋零败坏，邪恶叛乱渐渐生起，所以法令

诚宜与将相大臣详择时宜，博采众议，宽刑轻赋，均息力役，以顺民望。陆逊忠勤于时，出身忧国，謇謇在公，有匪躬之节。诸葛瑾、步骘、朱然、全琮、朱据、吕岱、吾粲、阚泽、严畯、张承、孙怡忠于为国，通达治体。可令陈上便宜，蠲除苛烦，爱养士马，抚循百姓。五年之外，十年之内，远者归复，近者尽力，兵不血刃，而大事可定也。臣闻'鸟之将死其鸣也哀，人之将死其言也善'，故子囊临终，遗言戒时，君子以为忠，岂况臣登，其能已乎？愿陛下留意听采，臣虽死之日，犹生之年也。"既绝而后书闻，权益以摧感，言则陨涕。是岁，赤乌四年也。谢景时为豫章太守，不胜哀情，弃官奔赴，拜表自劾。权曰："君与太子从事，异于他吏。"使中使慰劳，听复本职，发遣还郡。谥登曰宣太子。

子璠、希，皆早卒，次子英，封吴侯。五凤元年，英以大将军孙峻擅权，谋诛峻，事觉自杀，国除。

谢景者字叔发，南阳宛人。在郡有治迹，吏民称之，以为前有顾劭，其次即景。数年卒官。

繁多滋衍，刑罚加重严厉。臣听说处理政事要听从民意，法律命令要随时代的不同来转变。实在应和将相大臣仔细选择当时所适宜的，广泛地采纳大家的建议，放宽刑罚，减轻赋税，使劳力兵役得到调和休息，来顺应人民的愿望。陆逊对于时世忠心勤力，献身于忧劳国事，忠贞为公，有不因私身之故而不尽忠的志节。诸葛瑾、步骘、朱然、全琮、朱据、吕岱、吾粲、阚泽、严畯、张承、孙怡等忠诚治国，通达了治理的大体。可以命令他们陈述一些有利事宜，除去苛刻烦忧，爱惜养育兵士、战马，安抚百姓。五年以外，十年以内，远地的人都回来归附，近处的人都尽力，兵不必打仗流血，而天下大事已可安定了。臣听说'鸟快死时，它的鸣声很哀伤；人将死时，他的话会很良善'。所以子囊临死前，留话劝导谨慎时事，君子都认为他忠心，何况我，哪能停止不说呢？愿陛下留意听闻并采纳，臣虽是死了的时候，仍像活着的时候一样。"去世以后，这书信才送达，孙权更加摧伤感动，一说就流泪。这一年是吴大帝赤乌四年（公元 241 年）。谢景当时是豫章太守，承受不住哀恸之情，丢弃官职奔走赴丧，上表弹劾自己。孙权说："你和太子一起共事，不同于其他的官吏。"派中使慰劳他，又任从他恢复原来职务，派他回原郡去。谥登为宣太子。

孙登的儿子璠、希，都早死，次子英，封为吴侯。废帝亮五凤元年（公元 254 年），孙英因大将军孙峻专权，计划杀峻，事情被发觉，自杀而死，所封的侯国取消。

谢景字叔发，南阳郡宛县（即今河南省南阳市）人。在豫章郡治理有表现，官吏百姓都称赞他，认为前面有顾劭，接着就是谢景。几年后，死在官任上。

孙虑字子智，登弟也。少敏惠有才艺，权器爱之。黄武七年，封建昌侯。后二年，丞相雍等奏“虑性聪体达，所尚日新，比方近汉，宜进爵称王”，权未许。久之，尚书仆射存上疏曰：“帝王之兴，莫不褒崇至亲，以光群后，故鲁、卫于周，宠冠诸侯；高帝五王，封列于汉，所以藩屏本朝，为国镇卫。建昌侯虑禀性聪敏，才兼文武，于古典制，宜正名号。陛下谦光，未肯如旧，群寮大小，咸用于邑。方今奸寇恣睢，金鼓未弭，腹心爪牙，惟亲与贤。辄与丞相雍等议，咸以虑宜为镇军大将军，授任偏方，以光大业。”权乃许之，于是假节开府，治半州。虑以皇子之尊，富于春秋，远近嫌其不能留意。及至临事，遵奉法度，敬纳师友，过于众望。年二十，嘉禾元年卒。无子，国除。

孙和字子孝，虑弟也。少以母王有宠见爱，年十四，为置宫卫，使中书令阚泽教以书艺。好学下士，甚见称述。赤乌五年，立为太子，时年十九。阚泽为太傅，薛综为少傅，而蔡颖、张纯、封俌、严维等皆从容侍从。

是时有司颇以条书问事，和以为奸妄之人，将因事错意，以生祸心，不可长也，表宜

孙虑字是子智，孙登的弟弟。从小敏捷智慧，很有才艺，孙权很器重喜爱他。黄武七年（公元228年），封为建昌侯。后二年，丞相顾雍等人奏说：“虑禀性聪明，行事通达，所好尚的每天都有进步，比于近代汉朝制度，应加爵称为王。”孙权没允许。过了许久，尚书仆射存上疏说：“帝王的兴盛，没有不是褒美推崇最近的亲属，来光耀许多诸侯。所以鲁、卫两国在周朝时，荣宠居诸侯国之首；高帝的五个王，分封列位于汉朝，正是用来做本朝的屏障，为国家的镇守防卫。建昌侯虑，禀性聪敏，兼有文武才能，在古时的典章制度，应正定名称封号。陛下以谦虚的态度，显出性德的光明，不肯照旧例办理，大小官吏，都为此抑郁不舒。如今恶寇放纵乱行，战争未止，谋臣武将，只有用亲人和贤者。我就和丞相雍等商量，都认为虑应为镇军大将军，授给他镇守边地的任务，来光大王业。”孙权就答应他，于是授给符节开建府署，治理半州（又名半洲，在今江西省九江市西）。孙虑以皇子的尊贵，年在少壮，远近之人都怀疑他不能注意政事。等到遇上事情，遵奉法规制度，恭敬地接纳师友，超过了大家对他的期望。二十岁时，也就是吴大帝嘉禾元年（公元232年），去世。没有儿子，封国取消。

孙和的字是子孝，孙虑的弟弟。小时候因母亲王氏受宠而被喜爱，十四岁时就为他设置宫中护卫，派中书令阚泽教他书籍文艺。喜好学问，又能谦虚的自居士人之下，十分被称赞。吴大帝赤乌五年（公元242年），立为太子，当时十九岁。阚泽为太傅，薛综为少傅，而蔡颖、张纯、封俌、严维等都雍容和洽地侍奉着他。

这时主管官吏常以书面分条列举，向人们访问政事，孙和认为奸恶狂妄的人将会借着

绝之。又都督刘宝白庶子丁晏，晏亦白宝，和谓晏曰：“文武在事，当能几人，因隙构薄，图相危害，岂有福哉？”遂两释之，使之从厚。常言当世士人宜讲修术学，校习射御，以周世务，而但交游博弈以妨事业，非进取之谓。后群寮侍宴，言及博弈，以为妨事费日而无益于用，劳精损思而终无所成，非所以进德修业，积累功绪者也。且志士爱日惜力，君子慕其大者，高山景行，耻非其次。夫以天地长久，而人居其间，有白驹过隙之喻，年齿一暮，荣华不再。凡所患者，在于人情所不能绝，诚能绝无益之欲以奉德义之涂，弃不急之务以修功业之基，其于名行，岂不善哉？夫人情犹不能无嬉娱，嬉娱之好，亦在于饮宴琴书射御之间，何必博弈，然后为欢。乃命侍坐者八人，各著论以矫之。于是中庶子韦曜退而论奏，和以示宾客。时蔡颖好弈，直事在署者颇学焉，故以此讽之。

是后王夫人与全公主有隙。权尝寝疾，和祠祭于庙，和妃叔父张休居近庙，邀和过所居。全公主使人觇视，因言太子不在庙中，专就妃家计议；又言王夫人见上寝疾，有喜色。权由是发怒，夫人忧死，而和宠稍损，惧于废黜。鲁王霸觊觎滋甚，陆逊、吾粲、顾谭等

问事，掺杂上不正当的意思，来生出祸害的用心，这是不可以助长的。上表说应加杜绝。又有都督刘宝控告中庶子丁晏的劣迹，丁晏也控告刘宝的劣迹，孙和对丁晏说：“文武官在职的，这时能有几个人？因怨隙造成相互的攻击，计划着互相危害，这岂能有幸福？”就赦免两人，使他们相交深厚。孙和常说，当代的士人应讲述修习学术、文艺，较量练习射剑驾车，来普遍的通晓世事，若只是交游下棋来妨碍事业，这不是所谓的前进汲取的办法。以后群官陪侍宴会，谈到下棋，孙和认为是妨害正事，浪费时间，而无益于实用；劳累精神，损害思想，而最后一无所成，不是可以进德修业，累积功绩的人。而且有志之士爱惜时间精力，君子是羡慕大的方面，仰望的是最高的山，行走的是最大的路，羞耻自己达不到它的位次。天地长久，而人处在它的中间，就有白驹驰过空隙的短促比喻，年纪一老，少年的美好强盛就不再来了。凡所忧惧的在于人的情欲不能断绝，如真能断绝无益的情欲，来奉守道德仁义的正途；抛弃不急要的事情，来修整功业的基础，对于他的名声行为，岂不是很好吗？人在情感上，仍不能没有嬉戏娱乐，嬉娱的喜好，也可在饮酒、宴会、琴、书、射、御之间，何必一定要下棋，然后才感到快乐。就命令陪坐的八个人，各自作成论文，来改正风气。于是中庶子韦曜退席回去后，就著论奏上，孙和拿他的奏章给宾客看。当时蔡颖好下棋，在官署值班的人颇学习他，所以以此来讽戒他。

以后王夫人和全公主有怨隙。孙权曾卧病，孙和到宗庙去祭祠，孙和妃子的叔父张休，住所离太庙很近，邀和到他的居处。全公主派人暗中窥看，就说太子不在庙中，专门到妃子娘家去计谋事情；又说王夫人看到皇上卧病，露出高兴的面色。孙权于是发怒，王夫人忧惧而死，而太子孙和受到的宠爱也稍微减损，害怕被废退。鲁王霸非分之想加甚，陆逊、吾粲、顾谭等屡次上陈嫡庶的意义，所说的道理无法被驳夺，而全寄、杨竺是鲁王

数陈適庶之义，理不可夺，全寄、杨竺为鲁王霸支党，谮诉日兴。粲遂下狱诛，谭徙交州。权沈吟者历年，后遂幽闭和。于是骠骑将军朱据、尚书仆射屈晃率诸将吏泥头自缚，连日诣阙请和。权登白爵观见，甚恶之，敕据、晃等无事忩忩。权欲废和立亮，无难督陈正、五营督陈象上书，称引晋献公杀申生，立奚齐，晋国扰乱；又据、晃固谏不止。权大怒，族诛正、象，据、晃牵入殿，杖一百，竟徙和于故鄣，群司坐谏诛放者十数。众咸冤之。

太元二年正月，封和为南阳王，遣之长沙。四月，权薨，诸葛恪秉政。恪即和妃张之舅也。妃使黄门陈迁之建业上疏中宫，并致问于恪。临去，恪谓迁曰："为我达妃，期当使胜他人。"此言颇泄。又恪有徙都意，使治武昌宫，民间或言欲迎和。及恪被诛，孙峻因此夺和玺绶，徙新都，又遣使者赐死。和与妃张辞别，张曰："吉凶当相随，终不独生活也。"亦自杀，举邦伤焉。

孙休立，封和子皓为乌程侯，自新都之本国。休薨，皓即阼，其年追谥父和曰文皇帝，改葬明陵，置园邑二百家，令、丞奉守。后年正月，又分吴郡、丹杨九县为吴兴郡，治乌程，置太守，四时奉祠。有司奏言，宜立庙京邑。宝鼎二年七月，使守大匠薛珝营立

霸的支党，所设的谗言诬告一天天盛起来。吾粲于是被关入牢中杀死，顾谭流放交州。孙权默默考虑了好几年，后来就幽禁太子和。于是骠骑将军朱据、尚书仆射屈晃等率领诸将吏，自己捆绑着身体，叩头至地，连日到宫廷大门口请求放孙和。孙权登上白爵观接见，十分厌恶他们，训斥朱据、屈晃等人不要无事忙乱。孙权要废孙和，改立孙亮为太子，无难都督陈正、五营都督陈象上书，引述晋献公杀申生，立奚齐，晋国因而扰乱。又朱据、屈晃坚持劝谏不停止。孙权大怒，诛杀陈正、陈象及其家族，把朱据、屈晃带到殿上，杖打一百下，而最终流放太子和到故鄣（今浙江省安吉县西北），群臣因为劝谏获罪而被杀被放逐的有十几个人。大家都认为他们冤枉。

吴大帝太元二年（公元252年）正月，封孙和为南阳王，派到长沙郡（有今湖南省东半部之地）。四月，孙权去世，诸葛恪主持政事。诸葛恪就是孙和妃子张氏的舅舅。妃派黄门陈迁到建业上疏给皇后，并向诸葛恪致问候之意。临走，诸葛恪对陈迁说："替我转达妃子，一年中当使他胜过他人（指鲁王霸一派的人）。"这句话颇被泄漏。又诸葛恪有迁都的意思，使人修治武昌宫殿，民间有人传说这是要迎回孙和。及至诸葛恪被杀，孙峻因此夺走孙和的印玺，迁移他到新都，又派使者去赐孙和死。孙和临死前和妃子张氏辞别，张氏说："无论是吉是凶，我都应当相随，绝不独自生存。"也自杀，全国都悲伤她。

孙休继位，封和的儿子皓为乌程侯，从新都（故城在今浙江省淳安县西）回到他本国。孙休去世，孙皓即位，那年追谥他父亲和为文皇帝，改葬在明陵，设置一县邑两百户来居住守护园寝，由园令、园丞来奉守。后年正月，又分吴郡、丹阳郡的九个县为吴兴郡，郡署设在乌程（故治即今浙江省湖州市南之古菰城），设置太守，四季奉祠。主管官吏上奏

寝堂，号曰清庙。十二月，遣守丞相孟仁、太常姚信等备官僚中军步骑二千人，以灵舆法驾，东迎神于明陵。晧引见仁，亲拜送于庭。灵舆当至，使丞相陆凯奉三牲祭于近郊，晧于金城外露宿。明日，望拜于东门之外。其翌日，拜庙荐祭，歔欷悲感。比七日三祭，倡技昼夜娱乐。有司奏言“祭不欲数，数则黩，宜以礼断情”，然后止。

孙霸字子威，和弟也。和为太子，霸为鲁王，宠爱崇特，与和无殊。顷之，和、霸不穆之声闻于权耳，权禁断往来，假以精学。督军使者羊衜上疏曰：“臣闻古之有天下者，皆先显别適庶，封建子弟，所以尊重祖宗，为国藩表也。二宫拜授，海内称宜，斯乃大吴兴隆之基。顷闻二宫并绝宾客，远近悚然，大小失望。窃从下风，听采众论，咸谓二宫智达英茂，自正名建号，于今三年，德行内著，美称外昭，西北二隅，久所服闻。谓陛下当副顺遐迩所以归德，勤命二宫宾延四远，使异国闻声，思为臣妾。今既未垂意于此，而发明诏，省夺备卫，抑绝宾客，使四方礼敬，不复得通，虽实陛下敦尚古义，欲令二宫专志于学，不复顾虑观听小宜，期于温故博物而已，然非臣下倾企喁喁之至愿也。或谓二宫不遵

说，应在京城设庙。吴主晧宝鼎二年（公元267年）七月，派兼大臣官职的薛珝，建造寝庙殿堂，号称清庙。十二月派兼丞相的孟仁、太常姚信等准备职官僚属中军步骑二千人，用灵车和属车四十六乘的法驾，向东面的明陵迎孙和的神灵。孙晧引见孟仁，在院中亲自下拜送行。灵车快到时，派丞相陆凯奉上牛羊豕三牲，在近郊处祭祀，孙晧在宫城外露天住宿。明天，遥望礼拜于东门的外面。次日，到庙中献祭，呜咽哭泣，悲伤感恸。每七天祭三次，歌伎倡优日夜娱乐。主管官吏上奏说：“祭不要多，多就亵慢，应用礼来断制感情。”然后才停止。

孙霸的字是子威，孙和的弟弟。和为太子，霸为鲁王，所受的宠爱崇高特别，与孙和没有不同。不久，和、霸不和睦的消息传到孙权的耳里，孙权禁绝外界和他们来往，假托让他们精研学问。督军使者羊衜上疏说：“臣听说古时候统有天下的人，都是先明白分别嫡庶的不同，封子弟为诸侯，用以尊重祖宗，为国设立藩卫屏障。二宫分授太子、鲁王，海内外都认为很对，这正是大吴兴隆的根基。最近听说二宫均断绝宾客，远近地方都惊惧，大小官吏都失望。臣私自从下面听取大众的议论，都认为二宫智慧通达，英才茂美，自从正名位建封号后，至今已三年，对内德行显著，对外美名昭彰，西北两角，很久就传来佩服的消息。认为陛下应当配合顺应远近所以归向大德的意思，多令二宫向远方延请宾客，使异国听到他们的声名，都想归附为臣妾。如今既没有留意这方面，而发布明显的诏令，减少防卫，阻断宾客，使四方的礼节、敬意，不再能通达。虽然实质上陛下是崇尚古时大义，想要令二宫专心向学，不再顾虑一些看到听到的小事，希望他们温习旧典博明物理罢

典式，此臣所以寝息不宁。就如所嫌，犹宜补察，密加斟酌，不使远近得容异言。臣惧积疑成谤，久将宣流，而西北二隅，去国不远，异同之语，易以闻达。闻达之日，声论当兴，将谓二宫有不顺之愆，不审陛下何以解之？若无以解异国，则亦无以释境内。境内守疑，异国兴谤，非所以育巍巍，镇社稷也。愿陛下早发优诏，使二宫周旋礼命如初，则天清地晏，万国幸甚矣。"

时全寄、吴安、孙奇、杨竺等阴共附霸，图危太子。谮毁既行，太子以败，霸亦赐死。流竺尸于江，兄穆以数谏戒竺，得免大辟，犹徙南州。霸赐死后，又诛寄、安、奇等，咸以党霸构和故也。

霸二子，基、壹。五凤中，封其为吴侯，壹宛陵候。基侍孙亮在内，太平二年，盗乘御马，收付狱。亮问侍中刁玄曰："盗乘御马罪云何？"玄对曰："科应死。然鲁王早终，惟陛下哀原之。"亮曰："法者，天下所共，何得阿以亲亲故邪？当思惟可以释此者，奈何以情相迫乎？"玄曰："旧赦有大小，或天下，亦有千里、五百里赦，随意所及。"亮曰："解人不当尔邪！"乃赦宫中，基以得免。孙晧即位，追和、霸旧隙，削基、壹爵

了，然而却不是臣倾心企盼、殷殷仰望的最大心愿。有人说二宫不遵守法规范式，这正是臣寝息都不安的原因。即便像所怀疑的情形，还应该再作考察，严密地加以酌量，不使远近之处，得容留不同的评论。臣怕积压的嫌疑，变成了毁谤，久后将会宣扬流传出去。而西北二角，离国家不远，是非不同的话，容易传开听到。传到的时候，言论就会兴起，将说二宫有不和顺的过错，不知陛下如何来解释它？如果无法在异国解释，也就无法对国内解释。国内守留着这些疑问，国外兴起毁谤的话，这不是在培育两宫的至高德行，及安定国家啊！愿陛下早早发布优遇的诏书，使二宫周旋应接于礼制爵位之间，一如当初，则天地清和，万国幸运了。"

当时全寄、吴安、孙奇、杨竺等，暗中共同归附孙霸，计划危害太子。谮言毁谤流行之后，太子就失败被废，霸也被赐死。流放杨竺的尸体于江中，他哥哥杨穆因曾多次劝谏告诫杨竺，才得以免去大罪，但仍被迁徙到南州。孙霸赐死后，又杀了全寄、吴安、孙奇等人，他们都因和霸结党构害孙和的缘故。

孙霸有两个儿子，孙基、孙壹。废帝亮五凤年中，封孙基为吴侯，封孙壹为宛陵侯。孙基侍奉孙亮于朝内，废帝太平二年（公元 257 年），偷骑皇上的马，被收押入狱。孙亮问侍中刁玄说："偷骑皇上的马该当何罪？"刁玄回答说："照法条应是死罪。然而鲁王早死，惟请陛下哀怜原谅他。"孙亮说："法是天下所共同遵守的，怎么可以亲爱自己亲人而偏私呢？应当想出可以赦免此案的理由，怎可用情来相逼呢？"刁玄说："旧有的赦罪有大有小，有的赦天下，也有赦千里之大的地方，及五百里大的地方，随意之所到而来规定。"孙亮说："向人解释道理，不应当像刚才那样呀！"就赦免宫中犯罪的人，孙基因此免除死

土，与祖母谢姬俱徙会稽乌伤县。

孙奋字子扬，霸弟也，母曰仲姬。太元二年，立为齐王，居武昌。权薨，太傅诸葛恪不欲诸王处江滨兵马之地，徙奋于豫章。奋怒，不从命，又数越法度。恪上笺谏曰："帝王之尊，与天同位，是以家天下，臣父兄，四海之内，皆为臣妾。仇雠有善，不得不举，亲戚有恶，不得不诛，所以承天理物，先国后身，盖圣人立制，百代不易之道也。昔汉初兴，多王子弟，至于太强，辄为不轨，上则几危社稷，下则骨肉相残，其后惩戒，以为大讳。自光武以来，诸王有制，惟得自娱于宫内，不得临民，干与政事，其与交通，皆有重禁，遂以全安，各保福祚。此则前世得失之验也。近袁绍、刘表各有国土，土地非狭，人众非弱，以適庶不分，遂灭其宗祀。此乃天下愚智，所共嗟痛。大行皇帝览古戒今，防芽遏萌，虑于千载。是以寝疾之日，分遣诸王，各早就国，诏策殷勤，科禁严峻，其所戒敕，无所不至，诚欲上安宗庙，下全诸王，使百世相承，无凶国害家之悔也。大王宜上惟太伯顺父之志，中念河间献王、东海王彊恭敬之节，下当裁抑骄恣荒乱以为警戒。而闻顷至武昌以

罪。孙晧即位，追究孙和与孙霸间的旧怨，削去孙基、孙壹的爵位封地，把他们和祖母谢姬一起迁徙到会稽郡乌伤县（今浙江省义乌市）。

孙奋的字是子扬，孙霸的弟弟，母亲叫仲姬。吴大帝太元二年（公元252年）立为齐王，居住在武昌（即今湖北省鄂州市）。孙权去世，太傅诸葛恪不要诸王处在大江旁边兵马众多的地方，迁孙奋到豫章。孙奋很生气，不遵从命令，又屡次越规违法。诸葛恪上书劝谏说："帝王的尊贵和天同等，所以天下为家，父兄为臣，四海之内都是臣子妾侍。仇人中有好行为的，不能不举用；亲戚中有坏行为的，不能不杀戮。所以秉承天命，统理万物，国家优先，个人在后，这是圣人订立制度，百世不变的道理。以前汉朝刚刚兴起，多分封子弟为诸侯王，到了势力太强大，多做不守法度的事情，对上就危害国家，对下就骨肉相杀，以后就引此作警戒，认为是大忌讳。自从光武帝以来，对诸侯王有了制度，只能在宫内自作娱乐，不能治理百姓，干涉政事，他们如和外界来往，都有极重的禁令，就因此得以安全，各自保守住幸福。这就是前代得失的证明。近代袁绍、刘表各有国土，土地不小，人民不少，因嫡庶名分不分，就灭绝了宗族继嗣。这是天下的智士、愚人所共同嗟叹悲痛的。初崩的皇帝观察古代，警戒当今，防止恶端滋长，考虑千年大业。所以卧病时候，就分派诸王，各自早回到自己国内，诏令委曲详尽，律禁严厉峻急，他所告诫命令，没有没说到的，这实在是要对上安定宗庙，对下顾全诸王，使百代相继，而没有凶害国家残毁家庭的遗憾。大王应往上想到吴太伯顺从父亲的意志，中间想到汉朝河间献王（武帝兄）、东海王彊（明帝异母兄）恭敬君命的气节，向下应当克制骄奢放恣，荒嬉昏乱，来作为警戒。

来，多违诏敕，不拘制度，擅发诸将兵治护宫室。又左右常从有罪过者，当以表闻，公付有司，而擅私杀，事不明白。大司马吕岱亲受先帝诏敕，辅导大王，既不承用其言，令怀忧怖。华锜先帝近臣，忠良正直，其所陈道，当纳用之，而闻怒锜，有收缚之语。又中书杨融，亲受诏敕，所当恭肃，云'正自不听禁，当如我何'？闻此之日，大小惊怪，莫不寒心。里语曰：'明镜所以昭形，古事所以知今。'大王宜深以鲁王为戒，改易其行，战战兢兢，尽敬朝廷，如此则无求不得。若弃忘先帝法教，怀轻慢之心，臣下宁负大王，不敢负先帝遗诏，宁为大王所怨疾，岂敢忘尊主之威，而令诏敕不行于藩臣邪？此古今正义，大王所照知也。夫福来有由，祸来有渐，渐生不忧，将不可悔。向使鲁王早纳忠直之言，怀惊惧之虑，享祚无穷，岂有灭亡之祸哉？夫良药苦口，惟疾者能甘之；忠言逆耳，惟达者能受之。今者恪等慺慺欲为大王除危殆于萌芽，广福庆之基原，是以不自知言至，愿蒙三思。"

奋得笺惧，遂移南昌，游猎弥甚，官属不堪命。及恪诛，奋下住芜湖，欲至建业观变。傅相谢慈等谏奋，奋杀之。坐废为庶人，徙章安县。太平三年，封为章安侯。

可是听说刚到武昌后，多违背诏令，不受制度拘束，擅自发派诸将兵修治守护宫室。又左右跟随的人有犯罪的（吴国诸王有常从吏兵，设置常从督统领），应当上表奏闻，公开交给治罪官署，而竟然擅自杀害，不明显上奏其罪。大司马吕岱亲自受到先帝的诏令，辅导大王，然既不接受他的话，还让他心怀忧虑恐怖。华锜是先帝的亲近臣子，忠良正直，他所陈述的道理，应当采用，可是听说愤怒华锜，有要捆绑治罪的话（传出）。又中书杨融，亲自受到诏令，应当对他恭敬庄肃，却说：'我即便不听禁令，你能对我如何？'听到这句话时，大小官吏都感到惊怪，没有不惊惧灰心的。俗语说：'明亮的镜子可以照出形状，由古代的事情可以知道当今。'大王应深深以鲁王为戒，改变那些行为，战战兢兢谨慎行事，对朝廷尽其尊敬，如此则所求的事没有得不到的。如果丢弃忘记先王的法律教规，存着轻视侮慢的心理，臣宁可对不起大王，也不敢对不起先帝的遗令，宁愿被大王所怨恨，岂敢忘记尊重君主的威严，而使诏令不能在诸侯国通行呢？这是古今的正义，是大王所明白的。那福的来临是有原因的，祸的到来也是逐渐的，逐渐产生而不知忧惧，虽欲后悔，将不可能。以前假使鲁王早接受忠直言语，存有惊怕的思虑，必享福无尽，哪会有灭亡的灾祸呢？好药是苦口的，惟有病患能知它是好的；忠告常听起来不顺耳，唯有通达的人能接受它。如今诸葛恪等谨慎的要为大王除去刚要发生的危害，扩大福祥的基础根源，所以不知道自己言语的恳切，愿蒙大王加以三思。"

孙奋看到奏笺而害怕，就迁到南昌（属江西省，在南昌市东），打猎更甚，属下的官吏都受不了那样的命令。及至诸葛恪被杀，孙奋就住到长江下流的芜湖（属安徽省，在当芜湖市，置于西汉，境有芜湖故名），想到建业去观察变化。傅相谢慈等劝谏孙奋，孙奋就

建衡二年，孙晧左夫人王氏卒。晧哀念过甚，朝夕哭临，数月不出，由是民间或谓晧死，讹言奋与上虞侯奉当有立者。奋母仲姬墓在豫章，豫章太守张俊疑其或然，扫除坟茔。晧闻之，车裂俊，夷三族，诛奋及其五子，国除。

评曰：孙登居心所存，足为茂美之德。虑、和并有好善之姿，规自砥砺，或短命早终，或不得其死，哀哉！霸以庶干適，奋不遵轨度，固取危亡之道也。然奋之诛夷，横遇飞祸矣。

杀了谢慈。因为犯了这罪，被废为平民，贬谪章安县。废帝太平三年（公元258年），封为章安侯。

吴主晧建衡二年（公元270年），孙晧的左夫人王氏去世。孙晧哀伤思念太过，早晚哭泣祭奠，好几个月不出来，因此民间有人说孙晧死了。谣言孙奋和上虞侯奉当有被立为君的。奋母亲仲姬的墓在豫章，豫章太守张俊猜疑或者会这样，就去打扫她的坟墓。晧听说后，把张俊用车分裂而死，并夷灭三族，杀了孙奋及他的五个孩子，取消了封国。

陈寿评论说：孙登用心所在，足以成为茂美的德行。虑、和均有好善的资禀，期许自己磨练品德，有的短命早死，有的不得善终，可悲哀啊！霸以庶出之子来冒犯嫡出的太子，奋不遵守法轨制度，这是必然自取危亡的道理。然而奋的被杀灭嗣，是横遭飞来之祸了。

三国志卷六十

贺全吕周钟离传第十五

王令樾 译

贺齐字公苗，会稽山阴人也。少为郡吏，守剡长。县吏斯从轻侠为奸，齐欲治之。主簿谏曰："从，县大族，山越所附，今日治之，明日寇至。"齐闻大怒，便立斩从。从族党遂相纠合，众千馀人，举兵攻县。齐率吏民，开城门突击，大破之，威震山越。后太末、丰浦民反，转守太末长，诛恶养善，期月尽平。

建安元年，孙策临郡，察齐孝廉。时王朗奔东冶，侯官长商升为朗起兵。策遣永宁长韩晏领南部都尉，将兵讨升，以齐为永宁长。晏为升所败，齐又代晏领都尉事。升畏齐威名，遣使乞盟。齐因告喻，为陈祸福，升遂送上印绶，出舍求降。贼帅张雅、詹彊等不愿升降，反共杀升，雅称无上将军，彊称会稽太守。贼盛兵少，未足以讨，齐住军息兵。雅与女婿何雄争势两乖，齐令越人因事交构，遂致疑隙，阻兵相图。齐乃进讨，一战大破雅，

贺齐字是公苗，会稽郡山阴县（今浙江省绍兴市）的人。年轻时为郡署的官吏，署理剡县（西汉置，属会稽郡，故城在今浙江省嵊州市西南；吴贺齐为令，移今嵊州市治；吴越易名瞻县；宋改嵊县。）县长。县吏斯从行为轻佻，用权力助人做恶，贺齐要治罪他，主簿劝说："从是县中的大族，山越人所依附，今天治他的罪，明天山寇就来到。"贺齐听后大怒，就立刻斩了斯从。斯从族人就互相结合，兵众一千多人，举兵攻打县城。贺齐率官民打开城门突击，大破了他们，威力震惊山越。后来太末（今浙江省龙游县）、丰浦的人民造反，贺齐就转任太末县长，杀掉了坏人，养护好人，一个月的时间就完全平定了。

东汉献帝建安元年（公元 196 年），孙策到郡中来，察举贺齐为孝廉。当时王朗跑到东冶，侯官县县长商升为王朗起兵造反。孙策派永宁县长韩晏当南部都尉，率兵讨伐商升，用贺齐为永宁县长。韩晏被商升打败，贺齐又代替韩晏管理都尉的事。商升畏惧贺齐的威名，派使者请求结订和约。贺齐因而告语晓示，为他说明祸福，商升就送上印信，走出官舍投降。贼兵的将帅张雅、詹彊等人不愿意商升投降，反过来共同杀了商升，张雅自称无上将军，詹彊称会稽太守。因贼兵很多，自己兵少，不足以去讨伐，贺齐就驻军下来，停止作战。张雅和女婿何雄争夺权势，彼此乖离，贺齐使山越人借着一些事情，让他们互结

彊党震惧，率众出降。

侯官既平，而建安、汉兴、南平复乱，齐进兵建安，立都尉府，是岁八年也。郡发属县五千兵，各使本县长将之，皆受齐节度。贼洪明、洪进、苑御、吴免、华当等五人，率各万户，连屯汉兴；吴五六千户别屯大潭，邹临六千户别屯盖竹，同出馀汗。军讨汉兴，经馀汗。齐以为贼众兵少，深入无继，恐为所断，令松阳长丁蕃留备馀汗。蕃本与齐邻城，耻见部伍，辞不肯留。齐乃斩蕃，于是军中震栗，无不用命。遂分兵留备，进讨明等，连大破之。临陈斩明，其免、当、进、御皆降。转击盖竹，军向大潭，三将又降。凡讨治斩首六千级，名帅尽擒，复立县邑，料出兵万人，拜为平东校尉。十年，转讨上饶，分以为建平县。

十三年，迁威武中郎将，讨丹阳黟、歙。时武彊、叶乡、东阳、丰浦四乡先降，齐表言以叶乡为始新县。而歙贼帅金奇万户屯安勒山，毛甘万户屯乌聊山，黟帅陈仆、祖山等二万户屯林历山。林历山四面壁立，高数十丈，径路危狭，不容刀楯，贼临高下石，不可得攻。军住经日，将吏患之。齐身出周行，观视形便，阴募轻捷士，为作铁弋，密于隐险

怨恨，就造成了猜疑怨隙，各自倚仗兵力，而互相算计。贺齐才进兵讨伐，一战大破张雅，詹彊和同类都震惊害怕，率领大众出来投降。

侯官县既被平定，而建安、汉兴、南平又作乱，贺齐进兵建安，设置都尉官府，那年是东汉献帝建安八年（公元203年）。郡发派所属各县五千名兵士，各令本县县长率领，都受贺齐的节制调度。贼寇洪明、洪进、苑御、吴免、华当等五人，率领各人的万户之人，连接的屯驻在汉兴；吴五率领六千户人另外屯驻在大潭，邹临率领六千户人另外屯驻在盖竹，共同向馀汗攻击。军队去伐汉兴，经过馀汗。贺齐认为贼多而自己兵少，深入后没有后援，恐被贼切断后路，就命令松阳县长丁蕃守在馀汗。丁蕃原本就和贺齐的城相邻接，因自己被贺齐指挥，所以羞于见自己的军队，推辞不肯留下。贺齐就斩了丁蕃，于是军中震惊战栗，没有不照命令做的。于是就分兵留守，另外进攻洪明等人，连连大破他们。在战场上就斩了洪明，那吴免、华当、洪进、苑御都投降。转过来攻打盖竹，又把军队攻向大潭，将领都投降。一共征讨斩首的有六千颗，有名的贼帅全擒住，又设立了县邑，挑选出兵士一万人，任为平东校尉。东汉献帝建安十年（公元205年），转而征讨上饶，分划一部分为建平县。

建安十三年（公元208年），升任威武中郎将，讨伐丹阳县、黟县（属安徽省，在祁门县东）、歙县（属安徽省，治今安徽歙县徽城镇。以县东南有歙浦，故名）。当时武彊、叶乡、东阳、丰浦四乡先投降，贺齐上表说以叶乡为始新县。而歙县的贼帅金奇，把万户的人屯驻在安勒山；毛甘的万户之人屯在乌聊山；黟县的贼帅陈仆、祖山等二万户人，屯驻在林历山。林历山四面如峭壁陡立，有几十丈高，小路危险狭窄，容不下刀盾，贼兵在高处丢下石头，无法进攻。军队驻了一整天，将士都忧虑它难攻。贺齐亲自出去走了一圈，

贼所不备处，以弋拓堑为缘道，夜令潜上，乃多县布以援下人，得上百数人，四面流布，俱鸣鼓角，齐勒兵待之。贼夜闻鼓声四合，谓大军悉已得上，惊惧惑乱，不知所为，守路备险者，皆走还依众。大军因是得上，大破仆等，其馀皆降，凡斩首七千。齐复表分歙为新定、黎阳、休阳。并黟、歙凡六县，权遂割为新都郡，齐为太守，立府于始新，加偏将军。

十六年，吴郡馀杭民郎稚合宗起贼，复数千人，齐出讨之，即复破稚，表言分馀杭为临水县。被命诣所在，及当还郡，权出祖道，作乐舞象。赐齐軿车骏马，罢坐住驾，使齐就车。齐辞不敢，权使左右扶齐上车，令导吏卒兵骑，如在郡仪。权望之笑曰："人当努力，非积行累勤，此不可得。"去百馀步乃旋。

十八年，豫章东部民彭材、李玉、王海等起为贼乱，众万馀人。齐讨平之，诛其首恶，馀皆降服。拣其精健为兵，次为县户。迁奋武将军。

二十年，从权征合肥。时城中出战，徐盛被创失矛，齐引兵拒击，得盛所失。

观察地势的便利处，暗暗召募一些行动快捷的人，为他们做了一些铁橛，藏在隐密险要、贼所不防备的地方，拿铁橛开掘成攀缘而上的道路，令兵士偷偷爬上。就在高处悬挂很多的布来接引下面的人，因而能爬上一百多个人，四面分开，都吹打起战鼓声角，贺齐统率军队等待着。贼在夜间听到鼓声四面会合，以为大军完全都上来了，惊惧困惑而慌乱，不知该怎么办。守护要道防备险地的人，都逃回去依靠群众。大军因而能上山，大破陈仆等，其余的均投降，一共斩首七千人。贺齐又上表分歙县为新定、黎阳、休阳。合并黟、歙等一共六个县，孙权就分划成新都郡，贺齐为郡的太守，设立官府于始新，加任偏将军。

在汉献帝建安十六年（公元 211 年），吴郡馀杭县（属浙江省，在杭州市富阳区北；位苕溪北岸。秦置，始皇帝南游会稽，舍舟杭于此，因立县以为名）的人民郎稚，集合宗族起为贼寇，又有好几千人。贺齐出兵征讨，立即又攻破郎稚，上表说明分馀杭为临水县。受命到孙权所驻的地方，到了回郡的时候，孙权出来给他饯行，奏音乐，舞大象，赐给贺齐围着帷幕的车子和最快的马。完毕四坐的宴饮后，孙权的车驾停住在那儿，让贺齐上车。贺齐辞谢不敢接受，孙权派左右的人扶贺齐上车，叫他排列引导仪仗和官吏步卒马兵，像他在自己郡中的仪节。孙权看着他笑说："人应该好好的努力，不是积合好行为，聚集许多勤劳，这种待遇是不能得到的。"等他走了六百多尺远，孙权才回去。

建安十八年（公元 213 年），豫章东部人民彭材、李玉、王海等起来当贼作乱，兵众一万多人。贺齐讨伐平定了他们，杀了他们的首领，其余都投降。拣选其中精健的人为兵，其次的留在县中做民户。贺齐升任奋武将军。

建安二十年（公元 215 年），跟从孙权征讨合肥（属安徽省，治今合肥市。淮水至此与肥水合，故名）。这时敌人由城中出战，徐盛受伤失掉长矛，贺齐带兵抗拒攻击，获得徐盛所丢掉的矛。

二十一年，鄱阳民尤突受曹公印绶，化民为贼，陵阳、始安、泾县皆与突相应。齐与陆逊讨破突，斩首数千，馀党震服，丹杨三县皆降，料得精兵八千人。拜安东将军，封山阴侯，出镇江上，督扶州以上至皖。

黄武初，魏使曹休来伐，齐以道远后至，因住新市为拒。会洞口诸军遭风流溺，所亡中分，将士失色，赖齐未济，偏军独全，诸将倚以为势。

齐性奢绮，尤好军事，兵甲器械极为精好，所乘船雕刻丹镂，青盖绛襜，干橹戈矛，葩爪文画，弓弩矢箭，咸取上材，蒙冲斗舰之属，望之若山。休等惮之，遂引军还。迁后将军，假节领徐州牧。

初，晋宗为戏口将，以众叛如魏，还为蕲春太守，图袭安乐，取其保质。权以为耻忿，因军初罢，六月盛夏，出其不意，诏齐督麋芳、鲜于丹等袭蕲春，遂生虏宗。后四年卒，子达及弟景皆有令名，为佳将。

全琮字子璜，吴郡钱唐人也。父柔，汉灵帝时举孝廉，补尚书郎右丞。董卓之乱，弃官归，州辟别驾从事，诏书就拜会稽东部都尉。孙策到吴，柔举兵先附，策表柔为丹杨都

建安二十一年（公元216年），鄱阳百姓尤突接受曹操的印绶，转变人民为盗贼，陵阳、始安、泾县都和尤突相互呼应。贺齐和陆逊打败尤突，砍了好几千人的头，其余同党的贼都震惧服从，丹阳三县都投降，选得精兵八千人。任安东将军，封山阴侯，调外镇守靠江的地方，督管扶州以上至皖这一带地方。

吴王黄武初年，魏派曹休来攻打，贺齐因路远而后到，因而驻在新市对抗。正逢洞口诸军遭到大风的吹击而漂流溺毙水中，死去一半，将士惊慌失色，幸赖贺齐尚未过江，这一部分军队独获保全，诸将靠他为势力。贺齐性情奢侈华丽，尤其喜好军事。兵甲器械都非常精良美好；所坐的船，雕刻花纹，涂绘彩色，青伞红帷，小楯、大楯、平头戟、长矛都以金装饰，像装饰华丽的车伞，并加彩画；弓弩矢箭等全都用上等材料；战船战舰的连接，看上去像山一样。曹休等怕他，就带军回去。改升后将军，授符节，统领徐州作首长。

初时，晋宗为戏口的大将，率众投降魏国，回来又做了蕲春太守，计划着偷取安乐城，取回他做保证的人质。孙权认为他可耻可忿，借着军事刚完，又时当六月盛暑，出乎他意料之外，诏告贺齐督领麋芳、鲜于丹等袭击蕲春，就活捉了晋宗。后四年，贺齐去世，儿子贺达及弟弟贺景都有好的声名，是很好的将领。

全琮字是子璜，吴郡钱唐县人。父亲名柔，在汉灵帝时被推举为孝廉，补授尚书郎右丞。董卓之乱，抛弃官职归隐，州郡征聘为别驾从事，诏书就任用他为会稽东部都尉。孙策到吴郡，柔率兵首先归附，孙策上表推举柔为丹阳都尉。孙权为车骑将军时，用柔为长

尉。孙权为车骑将军，以柔为长史，徙桂阳太守。柔尝使琮赍米数千斛到吴，有所市易。琮至，皆散用，空船而还。柔大怒，琮顿首曰："愚以所市非急，而士大夫方有倒縣布之患，故便振赡，不及启报。"柔更以奇之。是时中州士人避乱而南，依琮居者以百数，琮倾家给济，与共有无，遂显名远近。后权以为奋威校尉，授兵数千人，使讨山越。因开募召，得精兵万馀人，出屯牛渚，稍迁偏将军。

建安二十四年，刘备将关羽围樊、襄阳，琮上疏陈羽可讨之计，权时已与吕蒙阴议袭之，恐事泄，故寝琮表不答。及禽羽，权置酒公安，顾谓琮曰："君前陈此，孤虽不相答，今日之捷，抑亦君之功也。"于是封阳华亭侯。

黄武元年，魏以舟军大出洞口，权使吕范督诸将拒之，军营相望。敌数以轻船钞击，琮常带甲仗兵，伺候不休。顷之，敌数千人出江中，琮击破之，枭其将军尹卢。迁琮绥南将军，进封钱唐侯。四年，假节领九江太守。

七年，权到皖，使琮与辅国将军陆逊击曹休，破之于石亭。是时丹杨、吴、会山民复为寇贼，攻没属县，权分三郡险地为东安郡，琮领太守。至，明赏罚，招诱降附，数年中，

史，改调为桂阳太守。柔曾派全琮带着数千斛米到吴郡做买卖。全琮到吴郡以后，都分给别人用掉，空着船回来。全柔大怒，全琮叩头说："我认为买卖不是急需，而士大夫正有生死苦难的忧患，所以就拿米赒济，而来不及报告。"全柔更加对他感到奇特。这时中州的士人逃避战乱而来南方，依靠全琮居住的，可以用百数来计算。全琮倾家所有供给济助，所有的与大家共同分享，所没有的也共同欠缺，于是名声显耀到远近地方。后来孙权用他为奋威校尉，给他好几千人的兵力，派他征讨山越。因公开召募，得到精兵一万多人，出去屯驻在牛渚（地有牛渚山，在今安徽省马鞍山市西南长江边，又名采石山），逐渐升到偏将军。

东汉献帝建安二十四年（公元219年），刘备的大将关羽围攻樊城（在今湖北省襄阳市樊城区，为襄阳之外卫）、襄阳，全琮上疏陈述可以征讨关羽的计划，孙权这时已和吕蒙暗中商议去袭击关羽，恐怕事情外泄，所以搁置全琮的奏表而不回答。等到捉到关羽，孙权在公安（故城在今湖北省公安县东北）设酒宴，回顾全琮说："你上次陈奏这事，我虽没回答，今天的成功，也是你的功劳。"于是封他阳华亭侯。

吴王黄武元年（公元222年），魏以水军大量的出现在洞口，孙权派吕范督率诸将抵抗他，双方军营对立相望。敌方好几次用轻便的船包抄攻击，全琮常带着盔甲，拿着兵器，不停的等待观察。不久，敌兵数千人出现江中，全琮打败了他们，把他们的将军尹卢的头割下挂起来。琮又升为绥南将军，加封钱唐侯。黄武四年，授符节，统领九江为太守。

吴王黄武七年（公元228年），孙权到皖，派全琮和辅国将军陆逊攻打曹休，在石亭打败了他。这时丹阳郡、吴郡、会稽郡的山民又做贼寇，攻下了所属的各县，孙权分三郡（豫章、丹阳、新都）险要的地方为东安郡，由全琮统领为太守。到达郡后，赏罚分明，招

得万馀人。权召琮还牛渚，罢东安郡。黄龙元年，迁卫将军、左护军、徐州牧，尚公主。

嘉禾二年，督步骑五万征六安，六安民皆散走，诸将欲分兵捕之。琮曰："夫乘危徼幸，举不百全者，非国家大体也。今分兵捕民，得失相半，岂可谓全哉？纵有所获，犹不足以弱敌而副国望也。如或邂逅，亏损非小，与其获罪，琮宁以身受之，不敢徼功以负国也。"

赤乌九年，迁右大司马、左军师。为人恭顺，善于承颜纳规，言辞未尝切迕。初，权将围珠崖及夷州，皆先问琮，琮曰："以圣朝之威，何向而不克？然殊方异域，隔绝障海，水土气毒，自古有之，兵入民出，必生疾病，转相污染，往者惧不能反，所获何可多致？猥亏江岸之兵，以冀万一之利，愚臣犹所不安。"权不听。军行经岁，士众疾疫死者十有八九，权深悔之。后言次及之，琮对曰："当是时，群臣有不谏者，臣以为不忠。"

琮既亲重，宗族子弟并蒙宠贵，赐累千金，然犹谦虚接士，貌无骄色。十二年卒，子怿嗣。后袭业领兵，救诸葛诞于寿春，出城先降，魏以为平东将军，封临湘侯。怿兄子祎、仪、静等亦降魏，皆历郡守列侯。

抚诱导投降归附的人，数年间，得到一万多人。孙权召令全琮回到牛渚，废去东安郡。吴大帝黄龙元年（公元229年），升任卫将军、左护军、徐州牧，娶了公主。

吴大帝嘉禾二年（公元233年），督领步骑五万人马出征六安（今安徽省合肥市西），六安百姓都分散逃走，诸将要分派军队去追捕他们。全琮说："那趁着急险情势，邀取不应得的幸运，举动不能百分之百的安全，这不是国家正大的体制。如今分兵去捕捉百姓，得失各占一半，哪能说是安全呢？纵然是有所收获，还不够用来削弱敌人而符合国家的寄望。如果偶然碰上敌人，亏损不小。与其因不追捕而获罪，琮宁愿本人接受刑罚，不敢为邀取而辜负了国家。"

吴大帝赤乌九年（公元246年），升为右大司马、左军师。他的为人很谦虚和顺，善于承奉颜色引入规劝，言谈未曾急迫迕背。初时，孙权将围攻珠崖和夷州，都先问全琮，琮说："以圣朝的威风，向哪面攻取而不胜呢？然而远方异地，相隔着遥远的瘴海，水土的恶气毒性，自古就有，兵士进入，当地百姓逃出，必然会生病，辗转的互相污染，去的人都害怕回不来，在当地所获得的哪能送回许多？枉损江岸上的兵力，来希望求取万分之一的好处，愚臣仍感到不安。"孙权不听。军队去了一年，兵士们得病而死的十个人中有八九个，孙权深深懊悔。后来谈到这事，全琮回答说："当这时，群臣中有不劝谏的，臣认为他们不够忠心。"

全琮既受到亲爱敬重，他同宗族的子弟都蒙受恩宠荣贵，赏赐累积到千两黄金，然而仍谦虚地接待士人，绝没有骄傲的颜色。吴大帝赤乌十二年（公元249年）去世，儿子全怿继承。后来承袭他父亲的事业，统领军队。在寿春（今安徽省寿县）救魏将诸葛诞，后来竟自己出城先降魏国，魏国用为平东将军，封为临湘侯。怿哥哥的儿子祎、仪、静等也投降魏国，都历任郡太守，封列侯。

吕岱字定公，广陵海陵人也，为郡县吏，避乱南渡。孙权统事，岱诣幕府，出守吴丞。权亲断诸县仓库及囚系，长丞皆见，岱处法应问，甚称权意，召署录事，出补余姚长，召募精健，得千馀人。会稽东冶五县贼吕合、秦狼等为乱，权以岱为督军校尉，与将军蒋钦等将兵讨之，遂禽合、狼，五县平定，拜昭信中郎将。

建安二十年，督孙茂等十将从取长沙三郡。又安成、攸、永新、茶陵四县吏共入阴山城，合众拒岱，岱攻围，即降，三郡克定。权留岱镇长沙。安成长吴砀及中郎将袁龙等首尾关羽，复为反乱。砀据攸县，龙在醴陵。权遣横江将军鲁肃攻攸，砀得突走。岱攻醴陵，遂禽斩龙。迁庐陵太守。

延康元年，代步骘为交州刺史。到州，高凉贼帅钱博乞降，岱因承制，以博为高凉西部都尉。又郁林夷贼攻围郡县，岱讨破之。是时桂阳浈阳贼王金合众于南海界上，首乱为害，权又诏岱讨之，生缚金，传送诣都，斩首获生凡万馀人。迁安南将军，假节，封都乡侯。

交阯太守士燮卒，权以燮子徽为安远将军，领九真太守，以校尉陈时代燮。岱表分海南三郡为交州，以将军戴良为刺史，海东四郡为广州，岱自为刺史。遣良与时南入，而徽

吕岱字是定公，广陵郡海陵县人。是郡县中的小官，因避乱而渡江到南方。孙权统治政事时，吕岱到他幕府拜见，外放为吴郡太守的辅佐。孙权亲自审理诸县仓库案件及拘押的囚犯，县长和佐吏都去参见孙权，吕岱执行法律，应对问话，非常符合孙权的意思。召他入官府当录事的官，外放补授余姚县（在今浙江省，绍兴市东北）县长，召募精干健壮共得一千余人。会稽郡东冶县五个县的贼寇吕合、秦狼等作乱，孙权派吕岱为督军校尉，和蒋钦等一起率兵征讨，捉获吕合、秦狼，五个县平定，任为昭信中郎将。

东汉献帝建安二十年（公元 215 年），督率孙茂等十人，跟随自己攻打长沙三个郡。又安成、攸、永新、茶陵四个县的官吏一起进到阴山城，集合大众抗拒吕岱，吕岱攻打包围，贼寇立刻投降，三个郡被平定。孙权留吕岱镇守长沙。安成县长吴砀及中郎将袁龙等，和关羽连为首尾，再度反叛作乱。吴砀据住攸县，袁龙在醴陵。孙权派横江将军鲁肃攻打攸县，吴砀得机会突围逃走。吕岱攻打醴陵，就捉杀了袁龙，改任庐陵太守。

后汉献帝延康元年（公元 220 年），代替步骘为交州刺史。到了交州，高凉的贼帅钱博乞求投降，吕岱就承用君主的命令，用钱博为高凉西部都尉。又郁林蛮夷贼寇攻打包围郡县，吕岱打败他们。这时桂阳郡浈阳县贼王金集合群众在南海界上，首先作乱为害，孙权又下诏召吕岱征讨，活捉王金，用传车送到京都，被杀头的、生擒的共有一万多人。升为安南将军，授符节，封为都乡侯。

交阯太守士燮去世，孙权用燮的儿子徽为安远将军，任九真太守，以校尉陈时代替燮为交阯太守。吕岱就上表分海南三个郡为交州，用将军戴良做刺史，分海东四个郡为广州，

不承命，举兵戍海口以拒良等。岱于是上疏请讨徽罪，督兵三千人晨夜浮海。或谓岱曰：“徽藉累世之恩，为一州所附，未易轻也。”岱曰：“今徽虽怀逆计，未虞吾之卒至，若我潜军轻举，掩其无备，破之必也。稽留不速，使得生心，婴城固守，七郡百蛮，云合响应，虽有智者，谁能图之？”遂行，过合浦，与良俱进。徽闻岱至，果大震怖，不知所出，即率兄弟六人肉袒迎岱。岱皆斩送其首。徽大将甘醴、桓治等率吏民攻岱，岱奋击大破之，进封番禺侯。于是除广州，复为交州如故。岱既定交州，复进讨九真，斩获以万数。又遣从事南宣国化，暨徼外扶南、林邑、堂明诸王，各遣使奉贡。权嘉其功，进拜镇南将军。

黄龙三年，以南土清定，召岱还屯长沙沤口。会武陵蛮夷蠢动，岱与太常潘濬共讨定之。嘉禾三年，权令岱领潘璋士众，屯陆口，后徙蒲圻。四年，庐陵贼李桓、路合，会稽东冶贼随春、南海贼罗厉等一时并起。权复诏岱督刘纂、唐咨等分部讨击，春即时首降，岱拜春偏将军，使领其众，遂为列将，桓、厉等皆见斩获，传首诣都。权诏岱曰：“厉负险作乱，自致枭首；桓凶狡反覆，已降复叛。前后讨伐，历年不禽，非君规略，谁能枭之？

吕岱自己做刺史。派戴良和陈时进入南方到合浦，而徽不接受命令，起兵屯驻在海口，来抗拒戴良等人。吕岱于是上疏请求声讨士徽的罪，率兵三千人在天将亮时渡海。有人对吕岱说：“徽靠着几代的荣恩，受到一州人的归附，不容易轻取他。”吕岱说：“如今徽虽怀有叛逆的计谋，但没想到我会突然的来到，如果我暗中派军队轻快的一打，掩取他的没有防备，打败他是必然的。若滞留不快攻，使得他有了心理准备，围绕着城坚固的防守，七个郡的许多蛮夷，像云的集聚、声的应响，虽有智慧的人，谁能图谋他呢？”于是就去攻打，经过合浦，和戴良一起进攻。士徽听说吕岱到了，果然大大的震惊，不知如何去想出应付的办法，就率领兄弟六人，赤裸着胸膛来迎接吕岱。岱都斩下头来，送到武昌。士徽的大将甘醴、桓治等率军攻打吕岱，岱奋勇还击，大破他们。进封为番禺侯。于是取消广州，再作为交州，和从前一样。吕岱已平定了交州，又进攻九真，杀的人以万来计算。又派从事（官名）在南方宣扬国家的教化，以及传缴境外的扶南（**在海大湾中，北距日南七千里**）、林邑（**林邑国本是汉时象林县地，距交阯海行三千里。**）、堂明（**即道明国，在柬埔寨**）诸王，各派使节进贡。孙权赞赏他的功劳，升任镇南将军。

吴大帝黄龙三年（公元231年），因南方清平安定，召岱回来驻守长沙沤口。适逢武陵蛮夷蠢蠢扰动，吕岱和太常潘濬共同征讨平定了他们。吴大帝嘉禾三年（公元234年），孙权命令吕岱率领潘璋军队，屯住陆口，后来移到蒲圻。次年，庐陵贼李桓、路合，会稽东冶贼随春、南海贼罗厉等同时起来作乱。孙权又以诏书令吕岱督领刘纂、唐咨等，分别部署去讨击，随春即刻首先投降，吕岱任随春为偏将军，让他统领他的军队，于是当了一般的将领，李桓、罗厉等都被俘，斩首传送到首都。孙权下诏对吕岱说：“罗厉仗着地形险要而作乱，自己遭到杀头的结果；李桓凶恶狡猾，反复无常，已经投降又叛乱。前前后后讨

忠武之节，于是益著。元恶既除，大小震慑，其馀细类，扫地族矣。自今已去，国家永无南顾之虞，三郡晏然，无怵惕之惊，又得恶民以供赋役，重用叹息。赏不逾月，国之常典，制度所宜，君其裁之。”

潘濬卒，岱代濬领荆州文书，与陆逊并在武昌，故督蒲圻。顷之，廖式作乱，攻围城邑，零陵、苍梧、郁林诸郡骚扰，岱自表辄行，星夜兼路。权遣使追拜岱交州牧，及遣诸将唐咨等骆驿相继，攻讨一年破之，斩式及遣诸所伪署临贺太守费杨等，并其支党。郡县悉平，复还武昌。时年已八十，然体素精勤，躬亲王事。奋威将军张承与岱书曰：“昔旦、奭翼周，二《南》作歌，今则足下与陆子也。忠勤相先，劳谦相让，功以权成，化与道合，君子叹其德，小人悦其美。加以文书鞅掌，宾客终日，罢不舍事，劳不言倦，又知上马辄自超乘，不由跨蹑，如此足下过廉颇也，何其事事快也。《周易》有之，礼言恭，德言盛，足下何有尽此美耶！”及陆逊卒，诸葛恪代逊，权乃分武昌为两部，岱督右部，自武昌上至蒲圻。迁上大将军，拜子凯副军校尉，监兵蒲圻。孙亮即位，拜大司马。

岱清身奉公，所在可述。初在交州，历年不饷家，妻子饥乏。权闻之叹息，以让群臣

伐，历年来都擒捉不到，若不是你的规划策略，谁能杀了他？你忠贞勇武的节操，由此而更加显著。最大的恶贼既已除去，大小之人都震惊畏惧，其他的小贼，完全灭族了。从今而后，国家永远没有南顾之忧，三郡安定，没有忧心的惊吓，又得到这些恶民来供应赋税劳役，更因此而嗟叹你的功劳。赏赐不能超过成功后的一个月，这是国家不变的法则，按照制度所应该给的奖赏，你要作个裁量决定。”

潘濬去世，吕岱代替濬总管荆州文书，和陆逊同在武昌，所以督管蒲圻。不久廖式作乱，攻打包围城市，零陵、苍梧、郁林诸郡骚动扰乱，吕岱自己上表就走，深夜赶路。孙权派使者追任吕岱为交州牧，又派诸将唐咨等人往来不绝的接续前进，攻伐了一年，攻破贼寇，斩了廖式，并驱散了那些伪官署理临贺太守费杨等人，合并他们支属的党羽。郡县完全平定后，又回到武昌。这时已八十岁，然而他本身平常精练勤奋，能亲自处理王事。奋威将军张承给吕岱信说：“古时周公旦、召公奭辅佐周朝，《周南》、《召南》作成了歌颂的诗，现在就是你和陆（逊）先生了。忠心尽力时互相争先，勤劳谦虚互相礼让，功绩以权变而成，教化与大道相合，君子赞赏你的品德，小人喜欢你的美善。加上文书繁多，宾客整天不断，疲惫时不放弃事情，疲劳时不说厌倦。又知你上马时自己一跃而上，不用从后面跨镫上去，这正见你体力超过廉颇，怎么事事都能这样轻快啊！《周易》有句话说，‘礼就是说恭敬的道理，德就是说盛美的行为’，你有些什么办法能完备这许多好处呢？”等到陆逊去世，诸葛恪代替逊为宰相，孙权就分武昌为两部，吕岱督理右部，从武昌向上一直到蒲圻。升任上大将军，任用吕岱的儿子吕凯为副军校尉，在蒲圻监理军队。孙亮即位，任吕岱为大司马。

吕岱持身清廉，奉法办公，所到之处都有可以称述的事迹。初在交州时，多年都不把

曰："吕岱出身万里，为国勤事，家门内困，而孤不早知。股肱耳目，其责安在？"于是加赐钱米布绢，岁有常限。

始，岱亲近吴郡徐原，慷慨有才志，岱知其可成，赐巾褠，与共言论，后遂荐拔，官至侍御史。原性忠壮，好直言，岱时有得失，原辄谏诤，又公论之，人或以告岱，岱叹曰："是我所以贵德渊者也。"及原死，岱哭之甚哀，曰："德渊，吕岱之益友，今不幸，岱复于何闻过？"谈者美之。

太平元年，年九十六卒，子凯嗣。遣令殡以素棺，疏巾布褠，葬送之制，务从俭约，凯皆奉行之。

周鲂字子鱼，吴郡阳羡人也。少好学，举孝廉，为宁国长，转在怀安。钱唐大帅彭式等蚁聚为寇，以鲂为钱唐侯相，旬月之间，斩式首及其支党，迁丹杨西部都尉。黄武中，鄱阳大帅彭绮作乱，攻没属城，乃以鲂为鄱阳太守，与胡综戮力攻讨，遂生禽绮，送诣武昌，加昭义校尉。被命密求山中旧族名帅为北敌所闻知者，令谲挑魏大司马扬州牧曹休。

钱给家里，妻子饥困贫乏。孙权听到后为之叹息，就责备群臣说："吕岱到万里之外的地方去，为国家勤奋工作，家庭困乏，可是我早不知道。你们在我左右，如同四肢耳目一般，那应负的责任何在？"于是加倍赏赐钱米布绢，每年必有一定的标准。

初时，吕岱亲近吴郡的徐原，徐原慷慨磊落，有才气志向，吕岱知道他一定可有成就，赐给他巾帻单衣，和他一起谈话讨论，后来就推荐提拔，官做到侍御史。徐原性情忠贞壮伟，喜欢直言，吕岱有时有了过失，徐原就劝谏诤告，又公开谈论，有人把这情形告诉吕岱，岱赞叹地说："这正是我所以贵重德渊（徐原）的所在了。"及至徐原死了，吕岱哭得十分哀痛，说："德渊是吕岱的益友，现在不幸而死，岱再从哪里听自己的过失？"谈论的人都赞美他们。

吴废帝太平元年（公元256年），九十六岁去世，子吕凯继承。遗嘱用质朴的棺木殡葬，戴粗布做的头巾，穿布做的单衣，葬送的制度定要一切俭约，吕凯都遵照他的遗命来办理。

周鲂字是子鱼，吴郡阳羡县（故城在江苏省宜兴市南五里）人。年轻时好学，被推举为孝廉，做宁国县（属安徽省，在宣城市东南）县长，转任到怀安。钱唐大帅彭式等聚集很多的人做贼寇，朝廷用鲂为钱唐侯的辅相，一月之间，杀了彭式的头，并杀了他的支属党羽，改任为丹阳西部都尉。黄武年中，鄱阳大帅彭绮作乱，攻下了所属的县城，朝廷就用周鲂为鄱阳太守，和胡综共同努力攻打，生捉了彭绮，送到武昌，因而加任为昭义校尉。周鲂接受到命令，要他秘密去找山中旧族的名帅，且得是北方敌人所听说了解的人，令这鲂答，恐民帅小丑不足仗任，事或漏泄，不能致休，乞遣亲人赍笺七条以诱休：

其一曰："鲂以千载徼幸，得备州民，远隔江川，敬恪未显，瞻望云景，天实为之。精诚微薄，名位不昭，虽怀焦渴，曷缘见明？狐死首丘，人情恋本，而逼所制，奉觌礼违。每独矫首西顾，未尝不寤寐劳叹，展转反侧也。今因隙穴之际，得陈宿昔之志，非神启之，岂能致此！不胜翘企，万里托命。谨遣亲人董岑、邵南等托叛奉笺。时事变故，列于别纸，惟明公君侯垂日月之光，照远民之趣，永令归命者有所戴赖。"

其二曰："鲂远在边隅，江汜分绝，恩泽教化，未蒙抚及，而于山谷之间，遥陈所怀，惧以大义，未见信纳。夫物有感激，计因变生，古今同揆。鲂仕东典郡，始愿已获，铭心立报，永矣无贰。岂图顷者中被横谴，祸在漏刻，危于投卵，进有离合去就之宜，退有诬罔枉死之咎，虽志行轻微，存没一节，顾非其所，能不怅然！敢缘古人，因知所归，拳拳输情，陈露肝膈。乞降春天之润，哀拯其急，不复猜疑，绝其委命。事之宣泄，受罪不测，一则伤慈损计，二则杜绝向化者心，惟明使君远览前世，矜而愍之，留神所质，速赐秘报。

人设诈挑拨魏国大司马、扬州牧曹休。周鲂答说，恐怕那种山民将帅的小人物，不足以托靠重任，事情万一泄漏，不能达到挑拨的目的，乞求派遣亲近之人送七条信笺来诱骗曹休。

第一条说："鲂以千年难遇的侥幸，得做你治下的州民，远隔在江川以外，敬重的心不能明表，只有远望像云天的光辉，这实在是天意要这么做的。因为我精心诚意微小浅薄，名望官位又不显著，虽然心存肤焦口渴般迫不及待的愿望，有何机缘能得到你的明了？狐死时头会正对墓穴，人之常情也是眷恋根本，然迫于吴国的控制，奉行见面的礼节都违背不能实行。每次独自仰头向西看，从没有不在睡醒的时候忧思叹息，辗转不安。如今借着穴隙般微小的机会，得以陈述过去存有的心志，若不是神的启发，哪能达到这样！说不尽翘首企足的盼望，望在万里之远，托付性命。谨派亲近的人董岑、邵南等假托叛变而奉达这书笺。时事的变化情形，列在别张纸上，希望我公阁下垂下日月般的光明，照察到远方人的意向，永远让以身命归附的人，有所尊奉依赖。"

第二条说："鲂远在边境一角，为江水支流隔绝，恩泽教化没有蒙受到，而在山谷中，遥远的陈述心中所想，怕用君臣大义相疑，不被信任采纳。凡物有所感动，计划就因变化而发生，古今以来都是此做法。鲂在东国做官，主管一郡，最初的心愿已得到，心中铭记着要立志报答，永远没有二心。哪里想到不久中途遭到不合理的谴责，祸在瞬间，危机超过于投卵即破的情形，前进有离、合、去、就是否适宜的衡量，后退有巧言设罪冤枉而死的罪过，虽然我志节行为轻贱微小，却知道不管生死都坚守事君不二的忠节，但现在却不是那种尽节的环境，怎能不失望呢！胆敢顺着古人'计因变生'的往例，因此知道了应该归向的方面，诚恳地送达心情，表露内心的诚意。乞求你降下春天的润泽，哀怜我，拯救我的危急，不再猜疑而断绝了我交付身命的请求。事情的宣扬泄漏，我会受到不可测知的鲂当候望举动，俟须向应。”

其三曰：“鲂所代故太守广陵王靖，往者亦以郡民为变，以见谴责，靖勤自陈释，而终不解，因立密计，欲北归命，不幸事露，诛及婴孩。鲂既目见靖事，且观东主一所非薄，婳不复厚，虽或暂舍，终见翦除。今又令鲂领郡者，是欲责后效，必杀鲂之趣也。虽尚视息，忧惕焦灼，未知躯命，竟在何时。人居世间，犹白驹过隙，而常抱危怖，其可言乎！惟当陈愚，重自披尽，惧以卑贱，未能采纳。愿明使君少垂详察，忖度其言。今此郡民，虽外名降首，而故在山草，看伺空隙，欲复为乱，为乱之日，鲂命讫矣。东主顷者潜部分诸将，图欲北进。吕范、孙韶等入淮，全琮、朱桓趋合肥，诸葛瑾、步骘、朱然到襄阳，陆议、潘璋等讨梅敷。东主中营自掩石阳，别遣从弟孙奂治安陆城，修立邸阁，辇赀运粮，以为军储，又命诸葛亮进指关西，江边诸将无复在者，才留三千所兵守武昌耳。若明使君以万兵从皖南首江渚，鲂便从此率厉吏民，以为内应。此方诸郡，前后举事，垂成而败者，由无外援使其然耳；若北军临境，传檄属城，思咏之民，谁不企踵？愿明使君上

罪，一方面伤到你的仁慈，损害你对敌的计划，另一方面会断绝了倾向教化者的心，希望你远观前代，矜怜而救助我，留意于所送的人质，尽快的赐我秘密回音。鲂当等候盼望你的举动，等待机会来响应。”

第三条说：“鲂所代替的原来太守广陵王靖，以前也因郡民叛变而受到谴责，王靖谨慎地自动去陈述解释，但最后还是没解释开，因此立下秘密的计策，要向北归附，不幸事情泄漏，受到杀戮，连小孩都不得免。鲂既亲眼看见王靖的事情，而且看到吴主对人，一旦有所谴责鄙薄，那人变好，也不再厚待。虽然或许暂时释放不追问，但最后还是被消灭。如今又命令鲂统治一郡，这是要求后来的效果，也必定是杀鲂的意向。虽然我仍残存，但忧惧焦急，不知身命竟在何时终结。人生存世上，就像白驹过隙般的短暂，还常常怀着危险恐惧，那种心情处境，还能够说得出来吗！只应陈述愚衷，一次次的披露罄尽，只是恐怕因为官卑人贱，未能受到采纳。希望你稍微地留意详察，衡量我的话。如今此郡的人民，虽然对外称作投降自首，而依旧住在山林草野之中，窥察等待可乘的空隙，要再作乱，作乱的那一天，鲂的命也就完了。吴国君主刚才暗中部署诸将，计划要向北进攻。吕范、孙韶等人入淮水流域，全琮、朱桓赶往合肥，诸葛瑾、步骘、朱然到襄阳，陆议、潘璋等征讨梅敷。吴主自率中军大营袭取石阳，另外派堂弟孙奂治理安陆城，修建储蓄资粮的房屋，用车运送财货、粮食，作为军需储藏品，又命令诸葛亮进向关西，长江边诸将没再有留在原处的，才留了三千多的兵防守武昌罢了。如果你以上万的兵，从皖南向江渚，鲂便从此地率领官吏人民作为内应。此地各郡，前后发动事情，将近成功就失败的原因，是没有外援啊；如果北方军队靠近境地，把讨伐的公文传布到所属各城，思念歌颂的百姓，谁不翘足企盼？愿你往上观察天时，向下察看人事，中间

观天时，下察人事，中参蓍龟，则足昭往言之不虚也。”

其四曰：“所遣董岑、邵南少长家门，亲之信之，有如儿子，是以特令赍笺，托叛为辞，目语心计，不宣唇齿，骨肉至亲，无有知者。又已敕之，到州当言往降，欲北叛来者得传之也。鲂建此计，任之于天，若其济也，则有生全之福；邂逅泄漏，则受夷灭之祸。常中夜仰天，告誓星辰。精诚之微，岂能上感，然事急孤穷，惟天是诉耳。遣使之日，载生载死，形存气亡，魄爽恍惚。私恐使君未深保明，岑、南二人可留其一，以为后信。一赍教还，教还故当言悔叛还首。东主有常科，悔叛还者，皆自原罪。如是彼此俱塞，永无端原。县命西望，涕笔俱下。”

其五曰：“鄱阳之民，实多愚劲，帅之赴役，未即应人，倡之为变，闻声响抃。今虽降首，盘节未解，山栖草藏，乱心犹存。而今东主图兴大众，举国悉出，江边空旷，屯坞虚损，惟有诸刺奸耳。若因是际而骚动此民，一旦可得便会，然要恃外援，表里机互，不尔以往，无所成也。今使君若从皖道进住江上，鲂当从南对岸历口为应。若未径到江岸，

参考卜卦，就足以明白我前面说的话是不假的。”

第四条说：“所派遣的董岑、邵南，从小在我家长大，亲近他、信任他，有如自己的儿子，所以特令他持送信笺，假托叛变为辞，只是用眼睛彼此传话，用两心来商议计划，不必要开动唇齿说出，即便是骨肉最亲近的人，也没有一个知道这底细的。又已命令他们到达贵州以后，要说是去投降，希望使北方叛变来吴的人，能够把这消息传扬开。鲂设这计谋，听任天命，如果能完成，则有保全生命的福气；如果想不到的碰巧泄漏出去，则会受到灭族的大祸。常常夜半仰望天空，对星辰祷告发誓。像这微小的精诚之心，哪能感动上天，然而事情危急又处在孤独的困境中，只有向上天告诉了。派遣使者的那一天，也像是生，也像是死，形体存在而生气已亡，精神恍惚。私下恐怕你未深深信任明察，岑、南二人可以留下其中的一人，作为日后的凭信。另一人带着你的命令还吴，带着命令回来的，就一定要说是后悔背叛而回归自首。吴君立有常规，后悔背叛而回来的人，都会自然赦免他的罪。如此，则我们的计划彼此完全闭塞，永远没有头绪可寻。悬念着你的命令，时时向西而望，涕泪和笔墨同时而下。”

第五条说：“鄱阳的百姓，实际上多半愚笨强硬，率领他们去打仗，不会立刻合于人意，若倡导他们作叛变，听到声音，就会像回响般的应合。如今虽然投降自首，但盘结的关节仍未解开，在山中栖息、草中躲藏，叛乱的心仍然存在。而现在吴主计划起动大众，全国的兵完全发出，大江边空旷无人，寨屯坞障空虚损坏，只有一些检举奸邪的人罢了。如果借这时机来骚动这些人民，一上午就可得到方便的集合，然而要依靠外来援助，内外发动交互在一起，不如此而任其过去，就不会有所成就了。如今你若从皖路进驻在大江边，鲂则从南面对岸的历口来响应。如果没直伸到大江岸边，则可以住在百里外的上游，让此

可住百里上，令此间民知北军在彼，即自善也。此间民非苦饥寒而甘兵寇，苦于征讨，乐得北属，但穷困举事，不时见应，寻受其祸耳。如使石阳及青、徐诸军首尾相衔，牵缀往兵，使不得速退者，则善之善也。鲂生在江、淮，长于时事，见其便利，百举百捷，时不再来，敢布腹心。”

其六曰：“东主致恨前者不拔石阳，今此后举，大合新兵，并使潘濬发夷民，人数甚多，闻豫设科条，当以新羸兵置前，好兵在后，攻城之日，云欲以羸兵填堑，使即时破，虽未能然，是事大趣也。私恐石阳城小，不能久留往兵，明使君速垂救济，诚宜疾密。王靖之变，其鉴不远。今鲂归命，非复在天，正在明使君耳。若见救以往，则功可必成；如见救不时，则与靖等同祸。前彭绮时，闻旗麾在逢龙，此郡民大小欢喜，并思立效。若留一月日间，事当大成，恨去电速，东得增众专力讨绮，绮始败耳。愿使君深察此言。”

其七曰：“今举大事，自非爵号无以劝之，乞请将军、侯印各五十纽，郎将印百纽，校尉、都尉印各二百纽，得以假授诸魁帅，奖厉其志，并乞请幢麾数十，以为表帜，使山兵吏民，目瞻见之，知去就之分已决，承引所救画定。又彼此降叛，日月有人，阔狭之间，

地的人民知道北军在那里，就自然感到亲近了。此地百姓不是因受饥寒而甘愿做兵寇，只是以征讨为苦事，乐于能够归属北方，但在穷困中举行降北的事，如不能适时受到应援，很快就会受到那祸害了。如果让石阳以及青州、徐州诸军首尾衔接成一体，牵止住派去抵抗的兵，使无法很快退走，就好之又好了。鲂生在大江、淮水一带，长在现时的事情中，能看出它的便利形势，可以百战百胜，因为恐怕时机不再来，才敢表白内心的诚意。”

第六条说：“吴主十分恨前次没攻下石阳，如今这次举兵，大大的会合很多新军，并让潘濬发动夷民，人数甚多。听说预先设下规条，要用新兵及弱兵放在前面，好兵放在后面，攻城的那一天，说是要用弱兵填塞沟堑，使得立刻能攻破，虽然未必如此，但却是这事的一大方向。我恐怕石阳这城大小，无法长久留驻派去的军队，你要很快加以救济，实应急速而秘密。王靖叛变的事，是可引以为鉴的不远例子。如今鲂将以生命归附，决定权不在上天，正是在你手上罢了。如果被救，得以往附，则功绩必可有成；如果被救不能应时，就和王靖等受到同样的灾祸。以前彭绮时，听说你的旌旗已在逢龙，这郡的大小官吏都欢喜，并且想立刻效命。如果停留一个月甚至几日的时间，那事情应当大大的成功；所恨离去太快，像电光一般，吴国得以增加军队，专力讨伐彭绮，彭绮才失败了，希望你深深的察看这些话。”

第七条说：“现在发动大事，自然是没有爵位封号，无法勉励他们，乞请将军、侯的印各五十颗，郎将印一百颗，校尉、都尉的印各二百颗，如此才能借用你的命令，授给那些为首的将帅，奖励他们的志气。并乞请军旗数十，来作为代表的旗帜，使得山越的军队、官吏、百姓，亲眼看到它，知道离吴归魏的身份已决定，魏军来引导所救吴人的计划也已

辄得闻知。今之大事，事宜神密，若省鲂笺，乞加隐秘。伏知智度有常，防虑必深，鲂怀忧震灼，启事蒸仍，乞未罪怪。”

鲂因别为密表曰：“方北有逋寇，固阻河、洛，久稽王诛，自擅朔土，臣曾不能吐奇举善，上以光赞洪化，下以输展万一，忧心如捣，假寐忘寝。圣朝天覆，含臣无效，猥发优命，敕臣以前诱致贼休，恨不如计。令于郡界求山谷魁帅为北贼所闻知者，令与北通。臣伏思惟，喜怖交集，窃恐此人不可卒得，假使得之，惧不可信，不如令臣谲休，于计为便。此臣得以经年之冀愿，逢值千载之一会，辄自督竭，竭尽顽蔽，撰立笺草以诳诱休者，如别纸。臣知无古人单复之术，加卒奉大略，伀矇狼狈，惧以轻愚，忝负特施，豫怀忧灼。臣闻唐尧先天而天弗违，博询刍荛，以成盛勋。朝廷神谟，欲必致休于步度之中，灵赞圣规，休必自送，使六军囊括，虏无孑遗，威风电迈，天下幸甚。谨拜表以闻，并呈笺草，惧于浅局，追用悚息。”被报施行。休果信鲂，帅步骑十万，辎重满道，径来入皖。鲂亦合

决定。又，两国军民彼此投降背叛，每日每月都有这种人，不管是距离广远或狭近的地区，都能听见知道。现在这是个大事，事情应该神速机密，如果看到鲂的信笺，乞请加以隐蔽秘密。我知道你以智慧测量事情的能力，都有一定的准则，防范考虑一定深入，只因鲂心存忧虑，恐惧焦灼，陈述事情不免繁多重复，乞请不要怪罪。”

周鲂另外上一秘密的奏表说：“现在北方有贼寇，倚仗黄河、洛水来固守，天子的诛伐迟久不能做到，他们擅自占据北方，臣竟不能发挥奇策，举用善人，对上广助伟大的教化，向下输送万分之一的忠诚，忧愁的心像受到捧击那么痛苦，每夜只能穿衣坐睡，不能入眠。圣明的朝廷，恩德像天的覆物，含容了我这无功效的罪过，曲意的发下优待的命令，令我在前时诱骗贼人曹休到来，所恨的是未能照计划实现。命令我到郡的边界，去找山谷中为首的贼帅，且要北方贼人所听说过的，让他们和北敌私通。臣伏首思念，欢喜与害怕交集，私恐此人无法立刻得到，假使得到，又怕此人不可信任，不如让臣来诈骗曹休，对于计谋能较便利。这就是臣可以用长年来的心愿，在恰好遇见千载难得的一个机会下，自己督促尽力，用尽愚钝蔽塞的智能，作成信笺草稿，用来诱骗曹休的，稿如另纸所写。臣知道没有古人的纵横短长之术，加上仓促中接奉到这伟大的计策，不由得恐惧窘迫，恐怕因轻率愚笨，羞愧辜负了特殊的恩施，预先就怀有忧虑焦灼。臣听说唐尧做事在天行的前面，而上天竟不违背他，是因为他多方面向樵采的人民询问意见，来成就盛大的功绩。朝廷神圣的计议，要一定引来曹休到六尺那么近的地方，神明帮助圣王的规划，曹休必会自来送命，使大军完全括取，敌寇没有一人留下，我们的威风像电光的行远，这是天下人非常庆幸的。恭敬的奉表报告，并呈上信札的草稿，恐怕它肤浅局促，所以回想起来还是恐惧。”受到孙权批管照行。曹休果真相信了周鲂的话，率领步兵骑兵十万人，一直进向皖地。周鲂也集合军队，随着陆逊拦腰截断曹休兵马，曹休的兵就像整幅布的撕裂、瓦片的

周鲂断发赚曹休，选自清刊本《三国演义》。据《三国演义》，曹休兵临皖城后，周鲂到曹营迎接。曹休说周鲂书信甚为可信，但恐他另有图谋。周鲂当即要自刎以明心志，曹休制止，周鲂就割下自己的头发掷于地，以表诚心。曹休因此对周鲂深信不疑。图为周鲂断发掷地以取信于曹休。

众，随陆逊横截休，休幅裂瓦解，斩获万计。

鲂初建密计时，频有郎官奉诏诘问诸事，鲂乃诣部郡门下，因下发谢，故休闻之，不复疑虑。事捷军旋，权大会诸将欢宴，酒酣，谓鲂曰："君下发载义，成孤大事，君之功名，当书之竹帛。"加裨将军，赐爵关内侯。

贼帅董嗣负阻劫钞，豫章、临川并受其害。吾粲、唐咨尝以三千兵攻守，连月不能拔。鲂表乞罢兵，得以便宜从事。鲂遣间谍，授以方策，诱狙杀嗣。嗣弟怖惧，诣武昌降于陆逊，乞出平地，自改为善，由是数郡无复忧惕。

鲂在郡十三年卒，赏善罚恶，威恩并行。子处，亦有文武材干，天纪中为东观令、无难督。

粉碎，斩杀俘虏的要用万来计算。

周鲂刚设下这秘密计谋时，常有郎官奉诏来问诸多事情，周鲂就到部郡的府中，剔发来谢罪，因此曹休听说后就不再怀疑担心他了。战事胜利，军队凯旋，孙权大会请将，举行欢宴，喝酒尽兴时，对周鲂说："你为了行义而剔发，完成我的大事，你的功名，应当写在竹帛上面。"又加升裨将军，赐关内侯的爵位。

贼帅董嗣倚仗险要，抢劫抄掠，豫章、临川都受到他的毁害。吾粲、唐咨曾以三千人的兵力去攻守，接连几个月不能攻下。周鲂上表乞求停战，以便能够自由运用适宜的方法来处理。鲂就派遣间谍，传授他方法计策，去伺隙诱骗杀了董嗣。董嗣弟弟惧怕，亲自到武昌向陆逊投降，乞求让他出驻平原，自己去改过为善，于是数郡不再担忧了。

周鲂在郡中十三年而死，他奖励好人，处罚坏人，威严恩惠并行。他的儿子周处，也有文武的材干，天纪年中，为东观令、无难督。

三国志 卷六十 吴书十五 贺全吕周钟离传第十五

钟离牧字子幹，会稽山阴人，汉鲁相意七世孙也。少爰居永兴，躬自垦田，种稻二十馀亩。临熟，县民有识认之，牧曰："本以田荒，故垦之耳。"遂以稻与县人。县长闻之，召民系狱，欲绳以法，牧为之请。长曰："君慕承宫，自行义事，仆为民主，当以法率下，何得寝公宪而从君邪？"牧曰："此是郡界，缘君意顾，故来暂住。今以少稻而杀此民，何心复留？"遂出装，还山阴，长自往止之，为释系民。民惭惧，率妻子舂所取稻得六十斛米，送还牧，牧闭门不受。民输置道旁，莫有取者。牧由此发名。

赤乌五年，从郎中补太子辅义都尉，迁南海太守。还为丞相长史，转司直，迁中书令。会建安、鄱阳、新都三郡山民作乱，出牧为监军使者，讨平之。贼帅黄乱、常俱等出其部伍，以充兵役。封秦亭侯，拜越骑校尉。

永安六年，蜀并于魏，武陵五溪夷与蜀接界。时论惧其叛乱，乃以牧为平魏将军，领武陵太守，往之郡。魏遣汉葭县长郭纯试守武陵太守，率涪陵民入蜀迁陵界，屯于赤沙，诱致诸夷邑君，或起应纯，又进攻酉阳县，郡中震惧。牧问朝吏曰："西蜀倾覆，边境见

钟离牧的字是子幹，会稽郡山阴县（今浙江省绍兴市）人，汉朝鲁王国相意的七世孙。年少时迁居在永兴，亲自垦地种田，种稻二十余亩。快要成熟时，县民中有人指认那稻是他的，钟离牧说："原本因田地荒芜，所以开垦了它。"就把稻送给那县民。县长听说后，召来这县民关入监狱，要按法律治罪，钟离牧替他求情。县长说："你钦慕承宫（《续汉书》曰："宫字少子，琅邪人，尝在蒙阴山中耕种禾黍，临熟，人就认之，宫便推与而去，由是发名，位至左中郎将、侍中。"），可以自动来做义事，我是百姓的主人，应当用法来督治下面的人民，怎能废止了公家法律，而来顺从你呢？"钟离牧说："此处是郡的边界，由于你好意照顾，所以来暂时居住。如今因很少的稻子而杀这百姓，我还有什么心情再住下去？"就整装离去，要回山阴，县长亲自去阻止他，为他而放了那拘押的人。那人惭愧害怕，就带着妻儿把所取得的稻，碾成六十斛米，送还给钟离牧，牧关闭起门来不接受。这人把米放在路旁，没有人去拿。牧因此而出了名。

吴大帝赤乌五年（公元 242 年），从郎中补授为太子辅义都尉，改任南海太守。回来后又做丞相长吏，转任司直，升中书令。适逢建安、鄱阳、新都三郡的山民作乱，派牧出去为监军使者，讨平了他们。贼帅黄乱、常俱等人提供他们的军队，来充实兵力。牧被封为秦亭侯，任越骑校尉。

吴景帝永安六年（公元 263 年），蜀国被并入魏国，武陵、五溪的蛮夷和蜀国交界，当时舆论怕他们叛乱，就用钟离牧为平魏将军，做武陵太守，到那郡去。魏国派汉葭县长郭纯试用为武陵太守，率领涪陵百姓进入蜀国迁陵的界境，屯驻在赤沙，诱骗到各蛮夷县邑的君长，有的起来响应郭纯，又进攻酉阳县，郡中震惊害怕。牧问来参见的官吏说："西方的蜀国灭亡，边境被侵略，如何来防御？"官吏都回答说："当今两个县山岳险阻，那

侵，何以御之？”皆对曰：“今二县山险，诸夷阻兵，不可以军惊扰，惊扰则诸夷盘结。宜以渐安，可遣恩信吏宣教慰劳。”牧曰：“不然。外境内侵，诳诱人民，当及其根柢未深而扑取之，此救火贵速之势也。”敕外趣严，掾史沮议者便行军法。抚夷将军尚说牧曰：“昔潘太常督兵五万，然后以讨五溪夷耳。是时刘氏连和，诸夷率化，今既无往日之援，而郭纯已据迁陵，而明府以三千兵深入，尚未见其利也。”牧曰：“非常之事，何得循旧？”即率所领，晨夜进道，缘山险行，垂二千里，从塞上，斩恶民怀异心者魁帅百馀人及其支党凡千馀级，纯等散，五溪平。迁公安督、扬武将军，封都乡侯，徙濡须督。复以前将军假节，领武陵太守。卒官。家无馀财，士民思之。子祎嗣，代领兵。

评曰：山越好为叛乱，难安易动，是以孙权不遑外御，卑词魏氏。凡此诸臣，皆克宁内难，绥静邦域者也。吕岱清恪在公；周鲂谲略多奇；钟离牧蹈长者之规；全琮有当世之才，贵重于时，然不检奸子，获讥毁名云。

些蛮夷倚仗险要，用兵来固守，不能用军队去惊扰他们，如果惊扰，就会造成蛮夷的互相结合。应该用逐渐安抚的方法，可以派有恩惠、信用的官吏去宣布你的命令，并且加以安慰和犒劳。”钟离牧说：“不对。外界向内侵略，诈骗百姓，应当趁着他基础没深入巩固之前，来扑灭占领他，此正是救火贵在快速的形势啊！”就命令外面的军队，赶快整治行装，僚属佐吏有阻止议论的，就用军法处置。抚夷将军高尚去劝说钟离牧道：“以前潘太常督领五万军队，然后才来讨伐五溪蛮。那时刘氏联盟和好，诸夷族都顺服教化，如今既没有往日的外援，而郭纯已占据迁陵，而你以三千兵深入作战，我看不出这其中的利益。”钟离牧说：“这是非比寻常的大事，怎能依照旧例呢？”就率着所统领的军队，晨夜上路，依着山的险道前进，将近二千里，从边境的关隘上，斩了坏人中怀有二心的为首贼帅一百多人，以及他属下的党羽总共一千多人的头，郭纯等逃散，五溪就平定了。调任钟离牧为公安督、扬武将军，封为都乡侯，又迁为濡须督。再以前将军授符节，做武陵太守。死在官职上。家里没有剩余钱财，读书人和百姓都思念他。他的儿子祎继承，代替统领军队。

陈寿评论说：山越好叛乱，很难安定而容易骚动，所以孙权无暇抵抗外敌，而以谦卑之态应付魏国。总合这许多大臣，都是克服、安定内部危难，安靖国家疆域的人。吕岱以清廉谨敬，在公家任职；周鲂以权诈的策略，成就许多奇计；钟离牧履行长者的规则；全琮有担当一世的才干，在当时最为尊贵重要，然而却因不约束恶子，而招来讥讽，毁去了盛名。

三国志卷六十一

潘濬陆凯传第十六

李毓善 译

潘濬字承明，武陵汉寿人也。弱冠从宋仲子受学。年未三十，荆州牧刘表辟为部江夏从事。时沙羡长赃秽不修，濬按杀之，一郡震竦。后为湘乡令，治甚有名。刘备领荆州，以濬为治中从事。备入蜀，留典州事。

孙权杀关羽，并荆土，拜濬辅军中郎将，授以兵。迁奋威将军，封常迁亭侯。权称尊号，拜为少府。进封刘阳侯，迁太常。五溪蛮夷叛乱盘结，权假濬节，督诸军讨之。信赏必行，法不可干，斩首获生，盖以万数，自是群蛮衰弱，一方宁静。

先是，濬与陆逊俱驻武昌，共掌留事，还复故。时校事吕壹操弄威柄，奏按丞相顾雍、左将军朱据等，皆见禁止。黄门侍郎谢厷语次问壹："顾公事何如？"壹答："不能佳。"厷又问："若此公免退，谁当代之？"壹未答厷，厷曰："得无潘太常得之乎？"壹良久曰："君语近之也。"厷谓曰："潘太常常切齿于君，但道远无因耳。今日代顾公，恐明日

潘濬，字承明，武陵郡汉寿县（今湖南省常德市东北六十里）人。二十岁的时候，跟随宋仲子读书。年未满三十岁，荆州刺史刘表辟召他为部江夏从事。当时沙羡县县长收赃容秽，不修政教，潘濬按问罪状，把他杀了，一郡大惧。后来做湘乡县县令，治绩远近有名。刘备治理荆州，任命潘濬为治中从事。刘备西入蜀，留潘濬主管州务。

孙权杀死关羽，兼并荆州土地，拜潘濬为辅军中郎将，授予兵权。迁官奋威将军，封为常迁亭侯。孙权称帝，拜官为少府，晋封为刘阳侯，迁调为太常。五溪的蛮夷叛乱，盘踞连结，孙权使潘濬持节，监督诸军出兵征讨。治军赏罚严明，令出如山，或斩首或俘虏，敌人损失约有数万人之多，由此以后，群蛮势力衰弱，一方得以安宁。

起初，潘濬与陆逊一起驻守武昌，共同掌理留守事务，回来以后，各复故职。其时校事吕壹操纵、玩弄权柄，奏请按验丞相顾雍、左将军朱据等人，都受到囚禁。黄门侍郎谢厷在交谈之际问吕壹："顾公的事怎么样了？"吕壹答复说："好不了。"谢厷又问："如果顾公免退，那么谁接任他的职位？"吕壹没有回答，谢厷说："总不至于是让潘太常得到吧？"吕壹过了很久才说："足下说的很接近了。"谢厷对吕壹说："潘太常恨你入骨，只因

便击君矣。”壹大惧，遂解散雍事。濬求朝，诣建业，欲尽辞极谏。至，闻太子登已数言之而不见从，濬乃大请百寮，欲因会手刃杀壹，以身当之，为国除患。壹密闻知，称疾不行。濬每进见，无不陈壹之奸险也。由此壹宠渐衰，后遂诛戮。权引咎责躬，因诮让大臣，语在《权传》。

赤乌二年，濬卒，子翥嗣。濬女配建昌侯孙虑。

陆凯字敬风，吴郡吴人，丞相逊族子也。黄武初为永兴、诸暨长，所在有治迹，拜建武都尉，领兵。虽统军众，手不释书。好《太玄》，论演其意，以筮辄验。赤乌中，除儋耳太守，讨朱崖，斩获有功，迁为建武校尉。五凤二年，讨山贼陈毖于零陵，斩毖克捷，拜巴丘督、偏将军，封都乡侯，转为武昌右部督。与诸将共赴寿春，还，累迁荡魏、绥远将军。孙休即位，拜征北将军，假节领豫州牧。孙晧立，迁镇西大将军，都督巴丘，领荆州牧，进封嘉兴侯。孙晧与晋平，使者丁忠自北还，说晧弋阳可袭，凯谏止，语在《晧传》。宝鼎元年，迁左丞相。

为路途远，没有机会而已。今日代顾公官职，恐怕明天就要攻击足下了。”吕壹大为恐惧，于是解除举白毁短顾雍等人的事。潘濬请求朝见，前往建业，打算直言极谏。到达以后，听说太子孙登已经一再谏说，而都不被采纳，潘濬遂广请百官，想利用机会亲手刺杀吕壹，一切后果自己担当，以便为国除害。吕壹暗中得到消息，就称病不出。潘濬每次进见皇帝，没有一次不指陈吕壹奸诈险恶的。因此吕壹的宠信渐衰，最后终于罪发伏诛。孙权引咎自责，并且责备大臣，事情记载在《孙权传》中。

吴大帝孙权赤乌二年（公元 239 年），潘濬去世，其子潘翥继嗣爵封。潘濬的女儿许配建昌侯孙虑。

陆凯，字敬风，吴郡吴县（今江苏省苏州市）人。为丞相陆逊的本家侄子。吴大帝孙权黄武初年，做永兴县、诸暨县县长，他所到之处，都有很好的治绩表现，拜官为建武都尉，领兵。虽然统领军队，仍然是手不释卷。喜好扬雄《太玄经》，推衍其理论，用以占筮吉凶，事多灵验。吴大帝赤乌年间（公元 238—251 年），任儋耳太守，讨伐朱崖，大有斩获，建立战功，迁升为建武校尉。废帝孙亮五凤二年（公元 255 年），征讨山贼陈毖于零陵，斩杀陈毖，战争胜利，拜官为巴丘督、偏将军，封为都乡侯，转官为武昌右部督。与诸将同往寿春，回京以后，屡次迁调，做荡魏、绥远将军。景帝孙休即位，拜官征北将军，持节兼领豫州牧。乌程侯孙晧即位，迁调为镇西大将军，都督巴丘，兼领荆州牧，晋封为嘉兴侯。孙晧和晋讲和，使者丁忠由北方回来，劝孙晧说弋阳值得偷袭，陆凯谏止，其经过记述在《孙晧传》中。乌程侯宝鼎元年（公元 266 年），迁升为左丞相。

皓性不好人视己，郡臣侍见，皆莫敢迕。凯说皓曰："夫君臣无不相识之道，若卒有不虞，不知所赴。"皓听凯自视。

皓徙都武昌，扬土百姓泝流供给，以为患苦，又政事多谬，黎元穷匮。凯上疏曰：

臣闻有道之君，以乐乐民；无道之君，以乐乐身。乐民者，其乐弥长；乐身者，不乐而亡。夫民者，国之根也，诚宜重其食，爱其命。民安则君安，民乐则君乐。自顷年以来，君威伤于桀纣，君明暗于奸雄，君惠闭于群孽。无灾而民命尽，无为而国财空，辜无罪，赏无功，使君有谬误之愆，天为作妖。而诸公卿媚上以求爱，困民以求饶，导君于不义，败政于淫俗，臣窃为痛心。今邻国交好，四边无事，当务息役养士，实其廪库，以待天时。而更倾动天心，骚扰万姓，使民不安，大小呼嗟，此非保国养民之术也。

臣闻吉凶在天，犹影之在形，响之在声也，形动则影动，形止则影止，此分数乃有所系，非在口之所进退也。昔秦所以亡天下者，但坐赏轻而罚重，政刑错乱，民力尽于奢侈，目眩于美色，志浊于财宝，邪臣在位，贤哲隐藏，百姓业业，天下苦之，是以遂有覆巢破卵之忧。汉所以强者，躬行诚信，听谏纳贤，惠及负薪，躬请岩穴，广采博察，以成其谋。

孙皓生性不喜欢别人看自己，因此群臣侍见的时候，都不敢违逆。陆凯劝孙皓说："大凡君臣，断无彼此不相识的道理，假若仓猝之间发生意外，不知当去救谁。"孙皓任陆凯注视。

孙皓迁都于武昌，扬州地区的百姓得溯水而上，运输供给，觉得苦不堪言，加以政事多谬妄，百姓穷愁匮乏。陆凯上疏说：

臣听说有道之君，用安乐以悦其民；无道之君，用欢乐悦己身。悦民之乐，其安乐可以延续不断；悦身之乐，最后会不乐而败亡。人民，乃国家之根本，应当重视其生活，爱惜其性命。人民安则君主亦安，人民快乐则君主亦快乐。自近年以来，君王的威迫重于夏桀商纣，君王的昏昧无知，远于奸雄，君王之德泽闭于群党进用。没有天灾而人民丧亡殆尽，没有兴作而国库空竭，无罪之人受罚，无功之人受赏，使得君王有谬误之过，上天因而显示妖灾。而一般公卿谄媚君主以求宠爱，穷竭民力以求饶裕，引导君王日入于不义之中，政教败坏于淫奢之风俗，愚臣私心深感伤痛。如今与邻国交好，四边没有战争，应当即时罢止役作，休养士卒，充实仓廪府库，以等待天时。而今竟然是摇动天心，骚扰天下百姓，使他们生活不得安宁，老少悲号嗟叹，这实在不是保国养民之道啊。

臣听说上天所垂吉凶，就如同影子之于形体，回响之于声音一样，形体移动则影子移动，形体停止则影子停止，这表示运数与行为相关连，并非只凭口说就可以进退的。从前秦朝所以灭亡，只是因为赏轻而罚重，政治教化、刑章禁忌失其常轨，民力竭尽在帝王奢侈之追求，眼光迷乱于美色的享受，志略沉迷于财宝之诱惑，奸邪之臣在位，贤智之士退藏，百姓战战兢兢，天下深以为苦，所以才有巢覆卵破之患。汉代所以强盛，是因为帝王此往事之明证也。

近者汉之衰末，三家鼎立，曹失纲纪，晋有其政。又益州危险，兵多精强，闭门固守，可保万世，而刘氏以夺乖错，赏罚失所，君恣意于奢侈，民力竭于不急，是以为晋所伐，君臣见虏。此目前之明验也。

臣暗于大理，文不及义，智慧浅劣，无复冀望，窃为陛下惜天下耳。臣谨奏耳目所闻见，百姓所为烦苛，刑政所为错乱，愿陛下息大功，损百役，务宽荡，忽苛政。

又武昌土地，实危险而塉确，非王都、安国、养民之处，船泊则沈漂，陵居则峻危，且童谣言："宁饮建业水，不食武昌鱼；宁还建业死，不止武昌居。"臣闻翼星为变，荧惑作妖，童谣之言，生于天心，乃以安居而比死，足明天意，如民所苦也。

臣闻国无三年之储，谓之非国，而今无一年之畜，此臣下之责也。而诸公卿位处人上，禄延子孙，曾无致命之节，匡救之术，苟进小利于君，以求容媚，荼毒百姓，不为君计也。自从孙弘造义兵以来，耕种既废，所在无复输入，而分一家父子异役，廪食日张，畜积日耗，民有离散之怨，国有露根之渐，而莫之恤也。民力困穷，鬻卖儿子，调赋相仍，

身自践行诚信的美德，采纳谏言、进用君子，惠泽广被于百姓，亲自延请隐居者，广采众议、博察民情，以立定其谋划。这是往事中的明证啊！

近年来汉家衰微，三家鼎足而立，曹氏不守纲纪，晋王取得政权。又以益州形势险要，兵多精锐而强悍，能闭门坚守，就可以子孙万代长保，但是刘氏在取与之际，常常乖违错乱，赏罚失之允当，君主纵情于奢侈的生活，民力竭尽于不急之兴作，所以遭受晋的攻伐，君臣同被虏获。这是目前可见的证验啊。

臣不明白大道理，文辞不涉于礼义，智慧浅近鄙劣，不复存有任何想望，只是私下替陛下珍惜天下而已。臣谨慎地奏呈平素耳闻目见的所得，百姓所认为苛细，刑政所以错乱无章，深愿陛下停止大举兴作，减少诸多的征役，力求其宽缓，不要轻用烦苛的政令。

再则武昌地区，实在形势险要而又贫瘠多石，不是帝王建立都城、安定国力、养息百姓的理想环境，船只停泊则沉浮漂摇，居住在高地则又峻高危险，而且童谣说："宁愿饮用建业的水，也不吃武昌的鱼；宁愿回建业而死，也不留在武昌安居。"臣听说翼星发生变化，荧惑星出现妖象，儿童之所歌，乃是得自天意，以为安居而比近于死亡，这足见天意之所在，知道百姓之所患苦的是什么了。

臣听说朝廷没有三年的存粮，就叫做非国，然而今天我们连一年的存粮都没有，这是臣子们的责任。而一般的公卿，位居众人之上，爵禄延及于子孙，竟然没有为国捐躯的节概；匡救的方法，仅是苟且的向国君献进小利，以便求容取媚；荼毒百姓，没有替国家作长远的打算啊。自从孙弘兴义兵以来，民间耕作荒废，所在不复有输入，而且家庭之中父子各自参加不同的征役，公家粮食消费日多，储蓄逐日耗减，百姓有家人离散的幽怨，国

日以疲极，所在长吏，不加隐括，加有监官，既不爱民，务行威势，所在骚扰，更为烦苛，民苦二端，财力再耗，此为无益而有损也。愿陛下一息此辈，矜哀孤弱，以镇抚百姓之心。此犹鱼鳖得免毒螫之渊，鸟兽得离罗网之纲，四方之民襁负而至矣。如此，民可得保，先王之国存焉。

臣闻五音令人耳不聪，五色令人目不明，此无益于政，有损于事者也。自昔先帝时，后宫列女，及诸织络，数不满百，米有畜积，货财有馀。先帝崩后，幼、景在位，更改奢侈，不蹈先迹。伏闻织络及诸徒坐，乃有千数。计其所长，不足为国财，然坐食官廪，岁岁相承，此为无益。愿陛下料出赋嫁，给与无妻者。如此，上应天心，下合地意，天下幸甚。

臣闻殷汤取士于商贾，齐桓取士于车辕，周武取士于负薪，大汉取士于奴仆。明王圣主取士以贤，不拘卑贱，故其功德洋溢，名流竹素，非求颜色而取好服、捷口、容悦者也。臣伏见当今内宠之臣，位非其人，任非其量，不能辅国匡时，群党相扶，害忠隐贤。愿陛下简文武之臣，各勤其官，州牧督将，藩镇方外，公卿尚书，务修仁化，上助陛下，下拯

家根基有动摇的趋势，竟然无人顾虑。百姓生计困难，出卖子女，赋税相继，生活日益疲困，而地方长吏，并未加以改正，加派监官，既不知爱民，反而尽量表现其威势，所在骚扰百姓，政令更见烦苛，人民苦于应付两种摧讨，财力加倍损耗，这实在是有害而无益的举措。深愿陛下全数免除这些人的官职，哀怜天下孤弱无告，用以安抚天下人心。这就如同鱼鳖得以脱离毒螫的深渊，鸟兽能够远离罗网的网维一般，四方的百姓必然是背负着老弱来归了。能如此，则百姓可以保全，先王建立的国家可以长存了。

臣听说五音使人听力不听，五色使人视力不明，所以耳目之欲无益于政教，而有害于国事啊！打从先帝在位的时候，后宫的列女，以及诸负责编织的人，总数不超过一百名，食物有积蓄，货财有剩余。先帝驾崩以后，幼帝、景帝在位，作风逐渐趋于奢侈，不复遵行先帝的旧习，臣伏闻后宫编织以及一些闲坐无事之人，数目竟然多到以千数。料想他们的所长，算不得国家的财富，但是却坐食官粮，年年相继，这实在没有什么益处。深愿陛下遣散他们出宫分嫁，给予那些没有妻室的人。能如此，则可以上合天心，下合地意，天下百姓之大幸了。

臣听说商汤由商贾中拔取人才，齐桓公由御者中选取人才，周武王由樵夫中拔取人才，大汉由奴仆中选取人才。明圣的帝王取人唯贤，并不拘于他们出身的贵贱，因此他们的功德广被，流传无穷，名留青史，这绝不是选择容色美好、喜欢服从、口齿伶俐、逢迎取媚的人而有的结果。臣伏见如今内宠的臣子，所用都不得当，工作都和他们的才能不合，他们不能辅佐国事，匡正时弊，只是结合朋党，互相营私，而残害忠良，埋没贤智。深愿陛下简拔文臣武将，使各自勤于职守，州牧和督将，保卫镇守异域，公卿和尚书，勤谨地

黎民，各尽其忠，拾遗万一，则“康哉”之歌作，刑错之理清。愿陛下留神思臣愚言。

时殿上列将何定佞巧便辟，贵幸任事，凯面责定曰：“卿见前后事主不忠，倾乱国政，宁有得以寿终者邪！何以专为佞邪，秽尘天听？宜自改厉。不然，方见卿有不测之祸矣。”定大恨凯，思中伤之，凯终不以为意，乃心公家，义形于色，表疏皆指事不饰，忠恳内发。

建衡元年，疾病，晧遣中书令董朝问所欲言，凯陈：“何定不可任用，宜授外任，不宜委以国事。奚熙小吏，建起浦里田，欲复严密故迹，亦不可听。姚信、楼玄、贺邵、张悌、郭逴、薛莹、滕修及族弟喜、抗，或清白忠勤，或姿才卓茂，皆社稷之桢干，国家之良辅，愿陛下重留神思，访以时务，各尽其忠，拾遗万一。”遂卒，时年七十二。

子祎，初为黄门侍郎，出领部曲，拜偏将军。凯亡后，入为太子中庶子。右国史华覈表荐祎曰：“祎体质之刚，器干强固，董率之才，鲁肃不过。及被召当下，径还赴都，道由武昌，曾不回顾，器械军资，一无所取，在戎果毅，临财有节。夫夏口，贼之冲要，宜选名将以镇戍之，臣窃思惟，莫善于祎。”

修治仁义教化，上以辅佐陛下，下以拯救百姓，大家各自尽其忠心，补救阙漏于万一，那么“凡事都做得令人满意”的颂歌就会四起，刑罚放置不再动用的理官自然清静。深愿陛下留神细思臣的愚见。

当时殿上的列将何定佞口巧舌、善迎人意而贵幸用事，陆凯当面指责何定说：“足下看前后那些事主不忠，毁乱国政的人，难道有寿终正寝的吗？为什么专门做一些谄佞不正的事，污及天听呢？你应当即时改正，深自警惕。不然的话，将要见到足下遭不测之灾祸了。”何定痛恨陆凯，想要加以中伤，陆凯始终不放在心上，仍然是一心为国，忠义之气形于辞色之间，上表疏都是直指时弊，就事论事，不加文饰，忠恳之情，发于至诚。

乌程侯孙晧建衡元年（公元269年），陆凯生病，孙晧派遣中书令董朝去问有什么话想说的，陆凯陈述说：“何定不可以任用，应当调他以外职，不能交付以国家大事。奚熙小官，建议起浦里塘，意欲恢复严密的事功，也是不可以听信的。姚信、楼玄、贺邵、张悌、郭逴、薛莹、滕修以及我的本家弟弟陆喜、陆抗等人，有的是身家清白、秉性忠勤，有的是天资才华卓绝出众，都是朝廷的栋梁，国家的贤良辅佐，深愿陛下特别留神，问他们以时事，使能各尽忠心，以收拾遗漏于万一。”不久去世，享年七十二岁。

他的儿子陆祎，起初做黄门侍郎，出京统领部曲，拜官偏将军。陆凯去世以后，调入京做太子中庶子。右国史华覈上表推荐陆祎说：“陆祎秉性方正刚直，器度才干强毅贞固，督正统御的才识，纵然鲁肃也不能超过。当他受征召离开故职，径自回到京城，取道武昌，全然没有回头瞻顾，器物军械、军需物资，一无所取，在军旅中果敢坚毅，处理财物有操守。至于夏口，是敌人的冲要地区，应当拣选名将加以镇守，臣私下寻思，没有人比陆祎更理想了。”

初，晧常衔凯数犯颜忤旨，加何定谮构非一，既以重臣，难绳以法，又陆抗时为大将在疆场，故以计容忍。抗卒后，竟徙凯家于建安。

或曰宝鼎元年十二月，凯与大司马丁奉、御史大夫丁固谋，因晧谒庙，欲废晧立孙休子。时左将军留平领兵先驱，故密语平，平拒而不许，誓以不泄，是以所图不果。太史郎陈苗奏晧久阴不雨，风气回逆，将有阴谋，晧深警惧云。

予连从荆、扬来者得凯所谏晧二十事，博问吴人，多云不闻凯有此表。又按其文殊甚切直，恐非晧之所能容忍也。或以为凯藏之箧笥，未敢宣行，病困，晧遣董朝省问欲言，因以付之。虚实难明，故不著于篇，然爱其指擿晧事，足为后戒，故钞列于《凯传》左云。

晧遣亲近赵钦口诏报凯前表曰："孤动必遵先帝，有何不平？君所谏非也。又建业宫不利，故避之，而西宫室宇摧朽，须谋移都，何以不可徙乎？"凯上疏曰：

臣贸窃见陛下执政以来，阴阳不调，五星失晷，职司不忠，奸党相扶，是陛下不遵先帝之所致。夫王者之兴，受之于天，修之由德，岂在宫乎？而陛下不咨之公辅，便盛意驱

当初，孙晧经常记恨陆凯屡次地犯颜进谏，违背心意，加以何定不止一次的诬告构陷，一方面碍于他是国家大臣，很难绳之以法，再一方面陆抗当时为大将军，统兵在疆场征战，所以只有极力容忍。等到陆抗去世，竟然迁徙陆凯的家族于建安。

有人说在孙晧宝鼎元年（公元266年）的十二月，陆凯和大司马丁奉、御史大夫丁固等人共谋，想利用孙晧告庙的机会废除孙晧，改立孙休的儿子。其时左将军留平领兵为先驱，所以暗中告诉了留平，留平拒绝而不肯答应，也发誓不泄漏出去，因此所计划的未能实现。太史郎陈苗上奏孙晧，说天气久阴不雨，风气回逆不顺畅，这显示将有阴谋不轨的事发生，孙晧为陈苗之奏而深自警惧。

我相继由从荆州、扬州来的人那里取得陆凯所进谏孙晧的二十件事，广泛的请教吴国人，多数人都说不曾听过陆凯有这份表章。又细看这份表中的文字极其切直，恐怕不是孙晧所能容忍的。有的人以为陆凯把表藏在箱子里，未敢公开谏陈，病重，孙晧派遣董朝探病询问他对朝政的意见，遂因此机会给了董朝。虚实难以查明，所以没有录述在正文中，然而我又爱它指擿孙晧的那二十件事，足以供后世人君引以为戒，因此钞录在陆凯传正文的后面。

孙晧派遣他亲近的赵钦传达口头的诏令，答复陆凯前次的表奏，说："我凡有行事，一定遵循先帝遗轨，有什么不平的？您所谏陈的都错了。另外建业的宫室对我不利，所以才避开，而西宫的室屋都已经腐坏倾圮，必须计划迁都，为什么不能迁徙呢？"陆凯上疏说：

臣私见陛下亲执政事以来，阴阳之气都不调和，五星运行错乱、失其轨度，官吏不忠其职事，奸党小人互相扶持，这是陛下不遵循先帝遗法所造成的。大凡帝王的兴起，都是得到天命，得天命又是修德的结果，和宫室有什么关系？而陛下不博询公辅的意见，便任

驰，六军流离悲惧，逆犯天地，天地以灾，童歌其谣。纵令陛下一身得安，百姓愁劳，何以用治？此不遵先帝一也。

臣闻有国以贤为本，夏杀龙逢，殷获伊挚，斯前世之明效，今日之师表也。中常侍王蕃黄中通理，处朝忠謇，斯社稷之重镇，大吴之龙逢也，而陛下忿其苦辞，恶其直对，枭之殿堂，尸骸暴弃。邦内伤心，有识悲悼，咸以吴国夫差复存。先帝亲贤，陛下反之，是陛下不遵先帝二也。

臣闻宰相国之柱也，不可不强，是故汉有萧、曹之佐，先帝有顾、步之相。而万彧琐才凡庸之质，昔从家隶，超步紫闼，于彧已丰，于器已溢，而陛下爱其细介，不访大趣，荣以尊辅，越尚旧臣。贤良愤惋，智士赫咤，是不遵先帝三也。

先帝爱民过于婴孩，民无妻者以妾妻之，见单衣者以帛给之，枯骨不收而取埋之。而陛下反之，是不遵先帝四也。

昔桀纣灭由妖妇，幽厉乱在嬖妾，先帝鉴之，以为身戒。故左右不置淫邪之色，后房无旷积之女。今中宫万数，不备嫔嫱；外多鳏夫，女吟于中。风雨逆度，正由此起，是不

意大事驱策，六军流离悲悽惶惧，违犯天地化育之道，天地因此用灾象告诫，儿童唱出他们的心声。纵令陛下一个人得以安泰，全国百姓穷愁劳瘁，如何施行治道？这是不遵循先帝遗法的第一件。

臣听说帝王治国，以用贤才为根本，夏桀诛戮大臣龙逢而亡天下，商汤喜获贤人伊挚而成帝业，这是前代最明显的效验，今日最大的榜样啊！中常侍王蕃，成熟稳重，通达事理，居朝在位，忠直敢言，真是朝廷的重臣，我大吴的龙逢啊！而陛下竟然忿恨于他的苦劝，厌恶于他的耿直应对，将他斩首在殿堂之下，暴弃其尸骸。国内百姓人人伤心，有识之士无不悲痛悼惜，大家都以为是吴王夫差复活了呢。先帝爱重贤士，而陛下是反其道而行，这是陛下不遵循先帝遗法的第二件。

臣听说宰相是国家的柱石，不可以不隆崇，因此汉代有萧何、曹参等贤相的辅佐，先帝有顾雍、步骘二位贤相。而万彧才能琐细，品质平庸，从前跟从家奴，越级升迁，步入相门，对万彧而言，已经太过高大，他的器识已经不能承担，而陛下竟然欣赏他的琐细，不访求博大志趣者，显荣以尊位，远超过旧臣。贤臣良将因此而愤慨叹惋，睿智之士因而赫然叱咤，这是不遵循先帝遗法的第三件。

先帝爱护百姓甚于保爱婴孩；百姓之没有妻室的，将自己的侍妾下嫁给他；看到那贫穷穿着单衣的，把自己的丝帛送给他；有未收埋的枯骨，则收取而埋藏他。而陛下的作风与此全然相反，这是不遵循先帝遗法的第四件。

从前夏桀、商纣的灭亡，是由于幸爱妖妇；周幽王、周厉王时的天下大乱，是由于耽于女色，先帝有见于此，引以为自己之戒鉴。所以左右不置淫邪美色，后宫没有闲散不事

遵先帝五也。

先帝忧劳万机，犹惧有失。陛下临阼以来，游戏后宫，眩惑妇女，乃令庶事多旷，下吏容奸，是不遵先帝六也。

先帝笃尚朴素，服不纯丽，宫无高台，物不雕饰，故国富民充，奸盗不作。而陛下征调州郡，竭民财力，土被玄黄，宫有朱紫，是不遵先帝七也。

先帝外仗顾、陆、朱、张，内近胡综、薛综，是以庶绩雍熙，邦内清肃。今者外非其任，内非其人，陈声、曹辅，斗筲小吏，先帝之所弃，而陛下幸之，是不遵先帝八也。

先帝每宴见群臣，抑损醇醲，臣下终日无失慢之尤，百寮庶尹，并展所陈。而陛下拘以视瞻之敬，惧以不尽之酒。夫酒以成礼，过则败德，此无异商辛长夜之饮也，是不遵先帝九也。

昔汉之桓、灵，亲近宦竖，大失民心。今高通、詹廉、羊度，黄门小人，而陛下赏以重爵，权以战兵。若江渚有难，烽燧互起，则度等之武不能御侮明也，是不遵先帝十也。

今宫女旷积，而黄门复走州郡，条牒民女，有钱则舍，无钱则取，怨呼道路，母子死

编织之女。而现在中宫姬妾以万数，不备内官之礼；民间多鳏夫，女子呻吟于宫禁之中。风不调雨不顺，都是为了这个缘故，这是不遵循先帝遗法的第五件。

先帝毕生忧劳万机，犹且担心有错失之处。陛下自从继位以来，游戏于后宫之中，眩惑于妇女的媚道，以至诸事多所旷废，小官容奸纳贿，这是不遵循先帝遗法的第六件。

先帝崇尚朴素，不穿着华丽的衣物，宫室没有高大的亭台，用具不加雕饰，因此国富而民足，盗贼欺诈之事不起。而陛下向各州郡征兵调饷，竭尽百姓财力，使原野一片荒凉，宫殿涂朱粉紫，炫耀辉煌，这是不遵循先帝遗法的第七件。

先帝外面依恃顾雍、陆逊、朱然、张昭，朝中亲近胡综、薛综等贤臣，因此各种事情都兴办起来，国内安静，政治清和。如今守土将领举用不当，朝中大臣用非其人，陈声、曹辅等人都是才短量浅的小吏，先帝弃置不用，而陛下却亲幸他们，这是不遵循先帝遗法的第八件。

先帝每次宴见群臣，都是减损浓酒，故臣下侍宴终日，也不会犯失慢的罪，百官众尹，各自畅所欲言。但是陛下拘执于观瞻上的礼敬，唯恐人杯中有剩酒。大凡饮酒，是为了完成礼仪之用，饮之过度，则易败坏品德，今日之风气，无异是商纣的长夜之饮了。这是不遵循先王遗法的第九件。

从前汉代桓帝、灵帝，亲近宦官，大失天下人心。而今高通、詹廉、羊度等人，都是宦官小人，而陛下封赏他们以重爵，授给他们以战兵。倘若江渚有危难，各地战报频传，那么羊度等人的武略不足以抵御，是显而易见的，这是不遵循先帝遗法的第十件。

如今宫女不事纺绩，而黄门仍然到各州郡去，将民间女编列造册，有钱疏通的则删

诀，是不遵先帝十一也。

先帝在时，亦养诸王太子，若取乳母，其夫复役，赐与钱财，给其资粮，时遣归来，视其弱息。今则不然，夫妇生离，夫故作役，儿从后死，家为空户，是不遵先帝十二也。

先帝叹曰："国以民为本，民以食为天，衣其次也，三者，孤存之于心。"今则不然，农桑并废，是不遵先帝十三也。

先帝简士，不拘卑贱，任之乡闾，效之于事，举者不虚，受者不妄。今则不然，浮华者登，朋党者进，是不遵先帝十四也。

先帝战士，不给他役，使春惟知农，秋惟收稻，江渚有事，责其死效。今之战士，供给众役，廪赐不赡，是不遵先帝十五也。

夫赏以劝功，罚以禁邪，赏罚不中，则士民散失。今江边将士，死不见哀，劳不见赏，是不遵先帝十六也。

今在所监司，已为烦猥，兼有内使，扰乱其中，一民十吏，何以堪命？昔景帝时，交阯反乱，实由兹起，是为遵景帝之阙，不遵先帝十七也。

除，没有钱的则强取，悲怨呼号之声满道路，母子死别，这是不遵循先帝遗法的第十一件。

先帝尚在世的时候，也是养育诸王太子，如果要选用乳母，乳母的丈夫则免除徭役，赐与他们钱财，给他们资粮的帮助，按时送乳母回家，探视她自己的孩子。现在则不如此，夫妇活生生的被迫分离，丈夫仍然要服劳役，由于乏人照顾，孩儿随后夭折，使他们家庭一变而为无人的空户，这是不遵循先帝遗法的第十二件。

先帝叹息说："国家以百姓为根本，百姓以饮食为最重要，衣服则居其次，此三者，我时常记挂在心上。"现在则不然，耕田、种桑等事都废弃不顾，这是不遵循先帝遗法的第十三件。

先帝选用人才，不拘忌于出身卑贱，选才在乡里之中，考核才力于工作之上，举用的有依据，被举的不妄乱。现在则不然，那浮夸不实的人迁升，朋比为党的人进用，这是不遵循先帝遗法的第十四件。

先帝时代的战士，不指派其他的劳役，使他们春天只负责农耕，秋天只管收稻，江渚有战事发生，则责令他们效死尽力。如今的战士，要担负许多的役作，朝廷物资供应不充裕，这是不遵循先帝遗法的第十五件。

大凡赏赐可以劝人立功，诛罚可以禁人为非，赏罚不得当，则士民离心离德。现在驻守江边的将士，殉国不蒙哀荣，劳苦不被赏赐，这是不遵循先帝遗法的第十六件。

如今考察的监司，已经是苛细杂碎，加之又有内使，扰乱于其中，一民十吏，如何负荷？从前景帝的时候，交阯地区反叛的乱子，就是肇因于此，那么现在是遵循景帝之过失而行，这是不遵循先帝遗法的第十七件。

夫校事，吏民之仇也。先帝末年，虽有吕壹、钱钦，寻皆诛夷，以谢百姓。今复张立校曹，纵吏言事，是不遵先帝之十八也。

先帝时，居官者咸久于其位，然后考绩黜陟。今州县职司，或莅政无几，便征召迁转，迎新送旧，纷纭道路，伤财害民，于是为甚，是不遵先帝十九也。

先帝每察竟解之奏，常留心推按，是以狱无冤囚，死者吞声。今则违之，是不遵先帝二十也。

若臣言可录，藏之盟府；如其虚妄，治臣之罪。愿陛下留意。

胤字敬宗，凯弟也。始为御史、尚书选曹郎，太子和闻其名，待以殊礼。会全寄、杨竺等阿附鲁王霸，与和分争，阴相谮构，胤坐收下狱，楚毒备至，终无他辞。

后为衡阳督军都尉。赤乌十一年，交阯九真夷贼攻没城邑，交部骚动。以胤为交州刺史、安南校尉。胤入南界，喻以恩信，务崇招纳，高凉渠帅黄吴等支党三千馀家皆出降。引军而南，重宣至诚，遗以财币。贼帅百馀人，民五万馀家，深幽不羁，莫不稽颡，交域

那校事之官，是吏民的敌仇。先帝的末年，虽然有吕壹、钱钦等人做校事，不久就都被诛戮，用以向天下百姓谢罪。现在又扩大设置校事曹司，放任他们言事，这是不遵循先帝遗法的第十八件。

先帝在世的时候，都是久居其位，然后才考核其成绩，再按成绩升降官阶。现在各州县的职司，有的在官治事时间尚很短，就被征召迁调，他们迎新送旧，纷乱于道路之上，劳民伤财，以这种事为最严重，这是不遵循先帝遗法的第十九件。

先帝每每审察定案的奏章，经常很留心的推按，所以狱中没有含冤的囚犯，判死罪的也无话可说。现在的情形则与此相反，这是不遵循先帝遗法的第二十件。

如果臣的话尚可采取，则请藏在盟府之中；如果认为是臣的虚妄之辞，则请治臣的罪。深愿陛下留意。

陆胤，字敬宗，是陆凯的弟弟。当初做御史、尚书选曹郎，太子孙和听到他的名声，以非常的礼遇对待他。适遇全寄、杨竺等人阿附在鲁王孙霸的门下，与孙和对立争宠，暗中诬谗构陷，陆胤坐罪被捕下狱，虽然用种种毒刑逼供，他始终未说其他的话。

其后做衡阳督军都尉。吴大帝孙权赤乌十一年（公元 248 年），交阯九真地区的蛮夷攻没城邑，交部骚动不安。任命陆胤为交州刺史、安南校尉。陆胤进入南界，用恩惠信义说服他们，尽力地招抚接纳，高凉魁首黄吴等支党三千余家都出而投降。率军南行，又对当地的百姓宣以至诚，赠送他们以财货币帛。他们的首领一百多人，百姓五万余家，连那幽远不受羁束的地区，也莫不叩头请求内附，交州地区因而清静太平。就加安南将军官衔。

清泰。就加安南将军。复讨苍梧建陵贼，破之，前后出兵八千馀人，以充军用。

永安元年，征为西陵督，封都亭侯，后转在虎林。中书丞华覈表荐胤曰："胤天姿聪朗，才通行洁，昔历选曹，遗迹可纪。还在交州，奉宣朝恩，流民归附，海隅肃清。苍梧、南海，岁有暴风瘴气之害，风则折木，飞砂转石，气则雾郁，飞鸟不经。自胤至州，风气绝息，商旅平行，民无疾疫，田稼丰稔。州治临海，海流秋咸，胤又畜水，民得甘食。惠风横被，化感人神，遂凭天威，招合遗散。至被诏书当出，民感其恩，以忘恋土，负老携幼，甘心景从，众无携贰，不烦兵卫。自诸将合众，皆胁之以威，未有如胤结以恩信者也。衔命在州，十有馀年，宾带殊俗，宝玩所生，而内无粉黛附珠之妾，家无文甲犀象之珍，方之今臣，实难多得。宜在辇毂，股肱王室，以赞唐虞"康哉"之颂。江边任轻，不尽其才，虎林选督，堪之者众。若召还都，宠以上司，则天工毕修，庶绩咸熙矣。"

胤卒，子式嗣，为柴桑督、扬武将军。天策元年，与从兄祎俱徙建安。天纪二年，召还建业，复将军、侯。

又讨伐苍梧建陵地区贼寇，攻破之，前后出兵八千余人，以补充军用。

景帝孙休永安元年（公元 258 年），征召为西陵督，封为都亭侯，后来转任在虎林，为虎林督。中书丞华覈上表推荐陆胤说："陆胤天资聪明秀郎，才情通达，志行高洁，从前历任选官之职，所留功迹，足资记述。回到交州，奉命宣扬朝廷德政，四裔百姓，相率归附，四海边隅得以肃清。苍梧、南海，每年都遭受暴风瘴气之灾害，风起则拔折树木，飞砂走石，瘴气则烟雾郁结，飞鸟都不经过。自从陆胤到达交州，风暴瘴气止绝平息，商旅过往顺利，百姓不受疾疫之苦，田中谷类收成丰足。州境滨临大海，海流使秋季的饮水咸苦，陆胤又为之畜水，使百姓有淡水可食。惠和的作风，普被于大众，人民化育，神灵咸至，于是凭借天助威仪，招合了遗散之人。当他奉诏令要离去的时候，百姓感念他的恩泽，以至忘掉了故土的可爱，离乡背井的苦楚，皆负老携幼的，甘心情愿的追随他，没有人生二心，不烦劳兵士的护卫。自来诸将组合民众，都是靠威势的胁迫，还没有人能如陆胤这般以恩信相邀结的呢。他领命在交州，共计十余年，邻近异俗，宝玩之物的产地，而内室没有浓妆艳抹佩饰珠玉的侍妾，家中没有龟甲、犀角、象牙等珍奇的摆设，与今日一般大臣比较，实在难能可贵。应当在京师，辅佐王室，以便助成唐虞'凡事做得令人满意'的颂声。江边责任轻缓，不足以发挥他的大才干，虎林选督的工作，能胜任的人很多。如果召他回京，赐他以高位，那么天工化育的工作一定可以全部完成，各种事业都可以兴建起来了。"

陆胤卒，他的儿子陆式继承封爵，做柴桑督、扬武将军。乌程侯孙晧天策元年（公元 275 年），与堂兄陆祎一同徙居建安。孙晧天纪二年（公元 278 年），召回建业，并恢复其将军的旧官阶以及侯爵的封号。

评曰：潘濬公清割断，陆凯忠壮质直，皆节概梗梗，有大丈夫格业。胤身絜事济，著称南土，可谓良牧矣。

陈寿评论说：潘濬公正明理，刚断有魄力；陆凯忠恳不屈，禀性率直，都是节概梗直，有大丈夫的风度与成就。陆胤行为廉洁，事业有成就，享美誉于南土，可说是好州牧了。

三国志卷六十二

是仪胡综传第十七

傅试中 译

是仪字子羽，北海营陵人也。本姓氏，初为县吏，后仕郡，郡相孔融嘲仪，言“氏”字“民”无上，可改为“是”，乃遂改焉。后依刘繇，避乱江东。繇军败，仪徙会稽。

孙权承摄大业，优文征仪。到见亲任，专典机密，拜骑都尉。

吕蒙图袭关羽，权以问仪，仪善其计，劝权听之。从讨羽，拜忠义校尉。仪陈谢，权令曰：“孤虽非赵简子，卿安得不自屈为周舍邪？”

既定荆州，都武昌，拜裨将军，后封都亭侯，守侍中。欲复授兵，仪自以非材，固辞不受。黄武中，遣仪之皖就将军刘邵，欲诱致曹休。休到，大破之，迁偏将军，入阙省尚书事，外总平诸官，兼领辞讼，又令都诸公子书学。

大驾东迁，太子登留镇武昌，使仪辅太子。太子敬之，事先咨询，然后施行。进封都

是仪字子羽，北海营陵（在今山东省昌乐县）人。原本姓“氏”，最初做县吏，后来在北海郡做官，当时的郡相孔融嘲弄氏仪，说“氏”字是人“民”目中无上，可以把“氏”改为“是”字，于是才改姓“是”。后来依附刘繇，避乱到江东。刘繇兵败，是仪迁徙到会稽。

孙权秉政，承王者的大权，以优礼的文书征用是仪。谒见后即受到孙权的亲信，并委以重任，专掌机密要议，拜为骑都尉。

吕蒙图谋偷袭关羽，孙权询问是仪，是仪认为吕蒙的计谋可行，建议孙权采纳他的意见。孙权派是仪随从吕蒙征讨关羽，拜为忠义校尉。是仪向孙权陈述辞谢之意，孙权下令说：“孤虽然不是赵简子，卿怎能不屈身像从前的周舍，做孤的谔谔直言的大臣呢？”

荆州平定后，建都武昌，拜是仪为裨将军，后来被封为都亭侯，仍担任侍中。孙权想再授与他兵权，是仪认为自己非带兵之材，坚决辞谢，不肯接受。黄武年间（吴王孙权年号，共八年，公元222—229年），派遣是仪前往皖地，到将军刘邵那里，想引诱曹休来战。果然，曹休被诱中计，吃了大败仗。是仪因此功劳，升为偏将军，进入宫阙，任尚书事，对外总领铨衡诸官，兼领刑狱，又指派他教导各公子为学。

吴王东迁，太子孙登留镇武昌，派是仪辅佐太子。太子非常敬重他，凡事都先咨询是

乡侯。后从太子还建业，复拜侍中、中执法，平诸官事、领辞讼如旧。典校郎吕壹诬白故江夏太守刁嘉谤仙国政，权怒，收嘉系狱，悉验问。时同坐人皆怖畏壹，并言闻之，仪独云无闻。于是见穷诘累日，诏旨转厉，群臣为之屏息。仪对曰："今刀锯已在臣颈，臣何敢为嘉隐讳，自取夷灭，为不忠之鬼！顾以闻知当有本末。"据实答问，辞不倾移。权遂舍之，嘉亦得免。

蜀相诸葛亮卒，权垂心西州，遣仪使蜀申固盟好。奉使称意，后拜尚书仆射。

南、鲁二宫初立，仪以本职领鲁王傅。仪嫌二宫相近切，乃上疏曰："臣窃以鲁王天挺懿德，兼资文武，当今之宜，宜镇四方，为国藩辅。宣扬德美，广耀威灵，乃国家之良规，海内所瞻望。但臣言辞鄙野，不能究尽其意。愚以二宫宜有降杀，正上下之序，明教化之本。"书三四上。为傅尽忠，动辄规谏；事上勤，与人恭。

不治产业，不受施惠，为屋舍财足自容。邻家有起大宅者，权出望见，问起大室者

仪的意见，然后才付诸实行。于是又进封为都乡侯。后来跟随太子回到建业，又拜是仪为侍中、中执法，总领铨衡诸官，兼领刑狱辞讼案件和以前一样。典校郎吕壹诬告从前做过江夏太守的刁嘉毁谤嘲讪国家政事，孙权大怒，收捕刁嘉，囚禁在牢狱中，并对本案有关人员详加查证审问。当时牵连在案的人员都畏惧吕壹，异口同声承认曾听到刁嘉毁谤嘲讪国政，只有是仪回答说没有听到。因此是仪连续被审问盘诘了好几天，孙权诏旨的语气更加严厉，所有的臣下，都因此而几乎停止了呼吸，不敢出大气。是仪回答说："如今刀锯已经加在臣的颈上，臣怎敢为刁嘉隐瞒讳避，不说真话，而自取灭族的刑罚，成为一个不忠之鬼！臣只是认为凡事有本有末，不能颠倒是非，捏造假的事情来欺骗大王。"是仪始终依据实情回答，口供丝毫没有改变。孙权于是不再追问他，刁嘉也因此免除了罪刑。

蜀国的丞相诸葛亮逝世，孙权关心西州的政局，派遣是仪出使蜀国，重申吴、蜀两国的友好盟约。是仪接受使命，到蜀之后，圆满的达成使命，回到吴国，被拜为尚书仆射。

南阳王、鲁王初册立的时候，是仪因为他的本职兼领鲁王师傅的缘故，深恐二宫同在一地，太接近了，容易发生事故，于是上疏谏劝道："臣私意认为鲁王天资特出，德业修美，文武兼备，当今的要务，似应派他镇领四方，作为国家的屏藩辅弼。宣扬大吴的美德，广布军力的神威，这才是国家良好的规范，也是海内人民所瞻仰期望于我们的。只是臣的言辞粗鄙浅陋，不能详细地陈明此意。臣认为二宫应有等级高低的差别，用以匡正上下的次序，而表明教化的根本所在。"这样的谏疏上奏有三四次之多。是仪身任鲁王师傅，如此的尽忠主上，常常规劝谏正，任事勤劳，待人谦恭。

是仪生平不购置产业，不接受别人的施予和恩惠，所建房舍，仅够容身自用。他的邻居有建筑高大住宅的，孙权外出望见，就询问左右的人，起建高大房屋的主人是谁？左右的人回答说："好像是是仪的家罢！"孙权说："是仪平素很俭省，一定不是他。"再一探

谁，左右对曰："似是仪家也。"权曰："仪俭，必非也。"问果他家。其见知信如此。

服不精细，食不重膳，拯赡贫困，家无储畜。权闻之，幸仪舍，求视蔬饭，亲尝之，对之叹息，即增俸赐，益田宅。仪累辞让，以恩为戚。

时时有所进达，未尝言人之短。权常责仪以不言事，无是所非，仪对曰："圣主在上，臣下守职，惧于不称，实不敢以愚管之言，上干天听。"

事国数十年，未尝有过。吕壹历白将相大臣，或一人以罪闻者数四，独无以白仪。权叹曰："使人尽如是仪，当安用科法为？"

及寝疾，遗令素棺，敛以时服，务从省约，年八十一卒。

胡综字伟则，汝南固始人也。少孤，母将避难江东。孙策领会稽太守，综年十四，为门下循行，留吴与孙权共读书。策薨，权为讨虏将军，以综为金曹从事，从讨黄祖，拜鄂长。权为车骑将军，都京，召综还，为书部，与是仪、徐详俱典军国密事。刘备下白帝，权以见兵少，使综料诸县，得六千人，立解烦两部，详领左部、综领右部督。吴将晋宗叛

问，果然是别家的房子。孙权对是仪的相知和信任到这种程度。

是仪的服饰不讲求精细，吃的饭菜也很简单，时常救助贫苦困难的人家，因此他家中没有丝毫的储蓄。孙权听说这些情形，就亲自幸临是仪的家里，想看看他吃的饭菜，并亲自品尝，然后对是仪大加赞叹，立刻增加他的俸禄和赏赐，并增益了他的田地和居宅。是仪却一再地推辞，不肯接受，他把君王对他的恩宠，反当做足以引起忧心的事。

是仪推荐的人才，往往显达，却不曾述说别人的短处。孙权常责备是仪无所建白，又不区分谁是谁非，是仪回答说："在上有圣明的君主，臣下只是应该尽心职守，所担心的是不能称职，实在不敢以个人的愚知管见，烦渎皇帝的听闻。"

是仪从事国政十年之久，不曾犯有过错。吕壹常陈述将相大臣的不是，有一个人曾被吕壹禀白罪状到四次之多，惟独对于是仪挑不出他的罪状。孙权曾赞叹说："假使人人都像是仪这样，又哪里用得着法令来处罚人呢？"

后来是仪卧病在床，垂死时遗命要用质朴没有文饰的棺木，而且用自己平时穿着的衣服入殓，一切务必从俭，年八十一岁逝世。

胡综字伟则，是汝南郡固始县（在今安徽省临泉县）人。年少时就死去了父亲，母亲带他到江东避难。孙策领会稽太守时，胡综只有十四岁，就充任孙策的门下循行，留在吴地和孙权在一起读书。孙策逝世，孙权为讨虏将军，任命胡综为金曹从事，跟随孙权征讨黄祖，拜为鄂长。孙权为车骑将军，以京（今江苏省镇江市）为都城，于是召回胡综，任为书部从事，和是仪、徐详共同掌管军国的机密要务。刘备下白帝城，孙权见兵卒太少，就派胡综到

归魏，魏以宗为蕲春太守，去江数百里，数为寇害。权使综与贺齐轻行掩袭，生虏得宗，加建武中郎将。魏拜权为吴王，封综、仪、详皆为亭侯。

黄武八年夏，黄龙见夏口，于是权称尊号，因瑞改元。又作黄龙大牙，常在中军，诸军进退，视其所向，命综作赋曰：

乾坤肇立，三才是生。狼弧垂象，实惟兵精。圣人观法，是效是营，始作器械，爰求厥成。黄、农创代，拓定皇基，上顺天心，下息民灾。高辛诛共，舜征有苗，启有甘师，汤有鸣条。周之牧野，汉之垓下，靡不由兵，克定厥绪。明明大吴，实天生德，神武是经，惟皇之极。乃自在昔，黄、虞是祖，越历五代，继世在下。应期受命，发迹南土，将恢大繇，革我区夏。乃律天时，制为神军，取象太一，五将三门；疾则如电，迟则如云，进止有度，约而不烦。四灵既布，黄龙处中，周制日月，实曰太常，桀然特立，六军所望。仙人在上，鉴观四方，神实使之，为国休祥。军欲转向，黄龙先移，金鼓不鸣，寂然变施，暗谟若神，可谓秘奇。在昔周室，赤乌衔书，今也大吴，黄龙吐符。合契河洛，动与道俱，

各县挑选精壮的兵丁，得到六千人，立刻成立了“解烦兵”左右两部，徐详领左部督，胡综领右部督。吴将晋宗叛变，投降魏国，魏即任命晋宗为蕲春太守，距离大江有数百里远，屡次侵犯吴境。孙权派遣胡综与贺齐率领轻装部队，乘魏方不备而袭击，活捉了晋宗，胡综因此功劳而加命为建武中郎将。后来魏拜孙权为吴王，封胡综、是仪、徐详均为亭侯。

黄武八年（公元 229 年）的夏季，夏口出现了黄龙，于是孙权称帝号，并因黄龙的祥瑞征兆，改元为黄龙元年（公元 229 年）。又制作黄龙大牙旗，树立在中军，诸军的进退，都以此旗作为标准。孙权命胡综写了一篇赋：

乾坤开始建立，天地人三才诞生。狼弧二星垂示的兆象，实在是表示讲求精兵。圣人仰观天象，一方面效法，一方面经营。于是开始研究制作军械，而期求其大功告成。黄帝、神农首先创代，开拓奠定了伟大的帝王之基。对上能顺应天心，对下能息止民灾。从前高辛诛杀共工，虞舜征伐有苗，帝启声讨有扈而作《甘誓》，商汤伐桀，而桀奔鸣条。周誓师于牧野，汉围项羽于垓下。莫不用兵完成他们的帝绪。我们英明的大吴，诚然是上天降生有德。经营的是精良的武事，真是美盛至极。远自往昔，黄帝、虞舜之德是祖。历经五代（夏、商、周、秦、汉），继世于下。应合期运，禀受天命，兴起于南土。将要恢行大的战役，扫平动乱的区夏。于是上法天时，编制神军。取法太一之象，设立五将三门。快速时像闪电，缓慢时像浮云。进退行止，合乎法度，军令简约，而不杂烦。四灵旗帜——苍龙、白虎、朱雀、玄武，均已陈列四方。黄龙牙旗，居于正中。周制九旗，彩绘日月的图像，它的名称实在叫太常。高耸特立，是六军所仰望。神人高居在上，鉴察观览四方。实是神灵，派遣黄龙，来为国家谋取美善和安祥。军队想转变方向，黄龙首先飘移。不须鸣奏金鼓，静森森地变化展施。默默地军事部署，真可说是又秘密又神奇。从前周时，有赤

天赞人和，佥曰惟休。

蜀闻权践阼，遣使重申前好。综为盟文，文义甚美，语在权传。

权下都建业，详、综并为侍中，进封乡侯，兼左右领军。时魏降人或云魏都督河北振威将军吴质，颇见猜疑，综乃伪为质作降文三条：

其一曰："天纲弛绝，四海分崩，群生憔悴，士人播越，兵寇所加，邑无居民，风尘烟火，往往而处，自三代以来，大乱之极，未有若今时者也。臣质志薄，处时无方，系于土壤，不能翻飞，遂为曹氏执事戎役，远处河朔，天衢隔绝，虽望风慕义，思托大命，愧无因缘，得展其志。每往来者，窃听风化，伏知陛下齐德乾坤，同明日月，神武之姿，受之自然，敷演皇极，流化万里，自江以南，户受覆焘。英雄俊杰，上达之士，莫不心歌腹咏，乐在归附者也。今年六月末，奉闻吉日，龙兴践阼，恢弘大繇，整理天纲，将使遗民，睹见定主。昔武王伐殷，殷民倒戈；高祖诛项，四面楚歌。方之今日，未足以喻。臣质不胜昊天至愿，谨遣所亲同郡黄定恭行奉表，及托降叛，间关求达，其欲所陈，载列于左。"

乌口衔丹书。现在大吴，又见黄龙吐符。与"河出图，洛出书"的祥瑞，完全契合，动静之间，也和"道"相俱。天助人和，都说美休。

蜀国听说孙权登基，就派遣使者来吴，重新申明共修前好。胡综也写了一篇盟文，文辞意义都很优美，这些都记载于《孙权传》中。

孙权建都在建业，徐详、胡综均任为侍中，进封为乡侯，兼摄左右领军。当时魏国来降的人，有的说魏国都督黄河以北振威将军吴质，很受到朝廷的猜忌怀疑，胡综于是伪造了吴质所作的投降文书三条。

第一条是："天子纲纪松弛废绝，四海分崩离析，众生憔悴，士人流离失所。贼寇所到的地方，连城市都少有人居住，战尘烽火，四处都是。自从夏商周三代以来，纵使大乱到极点，也没有乱到今天这种地步。臣吴质志向微小，未能选择良好的时机，又因系念故土，不能高飞远举，只有为曹氏执事服役。臣远居河朔，和京都建业遥相隔绝，虽然非常仰望慕念陛下（指孙权）的风范德义，想追随于左右，却愧于没有丝毫的机会，可以展现臣的心志。每逢遇到往来吴地的人，臣私下向他们探听天朝的风范教化，敬悉陛下的德业，可以和天地齐一，和日月一样的光明，神武的雄姿，完全禀受于天然，敷陈推演皇明圣教，流布转化万里，从长江以南之地区，家家都蒙受陛下的庇荫。举凡当代的英雄豪杰，或是显达人士，没有一个不是从内心歌颂圣德的，乐于归附做大吴的子民。在今年（黄龙元年，公元 229 年）六月底，奉闻陛下选择吉日而登帝位，恢复张弘大道，整顿王纲，所有汉朝的遗民，都亲眼看到安定天下的真主。从前周武王讨伐殷纣，殷民叛变，反戈相向；汉高祖谋杀项羽，而四面楚歌。以周、汉来比拟当今的情况，实在还是比不上的。臣吴质无法尽内心最大的愿望，谨此派遣与臣亲近的同郡人黄定恭谨地捧送此表，并且托嘱投降大吴

其二曰："昔伊尹去夏入商，陈平委楚归汉，书功竹帛，遗名后世，世主不谓之背诞者，以为知天命也。臣昔为曹氏所见交接，外托君臣，内如骨肉，恩义绸缪，有合无离，遂受偏方之任，总河北之军。当此之时，志望高大，永与曹氏同死俱生，惟恐功之不建，事之不成耳。及曹氏之亡，后嗣继位，幼冲统政，谗言弥兴。同侪者以势相害，异趣者得间其言，而臣受性简略，素不下人，视彼数子，意实迫之，此亦臣之过也。遂为邪议所见构会，招致猜疑，诬臣欲叛。虽识真者保明其心，世乱谗胜，馀嫌犹在，常惧一旦横受无辜，忧心孔疚，如履冰炭。昔乐毅为燕昭王立功于齐，惠王即位，疑夺其任，遂去燕之赵，休烈不亏。彼岂欲二三其德，盖畏功名不建，而惧祸之将及也。昔遣魏郡周光以贾贩为名，托叛南诣，宣达密计。时以仓卒，未敢便有章表，使光口传而已。以为天下大归可见，天意所在，非吴复谁？此方之民，思为臣妾，延颈举踵，惟恐兵来之迟耳。若使圣恩少加信纳，当以河北承望王师，款心赤实，天日是鉴。而光去经年，不闻咳唾，未审此意竟得达

的兵卒，利用小路，投奔江南，而求上达天听，臣所要陈述的，已经记载布列于左。"

第二条是："从前伊尹离开了夏，投奔了商；陈平委弃了楚，而归附汉，他们的功绩记载在历史上，美名永远垂留后世，历代的君主并不认为他们的行为是背叛荒诞，就是因为伊尹、陈平知晓天命之所向的缘故。臣从前被曹氏所接纳而结为友好，对外来说，以君臣的关系相托附，对内来说，彼此亲如骨肉，恩义缠绵，按情理来说，只有亲合，没有离叛，于是在偏僻的北方，接受了曹氏的任命，总领黄河以北一带的军政。当这个时候，臣志愿远大，希望永远与曹氏同生共死，只担心自己无法建立伟大的功勋，而在事业上没有良好的成就。到了曹氏死亡，由他的后代继承君位，以幼龄总理政事，被小人挟持，各种谗佞言论，接续兴起。同辈的人各以权势相互倾轧危害，不同旨趣的人更借机得以言语相离间，而臣禀性疏简脱略，平素就不愿屈居人下，看到那些人的心意，实在咄咄逼人。这一方面也是臣不肯伏低的过错。因此就被奸邪的说法所构陷，招致他们的猜忌疑心，诬告臣想反叛。虽然有真知卓识的人能保证臣的心志，然而在乱世中，谗邪言论总是占优势的，所以臣的嫌疑，仍然不能完全洗清，常常恐惧一旦遭受无辜，忧心甚疚，老是如同践履在冷冰、热炭上一样。从前乐毅为燕昭王在齐建有大功，连下七十余城；等到燕惠王即位，受到小人谗言，怀疑乐毅，而免除了他的职位。于是乐毅离开燕国，前往赵国。乐毅在功业方面，丝毫没有缺点，难道是他喜欢三心二意，改变自己的德操吗？他只是害怕无法在燕惠王属下建立功业，又忧惧祸患将会降临及身而已。从前臣曾派遣魏郡周光以贩卖货物为名，叛离魏国而南来晋见，借以上达臣的密计。却因时间仓促，不敢立即呈上表章，只有让周光口头陈述而已。臣认为可以预先看出天下的归向，天意所在，不是大吴又是谁呢？此方的人民，愿做陛下的臣属，整天伸长颈项，提起脚踵向南企盼着，惟恐王师来得太晚了。如果能承蒙圣主赐恩，对臣的密计稍加信任而采纳，臣当率领黄河以北的土地人

不？瞻望长叹，日月以几，鲁望高子，何足以喻！又臣今日见待稍薄，苍蝇之声，绵绵不绝，必受此祸，迟速事耳。臣私度陛下未垂明慰者，必以臣质贯穿仁义之道，不行若此之事，谓光所传，多虚少实，或谓此中有他消息，不知臣质构谗见疑，恐受大害也。且臣质若有罪之日，自当奔赴鼎镬，束身待罪，此盖人臣之宜也。今日无罪，横见谮毁，将有商鞅、白起之祸。寻惟事势，去亦宜也。死而弗义，不去何为！乐毅之出，吴起之走，君子伤其不遇，未有非之者也。愿陛下推古况今，不疑怪于臣质也。又念人臣获罪，当如伍员奉己自效，不当徼幸因事为利。然今与古，厥势不同，南北悠远，江湖隔绝，自不举事，何得济免！是以忘志士之节，而思立功之义也。且臣质又以曹氏之嗣，非天命所在，政弱刑乱，柄夺于臣，诸将专威于外，各自为政，莫或同心，士卒衰耗，帑藏空虚，纲纪毁废，上下并昏，想前后数得降叛，具闻此问。兼弱攻昧，宜应天时，此实陛下进取之秋，是以

民，静待王师的拯救，臣的赤忱之心，只有天日可以鉴察。而周光出发已有一年的光景，尚未奉到陛下的回音，臣无法审知这颗诚心，到底曾否上达天听？翘首远望南方，长声叹息，不知要待到何时？即使当年鲁国盼望高子的来临（详见《公羊传·鲁闵公二年》），也无法比喻臣的切望之心！又臣现在所受魏的礼遇，渐渐不如从前，而小人的谗言，像苍蝇的声音一样，整日在魏君面前，嗡嗡不断，臣一定会因此蒙受灾祸，只不过是时间早晚的事！臣私下忖度，陛下仍未能明白的垂示抚慰，一定认为臣吴质是个切实履行仁义的人，不肯做背叛魏国之事，因而认为周光所传述的，大半虚假不真，或许还认为其中藏有其他的阴谋，而不知臣吴质蒙受构陷谗言，而遭受怀疑，恐有杀身之祸，才决定如此做的。而且进一步说，如果臣吴质确实犯有罪状，自当亲自前往接受魏的鼎镬烹煮之刑，缚身待罪，这原本是做人臣应守的分际。可是现在臣一点过错也没有，却无缘无故的遭受谗言毁谤，将会受到像当年商鞅、白起的灾祸。就现势来考虑，离开魏也是合宜的，身死而不能合乎正义，不离去魏又要如何呢！当年乐毅的出奔，吴起的远走，君子只有伤叹他们的未能遭遇明时，未尝有非议他们的言论。希望陛下推演古义来比况今日之事，不要怀疑或责怪臣吴质啊。又想到人臣获罪，当如伍员亲自投向大吴，以求效命，不应该侥幸的凭借事机，来为自己谋取利益。然而今日和古代的形势完全不同，南北相距遥远，又加上江湖阻隔，如果自己不起事，又何能成功或幸免！所以臣只好抛弃志士的节操，而念及建立功业的要义。而且臣吴质又因看到曹氏后代嗣位的人物，均非天命所在，政事不举，刑罚错乱，国家的权柄被臣下所夺取，一些骄悍的将领在外专擅权势，各自为政，没有同心协力的想法，兵卒也都衰老耗弱，府库空虚，国家的法纪败坏废弛，君臣上下，昏暗不明，大吴前后曾经数次得到魏的降将叛卒，也一定听到他们详细报告的上述事情。因此在目前情况之下，攻讨兼并衰弱而又昏昧的魏国，以顺应天时，实在是陛下进取中原最好的时机。所以臣才敢以这颗小小忠诚的心，献上计谋。现在如果从吴地出兵到淮河、泗水一带，占领下

区区敢献其计。今若内兵淮、泗，据有下邳，荆、扬二州，闻声响应，臣从河北席卷而南，形势一连，根牙永固。关西之兵系于所卫，青、徐二州不敢彻守，许、洛馀兵众不满万，谁能来东与陛下争者？此诚千载一会之期，可不深思而熟计乎！及臣所在，既自多马，加以羌胡常以三四月中美草时，驱马来出，隐度今者，可得三千馀匹。陛下出军，当投此时，多将骑士来就马耳。此皆先定所一二知。凡两军不能相究虚实，今此间实羸，易可克定，陛下举动，应者必多。上定洪业，使普天一统，下令臣质建非常之功，此乃天也。若不见纳，此亦天也。愿陛下思之，不复多陈。”

其三曰：“昔许子远舍袁就曹，规画计较，应见纳受，遂破袁军，以定曹业。向使曹氏不信子远，怀疑犹豫，不决于心，则今天下袁氏有也。愿陛下思之。间闻界上将阎浮、赵楫欲归大化，唱和不速，以取破亡。今臣款款，远授其命，若复怀疑，不时举动，令臣孤绝，受此厚祸，即恐天下雄夫烈士欲立功者，不敢复托命陛下矣。愿陛下思之。皇天后土，实闻其言。”此文既流行，而质已入为侍中矣。

邳为根据地，那么荆州、扬州的军队，便会闻声而响应，臣就从黄河以北以卷席之势，向南方进兵，南北连接在一起，地形如同犬牙、根柢般之交错，而建立永久稳固的基础。关西的兵卒只能维护他们所防守的地区，青州、徐州二州更不敢分散他们的守兵，剩下许、洛二地的军队人数不满万人，谁能来和陛下一争胜负呢？这实在是千载难逢的良机，能不深思熟虑吗？谈到臣所守的地方，不但马匹多，加上羌胡族人常在三四月中青草茂盛的时候，在此地牧马，据暗中估计，大概可获取骏马三千多匹，陛下派兵出战，宜在此时，并多率领骑士来此取马。这些都是事前可以预测得知的。凡属两军作战，常常不能探究对方的虚实，现在魏国军队实在羸弱，很容易攻破平定，陛下一有举动，起兵响应的人必定很多。那么陛下在上可以奠定伟大的基业，使普天之下完成统一，而在下可使臣吴质建立非常的功业，这乃是天意。如果不蒙接纳，这也是天意啊！希望陛下仔细地考虑，臣不再重复陈述了。”

第三条是：“从前许子远（许攸）舍弃袁绍而投降曹氏，他的规划计谋，全部都被接纳采用，终于击破袁绍的军队，而奠定了曹氏的基业。假使当时曹氏不相信许子远，对他怀疑，犹豫不决，那么今日的天下，便为袁氏所拥有了。希望陛下深思详虑。最近有时听说守边界的上将阎浮、赵楫想归附大吴的圣化，却因联络的行动太慢，以至于失败而死亡。如今臣秉执款款的忠诚之心，在遥远的北方想要效命于大吴，假如陛下怀疑于臣，不能及时有所举动，而令臣陷身于孤绝的境地，遭受重大的灾祸，今后恐怕天下英雄豪杰想建功立业的人，再也不敢托命于陛下了。希望陛下多加思考。神明的天地，都听到臣的陈述。”当这篇降文流行于各地时，吴质已经调入魏的朝廷，拜为侍中之官了。

二年，青州人隐蕃归吴，上书曰："臣闻纣为无道，微子先出；高祖宽明，陈平先入。臣年二十二，委弃封域，归命有道，赖蒙天灵，得自全致。臣至止有日，而主者同之降人，未见精别，使臣微言妙旨，不得上达，于邑三叹，曷惟其已。谨诣阙拜章，乞蒙引见。"权即召入。蕃谢答问，及陈时务，甚有辞观。综时侍坐，权问何如，综对曰："蕃上书，大语有似东方朔，巧捷诡辩有似祢衡，而才皆不及。"权又问可堪何官，综对曰："未可以治民，且试以都辇小职。"权以蕃盛论刑狱，用为廷尉监。左将军朱据、廷尉郝普称蕃有王佐之才，普尤与之亲善，常怨叹其屈。后蕃谋叛，事觉伏诛，普见责自杀。据禁止，历时乃解。拜综偏将军，兼左执法，领辞讼。辽东之事，辅吴将军张昭以谏权言辞切至，权亦大怒，其和协彼此，使之无隙，综有力焉。

性嗜酒，酒后欢呼极意，或推引杯觞，搏击左右。权爱其才，弗之责也。

凡自权统事，诸文诰策命，邻国书符，略皆综之所造也。初以内外多事，特立科，长吏遭丧，皆不得去，而数有犯者。权患之，使朝臣下议。综议以为宜定科文，示以大辟，

黄龙二年（公元230年），青州人隐蕃归降了吴，上书说："臣听说商纣暴虐无道，微子首先出奔；高祖宽厚明达，陈平首先归附。臣现年二十二岁，抛弃了封域，归命于有道的君王，幸蒙上天的灵佑，得以全身投效于吴。然而由臣来归到现在，已经很久了，而主司对臣和对待一般投降的人，没有两样，使臣的微言妙意，无法上达天听，只有终日惆怅，连声长叹，这种情况，不知何时才能告一段落。谨此恭敬的来到阙下，拜上奏章，恳乞能多蒙受天恩，赐予引见。"孙权于是召见了隐蕃。隐蕃一面谢恩，一面应对，并陈述当时的要务，言辞颇有可观。胡综当时在旁侍坐，孙权向他垂询对隐蕃的看法，胡综回奏说："隐蕃所上的奏书，弘大的言论类似东方朔，巧思慧捷以及善于诡辩又类似祢衡，然而他在才华方面，却比不上此二人。"孙权又问他可以胜任什么官职，胡综回奏说："还不可以用他治理百姓，姑且用他充任帝都的小职官罢。"孙权因为隐蕃盛谈刑狱之事，而任用他为廷尉监。左将军朱据、廷尉郝普均赞美隐蕃有辅佐君主的大才，郝普和他特别的亲近友善，常常因他的屈身下僚，而为他抱屈。后来隐蕃图谋造反，没有成功而被发觉，依法受诛身死，郝普也受到责罚，因而自杀。朱据也受到拘禁，过了许多时日才恢复自由。于是拜胡综为偏将军，兼任左执法，总领辞讼的职事。辽东的事件，辅吴将军张昭因为谏劝孙权的话，非常激切而周至，孙权也因此大为愤怒，最后能使孙权和张昭二人之间，和睦协调，没有丝毫的怨隙，胡综是调和其间最有力的人物。

胡综性好喝酒，常常在喝醉酒后，大声欢呼，纵情恣意，有时候甚至于用酒杯击打左右的人。孙权赏爱他的才华，不会加以责备。

自从孙权登基以后，举凡各种文、诰、策、命，或是发送邻国的国书、信符，大多由胡综担任起草。因为正值国内外多事之秋，于是特别订立科法，凡是长吏家遭丧事，均不

行之一人，其后必绝。遂用综言，由是奔丧乃断。

赤乌六年卒，子冲嗣。冲平和有文干，天纪中为中书令。

徐详者字子明，吴郡乌程人也，先综死。

评曰：是仪、徐详、胡综，皆孙权之时干兴事业者也。仪清恪贞素，详数通使命，综文采才用，各见信任，辟之广夏，其榱椽之佐乎！

准离职奔丧，但一再有人犯此科法。孙权以此为忧，命令朝臣商议如何防止。胡综认为应该订定科罪的条文，并把规定公布周知，如违犯这项规定的，处以死刑；只要处决一个人犯之后，一定可以根绝此事的发生。于是孙权采用了胡综的建议，从此长吏离职回家奔丧的事就断绝了。

赤乌六年（公元243年），胡综逝世，由他的儿子胡冲嗣位。胡冲为人平和，能为文而有才干，天纪中（吴孙晧年号，共四年，公元277—280年），为中书令。

徐详字子明，是吴郡乌程（在今浙江省湖州市）人，死在胡综之前。

陈寿评论说：是仪、徐详、胡综，都是孙权时代有才干而能振兴大业的人物。是仪清廉、敬谨、贞诚、朴素；徐详屡次都能达成使命；胡综文采华丽，而有理事的才干。他们各蒙吴主的宠信而受到重用，在庙堂之上充任高官显职，成为吴国的重要辅佐人物。

三国志卷六十三

吴范刘惇赵达传第十八

包根弟 译

吴范字文则，会稽上虞人也。以治历数，知风气，闻于郡中。举有道，诣京都，世乱不行。会孙权起于东南，范委身服事，每有灾祥，辄推数言状，其术多效，遂以显名。

初，权在吴，欲讨黄祖，范曰："今兹少利，不如明年。明年戊子，荆州刘表亦身死国亡。"权遂征祖，卒不能克。明年，军出，行及寻阳，范见风气，因诣船贺，催兵急行，至即破祖，祖得夜亡。权恐失之，范曰："未远，必生禽祖。"至五更中，果得之。刘表竟死，荆州分割。

及壬辰岁，范又白言："岁在甲午，刘备当得益州。"后吕岱从蜀还，遇之白帝，说备部众离落，死亡且半，事必不克。权以难范，范曰："臣所言者天道也，而岱所见者人事耳。"备卒得蜀。

权与吕蒙谋袭关羽，议之近臣，多曰不可。权以问范，范曰："得之。"后羽在麦城，

吴范，字文则，会稽上虞地方的人。因为研究历数，知晓风气，在郡中颇为出名。被荐举为有道，当上京都进诣，由于世乱，不能成行。正好孙权起兵于东南，吴范投身事奉。每有灾祥，往往推断数理，说明情状，而他的说法也多能应验，于是便享有盛名。

起初，孙权在吴的时候，想要讨伐黄祖，吴范说："今年行动不太有利，不如明年。明年是戊子，荆州刘表也当身死国亡。"孙权不听，竟征黄祖，始终不能攻克。第二年，大军又出征，到了寻阳，吴范看看风云气色，便上船晋见道贺，催大军急行，果然一到就大破黄祖的军队，黄祖趁晚上逃亡。孙权怕让黄祖逃掉，吴范说："黄祖逃得不远，必能生擒到他。"到了当晚五更的时候，真的擒住了黄祖。刘表果然在这年死了，荆州便被分割。

到了壬辰年的时候，吴范又进言说："岁在甲午，刘备会得到益州。"后来吕岱从蜀回来，在白帝遇到孙权，称说刘备的部众离散，死亡将半，举事必不能成功。孙权便责问吴范，吴范说："臣所说的是天道，而吕岱所看到的只是人事而已。"后来刘备果然得到蜀地。

孙权跟吕蒙合谋要攻袭关羽，便又和一些近臣商议，大多认为这事不可行。孙权因此问吴范，吴范说："必能擒得他。"后来关羽在麦城（在湖北当阳市东南五十里），派使者来

使使请降。权问范曰："竟当降否？"范曰："彼有走气，言降诈耳。"权使潘璋邀其径路，觇候者还，白羽已去。范曰："虽去不免。"问其期，曰："明日日中。"权立表下漏以待之。及中不至，权问其故，范曰："时尚未正中也。"顷之，有风动帷，范拊手曰："羽至矣。"须臾，外称万岁，传言得羽。

后权与魏为好，范曰："以风气言之，彼以貌来，其实有谋，宜为之备。"刘备盛兵西陵，范曰："后当和亲。"终皆如言。其占验明审如此。

权以范为骑都尉，领太史令，数从访问，欲知其决。范秘惜其术，不以至要语权。权由是恨之。

初，权为将军时，范尝白言江南有王气，亥子之间有大福庆。权曰："若终如言，以君为侯。"及立为吴王，范时侍宴，曰："昔在吴中，尝言此事，大王识之邪？"权曰："有之。"因呼左右，以侯绶带范。范知权欲以厌当前言，辄手推不受。及后论功行封，以范为都亭侯。诏临当出，权恚其爱道于己也，削除其名。

范为人刚直，颇好自称，然与亲故交接有终始。素与魏滕同邑相善。滕尝有罪，权责

请降。孙权问吴范说："关羽最终会投降吗？"吴范说："他有脱走的征候，说投降只是欺诈而已。"孙权派潘璋阻断他的要道，斥候回来报告关羽已经脱走。吴范又说："虽然一时脱走，却也免不了被我们擒获。"孙权问是什么时候。吴范说："明日日中的时候。"孙权便设置日晷、漏刻以计时等待着。到了中午，还不见消息。孙权便问是何原因。吴范说："时辰尚未到正中的时候。"过一会儿，帷幔风动，吴范拍手道："关羽被擒到了。"不久，外面连称万岁，传报说是擒来了关羽。

后来孙权跟魏国通好，吴范说："拿风云气数来说，他是以外表待我，其实有阴谋，应该要做防备。"刘备在西陵有很大的兵力，吴范说："以后当会和亲。"最后都如吴范所说的一样。吴范对人事的明断验证，大致如此。

孙权任吴范为骑都尉，兼领太史令，屡次都来向他请教，为的是要知道如何决定。吴范很珍惜隐秘他的方术，往往不把最紧要的机密告诉孙权，孙权因此怀恨吴范。

当初，孙权任将军时，吴范曾经告诉他江南一带有王者之气，在亥子之间有大福庆，孙权说："如果将来能如你所说，就封你为侯。"等到孙权立为吴王，吴范当时也陪侍在贺宴之中，吴范便说："当年在吴中的时候，曾经谈到这件事，大王还记得吗？"孙权说："有这回事。"便呼叫左右，拿侯绶佩带在吴范的身上。吴范知道孙权打算这样就搪塞了当时所说的话，就双手推辞不接受。等到后来论功行赏的时候，孙权任吴范为都亭侯。当诏书要发出去的时候，孙权因为气恨他太珍惜自己的法术，便削除了他的侯名。

吴范为人刚直，很喜欢称道自己，但是他跟亲朋故旧交往，都能有始有终。一向和同邑的魏滕很相好。魏滕曾经犯了罪，孙权责怒得很厉害，有敢进谏的人便处死。吴范告诉

怒甚严，敢有谏者死，范谓滕曰："与汝偕死。"滕曰："死而无益，何用死为？"范曰："安能虑此，坐观汝邪？"乃髡头自缚诣门下，使铃下以闻。铃下不敢，曰："必死，不敢白。"范曰："汝有子邪？"曰："有。"曰："使汝为吴范死，子以属我。"铃下曰："诺。"乃排阁入。言未卒，权大怒，欲便投以戟。逡巡走出，范因突入，叩头流血，言与涕并。良久，权意释，乃免滕。滕见范谢曰："父母能生长我，不能免我于死。丈夫相知，如汝足矣，何用多为！"

黄武五年，范病卒。长子先死，少子尚幼，于是业绝。权追思之，募三州有能举知术数如吴范、赵达者，封千户侯，卒无所得。

刘惇字子仁，平原人也。遭乱避地，客游庐陵，事孙辅。以明天官达占数显于南土。每有水旱寇贼，皆先时处期，无不中者。辅异焉，以为军师，军中咸敬事之，号曰神明。

建安中，孙权在豫章，时有星变，以问惇，惇曰："灾在丹杨。"权曰："何如？"曰："客胜主人，到某日当得问。"是时边鸿作乱，卒如惇言。

魏滕说："我跟你一起死。"魏滕说："死了也没有什么帮助，死有何用？"吴范说："我怎能考虑到这个，而白白看你被杀？"吴范便髡了头发，自己缚绑到门下进谒孙权，要门卒代为通报，门卒不敢，说道："我一定会被处死，我不敢代为通报。"吴范说："你有子女吗？"门卒说："有啊。"吴范说："假使你为我吴范而死，你的子女由我来照顾。"门卒便说："好吧！"便推门进去。话还没说完，孙权大怒，就要用戟投射门卒，门卒赶快退出，吴范趁此冲进去，跪下叩头，血都流出来，并且声泪俱下的陈述原委。过了很久，孙权的怒气才消解，于是也赦免了魏滕。魏滕来拜见吴范，道谢的说："父母亲能生育我、养我长大，却不能使我免受死刑；男子汉结交知心朋友，能像你这样也就够了，再多又有何用。"

黄武五年，吴范病死，长子因为早就死了，少子还年幼，于是技能便断绝，无人承继。孙权后来很追念他，便征求三州里有谁能举荐懂得气数如吴范、赵达之类的人，将封他为千户侯，结果都没有。

刘惇，字子仁，平原地方的人。遭遇时乱，避地他乡，客游于庐陵（今江西吉安县南），事奉孙辅。由于懂得天文、占术，所以在南边很有名气。每当有水旱或贼寇的变乱，都能事先预知，而没有不明确断中的。孙辅认为他有异于常人的地方，便命他为军师，军中的人都很恭敬的待他，称他为神明。

建安年间，孙权在豫章，当时有星象变化，因此询问刘惇，刘惇说："灾祸在丹阳。"孙权说："怎么个灾祸？"刘惇说："星象意味着客人凌胜主人，等到某日的时候，你就能知道你所想问的问题。"当时边鸿作乱，终如刘惇所说。

惇于诸术皆善，尤明太乙，皆能推演其事，穷尽要妙，著书百馀篇，名儒刁玄称以为奇。惇亦宝爱其术，不以告人，故世莫得而明也。

赵达，河南人也。少从汉侍中单甫受学，用思精密，谓东南有王者气，可以避难，故脱身渡江。治九宫一算之术，究其微旨，是以能应机立成，对问若神。至计飞蝗，射隐伏，无不中效。或难达曰："飞者固不可校，谁知其然，此殆妄耳。"达使其人取小豆数斗，播之席上，立处其数，验覆果信。尝过知故，知故为之具食。食毕，谓曰："仓卒乏酒，又无嘉肴，无以叙意，如何？"达因取盘中只箸，再三从横之，乃言："卿东壁下有美酒一斛，又有鹿肉三斤，何以辞无？"时坐有他宾，内得主人情。主人惭曰："以卿善射有无，欲相试耳，竟效如此。"遂出酒酣饮。又有书简上作千万数，著空仓中封之，令达算之。达处如数，云："但有名无实。"其精微若是。

达宝惜其术，自阚泽、殷礼皆名儒善士，亲屈节就学，达秘而不告。太史丞公孙滕少师事达，勤劳累年，达许教之者有年数矣，临当喻语而辄复止。滕他日赍酒具，候颜色，

刘惇对于各种方术都很精通，尤其是更了解太乙术，能推测演化某些事情，穷究其中的奥妙，曾著书百余篇，名儒刁玄称赞他是奇人。刘惇也很珍惜他的方术，不随便告诉别人，所以世人没有一个能明了他那一套方术的道理。

赵达，河南地方的人。年轻时受学于汉侍中单甫，思虑很精密，曾经说东南边有王者之气，可以避难，所以脱走渡江，来到南方。他研究九宫一算的方术，穷究其中奥妙的旨意，所以能够顺应机变，立刻计算，回答问题如同神明一般。至于统计飞蝗的数目或断定人事的隐讳，没有不正确的。有人为难赵达说："飞行的东西本来就不能核验，谁知道你计算的数目是正确的，这都是胡说而已。"赵达叫那人取来数斗小豆，撒在席上，立刻推断数量，核验数目，果然无误。赵达曾经去拜访一位老朋友，老朋友为他准备了食物，吃完了以后，便告诉赵达说："匆忙之间，没有备酒，又无美好的食物，没法跟你叙谈欢意，怎么办？"赵达便取盘中的一只筷子，再三纵横的排置，于是说："你家东壁下面有一斛美酒，又有三斤鹿肉，怎么说没有呢？"当时在座尚有其他宾客，私底下探得主人的实情，主人很不好意思地说："因为你很善于断定有无，所以想要试一试你，没想到竟然如此的神效。"于是拿出酒来，大家酣饮。又一次，有人在书简上写明千万数的账目，然后放进一间空仓封闭起来，叫赵达推算一下里面的东西，赵达立刻推算出数目来，同时又说："只是有名而无实。"他的方术精妙到如此地步。

赵达很珍惜他的方术，像阚泽、殷礼都是有名的儒者善士，亲自降节来向他求教，赵达还是守秘不予告知。太史丞公孙滕年轻时，师事赵达，勤苦求学好几年，赵达答应要教

拜跪而请，达曰："吾先人得此术，欲图为帝王师，至仕来三世，不过太史郎，诚不欲复传之。且此术微妙，头乘尾除，一算之法，父子不相语。然以子笃好不倦，今真以相授矣。"饮酒数行，达起取素书两卷，大如手指，达曰："当写读此，则自解也。吾久废，不复省之，今欲思论一过，数日当以相与。"滕如期往，至乃阳求索书，惊言失之，云："女婿昨来，必是渠所窃。"遂从此绝。

初，孙权行师征伐，每令达有所推步，皆如其言。权问其法，达终不语，由此见薄，禄位不至。

达常笑谓诸星气风术者曰："当回算帷幕，不出户牖以知天道，而反昼夜暴露以望气祥，不亦难乎！"闲居无为，引算自校，乃叹曰："吾算讫尽某年月日，其终矣。"达妻数见达效，闻而哭泣。达欲弭妻意，乃更步算，言："向者谬误耳，尚未也。"后如期死。权闻达有书，求之不得，乃录问其女，及发棺无所得，法术绝焉。

他好几年了，每当到了要面谕他的时候，往往又止而不语。公孙滕有一天，准具了酒食，敬候赵达的脸色，拜跪请求指点，赵达说："吾的先人学得此术，为的是要做个帝王的师傅。到现在三代做官，都没超过太史郎更高的官，我实在不想再把此术传下去了。而且此术颇为微妙，头乘尾除，一算之法，连父子都不能相转告。不过因为你笃信好学不倦，现在我真的要把它传授给你了。"于是喝了数巡酒以后，赵达站起来拿出素书两卷，只有手指这么大，赵达说："当写读此书，便能自行通解。我荒废太久了，再也记不起来。现在我想再思考推论一遍，过几天你来，我就把它送给你。"公孙滕如期前往，赵达便假装找书，然后吃惊地说是书丢了，接着又说："昨天我女婿来家里，一定是被他窃走了。"于是从此便失传。

当初，孙权带兵到处征伐的时候，每次叫赵达有所推算的事情，都如他的话一样应验。孙权询问他的法术，赵达始终不说，从此被孙权所薄弃，没得到什么禄位。

赵达常常嘲笑那些观看星气风术的人说："应该是在帷幕之中演算，不出门户而能知天道。现在反而要日夜暴露在外，来观望云气的凶祥，这不是太难了吗！"闲居在家，没有事做，便为自己推算，于是叹息的说："我算到某年某月某日止，那便是我寿终的时候。"赵达的妻子屡次看到赵达所推算的事情都能应验，所以听了之后，便伤心地哭泣。赵达为了消释妻子心中的挂意，便再重新推算，然后说："刚才推算错误，其实还没到时候。"后来果然如期而死。孙权听说赵达有书，可是再怎么索求也找不到，于是便记录他女儿的罪状，加以审问，甚至于发棺搜寻，终无所获，赵达的法术便完全绝传了。

评曰：三子各于其术精矣，其用思妙矣。然君子等役心神，宜于大者远者，是以有识之士，舍彼而取此也。

陈寿评论说：这三个人对于各自的法术都很精通，他们的用心也都很巧妙。但是君子人对于心神的役使，应该用在大处、用在远处，所以有识见的人，都是舍弃这些小道，而独取远大之道。

三国志卷六十四

诸葛滕二孙濮阳传第十九

王金凌 译

诸葛恪字元逊，瑾长子也。少知名。弱冠拜骑都尉，与顾谭、张休等侍太子登讲论道艺，并为宾友。从中庶子转为左辅都尉。

恪父瑾面长似驴，孙权大会群臣，使人牵一驴入，长检其面，题曰诸葛子瑜。恪跪曰："乞请笔益两字。"因听与笔。恪续其下曰"之驴"。举座欢笑，乃以驴赐恪。他日复见，权问恪曰："卿父与叔父孰贤？"对曰："臣父为优。"权问其故，对曰："臣父知所事，叔父不知，以是为优。"权又大嚱。命恪行酒，至张昭前，昭先有酒色，不肯饮，曰："此非养老之礼也。"权曰："卿其能令张公辞屈，乃当饮之耳。"恪难昭曰："昔师尚父九十，秉旄仗钺，犹未告老也。今军旅之事，将军在后，酒食之事，将军在先，何谓不养老也？"昭卒无辞，遂为尽爵。后蜀使至，群臣并会，权谓使曰："此诸葛恪雅好骑乘，还告丞相，为致好马。"恪因下谢，权曰："马未至而谢何也？"恪对曰："夫蜀者陛下之外厩，今有恩

诸葛恪，字元逊，是诸葛瑾的长子。少年时就已闻名。二十岁左右官拜骑都尉，与顾谭、张休等人陪侍太子孙登谈道理，论文艺，成为太子的宾客。从中庶子转任左辅都尉。

诸葛瑾的脸孔长长的，像驴，有一次孙权会聚群臣，派人牵了一头驴进来，端详了这头驴的脸之后，题上"诸葛子瑜"四字。诸葛恪就跪着要求说："请给我一枝笔，填上两个字。"于是给了他一枝笔，诸葛恪接着写上 "之驴"二字。在座群臣无不大笑，孙权就把驴赐给诸葛恪了。过了几天，孙权见到诸葛恪，便问道："令尊与令叔（诸葛亮）谁比较贤能？"诸葛恪说："家父较贤能。"孙权问他什么缘故，诸葛恪回答说："家父知道应该追随何人，叔叔却不晓得，由此可见家父较贤能。"孙权大笑。又有一回命诸葛恪为大家斟酒，走到张昭面前时，张昭先前已喝了好些，不肯饮，推辞说："这不是养护老臣的礼节啊！"孙权说："诸葛恪，你能让张公辞穷，他就会喝了。"诸葛恪就对张昭说："从前姜太公九十岁时，左手持黄钺，右手拿白旄，都还没说老。如今遇到征战，将军在后头，逢着酒宴，将军却在前头，怎么说这不是养护老臣的礼节呢？"张昭答不上话，于是一饮而尽。后来蜀汉使者来了，群臣会于朝廷，孙权对使者说："诸葛恪喜欢骑马，回去告诉你们丞相

诏，马必至也，安敢不谢？”恪之才捷，皆此类也。权甚异之，欲试以事，令守节度。节度掌军粮谷，文书繁猥，非其好也。

恪以丹杨山险，民多果劲，虽前发兵，徒得外县平民而已，其馀深远，莫能禽尽，屡自求乞为官出之，三年可得甲士四万。众议咸以丹杨地势险阻，与吴郡、会稽、新都、鄱阳四郡邻接，周旋数千里，山谷万重，其幽邃民人，未尝入城邑，对长吏，皆仗兵野逸，白首于林莽。逋亡宿恶，咸共逃窜。山出铜铁，自铸甲兵。俗好武习战，高尚气力，其升山赴险，抵突丛棘，若鱼之走渊，猨狖之腾木也。时观间隙，出为寇盗，每致兵征伐，寻其窟藏。其战则蜂至，败则鸟窜，自前世以来，不能羁也。皆以为难。恪父瑾闻之，亦以事终不逮，叹曰："恪不大兴吾家，将大赤吾族也。"恪盛陈其必捷。权拜恪抚越将军，领丹杨太守，授棨戟武骑三百。拜毕，命恪备威仪，作鼓吹，导引归家，时年三十二。

恪到府，乃移书四郡属城长吏，令各保其疆界，明立部伍，其从化平民，悉令屯居。乃分内诸将，罗兵幽阻，但缮藩篱，不与交锋，候其谷稼将熟，辄纵兵芟刈，使无遗种。

（诸葛亮），为他送匹好马来。”诸葛恪听了就立刻答谢，孙权说："马还没到，你怎么先谢呢？"诸葛恪答："蜀是陛下的外厩，现在下了诏命，马一定会送到，怎敢不谢？"诸葛恪才思敏捷，大抵都是此类。孙权颇异其才，想试试他办事的能力如何，于是命他主管节度。但节度的职务是掌理军中粮食，文书繁杂，并非他所感兴趣的。

诸葛恪认为丹杨山势险峻，百姓大多强劲，以前虽曾发兵平剿，只擒得山外若干县份的百姓而已，其余的人都住在深山，无法全部擒获，于是屡次请求亲自担任官职，把这些百姓赶到山外，只要三年就能得四万甲兵。但是大家商议后，一致认为丹阳地势险阻，与吴郡、会稽、新都、鄱阳接界，周围数千里，山谷重重，深山的人，从来就没进过城，对官吏，也都仗着武器逃逸荒野，老死在森林之中。逃犯巨恶都流窜到这一带。山中又出产铜铁，他们自己铸造武器。风俗好武善战，崇尚强力，他们爬山涉险，行走于丛林荆棘中，就好像鱼在深渊里游，猨狖在树上爬。并常观察，一有机会，就出来当盗贼，每次征兵讨伐，都要找寻他们的巢穴。一有战事，他们都蜂拥而上，打败了，立刻作鸟兽散。从前代以来，一直无法控服。大家都认为太难平剿了。诸葛恪的父亲诸葛瑾听了这件事，也认为事情难办，无法成功，叹气说："诸葛恪非但不能振兴家族，整个家族反要败在他手中。"诸葛恪却夸口必胜。于是孙权任他为抚越将军，兼任丹阳太守，授与持棨戟的引导人员和武装骑兵三百人。任官仪式完毕后，命他齐备威仪，设鼓吹乐队，引导回家，这时诸葛恪三十二岁。

诸葛恪一到丹阳府，就发公文给四郡属城的长吏。令长吏保卫自己的疆界，设立部队，凡是服从教化的平民，全命他们屯田居住，又分别命令将领率士兵进驻险阻的地区，只要整治营垒，不要与山贼交战，等到庄稼快成熟了，就带士兵到处收割，一粒种子都不

旧谷既尽，新田不收，平民屯居，略无所入，于是山民饥穷，渐出降首。恪乃复敕下曰："山民去恶从化，皆当抚慰，徙出外县，不得嫌疑，有所执拘。"臼阳长胡伉得降民周遗，遗旧恶民，困迫暂出，内图叛逆，伉缚送诸府。恪以伉违教，遂斩以徇，以状表上。民闻伉坐执人被戮，知官惟欲出之而已，于是老幼相携而出，岁期，人数皆如本规。恪自领万人，馀分给诸将。

权嘉其功，遣尚书仆射薛综劳军。综先移恪等曰："山越恃阻，不宾历世，缓则首鼠，急则狼顾。皇帝赫然，命将西征，神策内授，武师外震。兵不染锷，甲不沾汗。元恶既枭，种党归义，荡涤山薮，献戎十万。野无遗寇，邑罔残奸。既埽凶慝，又充军用。藜蓧稂莠，化为善草。魑魅魍魉，更成虎士。虽实国家威灵之所加，亦信元帅临履之所致也。虽《诗》美执讯，《易》嘉折首，周之方、召，汉之卫、霍，岂足以谈？功轶古人，勋超前世。主上欢然，遥用叹息。感《四牡》之遗典，思饮至之旧章。故遣中台近官，迎致犒赐，以旌茂功，以慰劬劳。"拜恪威北将军，封都乡侯。恪乞率众佃庐江皖口，因轻兵袭舒，掩得其民而还。复远遣斥候，观相径要，欲图寿春，权以为不可。

要留下来。旧谷既已收割完毕，新田就毫无收成，平民屯田也没什么收获，于是山民饥穷，逐渐出来投降。这时，诸葛恪又下令说："山民凡不再为恶，愿服从教化的人，都应抚慰，迁到外县，不得犹疑而遭拘捕。"臼阳县（**胡三省认为臼阳设长，必为县，应在丹阳郡，但丹阳郡却无臼阳县**）县长胡伉捕得投降的山民周遗，周遗过去是个恶民，由于为穷困所迫，暂时出降，心中却阴谋反叛，胡伉就把他绑送到丹阳府。诸葛恪认为胡伉违反命令，将他斩首示众，并把经过情形上表给朝廷。山民听说胡伉因捕出降的人被杀，知道官府只是想要山民出来而已，于是纷纷扶老携幼出山，三年时间一到，人数达到四万人。诸葛恪自己统领一万人，其余的分给各将领。

孙权嘉许他的功勋，派尚书仆射薛综前往劳军。薛综先写信给诸葛恪等人说："山越的人仗恃险阻，几代以来都不宾服，缓征则像老鼠般的探头探脑，急讨就如野狼般的回顾奔命。皇帝一怒，诏命将军西征，朝廷授与策略，军队威震外野。兵刃不染血，铠甲不沾汗，大恶既杀，山民归附，扫净山林水泽，进献十万蛮戎。使郊野不再有流寇，城邑不再有奸人。既清除凶顽，又充实军用。田野败莠，成为善草。魑魅魍魉，变成勇士，这虽然是国家威望的影响，也的确是各位将帅征讨的结果，纵然《诗经》赞叹方叔征服荆蛮，《易经》嘉美诛除首恶，周代的方叔、召虎，汉朝的卫青、霍去病，与诸位相比，又算得上什么？你们的功勋真是超越前人了。主上欢欣，叹美非常。感于《诗经·四牡》篇有慰劳使臣的故事，《左传》有宴饮归军的旧制，所以派遣中台近官欢迎你们，犒赏你们，表扬诸位的大功，抚慰诸位的辛劳。"于是拜诸葛恪为威北将军，封都乡侯。诸葛恪请求率众开垦庐江和皖水入长江之处，顺便轻骑袭击舒县（**今安徽庐江县西南**），捕得百姓归来。又派遣斥

赤乌中，魏司马宣王谋欲攻恪，权方发兵应之，望气者以为不利，于是徙恪屯于柴桑。与丞相陆逊书曰："杨敬叔传述清论，以为方今人物凋尽，守德业者不能复几，宜相左右，更为辅车，上熙国事，下相珍惜。又疾世俗好相谤毁，使已成之器，中有损累；将进之徒，意不欢笑。闻此喟然，诚独击节。愚以为君子不求备于一人，自孔氏门徒大数三千，其见异者七十二人，至于子张、子路、子贡等七十之徒，亚圣之德，然犹各有所短，师辟由喭，赐不受命，岂况下此而无所阙？且仲尼不以数子之不备而引以为友，不以人所短弃其所长也。加以当今取士，宜宽于往古，何者？时务从横，而善人单少，国家职司，常苦不充。苟令性不邪恶，志在陈力，便可奖就，骋其所任。若于小小宜适，私行不足，皆宜阔略，不足缕责。且士诚不可纤论苛克，苛克则彼贤圣犹将不全，况其出入者邪？故曰以道望人则难，以人望人则易，贤愚可知。自汉末以来，中国士大夫如许子将辈，所以更相谤讪，或至于祸，原其本起，非为大仇，惟坐克己不能尽如礼，而责人专以正义。夫己不如礼，则人不服。责人以正义，则人不堪。内不服其行，外不堪其责，则不得不相怨。相怨一生，则小人得容其间。得容其间，则三至之言，浸润之谮，纷错交至，虽使至明至亲

候到远地，观察要道，谋取寿春，孙权认为不宜。

赤乌年间（孙权年号，公元238—251年），魏司马宣王（懿）谋攻诸葛恪，孙权正要发兵援助，占望吉凶的人认为此举不利，于是将诸葛恪迁屯于柴桑（在今江西省九江市西南），写信给丞相陆逊说："杨敬叔曾有评论，认为当今人物凋零将尽，持守德业的人已剩无几，应互相辅佐，彼此扶持，上以显扬国事，下以互相顾惜。他又痛心于世俗喜好毁谤，使快有成就的人，蒙受瑕累；将有前途的人，心中不悦。听了这些话，真令人喟叹，他的话也的确叫人击节赞赏。愚意以为君子不要求别人绝对完美，孔子门徒大约三千人，其中受人注意的有七十二人，至于子张、子路、子贡等七十门徒，还有亚圣孟子的品德，仍不免各有所短，如子张邪僻文过，子路刚强失礼，子贡不接受教导而从事货殖，何况才德在此数人之下者，能毫无缺点吗？再说仲尼也不因这几人不完美而不与其交游，不因其短处而弃其长处。若论当今取士，应较古代为宽，什么道理呢？这个时代只讲究纵横之术，缺乏善人，国家的职务，常苦于人才不足。只要本性不坏，有心尽力，便足以奖掖，让他发挥才干。倘若稍能适任，私德不足，都宜从宽，不值得细责。再者士人的确不能太过苛求，一旦苛求，就连圣贤都难免不全，何况德非圣贤的人？所以说以道的标准要求人才很难，以人的标准要求人才便容易多了，这是贤愚皆知的道理。自从汉末以来，中国士大夫如许劭这一批人，所以转相毁谤，甚至酿成大祸，追究起因，并非为了什么深仇大恨，只因为克己不能全合礼，却专以正义责人。自己不合礼，别人就不服。以正义责人，别人就受不了。内既不服其人的德行，外又无法忍受其人苛责，就不能不互相怨恨。怨恨一生，小人即能处于其间，既处于其间，那么谤言三至，如水渐渍，纷来沓至，纵然最明察，最

者处之，犹难以自定，况已为隙，且未能明者乎？是故张、陈至于血刃，萧、朱不终其好，本由于此而已。夫不舍小过，纤微相责，久乃至于家户为怨，一国无复全行之士也。”恪知逊以此嫌己，故遂广其理而赞其旨也。会逊卒，恪迁大将军，假节，驻武昌，代逊领荆州事。

久之，权不豫，而太子少，乃征恪以大将军领太子太傅，中书令孙弘领少傅。权疾困，召恪、弘及太常滕胤、将军吕据、侍中孙峻，属以后事。

翌日，权薨。弘素与恪不平，惧为恪所治，秘权死问，欲矫诏除恪。峻以告恪，恪请弘咨事，于坐中诛之，乃发丧制服。与弟公安督融书曰：“今月十六日乙未，大行皇帝委弃万国，群下大小，莫不伤悼。至吾父子兄弟，并受殊恩，非徒凡庸之隶，是以悲恸，肝心圮裂。皇太子以丁酉践尊号，哀喜交并，不知所措。吾身受顾命，辅相幼主，窃自揆度，才非博陆而受姬公负图之托，惧忝丞相辅汉之效，恐损先帝委付之明，是以忧惭惶惶，所虑万端。且民恶其上，动见瞻观，何时易哉？今以顽钝之姿，处保、傅之位，艰多智寡，任重谋浅，谁为唇齿？近汉之世，燕、盖交遘，有上官之变，以身值此，何敢怡豫邪？又弟所在，与贼犬牙相错，当于今时整顿军具，率厉将士，警备过常，念出万死，无顾一生，

亲近的人在这种情况，也难以坚定其心，更何况已有怨隙而不能明察的人？所以张耳、陈馀血刃相向，萧望之、朱云友好不终，本是为此而已。因此，若不能舍小过不问，略有微疵，即相谴责，久而久之，家家户户结为怨仇，一国之内再也没有德性全备的人了。”诸葛恪知道陆逊为了这封信嫌怨自己，于是推广孙权信中的道理而附和其意。正巧陆逊过世，诸葛恪就迁官大将军，持节杖，驻在武昌（**在今湖北鄂州市**），代理陆逊统领荆州诸事宜。

过了一段时期，孙权身体不适，太子年幼，于是征召诸葛恪以大将军的名义兼任太子太傅，中书令孙弘任少傅。孙权病重时，召诸葛恪、孙弘和太常滕胤、将军吕据、侍中孙峻前来，交待后事。

次日，孙权薨。孙弘与诸葛恪一向不和，恐怕被诸葛恪借故治罪，就暂不宣布孙权已死的消息，要假遣诏书除掉他。孙峻密告，诸葛恪便邀请孙弘商讨事情，在坐中杀死他，然后才为孙权发丧、服丧。并写信给弟弟公安督诸葛融说：“本月十六日乙未（**潘眉认为十六日应为二十六日**），故皇帝抛弃万国，大小群臣，无不伤痛。至于我们父子兄弟，同受特别恩荣，非常人所能比，所以悲痛尤剧，心肝摧裂。皇太子在二十八日丁酉践位，悲喜交集，真是不知如何是好。我亲受托命，辅佐幼主，心中度量，才能不如霍光，却受周公弼佐成王那样的重任，恐怕辱没了像霍光辅汉的功劳，而辜负了先帝的委托，所以忧心惶恐，思虑万端。再则百姓往往厌恶上位的人，我的一举一动，颇受人注目，这种情形到何时才能改变呢？现在以顽钝的资质，处保、傅的地位，艰难多而智慧少，责任重而谋略浅，谁能帮助我？汉时，燕王刘旦与盖主勾结，而有上官桀之乱，身处此种情势，怎敢逸乐？又你所驻的地区，与敌人犬牙交错，应在此时整顿军备，激励将士，警戒非常的变乱，常

以报朝廷，无忝尔先。又诸将备守各有境界，犹恐贼虏闻讳，恣睢寇窃。边邑诸曹，已别下约敕，所部督将，不得妄委所戍，径来奔赴。虽怀怆怛不忍之心，公义夺私，伯禽服戎，若苟违戾，非徒小故。以亲正疏，古人明戒也。”恪更拜太傅。于是罢视听，息校官，原逋责，除关税，事崇恩泽，众莫不悦。恪每出入，百姓延颈，思见其状。

初，权黄龙元年迁都建业，二年筑东兴堤遏湖水。后征淮南，败以内船，由是废不复修。恪以建兴元年十月会众于东兴，更作大堤，左右结山侠筑两城，各留千人，使全端、留略守之，引军而还。魏以吴军入其疆土，耻于受侮，命大将胡遵、诸葛诞等率众七万，欲攻围两坞，图坏堤遏。恪兴军四万，晨夜赴救。遵等敕其诸军作浮桥度，陈于堤上，分兵攻两城。城在高峻，不可卒拔。恪遣将军留赞、吕据、唐咨、丁奉为前部。时天寒雪，魏诸将会饮，见赞等兵少，而解置铠甲，不持矛戟。但兜鍪刀楯，倮身缘遏，大笑之，不即严兵。兵得上，便鼓噪乱斫。魏军惊扰散走，争渡浮桥，桥坏绝，自投于水，更相蹈藉。乐安太守桓嘉等同时并没，死者数万。故叛将韩综为魏前军督，亦斩之。获车乘牛马驴骡各数千，资器山积，振旅而归。进封恪阳都侯，加荆、扬州牧，督中外诸军事，赐金一百

想着出入万死，不求贪生苟活，以报答朝廷、无辱祖先。又诸将的防守区域各有界线，要预防敌人知道此项禁讳，免得他们任意寇略。边邑各曹，已另外下令约束，你所督率的将领，不得随便放弃戍守，直接跑到你那里玩乐（据《诸葛瑾传》增译）。虽然我有恻怛不忍之心，但公义可夺私情，所以伯禽服丧完毕，并不辞职，立刻讨伐徐戎，如果你乖违悖戾，不只是小过而已。亲近的人先端正才能整饬疏远的人，这是古人的明训啊！”诸葛恪改任太傅后，罢除校官的制度，不再听他们刺取官府过失的消息，宽贷逃亡的人，免除关税，凡事崇尚恩泽，于是众人大悦。诸葛恪每次出入，百姓都热切地争睹他的仪容。

当初，孙权于黄龙元年（公元229年）迁都建业（今江苏南京市南）。二年建筑东兴堤以阻遏巢湖湖水。后东征伐淮南，因被湖内魏军船只所败，于是不再修堤。建兴元年（公元252年）十月，诸葛恪会聚众人于东兴，再作大堤，左右依山相对地建筑两座城池，各留下一千人，派全端和留略防守，然后率军而还。魏见吴军侵入疆土，耻于受辱，就命大将胡遵、诸葛诞等人率领七万军士，围攻这两座城坞，破坏大堤。诸葛恪也动员四万人，早晚兼程赴援。胡遵下令各军筑浮桥渡水，陈军东兴堤上，分兵两路攻击城坞。但城坞地势高峻，仓卒之间，难以攻下。诸葛恪派遣将军留赞、吕据、唐咨、丁奉四人为前锋。当时天寒下雪，魏军诸将聚在一起喝酒，看留赞等人兵少，于是解开铠甲，不持矛戟。只戴头盔，拿刀楯，穿着便衣，讥笑吴军，也不立即严加戒备。吴军因此得以接近，鼓噪乱砍。魏军又惊又乱，四处逃窜，争渡浮桥，桥断、跳水，前后相践踏。乐安太守桓嘉等人同时淹没水中，死者数万人。以前的叛将韩综，现在担任魏国前督军，也被斩杀。俘获车辆牛马驴骡各数千，物资器皿堆积如山，凯旋而归。于是封诸葛恪为阳都侯，任荆、扬二州的

斤，马二百匹，缯布各万匹。

恪遂有轻敌之心，以十二月战克，明年春，复欲出军。诸大臣以为数出罢劳，同辞谏恪，恪不听。中散大夫蒋延或以固争，扶出。

恪乃著论谕众意曰："夫天无二日，土无二王，王者不务兼并天下而欲垂祚后世，古今未之有也。昔战国之时，诸侯自恃兵强地广，互有救援，谓此足以传世，人莫能危。恣情从怀，惮于劳苦，使秦渐得自大，遂以并之，此既然矣。近者刘景升在荆州，有众十万，财谷如山，不及曹操尚微，与之力竞，坐观其强大，吞灭诸袁。北方都定之后，操率三十万众来向荆州，当时虽有智者，不能复为画计，于是景升儿子，交臂请降，遂为囚虏。凡敌国欲相吞，即仇雠欲相除也。有仇而长之，祸不在己，则在后人，不可不为远虑也。昔伍子胥曰：'越十年生聚，十年教训，二十年之外，吴其为沼乎！'夫差自恃强大，闻此邈然，是以诛子胥而无备越之心，至于临败悔之，岂有及乎？越小于吴，尚为吴祸，况其强大者邪？昔秦但得关西耳，尚以并吞六国，今贼皆得秦、赵、韩、魏、燕、齐九州之地，地悉戎马之乡，士林之薮。今以魏比古之秦，土地数倍；以吴与蜀比古六国，不能半之。然今所以能敌之，但以操时兵众，于今适尽，而后生者未悉长大，正是贼衰少未盛

州牧，督领内外诸军事，并赐他黄金百斤，马二百匹，缯和布各万匹。

从此诸葛恪有了轻敌之心，在十二月战胜后，翌年春天又要出兵。诸大臣认为屡次出兵，军士疲劳，因此齐声规劝，诸葛恪不听。中散大夫蒋延甚至坚持争谏，也被人扶了出去。

于是诸葛恪写了一篇文章晓谕众人："天无二日，地无二主，王者不全力兼并天下而想国运长久，从古以来就不曾有这种事。战国时，诸侯仗恃军力强大，土地辽阔，又互相援助，以为借此可以传世，无人能危害他们。于是任情恣肆，厌畏劳苦，而使秦得以逐渐扩张，终于并吞了六国，这是历史上已发生过的事。最近刘表在荆州，拥众十万，米谷堆积如山。却不在曹操尚微弱时，全力竞争，掌握时机，反坐观曹操日益强大，消灭袁绍父子。北方安定之后，曹操率三十万大军进攻荆州，这时纵然智谋再高的人，也无能为力了，于是刘表的儿子束手投降，成了俘虏。大凡两国相吞并，就像铲除仇人一样。姑息仇人，助长仇人的气焰，祸患若不在自身，就会降临后人，因此不能不作长远打算。伍子胥说：'越国十年生聚，十年教训，二十年后，吴国恐怕就要变成一片池沼了！'夫差仗恃自己强大，听了这话，毫不在意，所以杀子胥而毫无防患越国的心理，到了将败的时候才后悔，来得及吗？越国比吴国弱点，尚且成了吴的祸患，更何况那些比越国更强大的国家？以前秦只据有关西（即关中）而已，都能并吞六国，现在敌人得秦、赵、韩、魏、燕、齐这一大片土地，全是军事要地及人才聚集之处。以目前的魏比古代的秦，疆域大过数倍，而吴、蜀比起古代的六国，还不到一半。今天所以还能与魏对抗，只因为在曹操领导时期，兵员众多，现在锐减，而后生的人尚未长大，这正是敌人衰弱不振的时候。加上司马懿先

之时。加司马懿先诛王凌，续自陨毙，其子幼弱，而专彼大任，虽有智计之士，未得施用。当今伐之，是其厄会。圣人急于趋时，诚谓今日。若顺众人之情，怀偷安之计，以为长江之险可以传世，不论魏之终始，而以今日遂轻其后，此吾所以长叹息者也。自古以来，务在产育，今者贼民岁月繁滋，但以尚小，未可得用耳。若复十数年后，其众必倍于今，而国家劲兵之地，皆已空尽，唯有此见众可以定事。若不早用之，端坐使老，复十数年，略当损半，而见子弟数不足言。若贼众一倍，而我兵损半，虽复使伊、管图之，未可如何。今不达远虑者，必以此言为迂。夫祸难未至而豫忧虑，此固众人之所迂也。及于难至，然后顿颡，虽有智者，又不能图。此乃古今所病，非独一时。昔吴始以伍员为迂，故难至而不可救。刘景升不能虑十年之后，故无以诒其子孙。今恪无具臣之才，而受大吴萧、霍之任，智与众同，思不经远，若不及今日为国斥境，俯仰年老，而仇敌更强，欲刎颈谢责，宁有补邪？今闻众人或以百姓尚贫，欲务闲息，此不知虑其大危，而爱其小勤者也。昔汉祖幸已自有三秦之地，何不闭关守险，以自娱乐，空出攻楚，身被创痍，介胄生虮虱，将士厌困苦，岂甘锋刃而忘安宁哉？虑于长久不得两存者耳！每览荆邯说公孙述以进取之图，近风家叔父表陈与贼争竞之计，未尝不喟然叹息也。夙夜反侧，所虑如此，故聊疏愚言，

杀了王凌，接着自己又死了，他的儿子幼弱即接掌大权，纵有谋士，也无法发挥作用。现在征伐，正是敌人困厄的时机。圣人急着赶上时候，这话讲的正是现在。如果顺大众的意思，心存苟安，以为长江天险，能保国运，不考虑魏国的情势变化，只因今天的安定，就忽略往后的日子，这正是我所担心的啊！自古以来，国家莫不全力繁殖，而今敌人每年人口增加，只是年纪还小，不能征用而已。如果十多年后，敌兵必增加人口一倍，而我国劲兵的地区，都已空虚，所以只有目前这些兵众可以成大事，倘不早日征用，坐待老化，再过十余年，大约就要减少一半人数，那时再征用就微不足道了。如果敌兵增加一倍，我军减损一半，就是让伊尹、管仲来筹划，也无可奈何啊！不能远虑的人，必定认定我的话迂阔而不切实际。祸患未至而先忧虑，一般人本就认为迂阔，但大难临身才叩头求救，纵有智者，也无能为力。这是古今通病，不只当今如此。吴国初以为伍员迂阔，所以祸患降临而无法拯救。刘表不能先虑十年之后的事，所以无法传国子孙。现在我没有大臣之才，却蒙萧何、霍光那样的重任，智谋与众人无异，思虑又不长远，如果不趁今日开拓疆域，转眼年老，而仇敌更强，到那时，就算刎颈谢罪，又岂能补过？听说大家认为百姓还穷，应多休养生息，这真是不知虑大危，只晓得贪爱小功。汉高祖幸而拥有三秦，何以不闭关守险，图个安逸？反而出军攻楚，身受创伤，甲胄长满了虮虱，将士厌倦困苦的日子，难道甘心冒锋刃之危而忘了安乐吗？不，只是考虑长远，所以不能两存而已！每次读书，见荆邯劝说公孙述进取的谋略，近来又看到家叔（诸葛亮）上表陈述与敌竞争的计划，不免喟然长叹。早晚睡不好，所担忧的正是如此。因此略述心头的话，让各位晓得。倘若一旦身

以达二三君子之末。若一朝陨殁，志画不立，贵令来世知我所忧，可思于后。”众皆以恪此论欲必为之辞，然莫敢复难。

丹杨太守聂友素与恪善，书谏恪曰：“大行皇帝本有遏东关之计，计未施行。今公辅赞大业，成先帝之志，寇远自送，将士凭赖威德，出身用命，一旦有非常之功，岂非宗庙神灵社稷之福邪！宜且案兵养锐，观衅而动。今乘此势，欲复大出，天时未可。而苟任盛意，私心以为不安。”恪题论后，为书答友曰：“足下虽有自然之理，然未见大数。熟省此论，可以开悟矣。”于是违众出军，大发州郡二十万众，百姓骚动，始失人心。

恪意欲曜威淮南，驱略民人，而诸将或难之曰：“今引军深入，疆场之民，必相率远遁，恐兵劳而功少，不如止围新城。新城困，救必至，至而图之，乃可大获。”恪从其计，回军还围新城。攻守连月，城不拔。士卒疲劳，因暑饮水，泄下流肿，病者大半，死伤涂地。诸营吏日白病者多，恪以为诈，欲斩之，自是莫敢言。恪内惟失计，而耻城不下，忿形于色。将军朱异有所是非，恪怒，立夺其兵。都尉蔡林数陈军计，恪不能用，策马奔魏。魏知战士罢病，乃进救兵。恪引军而去。士卒伤病，流曳道路，或顿仆坑壑，或见略获，存亡忿痛，大小呼嗟，而恪晏然自若。出住江渚一月，图起田于浔阳，诏召相衔，徐乃旋

殁，计划不能完成，也使后人了解我所忧心的事，而再深思我的用意。”众人都认为诸葛恪这篇文章有必行的决心，不敢再与他论难。

丹阳太守聂友与诸葛恪平日交情甚笃，就写封信劝他说：“故皇帝本有阻遏东关（在今安徽巢湖市东南）的计划，但未见施行。而今先生辅佐大业，完成先帝的志愿，贼寇远道赶来送死，将士凭赖威德，挺身效命，一旦大胜，这岂不是祖先神灵的福佑！应暂时按兵，培养锐气，观察时机再动兵。如今要乘一时胜势，大举攻伐，天时尚不许。倘若任先生的意思，我心不安。”诸葛恪在论文后面附了一封信，回答聂友说：“足下所言虽合乎自然之理，但未见大局。详审此论，即可明白。”于是诸葛恪违背众意出兵，发动州郡兵员二十万人，百姓骚动，民心大失。

诸葛恪想到淮南耀武扬威，所以驱赶百姓前往，诸将提出意见为难他，说：“现在引军深入前方，疆场的百姓必定相率远逃，恐怕劳而少功，不如只围攻新城。新城危困，魏救兵必到，救兵到了，再谋攻击，可大胜。”诸葛恪从其计，于是转过来围攻新城。攻守连月，城不破，士卒疲劳，又因天热饮水，上吐下泄，皮肤也发肿流浓，一半生了病，死伤满地。各营军吏每天来报告病患增加，诸葛恪反以为有诈，要杀军吏，从此再也没人敢说什么了。诸葛恪心知失策，但是攻不下新城又没面子，于是怒形于色。将军朱异评其失当，诸葛恪大怒，立刻除其兵权。都尉蔡林屡次贡献谋略，皆不采纳，就骑马降魏去了。魏国知道吴军疲病，立即派出救兵进攻。诸葛恪不得已撤军。士卒伤病，一路上，有的脱离队伍，有的拖拖拉拉，有的倒在坑谷沟壑，有的被俘，大大小小，又忿怒又伤痛，呼喊叹气，

师。由此众庶失望，而怨黩兴矣。

秋八月军还，陈兵导从，归入府馆。即召中书令孙嘿，厉声谓曰："卿等何敢妄数作诏？"嘿惶惧辞出，因病还家。恪征行之后，曹所奏署令长职司，一罢更选，愈治威严，多所罪责，当进见者，无不竦息。又改易宿卫，用其亲近，复敕兵严，欲向青、徐。

孙峻因民之多怨，众之所嫌，构恪欲为变，与亮谋，置酒请恪。恪将见之夜，精爽扰动，通夕不寐。明将盥漱，闻水腥臭，侍者授衣，衣服亦臭。恪怪其故，易衣易水，其臭如初，意惆怅不悦。严毕趋出，犬衔引其衣，恪曰："犬不欲我行乎？"还坐，顷刻乃复起，犬又衔其衣，恪令从者逐犬，遂升车。

初，恪将征淮南，有孝子著缞衣入其阁中，从者白之，令外诘问，孝子曰："不自觉入。"时中外守备，亦悉不见，众皆异之。出行之后，所坐厅事屋栋中折。自新城出住东兴，有白虹见其船；还拜蒋陵，白虹复绕其车。

及将见，驻车宫门，峻已伏兵于帷中，恐恪不时入，事泄，自出见恪曰："使君若尊体不安，自可须后，峻当具白主上。"欲以尝知恪。恪答曰："当自力入。"散骑常侍张约、

乱成一团，而诸葛恪却安然自若。在长江中的沙洲驻了一个月，又想从浔阳（在今湖北黄梅县西南）起兵，但诏书频至，才慢慢地带着军队回京。从此大家对他失望、怨恨，并诅咒他。

秋八月部队回京，诸葛恪列兵引导，回到府舍。立即召中书令孙嘿前来，声色俱厉地说："你怎么胆敢屡次乱写诏书？"孙嘿惶恐畏惧，告辞出来，因病回家。诸葛恪出征后，选曹所上奏的令长人选一律不用；改选他人，治事更加严苛。常责罪属下，所以进见的人，无不怕他，大气都不敢喘。诸葛恪又更换侍卫，只用亲信，并下令士兵严加整顿，想再攻青、徐二州。

孙峻感于百姓嫌怨诸葛恪，便罗织他要叛变的罪状，和孙亮设谋，摆下酒宴，邀请诸葛恪。诸葛恪赴宴的前一晚上，心神不宁，通宵不寐。天亮要盥洗时，闻到水味腥臭，侍者拿衣服给他，衣服也臭。诸葛恪疑怪，于是换水换衣，依然怪味如故，心中闷闷不乐。整装完毕，临出门时，狗咬着他的衣角不放，诸葛恪说："咦！狗不要我出门吗？"于是回坐，一会儿又起身，狗仍咬住衣角不放，诸葛恪命随从把狗赶开，便上车赴宴去了。

当初，诸葛恪将远征淮南时，有个孝子穿着丧服进入官衙中，随从向他报告，诸葛恪就下令带出去讯问，孝子说："我不知不觉就走进来了。"当时，里里外外的卫士并没有看见这个人，大家都很惊讶。出征之后，诸葛恪办公厅堂的屋梁断折。他从新城回来，住到东兴堤时，在船上有白虹，到蒋陵晋谒孙权陵寝时，白虹又围绕在车边。

等到将晋见孙亮，诸葛恪的车子停在宫门，孙峻这时已在帷帐内埋伏了士兵，又恐诸葛恪不准时进入而事机泄漏，于是出来见他，说："先生若身体不适，自可稍待，我会禀报主上。"孙峻想借这话探测诸葛恪是否知情。诸葛恪说："我会抱病勉强晋见主上。"散

朱恩等密书与恪曰："今日张设非常，疑有他故。"恪省书而去。未出路门，逢太常滕胤，恪曰："卒腹痛，不任入。"胤不知峻阴计，谓恪曰："君自行旋未见，今上置酒请君，君已至门，宜当力进。"恪踌躇而还，剑履上殿，谢亮，还坐。设酒，恪疑未饮，峻因曰："使君病未善平，当有常服药酒，自可取之。"恪意乃安，别饮所赍酒。酒数行，亮还内。峻起如厕，解长衣，著短服，出曰："有诏收诸葛恪！"恪惊起，拔剑未得，而峻刀交下。张约从旁斫峻，裁伤左手，峻应手所约，断右臂。武卫之士皆趋上殿，峻云："所取者恪也，今已死。"悉令复刃，乃除地更饮。

先是，童谣曰："诸葛恪，芦苇单衣蔑钩落，于何相求成子阁。"成子阁者，反语石子冈。建业南有长陵，名曰石子冈，葬者依焉。钩落者，校饰革带，世谓之钩络带。恪果以苇席裹其身而篾束其腰，投之于此冈。

恪长子绰，骑都尉，以交关鲁王事，权遣付恪，令更教诲，恪鸩杀之。中子竦，长水校尉。少子建，步兵校尉。闻恪诛，车载其母而走。峻遣骑督刘承追斩竦于白都。建得渡江，欲北走魏，行数千里，为追兵所逮。恪外甥都乡侯张震及常侍朱恩等，皆夷三族。

骑常侍张约、朱恩等暗传纸条给诸葛恪说："今天的布置反常，怕有其他缘故。"诸葛恪看了字条，掉头离开。尚未出路门，遇到太常滕胤，诸葛恪说："我肚子痛，没法进去。"滕胤并不知道孙峻的阴谋，对他说："你怎么来了又要跑回去！皇上设酒宴请你，你既到了门口，就勉强晋见吧。"诸葛恪犹豫了一下又回头，带剑上殿，向孙亮拜谢，回座。酒摆上来后，他心中怀疑，也不敢喝，孙峻就说："你病未痊愈，应带有常用的药酒，你自行喝吧！"诸葛恪这才心安，另外喝些自己带的酒。斟过几回酒后，孙亮进去室内，孙峻也起来上厕所，换下长衣，穿短装，出来说："诏命收捕诸葛恪！"诸葛恪大惊，起座，拔剑，剑未出鞘，孙峻已连砍数刀。张约从侧面砍孙峻，只伤他左手，孙峻回刀砍张约，断其右臂。卫士都急着跑上大殿，孙峻说："要捕的人就是诸葛恪，已经死啦！"命卫士收剑回鞘，于是清理零乱的现场，继续饮酒。

先前，有童谣说："诸葛恪，芦苇当单衣，竹篾为钩落，何处去寻他？成子阁。"成子阁是石子冈（在今江苏南京市南）的反语。建业南边有长陵，地名叫石子冈，是个坟场。钩落就是装饰的皮带，俗名钩络带。诸葛恪果然用芦苇编的草席裹尸，用竹篾束腰，被丢弃在石子冈。

诸葛恪的长子绰，为骑都尉，由于党附鲁王孙霸，谗毁太子孙和（详见卷五十九孙和、孙霸二传），孙权就把他交给诸葛恪严加管教，诸葛恪大怒，命儿子饮鸩自杀。次子竦，为长水校尉；幼子建，为部兵校尉。二人听说父亲被诛，立即用车载着母亲逃命。孙峻派骑督刘承追杀，在白都（在今江苏南京市西南）斩毙诸葛竦。诸葛建渡过了长江，想北逃魏国，走了数十里，也被追兵逮捕。诸葛恪的外甥都乡侯张震及常侍朱恩，都被夷灭三族。

初，竦数谏恪，恪不从，常忧惧祸。及亡，临淮臧均表乞收葬恪曰："臣闻震雷电激，不崇一朝，大风冲发，杀有极日，然犹继以云雨，因以润物，是则天地之威，不可经日浃辰，帝王之怒，不宜讫情尽意。臣以狂愚，不知忌讳，敢冒破灭之罪，以邀风雨之会。伏念故太傅诸葛恪得承祖考风流之烈，伯叔诸父遭汉祚尽，九州鼎立，分托三方，并履忠勤，熙隆世业。爰及于恪，生长王国，陶育圣化，致名英伟，服事累纪，祸心未萌，先帝委以伊、周之任，属以万机之事。恪素性刚愎，矜己陵人，不能敬守神器，穆静邦内，兴功暴师，未期三出，虚耗士民，空竭府藏，专擅国宪，废易由意，假刑劫众，大小屏息。侍中武卫将军都乡侯俱受先帝嘱寄之诏，见其奸虐，日月滋甚，将恐荡摇宇宙，倾危社稷，奋其威怒，精贯昊天，计虑先于神明，智勇百于荆、聂，躬持白刃，枭恪殿堂，勋超朱虚，功越东牟。国之元害，一朝大除，驰首徇示，六军喜踊，日月增光，风尘不动，斯实宗庙之神灵，天人之同验也。今恪父子三首，縣市积日，观者数万，詈声成风。国之大刑，无所不震，长老孩幼，无不毕见。人情之于品物，乐极则哀生，见恪贵盛，世莫与贰，身处台辅，中间历年，今之诛夷，无异禽兽，观讫情反，能不憯然！且已死之人，与土壤同域，凿掘斫刺，无所复加。愿圣朝稽则乾坤，怒不极旬，使其乡邑若故吏民，收以士伍之服，

当初，诸葛竦屡次劝谏父亲，但不听，因此常担忧，恐怕会有大祸。他们死后，临淮人臧均上表请求收葬诸葛恪，说："臣听说飘风不终日，骤雨不终朝，而飘风、骤雨之后，都会普降甘霖，润泽万物，所以天地震威，不可日夜不停，帝王愤怒，不宜尽情发泄。臣狂愚，不知忌讳，冒破家灭身的重罪，以求遭遇风雨（比喻触怒皇帝）。私念故太傅诸葛恪得以承继祖先的流风遗业，其伯、叔遭逢汉祚消亡，九州并立，虽分别托寓三地，都能忠恳殷勤，振兴大业。到了诸葛恪，生长在我国，受圣化陶育培养，荣膺卓越的声名，服职达数十年之久，而毫无为祸之心，因此先帝把伊尹、周公般的重任托付给他，把国家大事交给他办。但诸葛恪性情刚愎，傲气凌人，不能敬守职务，安定国家，为了建功，暴师荒野，三次出兵，以致士民耗弱，府库空虚，专擅国法，任意废官，假借刑法，要胁众人，于是人无大小，屏息畏惧。侍中武卫将军都乡侯（孙峻）也受先帝诏书托命，见其奸虐，愈来愈甚，恐怕将动摇宇宙，倾覆社稷，于是振其威怒，精神直贯苍天，谋虑先于神明，智勇比荆轲、聂政强过百倍，亲举白刃，在殿堂之上铲除诸葛恪，功勋超越了汉代的刘章和刘兴唐。国家大患，一旦消除，斩首示众，六军雀跃，日月因而增光，风尘毫无惊动，此实宗庙的神灵，天人的相验。如今诸葛恪父子的首级，悬于市井多日，观者数万人，骂声不绝。国家大刑，无人不震惊，老人童稚，也都看到了。人对万物，莫不乐极而悲生，诸葛恪声势显赫时，无人能与他比拟，又担任多年的台辅重职，而今杀他，与宰割禽兽无异，看过之后，心中回想，莫不惨然。况且已死的人，与粪土同处，挖他、砍他、刺他，也没有什么意思。但愿圣朝取法乾坤，怨怒不必太久，让他的乡邑旧属，能用士伍的服制

惠以三寸之棺。昔项籍受殡葬之施，韩信获收敛之恩，斯则汉高发神明之誉也。惟陛下敦三皇之仁，垂哀矜之心，使国泽加于辜戮之骸，复受不已之恩，于以扬声遐方，沮劝天下，岂不弘哉！昔栾布矫命彭越，臣窃恨之，不先请主上，而专名以肆情，其得不诛，实为幸耳。今臣不敢章宣愚情，以露天恩，谨伏手书，冒昧陈闻，乞圣朝哀察。”于是亮、峻听恪故吏敛葬，遂求之于石子冈。

始恪退军还，聂友知其将败，书与滕胤曰：“当人强盛，河山可拔，一朝羸缩，人情万端，言之悲叹。”恪诛后，孙峻忌友，欲以为郁林太守，友发病忧死。友字文悌，豫章人也。

滕胤字承嗣，北海剧人也。伯父耽，父胄，与刘繇州里通家，以世扰乱，渡江依繇。孙权为车骑将军，拜耽右司马，以宽厚称，早卒，无嗣。胄善属文，权待以宾礼，军国书疏，常令损益润色之，亦不幸短命。权为吴王，追录旧恩，封胤都亭侯。少有节操，美容仪。弱冠尚公主。年三十，起家为丹杨太守，徙吴郡、会稽，所在见称。

太元元年，权寝疾，诣都，留为太常，与诸葛恪等俱受遗诏辅政。孙亮即位，加卫将军。

收敛，以三寸的棺木埋葬。以前项羽受鲁公之礼出殡，韩信也获收敛的待遇，这正是刘邦发挥神明之德的美德啊。陛下若敦崇三皇的仁德，发哀怜的心思，使国恩加在罪人的尸骸上，以受无尽的泽惠，则声名远播；且以此劝诫天下的人，这岂不是弘大的恩德吗？以前栾布违背命令，收彭越尸首哭祭，臣甚痛恨，他不先向主上请求而任意收尸，以博美名，未见诛杀已够幸运。如今臣不敢不宣扬愚意，以显天恩，谨拜伏手书，冒昧陈请，恳乞圣朝哀怜体察。”于是孙亮、孙峻听任诸葛恪的老部下收敛埋葬，这些人就到石子冈去找尸首。

诸葛恪刚撤军的时候，聂友知道他快战败了，写信给滕胤说：“当人强盛时，河山也能拔起来，一旦萎弱，人情的变化可真多啊，说起来不禁让人悲叹。”诸葛恪被杀后，孙峻猜忌聂友，要调他任郁林太守，聂友病发，忧郁以终。聂友字文悌，为豫章人。

滕胤，字承嗣，北海剧县（**在今山东寿光市南**）人。他的伯父滕耽，父亲滕胄，与刘繇同乡，且为世交，由于社会混乱，渡江投靠刘繇。孙权为车骑将军时，任命滕耽为右司马。他以宽厚闻名，不幸早死，没有后嗣。滕胄善于文章，孙权以宾客之礼待他，军中书牍，常请他改动润色，也不幸短命而死。孙权自立为吴王时，感念旧恩，就封滕胤为都亭侯。滕胤少年时品德就好，容仪甚美。二十岁时娶了公主。三十岁为丹阳太守，又迁官至吴郡、会稽，在任上备受赞美。

太元元年（**公元251年**），孙权卧病，滕胤到京都，被留下任太常之职，与诸葛恪等人同受遗诏，辅佐政事。孙亮即位时，加官卫将军。

恪将悉众伐魏，胤谏恪曰："君以丧代之际，受伊、霍之托，入安本朝，出摧强敌，名声振于海内，天下莫不震动，万姓之心，冀得蒙君而息。今猥以劳役之后，兴师出征，民疲力屈，远主有备。若攻城不克，野略无获，是丧前劳而招后责也。不如案甲息师，观隙而动。且兵者大事，事以众济，众苟不悦，君独安之？"恪曰："诸云不可者，皆不见计算，怀居苟安者也，而子复以为然，吾何望焉？夫以曹芳暗劣，而政在私门，彼之臣民，固有离心。今吾因国家之资，藉战胜之威，则何往而不克哉！"以胤为都下督，掌统留事。胤白日接宾客，夜省文书，或通晓不寐。

孙峻字子远，孙坚弟静之曾孙也。静生暠，暠生恭，为散骑侍郎。恭生峻。少便弓马，精果胆决。孙权末，徙武卫都尉，为侍中。权临薨，受遗辅政，领武卫将军，故典宿卫，封都乡侯。既诛诸葛恪，迁丞相大将军，督中外诸军事，假节，进封富春侯。滕胤以恪子竦妻父辞位，峻曰："鲧、禹罪不相及，滕侯何为？"峻、胤虽内不沾洽，而外相包容，进胤爵高密侯，共事如前。

峻素无重名，骄矜险害，多所刑杀，百姓嚣然。又奸乱宫人，与公主鲁班私通。五凤

诸葛恪打算集结所有军力伐魏时，滕胤劝他说："先生在先帝初丧，新王始立之际，接受伊尹、霍光般的重托，安定本朝，摧折强敌，威名远扬四海，天下无不震惊，百姓心中，都冀望蒙君恩德，而能休养生息。如今在劳役之后，兴师出征，百姓疲怠，敌国又有准备。若攻城不胜，毫无战果，必会丧失以前的功劳，而招致责谤。不如休养士卒，观察时机再动兵。况且战争是件大事，需要众人协助，如果众人不悦，先生如何以一人之力来完成呢？"诸葛恪说："凡说不能出征，都是不经盘算、心怀苟安的人，而先生竟然也认为如此，我还能怨什么呢？由于曹芳庸弱，政权落入私人手中，可见魏国臣民，本就离心离德。现在我凭国家实力，借战胜的威势，何往而不胜呢！"于是任滕胤为都下督，掌管京都的事务。滕胤白天接见宾客，晚上批阅公文，有时通宵不睡。

孙峻，字子远，是孙坚弟弟孙静的曾孙。孙静生孙暠，孙暠生孙恭，任散骑侍郎。孙恭生孙峻。孙峻少时射箭骑马，果决勇敢。孙权晚年时，孙峻迁官武卫都尉，任侍中。孙权临终，他受遗诏辅佐政事，兼任武卫将军，掌管宿卫，封为都乡侯。孙峻杀了诸葛恪后，迁官为丞相、大将军，统领内外各军事，并持节杖，封为富春侯。滕胤心想，自己是诸葛恪儿子诸葛竦的岳父，所以辞职，孙峻说："鲧虽有罪，不会连累禹，你何必辞职呢？"孙峻与滕胤虽然心中不和，但表面上仍相互包容，进封滕胤为高密侯，依然像以前一样的共事。

孙峻一向没什么威名，骄傲阴险，滥施刑杀，因此百姓喧嚣不满。他又奸乱宫廷妇女，

元年，吴侯英谋杀峻，英事泄死。

二年，魏将毌丘俭、文钦以众叛，与魏人战于乐嘉，峻帅骠骑将军吕据、左将军留赞袭寿春，会钦败降，军还。是岁，蜀使来聘，将军孙仪、张怡、林恂等欲因会杀峻。事泄，仪等自杀，死者数十人，并及公主鲁育。

峻欲城广陵，朝臣知其不可城，而畏之莫敢言。唯滕胤谏止，不从，而功竟不就。

其明年，文钦说峻征魏，峻使钦与吕据、车骑将军刘纂、镇南将军朱异、前将军唐咨自江都入淮、泗，以图青、徐。峻与胤至石头，因饯之，领从者百许人入据营。据御军齐整，峻恶之，称心痛去，遂梦为诸葛恪所击，恐惧发病死，时年三十八，以后事付綝。

孙綝字子通，与峻同祖。綝父绰为安民都尉。綝始为偏将军，及峻死，为侍中武卫将军，领中外诸军事，代知朝政。吕据闻之大恐，与诸督将连名，共表荐滕胤为丞相，綝更以胤为大司马，代吕岱驻武昌。据引兵还，使人报胤，欲共废綝。綝闻之，遣从兄宪将兵逆据于江都，使中使敕文钦、刘纂、唐咨等合众击据，遣侍中左将军华融、中书丞丁晏告

与公主鲁班私通。五凤元年（公元254年），吴侯孙英阴谋刺杀孙峻，因事机泄漏而死。

二年，魏国将领毌丘俭、文钦率众叛变，与魏人在乐嘉（在今河南商水县东）交战。孙峻就率骠骑将军吕据，左将军留赞袭击寿春（在今安徽寿县），这时，文钦战败投降，孙峻就带着部队回来。这一年，蜀汉使者来聘使，将军孙仪、张怡、林恂等人要借会聘的机会杀孙峻。不幸泄密，孙仪等人自杀，数十人牵连而死，也波及鲁育公主。

孙峻要在广陵（在今江苏扬州市东北）筑城，朝臣都晓得那个地方无法筑城，但畏惧孙峻，没人敢说话。只有滕胤谏阻，可是孙峻不听，最后城也没法完工。

次年，文钦游说孙峻征魏，孙峻就派文钦、吕据、车骑将军刘纂、镇南将军朱异、前将军唐咨等人从江都（在今江苏扬州市西南）进入淮水、泗水，以谋进攻青州、徐州。孙峻和滕胤到了石头城，滕胤为他饯行，孙峻就带了一百多位随从进入吕据的营垒。吕据治军很严整，孙峻感到厌恶，借口心痛要离去，晚上梦见诸葛恪打他，吓破了胆，病发而死，活了三十八岁，后事都交给孙綝办理。

孙綝，字子通，与孙峻同祖。孙綝的父亲孙绰任安民都尉。起初孙綝官拜偏将军，孙峻死后，为侍中武卫将军，兼领内外各军事，代理朝政。吕据听了这消息，大怒（原作大恐，据卢弼《集解》改），和各督将联名上表，荐举滕胤为相，这时，孙綝改任滕胤为大司马，代替吕岱驻扎武昌。吕据要带兵回来，先派人报告滕胤，想一起废掉孙綝。孙綝知道这消息后，叫堂兄孙宪（原作孙虑，据钱大昕的说法改正）率兵在江都阻挡，又派中使下令文钦、刘纂、唐咨等人联合攻打吕据，同时命侍中左将军华融、中书丞丁晏告诉滕胤收

胤取据，并喻胤宜速去意。胤自以祸及，因留融、晏，勒兵自卫，召典军杨崇、将军孙咨，告以綝为乱，迫融等使有书难綝。綝不听，表言胤反，许将军刘丞以封爵，使率兵骑急攻围胤。胤又劫融等，使诈诏发兵。融等不从，胤皆杀之。胤颜色不变，谈笑若常。或劝胤引兵至苍龙门，将士见公出，必皆委綝就公。时夜已半，胤恃与据期，又难举兵向宫，乃约令部曲，说吕侯以在近道，故皆为胤尽死，无离散者。时大风，比晓，据不至。綝兵大会，遂杀胤及将士数十人，夷胤三族。

綝迁大将军，假节，封永宁侯，负贵倨傲，多行无礼。初，峻从弟虑与诛诸葛恪之谋，峻厚之，至右将军、无难督，授节盖，平九官事。綝遇虑薄于峻时，虑怒，与将军王惇谋杀綝。綝杀惇，虑服药死。

魏大将军诸葛诞举寿春叛，保城请降。吴遣文钦、唐咨、全端、全怿等三万人救之。魏镇南将军王基围诞，钦等突围入城。魏悉中外军二十馀万增诞之围。朱异帅三万人屯安丰城，为文钦势。魏兖州刺史州泰拒异于阳渊，异败退，为泰所追，死伤二千人。綝于是大发卒出屯镬里，复遣异率将军丁奉、黎斐等五万人攻魏，留辎重于都陆。异屯黎浆，遣

捕吕据，并警告他赶快到武昌。滕胤自料大祸已至，于是扣留华融和丁晏，控兵自卫，召来典军杨崇、将军孙咨，告诉他们孙綝将作乱，同时强迫华融等人写信责难孙綝。孙綝不听，上表给皇帝说滕胤造反，并叫刘丞率兵赶快围攻滕胤，答应给他封爵。此时，滕胤又劫持华融等，命他们伪造诏书，以便发兵。华融等人不从命，统统被杀。这时滕胤仍谈笑依旧，神色自若。有人劝滕胤带兵到建业宫的苍龙门，将士见他出现，一定会离开孙綝投向他。那时已夜半，滕胤仗恃与吕据已约好，加上不便带兵到建业宫，于是晓喻部属，说吕据已赶至途中，所以部属都为滕胤卖命，没人溜走。当时正刮大风，天快亮了，吕据还没到（吕据已自杀，见卷五十六吕据传）。于是孙綝的军队集合过来，杀了滕胤和数十名将士，并诛滕胤三族。

孙綝迁官大将军，持节杖，封为永宁侯，仗恃高位，傲慢无礼。当初，孙峻的堂弟孙宪参与了杀诸葛恪的计划，所以孙峻待他很优厚，官至右将军，无难督，并授与节杖车盖，管理九官的事务。如今，孙綝不像孙峻那样厚待孙宪，孙宪一怒，和将军王惇谋杀孙綝，结果王惇反被孙綝所杀，而孙宪也饮药自尽。

魏大将军诸葛诞据寿春叛变，保住城池，请求降吴。吴立刻派遣文钦、唐咨、全端、全怿等人率三万人去援救。魏镇南将军王基包围诸葛诞，文钦等人突围入城。魏国又动员了二十余万人，层层包围诸葛诞，朱异也带领三万人屯驻安丰城（在今安徽固始县东南），在外围加强文钦的军势。魏兖州刺史州泰在阳渊（在今安徽寿县西）阻挡朱异，朱异败退，州泰紧追，吴军死伤二千人。孙綝于是大举发动士卒出屯镬里（在今安徽巢湖市西北），又派朱异率领将军丁奉、黎斐等五万人攻魏，把辎重留在都陆（在今安徽寿县东南）。朱异屯

将军任度、张震等募勇敢六千人，于屯西六里为浮桥夜渡，筑偃月垒。为魏监军石苞及州泰所破，军却退就高。异复作车箱围趣五木城。苞、泰攻异，异败归，而魏太山太守胡烈以奇兵五千诡道袭都陆，尽焚异资粮。綝授兵三万人使异死战，异不从，綝斩之于镬里，而遣弟恩救，会诞败引还。綝既不能拔出诞，而丧败士众，自戮名将，莫不怨之。

綝以孙亮始亲政事，多所难问，甚惧。还建业，称疾不朝，筑室于朱雀桥南，使弟威远将军据入苍龙宿卫，弟武卫将军恩、偏将军幹、长水校尉闿分屯诸营，欲以专朝自固。亮内嫌綝，乃推鲁育见杀本末，责怒虎林督朱熊、熊弟外部督朱损不匡正孙峻，乃令丁奉杀熊于虎林，杀损于建业。綝入谏不从，亮遂与公主鲁班、太常全尚、将军刘承议诛綝。亮妃，綝从姊女也，以其谋告綝。綝率众夜袭全尚，遣弟恩杀刘承于苍龙门外，遂围宫。使光禄勋孟宗告庙废亮，召群司仪曰："少帝荒病昏乱，不可以处大位，承宗庙，以告先帝废之。诸君若有不同者，下异议。"皆震怖，曰："唯将军令。"綝遣中书郎李崇夺亮玺绶，以亮罪状班告远近。尚书桓彝不肯署名，綝怒杀之。

典军施正劝綝征立琅邪王休，綝从之，遣宗正楷奉书于休曰："綝以薄才，见授大任，

驻黎浆，派将军任度、张震等人招募六千名勇士，在驻地西边六里架设浮桥渡河，建筑半月形堡垒。结果被魏国监军石苞和州泰攻破，吴军撤退至高地。朱异又作车箱围向五木城。石苞、州泰进攻朱异，朱异又败退。这时，魏太山太守胡烈率五千奇兵，从暗道侵袭都陆，把朱异的粮秣全烧光。孙綝一怒，交三万名士兵给朱异，命他死战，朱异抗命，孙綝就在镬里把他杀了，另派弟弟孙恩援救，此时正逢诸葛诞败亡，于是带兵回国。孙綝既不能把诸葛诞援救出来，又损失兵员，斩杀自己的名将，所以无人不怨恨他。

孙亮亲理政事后，经常诘问责难，孙綝心中恐惧。一回到建业，便借口有病，不上朝，在朱雀桥南边盖了一栋房子，派弟弟威远将军孙据进入苍龙门守卫，武卫将军孙恩、偏将军孙幹、长水校尉孙闿分别屯驻各营垒，想专擅朝政，巩固势力。孙亮心中嫌怨他，于是翻起鲁育公主被杀的旧案子，怒责虎林督朱熊和朱熊的弟弟外部督朱损，为何不匡正孙峻。于是命丁奉到虎林杀朱熊，到建业杀朱损。孙綝入宫进谏，不听，孙亮并与公主鲁班、太常全尚、将军刘承谋议，要杀孙綝。孙亮的妃子是孙綝堂姐的女儿，把他们的谋议告诉了孙綝。孙綝立即率人夜袭全尚，派孙恩在苍龙门外杀掉刘承，于是包围皇宫。命光禄勋孟宗祭告祖庙，废除孙亮，并召集官员讨论此事，孙綝先说："少帝生病，精神昏乱，不能居大位，以承继宗庙，如今要祭告先帝将他废除。各位如果不同意，提出来讨论。"众官怕他，都说："将军下令便是。"孙綝派中书郎李崇夺取孙亮的玺绶，把他的罪状布告四方。尚书桓彝不肯署名，孙綝一怒，杀了他。

典军施正劝孙綝立琅邪王孙休为帝，孙綝依他的意见，就派宗正孙楷送信给孙休说："孙綝才能浅薄，蒙授重任，而不能辅导陛下。数月以来，陛下做了许多败事，亲近刘承，

不能辅导陛下。顷月以来，多所造立，亲近刘承，悦于美色，发吏民妇女，料其好者，留于宫内，取兵子弟十八已下三千馀人，习之苑中，连日续夜，大小呼嗟，败坏藏中矛戟五千馀枚，以作戏具。朱据先帝旧臣，子男熊、损皆承父之基，以忠义自立，昔杀小主，自是大主所创，帝不复精其本末，便杀熊、损，谏不见用，诸下莫不侧息。帝于宫中作小船三百馀艘，成以金银，师工昼夜不息。太常全尚，累世受恩，不能督诸宗亲，而全端等委城就魏。尚位过重，曾无一言以谏陛下，而与敌往来，使传国消息，惧必倾危社稷。推案旧典，运集大王，辄以今月二十七日擒尚斩承。以帝为会稽王，遣楷奉迎。百寮喁喁。立住道侧。"

綝遣将军孙耽送亮之国，徙尚于零陵，迁公主于豫章。綝意弥溢，侮慢民神，遂烧大桥头伍子胥庙，又坏浮屠祠，斩道人。休既即位，称草莽臣，诣阙上书曰："臣伏自省，才非干国，因缘肺腑，位极人臣，伤锦败驾，罪负彰露，寻愆惟阙，夙夜忧惧。臣闻天命棐谌，必就有德，是以幽厉失度，周宣中兴，陛下圣德，纂承大统，宜得良辅，以协雍熙，虽尧之盛，犹求稷契之佐，以协明圣之德。古人有言：'陈力就列，不能者止。'臣虽自展竭，无益度政，谨上印绶节钺，退还田里，以避贤路。"休引见慰喻。又下诏曰："朕以不德，守藩于外，值兹际会，群公卿士，暨于朕躬，以奉宗庙。朕用怃然，若涉渊水。大将

贪好美色，召来吏民的妇女，挑选有姿色的留在宫内。又选取三千多名十八岁以下的军士子弟，在苑囿中玩耍，日以继夜，大呼小叫，损坏了库藏的五千多枝矛戟，拿来当作游戏的道具。朱据是先帝旧臣，其子朱熊、朱损都承袭父亲的基业，一向忠义，以前杀了鲁育公主，那是孙峻的意思，而陛下又不详本末，便杀此二人，劝谏也不听，因此群臣莫不叹息。陛下又在宫中用金银制作三百多艘小船，工匠昼夜不得休息。太常全尚，累代蒙受国恩，却不能督导宗亲，而全端等人也弃城降魏。全尚地位太高，竟然连一句进谏陛下的话都没说过，反和敌人勾结，传递情报，恐怕会倾覆社稷。推查旧日典章，时运正临集大王，于是本月二十七日擒全尚，斩刘承。徙陛下为会稽王，派孙楷奉迎大王。百官向慕，伫立道旁等待。"

孙綝派将军孙耽送孙亮到会稽，把全尚迁到零陵，把公主送往豫章。从此他更傲慢，侮辱百姓所祀的神祇，烧毁伍子胥庙，破坏佛寺，杀道人。孙休即位后，孙綝自称草莽臣，到宫阙上书说："臣深自反省，并非治国的大才，因受亲信，而居高位，寡德无能，罪孽显露，寻思过失，终日忧心。臣听说天命不可信赖，一定要接近贤人，所以周代的幽王、厉王，失去为人君的法度，宣王起而中兴，陛下秉持圣德，继承大位，应获贤良的辅佐，以谐和万事，尧虽有盛德，仍寻稷契为辅弼，以助圣明。古人说：'贡献才力以佐事，才力不足即可止。'臣虽竭尽心力，却无益政事，谨呈上印绶节钺，回返乡里，以免堵塞进贤之路。"孙休接见他，颇加慰勉。又下诏书说："我因贤德不足，在外守藩侯之职，值此运会，群臣卿士与我恭奉宗庙。心中愕然，如临深渊，如履薄冰。大将军孙綝内怀忠义，救危扶

军忠计内发，扶危定倾，安康社稷，功勋赫然。昔汉孝宣践阼，霍光尊显，褒德赏功，古今之通义也。其以大将军为丞相、荆州牧，食五县。”恩为御史大夫、卫将军，据右将军，皆县侯。幹杂号将军、亭侯。闿亦封亭侯。綝一门五侯，皆典禁兵，权倾人主，自吴国朝臣未尝有也。

綝奉牛酒诣休，休不受，赍诣左将军张布。酒酣，出怨言曰：“初废少主时，多劝吾自为之者。吾以陛下贤明，故迎之。帝非我不立，今上礼见拒，是与凡臣无异，当复改图耳。”布以言闻休，休衔之，巩其有变，数加赏赐，又复加恩侍中，与綝分省文书。或有告綝怀怨侮上欲图反者，休执以付綝，綝杀之。由是愈惧，因孟宗求出屯武昌，休许焉，尽敕所督中营精兵万馀人，皆令装载，所取武库兵器，咸令给与。将军魏邈说休曰“綝居外必有变”，武卫士施朔又告“綝欲反有征”。休密问张布，布与丁奉谋于会杀綝。

永安元年十二月丁卯，建业中谣言明会有变。綝闻之，不悦。夜大风发木扬沙，綝益恐。戊辰腊会，綝称疾。休强起之，使者十馀辈，不得已，将入，众止焉。綝曰：“国家屡有命，不可辞。可豫整兵，令府内起火，因是可得速还。”遂入，寻而火起，綝求出，休

倾，安定国家，功劳显赫。昔日汉宣帝登位，因霍光位尊名显，而褒赏其功德，这是古今共同的道理。今以大将军为丞相、荆州州牧，食采邑五县。”孙休并任孙恩为御史大夫、卫将军，孙据为右将军，皆县侯。孙幹为杂号将军、亭侯。孙闿也封为亭侯。孙綝一家，五人封侯，权势凌驾人君之上，吴国朝臣从来没有这样的情形。

孙綝带着牛酒进见孙休，孙休不接受，于是又带着牛酒去看左将军张布。酒酣时，孙綝抱怨说：“当初废掉孙亮时，许多人劝我自立。我认为陛下贤明，所以迎接他登位。若不是我，他哪能即位，现在送礼给他，却被拒绝，这简直把我当成和其他大臣一样，非另想办法不可。”张布把这些牢骚话告诉孙休，孙休虽心中含恨，但恐怕他叛变，所以屡次赏赐他，又命孙恩任侍中，与孙綝分掌文书，削弱他的权势。有人向孙休密告，说孙綝因怀恨而侮辱皇上，想图谋反叛，孙休就将此人交给孙綝，孙綝于是把此人杀死。从此孙綝愈发恐惧，托孟宗向皇上请求外调屯驻武昌，孙休答应，就命他督领的中营精兵一万多人，悉数登船，孙綝在武库所拿的兵器，孙休也都下令给他。将军魏邈告诉孙休说：“孙綝出镇武昌，一定会有变乱。”武卫士施朔又说：“孙綝有反叛的迹象。”孙休暗中问张布，于是张布和丁奉计划在会面时杀孙綝。

永安元年（公元258年）十二月丁卯，在建业有谣言，说明天的腊会将有变故，孙綝听了，不高兴。当晚大风拔树，尘土飞扬，孙綝更恐惧。次日腊会，孙綝借口生病不去。孙休坚持他要来，前后派十多人来传话，孙綝不得已，准备赴会，众人劝阻他，孙綝说：“皇上一再传令要我去，实在不能推辞了。不过，你们预先整顿部队，让府内发生火灾，如此我便能速回。”于是入见孙休，不久府内起火，孙綝请求回去，孙休说：“外面自有许多

曰：“外兵自多，不足烦丞相也。”綝起离席，奉、布目左右缚之。綝叩首曰：“愿徙交州。”休曰：“卿何以不徙滕胤、吕据？”綝复曰：“愿没为官奴。”休曰：“何不以胤、据为奴乎！”遂斩之。以綝首令其众曰：“诸与綝同谋皆赦。”放仗者五千人。闿乘船欲北降，追杀之，夷三族。发孙峻棺，取其印绶，斲其木而埋之，以杀鲁育等故也。

綝死时年二十八。休耻与峻、綝同族，特除其属籍，称之曰故峻、故綝云。休又下诏曰：“诸葛恪、滕胤、吕据盖以无罪为峻、綝兄弟所见残害，可为痛心，促皆改葬，各为祭奠。其罹恪等事见远徙者，一切召还。”

濮阳兴字子元，陈留人也。父逸，汉末避乱江东，官至长沙太守。兴少有士名，孙权时除上虞令，稍迁至尚书左曹，以五官中郎将使蜀，还为会稽太守。时琅邪王休居会稽，兴深与相结。及休即位，征兴

丁奉定计斩孙綝，选自清刊本《三国演义》。图为孙綝被缚后向吴主孙休求饶。

士兵处理，不足劳动丞相。”孙綝正要离席，丁奉、张布向左右手下使个眼色，把他捆绑起来。于是孙綝叩头恳求说：“希望把我流放到交州。”孙休说：“你为什么不流放滕胤和吕据呢？”孙綝又哀求说：“希望把我收为官家的奴仆。”孙休说：“为什么你不把滕胤和吕据收为官家的奴仆呢？”于是斩了孙綝。带着首级告诉他的部属说：“与孙綝同谋的人，一律赦免。”结果释放了五千多人。孙闿想乘船投降魏国，被追杀，夷灭三族。又挖出孙峻的棺木，没收印绶，把棺木砍薄再埋葬，表示贬斥，这都是为了他杀鲁育公主等人的缘故。

孙綝死的时候，二十八岁。孙休耻为孙峻、孙綝的同族，特别削除他们的籍贯，而改称为故峻、故綝。孙休又下诏说：“诸葛恪、滕胤、吕据无罪，却遭孙峻和孙綝杀害，真令人痛心，速为他们改葬，并分别祭奠。至于因诸葛恪等事件而被流放远地的人，一律召回。”

濮阳兴，字子元，陈留人。他的父亲濮阳逸，在汉朝末年避乱到江东，任官至长沙太守。少年时，濮阳兴即负声名，孙权任他为上虞（在今浙江省上虞市西北）县令。稍后，升为尚书左曹，以五官中郎将的名义出使蜀汉，回来后，任会稽太守。当时，琅邪王孙休

为太常卫将军、平军国事，封外黄侯。

永安三年，都尉严密建丹杨湖田，作浦里塘。诏百官会议，咸以为用功多而田不保成，唯兴以为可成。遂会诸兵民就作，功佣之费不可胜数，士卒死亡，或自贼杀，百姓大怨之。

兴迁为丞相，与休宠臣左将军张布共相表里，邦内失望。

七年七月，休薨。左典军万彧素与乌程侯孙晧善，乃劝兴、布，于是兴、布废休適子而迎立晧。晧既践阼，加兴侍中，领青州牧。俄彧谮兴、布追悔前事。十一年朔入朝，晧因收兴、布，徙广州，道追杀之，夷三族。

评曰：诸葛恪才气干略，邦人所称，然骄且吝，周公无观，况在于恪？矜己陵人，能无败乎！若躬行所与陆逊及弟融之书，则悔吝不至，何尤祸之有哉？滕胤厉修士操，遵蹈规矩，而孙峻之时犹保其贵，必危之理也。峻、綝凶竖盈溢，固无足论者。濮阳兴身居宰辅，虑不经国，协张布之邪，纳万彧之说，诛夷其宜矣。

住在会稽，濮阳兴和他交情很好。孙休即位时，召濮阳兴为太常卫将军，管理军国事谊，封爵外黄侯。

永安三年（公元 260 年），都尉严密要兴建丹阳的湖田，造浦里塘。孙休下诏命百官讨论，大家都认为费力多而不一定能成功，只有濮阳兴认为可以完成。于是聚集士兵和百姓建造，耗费不可胜数，且士卒死亡，甚至有人互相残杀，百姓大为怨怒。

不久，濮阳兴升为丞相，和孙休的宠臣左将军张布分治内政、军事，国人都很失望。

永安七年（公元 264 年）七月，孙休去逝。左典军万彧和乌程侯孙晧一向友善，于是劝濮阳兴和张布废除孙休的嫡子，而迎孙晧登位。孙晧登位后，加任濮阳兴为侍郎，兼任青州州牧。不久，万彧毁谤濮阳兴和张布，说他们后悔迎立孙晧。十一月一日上朝时，孙晧就抓捕了这两人，流放到广州，又在途中追杀他们，夷灭三族。

陈寿评论说：诸葛恪的才气和能力，为国人所同声赞美，但骄纵而不体恤民众，就算有周公之才，也会一事无成，何况是他？自负矜夸，责辱他人，能不失败吗！如果他能实践给陆逊和诸葛融信中的话，那么就没有过失悔吝，又怎么会横遭大祸呢？滕胤修养德操，循规蹈矩，然而在孙峻当权时，还保持富贵，这一定会招来危难的。孙峻、孙綝过于凶残，本就不值一提。淮阳兴位为丞相，谋略却不足以经营国事，协助张布为恶，接纳万彧的意见，终于被杀，也是应该的。

三国志卷六十五

王楼贺韦华传第二十

汪惠敏 译

王蕃字永元，庐江人也。博览多闻，兼通术艺。始为尚书郎，去官。孙休即位，与贺邵、薛莹、虞汜俱为散骑中常侍，皆加驸马都尉。时论清之。遣使至蜀，蜀人称焉，还为夏口监军。

孙皓初，复入为常侍，与万彧同官。彧与皓有旧，俗士挟侵，谓蕃自轻。又中书丞陈声，皓之嬖臣，数谮毁蕃。蕃体气高亮，不能承颜顺指，时或迕意，积以见责。

甘露二年，丁忠使晋还，皓大会群臣，蕃沈醉顿伏，皓疑而不悦，轝蕃出外。顷之请还，酒亦不解。蕃性有威严，行止自若，皓大怒，呵左右于殿下斩之。卫将军滕牧、征西将军留平请，不能得。

丞相陆凯上疏曰："常侍王蕃黄中通理，知天知物，处朝忠蹇，斯社稷之重镇，大吴之龙逄也。昔事景皇，纳言左右，景皇钦嘉，叹为异伦。而陛下忿其苦辞，恶其直对，枭

王蕃，字永元，庐江（今安徽潜山市）人。他博学多闻，又懂得各种才能。最初曾经担任尚书郎，后来辞去官职。孙休即位时，他和贺邵、薛莹、虞汜一起担任散骑中常侍，并且加封驸马都尉。一般人对他的评论，认为他很清高。孙休派他到蜀，蜀人都很称赞他。回来以后，担任夏口（今湖北省武汉市武昌区西黄鹄山上）监军。

孙皓初年，又入宫担任常侍，和万彧同一官职。万彧和孙皓有旧交，一般俗士依恃万彧而侵侮王蕃，说他自轻身份。此外，中书丞陈声，是孙皓宠幸的臣子，也屡次毁谤王蕃。王蕃气节清高，不肯阿谀奉承，常常忤逆孙皓的意思，因此而屡被责备。

甘露二年（公元266年），丁忠出使晋回来，孙皓大宴群臣，王蕃喝得烂醉，躺在地上；孙皓怀疑他装醉，十分不高兴，派人把他搀出去，不久再把他叫回来。王蕃酒醉还是未醒。王蕃天性有威严，举止自如，孙皓大为生气，呵令左右的人在殿下就把他杀了。当时卫将军滕牧、征西将军留平替他求情，但都没有办法挽救。

丞相陆凯上奏章说："常侍王蕃，通达事理，具有美德；知天道，达人事，对朝廷忠贞，实在是国家的重要大臣，可称是大吴的关龙逢（夏桀时的忠臣）。从前他事奉景皇帝，

之殿堂，尸骸暴弃，郡内伤心，有识悲悼。”其痛蕃如此。蕃死时年三十九，晧徙蕃家属广州。二弟著、延皆作佳器，郭马起事，不为马用，见害。

楼玄字承先，沛郡蕲人也。孙休时为监农御史。孙晧即位，与王蕃、郭逴、万彧俱为散骑中常侍，出为会稽太守，人为大司农。旧禁中主者自用亲近人作之，彧陈亲密近职，宜用好人。晧因敕有司，求忠清之士，以应其选，遂用玄为宫下镇禁中候，主殿中事。玄从九卿持刀侍卫，正身率众，奉法而行，应对切直，数迕晧意，渐见责怒。后人诬白玄与贺邵相逢，驻共耳语大笑，谤讪政事，遂被诏诘责，送付广州。

东观令华覈上疏曰：“臣窃以治国之体，其犹治家。主田野者，皆宜良信。又宜得一人总其条目，为作维纲，众事乃理。《论语》曰：‘无为而治者其舜也与！恭己正南面而已。’言所任得其人，故优游而自逸也。今海内未定，天下多事，事无大小，皆当关闻，动经御坐，劳损圣虑。陛下既垂意博古，综极艺文，加勤心好道，随节致气，宜得闲静以展

经常在左右进言，景皇帝对他非常嘉许，认为他有超人的智慧。现在陛下因为他的良言而生气，讨厌他直言进谏，在殿下就把他杀了，并且把他的尸骨抛弃，使得州郡的人士感到伤心，有识之士都替他哀悼。”可见陆凯对他的痛惜。王蕃死的时候，年才三十九岁。孙晧把他一家流放到广州（治在今广东省广州市）。他的二个弟弟王著、王延，也都是一表人才，当郭马造反的时候，因为不肯附和郭马而被杀害。

楼玄，字承先，沛郡蕲县（今安徽省宿州市南）人。在孙休的时候担任监农御史。孙晧即位，他和王蕃、郭逴、万彧一同担任散骑中常侍；后来出任会稽（今浙江省绍兴市）太守，回来后担任大司农。从前护卫宫庭禁中，主司的人都选用亲近的人担任；万彧上奏说：亲近的人，关系太密，应该选用好人。孙晧因此下令有司选择忠贞清高的人来担任。于是选用楼玄担任宫下镇禁中候，主掌殿中事务。楼玄跟着九卿佩刀护卫宫中，以身作则，奉公守法。但是他应对直切，常常忤逆孙晧的意旨，渐渐地被孙晧所责怒。后来有人诬告楼玄和贺邵见面，两人站在那里悄悄说话，然后大笑，又批评国事。楼玄于是被诏来监问实情，发配到广州。

东观令华覈上疏朝廷：“臣下以为治理国家就好像治理家庭。在外置理田地的人，都应该是善良而且信实。还要有一个人是总负责，替众人策划主张，然后每件事情才能有条理。《论语》上说：‘无为而治的人应该是大舜了。端正自己的行为，南面领导群臣而已。’这是说他能因才用人，所以优游而闲逸。现在海内尚未平定，天下仍多变故，事情不论大小，都须要闻问，因此劳动御座，有损圣虑。陛下既然有意于远古的治世，综览艺文，又喜好修道，随着节令养气，尤其应该有闲静的时刻来舒展神思，使得呼息清淳，才能和天

神思，呼翕清淳，与天同极。臣夙夜思惟，诸吏之中，任干之事，足委仗者，无胜于楼玄。玄清忠奉公，冠冕当世，众服其操，无与争先。夫清者则心平而意直，忠者惟正道而履之，如玄之性，终始可保。乞陛下赦玄前愆，使得自亲，擢之宰司，责其后效，使为官择人，随才授任，则舜之恭己，近亦可得。”晧疾玄名声，复徙玄及子据，付交阯将张奕，使以战自效，阴别敕奕令杀之。据到交阯，病死。玄一身随奕讨贼，持刀步涉，见奕辄拜，奕未忍杀。会奕暴卒，玄殡敛奕，于器中见敕书，还便自杀。

贺邵字兴伯，会稽山阴人也。孙休即位，从中郎为散骑中常侍，出为吴郡太守。孙晧时，入为左典军，迁中书令，领太子太傅。

晧凶暴骄矜，政事日弊。邵上疏谏曰：

古之圣王，所以潜处重闱之内而知万里之情，垂拱衽席之上，明照八极之际者，任贤之功也。陛下以至德淑姿，统承皇业，宜率身履道，恭奉神器，旌贤表善，以康庶政。自顷年以来，朝列纷错，真伪相贸，上下空任，文武旷位，外无山岳之镇，内无拾遗之臣；

地共长久。臣下早晚推思：在所有官吏之中，办事能干，最可以委托信任的，莫过于楼玄。楼玄清高忠诚，奉公守法，在当代中可以说是首屈一指的。大家都佩服他的节操，没有人会跟他争这个头衔。而且为人清明，办事就会心平而正直；待人忠诚，就只选择正道而行。像楼玄这样的禀性，始终值得信任。臣乞求陛下赦免楼玄以前的罪过，让他有改过自新的机会，提拔他做宰司，然后考核他日后的绩效。能够择人任官，因才任职，那么，像舜一样恭己南面，很快就会做到了。”孙晧讨厌楼玄有这么好的名声，因此又贬谪楼玄和他的儿子楼据，把他们交给交阯（今越南北部）的将领张奕，命他作战立功；私底下却下令张奕把他杀了。楼据到交阯就病死了。楼玄随着张奕讨贼，持刀跋涉；看见张奕就跪拜，张奕不忍心杀他。正好张奕突然病死，楼玄替他收殓，在他的公文卷中发现孙晧的手令，回去以后就自杀而死。

贺邵，字兴伯，会稽郡山阴县（今浙江省绍兴市）人。孙休即位，贺邵由中郎升为散骑中常侍，出任吴郡（今江苏省苏州市）太守。孙晧的时候，在朝廷担任左典军，升为中书令，担任太子太傅。

孙晧凶暴骄矜，国家政纲一天天败坏，贺邵上疏劝谏说：

古时候圣明的君主，所以处在深宫之中，而能够知道万里以外的事情；垂拱于衽席之上，却能光耀照达八方之外，就是因为他们能任用贤才。陛下以至高的德性，继承大业，应该率身行道，恭敬于皇帝的尊位，表彰贤善的人，使得国政更为昌隆。这些年来，朝纲错乱，是非混淆，上下官员不能因才而用，文武职务不得其人。在外，没有镇抚山岳的武

佞谀之徒拊翼天飞，干弄朝威，盗窃荣利，而忠良排坠，信臣被害。是以正士摧方，而庸臣苟媚，先意承旨，各希时趣，人执反理之评，士吐诡道之论，遂使清流变浊，忠臣结舌。陛下处九天之上，隐百重之室，言出风靡，令行景从，亲洽宠媚之臣，日闻顺意之辞，将谓此辈实贤，而天下已平也。臣心所不安，敢不以闻。

臣闻兴国之君乐闻其过，荒乱之主乐闻其誉；闻其过者过日消而福臻，闻其誉者誉日损而祸至。是以古之人君，揖让以进贤，虚己以求过，譬天位于乘奔，以虎尾为警戒。至于陛下，严刑法以禁直辞，黜善士以逆谏臣，眩耀毁誉之实，沈沦近习之言。昔高宗思佐，梦寐得贤，而陛下求之如忘，忽之如遗。故常侍王蕃忠恪在公，才任辅弼，以醉酒之间加之大戮。近鸿胪葛奚，先帝旧臣，偶有逆迕，昏醉之言耳，三爵之后，礼所不讳，陛下猥发雷霆，谓之轻慢，饮之醇酒，中毒陨命。自是之后，海内悼心，朝臣失图，仕者以退为幸，居者以出为福，诚非所以保光洪绪，熙隆道化也。

又何定本趋走小人，仆隶之下，身无锱铢之行，能无鹰犬之用，而陛下爱其佞媚，假

将；在内，缺乏忠贞辅佐的大臣。攻讦阿谀的小人攀拊升缘，干涉朝政，盗窃名利；而忠良的人则被排挤，诚信的臣子受迫害。因此，正直的大臣被摧折，而庸臣苟安谄媚，奉承拍迎，各有所求。人人都执持违反正理的立论，读书人也发出诡谲的言论，于是使得清流变得混浊，忠臣不敢开口。陛下位在九天之上，居于深宫之中，一言既出，全国风靡；一令既下，莫不跟从。经常亲近的是宠媚的臣子，每天听到的都是奉承顺耳的言辞；以为这些人确实贤明，天下已经太平了。这是臣下所不能心安的。因此不敢不禀奏皇上，让皇上知道。

臣听说：能振兴国势的国君，喜欢听到别人指正他的过失，而荒乱的君主却喜欢听到别人对他的赞誉。听到自己过失的人，就会过失日消，而福祉日增；听到歌颂赞美的人，就会声誉日减而祸患到来。因此，古时候的人君，谦恭揖让，引进贤者，谦虚地请教自己的过失，把天子之位比做乘在狂奔的牛背上；或是拿着虎尾作为警戒。而陛下用严刑峻法来遏止直言的人；贬黜忠臣，来阻止劝谏；被一些言过其实的歌颂所迷眩，沉迷在小人的甜言蜜语之中。从前，殷高宗日夜思念贤人辅佐，终于由睡梦中得到贤者；而陛下不求贤人，好比忘记了一般；疏忽贤者，好比遗弃了一样。所以，从前常侍王蕃秉公忠诚，才堪辅佐，陛下因为他酒醉而把他杀死。最近，鸿胪葛奚，是先帝的旧臣，偶然忤逆陛下，那也只是在昏醉的时候的言语。本来，酒过三杯之后，礼仪有所不忌讳。陛下居然大发雷霆，说他态度轻慢，给他醇酒，使他中毒而死。从此以后，海内离心，大臣失掉纲纪；做官的人，以能够全身隐退感到庆幸；朝廷的人，以能够奉派外调，认为是福。这实在不是保全统绪、昌益道化的方法啊！

又何定本来是一个供使唤的小人，比仆隶还低下，身上没有具备丝毫品德，也没有鹰

其威柄，使定恃宠放恣，自擅威福，口正国议，手弄天机，上亏日月之明，下塞君子之路。夫小人求人，必进奸利。定间妄兴事役，发江边戍兵以驱麋鹿，结置山陵，芟夷林莽，殚其九野之兽，聚于重围之内，上无益时之分，下有损耗之费。而兵士罢于运送，人力竭于驱逐，老弱饥冻，大小怨叹。臣窃观天变，自比年以来阴阳错谬，四时逆节，日食、地震，中夏陨霜，参之典籍，皆阴气陵阳，小人弄势之所致也。臣尝览书传，验诸行事，灾祥之应，所为寒栗。昔高宗修己以消鼎雉之异，宋景崇德以退荧惑之变，愿陛下上惧皇天谴告之诮，下追二君攘灾之道，远览前代任贤之功，近寤今日谬授之失，清澄朝位，旌叙俊乂，放退佞邪，抑夺奸势。如是之辈，一勿复用，广延淹滞，容受直辞，祇承乾指，敬奉先业，则大化光敷，天人望塞也。

《传》曰："国之兴也，视民如赤子；其亡也，以民为草芥。"陛下昔韬神光，潜德东夏，以圣哲茂姿，龙飞应天，四海延颈，八方拭目，以成康之化必隆于旦夕也。自登位以来，法禁转苛，赋调益繁；中宫内竖，分布州郡，横兴事役，竞造奸利；百姓罹杼轴之困，黎民罢无已之求，老幼饥寒，家户菜色，而所在长吏，迫畏罪负，严法峻刑，苦民求办。

犬般的技能，可是陛上喜欢他的佞媚，给他威权，使得何定仗恃恩宠，大胆放纵，胡作非为。口可以决定国家大事，手能玩弄天机；对上亏损日月的光明，对下则阻塞君子的道路。凡是小人要求进身，必定要拿不义之财去巴结。何定闲居无事，任意发动徭役，派遣戍守边区的兵士去捕捉麋鹿；在山陵设置捕兽网，砍伐森林，务必驱赶所有的野兽，聚在重围之内。对上没有任何的帮助，对下则是过分的耗费；兵士们疲于运送，百姓苦于追赶；使得老弱挨饿受冻，大小怨恨。我私下观察天象变化：这些年来，阴阳时节错乱，四时节气不顺；日食、地震、盛夏降霜，参考典籍的记载，都是阴气凌驾于阳气，小人玩弄权势所导致的。臣曾经翻阅书传的记载，再拿事实验证，灾异现象的呈现，实在令人寒慄。从前，殷高宗修养自己，来消除鼎雉的灾异。宋景公崇尚自己的德性，以退除荧惑星的灾变。希望陛下能够上而畏惧皇天谴下灾异的告诫，下能追随二位君主袪除灾异的方法；远则效法先人任用贤才的功绩，近则能够醒悟如今滥授职权的差失。清理朝政，提拔人才，排斥小人，抑夺奸人的权势。那些奸邪的人，一律不再任用，延揽受阻滞的人才，宽容的接受直言。秉承上天的旨意，敬奉先人的伟业，如此才能光耀大化，符合天、人的企望。

《左传》上说："一个兴盛的国家，对待老百姓如同自己的儿女一般，小心呵护，而一个将要灭亡的国家，则把人民视同草芥。"陛下从前隐讳神光，在东夏地区潜修德行的时候，有如圣哲茂姿，龙飞以应天，为四海所仰望，八方的人都拭目以待；要想达到成康时代的大化，可以在旦夕之间实现了。可是自从登基以来，法令转苛，赋敛愈来愈繁多，内宫的竖宦分布在各州郡，横生事端，争相为非驱利；百姓陷于空乏的困境，疲于无止境的苛求。老幼饥寒，家家面有菜色，而各地县吏也畏惧负罪，于是严刑峻法，苛责老百姓照

是以人力不堪，家户离散，呼嗟之声，感伤和气。又江边戍兵，远当以拓土广境，近当以守界备难，宜特优育，以待有事，而征发赋调，烟至云集，衣不全裋褐，食不赡朝夕，出当锋镝之难，入抱无聊之感。是以父子相弃，叛者成行。愿陛下宽赋除烦，振恤穷乏，省诸不急，荡禁约法，则海内乐业，大化普洽。夫民者国之本，食者民之命也，今国无一年之储，家无经月之畜，而后宫之中坐食者万有馀人。内有离旷之怨，外有损耗之费，使库廪空于无用，士民饥于糟糠。

又北敌注目，伺国盛衰，陛下不恃己之威德，而怙敌之不来，忽四海之困穷，而轻虏之不为难，诚非长策庙胜之要也。昔大皇帝勤身苦体，创基南夏，割据江山，拓土万里，虽承天赞，实由人力也。馀庆遗祚，至于陛下，陛下宜勉崇德器，以光前烈，爱民养士，保全先轨，何可忽显祖之功勤，轻难得之大业，忘天下之不振，替兴衰之巨变哉？臣闻否泰无常，吉凶由人，长江之限不可久恃，苟我不守，一苇可航也。昔秦建皇帝之号，据殽函之阻，德化不修，法政苛酷，毒流生民，忠臣杜口，是以一夫大呼，社稷倾覆。近刘氏据三关之险，守重山之固，可谓金城石室，万世之业，任授失贤，一朝丧没，君臣系颈，

办。因此老百姓不能忍受，家户离散，到处怨声载道，哀伤叹气。而江边驻守的军队，从远处看，是要拓展领土，从近处看，则是防守边界，防备边患。应该抚恤优渥，以备万一有事，全力以赴。而如今征调兵役，多如烟云聚集，他们衣衫褴褛，粮食缺乏；出征时要承担刀、箭的危险，回来又有无以维生的忧感。因此父子相继逃离，背叛的人愈来愈多。臣希望陛下能减轻赋役，赈济贫困，省去一些不急之务，严肃的约制法令，使得海内人人安居乐业，大化升平。本来，人民是国家的根本，粮食是人民的生命。如今国内没有一年的储粮，家里没有一月的积蓄；而后宫之中，坐享其成的居然有一万多人。对内有百姓离旷的怨叹，对外有耗损国用的浪费。使得府库因为无用的浪费而空乏，百姓则因缺乏糟糠而饥饿。

又北方的敌人，时时窥伺着我们，随时观察我们的盛衰。陛下如今不依恃自己的盛德，却仗着敌人不来；忽略四海的困穷，而轻视外敌不敢发难。这实在不是宗庙长久致胜之计。从前，大皇帝奋发勤勉，创立了南方的基业；割据江山，开拓万里的国土，虽然说是承继天命，其实也是由于人力的勤勉，而遗留瑞庆的福祉，传到陛下。陛下应该勉修德行，来光大列祖的基业；爱民养士，保全先人的轨度，怎么可以忽视祖先的功绩，轻慢这辛苦创下的大业，忘却天下的不振，替代兴衰的巨变呢？臣下听说：否、泰是不会长久，吉、凶是由人自取。长江天险，不可以作为长久的依恃。如果我们不好好防守，敌人即使乘着一叶小舟，也可以航行过来。从前秦始皇建帝称号，据守崤山、函谷关的天险，可是他教化不修，政法苛刻，毒害百姓，忠臣不敢进谏；因此，一个百姓登高一呼，国家就灭亡了。最近，刘氏依恃汉中三关的险要，据守重山的坚固，可以说是金城石室，万世的事

共为羁仆。此当世之明鉴，目前之炯戒也。愿陛下远考前事，近鉴世变，丰基强本，割情从道，则成康之治兴，而圣祖之祚隆矣。

书奏，皓深恨之。邵奉公贞正，亲近所惮。乃共谮邵与楼玄谤毁国事，俱被诘责。玄见送南州，邵原复职。后邵中恶风，口不能言，去职数月。皓疑其托疾，收付酒藏，掠考千所，邵卒无一语，竟见杀害，家属徙临海。并下诏诛玄子孙，是岁天册元年也，邵年四十九。

韦曜字弘嗣，吴郡云阳人也。少好学，能属文，从丞相掾，除西安令，还为尚书郎，迁太子中庶子。

时蔡颖亦在东宫，性好博弈，太子和以为无益，命曜论之。其辞曰：

盖闻君子耻当年而功不立，疾没世而名不称，故曰“学如不及，犹恐失之”。是以古之志士，悼年齿之流迈而惧名称之不立也，故勉精厉操，晨兴夜寐，不遑宁息，经之以岁月，累之以日力，若甯越之勤，董生之笃，渐渍德义之渊，栖迟道艺之域。且以西伯之圣，

业。但是他用人失当，不久就亡国，君臣都被俘虏，一起沦为奴仆。这实在是我们的前车殷鉴，目前应当戒备警惕的啊！希望陛下能够深远地观察前人事迹，近则观看时局的变化，奠定基业、巩固国本，割舍私情而遵守正道。那么，成、康的治世，很快就会达到，而圣祖所遗留的福祚也很快就会兴盛了。

书奏呈上，孙皓看了，心里非常生气。贺邵性情忠贞，奉公守法，为孙皓身边亲近的人所忌惮。于是共同谗说贺邵，说他和楼玄毁谤国事。两人都被捉去盘问。楼玄被送到南方广州，贺邵回复原职。后来，贺邵染患中风，口不能说话，离职几个月。孙皓怀疑他假托疾病，收押入监，严刑拷打，贺邵始终能不说一句话，后来竟被杀害，家属流放临海（今浙江省临海县东南）。孙皓并且下令，杀死楼玄的子孙。这一年是天册元年（公元275年）贺邵四十九岁。

韦曜（原名韦昭，因避讳司马昭，陈寿改为韦曜。今复原名。），吴郡云阳县（今江苏省丹阳市治）人。年轻时十分好学，会写文章。从丞相掾的官职，做到西安（今江西武宁县西）县令。后来调回朝廷，担任尚书郎，升为太子中庶子。

当时，蔡颖也在太子东宫。他喜欢赌博，太子孙和认为下棋没有好处，命韦曜作博弈论。文章如下：

我听说有才德的君子，会因为壮年而功名没有成就，感到十分羞耻，害怕死了以后，没有好的名声流传下去。所以说：“求学要像来不及做完事情一样，有了心得，仍要害怕丢失，随时温习。”因此，从前有志气的人，伤心岁月空度，年华老大，害怕没有建立好

姬公之才，犹有日昃待旦之劳，故能隆兴周道，垂名亿载，况在臣庶，而可以已乎？历观古今功名之士，皆有累积殊异之迹，劳身苦体，契阔勤思，平居不堕其业，穷困不易其素，是以卜式立志于耕牧，而黄霸受道于囹圄，终有荣显之福，以成不朽之名。故山甫勤于夙夜，而吴汉不离公门，岂有游惰哉？

今世之人多不务经术，好玩博弈，废事弃业，忘寝与食，穷日尽明，继以脂烛。当其临局交争，雌雄未决，专精锐意，心劳体倦，人事旷而不修，宾旅阙而不接，虽有太牢之馔，《韶》《夏》之乐，不暇存也。至或赌及衣物，徙棋易行，廉耻之意弛，而忿戾之色发，然其所志不出一枰之上，所务不过方罫之间，胜敌无封爵之赏，获地无兼土之实。技非六艺，用非经国；立身者不阶其术，征选者不由其道。求之于战陈，则非孙、吴之伦也；考之于道艺，则非孔氏之门也；以变诈为务，则非忠信之事也；以劫杀为名，则非仁者之意也；而空妨日废业，终无补益。是何异设木而击之，置石而投之哉！且君子之居室也勤身以致养，其在朝也竭命以纳忠，临事且犹旰食，而何博弈之足耽？夫然，故孝友之行立，

的名声。于是奋勉精神，砥砺节操；早晨早起，晚上晚睡，没有工夫休息。经过了许多岁月，累积了许多日子，像宁越的勤学，董仲舒的专心；慢慢地受德性、义理的熏陶，悠游在道德艺术的境界。并且，像周文王那样的圣哲，像周公那般的才干，还常常忙得过了中午吃饭，以及整夜不睡觉；所以才能够兴盛周朝的政治教化，而声名流传千万年。像我们这些平凡的官吏、百姓，怎么可以放弃努力呢？看看古今成功立名的人，都有特殊勤劳的事迹。他劳苦身体，用脑苦思，平时辛勤工作，即使穷困也不改变节操。所以，卜式虽然耕牧，而抱有大志；黄霸在监狱中读经受道，终于光荣显达，成就不朽的声名。仲山甫早晚辛勤，吴汉不离办公室，哪里有游嬉、懒惰的呢？

现在的人，大多不肯研究经术之道，沉迷在赌博下棋，荒废工作，忘了睡觉和吃饭。从白天到晚上，然后又继续点起烛光；当他们在牌局上交战，胜负还没有决定的时候，一心一意，全神贯注，使得身心疲惫，所有的事情都搁在一边，宾客来了也不接待；虽然有最丰盛的食物，有最悦耳的音乐，也没有工夫去享受。甚至赌到拿衣服去典当，偷移棋子，改变棋路，廉耻的观念全都废弛了，而忿怒、生气的脸色发作。可是他们的心志，还是不超出博局棋盘的范围，他们所努力的，也仅仅只在一方格之间。胜了，没有封爵的赏赐；占领了地盘，也没有真正得到土地。他的技术，不是圣人所传的六艺，他的用途对治国安邦一点也没有关连；立身不能凭借这种本事，选拔人才也不由这条途径。从这里去找战略部署，则不是孙武、吴起一类的兵法；要求的道德与技艺，也不是孔门所传授的。他们讲求的是诡变欺诈，而不是忠信的事情；以劫杀为目的，也不是仁者的本意。这样白白的浪费日子，荒废事业，结果一点益处也没有。这和拿着木头打木头，用石头扔石头有什么不同呢？而且，有才德的君子，在家里要勤勉家事，以奉养父母；在朝廷要竭诚钦命，以尽

贞纯之名彰也。

方今大吴受命，海内未平，圣朝乾乾，务在得人，勇略之士则受熊虎之任，儒雅之徒则处龙凤之署，百行兼苞，文武并骛，博选良才，旌简髦俊，设程试之科，垂金爵之赏，诚千载之嘉会，百世之良遇也。当世之士，宜勉思至道，爱功惜力，以佐明时，使名书史籍，勋在盟府，乃君子之上务，当今之先急也。

夫一木之枰孰与方国之封？枯棋三百孰与万人之将？衮龙之服，金石之乐，足以兼棋局而贸博弈矣。假令世士移博弈之力而用之于诗书，是有颜、闵之志也；用之于智计，是有良、平之思也；用之于资货，是有猗顿之富也；用之于射御，是有将帅之备也。如此则功名立而鄙贱远矣。

和废后，为黄门侍郎。孙亮即位，诸葛恪辅政，表曜为太史令，撰《吴书》，华覈、薛莹等皆与参同。孙休践阼，为中书郎、博士祭酒。命曜依刘向故事，校定众书。又欲延曜侍讲，而左将军张布近习宠幸，事行多玷，惮曜侍讲儒士，又性精确，惧以古今警戒休意，固争不可。休深恨布，语在《休传》。然曜竟止不入。

忠国家；遇到事情，饭都不能按时吃，哪里有工夫沉迷于赌博下棋？也因为这样，才能建立孝友的品行，贞纯的名声才能远扬。

现在，大吴建国授命，天下还没有平定，政府励精图治，希望能求得贤才。勇武有谋略的人，则担任武将；儒雅的读书人，则担任文官。各行各业的人都需要，文官、武将并列，广泛的选拔人才，多方面征求豪杰，举行各种考试，订定贵重的赏赐，这实在是千载难逢的好机会，百代也难得遇到的啊！当今的读书人，应该勉励向大道迈进，重视功名，爱惜精力，来帮助贤明的政府，使自己的声名写在史书，功劳记在盟府，这才是君子人最重要的事，也是最先要努力的事。

一块木头的棋盘，怎么比得过一国的封土？三百个干枯的棋子，怎么比得上率领百万人的将帅？有龙衮的礼服和如金石般的雅乐，足以抵得上下棋和赌博了。如果世上的读书人，把下棋赌博的精力，拿来研究诗书，他就有颜渊、闵子骞的志趣了；用来研讨计谋，就有张良、陈平的才智；用在治理产业上，就有猗顿的财富；用在射箭、驾车上，就有做将帅的基础。能够这样，就可以建立功名，而远离贫贱了。

孙和被废以后，韦曜担任黄门侍郎。孙亮即位，诸葛恪辅政，上表推荐韦曜担任太史令，撰著《吴书》。华覈、薛莹等人都参与其事。孙休登帝位，韦曜担任中书郎、博士祭酒。孙休命令他像从前刘向一样，校定群书。本来还要请韦曜入宫讲书，但是左将军张布因为非常亲近，被孙休所宠幸，做了许多坏事，害怕韦曜担任侍讲儒士；韦曜性情直切，张布怕他拿古人的事迹来警惕孙休，因此坚持不可。孙休心里非常气愤张布，事情记载在《孙休传》，可是韦曜结果还是被禁止入宫。

孙皓即位，封高陵亭侯，迁中书仆射，职省，为侍中，常领左国史。时所在承指数言瑞应。皓以问曜，曜答曰："此人家筐箧中物耳。"又皓欲为父和作纪，曜执以和不登帝位，宜名为传。如是者非一，渐见责怒。曜益忧惧，自陈衰老，求去侍、史二官，乞欲成所造书，以从业别有所付，皓终不听。时有疾病，医药监护，持之愈急。

皓每飨宴，无不竟日，坐席无能否率以七升为限，虽不悉入口，皆浇灌取尽。曜素饮酒不过二升，初见礼异时，常为裁减，或密赐茶荈以当酒。至于宠衰，更见逼强，辄以为罪。又于酒后使侍臣难折公卿，以嘲弄侵克，发摘私短以为欢。时有愆过，或误犯皓讳，辄见收缚，至于诛戮。曜以为外相毁伤，内长尤恨，使不济济，非佳事也，故但示难问经义言论而已。皓以为不承用诏命，意不忠尽，遂积前后嫌忿，收曜付狱，是岁凤皇二年也。

曜因狱吏上辞曰："囚荷恩见哀，无与为比，曾无芒氂有以上报，孤辱恩宠，自陷极罪。念当灰灭，长弃黄泉，愚情慺慺，窃有所怀，贪令上闻。囚昔见世间有古历注，其所纪载既多虚无，在书籍者亦复错谬。囚寻按传记，考合异同，采摭耳目所及，以作《洞纪》，起自庖犧，至于秦、汉，凡为三卷，当起黄武以来，别作一卷，事尚未成。又见刘熙

孙皓即帝位，封韦曜为高陵亭侯，升他担任中书仆射，后来，这个官职废除了，就担任侍中，兼左国史。当时，各地承奉旨意，屡次上言祥瑞出现。孙皓问韦曜，韦曜回答说："这只不过是一般人家里筐篓中的东西罢了。"后来，孙皓要替他父亲作本纪，韦曜认为孙和没有登帝位，不能立本纪，只能排在列传。像这样的事情，不止一次，孙皓渐渐不高兴，韦曜愈来愈害怕，上言自陈年迈体衰，想要辞去侍中、左国史的官职，要把他所撰的《吴书》，交付别人负责，孙皓始终不答应。他有疾病，孙皓派医药监护，相逼愈急。

孙皓每次赐宴，都是整天由早到晚。在宴席上的人，不论会不会喝酒，一律以七升为最低限，虽然不是全部喝进去，也要浇灌完毕。韦曜平常喝酒，最多不超过二升，最初受孙皓礼过的时候，常常只有他能减少喝酒的数量，或是暗中给他以茶代酒。等到他渐渐失宠，就更加强行逼灌，常常以此而得罪。又孙皓每次在酒后，派侍臣折难公卿，以相互嘲弄侮辱，揭发短处为乐事；大臣酒后，偶有过失，或是犯了孙皓的忌讳，就被收押，甚至被杀。韦曜认为这样会使大家外表相互毁谤，内心增加怨尤；假使没有威仪的话，并不是好现象，所以只是问难经义而已。孙皓认为韦曜抗命，内心不尽忠诚，于是前后积怨，而把韦曜收押了。这一年是凤皇二年（公元 273 年）。

韦曜在狱中上书说道："臣下承蒙圣恩，受到哀怜，没有可以相比拟的；如今，没有一点点可以报答陛下的，而辱承恩宠，却自己犯了大罪。本来臣下已意念皆灰，准备长弃于黄泉，可是私下却情怀缕缕，心中还有些话，胆敢冒犯圣听：臣下从前看到世面上有古时历法的注解，上面记载的不但空洞没有内容，而且记载的事，又有许多错误。臣下找寻传记，考订异同，并且收集了耳目所看到、听到的事情，著有《洞纪》，上起伏羲，下至秦

所作《释名》，信多佳者，然物类众多，难得详究，故时有得失，而爵位之事，又有非是。愚以官爵，今之所急，不宜乘误。囚自忘至微，又作《官职训》及《辩释名》各一卷，欲表上之。新写始毕，会以无状，幽囚待命，泯没之日，恨不上闻，谨以先死列状，乞上言秘府，于外料取，呈内以闻。追惧浅蔽，不合天听，抱怖雀息，乞垂哀省。”

曜冀以此求免，而皓更怪其书之垢故，又以诘曜。曜对曰：“囚撰此书，实欲表上，惧有误谬，数数省读，不觉点污。被问寒战，形气呐吃。谨追辞叩头五百下，两手自搏。”而华覈连上疏救曜曰：“曜运值千载，特蒙哀识，以其儒学，得与史官，貂蝉内侍，承合天问，圣朝仁笃，慎终追远，迎神之际，垂涕敕曜。曜愚惑不达，不能敷宣陛下大舜之美，而拘系史官，使圣趣不叙，至行不彰，实曜愚蔽当死之罪。然臣慺慺，见曜自少勤学，虽老不倦，探综坟典，温故知新，及意所经识古今行事，外吏之中少过曜者。昔李陵为汉将，军败不还而降匈奴，司马迁不加疾恶，为陵游说，汉武帝以迁有良史之才，欲使毕成所撰，忍不加诛，书卒成立，垂之无穷。今曜在吴，亦汉之史迁也。伏见前后符瑞彰著，神指天

汉，一共三卷。另外还有黄武年（孙权的年号）以来的事迹，另立一卷，还没有完成；同时，臣下看见刘熙所作的《释名》一书，的确有很多好的，但是，物类繁多，不能一一考究，因此难免有得有失；而爵位的考订，又有许多不对的。臣下以为：官爵的订定，是当今所急切的，不应该有差误。因此，忘记自己的卑微，又作《官职训》，和《辩释名》各一卷，准备上表呈递给陛下。刚写完此书，恰逢冒犯陛下，被收押符命。惟恐身死之后，此书不能够被陛下阅览。谨以先死之人，表列奏章，乞求向秘府报告，先行挑选，然后呈给陛下。我担心才识浅陋，不合圣意，恐惧地期待陛下小小的信息，乞求陛下垂怜哀省。”

韦曜希望能以此得免一死，而孙晧反而更责怪他的书有污垢，又责问韦曜。韦曜回答说：“臣下撰定这本书的时候，本来已经要呈上给陛下，又害怕还有错误，再三察读，因此弄脏了。如今被诘问，更感到寒战，不敢出声，因此，再上奏章叩头五百下，两手自批面颊。”而华覈也急忙上疏救韦曜说道：“韦曜的才华，值得流传千载，因此希望特别蒙受陛下的哀怜。以他的儒学，做到了史官，充当内侍，并受到陛下的顾问。我大吴国一向仁心笃厚，主上在慎终追远，迎神的时候，垂泪教诲韦曜。韦曜愚昧不达，不能宣明陛下如大舜般的美德；但是拘系史官，使得圣上旨趣不能叙说，陛下的至情不能显彰，这实在是韦曜愚暗当死的罪行。但是臣下非常敬谨的上达：韦曜从小好学，虽然到老，都不倦怠，博览学问，温故知新，凡是意念所及，古今的行事，百官之中很少有人超过韦曜的。从前李陵担任汉朝大将，军队失败没有回来，反而投降匈奴；司马迁不责备他的罪行，而替李陵游说。汉武帝因为史迁有良史的才干，想让他完成他的撰述，不忍心把他杀死。他的《史记》终于能够完成，而流传不朽。现在韦曜在吴，好比汉朝的司马迁。臣伏见我们国家前后出现不少符瑞，这是上天的旨意，连连出现，因此大一统的期限，应在不久了。等到天

应，继出累见，一统之期，庶不复久。事平之后，当观时设制。三王不相因礼，五帝不相沿乐，质文殊涂，损益异体，宜得曜辈依准古义，有所改立。汉氏承秦，则有叔孙通定一代之仪，曜之才学亦汉通之次也。又《吴书》虽已有头角，叙赞未述。昔班固作《汉书》，文辞典雅，后刘珍、刘毅等作《汉记》，远不及固，叙传尤劣。今《吴书》当垂千载，编次诸史，后之才士论次善恶，非得良才如曜者，实不可使阙不朽之书。如臣顽蔽，诚非其人。曜年已七十，馀数无几，乞赦其一等之罪，为终身徒，使成书业，永足传示，垂之百世。谨通进表，叩头百下。”皓不许，遂诛曜，徙其家零陵。子隆，亦有文学也。

华覈字永先，吴郡武进人也。始为上虞尉、典农都尉，以文学入为秘府郎，迁中书丞。

蜀为魏所并，覈诣宫门发表曰：“间闻贼众蚁聚向西境，西境艰险，谓当无虞。定闻陆抗表至，成都不守，臣主播越，社稷倾覆。昔卫为翟所灭而桓公存之，今道里长远，不可救振，失委附之土，弃贡献之国，臣以草芥，窃怀不宁。陛下圣仁，恩泽远抚，卒闻如此，必垂哀悼。臣不胜忡怅之情，谨拜表以闻。”

下太平，应当随时而订定制度。从前，三王的礼制不相因袭，五帝的音乐不相沿用，主要在于各朝质文不相同，各有损益。尤其应该由像韦曜这样的人，依准古义，改定制度。汉朝承继秦朝，有叔孙通出来定立一代的朝仪典章，韦曜的才学不下于汉朝的叔孙通，而且他撰述《吴书》，虽然已经略有眉目，但是叙、赞还没有完成。从前班固作《汉书》，文辞典雅，后来刘珍、刘毅等人再作《汉记》，就远不如班固，记叙列传，尤其粗劣。如今《吴书》应当能够流传千载，而编次史书，使后世的才士能够论文善恶，非要有像韦曜这样的良才，才可以使这书传之不朽。像老臣这样顽钝，实在是不可以相比拟。韦曜年已超过七十，剩下也没有几年了，臣下乞求减免韦曜必死的罪，让他终身囚禁，完成他的史书，传流久远。臣恭敬的上奏，叩头百下。”孙皓始终不答应，于是杀了韦曜，把他的家属流放零陵（治今湖南永州市零陵区）。他的儿子韦隆，也有文学的才华。

华覈，字永先，吴郡武进县（今江苏省镇江市丹徒区）人。最初担任上虞尉、典农都尉，以文学而入朝廷担任秘府郎，后来，升为中书丞。

当蜀被魏并吞的时候，华覈曾经到宫廷门口上表，说道：“听说贼兵像蚂蚁一般，聚集向西边国境，西边国境十分困危，但是应当无忧患。又知道陆抗上表至朝廷，报告成都失守，蜀的臣主迁徙，社稷颠覆。从前，卫国被翟国所灭，而桓公给他生存的途径；如今道路遥远，救援不及，使得邻国失去了可以委附我们的土地，丢弃了可以贡献我们的国家。臣虽然是一个草芥之徒，私下心里仍是忧戚不宁。陛下圣哲，恩泽远抚，突然听到这个消息，必定垂怜哀悼，臣怀不胜惆怅之情，特地拜表奏闻。”

孙晧即位，封徐陵亭侯。宝鼎二年，晧更营新宫，制度弘广，饰以珠玉，所费甚多。是时盛夏兴工，农守并废，覈上疏谏曰：

臣闻汉文之世，九州晏然，秦民喜去惨毒之苛政，归刘氏之宽仁。省役约法，与之更始；分王子弟以藩汉室。当此之时，皆以为泰山之安，无穷之基也。至于贾谊，独以为可痛哭及流涕者三，可为长叹息者六，乃曰当今之势何异抱火积薪之下而寝其上，火未及然而谓之安。其后变乱，皆如其言。臣虽下愚，不识大伦，窃以曩时之事，揆今之势。

谊曰："复数年间，诸王方刚，汉之傅相称疾罢归，欲以此为治，虽尧、舜不能安。"今大敌据九州之地，有大半之众，习攻战之馀术，乘戎刀之旧势，欲与中国争相吞之计，其犹楚汉势不两立，非徒汉之诸王淮南、济北而已。谊之所欲痛哭，比今为缓，抱火卧薪之喻，于今而急。大皇帝览前代之如彼，察今势之如此，故广开农桑之业，积不訾之储，恤民重役，务养战士，是以大小感恩，各思竭命。斯运未至，早弃万国。自是之后，强臣专政，上诡天时，下违众议，亡安存之本，邀一时之利，数兴军旅，倾竭府藏，兵劳民困，无时获安。今之存者乃创夷之遗众，哀苦之馀民耳。遂使军资空匮，仓廪不实，布帛之赐，

孙晧即帝位，封他为徐陵亭侯。宝鼎二年（公元267年），孙晧又造新的宫殿，面积宽大，以珠玉做装饰，花费很大。而且又是在酷暑的时候开工，农田、守备都荒废了，华覈于是上疏劝谏说：

臣听说汉文帝的时候，九州平安无事，秦朝的老百姓很高兴除去了秦朝惨毒的苛政，都依附于刘氏的宽大仁厚。减省徭役，约禁法令，恢复老百姓原来的生活情况；分封子弟为王，来保卫汉室。在这个时候，都以为是安如泰山，立下无穷的基业。只有贾谊认为有三件事值得痛哭流涕的，六件事情值得长声叹息。他说：如今的局势，好比点火在薪柴之下，却睡在薪柴上面；火没有烧到，还以为是平安。而以后的变乱，都如贾谊所说的。臣下虽然愚昧，不识大体，但是私下却拿过去的例子，来观察当今的局势。

贾谊说："过了几年之间，诸侯王刚刚成长，而汉的傅相却称疾罢归；在这种情形下，要想达到天下治平，即使尧舜再世，也难以安心。"如今强大的敌人据有九州之地，拥有大半的群众，他们时时在训练攻战的技术，乘着兵马的威势，想要谋图并吞中国，这种情势，犹如楚汉势不两立，而不仅仅是汉朝的淮南王、济北王想要谋反的情势而已。贾谊所要痛哭的事情，比起当今的情势来要算是和缓的了。而今日的大局，要比"抱火卧薪"的比喻还要急切。大皇帝有鉴于前代的例子，再观察当今的局势，于是积极开拓农桑之业，贮积多余的财货，抚恤百姓，重视劳役，备养战士，因此全国大小感恩戴德，人人都愿意竭力舍命。尚未等到机遇，他便早早崩逝了。从此以后，强臣专政，上背天时，下失人和，丧失了安存的大计，而只专注于一时的利益，屡次发动军旅，竭尽府库所藏，使得兵疲民困，没有安宁的日子。如今国中的老百姓，乃是受创伤后存留下的民众，是一群困苦的残民罢

寒暑不周，重以失业，家户不赡。而北积谷养民，专心向东，无复他警。蜀为西藩，土地险固，加承先主统御之术，谓其守御足以长久，不图一朝，奄至倾覆。唇亡齿寒，古人所惧。交州诸郡，国之南土，交阯、九真二郡已没，日南孤危，存亡难保；合浦以北，民皆摇动，因连避役，多有离叛，而备戍减少，威镇转轻，常恐呼吸复有变故。昔海虏窥窬东县，多得离民，地习海行，狃于往年，钞盗无日，今胸背有嫌，首尾多难，乃国朝之厄会也。诚宜住建立之役，先备豫之计，勉垦殖之业，为饥乏之救。惟恐农时将过，东作向晚，有事之日，整严未办。若舍此急，尽力功作，卒有风尘不虞之变，当委版筑之役，应烽燧之急，驱怨苦之众，赴白刃之难，此乃大敌所因为资也。如但固守，旷日持久，则军粮必乏，不待接刃，而战士已困矣。

昔太戊之时，桑谷生庭，惧而修德，怪消殷兴。荧惑守心，宋以为灾，景公下从瞽史之言，而荧惑退舍，景公延年。夫修德于身而感异类，言发于口而通神明，臣以愚蔽，误忝近署，不能翼宣仁泽以感灵祇，仰惭俯愧，无所投处。退伏思惟，荣惑桑穀之异，天示二主，至如他馀锱介之妖，近是门庭小神所为，验之天地，无有他变，而征祥符瑞前后屡

了；于是就致使军资空乏，仓廪不实。朝廷虽然有布帛的赏赐，仍然不足以抵御寒暑；加上百姓失业日增，家户不足以自养。而北方的敌人却在积谷养民，专心准备向东攻击，而没有其他的示警。蜀国是我们西边的藩国，地形险要，加上刘君统御的技巧，本来是可以长久守御，没想到在短短期间，居然社稷倾覆。唇亡齿寒，这是古人所畏惧的。交州等郡都是我们南边的领土，如今交阯、九真二郡已经沦陷，日南郡岌岌可危，存亡难保；合浦以北，民心动摇，由于连年征召兵役，百姓多逃离背叛。因此守备日渐减少，威镇转轻。臣下常恐呼息之间会有变故。从前海寇觊觎我们东方的土地，许多叛离的百姓都依附于他们，而且他们比往年更熟习水陆战争。因此烧杀虏掠，无日不有。如今我们前后都有敌人，腹背受难，这是我们国家的厄难。实在应该先停止兴建的劳役，谋求豫备之计，勉力于农田垦殖，以救饥荒。臣下惟恐农时将过，春耕已来不及了。一旦有事，措手不及。如果舍去当急之务，而尽力于劳役工作，万一突然有风吹草动，需要百姓修补城墙，以应烽火之急时，要想驱策这些劳苦的群众，去冒生死的危险，这等于是给敌人增加人力资源。如果要固守的话，时间长久，必定缺乏军粮。那么不必等到双方交兵，而战士已经困乏了。

从前商朝太戊（雍乙之弟，用尹陟、巫咸等贤相，复兴商朝），因为桑谷生在庭中，自我警惕，勉力修德，终于灾异消失而商朝复兴。荧惑星守在心星的位置，宋国认为是灾异，宋景公听从瞽史的话，勤修国政，荧惑星因此退回原来位置，而景公也活到高寿。所谓自身修德而感动异类，发言于口而通神明。臣下愚昧，误列大臣之位，不能输翼宣奉陛下的仁泽，以感动神灵，衷心惭愧，无地自容。臣私下仔细思量：荧惑、桑谷这些灾异，是上天警示二位国君的。其他的妖异，都是门庭小神所示，验于天地，没有影响，而其他

臻，明珠既觌，白雀继见，万亿之祚，实灵所挺，以九域为宅，天下为家，不与编户之民转徙同也。又今之宫室，先帝所营，卜土立基，非为不祥。又杨市土地与宫连接，若大功毕竟，舆驾迁住，门行之神，皆当转移，犹恐长久未必胜旧。屡迁不少，留则有嫌，此乃愚臣所以夙夜为忧灼也。臣省《月令》，季夏之月，不可以兴土功，不可以会诸侯，不可以起兵动众，举大事必有大殃。今虽诸侯不会，诸侯之军与会无异。六月戊己，土行正王，既不可犯，加又农月，时不可失。昔鲁隐公夏城中丘，《春秋》书之，垂为后戒。今筑宫为长世之洪基，而犯天地之大禁，袭《春秋》之所书，废敬授之上务，臣以愚管，窃所未安。

又恐所召离民，或有不至，讨之则废役兴事，不讨则日月滋蔓。若悉并到，大众聚会，希无疾病。且人心安则念善，苦则怨叛。江南精兵，北土所难，欲以十卒当东一人。天下未定，深可忧惜之。如此宫成，死叛五千，则北军之众更增五万；若到万人，则倍益十万。病者有死亡之损，叛者传不善之语，此乃大敌所以欢喜也。今当角力中原，以定强弱，正于际会，彼益我损，加以劳困，此乃雄夫、智士所以深忧。

的征祥、符瑞，前后屡次出现；先是出现明珠，继而又见白雀，亿万的福祚，其实是神灵所特出；以九城为屋宅，以天下为家，不与升斗小民的迁居相同。又如今的宫室，是先帝经营的，当时卜问神明，奠立地基，都没有不祥，而且杨市土地和宫廷相连接，等到大功告成，圣驾迁移，门行之神也要转移，恐怕年久不堪移动。屡次迁徙，固然不可，如果留下来，则又有疑忌，这是愚臣所以日夜焦灼忧虑的了。臣下参考《月令》，夏季末的月份，不可以大兴土木、不可以会和诸侯、不可以起兵动众；如果举大事，必定有殃咎。如今虽然不是会合诸侯，但是诸侯之军与诸侯会和没有差别。六月戊己日，土星正当值，已经不可侵犯，加上正是农作季节，农时不可失。从前鲁隐公夏天建筑中丘城（今山东省临沂市东北），《春秋》特别记载，以警惕后世。如今建筑宫室，是为了永久的基业，而却犯了天地的大忌，正如《春秋》上所记载：废弃敬授天时的大任。以臣下的浅见，私下认为有所不安。

至于所征召而逃离的老百姓，或是不肯应召，如果派兵讨伐，则会废役兴事；不去讨伐，则又会日月滋蔓，愈来愈盛。但是如果全部都应召而至，则众人聚会，很少没有生病的。而且，人心安定，就会萌生善念；人心困苦，就会抱怨叛逆。江南的精兵，本来是北方所畏惧的，北方要以十人来抵挡东土的一人，在天下还没有安定的时候，又是深深值得忧虑的事。如果等到宫殿建成，病死或叛逆的有五千人，就等于北方军队增加五万人；如果损失一万人，敌人实力就增加十万。生病的人，对我方有死亡人数的损失；叛逆的人，传播不善的言论，这些都是当前敌人所喜欢的。如今我们正当致力于中原，以分出强弱高下，正在这个时候，敌人日渐增益，而我们日渐耗损，这实在是雄夫、智士所深深忧虑的事。

臣闻先王治国无三年之储，曰国非其国，安宁之世戒备如此，况敌强大而忽农忘畜。今虽颇种殖，间者大水沈没，其馀存者当须耘获，而长吏怖期，上方诸郡，身涉山林，尽力伐材，废农弃务，士民妻孥羸小，垦殖又薄，若有水旱则永无所获。州郡见米，当待有事，冗食之众，仰官供济。若上下空乏，运漕不供，而北敌犯疆，使周、召更生，良、平复出，不能为陛下计明矣。臣闻君明者臣忠，主圣者臣直，是以慺慺，昧犯天威，乞垂哀省。

书奏，晧不纳。后迁东观令，领右国史，覈上疏辞让，晧答曰："得表，以东观儒林之府，常讲校文艺，处定疑难，汉时皆名学硕儒乃任其职，乞更选英贤。闻之，以卿研精坟典，博览多闻，可谓悦礼乐敦诗书者也。当飞翰骋藻，光赞时事，以越扬、班、张、蔡之畴，怪乃谦光，厚自菲薄，宜勉修所职，以迈先贤，勿复纷纷。"

时仓廪无储，世俗滋侈，覈上疏曰："今寇虏充斥，征伐未已，居无积年之储，出无应敌之畜，此乃有国者所宜深忧也。夫财谷所生，皆出于民，趋时务农，国之上急。而都下诸官，所掌别异，各自下调，不计民力，辄与近期。长吏畏罪，昼夜催民，委舍佃事，

臣下听说：先王治国，没有三年的储蓄，就认为不能安定他的国家。太平治世，国家的戒备尚且如此，何况大敌当前，怎能疏忽农业而忘却储备呢？如今虽然有人种植，但是有的被大水淹没，其他的人都须要耕耘收获。而官吏时常恐吓、限期，各地州郡涉身山林，尽力砍伐，废弃农作及其他事务；百姓妻子力气弱小，种植的面积少，如果遇上水旱灾，则一年都没有收成。州郡要看到米，必须等待有战事的时候。而兵士等不事生产的人口众多，都仰赖政府的供给，使得上下空乏，没有粮食可供给。而北方敌人又来侵犯，这种情形，即使周公、召公再生，张良、陈平再出，也不能替陛下订定更好的计策。臣下听说：有明君才有忠臣，主上圣明，臣下才敢直言，因此臣下才敢以至诚之心，冒犯圣上天威，乞求陛下哀怜省察。

书奏呈上，孙晧不采纳。华覈后来升为东观令，担任右国史。华覈上疏辞让，孙晧下诏说："寡人已经看到你的表奏。东观乃是儒林之府，应当讲校文艺，订定疑难之处。在汉朝的时候，都是一些名学硕儒担任这个职位，希望从其中更加选拔英明贤能的人。寡人听说你精研古籍，又博学多闻，可以说是喜好礼乐，敦尚诗书。尤其应当运用你的文采来帮助国政时事，以超过扬雄、班固、张衡、蔡邕之辈。不必自谦辞让，妄自菲薄。应该勉修职守，以超越先贤。不要再有其他的意见了。"

当时，仓库没有积存的粮食，而世俗上又日益奢侈，华覈上疏说道："如今寇贼不断，征伐不止，居家没有一年的储粮，外出没有应敌的贮积，这是国家所应当值得忧虑的事。所谓财谷，是出自于百姓，顺时而务农，这是国家最要紧的事。而一般官吏所职掌的各有不同，他们各自征调百姓，不顾百姓疾苦，都要求在最短期限内完成。长吏畏罪，日夜催

遑赴会日，定送到都，或蕴积不用，而徒使百姓消力失时。到秋收月，督其限入，夺其播殖之时，而责其今年之税，如有逋悬，则籍没财物，故家户贫困，衣食不足。宜暂息众役，专心农桑。古人称‘一夫不耕，或受其饥，一女不织，或受其寒’，是以先王治国，惟农是务。军兴以来，已向百载，农人废南亩之务，女工停机杼之业。推此揆之，则蔬食而长饥，薄衣而履冰者，固不少矣。臣闻主之所求于民者二，民之所望于主者三。二谓求其为己劳也，求其为己死也。三谓饥者能食之，劳者能息之，有功者能赏之。民以致其二事而主失其三望者，则怨心生而功不建。今帑藏不实，民劳役猥，主之二求已备，民之三望未报。且饥者不待美馔而后饱，寒者不俟狐貉而后温，为味者口之奇，文绣者身之饰也。今事多而役繁，民贫而俗奢，百工作无用之器，妇人为绮靡之饰，不勤麻枲，并绣文黼黻，转相仿效，耻独无有。兵民之家，犹复逐俗，内无儋石之储，而出有绫绮之服，至于富贾商贩之家，重以金银，奢恣尤甚。天下未平，百姓不赡，宜一生民之原，丰谷帛之业，而弃功于浮华之巧，妨日于侈靡之事，上无尊卑等级之差，下有耗财物力之损。今吏士之家，

促老百姓，委弃田事，赶急赴公家之事，定期送达京师。有时只是囤积不用，白白地使老百姓消耗体力，浪费时间。到了秋收的月份，又急忙催促征收他们预定要缴纳的粮食；剥夺他们播种、繁殖的农时，而却督责他们要按时的纳粮。如果稍有怠慢，则没收他们的财物。所以家家户户贫困不堪，衣食不足。臣下认为：当今应该暂时止息众人的劳役，专心致力于农桑之事。古人曾经说过：‘一个农夫不耕田，就会有人受饥饿；一个女子不织布，就会有人受风寒。’所以先王治国，以农务为第一。自从战事发生以来，已经有一百多年，农人废弃可耕之田，织女也停杼不织布。由此看来，少蔬食而长久挨饿，缺衣服而受冻寒的人实在不少。臣下听说：人主所要求百姓的有两件事，而百姓期望于人主的有三件事。所谓两件：一是要求百姓肯为人主服务；一是要求百姓肯替人主效死。所谓的三件事是：饥饿的人能得到食物，疲倦的人能得到休息，有功的人能得到赏赐。老百姓为人主效劳这两件事，而人主却有三件事使他们失望，于是怨心生而不肯效力了。如今仓廪的贮存虽然不充实，而老百姓已经疲于劳役；人主要求百姓的两件事已经足够了，老百姓的三件期望却没有达到。而且，饥饿的人不需要等待有美味的食物才能吃饱，冻寒的人是不需要等到有狐貉以后才温暖。美味是口中的奇味，文绣是身上的装饰。如今事情繁多，而却劳役频仍；百姓贫困，而风俗却日渐奢靡，百工都在做不实用的器皿。妇人做绮丽的装饰，而不勤于绩麻纺纱；大家都从事刺绣黼黻，彼此互相仿效，以不跟从时尚而觉得羞耻。一般兵民之家，又追求流俗；家里没有积粮储蓄，外出却穿着绫罗绸缎。至于一些富贵商人家中，更是以金银装饰，更加的奢侈。天下还没有太平，百姓生活不足，应该先积极于百姓生活的资源，发展五谷、布帛的事业，抛弃浮华的巧变。整天浪费在侈靡的事情上，对上没有尊卑等级的差别，对下则有耗资财货物力实质的损失。如今官吏人家，很少没有子女

少无子女，多者三四，少者一二，通令户有一女，十万家则十万人，人织绩一岁一束，则十万束矣。使四疆之内同心戮力，数年之间，布帛必积。恣民五色，惟所服用，但禁绮绣无益之饰。且美貌者不待华采以崇好，艳姿者不待文绮以致爱，五采之饰，足以丽矣。若极粉黛，穷盛服，未必无丑妇；废华采，去文绣，未必无美人也。若实如论，有之无益废之无损者，何爱而不暂禁以充府藏之急乎？此救乏之上务，富国之本业也，使管、晏复生，无以易此。汉之文、景，承平继统，天下已定，四方无虞，犹以雕文之伤农事，锦绣之害女红，开富国之利，杜饥寒之本。况今六合分乖，豺狼充路，兵不离疆，甲不解带，而可以不广生财之原，充府藏之积哉？”

皓以覈年老，敕令草表，覈不敢。又敕作草文，停立待之。覈为文曰：“咨覈小臣，草芥凡庸。遭眷值圣，受恩特隆。越从朽壤，蝉蜕朝中。熙光紫闼，青璅是凭。毖挹清露，沐浴凯风。效无丝氂，负阙山崇。滋润含垢，恩贷累重。秽质被荣，局命得融。欲报罔极，委之皇穹。圣恩雨注，哀弃其尤。猥命草对，润被下愚。不敢达敕，惧速罪诛。冒承诏命，魂逝形留。”

的，多的有三四个，少的也有一二个。假如每户有一个女子，十万户就有十万名女子。每人一年绩布一束，就有十万束了。如果四境之内，大家同心协力，几年之内，布帛必定会剩余，而有贮存。随意五色由百姓制作衣服。但是要禁止锦绣没有益处的装饰。而且，人的美貌，是不须要等待有华彩的装饰，才显现出来。风姿艳丽的人，不必要等到有文绣的衣饰，才得到别人的喜爱，五彩的装饰已经足够美丽了。如果极尽粉黛的妆扮，穿最美丽的衣服，未必就没有丑妇；而除去华彩、文绣，也未必就没有美人。照这样说来，有奢靡的风俗，没有益处，废除了也没有损伤，为什么不暂时禁止奢靡，来充实府库收藏的急需呢？这是救济困乏的上上之策，富国的根本。即使管仲、晏婴再生，也不会改变这个方法的。汉朝文帝、景帝的时候，他们承继的是一个太平治世，天下已经安定，四方都没有忧患，还认为雕彰文采会伤害农事，刺花锦绣会妨害女红；而主张开发富国之利，杜塞饥寒之本。何况今日四方乖离分崩，到处是豺狼，兵战不离疆土，盔甲不能释下，怎么可以不广生财源，充实府库的储蓄呢？”

孙皓因为华覈年老，下令作草章。华覈推辞不敢。孙皓又下令作草文，并且派人在旁边等待，立刻就要。华覈于是作文如下：“华覈是一个小臣，如草芥一般平庸，遭遇圣朝的眷顾，享受特别的恩宠，于是从朽壤之中脱出，跻身到朝廷之中。光耀门庭，佩带青璅，如汲引清露，沐浴在和风之中，却无以回报，有负于圣朝的隆恩。含垢的本质受到滋润，身上积累太多的圣典，使得污秽的质地享有荣耀，短暂的生命得到光彩。无从报答恩情，只有托付于穹苍。圣恩如雨露般下注，怜悯开释臣下的罪过，特命臣下做草对，恩泽下及，臣下不敢违抗诏令，只怕很快的会得罪圣上而被诛死。臣下冒死承接诏命，早已魂逝，仅留形躯而已。”

覈前后陈便宜，及贡荐良能，解释罪过，书百馀上，皆有补益，文多不悉载。天册元年以微谴免，数岁卒。曜、覈所论事章疏，咸传于世也。

评曰：薛莹称王蕃器量绰异，弘博多通；楼玄清白节操，才理条畅；贺邵厉志高洁，机理清要；韦曜笃学好古，博见群籍，有记述之才。胡冲以为玄、邵、蕃一时清妙，略无优劣。必不得已，玄宜在先，邵当次之。华覈文赋之才，有过于曜，而典诰不及也。予观覈数献良规，期于自尽，庶几忠臣矣。然此数子，处无妄之世而有名位，强死其理，得免为幸耳。

华覈前后所上奏权宜通变的策略，以及推荐为贤良才干的人，书奏有一百多篇，对朝廷都有助益。因为文章太多，不全部记载。天册元年（公元 275 年），因为小小的罪过而被免官。过了几年就死了。韦曜、华覈所上的论事奏章，都流传于后世。

陈寿评论说：薛莹称赞王蕃器量绰异，博览通达；楼玄是清白节操，才理条畅；贺邵励志高洁，处理事务清晰简要；韦曜笃好古学，博通群籍，有记述事情的才干。胡冲以为：楼玄、贺邵、王蕃都是一时清要的人物，彼此之间，没有优劣高下。实在一定要分的话，楼玄应该排在最先，贺邵次之。华覈文章的才干超过韦曜，而典制、诏诰则不及韦曜。我看华覈每次献上良策，总是希望以死来自达，他可以说是忠臣了。但是这几个人，处在虚妄的时代，而享有名位，为他们所执持的真理而死，算是有幸了。